BERLIN
UND
SEINE BAUTEN

———

NACHDRUCK VERBOTEN

BERLIN
UND
SEINE BAUTEN

BEARBEITET UND HERAUSGEGEBEN

VOM

ARCHITEKTEN-VEREIN ZU BERLIN

UND DER

VEREINIGUNG BERLINER ARCHITEKTEN

II. UND III.

DER HOCHBAU

EIGENTHUM DER HERAUSGEBER

BERLIN 1896

WILHELM ERNST & SOHN

II.

ÖFFENTLICHE BAUTEN

INHALTS-VERZEICHNISS
DES II. BANDES.

		Seite
	Einleitung	I–VIII
I.	Die Schlösser und Palais des Königlichen Hauses	1
II.	Oeffentliche Denkmäler	27
III.	Reichstags- und Landtags-Gebäude	53
IV.	Gebäude für die Verwaltungsbehörden des Deutschen Reiches	73
V.	Gebäude der Reichspost- und Telegraphen-Verwaltung	85
VI.	Gebäude für die Verwaltungsbehörden des preufsischen Staates	99
VII.	Gebäude der Berliner Gemeindeverwaltung	116
VIII.	Gebäude der Provinzial- und Kreisverwaltung	131
IX.	Thore und Brückenhallen	136
X.	Kirchen	141
	A. Kirchenbauten des Mittelalters	143
	B. Kirchenbauten des 17. und 18. Jahrhunderts	149
	C. Kirchen des 19. Jahrhunderts	156
	D. Friedhof-Kapellen	207
	Gemeinde-Friedhöfe, Kapellen und Leichenhallen	209
XI.	Die Museen, Bibliothek und Archiv	211
	B. Museen ohne eigene Gebäude	238
	C. Die Königliche Bibliothek	239
	D. Das Archivgebäude	240
XII.	Ausstellungspark und Ausstellungsgebäude	241
XIII.	Sammlungen lebender Thiere und Pflanzen	246
	A. Das Aquarium	246
	B. Der Zoologische Garten	248
	C. Der Königliche Botanische Garten	252
XIV.	Hochschulen	257
XV.	Unterrichtsanstalten	296
	A. Höhere Schulen	296
	B. Gemeindeschulen	315
	C. Turnhallen	328
	D. Seminare und Fachschulen	330
XVI.	Gebäude der Justizverwaltung	333
XVII.	Börse, Banken und Münze	349
XVIII.	Gebäude der Militärverwaltung	377
	A. Casernen	377
	B. Gebäude zur Unterbringung von Kriegsmaterial	398
	C. Exercier- und Uebungsplätze, Schiefsstände, Schiefsplätze	399
	D. Wachen und Arrestanstalten	399
	E. Militär-Verwaltungsgebäude	400
	F. Krankenhäuser und Hospitäler	409
	G. Militärische Lehranstalten	410

Inhalts-Verzeichnifs.

		Seite
XIX.	Heilanstalten	420
	A. Krankenhäuser	420
	B. Irrenanstalten, Anstalt für Epileptische	454
XX.	Besserungsanstalten	464
XXI.	Waisen-, Versorgungs- und Unterkunfts-Anstalten	468
	A. Waisenhäuser	468
	B. Altersversorgungs-Anstalten und Siechenhäuser	470
	C. Herbergen und Obdachhäuser	479
XXII.	Theater- und Circus-Gebäude	485
	A. Opern- und Schauspielhäuser	485
	B. Die sogenannten Specialitäten-Theater	511
	C. Circusgebäude	514
XXIII.	Saalbauten	516
	A. Säle für Musikaufführungen	516
	B. Saalbauten von verschiedener Bestimmung	522
XXIV.	Vergnügungs-Anlagen	529
XXV.	Panoramen	534
XXVI.	Badeanstalten	538
XXVII.	Die städtischen Markthallen	545
XXVIII.	Desinfectionsanstalten. Rathswagen	560
XXIX.	Der städtische Central-Vieh- und Schlachthof	563

EINLEITUNG.

Zur geschichtlichen Entwicklung der Berliner Baukunst.[1])

Einem Rückblick auf die geschichtliche Entwicklung der Berliner Baukunst sind in unserem Buche, das in der Hauptsache den Schöpfungen der Gegenwart gerecht werden soll, verhältnifsmäfsig enge Grenzen gesetzt. Und doch kann ein solcher Rückblick nicht wohl entbehrt werden. Einmal weil es die Pflicht des lebenden Geschlechtes ist, dankbar auch derer zu gedenken, die ihm die Bahn gebrochen haben — dann aber, weil gerade in Berlin eine Beschäftigung mit den Werken der Vergangenheit wesentlich dazu hilft, den Leistungen des Tages gerecht zu werden.

Es ist, so viel bekannt ist, seiner Zeit an derselben Stelle zum erstenmale darauf aufmerksam gemacht worden, dafs die in fünfhundertjähriger Zeitfolge zu Berlin entstandenen Architekturwerke, trotz aller durch die Individualität ihrer Schöpfer und den Wandel der Zeiten bedingten Mannigfaltigkeit, doch durch einen gemeinsamen Grundzug ihrer Gesamt-Auffassung zu einander in engster Beziehung stehen und dafs man in diesem höheren Sinne von einer einheitlichen „Berliner Architektur-Schule" reden darf, wenn auch die Anwendung bestimmter Stilformen, die zeitweise als Kennzeichen einer solchen betrachtet worden ist, dem Wechsel unterliegt. Eine klare, durchdachte Anordnung, das ernste Streben nach organischer Gliederung, ein bewufstes Mafshalten im Detail, es sind diejenigen Eigenschaften, welche den künstlerisch in Betracht kommenden Bauten Berlins den Stempel der Verwandtschaft aufprägen und zugleich den hohen Vorzug jener Architektur-Schule bilden. Freilich hat diese verständige Gemessenheit, welche nicht selten nüchtern und kühl wirkt, den Schöpfungen der Berliner Baukunst zugleich eine gewisse Grenze des Erreichbaren angewiesen, die nur von den wenigen bevorzugten Künstlern ersten Ranges, bei denen Phantasie und Reflexions-Thätigkeit sich glücklich die Wage hielten, durchbrochen worden ist. — So wurde damals ausgeführt.

Handelte es sich dabei lediglich um die Bauten, welche in den letzten 200 Jahren, also seit dem Beginn einer umfassenderen Bau- und

---

1) Bearbeitet von Architekt K. E. O. Fritsch.

Kunstthätigkeit in Berlin geschaffen worden sind, so könnte man den Ursprung jener Auffassung leicht darin vermuthen, dafs die grofse Mehrzahl der in Berlin wirkenden baukünstlerischen Kräfte bisher aus Beamten bestanden hat. Da jedoch die gleiche Erscheinung schon an den mittelalterlichen Bauwerken der Stadt hervortritt, so ist man gezwungen, an das Walten eines gewissen genius loci zu glauben, der ja auch in der Eigenart der Berliner Bevölkerung deutlich sich ausspricht.

Von den Werken mittelalterlicher Baukunst, über die wir Kunde haben, sind die Petrikirche, die Kirche und das Kloster der Dominicaner, die Hospital-Kapellen St. Georg und St. Gertraudt, die Jerusalemskapelle, die beiden Rathhäuser, die Stadtmauer mit ihren Thürmen und Thoren sowie der alte markgräfliche Hof verschwunden; von dem Schlofsbau Friedrichs II. sind im heutigen Schlosse nur unkenntliche Reste enthalten. Einen noch aus dem 13. Jahrhundert stammenden Bestandtheil des alten Berliner Rathhauses, der erst im Jahre 1871 zum Abbruch gelangte, die sogen. „Gerichtslaube", hat Kaiser Wilhelm I. in entsprechender Ergänzung im Park von Babelsberg wieder aufrichten lassen. Erhalten sind, wenn auch nicht im ursprünglichen Zustande, die Nicolai- und die Marienkirche, die Hospital-Kapelle zum Heiligen Geist sowie die Kirche und das Kloster der Franciscaner. Verglichen mit den reich gestalteten Baudenkmalen anderer märkischen Städte stehen diese verständig, aber mit den einfachsten Mitteln angelegten Bauten in auffallendem Gegensatze zu dem Wohlstande und der Macht, welche Berlin und

Figurenfries in Kalkstuck an der Gewölbestütze der Berliner Gerichtslaube.

Köln unter jenen Städten auszeichneten; Kunstwerth kann man eigentlich nur dem Chor der Klosterkirche und einigen Sälen des zugehörigen Klosters zusprechen. Eine Inschrift in einem der letzteren, welche meldet, dafs der Saal im Jahre 1474 durch Meister Bernhard vollendet worden sei, hat uns den ältesten Architektennamen von Berlin überliefert. Einige wenige, mit mittelalterlichen Gewölben versehene Räume in Wohnhäusern von Alt-Berlin sind wohl baldigem Untergange geweiht.

Aus dem Zeitalter der deutschen Renaissance sind die Reste noch spärlicher. Von dem im Jahre 1538 begonnenen Schlosse Joachims II., dessen Erbauer der (vermuthlich früher am Schlosse von Torgau beschäftigte) Architekt Caspar Theifs und der sächsische Steinhauer Hans Scheutzlich waren, sind — abgesehen von den Mauern — nur noch einige der ursprünglichen, mit Vorhangbögen geschlossenen Fenster an der Spreefront, die ehemals offene Laube über dem „Grünen Hut", ein Theil der Auskragung am südöstlichen Erkerthurm, die Ueberwölbung der Kapelle und ein Nischenbogen erhalten. Im Verein mit den vorhandenen Abbildungen gestatten sie den Schlufs, dafs der Bau sowohl nach Anlage wie nach künstlerischer Durchführung unter den deutschen Fürstensitzen seiner Zeit mit Ehren sich behaupten konnte. Was von den am Schlosse ausgeführten Bauten der folgenden Kurfürsten bis zur Gegenwart sich gerettet hat, das sogen. „Haus der Herzogin", der Querflügel, die Schlofsapotheke und die Galerie des Kapellenhofes sind jener Schöpfung von Theifs gegenüber minderwerthig. Die beiden zuletzt erwähnten Werke dürften deutschen Architekten zuzuschreiben sein, von denen Hans Räspel, Peter Kummer und Balthasar Benzelt aus Dresden genannt werden; die anderen entstammen wahrscheinlich der Thätigkeit der italienischen Ingenieure und Architekten, Rocco Guerini, Graf zu Lynar, Pietro Niuron und Giov. Bat. Sala, die damals in brandenburgischen Diensten standen. Auf Benzelt ist vermuthlich auch die Façade des später zum Marstall gezogenen, ehemals von Ribbeck'schen Hauses, Breite Strafse 35, zurück zu führen, die neben jenen Schlofstheilen und einigen Epitaphien in der Nicolaikirche heute allein noch dafür zeugt, dafs auch unsere Stadt an dem Kunstschaffen jenes für Deutschland so bedeutungsvollen Zeitabschnitts Antheil genommen hat.

Der italienische Barockstil, der zuerst an den vom Grofsen Kurfürsten nach Beendigung des dreifsigjährigen Krieges ausgeführten Bauten auftritt, ist durch holländische Architekten, Joh. Gregor Memhardt (gestorben 1678) und Mich. Mathias Smids (gestorben 1692) hier eingeführt worden; die architektonische Thätigkeit des zeitweise neben ihnen thätigen piemontesischen Festungs-Ingenieurs Philipp de Chiese scheint nur unbedeutend gewesen zu sein. Von Memhardts Bauwerken, unter denen die „Grotte" im Lustgarten und das Rathhaus des Friedrichswerder die wichtigsten waren, ist nichts, von den Smids'schen nur das Hauptgebäude des Marstalls in der Breiten Strafse, einige Reste des Alabastersaals im Schlosse und das an der Spree liegende Galeriegebäude des letzteren erhalten; doch wird der Hauptantheil an diesem wohl nicht mit Unrecht seinem Gehülfen und späteren Nachfolger Nering zugeschrieben. Der holländische Maler Rütger von Langerveld erbaute die Dorotheenstädtische Kirche und Schlofs Köpenick; italienische Stuckateure schmückten das Innere der Bauten aus.

Von der Auskragung des südöstlichen Erkerthurmes am Schlofsbau Joachims II.
Arch. Caspar Theifs. Aufgenommen von A. Geyer.

Mit Joh. Arnold Nering (gestorben 1695), dem schon unter dem Grofsen Kurfürsten die Fortführung der Schlofsbauten zu Potsdam und Oranienburg, der Bau des Leipziger Thores, der Schlofskapelle in Köpenick, des neuen Pomeranzenhauses, der Colonnaden am Mühlendamm, mehrerer Palais usw. zugefallen waren, während er unter Friedrich III. die Friedrichstadt anlegte, die Lange Brücke, den neuen Marstall in der Dorotheenstadt, den Jägerhof, den Hetzgarten und einen neuen Flügel des Berliner Rathhauses baute sowie Zeughaus, Parochialkirche und das Charlottenburger Schlofs begann, gewinnt zum erstenmale ein einheimischer Künstler leitenden Einflufs auf die Bauthätigkeit Berlins, der er auf lange hinaus die Richtung anweisen sollte. Denn jene oben bezeichneten Merkmale der Berliner Architektur-Schule finden sich zuerst in seinen Werken ausgeprägt, zu denen — nach der neueren Annahme — das nach einem französischen Entwurfe (wahrscheinlich des älteren Blondel) ausgeführte Zeughaus allerdings nicht gerechnet werden darf; er kann daher mit Recht als der Gründer dieser Schule angesehen werden. Seinen Schöpfungen in Berlin ist das Schicksal leider besonders feindlich gewesen; die Parochialkirche ist nur verstümmelt zur Ausführung gelangt und alle übrigen — mit Ausnahme des unbedeutenden Derfflinger'schen Palais und jenes auf den Namen von Smids gehenden Galeriebaues am Schlofs — sind bereits wieder verschwunden.

Sein Amtsnachfolger Martin Grünberg (1655—1707), der Erbauer des Friedrichs-Hospitals, des Kölnischen Rathhauses, der „Neuen" und der älteren Garnisonkirche sowie

Einleitung.

der alten Sternwarte an der Dorotheenstrafse, vermochte ihn als Künstler nicht zu ersetzen. So ward denn für die bedeutenden Aufgaben der Zeit wiederum die Heranziehung auswärtiger Kräfte erforderlich.

Die gröfste Aufgabe, der Erneuerungsbau des Schlosses, fiel dem genialen, bereits seit 1694 als Hofbildhauer von Warschau nach Berlin berufenen Andreas Schlüter (1664—1714) zu. Die meisterhafte, zugleich den bildnerischen wie architektonischen Theil derselben umfassende Lösung, die er ihr in freiem und doch sicherem Schalten über alle Mittel der Kunst zu geben wufste, gehört der allgemeinen Kunstgeschichte an. Ueber die von Gurlitt angeregte Frage, in wie weit bei dem stellenweise sehr auffällige Ungleichheiten aufweisenden Entwurf etwa noch andere Architekten betheiligt sein könnten, sind die Acten noch ebensowenig geschlossen, wie über Schlüters Urheberschaft in Bezug auf den architektonischen Theil einiger anderen gleichzeitigen Bauten. Berlin, das ihm neben seinem gröfsten Monumentalbau auch sein schönstes bildnerisches Denkmal, das Reiterstandbild des Grofsen Kurfürsten, verdankt, wurde als Kunststadt erst durch ihn zu einem höheren Range erhoben. Nicht minder ist es in erster Linie gewifs seinem anregenden Einflusse zuzuschreiben, wenn die Meister der Folgezeit in der Fähigkeit plastischer Gestaltung und lebendiger Gliederung der Bauten über die korrekte, aber trockene Kunstweise Nerings hinaus gelangen.

Schlufsstein
am Nordportale des Zeughauses.
Bildhauer Schlüter.

Neben Schlüter treten als treffliche Architekten von akademischer Schulung noch der aus Schweden stammende Joh. Friedrich v. Eosander (gestorben 1729) und der in Paris geborene Jean de Bodt (1670—1745) hervor. Jener, nach der Katastrophe des Münzthurmes der Nachfolger Schlüters am Schlofsbau, hat aufser dem Westtheile desselben die Seitentheile vom Hauptbau und die Kuppel des Charlottenburger Schlosses sowie den Mittelbau von Schlofs Monbijou geschaffen; diesem fiel die Vollendung des Zeughausbaues, der Bau der Häuser an der Stechbahn und einiger Privatpalais zu; beide zeigen eine deutliche Hinneigung zu französischer Kunstweise. — Als Lehrer der Architektur wirkte an der Kunst-Akademie Jean Baptiste Broebes, ein Schüler Marots, dem die Sammlung zahlreicher Entwürfe jener Zeit zu danken ist.

Unter König Friedrich Wilhelm I., der bei seinem Regierungsantritte Schlüter und Eosander aus ihren Hofämtern entlassen hatte und nur einheimische Kräfte beschäftigte, wurden besonders der Kirchen- und der Palastbau gepflegt. Was auf beiden Gebieten mit verhältnifsmäfsig sparsamen Mitteln geleistet worden ist, rechtfertigt durchaus nicht das Vorurtheil, mit welchem das Kunstvermögen der damaligen Zeit früher betrachtet worden ist, sondern zeigt vielmehr, wie weit unter dem Beispiele der Architekten Friedrichs I. die Berliner Baukunst sich bereits innerlich entwickelt hatte. Dies würde noch mehr hervortreten, wenn nicht das Hauptwerk jener Zeit, die Petrikirche, durch Brand, der ihr zugedachte Thurm durch Einsturz zerstört worden wäre und die schönen Thurmhelme der Jerusalems- und Waisenhauskirche wegen Baufälligkeit hätten abgetragen werden müssen.

Die zunächst vorliegende Aufgabe der Vollendung des Schlofsbaues wurde einem Schüler und Gehülfen Schlüters, Martin Böhme (gestorben 1725), übertragen, der als selbständige Werke in Berlin die Palais v. Creutz und v. Grumbkow, aufserhalb die Schlösser zu Schwedt und Friedrichsfelde erbaut hat. Als der meist beschäftigte Architekt kann Philipp Gerlach (1679—1748) gelten, von dem in Berlin die Thürme der Parochialkirche und der Waisenhauskirche, die Jerusalemskirche, die Garnisonkirche und das Kammergericht herrühren, dessen Hauptwerk aber die Garnisonkirche in Potsdam ist. Von den Werken des talentvollen Grael (1708—1740) ist nur der Thurm der Sophienkirche erhalten, während die Petrikirche und mehrere Palais zerstört bezw. umgebaut sind. Dieterichs (1702—1781), gleich Grael ein Schüler Böhmes, hat neben der Böhmischen Kirche das Prinzessinnen-Palais, Favre die Dreifaltigkeitskirche, Wiesend die (heutigen) Palais des Hausministeriums und der Seehandlung, Horst das (abgebrochene) Voſs'sche Palais geschaffen. Das (heutige) Palais des Prinzen Albrecht ist nach einem französischen Entwurfe gebaut.

Die umfangreiche Bauthätigkeit Friedrichs des Groſsen in Berlin hat trotz der auſserordentlichen Bereicherung, welche die Erscheinung der Stadt durch sie erfuhr, die Ent-

Architekt Schinkel.
Oberer Theil von einem Portal der Bau-Akademie.

wicklung der Berliner Baukunst nicht so gefördert, wie es möglich gewesen wäre, wenn der Wille des Königs in das Schaffen der Künstler nicht so unmittelbar eingegriffen hätte.

Das gilt namentlich für die ersten Jahrzehnte seiner Regierung. Georg Wenceslaus v. Knobelsdorff (1699—1753), ein hochbegabter Architekt, der als Angehöriger des Kronprinzlichen Hofes das Schloſs in Rheinsberg und in den ersten vierziger Jahren das an die Bestrebungen des französischen Neuclassicismus sich anlehnende Opernhaus, den Erweiterungsbau von Schloſs Monbijou und den „Neuen Bau" des Charlottenburger Schlosses geschaffen hatte, fiel wegen seiner Selbständigkeit in Ungnade und wurde nur noch an den Potsdamer Bauten beschäftigt. Die zahlreichen Werke seines gefügigeren Nachfolgers Boumann (1706—1776), von dem fast alle zwischen 1745—1775 in Berlin erbauten öffentlichen Gebäude herrühren, entsprechen nur geringen künstlerischen Anforderungen; dem besten von ihnen, der heutigen Universität, liegt wahrscheinlich eine ältere Knobelsdorff'sche Skizze zu Grunde. Etwas höher stehen die St. Hedwigskirche von Büring und le Geay sowie einige (mittlerweile beseitigte) Bauten Feldmanns. Mehrere ansprechende Privatbauten sind von Dieterichs und Andreas Krüger, einem Gehülfen Knobelsdorffs, ausgeführt worden. — Im Innern aller dieser Bauten herrschte selbstverständlich das Rococo.

Günstiger lagen die Verhältnisse im letzten Jahrzehnt der Regierung des Königs, in welchem er sich wieder auf die Kraft befähigter Künstler stützte. Damals entstanden die Bauten der Gensdarmenmarkt-Thürme, der Königs-Colonnaden und der Colonnaden in der Leipziger Strafse, die von Carl v. Gontard (1738—1791), einem Schüler des jüngeren Blondel, die Königliche Bibliothek, die Colonnaden der Jägerstrafse und das Kadettenhaus, die von Georg Christ. Unger (1743—1802) entworfen sind. Beide Architekten haben auch die meisten der Façaden geschaffen, die der König damals „zur Embellirung der Stadt" vor zahlreichen Privathäusern errichten liefs. Aber so wirkungsvoll und künstlerisch fein empfunden die Umrifslinien der Gensdarmenmarkt-Thürme und so stattlich jene Façaden sind, die häufig bestimmten, vom König nach Kupferstichwerken ausgewählten Vorbildern folgen mufsten, so ist doch nicht zu verkennen, dafs eine derartige rein decorative Anwendung der Baukunst letztere ernstlich schädigt, zumal wenn die Herstellung der Bauten mit so billigen Mitteln erfolgt, wie hier vielfach geschehen ist. Man wird schwerlich irren, wenn man den Ursprung des protzenhaften Scheinwesens, das sich später in vielen Berliner Wohnhaus-Façaden breit machte und noch heute fortwuchert, auf jene Façadenmasken zurück führt. An und für sich sind die letzteren fast durchweg mafsvoll gehalten und mit künstlerischem Ernst durchgebildet; sie liefern trotz gewisser, der ganzen Zeit gemeinsamen Mängel einen erfreulichen Beweis dafür, zu welcher Reife und Leistungsfähigkeit sich die Berliner Architektur-Schule in kaum hundertjährigem Bestande bereits entwickelt hatte.

Unter der Regierung Friedrich Wilhelms II. sowie im folgenden Jahrzehnt vollzog sich in der Berliner Baukunst der Uebergang aus dem in der Detaillirung mehr und mehr zur Kraftlosigkeit ausgelebten und zum „Zopfstil" gewordenen Barock und Rococo zum Eklekticismus. Als führender Meister tritt Carl Gotthard Langhans (1732—1808) hervor. Noch wurde eine ganze Reihe tüchtiger Werke in der älteren Kunstweise geschaffen — so von Gontard das Oranienburger Thor, von Unger das Hamburger und Rosenthaler Thor sowie die Vordergebäude vom Schlofs Monbijou, von Titel das (heute zur Bibliothek gehörige) Gebäude der Wittwen-Verpflegungsanstalt in der Behrenstrafse und mehrere der schönsten, auf Königliche Kosten errichteten Façaden von Privatbauten, von Langhans selbst das anatomische Theater der Thierarzenei-Schule, die Herkulesbrücke und die Colonnaden in der Mohrenstrafse, das Schlofstheater und das Belvedere in Charlottenburg, das (ältere) Schauspielhaus und das neue Gebäude der Charité; auch die erst 1801 von Becherer erbaute (alte) Börse kann wohl noch hinzu gerechnet werden. In den Innendecorationen aber, insbesondere in dem unter Zuziehung des Dessauer Hof-Baumeisters von Erdmannsdorf bewirkten Ausbau der Königskammern des Schlosses sowie im Schlofs Bellevue, tritt bereits — wiederum in engem Anschlufs an die gleichzeitigen französischen Strömungen — der Versuch einer Vermittelung mit der Antike deutlich hervor und für das Brandenburger Thor hat Langhans rein hellenische, für den neuen Thurmaufbau der Marienkirche gothische Formen gewählt. Mehr und mehr gewannen dann unter den Vertretern des jüngeren Geschlechts jene Bestrebungen einer Rückkehr zu antiker Einfachheit auch für die Aufsen-Architektur Anwendung. Neben zahlreichen Wohnhaus-Façaden in allen Theilen der Stadt gehören hierher das Friedrich-Wilhelm-Gymnasium, die sogen. „Reitende Artillerie-Caserne" am Oranienburger Thor, die Reit-Akademie des Marstalls und die (abgebrochene) Münze am Werderschen Markt von Wilhelm Gentz, dem im Jahre 1810 auch die Erbauung des Mausoleums im Charlottenburger Park zufiel. Den bezeichnendsten Ausdruck würde diese ganze, hohe Ziele verfolgende, aber von Dilettantismus nicht freie Richtung gefunden haben, wenn der Entwurf des früh verstorbenen Friedrich Gilly für ein Denkmal Friedrichs des Grofsen auf dem Leipziger Platze zur Ausführung gekommen wäre.

Auf dem Boden dieser Bestrebungen ist, als Schüler Gillys, der Architekt emporgewachsen, dem es beschieden war, in dem auf die Befreiungskriege folgenden Vierteljahrhundert die Berliner Baukunst zu neuem Glanze zu beleben und ihr — zum erstenmale — europäische Geltung zu verschaffen. Die künstlerische Thätigkeit Carl Friedrich Schinkels

(1781—1841), in dem alle guten Eigenschaften der Berliner Architektur-Schule mit höchster, alle Zweige der Kraft umfassender Begabung sich vereinten und der darum als das natürliche Haupt jener Schule erscheint, gehört, wie diejenige Schlüters, der allgemeinen Kunstgeschichte an und bedarf daher an dieser Stelle keiner näheren Würdigung. Ebenso ist eine Aufzählung seiner Werke nicht erforderlich, da während des betreffenden Zeitabschnittes — mit alleiniger Ausnahme der Sing-Akademie und des Königstädtischen Theaters von Ottmer und des Palais des Prinzen (späteren Kaisers) Wilhelm von Carl Ferdinand Langhans — alle bedeutenderen Neubauten Berlins nach seinen Entwürfen aufgeführt worden sind. Ueber den bleibenden Werth dieser Werke, die um so bewunderungswürdiger sind, als sie mit äufserst geringen Mitteln geschaffen werden mufsten, herrscht ein Zweifel auch bei denen nicht, die in einer Anwendung hellenischer Kunstformen für die zu so vielgestaltigen Zwecken bestimmten Bauten eines nordischen Landes das Heil nicht erblicken können. Ihre Bedeutung ist vor allem eine erzieherische; an ihrer klaren Einfachheit und keuschen Schönheit hat die Berliner Baukunst ein Vorbild gewonnen, das sie aus der Gefahr der Uebertreibung und Verwilderung immer wieder zu edlem Mafshalten zurück führen wird. Nicht minder hat sie es Schinkel zu danken, dafs er die ihr zur Verfügung stehenden Ausdrucksmittel durch die Wiedereinführung der altheimischen Bauweise mit unverputzten Backsteinen und Terracotten erweitert hat.

Die an die Zeit Schinkels sich anschliefsenden beiden Jahrzehnte sind für die Fortentwicklung der Berliner Baukunst leider nicht so günstig gewesen, wie man es unter der Regierung eines von künstlerischen Idealen erfüllten Monarchen hätte erwarten können, der sich selbst zu den Architekten rechnete.

Für die Gestaltung des öffentlichen Bauwesens war es verhängnifsvoll, dafs zu viele grofsartige Unternehmungen auf einmal ins Auge gefafst, wenn auch nur zum kleineren Theile wirklich begonnen, geschweige denn durchgeführt wurden. Dadurch zersplitterten sich zumeist die Mittel, sodafs man genöthigt war, theils den Mafsstab der Bauten einzuschränken, theils von einer wahrhaft monumentalen Ausführung Abstand zu nehmen. Dann aber war es den zur Lösung dieser Aufgaben berufenen, an sich hochbegabten Architekten nicht immer möglich, sich in sie genügend zu vertiefen. Hatten sie doch, obwohl beim Tode Schinkels schon im reifen Mannesalter stehend, bis dahin nur an unbedeutenden Aufträgen des Privatbaues sich schulen können und konnten sie doch in den meisten Fällen nicht ihren eigenen Gedanken folgen, sondern mufsten an die Neigungen und Wünsche ihres Königlichen Bauherrn sich anschmiegen. So ist es gekommen, dafs die Werke dieser Zeit häufig den grofsen Zug der Schinkel'schen Bauten vermissen lassen und in ihrer spielenden Behandlung gewisser, willkürlich heran gezogener Motive von einem Anhauch des Dilettantismus nicht frei sind. Dies gilt namentlich von den Kirchen, deren Motive meist italienischen Bauten entlehnt wurden und deren reich gegliederter Aufbau zu dem kleinen Mafsstabe der Anlage aufser Verhältnifs steht. Anderseits konnte gerade in der Ausgestaltung dieser Kirchenbauten, bei der die Formen altchristlicher und romanischer Kunst dem Backsteinbau und der Vortragsweise der heimischen Schule angepafst wurden, das Talent der betreffenden Architekten von seiner liebenswürdigsten Seite sich zeigen.

Die Mehrzahl der vom König selbst gestellten Aufgaben fiel August Stüler (1800 bis 1865) zu, nach dessen Entwurf der Bau des Domes mit dem Campo santo begonnen wurde. Sein Hauptwerk ist das Neue Museum, sein bestes — wenn man es als künstlerische Leistung für sich und aufser Zusammenhang mit der Architektur des zugehörigen Bauwerks betrachtet — die Kuppel der Schlofskapelle. Unter seinen Profanbauten verdienen die Gebäude des Kriegsministeriums und des Ministeriums der öffentlichen Arbeiten besondere Erwähnung. Von den Kirchenbauten rühren diejenigen der Jacobi-, Matthäi-, Markus- und Bartholomäuskirche, die Kapelle des Domcandidatenstifts und die Ergänzungsbauten der Moabiter Johanniskirche von ihm her. Aber auch als Privat-Architekt ist der unermüdliche Meister, von dessen Wirksamkeit die Berliner Bauten nur einen kleinen Theil darstellen, vielfach thätig gewesen; stattliche Werke von ihm sind namentlich die Häuser an der Westseite und an der Nordwestecke des Pariser Platzes. — Heinrich Strack (1805 bis 1880) hat während des in Rede stehenden Zeitabschnittes die Petri- und Andreaskirche, das Bier'sche Haus (heute Staatsministerium) und die schöne, durch den Bau des Reichstagshauses beseitigte Gebäudegruppe an der Ostseite des Königsplatzes geschaffen; der Bau der National-Galerie, dem eine Stüler'sche Skizze zu Grunde liegt, und der Siegessäule fallen erst in die Regierung Wilhelms I. — Den gelungensten Kirchenbau der damaligen Zeit, die katholische St. Michaelskirche, hat August Soller (1805—1853), die beiden wirkungsvollen Casernen des Garde-Ulanen- und des 1. Garde-Dragoner-Regiments Carl Drewitz, den Bau der Strafanstalt in Moabit Carl Ferdinand Busse ausgeführt. Die grofsen Monumentalbauten des Rathhauses von Waesemann, der Börse von Hitzig und der neuen Synagoge von Knoblauch sind erst unter der Regentschaft begonnen worden.

Erfreulicher als das Ergebnifs auf dem Gebiete des öffentlichen Bauwesens stellt sich für die Regierungszeit Friedrich Wilhelms IV. dasjenige auf dem Felde der Privat-Architektur, die bis dahin — abgesehen von den auf Königliche Kosten ausgeführten Scheinfaçaden aus der zweiten Hälfte des 18. Jahrhunderts — fast ganz dem Handwerk überlassen worden war. Hier vollzog sich unter der Einwirkung der Architekten, von denen Eduard Knoblauch, Friedrich Hitzig und Eduard Titz sich zuerst ganz ausschliefslich diesem Gebiete des Schaffens gewidmet hatten, ein entschiedener Aufschwung, der sowohl auf die bessere Gestaltung des Grundrisses wie auf die künstlerische Haltung der Façaden sich erstreckte. In der Stilfassung der letzteren, deren Herstellung durchweg im Putzbau mit Stuckgufs-Ornamenten erfolgte, wurde an den hellenischen Formen der Schinkelzeit, wenn auch unter Heranziehung von Renaissancemotiven festgehalten. Leider trat zufolge dieser durchgängigen Anwendung von Surrogatstoffen bei geringeren Bauten allmählich ein ungesundes Spiel mit Formen und eine zu grofse Häufung derselben ein. —

Auf das letzte Menschenalter baukünstlerischen Schaffens in unserer Stadt soll aus demselben Grunde nicht im einzelnen eingegangen werden, der es veranlafst hat, auch in der allgemeinen geschichtlichen Einleitung mit dem Regierungsantritt König Wilhelms I. abzuschliefsen: unser Buch selbst giebt ausreichende Auskunft über das, was in diesen Jahren geleistet worden ist.

Die Entwicklung, welche die Berliner Baukunst seither, am auffälligsten aber seit dem Jahre 1871, genommen hat, ist eine geradezu beispiellose. Ermöglicht durch den wachsenden Wohlstand, aber auch durch das gesteigerte Kunstinteresse und Kunstbedürfnifs der Bevölkerung, hat sie sich insbesondere nach zwei Richtungen hin vollzogen: einmal in dem Wandel des Geschmacks, der statt der früheren akademischen Gemessenheit eine malerisch bewegte Architektur, statt der Dutzendwaare eine individuell entwickelte Kunstleistung verlangt, sodann aber in der Freiheit, mit der die verschiedensten Stilformen und Motive verwendet werden. Zunächst war es die italienische, dann die deutsche Renaissance, die herangezogen wurden, um jenem lange unterdrückten Bedürfnisse nach malerischer Wirkung Genüge zu thun; inzwischen sind auch die Kunst der Barockzeit und die Gothik in gleiches Recht gesetzt worden. Gegen das anfangs auftretende Uebermafs der Formenfreudigkeit macht sich allmählich eine gesunde, an die Vorbilder altdeutscher bürgerlicher Baukunst anknüpfende Reaction geltend. Begünstigt wird dieselbe durch das zuerst an den Bauten der Stadtgemeinde streng durchgeführte, allmählich immer allgemeiner hervortretende Bestreben, jeden unter künstlerischen Ansprüchen ausgeführten Bau im Aeufsern aus echten Baustoffen herzustellen. — Bezeichnend für das Bedürfnifs nach individueller Behandlung der Façaden, unter denen diejenigen der Geschäftshäuser neuerdings eine immer wichtiger werdende Rolle spielen, ist namentlich die Art, in welcher der bildnerische Schmuck mit dem Organismus des Baues verwebt wird.

Entsprechend der Steigerung der Bauthätigkeit hat sich auch die Zahl der Architekten vermehrt. Dafs sich unter ihnen Angehörige aller deutschen Architektur-Schulen befinden, fördert den Wetteifer und ist ein unschätzbarer Quell gegenseitiger Anregung. Und doch beseelt sie nur ein Streben: rastlos mitzuwirken an der weiteren Entwicklung ihrer Kunst, an der Entwicklung Berlins. Glückauf ihnen auch für die Zukunft!

I.
Die Schlösser und Palais des Königlichen Hauses.[1]

1. Das Königliche Schloſs.

Berlin besitzt in dem Königlichen Schlosse an der Spree nicht nur ein Bauwerk von bedeutendem Kunstwerth, das unter den Fürstenschlössern in Europa einen hohen Rang behauptet, sondern auch das hervorragendste Denkmal seiner eigenen Geschichte. Seine Gründung und seine Entwicklung[2]) sind mit der Geschichte der Stadt, besonders in ihren früheren Zeitepochen, aufs engste verknüpft und demzufolge in ihren Hauptpunkten bereits in dem einleitenden Abschnitte im ersten Bande dieses Werkes berührt worden. Die Geschichte des Schlosses beginnt mit dem Burgbau des zweiten Hohenzollern-Kurfürsten auf dem von den Städten, kraft der Urkunde vom 29. August 1442, ihm überwiesenen Terrain, im Winkel zwischen Spree und der quer über den heutigen Lustgarten laufenden Stadtmauer. Die südliche Grenze des Bauplatzes bildeten das ehemalige auf der Westhälfte des heutigen Schlofsplatzes belegene Dominikanerkloster, demnächst die alte Renn- oder Turnierbahn, deren Lage der Plan Abb. 1 erkennen läfst.

Der Grundstein zum Schlosse wurde am 31. Juli 1443 gelegt und der Bau nach mancherlei Störungen durch die um ihre Freiheit besorgte Bürgerschaft von Berlin und Köln soweit gefördert, dafs der Kurfürst Ende Februar oder Anfang März 1451 daselbst seinen Sitz aufschlagen konnte. Umfang und genaue Lage der Hohenzollernburg dürften schwer festzustellen sein, da sich bisher nur in einzelnen Mauerzügen

---

1) Bearbeitet von R. Borrmann.
2) Die älteren Bearbeitungen der Baugeschichte des Berliner Schlosses in dem Prachtwerke von R. Dohme, „Das Königliche Schlofs zu Berlin, Leipzig 1876", sowie in der ersten Auflage dieses Buches beruhten im wesentlichen auf der in dem bekannten Werke von Friedrich Nicolai gegebenen Darstellung

des Kellers an der Spreeseite und in dem Backsteingemäuer des Rundthurmes neben der alten Schlofskapelle, des Grünen Hutes, sichtbare Reste aus jener Zeit nachweisen liefsen. Aller Wahrscheinlichkeit nach war der Bau Friedrichs II. durchweg ein Backsteinbau. — Unter den folgenden drei Kurfürsten scheinen keine baulichen Veränderungen von Belang eingetreten zu sein. Dagegen unternahm Joachim II. (1535—1571), dem die Mark die Einführung der Reformation verdankt, eine vielleicht schon früher geplante weitgreifende Umgestaltung des kurfürstlichen Hoflagers, welche das Bild der mittelalterlichen Burg völlig verwischte. Nachdem er das Dominikanerkloster aufgehoben und das seit 1469 mit der alten Schlofskapelle verbundene Domstift dorthin verlegt hatte, begann 1538 der Umbau des Schlosses.

Bei dem Mangel einheimischer künstlerischer Kräfte wandte sich der Kurfürst an das auch politisch befreundete Sachsen, wenigstens ist sicher, dafs Konrad Krebs, der Erbauer des Torgauer Schlosses, 1537, wenige Jahre vor seinem Tode (gest. 1540), in Berlin weilte. Unzweifelhaft hat dieser Meister auf den dem Torgauer Vorbilde in wesentlichen Theilen gleichenden Berliner Neubau, der aus der Zwingburg Friedrichs II. ein stattliches Fürstenschlofs in den Formen der deutschen Frührenaissance geschaffen hat, bestimmenden Einflufs geübt. Der ausführende Architekt war Caspar Theifs, neben ihm scheint der Baumeister Kunz Buntschuh thätig gewesen zu sein. Die flotte, reizvolle Steinhauerarbeit am Schlosse war das Werk sächsischer Steinmetzen.

Gestalt und Umfang des Joachim'schen Baues lassen sich aus ältern Abbildungen

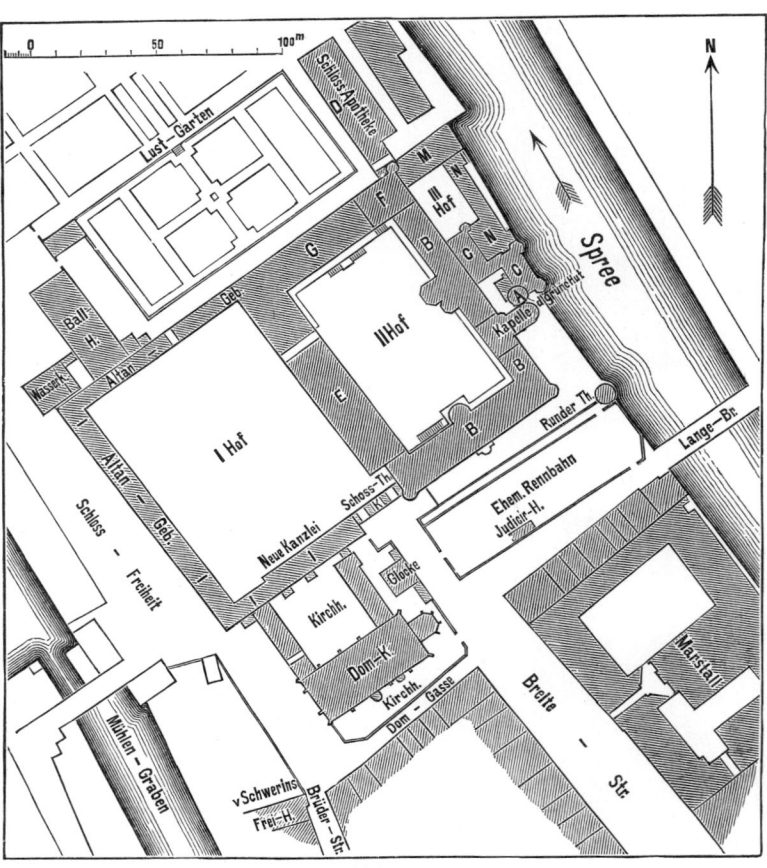

Abb. 1.
Lageplan des kurfürstlichen Schlosses und der ehemaligen Domkirche.

ungefähr ermitteln. Danach umfafste er die im Uebersichtsplane Abb. 1 mit B bezeichneten dreigeschossigen Flügel. Zwei runde Eckthürme und reichgegliederte Giebelerker im Dachgeschosse belebten die der Stadt zugekehrte Hauptfront.[1] Abb. 2. An der Wasserseite

---

(vgl. R. Dohme: „Barock- und Rococo-Architektur, Berlin 1892"). Die nachfolgende, in nicht geringem Mafse von den früheren abweichende Baugeschichte beruht, von Einzelheiten abgesehen, gänzlich auf der ausführlichen Darstellung in dem Werke: Die Bau- und Kunstdenkmäler von Berlin. Im Auftrage des Magistrats der Stadt Berlin bearbeitet von R. Borrmann. Berlin 1893. S. 258 ff. — Wesentliche Ergänzungen, besonders die Neubauten betreffend, werden Herrn Hof-Bauinspector Geyer verdankt, der die Freundlichkeit hatte, den ganzen Abschnitt einer Durchsicht zu unterziehen.

[1] Die Ansicht der Südfront, Abb. 2, ist gezeichnet nach der im Hohenzollern-Museum befindlichen Copie eines Oelbildes im Schlosse zu Tamsel, welches die Schlofsplatzfront darstellt und etwa 1690 gemalt sein mag. — Ansichten der Schlofshöfe enthalten die 1690/91 entstandenen, jetzt in der Königlichen Bibliothek aufbewahrten Aquarelle des Malers Joh. Stridbeck. Ihnen ist Abb. 3 entnommen, welche den zweiten Schlofshof, vom Quergebäude aus gesehen, darstellt.

I. Die Schlösser und Palais des Königlichen Hauses. 3

K. Grunert gez.   Abb. 2. Das Schlofs zu Berlin um 1690.

trat die Schlofskapelle mit ihrem thurmartigen Aufsatze hervor, die Hoffronten beherrschten die vorspringenden Treppenthürme, so der runde, durch Arkaden geöffnete, von einem Altan mit Freitreppe zugängliche Wendelstein am Südflügel, an der Ostseite zwei achteckige Thürme, von denen der gröfsere, der Reitschnecken, eine Wendelrampe, der kleinere eine Treppe enthielt. Das Hauptgeschofs des Schlofsplatzflügels nahm ein einziger grofser Saal ein, der die Bewunderung der Zeitgenossen erregte. Von der Südwestecke dieses Flügels führte ein mit Brettern verschalter Gang auf rohen Mauerpfeilern zur kurfürstlichen Loge im Dom.

Joachims II. Nachfolger Johann Georg (1571—1598) betrieb freilich mit haushälterischer Sparsamkeit und Verzicht auf reichere Formengebung den Weiterbau des Schlosses, nachdem er für diese Aufgabe, sowie für die schon unter seinem Vater begonnenen Befestigungen von Spandau in der Person des aus sächsischen Diensten übertretenden Grafen Rocco Guerini von Lynar einen Leiter und Berather gefunden hatte. Die nächste Erweiterung bestand in dem um einen Binnenhof gruppirten sogen. Dritten Hause an der Spree, dessen Front noch heute wohlerhalten ist (C im Uebersichtsplane).

Hieran schlofs sich im Jahre 1585 ein, wie es scheint unabhängig von Lynar, durch den Dresdener Baumeister Peter Kummer und den brandenburgischen Münzmeister und Apotheker Michael Aschenbrenner entworfener Flügel, der die kurfürstliche Münze und Apotheke enthielt, die ehemalige, jetzt stark verkürzte Schlofsapotheke (D). — 1590 trat zur Unterstützung des vielbeschäftigten Lynar der bisher am Dessauer Schlosse beschäftigte Architekt Peter Niuron in brandenburgische Dienste. Von ihm rührt das zwischen 1591—1595 erbaute, gleichfalls noch vorhandene Quergebäude (E) zwischen beiden Höfen her, sowie ein später im Schlüter'schen Neubau aufgegangener Bautheil (F) an der Nordwestecke des inneren Hofes. Die ehemalige Gestalt von F wie die des jetzt seiner Dacherker beraubten Quergebäudes lassen von alten Aufnahmen am besten die Stridbeckschen Aquarelle erkennen. Beide gleichen dem Südflügel des Köthener Schlosses, den Niuron nach seinem Fortgange von Berlin, seit 1599, leitete. Die Bebauung der noch fehlenden Nordseite des inneren Hofes, sowie der Ausbau des äufseren Schlofshofes mit niedrigen, ihrer flachen Dächer wegen Altane genannten Bautheilen fielen in die Zeit Joachim Friedrichs (1598—1608). Diese völlig schmucklosen Aufsenbauten enthielten Wirthschaftsräume, Stallungen, die Unterkunft für Dienerschaft und Trofs, sowie die

1*

I. Die Schlösser und Palais des Königlichen Hauses.

Abb. 3. Der zweite Schlofshof vor dem Umbau durch Schlüter (nach Stridbeck).

kurfürstliche Canzlei. An der Nordwestecke des Schlosses entstand zur Bewässerung des kurfürstlichen Küchengartens auf dem heutigen Lustgarten ein hoher Wasserthurm, der nachmals durch Schlüters Mifsgeschick zu tragischer Berühmtheit gelangen sollte. Somit hatte zu Beginn des 17. Jahrhunderts das Berliner Schlofs den Umfang des heutigen erreicht, doch trug mit Ausnahme der beiden Joachim'schen Bautheile und des Dritten Hauses am Wasser die grofse Masse der Baulichkeiten das Gepräge des schlichten Bedürfnifs- und Wirthschaftsbaues.

Während der schweren Zeiten des dreifsigjährigen Krieges handelte es sich im wesentlichen um Unterhaltung des Vorhandenen, wobei die Altane die meiste Sorge bereiteten. Drückender Geldmangel scheint mehrfach sogar unaufschiebbare Wiederherstellungen behindert zu haben. Ein Wandel trat erst ein, als der Grofse Kurfürst die Zügel der Regierung ergriff. Friedrich Wilhelms Jugendeindrücke und Bildung wurzelten in Holland; ihm dankt die Kunst Berlins die freilich schon von seinen Vorgängern angebahnte, so überaus folgenreiche Verbindung mit der niederländischen Kunst. Zunächst wurde der bereits seit länger als einem Jahrzehnt im Herzogthume Preufsen beschäftigte Ingenieur Joh. Gregor Memhardt nach Berlin berufen und neben den Arbeiten für die Stadterweiterung und Befestigung von Berlin mit der Instandhaltung des Schlosses beauftragt.

Von grofsem Einflusse auf die spätere Gestaltung des Schlosses war die Anlage eines mit Kunstwerken ausgestatteten Schmuck- und Ziergartens — des Lustgartens — und die Regulirung des westlichen Schleusenarmes der Spree. Erhielt doch erst hierdurch die nördliche Seite ihre Bedeutung und Verbindung mit dem westlich neu hinzugefügten neuen Stadttheile, der Dorotheenstadt. Schon damals entstanden, vermuthlich durch Memhardt, umfassende Pläne für eine Umgestaltung des Schlosses. — Allein erst im letzten Jahrzehnt der Regierung des Grofsen Kurfürsten begannen jene Umgestaltungen, welche während eines Menschenalters die alte kurfürstliche Residenz in einen modernen Palast umwandeln sollten. Sie betrafen zunächst den Ausbau des Nordflügels am dritten Hofe (M). Etwa gleichzeitig, wenn nicht früher, 1680—1681, entstand über dem niedrigen Quergebäude (nördlich von E) ein grofser Festsaal, der sogen. Alabastersaal. Im Anschlufs an den Apothekenflügel war 1680 ein langer Tract im Bau, der die Ostseite des Lustgartens begrenzte, aber unvollendet blieb. An der Südseite wurde bereits gegen 1660 die Rennbahn beseitigt zugleich mit dem Kleintrödelkram der Verkaufsbuden, die sich dort eingenistet hatten. An ihre Stelle traten später (1679) steinerne Bogenarkaden (Abb. 2) mit massiven Läden; ein stattliches dreibogiges Thor (heute Portal II) vermittelte den Zugang vom Platze in den äufseren Schlofshof. 1682 fiel der alte Rundthurm an der Langen Brücke; an der Lustgartenseite wurde ein Ballhaus angelegt, doch war alles dieses nur die Einleitung zu gröfseren Unternehmungen.

Mit Friedrich Wilhelms Sohne, dem ersten Könige, beginnt der letzte glänzendste Abschnitt der Baugeschichte des Schlosses. Im inneren Schlofshofe entstanden zunächst zwischen den Treppenthürmen, dem Reitschnecken und Wendelsteine, zweigeschossige Bogengalerien (Abb. 3); durch den einfachen, edlen Arkadenbau N zwischen dem Dritten Hause und dem Flügel M, welchen der Holländer M. Matthias Smids im Verein mit Nering erbaute, wurde die noch offene Seite des dritten Hofes geschlossen.

Nur ein Jahrzehnt, aber welch ein Abstand in den Mitteln und im künstlerischen Vermögen trennt diese Theile, durch welche die alte kurfürstliche Residenz ihren Abschlufs erhielt, von dem Königsbaue Andreas Schlüters. Obwohl noch vor der Krönung begonnen, steht Schlüters Neubau doch in geistigem Zusammenhange mit diesem bedeutsamen politischen Ereignisse, ist gewissermafsen der monumentale Ausdruck der Königswürde geworden.

Die endgültigen Pläne dazu müssen 1698 entstanden sein. Sicher ist, dafs kein den alten Bestand umgestaltender Eingriff vor dem Jahre 1699 stattgefunden hat. In diesem Jahre aber begannen unter Schlüters Leitung die Bauausführungen, welche den vollständigen Umbau der um den zweiten Hof gruppirten Flügel, sowie einen Neubau der Nordfront am Lustgarten westlich vom Apothekenflügel umfafsten. Obwohl Schlüter an die Umfassungsmauern, Geschofshöhen, ja theilweise sogar an die Achsen des vorhandenen Baues gebunden war, so entstand unter seinen Händen doch eine neue ganz selbständige Schöpfung in den reifen Formen des italienischen Barockstiles. Von dem Entwurfe Schlüters geben gleichzeitige Kupferstiche, sowie eine Medaille eine genügende Vorstellung. Sie lehren, dafs der Entwurf die Umgestaltung sämtlicher Bautheile um den inneren Hof und an der Spree beabsichtigte, an Stelle der Altane um den äufseren Hof einen Tract mit offener Säulengalerie. Bis zum Jahre 1706 waren die Flügel um den Hof, sowie sie heute noch stehen, im wesentlichen vollendet; unberührt blieben die Quergebäude und die alten Theile am Wasser, denn mittlerweile waren Ereignisse eingetreten, welche den baulichen Unternehmungen eine ganz neue Richtung geben sollten. Das wichtigste war die Enthebung Schlüters von der Stellung als leitender Architekt infolge des Mifsgeschicks, welches ihn beim Ausbau des sogen. Münzthurmes betroffen hatte. An seine Stelle trat v. Eosander, genannt Göthe, Schlüters Nebenbuhler, von dem die Erweiterung der Anlage um den äufseren Hof herrührt, zunächst also die Fortsetzung des Lustgartenflügels von Portal IV an, sodann der Bau des Westflügels an der Freiheit mit dem grofsartigen, als Unterbau für einen mächtigen Kuppelthurm entworfenen Triumphbogen — Portal III.

Mit dem Regierungsantritte Friedrich Wilhelms I. erhielt auch Eosander seinen Abschied, doch betrieb der König, wenngleich mit Beschränkung auf das Nothwendigste, die Vollendung des Schlofsbaues, indem er durch Martin Böhme die noch fehlende Hälfte des südlichen Flügels am Schlofsplatze von Portal II bis zur Ecke an der Freiheit ausführen liefs. Im Jahre 1716 war das gewaltige Rechteck geschlossen und nach Abbruch des Ballhauses im Norden sowie der Klosterbaulichkeiten am alten Dom ringsum freigelegt. — Das Innere freilich blieb noch weit von der Vollendung entfernt und unterlag mit veränderter Benutzung bei jedem Regierungswechsel Erneuerungen und Umbauten. Erst 1728 wurde der gröfste Raum des Schlosses, der Weifse Saal, in der Nordhälfte des Westflügels nothdürftig vollendet.

Aufser den Festräumen, Wohnungen und Wirthschaftsräumen für den Hof und die Dienerschaft enthielt das Schlofs noch eine grofse Zahl von Geschäftsräumen und Bureaus für verschiedene Behörden, so im Erdgeschosse an der Schlofsplatzseite und der Südhälfte des Westflügels fast ausschliefslich Cassen, im Obergeschosse des letztgenannten Theiles Archiv und Bureaus für das Generaldirectorium, im Erdgeschosse des Querflügels die geheime Canzlei und Registratur, im ersten Stock die kurmärkische Kriegs- und Domänenkammer. Unter dem Alabastersaale befand sich anfangs die Schlofswache, später die Küche. — So diente das Schloſs, recht im Sinne des hausväterlichen Hohenzollern-Regiments, als Königliche Residenz und Regierungsgebäude zugleich. Auf dem nach Beseitigung der Gartenanlagen in einen Paradeplatz umgewandelten Lustgarten exercirte unter den Augen des Königs das Militär.

Friedrich der Groſse hat in Berlin niemals längere Zeit Wohnsitz genommen, doch lieſs er im ersten Stock die Räume von der alten Kapelle bis zum Saal über Portal II aufs reichste im Rococogeschmack einrichten. Der Alabastersaal wurde in ein Theater umgewandelt. Gröſsere Umgestaltungen folgten unter Friedrich Wilhelm II. (1786—1797) durch Einrichtung der Königlichen Wohnung, der Königskammern, im ersten Stock des Lustgartenflügels. Die Leitung dieser schon im neuclassischen Stil ausgeführten Arbeiten hatten v. Gontard und v. Erdmannsdorf, gleichzeitig richtete Langhans im ersten Stock der Schloſsplatzseite die Wohnung der Königin Friederike neu ein. Aus der Regierung Friedrich Wilhelms III. sei nur der 1825—1826 für den Kronprinzen durch Schinkel bewirkten Umgestaltung der ehemaligen Wohnung Friedrichs II. gedacht.

Eine neue Periode inneren und äuſseren Ausbaues bildete die Regierung Friedrich Wilhelms IV. Zunächst wurde zum Ausgleich des abfallenden Terrains 1844 die stattliche bepflanzte Terrasse an der Lustgartenfront angelegt und am Zugang zu Portal IV die Bronzegruppen der Rossebändiger von Clodt aufgestellt. 1846 folgte die Umgestaltung des Weiſsen Saales und des anstoſsenden groſsen Treppenhauses durch Stüler[1]) und im Zusammenhange damit, als das Hauptwerk der romantischen Richtung unter König Friedrich Wilhelm IV., die von 1845 bis 1852 erbaute und ausgemalte Schloſskapelle. Ihr achteckiger, zwar in abweichenden Stilformen, aber in richtigem Verhältnisse zur Masse der Westfront errichteter Kuppelbau bildete endlich einen befriedigenden Abschluſs des v. Eosander'schen Portalbaues. An diese Neuschöpfungen schlossen sich fortlaufende Erneuerungen der Festräume unter Hesse und Persius, 1861 die Wiederherstellung der Neuen Galerie im Arkadenflügel des dritten Hofes. — 1873 erfuhren die Façaden der Quergebäude nach dem inneren Hofe zu eine Wiederherstellung in stillosen Renaissanceformen. 1874—1875 erfolgte die Verlängerung der Säulengalerien dieses Hofes von Portal I und Portal V bis zum Quergebäude. Der Neubau der Kaiser-Wilhelm-Brücke machte eine Verkürzung des Schloſsapothekenflügels nöthig. Schon früher waren die niedrigen Wirthschaftsgebäude hinter diesem Flügel abgebrochen worden.

Im Innern ist man seit Jahren bestrebt gewesen, die Benutzbarkeit und Wohnlichkeit der einzelnen Raumcomplexe, namentlich in den ältesten Theilen, zu erhöhen und sie zu Absteigequartieren für fürstliche Gäste und deren Gefolge einzurichten. Der Mangel an Zusammenhang, an inneren Corridoren und Nebenräumen, die ungenügende Verbindung der Wirthschafts- mit den Festräumen beeinträchtigten die Bewohnbarkeit des gewaltigen Bauwerkes, sowie sie seine Benutzung für festliche Veranstaltungen des Hofes erschwerten.

Die Nothwendigkeit, hier Wandel zu schaffen, trat in verstärktem Maſse hervor, als das regierende Kaiserpaar im Schlosse seinen Wohnsitz zu nehmen beschloſs. Demzufolge wurde 1888—1889 die gesamte Zimmerflucht im ersten Stock der Schloſsplatzseite westlich vom Portal I zur Kaiserlichen Wohnung eingerichtet und theilweise umgestaltet, wobei indeſs werthvolle Reste aus alter Zeit, soweit es anging, geschont wurden. Andere Neueinrichtungen betrafen das Erdgeschoſs des Nordflügels, besonders die zu einem vornehmen Absteigequartier bestimmten ehemaligen polnischen Kammern östlich von Portal V. Für eine auskömmlichere Gestaltung der Festräume glaubte man in der Erweiterung des westlichen Flügels mit dem Weiſsen Saale, dessen isolirte Lage von jeher der Benutzung und Bedienung groſse Schwierigkeiten bereitet hatte, die richtige Lösung gefunden zu haben. Man gewann hier durch ein Vorrücken der Hoffront um 8 m in den Hof hinein Raum zur Anlage einer breiten Galerie neben dem Weiſsen Saale und damit eine ansehnliche Erweiterung dieses gröſsten Festraumes, ferner einen weiteren Zugang zur Schloſskapelle, endlich die Möglichkeit einer Verbindung der beiden durch Portal III getrennten Bauhälften. Bis jetzt (1891—1895) ist nur die Erweiterung des Weiſsen Saales bis zum Eosander'schen

---

1) Berlin und seine Bauten. I. Ausgabe 1877, Fig. 276.

Portal durchgeführt. Die Umbauten[1]) mit ihren der Neuzeit entsprechenden technischen wie wirthschaftlichen Einrichtungen waren mit bedeutenden Umänderungen in dem anstofsenden Längsflügel und einer Verlegung des Ecktreppenhauses verknüpft. Aehnliches wird sich für den Umbau an der gegenüberliegenden Seite ergeben.

Die letzten Jahre endlich haben tiefgreifende Umgestaltungen, welche der Bedeutung und Würde des Bauwerkes als Residenz des deutschen Kaisers Rechnung tragen, auch für die nähere Umgebung des Schlosses ins Leben gerufen. Im Norden ist der Neubau des Domes mit der Hohenzollerngruft unter Gerüst, der Lustgartenplatz steht seit Eröffnung der Kaiser-Wilhelm-Brücke mitten im Verkehr zwischen den westlichen und den neuerschlossenen östlichen Stadttheilen. Selbst die stille Wasserfront, in ihrer bisherigen Abgeschiedenheit ein malerischer Rest des historischen Berlin, blieb nicht unberührt. Hier ist, verbunden mit einem Altan, eine Landungsstelle für das Kaiserliche Dampfboot und für die elektrische Beleuchtung des Schlosses neben der Kaiser-Wilhelm-Brücke ein Maschinenhaus angelegt, das jedoch äufserlich nur wenig hervortritt. — Der Platz an der Südseite wird, nachdem er durch den Schlofsbrunnen einen monumentalen Schmuck erhalten hat, durch Niederlegen der Häusergruppe am Marstall und die Verbreiterung der Kurfürstenbrücke zu einem würdigeren Vordergrund für die Hauptfront werden. Auf der Westseite endlich hat die langersehnte Beseitigung der Häuser an der Schlofsfreiheit den Platz geschaffen für das Denkmal Kaiser Wilhelms I., das somit, auf die Achse des Triumphportals III gerichtet, in unmittelbare Beziehung zum Schlosse tritt. So steht das Schlofs von Berlin als der feste Kern inmitten der baulichen Umwälzungen, die diese erinnerungsreiche Stätte betroffen haben. Einst im Winkel der Stadt belegen, jetzt mitten hineingerückt in den Verkehr der Residenz, ist es ein Denkmal der Gröfse unseres Herrscherhauses, zugleich aber ein Wahrzeichen des innigen Zusammenlebens, das von jeher zwischen Herrscher und Volk, zwischen Staat und Stadt bestanden hat.

Beschreibung: Das Königliche Schlofs besteht aus den die beiden vorderen Höfe einschliefsenden Bautheilen der ersten Königszeit (1699—1716), den Quergebäuden aus der Zeit Johann Georgs und Joachim Friedrichs, ferner den um zwei kleinere Binnenhöfe gruppirten Anlagen an der Spree mit den ältesten Theilen aus der Zeit Joachims II. und Johann Georgs (Drittes Haus), sowie dem Arkadenflügel aus der letzten Kurfürstenzeit.

Das von den vier Hauptflügeln gebildete Rechteck ist im Aeufseren rund 166,50 m lang und durchschnittlich 115 m breit, während der vorspringende Flügel an der Freiheit 117,40 m lang ist; der nach Osten vorspringende Complex hat eine mittlere Tiefe von 24 m und rund 85 m Länge (ohne die Schlofsapotheke). Die gröfste Länge der Südseite vom Spreeufer bis zur Aufsenkante der Westfront beträgt 192 m.

Ganz in spätere Anlagen verbaut ist der einzige noch sichtbare Rest vom Burgbau Friedrichs II., der Grüne Hut. Unter Joachim II. erhielt dieser Rundthurm ein neues Stockwerk in Gestalt einer offenen Bogenlaube, deren zierliche Frührenaissanceformen noch heute im Kapellenhofe sowie in der anstofsenden braunschweigischen Kammer erkennbar sind. — Diese Thurmlaube, einige Fenster an der Westseite des dritten Hofes, ferner die alte Schlofskapelle (unter der Kleist'schen Kammer und dem Rothen Zimmer) sind noch sichtbare Theile des Theifs'schen Baues. Das Innere der Kapelle ist jetzt durch einen Zwischenboden in Höhe des ersten Stockes getheilt. Sie war ein durch zwei Rundpfeiler zweischiffig gestalteter Raum mit Polygon-Apsis und reich verschlungenen Netzgewölben. Zierliche Flachreliefornamente beleben die Bogenlaibungen. — Ein weiterer Rest höchst reizvoller Frührenaissance-Decoration findet sich am Gurtbogen des südöstlichen Erkerraums (zweiter Stock).

Das unter Johann Georg entstandene Dritte Haus (vgl. Abb. S. 1) mit seinen achteckigen Eckthürmen und niedrigen Dachgiebeln besitzt einen an die entsprechenden Theile des Dresdener Schlosses erinnernden Bautheil in der Säulengalerie des Kapellenhofes. Die Galerie zeigt in drei Geschossen je fünf Rundbogenöffnungen auf Säulen; das vierte

---

[1]) Die Entwürfe für die Architektur des Weifsen Saales rühren von dem Hof-Baurath Ihne her. Die Leitung der Arbeiten hat der Hof-Bauinspector Geyer.

I. Die Schlösser und Palais des Königlichen Hauses.

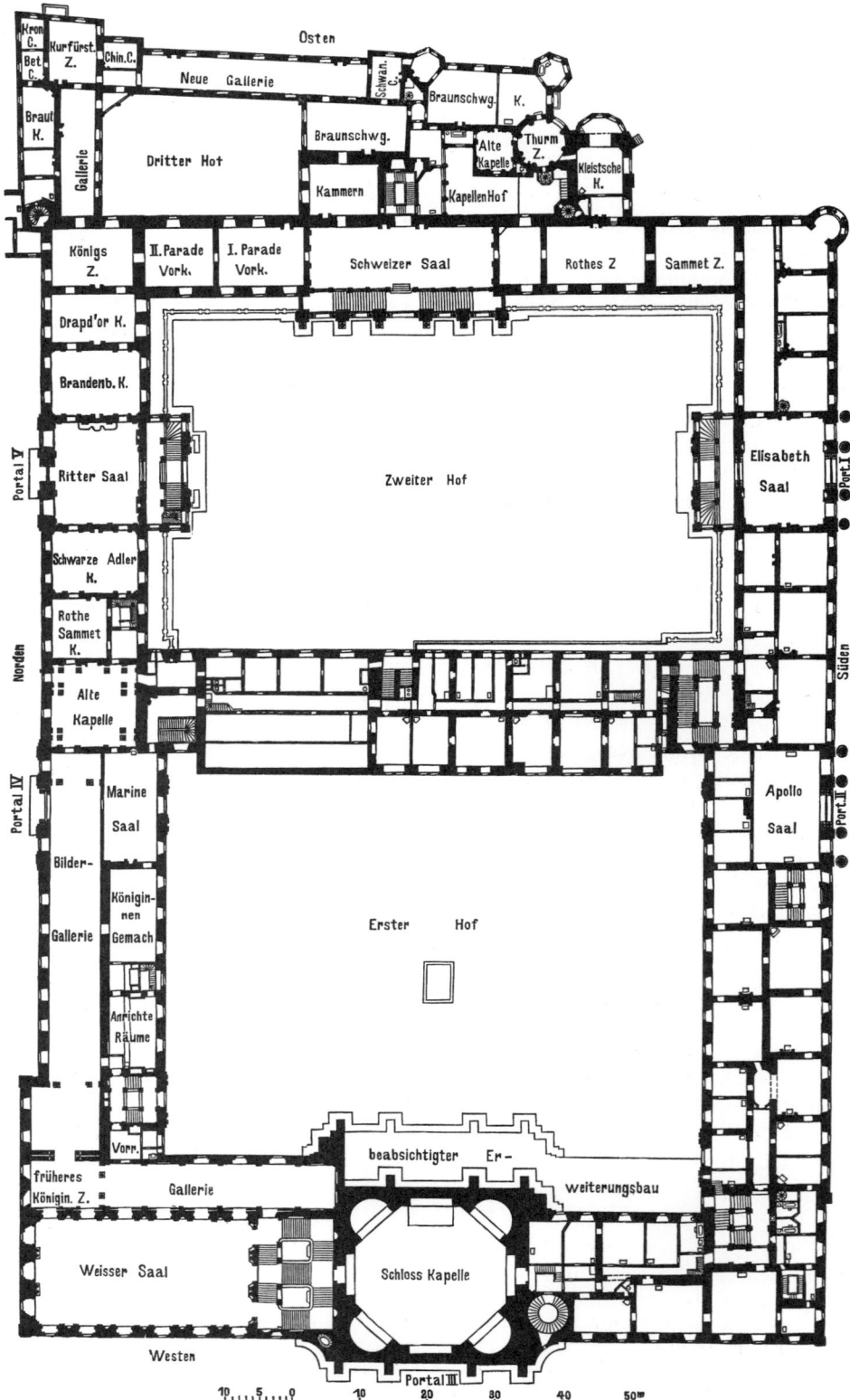

Abb. 4. Grundriſs des Königlichen Schlosses. Zweites Stockwerk.

DAS KÖNIGLICHE SCHLOSS, ANSICHT VOM SCHLOSSPLATZE.

BERLIN UND SEINE BAUTEN 1896.

DAS KÖNIGLICHE SCHLOSS, ZWEITER HOF.

Geschofs hat gerades Gebälk über niedrigen, auf die Brüstung gestellten Säulchen. — Der jetzt verbaute, als Kapelle bezeichnete Raum neben dem Grünen Hut enthält Wand- und Deckendecorationen in Stuck aus der Mitte des 17. Jahrhunderts.

Das Quergebäude und der Schlofsapothekenflügel haben im Aeufseren nichts bemerkenswerthes. Der zierliche Erker an der jetzigen Nordfront der Apotheke ist 1886 von O. Hofsfeld hinzugefügt.

Den wichtigsten Rest der Bauthätigkeit des Grofsen Kurfürsten bildet der jetzt durch eine Zwischendecke getheilte, überdies an seiner Nordseite bedeutend verkürzte Alabastersaal, einst 32,25 m lang und 15,85 m breit und 9,60 m hoch (im Quergebäude nördlich von E, Abb. 1). Das Wandsystem bilden korinthische Pilaster mit 16 Bogennischen, für welche die zuletzt im Weifsen Saale aufgestellten 12 Marmorstatuen brandenburgischer Kurfürsten und vier Kaiserstatuen bestimmt waren, Werke des Holländers Bartholomäus Eggers.

Reich bemalte und vergoldete Stuckdecken mit Deckenmalereien von Vaillant und Langerfeld aus den achtziger Jahren des 17. Jahrhunderts enthält die ehemalige Wohnung Friedrichs I. im Nordflügel des dritten Hofes (Brautkammer, Bet- und Kroncabinet, Kurfürstenzimmer). Die reichen Wanddecorationen dieser Räume (Abb. 6) im Stil Schlüters stammen aus der ersten Königszeit. Sehr beachtenswerth sind die schönen Fufsböden aus eingelegten Hölzern. Das Chinesische Cabinet enthält eine Wandtäfelung aus geschnittenem Lack, chinesische Arbeit des 17. Jahrhunderts. Den letzten Jahrzehnten dieses Jahrhunderts entstammen die etwas überladenen Stuckdecken der Neuen Galerie, ferner eine Decke im Erkergemach der Kleist'schen Kammern und in dem benachbarten Sammetzimmer.

Den Gegensatz zu der malerischen Regellosigkeit der älteren Bautheile bildet die geschlossene Masse der Schlüter-Eosander'schen Bauflügel, die trotz der Verschiedenheiten im einzelnen im wesentlichen ein einheitliches künstlerisches Gepräge tragen, das des reifen italienischen Barocks. Das Gebäude, ein Putzbau mit Sandsteindetails, hat vier Stockwerke und in den die Festräume enthaltenden Theilen nur eine Zimmerreihe von rund 9—13 m Tiefe mit Galerien an den Hoffronten. Das Façadensystem ist von imponirender Wirkung, nicht nur durch seine Mafse — die Höhe vom Erdboden bis Oberkante der Attika beträgt 30,25 m —, sondern auch durch die Formenbehandlung. Auf das gequaderte Erdgeschofs folgen die beiden Hauptgeschosse mit glatten, durch Füllungen getheilten Putzflächen und Fenstern mit kräftigen Giebelverdachungen. Die quadratischen Fenster des dritten Stockes sind in geistreicher Weise in den durch mächtige Adler verzierten Fries des von hoher Attika bekrönten Hauptgesimses hineingezogen. Die lichte Höhe des Erdgeschosses beträgt 6,90 m, die des ersten Stockes 6,59 m, des zweiten Stockes 6,27 m, die des dritten Stockes 3,76 m. — Einen gewaltigen, architektonisch nicht genügend vermittelten Einschnitt bilden die Portale der Südseite mit ihren Riesensäulen und wuchtigem Consolengebälk. In Formen und Mafsen mit den Rücklagen mehr übereinstimmend sind die beiden Lustgartenportale (IV und V) durchgebildet. Sämtliche Portale und Nebenpforten sind neuerdings durch schmiedeeiserne Gitterthore in reichsten Barockformen verschlossen. Die Attiken der Risalite haben zum Ersatz für den ehemaligen bildnerischen Schmuck an Figuren und Kartuschen, für dessen Erhaltung seiner Zeit Schinkel warm eingetreten war, neuerdings wieder Statuen erhalten.

Das Meisterwerk Schlüters, das freilich durch Belassung der Quergebäude unvollendet geblieben war, bildet der innere Schlofshof. Die Hauptmotive gaben hier die schon im alten Bau enthaltenen, aber geistvoll umgestalteten vorspringenden Treppenhäuser und Galerien. In bedeutsamer Weise bezeichnen sie Lage und Zugang zu den Haupträumen; das fünftheilige Hauptportal namentlich mit dem Aufgange zum Schweizer Saal, ist, obschon nicht frei von Willkürlichkeiten der Composition, wegen des starken Reliefs, der kühnen Durchbrechung und Auflösung der Massen von bedeutender malerischer Wirkung. Im Innern enthält vor allem Portal V die reizvollsten Stuckverzierungen. In den Nischen dieses Portals zu ebener Erde befinden sich eine Marmorstatue König Friedrichs I. und die

1651 als erstes öffentliches Denkmal Berlins im Lustgarten aufgestellte Marmorfigur des Grofsen Kurfürsten von Franz Dufart.[1])

In der Durchbildung treten hinter den Schlüter'schen Theil der von Eosander herrührende Westflügel, sowie die Architektur des äufseren Schlofshofes zurück. Das römischen Triumphbögen nachgebildete Portal III ist zwar ein glänzendes Prachtstück, das aber aus dem Mafsstabe der Schlofsarchitektur heraustritt und den Zusammenhang sowie die Verbindung der benachbarten Bautheile rücksichtslos unterbricht.

Auf voller Höhe der entwickelten Barockkunst stehen die Schlüter'schen Zimmerdecorationen in dem die Festräume enthaltenden zweiten Obergeschosse. Auf dem italienischen Barock beruhend, zeigen sie namentlich in den Wandverzierungen den Einflufs des gleichzeitigen französischen Decorationsstils unter Louis XIV. Als Leitmotiv tritt überall der Hinweis auf die Königswürde hervor durch Sinnbilder und Abzeichen, wie die Königskrone, den Stern und Kette des 1701 gestifteten Schwarzen Adlerordens, den Namenszug des Königspaares (Abb. 6). Allegorische Deckengemälde und Wandbilder, ausgeführt von den Mitgliedern der unter Friedrich I. gegründeten und rasch emporblühenden Kunst-Akademie, haben nach französischem Vorbilde die Verherrlichung der Würde und Herrschertugenden des Königspaares zum Inhalt.

Den ersten Platz unter den Festräumen beanspruchen durch die Pracht der Ausstattung, den Reichthum an Formen und Motiven die **Paradekammern** vom Schweizer Saale bis zur Bildergalerie, nächstdem die Räume rechts vom Schweizer Saale bis zum Saal über Portal II, obwohl mehrfach moderne Erneuerungen mit mangelndem Verständnifs für Formen und Farben des Alten ausgeführt den Eindruck beeinträchtigen.

Das grosse Treppenhaus mit seinem rechts als Treppe, links als Rampe ausgebildeten Aufstieg ist trotz beschränkter Tiefenausdehnung von sehr stattlicher Wirkung. Besonders bemerkenswerth durch die schönen Stuckdecorationen, in denen Schlüters Meisterschaft als Bildhauer sich kund thut, sowie durch ausgezeichnete Schnitzereien sind die Drap d'or-Kammer und die Schwarze Adlerkammer. — Das Prachtstück bleibt die Decoration des Rittersaales (Abb. 5) über Portal V in ihrer Verschmelzung architektonischer und plastischer Ausdrucksmittel. Eine reich geschnitzte und vergoldete Prachtthür bildet den Zugang von der Stiege. Darüber befindet sich der von Lieberkühn in Silber gefertigte, von Friedrich II. aber eingeschmolzene und in versilbertem Holze erneuerte Bläserchor. Die Obertheile der vier Seitenthüren zieren die von Schlüter modellirten Stuckgruppen der vier Welttheile. Die Mitte der Ostwand nimmt das Prunkbuffet mit dem dem Königlichen Hause gehörigen Schatze alter Silberarbeiten ein; darunter befinden sich auserlesene Stücke, wie die Prachtpokale von Wenzel Jamnitzer und Hans Petzolt. — Die benachbarte Rothe Sammetkammer zeigt noch den ursprünglichen Wandbehang aus Sammet mit Goldtressen.

Im Südflügel gehören die plastischen Stuckdecorationen des Elisabethsaales über Portal I, die der beiden westlich anstofsenden Vorderräume, sowie Decke und Täfelung des an der Südwestecke des Hofes belegenen Geburtszimmers Friedrichs des Grofsen Schlüters Stil an. Der ehemals zur Schlofskapelle bestimmte Raum neben der Bildergalerie, dessen Westwand 1879/80 erneuert worden ist, dient jetzt als Capitelsaal für den Orden vom Schwarzen Adler und enthält die Wappen der Inhaber.

Die 60 m lange, 7,50 m breite und 9,50 m hohe **Bildergalerie** mit ihren reichen, aber überladenen Deckendecorationen und Relieffeldern ist nicht mehr Schlüters Werk, sondern unter Eosanders Leitung ausgeschmückt. Gegenwärtig enthält sie eine grofse Zahl historischer Porträts, sowie Bilder denkwürdiger Ereignisse aus der preufsischen Geschichte.

Von Decorationen im Rococostil bietet das runde Kuppelgemach, einst das Schreibzimmer Friedrichs des Grofsen (im ersten Stock unter dem Sammetzimmer), mit seiner geschnitzten Täfelung ein treffliches Beispiel, nächstdem die Decke in dem westlich an den Saal über Portal I anstofsenden Audienzzimmer der Kaiserlichen Wohnung.

---

1) Die Statue befand sich, ehe sie hierher gebracht wurde, im Park des Charlottenburger Schlosses.

I. Die Schlösser und Palais des Königlichen Hauses.

Abb. 5. Ansicht des Rittersaales im Königlichen Schlosse.

Zu den am prächtigsten ausgestatteten Räumen zählen noch heute die sogen. **Königskammern**, die ehemalige Wohnung Friedrich Wilhelms II., im ersten Stock der Lustgartenfront. Die Zimmer enthalten schöne Fufsböden aus eingelegten Hölzern, grofsentheils auch noch die alten Wandbehänge und Möbelstoffe, ausgezeichnete Arbeiten der Berliner Seidenmanufacturen vom Ende des 18. Jahrhunderts. Hervorzuheben sind: der Säulensaal über Portal IV (Wandbekleidung aus grauem Stuckolustro mit 16 gelbmarmorirten Säulen, Gebälk und Reliefs — von Gottfried Schadow — aus weifsem Stuckmarmor). — Anstofsend daran, nach dem Hofe zu, der Parolesaal, der schönste Raum dieser Reihe, decorirt von v. Erdmannsdorf (Wandbekleidung aus dunklem Stuckolustro, weifse Stuckdetails und Relieffüllungen von Schadow). — Oestlich an den Säulensaal stöfst der Thronsaal mit rother Sammettapete zwischen geschnitzten und vergoldeten Leisten und mit weifslackirter Täfelung. — Westlich vom Säulensaal der Speisesaal mit Wandbildern von Frisch, endlich nach dem Hofe zu das prächtige ehemalige Concertzimmer (weifslackirte Boiserie mit vergoldeter Schnitzerei und Spiegeltäfelung).[1]

Aus der ehemaligen Wohnung der Königin Friederike sei hier nur der ovale Säulensaal über Portal II, sowie der kleine Marmorsaal (röthlicher Stuckmarmor, Nischen in den Ecken und Achsen, Reliefs von Schadow) erwähnt.

Mit der **Schlofskapelle** über Portal III schliefst die Reihe der historischen Räume des Schlosses. Das nicht völlig regelmäfsige Achteck von 22,21 m und 20,65 m Durchmesser wird durch vier rechteckige Nischen in den Achsen und durch halbrunde Ecknischen erweitert. Der Altar steht unter einem Tabernakel von vier egyptischen Alabastersäulen mit Giebelgebälk, in der östlichen Flachnische davor Kanzel und Lesepult. Eine Orgel fehlt. Beim Gottesdienst fungiren Bläser und der Königliche Domchor. Die Höhe bis zum Ringe der inneren Kuppel beträgt 34,50 m. Die Schutzkuppel ist von Schmiedeeisen.[2] Die Kapelle fafst 735 Sitzplätze auf freistehenden Stühlen. Die Marmorinkrustation am Fufsboden und Wandsockeln, die Malereien auf Goldgrund, welche Nischen, Wand- und Pfeilerflächen bedecken, bilden das Hauptdenkmal jener frühchristlichen Richtung, die unter Friedrich Wilhelm IV. das Berliner Kunstleben beherrschte. Bei der Ueberfülle der Gestalten mit ihrer leeren, ausdruckslosen Formenschönheit und Rundung vermifst man nichts mehr als jene strenge Stilisirung, den Ernst und die Feierlichkeit, welche ihre altchristlichen Vorbilder auszeichnet.

Die Ausschmückung der Kaiserlichen Wohnung im ersten Stock der Schlofsplatzfront stellte der modernen Kunst und Kunsttechnik Berlins eine würdige Aufgabe. Bemerkenswerth erscheinen: das Vortragszimmer des Kaisers, nach dem zweiten Hofe zu, vom Baurath A. Heyden im Barockstil entworfen mit Kamin- und Deckendecorationen von Westphal und Deckenbild von M. Koch. Der reizvolle, mit einer Nebentreppe verbundene Durchgang westlich vom Saal über Portal II ist vom Maler A. Kips und dem Bildhauer Schley decorirt und enthält einen zierlichen Springbrunnen, modellirt von v. Uechtritz-Steinkirch. Nördlich davon der aus zwei älteren Räumen gebildete prächtige Speiseraum mit alten Gobelins nach Boucher, Bildhauerarbeiten von O. Lessing, Malereien von Koch und Koberstein. Westlich von dem erwähnten Durchgange das Arbeitszimmer der Kaiserin, gleichfalls von O. Lessing decorirt, von Koch und Koberstein ausgemalt, mit Kamindecoration von v. Uechtritz. Das Badezimmer der Kaiserin. Die Badenische enthält Porzellanfliesen-Belag, Arbeiten der Königlichen Porzellanmanufactur nach Entwürfen von A. Kips.

Die Erneuerung des **Weifsen Saales**, der angrenzenden Galerie und des Treppenhauses neben Portal III erfolgt nach Entwürfen des Hof-Bauraths Ihne unter Leitung des Hof-Bauinspectors Geyer.[3] Nach der Beseitigung des bisherigen Einbaues für die Musikertribüne an der nördlichen Schmalseite, an deren Stelle jetzt ausgekragte Balcons treten, mifst der Saal 31,81 m zu 15,95 m bei einer Höhe von 13,14 m. Für die Gliederung der

---

[1] Abbildungen des Parole-, Thron- und Concert-Saales in: Bau- und Kunstdenkmäler von Berlin. Taf. XX, XXI u. XXII.
[2] Die Baukosten für die Kapelle und ihre Ausschmückung haben 1 101 000 ℳ betragen.
[3] Für die bisherige Gestalt des Weifsen Saales vergl. die I. Ausgabe dieses Werkes S. 390 u. 391.

BERLIN UND SEINE BAUTEN 1896.

DAS KÖNIGLICHE SCHLOSS, DER WEISSE SAAL.

WILHELM ERNST & SOHN, BERLIN.

Längswände ist die doppelte Reihe der unten hohen, oben niedrigen Fensteröffnungen der Aufsenwand mafsgebend geworden; die Wandflächen zwischen denselben werden durch Pilaster mit Nischen gegliedert. Formen und Motive sind dem Barockstil entlehnt. Die schwere korbbogenförmige Gewölbedecke mit ihren breiten Feldern erinnert mehr an Renaissancedecken. Die vier Mittelfelder des Gewölbespiegels enthalten die das Wachsthum des Hohenzollernhauses versinnbildlichenden Wappen der Burggrafen von Nürnberg, das kurfürstliche, das preufsische Königswappen, endlich das Kaiserliche Wappen, die Felder der mächtigen Deckenvouten Reliefs von O. Lessing, welche die culturelle Bedeu-

Abb. 6. Detail aus der Brautkammer des Königlichen Schlosses.

tung des Krieges darstellen. — Für die Wandnischen sind Marmorstatuen der preufsischen Herrscher vom Grofsen Kurfürsten bis zum Kaiser Friedrich vorgesehen.

Die Erwärmung und Lüftung des Weifsen Saales bewirkt eine in der Nordwestecke im Keller angeordnete Dampfluftheizung, wobei Zuluft und Abluft unter dem Fufsboden in Canälen entlang geführt werden, welche mit den senkrechten Mauerschächten in Verbindung stehen. Von der gleichen Stelle aus werden die Bildergalerie und die Galerie neben dem Weifsen Saale mit Warmwasserheizung, Schlofskapelle und das anschliefsende Weifse-Saal-Treppenhaus mit Dampfheizung versorgt. — Die Beheizung des übrigen Theiles der Festräume erfolgt durch Luftheizung und Kaminheizung; die Kaiserliche Wohnung, die polnischen Kammern, die Terrassenwohnung, sowie die Fürstenwohnungen im Quergebäude, endlich sämtliche Wohn- und Wirthschaftsräume zwischen Portal IV und III haben Heifswasserheizung, die übrigen Räume Localheizung, zu nicht geringem Theile sogar nur Kaminheizung.

14 I. Die Schlösser und Palais des Königlichen Hauses.

Die neuerdings eingerichtete elektrische Beleuchtung umfafst: die Festräume vom Weifsen Saale bis zur Neuen Galerie, die Kaiserliche Wohnung nebst ihren Wirthschaftsräumen, sowie die in den letzten Jahren umgebauten Fürstenwohnungen. Im übrigen ist Gasbeleuchtung oder Kerzen- und Lampenlicht vorgesehen.

Die Bestimmung der Haupträume des Königlichen Schlosses ist gegenwärtig die folgende: die Festräume umfassen das zweite Hauptgeschofs vom Apollosaal bis zur Schlofskapelle. Südlich vom Eosander'schen Portalbau liegen im zweiten Stock die Räume für die Kaiserlichen Prinzen. — Das erste Stockwerk der Schlofsplatzseite nimmt die Wohnung des Kaiserpaares ein; den ersten Stock der Nordseite die Reihe der Königskammern, das vornehmste Absteigequartier für auswärtige Herrscher. Unter den braunschweigischen und Kleist'schen Kammern und der Neuen Galerie liegt die Kaiserliche Hausbibliothek mit der ehemaligen Wohnung des Bibliothekars. — Im Erdgeschosse nimmt die Osthälfte des Südflügels das Königliche Hofmarschallamt ein; die westlich von Portal II belegenen, einst dem Königlichen Hausarchiv[1]) gehörigen Räume werden einen Umbau erfahren. Im Erdgeschosse des Lustgartenflügels, östlich neben Portal IV, liegt das Anmelde- und Einschreibezimmer, dann folgt bis Portal V die 1891 als Fürstenquartier umgebaute sogenannte Terrassenwohnung, östlich von Portal V mit gleicher Bestimmung die neu eingerichteten polnischen Kammern. — Der Querflügel zwischen beiden Höfen enthält — im Niuron'schen Bau südlich von der Durchfahrt — im Erdgeschosse Kaffeeküche und Silberkammer, im ersten Stock zwei Fürstenwohnungen, darüber Quartiere für Gefolge. Nördlich von der Durchfahrt liegt zu ebener Erde die Wohnung des Castellans, darüber in dem durch eine Zwischendecke getheilten alten Alabastersaale Möbelmagazin und Bilderboden. — Die grofse Hofküche für Festlichkeiten befindet sich im Untergeschosse des sogenannten Dritten Hauses an der Spreeseite und in den Räumen nördlich davon, die Kaiserliche Mundküche im Keller des Südflügels, an der Schlofsplatzfront von der Ecke an der Freiheit bis zu Portal II. An der Hofseite dieses Theiles liegt im Keller die Hauptwache.

2. Palais weiland Kaiser Wilhelms. An der Ecke der Strafse Unter den Linden und des Opernplatzes befand sich im vorigen Jahrhundert ein den Markgrafen von Schwedt gehöriges Palais, das später in Privatbesitz übergegangen, 1829 von König Friedrich Wilhelm III. für seinen zweiten Sohn, den Prinzen Wilhelm, erworben wurde. Für einen Neubau, zu welchem der König 900 000 ℳ anwies, hatte auch Schinkel Entwürfe gemacht, doch entsprach sowohl dem Sinne des Prinzen sowie seinen Mitteln besser ein von Langhans dem Jüngern gefertigter Bauplan. Dieser wurde in den Jahren 1834—1836 ausgeführt.

Das Bauwerk ist durch edle Formen und Verhältnisse, durch die breiten, ruhigen Wandflächen, trotz seiner Einfachheit, von vornehmer Wirkung. Eine bedeckte Unterfahrt auf dorischen Säulen, die oben einen

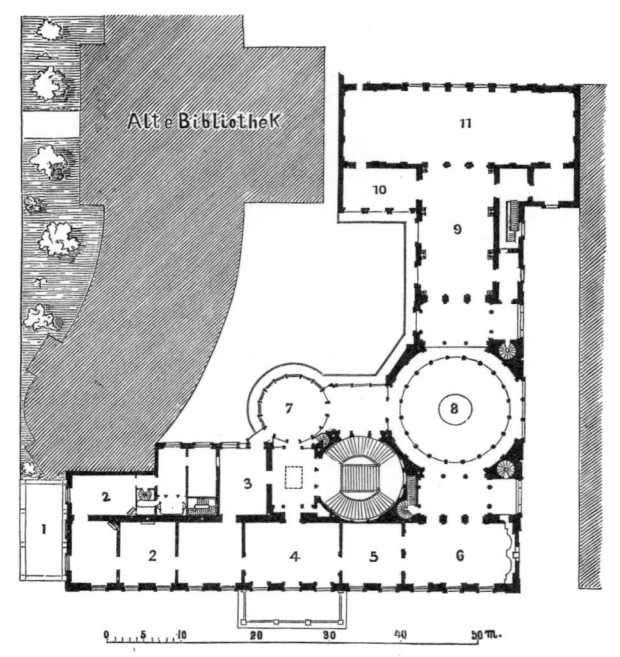

Abb. 7. Palais weiland Kaiser Wilhelms.

3. Vorzimmer. 2. Empfangs-, Wohn- und Schlafzimmer der Kaiserin. 4. Kleiner Festsaal. 5. Kaffeezimmer. 6. Kleiner Speisesaal. 7. Wintergarten. 8. Tanzsaal. 9. u. 11. Festsäle. 10. Japanisches Zimmer. — Im Erdgeschofs. 4. Vestibül. 3. Vorzimmer. 2. Audienz-, Wohn- und Schlafzimmer des Kaisers. 1. Veranda. 7. Waffenhalle. 5. u. 6. Gastzimmer. Unter 8. bis 10. Vorrathsräume, Stallungen, Remisen usw.

---

[1]) Das Königliche Hausarchiv befindet sich jetzt in einem Gebäude an der Esplanade vor dem Schlosse zu Charlottenburg.

breiten Balcon bildet, springt über die Auffahrtrampe vor. — Eigenthümlich ist der Fries mit seinen in die breiten Lichtöffnungen eingefügten Wappen und Nischen mit Figuren.

Die durch die ungünstige Gestalt des Bauplatzes sehr erschwerte Grundrifslösung darf als meisterhaft bezeichnet werden. In dem an den Linden liegenden Vorderflügel von 61,20 m Länge sind in zweckmäfsiger Folge die Wohn- und Empfangsräume angeordnet; im Erdgeschosse zur Linken die nur bescheidenen Wohnräume des Prinzen, die er später auch als König und Kaiser bewohnt hatte. — Im Obergeschosse lagen, an der Ecke nach dem Opernplatz, die Wohnräume der Kaiserin Augusta, in der rechten Hälfte Räume für kleinere Gesellschaften. Einfach und vornehm gehalten ist das runde Treppenhaus, von dem man einen Vorraum mit bequemer Verbindung mit den wichtigsten Raumgruppen betritt (Abb. 7). — Weniger durch Gröfse als durch glücklichen Wechsel der Raumgestalt sind die im Hinterflügel angeordneten eigentlichen Feträume, beginnend mit dem an der Nordwestecke belegenen kleinen Speisesaal 6 und dem Durchgang mit Zugang zu den geschickt angebrachten Nebentreppen. Daran schliefst sich der runde Tanzsaal 8 mit Säulenumgang von 18,20 m Durchmesser, hierauf ein zweiter Durchgang zu der grofsen Galerie 9, an welche im Quergebäude der 30,75 m lange und 9,80 m breite Hauptsaal 11 grenzt. — Die ursprünglichen einfachen Decorationen sind 1854 durch neuere nach Entwürfen von Strack ersetzt worden, bei welchen der weifse Stuckmarmor mit sparsamer Vergoldung den Ton geben.

Die als Wohnsitz des ersten deutschen Kaiserpaares so denkwürdig gewordenen Räume sind pietätvoll in dem Zustande, in dem sie Kaiser Wilhelm und Kaiserin Augusta verlassen haben, geblieben und seitdem nicht wieder bewohnt worden.

3. Palais der Kaiserin Friedrich, gegenüber dem Zeughause zwischen der Oberwall- und Niederlagstrafse, ist aus einem um 1663 erbauten Privathause von palastartigem Charakter entstanden. Später für den Feldmarschall von Schomberg umgebaut, diente es 1706—1732 dem Gouverneur von Berlin, Grafen von Wartensleben, zur Wohnung, bis es von Friedrich Wilhelm I., für den Kronprinzen Friedrich bestimmt, 1733 abermals unter Leitung von Gerlach umgebaut und erweitert wurde. Unter Friedrich dem Grofsen hatte das Palais des Königs ältester Bruder August Wilhelm (gest. 1756) inne, 1793 wurde es für den Kronprinzen Friedrich Wilhelm und seine junge Gemahlin Luise eingerichtet. — Als Königliches Palais bewohnte es Friedrich Wilhelm III. bis zu seinem Tode (1840). Im Jahre 1811 erhielt es eine Erweiterung durch den von Gentz entworfenen Vorderbau am sogen. Prinzessinnenpalais, der mit dem Hauptgebäude durch eine die Oberwallstrafse im Bogen überbrückende Galerie in Verbindung trat. — 1856 zum dritten Male zum Wohnsitze des Kronprinzenpaares bestimmt, erfuhr es einen durchgreifenden Umbau durch J. H. Strack. Der Bau erhielt statt des alten Mansardendaches ein neues Obergeschofs mit Attika, über der Auffahrtrampe eine stattliche Säulenvorhalle und an der Ecke nach der Niederlagstrafse eine Pergola. — Zur Unterbringung des Hofhaltes wurden mit der Zeit Theile des in der Oberwallstrafse angrenzenden Gymnasiums, sowie das ehemalige französische Consistorium in der Niederlagstrafse erworben.

Im Aeufsern stehen die zierlichen hellenischen Formen des Strack'schen Umbaues in nicht genügend vermitteltem Gegensatze zu den älteren barocken Bestandtheilen der Façade. Das Innere hat bis heute, da es gröfserer Prunkräume entbehrt, einen mehr bürgerlichen wie fürstlichen Charakter bewahrt. — Aus der Zeit Friedrich Wilhelms III. stammt die freilich stark ergänzte Cedernholztäfelung in einem der Erdgeschofsräume zur Linken, sowie der an den brückenförmigen Uebergang anstofsende ehemalige Bibliotheksraum. — Flur und Stiegenraum sind von Strack in den hellenischen Formen der Berliner Schule umgebaut. — Im Obergeschosse liegen zur Linken die ehemaligen Wohnräume des Kronprinzen, daran schliefst sich die schmale, von einem kleinen Binnenhofe beleuchtete, 1826 von Schinkel decorirte Kapelle. Der östliche Hofflügel enthält die Feträume, zunächst einen 1883 aus Anlafs der Silberhochzeit des Kronprinzenpaares von 14 Städten gestifteten Speisesaal im Schlüter'schen Stile nach Entwürfen von Lehrern am Königlichen Kunstgewerbe-Museum und andern Künstlern. Hierauf folgt der rechtwinkelige Tanzsaal und am Ende desselben, durch eine Säulenstellung getrennt, ein runder Kuppelraum. An der Nordfront und Westseite befinden sich die Wohnräume für die Kaiserin und die Prinzessinnen Töchter. Die reichen Kunstschätze und Sammlungsgegenstände, welche diese Räume sowie die Galerie zum Prinzessinnenpalais schmückten, sind grofsentheils in den neuen Landsitz der Kaiserin, Schlofs Friedrichshof am Taunus, übergeführt worden.

4. Das Prinzessinnenpalais in der Oberwallstrafse, jetzt zum Palais der Kaiserin Friedrich gehörig, ist aus zwei 1733 von Dieterichs durch einen Mittelbau zu einem Ganzen verbundenen Privathäusern des Generals von Bechoffer und seines Schwiegersohnes, des Grofskanzlers von Coccejì, entstanden. Nach dem Tode Coccejis, 1755, kam das Gebäude in den Besitz des Markgrafen Friedrich Heinrich von Schwedt und nach dem Aussterben (1788) der Schwedter Nebenlinie an den Prinzen Ludwig, zweiten Sohn Friedrich Wilhelms II., 1798 an König Friedrich Wilhelm III. zurückgefallen, wurde es, wie erwähnt, 1811 durch den Vorbau an der Lindenfront erweitert. Im Erdgeschosse dieses Theiles wohnten bis zu ihrer Verheirathung die Töchter des Königs, daher der Name Prinzessinnenpalais. Das Obergeschofs diente der zur Linken getrauten zweiten Gemahlin des Königs, Fürstin von Liegnitz, zur Wohnung.

Die zweigeschossige langgestreckte Front enthält in dem durch korinthische Pilaster gegliederten Mittelbau mit Balcon, Consolengebälk und der hohen, durch eine Wappenkartusche verzierten Attika einen reicher behandelten Bautheil. Eine bescheidene zweiarmige Freitreppe führt zum Eingange ins Erdgeschofs. Die Seitenflügel und die einst dem Walle und Festungsgraben zugekehrte Rückseite sind einfacher behandelt, letztere zeigt im Mittelbau zwei Bogenblenden mit Blumenvasen in Relief. — Im Innern ist nur der den Mittelbau einnehmende Festsaal in antikisirenden Stilformen (Stuckmarmorbekleidung, korinthische Pilaster, Felderdecke in Stuck) bemerkenswerth. Die nördlich anschliefsenden Räumlichkeiten des Vorderbaues sind 1841 durch Lohse neu eingerichtet worden.

5. Schlofs Monbijou liegt in dem Parke gleichen Namens zwischen der Spree und der Oranienburger Strafse auf einem ursprünglich kurfürstlichen Gartengelände. Den Kern der langgestreckten Anlage bildet ein zu Anfang des 18. Jahrhunderts von v. Eosander für den Minister Grafen von Wartenberg erbautes Landhaus, das nach dem Sturze des Grafen, 1710, Friedrich I. der Kronprinzessin Sophie Dorothee überliefs. Auch als Königin benutzte Sophie Dorothee das Lustschlofs, das sie Monbijou nannte, zur Sommerresidenz und liefs es 1726 durch zwei Galerien zu beiden Seiten des Mittelbaues, sowie durch den langen westlichen Flügel erweitern. 1741/42 folgte eine abermalige Vergröfserung durch den hufeisenförmigen östlichen Bautheil. 1754 wurden zwischen diesem Theile und dem Mittelbau, im Anschlufs an die Porzellangalerie, drei Räume hinzugefügt. — Nach dem Tode der Königin Sophie Dorothee (1757) blieb Monbijou 30 Jahre unbewohnt, bis es Friedrich Wilhelm II. der Königin Friederike schenkte. Das Innere erhielt neue Decorationen im Stil der Zeit; 1789—1790 wurden nach Ungers Plänen die beiden am heutigen Monbijouplatze liegenden Vordergebäude erbaut und gleichzeitig der Park im englischen Geschmack umgestaltet. — In unserm Jahrhundert hat das Hauptgebäude zur Unterbringung von Sammlungen, zunächst (seit 1816) der Gipsabgüsse, von 1823 an zur Aufnahme der Minutoli'schen Sammlung von egyptischen Alterthümern gedient. Seit dem 22. März 1877 ist daselbst das **Hohenzollernmuseum**, eine Sammlung von Kunstwerken und Erinnerungsstücken des brandenburgisch-preufsischen Herrscherhauses, aufgestellt. Die Vordergebäude enthalten links (im Südflügel) die Schlofsapotheke, rechts die Wohnung des Directors im Hofmarschallamt.

Das 186,50 m lange Hauptgebäude ist als Gartenschlofs eingeschossig und einfach behandelt und bietet im Aeufsern nichts bemerkenswerthes. — Im Innern hat der Mittelraum mit seinen über die Dächer der Flügelbauten erhobenen Lichtgaden noch die alten Decorationen aus dem Anfange des 18. Jahrhunderts bewahrt, unten eine Eichenholzvertäfelung mit Spiegelplatten, darüber gemalte Ornamente. Das Deckengemälde, von Kimpfel gemalt, stammt aus der Zeit der Königin Friederike, unter welcher dieser Raum als Kapelle benutzt wurde. Im ganzen wohlerhalten sind die drei 1754 im Rococostil eingerichteten Zimmer neben der Porzellangalerie, worunter vornehmlich das mittlere mit seiner Cedernholztäfelung Erwähnung verdient. — Die westliche, 46 m lange Galerie, sowie in der östlichen Baugruppe der ehemalige Wintergarten mit seinem halbkreisförmigen Ausbau sind im neuclassischen Stil decorirt. — Die dem Andenken der einzelnen Herrscher bestimmten Sammlungsräume haben neben ihrem Inhalt und dem Mobiliar zum Theil auch Wanddecorationen im Stil der Zeit, die sie repräsentiren, erhalten. — Die Porzellangalerie östlich neben dem Mittelbau und deren Vorraum enthält eine werthvolle Sammlung japanischer und chinesischer Porzellane aus älterem Besitze unseres Herrscherhauses.

Der zweite Haupttheil des Schlosses, die malerischen Vordergebäude am Monbijouplatze, besteht aus zwei getrennten Flügeln von je 26,50 m Länge und 13 m Tiefe mit einer bogenförmig zurückspringenden Hallenanlage, welche in der Mitte offen den Eingang zum Park bildet. Die Flügel, als Putzbauten mit Sandsteindetails ausgeführt, zeigen eine den hohen Keller und das Hauptgeschofs zusammenfassende Pilasterstellung mit Gebälk, darüber ein hohes Attikageschofs mit ovalen Fenstern. — Das Innere enthält noch Theile der ursprünglichen Decoration, im Südflügel namentlich einen kleinen ovalen, durch eine Kuppel bedeckten Raum mit Stuckmarmorverkleidung und Reliefs.

6. Das Niederländische Palais, Unter den Linden Nr. 36, neben dem Palais weiland des Kaisers Wilhelm, ist in den fünfziger Jahren des vorigen Jahrhunderts nach Entwürfen von Andreas Krüger als Privathaus erbaut und wurde nach mehrfachem Besitzerwechsel 1787 von Friedrich Wilhelm II. für seine Tochter, die Gräfin von der Mark, erworben. Nach deren Verheirathung kam das im damaligen Geschmack reich ausgestattete Palais, nachdem es 1792 noch durch ein Hinterhaus mit zwei vorspringenden Flügeln, nach der Behrenstrafse zu, vergröfsert worden war, an die Mutter der Gräfin, die Gräfin Lichtenau. Neue kostspielige Einrichtungen im Innern, darunter die eines Theaters in der Quergalerie zwischen beiden Binnenhöfen, waren die Folge davon. — Seit 1803 vom Erbprinzen Wilhelm von Oranien, Schwiegersohn Friedrich Wilhelms II., gekauft, blieb das Gebäude bis 1870 im Besitze des oranischen Hauses. 1873 wurde es von Koch restaurirt, 1882 von Kaiser Wilhelm erworben und mit seinem Palais durch eine Galerie aus Eisen und Glas verbunden. Seitdem diente das Obergeschofs Hofdamen der Kaiserin Augusta zur Wohnung, während das Erdgeschofs von dem Grofsherzog von Baden nebst Gefolge als Absteigequartier benutzt wird. — 1883 und 1887 fanden neue Wiederherstellungen statt. Das Hintergebäude ist jetzt der Karten- und Musikaliensammlung der Königlichen Bibliothek überwiesen.

Das Palais besteht aus dem 27,20 m breiten Frontbau, zwei in Verbindung mit dem Querflügel den vorderen Binnenhof einschliefsenden Seitenflügeln und den jetzt zur Bibliothek gehörigen, um den zweiten Binnenhof gruppirten Hintergebäuden. Zur Verbindung der Bibliothekflügel ist neben dem das alte Querhaus einnehmenden grofsen Saale eine schmale Verbindungsgalerie angebaut. — Nach der Behrenstrafse zu liegt ein dritter, an der Strafsenfront durch eine Mauer abgeschlossener Vorhof mit Zugang zu den Hintergebäuden.

Die dreigeschossige Vorderfront ist stark modernisirt. Im alten Zustande ist noch das Mittelrisalit mit seinem von gekuppelten Säulen getragenen Balcon. — Im Innern sind zunächst Flur und Treppenhaus bemerkenswerth, welche noch aus der Gründungszeit stammen. Gute Rococodecorationen enthält das nordwestliche Eckgemach im ersten Stock. Zu den schönsten Räumen, die Berlin aus der Zeit des neuclassischen Stils besitzt, zählt der im östlichen Seitenflügel belegene, durch eine Säulenstellung oval gestaltete ehemalige Speisesaal (graue Stuckmarmorwände, weifse Gliederungen, Gebälk und Reliefs, am Deckengewölbe Malerei von Bernhard Rode). In die Spätzeit des Rococo gehört der Saal in dem den vorderen Hof abschliefsenden Querflügel, in die Zeit Friedrich Wilhelms II. dagegen wiederum ein im östlichen Hinterflügel liegender, jetzt zur Bibliothek gehöriger dreifenstriger Raum mit Holztäfelung und Stuckdecke.

7. Das Palais des Prinzen Leopold am Wilhelmsplatz Nr. 9, an der Ecke der Wilhelmstrafse, wurde in seiner ursprünglichen Gestalt im Jahre 1737, angeblich nach Entwürfen von de Bodt, für den Grafen Truchsefs von Waldburg begonnen und nach dessen Tode vom Markgrafen Karl von Schwedt, Oheim Friedrich Wilhelms I. und Herrenmeister des Johanniterordens, für den Johanniterorden fortgeführt. — Nach dem Tode des Markgrafen (1762) kam das Palais in den Besitz des Prinzen Ferdinand, jüngsten Bruders

Friedrichs des Grofsen, der die nach der Wilhelmstrafse belegene Orangerie zu Wohnräumen einrichten und an Stelle einer Freitreppe am Wilhelmsplatze eine Auffahrtrampe anlegen liefs. — 1826 überliefs Friedrich Wilhelm III. seinem dritten Sohne, Prinzen Karl, das Palais. Infolge dessen wurde es 1827/28 von Schinkel umgebaut und innen neu eingerichtet. Diesem Umbau verdankt der Bau seine heutige Gestalt. Nach dem Tode des Prinzen Karl (1883) liefs sein Sohn Prinz Friedrich Karl weitere Veränderungen im Aeufsern und Innern hinzutreten, zunächst einen Anbau in der Verlängerung der alten Façade und im rechten Winkel dazu das dreiachsige Dienstwohngebäude, ferner an der Wilhelmstrafse den Zwischenbau an Stelle der ehemaligen Einfahrt in den Garten. Die Umbauten wurden vom Hof-Bauinspector Geyer unter Oberleitung von Persius ausgeführt.

Abb. 8. Palais des Prinzen Albrecht (Vorderansicht).

Das für moderne Verhältnisse nur bescheidene, durchweg zweigeschossige Palais, an dem Wilhelmsplatze 52,30 m breit, an der Wilhelmstrafse 60 m lang, zeigt im Erdgeschosse Fenster mit einfachen Gewänden, im Hauptgeschosse solche mit geraden Verdachungen; ein flacher Giebel krönt das wenig vorspringende Mittelrisalit mit drei Bogenöffnungen; ein Säulenvorbau über der Rampe dient als Unterfahrt. — Der Flur enthält eine schöne, nach Schinkels Entwürfen gefertigte gufseiserne Treppe. Im Erdgeschosse befindet sich die Wohnung des Prinzen, im Obergeschosse darüber die der Prinzessin. Der linke Flügel längs der Wilhelmstrafse enthält im Erdgeschosse Fremdenwohnungen und im Hauptgeschosse die Festräume mit den Schinkel'schen Decorationen, einfachen Wand- und Deckenmalereien, zunächst an der Ecke den Tanzsaal von 15,70 : 11,30 m Breite, hierauf eine 31 m lange und 7,30 m breite Galerie, endlich den quadratischen sogen. Ahnensaal von 10,70 Seite. — Das Grundstück reicht bis zur Mauerstrafse hindurch und hat einen streng abgeschlossenen wohlgepflegten Garten. — Die Wohnräume des prinzlichen Paares haben Warmwasserheizung, die übrigen Localheizung.

8. Das Palais des Prinzen Albrecht, Wilhelmstrafse 102, im Zuge der Kochstrafse (Abb. 8), hat eine sehr wechselvolle Geschichte. Von dem französischen Auswanderer Vernezobre de Laurieux 1737—1739 erbaut, kam es 1753 zur öffentlichen

Versteigerung, wurde 1772 Eigenthum der Prinzessin Amalie, der unvermählten Schwester Friedrichs des Grofsen, die es als Sommersitz benutzte und bei ihrem Tode (1787) testamentarisch dem Prinzen Ludwig, zweiten Sohne Friedrich Wilhelms II., vermachte. Von 1790 bis 1806 diente es dem letzten Markgrafen Alexander von Anspach-Bayreuth als Wohnsitz. Während der Kriegsjahre 1806/7 richteten die Franzosen daselbst ihre Feldpost ein, zwischen 1808—1818 waren einzelne Räume zu Malerateliers und zu einer Musikschule benutzt; 1812 wurde das Luisenstift darin untergebracht, 1823 ferner die Solly'sche Gemäldesammlung, bis das Palais 1830 zur Wohnung für den Prinzen Albrecht, Sohn Friedrich Wilhelms III., bestimmt wurde. Ein Umbau durch Schinkel (1830—1833) liefs das Aeufsere des Hauptgebäudes bestehen, erhöhte jedoch die Seitenflügel und setzte an Stelle des diese verbindenden niedrigen Quergebäudes an der Strafsenfront die heutige jonische Säulenhalle mit zwei seitlichen Einfahrten. Das Innere erfuhr durch Verlegung der Haupttreppe in die Mittelachse (1), sowie durch neue gemalte Decorationen, die zu den anmuthigsten Schöpfungen des Meisters gehören, wesentliche Veränderungen. — 1860 bis 1862 erfolgte ein durchgreifender, die Schinkel'schen Theile jedoch sorgfältig schonender Umbau durch den Hof-Baurath Lohse, 1874 ein Anbau durch den Hof-Baumeister Hauer, der das Hauptgebäude mit dem linken Nebenflügel verband und die Wohnräume der Prinzessin enthält (4).

Der Grundrifs (Abb. 9) entspricht sowohl in der Gesamtanlage, mit zurückliegendem Wohnflügel und zwei vorspringenden Seitenflügeln, als auch in der Raumanordnung des Hauptgebäudes durchaus dem zu Anfang des 18. Jahrhunderts in Frankreich ausgebildeten Typus vornehmer Adelspalais. Auch die äufsere Architektur bekundet den Einflufs französischer Vorbilder. Das Mittelrisalit der Ostfront wird im Erdgeschosse durch gekuppelte Wandsäulen, in den oberen Stockwerken durch Pilaster gegliedert. Die Gartenfront zeigt im ersten Stock vor dem durch Pilaster gegliederten Mittelrisalit einen auf Consolen ausgekragten Balcon. Das dritte Stockwerk über dem Hauptgesimse ist als Attikageschofs ausgebildet.

Abb. 9. Palais des Prinzen Albrecht (Erdgeschofs).

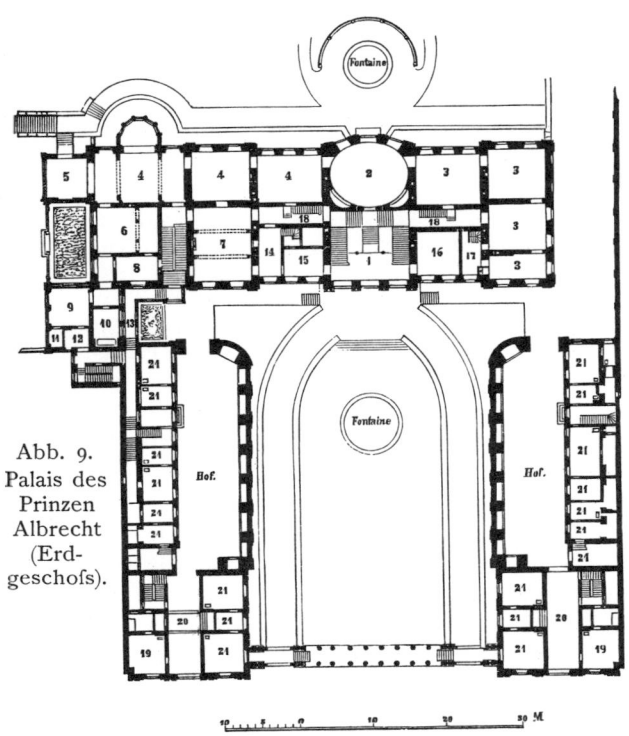

2. Empfangsaal. 5. Blumenzimmer. 6. Schlafzimmer. 8. u. 9. Ankleidezimmer. 10. Bad. 11. Closet. 12. Aufzug. 14. Anrichter. 15. Wartezimmer. 16. Castellan. 17. Kammerdiener. 19. Portier. 20. Durchfahrten. 21. Beamtenwohnungen und Dienstgebäude.

Im Keller des Hauptgebäudes liegen Küchen- und Wirthschaftsräume, im Erdgeschosse rechts die Wohnräume des Prinzen (3), im ersten Stock des Anbaues und im Attikageschosse Gastzimmer und Räume für die Sammlungen des prinzlichen Paares, während das 6,28 m hohe erste Stockwerk des Hauptgebäudes die Gesellschaftsräume enthält, darunter in den Eckrisaliten zwei Säle von je 18,20 m Länge und 8,16 m Breite. Diese sowohl wie das Treppenhaus zeigen noch jetzt die alten Schinkel'schen Decorationen. Im Erdgeschosse sind das von Hauer in reichen Barockformen eingerichtete Speisezimmer (7) und das Theezimmer (4 neben 7), im ersten Stock des Anbaues die Fürstenzimmer bemerkenswerth. — Die Nebengebäude, welche von den hohen Mauern des Vorhofes verdeckt werden, enthalten im Erdgeschosse Beamten- und Dienstzimmer, im ersten Stock Wohnungen für die Prinzen, Cavaliere und Hofdamen. Das Hauptgebäude mifst gegenwärtig 62,75 m bei rd. 20,25 m Tiefe; der Vorhof hat eine Länge von 54 m und eine Breite von 34 m. — Im westlichen

Theile des hinter dem Palais belegenen, durch einen schönen Baumstand ausgezeichneten Parks von 4,80 ha Gröfse liegen die in Backsteinrohbau ausgeführten Anlagen des Marstalls, der Reitbahn und des Treibhauses. — Gegenwärtig ist das Palais im Besitze Sr. Königl. Hoheit des Prinzen Albrecht, Prinz-Regenten von Braunschweig.

9. Das Palais der Prinzen Alexander und Georg, Wilhelmstrafse 72,

wurde 1735 durch Gerlach für den Präsidenten v. Görne erbaut und gelangte nach mehrfachem Besitzerwechsel zu Anfang unseres Jahrhunderts in den Besitz des Prinzen Friedrich, Neffen Friedrich Wilhelms III. Für diesen wurde es von Schinkel neu eingerichtet. Nach dem Tode des Prinzen Friedrich erbten es seine beiden Söhne. — 1852 erhielt das Gebäude durch einen von dem Hof-Baumeister A. Hahnemann geleiteten Umbau seine jetzige Façade in den Formen der Schinkel'schen Schule. Vor der zweigeschossigen Front ist noch die alte Auffahrtrampe erhalten. An das Palais und dessen Hintergebäude schliefst sich der bis zur ehemaligen Stadtmauer, jetzt Königgrätzer Strafse, reichende stattliche Garten.

10. Das Palais der Prinzessin Friedrich Karl, Leipziger Platz 10, ursprüng-

lich ein Privathaus mit breiter dreigeschossiger Vorderfront, ein Putzbau in den Formen der Schinkel'schen Schule, war zuletzt — bis Juni 1889 — Sitz des Gouverneurs von Berlin. Im Sommer 1890 wurde es durch den Hof-Bauinspector Geyer für seinen jetzigen Zweck umgebaut und neu eingerichtet. Seit October 1892 ist es von der Prinzessin, Wittwe des Prinzen Friedrich Karl, bewohnt.

11. Schlofs Bellevue, im Thiergarten an der Spree belegen, wurde 1785 für den

Prinzen Ferdinand, jüngsten Bruder Friedrichs des Grofsen, erbaut. Zu dem Palais gehört ein ausgedehnter, einstmals im englischen Geschmack angelegter Park, der zu Anfang der Regierung Friedrich Wilhelms II. noch um das zwischen Brückenallee und Fasanenallee belegene Dreieck vergröfsert wurde. Von dem Prinzen Ferdinand (gest. 1813) erbte Prinz August, sein Sohn, das Schlofs; nach dessen Ableben 1843 erstand es Friedrich Wilhelm IV. Seitdem ist es immer nur zeitweise von Fürstlichkeiten bewohnt gewesen. — Das zweigeschossige Hauptgebäude von 72 m Länge und 16,20 m Tiefe schliefst mit den niedrigeren vorspringenden Flügeln von 53 m Länge und 13 m Tiefe einen breiten Vorhof ein, der in der Achse der sogen. Bellevue-Allee des Thiergartens liegt. Das Aeufsere ist in seiner Nüchternheit und dürftigen Formengebung ein bezeichnendes Beispiel des künstlerischen Unvermögens, welches der Erneuerung der Berliner Architektur zu Anfang unseres Jahrhunderts voraufging. Das Innere enthält zum guten Theil noch die ursprünglichen Decorationen, vielleicht die ersten gröfseren Arbeiten dieser Art im neuclassischen Stil. Unter den Räumen ist zunächst der die ganze Gebäudetiefe einnehmende Tanzsaal (14,50 : 11 m) bemerkenswerth. Er zeigt die in jener Zeit so beliebte Ueberführung des Rechtecks in eine Ellipse vermöge einer im Halbrund angeordneten Säulenstellung an beiden Schmalseiten. Die Wandverkleidung bildet mattgelber Stuckmarmor. Kamine mit Nischen und Prachtvasen nehmen die Mitten der Langseiten ein. Die elliptische Flachkuppel enthält im Spiegel ein Deckengemälde: Psyche umgeben von Amoretten. Von den Zimmern links vom Tanzsaal hat das vordere eine im griechischen Vasenstil bemalte Decke, der anstofsende Raum der Gartenseite ein gemaltes Cassettenmuster an der Decke. Der (links) benachbarte Raum der Gartenfront besitzt noch die eichenen Wandschränke für die Bibliothek des Prinzen Ferdinand, hierauf folgt das chinesische Zimmer mit Decke im pompejanischen Stil und seltsamen Chinoiserien.

Der durch einen schönen Baumstand ausgezeichnete Park enthält an kleineren Baulichkeiten: einen von Schinkel decorirten Gartenpavillon in Gestalt eines korinthischen Rundtempels, unweit davon ein im ländlichen Stil von Fr. Gilly entworfenes Gehöft mit gothischen Staffelgiebeln und Strohdächern, einst die Meierei der Prinzessin Luise, Schwester des Prinzen August von Preufsen. — Ein Denkmal der Freundschaft bildet das vom Prinzen Ferdinand seinem Adjutanten v. Bredow errichtete Sandsteinmonument. Ein Säulenstumpf aus Marmor im nördlichen Theile des Parks ist dem Andenken des 1802 verstorbenen Prinzen Heinrich gewidmet. — Vom Grofsen Stern im Thiergarten aus sichtbar ist das am 22. März 1870 enthüllte Sandsteindenkmal für den Prinzen August, ein Obelisk mit Bronzerelief, welches den Prinzen an der Spitze des 2. schlesischen Infanterieregiments in der Schlacht bei Culm (30. August 1813) darstellt.

Abb. 10. Das Königliche Schloſs zu Charlottenburg (Vorderansicht).

12. Das Königliche Schloſs zu Charlottenburg.[1])

Das Schloſs leitet Ursprung und Namen von einem kleinen Gartenschlosse der Kurfürstin Sophie Charlotte her. Dieses Gartenschloſs, noch jetzt der Mittelpunkt der inzwischen auſserordentlich ausgedehnten Bauanlage, wurde an Stelle eines Landhauses errichtet, welches Kurfürst Friedrich III. von dem Oberhofmeister v. Dobrczinski 1694 erworben und der Kurfürstin zum Geschenk gemacht hatte. Der erste Entwurf zum Schlosse rührt von Nering her. Bereits im Jahre 1696 fand die Einweihung der neuen Anlage statt.

Das Schloſs Charlottenburg, ursprünglich nur zu einem Aufenthalt bei Tage und während der günstigen Jahreszeit bestimmt, umfaſste den jetzigen Mittelbau aa in Abb. 11 und enthielt auſser zwei elliptischen Sälen im Unter- und Obergeschosse nur eine kleine Anzahl von Nebenräumen mit der beide Geschosse verbindenden Treppe. Das nach dem Vorhofe belegene Mittelrisalit mit rundem Vestibül und ebenso gestaltetem Vorsaal darüber ist erst nachträglich (1704) an Stelle einer schmalen zurückliegenden Halle erbaut worden.

---

[1]) Bearbeitet von Hof-Bauinspector P. Kavel und R. Borrmann. — H. Rückwardt: Das Königliche Schloſs zu Charlottenburg. 60 Tafeln. Berlin 1894. — R. Dohme: Barock- und Rococo-Architektur. Berlin 1892. — Die Bau- und Kunstdenkmäler der Provinz Brandenburg. Berlin 1885. S. 299 ff.

Dem späteren Wunsche der Besitzerin gemäfs, in Charlottenburg dauernden Wohnsitz zu nehmen, wurde gegen 1701 eine Erweiterung des Schlosses begonnen. Es dürften zuerst die für Wirthschaftszwecke und Unterbringung des Gefolges nothwendigen Baulichkeiten errichtet worden sein. So entstanden, wie es scheint nach Plänen von Schlüter,[1]) die beiden Seitengebäude *b—b*, welche rechtwinkelig zum Schlosse angelegt sind. Sie zeigen in ihrer Grundrifsgestaltung den bemerkenswerthen Fortschritt des Corridorsystems. Durch diese Seitengebäude und das an der Strafsenseite befindliche, reichverzierte schmiedeeiserne Gitter wird ein ungefähr 76 m im Quadrat grofser Ehrenhof mit Gartenanlagen umschlossen. Die beiden massiven Eingangspfeiler dieses Gitters (Abb. 12) sind als Schilder-

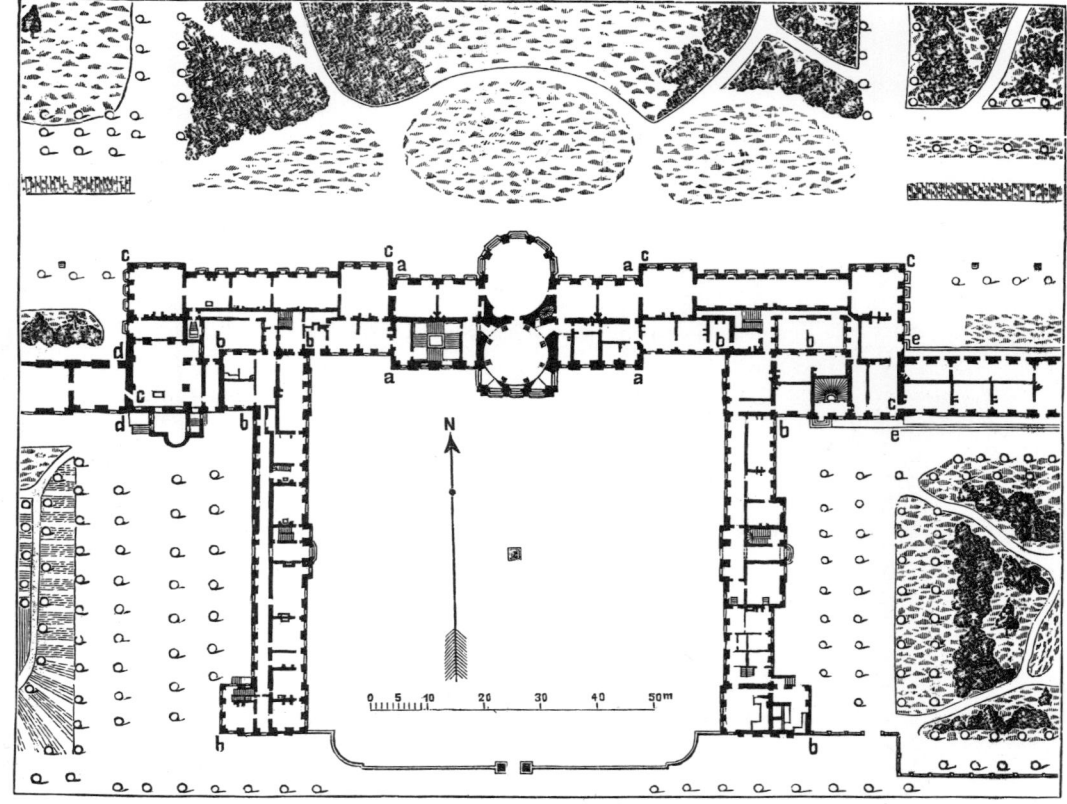

Abb. 11. Das Königliche Schlofs zu Charlottenburg (Grundrifs des Hauptgebäudes).

häuser ausgebildet. Ihr Kranzgesims wird durch Consolen getragen, welche durch Masken sterbender Krieger geschmückt sind. Leider wird die Wirkung dieser Thorpfeiler durch die im Laufe zweier Jahrhunderte erfolgte Aufhöhung des Erdreichs stark beeinträchtigt, weshalb eine Hebung der Pfeiler dringend zu wünschen wäre.

Die folgenden Erweiterungen des Schlosses rühren nicht von Schlüter, sondern von seinem Rivalen v. Eosander, genannt Göthe, her, der sich der besonderen Gunst der Königin Sophie Charlotte erfreute. Eosander erhielt den Auftrag, den „Corps de logis" mit den getrennt errichteten „Officen" (*b b*) zu verbinden. Diese Verbindung wurde durch den Anbau der mit *c—c* bezeichneten beiden Langflügel der Gartenfront erreicht, welche sich unter Zwischenschaltung je eines kleinen Hofes an die Seitengebäude lehnen und diese

---

[1]) Dafs Schlüter der Urheber dieser Bautheile gewesen, geht aus einer abfälligen Bemerkung seines Nachfolgers v. Eosander hervor [im Theatrum Europaeum vom Jahre 1703], worin dieser bei etwas gezwungener Anerkennung seiner zeichnerischen Fähigkeiten genau die nämlichen Vorwürfe gegen seinen Vorgänger erhebt, wie später, unter Namensnennung Schlüters, bei Gelegenheit der Münzthurmkatastrophe (a. a. O., Bd. XVII. 1706. S. 162).

I. Die Schlösser und Palais des Königlichen Hauses. 23

zum Theil umfassen. Der westliche Flügel, an dessen Giebel die Schlofskapelle angeordnet ist, war zu Wohnzimmern, der östliche zu Gesellschaftsräumen bestimmt. Die auffällige Vorrückung der Gartenfronten beider Langflügel nach Norden vor die Gartenfront des alten Schlofstheiles wird ebenso wie ihre etwas gezwungene Grundrifsgestaltung erklärlich unter der Voraussetzung, dafs die Seitengebäude bereits vorher bestanden und nach Süden zu den Bauplatz beschränkten. Befunde am Dachverbande sowohl, als auch theilweise Vermauerung ehemaliger Fensteröffnungen in den Seitengebäuden machen es aufserdem sehr wahrscheinlich, dafs letztere früher bestanden als die Langflügel *c—c*. Aus der Zeit dieses Erweiterungsbaues rührt auch die bereits oben erwähnte Umgestaltung der ehemaligen Eingangshalle des Mittelbaues zu einem vorspringenden Mittelrisalit her. Dadurch gewann man das Fundament für den 48 m hohen Kuppelthurm, durch welchen Eosander die Mittelachse der erweiterten Bauanlage wirkungsvoll betonte. Es wird vermuthet, dafs die weibliche Figur, welche als Windfahne die Laterne dieser Kuppel schmückt, von dem verunglückten Münzthurme am Berliner Königsschlosse herrühre. Rechts und links vom Eingang sind noch jetzt zwei Sandsteine erhalten, deren halbkugelförmige Vertiefungen zum Auslöschen von Fackeln bestimmt waren.

In den Jahren 1709—1712 wurde im Anschlufs an die Schlofskapelle des Westflügels durch Eosander ein mächtiges, 10 m tiefes und 155 m langes **Orangeriegebäude** (*d—d* des Grundrisses) errichtet, dessen Mittelrisalit ein reich decorirter Salon mit Galerien auf Säulen einnimmt.

Mit dem Bau der Orangerie schliefst die Baugeschichte des Schlosses unter dem ersten Könige. 30 Jahre später, in den ersten Regierungsjahren Friedrichs des Grofsen, erfuhr das Schlofs eine abermalige bedeutende Erweiterung, indem symmetrisch zum westlichen Anbau bei *e—e* ein gleich langer, zweigeschossiger Flügel, der sogen. „**Neue Flügel**", durch v. Knobelsdorff an den östlichen Schlofstheil angefügt wurde. Auch dieser Flügel erhielt ein vorspringendes Mittelrisalit, das unten ein geräumiges Vestibül mit Zugang zur Treppe, oben das Speisezimmer enthält. Die östliche Rücklage schliefst unten Cavalierzimmer, oben Schlafzimmer und Concertsaal Friedrichs des

Abb. 12.
Thorpfeiler des Königlichen Schlosses zu Charlottenburg.

Grofsen nebst der 40 m langen und 10 m breiten „Goldenen Galerie" ein. Die Erdgeschofsräume der westlichen Rücklage dienten später Friedrich Wilhelm III., die oberen der Königin Luise zur Wohnung.

Unter König Friedrich Wilhelm II. wurde 1788 an den Westgiebel der Orangerie das unten näher beschriebene **Schlofstheater** nach einem Entwurfe von C. G. Langhans durch Boumann den Jüngeren angebaut. Eine zweiarmige Treppe führt aus dem Vorraum der Orangerie unmittelbar in die Königliche Hofloge dieses Theaters. Damit war eine Gesamtanlage von imposanter Wirkung und der gewaltigen Ausdehnung von 505 m gewonnen. Die Orangerie bildet die Verbindung zwischen dem Schlosse und dem Theater.

Die späteren Baulichkeiten sind alsdann nicht mehr in Verbindung mit dem Hauptgebäude gebracht, sondern als besondere Gebäude im Schlofspark errichtet. Es sind dies das unter Friedrich Wilhelm II. durch Langhans unweit des Spreeufers erbaute **Belvedere**, das unter Friedrich Wilhelm III. 1810, kurz nach dem Tode der Königin Luise, nach einem Entwurfe von Gentz errichtete **Mausoleum**, und endlich das östlich vom

„Neuen Flügel" durch Schinkel im Jahre 1825 aufgeführte kleine Cavalierhaus, das längere Zeit der Fürstin Liegnitz zum Aufenthalt diente.

Umfassende Erweiterungspläne des Königs Friedrich Wilhelm IV., der Charlottenburg mit seiner Gemahlin gern bewohnte, kamen nicht zur Ausführung. Seit dem Tode der Königin Elisabeth, 1873, ist das Schlofs nur vorübergehend benutzt worden, zuletzt im Frühling des Jahres 1888, als der todtkranke Kaiser Friedrich nach seiner Rückkehr von San Remo bis zur Uebersiedelung nach Potsdam daselbst Wohnung nahm. Die damals vorgenommenen Umbauten beschränkten sich auf Instandsetzungsarbeiten.

Schlofs Charlottenburg hat, trotz der bedeutenden Gröfse, zu der es allmählich gelangt ist, bis auf den heutigen Tag den Charakter des Landsitzes, der ihm durch seine erste Anlage und die Umgebung des prachtvollen, von Lenôtre entworfenen Parks vorgezeichnet war, gewahrt. Dieser Charakter prägt sich sowohl in der langgestreckten Form der Anlage, vermöge welcher alle durchweg nur in mäfsiger Gröfse gehaltenen Haupträume die Aussicht nach dem Park geniefsen, als auch darin aus, dafs die Wohn- und Gesellschaftszimmer des Erdgeschosses nirgends Fenster, sondern überall Glasthüren haben, welche den Austritt in den Garten unmittelbar gestatten. Diesem Charakter entsprechend stattete v. Knobelsdorff selbst die Räume des Obergeschosses im Neuen Flügel mit bis zum Fufsboden reichenden Fenstern aus, welche durch niedrige Balcongeländer geschützt sind. Die niedrige Lage des Erdgeschosses jenes Flügels über Terrain, zu welchem in der ganzen Frontlänge drei Stufen hinabführen, das Fehlen einer Unterkellerung, sowie die Nachbarschaft der dichtbelaubten Bäume an der Südfront desselben machen diesen Flügel ziemlich feucht und unwohnlich. Von dem zur Zeit in Ausführung begriffenen Anschlufs des Schlosses an die Entwässerungsanlage der Stadt Charlottenburg und der damit in Verbindung stehenden Terrainregulirung ist eine Besserung dieses Mifsstandes zu erhoffen.

Das Aeufsere des Schlosses bietet nur wenig Anziehendes. Es ist mit Ausnahme des etwas reicher behandelten Mittelbaues, den die voranstehende perspectivische Ansicht (Abb. 10) wiedergiebt, ein schlichter Putzbau mit beschränkter Anwendung von Sandsteindetails. Die Façaden zeigen im Erdgeschofs eine durch Pfeiler getheilte Rustika, die Risalite im oberen Geschofs korinthische Halbsäulen mit verkröpftem Gebälk. Das Hauptgesims wird auf einzelnen Gebäudetheilen von einer Attika gekrönt.

Ungleich reicher ist dagegen das Innere gestaltet. Die wohlerhaltenen Stuckdecken im Mittelbau, anstofsend an den völlig modernisirten ovalen Gartensalon zu ebener Erde, ähneln im Stil denen der Neuen Galerie an der Wasserseite des Berliner Schlosses. Die Deckenmalereien tragen den Namen Aug. Terwesten und die Jahreszahl 1698 und damit eine Zeitmarke für die Vollendung dieser Räume. Die Wanddecorationen jedoch dieser Zimmer sowie der übrigen an der Gartenfront des Erdgeschosses stammen aus der ersten Königszeit, erscheinen aber im ganzen magerer und zierlicher als die Schlüter'schen Decorationen im Berliner Schlosse; namentlich fehlt ihnen der volle Schwung, die Kraft der Schlüter'schen Plastik. Die zum Theil sehr reizvollen Details der Eichenholztäfelung, die Motive der reichgeschnitzten Thüren mit ihren Supraporten wiederholen sich in mehreren Räumen. Hervorzuheben sind namentlich die schöne eichene Galerie und das anstofsende Eckzimmer östlich vom Mittelbau, das rothe Damastzimmer, so benannt nach den Stoffbehängen der Wände, ferner die Einrichtung der drei Zimmer im Erdgeschosse, welche an die Südostecke des alten Baues anstofsen. Sie enthalten an den Supraporten und am Kamin des mittleren Zimmers flott modellirte Stuckreliefs, ebenfalls aus der ersten Königszeit. Reich behandelt ist ferner mit seinem Kinderfriese, den Blumenvasen, Zierschildern und Zwickelfiguren der ovale Saal im Obergeschosse.[1]) Sicher von v. Eosander und von ihm selber im Theatrum Europaeum veröffentlicht ist die Ausschmückung des Porzellanzimmers an der Nordwestecke mit seiner schweren gemalten Voutendecke. Diese sowie die Decke in dem westlich an den Mittelbau anstofsenden Raume ähnelt der Decke in der Bildergalerie des Schlosses zu Berlin. Das Hauptwerk Eosanders bildet die Schlofskapelle, anstofsend an die Orangerie, sowie die einfachen und mafsvollen Decorationen des

---

1) Die plastischen Arbeiten kommen den Schlüter'schen am nächsten.

Orangerieflügels. Der höher geführte Mittelpavillon dieses Flügels enthält noch leidlich erhaltene Deckenmalereien.

Aus der Zeit Friedrichs des Grofsen ist die von Hofsfeld kürzlich renovirte Goldene Galerie besonders anziehend. Die Decoration ihrer Wandpfeiler und Flachbogendecke mit reich vergoldetem Rankenwerk und dazwischen verstreuten Putten auf einem marmorartig getönten und geaderten Stuckgrunde bietet eins der schönsten, viel zu wenig bekannten Beispiele aus der Frühzeit der Rococokunst. Der Gesamteindruck dieses schönen Raumes mit dem Vorsaale ist der heiterer festlicher Pracht.

Erwähnung verdienen, besonders wegen der reichen Holztäfelung, die ehemals von der Königin Luise bewohnt gewesenen Zimmer, deren Decorationen im neuclassischen Stile erfolgt ist.

13. Bauten der Königlichen Hofhaltung.

Bemerkenswerthe Baulichkeiten, welche theils zum älteren Besitze des Hohenzollernschen Herrscherhauses gehören, theils erst in neuerer Zeit für die Zwecke der Königlichen Hofhaltung eingerichtet worden sind, bilden:

Das Königliche Hausministerium, Wilhelmstr. 73, erbaut 1737—1739 angeblich nach Plänen von Wiesend für den Landjägermeister v. Schwerin. 1778 in den Besitz des Grafen v. d. Osten gelangt, wurde es im Innern neu eingerichtet. — Zu Anfang der vierziger Jahre unseres Jahrhunderts erwarb Friedrich Wilhelm IV. das stattliche Anwesen, worauf es verschiedenen Ministerien, 1866—1871 dem Gouverneur von Berlin, seit 1872 dem Minister des Königlichen Hauses als Sitz diente.

Das Palais, die umfangreichste, französischen Adelshotels des 18. Jahrhunderts nachgebildete Anlage in Berlin, besteht aus dem zurückliegenden Wohnflügel und zwei einen Vorhof begrenzenden Seitenflügeln. An die Strafsenfront schliefsen sich rechts und links niedrige Anbauten mit Zugängen zu den seitlichen Nebenhöfen an. Die Architektur des Palais bietet ein gutes Beispiel des an süddeutsche Vorbilder sich anschliefsenden späten Barocks in Berlin. Besonders stattlich erscheint das durch Pilaster gegliederte Mittelrisalit mit wuchtigem Consolengebälk, Attika und Wappenkartusche. — Der Mittelbau enthält im ersten Stock einen die ganze Gebäudetiefe einnehmenden Festsaal, einen der stattlichsten Säle dieser Art aus dem älteren Berlin, bereits in den Formen des Uebergangs zum neuclassischen Stil. Die Wände und paarweise angeordneten Pilaster sind aus grauem bezw. röthlichem Stuckmarmor, die Gliederungen nebst den Reliefs über Thüren und Fenstern sind weifs. Die Deckenmalereien: Grisaillen an der Voute, im Spiegel ein Gemälde: Daedalus und Ikarus, rühren von B. Rode her und wurden 1893 restaurirt und theilweise ergänzt. — Die Vorderräume zur Linken vom Festsaale enthalten noch Decorationen aus der Spätzeit des Rococo. — Die lange Galerie im ersten Stock des linken Flügels ist jetzt verbaut und auf zwei Achsen beschränkt. Von den sieben Wandbildern (in Oel auf Leinwand) aus der alten Geschichte, Arbeiten von B. Rode, welche sie ursprünglich enthielt, sind zwei noch an Ort und Stelle, vier andere jetzt im Treppenhause des rechten Seitenflügels angebracht. — Das Vorgitter an der Strafse wird durch Sandsteinpfeiler mit beachtenswerthen decorativen Sculpturen, Vasen mit Schlangen und Drachen, getheilt. Der hübsche Bronzebrunnen im Vorhofe ist eine neuere Arbeit von Troschel.

Der Königliche Marstall, Breitestrafse 32—37, ist erst im Laufe der Jahrhunderte zu dem umfangreichen Baucomplex herangewachsen, dem Umbauten neuerer Zeit nothdürftig ein einheitliches Gepräge zu verleihen versucht haben. Der wichtigste

Bestandtheil, Nr. 36—37, ist unter dem Grofsen Kurfürsten nach einem den älteren Bestand vernichtenden Brande (1663) durch M. Matthias Smids zu einer um zwei Binnenhöfe gruppirten regelmäfsigen Anlage ausgebaut worden. In diesen Umbau wurde auch das Haus Breitestrafse 35 im wesentlichen mit unveränderter Front hineingezogen. Dieses Haus ist der Portalinschrift zufolge für Hans Georg v. Ribbeck und Katharina geborene v. Brösicke im Jahre 1624 erbaut worden. Mit ihrem schmucken reichgestalteten Rundbogenportale und den drei Dachgiebeln bildet diese Front heutzutage, abgesehen von den Bautheilen an der Wasserseite des Königlichen Schlosses, das wichtigste Baudenkmal aus der Zeit der Renaissance in Berlin.

Die sehr einfach gehaltene Putzfront von Nr. 36—37 enthält an alten Theilen zwei Sandsteinportale und einen Giebel mit derben, auf die Bestimmung des Bauwerks hinweisenden Figurenreliefs. Die dem Nachbargebäude nachgebildeten Dachgiebel sowie die Fensterumrahmungen sind Zuthaten eines modernen Umbaues aus den Jahren 1865—1866. — Der südlich an Nr. 35 anstofsende Bautheil (Nr. 32—34) entstand zwischen 1803—1806 aus dem Umbau älterer Baulichkeiten und ist ebenfalls neuerdings umgestaltet worden, wobei das Hauptgesims und das Fenstersystem beibehalten, dagegen unter andern die Relieffelder über den Erdgeschofsfenstern beseitigt wurden. Eine abermalige tiefeingreifende Veränderung steht dem Marstalle nach dem Abbruche der Häuser Schlofsplatz Nr. 7—16 und der Freilegung seiner nördlichen Schmalseite bevor.

Im Innern ist noch die alte Einrichtung und Abtheilung der Stände vom Jahre 1709 erhalten geblieben, im südlichen Flügel ferner noch die 1803 entstandene Einwölbung auf gedrungenen dorischen Säulen. Gegenwärtig sind die beiden seitlichen und der hintere Flügel am Wasser zu Stallungen benutzt. Der beide Höfe trennende Querbau enthält eine Reitbahn. In den Remisen wird noch der vergoldete Krönungswagen vom Jahre 1701, sowie ein 1740 in Strafsburg gefertigter Staatswagen aufbewahrt. Die übrigen historischen Fahrzeuge, besonders eine Sammlung von Prachtschlitten aus dem Ende des 17. und dem Anfange des 18. Jahrhunderts, bewahrt das Hohenzollernmuseum im Schlosse Monbijou.

Das Gebäude des **Königlichen Civilcabinets**, Leipziger Strafse 76, die **General-Ordenscommission**, Schadowstrafse 10—11, das **Marinecabinet**, Vofsstrafse 25, bieten, zumal sie nicht ursprünglich für ihren jetzigen Zweck erbaut sind, weder baulich noch geschichtlich etwas bemerkenswerthes dar, dagegen ist der Bau des **Militärcabinets**, Behrenstrafse 66, ein gutes Beispiel der antikisirenden Richtung unter Friedrich Wilhelm II. Es wurde 1792/93 von Titel, einem der besten Vertreter jener Richtung, als Privathaus erbaut. Nach den Freiheitskriegen diente es dem neugegründeten Handelsministerium, von 1830 bis 1872 dem Generalstabe der Armee, seit dieser Zeit dem Militärcabinet des Kaisers als Dienstgebäude. Die dreigeschossige Front enthält in dem durch einen Giebel bekrönten Mittelrisalit eine durch beide Obergeschosse reichende Halbkuppelnische, der an den Eckbauten Bogenblenden mit je einer Dreifenster-Gruppe entsprechen.

II. Oeffentliche Denkmäler.[1]

Berlin ist trotz seiner verhältnifsmäfsig jungen Geschichte unter den europäischen Hauptstädten eine der denkmalreichsten. In den Monumenten seiner Könige und Feldherren kommt der militärische und politische Ruhm des preufsischen Staates zum Bewufstsein des Volkes. Von Staatsmännern sind bis jetzt nur Stein auf dem Dönhoffplatze und Graf Brandenburg auf dem Leipziger Platze vertreten. Ein Standbild des Fürsten v. Bismarck soll den Platz vor der Freitreppe an der Westfront des Reichstagsbaues einnehmen. Die Büsten und Standbilder von Gelehrten und Künstlern, wenngleich meist an bescheideneren Stellen, in Verbindung mit den Stätten ihrer Wirksamkeit errichtet, geben Zeugnifs von der Bedeutung der Hauptstadt für das geistige Leben der ganzen Nation. Ihnen reihen sich die Statuen unserer Dichter, Goethes, Schillers und Lessings an, als letztes grofses Werk das Denkmal für Luther. Die Errichtung von Standbildern für unsere grofsen Tonsetzer scheint nur eine Frage der Zeit. Eine besondere Gattung bilden die Monumente von Männern, die in den parlamentarischen Kämpfen der Zeit sich einen Namen erworben haben. Nicht gering sind ferner nach Zahl und Bedeutung die mehr decorativen, zum Schmuck öffentlicher Anlagen, Plätze und Brücken entstandenen Bildwerke, namentlich hat hier die neuere Zeit, wenngleich nicht immer mit dem gewünschten Erfolge, vieles geschaffen. Die öffentlichen Brunnen, die architektonischen Monumente, endlich die Grabkapellen und Monumente auf den Friedhöfen werden, wenn auch nur in beschränktem Umfang, in besonderen Abschnitten behandelt.

---

[1] Neu bearbeitet von Architekt Peter Wallé.

A. Standbilder und Büsten.[1])

1. Das Denkmal des Grofsen Kurfürsten auf der Kurfürstenbrücke (der ehemaligen „Langen Brücke") ist das älteste, aber auch heute noch bedeutendste Reiterbild Berlins. Zur Aufnahme desselben war das Mitteljoch der Brücke stromaufwärts vorgeschoben und dadurch ein abgesonderter Standplatz gewonnen worden, wie man ihn auch bei dem 1894 begonnenen Neubau beibehalten hat. Hier im Mittelpunkte des lebendigsten Verkehrs der Hauptstadt erhebt sich, weithin sichtbar, das bronzene Reiterbild des Gründers der preufsischen Monarchie auf einem nunmehr erneuerten Marmorsockel, dessen Ecken durch vier gefesselte Krieger in Bronze belebt werden (s. den Lichtdruck).

Mit Recht gilt das am 12. Juli 1703 enthüllte Werk als eines der schönsten Reiterstandbilder der Welt und als eine der hervorragendsten Sculpturschöpfungen der Spätrenaissance. Seine grofsartige Einfachheit, die vollendete Einheit, zu welcher die Gegensätze der ruhigen Hauptfigur und der bewegten Sockelfiguren zusammenklingen und seine von allen Standpunkten schöne Silhouette zeichnen dasselbe nicht minder aus, wie die Auffassung und plastische Durchbildung des Fürstenbildes an sich. Die in antiker Tracht dargestellte Gestalt des Herrschers auf wuchtig dahin schreitendem Streitrosse ist von unerreichter Majestät. Am Sockel ist die Vorderseite mit Widmungstafel und Wappen geschmückt, die Seitenflächen zeigen Bronzereliefs mit allegorischen, auf die Kunstliebe des Kürfürsten und Königs bezüglichen Darstellungen. Die Höhe des Reiterbildes beträgt 2,90, die des Sockels 2,70 m, also die des Denkmals im ganzen 5,60 m. — Aus Anlafs der jetzt vorgenommenen Erneuerung des Sockels erhält auch die Rückseite eine Erinnerungstafel.

Der Entwurf des Denkmals und die Ausführung der Hauptfigur gehören Andreas Schlüter an; die Sockelfiguren sind von seinen Schülern und Gehülfen modellirt, jedoch von Schlüter selbst im grofsen überarbeitet und nachher ciselirt worden. Der sehr gelungene Gufs ist in dem (1870 abgebrochenen) Giefshause hinter dem Zeughause von Johann Jacobi ausgeführt worden. Durch Abwaschung mit Kalilauge ist es im Jahre 1869 gelungen, die alte hellgrüne Patina der Statue, welche seit geraumer Zeit unter einer festen Kruste von Rufs und Staub verschwunden war, wieder zur Erscheinung zu bringen.[2])

2. Die Standbilder der Feldherrn Friedrichs des Grofsen auf dem Wilhelmsplatze treten der Zeitfolge nach an die zweite Stelle, nachdem ein auf dem Molkenmarkte aufgestelltes Monument König Friedrichs I. von der Hand Schlüters (jetzt in Königsberg) wieder beseitigt worden ist. Ursprünglich waren diese Standbilder in Marmor ausgeführt und zwar: Schwerin von Adam und Sigisbert Michel (1769), Winterfeld von den Brüdern Joh. Dav. und Lor. Wilh. Ränz (1777) — beide in römischem Costüm; Seydlitz von Tassaert (1781); Keith von Tassaert (1786); Zieten von Schadow (1794); Leopold von Dessau von Schadow (1800). Das Standbild des letzteren war zuerst im Lustgarten aufgestellt und ist seit 1828 auf den Wilhelmsplatz versetzt. Am bedeutendsten sind die beiden Schadow'schen Werke: Der alte Dessauer in sicherer fester Haltung mit dem Marschallstab in der ausgestreckten Rechten — Zieten in ruhender Stellung, ein Bein über das andere geschlagen, eine Hand am Säbel, die andere am Kinn, überlegend und doch schlagfertig. — In den fünfziger Jahren unseres Jahrhunderts sind sämtliche Statuen von Kifs neu modellirt und in Erz gegossen worden — Schwerin und Winterfeld mit Umwandlung der römischen Costüme in die Kleidung der Zeit. Die Originale mit ihren reichen und nicht unschönen Marmorsockeln sind seit 1862 zunächst in den Höfen des alten Cadettenhauses

---

1) Vgl. H. Maertens in Bonn: „Die deutschen Bildsäulendenkmale des 19. Jahrhunderts" (mit Abbildungen, geschichtlichen Angaben und Preisen) und das im Verlage von Ernst Wasmuth erschienene Tafelwerk: „Monumente und Standbilder Europas."

2) Nähere Mittheilungen über die Neuaufstellung s. im II. Theile unter „Brücken". — Ueber das Denkmal selbst vgl. R. Borrmann: „Die Bau- und Kunstdenkmäler von Berlin", und Dr. P. Seidel in „Zeitschrift für Bauwesen", Jahrg. 1894. Abbildungen bei Wasmuth, „Monumente und Standbilder Europas".

BERLIN UND SEINE BAUTEN 1896.

DAS DENKMAL DES GROSSEN KURFÜRSTEN.

WILHELM ERNST & SOHN, BERLIN.

BERLIN UND SEINE BAUTEN 1896.

DAS DENKMAL FRIEDRICHS DES GROSSEN.

WILHELM ERNST & SOHN, BERLIN.

II. Oeffentliche Denkmäler.

(in der Neuen Friedrichstrafse 13), neuerdings (1882) in der Vorhalle des neuen Cadettenhauses zu Lichterfelde aufgestellt worden.

3. **Das Denkmal Friedrichs des Grofsen am Anfange der Linden.**[1]) Die Idee eines Denkmals für Friedrich den Grofsen hat innerhalb zweier Menschenalter (von 1779 bis 1840) fast alle bedeutenden Künstler der preufsischen Hauptstadt beschäftigt und zahlreiche Entwürfe der verschiedenartigsten Auffassung hervorgerufen. Auf die im Jahre 1779 von Tassaert im Auftrage der Armee modellirte Reiterfigur folgte in den Jahren 1791, 1797 und 1798 eine gröfsere Zahl von Entwürfen von G. Schadow, Langhans, Fr. Gilly u. a. In den Jahren 1830—1840 entwarf Schinkel seine bekannten, grofsartigen Pläne.[2]) Die Figur des grofsen Königs erscheint in denselben einmal als triumphirender Cäsar in der Quadriga auf viereckigem, von kurzen starken Pfeilern emporgetragenen Unterbau, ferner als krönende Statue auf einer Säule, welche der des Trajan nachgebildet ist, als Reiterbild vor einem hohen, mit Reliefs verzierten Pfeiler, der eine Victoria trägt, wieder in der Quadriga auf einem dorischen Peripteros, auf der Quadriga inmitten hoher Säulenhallen, welche die Schlofsapotheke verdecken sollten; schliefslich als sitzende Figur im Erdgeschofs eines vierstöckigen thurmartigen Säulenbaues.[3]) Allen diesen Entwürfen wurde das Rauch'sche Modell zu einem Reiterbilde auf hohem, mit allegorischen Reliefs geschmückten Sockel vorgezogen. Nachdem als Standort des Denkmals der östliche Anfang der Lindenallee bestimmt war, erfolgte die Grundsteinlegung am 1. Juni 1840, der Gufs (unter Friebels Leitung) am 11. Juli 1846, die Enthüllung am 31. Mai 1851 (s. den Lichtdruck).

Das Denkmal, bei dessen Ausführung Rauch von seinen Schülern Bläser, A. Wolff, Genschow und Wolgast unterstützt wurde, ist 13,50 m, das Reiterbild an sich 5,66 m hoch. — In der Auffassung der Hauptfigur tritt mehr die volksthümliche Gestalt des „Alten Fritz", als der in Schadows Stettiner Statue verkörperte „Friedrich der Grofse" zur Erscheinung. Der König ist im Hermelinmantel, im übrigen jedoch in historischer Treue mit dreieckigem Hute, Stulpstiefeln und Krückstock dargestellt — den Kopf mit den scharfen Zügen etwas zur Seite geneigt. — Das vierseitige, in den Ecken abgestumpfte Postament, gleich der Hauptfigur in Bronze gegossen, ist gegen Rauchs ersten Entwurf wesentlich bereichert und mit nicht weniger als 29 Rundfiguren belebt. Es ist seiner Höhe nach in drei durch profilirte Gesimse charakterisirte Hauptabsätze zerlegt. Der unterste enthält zwischen weit vorspringenden Eckvoluten auf Tafeln die Namen von 60 bedeutenden Persönlichkeiten aus Friedrichs Zeit. Den mittleren Theil begrenzen an den Ecken vier energisch bewegte Reiterfiguren: Prinz Heinrich, Ferdinand von Braunschweig, Seydlitz und Zieten; dazwischen sind in lebensgrofsen Gruppen — theils als Rundfiguren, theils im Relief — die hervorragendsten Generale sowie (an der Rückseite des Denkmals) Gelehrte und Künstler aus Friedrichs Zeit dargestellt. Als Eckfiguren des obersten Theils sind die allegorischen Gestalten der Mäfsigung, Weisheit, Gerechtigkeit und Stärke, an den Seiten im Flachrelief allegorische Scenen aus dem Leben des Königs (in etwas zu kleinem Mafsstabe) angeordnet. — Der kräftige Sockel ist aus braunrothem, polirten Granit gearbeitet. Ein achtseitiges Bronzegitter nach Stracks Zeichnung umgiebt das Werk.

Eine Büste Friedrichs des Grofsen (der Kopf von Rauchs grofsem Reiterbilde) auf einfachem Postament ist durch den Bürger Freitag als Schmuck des Friedrichhains gestiftet und am 17. August 1848 enthüllt worden.

4. **Die Standbilder der Feldherrn Friedrich Wilhelms III. am Opernplatz.** Zur Seite der Neuen Wache stehen auf Sockeln, die mit allegorischen Reliefs geschmückt sind, die Marmorbilder Bülows und Scharnhorsts. Gegenüber zwischen Opernhaus und Prinzessinnenpalais die zu einer glücklich abgestimmten Gruppe vereinigten Bronzestandbilder Blüchers, Gneisenaus und Yorks; ersteres auf einem reliefverzierten Bronzesockel,

---

1) Abbildung in dem Specialwerke: „Das Denkmal Friedrichs des Grofsen zu Berlin" bei v. Decker, ferner bei Wasmuth: „Monumente".

2) Abbildung in Schinkels Entwürfen. Bl. 35 und 163—168.

3) K. Merckle: „Das Denkmal Friedrichs des Grofsen in Berlin", 1894, und Dr. H. Mackowsky, Das Friedrichs-Denkmal nach den Entwürfen Schinkels und Rauchs, Berlin 1894.

letztere auf einfachen Granitsockeln. Alle fünf Standbilder sind von Rauch modellirt. Die Standbilder Blüchers, Bülows und Scharnhorsts wurden am 18. Juni 1826, diejenigen Gneisenaus und Yorks am 11. Mai 1855 enthüllt; die Sockel der drei älteren Monumente (bei Scharnhorst Standbild 2,67 m, Sockel 3,06 m) sind nach dem Entwurfe Schinkels, die der beiden neueren nach dem Entwurfe Stracks ausgeführt worden. — Das künstlerisch bedeutendste unter diesen Denkmälern, wie das gröfste im Mafsstabe, ist dasjenige Blüchers.[1]) Es zeigt den greisen Feldherrn in Generalsuniform, über welche der faltenreiche Mantel geworfen ist. Den linken Fufs auf ein zerbrochenes Kanonenrohr, die linke Hand auf das Knie gestemmt, das Haupt etwas gewendet, scheint er mit dem Husarensäbel in der Rechten den angreifenden Feind ruhig und fest zu erwarten. Die Flachreliefs des Sockels zeigen Scenen aus den Freiheitskriegen (Aufruf in Breslau, Auszug des Heeres, Einzug in Paris), die sich bei aller Treue des historischen Costüms und der Localität durch stilvolle, plastische Behandlung auszeichnen; ferner zwei sehr schöne Löwen, einen schreitenden und einen ruhenden, das Wappen Blüchers usw. Höhe des Sockels 4,60 m, des Standbildes 3,25 m; Kosten 160000 ℳ.

5. Das Denkmal Friedrich Wilhelms III. im Lustgarten von Albert Wolff ist eines der gröfsten Denkmäler dieser Art. Der König ist im weiten Mantel mit Hut und Federbusch langsam voranreitend in ruhiger würdiger Haltung wiedergegeben. Das Postament — ebenfalls in Bronze ausgeführt und später als das Reiterbild selbst vollendet — hat an den Ecken vier Hauptfiguren und Gruppen, welche Kunst und Industrie, die Wissenschaft, die Weichsel mit Handel und Landwirthschaft, sowie einen bekränzten Flufsgott (Rhein) darstellen sollen. Das Reiterbild ist 5,80 m, der Sockel selbst auf niedrigem Granitunterbau 6,60 m hoch. — An der Vorderseite (nach dem Schlosse zu) steht die 3,14 m hohe Idealfigur der Geschichte (Klio), die in goldenen Lettern die Worte niederschreibt: „Dem Gerechten". Auf der Rückseite steht eine geflügelte Gestalt des Friedens (mit Kelch und Palmzweig), nach dem Dome zu eine Kampfesgöttin, Borussia, mit gezücktem Schwert und der Standarte mit dem eisernen Kreuz; nach Westen hin eine majestätische Frauengestalt (Gesetzgebung) mit Diadem und Scepter, die Rechte auf eine Tafel mit folgender Aufschrift gelegt: „Aufhebung der Erbunterthänigkeit; Beschränkung des Zunftzwanges; Städteordnung; Gründung der Universität Berlin; Union; Autorrecht". — Der Gufs ist in Lauchhammer bewirkt worden. Die Enthüllung des Standbildes erfolgte 1871, die Vollendung des ganzen Denkmals 1876. Die Kosten betrugen 620000 ℳ. (Abb. b. Maertens).

6. Das Standbild Friedrich Wilhelms III. im Thiergarten, aus Sammlungen der Bürgerschaft Berlins gestiftet, wurde am 3. August 1849 enthüllt. Das von Drake ausgeführte Marmordenkmal zeigt den König im einfachen Ueberrock und unbedeckten Hauptes; an dem runden Sockel im Hochrelief „die Segnungen des Friedens", das mit Recht berühmte Beispiel einer in völlig modernem Sinne aufgefafsten, von jeder Allegorie losgelösten und daher wahrhaft volksthümlich gewordenen bildnerischen Darstellung. Figur 2,78 m, Sockel 4,22 m (Abb. b. Maertens).

7. Das Denkmal der Königin Luise im Thiergarten. Aus Anlafs des 100. Geburtstages der Königin Luise (1876) erhielt der Bildhauer Erdmann Encke den Auftrag zu einem Denkmal, das als Gegenstück zu dem König Friedrich Wilhelms III. gedacht wurde. Die ins Werk gesetzten Sammlungen ergaben in kurzem einschliefslich eines Beitrages der Stadt (von 50000 ℳ.) im ganzen 120000 ℳ. — Am 10. März 1880 fand die Enthüllung des Denkmals statt, das die Königin in edler Auffassung in einem hochgegürteten, weit herabfallenden Gewande mit kurzen Aermeln und mit einem lose über das Haupt geworfenen Spitzentuch mit Diadem zeigt. Der in starkem Relief gehaltene Marmorfries stellt den Abschied der Krieger, die Pflege der Verwundeten und die Rückkehr der Sieger vor. — (Bei einer Höhe der Figur von 2,78 m und des Sockels von 4,22 m beliefen die Kosten sich auf rd. 100000 ℳ. Abb. b. Maertens.)

8. Denkmal Friedrich Wilhelms IV. vor der Nationalgalerie, von A. Calandrelli (unter Mitwirkung von Strack für den Sockel). Der König ist in mehr als Lebens-

---

[1]) Abbildung s. bei Wasmuth Monumente Europas und Maertens Bildsäulendenkmale.

II. Oeffentliche Denkmäler.

Abb. 13. Schinkels Standbild vor der Bau-Akademie.
(Modellirt von Drake 1869.)

größe zu Pferde und unbedeckten Hauptes in einem weiten faltigen Idealmantel dargestellt, wie er das ungeduldig mit dem Hufe scharrende Roß mit beiden Händen im Zügel parirt. Der Sockel aus schwedischem Granit hat vier allegorische Bronzetafeln und an den Ecken die sitzenden Gestalten der Kunst, der Religion, Philosophie und Geschichte. — Die Granitarbeiten sind von Kessel & Röhl, die Bronzen von H. Gladenbeck & Sohn in Friedrichshagen. Das Denkmal steht auf dem 10 m hohen Podest der Freitreppe der Nationalgalerie; die Reiterfigur ist 4,71 m hoch, der Sockel 4,50 m. Die Kosten werden zu 350000 ℳ angegeben. Die Enthüllung erfolgte 1886. (Eine gute Abbildung giebt Maertens in seinem angegebenen Werke.)

9. Das Denkmal der Kaiserin Augusta auf dem Opernplatz, von Fr. Schaper, ist am 21. October 1895 enthüllt worden. Es stellt die Kaiserin in langem faltenreichen Gewande auf einem thronartigen Sitze dar, mit der Rechten ein über den Diademschmuck des Hauptes geworfenes Spitzentuch vorn zusammenhaltend, in der auf dem Schoße ruhenden Linken die Urkunde einer wohlthätigen Stiftung. Der Kopf der Kaiserin, der mit seinen ernsten Zügen vornehm und hoheitsvoll wirkt, ist besonders gelungen. Der Umriß erhält eine wirkungsvollere Linie durch den leicht über die Sitzlehne herabfallenden Hermelin. Das 2,60 m hohe Postament (mit den Stufen) ist aus Untersberger Kalkstein, die 2,10 m hohe Statue selbst nebst zwei größeren Reliefs am Postament (Kranken- und Waisenpflege) aus Carraramarmor. Die Errichtung erfolgte aus freiwilligen Beiträgen mit einem Aufwande von 150000 ℳ. — Eine sitzende Marmorfigur Kaiser Wilhelms I. von Siemering befindet sich im Flur der Börse.

10. Das Stein-Denkmal auf dem Dönhoffplatze (1875). Das Denkmal für den Freiherrn v. Stein, von Hermann Schievelbein (gest. 1867), harrte lange Jahre der Aufstellung, ehe der Platz gegenüber dem Abgeordnetenhause dafür bestimmt wurde. Das Denkmal ist in Bronzeguß durch Gladenbeck ausgeführt und gehört zu den schönsten und gedankenreichsten seiner Art. Stein ist im langen Ueberrock baarhaupt dargestellt, die Rechte wie zum Vortrag halb erhoben, die Linke auf einen starken Krückstock gestützt. Hervorragend sind die vier Eckfiguren: Wahrheit, Vaterlandsliebe, Energie und Frömmigkeit, zwischen denen vortrefflich componirte allegorische Reliefs (Hoffnung, Opfermuth, Volkserhebung und Triumph) erscheinen, denen am Fuße des Sockels ein rundlaufender Figurenfries mit der Erhebung des Volkes, dem Aufruf des Königs, dem Auszug zum Kampfe, der siegreichen Rückkehr und der Verleihung der Privilegien und Freiheiten entsprechen.[1]) — Der untere Fries ist eine Arbeit von Hugo Hagen. Steins Figur hat eine Höhe von 3,30 m, der Sockel eine solche von 4,50 m; die Kosten betrugen 190000 ℳ, wovon der Staat ein Drittel trug. (Die Stadt Berlin gab einen Beitrag von 30000 ℳ.)

11. Das Standbild des Ministers Grafen Friedrich Wilhelm Brandenburg (gest. 1850), Bronzeguß, modellirt von R. Hagen, ist 1862 auf dem Leipziger Platze aufgestellt worden.

12. Das Wrangel-Denkmal auf dem Leipziger Platze hat gegenüber dem Denkmal des Grafen Brandenburg (in gleicher Größe) Aufstellung gefunden. Es ist ein Bronzedenkmal, modellirt von Keil, den alten Feldmarschall in naturalistischer Darstellung in voller Uniform mit Helm und Reiterstiefeln zeigend. (Enthüllt am 1. November 1880.)

13. Das Standbild Jahns in der Hasenhaide, Bronzefigur auf einem Felssockel aus Steinen, welche deutsche Turnvereine aus ihrer Heimath hierzu gestiftet hatten; modellirt von Encke, enthüllt 1873.

14. Das Hegel-Denkmal hinter der Universität, Kolossalbüste in Bronze auf einem Granitsockel; modellirt von Bläser, enthüllt 1872.

15. Die Marmordenkmäler für Alexander und Wilhelm v. Humboldt vor der Universität (1882). Alexander v. Humboldt (von R. Begas) ist auf einem Stuhle sitzend dargestellt, in der Rechten eine exotische Pflanze vor sich haltend, zur Seite auf dem Boden einen Globus. Wilhelm v. Humboldt (vom Bildhauer Paul Otto) liest in einem auf den

---

1) Abb. s. „Bär", 1887 S. 325, und Maertens, Bildsäulendenkmale.

DAS LUTHERDENKMAL.

Knieen ruhenden mächtigen Folianten. An den Postamenten befinden sich Flachreliefs in Marmor, die auf die Thätigkeit beider Männer in Kunst und Wissenschaft hindeuten. — Die Vorderseiten tragen die Namen in Lorbeerumrahmung. (Figuren etwas über lebensgrofs, Sockel 3,20 m; Kosten je 90 000 ℳ) Enthüllung 1883 (Abb. bei Maertens).

16. **Das Luther-Denkmal auf dem Neuen Markt.** Bei der Wiederkehr des 400. Geburtstages Luthers, am 10. November 1883, wurde für ein Luther-Denkmal in Berlin ein Aufruf erlassen, dessen günstiges finanzielles Ergebnifs das Ausschreiben einer Preisbewerbung schon im Januar 1885 gestattete. Der Bildhauer Paul Otto, damals in Rom, ging als Sieger hervor und erhielt die Ausführung, verstarb indessen noch vor der Vollendung des Denkmals (1893). An seiner Stelle übernahm Bildhauer R. Toberentz († 1895) den Abschlufs der grofsen Arbeit, an der damals noch wesentliche Theile (z. B. Luthers Kopf und die Figuren Huttens und Sickingens) fehlten. — Das Denkmal wurde auf dem Neuen Markte mit der Front nach der Kaiser-Wilhelm-Strafse aufgestellt. Luther, mit der Rechten auf die offene Bibel weisend, steht auf einem hohen Granitsockel, an welchen links Melanchthon, rechts Buggenhagen sich anlehnen. An der Vorderseite sieht man auf den Stufen in eifriger Disputation sitzend links Spalatin mit Reuchlin, rechts Jonas mit Cruciger. An dem Aufgange der zu der grofsen Plattform des Denkmals führenden Freitreppe halten Hutten und Sickingen mit blanken Schwertern die Wacht. Der ganze Unterbau des Denkmals, sowie der Sockel und die Balustrade aus rothem schwedischen Granit (Stufen und Podest aus schlesischem Granit) sind von Kessel & Röhl in Berlin, die Gufsarbeiten der sämtlichen acht Figuren von H. Gladenbeck & Sohn in Friedrichshagen (Berlin). — Die Figur Luthers hat eine Höhe von 3,10 m, diejenige des Sockels, des Stufenbaues und des Postaments zusammen eine solche von 5,40 m. Hiernach beträgt die Gesamthöhe über Terrain 8,50 m. Die Enthüllung erfolgte am 11. Juni 1895.

Abb. 14. Andreas Schlüter.
(Standbild für die Vorhalle des Alten Museums von Max Wiese.)

17. **Das Schiller-Denkmal vor dem Schauspielhause**, Marmormonument von Reinhold Begas, am Sockel mit den Idealgestalten der Geschichte, der Philosophie, der dramatischen und der lyrischen Dichtkunst geschmückt, wurde am 10. November 1871 enthüllt, nachdem der Grundstein 12 Jahre vorher gelegt worden war. Der Werth des Denkmals liegt nicht sowohl in der charakteristischen Ausprägung der Dichterfigur als in dem bei freier malerischer Bewegung der Einzelfiguren einheitlichen und geschlossenen Aufbau. Die Wirkung des Ganzen wird durch die erdrückende Baumasse des Schauspielhauses im Hintergrunde stark beeinträchtigt (s. den Lichtdruck).

18. Das Goethe-Denkmal im Thiergarten, vollendet 1880, von F. Schaper in Marmor ausgeführt. Die Statue ist baarhaupt in weitem Mantel dargestellt, mit der Rechten eine Rolle haltend. Auffassung und Haltung bringen die machtvolle Persönlichkeit des Dichters zu vollendetem Ausdruck. An dem runden Sockel sitzen in lebensvollen Gruppen die Genien der dramatischen und lyrischen Dichtkunst sowie der Forschung. (Figur 2,72 m, Sockel 3,36 m, Kosten 115 000 ℳ.) (siehe den Lichtdruck).

19. Das Lessing-Denkmal in der Lennéstrafse (von Otto Lessing), 1893. Lessing, 3 m hoch, in der Tracht der Zeit, aus Marmor, steht auf einem 4 m hohen röthlichen Granitsockel mit kräftigen Voluten an den abgeschrägten Ecken; vorn ein geflügelter Genius der Humanität, die flammende Schale empor haltend, auf der Rückseite die Kritik mit Geifsel und Eule — diese beiden Figuren in Bronze. An den Seiten muschelförmige Brunnenschalen. An drei Seiten aufserdem Bronzereliefs: Mendelssohn, Nicolai und Kleist. (Gitter gefertigt von P. Marcus) (Abbildung 15).

Abb. 15. Das Lessing-Denkmal im Thiergarten.
(Nach dem Modell von Otto Lessing.)

20. Die Denkmal-Gruppe (Thaer, Beuth, Schinkel) auf dem Schinkelplatze. Vor der Bau-Akademie stehen zu einer Gruppe vereinigt die Erzbilder Schinkels, Beuths und Thaers — das erstere etwas zurück gerückt. Thaers Standbild, Rauchs letztes Werk mit schönen naturalistischen Reliefs von Hagen, ist 1860 enthüllt; Beuths Denkmal, modellirt von Kifs (mit Reliefs von Drake) 1861; Schinkels Denkmal, modellirt von Drake, 1869. Das Schinkel-Denkmal (Figur 2,50 m, Sockel 3,45 m) hat an den Ecken gleich Karyatiden die Gestalten der Architektur, Malerei, Bildhauerei und der Wissenschaft. Es ist gegossen bei Gladenbeck; die Kosten betrugen (ohne Künstlerhonorar, auf welches Drake verzichtete) 60 000 Mark (s. Abb. 13).

21. Zu erwähnen sind hier die in der Vorhalle des alten Museums errichteten älteren Marmor-Standbilder: Schinkel (von Tieck), Winckelmann (von L. Wichmann), Rauch (von Drake) und Schadow (von Hagen 1869), zu denen seit 1874 noch hinzutraten: Cornelius (Calandrelli 1881), Chodowiecki (Otto), Ottfr. Müller (Tondeur 1880), Knobelsdorff (Carl Begas 1886), Carstens (Janensch 1894), Schlüter (M. Wiese, voraussichtlich 1896) (s. Abb. 14).

BERLIN UND SEINE BAUTEN 1896.

DAS SCHILLERDENKMAL.

WILHELM ERNST & SOHN, BERLIN.

BERLIN UND SEINE BAUTEN 1896.

DAS GOETHEDENKMAL

WILHELM ERNST & SOHN, BERLIN.

II. Oeffentliche Denkmäler.

22. Denkmal für Alois Senefelder, den Erfinder der Lithographie (gest. 1884), Ecke der Schönhauser Allee und Weißenburger Straße, 1892 aufgestellt. Das Denkmal, aus Marmor ausgeführt, 5 m hoch, ist eine tüchtige Arbeit von A. Pohl. — Senefelder ist in schlichter Arbeitstracht sitzend dargestellt, wie er eine lithographische Platte betrachtet. Ein Stück Zeug zu seinen Füßen deutet seine Verdienste um die Kattundruckerei an. Am Postament schreibt ein Knabe den Namen des Erfinders in umgekehrter Schrift auf den Fries des Sockels, während ein kleines Mädchen im Spiegel die Schrift zu lesen trachtet. (Abbildung im „Bär" 1895.)

23. Das Gräfe-Denkmal, Ecke der Luisen- und Schumannstraße, wurde 1882 dem hochverdienten Augenarzt und Kliniker Albrecht Gräfe (gest. 1870) gesetzt. — Dasselbe besteht aus der Bronzefigur Gräfes in einer giebelbekrönten Bogennische, an die beiderseits Wandflächen mit kleineren Figurenfriesen aus farbigen Terrakotten anschließen. Diese außerordentlich schön componirten und modellirten Friese behandeln die Thätigkeit des Augenarztes zum Heil der Leidenden. (Abbildung s. Arch. Skizzenbuch 1879.) Die Figur ist von R. Siemering, die Architektur von Gropius und Schmieden; die Majolikamalerei von Bastanier.

24. Das Wilms-Denkmal auf dem Mariannenplatze (1883). Die Bronzebüste des berühmten Chirurgen Wilms (von Siemering) steht auf einem Sockel von grünem Granit in einer Nischenumrahmung, an welche beiderseits im Viertelkreis monumental gehaltene Ruhebänke anschließen. Die Gesamtanlage und ihre Architektur ist entworfen vom Baurath Schmieden.

25. Ein Marmordenkmal für Waldeck (Bildhauer Walger 1890) hat auf dem alten Kirchhofe an der Oranienstraße Aufstellung gefunden. Für ein Monument für Schultze-Delitzsch ist der Inselplatz an der Köpenicker Straße in Aussicht genommen.

26. Unter den kleineren Denkmälern seien erwähnt: die Bronzebüste von Fasch vor der Sing-Akademie (Schaper 1891), das Standbild für Eilhard Mitscherlich (von Hartzer) im Kastanienwäldchen an der Universität (1895), die Denkmäler für Calvin (Friedrichstraße 129), Traube (Charité), für Bardeleben (M. Wolff 1890) und Professor Henoch (M. Wolff 1890), beide im Garten der Charité; die Büsten für Dr. Braun im Botanischen Garten (von Schaper), für Bodinus und Lichtenstein im Zoologischen Garten, Chamisso auf dem Monbijouplatze (Moser 1888), Gerlach vor der Thierarzneischule (Panzner 1890), Meyer im Treptower Park (von Manthe und Benda 1890), für Fr. Neuhaus vor dem Hamburger Bahnhofe. Außerdem zahlreiche Büsten im Garten der Charité, in den öffentlichen Anlagen und vor einzelnen Lehranstalten. Geplant sind ferner drei große Büstendenkmäler für Siemens, Helmholtz und Krupp. — Selbständige Sculpturwerke idealen Charakters und von vorwiegend decorativer Bestimmung sind: die eherne Reiterfigur des St. Georg im Kampfe mit dem Drachen im äußeren Hofe des Königlichen Schlosses, nach Modellen von A. Kiß; die Statue der Berolina von Hundrieser auf dem Alexanderplatze. Die 7,50 m hohe Figur (auf einem Sockel von 6,20 m) ist durch Peters in Kupfer getrieben nach einem Modell, das 1889 im Zusammenhange mit dem Festschmucke zum Einzuge des Königs Humbert von Italien entstanden war.

Unter den zur Zierde von Plätzen, öffentlichen Anlagen und Brücken aufgestellten Bildwerken seien erwähnt die Sandsteingruppen auf der nördlichen Erweiterung des Königsplatzes. Es sind vier Kriegergruppen von Brodwolf, Calandrelli, Schweinitz und Wittig, die ursprünglich für die Königsbrücke bestellt waren.

Vier Gruppen aus Sandstein (von Calandrelli, Schweinitz, Wittig), ebenfalls für den Umbau der alten Königsbrücke bestimmt, stehen jetzt auf einem von Baumgruppen

Abb. 16.
Markgraf Waldemar der Große.
(Von M. Unger.)

überragten Platze an der Spree zwischen den Zelten und dem Schlosse Bellevue. (Der Marmorgruppen auf dem Belle-Alliance-Platze wird im Zusammenhange mit der Denksäule daselbst gedacht werden.)

Hierher gehören auch die acht Schlofsbrückengruppen, die, nach Schinkels Angaben entworfen, 1845—1857 zur Aufstellung gekommen sind. Sie sind sämtlich aus Carraramarmor und stellen eine Folge von idealen Momenten aus der von Athena und der Siegesgöttin geleiteten Siegeslaufbahn von Kriegern dar. Die Höhe der Figuren, an denen Emil und Albert Wolff, Schievelbein, Drake, Möller, Wichmann, Bläser und Wredow betheiligt waren, beträgt 2,51 m. Die 16 Adlermedaillons der Postamente sind von Wilhelm Wolff. — Auf der Fischerbrücke sind seit 1894 die 3 m hohen Standbilder des Markgrafen Albrecht des Bären (von Böse) und Waldemar des Grofsen (von Unger) aufgestellt (s. Abb. 16).

Eine dankbare und bedeutsame Aufgabe ist der Bildhauerkunst durch die Stiftung einer Herrschergalerie für die Siegesallee zugefallen, die Kaiser Wilhelm II. aus Anlafs seines 36. Geburtstages der Reichshauptstadt zum Geschenk bestimmt hat. Nach dem was bisher darüber bekannt geworden ist, werden 32 Standbilder der Markgrafen und Kurfürsten von Brandenburg, sowie der preufsischen Könige bis auf Wilhelm I. in nischenartigen Heckenumrahmungen in der Siegesallee zur Aufstellung kommen. Dem Architekten G. Halmhuber ist die architektonische Anordnung übertragen worden. Die Statuen in einer Gröfse von 2,40 m sollen auf etwa 1,50 m hohen Sockeln stehen. Die Nischen erhalten Marmormosaik und werden von Marmorsitzen in elliptischem Halbbogen umschlossen, mit denen je zwei Büsten hervorragender Zeitgenossen in Verbindung gebracht sind. In den beiden ersten zur Ausführung kommenden Nischen gelangen nach der durch den Kaiser genehmigten Skizze Albrecht der Bär von Walter Schott (mit Otto von Bamberg und Wiegert von Brandenburg) und Otto I. (1170—1184) von Max Unger (mit Abt Sibold von Lehnin und dem Wendenfürsten Pribislaw) zur Darstellung.

Im Plane liegt endlich ein Bismarck-Denkmal vor der Hauptfront des Reichstagsgebäudes am Königsplatze. Auch ein Denkmal für Kaiser Friedrich ist für die Spitze der Museumsinsel in Verbindung mit den dort beabsichtigten Neubauten in jüngster Zeit in Anregung gekommen.

B. Nationaldenkmal für Kaiser Wilhelm I.[1]

Nachdem im Jahre 1890 durch einen Gesetzentwurf die Errichtung eines Denkmals Kaiser Wilhelms I. auf dem Platze der niedergelegten Schlofsfreiheit in Gestalt eines Reiterstandbildes genehmigt worden war, erhielt der Reichskanzler den Auftrag, einen engeren Wettbewerb unter den bei einer ersten Concurrenz preisgekrönten Künstlern, zu welchen Reinhold Begas hinzugezogen wurde, auszuschreiben. Begas' Entwurf wurde zur Ausführung bestimmt.

Er zeigte ein Reiterstandbild mit einer dasselbe umgebenden elliptischen Halle, deren wesentliche Gestalt der Hof-Baurath Ihne geschaffen hatte. Die Gesamtwirkung der Denkmalsanlage war vorwiegend architektonisch und der Reiter in den allgemein üblichen Gröfsenabmessungen gehalten. Da jedoch diese Lösung nicht vollkommen befriedigte, arbeitete Begas in Gemeinschaft mit dem Architekten Halmhuber einen neuen Entwurf aus, der die stärkere Betonung des Reiters und der ihn umgebenden Sockelbildwerke zur Voraussetzung hatte, demgemäfs die Figur über die Endpunkte der Halle vorrückte, um sie der Betrachtung von der Seite frei zu geben.

Als mafsgebend für die Gestaltung der Halle wurde eine Weiterentwicklung des Schlofsgrundrisses festgehalten und auf eine günstige perspectivische Wirkung mit der Schlofskuppel in den Ansichten Bedacht genommen.

Nachdem von Allerhöchster Stelle die Entscheidung zu Gunsten dieses Entwurfs gefallen war, erhielten Professor Begas und Architekt Halmhuber den Auftrag zur Ausführung.

---

1) Bearbeitet vom Architekt G. Halmhuber.

BERLIN UND SEINE BAUTEN 1896.

DAS NATIONALDENKMAL FÜR KAISER WILHELM I.

WILHELM ERNST & SOHN, BERLIN.

II. Oeffentliche Denkmäler. 37

Die Kosten des ursprünglich reicher gestalteten Projects setzte der Reichstag auf rd. 4 Mill. ℳ. fest. Obgleich die schwierige Gründung im Wasser und die Durchführung des Mühlengrabens der Gesamtanlage und den Mitteln Schranken zogen, so ist der mit verhältnifsmäfsig geringem Aufwande hergestellte Rahmen für das Ganze doch noch überaus gewaltig, sodafs das Reiterbild mit seiner Halle, in welcher späterhin noch Figuren und Hermen Aufstellung finden sollen, zu den gröfsten Denkmälern der Welt gerechnet werden mufs.

Die Anlage des Ganzen besteht im wesentlichen aus einem erhöhten Festplatze rings um den Reiter, der vom Schlosse aus bequem zu betreten und geeignet für nationale Feste aller Art ist. Um das terrassenförmige Ansteigen des Platzes noch mehr zu betonen, ist auch die Halle um einige Stufen höher gelegt.

Zwischen Schlofs und Reiterbild führt eine Fahrstrafse von 18 m Breite vorüber, deren Bürgersteige am Schlosse 16 m und an der Denkmalseite 9 m Breite besitzen. Durch

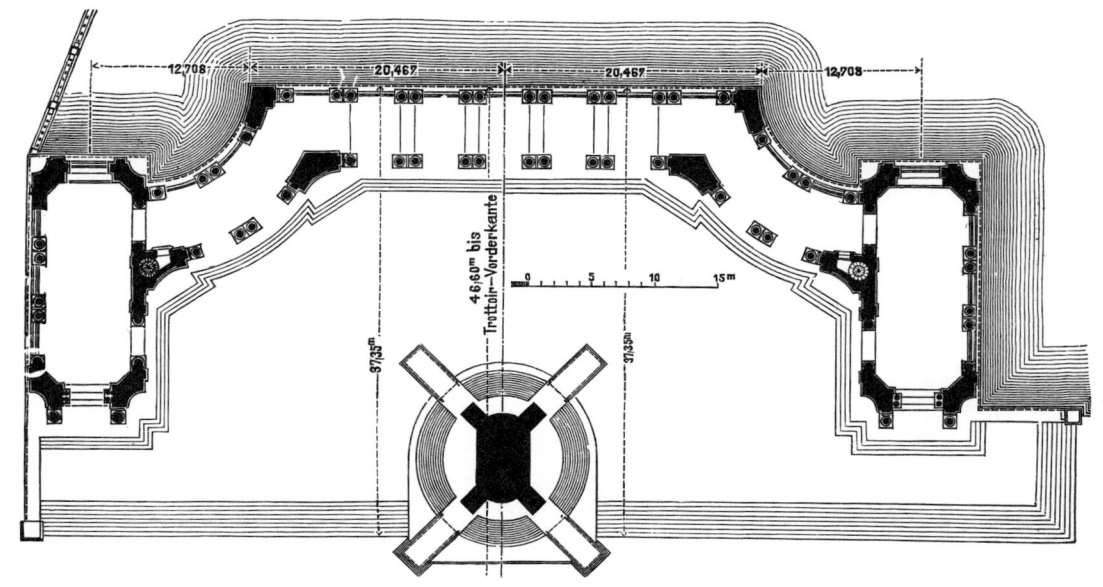

Abb. 17. Grundrifs des Nationaldenkmals für Kaiser Wilhelm I.

den Vorsprung des Eosander'schen Portals am Schlosse einerseits und die Postamente der Löwen am Reitersockel anderseits verringern sich die Breiten der Bürgersteige auf 10 m bezw. 6 m.

Die Tiefenausdehnung des Denkmals von der Vorderkante der Löwenpostamente an der Strafse bis zur Flucht der Halle an der Wasserseite beträgt 40 m, die Gesamtlänge von der Flucht der Halle an der Stechbahn bis zur Mündung des Canals 80 m, die Höhe der Halle beträgt vom Strafsenfufsboden aus gemessen 12 m, vom mittleren Wasserstande an der Rückseite aus gemessen 16 m.

Bei den Abmessungen der an der Rückseite der Halle vorüberführenden Wasserstrafse ist darauf Bedacht genommen, dafs zwei sich begegnende Spreekähne einander bequem ausweichen können; sie hat an der schmalsten Stelle eine Breite von 18 m.

Für die Gesamterscheinung des Denkmals waren die älteren Theile der Schlofsfaçade, insbesondere das Eosander'sche Portal mafsgebend. Beim Entwurf der Halle, für welche ionische Stilformen, jedoch in ganz freier Anwendung gewählt werden, ist auf möglichst durchbrochene Anordnung Bedacht genommen, sodafs Schlofs und Reiter von allen Seiten gesehen werden können.

Die Endpunkte der Halle bilden zwei Pavillons, die als Bekrönung je eine Quadriga, in den Abmessungen ähnlich derjenigen des Brandenburger Thores, tragen. Die eine derselben stellt den Norden, die andere den Süden dar. Die Verbindung zwischen den

Pavillons bildet ein Wandelgang, dessen gekuppelte Säulenpaare mit ihrem Gebälk in gleichmäfsigem Rythmus den eigentlichen Hintergrund für den Reiter bilden. Die Ecken sind durch festere Massen in wohlthuender Abwechselung betont.

Die Eingänge zu den beiden Pavillons sind durch reiche Portale mit geschwungener Verdachung und vorgestellten Säulen gekennzeichnet, die mit dem Reiter zusammen die drei wesentlichen Stützpunkte des Ganzen abgeben. Sie sind reich mit bildnerischem Schmuck versehen und bilden die Endpunkte einer glänzenden Kette von Bildwerken über dem reichen Hauptgesims der Innen- und Aufsenseite. Die einzelnen Sculpturen der Innenseite beziehen sich auf die Bundesstaaten, diejenigen der Aufsenseite auf Handel, Gewerbe, Kunst und Wissenschaft.

Die Halle selbst öffnet sich nach dem Hofe zu an allen Seiten und erhält einen prächtigen Mosaikfufsboden, der in seiner farbigen Wirkung zur einfachen, aber edlen Sandsteinfarbe der Architektur und der Sculpturen in Gegensatz tritt.

Innerhalb dieses reichgestalteten Rahmens erhebt sich die Reiterfigur mit dem Sockel bis zur Höhe von 20 m über Strafsenniveau auf elliptischem Unterbau, dem sich vier diagonal vorspringende Löwengruppen aus Bronze mit Trophäen angliedern.

Auf dem Unterbau ruhen an beiden Langseiten die beiden Kolossalgestalten des Krieges und des Friedens, während nach vorn und hinten je ein bedeutungsvolles Emblem angebracht ist.

Das Material für den Unterbau bildet rother, durchaus polirter schwedischer Wirbogranit. Der Sockel des Denkmals und der Reiter bestehen aus Bronze. Auf beiden Langseiten sind zwei auf Krieg und Frieden bezügliche Reliefs angebracht, die Ecken schmücken vier herniederschwebende, Lorbeer und Blumen werfende Victorien. Das Ganze ist reich profilirt und die einzelnen Profile sind mit Ziergliedern versehen.

Der Reiter mit seinem Pferde mifst 9 m in der Höhe und zeigt ruhige Bewegung. Das Pferd, von einem Genius geleitet, geht im Schritt vorwärts; der Kaiser, in edler Haltung, die rechte Hand auf den Commandostab gestützt, blickt hinüber nach dem Lustgarten. Ein langer wallender Mantel verleiht dem Reiter mehr Masse und Haltung. Der führende Genius, eine der edelsten Figuren des Denkmals, hält in der Linken eine mächtige Palme und schaut zum Kaiser empor.

Die Grundsteinlegung des Denkmals erfolgte am 18. August 1895 und seine Vollendung ist auf den 100jährigen Geburtstag Kaiser Wilhelms, den 22. März 1897 geplant.

C. Oeffentliche Brunnen.[1]

Brunnenanlagen von einiger Bedeutung hat es bis vor kurzem in Berlin nicht gegeben, obwohl bereits im 16. Jahrhundert hydraulische Triebwerke zur Bewässerung des Lustgartens und zum Betriebe der Schlofsbrunnen in Benutzung waren und obschon in dem benachbarten Potsdam Friedrich der Grofse ein grofsartiges Fontainenwerk anlegen liefs. Schinkels Idee eines monumentalen Brunnens auf dem Schlofsplatze zur Erinnerung an die Befreiungskämpfe wurde leider nicht ausgeführt und auch 1871 blieb es wieder bei einem Plane.

Auf Betreiben des Generals v. Wrangel entstand an dem Treffpunkt der Siegesallee mit der Bellevuestrafse 1876 der sog. Wrangel-Brunnen, dessen Hauptfiguren die vier gröfsten deutschen Ströme Rhein, Elbe, Oder und Weichsel darstellen. Das Wasser steigt aus der 5 m hohen Spitze empor und fällt aus der oberen kleineren, von Putten getragenen Schale in eine zweite gröfsere, über deren Rand es in das untere weite Sammelbecken fliefst. Die Gestalten der Ströme, deren Urnen ebenfalls Wasser spenden, sitzen um den unteren Schaft des Brunnens in aufrechter Stellung.[2] Ausgeführt durch Bildhauer Hagen.

Das bedeutendste Werk der Neuzeit ist der grofse monumentale Schlofsbrunnen auf dem Schlofsplatze, der 1891 nach den Modellen von Reinhold Begas vollendet und am 1. November desselben Jahres enthüllt wurde. Der erste Gedanke eines solchen

---

[1] Bearbeitet von P. Wallé.
[2] Abbildung s. „Bär", 1884 S. 673.

BERLIN UND SEINE BAUTEN 1896.

DER SCHLOSSBRUNNEN.

WILHELM ERNST & SOHN, BERLIN.

Monumentalbrunnens geht bis in das Jahr 1880 zurück, indem damals Begas schon einzelne Theile modellirte und bald nachher das Ganze im kleinen Mafsstabe zum vorläufigen Abschlufs brachte. Später gelang es, den Kronprinzen Friedrich Wilhelm für den Plan zu interessiren, sodafs ein vorläufiger Auftrag erfolgte. Infolge verschiedener Vorgänge aber blieb der Brunnen unausgeführt, bis ihn 1888 die Stadt Berlin als Huldigungsgeschenk an Kaiser Wilhelm II. darzubringen beschlofs.

Der wesentlichste Theil der Erfindung, die in einzelnen Theilen an die Fontana Trevi in Rom, sowie an den Brunnen auf dem Stanislausplatze in Nancy und den Donaubrunnen in Wien erinnert, beruht in der Darstellung des allgewaltigen Neptun, der als Beherrscher des nassen Elements mit den Attributen seiner Macht ausgestattet, auf einem zerklüfteten Felsblock thront, um welchen herum eine Schaar von Genien und Seethieren ihr Spiel treiben. Neben dem Gott halten vier kräftige, nach Art der Centauren gestaltete Tritonen riesige Muscheln, in denen sich kleine wasserspeiende Putten trollen, während andere ängstlich zu dem Brunnenbecken hinabsteigen, aus welchem Schildkröten, Robben, Schlangen und Krokodile auftauchen. Von besonderer Schönheit sind die auf dem Beckenrande ruhenden Gestalten der Weichsel und Oder, des Rheins und der Elbe, die aus ihren gefüllten Wasserurnen in weitem Bogen Strahlen gegen die Mitte entsenden. Alle Figuren mit dem aufserordentlich feinen Beiwerk an Pflanzen und Thieren sind durch H. Gladenbeck & Sohn in Bronze gegossen, nur das grofse Becken selbst ist aus rothem schwedischen Granit; dieses besteht in seiner Umrandung aus zwei Halbkreisen, zwischen denen in der Diagonale jedesmal die glatt geschlossenen Lager für die Personificationen der Flüsse eingeschaltet sind. Die gröfste Abmessung zwischen zwei gegenüberstehenden Ausbuchtungen beträgt in der Ostwestachse 18 m, in der Südnordachse 16,70 m; die Höhe der Brunnengruppe bis zum Scheitel Neptuns 8,50 m (einschl. Dreizack 10 m). — Die Kosten der Ausführung beliefen sich auf 378 000 ℳ, nach Maertens aber mit Einschlufs des Künstlerhonorars und der Modelle auf über 500 000 ℳ.

An dritter Stelle ist der Spindler-Brunnen auf dem Spittelmarkte zu erwähnen, der durch Kyllmann und Heyden seine architektonische Ausbildung erhalten hat. Er ist eine Stiftung des Commerzienraths Spindler und wurde 1891 vollendet. Aus einem Becken von etwa 7 m Durchmesser erhebt sich auf einem achteckigen Sockel von polirtem schwedischen Granit der reich profilirte, stark ausgebauchte runde Schaft mit zwei grofsen Granitschalen, von denen die untere einen Durchmesser von etwa 4 m hat. Die Spitze erreicht eine Höhe von 6,50 m. Die Ausführung des Brunnens war an M. L. Schleicher in Berlin übertragen (Abb. s. Bär 1896).

Neuerdings hat die Stadt einen monumentalen Wandbrunnen an der Ecke der Gormannstrafse geplant, welchem ein Modell des Bildhauers v. Uechtritz zu Grunde gelegt werden soll. Für den Victoriaplatz ist eine Fischerfigur von Herter (für einen Brunnen) erworben worden und ein weiterer Brunnen mit einer Bronzefigur von L. Brunow (Wäscherin) für den Inselplatz an der Waisenbrücke bestimmt. Aufser den angegebenen bestehen noch einfachere Zierbrunnen auf dem Platze vor dem Brandenburger Thore, auf dem Pariser Platze, im Thiergarten sowie auf mehreren anderen öffentlichen Plätzen.

Dieser Gruppe schliefst sich ferner die grofse Granitschale vor dem Museum an, die 1825—1827 aus der Hälfte eines Riesenfindlings in den Bergen in der Nähe von Fürstenwalde gewonnen und mit grofser Mühe nach Berlin gebracht wurde. Bauinspector Cantian hatte die Oberleitung der Arbeit übernommen, ebenso den schwierigen Transport und das mühsame Poliren der Schale, die bei 6,90 m Durchmesser ein Gewicht von 1500 Ctr. besitzt.

D. Architektonische Denkmäler.[1)]

1. Das Nationaldenkmal auf dem Kreuzberge. Zur Erinnerung an die Erhebung des Volkes und die siegreichen Befreiungskämpfe von 1813 bis 1815 liefs

---

1) Bearbeitet von P. Wallé.

Friedrich Wilhelm III. durch Schinkel eine gröfsere Zahl von Entwürfen aufstellen, für welche mehrere von einander abweichende Auffassungen sich geltend machten. Zu dem jetzt auf dem Kreuzberge stehenden Denkmal, das in der damaligen Königlichen Eisengiefserei zu Berlin in der Invalidenstrafse ausgeführt wurde, legte der König den Grundstein am 19. September 1818; die feierliche Einweihung erfolgte am 30. März 1821. Ueber dem einfach gehaltenen Sockel steigt das Denkmal in gothischen Formen pyramidenartig auf, in seinem Haupttheile in 12 baldachinbekrönte Nischen (mit den allegorischen Gestalten der Hauptschlachten) aufgelöst.[1]) Ueber der Spitze ragt als Bekrönung in bezeichnender Weise das eiserne Kreuz empor. Die 12 Genien der Schlachten (nach Modellen von Rauch, Tieck und Wichmann) sollen Porträts darstellen, darunter diejenigen Friedrich Wilhelms III. (Kulm), der Königin Luise (Paris), des Kronprinzen Friedrich Wilhelm (Grofsbeeren) und des Prinzen Wilhelm, späteren Kaisers (Bar-sur-Aube). — Die Höhe des eigentlichen Denkmals beträgt 20 m und einschliefslich der 11 ursprünglichen Granitstufen 23,85 m. Das Denkmal wurde, um dasselbe aus den immer dichter heranrückenden Häusermassen mehr hervortreten zu lassen, auf Wunsch des Kaisers Wilhelm 1878 nach Schwedlers Angaben durch hydraulische Pressen um rd. 8 m gehoben, sowie um 21 Grad gedreht und gewährt gegenwärtig den besten Anblick in der Achse der Grofsbeerenstrafse, nach welcher hin auch am Abhange der Wassersturz des Victoriaparks 1892 angelegt wurde.[2]) Das zu hebende Gewicht bei dem erwähnten Vorgange betrug 3800 Ctr. Den Zinnen und den neuen Treppenanlagen liegen Skizzen von Strack zu Grunde. (Weiteres s. unter Garten- und Parkanlagen im I. Theile.) — Die Höhe der Spitze des Denkmals wird zu 31 m über Terrain angegeben, doch liegt dasselbe in Wirklichkeit etwa 42 m über der Bergmannstrafse.

2. **Die Friedenssäule auf dem Belle-Alliance-Platze.** In der Achse der Friedrichstrafse ist der Belle-Alliance-Platz mit einer stattlichen Säule geschmückt, die am 3. August 1843 enthüllt wurde. Den Sockel von schlesischem Marmor umgiebt ein Wasserbecken, in welches vier Löwenköpfe (aus Zink) Wasserstrahlen ergiefsen. Die Säule ist aus polirtem bräunlichen Granit und trägt auf dem korinthischen Marmorkapitell die von Rauch modellirte Bronzefigur der Friedensgöttin mit Palmzweig und Olivenkranz. Die nächste Umgebung der 18,83 m hohen, von Cantian entworfenen Säule bilden vier allegorische Figurengruppen aus Marmor, welche die bei dem Siege von Belle-Alliance betheiligten Nationen, Preufsen (mit dem Adler), England (Löwin), Hannover (Pferd), Niederland (mit dem Löwen) charakterisiren sollen; sie sind modellirt von Aug. Fischer (gest. 1866), ausgeführt von Walger und Bildhauer Franz (1876). An der südlichen Freitreppe sitzen Klio (Hartzer) und der Friede (A. Wolff).

3. **Das Kriegerdenkmal im Invalidenpark.**[3]) Das Denkmal im Invalidenpark ist der Erinnerung an diejenigen Krieger geweiht, die bei den Unruhen und Aufständen von 1848 und 1849 geblieben sind. Auf einem 6 m hohen Unterbau von Granit mit dem Medaillonporträt Friedrich Wilhelms IV. erhebt sich eine 33,70 m hohe kannelirte, dreifach gegurtete, von einem Adler mit ausgebreiteten Flügeln überragte Säule. Diese besteht bei 2,53 m unterem Durchmesser aus einem inneren Cylinder von schmiedeeisernen Platten und einem äufseren Cylinder von Gufseisen, der in drei Absätzen aus je 12 Theilen zusammengesetzt ist. Im Innern befindet sich eine Wendeltreppe, die zu der oberen Plattform führt. Abgesehen von der sehr starken Verankerung, hat die Säule ein Eigengewicht von 1400 Ctr. — Der Figurenfries über der Basis (modellirt von Albert Wolff), alle Ornamente, das Kapitell und der Adler (von Kriesmann) sind in Zink gegossen. Die hier befindliche Grabstätte der in Berlin gefallenen Soldaten ist an drei Seiten von Inschrifttafeln umschlossen. Der Entwurf der unter Stüler und Soller ausgeführten Denksäule rührt von Architekt Brunckow her. Der Grundstein wurde am 18. Juni 1851 gelegt, die Enthüllung am 18. October 1854 vorgenommen.

---

1) Abbildung s. in Schinkels Entwürfen Bl. 22.
2) S. „Zeitschrift für Bauwesen" 1879.
3) Abbildung s. „Zeitschrift für Bauwesen" 1853.

Abb. 18. Die Siegessäule auf dem Königsplatze.
(Architekt Joh. Heinrich Strack.)

4. **Die Siegessäule auf dem Königsplatze.** Zur Erinnerung an den Feldzug von 1864 sollte ein Monument errichtet werden, für welches nach Stracks Ideen ursprünglich die Form einer Gedenkhalle gewählt wurde. Die Grundsteinlegung erfolgte 1865, doch traten infolge der Ereignisse von 1866 neue Anforderungen auf, die die Ausführung bis 1869 verzögerten und dann 1870 weitere Umwandlungen veranlaßten. — Das jetzige Denkmal stellt eine von der Siegesgöttin gekrönte Ehrensäule dar, deren mit musivischen Bildern geschmückter Fuß von einer offenen Säulenhalle umgeben ist. Als Unterbau des Ganzen dient ein mächtiger quadratischer Sockel, dessen Seitenflächen von Relief-Darstellungen in Bronze eingenommen werden. Die energische Zweigliederung des Sockels und des Fußes mit der darüber hoch aufragenden Säule giebt der Gesamterscheinung ein eigenartiges Gepräge. Der Sockel hat 18,80 m Seite bei 7,20 m Höhe und zeigt inmitten der Bekleidung von schwedischem Granit auf den Bronzereliefs von Calandrelli, M. Schulz, A. Wolff und Keil die Vorbereitung zum Kampfe, die Erstürmung der Düppeler Schanzen, die Schlacht bei Königgrätz, die Capitulation von Sedan, den Einzug in Paris und den Siegeseinzug in Berlin. — Der gedeckte Hallenbau hat einen Durchmesser von 15,70 m; die Höhe der 94 cm starken Granitmonolithe beträgt 4,70 m. Das Kolossalmosaik am unteren Theile des Schaftes (von Salviati), entworfen von A. v. Werner, stellt den Ueberfall der Germania durch den gallischen Cäsar, die Verbrüderung der deutschen Stämme und die Errichtung des deutschen Kaiserthums dar. — Der obere thurmartige Theil des Denkmals ist zweimal gegurtet und zeigt in sehr charakteristischer Art am unteren Ende der drei Absätze je 20 eroberte Geschütze, die der Basis zunächst durch Laubgewinde verbunden sind, in die tiefen Canneluren eingelegt. — Der kapitellartige Abschluß des 20,40 m hohen Schaftes wird durch eine von Adlern getragene kräftige Deckplatte gebildet, über welcher auf besonderem Postament die von Drake modellirte und durch Gladenbeck gegossene geflügelte Victoria mit Lorbeerkranz und einem Feldzeichen mit eisernem Kreuz aufsteigt. Die Säule, deren Durchmesser 6,70 m beträgt, ist aus Obernkirchener Sandstein und birgt im Innern eine bequeme Wendeltreppe. Die Höhe des Denkmals beträgt bis zur Plattform 46,14 m, bis zur Spitze des Feldzeichens 61,50 m. Die behelmte Victoria ist 8,32 m hoch. Die Kosten betrugen 1 800 000 ℳ. Der technische Theil der Ausführung lag in den Händen des Ober-Baudirectors Herrmann. Die Einweihung erfolgte am 2. September 1873.

5. Von Denkmälern kleineren Maßstabes mögen der **Denkstein auf der Luiseninsel** (errichtet von den Anwohnern der Thiergartenstraße 1809 nach dem Modell von Schadow), die aus einem Findling gearbeitete Adlersäule an der Nordwestecke des Schlosses, das Denkmal für den **Prinzen August von Preußen** (von Zumbusch) im Park von Bellevue (1869) und das Denkmal zur Erinnerung an die Mannschaft der „Amazone" (1861) im Invalidenpark angeführt werden. — Persönlicher Erinnerung dient die Denksäule für den Polizeipräsidenten **Hinckeldey** im Garten des Feuerwehrdepots in der Lindenstraße. Gedächtnißmale für die Gefallenen von 1870/71 sind: der Denkstein der Angehörigen der Universität im Kastanienwäldchen, ein Kriegerdenkmal in Moabit (Bildhauer Neumann 1880), ein anderes der Krieger der östlichen Stadtbezirke im Friedrichshain (von Calandrelli). Ferner auf den Höfen der Kaiser-Franz-Garde-Grenadier-Caserne in der Blücherstraße Denkmäler zur Erinnerung an die Feldzüge von 1866 und 1870, letzteres nach dem Entwurfe von H. Schäffer.

E. Grabkapellen, Grabdenkmäler und Gedenktafeln.[1]

Das Mausoleum zu Charlottenburg (Abb. 19 u. 20). Der seiner Grabstätten wegen bedeutsame tempelartige Bau wurde 1810, unmittelbar nach dem Tode der Königin Luise,

Abb. 19. Das Innere des Mausoleums zu Charlottenburg.

nach einem Entwurfe von Schinkel durch Joh. Heinrich Gentz begonnen und 1842 durch Hesse, 1889 durch Hof-Bauinspector Geyer erweitert. — Die viersäulige dorische Vorhalle der Hauptfront wurde 1826 in geschliffenem märkischen Granit als Ersatz des Sandsteins ausgeführt. — Die ursprüngliche Anlage aus dem Jahre 1810 dient jetzt als Eintrittsraum bezw. Vorhalle, während die Sarkophage in einem durch zwei große halbkreisförmige Fenster erleuchteten Raume von 11 m im Geviert Aufstellung gefunden haben. Es stehen zunächst dem Eingange die Sarkophage der Königin Luise *a* und Friedrich Wilhelms III. *b* (von Rauch) und dem Altar zunächst diejenigen Wilhelms I. *d* und der Kaiserin Augusta *c* (von Encke).

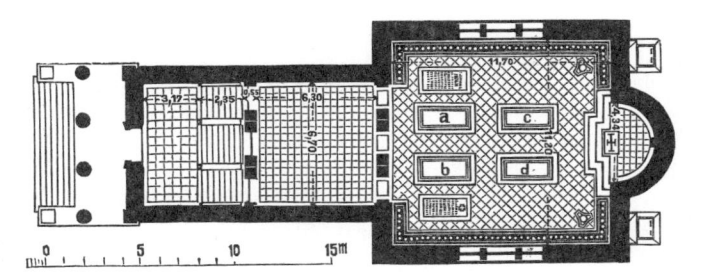

Abb. 20. Grundrifs des Mausoleums zu Charlottenburg.

---

[1] Bearbeitet von P. Wallé. Vgl. Kleri, Berliner Kirchhöfe (1869) und „Grabdenkmäler berühmter Personen auf den Kirchhöfen von Berlin" (1856), ferner das „Architektonische Skizzenbuch" (Verlag von Wilh. Ernst & Sohn) und E. Wasmuths Sammelwerk: „Ausgeführte Grabdenkmäler und Grabsteine" (1894).

II. Oeffentliche Denkmäler.

Abb. 21. Grabstätte der Familie v. Hansemann.
(Architekt Fr. Hitzig.)

Abb. 22. Erbbegräbnifs der Familie v. Krause.
(Architekt Fr. Hitzig.)

II. Oeffentliche Denkmäler

Abb. 23. Erbbegräbnifs der Familie Schwabacher in Weifsensee.
(Architekt Joh. Otzen; in Granit ausgeführt durch Kessel & Röhl.)

Abb. 24. Grabstätte Michaelis in Weifsensee.
(Architekt Aug. Orth.)

Der um drei Stufen erhöhte Altar wird von der älteren, 1842 ausgeführten Apsis umschlossen, die im Ganzen abgehoben und versetzt wurde. Der Fufsboden besteht aus schwarzem und weifsem Marmor, die Wände haben über dem Marmorsockel (aus dem Harz) ein Getäfel von schlesischem Granit (aus Hohenzechow bei Bunzlau) mit einem Gurtgesims von Carraramarmor in einer Höhe von 5 m über dem Boden. Die grünlichgrauen Flächen darüber sind von blauen Spruchfriesen umzogen. Die Apsis hat ihren alten Schmuck, ein Crucifix von Achtermann und ein auf Gold gemaltes Bild des thronenden und segnenden Christus (von Professor Pfannschmidt) behalten. Auch sind neben dem Altar die von Schinkel entworfenen, durch Rauch und Tieck ausgeführten Marmorcandelaber wieder aufgestellt worden. Die ganze Decke ist neu hergestellt, ebenso die eigentliche Gruft, die aufser den vier Särgen der beiden Herrscherpaare die Särge der Fürstin von Liegnitz, des Prinzen Albrecht (Vater) und einen Behälter mit dem Herzen des in Potsdam beigesetzten Königs Friedrich Wilhelm IV. birgt. Die einheitliche Durchführung des Innern wurde nur dadurch ermöglicht, dafs die Hof-Steinmetzmeister P. Wimmel & Co. den längst verschütteten alten Steinbruch bei Hohenzechow wieder aufzufinden und die nöthigen Platten für die Wandbekleidung zu gewinnen wufsten. — Ueber die Kosten wird im „Centralblatt d. Bauv." mitgetheilt, dafs allein die Verkleidung der Front mit Granit im Jahre 1826 rd. 125 000 ℳ. und die Erweiterung von 1889 230 000 ℳ. erforderte, wonach zu schliefsen ist, dafs im ganzen für das Mausoleum 600 000 ℳ. (ausschliefslich der Sarkophage) aufgewendet worden sind.

Abb. 25. Grabkapelle für Consul Wagner.
(Architekt Rich. Lucae.)

Grabkapellen von gröfserem Mafsstabe und architektonischer Bedeutung sind im Gegensatz zur früheren Zeit in den letzten beiden Jahrzehnten so zahlreich auf den Berliner Friedhöfen entstanden, dafs sie hier nur in beschränktem Umfange beachtet werden können. Als bezeichnende Beispiele seien unter andern angeführt die Grabkapelle für die Familie Hitzig von Ende (Dorotheenstädtischer Kirchhof[1]), für Commerzienrath Rösicke von Fr. Schwechten (Petrikirchhof), für die Familie Hewald auf dem Kirchhofe zu Schöneberg, für Graf Luckner von H. Stier auf dem Garnisonkirchhofe in der Hasenhaide. (Es ist dies ein durch Tambourfenster erleuchteter Kuppelraum mit zwei Seitenräumen, die Wände sind mit blafsgelben Ziegeln verblendet, Gesimse und Vorbau in dunklem polirten Granit, die Bedachung in Werkstein.) Für den Kunstfreund Consul Wagner errichtete Lucae 1869 auf dem Petrikirchhofe eine hierbei abgebildete Grabkapelle (s. Abb. 25) von quadratischer Grundform (mit Verjüngung), deren Eingang eine Säulenvorhalle mit Giebel bildet. Ueber den Giebelfeldern der Wände ist die Oberlichtkuppel angeordnet. Reliefs an der Seite und eine Figur auf dem Giebel der Vorhalle

---

[1] Abbildung s. Architektonisches Skizzenbuch.

II. Oeffentliche Denkmäler.

47

Abb. 27. Erbbegräbnis Karl Hofmann.
(Architekt Bruno Schmitz.)

Abb. 26. Grabmal für Joh. Heinrich Strack.
(Architekt H. Strack der Jüngere.)

48 II. Oeffentliche Denkmäler.

beleben den in seinen Verhältnissen fein abgewogenen Bau, der in hellen Ziegeln mit Sandstein ausgeführt ist. Die Kosten werden zu 60000 ℳ angegeben.

Zwischen den Erbbegräbnissen in Kapellenform und den freistehenden Monumenten haben sich in einzelnen Fällen hallenartige Anlagen herausgebildet, die wie die Hansemann'sche Begräbnifsstätte auf dem Matthäikirchhofe (Architekt Hitzig) einen sehr vornehmen Charakter tragen (s. Abb. 21). Ein Platz von 15 m Länge und 12 m Tiefe ist hier von allen vier Seiten von einer architektonisch gestalteten Umfriedigung eingeschlossen. Der Sockel

Abb. 28. Grabmal für L. Ravené.
(Architekt Stüler.)

besteht aus schlesischem, die Brüstung aber aus belgischem Granit und die in der ganzen Länge herumgehende dorische Säulenreihe aus schlesischem Sandstein.[1] Die figürlichen Theile sind von Schievelbein und Itzenplitz. Diese stimmungsvolle Denkmalanlage wurde durch die Firma P. Wimmel & Co. ausgeführt, mit der Bestimmung dem etwa 12 Jahre früher aufgestellten Sarkophag des Ministers David Hansemann (gest. 1864) eine würdige Umrahmung zu geben. An der Frontseite stehen zwei mächtige Eckpfeiler mit einer Akroterien-Bekrönung; der Eingang mit reicher Bronzethür wird von zwei kräftigen, durch Engelsgestalten überragten Portalpfeilern flankirt; zwischen diesen und den Ecken sind beiderseits sechs dorische Säulen mit Gebälk angeordnet. Im Innern ist die Grabstätte durch Pflanzungen verschönt.

---

[1] Abbildung s. Architekton. Skizzenbuch (1880, W. Ernst & Sohn), ferner Wasmuth, Grabdenkmäler, Tafel 59—60.

II. Oeffentliche Denkmäler. 49

Die eigentlichen Grabdenkmäler stellen sich in drei Hauptformen dar: als Säulenbauten in Baldachinform (zur Aufnahme von Statuen und Inschrifttafeln), als Epitaphe, an die Friedhofsumwehrung oder andere Mauerkörper angelehnt, oder als Freimonumente in Gestalt von Tabernakeln, als Säulen, Stelen und Sarkophage.

In allen drei Arten ist seit 1870 eine gröfsere und vornehmere Auffassung durchgedrungen, wozu der Umstand nicht wenig beigetragen hat, dafs die Auswahl der Materialien sich beträchtlich erweiterte, und dafs insbesondere der Granit mehr als früher Platz greift. In bemerkenswerther Weise hat auch die kunstreiche Schmiedearbeit und die Verwendung von Bronze zugenommen, sodafs die Berliner Kirchhöfe jetzt eine reiche Auswahl von hervorragenden Denkmälern bieten. — Unter den älteren Baldachinmalen ist als besonders wirkungsvoll das von Stüler entworfene, für L. Ravené in Syenit ausgeführte hervorzuheben, bei welchem der Verstorbene unter einem durch Bogenhallen geöffneten baldachinartigen Tempel-Gehäuse auf einem hohen Sarkophage ruhend liegt. Die in Bronze gegossene Figur ist von Bildhauer Bläser modellirt (alter französischer Kirchhof in der Chausseestrafse[1]) (s. Abb. 29). Die Gestalt eines offenen, von sechs dorischen Säulen getragenen Grabtempels zeigt auch das von Stüler entworfene Grabmonument für Wilhelm Stier auf dem Kirchhofe von Alt-Schöneberg.

Von den neueren Hallendenkmälern in Baldachinform nimmt das von Hitzig für den Commerzienrath W. von Krause errichtete auf dem Dreifaltigkeits-Kirchhofe in der Bergmannstrafse eine hohe Stelle ein.[2] (S. Abb. 28.) Christus in überlebensgrofser Figur (modellirt von Moser) steht unter einer aus Sandstein gewölbten offenen Kuppel, deren Innenflächen und Zwickel mit Salviatischen Mosaiken auf Goldgrund geschmückt sind; die Bogenfelder sind mit Originalmalereien von Pfannschmidt ausgefüllt. Zu beiden Seiten der Kuppel sind bedeckte Hallen mit monolithen Granitsäulen zur Aufnahme von Sarkophagen angeordnet. Die Kosten

Abb. 29. Grabdenkmal des Generals v. Scharnhorst auf dem Invaliden-Kirchhofe zu Berlin.
(Architekt Fr. Schinkel.)

---

[1] Abbildung s. Wasmuth, Sammlung von Grabdenkmälern. 1895.
[2] Abbildung s. Architektonisches Skizzenbuch (1880).

50   II. Oeffentliche Denkmäler.

dieses Grabmals von einer Gesamtlänge von 13 m haben rd. 300 000 ℳ betragen. Einen achteckigen Säulenbau mit Kuppel bildet das von Orth entworfene, von O. Metzing ausgeführte Grabmonument Michaelis (s. Abb. 23).

In zweiter Reihe betrachten wir die Wandmäler, d. h. diejenigen Denkmäler, die ihre Ausbildung in Anlehnung an eine Mauer oder Rückwand in tafelartiger Weise gefunden haben. Zu den bedeutenderen dieser Art gehören: die Grabstätten vom Rath (Matthäikirchhof) von Baurath Schwechten, Schwabacher (Weifsensee) von Joh. Otzen (s. Abbild. 24), Erb-Begräbnifs Stuttmeister (Dorotheenstädtischer Kirchhof), Erb-Begräbnifs Eger (Jerusalemer Kirchhof), sämtlich in Granit ausgeführt durch Kessel & Röhl; ebenso das Erb-Begräbnifs Ravené (auf dem französischen Kirchhofe) von Ende; andere, durch Wimmel & Co. in Sandstein aufgeführte sind: Grabmal für Carl Hofmann auf dem Matthäikirchhofe von Bruno Schmitz (s. Abb. 27); für Familie Honig auf dem Matthäikirchhofe und Familie Springer ebendaselbst, beide von Architekt W. Martens; die Grabstätte der Familie Schleicher (entw. von Hitzig) ist ausgeführt in Marmor durch M. L. Schleicher; das Erbbegräbnifs der Familie Dircksen von Professor Otto Raschdorff auf dem Matthäikirchhofe; ebenso die originelle Grabstätte des Malers Gust. Richter auf dem

Abb. 30. Grabstätte für S. Moral.
(Architekt Lewy.)

Matthäikirchhofe (Ende & Böckmann, Begas). — Von den Freimonumenten ist eines der bedeutendsten das von Schinkel entworfene für Scharnhorst auf dem Invalidenkirchhofe (s. Abb. 29) sowie das von demselben Meister herstammende der Gräfin Osten-Sacken (1811) auf dem Dreifaltigkeitskirchhofe.[1] Auf dem alten französischen Kirchhofe in der Chausseestrafse befindet sich das von Strack entworfene Grabmal des Ministers Ancillon (gest. 1837), ein Marmorsarkophag in der Art des Scipionendenkmals auf einem Unterbau von grauem und rothem Granit. Unter den übrigen seien erwähnt: die Stele Schinkels

---

[1] Abbildung s. Architektonisches Skizzenbuch, Grabdenkmäler.

auf dem Friedrichwerder'schen Kirchhofe in der Chausseestrafse, Borsigs Grab auf dem Dorotheenstädtischen Kirchhofe von Strack, das Erbbegräbnifs des Bauraths Wentzel auf dem alten Dorotheenstädtischen Kirchhofe (von Wentzel) und ebendaselbst Stracks Grabmal nach dem Entwurfe von Professor H. Strack dem Jüngeren (s. Abb. 26); Beuths Grabstele, dann ein Baldachin aus Marmor mit der Hermenbüste August Borsigs, die Grabdenkmäler für Rauch und für Stüler (entworfen von Strack 1867), letzteres als Hermenbüste von carrarischem Marmor auf rothem Hintergrunde unter einem Bogen mit vier Säulen von Pavonazettomarmor. Ihnen reihen sich an das einfache Denkmal Richard Lucaes auf dem Dorotheenstädtischen Kirchhofe, ein Denkmal mit Relief für Wilhelm Lübeck auf dem Dorotheenstädtischen Kirchhofe (1880, Bildhauer Moritz Wolff, Architekt Fritz Koch). — Ferner seien der Beachtung empfohlen: die Grabdenkmäler für Familie Heckmann von Architekt Widmann (Luisenstädtischer Kirchhof), für Deichmann von Architekt Hochgürtel (Neuer Friedhof), für Siegheim von Architekt E. Lewy (Weifsensee), für Roedel von Müller & Dotti (Matthäikirchhof), Grabmal Dotti auf dem katholischen Kirchhofe in der Luisenstrafse, für Th. v. Barnim geb. Elsler auf dem Invalidenkirchhofe, Grabmal für Professor Brugsch-Pascha auf dem Luisenkirchhofe in Westend (in einem alten Sarkophage aus Sakkara bestehend).

Abb. 31.
Grabmal für die Familie Pallavicini auf dem alten Dreifaltigkeitskirchhofe.
(Architekt A. Rofsteuscher.)

Sehenswerth ist der israelitische Kirchhof in Weifsensee, weil er nach neueren Grundsätzen angelegt ist und an vielen Stellen eine planvolle gemeinsame künstlerische Gestaltung ganzer Grabreihen aufweist. Da hier figürliche Darstellungen nicht zugelassen werden und auch das Ornament auf wenige Motive beschränkt ist, rückt das Material (Granit) mehr in den Vordergrund und man ist vielfach zur Durchbildung der Grabstätten fast ausschliefslich in Schmiedeeisen geführt worden. (Arbeiten von Marcus, Fabian, Kleinschmidt, Degen & Schmidt usw.) Grabmal für S. Moral (von Lewy) (siehe Abb. 30).

Der ältere jüdische Kirchhof in der Schönhauser Allee enthält an beachtenswerthen Epitaphien diejenigen der Familien Landau und Friedländer, die Erbbegräbnisse Liebermann und Bleichröder, sowie das Grab Laskers. — Als Beispiel des seltenen gothischen Nischengrabes geben wir das durch Baurath Rofsteuscher entworfene für die Familie Pallavicini auf dem alten Dreifaltigkeitskirchhofe (s. Abb. 31) und als eine gröfsere Anlage mit Betonung der eigentlichen Gruft diejenige für Familie Erdmann auf dem Matthäikirchhofe (Architekten Erdmann & Spindler, s. Abb. 32). Der Sarkophagdeckel ist aus Bronze; das Hauptmaterial ist der braungelbe Rehborner Sandstein aus den Brüchen von Spindler & Co. in Königswinter.

Der älteren hervorragenden Epitaphien und Denkmäler in Berliner Kirchen wird bei der Beschreibung jener Bauwerke gedacht werden. Die Errichtung derartiger Monumente hing zusammen mit der Sitte, den Todten Erinnerungsmale in den Kirchen zu setzen und sie daselbst zu bestatten. Die älteste Form des Erinnerungsmals, Epitaphium, bilden bemalte Bildtafeln, theils mit Wappen, theils mit religiösen Darstellungen, auf welchen sich die Stifter mit ihren Angehörigen in bescheidenem Mafsstabe verewigten. Im 16. Jahrhundert wurden lebensgrofse Bildnisse und plastische Monumente gebräuchlich. Schon in dieser Zeit, besonders aber im 17. und 18. Jahrhundert mehrten sich die Erbbegräbnisse und Grabkapellen in den Kirchen. — Berlin besitzt in der Nicolaikirche eine ganze Reihe bemerkenswerther Monumente dieser Art, so die reiche v. Kötteritzsch'sche Kapelle, die Schindler'sche und v. Kraut'sche Grabkapelle, das Erbbegräbnifs für den Goldschmied Männlich. Die bedeutendsten enthält die Marienkirche in dem grofsen v. Röbel'schen Monument, vor allem in dem Marmorepitaphium des Grafen O. Christoph v. Sparr, einer Arbeit aus dem Atelier des Holländers Artus Quellinus. — In dritter Reihe steht die Dorotheenstädtische Kirche mit Schadows schönem Denkmal für den Grafen von der Mark. — Die Sarkophage des Hohenzollernschen Herrscherhauses, Metallsärge zum Theil von reichster plastischer Ausführung, welche bisher in den Kellergrüften des alten Doms untergebracht waren, werden in dem Neubau am Lustgarten endlich eine ihrer würdige Aufstellung erhalten.

Zum Schlufs seien noch einige Berliner Gedenktafeln erwähnt, die der Erinnerung an die Wohnstätten hervorragender Künstler gewidmet sind. Es sind dies solche für: Andreas Schlüter am Hause Brüderstrafse 33; für G. W. v. Knobelsdorff, Leipziger Strafse 85; für C. v. Gontard, Zimmerstrafse 25; für Caspar Theifs Heilige Geiststrafse 10, Ecke der Kaiser-Wilhelm-Strafse; für Gottfried Schadow am Hause Schadowstrafse 10 u. 11.

Abb. 32. Erbbegräbnifs der Familie Erdmann auf dem Matthäikirchhofe.
(Architekten Erdmann & Spindler.)

III.
Reichstags- und Landtags-Gebäude.[1)]

1. Das Haus des Deutschen Reichstages.

A. Das bisherige Gebäude.

Nachdem das Deutsche Reich begründet war, schuf das Machtwort des Fürsten Bismarck für Bundesrath und Reichstag in kürzester Zeit ein einstweiliges Haus in der Leipziger Strafse 4, unter Benutzung vorhandener Räume der ehemaligen Königlichen Porzellanmanufactur. In diesem äufserlich bescheidenen, im Innern aber trotz der erheblichen Schwierigkeiten, welche die von Nachbarbauten eingeschlossene Baustelle bot, den parlamentarischen Bedürfnissen geschickt angepafsten Gebäude hat die deutsche Volksvertretung vom Ende des Jahres 1871 bis zum 5. December 1894, weit länger als ursprünglich gedacht war, getagt. Jetzt ist es zum Abbruch bestimmt, um einem Neubau für beide Häuser des Preufsischen Landtages Platz zu machen.

Nicht allein der geschichtliche Werth, sondern auch das bautechnische Interesse, welches dieses einstweilige Reichstagshaus beanspruchen darf, lassen es gerechtfertigt erscheinen, seine Gestalt hier in Grundrissen und im Durchschnitt darzustellen und kurz zu beschreiben.

Der Entwurf wurde von dem Geheimen Regierungsrath Hitzig als Mitglied des für die Reichstagsbau-Angelegenheiten eingesetzten Ausschusses in wenigen Tagen ausgearbeitet und der Bau unter seiner Leitung von den Architekten Gropius und Schmieden in $4^{1}/_{2}$ Monaten ausgeführt. Die Fertigstellung in so kurzer Zeit wurde dadurch ermöglicht, dafs auch des Nachts bei elektrischer Beleuchtung der Baustelle gearbeitet wurde. Infolge der beschleunigten Ausführung wurden die Wände des Saals und die Decke nur in Holz

---

[1)] Bearbeitet vom Geheimen Baurath K. Hinckeldeyn.

hergestellt. Die Saalwände erhielten der Akustik und der Trockenheit wegen eine Holzvertäfelung als Bekleidung.

Der Sitzungssaal, 22 m breit, 28,25 m lang und 13—15 m hoch, enthält 400 Klappsitze von 1,10 m Tiefe und 0,63 m geringster Breite. Zu beiden Seiten der Präsidententribüne sind auf erhöhten Podien 44 Sitze für die Mitglieder des Bundesrathes angeordnet. Auf drei Seiten des Saales liegen Tribünen für Publicum, Presse und Abgeordnete mit zusammen 315 Plätzen. — Der Saal ist durch Oberlicht erleuchtet. Bei Abendsitzungen werden eiserne Wagen mit 660 Gasflammen, über denen Reflectoren angebracht sind, über die Glasfläche des inneren Oberlichtes gerollt. In dem Querschnitt Abb. 33 sind beide Stellungen dieser Wagen angedeutet. Grofse Ampeln an den Wänden des Saales erhellen die Decke von unten.

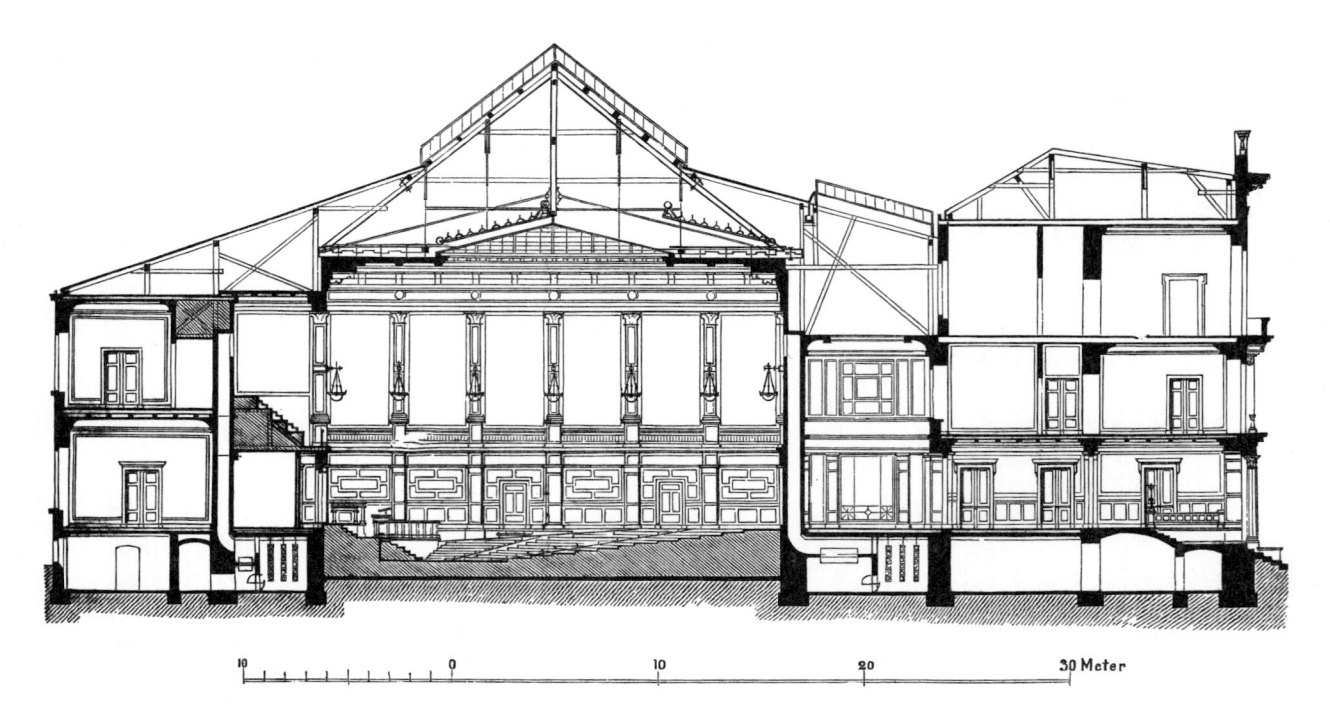

Abb. 33. Bisheriges Reichstagshaus, Längendurchschnitt.
(Architekten Hitzig, Gropius und Schmieden, W. Neumann.)

Die Heizung ist eine Dampflufheizung mit Drucklüftung. Zwei lange Heizkammern liegen unter der Wandelhalle und dem gegenüber befindlichen Flurgang; neben ihnen sind Kaltluftcanäle und Mischkammern angelegt. Der Eintritt der auf 25° C. erwärmten Luft erfolgt in der Höhe von 9 m über dem Fufsboden. Die verbrauchte Luft wird durch zahlreiche Oeffnungen im Fufsboden des Saals und der Tribüne nach dem hohlen Raum unter dem Saal und von hier zu einem 26 m hohen, 3 m im Quadrat messenden Abzugsschlot mit Lockfeuerung abgeführt. Die Baukosten betrugen 1 050 000 ℳ; für die innere Einrichtung wurden 315 000 ℳ verausgabt.

Da schon in der ersten Zeit der Benutzung sich die Sitzungszimmer, die Bibliothek und die Räume für den Bundesrath als unzureichend erwiesen, beschlofs der Reichstag, das alte Vorderhaus umzubauen und durch Aufbau eines zweiten Stockwerks zu erweitern. Dieser Bau wurde 1874 nach dem Entwurfe und unter der Leitung des damaligen Regierungsraths W. Neumann von dem damaligen Landbaumeister Häsecke ausgeführt. Das erste Stockwerk enthält die Bibliothek, zwei Lesezimmer und vier Schreibzimmer, das zweite Stockwerk fünf grofse Säle für Abtheilungen und Ausschüsse. Die Baukosten für diese Erweiterung betrugen 341 000 ℳ; die Anschaffung der neuen inneren Einrichtung kostete

III. Reichstags- und Landtags-Gebäude. 55

121 000 ℳ. Im ganzen wurden demnach für die einstweilige Unterkunft des Reichstages 1 827 000 ℳ. an Bau- und Einrichtungskosten aufgewendet.

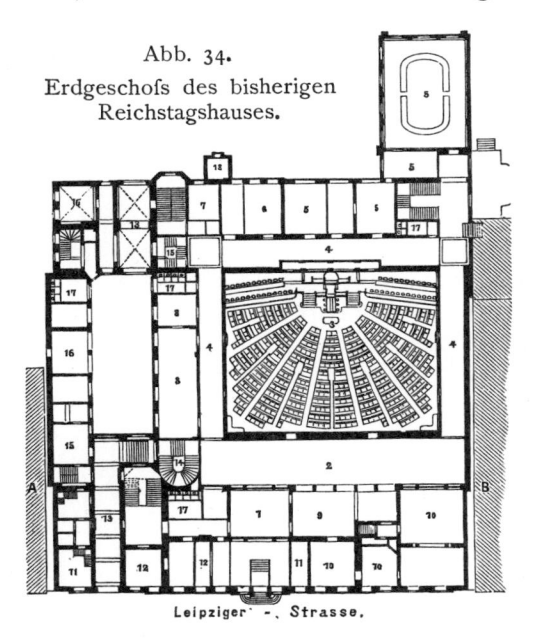

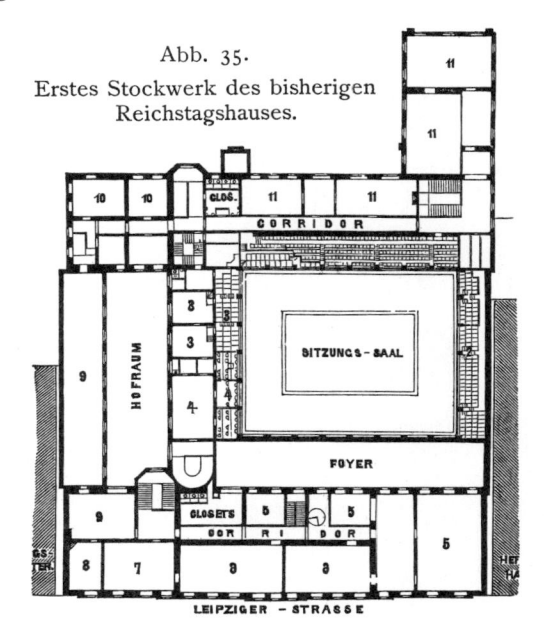

Abb. 34.
Erdgeschofs des bisherigen Reichstagshauses.

Abb. 35.
Erstes Stockwerk des bisherigen Reichstagshauses.

Erdgeschofs:
A. Kriegsministerium. B. Herrenhaus.
1. Eintrittsflur. 2. Wandelhalle. 3. Sitzungssaal. 4. Gänge. 5. Bundesrath und Reichskanzler. 6. Präsident. 7. Schriftführer. 8. Stenographen. 9. Kleiderablage. 10. Erfrischungsräume. 11. Pförtner. 12. Post und Telegraphie. 13. Durchfahrten. 14. Treppe zur Hofloge. 15. Kartenausgabe und Treppe zur Tribüne für das Publicum. 16. Ställe usw. 17. Aborte. 18. Entlüftungsschacht.

Abb. 36. Zweites Stockwerk des bisherigen Reichstagshauses.

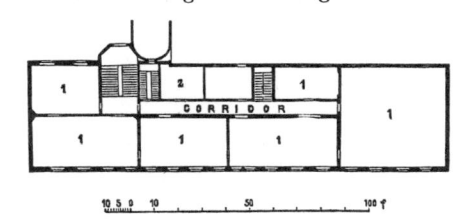

Erster Stock:
1. Tribünen für das Publicum. 2. Reservirte Tribünen. 3. Journalisten-Tribüne und -Zimmer. 4. Hofloge und Salon zu derselben. 5. bis 7. Bibliothek mit Lese- und Schreibzimmer. 8. u. 9. Büreauräume. 10. Ausschufszimmer. 11. Geschäftsräume des Bundesraths.

Zweiter Stock:
1. Abtheilungs- und Ausschufszimmer. 2. Aborte.

Abb. 33—36. Bisheriges Reichstagshaus.
(Architekten Hitzig, Gropius und Schmieden, W. Neumann.)

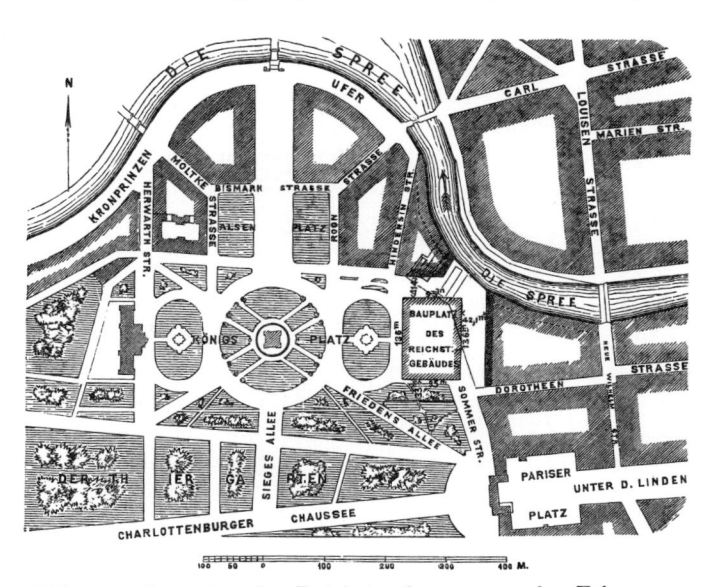

Abb. 37. Lageplan des Reichstagshauses vor der Erbauung.

B. Der Neubau am Königsplatz.[1]

Abb. 38. Bekrönung über dem Haupteingang der Westfront.
(Nach einer Handzeichnung von P. Wallot.)

Nach der Wiederaufrichtung des Deutschen Kaiserreiches regte sich alsbald der Wunsch, die neu errungene Einheit des Vaterlandes in dem Bau eines monumentalen Reichstagshauses dauernd zu verkörpern. Der erste Schritt zur Erfüllung dieses Wunsches geschah in der Sitzung des Reichstages am 19. April 1871 durch die nahezu einstimmige Annahme eines Beschlusses, welcher die Errichtung eines der Vertretung des deutschen Volkes würdigen Reichstagshauses für ein dringendes Bedürfnifs erklärte und die Ermittelung eines passenden Bauplatzes sowie die Aufstellung eines Programms für einen Wettbewerb in Anregung brachte. In Verfolg dieses Beschlusses wurde alsbald ein Ausschufs gebildet, der als Bauplatz das an der Ostseite des Königsplatzes belegene, damals von dem Raczynski'schen Palast eingenommene Grundstück in Aussicht nahm. Auf Grund dieses Programms wurde im December 1871 ein internationaler Wettbewerb ausgeschrieben, bei welchem der Professor L. Bohnstedt aus Gotha den ersten Preis erhielt. Ein zur Ausführung oder auch nur als Grundlage für die weitere Ausarbeitung geeigneter Bauplan hatte sich dabei aber nicht ergeben. Die Ursache dieses Mifserfolges lag zum Theil in der Fassung des Programms, zum Theil in den grofsen Schwierigkeiten, welche die Lage des Bauplatzes für eine glückliche Lösung der Aufgabe bot. Die Platzfrage war es auch in der Folge, welche die endgültige Entscheidung über den Bau um fast ein Jahrzehnt verzögert hat. Da das Pietätsgefühl Kaiser Wilhelms I. an der unter seinem Bruder geschaffenen Platzanlage nichts ändern wollte und sich demgemäfs auch gegen eine mit besonderem Nachdruck empfohlene Verlegung des Bauwerks auf den Alsenplatz, an der Nordseite des Königsplatzes, aussprach, blieb es bei der zuerst in Vorschlag gebrachten Stellung. Alle Bemühungen, die Nachtheile dieser Stellung des Gebäudes dadurch wenigstens etwas zu mildern, dafs es weiter in den Königsplatz hineingerückt würde, blieben gleichfalls erfolglos, weil man an mafsgebender Stelle die Anschauung fest hielt, dafs aus Gründen der Symmetrie das Reichstagshaus und das Kroll'sche Gebäude den gleichen Abstand von der Siegessäule innehalten müfsten (vgl. Abb. 37).

---

[1] Vgl. Das neue Reichstagshaus in Berlin von Paul Wallot. Eine baugeschichtliche Darstellung von Richard Streiter. Sonderdruck aus dem Centralblatt der Bauverwaltung. 1894. — Eine ausführliche Darstellung des Gebäudes nach photographischen Aufnahmen seiner Aufsen- und Innenarchitektur ist von der Verlagsanstalt für „Kunst und Wissenschaft", Kosmos, besorgt.

III. Reichstags- und Landtags-Gebäude.

Nachdem in der Sitzung des Reichstages am 13. December 1881 der Antrag des Bundesraths, das Reichstagshaus auf dem Platze des Raczynski'schen Palastes zu errichten, mit grofser Mehrheit angenommen war, wurde am 9. Januar 1882 eine Baucommission gewählt, welche ein neues, gegen das frühere insofern eingeschränktes Programm ausarbeitete, als weder ein Festsaal noch eine Dienstwohnung für den Präsidenten verlangt, ferner die Baufläche statt wie früher von 150 m zu 115 m nun auf 136 m zu 95 m festgesetzt wurde. Das neue Preisausschreiben erfolgte am 2. Februar 1882; es beschränkte die Theilnahme an dem Wett-

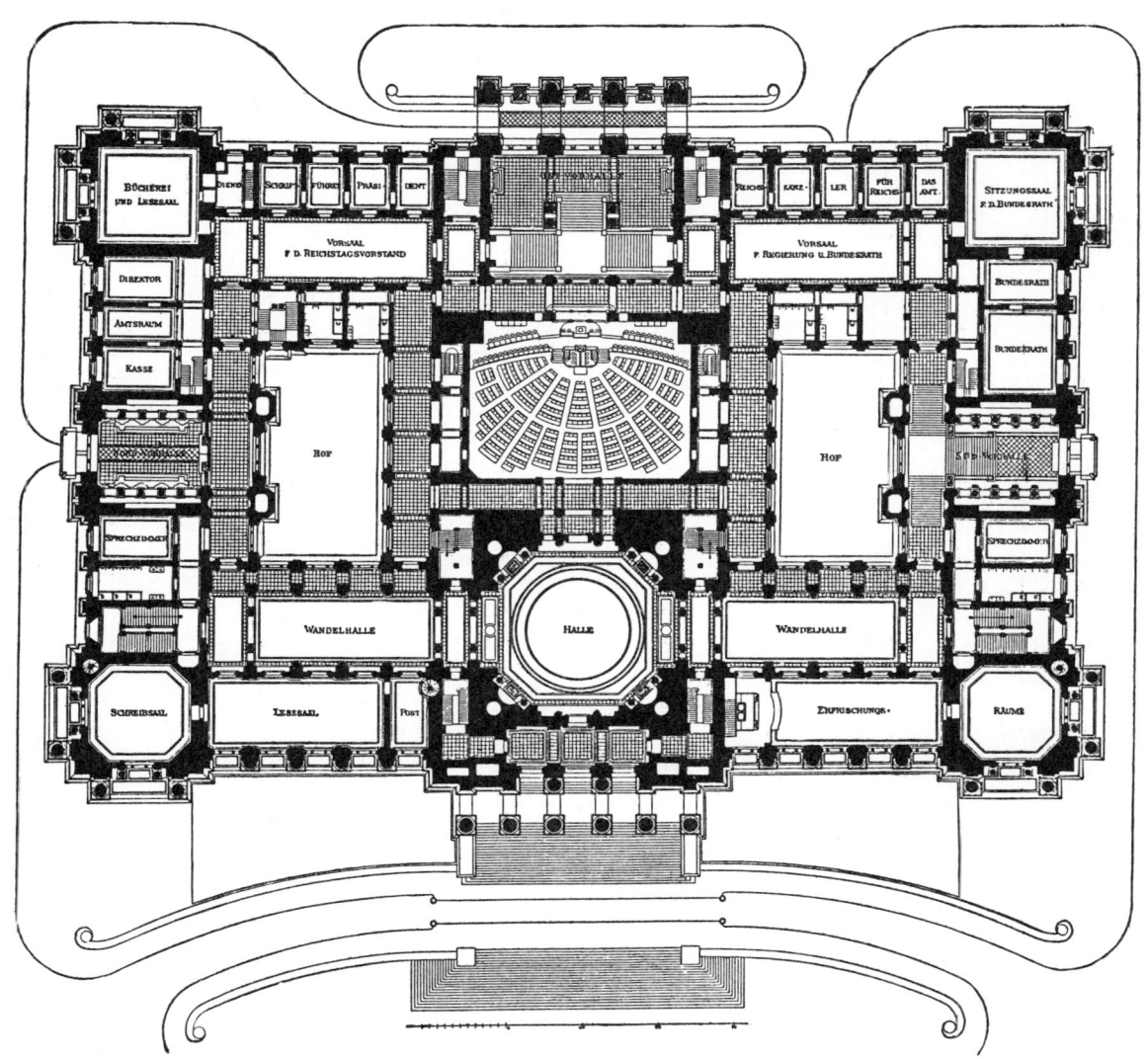

Abb. 39. Grundrifs des Hauptgeschosses.

kampfe auf die Künstler Deutschlands und Deutsch-Oesterreichs. Sein Erfolg war aufserordentlich. Es gingen 189 Entwürfe ein, deren Mehrzahl von hohem künstlerischen Werth war. Durch den am 24. Juni 1882 veröffentlichten Spruch des Preisgerichts wurden die beiden ersten Preise dem Architekten Paul Wallot aus Frankfurt a. M. und dem Professor Friedrich Thiersch aus München zuerkannt. Mit seltener Uebereinstimmung aber waren Sachverständige wie Publicum darin einig, dafs in Wallot der Mann gefunden sei, in dessen Hand die Ausführung des grofsen Werkes vertrauensvoll gelegt werden dürfe.

Bei aller Anerkennung der Vorzüge seines Entwurfes ergaben sich jedoch der Baucommission und der Akademie des Bauwesens alsbald Bedenken namentlich gegen die hohe Lage der Haupträume, 10 m über dem Erdboden, sowie die Gestaltung des Kuppelaufbaues,

58   III. Reichstags- und Landtags-Gebäude.

welche den Zweifel hervorrief, ob die seitlichen Oeffnungen der Hochwände den mit Oberlicht versehenen Sitzungssaal der Abgeordneten ausreichend erhellen würden.

Nachdem Wallot hierauf seinen Entwurf einer zweimaligen Umarbeitung unterzogen hatte, erhielt er am 18. Juni des Jahres 1883 durch das Reichsamt des Innern den endgültigen Auftrag zur weiteren Ausarbeitung seiner Pläne und die Berufung zur künstlerischen Oberleitung des Baues. Gleichzeitig wurde der damalige Bauinspector Häger mit der technischen und geschäftlichen Leitung der Ausführung betraut. Im Herbst 1883 begann der Abbruch des Raczynski'schen Palastes. Weitere von der Akademie des Bauwesens betonte Mängel, als welche die geringe Höhe und die zu unbedeutende Erscheinung der Eingänge für den Bundesrath und die Mitglieder des Reichstages, die ungenügende Beleuchtung des

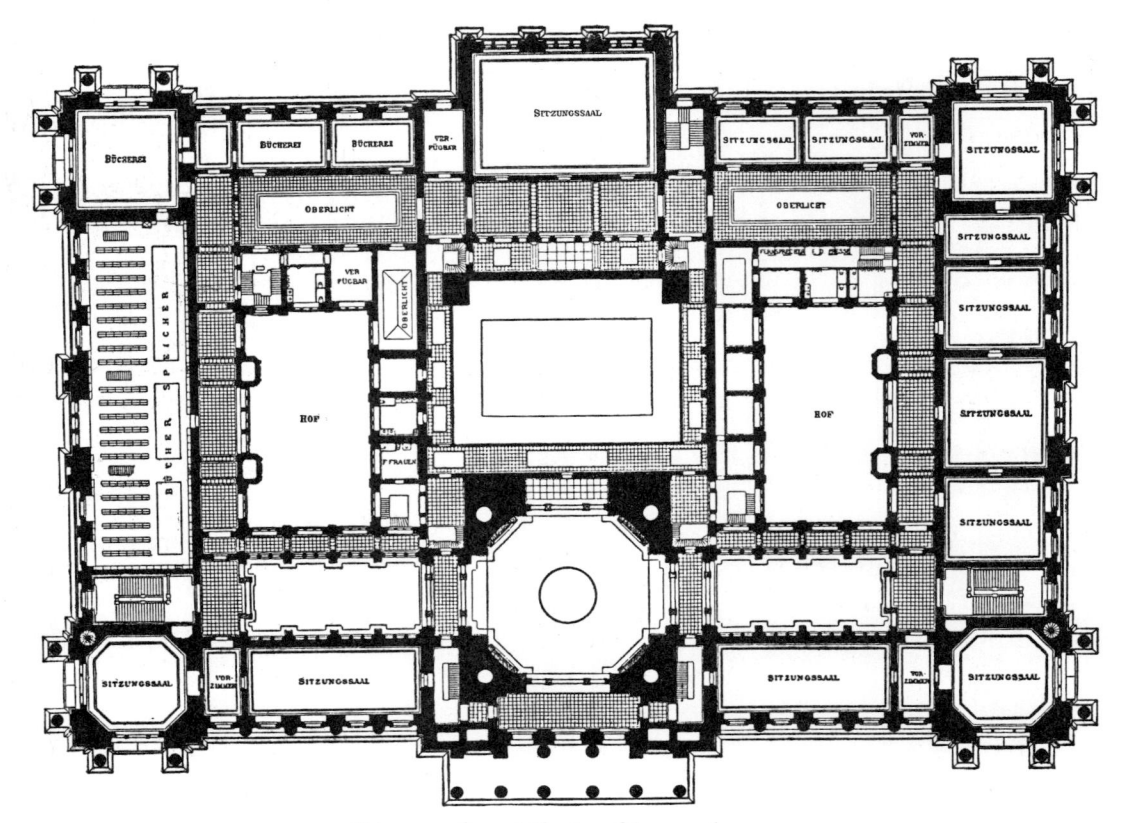

Abb. 40. Grundrifs des Obergeschosses.

Sitzungssaales und die zu kleinen Abmessungen der vier Höfe angesehen wurden, ferner der Wunsch nach einer Verschiebung der Kuppel nach dem Königsplatz hin führten dann zu einer abermaligen vollständigen Umgestaltung der Grundrifstheilung. Dieselbe bedingte den Verzicht auf die Betonung des Hauptraumes des Hauses, des Sitzungssaales, durch einen die übrige Baumasse beherrschenden Aufbau und liefs nur den Weg übrig, die Wandelhalle zu dem in der äufseren Erscheinung hauptsächlich wirkenden Bautheil zu erheben. Indem Wallot sich dem Rathe der Akademie und dem Wunsche der Reichstags-Baucommission fügte, gelang es ihm, mit dem neuen Entwurfe vom October 1883 eine Grundrifslösung zu finden, welche alle Anforderungen des practischen Bedürfnisses erfüllte und zugleich eine stattliche Raumwirkung in sich schlofs. Diese Vorzüge wurden im wesentlichen dadurch erreicht, dafs anstatt der früheren vier jetzt nur zwei Innenhöfe angelegt, die Treppenanlagen umgestaltet wurden und die Wandelhalle parallel zu den Sälen am Königsplatz gelegt, in der Mitte zu einem kuppelüberdeckten Hauptraum erweitert, eine besonders stattliche Ausbildung erhielt.

BERLIN UND SEINE BAUTEN 1896.

DAS REICHSTAGSGEBÄUDE.

WILHELM ERNST & SOHN, BERLIN.

III. Reichstags- und Landtags-Gebäude. 59

Durch Erlafs vom 5. December 1883 wurde diesem Plane die Allerhöchste Genehmigung ertheilt. Mit der am 9. Juni 1884 erfolgten Grundsteinlegung begann die Ausführung des Baues. — In unablässigem Bemühen, die hohe Aufgabe möglichst vollkommen zu lösen, band sich jedoch Wallot an den genehmigten Plan nicht unbedingt, sondern gestaltete ihn mit künstlerischer Freiheit immer reifer und monumentaler aus, bis er zu der klaren und schönen Raumanordnung gelangte, wie sie Abb. 39 u. 40, der endgültigen Ausführung entsprechend, zeigen. Das gleiche allmähliche Werden und Reifen prägt sich auch in den Stadien aus, welche die Erfindung und Ausbildung der Aufsenarchitektur durchlaufen hat.

In den Jahren 1885 und 1886 erhielten die Entwürfe für die Hoffronten und die Aufsenfaçaden im wesentlichen ihre endgültige Gestalt. Es blieb nur noch die schwierige, für die Erscheinung des Bauwerkes als Ganzes ausschlaggebende Frage des Kuppelbaues zu entscheiden. Eingehende Studien an Zeichnungen und Modellen zeigten, dafs durch Anordnung des Kuppelaufbaues über der Mitte der Wandelhalle allerdings eine besonders wirkungsvolle Frontansicht gewonnen, im übrigen aber eine Verschiebung des Gleichgewichts eintreten würde, welche bei der gleichmäfsigen Betonung der vier Ecken durch die stattlichen Thurmbauten auf alle Fälle störend empfunden werden mufste. Wallot entschied sich demnach dafür, den krönenden Aufbau wieder mehr der Mitte der Baumasse zu nähern, ihn an die Stelle, welche dafür die gröfste innere Berechtigung hat, über den Sitzungssaal zu verlegen.

Von der ursprünglichen Form des hochragenden Baldachins behielt er das aus dem Rechteck entwickelte Walmdach bei, ersetzte aber die von hohen Rundbogenöffnungen durchbrochenen Seitenwände durch eine nur mäfsig über die anschliefsenden Dächer erhobene, mit Wappenfries und freien Endigungen geschmückte Steinumfassung, hinter welcher die Dachflächen aus Eisen und Glas gebildet und von einer reich gegliederten Laterne bekrönt aufsteigen. Mit dieser Neuerung waren alle früheren Bedenken wegen der Tagesbeleuchtung des Sitzungssaales gehoben. Durch die Bekleidung der Grate und Rippen der Kuppel mit Kupfer bei Verwendung von Kunstformen, welche den Metall-Charakter tragen und doch so viel Fläche und Relief zeigen, um sich neben den massigen Steinformen zu behaupten, insbesondere aber durch die fast durchgängige Vergoldung der Kupferbekleidung ist die Absicht, das Oberlicht über dem Sitzungssaal zu einem künstlerisch durchgebildeten Hauptstück der Architektur zu machen, aufs beste gelungen. Nachdem durch sinnreiche, von dem Geheimen Baurath Dr. Zimmermann angegebene Ergänzungs-Constructionen der Nachweis erbracht war, dafs die technischen Schwierigkeiten der Aufnahme einer Eisenconstruction von so bedeutenden Mafsen auf die bereits im Rohbau fertig gestellten Umfassungswände des Sitzungssaals zu überwinden sein würden, ertheilte die Baucommission am 13. Januar 1890 ihre Genehmigung zu der tiefgreifenden Umgestaltung.

Zeigen die Aufsenfronten in ihrem Aufbau und in jeder Einzelheit die Eigenart und Selbständigkeit, mit welcher Wallot überlieferten Formen neues Leben zu geben, durch plastischen und ornamentalen Schmuck mit vorzugsweiser Heranziehung heraldischer Motive, hier in mafsvoller Beschränkung, dort in reichster Fülle zu wirken weifs, so tritt diese schöpferische Kraft und Frische in der künstlerischen Gestaltung der Innenräume nicht minder vielseitig hervor.

Die dem Verkehr dienenden Räume des Hauses, wie Eingangsflure, Treppenhäuser und Vorsäle sind von den Arbeitszimmern, Sitzungssälen, Lese-, Schreib- und Erholungsräumen im Charakter grundsätzlich verschieden behandelt; bei ersteren galt es Ernst, Würde und höchste Dauerhaftigkeit zu betonen, es sind deshalb ihre Wände, Decken und Fufsböden fast ausschliefslich aus Stein, der das Constructionsgefüge sichtbar läfst, hergestellt, wobei die Farbenwirkung sich mehr unterordnet; bei letzteren sollte vornehmlich ein behaglicher Eindruck erreicht werden, hier bestehen deshalb die Decken meistens aus Holz, die Wände sind mit Täfelungen versehen und überall treten kräftige Farbentöne auf. Die Flure, Treppenhäuser und Vorhallen wirken durch ihre Steinarchitektur an Wänden und Gewölben, mit ihrem nur an den bedeutungsvollsten Stellen auftretenden bildnerischen Schmuck, mit Fufsböden aus Granit und Marmor, theils in Platten, theils in musivischer Technik, monumental im wahrsten Sinne des Wortes, als Raumgebilde von phantasievoller Erfindung, harmonischen Verhältnissen und einer technischen Vollendung, welche mit den auserlesenen Baustoffen die Jahrhunderte zu überdauern verspricht. Frei und grofs angelegt

Abb. 41. Eckthurm und System der Südfront.

III. Reichstags- und Landtags-Gebäude. 61

erscheint trotz beschränkter Tiefenausdehnung das Haupttreppenhaus an der Ostseite, ganz besonders eindrucksvoll der Eintrittsflur an der südlichen Schmalseite. Seine gegliederte Steinschnittdecke, die prächtigen von G. Linnemann ausgeführten Glasfenster, endlich acht Bildwerke deutscher Kaiser, der Helden unserer Geschichte, vor die Tragepfeiler gestellt, verleihen diesem Raume die feierliche Grundstimmung. Reich mit Bildwerken geschmückte Portale (Abb. 43), die zu den eigenthümlichsten decorativen Leistungen im Innern zählen, führen von den Stiegenräumen an der Nord- und Südfront zu den Haupträumen an beiden Langseiten. Die Gruppe der Verkehrsräume erreicht ihre höchste Steigerung in der grofsen Wandelhalle (Abb. 42), sowohl durch den Mafsstab als durch den Reichthum der architektonischen Gestaltung. Leider mufste die Absicht, die mächtigen Säulen, Pfeiler und Gebälke aus istrischem Kalkstein herzustellen, mit Rücksicht auf die verfügbaren Mittel aufgegeben werden. Wie sehr der Ersatz dafür durch künstlichen, sogen. Incrustatstein gegen das ursprünglich Gewollte zurückbleibt, wird durch einen Vergleich mit der Architektur der beiden Vorsäle vor den Räumen des Bundesraths und den Arbeitszimmern für den Vor-

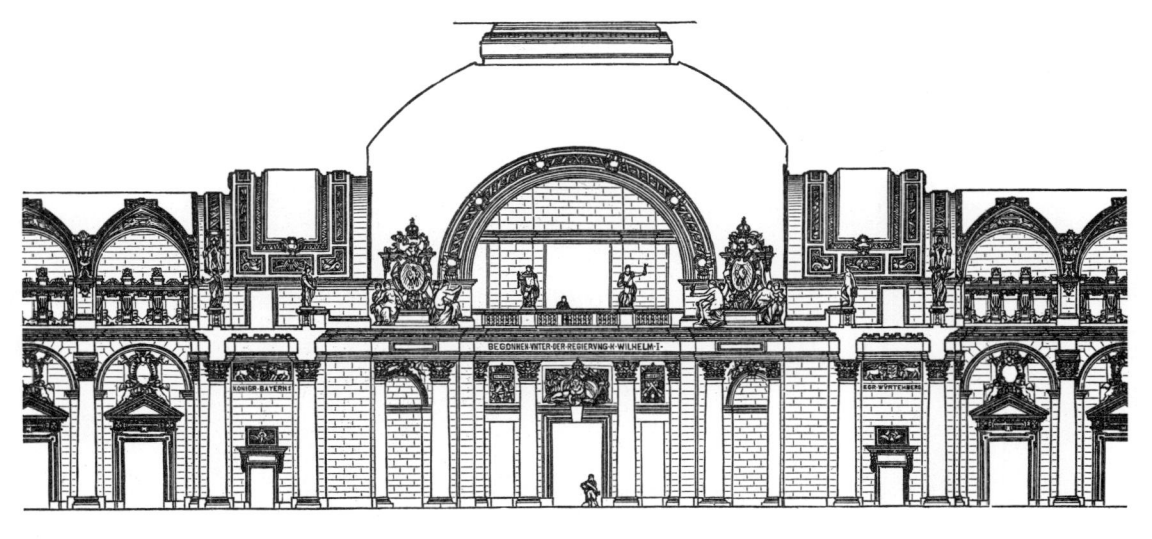

Abb. 42. Querschnitt der Wandelhalle.

stand des Reichstages recht anschaulich. Hier ist die Schönheit jenes istrischen Lesinasteines namentlich an den Reliefs der Pfeiler zur vollen Geltung gelangt.

Der Sitzungssaal stimmt in seinen Längen-, Breiten- und Höhenabmessungen im wesentlichen mit dem in seiner Einrichtung und Akustik gut bewährten Saale des einstweiligen Reichstagshauses überein. Die Architekturtheile seiner Wände und das Deckengesims, welches den Anschlufs an das Oberlicht vermittelt, bestehen aus Eichenholz, dem seine natürliche helle Farbe belassen ist. Die untere Wandzone bildet eine reich gegliederte Täfelung mit Thüren, auf deren zweien der Vorgang der Abstimmung und Auszählung durch reizvolle Darstellungen in farbigem Holzmosaik geschildert ist. Die obere Zone ist auf den drei mit Zuhörertribünen besetzten Seiten in Stützenstellungen aufgelöst, während die vierte östliche Wand (Abb. 44), vor welcher sich der Sitz des Präsidiums und die Plätze für den Bundesrath befinden, durch zwei von Säulen umrahmte Nischenaufbauten in drei Felder getheilt wird, für welche Gemälde geschichtlichen Inhalts in Aussicht genommen sind.

In den Hauptsälen am Königsplatz herrscht an Wänden und Decken ebenfalls Holz vor, nur die Erfrischungsräume haben gewölbte Decken erhalten, und zwar der langgestreckte Restaurationssaal ein nach der Fensterwand hin durch Stichkappen unterbrochenes, vom Maler Hupp aus München bemaltes Tonnengewölbe, der Ecksaal, ein mit frei aufgetragenen Stuckornamenten verziertes Klostergewölbe, nach Entwürfen von Fr. Stuck. Der Lesesaal enthält über der Holztäfelung Wandmalereien von M. Koch. — Der Sitzungssaal für den

62   III. Reichstags- und Landtags-Gebäude.

Bundesrath ist, seiner Bedeutung gemäfs, besonders vornehm ausgestattet. Die Wände sind mit einer hohen vortrefflich wirkenden Holztäfelung bekleidet, welche auf einer Seite durch einen mächtigen in hellgrauem Stein ausgeführten Kamin unterbrochen wird. Das Gebälk der Decke ist in vieleckige Felder getheilt, welche später Gemälde aufnehmen sollen.

Der im Jahre 1891 begonnene innere Ausbau des Hauses ist mit der gröfsten Sorgfalt und mit Hinzuziehung künstlerischer Kräfte aus allen Theilen Deutschlands unter dem persönlichen Einflufs Wallots durchgeführt und legt ein erfreuliches Zeugnifs für das technische Können der Gegenwart auf allen Gebieten des Kunsthandwerks ab. — In der Installation der elektrischen Beleuchtung sind alle technischen Fortschritte der Neuzeit auf diesem Gebiete nutzbar gemacht. Besonders bewährt hat sich dabei die hier zum ersten Male in gröfserem Umfang zur Anwendung gelangte Führung aller elektrischen Leitungsstränge durch vorweg eingemauerte gufseiserne Röhren.

Um für die schwierige Aufgabe der Heizung und Lüftung des Reichstagshauses die beste Lösung zu finden, wurde auf Grund eines von der Bauverwaltung unter Beihülfe bewährter Sachverständigen sorgfältig ausgearbeiteten Programmes im Jahre 1884 ein öffentlicher Wettbewerb ausgeschrieben. — Die Firma David Grove in Berlin erhielt dabei den ersten Preis sowie den Auftrag zur Ausführung.[1]) — Die Kesselanlage befindet sich nicht im Reichstagshause selbst, sondern in einem für diesen Zweck besonders errichteten Gebäude am Reichstagsufer. Es sind im ganzen acht Kessel mit je 95 qm Heizfläche vorhanden, von denen auch bei gröfster Kälte sieben genügen, um die erforderliche Dampfmenge zu erzeugen. Die Kessel sind Zweiflammrohrkessel mit Galloway-Röhren und rauchfreier Feuerung nach dem Patent von Donneley; sie werden mittels selbstthätiger Speisevorrichtung nach dem System Cohnfeld gespeist. Aufserdem sind zwei Worthington-Dampfpumpen zur Aushülfe vorgesehen. Der in den Kesseln erzeugte Dampf wird mit einem Ueberdruck von 3 bis 3½ Atmosphären

Abb. 43. Thür in der südlichen Flurhalle.

---

1) David Grove: Ausgeführte Heizungs- und Lüftungsanlagen. Berlin 1895. W. Ernst & Sohn.

III. Reichstags- und Landtags-Gebäude. 63

durch zwei Rohrstränge von 20 cm Durchmesser in einem unter der Sommerstrafse durchgeführten, 110 m langen, begehbaren und elektrisch beleuchteten Tunnel in das Gebäude geleitet, an der auf der Ostseite desselben im Keller angelegten Sammelstelle auf etwa 1 Atmosphäre Ueberdruck reducirt, vertheilt und den einzelnen Bedarfstellen zugeführt. Der Gesamtbedarf für den Vollbetrieb der Heizungs- und Lüftungsanlage bei niedrigster Aufsentemperatur ist auf 6 000 000 Wärmeeinheiten in der Stunde berechnet. Flure, Treppenhäuser und Vorräume werden auf 10° C., alle übrigen Räume auf 20° C. erwärmt. — Die Sitzungssäle, Flure, Treppenhäuser und Vorräume, sowie die Restaurations-, Lese- und Schreibsäle haben

Abb. 44. Theilansicht des Sitzungssaales.

Dampfluftheizung, die Sitzungssäle jedoch aufserdem Warmwasserheizkörper in den Fensternischen erhalten. Die Bureauräume, die Bibliothek und die Dienstwohnungen sind mit Dampfwarmwasserheizung versehen. Für den Sitzungssaal des Plenums dient eine von der übrigen Anlage getrennte Dampfwarmwasser-Luftheizung. Die Regelung der Wärmezufuhr erfolgt vom Keller aus durch Anstellen oder Abstellen von Heizflächen und durch Mischklappen, welche von einer Sammelstelle aus bedient werden. Die Dampfwarmwasser-Heizung ist in fünf Systeme gegliedert. Die Vertheilungsleitungen liegen auf dem Dachboden, die Rückleitungen im Keller. Zum Hochheizen dienen fünf Dampfwasser-Anwärmer mit geringem Wasserinhalt. Zur Wärmeaufspeicherung während der Nacht können 10 Dampfwarmwasser-Kessel mit einem Inhalt von 40 000 Litern eingeschaltet werden.

Die Lüftungseinrichtungen sind so getroffen, dafs im Sitzungssaale des Plenums ein fünfmaliger, in den kleinen Sitzungssälen, den Lese-, Schreib- und Restaurationsräumen ein zweimaliger, in den Aborten und Kleiderablagen ein zwei- bis dreimaliger, in den übrigen Räumen des Hauses ein einmaliger Luftwechsel in der Stunde stattfindet. Bei vollem Betriebe sind im ganzen etwa 200 000 cbm Luft in der Stunde erforderlich. Die Frischluft kann entweder durch zwei Oeffnungen hinter der Rampe über dem Erdboden, oder durch die beiden Eckthürme am Königsplatz aus einer Höhe von 35 m dem Freien entnommen werden. Die Luftreinigung erfolgt im Keller mittels Grove'scher Streiffilter mit dahinter gespannten Tuchfiltern. Im Winter wird die Frischluft auf 10 bis 12° C. vorgewärmt, bis auf 90 bis 95 % der Sättigung befeuchtet und dann in weiter zurückliegenden Wärmekammern auf 20° C. gebracht. Diese Luft von 20° wird mit einem Feuchtigkeitsgehalt von 45 bis 50 % theils den Räumen unmittelbar zugeführt, theils für die mit Luftheizung versehenen Räume vorher in den betreffenden Heizkammern nach Bedarf höher erwärmt. — Die Austrittsöffnungen der Warmluft liegen in den Räumen 2,20 bis 4,50 m über dem Fufsboden. Die Abluft wird im allgemeinen in den Keller zurückgeführt, durch Sammelcanäle nach vier grofsen Abluftschloten geleitet und gelangt dann durch die zwei Thürme an der Sommerstrafse wieder ins Freie. Die Aborte haben keine Prefsluftzuführung; ihre Ablüftung erfolgt unmittelbar über dem Dache durch Wasserventilation, deren Verbrauchswasser zur Spülung der Pissoirs dient.

Ebenso wie die Heizung ist auch die Lüftung des Sitzungssaales für das Plenum unabhängig von dem Betriebe der übrigen Anlagen. Die Lüftung kann sowohl von oben nach unten als umgekehrt in Wirksamkeit treten. Zum Einpressen der Frischluft dienen sechs, zum Absaugen der Abluft ebenfalls sechs Flügelräder von 1,20 bis 2,10 m Durchmesser. Je zwei derselben sind ausschliefslich für den grofsen Sitzungssaal bestimmt. Der Antrieb erfolgt durch 10 Elektromotoren von zusammen 72 Pferdekräften. Zur Regelung der Luft-Zuführung und Abführung sind in den Räumen sowie im Keller Stellvorrichtungen angebracht. Die Zuluftcanäle sowie auch der gröfste Theil der Abluftcanäle im Keller sind begehbar und elektrisch beleuchtet. — Die für Kochen mit Gas eingerichteten Küchenräume werden durch eine besondere Dampfwarmwasser-Heizung erwärmt und durch Wasserventilation, deren verbrauchtes Wasser zu Wirthschaftszwecken weiter nutzbar gemacht wird, gelüftet.

Es ist hier nicht der Ort, alle Männer namentlich aufzuführen,[1]) welche bei der Ausführung mitgewirkt haben, doch seien als die am meisten und in selbständiger Weise beschäftigten erwähnt: Otto Lessing, welcher einen grofsen Theil der decorativen Plastik an der Westfront, der Kuppel, den plastischen Schmuck der Wandelhalle mit dem Kuppelraume sowie des Vorsaals für den Bundesrath geschaffen hat, A. Vogel, von dem die Prachtportale zu der Wandelhalle und den östlichen Vorsälen modellirt sind, endlich Widemann mit Entwürfen und Modellen in allen Theilen des Bauwerkes. Die Germaniagruppe über der Westfront ist nach Modellen von Begas, das Giebelrelief daselbst von F. Schaper, die Reiterfiguren des Ostrisalits sind vom Bildhauer Maison geschaffen. — Der innere Ausbau des Obergeschosses sowie der Geschäfts- und Wirthschaftsräume im Erd- und Zwischengeschofs war dem Regierungs-Baumeister P. Wittig selbständig übertragen.

Ueber die Baukosten liegen zur Zeit noch keine vollständigen Angaben vor. Aus der französischen Kriegskostenentschädigung wurden für den Bau 24 000 000 ℳ. bereit gestellt. In den ersten Jahren wurden die Zinsen dem Baucapital zugeschlagen, bis dieses den Betrag von 29 617 000 ℳ. erreichte. Die Grunderwerbskosten betrugen rd. 7 222 000 ℳ.; für die Bauausführung waren verfügbar 21 100 000 ℳ. Hiervon entfallen

a) auf den Rohbau einschliefslich der Steinmetz- und Bildhauer-Arbeiten an den Façaden und Hoffronten, sowie des Kuppelbaues mit Kupferarbeiten und Vergoldung rd. . . . . 13 000 000 ℳ.
b) auf den inneren Ausbau einschliefslich der Heizungs- und Lüftungsanlagen, sowie der Wasserversorgung . . . . 7 500 000 „
c) für Nebenanlagen, das Kessel- und Maschinenhaus, die Rampen am Königsplatz und an der Sommerstrafse, sowie für die Bürgersteige . 600 000 „

zusammen 21 100 000 ℳ.

---

1) Eine erschöpfende Zusammenstellung aller Mitarbeiter findet sich im Centralblatt der Bauverwaltung. Jahrg. 1894 Nr. 49.

III. Reichstags- und Landtags-Gebäude. 65

In der unter a genannten Summe sind nicht mit enthalten die Kosten
für die Germania oberhalb des westlichen Mittelbaues mit rd. . . .   93 000 ℳ
für die Figurengruppen über dem Nord- und Südeingang mit rd. . .   51 600 „
sowie für die Reiterstandbilder auf den seitlichen Aufbauten der Ostfront mit rd. . . . .   60 000 „
Diese Kosten wurden aus dem Kunstfonds des preufsischen Staates gedeckt.
Für die innere Ausstattung des Gebäudes wurden aufserdem bewilligt 1 275 000 „
    und zwar für Möbel . . . . 600 000 ℳ
         „   Beleuchtungskörper . . . . 400 000 „
         „   Vorhänge und Teppiche . . . . 275 000 „

Am 5. December 1894 fand in feierlicher Weise die Schlufssteinlegung durch den Kaiser statt und unmittelbar darauf hielt der Reichstag seine erste Sitzung in dem neuen Hause. Durch Anspannung aller Kräfte war es gelungen, den Bau soweit zu fördern, dafs er $10^1/_2$ Jahre nach der Grundsteinlegung seiner Bestimmung übergeben werden konnte. Voraussichtlich wird aber noch eine Reihe von Jahren vergehen, ehe die künstlerische Ausschmückung der Hallen und Säle im Innern durch Bildwerke und Gemälde vollendet sein und das Ganze sich so darstellen wird, wie es Wallot geplant hat.

Abb. 45. Relief in der Wandelhalle über dem Eingange zum Sitzungssaal.

2. Die Neubauten für den Preußischen Landtag.[1]

Nachdem Preußen durch die Verfassung von 1850 zum constitutionellen Staat geworden, wurde für die Sitzungen der ersten Kammer, des Herrenhauses, das der Familie Mendelsohn gehörige Wohnhaus Leipziger Straße 3 angekauft und nach den Plänen des Bauraths Bürde für seinen neuen Zweck umgebaut und erweitert. Das Vorderhaus enthielt die Wohnung des Präsidenten, das Bureau und einige Abtheilungszimmer, während durch einen Anbau ein Sitzungssaal von 16,60 m Länge, 17,20 m Breite und 11 m Höhe, mit 240 Plätzen für die Mitglieder und 150 Tribünenplätzen für Zuhörer geschaffen wurde. 1874—75 erfolgte dann eine weitere Vergrößerung durch Hinzufügen einer Wandelhalle und ein Umbau des Sitzungssaales durch den damaligen Bauinspector Emmerich. In dieser Gestalt dient das Gebäude, als behaglich und zweckmäßig bewährt, noch gegenwärtig seiner Bestimmung. Für die Sitzungen der zweiten Kammer, des Abgeordnetenhauses, wurde unter Mitbenutzung des am Dönhoffplatz belegenen ehemaligen Palastes des Staatskanzlers Fürsten Hardenberg von Bürde und Runge im Anfang des Jahres 1849 ein Gebäude aufgeführt, welches nach damaliger Absicht nur für wenige Jahre als Geschäftshaus der Volksvertretung dienen sollte. Zwar stellte man bereits 1859 den Antrag, einen Neubau zu errichten, zunächst jedoch ohne Erfolg, bis im Jahre 1866 durch den Hinzutritt der neuen Provinzen mit weiteren 80 Abgeordneten die Nothwendigkeit eintrat, Wandel zu schaffen. Die Staatsregierung erklärte sich jetzt bereit, einen Neubau aufzuführen und brachte als Bauplatz das damals von der Königlichen Porzellanmanufactur benutzte Grundstück Leipziger Straße 4 in Vorschlag. Da aber die Unzulänglichkeit der bisherigen Räume eine sofortige Abhülfe verlangte, wurde beschlossen, zunächst auf der alten Stelle einen Umbau und Erweiterungsbau vorzunehmen. So wurde im Sommer 1867 durch den damaligen Bauinspector Blankenstein der Sitzungssaal verlängert und an seiner Westseite durch Hinzunahme eines Theiles des Nachbargrundstückes ein zweigeschossiger Anbau neu hergestellt. Zugleich kam für den Sitzungssaal anstatt der bisherigen Warmwasserheizung eine Dampfluftheizung mit Drucklüftung zur Ausführung. In diesem so verbesserten Gebäude hat außer der Abgeordnetenkammer auch das Zollparlament in den Jahren 1868—1870 getagt und der Reichstag bis zum Juni 1871 seine ersten Sitzungen gehalten. Bei einem nochmaligen Umbau durch den Bauinspector Emmerich in den Jahren 1872, 74 und 75, wurde das auf dem beschränkten Raum überhaupt Mögliche erreicht.

Da indessen durch die Zunahme der Bibliothekbestände der Bedarf an Raum stetig weiter wuchs und auch die Klagen über die gesundheitlichen Verhältnisse des alten Gebäudes sich mehrten, erklärte der Landtag es im März 1882 für nothwendig, den Bau eines neuen Abgeordnetenhauses mit thunlichster Beschleunigung zur Ausführung zu bringen; er empfahl für diesen Zweck wiederum das Grundstück Leipziger Straße 4 in der Erwartung, daß der an sich zu schmale Bauplatz durch Abtretung eines Theiles vom benachbarten Garten des Herrenhauses ausreichend werde vergrößert werden können. Auf Grund dieses Beschlusses des Hauses wurde ein ausführliches Bauprogramm aufgestellt und der Landbauinspector F. Schulze mit dem Entwurf von Skizzen beauftragt. Daneben wurde die Frage erwogen, ob nicht das einstweilige Reichstagshaus in seiner Substanz erhalten und nach seinem Freiwerden als Geschäftshaus für die Abgeordneten eingerichtet werden könne. Hiernach trat die weitere Erwägung auf, ob es möglich sein würde, nach vollständigem Abbruch der bestehenden Baulichkeiten innerhalb der Grenzen des Grundstückes Leipziger Straße 4 durch einen vorzugsweise nach der Tiefe hin entwickelten Neubau dem Raumbedürfniß in angemessener Weise zu genügen. Um diese vom Ministerpräsidenten Fürsten von Bismarck persönlich angeregte Frage erschöpfend zu behandeln, wurden, nachdem das frühere Programm wesentliche Einschränkungen erfahren hatte, der Geh. Regierungsrath von Tiedemann, der Landbauinspector Hinckeldeyn und Landbauinspector F. Schulze durch den Minister

---

[1] Vgl. Das neue Landtagshaus in Berlin, von Friedrich Schulze, Regierungs- und Baurath. Sonderdruck aus dem Centralblatt der Bauverwaltung 1895.

der öffentlichen Arbeiten beauftragt, unabhängig von einander jeder eine Entwurfskizze auszuarbeiten. Diese Skizzen wurden der Akademie des Bauwesens vorgelegt, jedoch dahin begutachtet, dafs durch die drei Entwürfe, welche auf grundverschiedene Weise die Lösung der Aufgabe versucht hätten, die Unzulänglichkeit des Bauplatzes, besonders wegen seiner geringen Breite unzweifelhaft erwiesen worden sei. Die Akademie empfahl zugleich die Wiederaufnahme des schon früher angeregten Gedankens, unter Hinzunahme des Grundstückes Leipziger Strafse 3 einen für beide Häuser des Landtages ausreichenden Bauplatz zu gewinnen. Nachdem auch die Staatsregierung diesem Gedanken Folge gegeben hatte, kam eine für die Neubaufrage im höchsten Mafse günstige Einigung dahin zustande, dafs auf den vereinigten Grundstücken für beide Körperschaften neue Geschäftshäuser und zugleich zwei Wohnhäuser für ihre Präsidenten errichtet werden sollten. Infolge dessen erhielt im Juli 1889 der Regierungs- und Baurath F. Schulze den Auftrag, den Bauplan zu entwerfen. Für die Anordnung der Baulichkeiten kamen zwei Möglichkeiten in Betracht, entweder die beiden Geschäftshäuser neben einander an der Front der Leipziger Strafse zu errichten, oder nur das eine an dieser Front, das andere aber an die Prinz-Albrecht-Strafse zu stellen. Letzteres erwies sich aus ästhetischen und practischen Gründen als das Bessere und so wurde die Vertheilung der Baulichkeiten, so wie sie der Lageplan (Abb. 46) zeigt, von dem Architekten in Vorschlag gebracht und in allen Instanzen genehmigt. An der Leipziger Strafse liegt sonach der Neubau für die erste Kammer, der durch den sehr stattlichen Vorhof dem Strafsenlärm entrückt ist. In die Strafsenflucht treten zu beiden Seiten die Wohnhäuser für die Präsidenten. Das Geschäftsgebäude für die Abgeordneten wendet seine Front der Prinz-Albrecht-Strafse zu.

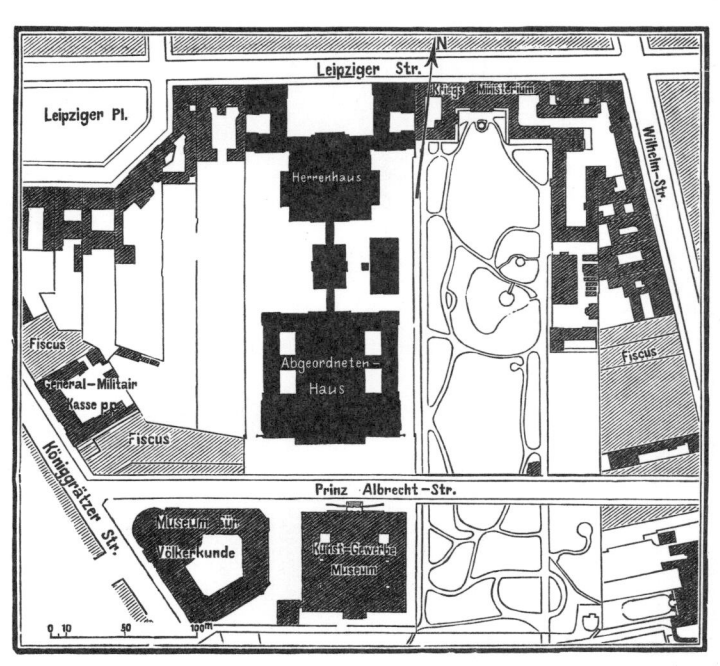

Abb. 46. Lageplan der Gebäude für den Preufsischen Landtag.

Ein niedriger Verbindungsbau zwischen beiden enthält die Räume für den Hof, die Minister, die Regierungs-Commissare und die Stenographen. Auf diese Weise ist es ermöglicht, den wichtigsten Geschäftsräumen überall reichliche Tagesbeleuchtung durch Seitenlicht zu schaffen und den Vorzug der Lage im Garten thunlichst zu wahren.

Nachdem im November 1890 die Entwurfzeichnungen fertiggestellt waren und die Genehmigung Seiner Majestät des Königs gefunden hatten, wurden sie der Akademie des Bauwesens zur Begutachtung vorgelegt. Auch diese erklärte sich mit der Plangestaltung in ihren Hauptzügen einverstanden, empfahl jedoch, wenn thunlich, die Baumassen einzuschränken, um mehr Fläche für die Gartenanlagen zu erhalten. Da jedoch der Gesamtvorstand beider Häuser sich entschieden gegen eine Einschränkung des Programms und gegen eine Verkleinerung der im Entwurfe angenommenen Abmessungen aussprach, mufste davon Abstand genommen werden, dem Vorschlage der Akademie zu folgen. Es wurde eine Baucommission berufen, bestehend aus den Vorständen, einigen Mitgliedern und den Bureaudirectoren beider Häuser, je einem Vertreter des Ministers des Innern und der Finanzen sowie drei Commissaren des Ministers der öffentlichen Arbeiten. Durch diese Commission erfolgte am 31. Mai 1892 die endgültige Feststellung des Bauplanes in der durch die Abb. 47 veranschaulichten Anordnung. Zugleich wurde beschlossen, zunächst das für die Abgeordneten

9*

68 III. Reichstags- und Landtags-Gebäude.

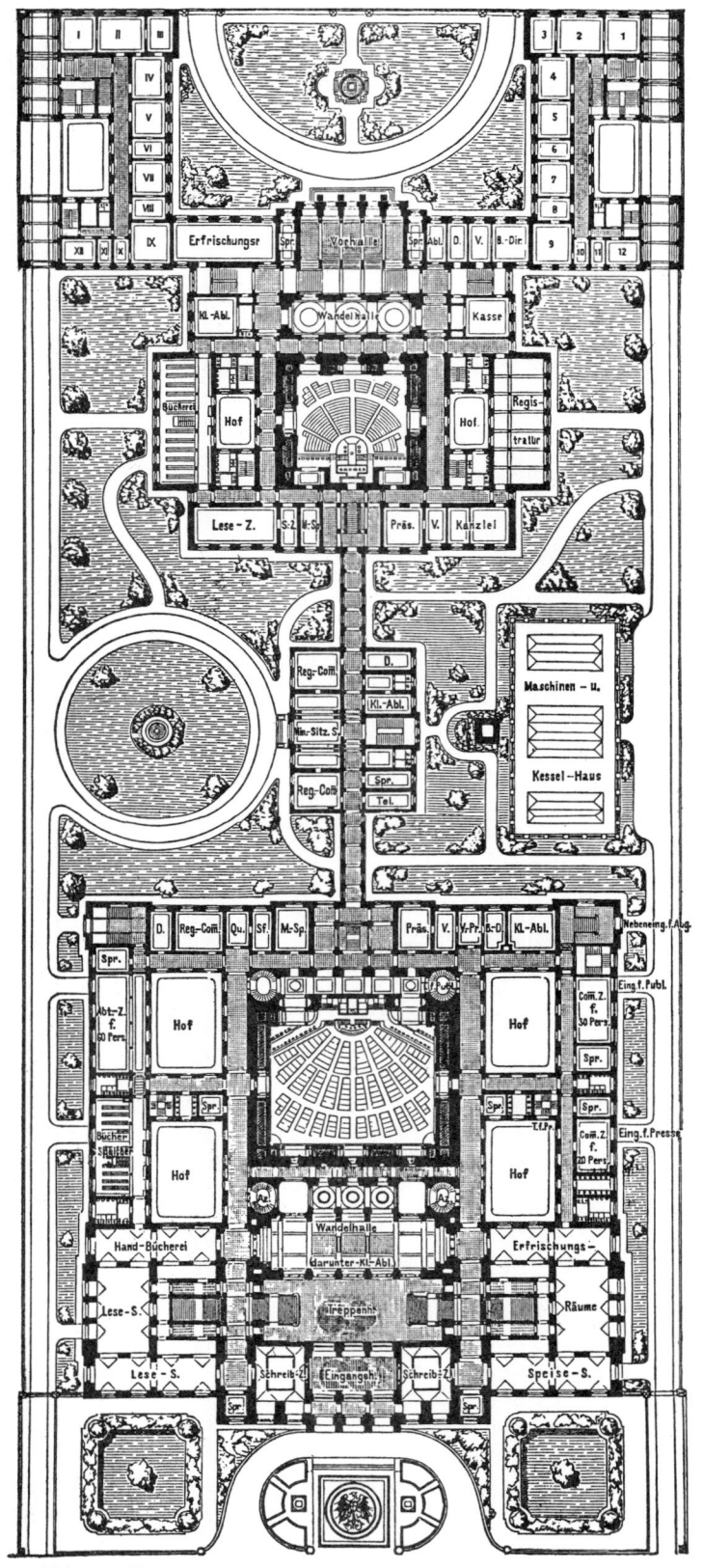

Abb. 47. Grundriſs der Gebäude für den Preuſsischen Landtag.

bestimmte Haus zu erbauen und erst nach dessen Vollendung das Geschäftsgebäude für das Herrenhaus und die Präsidenten-Wohnhäuser in Angriff zu nehmen.

Die Vertheilung der Räume ist im wesentlichen aus den beigegebenen Grundrissen ersichtlich. Für die Gröſse der beiden Geschäftsgebäude war die Grundfläche derjenigen Räume bestimmend, welche den parlamentarischen Bedürfnissen gemäſs in möglichster Nähe der Sitzungssäle für das Plenum und in gleicher Höhe mit diesen liegen müssen. Um zwischen den verschiedenen Bautheilen einen recht bequemen Verkehr zu schaffen, wurde besonderer Werth darauf gelegt, daſs der Fuſsboden des Erdgeschosses überall die gleiche Höhenlage erhielt (vergl. den Querschnitt Abb. 48). In beiden Hauptgebäuden führte die Rücksicht auf bequeme und gut beleuchtete Verbindung zwischen den wichtigsten Geschäftsräumen zur Anlage innerer Höfe, und zwar sind deren vier im Abgeordnetenhause, zwei im Herrenhause.

Im Hause der Abgeordneten enthält der Sitzungssaal für das Plenum bei 28,80 m Breite, 21,90 m Tiefe und 16 m Höhe 433 Sitze für die Mitglieder und auf allen vier Saalseiten Tribünen für die Presse und für Zuhörer. Quer vor dem Sitzungssaal ist eine geräumige Wandelhalle angelegt, welche durch Deken- und Seitenlicht erhellt wird. Sie ist vom Sitzungssaal durch einen 2 m breiten Gang getrennt, welcher für den Verkehr der Diener bestimmt ist. Ebenso ist hinter der Rückwand des Saales ein Quergang angelegt, welcher eine bequeme Verbindung zwischen den zu beiden Seiten des Präsidentensitzes angeordneten Ministertischen herstellt und zugleich den Regierungsvertretern als Wandelhalle dient. — Durch den Haupteingang an der Prinz-Albrecht-Straſse eintretend gelangt man in eine Vorhalle und aus dieser in das stattlich ausgebildete Haupttreppenhaus, an dessen Langseite sich im Untergeschofs die Kleiderablagen anschliefsen. Zur Rechten und Linken führen breite einläufige Treppen in das Hauptgeschofs und finden dort ihre Fortsetzung in dreiläufigen Treppen bis zum ersten Stockwerk. Um die Treppenhalle gruppiren sich im Hauptgeschofs die Lesesäle mit der Handbibliothek und die Erfrischungsräume, im ersten Stock Säle und Zimmer für Abtheilungen und Ausschüsse (Abb. 51). Aufser dem Haupteingang an der Prinz-Albrecht-Strafse ist für die von der Leipziger Strafse herkommenden Abgeordneten an der nordöstlichen Ecke des Hauses noch ein besonderer Eingang nebst einer Kleiderablage vorgesehen. An beiden Stellen sind aufser den Treppen Aufzüge für den Verkehr angelegt. — Die Fronten des Vorderbaues, dessen Architektur aus der perspectivischen Zeichnung (Abb. 49) ersichtlich ist, werden ganz mit Sandstein verblendet, während an den Gartenfronten nur die Gesimse aus Sandstein, die Flächen aber aus hellen Ziegeln hergestellt werden.

Das Gebäude des Herrenhauses erhält in seinem Hauptgeschofs die in der Abb. 47 dargestellte Grundrifseintheilung. Im Sitzungssaale für das Plenum, welcher 19 m breit, 17,50 m tief und 15 m hoch geplant ist, sollen aufser dem Präsidentensitz und den Tischen für die Minister und Regierungsvertreter 218 Plätze für die Mitglieder des Hauses eingerichtet werden. Die Anlage der Eintrittshalle mit Post, Telegraphenamt und Pförtnerwohnung im Untergeschofs, sowie der Treppen- und der Wandelhalle ist im wesentlichen der des Abgeordnetenhauses gleichartig, nur in geringeren Abmessungen gedacht. Im Obergeschofs liegen aufser den Tribünen des Sitzungssaales und Arbeitsräumen für die Vertreter der Presse eine Anzahl von Berathungszimmern, an der Vorderfront aber drei grofse Säle, von denen die beiden seitlichen zu den Festräumen der Präsidenten-Wohnungen gehören, während der mittlere als Repräsentationsraum für das Herrenhaus dienen soll, gegebenen Falls aber auch mit den Nachbarsälen gemeinschaftlich benutzt werden kann. Die Architektur der Front an der Leipziger Strafse wird durch die perspectivische Zeichnung (Abb. 50) anschaulich.

In den beiden Wohnhäusern ist die Einrichtung so getroffen, dafs im Sockelgeschofs Unterbeamte, im Erdgeschofs die Bureaudirectoren, im Hauptgeschofs und dem darüber be-

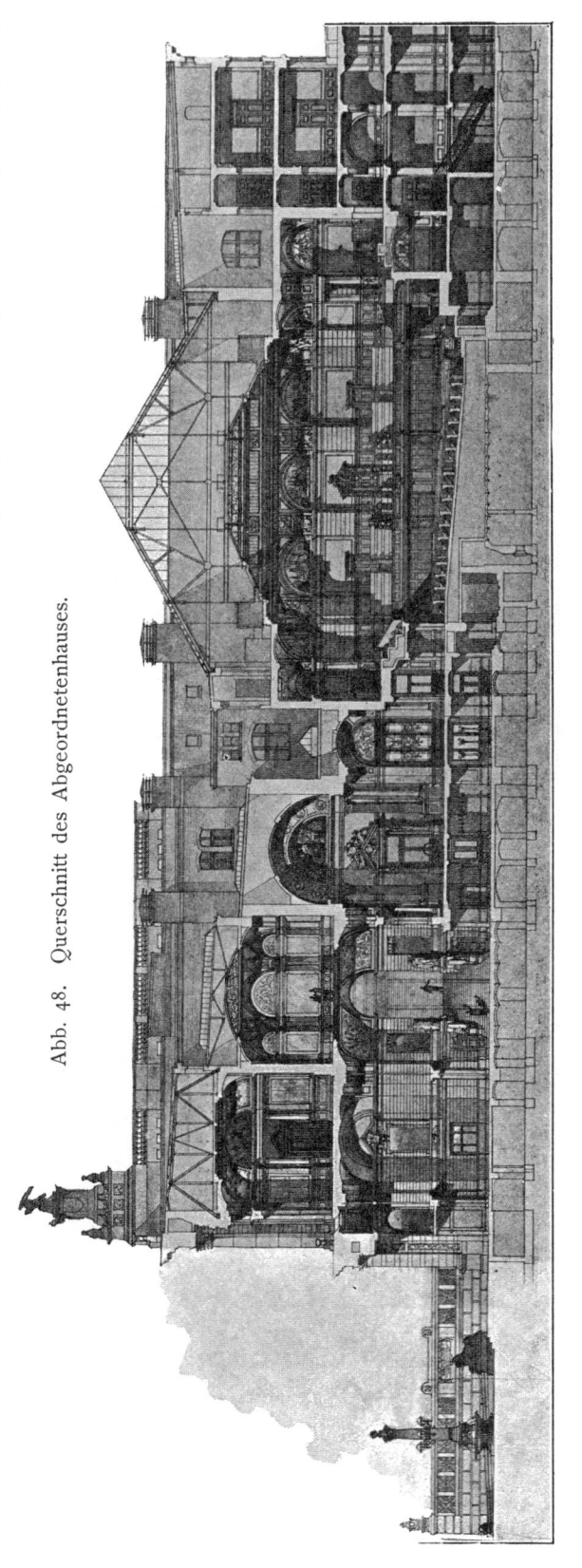

Abb. 48. Querschnitt des Abgeordnetenhauses.

70 III. Reichstags- und Landtags-Gebäude.

Abb. 49. Vorderansicht des Abgeordnetenhauses an der Prinz-Albrecht-Straße.

III. Reichstags- und Landtags-Gebäude. 71

Abb. 50. Vorderansicht des Herrenhauses und der Präsidenten-Wohnungen an der Leipziger Strafse.

legenen Stockwerk die Präsidenten ihre Dienstwohnungen erhalten. Für die letztgenannten ist im Sockelgeschofs je eine Stallung für sechs Pferde nebst Wagenremise und Nebenräumen bestimmt.

Oestlich von dem die Zimmer für Minister und Regierungsvertreter aufnehmenden Verbindungsbau zwischen den beiden Geschäftshäusern wird ein für die ganze Anlage gemeinschaftliches Maschinen- und Kesselhaus, dessen Umfassungswände sich nur wenig über die Erdoberfläche erheben sollen, erbaut, um die einzelnen Bautheile von einer Sammelstelle aus zu heizen und zu erleuchten. Zur Gewinnung des Entwurfes für die Heizungs- und Lüftungsanlage wurde ein beschränkter Wettbewerb ausgeschrieben, auf Grund dessen der Firma Rietschel & Henneberg in Berlin die Ausführung übertragen wurde. Im wesentlichen wird diese mit den beim Bau des neuen Reichstagshauses getroffenen Einrichtungen übereinstimmen. Für die elektrische Beleuchtung ist eigene Stromerzeugung in Aussicht genommen, weil dieser Betrieb sich rechnungsmäfsig billiger stellt als der Strombezug durch Anschlufs an eine städtische Centralstation.

Ueber die Bauzeit ist zu bemerken, dafs im Herbst 1892 mit der Ausschachtung der Baugrube und der Herstellung der Grundmauern für das Abgeordnetenhaus begonnen wurde. Im Sommer 1893 war der Plan für die Heizungs- und Lüftungsanlagen soweit festgestellt, dafs das Kellergeschofs mit seinen zahlreichen Canälen aufgemauert werden konnte. Im Laufe des Jahres 1894 wurde der Bau bis zum Dachgeschofs gefördert und im Sommer 1895 der Rohbau in allen wesentlichen Theilen beendet. Der Arbeitsplan ist so entworfen, dafs der Verbindungsbau im Jahre 1896 begonnen und derart beschleunigt werden soll, dafs er gleichzeitig mit dem Abgeordnetenhause im Jahre 1897 vollendet wird und in Benutzung genommen werden

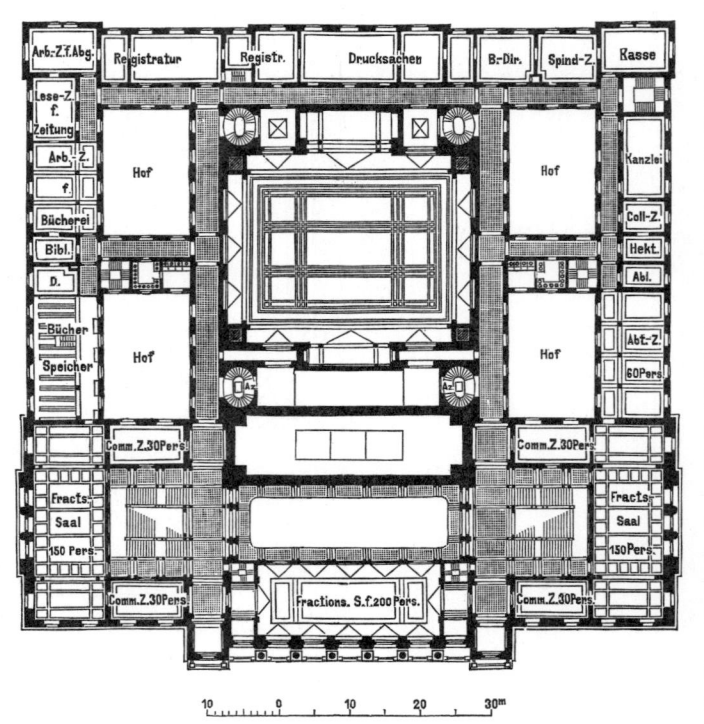

Abb. 51. Abgeordnetenhaus, Grundrifs des ersten Stockwerks.

kann. Der Abbruch des alten Herrenhauses und des einstmaligen Reichstagshauses soll im Winter 1897/98 erfolgen, damit im Frühjahr 1898 mit dem Neubau des Herrenhauses und der Präsidenten-Wohnhäuser vorgegangen werden kann. Danach darf im Jahre 1900 die Vollendung der ganzen Bauanlage erwartet werden.

Die Baukosten setzen sich nach überschlägiger Berechnung aus folgenden Summen zusammen:

Für das Abgeordnetenhaus rd.	4 450 000 ℳ
„ das Herrenhaus rd.	1 970 000 „
„ die beiden Präsidenten-Wohnhäuser rd.	1 000 000 „
„ den Verbindungsbau rd.	317 000 „
„ das Kessel- und Maschinenhaus rd.	311 000 „
„ die Heizungs- und Lüftungsanlagen einschl. der Maurerarbeiten und Heizkörper	500 000 „
„ Strafsenbefestigung, Gartenanlagen und Einfriedigungen	202 000 „
im ganzen rd.	8 750 000 ℳ

Abb. 52. Reichs-Versicherungsamt, Theilansicht der Front.

IV. Gebäude für die Verwaltungsbehörden des Deutschen Reiches.[1]

Mit Ausnahme des Rechnungshofes und des Reichsgerichts haben sämtliche Centralbehörden des Reiches ihren Sitz in Berlin. Für diese sowohl als auch für eine gröfsere Anzahl von Unterämtern sind entweder vorhandene Privatgebäude theils gemiethet, theils käuflich erworben und umgebaut, oder eigene Verwaltungs- und Dienstgebäude neu geschaffen worden. Für Anlagen dieser Art durfte das Princip äufserster Sparsamkeit nicht ausschliefslich mehr mafsgebend sein. Es ist vielmehr angestrebt worden, die Würde und das Ansehen des Deutschen Reiches auch in der Architektur seiner hervorragendsten Dienstgebäude zur Erscheinung zu bringen.

1. Die Reichs-Canzlei. Das ehemalige fürstlich Radziwill'sche Palais, Wilhelmstrafse 77, ging im Jahre 1876 durch Kauf in den Besitz des Deutschen Reiches über und wurde für die Zwecke der Reichskanzlei in umfassender Weise umgebaut. — Das 1738—1739 nach Art altfranzösischer Adels-Hôtels im Barockstil errichtete Palais besteht aus einem zurückliegenden tiefen „corps de logis", an das sich nach der Strafse zu zwei schmale Flügelbauten anlehnen; der hierdurch gebildete Vorhof („cour d'honneur") wird von einem hohen, schmiedeeisernen Gitter abgeschlossen. — An den im Hauptgeschosse des Mittelbaues befindlichen grofsen und hohen Festsaal (Congrefssaal) schliefsen sich links die Repräsentationsräume, welche durch die im linken Seitenflügel gelegene Haupttreppe zugänglich sind. Der übrige Theil dieses Flügels dient als Adjutanten-Wohnung, während den rechts gelegenen Gebäudetheil die Wohnung des Reichskanzlers einnimmt. Im Erdgeschofs des Hauptgebäudes befinden sich die Diensträume der Reichs-Canzlei.

---

[1] Bearbeitet vom Geheimen Ober-Regierungsrath August Busse.

2. **Das Auswärtige Amt.** Die aus der Zeit Friedrich Wilhelms I. stammenden Vordergebäude, Wilhelmstraße 75—76, von denen Nr. 76 zu Anfang dieses Jahrhunderts im neuklassischen Stile umgebaut worden ist, erwecken kein architektonisches Interesse. Auf dem Hinterterrain sind im Laufe der letzten 10 Jahre drei neue Flügelbauten derart ausgeführt worden, daß sie mit einem später etwa neu aufzuführenden, vorläufig nur in allgemeinen Grundrißskizzen festgelegten Vordergebäude ohne Schwierigkeit in organischen Zusammenhang gebracht werden können.

3. **Das Reichsamt des Innern.** Das alte, im Jahre 1736 durch Dieterichs für den Geheimen Rath von Kellner erbaute Haus, Wilhelmstraße 74, das nach mehrfachem Besitzwechsel 1799 vom preußischen Fiskus für den Preis von 150000 Mark erworben wurde, ist von 1799 bis 1848 Sitz des Justiz-Ministeriums, von 1848 bis 1868 Sitz des Staatsministeriums gewesen und diente von dieser Zeit ab den Zwecken des Kanzleramts bezw. seit Trennung desselben in mehrere Reichsämter denen des Reichsamts des Innern.

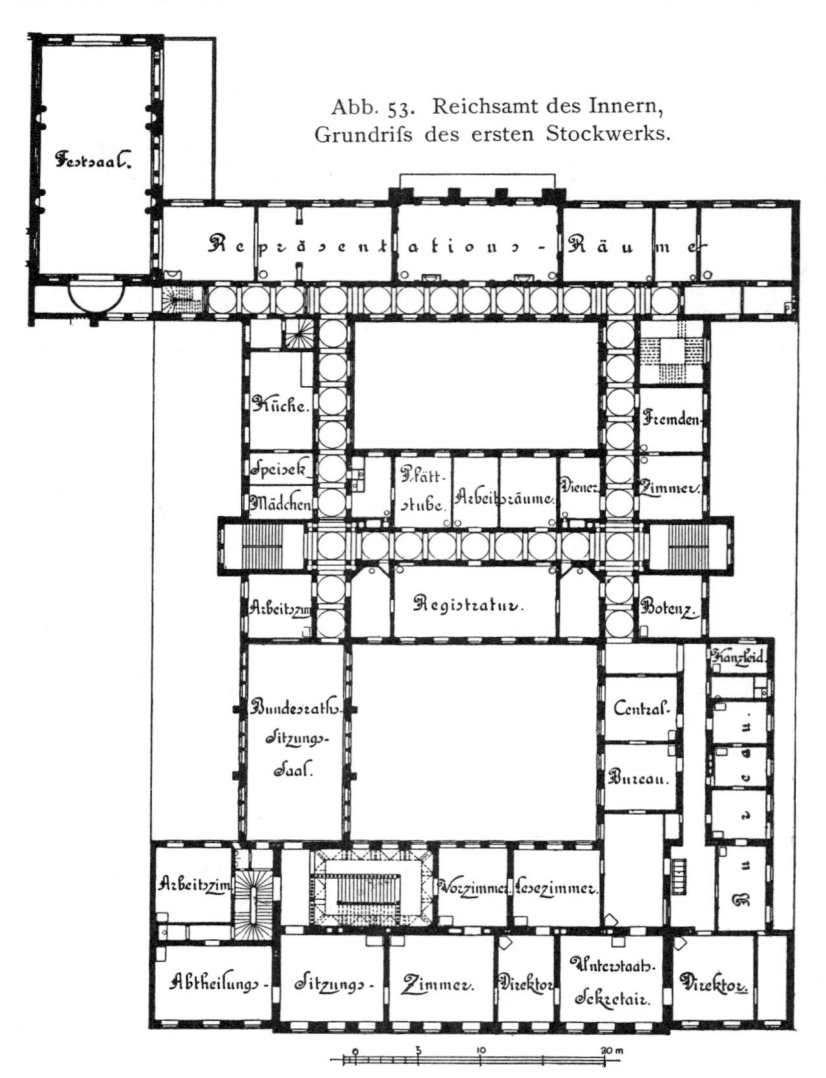

Abb. 53. Reichsamt des Innern, Grundriß des ersten Stockwerks.

Nachdem das Gebäude bereits im Jahre 1859 durch den (damaligen) Bauinspector Möller und den Baumeister Ende neu ausgebaut war, ist es in den Jahren 1872 bis 1874 durch den späteren Geheimen Regierungsrath von Mörner einer abermaligen, durchgreifenden Umgestaltung unterzogen und gleichzeitig wesentlich vergrößert worden. Durch den Geh. Ober-Regierungsrath A. Busse und den Regierungs-Baumeister Gérard ist dann in den Jahren 1885 bis 1886 ein mit der Wohnung des Staatssecretärs des Reichsamts des Innern in Verbindung stehender Festsaal angebaut worden. Im Jahre 1891 wurde auf dem linken Seitenflügel ein Stockwerk neu ausgeführt und der frühere Bundesrathssaal erhöht und neu ausgestattet.

Die allgemeine Disposition zeigt der hier mitgetheilte Grundriß des I. Stockwerks. Im Erdgeschoß befinden sich außer zwei kleinen Dienstwohnungen Bureauräume und Bibliothek; im zweiten Quergebäude, mit dem Blick auf den schönen Park des Hauses: Empfangs-, Vortrags- und Arbeitszimmer des Staatssecretärs. Die Fest-, Repräsentations- und Nebenräume der Dienstwohnung desselben liegen darüber im I. Stockwerk, die Schlaf-

IV. Gebäude für die Verwaltungsbehörden des Deutschen Reiches. 75

räume im II. Stockwerk. Die Vor- und Arbeitszimmer des Unterstaatssecretärs und der Directoren, das Centralbureau, die Registratur I, der Bundesrathssaal sowie die Sitzungszimmer für die Ausschüsse des Bundesraths nehmen das übrige I. Stockwerk ein. Im II. und III. Stockwerk befinden sich noch die übrigen Geschäftsräume. — Die Erwärmung der Räume geschieht theils durch Kachelöfen, theils durch Warmwasser- bezw. Luftheizung.

Architektonisch bemerkenswerth sind die beiden neu erbauten Säle. Der in gemäfsigten barocken Formen ausgeführte Festsaal von 19 m Länge und 9 m Breite ist in seiner Längsrichtung durch je zwei Säulenpaare und daraufstehende Gurtbögen getheilt. Musikloge und Fenster an den Schmalseiten, Spiegel, Kamin, in Kiefernholz geschnitzte

Abb. 54. Reichsamt des Innern, Bundesraths-Sitzungssaal.

Paneele und Thüren, Säulen aus Stuckmarmor beleben die Wände des nach Rabitz' Patent gewölbten Saales.

Der vornehm und ruhig wirkende, durchweg in echtem Material hergestellte Bundesrathssaal, 16,50 m lang und 8 m breit, erhält an beiden Längsseiten, welche durch Sandsteinpfeiler in je drei Fenstergruppen aufgelöst sind, hohes Seitenlicht. Die Thüren und 2,20 m hohen Paneele sind in Eichenholz hergestellt, die Füllungen jedoch von Mahagoniholz aus Kamerun. In den Feldern der Eichenholzdecke sowie an den Hauptpfeilern sind die in Leder geschnittenen Wappen der deutschen Bundesstaaten angebracht, während der Reichsadler das Muster der gleichfalls geschnittenen echten Ledertapeten bildet, welche die Wände der Schmalseiten bekleiden.

4. Statistisches Amt. Diese Behörde, welche das für die Reichsstatistik zu liefernde Material sammelt, prüft, sowie technisch und wissenschaftlich bearbeitet, hat

76 IV. Gebäude für die Verwaltungsbehörden des Deutschen Reiches.

ihren Sitz in einem architektonisch einfachen Verwaltungsgebäude, welches in den Jahren 1874—1876 am Lützowufer 6—8 durch den Geheimen Regierungsrath von Mörner gebaut

Abb. 55. Kaiserliches Patentamt, Ansicht von der Luisenstrafse.

worden ist und zunächst aus dem (jetzigen) Vordergebäude bestand, welches zugleich die Dienstwohnung des Directors enthält. Hieran schliefst sich jetzt ein Erweiterungsbau, aus

IV. Gebäude für die Verwaltungsbehörden des Deutschen Reiches. 77

einem langgestreckten Seitenflügel und einem Quergebäude bestehend, welcher in den Jahren 1885—1887 von dem Geheimen Ober-Regierungsrath A. Busse ausgeführt worden ist.

Bemerkenswerthe Innenräume sind das Conferenzzimmer und die Bibliothek, welche ähnlich denjenigen im Patentamt und im Reichs-Versicherungsamt construirt ist.

5. Das Gesundheitsamt.
Das Gesundheitsamt hat auf dem Gebiete des Medicinal- und Veterinärwesens die Gesetzgebung vorzubereiten, die Ausführung der Gesetze zu überwachen und die einschlägige Statistik für das deutsche Reichsgebiet zu bearbeiten.

Während diese Behörde bisher in einem vom Reichsfiskus angekauften Hause, Luisenstrafse 57, untergebracht war, wird zur Zeit nach den Plänen des Geheimen Ober-Regierungsraths A. Busse in der Klopstockstrafse 19—20 ein neuer Gebäudecomplex ausgeführt, bestehend aus dem vorderen dreistöckigen Verwaltungs-Gebäude, dem Laboratorium, dem Kesselhause und dem Stall für die Versuchsthiere. Verwaltungsgebäude und Laboratorium stehen durch eine Verbindungshalle in Zusammenhang.

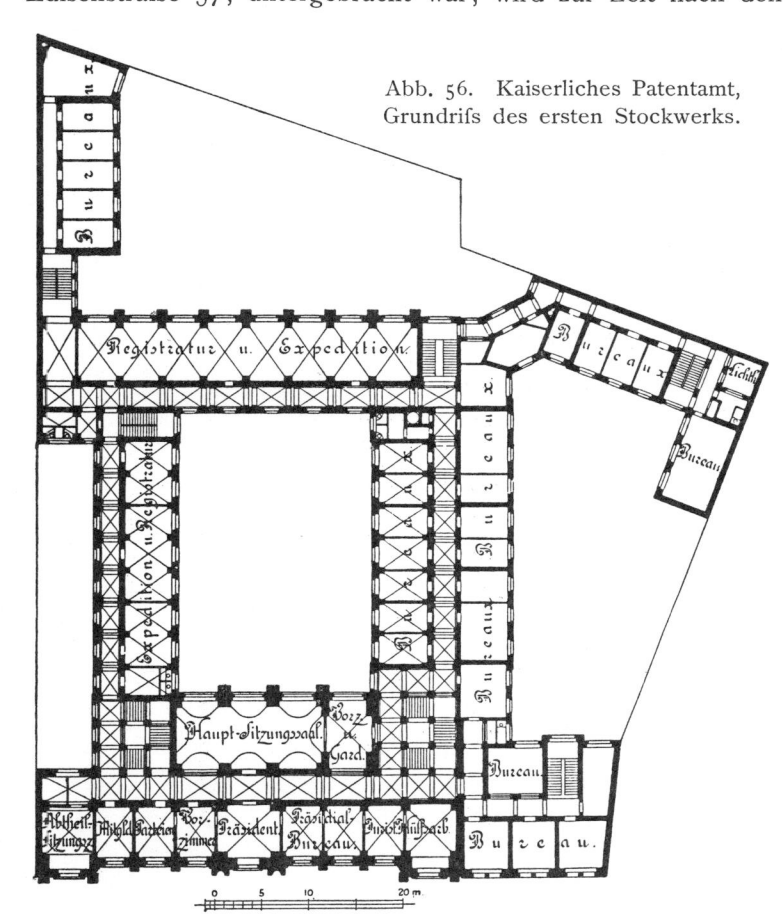

Abb. 56. Kaiserliches Patentamt, Grundrifs des ersten Stockwerks.

6. Das Kaiserliche Patentamt.
Das Patentamt beschliefst über Ertheilung, Nichtigkeitserklärung und Zurücknahme von Erfindungspatenten und erledigt die Eintragung der zum Schutz von Gebrauchsmustern und Waarenbezeichnungen gesetzlich vorgeschriebenen Anmeldungen. Den Zwecken dieser für die Entwicklung der Industrie wichtigen Behörde dient der in den Jahren 1887—1891 vom Geheimen Ober-Regierungsrath A. Busse entworfene Neubau Luisenstrafse Nr. 33—34 (Abb. 55 u. 56).

Auf einem trapezförmigen Bauplatz von 45,20 m Frontbreite und 90 bezw. 70 m Tiefe umschliefsen ein Vordergebäude zwei Seitenflügel und ein Quergebäude einen Innenhof von 20,60 zu 30,21 m. Die Anordnung der Räume, abgesehen von den auf alle Stockwerke zweckmäfsig vertheilten Bureau- und Arbeitsräumen, geschah in folgender Weise: Im Sockelgeschofs sind Wohnungen der Unterbeamten, Heizung und Kellereien untergebracht. Im Erdgeschofs führt das in der Mitte der Vorderfront liegende Hauptportal durch das Vestibül geradenwegs in die Auslegehalle. In bequemer Verbindung mit diesem vornehmlich dem öffentlichen Verkehr dienenden Raume liegen die Kasse und Gebührencontrole, die Räume für Patentrolle, Hauptzeichnungen und Patentschriften sowie das Index- und Acten-Repertorium. Der Hauptsitzungssaal, das Präsidialbureau, die Registratur und Expedition befinden sich im I. Stockwerk, während das II. Stockwerk aufser zwei Abtheilungs-Sitzungssälen und der Canzlei die — im Magazinirungssystem angelegte — Bibliothek enthält, deren eigenartige Construction beim Neubau des Reichs-Versicherungsamtes in noch vollkommenerer Ausführung wiederholt worden ist. In dem

78   IV. Gebäude für die Verwaltungsbehörden des Deutschen Reiches.

hohen, mit Falzziegeln eingedeckten Dachgeschofs endlich ist die Modellsammlung untergebracht.

Die verhältnifsmäfsig geringe Breite der Strafse bietet dem Beschauer kaum einen geeigneten Standpunkt zu einem Ueberblick über die in Warthauer und Rackwitzer Sandstein in reicher und wirksamer Formengebung ausgeführte Façade. Das Auge wird daher mehr hingelenkt auf die architektonischen Einzelheiten und die Bildhauerarbeiten, in welchen die innere Construction wie die Bestimmung des Bauwerks technisch und künstlerisch zum Ausdruck gebracht wird. — Eine Dampfwarmwasser- bezw. Dampfluftheizung erwärmt das Gebäude, dessen sämtliche Räume durch Tonnen- und Kreuzgewölbe zwischen Gurtbögen und nur im oberen Geschofs durch preufsische Kappen zwischen I-Trägern überwölbt sind. Aufser der oben erwähnten dreigeschossigen Bibliothek sind die Auslegehalle und der Hauptsitzungssaal bemerkenswerthe Innenräume.

Durch Umbau des neuerdings angekauften Nachbar-Grundstücks, Luisenstrafse 32, und durch Neubau zweier Flügel und eines Quergebäudes auf dem freigebliebenen Terrain werden jetzt dem erweiterungsbedürftigen Institut neue Räume geschaffen.

7. Das Reichs-Versicherungsamt.

Das Reichs-Versicherungsamt hat die auf Grund der 1885 bis 1887 geschaffenen Arbeiterschutzgesetze zu bildenden Berufsgenossenschaften, Invaliditäts- und Altersversicherungs-Anstalten zu organisiren und zu beaufsichtigen; es ist daher auch die höchste Instanz für Beschwerden und Recurse gegen die Entscheidungen und Verfügungen der Genossenschafts-Vorstände und Schiedsgerichte. Der zunehmende Umfang der Geschäfte machte den Bau eines eigenen Dienstgebäudes nöthig, welches in den Jahren 1891 bis 1894 in der Königin-Augusta-Strafse 25—27 nach den Plänen des

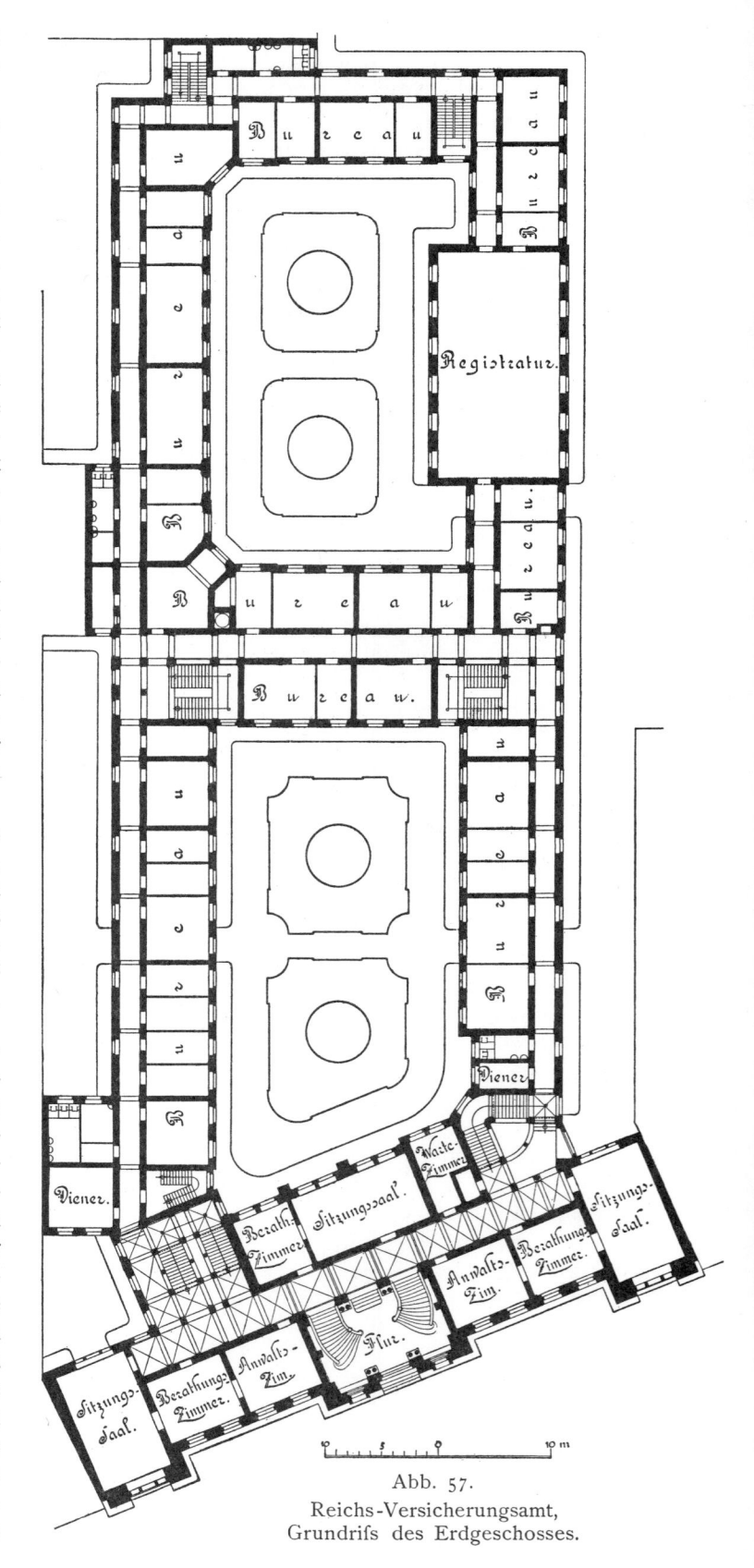

Abb. 57.
Reichs-Versicherungsamt, Grundrifs des Erdgeschosses.

BERLIN UND SEINE BAUTEN 1896.

DAS REICHSSCHATZAMT.

WILHELM ERNST & SOHN, BERLIN.

Geheimen Ober-Regierungsraths A. Busse ausgeführt worden ist (Abb. 52 u. 57). Das Gebäude gruppirt sich mit einem vorderen, einem mittleren und einem hinteren Quergebäude sowie zwei langgestreckten Seitenflügeln um zwei grofse Innenhöfe. — Im Erdgeschofs des Vordergebäudes befinden sich die Gerichts- und Abtheilungs-Sitzungssäle mit den nöthigen Nebenräumlichkeiten wie: Berathungs-, Warte- und Beisitzerzimmern, in den beiden übrigen Stockwerken Zimmer für Vorsteher, Mitglieder und für die Kasse, ein grofser Plenarsitzungssaal sowie Arbeits- und Wohnräume des Präsidenten, während in den vierstöckigen übrigen Gebäudetheilen die Arbeitszimmer, Bibliothek, Registraturen, Heizräume und Wohnungen der Unterbeamten liegen.

Die 60 m breite Vorderfront ist in Warthauer, an den der Witterung besonders ausgesetzten Theilen in Cudowaer Sandstein ausgeführt und im Stil italienischer Spätrenaissance in kräftigen wirksamen Formen gehalten. Sie wird durch zwei Eckrisalite mit grofsen Bogenöffnungen und eingestellter Säulenarchitektur sowie durch ein breites Mittelrisalit mit Pilasterstellung in den beiden oberen Stockwerken gegliedert. — Den Unterbau bildet das hohe, durch Dossirung und Quaderung seiner breit angelegten Flächen kräftig wirkende Erdgeschofs. Die Eckrisalite werden durch Attiken mit pylonenartigen Aufsätzen, das Mittelrisalit durch einen Giebel bekrönt, welchen als bedeutsamstes Schmuckstück des Ganzen ein von Löwen bewachtes Reichswappen durchbricht.

Sowohl an der Aufsenseite als auch in den hervorragendsten Innenräumen, wie in der Vorhalle, den beiden Haupttreppenhäusern und dem Plenarsitzungssaal ist die naturalistische Detaillirung der Architekturtheile ebenso wie an den schmiedeeisernen Eingangsthüren, Gittern und Candelabern bemerkenswerth.

Beachtung verdient die Einrichtung der Büchersammlung, welche — in ähnlicher Weise wie im Statistischen und Patentamt — zweigeschossig gestaltet, mit sämtlichen Regalen, Decken, Fufsböden und Treppen an I-Trägern aufgehängt ist und in ihrer Art wohl die einfachste und exacteste Ausführung und denkbar gröfste Raumersparnifs ermöglicht.

8. Das Reichs-Justizamt.

Das Reichsjustizamt bearbeitet alle in das Gebiet der Rechtspflege einschlagenden Angelegenheiten des Deutschen Reiches.

Das Dienstgebäude für dieses Amt befindet sich Vofsstrafse 4—5 und ist in den Jahren 1878—1880 nach dem Entwurfe des Geheimen Regierungsraths v. Mörner erbaut worden.

Das von zwei Seiten eingebaute Haus gruppirt sich mit den nöthigen Licht- und Wirthschaftshöfen um einen geräumigen Innenhof und grenzt nach hinten an den Park der Reichs-Canzlei.

Aufser den auf die einzelnen Stockwerke vertheilten Bureaus enthält das Erdgeschofs die Geschäftsräume des Ober-Seeamts, des Bundesamts für das Heimathwesen und der Verwaltung des Invalidenfonds — alles Aemter, welche nicht zum Ressort des Reichs-Justizamts gehören; im I. Stockwerk befinden sich die Arbeitszimmer des Staatssecretärs, des Directors und der Räthe sowie mehrere Sitzungssäle usw.; das II. Stockwerk nehmen die geräumige Dienstwohnung und die sehr günstig gruppirten Festräume des Staatssecretärs ein.

Die ganz in Seeberger Sandstein ausgeführte Façade zeigt einen breiten, elfachsigen, dreigeschossigen Mittelbau, an welchen sich jederseits ein niedrig gehaltener Seitenbau für die Einfahrt bezw. den Eingang anschliefst. Ueber einem hohen, kräftig gequaderten Erdgeschofs, auf das ein als Zwischengeschofs behandeltes mittleres Stockwerk folgt, erhebt sich das bedeutsam durchgebildete obere Stockwerk, dessen auf Balustraden stehende Rundbogenfenster mit zierlichen Zwickelfiguren durch Säulenstellungen von einander geschieden sind. Ein reiches Hauptgesims mit Puttenfries sowie eine figurenbekrönte Balustraden-Attika schliefsen die in italienischen Renaissanceformen entwickelte Façade ab.

Die architektonische Ausstattung der Repräsentationsräume, besonders der mit Wandgemälden von der Hand P. Meyerheims geschmückte Speisesaal sind hervorzuheben.

9. Das Reichs-Schatzamt.

Diese oberste Reichs-Finanz-Verwaltungsbehörde, welche das Etats-, Kassen- und Rechnungswesen, die Münz-, Reichspapiergeld- und

Reichsschulden-Angelegenheiten, das Reichsvermögen sowie die Bearbeitung der Zoll- und Steuersachen zu verwalten hat, nimmt ein im Jahre 1874—1877 nach dem Entwurf des Geheimen Regierungsrath von Mörner durch den Architekten R. Wolffenstein an einer Ecke des Wilhelmsplatzes ausgeführtes Gebäude ein, welches ursprünglich für einen Theil des Auswärtigen Amtes bestimmt war. Die Anlage auf dem Eckgrundstücke wird durch die beigefügte Abbildung des Erdgeschofs-Grundrisses Abb. 58 wiedergegeben.

Im ersten Stock liegt die Wohnung des Staatssecretärs, deren Wirthschaftsräume sich im Kellergeschofs befinden. Im zweiten und dritten Stockwerk ist Raum für Registratur, Bibliothek, Secretariat und Canzlei geschaffen. — Bemerkenswerth ist besonders der Flur 1 und das in grofsen Verhältnissen angelegte Treppenhaus.

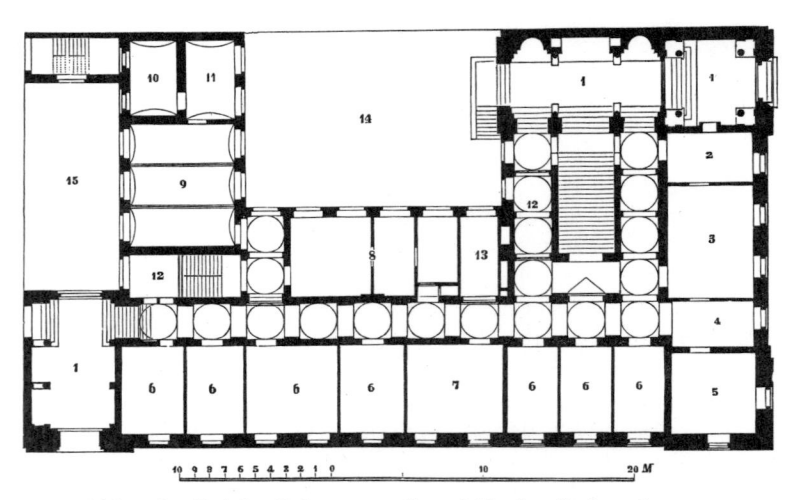

Abb. 58. Reichs-Schatzamt, Grundrifs des Erdgeschosses.
2., 6 u. 7. Arbeits- und Sprechzimmer der Räthe. 3. u. 5. Räume des Staatssecretärs. 8. Centralbureau. 9. Kasse. 10. Tressor. 11. Vorsteher. 12. Canzleidiener. 13. Lichtflur. 14. u. 15. Höfe.

Die sehr vornehm und monumental ausgebildeten Façaden sind in Seeberger Sandstein hergestellt und zeigen wirksam abgestufte Quaderflächen von kräftigem Relief. Der plastische Schmuck rührt vom Bildhauer Pohlmann her (vgl. den Lichtdruck).

10. Das Dienstgebäude der Normal-Aichungscommission.[1]

Das Dienstgebäude der Normal-Aichungscommission, das sogen. „Metronomische Institut", ist in den Jahren 1871—1873 nach einem Entwurfe von Spieker auf dem Grundstücke der Sternwarte errichtet worden. Interessant ist an demselben die Einrichtung der drei Räume des Erdgeschosses, in welchem die Comparatoren stehen, bezw. die Präcisionsarbeiten ausgeführt werden. Die gegen Erschütterung isolirten Mauerwerkspfeiler, auf welchen die Apparate stehen, sind auf Brunnen fundirt.

Um in den drei Räumen eine gleichmäfsige Temperatur von bestimmtem höheren oder niedrigen Grade herzustellen und zu erhalten, sind die Wände und Decken, theilweise auch die Fufsböden dieser Zimmer mit Hohlkörpern von Wellzinkblech bekleidet, welche, mit Luft von dem gewünschten Grade angefüllt, durch Ausstrahlung ihrer Wärme den Raum überall gleichmäfsig temperiren. Nachdem frühere Versuche, die Wellblechhohlkörper während der Untersuchungen fortdauernd mit bestimmt vorgewärmter Luft aus einem Maschinenhause zu speisen, sich nicht genügend bewährt hatten, wird in neuerer Zeit mit besserem Erfolge nur die Luft im Hohlkörper selbst durch eine Anzahl gleichmäfsig vertheilter Gasflammen erwärmt. Die kleinen doppelten Eingangsthüren sind mit Filz gedichtet. Die Beleuchtung erfolgt nur indirect aus dem oberen Geschosse, was für die vorbereitenden Arbeiten genügt; bei den Beobachtungen selbst wird elektrisches Licht angewendet. — Der im Jahre 1883 ausgeführte Anbau enthält nur Räume zu minder genauen Messungen.

11. Die Physikalisch-Technische Reichsanstalt in Charlottenburg

(Marchstrafse 25). Die Physikalisch-Technische Reichsanstalt, in den Jahren 1886 und 1887 begründet, zerfällt in zwei Abtheilungen, von denen die erste (Physikalische) ausschliefslich der wissenschaftlichen Forschung dient, die zweite (Technische) die Ergebnisse der For-

---

[1] Bearbeitet vom Land-Bauinspector Th. Astfalck.

IV. Gebäude für die Verwaltungsbehörden des Deutschen Reiches. 81

Abb. 59. Physikalisch-Technische Reichsanstalt, Vorderansicht des Observatoriums.

schung nach der technischen Seite hin weiter zu bilden und für die Präcisionstechnik nutzbar zu machen hat. — Für die I. Abtheilung, welche zur Durchführung ihrer Arbeiten und Untersuchungen von bisher unerreicht feiner Messung und Genauigkeit zum Theil besonders construirter Gebäude und Einrichtungen bedurfte, wurden die Neubauten auf dem vom Geheimen Regierungsrath Dr. Werner von Siemens dem Reiche zur Förderung der Reichsanstalt geschenkten Grundstück Marchstrafse 25 1887 begonnen und bis zum Jahre 1891 fertiggestellt. — Auch die II. Abtheilung, bisher im Untergeschofs des nordwestlichen Flügels der technischen Hochschule nothdürftig untergebracht, erhält demnächst eigene Gebäude hinter der I. Abtheilung.

Bei der Anlage der Gebäude der I. Abtheilung war die Forderung möglichster Sicherung gegen Erschütterungen für das Observatorium, das Hauptgebäude der ganzen Anstalt, mafsgebend. Es ist dieses deshalb in der Mitte des Grundstücks und thunlichst entfernt von dem Verkehr und den übrigen Gebäuden angelegt.

Die I. Abtheilung umfafst nach ihrer Fertigstellung geordnet:

a) Das Directorwohnhaus mit der Dienstwohnung des Präsidenten der Physikalisch-Technischen Reichsanstalt in zwei Stockwerken und einem Untergeschofs. Das Aeufsere des Gebäudes (Verblendbau) ist villenartig mit überhängendem Sparrendach gehalten.

b) Das Verwaltungsgebäude, mit Räumlichkeiten für das Bureau der I. Abtheilung, für die Wohnungen des Castellans, des Maschinisten, eines verheiratheten Institutsdieners und zweier unverheiratheten Assistenten, enthält aufserdem den Sitzungssaal für das

IV. Gebäude für die Verwaltungsbehörden des Deutschen Reiches.

Curatorium der Anstalt nebst Nebenräumen und ist im Aeufseren dem Directorwohnhause angepafst.

c) Das Maschinen- und Kesselhaus, mit der Kesselanlage für die Erzeugung des Dampfes zur Erwärmung des Observatoriums, einer Sulzer'schen Dampfmaschine mit Präcisionssteuerung und einem Deutzer Zwillingsgasmotor zum Betriebe von Accumulatorenbatterien für wissenschaftliche und Beleuchtungs-Zwecke.

Mit dem Maschinenhause in Verbindung liegt der im Gegensatz zu den Räumen des Observatoriums für fein wissenschaftliche Untersuchungen bei 0 Grad und unter 0 Grad

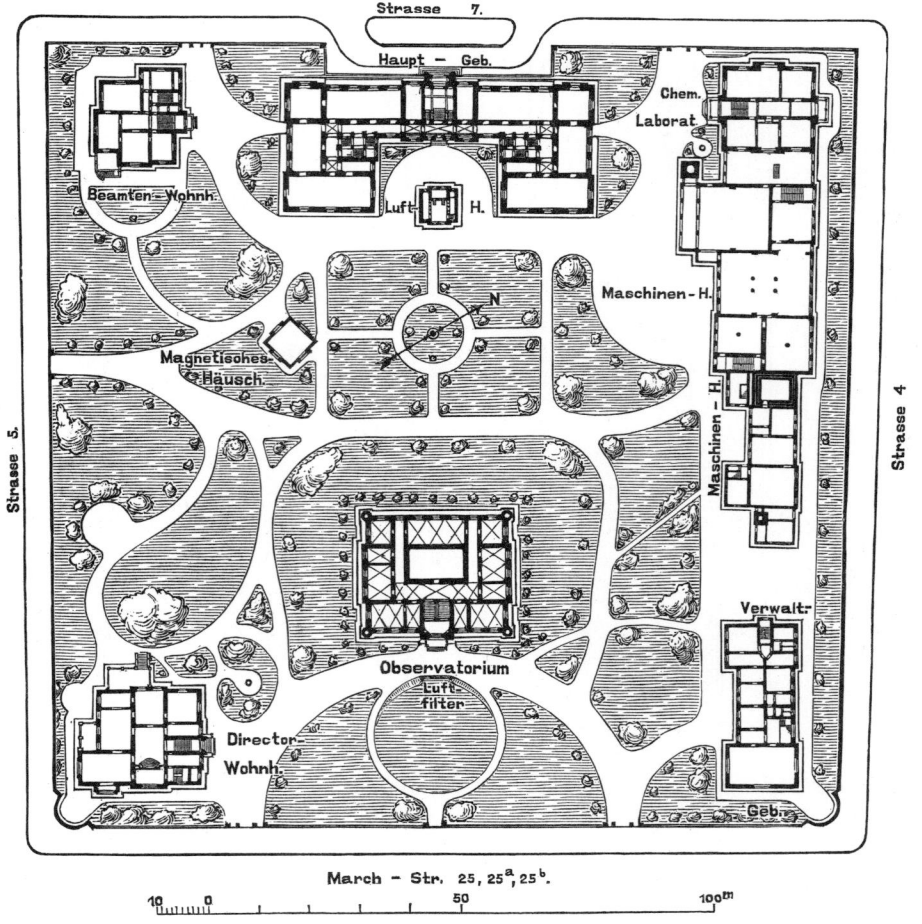

Abb. 60. Physikalisch-Technische Reichsanstalt, Lageplan.

bestimmte Kaltraum, seinem Zwecke entsprechend einerseits von starken Mauern und Gewölben umschlossen, anderseits nur durch vier Oberlichte mit Luftkammern erhellt und mit einem erschütterungsfreien, isolirten Cementbeton-Fufsboden von 1,50 m Stärke versehen. Seine innere Einrichtung zur Abkühlung und Erhaltung irgend einer vorgeschriebenen Temperatur niederen Grades vermöge eines Linde'schen Kühlapparates hat sich als mustergültig erwiesen. Sie gestattet es, den Raum nicht nur nach Wunsch in kürzerer Frist constant zu temperiren, sondern bewirkt auch selbstthätig, durch Aufsaugen des überschüssigen Wassergehaltes, vermittelst eines Ventilators und eines Systems unter 0 Grad abgekühlter Spiralen, dafs die Luft im Kaltraum — auch wenn ventilirt wird — nur im genau richtigen Verhältnifs mit Wasserdampf gesättigt ist. Hierdurch wird jeder schädliche Niederschlag von Wasser auf die Instrumente während der Untersuchungen verhindert.

d) Das Observatorium, der Hauptbau der I. Abtheilung, mit Untersuchungsräumen für die verschiedenen Richtungen der Physik. Der bei allen Gebäuden für wissenschaft-

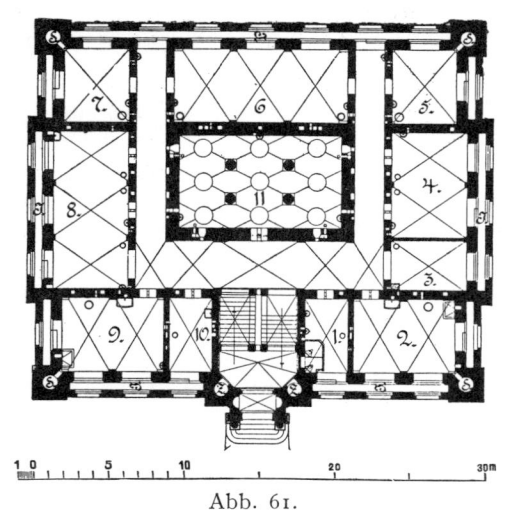

IV. Gebäude für die Verwaltungsbehörden des Deutschen Reiches. 83

Abb. 61.
Physikalisch-Technische Reichsanstalt,
Grundrifs des Observatoriums.

1. Abort. 2. Thermometrie. 3. Diener. 4. Präcisionsmechanik 5. Waagezimmer. 6. Hydrostatische Wägungen. 7. Fizeau'sche Apparate. 8. Thermometrie. 9. Chemische Küche. 10. Messungen von Normalelementen. 11. Raum mit constanter Temperatur.
I. Isolirgänge. S. Schlote. Z. Luftzuführungs-Schachte.

liche Arbeiten geforderten Sicherung gegen Erschütterung und Gleichmäfsigkeit der Temperatur ist hier in erhöhtem Mafse überall Rechnung getragen. Dabei ist von dem System der isolirten Einzelpfeiler abgesehen und das ganze Gebäude zunächst auf eine rd. 1000 qm grofse, 2 m starke Betonplatte gestellt. Zur Standsicherheit und Gleichmäfsigkeit der Temperatur tragen die aufsergewöhnlich starken, zum Theil doppelten Umfassungs- und Innenmauern in Verbindung mit den 0,50 m im Scheitel hohen Decken aus Tonnengewölben und verstärkten Gurtbögen mit Sandschüttung und Terrazzofufsboden bei.

Das Gebäude ist aufserdem im Untergeschofs vor Abkühlung durch die Erdwärme vermittelst eines Isolirkellers, im Obergeschofs durch ein niedriges Dachgeschofs und einen Dachaufbau geschützt, welche beide die Abluft aller Räume aufnehmen bezw. durch eine Laterne und Schlote abführen.

Auch die Heizungsanlage — Dampfwarmwasser- und Dampfwarmwasser-Luftheizung, durch Dampf vom Kesselhause aus erwärmt, hat besondere Warmwasser-Regulatoren im Isolirkeller, durch welche sich auch die Innentemperatur des Gebäudes bei wechselnder Aufsenwärme stets auf dem gleichen Grad ($+20^0$ C.) erhalten läfst, da auch die Zuluft nur auf $+20^0$ C. erwärmt zugeführt wird. Bei den beiden in der Mitte des Gebäudes und allseitig umschlossen liegenden Räumen für constante Temperatur, durch Oberlicht erhellt, erfolgt die Temperirung durch vier Kupferöfen mit thermostatischer Selbstregulirung. Diese regeln die Wärme so genau, dafs sich ihre Schwankungen innerhalb weniger Hundertstel eines Grades halten.

Die magnetischen Zimmer sind vollkommen eisenfrei, mit kupfernen Oefen, Rohrleitungen und Beschlagtheilen ausgebaut; die optischen Zimmer haben lichtdichte Verdunkelungen; die Abflufsleitungen mit Quecksilberfängen, leicht zugänglich angebracht, sind aus säurefestem Thon.

Die äufsere Gestalt des Observatoriums ist im Stile der Renaissance durchgebildet unter Verwendung von Ullersdorfer Verblendsteinen in Verbindung

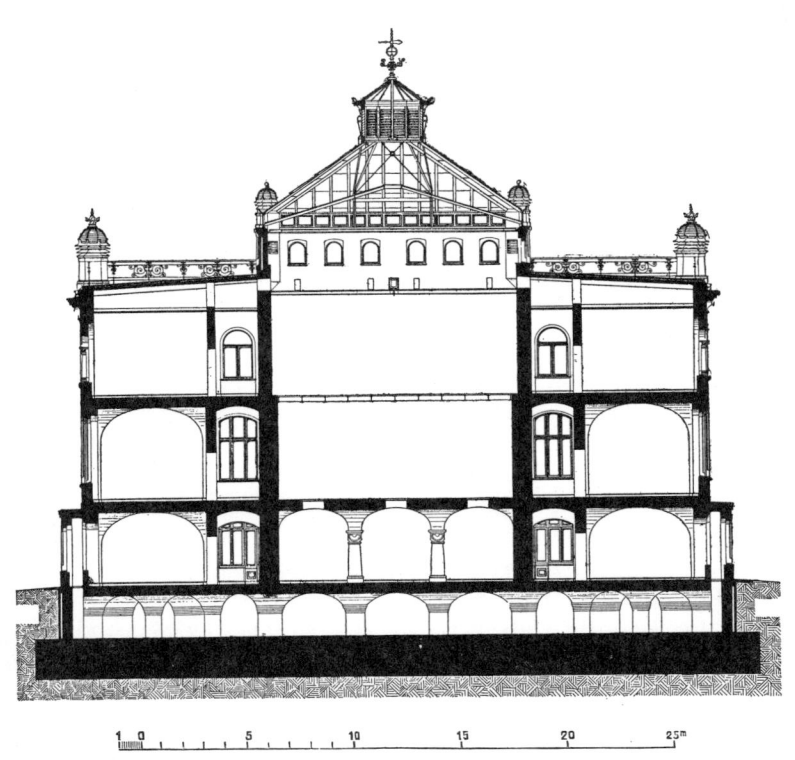

Abb. 62. Physikal.-Techn. Reichsanstalt, Querschnitt des Observatoriums.

mit Sandstein für die freien Mauertheile sowie für die Gesimse, Säulen und Bekrönungen.

Die Bauten der II. Abtheilung. Für die Gesamtanordnung der Bauten der II. Abtheilung war entscheidend die Lage des Chemischen Laboratoriums, welches an die Nordecke des Grundstückes verlegt ist, um durch die vorherrschenden Westwinde die chemischen Gerüche vom Grundstück abzulenken. Für das noch fehlende Hauptgebäude ergab sich die achsiale Stellung zum Observatorium der I. Abtheilung von selbst. Die Bauten für die II. Abtheilung schliefsen sich denen der I. im äufseren Aufbau und in der inneren Ausstattung an.

Auch die II. Abtheilung erhält ein besonderes Maschinenhaus, da eine Zusammenlegung der Kesselanlagen und Kraftmaschinen der ganzen Anstalt aus Gründen des Betriebes unthunlich erscheint.

a) Das Chemische Laboratorium soll nur in den beiden obersten Stockwerken Räume für chemische bezw. physikalisch-chemische Arbeiten aufnehmen, die beiden unteren sind vorläufig für fein elektrische Bestimmungen vorbehalten.

b) Das Maschinenhaus wird im Erdgeschofs enthalten die Kesselanlage zur Beheizung des Hauptgebäudes, des chemischen Laboratoriums und des Maschinenhauses sowie die Räume für gröbere elektrische Messungen und Prüfung von elektrischen Maschinen, im Obergeschosse die mechanische Werkstatt, Tischlerei und Klempnerei. In dem Accumulatorenkeller werden in zwei Stockwerken rd. 1200 gröfsere und kleinere Elemente aufgestellt werden.

c) Das Hauptgebäude. Für dasselbe sind genaue Vertheilungspläne bisher noch nicht ausgearbeitet; doch wird darin Raum für sieben verschiedene Arbeitsgebiete geschaffen und zwar für:

präcisionsmechanische,
galvanometrische und elektrostatische,
magnetisch-elektrische,
optische und photometrische,
kalorimetrische,
thermometrische und
manometrische Untersuchungen und Bestimmungen.

Aufserdem erhält dieses Gebäude in einem mittleren Dachaufbau ein photographisches Atelier und ein besonderes grofses (rd. 85 qm), thermisch gut isolirtes Bolometerzimmer, weil auch für diesen Raum constante Temperatur gefordert wird, und, wie im Observatorium der I. Abtheilung, in den meisten Zimmern für elektrische Arbeiten eisenfreien Ausbau.

d) Das Beamtenwohnhaus mit noch näher festzustellenden Dienstwohnungen für den Director der II. Abtheilung, einen verheiratheten Institutsdiener und zwei unverheirathete Assistenten.

Die Gebäude der I. Abtheilung werden durch zwei Rohre von je 80 mm Durchmesser mit Wasser und durch drei Rohre von 50, 130 und 130 mm Durchmesser mit Gas versorgt. Die II. Abtheilung soll zwei Wasserzuleitungen von 80 und 100 mm und drei Gaszuleitungen von 50, 100 und 150 mm erhalten.

Das Project für die Bauten der I. Abtheilung ist im Cultusministerium unter Leitung des Ober-Baudirectors Spieker im Jahre 1885 aufgestellt. — Die gesamte Bauanlage unterstand dem Reichsamt des Innern, insbesondere der Aufsicht des Geheimen Ober-Regierungsraths A. Busse und einer von dem Staatssecretär des Innern ernannten Baucommission, in welcher unter anderen die Physiker v. Helmholtz, v. Siemens sowie der Ober-Baudirector Spieker mitwirkten. — Die Specialleitung lag in der Hand des Land-Bauinspectors Th. Astfalck, von dem auch die Entwürfe für die I. Abtheilung bei Beginn des Baues den inzwischen fortgeschrittenen Anforderungen der Wissenschaft entsprechend umgeändert und die Projecte für die Bauten der II. Abtheilung bearbeitet sind.

Abb. 63. Ober-Postdirectionsgebäude, Façade an der Spandauer Strafse.

V.
Gebäude der Reichspost- und Telegraphen-Verwaltung.[1]

Mit der ungeahnten Steigerung des Verkehrs, welche seit der Gründung des Deutschen Reichs auf allen Gebieten eingetreten ist, hat sich auch der Geschäftsumfang der Reichspost- und Telegraphen-Verwaltung in stetig zunehmendem Mafse erweitert. Durch die im Jahre 1876 erfolgte Vereinigung des Post- und Telegraphenwesens, durch das an Wichtigkeit und Umfang fortwährend wachsende Fernsprechwesen, durch die der Postverwaltung für die Zwecke der socialen Gesetzgebung des Reichs übertragenen Obliegenheiten, sowie durch den Hinzutritt des Post- und Telegraphenwesens in den deutschen Schutzgebieten, endlich durch die Reichsdruckerei, welche der oberen Leitung des Staatssecretärs des Reichspostamtes unterstellt worden ist, sind die Geschäftszweige dieser Verwaltung ins Gewaltige gestiegen. Infolge dessen genügten selbst die in dem Zeitraum von 1871 ab für die Central- und die hiesige Provinzial-Behörde, das Reichspostamt und die Ober-Postdirection Berlin errichteten Verwaltungs- und Betriebsgebäude bereits dem jetzigen Bedürfnisse nicht mehr. Trotz der von der Verwaltung entwickelten grofsen Bauthätigkeit werden daher für die nächste Zeit noch bedeutsame bauliche Aufgaben in Berlin zur Lösung zu bringen sein.

Aufser den ausgedehnten Grundstücken für das Reichspostamt und die hiesige Ober-Postdirection besitzt die Verwaltung in Berlin 12 reichseigene Grundstückscomplexe von bedeutendem Umfange, in denen die Hauptbetriebsstellen der verschiedenen Geschäftszweige untergebracht sind. Die in Berlin und den dazu gehörigen Vororten bestehenden

---

[1] Bearbeitet vom Post-Baurath H. Techow.

86 V. Gebäude der Reichspost- und Telegraphen-Verwaltung.

161 Postanstalten, von denen 122 mit Telegraphen-, 46 mit Rohrpostanstalten und 45 mit öffentlichen Fernsprechstellen verbunden sind, befinden sich zumeist in gemietheten Räumen. Aufserdem bestehen noch fünf besondere Telegraphenanstalten, bezw. Telegraphenzweigstellen, welche mit drei Rohrpostanstalten und zwei öffentlichen Fernsprechstellen vereinigt sind, und fünf Stadtfernsprechämter.

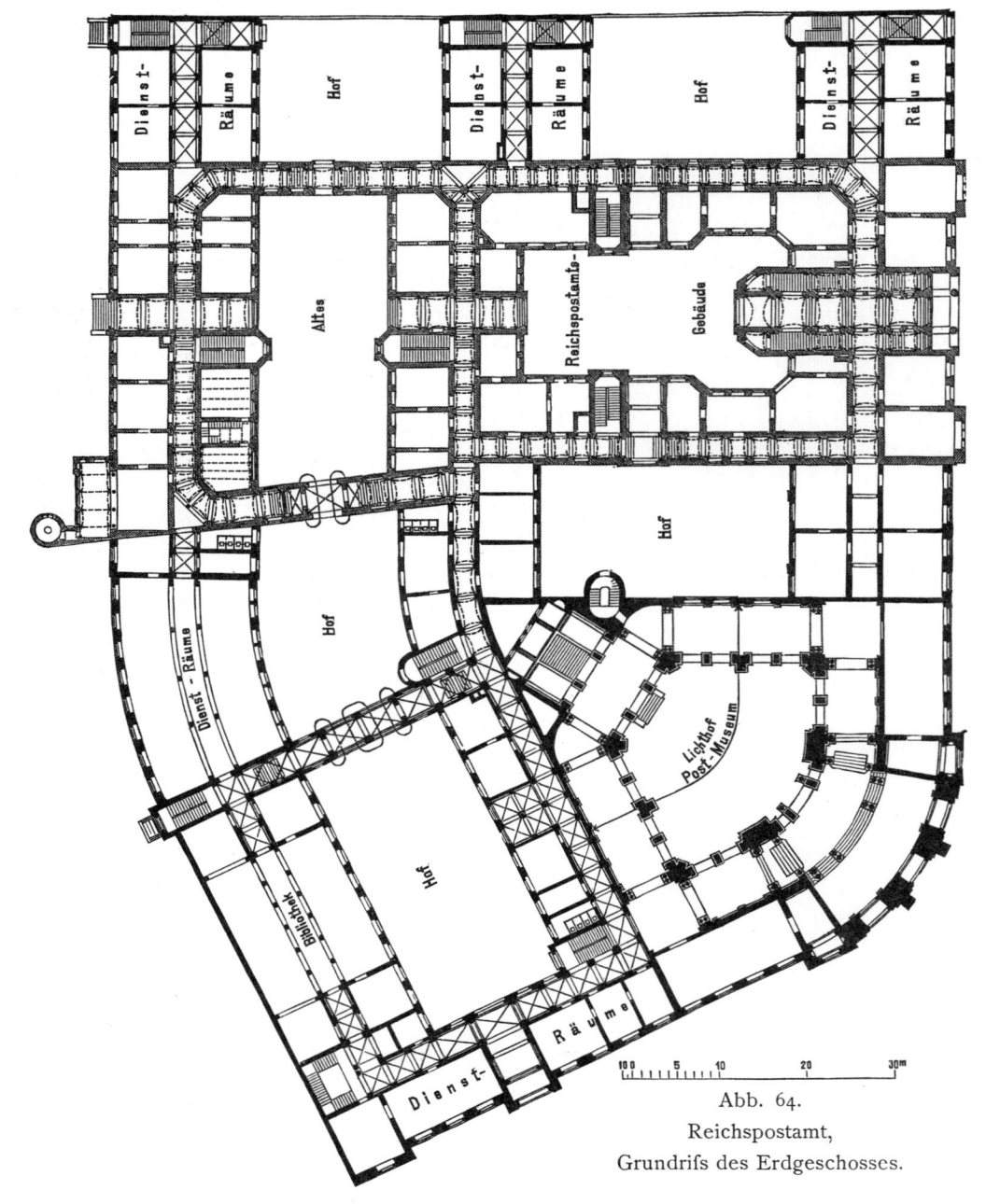

Abb. 64.
Reichspostamt,
Grundrifs des Erdgeschosses.

In Nachstehendem sind von den auf reichseigenen Grundstücken errichteten grofsen Bauanlagen sieben einer näheren Betrachtung unterzogen worden, wobei hinsichtlich der in das Ingenieurwesen fallenden Betriebseinrichtungen auf die im 1. Band darüber gemachten Mittheilungen verwiesen wird.

1. **Das Gebäude des Reichspostamtes** (Abb. 64—66). Das in den Jahren 1871—1874 auf dem Grundstücke Leipziger Strafse 15 für das Reichspostamt nach dem

V. Gebäude der Reichspost- und Telegraphen-Verwaltung.

Abb. 65. Mauerstraße 69—75. Reichspostamt, Erweiterungsbau. Leipziger Straße 14—18.

88   V. Gebäude der Reichspost- und Telegraphen-Verwaltung.

Entwurfe und unter der Leitung des Regierungs- und Bauraths Schwatlo errichtete Verwaltungsgebäude, das um zwei grofse, mit Durchfahrten verbundene Höfe gruppirt ist, wird gegenwärtig durch einen das alte Gebäude von beiden Seiten umfassenden Erweiterungsbau, dessen Fronten die bisherigen Grundstücke Leipziger Strafse 14, 16—18 und Mauerstrafse 69—75 einnehmen, bedeutend vergröfsert. Während das vorhandene Gebäude nur eine bebaute Grundfläche von 2940 qm hat, beträgt diese nach Vollendung des Erweiterungsbaues insgesamt 8435 qm, und das ganze Grundstück besitzt einschliefslich des vorhandenen Gartens eine Fläche von 14 594 qm.

Der Neubau gliedert sich im Grundrifs organisch dem alten Gebäude an; seine Flurgänge fallen mit den Richtungen der alten zusammen, damit eine zweckmäfsige Verbindung der einzelnen Gebäudetheile und Räume, sowie die Uebersichtlichkeit gewahrt bleibt. Er umschliefst sieben grofse Höfe, welche mit denjenigen des alten Gebäudes durch

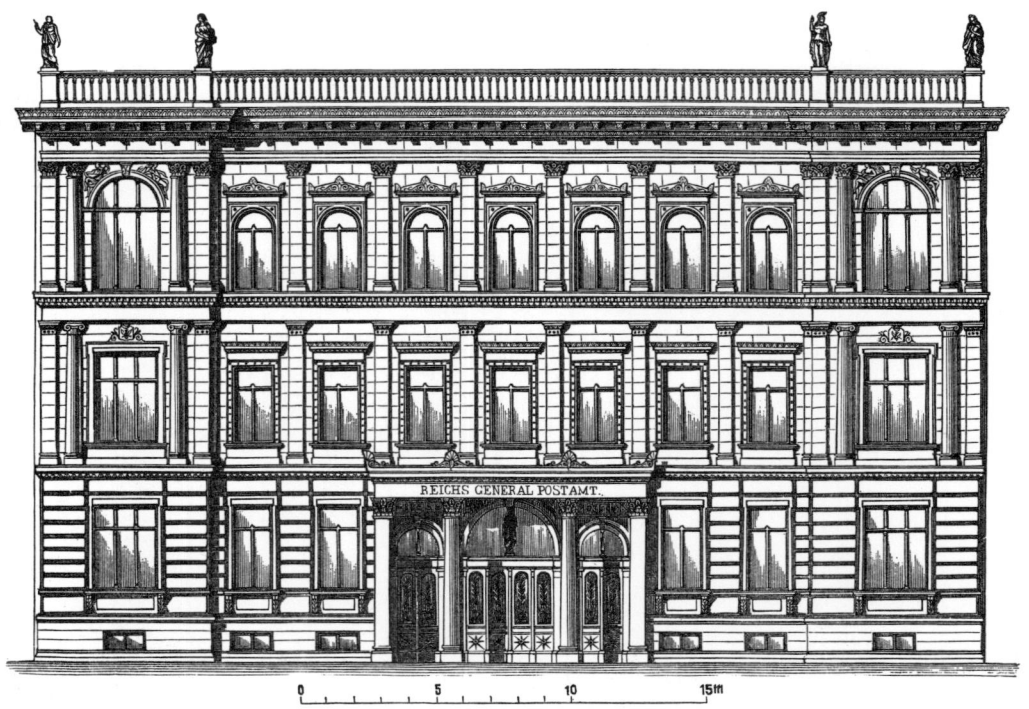

Abb. 66. Reichspostamt (älterer Theil).

Durchfahrten verbunden werden. Da in dem Erweiterungsbau auch für das stetig wachsende, bereits über 6000 werthvolle Nummern zählende Postmuseum eine würdige Stätte geschaffen werden sollte, so wurde dasselbe, welches zuerst auf dem Grundstück Leipziger Strafse 14 geplant war, an der Ecke der Leipziger und Mauerstrafse angeordnet und hiermit zugleich für die Façadenausbildung ein wirkungsvolles Hauptmotiv gewonnen.

Die gesamte Gebäudeanlage ist zur Unterbringung der vier Abtheilungen des Reichspostamts bestimmt, von denen die Telegraphenabtheilung gegenwärtig noch ihren gesonderten Sitz in dem Gebäude der ehemaligen Telegraphendirection, Französische Strafse 33 b c, hat. Aufserdem befindet sich im zweiten Geschofs des Gebäudes die Wohnung des Staatssecretärs, und in den Querflügeln die erforderlichen Wohnungen für Unterbeamte.

Die Façadengestaltung des Erweiterungsbaues (Abb. 65) weicht gänzlich von der des Schwatlo'schen Baues (Abb. 66) ab; nur die Stockwerks- und Gesimshöhen für die beiden unteren Geschosse sind beibehalten worden. Während die Façaden vor den Verwaltungsräumen in einfacher italienischer Renaissance durchgebildet sind, zeigt der für das Postmuseum bestimmte Eckbau, welcher zwischen zwei mit Thurmaufbauten bekrönten

Risaliten liegt, eine reichere Architektur. Ueber dem gequaderten, mit drei grofsen Eingangsthüren versehenen Erdgeschofs erheben sich drei mächtige $11^{1}/_{2}$ m hohe Säulenstellungen, zwischen denen die grofsen rundbogigen Fensteröffnungen des durch zwei Geschosse reichenden Hauptsaales liegen. Entsprechend diesen Säulenstellungen sind auf der Attika Figurengruppen in Sandstein und über der Mittelachse eine die Weltkugel tragende Gigantengruppe angeordnet, welche aus getriebenem Kupfer hergestellt ist.

Das Innere des Postmuseums ist um einen grofsen glasbedeckten Lichthof gruppirt, nach welchem sich mit Säulenstellungen in drei Geschossen über einander die nicht nach der Strafse gelegenen Säle des Museums öffnen. Das Haupttreppenhaus ist in der Achse des Einganges hinter dem Museumshof an einem besonderen Lichthofe angeordnet. Auf den frei vortretenden Säulen im Museumshof werden sechs Figuren Aufstellung finden, welche die verschiedenen Formen des Verkehrs nach seiner geschichtlichen Entwicklung versinnlichen.

Als Material zu den Strafsenfaçaden ist Odenwaldsyenit für die Plinthe, Warthauer und Cudowaer Sandstein für die Geschosse gewählt. Der Museumshof ist im Erdgeschofs ganz in Cottaer Sandstein hergestellt, die Säulen im zweiten Geschofs desselben sind aus blaugrauem Labrador, die im dritten Geschofs aus röthlichem Broccatellomarmor gefertigt. Die Kapitelle und Basen der Säulen sind aus galvanoplastischer Bronze oder Inkrustatstein hergestellt. Die Hoffaçaden erhalten zum Theil Ziegelverblendung, zum Theil sind die Architektur-Gliederungen aus rothem Miltenberger Sandstein und die Wandflächen in Putz ausgeführt.

Das ganze Gebäude erhält Warmwasserheizung und wird feuersicher mit gewölbten und Betondecken hergestellt. — Die Kosten des gesamten, 1893 begonnenen Erweiterungsbaues sind auf 3 177 000 ℳ veranschlagt. — Die Ausführung erfolgte in zwei Bauabschnitten, von denen der erste im April 1893 begonnen ist.

Der allgemeine Entwurf ist im technischen Baubureau des Reichspostamtes durch den Geheimen Ober-Postrath Hake aufgestellt worden. Mit der Oberleitung des Bauentwurfs und der Ausführung ist der Post-Baurath Techow betraut, von dem auch die Anordnung des Postmuseums an der freien Ecke des Bauplatzes herrührt. Die örtliche Bauleitung liegt in den Händen des Post-Bauinspectors Ahrens, welchem die Bearbeitung des Entwurfs übertragen war.

2. Das Gebäude der Ober-Postdirection (Abb. 63 u. 67) enthält aufser den Diensträumen dieser Behörde zugleich die Geschäftsräume des Hofpostamtes, des Briefpostamtes, der General-Postkasse und der Fernsprech-Vermittlungsanstalt V, sowie die Dienstwohnungen des Ober-Postdirectors, der Vorsteher des Hof- und Briefpostamtes und Unterbeamtenwohnungen. Die an der Königstrafse 60 und der Spandauer Strafse 19—22 belegenen Gebäudetheile sind in den Jahren 1874—1884 an Stelle älterer Gebäude, in denen früher auch die oberste Postbehörde ihren Sitz hatte, neu errichtet worden. Indessen reichen für den stetig wachsenden Geschäftsbetrieb die vorhandenen Räume nicht mehr aus, sodafs in den letzten Jahren die angrenzenden Häuser haben angekauft werden müssen, damit auf dem fast das ganze Strafsenviereck zwischen König- und kleiner Poststrafse, Heilige Geist- und Spandauer Strafse einnehmenden Gelände von 10 208 qm Gröfse demnächst ebenfalls ein nothwendiger grofser Erweiterungsbau ausgeführt werden kann.

Die genannten neuen Gebäudetheile, welche eine bebaute Grundfläche von rd. 4260 qm haben, sind um zwei grofse, von der König- und Spandauer Strafse aus durch Einfahrten zugängliche Höfe gruppirt. Diese sind durch eine Verbindungshalle von einander getrennt, bei welcher der Portalbau des alten, an der Königstrafse 60 vorhanden gewesenen, von Böhme im 18. Jahrhundert für den General von Grumbkow erbauten Hauses wieder Verwendung gefunden hat.

An der Südwestseite des gröfseren, nach der Spandauer Strafse geöffneten Hofes befindet sich als ältester Theil der Neuanlage das Geldhallengebäude, in welchem um einen als Schalterhalle dienenden Oberlichtraum die Geschäftsräume für den Geldverkehr untergebracht sind. An diesen Gebäudetheil schliefsen sich im Erdgeschofs, in dem nach der

90 V. Gebäude der Reichspost- und Telegraphen-Verwaltung.

Spandauer Strafse belegenen Flügel, die Betriebsräume des Hofpostamtes für den Packetverkehr, sowie nach der kleinen Post- und Spandauer Strafse die Räume des Briefpostamtes für den Briefverkehr an, während im Flügel an der Königstrafse die General-Postkasse, das Cabinetpostamt und die Dienststelle für postlagernde Sendungen ihre Bureauräume haben. Im zweiten Geschofs liegen an der Spandauer und kleinen Poststrafse die Entkartungs-, Sortir- und Abfertigungsräume des Briefpostamtes, von welchem alle in Berlin ankommenden Briefe für die einzelnen Postämter der Stadt sortirt und diesen durch Cariolpostwagen übermittelt werden. Die übrigen Räume dieses und des dritten Geschosses werden von der Ober-Postdirection und den Dienstwohnungen eingenommen.

Die in italienischer Renaissance gehaltenen Strafsenfaçaden (Abb. 63) haben Architektur-Gliederungen von Sandstein und an den Wandflächen Ziegelverblendung erhalten, die Hoffaçaden sind ganz in Ziegelverblendung hergestellt.

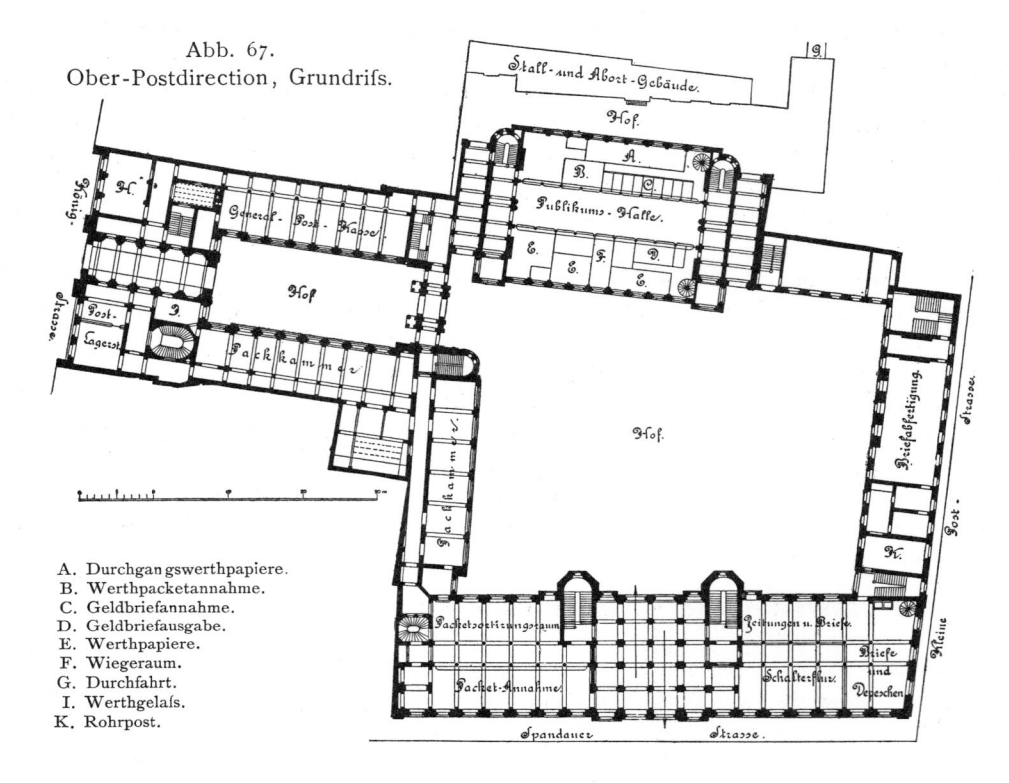

Abb. 67.
Ober-Postdirection, Grundrifs.

A. Durchgangswerthpapiere.
B. Werthpacketannahme.
C. Geldbriefannahme.
D. Geldbriefausgabe.
E. Werthpapiere.
F. Wiegeraum.
G. Durchfahrt.
I. Werthgelafs.
K. Rohrpost.

Die Beheizung der Gebäude geschieht durch Luft-, Warmwasser- und Heifswasserheizung. Die Baukosten haben 1 759 921 ℳ betragen.

Die Skizzen zu diesen Neubauten sind theils vom Regierungs- und Baurath Schwatlo, theils vom Geheimen Ober-Regierungsrath Kind aufgestellt; die Ausführung war dem Post-Baurath Tuckermann übertragen.

3. Das Gebäude des Postfuhramtes (Abb. 68) liegt auf einem 6597 qm grofsen Grundstück an der Oranienburger Strafse 35/36, der Artilleriestrafse 4 a b und der Auguststrafse. Aufser dem an den beiden erstgenannten Strafsen belegenen Hauptgebäude sind auf dem Hofe zwei grofse Pferdestallgebäude, eine Beschlagschmiede, ein Waagehaus und ein Kessel- und Maschinenhaus mit einem 30 m hohen Dampfschornstein für den Rohrpostbetrieb aufgeführt.

Das 2324 qm grofse Hauptgebäude umfafst Räume von ganz verschiedener Bestimmung. Es sind in demselben die Bureauräume des Postfuhramtes, das Postamt 24, das Telegraphen-Ingenieurbureau des Reichspostamtes, die Unterrichtsräume der Post- und Telegraphenschule, ein 350 qm grofser Versammlungssaal mit den erforderlichen Nebenräumen, Erfrischungsräume für die Postillone und mehrere Dienstwohnungen untergebracht. In den beiden zusammen 1348 qm grofsen Stallgebäuden sind die Pferdeställe für 240 Pferde in zwei Geschossen über einander angeordnet. Die unteren Ställe sind in den Erdboden eingesenkt, zu dem oberen Geschofs führen Rampen empor. Ueber den Ställen liegen die Schlafsäle der Postillone, Kleiderkammern und die Sattlerei.

Das Maschinenhaus enthält drei Compound-Receiver-Condensations-Dampfmaschinen von je 50 Pferdestärken mit drei doppelt wirkenden, horizontal arbeitenden Compressions- und Vacuumpumpen für die Rohrpostanlage, sowie Dynamomaschinen zur elektrischen Beleuchtung des Grundstückes.

Die gesamte Gebäudeanlage ist nach den Plänen des Regierungs- und Bauraths Schwatlo durch den Post-Baurath Tuckermann in den Jahren 1875—1881 mit einem Kostenaufwande von 1 277 308 ℳ errichtet worden.

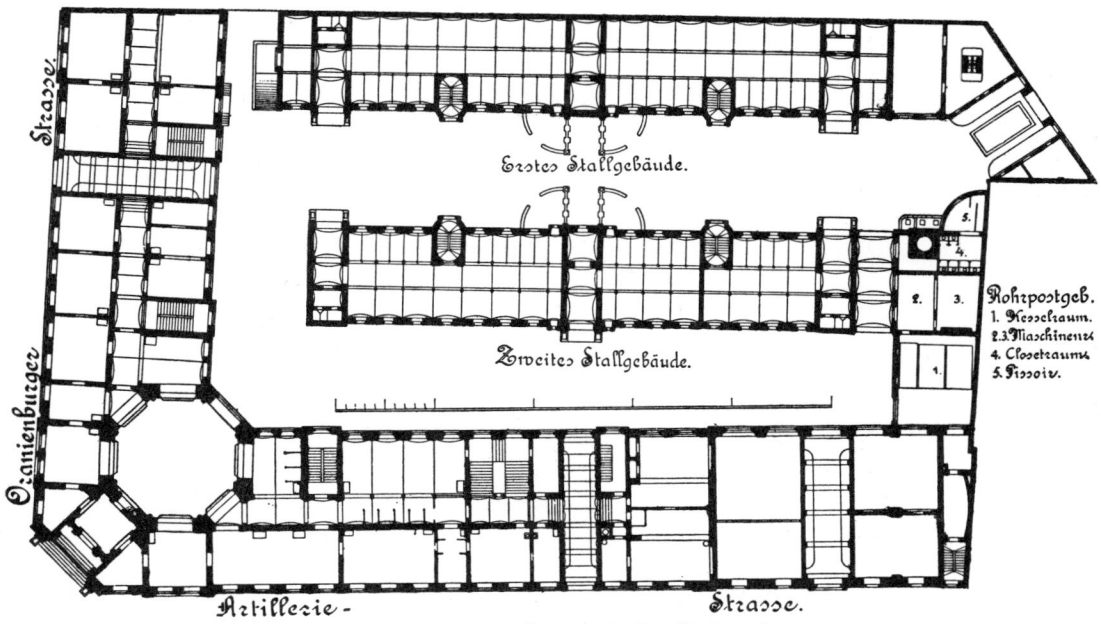

Abb. 68. Postfuhramt, Grundrifs des Erdgeschosses.

Die in Ziegelverblendung mit farbigen Terracotten ausgeführten Façaden zeigen Renaissanceformen und sind an der abgeschrägten Ecke der Oranienburger und Artilleriestrafse, welche mit einer mächtigen Bogenöffnung den Eingang zum Postamt 24 bildet, durch eine grofse Kuppel über der Schalterhalle bekrönt. Die Hauptkuppel wird von zwei kleineren Kuppeln flankirt. Für das Hauptgebäude ist eine Luft- und eine Warmwasserheizung angelegt. Die Heizung der Postillonschlafsäle erfolgt durch Abdampf von den Maschinen.

4. Das Gebäude des Packetpostamtes, auf einem 9022 qm grofsen Grundstück in der Oranienburger Strafse 70, der Artilleriestrafse 17—20 und der Ziegelstrafse 21—23 belegen, dient dem gesamten, für Berlin bestimmten Packetverkehr. Die eingehenden Packete werden hier für die einzelnen Bestellbezirke sortirt, an die Abholer ausgegeben oder von hier aus durch die Bestellwagen den Adressaten überbracht. Die gesamte Gebäudeanlage ist in einzelnen Abschnitten seit dem Jahre 1864 neu errichtet worden, bedeckt eine Fläche von 6225 qm und hat einen Kostenaufwand von ungefähr 1 100 000 ℳ verursacht. Um den grofsen, mit Einfahrten nach der Oranienburger und der Ziegelstrafse versehenen Hof sind im Erdgeschofs die Ausgaberäume, die Verlese- und Bestellpackkammern, sowie die Wagenschuppen zur Unterbringung von 200 Bestellwagen angeordnet. In dem dreigeschossigen Gebäudetheil an der Oranienburger Strafse 70 sind im zweiten Geschofs die Bureauräume des Packetpostamtes III und die Dienstwohnung des Vorstehers desselben, im dritten Geschofs das Hauptfernsprechamt und das Stadtfernsprechamt 3, im Dachgeschofs die Fernsprechvermittelungs-Anstalt III untergebracht. Der durch Oberlicht erhellte Saal der letzteren mit einem Flächeninhalt von 325 qm dient zur Aufstellung von 28 Vielfach-Umschaltetafeln, an welche 4411 Theilnehmer angeschlossen sind. — Dieser Gebäudetheil ist in den Jahren 1885 bis 1888 nach den Plänen des Geheimen Ober-Regierungsraths Kind durch den Post-Baurath Tuckermann ausgeführt. Seine Façaden sind, wie bei den übrigen Gebäudetheilen, in Ziegelrohbau unter Verwendung von Formsteinen und glasirten Terracotten ausgeführt. An der abgeschrägten Strafsenecke ist im Jahre 1888 ein zehnseitiger Kuppelunterbau mit eisernem Fernsprech-Abspanngerüst zur Aufnahme von 800 Fernsprech-Isolatoren errichtet worden.

In der nach der Ziegelstrafse 21 gelegenen, 1154 qm grofsen Postwagenhalle wurde im Jahre 1892 nach dem Plane des Post-Bauraths Techow ein Zwischengeschofs für eine neue Bestell-Packkammer eingebaut. Da die Wagenhalle ein Dachoberlicht in ihrer ganzen Längenausdehnung besitzt, so

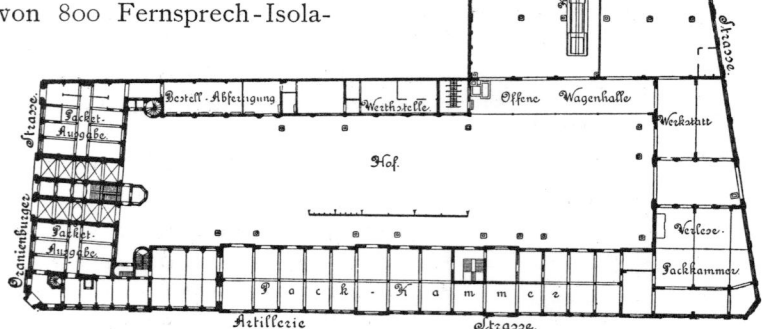

Abb. 69. Packetpostamt, Grundrifs des Erdgeschosses.

wurde der zur Aufstellung der Postwagen verbleibende untere Raum mit einer von eisernen Säulen gestützten Trägerlage überdeckt, welche einen Fufsboden von Monierplatten und Siemens'schem Drahtglase trägt. Die Beförderung der Packete nach diesem 4,30 m über dem Hof belegenen Zwischengeschofs geschieht in den gewöhnlichen Packethandwagen auf einer eigenartig angelegten Kettenbahn, welche im ersten Theil dieses Buches näher beschrieben ist.

5. Das Gebäude des Postzeitungsamtes

(Abb. 70 u. 71) ist auf dem Grundstücke Dessauer Strafse 4/5 errichtet, welches mit dem ebenfalls der Postverwaltung gehörenden Hause Königgrätzer Strafse 20, in welchem verschiedene Bureaus untergebracht sind, zusammenhängt; beide haben einen Flächeninhalt von 5026 qm.

Der Neubau dient nur für den Betrieb des Postzeitungsamtes, welches die Sortirung, Verpackung und den Versand der hier täglich oder periodisch erscheinenden Zeitungen und Zeitschriften, sowie die Aufbewahrung und den Verkauf der Gesetzsammlung und des Reichsgesetzblattes besorgt. Da bei den Morgens und Abends stattfindenden Ausgaben der Zeitungen die Auflieferungen von den Zeitungsexpeditionen (Nachmittags 60 000 Zeitungsnummern) in kurz bemessenen Zeiträumen erfolgen und die Versendung nach den Bahnhöfen sehr schnell bewerkstelligt werden mufs, so ist, um den Wagenverkehr für die Zeitungsausgabe zu erleichtern, die Front des Hauses gegen die Bauflucht um 12 m zurückgesetzt und dadurch für die Anfahrt ein Vorhof an der Strafse gebildet worden. Die Abfahrt der Bahnpostwagen mit den fertiggestellten Zeitungspacketen geschieht vom nördlichen Hofe aus.

Zur Verpackung und zum Versand der Zeitungen dient im Erd- und zweiten Geschofs je ein 36 m langer, an beiden Langseiten erhellter Saal, welchem im dritten Geschofs ein gleicher für Bestell-Abfertigung, die Führung der Listen usw. entspricht. Aufserdem sind für Bureauzwecke und die Gesetzsammlung die erforderlichen Räume in jedem Geschofs vorgesehen.

Das 1620 qm grofse Gebäude, welches im October 1893 begonnen wurde, ist am 15. März 1895 fertiggestellt. Die Decken sind fast durchgehend mit Betongewölben hergestellt. Die Bauglieder der Front sind in Miltenberger Sandstein, die der Hoffaçade in Rathenower Verblend- und glasirten Formsteinen, die Wandflächen überall in Putz ausgeführt. Das Vorderdach ist mit Mönchen und Nonnen eingedeckt. Die Erwärmung der Räume erfolgt durch eine Niederdruck-Dampfheizung, die Beförderung der Packete zwischen den einzelnen Geschossen durch zwei elektrische und einen hydraulischen Aufzug. Die Baukosten betragen rd. 453500 ℳ.

Für die Architektur der Strafsenfaçade sind die Formen des Ueberganges zwischen Spätgothik und Renaissance gewählt worden. Die Aufstellung des allgemeinen Entwurfs ist durch den Geheimen Ober-Postrath Hake bewirkt, die Oberleitung der Ausführung

Abb. 70. Postzeitungsamt, Ansicht der Vorderfront.

hatte der Post-Baurath Techow, unter dem der Regierungs-Baumeister Robrade mit der örtlichen Bauleitung betraut war.

Aufser den genannten Bauanlagen und dem gleich zu erwähnenden Telegraphenamt besitzt die Reichspost-Verwaltung noch eine Reihe von gröfseren Grundstücken in verschiedenen Theilen der Stadt, auf welchen besondere, umfangreiche Betriebe untergebracht sind. Hiervon sind zu erwähnen:

a) Das 3010 qm grofse Grundstück Ritterstrafse 7 und Prinzessinnenstrafse 25 mit dem Postamt 42, dem Postanweisungsamt, dem Postzeugamt, der Fernsprech-Vermittelungsanstalt IV und der Post-Zollabfertigungsstelle.
b) Das 3380 qm grofse Grundstück Köpenicker Strafse 122 mit dem Postamt 16, dem Bahnpostamt 18, einem Rohrpostgebäude und dem Magazin und Gebäude für die Telegraphenapparat-Werkstätten.
c) Das 6066 qm grofse Grundstück Möckernstrafse 139—141 und Hallesche Strafse 11 für Posthaltereizwecke mit Pferdeställen, Wagenremisen, Postillonschlafsälen, einem Rohrpostgebäude, sowie dem Postamt 46 und dem Bahnpostamt 2.

94   V. Gebäude der Reichspost- und Telegraphen-Verwaltung.

d) Das 4876 qm grofse Grundstück Pallisadenstrafse 90, welches bisher für Posthaltereizwecke diente, jetzt aber für die Lagerung von Telegraphen-Materialien eingerichtet wird.

e) Das Grundstück Melchiorstrafse 9 und Köpenicker Strafse 132, auf welchem Stallgebäude für 470 Pferde mit den erforderlichen Postillonschlafsälen, Remisen, einem Dienstwohnungs-Gebäude und einer Beschlagschmiede ausgeführt sind.

f) Das Postgebäude in der Thurmstrafse 23 für das Postamt 21 und die Fernsprech-Vermittelungsanstalt Moabit mit einem grofsen Fernsprechthurm für 5000 Anschlüsse.

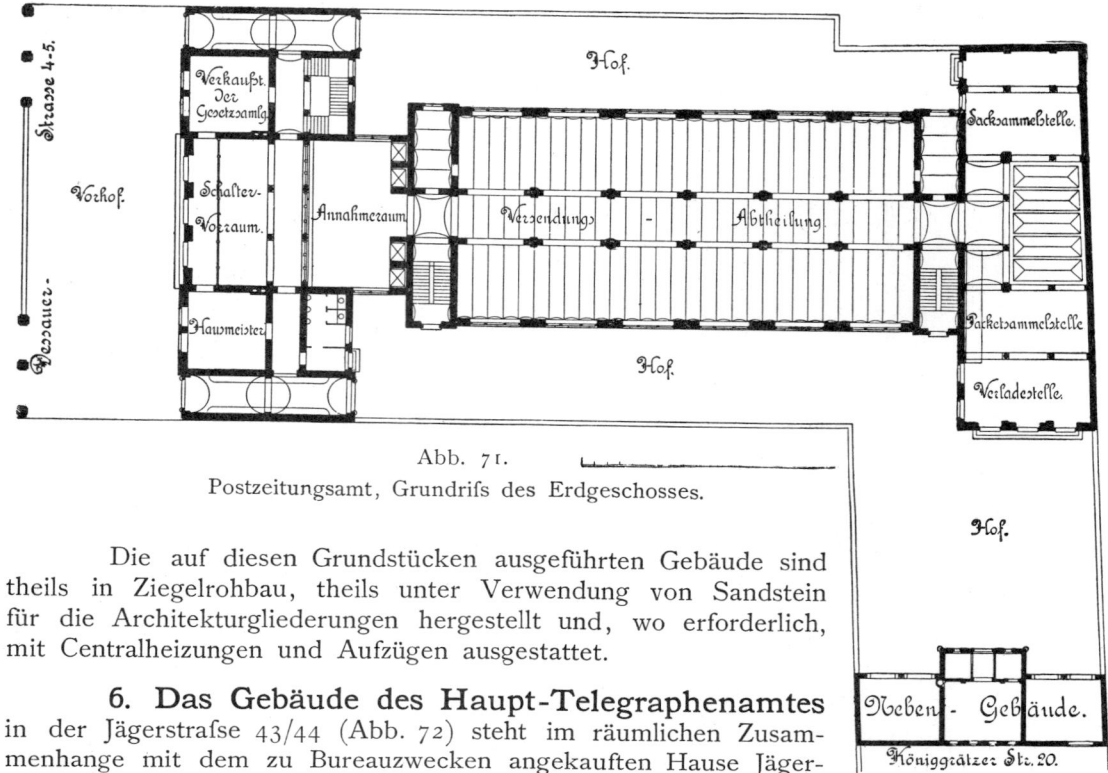

Abb. 71.
Postzeitungsamt, Grundrifs des Erdgeschosses.

Die auf diesen Grundstücken ausgeführten Gebäude sind theils in Ziegelrohbau, theils unter Verwendung von Sandstein für die Architekturgliederungen hergestellt und, wo erforderlich, mit Centralheizungen und Aufzügen ausgestattet.

6. Das Gebäude des Haupt-Telegraphenamtes

in der Jägerstrafse 43/44 (Abb. 72) steht im räumlichen Zusammenhange mit dem zu Bureauzwecken angekauften Hause Jägerstrafse 42 und mit dem Gebäude Französische Strafse 33 bc, in welchem zur Zeit noch der Sitz der zweiten Abtheilung des Reichspostamtes, der Telegraphenabtheilung, ist. Das in den Jahren 1877—1878 erbaute, 1046 qm grofse Gebäude Jägerstrafse 43/44, welches in einem Theile über dem ehemaligen Grünen Graben errichtet ist, hat im Erdgeschofs einen 860 qm grofsen, im mittleren Theil mit Oberlicht beleuchteten Apparatsaal für 122 Hughesapparate. Im zweiten Geschofs sind um den Oberlichtraum eine Reihe von Sälen zur Aufstellung von 247 Morseapparaten angeordnet, im dritten Geschofs die Wohnung des Vorstehers und Bureauräume untergebracht.

Der nach einem Plan des Regierungs- und Bauraths Schwatlo vom Post-Baurath Kessler ausgeführte Bau zeigt eine Sandsteinfaçade in italienischen Renaissanceformen mit Säulenstellungen in beiden oberen Geschossen. Als Material ist Rackwitzer, gelber Seeberger und violetter Ratzelberger Sandstein verwendet.

Die Erwärmung der Diensträume erfolgt durch Dampfheizung bezw. Dampfluftheizung, die Beleuchtung durch elektrisches Licht. Die Baukosten betrugen 503 457 ℳ.

Das einen Flächenraum von 1368 qm bedeckende Gebäude Französische Strafse 33 bc enthält im Erdgeschofs die Telegrammannahme, die Abfertigungs- und Kassenräume, sowie das Kabel-Mefszimmer, im zweiten und dritten Geschofs die Räume der zweiten Abtheilung des Reichspostamtes nebst der Dienstwohnung des Directors derselben und in dem nach dem Hofe zu höher geführten vierten Geschofs den Betriebssaal des Fernsprech-Vermittelungsamtes I mit 35 Vielfach-Umschaltetafeln, an welche im

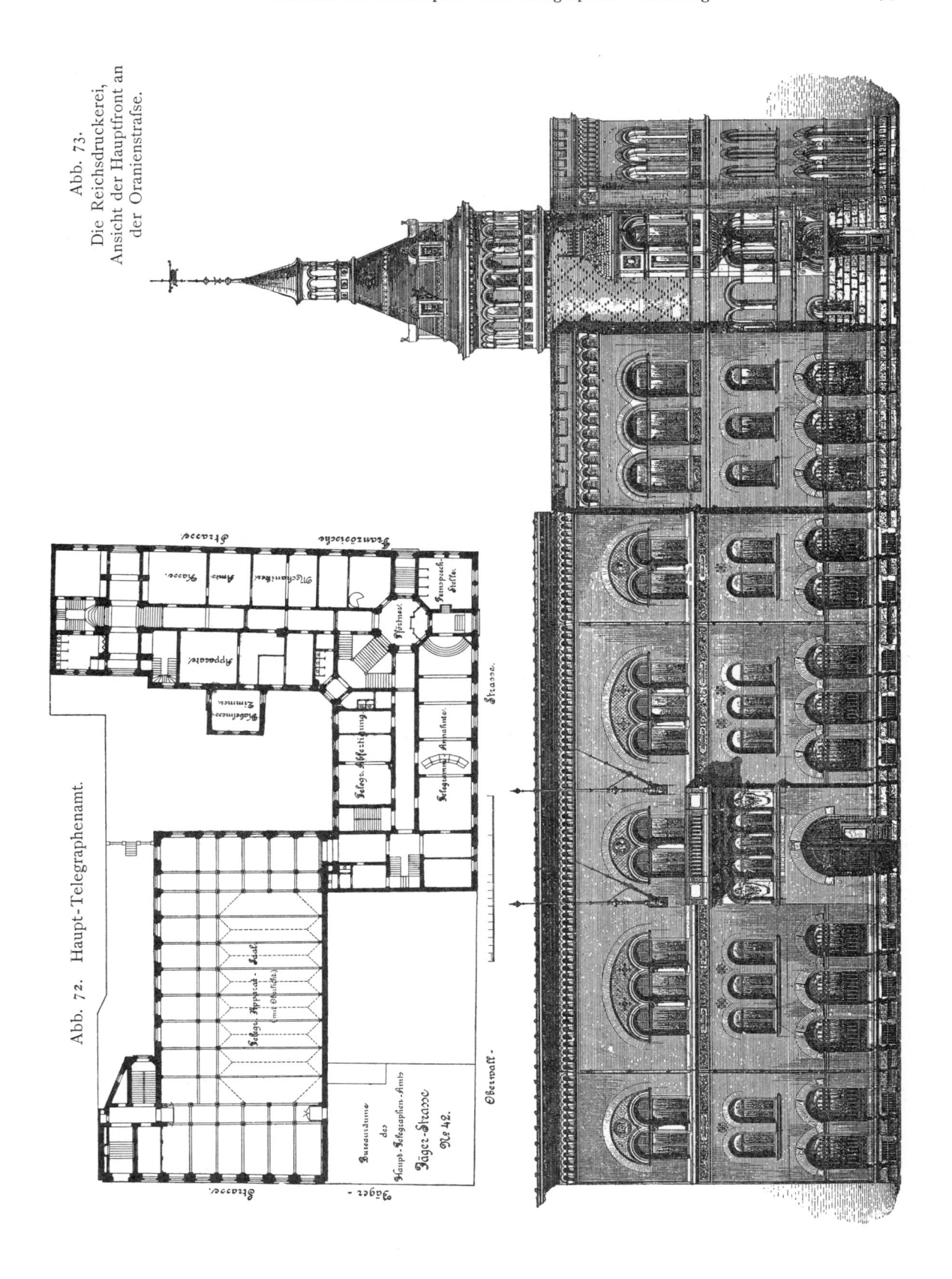

V. Gebäude der Reichspost- und Telegraphen-Verwaltung. 95

Abb. 72. Haupt-Telegraphenamt.

Abb. 73. Die Reichsdruckerei, Ansicht der Hauptfront an der Oranienstraße.

Jahre 1895 bereits 5000 Fernsprechtheilnehmer angeschlossen waren. Wegen der Form und der Abmessungen des Saales sind die Umschaltetafeln hier in zwei Etagen hinter einander aufgestellt worden.

Erbaut ist dieses Gebäude nach dem Entwurfe des Geheimen Ober-Bauraths Salzenberg in den Jahren 1862—1864 durch den Bauinspector Lohse mit einem Kostenaufwande von 421545 ℳ, welcher sich durch spätere An- und Umbauten auf 514000 ℳ gesteigert hat. Die Façaden sind ganz in Verblendziegeln unter Verwendung von Formsteinen hergestellt. — Die Erwärmung der Räume geschieht durch eine Warmwasserheizung.

7. Die Gebäude der Reichsdruckerei

(Abb. 73—75). Die seit dem 1. Juli 1852 bestehende preußische Staatsdruckerei wurde mit der für den Preis von 3573000 ℳ in das Eigenthum des Deutschen Reiches übergegangenen von Decker'schen Geheimen Ober-Hofbuchdruckerei im Jahre 1877 zu einer „Reichsdruckerei" vereinigt. Da für die Verschmelzung der beiden Druckereien die in der Oranienstraße 92—94 belegenen Grundstücke der preußischen Staatsdruckerei, auf denen das Vordergebäude für die Hauptverwaltung der Staatsschulden bestimmt ist, nicht ausreichten, so wurden die Nachbargrundstücke Oranienstraße 90/91 hinzugekauft und auf denselben in den Jahren 1879—1881 die erforderlichen Neubauten für die Reichsdruckerei ausgeführt. Diese Bauperiode umfaßt das Verwaltungsgebäude an der Oranienstraße 91 und die an dieses auf der westlichen Seite des Hofes sich anschließenden Werkstattgebäude, in denen besonders der große Oberlichtsaal mit neun Schnellpressen, sechs Zweifarbenmaschinen und drei Tiegeldruck-Doppelmaschinen hervorzuheben ist.

Bei dem stetig wachsenden Betriebsumfange trat jedoch schon sehr bald Raummangel ein, sodaß zur weiteren käuflichen Erwerbung der angrenzenden Grundstücke in der Alten Jakobstraße 113—116 und 110—111 geschritten werden mußte, wodurch die Gesamtgrundfläche der Reichsdruckerei auf 13854 qm vermehrt wurde. Auf den Grundstücken Alte Jakobstraße 113—116 wurden sodann in den Jahren 1889—1893 Neubauten errichtet, während die Häuser 110 und 111, welche durch die städtische Blindenschule von der übrigen Bauanlage getrennt sind, in ihrem bisherigen

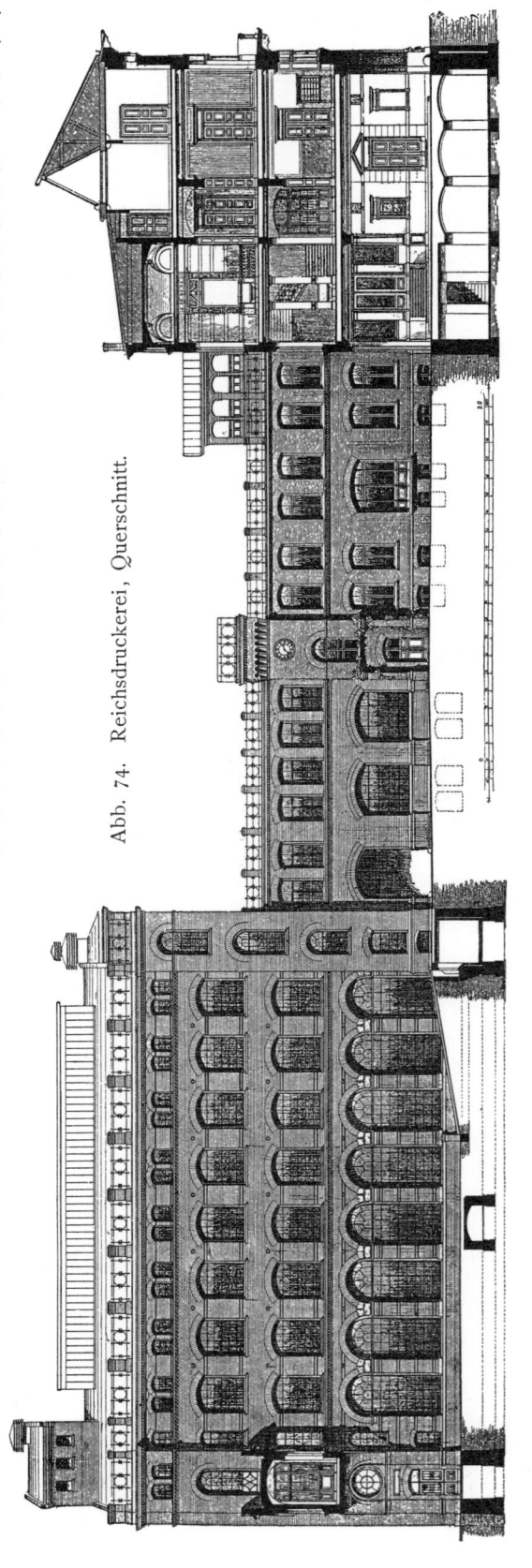

Abb. 74. Reichsdruckerei, Querschnitt.

V. Gebäude der Reichspost- und Telegraphen-Verwaltung. 97

Zustande in Benutzung genommen worden sind. Dieser Erweiterungsbau ist durch das Verwaltungsgebäude und eine Verbindungsgalerie an der Nordseite des grofsen mittleren Hofes sowie eine Untertunnelung desselben mit der 1879—1881 ausgeführten Gebäude-

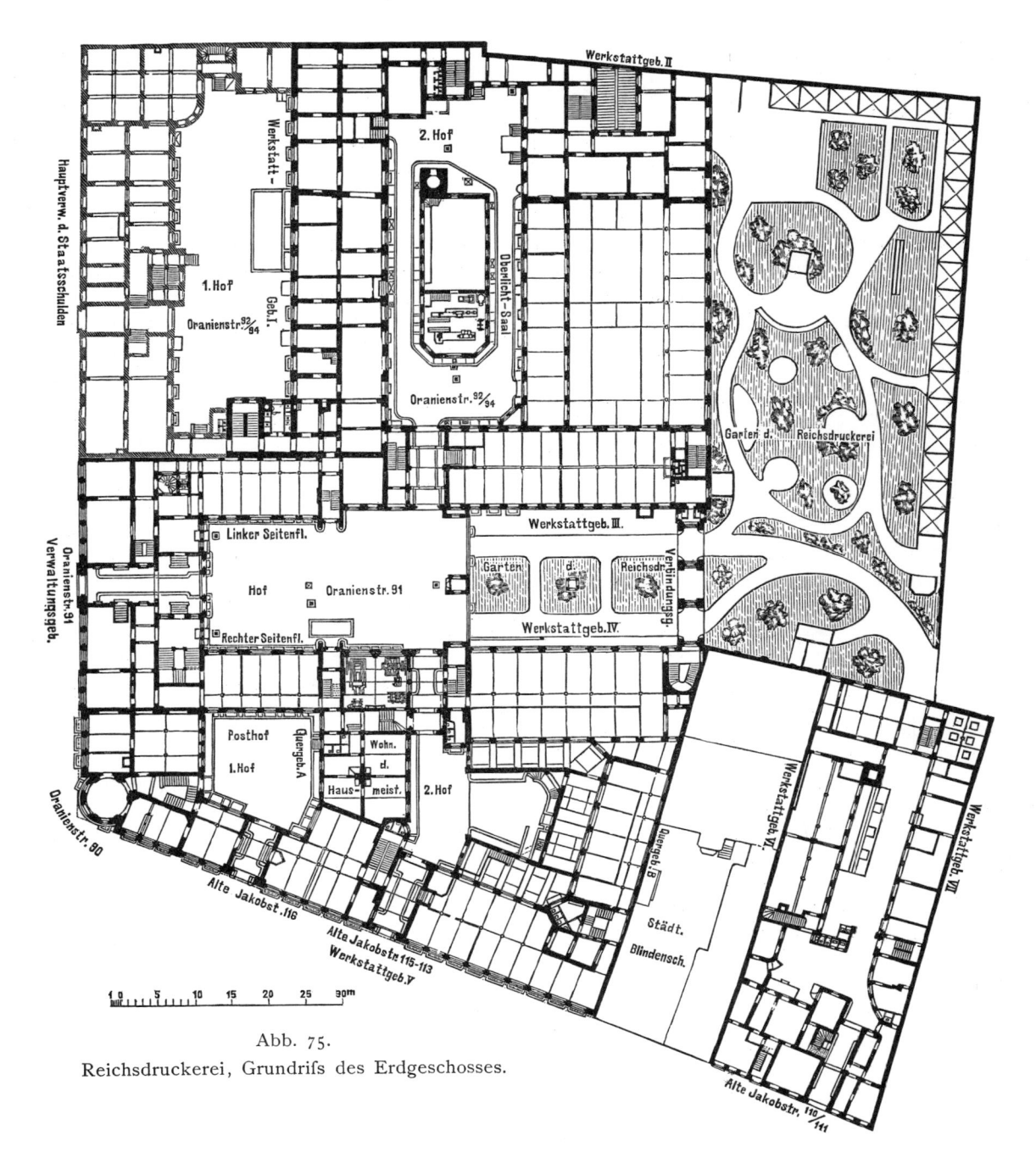

Abb. 75.
Reichsdruckerei, Grundrifs des Erdgeschosses.

gruppe verbunden. Die gesamte bebaute Grundfläche der Reichsdruckerei-Gebäude beträgt nunmehr 7256 qm.

Die Gebäudeanlage ist jetzt um fünf Höfe derartig gruppirt, dafs an den beiden westlichen die Werkstattgebäude für die geldwerthen Drucksachen und die chalkographische Abtheilung liegen, während an den beiden östlichen die Werkstätten für die Herstellung

Berlin und seine Bauten. II.

der nicht geldwerthen Drucksachen, für die Gravirabtheilung, die Buchbinderei, die Feinmechaniker, sowie die Lagerräume für die Typen und Formen, Drucksachen und Formulare, für Papier, Farben und für die entstehenden Abfälle mit den dazu gehörigen Verpackungsräumen untergebracht sind. Das alte Gebäude Alte Jakobstrafse 110/111 ist für die Gummiranstalt, die Schriftgiefserei und Stereotypie, sowie eine Holzreparatur-Werkstatt bestimmt.

Das Kessel- und Maschinenhaus ist auf dem nördlichen der beiden westlich gelegenen Höfe angeordnet. Aufser den beiden hier aufgestellten Dampfmaschinen von 150 P.S. befinden sich in dem neu angelegten Maschinenraum der östlichen Anlage noch zwei Maschinen von 150 P.S., welche für den Betrieb und für die elektrische Beleuchtung dieses Theils in Thätigkeit sind.

In dem Verwaltungsgebäude an der Oranienstrafse 90/91 sind im Erdgeschofs die Kassenräume, die Werthzeichen-Versendungsstelle und die Patentschriften-Vertriebsstelle untergebracht, im zweiten Geschofs die Verwaltungs- und Betriebsleitungs-Räume, im dritten Geschofs die Wohnung des Directors. Zu diesem Gebäude ist vom Erweiterungsbau der Eckbau an der Oranien- und Alten Jakobstrafse hinzugezogen, welcher im Erdgeschofs das Postamt 68, im zweiten Geschofs Bureauzimmer und im dritten Geschofs die architektonisch durchgebildeten Säle für die Sammlungen der Reichsdruckerei an Kupferstichen, werthvollen Drucken, Einbänden usw. enthält.

Sämtliche Gebäude sind feuersicher mit gewölbten oder betonirten Wellblechdecken hergestellt, die Werkstattgebäude mit Dampfheizung, das Verwaltungsgebäude mit Warmwasserheizung versehen. Ueberall sind wirksame, zum gröfseren Theil von Ventilatoren getriebene Lüftungsanlagen vorhanden und die für den Schutz und die Wohlfahrt der Arbeiter wünschenswerthen Einrichtungen getroffen. Zur Beförderung der Papierballen und Druckformen nach den verschiedenen Stockwerken sind vier, theils direct, theils indirect wirkende hydraulische Aufzüge angeordnet.

Die langgedehnten Strafsenfaçaden sind an der Ecke durch einen runden Thurm, welcher einen aus glasirten Steinen hergestellten Helm mit kupferbekleideter Laterne trägt, wirkungsvoll unterbrochen. Dieselben sind in rothen Laubaner Verblendziegeln und Miltenberger Sandstein unter Verwendung von farbig glasirten Ornamentplatten zu Füllungen und Einlagen hergestellt. Die Architekturformen schliefsen sich den Bauformen der oberitalienischen Backsteinarchitektur an. Die Hoffaçaden der Werkstattgebäude sind einheitlich in Rathenower Steinen ausgeführt.

Die Baukosten für den Erweiterungsbau der Jahre 1889—1893 haben einschliefslich der Kosten für die maschinellen Anlagen 1 024 767 ℳ betragen.

Die allgemeinen Pläne zum Neubau der Jahre 1879—1881 sowie zum Erweiterungsbau sind vom früheren Director der Reichsdruckerei, Geh. Ober-Regierungsrath Karl Busse, aufgestellt. Die Ausführung des ersten Bautheils unterstand der Oberleitung des Post-Bauraths Kessler, die Oberleitung des Erweiterungsbaues hatte der Post-Baurath Techow, unter welchem der Regierungs-Baumeister Schröder mit der örtlichen Bauleitung betraut war.

Abb. 76. Ministerium des Innern, Vorderansicht.

VI. Gebäude für die Verwaltungsbehörden des preußsischen Staates.[1]

Obwohl Umfang und Geschäftsbetrieb der Verwaltungsbehörden des preußsischen Staates seit der Vergrößserung des Landes und der Wiederaufrichtung des Deutschen Reiches in außserordentlichem Maßse gestiegen sind, befinden sich die preußsischen Ministerien fast durchweg in Gebäuden, welche ursprünglich zu Privatzwecken dienten und für ihre jetzige Bestimmung erst umgebaut und erweitert werden mußsten. Keine der staatlichen Centralbehörden hat bisher einen eigenen Neubau nach einheitlichem, lediglich ihren Bedürfnissen entsprechenden Bauplane erhalten. Der Grund hierfür liegt einerseits in der Sparsamkeit, mit welcher Preußsen von jeher gezwungen gewesen ist, seine Ausgaben einzuschränken, anderseits in der geschichtlichen Entwicklung des ganzen Staatswesens und seiner Verwaltungs-Einrichtungen, welche gerade in den letzten Jahrzehnten mancherlei durchgreifende Veränderungen und Erweiterungen erfahren haben.

1. Das Staatsministerium, Leipziger Platz 11. Das Königlich Preußsische Staatsministerium, dessen Geschäftsräume sich bis vor kurzem in dem gemeinschaftlich mit dem Cultusministerium benutzten Gebäude Behrenstraße 72 befanden, ist erst im October 1889 nach dem vom Staate erworbenen, ehemaligen Bier'schen Grundstück in der Leipziger

---

[1] Bearbeitet durch Regierungs- und Baurath Küster und Regierungs-Baumeister Claren.

100 VI. Gebäude für die Verwaltungsbehörden des preufsischen Staates.

Strafse, an der Ecke des Leipziger Platzes, übergesiedelt. Das an dieser Stelle im Anfange der fünfziger Jahre von Strack errichtete Gebäude hat für diesen Zweck eine ziemlich weitgehende bauliche Instandsetzung erfahren müssen, zu der noch eine Erweiterung durch ein im Garten errichtetes Gebäude hinzugetreten ist. Aufser den im zweiten Stockwerk und im Untergeschofs gelegenen Dienstwohnungen sind sämtliche übrigen Räume zu Bureauzwecken eingerichtet. Bei der Bauausführung ist indessen nach Möglichkeit eine pietätvolle Erhaltung der Strack'schen Schöpfungen angestrebt worden; vornehmlich haben die reizvollen Decken- und Wandmalereien sorgfältige Behandlung bei der Wiederherstellung erfahren. Der Neubau des Gartenflügels bietet in baulicher Beziehung nichts besonders Bemerkenswerthes dar. Die Ausführungskosten betrugen 163 146 ℳ.

Der Um- bezw. Neubauentwurf rührt von dem Baurath Spitta her, unter dem der Baumeister Stever die Ausführung leitete. — Der Strack'sche Eckbau durfte lange Zeit hindurch als das „schönste Wohnhaus Berlins" gelten und verdankt seinen Ruf neben der vornehmen Gesamtwirkung seiner bis auf die kleinste Einzelheit im Innern und Aeufsern sich erstreckenden künstlerischen Durchbildung in edlen hellenischen Formen. Die Architekturtheile des Aeufsern sind in Sandstein gearbeitet. Die Anordnung des ursprünglichen Grundrisses zeigte mancherlei für die Entwicklung des Berliner Wohnhauses beachtenswerthe Eigenthümlichkeiten.

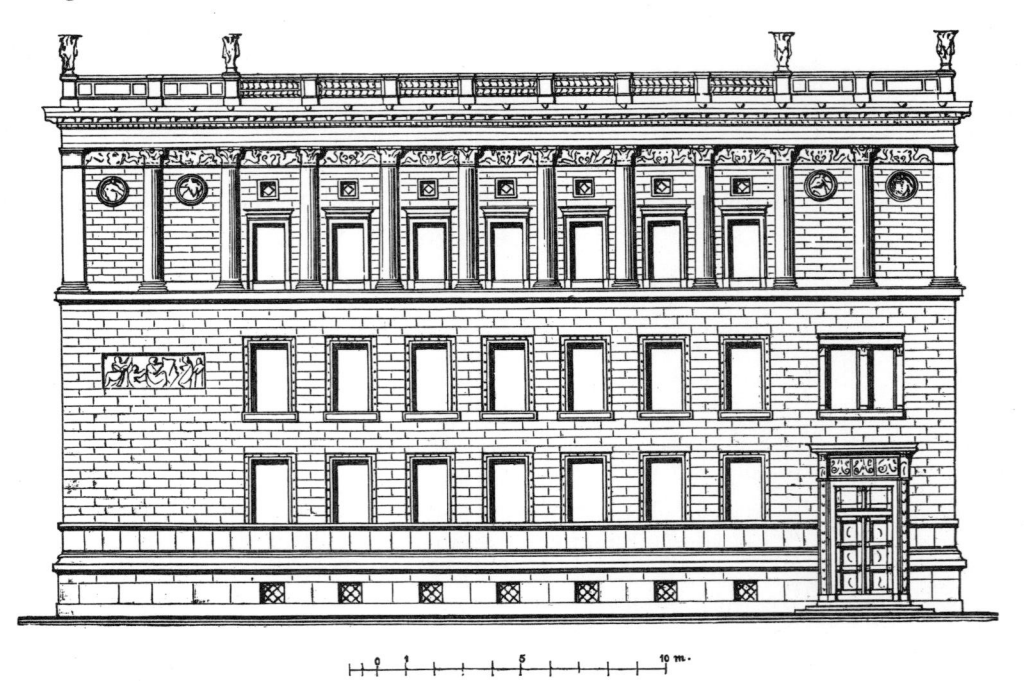

Abb. 77. Das Staatsministerium, Ansicht der Front am Leipziger Platze.

2. Das Ministerium der öffentlichen Arbeiten, Wilhelmstrafse 79/80, Vofsstrafse und Leipziger Strafse 125. Den ältesten Theil der umfangreichen Anlage bildet die Häusergruppe Wilhelmstrafse 79/80, welche 1854—1855 nach Stülers Entwurf durch den Umbau eines früheren Privatgebäudes für die Zwecke des damaligen Ministeriums für Handel, Gewerbe und öffentliche Arbeiten hergerichtet wurde. Die Grundrifsgestaltung konnte damals eine einheitliche Lösung nicht erhalten; dagegen gelang es, der durch ein Mittelrisalit und zwei Seitenbauten gegliederten (im Putzbau ausgeführten) Façade des langen dreigeschossigen Hauses ein leidlich monumentales Gepräge zu geben. Von den Innenräumen ist der in Stuck ausgebildete Festsaal der Ministerwohnung, an dessen Rückseite ein Wintergarten stöfst, beachtenswerth. Die Kosten des Baues, bei dem man ein vollständig neues Stockwerk aufsetzen mufste, betrugen nur 270 000 ℳ.

VI. Gebäude für die Verwaltungsbehörden des preufsischen Staates. 101

In den Jahren 1869—1870 wurde diesem ältesten Theile ein für die Zwecke der Eisenbahnabtheilung bestimmter Neubau hinzugefügt, durch welchen die Strafsenfront nach Süden hin eine wesentliche Verlängerung erfuhr. Der Entwurf zu diesem Gebäude rührte vom Bauinspector Neumann (von Mörner) her, während die Ausführung durch den damaligen Baumeister Emmerich erfolgte. Das mit Architekturtheilen aus gebranntem Thon ausgestattete Aeufsere, von welchem Abb. 78 ein Theilstück wiedergiebt, schliefst sich dem älteren Bau geschickt an. In dem klar disponirten Innern, das lediglich Diensträume enthält, verdient die in Gufseisen mit Marmorbelag versehene, ziemlich reich modellirte Haupttreppe besondere Beachtung. Die Heizung, mit welcher eine Ventilation verbunden ist, erfolgt durch warmes Wasser. Die Baukosten betrugen 300 000 ℳ.

Eine abermalige Vergröfserung trat in den Jahren 1875/76 ein, als an der neu durchgelegten Vofsstrafse ein gröfserer Flügelbau und in Verbindung mit diesem ein Quergebäude im Hofe errichtet wurden. Den Entwurf hierzu stellte der Geh. Ober-Baurath Herrmann auf, welcher für die in Sandstein ausgeführte Façade eine Skizze von R. Lucae zu Grunde legte. Der in den Stockwerkshöhen und der Stilrichtung dem schon vorhandenen angepafste Neubau erhielt eine Verkleidung seiner Strafsenfronten durch schlesischen Sandstein. Die Verblendung der Hofansichten erfolgte mit Laubaner Verblendziegeln. Mit Ausnahme des rechts vom Eingange liegenden Theiles des Erdgeschosses, woselbst sich die Wohnung des Bureaudirectors befindet, enthält dieser Erweiterungsbau nur Diensträume der Eisenbahnabtheilung. — Im zweiten Stockwerk liegt der Sitzungssaal. Bemerkenswerth ist auch hier die von der ehemals rühmlichst bekannten Wilhelmshütte bei Seesen angefertigte Haupttreppe in Gufseisen. Die Malereien in dem Vestibül, dem sechseckigen Treppenhause und dem grofsen Sitzungssaale rühren von den Historienmalern Professor Meurer, Geselschap und dem früh verstorbenen Professor Schaller her. Die Heranziehung derartiger künstlerischen Kräfte wurde allein dadurch ermöglicht, dafs der damalige Minister der öffentlichen Arbeiten den frischen Regungen, die in jenen Jahren auf dem Gebiete der Kunst und des Kunstgewerbes zu Tage traten, in dankenswerther Weise Rechnung trug und für die Ausmalung der genannten Räumlichkeiten einen namhaften Betrag zur Verfügung stellte. Der Bau wurde unter Leitung des Bauinspectors Haeger durch den damaligen Baumeister F. Schulze zur Ausführung gebracht.

Abb. 78. Ministerium der öffentlichen Arbeiten, Theilansicht der Front an der Wilhelmstrafse.

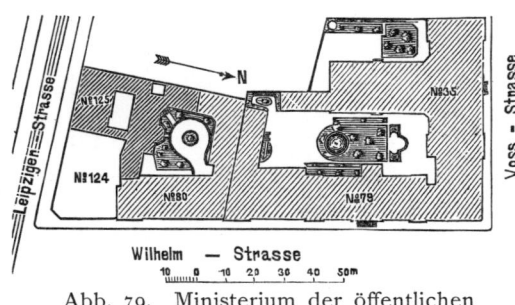

Abb. 79. Ministerium der öffentlichen Arbeiten, Lageplan.

Ungeachtet der genannten Erweiterungen genügten die Diensträume, vornehmlich für die Bauabtheilung des Ministeriums, sehr bald nicht mehr dem Bedürfnisse der stetig wachsenden Dienstgeschäfte. Es wurde deshalb ein an das Hinterland des Hauses Wilhelmstrafse 80 angrenzendes Grundstück Leipziger Strafse 125 hinzu erworben, auf dem sich nunmehr ein erst seit kurzem vollendeter Neubau erhebt (Abb. 80). Das Vorderhaus enthält im Keller-

102   VI. Gebäude für die Verwaltungsbehörden des preufsischen Staates.

geschofs die Wohnungen für Pförtner und Heizer, im Erdgeschofs die Diensträume für die Akademie des Bauwesens und die beiden technischen Prüfungsämter nebst den zugehörigen Registraturen. In dem ersten Stockwerk befinden sich die Ministerialbibliothek, im zweiten

Abb. 80. Ministerium der öffentlichen Arbeiten, Front an der Leipziger Strafse.

Stockwerk die Berathungssäle sowie einige Dienstzimmer für vortragende Räthe, im dritten Stockwerk die Prüfungszimmer und im vierten Stockwerk Räume für das sehr ausgedehnte technische Bureau der Bauabtheilung des Ministeriums. — Der anstofsende neue Querflügel enthält im Keller Platz für die Centralheizung und im Erdgeschofs Registraturräume, während das erste Stockwerk der Bauabtheilung und der Akademie des Bauwesens zugewiesen ist;

dort liegt auch der für die technischen Prüfungsämter bestimmte Sitzungssaal nebst Vorzimmer. — Im zweiten Stockwerk ferner finden sich der Clausursaal mit einem Dienstzimmer, im dritten Stockwerk Sammlungsräume und im vierten Stockwerk endlich einige Zimmer für Hülfsarbeiter des technischen Bureaus der Bauabtheilung vor. Die Anschlagskosten des im Mai 1892 begonnenen, durchweg massiv in einfacher, dabei aber soweit als nur irgend möglich feuersicherer Weise ausgeführten Erweiterungsbaues waren festgesetzt auf 475 000 ℳ. für die eigentliche Bauausführung, 12 500 ℳ. für die Anschluss- und Instandsetzungsarbeiten und 42 500 ℳ. für die Einrichtungs-Gegenstände, sodass somit im ganzen 530 000 ℳ. zur Verfügung standen.

Die Leitung des erst im Sommer 1894 der Benutzung übergebenen Gebäudes an der Leipziger Strafse lag in den Händen des Bauraths P. Kieschke, dem nach einander die Königlichen Regierungs-Baumeister Weifs und Kepler beigegeben waren.

3. Das Ministerium der geistlichen, Unterrichts- und Medicinal-Angelegenheiten,

Unter den Linden 4. Das frühere, um die Mitte des vorigen Jahrhunderts entstandene Gebäude des Cultusministeriums, Unter den Linden 4, gehörte vormals dem Könige von Hannover und war von diesem durch den preufsischen Staat im Jahre 1849 um den Preis von 100 000 Thalern erworben worden. Nachdem sich die Räume daselbst trotz Erweiterung durch die Neuanlage eines dem Vorderhause parallelen Quergebäudes sowie eines Seitenflügels als nicht mehr ausreichend erwiesen hatten, gelangte 1874 das Nachbargrundstück Nr. 71 an der Behrenstrafse zum Ankauf. Allein auch die Verwendung des dortigen vierstöckigen Vorderhauses nebst Seitenflügels genügte sehr bald den Bedürfnissen nicht mehr, und da ein Umbau bezw. die Erhöhung des wegen seiner Raumvertheilung für den Geschäftsbetrieb wenig geeigneten, übrigens auch nur zwei Stockwerke aufweisenden Hauptgebäudes nicht empfehlenswerth erschien, so wurde der heute vorhandene Neubau beschlossen, der das ganze Grundstück Unter den Linden 4 umfafst und bis an den Seitenflügel des Hauses Behrenstrafse 71 hinreicht (Abb. 82 u. 83).

Am 22. Juli 1879 begann man mit dem Abbruch des alten Vorderhauses, von dessen werthvoller inneren Ausstattung zahlreiche Gegenstände, wie Kamine, Spiegel usw. dadurch erhalten blieben, dafs sie theils in dem neuen Hause Wiederverwendung fanden, theils in das Kunstgewerbemuseum wanderten. Die Baugruppe des Neubaues, der am 7. März 1883 in allen Theilen bezogen werden konnte, besteht aus einem 46 m langen und 25 m tiefen Vordergebäude mit drei Hauptstockwerken, zwei sich anschliefsenden Seitenflügeln und zwei Quergebäuden, von denen das hintere über den in sein unteres Geschofs verwiesenen Ställen und Remisen noch vier Stockwerke enthält. Die einzelnen Gebäudetheile gruppiren sich um zwei Höfe. Der vordere, welcher 25 m in der Länge und Breite mifst, ist durch gärtnerische Anlagen und mit einem Wasserbassin nebst Springbrunnen geschmückt; der hintere, 8 m zu 20 m grofse Hof dient als Vorplatz zu den Pferdeställen und Remisen. — Die allgemeine Anlage entspricht der doppelten Bestimmung des Bau-

Abb. 81. Ministerium der geistlichen usw. Angelegenheiten, Theilansicht der Front.

werks, welches einerseits die Ministerwohnung, anderseits die Bureauräume und Sitzungszimmer des Ministeriums enthält. — Die Wohnung und die in unmittelbarem Anschluſs daran befindlichen Arbeitszimmer des Ministers nehmen das erste und die Hälfte des zweiten Stockwerks vom Vorderhause ein. Die sich alsdann noch auf sämtliche Geschosse des linken Seitenflügels erstreckende Wohnung ist mit eigenen Treppen, Corridoren usw. derartig versehen, daſs sie gegen die Bureauräume vollständig abgeschlossen liegt; für letztere sind die gesamten übrigen Gebäudetheile verfügbar gemacht.

Das Erdgeschoſs hat 5,50 m, das erste Stockwerk im Vorderhause und rechten Seitenflügel 6 m, im linken Seitenflügel 7,30 m und im zweiten Quergebäude 5 m Höhe; das zweite Stockwerk weist Höhenmaſse von 5 m, 4,50 m, 3,30 m auf. Die Breite der Corridore beläuft sich im Mittel auf 2,25 m.

Die in groſsen Verhältnissen entworfene Façade an der Straſse Unter den Linden ist in den strengen Formen der älteren Berliner Schule durchgebildet. Sie zeigt unterhalb des Hauptgesimses einen von Eberlein modellirten, die ganze Länge der Hausfront einnehmenden Fries, die verschiedenen Zweige der Wissenschaften und Künste darstellend, deren Pflege dem Ministerium obliegt. Das prächtige Bildwerk ist in Baumberger Kalksandstein (von Offermann & Savels in München) ausgeführt. Im übrigen besteht der Aufbau aus Nesselberger Sandstein (Hannover), der Sockel des Gebäudes aus schlesischem Granit. Die Gesamtkosten erreichten die Summe von 1 602 000 ℳ, d. i. für das Quadratmeter bebauter Grundfläche 658,20 ℳ und für das Cubikmeter des umbauten Raumes 35,20 ℳ. — Der Bauplan rührt von dem Baurath und Professor B. Kühn her; die Ausführung war dem damaligen Regierungs-Baumeister Bürckner übertragen.

Der immer weiter wachsende Umfang der Dienstgeschäfte des Ministeriums hat schlieſslich noch zu einem Ausbau des Gebäudes Behrenstraſse 72 in der Zeit vom October 1889 bis März 1891 geführt. Man beseitigte dort das Zwischengeschoſs in den beiden Seitenflügeln, führte das Erdgeschoſs in gleicher Höhenlage mit den übrigen Gebäudetheilen durch und suchte vornehmlich dadurch eine gröſsere Ausnutzungsfähigkeit zu erzielen, daſs bequeme Verbindungen mit den übrigen Gebäudetheilen hergestellt und auſserdem die straſsenseitigen Abschnitte noch mit einem neu aufgesetzten Stockwerk versehen wurden.

Die Gesamtkosten für die letztbezeichneten Ausführungen, welche unter Leitung des Bauraths Haesecke durch den Königlichen Regierungs-Baumeister Röding erfolgten, betrugen 141 700 ℳ.

4. Das Ministerium des Innern, Unter den Linden 72 und 73, verdankt seine heutige Gestalt dem in den Jahren 1873—1876 vorgenommenen vollständigen Umbau der alten Anlage, von welcher nur ein Theil der Mauern Wiederbenutzung gefunden hat. Die ursprüngliche Raumdisposition ist gänzlich geändert, ebenso die Façade neu hergestellt worden. Diese (Abb. 76), in echtem Material (in Seeberger und Oberkirchener Sandstein) ausgeführt, ist beachtenswerth wegen der mit Glück verfolgten Anlehnung an die klassischen Architekturformen der Schinkel'schen Zeit. Das Innere des Gebäudes gruppirt sich um einen Mittelhof von ansehnlichen Abmessungen. Sämtliche Räume haben — mit Ausnahme des verhältniſsmäſsig nur selten zur Benutzung kommenden, mit Luftheizung versehen Festsaales innerhalb der Ministerwohnung — Warmwasserheizung in Verbindung mit Ventilation. Die Dächer sind mit Holzcement eingedeckt, welches hier wohl zum erstenmale bei einem Monumentalbau Anwendung gefunden haben dürfte. Den Entwurf zu dem Umbau fertigte der damalige Bauinspector J. Emmerich, unter dessen Oberleitung der Baumeister Spitta die Ausführung leitete. Die Baukosten beliefen sich auf rd. 1 500 000 ℳ; die Sandsteinverblendung der Front stellte sich auf etwa 78 ℳ für das Quadratmeter.

5. Das Ministerium für Landwirthschaft, Domänen und Forsten am Leipziger Platze 6—10. Für das landwirthschaftliche Ministerium, welches ursprünglich in dem Hause Schützenstraſse 26 untergebracht war, wurden im Jahre 1875 die beiden Häuser Leipziger Platz 9 und 10 aus Privathänden angekauft. Die Uebersiedelung in die dortigen Räume fand im Jahre 1876 statt, nachdem die Häuser durch Umbau und Einrich-

VI. Gebäude für die Verwaltungsbehörden des preufsischen Staates. 105

tung den neuen Zwecken angepafst worden waren. Als im Jahre 1879 die von dem Finanzministerium abgezweigten Abtheilungen für Domänen und Forsten dem landwirthschaftlichen Ministerium hinzugefügt wurden, ergab sich eine Vermehrung der Diensträume als erforderlich, weshalb der Ankauf des Hauses Leipziger Platz 7 u. 8 erfolgte. Im Jahre 1891 mufste schliefslich noch das Nachbargrundstück Leipziger Platz 6 dazu erworben werden. Zur

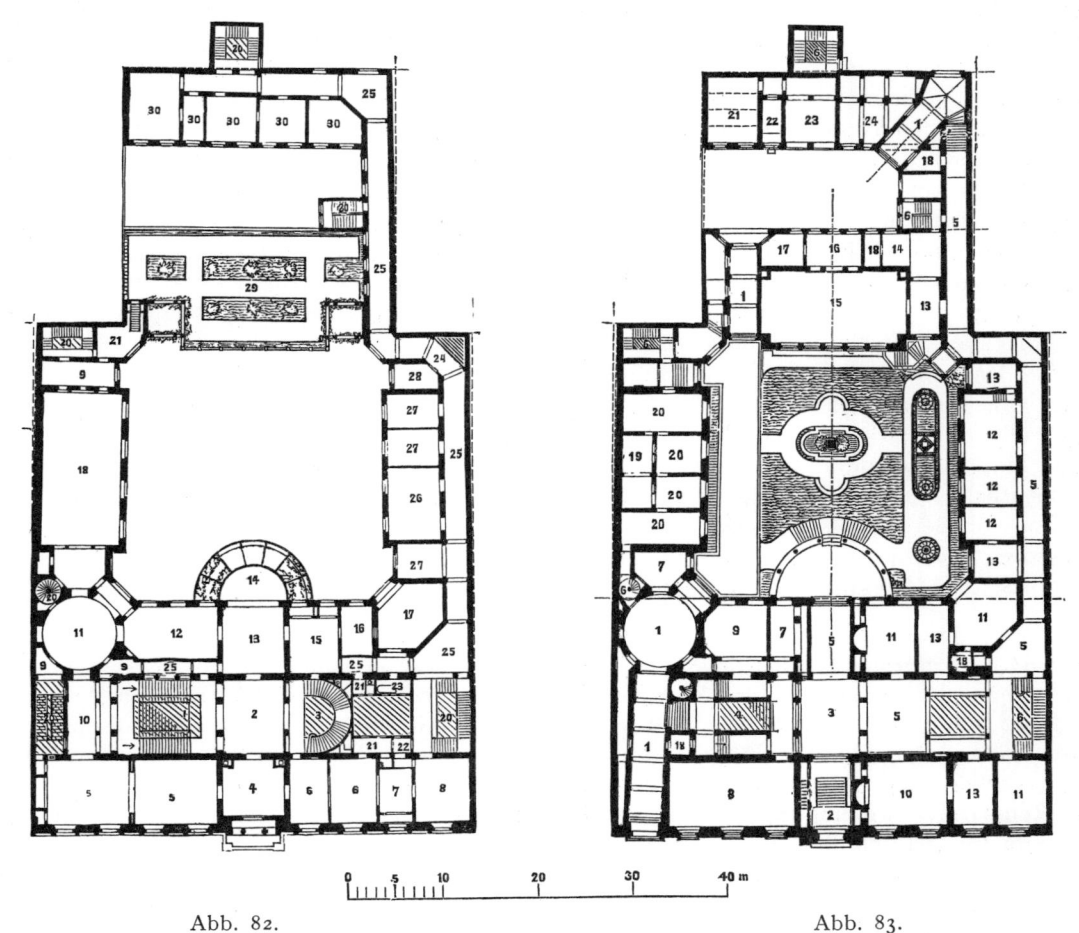

Abb. 82.
Cultusministerium, Grundrifs des I. Stocks.

1. Haupttreppe. 2. Vestibül. 3. Treppe zum II. Stock. 4. Empfangszimmer. 5. Wohnzimmer. 6. Arbeits- und Sprechzimmer. 7. Bibliothekzimmer. 8. Wartezimmer. 9. Aufzüge. 10. Verbindungsgalerie. 11. Speisezimmer. 12. Salon. 13. Balconzimmer. 14. Wintergarten. 15. Zimmer der Frau Minister. 16. Boudoir. 17. Kinderzimmer. 18. Festsaal. 19. Rauchzimmer. 20. Diensttreppen. 21. Toiletten. 22. Diener. 23. Badezimmer. 24. Lichtschacht. 25. Gänge. 26. Sitzungszimmer. 27. Zimmer für vortragende Räthe. 28. Botenzimmer. 29. Sommergarten. 30. Technische Abtheilung.

Abb. 83.
Grundrifs des Erdgeschosses.

1. Durchfahrten. 2. Haupteingang. 3. Hauptflur. 4. Haupttreppe. 5. Flure und Corridore. 6. Diensttreppen. 7. Portierzimmer. 8. Saal für Vereine. 9. Saal für Modelle. 10. Zimmer des Unterstaatssecretärs. 11. Zimmer der Ministerialdirectoren. 12. Centralbureau. 13. Vorzimmer. 14. Garderoben. 15. Sitzungssaal. 16. Bibliothek. 17. Lesezimmer. 18. Closets. 19. Trockenkammer. 20. Wasch- und Plätträume. 21. Pferdestall. 22. Geschirrkammer. 23. Wagenremise. 24. Futterraum.

Zeit befinden sich die Hauptwohnräume der Dienstwohnung des Ministers in den zusammengefafsten ersten Stockwerken von Leipziger Platz 8 und 9; in den Kellern sämtlicher Häuser sind die Wohnungen des Portiers, des Castellans und einzelner Hausdiener untergebracht; letztere zum Theil auch in den vierten Stockwerken der Seitenflügel. Die Diensträume der Beamten vertheilen sich auf alle vier Häuser, ohne nach Abtheilungen besonders getrennt zu sein.

Die Einrichtung der vier verschiedenen Häuser zur Unterbringung des Ministeriums bietet infolge der ungleichartigen Stockwerkshöhen, des Mangels an guten Corridorverbindungen, sowie der Unzulänglichkeit der Diensträume, auch in Bezug auf Anzahl, dauernd Veranlassung zu Klagen. Um endgültige Abhülfe zu schaffen, ist auch bereits ein Neubau geplant, dessen Entwurf jedoch noch keine endgültige Gestalt gefunden hat.

6. Das Handelsministerium, Leipziger Strafse 2.

Als im Jahre 1879 von dem Ministerium für Handel, Gewerbe und öffentliche Arbeiten die Abzweigung der Abtheilung für Handel und Gewerbe stattfand, um aus dieser ein eigenes Ministerium unter dem Reichskanzler Fürsten Bismarck zu bilden, mufste man die erforderlichen Diensträume zunächst miethsweise im Hause des Reichsjustizfiskus in der Vofsstrafse beschaffen. Erst im Jahre 1887 gelang es, das Grundstück Leipziger Strafse 2 zu erwerben und das auf demselben befindliche Wohngebäude zu Diensträumen für das Handelsministerium herzurichten. Da das Erdgeschofs dieses Hauses, namentlich nach der Strafse zu, für Arbeitszimmer des Ministeriums schon mit Rücksicht auf den dortigen überaus starken und geräuschvollen Strafsenverkehr nicht geeignet war, bot sich Gelegenheit, der dem Handelsministerium unmittelbar unterstellten Königlichen Porzellanmanufactur in den Räumen des Erdgeschosses sowie in den ausgedehnten Kellereien des Vorderhauses ein Verkaufslocal in bevorzugter Stadtgegend anzulegen. Dieses hat daselbst eine in ihrer Art mustergültige, höchst geschmackvolle Einrichtung erhalten.

Das Grundstück Leipziger Strafse 2 zeigt bei einer Strafsenfront von 33,10 m eine Tiefe von 243 m und bedeckt einen Flächeninhalt von rd. 81 a. Im ersten Stockwerk liegen die Arbeitszimmer des Ministers sowie diejenigen der vortragenden Räthe von der Abtheilung für Handel und Gewerbe. Das zweite und dritte Stockwerk enthalten den Sitzungssaal, Zimmer für Calculatur und Canzlei sowie die entsprechenden Räume der Abtheilung für Berg- und Hüttenwesen. Die Kosten für den Um-, Auf- und Neubau haben zusammen etwa 417 000 ℳ betragen, d. i. rd. 453 ℳ für das Quadratmeter Baufläche und 20 ℳ für das Cubikmeter umbauten Raumes.

7. Das Kriegsministerium,[1]) Leipziger Strafse 5—7 und Wilhelmstrafse 81—85.

Das an der Leipziger Strafse liegende Hauptgebäude war ehemals das Palais des Ministers von Happe, der es bei der Vergröfserung der Friedrichstadt unter König Friedrich Wilhelm I. im Jahre 1737, auf geschenkter Baustelle und unter Gewährung freien Baumaterials, aufführen liefs. Aus seinen Händen ging das Haus, zu welchem einer der schönsten in Berlin vorhandenen Gärten gehört, für den Kaufpreis von 61 500 ℳ in den Besitz der Gräflich Reufs'schen Familie über, von der es der Staat gegen das Ende des vorigen Jahrhunderts für den Preis von 240 000 ℳ erwarb.

Seine gegenwärtige Gestalt erhielt das etwa 90 m lange Gebäude durch einen umfassenden Erweiterungs- und Umbau, der nach langen Vorbereitungen in den Jahren 1845 bis 1846 durch den Bauinspector Drewitz zur Ausführung kam und etwas über 300 000 ℳ Kosten erforderte. Der Entwurf ist unter der eingehenden Betheiligung Stülers aufgestellt, der auch die Oberleitung des Baues führte. An Stelle des alten, schwerfälligen Mansardendaches wurde ein zweites Stockwerk aufgesetzt, das wie der erste Stock den Geschäftszwecken dient, während im Erdgeschofs die weitläufige Wohnung des Ministers sich befindet.

Die Façade, welche durch das Zurücktreten der oberen Stockwerke von den Nachbargrenzen zur vollen monumentalen Wirkung kommt, wurde ganz neu hergestellt. Die beiden Untergeschosse sind einfach gequadert; ihren Hauptschmuck in der Front bilden die beiden Einfahrtsthore mit den von Granzow modellirten und von March in Charlottenburg ausgeführten, naturalistisch behandelten Soldatenfiguren, sowie die zur Ausfüllung der Ecken verwendeten Loggien. Ueber einem aus Helmen und Laubwerk zusammengesetzten wirkungsvollen Friese und dem kräftigen Gurtgesims folgt das obere Stockwerk, das mit einer Pilasterstellung korinthischer Ordnung gegliedert und durch Rundbogenfenster durchbrochen ist. Zwingende Gründe der inneren Eintheilung haben es veranlafst, dafs die

---

[1]) Aus der ersten Auflage von Berlin und seine Bauten und nach Angaben des Garnison-Bauinspectors Vetter.

Achsen dieser Fenster gegen die des Unterbaues verschoben sind, doch ist diese Unregelmäfsigkeit so glücklich vermittelt, dafs sie kaum störend auffällt. Den krönenden Abschlufs bilden ein Consolengebälk mit einer Attika und einigen Trophäenaufsätzen. Der Fries des Hauptgesimses wurde in Sgraffitomalerei, einer damals in Berlin noch unversuchten Technik, geschmückt.

Von den Gebäuden an der Wilhelmstrafse, welche durch ein Privathaus von demjenigen in der Leipziger Strafse getrennt werden, ist das Gebäude Wilhelmstrafse 81 in den Jahren 1865—1867 nach dem Entwurf des Geheimen Ober-Bauraths Fleischinger und des Bauinspectors Voigtel ausgebaut, bei diesem Anlafs auch um ein zweites Stockwerk erhöht worden. Seine Façaden zeigen in ihren Kunstgedanken gewisse Verwandtschaft mit dem älteren Bau, nur sind sie derber und einfacher, im Sinne florentinischer Palastbauten behandelt.

In den Jahren 1888—1890 wurde das Grundstück Wilhelmstrafse 82—85 angekauft und hier zum Zweck der Erweiterung des Kriegsministeriums ein umfangreicher Neubau nach einem vom Baurath la Pierre herrührenden Entwurfe durch den Garnison-Bauinspector Vetter errichtet. Er besteht aus einem Vorderhause, drei Flügelbauten und einem Quergebäude um zwei grofse Höfe gruppirt. Das ausgedehnte Gebäude enthält aufser einigen Dienstwohnungen im unteren und oberen Erdgeschofs in seinen fünf Stockwerken das Archiv, die Bibliothek, einen Sitzungssaal und Bureauräume. — Auch hier lehnt sich die Vorderfaçade in ihrer architektonischen Ausbildung an die übrigen Gebäude an und ist wie diese in Putz hergestellt. Die Ausführungskosten haben 679 769 ℳ. (17,20 ℳ. für das Cubikmeter) betragen. Das wachsende Raumbedürfnifs hat kürzlich noch den Erwerb des Nachbargrundstücks Wilhelmstrafse 86 nothwendig gemacht.

Der schon erwähnte Park des Kriegsministeriums ist mit alten, prächtigen Bäumen bewachsen. Ein Theil des Parks ist aber infolge der vor sechs Jahren mit Rücksicht auf Verkehrsinteressen erfolgten Durchlegung der Prinz-Albrecht-Strafse verloren gegangen.

Abb. 84. Kriegsministerium, Theilansicht der Front an der Leipziger Strafse.

8. Das Marineministerium, Leipziger Platz 12. Das ansehnliche, viergeschossige Gebäude trägt in seiner architektonischen Ausstattung mit einer Karyatidenvorhalle noch ganz den Privathaus-Charakter. Für den Staatssecretär des Reichsmarineamts mufste anderweitig miethsweise eine angemessene Dienstwohnung beschafft werden.

9. Das Justizministerium, Wilhelmstrafse 65, nimmt das ehemalige Palais des Prinzen August von Preufsen ein. Von der früheren Einrichtung des Innern sind noch zwei durch eine Glaswand geschiedene, mit farbigem Stuckmarmor, Spiegelwänden und Vergoldung reich ausgestattete Säle enthalten, deren Decoration im Jahre 1816 durch Schinkel entworfen ist. Das in ansehnlichen Verhältnissen gestaltete Aeufsere wurde bei Gelegenheit eines von 1867 bis 1868 mit einem Kostenaufwande von 300 000 ℳ. ausgeführten Erweiterungsbaues völlig umgestaltet und zeigt jetzt die Formen der neueren Berliner Renaissance; das zweite, neu aufgesetzte Stockwerk ist durch eine korinthische Pilasterstellung gegliedert. Den Eingang bezeichnet ein Portal mit zwei ionischen Säulen. Einzelne Architekturglieder sind in Sandstein und gebranntem Thon hergestellt; im übrigen ist der frühere Putzbau beibehalten worden.

10. Das Finanzministerium nimmt mit seinen Gebäuden einen unregelmäfsigen Bauplatz zwischen dem Kastanienwäldchen bezw. der Strafse Am Festungsgraben und der Dorotheenstrafse ein. Das Hauptgebäude, Am Festungsgraben 1, ein früheres Hôtel, hat seine gegenwärtige Gestalt und Einrichtung durch einen Umbau erhalten, der im Jahre 1861 durch den Baurath Bürde und den Baumeister von der Hude bewirkt wurde. Es ist ein im Putzbau hergestelltes zweigeschossiges Gebäude in den Formen der hellenischen Renaissance, mit einer dorischen Säulenportikus. Das Innere enthält in der Ministerwohnung einen stattlichen, wenn auch in etwas schweren Verhältnissen durchgebildeten Festsaal.

Die Nebengebäude, in welchen die Geschäftsräume des Ministeriums und der General-Staatskasse liegen, sind in den Jahren 1869 bis 1870 nach dem Entwurfe und unter der Leitung des Bauinspectors W. Neumann sowie der Baumeister Rupprecht und Lindemann erbaut worden. In dem Innern, dessen Räume durch eine Warmwasserheizung erwärmt werden, sind die Gewölbeconstructionen der Kassenlocale, namentlich des Hauptlocals der General-Staatskasse bemerkenswerth. Architektonische Bedeutung hat die im Backsteinrohbau (von dunkelrothen Laubaner Steinen mit Terracotten von March) hergestellte Façade des Gebäudes an der Dorotheenstrafse, nicht allein wegen der wohl abgewogenen Verhältnisse in den Formen oberitalienischer Renaissance, sondern auch wegen der gesunden Technik des Ziegelbaues (Durchgehen der horizontalen Fugen, Vermeiden gröfserer Terracotten usw.), die in diesem Werke angestrebt ist. Die Kosten des letzten Erweiterungsbaues haben 360000 ℳ. betragen.

11. Das Dienstgebäude für die Verwaltung der directen Steuern wurde im Jahre 1879—1883 nach Entwürfen des Geheimen Ober-Bauraths Giersberg und der damaligen Bauinspectoren Weber und Hellwig vom Regierungs-Baumeister Thür ausgeführt. Der beschränkte, unregelmäfsige Bauplatz im Dreieck zwischen der Strafse Am Giefshause und Kupfergraben sowie dem Grundstücke des Finanzministeriums machte einen Hochbau von vier Stockwerken und eine Anlage von zwei Zimmerreihen an einem Mittelcorridor erforderlich. Der Haupteingang liegt an der Strafse Am Giefshause, ein zweiter mit einer Durchfahrt verbundener Zugang an der Dorotheenstrafse. Beide führen zu massiven Treppenanlagen. — Das Erdgeschofs enthält die Steuerkasse und Buchhalterei, daneben Räume für Kassenbeamte und die Direction, das erste Stock die Gewerbesteuer-Verwaltung nebst Decernentenzimmer und zwei Sitzungszimmern für die Einschätzungs-Commission; der zweite Stock die Räume für die Verwaltung der Einkommensteuer, während im dritten Stock die Verwaltung der Klassensteuer, der Grund- und Gebäudesteuer, das Catasteramt sowie ein gröfserer Ausschufs-Sitzungssaal liegen (Abb. 86).

Die Strafsenseiten zeigen Sandsteinbekleidung, die Höfe Ziegelverblendung. Sämtliche Räume mit Ausnahme der Corridore und Keller wurden in Gipsgufs auf Lehrschalungen

Abb. 85. Finanzministerium.

VI. Gebäude für die Verwaltungsbehörden des preufsischen Staates.

zwischen eisernen Trägern gewölbt. — Zur Beheizung dient eine Warmwasserheizung mit Koksschüttkessel. Die Baukosten betrugen 600 000 ℳ. d. i. bei einer Grundfläche von 1148,50 qm rd. 520 für das Quadratmeter oder 23 ℳ. für das Cubikmeter Raum.

12. **Die Seehandlung**, Jägerstrafse 21, an der Ecke der Markgrafenstrafse, wurde zu Ende der dreifsiger Jahre des vorigen Jahrhunderts auf Geheifs Friedrich Wilhelms I. als „Königliches Domestiquen-Haus" erbaut, jedoch 1740 vom Könige an den Geh. Kriegsrath Eckart geschenkt; nachdem dieser in Ungnade gefallen war, kam das Haus an den Staatsminister v. Boden, 1777 wurde der Bau der 1772 von Friedrich II. gestifteten Seehandlungs-Compagnie überwiesen.

Mannigfache Umbauten, zuletzt im Jahre 1889, haben das Innere seiner Bestimmung angepafst, das Aeufsere jedoch — ein bezeichnendes Beispiel des Spätbarockstils in Berlin und als solches dem Kgl. Hausministerium sowie dem sogen. Prinzessinnen-Palais verwandt — im wesentlichen im alten Zustande belassen. Das Gebäude ist ein Putzbau. Die Hauptfront an der Jägerstrafse enthält in dem ein wenig vorgezogenen Mittelrisalit den Haupteingang, darüber einen auf Consolen ausgekragten Balcon, im ersten Stock ein Bogenfenster mit volutenförmig aufgerollter Verdachung, als Abschlufs einen Flachbogen-Giebel mit Wappen-Kartusche. Die Rücklagen sowie die Seitenfront an der Markgrafenstrafse, welche die Durchfahrt in den Hof enthält, sind einfacher behandelt. Das hohe Mansardendach ist mit Ziegeln gedeckt.

Von den sonstigen Gebäuden der Finanz-Verwaltung sind noch zu nennen: Das Gebäude der General-Wittwenkasse, Taubenstrafse 29, ein unter Schinkels Einflusse, wenn nicht von ihm selbst, entworfener einfacher Backsteinrohbau mit einer steinernen Wendeltreppe im Innern — endlich das Gebäude des Leihamtes, Jägerstrafse 64 und das stattliche Gebäude Oranienstrafse 92—94, mit der Hauptverwaltung der Staatsschulden und der Controle der Staatspapiere.

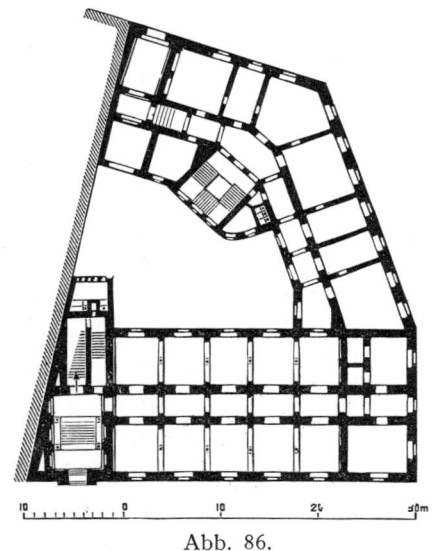

Abb. 86.
Verwaltung der directen Steuern, Grundrifs des Erdgeschosses.

13. **Die Provinzial-Steuerdirection** und das **Hauptsteueramt für ausländische Gegenstände** liegen in unmittelbarer Verbindung mit den Bauanlagen des neuen Packhofs an der Moltkebrücke und sind in den Jahren 1883—1886 nach Skizzen und unter künstlerischer Leitung des Professors F. Wolff unter Aufsicht der Ministerial-Baucommission ausgeführt.[1]

Die Grundrifsanordnung des Provinzial-Steuerdirections-Gebäudes als abgestumpfter Eckbau wurde bedingt durch seine Lage im Winkel zwischen der Zufahrt zum Packhofe und der Strafse Alt-Moabit. Der Haupteingang und die Haupttreppe liegen demzufolge an der Ecke. Zu beiden Seiten schliefsen schmale Flügelbauten von 6 bezw. 7 Achsen und am Ende dieser dreiachsige Risalite an. — Da die Strafse Alt-Moabit stark ansteigt, wurde der nördliche Flügel um ein rd. 8 m breites, als Vorgarten benutztes Stück vom Strafsendamm zurückgerückt.

Die Raumanordnung ist aus dem Grundrisse Abb. 87 ersichtlich: Das 4,40 m hohe Erdgeschofs enthält die Diensträume für die Erbschafts-Steuerämter, das erste 4,70 m hohe Stockwerk im Nordflügel die Diensträume der Provinzial-Steuerdirection, Sitzungssaal und Registratur, aufserdem die Wohnung des Provinzial-Steuerdirectors mit einem 90 qm grofsen Festsaal über dem Eingang. — Den zweiten Stock von 4,30 m Höhe nehmen fast aus-

---

[1] Die Neue Packhof-Anlage in Berlin von Fr. Wolff und Herm. Keller. Berlin 1888. Ernst & Korn.

VI. Gebäude für die Verwaltungsbehörden des preufsischen Staates.

schliefslich Calculatur und Canzlei ein; im Keller (3,40 m hoch) liegen Dienstwohnungen für Unterbeamte sowie die Sammelheizungs-Anlage. Für die Erwärmung sind zwei Heizstellen mit Warmwasserheizung (für die Arbeitsräume) sowie drei Kammern für Luftheizung (für die Flure) vorgesehen. Die Wohnräume haben Kachelöfen.

Im Innern sind mit Rücksicht auf Feuersicherheit Holzconstructionen möglichst vermieden; die Corridore haben Kreuzgewölbe; die Zimmer sämtlich Gipsgufsdecken mit

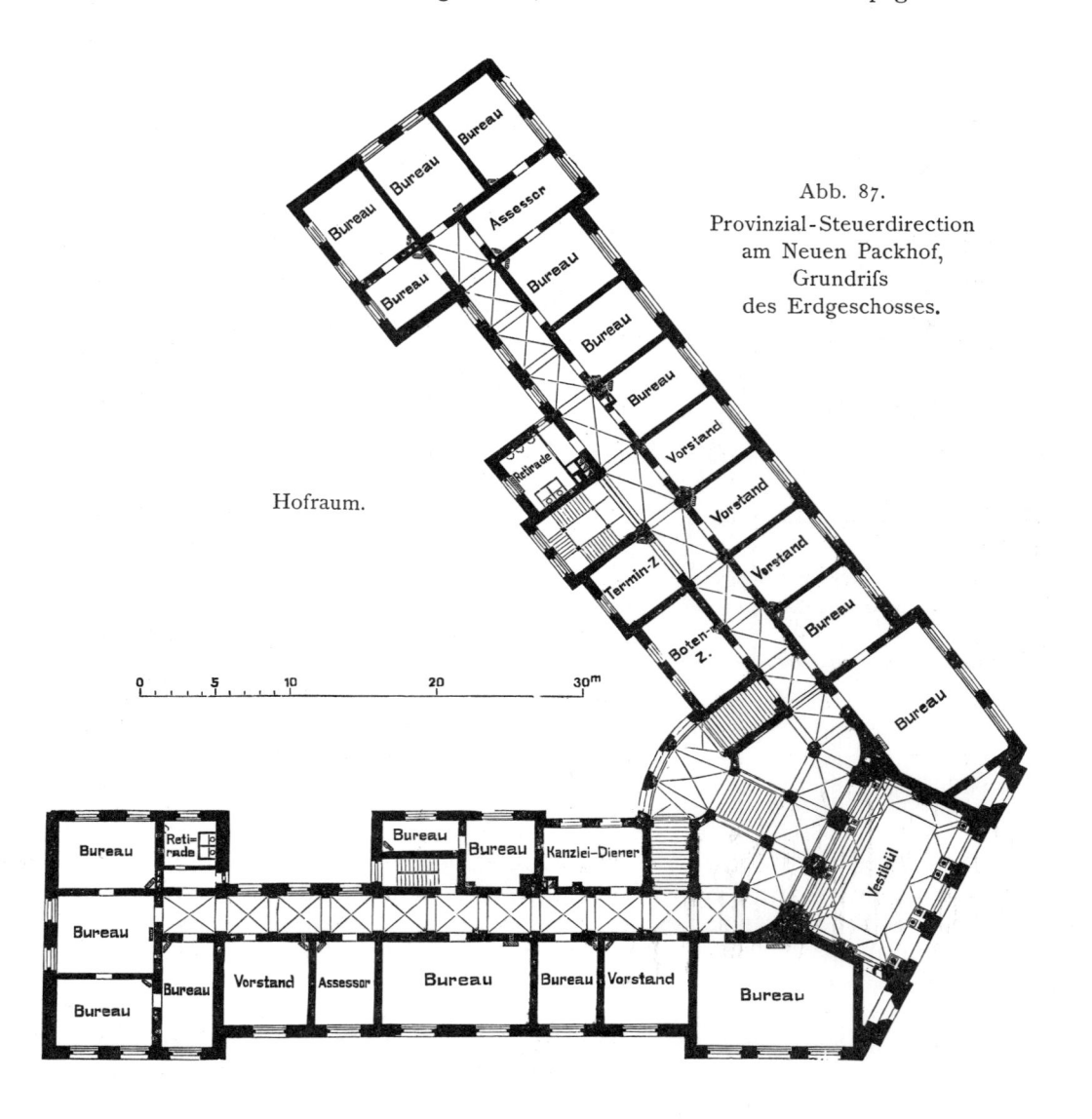

Abb. 87.
Provinzial-Steuerdirection am Neuen Packhof, Grundrifs des Erdgeschosses.

Flachreliefmustern zwischen eisernen Trägern. — Die Architektur zeigt die Formen italienischer Renaissance in einfacher Fassung. Das durchweg in gebofstem Postaer Sandstein verblendete Erdgeschofs hat Bogenfenster, das erste Stock von Pilastern eingefafste und durch Mittelsäulen getheilte Fenster mit Gebälk und Giebelverdachung, das zweite Stockwerk gleichfalls zweigetheilte Oeffnungen mit gerader Verdachung, sämtlich aus hellgrauem Postelwitzer Sandstein. Die Flächen sind in rothen Laubaner Backsteinen verblendet. Die abgeschrägte Front enthält an den Ecken im ersten Stock je eine Halbbogen-Nische, in der Mitte drei Rundbogenfenster von Säulen eingerahmt (Abb. 88).

Die Baukosten betrugen 739 360 ℳ. d. i. 390,90 ℳ. für das Quadratmeter und 20,30 ℳ. für das Cubikmeter umbauten Raumes.

VI. Gebäude für die Verwaltungsbehörden des preufsischen Staates. 111

Das Hauptsteueramt für ausländische Gegenstände enthält die Geschäftsräume für die Verwaltung des Packhofs und liegt mit seiner westlichen Schmalseite und Nebeneingang in unmittelbarer Berührung damit, mit der südlichen Hauptfront der Hauptzufahrt-Strafse zugewendet. Der Eingang befindet sich in der Mittelachse der Südfront und führt geradenwegs auf die Haupttreppe, rechts und links zu den in der Querachse angeordneten, 3,50 m breiten Mittelcorridoren. — In der nördlichen Längshälfte des 5,47 m hohen Erdgeschosses befinden sich zwei Säle für Kassen, Buchhalterei und Begleitschein-Abfertigung, in der südlichen drei Zimmer für Registratur und Canzlei nebst Wartezimmer für das Publicum. — Das westliche Eckrisalit enthält nach der Strafse zu zwei Zimmer für den Dirigenten

Abb. 88. Ansicht der Provinzial-Steuerdirection.

und Packhof-Vorsteher, nach dem Hofe zu Bureau und Tresor des Rendanten, das östliche Risalit gleichfalls Beamtenräume. — Der 4,70 m hohe erste Stock umfafst Diensträume, in der östlichen Hälfte die Wohnung des Hauptsteueramts-Dirigenten. Ueber dieser liegt im zweiten Stock die Wohnung des Vorstehers. Auf gleicher Höhe befinden sich ferner zwei kleine Dienstwohnungen für Steueraufseher, sowie Archiv und Actenräume. — Sämtliche Diensträume werden mit Warmwasser, die Flure mit Luftheizung von einer Feuerstelle aus beheizt. — Die Haupttreppe ist aus Eisen mit Trittstufen aus Schiefer hergestellt. Die Construction sowie die Architektur des Aeufsern sind denen im Provinzial-Steuergebäude eng verwandt.

Die Baukosten betrugen 426 853 ℳ d. i. 421 ℳ auf das Quadratmeter Grundfläche und 20,80 ℳ für das Cubikmeter.

Unter den eigentlichen Packhofsbaulichkeiten sei auch an dieser Stelle auf das mächtige Niederlagsgebäude, welches mit Glück mittelalterliche Baumotive für eine moderne Aufgabe verwendet, als auf eine architektonisch bedeutende Anlage hingewiesen.

VI. Gebäude für die Verwaltungsbehörden des preufsischen Staates.

14. Das Consistorium der Provinz Brandenburg und das **Provinzial-Schulcollegium** sind seit 1880 in dem palastartigen Bau Schützenstrafse 26, an der Ecke der Jerusalemer Strafse, untergebracht. Dieser Bau mufs in den Jahren 1789—1790 entstanden sein und erscheint noch heutzutage als ein hervorragendes Beispiel jenes auf den Ueberlieferungen des Barocks fufsenden Zopfstils, der die zweite Regierungshälfte Friedrichs des Grofsen — nach dem siebenjährigen Kriege — und die ersten Jahre Friedrich Wilhelms II. beherrscht. Ursprünglich ein Privathaus, diente der Bau in unserm Jahrhundert verschiedenen Behörden als Sitz, zuletzt, seit 1849 bis in die Mitte der siebziger Jahre, dem Ministerium für Landwirthschaft. Bei dem letzten Umbau im Jahre 1886 fand eine Erweiterung durch Anlage eines Querflügels im Hofe statt. — Der Eingang liegt in dem durch einen Giebel bekrönten Mittelrisalit in der Schützenstrafse. Das Erdgeschofs zeigt Quaderflächen, die Obergeschosse sind durch eine ionische Pilasterstellung zusammengefafst. Die Details sind in Putz hergestellt und verrathen in ihrer flüchtigen derben Ausführung bereits den Niedergang des Formengefühls.

15. Das Gebäude der Königlichen Eisenbahn-Direction Berlin am Schöneberger Ufer 1—4.[1]) Mit der Verstaatlichung der Berliner Eisenbahnen im Laufe der Jahre 1878—1887 war die mit der Verwaltung des gröfseren Theils dieser Bahnen betraute Eisenbahn-Direction Berlin allmählich zu einer sehr umfangreichen Behörde angewachsen, deren miethsweise Unterbringung in mehreren Privatgebäuden am Leipziger Platze auf die Dauer weder im verwaltungsdienstlichen noch im wirthschaftlichen Interesse beibehalten werden konnte. Es wurde daher im Jahre 1892 zur Erbauung eines eigenen Dienstgebäudes für die Direction auf dem Gelände am Schöneberger Ufer 1—4 (Hafenplatz) in gleicher Nähe vom Potsdamer und Anhalter Bahnhof geschritten. Nach Ueberwindung nicht unerheblicher Schwierigkeiten, namentlich bei der Fundirung auf einem ehemals von Wasserläufen durchzogenen, moorigen Baugrunde erfolgte die Vollendung des Baues im Frühjahr 1895 und der Einzug der Behörde zu demselben Zeitpunkte, an welchem sich mit der Ein-

Abb. 89. Königliche Eisenbahn-Direction Berlin. Hauptfront am Hafenplatz, Schöneberger Ufer 1—4.

---

1) Bearbeitet durch den Eisenbahn-Bauinspector Armin Wegner.

VI. Gebäude für die Verwaltungsbehörden des preufsischen Staates. 113

führung einer neuen Verwaltungsordnung eine durchgreifende Umgestaltung des gesamten preufsischen Staatseisenbahn-Wesens vollzog.

Der Grundrifs des Gebäudes (Abb. 90 u. 91) ist bei allseitig freier und nur durch die Rücksichtnahme auf den nahen Viaduct der Ringbahn beschränkter Lage regelmäfsig

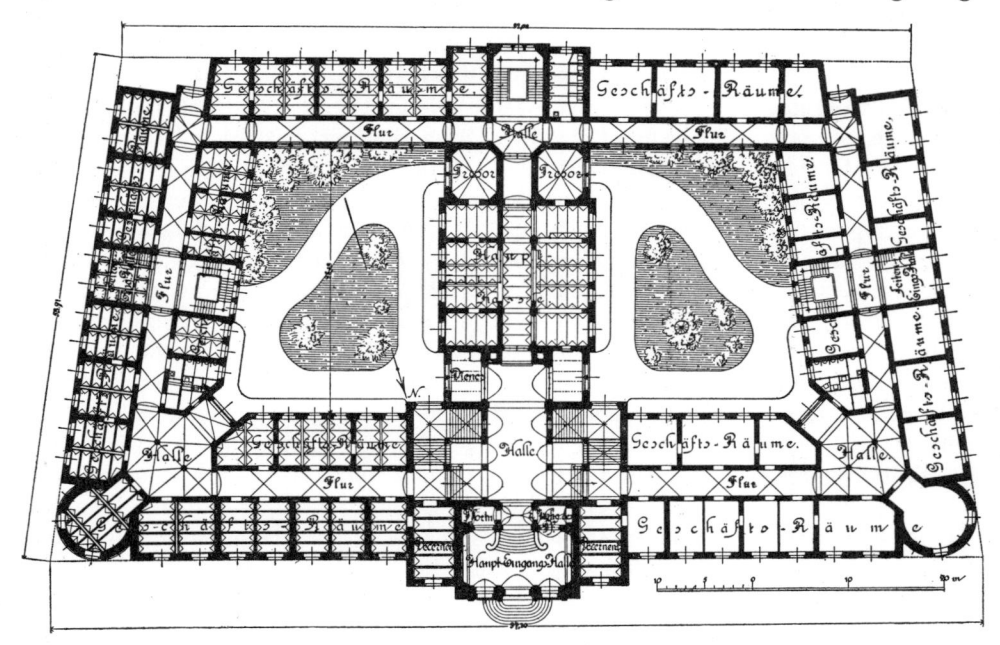

Abb. 90. Königliche Eisenbahn-Direction, Grundrifs des Erdgeschosses.

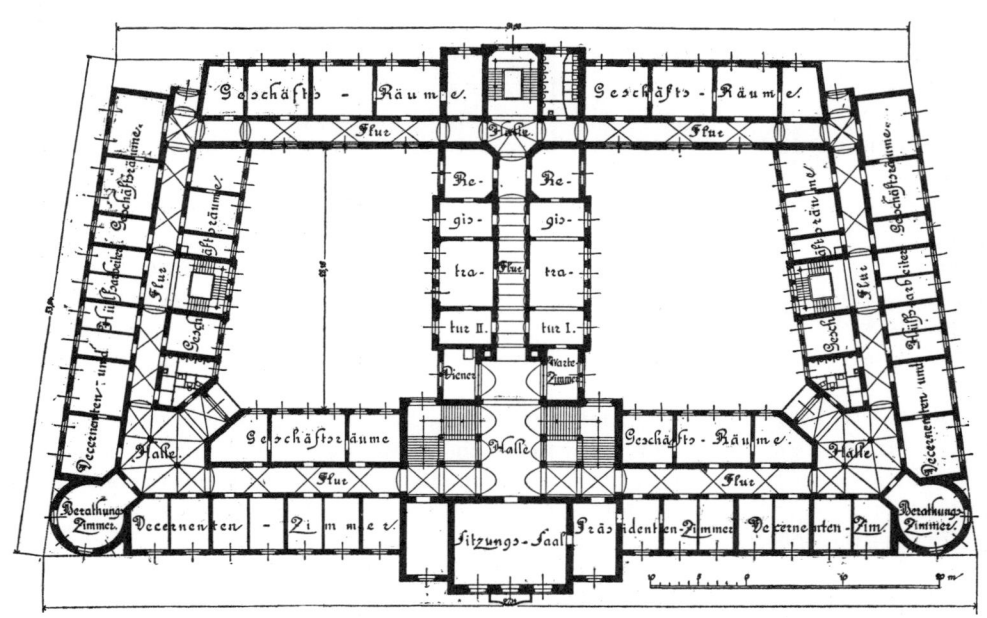

Abb. 91. Königliche Eisenbahn-Direction, Grundrifs des Obergeschosses.

und übersichtlich gestaltet. Die äufserlich geschlossene Form ist im Innern durch Anlage zweier grofsen Höfe aufgelöst, welche ebensowohl verschiedenen Gruppen von Geschäftsräumen als den Treppenhäusern und Fluren Licht gewähren. Beide Höfe sind durch einen mittleren Gebäudetheil getrennt, welcher den Kern des Gebäudes bildet und in der Hauptachse eine Verbindung des vorderen und hinteren Flügels herstellt. Im Verein mit den Flurverbindungen der Seitenflügel ist somit ein sehr zweckmäfsiger innerer Zusammenhang sämtlicher Geschäftsräume unter ungewöhnlich reichlicher Raumbemessung für die Hallen, Flure und Treppen geschaffen. — Der Inhalt des Gebäudes umfafst, abgesehen von einigen Räumen von hervorragenderer Bedeutung, ausschliefslich Dienstzimmer, welche in einem Sockelgeschofs, drei Hauptgeschossen und einem theilweise angelegten vierten Geschofs untergebracht worden sind. In dem erstgenannten Geschofs befinden sich neben einigen Dienststellen, welche hier zweckmäfsig Unterkunft fanden, auch einige Dienstwohnungen für Unterbeamte. Von einer gröfseren Dienstwohnung ist abgesehen worden. Die an sich nicht erforderliche Anlage eines Kellergeschosses ist wegen des hohen Grundwasserstandes und mit Rücksicht auf die zulässige Höhenerhebung des Gebäudes unterblieben. — Eine bevorzugte Lage hat die Hauptkasse im Mittelbau des Gebäudes, in der Hauptachse und von einer grofsen Halle im Haupttreppenhause zugänglich, erhalten. Ebendaselbst befinden sich in den oberen Geschossen, im Mittelpunkte des Gebäudes, die Registraturen, die Canzlei, Bureaudienerzimmer mit Actenaufzug usw., während im Sockelgeschofs die Heizungsanlagen eine zweckmäfsige Lage erhalten haben. — Der Sitzungssaal von mäfsigen Abmessungen ist im ersten Geschofs an der Hauptfront angeordnet, woselbst auch einige Berathungszimmer sowie die Räume des Präsidenten und der Decernenten ihren Platz gefunden haben. — Das Gebäude ist massiv und bis unter Dach durchweg feuersicher hergestellt; nur der Dachstuhl macht hiervon eine Ausnahme. Die Decken bestehen gröfstentheils aus Cementbeton zwischen eisernen Trägern, wobei in diesem für Berlin wohl seltenen Falle Bimskies von Andernach am Rhein zur ausgedehnten Anwendung kam. Daneben sind von neueren Constructionsarten die in Monierbauweise hergestellten Gewölbe der Hallen im Haupttreppenhause und im Vestibül zu nennen. Zu bemerken ist, dafs die Fufsböden in den Hauptgeschossen ausnahmslos aus Linoleumbelag auf Gips- und Cementestrich gebildet worden und somit hier in einem bei Staatsbauten ungewöhnlichen Umfange Holzfufsböden ausgeschlossen worden sind. Letztere haben nur in ganz beschränktem Mafse im Sockelgeschofs Anwendung gefunden.

  Die Architektur des Gebäudes ist in mafsvollen Formen deutscher Spätrenaissance gehalten. Die Gebäudemasse wird im wesentlichen nur an der Vorderfront durch einen schlank aufstrebenden Hauptgiebel und zwei die Ecken abschliefsende Rundthürme in wirkungsvoller Weise gegliedert und durch Zierformen belebt. In der Gesamterscheinung tritt die Bedeutung eines öffentlichen Zwecken dienenden Gebäudes in charaktervoller Weise hervor, nur macht sich im Aeufsern eine gewisse Gedrücktheit in der Höhenentwicklung bemerkbar, welche durch Sparsamkeit in der Bemessung der Geschofshöhen und durch den Verzicht auf jedwede Friesbildung unter dem Hauptgesimse hervorgerufen worden ist. Die Ausführung ist in allen Theilen dauerhaft und gediegen hergestellt. Die Gesimse und Gliederungen bestehen aus dem durch sein krystallinisches Gepräge ausgezeichneten Heuschener Sandstein, die Mauerflächen sind in Ziegeln verblendet, während die mit Falzziegeln gedeckten hohen Dächer den Aufbau nach oben in angemessener Weise abschliefsen.

  Von den Innenräumen verdient das Haupttreppenhaus wegen seiner eigenartigen Anlage Beachtung. Die demselben eigenthümliche Anordnung zweier selbständigen Treppenläufe zu beiden Seiten einer weit gewölbten, von Pfeilern getragenen Mittelhalle ist durch die bereits oben hervorgehobene Verbindung des vorderen und hinteren Gebäudetheils in der Hauptachse, sowie besonders auch durch die Forderung ausreichender Beleuchtung aller Tiefen des Raumes und der anschliefsenden Mittelflure herbeigeführt. Um namentlich auch den Zugang zur Hauptkasse im Erdgeschofs genügend mit Licht zu versorgen, ist neben der Auflösung der Aufsenwände durch Fensteröffnungen auch zur Anlage von Oberlicht über jedem Treppenlauf gegriffen worden.

  Aufser diesem Treppenhause sind die in den Hofecken des Vordergebäudes gelegenen, mit Kreuzgewölben auf mächtigen Granitsäulen überdeckten Flurhallen wegen ihrer ausdrucksvollen Raumgestaltung von Interesse; auch geben sie beredtes Zeugnifs von dem bei der Grundrifsbildung herrschenden Bestreben ausgiebigster Licht- und Luftzuführung in alle Theile des Gebäudes.

Die Beheizung des gesamten Gebäudes geschieht, abgesehen von den Dienstwohnungen, lediglich durch zwei vom Mittelbau ausgehende Sammelheizungen, und zwar eine Warmwasser-Heizung und eine Dampfniederdruck-Heizung für jede Hälfte des Gebäudes besonders. Letztere Anordnung verfolgt den praktischen Zweck, die Vorzüge und Nachtheile beider mit einander seit langem im Wettstreit befindlichen Heizsysteme unter gleichen Verhältnissen in Bezug auf Unterhaltung und Betrieb mit einander in Vergleich zu stellen. Zur Einführung frischer Luft in das Gebäudeinnere, und zwar in die Treppenhäuser und Flure, dient aufserdem noch eine besondere Lufteizkammer. Die Baukosten belaufen sich auf 1 600 000 ℳ, wovon auf die Fundirung 200 000 ℳ entfallen. Die Ausführung erfolgte nach den im Ministerium der öffentlichen Arbeiten aufgestellten Planskizzen durch den Eisenbahn-Bauinspector Armin Wegner.

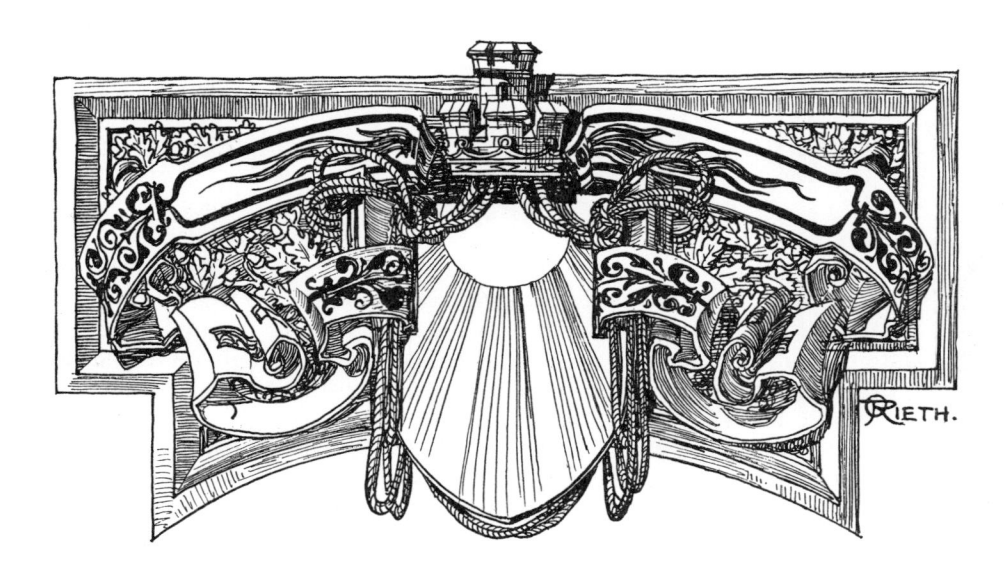

VII. Gebäude der Berliner Gemeindeverwaltung.[1]

Das Rathhaus der Stadt Berlin[2] hat schon seit dem Ende des 13. Jahrhunderts an seiner heutigen Stelle, an der Ecke der Spandauer und Königstrafse, gestanden. Aus dieser Zeit stammt bereits, als ältester bekannt gewordener Bautheil, das untere Stockwerk der im Jahre 1871 abgebrochenen und (in restaurirter Form) im Park von Babelsberg wieder aufgebauten sogen. „Gerichtslaube" — eine annähernd quadratische, mit vier auf einem Rundpfeiler ruhenden Kreuzgewölben überdeckte und mit acht Spitzbögen nach aufsen geöffnete Halle in den einfachsten Formen des mittelalterlichen Ziegelbaues. Sie ist als der „Schöffenstuhl", d. h. als das Local für die öffentlich stattfindenden Acte der städtischen Gerichtsbarkeit, die „Nothgedinge", erkannt worden. Das darüber liegende Stockwerk, dessen zierliche Netzgewölbe auf einer Rundstütze mit reich sculpirtem Kapitell aus harter Stuckmasse ruhen, der sogen. „Rathstuhl", rührt von einem Umbau aus dem Jahre 1555 her. Schon vorher hatte nach einem Brande von 1484 ein Erneuerungsbau der übrigen Theile stattgefunden. Ein zweiter Umbau, bei dem das Gebäude auch einen (1840 abgebrochenen) Thurm erhielt, erfolgte nach einem abermaligen grofsen Brande im Jahre 1581. Die architektonisch bedeutsamste Erweiterung erhielt das alte Berliner Rathhaus 1692 durch einen neuen Flügel an der Spandauer Strafse — einen nach Nerings Entwurf ausgeführten, dreigeschossigen Bau mit rundbogigen Arkaden im Erdgeschofs. Andere Erweiterungsbauten an der Königstrafse, die mit einer theilweisen Umgestaltung der älteren Theile verbunden waren, wurden gegen 1720, die letzten — im Innern des Grundstücks — 1798 ausgeführt. Das sich fortdauernd steigernde Bedürfnifs nach neuen Geschäftsräumen, dem nothdürftig durch die allmähliche Verlegung der Stadtgerichtlocale aus dem Gebäude Genüge geschah, führte weiterhin zu mehrfachen Projecten einer baulichen Umgestaltung, bis im Jahre 1856 der Beschlufs gefafst wurde, einen grofsartigen Neubau als Centralstelle der gesamten Berliner Gemeinde-Verwaltung zu schaffen. Mit der Ausführung dieses weiterhin beschriebenen Neubaues gelangten sämtliche Theile der älteren Anlage zum Abbruch.

Das Rathhaus der Stadt Köln befand sich von jeher an der Westseite des Kölnischen Fischmarktes. Das mittelalterliche Gebäude, von dem man nur weifs, dafs es

---

[1] Mit Benutzung der ersten Auflage neu bearbeitet vom Stadt-Bauinspector P. Hesse.
[2] Das Berliner Rathhaus. Denkschrift zur Grundsteinlegung für das neue Rathhaus. 1861.

VII. Gebäude der Berliner Gemeindeverwaltung. 119

Im Kellergeschofs ist die ganze vordere Hälfte des Gebäudes zu einem grofsartigen Restaurationslocale eingerichtet. — Das Erdgeschofs enthält durchweg Geschäftsräume,

H. Stier gez.   Abb. 96. Das Rathhaus, Front an der Königstrafse.

darunter im Hauptflügel die mit breiten Vorhallen versehenen Kassenlocale. — Im Hauptgeschofs befinden sich in dem durch eine Zwischendecke getheilten Ost- und Südflügel wiederum

Geschäftsräume, während im Nord- und Westflügel die Repräsentations-Räume des Hauses liegen. Links vom Thurm, durch eine Galerie von der Strafsenfront geschieden, der Sitzungssaal des Magistrats (17,90 m zu 10,70 m) — rechts die Bibliothek — an der Westfront der grofse, bis durch das Obergeschofs reichende Festsaal (31,39 m zu 17,26 m) mit mehreren Nebenräumen — zwischen diesem und dem Vorsaal der Sitzungssaal der Stadtverordneten (17,58 m im Quadrat). Unter Zuziehung des Vorsaales und der Galerien des Haupttreppenhauses läfst sich das ganze nordwestliche Drittheil des Gebäudes als zusammenhängendes Festlocal benutzen. — Im Obergeschofs sind über dem centralen Vorsaale und dem Stadtverordnetensaale zwei zu Bürgerversammlungen und geschäftlichen Zusammenkünften der Gemeindebeamten benutzte Säle angeordnet; der ganze übrige Raum ist wiederum zu Bureaus ausgenutzt, von denen diejenigen der Bauverwaltung die grofsen Räume der Hauptfront — darunter eine als Bauarchiv benutzte Halle im Thurm — einnehmen.

Abb. 97. Festsaal des Rathhauses.

Die constructive Durchführung des Baues ist so gediegen und monumental, wie sie — bei gröfseren Gebäuden — in Berlin bis dahin ohne Beispiel war. Die in bedeutenden Stärken angelegten Mauern sind in den Façaden mit dunkelrothen Backsteinen von Laubaner, in den Höfen von Hermsdorfer Thon und mit Terracotten von March verblendet; zur Sockelbekleidung und zur Gesimsabdeckung an den Strafsenfaçaden ist Granit, zur Gesimsabdeckung in den Höfen Schiefer verwendet. Die massiven Fenstereinsätze sowie die Säulen des Thurmes sind in Sandstein hergestellt. Die reichen Fenstergitter des Erdgeschosses bestehen aus Schmiedeeisen. — Im Innern sind das Kellergeschofs, das Erdgeschofs, die Bibliothek und sämtliche Corridore und Vorräume des Haupt- und Zwischengeschosses sowie das ganze Obergeschofs (ausschl. der Säle) gewölbt. Die in Holz construirten Decken, die in dem zuerst ausgeführten Theile meist eine Stuckdecoration erhalten haben, während sie in der westlichen Hälfte das echte Holzmaterial zeigen, sind in den Räumen von gröfserer Spannung an eiserne Gitterträger angehängt. Die Stützen sind theils gemauert, theils bestehen sie aus Gufseisen. Das ganze Haus ist mit einer Warmwasserheizung und mit reichlicher Wasserversorgung versehen.

In künstlerischer Beziehung gehört das Rathhaus zu den von der Berliner Schule unternommenen Versuchen einer Vermittelung zwischen den Traditionen antiker und mittelalterlicher Baukunst. Ein nach seinen constructiven Formen und in seinen Hauptmotiven mittelalterliches Architektursystem, bei dem (mit Ausnahme der Kellerwölbungen und der Erdgeschofsfenster) durchweg der Rundbogen Anwendung gefunden hat, ist hier in der Formensprache der Renaissance durchgebildet worden.

Das Aeufsere lehnt sich im einzelnen an die Terracottenbauten Ober-Italiens an; es verbindet mit massigen Verhältnissen eine gewisse Feinheit des decorativen Details. Der plastische Schmuck concentrirt sich auf die Bogenzwickel und Friese der Risalite sowie auf die Brüstungen der vor diesen und in der ganzen Hauptfront ausgekragten Balcons; die letzteren sind im Jahre 1879 mit in Thon ausgeführten Reliefs verziert, die in drei Platten an der Rathhausstrafse die Gründung der Stadt, in vier Platten an der Jüdenstrafse Sitte und Cultur, in neun Platten an der Königstrafse die Entwicklung zur Grofsstadt und in sieben Platten an der Spandauer Strafse die neueste Zeit nach Modellen der Bildhauer Calandrelli, Geyer, Schweinitz und Brodwolf darstellen. Am reichsten ist der Mittelbau der Hauptfront ausgebildet worden, neben dessen grofser Portalnische zwei Bronzestatuen des Kurfürsten Friedrich I. und des ersten Kaisers, Wilhelm, im Jahre 1876 aufgestellt sind. Jene ist auf Kosten der Stadt vom Bildhauer Erdmann Enke, diese als Geschenk des Geh. Commerzienraths Ebeling vom Bildhauer Keil gefertigt. — Durch eine offene Arkadengalerie mit den Eckvorlagen des Portalbaues verknüpft, erhebt sich über demselben der grofse, mit durchbrochenen Eckvorsprüngen (nach dem Motiv der Kathedrale von Laon) gesäumte Thurm, der die 4,75 m im Durchmesser messenden (bei Nacht erleuchteten) Zifferblätter der Rathhausuhr enthält. Das freiliegende Schlagwerk der Uhr bildet einen originellen Aufbau über dem von einer bis zu 97 m aufragenden Flaggenstange gekrönten Thurmdache.

Mannigfaltiger ist das Innere gestaltet, in dem die Repräsentations-Räume unter Entfaltung des reichsten decorativen Schmuckes durchgeführt worden sind. Diese Decorationen, an denen der künstlerische Gehülfe Wäsemanns bei dem Rathhausbau, der früh verstorbene Baumeister F. Kolscher, den hervorragendsten Antheil genommen hat, gehören zu dem Besten, was in Berlin bis dahin auf diesem Gebiete geschaffen worden war, sowohl durch die Gediegenheit der Ausführung als durch die Sorgfalt der künstlerischen Durchbildung, die keinen Gegenstand des inneren Ausbaues vernachlässigt hat. — Das Treppenhaus und die Thurmhalle sind mit Glasgemälden, der in farbigem Stuckmarmor decorirte Festsaal, der in Holz getäfelte Stadtverordnetensaal, die Bibliothek und das Lesezimmer sind mit kleineren Wand- und Deckengemälden, der Saal des Magistrats ist mit den Porträts der preufsischen Fürsten geschmückt. Gröfsere Gemälde sind auf den Wänden und Supraporten der Vorhalle des Magistrats-Sitzungssaals und des von hier zum Haupttreppenhause führenden Corridors von den Malern Prof. Scheurenberg, Prof. Bleibtreu und Simmler ausgeführt worden. Sie stellen geschichtliche Momente in der Entwicklung der Mark und Preufsens dar, welche die Wiederherstellung des Deutschen Reiches und die Uebertragung der Kaiserkrone an das Geschlecht der Hohenzollern vorbereitet hatten und in näherer Beziehung zur Entwicklung der Stadt Berlin stehen. Die oberen Wandtheile im Bürgersaale haben Wandfriese von Aug. v. Heyden erhalten, welche Scenen aus dem Berliner Bürger- und Handwerkerleben darstellen. — Für die Wandflächen des neben dem Bürgersaale gelegenen Treppenhauses im dritten Stockwerk arbeitet zur Zeit der Maler Mühlenbruch, der als Sieger aus einem im Jahre 1885 vom Magistrat ausgeschriebenen Wettbewerb hervorgegangen ist, an einem einheitlichen Bilde zur Darstellung der Wiedererrichtung des Deutschen Reiches und der Erhebung Berlins zur Hauptstadt desselben.

Die Gesamtkosten des Rathhauses — mit Ausschlufs des Grunderwerbs und der Ausschmückung durch Bildwerke in Plastik und Malerei — betragen rd. 6 545 000 ℳ; für letztere sind im ganzen 451 000 ℳ bewilligt worden.

2. Das Kölnische Rathhaus wurde 1710 nach Grünbergs Entwurfe begonnen und zum Sitze der seit 1709 wiederum vereinigten Berliner Stadtverwaltungen erwählt, kam jedoch nur in reducirter Gestalt zur Ausführung, nachdem König Friedrich Wilhelm I. zum Sitz des Magistrats das Berlinische Rathhaus bestimmt hatte. Der beabsichtigte Thurm-

Aufbau blieb nur ein Torso; infolge dessen gewährt das ganze Bauwerk, zu welchem noch ein später erbauter Flügel in der Scharrenstrafse und das am Petriplatze liegende Gebäude der alten Stadtwage gehört, nur ein bescheidenes architektonisches Interesse. Bis zur Vollendung des neuen Berlinischen Rathhauses wurde das Kölnische Rathhaus von der Servis-Deputation und zu den Sitzungen der Stadtverordneten benutzt; auch befand sich in ihm von 1730—1868 das Kölnische Gymnasium. — Gegenwärtig sind in demselben die Verwaltungsräume der städtischen Schuldeputation, der Kirchen- und Schulabtheilung des Magistrats, der Gewerbedeputation, des Stadtausschusses und im ersten Stock seit 1880 die provisorische Ausstellung des Märkischen Provinzial-Museums untergebracht.

Aufser den genannten beiden Rathhäusern verfügte die Gemeinde-Verwaltung Berlins bis zum Jahre 1893 nur noch über ein gröfseres Dienstgebäude, das Sparkassengrundstück Klosterstrafse 68, in welchem die Verwaltungen der städtischen Erleuchtungsanstalten, der Wasserwerke und der Canalisationswerke sowie die Hauptkasse der städtischen Werke untergebracht waren. Da diese drei grofsen städtischen Diensthäuser dem Raumbedürfnifs der städtischen Verwaltung jedoch bei weitem nicht mehr genügen, so werden schon seit Jahren im Schofse der städtischen Körperschaften Verhandlungen über die Beschaffung weiterer Diensträume gepflogen.

Zunächst sind durch den Umbau der sogen. Dammmühlen am Mühlenweg, die im Jahre 1885 für den Preis von 2 250 000 ℳ. in den Besitz der Stadt übergegangen sind und des sogenannten Ephraim'schen Hauses, Poststrafse 16, das seit Errichtung des neuen Polizei-Dienstgebäudes am Alexanderplatz Eigenthum der Stadtgemeinde geworden ist, zwei weitere städtische Verwaltungsgebäude geschaffen worden.

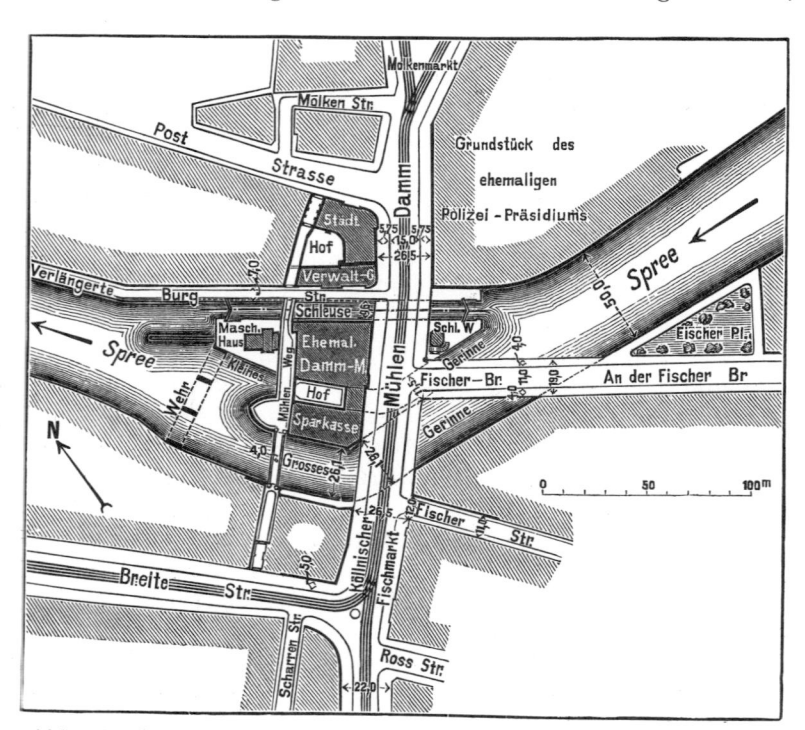

Abb. 98. Städtische Verwaltungsgebäude am Mühlendamm, Lageplan.

3. Das Dammmühlen-Gebäude.
Der Umbau, in dessen Erdgeschofsräumen die beiden früher in verschiedenen Stadtgegenden untergebrachten Geschäftsstellen der städtischen Sparkasse und in dessen beiden oberen Stockwerken die Armenverwaltung ihren Sitz aufgeschlagen haben, erstreckte sich auf den Ausbau der früheren grofsen und kleinen Mühle unter Hinzunahme eines schmalen Streifens an der Strafsenfront, welcher bei der Neugestaltung des Mühlendammweges, nach Abbruch der alten Häuserreihe durch die Verbreiterung der Strafse nicht in Anspruch genommen wurde.

Das inselartig im Spreelaufe liegende Gebäude besteht hiernach aus zwei durch den mittleren Spreelauf völlig getrennten Theilen, welche erst von Erdgeschofshöhe ab durch eine massive, rd. 10,50 m tiefe Ueberbauung dieses Wasserlaufes in der Mühlendammfront in Verbindung gebracht sind, während durch Ueberwölbung des zwischen den Gebäudeflügeln liegenden mittleren Gerinnes in Strafsenhöhe ein von der Hinterfront am Mühlenweg zugänglicher Hof für die Actenwagen geschaffen ist. Den Abschlufs dieses Hofes am Mühlen-

VII. Gebäude der Berliner Gemeindeverwaltung. 123

weg bildet der alte beim Umbau neu verblendete Spannbogen zwischen den beiden Gebäudeflügeln, dessen Oeffnung durch ein schmiedeeisernes Gitter mit Thor abgeschlossen ist (Abb. 99).

Die Bauarbeiten wurden im Herbst 1890 eingeleitet. Von der vorhandenen alten Pfahlrostfundirung der Umfassungswände konnten nur die Theile der Front am Mühlenwege und an der Schleuse sowie beim alten Thurm erhalten bleiben, da — wie sich bei den Arbeiten am Mittelgerinne herausstellte — der gröfste Theil der alten Pfähle nur aus 1,50—3 m langen Bäumen bestand, die schon bei den Baggerarbeiten für die Tieferlegung der Gerinne durch Entziehung des Bodens den Halt verloren. Entgegen den früher ge-

Abb. 99. Dammmühlen-Gebäude, Ansicht von der Burgstrafse.

planten Mafsnahmen mufsten daher die Frontmauern am grofsen und mittleren Gerinne niedergelegt und einer Neufundirung unterzogen werden. Dieselbe erfolgte, wie bei der Front am Mühlendamm, als Betonschüttung zwischen Spundpfählen.

Mit Rücksicht auf die ungünstigen Verkehrsverhältnisse, welche besonders durch die gleichzeitigen Bauarbeiten an der Schleuse und Mühlendammbrücke, die in den Händen der Ministerial-Baucommission bezw. der städtischen Tiefbauverwaltung lagen, erschwert wurden, erwuchsen der Bauausführuug grofse Zeitverluste, sodafs die letzten neuen Fundamente erst im November 1892 beendet werden und die neu geschaffenen Verwaltungsräume erst in den Monaten November und December 1893 der Benutzung übergeben werden konnten. — Die Erwärmung der Diensträume erfolgt durch eine Warmwasserheizung, welche der Trennung des Kellergeschosses durch das Mittelgerinne entsprechend in zwei gesonderte Systeme getheilt ist.

Dem Aeufsern liegt die Architektur der alten unter Friedrich Wilhelm IV. erbauten Mühlen zu Grunde, von denen die Theilung der Fronten durch rundbogig abgeschlossene

Lesinen und die Zinnenkrönungen an Stelle des Hauptgesimses beibehalten sind. Die am Mühlendamm neu entstandene Strafsenfront wird in der Hauptachse, in welcher der Haupteingang des Gebäudes liegt, durch einen wuchtigen Thurmbau beherrscht, der durch eine tiefe, die beiden Obergeschosse durchschneidende, reich verzierte Nische wirkungsvoll gliedert wird. Die Fronten sind in röthlich gelben Laubaner Verblendsteinen mit braun glasirten Streifen aufgeführt. Zu den Sohlbänken und Zinnenabdeckungen sowie zu den tragenden Architekturtheilen ist weifsgelber Sandstein verwendet.

Die bebaute Fläche des Gebäudes beträgt im Erdgeschofs 1925 qm. Die Kosten des Umbaues belaufen sich auf rd. 840 000 ℳ, sodafs auf das Quadratmeter bebauter Fläche 436 ℳ kommen. Der Einheitspreis für 1 cbm umbauten Raum berechnet sich auf 21,50 ℳ.

4. Das Haus Poststrafse 16. Der Umbau des nach seinem Erbauer, dem Hof-Juwelier und Münzpächter Ephraim, das Ephraim'sche Haus genannten Gebäudes Poststrafse 16, das das Statistische Amt, das Wahlbureau und das Miethssteuerbureau aufzunehmen bestimmt ist, erstreckt sich auf den inneren Ausbau der beiden an der Poststrafse und am Mühlendamm gelegenen Frontbauten und auf den Anbau eines dritten Frontbaues an der Burgstrafse.

Die aus der Mitte des 18. Jahrhunderts stammende Façade in den Formen des Rococostils ist — soweit nicht die erhebliche Erhöhung des Strafsenpflasters am Mühlendamm eine Beseitigung der Läden, die zu Verwaltungsräumen ausgebaut wurden, nothwendig machte — in den alten Theilen unverändert beibehalten und in dem neu angebauten Frontbau derart fortgesetzt worden, dafs das frühere linke Eckrisalit am Mühlendamm zum Mittelrisalit dieser Strafsenfront

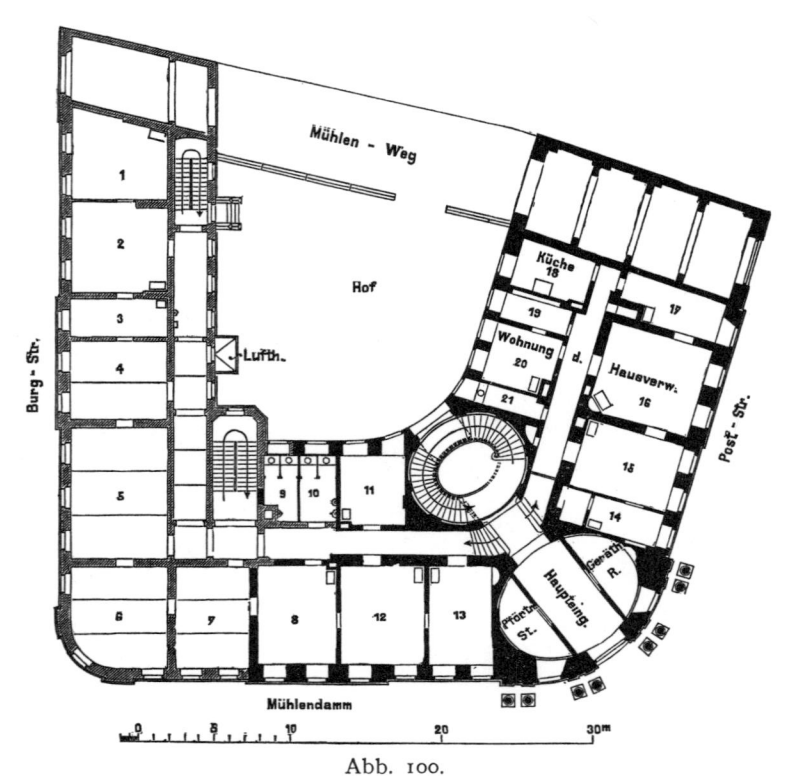

Abb. 100.
Verwaltungsgebäude am Mühlendamm, Erdgeschofs-Grundrifs.

geworden ist. Sämtliche Architekturtheile der neuen Front sind in echtem Sandstein durchgebildet, die am alten Bau aus Stuck hergestellten in getreuer Nachbildung durch Sandsteinwerkstücke ersetzt. Die glatten Wandflächen zwischen den Architekturformen sind geputzt. Besondere Schwierigkeiten machte die Erhaltung des schönen Säulenportals an der abgerundeten Ecke an der Poststrafse, da die Rampenanschüttung nach der Mühlendammbrücke die freistehenden Säulen zum Theil bis 1,20 m im Pflaster verschwinden läfst. Nach verschiedenen Versuchen hat sich die städtische Bauverwaltung für eine Lösung entschieden, welche die Säulenstellung als solche beibehält und den veränderten Höhenverhältnissen theils durch mäfsige Verringerung des Säulendurchmessers, theils durch eine um weniges nach oben verschobene Lagerung der Gebälktheile Rechnung trägt. Die alten, äufserst reizvollen Schmiedearbeiten der Balconbrüstungen an der abgerundeten Ecke konnten nach Erneuerung einiger Blumen, deren Stengel durchgerostet waren, in allen Haupttheilen im Original erhalten bleiben und bilden eine Hauptzierde des restaurirten Gebäudes.

VII. Gebäude der Berliner Gemeindeverwaltung. 125

Der Um- bezw. Erweiterungsbau ist im Jahre 1892 zunächst durch Errichtung des neuen Gebäudetheils in der Burgstrafse in Angriff genommen und im Sommer 1895 vollendet worden. — Die Baukosten werden, soweit sich bis jetzt übersehen läfst, die Summe von rd. 310 000 ℳ erreichen.

Neben den vorgenannten eigentlichen städtischen Dienstgebäuden sind als Verwaltungsgebäude der Berliner Stadtgemeinde im weiteren Sinne noch das Polizei-Dienstgebäude, in dem die Diensträume der dem Königlichen Polizeipräsidium übertragenen Zweige der Ortspolizeiverwaltung untergebracht sind, und die Wachtgebäude der von der Stadt zu unterhaltenden, aber unter Leitung des Staates stehenden Feuerwehr zu rechnen.

Abb. 101. Städtisches Verwaltungsgebäude am Mühlendamm.

5. Das Polizei-Dienstgebäude. Die früher in sehr unzureichenden Localitäten, in den Häusern am Molkenmarkt untergebrachten Bureauräume des Königlichen Polizei-Präsidiums, welche nur in nothdürftiger Verbindung standen und selbst den sanitären Anforderungen nicht mehr entsprachen, sind jetzt in dem neuen Polizei-Dienstgebäude am Alexanderplatz vereinigt. Dasselbe ist auf der Baustelle des ehemaligen Arbeitshauses und der Irrenanstalt, die theils durch Austausch, theils durch Hinzukauf von dem Gelände des ehemaligen Königsgrabens zu einer bebaubaren Form abgerundet wurde, nach den Plänen des Stadt-Bauraths Blankenstein errichtet.

Der Bau wurde im Frühjahr 1886 begonnen und trotzdem der auf dem Terrain des früheren Königsgrabens stehende Theil auf Senkkästen fundirt werden mufste, in der kurzen Bauzeit von nicht ganz vier Jahren vollendet, sodafs der gröfste Theil der Verwaltung schon am 1. October 1889 und der Rest zu Anfang des Jahres 1890 in das fertige Haus einziehen konnte.

VII. Gebäude der Berliner Gemeindeverwaltung.

Das auf drei Seiten freistehende Gebäude mifst an der Alexanderstrafse, in der im ganzen geradlinigen Front 196 m, am Alexanderplatz 92 m und schliefst sich an der dritten freien, der Stadtbahn zugewendeten Front den Krümmungen des Viaducts an. Es umschliefst acht unbedeckten Höfe, die — soweit Bureauräume an ihnen liegen — eine Breite von mindestens 17,50 m und eine Länge von 53 bis 60 m haben, und einen glasüberdeckten Mittelhof, der einen gegen Wetter geschützten Raum zum Verladen der Acten bezw. zu Versammlungen der Schutzmannschaft bildet und gleichzeitig eine Durchfahrt quer durch das Gebäude in annähernder Verlängerung der Kaiserstrafse schafft.

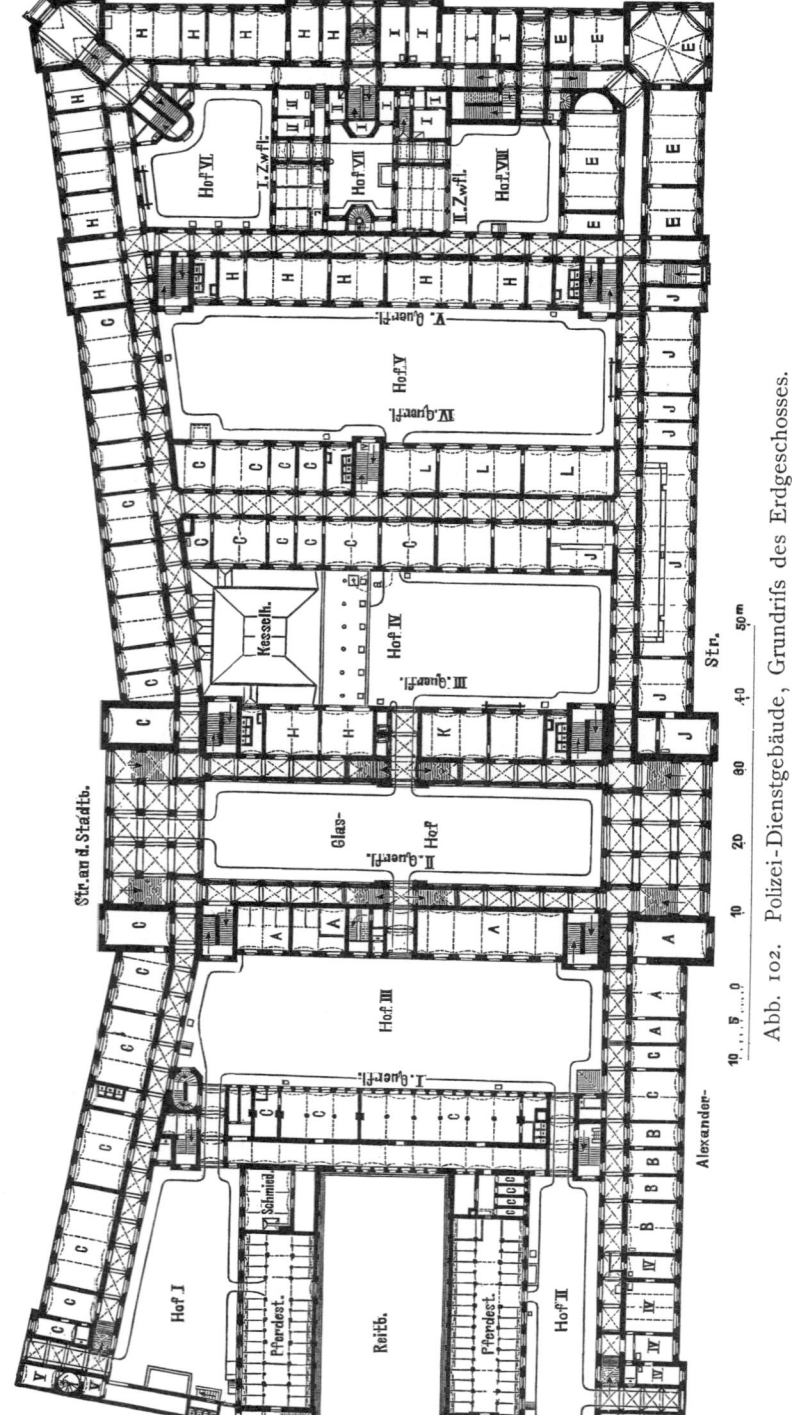

Aufser den verschiedenen Abtheilungen der Polizeiverwaltung: Regierungsabtheilung (I), Gewerbeabtheilung (II), Bauabtheilung (III), der Criminal- und Sittenpolizei (IV), dem Pafsbureau und Gesindeamt (V), der Abtheilung für Uebertretungen (VI) und der Politischen Polizei ist in dem Gebäude noch das Centralbureau, das Formularmagazin, die Polizei-Hauptkasse, die Sanitätscommission, ferner das Commandobureau und die Reserve- und berittene Abtheilung der Schutzmannschaft mit den nothwendigen Stallungen und einer bedeckten Reitbahn, die Central-Telegraphenstation, das Polizeigefängnifs mit den zugehörigen Verwaltungs- und Wirthschaftsräumen

Abb. 102. Polizei-Dienstgebäude, Grundrifs des Erdgeschosses.
A. Schutzmannschaft. B. Polizeigefängnifs. C. Criminal-, Sittenpolizei IV. Abtheilung. E. Politische Polizei. H. V. Abth. Pafs-, Gesinde-Bureau. J. Hauptkasse. K. VI. Abth. für Uebertretungen. L. Formular-Magazin. I. Wohnung des Hausinspectors. II. Wohnung des Kutschers. III. Wohnung des Gefangenenaufsehers. IV. Wohnung des Gefängnifsinspectors. V. Wohnung des Heizers.

VII. Gebäude der Berliner Gemeindeverwaltung. 127

und endlich fünf Dienstwohnungen für den Polizei-Präsidenten und vier Oberbeamte sowie neun Dienstwohnungen für Unterbeamte untergebracht. Zur Bewältigung dieses Raumbedürfnisses war aufser dem Kellergeschofs die Anlage von vier Stockwerken geboten. Die Wohnung des Polizei-Präsidenten und des Ober-Regierungsraths nehmen die Alexanderplatz-Front des Hauptgeschosses ein.

Drei Frontgebäude, vier Querflügel und zwei Zwischenflügel nehmen die Verwaltungsräume und die Dienstwohnungen auf, während ein besonderer fünfter Querflügel das

Abb. 103. Polizei-Präsidium, Theilansicht (Ecke am Alexanderplatz und Alexanderstrafse).

Polizeigewahrsam für aufgegriffene Personen, und in fünf über einander liegenden Obergeschossen, wovon die drei oberen für Einzelhaft eingerichtet sind, die polizeilichen Gefängnisse für Männer enthält. — Das Frauengefängnifs nebst einer Wohnung für die Oberaufseherin liegt im vierten Stockwerk des Frontbaues an der Stadtbahn. Im ganzen gewähren die Gefängnisse Raum für 328 Männer und 94 Frauen. Die Stallungen und Wachtlocale für die berittene Schutzmannschaft schliefsen an den Gefängnifsflügel als zwei besondere zweigeschossige Zwischenbauten mit dazwischen liegender glasüberdeckter Reitbahn an.

Die Ausführung des Bauwerkes ist überall äufserst gediegen. Die Gefängnifsräume, die Stallgebäude und das Keller- und Erdgeschofs der übrigen Bautheile sind durchweg, in den übrigen Geschossen sind sämtliche Corridore überwölbt. Die Erwärmung des Gebäudes erfolgt, abgesehen von den mit Kachelöfen versehenen Wohnräumen, durch eine centrale Dampfwarmwasser-Heizung mit Niederdruck für sämtliche Bureaus, durch eine Dampfluftheizung für den Festsaal des Präsidenten und eine directe Dampfheizung für Polizeigewahrsam und Gefängnisse sowie für einige im Kellergeschofs liegende Räume. Die Warmwasserheizung ist in 14 annähernd gleich grofse Systeme getheilt, deren gekuppelte Warmwasser-Kesselpaare von der centralen Dampfkesselanlage aus durch Spiralen erwärmt werden.

Die Zuführung frischer Luft in die Bureauräume geschieht durch unter den Heizkörpern (Doppel-Rohrregistern) ausmündende Frischluftcanäle, die von Luftkammern im Keller aus durch Hauptvertheilungs-Canäle unter der Kellersohle gespeist werden. Die Abführung der verbrauchten Luft erfolgt durch besondere zum Dachboden aufsteigende Canäle, die sich über dem Corridorgewölbe des obersten Stockwerks zu horizontalen Sammelcanälen vereinigen, von denen gröfsere Schächte mit Windablenkungs-Kappen über Dach führen.

Sämtliche Façaden sind mit Lochverblendsteinen (aufsen mit hellrothen Steinen von Lauban) verblendet. Die Dächer sind mit Holzcement eingedeckt, die Kuppeln mit Kupfer

Abb. 104. Feuerwehr-Hauptdepot am Schöneberger Ufer.

bekleidet. — In den vier Nischen des Eckthurmes am Alexanderplatz haben die Bronzestandbilder des Grofsen Kurfürsten, des Königs Friedrich I. und der Kaiser Wilhelm I. und Friedrich III. nach Modellen von Lürssen, M. Wolf und Calandrelli Aufstellung gefunden.

Das Grundstück des Polizei-Dienstgebäudes umschliefst in seiner gegenwärtigen Begrenzung einen Flächeninhalt von 15 777 qm, wovon 10 610 qm bebaut sind. An nutzbaren Räumen sind geschaffen worden für:

Bureau- und Aufenthaltsräume . . . . 16 848 qm
Dienstwohnungen . . . . 2 457 „
Hafträume mit Zubehör . . . . 2 490 „
Stallungen, Remisen, Reitbahn u. a. . . . . . 2 570 „
zusammen 24 365 qm.

Die Baukosten haben in runden Summen betragen:

Für den Bau selbst . . . . 4 850 000 ℳ
Für Ergänzung des Mobiliars . . . . 300 000 „
zusammen 5 150 000 ℳ

Hiervon entfallen auf die Heizanlage 271 000 ℳ.

6. Die Feuerwehr-Wachtgebäude. Zur Unterbringung der Diensträume, Remisen und Pferdeställe der Feuerwehr sind zur Zeit im ganzen 15 bebaute städtische

VII. Gebäude der Berliner Gemeindeverwaltung.

Grundstücke vorhanden und zwar 1. die Hauptwache in der Lindenstraße 41; 2. vier Feuerwehr-Hauptdepots in der Keibelstraße 26/28, in der Köpenicker Straße 125, in der Linienstraße 128/129 und in der Schöneberger Straße 20; 3. neun Feuerwehr-Nebendepots in verschiedenen Stadtgegenden, und 4. ein Spritzen- und ein Leiterhaus, Neue Friedrichstraße zwischen 1 u. 2. — Die Feuerwehr, die früher mit der Verwaltung der Strafsenreinigung vereinigt war, ist seit 1875 von dieser getrennt und besitzt seit 1879 einen eigenen Pferdepark, der gegenwärtig 120 Pferde zählt. Das Personal, das augenblicklich mit Einschluß von 14 Bureau- und 32 Telegraphenbeamten aus 826 Köpfen unter Leitung eines Branddirectors besteht, gliedert sich mit seiner Ausrüstung an Fahrzeugen, Pferden und Geräthen in Compagnien und Züge. Letztere gelten als selbständige Gefechtseinheiten und sind in den vorgenannten Wachtgebäuden über das Stadtgebiet vertheilt. Durch Einrichtung mehrerer Feuerwachen soll erreicht werden, daß im allgemeinen nach jedem bedrohten Punkte der Stadt nach Meldung des Brandes in 10—12 Minuten ausreichnde Löschhülfe gebracht werden kann.

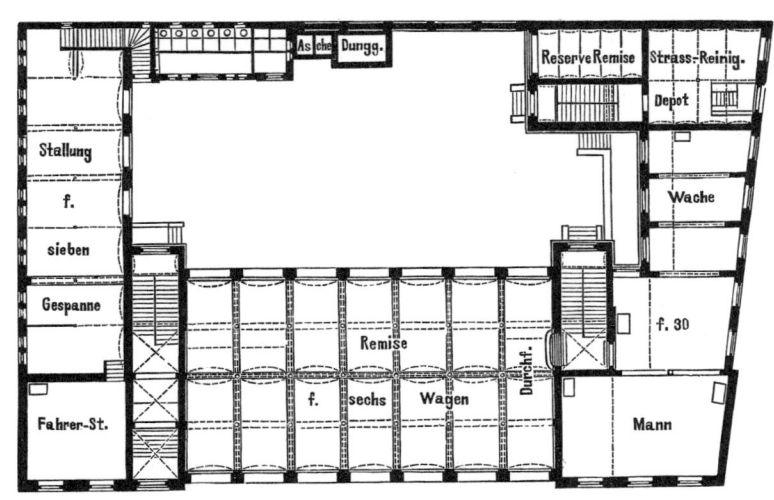

Abb. 105. Feuerwehr-Hauptdepot am Schöneberger Ufer, Erdgeschoß.

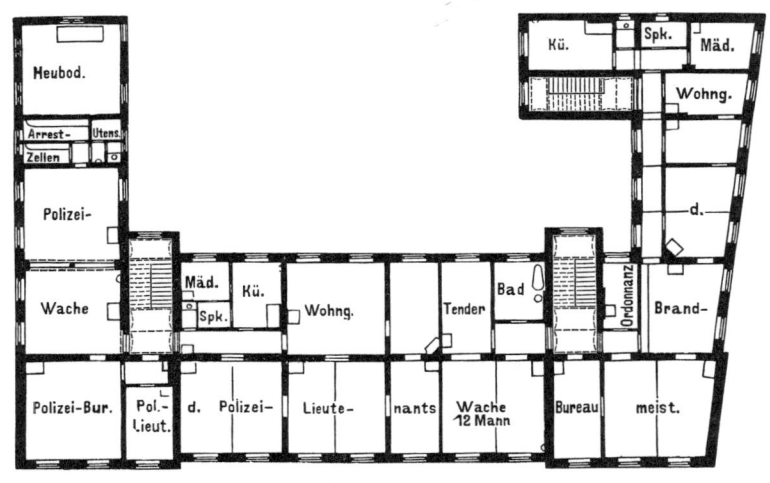

Abb. 106. Feuerwehr-Hauptdepot am Schöneberger Ufer, I. Stock.

Die wesentlichsten Räume jeder Feuerwache sind: die Remisen für die stets bereit stehenden Fahrzeuge mit Einfahrtsthoren direct an der Straße; die Ställe, in denen die Pferde fortwährend angeschirrt stehen; die Wachtlocale für die Mannschaften, die zur Zeit noch größtentheils aus einem gemeinschaftlichen Wacht- und Schlafraum bestehen, deren Trennung aber für die Zukunft angestrebt wird, und endlich die Dienstwohnungen für die Brand-Inspectoren bezw. Brandmeister sowie für die Feldwebel und Oberfeuermänner. In den neueren Anlagen will man die Pferde so aufstellen, daß sie beim Herausziehen aus den Ständen nicht herumgedreht werden brauchen, auch wird man in neueren Anlagen Pferdestall und Remisen so vereinigen, daß die Pferde neben den Deichseln sich befinden und so ein Kreuzen der Mannschaften mit den Pferden beim Alarm ausgeschlossen ist. Ferner sind noch in jeder Zugwache nach Möglichkeit vorhanden: Werkstätten für kleinere Schlosser- und Tischlerarbeiten, besondere Fahrerstuben, Baderäume für die Mannschaften, besondere Futtergelasse und offene Holzschuppen zum besseren Trocknen der Streu, theilweise auch Werkstätten für Schuhmacherei und Sattlerei. — Als Muster einer neueren Anlage eines Hauptdepots ist hier die Grundrißanordnung des Feuerwehr-Hauptdepots, Schöneberger Straße 20, mitgetheilt.

Berlin und seine Bauten. II.

7. Verwaltungsgebäude für die Versicherungsanstalt Berlin. In gewissem Zusammenhange mit den städtischen Dienstgebäuden und den für die Königliche Polizeiverwaltung von der Stadtgemeinde geschaffenen Gebäuden steht auch das Verwaltungsgebäude der den Stadtkreis Berlin umfassenden Versicherungsanstalt Berlin, welche auf Grund des Invaliditäts- und Altersversicherungs-Gesetzes vom 22. Juni 1889 errichtet ist, da ein Theil der Vorstandsmitglieder dieser Anstalt vom Magistrat aus der Zahl der Gemeindebeamten ernannt wird.

Das auf dem Grundstücke Klosterstrafse 41 errichtete Gebäude ist nach den Plänen und unter Oberleitung des Stadt-Bauinspectors P. Hesse erbaut unter Zugrundelegung eines in Gemeinschaft mit dem Stadt-Bauinspector Dylewski für eine engere Concurrenz bearbeiteten Entwurfes. Die Ausführung wurde im Herbst 1892 begonnen und derart gefördert, dafs der Einzug der Verwaltung im März 1894 erfolgen konnte.

Das verfügbare Grundstück mufste bis zur äufsersten baupolizeilich zulässigen Grenze sowohl in der Flächen- als Höhenentwicklung bebaut werden, um das geforderte, die Möglichkeit einer Erweiterung berücksichtigende Raumbedürfnifs zu schaffen. Das viergeschossige Gebäude besteht aus einem Vorderhause von 20,28 m Frontlänge, einem Seitenflügel von 13,95 m Länge und einem Quergebäude von 17,48 m hinterer Frontlänge.

Um die für den Augenblick von der Anstalt noch nicht voll in Anspruch genommenen Räumlichkeiten des Gebäudes angemessen zu verwenden, sind die Erdgeschofsräume des Vorderhauses dem Schiedsgericht für die Berufungen und die Erdgeschofsräume des Quergebäudes der sogen. Unteren Verwaltungsbehörde oder Magistratsabtheilung miethsweise überlassen.

Von den Verwaltungsräumen der Anstalt befinden sich im ersten Obergeschofs des Vorderhauses die Vorstandsräume mit der Centralabtheilung, im Seitenflügel die Kasse mit dem Auskunftszimmer und im Quergebäude die Bureaus der Quittungskarten-Verwaltung; ferner im zweiten Obergeschofs des Vorderhauses die Expedientenräume und die Canzlei und im dritten Obergeschofs ein Saal für die Ausschufs-Sitzungen mit Nebensaal für die Ersatzmänner und eine Garderobe. — Das zweite und dritte Obergeschofs des Quergebäudes wird von dem Quittungskarten-Magazin mit den erforderlichen Registraturräumen eingenommen. — Das zweiseitig beleuchtete Quittungskarten-Magazin ist in jedem Hauptgeschofs, dessen Gesamthöhe 4,50 m beträgt, durch Zwischengalerien aus Monierplatten in je zwei Zwischengeschosse von 2,10 m lichter Höhe getheilt, die von den coulissenförmig zwischen zwei Kopfgängen an den Fensterseiten angeordneten Regalen in voller Höhe besetzt sind. Die Regale jeder Zwischenetage bieten Raum für 3 000 000 Karten, sodafs in den beiden Hauptgeschossen des Kartenmagazins rd. 12 000 000 Karten untergebracht werden können.

Sämtliche Magazingeschosse stehen sowohl unter sich als auch mit den Abtheilungsbureaus der Kartenverwaltung durch einen Kurbelaufzug in Verbindung. Das Gebäude ist mit einer elektrischen Beleuchtungsanlage im Anschlufs an die Berliner Elektricitätswerke versehen. Die Erwärmung erfolgt durch eine Warmwasserheizung.

Sämtliche Fronten sind in Ziegelverblendung ausgeführt, die Strafsenfront in hellrothen Laubaner Steinen unter Verwendung von rothem Miltenberger Sandstein zu den Gesimsen und einzelnen Architekturtheilen. Die Dacheindeckung besteht theils in Holzcement, theils in Schiefer. — Die Baukosten betragen ohne Einrichtung des Kartenmagazins und ohne Mobiliar 257 242 ℳ.

Abb. 107. Landeshaus der Provinz Brandenburg.

VIII. Gebäude der Provinzial- und Kreisverwaltung.

1. Das Landeshaus der Provinz Brandenburg, Matthäikirchstrafse 20/21.[1])

Der Brandenburgische Provinzialverband besafs auf dem Grundstücke Spandauer Strafse 59 ein eigenes Geschäftshaus, das jedoch, als dem Verband durch die Provinzialordnung vom 29. Juni 1875 neue Zweige der Thätigkeit — insbesondere die Unterhaltung der ehemaligen Staatschausseen, der Bau bezw. die Unterhaltung neuer Chausseen und Verkehrswege, die Sorge für die Pflege und Heilung der Geisteskranken usw. überwiesen wurden, für den vermehrten Geschäftsumfang sich als unzureichend erwies.

Nachdem die Frage, ob eine Verlegung des Geschäftsortes nach einer in der Provinz selbst belegenen Stadt oder dessen Beibehaltung in Berlin zu Gunsten der letzteren Stadt entschieden worden war und nachdem sich ergeben hatte, dafs das im Eigenthum

---

1) Bearbeitet vom Landes-Baurath Bluth.

des Provinzialverbandes befindliche Grundstück seinem Umfange und seiner unregelmäfsigen Begrenzung nach auch für einen den Bedürfnissen der Verwaltung entsprechenden Neubau nicht ausreichend erschien, ferner, dafs durch Ankauf benachbarter Grundstücke eine geeignete Baustelle in dieser vorzugsweise vom Geschäftsbetriebe benutzten Gegend nicht zu beschaffen sei, so wurden im Jahre 1885 für den beabsichtigten Neubau die Grundstücke Matthäikirchstrafse 20 u. 21 angekauft.

Von den in einem Wettbewerbe gewonnenen Entwürfen wurde derjenige der Architekten Ende & Böckmann ausgewählt und unter Betheiligung des Landes-Bauraths Bluth und des Königlichen Regierungs-Baumeisters O. Koppen einer speciellen Durcharbeitung unterzogen (Abb. 107 u. 108). Zur Ausführung gelangte der Bau in den Jahren 1886—1888. — Durch den Portalbau in der Mitte der Vorderfront betritt man die in den Wandflächen mit Cottaer Sandstein bekleidete Haupteingangshalle und erreicht auf dem zur Linken angeordneten Treppenarme die im Erdgeschosse belegenen Geschäftsräume des Provinziallandtages, welche sich an die in der Achse dieser Treppe angeordnete Vor- und Wandelhalle bezw. an die von dieser sich abzweigenden Flure anschliefsen. Links von der Wandelhalle befindet sich der grofse, durch farbiges Oberlicht erleuchtete Sitzungssaal. Dieser ist mit hohen Paneelen aus Eichenholz, die gerade Oberlichtdecke mit reichen echten Stuckverzierungen versehen, während die Vor- und Wandelhalle mit Tonnengewölben und Stichkappen, der Erfrischungssal mit Spiegelgewölbe überdeckt ist. Wände und Schildbögen sind mit Malereien, die Fenster der Wandelhalle mit den Wappen der verschiedenen Landestheile der Provinz, sowie denjenigen der Städte und der in der Provinz ansässigen Adelsgeschlechter geschmückt.

Der rechts in der Eingangshalle belegene Treppenarm führt im Erdgeschosse zu dem grofsen überwölbten Raume der Hauptkasse. In dem rechts vom inneren Hofe belegenen Seitenflügel befindet sich im Erdgeschosse der zur Unterbringung des Archivs bestimmte überwölbte Raum, welcher von dem in der Front des Quergebäudes angelegten Portale und von der daselbst befindlichen Nebentreppe zugänglich ist.

An den von der Haupteingangshalle rechts zum Erdgeschosse des Vorderhauses führenden Treppenarm schliefst sich das Haupttreppenhaus an; in diesem gelangt man auf der durch polirte Granitsäulen unterstützten, mit Balustern versehenen Sandsteintreppe in die beiden oberen Geschosse. Das erstere derselben enthält die Geschäftsräume des Provinzialausschusses bezw. der Landesdirection mit dem im Mittelrisalite der Vorderfront angeordneten Sitzungssaale des Provinzialausschusses, dessen Wände mit hohen Eichenholzpaneelen bekleidet sind und dessen gegen die Wandflächen mit kräftigen Vouten sich absetzende Decke mit reichen Stuckornamenten verziert ist. Ein an der Hoffront des Quergebäudes und der Saalfront des linken Seitenflügels angelegter Gang vermittelt den Verkehr zwischen den Bureauräumen und mit der Haupt- sowie den Nebentreppen. — Das zweite Geschofs enthält in den im Vorderhause, im linken Seitenflügel und in der Hälfte des Quergebäudes belegenen Räumen die Wohnung des Landesdirectors. Die Repräsentationsräume sind an der Vorderfront angeordnet, und zwar der Festsaal — welcher höher durchgeführt ist als die Nebenräume und dessen Wände mit Stucco lustro bekleidet sind, während seine Decke als Spiegelgewölbe ausgebildet ist — in dem Mittelrisalit der Vorderfront. Die zweite Hälfte des zweiten Obergeschosses im Querflügel ist der Städte-Feuersocietät und der Seitenflügel rechts in diesem Geschosse der Land-Feuersocietät für die Kurmark und die Niederlausitz zu ihren Geschäftsräumen überwiesen.

Während das Dach des Hauptgebäudes an der Vorderfront als steile Mansarde mit Schieferdeckung ausgebildet ist, wurde das Dach an der Hinterfront als Holzcementdach hergestellt und dieses dementsprechend höher geführt, sodafs hier noch ein drittes Obergeschofs gewonnen worden ist, dessen Räume theils der Wohnung des Landesdirectors, theils den Feuersocietäten zugelegt wurden.

Das hohe Sockelgeschofs enthält die Wohnungen für den Castellan und drei Unterbeamte, die Räume für die Dampfniederdruck-Heizung und für Aufbewahrung von Brennmaterial, die Maschinen für die Ent- und Belüftung der Sitzungssäle, eine Waschküche, Pferdestall und Wagenremise, sowie die Vorrathskeller.

VIII. Gebäude der Provinzial- und Kreisverwaltung.   133

Die Vorderfaçade des Gebäudes wurde durchweg in rothen Mainsandsteinen aus den Miltenberger Brüchen in Renaissanceformen errichtet und ist durch ihre einfachen aber wohlabgewogenen Verhältnisse sowie durch die daran befindlichen bemerkenswerthen Bildhauerarbeiten von Otto Lessing von vornehmer, monumentaler Wirkung. — Ueber den vier Säulen zu Seiten des Haupteinganges im Mittelbau erheben sich die Standbilder derjenigen Fürsten, welche von besonders hervorragender Bedeutung für die Entwicklung der Mark Brandenburg, sowie weiterhin für die Bildung des preufsischen Staates und für die Neubegründung des Deutschen Reiches gewesen sind, nämlich Albrecht des Bären, Friedrichs I., des ersten Markgrafen von Brandenburg aus dem Hause Hohenzollern, des Grofsen Kurfürsten und des Kaisers und Königs Wilhelm I. Ueber dem Hauptgesimse krönt das brandenburgische Wappen den Mittelbau.

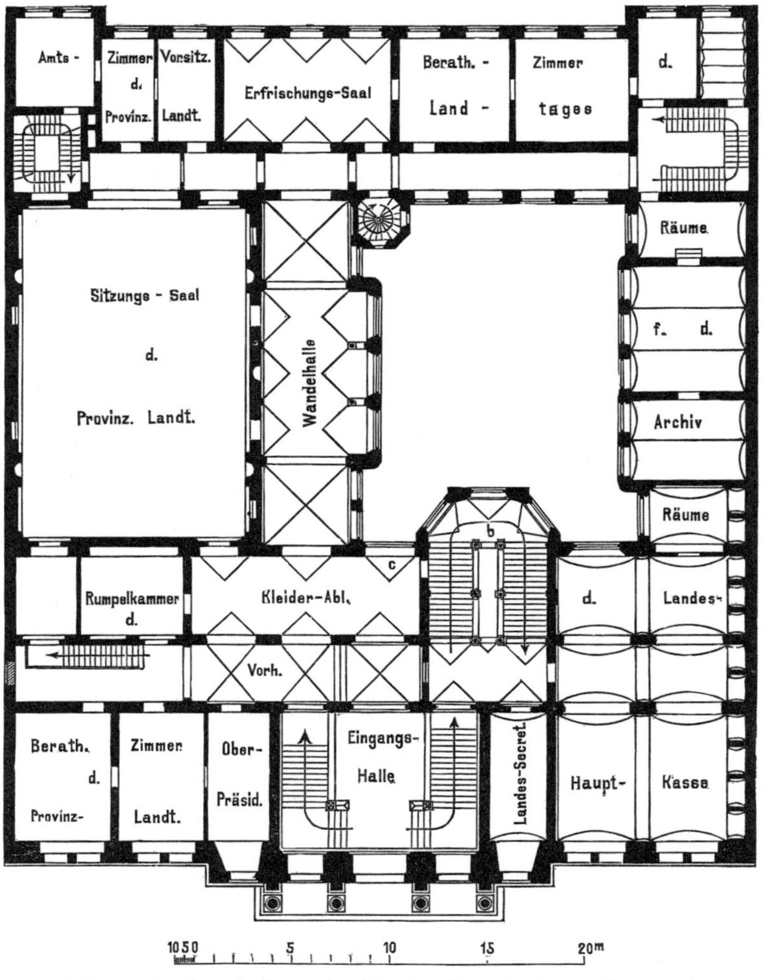

Die Flächen der Hof- und Gartenfronten sind mit weifsen Ziegelverblendsteinen in Erdglasur bekleidet, die Oeffnungen mit ledergelben Steinen eingefafst; aus dem gleichen Material sind auch die Gesimse hergestellt.

Sämtliche Räume des Gebäudes werden durch Niederdruckdampf-Heizung erwärmt, für welche vier Dampfkessel im Sockelgeschosse aufgestellt sind; diese haben sich als ausreichend erwiesen, um auch die Räume des später auf dem Nachbar-Grundstücke Matthäikirchstrafse 19 für die Alters- und Invaliditätsanstalt erbauten Kartenmagazins mit zu beheizen. — Die Lüftung und Entlüftung der gröfseren Säle erfolgt durch einen im Sockelgeschosse des hinteren Quergebäudes aufgestellten, durch Gaskraft betriebenen Ventilator. Die frische Luft wird aus dem hinter dem Gebäude belegenen geräumigen Garten entnommen. Den übrigen Räumen wird die frische Luft unmittelbar von aufsen zugeführt und gelangt in dieselben, nachdem sie an den Heizkörpern vorgewärmt ist. Die Abluft wird durch die dafür in den Wänden angelegten Röhren abgeführt. Die Beleuchtung der Räume erfolgt durch Gas.

Abb. 108. Landeshaus der Provinz Brandenburg, Grundrifs.

Die Bauleitung war dem Königl. Regierungs-Baumeister — jetzigen Kreis-Bauinspector — O. Koppen unter der Oberleitung des Landes-Bauraths Geh. Bauraths Bluth, die künstlerische Leitung den Architekten Geh. Regierungsrath Ende und Baurath Boeckmann übertragen.

Die Gesamtbaukosten — mit Ausschlufs des Ankaufes der Baustelle und der Mobiliar-Einrichtung — haben 834 795 ℳ. in Anspruch genommen und stellen sich für das

VIII. Gebäude der Provinzial- und Kreisverwaltung.

Abb. 109. Kreishaus Teltow, Ansicht.

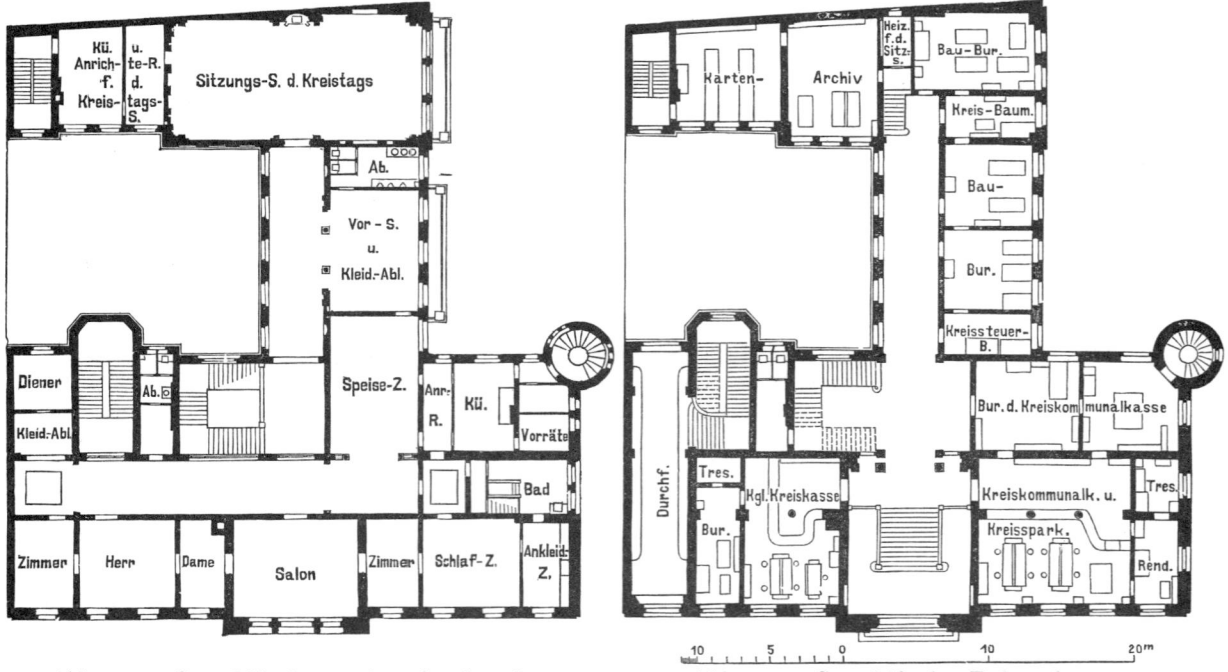

Abb. 110. Grundriſs des zweiten Stockwerks.   Abb. 111. Grundriſs des Erdgeschosses.

Quadratmeter bebauter Fläche auf 548,10 ℳ, für das Cubikmeter umbauten Raumes auf 27,60 ℳ.

2. Das Dienstgebäude für den Kreis Teltow.[1]) Gleich dem Brandenburgischen Provinzialverband besitzt auch die Verwaltung des Kreises Teltow in Berlin ihren Centralsitz in dem nach den Plänen des Bauraths Fr. Schwechten vom Mai 1890 bis October 1891 erbauten Dienstgebäude, Victoriastrafse 18. Das Gebäude (Abb. 109—111) besteht aus dem an zwei Seiten freiliegenden dreistöckigen Vorderhause, dem Seitenflügel und Hinterhause, und enthält aufser den Geschäftsräumen die geräumige Wohnung für den Landrath. Die Hauptdiensträume bilden der im ersten Stock an der Vorderfront in der Mittelachse liegende Sitzungssaal für den Kreisausschufs, sowie der im Hintergebäude belegene grofse Kreis-Sitzungssaal. — Die Wohnung des Landraths, welche im wesentlichen das zweite Stockwerk des Vordergebäudes umfafst, ist von den Diensträumen völlig getrennt, auch durch eine besondere Treppe zugänglich, steht aber anderseits mit dem auch als Festsaal bestimmten Kreistagssaale durch einen breiten Flur sowie den stattlichen Vorsal in bequemer Verbindung. Die Haupttreppe besteht aus Eisen mit Kunststeinbelag.

Das Erdgeschofs enthält an der Strafsenseite die Kassenräume, der erste Stock, wie erwähnt, in der Mitte den Kreisausschufssaal, anstofsend Berathungszimmer und Arbeitszimmer des Landraths, ferner Registratur und Bureau des Kreissecretärs. — Eine reichere Ausstattung ist vornehmlich dem grofsen Sitzungssaale zu Theil geworden. Der 9:19 m messende Raum wird theils durch zwei Oberlichte, theils durch drei Fenster an einer Schmalseite erleuchtet. Diese Fenster enthalten vom Kaiser, dem Adel und den Städten des Kreises gestiftete Glasgemälde nach Cartons von E. Döpler, die Nische der einen Langseite eine Kaiserstatue von Calandrelli; die Wandmalereien von M. Koch behandeln die Geschichte des Kreises. An der der Fensterwand gegenüber liegenden Schmalseite liegt eine Empore für Zuschauer; anstofsend an den Saal ein besonderes Büffet und Anrichteraum.

Die ganz in Postelwitzer Sandstein verblendete Hauptfront zeigt ein schmales Mittelrisalit mit dem rundbogigen Haupteingang, darüber in beiden Obergeschossen je eine Dreifenstergruppe, als Bekrönung einen in das Mansardendach hineinragenden Flachbogengiebel. Die Rücklagen enthalten je vier Achsen, die linke Seite aufserdem die Durchfahrt. Die Gartenfaçade zeigt Ziegelverblendung mit Sandsteingliedern, die dem Hofe zugekehrten Seiten haben Verkleidung durch Siegersdorfer Verblender. — Die Erwärmung des ganzen Gebäudes mit Ausnahme des aus einer besonderen Heizquelle bedienten Kreistagssaales erfolgt durch Warmwasserheizung. Die Baukosten haben rd. 850 000 ℳ betragen.

Ein in den Verhältnissen ähnliches Kreishaus, gleichfalls nach Entwürfen vom Baurath Fr. Schwechten, wird zur Zeit für den Kreis Niederbarnim geplant. Als Baustelle ist das Grundstück Prinz-Friedrich-Karl-Ufer 5, in der Nachbarschaft des Lessing-Theaters, bestimmt.

---

1) Bearbeitet von R. Borrmann nach Angaben vom Baurath Fr. Schwechten.

Abb. 112. Königscolonnaden, plastischer Aufsatz.

IX. Thore und Brückenhallen.[1]

Die älteren im vorigen Jahrhundert mit dem Bau der Stadtmauer entstandenen Thoranlagen Berlins sind mit der Niederlegung dieser Mauern in den Jahren 1866—1868 beseitigt, in vielen Fällen ist sogar jede Spur ihrer Anlage in dem veränderten Stadtbilde verschwunden. Nur an drei Stellen der Stadt sind, wenn auch keine eigentlichen Thore, so doch besondere, die Einfahrt begrenzende Thorhäuser von monumentalem Gepräge vorhanden, die aber erst aus neuerer Zeit stammen.

1. Die Thorgebäude am Potsdamer Platze, von Schinkel entworfen, traten an Stelle des einst mitten auf dem Platze belegenen, 1735 erbauten alten Potsdamer Thores. Beide haben die Form eines viersäuligen dorischen Prostylos und wurden 1824, am Geburtstage Friedrich Wilhelms III. (3. August), der Benutzung übergeben. Das linke Thorgebäude enthält jetzt ein Post- und Telegraphenbureau.

2. Die beiden, gleichfalls von Schinkel entworfenen Backsteinbauten mit dreiachsigen Bogenvorhallen am Neuen Thore am Luisenplatze.

3. Die Halleschen Thorgebäude sind eine neuere, mit der Erweiterung der Halleschen Thorbrücke entstandene stattliche Anlage, welche den Hauptzugang zur inneren Stadt im Süden bezeichnen. Sie wurden 1879 nach Entwürfen von H. Strack durch die Stadt Berlin ausgeführt. Die Gebäude haben die Form von drei Achsen tiefen Thurmbauten; nach der Durchfahrt zu springen niedrige fünfachsige Säulenhallen über den Bürgersteig vor. Das mittlere Geschofs zeigt einfache Bogenfenster, das Obergeschofs an allen Seiten eine von Pilastern und Halbsäulen umrahmte Dreifenstergruppe. Das Erdgeschofs enthält

---

[1] Neu bearbeitet von R. Borrmann.

IX. Thore und Brückenhallen.

Abb. 113. Das Brandenburger Thor, erbaut 1788—1791 von C. G. Langhans,
Ansicht vom Pariser Platze aus.

Läden, die Obergeschosse Geschäftsräume. Gliederungen und Flächen bestehen aus Sandstein, die Säulen der Vorhalle sind Granitmonolithe. Die Gruppen der vier Jahreszeiten über den Eckpfeilern der Vorhallen sind Arbeiten von Drake und Pohlmann.

4. Einfache Thorgebäude mit Bogenvorhallen nach Entwürfen des Hof-Bauinspectors v. Arnim bezeichnen die Grenze zwischen dem Berliner und Charlottenburger Weichbilde an der Charlottenburger Chaussee.

5. Die einzige wirkliche Thoranlage Berlins ist heute das **Brandenburger Thor** am Pariser Platze. Obwohl nach dem Vorbilde der Propyläen in Athen entworfen, bildet dieser Bau dennoch eine selbständige, richtig für den gegebenen Platz berechnete Anlage von bedeutender monumentaler Wirkung. Als erster in antiken Stilformen errichteter Denkmalbau bezeichnet das Brandenburger Thor ferner einen Markstein in der Baugeschichte unserer Stadt. Es ist in den Jahren 1788—1791 nach Plänen von Carl Gotthard Langhans errichtet. — An den Hauptbau lehnten sich einst auf der Thiergartenseite geschlossene, durch Pilaster gegliederte Flügelbauten, während an der Stadtseite im rechten Winkel jederseits zwei dorische Peripteraltempel, links für die Militärwache, rechts für die Steuer vorspringen. — Nach dem Abbruche der Stadtmauer 1868 wurden durch Strack an Stelle der äufseren Flügel offene dreischiffige Säulenhallen angelegt, welche den Durchgang für die Fufsgänger enthalten.

Der Hauptbau enthält fünf durch massive Querwände getheilte Durchfahrten. Vor die Stirnseiten der Querwände treten schlanke dorische Säulen, welche das Gebälk und einen hohen attikenartigen Aufbau tragen. — Die Mafse sind sehr ansehnlich. Die ganze Breite des Thores beträgt 62,50 m, die Mittelöffnung des 11 m tiefen Hauptbaues mifst im Lichten 5,65 m, die Seitenöffnungen messen 3,79 m. Die Säulen sind bei 1,73 m unterem Durchmesser 14 m hoch. Die Spitze der krönenden Gruppe erreicht die Höhe von 26 m.

Der plastische Schmuck besteht aus Friesen und Rundfeldern mit Reliefs der Thaten des Herakles. Die Metopen des Gebälks stellen die Kämpfe der Centauren und Lapithen dar, ein figurenreiches Relief schmückt die Attika an der Stadtseite. Auf dieser erhebt sich in etwa doppelter Lebensgröfse Schadows Siegesgöttin auf dem von einem Viergespann gezogenen Triumphwagen, in Kupfer getrieben von dem Kupferschmied Jury in Potsdam. Als ein Denkmal für die preufsischen Siege über die französischen Revolutionsheere bei Pirmasens und Kaiserslautern errichtet, stand sie ursprünglich nach aufsen gerichtet. 1807 führte sie Napoleon als Siegesbeute nach Paris, um sie auf dem Triumphbogen des Carrouselleplatzes im Tuilerienhofe aufzustellen. Als sie 1814 zurückgebracht wurde, fügte man dem Vexillum der Siegesgöttin das eiserne Kreuz hinzu und richtete die Figur nach innen. Seitdem ist sie mitsamt dem Bauwerke selbst im Volksbewufstsein geradezu zu einem Denkmal der Freiheitskriege geworden. — In den Durchgangshallen des Thores stehen zwei Sandstein-Statuen des Mars und der Minerva, jene ein geschätztes Originalwerk von G. Schadow.

Als Baumaterial ist Pirnaer Sandstein verwendet. Die Kosten der ursprünglichen Anlage haben 1 500 000 ℳ, die des letzten Ergänzungsbaues 105 000 ℳ betragen.

Zu den dem alten Berlin eigenthümlichen Anlagen von monumentalem Gepräge gehören die **Brückenhallen**, gedeckte Hallenanlagen mit anschliefsenden Verkaufsräumen, welche die in der Flucht der Häuserreihen liegende Einfassung der Brücken bilden.

Die ersten derartigen, bis in die Neuzeit hineinragenden Anlagen bildeten die vielberufenen, unter dem Grofsen Kurfürsten entstandenen Arkaden am Mühlendamm, welche 1887—1890 abgebrochen wurden, um den grofsartigen Neubauten an dieser ältesten Verkehrsstätte Berlins Platz zu machen. Dagegen sind drei in ganz andern Verhältnissen entworfene decorative Bauanlagen dieser Art aus dem 18. Jahrhundert noch erhalten geblieben: 1. Die Colonnaden in der Leipziger Strafse, in der Nähe des Spittelmarktes, 2. in der Königstrafse beim Bahnhof Alexanderplatz, 3. in der Mohrenstrafse.

Die Hallen in der Leipziger Strafse, auch Colonnaden der Spittelbrücke genannt, dienten zur Einfassung der an jener Stelle über den alten Festungsgraben führenden Brücke. Sie wurden 1776 nach Entwürfen von Gontards angelegt und bilden halbkreis-

IX. Thore und Brückenhallen.

Abb. 114. Ansicht der Königscolonnaden (älterer Zustand).

förmige Säulengänge ionischer Ordnung, die an den über den Bürgersteig vorspringenden Ecken und in der Mitte durch Pavillons mit plastischen Aufbauten gegliedert sind.

Weitaus die wirkungsvollste Anlage, ein Prachtstück decorativer Architektur, bilden die Königscolonnaden am ehemaligen gleichnamigen Thore, am Ausgange der Königstrafse, vor der über den Festungsgraben führenden Brücke. Sie sind im Zusammenhange mit einem Umbau dieser in neuerer Zeit beseitigten Brücke 1777—1780 gleichfalls nach v. Gontards Entwürfen entstanden. Die Länge der Halle beträgt rd. 52 m. Gekuppelte ionische Säulen auf hohen profilirten Sockeln tragen ein kräftiges Gebälk mit Attika. Die Mitte und Ecken sind durch vortretende Säulenstellungen und durch reiche plastische Aufbauten von überaus wirksamen Umrissen betont. Diese Bildwerke (Abb. 112), die „Paradeaufsätze", wie sie die spottende Kritik der nächsten unter dem Einflusse der antiken Kunst stehende Zeit benannte, sind Arbeiten der Bildhauer Meyer des Jüngeren und Schultz. — Die geschlossenen, durch Pilaster gegliederten Rückwände enthalten die Zugänge zu den Läden. An der Nordseite ergab sich die Nothwendigkeit, Zugänge zu gewinnen zu der längs des Bahnhofes Alexanderplatz angelegten neuen Strafse (v. Gontardstrafse). Infolge dessen fielen bei der letzten Erneuerung die Läden an dieser Stelle zum grofsen Theile fort, die Rückwand wurde auch

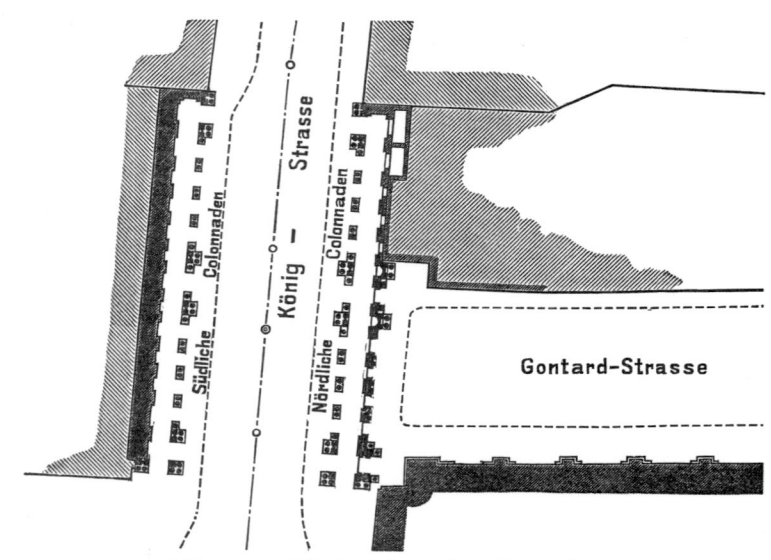

Abb. 115. Königscolonnaden, Lageplan.

an ihrer Abseite architektonisch ausgebildet und mit Durchgängen geöffnet. — Die alten Colonnaden in der Jägerstrafse auf der einst über den Festungsgraben führenden Jägerbrücke, welche Unger 1780 aufführte, sind durch Neubauten verdrängt worden.

Die Hallen in der Mohrenstrafse, 1787 von C. G. Langhans entworfen, bilden die späteste Anlage dieser Art. Sie zeigen in Formen, welche schon den Einflufs der antikisirenden Richtung jener Zeit bekunden, Rundbogenarkaden auf gekuppelten toskanischen Säulen, darüber ein Triglyphengebälk. Die von kräftigen Pfeilern getragene Mittelachse springt vor und wird durch einen Flachgiebel mit Reliefs und krönenden Figurengruppen ausgezeichnet. Die Ecken der Hallen sind als einspringende Viertelkreise gestaltet. Der plastische Schmuck, ruhende Localgottheiten in antiker Auffassung, stammt aus der Werkstatt Gottfried Schadows und bekundet namentlich im Vergleich mit den Paradeaufsätzen der Königscolonnade deutlich den Wechsel des künstlerischen Standpunktes.

Abb. 116.

X. Kirchen.[1]

Die kirchliche Baukunst in Berlin hat im letzten Jahrzehnt einen aufserordentlichen Aufschwung genommen. Wenn die Hauptstadt bis dahin anderen Städten gegenüber arm an monumentalen Kirchenbauten erschien, so geben heute viele neue Kirchen, zum Theil vollendet, zum Theil noch im Bau, Zeugnifs von lebendiger Schaffenslust. Anregung zu einer neuen frischen Bewegung auf diesem Gebiete gegeben zu haben ist wesentlich das Verdienst des regierenden Kaiserpaares; es förderte den kirchlichen Sinn, stellte in reichlichem Mafse Mittel bereit und verstand es, die Opferwilligkeit anzuregen.

Das Aufblühen des Kunstgewerbes, das nach dem Kriege von 1870/71 auf allen Gebieten für den Inhalt die schöne Form zu schaffen strebte, wurde nun auch in weitem Umfange der kirchlichen Kunst dienstbar gemacht. Der Kunstschmied, der Schnitzer, der Bildhauer, der Bronzegiefser durfte nur vom Architekten herangezogen werden und heute schmücken die Fenster der Kirche Glasgemälde, die sich mit den besten Werken der alten Meister auf diesem Gebiete messen können. Die jüngeren Berliner Architekten haben infolge ihrer Schulung den mannigfaltigen neuen und in schneller Folge an sie herangetretenen Aufgaben nicht unvorbereitet gegenüber gestanden.

---

[1] Bearbeitet vom Intendantur- und Baurath A. Rofsteuscher.

X. Kirchen.

Unter den neueren Meistern des Kirchenbaues, die seit Ende der siebziger Jahre in Berlin gewirkt und auch als Lehrer an der Berliner Hochschule thätig gewesen waren, müssen hier in erster Linie Johannes Otzen und Karl Schäfer genannt werden. Von ihnen hat der erstere durch zahlreiche Ausführungen vorbildlich gewirkt, während es dem letztgenannten Künstler leider versagt geblieben ist, sich in Berlin auf seinem eigensten Gebiete zu bethätigen. Indessen sind die Merkmale seiner bahnbrechenden Lehrthätigkeit an den jüngeren Bauwerken der kirchlichen Kunst auch in dieser Stadt besonders deutlich erkennbar, namentlich dort, wo der abgerissene Faden baugeschichtlicher Ueberlieferung wieder aufgenommen ist.

Das Charakteristische für die meisten neueren Kirchenbauten ist im Innern die Wiederanwendung der Wölbekunst; ihr haben wir auch die wesentliche Bereicherung in der Ausgestaltung der evangelischen Predigtkirche zu danken.

Die in Berlin noch vorhandenen Kirchen des Mittelalters erscheinen im Vergleich mit den Baudenkmälern jener Zeit an anderen Orten der Mark nur bescheiden. Der schöne Chor der Klosterkirche allein ist unter den mittelalterlichen Denkmälern Berlins ein Kunstwerk im höheren Sinne des Wortes. Zwar sind jene Kirchen fast alle mit Aufwand wieder hergestellt worden, aber freilich nicht immer so verständnifsvoll wie es diese ältesten Zeugen der kunstgeschichtlichen Entwicklung Berlins verdient hätten.

Als nach dem dreifsigjährigen Kriege der Grofse Kurfürst und seine Nachfolger ihre Lande zum Zufluchtsort bedrängter und verfolgter Protestanten machten, zeigte die kirchliche Baukunst neue Entwicklungskeime. Die Bedürfnisse des evangelischen Cultus fanden in dem Gotteshause, dem Stilgeschmack der Zeit folgend, ihre Verkörperung durch Anlehnung an die Renaissance Italiens, wenn auch nur in den beschränkten Verhältnissen, wie sie die Verarmung des Landes mit sich brachten. Immerhin zeigt sich in mehreren dieser nachmittelalterlichen Kirchen, dem gesunden Wachsthum des emporblühenden jungen Staatswesens folgend, das ernste Streben, für die besonderen Zwecke des evangelischen Cultus passende Lösungen zu finden.

Auch die Kirchenbauten der folgenden zwei Jahrhunderte bestätigen die weitere Entwicklung in dieser Richtung, obwohl Berlin kein künstlerisch hervorragendes Gotteshaus aus diesen Zeiten besitzt. Immerhin besitzt die Stadt in den schmucklos, zum Theil sogar dürftig behandelten Werken des 17. und 18. Jahrhunderts bemerkenswerthe Anhaltspunkte für die unverrückbare Grundlage monumentaler Kirchenbaukunst. Lassen doch diese Bauten klare Grundrifsanordnung, Ruhe im Aufbau, sowie namentlich auch, mit Rücksicht auf den evangelischen Cultus, einheitliche Gestaltung des Innenraumes keineswegs vermissen.

Bei einer Anzahl von Kirchen aus jüngster Vergangenheit ist dagegen ein Streben nach dem Absonderlichen sichtbar geworden. Die Gestaltung des Innenraumes — der in der Uebereinanderhäufung verschiedener Grundrifsanordnungen oder durch gekünstelte Structur der Tragebögen und Decken die Ruhe vermissen läfst — kennzeichnet die bedeutsamen Nachtheile solcher Anlagen. Insbesondere ist die Stellung der Kanzel in der Mitte des Kirchenraumes, die den Prediger zwingt einem Theil der Gemeinde den Rücken zu kehren, nicht als glücklich zu bezeichnen. Eine gesunde Reaction hiergegen bedeutet neuerdings das Vorgehen einiger evangelischer Gemeinden, die jene Kanzelanordnung in ihren Kirchen wieder zu beseitigen trachten.

Im allgemeinen läfst aber die Mehrzahl der neueren Kirchen das Bestreben erkennen, die Zwecke des Cultus in Einklang mit kunstsinniger Formensprache zu bringen und die Bevölkerung würdigt diese Andachtsstätten nicht nur beim Kirchgange, sondern erfreut sich auch der künstlerischen Bereicherung des Stadtbildes, das sich hoffentlich immer formenprächtiger ausgestalten wird.

Mit den in mehreren öffentlichen Gebäuden enthaltenen Hauskapellen besitzt Berlin gegenwärtig 115 öffentliche christliche Cultusstätten. Dazu gehören 99 Gemeinden des evangelischen Bekenntnisses, wobei die grofsentheils von diesem abgezweigten Secten eingerechnet sind, 15 des katholischen Bekenntnisses, aufserdem eine griechisch-katholische Kapelle. — Von den Synagogen sind zwei als bedeutendere Bauten hervorzuheben. — Unter der Regierung Kaiser Wilhelms II. wurden bisher von gröfseren Andachtsstätten mit monumentalem Gepräge in Berlin 23 evangelische, fünf katholische Kirchen und eine Synagoge errichtet und geweiht. In technischer Beziehung sei noch vorweg bemerkt, dafs die Kirchen, die alten wie die neuen, fast ausnahmslos mit Centralheizungen der verschiedensten Arten versehen und mit Beleuchtung durch Gas oder mit elektrischer Beleuchtung ausgestattet worden sind.

A. Kirchenbauten des Mittelalters.[1]

Gegen Ende des Mittelalters besafs Berlin drei Pfarrkirchen, zwei Klosterkirchen, eine kurfürstliche Kapelle im Schlosse und vier städtische Kapellen, nämlich: in Berlin selbst die Pfarrkirchen St. Nicolaus und St. Marien, die Franziskanerkirche, die Kapelle St. Georg mit dem Leprosenhause und St. Spiritus mit dem Armenhofe, in Köln: die Pfarrkirche St. Peter, die Dominikanerkirche St. Paul auf dem heutigen Schlofsplatze, die Kapellen St. Gertrud auf dem Spittelmarkte und Jerusalem, letztere wie St. Georg aufserhalb der Ringmauer, und die Erasmus-Kapelle im Schlosse.

Von diesen Bauwerken ist jetzt nur noch die Hälfte erhalten. Jerusalem und St. Peter sind zweimal erneuert, ebenso hat die Schlofskapelle ihre ursprüngliche Erscheinung ganz verloren. Die Dominikanerkirche auf dem Schlofsplatze und St. Gertrud sind beseitigt worden.

1. Die Nicolaikirche, auf dem gleichnamigen Kirchhofe als älteste Pfarrkirche errichtet, war den Heiligen Nicolaus confessor, Martinus und Catharina geweiht (Abb. 117—119). Sie ist die vornehmste, vom Rath und den Geschlechtern der Stadt bevorzugte Kirche des alten Berlins gewesen. Urkundlich beglaubigt ist ihr Bestehen schon für die Zeit kurz nach der Gründung der Stadt, zwischen 1230 und 1240. Den ältesten Bestandtheil der Kirche bildet der Granitunterbau der Thurmfront, ihm folgen der vor 1379 begonnene Chor mit den beiden kleinen Treppenthürmen. Aus der Zeit nach dem grofsen Brande von 1380 mag der einstige Backsteinoberbau der Thürme hergerührt haben. Einem dritten Bauabschnitt gehören die an der Südseite, neben dem Thurm liegende Marienkapelle (1452), die an der Nordseite gelegene zweigeschossige Heiligkreuzkapelle und der Umbau des Langhauses (seit 1460) an, der sich von den beiden Treppenthürmen am Chor bis zur westlichen Thurmfront erstreckt und anscheinend die Erneuerung der sämtlichen Gewölbe der Kirche mit umfafst hat.

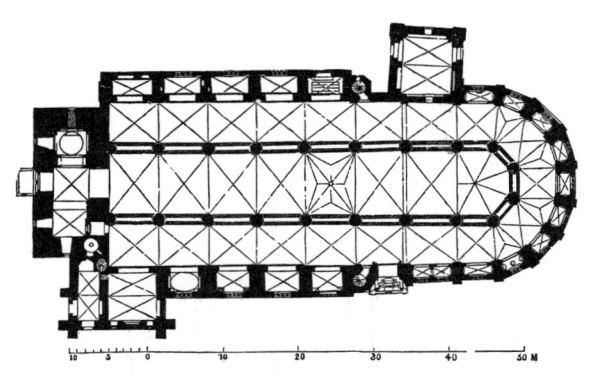

Abb. 117. Nicolaikirche, Grundrifs.

Die Nicolaikirche ist eine dreischiffige Hallenkirche von rd. 60 m Länge (ohne den Thurm) und 23 m lichter Breite, und besteht aus dem rechteckigen Thurmbau von rd. 20 m äufserer Länge und 10 m Breite, einem Langhause von sechs Jochen mit niedrigen, zwischen die Strebepfeiler eingebauten Seitenkapellen, einem polygonal geschlossenen Chor, in dem die Seitenschiffe einen Umgang, gleichfalls mit Kapellen zwischen den Strebepfeilern, bilden.

Das Aeufsere ist ein schlichter märkischer Backsteinbau. Nur die Liebfrauenkapelle, deren Staffelgiebel Motive zeigen, die denen am Brandenburger Dom und an St. Stephan zu Tangermünde ähneln, bildet einen schmuckvoller behandelten Bautheil. Der Unterbau des Thurmes mit seinen vier nur wenig zurückspringenden Absätzen ist aus behauenen

---

[1] F. Adler, Berlin und seine Bauten. I. Auflage. 1877. S. 115—147. — Die Bau- und Kunstdenkmäler von Berlin. 1893. — Der Kirchenbau des Protestantismus, herausgegeben von der Vereinigung Berliner Architekten. Eine gröfsere Anzahl der diesem Abschnitte beigefügten Abbildungen ist diesem trefflichen Buche entlehnt.

Abb. 118. Nicolaikirche, Ansicht der Westfront.

X. Kirchen.

Granitquadern hergestellt. Von den Thürmen war, soweit sichere Nachrichten reichen, nur der südliche ausgebaut und mit einer 14 m hohen hölzernen Spitze versehen. An Stelle des nördlichen erhob sich ein einfacher Giebel.

Die Wiederherstellungsarbeiten an der Kirche, die sich im Aeufsern besonders auf den Abbruch des Thurmbaues und dessen Wiederaufbau als Zwillingsthurm (Abb. 118) und im Innern auf die Erneuerung des Ausbaues und die Ausmalung erstreckt haben,

Abb. 119. Nicolaikirche, Ansicht des Innern.

wurden nach Entwürfen von Blankenstein und unter dessen Leitung 1877—1878 bewirkt, mit einem Kostenaufwand von 161 000 ℳ. für das Aeufsere und von 175 000 ℳ. für das Innere.

Kunstwerke. Bei der letzten Wiederherstellung wurden die sehr zerstörten Theile eines al fresco gemalten Weltgerichtsbildes rechts von der Orgel wiedergefunden und sorgfältig erhalten. — Der 1878 nur zum Theil wieder aufgerichtete Barockaltar enthält ein Mittelbild, die Verklärung, von B. Rode. — Von Einzelwerken mittelalterlicher Kunst verdient vor allem ein prächtiger Abendmahlskelch aus vergoldetem Silber nebst der

146   X. Kirchen.

zugehörigen Patene Erwähnung, beide etwa aus der zweiten Hälfte des 13. Jahrhunderts. — Reste von spätgothischen Schnitzereien in Eichenholz befinden sich im Märkischen Provinzial-Museum. — Die älteste der Glocken stammt vom Jahre 1410, die Kanzel von 1680. Das Taufbecken aus Zinn, bunt bemalt, ist 1563 von Stephan Lichtenhagen gefertigt. — Zahlreiche Erbbegräbnisse, Todtenschilder, Epitaphien, Denksteine und Bildnisse um Stadt und Land verdienter Männer, die namentlich seit Einführung des protestantischen Cults das Innere der Kirche schmücken, vergegenwärtigen uns ein Stück Alt-Berliner

Gez. von J. Kohte.

Abb. 120. Grabmal des Goldschmieds Männlich in der Nicolaikirche.   Profil.

Geschichte. Das bedeutendste Denkmal stellt das zweijochige, ins Erdgeschofs der Marienkapelle neben dem Thurm eingebaute v. Kötteritz'sche Erbbegräbnifs vom Jahre 1610 mit seinen drei Epitaphien, Stuckverzierungen an Wänden und Decken dar. — Dem 18. Jahrhundert gehört die mit Bildwerken von Glume, Wand- und Deckenmalereien versehene Grabkapelle des Ministers v. Kraut im Erdgeschofs des Thurmes an, ferner die gegenüber liegende Beyer'sche Kapelle, beide mit prächtigen schmiedeeisernen Gittern verschlossen; am Chor der Kirche das Schnitter'sche Epithaphium, an der Südseite des Langhauses, zunächst dem Chor, die Schindler'sche Grabkapelle mit der Gruppe der Auferstehung Christi. Von der Hand Schlüters stammt ein kleineres, aber bedeutendes Denkmal für den Goldschmied Daniel Männlich vom Jahre 1700 (Abb. 120).

X. Kirchen.

2. Die Marienkirche, einst der Jungfrau Maria, der heiligen Anna und dem heiligen Mauritius geweiht, wurde in der zweiten Hälfte des 13. Jahrhunderts, in Verbindung mit der Anlage des neuen Marktes in der nördlichen Hälfte der Stadt errichtet. Von einem ursprünglichen Granitbau sind nur geringe Spuren erhalten. Indessen mag wohl der spitzbogige Portalbogen an der Nordseite der Kirche noch ein Rest des alten Baues sein, vielleicht auch Theile des unregelmäfsigen Bruchsteinmauerwerks am Unterbau des Langhauses. — Die Kirche ist im übrigen ein schlichter Backsteinbau, der deutlich zwei verschiedene Bauabschnitte, am Chore und am Langschiffe verräth. Der erstere wird der Gründungszeit, der zweiten Hälfte des 13. Jahrhunderts, der letztere samt der Sakristei der Bauthätigkeit um 1340 angehören. Nach dem Brande von 1380 hat sodann eine Wiederherstellung beider Bautheile stattgefunden. Ins 15. Jahrhundert fällt der Massivbau des Thurmes und die Verlängerung und neue Einwölbung der anstofsenden Langhausjoche. Das erneuerte Sandsteinportal am Thurme dürfte dem Anfang des 16. Jahrhunderts angehören.

Die Kirche besteht aus dem Thurme von 24,10 m äufserer Breite, einem dreischiffigen Langhause in Form einer Hallenkirche von sechs Jochen mit 21,20 m lichter Breite und dem ca. 10,50 m breiten, mit fünf Seiten des Zehnecks geschlossenen Chor. Die gesamte lichte Länge einschliefslich der Thurmhalle beträgt 77 m. An der Nordseite des Chores befindet sich das v. Sparr'sche Erbbegräbnifs, jetzt Bibliothek, an der Südseite das Lüdke'sche Erbbegräbnifs. Der dreieckige Raum zwischen diesem und der vorspringenden Sakristei, die Simon'sche Begräbnifsstätte, war ehemals bedacht und zeigt ein kunstvolles schmiedeeisernes Gitterthor und vergitterte Fensteröffnungen; westlich von der Sakristei liegt ein grofser Anbau von 1729, der als besonderer Betsaal diente. — Die Sakristei, ein mittelalterlicher Anbau mit einfachem Staffelgiebel, war der einzige reicher behandelte Bautheil. Der Thurm besteht aus unregelmäfsigem, auf Verputz berechneten Bruchsteinmauerwerk, das Portal aus Sandstein, die Gewände und Pfosten der Mafswerkfenster aus Backstein. Nach dem Brande von 1514 erhielt der Thurm eine schlichte Holzspitze. Nach einem abermaligen Brande erfolgte die zweite Erneuerung des Thurmes durch Smids von 1663 bis 1666 in Barockstilformen. Der jetzige Helm mit Untergeschofs in phantastisch gothischen Formen aus Holz mit Kupferverkleidung und theilweiser Vergoldung wurde durch Langhans 1790 ausgeführt. — Im Innern gleichen die achteckigen Pfeiler mit vorgelegten Diensten denen in St. Nicolai. Die jetzt abgeschlossene Thurmhalle, einst in der Mitte mit einer Holzdecke, an den Seiten mit Netzgewölben überdeckt, war früher durch Oeffnungen mit dem Langhause verbunden, dessen anstofsende Joche in den Seitenschiffen gleiche Gewölbeformen aufweisen.

Abb. 121. Grabmal des Grafen O. Christoph von Sparr.

Kunstwerke. An der nördlichen Innenwand der Thurmhalle findet sich friesartig, nahezu 2 m hoch, das 1860 wieder entdeckte und vom Maler Fischbach wieder hergestellte Todtentanzbild, ein bedeutsames Denkmal mittelalterlicher Wandmalerei, aus der zweiten

Hälfte des 15. Jahrhunderts.¹) — Der jetzige Barockaltar, ein die ganze Breite des Chorraumes einnehmender Säulenbau aus Holz, ist 1757 nach Entwürfen von A. Krüger begonnen, 1761 von B. Rode gemalt, 1762 eingeweiht. — Stundenglocke, aus einer alten Glocke umgegossen, von Jakob Neuwart aus Berlin. Ein beachtenswerthes Werk mittelalterlichen Erzgusses bildet ein spätgothischer Taufkessel strengen Stils vom Jahre 1473 (im Chor). — Die durch ihre Bildwerke hervorragende Kanzel aus Marmor wurde 1703 von Schlüter gefertigt. — Orgel in reichem Barockgehäuse vom Jahre 1722.

Epitaphien, Todtenschilder, Inschrifttafeln bilden hier, wie in der Nicolaikirche, Denkmäler von geschichtlicher Bedeutung. Das Marmordenkmal des Feldmarschalls Otto Christoph v. Sparr (Abb. 121), schon bei seinen Lebzeiten, 1663, vollendet, neben dem Hauptaltar aufgestellt, ist das bedeutendste Kunstwerk der Kirche und nachweislich in der Werkstatt des berühmten holländischen Bildhauers Artus Quellinus entstanden.

Nächst dem ist als umfangreichstes plastisches Monument am Chorende des nördlichen Seitenschiffes das von Röbel'sche Epitaphium zu erwähnen. Das Gitter vor demselben gehörte ursprünglich zum Sparr'schen Epitaphium.

Die Wiederherstellungsarbeiten dieser Kirche, gleichfalls nach Plänen von Blankenstein, und unter dessen Leitung 1893 und 1894 bewirkt, haben sich auf das gesamte Aeufsere erstreckt, namentlich auf die Umgestaltung des Betsaales von 1729 an der Südseite, auf welchem man das Motiv des Staffelgiebels der alten Sakristei in zweimaliger Wiederholung übertragen hat, auf die Wiederherstellung des Ostgiebels und im Innern auf Beseitigung der späten Emporeneinbauten, Errichtung einer neuen massiv unterwölbten Orgelempore, Ergänzung des Gewölbes in der Vorhalle, Einrichtung von Treppenanlagen in dieser und endlich auf Auffrischung der Denkmäler.

3. Die Klosterkirche, gemeinhin „das graue Kloster" genannt, mufs als das bedeutendste Denkmal gothischer Baukunst des Mittelalters und als ältester erhaltener Backsteinbau in Berlin angesprochen werden. Die um 1290 begonnene dreischiffige Basilika hat vier Langhausjoche, einen zweijochigen Chor von der Breite des Mittelschiffs, mit dem schönen über die Breite des Vorchors heraustretenden sieben Zehntel Abschlufs (Lichtmafse 52,40 : 23,53 m). Dieser Chorschlufs, dem der Johanniskirche in Stettin sowie der Johanniskirche der Altstadt Brandenburg gleich, steht auf einer weit vorgeschritteneren Entwicklungsstufe der Gothik als das noch an romanische Formenbildung anklingende Langhaus. Gleichwohl

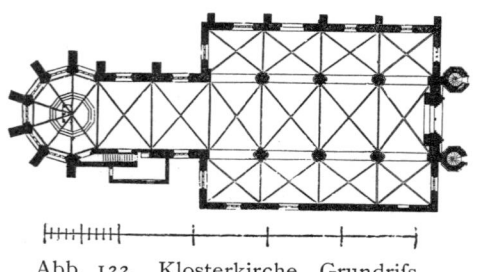

Abb. 122. Klosterkirche, Grundrifs.

mufs er, vermuthlich mit Abänderung eines ursprünglichen Entwurfs, im unmittelbaren Anschlufs an den Langhausbau errichtet worden sein. Eine spätere Anfügung läfst sich aus technischen Gründen nicht erweisen.

Die spitzbogigen Arkaden des Langhauses sind einfach gegliedert und ruhen auf kräftigen, abwechselnd viereckig mit vier Halbsäulen und achteckig mit acht Halbsäulen gegliederten Pfeilern. Die gleichfalls spitzbogigen Fenster haben zwei- und dreitheiliges Pfostenwerk mit reichem Mafswerkschlufs im Chore. Hier ist ferner die untere Wand durch Spitzbogennischen mit dreitheiligem, durch Kleeblattbogen geschlossenen Pfostenwerk geschmückt. An der Westseite liegt das reich gegliederte Hauptportal. Die Klarheit und Uebersichtlichkeit des Raumes, die guten Verhältnisse des Aufbaues und die fesselnde Behandlung der Einzelformen des Backsteins in frühem Stil, besonders an den Pfeilerkapitellen des Schiffes und den Consolen des Langhauses, kennzeichnen dieses Bauwerk trotz seiner Einfachheit als mustergültigen Kirchenbau.

Die ehemaligen Klostergebäude gruppirten sich im Norden der Kirche um zwei Höfe. Sie wurden ein Menschenalter nach Einführung der Reformation, im Jahre 1574, zu

---

¹) W. Lübke, „Der Todtentanz in der Marienkirche", Berlin 1861, mit Abbildungen und Angabe der Ergänzungen. — Th. Prüfer, „Der Todtentanz in der Marienkirche", 1883, mit vier farbigen Abbildungen.

BERLIN UND SEINE BAUTEN 1896.

INNERES DER KLOSTERKIRCHE.

WILHELM ERNST & SOHN, BERLIN.

einem Gymnasium, der ersten höheren Lehranstalt in Berlin, eingerichtet. Mehrfache Umbauten haben, besonders in den Jahren 1786—1787, ferner in unserm Jahrhundert, das Bild der ursprünglichen Anlage verwischt und viele alten Theile gänzlich beseitigt. Vom Jahre 1786 stammt die heutige Aufsenmauer mit dem Eingange an der Klosterstrafse.

Kunstwerke. Die beiden verzierten Glocken stammen vom Jahre 1613 und sind von „Jorgen Geist von Berlin" gegossen im Auftrage des Raths zu Köln. — Einfache Altargeräthe befinden sich jetzt im Märkischen Provinzial-Museum. Die Chorstühle an den Wänden des Vorchores bestehen aus 38 eichenen Klappsitzen mit geschweiften Rücklehnen und hoher Wandtäfelung. Die Füllungen dieser Täfelung enthalten in Holz geschnitzte spätgothische Ornamente mit Sinnbildern der Passion, darüber einen gemalten Inschriftenfries. — Die Kanzel, reich in Eichenholz geschnitzt, im Barockstil, ist aus der Mitte des 17. Jahrhunderts, die noch erhaltenen alten Kronleuchter aus Gelbgufs entstammen dem 17. und 18. Jahrhundert, der Taufstein ist aus Sandstein vom Ende des 16. Jahrhunderts.

Von Holzschnitzereien sind zu erwähnen: eine gute Kreuzigungsgruppe, in der Bemalung erneuert, auf dem Querbalken zwischen Langhaus und Chor, eine andere minderwerthige Kreuzigungsgruppe an der Westfront des südlichen Nebenschiffs, eine bemalte Christusfigur am westlichen Haupteingang, eine Krippe mit der Anbetung der heiligen drei Könige, endlich treffliche bemalte Holzstatuetten an den Chorwänden über den Chorstühlen. Eine gröfsere Anzahl von Altar-, Votiv- und Tafelbildern sowie Grabsteinen und Epitaphien ist in der Kirche vorhanden, mehrere Denksteine sind an der südlichen Aufsenwand angebracht. — Unter den Epitaphien verdient ein Tafelbild hervorgehoben zu werden, welches der Burggraf Friedrich von Hohenzollern seinem im Kampfe gegen die Pommern 1412 gefallenen Waffengefährten, dem Grafen von Hohenlohe, stiftete.

Von den ehemaligen Klostergebäuden stehen noch: 1. ein zweigeschossiger Hallenbau, der im Obergeschosse einen schönen zweischiffigen, von vier Rundpfeilern getragenen, durch Rippenkreuzgewölbe geschlossenen Saal, jetzt den Gesangssaal des Gymnasiums (inschriftlich in den Jahren 1471—1474 vom Meister Bernhard erbaut) enthält; 2. der vordere Theil des nördlichen Flügels der Klosteranlage (inschriftlich von 1516 bis 1518 erbaut). Dieser Theil enthält sechs Räume von sehr verschiedener Gröfse, sämtlich mit reichen Sterngewölbedecken.

Die mehrjährigen Wiederherstellungs-Arbeiten, die nach 1840 an dem Bauwerk, namentlich am äufseren, durch Hinzufügung zweier Treppenthürme an der Westseite und eines Dachreiters vorgenommen worden sind, entsprachen weder dem Stil noch der Bedeutung des Bauwerks. Den Abschlufs des einstigen Kirchhofs um den Bau bildet eine zierliche Bogenhalle längs der Klosterstrafse, erbaut nach Entwürfen von F. v. Quast.

4. Die Kapelle zum heiligen Geist, ein im Laufe der Zeit mehrfach umgestalteter Backsteinbau, der mit dem alten, 1825 beseitigten Spital am ehemaligen Spandauer Thore in der zweiten Hälfte des 13. Jahrhunderts errichtet wurde, stellt sich als kleiner einschiffiger rechteckiger Bau mit schlicht gegliederter Ostfront dar. Reicher gegliedert ist nur der Giebel durch einen Gurtfries mit Vierpafsverzierung und staffelförmigem Aufbau mit geputzten Blenden. Das Innere enthält eine reich behandelte Sterngewölbedecke. An den Füllungen der Holzemporen sind bildliche Darstellungen von geringem Werth aus der Mitte des 16. Jahrhunderts enthalten. (Lichtmafse 9,40 : 16,78 m.)

B. Kirchenbauten des 17. und 18. Jahrhunderts.

1. Die Dorotheenstädtische Kirche ist das erste neuere, seit dem Mittelalter in Berlin entstandene Gotteshaus. Den Platz gab die Kurfürstin Dorothea, zweite Gemahlin des Grofsen Kurfürsten, von der das Bauwerk auch den Namen erhielt. Am 30. Juli 1680 wurde das Bauwerk begonnen und am 11. December 1687 geweiht.

Der alte Bau bildete eine einfache Anlage in Form eines griechischen Kreuzes mit drei rechtwinkligen Armen und vier niedrigen Anbauten in den Winkeln der Kreuzarme,

Die Kirche hatte ferner ursprünglich doppelte Emporen. — Das Aeufsere war schmucklos, die rundbogigen Fenster zeigten Mafswerktheilung und im Schnittpunkt der Dachflächen safs eine kleine Laterne. So hatte sich der Bau über 170 Jahre ziemlich unverändert erhalten, bis in den Jahren 1860—1862 von Habelt eine vollständige Erneuerung in modernen Backsteinformen vorgenommen wurde. Hierbei erhielt die Kirche einen quadratischen Westthurm mit Holzspitze und zwei gedeckte Bogenhallen von Blendziegeln mit Terracotten.

Kunstwerke. Unter den Grabdenkmälern befindet sich an der Ostwand des südlichen Kreuzflügels das schöne Marmordenkmal des 1787 verstorbenen Grafen von der Mark, eine der frühesten Arbeiten Gottfried Schadows in Berlin, in der Ecke des nördlichen Kreuzarmes das Sandstein-Monument des Hof-Baumeisters M. M. Smids mit der Porträtbüste (gest. 1692), im südlichen Kreuzflügel ferner die Grabtafel für den 1695 verstorbenen Maler und Architekten Rütger von Langerfeld.

2. Die Parochialkirche,

an der Ecke der Kloster- und Parochialstrafse gelegen, wurde nach einem Entwurf Nerings von 1695 bis 1703 durch Grünberg ausgeführt. Von dem ursprünglichen Entwurf sind dabei nur die Umrisse und die allgemeine Anordnung beibehalten worden. 1698 stürzten die Gewölbe über der Vierung ein. Dies veranlafste eine Einschränkung des ursprünglichen Planes. An die Stelle der beabsichtigten kuppelartigen Dächer mit Dachreiter über der Vierung trat ein selbständig behandelter Vorbau mit stattlichem Thurm von 57 m bis zur Spitze, den Gerlach von 1713 ab erbaute, während das Vierungsgewölbe sowie zwei der Anbaugewölbe nach dem Einsturz in Holz erneuert worden waren. Am 24. April 1714 wurden am Thurm Knauf und Sonne aufgebracht, 1717 das noch heute bestehende in Amsterdam gefertigte Geläute aufgestellt. (Abb. 123 u. 124.)

Der Grundplan der Kirche mit der ebenmäfsig entwickelten Vier-Apsidenanlage findet sein Vorbild in der bekannten Kirche Santa Maria della Consolazione zu Todi. Die Gesamtlänge beträgt 37,35 m im Lichten, die Quadratseite des Mittelraumes hat 18,20 m. Die Kämpferhöhe 8,45 m und die Höhe bis zur mittleren Kuppelscheibe 17,58 m. — Unter dem Fufsboden der Kirche liegen ca. 30 gewölbte Grabkammern.

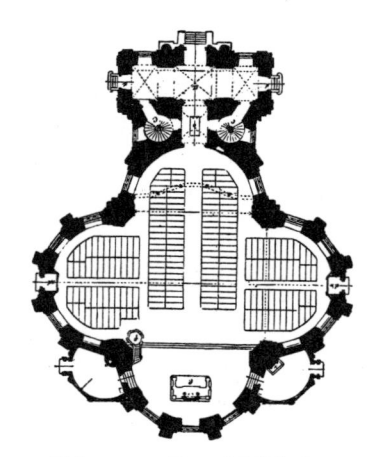

Abb. 123. Parochialkirche, Grundrifs (1 : 1000).

Eine sorgfältige Wiederherstellung erfuhr die Kirche im Jahre 1884 durch G. Knoblauch und Wex. — Altar und Kanzel, die nach der damals üblichen Anordnung zusammen standen, wurden getrennt, die Kanzel an einem der Eckpfeiler, der Altar in der östlichen Chormuschel aufgestellt. Sakristei und Confirmanden-Raum, welche in besonderen Einbauten der Ostapsis untergebracht waren, kamen in zwei Anbauten zu beiden Seiten des Altarraumes. 1891 erfuhr das obere Thurmgeschofs zugleich mit dem Glockenspiel eine Erneuerung.

Die französische und **die deutsche (neue) Kirche** liegen auf dem Gensdarmenmarkt, dem alten Friedrichstädtischen oder Mittelmarkt, der erst seit 1773 den späteren Namen führt, erstere auf dem nördlichen, letztere auf dem südlichen Theile des Platzes.

3. Die französische Kirche,

d. h. die Kirche für die nach Aufhebung des Edicts von Nantes vertriebenen und in Berlin ansässigen französischen Protestanten, wurde im Jahre 1701 von dem Ingenieur Cayart begonnen und nach dessen Tode im Jahre 1705 durch Quesnays vollendet. Die Kirche bildet eine nach der Querachse entwickelte Saalkirche mit Kanzel und Altartisch an der langen Ostseite des Hauptschiffes. Der gegenwärtige Altar vor der nördlichen Empore entstand beim Umbau, der im Jahre 1861 durch den Raths-Zimmermeister Barraud zur Ausführung gebracht wurde.

X. Kirchen.

4. Die neue oder **deutsche Kirche** wurde 1701—1708 nach Grünbergs Rissen durch Simonetti erbaut. Der Grundrifs bildet ein regelmäfsiges Fünfeck, durch fünf halbkreisförmige, aufsen halb sechseckige Anbauten erweitert und bietet trotz der unverkenn-

Abb. 124. Parochialkirche, Ansicht.

baren Anlehnung an die Parochialkirche eine besondere Lösung für den protestantischen Gottesdienst. Bei der Ausführung unterblieb die Einwölbung der Anbauten, die statt deren scheitrechte Holzdecken erhielten; auch der Mittelraum wurde mit einer flachgewölbten Holzschalung versehen. Altar und Kanzel befanden sich in bekannter Verbindung vor dem östlichen Pfeiler.

X. Kirchen.

Die doppelte Emporenanlage im Innern, die die Fensteranlage durchschnitt, hatte sich von jeher als ein Uebelstand erwiesen, dem durch Beseitigung der oberen Emporen

Abb. 125. Französische Kirche, Ansicht.

mit Ausschluſs der Orgelbühne bereits bei einem Umbau im Jahre 1834 abgeholfen war. Die Länge der Hauptachse beträgt 25,73 m, die Spannung der Nischenbögen 11,92 m.

X. Kirchen.

Der letzte Umbau durch von der Hude und Hennicke (1881—1882) führte dann zu einer vollständigen Umgestaltung des alten Grünberg'schen Bauwerks, sodafs davon nichts weiter als die Plananlage übrig geblieben ist. Die Nischen wurden mit Halbkuppeln, der Mittelraum durch eine auf Zwickeln ruhende Flachkuppel mit Oberlicht überwölbt. In den drei westlichen Nischen sind Emporen für Kirchgänger und für den Sängerchor, in den beiden östlichen eine Loge für den Hof und den Magistrat, darunter ein Vorraum und die Sakristei enthalten. Die Architektur des Aeufsern schliefst sich der des gleich zu erwähnenden Kuppelthurmes an. — Die Gruftgewölbe unter der Kirche enthalten die Gebeine G. W. v. Knobelsdorffs, gest. 16. September 1753. (Abb. 137 u. 138).

5. Die Thürme auf dem Gensdarmenmarkt.

Als Friedrich II. die grofs angelegte, fast ausschliefslich auf seine Kosten ausgeführte Umgestaltung des Platzes begann, bei der die um die Kirchen unter Friedrich Wilhelm I. im Viereck errichteten Stallungen des Regiments Gens d'armes beseitigt wurden, ordnete der König den Anbau von zwei prächtigen und völlig gleich gebildeten Kuppelbauten an, die ohne inneren Zusammenhang mit den sonst ganz unscheinbaren Kirchen errichtet wurden. Die Entwürfe, für die dem Monarchen die beiden am Eingange zum Corso, an der Piazza del popolo zu Rom gelegenen Kuppelkirchen vorgeschwebt haben sollen, rühren von v. Gontard her. Doch trat v. Gontard nach dem am 28. Juli 1781 erfolgten Einsturz des Thurmes an der deutschen Kirche von der Bauleitung zurück. Die Arbeiten führte dann Unger weiter. Die beiden übereinstimmenden Thürme bestehen aus einem quadratischen Unterbau mit drei giebelbekrönten, sechssäuligen Flügelbauten. Darüber baut sich eine schlanke, mit korinthischen Säulen umstellte Trommel und ein hohes, durch flache Pfeilervorlagen getheiltes Attikengeschofs mit elliptischen Fenstern auf. Eine steil aufsteigende Kuppel mit einer Figur aus getriebenem Kupfer bekrönt die Thürme. Die Gesamthöhe beträgt ca. 76 m.

Gontards Kuppelthürme sind, obgleich sie sich an Palladios und anderer jüngerer Meister Werke anlehnen, doch als selbständige Leistungen monumentaler Baukunst, insbesondere auch in ihrer decorativen Wirkung auf dem Platze, für den sie bestimmt waren, sowie für das Stadtbild überhaupt, längst anerkannt.

Abb. 126. Sophienkirche, Obertheil des Westthurmes.

Aufser der französischen Kirche auf dem Gensdarmenmarkt entstanden für die Refugiés in der Commandantenstrafse 5 die sogenannte Wallonenkirche, und Klosterstrafse 43 eine in einen Hof eingebaute Kirchenanlage. Beide sind einschiffige Saalanlagen mit Emporen, die erstere 1728, die letztere 1726 eingeweiht. — Als ähnliches Beispiel schlichten Bedürfnifsbaues ist noch die von Kemmeter 1712—1714 erbaute älteste **Synagoge** Berlins in der Haidereitergasse zu nennen, ein Gebäude mit rechteckigem Grundplane. Bei einem Umbau im Jahre 1886 wurde ein gewölbter Altarraum hinzugefügt. Die Emporen sind an beiden Langwänden herumgeführt, wodurch die Fensterbildung eine Aenderung erfuhr.

6. Die Sophienkirche
in der gleichnamigen Strafse verewigt den Namen ihrer hohen Gönnerin, der Königin Sophie Luise, der dritten Gemahlin Friedrichs I., und wurde im Jahre 1712 errichtet.

Die Grundrifsanlage zeigt eine Saalkirche von 38,91 : 21,34 m. Der ursprüngliche Innenraum wirkte durch die flache Holzdecke niedrig und gedrückt. Der Kanzelaltar stand an einer Schmalseite gegenüber der Orgel. Bei einem im Jahre 1892 wesentlich nach den Plänen des Regierungs- und Bauraths F. Schultze und unter Aufsicht des Landbau-Inspectors P. Kieschke geleiteten Umbau wurde zunächst das Schiff durch den Einbau einer gewölbten Chornische mit feuersicheren Emporentreppen zu beiden Seiten verkürzt, ferner der alte Holzstuhl durch einen eisernen mit höher gelegter Decke ersetzt. Die Emporen sind auf drei Seiten herumgeführt und erhielten weitere Zugänge durch Treppen neben der westlichen Thurmhalle. — Das Aeufsere ist durch Hinzufügung einer Attika infolge der Höherlegung der Decke und an der Ostfront durch einen in den Stilformen der Zeit angelegten Giebel verändert. — Den künstlerisch werthvollen Theil der Kirche bildet der schöne quadratische Thurm mit zweifachem Säulengeschofs und Kuppelkrönung, der in den Jahren 1732—1734 von Grael erbaut worden ist (Abb. 126).

7. Die Garnisonkirche

(Abb. 135 u. 136 S. 159) in der neuen Friedrichstrafse vor dem ehemaligen Spandauer Thore wurde auf Befehl König Friedrichs I. nach Zeichnungen von Grünberg 1701—1703 für die Militärgemeinde ausgeführt und war ein nach vier Achsen ebenmäfsig entwickeltes Kreuz von etwa 30 m Länge mit doppelter Emporenanlage. Sie hatte die üblichen Rundbogenfenster in ganzer Höhe und im Schnittpunkte der Dachfirste eine kleine Laterne. Durch eine Pulverexplosion in dem benachbarten ehemaligen Spandauer Thorthurm, der als Pulvermagazin benutzt wurde, erlitt das Bauwerk 1720 so schwere Beschädigungen, dafs sein Abbruch erfolgen mufste. Nach kurzer Zeit liefs Friedrich Wilhelm I. auf derselben Stelle den jetzigen sparsamen Neubau ohne Thurm und Vorhallen, aber in erheblich gröfseren Abmessungen (rd. 58 : 31,40 m, 16,96 m lichte Höhe) unter Leitung von Ph. Gerlach 1721—1722 errichten. — Ein im Jahre 1816 durch Rabe geleiteter Umbau führte zur völligen Umgestaltung des Innern in den schwerfälligen antiken Formen jener Zeit. An Stelle der ursprünglichen Holzstützen, welche die Schiffe theilten und den Emporen als Stützen dienten, traten massive dorische Säulen. Eine neuere unter Leitung Stülers und Fleischingers durch Bernhardt bewirkte Wiederherstellung erfuhr die Kirche 1863. Hierbei wurde das Innere farbig behandelt und die Kanzel umgebaut. Die rundbogigen Langfenster erhielten antikisirendes Pfostenwerk aus gebranntem Thon. — Der Marmoraltar mit dem Tabernakel stammt aus der Zeit Friedrich Wilhelms IV. — Das Altarbild von Begas, Christus am Oelberge, und das grofse Bild von Hensel, Christus vor Pilatus, auf der Ostempore sind Geschenke Friedrich Wilhelms III. — Die prächtige von Wagner 1724—1725 erbaute Orgel ist in neuester Zeit durch Sauer in Frankfurt a. O. neu hergerichtet worden. — Die Kirche gewährt in ihrer jetzigen Gestalt Raum für mehr als 3000 Kirchgänger.

8. Die ehemalige Waisenhauskirche,

jetzt nicht mehr als Gotteshaus benutzt, bildet einen Theil des ehemaligen Waisenhauses, Friedrichshospital genannt, an der Stralauer Brücke, das 1690 durch Grünberg begonnen und 1709 durch Gerlach fortgesetzt wurde. Von letzterem insbesondere rührt die Anlage der Kirche sowie der stattliche 1727 beendete Glockenthurm, dessen Obertheil aber 1782 wegen Baufälligkeit wieder abgebrochen werden mufste, her. Jetzt ist, nachdem der Rest des Thurmes 1809 durch Brandschaden gelitten hatte, nur noch der steinerne Rumpf erhalten geblieben. Das Innere bildet einen rechteckigen, mit hölzernen Emporen versehenen Saal von rd. 22 : 12 m.

9. Die Jerusalemer Kirche

am Schnittpunkt der Jerusalemer und Lindenstrafse.

Die Sage führt die Gründung auf einen Berliner Bürger zurück, der auf der Wallfahrt zum heiligen Grabe in Jerusalem, von Krankheit befallen, für seine Genesung die Stiftung einer Kapelle gelobte. 1689 wurde der Bau, über den näheres nicht bekannt ist, durch Simonetti erweitert. Unter König Friedrich Wilhelm I. forderte das Bedürfnifs einen Neubau, der 1728—1731 nach Gerlachs Plänen ausgeführt wurde.

Die Kirche bildete ein griechisches Kreuz, an dessen südlichen Arm ein Thurm von gleicher Breite sich anschlofs. Die Hauptmafse betrugen: 31 m Länge, 16,32 m Breite. Der Kanzelaltar lag im südlichen Kreuzarm mit dem Rücken gegen den Thurm. Oberhalb des Altars befand sich auf einer zweiten Empore die Orgel; im östlichen Kreuzflügel, gleichfalls mit Emporen, die Königs- und die Rathsloge. Die flache Holzdecke trugen hölzerne Säulen, die auf breiten Pfeilern in Höhe der Emporen fufsten. Das Aeufsere, ein einfacher Putzbau, zweigeschossig gestaltet, wurde durch den stattlichen Thurmbau von schönen Verhältnissen zu voller Wirkung gebracht. Die Thurmspitze mufste leider 1747 wegen Baufälligkeit abgetragen werden. Ein späterer Umbau verzichtete auf die Wiederherstellung dieses Geschosses und die Thurmspitze, von vier kleinen Eckthürmchen umgeben, erhielt ihre neue Gestalt nach einem Plane Schinkels 1838.

Einer neuen Anlage kann sodann der im Jahre 1878—1879 durch E. Knoblauch ausgeführte Umbau gleichgerechnet werden, wobei nur die früheren Umfassungsmauern stehen geblieben sind. Der Innenraum wurde mit einer gegliederten Holzdecke versehen, das Aeufsere durch Verblendung in einen Backstein- und Terracottenbau verwandelt (Abb. 139).

* * *

Bei der Erweiterung der Friedrichstadt liefs Friedrich Wilhelm I. zwei neue Kirchen nach dem in Berlin noch nicht versuchten Schema eines Kuppelbaues errichten. Es darf dieser Versuch wohl auf das Vorbild der 1726—1734 durch Bähr erbaute Frauenkirche zu Dresden zurückgeführt werden, wenngleich die geringen Mittel, die der Königliche Bauherr zur Verfügung stellen konnte, nur sehr herabgeminderte Nachbildungen zuliefsen.

10. Die böhmische oder Bethlehemskirche, in der Mauerstrafse zwischen Schützen- und Krausenstrafse gelegen, war für das religiöse Bedürfnifs der unter Friedrich Wilhelm I. im südlichen Theil der Berliner Friedrichstadt angesiedelten Böhmen bestimmt. Nach Dieterichs Plänen 1735—1737 ausgeführt, bildet der Grundplan einen Kreis von 15,70 m Durchmesser mit vier kurzen Kreuzarmen, davon drei rechteckig und der östliche halbkreisförmig als Altarnische ausgestaltet. Die Emporen ziehen sich auf etwa Dreiviertel des inneren Umfanges herum und sind in den Kreuzarmen doppelt. Die Kanzel mit geschweifter Brüstung, Schalldeckel und Rückwand ist bemerkenswerth.

11. Die Dreifaltigkeitskirche, in der Anlage der vorigen ähnlich 1737—1739 ausgeführt, ist ein Rundbau von ca. 22 m Durchmesser, bei dem gleichfalls die Kreuzform durch vier Risalite, denen im Innern flache Nischen entsprechen, angedeutet erscheint. Den mit einer flachen Holzkuppel gedeckten Innenraum umzogen ehemals dreifache Emporen. Der Kanzelaltar stand dem Westeingang gegenüber; im Aeufsren wird der Bau von einer mit Ziegeln gedeckten Holzkuppelconstruction mit stattlicher, als Glockenthurm dienender Laterne bekrönt.

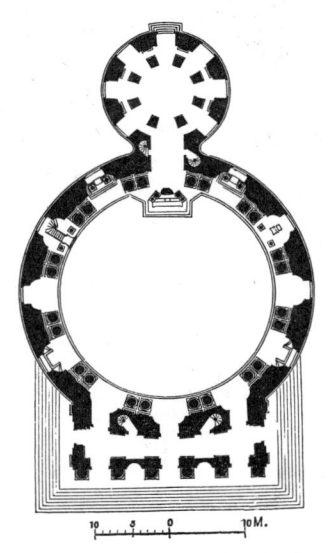

Abb. 127. St. Hedwigskirche, Grundrifs.

Ein im Jahre 1864 durch Lohse ausgeführter Umbau beseitigte die oberste Emporenreihe, sehr zum Vortheil des Innenraumes, und ein weiterer Ausbau nach dem Entwurf von F. Schulze im Jahre 1885—1886 erweiterte die Anlage durch Anbau einer kleineren südlichen und einer gröfseren nördlichen, in entsprechenden Stilformen gehaltenen Vorhalle mit Sakristei und Taufkapelle (Abb. 132 S. 159).

12. Die St. Hedwigskirche (Abb. 127), die erste römisch-katholische Kirche Berlins, wurde auf einem von Friedrich II. geschenkten Bauplatz hinter dem neuen Opernhause nach Planangaben des grofsen Königs und Modellen von Büring 1747—1755 im Rohbau bis zur Dachdeckung gefördert. Wegen Mangels an Mitteln ruhte die Ausführung während des siebenjährigen Krieges und länger, bis 1770—1773 eine nothdürftige Vollendung durch Boumann (Vater) erfolgte. Ihre innere Ausschmückung verdankt die Kirche dem Turiner Maler Bernardino Gagliari, der sie auf eigene Kosten nicht nur ausmalte, sondern auch die Kanzel stiftete.

156   X. Kirchen.

Die dem Pantheon nachgebildete Plananlage der Kirche besteht aus dem stattlichen kreisförmigen Hauptraum von rd. 34,50 m lichtem Durchmesser und 27,61 m Höhe und dem gleichfalls kreisrunden Anbau der Beicht- und Taufkapelle. Zwischen beiden liegen die Sakristeiräume und der mittlere Durchgang. Die Umfassungsmauern des Kirchenraumes werden durch 12 im Halbbogen überdeckte Nischen durchbrochen, zwischen denen gekuppelte korinthische Säulen das Gebälk und die innere Kuppel tragen. Der schlichte Rundbau hat eine schmale, geschlossene, mit sechs ionischen Dreiviertelsäulen besetzte und giebelgekrönte Vorhalle. Unter dem ganzen Bau erstreckt sich ein Gruftgewölbe für Erbbegräbnisse.

Bei dem Umbau, der 1886—1887 durch Hasak ausgeführt wurde, hat das Kuppeldach an Stelle der Ziegel eine Kupferdecke und eine stattliche Laterne mit unverhältnifsmäfsigem, vergoldetem Kreuz erhalten. — Unter den Glasgemälden der Fenster aus neuster Zeit ist das den heiligen Aloysius darstellende, eine hervorragende Leistung Linnemanns in Frankfurt a. M., bemerkenswerth (Abb. 128). Der Entwurf für einen bis jetzt nur in Bossen vorgearbeiteten figürlichen Giebelschmuck rührt von N. Geiger her.

13. Die Luisenstädtische Kirche in der Jakobstrafse wurde 1694—1695 als Fachwerkbau errichtet und 1751—1753 durch einen Massivneubau ersetzt. Eine durchgreifende Wiederherstellung, wobei auch der Thurm vollendet wurde, erfolgte 1845. Der Innenraum, ein rechteckiger Saalbau mit Rundbogenfenstern, wird durch hölzerne Emporen durchschnitten. — Der Kanzelaltar steht in der Hauptachse an einer Schmalseite, die Orgel gegenüber auf der Empore der anderen Schmalseite. (Mafse 41,40 : 18,80 m.)

14. Die Georgenkirche, ursprünglich als Kapelle eines Leprosenhauses um 1275 erbaut, wurde nach mehrfachen Umbauten 1713 mit einem seitwärts gestellten Thurme ausgestattet, später von Naumann 1779—1780 vollständig erneuert als Saalkirche mit doppelten Emporen aus Holz. Der Kanzelaltar steht in der Mitte der Langseite, die Orgel auf der Empore seitwärts. (Mafse 45,20 : 20 m.) Dieser ärmliche Bedürfnifsbau wird verschwinden, sobald die dahinter liegende, nach den Plänen von J. Otzen in der Ausführung begriffene **neue Georgenkirche** vollendet sein wird.

C. Kirchen des 19. Jahrhunderts.

Mit dem Tode des grofsen Königs trat in der baulichen Entwicklung Berlins auf kirchlichem Gebiete eine Stockung ein. Auch Schinkel, der später an der Spitze des Staatsbauwesens stand, hat nur in bescheidenem Mafse

Abb. 128. St. Hedwigskirche, Glasfenster von Linnemann.

sein ideales Streben auf dem Gebiete kirchlicher Kunst verwirklichen können. In seinen mannigfaltigen Entwürfen verkörpert sich, wenngleich noch in phantastisch-romantischer Weise, die langsam wieder erwachende Neigung der Zeit für die mittelalterliche Kunst.[1] Schinkels

---

[1] Vergl. die umfassende und lichtvolle Würdigung seiner Verdienste um den modernen Kirchenbau von E. O. Fritsch in: „Der Kirchenbau des Protestantismus". S. 160 ff.

X. Kirchen.

zweifelloses, für den modernen Berliner Kirchenbau überaus bedeutsames Verdienst bleibt es ferner, die Wiederbelebung des Backsteinbaues in der Architektur als erster angestrebt zu haben, und seine Wiederaufnahme des Gewölbebaues im mittelalterlichen Sinne ist als gleich verdienstvolle That auf technischem Gebiete zu nennen.

Die folgenden fünf durch diesen Meister zur Ausführung gelangten Kirchen geben nur ein unvollständiges Bild seiner Bestrebungen.

1. Die Werder'sche Kirche. Der erste Kirchenbau auf dem Friedrichswerder war eine nach Grünbergs Entwürfen 1700—1701 erbaute Doppelkirche. Sie war aus dem Umbau des alten Reithauses oder „Langen Stalles" hervorgegangen, der am Marktplatz, an Stelle der heutigen Kirche lag und vom Kurfürsten Friedrich III. einer deutschen und einer französischen Gemeinde zu gottesdienstlichen Zwecken überwiesen war. Der Bau hatte 80 m Länge und 16—17 m Breite. Jeder Gemeinde war eine Hälfte angewiesen. Das Innere besafs eine geschalte Holzdecke und Emporen; das Aeufsere zeigte Rundbogenöffnungen und Stichbogenfenster unter den Emporen; Kanzel und Altar standen vor der gemeinsamen Trennungswand.

Ein vollständiger Neubau in gothisirenden Stilformen nach Schinkels Plänen kam, nach Abbruch des alten Bauwerks, 1824—1830 zur Ausführung, die heutige Backsteinkirche. Sie bildet eine einschiffige, fünfjochige, mit Kreuzgewölben bedeckte Anlage, deren Chor zu fünf Zehnteln geschlossen ist. Zwischen den nach innen gezogenen Strebepfeilern liegt ein Umgang mit Emporenanlagen auf spitzbogigen Holzarkaden. — Die Wirkung des schlichten Aeufsern steht erheblich gegen die des Innern zurück (Abb. 130 u. 131).

2. Die Paulskirche am Gesundbrunnen ist eine einschiffige thurmlose Bauanlage mit Apsis und Emporen im Innern, das Aeufsere gegliedert durch korinthische Pilaster und antik gefafste Fenster. (Lichtmafse 12,24 : 29,15 m.)

3. Die Elisabethkirche vor dem Rosenthaler Thor an der Invalidenstrafse, ebenfalls ein einschiffiger, rechteckiger Putzbau mit Apsis und von Pfeilern getragener Vorhalle, im Innern mit zwei hölzernen Emporenreihen über einander. (Mafse 15,69 : 30,44 m.) (Abb. 133.)

4. Die Nazarethkirche in der Müllerstrafse, einschiffiger Ziegelrohbau mit Apsis, Rundbogenfenstern, Emporen und horizontaler Holzdecke. (Mafse 12,24 : 29,80 m.)

5. Die Johanniskirche in Moabit ist ein einschiffiger Ziegelrohbau, der vorigen Anlage ähnlich, aber mit sattelförmiger, cassettirter Holzdecke, die durch rundbogig ausgebildete Binder getragen wird. (Lichtmafse 11,60 : 30,44 m.) Auf Befehl König Friedrich Wilhelms IV. erhielt die Kirche später nach Stülers Entwurf noch Thurm und Vorhalle, die mit Pfarrhaus und Schule zu einer malerischen Gruppe vereinigt worden sind (Abb. 129).

6. Die Petrikirche in Köln, auf der Stelle der ältesten Pfarrkirche dieses Stadttheils, die dem 13. Jahrhundert entstammte, wurde nach mehrfachen Veränderungen und Anbauten in der Zeit Friedrich Wilhelms I. zuerst 1730 mitsamt ihrem Thurmbau (von Grael) durch Brand vernichtet, dann 1734 durch Einsturz des neuen Thurmes beschädigt, schliefslich 1809[1]) zum zweitenmale durch Brand zerstört. 1846—1850 wurde sie nach Plänen von Joh. H. Strack in gothischen Formen neu erbaut. Der enge Bauplatz zwang zur Anlage eines kurzschenkligen Kreuzbaues mit einem Querhause, einem Thurm an der Front und einem ⅝ Polygonchor an der Rückseite. In den Kreuzflügeln befinden sich einfache, in dem vorderen Joche doppelte Holzemporen. Die Treppen liegen theils in dem vorderen Querhause, theils in vier Achteckthürmchen, welche die Kreuzflügelecken flankiren. An die achsial gestellten Eingänge schliefsen sich entsprechende Vorräume. Die beiden Sakristeien liegen innerhalb des Polygonchores, sind aber nach innen durch eine Fialen- und Bogengiebelwand, die den Altarraum abschliefst, verdeckt; darüber befindet sich von hinten zugänglich eine Sängerempore.

---

[1]) Ueber die wechselvolle Geschichte dieses Bauwerks vergl. die Bau- und Kunstdenkmäler von Berlin. (1892.) S. 247 ff.

158 X. Kirchen.

Der Façadenbau beruht auf Motiven des norddeutschen Backsteinbaues unter Anwendung von Sandsteindetails zu den zwei- wie viertheiligen Spitzbogenfenstern und zu den durchbrochenen Bogengiebeln über den Nebenportalen. — Die knieenden Engel als Consolen am Thurme bestehen aus Terracotta. Die Spitze des sehr schlanken Thurmes von 96,34 m Gesamthöhe ist aus Schmiedeeisen mit Verkleidung von Zinkblech hergestellt; mit dem gleichen Materiale sind auch die Nebenthürme eingedeckt. — Das mit Sterngewölben auf Bündelpfeilern bedeckte Innere ist von grofser Einfachheit. — Die Zahl der Sitzplätze beträgt 1450. Mafse: 43,62 m Länge, 14,90 m Breite und 27,14 m Höhe. Baukosten 696 000 ℳ.

Abb. 129. St. Johanniskirche, Ansicht der Strafsenfront.

Mit dem Regierungsantritt Friedrich Wilhelms IV. wurde die Bauthätigkeit auf kirchlichem Gebiete überhaupt wesentlich erhöht. Der persönliche Geschmack dieses Fürsten und sein auf das Kirchliche gerichteter Sinn — im Wetteifer mit verwandten Bestrebungen am Hofe Ludwigs von Bayern — waren mächtige Hebel zur Bethätigung seiner Gedanken und Absichten, zu deren Ausführung vorzugsweise Stüler auserwählt war. Die romantische Kunstrichtung, die zunächst in der deutschen Malerei jener Zeit ihren Ausdruck gefunden hatte, trat nun auch in der Baukunst hervor. Bei dem Könige verband sich damit freilich ein archäologischer Zug, indem er statt auf die Kunst des deutschen Mittelalters auf die Kunst des altchristlichen Basilikenbaues zurückgriff. Der Lieblingsplan des Königs, der Neubau eines evangelischen Domes am Lustgarten an Stelle der Domkirche, in Gestalt einer altchristlichen fünfschiffigen Basilika in Verbindung mit einem Campo santo, der unten die Hohenzollerngräber enthalten, oben mit Fresken von Cornelius geschmückt werden sollte, kam über die Anfänge einzelner Bautheile nicht hinaus. Dagegen gelangte, freilich nur in bescheidenen Verhältnissen, der Basilikenstil in kleineren Kirchenbauten der Hauptstadt zur Geltung. Ausgeführt wurden in dem seine Regierung umfassenden Zeitabschnitte vier Kirchen und eine Kapelle von Stüler, nämlich: Die Jacobi-, Matthäi-, Markus-, Bartholomäus-Kirche und die Schlofskapelle, zwei Kirchen von Strack, die Peters- und Andreas-Kirche, und eine von Soller, St. Michael.

X. Kirchen.

Abb. 135. Garnisonkirche, Querschnitt.

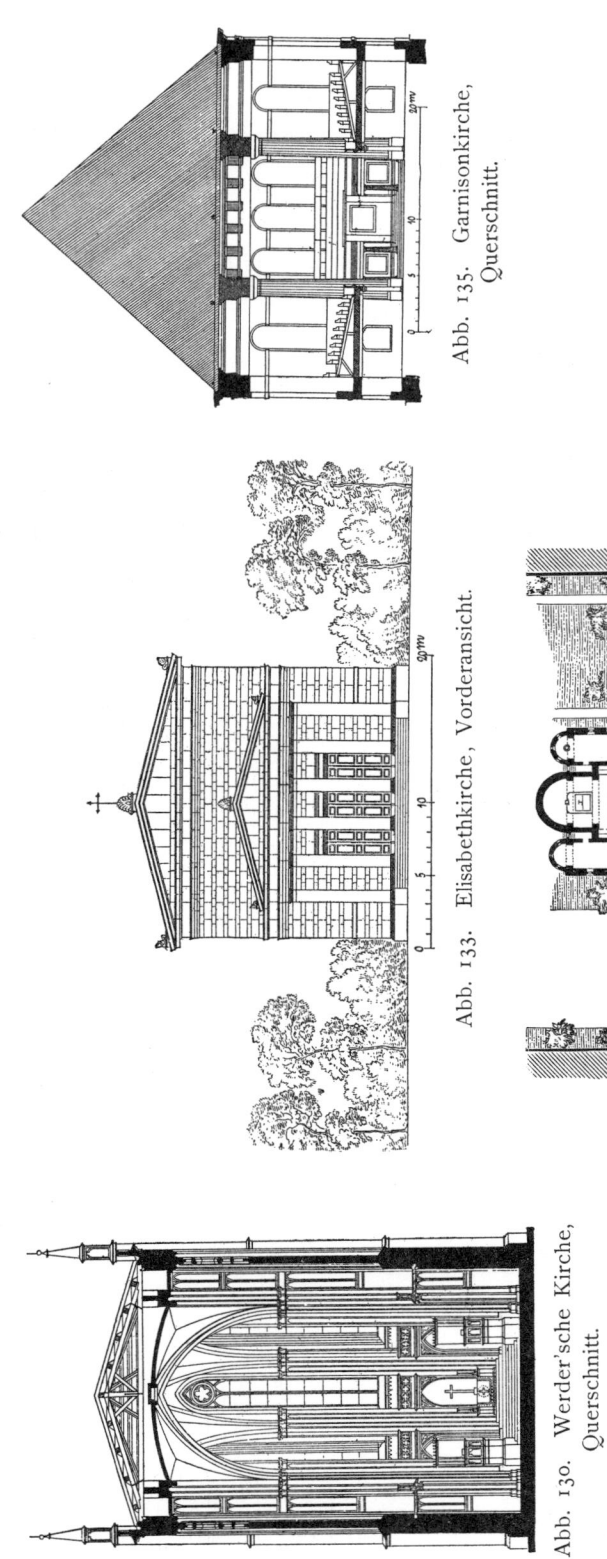

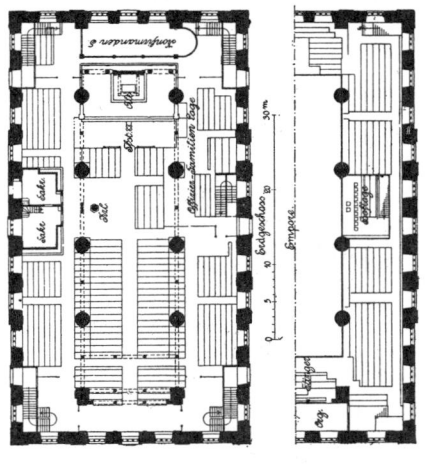

Abb. 136. Garnisonkirche, Grundriss des Erdgeschosses und halber Emporengrundriss.

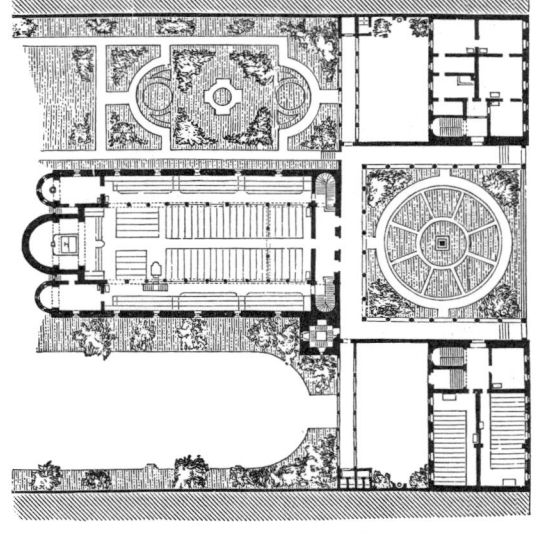

Abb. 133. Elisabethkirche, Vorderansicht.

Abb. 134. Grundriss der Jacobikirche.

Abb. 130. Werder'sche Kirche, Querschnitt.

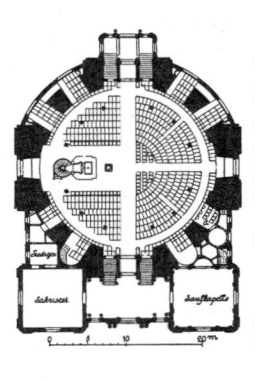

Abb. 131. Werder'sche Kirche, Grundriss.

Abb. 132. Dreifaltigkeitskirche.

160   X. Kirchen.

Abb. 137. Neue Kirche, Aufsenansicht.

Abb. 138. Neue Kirche, Ansicht des Innern.

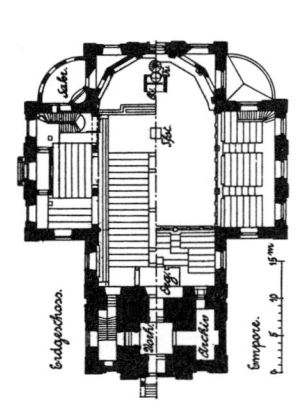

Abb. 139. Jerusalemer Kirche, Grundrifs.

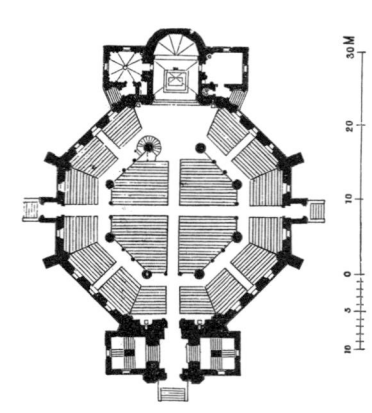

Abb. 140. Markuskirche, Grundrifs.

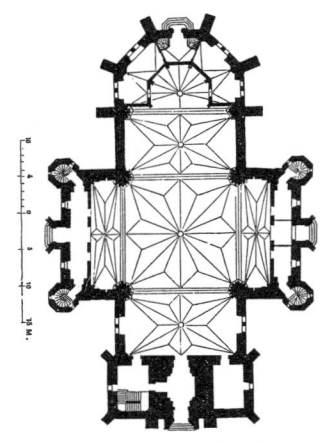

Abb. 141. Petrikirche, Grundrifs.

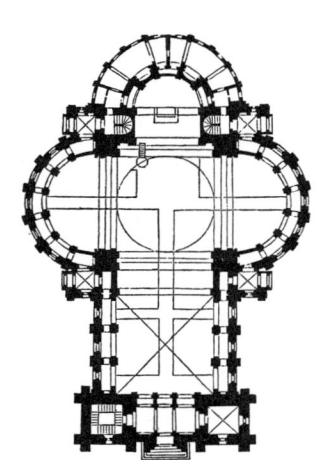

Abb. 142. Thomaskirche, Grundrifs.

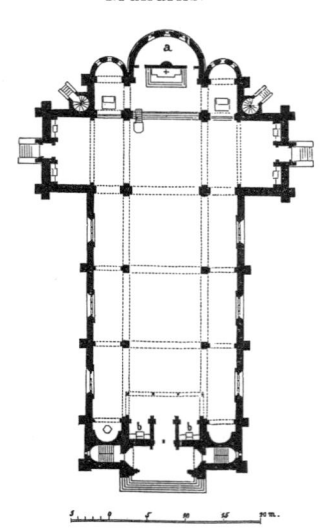

Abb. 143. Michaelskirche, Grundrifs.

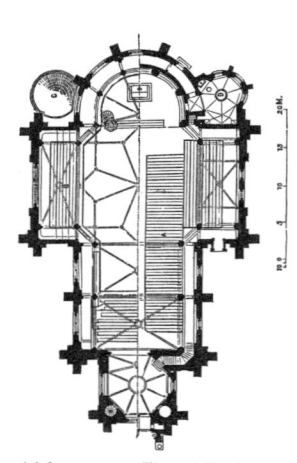

Abb. 144. Zionskirche, Grundrifs.

X. Kirchen.

7. Die Jacobikirche in der Oranienstrafse, ein schlichter Backsteinbau, 1844 bis 1845 von Stüler erbaut, bildet vielleicht das bezeichnendste Bild für den unter Friedrich Wilhelm IV. beliebten altchristlichen Basilikentypus. Ein von Säulenhallen umgebener Hof (Atrium) mit seitwärts gestelltem Glockenthurme vervollständigen das Bild einer derartigen Anlage. Das Innere ist einschiffig und zeigt zwei Stützenstellungen über einander. Die untere Säulenreihe ist durch Steinarchitrave, auf denen die Emporen ruhen, die darüber befindliche durch Rundbogen verbunden, alles mit Holzdecken versehen, nur die Apsis gewölbt. (Mafse 18,83 : 38,91 m.) (Abb. 134.)

8. Die Matthäikirche in der Matthäikirchstrafse, deren Ausführung in die Jahre 1845—1846 fällt, ist gleichfalls ein Ziegelrohbau von einfachen Verhältnissen und auch im Aeufsern als dreischiffige Hallenkirche gekennzeichnet. Die Emporen in den Nebenschiffen sind zwischen hölzerne Rundbogen eingespannt. Die Nebenschiffe sind ebenso wie der Hauptraum mit hölzernen Gewölben abgedeckt. Die Hauptapsis an der Chorseite hat zwei seitlich anschliefsende kleinere halbrunde Ausbauten. Der quadratische Glokkenthurm steht in der Hauptachse und endigt mit einer überdeckten Galerie, aus der die achteckige Spitze mit Helm herausragt. (Länge 29,18 m, Breite 18,83 m, Thurmhöhe 43,93 m.)

9. Die Markuskirche, 1848—1855 in der Weberstrafse errichtet, ist ein achteckiger Centralbau mit Apsis und gegenüber liegendem quadratischen Westthurm. Im Innern schliefsen acht durch Rundbogen unter sich und mit den Aufsenmauern verbundene Sandsteinpfeiler einen Mittelbau ein, über dessen Trommel sich eine auf Eisenrippen gewölbte Kuppel mit äufserer Schutzkuppel von Holz erhebt.

Auch die auf sieben Seiten das Achteck des Mittelraumes umgebenden hölzernen Emporen ruhen auf eisernen Trägern. Die künstlerische Durchbildung des Bauwerks, die sich unter den gleichzeitigen Werken der Berliner Schule am meisten dem romanischen Stil nähert, darf zu den besten Werken der damaligen Kirchen-Baukunst gerechnet werden. Der Durchmesser des ganzen Innenraumes beträgt etwa 29 m, der des Kuppelraumes 15,80 m, die Thurmhöhe etwa 60 m (Abb. 140 u. 145).

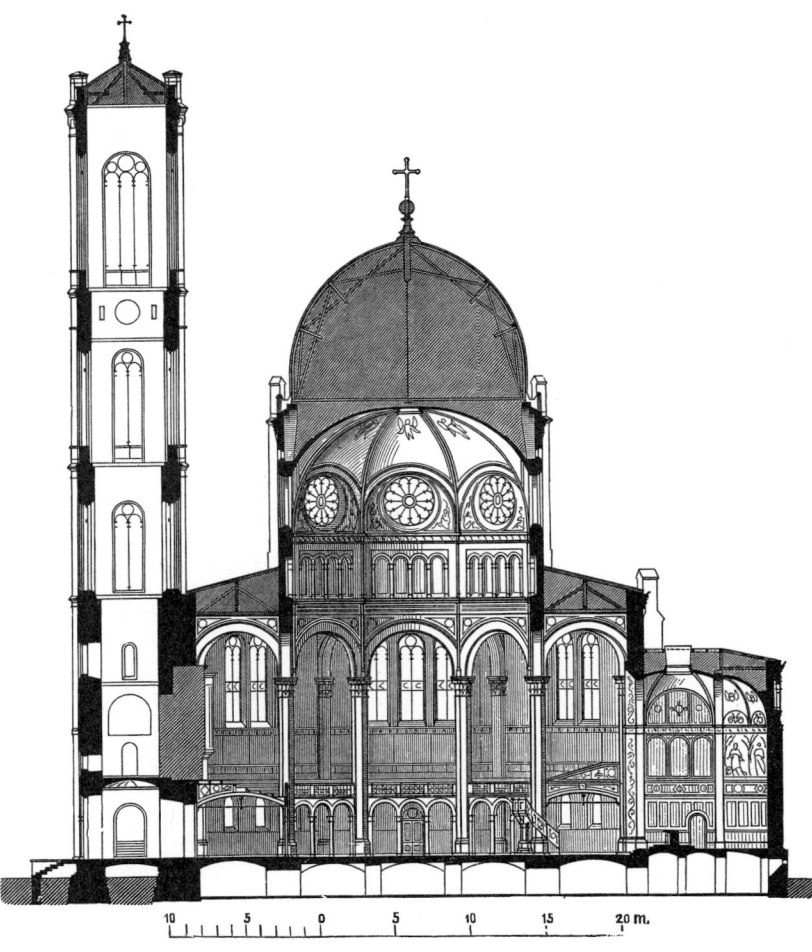

Abb. 145. Markuskirche, Querschnitt.

162 X. Kirchen.

10. Die St. Bartholomäuskirche am neuen Königsthor, 1854—1858 nach einem Stüler'schen Entwurf durch F. Adler erbaut, folgt in der Anlage der **Matthäikirche**, indem auch hier die über den drei Hallenschiffen aufgestellten langen Satteldächer mit Abschlufsgiebeln neben dem quadratischen Thurm in der Hauptachse den Aufbau beherrschen. Das Aeufsere bildet einen Ziegelrohbau mit Terracotten in gothisirenden Stilformen, und zeigt einen zu fünf Achteln geschlossenen Chor, an den sich Räume für

Abb. 146. St. Michaelkirche, Ansicht.

Sakristei und Taufkapelle anschliefsen, ferner zwei bis zu Schiffshöhe reichende, nach aufsen geöffnete quadratische Vorhallen neben dem Thurm. Diese sind mit Rippengewölben, die drei Schiffe des Innern dagegen mit getäfelten Decken auf Holzbindern überdeckt. In den Seitenschiffen befinden sich einfache Emporen und eine doppelte Empore vor dem Thurmhause.

Die Kirche enthält 1400 Sitzplätze. Die Hauptmafse sind: 41,42 m Länge, 21,60 m Breite und 63,57 m Thurmhöhe. 1883 mufste theilweise eine Erneuerung der äufseren Architektur am Thurm und an den Strebepfeilern erfolgen, wobei statt Terracotten im Anschlufs an märkische Bauweise alter Zeit Schichtenmauerwerk mit Formsteinen angewendet wurde.

X. Kirchen.

11. Die Schlofskapelle s. Seite 12 dieses Bandes.

12. Die Kapelle im Domcandidatenstift in der Oranienburger Strafse wurde nach Stülers Entwurf 1858—1859 zugleich mit dem Stiftsgebäude bis zur Sockelhöhe aufgeführt, aber erst 1871—1873 von Stüve vollendet. Der Bau ist eine dreischiffige Basilika mit quadratischer Grundfläche von 18,82 m Seite und 8,61 m breitem Mittelraum, der an drei Seiten von Emporen umgeben ist. Zahl der Sitzplätze: 725. Auf den vier Mittelpfeilern ruht eine achteckige Kuppel, die aufsen mit einem vierseitigen Zeltdach bedeckt ist und deren Lichthöhe 21,50 m beträgt. Der quadratische Glockenthurm, seitwärts zwischen Kapelle und Stiftsgebäude stehend, von 4,08 m Seite und 35,14 m Mauerhöhe, ist gleichfalls mit einem Zeltdach abgedeckt. Das Aeufsere stellt einen Ziegelrohbau mit Bogenfriesen und Lesinen dar, und lehnt sich an oberitalienische Formen an. (Baukosten ca. 142 000 ℳ.)

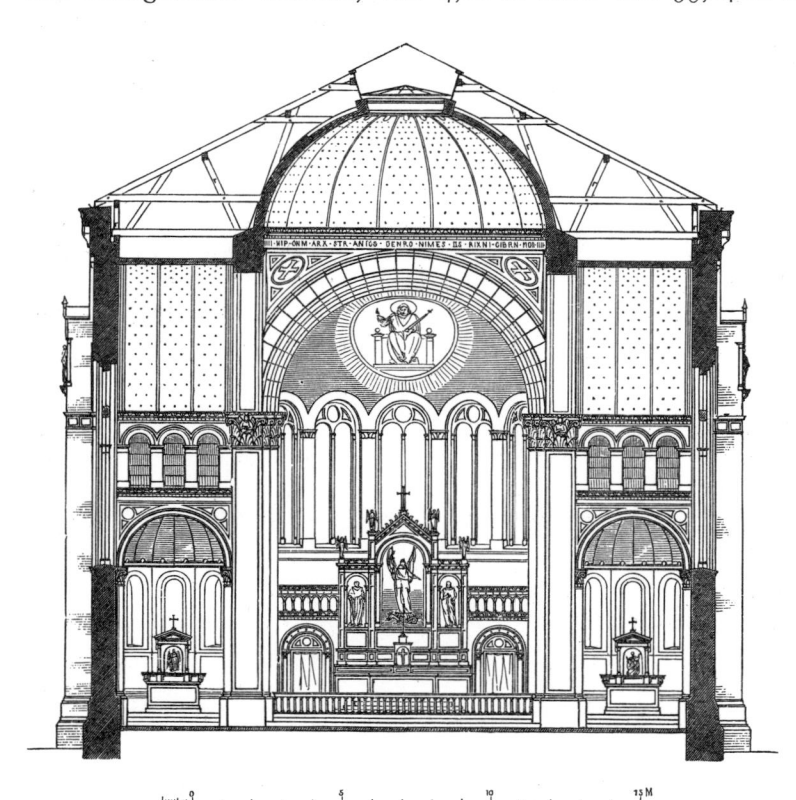

Abb. 147. St. Michaelkirche, Querschnitt.

13. Die Kirche in Bethanien, nach Persius' Entwurf von Stein 1845 bis 1847 erbaut, ist eine kleine, in der Hauptachse jener Krankenanstalt gelegene dreischiffige Basilika in Ziegelrohbau von 18,83 m Länge und 17,26 m Breite mit Holzdecken und zwei Emporen. Der Altar steht in der Apsis, die Kanzel an einer Langseite. Die Sakristei befindet sich am Ende eines Seitenschiffes.

14. Die St. Michaelkirche, eine katholische Pfarrkirche auf dem Michaelsplatze, wurde 1853—1856 nach Sollers Entwurf gebaut. Die dreischiffige kreuzförmige Hallenkirche mit kurzem Chor und drei Apsiden — davon die mittlere für den Hochaltar, die seitlichen für Nebenaltäre — und mit der Sakristei in der Chornische hinter dem Hochaltar, hat über der Vierung eine Kuppel mit oberem Lichtgaden. Ueber dem Mittelschiffe des Langhauses und über den Kreuzarmen sind Flachkuppeln angeordnet, während die Seitenschiffe mit quergelegten Halbkreistonnen überwölbt sind. Die einzige Empore, für die Orgel bestimmt, liegt über dem Haupteingang. Die Kanzel steht am östlichen Vierungspfeiler. Das Altartabernakel mit Madonnenbild in Marmor ist ein Werk von Pohlmann. Die Hauptmafse sind: 55 m Länge, 19 m Breite im Langhause, 30,75 m im Kreuz; die lichte Spannung der Vierungsbögen 9,40 m. Wie sich der Grundplan mit den aneinander gereihten Flachkuppeln an oberitalienische Vorbilder anschliefst, so lehnt sich auch der sehr glücklich gestaltete Aufbau an die Formenbildung des lombardischen Backsteinbaues an (Abb. 146).

Die thurmlose Westfront enthält eine hohe Bogennische, welche die Vorhalle bildet. Ueber der Vorhalle erhebt sich das mit einem Giebeldach abgedeckte Glockenhaus, dessen Krönung die vergoldete Zinkstatue des Erzengels Michael trägt. Die Choransicht wird beherrscht von der schlanken Vierungskuppel auf hohem von Rundbogen-Oeffnungen durchbrochenen Tambour, welcher auf einem über die Dachflächen erhabenen, quadratischen Sockel mit vier tabernakelartigen Eckthürmchen ansetzt. Die Langseiten werden durch quadratische mit Tabernakeln bekrönte Strebepfeiler gegliedert. (Baukosten 438000 ℳ.)

15. Die St. Andreaskirche, auf dem Stralauer Platze, ein Backsteinbau von nüchterner Formenbehandlung, von Strack 1853—1856 erbaut, ist eine mittelgrofse dreischiffige Basilika im Rundbogenstil mit Emporen und Holzdecken; nur die Apsis ist mit einer Halbkuppel überwölbt. Die beiden Sakristeien sind hinter der Chornische als ringförmige, niedrige Anschlufsbauten herumgeführt. An der Front steht für die Nebeneingänge und Treppen ein kurzes Querhaus, dessen Mitte der unten rechteckige, dann quadratische und zuletzt achteckige Thurm mit einem eisernen, in Zink verkleideten Helm einnimmt. — Im Innern sind die Arkadenpfeiler, welche die Emporen tragen, von Sandstein. (Mafse: 34,12 : 19,15 m; Höhe 16,70 m, Thurmhöhe 59,62 m.) An Sitzplätzen sind 1300 vorhanden. (Baukosten 199236 ℳ.)

16. Die Synagoge der jüdischen Reformgemeinde in der Johannesstrafse, 1853—1854 von G. Stier auf beschränkter, von drei Seiten eingebauter Baustelle und mit geringen Mitteln errichtet, gruppirt sich um ein mittleres Quadrat von 12,50 m Seite, dessen Rundbögen auf Zwickeln den niedrigen, mit flacher Zeltdecke geschlossenen Lichtgaden tragen. In den vier aus den Ecken beleuchteten und mit flachen Sätteln bedeckten Kreuzflügeln liegen die Emporen. Unter der hinteren (Orgel-) Empore befindet sich die Sakristei, vorn eine zweigeschossige Halle. (Länge 31 m, Breite 20,75 m, Höhe der Kuppel 21,25 m; Baukosten rd. 90000 ℳ.)

17. Die altlutherische Kirche in der Annenstrafse, 1855—1857 nach Blankensteins Entwürfen von Herbig erbaut, ist ein untergeordneter thurmloser Backsteinbau. Die dreischiffige Hallenkirche für 1250 Sitzplätze hat Emporen und Holzdecken. (Mafse: 38,25 : 17,89 m. Baukosten 88920 ℳ.) 1864—1865 wurden an der Strafse zwei Gebäude für Pfarre und Schule hinzugefügt.

18. Die Lukaskirche in der Bernburger Strafse, 1859—1861 von Möller erbaut, zeigt eine einschiffige Kirchenanlage mit Kreuzarmen und einer inneren und äufseren Vorhalle. Die Apsis, die Sakristei und die Taufkapelle sind gewölbt. An der Eingangsseite ist eine Doppelempore angeordnet, in den Kreuzflügeln einfache, die sowohl von der Hinterseite durch Treppenthürme, als von der Orgelempore aus durch schmale, von Holzconsolen getragene Gänge erreichbar sind. Der durchweg quadratische, oben mit Giebeln, Eckpfeilern und einer schlanken Schieferspitze ausgestattete Glockenthurm steht seitwärts neben dem Langhause. Er verleiht dem hart an der Strafse belegenen Aufbau, bestehend aus der offenen Vorhalle, dem Kirchengiebel und zwei kleinen, für Kirchenbeamte erbauten Wohnhäusern, einen wirkungsvollen Abschlufs im Mafsstab der Umgebung.

Das Aeufsere ist ein rundbogiger Backsteinbau mit zweitheiligen Fenstern, Lesinen und Bogenfriesen in antikisirenden Formen. Der Altar und Taufstein bestehen aus Marmor, die Kanzel aus gebranntem Thon. (1200 Sitzplätze. Mafse: 34,20 : 12,24 m im Langhause, 22,59 m in den Kreuzschiffen; Thurmhöhe 47,07 m. — Baukosten 192000 ℳ.)

19. Die Christuskirche in der Königgrätzer Strafse wurde auf besonderen Wunsch des Bauherrn, des englischen Missionsvereins unter Israel, in gothischen Stilformen 1863—1864 von F. Adler erbaut. Die von der Strafse durch ein Gärtchen getrennte einfache Bauanlage bildet ein Rechteck von 24,79 : 17,26 m, dem sich vorne eine kleine offene Vorhalle, hinten der gerade geschlossene Chor nebst Sakristei und das Conferenzzimmer anschliefsen. An drei Seiten liegen Emporen auf eisernen Säulen, während die bemalte, geneigte Holzdecke auf Bindern von Holz und Eisen ruht. Die zwei-, drei- und viertheiligen Spitzbogenfenster liegen, da die Nachbargrenzen vollständig bebaut sind, in der Vorder- und Hintermauer. Nur die Strafsenseite ist reicher durchgebildet worden mittels des hohen, durch halbachteckige Strebepfeiler und Spitzbogenblenden gegliederten Giebels, in dessen Mittelachse sich ein erkerartig vorgekragtes, oben durchbrochenes Glockenthürmchen mit Fialen und Steinhelm erhebt. Die Hinterfront ist schmucklos. (1000 Sitzplätze. Baukosten 105000 ℳ.)

20. Die Golgatha-Kapelle in der Borsigstraße ist 1867—1868 für den Kirchenbauverein durch Erbkam hergestellt worden. Die ganze an der Straße belegene Bauanlage umfaßt zugleich die Predigerwohnung und einen Versammlungssaal im unteren Geschoß;

Abb. 148. St. Thomaskirche, Ansicht.

darüber liegt der einschiffige, mit kleiner Apsis ausgestattete Betsaal, der durch schlanke rundbogige Fenster sowohl von der Frontseite wie von der Langseite her beleuchtet wird und mit einer geneigten Holzdecke bedeckt ist. Zum Betsaal führen an der Straßenseite durch die Vorhalle Treppen hinauf. — Den Frontgiebel bekrönt ein massiver Giebelreiter für zwei kleine Glocken. (350 Sitzplätze. Maße: 18,83 m Länge ohne die Apsis, 10,98 m Breite, 10,67 m Höhe. Die Höhe bis zum Kreuz 29,81 m. Baukosten 72000 ℳ.)

166 X. Kirchen.

21. Die Thomaskirche am Mariannenufer, ein Backsteinbau, 1864—1869 von F. Adler erbaut. Die stattliche Anlage besteht aus einem kurzen Langhause nebst geschlossener Vorhalle, einer quadratischen Vierung mit zwei halbrunden Kreuzflügeln, dem höher geord-

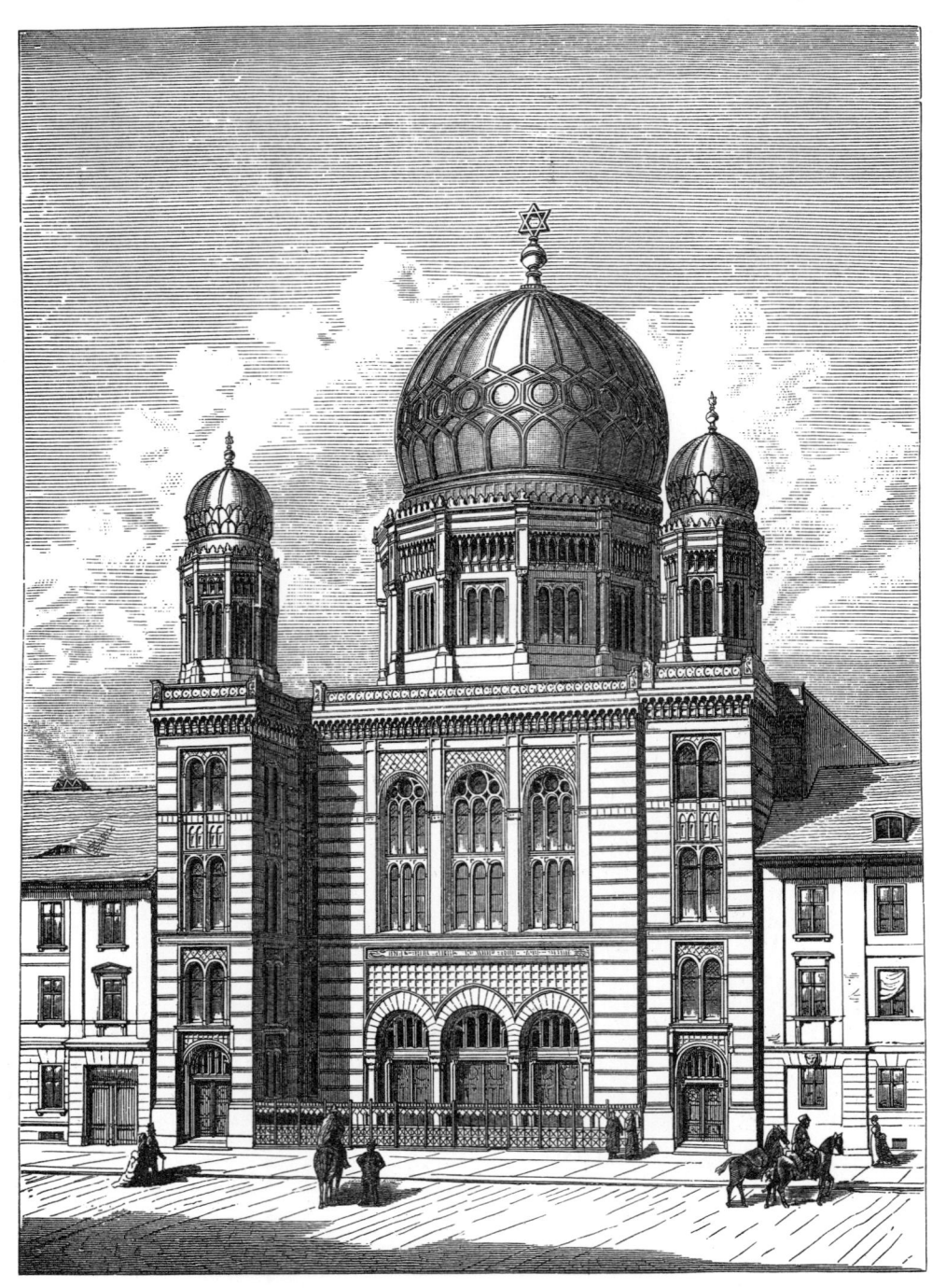

Abb. 149. Synagoge in der Oranienburger Strafse, Vorderansicht.

neten, gleichfalls halbrunden Chore, den die beiden ringförmig gestalteten Sakristeien umgeben. Ueber der Vierung erhebt sich eine hohe, aufsen mit einem Zeltdache geschlossene Trommelkuppel mit Rundbogenfenstern und Bogengalerie zwischen Pfeilervorlagen. Das gleiche System zeigen das Langhaus und die drei Conchen. Die Motive des Aufbaues wie die Plananlage lehnen sich an romanische Kirchenbauten des Rheinlandes an. An der schmalen Südseite stehen zwei mit Steindächern versehene Quadratthürme, die das Glockenhaus einschliefsen. In den Kreuzflügeln und an der Vorderseite befinden sich auf Eisensäulen ruhende und mit massiven Brüstungen abgeschlossene Emporen, die durch schmale Umgänge sowohl unter einander als mit den drei Treppen Verbindung haben.

Die durchweg massiven Decken sind verschiedenartig gewölbt, theilweise unter Benutzung und mit Hülfe von Schmiedeeisen wie Gufseisen zu Balken, Säulen und Ringankern.

Der Altar und der Taufstein sind aus Carraramarmor, die Kanzel aus Eichenholz angefertigt worden. Die drei Chorfenster haben figürlichen Bilderschmuck, die zwölf Kuppelfenster Grisaille-Malereien — auch ist das gesamte Innere vielfarbig behandelt worden. (Zahl der Sitzplätze ca. 1500, lichte Mafse: 44,87 Meter Länge, 36,40 Meter Breite in den Kreuzflügeln und 17,18 m im Langhause; Kuppelspannung 13,80 m; Höhe der Kuppel 40 m. Die Baukosten betrugen 600 000 ℳ.)

Abb. 150. Synagoge in der Oranienburger Strafse, Inneres.

22. Die Neue Synagoge in der Oranienburger Strafse, nach Knoblauchs Entwurf zuerst unter diesem, dann unter Stüler 1859—1866 durch Hähnel ausgeführt, behauptet unter den gleichzeitigen Cultusbauwerken einen hohen Rang wegen der prunkvollen Ausstattung und der charakteristischen Art des inneren Aufbaues mittels eines eisernen Gerippes, dessen Binder die zwischengespannte Decke, aus Quertonnen und Zwickelkuppen mit Oberlicht bestehend, tragen. Zwischen den Säulen, die in ganzer Höhe durchgehen, liegen die Emporen der Seitenschiffe. Der Gedanke einer durch Eisenbinder in Joche zerlegten Gewölbedecke mit Zenithbeleuchtung ist das Verdienst des früh verstorbenen Archi-

168   X. Kirchen.

tekten Nohl. Diesen Gedanken hat Knoblauch mit sicherem Blick aufgenommen und unter Schwedlers Beihülfe in mustergültiger Weise verwirklicht.

Die schiefe Lage des Grundstücks zur Strafse hat zu einer eigenartigen Grundrifsanlage geführt. An der Strafse erhebt sich der stattliche Kuppelbau, der unten das Vestibül (1) (oben einen Saal für den Gemeinderath) umschliefst und von zwei kleinen Nebenkuppelthürmen (2) flankirt wird. Zur Rechten führt ein besonderes Portal zu der Treppe (3) für die Frauenempore; links befindet sich die Durchfahrt zu dem am hinteren Ende des Tempels angeordneten Trausaale (9) und zu anderen Nebenräumen (10 u. 11). Dem Vestibül schliefst sich zunächst der dreischiffige Vorsaal (5) mit Garderobe (13) und eine quergelegte dreischiffige, für den täglichen Gottesdienst bestimmte Vorsynagoge (6) an. Dann folgt die grofse dreischiffige — unten durch seitliche Erweiterung vierschiffige — Synagoge (7) mit ihrer geräumigen Emporenanlage und der Apsis, deren Gewölbescheitel fast in gleicher Höhe mit dem Mittelschiffe liegt. Der Raum ist der Länge nach auf jeder Seite durch Eisensäulen unten in zehn, oben in fünf Arkaden getheilt. Die vier Binder, aus Gitterträgern bestehend, tragen das vorerwähnte Deckensystem im Mittelschiff, während tiefer geordnete Quertonnen auf Quergurten die Seitenschiffe bedecken.

Die Raumwirkung des Innern, dessen Gestaltung und Gliederung mit farbenprächtigem Schmuck an die besten Schöpfungen orientalischer und besonders maurischer Kunst sich anlehnt, ist charakteristisch und stimmungsvoll. Auch die äufsere Façade entspricht in der Stilrichtung dem Innern.

Die Front ist in Backsteinen,

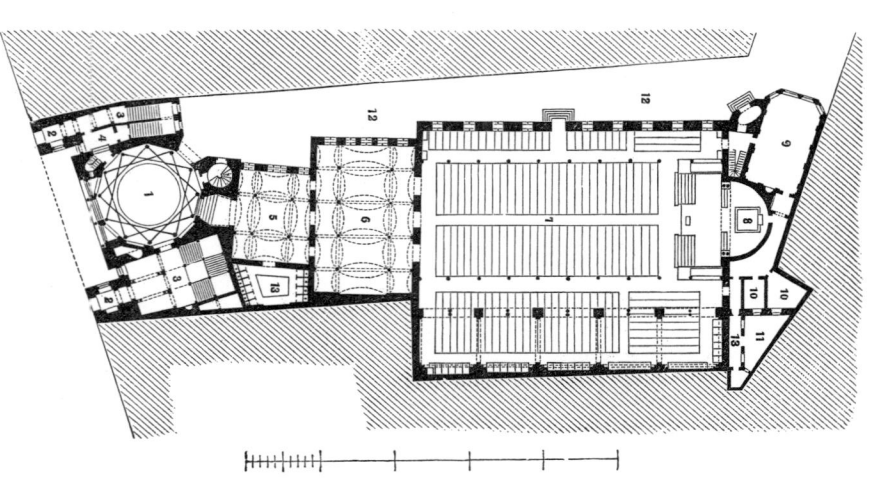

Abb. 151. Synagoge in der Oranienburger Strafse, Grundrifs.

deren feine Färbung aber nicht wetterbeständig gewesen ist, unter Verwendung von Granit und Sandstein zu Plinthen, Säulen und Pfostenwerk hergestellt worden. Die Kuppeln sind von Schmiedeeisen und mit getriebenen, theilweise vergoldeten Zinkblechen bedeckt.

Für die Männer sind 1800 Sitzplätze, für die Frauen 1200 vorhanden. Der abendliche und nächtliche Gottesdienst des jüdischen Cultus erforderte eine sehr ausgedehnte Beleuchtung, die durch sinnreiche Vertheilung der Gasflammen sehr wirkungsvoll ausgeführt ist. — Hauptmafse der grofsen Synagoge: 40,16 m Länge ohne Apsis, 24,48 m Breite und 24,32 m Höhe bis zum Flachkuppelscheitel. Die Gesamthöhe der äufseren Mittelkuppel beträgt 48,01 m. Baukosten 1 759 100 ℳ.

23. Die Zwölfapostelkirche an der Kurfürstenstrafse wurde 1871 nach dem eigenen Entwurfe von Blankenstein begonnen, 1874 von Emmerich vollendet. Sie ist ein dreischiffiger Hallenbau von fünf Jochen mit polygonalem Chor und gegenüber liegendem quadratischen Thurm. Das Innere ist an drei Seiten mit Emporen ausgestattet und durchweg mit Kreuzgewölben überdeckt. Mit Ausschlufs der Schiffspfeiler aus Sandstein wurde der Bau ganz aus Backsteinen hergestellt. Der Thurm ist in den beiden oberen Geschossen durchbrochen und mit einer massiven Achteckspitze bekrönt. Seine Höhe beträgt 55,10 m; Hauptmafse des Langhauses 17,60 : 27,40 m, Höhe 16,50 m. Altar, Kanzel und Taufstein sind aus französischem Kalkstein gearbeitet. Sitzplätze 1250. Baukosten 258 000 ℳ.

X. Kirchen.

24. Die Zionskirche, als Votivkirche nach dem Badener Attentate 1860 gestiftet, aber sehr langsam zur Ausführung gelangt, steht in günstiger hoher Lage in der Rosenthaler Vorstadt. Die Grundidee und der erste Entwurf rühren von Möller, die spätere mit Zusätzen versehene Bearbeitung von Aug. Orth her, der auch die mehrfach unterbrochene Ausführung von 1866 bis 1873 geleitet hat (Abb. 144 u. 152). Die Kirche bildet eine kreuzförmige gewölbte Backsteinkirche im modernen Rundbogenstil mit einem kurzen Langhause, Querschiffen, massivem Thurm und halbrundem Chor, dem Sakristei und Taufkapelle sich anschliefsen. — Im Inneren befinden sich ringsumlaufende steinerne Emporen, in den Kreuzflügeln und an der Eingangsseite mit gröfserer Tiefe; an den übrigen Theilen, auch im Chore, bilden sie schmale Umgänge. Die Pfeiler stehen in geringem Abstande von den Wänden des Langhauses; in den Querschiffen liegen sie im Zuge der Aufsenwände. Durch diese Anordnung nähert sich der Innenraum einer Centralanlage. Die Vierung ist mit einem Sterngewölbe, dessen Rippen in einer Kuppelfläche liegen, die Kreuzflügel und das Langhaus mit rechteckigen Kreuzgewölben, die schmalen Umgänge zwischen Pfeilern und Aufsenwänden durch quergelegte schmale Kreuzgewölbe bedeckt. — Das Aeufsere zeigt wie das der gleichzeitigen Berliner Kirchen eine Verbindung mittelalterlicher Baumotive mit antiken Elementen. — Die Hauptöffnungen sind als zweitheilige

Abb. 152. Die Zionskirche.

170   X. Kirchen.

Rundbogenfenster behandelt, der Thurm ist in beiden oberen Geschossen durchbrochen und mit massiver Achteckspitze bekrönt. — Hauptmaße: 37,65 m Länge, 26,05 m Breite im Kreuzschiffe, 14,75 m im Langhause; Thurmhöhe 66,53 m. Altar und Taufstein sind von Marmor, die Kanzel von gebranntem Thon angefertigt. 1420 Sitzplätze. Baukosten 396 000 ℳ.

25. Die Dankeskirche[1]) auf dem Weddingplatze wurde aus Veranlassung der im Jahre 1878 auf Kaiser Wilhelm I. vollführten Mordanfälle errichtet und ist von Orth in den Jahren 1882—1884 nach eigenem Plane erbaut worden. Den Kern der Anlage bildet ein auf acht Pfeilern ruhendes, durch kuppelförmige Sterngewölbe mit Oberlicht überdecktes Achteck, das von einem 21 m weiten Quadrat umschlossen wird und dem nach der Eingangsseite hin noch ein dreischiffiges Joch mit vorgebautem Thurm angefügt ist. Gegenüber liegt der Chor mit seitlichen Sakristeianbauten; an den Langseiten wurde dem Achteck noch je ein einschiffiger Querflügel vorgelegt. Die Kanzel ist seitlich vor einen Chorpfeiler gerückt. Der Bau enthält 1200 Sitzplätze.

Das Aeußere zeigt einen Backsteinbau mit Terracotten im Charakter der Zionskirche. Der quadratische Thurm ist auch im Helm massiv.

26. Die Friedenskirche in der Ruppiner Straße, ein von demselben Architekten in den Jahren 1889—1891 ausgeführter Backsteinbau, liegt auf einem 15 m breiten, von hohen Nachbarhäusern eingeschlossenen Grundstück und hat 1000 Sitzplätze. Vor der Eingangsseite ist ein Vorhof durch Einrücken der Front hinter die Straßenflucht gebildet. — Der Grundriß zeigt ein Langhaus mit schmalen Seitenschiffen. Mittels Eisenconstructionen sind die auf allen Seiten bis zum Chor herumgehenden Emporenanlagen sowie die gewölbten Decken gebildet. Durch die weit vorgekragten Emporen wird der Innenraum freilich stark eingeengt. Die bei einem eingebauten Grundrisse schwierige Beleuchtungsfrage löste Orth durch Anordnung kleiner Oberlichter in jedem Gewölbefelde sowie durch starke Durchbrechung der Chorparthie (vgl. den Längsschnitt Abb. 163). — Ueber der Eingangshalle erhebt sich als schmaler Frontbau ein mit Thürmchen flankirter steiler Staffelgiebel, der das Glockenhaus enthält (Abb. 164).

Abb. 153. Emmauskirche, Theil des Längsschnittes.

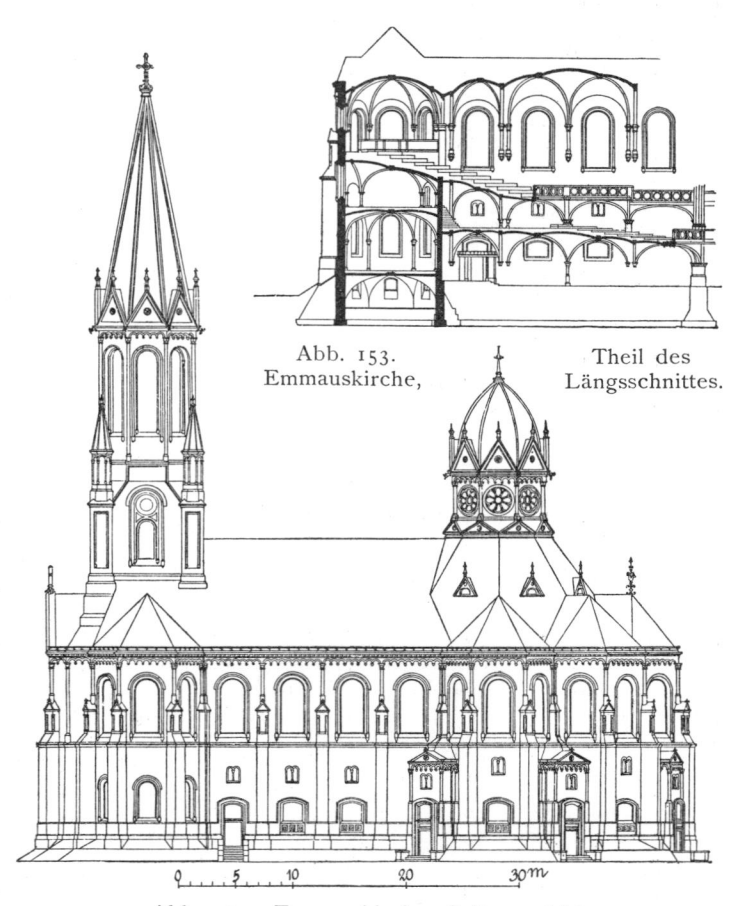

Abb. 154. Emmauskirche, Seitenansicht.

---

[1]) Wegen der schnellen Folge, in der die Kirchen neuester Zeit errichtet worden sind, verliert die Erbauungszeit an Bedeutung für die Aufzählung. Dagegen erscheint es zweckmäßig, ein möglichst vollständiges Bild von den Bestrebungen der einzelnen Architekten zu geben und in der Reihenfolge thunlichst die verschiedenen Richtungen zu berücksichtigen, die namentlich in künstlerischer Hinsicht auf dem Gebiete des Kirchenbaues in die Erscheinung getreten sind.

X. Kirchen.

27. Die Gethsemanekirche in der Stargarder Strafse, gleichfalls von Orth in den Jahren 1891—1893 ausgeführt, ist eine gewölbte Hallenanlage mit Emporen, deren Grundrifs auch als ein dem Centralbau sich näherndes Langhaus anzusprechen ist. Sie enthält 1600 Sitzplätze. Im Innern steht die Kanzel in der Mitte, soll aber dort beseitigt und an einem Chorpfeiler aufgestellt werden. Das Aeufsere zeigt einen Backsteinbau im Stil der Dankeskirche, mit einem 68 m hohen Thurm an der Westseite.

28. Die Himmelfahrtskirche im Humboldtshain, von dem genannten Architekten während der Jahre 1891 bis 1893 nach seinem oben beschriebenen System der Centralanlage als Backsteinbau errichtet. Das Innere ist i. L. 48,40 m lang, 27,80 m breit, 24,90 m hoch und enthält 1224 Sitzplätze, von denen 292 auf den Galerien, welche auch hinter dem Altar umlaufen, und 110 auf der Orgelempore liegen. Das ähnlich wie in der Dankeskirche gebildete Oberlicht über der Mitte tritt aufsen in Gestalt einer Laterne hervor. Vor dem Langhaus erhebt sich über dem Haupteingang ein 72 m hoher Thurm. Das Aeufsere ist unter Anwendung zahlreicher Terracotten in den Mafswerkfenstern und an den Zwerggalerien und Strebepfeilern, in der Art der Zionskirche, nur aufwändiger als diese ausgebildet. Die Bausumme betrug 393 500 ℳ, die innere Ausstattung erforderte 47 000 ℳ.

Abb. 155. Emmauskirche, Ansicht des Innern.

29. Die Emmauskirche am Lausitzer Platz hat Orth in den Jahren 1892—1893 erbaut und dabei sein System der Grundrifsanlage mit doppelten Emporen über einander in voller Consequenz durchgeführt. Den eigentlichen Centralraum (Abb. 155) bildet ein 19 m weites Achteck, dessen Oberlichtkuppel auf freistehenden Bündelsäulen ruht. An den fünf äufseren Seiten dieses Achtecks sind nischenartige Ausbauten hinzugefügt, von denen die mittlere als Chornische den Altar aufnimmt, während die anderen mit doppelten Emporen ausgefüllt sind. Der Raum fafst 2600 Sitzplätze, von denen rd. 500 hinter der Kanzel liegen, die im Mittelpunkt des Achtecks aufgestellt ist. Auf der anderen Seite setzt sich der Bau in der vollen Breite als dreischiffiges Langhaus fort, dessen letztes Joch, als Querhaus vorgelegt, in der Mitte die Thurmpfeiler zeigt. Das Querhaus wird durch eine Eingangshalle unter dem Thurm und durch Confirmandensaal und Sakristei, die in den seit-

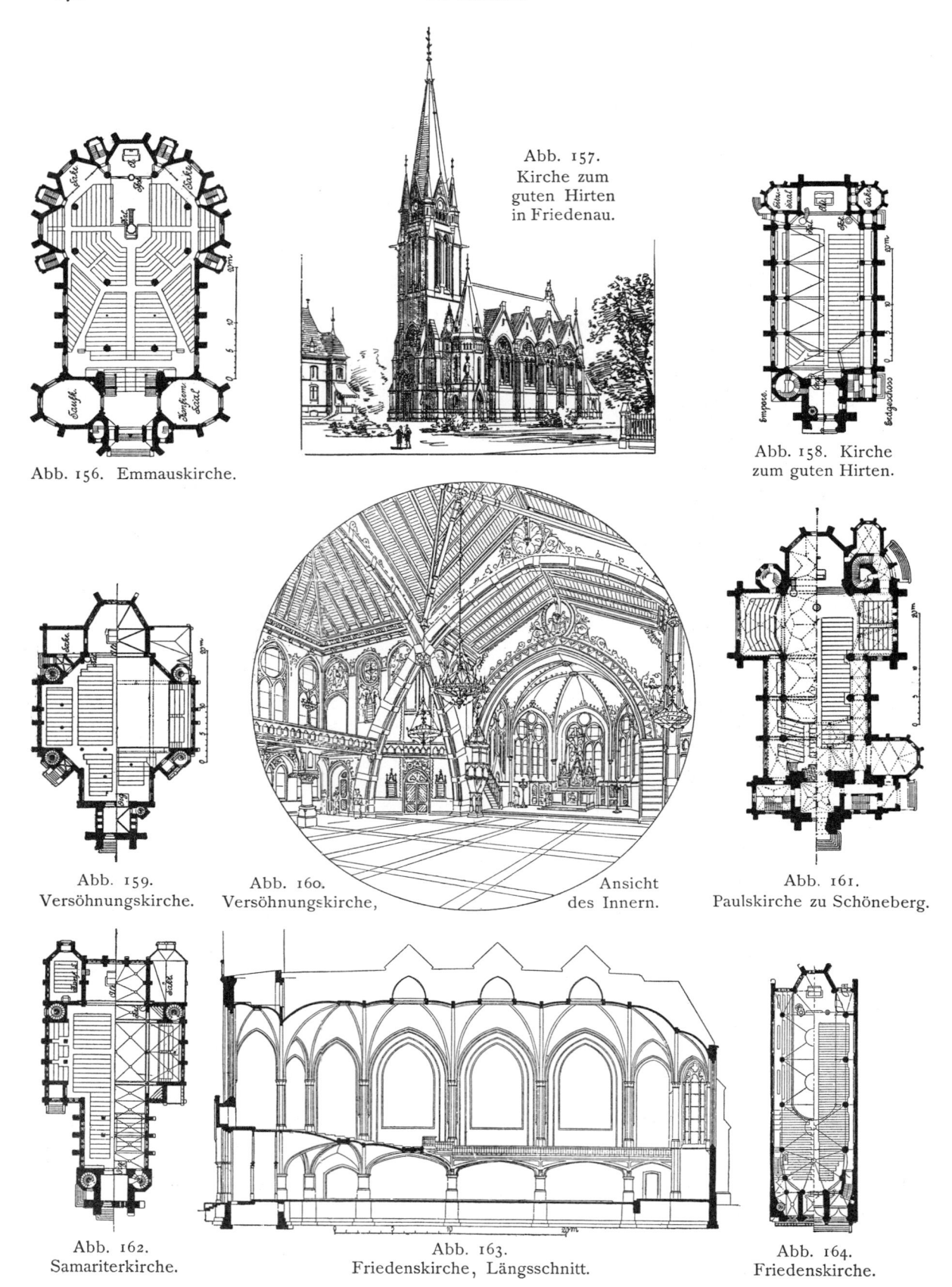

X. Kirchen.

Abb. 156. Emmauskirche.

Abb. 157. Kirche zum guten Hirten in Friedenau.

Abb. 158. Kirche zum guten Hirten.

Abb. 159. Versöhnungskirche.

Abb. 160. Versöhnungskirche, Ansicht des Innern.

Abb. 161. Paulskirche zu Schöneberg.

Abb. 162. Samariterkirche.

Abb. 163. Friedenskirche, Längsschnitt.

Abb. 164. Friedenskirche.

lichen Erweiterungsbauten liegen, ausgenutzt. Vor der Kanzel befindet sich ein altarartiger Tisch für den liturgischen Theil des Sonntags-Gottesdienstes. Der Altar in dem Nischenchor ist für die Abendmahlsfeier, Confirmationen und Trauungen vorbehalten, wodurch die Theilung der Kirche in einen Abendmahls- und einen Predigtraum zum Ausdruck gelangen soll. Die für das System des Erbauers so bezeichnende Anordnung der Emporen veranschaulicht der Querschnitt Abb. 153.

Das Aeufsere ist als Backsteinbau mit Terracotten im Rundbogenstil der älteren Orth'schen Bauten ausgeführt. Im Bogenfeld des Haupteinganges befindet sich ein grofses Glasmosaikbild nach Cartons von Mohn, Christus mit den Jüngern auf dem Wege nach Emmaus darstellend. Der Achteckraum des Innern tritt auch in der Dachbildung und der kleinen Oberlichtkuppel darüber in Erscheinung.

Baukosten 400 000 ℳ.

30. **Die Kirche zum heiligen Kreuz** auf dem „Johannistisch" genannten Platze ist ein in frühmittelalterlichen Formen in den Jahren 1885—1888 von J. Otzen ausgeführter Backsteinbau. Die Kirche bildet ein dreischiffiges Kreuz mit einem zu fünf Zehnteln geschlossenen Chor, dem sich in besonderen Anbauten zwei Confirmandensäle anfügen. Ueber der Vierung ist ein 81 m hoher Kuppelthurm errichtet, der das Geläute enthält. Von den Baumassen, die neben der Kuppel in die Erscheinung treten, dienen die beiden Westthürme als Treppenanlagen zur Verbindung mit Dach und Kuppel, während die vier an den Ecken der letzteren befindlichen Thurmaufbauten die Belastungen der Kuppelwiderlager bilden. Die niedrigen, durch offene Vorhallen verbundenen Eckbauten der Querschiffe enthalten die Treppen zu den Emporen und die Windfänge für die Eingänge zum Innern, dessen Hauptzugang indefs an der Westseite liegt.

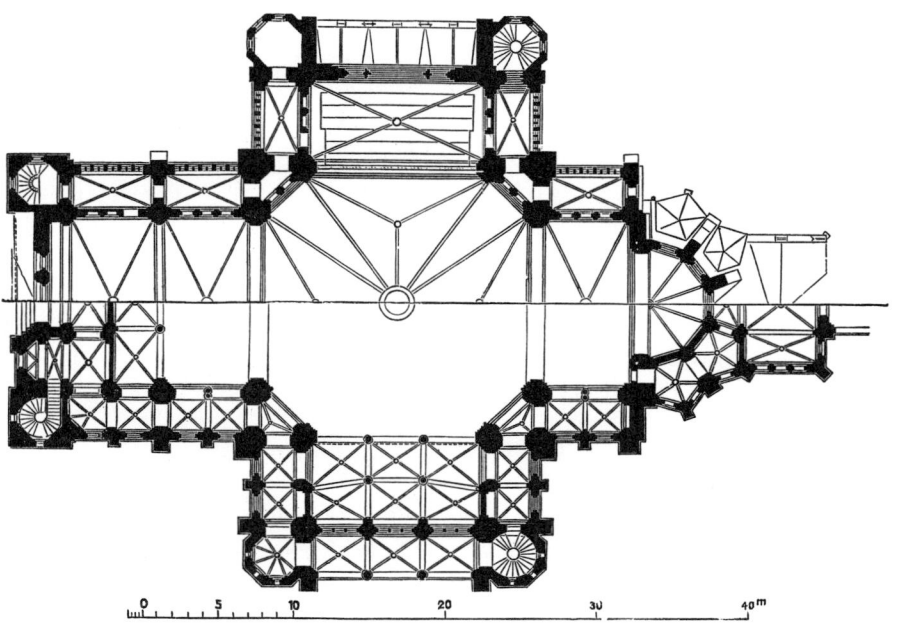

Abb. 165. Kirche zum heiligen Kreuz, Grundrifs.

Im Aufbau tritt die centrale Anlage des Grundrisses durch den das gesamte Aeufsere beherrschenden Kuppelbau in voller Schärfe und Folgerichtigkeit zu Tage. Die reichliche Verwendung von glasirten Ziegeln verleiht dem Aeufsern farbigen Schmuck. Im Mittelschiff, in den Kreuzarmen und auf den drei grofsen Emporen sind 1500 Sitzplätze untergebracht. Der Backsteinbau ist auch im Innern durchgeführt. Die schmalen Seitenschiffe mit dem darüber liegenden Triforium dienen als Verbindungsgänge und zu Stehplätzen bei besonderen Anlässen. — Durch verschiedene Glasuren erscheinen die Bauglieder ebenso wie im Aeufsern belebt. Die Wandflächen haben einen Verputz erhalten, der theils glatt hergestellt, theils durch Einritzen für Muster und bildliche Darstellungen benutzt ist. Der Altaraufsatz — durch Kaiser Friedrich und seine hohe Gemahlin gestiftet —, die Kanzel und die Schauseite der Orgel sind in Eichenholz geschnitzt und durch metallenen Schmuck verziert.

Altartisch und Kanzelfuſs sowie der an der Nordseite des Chores aufgestellte Taufstein sind aus glasirten Ziegeln hergestellt. — An den Pfeilern des Kirchenraumes haben in Kämpferhöhe der Erdgeschoſsarkaden die von dem Bildhauer Kokolsky gefertigten Gestalten der zwölf Apostel und der beiden Reformatoren Aufstellung gefunden. — Die Fenster des Chores sowie die Rosen der Kreuzschiffe enthalten Glasmalereien. — Der Altar steht in der Apsis des Chorraumes, die Kanzel an dem südlichen Pfeiler der abgestumpften Vierung. Das Sterngewölbe der letzteren erhebt sich nur bis zwei Fünftel der Kuppelhöhe, deren Hohlraum lediglich für das Glockengeschoſs und eine Uhrstube ausgenutzt ist.

Baukosten 421 500 ℳ, Ausstattung 190 000 ℳ.

31. Die Lutherkirche auf dem Dennewitzplatze, bereits 1880 anläſslich des Luther-Gedenkfestes zu Ehren des Reformators geplant, wurde während der Jahre 1893—1894 durch J. Otzen erbaut. Die Grundriſsanlage, die sehr geschickt der gegebenen Lage an dem Treffpunkte mehrerer Straſsen angepaſst ist, zeigt eine dreischiffige Hallenkirche mit schmalen Seitenschiffen und einschiffigen, mit fünf Seiten des Achtecks geschlossenen Kreuzarmen und Chor. Der Hauptthurm mit einer Eingangshalle ist in die Achse der Bülowstraſse verlegt. — Der Haupteingang liegt an der von zwei Treppenthürmen flankirten südlichen Giebelfront. Die Chorparthie ist nach Norden orientirt. — In der Mitte der letzteren ist der Altar aufgestellt, während die Kanzel am östlichen Triumphbogenpfeiler ihren Platz hat. Die gleichzeitig als Taufkapelle dienende Sakristei ist in der Mitte des Chores angebaut und durch schmale, die Strebepfeiler durchbre-

Abb. 167.
Neue Georgenkirche.

Querschnitt durch das Querschiff.

Querschnitt durch das Langhaus.

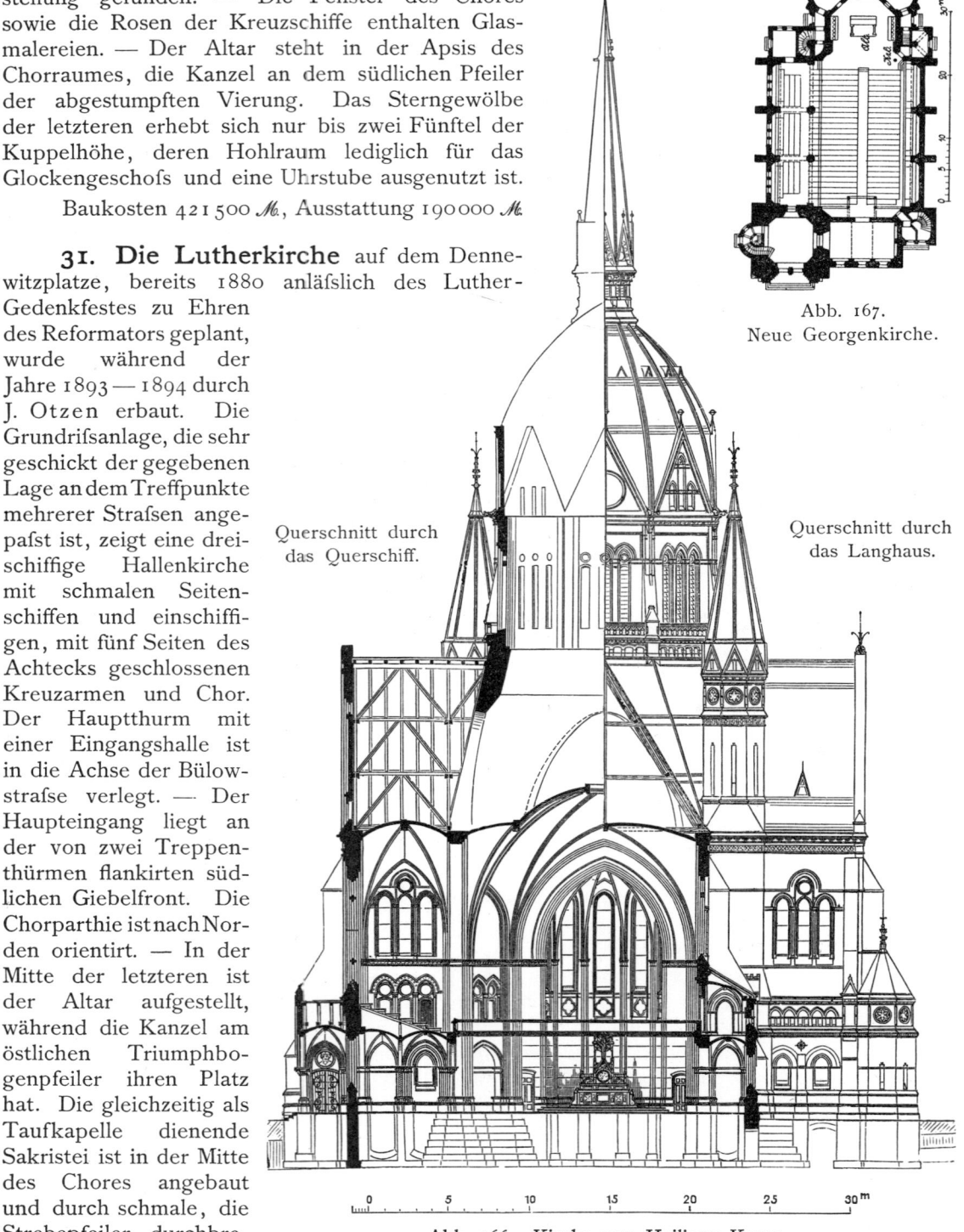

Abb. 166. Kirche zum Heiligen Kreuz.

X. Kirchen. 175

chende Gänge zugänglich. — Zwei Säle sind dem Bau eingefügt, nämlich der im oberen Geschosse des Thurmes belegene und der in der Vorhalle. Der letztgenannte ist besonders bestimmt, auch als Wartesaal bei Trauungen und Taufen zu dienen. — Für grofse musikalische Aufführungen liegt über der Vorhalle eine bis in das zweite Joch des Langhauses vorgebaute Empore, auf der Orgel und die Sänger Platz finden. Daran schliefsen sich die Emporen über den schmalen Seitenschiffen, als Verbindungsgänge zu den geräumigen Kreuzschiffemporen führend. — Der Backsteinbau zeigt im Aeufsern Dächer mit glasirten Ziegeln, auch die Thürme sind mit diesem Material eingedeckt. Im Innern werden die geputzten Flächen von den Backstein-Architekturformen, den Pfeilern, Bogen, Rippen usw. eingefafst. Der künstlerische Schmuck der Vorhalle weist auf das Reformationswerk hin. Es sind dort die Standbilder Luthers, Melanchthons und Joachims II. aufgestellt. Ein Bilderfries im Aeufsern, in Mettlacher Mosaik ausgeführt, zeigt in einem Bilde den Reichstag in Worms, in dem anderen die erste evangelische Abendmahls-Spendung an Joachim II. und seine Gemahlin. — Die Kirche enthält 1500 Sitzplätze; Baukosten rd. 473 000 ℳ.

Abb. 168. Lutherkirche, Ansicht.

32. Die neue St. Georgenkirche auf dem Georgenkirchplatze, nach dem Entwurf von J. Otzen, befindet sich zur Zeit noch im Bau (vergl. S. 156). Sie ist eine auf 1260 Sitz-

176 X. Kirchen.

plätze berechnete Langhausanlage mit einem nördlichen Seitenschiffe. Der zu fünf Achteln geschlossene geräumige Chor begrenzt das Hauptschiff im Osten. An ihn sind die Sakristeien und ein Nebensaal angebaut. — An der Westseite liegen eine Vorhalle und, vor dem Seitenschiffe angeordnet, der Thurm mit rd. 104 m Höhe. Er bildet im Untergeschofs den Haupteingang zur Kirche und soll, in der Achse der Königstrafse sich erhebend, die östlichen Stadttheile Berlins beherrschen.

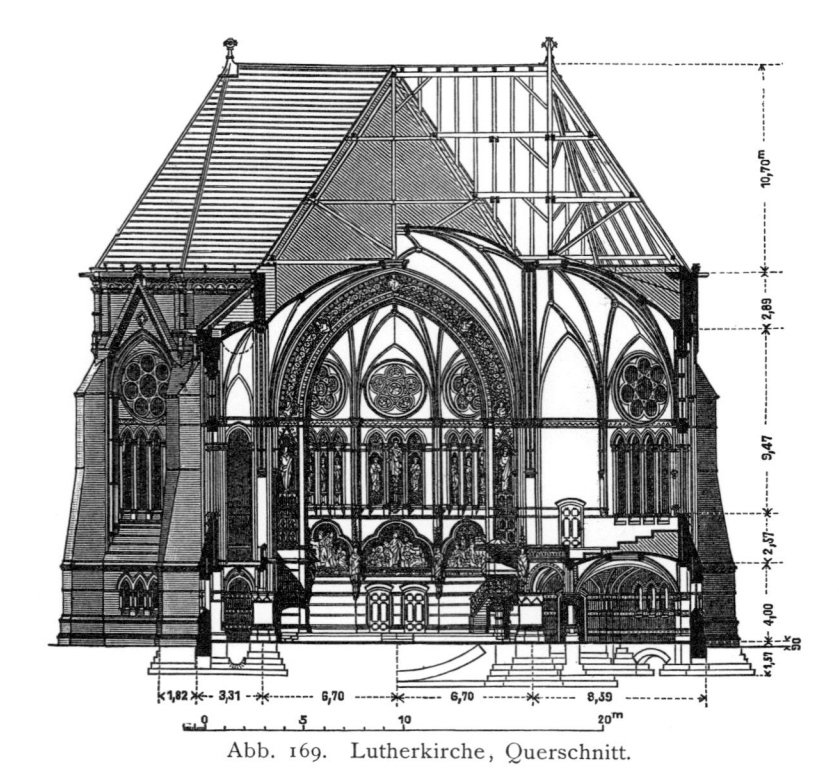

Die Kirche ist ein Backsteinbau mit Formsteinen und Terracotten im Innern und Aeufsern; nur die Gesimse, Abdeckungen, sowie die Mauerecken und sonstige besonders stark beanspruchte Bautheile sind im Aeufseren aus weifsem Sandstein ausgeführt.

Hauptmafse: Länge des Kirchenraumes rund 25 m, Breite rund 23,30 m, Tiefe des Chores 9,80 Meter, Breite 9 m. Als künstlerischer Schmuck sind in Aussicht genommen im Portal ein Christusbild, im Westgiebel ein St. Georg, im Innern des Chores Christus und die vier Evangelisten und am Triumphbogen Petrus und Paulus, gleichfalls als Standbilder; in den Flächen, namentlich am Triumphbogen, figürlicher und ornamentaler Mosaikschmuck.

Abb. 169. Lutherkirche, Querschnitt.

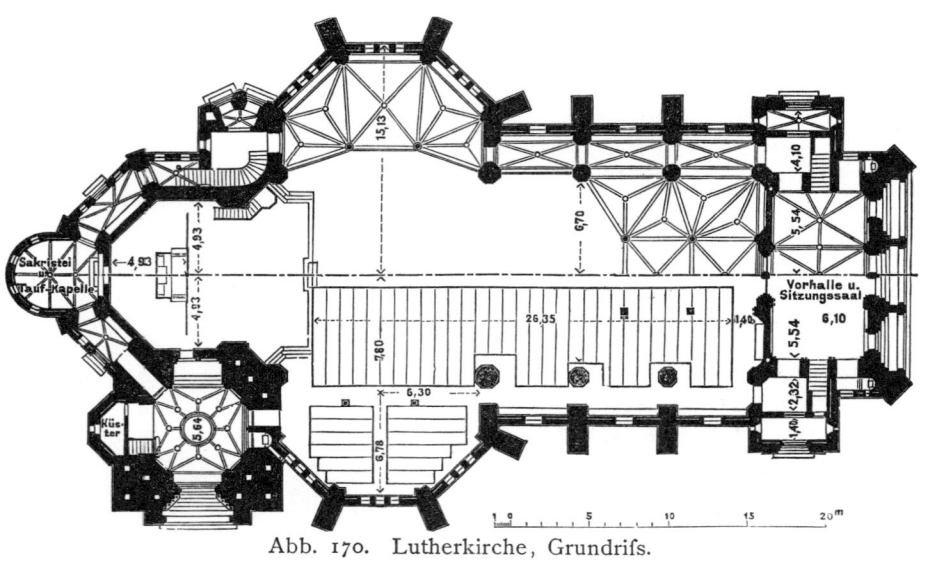

Abb. 170. Lutherkirche, Grundrifs.

33. Die Versöhnungskirche in der Bernauer Strafse (Abb. 159 u. 160 S. 172) und
34. Die Samariterkirche (Abb. 162 S. 172) auf dem gleichnamigen Platze sind zwei kleinere, in den Jahren 1894 und 1895 errichtete Backsteinkirchen von Moeckel in

X. Kirchen. 177

Doberan nach einem eigenen patentirten Verfahren entworfen. Den Grundgedanken dieses Verfahrens bildet die Durchdringung der Tragebögen in den Ecken der Vierung. Dieser sind auf einer Seite der Chor mit Nebenräumen und gegenüber ein kurzes Schiff mit vorliegendem Thurm angefügt, während auf den beiden anderen Seiten schmale Kreuzschiffe vorgelegt sind. Der Altar hat seinen Platz in der Mitte des Chores, die Kanzel an einem der Triumphbogenpfeiler erhalten.

Die erstgenannte Kirche hat eine Holzdecke, die letztere ist gewölbt. Die Backstein-Architektur beider, durch die Anwendung von Formsteinen und Glasuren bereichert, zeigt die Stilrichtung der hannoverischen Schule. — Bei der Versöhnungskirche liegt der Kämpfer der sich kreuzenden und durchdringenden Tragebögen zu ebener Erde. Das constructive Princip der Raum- und Massenersparnifs ist hier einseitig, in einer der Würde des Gesamteindrucks nicht förderlichen Consequenz zur Durchführung gelangt.

35. Kirche in Steglitz, in den Jahren 1876 bis 1880 durch den Kreis-Bauinspector Gette unter Anlehnung an mittelalterliche Backsteinbauten der Mark ausgeführt, fafst 1200 Sitzplätze. Sie zeigt einen 13,50 m im Lichten weiten, mit Sterngewölben versehenen Langhausbau und kurze Kreuzflügel von derselben Weite. An den rechteckigen Chor schliefsen sich links die Taufkapelle, rechts die Sakristei mit Treppenthürmen an, welche den Zugang zu den Querschiffemporen bilden. Der Haupteingang befindet sich in der Achse des dem Längsschiffe vorgestellten 68 m hohen Thurmes, von dessen Vorhalle Treppenhäuser zu der Orgelempore führen.

Die äufsere Architektur wie die des Innern ist in den constructiven Theilen ganz als Backsteinbau mit geputzten Flächen gehalten. Der Helm des sehr schlanken Thurmes ist massiv mit Verstärkungsrippen an den Kanten der Pyramide; die Dächer haben Ziegeldeckung.

Die innere Ausstattung, in ihren Hauptheilen in Eichenholz ausgeführt, zeigt farbige Bemalung. Die Chorfenster enthalten figürliche Darstellungen, während die übrigen Fenster sich auf Pflanzenornamente in Grisaille beschränken. Die Baukosten betragen 307 000 ℳ.

36. Die katholische Kirche zu Charlottenburg, nach dem Entwurfe von H. Stier in den Jahren 1875 bis 1877 in Backstein erbaut, zeigt die Anwendung gothischer Stilformen. Der Bau ist eine basilikale Anlage mit einem Mittelschiff von 9 m Weite und

Abb. 171. Georgenkirche, Thurmfront.

13 m Höhe, zwei Seitenschiffen von je 4,70 m Breite und 6,40 m Höhe und einem nach vier Seiten des Sechsecks gebildeten Chor. Um diesen sind geordnet die Sakristei und Andachtsräume für die Insassen des seit 1854 bestehenden Klosters, sowie des Erziehungshauses der Schwestern zum guten Hirten. Wegen des begrenzten Bauplatzes mußte bei den Seitenschiffen auf Fenster verzichtet werden.

Die Kunstformen des Baues, welcher in Backstein ausgeführt ist, schließen sich der Frühgothik an. Im Innern sind Kapitelle und Basen aus Sandstein hergestellt, die Flächen und die quadratischen Kreuzgewölbe geputzt und einfach gemalt, der Chor ist reicher geziert. — Als Thurm zur Aufnahme der Glocke dient ein über dem Vordergiebel sich erhebender Dachreiter. — Die Dächer sind mit Schiefer eingedeckt. Die Kosten der Kirche, die 800 Sitzplätze enthält, stellen sich, mit Ausschluß der Choranlage und der inneren Einrichtung, auf 78 000 ℳ, oder auf 144 ℳ für das Quadratmeter bebauter Fläche.

Abb. 172. Kaiser-Friedrich-Gedächtnißkirche, Ansicht.

37. Die Kaiser-Friedrich-Gedächtnißkirche im Thiergarten, dem Andenken Kaiser Friedrichs geweiht, wurde in den Jahren 1893—1895 von J. Vollmer erbaut. Der Grundriß besteht aus einschiffigem Lang- und Querhaus mit rechteckigem Vorchor und ebensolchem Chor; die Kreuzarme enthalten Emporen. Unter der Orgelempore des Langhauses, die äußere Hälfte des ersten Joches einnehmend, liegt die Eingangshalle, nach Norden gerichtet. Unter der Empore des westlichen Kreuzflügels ist ein Versammlungssaal und darunter mit Ausnutzung des Terrainabfalls ein Confirmandenzimmer angeordnet. In der Ecke zwischen Langschiff und östlichem Kreuzarm erhebt sich der Hauptthurm in der Breite eines Joches. Er vermittelt den Zugang zur benachbarten Em-

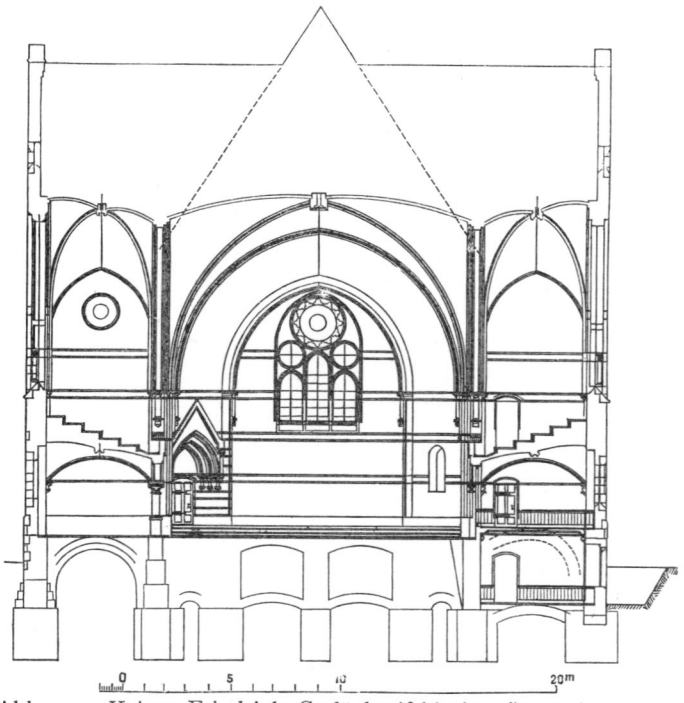

Abb. 173. Kaiser-Friedrich-Gedächtnißkirche, Querschnitt.

X. Kirchen.

pore; für die anderen Emporen sind rechteckige Treppenhäuser seitlich angebaut. An den Chor schliefst sich nach Westen die Sakristei mit einem zweiten Confirmandenzimmer, an den Vorchor im Osten der Kaisereingang an.

Im Aeufsern wird der stark malerische Gesamteindruck der Anlage noch durch den Wechsel von hellem Sandstein und rothem Backstein erhöht; im Innern der Kirche bildet das dunkle Roth des Backsteins der Architekturtheile den Rahmen für die Farben auf den hellgeputzten Wänden. — Die Kirche fafst 800 Sitzplätze.

Der gröfste Theil der bemerkenswerthen Glasmalereien ist von der Londoner Firma Campbell Smith & Co. nach deren eigenen Entwürfen ausgeführt. Das Chorfenster zeigt den triumphirenden Christus, Paulus, Petrus und in kleineren Feldern Darstellungen aus der Apostelgeschichte, während in den grofsen Querschiffenstern Bilder von Aposteln und Propheten sich finden. — Die Vorderfläche des Triumphbogens ist mit Glasmosaikgemälden nach Cartons von Carl Mohn geschmückt und zeigt Christus

Abb. 174. Kaiser-Friedrich-Gedächtnifskirche, Grundrifs.

Abb. 175. Synagoge in der Lindenstrafse, Ansicht des Vordergebäudes.

180 X. Kirchen.

als Haupt der Gemeinde, letztere durch zwölf Lämmer dargestellt, von denen je sechs aus den Thoren von Jerusalem und Bethlehem heraustreten. Ausgeführt sind die Mosaiken von Wiegmann, Puhl & Wagner in Rixdorf. Die Bildwerke am Altar wurden in istrischem Kalkstein vom Bildhauer Paul Nisse gefertigt, der Erzengel Michael in der Nische am Chor, nach einem Modell des Bildhauers Drischler von Gladenbeck in Kupfer getrieben.

38. Die Kirche zum guten Hirten zu Friedenau, von C. Doflein in den Jahren 1892/93 gebaut, ist eine in gothischen Stilformen gehaltene, in Backsteinbau ausgeführte Langhausanlage von vier Jochen, mit schmalen, gangartigen Seitenschiffen und rechtwinklig abgeschlossenem Chor. Die Emporen, die am Triumphbogen enden, ziehen sich am Haupteingang in der Form eines Sechsecks herum und haben an dieser Stelle eine zweite Empore für die Orgel über sich. Zu beiden Seiten des Hauptthurmes sind Treppen, rechts und links vom Chor Sakristei und Sitzungssaal angebracht.

Die Theilung der Gewölbefelder kommt auch im Aeufsern zum Ausdruck durch die Anordnung kleiner Giebel mit Satteldächern über jedem Fenster. Die Spannweite der Gewölbe beträgt ca. 13 m, die Länge des inneren Kirchenraumes ca. 35 m. Für die Architekturtheile des Innern ist gleichfalls rother Backstein gewählt, die Flächen sind geputzt und in gebrochener Bemalung gehalten, die im Chor reichere Gestalt annimmt. Die gesamten Baukosten haben 280 000 ℳ betragen.

39. Die Synagoge in der Lindenstrafse, von Cremer & Wolffenstein in den Jahren 1890/91 gebaut, setzt sich zusammen aus einem mit zwei Seitenflügeln versehenen Vorderhause und der eigentlichen Synagoge, die mit dem ersteren durch Zwischenbauten in Verbindung

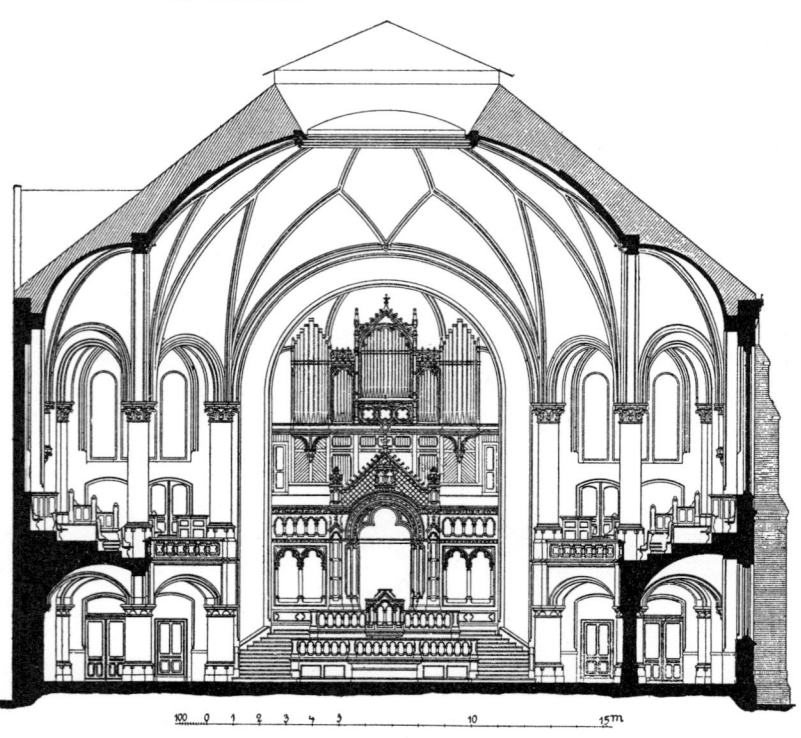

Abb. 176. Synagoge in der Lindenstrafse, Querschnitt.

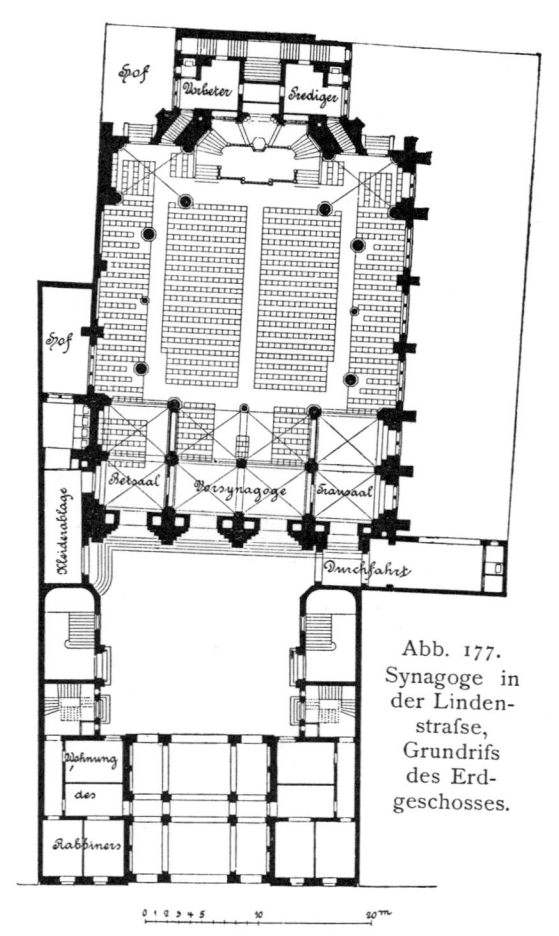

Abb. 177. Synagoge in der Lindenstrafse, Grundrifs des Erdgeschosses.

X. Kirchen.

steht. Eine breite Halle durchbricht die unteren Räume des Vorderhauses und vermittelt den Eingang zur Synagoge. Das Vorderhaus enthält Wohnungen für den Rabbiner, Castellan und Pförtner, sowie im ersten Stock Unterrichtsräume mit 257 Sitzplätzen, welche von zwei gleichgebildeten Treppenaufgängen zugänglich sind. Zur linken Hand vom Haupteingange befindet sich eine geräumige Kleiderablage sowie eine von einem kleinen Hofe beleuchtete Toilette; rechter Hand die Durchfahrt zu einem gröfseren Hofe längs der Südseite des Gebäudes. An den Chorraum schliefsen sich zwei von den Nebenhöfen beleuchtete Räume für Vorbeter und Prediger an. Der Tempel selbst erscheint im Innern als ein Centralbau mit einem 18 m weiten, von einer Oberlichtkuppel überwölbten Mittelraum, dem sich schmalere Seitenemporen und eine zweigeschossige tiefere Westempore anschliefsen. Die Emporenplätze sind für die Frauen, der untere Raum für die Männer bestimmt. Die Gesamtzahl der Plätze beträgt 1800, zu denen noch 50 Plätze auf der Orgel- und Sängerempore hinzutreten.

Abb. 178. Die St. Paulskirche in Moabit, Ansicht des Chores.

Die Aufsenarchitektur ist in Backstein mit grünen Glasuren in Anlehnung an mittelalterliche Motive gehalten. Im Innern bestehen Säulen und Emporenbrüstungen aus rothem Sandstein, die Wände und Gewölbe ebenso wie die Rippen sind geputzt und bemalt. Das Allerheiligste, in weifsem Sandstein mit reicher Vergoldung ausgeführt, enthält eine blau gemalte Decke mit goldigen Sternen. Die Verglasung des Oberlichtes und der oberen Fensterreihe ist mit einfachen Grisaillemalereien, die der unteren Fenster durch lichtfarbene Muster bewirkt. Baukosten rd. 820 000 ℳ, davon 115 000 ℳ für innere Einrichtung.

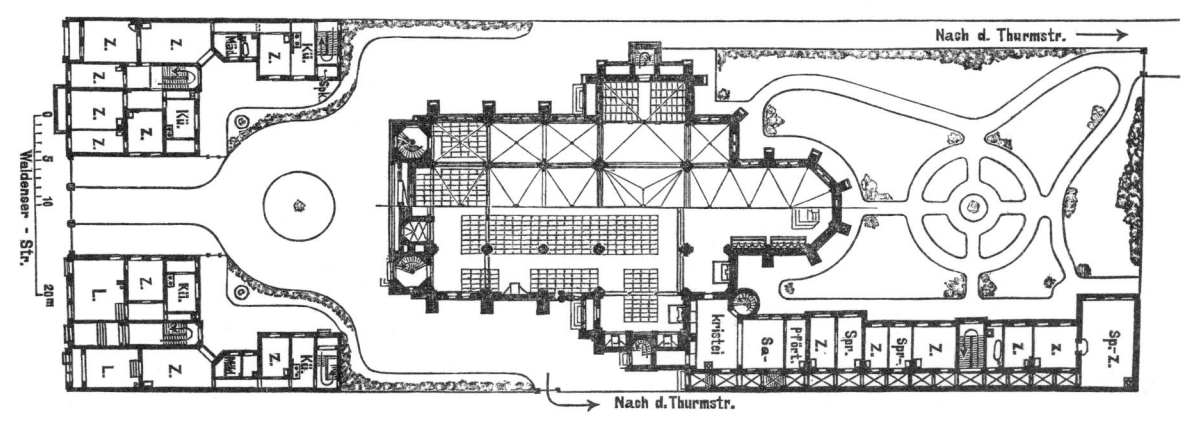

Abb. 179. Die St. Paulskirche in Moabit, Grundrifs des Erdgeschosses.

Abb. 180. Die Erlöserkirche, Ansicht.

40. Die Immanuelkirche, an der Ecke der Prenzlauer Allee und der verlängerten Tresckowstraße, in den Jahren 1891—1893 durch B. Kühn erbaut, ist ein zweischiffiger Backsteinbau mit Schieferdach, der 1280 Sitzplätze enthält. Das vierjochige, 12,80 m breite Hauptschiff, dessen Achse nach der Prenzlauer Allee gerichtet ist, hat hier den Eingang. Seitlich an der Strafsenecke liegt der 68 m hohe, mit Schiefer gedeckte Thurm. An der gegenüber liegenden Seite wird das Bauwerk durch den Chor mit Anbauten, eine Sakristei und einen Confirmandensaal enthaltend, abgeschlossen. Das schmalere, nur 5,50 m breite Seitenschiff mit einer Empore befindet sich an der Tresckowstrafse zwischen Saal und Thurm und erstreckt sich über drei Joche. Die flachen Holzdecken sind sichtbar und besonders im Hauptschiff auf den rauhen, unbehobelten Flächen mit figürlichen und ornamentalen Darstellungen in Temperamalerei geschmückt. Die Fenster haben reiche figürliche und ornamentale Glasmalereien. Ein gröfseres Glasmosaikbild, Christus darstellend, befindet sich im Aeufsern über dem Haupteingang.

41. Die St. Pauluskirche und das mit dieser verbundene Kloster der Dominikaner an der Waldenser Strafse, im Stadttheil Moabit, sind in den Jahren 1892 und 1893 durch Seibertz erbaut worden. Die Anlage befindet sich auf einem eingebauten Grundstück, das an beiden Strafsenfronten Privathäuser zeigt.

Die Kirche, ein dreischiffiger kreuzförmiger Hallenbau mit vortretendem, in fünf Seiten des Achtecks geschlossenen Chor, ist aufsen wie innen ein Backsteinbau, umschliefst eine bebaute Fläche von 1114 qm und fafst 1700 Stehplätze und 980 Sitzplätze, von denen 246 auf den Emporen untergebracht sind. Das Aeufsere ist einfach behandelt und nur an der Strafsenseite durch einen seitlich mit zwei 51 m hohen Thürmen besetzten und mit Fialen und Blenden verzierten Giebel von 37 m Höhe bereichert. Die Aufgänge zu den Emporen der Kreuzflügel befinden sich in schmalen Ausbauten in der Achse derselben. Der in satten Farben vollständig ausgemalte weiträumige Innenraum ist von ruhigem, wohlgelungenen Gesamteindruck in Farbe und Raumwirkung. Der Chor zeigt schlanke gegliederte Pfeiler und Rippengewölbe in der Breite des Mittelschiffs, und hat zweitheilige Mafswerkfenster mit Glasmalereien, welche figürliche Darstellungen enthalten.

Abb. 181. Die Erlöserkirche, Querschnitt.

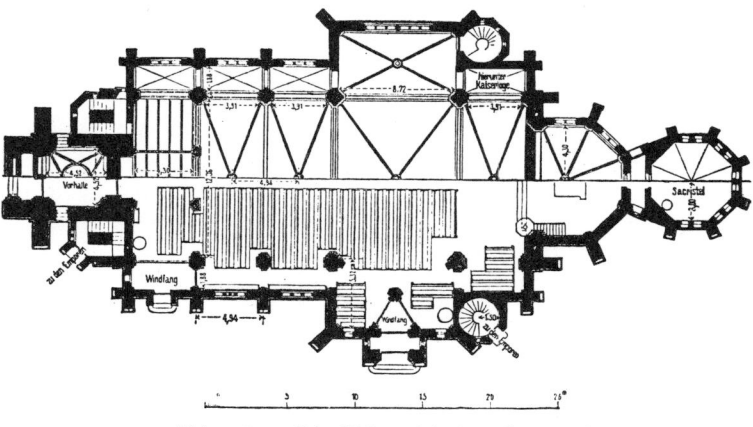

Abb. 182. Die Erlöserkirche, Grundrifs.

Lichtmafse: 45 m lang, 19,50 m breit und im Querschiff 30 m breit bei 21,50 m Mittelschiffshöhe. — Die Klosteranlage schliefst sich längs der südlichen Grundstücksgrenze an die Kirche an; dieser zunächst liegt im Winkel zwischen Chor und Südkreuzschiff die geräumige Sakristei. Den freien Raum des Bauplatzes schmücken Gartenanlagen. — Baukosten ausschliefslich der inneren Ausstattung 278 000 ℳ. In dem Kloster, dessen Baukosten 82 000 ℳ betragen haben, zeigt nur das Refectorium eine über den Rahmen des Bedürfnifsbaues hinausgehende Ausstattung.

42. Die St. Mathiaskirche auf dem Winterfeldplatze, in den Jahren 1893—1895 gleichfalls nach den Plänen von Seibertz errichtet, ist eine gewölbte, dreischiffige Hallenkirche mit 93 m hohem schlanken Thurm über dem Haupteingang. Der gegenüber liegende in sieben Zwölftel geschlossene Chor hat durch die Verbindung mit den beiden nach dem Achteck geschlossenen Seitenchören und mit dem letzten Gewölbejoch einen Vorchor erhalten, der an der breitesten Stelle 27,50 m mifst. Das vierjochige Langhaus hat 8,30 m Achsenweite, 22,30 m Höhe im Mittelschiff und 19,60 m Höhe in den Seitenschiffen. Die sechs freistehenden, mit acht Diensten besetzten Rundpfeiler tragen die aus Rippenkreuzgewölben gebildete Decke, die im hohen Chor durch ein Sterngewölbe bereichert ist. — Das Innere fafst 600 Sitz- und rd. 2000 Stehplätze.

Die Architekturtheile sind innen von Kunstsandstein, die Flächen geputzt. Das Aeufsere hat in den Flächen Backsteinmauerwerk, die Architekturtheile, auch das Mafswerk der Fenster sind aus schlesischem Sandstein. Dächer und Thurmhelm haben Schieferdeckung. (Baukosten, ohne innere Ausstattung, 683 000 ℳ.)

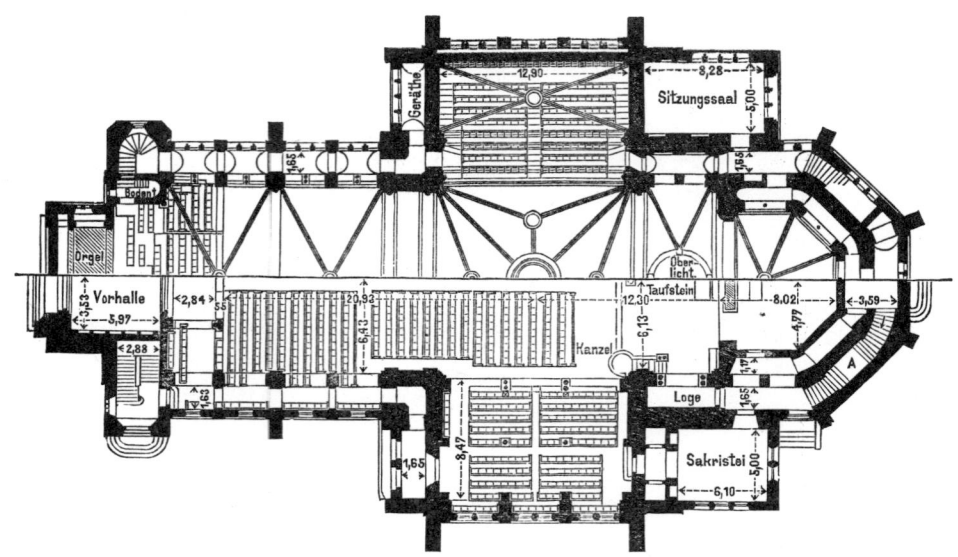

Abb. 183. Die Gnadenkirche, Grundrifs.

43. Die Heilandskirche, im kleinen Thiergarten des Stadttheils Moabit, während der Jahre 1892—1894 nach Skizzen des Regierungs- und Bauraths F. Schulze durch den damaligen Bauinspector P. Kieschke ausgeführt, ist eine dem Centralbau sich nähernde Kreuzschiffanlage von ansehnlicher Schiffsbreite und untergeordnetem Chor. Die Architektur zeigt gothische Backsteinformen unter Verwendung von Glasuren am Aeufsern.

Der sehr schlanke Hauptthurm hat einen eisernen Helm mit Schieferdeckung. Das mit Rippenkreuz- und Sterngewölben überdeckte Innere enthält 1200 Sitzplätze. Baukosten 280 000 ℳ, innere Einrichtung 38 000 ℳ.

44. Die neue Nazarethkirche, im Norden der Stadt auf dem Leopoldplatze, in der Nähe der alten (vgl. S. 157) in den Jahren 1891—1893 nach Plänen von Spitta durch Bürde errichtet, ist ein an mittelalterliche märkische Vorbilder sich anlehnender Backsteinbau.

Die dreischiffige Kreuzschiffanlage besteht aus zwei Jochen, einem quadratischen Vierungsjoch mit nach dem Sechseck geschlossenen, licht gehaltenen Querschiffvorlagen, gerade geschlossenem, einjochigem, etwas dunklem Chor und schmalen Seitengängen. An den Chor schliefst die Sakristei an. An der Giebelfront erhebt sich ein stattlicher Thurm, über der Vierung ein Dachreiter.

Die Architekturtheile des Innern sind gleichfalls in Backsteinformen hergestellt. Die gegliederten Pfeiler tragen Kreuz- und Sterngewölbe mit Rippen. Die Flächen sind geputzt.

X. Kirchen. 185

45. Die Erlöserkirche. Der in der Prinz-Albert-Strafse zu Rummelsburg gelegenen Anlage liegt eine Skizze von Hase zu Grunde. Die Ausführung erfolgte in den Jahren 1890—1892 durch Spitta. Die Kirche bildet eine basilikale Anlage mit Querschiff, niedrigen, schmalen Nebenschiffen und einem zu fünf Achteln geschlossenen Chor, in

Abb. 184. Die Gnadenkirche, Ansicht.

dessen Achse die achteckige Sakristei als selbständiger Anbau angelegt ist. Der mäfsig hohe, von zwei Treppenräumen flankirte Frontthurm enthält den Haupteingang mit einer Vorhalle, seitliche Eingänge finden sich in den Querschiffen. In den Seitenschiffen und dem Querschiff sind einfache Emporen, an der Thurmseite dagegen zwei über einander liegende angeordnet, von denen die obere die Orgel aufnimmt. Im ganzen sind 1030 Sitzplätze vorhanden, von denen 650 auf das Schiff, 380 auf die Emporen entfallen. — Der Bau ist in Backsteingothik gehalten; in der Fensterbildung der Nebenschiffe tritt die zweistöckige Anlage deutlich zu Tage. Dem Backsteinbau des Aeufsern entsprechend sind auch im Innern alle tragenden Theile, die Rippen, Bögen usw. im Rohbau gelassen, die Wand- und Deckenflächen dagegen verputzt und im Schiff mit Leimfarbe, im Chor mit Caseïnfarbe gemalt. Die farbigen Fenster des letzteren und des Querschiffs enthalten Darstellungen aus der biblischen Geschichte und Wappen von Stiftern.

Die an einem Triumphbogenpfeiler liegende Kanzel ist in Eichenholz geschnitzt. Der in der Mitte des Chores stehende Altartisch besteht aus Sandstein mit einem Aufsatz, der ein Bild von Körner, die Rettung des Petrus aus den Wellen, einrahmt.

Die Baukosten betrugen 229 380 ℳ, mithin auf das Cubikmeter rd. 21,50, auf den Sitzplatz 222,70 ℳ. Kosten der inneren Einrichtung 20 000 ℳ.

Der Kirchenbau ist der erste des unter dem Protectorat der Kaiserin stehenden evangelischen kirchlichen Hülfsvereins gewesen und auch insofern von Bedeutung, als anschliefsend an ihn aufser dem Pfarrgebäude ein Gemeindehaus errichtet ist, in dem unter Leitung von Diaconissen eine Krippe, Warteschule und Volksküche, sowie eine ärztliche Poliklinik sich befinden. — Die Entwürfe für diese Baulichkeiten sind von Spitta aufgestellt.

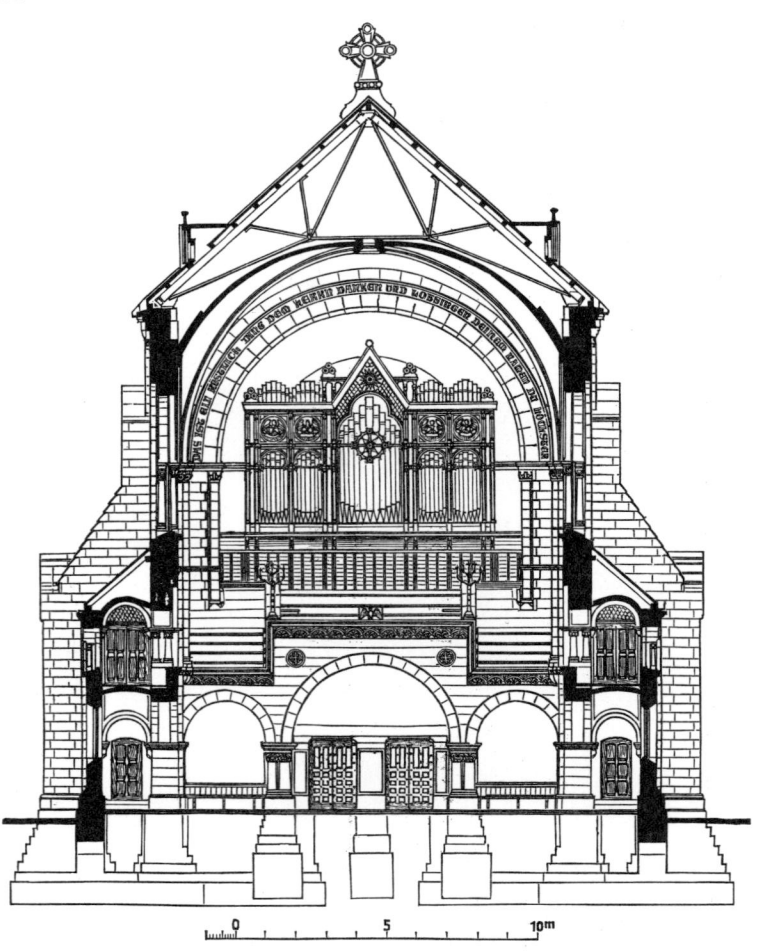

Abb. 185. Die Gnadenkirche, Querschnitt.

46. Die Gnadenkirche[1]) am Invalidenpark ist zum Gedächtnifs der Kaiserin Augusta von Spitta entworfen und 1891—1895 unter seiner Leitung ausgeführt. — Der Grundrifs zeigt gedrungene Kreuzesform. An den Haupteingang schliefst sich eine Vorhalle mit Orgelbühne und mit seitlichen Treppenanbauten. Schmale, zweigeschossige Seitenschiffe, die hauptsächlich als Gänge dienen, begleiten das Langschiff, die Südseite des Querschiffs, den Vorchor und den zu fünf Achteln geschlossenen Chor. Letzterer weist noch einen zweiten, inneren Umgang auf, da der äufsere lediglich als Corridor und als Zugang zu den Nebenanlagen dient. In den Ecken von Kreuzschiff und Vorchor liegen gleichartig in zweigeschossiger Anlage Sakristei, Taufkapelle, zwei Säle und Zubehör. Emporen befinden sich, aufser vor der Orgel, noch in den Kreuzarmen.

Das Bauwerk ist, mit Anlehnung an mustergültige Vorbilder, in romanischen Formen erbaut unter Verwendung von Brohlthaltuff für die äufsere Verkleidung, und von rothem

---

1) Centralblatt der Bauverwaltung. 1895. Nr. 36.

X. Kirchen.

Mainsandstein für Zwergsäulchen und Brüstungsfüllungen, sowie von weifsem schlesischen und sächsischen Sandstein für einzelne Bautheile und einzelne gemeifselte Stücke.

Das Architekturgerüst des Innern besteht aus lichtgrauem Cottaer Sandstein. Zu den Schäften der freistehenden Säulen sind edlere Steinarten verwandt (Rogenstein, Labrador, rother schlesischer Granit, Serpentin). — Altar und Kanzel wurden aus französischem Kalkstein gefertigt. Besondere Sorgfalt ist ferner auf die Holz- und Metallarbeiten, so auf das in nordischen Formen entworfene Gestühl für die Kaiserloge, das Gestühl im Langhause verwendet; bemerkenswerth sind die beiden Bronzeleuchter neben dem Altar, sowie die grofsen Ringkronen im Kirchenschiff.

Die Wand- und Deckenflächen sind geputzt und mit buntem Ornament auf gelblichen Grundtönen bemalt. An bevorzugter Stelle ist Glasmosaikschmuck verwendet, so namentlich am Triumphbogen und in der Kaiserloge. Das Mosaik im Chor, nach einem Entwurfe von Geselschap, stellt Christus umgeben von musicirenden Engeln dar. Auch an den Bogenlaibungen im Langhause finden sich farbige Mosaiken.

Für das Innere wurde ferner von vornherein der Schmuck farbiger Fenster vorgesehen, von denen besonders die des Chores, prächtige Teppichmuster von Linnemann, und die Wappenfenster im Kreuzschiff, von Geiges nach eigenen Entwürfen ausgeführt, hervorzuheben sind. Die künstliche Beleuchtung des Gotteshauses erfolgt mittels elektrischen Lichts.

Die Zahl der festen Sitzplätze beträgt 1440, Baukosten 1 Mill. ℳ, wovon 200 000 ℳ auf die innere Ausstattung entfallen.

Abb. 186. Die Kaiser-Wilhelm-Gedächtnifskirche, Ansicht.

47. Die Kaiser-Wilhelm-Gedächtnifskirche,[1)]

von Fr. Schwechten erbaut und 1895 vollendet, auf dem Augusta-Victoria-Platze in Charlottenburg, steht in mehr als einer Beziehung an der Spitze der Gotteshäuser, die in den letzten Jahren der Thätigkeit des evangelischen Kirchenbauvereins zu verdanken sind. Schon ihre Lage in einem vornehmen Stadtviertel, mehr noch der Umstand, dafs sie dem Andenken Kaiser Wilhelms I.

---
1) Centralblatt der Bauverwaltung. 1895. Nr. 35.

188 X. Kirchen.

geweiht ist, sichern dieser Anlage eine Art von Volksthümlichkeit. Hieraus erklärt sich die Thatsache, dafs für diesen schon von vornherein mit Mitteln reichlich bedachten Bau im Laufe der Ausführung eine Summe von Beiträgen zusammenflofs, die es dem Architekten ermöglichte, ohne Einschränkungen und Rücksichten auf Kostenersparnifs seinen Bau grofs, reich und mit Heranziehung des Besten auszugestalten.

Abb. 187.   Abb. 188.   Abb. 189.
Kaiser-Wilhelm-Gedächtnifskirche, Wand- und Glasmalereien im Chor.

Die Grundrifsform der Kirche bildet ein gedrungenes lateinisches Kreuz, über dem der Bau sich mit romanischen Formen entwickelt. Den Chor umschliefsen niedrige Rundbauten, welche Sakristeien und zwei Confirmandenräume enthalten. Emporen sind in die Querschiffe eingebaut und eine mit jenen durch gangartige Seitenschiffemporen verbundene Sängerbühne von bedeutenden Abmessungen zieht sich über die den Kirchenschiffen quer vorgelegte Gedenkhalle hin. Diese Halle ist als eigenartiger Bestandtheil dem Gedächtnifs

X. Kirchen.

Kaiser Wilhelms I. vorzugsweise gewidmet. Auch in dem Aeufsern des Baues tritt dieser Theil durch die beiden halbrunden Treppenausbauten deutlich in Erscheinung.

Als äufseres Schaustück betrachtet steht das Bauwerk an bevorzugter Stelle in schiefwinkliger Lage zu allen sechs Strafsenfluchten, und seine mächtige Baumasse mit dem hoch herausgereckten Thurm beherrscht das westliche Stadtbild. Die Kirche ist mit dem Chor nach Osten gerichtet, sodafs die Front nach Charlottenburg hinzeigt. Der Bau hat einen Fassungsraum von 1760 Sitzplätzen.

Die Spannung des Langhauses zwischen den Pfeilern sowie die der Kreuzarme ist 12 m, die Breite des ersteren mit Einschlufs der Seitenschiffgänge 19,25 m. In der Kreuzung von Lang- und Querhaus ergiebt sich durch Hinzuziehung der Seitenschiffbreiten des Langhauses eine quadratische Vierung mit abgestumpften Ecken von 19,25 m Spannung. Diese Vierung sowohl wie der verbleibende Rest des Langhauses und der Kreuzarme sind mit je einem Sterngewölbe überdeckt, dessen Scheitel sich in der Vierung 25 m über den Kirchenfufsboden erhebt. Ein Uebergangsbogen leitet zu dem mit einem halben Zehneck ge-

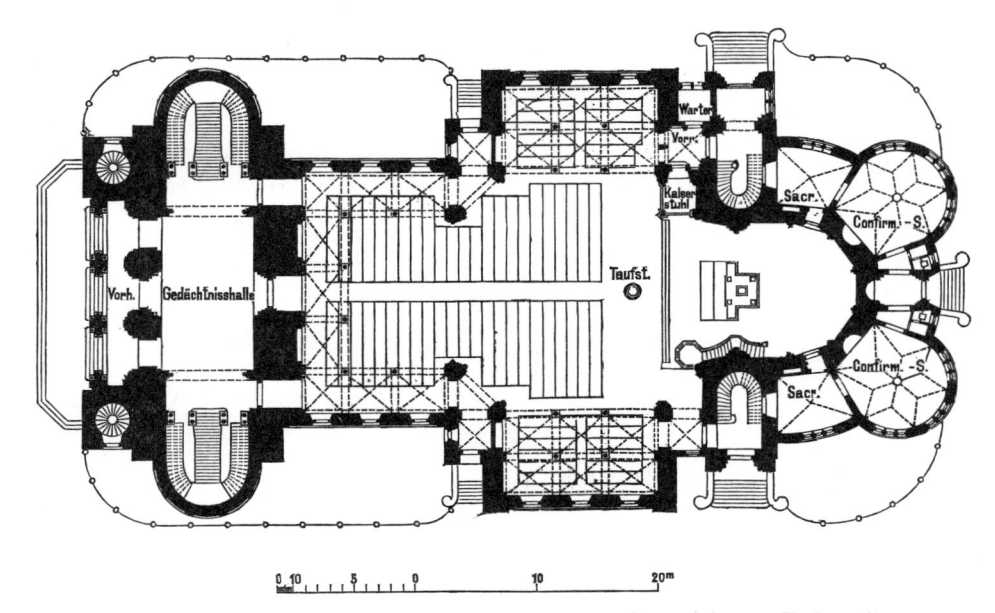

Abb. 190. Die Kaiser-Wilhelm-Gedächtnifskirche, Grundrifs des Erdgeschosses.

schlossenen, 11 m breiten Chor, der ebenfalls ein Sterngewölbe erhalten hat. In den Kreuzarmen, den Seitenschiffen und dem rückliegenden Theil des Langhauses sind Emporen eingebaut, die allein 653 Sitzplätze aufnehmen. Durch Hinzuziehung des ganzen Raumes über der Gedenkhalle ist es dabei möglich gewesen, genügend Platz zur Aufführung gröfserer Chorwerke zu schaffen, indem die bis zu der tief hinten liegenden Orgel aufsteigenden Sitzreihen 80 Musiker und 280 Sänger aufzunehmen vermögen. An der nordöstlichen Ecke der Vierung ist der Kaiserstuhl angeordnet.

Im Innern sind Pfeiler, Thüren, Fenstergewände, Gurtbögen, Gewölberippen aus schlesischem Sandstein hergestellt, für die geputzten Wand- und Gewölbeflächen ist reiche farbige Behandlung in Aussicht genommen. Im Chor und im Kaiserstuhl sind diese Flächen bereits mit Stiftmosaik nach Entwürfen von Linnemann in Frankfurt a. M. bekleidet. Dieselbe Ausführung ist für das Tonnengewölbe der Gedächtnishalle geplant. Der Fufsboden hat im Chor und dem unmittelbar davorliegenden Theile der Vierung farbigen Marmorbelag, in den Gängen der Schiffe und in der Gedächtnifshalle Thonstiftmosaik erhalten.

Von den fünf Thürmen erheben sich die Treppenthürme der Westfront zu 54 m, die den Chor begleitenden Thürme zu 62 m Höhe. Der Hauptthurm erreicht bis zu der den Steinhelm abschliefsenden Kaiserkrone 100 m, das darüber stehende Eisenkreuz bis zur Spitze des Sternes 113 m Höhe. Der Sockel ist aus Oberstreiter Granit, die Gliederung des Aufbaues im allgemeinen aus Warthauer und Cudowaer Sandstein, die Flächen sind mit rheinischen Luftsteinquadern verblendet; das gleiche Material hat auch der Helm des Hauptthurmes. Schwedischer Granit ist zu den Säulen der Portalbauten, zu denen der Zwerggalerie des Thores und der Fensterpfosten Niedermendiger Basaltlava verwendet.

Kunstwerke. Altar, Kanzel und Taufstein sind aus istrischem Marzana-Kalkstein gefertigt. Der Altar hat einen auf Marmorsäulen ruhenden Kuppelaufbau aus getriebenem Kupfer, unter dem eine Christusfigur von Schaper aufgestellt ist. Die Kanzel zeigt ebenfalls einen auf sechs Marmorsäulchen ruhenden, aus Kupfer getriebenen Ueberbau mit reichem Schmuck aus Glasflufspasten.

Die Orgel mit 48 klingenden Stimmen, deren Rahmwerk an der Schauseite aus Kupfer getrieben ist, hat Sauer in Frankfurt a. O. erbaut.

Das Kirchen-Gestühl wurde in reicher Schnitzarbeit aus Eichenholz hergestellt. Der bronzene Kronleuchter von 5,50 m Durchmesser in der Mitte der Vierung und acht Standleuchter von Stotz in Stuttgart dienen der elektrischen Beleuchtung.

Die figürlichen Glasmalereien der fünf Chorfenster und ebenso der musivische Schmuck der Wände sind hervorragende Kunstleistungen Linnemanns (Abb. 187—189). Dargestellt sind im Mittelfenster Moses in der Schlacht gegen die Amalekiter, darüber im Medaillon der Herr als Helfer seiner Getreuen. Die anderen vier Fenster zeigen die vier grofsen Propheten mit den Evangelisten darüber. In den seitlichen Blenden als Glasmosaik auf einer Seite David mit der Harfe, darüber Christus, unten der Stammbaum Jesse, auf der anderen Seite Melchisedek mit Brot und Wein, oben Christus mit Hostie und Kanne, unten das Kreuz mit dem Pelikan und einem Engel. Das Glasmosaik in der breiten Laibung des Thriumphbogens ist nach Entwürfen von Geselschap und Quensen ausgeführt.

Abb. 191.
Apostel Pauluskirche in Schöneberg.

Die schönen Malereien in den beiden Rosen der Querschiffe und die unteren, mit Wappen geschmückten Fenster sind hervorragende Arbeiten von Geiges in Freiburg i. B. — Von dem reichen bildnerischen Schmuck im Innern der Kirche bleiben noch zu erwähnen an den Diensten des Chores die Standbilder der vier Evangelisten, der Apostel Petrus und Paulus und der Reformatoren Luther und Melanchthon von den Bildhauern Janensch, Wenck, Haverkamp und O. Lessing. Weitere Darstellungen sind namentlich noch am Kaiserstuhl ausgeführt. Die Modelle für die inneren und äufseren, theilweis reich ornamentirten Architekturtheile rühren von den Bildhauern Thomas und Koschnicke her. Die Stiftmosaiken sind von Wiegemann, Puhl & Wagner in Rixdorf ausgeführt.

Baukosten, jedoch ohne die künstlerische Ausschmückung der Gedächtnifshalle, 3 200 000 ℳ. Gegenüber der Westfront ist mit bedeutendem Kostenaufwande ein Predigerhaus erbaut, für dessen Gestaltung die romanischen Formen des Kirchengebäudes mafsgebend gewesen sind.

X. Kirchen.

Abb. 192. Die Auferstehungskirche.

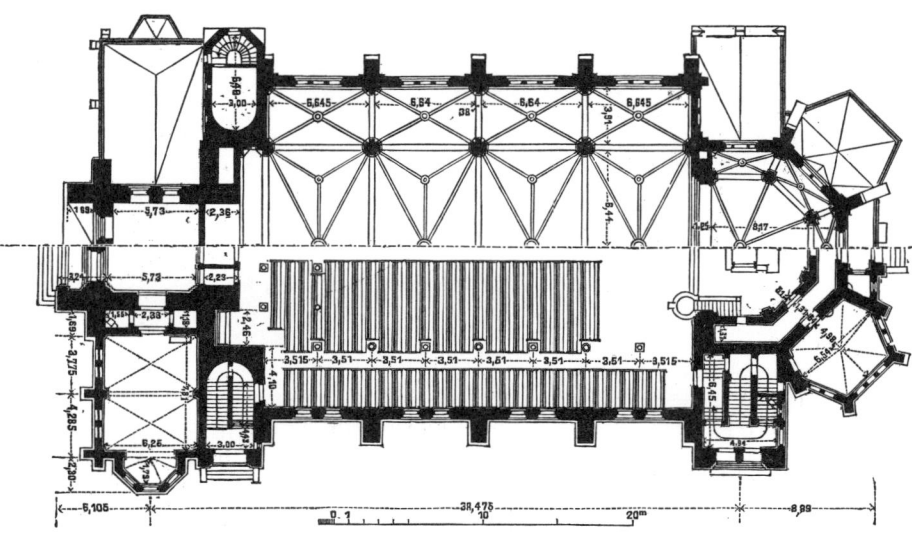

Abb. 193. Die Auferstehungskirche, Grundrifs.

48. Die Apostel Pauluskirche am Prinz-Heinrich-Platze in Schöneberg, in den Jahren 1893 bis 1895 von F. Schwechten erbaut, ist eine dreischiffige Hallenkirche mit einschiffigem Kreuzarm und einem zu fünf Achteln geschlossenen Chor sowie einem achsial gestellten Thurm vor dem Mittelschiff. Zu beiden Seiten des Thurmes liegen Treppen für die Emporen. Letztere sind in gleicher Weise angeordnet als bei der vorerwähnten Kirche. An der Südseite liegt unmittelbar neben dem Thurme, vom Seitenschiff aus zugänglich, eine Kapelle zur Versammlung der den Trauungen beiwohnenden Zeugen, die von dort in gemeinschaftlichem Zuge das Brautpaar nach dem Altar geleiten sollen. Das ganze Innere ist in Backstein gewölbt, in den Flächen geputzt und gemalt, das Aeußere in reichen gothischen Backsteinformen mit glasirten Ziegeln ausgeführt, auch die Helme des Hauptthurmes und der beiden Chorthürme. Die Dächer sind mit glasirten Ziegeln eingedeckt. Die Giebel der Kirche sowie des Thurmes beleben Staffelgliederungen. Die Zahl der Sitzplätze beträgt 1500, die der Stehplätze 100 (Abb. 161 S. 172 u. Abb. 191).

Die Kirche bildet mit der daneben befindlichen, in dem gleichen Material errichteten Anlage des Prinz-Heinrich-Gymnasiums eine Baugruppe von wirksamer Gestalt.

49. Die Simeonskirche, von Fr. Schwechten, mit 1250 Sitzplätzen, ist auf einer von Wohnhäusern eingeschlossenen Reihenbaustelle in der Wasserthorstrafse errichtet

Abb. 194. Die katholische Garnisonkirche in der Hasenhaide.

und zur Zeit noch im Bau begriffen. Sie tritt an der Strafsenseite nur durch den massiven Thurm und die Architektur des ihr vorgelegten Vorderhauses in Erscheinung. Dieses enthält

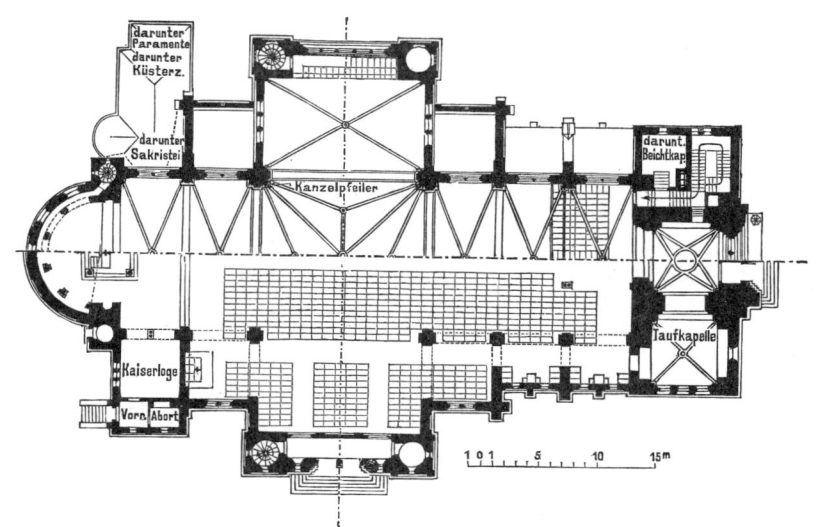

Abb. 195. Die katholische Garnisonkirche, Grundrifs.

Abb. 196. Die katholische St. Sebastiankirche, Choransicht.

neben Wohnungen für den Kirchendiener, Diaconissinnen usw. auch Räume für Vereine. Der kirchliche Charakter dieser Bautheile tritt in den Giebelanlagen zu beiden Seiten des dreiachsigen Mitteltheiles mit dem Thurme zu Tage. Die gesamte Aufsenarchitektur ist in Backstein gehalten. Der Innenraum erhält eine sattelförmige Holzdecke mit sichtbaren Bogenbindern. Die Kirche ist eine dreischiffige Kreuzanlage, bei der die schmalen Seitenschiffe nur zu Verbindungsgängen dienen, besonders für die Sitzplätze auf den Emporen in den Kreuzschiffen und auf der Orgelempore im ersten Joch des Mittelschiffs.

50. Die Auferstehungskirche, Friedenstrafse 84, wurde 1892 bis 1895 mit Benutzung einer von Blankenstein aufgestellten Skizze durch Aug. Menken erbaut. Sie ist ein Hallenbau mit eisernen Säulen und balconartig vortretenden Emporen. Die Westansicht zeigt in der Mitte einen Thurm, an den sich im unteren Geschofs zwei Säle, für Kirchenrath und Confirmanden, sowie ein Achteckthurm und Treppenraum mit Treppen zu den Emporen anschliefsen. Den eigentlichen Chorraum umschliefst ein schmaler Umgang, an welchen zwei halbachteckige Ausbauten mit schmaler Vorhalle dazwischen anschliefsen. Die Ausgestaltung des Backsteinbaues zeigt romanische Stilformen mit Anlehnung an norddeutsche Vorbilder durch Formsteine und Glasuren bereichert und in Verbindung mit einem folgerichtig durchgeführten Strebepfeilersystem. Die einzelnen Gewölbe-

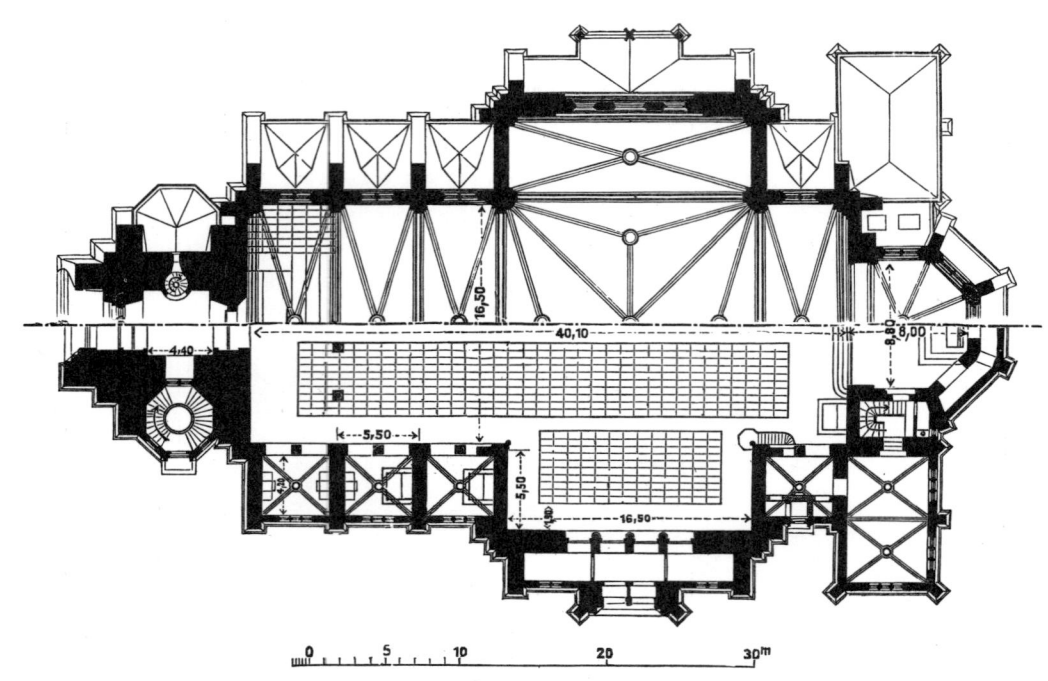

Abb. 197. Katholische St. Sebastiankirche am Gartenplatz.

felder der Seitenschiffe enthalten Satteldächer mit Giebeln. Das gleiche Motiv ist auch an dem im halben Achteck schliefsenden Chor durchgeführt. Den Chor deckt ein Zeltdach, mit kleinem Dachreiter. Auch im Innern sind Pfeiler, Bögen, Rippen, Ecken von Backstein, das Ganze reich gemalt. Die Kanzel besteht aus Kalkstein, der Taufstein aus Marmor mit Messingdeckel. Die Kirche enthält 1500 Sitzplätze, von denen 500 auf die Empore kommen.

Das Schiff ist im Innern 30 m lang und 21,50 m breit; die äufseren Abmessungen betragen 56 m in der Länge und 32 m in der Breite; der Thurm ist 76 m hoch.

51. Die katholische Garnisonkirche

Abb. 198. Katholische St. Sebastiankirche, Querschnitt durch das Langschiff.

in der Hasenhaide ist seit dem Jahre 1893 im Bau und wird bis Ende des Jahres 1896 fertiggestellt. Der Entwurf und die künstlerische Ausbildung des Baues rühren von Aug. Menken her, die Bauleitung lag in den Händen des

Garnison-Bauinspectors Vetter. — Die Grundform der Kirche bildet ein lateinisches Kreuz mit Westthurm und halbrundem Chor, der Aufbau ist basilikal. An der Westfront befindet sich neben dem Thurm zur linken eine Taufkapelle, rechts Emporentreppe und kleiner Beichtraum, neben dem Chor, als niedrigere Anbauten, südlich eine besondere Kaiserloge mit Vorräumen, nördlich Sakristei und Paramentenkammern, ferner zwei kleine Treppenthürme. An die beiden ersten Joche des Langschiffs fügen sich vier schmale Seitenkapellen an. Die Vierung wird an den Ecken von vier weiter vortretenden und mit spitzen Dächern bekrönten Kapellen eingeschlossen, deren östliche die Nebenaltäre enthalten. Emporen befinden sich im ersten Joch des Langhauses und über den beiden Eintrittshallen des Kreuzschiffs.

Die Formen sind romanisch, in der Art rheinischer Kirchen. Die Westfront beherrscht der schlanke Thurm; kleinere viereckige Eckthürme rahmen die Giebelfronten der Querschiffe ein, welche ebenso wie die Westfront Rundbogenportale und mächtige getheilte Rosen in bogenförmiger Umrahmung enthalten. Ueber der Vierung sitzt ein einfacher schlanker Dachreiter. Die Aufsenseiten bestehen aus Tuffstein unter Verwendung von

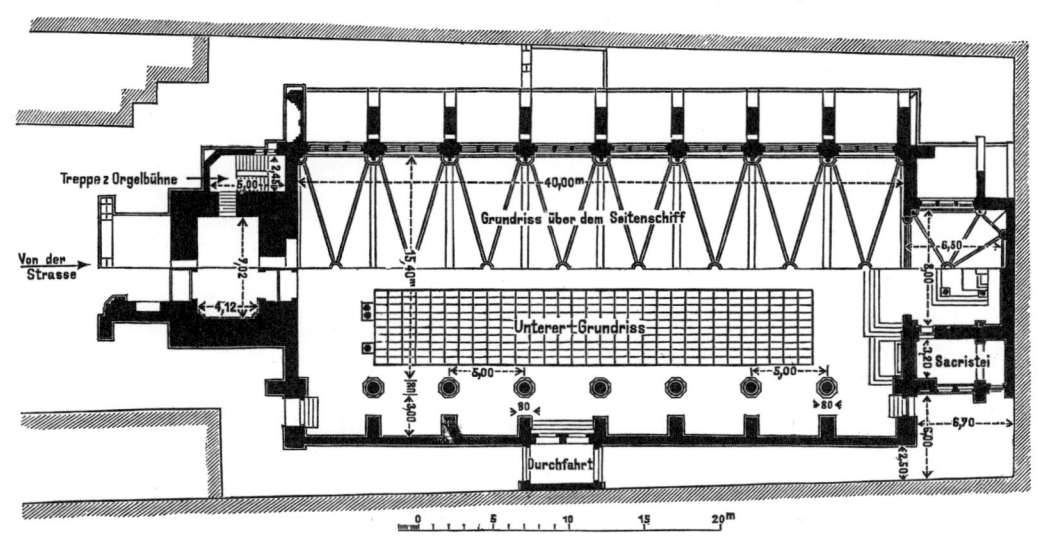

Abb. 199. Die katholische St. Piuskirche, Grundrifs.

Warthauer Sandstein für die Gesimse und Wasserschrägen. Im Innern bestehen die tragenden Architekturtheile aus Cottaer Sandstein, die Zierglieder gleichfalls aus Tuffstein, die Flächen sind geputzt, die Dächer mit Schiefer eingedeckt.

Der Bau fafst 1250 Sitz- und 600 Stehplätze. Höhe bis zum Hauptgesims 17 m, Thurmhöhe 77 m. Baukosten ohne innere Ausstattung 700 000 ℳ, d. i. rd. 419 ℳ für das Quadratmeter bebauter Grundfläche und rd. 26 ℳ für das Cubikmeter umbauten Raumes.

52. Die katholische St. Sebastiankirche auf dem Gartenplatze wurde 1891 bis 1893 durch Hasak errichtet. Der Grundrifs bildet ein lateinisches Kreuz mit vorgelegtem Hauptthurm und schmalem Vorchor von der Breite des Mittelschiffs und verschmälertem, zu fünf Achteln geschlossenen Chorpolygon. Der Querschnitt ist basilikal mit niedrigen Nebenschiffen, deren einzelne Joche als geschlossene Kapellen ausgebildet sind. Das 16,50 m breite Mittelschiff wirkt trotz mäfsiger Höhe frei und weiträumig. Den Chor umzieht ein corridorartiger Umgang, welcher den Zugang zu den vorspringenden rechteckigen Anbauten mit Sakristei und Nebenräumen vermittelt. Die Querschiffe enthalten Zugänge mit schmalen, im Aeufsern nur niedrig gehaltenen Vorhallen. Mit Rücksicht auf die Lage des Bauplatzes ist die Hauptansicht nicht nach Westen, sondern Nordosten gerichtet. Die Anlage ist dem Centralbau angenähert, einerseits um Altäre und Kanzel möglichst von allen Plätzen aus sichtbar zu machen, anderseits aus akustischen Rücksichten.

Das Aeufsere der Kirche ist in den Formen des frühgothischen Hausteinbaues mit vollständiger Verkleidung durch Sandstein in wirkungsvoll gegliedertem Aufbau durchgebildet. Der Thurm hat einen Steinhelm. Im Innern sind Pfeiler, Rippen, Kanten von Backstein, die Flächen in Putz, Kragsteine, Basen, Kapitelle aus Sandstein, Orgel, Kanzel, Hochaltaraufsatz u. a. von Eichenholz hergestellt. Der ganze Raum ist schlicht mit einfacher Bemalung, nur der Chor reicher ausgemalt.

Abmessungen: äufsere Länge von Thurm bis Chor 40,10 m, Höhe bis Hauptgesims 18 m, Höhe des Thurmes 85 m.

Der Innenraum fafst 1100 Sitzplätze und zahlreiche Stehplätze in den breiten Gängen.

Baukosten: 525 500 ℳ ohne Bildhauerarbeit und Ausstattung.

53. Die katholische St. Piuskirche,

an der Pallisadenstrafse gelegen, wurde 1893—1894 gleichfalls durch Hasak erbaut. Da die Kirche auf dem eingebauten Grundstücke über eine vorhandene Fachwerkkapelle hinweg gebaut werden mufste, so durften nach Mafsgabe der baupolizeilichen Bestimmungen die Hochwände — mit Fenstern — nur auf 6 m, die fensterlosen Seitenschiffswände nur auf 2,50 m an die Nachbargrenzen heranrücken. Hieraus hat sich die Spannweite des Mittelschiffs zu 15,40 m, die Breite der Seitenschiffe zu 3 m im Lichten ergeben. Die nach innen gezogenen Strebepfeiler wurden durchbrochen, um Gänge zu bilden. Das Hauptgesims des Mittelschiffs liegt 12,50 m über dem Erdboden, für die Höhenentwicklung der Kreuzgewölbe ist der eiserne Dachstuhl, soweit wie thunlich, ausgenutzt worden. Die Einziehung des Chores mit samt den Sakristeianbauten ermöglichte in den Ecken des Grundrisses kleine Höfe, welche ein Wenden der Feuerwehrgefährte verstatten.

Der rechteckige Grundrifs besteht aus einem breiten Mittelschiff und zwei schmalen Seitenschiffen, denen der unmittelbar vorgelegte Thurm mit Vorhalle und der Chor mit Sakristei angeschlossen sind. Für die Fenster des Hochschiffs wurde die Fläche zwischen den Strebepfeilern voll ausgenutzt.

Die Säulen zum Tragen der Obermauern bestehen aus rothem Mainsandstein. Von ihren aufsergewöhnlich grofs bemessenen Kapitellen streben Säulenbündel aus rothen Verblendsteinen empor, deren Basen und Kapitelle von Cottaer Sandstein gebildet sind. Gewölberippen und Fenstermafswerke sind aus Backstein. Die gesamte architektonische Gestaltung ist im Sinne märkischen Backsteinbaues gelöst. An der Strafsenfront tritt fast ausschliefslich der schlanke, frei aus der Baumasse herausragende Thurm in Erscheinung. Die Thurmfront zeigt die Verwendung von rothen Handstrichsteinen von mittelalterlichen Abmessungen mit weifsen Fugen. Die Dächer sind in Moselschiefer eingedeckt. — Die Länge beträgt 40 m im Lichten. Baukosten (ohne innere Einrichtung) 350 000 ℳ.

Abb. 200.
St. Piuskirche, Vorderansicht.

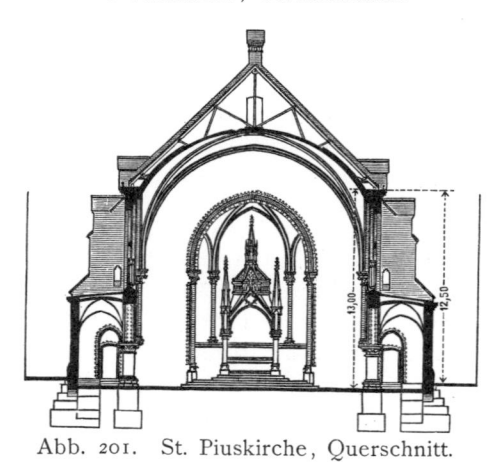

Abb. 201. St. Piuskirche, Querschnitt.

Abb. 202. Die neue evangelische Garnisonkirche, Ansicht.

X. Kirchen.

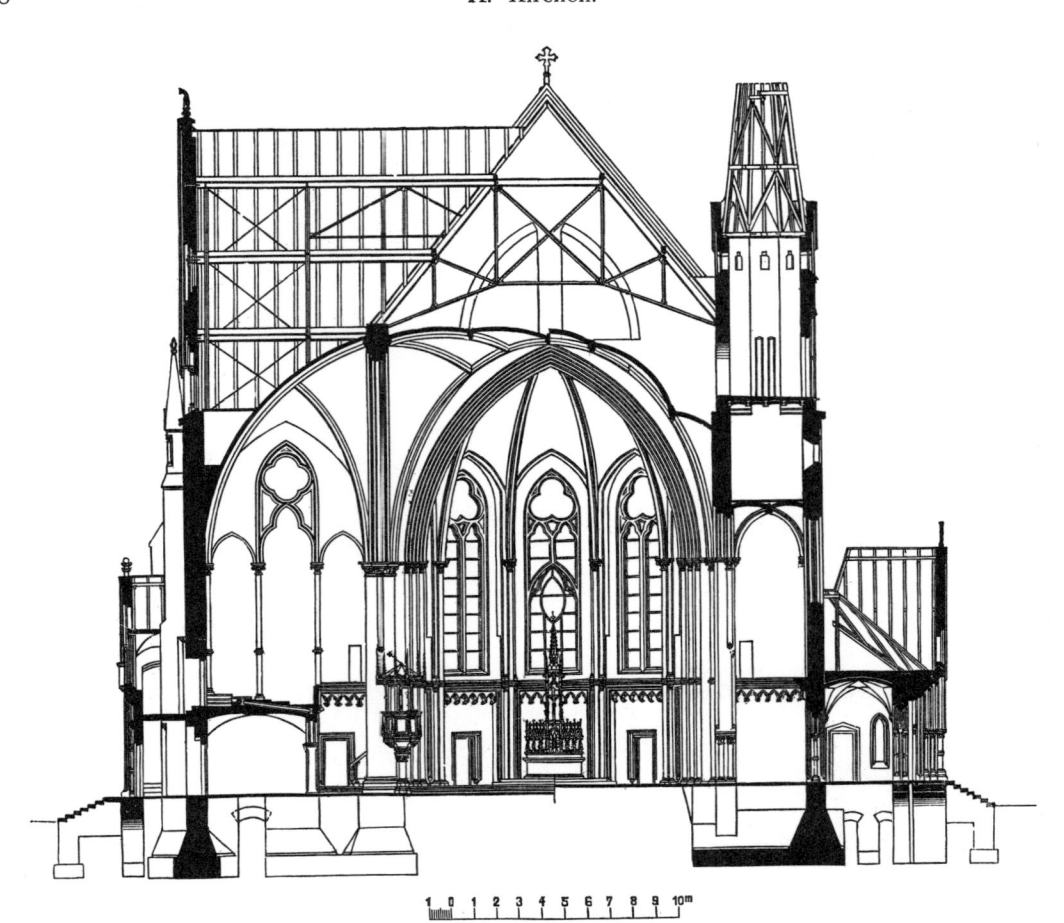

Abb. 203. Die neue evangelische Garnisonkirche, Querschnitt.

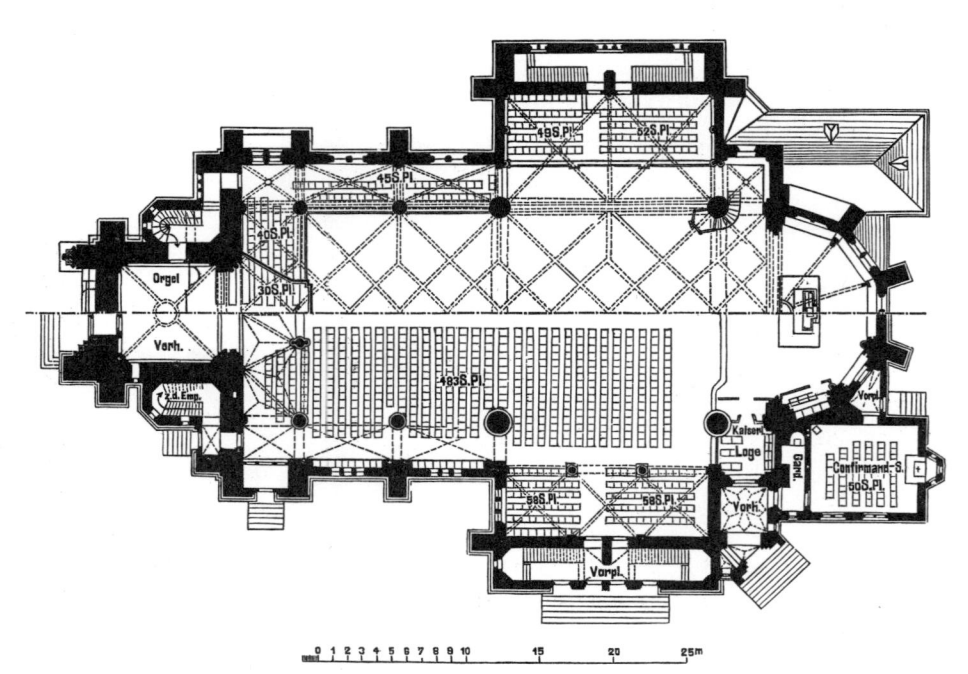

Abb. 204. Die neue evangelische Garnisonkirche, Grundriß.

54. Die neue evangelische Garnisonkirche ist auf dem Kaiser Friedrich-Platze, nördlich vom benachbarten Tempelhofer Felde, dem geschichtlichen Uebungsplatze der preußsischen Garden, seit dem Jahre 1893 im Bau begriffen und wird mit dem Ende des Jahres 1896 ihrer Bestimmung, zum gottesdienstlichen Gebrauch für den südlichen Theil der evangelischen Garnisongemeinde, übergeben werden. Die Kirche, ein dreischiffiger Hallenbau, nach dem Entwurf und unter Leitung von A. Rofsteucher errichtet, hat einschiffige, mit Giebeln gekrönte Kreuzarme und wird in der Achse der Strafse Hasenhaide durch den aus fünf Seiten des Zehnecks entwickelten Chor begrenzt, dessen westlich anschliefsendes Joch sich seitlich durch zwei Thurmanbauten erweitert. Von diesen ist der südliche mit besonderem Eingange und Vorraum für die Kaiserloge eingerichtet, während der nördliche, gleichfalls mit besonderem Eingange, zur Aufstellung des Taufbeckens dient. Im Westen, im Zuge der stattlichen Gneisenaustrafse, befindet sich der Haupteingang, über dem ein steinbehelmter Thurm, bis zum Knauf 86 m hoch, sich erhebt. Die Eisenspitze trägt den Reichsadler mit Kaiserkrone und Kreuz.

Im Innern haben der Altar im Mittelpunkte des Chores und die Kanzel am nördlichen Vierungspfeiler ihre Plätze. Die Decke des ganzen Raumes wölbt sich durch runde Pfeiler gestützt, zwischen denen Emporen auf rippenlosen Kreuzgewölben in den Seitenschiffen und an dem Westgiebel eingebaut sind, im Mittelschiff gleichmäfsig als Reihengewölbe mit Rippen über die Joche von verschiedener Breite. Die Rippengewölbe des Chores und des zweitheiligen Kreuzschiffes haben annähernd gleiche Scheitelhöhe mit dem Mittelschiff, während die Gewölbe der Seitenschiffe mit ihren Rippen unmittelbar über den Arkadenbogen abschliefsen. Im Kreuzschiffe sind gewölbte Emporen eingebaut, die an der inneren Seite mittels freistehender Säulen gestützt werden.

Abb. 205. Die englische St. Georgskirche im Monbijoupark.

Die niedrigen Anbauten an der Nord- und Südseite sind für die Sakristei, den Küster und für den Confirmandensaal bestimmt. Das Bauwerk hat gothische Stilformen, die hier mit der Freiheit früher Zeit zur Ausgestaltung der evangelischen Predigtkirche angewendet erscheinen. Das Aeufsere ist in schlesischem Sandstein ausgeführt, im Innern, das vollständige Bemalung erhalten soll, sind die tragenden Architekturtheile von Cottaer Sandstein hergestellt, die Flächen geputzt.

Das Kirchendach sowie die Helme der Chorthürme und des Dachreiters haben Schieferdeckung deutscher Art. Das Innere fafst 1650 Sitzplätze. Die Baukosten betragen 700 000 ℳ., das ist ca. 466 ℳ. für das Quadratmeter bebaute Fläche, ca. 27,40 ℳ. für das Cubikmeter umbauten Raumes und ca. 421 ℳ. für den Sitzplatz.

Die englische St. Georgskirche (Abb. 205). Das Gotteshaus verdankt die englische Gemeinde den Bemühungen der Kaiserin Friedrich, welche die Mittel für den Bau sowohl als auch den Unterhalt für den Geistlichen beschaffte. Kaiser Wilhelm überliefs der Gemeinde den schönen Bauplatz im nordwestlichen Theile des Monbijougartens. Das Kirchlein, das J. Raschdorff in der Mitte der achtziger Jahre errichtete, fafst 300 Sitzplätze. Die Anlage ist zweischiffig, mit 9 m weitem Hauptschiff und einem schmalen Seitenschiff an der Nordseite. Oestlich legt sich der rechtwinklig geschlossene Chor an, dem zu Seiten der Orgelraum und die Sakristei angeordnet sind. An der Westseite liegt die Vorhalle mit dem Haupteingang und an der Südseite ein Ausbau mit dem Gestühl für die Kaiserin Friedrich. Das Aeufsere, in gothischen Formen gehalten, zeigt einen malerisch gruppirten Aufbau mit schlankem Dachthurm. Die architektonischen Gliederungen sind in hellgrauem Sandstein, die glatten Mauern in Granitbruchstein ausgeführt, die Dachflächen mit Schiefer in mehrfarbiger Musterung eingedeckt. Im Innern sind die glatt verputzten Wände in grauem Thon gehalten und mit schwarzen und weifsen Linien gequadert und schliefsen nach oben mit farbigen Friesen. Der farbige Schmuck ist im Kirchenraum einfach, im Chor und in der Hofloge reicher gehalten. Baukosten 150 000 ℳ.

* * *

1. Der Dom am Lustgarten, der an der Stelle des jetzt in der Ausführung begriffenen Neubaues gestanden hat, leitete Ursprung und Namen von der 1747 abgetragenen Domkirche auf dem Schlofsplatze her, einem ehemaligen Dominikanerconvent, der vom Kurfürsten Joachim II. kurz vor Einführung der Reformation, 1536, aufgelöst worden war. Mit der zum Domstift bestimmten Kirche wurde damals das Kapitel des 1469 bei der Erasmuskapelle gegründeten älteren Domstifts vereinigt und der neue Dom vom Kurfürsten auf das glänzendste ausgestattet. Seit 1545 diente die Kirche ferner als Begräbnifsstätte für das Hohenzollern'sche Herrscherhaus.

Joachim Friedrich bestimmte am 25. Mai 1608 den Dom zur obersten Pfarrkirche in Köln, zu Ehren der heiligen Dreifaltigkeit. 1614 wurde die Kirche dem reformirten Cult übergeben. — Wenn die Abmessungen bei rd. 59 m äufserer Länge auch keineswegs bedeutend waren, so dürfte der Dom doch mit seinen vier Thürmen und Ziergiebeln im Aeufsern das schmuckvollste Kirchengebäude des damaligen Berlin gewesen sein.

In den Jahren 1717 und 1718 erfuhr die allmählich baufällig gewordene Kirche eine gründliche Erneuerung durch M. Boehme. Trotzdem war ihr Verfall nicht mehr aufzuhalten; 1747 erfolgte der Abbruch und gleichzeitig der Beginn des zweiten Dombaues am Lustgarten an der Stelle des heutigen. Der Entwurf hierzu, dem eigenhändige Skizzen

X. Kirchen.

Friedrichs II. zu Grunde gelegen haben sollen, rührte vom älteren Boumann her. Es war ein rechteckiger Saalbau von ca. 69 m Länge und 20 m Breite mit ringsum laufenden Emporen zwischen korinthischen Säulen. Nach dem Lustgarten zu sprang eine im Innern kreisrunde Vorhalle vor, welche eine hohe Tambourkuppel trug. Die Vorhalle vermittelte den Zugang zur Königsloge.

Im Jahre 1817 fand unter Schinkels Leitung ein durchgreifender Umbau des Innern und des Aeufsern (1820—1822) in hellenischen Kunstformen statt, wobei der westliche Vorbau eine ionische Säulenvorhalle erhielt mit Giebel und zwei die Hauptkuppel flankirenden Kuppelthürmchen. Wie der alte, diente auch dieser neue Dom als Begräbnifsstätte der Königlichen Familie.

An einer glücklichen Umgestaltung des Aeufsern mit Beibehaltung des Vorhandenen hatte freilich auch Schinkels Genius verzweifelt. Die Dürftigkeit der alten Anlage sowie die wenig würdige Begräbnifsstätte, welche die unter der Kirche liegenden, niedrigen lichtlosen Kellerräume boten, liefsen den Gedanken eines völligen Neubaues mit der Zeit immer dringlicher werden. Seit mehr als einem halben Jahrhundert bildet die Errichtung eines protestantischen Domes in Berlin die gröfste Aufgabe, welche die baukünstlerischen Kräfte unserer Stadt beschäftigt hat. Am weitesten gingen die Pläne, welche die romantische Zeit Friedrich Wilhelms IV. reifte.[1]) Des Königs Idee, den neuen Dom zur evangelischen Hauptkirche zu machen, wie es die Peterskirche für die römisch-katholische Welt ist, gab den Entwürfen von vornherein einen gewaltigen Mafsstab. Nachdem bereits Schinkel versucht hatte, den Anregungen des damaligen Kronprinzen Folge zu geben, erschien 1845 ein grofsartiger Plan des vom Könige zum Hof-Bauinspector ernannten A. Hallmann, der eine Scheidung von Predigtkirche in Langhausform und Abendmahlskirche als Centralraum zum Programm erhob und zwischen beide Theile als verbindendes und zugleich den Aufbau beherrschendes Glied einen als Gedächtnifshalle und Taufraum bestimmten Kuppelbau einschaltete. Ihm folgten, theilweise im Gegensatz zu ihm tretend, vier ideale Entwürfe von Wilhelm Stier, welche eine Gedächtnifshalle als Langschiff der eigentlichen als Centralbau gedachten Cultuskirche vorlegten. — Bestimmtere Gestalt fanden die Gedanken des Königs jedoch erst in einem von Persius und Stüler ausgearbeiteten Entwurfe, welcher der Kirche die Form einer fünfschiffigen altchristlichen Basilika gab und an diese einen Hof mit Säulenhallen und Gruftkapellen nach Art der italienischen Camposanti anschlofs. Für die Ausschmückung der Säulenhallen mit Fresken wurde Cornelius nach Berlin berufen. Wie er seine Aufgabe auffafste, lehren die geistvollen Cartons, welche die National-Galerie aufbewahrt. Im Jahre 1845 wurde mit der Ausführung des Camposanto und der in die Spree hineinragenden Bautheile begonnen, doch blieben die Arbeiten infolge der Ereignisse von 1848 liegen (Abb. 206). Ein weiteres Glied in der Kette von Versuchen bildete der 1858 von August Stüler durchgearbeitete Entwurf, der den Camposanto beibehielt, an Stelle der Basilika jedoch einen majestätischen Kuppelbau setzte. Dieser Stüler'sche Entwurf wurde mehr oder minder zum Leitmotiv bei dem zwar ergebnifslosen, aber an interessanten Lösungen reichen Wettbewerb, der 1868 zur Erlangung von Projecten stattfand. Der Gedanke der evangelischen Hauptkirche war hinter dem des Denkmalbaues zurückgetreten.

In ein neues Stadium trat die Angelegenheit fast 20 Jahre später, als der damalige Kronprinz Friedrich Wilhelm, angeregt durch Reiseeindrücke mannigfacher Art, sein Interesse dem Dombau zuwendete. Die Verbindung des Domes mit einer würdigen Begräbnifsstätte für das Hohenzollern'sche Haus gab wieder, wenngleich mit Verzicht auf die Camposanto-Anlage, das Programm und so durfte der mit der Ausarbeitung der Pläne beauftragte Architekt Professor J. Raschdorff seinen grofsartigen, 1888 veröffentlichten Bauentwurf gewissermafsen als ein Vermächtnifs des allzu früh verstorbenen, Kaisers Friedrich bezeichnen. Dieser Bauentwurf, wenngleich mannigfach durchgearbeitet und reifer ausgestaltet, hat in den Hauptzügen die Grundlage für die Ausführung abgegeben.

---

1) Vgl. die sehr verdienstvolle Schilderung der geschichtlichen Stadien der Berliner Dombaufrage in „Der Kirchenbau des Protestantismus". Berlin 1893. S. 202—208, 218—220, 243—259, 378—380.

202   X. Kirchen.

Nachdem im Jahre 1892 der preufsische Landtag die Summe von 10 Mill. ℳ für die Ausführung nach den von dem Geheimen Regierungsrath Professor J. C. Raschdorff im Verein mit seinem Sohne Professor Jul. Raschdorff neu bearbeiteten Entwürfen und Modellen bewilligt hatte, begann man im Jahre 1893 mit den Bauarbeiten, zunächst mit dem Abbruch des alten Domes, dessen Gemäuer nicht ohne Schwierigkeiten und erst nach wiederholten Sprengversuchen beseitigt werden konnte.

Die Lösung der selbst für unsere Zeit aufsergewöhnlich bedeutungsvollen Aufgabe stellt den Gedanken des Denkmalbaues voran (Abb. 207). Der Bau zerfällt in vier Haupttheile: 1. den das Ganze beherrschenden mittleren Kuppelbau *A*, die eigentliche Predigt-

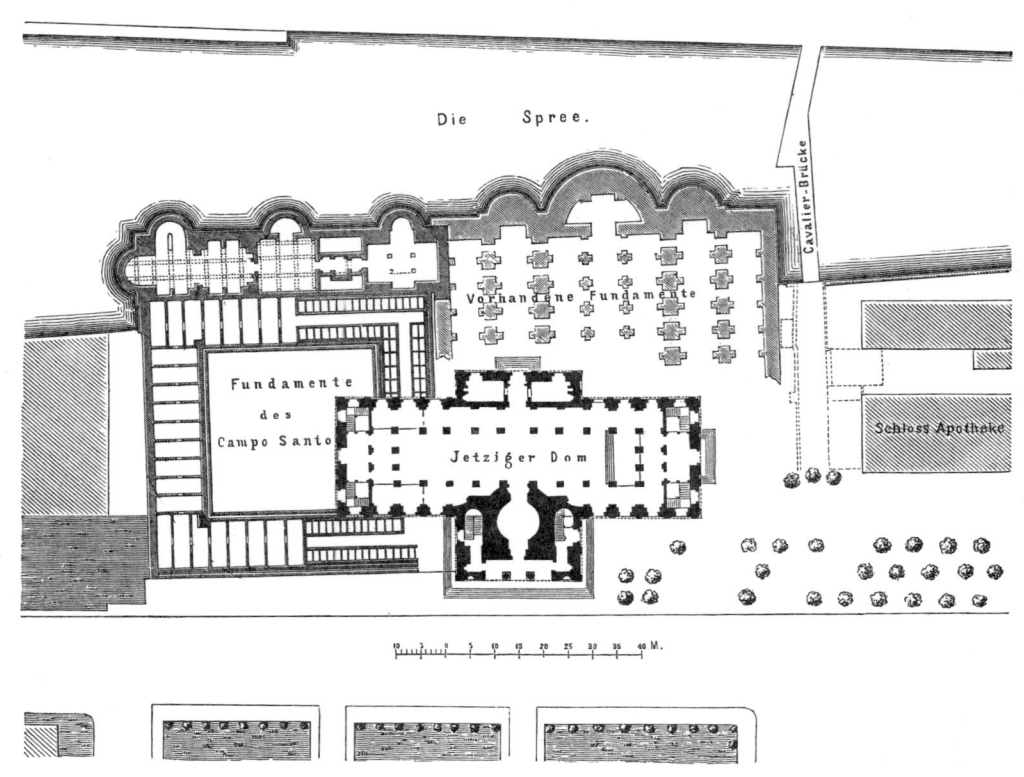

Abb. 206. Grundrifs des alten Domes mit den Fundamenten der unter Friedrich Wilhelm IV. geplanten Anlagen.

kirche; 2. die südlich davon an der Schmalfront dem Schlosse gegenüber angeordnete, für Taufen und Trauungen bestimmte Nebenkirche *C*; 3. die Gruftkirche nördlich vom Kuppelbau, in Gestalt eines polygonen Chorhauptes mit Kapellenkranz *B*; 4. die breit gelagerte, dem Lustgarten zugewendete Vorhalle, welche die genannten drei Theile zu einer Einheit verbindet und die Vorderansicht der Baugruppe darstellt. Die eigentliche Gruft zur Aufstellung der aus dem älteren Dom übernommenen Sarkophage sowie zur Beisetzung der Mitglieder unseres Kaiserhauses, voraussichtlich auch bedeutender, um die Nation verdienter Männer bildet ein 4,50 m hohes, die gesamte Bauanlage durchziehendes Untergeschofs.

Die Predigtkirche, inmitten des Baues, ist ein mächtiger Kuppelraum über ungleichseitig achteckigem Grundrifs. Der Längsachse folgend, schliefsen sich an die grofsen Achteckseiten drei tonnenüberdeckte Kreuzarme mit Emporeneinbauten und der halbkreisförmig geschlossene Chor. In den kleinen Achteckseiten öffnen sich hohe Halbkreisnischen, davon drei gleichfalls mit Emporeneinbauten, die vierte an der Südseite neben dem Chor gelegene mit der Treppenanlage für die dort stehende Kanzel.

X. Kirchen.

Der Innenraum faſst 1600 Sitzplätze für die Gemeinde; auf der Westempore liegen 70 Plätze für den Königlichen Hof und die Fürstlichkeiten, in der Südempore 170 Plätze vor der Orgel, in halbkreisförmig aufsteigenden Reihen für den Domchor bestimmt. Die drei Nischenemporen zu je 40 Sitzplätzen sind für die Minister, die Diplomaten und das Domkirchencollegium ausgenutzt.

Die Emporentreppen sind nördlich und südlich neben den Kuppelpfeilern angebracht, die südwestliche bildet den Aufgang für den Königlichen Hof. Im Osten schlieſsen sich zu beiden Seiten des Chores eine Sakristei und ein Wartezimmer und weiterhin Zimmer für Küster und Dienstpersonal, darüber in einem Zwischengeschoſs ein Confirmanden-

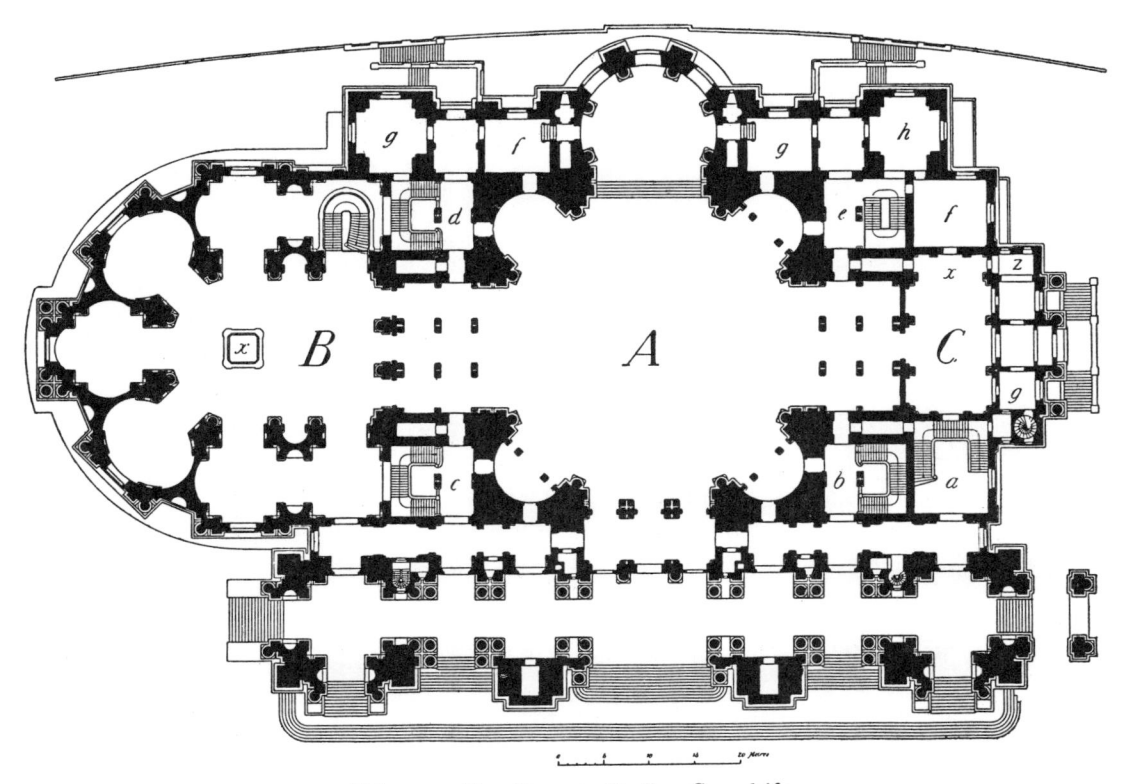

Abb 207. Der Dom zu Berlin, Grundriſs.

a. Treppe zur Hofloge. b., c., d., e. Emporentreppen. f., g. Sakristei. h. Küster. x. Lichtöffnung.

saal, Wartezimmer, Registratur und Kasse, und im Obergeschoſs die Archivräume der Kirchenverwaltung und Uebungsräume für den Domchor.

Auf die Predigtkirche folgen, wie erwähnt, nördlich die Gedächtniſskirche, südlich die Kirche für Taufen und Trauungen, mit 150 Sitzplätzen, saalartig mittels einer Tonne überwölbt.

Die Gedächtniſskirche hat chorartige Gestalt; ihr fünfeckiger Mittelraum wird umsäumt von einem Kranze halbkreisförmig geschlossener Kapellen. Die Verbindung mit der Predigtkirche bildet ein rechteckiger, zum Traukirchenflügel symmetrischer Bautheil, in dem westlich der äuſsere Zugang zur Gedächtniſskirche, östlich die Treppenanlage zur Hohenzollerngruft sich befinden. Auf der Lustgartenseite ist in einer Breite von 9 m und einer Länge von 80 m ein mächtiger, decorativer, zweigeschossig gestalteter und durch Säulenstellungen gegliederter Hallenbau vorgebaut, der der Hauptfront des Domes das Gepräge giebt und über Freitreppen den Zugang vermittelt. Die Eckbauten dieser Halle, als Kuppelthürme ausgebildet, sind zur Aufnahme der Glocken bestimmt. Die Mitte nimmt eine mächtige Rund-

204   X. Kirchen.

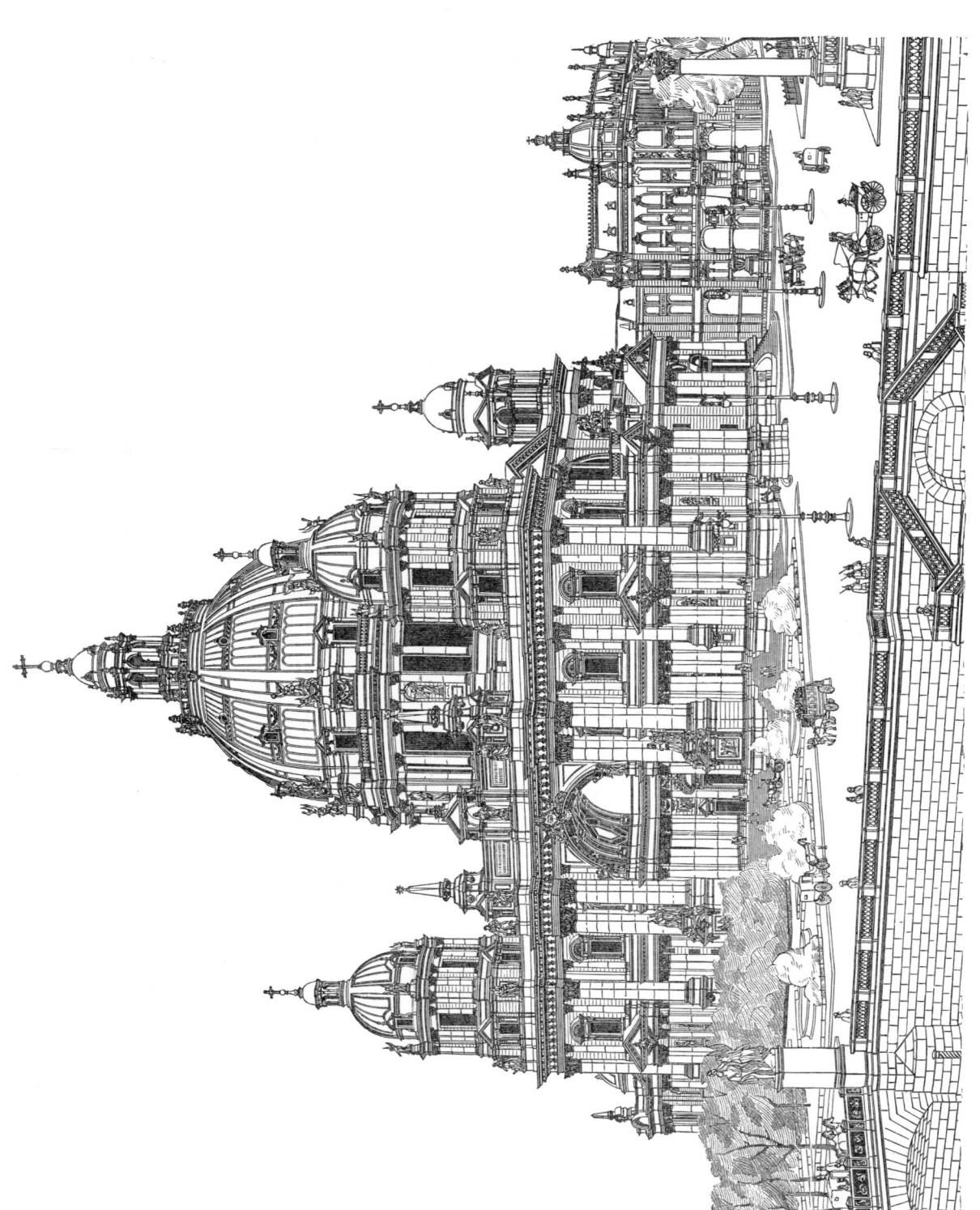

Abb. 208. Der Dom zu Berlin.

X. Kirchen.

bogennische mit dem Haupteingange ein, inmitten eines von hoher Attika, Obelisken und Tabernakelnische bekrönten Risalits. An der südlichen Schmalseise springt eine Giebelvorhalle in der Hauptachse vor.

Den wirkungsvollen Abschlufs des Ganzen bildet die mit reich gestaltetem Tambour, Attika, gegliederter Calotte und mit einer Laterne in Gestalt eines kleinen Kuppelbaues bekrönte Centralkuppel.

In das Innere des Domes führen 12 Portale, davon neun an der Lustgarten-, eins an der Schlofs- und zwei an der Spreeseite. Die Gesamtlänge des Dombaues beträgt 114, die Tiefe 73 m. Nach der Schlofsseite bleibt ein geräumiger Platz zur Aufstellung der Wagen bei Feierlichkeiten, an der Nordseite Raum für Gartenanlagen. Die Höhenlage des Kirchenhauptgesimses über dem Erdboden kommt mit etwa 30 m der Höhe des Königlichen Schlosses gleich. Die Höhe bis zum Fufse der Kuppellaterne wird 75 m betragen. Der tiefste Bodentheil der Nord- und Südempore in der Predigtkirche liegt 6 m, der Bogenscheitel der sie tragenden Arkaden 5 m über dem Fufsboden. Die gleichen Höhenverhältnisse hat die Hofempore über dem Haupteingang. Beim Hervortreten unter den Emporen befindet man sich nach wenigen Schritten unter der Kuppelwölbung, deren mittlerer Oberlichtring sich in der bedeutenden Höhe von 72,50 m über dem Kirchenfufsboden befindet. — Die Lichteinführung in das Innere

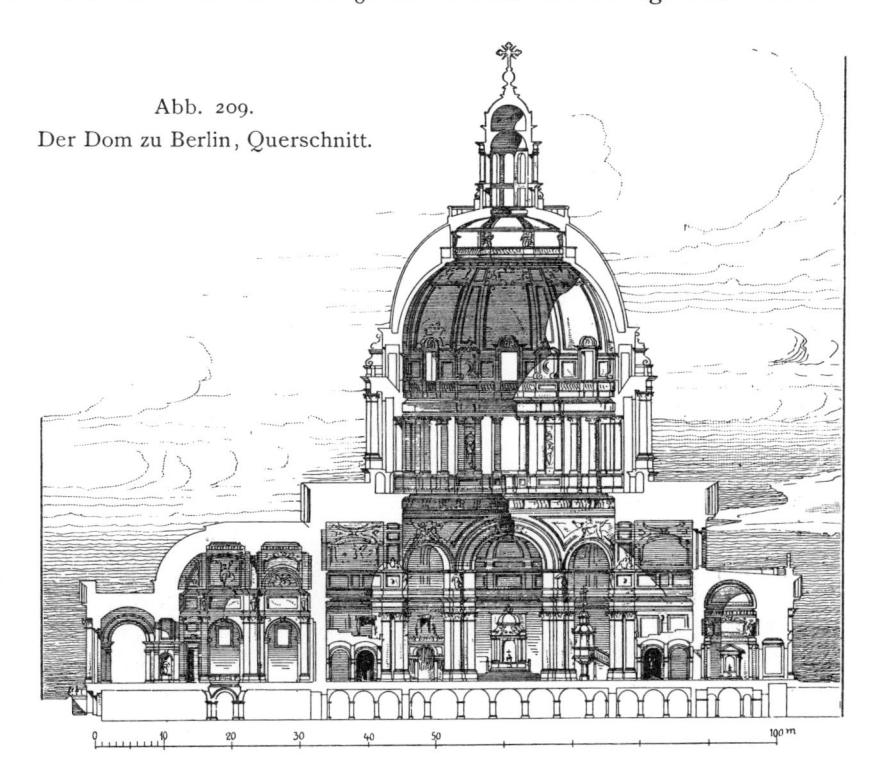

Abb. 209.
Der Dom zu Berlin, Querschnitt.

erfolgt der Hauptsache nach durch diese Kuppelwölbung und ihren Tambour. Letzterer ist von acht grofsen durch Säulenstellungen dreigetheilten Fensteröffnungen durchbrochen.

Die Kuppel enthält ebensoviel einfache, gleichzeitig als Thürenverbindung zwischen einem äufseren oberen Umgange und inneren Balconen dienende Fenster, und in ihrem Scheitel ein dem Durchmesser der äufseren Plattform entsprechendes, durch acht Gurte strahlenförmig getheiltes, in der Mitte kreisrundes Oberlicht. Die unteren Kirchentheile erhalten Seitenlicht durch ein Halbkreisfenster über der Orgelempore und durch drei rechteckige in dem unteren Theil der Chornische. Aehnliche Fenster, wie sie sich aus der in der gewählten Hochrenaissance-Architektur beruhenden Geschofstheilung des Aeufsern ergeben, führen auch Seitenlicht in die Gedächtnifs- und Traukirche. Im übrigen haben auch diese Theile Oberlicht. Die Ausgestaltung des Kircheninnern ist aus dem Längenschnitt Abb. 209 ersichtlich. Eine Fufsbodenöffnung in diesem Raume giebt Licht in die Mittelkapelle der schlicht behandelten 4,50 m hohen Hohenzollerngruft, deren übrige Theile mittels eines Lichtgrabens erhellt werden.

Der dem Charakter der Hochrenaissance entsprechende ornamentale und namentlich der figürliche Schmuck der Façaden sowie die bildnerische Ausschmückung des inneren

Ausbaues werden voraussichtlich nicht für spätere Zeit aufgespart bleiben, nachdem die Bauverdinge erhebliche Minderausgaben ergeben haben, doch ist über den Inhalt und die Ausführung des vorerwähnten Schmuckes endgültig noch nicht entschieden worden.

Das gesamte Aeufsere und die Architekturtheile im Innern werden in schlesischem Sandstein hergestellt.

Die Dom-Interimskirche im Monbijougarten, durch J. C. Raschdorff im Jahre 1892 errichtet, ist ein Eisenfachwerkbau mit mehrfarbigen Ziegeln ausgemauert, der während der Dauer des Domneubaues für den Gottesdienst des Hofes und zur Aufnahme der Särge aus der Hohenzollerngruft nöthig war. Das Bauwerk fafst 900 Sitzplätze, davon 700 im Kirchenschiff, 200 auf den Emporen, die im Seitenschiff liegen.

* * *

Die Sarkophage der Hohenzollern bilden den werthvollsten Kunstbesitz, der aus dem alten Dom in den neuen hinüber wandern wird.[1])

An der Spitze der Hohenzollerndenkmäler steht das schöne Bronzemonument des Kurfürsten Johann, ein von vier Pfeilern mit Löwen getragener Sarkophag mit der Figur des Kurfürsten. Der Boden zwischen den Füfsen enthält als eigentliche Grabplatte gedacht die Relieffigur desselben Fürsten (Abb. 210).

Die späteren Sarkophage sind Metallsärge, theils mit gravirten, theils mit Reliefornamenten im Stil ihrer Zeit. Hervorragend sind darunter die Sarkophage des Grofsen Kurfürsten und seiner zweiten Gemahlin Dorothea. Reich plastische Monumente, ausgezeichnet durch ihren Figurenschmuck, bilden die nach den Entwürfen Schlüters gearbeiteten Särge König Friedrichs I. und der Königin Sophie Charlotte; im gleichen Stil gehalten sind ferner die Särge der beiden ersten Kinder des nachmaligen Königs Friedrich Wilhelms I. sowie der Prachtsarg des Markgrafen Philipp Wilhelm von Schwedt, gest. 1714. — Im ganzen zählte die Gruft des alten Domes 87 Sarkophage. Der letzte im Dom beigesetzte Monarch ist der am 16. November 1797 verstorbene König Friedrich Wilhelm II.

Abb. 210. Sarkophag des Kurfürsten Johann.

* * *

Die kleineren kirchlichen Bauanlagen, eingebauten Kapellen, Betsäle, welche zum Theil einen völlig provisorischen Charakter tragen und weder durch ihre Grundrifsanlage noch durch ihren Aufbau architektonisch bemerkenswerth erscheinen, dürfen hier über-

---

1) Die Bau- und Kunstdenkmäler von Berlin. 1893. S. 164 ff.

X. Kirchen.

gangen werden. Nur einer Anlage, des 1893 durch die Architekten Schwartzkopf und Theising ausgeführten Predigtsaals der Berliner Stadtmission am Johannistisch sei hier noch kurz gedacht. Die nur an zwei Seiten frei liegende Saalkirche hat vier Zugänge, einen unter der Orgelempore an der Schmalfront und drei an der Langseite, von denen die beiden äufseren zu den Emporentreppen führen. Der schmale rechtwinklige Chor ist eingebaut. Die anschliefsende Sakristei ist mit Oberlicht beleuchtet. Emporen umziehen an drei Seiten den Saal. Der Mittelraum, welcher durch Gurtbogen zur Verspannung der Aufsenwände getheilt ist, hat eine gebrochene Holzdecke, während die Seitengänge mit Kappen überwölbt sind. Die lichte Weite des Raumes beträgt 21,50 m, die Mittelschiffbreite 14,50 m. Der Raum fafst 1320 Sitzplätze, von denen 360 auf die Emporen entfallen. Das Aeufsere bildet einen einfachen, den Verhältnissen angepafsten Bau mit Backstein-Verblendung an den Flächentheilen.

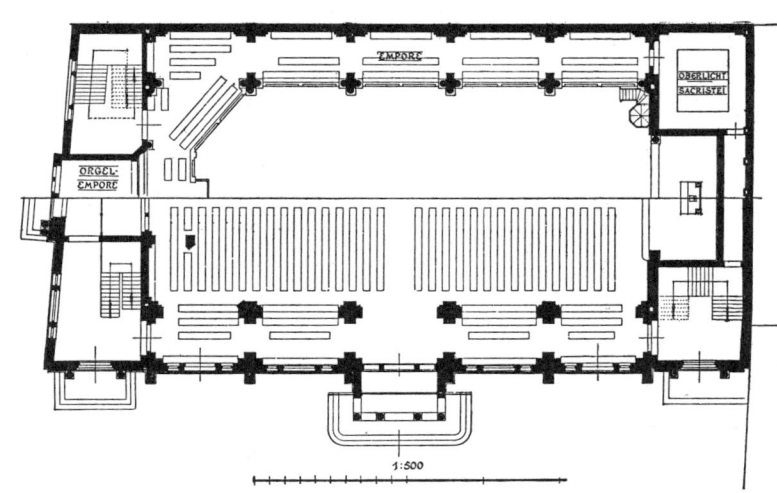

Abb. 211. Grundrifs des Berliner Stadtmissionshauses.

D. Friedhof-Kapellen.

Zu den gottesdienstlichen Gebäuden zählen auch die zumeist mit Leichenhallen verbundenen Kapellen auf Friedhöfen, die zum Theil mit der Wohnung des Todtengräbers und mehr oder minder reich gestalteten Portalbauten zu einer Baugruppe zusammengezogen sind. Die Anlage derartiger Baulichkeiten hängt mit dem Brauch zusammen, die Verstorbenen statt von ihrer Wohnung direct von den Friedhofkapellen aus zu bestatten. Sie dienen daher einerseits zur Aufbewahrung oft zahlreicher Särge zu gleicher Zeit und zur Abhaltung der Todtenfeiern. Für die Aufbewahrung der Leichen haben sich dabei als typische Anlagen der unter

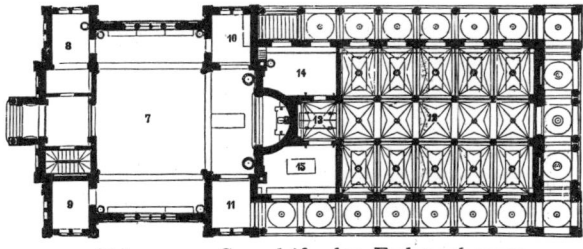

Abb. 213. Grundrifs des Erdgeschosses.

Abb. 212. Durchschnitt.

Abb. 214. Grundrifs des Leichenkellers.

Kapelle nebst Leichenhalle auf dem Friedhofe der Georgengemeinde.

den Kellerräumen angeordneten Leichenkeller ergeben, die mit ausreichender Lüftung und während des Sommers mit Kühlvorrichtungen versehen sein müssen. Aufzüge dienen zur Beförderung der Särge. Als weitere Nebenräume finden sich Predigerraum und Utensilienkammer.

Unter den älteren Anlagen dieser Art sei hier als bezeichnendes, auskömmlich gestaltetes Beispiel die von Erdmann ausgeführte Kapelle nebst Leichenhalle auf dem Friedhofe der Georgengemeinde erwähnt. Der Bau besteht aus der durch eine Vorhalle zugänglichen Kapelle und rückwärts anschliefsender, in zwei Geschossen angelegter Leichenhalle mit Raum für 20 Särge. Diese stehen in einzelnen Abtheilen, deren Ausschmückung den Angehörigen überlassen bleibt. An die Apsis des Kapellenraumes stofsen Wärter- und Secirräume.

Eine Bogenhalle auf Säulen umgiebt die hintere Hälfte des Bauwerks, welches durchgehends als Backsteinbau im Rundbogenstil gehalten ist.

Neueren Datums ist die 1892/93 nach Entwürfen von Vollmer und Jassoy ausgeführte

Abb. 215.
Kapelle für die Markus- und Andreas-Gemeinde.

und ursprünglich in Verbindung mit einem — nicht ausgeführten — Portal gedachte Friedhofkapelle der Luisengemeinde in Charlottenburg, an den Abhängen des Spandauer Berges belegen. Die 21 m lange und 15 m breite Kapelle besteht aus einer Vorhalle, Schiff mit drei Kreuzgewölbefeldern und Altarraum; unter ihr befindet sich ein Leichenkeller. Der Bau ist in Backsteinen mit glasirten Ziegeln und geputzten Blenden ausgeführt. Die Eingangshalle öffnet sich in breitem, von einem Giebel überragten Rundbogen; das hohe Dach trägt einen schlanken Dachreiter.

Von G. Knoblauch 1886/87 ausgeführt ist die Kapelle mit

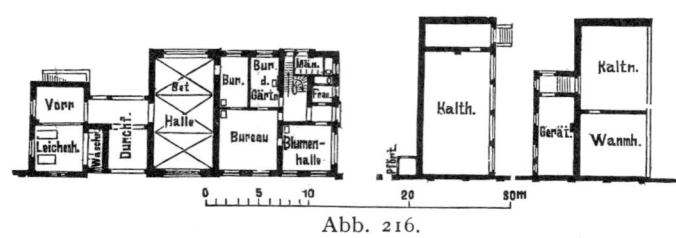

Abb. 216.
Vordergebäude am jüdischen Friedhofe Schönhauser Allee.

X. Kirchen.

Leichenkeller für die Markus- und Andreas-Kirchengemeinde an der Hohen Schönhauser Landstrafse. Das kleine, in Abb. 215 dargestellte Bauwerk ist in einfachen Formen in Backsteinmaterial mit Architekturgliedern aus Kunstsandstein ausgeführt. — Die Baukosten haben 45 000 ℳ. betragen. Die Kapelle erhebt sich über dem 35—40 Särge fassenden Leichenkeller.

Die Lösung eines ziemlich weitgehenden Programms bieten die von dem Architekten J. Hoeniger errichteten Gebäude an der schmalen Strafsenfront des jüdischen Friedhofes an der Schönhauser Allee. Bei der Ausführung war zu berücksichtigen, dafs die gärtnerische Verwaltung des Friedhofes von der Gemeinde in eigner Regie geführt wird. Es waren deshalb neben Kapelle und Leichenhalle eine Blumenverkaufshalle sowie die erforderlichen Treibhäuser, theils Kalt-, theils Warmhaus, daneben die Diensträume und Wohnung für den Inspector, ferner die Wohnung des Todtengräbers auf dem beschränkten Bauplatze unterzubringen. Der Grundrifs Abb. 216 giebt das Erdgeschofs der gesamten Raumanlage, Abb. 217 das Aeufsere der einfachen, in Backstein mit Verwendung von Haustein ausgeführten Vordergebäude.

Abb. 217. Vordergebäude am jüdischen Friedhofe Schönhauser Allee.

* * *

Eine besondere Erwähnung und eine kurze Beschreibung der mit ihnen verbundenen Baulichkeiten beanspruchen schliefslich noch die städtischen

Gemeinde-Friedhöfe, Kapellen und Leichenhallen.[1]

Für die Beerdigung der in der Armenpflege verstorbenen Personen dienten bis zum Jahre 1881 aufser den mit einzelnen Anstalten verbundenen besonderen Begräbnifsplätzen die beiden städtischen Friedhöfe in der Gerichts- und Friedenstrafse. Da der erstere bereits wegen Ueberfüllung im Jahre 1879 geschlossen werden mufste, wurde in demselben Jahre ein im Osten der Stadt, aufserhalb des Weichbildes belegenes, zum Rittergut Friedrichsfelde gehöriges Terrain von 25,50 ha Gröfse angekauft und nach dem Vorbild des allgemeinen Friedhofes in Hamburg zu einem städtischen Begräbnifsplatz für die gesamte Bürgerschaft ohne Unterschied der Stände und des religiösen Bekenntnisses eingerichtet. Der Friedhof wird im Süden durch den Bahnkörper der Ostbahn begrenzt und ist von

---

[1] Bearbeitet vom Stadt-Bauinspector Weber.

210 X. Kirchen.

der Frankfurter Chaussee mittels eines besonderen, rd. 500 m langen Weges zugänglich, sodafs eine Verbindung zwischen der Stadt und dem Friedhofe durch Eisenbahn, Pferdebahn und Fuhrwerk gesichert ist.

Dem Eingang des Friedhofes, welcher von einem 2 m hohen Bretterzaun umschlossen ist, liegt zunächst ein Wohngebäude für den Verwalter und zwei Todtengräber, in der Mitte der ganzen Anlage die hoch gelegene Leichenkapelle, welche in den Jahren 1890—1893 nach den Plänen des Stadt-Bauraths Blankenstein mit einem Kostenaufwand von rd. 130000 ℳ erbaut wurde. Der Bau ist eine Centralanlage mit einem quadratischen, durch ein Kuppelgewölbe von 9 m Durchmesser geschlossenen Mittelraum, welcher auf drei Seiten durch tiefe Blendbögen und auf der vierten Seite durch den Altarraum erweitert ist. Rechts und links schliefsen sich an den Kuppelraum zwei kleinere Kapellen an. Vor dem Haupteingang liegt eine Wandelhalle, die gleichzeitig den directen Zugang zu den Seitenkapellen vermittelt; neben dem Altarraum befinden sich die Räume für die Leidtragenden und für den Geistlichen. An der Hinterfront, wo das Gebäude steil abfällt, liegt der Leichenkeller zu ebener Erde, sodafs die Leichenwagen direct vor den Eingang fahren und die Leichen bequem absetzen können. Durch eine Wendeltreppe und einen Leichenaufzug sind der Keller und das Erdgeschofs mit einander verbunden. Die Erwärmung geschieht durch eine Niederdruck-Dampfheizung und ist für eine kräftige Ventilation des Kellers gesorgt; eine künstliche Beleuchtung ist nicht vorgesehen.

Der Bau ist in Ziegelrohbau mit Terracottagesimsen und sparsamer Verwendung von Sandstein ausgeführt.

Durch den Berliner Verein für Feuerbestattung ist ferner auf dem Friedhofe ein einfacher runder, mit Oberlicht erleuchteter Kuppelbau zur Aufnahme von Aschenurnen für die in Gotha feuerbestatteten Personen errichtet.

Die Entfernung des Friedhofes von der Stadt machte es nothwendig, auf dem alten Begräbnifsplatze in der Friedenstrafse ein Depot zu errichten, welches die auf Kosten der Stadt zu beerdigenden Leichen aufnimmt bis zur Ueberführung in der der Einlieferung folgenden Nacht nach dem Friedrichsfelder Friedhof.

Leichensammelstelle in der Diestelmeyerstrafse. Infolge des Eingehens des Friedhofes in der Friedenstrafse wurde im Jahre 1892 mit dem Bau einer neuen Leichensammelstelle in der Diestelmeyerstrafse, unmittelbar neben dem Parochial-Kirchhof, begonnen.

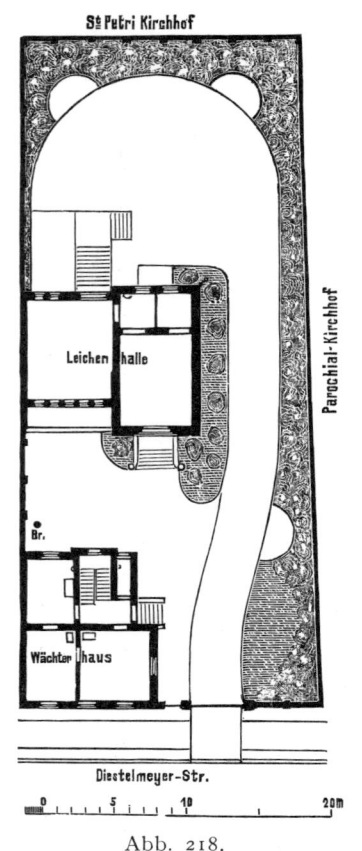

Abb. 218.
Lageplan der Leichenhalle Diestelmeyerstrafse.

Die Leichenhalle (Abb. 218) liegt auf dem hinteren Theil des Grundstücks soweit von der Nachbargrenze entfernt, dafs ein geräumiger Hofraum übrig bleibt, auf welchem die Leichenwagen umwenden können. Die Eingänge zu den Leichenräumen sind dementsprechend an der Hinterfront der Leichenhalle angeordnet. Da der Kellerfufsboden unter Benutzung des abschüssigen Terrains nur 1,20 m tiefer als die Thürschwelle liegt, können die Leichen bequem in den Keller geschafft werden. Das Untergeschofs dient nur als Leichenkeller, während in dem darüber liegenden Geschofs ein Kapellenraum mit Nebenzimmer für den Geistlichen und ein Leichenraum untergebracht sind.

Vorn an der Strafse liegt das Wächterwohnhaus, ein eingeschossiger Bau mit gewölbtem Keller. — Die Gebäude sind in Ziegelrohbau ausgeführt und mit Schiefer eingedeckt. Die Leichenräume sind überwölbt, der Kapellenraum hat eine sichtbare Holzdecke erhalten.

XI. Die Museen, Bibliothek und Archiv.[1]

Berlin darf mit Recht auf seinen Reichthum an systematisch geordneten, öffentlichen Sammlungen von Kunstwerken, kunstgewerblichen Erzeugnissen und wissenschaftlichen Studienmitteln stolz sein. Der Zuwachs an Museumsgebäuden während der letzten Jahrzehnte ist ungemein stark gewesen. Waren gegen Ende der siebziger Jahre nur vier Sammlungen in eigenen Gebäuden vorhanden, von denen das eine (National-Galerie) überdies erst entstand und ein anderes (Raczynski-Galerie) seinem Abbruch entgegen sah, so ist inzwischen die Zahl dieser Sammlungen auf acht gestiegen, während 12 weitere in älteren Gebäuden untergebracht sind. Im ganzen zählt man jetzt 20 Museen, wobei indefs die verschiedenen Abtheilungen und Sammlungsgebiete, wie sie im Alten und Neuen Museum gemeinsam beherbergt werden, nicht besonders gerechnet sind. Ebenso bleiben dabei aufser Berücksichtigung die zum Theil sehr bedeutenden, zunächst als Lehrmittel dienenden Sammlungen der Gewerbe-, Kunst- und Berg-Akademie, der Thierarzneischule und anderer Unterrichtsanstalten, desgleichen das Keramische Museum der Königlichen Porzellan-Manufactur, endlich die Bildergalerie im Königlichen Schlofs und die gröfseren Privat-Sammlungen mit beschränkter Oeffentlichkeit. Trotz der erheblichen Vermehrung der Gebäude für die öffentlichen Sammlungen fehlt es noch fortgesetzt an Räumlichkeiten, um auch nur den dringendsten Bedürfnissen auf angemessene Unterbringung der vorhandenen Kunst- und Werthschätze gerecht werden zu können.

Die ersten Anfänge der preufsischen Sammlungen werden auf den Kurfürsten Joachim II. (1535—1571) zurückgeführt; „er liefs in der Fremde künstliche Sachen verfertigen und sandte Leute aus, die ihm Seltenheiten und merkwürdige Dinge ankaufen mufsten".[2] Schon in jener Zeit scheint eine sogen. Kunstkammer entstanden zu sein, deren Schätze indessen zur Zeit des 30jährigen Krieges verloren gegangen sind. So ist erst der Grofse Kurfürst als der eigentliche Begründer der heutigen Sammlungen zu bezeichnen. Er kaufte Münzen, Gemmen, Gemälde und andere Kunstgegenstände, begann sogar damit, in den Colonien überseeische Merkwürdigkeiten (Naturalien, Waffen und Geräthe) aufsuchen zu lassen, wodurch der Stock zu der späteren „Kunstkammer" gebildet wurde, deren Einrichtung der Hauptsache nach auf König Friedrich I. zurück zu führen ist. Schon damals

---

1) In zweiter Auflage bearbeitet vom Regierungs- und Baurath Küster und Regierungs-Baumeister Borchardt unter Benutzung von Angaben des Architekten der Königlichen Museen, Baurath Merzenich.

2) Zur Geschichte der Königlichen Museen in Berlin. Zeitschrift zur Feier ihres fünfzigjährigen Bestehens am 3. August 1880.

entstand ein Antiken- und ein Münzcabinet im Schlofs. Die wichtigste Erwerbung war diejenige der Sammlung Bellori in Rom; sie wurde die Grundlage des Antiquariums der Museen. — König Friedrich Wilhelm I. hatte andere Sorgen als die Vermehrung der preufsischen Kunstschätze, wenngleich er die Malerei liebte, ja sogar selbst ausübte. Ein Theil der Antiken wurde von ihm nach Dresden gegen zwei Regimenter Dragoner in Tausch gegeben; doch fehlte diesem Vorgange insofern nicht der Humor, als sich später herausstellte, dafs manche Stücke darunter unecht waren. — Eine wesentliche Vermehrung seiner Sammlungen verdankt Berlin Friedrich dem Grofsen. Mit den vielen von ihm erworbenen Marmorwerken liefs der kunstsinnige König seine Zimmer, die Bildergalerie und Gärten von Sanssouci sowie das Schlofs zu Charlottenburg bevölkern; unter anderem glückte ihm 1747 der Kauf des „Betenden Jünglings". In der Franzosenzeit 1806 wurden durch Napoleon viele Kunstwerke nach Paris entführt, jedoch nach dem Friedensschlufs zum gröfsten Theile wieder zurück gebracht; dennoch blieben einzelne Stücke für immer verloren. Von jenem Zeitpunkte an datirt eine neue raschere Entwicklung unserer Museen. Aus den bisherigen Sammlungen des Königlichen Hauses wurden durch die Hochherzigkeit Friedrich Wilhelms III. öffentliche Kunstsammlungen. Im Jahre 1830 entstand durch Schinkel der erste Museumsbau; bald folgte die Anlage des Neuen Museums durch Stüler.

Die Ergebnisse glücklicher Forschungsreisen oder gröfserer auf Staatskosten unternommenen wissenschaftlichen Expeditionen, wie die von Lepsius geleitete ägyptische, die Ausgrabungen in Pergamon und andere, endlich die mit Umsicht und Geschick durchgeführten Ankäufe ganzer Sammlungen oder bedeutende Einzelerwerbungen haben namentlich in den letzten 50 Jahren die Berliner Museen um neue Abtheilungen vermehrt und in die erste Reihe unter den europäischen Kunstsammlungen gerückt. Freilich trat bei der erfreulichen Vermehrung des Bestandes der Mangel an Raum zur Aufstellung mit der Zeit immer empfindlicher zu Tage, auch nachdem durch die Verlegung der ethnographischen Abtheilung in ein besonderes Gebäude, das Museum für Völkerkunde, vorübergehend eine Entlastung der Museumsanlagen am Lustgarten eingetreten war. Die unausgepackten Sachen liegen, soweit sie nicht in den Kellereien untergebracht sind, in Abschlägen innerhalb des hinteren Theiles der Säulenhalle um die National-Galerie oder sind, wie die Gipsabgüsse der Funde von Olympia, in provisorischen Baulichkeiten untergebracht.

Im Jahre 1883 geschah ein wesentlicher Schritt vorwärts, als von Staatswegen ein Wettbewerb unter den deutschen Architekten ausgeschrieben wurde zur Erlangung von Plänen für die Bebauung der Museumsinsel. Den Gedanken, „die ganze Spreeinsel hinter dem Schinkel'schen Museum zu einer Freistätte für Kunst und Wissenschaft umzuschaffen", hatte bereits König Friedrich Wilhelm IV. bekundet. Das dem Wettbewerb von 1883 zu Grunde gelegte Bauprogramm ging davon aus, vor allem das Alte Museum vollständig zu erhalten und dessen Säulenhalle mit der daran anstofsenden Rotunde gewissermafsen als die Einführung in die dahinter liegende Museumsstadt zu bestimmen. Auch das Neue Museum sollte bestehen und dessen Erdgeschofs für die Aufstellung ägyptischer und assyrischer Originalsculpturen reservirt bleiben, während man die oberen Geschosse der Kupferstichsammlung, der Bibliothek und dem Antiquarium zur Erweiterung überlassen wollte. Vollständig neue Gebäude waren in Aussicht genommen für die antiken Originalsculpturen, die Gipsabgüsse (einschliefslich derjenigen von Olympia), die Originalsculpturen der christlichen Epoche und für die Gemäldegalerie.[1] Die Angelegenheit gerieth jedoch für Jahre ins Stocken und scheint erst jetzt schrittweise der Verwirklichung näher zu kommen.

In verwaltlicher Beziehung unterstehen das Alte und Neue Museum, ferner das ursprünglich als Privat-Institut mit Staatszuschufs begründete, 1883 vom Staat übernommene Kunstgewerbe-Museum der Generalverwaltung der Königlichen Museen, seit 1896 auch die National-Galerie, deren Grundstock die dem Staate vermachte Gemälde-Sammlung des weiland Königl. Schwedischen und Norwegischen Konsuls J. H. W. Wagener (gest. 1861) bildet.

Die übrigen Museen sind theils mit Universitäts- oder anderen Hochschul-Instituten verbunden, theils bestehen sie als selbständige staatliche Einrichtungen, wie das Rauch-

---

[1] Vergl. Centralblatt der Bauverwaltung, Jahrgang 1884, Nr. 17.

DAS ALTE MUSEUM.

Museum, Post-Museum und das Hygienische Museum; theils endlich sind sie, wie das Museum für Volkstrachten, Vereinsgründungen. Bedeutung für die brandenburgische Heimatskunde besitzt das der Stadt Berlin gehörige Märkische Provinzial-Museum, welches gegenwärtig noch immer im Kölnischen Rathhause völlig unzulänglich und unwürdig untergebracht ist. Auch hier erfolgte schon im Jahre 1892 ein Wettbewerb für Erlangung von Plänen zu einem Neubau, der, wenngleich keine völlig einwandsfreie, doch in dem Entwurfe des früh verstorbenen Möller[1]) eine architektonisch bedeutsame Lösung lieferte. Als Baustelle ist der Theil des städtischen Gartengrundstücks, welches sich im Südosten der Stadt zwischen der Wallstraße, der Wassergasse und der dortigen neuen Verbindungsstraße ausbreitet, in Aussicht genommen.

Schon dieser kurze Ueberblick über die Entwicklung der Berliner Museen läßt zur Genüge erkennen, daß die deutsche Hauptstadt seit 1870 auch in ihren Kunstsammlungen den anderen Großstädten ebenbürtig zur Seite gestellt werden kann. Steht auch der Umfang ihrer Sammlungen, namentlich an altem historischen Kunstbesitz, hinter demjenigen auswärtiger Kunstcentren zurück, so übertreffen doch die Berliner Museen in der wissenschaftlichen und systematischen Anordnung mit wenigen Ausnahmen die aller anderen Kunstplätze von Bedeutung.

1. Das Alte Museum,[2]) von Schinkel 1824—1828 erbaut, dem Besuche des Publicums am 3. August 1830 eröffnet, schließt in wirkungsvoller Weise die Nordseite des Lustgartens ab. Es ist eines der größten Verdienste, welche sich Schinkel um die Gestaltung der architektonischen Erscheinung Berlins erworben hat, daß er diese ehemals von einem breiten Festungsgraben durchschnittene Baustelle für den von ihm zu schaffenden Monumentalbau des Museums erwählte (vgl. den Lichtdruck).

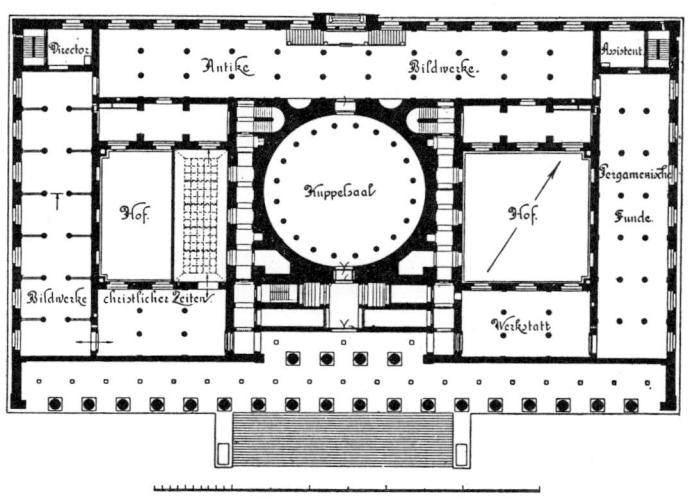

Abb. 219. Altes Museum, Grundriß.

Das Gebäude bildet ein Rechteck von 86,70 m Länge und 53,46 m Tiefe, welches zwei innere Höfe von 17,89 m zu 16,48 m enthält; es besteht aus einem Unterbau von 3,90 m, einem Erdgeschoß von 6,50 m und einem oberen Geschoß von 8,88 m Höhe. Das Hauptgesims erreicht 19,18 m, der mittlere Aufbau 26,09 m Höhe. Als Grundmotiv der architektonischen Conception ist die große, durch 18 ionische Säulen geöffnete Halle an der südlichen Hauptfront zu betrachten, welche in einer Tiefe von 6,59 m die Höhe der beiden oberen Geschosse einnimmt und zu welcher eine 28,56 m breite Freitreppe von 21 Stufen emporführt; sie ist gewählt worden, um das an sich über einen mittleren Maßstab nicht hinausgehende Bauwerk gegenüber den Abmessungen des Lustgartens sowie den Verhältnissen des Schlosses und des Zeughauses zur Geltung zu bringen. In unmittelbarer Beziehung zu dieser Halle steht der gleichfalls durch beide Obergeschosse hindurchreichende Hauptraum des Innern, die Rotunde, deren im Aeußern quadratisch gestalteter Aufbau das Gebäude überragt. Die Rotunde hat einen kreisförmigen Grundriß von 21,03 m Durchmesser und ist bis zum Kämpfer der in ein Oberlicht von 7,22 m ausgehenden kassettirten Kuppelwölbung 12,87 m, bis zu diesem Oberlichte 22,81 m hoch; in der Höhe

---

[1]) Vergl. Centralblatt der Bauverwaltung, Jahrgang 1893, Nr. 11.
[2]) Abbildungen in Schinkels Entwürfen, Bl. 37—48 (Das Neue Museum). Für die genaueren Daten der Baugeschichte vergl. das Werk: Zur Geschichte der Königlichen Museen zu Berlin; Festschrift zur Feier ihres fünfzigjährigen Bestehens am 3. August 1880.

XI. Die Museen, Bibliothek und Archiv.

Abb. 220. Ansicht der Decke des Alten Museums. Nach dem Originalkupferstich in Schinkels Entwürfen.

des Obergeschosses wird sie durch eine 2,83 m breite Galerie, welche auf 20 korinthischen Säulen ruht, getheilt. Die Rotunde bildet die Vorhalle für die Galerie der Originalsculpturen, welche im Erdgeschofs des Museums ihren Platz gefunden hat. Dieses enthielt ursprünglich drei grofse, 9,10 m tiefe Säle an den Fronten, deren zierliches Deckenwerk von Architraven auf je zwei Säulen dorisirender Art getragen wird, sowie zwei entsprechende kleinere Säle und zwei Cabinete an den Höfen. Neuerdings wurde in den westlichen Hof noch ein Oberlichtsaal eingebaut, auf den bei Besprechung der neueren Umbauten nochmals zurück zu kommen sein wird.

Der Zugang zu dem oberen, für die Bildergalerie eingerichteten Geschosse wird durch eine zwischen die vordere Säulenhalle und die Rotunde eingeschobene, mit vier Säulen nach jener geöffnete Doppeltreppe vermittelt, von deren oberstem Podest sich ein prächtiger Ausblick auf die Säulenhalle und den Lustgarten eröffnet (s. Abb. 220). Die nach Mafsgabe des Untergeschosses angelegten Säle der Bildergalerie hatte man ehemals durch spanische Wände von Holz, entsprechend den Fensterachsen, in Einzelcabinete getheilt, in welchen die durch ein einheitliches Seitenlicht beleuchteten Gemälde nach den verschiedenen Malerschulen systematisch angeordnet waren. 1861—1884 wurde die Bildergalerie vollständig umgebaut (s. unten).

Eine Benutzung des Untergeschosses zu Ausstellungszwecken war im ursprünglichen Entwurf nicht beabsichtigt. Daher ergab auch eine Einrichtung dieser Räume für das Antiquarium und Münzcabinet, welche die Folge des sich sehr bald fühlbar machenden Platzmangels war, kein befriedigendes Ergebnifs. Gegenwärtig sind im Untergeschofs die Münzsammlung, die Handbibliothek und die Diensträume der Generalverwaltung der Königlichen Museen sowie die Castellanswohnung untergebracht.

In der Ausführung des von dem Bauconducteur Bürde geleiteten Baues konnte bei der Kargheit der zu Gebote stehenden Mittel nur in beschränktem Mafse echtes Material verwendet werden. Von der Bausumme, die im ganzen 1 973 000 ℳ betragen hat, wurde ein erheblicher Theil (545 000 ℳ) durch den Grundbau verschlungen, für welchen ein Pfahlrost von 8 bis 16 m langen Pfählen geschlagen werden mufste. — Die vordere Säulenhalle mit den Treppen sowie das Hauptgesims bestehen aus Sandstein; im übrigen sind die Façaden wie die gesamten Mauerwerk-Constructionen des Gebäudes aus Backsteinen hergestellt und verputzt. Das Untergeschofs und die Rotunde sind massiv gewölbt; die beiden oberen Geschosse haben, soweit dies nicht durch den späteren Einbau von Oberlichtern geändert wurde, Balkendecken mit einem Lehmestrich, die Säulenhalle hat eine steinerne Kalymmatiendecke erhalten.

Die decorative Ausstattung der durch eine Luftheizung erwärmten Innenräume, welche sich in wohlthuender Bescheidenheit und Schlichtheit den darin aufgestellten Kunstwerken unterordnet, ist sehr einfach; von einer Anwendung echter Steinmaterialien, ja selbst von einer umfangreichen Verwendung von Stuckmarmor mufste Abstand genommen werden, und nur die Sandsteinsäulen des Erdgeschosses zeigen einen farbigen Stucküberzug. — Reicher ist der künstlerische Schmuck des Aeufsern, welcher jedoch zum gröfseren Theile erst unter König Friedrich Wilhelm IV. dem Gebäude zu theil wurde. Den Mittelbau krönen vier Kolossalgruppen — vorn die rossebändigenden Dioskuren von Tieck (in Eisengufs), hinten die Horen, den Pegasus tränkend und liebkosend, von Schievelbein und Hagen (in Zinkgufs); auf den äufseren Ecken sind vier Candelaber-haltende weibliche Figuren angebracht; die Wangen der grofsen Freitreppe tragen die Bronzegruppen der mit einem Panther kämpfenden Amazone von Kifs und des Löwenkämpfers von A. Wolff. — Auf den Wandflächen der grofsen Vorhalle befinden sich von Schinkel entworfene, unter Leitung von Cornelius (1841—1847) ausgeführte ideale Frescomalereien, welche leider bereits theilweise in Verfall gerathen sind; sie stellen die Gestaltung der Weltkräfte vom Chaos zum Licht im Sinne einer antiken Theogonie und die Entwicklung der menschlichen Cultur dar. — Unterhalb dieser Compositionen erblickt man eine Anzahl kleinerer Fresken von geringerem Kunstwerthe, die Thaten des Herakles und Theseus schildernd.

Die Wände hinter der Treppe zu dem Obergeschofs tragen nach Schinkel'schen Ideen ausgeführte Fresken, welche die friedlichen Beschäftigungen eines Culturvolkes, seine Kämpfe gegen barbarische Feinde und gegen die Macht der Elemente versinnbildlichen.

Der Säulenhalle hat man in neuerer Zeit durch Aufstellung von Marmorstatuen hervorragender Künstler und Alterthumsforscher einen bedeutsamen Schmuck gegeben (vgl. den Abschnitt Oeffentliche Denkmäler).

Auch die von Stüler entworfene, von A. und W. Wolff modellirte Bronzethür von 5,34 m Höhe und 3,14 m Breite ist zu erwähnen. Die von Hirt verfaſste, wegen ihrer zweifelhaften Latinität vielfach beanstandete Inschrift des Gebäudes lautet: Friedericus Guilelmus III. studio antiquitatis omnigenae et liberalium artium museum constituit MDCCCXXVIII.

Da der Schinkel'sche Bau in einer Zeit errichtet wurde, in der die Ansichten über die zweckmäſsigste Einrichtung von Museumsräumen sich noch nicht geklärt hatten, muſste er neuerdings eine Reihe von wesentlichen Veränderungen über sich ergehen lassen. Die am meisten eingreifende war die schon oben kurz angedeutete völlige Umgestaltung der Beleuchtung des oberen Geschosses, der Bilder-Galerie. Durch Erbauung des neuen Museums hatten die Nordsäle des alten ihr volles reflexloses Licht eingebüſst; man war daher schon in den Jahren 1861—1863 dazu übergegangen, durch probeweise Anlegung eines Deckenfensters eine zweckmäſsigere Beleuchtung eines Bildersaales zu erzielen. Dieser Versuch führte jedoch zu keinem befriedigenden Ergebniſs. Sodann wurde 1868—1871 zuerst ein Saal durch den Land-Baumeister Tiede[1]) wiederum versuchsweise mit Oberlicht versehen, während der Director der Galerie J. Meyer bald darauf einige Cabinete mit schräg gestellten Seitenwänden einrichten lieſs. Das Ergebniſs war, daſs man in den Jahren 1876—1884[2]) das ganze obere Stockwerk mit einem Kostenaufwande von 620 000 $\mathcal{M}$. (ausschl. Aenderung der Heizung) derart umbaute, daſs die Säle der Nord- und Südfront sowie zwei der Westfront Oberlicht erhielten, auch die übrigen Räume der Ost- und Westseite zu kleinen Cabineten mit schrägen Wänden umgewandelt wurden.

Im Erdgeschoſs gelangten in der Abtheilung für die Bildwerke der christlichen Epochen Einbauten zur Ausführung, die hauptsächlich auf den früheren Mangel an genügenden und zweckmäſsig beleuchteten Wandflächen zurück zu führen sind. Im Jahre 1892 wurde weiterhin in den westlichen Hof ein Oberlichtsaal eingebaut, dessen Auſsenwand auf zwei eisernen Stützen ruht (Kosten rd. 20 000 $\mathcal{M}$). Schlieſslich muſsten in dem westlichen Saal zur Gewinnung von Wandflächen zwischen den Säulen Scheerwände aufgeführt werden, die den architektonischen Gesamteindruck dieses Raumes nicht wenig schädigen.

Die Rotunde ist in ihrer räumlichen Erscheinung durch die schon früher erfolgte Aufhängung der Gobelins nach Raphaels Cartons und durch die dunkelrothe Färbung der unteren Wandflächen einigermaſsen beeinträchtigt worden; sie hat infolge der jüngst eingetretenen Aufstellung der groſsen Friesplatten aus Pergamon, welche die Säulen der Galerie fast ganz verdecken, in ihrer architektonischen Erscheinung noch mehr Einbuſse erfahren.

Das Museum ist unter allen Werken Schinkels dasjenige, welches weitaus die gröſste Volksthümlichkeit erlangt hat. Es verdankt dieselbe der Wirkung, welche einerseits die Säulenfront am Lustgarten, anderseits die Rotunde auf den Beschauer hervorbringen — einer Wirkung, welche selbst durch die vom strengen architektonischen Standpunkte erhobenen Bedenken nicht abgeschwächt werden kann, daſs beide Motive mit dem Organismus des übrigen Baues in etwas losem Zusammenhange stehen. Die Verwendung hellenischer Bauformen ist in keiner anderen Schöpfung des Meisters mit so vollendetem Adel und in solcher Reinheit durchgeführt.

2. Das Neue Museum,[3]) von Stüler 1843—1855 als Theil einer viel groſsartiger geplanten Erweiterung des Alten Museums erbaut, ist das Hauptwerk dieses Meisters und die gröſste bauliche Schöpfung Friedrich Wilhelms IV. in Berlin. Ein zwei innere Höfe

---

1) Vergl. Zeitschrift für Bauwesen. 1871. S. 185 u. 192.
2) Vergl. Zeitschrift für Bauwesen. 1886. S. 165—186 u. Bl. 24 u. 25.
3) Veröffentlicht in: Das Neue Museum von A. Stüler. Berlin 1862. S. auch Zeitschrift für Bauwesen. 1853. S. 23 und 571.

XI. Die Museen, Bibliothek und Archiv.

umschliefsendes Trapez von 105 m gröfster Länge und 40,80 m Tiefe, in den dreigeschossigen Seitentheilen 24 m, in dem durchgehenden Mittelbau 31,07 m hoch, kehrt es seine südliche Schmalseite dem Alten Museum, seine östliche Hauptfront der National-Galerie zu.

Im Gegensatz zu dem älteren Werke Schinkels ist bei dem Stüler'schen Bau das Gewicht künsterischer Gestaltung nicht dem Aeufsern, sondern dem Innern des Hauses zugewendet worden. Die einfachen, mit horizontalen Fensterüberdeckungen ausgeführten Façaden, welche die feinen Formen der hellenischen Renaissance zeigen, kommen zu keiner besonderen Geltung. Die Eckbauten der Ostseite tragen zwei Flachkuppeln, von denen die nördliche später mit Glas eingedeckt wurde. Der erhöhte Mittelbau, dessen Fenster zu einer grofsen, durch korinthische Säulen und Gebälk getheilten Gruppe zusammen gezogen sind, ist mit Giebeln gekrönt (vergl. den Lichtdruck).

Für das desto prächtiger durchgeführte Innere haben der Königliche Bauherr und sein Architekt das Programm aufgestellt, dafs die Decoration der einzelnen Räume mit den darin enthaltenen Kunstgegenständen im Zusammenhange stehen, und dafs hierbei der lebenden Kunst reiche Gelegenheit zur Entfaltung gegeben werden müsse. Abgesehen von den Bedenken, welche man im Interesse der alten Werke und ihres Studiums gegen dieses Princip erheben könnte, hat sich als ein verhängnifsvoller Nachtheil dieses Programms herausgestellt, dafs dabei der Entwicklung und Vermehrung der Sammlungen, welche von Zeit zu Zeit eine veränderte Anordnung bedingen, nicht Rechnung getragen ist. Es wurde jener Zusammenhang übrigens nur zum geringeren Theile — bei dem ägyptischen Museum — durch die architektonische Ausbildung und Detaillirung der Räume, hauptsächlich dagegen durch decorative Malerei und gröfsere Wandgemälde angestrebt.

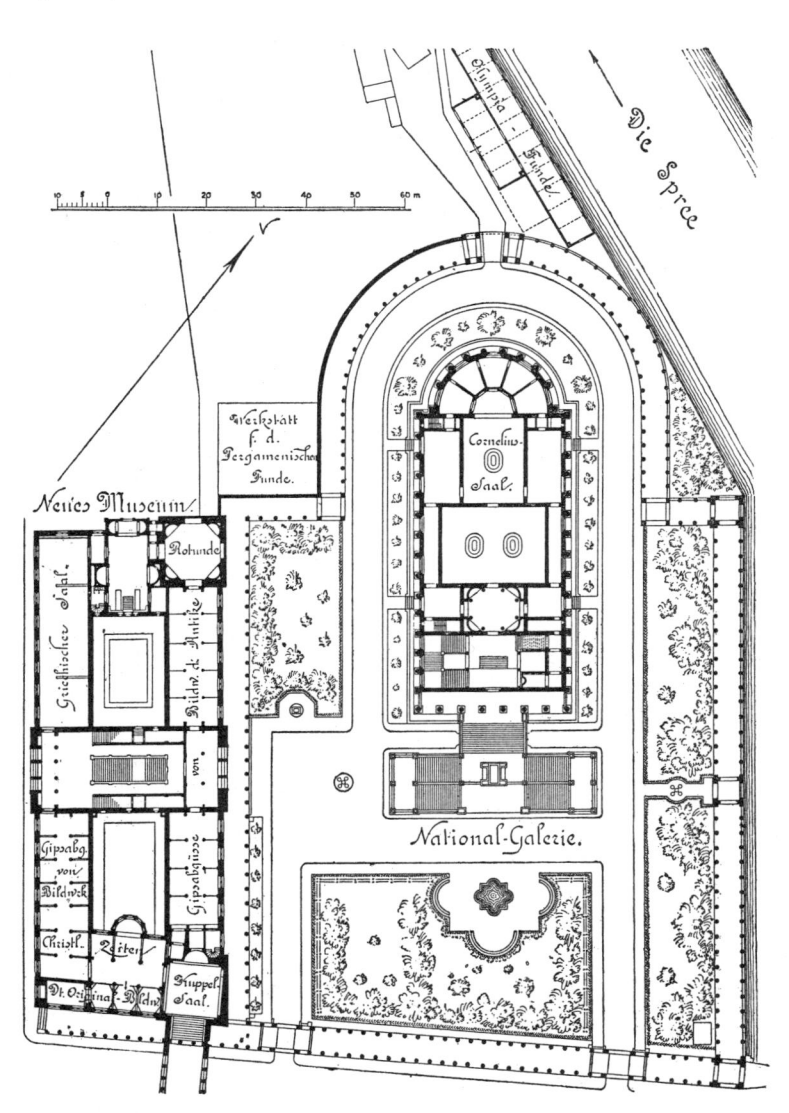

Abb. 221. Neues Museum und National-Galerie, Lageplan.

Der Haupteingang unter der Säulenhalle gegenüber der National-Galerie zeigt eine bemerkenswerthe Thür, welche nach Modellen von Berges, Schiffelmann usw. in Kupfer niedergeschlagen und bronzirt worden ist. Eine erst nachträglich angeordnete Windfanganlage schützt Vestibül und Treppenhaus gegen Zugluft. Die Decke des Vestibüls wird von vier monolithen Marmorsäulen getragen.

XI. Die Museen, Bibliothek und Archiv.

Vom Haupteingang rechts liegen in dem 6,49 m hohen Erdgeschofs die um einen Säulenhof und einen an diesen angeschlossenen „hypostylen" Saal gruppirten Räume der **ägyptischen Abtheilung**, welche in ihrer baulichen Gestaltung annähernd das Bild eines ägyptischen Tempels wiedergeben soll; an den Wänden des Säulenhofes sind ägyptische Landschaften (von Graeb, Biermann, Schirmer, Pape und Schmidt), in den übrigen, gleichfalls in ägyptischen Architekturformen durchgebildeten Sälen Nachbildungen alter Wandmalereien ausgeführt. — Auf der linken Seite des Hauses lagen im Erdgeschofs der mit entsprechenden Wandgemälden aus der nordischen Mythe (von Bellermann, G. Richter, Heidenreich, R. Müller und Bögel) ausgestattete Saal der **nordischen Alterthümer** sowie die Säle der **ethnographischen Abtheilung**. Seitdem für die letztgenannten Sammlungen ein eigenes Gebäude errichtet wurde, konnten die freigewordenen Räume des Erdgeschosses der ägyptischen Abtheilung zugelegt werden, die nun seit dem Jahre 1885 zu

Abb. 222. Neues Museum, Durchschnitt durch das Treppenhaus.

einer Sammlung für ägyptische und vorderasiatische Alterthümer erweitert worden ist. Nur der Saal links vom Eingang, in dem sich Gipsabgüsse deutscher, französischer und englischer Bildwerke, meist des Mittelalters befinden, gehört nicht zu dieser Abtheilung.

In der Achse des Haupteingangs führt ein 4,71 m breiter Treppenlauf, der sich in zwei seitlich liegende, das erste und das zweite Stockwerk verbindende Läufe von 2,67 m Breite fortsetzt, in das Treppenhaus: einen Raum von 38,29 m Länge, 15,69 m Breite und 20,24 m Höhe, empor. Die vielfach getadelte, zu dem Organismus des übrigen Baues aufser Verhältnifs stehende Gröfse dieses Raumes war bedingt durch die Absicht des Königs, hier einen Cyclus grofsartiger Wandgemälde — die Hauptmomente aus der Geschichte der menschlichen Entwicklung — ausführen zu lassen. Diese Bilder, das Hauptwerk W. v. Kaulbachs, welches er unter Beihülfe von Detmers, Echter und Muhr 1847—1866 ins Werk setzte, behandeln: 1. Den Fall Babels. 2. Die Blüthe Griechenlands. 3. Die Zerstörung Jerusalems. 4. Die Hunnenschlacht. 5. Die Kreuzfahrer vor Jerusalem, und 6. Das Zeitalter der Reformation. Neben und zwischen den Hauptbildern sind allegorische Gestalten der Wissenschaften und Künste, sowie vier grofse Gesetzgeber auf Goldgrund dargestellt; den oberen Abschlufs bildet eine zusammenhängende, allegorische Fries-Composition. — Die Decke des Raumes — ein in antikem Sinne durchgebildetes Hängewerk mit

Satteldecke — ist in pietätvoller Absicht dem Entwurfe Schinkels für einen Königssaal auf der Akropolis entlehnt; das obere Treppenpodest ist mit einer Nachbildung der Koren-Halle am Erechtheion geschmückt.

Das ganze 8,12 m hohe erste Stockwerk, zu welchem die höher empor geführten, durch Oberlicht beleuchteten, 10,98 m im Quadrat messenden Kuppelsäle an der Ostfront gehören, ist für die Sammlung der Gipsabgüsse bestimmt. Die durch ihren künstlerischen Schmuck hervorragendsten Räume sind: Der Griechische Saal mit einer Restauration des Tempelgiebels von Aegina nach K. Bötticher und 10 griechischen Landschaften von Gräb, Schirmer, Biermann, M. Schmidt und Pape, — der Griechische Kuppelsaal mit Wandbildern aus der Heroensage von Däge, Steinbrück, A. Schmidt und Hopfgarten, — der Niobidensaal mit kleineren Bildern aus der Heroensage nach Genelli'schen Compositionen von Kaselowski, Hennig, C. Becker und Peters, — der Römische Saal, mit 17 Ansichten römischer Bauwerke nach Stülers Composition von Pape und Seiffert ausgeführt —, endlich der Römische Kuppelsaal mit historischen, in die neuere Zeit hinüber führenden Wandbildern von Schrader, Kaulbach (ausgeführt von Gräf) und Stilke.

Auch im ersten Stockwerk besteht die ursprüngliche Anordnung der Säle längst nicht mehr. Der Niobiden- und der Römische Saal sind jetzt in Abtheilungen zerlegt, in denen die Entwicklung der griechischen Plastik durch eine Reihe von Gipsabgüssen veranschaulicht wird. Ebenso ist ein Theil des südlichen Saales abgetrennt worden, um dort Originalbildwerke deutscher Plastik unterzubringen. Die Einrichtung eines ähnlichen Abtheils für italienische Bronzen liegt im Plane.

Das oberste 6,02 m hohe Geschofs enthält die verhältnifsmäfsig einfach ausgestatteten Räume des Kupferstich-Cabinets mit einem erst neuerdings hergestellten Ausstellungssaal, sowie die Säle des Antiquariums, d. h. der Abtheilung für antike Kleinkunst, welche nach Auflösung der ehemaligen Kunstkammer hierhin verlegt wurde.

In dem südlichen, sogen. „Griechischen Hof", der neben Gipsabgüssen auch einige Bronzenachbildungen antiker Kunstwerke aufweist, befindet sich ein von Schievelbein componirter Relieffries: Der Untergang Pompeis.

Glücklicher als in der Gesamtbehandlung des Baues spricht sich in der künstlerischen Durchbildung und Decoration seiner Innenräume, welche im wesentlichen durchweg das hellenische Detail der Schinkel'schen Schule zeigen, das Talent des Architekten aus. Eine reiche Phantasie, die Grazie der Form und feines Gefühl für Farbenwirkung, welche Stüler eigen waren, haben bei den vielseitigen Aufgaben, die hier zu lösen waren, Gelegenheit zu vollster Entfaltung gefunden.

Bemerkenswerthe Eigenthümlichkeiten bieten auch die Constructionen des Baues, deren specielle Ausführung der Baumeister O. W. Hoffmann geleitet hat. Wie das Alte, ist auch das Neue Museum auf einem von 7 m bis zu 18 m Tiefe reichenden Pfahlrost fundirt worden. Das Aeufsere ist leider im Putzbau gehalten, der Figurenschmuck zum Theil in Zink gegossen; nur Gesimse und Plinthe sind von Sandstein. — Dagegen ist das Innere mit Ausnahme des Treppenhauses durchweg massiv und feuersicher mit gewölbten Decken ausgeführt worden; und es bedingten der Reichthum wie die Abwechselung in der Gestaltung der einzelnen Räume, dafs hierbei die mannigfaltigsten Gewölbeformen und die verschiedensten Constructionsarten zur Anwendung kommen konnten. Als Gewölbematerial haben meist leichte, aus Infusorienerde gebrannte Ziegel, zum Theil Töpfe, gedient. In der Mehrzahl der Säle sind die Decken durch Säulen gestützt, die im Erdgeschofs aus Sandstein mit Stuckmarmor-Bekleidung, im ersten Stock aus echten Marmor-Monolithen und im Obergeschofs aus Eisen mit decorativer Zinkbekleidung hergestellt sind; zwischen den Säulen sind theils Bögen gespannt, theils ruhen auf ihnen Sandstein-Architrave von 0,76 m Breite, 1,41 m Höhe und 4,71 m Länge, gegen welche die Kappen sich lehnen. In denjenigen flach gewölbten Sälen, welche als einheitliche Räume erhalten werden sollten, sind Eisenconstructionen zu Hülfe genommen worden, die man — eines der frühesten Beispiele dieser Art — als solche zu zeigen und künstlerisch durchzubilden versucht hat. Abb. 223 zeigt das Detail dieser Decken. Als Träger derselben sind in Entfernungen von 2,50 bis 4,75 m eiserne Binder verlegt, welche aus einem in zwei Theilen hergestellten gufseisernen Flachbogen, verankert durch zwei (65 bezw. 78 mm starke) aus sieben Stäben zusammengesetzte Zugstangen von bestem englischen Schmiedeeisen, bestehen. Ueber diesen Bindern, deren decorative Bekleidung durch vergoldeten Zinkgufs bezw. durch Messingblech aus der Abbildung ersichtlich ist, sind gufseiserne Zwischenbalken gestreckt und zwischen diesen die Topfwölbungen so flach ausgeführt worden, dafs nach erfolgtem Verputz die Decke als ein einheitliches Gewölbe erscheint. — In der als spätgothisches Sterngewölbe gestalteten, weitgespannten Decke eines Raumes im oberen Stockwerk sind die Rippen aus Schmiedeeisen, die Kappen aus Drahtgeflecht mit einem Gipsüberzug hergestellt worden: also nach fast derselben Construction, die später als „Rabitzputz" bekannt wurde. — Die Wände sind mit sogen. Marmorino (Kalkmörtel mit einem Zusatz von gestofsenem Marmor) geputzt, die architektonischen Gliederungen, namentlich die Thüreinfassungen in englischem Marblecement gezogen. — Bei der farbigen Ausstattung der Räume ist von Vergoldung ein reich-

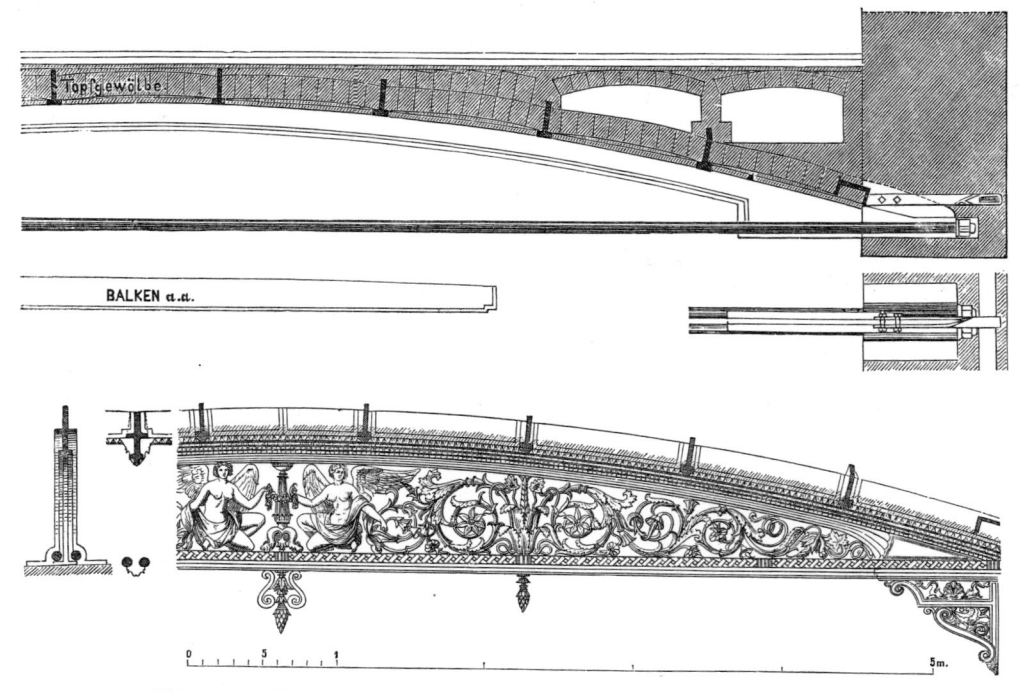

Abb. 223. Neues Museum, Gewölbeconstruction im Hauptgeschofs.

licher Gebrauch gemacht worden. — Die Fufsböden der beiden Untergeschosse haben einen farbigen Gipsestrich oder ein buntes Thonsteinmosaik (von March in Charlottenburg), die des Obergeschosses eine eichene Parkettdielung erhalten. Die Treppenstufen bestehen aus schlesischem Marmor. — Zur Erwärmung der Räume dient eine Warmwasserheizung.

Aufser den bisher erwähnten, durch das Wachsthum der Sammlungen gebotenen Umstellungen und Aenderungen in der Raumbestimmung drängten sich im Laufe der Jahre mancherlei andere nothwendige Einrichtungen auf. So mufsten vornehmlich die Locale für die Museumsbeamten erweitert, Studien- und Arbeitsräume angelegt, auch Aborte hergestellt werden usw. Besonders fehlte es an geeigneten Magazinen und Arbeitsräumen für die Restauratoren des Kupferstich-Cabinets und Antiquariums; sie wurden, so gut es ging, in den Jahren 1885—1889 durch Ausbau des Dachgeschosses geschaffen. Die Kosten dieses Ausbaues, der auch aus Gründen der Feuersicherheit geboten erschien, und mit dem gleichzeitig ein photographisches Atelier nebst Laboratorium zur Einrichtung gelangte, betrugen rd. 200 000 ℳ.

Es erübrigt noch einige Anmerkungen über die Aenderungen in der Art der Aufstellung der Sammlungs-Gegenstände zu machen. Aehnlich wie sich die Ansichten über die

BERLIN UND SEINE BAUTEN 1896.

DAS NEUE MUSEUM, NATIONALGALERIE UND FRIEDRICHSBRÜCKE.

WILHELM ERNST & SOHN, BERLIN.

zweckmäfsigste Beleuchtung einer Gemäldegalerie seit der Errichtung des Alten Museums mehrfach geändert haben, ist auch bei den Sculpturen und Gipsabgüssen mehr und mehr das Verlangen aufgetreten, die einzelnen Objecte in wirksamerer Darstellung und günstigerer Beleuchtung vorzuführen. Man hat nun in einigen Sälen — allerdings auf Kosten des architektonischen Gesamteindrucks — den ganzen Raum durch Vorhänge zwischen den Säulen der beiden Seitenschiffe derartig zerlegt, dafs der Mittelgang frei bleibt und die in den so geschaffenen Abtheilungen aufgestellten Bildwerke, denen die Vorhänge zum Hintergrunde dienen, ungestört betrachtet werden können.

Schwieriger gestaltete sich die Neuordnung in der ägyptischen Abtheilung, in welcher Gegenstände vereinigt sind, welche der verschiedenartigsten Beleuchtung bedürfen, um sich dem Beschauer gut vorzuführen. Es wurden hier die Stelen und Flachreliefs, welche nur Streiflicht vertragen können, an 2 m hohen, vor die Säulen vorgelegten Scheerwänden untergebracht, die Rundbildwerke, welche schrägen Seitenlichts bedürfen, in die Mitte und die Mumienkästen, die Vorderlicht vertragen, nach der Hinterwand des Saales verwiesen. Durch diese Aufstellung hat jetzt jeder Gegenstand nach Möglichkeit dasjenige Licht, welches für seine Erscheinung am vortheilhaftesten ist, erlangt, ohne dafs dabei — namentlich durch die eingebauten Scheerwände — der Gesamteindruck der Säle zu Schaden gekommen wäre.

Die Gesamtbaukosten des Neuen Museums stellten sich auf 4 137 000 ℳ. Von dieser Summe haben der Grundbau 480 000 ℳ, der Oberbau 2 043 000 ℳ, die Decoration mit Ausschlufs der Kaulbach'schen Wandgemälde 723 000 ℳ, die Möblirung 207 000 ℳ und die Wandmalereien 684 000 ℳ in Anspruch genommen.[1]

In unmittelbarem Zusammenhange mit dem Neuen Museum sind zwei kleinere Bauanlagen ausgeführt worden: die Colonnaden an der Süd- und Ostseite des Gebäudes und der Verbindungsgang zwischen diesem und dem Alten Museum. Die Colonnaden, griechisch dorischer Ordnung, welche einschliefslich der Decke in Sandstein ausgeführt sind, haben 207 000 ℳ gekostet; bei Erbauung der National-Galerie hat man sie hinter dieser und an der Spree entlang weiter geführt. Ihre Errichtung längs des Neuen Museums war kein glücklicher Gedanke, denn die hinter ihr liegenden Räume haben dadurch nahezu alles Licht verloren und sind für Museumszwecke fast gänzlich ungeeignet geworden.

Der Verbindungsgang, welcher zugleich die Anlage einer inneren Treppe an der Nordseite des Schinkel'schen Baues bedingte, ruht auf drei rundbogigen Thorwölbungen. Die Decke der oberen Halle ist durch ein eisernes Balkenwerk mit Kassetten aus Topfwölbung gebildet; die Fensterwände derselben sind in eine Säulenstellung korinthischer Ordnung aufgelöst. Die Kosten des Baues haben 234 000 ℳ betragen.

3. **Die National-Galerie,**[2] nach der in den Grundstein verlegten Urkunde „zur Aufnahme von Bild- und Sculpturwerken deutscher Künstler seit Gründung des Königreichs Preufsen bestimmt", ist in den Jahren 1866—1876 erbaut worden.

Der im Jahre 1864 von Stüler aufgestellte, nach seinem Tode von Strack nochmals durchgearbeitete Entwurf schliefst sich äufserlich an die Form des Gebäudes an, welches König Friedrich Wilhelm IV. in seinem Plane zur Bebauung der Museumsinsel an dieser Stelle für die Aula der Universität hatte errichten wollen; der Bau sollte hierdurch auch in geistiger Beziehung zu einem Denkmal der Pietät für den kunstsinnigen Monarchen werden, für dessen Reiterstandbild ein bestimmter Platz vorgesehen war. — Auf einem 10,67 m hohen Unterbau, der im Grundrifs als ein Rechteck von 60,03 m zu 32,17 m mit einer Abside von 25,74 m Durchmesser gestaltet ist, erhebt sich ein korinthischer pseudoperipteraler Tempel mit achtsäuliger Vorhalle. Die seitlichen Dreiviertelsäulen erinnern noch an die peripteral-geplante Aula des Entwurfs von Friedrich Wilhelm IV. — Bis zum Hauptgesims mifst der Bau 26,05 m, bis zur Spitze des Giebeldreiecks 29,19 m. Die Freitreppenanlage des Aula-Entwurfs mufste, um bei der veränderten Zweckbestimmung des

---

[1] Vergl. Zeitschrift für Bauwesen. 1851. S. 384.
[2] Vergl. Zeitschrift für Bauwesen. 1869. S. 265 u. 413, sowie die sehr ausführliche Beschreibung in der „Festausgabe des Katalogs" (zum 25. Januar 1883.)

Gebäudes den Sälen nicht die Beleuchtung zu nehmen, vom Hause abgerückt werden und stellt sich nunmehr als breit vorgelagerter, doppelarmiger, bis zur Höhe des Hauptgeschosses führender Aufgang dar, auf welchem sich das von Calandrelli herrührende Reiterbild des Königs über einem triumphbogenartigen Portal erhebt. — Die Stellung des Gebäudes ist so gewählt, daſs das Standbild gleichzeitig in der Achse des Treppenhausgiebels vom Neuen Museum liegt, während der Abstand von diesem auf etwa 40 m bemessen ist, sodaſs keine Beeinträchtigung der Beleuchtung in beiden Museen stattfinden kann und die Façade der National-Galerie auf der Ostseite des Lustgartens noch voll zur Erscheinung kommt. Die Vorderfront des Hauses wird in ganzer Breite und durch alle Geschosse von einer zweiten Treppen- bezw. Vestibülanlage in Anspruch genommen. — Der Unterbau enthält über einem 2,35 m hohen Keller zunächst ein 3,77 m hohes Erdgeschoſs, in welchem, seitdem die Bureaus nach dem ersten Hauptgeschoſs verlegt worden sind, nur Dienstwohnungen, Packräume und dergl. sich befinden. Es folgt das 9,10 m hohe erste Hauptgeschoſs, welches für die Sculpturengalerie und auf der besser beleuchteten nordöstlichen Seite zu Bildersälen bestimmt ist. Die nachträgliche Unterbringung der Bureaus in diesem Stockwerk hat leider dazu geführt, das Vestibül durch einen entstellenden seitlichen Einbau zu verunzieren. — Ausschlieſslich den Zwecken der Gemäldegalerie dient der obere Tempelbau; in seiner Mitte liegen drei groſse Oberlichtsäle, seitlich zwei Reihen schmalerer Säle, welche in Einzelcabinete getheilt sind und unten durch hohes Seitenlicht, im dritten Geschoſs aber durch Oberlicht erleuchtet werden.

Die National-Galerie war seit Errichtung des Brandenburger Thores der erste aus Staatsmitteln ausgeführte Bau Berlins, für dessen Façaden ausschlieſslich Werksteine verwendet worden sind. Leider hat sich der hier benutzte helle Nebraer Sandstein nicht sonderlich bewährt. — Die Gründung erfolgte in einer durchschnittlichen Tiefe von 8 m mittels hölzerner Senkkästen. Sämtliche Decken des Gebäudes zeigen unter reichlicher Verwendung von Eisenconstructionen, die jedoch meist nicht sichtbar sind, massive bezw. feuersichere Herstellung. Die Erwärmung erfolgt durch eine vereinigte Heiſswasser-Luftheizung.

Der künstlerische Schmuck der National-Galerie durch Bildwerke und Wandgemälde ist, der monumentalen Bedeutung des Bauwerks entsprechend, sehr reich gehalten; im Innern aber ist man damit fast schon zu weit gegangen, sodaſs die Grenze überschritten scheint, welche im Interesse der ausgestellten Kunstwerke inne gehalten werden sollte. Das Aeuſsere schmücken auf den Freitreppenwangen unten die in Sandstein ausgeführten Gruppen der „Unterweisung in der Kunst des Bildhauers und Malers" von M. Schulz, oben der „Kunstgedanke" von Calandrelli und die „Kunsttechnik" von Moser. Auf der halben Höhe der Freitreppe erhebt sich das bereits erwähnte Reiterdenkmal Friedrich

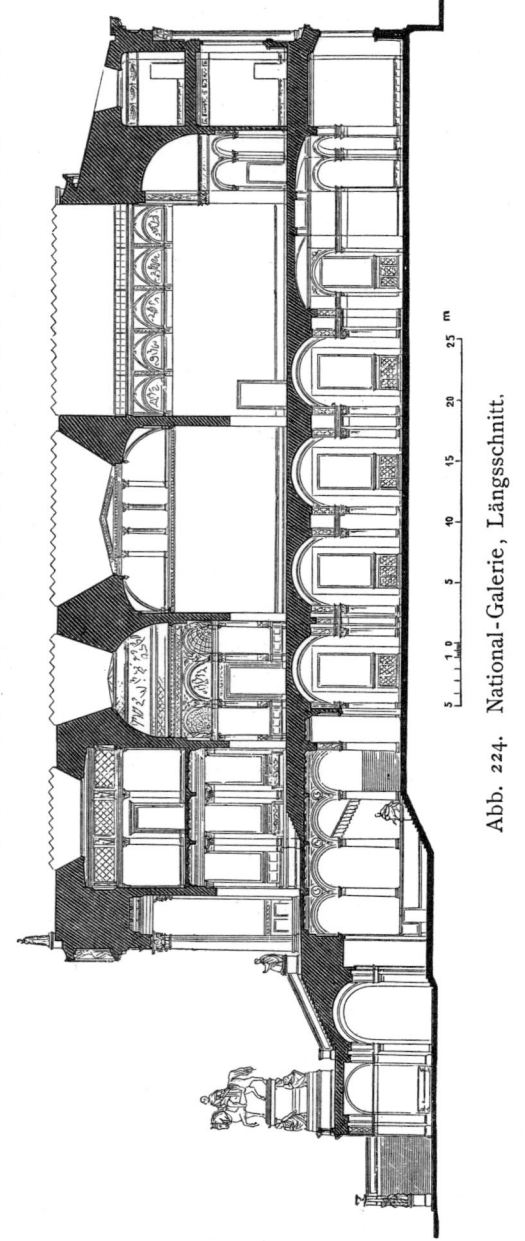

Abb. 224. National-Galerie, Längsschnitt.

Wilhelms IV; an der Hinterwand der Säulenhalle befindet sich der Relieffries von M. Schulz, die „Entwicklung der deutschen Kunst" darstellend. Ueber diesem Fries erscheint ein in salviatischem Glasmosaik hergestellter Ornamentfries von Strack. Es folgt die von Schulz und Wittig gearbeitete Gruppe der „Germania als Beschützerin der bildenden Künste". Das Giebelakroterion bildet die Gruppe der drei Künste (Baukunst, Malerei und Bildhauerkunst) von Schweinitz. In den Feldern zwischen den Säulen der Seitenfronten und der Apsis sind Schilder mit Namen deutscher Künstler angebracht.

Den Schmuck des Innern bilden im wesentlichen Reliefs und Wandgemälde. Die Eingangshalle im Erdgeschofs enthält in den Bogenzwickeln an den Wänden 15 Reliefmedaillons in Stuck, welche hervorragende deutsche Meister unseres Jahrhunderts darstellen, ausgeführt von Moser, Brodwolff, Geyer und Schweinitz; im Bogenfeld über der Eingangsthür zu den Räumen des Erdgeschosses das die vereinigten Künste darstellende Relief von Hartzer. Die Bogen- und Deckenfelder der an den Flur anschliefsenden Querhalle enthalten Hauptscenen aus der Nibelungensage von E. Ewald. Die Sculpturensäle sind durch Medaillons von Landgrebe sowie durch Zwickel- und Friesgemälde von Gebr. Röber und R. Bendemann geschmückt, das Treppenhaus durch den culturgeschichtlichen Figurenfries von O. Geyer.

Der Kuppelsaal des ersten Hauptgeschosses enthält auf freistehenden Wandsäulen acht sitzende Musenfiguren von Calandrelli und Brodwolff sowie Stuckreliefs, Maler- und Bildhauerstudien wiedergebend, ausgeführt von Hartzer. — Die Bogenfelder des Kuppelsaales zeigen vier von v. Heyden gemalte Wandbilder. Das Kuppelgewölbe ziert ein Reigen des Thierkreises, von demselben Meister. — Die Ausmalung des ersten Corneliussaales rührt von Gebr. Bendemann, Röber und W. Beckmann her. — Die malerische Decoration des zweiten Corneliussaales, in welchem der Prometheusmythus und Gestalten der griechischen Sage zur Darstellung gekommen sind, von Peter Janssen. — Von dem bildnerischen Schmucke der übrigen Räume des zweiten und dritten Stockes mögen hier nur noch die allegorischen Bilder der vier Jahreszeiten von Wislicenus und die Friesgemälde von P. Meyerheim, das Naturleben in den verschiedenen Jahreszeiten erläuternd — sämtlich im Vorraum des obersten Geschosses befindlich —, hervorgehoben werden.

Die technische Oberleitung über den Bau führte der Baurath Erbkam; die besondere Bauleitung lag bis 1873 dem Baumeister Reinecke und dem damaligen Bauführer Hofsfeld ob. — Die Baukosten betrugen insgesamt 3 000 000 ℳ, wovon rd. 300 000 ℳ auf den Grundbau, rd. 2 365 000 ℳ auf den Oberbau, und der Rest auf die Innendecoration entfielen. Für die innere Einrichtung wurden rd. 35 000 ℳ verausgabt. Das Cubikmeter umbauten Raumes kostete 42,54 ℳ.

Mit der National-Galerie wurde gleichzeitig auch die Fortsetzung der bereits beim Bau des Neuen Museums zu einem Theile angelegten Säulenhalle ins Werk gesetzt. Leider liefs man sie im Halbkreise um die Apsis der National-Galerie herumgehen, sodafs sie einer zu erwartenden weiteren Bebauung der Museumsinsel recht hinderlich werden kann. Die Kosten für die Nebenanlagen (ausschl. des Calandrelli'schen Reiterstandbildes) haben sich auf rd. 1 170 000 ℳ belaufen.

Die architektonische Physiognomie Berlins, das einen grofsen Monumentalbau hellenisch korinthischer Ordnung, wie überhaupt einen Giebelbau derartigen Mafsstabes bis dahin noch nicht besafs, hat durch diese Façade ohne Zweifel eine wesentliche Bereicherung erfahren. Anderseits ist es bei dem Anschlusse an ein gegebenes Schema leider nicht möglich gewesen, den Innenbau so organisch und im Zusammenhange mit dem Aeufsern zu entwickeln, wie bei einem Monumente dieses Ranges wünschenswerth gewesen wäre.

4. Das Kunstgewerbe-Museum,[1]) in den Jahren 1877—1881 erbaut, ist die letzte und hervorragendste Schöpfung von Martin Gropius, der jedoch die Vollendung seines Werkes nicht mehr erleben sollte. Mit der Hauptfront an der Prinz-Albrecht-Strafse,

---

[1]) Vergl. Centralblatt der Bauverwaltung. 1882. S. 363, 367, 380, 432 u. 442. Zeitschrift für Bauwesen. 1879. Bl. 62.

224   XI. Die Museen, Bibliothek und Archiv.

gegenüber dem neuen Abgeordnetenhause gelegen, ist das Museum dazu bestimmt, einer Sammlung zur Heimstätte zu dienen, die, erst vor wenigen Jahrzehnten (1867) begründet, aus kleinen Anfängen durch private Thatkraft gefördert und durch fürstliches Wohlwollen gehoben, heute einen der wichtigsten Factoren für die Weiterbildung des deutschen Kunstgewerbes darstellt. Die mit dem Museum eng verbundene Lehranstalt ist in demselben Gebäude untergebracht.

Das Bauwerk, ein Quadrat von 69,50 m Seitenlänge bedeckend, enthält vier Geschosse, und zwar ein in der äuseren Erscheinung als stattlicher Sockel auftretendes Untergeschofs von 4,25 m, ein Hauptgeschofs von 6,70 m, ein erstes Obergeschofs von 7,70 m und ein

Abb. 225. Kunstgewerbe-Museum, Ansicht.

zweites von im Mittel 6,20 m Höhe. Die ganze Gebäudehöhe vom Terrain bis Oberkante Hauptgesims erreicht das Mafs von 26,20 m.

Eine reich durchgebildete, mit breiter Freitreppe und Rampenanlage versehene Unterfahrt ist dem Haupteingange vorgelegt; durch sie betritt man die stattliche Vorhalle und von da mittels eines kurzen Treppenlaufs fast unmerklich die Höhe des Hauptgeschosses, 3,70 m über Terrain. Nach der Vorhalle öffnen sich drei Zugänge, und zwar links derjenige zu den Verwaltungsräumen, rechts der zur Schule und Bibliothek, und geradeaus derjenige zu dem Museum. Den Zutritt zu diesem vermitteln drei grofse Glasthüren, durch welche man in den Vorsaal von 12 m im Geviert und weiter in den grofsen Lichthof gelangt. Dieser um einige Stufen vertieft liegende Raum, welcher auf allen vier Seiten von zweigeschossigen, überwölbten Umgängen eingeschlossen wird, bildet den Mittelpunkt der ganzen Anlage. Um ihn gruppiren sich auf den drei Seiten nach Osten, Süden und Westen in dem Hauptgeschofs und ersten Obergeschofs in langen Fluchten die durch

XI. Die Museen, Bibliothek und Archiv.

Seitenlicht erhellten Sammlungssäle (Abb. 226). Links neben dem Vorsaal und hinter dem Lichthofe in der Mittelachse des ganzen Gebäudes befinden sich weiträumige Treppen zur Vermittelung des Verkehrs nach den verschiedenen Stockwerken.

Die Unterrichtsanstalt mit einem eigenen Zugang von der Vorhalle, sodafs der Verkehr der Schüler von demjenigen der Museumsbesucher völlig getrennt bleibt, nimmt in Rücksicht auf günstigere Lichtverhältnisse hauptsächlich die nördliche Front des ersten sowie das ganze zweite Obergeschofs ein. Die Bibliothek ist in der nordwestlichen Ecke des Erdgeschosses untergebracht.

Das Kellergeschofs enthält Räume für die Gipssammlung, Beamtenwohnungen, das Büchermagazin, Heizkammern usw. — Die Erwärmung des Gebäudes geschieht theils durch reine Dampfheizung, theils durch Dampfluftheizung nach verschiedenen Zusammenstellungen und in Verbindung mit Lüftung von einer Sammelstelle, dem an der Südwestecke gelegenen Kesselhause aus. In diesem wird auch das elektrische Licht für die Bibliothek und die Unterrichtsanstalt erzeugt.

Bei den Constructionen, welche in dem Bau Verwendung gefunden haben, ist besonderer Werth auf Feuersicherheit gelegt worden. So sind sämtliche Vorräume, Corridore, Galerien und Treppenhäuser unter Zuhülfenahme von Eisenconstructionen überwölbt, während die Sammlungssäle massive Decken von Gipsgufs zwischen eisernen Trägern besitzen. Die übrigen Räume sind mit Balkendecken versehen, Bibliothek und Lesesaal mit sichtbaren Holzdecken und Holztäfelungen.

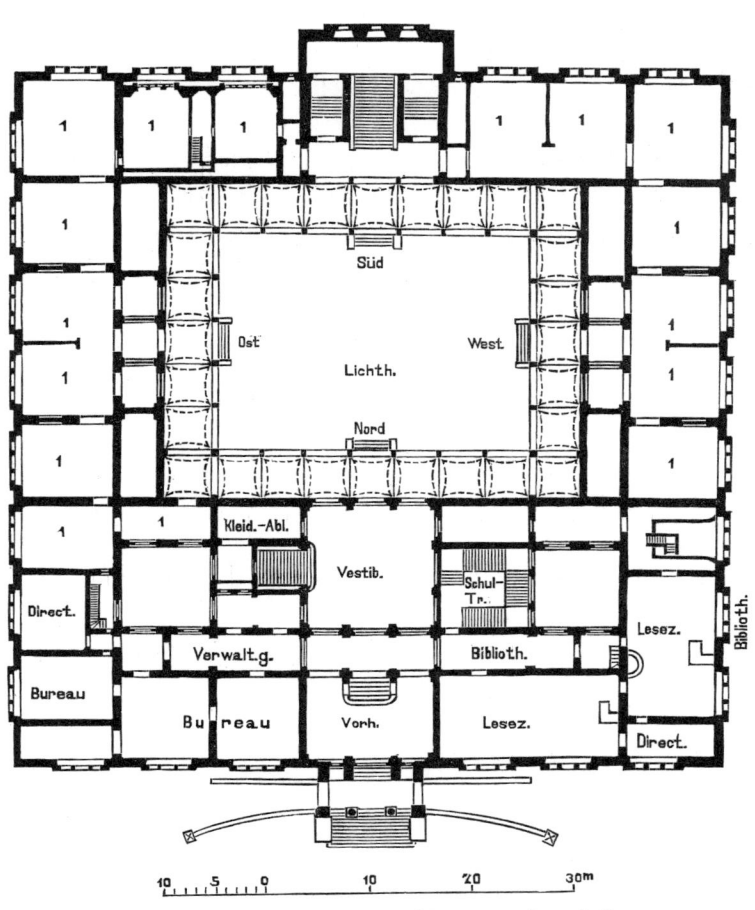

Abb. 226. Kunstgewerbe-Museum, Grundrifs.

Von den durchgehends feuersicher errichteten Treppen hat man die für den gewöhnlichen Dienst bestimmten in Granit, die übrigen in Ziegeln gewölbt hergestellt und mit Marmor- oder Holzbelag versehen. Die Dächer des Gebäudes zeigen gröfstentheils Holzconstructionen und Wellenzink-Eindeckung. Die Doppeloberlichter über dem Vorsaal und über dem grofsen Lichthofe sind in Eisen gebildet und mit Spiegelrohglas versehen.

Das Façadensystem des Kunstgewerbe-Museums entwickelt sich in grofsen Linien. Ueber dem kräftig vorspringenden Sockel, der das Untergeschofs enthält, erheben sich, durch Farbe wie durch die Vertikal-Gliederungen der Fenster-Umrahmungen energisch zusammengefafst, gleichzeitig aber durch entsprechende Horizontal-Gliederungen und Friese gesondert, die beiden fast gleichwerthigen Hauptgeschosse. Das oberste Stockwerk endlich, als grofser, farbenprächtiger Fries ausgebildet, vermittelt den Uebergang zu dem kräftig ausladenden Hauptgesimse.

Abb. 227. Kunstgewerbe-Museum, System des großen Mittelhofes.

XI. Die Museen, Bibliothek und Archiv.

Der auf einer Plinthe von belgischem Granit aufsetzende Gebäudesockel ist ebenso wie die übrigen Architekturtheile des Baues in Sandstein aus den Seeberger, Warthauer und Rackwitzer Brüchen hergestellt. Das in Farbe und Form gleich vorzügliche Verblendmaterial der Hauptgeschosse stammt aus Lauban.

Die Gruppe im Giebel des Mittelrisalits ist nach Siemering'schen Modellen gearbeitet, während der Schmuck der Säulen der Vorhalle ebenso wie die Statuen des Peter Vischer und des jüngeren Holbein von Sufsmann-Hellborn herrühren. Erwähnenswerth sind ferner die Figuren und Ornamentfriese der Vorderfront nach Modellen von Siemering, Brunow und O. Lessing. Den hervorragendsten Schmuck der Façaden bilden endlich die zwischen den Fenstergruppen des obersten Geschosses angeordneten Wandfelder der Hauptfront, welche in venetianischem Glasmosaik auf Goldgrund von Salviati & Co. und von der Compagnia Venetia-Murano nach Cartons von Ewald und Schaller ausgeführt wurden. Die Felder der Seitenfronten sind als ornamentale Figurentafeln nach Modellen von O. Lessing durch March in Charlottenburg in vielfarbig glasirten Terracottenplatten hergestellt.

Besondere Beachtung beansprucht die Ausführung des Hauptgesimses. Dasselbe ist gleichfalls von March in gebranntem Thon gebildet und zeigt das von Gropius und Schmieden bereits beim Bau der Kunstschule in der Klosterstrafse schon einmal angewendete Constructionsprincip zur Erzielung einer weiten Ausladung. Die Seitenfronten des Gebäudes haben im Detail einige, jedoch wenig in die Augen fallende Vereinfachungen erfahren; nur bei der Rückseite sind in der Verwendung des Materials durchgreifende Einschränkungen eingetreten.

Im Innern lenkt zunächst der grofse Lichthof das Hauptaugenmerk auf sich. Der Innenraum desselben hat 30,10 m Länge bei 21,50 m Tiefe; seine Höhe beträgt vom Fufsboden bis zum Hauptgesims 14,85 m und bis zum Scheitel der Glasdecke 22,20 m. Bei den ihn auf allen Seiten umziehenden, zweigeschossigen Umgängen ist eine strenge, Gropius eigenthümliche Flachbogen-Architektur durchgeführt, in deren Ausbildung sich ein reicher Schatz reizvoller Motive im Sinne der hellenischen Renaissance zeigt. Die Stützen der den Lichthof umgebenden offenen Bogengänge werden in beiden Geschossen durch Monolithe aus polirtem, graugrünen Syenit des Fichtelgebirges gebildet, welche als Pfeiler mit korinthischem Kapitell, Basis und zweifachem Gurtring aus bronzirtem Eisengufs behandelt sind. — Beachtung verdient ferner der in der Voute unter dem Oberlicht des Hofes sich herumziehende, von Schaller ausgemalte Relieffries von Geyer & Hundrieser — die Culturvölker aller Zeiten und ihre Hauptleistungen darstellend (Abb. 227).

Die Sammlungssäle weisen bei sehr reich bemessener Höhe einen mehr monumentalen Charakter auf; es ergeben sich demzufolge oft Schwierigkeiten, die ausgestellten Gegenstände vielfach kleinen Mafsstabes in die Räume einzuordnen.

Besondere künstlerische Ausstattung erhielten von den Sammlungssälen nur zwei, nämlich derjenige für die Majolikasammlung und der für die Edelmetallarbeiten. Die plastischen Arbeiten beider Räume rühren von O. Lessing und Eberlein, die Malereien von Meurer und Schaller her. Der Edelmetallsaal besitzt einen sicheren Abschlufs durch reich gebildete, von E. Puls ausgeführte Gitterthüren.

Die Gesamtkosten des Bauwerks haben sich auf 2 956 000 ℳ gestellt; hiervon entfallen 2 621 000 ℳ auf den Bau selbst und der Rest auf die Ausstattungsstücke. Das Cubikmeter umbauten Raumes kostete nur 22,34 bezw. 19,81 ℳ, doch ist zu berücksichtigen, dafs hierin ein grofser leerer Raum wie der Lichthof von 11 650 cbm enthalten ist.

Die Bauleitung, welche Gropius und Schmieden überwachten, lag in den Händen des Regierungs-Baumeisters v. Weltzien, dem die Architekten Speer, Radler, Wolff u. a. zur Seite standen.

Eine gewisse innere, wohl schon durch das Programm nahegelegte Verwandtschaft der Bauanlage des Kunstgewerbe-Museums mit der Schinkel'schen Bau-Akademie ist nicht zu verkennen. Sie offenbart sich auch äufserlich in der freien, geistvollen Behandlung des hellenischen Details: bei der Bau-Akademie dem Charakter des Backsteinmaterials nach Möglichkeit angepafst, bei dem Gropius'schen Bau herausgebildet aus der Fülle des dem modernen Baukünstler zur Verfügung stehenden mannigfaltigen Baumaterials.

228   XI. Die Museen, Bibliothek und Archiv.

5. Das Museum für Völkerkunde,[1]) an der Ecke der Königgrätzer und Prinz-Albrecht-Strafse, nach Endes Entwurf 1880 begonnen und am 18. December 1886 eingeweiht, vereinigt in seinen Räumen die Sammlung der vorgeschichtlichen Alterthümer, die Schliemann-Sammlung und die ethnologischen Sammlungen. Die letzteren, in ihrer Art vielleicht die bedeutendsten und am besten geordneten der Welt, nehmen den bei weitem gröfsten Theil der Museumsräume in Anspruch.

Die Grundform des Gebäudes bildet ein unregelmäfsiges Viereck, welches an der Ecke der beiden Strafsenfronten eine Abrundung erfahren hat. Die vier Gebäudeflügel

Abb. 228. Museum für Völkerkunde, Theilansicht.

umschliefsen, wie aus dem Grundrifs (Abb. 229) ersichtlich, einen 1300 qm grofsen Hof, welcher zur Aufstellung besonders umfangreicher und witterungsbeständiger Schaustücke mitbenutzt werden soll.

Das Gebäude hat ein 3,50 m hohes Kellergeschofs und vier Stockwerke von 6,59 m, 6,16 m, 5,65 m und 4,90 m Höhe. Das Kellergeschofs enthält neben drei Dienstwohnungen für den Hausverwalter, den Röhrenmeister und den Pförtner, Werkstätten, Laboratorien und Lagerräume, sowie Platz für die Kesselanlage. Im Erdgeschofs sind die Schliemann'schen Sammlungen sowie die vorgeschichtlichen Alterthümer aufgestellt. Die erstgenannten waren bis dahin im Kunstgewerbe-Museum, die letzteren im Erdgeschofs des Neuen Museums aufgestellt gewesen. Der übrige, nicht von diesen beiden Sammlungen beanspruchte Theil

---

1) Vergl. Zeitschrift für Bauwesen. 1887. S. 46 ff. und Bl. 10 ff. — Centralblatt der Bauverwaltung. 1886. S. 396. Ueber die Bedachung: a. a. O. 1882. S. 448.

XI. Die Museen, Bibliothek und Archiv.

des Gebäudes ist ausschliefslich zur Aufnahme der ethnographischen Gegenstände bestimmt. Die Arbeitszimmer der Directoren und Assistenten, ferner die Räume zu Conferenzen und für die Registratur sind zweckentsprechend nach verschiedenen Stockwerken verwiesen.

Der Hauptzugang zum Gebäude liegt an der abgerundeten Ecke. Hier gelangt man zunächst in eine offene Vorhalle und alsdann in das mit einer länglich-runden Flachkuppel abgedeckte Vestibül, dessen Decke durch ein von O. Lessing entworfenes und von Salviati ausgeführtes Glasmosaik geschmückt ist. Eine Steintreppe von neun Stufen führt vom Vestibül durch fünf Bogenöffnungen in den Lichthof von fächerartigem Grundrifs, in welchem sich die beiden in Schmiedeeisen ausgeführten Haupttreppen befinden. Der von Säulenhallen umgebene Lichthof dient zur Aufstellung gröfserer und besonders hervorragender Schaustücke. Ueber dem Vestibül befindet sich ein 200 Personen fassender Hörsaal; rings um denselben liegen eine Anzahl Arbeitszimmer sowie die Bibliothek und über ihm im zweiten Stock die Galerie des Hörsaals. Die um den grofsen Hof gruppirten Ausstellungssäle erhalten durch weite Fenster Licht von zwei Seiten, wodurch eine reichliche und gleichmäfsige Helligkeit erzielt wird.

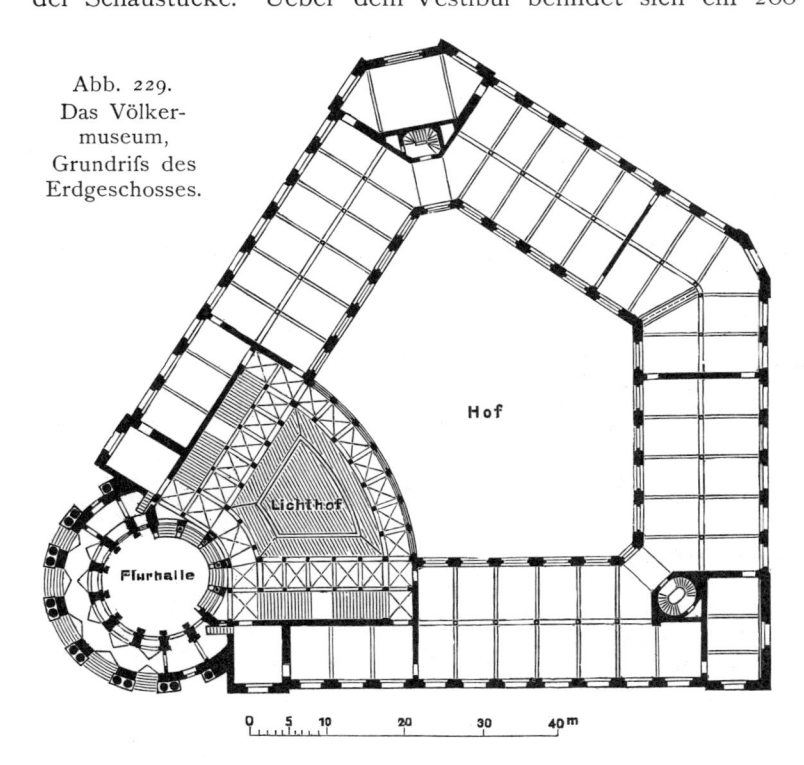

Abb. 229.
Das Völkermuseum, Grundrifs des Erdgeschosses.

Die Façaden sind in den Formen der italienischen Hochrenaissance gehalten und in Sandstein ausgeführt. Das Gebäude zeigt durchweg möglichst feuersichere Constructionen. Holzwerk ist, wo irgend angänglich, vermieden worden. Zur Bedachung wurde Holzcement auf einen halben Stein starken Gewölben zwischen Eisenträgern gewählt. Die über 3 m weit gespannten Tonnengewölbe der Gänge um den Lichthof sind in Rabitz'scher Patentmasse ausgeführt. Die Decken der Ausstellungssäle bestehen aus gewölbtem, zwischen Trägern gespannten und verzinkten Wellblech, auf dem eine Betonschüttung und darüber ein Mettlacher Fliesenbelag als Fufsboden ruht. Die Flansche der eisernen Träger sind mit geprefsten Messingfriesen geziert. Abweichungen von der in den Ausstellungssälen verwendeten Deckenconstruction kommen nur im Hörsaal, dem eine Holzdecke gegeben ist, ferner in den Kassettenfeldern um das Oberlicht des grofsen Lichthofes, welche aus starkem Zink mit Verkleidung von geprefstem Iserlohner Messing hergestellt sind, und im Schliemannsaale vor, in dem auf Wunsch des Wiederauffinders der dort ausgestellten Alterthümer die Decke der Tholos von Orchomenos nachgebildet wurde.

Die Wände der Ausstellungssäle sind bis auf Schulterhöhe mit glasirten Mettlacher Platten bekleidet, an deren Stelle sich auf den Treppenwänden und im Lichthofe Porzellanfliesen aus der Königlichen Manufactur vorfinden. Im übrigen ist von jedem Schmuck der Räume abgesehen worden.

Die Hauptfronten bestehen in ihren unteren Theilen aus gelbbraunem Sandstein von Staudernheim an der Nahe, in den oberen aus Bunzlauer und Rackwitzer Sandstein. Die Architekturtheile der Seitenfaçaden sind in sächsischem Sandstein ausgeführt, während das Verblendziegelmaterial Siegersdorfer Fabrikat ist. Die Architekturtheile des Lichthofes

230 XI. Die Museen, Bibliothek und Archiv.

bestehen aus Cottaer Sandstein, die Säulen- und Pfeilerschäfte aus grauem Weifsenstädter Granit.

Die Erwärmung der Ausstellungssäle, der Bibliothek und der kleinen Räume um den Hörsaal erfolgt durch Dampfwarmwasser-Heizung, verbunden mit einer Ventilationsanlage. Hörsaal, Lichthof und Vestibül haben dagegen Dampfluftheizung. Da der Hörsaal meist Abends gebraucht wird, so ist eine elektrische Beleuchtungsanlage, wenn auch in bescheidenem Umfange, vorgesehen.

Für die Aufstellung der Sammlungsschränke in den Ausstellungsräumen findet sich eine Art Fischgrätensystem gewählt, derartig, dafs in der Längsachse der von beiden Seiten beleuchteten Hauptsäle gröfsere, nach der Länge durch eine Zwischenwand getheilte, und senkrecht zu diesen kleinere, ebenfalls in der Mitte getheilte Schränke angeordnet stehen. Zwischen je zweien der letzteren sind dann nach Bedarf schmälere, ungetheilte Schränke

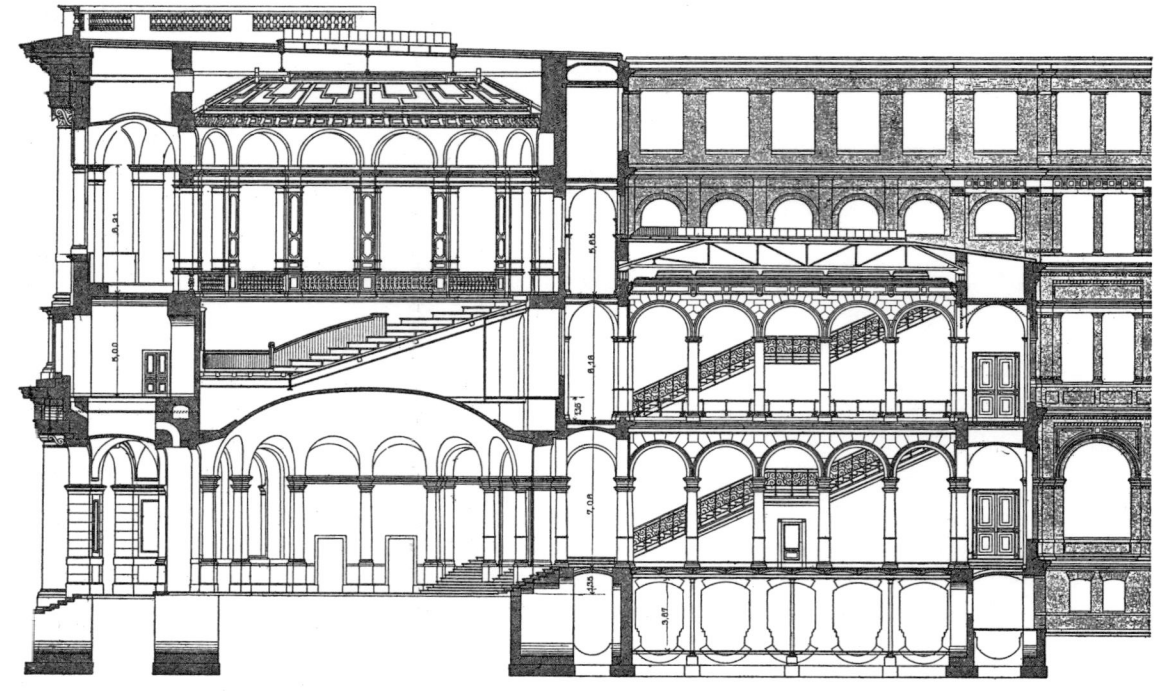

Abb. 230. Museum für Völkerkunde, Querschnitt.

oder auch Schautische und dergleichen aufgestellt. Diese Art der Anordnung, bei welcher an jeder Fensterwand ein breiter Gang frei bleibt, hebt das vielfach störende Doppellicht der Säle auf und erleichterte die Gruppirung der ausgestellten Gegenstände nach Völkerschaften. — Sämtliche Ausstellungs-Schränke bestehen in den Hauptconstructions-Theilen nur aus Eisen, auch ist bei ihnen von jeglichem Zierrathe, ja selbst von den sonst gebräuchlichen bekrönenden und einrahmenden Leisten abgesehen worden.

Die Kosten des Baues (mit Ausschlufs der Einrichtungs-Gegenstände) haben rd. 2 040 000 ℳ betragen, d. h. für das Cubikmeter umbauten Raumes 18,64 ℳ. Die aufgewendeten Kosten für die zunächst nur auf die beiden unteren Stockwerke und den Keller beschränkte Einrichtung stellten sich auf rd. 470 000 ℳ.

Die Bauleitung übte neben dem Architekten, von dem der Entwurf stammte, der Bauinspector Klutmann aus; diesem stand der Regierungs-Baumeister C. Hesse zur Seite.

6. Das Museum für Naturkunde der Universität Berlin[1])

entstand in den Jahren 1883—1889 nach dem Entwurfe des Bauraths Aug. Tiede auf dem Grund-

---

1) Vergl. Zeitschrift für Bauwesen. 1891. S. 1—12 u. Bl. 1—6.

stück der ehemaligen Königlichen Eisengiefserei in der Invalidenstrafse, zwischen den erst kurz zuvor dort errichteten Neubauten der Landwirthschaftlichen Hochschule und der Berg-Akademie. Da die Sammlung, welche früher in den oberen Stockwerken der Universität aufgestellt war, neben der Belehrung und Beschauung vor allem den Lehr- und Forschungszwecken der Universität dienen soll, so wäre eine Trennung in Schausammlung und wissenschaftliche Materialsammlung angezeigt gewesen, doch brach sich das Bestreben nach einer solchen Scheidung zu spät Bahn, um noch einen bestimmenden Einflufs auf die Grundrifsgestaltung des schon in der Ausführung begriffenen Gebäudes gewinnen zu können.

Die Front des Museums für Naturkunde liegt gegen die Nachbargebäude um ein erhebliches Mafs zurück, sodafs vor ihr ein mit gärtnerischen Anlagen geschmückter, durch

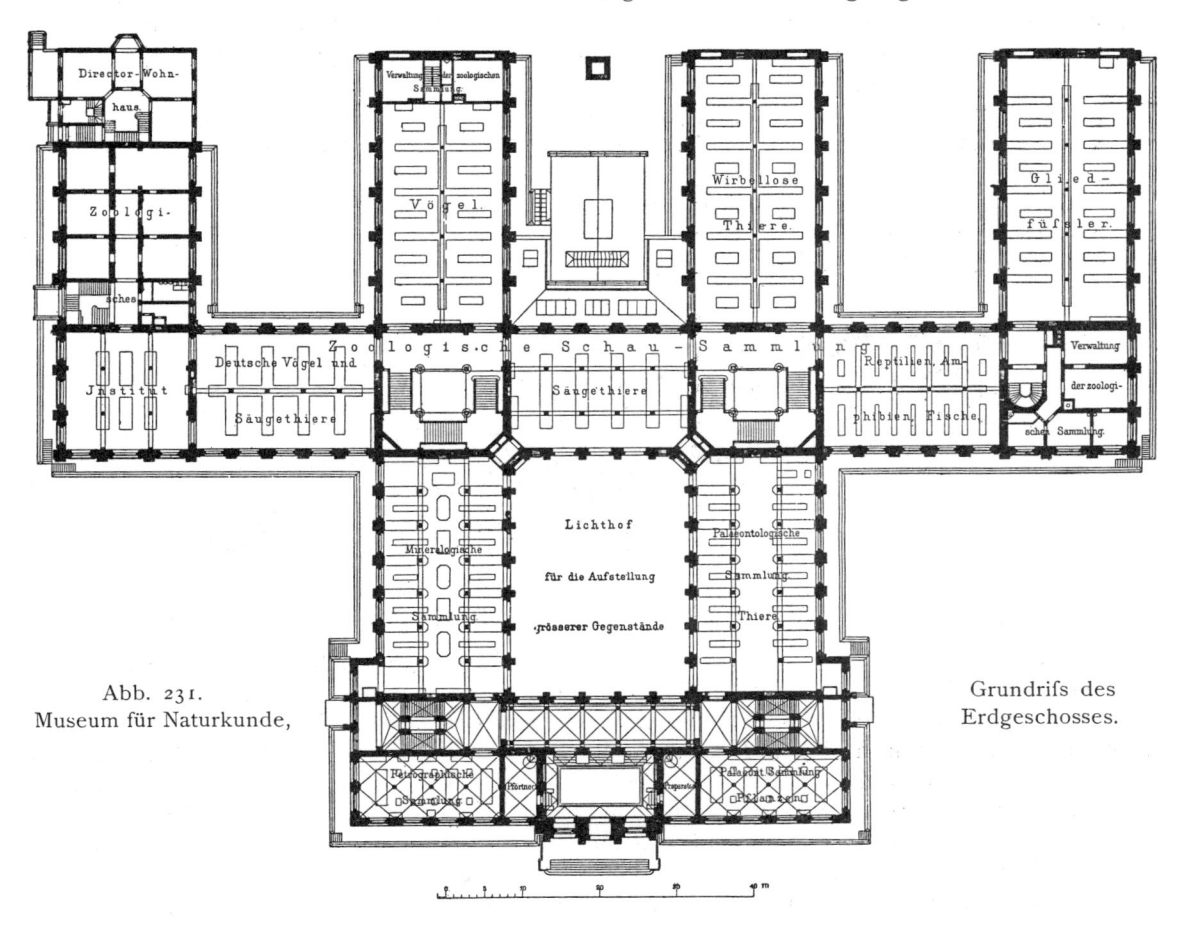

Abb. 231. Museum für Naturkunde, Grundrifs des Erdgeschosses.

ein Eisengitter abgeschlossener Vorplatz entstanden ist. Der Bauplan gliedert sich nach zwei Haupttheilen, nämlich einem fast quadratischen Vorbau, der bei 85 m Frontlänge theilweise zwischen die benachbarten Gebäude hineinragt, und einem hieran anschliefsenden, etwa 140 m langen Querbau mit vier je rd. 37 m langen Flügelbauten, welche zwischen sich drei je 23 m breite Höfe frei lassen. — Ueber dem 3,50 m hohen Unterbau erheben sich drei Geschosse von 5,30 bis 6,50 m Höhe mit geräumigem Dachboden darüber. Der Eingangshalle im Mittelrisalit ist eine breite Freitreppe vorgelagert. Hinter dem Vestibül öffnet sich ein lang gestreckter Flur, an welchem der stattliche, durch zwei Geschosse reichende Lichthof von 23 zu 32,50 m Ausdehnung als Eingang zur Sammlung für Thierkunde stöfst. Rechts und links vom Flur befinden sich die beiden vorderen Treppen zu den paläontologischen und mineralogischen Sammlungen längs den Seiten des Lichthofes. Hier wie bei den Thiersammlungen sind die Schauabtheilungen im Erdgeschofs, die Hauptsammlungen dagegen in den oberen Stockwerken untergebracht: und zwar dergestalt, dafs im obersten Geschofs noch Arbeitsräume für Studirende verfügbar blieben. Der zugehörige Hörsaal sowie die Directoren- und Assistentenzimmer liegen in der Vorderfront im ersten Stock. Die Custoden- und Verwaltungsräume der zoologischen Sammlung, welcher der ganze hintere Theil des Gebäudes und, wie schon erwähnt, der Lichthof zugewiesen ist, befinden sich zumeist in der östlichen Ecke des Querbaues, theilweise auch noch in einem der vier Flügelbauten. Der westliche der hinteren Flügel ist vollständig dem zoologischen Institut der Universität zugewiesen; er enthält auch die Dienstwohnung des Directors desselben.

Der Verkehr wird aufser den schon genannten vorderen nebst einigen kleineren Nebentreppen hauptsächlich durch zwei grofse in Eisen construirte Treppenanlagen vermittelt, welche an den Durchdringungsstellen des Querbaues mit den beiden mittleren Flügelbauten ihre passende Stelle gefunden haben. — Im Hof zwischen den obengenannten Flügeln liegt die Anlage zur Erwärmung des Gebäudes; sie besteht für die Sammlungsräume aus einer Dampfheizung, in den Arbeits- und Verwaltungsräumen aus einer Dampfwarmwasser-Heizung, in den Treppenhäusern, Fluren und im Lichthofe aus Dampfluftheizung.

Für die Vergröfserung des Gebäudes bietet das Grundstück noch ausreichenden Platz; das verfügbare Terrain ist vorläufig dem zoologischen Institut zur Errichtung von Vogelhäusern, Stallungen u. a. überlassen.

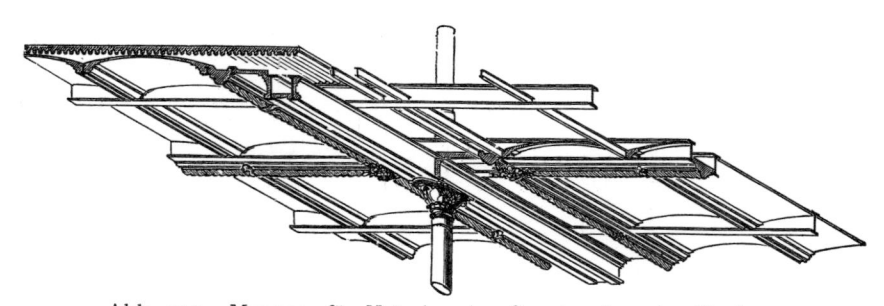

Abb. 232. Museum für Naturkunde, Construction der Decken.

Die Architektur des vorderen Gebäudeabschnitts kennzeichnet die Säle der Sammlungen nach aufsen als Hallenbauten. Sie allein ist in Form und Material der Architektur der benachbarten Staatsgebäude angepafst. Die zurückliegenden Bautheile sind aus Sparsamkeits-Rücksichten in Ziegelrohbau ausgeführt. Ueberall mufste aus finanziellen Gründen die höchste Beschränkung in der Formgebung geübt werden; nur dem Mittelrisalit konnte ein bedeutsamerer Schmuck durch Aufstellung der Standbilder von Joh. Müller und Leop. v. Buch sowie durch Anbringung der Reliefporträts von Ehrenberg, A. v. Humboldt und von Weifs zuertheilt werden. Auch die innere Ausstattung ist höchst einfach.

Mit Ausschlufs des hölzernen Dachstuhls hat das Gebäude eine feuersichere Herstellung erfahren. Die unmittelbar unter dem Dachstuhl liegenden Decken sind durchgehends gewölbt, die Zwischendecken der Magazine in den Flügelbauten aus Gipsgufskappen mit dreifacher Leinwandeinlage zwischen eisernen Trägern und aus einem darüber angeordneten, tragenden Wellblechbelag construirt. Die Sammlungssäle haben Terrazzobelag, die Arbeitszimmer usw. Eichenholz-Fufsboden in Asphalt, die Dachräume Gipsestrich erhalten. Die Oberlichte sind mit Bleidichtungen ohne Kitt ausgeführt.

Für die Frontflächen des Kopfbaues ist Tuffstein aus Brohl, für die Architekturtheile Rackwitzer Sandstein, in den übrigen Fronten Siegersdorfer Ziegel und für die Gliederungen usw. Alt-Warthauer Sandstein verwendet worden. Die Säulen der Flurhalle bestehen aus Mainsandstein, die der Ausstellungssäle aus polirtem Granit bezw. Syenit vom Fichtelgebirge. Die Wände der Schausammlung sind bis in Schulterhöhe mit gemusterten Thonfliesen von Duvigneau in Magdeburg bekleidet.

Zur Vermeidung von Rufsablagerungen nahm man zu einer rauchverzehrenden Donneley-Feuerung, welche sich hier sehr gut bewährt hat, seine Zuflucht.

XI. Die Museen, Bibliothek und Archiv. 233

Die Schränke, welche eine thunlichst grofse Staubsicherheit gewährleisten müssen, sind bis auf diejenigen der Mineraliensammlung sämtlich in Eisen hergestellt. Die Aufstellung erfolgte nach dem sogen. Fischgrätesystem, indem ein Mittelschrank in der Längsachse jedes Saales um die Deckenstützen herumgebaut wurde, von dem aus sich nach beiden Seiten zwischen immer zwei Fenstern Flügelschränke abzweigen. Die Sicherung der Schränke gegen Staub wird durch eingelegte Samtstreifen oder Baumwollencylinder zu erreichen gesucht.[1]) Die hier zur Verwendung gekommenen Schrankconstructionen sind übrigens noch insofern bemerkenswerth, als das dafür gewählte Modell allmählich auch bei anderen Berliner Sammlungen sich einzubürgern beginnt.

Die Kosten des Baues mit Ausschlufs der inneren Einrichtung haben rd. 3 200 000 ℳ betragen, was einem Preise von 17,50 ℳ für das Cubikmeter umbauten Raumes entspricht. Die innere Einrichtung erforderte rd. 970 000 ℳ — Die besondere Bauleitung war dem Königlichen Regierungs-Baumeister Hein übertragen, während der Bauinspector Kleinwächter die verwaltliche und der Baurath Tiede als Entwurfsverfasser die künstlerische Aufsicht ausübten.

Das Zeughaus. Ein bedeutsames Zusammentreffen von Umständen hat es gefügt, dafs das von dem Begründer der Macht Preufsens, dem Grofsen Kurfürsten, geplante und vom ersten preufsischen Könige ausgeführte Arsenal zu Berlin unter dem ersten deutschen Kaiser dazu bestimmt wurde, „in eine Ruhmeshalle für die preufsische Armee und somit für die ganze Nation" — so war der Wortlaut des ursprünglichen Gesetzentwurfs — umgewandelt zu werden. In der That liefs sich hierfür ein geeigneteres Baudenkmal kaum finden, als das sowohl durch seine Lage am Ende der Berliner Triumphstrafse Unter den Linden als durch seine architektonische Erscheinung gleich ausgezeichnete Zeughaus.

Zu dem Gebäude, dessen Entwurf von Nering, nach anderen Annahmen von dem französischen Architekten und Akademiedirector Blondel herrührt, wurde am 25. Mai 1695 von dem damaligen Kurfürsten Friedrich III., späteren König Friedrich I., der Grundstein gelegt. Das erste Project zeigte wesentliche Abweichungen von der späteren Ausführung. Für die Hinterfront scheint ursprünglich ein runder Abschlufs vorgesehen zu sein und für das Aeufsere an Stelle der nachher ausgeführten Balustrade eine hohe Attika mit Reliefdarstellungen der Thaten des Grofsen Kurfürsten. Nach dem noch im Jahre 1695 erfolgten Tode des ersten Bauleitenden Nering wurde der Bau von Grünberg weiter geführt, dem für kurze Zeit Schlüter folgte. Schlüter hielt an der Reliefattika fest, plante jedoch für die Mittelachse an Stelle eines Giebels eine von schwebenden Figuren gehaltene Kartusche. Da Bedenken gegen die Ausführung der Attika geltend gemacht wurden (1698), trat Schlüter von der Bauleitung zurück, die bald darauf de Bodt übernahm, was er jedoch als Bildhauer an dem Bauwerke geschaffen, die Schlufssteine mit Helmen an den Aufsenseiten, die Kriegermasken an den Bogenschlufssteinen des Hofes, wird seinen Namen für immer mit dem Zeughause verbinden. — De Bodt gab dem Aeufsern durch die krönende Balustrade mit den prächtigen plastischen Aufbauten sowie durch Umgestaltung des Mitteltheils ihre jetzige völlig ausgereifte Erscheinung. Nachdem auch er zurückgetreten, wurde der Bau nur langsam, mit äufserster Sparsamkeit weitergeführt, sodafs er erst nach 35jähriger Bauzeit, im Jahre 1730, nothdürftig vollendet war. Seit den Freiheitskriegen, und namentlich seit dem Zeughaussturme von 1848 wurde das Gebäude seiner ursprünglichen Bestimmung als Arsenal zum Theil entzogen; es diente unter anderem 1870/71 als Ausstellungsort für die eroberten Geschütze. Dann tauchte 1874 der Gedanke auf, es in eine Ruhmeshalle umzuwandeln: ein Plan, welcher der Hauptsache nach in den Jahren 1877—1880 nach Entwürfen von Hitzig ohne wesentliche Aenderung der äufseren Architektur zur Ausführung gelangte.[2]) Schliefslich fand 1886 und in den folgenden Jahren eine theilweise Erneuerung der äufseren Ansichtsflächen des Gebäudes (mit einem Kostenaufwande von 30 000 ℳ für eine der Hauptfaçaden) statt.

---

[1]) Zeitschrift für Bauwesen. 1891. Bl. 6.
[2]) Centralblatt der Bauverwaltung. 1883. S. 93, 101 und 116. 1885. S. 35. — Zeitschrift für Bauwesen, Jahrg. XX. — Bau- und Kunstdenkmäler von Berlin. S. 377.

234   XI. Die Museen, Bibliothek und Archiv.

Der Umwandlung des Gebäudes zur Ruhmeshalle lag als Programm zu Grunde, im Erdgeschofs, am Mittelportal Unter den Linden eine stattliche Eintrittshalle zu schaffen, den östlichen Theil der anschliefsenden Hallen aber zum Artillerie-Museum und den westlichen zum Ingenieur-Museum einzurichten; der Hof sollte mit einem Glasdache überdeckt werden und eine dem alten Bau fehlende monumentale Treppe als würdigen Aufgang zum Hauptgeschofs erhalten. Letzteres war im Innern vollständig neu auszubauen, um die Hallen an der Ost-, Süd- und Westseite als Waffenmuseum zur Aufstellung von Handwaffen, Fahnen und Trophäen aller Art bestimmen zu können. An der Nordseite endlich bot sich Gelegenheit, einen durch Bildwerke und Gemälde reich ausgeschmückten Raum zu schaffen, in welchem sich die Standbilder der preufsischen Könige und ihrer hervorragendsten Feldherrn aufstellen liefsen.

Die äufseren Abmessungen des Gebäudes betragen rd. 90 m an jeder Seite; die Hofseiten messen etwa 39 m in der Länge. Das Erdgeschofs hat eine lichte Höhe von 6,50 m, das erste Stockwerk in der Feldherrnhalle dagegen von 8,50 m bis zu den Oberlichten, in der Herrscherhalle von 22 m bis zum innern Oberlicht der Kuppel. Die Façadenhöhe beträgt jetzt infolge der Erhöhung des Strafsenniveaus 18,75 m. Die äufsere Erscheinung des Zeughauses erhält ihr Gepräge vornehmlich durch die innige Verbindung von Architektur und Plastik, welche

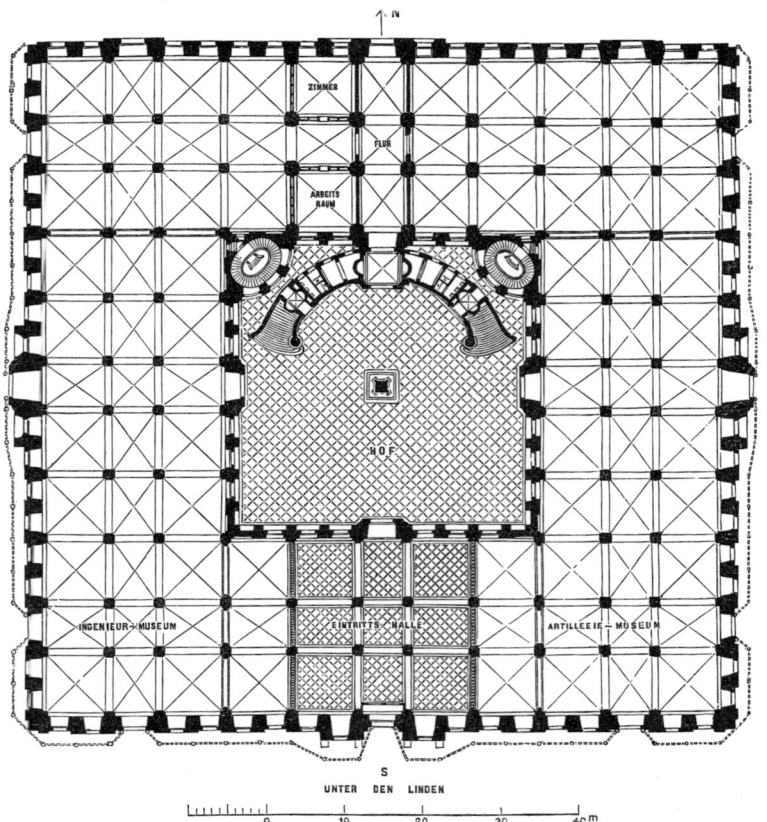

Abb. 233. Das Zeughaus, Grundrifs des Erdgeschosses.

Abb. 234. Das Zeughaus, Grundrifs des Obergeschosses.

XI. Die Museen, Bibliothek und Archiv.

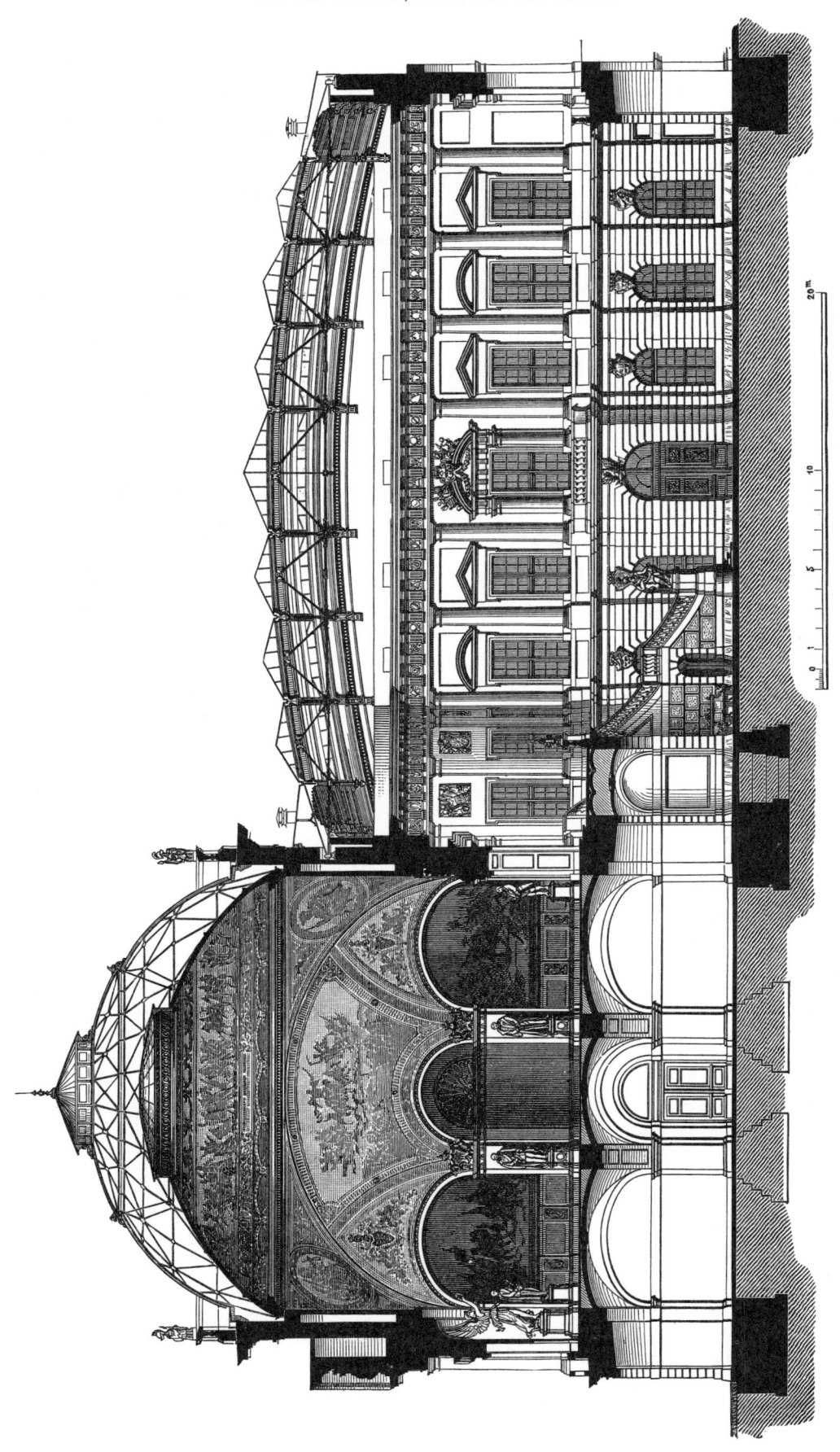

Abb. 235. Das Zeughaus, Querschnitt durch den Hof, die Haupttreppe und die Ruhmeshalle.

beide in diesem Bauwerke zu einer höheren Einheit verschmolzen sind und ihm seine klassische Bedeutung sichern. Das vergoldete Bronzerelief Friedrichs I. über dem Mittelportal rührt von Hulot her, vielleicht auch die vier Figuren vor dem Mittelrisalit sowie die überaus wirkungsvollen Trophäen-Aufsätze der Attika. Von Schlüter stammen, wie bereits erwähnt, die Schlufssteine mit reich verzierten Helmen, vor allen die Köpfe gefallener oder im Todeskampf endender Krieger an den Bogenstellungen des Hofes her, Werke, die hoch herausragen über blofs decorative Arbeiten ihrer Art. Beide Geschosse sind jetzt durchgängig gewölbt; die Fufsböden des oberen Stocks zeigen Marmormosaik, die des unteren Belag aus Mettlacher Fliesen; ersterer ruht auf einer besonderen, von I-Eisen getragenen Decke und belastet in keiner Weise die Gewölbe des Erdgeschosses, welche allerdings als so mangelhaft construirt vorgefunden wurden, dafs man ihnen nicht zumuthen durfte, eine weitere Belastung aufzunehmen. Der hölzerne Dachstuhl, welcher sich noch als gut erwies, konnte belassen werden. Die innere Ausschmückung der Ausstellungsräume ist durchaus einfach gehalten, um den Blick der Beschauer nicht durch den architektonischen Schmuck der Räume von den zur Schau gestellten Gegenständen abzulenken. Um so reicher wurden der Lichthof und die eigentliche Ruhmeshalle im oberen Geschofs des hinteren Querflügels mit figürlichem und malerischen neben dem architektonischen Schmucke bedacht. — Das Glasdach des grofsen Hofes bildet eine als Dach und Decke zugleich dienende Oberlichtconstruction in Gestalt einer flach gebogenen Kuppelfläche, die nach aufsen nirgends hervortritt. Die Decke setzt sich aus einer Anzahl rechteckiger Felder zusammen, deren jedes für sich von einem nach vier Seiten abgewalmten Zeltdache überdeckt wird. Ein breiter kassettirter Fries längs den vier Wänden des Hofes rahmt das eigentliche Glasdach ein. Die Hauptdachträger treten in Beziehung zu der Säulenstellung des Hofes. Die vier sich durchkreuzenden Hauptträger sind durch Zugstangen gefafst und zeigen Schmuckformen an den Knotenpunkten, im übrigen sind die Constructionstheile in ihrer Werkform belassen. Die einer böhmischen Gewölbekappe gleichende Form des Glasdaches ergab als oberen Abschlufs der vier Hoffronten oberhalb des Hauptgesimses flache Bogenfelder. — Die Kuppel über der eigentlichen Ruhmeshalle, einem Quadrat von 21,80 m Seite, ist auf vom Fundament aus neu errichteten Pfeilern und verstärkten Umfassungswänden unter Zuhülfenahme einer eisernen Ringconstruction errichtet. Ueber der inneren Kuppel mit ihrem Oberlicht von 8,50 m Durchmesser setzt die flach gehaltene, nach aufsen nur wenig in Erscheinung tretende Schutzkuppel hinter einer niedrigen, mit Balustrade und Trophäen bekrönten Attika an.

  Die Ausschmückung, welche die Neuzeit hinzugefügt hat, beginnt bereits in der Vorhalle, woselbst von Burger in vier grau in grau ausgeführten Wandmalereien die Entwicklung der Belagerungskunst dargestellt ist. Beachtenswerth sind ferner die prächtigen, den mittleren Durchgang abschliefsenden Eisengitter. In der Mitte des Hofes steht ein Standbild der Borussia von Begas, von welchem auch der bildnerische Schmuck der grofsen Freitreppe herrührt. Hier mag übrigens nebenher erwähnt werden, dafs bereits de Bodt eine ähnliche Freitreppenanlage, wie sie jetzt ausgeführt steht, geplant hat.

  Die Herrscherhalle hat durch die bekannten Geselschap'schen Fresken ihren bedeutsamsten Schmuck erhalten. In der Wölbung der Kuppel sieht man den Siegeszug, in den Flächen der Wände: den Krieg, die Aufrichtung des deutschen Kaiserreichs, den Nachruhm und den Frieden. Auf den Gewölbezwickeln unter der Kuppel sind endlich die vier Herrschertugenden dargestellt. Den plastischen Schmuck bilden hier die Siegesgöttin von Schaper und die Bronzestandbilder der preufsischen Herrscher vom Grofsen Kurfürsten bis zu Wilhelm I. (von Encke, Brunow, Hilgers, Hundrieser, Schuler und Siemering). Die beiden flügelartig sich an den Kuppelraum anschliefsenden Seitenräume der „Feldherrnhalle" enthalten die überlebensgrofsen Bronzebüsten preufsischer Feldherrn, unter denen auch — als einzige nicht militärische Gröfsen — Stein und Bismarck Aufnahme gefunden haben. Bilder aus der preufsischen Geschichte, welche in den Wandfeldern angebracht sind, vervollständigen den Gesamtgedanken der bildnerischen Darstellungen. In der Mittelhalle bezeichnen vier Bilder die Etappen des Aufstiegs Preufsens, nämlich: die Krönung Friedrichs I. (von Werner), die Huldigung der schlesischen Stände (Camphausen),

DAS ZEUGHAUS.

BERLIN UND SEINE BAUTEN 1896.

WILHELM ERNST & SOHN, BERLIN.

die Erhebung von 1813 (Bleibtreu), die Kaiserproclamation zu Versailles (von Werner). Die Seitenhallen zeigen in Bildern die kriegerischen Grofsthaten der preufsischen Armee verherrlicht: Schlacht bei Fehrbellin (Jansen), Uebergang des Grofsen Kurfürsten über das Haff (Simmler), die Schlachten bei Turin (Knackfufs), Hohenfriedberg (Jansen), Leuthen (Röber), Torgau (Jansen), Leipzig (Schuch), Belle-Alliance (Bleibtreu), Sturm auf die Düppeler Schanzen (Röber), Schlacht bei Königgrätz (Hünten), Sturm auf St. Privat (Bleibtreu), Gefangennahme Napoleons III. (Steffeck). — Die Umgestaltung des Zeughauses zur Ruhmeshalle ist durchweg in pietätvoller Weise geschehen, sodafs dem bedeutsamen Bauwerke in seiner äufseren Erscheinung alle die charakteristischen Schönheiten und Eigenthümlichkeiten erhalten geblieben sind, welche es in die erste Reihe der Baudenkmäler Berlins gerückt haben. Nach dem Tode Hitzigs wurde der Baurath Ende mit der künstlerischen Oberleitung betraut, die Leitung der Bauausführung lag in den Händen des damaligen Regierungs-Baumeisters K. Hinkeldeyn; Entwurf und Ausbildung der Constructionen der Kuppel und des Glasdaches rühren von dem Ingenieur R. Cramer her.

Die Ausstellungs-Räume enthalten eine trefflich geordnete Sammlung von Waffen und Ausrüstungsgegenständen verschiedener Zeiten. Sehr vollständig und übersichtlich ist die Sammlung von Uniformen moderner Armeen. — Den werthvollsten Bestandtheil bilden die 1883 aus dem Nachlasse des Prinzen Karl erworbenen kostbaren Waffen und Rüstungen, darunter geschichtlich denkwürdige Stücke. — Im Erdgeschofs zur Rechten finden sich Geschütze in zeitgeschichtlicher Folge aufgestellt, unter ihnen auch verzierte Arbeiten der Berliner Giefserei (Joh. Jacobi) vom Ende des 17. und Anfang des 18. Jahrhunderts. Auf der linken Seite befinden sich 17 im Jahre 1814 erbeutete Modelle französischer Festungen, welche wegen ihrer sorgfältigen Ausführung bemerkenswerth sind.

Das Hohenzollern-Museum vereinigt in sich historische Erinnerungsstücke von Preufsens Herrschern und deren Familien. Die sehr reichhaltigen Sammlungen, deren Grundstock früher ein Bestandtheil der aufgelösten Königlichen Kunstkammer war, befinden sich in den Räumen des Schlosses Monbijou, über welches in dem Kapitel der Schlösser und Palais das Nähere angegeben ist.

B. Museen ohne eigene Gebäude.

Berlin beherbergt eine bedeutende Anzahl von theils künstlerischen, theils wissenschaftlichen, zu Museen vereinigten Sammlungen, welche keine eigenen Gebäude besitzen. Sie sind vielfach in Verbindung mit anderen Instituten ausgestellt oder aus finanziellen Gründen, weil für sie keine festen Fonds zur Verfügung stehen, miethweise untergebracht.

Verhältnifsmäfsig günstig liegt das Post-Museum in Erdgeschofsräumen des Postgebäudes in der Leipziger Strafse; es soll demnächst in dem zur Zeit noch in der Ausführung begriffenen Erweiterungsbau der Post an der Ecke der Mauerstrafse eine neue Aufstellung erhalten. Das Museum hat schon heute einen bedeutenden Umfang gewonnen und erfreut sich stetig wachsenden Ansehens.

Gleichfalls noch einigermafsen vortheilhaft untergebracht ist das Hygiene-Museum in Räumen der ehemals als Gewerbe-Akademie benutzten Gebäude in der Klosterstrafse. Sein Inhalt rührt zumeist von der Berliner Hygieneausstellung des Jahres 1883 her und besteht in Modellen und sonstigen Gegenständen, welche sowohl der Staat als Privatpersonen von jener Ausstellung her dem Museum geschenkt haben. — Der Besitzstand ist sehr bedeutend, leider aber, weil wenig bekannt, noch immer nur ungenügend geschätzt. Allerdings trägt hieran vornehmlich der Umstand, dafs das Museum in einer etwas abgelegenen Stadtgegend sich befindet, die Schuld.

Ebenfalls Räume der ehemaligen Gewerbe-Akademie benutzt das Museum für deutsche Volkstrachten und Erzeugnisse des Hausgewerbes, welches im Jahre 1888 von einer Anzahl von Freunden deutscher Volkskunde errichtet wurde in der Absicht, an einer Centralstelle die im Verschwinden begriffenen Volkstrachten unseres Vaterlandes sowie die jeder Gegend Deutschlands eigenthümlichen Hausgeräthe und Gegenstände des gewerblichen Hausfleifses, soweit dies durchführbar ist, in guten Originalen oder in Abbildungen und Modellen möglichst vollständig vor Augen zu führen. Die Sammlungen enthalten mancherlei Hervorragendes, haben auch bereits einen ansehnlichen Umfang angenommen. Allein es fehlt an Geldmitteln, die Gegenstände sicher und würdig aufzustellen, da die Gründer des patriotischen Unternehmens fast ausschliefslich auf sich allein angewiesen sind. Die Bestrebungen gehen dahin, mit der Zeit zu einem selbständigen Museumsgebäude, ähnlich dem Kunstgewerbe-Museum, zu gelangen.

Das Museum für Bergbau und Hüttenwesen ist heute ein Bestandtheil der Königlichen Geologischen Landesanstalt und Berg-Akademie in der Invalidenstrafse. Es verdankt seine Entstehung den Anregungen infolge der Pariser Weltausstellung von 1867, ähnlich wie es mit dem Kunstgewerbe-Museum und

dem Landwirthschaftlichen Museum der Fall ist. Letzteres hat eine Vereinigung mit dem Landwirthschaftlichen Lehrinstitut erfahren; beide Lehranstalten sind gemeinsam laut Allerhöchster Cabinetsordre vom 14. Februar 1881 zur Landwirthschaftlichen Hochschule (in der Invalidenstrafse) erhoben worden. Das Museum hat gleichzeitig die Aufgabe, dem landwirthschaftlichen Publicum im allgemeinen durch die Vorführung der für die Landwirthschaft wichtigsten Rohstoffe, Fabrikate, Geräthe und wissenschaftlichen Objecte zur Belehrung zu dienen, einzelnen Interessenten Gelegenheit und Material für ihre Specialstudien zu gewähren und in seinen verschiedenen Abtheilungen als Lehrmittel für den Unterricht der Hochschule verwendet zu werden.

Ebenfalls mit den Lehranstalten in unmittelbarer Verbindung und Vereinigung stehen die medicinisch-anatomischen Sammlungen in den medicinischen Instituten der Königlichen Universität, ferner die Sammlung der frühschriftlichen Alterthümer in dem theologischen Seminar, endlich die Kallenbach-Sammlung, die Schinkel-Sammlung und andere den einzelnen Abtheilungen der Technischen Hochschule zugehörigen Sammlungen in dem Gebäude der Technischen Hochschule zu Charlottenburg.

Die Musikinstrumenten-Sammlung steht zwar ebenfalls mit der Hochschule für Musik in einem gewissen, wenn auch nur losen Zusammenhange, indessen ist ihr eine — wohl nur vorübergehende — Unterkunft in einigen Räumen des Obergeschosses der alten Bau-Akademie auf dem Schinkelplatz gewährt.

BERLIN UND SEINE BAUTEN 1896.

DIE BIBLIOTHEK UND DAS PALAIS KAISER WILHELMS I.

WILHELM ERNST & SOHN, BERLIN.

XI. Die Museen, Bibliothek und Archiv.

Schließlich sei hier noch das Rauch-Museum, eine sehr vollständige Sammlung von Gipsmodellen nach Arbeiten und Entwürfen des Meisters, kurz angeführt, das eine wenig würdige Aufstellung in einem Nebengebäude des Lagerhauses an der neuen Friedrichstraße erhalten hat.

C. Die Königliche Bibliothek.[1])

Die Königliche Bibliothek ist aus der Sammlung von Drucken und Handschriften des brandenburgischen Kurhauses erwachsen, welche der Große Kurfürst in einem eigens dazu eingerichteten geräumigen Saale mit Vorraum und Katalogzimmer, im Obergeschoß des Schloß-Apotheken-Flügels anlegte und im Jahre 1661 der öffentlichen Benutzung frei gab. Bei dem Tode dieses Herrschers umfaßte die Sammlung etwa 1618 europäische und orientalische Handschriften nebst 20600 Drucken in ungefähr 90000 Bänden. Im Laufe des achtzehnten Jahrhunderts vermehrte sich der Bestand unter König Friedrich I. vornehmlich durch den Ankauf der Spanheim'schen Bibliothek. — Friedrich II. ließ sich nach Beendigung seiner Kriege nicht nur die Vermehrung der Bibliothek und Kartensammlung angelegen sein, sondern faßte auch den Plan zur Errichtung eines besonderen monumentalen Bibliothekgebäudes. Im Jahre 1774 wurden hierfür die dem Opernhause gegenüber liegenden Seitengebände des Markgräflich von Schwedt'schen Palais erworben. Als Entwurf für die Außengestaltung des Gebäudes legte der König einen durch Modell und Stich bekannt gewordenen großartigen Façaden-Entwurf von Fischer von Erlach für die nach dem Kohlmarkte belegene Seite der Wiener Hofburg zu Grunde. Der später unter Boumanns Leitung nach Ungers Plänen errichtete Bau ist in der That eine mit leidlichem Geschick durchgeführte Nachahmung jenes Vorbildes. Nachdem der König am 11. September 1780 den ziemlich langsam fortschreitenden Bau besichtigt und dem Hauptmann von Gontard noch einige Aenderungen anbefohlen hatte, konnte man im December desselben Jahres damit beginnen, die Bibliothek aus der alten in die neue Heimstätte überzuführen. So sehr der Königliche Bauherr auch auf Beschleunigung des Umzuges hindrängte, so ließ sich die Verlegung doch erst nach anderthalb Jahren, im August 1782 zu Ende führen. Das Lesezimmer, welches sich in dem zur Wohnung des Bibliothekars bestimmten Hause (Behrenstraße 40) befand, wurde sogar erst im Frühjahr 1784 eröffnet, nachdem infolge nothwendiger Reparaturen des Daches am Hauptgebäude und durch die Errichtung des Hauses Behrenstraße 40 selbst eine mehrjährige Unterbrechung in der öffentlichen Benutzung der Königlichen Bibliothek stattgefunden hatte.

Das Hauptgebäude (s. den Lichtdruck) war im Aeußern nach dem Wiener Vorbilde viergeschossig, im Innern aber nur zweigeschossig angelegt worden. Zunächst sollte nur das Obergeschoß für Bibliothekszwecke bestimmt sein. Dieses bestand aus einem quadratischen Mittelraum und zwei durch eine Säulenstellung zweischiffig gestalteten Flügelsälen, an welche sich die im Grundriß unregelmäßig geformten Räume der Eckpavillons anschlossen. Die Schränke waren rings an den Wänden aufgestellt. Die Eckpavillons enthielten Kupferstiche und Handschriften. Das Untergeschoß diente theilweise als Montirungskammer (bis 1814); theilweise wurde es (noch bis in das Jahr 1840) als Decorationsmagazin für das Opernhaus ausgenutzt.

Infolge der stetig fortschreitenden Zunahme des Büchermaterials konnte bereits gegen Ende des Jahrhunderts jene einfache Aufstellungsweise der Bücher nur noch im Mittelsaale beibehalten werden; die daran stoßenden Flügelsäle mußten bald durch Doppelschränke zwischen den Säulen und Querstellung der Repositorien in je acht Raumabschnitte zerlegt werden. In allen drei großen Sälen erbaute man nun in der Höhe von 30 Fuß Galerien mit Wandschränken zur Aufnahme der Bücher, womit der Anfang zu einer immer vollständigeren Ausnutzung der gewaltigen Hohlräume geschah. Gegen Ende der

---

[1]) Bearbeitet vom Regierungs- und Baurath P. Küster unter Beihülfe des Regierungs-Baumeisters Claren.

Regierung Friedrich Wilhelms III. waren alle Räume so stark mit Büchern und Handschriften belegt, dafs auch das untere, bisher der Direction der Königlichen Oper vorbehaltene Stockwerk herangezogen werden mufste. Dieses wurde in den Jahren 1840 bis 1842 ausgebaut, in Erdgeschofs und Zwischengeschofs getheilt, zur Hälfte mit einer Wasserheizung versehen und zu Geschäftsräumen und Lesezimmern, alles übrige gleich den oberen Sälen zur Aufnahme von Büchern und Handschriften eingerichtet. Infolge des grofsen Brandes, der 1843 das Opernhaus in Asche legte, ging man daran, in dem gegenüber liegenden Bibliotheksgebäude gründliche Anstalten zur Sicherung gegen Feuersgefahr zu treffen. Damals entstanden die noch heute vorhandenen eisernen, bis zum Kupferdach hinauf reichenden Treppen, die Anlage einer eigenen Wasserleitung, welche später mit der städtischen in Verbindung gebracht wurde, die telegraphische Verbindung mit dem Hauptbureau der Feuerwehr und ähnliches. — In den sechziger Jahren folgte sodann ein Umbau des Obergeschosses, welches mit Ausnahme des Mittelsaales gleichfalls durch eine Zwischendecke getheilt wurde, sodafs heute nur noch dieser Mittelsaal seine ursprüngliche Höhe aufweist. Weiteren Platz gewann man durch die Anlage eines Saales über dem Haupttreppenhause. Das gewaltige Anwachsen der Büchersammlung machte schliefslich in neuester Zeit abermalige Umbauten erforderlich, bei denen der mittlere Saal als Oberlichtraum eingerichtet und zum Lesesaal bestimmt wurde, während mehrere Abtheilungen der Bibliothek, wie die Handschriften in den Nachbargebäuden der Bibliothek, Behrenstrafse 40 und 41, die Musikalien und Kartensammlungen aber in den Hintergebäuden des Niederländischen Palais neue Unterkunft fanden.

Die jetzige Eintheilung innerhalb der Häusergruppe der Bibliothek ist so getroffen, dafs das Hauptgebäude am Opernplatz im Erdgeschofs die Ausleihehalle, den alphabetischen und wissenschaftlichen Katalog sowie die Geschäftszimmer der wissenschaftlichen Beamten enthält. Alle übrigen Stockwerke sind — mit Ausnahme des Mitteltheils vom zweiten Stock, woselbst sich der grofse, täglich von Morgens 9 Uhr bis Abends 9 Uhr geöffnete Lesesaal befindet — zu Büchersälen ausgenutzt. In Behrenstrafse 40 liegen innerhalb des Erdgeschosses die Zimmer für den General-Director, im ersten Stockwerk die Handschriftensammlung und im zweiten Stock ein Büchersaal mit Schaukästen. Das Haus Behrenstrafse 41 dient in seinem Kellergeschofs als Platz für die elektrische Beleuchtungsanlage und in den drei oderen Stockwerken zu Büchersälen. In Behrenstrafse 42 (früher zum Niederländischen Palais gehörig) endlich finden sich im Seitengebäude die Verwaltungsbureaus, im ersten Stock die Musikalien mit Lesezimmer und im zweiten Stock das Zeitschriften-Lesezimmer sowie die Kartensammlung vor.

Die Nothwendigkeit, für die durchaus unzulänglich und längst nicht mehr zeitgemäfs untergebrachte Königliche Bibliothek einen angemessenen Neubau schaffen zu müssen, wird seit vielen Jahren allseitig empfunden. Es sind auch bereits zahlreiche Vorschläge dafür erwogen worden, von denen derjenige, als Platz das Terrain der Königlichen Akademie Unter den Linden zu wählen, besondere Erwähnung verdient. Die Ausführung scheiterte aber bisher an finanziellen Bedenken und scheint zunächst in weite Ferne gerückt zu sein.

D. Das Archivgebäude

in der Neuen Friedrichstrafse gehörte im Verein mit dem Lagerhause, dem alten Hohen Hause, Klosterstrafse 76, und der heutigen Kunstschule zum ältesten landesherrlichen Besitze Berlins. Das Hohe Haus war die älteste Residenz der Markgrafen und Kurfürsten in Berlin. Nachdem jedoch Kurfürst Friedrich II. das Schlofs zu Köln an der Spree erbaut hatte, machte er 1451 das Hohe Haus zu einem Burglehen. Als dann das Anwesen dem Kurfürsten wieder anheim gefallen war, wurde es von König Friedrich I. im Jahre 1705 zu einer Ritter-Akademie eingerichtet. Letztere gerieth aber bald in Verfall, und so kam das Haus im Jahre 1713 an den nachmaligen Staatsminister von Kraut, der darin auf seine Kosten ein Lagerhaus für Wollmanufacturen errichtete.

Nach mannigfachem Wechsel in ihrer Benutzung in unserm Jahrhundert wurden die Baulichkeiten in den Jahren 1872—1873 durch einen Umbau für die Zwecke des Königlichen Staatsarchivs eingerichtet. Das jetzt im Aeufsern 59 m lange, 23,50 m breite, durch zwei Reihen von je acht Pfeilern in drei Schiffe getheilte Erdgeschofs, 7,20 m hoch und durchweg mit rundbogigen Kreuzgewölben überdeckt, gehört dem alten, zur Zeit Friedrichs I. errichteten Bau an; es bildet mit Ausschlufs der Flure und des Treppenhauses gegenwärtig einen einzigen Archivsaal von 50 m zu 20,25 m. Die beiden oberen Stockwerke sind in entsprechender Structur neu aufgesetzt. Das erste Stockwerk enthielt bis vor kurzem die Geschäftszimmer des Staatsarchives und einen zweiten kleineren Archivsaal, der mit dem unteren durch eine Wendeltreppe direct verbunden ist.

Die Façaden mufsten mit Rücksicht auf die erhaltenen alten Mauern in Putzbau hergestellt werden, haben jedoch Gesimse von gebranntem Thon erhalten. Die durch die Form und Structur der Gewölbe, mit ihrer Achsenweite von 6,20 m bedingte Architektur lehnt sich an den von Smids und Nering erbauten Arkadenflügel des Königlichen Schlosses an der Spree an. — Die Kosten des Umbaues betrugen etwa 330 000 ℳ.

In neuester Zeit hat schliefslich eine Erweiterung des Archivgebäudes dadurch stattgefunden, dafs man den südöstlichen Flügelanbau des Lagerhauses niederlegte und durch einen Neubau ersetzte, der, mit dem Archivgebäude in unmittelbarer Verbindung stehend, mehrere Beamtenzimmer und im ersten Stockwerke, dessen Fufsboden in gleicher Höhe mit demjenigen des Lagerhauses liegt, einen Lesesaal enthält.

Die Aufsenfronten sind in Ziegelrohbau mit Gesimsen von Sandstein hergestellt. Der weitergehende Entwurf, das ganze Lagerhaus abzutragen und an seiner Stelle ein den neuesten Anforderungen entsprechendes Archivgebäude zu errichten, ist aus finanziellen Erwägungen fallen gelassen worden, trotzdem die Pläne und die Einwilligung des Abgeordnetenhauses bereits vorlagen.

XII. Ausstellungspark und Ausstellungsgebäude.[1]

Der Ausstellungspark hat bei einer Ausdehnung von 75 500 qm Fläche eine nahezu dreieckige Gestalt und wird von der Invalidenstrafse, der Strafse Alt-Moabit und dem Lehrter Bahnhofe begrenzt. Die Stadtbahn zerlegt ihn in zwei ungleiche Abschnitte, von welchen der der Stadt zugekehrte fast vollständig vom eigentlichen Ausstellungsgebäude eingenommen wird. Der Hauptzugang liegt an der Strafse Alt-Moabit, woselbst zwei breite, zwischen reicher Kaskadenanlage angeordnete Freitreppen nach dem gegen die Strafse tiefer belegenen Ausstellungsfeld hinabführen. Nebeneingänge befinden sich an der Invalidenstrafse und in der Nähe des Stationsgebäudes „Lehrter Bahnhof" der Stadtbahn.

Der Ausstellungspalast mit den zu ihm gehörigen Baulichkeiten verdankt seine Entstehung den seit 1879 auf diesem Platze veranstalteten Ausstellungen. Ursprünglich war dort gelegentlich der Allgemeinen Deutschen Ausstellung für Hygiene und Rettungswesen ein Holzbau errichtet worden,

---

[1] Bearbeitet vom Regierungs- und Baurath P. Küster unter Beihülfe vom Königlichen Regierungs-Baumeister v. Manikowski. Centralblatt der Bauverwaltung. 1896. Nr. 18.

der jedoch unmittelbar vor der auf den 16. Mai 1882 angesetzten Eröffnung abbrannte, wodurch die Abhaltung dieser Ausstellung zunächst unmöglich gemacht wurde. Als erfreuliches Ergebnifs der verhängnifsvollen Feuersbrunst ist es indessen zu betrachten, dafs für die hier alljährlich wiederkehrenden Ausstellungen im Interesse der Sicherheit der Besucher wie der zur Schau zu stellenden Gegenstände ein Gebäude mit durchweg massiven Bauconstructionen errichtet wurde. Der Plan zu der heutigen, aus Stein, Glas und Eisen bestehenden Anlage rührt von den Ingenieuren Dr. Pröll und Scharowsky in Dresden her, die auch in Gemeinschaft mit der Berliner Firma A. Druckenmüller die Ausführung übernahmen, während die künstlerische und architektonische Ausgestaltung in den Händen der Architekten Heyden & Kyllmann lag. Der jetzige Bau schliefst sich dem früheren in den Umrissen ziemlich genau an, doch zeigt er beträchtlich gröfsere Abmessungen. Er bildet eine quadratförmige Gruppe von 25 neben einander gesetzten, selbständigen Pavillonsystemen mit seitlichen und hohen Oberlichten. In der Hauptachse schliefsen sich nach Nordosten drei weitere Systeme und zwei polygonale Hallen an. Ueber dem Hauptportal erhebt sich ein etwa 45 m hoher, stattlicher Kuppelbau, der von vier Thürmchen flankirt wird. In dieser Gestalt diente der Bau 1883 den Zwecken der Hygiene-Ausstellung und, von anderen Anlässen abgesehen, der der Gartenbau-Ausstellung im Jahre 1885.

Für die von der Königlichen Akademie der bildenden Künste unter Mitwirkung der deutschen Kunstgenossenschaft veranstaltete Jubiläums-Kunstausstellung von 1886 wurden nach Plänen des Professors F. Wolff erhebliche Veränderungen vorgenommen, indem man unter anderem in der Längsachse einen Anbau hinzufügte, vornehmlich um Platz zur Aufstellung gröfserer Bildwerke zu gewinnen. Weiterhin sind damals die inneren Felder der Anlage, welche früher einen einzigen zusammenhängenden Raum bildeten, durch Aufführung neuer Zwischenwände zu theils quadratischen, theils länglich achteckigen bezw. sechseckigen Sälen ausgebaut worden, während die äufseren Felder nebst den polygonalen Hallen zu lang gestreckten Galerien umgebildet wurden. Dadurch gelang es, bei einer bebauten Grundfläche (einschl. des Anbaues) von 13 200 qm eine Behangfläche für Gemälde von etwa 8300 qm zu gewinnen, ungerechnet die kleineren Flächen für Aquarelle, Kupferstiche usw. Eine wesentliche Bereicherung erfuhr das Gebäude durch den künstlerischen Ausbau der unter der Kuppel belegenen Eintrittshalle mit den drei anschliefsenden Ehrensälen.

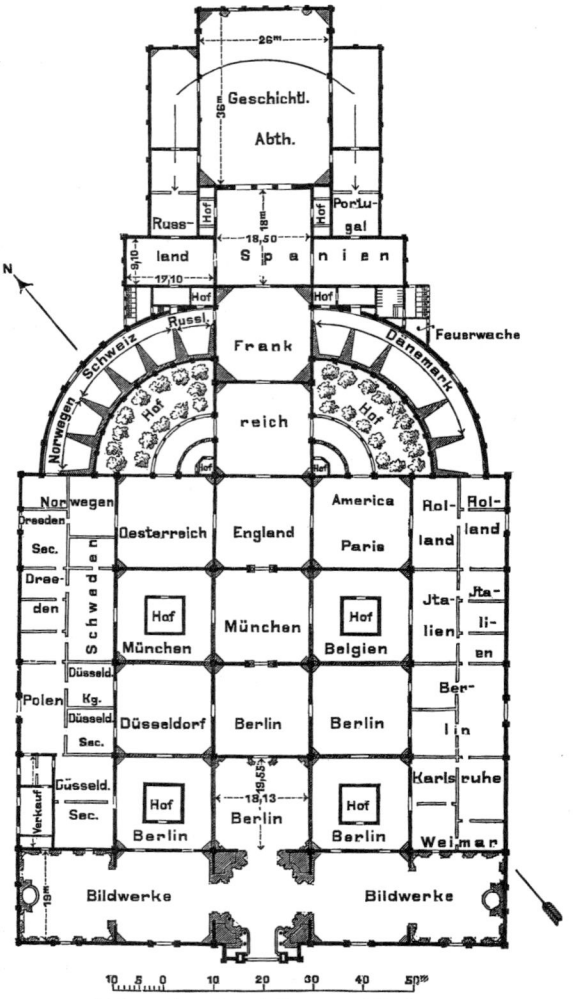

Abb. 236. Ausstellungsgebäude, Grundrifs nach dem Umbau von 1895.

Insbesondere verdient die von Kayser & v. Groszheim ausgebildete Eintrittshalle mit ihrer reizvollen Kuppeleindeckung, durch deren Mittelöffnung man die darüber liegende Hauptkuppel erblickt, wegen der ungemein prächtigen Wirkung erwähnt zu werden.

Im Laufe der Jahre machte sich dann immer wieder der Mangel an gut beleuchteten Wandflächen geltend und führte schliefslich gelegentlich der internationalen Jubiläums-

Ausstellung von 1896 zu einem Umbau, der im Winter 1895/96 mit einem Kostenaufwande von 250 000 ℳ. nach Entwürfen des Bauinspectors Koerner bewirkt wurde. Bei der Ausführung stand demselben der Regierungs-Baumeister Albert Schmidt zur Seite.

Die baulichen Veränderungen betreffen vorzugsweise die Dächer über den Räumen an der Ost- und Westfront und über den grofsen Sälen für Bildwerke an der Hauptfront neben der Mittelkuppel. An Stelle der 12 alten, das Licht abschliefsenden kuppelartigen Wellblechdächer sind zwei einheitliche Satteldächer mit Rohglaseindeckung ausgeführt worden, durch welche den weiträumigen Hallen Licht in so reichlichem Mafse zugeführt wird, dafs die seitlichen Fenster durch deckenden Anstrich geschlossen werden konnten. In die beiden 76 m langen Seitenhallen wurden durch etwa 6,50 m hohe Holzwände kleinere, nach oben mit einer Decke von dünnem, Licht durchlässigen Stoff abgeschlossene Räume eingebaut. Im übrigen wurden durch Veränderung einiger Trennungswände (in Abb. 236 schraffirt angedeutet) vier im Geviert ringförmige Säle gewonnen, welche die Binnenhöfe umschliefsen und gleichfalls durch Glasdächer erleuchtet werden. Zur besseren Verbindung des Hauptbaues und seines nordöstlichen Anbaues sowie zur Ablenkung des

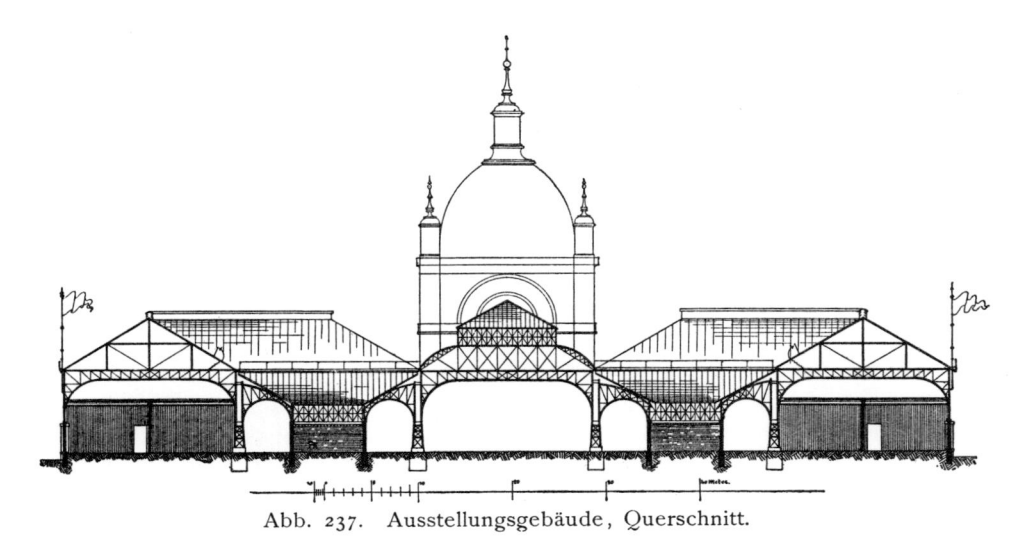

Abb. 237. Ausstellungsgebäude, Querschnitt.

zusammengedrängten Verkehrs aus der Mittelachse sind zwei kleine Säle eingeschaltet; daneben sind neue Abortanlagen geschaffen. Die Geschäfts- und Verkaufsräume liegen wie früher nahe am Haupteingange hinter dem nordwestlichen Saale für Bildwerke.

Das Hauptgebäude enthält nunmehr bei einer bebauten Fläche von 13 800 qm 69 Einzelräume, darunter die Säle für Bildwerke mit 1600 qm Grundfläche und den etwa 950 qm grofsen Saal für die geschichtliche Abtheilung am Ende der Hauptachse. Vor dem Umbau standen im Hauptgebäude an Wänden für Gemälde 2800 m zur Verfügung, wovon jedoch 800 m ungenügend beleuchtet waren. Durch den Umbau sind 3300 m, das ist ein Mehr von 1300 m ausnahmslos gut beleuchteten Wänden gewonnen worden. — In dem mit dem Hauptgebäude durch einen offenen Gang verbundenen Nebengebäude nördlich von der Stadtbahn, der sogen. „Maschinenhalle", sind bei einer Gesamtgrundfläche von 1750 qm 33 Einzelräume mit einer Wandlänge von 584 m vorhanden, sodafs also alles in allem 3884 m Bildwände zur Verfügung stehen.

Der Abschnitt des Ausstellungsparkes längs der Invalidenstrafse trägt einen parkartigen Charakter und ist mit zahlreichen Pavillons und sonstigen Einzelgebäuden ausgestattet. Dort liegt auch die geräumige Restaurationshalle. Der gärtnerische Reiz dieser Anlage wird durch eine etwa 3000 qm haltende Wasserfläche und mehrere Springbrunnen in wirksamer Weise erhöht.

Die Bögen der Stadtbahn sind theils als Bureau- und Restaurationsräume, theils als Ausstellungshallen, theils auch als Durchgänge und Durchfahrten benutzt.

Unter den vorerwähnten Einzelbauten im Park verdienen in erster Reihe die von Kyllmann & Heyden gemeinsam mit dem Verein Berliner Künstler und mehreren Kunstfreunden ausgeführten Bauanlagen Beachtung, welche dem spitzwinkligen Theil des Parkes, am Zusammenstofs der Invalidenstrafse mit der Strafse Alt-Moabit den Namen des „klassischen Dreiecks" verschafft haben. Allerdings ist davon schon manches inzwischen wieder verschwunden, so das dem Heiligthum von Dakieh nachgebildete, im Aeufsern mit figürlichen Reliefs und Inschriften bedeckt gewesene „Haus der Dioramen" sowie das naturgrofse Modell des Denkmalobelisken, welcher zur Erinnerung an die 25jährige Regierungs-Jubelfeier des Kaisers Wilhelm I. auf dem Potsdamer Platze in Berlin errichtet werden sollte. Das Diorama machte später einem Theater von Schwechten Platz, das indessen gleichfalls schon wieder abgebrochen ist. Dagegen steht noch der Panoramabau mit der Wiederholung der Façade des Zeustempels von Olympia auf hohem Unterbau, welcher die Gestalt der Terrasse des Pergamonaltars mit gewaltiger Freitreppe trägt. Die Anlage sollte dazu dienen, den Parkbesuchern ein Bild von den wichtigen Ergebnissen der Ausgrabungen zu Olympia und Pergamon vor Augen zu führen und hat diesen Zweck auch vortrefflich erfüllt. Die Terrasse zeigt an den Fronten Abgüsse der schönsten Theile des berühmten Altarfrieses (Gigantenkampf). In dem hinter dem Tempel liegenden, aus Eisenfachwerk hergerichteten Gebäude war zur Zeit der Jubiläums-Ausstellung ein von den Malern Kips und Koch nach Skizzen des Baumeisters Bohn gefertigtes Panoramagemälde sichtbar, eine restaurirte Ansicht der Stadt Pergamon darstellend. Das Bild hatte 14 m Höhe bei 60 m Länge. Später enthielt der Bau ein Bild des Brandes von Rom zur Zeit des Kaisers Nero, zuletzt eine Halbrund-Ansicht von Constantinopel.

Von den sonstigen Bauwerken im Park sei noch auf das „Künstlerheim" (eine Osteria nach Art der Wirthshäuser auf Capri) hingewiesen, vom Baurath A. Tiede nach Skizzen des Malers Breitbach ausgeführt und unter Leitung des Malers Ehrentraut von nicht weniger als 20 Berliner Malern und acht Bildhauern in launiger Weise ausgeschmückt.

Der Ausstellungspark gehört dem Fiskus, ebenso das Ausstellungsgebäude und die sogen. Maschinenhalle, ein Bau, der gleichfalls zu Ausstellungszwecken benutzbar ist und seinen Namen davon trägt, dafs in ihm zuerst Maschinen zur Schau gestellt waren. Die übrigen Baulichkeiten sind Eigenthum verschiedener Gesellschaften und Unternehmer.

Urania.[1]

Den Namen „Urania" nahm ursprünglich eine im März 1888 von Gelehrten und einflufsreichen Förderern der Wissenschaften ins Leben gerufene Actiengesellschaft an, welche in dem Bestreben nach möglichster Verbreitung der Naturerkenntnifs neben der Herausgabe einer populär-wissenschaftlichen Monatsschrift die Errichtung einer Privat-Sternwarte, verbunden mit einem wissenschaftlichen Theater und einer Ausstellung von physikalischen Instrumenten beschlofs. Aus den Mitteln der Gesellschaft wurde das nach Plänen des Ober-Baudirectors Spieker durch den Baurath Ditmar und Regierungs-Baumeister André errichtete und am 1. Juli 1889 der Benutzung übergebene Gebäude[2] der Urania im Ausstellungspark geschaffen.

Das Gebäude besteht im wesentlichen aus drei Theilen (Abb. 238), der eigentlichen Sternwarte, welche ihre Hauptansicht dem freien Vorplatze im Park zukehrt, dem nur zum Theil nach aufsen zur Erscheinung gelangenden Theater und endlich dem längs der Invalidenstrafse sich hinziehenden Ausstellungssaale. Mit Rücksicht auf die Lage des Bauwerks sind zwei Haupteingänge vorhanden, von denen der nördliche an der Invalidenstrafse liegt und sowohl während des Sommers wie Winters geöffnet ist, während der südliche

---

[1] Bearbeitet vom Regierungs- und Baurath Küster, unter Beihülfe des Königlichen Regierungs-Baumeisters v. Manikowski.

[2] Ueber Betrieb und Ziele dieser wissenschaftlichen Anstalt vergl. den von Dr. W. Meyer herausgegebenen Führer durch die Urania.

XII. Ausstellungspark und Ausstellungsgebäude. 245

nur im Sommer den Zutritt vom Landes-Ausstellungspark aus gestattet. Das Kellergeschofs enthält ein Laboratorium, mehrere Vorrathsräume und Platz für die maschinellen Anlagen zum Betriebe der Centralheizung und die dem ganzen Gebäude gegebene elektrische Beleuchtung. Hier haben auch die Kraftquellen für die ziemlich vielseitigen technischen Einrichtungen der Anstalt Aufstellung gefunden.

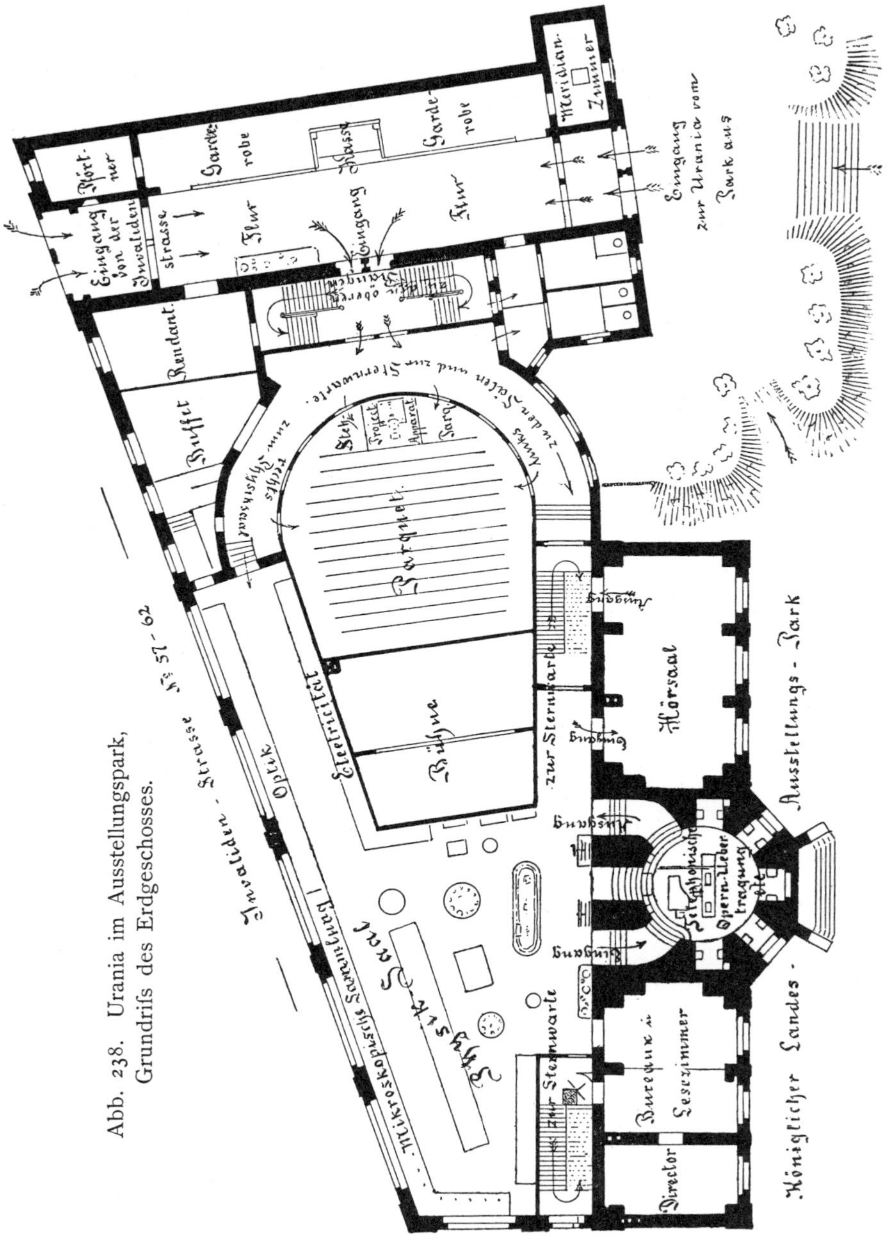

Die Sternwarte ist ein massiver Bau von etwa 33 m Länge bei 8,50 m Tiefe mit einem Unter- und Hauptgeschofs; oberhalb des letzteren ist an Stelle des Daches eine auf starken Gewölben ruhende und sauber abgeglichene Plattform angelegt. Ein in der Mitte der Façade kräftig vorspringender Rundbau trägt als Krönung eine im Lichten 8 m weite und bis zur Höhe von 18 m über das Gelände aufragende Kuppel, innerhalb welcher der grofse Refractor seinen Platz gefunden hat. Dieser besitzt bei 5 m Länge einen Objectiv-Durchmesser von 32,50 cm und ist zur Zeit das gröfste Fernrohr in ganz Preufsen. Es wird durch ein Uhrwerk dem täglichen Laufe der Sterne nachgeführt; auch sind bei ihm alle von der heutigen Feinmechanik dargebotenen Hülfswerkzeuge zur Himmelsuntersuchung vorhanden. Zwei kleinere Kuppeln erheben sich auf dem östlichen bezw. westlichen Theile der Plattform, indem sie zwei kleinere, gleichfalls mit Uhrwerk nebst allem Zubehör versehene Fernrohre von 17 bezw. 11 cm Durchmesser in sich aufnehmen. Aufserdem stehen zur Himmelsbeobachtung noch ein sogen. Kometensucher von 13 cm Oeffnung, ein Spiegelteleskop von 15 cm Oeffnung, ein Durchgangsinstrument und mehrere kleinere Fernrohre zur Verfügung; sie sind theilweise auf der Platt-

Abb. 238. Urania im Ausstellungspark, Grundrifs des Erdgeschosses.

form, theilweise aber in einem besonderen Meridianzimmer neben dem Parkeingang aufgestellt. Die von Brettschneider & Krügner in Berlin erbaute Kuppel ist sowohl mit der Hand als vermittelst einer hydraulischen Maschine drehbar und gestattet die Oeffnung von Beobachtungsspalten bis 1,20 m Weite. Unter den von der hiesigen Firma C. Hoppe hergestellten Bewegungsvorrichtungen verdient besonders die Beweglichkeit des Fufsbodens hervorgehoben zu werden. Derselbe kann noch bei einer Belastung von etwa 20 Personen um 2 m senkrecht verschoben werden, sodafs ein müheloses Betrachten der Gestirne in allen Lagen möglich ist. Die Kuppel selbst besteht des Wärmeausgleichs halber aus zwei nicht ganz concentrischen Schalen (die äufsere etwas steiler als die innere), zwischen denen ein Luftstrom vom Fufs zur Laterne aufsteigen kann. Zur Sicherheit gegen Erschütterungen sind als Standpunkte für die Hauptinstrumente die Mitten der starken Gewölbe gewählt. So steht der grofse Refractor gerade über dem Scheitel des den mittleren Rundbau nach oben abschliefsenden Flachkuppelgewölbes. Unterhalb dieser Kuppel ist im Erdgeschofs die runde Eingangshalle belegen, von der aus man rechts den sogen. Projectionssaal betritt, welcher zur Abhaltung wissenschaftlicher Vorträge über Himmelskunde bestimmt ist. Auf der entgegengesetzten Seite liegt ein kleinerer Lese- und Wartesaal, an welchen sich noch ein Assistentenzimmer reiht. Das Untergeschofs enthält Verwaltungs- und Bureauräume nebst einer Dienerwohnung.

Das wissenschaftliche Theater, von länglich hufeisenförmiger Grundrifs-Gestalt, fafst im Parkett und auf dem Balcon etwa 500 Personen. Der auf der Rückseite im Halbkreis abgeschlossene und von einem Gang umgebene Zuschauerraum hat eine gröfste innere Breite von etwa 12,50 m, die Bühne bei einer Oeffnung gegen den Zuschauerraum von 7 m eine Tiefe von 5 m und 10 m Breite, die Hinterbühne endlich bei 3,50 m Tiefe eine Breite von 8 m. Das Theater wird täglich zu Vorträgen und Vorstellungen aus allen Gebieten des Naturwissens benutzt, wobei alle Mittel der modernen Theatertechnik zur Ausstattung populär-wissenschaftlicher Vorführungen zur Anwendung gelangen.

Der grofse Ausstellungssaal, in welchen der Bühnentheil des Theaters hineinreicht, hat eine gröfste Tiefe von 15 m und an der Invalidenstrafse eine Länge von 33 m. Hier befindet sich eine ständige Ausstellung von Erzeugnissen der in neuerer Zeit so kräftig im Aufblühen begriffenen Präcisions-Mechanik; ebenso stehen etwa 50 Mikroskope unter sachverständiger Anleitung und Erläuterung dem Publicum zur Belehrung zur Verfügung. An einer grofsen Zahl der besten Instrumente für alle Zweige der physikalischen Beobachtung werden den Besuchern die für das tägliche Leben wichtigsten physikalischen Erscheinungen dem Verständnifs unmittelbar nahe geführt. — Neuerdings hat die Gesellschaft nach den Plänen des Architekten Walter Hentschel in der Taubenstrafse ein neues Gebäude errichtet, welches vorzugsweise ein gröfseres wissenschaftliches Theater für eine bedeutendere Zahl von Personen nebst mehreren Sälen für Ausstellungen und Vorträge enthalten soll. Das Gebäude soll Anfang 1896 der Oeffentlichkeit übergeben werden und wird sicherlich in noch höherem Mafse als bisher dazu beitragen, für die Veranstaltungen der Urania im Publicum Theilnahme und Verständnifs zu erwecken.

XIII. Sammlungen lebender Thiere und Pflanzen.[1]

A. Das Aquarium.

Das Aquarium,[2] eine Schöpfung des früh verstorbenen Architekten Wilhelm Lüer aus Hannover und, wie der Zoologische Garten, durch eine Actiengesellschaft ins Leben gerufen, wurde in den Jahren 1867—1869 auf einem Grundstücke an der Ecke der

---

[1] Nach der ersten Auflage bearbeitet vom Regierungs- und Baurath P. Küster unter Beihülfe des Königlichen Regierungs-Baumeisters v. Manikowski.

[2] Abbildungen und Beschreibung im Jahrgang 1869 der Deutschen Bauzeitung.

XIII. Sammlungen lebender Thiere und Pflanzen.   247

Linden und der Schadowstrafse erbaut. Die Anstalt ist keineswegs nur ein „Aquarium", in welchem das Thierleben der Wasserwelt zur Schau gestellt wird, sondern sie enthält als wirksamen Gegensatz hierzu noch ein „Terrarium", in welchem sehenswerthe Thiere

Abb. 239. Aquarium, Querschnitt.

der Oberwelt, namentlich Schlangen und Vögel, gehegt werden. Entsprechend dieser Zweitheilung und mit Rücksicht auf die sehr beschränkte Baustelle ist die Anlage, durch welche der Beschauer auf einem zusammenhängenden Wege von fast 300 m Länge geführt wird, zweigeschossig angeordnet; nur die sogen. geologische Grotte, deren Wände in verkleinertem Mafsstabe einen aus natürlichen Materialien hergestellten Durchschnitt der Erdrinde mit ihren auf einander folgenden Schichtungen zeigen, sowie das an die Felsbildungen des hohen Nordens erinnernde Treppenhaus reichen durch die ganze Höhe des Hauses. Wie bei diesen beiden Räumen hat der poesievolle Architekt auch bei der Ausbildung aller übrigen Theile versucht, sich — unter künstlerischer Stilisirung der betreffenden Einzelformen — möglichst eng an die Bildungen der Natur anzuschliefsen. Die Haupträume des im oberen Geschosse liegenden Terrariums: der Schlangengang und das Vogelhaus, sind mit Gewölben aus leichten Eisenrippen auf eisernen Stützen überdeckt; das ganze Untergeschofs ist in Pfeilern und Gewölben als Grottenwerk aus natürlichen Felsblöcken gestaltet worden. Jenes wird durch

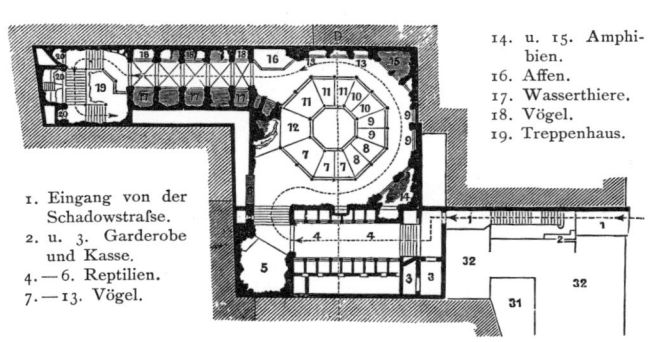

1. Eingang von der Schadowstrafse.
2. u. 3. Garderobe und Kasse.
4.—6. Reptilien.
7.—13. Vögel.
14. u. 15. Amphibien.
16. Affen.
17. Wasserthiere.
18. Vögel.
19. Treppenhaus.

Abb. 240. Aquarium, Grundrifs des oberen Stockwerks.

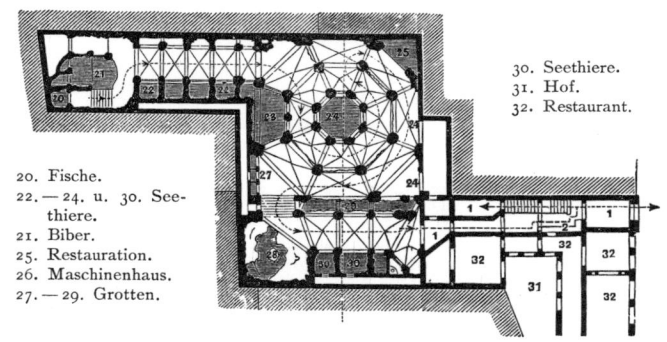

20. Fische.
22.—24. u. 30. Seethiere.
21. Biber.
25. Restauration.
26. Maschinenhaus.
27.—29. Grotten.
30. Seethiere.
31. Hof.
32. Restaurant.

Abb. 241. Grundrifs des unteren Geschosses.

die über den Thierräumen angeordneten Oberlichte voll erhellt; die Gänge des letzteren empfangen ihr indirectes, spärliches Licht lediglich durch die Glasscheiben, welche den Einblick in die seitlich angeordneten, von oben beleuchteten Wasserbecken gewähren. Auch für die Abendbeleuchtung durch elektrisches Licht ist der Grundsatz beobachtet worden, die Lichtquelle überall möglichst zu verstecken.

Sämtliche Wasserbecken sind in Rathenower Steinen und Cement sehr sorgfältig gemauert, im Innern mit mehreren Dachsteinschichten in Cement bekleidet und cementirt. Das Wasser, welches sich in beständiger Bewegung befinden mufs, wird durch eine Maschine von 15 P.S. aus den im Keller befindlichen Cisternen nach dem 16,50 m höher liegenden Sammelbehälter geprefst und verzweigt sich von dort durch ein Netz gufseiserner, stark emaillirter Röhren nach den einzelnen Becken, in welche es durch Oeffnungen von 70 qm Querschnitt unter bedeutendem Druck und daher unter steter Mitführung von Luft eintritt; das überschüssige Wasser fliefst in die Cisternen zurück. Das für die Becken der Seethiere erforderliche Wasser wird nach einer Angabe des Directors Dr. Hermes künstlich bereitet. Eine Heifswasserheizung erwärmt das Gebäude; zur Erwärmung der Käfige für die tropischen Reptilien ist jedoch überdies eine Dampfheizung angelegt. Die Lüftung wird im Wege der Einpressung durch ein Luftrad von acht Umgängen in der Minute bewirkt.

Abb. 242. Zoologischer Garten, Ansicht des Affenhauses.

B. Der Zoologische Garten.[1]

Der Zoologische Garten,[2] am linken Ufer des Landwehrcanals unweit von Charlottenburg belegen, wurde im Jahre 1841 von einer Actiengesellschaft unter der Leitung des Zoologen Professor Lichtenstein gegründet und 1844 den Besuchern geöffnet. König Friedrich IV. unterstützte das Unternehmen durch die Ueberlassung des umfangreichen Grundstücks (ehemals die zum Thiergarten gehörige Fasanerie), überwies ihm den

---

[1] Bearbeitet vom Regierungs- und Baurath P. Küster unter Beihülfe des Königlichen Regierungs-Baumeisters v. Manikowski.

[2] Abbildung und Beschreibung der älteren Bauanlage im Jahrgang 1847 der Förster'schen „Allgemeinen Bauzeitung". Die Veröffentlichung der zuletzt ausgeführten Bauten beginnt mit dem Jahrgang 1875 der „Zeitschrift für Bauwesen".

XIII. Sammlungen lebender Thiere und Pflanzen.

Rest der früher auf der Pfaueninsel bei Potsdam unterhaltenen Thiersammlung und bewilligte ihm ansehnliche Geldzuschüsse. Trotzdem kam die Anstalt zu keinem rechten Gedeihen, was — aufser manchen beschränkenden Satzungen, der zu wenig geschäftsmäfsigen Leitung und der Geringfügigkeit des Betriebskapitals — zumeist wohl die Entlegenheit des Grundstücks verschuldete. Nachdem das rasche Wachsthum der Stadt nach Westen hin und die Verbesserung der Verkehrsmittel diesen Hauptübelstand allmählich gemildert hatten, gelang es durch eine im Jahre 1869 bewirkte völlige Umbildung der Gesellschaft auch jene übrigen Hindernisse zu beseitigen. Unter der Leitung eines bewährten Sachkundigen, des aus Köln nach Berlin berufenen Dr. Bodinus, hat der Zoologische Garten seither sowohl nach seinem Thierbestande, wie nach der Gestaltung seiner Parkanlagen und seiner Bauten einen Aufschwung genommen, der ihn den bedeutendsten überhaupt vorhandenen Anstalten dieser Art ebenbürtig machte. Ermöglicht wurde dieser Aufschwung durch die bedeutenden Einnahmen, welche die Gesellschaft erzielte, indem sie, unbeschadet der

Abb. 243. Zoologischer Garten, Ansicht des Raubthierhauses.

Pflege wissenschaftlicher Zwecke danach trachtete, ihren Park zugleich als einen Musik- und Erholungsgarten, zu einem Hauptanziehungspunkte der Bevölkerung zu machen. An günstigen Tagen hat die Zahl der Besucher schon die Ziffer von 90 000 überschritten.

Bis zum Jahre 1869 war der Zoologische Garten ein von wenigen stehenden Wasseradern durchzogenes, niedrig liegendes und feuchtes Gelände, in dessen dichtem Baumbestande sich die Bauten versteckten. Die gewaltigen Umwälzungen, welche sich seitdem vollzogen haben, haben den Park völlig umgestaltet. Lichtungen sind ausgeholzt, Hügel angeschüttet und Seen ausgegraben worden, sodafs sich überall freie Durchblicke und Aussichten ergeben. Entsprechend der starken Vermehrung des Thierbestandes sind zahlreiche Bauten, darunter mehrere ansehnlichen Mafsstabes, neu hinzugekommen; die Mehrzahl der alten ist einer veränderten Bestimmung unterworfen und demgemäfs umgestaltet worden. Hierbei wies man einerseits den bedeutendsten Gebäuden die hervorragendsten Plätze an, anderseits suchte man die zu einer Gattung gehörigen Thiere nach Möglichkeit zu vereinen; eine Anordnung, welche die Fütterung erleichtert und die in der Nähe ihrer natürlichen Beute bezw. ihrer natürlichen Feinde stets unruhigen Thiere leichter eingewöhnt. Statt der kleinen, in der Mitte des Gartens belegenen alten Restauration ist auf einer neben dem Eingang angelegten erhöhten Terrasse eine neue errichtet

250   XIII. Sammlungen lebender Thiere und Pflanzen.

worden, an welche sich unmittelbar der Musikplatz anschliefst. — Ein eigenes Wasserwerk versorgt die einzelnen Gebäude mit reichlichem Wasser und betreibt die Springbrunnen.

Die Bauten der ursprünglichen Anlage sind von Strack entworfen und ausgeführt worden; nur wenige derselben — darunter die reizvolle Thoranlage — sind noch unverändert erhalten. Spätere Ausführungen rühren von dem Bauinspector Herter her. Die Werke der jüngeren Zeit — mit Ausnahme der durch den Director Bodinus angelegten kleinen Bauten naturalistischer Art — haben die Bauräthe Ende & Böckmann geschaffen.

Als allgemeiner Grundsatz für die Gestaltung der neuen Thierhäuser ist festgehalten worden, dafs diese nicht nur einen architektonisch anziehenden und nach Möglichkeit bezeichnenden Anblick gewähren sollen, sondern dafs sie auch in möglichst vollkommener Weise den Bedingungen eines für die Thiere gesunden und behaglichen Aufenthalts entsprechen müssen. In letzter Beziehung hat man danach gestrebt, käfigartige Behälter zu vermeiden und dafür wirkliche Ställe herzustellen. Der Fufsboden derselben ist 0,60 m bis 1,25 m höher gelegt als derjenige, auf welchem die Beschauer stehen. Die Beleuchtung der Winterräume ist fast ausschliefslich durch Oberlicht und derart bewirkt, dafs sich die Thiere im vollen, die Beschauer dagegen im gedämpften Lichte befinden. Für die Heizung, welche sich zum Theil auch auf die künstliche Erwärmung des Fufsbodens der Thierräume erstreckt, wird theils Warmwasser, theils Luft-, theils Ofenheizung in Verbindung mit sogen. natürlicher Lüftung angewendet; von einer durch besondere Motoren betriebenen künstlichen Lüftung

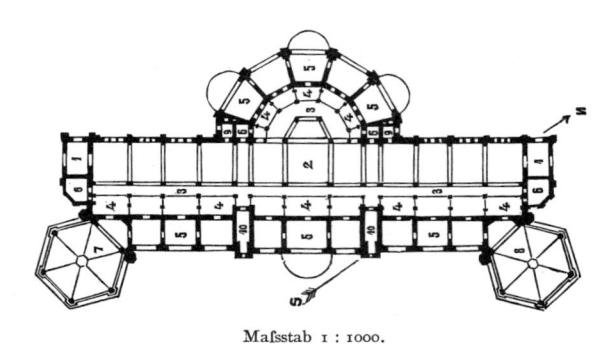

Mafsstab 1 : 1000.
Abb. 244. Zoologischer Garten, Grundrifs des Raubthierhauses.
1. Vorhallen. 2. Publicum. 3. Gang für den Wärter. 4. Winterkäfige. 5. Sommerkäfige. 6. Wurfkäfige. 7. Königstiger. 8. Löwen. 9. Wärter. 10. Heizungsräume.

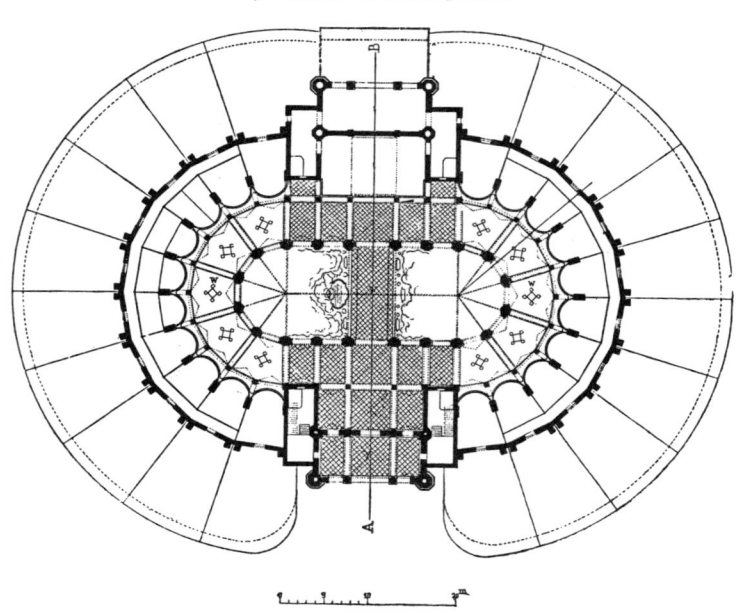

Abb. 245. Zoologischer Garten, Grundrifs des Antilopenhauses.

ist dagegen bisher noch kein Gebrauch gemacht worden. Mehrfach hat man versucht, die Luft in den Thierhäusern dadurch zu verbessern, dafs man dieselben zugleich mit dem Schmucke einer reichen Pflanzenausstattung versah.

Ein näheres Eingehen, auch nur auf die wichtigsten Gebäude, ist bei dem Umfange der Anlage ausgeschlossen. Als Beispiele für die Art der Anordnung und den Mafsstab der Bauten sind in Abb. 245—247 Grundrifs, Schnitt und Ansicht des Antilopenhauses mitgetheilt. Bei diesem einen Gebäude von 2000 qm Grundfläche, das in seiner einfachen Backstein-Architektur an Formen der arabischen Bauweise anklingt, ist der höher emporgeführte und mit einem Glasdach gedeckte Mittelbau ganz als Pflanzenhaus eingerichtet worden. — Das Raubthierhaus (Abb. 244) zeigt als Grundgedanken eine breite, in der

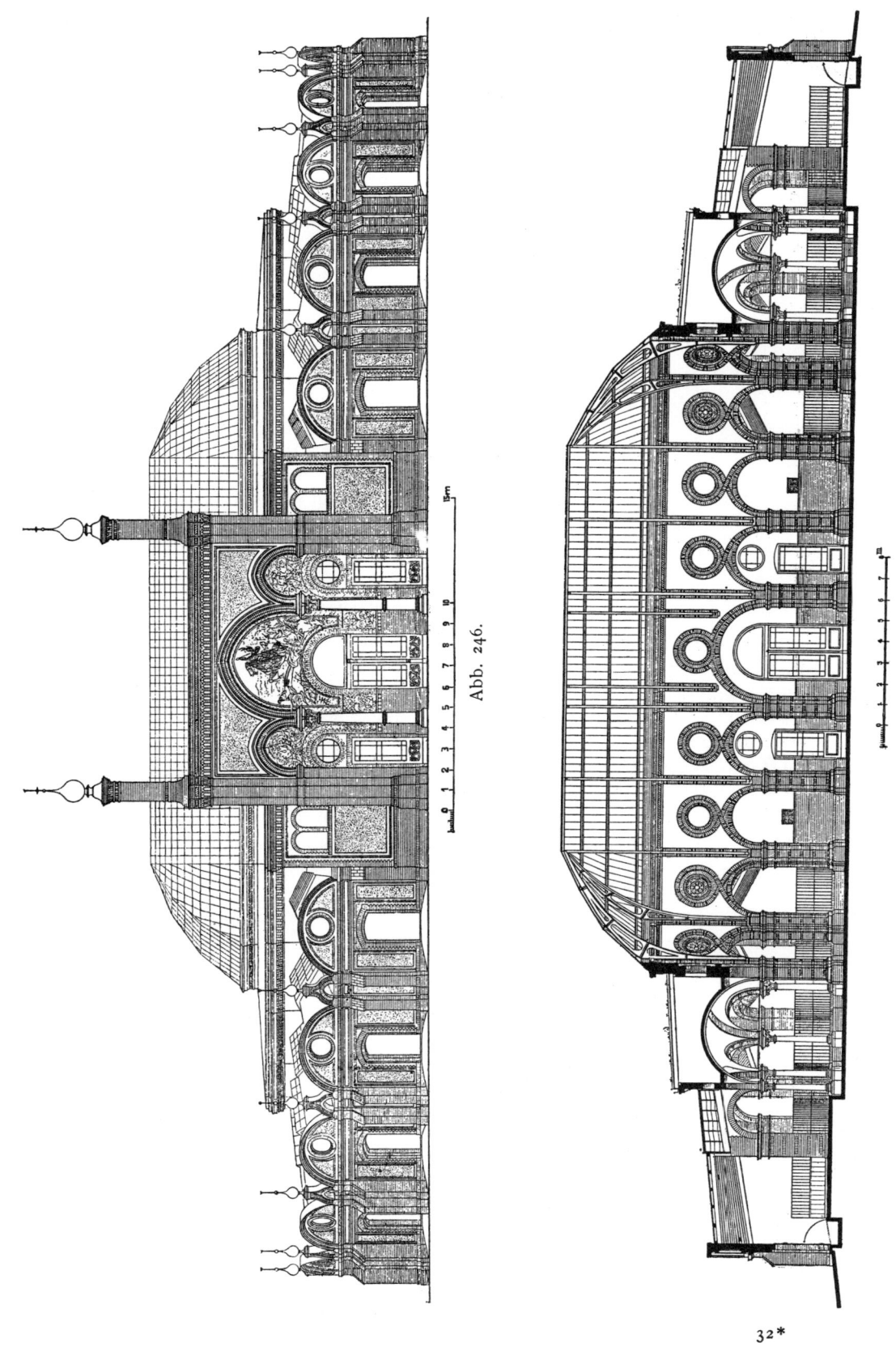

XIII. Sammlungen lebender Thiere und Pflanzen. 251

Abb. 246.

Abb. 247. Zoologischer Garten, Ansicht und Querschnitt des Antilopenhauses.

32*

Mitte durch einen grofsen Halbkreisraum erweiterte Halle. Am originellsten und phantasievollsten ist das im indischen Stile durchgeführte Elephantenhaus gestaltet — im Aeufsern eine Gruppe von zwei mit vier kleineren Thürmen umgebenen Pagodenthürmen an den Schmalseiten und zwei entsprechenden Pavillons an den Langseiten; im Innern ein Saal mit geschlossener Decke, der auf mächtigen, durch Elephantenköpfe verzierten Säulenpfeilern ruht und sein Licht ausschliefslich durch die mit Oberlicht erleuchteten, ihn umgebenden Ställe empfängt. Die farbige Ausstattung des durch seine Verhältnisse höchst bedeutsamen Raumes ist noch unvollendet; die des Aeufsern ist in reichster, leider etwas zu kalter Malerei erfolgt. Die Errichtung eines neuen Affenhauses ist im Jahre 1884 erfolgt.

Das Vogelhaus bestand seither aus zwei massiven, durch Thürme mit Zwiebelkuppeln geschmückten Bauten, zwischen denen eine grofse Volière eingespannt ist. Neuerdings hat man den rechten östlichen Flügel dieses Vogelhauses, welches für die reichhaltige und kostbare Vogelsammlung schon längst nicht mehr ausreiche, abgebrochen und dafür als ersten Theil eines vollständigen Neubaues ein allen Erfordernissen der Neuzeit entsprechendes Gebäude, die rechte Seite der Flugvolière umfassend, von den Bauräthen Kayser & v. Groszheim errichten lassen. Sobald die finanziellen Verhältnisse es gestatten, soll auch der westliche Flügel und die Rückseite der Flugvolière in gleicher Weise erneuert werden. Das alsdann vollendete Vogelhaus dürfte das grofsartigste und praktischste seiner Art werden, auch einen Anziehungspunkt für Ornithologen und Vogelliebhaber bilden.

Die neuerdings abermals stark vergröfserten Restaurations-Räumlichkeiten werden an anderer Stelle behandelt.

C. Der Königliche Botanische Garten.[1]

Der Königliche Botanische Garten in der Potsdamer Strafse 75 wurde vom Grofsen Kurfürsten im Jahre 1679 an Stelle des ehemaligen Kurfürstlichen Hopfengartens zur Cultivirung von Gemüse und edlen Obstsorten in einer Gröfse von 668 a angelegt. Die erste Einrichtung rührte von dem aus Holstein stammenden Küchengärtner Michelmann, dessen Sohn und Enkel her. König Friedrich I. verwandelte die Anlage in einen Lustgarten mit Treibhäusern und einer Orangerie, König Friedrich Wilhelm I. in einen „Hof-Apothekergarten" und unterstellte den Garten der Aufsicht der Societät der Wissenschaften mit der Verpflichtung, die Unterhaltungskosten von jährlich 589,80 ℳ zu decken. Unter König Friedrich II. gestaltete sich der „Kräutergarten" zum gemeinsamen Nutzen der Botanik, Experimentalphysik und Medicin, verfiel jedoch später während des siebenjährigen Krieges infolge finanzieller Schwierigkeiten und äufserer Verwüstungen, wurde zwar später erweitert und neu eingerichtet, gerieth aber durch Mifswirthschaft der Akademie in gänzlichen Verfall. — Durch Cabinetsordre vom 7. Juli 1801 wurde ein Reorganisationsplan genehmigt, in welchem zur Erweiterung der Zwecke des Gartens die Cultur der für Fabriken und Manufacturen brauchbaren Gewächse, besonders der Farbkräuter, vorgesehen wurde. Den Plan führte der Professor der Naturwissenschaften beim collegium medico-chirurgicum zu Berlin, Wildenow, mit grofser Energie durch, verstand es auch während der Kriegsjahre den Garten zu fördern und in musterhafter Ordnung zu halten. 1809 wurde die Verwaltung des Gartens der Akademie der Wissenschaften abgenommen, mit der neu gegründeten Universität Berlin verbunden und dem Ministerium unterstellt. Seitdem entwickelte sich der Garten beständig, besonders durch die Verbindungen mit andern verwandten Instituten und durch Nutzbarmachung der Ergebnisse von Forschungsreisen, welche von Gelehrten auf Staatskosten unternommen wurden.

Für die Zwecke der Vorträge an der Universität wurde 1821 der Universitätsgarten neben dem Kastanienwäldchen angelegt, welcher seit 1878 von der Verwaltung des Botanischen Gartens abgezweigt ist. Im Jahre 1855 wurde das Gartenterrain nach Westen

---

[1] Bearbeitet vom Land-Bauinspector A. Koerner.

bedeutend erweitert, um hier ein grofses Palmenhaus und unter Mitwirkung einer Commission des landwirthschaftlichen Ministeriums auch ein umfangreiches Arboretum einzurichten. Unter

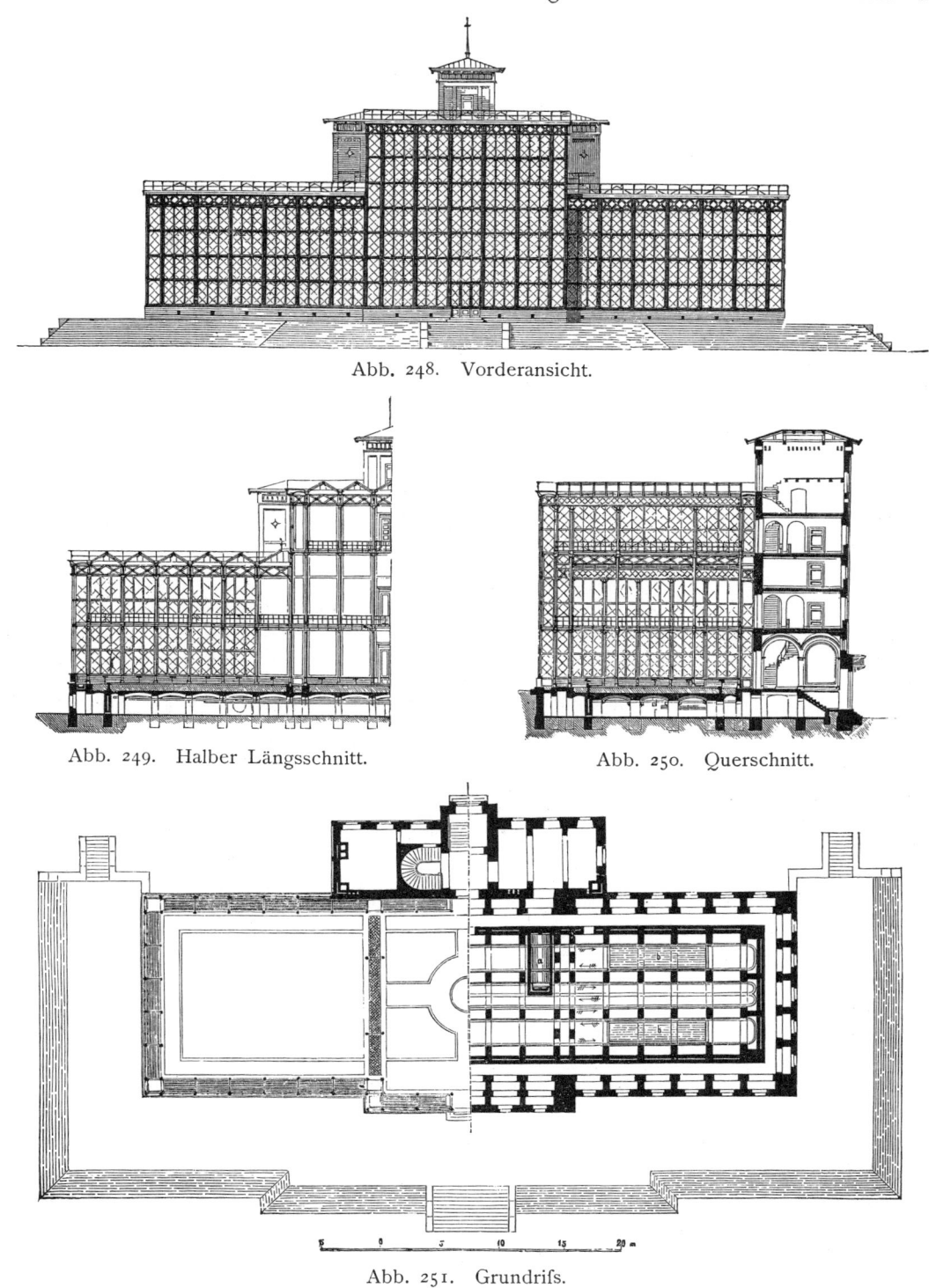

Abb. 248. Vorderansicht.

Abb. 249. Halber Längsschnitt. Abb. 250. Querschnitt.

Abb. 251. Grundrifs.
Abb. 248—251. Palmenhaus im Botanischen Garten.

den neuesten Veränderungen sei besonders hervorgehoben die pflanzengeographische Anlage (seit 1879), die Herstellung einer eigenen Wasserleitung im Anschlufs an die Charlottenburger

Wasserwerke (1884), die Regulirung der Grenze an der Potsdamer Strafse und Errichtung der Strafsenmauer daselbst (seit 1881). 1891 wurde aus Reichsmitteln mit dem Garten eine botanische Centralstelle für die Colonien verbunden. Der Etat des Gartens beträgt 92 055 ℳ und 14 000 ℳ für bauliche Instandsetzungen. (Näheres siehe im Jahrbuch des Königlichen Botanischen Gartens, Jahrg. I, und in Englers botanischen Jahrbüchern, Bd. 14 ff.)

Seit 1895 sind Verhandlungen im Gange über die Verlegung des Gartens nach dem Terrain der Domäne Dahlem am Südwestabhange des Fichtenberges bei Steglitz. Es ist dort ein Gelände von 40 ha für die Neuanlage in Aussicht genommen.

Der Königliche Botanische Garten, von der Potsdamer, Elsholz-, Grunewald- und Pallasstrafse begrenzt, hat jetzt eine Gröfse von 1137 a, darin 40 Gewächshäuser mit einem Flächenraum von 4300 qm und einem cubischen Inhalt von 21 260 cbm; es werden darin Pflanzen in 10 000 verschiedenen Arten und 40 000 Exemplaren cultivirt. Die Gewächshäuser sind mit dem steigenden Bedürfnisse nach und nach angelegt worden und stammen zum Theil noch aus dem Anfange dieses Jahrhunderts; sie sind daher für das Studium der geschichtlichen Entwicklung dieser Gebäudegattung lehrreicher als für das Studium moderner Einrichtungen. Erwähnenswerth sind das nach Schinkels Plan 1820 durch den Bauinspector Schramm erbaute Winterhaus, das Orchideenhaus (1863), das Farrenhaus (1874), besonders das Palmenhaus und das Victoria regia-Haus. — Das älteste Palmenhaus, 1821 nach Schinkels Plan als fast halbkugelförmiger Glasbau mit hölzernen Bohlensparren erbaut, mufste 1832 schon wieder abgetragen werden. Die Gewächse wurden theils in anderen Häusern untergebracht, theils an das Palmenhaus auf der Pfaueninsel abgegeben.

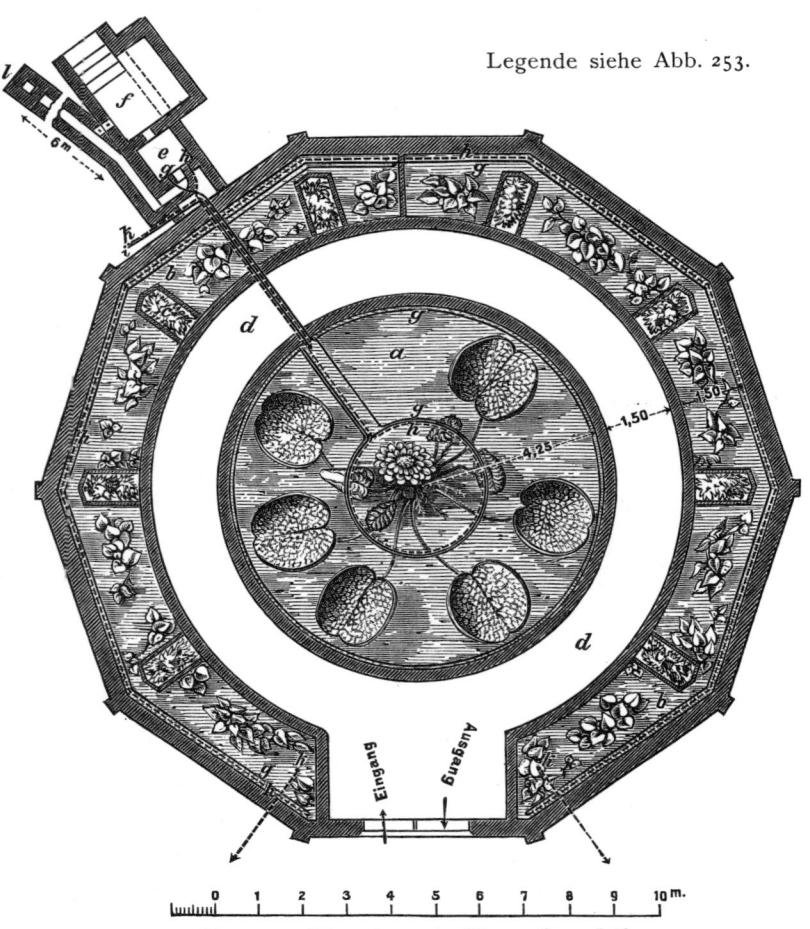

Legende siehe Abb. 253.

Abb. 252. Victoria regia-Haus, Grundrifs.

Das neue Palmenhaus (Abb. 248—251), 1857—1859 nach den Angaben des Garteninspectors C. Bouché durch Regierungs- und Baurath Nietz und Bauinspector Herter für 405 000 ℳ einschliefslich der Heizungsanlage erbaut, ist mit der Hauptfront nach Osten gelegen; es besteht aus einem zur Aufnahme der Pflanzen bestimmten Bau aus Glas und Eisen und einem im Rücken desselben liegenden massiven Anbau, welcher die Treppenanlage, einen Arbeitssaal und mehrere Dienstwohnungen enthält. Das eigentliche Palmenhaus setzt sich zusammen aus einem 17,40 m hohen Mittelbau von 17,20 m im Quadrat und zwei 11 m hohen Seitenflügeln von 18,30 m Länge und 17,30 m Tiefe. Eine Doppelreihe gufs-

XIII. Sammlungen lebender Thiere und Pflanzen.

eiserner Röhrenpfeiler von 0,157 m Durchmesser und 1,308 m Achsenabstand — verankert durch die zwischen ihnen angelegten Galerien, welche den Innenraum umziehen und theilen, überdeckt mit eisernen Gitterträgern von 0,785 m Höhe, welche das in einzelne Satteldächer zerlegte, gleichfalls von einem Umgange umzogene Dach tragen — bildet den Kern des constructiven Systems. Die äußere Pfeilerreihe ist mit Doppelfenstern verglast — nach außen durch feste Fenster mit Lüftungsscheiben in Eisenrahmen, nach innen durch Fenster in Holzrahmen —, welche den Vortheil gewähren, besser zu schließen. Die Holzrahmen mußten 1894 größtentheils erneuert werden; die festen Dachscheiben bestehen aus 0,013 m starken Rohglastafeln, zum Theil mit Drahteinlage. Das von den Dachflächen ablaufende Regenwasser wird in doppelten Rinnen, welche auf den Balkenträgern liegen, aufgefangen und durch die inneren hohlen Pfeiler zunächst nach Rinnen am Fußboden und von da nach den (bei *b* des Grundrisses angegebenen) Behältern im Keller geleitet, aus denen das zum Bespritzen der Pflanzen erforderliche Wasser durch Pumpen entnommen wird.

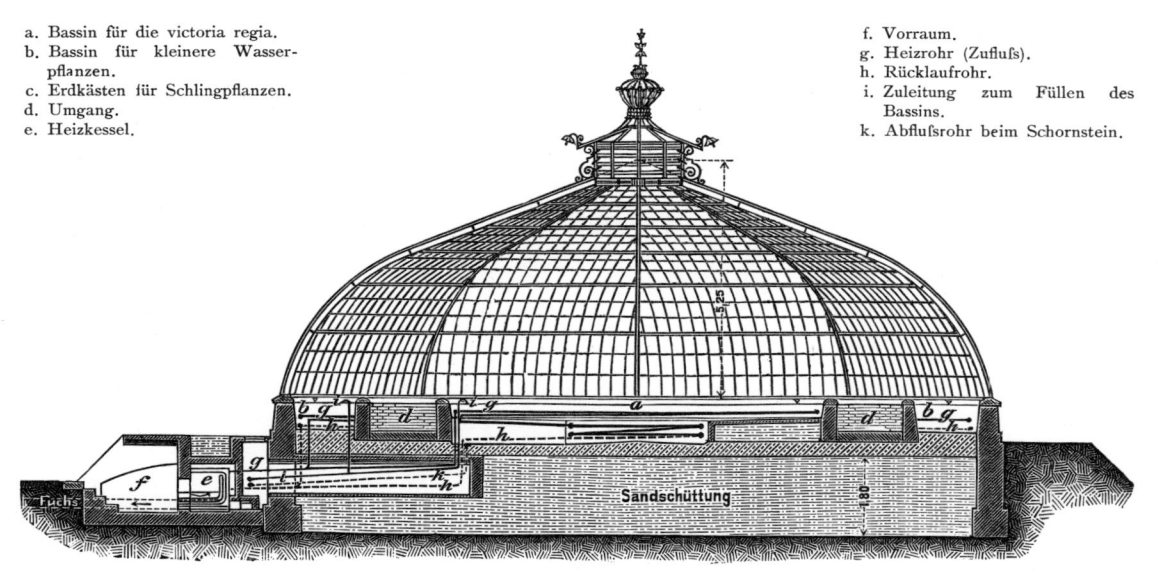

a. Bassin für die victoria regia.
b. Bassin für kleinere Wasserpflanzen.
c. Erdkästen für Schlingpflanzen.
d. Umgang.
e. Heizkessel.

f. Vorraum.
g. Heizrohr (Zufluß).
h. Rücklaufrohr.
i. Zuleitung zum Füllen des Bassins.
k. Abflußrohr beim Schornstein.

Abb. 253. Victoria regia-Haus, Querschnitt.

Die Anlage des aus Backsteinmauerwerk construirten überwölbten Kellers, der von einer breiten Terrassenanschüttung umgeben wird, war durch die eigenthümliche Art der Heizung bedingt. Die Heizung bildet eine doppelte Anlage. Einerseits wird das Palmenhaus direct durch eine Warmwasserheizung erwärmt, deren zwei, im Jahre 1880 erneuerte Kessel bei *a* des Grundrisses liegen; die 18 Kupferröhren dieses Systems, von je 0,10 m im Durchmesser, sind am Fußboden des Glashauses, unmittelbar über jenen inneren Rinnen und hinter der Sockelmauer des Gebäudes angeordnet, durch welche mittels verschließbarer Canäle frische, an der Wasserheizung sich erwärmende Luft eingeführt werden kann. Anderseits ist noch eine Dampfheizung mit zwei Kesseln von fünf Atmosphären Betriebsdruck und zusammen 40 qm Heizfläche, welche in einem südwestlichen Anbau untergebracht sind, vorhanden, durch deren Röhren der mittlere, gegen den äußeren Corridor nochmals isolirte Theil des Kellers stark erwärmt wird; es wird auf diese Weise der mit einer 0,63 m starken Erdschicht beschüttete Fußboden des Palmenhauses geheizt. Durch Oeffnen der Klappen, welche im Scheitel einiger Kellergewölbe angeordnet sind, ist es überdies möglich, einen Theil dieser im Keller aufgespeicherten Wärme direct an das Palmenhaus abgeben zu können und dasselbe während des Winters täglich einmal mit warmen Dämpfen anzufüllen, welche den Pflanzen die warmen Nebel der Tropen ersetzen. Des Morgens wird die Temperatur des Hauses durch die Wasserheizung auf 12° und durch Einlassen des Dampfes auf 15—17° R. gebracht. Dieses Maximum der Temperatur hält sich bis 3 Uhr Nachmittags, sinkt aber bei strenger Kälte bis 7 Uhr Abends auf 12°. Bei

Eintritt des Minimums von 10° wird die Wasserheizung, welche im Durchschnitt täglich nur acht Stunden im Gange ist, wieder in Thätigkeit gesetzt.

Das Victoria regia-Haus, vom Bauinspector Schulze im Jahre 1882 erbaut, hat zur Grundform ein regelmäfsiges Zehneck von 15,50 m innerem und 16,25 m äufserem Durchmesser und besteht aus einem kuppelförmigen Eisenaufbau, welcher, mit Glas eingedeckt, sich auf einem 1 m hohen massiven Unterbau 5,25 m hoch erhebt und oben einen mit jalousieartigen Lüftungsklappen versehenen Aufbau trägt. Es enthält ein in der Mitte vertieftes kreisförmiges Wasserbecken von 8,50 m Durchmesser für die Victoria regia und ein äufseres ringförmiges Becken von 1,50 m Breite für kleinere tropische Wasserpflanzen, zwischen beiden Becken einen ringförmigen 1,50 m breiten Umgang. Zur Erwärmung des Wassers ist eine Warmwasserheizung mit kupfernen Circulationsröhren an den Wandungen der Becken vorhanden. Der Kessel liegt aufserhalb des Gebäudes unter der umlaufenden Terrasse. Das erwärmte Wasser kann auch direct in das Becken eingelassen werden, um dadurch eine schädliche Algenbildung an der Victoria regia zu verhindern. Das Gebäude hat 18 200 ℳ gekostet, wovon 4600 ℳ auf die Heizung und 4200 ℳ auf die Eisenconstruction entfallen.

Der baulich mangelhafte Zustand der meisten Gewächshäuser und die für die Bedeutung des Gartens zu kleinen Anlagen nöthigen zu Umbauten. Hierdurch ist die Frage der Verlegung und die Erweiterung aller Anlagen zur Anregung gekommen, damit der Garten als Landes-Culturgarten und als botanische Centralstelle für die Colonien seine Aufgaben besser erfüllen kann, als es mit den jetzigen, zum Theil veralteten Einrichtungen möglich ist.

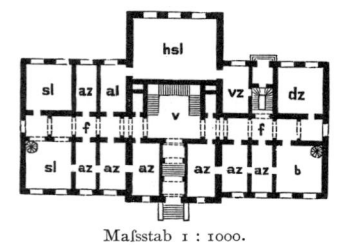

Mafsstab 1 : 1000.
Abb. 254.
Botanisches Museum.
b. Bibliothek. al. Ablegeraum. az. Arbeitszimmer. f. Flur. hsl. Hörsaal. sl. Sammlungen.

Das Königliche Botanische Museum, zur Aufnahme der botanischen Sammlungen der Königlichen Universität bestimmt, welche in Miethsräumen untergebracht waren, wurde 1878—1880 nach dem Plane des Bauinspectors Zastrau durch Bauinspector Haesecke auf dem Terrain des Botanischen Gartens in der Grunewaldstrafse 6 ausgeführt.

Das Kellergeschofs enthält Wohnungen der Unterbeamten und fünf Heizkammern für die Luftheizung. Im Erdgeschofs befinden sich sechs Arbeitszimmer für Beamte und Fremde, das Zimmer für einzuordnende Pflanzen, ein Hörsaal mit 100 Sitzplätzen nebst Garderobe und Vorbereitungszimmer, die Bibliothek und das Directorzimmer. Im ersten Stockwerk ist das Herbarium, im zweiten Stockwerk die botanische Sammlung (Früchte, Hölzer usw.) untergebracht. Das Gebäude ist massiv in Blendziegel-Architektur aufgeführt. Sämtliche Decken sind massiv zwischen eisernen Trägern aus porösen Steinen gewölbt; die Fufsböden in den Stockwerken bestehen aus Gipsestrich mit Linoleumbelag; die Haupttreppe aus Gufseisen mit Marmorbelag, die Nebentreppe aus Granit. — Die Sammlungsräume haben Luftheizung mit Circulation, der Hörsaal Luftheizung mit Ventilation, die Wohnungen Kachelofenheizung. Wasser- und Gasleitung sind vorhanden. Die Schränke für das Herbarium, 2,72 m hoch, 0,52 m tief (Aufsenmafse), haben oben und unten Glasthüren mit Basquillschlössern, in der Mitte Zugbretter und sind in Fächer von 32 cm Breite und 24 cm Höhe getheilt, in denen je ein Pflanzenpacket nach dem Normalformat von 46:29 cm liegt. — Die Ausstattung des eigentlichen Museums besteht aus Schauschränken, Kästen und offenen Gestellen.

Die Baukosten haben rd. 280 000 ℳ, die Kosten der inneren Einrichtung rund 80 000 ℳ betragen. Der Etat des Museums beträgt 21 800 ℳ. Im Museum hat die Marmorbüste des Directors Professor Eichler (gest. 1887), vom Bildhauer Professor Siemering modellirt, und im Garten die Bronzebüste des 1879 verstorbenen Directors Alexander Braun Aufstellung gefunden.

Bei der Verlegung des Gartens nach Dahlem ist die Errichtung eines neuen Museums mit Pflanzensammlung und Unterrichtsräumen in Aussicht genommen.

Abb. 255. Die naturwissenschaftlichen und medicinischen Institute der Universität.

XIV. Hochschulen.[1]

A. Die Königliche Friedrich-Wilhelms-Universität und ihre Institute.[2]

Der Gedanke der Gründung einer Universität in Berlin, der, wie es scheint, zuerst durch Beyme, Geheimen Cabinetsrath des Königs, angeregt wurde, gewann nach der grofsen Katastrophe des Jahres 1806 eine festere Gestalt in einer aus Memel unterm 4. September 1807 erlassenen Cabinetsordre des Königs an Beyme. Darin wurde auf den durch Gebietsabtretungen erzwungenen Verlust der Universität Halle hingewiesen und die Errichtung einer Hochschule in Berlin „in angemessener Verbindung mit der Akademie der Wissenschaften" beschlossen. Vornehmlich den unermüdlichen Bemühungen Wilhelm von Humboldts, der seit Anfang 1809 an der Spitze des Unterrichtsministeriums stand, gelang es, die mannigfachen der neuen Gründung in den Weg tretenden Hindernisse zu beseitigen. Auf Humboldts Bericht wurden durch die Cabinetsordre vom 16. August 1809 nähere Bestimmungen über die Dotation der Hochschule getroffen und ihr das seitherige Palais des Prinzen Heinrich, sowie Theile des Akademiegebäudes zugeeignet.

Obwohl die ersten Vorlesungen bereits im November 1809 begannen, verging fast ein Jahr bis zur förmlichen Eröffnung der neuen Lehranstalt. Am 28. September 1810 wurden der erste Rector und die Decane ernannt und sodann das Wintersemester 1810/11 mit 256 Studirenden eröffnet.

Bereits im Wintersemester 1817/18 stieg die Frequenz schon auf 942 Studenten, 1833/34 auf 2001, dazu 560 Zuhörer. Im Wintersemester 1894/95 wurde die Universität

---

[1] Bearbeitet durch den Land-Bauinspector G. Diestel.
[2] Vergl. Köpke: Die Gründung der Königlichen Friedrich-Wilhelms-Universität zu Berlin. Berlin 1860.

von 5031 Studirenden und etwa 500 Zuhörern besucht. Der Lehrkörper setzt sich aus 95 ordentlichen, 87 aufserordentlichen Professoren und 163 Privatdocenten zusammen.

Die Universität besitzt eine besondere Bibliothek und eine namhafte Anzahl von selbständigen naturwissenschaftlichen und medicinischen Instituten. Von ersteren sind das botanische Institut nebst dem Universitätsgarten, von letzteren die medicinische Universitäts-Poliklinik in unmittelbarer Nähe des Universitätsgebäudes untergebracht. Die übrigen Institute verfügen fast sämtlich über besondere ältere oder neuere Gebäude, hierzu gehören:

die Sternwarte und das Rechen-Institut,
das erste und zweite chemische, sowie das technologische Institut,
das physikalische Institut,
das physiologische Institut,
das pharmakologische Institut,
das hygienische Laboratorium und das Hygiene-Museum (hygienische Institut),
das erste und zweite anatomische Institut,
die vereinigten Kliniken für Chirurgie, Augen- und Ohrenkrankheiten, nebst der chirurgischen Poliklinik,
die Frauenklinik und Poliklinik,
die zahnärztliche Klinik.

Hierzu tritt noch eine Reihe weiterer medicinischen Institute und Kliniken, die mit der grofsen Heilanstalt der Charité derart verbunden sind, dafs die Unterrichtsverwaltung für ihre Unterhaltung einen jährlichen Zuschufs zahlt. Es sind dies:

das pathologische Institut,
die erste und zweite medicinische Klinik,
die chirurgische Klinik,
die geburtshülflich-gynäkologische Klinik,
die Klinik für Syphilis- und Hautkrankheiten,
die Klinik für Augen-, Ohren- und Nasenkrankheiten,
die psychiatrische und Nervenklinik,
die Kinderklinik.

Die letztgenannten Kliniken dienen insbesonders auch zur praktischen Ausbildung von Militärärzten.

Das Universitätsgebäude am Opernplatz enthält die Räume für das Rectorat, die Kasse und die Verwaltung der Universität, die Amtszimmer für die Decane der Facultäten; ferner die Aula mit dem Senatssaal, verschiedene Seminarräume und die Hörsäle für sämtliche akademischen Vorlesungen, soweit diese nicht in den einzelnen Institutsgebäuden oder in der Charité abgehalten werden. Aufserdem befinden sich in dem Gebäude Dienstwohnungen für den Hausinspector, den Oberpedell, den Maschinisten und den Pförtner, endlich auch die Karzerräume.

Das in bevorzugter Lage der Hauptstadt stehende, sowohl durch seine beträchtlichen Abmessungen als durch seine einfache, aber würdige Architektur hervorragende Bauwerk wurde als Palais für den Prinzen Heinrich, Bruder Friedrichs II., erbaut, im Jahre 1748 begonnen und nach längerer Unterbrechung während des siebenjährigen Krieges 1764[1]) vollendet. Die Bauleitung hatte zunächst Joh. Boumann, später Chr. Ludwig Hildebrand. — In den Besitz der Universität gelangte es bald nach deren Stiftung durch Schenkungsurkunde Friedrich Wilhelms III. vom 24. November 1819. Bereits 1844—1845 erfolgte eine gröfsere Veränderung des inneren Ausbaues durch Busse; ein abermaliger, in den Organismus des Gebäudes tief einschneidender, aber die Bedürfnisse der Universität voraussichtlich für längere Zeit deckender Umbau ist sodann 1889—1892 nach einem Entwurfe Klutmanns durch Heydemann mit dem beträchtlichen Kostenaufwande von rd. 645 000 ℳ bewirkt worden.

Der Grundrifs des Gebäudes zeigt die Gestalt eines Hufeisens, zwischen dessen Schenkeln ein geräumiger, von der Strafse durch ein schönes Gitter in Rococoformen

---

1) Vergl. Die Bau- und Kunstdenkmäler von Berlin. 1893. S. 375.

XIV. Hochschulen.

getrennter Vorhof angeordnet ist. Als Einfassung des Gitterthores stehen noch die alten steinernen Schilderhäuser des ehemaligen Palais; zwischen dem Thore und den vorderen Eckrisaliten hat man nach entsprechender Veränderung des Gitters am Opernplatz die Marmordenkmäler Wilhelms und Alexanders von Humboldt, Werke der Bildhauer Otto und R. Begas (vergl. S. 32), errichtet. Ueber den mit Gartenanlagen geschmückten Vorhof gelangt man geradeaus zum Haupteingang, links und rechts zu Nebeneingängen in den Flügeln. Ein zweiter Haupteingang führt von den hinter der Universität befindlichen Baumanlagen in das Gebäude (Abb. 256).

Von dem geräumigen Hauptvestibül steigen zwei doppelläufige Steintreppen zu den oberen Geschossen auf. Vier weitere Nebentreppen vermitteln den Verkehr in den Flügeln. Im ersten Stockwerk des Mittelbaues betritt man die durch zwei Geschosse reichende Aula, den früheren Festsaal des Palais, welcher, ebenso wie der anstofsende Senatssaal, die zumeist im alten Zustande belassene Rococoarchitektur aufweist. Einen künstlerisch bedeutenden Schmuck besitzt die Aula in dem grofsen Deckengemälde des

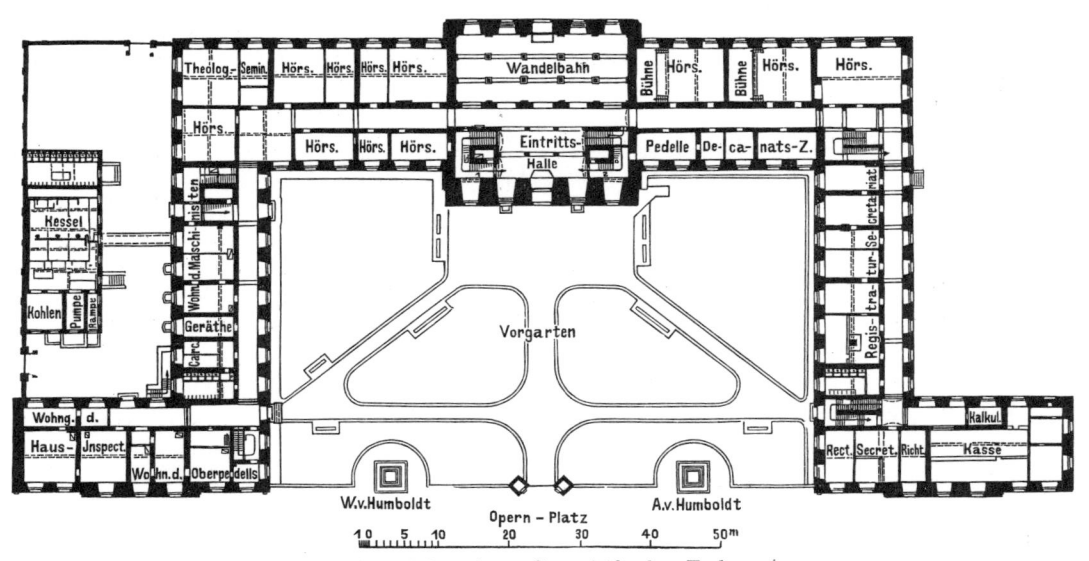

Abb. 256. Die Universität, Grundrifs des Erdgeschosses.

Malers Gregorio Guglielmi, sowie in einer namhaften Zahl von Marmorbüsten berühmter Professoren der Friedrich-Wilhelms-Universität. Von den übrigen Räumen des Gebäudes erscheint erwähnenswerth das durch den letzten Umbau hergestellte Auditorium maximum, welches Raum für etwa 500 Zuhörer bietet.

Das Aeufsere des Universitätsgebäudes hat durch den letzten Umbau kaum Veränderungen erlitten. Die als Putzbau mit Werkstein-Gliederungen ausgeführten Façaden zeigen an den Risaliten über einem gequaderten und stark dossirten Unterbau zwei durch Säulen und Pilasterstellungen in eine korinthische Ordnung zusammengefafste Obergeschosse, über deren Hauptgesims sich eine niedrige Attika erhebt. Diese ist über den nach dem Opernplatz gekehrten Risaliten mit vortrefflichen Sandsteinfiguren, Arbeiten des Bildhauers Peter Benkert, bekrönt.

Zur Erwärmung des Gebäudes dient eine 1889—1891 von der Firma Rietschel & Henneberg ausgeführte Dampf- bezw. Dampf-Wasserheizung mit Ventilation. Drei grofse Cornwallkessel von zusammen 65,50 qm Heizfläche mit Donneley-Vorfeuerungen befinden sich in einem niedrigen, an der Universitätsstrafse liegenden Kesselhause. Von dort laufen die Dampfrohre in einem geräumigen unterirdischen Canal zu einem unter dem Erdgeschosse liegenden Sammelcanal, der die Vertheilungsrohre enthält. Die durch Filter und Verdampfungs-Apparate gereinigte und befeuchtete Frischluft wird durch einen Ventilator in die Canäle geprefst. Als Heizkörper sind in den einzelnen Räumen Rohrregister und Rippenheizkörper verwendet. Die Kosten der Heizanlage haben rd. 140 000 ℳ. betragen, die jährlichen Betriebskosten belaufen sich ohne die Löhne für das Heizerpersonal etwa auf 10 000 ℳ.

Während des letzten Umbaues ist aufserdem mit Aufwendung von rd. 48 500 ℳ. eine elektrische Beleuchtung für sämtliche Geschäftsräume, Auditorien und Flure eingerichtet. Als Beleuchtungskörper sind im Vestibül und im Haupttreppenhause Bogenlampen, im übrigen Glühlampen von 16—50 Normalkerzen angebracht. Die Ausgaben für den Betrieb der elektrischen Beleuchtung, deren Strom vom Strafsenkabel der Elektricitäts-Werke bezogen wird, haben im Etatsjahre 1893/94 rd. 10 500 ℳ. betragen.

Der nördlich vom Gebäude belegene, mit prächtigen alten Bäumen bestandene Park enthält in seinem nordwestlichen Theile den kleinen botanischen Universitätsgarten mit einem kleinen Wohnhause für den Garteninspector und mehreren Gewächshäusern. Gegenüber dem hinteren Ausgange des Universitätsgebäudes erhebt sich ein niedriges Fachwerkhaus, welches während des Umbaues der Universität provisorisch zu Vorlesungen benutzt, seitdem aber dem Akademischen Leseverein überwiesen ist. An der Wegkreuzung inmitten der Parkanlage hat man im Herbst 1894 das nach Hartzers Entwurf gegossene Standbild des Chemikers Mitscherlich errichtet.

Das Institutsgebäude Dorotheenstrafse 15.

In dem 1830 vom Staate angekauften, nahe der Universität belegenen Hause war nach Anbau eines Hofflügels 1839 die Universitäts-Frauenklinik untergebracht, bevor für diese ein Neubau, Artilleriestrafse 13/14, errichtet wurde. Nach Ausführung eines Um- und Erweiterungsbaues, insbesondere nach Errichtung eines Hörsaales auf dem Hofe, befinden sich in dem Universitätsgebäude gegenwärtig: im Erdgeschofs des Vorderhauses die medicinische Universitäts-Poliklinik, im ersten Stockwerk das botanische Institut, die übrigen Räume sind verschiedenen Seminarien der medicinischen und philosophischen Facultät überwiesen. Der Grundrifs des Hauses ist ohne besonderes Interesse, das als Putzbau errichtetete Aeufsere dagegen mit seinen Figurenreliefs und Rankenfriesen ein charakteristisches Beispiel der zu Anfang dieses Jahrhunderts herrschenden neuklassischen Stilfassung.

Die Universitäts-Bibliothek,

Dorotheenstrafse 9, dient lediglich den Bedürfnissen des Universitätsstudiums, verleiht daher Bücher auch nur an Angehörige der Universität oder an frühere Studirende der letzteren, welche vor dem Examen stehen.

Gegenwärtig umfafst die Bibliothek etwa 150 000 Bände. Für Neuerwerbungen ist jährlich ein Anschaffungsfonds von 13 000 ℳ. ausgeworfen, aufserdem vermehrt sich der Bestand durch Pflichtexemplare, welche die Verlagsbuchhändler der Provinzen Berlin und Brandenburg von den bei ihnen neu erscheinenden Werken unentgeltlich einzureichen gehalten sind.

Während der Dauer der Universitäts-Vorlesungen sind der Lesesaal täglich 10 Stunden, die Bücherausgabe 6 Stunden, letztere aufserdem in den Ferien täglich 3 Stunden geöffnet.

Das Bibliotheksgebäude wurde in den Jahren 1871—1874 auf dem von drei Seiten eingebauten, nur etwa 850 qm grofsen Grundstücke, Dorotheenstrafse 9, nach dem Entwurfe und unter der Oberleitung Spiekers durch Zastrau erbaut. Zur Befriedigung des Raumbedürfnisses mufste die sehr beschränkte Baustelle möglichst ausgenutzt werden, sodafs wenig mehr als $1/4$ des Bauplatzes für Höfe übrig blieb. Das aus einem Vorderhause, einem Seitenflügel und einem Hinterhause bestehende Gebäude enthält über einem Kellergeschofs ein Erdgeschofs und zwei Stockwerke. Von der Durchfahrt gelangt man zu der im Erdgeschofs belegenen Bücherausgabe, sodann über die durch Oberlicht beleuchtete Treppe im ersten Stock zum Catalograum und Directorzimmer, sowie im zweiten Stock zu dem die ganze Strafsenfront einnehmenden Lesesaal. Eine kleine Dienerwohnung liegt im Keller und Erdgeschofs des Hinterhauses, sämtliche übrigen Räume des Erdgeschosses und der beiden Stockwerke dienen zur Aufstellung der Bücher, aus Mangel an Raum sogar die in den Stockwerken angeordnete bedeckte Verbindungsgalerie.

Die Geschofshöhen betragen im Erdgeschofs und ersten Stock 4,40 m, im zweiten Stock 5,02 m; der grofse Lesesaal hat eine Höhe von 7 m im Lichten erhalten. Zur Aufstellung der Bücher hat das Magazinsystem noch keine Verwendung gefunden; die Werke stehen in hölzernen, auf den Pfeiler- oder Fensterachsen, sowie auch an den Wandflächen angeordneten Repositorien.

Der innere Ausbau ist durchaus massiv, die Decken bilden flache Kreuzgewölbe auf gemauerten Pfeilern oder Werksteinsäulen. Als Fufsbodenbelag findet sich Gipsestrich. Zur Erwärmung der Räume dient eine combinirte Wasser-Luftheizung. Recht wirkungsvoll

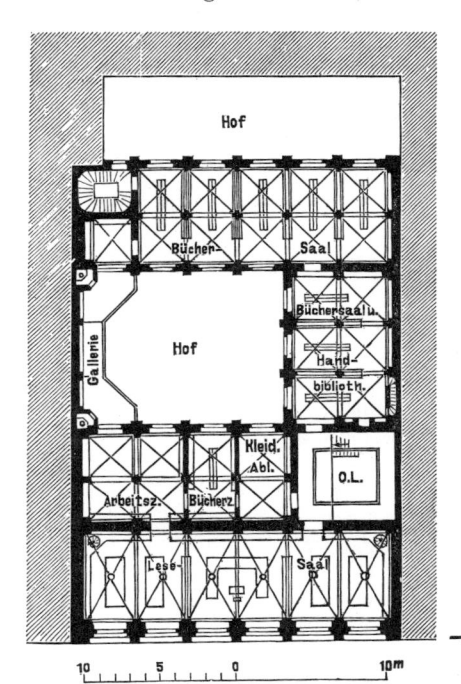

Abb. 257. Universitäts-Bibliothek, Grundrifs des II. Stocks.

Abb. 258. Universitäts-Bibliothek, Ansicht der Front.

und charakteristisch erscheint die in Ziegelrohbau mit antikisirender Formengebung ausgebildete Façade, deren Hauptmotiv die als Rundbogengalerie mit achteckigen Dreiviertelsäulen entwickelte Fensterarchitektur des Lesesaals bildet.

Die Baukosten haben
    für den eigentlichen Neubau . . . . rd. 274 000 ℳ.
    für die innere Einrichtung . . . . „ 101 000 „
                                      zusammen rd. 375 000 ℳ.
betragen.

Einen künstlerischen Schmuck erhielten die oberen Wände des Treppenhauses durch Fresken nach Knilles Entwurf und die Lünetten des Lesesaals durch Gemälde nach Cartons von Burger.

Die Universitäts-Sternwarte und das Rechen-Institut,[1]) Enckeplatz 3a und Lindenstrafse 91. Nachdem die protestantischen Stände Deutschlands Ende des 17. Jahrhunderts den Gregorianischen Kalender angenommen hatten, beschlofs König Friedrich I. in Berlin eine Sternwarte in Verbindung mit einer Societät der Wissenschaften zu gründen. Infolge dessen wurde durch den Architekten Grünberg auf dem heutigen Akademie-Grund-

---

1) Nach Guttstadt, Die naturwissenschaftlichen und medicinischen Staatsanstalten Berlins.

stücke an der Dorotheenstraße ein noch jetzt erhaltener fünfstöckiger Thurm von 84' Höhe errichtet, in dessen zweitem Stock die Societät ihre Versammlungen abhalten sollte und dessen dritter Stock für astronomische Beobachtungen eingerichtet wurde. Die feierliche Uebergabe des Baues geschah zu Anfang des Jahres 1711. Hier verblieb die Sternwarte nahezu 125 Jahre.

Die Errichtung des jetzigen Gebäudes ist wesentlich das Verdienst Alexander v. Humboldts, auf dessen Betreiben, durch Cabinetsordre vom 10. November 1830, ein etwa 1 ha großer, damals rings von Gärten umgebener Bauplatz in der Nähe des Halleschen Thores für 15 000 Thlr. angekauft wurde. Mit dem Entwurf eines Bauplanes wurde Schinkel betraut, die Ausführung leitete der Bauinspector Schramm, nachdem am 22. October 1832 der Grundstein gelegt war. Den Kostenanschlag hatte die Ober-Baudeputation bei der Superrevision auf 59 580 Thlr. 29 Sgr. 11 $\frac{1}{2}$ Pfg. festgestellt — ein charakteristischer Zug des sparsamen Charakters der Zeit! Im Jahre 1835 wurde der Neubau von dem damaligen Director, dem Astronomen Encke, in Benutzung genommen; 1879 fand ein Umbau einiger Theile des Gebäudes statt.

Das Sternwartengebäude liegt ziemlich in der Mitte des heute allseitig von Gebäuden begrenzten Grundstücks, sodaß die Achse der großen Drehkuppel mit derjenigen der Charlottenstraße zusammenfällt. Der in einfachen hellenischen Stilformen errichtete Putzbau besteht aus Keller, Erdgeschoß und erstem Stockwerk. Im Erdgeschoß befindet sich die Dienstwohnung des Directors, das erste Stockwerk enthält die wissenschaftlichen Arbeitszimmer und die Beobachtungsräume; um noch etwa 7,50 m höher liegt der Fußboden des großen Kuppelraumes. In der Mitte desselben steht

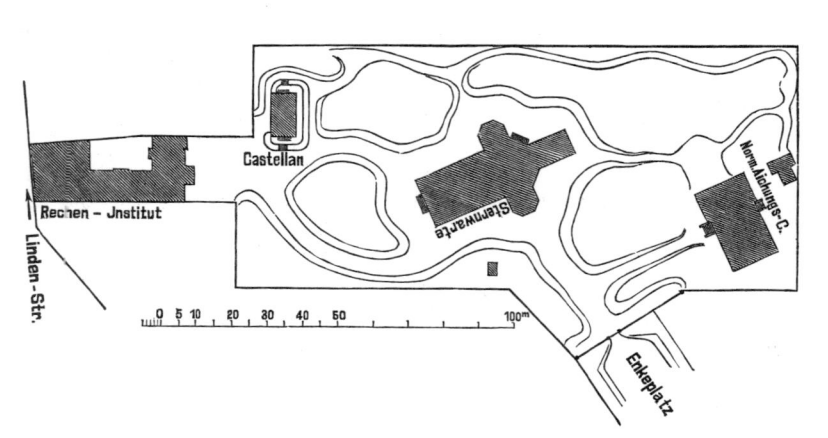

Abb. 259. Universitäts-Sternwarte und Rechen-Institut, Lageplan.

auf einem unten 5,50 m, oben 4 m breiten und 14 m hohen massiven Festpfeiler der große Frauenhofer'sche Refractor; zur leichteren Bewegung der Drehkuppel wurde 1879 eine Hülfsconstruction angebracht, welche die Last eines Gewichtes von 1000 kg beim Verschieben der Kuppel einwirken läßt. Das Gewicht selbst wird durch eine im Drehraume des östlichen Flügels aufgestellte kleine Gaskraftmaschine nach dem Ablaufen wieder hinaufgezogen.

Von der den achteckigen Kuppelunterbau im ersten Stockwerk umgebenden Galerie aus betritt man drei, südlich, nördlich und westlich anschließende Beobachtungsräume, unter welchen sich ebenfalls große Festpfeiler befinden. Der südliche, mit einer kleinen Drehkuppel versehene Raum dient zur Aufstellung eines Aequatorial-Instruments; im nödlichen, durch ein einfaches Drehdach mit Spalt abgedeckten Raume steht auf einem sehr hohen Pfeiler das Universal-Durchgangsinstrument. Der dritte, westliche Raum ist das Meridianzimmer. Im Jahre 1879 hat man die massiven Umfassungswände dieses Zimmers bis auf Brüstungshöhe abgebrochen und durch doppelte Mittelwände aus Wellblech mit zwischen liegendem Luftraum ersetzt, damit die Temperaturen des Innenraumes und der Außenluft sich schneller ausgleichen können. An der Westseite des Meridianzimmers wurde gleichzeitig ein niedriger Anbau aus Metallconstruction hergestellt, worin das ältere Meridianinstrument Unterkommen fand. — An der Nordseite des Gebäudes ist der Normalhöhenpunkt für das Königreich Preußen angebracht. — Ein kleines Haus, östlich von der Sternwarte, enthält die Dienstwohnung des Castellans.

Das Astronomische Rechen-Institut, welchem die Herausgabe des Berliner Astronomischen Jahrbuches obliegt, wurde 1874 als eine dem Director der Sternwarte mitunterstellte Nebenabtheilung von der letzteren abgezweigt und in das von Zastrau 1875 bis 1878 auf dem Sternwarten-Grundstück an der Lindenstrafse mit einem Kostenaufwand von 275 000 ℳ. errichtete vierstöckige Gebäude verlegt. Das in einfachen entsprechenden Formen erbaute Haus umfafst im Erdgeschofs die Arbeitszimmer des Instituts, in den oberen Geschossen die Familien-Dienstwohnungen des Dirigenten und zweier Professoren, sowie Wohn- und Schlafzimmer für Assistenten und Praktikanten. Im übrigen bietet der Grundrifs nichts besonders Bemerkenswerthes.

* * *

Die chemischen Institute. Für den Unterricht in der Chemie besitzt die Universität gegenwärtig zwei mit Parallelcursen arbeitende Institute. Von diesen ist das erste chemische Institut, Georgenstrafse 34—36, das ältere und schon wegen seiner umfangreicheren Räumlichkeiten besuchtere. Das jüngere zweite chemische Institut verfügt über das erste und zweite Stockwerk des Gebäudes Bunsenstrafse 1, dessen Erdgeschofs von dem technologischen Institut der Universität benutzt wird. Beide Institute dienen dem Studium der unorganischen und organischen Chemie, sowohl für Anfänger als Geübtere; zur Zeit wird jedoch in dem älteren der Institute vorzugsweise die organische Chemie gelehrt.

Das erste chemische Institut,[1]) Georgenstrafse 34—36, wurde 1865—1867 nach einem speciellen Programm des 1864 an die Universität berufenen Chemikers A. W. v. Hofmann durch Cremer & Zastrau erbaut. Der Entwurf mufste auf die Verbindung des Neubaues mit einem ältern, an der Dorotheenstrafse 10 belegenen, zur Directorwohnung umzubauenden Hause Bedacht nehmen und sich den Verhältnissen des für ein chemisches Laboratorium sehr ungünstig belegenen Bauplatzes anpassen.

Das Gebäude besteht aus einem Vorderflügel an der Georgenstrafse und einem Querflügel, welche durch einen mittleren und zwei seitliche Zwischenbauten verbunden sind. Ein weiterer Zwischenbau verbindet den Querflügel mit dem Directorwohnhause Dorotheenstrafse 10. Sämtliche Bautheile, mit Ausnahme des westlichen, eine Durchfahrt aufnehmenden Zwischenbaues bestehen aus hohem Kellergeschofs, 5,81 m hohem Erdgeschofs, Obergeschofs (5,65 m hoch) und Drempelstock. In dem zum Directorhause führenden südlichen Zwischenbau ist über dem Erdgeschofs noch ein Magazin vorhanden.

Eine offene, von zwei Säulen getragene und gewölbte Halle in der Mitte der Front bildet den Eingang an der Georgenstrafse. Westlich vom Eingange liegen im Erdgeschofs ein kleiner Hörsaal und ein Vorbereitungszimmer, östlich gelangt man zu mehreren Räumen für selbständige wissenschaftliche Arbeiten. Eine dreiarmige Haupttreppe mit Kleiderablage unter einem Oberlauf und Durchfahrt unter dem Podest, führt zu der in Podesthöhe liegenden obersten Sitzreihe des grofsen Hörsaales und zum Obergeschofs. Hier liegen im Vorderflügel drei Laboratorien für Praktikanten, in den seitlichen Zwischenflügeln Nebenräume für Waagen, Bibliothek usw.

Auf den grofsen Hörsaal folgen im Erdgeschofs südlich drei Räume für Vorbereitung und Instrumente, der Querflügel enthält östlich einen grofsen Sammlungssaal, westlich zwei Wohnungen für Assistenten und zwei Zimmer der deutschen chemischen Gesellschaft. Im Obergeschofs des Querflügels befinden sich östlich ein Laboratorium für Praktikanten, westlich das Privat-Laboratorium des Directors mit Nebenräumen, sowie ein physikalisches und ein Dunkelzimmer. Neben dem grofsen Hörsaal betritt man einen Kanonenraum und eine offene Halle für übelriechende Arbeiten.

Für die Uebungen in der organischen Chemie werden zur Zeit die an der Süd-, Ost- und Nordseite des östlichen Hofes im Obergeschofs belegenen Säle und Nebenräume

---

[1]) Nach Mittheilungen des Institutsdirectors Prof. Dr. Fischer sowie nach Zeitschrift für Bauwesen, Jahrgang 1867.

benutzt. Alle Laboratorien sind mit feststehenden Arbeitstischen und Fenster-Arbeitsplätzen versehen, auch mit Digestorien ausgestattet. Im ganzen verfügt das Institut über Arbeitsplätze für 85—90 Praktikanten.

Bei dem erheblichen Anwachsen der Zahl der Chemie Studirenden und dem daraus sich ergebenden Raummangel wird die Frage der Ausführung eines Neubaues für das Institut immer dringlicher.

Der grofse Hörsaal von 158 qm Grundfläche und 11,60 m lichter Höhe weist die in chemischen Instituten übliche Anordnung eines grofsen Experimentirtisches und eines einseitig ansteigenden Podiums auf. Das Podium hat 285 Sitzplätze, aufserdem sind noch auf einer nachträglich an der Nordseite des Saales angelegten Galerie 72 Sitzplätze vorhanden. Die Tages-Beleuchtung des Saales erfolgt durch zweiseitig angeordnete, mit Verdunkelungs-Vorrichtungen versehene hochliegende Fenster, für die Abend-Beleuchtung dienen zwei Bogenlampen.

Die Erwärmung des grofsen Hörsaales geschieht durch eine Warmwasserheizung, alle übrigen Räume besitzen Kachelöfen oder Born'sche Oefen. Die Bedienung der vielen einzelnen Feuerstellen ist infolge dessen sehr umständlich. Die frische Luft gelangt durch Schieber der Aufsenwände dicht über dem Fufsboden in die Arbeitsräume, die verdorbene Luft zieht durch Oeffnungen unterhalb der Decke in lothrechten Canälen über Dach, sofern sie nicht durch die geöffneten Digestorien abzieht. — Sämtliche Laboratorien sind in ausgiebigster Weise mit Gas-, Wasserleitungs- und Entwässerungsanlagen versehen.

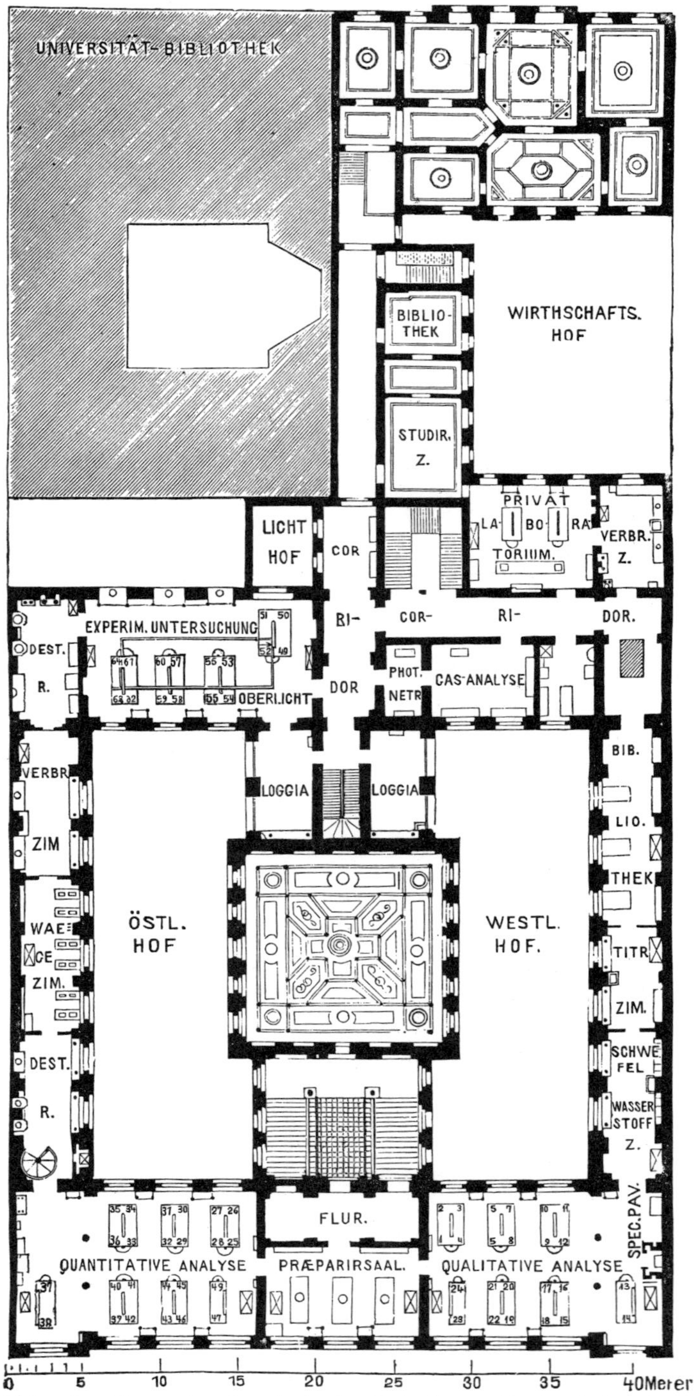

Die Strafsenfront und die Hofseiten des Gebäudes sind mit dunkelrothen Ziegelsteinen verblendet und in der Art italienischer Backsteinbauten im Rundbogenstil unter Verwendung von Terracotten durchgebildet.

Abb. 260. Das erste chemische Institut, Grundrifs des I. Stocks.

Aus dem gleichen Material bestehen die über den Erdgeschofsfenstern der Strafsenfront angebrachten 14 Medaillons mit Profilköpfen berühmter Chemiker. Der Sockel der Strafsenfront zeigt Granitverblendung, die Postamente der Attika bestehen aus Nebraer Sandstein. Die Dächer sind mit Zinkblech auf

XIV. Hochschulen.

Schalung nach Leistenmanier gedeckt. Die als Putzbau durchgebildete Façade des Directorwohnhauses, Dorotheenstraße 10, ist mit zwei Medaillonbüsten der berühmten Chemiker Andr. Sigismund Marggraf und Franz Carl Achard geschmückt, bietet aber sonst nichts Bemerkenswerthes.

Die Baukosten des eigentlichen Institutsgebäudes einschließlich der Ausgaben für die bis auf 4 m Tiefe hinabreichende Gründung und für die innere Ausstattung haben rund 960 000 ℳ. erfordert.

Das zweite chemische und das technologische Institut, Bunsenstraße 1, wurde neben dem physikalischen Institut der Universität (vergl. S. 267) in den Jahren 1879—1883 durch den damaligen Bauinspector Zastrau errichtet. Im Erdgeschoß des sehr gedrängt angeordneten Bauwerkes (Grundriß Abb. 261 u. 262) liegen die Räume des technologischen Instituts; ein Hörsaal nebst Vorbereitungszimmer, eine kleine Bibliothek, ein Directorzimmer, sowie Räume für Sammlungen und für chemisch-technologische Arbeiten. Ueber das erste und zweite Stockwerk verfügt das einem selbständigen Director unterstellte zweite chemische Institut. Das 4,95 m hohe erste Stockwerk umfaßt die Zimmer des Directors und des Assistenten, ferner sechs chemische Arbeitszimmer mit Nebenräumen; im zweiten 4,30 m hohen Stockwerk folgen der große Hörsaal mit 126 ansteigenden Plätzen nebst Vorbereitungszimmer, Räume für Sammlungen und weitere Zimmer für chemische Arbeiten. Das 3,45 m hohe Kellergeschoß, welches zur Sicherung der Arbeitszimmer gegen Erschütterungen nach der Straße zu mit einem Isolirungsgraben versehen ist, enthält drei Wohnungen für den Pförtner und zwei Institutsdiener, die Räume für die Heizung und Kohlen, sowie einige Nebenräume des chemischen und des technologischen Instituts. — Eine größere Geschoßhöhe von 7,20 m hat der geräumige Hörsaal des zweiten chemischen Instituts erhalten.

Sämtliche Institutsräume werden durch Feuer-Luftheizung erwärmt. Die Abluft wird durch die beiden großen Saugschlote der Schornsteine nach unten abgesogen, sodaß auch zur Sommerszeit in den einer starken Luftverderbniß ausgesetzten Räumen eine kräftige Lüftung stattfinden kann.

Die äußere Architektur des Gebäudes schließt sich derjenigen der benachbarten Gebäude des physikalischen und physiologischen Instituts ziemlich genau an (vergl. Abb. 255). Die Façaden sind in Ziegelrohbau mit Verwendung von Verblendsteinen, Form- und Sandsteinen in antikisirender Stilfassung aufgeführt, die Dächer mit Wellenzink auf Schalung eingedeckt.

Die Baukosten betrugen:
    a) für das eigentliche Gebäude . . . . rd. 254 000 ℳ.
    b) für die künstliche Gründung . . . . „ 71 000 „
    c) für die innere Einrichtung . . . . „ 42 000 „
    d) für die Nebenanlagen . . . . „ 10 000 „
                                    zusammen rd. 377 000 ℳ.

Demnach ergeben sich auf 1 qm rd. 135 ℳ. Kosten der mit besonderen Schwierigkeiten ausgeführten künstlichen Gründung und auf 1 cbm umbauten Raumes rd. 24 ℳ. eigentliche Baukosten (mit Ausschluß der Gründung und inneren Einrichtung).

Die naturwissenschaftlichen und medicinischen Institute.[1]) Auf dem ehemaligen Grundstück der Artilleriewerkstätten, welches südlich von der Dorotheenstraße, westlich von der Neuen Wilhelmstraße, nördlich vom Reichstagsufer und östlich von der Bunsenstraße begrenzt wird und eine Größe von 7763 qm besitzt, sind in den Jahren 1874—1883 Neubauten für verschiedene naturwissenschaftliche und medicinische Institute nach Entwürfen von Spieker ausgeführt.

Bei der Anordnung der einzelnen Neubauten war sowohl bestimmten Programmforderungen als der Gestalt des nicht übermäßig großen Bauplatzes Rechnung zu tragen. —

---

[1]) Vergl. Guttstadt, Die medicinischen und naturwissenschaftlichen Staatsanstalten Berlins sowie F. Kleinwächter im Centralblatt der Bauverwaltung. 1881. S. 359 ff.

XIV. Hochschulen.

Als günstigste Lösung ergab sich eine Anordnung, der zufolge das physikalische Institut den nördlichen, das physiologische Institut den südlichen Theil des Bauplatzes erhielt. Die vier Ecken des trapezförmigen Grundstücks wurden zur Errichtung von Directorwohnhäusern der genannten Institute, sowie zur Ausführung von Neubauten für das zweite chemische und das technologische Institut einerseits, für das pharmakologische Institut anderseits bestimmt. — In der äufseren Erscheinung bilden am Reichstagsufer das Gebäude des physikalischen Instituts mit dem zugehörigen Directorhause und das Gebäude des zweiten chemischen Instituts (Abb. 255), an der Dorotheenstrafse das Gebäude des physiologischen Instituts mit dem Directorhause und dem Gebäude des pharmakologischen Instituts je eine symmetrisch angeordnete Baugruppe.

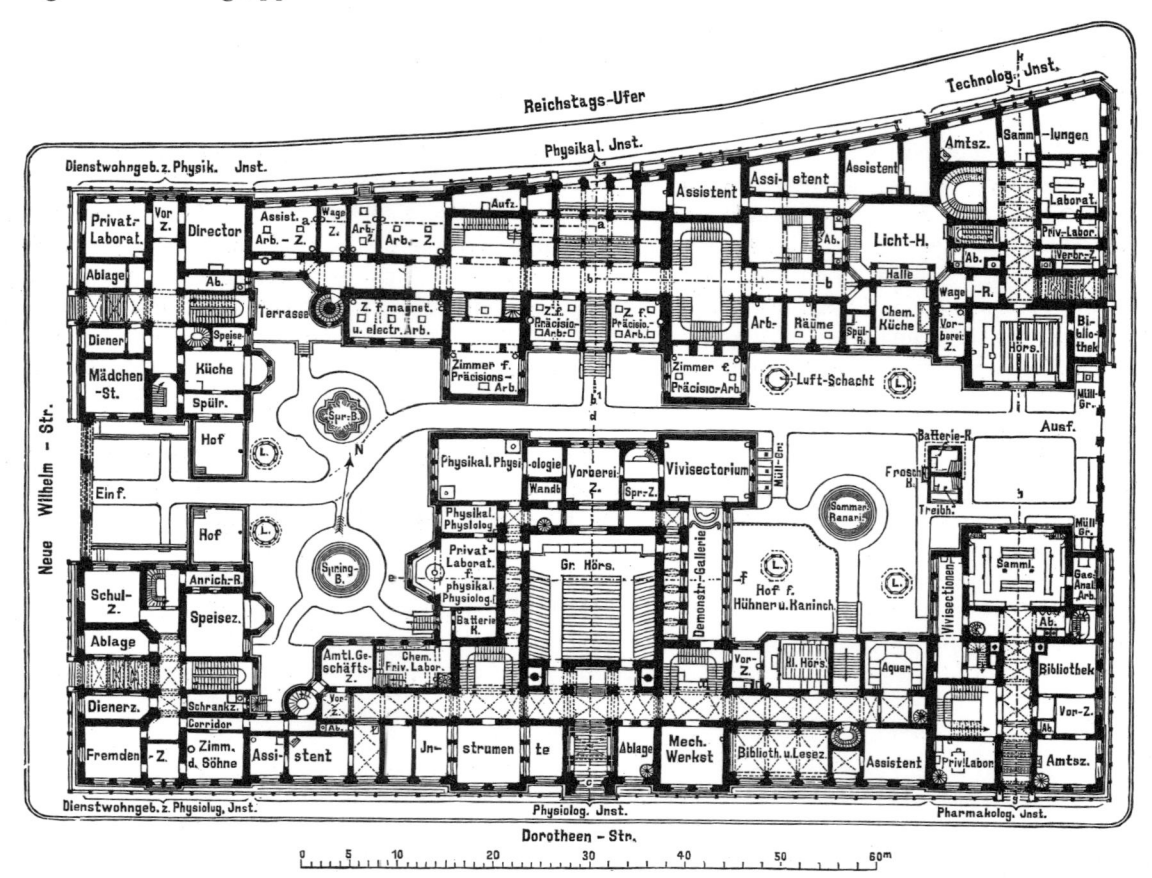

Abb. 261. Naturwissenschaftliche Institute der Universität, Grundrifs des Erdgeschosses.

Sämtliche Gebäude haben eine einheitliche architektonische Ausbildung erhalten. Die in antikisierenden Stilformen entworfenen Façaden zeigen einen mit belgischem Granit verblendeten Sockel und darüber eine in warmem, braungelben Tone gehaltene Ziegelverblendung. Die Ziegelflächen werden durch wagerechte dunklere Schichten und Friese von bunten Mettlacher Platten unterhalb der Gesimse belebt. Für die Gurt- und Hauptgesimse sowie die Fenstereinfassungen sind Profilsteine und Terracotten verwendet worden. Die Dächer haben durchweg eine Eindeckung von Zinkwellblech auf Schalung erhalten.

Von dem Strafsenfufssteige sind die Institutsgebäude durch einen mit Brüstungsgittern eingefriedigten Isolirgraben getrennt, der die Erschütterungen des Strafsenverkehrs von den Arbeitsräumen fernhalten soll, jedoch diesen Zweck angeblich nicht erfüllt.

Wegen der tiefen Lage des festen Baugrundes, der an der Neuen Wilhelmstrafse und der Dorotheenstrafse zum Reichstagsufer von 2,50 m bis auf 20 m unter der Erdoberfläche abfällt, haben alle Gebäude kostspielige Grundbauten erhalten, die im ganzen eine Ausgabe von rd. 800 000 ℳ. erforderten.

Das physikalische Institut, Reichstagsufer 7/8. Die Räume der physikalischen Sammlung befanden sich seit 1844 im Universitätsgebäude. Weitere Arbeitsräume und ein Hörsaal waren dort 1871 hinzugetreten, als H. von Helmholtz die Leitung des nunmehrigen physikalischen Universitäts-Laboratoriums übernahm. Das jetzige Institutsgebäude wurde 1873—1878 nach Plänen von Spieker durch Zastrau und Hellwig erbaut. Von der Bauzeit entfiel das erste Jahr lediglich auf die schwierigen Gründungsarbeiten.

Während man das Directorwohnhaus unter Anwendung von Wasserschöpfen bis etwa 0,50 m unter Wasser direct fundiren konnte, mußte der Westflügel des Instituts-

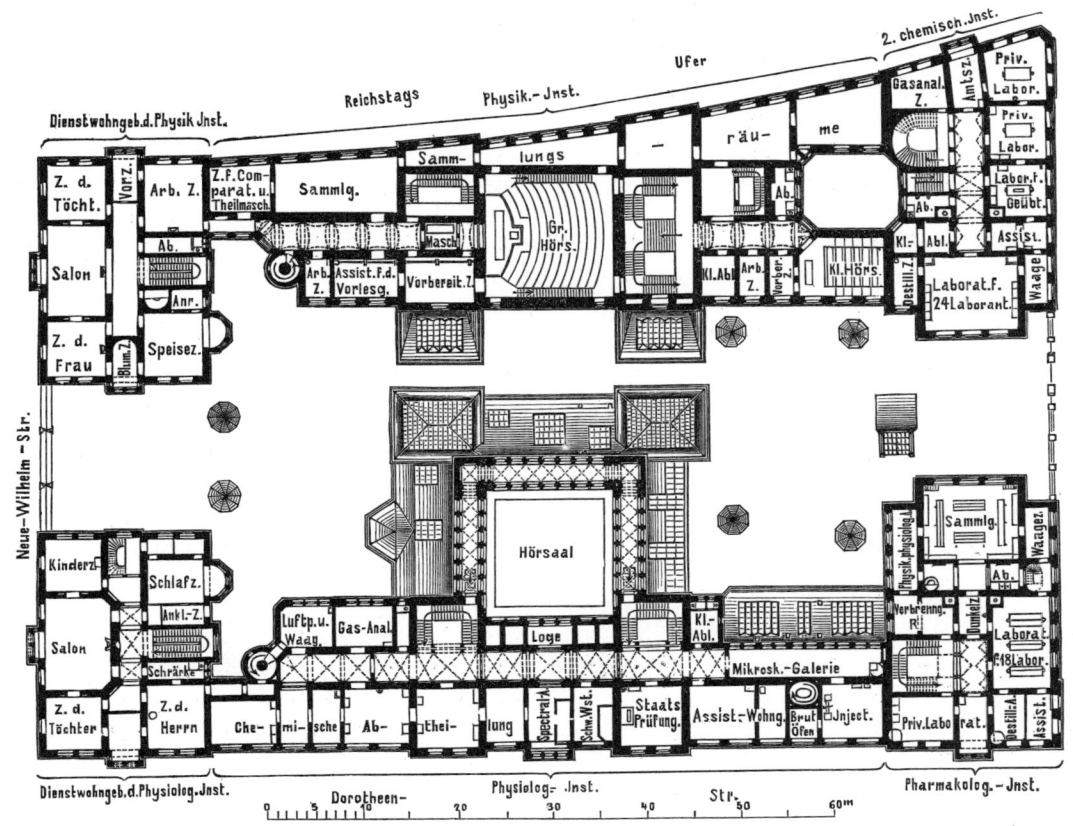

Abb. 262. Naturwissenschaftliche Institute der Universität, Grundriß des ersten Stockwerks.

gebäudes bereits auf Betonschüttung zwischen Spundwänden bis auf etwa 3,25 m unter Grundwasserspiegel fundirt werden. Der übrige Theil des Gebäudes ist mit einer Pfahlrostfundirung, der westliche Vorsprung des Mittelbaues am Reichstagsufer mit Kastenfundirung bis zu 9 m Tiefe versehen. Die mit großer Sorgfalt ausgeführte Gründung hat sich sehr gut bewährt, sodaß ein gleichmäßiges Setzen der Gebäudetheile erfolgte und bis zum heutigen Tage Risse nicht entstanden sind.

Sowohl das Institutsgebäude als das Directorwohnhaus bestehen aus einem 3,45 m hohen Untergeschoß, über dem sich ein Erdgeschoß von 4,50 m und zwei Stockwerke von 4,95 und 4,50 m Höhe sowie ein Drempel erheben. Der Mittelbau des Institutsgebäudes besitzt außerdem über einem Theil des zweiten Stocks noch ein Halbgeschoß von 3,15 m Höhe. — Im Untergeschoß befinden sich die Räume für die Sammelheizung, die Vorrathskeller und die Schmiede, die Räume für den Gasmotor und die Dynamomaschine, sodann Familienwohnungen für den Pförtner, den Heizer und den Institutsdiener.

Der Eingang zu den eigentlichen Institutsräumen liegt in der Mitte der Hauptfront am Reichstagsufer. Man gelangt von dort durch eine geräumige Eingangshalle über eine breite Freitreppe in den Hauptcorridor des Erdgeschosses, der östlich das Haupttreppenhaus durchschneidet und zu mehreren Nebentreppen führt. — Das Erdgeschofs enthält im Westflügel mehrere wissenschaftliche Arbeitszimmer, im südlichen, von der Strafse entfernten Theile des Mittelbaues vier Zimmer für Präcisionsarbeiten. Westlich vom Haupteingang liegen ein Spül- und ein Dunkelraum, östlich folgen an der Strafsenfront drei Wohnungen für unverheirathete Assistenten. Der südliche Theil des Ostflügels umfafst weitere Räume für wissenschaftliche Arbeiten sowie eine chemische Küche nebst Spülraum und offener Halle.

Inmitten des ersten Stockwerks ist der grofse, bis durch das zweite Stock reichende Hörsaal angeordnet, worin sich ein grofser Experimentirtisch und 212 ansteigende Sitzplätze befinden. Der Saal hat einerseits Verbindung mit einem geräumigen Vorbereitungszimmer, anderseits mit den fast die ganze Nordfront des ersten Stockwerks einnehmenden, vortrefflich beleuchteten Sammlungsräumen. Zu den Sitzplätzen gelangt man von den beiden Podesten der Haupttreppe, weitere Sitzplätze liegen auf einer geräumigen Galerie in Höhe des zweiten Stockwerks. Seine Tagesbeleuchtung empfängt der Saal durch die grofsen Fenster der Südseite, aufserdem indirect über einem im zweiten Stock an der Nordseite vorgelegten Corridor; für die Abendbeleuchtung sind vier Bogenlampen vorhanden. Die Fenster haben Verdunkelungs-Vorhänge erhalten. — Ein kleiner Hörsaal für theoretische Physik mit besonderem Vorbereitungszimmer befindet sich im Ostflügel; die übrigen Räume des ersten Stockwerks dienen wissenschaftlichen Arbeiten.

Das zweite Stockwerk enthält Arbeitszimmer für Anfänger, die Werkstatt, verschiedene nach Süden belegene Räume für optische Arbeiten, endlich die Bibliothek und den Sitzungssaal der physikalischen Gesellschaft sowie eine Familienwohnung des Mechanikers.

Im Dachgeschofs sind noch zwei optische Zimmer und ein photographisches Atelier eingerichtet. Die Plattform des über der westlichen runden Nebentreppe sich erhebenden Thurmaufbaues wird zu Uebungen in barometrischen Höhenmessungen benutzt.

Das Directorwohnhaus hat einen besonderen Eingang an der Neuen Wilhelmstrafse. Im Erdgeschofs des Hauses liegen das Arbeits- und Sprechzimmer sowie das Privatlaboratorium des Directors.

Gegenwärtig wird eine etwas veränderte Benutzung und Einrichtung verschiedener Institutsräume geplant. — Zur Erwärmung der Räume des Westflügels und einiger Zimmer im Erdgeschofs des Mittelbaues im Institutsgebäude dient eine Warmwasser-Niederdruckheizung mit Ventilation. Der grofse Hörsaal und die übrigen Institutsräume werden durch Luftheizung erwärmt, die Wohnungen der Assistenten und Unterbeamten durch Kachelöfen. Im Untergeschofs stehen zwei gröfsere gekuppelte und ein kleinerer Warmwasserkessel, sowie vier Luftheizapparate mit je zwei Feuerungen. Die frische Luft wird im Garten durch einen Schachtaufbau entnommen und gelangt durch Vertheilungscanäle unter Kellerfufsboden zu den Luftheizöfen. — Das Directorwohnhaus wird gleichfalls durch zwei Luftheizapparate erwärmt. Im übrigen ist das Institutsgebäude mit Gas- und Wasserleitungsanlagen, sowie mit elektrischen Leitungen ausgiebig versehen.

Die Ausführungskosten betrugen nach der Abrechnung

1. Für das Institutsgebäude:

Künstliche Fundirung	rd. 310 000 ℳ
Baukosten einschl. Bauleitung	830 000 „
Innere Einrichtung	67 000 „
Nebenanlagen	57 000 „
zusammen	1 264 000 ℳ

2. Für das Directorwohnhaus:

Baukosten einschl. Bauleitung	rd. 310 000 ℳ
Innere Einrichtung	5 000 „
zusammen	315 000 ℳ

XIV. Hochschulen.

Hiernach haben gekostet:
1 qm der künstlichen Fundirung . . . . 238,00 ℳ
1 cbm des Gebäudes ohne Fundirung und innere Einrichtung . . . . 34,60 „
Für das Directorhaus ergeben sich für
1 cbm des Gebäudes . . . . 38,50 „

Das Gebäude des zweiten chemischen und des technologischen Instituts, Bunsenstrafse 1, siehe die specielle Beschreibung auf S. 265.

Das physiologische Institut, Dorotheenstrafse 35. Das physiologische Laboratorium, welches bis zum Tode des berühmten Anatomen Johannes Müller mit dem anatomischen Museum verbunden war, verfügte seit 1851 nur über einige unzulängliche Räume im Universitätsgebäude. Die erste Anregung zum Neubau eines eigenen Institutsgebäudes geschah im Frühjahre 1859. Bis zur endgültigen Beschlufsfassung verging jedoch noch geraume Zeit, da die grofsen politischen Ereignisse der folgenden Jahre die weitere Verfolgung des Bauprojects verzögerten.

Das gegenwärtige Institutsgebäude wurde 1873—1877 nach dem Programm Du Bois-Reymonds und den Entwürfen von Spieker durch Zastrau & Kleinwächter errichtet. Auch hier bereitete die Gründung Schwierigkeiten, sodafs nur das Directorhaus und der westliche Theil des Institutsgebäudes direct fundirt werden konnten, der übrige Theil des letzteren Gebäudes aber eine Betonfundirung zwischen Spundwänden oder eine Gründung auf Senkkästen erhalten mufste, da fester Baugrund sich erst in einer Tiefe von 9 m vorfand. Aufserdem war es erforderlich für die Gründung von Tischen für Präcisionsarbeiten drei Brunnenkessel bis zu einer Tiefe von 10 m zu senken. Die Baulichkeiten haben sich trotz der verschiedenartigen Fundirungsarten durchaus gleichmäfsig gesetzt; es ist indessen nicht gelungen, völlige Erschütterungsfreiheit der Festpfeiler für die Arbeitstische zu erhalten.

Das Untergeschofs enthält eine Wohnung für den Pförtner, die Räume der Centralheizung und Stallungen für Versuchsthiere, aufserdem Räume für grobe chemische Arbeiten.

Im Erdgeschofs des Vorderhauses liegen die Zimmer des Directors, mehrere kleine Wohnungen für unverheirathete Assistenten, die Instrumentensammlung, ein kleiner Hörsaal, die Bibliothek, eine Werkstatt und das Aquarium. Der nördliche Vorbau umfafst den grofsen, durch zwei Geschosse reichenden, im ersten Stockwerk von Galerien umzogenen Hörsaal mit dem Experimentirtisch und 260 Sitzplätzen auf dem nur mäfsig ansteigenden Podium. Das Tageslicht fällt durch ein grofses Deckenfenster und die auf drei Seiten vorhandenen hochsitzenden Fenster der Galerie in den Saal. Zur künstlichen Beleuchtung des Saales dienen 368 Argandbrenner, welche oberhalb des Deckenfensters auf vier Wagen befestigt und mit letzteren verschieblich sind, indefs ist deren Ersatz durch elektrische Bogenlampen nur eine Frage der Zeit. Seitenfenster und Oberlicht des Hörsaals sind mit Verdunkelungs-Vorkehrungen versehen; die Seitenwände des Saals haben bis zur Höhe der Galerie eine Holzvertäfelung zum Anhängen von Wandtafeln erhalten. Nördlich vom Hörsaal schliefst sich ein Vorbereitungszimmer an, das wiederum mit den westlich belegenen physikalisch-physiologischen Arbeitszimmern, sowie mit dem östlich angeordneten Vivisectorium und der Mikroskopier- oder Demonstrationsgalerie in Verbindung steht.

Die westliche Hälfte des ersten Stockwerks wird von den chemischen Arbeitsräumen in Anspruch genommen, auf der östlichen Hälfte gelangt man zum Zimmer für Staatsprüfungen, zu einer vortrefflich beleuchteten Mikroskopiergalerie mit Nebenzimmern und einer Assistentenwohnung. — Im zweiten Stock liegen Familienwohnungen für den Hausverwalter und den Maschinisten, eine Wohnung für einen vierten unverheiratheten Assistenten und mehrere optische Zimmer nebst photographischem Atelier. Im Garten des Instituts ist ein grofses Froschbassin für den Sommeraufenthalt der Thiere vorhanden.

Das Institutsgebäude wird, mit Ausnahme der durch Kachelöfen beheizten Wohnungen, durch eine von Rösickeausgeführte Dampf-Luftheizung mit Lüftung erwärmt. Unterhalb des grofsen Hörsaals stehen im Keller zwei kleinere und ein gröfserer Wasserröhrenkessel

(Belleville-Röhrenkessel), von denen der Dampf mittels eiserner Rohre zu einer Anzahl im Untergeschofs liegender Luftheizkammern mit Dampfregistern gelangt. Die Abluft zieht durch lothrechte Mauercanäle zum Dachboden und von dort nach den beiden grofsen Saugschloten. Für die Sommerlüftung ist ein Ventilator angeordnet, dessen Betrieb durch eine Dampfmaschine von sechs Pferdestärken erfolgt. Die letztere kann auch zum Betrieb einer kleinen Dynamomaschine benutzt werden. — Die Ausführungskosten betrugen

1. Für das Institutsgebäude:

Künstliche Gründung	rd. 200 000 ℳ
Baukosten einschl. Bauleitung	„ 869 000 „
Innere Einrichtung	„ 139 000 „
Nebenanlagen	„ 57 000 „
zusammen	1 265 000 ℳ

2. Für das Directorwohnhaus:

Baukosten	rd. 297 000 ℳ
Nebenanlagen	„ 6 000 „
zusammen	303 000 ℳ

Es haben daher gekostet: 1 qm künstliche Gründung des Institutsgebäudes 112,30 ℳ, 1 cbm des Gebäudes ohne Gründung und innere Einrichtung 36,80 ℳ; ferner 1 cbm des Directorhauses 36,60 ℳ.

Das Gebäude des pharmakologischen Instituts, Dorotheenstrafse 34a. Das pharmakologische Institut war früher provisorisch in dem Hause Luisenstrafse 35 untergebracht, während die Sammlungen sich im Universitätsgebäude befanden. Der Neubau des jetzigen Hauses gelangte 1879—1883 nach einem Entwurfe von Spieker durch Zastrau & Kleinwächter zur Ausführung. Der Baugrund erforderte eine künstliche Gründung auf Pfahlrost mit einer 2 m starken Betonlage über den Pfahlköpfen, wodurch sich die Baukosten erheblich vertheuerten.

Das Institutsgebäude besteht aus einem 3,45 m hohen Untergeschofs, über dem sich ein Erdgeschofs von 4,50 m, ein erstes und ein zweites Stockwerk von 4,90 und 4,30 m Höhe, sowie ein Drempel erheben. — Im Untergeschofs befinden sich Familienwohnungen für den Pförtner und einen Institutsdiener, Räume der Sammelheizung, die Werkstatt und Stallungen für Versuchsthiere. — Zum Erdgeschofs gelangt man von der Dorotheenstrafse durch ein kleines Vestibül. Oestlich von diesem betritt man das Geschäftszimmer des Directors und die Bibliothek; die übrigen Räume dienen für wissenschaftliche Arbeiten und für die Aufstellung eines Theiles der Sammlungen.

Das erste Stockwerk umfafst die Räume für chemische Arbeiten und einen zweiten Sammlungssaal. Ueber diesem liegt im zweiten Stockwerk der grofse Hörsaal mit 130 ansteigenden Sitzplätzen, dessen Beleuchtung durch Seiten- und Oberlicht erfolgt. Der Saal ist mit Verdunkelungs-Vorhängen versehen und besitzt zwei Bogenlampen für die Abendbeleuchtung. — Von weiteren Räumen sind im zweiten Stockwerk ein langgestrecktes Laboratorium für Uebungen im Anfertigen von Medikamenten, ein Mikroskopierzimmer und eine Wohnung für den Assistenten untergebracht. Ein kleines Nebengebäude im Garten steht seit Jahren unbenutzt.

Die Dienstwohnräume werden durch Oefen, alle übrigen Räume des Gebäudes durch eine Feuer-Luftheizung erwärmt. Im Untergeschofs stehen die Luftheizapparate, der Abzug der Luft aus den einzelnen Räumen erfolgt nach unten zu zwei grofsen Saugschloten. — An Baukosten sind aufgewendet:

Für die künstliche Fundirung	82 000 ℳ
„ das Gebäude	257 000 „
„ die innere Einrichtung	53 000 „
„ Nebenanlagen	11 000 „
zusammen	403 000 ℳ

Es entfallen daher auf 1 qm künstliche Gründung 162 ℳ, auf 1 cbm umbauten Raumes ohne die Gründung und innere Einrichtung 25,30 ℳ.

Die hygienischen Institute der Universität, Klosterstrafse 32—36. Im Jahre 1885 wurden das erste und zweite Stockwerk des Gebäudes der ehemaligen Gewerbe-Akademie, Klosterstrafse 36, nach Angabe Robert Kochs durch Kleinwächter mit mäfsigem Kostenaufwande für die Zwecke des neu gegründeten hygienischen Laboratoriums eingerichtet. Neben dem Laboratorium entstand in den benachbarten, ebenfalls zur früheren Gewerbe-Akademie gehörigen Häusern, Klosterstrafse 32—35, 1886 ein Hygiene-Museum, dem ein grofser Theil der 1882 in der Ausstellung für Hygiene und Rettungswesen ausgestellten Gegenstände vom Cultusministerium überwiesen wurde.

Das Erdgeschofs des um einen grofsen geschlossenen Hof angeordneten Gebäudes, Klosterstrafse 36, enthält nur die Pförtnerwohnung und Ställe für Versuchsthiere des Instituts, während die übrigen Räume von dem Museum für deutsche Volkstrachten und Erzeugnisse der Hausindustrie benutzt werden. — Im ersten Stockwerk liegen die Geschäftszimmer, die Hörsäle und die Räume der chemischen Abtheilung, das zweite Stockwerk ist fast gänzlich für bacteriologisch-mikroskopische Arbeiten bestimmt. Das Dachgeschofs enthält Räume für photographische Aufnahmen.

Die Räume des Hygiene-Museums befinden sich in den Nachbargebäuden, Klosterstrafse 32—35. Es sind dort im Erdgeschofs Gegenstände der Beleuchtung, des Strafsenbaues, der Wasserleitung, Entwässerung und Heizung, sowie aus anderen Betrieben aufgestellt. Im ersten Stockwerk folgen Gegenstände aus dem Gebiete der Gesundheits- und Krankenpflege und sonstiger dem öffentlichem Wohl dienenden Anlagen.

Im ersten Stock des Gebäudes Klosterstrafse 36, dessen Façade gleichfalls alte Theile aus der Zeit der Erbauung (um 1715) aufweist, ist noch ein prächtiger, reich ausgemalter **Barocksaal** im Stil der Schlüterschen Paradekammern des Königlichen Schlosses erhalten.

Das erste anatomische Institut,[1] Luisenstrafse 56, im Garten der Thierärztlichen Hochschule. Das bereits im Jahre 1713 gegründete und 1724 dem Collegium medico-chirurgicum übergebene anatomische Theater wurde 1810 der Universität überwiesen. Von der Gründung bis zum Jahre 1828 mufste sich die Anstalt mit wenigen Räumen im oberen Stock eines Flügels des Königlichen Marstalls an der Dorotheen- und Charlottenstrafse behelfen. Dann erfolgte die Verlegung des Instituts nach einem für 30000 Thlr. angekauften Hause Hinter der Garnisonkirche 1, während die Abtheilung für vergleichende Anatomie, Histologie und Entwicklungs-Geschichte sowie die anatomisch-zootomische Sammlung im westlichen Flügel des Universitätsgebäudes Unterkommen fanden.

In dem alten, völlig unzureichenden Gebäude Hinter der Garnisonkirche 1 befand sich das anatomische Institut noch 1860, als auf Antrag des damaligen Directors C. B. Reichert zur Feier des 50jährigen Bestehens der Universität ein Neubau beschlossen wurde. Mit dem Entwurfe von Bauplänen wurde der damalige Bauinspector Albert Cremer betraut, welcher von 1863 bis 1865 auch die Ausführung des Neubaues im Garten der Thierärztlichen Hochschule leitete. In dem neuen geräumigen Hause des Instituts befand sich auch die Leichenschauanstalt bis zum 1. April 1886, zu welcher Zeit für letztere ein eigenes Gebäude an der Hannoverschen Strafse 19 aufgeführt wurde.

Die Abtheilung für vergleichende Anatomie, Histologie und Entwicklungs-Geschichte verblieb in ihren bisherigen Räumen im Universitätsgebäude, bis sie im Herbst 1892 das neu errichtete Gebäude des zweiten anatomischen Instituts bezog.

Der Cremer'sche Bau wurde nach der Berufung des gegenwärtigen Institutsdirectors, Geheimen Medicinalraths Waldeyer, in den Jahren 1885—1887 durch Klutmann theilweise umgebaut und durch den Anbau eines Ostflügels erweitert.

Das in der Hauptausdehnung von Westen nach Osten sich erstreckende Anatomiegebäude besteht aus einem 3,15 m hohen Kellergeschofs, einem 5,30 m hohen Erdgeschofs und einem ersten Stock von 5,60 m Höhe, worüber sich ein Drempel von 2,60 m erhebt. Der Mittelbau besitzt noch ein niedriges zweites Stockwerk. Im Kellergeschofs befinden

---

[1] Vergl. Guttstadt: Die naturwissenschaftlichen und medicinischen Staatsanstalten Berlins. Berlin 1886 und Zeitschrift für Bauwesen. 1866.

272 XIV. Hochschulen.

sich die Räume für die Heizung und das Brennmaterial, für die Werkstatt und Maceration, ferner die Leichenkeller, die Jnjectionsküche, Waschküche und Aborte, sowie zwei Dienerwohnungen. Aus dem Leichenkeller reicht ein Aufzug in das Erdgeschofs und erste Stockwerk. Eine Freitreppe führt an der Südseite des Gebäudes zu der Eingangshalle des Erdgeschosses. Westlich und nördlich von dieser betritt man die drei grofsen Präparirsäle, worin etwa 350 Studirende arbeiten können; östlich von der Vorhalle folgen die Zimmer für Staatsprüfungen, für Geübtere, für den Custos und ersten Assistenten, die Räume für Geübtere und den ersten Prosector, schliefslich der Hörsaal für kunstakademische anatomische Vorlesungen. Das erste Stockwerk enthält als Hauptraum den grofsen, etwa 11,50 m im Lichten hohen Hörsaal (das sogen. anatomische Theater) mit 370 amphitheatralisch ansteigenden Sitzplätzen. Im Westflügel liegen die Sammlungsräume, im Ostflügel die Zimmer des Directors, des zweiten Prosectors und eines Assistenten, die Bibliothek und der vorzüglich beleuchtete Mikroskopiersaal mit 100 Arbeitsplätzen. Das zweite Stockwerk des Mittelbaues umfasst die Wohnung des Hausinspectors. Räume für photographische Arbeiten befinden sich im Dachgeschofs des östlichen Anbaues.

Westlich vom Anatomiegebäude erhebt sich an der Grenze ein kleines Seitengebäude, worin Särge, Leichentheile und Abfälle bis zur Beerdigung aufbewahrt werden und der Leichenwagen seinen Platz hat. Zur An- und Abfuhr der Leichen wird der von der Philippstrafse zum Institutsgebäude führende gepflasterte Fahrweg benutzt, während die Docenten und Studirenden zum Gebäude von der Südseite über das Grundstück der Thierärztlichen Hochschule gelangen.

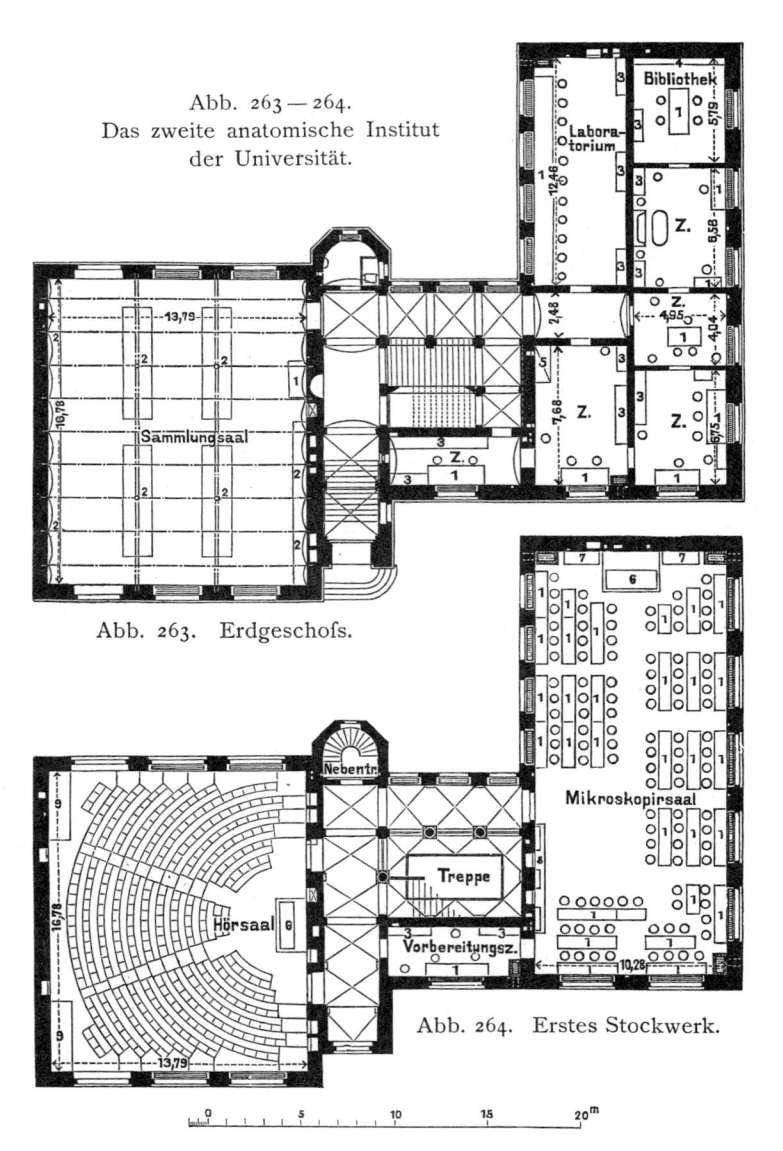

Abb. 263—264.
Das zweite anatomische Institut der Universität.

Abb. 263. Erdgeschofs.

Abb. 264. Erstes Stockwerk.

Das Anatomiegebäude ist mit Wasserleitung und Gasbeleuchtung, zum Theil auch mit elektrischer Beleuchtung versehen. Die Erwärmung der Säle erfolgt durch eine Heifswasserheizung mit Drucklüftung, die der übrigen Räume durch Oefen.

Die ansprechenden Façaden des Anatomiegebäudes sind an Vorbilder des romanischen Stils sich anschliefsend im Ziegelrohbau mit rothen Verblendern und Streifen von gelben Backsteinen ausgeführt. Die Dächer haben Zinkeindeckung auf Schalung erhalten.

Als Baukosten des Gebäudes werden rd. 470 000 ℳ. angegeben. Für den Um- und Erweiterungsbau in den Jahren 1885—1887 sind aufserdem rd. 231 000 ℳ. verausgabt.

XIV. Hochschulen.   273

Das zweite anatomische Institut.¹) Die dauernd und stetig wachsende Zahl der Studenten der Medicin liefs seit Jahren bereits die Nothwendigkeit hervortreten, neben dem bestehenden anatomischen Institut ein zweites zu errichten, in dem vorzugsweise der Unterricht in der vergleichenden Anatomie und Entwicklungs-Geschichte ertheilt und ein Parallelcursus in der mikroskopischen Anatomie eingerichtet werden sollte. Man entschlofs sich daher, nördlich von dem Gebäude des nunmehrigen ersten anatomischen Instituts einen Neubau für die zweite Anstalt nach den im Ministerium der öffentlichen Arbeiten festgestellten Plänen auszuführen. Der im Juni 1891 begonnene Neubau wurde unter der Oberleitung P. Böttgers und später Endells durch Metzing vollendet und im October 1892 von dem Institut bezogen.

Die eigenthümliche Grundrifsbildung wurde durch die Rücksichten bedingt, welche man auf den beschränkten, von hohen Gebäuden eingefafsten Bauplatz und auf den Betrieb

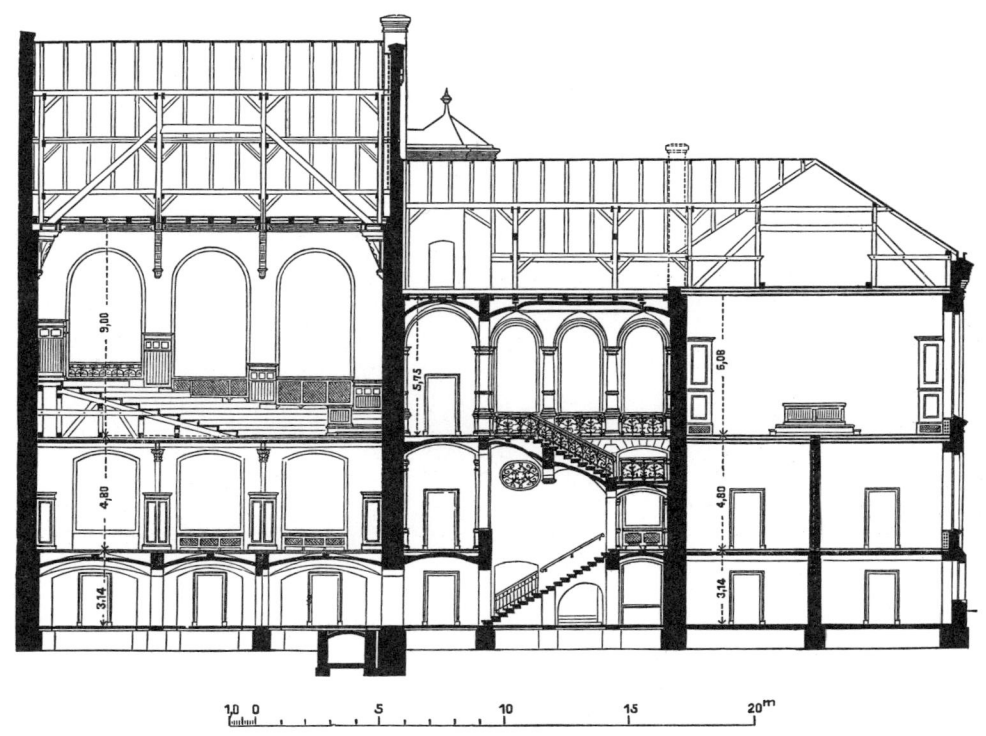

Abb. 265. Das zweite anatomische Institut, Querschnitt.

des benachbarten ersten anatomischen Instituts zu nehmen hatte. Es war namentlich nothwendig, den Neubau von letzterem thunlichst weit abzurücken, damit die Beleuchtung der Präparirsäle nicht beeinträchtigt wurde.

Das Gebäude besteht aus einem 0,50 m unter dem Erdboden versenkten Sockelgeschofs von 3,14 m, einem Erdgeschofs von 4,80 m und einem Obergeschofs von 6,08 m Höhe, worüber sich ein Drempel erhebt. Eine gröfsere Höhe von 9 m hat der im Obergeschofs belegene grofse Hörsaal erhalten. Im Sockelgeschofs befinden sich die Räume für das Aquarium, Maceration und Versuchsthiere, eine Dienerwohnung und Heizräume, auch Aborte für Studenten. Das Erdgeschofs enthält die Zimmer des Directors und der Assistenten, einige Räume für wissenschaftliche Arbeiten und einen geräumigen Sammlungssaal. — Im Obergeschofs liegen ein grofser Hörsaal mit 300 schwach ansteigenden Sitzplätzen, ein Vorbereitungszimmer und ein vortrefflich beleuchteter Mikroskopiersaal mit 105 Arbeitsplätzen. Der Hörsaal ist mit dem darunter liegenden Sammlungssaal durch einen Aufzug

---

1) Centralblatt der Bauverwaltung. 1893. S. 102.

verbunden und mit Verdunkelungs-Vorrichtungen versehen. Der Corridor im Obergeschofs dient gleichzeitig als Kleiderablage.

Die Erwärmung der Räume geschieht durch Dampf-, Dampfluft- und Dampfwasser-Heizung. Für den grofsen Hörsaal ist eine elektrische Beleuchtung durch Bogen- und Glühlicht vorhanden, die übrigen Räume werden durch invertirte Gas-Regenerativlampen erhellt. Das Aeufsere des Gebäudes hat wegen der abgeschlossenen Lage des letzteren eine sehr einfache architektonische Ausbildung im Ziegelrohbau erhalten; die Dachflächen sind mit deutschen Schieferplatten nach englischer Art, jedoch auf Schalung und Dachpappunterlage eingedeckt. In den Unterrichtsräumen befindet sich eichener Stabfufsboden, theilweise in Asphalt, auf den Fluren Fliesenbelag, in den untergeordneten Räumen Asphaltfufsboden.

Abb. 266. Chirurgische Klinik, Ansicht der Wasserseite.

Die Ausführungskosten betrugen nach der Abrechnung:
    a) für das Gebäude . . . . rd. 210 000 ℳ
    b) „ die innere Einrichtung . . . . „ 32 700 „
    c) „ Aufsenanlagen . . . . „ 4 500 „
                                zusammen 247 400 ℳ

Hiernach entfallen auf 1 cbm umbauten Raumes 18 ℳ Baukosten mit Ausschlufs der inneren Einrichtung und der Nebenanlagen. Zu diesen gehört u. a. ein Hofaquarium.

Ein kleines, nach E. Endells Entwurf an der Philippstrafse 12 im Ziegelrohbau mit steilen Schieferdächern errichtetes Gebäude dient als Pförtnerhaus für die Zufahrt zu beiden Instituten. Es wohnen darin zwei Diener und ein unverheiratheter Assistent des zweiten anatomischen Instituts. Die Baukosten haben rd. 25 000 ℳ betragen.

Die chirurgische Klinik, Augen- und Ohrenklinik in der Ziegelstr. 5—11.[1]) Für die unter Leitung von C. F. Graefe stehende, gleichzeitig mit der Universität gegründete chirurgische Klinik wurde 1818 das Haus Ziegelstrafse 5/6 erworben. Hier verblieb die immer mangelhafter untergebrachte Klinik 60 Jahre, bis nach Ankauf der Nachbargrundstücke auf dem erweiterten Bauplatze in den Jahren 1878—1883 ein umfangreicher Neubau errichtet wurde, in dem auch die 1881 neu gegründeten Kliniken für Augen- und Ohrenkrankheiten ein angemessenes Unterkommen fanden. Nach dem Bauprogramm sollten die

---

1) Centralblatt der Bauverwaltung. 1884. S. 108 und 1893. S. 53. — Guttstadt: Die naturwissenschaftichen und medicinischen Staatsanstalten Berlins. — Deutsche Bauzeitung 1882. Nr. 38.

XIV. Hochschulen. 275

Gebäude für 180 Betten der chirurgischen, 56 Betten der Augen- und 18 Betten der Ohrenklinik, insgesamt also für 254 Betten Raum bieten. Bei solcher Bettenzahl mufste der nur 9023 qm grofse, im Süden von der Spree, im Norden von der Ziegelstrafse begrenzte, auf den andern Seiten von Nachbargebäuden eingeschlossene Bauplatz bis über die Hälfte seiner Fläche bebaut werden. Auf ein Krankenbett entfallen daher auch nur rd. 36 qm der Grundstücksfläche.

Mit Rücksicht auf den fortlaufenden Betrieb der Klinik konnten die Neubauten nur in drei getrennten Zeitabschnitten ausgeführt und die alten Gebäude erst stückweise abgebrochen werden, sobald ein Theil der neuen bezogen war.

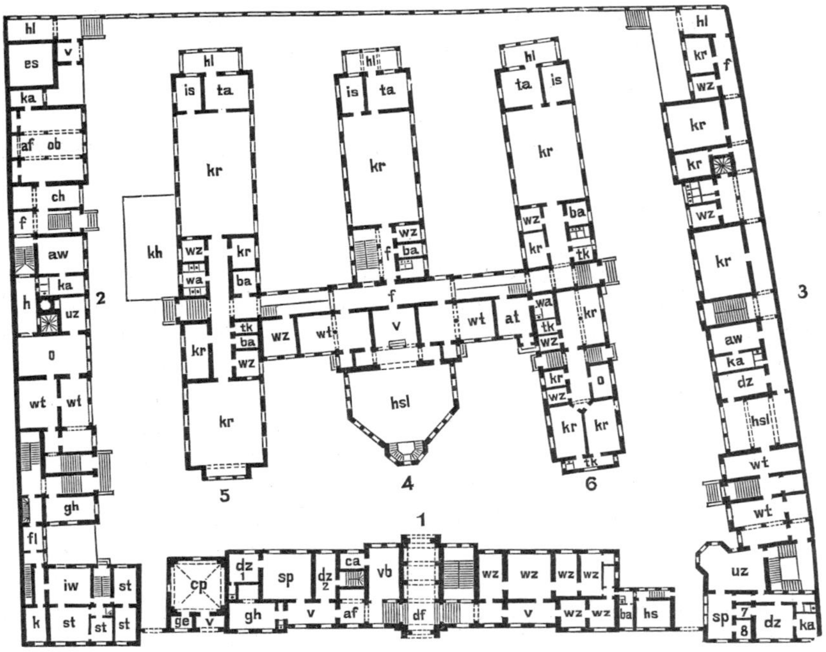

Die in den Abb. 266 und 267 dargestellte, etwas gedrängte Anlage besteht aus einem an der Ziegelstrafse belegenen Verwaltungsgebäude, zwei je an der östlichen und westlichen Grenze errichteten Flügelgebäuden und drei durch Zwischenbauten verbundenen Pavillons, an deren mittleren, den sogen. Kaiserpavillon, sich nördlich der grofse Operations-Saal anschliefst. — Das aus einem hohen Kellergeschofs, einem Erdgeschofs und zwei Stockwerken bestehende Verwaltungs-Gebäude 1 enthält im Erdgeschofs, östlich vom Haupteingange die Verwaltungs-

Abb. 267. Chirurgische Klinik, Grundrifs. Mafsstab 1 : 1000.
1. Verwaltungsgebäude. 2. Oestlicher Flügel. 3. Westlicher Flügel. 4. Mittel-Pavillon. 5. Linker Pavillon. 6. Rechter Pavillon. 7. Augenspiegel. 8. Perimeter. ab. Abtritt. af. Aufzug. at. Arzt. aw. Assistenzarzt. ba. Bad. ca. Kasse. ch. Chemisches Laboratorium. cp. Kapelle. dz. Directorzimmer. es. Eiskeller. f. Flur. fl. Flickstube. df. Durchfahrt. ge. Geräthe. gh. Gehülfe. hl. Halle. hsl. Hörsaal. is. Isolirzimmer. iw. Inspector. k. Küche. ka. Kammer. kr. Krankenraum. op. Operationszimmer. ta. Tagesraum. tk. Theeküche. uz. Untersuchungszimmer. v. Vorraum. vb. Verwaltungsbureau. wa. Waschraum. wf. Waschfrau. wz. Wärter. wt. Warteraum.

räume, westlich eine Familienwohnung des Hauswarts. — Im ersten und zweiten Stockwerk befinden sich Zimmer mit 1—2 Betten für 37 Kranke erster und zweiter Klasse der chirurgischen Klinik, aufserdem zwei permanente Bäder. Das Kellergeschofs umfafst Wohnungen für Unterbeamte, sowie die Küchen- und Wirthschaftsräume der drei Kliniken. — Die letzteren Räume erstrecken sich auch auf den westlichen niedrigen Anbau, während im östlichen die Begräbnifskapelle liegt.

Die Flügelgebäude haben gleiche Höhe und Geschofszahl wie das Verwaltungsgebäude, sind aber zur Lüftung und Beleuchtung der Seitencorridore durch Lichthöfe (*h*) und niedrige Zwischenbauten unterbrochen. Im östlichen Seitenflügel enthält das Erdgeschofs die Wohnung des Oeconomie-Inspectors, die Wäschekammern, einen Sectionssaal, einige wissenschaftliche Arbeitsräume und das Kesselhaus (*kh*). Die oberen Stockwerke werden von Krankenräumen für 72 Betten eingenommen. — Der westliche Seitenflügel ist den Kliniken für Augen- und Ohrenkrankheiten überwiesen. Nahe der Strafse betritt man im Erdgeschofs die poliklinischen Räume der genannten Kliniken; die übrigen Räume des Geschosses enthalten eine Wohnung für den Assistenzarzt und Zimmer für Ohrenkranke mit zusammen 18 Betten. Im ersten und zweiten Stockwerk liegen der Hörsaal und die Krankenräume der Augenklinik mit zusammen 56 Betten.

35*

Von den drei Pavillons sind nur die beiden seitlichen ganz unterkellert. Der mittlere, sogen. Kaiserpavillon, besitzt ein Erdgeschofs und ein erstes Stockwerk, zum Theil auch ein zweites, in deren Räumen 40 Betten für Männer Platz gefunden haben. — An den grofsen, durch Seiten- und Oberlicht sehr gut beleuchteten, 8,30 m hohen Operationssaal (klinischer Hörsaal) mit 160 amphitheatralisch angeordneten Plätzen schliefsen sich im Erdgeschofs die erforderlichen Nebenräume für Vorbereitung, Verbandzeug und Instrumente usw. an. Die grofsen Krankensäle im Erdgeschofs und ersten Stockwerk mit je 16 Betten sind mit genügenden Nebenräumen für Wärter, Bad, Closet usw., sowie für den Tagesaufenthalt nicht bettlägeriger Kranken versehen. — Die östlich und westlich anschiefsenden eingeschossigen Pavillons (Victoria- und Augusta-Pavillon) enthalten je 38 und 31 Krankenbetten für Männer bezw. Frauen; im westlichen liegt aufserdem noch ein permanentes Bad. Die Kellerräume dienen zur Aufnahme der schmutzigen Wäsche, sowie von allerlei Magazinräumen und einigen Dienstwohnungen.

Nach der Spree sind allen Pavillons offene Hallen vorgebaut, in denen die Kranken sich bei günstiger Witterung aufhalten können.

Die Geschofshöhen betragen: im Keller 2,70—3,23 m, im Erdgeschofs 4,35—4,74, im ersten Stock 4,35—5, im zweiten Stock 2,95—4,35, im Drempel 0,50—1,90 m.

Sämtliche Gebäude sind in antikisirenden Stilformen, massiv, mit Ziegelverblendung von röthlich gelbem Farbenton mit dunkleren Streifen ausgeführt. Gesimse, Friese und Einfassungen der Oeffnungen der Façaden bestehen aus dunkelfarbigen Terracotten. Einige Wandnischen im zweiten Stockwerk der Fronten an der Ziegelstrafse weisen Sgraffitomalereien auf. — Die Dächer sind mit Schiefer, theilweise auch mit Holzcement eingedeckt.

Die Zimmer der Dienstwohnungen in den Gebäuden haben zum Theil Kachelöfen erhalten. Alle übrigen Räume der Baulichkeiten werden von dem 1891 im östlichen Seitenflügel neu eingerichteten Kesselhause mittels geschlossener, unterhalb des Gebäudes in begehbaren Canälen liegenden Dampfleitungen durch Dampf-, Dampfluft- oder Dampfwasser-Heizung erwärmt. Durch den Dampf wird ferner das warme Wasser für die Bäder bereitet und der Betrieb der Koch- und Waschküche versehen. Die Gebäude besitzen eine künstliche Lüftung; die oberen Krankensäle der Pavillons weisen insbesondere die früher sehr beliebte, neuerdings von Robert Koch verworfene Firstlüftung auf. — In allen Baulichkeiten sind Leitungen für kaltes und warmes Wasser, sowie Gasleitungen vorhanden; die Entwässerungsanlage schliefst sich der städtischen Canalisation an.

Die Bauten sind von den Architekten Gropius & Schmieden nach eigenen Entwürfen in Generalunternehmung ausgeführt, die inneren Ausstattungsgegenstände wurden jedoch besonders beschafft. Mit der Beaufsichtigung der Ausführung waren nach einander Haesecke, Wolff und Saal betraut.

Nach der Abrechnung sind für die umfangreiche Anlage verausgabt:
a) an eigentlichen Baukosten einschliefslich der Bauleitungskosten . . . 1 590 271 ℳ
b) für die innere Ausstattung . . . . 194 611 „
c) für die Aufsenanlagen mit Einschlufs der Dampfleitungen und Canäle, der Gas-, Wasserleitung und Entwässerung . . . . 97 396 „
d) für die Ufermauer an der Spree . . . . 58 407 „

zusammen 1 940 685 ℳ.

Hieraus berechnet sich die Aufwendung für ein Krankenbett für den eigentlichen Bau ohne innere Ausstattung und Aufsenanlagen usw. auf rd. 6260 ℳ. und für Bau und innere Ausstattung (a + b) zusammen auf . . . . 7030 ℳ.

Schliefslich sei noch erwähnt, dafs auf ein Krankenbett in den Sälen 9—10 qm Grundfläche und 40—50 cbm Luftraum gerechnet wurden.

Der Erweiterungsbau der chirurgischen Klinik, Ziegelstrafse 10/11. Bereits einige Jahre nach Vollendung der Gebäude der vereinigten Kliniken erwiesen sich die Räume der chirurgischen Poliklinik im Erdgeschofs des Seitenflügels als unzulänglich, da täglich mehr als 100 Personen auf Abfertigung warteten. Auch fehlte es an Platz für chirurgisch Kranke und an einer geeigneten Unterkunft für die Diphtheriestation der chirurgischen Klinik. Es wurde daher 1890 das Vorderland des benachbarten Grundstücks, Ziegelstrafse 10/11, angekauft, auf dessen Hinterland das Langenbeckhaus von der Deutschen Gesellschaft für Chirurgie errichtet wurde, und auf diesem 1496 qm grofsen Bauplatze ein Erweiterungsbau ausgeführt.

Dieser aus einem Vorderhause und einem Seitenflügel bestehende, mit dem älteren Ostflügelgebäude der Kliniken verbundene Neubau enthält im Erdgeschofs die ausgedehnten Räume der chirurgischen Poliklinik, im ersten Stockwerk Wohnungen für den ersten Assistenzarzt der chirurgischen Klinik und den Hausdiener, sowie Raum für neun Krankenbetten, im zweiten Stock die von der Durchfahrt nur durch eine besondere Treppe zugängliche Diphtheriestation mit 18 Betten. Im Kellergeschofs befinden sich Wohnungen für zwei Unterbeamte und die Anlagen für die Sammelheizung und die Lüftung.

Die Architektur und die Ausstattung der Strafsenfront des Erweiterungs-Baues entsprechen durchaus dem Charakter der älteren Gebäude; die Anzahl und Höhe der Geschosse ist dieselbe wie im östlichen Seitenflügel der Kliniken.

Mit Ausnahme der Wohnungen werden alle Räume des Neubaues durch Dampfwasser-Heizung erwärmt.

Die Skizzen für den Erweiterungsbau wurden im Ministerium der öffentlichen Arbeiten entworfen, die Bearbeitung des Entwurfs und die Ausführung erfolgte durch den Baurath E. Haesecke und den Regierungs-Baumeister Friedeberg. Baukosten: rd. 237 000 ℳ, hierzu rd. 23 000 ℳ für die innere Ausstattung.

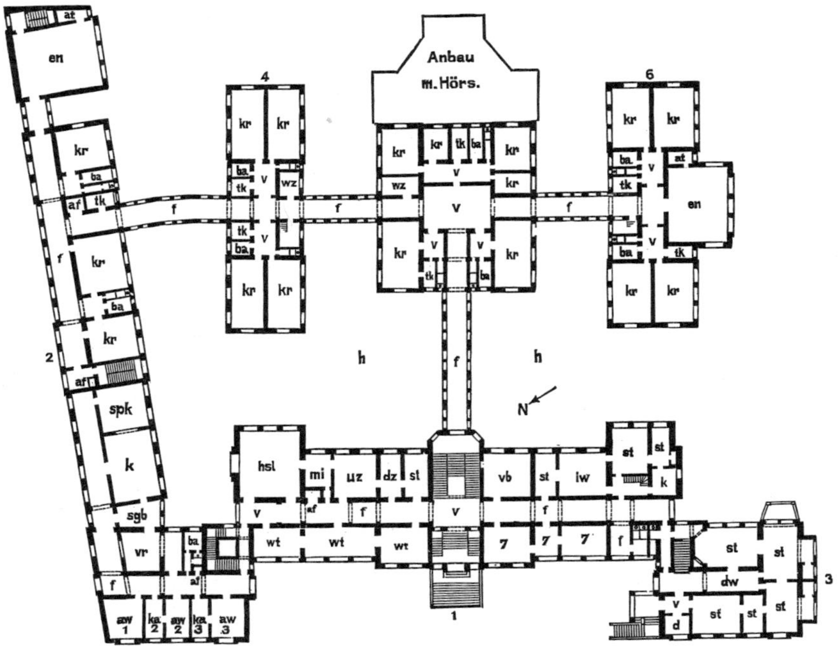

Abb. 268. Universitäts-Frauenklinik, Grundrifs. Mafsstab 1 : 1000.
dw. Director. en. Entbindungszimmer. mi. Mikroskopierzimmer. spk. Spülküche. sgb. Speiseausgabe. 1. Hauptbau. 2. Flügel. 3. Directorwohnung. 4. Pav. A. 5. Pav. B. 6. Pav. C. 7. Wohnung für Hebammen. — Die übrigen Bezeichnungen wie bei Abb. 267.

Die Universitäts-Frauenklinik.[1]) Die Universitäts-Frauenklinik in der Artilleriestrafse 13—16 wurde 1880—1882 auf einem 8275 qm grofsen, nach drei Seiten von der Spree, der Ziegelstrafse und einem fiskalischen Grundstück begrenzten Bauplatze durch Haeger und Ditmar nach Plänen der Architekten Gropius & Schmieden errichtet. Im Jahre 1886 erhielt die Klinik eine Erweiterung durch den Neubau eines Obductionshauses, 1892—1893 ist an der östlichen Grenze des Grundstücks nach einer im Ministerium der öffentlichen Arbeiten entworfenen Skizze durch Küster und Bloens ein grofser klinischer Hörsaal angebaut.[2]) Nach dem ursprünglichen Bauprogramm sollte die Klinik über 106 Betten verfügen, von denen 58 auf die geburtshülfliche und 48 auf die gynäkologische

---

[1]) Centralblatt der Bauverwaltung. 1882. S. 385 ff.
[2]) Centralblatt der Bauverwaltung. 1893. S. 290.

Abtheilung entfielen und 10 Betten für Wöchnerinnen erster Klasse, acht für gynäkologische Kranke erster Klasse bestimmt waren. Mit der gewaltig anwachsenden Bevölkerungsziffer Berlins hat aber die Zahl der Aufnahme suchenden Schwangeren und Kranken derart zugenommen, dafs gegenwärtig 76 Betten für Schwangere und 69 Betten für gynäkologisch Kranke, im ganzen also 145 Betten vorhanden sind.

An Baulichkeiten besitzt die Klinik ein parallel mit der Ziegelstrafse laufendes Hauptgebäude mit zwei südlich und nördlich anschliefsenden Eckbauten, einen Seitenflügel an der Ziegelstrafse und drei durch Gänge sowohl mit diesem wie mit dem Hauptgebäude als unter einander verbundene Pavillons auf dem östlichen Theile des Grundstücks. Sämtliche genannten Bautheile haben ein hohes Untergeschofs erhalten.

In dem etwa 11 m von der Baufluent zurückspringenden Hauptgebäude befinden sich im Erdgeschofs rechts vom Eingangsflur das Aufnahmezimmer, Räume für Hebammen und eine Dienstwohnung für den verheiratheten Hausinspector, links die Geschäftszimmer des Directors, die Poliklinik und Räume für Wärterinnen. — Das erste Stockwerk umfafst Zimmer und Säle für gynäkologisch Kranke, im zweiten Stockwerk liegen ein Hörsaal, die Räume für Lagaratomie, eine Wohnstube für einen Assistenzarzt und weitere Krankenzimmer mit Nebenräumen. — Im Untergeschofs sind Wohnungen für den Pförtner, Praktikanten, Volontäre und für Dienstpersonal vorhanden.

Der südliche Eckbau enthält im Erdgeschofs und im ersten Stockwerk die Directorwohnung, der nördliche im Erdgeschofs Wohnungen für unverheirathete Assistenzärzte, im ersten Stockwerk die Station für Kranke erster Klasse.

Das Erdgeschofs des Flügelbaues an der Ziegelstrafse wird westlich von den Küchenräumen, östlich von Zimmern für Wöchnerinnen und von einem geräumigen Entbindungszimmer eingenommen. Die übrigen Räumlichkeiten der geburtshülflichen Abtheilung liegen im Erdgeschofs der drei Pavillons *A*, *B* und *C*. Letzterer Pavillon enthält ein zweites Entbindungszimmer, während östlich von dem mittleren Pavillon *B* sich der 1892—1893 angebaute neue klinische Operationssaal mit Nebenräumen erhebt (Abb. 269 u. 270).

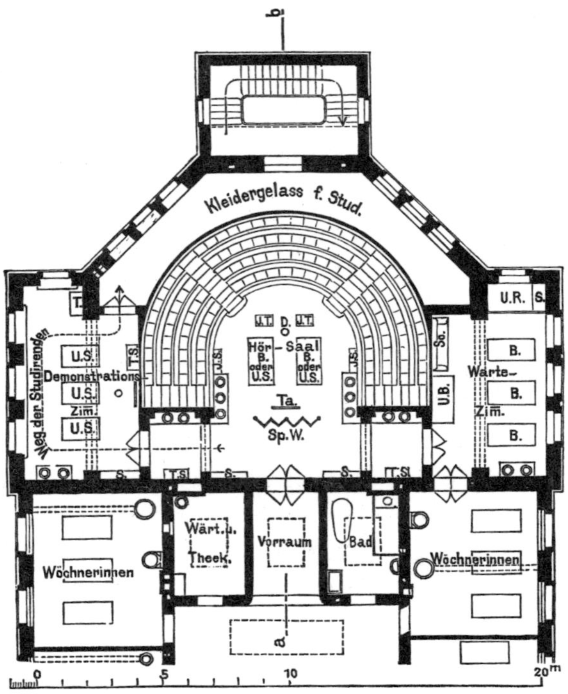

Abb. 269.
Anbau der Universitäts-Frauenklinik, Grundrifs.

Der Saal, welcher Platz für 170 Sitzplätze und etwa 50 Stehplätze gewährt, hat nach der Sehlinie ansteigende, hufeisenförmig um den Operationsraum angeordnete Sitzreihen erhalten. — Seine Tagesbeleuchtung empfängt er durch Seiten- und Oberlicht nach dem Muster des Operationssaales der chirurgischen Klinik in der Ziegelstrafse. Der Zugang der Studirenden zum Saale erfolgt durch eine besondere Treppe, eine Kleiderablage befindet sich unterhalb der Sitzreihen.

Die Geschofshöhen betragen: im Untergeschofs 3,50 m, im Erdgeschofs 5,10, im ersten und zweiten Stock 4,80 m.

Die lichte Höhe des neuen klinischen Operationssaales beläuft sich auf 9,30 m.

Sehr ansprechend ist die in einfachen antikisirenden Stilformen entwickelte äufsere Architektur der Bauten. Die Façaden sind mit gelben und rothen Siegersdorfer Ziegeln, unter Verwendung von Formsteinen und farbigen Terracotten verblendet. Als Eindeckung der an der Artilleriestraße belegenen Gebäudetheile ist Schiefer verwendet, die übrigen Baukörper haben Holzcementdächer erhalten.

Zum Schutz gegen Ansteckungsgefahr sind die Fußböden der Wöchnerinnenzimmer mit Terrazzobelag, die Decken und Wände daselbst mit Oelfarbenanstrich versehen. Eine gleiche Ausstattung findet sich in dem neuen Operationssaale.

Zur Erwärmung der Hörsäle dient eine Dampfluftheizung, die Gänge, die Bäder und Aborte werden durch Dampfheizung, alle sonstigen Räume der Klinik durch Dampfwasserheizung erwärmt. Der in drei Heine'schen Patentkesseln von 15 Atmosphären Ueberdruck und je 45 qm Heizfläche erzeugte Dampf wird gleichzeitig für Koch- und Wirthschaftszwecke, sowie zur Bereitung des warmen Badewassers benutzt. Die von Schimmel & Co. eingerichtete Dampfwaschanlage ist sowohl mit einem Trockenapparat als einem Desinfectionsapparat ausgestattet. Die Waschräume selbst befinden sich im Untergeschoß des Flügelgebäudes an der Ziegelstraße.

Sowohl um die laufenden Ausgaben thunlichst einzuschränken, als auch um der Anstalt den Bezug reinen keimfreien Trinkwassers zu sichern, hatte man die Klinik mit einer eigenen Wasserversorgung versehen. Im Laufe der Jahre ergab sich jedoch, daß das Wasser des Tiefbrunnens starke Schlammabsonderungen zeigte, es wurde daher nachträglich die Klinik an die städtische Wasserleitung angeschlossen.

Abb. 270. Anbau der Universitäts-Frauenklinik, Querschnitt.

Die Baukosten der ganzen Anlage betrugen:
  a) für die in den Jahren 1880—1882 errichteten
      Gebäude einschl. der inneren Einrichtung . rd. 1 113 000 ℳ
  b) „ die Nebenanlagen . . . . „ 51 000 „
  c) „ die künstliche Fundirung auf Senkkästen . „ 70 000 „
  d) „ die Ufermauer an der Spree einschl. deren
      Gründung . . . . „ 36 000 „
                                    zusammen 1 270 000 ℳ

Hiernach hat ein Krankenbett für Bau und innere Einrichtung, jedoch mit Ausschluß der Nebenanlagen und der künstlichen Fundirung, den außerordentlich hohen Kostenaufwand von 10 500 ℳ erfordert. Das Obductionshaus kostete rd. 54 000 ℳ und der Anbau des klinischen Hörsaales rd. 91 400 ℳ.

Das Zahnärztliche Institut, Dorotheenstraße 40. Das neu gegründete Zahnärztliche Institut wurde im Herbst 1884 in das Haus Dorotheenstraße 40 verlegt, welches 1873 zunächst für das botanische Museum erworben war und sodann 1876—1883 eine Abtheilung der Hochschule für Musik beherbergt hatte.

280 XIV. Hochschulen.

Das dreigeschossige Institutsgebäude besteht aus einem Vorderhause, einem Seitenflügel und einem hinteren Querflügel. Im Erdgeschofs ist die Abtheilung für mechanische Zahnheilkunde mit dem zugehörigen Laboratorium untergebracht. Das erste Stockwerk enthält die Räume der Abtheilung der Mundchirurgie und der Poliklinik, sowie einen gröfseren Raum für Sammlungen und theoretische Vorträge, auch eine Dienerwohnung. Sämtliche Zimmer des zweiten Stockwerks dienen der Abtheilung für operative Zahnheilkunde, in welcher Zahnfüllungen gemacht werden. — Die Poliklinik wird jährlich von über 10 000 Personen aufgesucht; an Studirenden der Zahnheilkunde waren vor einigen Semestern bereits 250 immatrikulirt.

Das Gebäude selbst bietet baulich kein besonderes Interesse.

1. Thierärztliche Hochschule.
2. Anatomiegebäude.
3. Pathologisches Institut.
4. Hygienisches Institut.
5. Apotheke.
6. Reitbahn und Oeconomiegebäude.
7. Pferdestall.
8. Hundestall.
9. Kuhstall.
10. Hundespital.
11. Demonstrationshalle.
12. Dienstleutehaus.
13. Treibhaus.
15. Caserne der Militärschmiede.
16. Pferdestall.
17. Militär-Lehrschmiede.
18. Stallungen.
19. Wohnhaus.
20. Portier.
21. Erstes und zweites anatomisches Institut der Universität.
22. Beamtenhaus.
23. Stall.
24. Aquarium.
25. Philippskapelle.
26. Friedrich-Realgymnasium.
27. Turnhalle des Gymnasiums.
28. Deutsches Theater.
29. Stall der Garde-Artillerie.
30. Französisches Hospital.
31. Reichs-Gesundheitsamt.

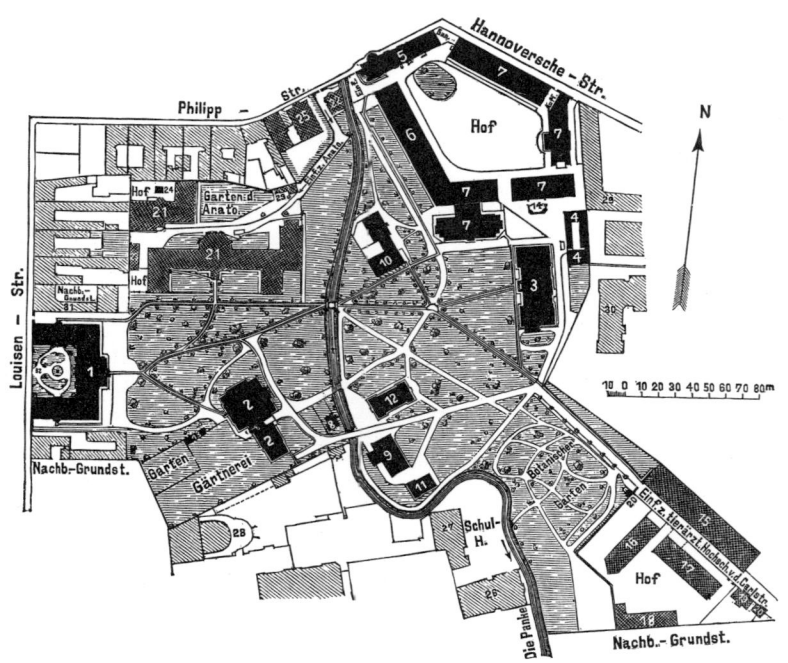

Abb. 271. Thierärztliche Hochschule, Lageplan.

Die Thierärztliche Hochschule, Luisenstrafse 56. Im Jahre 1787 betraute der König Friedrich Wilhelm II. den Oberstallmeister Grafen von Lindenau mit der Einrichtung einer Thierarzneischule in Berlin, „weil der Schaden, der aus Mangel an guten Rofs- und Viehärzten entstanden, für das Land und die Cavallerie von den allertraurigsten Folgen sei". Mit einer Zahl von 46 Eleven wurde die Schule sodann am 1. Juli 1790 eröffnet, als die erforderlichen Neubauten in dem angekauften ehemaligen Gräflich Reufsschen Garten, nach den Plänen des Geheimen Kriegsraths C. G. Langhans fertiggestellt waren. Die junge Anstalt entwickelte sich im Laufe der Zeit kräftig weiter, nahm mehr und mehr einen akademischen Charakter an und wurde nach fast hundertjährigem Bestehen 1887 zur Thierärztlichen Hochschule erhoben. In den letzten Jahren waren etwa 300 Studirende eingeschrieben, aufserdem besuchten noch etwa 150 Unterrofsärzte die Vorlesungen und Uebungen. Als Unterrichts-Abtheilungen der Hochschule bestehen gegenwärtig:

    das anatomische Institut,
    das pathologisch-anatomische Institut,
    das physiologische Institut,
    die Klinik für innere Krankheiten der Hausthiere,

---

[1] „Die Thierärztliche Hochschule zu Berlin 1790—1890". Festschrift. Berlin 1890. Verlag von Aug. Hirschwald.

die Klinik für äufsere Krankheiten der Hausthiere (chirurgische Klinik),
die Klinik für kleine Hausthiere,
die ambulatorische Klinik,
das pharmakologische Institut und
das chemische Institut.

Die zu verschiedenen Zeiten errichteten Gebäude der Hochschule befinden sich auch heute noch auf dem im vorigen Jahrhundert angekauften Grundstücke, Luisenstrafse 56, das von der Panke durchflossen und in eine kleinere westliche und in eine gröfsere östliche Hälfte getheilt wird.

a) Das Hauptgebäude an der Luisenstrafse, 1839—1840 von Hesse als Putzbau in hellenisirenden Formen mit flachen Zinkdächern ausgeführt, enthält in drei Geschossen die Verwaltungsräume, die Hörsäle für allgemeine wissenschaftliche Vorlesungen, die Aula, sowie einige Dienstwohnungen für Professoren und den Administrator der Hochschule. In dem zwischen den vorspringenden Gebäudeflügeln liegenden Vorhofe an der Luisenstrafse befindet sich auf einem Postament aus Granit ein bronzenes Standbild des um die Anstalt besonders verdienten ehemaligen Directors Gerlach.

b) Das östlich vom Hauptgebäude im Garten belegene Anatomiegebäude, 1790 durch C. G. Langhans errichtet und 1874 durch einen Anbau erweitert, umfafst die Räume des anatomischen und des physiologischen Instituts. Die einfache aber charaktervolle Architektur der älteren Bautheile ist von besonderem Interesse; leider wird die Erscheinung des kleinen Gebäudes durch die allmählich erfolgte Aufhöhung des umgebenden Geländes sehr beeinträchtigt. In dem mittleren, gut beleuchteten Kuppelsaale befindet sich das anatomische Theater, auf dessen oberen Wandflächen sich treffliche Fresken, grau in grau gemalt, von B. Rode, erhalten haben.

c) Für das pathologisch-anatomische Institut ist 1882—1884 von Zastrau ein den neueren wissenschaftlichen Anforderungen entsprechendes Gebäude als Ziegelrohbau, unter sparsamer Verwendung von Terracotten, aufgeführt. Das Erdgeschofs enthält die Sectionsräume, Arbeitszimmer für chemische und bacteriologische Untersuchungen sowie einen Mikroskopiersaal mit 100 Arbeitsplätzen. Im ersten Stock gelangt man zu dem grofsen theoretischen Hörsaal mit 200 ansteigenden Sitzplätzen, sowie zu den Sammlungsräumen. — Die Baukosten mit Ausschlufs der inneren Einrichtung haben 180 664 ℳ betragen (etwa 14,50 ℳ für 1 cbm umbauten Raumes).

d) Die Klinik für innere Krankheiten der Hausthiere (insbesondere der Pferde) verfügt über Räume zur Unterbringung von 40 kranken Pferden im südlichen Theile des alten Oeconomiegebäudes, sowie in dem östlich von letzterem vorhandenen älteren Gebäude, worin zugleich die Poliklinik abgehalten wird.

e) Die chirurgische Klinik besitzt Krankenställe für Pferde in einem an der Hannoverschen Strafse liegenden älteren Gebäude. Südlich von diesem ist 1892—1893 unter E. Endells Oberleitung ein Neubau ausgeführt, worin Stände und Boxen für äufserlich kranke Pferde, eine Operationshalle mit Nebenräumen für wissenschaftliche Arbeiten und eine Schmiede Platz gefunden haben.

f) Südwestlich von dem unter d erwähnten alten Oeconomiegebäude erhebt sich an der Panke eine kleine Gebäudegruppe, in der die Klinik für kleine Hausthiere (besonders für Hunde) und das pharmakologische Institut untergebracht sind. Die älteren Bautheile stammen aus dem Jahre 1853; eine Erweiterung hat 1883 stattgefunden. In den verfügbaren Krankenräumen stehen Käfige zur Aufnahme von 40 bis 50 Hunden. Zum Aufenthalt der Thiere im Freien dienen drei ummauerte Laufhöfe.

g) Das chemische Institut, die Apotheke und die Kasse sind in einem alten, an der Philippstrafse stehenden, zweigeschossigen Gebäude in ungenügender Weise untergebracht, sodafs seit längerer Zeit beabsichtigt ist, für das chemische Institut einen Neubau aufzuführen.

h) Ein Stallgebäude für Rassenkühe und ein Wohngebäude für Dienstleute sind östlich vom Anatomiegebäude 1892—1893 errichtet. In der Nähe des Stallgebäudes wurde 1895 eine kleine Demonstrationshalle erbaut, in welcher den Studirenden erkrankte Thiere vorgeführt werden sollen.

Die Königliche Geologische Landesanstalt und Berg-Akademie,[1])

Invalidenstraße 44. Die durch Cabinetsordre vom 1. September 1860 begründete und im Herbst jenes Jahres mit 43 Hörern eröffnete Berg-Akademie war zunächst provisorisch und

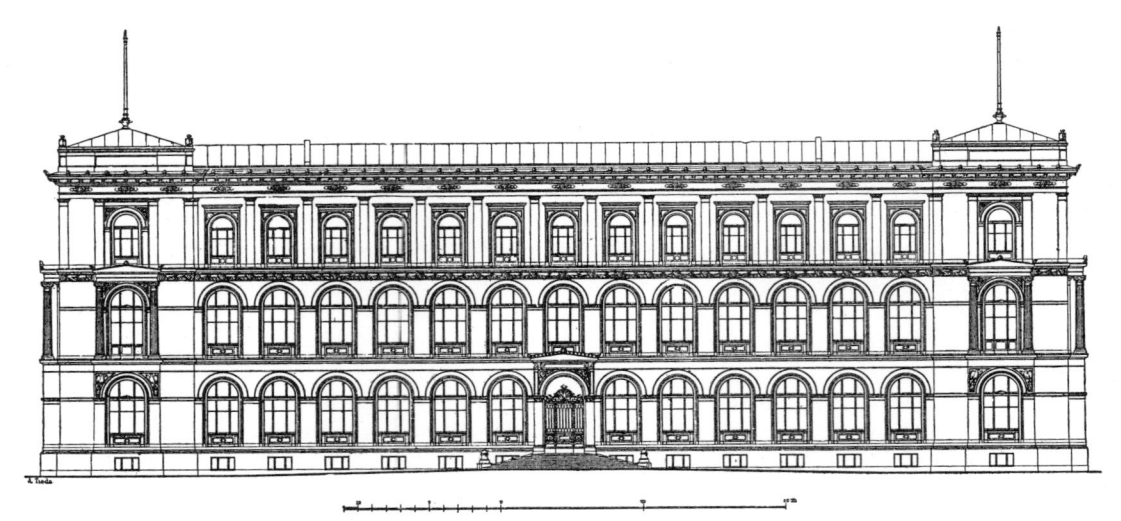

Abb. 272. Geologische Landesanstalt, Ansicht von der Invalidenstraße.

ungenügend in dem ehemaligen Gebäude der alten Börse am Lustgarten untergebracht. Nachdem 1873 die zur eingehenden wissenschaftlichen Untersuchung und Kartirung der Bodenverhältnisse des preußischen Staatsgebiets bestimmte Geologische Landesanstalt ins Leben gerufen und mit der Berg-Akademie verbunden war, beschloß die Staatsregierung 1874 zur Unterbringung beider Anstalten einen Neubau auf dem geräumigen Grundstücke der früheren Königlichen Eisengießerei in der Invalidenstraße auszuführen, wo auch die Neubauten für das Naturhistorische Museum und die Landwirthschaftliche Hochschule ihren Platz erhalten sollten. Der erstgenannte Neubau wurde auf dem westlichen Theile des gemeinschaftlichen Grundstücks in den Jahren 1875—1878, auf Grund eines vom Geheimen Ober-Bergrath Hauchecorne aufgestellten Bauprogramms, nach den Plänen des Baurats und Professors A. Tiede errichtet. Ein in den ursprünglichen Plänen bereits vorgesehener Erweiterungsbau ist 1890—1892 durch den Regierungs-Baumeister F. Laske ausgeführt.

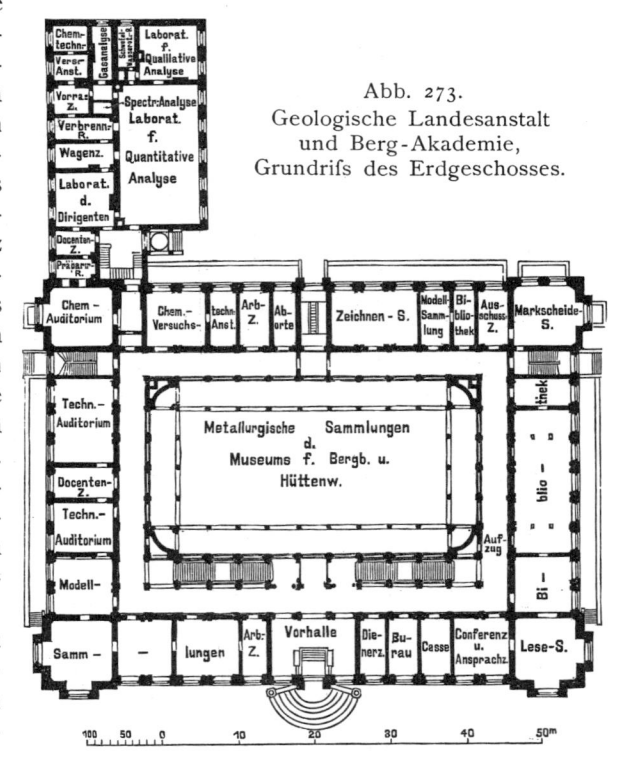

Die Berg-Akademie wurde in den letztverflossenen Jahren im Winter durchschnittlich von etwa 150, im Sommer von 100—120 Studirenden besucht. Der Lehr-

Abb. 273.
Geologische Landesanstalt und Berg-Akademie, Grundriß des Erdgeschosses.

---

[1]) Unter Benutzung der ausführlichen Beschreibung mit Abbildungen in der Zeitschrift für Bauwesen. 1882. S. 7 und 153 ff. sowie nach Mittheilungen des Geheimen Ober-Bergraths Dr. Hauchecorne.

körper besteht aus 13 Professoren und Docenten. — Das Gebäude der vereinigten Anstalten besteht aus einem dreigeschossigen Hauptbau (Abb. 272), dessen vier Flügel einen zweigeschossigen überdeckten Lichthof von rechteckigem Grundrifs umschliefsen, und einem nordwestlich anstofsenden zweigeschossigen Flügelbau, der das Laboratorium für Mineralanalyse, Probirkunst und Bodenkunde, sowie die chemisch-technische Versuchsanstalt enthält.

Im Erdgeschofs des mit der Südfront der Invalidenstrafse zugekehrten Hauptbaues befinden sich die im wesentlichen für die Berg-Akademie bestimmten Räume: die Unterrichtssäle, die bergmännischen und metallurgischen Modellsammlungen, die Bibliothek (ehemalige Ministerial-Bergwerks-Bibliothek) und die Verwaltungsräume. — Das erste Stockwerk umfafst in den Räumen der Südfront und der anschliefsenden beiden Flügel die Sammlungen des Geologischen Landes-Museums, während auf den Galerien des Lichthofs die Sammlung von Erzeugnissen des Bergbaues und Steinbruchbetriebes Platz gefunden hat. Beide Sammlungsgruppen gewähren ein anschauliches Bild der Bodenverhältnisse und bergmännischen Erzeugnisse des preufsischen Staates. Im nördlichen Flügel des ersten Stocks ist das mineralogische Institut nebst der Mineraliensammlung untergebracht. — Die Mitte der Südfront im zweiten Stock wird von der Aula eingenommen, der Westflügel enthält die Dienstwohnung des Directors der Berg-Akademie, alle übrigen Räume dieses Geschosses sind für Arbeitszwecke der Geologischen Landesanstalt eingerichtet.

Alle Sammlungen sind zu gewissen Stunden dem Besuch des Publicums geöffnet.

Der mit dem Hauptbau unmittelbar zusammenhängende nordwestliche Flügelbau umfafst im Erdgeschofs unter anderen den gröfseren, ins Obergeschofs hineinreichenden Saal für quantitative chemische Untersuchungen mit Arbeitsplätzen für 60 Praktikanten. Aufserdem sind weitere 20 Plätze für qualitative chemische Arbeiten in anderen Räumen vorhanden. — Im Kellergeschofs befinden sich die Räume für die Centralheizung und für Vorräthe, sowie einige Familienwohnungen für Unterbeamte.

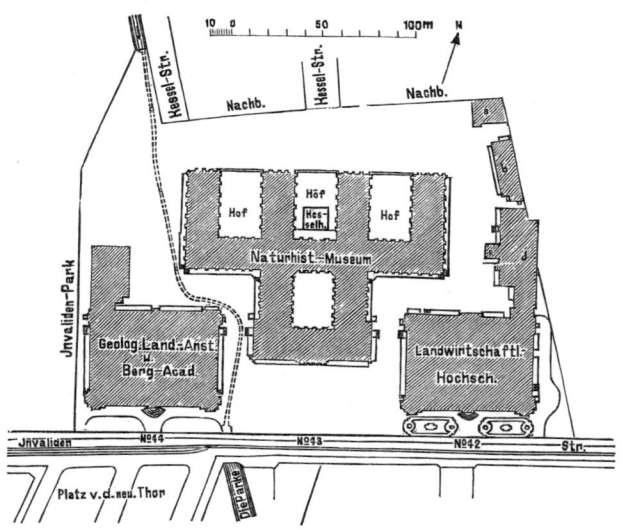

Abb. 274. Berg-Akademie, Naturhistorisches Museum, Landwirthschaftliche Hochschule.

Die Hauptfronten des Gebäudes (Abb. 272), von vornehmen Verhältnissen, weisen die feine hellenische Formengebung der Berliner Architekturschule auf. Die Flächen sind mit Weiberner Tuffsteinquadern verblendet; Gesimse und andere Architekturtheile bestehen aus schlesischem Sandstein der Rackwitzer Brüche. Nur die Hinterfront des Hauptbaues, sowie die Fronten des Flügelbaues sind in Putz hergestellt. Der innere Ausbau ist zwar gediegen, jedoch mit Ausnahme des Hauptvestibüls und des Lichthofs durchaus einfach gehalten. — Zur Erwärmung der meisten Räume dient eine Feuerluftheizung; im Nordflügel ist bei Ausführung des Erweiterungsbaues (Aufbau des ersten und zweiten Stockwerks) eine Niederdruck-Dampfheizung eingerichtet. Die Geschofshöhen betragen im Erdgeschofs 6,25 m, im ersten und zweiten Stock 6,50 bezw. 5,20 m.

Die Ausführungskosten der 1874—1878 errichteten Neubauten haben sich auf 1 694 902 ℳ belaufen, von welcher Summe 1 531 885 ℳ auf die eigentliche Bauanlage, 156 150 ℳ auf die innere Einrichtung und 16 897 ℳ auf Aufsenanlagen entfallen. Ohne Einrechnung der beiden letztgenannten Beträge kosteten 1 cbm umbauten Raumes des Hauptbaues rd. 19 ℳ, 1 cbm umbauten Raumes des Flügelbaues rd. 14,80 ℳ.

36*

Die Ausführung des 1890—1892 errichteten Erweiterungsbaues hat einschliefslich der hierfür erforderlichen Ergänzung der inneren Einrichtung einen Kostenaufwand von rd. 200 000 ℳ verursacht.

Die Landwirthschaftliche Hochschule,[1]) Invalidenstrafse 42.

Im Jahre 1862 wurde die 1806 von Thaer auf Befehl Friedrich Wilhelms III. zu Möglin am Oderbruch eingerichtete Königliche akademische Lehranstalt des Landbaues nach Berlin verlegt und mit der Universität verbunden. Nachdem 1867 auch das Landwirthschaftliche Museum begründet und anfangs in einem Miethshause am Schöneberger Ufer, dann seit 1875 in dem früheren Ministerial-Dienstgebäude, Schützenstrafse 26, nothdürftig untergebracht war, erfolgte 1876—1880 die Ausführung eines stattlichen Neubaues für das vereinigte Lehrinstitut und Museum auf dem östlichen Theile des ehemaligen Eisengiefserei-Grundstücks an der Invalidenstrafse nach dem Entwurfe und unter Oberleitung von A. Tiede. 1881 wurde der Anstalt die Bezeichnung „Landwirthschaftliche Hochschule" verliehen.

Die Anstalt verfügt gegenwärtig über ein mit der Vorderfront der Invalidenstrafse zugekehrtes Hauptgebäude mit dem nordöstlich anschliefsenden Flügelbau des chemischen Instituts d, ferner über ein 1882, hart an der östlichen Grenze aufgeführtes Gebäude des Laboratoriums für Gährungsgewerbe und Stärkefabrikation b, sowie ein nördlich hiervon durch Küster im Jahre 1892 errichtetes Baracken-Auditorium a, Abb. 274.

Das viergeschossige, mit niedrigem Drempel versehene Hauptgebäude umschliefst einen mittleren glasgedeckten Hof, dessen inneres Oberlicht in Fufsbodenoberkante des zweiten Stockwerks liegt. Im Erdgeschofs befinden sich rechts und links vom südlichen Haupteingange und neben dem Lichthofe die Säle für die zoologische und entomologische Sammlung und die Modellsammlung. Der grofse Lichthof dient zur Aufstellung der Sammlung landwirthschaftlicher Maschinen, der Nordflügel enthält die Geschäftszimmer, die Räume des thierphysiologischen Instituts und eine kleine Wohnung für den Hausverwalter. Das erste Stockwerk wird fast ganz von Sammlungssälen eingenommen. Im zweiten Stockwerk erreicht man die Bibliothek, die Räume des physikalischen, des pflanzenphysiologischen und des botanischen Instituts, sowie der 1883 eingerichteten geodätisch-kulturtechnischen Abtheilung, ferner den grofsen Hörsaal und die agronomisch-pedologischen Arbeitszimmer. Das Kellergeschofs nimmt die Räume für Kohlen und die Centralheizung, einige Werkstätten und Dienerwohnungen auf.

Der Flügelbau für das chemische Institut enthält im Erdgeschofs einen Hörsaal für 140 Plätze, einen grofsen durch Oberlicht erhellten Saal für chemische Arbeiten mit 50 Plätzen, das Laboratorium des Vereins für Rübenzucker-Industrie des Deutschen Reiches und verschiedene Nebenräume. — Im Obergeschofs befinden sich das Privatlaboratorium des Dirigenten und einige Zimmer für specielle Untersuchungen; der Keller umfafst die Räume für Dampfkessel und die Centralheizung.

Die Architektur und das Material der mit Werksteinen verblendeten Aufsenfronten des Hauptgebäudes und des als Putzbau hergestellten Laboratoriumflügels, sowie der innere Ausbau stimmen mit den entsprechenden Bautheilen der benachbarten Berg-Akademie nahezu überein, sodafs auf die Beschreibung des letztgenannten Gebäudes nur hingewiesen sei.

Das Laboratorium für Gährungsgewerbe und Stärkefabrikation, ein einfacher Putzbau an der östlichen Grenze des Grundstücks, ist auf Staatskosten erbaut und eingerichtet, während die Betriebskosten des Instituts gemeinschaftlich von mehreren technischen Vereinen Deutschlands getragen werden. Es befinden sich im Erdgeschofs ein Hörsaal für 80 Plätze und ein Laboratorium für chemische und mikroskopische Arbeiten mit Nebenräumen; weitere Arbeitszimmer sind im ersten Stock untergebracht.

Das Baracken-Auditorium an der nördlichen Grenze enthält u. a. einen grofsen Hörsaal mit Vorflur und Kleiderablage.

---

[1]) Mit Benutzung der Schrift: Die Königliche Landwirthschaftliche Hochschule zu Berlin, ihre Begründung und Einrichtung. Berlin 1891. (Mit Abbildungen.)

Im Jahre 1889 wurde der Hochschule ein besonderes Versuchsfeld von 5 ha Gröfse an der Seestrafse im Norden Berlins überwiesen, woselbst auch 1891 die zur Bewirthschaftung des Feldes erforderlichen Gebäude errichtet sind.

Die Ausführungskosten der oben näher beschriebenen Gebäude betrugen:

A. Hauptgebäude nebst Flügelbau des chemischen Instituts   1 964 496 ℳ
    Innere Einrichtung . . . . 356 753 „
B. Laboratorium für Gährungsgewerbe . . . . 79 275 „
    Innere Einrichtung . . . . 10 658 „
                                                                     Summe 2 411 182 ℳ

Ohne die Einrichtung kostete 1 cbm umbauten Raumes des Hauptgebäudes 20,60 ℳ, des chemischen Laboratoriums 21,10 ℳ und des Laboratoriums für Gährungsgewerbe 14,50 ℳ. Für den Bau und die Einrichtung des Baracken-Auditoriums sind zusammen 25 475 ℳ verausgabt.

Das Akademiegebäude,[1]) Unter den Linden 37, der Sitz der beiden Akademien der Wissenschaften und der Künste, ist aus dem Umbau eines Theiles der von Nering seit 1687 dort erbauten grofsartigen Marstallanlage hervorgegangen. Für die im Jahre 1696 geschaffene Akademie der Künste wurde zunächst das ganze obere Stockwerk des an den Linden liegenden Flügels, für die 1700 gestiftete Societät der Wissenschaften das obere Stockwerk des Flügels an der Dorotheenstrafse eingerichtet; dem letzteren fügte Grünberg den fünf Geschosse hohen Observationsthurm der alten Sternwarte hinzu, der vom Jahre 1832 bis zur Einführung der elektrischen Telegraphie als Standort eines optischen Telegraphen gedient hat. Als im Jahre 1743 das Gebäude der Kunst-Akademie durch Brand vernichtet worden war, liefs Friedrich der Grofse dasselbe durch Boumann (den Vater) 1745 erneuern und bestimmte es gleichzeitig für die Akademie der Wissenschaften. Der letzteren ist seither die westliche Hälfte des Obergeschosses an den Linden, der Akademie der Künste und den unter Leitung derselben stehenden Lehranstalten der ganze östliche Theil des Gebäudes einschliefslich des Flügels an der Universitätsstrafse angewiesen. Ein späterer Ausbau beider Theile ist von 1810 bis 1820 durch den Hof-Bauinspector Rabe bewirkt worden.

Weder das Aeufsere des Gebäudes, dessen Attika mit einigen dürftigen plastischen Gruppen geschmückt ist, noch das für die gegenwärtigen Verhältnisse sehr unzweckmäfsig eingerichtete Innere haben architektonischen Werth; aus dem letzteren sind allein die Vestibül- und Treppenanlage, sowie die „lange Galerie" — beide dem Rabe'schen Umbau angehörig — zu erwähnen. Der Abbruch sämtlicher auf dem sogenannten Akademieviertel stehenden Baulichkeiten ist in Aussicht genommen. Die Akademie der Wissenschaften soll später in dem hier zu errichtenden neuen Bibliothekgebäude ihren Sitz erhalten.

Ein Neubau für die Kunst-Akademie mit ihren Lehranstalten wurde von Sr. Majestät dem Kaiser bei Gelegenheit der zweihundertjährigen Jubelfeier der Akademie in sichere Aussicht gestellt. Bereits ist zur Erlangung von Entwürfen ein allgemeiner Wettbewerb eingeleitet und als Grundstück das Gelände am Bahnhofe Zoologischer Garten zwischen Hardenbergstrafse und Kurfürstenallee bestimmt worden.

Die früher im Akademiegebäude — zuerst im Jahre 1786 — veranstalteten grofsen Kunstausstellungen werden seit 1886 im Landesausstellungs-Gebäude am Lehrter Bahnhof abgehalten. — Auf dem südlichen Hofe des Gebäudecomplexes befindet sich eine 1792 von Becherer für das damalige Regiment Gensdarmes errichtete Reitbahn (37,67 m lang, 18,83 m breit), deren Bedachung aus dichtgereihten, spitzbogigen, durch Zangen und Zugstangen gefafsten Bohlensparren besteht.

Die ehemalige Bau-Akademie am Schinkelplatz, Werder'schen Markt und an der Schleusenbrücke gelegen, wurde in den Jahren 1832—1835 durch Bürde nach Schinkels Entwürfen auf dem Gelände des ehemaligen Packhofes erbaut.[2]) Ursprünglich

---

[1]) Bearbeitet vom Land-Bauinspector A. Körner.
[2]) Abbildungen und Beschreibung in Schinkels Entwürfen, Blatt 115—122, und in der Allgemeinen Bauzeitung, Jahrgang 1836.

286   XIV. Hochschulen.

war nur das Hauptgeschofs für die Unterrichtszwecke der Bau-Akademie bestimmt; das Erdgeschofs enthielt Läden und Dienstwohnungen, das zweite Geschofs die Dienstwohnung des Directors, die Geschäftsräume der Ober-Baudeputation und nach Schinkels Tode das

Abb. 275. Die alte Bau-Akademie, Ansicht.

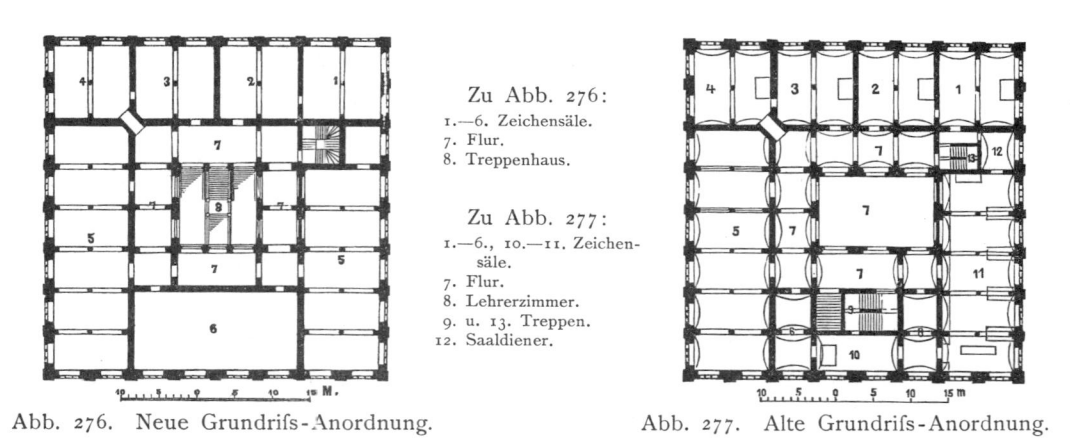

Zu Abb. 276:
1.—6. Zeichensäle.
7. Flur.
8. Treppenhaus.

Zu Abb. 277:
1.—6., 10.—11. Zeichensäle.
7. Flur.
8. Lehrerzimmer.
9. u. 13. Treppen.
12. Saaldiener.

Abb. 276. Neue Grundrifs-Anordnung.   Abb. 277. Alte Grundrifs-Anordnung.

Schinkel-Museum. Nach und nach wurden durch die zunehmende Frequenz der Hochschule alle anderen Elemente aus dem Gebäude verdrängt und dieses zur besseren Nutzbarmachung für die Zwecke der Bau-Akademie im Jahre 1879 nach Lucaes Plänen umgebaut. Aus den Abb. 276 u. 277 ist die jetzige und frühere Anordnung des Hauptgeschosses ersichtlich. Der innere Hof wurde um eine Achse eingeschränkt, mit Glas überdeckt und nahm die stattliche Haupttreppe auf; die abgetrennte Achse wurde zum Corridor auf der Westseite der neuen Treppe ausgebaut. An Stelle des früheren Treppenhauses und der angrenzenden kleinen Räume wurde in beiden Geschossen je ein grofser Zeichensaal hergestellt. Beide Obergeschosse enthielten nur Zeichen- und Hörsäle, das Erdgeschofs Dienstwohnungen, das Schinkel-Museum und Erholungsräume für die Studirenden (vgl. die Legende zu Abb. 276 u. 277).

Seit die zur Technischen Hochschule vereinigte Bau- und Gewerbe-Akademie in den Neubau nach Charlottenburg verlegt wurde, hat das Gebäude der Bau-Akademie verschiedenen Zwecken gedient. Gegenwärtig sind darin untergebracht: Unterrichtsräume der Königlichen Akademie der Künste, das Geographische Institut der Universität, das Mefsbildinstitut des Ministeriums der geistlichen Angelegenheiten, das Meteorologische Institut und die Königliche Musikinstrumenten-Sammlung.

Das 21 m hohe Gebäude, welches ein Quadrat von 45,82 m Seite bedeckt, zeichnet sich aus im Grundrifs durch eine regelmäfsige Gewölbeanlage von 5,55 m Achsweite, im Aufrifs durch eine klare Ausbildung des durch die Gewölbewiderlager bedingten Constructionsprincips. Die die Innenräume überdeckenden flachbogigen Kappen von 4,71 m Spannweite und 0,59 m Pfeilhöhe, nur einen halben Stein stark mit Verstärkungsgurten in 1 m Abstand gewölbt, ruhen auf Gurtbögen und Säulen und werden durch ein solides Ankersystem zusammengehalten. Im zweiten Geschofs sind nur die Flure und Gänge gewölbt, die übrigen Räume haben Balkendecken auf armirten Unterzügen.

Die Façaden sind mit dunkelrothen Backsteinen und Streifeneinlagen von hellvioletten glasirten Ziegeln verblendet und zeigen einen reichen Terracottaschmuck an den Portal- und Fenstereinfassungen. Die figürlichen Darstellungen und die glasirten Ziegel sind von dem Berliner Fabrikanten Cornelius Gormann, alle übrigen Ziegel und Terracotten von dem Fabrikanten Wenzel aus einem Gemenge von Rathenower und Stolper Thon hergestellt. Noch heute ist an diesen Arbeiten, den ersten modernen Versuchen dieser Art in Berlin, die meisterhafte künstlerische und technische Ausführung und die tadellose Erhaltung nach 60jährigem Bestehen zu bewundern. Nur im Sockel auf der Südseite mufsten einige, vielleicht im Brande mifsrathene Ziegel kürzlich erneuert werden.

Die Bau-Akademie gilt als eine der reifsten und in sich vollendetsten Schöpfungen Schinkels und ist bau- und kunstgeschichtlich deshalb von hoher Bedeutung, weil sie den für Jahrhunderte vergessenen, in den märkischen Landen altheimischen Backsteinbau wieder einführt. Das im Grundrifs streng durchgeführte, in der Façade klar zum Ausdruck gebrachte Gewölbeprincip ist in feinen, von hellenischem Geiste durchwehten Formen ausgebildet, welche dem Backsteinmateriale auf das Glücklichste angepafst sind.

Die Königliche Hochschule für Musik

ist zur Zeit in einem ehemaligen Privatgebäude Potsdamer Strafse 120 untergebracht, einem Bau, der durch die Errichtung eines grofsen Saals für Concertaufführungen auf dem Hintergrundstücke erweitert worden ist. Es besteht die Absicht, einen Neubau für die musikalische Hochschule mit dem Neubau der Kunst-Akademie auf dem oben näher bezeichneten Gelände zu vereinigen.

Die Technische Hochschule in Charlottenburg,[1]

Berliner Strafse 151. Die Gründung einer Bau-Akademie zu Berlin erfolgte durch Cabinetsordre vom 13. April 1799, unter Genehmigung eines von den Ministern v. Heinitz und v. Schrötter vorgelegten Planes, der als Aufgabe der neuen Anstalt „die theoretische und praktische Bildung tüchtiger Feldmesser, Land- und Wasser-Baumeister, auch Bauhandwerker" bezeichnete. Die Bau-Akademie sollte als ein Theil der Akademie der Künste unter dem gemeinschaftlichen Curatorium der jedesmaligen Chefs der Kunst-Akademie und des Ober-Baudepartements stehen. Infolge

---

[1] Bearbeitet vom Land-Bauinspector G. Diestel unter Benutzung der Beschreibung von Koch, Zeitschrift für Bauwesen 1886, S. 157 und 331 ff., mit Zeichnungen Bl. 19—23, 49 und 50 im Atlas, sowie nach Mittheilungen des Regierungs-Bauführers Gilowy in Charlottenburg.

288 XIV. Hochschulen.

durchgreifender Reformen ging die Anstalt 1824 in das Ressort des Handelsministeriums über, welches zunächst Eytelwein die Leitung übertrug. Seit 1835 wurde die Bau-Akademie in dem nach Schinkels Plänen von Bürde 1832—1835 errichteten, auf Seite 286/87 beschriebenen Gebäude am Schinkelplatz untergebracht. — Das ungeahnte Wachsthum der Anstalt, welche im Winter 1821/22 nur 31 Zuhörer, 1849/50 schon 313, 1876/77 1085 Studirende zählte, liefs bereits zu Anfang der siebziger Jahre den Gedanken der Errichtung eines umfangreichen Neubaues entstehen, worin gleichzeitig die Gewerbe-Akademie Aufnahme finden sollte.

Die letztere war aus noch bescheideneren Anfängen hervorgegangen und am 1. November 1821 auf Beuths Betreiben unter dem Namen „Technisches Institut" mit 13 Schülern eröffnet. Nach Erweiterung des Lehrplanes erhielt die Anstalt seit 1827 die Bezeichnung „Gewerbe-Institut", dessen Zöglinge bis zum Jahre 1855 nicht nur freien Unterricht genossen, sondern gröfstentheils noch ein Stipendium von jährlich 300 Thalern (seit 1848 nur 200 Thalern) erhielten. Im Jahre 1864 wurde das System der Collegiengelder und das Institut der Privatdocenten eingeführt und der Anstalt 1866 der Name „Gewerbe-Akademie" verliehen. Die im Winter 1876/77 von 659 Studirenden besuchte Akademie befand sich in mehreren, zu verschiedenen Zeiten entstandenen Häusern, Klosterstrafse 35/36, welche gegenwärtig den hygienischen Instituten der Universität (vergl. S. 271) überwiesen sind.

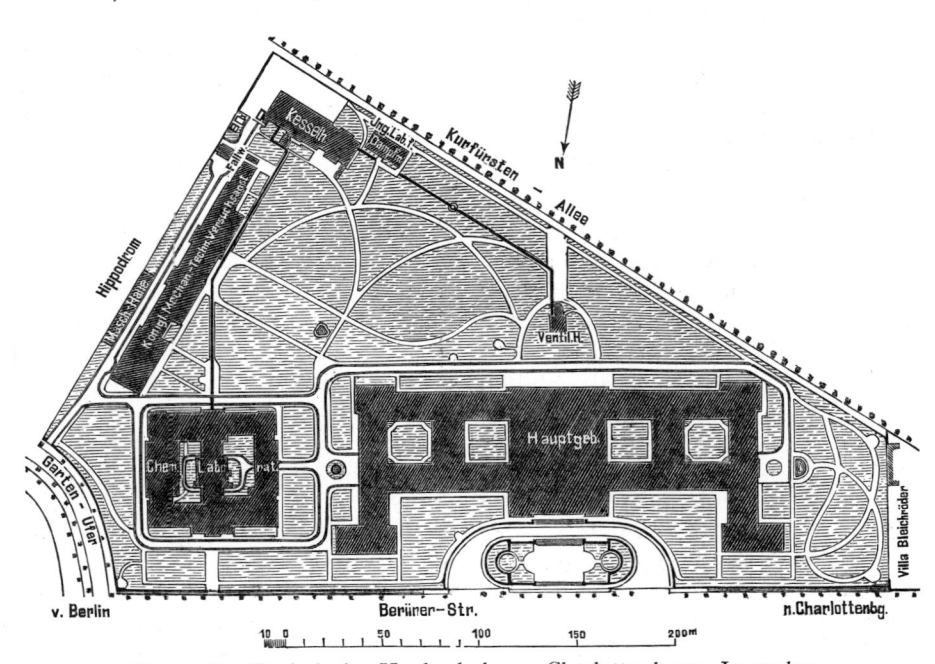

Abb. 278. Technische Hochschule zu Charlottenburg, Lageplan.

Am 1. April 1879 erfolgte die Vereinigung beider Akademien zur Technischen Hochschule und ihre Uebernahme in das Ressort des Cultusministeriums, gleichzeitig waren — bereits im Sommer 1878 — die zur Aufnahme der jungen Hochschule bestimmten umfangreichen Neubauten auf dem westlichen Theile des Hippodroms in Charlottenburg begonnen worden. Mit der Ausführung des zuerst von Richard Lucae aufgestellten, nach dessen Tode von Hitzig theilweise umgearbeiteten Entwurfs waren Stüve und Koch betraut. Als auch Hitzig 1881 verstarb, übernahm J. C. Raschdorff die künstlerische Vollendung des Hauptgebäudes und den Entwurf der Pläne zum Neubau des chemischen Laboratoriums. Die Vollendung der Neubauten erfolgte im Sommer 1884, worauf am 2. November desselben Jahres, in Gegenwart Kaiser Wilhems I., die feierliche Einweihung des neuen Hauses stattfand. Seit 1889 sind bereits verschiedene Erweiterungsbauten erforderlich geworden.

Der Lehrkörper der Hochschule setzte sich im Wintersemester 1895/96 aus 72 etatsmäfsigen Professoren und aus Staatsmitteln besoldeten Docenten, sowie aus 60 Privatdocenten zusammen; zu derselben Zeit waren 1982 Studirende und 523 Hospitanten, ferner 230 zur Theilnahme am akademischen Unterricht berechtigte Hörer eingeschrieben.

Mit der Hochschule ist die Königliche mechanisch-technische Versuchsanstalt und Prüfungsstation für Baumaterialien verbunden.

XIV. Hochschulen.   289

Abb. 279. Technische Hochschule zu Charlottenburg.

1. Zeichensäle.
2. Hörsäle.
3. Sammlungsräume.
4. Professorenzimmer.
5. Rector.
6. Syndicus.
7. Kanzlei und Kasse.

Auf dem geräumigen, mit parkartigen Anlagen geschmückten Grundstücke befinden sich nahe der Berliner Straße das Hauptgebäude und das Gebäude des chemischen Laboratoriums. Südlich von letzterem gelangt man zu den Gebäuden der mechanisch-technischen Versuchsanstalt und zum Maschinen- und Kesselhause; neben dem Kesselhause wird gegenwärtig ein Ingenieur-Laboratorium errichtet. Nahezu in der Mitte des Grundstücks steht ein kleines Haus für die Ventilatoren und die zugehörige Dampfmaschine.

1. Das Hauptgebäude. Das viergeschossige imposante Hauptgebäude von 228 Meter Länge und 90 m Tiefe umschließt fünf Höfe von 23 m im Geviert, von denen vier offen, der mittelste dagegen als Prachthof ausgebildet und mit einer doppelten Glasdecke überspannt ist. Den Zugang zu diesem in drei Geschossen allseitig von offenen Säulenhallen umgebenen Hof bildet das Hauptvestibül, an das sich beiderseits die durch Glaswände abgetrennten Säle, links für das Gipsmuseum, rechts für die technologische Sammlung anschließen. An der Ost- und Westseite des Mittelhofes liegen die doppelläufigen

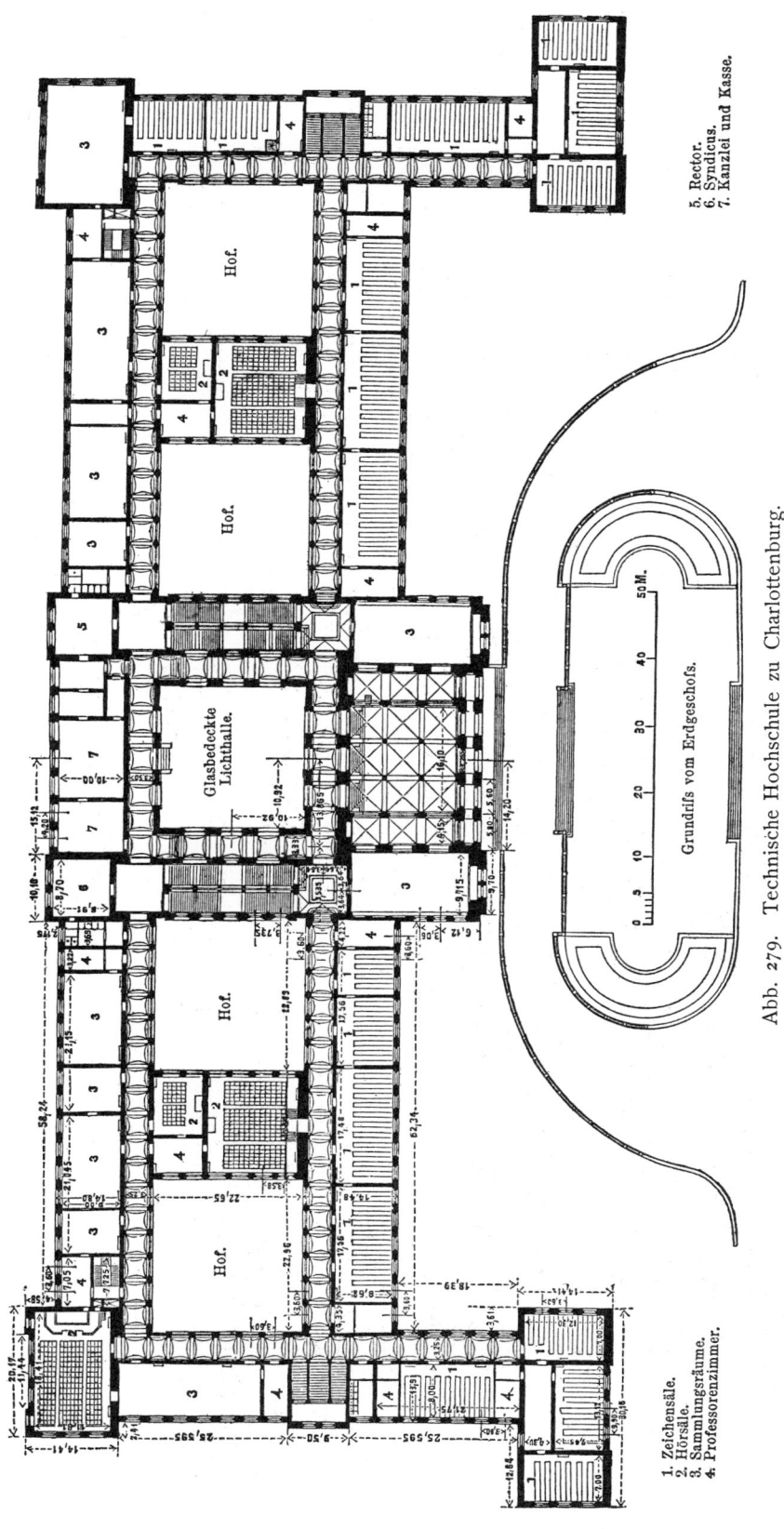

Berlin und seine Bauten. II.

37

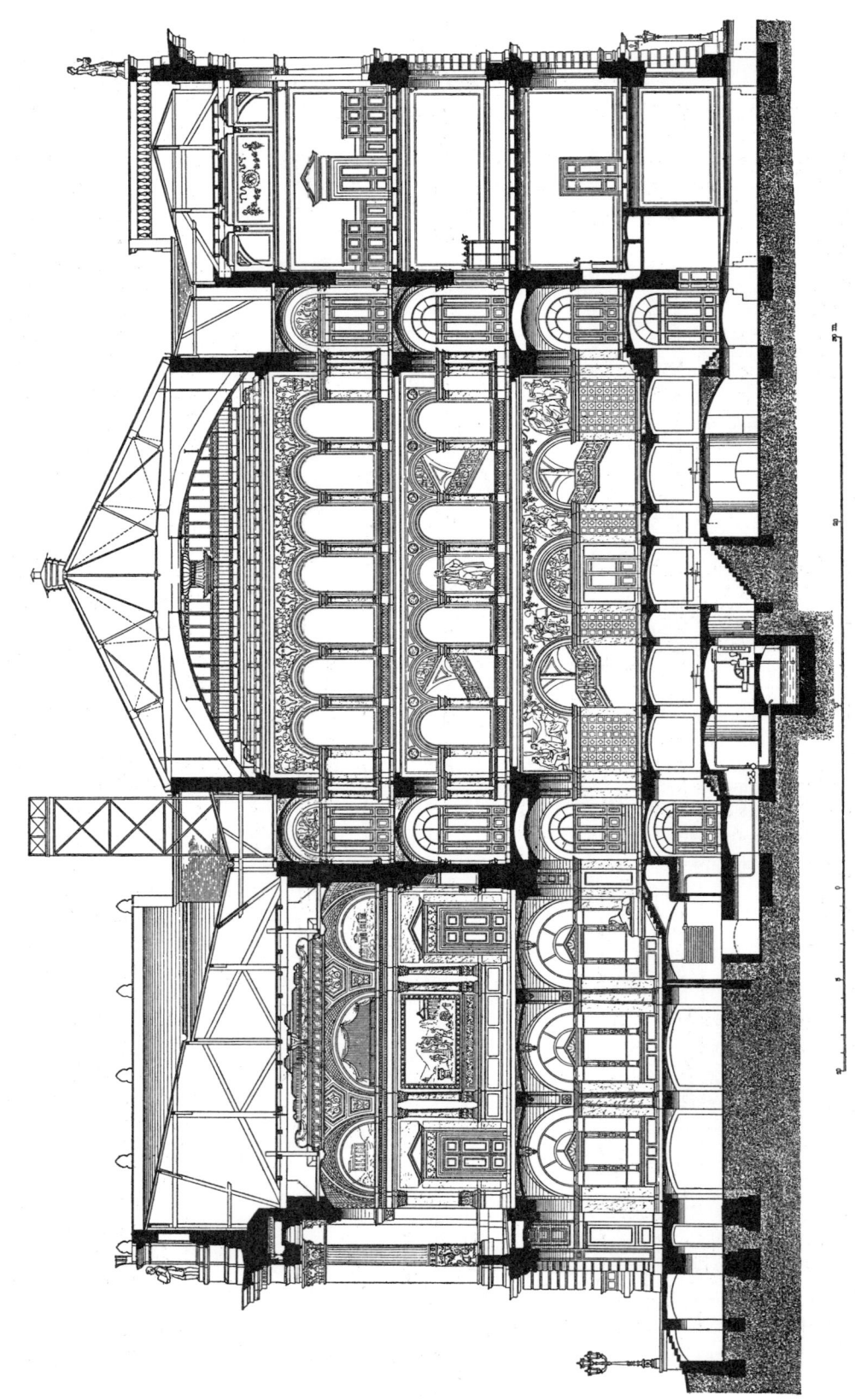

Abb. 280. Technische Hochschule zu Charlottenburg, Querschnitt durch die Mittelachse des Hauptgebäudes.

XIV. Hochschulen.

Abb. 281. Technische Hochschule zu Charlottenburg, Ansicht des Hauptgebäudes.

Haupttreppen. — Der Mittelbau enthält im Erdgeschofs südlich die Verwaltungsräume, im ersten Stock nördlich die Aula nebst anstofsenden Sitzungssälen. Im zweiten Stock des Mittelbaues liegen unter anderem in der Mitte der Hinterfront der grofse Lesesaal, daran anschliefsend die Bibliothek, zu welcher sämtliche anstofsenden Räume der Hinterfront des westlichen Flügels gehören. Die Flügelbauten enthalten im Erdgeschofs, ersten und zweiten Stock des weiteren nördlich, östlich und westlich die Zeichen- und sonstigen Uebungssäle, südlich die Sammlungssäle und das Architektur-Museum, während die grofsen zweiseitig beleuchteten Hörsäle geschickt in die Zwischenbauten der offenen Höfe verlegt sind. Im Sockelgeschofs befinden sich das Casino der Studirenden und Dienstwohnungen für Unterbeamte.

Die Geschofshöhen sind ziemlich bedeutend und betragen: im Sockelgeschofs 5,30 m, im Erdgeschofs 6,25, im ersten Stock 6,50, im zweiten Stock 5,80 m.

Durch die starke Gliederung des Grundrisses ist trotz der bedeutenden Ausdehnung des Gebäudes Eintönigkeit geschickt vermieden, vielmehr eine wechselvolle Gestaltung für die kräftig modellirte, durch stattliche Rampen- und Freitreppenanlagen geschmückte Vorderfront erstrebt worden. Eine weitere Belebung der Aufsenfronten ist durch geschickte Wahl verschiedenfarbigen Verblendmaterials erreicht, das in der Plinthe aus grauem sächsischen Granit, im Sockel aus rothem Nebraer, im Erdgeschofs aus gelbem Alt-Warthauer, in den Obergeschossen aus gelblich-grünem Postelwitzer Sandstein besteht. Farbiges Sandsteinmaterial hat ferner bei Herstellung des Hauptgesimses, der Attika und der Säulchen zwischen den Fenstern des zweiten Stockes Verwendung gefunden.

Abb. 282. Technische Hochschule, Theilansicht des mittleren Hofes.

Während die Obergeschosse der Flügelbauten ein gleichmäfsig durchlaufendes System von Rundbogenöffnungen zeigen, erhält der stark vorspringende Mittelbau eine zwischen Eckrisalite mit Nischen eingestellte korinthische, durch beide Geschosse reichende Säulenstellung. Fünf Rundbogenöffnungen erleuchten die die volle Raumhöhe einnehmende Aula. Die Krönung dieses Bautheiles bildet eine hohe Attika mit Reliefschmuck.

Die Reliefs, aus dem Gebiete der technischen Künste und Gewerbe, nebst Figuren von Vertretern der letzteren, wurden von Reusch, Hartzer, Herter, Eberlein und Schuler gearbeitet. Aus den Ateliers der Bildhauer Lürssen, Franz, Karl Begas, Moser, Dorn und

XIV. Hochschulen. 293

Schulz entstammen die Gruppen und Einzelfiguren auf der Attika der beiden vorderen Eckbauten und des südlichen Mittelbaues. Die übrigen Statuen und Büsten berühmter Meister in den Nischen des Mittelrisalits und auf dem Brustgeländer im ersten Stock sind von Enke, Hundrieser, Eberlein, Keil und Begas modellirt. Der ornamentale Schmuck der Façaden wurde von Lessing und Dankberg ausgeführt.

Die Höfe sind in den Flächen mit Backsteinen verblendet und zeigen ornamentalen Schmuck in Sgraffito. — Im Innern sind die Unterrichts- und Sammlungsräume einfach

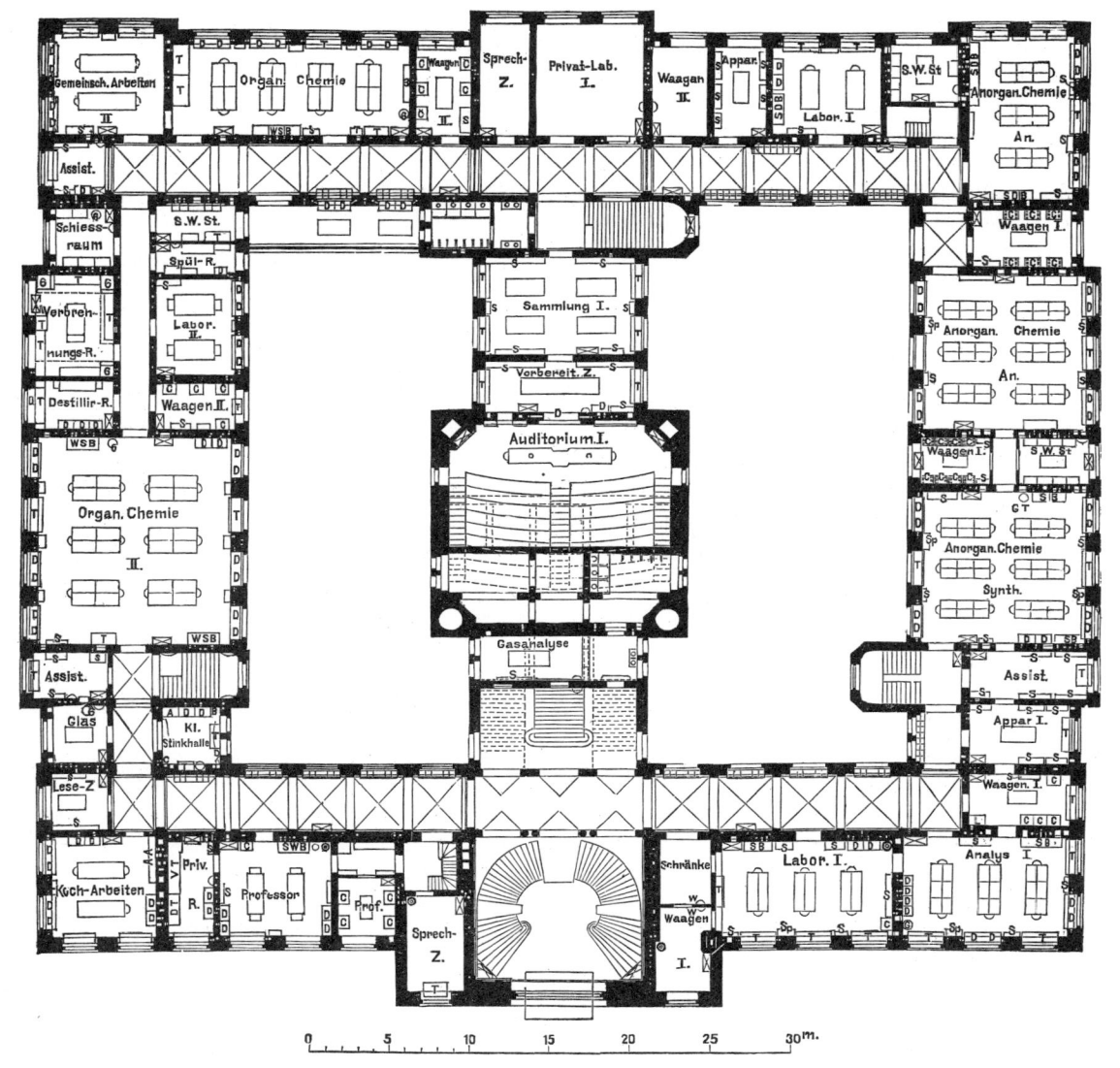

Abb. 283. Technische Hochschule zu Charlottenburg. Das chemische Laboratorium, Grundriſs des Erdgeschosses.

und dem Bedürfniſs entsprechend eingerichtet. Ein gröſserer Reichthum der Ausstattung findet sich allein im Hauptvestibül, in dem mittleren Prachthofe, den Haupttreppenhäusern, sowie in der Aula nebst den anschlieſsenden Sitzungssälen. Hervorzuheben sind u. a. die durch M. von Beckerath in Caseïnfarben ausgeführten Wandmalereien des Prachthofes und die Bemalung der Aula, in deren Schildbogenflächen Darstellungen hervorragender Baudenkmäler verschiedener Zeiten durch Spangenberg, Jacob und Körner ausgeführt sind. In der Aula befinden sich auch ein bronzenes Standbild Kaiser Wilhelms I. von Hundrieser und zwei Gedenktafeln der in den letzten Kriegen gefallenen Studirenden, im grofsen Mittelhofe eine Bronzestatue Friedrich Wilhelms III. in antiker Tracht.

Sämtliche Räume werden durch eine centrale, mit einer Drucklüftung verbundene Niederdruck-Dampfheizung erwärmt.

2. **Das chemische Laboratorium.** Das nach J. Raschdorffs Plänen 1882 begonnene, 66 m lange und 60 m tiefe Gebäude des chemischen Laboratoriums umschliefst zwei offene Höfe von 36 m Länge und 16 m gröfster Breite. Der vordere und der hintere Langbau enthalten drei Geschosse, während die Seitenflügel zwei Geschosse und nur nach den Höfen zu ein theilweise zu Dienerwohnungen ausgebautes Dachgeschofs besitzen.

Man betritt das Gebäude durch den nach der Berliner Strafse belegenen Haupteingang. Im Sockelgeschofs liegen vorzugsweise die Unterrichtsräume für metallurgische und technische Chemie, der übrige Theil dieses Geschosses, das hohe Erdgeschofs und ein Theil des ersten Stockwerks umfassen die Räume für anorganische und organische Chemie. Die sonstigen Räume im ersten Stock dienen für photochemische Untersuchungen und Sammlungszwecke. Für Vorträge sind fünf Hörsäle vorhanden, von denen der gröfste, zu Vorlesungen in der anorganischen Chemie bestimmt, im Zwischenbau liegt. Die Studirenden betreten diesen mit ansteigenden Sitzen versehenen Saal vom Podest der Haupttreppe.

Die Geschofshöhen betragen im Sockelgeschofs 4,50 m, im Erdgeschofs und ersten Stock 6 m und 5,75 m.

Abb. 284. Technische Hochschule zu Charlottenburg.
Chemisches Laboratorium, Theilansicht der Front.

Die in einfachen aber wirksamen Renaissanceformen durchgebildeten Aufsenseiten sind mit Werksteinen verblendet, die Dächer mit Holzcement eingedeckt. — Zur Erwärmung der Räume dient eine mit Druck- und Sauglüftung verbundene Dampfheizung. An die Sauglüftung sind auch die meisten in Fensternischen angeordneten Digestorien angeschlossen, deren glasirte Ablüftthonrohre in zwei hoch über Dach geführte Schlote münden.

3. **Die Gebäude der mechanisch-technischen Versuchsanstalt.** Die im Jahre 1884 vollendeten, in einfachen Formen des Ziegelrohbaues mit überhängenden Pappdächern ausgeführten Bautheile enthalten im Keller eine Schmiede, im Erdgeschofs des Mittelbaues Geschäftszimmer, südlich davon Maschinenräume und Laboratorien, nördlich die Räume für die mechanische Werkstatt und die Wöhlert'schen Versuchsmaschinen. Im ersten Stock des Mittelbaues befinden sich ebenfalls Geschäftsräume, sowie eine Wohnung für den Unterdirector der Anstalt. Der westliche Eingang wird durch ein vom Abbruch des alten Fürstenhauses hierher gerettetes Sandsteinportal eingefafst. — 1889 wurden an der Westseite, zu beiden Seiten des Mittelbaues, zwei Anbauten in Eisenfachwerk errichtet, welche die Räume für die Sammlung der mechanischen Abtheilung und für die Oelprüfungsstation

aufnehmen. Ein 1895 an der Nordseite des Hauses mit seiner Einrichtung für 72 000 ℳ. aufgeführter, durchweg gewölbter eingeschossiger Erweiterungsbau, welcher die Abtheilung für Papier- und Lederprüfung aufnimmt, umfaſst auſser Laboratorien einen Mikroskopiersaal und einen durch Wasserzerstäuber auf constanter Luftfeuchtigkeit gehaltenen Raum für Festigkeitsproben.

Für Zwecke der Versuchsanstalt ist ferner an der östlichen Grenze des Grundstücks 1889 eine Maschinenhalle aus Eisenfachwerk erbaut, in welcher eine groſse, von C. Hoppe construirte Festigkeitsmaschine von 500 000 kg Druck- oder Zugkraft Platz gefunden hat. In der Nähe wurde 1894 ein Fallwerk unter einer hölzernen Schutzbekleidung aufgestellt.

4. **Das Maschinen- und Kesselhaus nebst Dampfschornstein.** Das Maschinen- und Kesselhaus enthält einen Kesselraum mit acht groſsen Kesseln der Centralheizung, auſserdem Werkstätten, Maschinen- und Materialräume. Im ersten Stock des westlichen Kopfbaues liegt die Familienwohnung des Maschinisten. Südlich vom Kesselhause gelangt man zu einem Kohlenschuppen, sowie zu dem in leichter Bauart aufgeführten Pavillon der Versuchsanstalt für Heizung und Lüftung.

5. **Das Ingenieur-Laboratorium.** Gegenwärtig (1896) wird westlich von dem Maschinen- und Kesselhause, in den Abmessungen von 20 m Länge und 10 m Breite ein Ingenieur-Laboratorium für Dampfmaschinen erbaut, worin praktische Uebungen an Maschinen und deren Theilen für Studirende des Maschinenbaufaches stattfinden sollen. Die Kosten des Gebäudes sind auf 26 000 ℳ., diejenigen der inneren Einrichtung auf 119 000 ℳ. veranschlagt.

6. **Ausführungskosten.** Die Kosten der 1878—1884 ausgeführten Baulichkeiten betrugen nach der Abrechnung:

1.	Hauptgebäude	5 516 134 ℳ.	
	Einrichtung	317 339 „	
			5 833 473 ℳ.
2.	Chemisches Laboratorium	1 000 944 ℳ.	
	Einrichtung	213 195 „	
			1 214 139 „
3.	Mechanisch-technische Versuchsanstalt	135 590 ℳ.	
	Einrichtung	10 215 „	
			145 805 „
4.	Kesselhaus	78 486 ℳ.	
	Einrichtung	6 390 „	
			84 876 „
5.	Auſsenanlage		332 334 „
6.	Insgemein		178 836 „
7.	Bauleitung (5,7 %)		472 115 „
		Summe	8 261 578 ℳ.

Dabei haben einschlieſslich der Bauleitung, jedoch ohne Einrichtung, 1 cbm umbauten Raumes des Hauptgebäudes 20,30 ℳ. und des chemischen Laboratoriums 19,50 ℳ. gekostet.

Abb. 285. Prinz-Heinrich-Gymnasium.

XV. Unterrichtsanstalten.

A. Höhere Schulen.[1]

Bis zum Jahre 1848 bestanden in Berlin nur 12 höhere Lehranstalten (Gymnasien, Real- und Gewerbeschulen sowie höhere Töchterschulen), darunter 7 städtische und 5 staatliche, einschl. zweier, welche als Stiftungen mit eigenem, beträchtlichen Vermögen unter staatlicher Verwaltung stehen. Bis zum Jahre 1876 waren 11 neue Anstalten gegründet, sodafs damals 23 höhere Schulen, 16 städtische und 7 staatliche bestanden, nämlich 10 Gymnasien, 7 Real-, 2 Gewerbeschulen und 4 höhere Töchterschulen. Seitdem hat sich die Zahl der höheren Schulen verdoppelt. Es bestehen zur Zeit 46 Anstalten, von denen 37 städtisch und 9 staatlich sind, und zwar:

    6 Staats-Gymnasien,[2]
    11 städtische Gymnasien,[3]
    1 Staats-Realgymnasium,[4]

---

[1] Bearbeitet mit Benutzung der früheren Bearbeitung des Stadt-Bauraths Blankenstein durch den Stadt-Bauinspector Haack.

[2] Joachimsthalsches, Friedrich-Wilhelms-, Französisches, Wilhelms-, Luisen- und Prinz-Heinrich-(West-) Gymnasium, von denen das zuerst genannte auf Wilmersdorfer, das zuletzt aufgeführte auf Schöneberger Gebiet belegen ist.

[3] Berlinisches Gymnasium zum Grauen Kloster, Friedrich-Werdersches, Kölnisches, Friedrichs-, Luisenstädtisches, Sophien-, Ascanisches, Humboldt-, Leibniz-, Königstädtisches und Lessing-Gymnasium.

[4] Das Königliche Realgymnasium.

XV. Unterrichtsanstalten.

7 städtische Realgymnasien,[1])
2 städtische Ober-Realschulen,[2])
11 städtische Realschulen (höhere Bürgerschulen),[3])
2 staatliche höhere Töchterschulen,[4])
6 städtische höhere Töchterschulen.[5])

Für die neuen Berliner Gymnasien werden im Bauprogramm ziemlich übereinstimmend folgende Forderungen gestellt. Es werden drei Vorschul- und 18 Gymnasialklassen zu je 56 qm Größe verlangt, von denen die unteren 60, die mittleren 50, die oberen 40 Plätze enthalten, sodaß für etwa 1080 Schüler Platz zu schaffen ist. Außerdem ist ein Hörsaal (Aula) für etwa 500 Schüler erforderlich, eine besondere Klasse für den physikalischen Unterricht mit Apparatenzimmer, ferner ein Zeichen-, ein Gesangsaal, eine Lehrer- und eine Schülerbibliothek, ein Zimmer für naturhistorische Sammlungen, ein Kartenzimmer, endlich ein Amtszimmer für den Director mit Vorzimmer und ein Conferenzzimmer, welches zugleich Versammlungsraum der Lehrer ist. Bei den Ober-Realschulen kommt noch eine besondere Klasse für den Unterricht in der Chemie mit Laboratorium hinzu, während für die

Abb. 286. Vordergebäude der Victoria-Töchterschule, Prinzenstraße 51.

höheren Töchterschulen außer dem Conferenzzimmer noch ein besonderes Versammlungszimmer für Lehrerinnen gefordert wird.

Die seit 1887 eingeführten Realschulen (anfangs höhere Bürgerschulen genannt) haben nur 12 Klassen sowie meist zwei Reserveklassen, im übrigen aber die Räume der Gymnasien. Der Hörsaal solcher Anstalten ist für etwa 300 Schüler berechnet. Jede Realschule erhält ein Observatorium. Die Aborte, durchweg mit Wasserspülung, werden bei den Knabenschulen auf dem Hofe so angelegt, daß sie durch einen bedeckten Gang mit dem Schulhause in Verbindung stehen, bei den Töchterschulen liegen sie meist innerhalb des Schulgebäudes. Alle höheren Lehranstalten (auch die Töchterschulen) erhalten

---

1) Königstädtisches, Dorotheenstädtisches, Luisenstädtisches, Friedrichs-, Sophien-, Andreas- und Falk-Realgymnasium.
2) Friedrich-Werdersche und Luisenstädtische Ober-Realschule.
3) Die städtischen Realschulen Nr. 1—11.
4) Elisabeth- und Augusta-Schule.
5) Luisen-, Victoria-, Sophien-, Charlotten-, Margarethen- und Dorotheen-Schule.

eine Turnhalle von mindestens 250 qm Größe. Für die Dienstwohnungen der Directoren werden besondere Gebäude gebaut, welche im ausgebauten Kellergeschofs oder im Erdgeschofs meist die Schuldienerwohnung enthalten.

Damit die Schulräume dem Strafsenlärm entrückt sind und aus Gründen der Sparsamkeit wählt man für Schulbauten Grundstücke mit geräumigem Hinterland, auf welches das Klassengebäude, die Turnhalle und die Aborte verlegt werden, während auf dem Vorderland mit geringer Strafsenfront das Directorwohnhaus seine Stelle erhält. Die Klassengebäude haben über einem hohen Untergeschofs ein Erdgeschofs und zwei, bisweilen drei Stockwerke. Das Aeufsere ist meist in Ziegelbau gehalten, bisweilen unter Verwendung von Sandstein für Gesimse und Fenstereinfassungen. Die innere Einrichtung und Ausstattung entspricht den neueren Anforderungen der Erziehungs- und Gesundheitslehre. Die Flure werden durchweg gewölbt und mit einem massiven Estrich, neuerdings aus Marmorterrazzo, versehen. An Stelle der früher üblichen Holztäfelung in den Klassen sind aus gesundheitlichen Gründen in neuerer Zeit Verkleidungen aus Cementputz mit Oelfarbenanstrich oder geschliffenem Cement-Stuccolustro eingeführt worden. Die reicher behandelten Hörsäle zeigen vielfach malerischen und bildnerischen Schmuck. Mit wenigen Ausnahmen haben die Berliner Lehranstalten Sammelheizung; bei den älteren

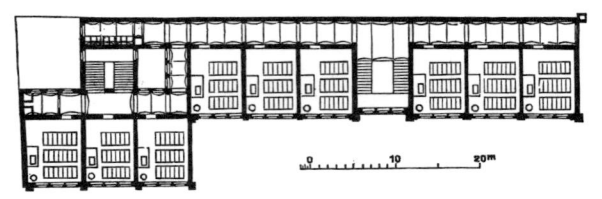

Abb. 287. Erweiterungsbau der Victoria-Töchterschule, Prinzenstrafse 51. Erstes Stockwerk.

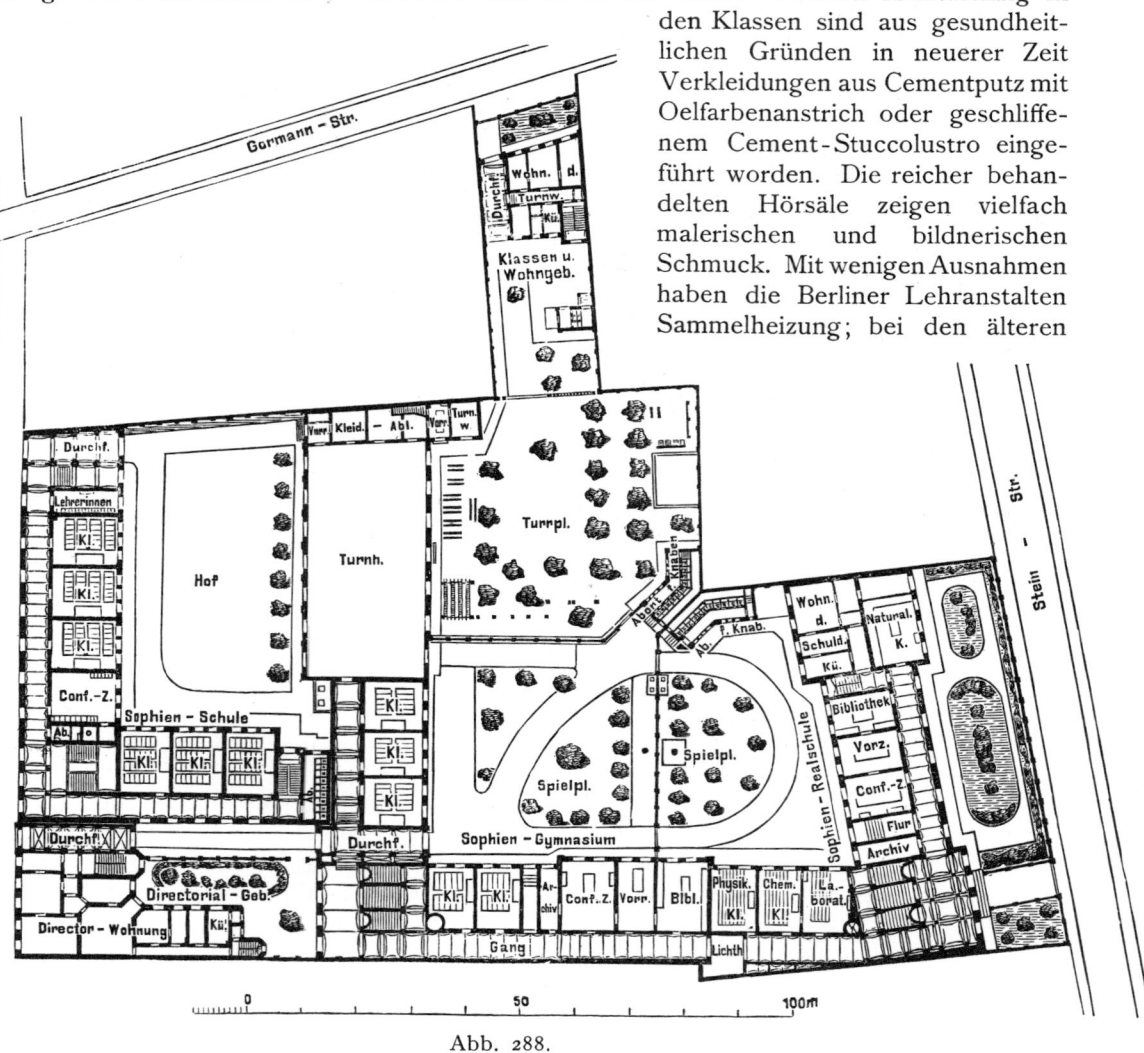

Abb. 288.
Sophien-Gymnasium, -Töchterschule und -Realgymnasium zwischen der Weinmeister- und Steinstrafse. Erdgeschofs.

XV. Unterrichtsanstalten.

Anlagen wiegt die Luftheizung, bei den neueren die Warmwasserheizung vor. Einige in den letzten Jahren von Staatswegen hergestellte Anstalten haben wieder die von 1875 bis 1890 in Verruf gewesene Luftheizung erhalten, mit der sich in leichtester Weise eine kräftige Lüftung verbinden läfst.

Von den höheren Schulen älterer Zeit ist besonders interessant das Gymnasium zum Grauen Kloster, welches 1574 durch Kurfürst Johann Georg gestiftet ist. Es umfafst eine Anzahl gewölbter Säle des ehemaligen Franziscanerklosters. Bei Gelegenheit eines 1862 — 1864 ausgeführten Erweiterungsbaues ist der als Aula dienende grofse Kapitelsaal in seiner alten Form wieder hergestellt worden. Die aus dem Anfang dieses Jahrhunderts stammenden Bauten des Friedrich-Wilhelms-Gymnasiums, an der Ecke der Friedrich- und Kochstrafse, und des Joachimsthalschen Gymnasiums, in der Burgstrafse, sind in neuerer Zeit abgebrochen und an anderer Stelle durch stattliche Neubauten ersetzt worden. Aus der Zeit von 1860—1870 sind als städtische Anstalten zu nennen: das Kölnische Gymnasium, an der Ecke der Insel- und Wallstrafse, die Luisenstädtische Ober-Realschule in der Dresdener Strafse und die **Victoria-Töchterschule** (Abb. 286 u. 287) in der Prinzenstrafse 51. Bei beiden letzteren Anstalten stehen an den Strafsen nur die Lehrerwohnhäuser, durch welche grofse, durch zwei Geschosse reichende Eingangsthore führen.

Abb. 289. Königliches Wilhelms-Gymnasium. Mittelbau der Hauptfront.
Architekt Lohse.

Eine bedeutendere Anlage zeigt die Baugruppe **Sophien-Gymnasium, -Töchterschule und -Realgymnasium**, zwischen der Weinmeister- und der Steinstrafse.[1]) Die Abb. 288 stellt die Erdgeschofs-Grundrisse der drei Anstalten und der Turnhalle dar. Die Vorschule des Realgymnasiums ist später an der Gormannstrafse erbaut, und zugleich ist der Turnplatz vergröfsert worden. Die Gymnasien und das Directorwohnhaus sind von 1865 bis 1867 durch den Stadt-Baurath Gerstenberg und den Stadt-Bauinspector Hanel erbaut worden. Bemerkenswerth sind im Treppenhaus des Gymnasiums und auf einem breiten Fries unter dem Hauptgesims des Wohngebäudes Sgraffitomalereien nach Entwürfen

---

1) Abbildung und Beschreibung im Jahrgang 1871 der Zeitschrift für Bauwesen.

300   XV. Unterrichtsanstalten.

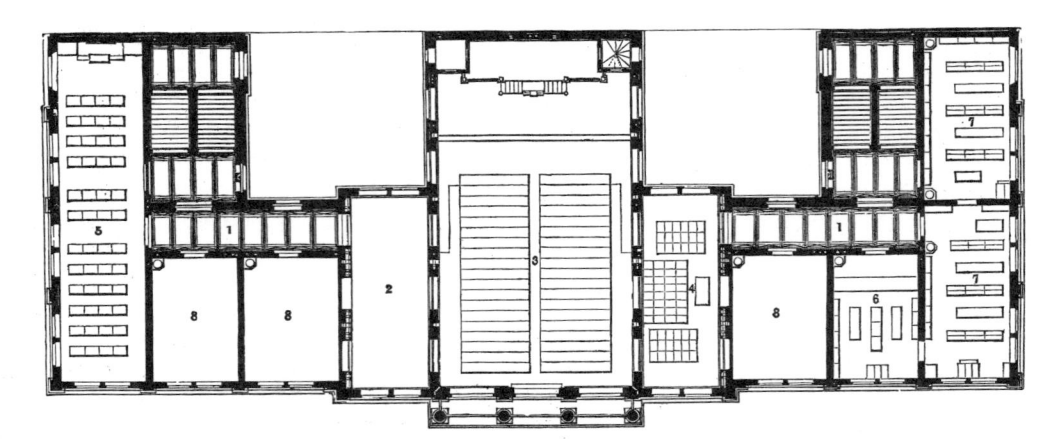

Abb. 290. Zweites Stockwerk.
1. Flur. 2. Vorsaal. 3. Aula. 4. Gesangsaal. 5. Zeichensaal. 6. Schülerbibliothek. 7. Bibliothek.
8. Reserveklassen.

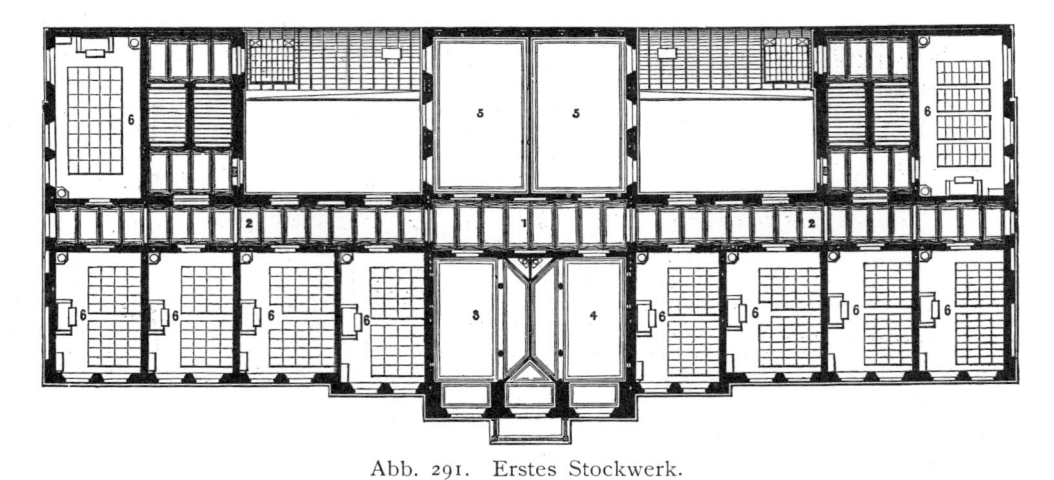

Abb. 291. Erstes Stockwerk.
1. Vorraum. 2. Flure. 3. Directorzimmer. 4. Conferenz- und Lehrerzimmer. 5. Zimmer für Sammlungen.
6. Schulklassen.

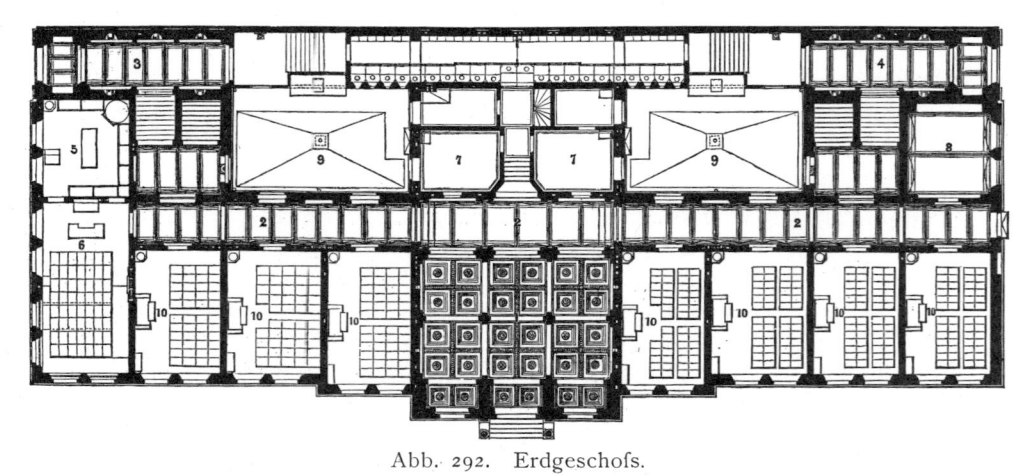

Abb. 292. Erdgeschofs.
1. Vorhalle. 2. Flure. 3. Eingang für Schüler. 4. Eingang für Vorschüler. 5. Apparatenzimmer. 6. Physikklasse.
7. Schuldienerwohnung. 8. Rendantenzimmer. 9. Höfe. 10. Schulklassen.

Abb. 290—292. Königliches Wilhelms-Gymnasium.
Architekt Lohse.

XV. Unterrichtsanstalten. 301

des früh verstorbenen Malers Max Lohde. Der Fries hat der Einwirkung der nordischen Witterung nicht widerstehen können und ist 1886 in der ursprünglichen Farbengebung aus gebranntem Thon von March in Charlottenburg erneuert worden. Die beiden Gymnasien haben zusammen 577 300 ℳ, das Wohngebäude 95 000 ℳ, die Turnhalle 84 400 ℳ, die Töchterschule 447 000 ℳ gekostet.

Derselben Zeit gehört das **Königliche Wilhelms-Gymnasium**[1]) (Abb. 289 bis 292) an, welches auf dem Hinterland des Grundstücks Bellevuestrafse 75 in den Jahren 1863 bis 1865 durch den Hof-Baurath Lohse erbaut worden ist. Dieses Gymnasium galt zwei Jahrzehnte hindurch baulich für das Mustergymnasium im preufsischen Staate. Wenngleich noch in Putzbau hergestellt, ist es doch im Aeufsern und Innern reicher ausgestattet und weiträumiger angelegt, als die gleichzeitigen städtischen Anstalten. Die stattliche Eingangshalle, die ausgedehnte Aula mit besonderem Vorsaal und der lang gestreckte Zeichensaal bekunden die Gröfse der Raumanlage. Die Wohnung des Schuldieners liegt im Erdgeschofs

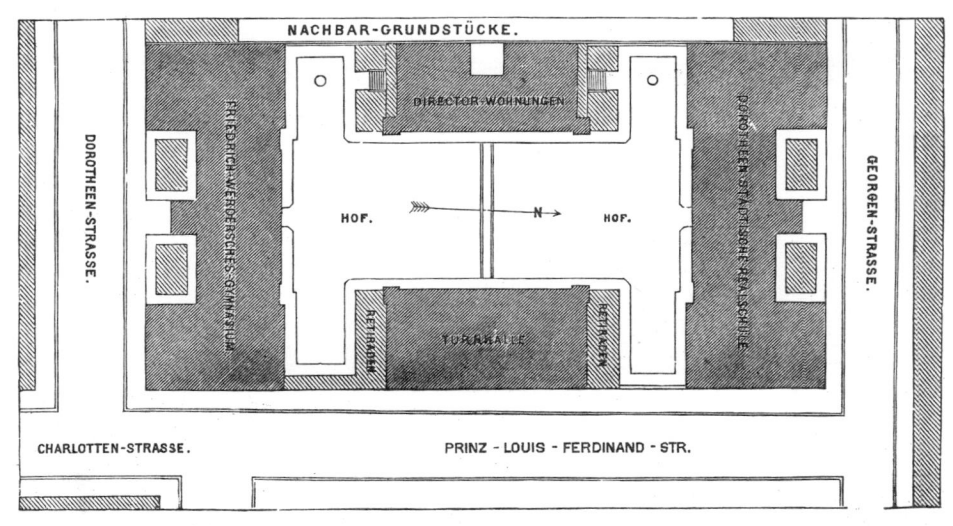

Abb. 293. Städtische Schulanstalten zwischen der Dorotheen- und Georgenstrafse.

hinter der Eingangshalle, die Aborte sind an den kleinen Innenhöfen und im Mittelbau gut zugänglich angeordnet, lassen aber üblen Geruch in das Klassengebäude dringen. Die Unterrichtsräume haben Warmwasserheizung, die Aula mit den Nebensälen Luftheizung. Das Gebäude bietet in 20 Klassen Raum für ein vollständiges Doppelgymnasium und wird auch als solches seit geraumer Zeit zum Unterricht von 1000 Schülern benutzt. Der Bau des Gymnasiums kostete ohne Grunderwerb (180 000 ℳ) und ohne Bodenaufhöhung 433 680 ℳ, das ist für das Quadratmeter bebauter Fläche 320 ℳ, für den Schüler rd. 452 ℳ.

In der Zeit von 1870 bis 1880 wurde eine Anzahl Neubauten für ältere Schulanstalten errichtet, und ferner wurden drei neue städtische Gymnasien geschaffen. So fiel in die Jahre 1873—1874 der Bau der städtischen Anstalten des Andreas-Realgymnasiums in der Langenstrafse, des Friedrichs-Realgymnasiums in der Albrechtstrafse und der Luisen-Töchterschule in der Ziegelstrafse, sowie des staatlichen Französischen Gymnasiums in der Dorotheenstrafse. Das letztere hat Klassen von geringer Gröfse an einem Mittelflur, an dessen Enden die beiden Treppen liegen. Die Backstein-Architektur ist wie die Raumanlage sehr dürftig.

---

1) Abbildung und Beschreibung im Jahrgang 1867 der Zeitschrift für Bauwesen.

302 XV. Unterrichtsanstalten.

Aufwändiger in der Gesamtanlage und in der Architektur wurden 1871—1875 das **Dorotheenstädtische Realgymnasium** und das **Friedrich-Werdersche Gymnasium** auf dem städtischen Grundstücke an der Charlottenstrafse, zwischen Dorotheen- und Georgenstrafse, vom Stadt-Baurath Blankenstein errichtet. Die vollständig gleich gestalteten Gebäude liegen in symmetrischer Anordnung (Abb. 293), vier

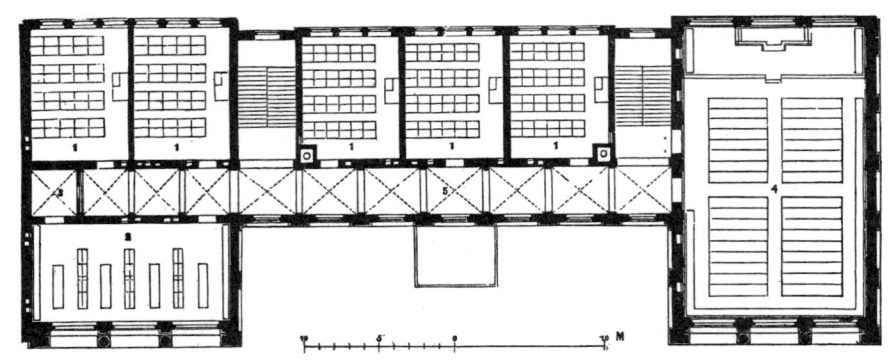

Abb. 294. Friedrich-Werdersches Gymnasium, Grundrifs vom zweiten Stockwerk.
1. Klassen. 2. Bibliothek. 3. Nebenraum. 4. Aula. 5. Flur.

Abb. 295. Friedrich-Werdersches Gymnasium, Front nach der Dorotheenstrafse.
Architekten Hanel und Blankenstein.

Geschosse hoch, mit den Klassenräumen nach dem Hofe, während nach den Strafsen hin im zurücktretenden Mittelbau der Flur und in den vortretenden Seitenflügeln die Schuldienerwohnung, die Naturaliensammlung, die Bibliothek, der Zeichensaal usw. untergebracht sind (Abb. 294), Räume, für welche der Strafsenlärm am wenigsten störend ist. Die Aulen liegen in den östlichen Flügeln und gehen von der Strafse nach dem Hofe durch. Sie haben einen Flächeninhalt von je 240 qm und eine Höhe von zwei Stockwerken. Die beiden Längsseiten des etwas beschränkten Hofes werden vom Directorwohnhaus und von der Turnhalle nebst den Aborten eingenommen. Die Fronten (Abb. 295) sind in Backsteinbau

XV. Unterrichtsanstalten. 303

mit reichen Terracotten (von Augustin in Lauban und March in Charlottenburg) unter Anwendung verschiedener Farben und Glasuren ausgeführt. Die Erwärmung der Räume durch Luftheizung hat sich nicht bewährt, die Anlage ist daher durch eine Warmwasserheizung ersetzt worden. Der Bau der Anstalten wurde im August 1871 begonnen, konnte aber, da der feste Baugrund sich erst in erheblicher Tiefe, theilweise von 17 m, vorfand, nur langsam gefördert werden. Die Gründung geschah durch Senkkästen und wurde erschwert durch zahlreiche im Grunde befindliche alte Rostpfähle und Grundmauern, welche entfernt werden mufsten. Die Gesamtkosten der Bauanlage betrugen rd. 1 900 000 ℳ., wovon allein 490 000 ℳ. auf die Gründung kommen.

In den Jahren 1874—1875 wurden von der Stadt drei neue Gymnasien erbaut und zwar für die Schöneberg-Tempelhofer Vorstadt (Berlin Südwest) das Ascanische Gymnasium, für die Rosenthaler Vorstadt (Berlin Nord) das Humboldt-Gymnasium und für das Köpenicker Viertel (Berlin Südost) das Leibniz-Gymnasium.

Das **Ascanische Gymnasium** ist zwischen der Halleschen und der Kleinbeerenstrafse nach den Entwürfen des Stadt-Bauraths Blankenstein durch den Stadt-Bauinspector Reich ausgeführt worden. Die Anlage, welche an der einen Strafsenfront das Gymnasium, an der andern das Directorwohnhaus und eine grofse Turnhalle zeigt und in allen Räumen sowie auf dem Hof grofse Abmessungen hat, erforderte rd. 584 000 ℳ. Baukosten. Einen werthvollen Schmuck besitzt die Aula dieser Anstalt in den beiden Velarien von Knille („Der Schwur am Altare des Vaterlandes") und von A. von Heyden („Der Friede"), welche bei dem Einzuge der Truppen im Juni 1871 die Triumphstrafse Unter den Linden zierten.

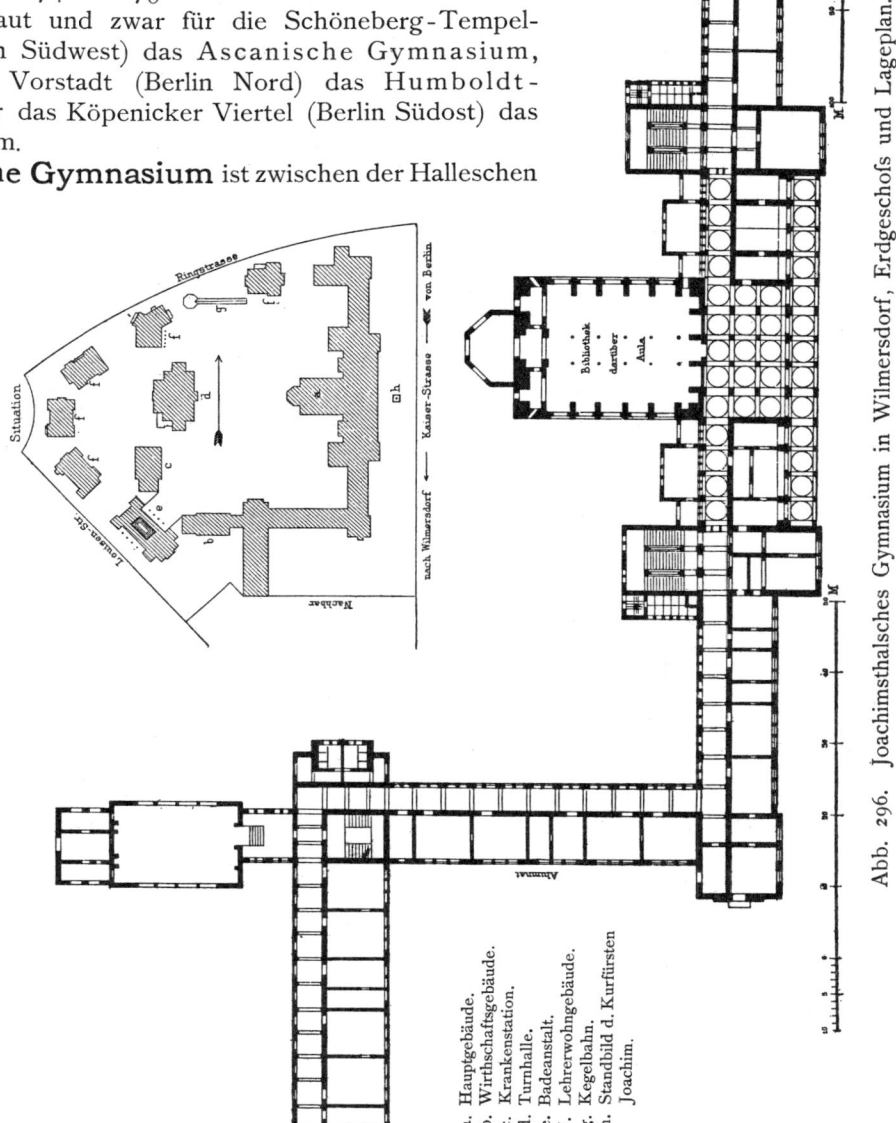

Abb. 296. Joachimsthalsches Gymnasium in Wilmersdorf, Erdgeschofs und Lageplan. Architekten Giersberg, Strack, Kleinwächter und Klutmanr.

a. Hauptgebäude.
b. Wirthschaftsgebäude.
c. Krankenstation.
d. Turnhalle.
e. Badeanstalt.
f. Lehrerwohngebäude.
g. Kegelbahn.
h. Standbild d. Kurfürsten Joachim.

Das **Humboldt-Gymnasium** in der Gartenstrafse 29 hat an der Strafse nur das Directorwohnhaus, während die Schule, entfernt vom Strafsenlärm, auf dem geräumigen Hofe liegt. Die Architektur dieser Schulanlage rührt vom Professor Jacobsthal her. Die Gesamtkosten betrugen 557 000 ℳ.

Auf einem Eckgrundstück am Mariannenplatz, gegenüber der Thomaskirche, ist das **Leibniz-Gymnasium** mit einem Kostenaufwand von 533 000 ℳ nach Entwürfen des Stadt-Bauraths Blankenstein errichtet. Durch Vorgärten sind die Gebäude dem Strafsenlärm entzogen. In den drei letzgenannten Gymnasien sind die ursprünglichen Luftheizungsanlagen im vergangenen Jahrzehnt durch Warmwasserheizungen ersetzt worden.

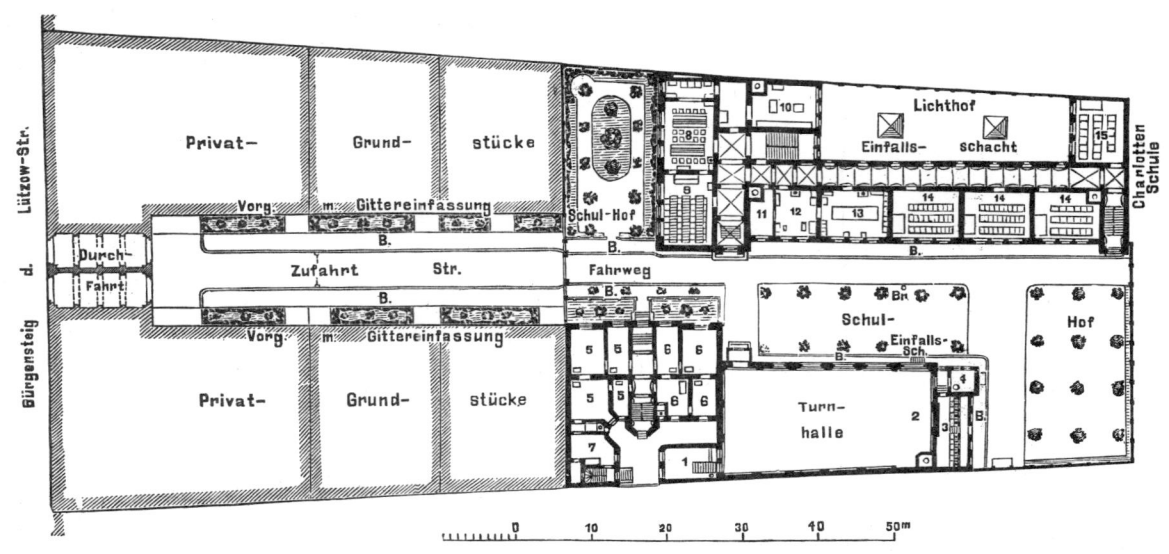

Abb. 297. Falk-Realgymnasium in der Lützowstrafse, Erdgeschofs.
Architekt Blankenstein.

Diesen städtischen Gymnasial-Neubauten folgte 1875—1879 staatlicherseit der Bau des **Joachimsthalschen Gymnasiums,**[1]) welches auf Wilmersdorfer Feldmark für 3 Mill. ℳ errichtet wurde (Abb. 296). Dieser Neubau war durch die Anlage der Kaiser-

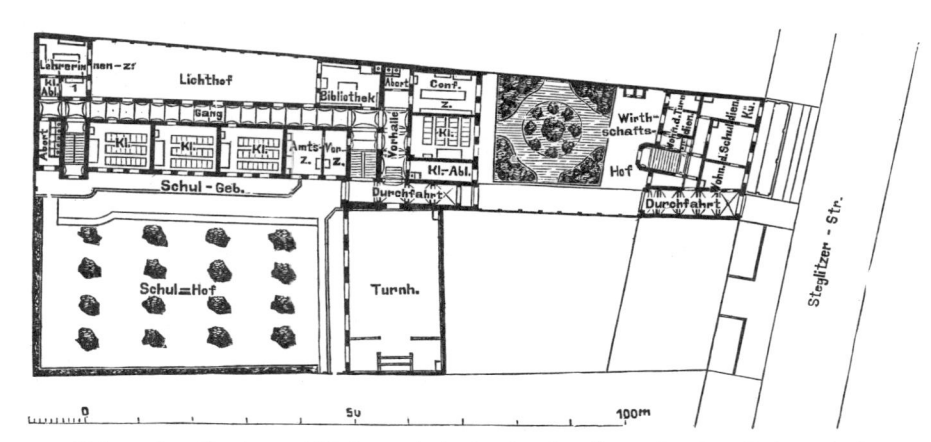

Abb. 298. Charlotten-Töchterschule in der Steglitzer Strafse, Erdgeschofs.
Architekt Blankenstein.

Wilhelm-Strafse nothwendig geworden, da dieser Strafsenzug das Grundstück des ehemaligen Gymnasiums an der Burgstrafse durchschnitt. Der Erlös beim Verkauf des alten Grundstücks und die reichen Mittel der Anstalt erlaubten die Herstellung einer sehr stattlichen Bauanlage, welche ein Gymnasium mit Alumnat und Directorwohnung, ein Wirthschaftsgebäude (mit Küche im Erdgeschofs und Speisesaal für 200 Personen im ersten Stock), ein Krankenhaus, eine Turnhalle, eine Wasch- und Badeanstalt (mit 90 qm grofsem

---

[1]) Veröffentlicht in der Zeitschrift für Bauwesen, Jahrgang 1878.

XV. Unterrichtsanstalten.   305

Schwimmbecken) und fünf villenartige zweigeschossige Wohngebäude (jedes für zwei Lehrerfamilien), sowie eine Kegelbahn umfaſst. Das an der Kaiserstraſse in antiken Architekturformen errichtete Schulhaus ist mit gelblichen Ziegeln verblendet. Sämtliche Architekturglieder sind aus Rackwitzer Sandstein hergestellt. Sehr aufwändig erscheinen der Säulengang an der Hauptfront, die Eingangshalle sowie die rd. 430 qm groſse Aula mit 210 qm groſsem Vorsaal. Dagegen haben die Haupttreppen etwas gedrückte Wangenconstructionen, welche die Treppenläufe beengen und den Zutritt des Lichts stark beeinträchtigen. Der Bau wurde nach den Entwürfen von Giersberg und Strack durch die Bauinspectoren Kleinwächter und Klutmann ausgeführt.

In der Potsdamer Vorstadt, zwischen der Lützow- und Steglitzer Straſse, entstanden von 1877—1880 das städtische **Falk-Realgymnasium** und die **Charlotten-Töchterschule** nach dem Entwurf des Stadt-Bauraths Blankenstein (Abb. 297 bis 299). Das Realgymnasium (Abb. 297) liegt mit gesondertem Directorwohnhaus und anstoſsender Turnhalle auf einem Hinterland, welches durch eine Privatstraſse von der

Abb. 299. Falk-Realschule und Charlotten-Töchterschule, zwischen Lützowstraſse und Steglitzer Straſse. Architekt Blankenstein.

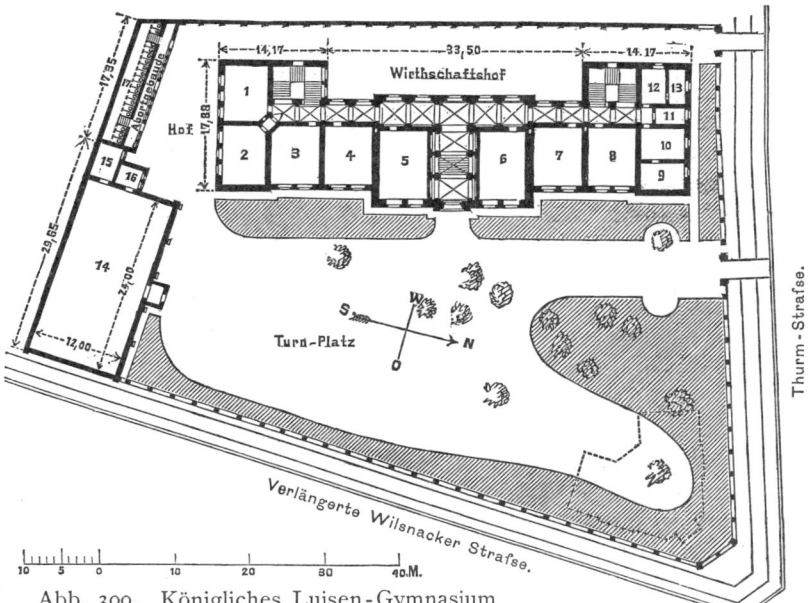

Abb. 300. Königliches Luisen-Gymnasium in Moabit, Erdgeschoſs. Architekt Friedr. Schulze.

Erdgeschoſs: 1.—8. Klassen, 9.—12. Schuldienerwohnung. — Erstes Stockwerk: über 1.—4., 6. u. 7. Klassenräume, über 5. Lehrerbibliothek, über dem Eingang Schülerbibliothek, über 8. u. 9. Physikklasse nebst Apparatenraum, über 10. Directorzimmer, über 11.—13. Conferenzzimmer. — Zweites Stockwerk: über 5. u. 6., sowie dem Eingang Aula, über 1.—4., 7. u. 8. Klassenräume, über 9.—13. Zeichensaal.

Lützowstrafse her zugänglich ist. An das Gymnasium stöfst rückwärts die Charlotten-Töchterschule (Abb. 298) mit dem Zugange von der Steglitzer Strafse, besonderem Directorwohnhaus an der Steglitzer Strafse und einer an das Schulgebäude angrenzenden Turnhalle. Alle Gebäude zeigen Verblendung mit gelben Ziegeln und rothe Terracottegesimse (Abb. 299). Die Schulgebäude sind mit Warmwasserheizung, die Turnhalle mit Luftheizung versehen. Die Baukosten betrugen für das Realgymnasium 252 000 ℳ, für das Wohnhaus 53 000, für die Turnhalle 53 000, für die Töchterschule 261 000, für das dazu gehörige Wohnhaus 59 000 und für die Turnhalle 24 000 ℳ.

Die nunmehr zu betrachtenden, in der Zeit von 1880 bis 1896 entstandenen staatlichen Neubauten für höhere Schulen in Berlin sind sämtlich nach Entwürfen und unter Oberleitung des Regierungs- und Bauraths Schulze (Kolbitz), die städtischen Bauten nach Entwürfen des Stadt-Bauraths Blankenstein ausgeführt worden.

In den Jahren 1880 bis 1882 entstand zunächst im Stadttheil Moabit (Berlin Nordwest), nahe der Schinkel'schen Johanneskirche, das **Königliche Luisen-Gymnasium**[1]) (Abb. 300). Es ist nur für 900 Schüler mit drei Vorschul- und 16 Gymnasialklassen eingerichtet. Das Schulgebäude liegt mit der Hauptfront nach

Abb. 301. Grundrifs vom ersten Stockwerk.

Abb. 301 u. 302. Königliche Augusta-Töchterschule in der Kleinbeerenstrafse.

Abb. 302. Grundrifs vom Erdgeschofs.

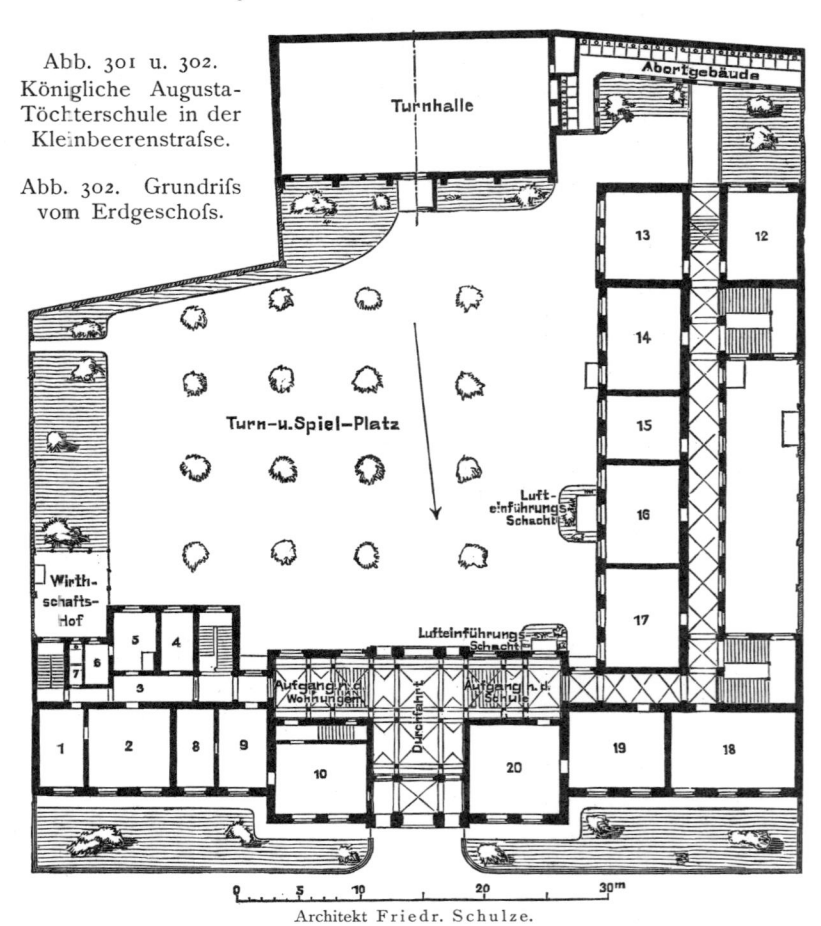

Architekt Friedr. Schulze.

1.—7. Wohnung der ersten Lehrerin. 8.—10. Wohnung des Schuldieners, dessen Küche sich im Kellergeschofs befindet. 12. Lehrerinnenzimmer. 13.—18. Unterrichtsräume. 19.—20. Bibliothek. 21.—29. Wohnung des Directors. 30. Directorzimmer. 31. Vorzimmer. 32. Lehrerbezw. Berathungszimmer. 39.—42. Unterrichtsräume einschl. der Physikklasse. 43. Vorraum (über den Räumen 12.—17. des Erdgeschosses liegen im ersten Stockwerk Unterrichtsräume). Im zweiten Stockwerk liegen über 21.—27. Wohnräume des Directors, über 28. das Vorzimmer für die Aula, über 29.—32., 42., 43. die Aula, über 12.—13. des Erdgeschosses ein Arbeitssaal für Seminaristinnen, über 14., 16., 17. Seminarklassen, über 15. Sammlungen, über 40.—41. der Zeichensaal. Im dritten Stockwerk liegt über 12.—13. der Gesangsaal.

Osten an dem Turn- und Spielplatz und hat zumeist Tiefklassen. Die Erwärmung geschieht durch Luftheizung. Die Gebäude sind in schlichtem Ziegelbau hergestellt. Die Anlage, bei welcher ein Directorwohnhaus nicht vorhanden ist, hat 433 000 ℳ gekostet.

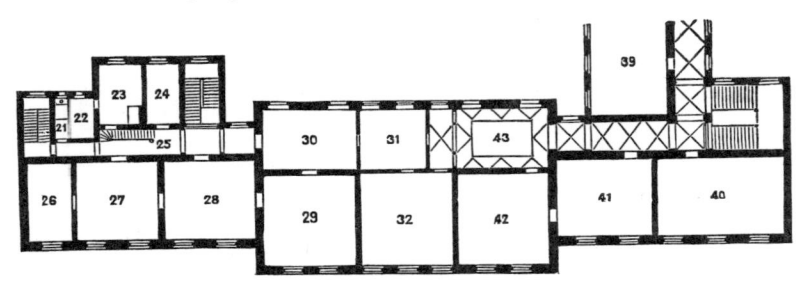

---

1) Beschreibung im Jahrgang 1882, Nr. 13 des Centralblatts der Bauverwaltung.

XV. Unterrichtsanstalten. 307

Diesem Gymnasialbau folgte in den Jahren 1884—1886 der Neubau der **Königlichen Augusta-Töchterschule** in der Kleinbeerenstraße (Abb. 301 u. 302).¹) Das Klassengebäude, welches außer 17 Klassen, Gesang-, Zeichensaal, Aula usw. auch die Wohnungen für den Director, die erste Lehrerin und den Schuldiener enthält, besteht aus dem Hauptbau an der Straße und dem anstoßenden Seitenflügel. Die meisten Unterrichtsräume haben Fenster gegen Osten, wenige gegen Norden. Mit der Unterrichtsanstalt ist ein Seminar für Lehrerinnen verbunden. Die Hoffronten sind in einfachem Ziegelbau, die Straßenfront in reicheren Formen unter Verwendung glasirter Terracotten hergestellt, wobei die Architektur als wirkungsvoll und wohlgelungen bezeichnet werden muß. Die Erwärmung der Räume geschieht durch eine Warmwasserheizung. Die Gesamtkosten der Bauanlage, zu der noch eine mittelgroße Turnhalle und ein Abortgebäude gehört, haben 520000 ℳ betragen.

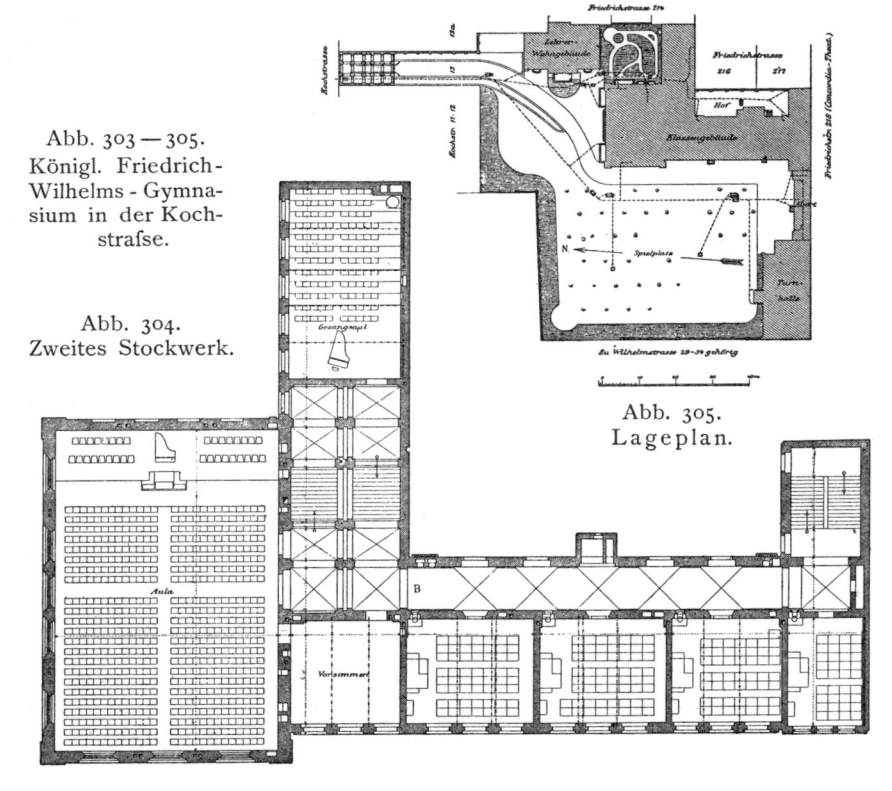

Der bekannteste Schulbau des Staates in der Altstadt Berlin ist der Neubau des **Königlichen Friedrich-Wilhelms-Gymnasiums**,²) welcher als Ersatz für den alten Bau an der Ecke der Friedrichstraße und Kochstraße (dem jetzigen Friedrichshof) auf dem Hinterland Kochstraße 13 von 1888 bis 1890 zur Ausführung gelangte (Abb. 303—306). Die Klassen, 7 m tief, 8,70 m lang, liegen in vier Geschossen sämtlich nach Westen, Flure und Treppen sind gut beleuchtet. Bemerkenswerth ist die stattliche Halle im Kopfbau und die 15:22 m große Aula im zweiten Stockwerk, welche

Abb. 303. Erdgeschoß.

Abb. 303—305. Königl. Friedrich-Wilhelms-Gymnasium in der Kochstraße.

Abb. 304. Zweites Stockwerk.

Abb. 305. Lageplan.

---
1) Beschreibung im Jahrgang 1886, Nr. 16 des Centralblatts der Bauverwaltung.
2) Abbildung und Beschreibung im Jahrgang 1893 der Zeitschrift für Bauwesen.

für 800 Personen Raum bietet. Nur die Aula ist mit Luftheizung versehen, sämtliche andere Räume werden durch Keidel'sche Regulir-Füllöfen erwärmt, welche von den Fluren aus beschickt werden. Die Façaden sind in märkischer Backstein-Architektur ansprechend durchgebildet (Abb. 306). Die Gesamtbaukosten betrugen 479 000 ℳ, diejenigen für das Klassengebäude 346 000, für das Abortgebäude 11 000, für die Turnhalle 34 000 ℳ.

Das von 1884 bis 1887 von Seiten der Stadt auf dem Grundstück Pankstrafse 9 für die Nordvorstadt am Wedding erbaute **Lessing-Gymnasium** (Abb. 307 u. 315) zeigt eine Bauanlage längs der Panke, welche von der Strafse her einen Blick auf sämtliche Bautheile (Directorwohnhaus, Schulhaus und Turnhalle) gestattet. Die Längsachsen aller Bauten stehen senkrecht zur Strafsenfront. Der Kopfbau der Schule, mit dem Haupteingang etwa 20 m von der Strafse entfernt, enthält im zweiten Stock die stattliche Aula. Die gedrängte, klare Grundrifsanlage mit nach Norden gelegenen Klassen, hellen Fluren und günstigen Treppen zeichnet diese Schule besonders aus. Die Façaden sind in gelblichen

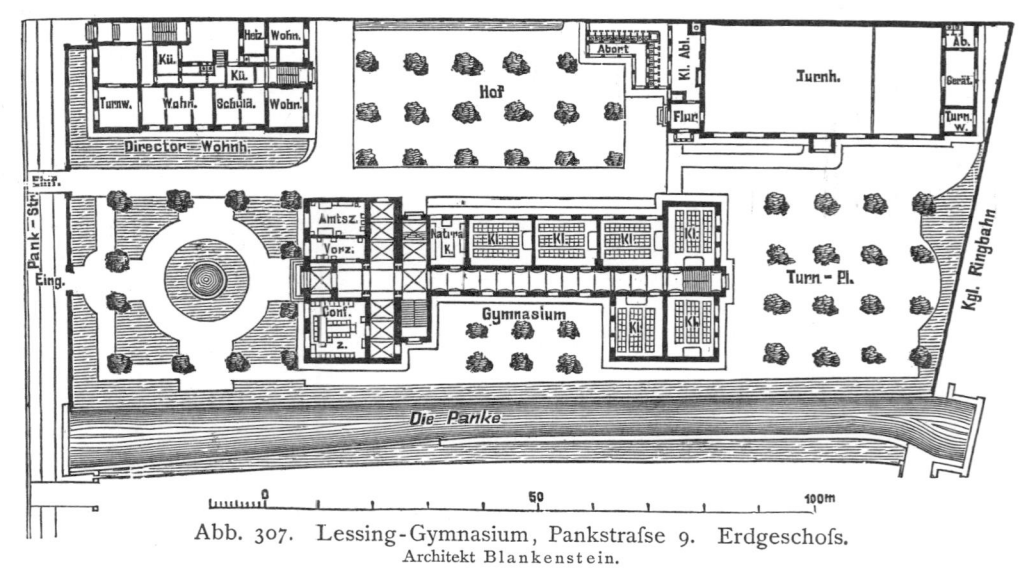

Abb. 306.
Königliches Friedrich-Wilhelms-Gymnasium in der Kochstrafse.
Architekt Friedr. Schulze.

Abb. 307. Lessing-Gymnasium, Pankstrafse 9. Erdgeschofs.
Architekt Blankenstein.

XV. Unterrichtsanstalten. 309

Verblendziegeln mit reicher Terracottenarchitektur hergestellt (Abb. 315). Die Gesamtkosten der Bauanlage betrugen 562 000 ℳ, das Klassengebäude kostete 316 000 ℳ, die Turnhalle 76 500 ℳ, das Directorwohnhaus, welches aufser der Dienstwohnung für den Director, den Schuldiener und den Heizer noch eine grofse Miethswohnung enthält, 100 000 ℳ.

Das **Luisenstädtische Realgymnasium** wurde im Jahre 1888/89 durch einen Erweiterungsbau

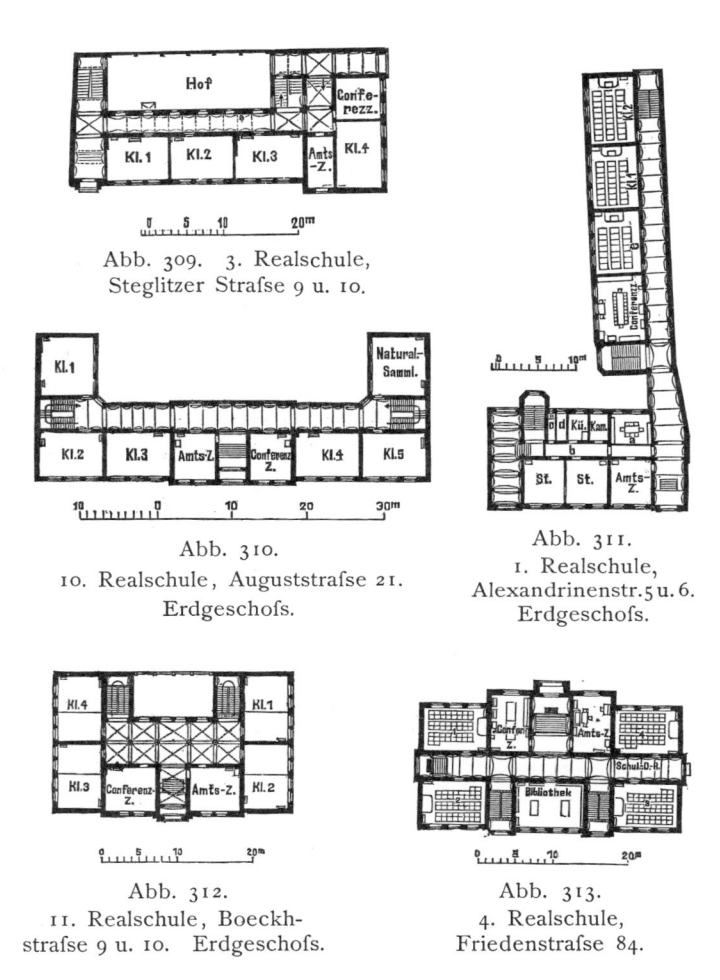

Abb. 308. Schulgebäude auf dem Grundstück zwischen Ifflandstrafse und Markusstrafse.

Abb. 309. 3. Realschule, Steglitzer Strafse 9 u. 10.

Abb. 310. 10. Realschule, Auguststrafse 21. Erdgeschofs.

Abb. 311. 1. Realschule, Alexandrinenstr. 5 u. 6. Erdgeschofs.

Abb. 312. 11. Realschule, Boeckhstrafse 9 u. 10. Erdgeschofs.

Abb. 313. 4. Realschule, Friedenstrafse 84.

vergröfsert, welcher auf dem von der Stadt neu erworbenen Hinterland Sebastianstrafse 26 aufgeführt wurde.

Für den Osten Berlins wurde 1884/85 eine höhere Töchterschule, die **Margareten-Schule,** in der Ifflandstrafse 9—11 (Abb. 308), erbaut. Diese Schule bildet einen Theil der Bauanlage zwischen Iffland- und Markusstrafse, welche aufser dieser Schule noch die städtische Taubstummen-Anstalt und die Weberschule umfafst. Die Baukosten der Töchterschule mit 18 Klassen, Gesangsaal, Zeichensaal, Aula und Zubehör betrugen 371 000 ℳ.

310   XV. Unterrichtsanstalten.

Die **11 städtischen Realschulen**[1]) (höhere Bürgerschulen), welche von 1887 bis 1895 in schneller Folge entstanden, zeigen fünf verschiedene Grundformen, die sich aus der Stellung des Klassengebäudes auf dem Schulgrundstück ergeben haben.

1. Die Anlage der **1. Realschule**, Alexandrinenstraße 5/6 (Abb. 311 u. 316), welche an der Straße ein Lehrerwohngebäude mit Aula, im anstoßenden Seitenflügel die Klassen in vier Geschossen und den Zeichensaal enthält, ist nur in diesem einen Beispiele vertreten. Die Straßenfront ist in reicher Terracotten-Architektur in Renaissanceformen ausgebildet.

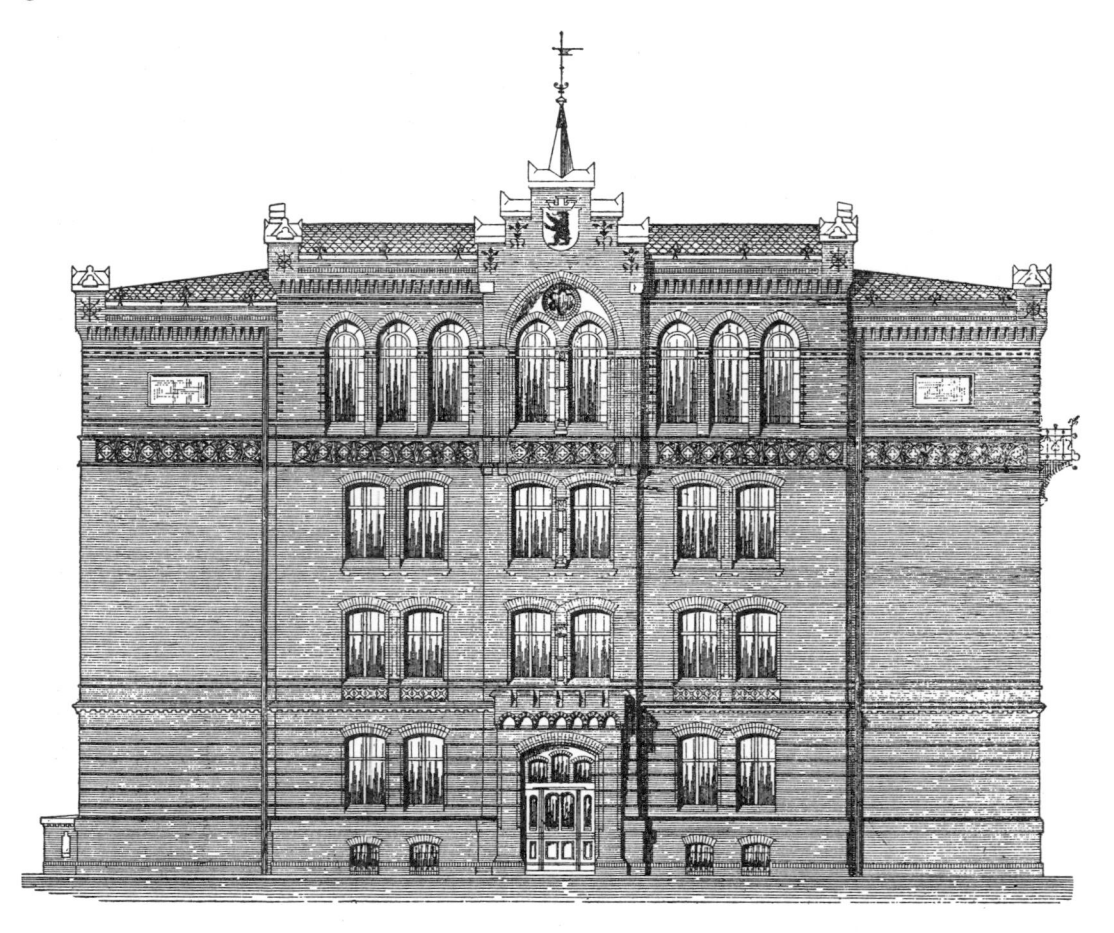

Abb. 314.   11. Realschule, Boeckhstraße 9 u. 10.

2. Bei der **3. Realschule**, Steglitzer Straße 9/10 (Abb. 309), liegt das Schulhaus in einer Ecke des Hinterlandes mit Anordnung eines Innenhofes. Es hat einen

---

[1)] 1. Realschule Alexandrinenstraße 5/6, erbaut 1887 durch Stadt-Bauinspector Frobenius.
    2.   „   Weißenburger Straße 4a   „   1889   „   „   Haack.
    3.   „   Steglitzer Straße 8a   „   1890   „   „   Zekeli.
    4.   „   Friedenstraße 84   „   1893   „   „   Dylewski.
    5.   „   Stephanstraße 2   „   1892   „   „   Zekeli.
    6.   „   Belle-Alliance-Straße 80   „   1890   „   „   Haack.
    7.   „   Mariannenstraße 47   „   1893   „   „   Frobenius.
    8.   „   Rheinberger Straße 4/5   „   1893   „   „   Hesse.
    9.   „   Badstraße 22   „   1894   „   „   Hesse.
  10.   „   Auguststraße 21   „   1895   „   „   Hesse.
  11.   „   Boeckhstraße 9/10   „   1896   „   „   Frobenius.

XV. Unterrichtsanstalten. 311

Abb. 315. Städtisches Lessing-Gymnasium, Pankstrafse 9.

Abb. 316. 1. Realschule, Alexandrinenstrafse 5 u. 6.

Kopfbau gleichlaufend zur Strafse, welcher im zweiten Stock von der Aula ganz eingenommen wird.

3. Eine Anzahl der Realschulen sind an die Grenzen des Hinterlandes der Grundstücke so gerückt, dafs sie nur eine Längsfront nach dem Schulhof haben, im übrigen aber mit Giebelwänden und einem Innenhof an der Nachbargrenze liegen. Ein Beispiel von dieser Grundform ist in der **10. Realschule,** Auguststrafse 21 (Abb. 310), gegeben. Dieser Form nähern sich auch die Schulanlagen der 5. und 11. Realschule, bei welchen das Schulgebäude mit einem Innenhof versehen ist und an drei Seiten freisteht.

4. Bemerkenswerth ist die **11. Realschule,** Boeckhstr. 9 u. 10 (Abb. 312 u. 314), durch die aufwändige Anlage mit zweischiffigem Flur. Die Architektur, von der die Abb. 314 eine Vorstellung giebt, hält sich in gothisirenden Bauformen.

5. Ein nach allen Seiten freistehendes Schulhaus mit Mittelflur zeigt die **4. Realschule,** Friedenstrafse 84 (Abb. 313). Bei dieser Anlage war der Nachtheil nicht zu umgehen, dafs eine Reihe von Klassen nach Südwesten zu liegen kam.

XV. Unterrichtsanstalten.

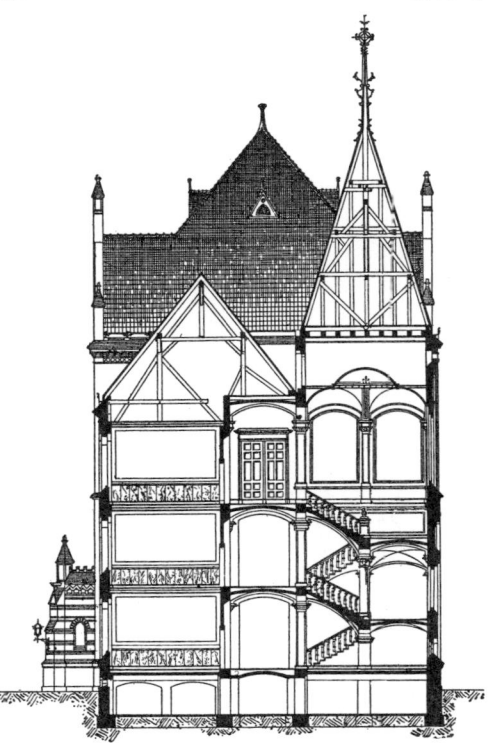

Abb. 317. Schnitt durch die Klassen.

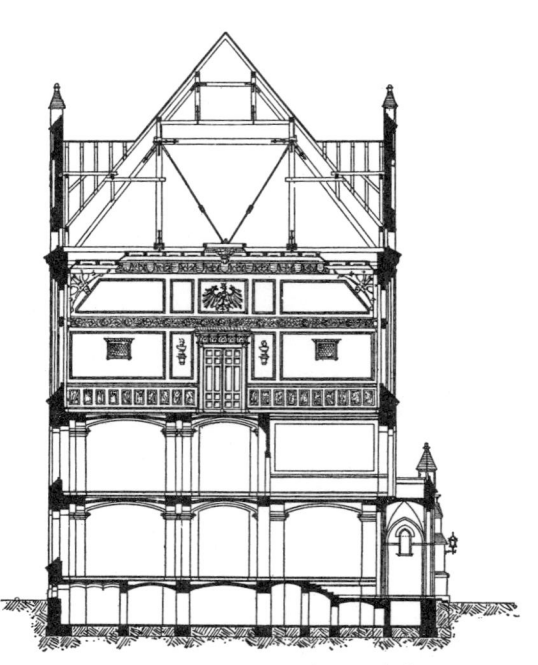

Abb. 318. Schnitt durch die Aula.

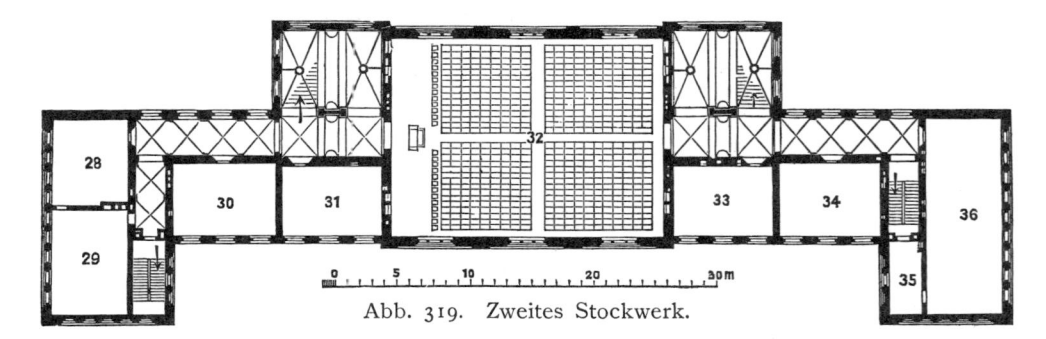

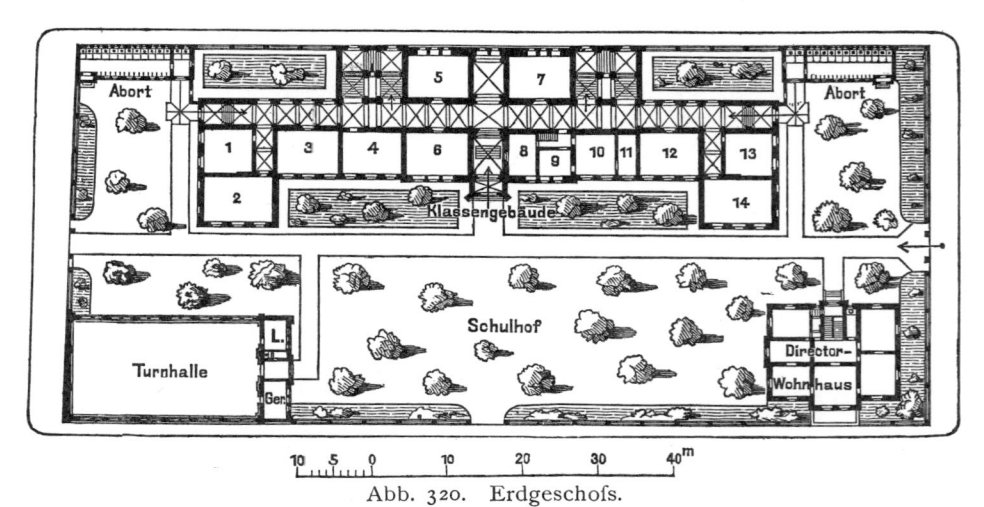

Abb. 319. Zweites Stockwerk.

Abb. 320. Erdgeschofs.
Prinz-Heinrich-Gymnasium in Schöneberg. Architekt Friedr. Schulze.

XV. Unterrichtsanstalten. 313

Die jüngste Schöpfung unter den Gymnasialbauten ist das vom Regierungs- und Baurath Schulze entworfene und 1891—1893 durch den Land-Bauinspector Poetsch ausgeführte, auf Schöneberger Gemarkung gelegene staatliche **Königliche Prinz-Heinrich-Gymnasium** (Abb. 285, S. 296 u. 317—320).[1]) Es bildet zusammen mit der Pauluskirche von Schwechten eine Gruppe von Bauten in märkischer Backstein-Architektur. Die Ansichtsflächen sind in rothen Verblend- und Formsteinen sowie in grünen Glasursteinen hergestellt, die Dächer mit glasirten Patent-Falzziegeln eingedeckt. Die zwischen den Gebäuden stehenden alten Akazienbäume erhöhen den Reiz des hübschen Architekturbildes. An der kurzen Strafsenfront liegt seitlich das Directorwohnhaus, welches im ausgebauten Kellergeschofs eine Heizerwohnung, im Erdgeschofs und ersten Stockwerk die geräumige Wohnung des Directors enthält. Das Klassengebäude liegt mit der Hauptfront nach Osten und hat für etwa 900 Schüler drei Vorschul- und 17 Gymnasialklassen, welche sämtlich als Längsklassen (von rd. 6 : 8,50 m Gröfse) ausgebildet sind. Bemerkenswerth sind die stattlichen, 3 bis 3,50 m breiten, hellen, mit Kreuzkappen überwölbten Flure und die beiden grofsen Treppenhäuser mit 3 m breiten Treppenläufen, welche aus Kunstsandstein auf steigenden Kreuzgewölben hergestellt sind. Die 1,50 m hohen Wandverkleidungen sind aus rothem polirten Cementstuck ausgeführt. Die 22 m lange, 16,50 m breite und 8,60 m hohe Aula mit Holzdecke ist wirkungsvoll in mattgrünen und braungoldenen Tönen gemalt. Die Erwärmung erfolgt durch eine Luftheizungsanlage mit sechs Heizöfen. Die beiden Abortanlagen stehen durch geschützte Hallen mit den Nebeneingängen des Schulgebäudes in Verbindung. Die Turnhalle von 25 m Länge, 12,50 m Breite und 7 m Höhe ist mit Vorhalle, Lehrerzimmer, Gerätheraum und besonderem Abort versehen. Das Klassengebäude kostete 331 000 ℳ, das Directorwohnhaus 41 000 ℳ, die Turnhalle 29 000 ℳ, die Gesamtkosten der Bauanlage betrugen 537 000 ℳ. Für das Schulgebäude ergiebt sich ein Einheitssatz von 391 ℳ für den Schüler.

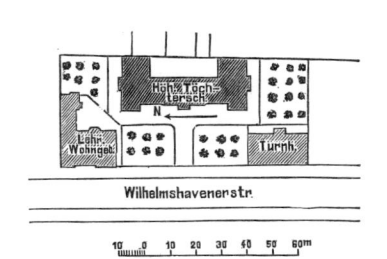

Abb. 321. Städtische Dorotheenschule, Ecke der Thurm- und Wilhelmshavener Strafse.

Im Jahre 1895/96 ist seitens der Stadtverwaltung für den Stadttheil Moabit an der Ecke der Thurmstrafse und Wilhelmshavener Strafse die sechste höhere Mädchenschule, die **Dorotheenschule** (Abb. 321) erbaut worden. An der Wilhelmshavener Strafse liegen das Directorwohnhaus und die Turnhalle, 20 m von der Strafse entfernt das Klassengebäude mit einem Innenhof an der Nachbargrenze. Die Klassen, sämtlich Langklassen, liegen zum Theil nach Westen und Süden. Helle Flure und Treppen, ein geräumiger Gesangsaal und eine grofse Aula zeichnen diese klar gedachte Schulanlage aus.

Von den zahlreichen privaten höheren Töchterschulen Berlins sei hier nur die **Erziehungsanstalt Crain (genannt Tanneck)** am Ende der Ahornallee in Westend erwähnt (Abb. 322—324), welche in den Jahren 1889—1891 von den Architekten Becker & Schlüter für die Schulvorsteherin Fräulein Lucie Crain erbaut wurde. Die Anstalt verfolgt den Zweck, für junge Ausländerinnen, welche die von der Besitzerin geleitete höhere Mädchenschule in der Keithstrafse 11 besuchen, in möglichst gesunder Gegend, zwar leicht erreichbar, aber doch fern ab vom Getriebe der Grofsstadt, eine vornehm ländliche Pension zu schaffen. Das Haus dient zum Aufenthalt für die Pensionsvorsteherin mit einigen Erzieherinnen und Lehrerinnen sowie für etwa 50 junge Mädchen. Sein Hauptbestandtheil ist eine zweigeschossige Halle, deren Thüren sich einerseits nach einer Gartenterrasse, anderseits mit grofsen Oeffnungen nach den Wohnräumen der Vorsteherin öffnen,

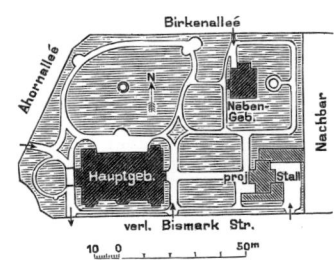

Abb. 322. Erziehungsanstalt Crain gen. Tanneck in Westend.

---

[1]) Abbildung und Beschreibung im Jahrgang 1895 der Zeitschrift für Bauwesen.

während sich im ersten Stock ein offener Gang mit einer Anzahl luftiger Zimmer für die Pensionärinnen hinzieht, für deren Unterbringung auch noch das ganze zweite Stockwerk bestimmt ist. Abgetrennt von allen übrigen Räumen und mit schalldämpfenden Korkwänden versehen sind im dritten Geschofs innerhalb des Dachbodens die Zimmer für den Musikunterricht angeordnet. Im Untergeschofs liegen die Wirthschaftsräume sowie die Warmwasserheizung. Besondere Durchbildung hat die mit einer Tonne und Stichkappen über-

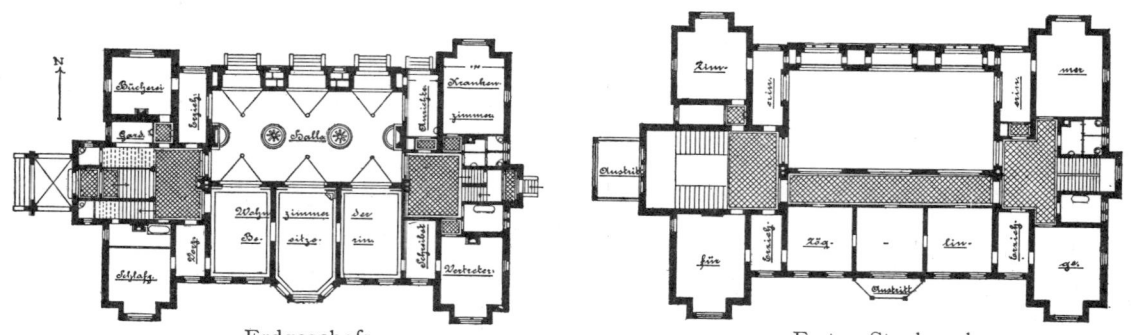

Erdgeschofs. Erstes Stockwerk.
Abb. 323. Erziehungsanstalt Crain genannt Tanneck in Westend.

deckte Halle erhalten. Das Aeufsere zeigt bläulichrothe Siegersdorfer Verblendsteine mit grünlichgrauen Putzflächen in den oberen Geschossen und einem gemalten farbigen Fries unter dem Dachüberstand. Das Dach ist mit schwarz glasirten Ludowicischen Falzziegeln eingedeckt. Die Gesamtbaukosten einschliefslich derjenigen für eine Cisterne, aber ausschliefslich der Umwährung belaufen sich auf 272 000 ℳ. d. i. rd. 402 ℳ. für das Quadratmeter oder 21 ℳ. für das Cubikmeter.

Abb. 324. Erziehungsanstalt Crain genannt Tanneck in Westend.

Abb. 325. Gemeindeschule Stephanstrafse 27, Hoffront.

B. Gemeindeschulen.[1]

Die Stadtgemeinde Berlin unterhält nach dem Stande vom 1. November 1895 211 Gemeindeschulen mit 3540 Klassen, in welchen der Unterricht seit dem Jahre 1870 durchaus unentgeltlich ertheilt wird. Die Gesamtzahl der verfügbaren Klassenzimmer ist 3545, davon sind 74 unbesetzt. Von den Klassenzimmern befinden sich 3349 in eigenen Schulhäusern und sonstigen Gebäuden der Stadt, 196 in gemietheten Räumen. Die Zahl der sogenannten fliegenden (d. h. überzähligen) Klassen ist 69, sodafs, wie gesagt, im ganzen in 3540 Klassen unterrichtet wird. Durch die eingeschulten Kinder sind besetzt 92 208 Knabenplätze und 93 749 Mädchenplätze, zusammen 185 957 Plätze.

Von den älteren Schulgebäuden sind nur noch sehr wenige vorhanden oder in Benutzung; sie enthielten meist 10—12 ziemlich kleine, niedrige Klassenzimmer von einfachster Einrichtung. Ihr Aeufseres war stets in nüchternstem Putzbau gehalten, und es war weder für eine Aula, noch für eine Turnhalle gesorgt. Zwei gesonderte, verhältnifsmäfsig grofse Treppen für Knaben und Mädchen vermittelten den Verkehr. Als Beispiel für diese älteren Gebäude sei in Abb. 326 der Grundplan der 4. Gemeindeschule in der Schmidstrafse 16[2] gegeben, welche im Jahre 1846 erbaut und in den Jahren 1872—1873 einem Umbau unterzogen wurde.

Erst in den Jahren 1863—1864 werden die Klassen etwas gröfser und höher, ihre Zahl im selben Hause steigt auf 14. Es tritt eine Aula hinzu und die Erwärmung geschieht durch Warmwasserheizung. Als Beispiel hierfür wird auf die in der ersten Auflage dieses Werkes S. 199 dargestellte Gemeindeschule in der Kurfürstenstrafse verwiesen, welche aber seit 1893 als solche eingegangen und zu einer Handwerkerschule umgebaut worden ist.

---

[1] Bearbeitet vom Stadt-Bauinspector und Verwaltungs-Director der städtischen Gaswerke E. Streichert.

[2] In den folgenden Grundrissen bedeutet immer:
    A. Schulgebäude. B. Lehrerwohnhaus. C. Turnhalle. D. Knabenabort. E. Mädchenabort.
    a. Klasse. b. Amtszimmer des Rectors. c. Conferenzzimmer. d. Kinderhort. f. Haupteingang. g. Durchfahrt. h. Lichthof.
    I—I. Wohnung des Heizers. II—II. Wohnung des Schuldieners. III—III. Rectorwohnung.

Die Grundrisse sind in einheitlichem Mafsstabe 1 : 1000 wiedergegeben.

Mit der beständig wachsenden Schülerzahl ging man allmählich dazu über, nicht nur die Zahl der Klassen beträchtlich zu vermehren, sondern auch gesonderte Schulen für beide Geschlechter zu erbauen. Um aber für zwei Schulen mit einer Aula und einer Turnhalle auszureichen, werden zumeist auf einem Grundstück zwei Schulen und zwar möglichst in ein und demselben Gebäude als sogenannte Doppelschulen errichtet. Die Zahl der Klassen steigt auf 15—17. Als Beispiel hierfür mag dienen:

Die 74. und 79. Gemeindeschule in der Pappelallee 31/32 (Abb. 327). Sie ist 1873—1874 erbaut und enthält zweimal 16 Klassen, eine gemeinschaftliche Aula, zwei Amts- und zwei Conferenzzimmer, zwei allerdings sehr kleine Rectorenwohnungen im Erdgeschofs und die Schuldienerwohnung im hohen Kellergeschofs. Auf dem Knabenhof befindet sich die Turnhalle. Abtrittsgebäude sind auf beiden Höfen angeordnet.

Der gewaltige Aufschwung Berlins bald nach dem französischen Kriege, die jährliche Vermehrung seiner Einwohnerzahl um rd. 50000 und somit der Gemeindeschüler um etwa 5000, brachte, wenn auch nicht sofort, so doch schon um die Mitte der siebziger Jahre eine grofse Umwälzung hervor, sowohl in den Anschauungen über die Bedürfnisse der Gemeindeschulen überhaupt, als in der Schulbauthätigkeit im besondern. Galt es doch, alljährlich für rd. 5000 Schüler neue Gebäude herzustellen.

In welchem Mafse die Schulbauthätigkeit seit dem Jahre 1869 fortgeschritten ist, ergiebt die in Abb. 328

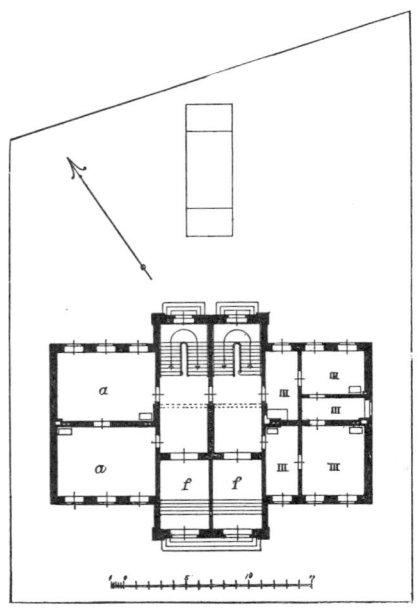

Abb. 326.
Gemeindeschule Schmidstrafse 16.

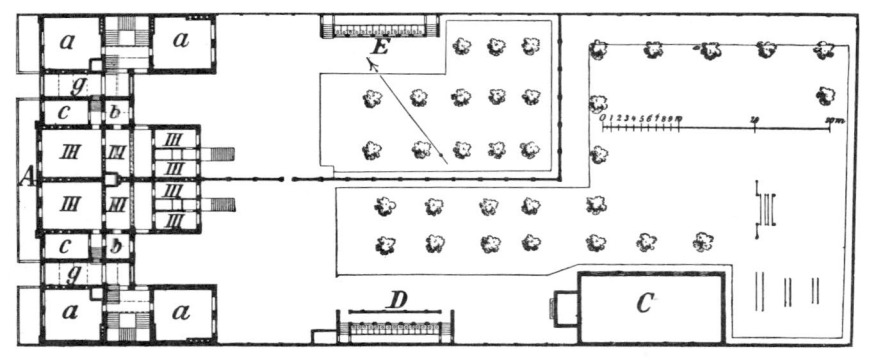

mitgetheilte „Graphische Darstellung der Entwicklung der Berliner Gemeindeschulen". Sie zeigt nicht nur die allmähliche Vermehrung der Schulen in eigenen Häusern, sondern auch das Zu- und Abnehmen von Miethsschulen und den sogenannten fliegenden Klassen, d. h. solchen, wel-

Abb. 327. 74. und 79. Gemeindeschule in der Pappelallee 31/32.

chen eigene Räume nicht überwiesen sind, sondern die aufserhalb der eigentlichen Schulzeit in den leer stehenden Klassenzimmern untergebracht werden.

Entsprechend dem in sechs auf einander folgende Klassen eingetheilten Gemeindeschulunterricht wird die Klassenzahl auf 17—18 erhöht, sodafs drei Parallelcurse in jeder Schule eingerichtet werden können; die Klassen erhalten bei einer lichten Höhe von mindestens 4 m eine Gröfse von etwa 54 qm, wobei in den unteren Klassen 70, in den mittleren 60 und in den oberen mindestens 50 Schüler Platz finden können und in der ganzen 18klassigen Schule somit rd. 1000 Schulkinder untergebracht sind. Jede einzelne oder jede Doppelschule erhält eine Aula in der Gröfse von mindestens zwei Klassen und in einem besonderen Gebäude eine Turnhalle von anfangs 10 × 19 = 190 qm, später rd. 220 und in letzter Zeit von rd. 240 qm Grundfläche im Lichten. Für jede Schule wird ferner

XV. Unterrichtsanstalten. 317

ein Amtszimmer für den Rector sowie ein Conferenz- und zugleich Versammlungszimmer der Lehrer gefordert; etwa sich ergebende kleinere Nebenräume werden zur Aufbewahrung der Lehrmittel (Kartenzimmer), zur Unterbringung von Volksbibliotheken und dergleichen verwendet. Da die Anlage von Wohnungen in Schulgebäuden manche Uebelstände hat, so wird namentlich bei Doppelschulhäusern ein besonderes Lehrerwohngebäude errichtet, welches im Erdgeschofs die Schuldiener- und eine Heizerwohnung mit je zwei Stuben, Küche und Speisekammer birgt, im ersten und zweiten Geschofs aber je eine Rectorwohnung enthält, für welche in der Regel zwei zwei- und drei einfenstrige Zimmer nebst Küche, Speisekammer und Mädchengelafs angenommen werden. Bei einfachen Schulen besorgt der Schuldiener auch zugleich die Heizung.

Während früher grofser Werth darauf gelegt wurde, die Flure in den Schulhäusern möglichst zu beschränken, wobei die Schulkinder ihre Ueberkleider mit in die Klasse nehmen mufsten, werden jetzt lang gestreckte geräumige Gänge vorgezogen, auf welchen die Kinder ihre Kleider an Haken aufhängen können. Es wird dadurch ermöglicht, die Klassenzimmer von den unangenehmen Ausdünstungen der oft nassen Ueberkleider zu befreien.

Die von Jahr zu Jahr steigende Kostbarkeit des Grund und Bodens in Berlin führte nicht nur dazu, die Schulhäuser fast ausnahmslos, und besonders die Doppelschulen vier Geschofs hoch zu bauen, sondern brachte auch die Wahl von Grundstücken

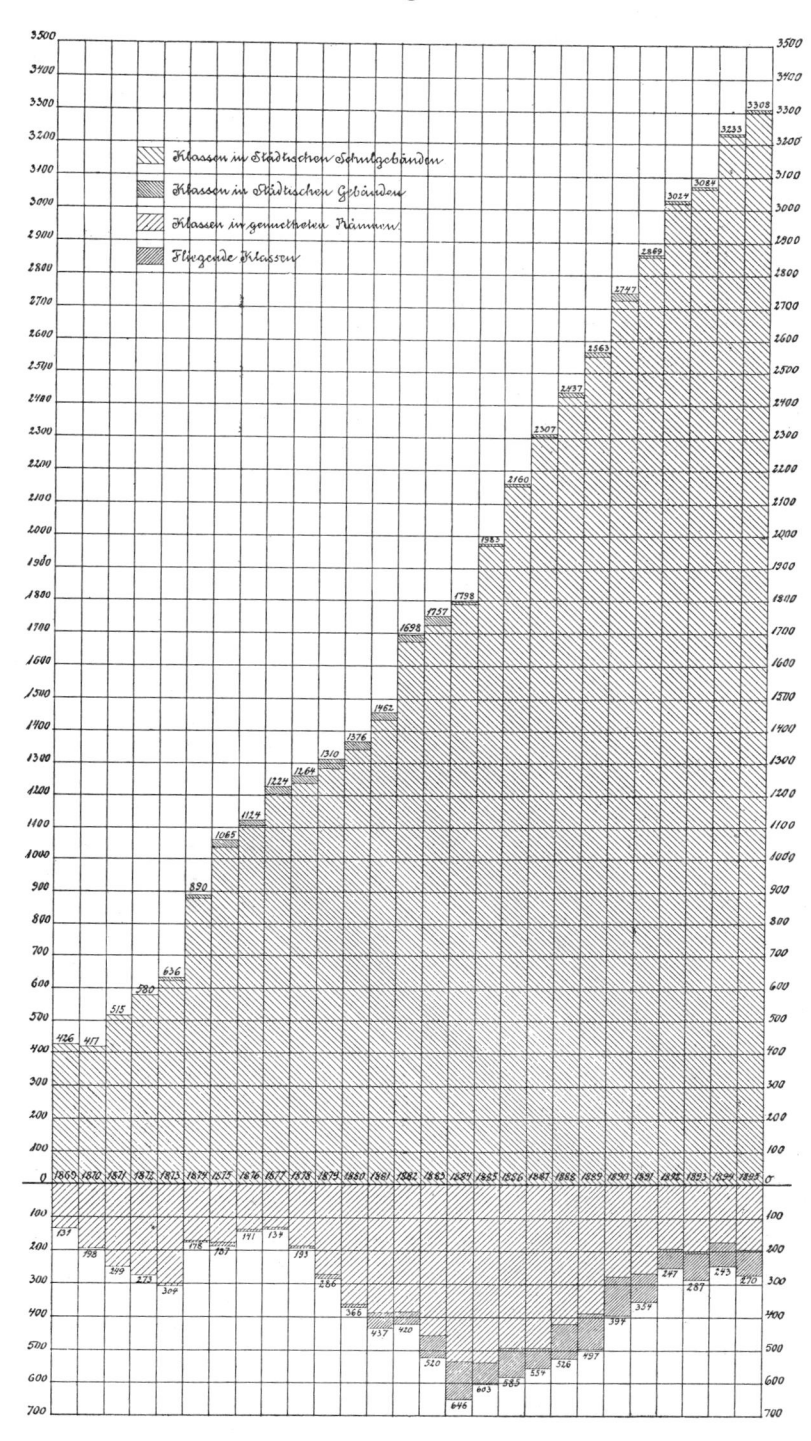

Abb. 328.
Graphische Darstellung der Entwicklung der Berliner Gemeindeschulen.

318   XV. Unterrichtsanstalten.

mit geringer Strafsenfront und grofsem Hinterland mit sich, auf welch letzterem das eigentliche Schulhaus weit ab vom Lärm der Strafse erbaut wird, während das Lehrerwohngebäude seinen Platz an der schmalen Strafsenfront erhält. Bei der regelmäfsigen Wiederkehr ganz gleicher Anforderungen konnte es nicht fehlen, dafs sich allmählich für die verschieden gestalteten Bauplätze gewisse Grundformen herausbildeten, welche mit geringen Veränderungen wiederholt werden konnten. Dies ist in künstlerischer Hinsicht zwar zu bedauern, liefs sich jedoch nicht vermeiden, wenn die Rücksichten auf möglichste Sparsamkeit, wie es bei den aufserordentlichen Anforderungen an den Stadtsäckel nothwendig ist, mafsgebend bleiben sollten.

Mit Rücksicht auf den Verkehr in den Berliner Strafsen ist ein Aufenthalt der Schulkinder daselbst während der Schulpausen ausgeschlossen. Daher wird besonderer Werth darauf gelegt, auf den dicht mit hohen Nachbargebäuden umbauten Grundstücken geräumige Schulhöfe zu schaffen, auf welchen sich die Schüler und Schülerinnen getrennt ergehen können. Dabei gilt als Regel, dafs für jedes Schulkind 1,50 qm freier Hofraum, also bei einer Doppelschule mit mindestens 2000 Schülern etwa 3000 qm vorhanden sein soll. Der Knabenhof wird, wenn irgend thunlich, noch zur Aufstellung von Turngeräthen im Freien benutzt. Hiernach ergiebt

Abb. 329. Die 55. und 56. Gemeindedoppelschule nebst Taubstummenschule und Webeschule, Markusstrafse 49.

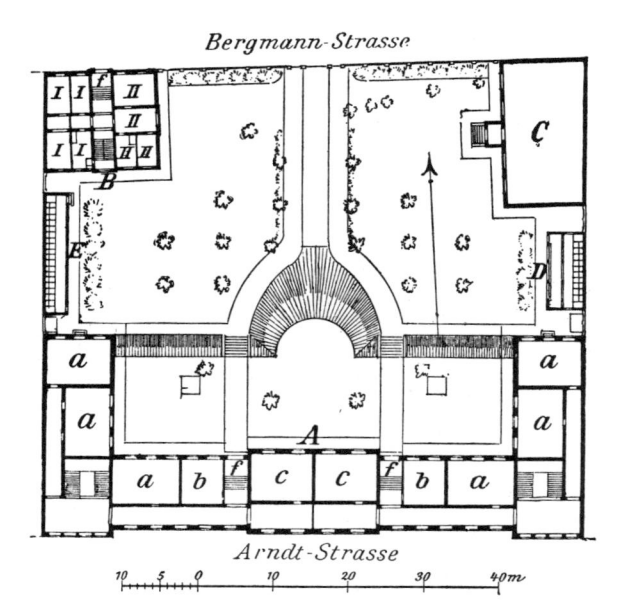

Abb. 330. Die 33. und 49. Gemeindedoppelschule, Bergmannstrafse 78/79.

sich die nothwendige Gröfse eines Grundstücks für eine Doppelschule zu durchschnittlich 5000 qm. Im Innern der Stadt und bei kostspieligem Grunderwerb mufs allerdings häufig eine geringere Fläche genügen. Dagegen werden im Aufsenkreis der Stadt gern

XV. Unterrichtsanstalten. 319

gröfsere Grundstücke verwendet, namentlich wenn diese sich bereits im städtischen Besitz befinden.

Den Klassen der Berliner Gemeindeschulen wird, wenn irgend möglich, eine längliche Gestalt von 9:6 m gewöhnlich mit drei Fenstern gegeben. Leider können auch sogen. Tiefklassen mit mehr quadratischer Form nicht immer vermieden werden. Für die Subsellien hat sich eine bestimmte Form mit festen Banktischen herausgebildet, welche in drei Gröfsen für Unter-, Mittel- und Oberklassen meist drei- und viersitzig angewandt werden. Erst in neuester Zeit sind auch Versuche mit anderen Subsellien, wie z. B. nach der Bauart Columbus gemacht worden. Nur bei den höheren Schulanstalten sind auch anderweitige Constructionen verwendet worden, aber ebenfalls nur versuchsweise, sodafs eine endgültige Entscheidung über die beste Schulbank noch

Abb. 331. Die 151. und 145. Gemeindeschule, Reichenberger Strafse 131/132.

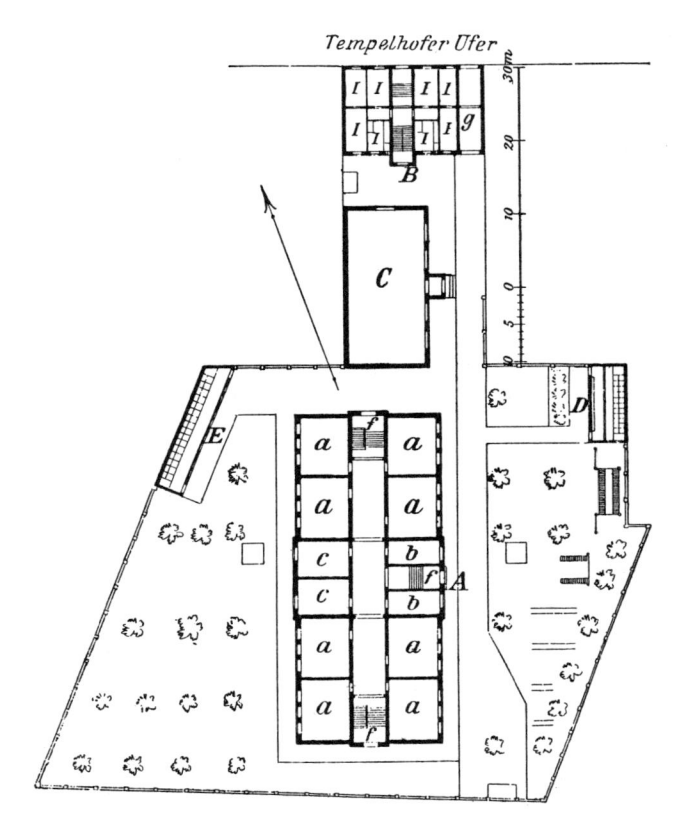

Abb. 332. Die 169. und 131. Gemeindedoppelschule, Tempelhofer Ufer 2.

nicht getroffen worden ist. — Die Erwärmung der noch durchweg mit einfachen Fenstern versehenen Klassenzimmer erfolgte in den siebziger Jahren zumeist durch Luftheizung, später aber zufolge des dauernden Widerstandes der Lehrerschaft gegen diese an sich zweckentsprechendste Art der Heizung, durch Warmwasserheizung. In dem letztverflossenen Jahrzehnt sind die Luftheizungen in den alten Gebäuden meist auch durch Warmwasserheizungen ersetzt worden, und zur Zeit bestehen nur noch einige wenige Schulen mit den alten oder nach einer neueren Bauart umgeänderten Luftheizungen.

320   XV. Unterrichtsanstalten.

Von den nach vorstehenden Gesichtspunkten bis Mitte der achtziger Jahre erbauten Schulgebäuden seien die nachstehenden als Beispiele kurz beschrieben und durch Abbildungen verdeutlicht.

1. Die 155. und 156. Gemeindedoppelschule,

Markusstraße 49 (Abb. 329), ist 1884—1885 erbaut und liegt inmitten eines Bodenstreifens, welcher an der Ifflandstraße von der höheren Töchterschule, der Margaretenschule, an der Markusstraße von der Webeschule und Taubstummenschule in Anspruch genommen ist. Sie hat im Erdgeschoß in dem 1024 qm fassenden Gebäude eine Durchfahrt und fast 32 Klassen. Die Erwärmung geschieht durch Warmwasserheizung. Die Rectorenwohnungen befinden sich in einem besonderen Gebäude in der Markusstraße.

2. Die 133. und 149. Gemeindedoppelschule,

Bergmannstraße 78/79 (Abb. 330), in derselben Zeit erbaut, hat 34 Klassen in dem Schulhause von 1100 qm Grundfläche. Auf der Gesamtfläche von 4631 qm Größe erhebt sich an der Bergmannstraße das Lehrerwohngebäude mit 215 qm und die Turnhalle mit 237 qm Grundfläche.

3. Die 151. und 145. Gemeindedoppelschule,

Reichenberger Straße 131/132 (Abb. 331), ist 1885—1886 erbaut, umfaßt eine Gesamtfläche von 5115 qm und hat 36 Klassen in dem 1089 qm großen Schulgebäude. Die Turnhalle hat 262 qm und das Lehrer-Wohngebäude 213 qm Grundfläche.

4. Die 169. und 131. Gemeindedoppelschule,

Tempelhofer Ufer 2 (Abb. 332), ist 1886—1887 erbaut. Sie hat 36 Klassen, welche um einen breiten Mittelflur gruppirt sind, an dessen Enden die beiden aus Granit hergestellten Treppen liegen. Das Schulgebäude bedeckt nur eine Grundfläche von 901 qm,

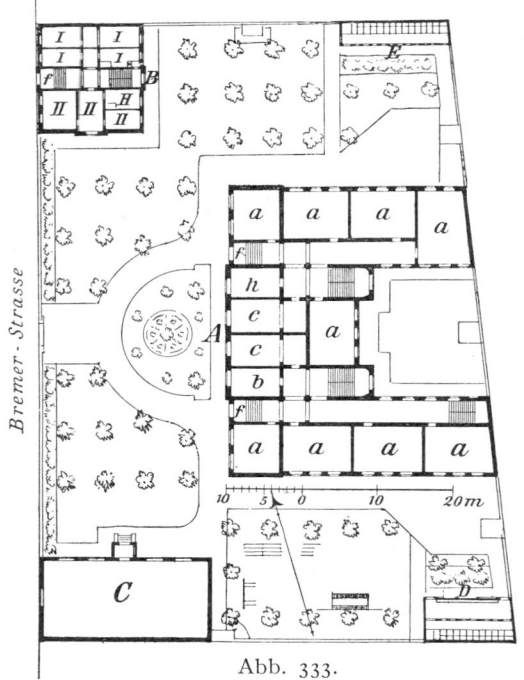

Abb. 333.
Die 172. und 185. Gemeindedoppelschule, Bremer Straße 13—17.

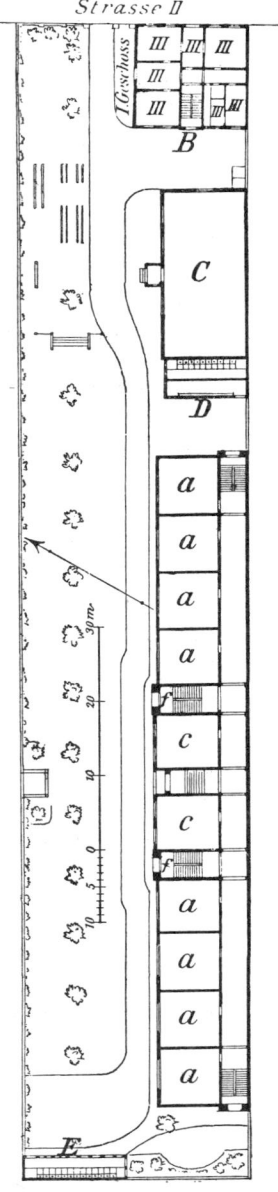

Abb. 334. Die 186. und 111. Gemeindedoppelschule, Pflugstraße 12.

das Lehrerwohnhaus eine solche von 232 qm und die Turnhalle von 260 qm. Die Gesamtfläche ist nur 4665 qm groß. — So mannigfach und verschiedenartig die Grundrißgestaltung sich zeigt, so gleichförmig ist die Architektur fast sämtlicher Schulbauten dieses langen Zeitraumes gehalten: sauberer Verblendziegelbau mit reichlicher Verwendung von Terracottastücken in streng „tektonischer" Formgebung und Ornamentirung sind die Kennzeichen dieser Bauten. Gleichwohl sind auch in dieser Zeit hin und wieder erfreuliche Ausnahmen hiervon zustande gekommen, wie etwa die Front der 45. Gemeindeschule in der Auguststraße 67/68, welche durch geschickte Verwendung von grünen Glasuren recht ansprechend wirkt.

XV. Unterrichtsanstalten. 321

Eine nicht unwesentliche Umgestaltung der Schulhausbauten, namentlich in Bezug auf die Grundrifsbildung, wurde durch die Einführung der neuen Bauordnung für Berlin vom 15. Januar 1887 hervorgerufen. Die Zahl der Treppen steigerte sich von zwei auf drei und sogar vier, sie wurden breiter und brachten dadurch auch eine Verbreiterung der Gänge mit sich. Die Haupteingänge wurden geräumiger und erhielten Rücklagen für das Aufschlagen der Hausthüre nach aufsen. Aber auch die Ansprüche der Schulverwaltung wurden gröfser, namentlich in Bezug auf die früher meist sehr beengten Conferenz-

Abb. 335. Die 186. und 111. Gemeindeschule, Pflugstrafse 12, Ansicht.

zimmer. Es wurden Räume für Kinderhorte vorgesehen, später auch besondere Lehrerinnenzimmer und Aborte für diese im Schulhause selbst, in letzter Zeit auch ein Aufenthaltsraum für den Schuldiener. Die Klassen erhielten Gasbeleuchtung und je eine in jeder Schule wurde zum Unterricht in der Physik und zum Zeichenunterricht hergerichtet, oder es wurde die Aula für letztere Zwecke benutzt und mit besonderen Zeichentischen ausgerüstet. (In neuester Zeit erhält jede Schule eine besondere Physikklasse mit daneben liegendem Apparatenzimmer.) Aufser den für jede Schule im Kellergeschofs schon früher vorhandenen Reinigungszimmern mit Vorrichtung für Warmwasserbereitung wurden Brausebäder eingerichtet, welche ebenfalls im Keller ihr Unterkommen fanden. Solche Brausebäder mit nach neuester Feststellung 20 Brausen und doppelt so viel Auskleidezellen finden sich einschliefslich der im Bau begriffenen Anstalten zur Zeit bereits in sieben Gemeindedoppelschulen. Die Warmwasserheizung mit guter Luftzufuhr und gewöhnliche, aber ausreichende

Lüftung kam zur allgemeinen Anwendung, und es wurden durchweg Doppelfenster eingeführt. Die Temperatur in den Klassen wird dabei durch in die Wand eingelassene Thermometer dem Heizer vom Flur aus erkenntlich gemacht, sodafs derselbe sie, ohne das Zimmer betreten zu müssen, regeln kann. Die früher in den Klassen angebrachten niedrigen Holztäfelungen fielen wegen der ungesunden Ablagerung von Schmutz hinter denselben weg und wurden durch mit Oelfarbe gestrichenen Wandputz aus Cement- oder hydraulischem Kalkmörtel ersetzt. Die Eingänge und Flure in sämtlichen Geschossen wurden, statt wie früher mit Asphalt, mit Terrazzofufsböden versehen und an Stelle der flachen unsichtbaren Dächer aus Doppeldachpappe kamen hin und wieder, namentlich bei den gewöhnlich an der Strafse stehenden Lehrerwohngebäuden, steile, mit deutschem Schiefer eingedeckte Dächer zur Anwendung. Der innere Ausbau gestaltete sich reicher und würdiger und gipfelte in der architektonischen Ausgestaltung der Aulen, welche, im obersten Geschofs zwischen den beiden Haupttreppen belegen, auch für die Gestaltung des Aeufsern ein erwünschtes Motiv boten.

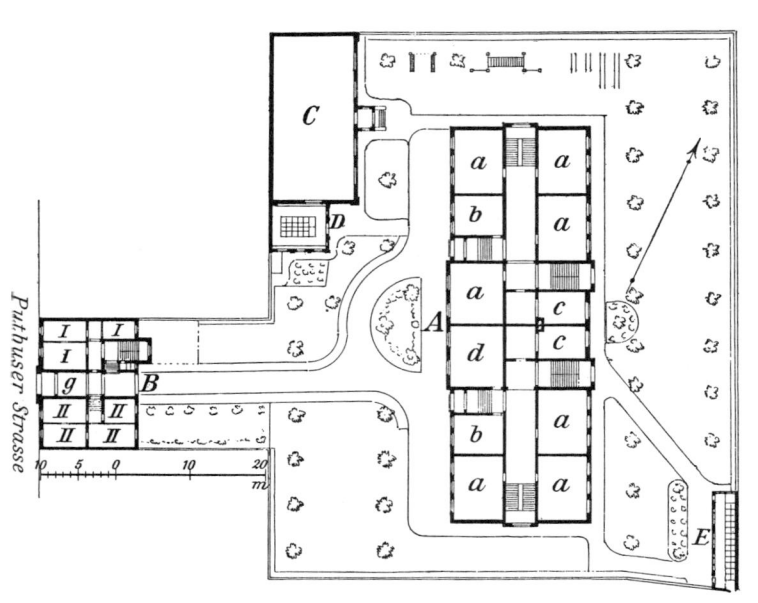

Abb. 336. Die 167. und 175. Gemeindedoppelschule, Putbuser Strafse 23.

Als Grundformen für die Gemeindeschulen dieses neuesten Zeitabschnittes seien die nachfolgenden aufgeführt.

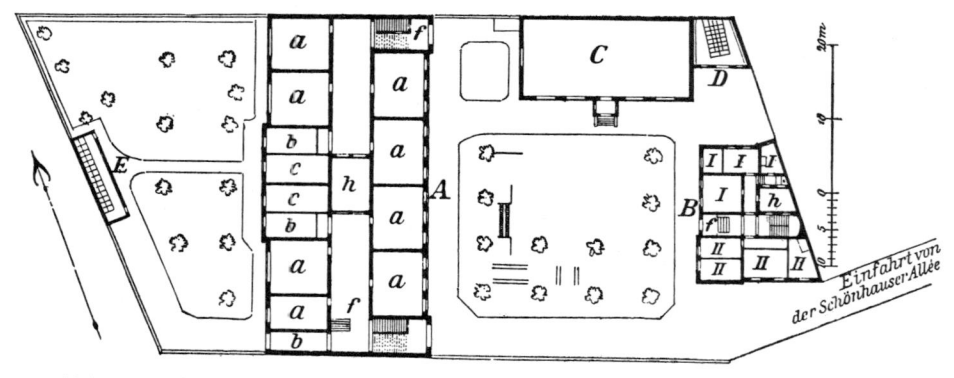

Abb. 337. Die 174. und 110. Gemeindedoppelschule, Schönhauser Allee 166a.

1. **Die 172. und 185. Gemeindeschule** in der Bremer Strafse 13—17 (Abb. 333), 1888—1890 erbaut auf einem Grundstück von 5021 qm Gesamtfläche. Sie hat 40 Klassen in dem 1090 qm fassenden und mit drei Treppen ausgestatteten Schulgebäude, ein Lehrerwohnhaus von 212 qm und eine Turnhalle von 273 qm Grundfläche.

2. **Die 186. und 111. Gemeindeschule** in der Pflugstrafse 12 (Abb. 334 und 335), 1889/90 erbaut auf einem lang gestreckten schmalen Grundstück von nur 4674 qm

Grundfläche. In dem 1086 qm Fläche fassenden Schulgebäude sind 36 Tiefklassen vorhanden und aufser einem Haupteingang, welcher in den oberen Geschossen als Lichtflur ausgenutzt ist, vier Treppen. Der lange Seitenflur erhält aufserdem mittelbares Licht durch hochgelegene Fenster von den Klassen aus. Das Lehrerwohngebäude hat 210 qm, die Turnhalle 273 qm Grundfläche.

3. Die 167. und 175. Gemeindeschule
in der Putbuser Strafse 23 (Abb. 336), 1889—1891 erbaut auf 4955 qm Gesamtfläche. Sie hat in dem nur 999 qm Grundfläche fassenden Schulgebäude vier Treppen und 38 Klassen, wovon zwei als Kinderhort benutzt werden. Das Lehrerwohngebäude hat wegen der nach dem Schulhof führenden Durchfahrt eine Grundfläche von 235 qm, die Turnhalle eine solche von 273 qm.

4. Die 174. und 110. Gemeindeschule
in der Schönhauser Allee 166a (Abb. 337) ist 1888—1890 erbaut und hat bei nur 957 qm Grundfläche 36 Klassen, von denen allerdings die Hälfte Tiefklassen sein mufsten. Diese Schule, welche übrigens ganz auf einem Hinterlande von 4876 qm Fläche liegt, ist eine Abart der unter 3. aufgeführten Grundform. Sie hat nur zwei Treppen und einen 5 m breiten Mittelflur, welcher aufser von den Treppenhäusern von einem in der Mitte belegenen Lichthof erhellt ist. Das Lehrerwohngebäude hat 230 qm, die Turnhalle 273 qm Grundfläche.

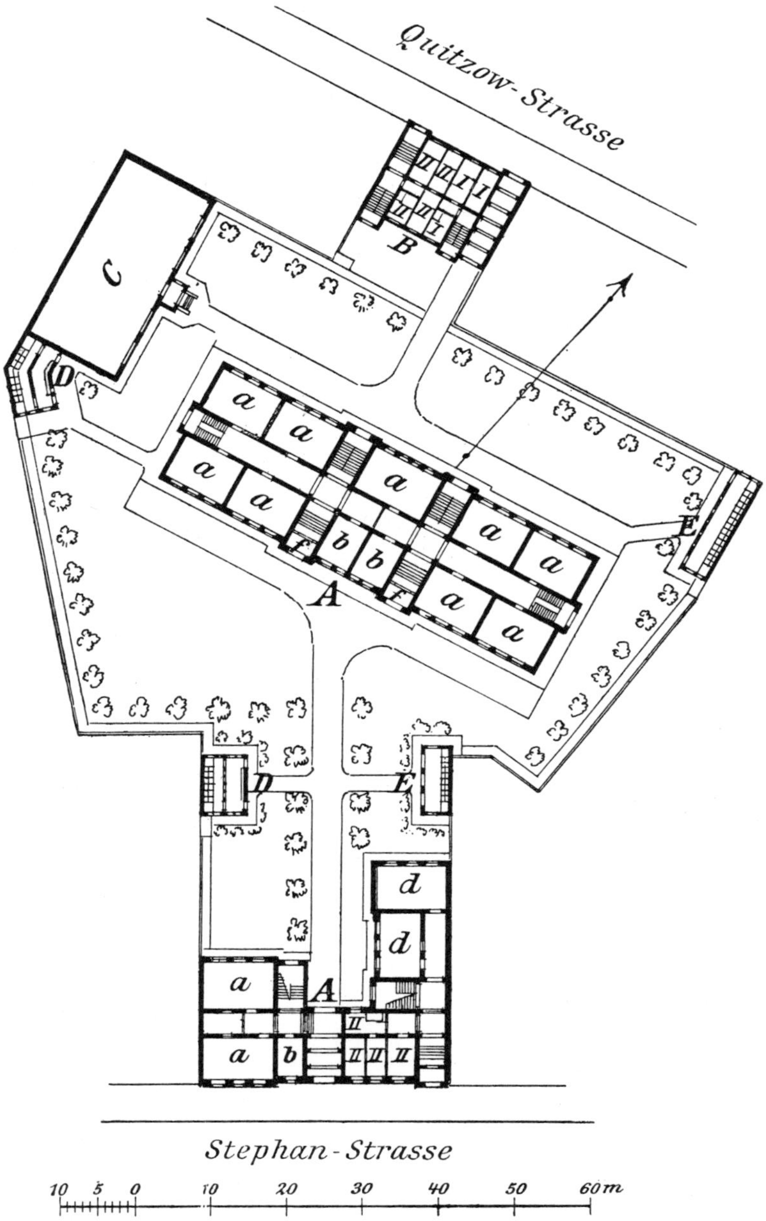

Abb. 338. Die 168. und 182., sowie 189. und 41. sogenannte dreifache Gemeindeschule, Stephanstrafse 27.

5. Die 168. und 182., sowie 189. und 41. sogen. dreifache Gemeindeschule
in der Stephanstrafse 27 (Abb. 325 S. 315 u. Abb. 338 sowie 339) ist in ihrem Hauptschulgebäude ebenfalls eine Abart der unter 3. aufgeführten Grundform und hat in demselben bei vier Treppen aufser Amts- und Conferenzzimmern 37 Klassen und vier Karten- usw. -zimmer. Die Gesamtfläche des Grundstücks beträgt 7268 qm, das Hauptschulgebäude hat 1042 qm, das in der Stephanstrafse belegene zweite Schulgebäude mit

18 Klassen, zwei Kinderhorträumen und einer Schuldienerwohnung im Erdgeschofs 646 qm; das an der Quitzowstrafse belegene Lehrerwohngebäude, welches eine Durchfahrt und wegen der Dreistöckigkeit zwei Treppen enthält, 245 qm und die besonders grofse Turnhalle 401 qm Grundfläche. Die Schule ist 1892—1894 erbaut.

Abb. 339. Die 168. und 182., sowie 189. und 41. sogen. dreifache Gemeindeschule, Stephanstrafse 27, Strafsenfront.

6. Die 39. und 183., sowie 196. Gemeindeschule in der Müllerstrafse 158/159 (Abb. 340 u. 341) liegt an der von dieser Strafse mit der Trift- und der Wildenowstrafse gebildeten Ecke auf einem Grundstück von 7064 qm Gröfse. Sie bildet in ihrem Hauptschulgebäude mit 1226 qm Grundfläche, vier Treppen an drei Innenhöfen, 39 Klassen einschliefslich

XV. Unterrichtsanstalten. 325

Abb. 340. Die 39. und 183., sowie 196. dreifache Gemeindeschule, Müllerstraße 158/159.

Kinderhort und Kochschule (der einzigen, welche bisher von Seiten der Stadt errichtet worden ist), und zwei verfügbaren Räumen ebenfalls eine Nebenlösung zu der unter 4. aufgeführten Grundform. Die 807 qm Grundfläche fassende einfache Schule an der Ecke der Trift- und Wildenowstraße hat bei eigenartiger Ecklösung, in welcher sich im obersten Geschoß die fünfseitige Aula befindet, 21 Klassen in nur drei Stockwerken. Das an der anderen Straßenecke belegene Lehrerwohngebäude hat 340 qm und die dazwischen liegende Turnhalle 303 qm Grundfläche. Die Anstalt ist 1891—1893 erbaut.

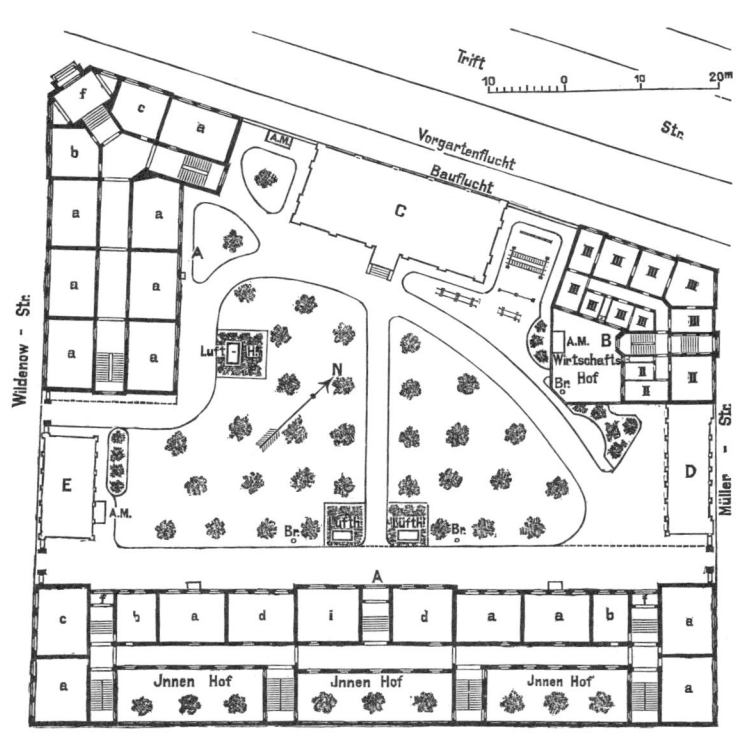

Abb. 341. Die 39. und 183., sowie 196. dreifache Gemeindeschule, Müllerstraße 158/159.

7. **Die 163. und 192. Gemeindeschule** in der Dieffenbachstraße 51 (Abb. 342) ist 1890—1892 erbaut, hat auf einer Gesamtbodenfläche von 4885 qm ein Schulgebäude von 999 qm Grundfläche mit 36 Klassen, einen verfügbaren Raum und vier Treppen, welche an den drei inneren Höfen liegen. Das an der Dieffenbachstraße belegene Lehrerwohngebäude hat einschließlich der Durchfahrt 745 qm und die Turnhalle an der Boeckhstraße 306 qm Grundfläche.

8. **Die 177. und 191. Gemeindeschule** an der Görlitzer Straße 51 (Abb. 343) ist 1890/91 erbaut auf einem 4893 qm großen Grundstück. Das hufeisenförmige, mit einer Durchfahrt versehene Schulgebäude von 1359 qm Grundfläche hat bei vier Treppen 42 Klassen

326   XV. Unterrichtsanstalten.

und zwei Kartenzimmer. Das Lehrerwohngebäude hat 214, die dahinter liegende Turnhalle 307 qm Grundfläche; die Durchfahrt ist nicht überbaut.

Die architektonische Ausgestaltung der Schulgebäude in dieser neuesten Bauzeit ist weit mannigfaltiger und charakteristischer als früher und zeigt das Bestreben nach einer reicheren Entfaltung unter Abstandnahme von der Verwendung grofser und kostspieliger Terracottenstücke. An die Stelle der letzteren treten mehr und mehr Formsteine; Glasuren, farbige Friese und in letzter Zeit auch Blenden werden zur Belebung der Fronten, zum Theil mit Glück zur Anwendung gebracht. Auch die Verwendung des unverdeckten Eisens geschieht mehrfach mit Erfolg zur Ueberdeckung von Fenstergruppen. In letzterer Beziehung sei auf Abb. 335, die Ansicht der 1889/90 erbauten Gemeindeschule in der Pflugstrafse 12 darstellend, verwiesen. Die Abb. 325 u. 339 führen die Strafsenfront der dreifachen Schule in der Stephanstrafse 27 vor; ferner Abb. 344 diejenige von der Gemeindeschule in der Wrangelstrafse 133. Abb. 340 endlich giebt eine Gesamtansicht der dreifachen Schule in der Müllerstrafse 158/159. — Die rein technische wie auch die architektonische Gestaltung der Berliner Gemeinde-

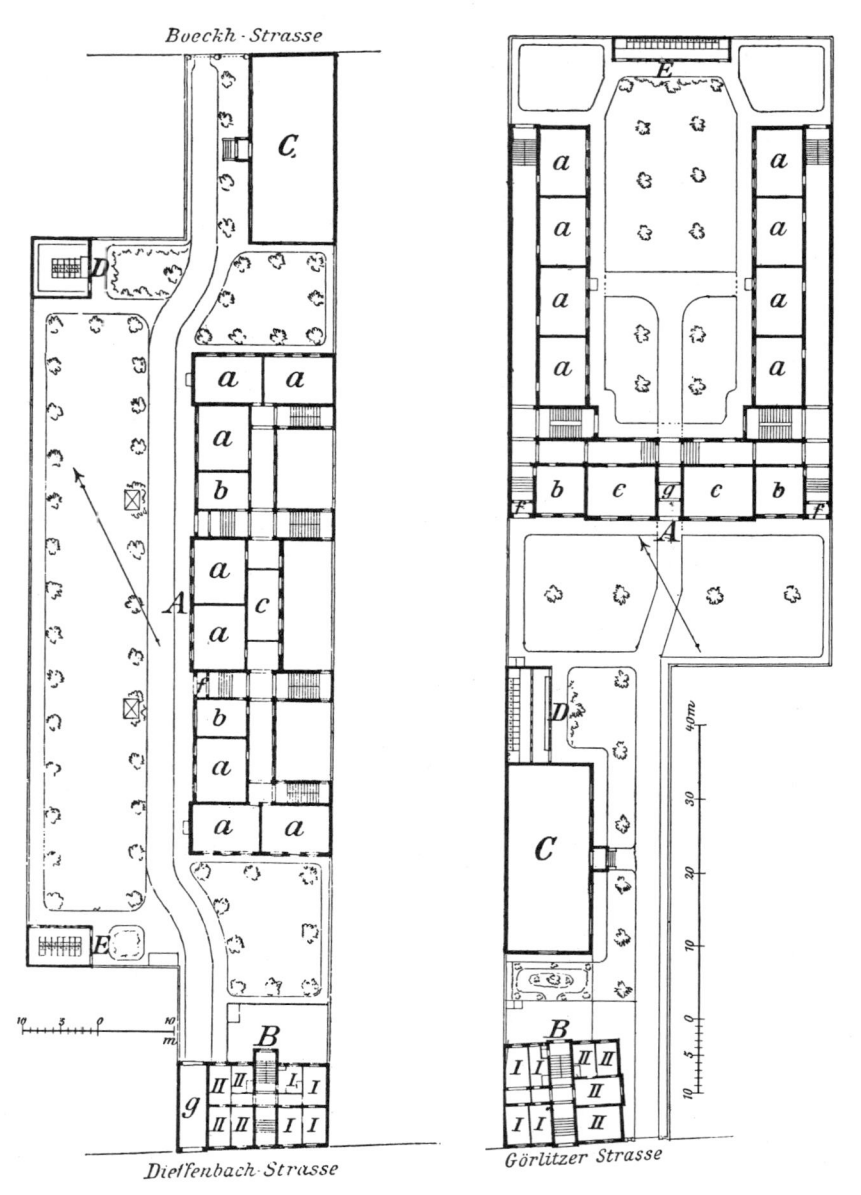

Abb. 342. Die 163. und 192. Gemeindedoppelschule, Dieffenbachstrafse 51.

Abb. 343. Die 177. und 191. Gemeindedoppelschule, Görlitzer Strafse 51.

schulen hat, wie überhaupt aller während der letzten 24 Jahre errichteten Berliner Gemeinde-Hochbauten, zum weitaus gröfsten Theile dem während dieser Zeit thätigen Stadt-Baurathe Geheimen Baurath Blankenstein obgelegen, dessen Mitarbeiter hierbei unter seinem ausschliefslichen Einflufs standen. Wenn auch in dem letztverflossenen Jahrzehnt sich hin und wieder bei der architektonischen Formengebung die Mitwirkung seiner ihm unterstellten Baubeamten bemerkbar macht, so hat dieselbe doch niemals zum vollen und beherrschenden Ausdruck kommen können. Die Berliner städtischen Hochbauten von 1872

XV. Unterrichtsanstalten.   327

bis 1896 sind die ureigensten Schöpfungen Blankensteins und tragen seinen unauslöschlichen Stempel. Es ist daher auch nicht für angezeigt erachtet worden, bei den vorgeführten Beispielen die Namen der betreffenden Bearbeiter hinzuzusetzen.

Es bleibt noch zu erwähnen, dafs die Klassen der Schulgebäude auch zu den abendlichen Cursen der Fortbildungsschulen, deren es einige 20 giebt, Verwendung finden, dafs ferner in den Lehrerwohngebäuden des öfteren auch Standesämter, Steuereinnahmen und dergl. untergebracht werden, welche stets ein ganzes Stockwerk in Anspruch nehmen,

Abb. 344. Gemeindeschule Wrangelstrafse 133.

sodafs die betreffenden Gebäude dann aufser dem Erdgeschofs noch drei Stockwerke erhalten und demgemäfs den polizeilichen Bestimmungen zufolge noch eine Nebentreppe haben müssen.

Die 18 vorhandenen Standesämter bestehen aus einem Trauzimmer, einem Wartezimmer, je einem Zimmer für den Standesbeamten und den Vertreter desselben, einem Registratur- und einem Canzleiraum, sowie ausreichenden Bedürfnifsanstalten und einer Wohnung für den Standesamtsdiener aus zwei Stuben, Kammer und Küche bestehend. Die Steuereinnahmen bestehen aus einem grofsen Kassenraum, einem Vorstandszimmer, einem Registratur- bezw. Canzleiraum und einem Zimmer für den Steuererheber sowie einer Wohnung für den Diener. Aufser den genannten Nebenbestandtheilen tritt bei einem Beispiele, nämlich in der 47. Gemeindeschule in der Stallschreiberstrafse 54, auch noch ein Schulmuseum auf.

Die Abtrittsgebäude stehen gesondert für Knaben und Mädchen auf den betreffenden Schulhöfen. Für die Knabenaborte werden auf zwei Klassen ein Sitz, für die Mädchenaborte auf drei Klassen zwei Sitze gerechnet. Erstere erhalten aufserdem geräumige Pissoiranlagen sowie einen geschlossenen Abort für die Lehrer und ein besonderes Lehrerpissoir. Für die Lehrerinnen wird neuerdings ein Abort im Schulgebäude (Keller) eingerichtet. Die Aborte sind natürlich an die städtische Entwässerung angeschlossen und mit Wasserspülung versehen, jedoch derart, dafs immer vier Sitze zusammengefafst sind und die Spülung nach der Pause insgesamt durch den Schuldiener veranlafst wird. Bei der freistehenden Lage dieser Abortgebäude kommt in strengen Wintern hin und wieder ein Einfrieren vor, dem in letzter Zeit durch Erwärmung des unter den Sitzen belegenen Grubencanals mittels Gasflammen oder kleiner Gasöfen Abhülfe zu schaffen versucht worden ist. Zur Verhütung des Erlöschens der Flammen und des Auftretens von Gasexplosionen mufs dabei aber auf eine nur geringe Lüftung, besonders auf ausreichende Luftzuführung Bedacht genommen werden.

Die Schulhöfe werden nur, soweit die Anfuhr des Brennmaterials es erforderlich macht, gepflastert, sonst aber durchweg auf Ziegelbruchstück- und Lehmunterlage bekiest und unter Anschlufs an die städtischen Anlagen entwässert. Sie werden aufserdem mit einzelstehenden Bäumen in etwa 6 m Abstand bepflanzt, die nachbarlichen Umwährungsmauern mit Rankengewächsen, als Epheu und dergl. berankt; die Abortgebäude und namentlich die Eingänge zu denselben werden durch Anpflanzungen von Buschwerk verdeckt. Wo die Höhenlage es gestattet, werden auch ein Rohrbrunnen hergestellt und aufserdem gewöhnlich zwei Trinkwasserauslässe von der Wasserleitung. Auf jedem Flur des Schulgebäudes sind aufserdem gewöhnlich zwei Ausgüsse mit Wasserzuflufs vorgesehen. Die früher massiv gemauerten Asch- und Müllbehälter werden in neuester Zeit durch eiserne tragbare Kästen ersetzt.

C. Turnhallen.[1]

Eine Turnhalle hat zur Zeit fast eine jede öffentliche, staatliche oder städtische Schulanstalt, vom Gymnasium herab bis zur Gemeindeschule, und auch die sogen. höheren Mädchenschulen ermangeln ihrer nicht. Sogar eine Anzahl in Privathänden befindlicher Knaben-Vorbereitungs- und höherer Mädchenschulen hat eigene Turnhallen. Aufser in einigen räumlich sehr beschränkten Privathallen wurde bis weit in die zweite Hälfte dieses Jahrhunderts hinein fast nur im Freien auf zwei Turnplätzen, in Moabit und in der Hasenhaide, und natürlich nur im Sommer und an regenfreien Tagen geturnt. Erst im Jahre 1850 wurde vom Staat die Centralturnhalle in der Scharnhorststrafse 1 erbaut mit einem Turnsaal von 309 qm und einem Fechtsaal von 182 qm Grundfläche.[2] Sie dient noch heute, nachdem sie mehrfach umgebaut worden und jetzt drei grofse Säle und einen grofsen Turnplatz umfafst, ausschliefslich zur Ausbildung von Turnlehrern für das Heer.

Erst in den Jahren 1863—1864 erbaute die Stadt alsdann die Centralturnhalle in der Prinzenstrafse 70 mit einem Saal von 1034 qm Grundfläche und zwei kleineren Fechtsälen sowie verschiedenen Räumen für theoretischen Unterricht und die Verwaltung. Das Gebäude enthält ferner die Wohnung des städtischen Oberturnwarts, eines Turnwarts, der Turndiener und des Pförtners. Hinter dem Hause liegt ein grofser Turnplatz. Die Anstalt dient zur Ausbildung der Turnlehrer an den städtischen Schulanstalten und für den Turnunterricht der Schüler einiger in der Nähe belegenen städtischen Schulanstalten; aufserdem wird sie gegen mäfsige Miethe den in Berlin bestehenden zahlreichen Vereinen zur Benutzung überlassen.[3] Die in der Grundfläche gröfsten Turnhallen besitzen die höheren Lehranstalten, Gymnasien und Realgymnasien. Ihre Gröfse schwankt zwischen 320 und 480 qm. Sie haben meist besondere Kleiderablagen, Geräthräume und Galerien für Zuschauer; auch ist

---

[1] Bearbeitet vom Stadt-Bauinspector und Verwaltungsdirector der städtischen Gaswerke E. Streichert.

[2] Veröffentlicht im Jahrgang 1851 der Zeitschrift für Bauwesen.

[3] Veröffentlicht im Jahrgang 1864 der Zeitschrift für Bauwesen.

XV. Unterrichtsanstalten. 329

für gewöhnlich ein besonderer Abort angelegt. Die Erwärmung der Hallen erfolgt meist durch grofse eiserne Oefen, hin und wieder auch durch eine eigene Sammel-, im besonderen Luftheizung. Die Stadt Berlin hat allein 12 solcher Turnhallen.

Die neueste dieser Anlagen ist die in Abb. 345 u. 346 dargestellte **Turnhalle des Kölnischen Gymnasiums** in der Wallstrafse 47—49. Sie ist 1891/92 erbaut und hat eine Halle von rd. 414 qm Grundfläche, welche durch vier eiserne Oefen erwärmt wird. Mit den Nebenräumen für den Turnwart und die Geräthe, den Kleiderablagen und Aborten bedeckt sie eine Gesamtgrundfläche von rd. 615 qm.

Die Turnhallen der übrigen Schulanstalten sind bedeutend kleiner gehalten; die kleinsten haben nur rd. 180 qm Grundfläche. In dieser geringen Gröfse aber werden Turnhallen schon seit mehreren Jahren überhaupt nicht mehr erbaut. Gegenwärtig erhalten die

Abb. 345. Turnhalle des Kölnischen Gymnasiums, Wallstrafse 47—49.

in der Grundfläche kleinsten, bei 10,50 zu 22 m Lichtmafsen immerhin noch rd. 230 qm haltende Hallen die seit einigen Jahren errichteten Knabenmittelschulen, die sogen. Realschulen (14 an der Zahl), welche nur 4—500 Schüler aufweisen. Die Gemeindedoppel- und die fünf höheren Mädchenschulen erhalten für gewöhnlich eine lichte Grundfläche von rd. 280 qm, wobei die Mafse je nach der Lage der Halle auf dem betreffenden Grundstücke und der Zweckdienlichkeit ihrer Stellung auf demselben entweder 10,50 zu 26,50 m oder 12 zu 24 m angenommen werden. Diese Mafse sind für die Aufstellung der Geräthe am passendsten befunden worden. Der Eingang zu den Turnhallen wird stets durch einen Vorbau vermittelt, wobei Belästigung durch Zugluft vermieden ist.

Wo die Grundstücksverhältnisse es gestatten und die Nothwendigkeit gröfserer, für Vereinszwecke zu benutzender Turnhallen vorliegt, wird auch hin und wieder bei Gemeindeschulen eine geräumigere Turnhalle erbaut; jedoch wurde bisher eine Grundfläche von rund

400 qm nicht überschritten. Solcher Turnhallen giebt es zur Zeit 95, ihre Anzahl steigert sich von Jahr zu Jahr um drei bis fünf. Die Turnhallen werden für gewöhnlich auch im Innern mit hellen Verblendsteinen in oft farbiger Musterung verkleidet, erhalten eine gerade, behufs Warmhaltung mit Lehmanstrich betragene Holzdecke und Fufsboden auf hohl liegender Balkenlage. Als Fufsbodenbelag hat sich eichener Riemenfufsboden ohne Blindboden am besten bewährt. Die Erleuchtung der Hallen erfolgt durch mindestens 2 m über dem Fufsboden liegende Fenster und Abends durch Gas-Intensivbrenner. Ein Ausgufs mit Wasserzuleitung wird vorgesehen, und, wo irgend möglich, werden in Mauerschrägen und Wandausnischungen Schränke für Aufbewahrung der kleinen Geräthschaften untergebracht. An festen Turngeräthen werden errichtet ein Klettergerüst mit senkrechten und schrägen Stangen und Leitern (von den zu Ende der siebziger und Anfang der achtziger Jahre üblichen beweglichen und verstellbaren Gerüsten, welche vornehmlich der geringen Grundfläche der damaligen Turnhallen wegen in Aufnahme kamen, ist man vieler Unzuträglichkeiten

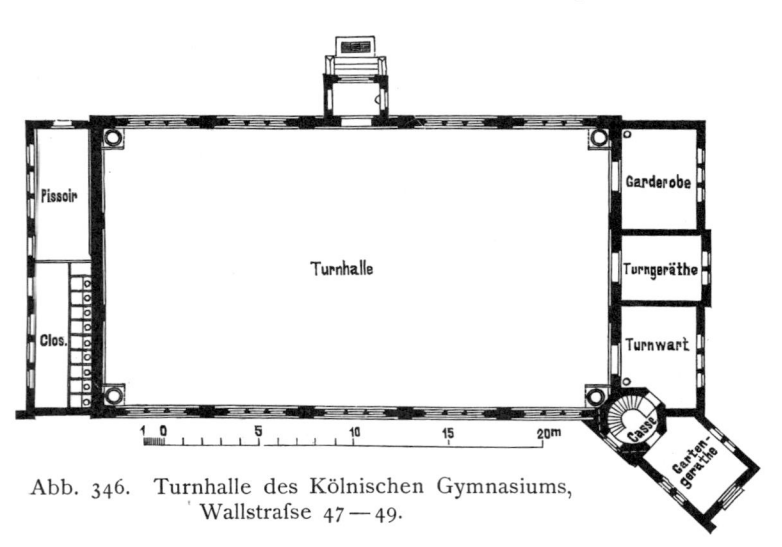

Abb. 346. Turnhalle des Kölnischen Gymnasiums, Wallstrafse 47—49.

wegen wieder gänzlich abgekommen) und etwas davor liegend, im Fufsboden und an den Decken befestigt, die Stiele für die Reckstangen. Auf der gegenüber liegenden Seite der Halle sind dann die beiden wagerechten Leitern aufgestellt und an einer der beiden anderen Seiten der Schwebebaum. In der Mitte der Halle ist der Rundlauf angebracht, an dem Deckenbalken und daneben die Schweberinge. Die Ausstattung der Turnhallen mit Geräthen ist je nach der Art der Schule verschieden reichhaltig, besonders reich und den neuesten Erfahrungen der bezüglichen Technik entsprechend jedoch bei den höheren Lehranstalten; für die höheren Mädchenschulen sind vorzugsweise die für die Freiübungen gebräuchlichen Hülfsgeräthe, als Stäbe, Körbe und dergl., zahlreich vorhanden.

D. Seminare und Fachschulen.

Das Domcandidatenstift, Oranienburger Strafse 76a, eine Art von Seminar für jüngere, zugleich als Gehülfen der Domprediger thätige evangelische Geistliche und Studirende der Theologie, ist aus einer Stiftung von 1714 hervorgegangen und besitzt sein gegenwärtiges Haus seit 1859. Es ist ein ansehnliches dreigeschossiges Gebäude im Backsteinbau, von Stüler in den Formen oberitalienischer Frührenaissance entworfen. Eine Erweiterung stammt aus dem Jahre 1870; zuletzt ist 1873/74 eine Kapelle hinzugefügt worden. Auf der Längenachse der letzteren liegt ein quadratischer mit Säulenhallen umgebener Hof, dessen drei innere Seiten von den Gebäuden des Stifts umschlossen werden. Die Querachse dieses Hofes entspricht dem Haupteingange zum Stiftshause. In dem letzteren befinden sich im Erdgeschofs die Wohnungen des Pförtners, des Wirthes und Hausinspectors, im Quergebäude, dessen Hinterfenster nach dem Monbijougarten hinaussehen, die Wohnung des mit dem Ephorat betrauten Domgeistlichen, im rechten Flügel der grofse gemeinschaftliche Speisesaal. In den oberen Stockwerken liegen die Wohn- und Schlafzimmer der Bewohner des Hauses. Die Anlage ist auf acht Domcandidaten, zwei Domhülfprediger und 18 Studirende der Theologie berechnet. Ein jeder der ersteren hat ein Wohnzimmer für sich, während je zwei ein gemeinschaftliches Schlafzimmer benutzen. Die Studirenden sind dagegen zu mehreren in verschiedenen Wohnzimmern, welche zugleich als Schlafzimmer dienen, untergebracht.

Das Missionshaus der Berliner Gesellschaft zur Beförderung der evangelischen Mission unter den Heiden,[1]) in der Friedenstrafse, ist 1872/73 durch den Baumeister H. Römer erbaut worden. Die Anlage besteht aus einem dreigeschossigen Hauptgebäude von 40 m Länge und 14 m Tiefe, an welches sich ein kleineres Nebengebäude anschliefst; beide Häuser sind als Backsteinbauten ausgeführt und tragen in ihrer Anwendung mittelalterlicher Architekturformen ein kirchliches Gepräge. Der gröfsere Theil des Hauses wird von den Wohnungen des Vorstehers sowie der Lehrer und Beamten eingenommen; auch für zeitweilig anwesende Missionare sind Gastzimmer angelegt. Die Zöglinge der Anstalt bewohnen zu mehreren gemeinsam ein Zimmer; zwei gemeinschaftliche Schlafsäle sind im ausgebauten Dachgeschofs angelegt. Aufserdem sind zwei Lehrzimmer vorhanden. In der Mitte der Hauptfront liegt der durch zwei Geschosse reichende Bet- und Versammlungssaal. Die Baukosten der ganzen Anlage betrugen 285 000 ℳ.

Das Seminar für Stadtschullehrer, Friedrichstrafse 229 (Abb. 347), wurde in den Jahren 1875—1879 nach Plänen des Baumeisters G. Knoblauch durch den Bauinspector Weber errichtet. An der Strafsenfront liegt ein viergeschossiges Gebäude mit Wohnungen für den Director, sechs Lehrer und die Unterbeamten der Anstalt, während das eigentliche Seminargebäude seinen Platz auf dem Hinterlande erhalten hat. Die Anstalt ist auf 98 Zöglinge mit dreijährigem Cursus berechnet, von denen 80 im Internat sich befinden. Das lang gestreckte, mit der Hauptfront nach Süden gerichtete Gebäude besteht aus einem Erdgeschofs und drei Stockwerken. Ein breiter Mittelbau enthält vorn die Eingangshalle und über dieser die Aula von 141 qm, hinten die grofse dreiarmige Haupttreppe. Die Unterrichts-, Wohn- und Schlafräume nehmen die Flügel des Gebäudes ein. Die Erwärmung geschieht durch eine Luftheizung. Das Aeufsere ist in Ziegelbau aus rothen Liegnitzer Verblendsteinen errichtet. Das Hauptgebäude fafst rd. 25 700 cbm, das Wohngebäude rd. 11 000 cbm umbauten Raum. Die Kosten betrugen für ersteres 382 000 ℳ ohne Inventar, für letzteres 221 700 ℳ ohne die kostspielige Gründung. Das Cubikmeter umbauter Raum stellt sich danach auf 14,90 ℳ für das Schul- und 14,50 ℳ für das Wohngebäude.

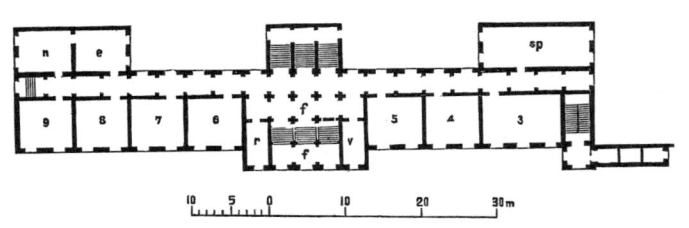

Abb. 347. Seminar für Stadtschullehrer, Erdgeschofs.
f. Eingang. r. Pförtner. v. Vorzimmer. 3.—9. Klassen. sp. Speisesaal. n. Naturwissenschaftliche Sammlung. e. Physikklasse.
Im ersten und zweiten Geschofs über r f v Aula.

Die Königliche Kunstschule,[2]) Klosterstrafse 75, ist aus der Vereinigung der ursprünglich mit der Königlichen Akademie der Künste verbundenen Kunst- und Gewerbeschule und der allgemeinen Zeichenschule entstanden, mit deren Neugestaltung im Jahre 1869 Martin Gropius betraut worden war. Als Leiter der neuen Anstalt, der er bis 1880 als Director vorstand, war Gropius ferner berufen, auch den Entwurf für den Neubau auf dem zum alten Lagerhause gehörigen Grundstücke zu fertigen. Die Ausführung erfolgte unter seiner Leitung in den Jahren 1878—1880. Das Haus ist als Eckbau gestaltet (Abb. 348) und besteht aus dem die volle Grundstücksbreite von 31,13 m einnehmenden, 15,85 m tiefen Vorderbau und einem Seitenflügel von 47,81 m Länge und 19,65 m Tiefe. Die Grundrifslösung bietet nichts besonders Bemerkenswerthes. Vom Eingange im Vordergebäude gelangt

---
[1]) Abbildung und Beschreibung im Jahrgang 1874 der Baugewerkzeitung, S. 700.
[2]) Deutsche Bauzeitung 1881, Nr. 1.

man geradeswegs auf die im Winkel zwischen Vorder- und Seitengebäude befindliche Haupttreppe und, mit einer Wendung nach links, in den in der Längsachse des Seitengebäudes belegenen Mittelgang. Mafsgebend für die Raumvertheilung war der Umstand, dafs die Anstalt aufser den Lehr- und Zeichensälen auch eine Anzahl von Bildhauer- und Malerateliers enthalten sollte. Jene sind im Erdgeschofs des Seitenflügels mit grofsen Licht- und Zugangsöffnungen am Hofe, diese mit Ausnutzung des Nordlichts in den oberen Stockwerken untergebracht. Das Innere ist durchweg einfach und schlicht behandelt. Das Aeufsere ist seiner Bestimmung gemäfs zwar ebenfalls einfach, aber in grofsen Verhältnissen gehalten und erscheint in dem Verzicht auf reichere Gliederung und Abstufung, sowie in der Behandlung der Einzelheiten gewissermafsen als eine Vorstufe dessen, was Gropius in seinem gleichzeitig ausgeführten Hauptwerke, dem Kunstgewerbe-Museum (vergl. S. 224) mit ungleich gröfseren Mitteln und in reiferer Gestalt geschaffen hat. Das Bauwerk ist über niedrigem Sockel dreigeschossig aufgeführt und zeigt in allen Stockwerken die von Gropius mit Vorliebe angewendeten flachbogig geschlossenen Fensteröffnungen; ein viertes Geschofs im Vordergebäude ist, ähnlich wie beim Kunstgewerbe-Museum, als Fries behandelt. Die Mittelachse der Vorderfront wird im ersten und zweiten Stock durch einen auf Sandsteinconsolen ausgekragten Erker bezeichnet. Ein kräftig ausladendes Consolengesims aus Terracotta krönt das Ganze. Die Architektur des Seitenflügels mit ihren weiten Lichtöffnungen

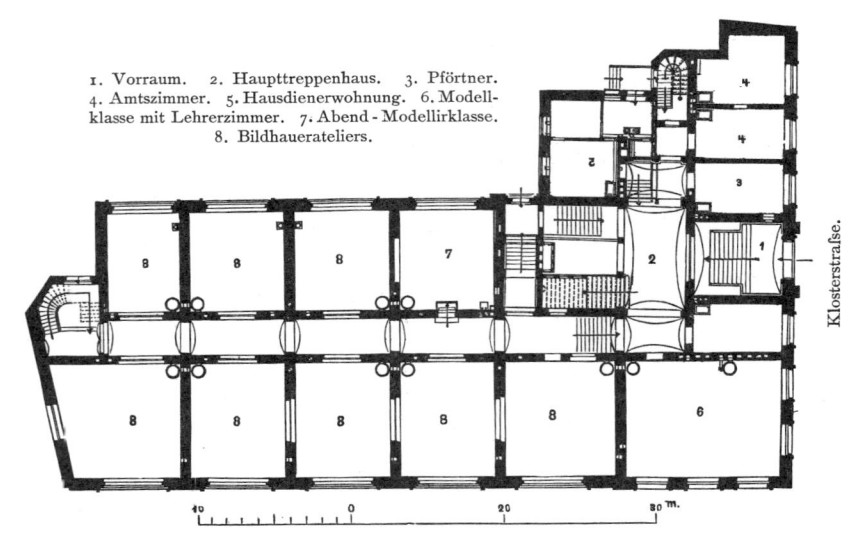

Abb. 348. Die Königliche Kunstschule, Grundrifs.

1. Vorraum. 2. Haupttreppenhaus. 3. Pförtner. 4. Amtszimmer. 5. Hausdienerwohnung. 6. Modellklasse mit Lehrerzimmer. 7. Abend-Modellirklasse. 8. Bildhauerateliers.

bringt die doppelte Bestimmung des Gebäudes als Lehr- und Ateliergebäude in bezeichnender Weise zum Ausdruck. Für die Gesamtwirkung des Aeufsern fällt übrigens die farbige Behandlung der Fronten ähnlich wie am Kunstgewerbe-Museum erheblich ins Gewicht. Die Verkleidung der Wandflächen bilden rothe Laubaner Verblender im Wechsel mit hellgelben Ziegellagen, hierzu treten Terracotten (von March in Charlottenburg), deren Ornamente gelb auf grünblauem Grunde stehen. Die Flächen des oberen Frieses zeigen Sgraffito-Verzierungen. In gleicher Technik sind die Figuren von Künstlern in den Bogennischen des Obergeschosses am Seitenflügel ausgeführt. Sie bilden mit den Reliefköpfen aus Terracotta am Erdgeschofs jenes Flügels einen auf die Bestimmung des Bauwerks hinweisenden Schmuck.

Von den **technischen Schulen** Berlins, Handwerker-, Gewerbe- und Baugewerkschulen (vergl. Bd. I S. 20) besitzt bis jetzt keine ein Gebäude, welches von vornherein und entsprechend den für solche Anstalten zu stellenden bestimmten Forderungen für sie angelegt wäre, vielmehr sind sie meist in umgebauten früheren Gemeindeschulen untergebracht. Eine Ausnahme hiervon macht nur die städtische Webeschule in der Markusstrafse 49 (vergl. Abb. 329 S. 318), welche zwar nach einem bestimmten Programm, dabei aber des beschränkten Grund und Bodens wegen ziemlich engräumig angelegt wurde, sodafs sie nicht als Muster einer solchen Anstalt gelten kann. Von dem näheren Eingehen auf die Gebäude der technischen Schulen Berlins kann daher an dieser Stelle abgesehen werden.

Abb. 349. Das Kammergericht.

XVI. Gebäude der Justizverwaltung.[1]

Seit dem 1. October 1879 bestehen in Berlin
a) für die Ausübung der ordentlichen Gerichtsbarkeit folgende, dem Königlich Preufsischen Justizministerium unterstellte Gerichte:
1. das Amtsgericht I, zuständig für das Gebiet der Stadt Berlin;
2. das Amtsgericht II, zuständig für die nächstgelegenen Vororte ausschliefslich der Stadt Charlottenburg und der Gemeinde Rixdorf;
3. das Landgericht I, zuständig wie das Amtsgericht I;
4. das Landgericht II, neben dem Gebiete des Amtsgerichts II auch Charlottenburg und Spandau, den Kreis Nieder-Barnim, ferner Theile der Kreise Teltow, Ober-Barnim, Beeskow-Storkow, sowie Ost- und West-Havelland umfassend;
5. das Kammergericht, als Oberlandesgericht für die Provinz Brandenburg, zugleich oberste Instanz an Stelle des Reichsgerichts in denjenigen Sachen, welche nach Preufsischem Landesrecht abzuurtheilen sind;

b) daneben, dem Preufsischen Staatsministerium unterstellt:
6. der mit dem Kammergericht verbundene Disciplinarhof für die nicht richterlichen Beamten, sowie
7. das Oberverwaltungsgericht als oberste Instanz des preufsischen Landesgebiets für das Verwaltungs-Streitverfahren.

Von diesen gerichtlichen Behörden sind nur das Kammergericht und das Oberverwaltungsgericht einheitlich untergebracht, dagegen die Kammern der beiden Landgerichte und die Abtheilungen der beiden Amtsgerichte auf verschiedene, ihrer Zeit zum Theil für andere Zwecke errichtete Gebäude vertheilt. Die stetige Zunahme der Einwohnerzahl Berlins und seiner Vororte hat eine so erhebliche und dauernde Vermehrung des Geschäftsumfanges

---

[1] Bearbeitet durch den Bauinspector C. Hein.

XVI. Gebäude der Justizverwaltung.

der Gerichte herbeigeführt, dafs dem Bedürfnisse nach Erweiterung der Diensträume durch An- und Umbauten, sowie durch Verlegung einzelner Abtheilungen in andere Gebäude, in letzter Zeit auch durch Anmiethung von Privathäusern entsprochen werden mufste.

Die endgültige Beschaffung ausreichender Räume soll durch einen in der Vorbereitung befindlichen, auf den Grundstücken Neue Friedrichstrafse 12—16 zu errichtenden, staatlichen Neubau, welcher für die Civilkammern des Landgerichts I und die Civilabtheilungen des Amtsgerichts I bestimmt ist, bewirkt werden; die allgemeine Anordnung ist aus dem Lageplan Abb. 350 ersichtlich. Aufserdem haben sich verschiedene Vorortgemeinden erboten, auf eigene Kosten gerichtliche Geschäfts- und Gefängnifsgebäude herzustellen und dem Staate miethweise zu überlassen, sofern durch Gesetz eine Theilung des jetzigen Amtsgerichts II herbeigeführt wird.

Der älteste Sitz der Rechtspflege in Berlin ist das **Kammergerichtsgebäude**, Lindenstrafse 14, an der Ecke der Hollmannstrafse belegen, in welchem neben den schon genannten Behörden, dem Kammergerichte und dem Disciplinarhofe, auch der Geheime Justizrath — der für Civilprocesse gegen die Mitglieder des Königlichen Hauses und der fürstlichen Familie Hohenzollern zuständige Gerichtshof — seinen Sitz hat und welches aufserdem die Bibliothek für alle richterlichen Behörden enthält.

Das Gebäude, 1734 bis 1735 durch Philipp Gerlach als sogen. Collegienhaus, d. i. Sitz der Regierungsbehörden, erbaut, ist unter den von König Friedrich Wilhelm I. entstandenen Profangebäuden einer der bedeutendsten. Die Behörden, welche anfänglich ihren Sitz in demselben hatten, waren das Tribunal, das Kammergericht, die Consistorien, das Kurmärkische Lehnsarchiv und Pupillencollegium. —

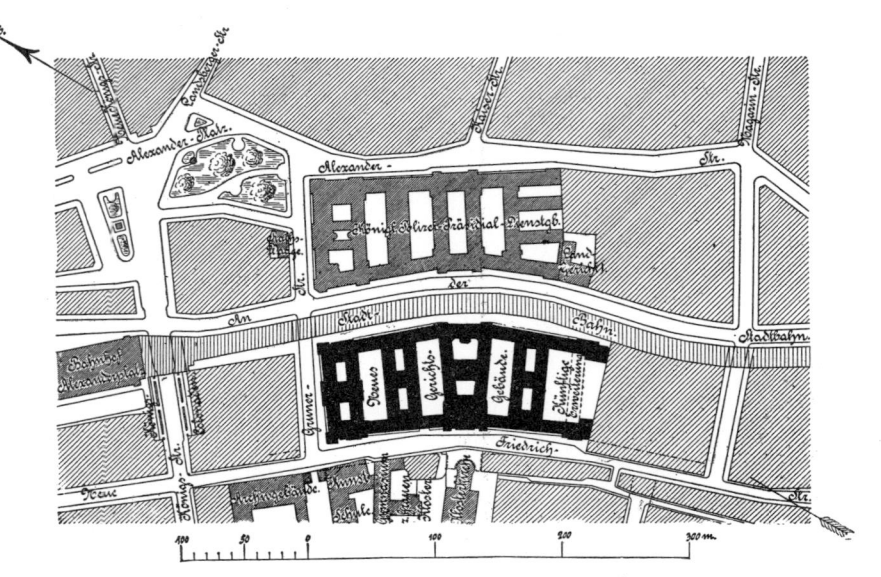

Abb. 350. Neubau des Landgerichts und Amtsgerichts I, Lageplan.

Der Bau ist eine zweigeschossige, von einem hohen Mansardendach gekrönte Anlage, die aus einem Vorderhause und zwei tiefen Flügeln besteht. Eine breite Rampe bildet die Auffahrt zum Haupteingang, über welchem ein Balcon auf Consolen vorspringt. Die Formen sind einfach, aber trefflich und wirkungsvoll durchgebildet. Der Giebel des Mittelrisalits enthält eine mächtige Kartusche mit der Königskrone und zwei gelagerte allegorische Figuren. — Auch das Innere des alten Baues, der jetzt fünf kleinere Sitzungssäle enthält, zeigt noch vereinzelte alte Decorationen, besitzt seinen Hauptschmuck jedoch in den zahlreichen Porträts brandenburgisch-preufsischer Monarchen, die im Verein mit den Bildern und Büsten hervorragender preufsischer Juristen den Räumen ein gewisses historisches Gepräge verleihen. Unter den Büsten verdient das Marmorbrustbild des Grofskanzlers Samuel v. Cocceji, im Sitzungssaale rechts vom Haupteingange, begonnen von Adam, vollendet von Sigisbert Michel 1765, besondere Erwähnung. — In den Jahren 1856—1858 ist durch den damaligen Bauinspector Wäsemann eine Erweiterung des Gebäudes erfolgt, indem die Flügel verlängert und durch ein hinteres Quergebäude verbunden wurden. In letzterem befindet sich die Bibliothek, während in dem inneren Flügelbau ein grofser, mit Luftheizung versehener Saal für Plenarsitzungen angelegt worden ist, der eine reiche Stuckdecoration erhalten hat.

XVI. Gebäude der Justizverwaltung.   335

Das Gebäude hat dann ferner in den Jahren 1879/80 einen weiteren Umbau erfahren, bei welchem die Haupttreppe neu hergestellt und zwei Nebentreppen hinzugefügt, im übrigen aber das Bestehende, insbesondere das Aeufsere möglichst erhalten wurde.

Da das Kammergericht heute bereits 12 Civil- und einen Strafsenat umfafst, auch die Bibliothek beständig anwächst, so dürfte in nicht allzu ferner Zeit eine nochmalige Vergröfserung des Gebäudes erforderlich werden.

Von den Kammern und Abtheilungen der Landgerichte und der Amtsgerichte I und II sind die für den Strafprocefs bestimmten im wesentlichen in dem weiterhin zu besprechenden Neubau, Alt-Moabit 11, untergebracht, während die Civilprocesse des Landgerichts II und des Amtsgerichts II in dem am Halleschen Ufer errichteten Gebäude verhandelt werden. Dagegen benutzen die Civilkammern des Landgerichts I und die Civilabtheilungen des Amtsgerichts I augenblicklich verschiedene, im Mittelpunkte der Stadt gelegene ältere Gebäude.

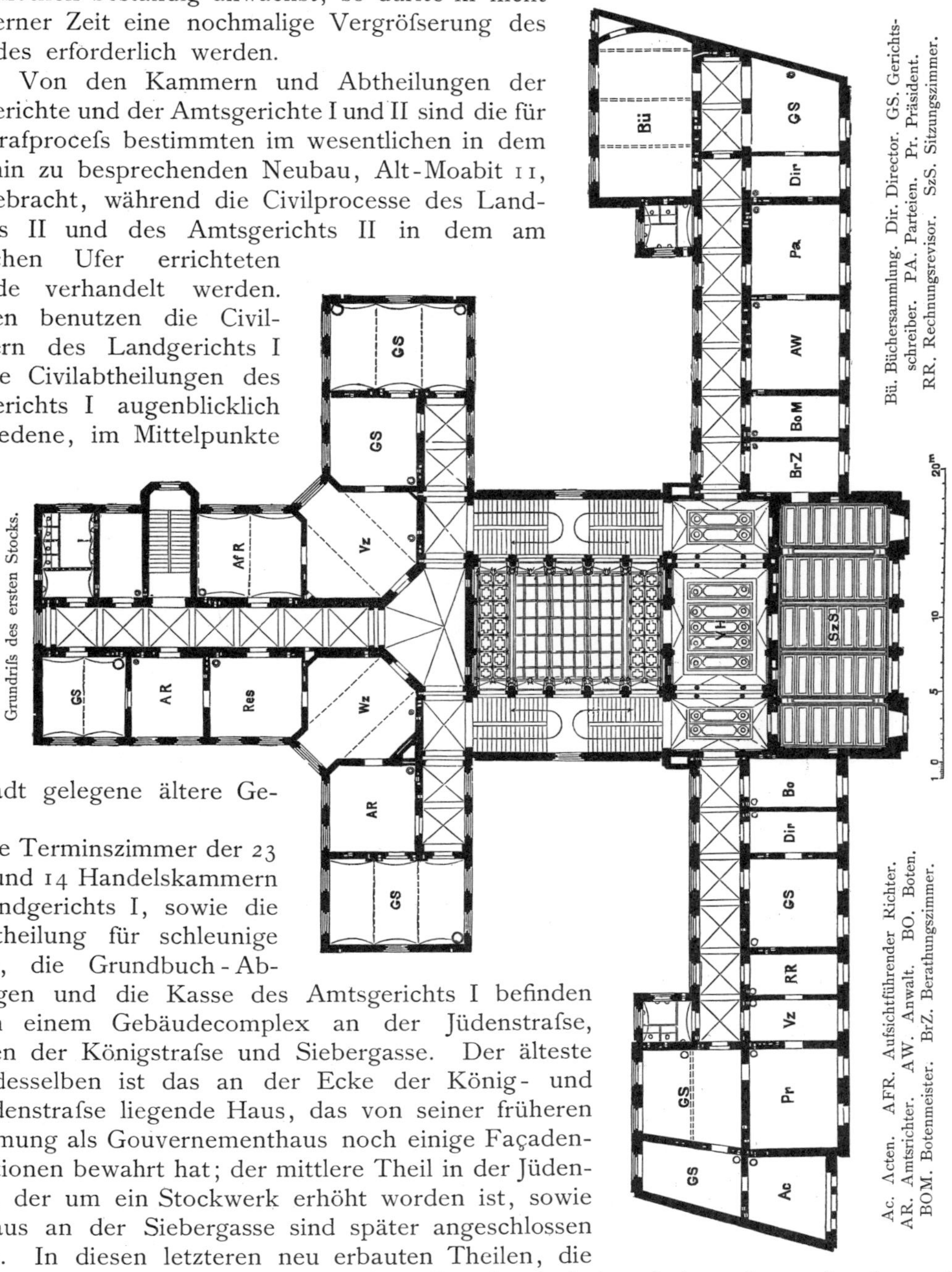

Die Terminszimmer der 23 Civil- und 14 Handelskammern des Landgerichts I, sowie die Civilabtheilung für schleunige Sachen, die Grundbuch-Abtheilungen und die Kasse des Amtsgerichts I befinden sich in einem Gebäudecomplex an der Jüdenstrafse, zwischen der Königstrafse und Siebergasse. Der älteste Theil desselben ist das an der Ecke der König- und der Jüdenstrafse liegende Haus, das von seiner früheren Bestimmung als Gouvernementhaus noch einige Façadendecorationen bewahrt hat; der mittlere Theil in der Jüdenstrafse, der um ein Stockwerk erhöht worden ist, sowie das Haus an der Siebergasse sind später angeschlossen worden. In diesen letzteren neu erbauten Theilen, die durchweg massive Treppen und gewölbte Corridore erhalten haben, hätte den besonderen Bedürfnissen eines Gerichtsgebäudes bereits Rechnung getragen werden können; es mufste jedoch so sehr auf äufserste Raumausnutzung Bedacht genommen werden, dafs dies nur in sehr mangelhafter Weise geschehen ist; namentlich ist die Rücksicht auf das vor Gericht verkehrende Publicum sehr vernachlässigt worden. Indessen dürfte diesem Uebelstande bei einer anderweitigen, weniger gedrängten Benutzung der Räume wohl abgeholfen werden

Abb. 351. Landgericht und Amtsgericht II, Hallesches Ufer 29—31.

Ac. Acten. AFR. Aufsichtsführender Richter. Bü. Büchersammlung. Dir. Director. GS. Gerichtsschreiber. PA. Parteien. Pr. Präsident. AR. Amtsrichter. AW. Anwalt. BO. Boten. RR. Rechnungsrevisor. SzS. Sitzungszimmer. BOM. Botenmeister. BrZ. Berathungszimmer.

können; man hat daher in Erwägung gezogen, auch nach der Errichtung des vorgenannten Neubaues in der Neuen Friedrichstrafse die ältere Gebäudegruppe noch für einzelne Zweige der Rechtspflege nutzbar zu machen.

Von den für den demnächstigen Abbruch bestimmten Gebäuden in der Neuen Friedrichstrafse — früher Sitz der jetzt in Lichterfelde befindlichen Haupt-Kadettenanstalt — nehmen Nr. 12 und Nr. 15/16 die Gerichtsschreibereien des Landgerichts I, die Gebäude Nr. 12 und Nr. 13 die Mehrzahl der Civilabtheilungen, Nr. 14 das Präsidialbureau des Amtsgerichts I auf. Von diesen Baulichkeiten bietet allein das Grundstück Nr. 13 ein gröfseres Interesse; König Friedrich II. hatte es von 1776 bis 1779 durch Unger aufführen lassen; der Bau Friedrichs II. trat an Stelle des alten, nach Vollendung des Neubaues abgebrochenen, 1693 durch Nering errichteten und 1717 von König Friedrich Wilhelm I. für das neu organisirte Kadettencorps bestimmten Gebäudes des ehemaligen „Hetzgartens".

Aufserdem sind einige Civilabtheilungen des Amtsgerichts I in dem fiskalischen, ebenfalls zum demnächstigen Abbruch bestimmten Gebäude Molkenmarkt 2, sowie in einem Miethshause, An der Stadtbahn 26/27, nothdürftig untergebracht.

Das Landgericht und Amtsgericht II. Für die Civilkammer des Landgerichts II und die Civilabtheilungen des Amtsgerichts II ist auf dem Grundstück Hallesches Ufer 29 bis 31 in den Jahren 1882 bis 1885 ein stattlicher dreigeschossiger Neubau errichtet, zu welchem im Ministerium der öffentlichen Arbeiten, unter der Oberleitung des damaligen Ober-Baudirectors Herrmann,

Abb. 352. Landgericht und Amtsgericht II, Theilansicht der Front.

ein Entwurf ausgearbeitet worden war, während die besondere Leitung und Durchbildung des Baues dem jetzigen Baurath P. Kieschke unterstand.[1]

Obwohl das Gebäude ursprünglich nur für vier Kammern und 10 Abtheilungen bemessen war, hat dasselbe bei Benutzung der vorgesehenen Reserveräume jetzt noch sechs Civilkammern und 20 Abtheilungen der genannten beiden Gerichte aufgenommen, ohne dafs eine nennenswerthe Raumbeschränkung eingetreten wäre. — Das Gebäude besteht aus zwei Haupttheilen, aus dem die volle Bauplatzbreite einnehmenden Frontbau und einem ⊥-förmigen Hinterflügel; zwischen beide Bautheile ist eine geräumige, monumental durchgebildete Wartehalle für das Publicum angeordnet, zu deren Seiten die beiden doppelläufigen Haupttreppen die Verbindung beider Gebäudehälften herstellen (Abb. 351).

---

[1] Centralblatt der Bauverwaltung, Jahrgang 1887, Nr. 31.

XVI. Gebäude der Justizverwaltung. 337

Die Geschäftszimmer für das Landgericht sowie die Zimmer für den Präsidenten, die Zimmer der Directoren mit den Gerichts-Schreibereien, endlich die beiden Sitzungssäle im Mittelrisalit liegen im ersten und zweiten Stockwerk, während die Räume für das Amtsgericht mit den Gerichts-Schreibereien und den Grundbuch- und Kassenräumen im Erdgeschofs sowie in den hinteren Theilen der beiden oberen Geschosse untergebracht sind.

Im Aeufsern tritt der vorspringende Mittelbau auch in seiner architektonischen Durchbildung als Haupttheil hervor, an ihn schliefsen beiderseits die einfacher gestalteten Rücklagen und nur wenig zurücktretend die als selbständiger Bautheil behandelte Ecke mit der Durchfahrt. — Schmale Vorgärten mit schmiedeeisernen Gittern zwischen Steinpfeilern trennen den Bau von der Strafse. Die Architektur schliefst sich an die Formen der italienischen Hochrenaissance an, nimmt aber in der Einzelbildung Motive der deutschen Renaissance auf. Das Erdgeschofs ist durchweg in Postelwitzer Sandstein verblendet, die Obergeschosse zeigen Flächen aus Laubaner Verblendern mit Gliederungen aus Sandstein. Die Hinterfronten sind sämtlich als einfache Ziegelbauten behandelt.

Im Innern heben sich als reicher behandelte Bautheile heraus die bereits erwähnte Wartehalle, deren Oberlichtdecke durch schmiedeeiserne Bogenträger gebildet wird. — Der Flur unmittelbar vor der Halle hat ornamentirte Gufsdecken zwischen eisernen Trägern.

Zur Erwärmung sämtlicher Räume, mit Ausnahme der mit Luftheizung versehenen Wartehalle, dient eine Warmwasser-Niederdruckheizung. Die Kellerwohnungen haben Kachelöfen. Die Ausführungskosten stellten sich auf rd. 822 400 ℳ., wovon auf Nebenbaulichkeiten rd. 34 500 ℳ., auf Ausstattung

Abb. 353. Landgericht und Amtsgericht II, Wartehalle.

der Geschäftsräume 36 125 ℳ. entfielen. Nach Abzug dieser beiden Positionen ergeben sich für das Quadratmeter bebauter Fläche 353,75 ℳ. und für das Cubikmeter 18,77 ℳ.

Das Gebäude des Criminalgerichts. Für die Strafrechtspflege innerhalb Berlins ist während des Zeitraums von 1877 bis 1882 am Treffpunkte der Rathenower Strafse mit der Strafse Alt-Moabit ein umfangreicher Neubau errichtet, in welchem die 12 Strafkammern und die Staatsanwaltschaft der beiden Landgerichte sowie die 31 Strafabtheilungen der beiden Amtsgerichte untergebracht worden sind. Das gleichzeitig und in Verbindung damit neu errichtete Untersuchungsgefängnifs ist in dem Abschnitte „Gefängnisse" getrennt behandelt.

Die Lage des Neubaues, für welchen im Innern der Stadt ein geeigneter Bauplatz sich nicht gewinnen liefs, mufs mit Rücksicht auf die Verbindung, welche die benachbarte

Stadtbahn, sowie Pferdebahn- und Omnibuslinien gewähren, als sehr zweckmäfsig gewählt bezeichnet werden.

Der Entwurf für die gesamte Anlage ist von dem späteren Ober-Baudirector Herrmann unter Mitwirkung des Geheimen Ober-Regierungsraths A. Busse aufgestellt. Die Bauleitung hat in den Händen des damaligen Bauinspectors Lorenz und des damaligen Baumeisters Reimann gelegen.[1]

Die Anordnung der Geschäfts- und Gefängnifsgebäude auf dem etwa 379 a grofsen Terrain ist, soweit angängig, symmetrisch zu der Halbirungslinie des spitzen Winkels erfolgt, welchen die Fluchten der oben genannten beiden Strafsen mit einander bilden (Abb. 354).

Im Mittelbau des Gebäudes, an der stark abgestumpften Ecke, befindet sich zu ebener Erde der Eintrittsflur, darüber im ersten Stock der grofse, in einem Mittelflügel, hinter der Haupttreppe und der geräumigen Wartehalle, der kleine Schwurgerichtssaal, beide zur gemeinschaftlichen Benutzung durch beide Landgerichte. Die ursprüngliche Eintheilung (Abb. 355) verwies die beiden Amtsgerichte auf das Erdgeschofs, die Kammern der Landgerichte auf das erste, die Staatsanwaltschaften und die Untersuchungsrichter auf das zweite Stockwerk, wobei Landgericht II und Amtsgericht II im nordwestlichen Theile des Flügels an der Rathenower Strafse untergebracht worden waren. Infolge der Vermehrung des Geschäftsumfanges hat sich diese Eintheilung zwar hinsichtlich einiger Räume verschoben, ist jedoch im grofsen und ganzen noch heute zutreffend; indessen hat für die Amtsanwaltschaft sowie für das Bureau einer Strafkammer nur durch Anmiethung von Räumen in einem Wohnhause Werftstrafse 7 Platz beschafft werden können. Im Kellergeschofs sind sieben Dienstwohnungen und ein Depot für gestohlene Sachen, im Dachgeschofs reponirte Acten untergebracht.

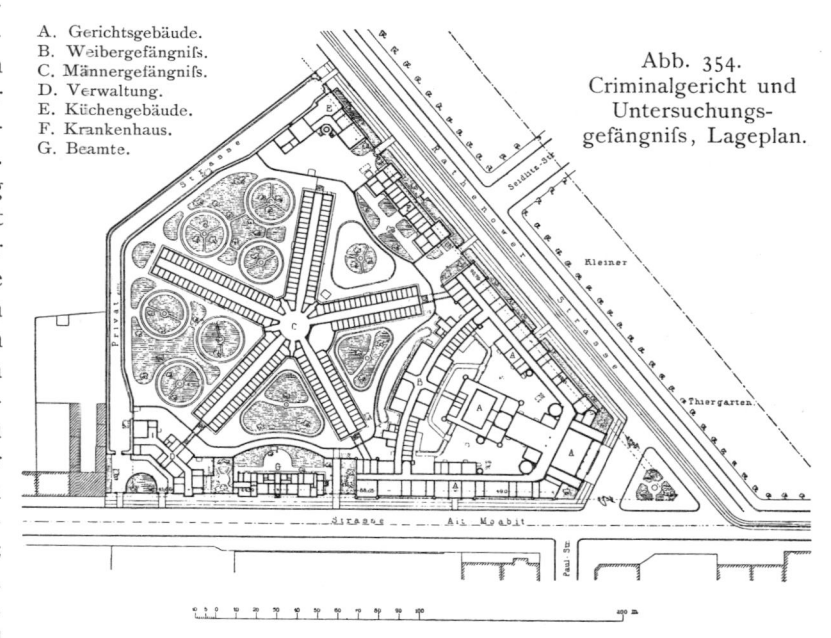

A. Gerichtsgebäude.
B. Weibergefängnifs.
C. Männergefängnifs.
D. Verwaltung.
E. Küchengebäude.
F. Krankenhaus.
G. Beamte.

Abb. 354.
Criminalgericht und Untersuchungsgefängnifs, Lageplan.

Die Strafsenfronten des Gebäudes zeigen über einem mit Granit und blaugrauem Kalkstein verblendeten Sockel Architekturtheile aus gelblichem schlesischen und hannoverschen Sandstein sowie mit rothen Laubaner Steinen verblendete Flächen. Das Aeufsere ist im Rundbogenstil gehalten und verräth jene Mischung mittelalterlicher Bau- und Constructionsformen mit antikisirenden Einzelbildungen, wie sie die Kirchenbauten der sechziger und siebziger Jahre, zum Theil auch den Rathhausbau kennzeichnet. Die Vorderfront an der stumpfen Ecke mit dem Haupteingang im Erdgeschofs und dem grofsen Schwurgerichtssaal im ersten Stock ist durch zwei Thürme flankirt. Ein triforienförmiger Arkadenfries trennt beide Hauptgeschosse. Die vier Rundpfeiler zwischen den Bogenöffnungen tragen vier Porträtstatuen preufsischer Könige. Die drei Figurengruppen über den drei Haupteingängen, Borussia, Justitia und das römische Recht darstellend, rühren von Schulz, Geyer und Afinger her. — Das Innere ist einfach behandelt. Reicher ausgestattet durch ornamentale und figürliche Malerei sind nur die Haupträume, die Eintrittshalle im Erdgeschofs, der grofse Schwurgerichtssaal, dessen Deckenvoute bezeichnende Sinnsprüche in

---

[1] Zeitschrift für das Bauwesen, Jahrgang 1885.

XVI. Gebäude der Justizverwaltung.   339

ornamentaler Umrahmung aufweist, ferner der kleinere Schwurgerichtssaal mit sechs Brustbildern von Idealgestalten der Gesetzgebung, endlich der Treppenraum, welcher 12 geflügelte Genien mit Sinnbildern der Rechtspflege enthält.

Die Vorführung der weiblichen Untersuchungs-Gefangenen aus dem zwischen den beiden Strafsenflügeln gelegenen Weibergefängnisse erfolgt auf kürzestem Wege durch vorhandene Verbindungsthüren, diejenige aus dem Männergefängnisse vermittelst eingegitterter, mit Glas überdeckter Wege auf besonderen Nebentreppen.

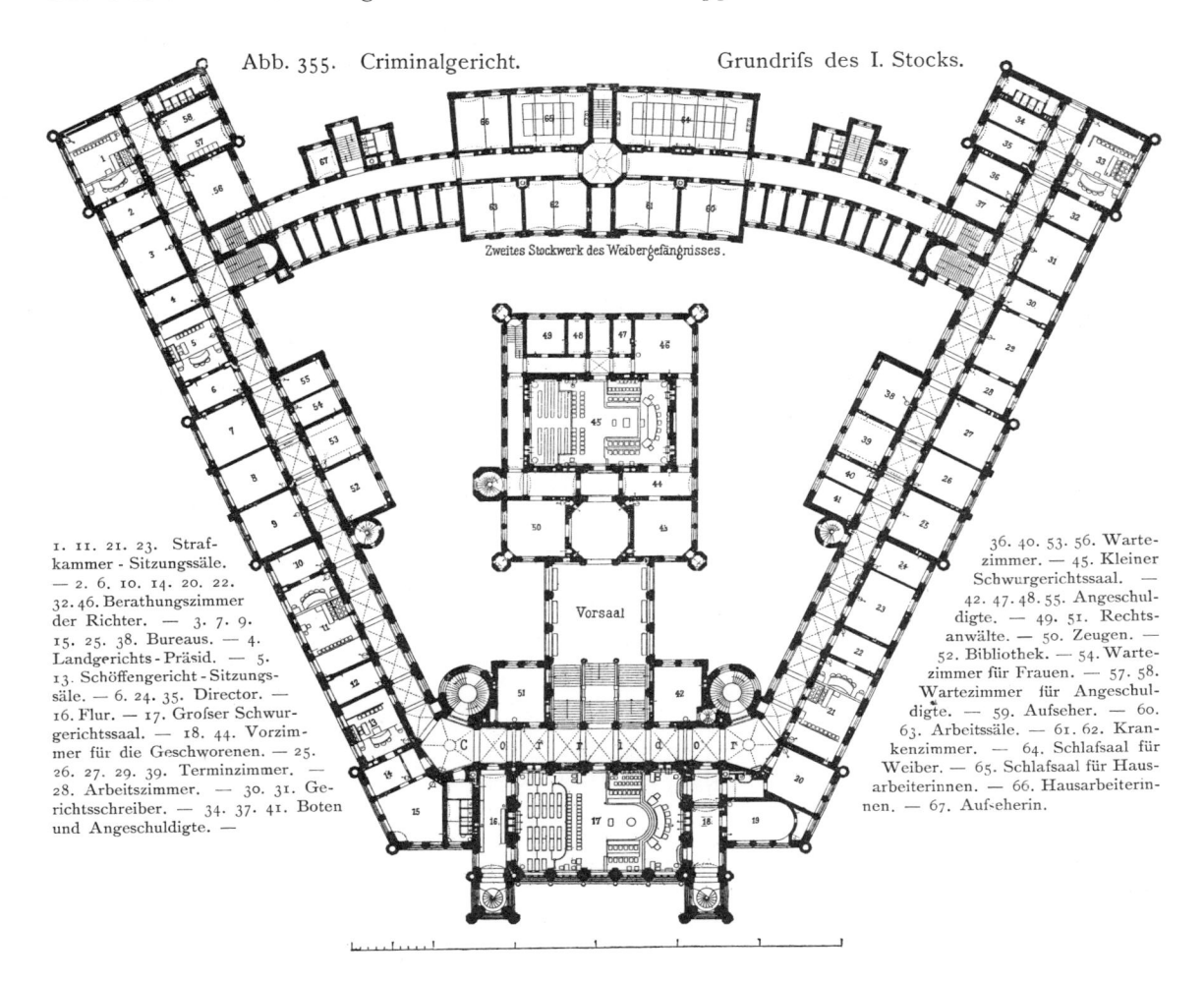

Abb. 355.   Criminalgericht.   Grundrifs des I. Stocks.

1. 11. 21. 23. Strafkammer - Sitzungssäle. — 2. 6. 10. 14. 20. 22. 32. 46. Berathungszimmer der Richter. — 3. 7. 9. 15. 25. 38. Bureaus. — 4. Landgerichts-Präsid. — 5. 13. Schöffengericht - Sitzungssäle. — 6. 24. 35. Director. — 16. Flur. — 17. Grofser Schwurgerichtssaal. — 18. 44. Vorzimmer für die Geschworenen. — 25. 26. 27. 29. 39. Terminzimmer. — 28. Arbeitszimmer. — 30. 31. Gerichtsschreiber. — 34. 37. 41. Boten und Angeschuldigte. —

36. 40. 53. 56. Wartezimmer. — 45. Kleiner Schwurgerichtssaal. — 42. 47. 48. 55. Angeschuldigte. — 49. 51. Rechtsanwälte. — 50. Zeugen. — 52. Bibliothek. — 54. Wartezimmer für Frauen. — 57. 58. Wartezimmer für Angeschuldigte. — 59. Aufseher. — 60. 63. Arbeitssäle. — 61. 62. Krankenzimmer. — 64. Schlafsaal für Weiber. — 65. Schlafsaal für Hausarbeiterinnen. — 66. Hausarbeiterinnen. — 67. Aufseherin.

Die Erwärmung des Gebäudes bewirkt eine Centralheizung und zwar Dampfwarmwasserheizung für die Geschäftsräume, Dampfluftheizung für Flure und Gänge. Die Kessel befinden sich in zwei besonderen Anbauten zwischen den äufseren Flügeln des Weibergefängnisses. — Die Dienstwohnungen im Keller haben Kachelöfen.

Die Baukosten der gesamten Bauten für Geschäfts- und Gefängnifszwecke haben, abgesehen vom Grunderwerb, aber mit Einschlufs der Einrichtung, rd. 6 900 000 ℳ betragen.

Die Aburtheilung derjenigen Personen, welche wegen Uebertretungen in Polizeihaft genommen sind, findet in einem fiskalischen Gebäude statt, welches neben dem Polizei-Präsidialgebäude, in naher Verbindung mit dem Polizeigefängnifs, an der Stadtbahn 16 errichtet ist und in einem Erdgeschosse und zwei Stockwerken aufser geräumigen Haftzellen drei Sitzungssäle für Schöffengerichts-Verhandlungen und einen Verhandlungssaal für das Ermittelungsverfahren enthält. Das Treppenhaus mit den anschliefsenden gewölbten Fluren ist trotz seiner einfachen Behandlung nicht ohne Reiz.

43*

340   XVI. Gebäude der Justizverwaltung.

Abb. 356. Criminalgericht, Ansicht der Hauptfront.

XVI. Gebäude der Justizverwaltung. 341

Das Gebäude des Oberverwaltungsgerichts, Markgrafenstrafse 47, am Gensdarmenmarkte, gehört zu den im letzten Jahrzehnt der Regierung Friedrichs des Grofsen entstandenen Häusern, die der Monarch zur Verschönerung der Stadt auf seine Kosten erbauen liefs und dann an Privatleute verschenkte; es ist unter den Privatgebäuden jener Epoche eines der bedeutendsten und in Formen und Verhältnissen gestaltet, die seiner jetzigen Bestimmung als öffentliches Gebäude durchaus entsprechen. Die Ausführung ist in Putz mit Verwendung von Sandstein zu den Hauptgliederungen erfolgt (Abb. 357). Die Front ist streng symmetrisch angelegt und enthält ein in den Flächen gequadertes, nur wenig vortretendes Mittelrisalit mit einer Dreifenstergruppe in beiden Obergeschossen. Der Haupteingang wird von einer Säulenstellung, welche einen Balcon trägt, eingerahmt. Im Jahre 1791 oder 1792 zum Dienstgebäude für das Lotterieamt gemacht, hat der Bau gelegentlich auch andere Zweige der Verwaltung aufgenommen, bis es 1887 für die Zwecke des Oberverwaltungsgerichts umgebaut wurde. Hierbei wie bei einem früheren Umbau ist unter

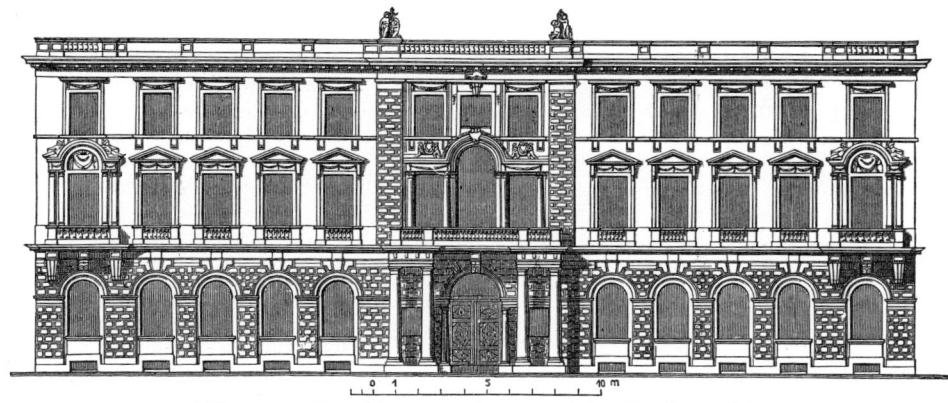

Abb. 357. Das Oberverwaltungsgericht, Vorderansicht.

Würdigung seines architektonischen Werthes das Aeufsere in pietätvoller Weise unverändert erhalten geblieben. — Uebrigens reichen die in dem Hause vorhandenen Räumlichkeiten für den Geschäftsumfang der genannten Behörde bei weitem nicht mehr aus, weshalb das Nachbarhaus in der Jägerstrafse schon vor längerer Zeit angekauft und umgebaut, dasjenige in der Markgrafenstrafse theilweise angemiethet worden ist.

Zum Schlufs sei noch auf das im Aeufsern völlig unscheinbare Gebäude Unterwasserstrafse 5 hingewiesen, welches die Diensträume des Oberlandescultur-Gerichts enthält. In dem Treppenraume und Sitzungssaale finden sich gemalte Wanddecorationen, welche auf Schinkel zurückgeführt werden.

Gefängnisse.

Von den noch vor wenigen Jahren aus älterer Zeit in Berlin vorhandenen, in der ersten Auflage dieses Werkes erwähnten Gefängnissen sind das Arbeitshaus an der Südseite des Alexanderplatzes und die Hausvoigtei an dem nach ihr benannten Platze inzwischen beseitigt worden. Das Grundstück des ersteren ist für den Neubau des Polizei-Präsidialgebäudes, das der letzteren für den Erweiterungsbau des Reichsbankgebäudes verwendet. Ein Ersatzbau für das Arbeitshaus ist durch die Stadtgemeinde Berlin in Rummelsburg errichtet und ebenso wie das Polizeigefängnifs im Präsidialgebäude an anderer Stelle berücksichtigt.

Die Gebäude der Stadtvoigtei, hinter den Häusern Molkenmarkt 1—3, sind zwar noch vorhanden, werden auch noch als Gefängnifs benutzt, indessen ist mit Rücksicht auf die Um- und Verschönerungsbauten am Mühlendamm ihr Abbruch nur eine Frage der Zeit.

Von den Gefängnissen Berlins untersteht dem Ministerium des Innern, neben dem Polizeigefängnisse, allein das sogen. Zellengefängnifs in Moabit, für Zuchthausstrafen in Einzelhaft bis zur Dauer von vier Jahren.

Die vom Justizministerium ressortirenden Gefängnisse sind ihrer ungefähren Belegungsfähigkeit und ihrer wesentlichen Bestimmung nach in folgender Tabelle zusammengestellt:

Bezeichnung des Gefängnisses	Belegung			Art der Belegung
	Gem. Haft	Einzelhaft	Zusammen	
1. Die Stadtvoigtei (Molkenmarkt 1)	672	43	715	Haftgefangene Männer und Untersuchungsgefangene für Haftstrafen aus dem Bezirke des Amtsgerichts I.
dazu das Frauengefängnifs (Barnimstrafse 10)	512	36	548	Haftgefangene Weiber und Untersuchungsgefangene für Haftstrafen, Strafgefangene aus den Bezirken der Landgerichte I u. II bis zur Dauer eines Jahres, zum Theil von drei Monaten ab.
und das Hülfs-Männergefängnifs (Perleberger Strafse 10, Miethshaus)	460	11	471	Nur haftgefangene Männer aus dem Bezirke des Amtsgerichts I.
2. Das Strafgefängnifs Plötzensee	994	510	1504	Strafgefangene Männer, von drei Monaten ab, ohne Dauergrenze, aus den Bezirken der Landgerichte I u. II sowie Potsdam, jugendliche Strafgefangene der Provinz Brandenburg, jugendliche Haftgefangene aus den Bezirken der Amtsgerichte I u. II.
dazu das Filialgefängnifs in Rummelsburg (Miethshaus)	508	5	513	Haftgefangene Männer aus dem Bezirke des Amtsgerichts II und Strafgefangene aus dem Bezirke der Amtsgerichte I u. II bis zur Dauer von drei Monaten.
3. Das Untersuchungsgefängnifs Alt-Moabit 12 u. 12a	297	738	1035	Männer, m. Einschlufs von 134 Strafgefangenen, als Hausarbeitern, ungerechnet 42 Kranke.
	150	70	220	Frauen, mit Einschlufs von 25 Strafgefangenen, als Hausarbeiterinnen, ausschl. 8 Kranken.
Zusammen	3593	1413	5006	Untersuchungs-, Haft- und Strafgefangene.

Da die sämtlichen genannten Gefängnisse für den Strafvollzug nicht ausreichen, es auch im Interesse des Staates liegt, für die angemietheten Räume baldigst Ersatz in eigenen Gebäuden zu schaffen, so ist der Bau einiger neuen Gefängnisse in Aussicht genommen, und zwar sollen die bisher am Molkenmarkte untergebrachten Untersuchungs-Gefangenen in einem Neubau möglichst inmitten der Stadt, die Haft- und Strafgefangenen, welche bisher am Molkenmarkt, in der Perleberger Strafse und in Rummelsburg aufgenommen wurden, in einem Neubau aufserhalb Berlins Unterkommen finden; bezüglich beider Neubauten ist die Platzfrage jedoch noch nicht zum Abschlufs gelangt.

Mit Uebergehung der demnächst zum Abbruch bestimmten und der angemietheten Räume ist über die zur Zeit vorhandenen Gefängnisse im einzelnen Nachstehendes zu bemerken:

Das Zellengefängnifs in Moabit.[1]

Die Anstalt ist auf einem 6,20 ha umfassenden, mit einer 5 m hohen Mauer eingefriedigten Terrain nach dem Vorbilde von Petonville durch den Geheimen Oberbaurath Busse 1842—1849 erbaut und für protestantische männliche Sträflinge, welche eine Zuchthausstrafe bis zu vier Jahren verbüfsen, bestimmt.

Das dem Entwurfe zu Grunde liegende System der Einzelhaft ist bis zum Aeufsersten zur Durchführung gelangt, nachdem im Jahre 1856 die Kirche einem Umbau unterzogen und ein Schulgebäude hinzugefügt, in den Jahren 1889—1893, unter Abänderung der Heizungsanlage, auch die Kellerräume möglichst zu Einzelhaftzellen eingerichtet worden sind.

---

[1] Wilke, Baueinrichtung und Verwaltung der Königlichen neuen Strafanstalt (Zellengefängnifs) bei Berlin, mit vier lith. Tafeln, Berlin 1872.

XVI. Gebäude der Justizverwaltung.   343

Die Isolirung erstreckt sich hiernach auf Kirche, Schule und Erholungshof und wird selbst bei unvermeidlichen Begegnungen durch Anwendung einer Kappe mit Halbmaske ermöglicht. Dagegen wird den Gefangenen jede zweckmäfsige Beschäftigung, Unterricht, Gottesdienst und der hierdurch bedingte Verkehr mit den Beamten, Lehrern, Geistlichen dargeboten. Die Anstalt bietet für 550 Personen Raum, von welchen 65 während der Tagesstunden zu — meist gemeinschaftlicher — Hausarbeit in den Küchen, der Bäckerei, der Tischlerei und der Schlosserei verwendet werden.

Die allgemeine Grundrifsanordnung der Gebäude ist aus dem Holzschnitt (Abb. 358) erkennbar. Die durch alle Geschosse der strahlenförmigen Gefängnifsflügel hindurch gehenden breiten Flure, an welche sich zu beiden Seiten in vier Reihen über einander die Zellen anschliefsen, münden in der Mittelhalle. In den oberen Geschossen sind längs der Zellenwände leichte eiserne Galerien angebracht, die durch Treppenanlagen mit einander verbunden sind. — Die Zellen fassen etwa 22—25 cbm Luftraum. Die über den Verwaltungs-

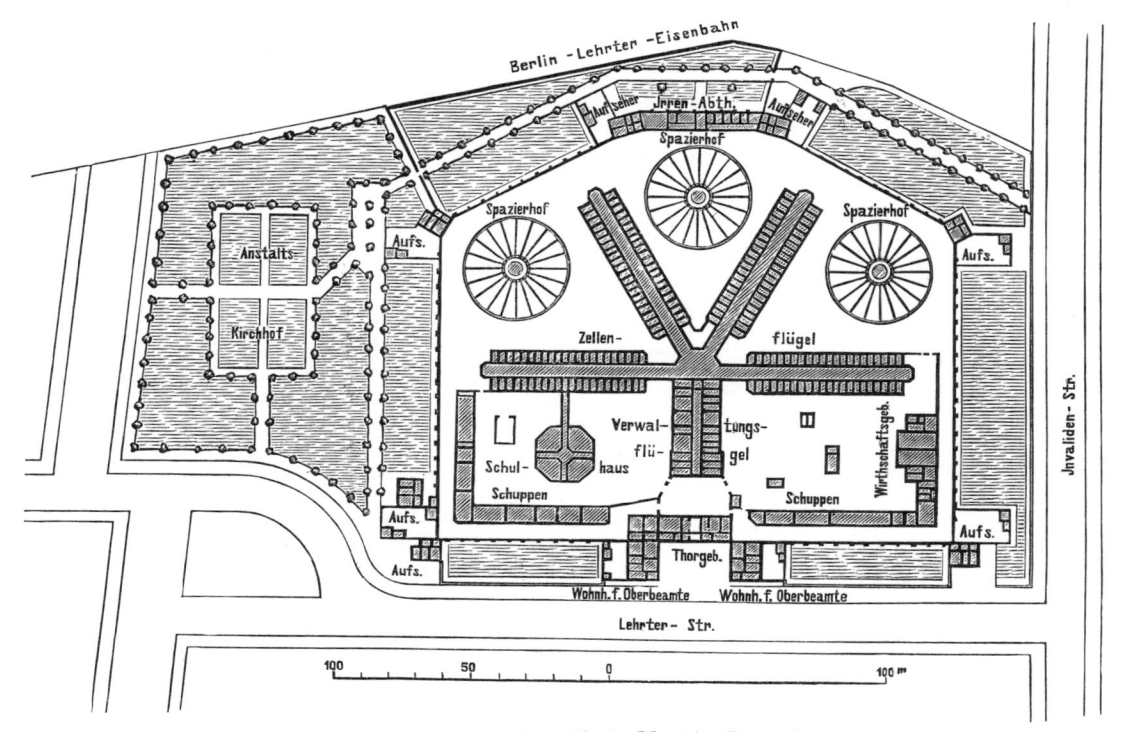

Abb. 358. Zellengefängnifs in Moabit, Lageplan.

räumen belegene Anstaltskirche enthält 222 Sitzplätze, die in der Art angeordnet sind, dafs kein Gefangener den andern, wohl aber jeder den Geistlichen sieht und dieser alle Gefangenen überblickt. Das an den einen Flügel angebaute Schulhaus enthält neben zwei Lagerräumen zwei Klassenzimmer für je 39 Schüler in derselben Einrichtung. Das ganze Gebäude wird durch eine Warmwasserheizung erwärmt.

Von den Wirthschaftsräumen befindet sich im Kellergeschofs des Hauptgebäudes jetzt nur noch die Bäckerei, während für die Koch- und Waschküche im Jahre 1886 in einem der vorderen Höfe ein besonderes Gebäude errichtet worden ist; auch sind daselbst in neuerer Zeit für diejenigen Unternehmer, welche Gefangene beschäftigen, Lagerhäuser erbaut worden. In den anderen drei Höfen sind mit Gartenanlagen umgebene sogen. Spazierhöfe angelegt, jeder für 20 Gefangene, welche von einem Aufseher im mittleren Thürmchen überwacht werden.

„Patrouillengänge", welche vom Vorhofe ausgehen, zwischen der Umfassungsmauer und den Nebengebäuden der beiden vorderen Höfe liegen und auf die Spazierhöfe ausmünden, dienen zur Erleichterung der Aufsicht.

344   XVI. Gebäude der Justizverwaltung.

Aufserhalb der Mauer liegen die Wohngebäude und Gärten für die zahlreichen Beamten. Zu den an den Ecken der ganzen Anlage vorhandenen sechs älteren, thurmartigen

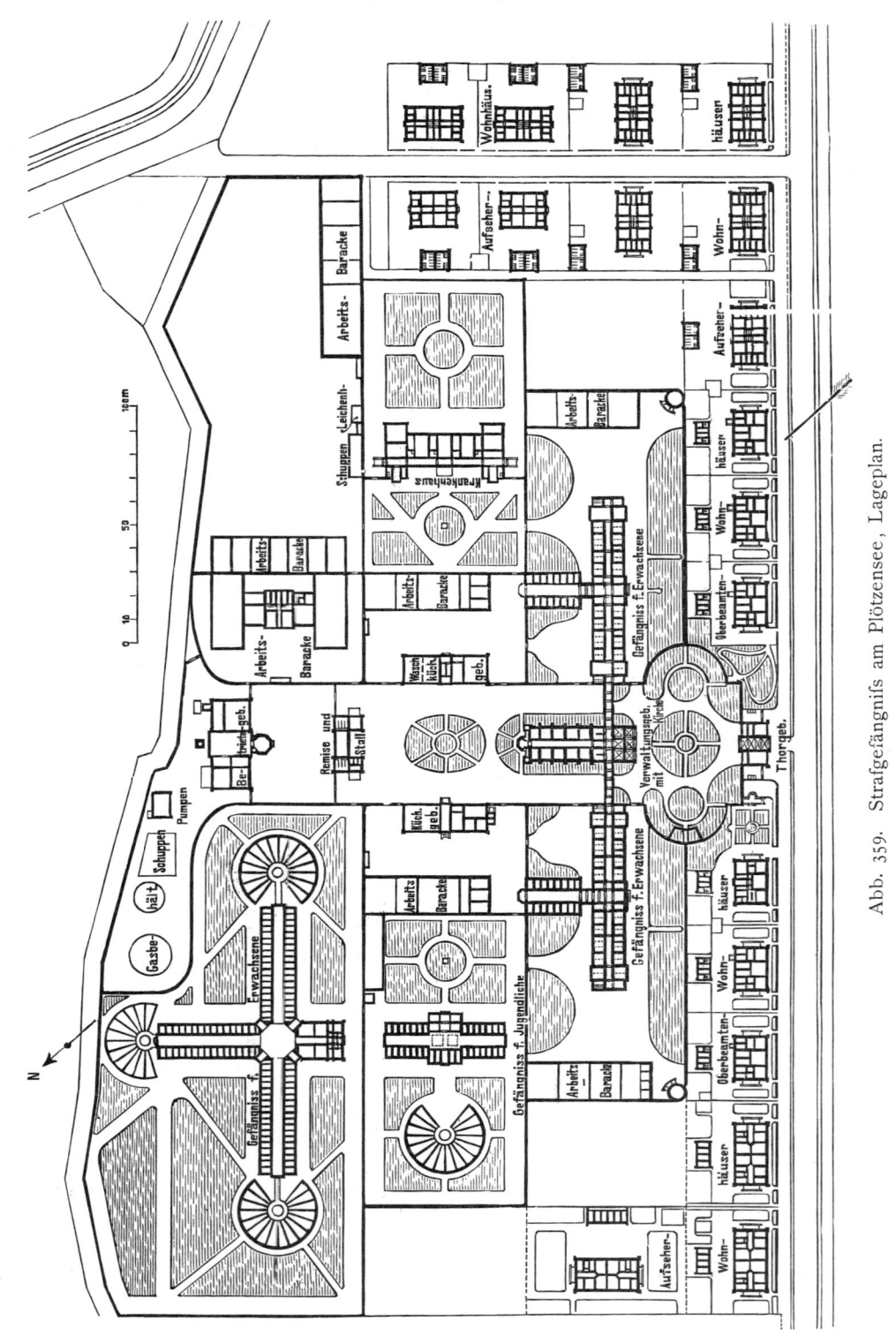

Abb. 359. Strafgefängnifs am Plötzensee, Lageplan.

Gebäuden, deren jedes drei Wohnungen für Aufseher enthält und welche im Jahre 1888 durch den Anbau eines neuen Treppenhauses vergröfsert wurden, ist um dieselbe Zeit an der

Nordseite ein siebentes getreten. An der östlichen Seite ist zwischen zwei solchen Thürmen ein gröfseres dreigeschossiges Gebäude gelegen, welches — früher Wohngebäude — jetzt die für 40 Gefangene bemessene Irrenabtheilung der Anstalt aufgenommen hat.

Die äufsere Erscheinung der Bauanlage, die in einfacher Ziegelrohbau-Architektur errichtet ist, hat durch die thurmartigen Aufbauten und die Zinnenkrönung etwas von dem Charakter mittelalterlicher Festungsanlagen erhalten.

Das Weibergefängnifs (ehemals Schuldgefängnifs), Barnimstrafse 10,[1]) ist in den Jahren 1863—1864 durch den (damaligen) Bauinspector Alb. Cremer und den Baumeister Zimmermann mit einem Gesamtkostenaufwande von 330 000 ℳ erbaut worden.

Die Grundrifsdisposition ist aus den Bedürfnissen des Schuldgefängnisses hervorgegangen. Der Bau besteht aus Erdgeschofs und zwei Stockwerken; das Obergeschofs enthält die den allgemeinen Zwecken dienenden Säle: den grofsen Betsaal im Vordergebäude, den Sprechsaal und den Arbeitssaal im Gefängnifsflügel, — das Kellergeschofs enthält die Wirthschaftsräume. — Die Gröfse der Zellen beträgt für den gesunden Gefangenen durchschnittlich 13 cbm Luftraum. Diese Gröfse steigert sich jedoch für die Einzelzellen auf 25 cbm. Die Krankenzellen sind um ein geringes gröfser bemessen. Zur Beheizung dienen eiserne Oefen, welche mittels Vorgelege vom Corridor aus bedient werden. Lüftung ist nur für die Abtrittanlagen eingeführt.

Das Aeufsere ist im Ziegelrohbau ausgeführt und schliefst sich in dem an der Strafse liegenden Verwaltungsgebäude englisch-gothischen Formen an. Die spitzbogige Fenstergruppe des Betsaales wurde als Motiv zur charakteristischen Hervorhebung des Mittelbaues benutzt. Gesimse und Profile sind theils aus Formsteinen, theils aus Sandstein hergestellt.

Neuerdings sind auf dem Hofe, parallel der Vorderfront, zwei Baracken, aus Erdgeschofs und erstem Stockwerk bestehend, errichtet worden. Die ältere, im Jahre 1877 ganz in Fachwerk erbaut, enthält in jedem Geschosse vier gröfsere und drei kleinere Räume für gemeinschaftliche Haft bei Tage und bei Nacht, sowie eine Isolirzelle; die jüngere, im Jahre 1886 mit massiven Umfassungs- und inneren Fachwänden erbaut, hat im unteren Geschosse drei Schlaf-, im oberen drei Arbeitssäle und je 10 Einzelzellen. Die Belegung vermehrte sich durch diese Baracken um 242 Köpfe.

Das Strafgefängnifs am Plötzensee[2]) bei Berlin, eine der gröfsten Gefängnifs-Anlagen, welche in neuerer Zeit im preufsischen Staate entstanden ist, wurde nach zum Theil amtlichen, unter Mitwirkung des Geheimen Ober-Bauraths Herrmann aufgestellten und durch den damaligen Bauinspector Spieker im Detail ausgearbeiteten Plänen 1868 begonnen.

Nach dem ursprünglichen Programm sollten in der Anstalt alle Sträflinge aus dem Bezirke des Stadt- und Kreisgerichts Aufnahme finden. Dasselbe forderte Raum für 900 männliche und 300 weibliche Gefangene, die gröfstentheils nach dem zu jener Zeit wieder aufgenommenen System der Collectivhaft untergebracht werden sollten. Für einen Theil der Gefangenen sollten jedoch Isolirzellen in beschränkter Zahl angelegt werden. Ferner war für die Unterkunft von 100 jugendlichen Verbrechern und 100 Krankenbetten, für eine Reihe grofser Arbeitssäle und für einen grofsen gemeinschaftlichen Betsaal zu sorgen; endlich waren die nöthigen Einrichtungen für Verwaltung, Wirthschaft, Wasser- und Gasversorgung, eine Schmiede, Wachtlocale usw. zu treffen. Dieses Programm wurde jedoch in den verschiedenen Bauperioden wesentlich modificirt. Zunächst sollten die für Weiber bestimmten Räume auch für Männer eingerichtet und sodann die bereits angelegten Arbeitssäle zu Schlafsälen mit nächtlicher Isolirung hergerichtet und dafür besondere Arbeitsbaracken erbaut werden. Ferner ist das gemischte Haftsystem nur für die eine Hälfte der Anlage beibehalten worden, nachdem infolge der internationalen, inzwischen in London abgehaltenen Conferenz wiederum die Rückkehr zum Isolirsystem beschlossen worden war.

---

[1]) Zeitschrift für Bauwesen, Jahrgang 1865.
[2]) Zeitschrift für Bauwesen, Jahrgang 1881.

346   XVI. Gebäude der Justizverwaltung.

So entwickelte sich der in Abb. 359 wiedergegebene Plan der reich gegliederten Anlage, für die ursprünglich ein Bauplatz von 10,21 ha zur Verfügung stand, welcher später noch um 5,50 ha vergröfsert wurde. Das für ähnliche Anstalten bisher festgehaltene System einer strahlenförmigen Anlage, welches nur für eine begrenzte Anzahl

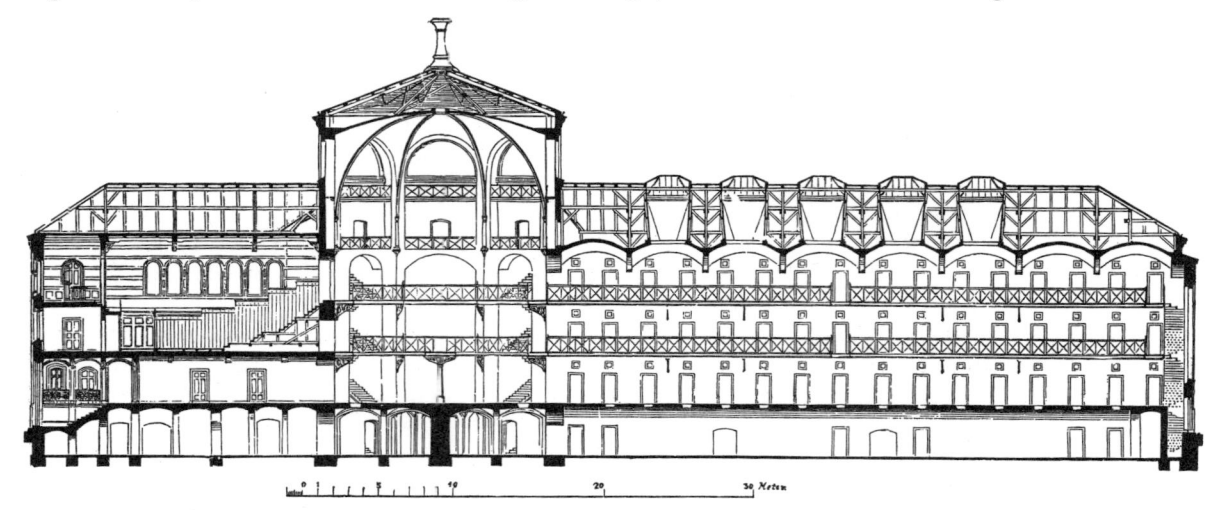

Abb. 360. Längendurchschnitt.

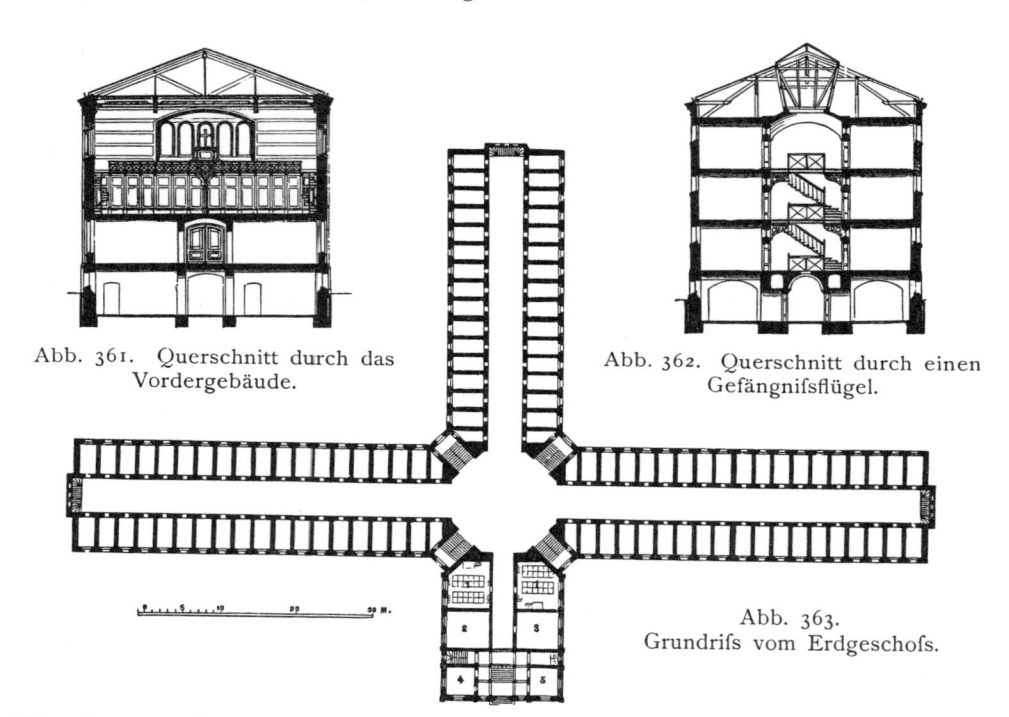

Abb. 361. Querschnitt durch das Vordergebäude.

Abb. 362. Querschnitt durch einen Gefängnifsflügel.

Abb. 363. Grundrifs vom Erdgeschofs.

Abb. 360—363. Strafgefängnifs am Plötzensee, Gefängnifsgebäude nach dem Isolirsystem.

von Gefangenen vortheilhaft erschien, wurde nicht beibehalten, sondern die Errichtung einzelner Gefängnifshäuser mit umschlossenen Höfen vorgezogen.

In jedem der zunächst zur Ausführung gelangten zwei Gefängnisse, welche nach dem gemischten System errichtet wurden, finden 450 Gefangene Platz, von denen 60 in Isolirzellen von 26 cbm Luftinhalt an panoptischen Fluren untergebracht sind. Das dritte Gefängnifsgebäude, von dem in Abb. 360—363 ein Grundrifs und mehrere Durchschnitte mitgetheilt sind, enthält 300 ebenso belegene Isolirzellen und einen Betsaal sowie ein

Schulzimmer. — Ein viertes Haus ist für 90 Isolirzellen der jugendlichen Gefangenen mit Betsaal, Schulstube und einem Schlafsaal mit nächtlicher Isolirung eingerichtet; ein fünftes als Krankenhaus für 120 Betten, mit gröfserer Kochküche, Apotheke, Theeküchen und Arztzimmer bestimmt.

In diese im allgemeinen symmetrisch sich aufbauende Gefängnifsgruppe schiebt sich die Gruppe der Baulichkeiten für die Bewachung, die Verwaltung, die Oeconomie und den Maschinenbetrieb der Anstalt. Das obere Geschofs des Verwaltungsgebäudes enthält eine gewölbte Kirche mit 540 Sitzplätzen für protestantische und katholische Gefangene und einen gröfseren Schulsaal, welche Räume zu den beiden nächstliegenden, ersterbauten Gefängnissen gehören. Für den Gottesdienst jüdischer Sträflinge ist im zweiten Gefängnifs ein besonderer Betsaal eingerichtet. — Zur Oeconomie der Anstalt dienen eine Gasanstalt mit Zubehör, zugleich die Betriebsstation für die Wasser- und Dampfleitung mit den nöthigen maschinellen Einrichtungen und Förderungspumpen, das Küchengebäude mit seinen Dampfkoch-Apparaten, das Waschhaus mit den nöthigen Trockeneinrichtungen und Maschinen, Pferdestallung und Remise, sowie endlich verschiedene kleinere Baulichkeiten. — Die dritte Hauptgruppe wird durch die aufserhalb der Umwährungsmauern angelegten Beamtenwohngebäude nebst den zugehörigen Stallungen gebildet.

Das zweite Isolirgebäude für erwachsene Gefangene, in der nordöstlichen Ecke des Grundstücks beabsichtigt, ist nicht zur Ausführung gelangt; an seiner Stelle stehen jetzt Arbeitsbaracken, welche ebenso wie die auf den Höfen der ersten beiden Gefängnisse sowie der Koch- und Waschküche vorhandenen zur gemeinsamen Arbeit derjenigen Gefangenen dienen, welche in den gemeinschaftlichen Schlafräumen der beiden ersten Gefängnisse untergebracht sind.

Unter den inneren Einrichtungen sind diejenigen für Heizung und Lüftung von besonderem Interesse. Die Trennung der Gefangenhäuser bot unter anderem den Vortheil, verschiedene Heizsysteme zur Anwendung bringen zu können, die es gestatteten, die zunächst gewonnenen Erfahrungen bei den späteren Bauten schon nutzbar zu verwenden. Das erste Gefängnifs erhielt eine Heifswasserheizung; die Lüftung erfolgt nach dem Princip der Aufsaugung durch Schlote, die neben den stark erwärmten Rauchschornsteinen liegen und aufserdem durch Heifswasserspiralen und Gasroste besonders erhitzt werden. Das zweite Gefängnifs, sowie das Gefängnifs für Jugendliche und das Krankenhaus werden durch ein Luftheizungssystem erwärmt, mit welchem eine mechanische Drucklüftung verbunden ist. Das letzte System hat sich vorzüglich bewährt, aber bei nahezu gleichen Anlagekosten in der Unterhaltung theurer als das erste herausgestellt, weshalb das System der Heifswasserheizung auch für das dritte Gefängnifs zur Verwendung gelangt ist.

Für die Wirthschafts-Erfordernisse sind vier grofse Dampfkessel aufgestellt, von denen zwei bis drei ständig im Gange sind und den zum Betriebe der Ventilatoren, der Küchen und Pumpmaschinen nöthigen Dampf entwickeln. Die Wasserleitung erstreckt sich auf alle Baulichkeiten und speist die Closets, Pissoirs, Wasch- und Badeeinrichtungen, mit denen die Anstalt reichlich versehen ist. Der stärkste Wasserverbrauch hat sich mit Einschlufs des Bedarfs für die Küchen, die Gasanstalt, die zahlreichen Closets, die Badeeinrichtungen und die Sprengungen auf 245 l auf den Tag und Kopf, insgesamt bei 2000 Einwohnern mithin auf 490 cbm ergeben. Die Ableitung des Hauswassers wird durch Thonröhren, die nach dem Sammelbassin des Pumpenhauses führen, bewirkt. Die Weiterführung von hier findet unterirdisch nach dem Rieselfelde der Anstalt statt, dessen leichter Sandboden sich zur Aufsaugung des Abgangswassers besonders gut eignet und nach der Befruchtung in üppigster Vegetation prangt. Die Anlage ist somit ein Vorläufer für die Lösung der Berliner Canalisationsfrage gewesen.

Im Aeufsern sind sämtliche Baulichkeiten in einem schlichten Ziegelrohbau mit sparsamer Anwendung von Formsteinen errichtet und mit Schiefer eingedeckt. Nur die Architektur der kirchlichen Bautheile hebt sich bedeutsamer hervor, ohne aus dem Charakter der Anspruchslosigkeit herauszutreten. Von glücklicher Wirkung ist die freie Gruppirung der den düstern Gefängnifskern flankirenden und deckenden Gebäude, aus denen sich die schlanken Spitzen der Kirchthürme erheben.

Die Baukosten der ganzen Anlage, deren Ausführung zuerst der (jetzige) Ober-Baudirector Spieker, nach ihm der Geheime Ober-Baurath Lorenz leitete, haben etwa 6,3 Mill. ℳ. betragen; bei völliger Besetzung ergiebt sich daher für jeden Gefangenen ein Baukosten-Aufwand von etwa 4200 ℳ.

Das Untersuchungsgefängnifs,[1]) Alt-Moabit 12 und 12a. Hinsichtlich der Lage und des Lageplanes sowie der Baukosten vergl. oben S. 338. Aufser den beiden Hauptgebäuden für männliche und weibliche Gefangene, in der Hauptachse des Gerichtsgebäudes gelegen, sind an der Strafse Alt-Moabit zwei Wohngebäude, deren eines auch die Diensträume enthält, an der Rathenower Strafse ein Krankenhaus und ein Wirthschaftsgebäude errichtet.

Das Männergefängnifs, zur Aufnahme von 999 Gefangenen, vorzugsweise in Einzelhaft, bemessen, ist nach dem panoptischen System mit fünf von einer Mittelhalle strahlenförmig ausgehenden Flügeln errichtet und enthält über dem Keller vier zu Haftzwecken ausgenutzte Geschosse; aufserdem zum vorübergehenden Gebrauche bei etwaigen Massenverhaftungen einige Haftränme im Dachgeschofs. Von sonstigen Räumen ist ein zwischen zwei Flügeln an der Mittelhalle belegener kleiner Betsaal mit 80 Isolirzellen besonders zu erwähnen.

Die durchgehenden Flure werden zum Theil durch Oberlichte, zum gröfseren Theil jedoch durch grofse, in der Giebelwand befindliche eiserne Fenster, die Mittelhalle durch die Fenster des Kuppeltambours sowie der zwischen den Flügeln gelegenen Treppenhäuser sehr auskömmlich beleuchtet.

Das Weibergefängnifs schliefst sich zu beiden Seiten unmittelbar an die Flügel des Gerichtsgebäudes an und nimmt in ebenfalls vier Geschossen 220 Gefangene, vorzugsweise in gemeinsamer Haft, auf. Die Schlafsäle sind zur nächtlichen Absonderung der Gefangenen mit eisernen Zellen ausgestattet. Für erkrankte weibliche Gefangene sind innerhalb dieses Gefängnisses Krankenräume mit acht Betten vorgesehen.

Das Männerkrankenhaus an der Rathenower Strafse enthält aufser den Räumen im ersten und zweiten Stockwerk für 42 Krankenbetten noch im Erdgeschofs 12 Haftränme für 36 solcher Untersuchungs-Gefangenen, deren Ausscheidung aus der Gemeinschaft mit den übrigen erwünscht ist. Die Räume dieses Gebäudes haben Balkendecken erhalten, während alle sonstigen Haftränme in üblicher Weise überwölbt worden sind.

Das Wirthschaftsgebäude umfafst in dem an der Rathenower Strafse gelegenen Flügel die Koch-, in dem hierzu senkrechten die Waschküche; an den letzteren schliefst sich ein Kesselhaus zur Bereitung des für den Betrieb beider Küchen erforderlichen Dampfes an. Die für die Reinigung und die sonstige Hausarbeit erforderlichen Calefactoren werden aus der Zahl der zur Strafverbüfsung abzugebenden Gefangenen ausgewählt.

In den beiden an der Strafse Alt-Moabit errichteten Gebäuden sind die Verwaltungsräume und die Militärwache, sowie die Dienstwohnungen für den Director, den Anstaltsgeistlichen, vier Oberbeamte und — nach Verlegung des früher dort befindlichen Postamtes — Wohnungen für neun Aufseher vorhanden.

Die Umwährungsmauern der einzelnen Gefängnifshöfe haben 5 m, die aus einem hohen gemauerten Sockel mit schmiedeeisernem Gitter bestehenden Strafsenmauern etwa 3,50 m Höhe erhalten. Die Gefangenenhöfe sind, soweit sie nicht für Wirthschaftszwecke gepflastert werden mufsten, mit Gartenanlagen versehen worden.

---

1) Zeitschrift für Bauwesen, Jahrgang 1885.

Abb. 364. Die Deutsche Bank, Ansicht.

XVII. Börse, Banken und Münze.[1]

Der aufserordentliche Aufschwung, den Berlin von dem Jahre 1866 an, besonders aber nach dem deutsch-französischen Kriege als Hauptstadt des Deutschen Reiches gewonnen hat, rief infolge der gewaltigen Steigerung des Handelsverkehrs und der Industrie, sowie des enormen Zuzuges nach der Hauptstadt eine ungemein gesteigerte Bauthätigkeit hervor.

Dieser Aufschwung, welcher nur durch den zu Ende der siebziger Jahre eintretenden Niedergang der Geschäftslage eine zeitweise Unterbrechung erfahren hatte, fand seinen Ausdruck besonders in der rapiden Entwicklung der Börsengeschäfte und — in Wechselwirkung mit diesen — in der aufserordentlichen Zunahme des Bankverkehrs.

Die Durchführung grofser Bauunternehmungen, die Begründung von Baugenossenschaften, die Beschaffung und Unterbringung der dazu erforderlichen, gewaltigen Kapitalien, die Hebung der Industrie, sowie die Kapitalumsätze des Handelsverkehrs hatten zur nothwendigen Folge das Bedürfnis nach Neubauten, welche der Bewältigung der vermehrten geschäftlichen Thätigkeit und der Unterbringung des hierzu benöthigten Personals Rechnung trugen. So entstanden Gebäude, welche ausschliefslich dem Bankverkehr dienten, und sich die zweckmäfsigste bauliche Lösung für diesen Geschäftszweig zur Aufgabe machten.

Es kam hinzu, dafs die Erwerbung eines eigenen Grundstücks für den Zweck eines Bankinstituts in dem Centrum der Stadt, in einer für den Verkehr bequemen

---

[1] Bearbeitet durch Architekt W. Martens. — Man vergleiche den in der ersten Auflage dieses Werkes durch Architekt C. v. Groszheim bearbeiteten gleichen Abschnitt.

Lage, durch die stetige Steigerung der Miethen als eine gute Kapitalsanlage angesehen werden konnte, und dafs vor allen Dingen die Anlage von feuer- und diebessicheren Tresors, welche bei gemietheten Localitäten zumeist nicht durchführbar war, das Vertrauen des Publicums bezüglich der Sicherheit der Depositen erweckte. Es gehörte somit die Einrichtung von sogenannten safes deposits für Bankinstitute zur unbedingten Nothwendigkeit.

Aus diesen Gründen sind im Laufe der letzten Jahre aufser den älteren bereits vorhandenen, schon nach ähnlichen Grundsätzen errichteten Gebäuden, eine grofse Zahl der stattlichsten Bankgebäude entstanden, welche aufser der für Bankzwecke erprobten inneren Einrichtung auch nach aufsen hin eine monumentale, architektonische Erscheinung und künstlerische Ausführung erstrebten.

In der Bauthätigkeit auf diesem Gebiete lassen sich zwei Perioden von einander unterscheiden, deren erste mit der auf einen schnellen Aufschwung folgenden Zeit des geschäftlichen Niedergangs abschlofs. Die neu erwachte geschäftliche Regsamkeit der letzten 15 Jahre rief naturgemäfs auch eine gesteigerte Bauthätigkeit im Bauwesen hervor, welche bis in die jüngste Zeit angehalten hat und zur Folge hatte, dafs bereits bestehende Banken sich in den letzten Jahren zu grofsen Erweiterungen entschliefsen mufsten.

An der Hand einiger Zahlen aus der geschäftlichen Thätigkeit zweier Banken, welche als für die Berliner Verhältnisse mafsgebende Factoren zu betrachten sind, ist der Geschäftszuwachs nach der Zeit des Niedergangs am besten zu ersehen. Die Umsätze der Reichsbank in Berlin betrugen im Jahre 1877 13 726 Mill. ℳ, diejenigen bei der Bank des Berliner Kassenvereins 10 275 Mill. ℳ, während sich der Umsatz bei der Reichsbank im Jahre 1893 auf 34 020 Mill. ℳ steigerte und bei der Bank des Berliner Kassenvereins den Betrag von 21 406 Mill. ℳ erreichte.

Auch die Anzahl der Bankgeschäfte, die nach der früheren Auflage dieses Werkes (1877) auf 600 angegeben war, hatte nach dem Adrefsbuch für 1894 eine Vermehrung auf 700 und einige 70 erfahren, während die Zahl der Banken ungefähr die gleiche geblieben ist.

1. Die Börse,[1]) an der Ecke der Neuen Friedrichstrafse, der Burgstrafse und St. Wolfgangstrafse. Das älteste, im Jahre 1800 von Becherer errichtete, vor wenigen Jahren für den Neubau des Domes abgebrochene Börsengebäude Berlins am Lustgarten genügte bereits ausgangs der fünfziger Jahre den damaligen Ansprüchen nicht mehr, sodafs die Corporation der Berliner Kaufmannschaft den Bau eines neuen, den gesteigerten Anforderungen entsprechenden Börsengebäudes beschlofs.

Bei einem für diesen Zweck ausgeschriebenen öffentlichen Wettbewerb zur Erlangung von Bauplänen wurde der Entwurf des Geheimen Regierungs- und Bauraths Hitzig mit dem ersten Preise bedacht. Dieser Entwurf kam unter dem persönlichen Einflufs des Geheimen Commerzienraths Wilhelm Herz, als Vertreter der Kaufmannschaft, durch den Baumeister J. Hennicke unter Oberleitung Hitzigs, infolge der besonders schwierigen und zeitraubenden Fundirung verzögert, in den Jahren 1859—1863 zur Ausführung.

An der Spree mit seiner Hauptfront gelegen, enthielt das Gebäude anfangs nur zwei grofse Säle der Fonds- und Productenbörse in symmetrischer Anordnung, an welche sich an der Rückfront, als Sommerbörse, der offene, architektonisch ausgebildete grofse Hofraum mit umgebenden Hallen sowie den nöthigen Nebenräumen anschlofs.

Schon im Jahre 1880 genügten diese Räume indefs dem Verkehre bei weitem nicht mehr, sodafs in den Jahren 1880—1883, mit den Hauptfronten nach der St. Wolfgangstrafse gelegen, ebenfalls nach den Plänen Hitzigs, unter Direction des Geheimen Raths W. Herz ein grofser neuer Börsensaal, welcher nunmehr die Productenbörse aufnehmen sollte, mit geräumigen Nebenräumen hinzugefügt wurde. In der letzten Zeit wurde die Ausführung dieses Erweiterungsbaues durch Baumeister Stock unter Leitung des Geheimen Bauraths Persius bewirkt.

---

[1]) Zeitschrift für Bauwesen, Jahrgang 1866.

BERLIN UND SEINE BAUTEN 1896.

DIE BÖRSE.

WILHELM ERNST & SOHN, BERLIN.

XVII. Börse, Banken und Münze.   351

Von der gemeinschaftlichen Vorhalle an der Hauptfront erfolgt der Zugang nach beiden Seiten durch zwei Garderoben, woselbst die Controle ausgeübt wird, zu den zwei Sälen der Fondsbörse; ein zweiter Eingang zur Productenbörse, ebenfalls mit grofsen Garderoben versehen, liegt an der St. Wolfgangstrafse.

Die drei grofsen Säle haben zwischen den Umfassungswänden Abmessungen von 103,23 m Länge, 26,50 m Breite und 20,58 m Höhe. Die Trennung derselben wird bewirkt durch offene Bogenstellungen auf Monolithen von polirtem schlesischen Granit, welche im Obergeschofs Galerien zur Benutzung für das Publicum tragen. Diese Arkaden ziehen sich auch an den Frontwänden entlang, woselbst sie im Verein mit den nur schwachen Saal-

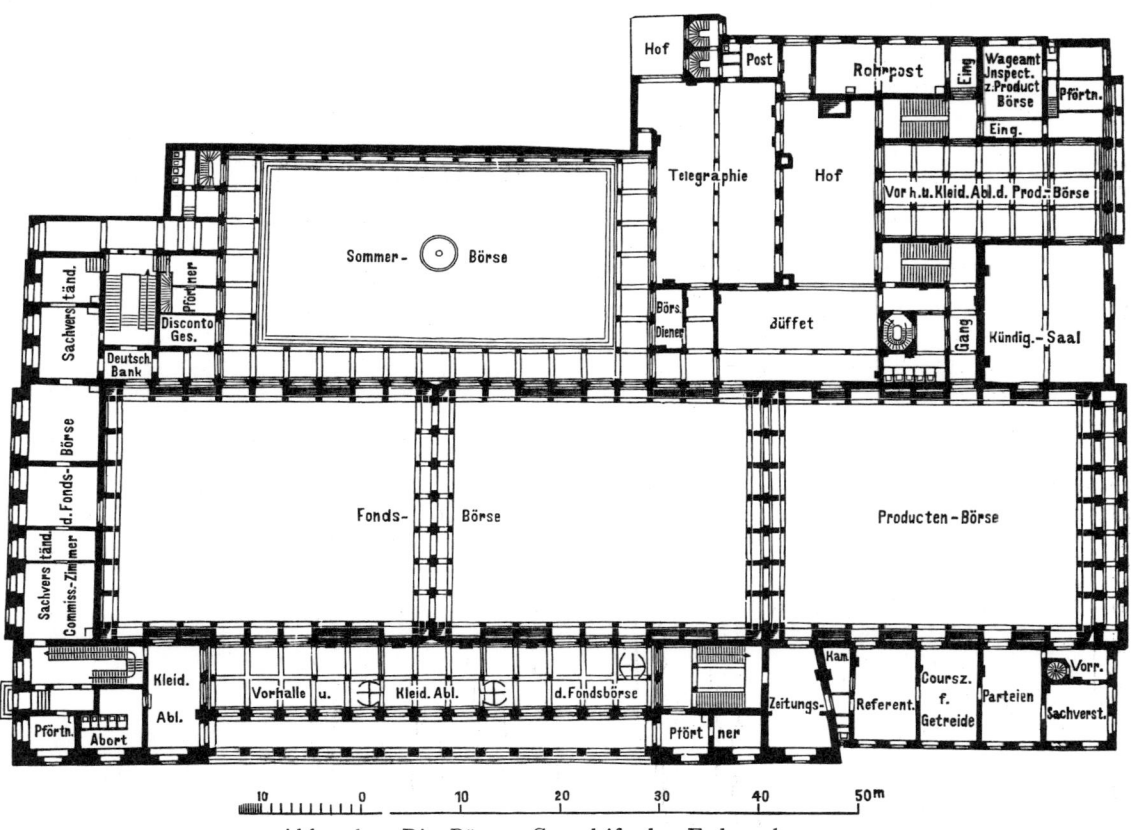

Abb. 365. Die Börse, Grundrifs des Erdgeschosses.

wänden als Auflager für die in einem Flachbogen gespannte monumentale Decke dienen. — Diese wird, wie Abb. 366 zeigt, von schmiedeeisernen Sichelträgern gebildet, zwischen denen auf Querschienen aus Gips hergestellte Kassetten von 2,98 qm Fläche eingefügt sind. Die 26,60 m gespannten Sichelträger sind bei einem Eigengewicht von 4900 kg mit je 30 000 kg belastet.

Die Beleuchtung der Säle erfolgt durch Halbbogenfenster über dem Hauptgesims der Langseiten, welche theilweise hinter den Frontmauern versteckt liegen. — Die grofsen Bogenfelder der Schmalseiten enthalten allegorische Wandbilder.

Die Productenbörse an der St. Wolfgangstrafse besteht aus dem grofsen Börsensaal, dem Commissions-, Sitzungs-, Parteien-, Cours- und Sachverständigen-Zimmer (für die Beurtheilung der Proben und Entscheidungen der Sachverständigen) an der Ecke der Hauptfront sowie dem Kündigungssaale, wo die Geschäftsabschlüsse stattfinden, an der Rückseite.

Gegenüber diesem Saale, gegen die Sommerbörse und verbunden mit den beiden grofsen Sälen, liegt der Buffetsaal, hinter diesem der grofse Saal für die Aufgabe von

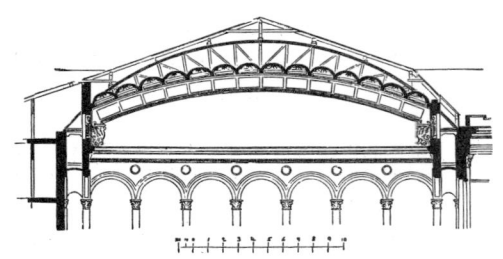

Abb. 366. Die Börse, Querschnitt durch die Deckenconstruction des grofsen Saales.

Depeschen,[1] sowie die Rohrpost usw., darüber der Apparatensaal.

Das Kellergeschofs der Börse enthält unter dem alten Bau die höchst interessante Anlage der Telephonkammern, rd. 90 Räume, welche direct von der Fondsbörse durch eine breite Treppenanlage zugänglich sind.

Im Kellergeschofs des Neubaues liegt die aufserordentlich grofsartige Heiz- und Ventilationsanlage. Dieselbe besteht aus einer Dampfwarmwasser-Heizung für die Erwärmung der Räume. Für die Lüftungsanlage findet ferner eine Luftvorwärmung durch eine Warmwasserheizung statt, wohingegen die Nacherwärmung der Luft durch Dampfheizkörper bewirkt wird. Zur Verstärkung der Lüftung im Hause findet Pulsion und Aspiration auf mechanischem Wege statt.

In das erste Stockwerk sind im alten Bautheile die Räume für die Canzlei, Registratur, das Secretariat sowie der Sitzungssaal verlegt, während im neuen Theile der grofse Apparatensaal für die Telegraphie, ein Versammlungssaal und ein geräumiger Lesesaal von 12,50 m Breite und 35,50 m Länge (also rd. 444 qm), welcher die Bibliothek enthält und woselbst Zeitungen und Journale ausgelegt sind, Platz gefunden haben.

Im zweiten Obergeschofs befinden sich aufser den Wohnungen für die Hausbeamten noch Räume, welche anderen, der Kaufmannschaft verwandten Körperschaften zur Verfügung gestellt werden.

Die ganz in Nebraer Sandstein ausgeführte Façade zeigt eine symmetrisch gegliederte Renaissance-Architektur mit antikisirender Formenbildung (vgl. den Lichtdruck). Für das gesamte Aeufsere ist eine Hauptgesimslinie festgehalten, sodafs die Gestaltung des Innern, insbesondere des grofsen Börsensaals mit seiner Beleuchtung nicht zum Ausdruck gelangt. Die Hauptfront an der Burgstrafse besteht aus den beiden dreiachsigen Eckrisaliten und dem zurückspringenden Hauptkörper, welchem im Erdgeschofs eine breite dorische Säulenhalle zwischen den Eckbauten vorgelagert ist. Die Halle vermittelt den Zugang zu den im Mittelbau belegenen Fluren, Garderoben und durch diese zum Hauptsaal. Das Untergeschofs ist im wesentlichen als Sockel behandelt, die beiden Obergeschosse sind durch korinthische Wandsäulen, an den Eckbauten durch gepaarte Säulen, denen auf der Attika Figurengruppen entsprechen, gegliedert. Den Mittelbau krönt eine breit gelagerte Figurengruppe von R. Begas.

2. Die Reichsbank

(früher Königlich Preufsische Hauptbank), Jägerstrafse 34, im Centrum des Geschäftsverkehrs liegend, erstreckt sich zwischen der Jägerstrafse, Oberwall- und Kurstrafse, mit der Haupt-

Abb. 367. Die Reichsbank, Querschnitt.

---

[1] Die tägliche Aufgabe von Depeschen beträgt während der Börsenzeit von 12—3 Uhr zur Zeit ca. 1600—1700.

XVII. Börse, Banken und Münze. 353

front nach der Jägerstrafse hin und bedeckt einen Raum von 8500 qm mit einer bebauten Fläche von 6078 qm.

Einen namhaften Theil des Bauplatzes beanspruchte das alte, aus dem Umbau des früheren Jägerhofes entstandene Hauptbankgebäude, dessen Geschäftsbetrieb während

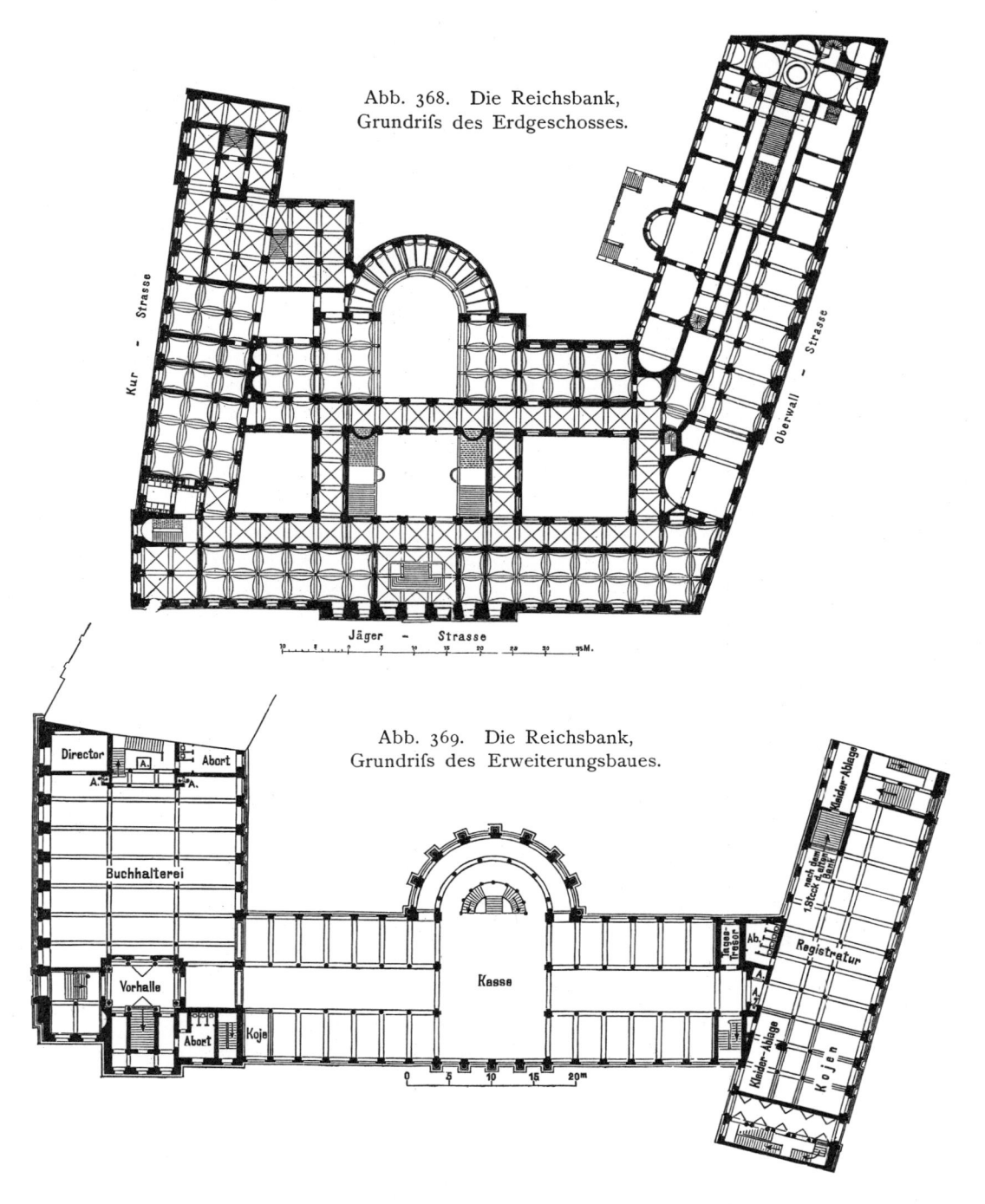

Abb. 368. Die Reichsbank, Grundrifs des Erdgeschosses.

Abb. 369. Die Reichsbank, Grundrifs des Erweiterungsbaues.

des Neubaues nicht gestört werden durfte, ein Umstand, aus welchem sowohl der Lösung der Grundrifsdisposition als der Bauausführung besondere Schwierigkeiten erwuchsen.

Der nach dem Entwurf und unter der Oberleitung des Geheimen Regierungs- und Bauraths Hitzig im Jahre 1869 begonnene Bau wurde in den Flügelbauten und in dem

Berlin und seine Bauten. II. 45

XVII. Börse, Banken und Münze.

Abb. 370. Die Reichsbank, Theilansicht der Front an der Jägerstraße.

XVII. Börse, Banken und Münze. 355

für die Kasse bestimmten Theile 1873 fertiggestellt, während der Hauptbau an der Stelle der alten Bank erst 1876 dem Verkehr übergeben wurde. — Von dem Haupteingang in der Jägerstrafse gelangt man durch ein geräumiges Vestibül, an welches sich die Corridore anschliefsen, in das mit grofsem Oberlicht überdeckte Treppenhaus, durch dieses in der Achse in gerader Richtung in den Hauptkassensaal. — Rechts und links stellen Flurgänge die Verbindung mit den Flügelbauten her. Im ersten Stock des Vorderflügels an der Jägerstrafse liegen der Sitzungssaal und die Räume für das Hauptbankdirectorium und das Disconto-Comptoir. Der Flügel an der Oberwallstrafse enthält im ersten Stock neben dem Disconto-Comptoir das Archiv und den Sitzungssaal für den Bankausschufs, im übrigen die reich bemessene Dienstwohnung und Repräsentationsräume des Bankpräsidenten.

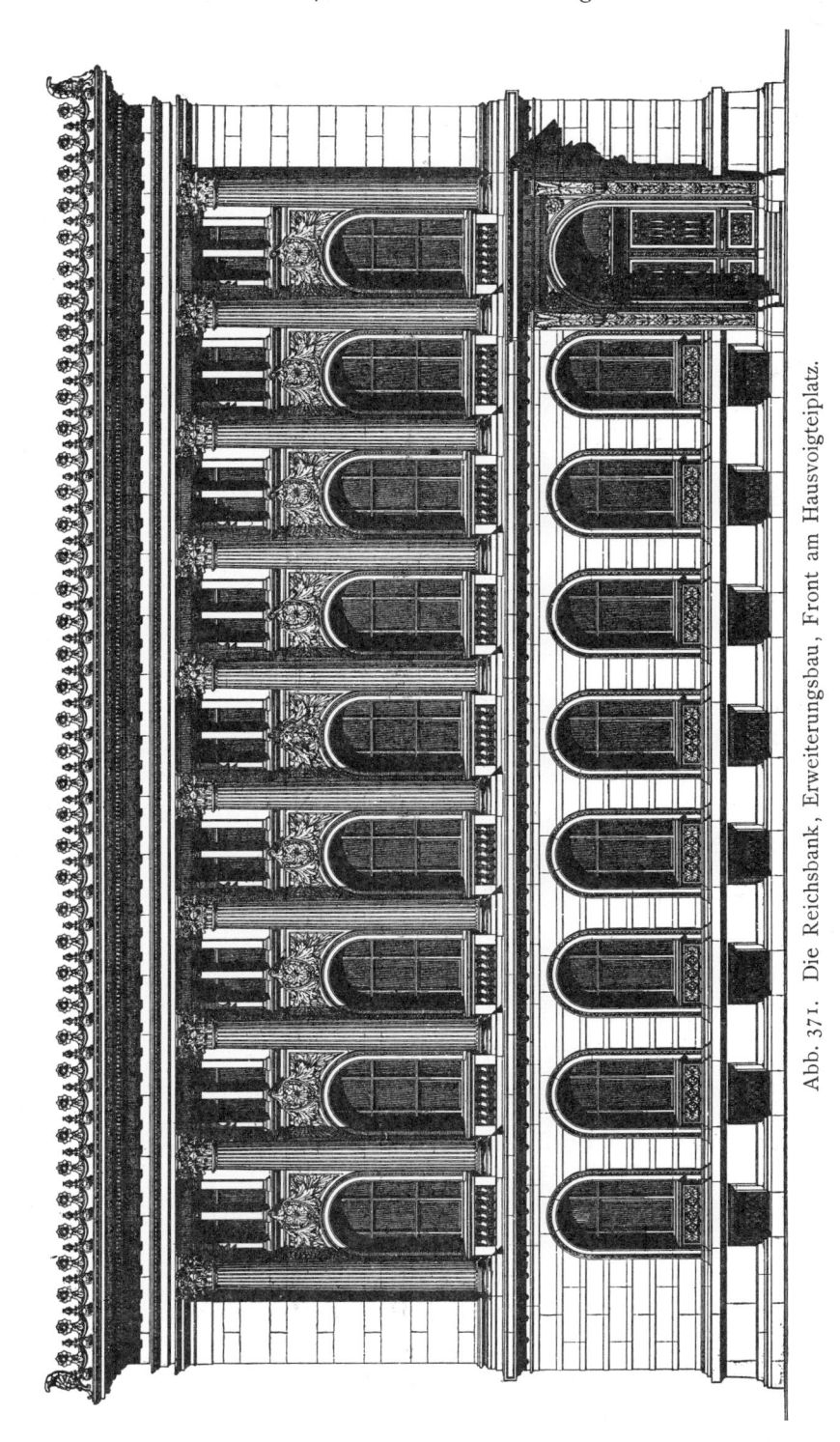

Der nur wenig vorgezogene Mittelbau wird im Hauptgeschofs durch frei vortretende korinthische Säulen nebst hohen Rundbogenöffnungen in Sandstein ausgezeichnet und hat (Abb. 370) einen kräftigen attikenartigen Aufsatz mit Triplyphengebälk. Die Seitenflügel an der Kur- und der Oberwallstrafse sind übereinstimmend mit den Rücklagen der Vorderfront behandelt. — Sämtliche dem Bankgeschäft dienenden Räume sind feuersicher hergestellt, alle Decken massiv gewölbt. Die Dächer sind aus Eisen construirt und mit gewelltem Zinkblech gedeckt. — Die zur Aufbewahrung von Werthpapieren bestimmten

Abb. 371. Die Reichsbank, Erweiterungsbau, Front am Hausvoigteiplatz.

45*

356   XVII. Börse, Banken und Münze.

Räume im alten Gebäude sind mit ein Stein starken Gewölben mit hohen Aufschüttungen von Koksasche versehen, die Fenster alle stark vergittert und die Tresore feuer- und diebessicher construirt.

Abb. 372.
Die Reichsbank, Erweiterungsbau, Ansicht des Innern.

Die Erwärmung der Wohn- und Bureauräume geschieht durch eine Warmwasserheizung, die der Corridore durch Luftheizung.

Die in Renaissanceformen aber mit antiker Detailbildung, im Sinne der alten Berliner Schule entworfenen Façaden sind aus Seeberger gelblichem Sandstein, die glatten Flächen der Aufsenwände in Verblendsteinen, der Sockel aus scharrirtem belgischen Granit hergestellt. — Die Kosten des Baues betrugen 4 200 000 ℳ.

XVII. Börse, Banken und Münze. 357

Ein Erweiterungsbau wurde unter der Oberleitung des Geheimen Regierungs- und Bauraths Emmerich durch den Land-Bauinspector M. Hasak in den Jahren 1892—1894 zur Unterbringung des Comptoirs für Werthpapiere, dessen Beamtenzahl seit 1876 von 13 auf rd. 300 gestiegen war, entworfen und ausgeführt (Abb. 369, 371 u. 372).

Da in dem älteren Theile der Bank die verhältnifsmäfsig kleinen Fenster und breiten Pfeiler zu wenig Licht für die Arbeitsräume einliefsen, so mufsten die Achsen von 4,50 auf 3,50 bezw. 3,30 m verringert und aufserdem die Fenster nach Breite und Höhe vergröfsert werden. Da ferner an dem Hausvoigteiplatz volle Ausnutzung der erlaubten Höhe wegen des kostbaren Grund und Bodens erfordert wurde, an der Kurstrafse die neue Baupolizeiordnung aber die Beibehaltung der alten Höhe nicht gestattete, so ergaben sich die Abweichungen von der bisherigen Architektur des Aeufsern von selbst.

Die Front am Hausvoigteiplatz und das Erdgeschofs in der Kurstrafse sind aus schlesischem Sandstein (Alt-Warthau und Rackwitz), das Obergeschofs in der Kurstrafse aus Postelwitzer, die Gartenfronten aus Kottaer Sandstein hergestellt. Der Sockel ist aus Syenit, aus Wölsau im Fichtelgebirge, die Verblendziegel aus Siegersdorf in Schlesien.

Im Innern mufste die Absonderung der Geschäftsräume von den Corridoren aufgegeben werden. Die Säle erhielten Fenster von zwei Seiten, an denen die Plätze der Beamten angeordnet sind. Das Publicum verkehrt jedesmal in der Mitte dieser Säle zwischen den Zahltischen. Hierdurch sind helle, übersichtliche und luftreiche Säle geschaffen.

Im Erdgeschofs sind die Buchhalterei (zur Hälfte) am Hausvoigteiplatz, die Börsenabtheilung im Gartenflügel usw., die Effectenannahme und die Registratur an der Kurstrafse untergebracht; im Kellergeschofs liegen die Tresore, im ersten Stock die Zinsauszahlung und verfügbaren Räume, im zweiten Stock die Wohnung des Directors dieses Comptoirs.

Der Erweiterungsbau ist durchweg massiv hergestellt. Die Dächer bestehen aus Holzcement bezw. Kupfer auf Ziegeln, welche zwischen ⊥-Eisen gepflastert sind. Die Decken sind entweder zwischen Eisenträgern gewölbt und mit gezogenen Stuckprofilen verziert, oder sind aus keilförmigen Kassettenstücken aus glasirtem Thon (Villeroy & Boch) zwischen Eisenträgern construirt oder endlich, wie im Gartenflügel, als Tonnengewölbe bis 12 m frei tragend aus Wölbsteinen von glasirtem Thon hergestellt. Die hell glasirten Deckenflächen vereinigen sich mit den Leisten und Gesimsen aus gestanztem Kupfer, der Vergoldung an Architrav und Kapitellen zu einer glänzenden, lichten Gesamtwirkung.

Die Geschäftsräume sind mit Dampfwarmwasser-Heizung versehen, der Tresor mit Dampfheizung. Es ist dabei für die gesamte Anlage der Reichsbank ein gemeinsames Kessel- und Maschinenhaus zur Beheizung und zur Herstellung des elektrischen Lichts angelegt worden.

Die gesamten Baukosten mit Einschlufs der Möbeleinrichtung haben die Summe von rd. 2 800 000 ℳ. betragen. — Das Cubikmeter umbauter Fläche stellte sich auf 40 ℳ. ohne die Möbeleinrichtung.

3. Die Bank des Berliner Kassenvereins, Oberwallstrafse 3.

Die Bank des Berliner Kassenvereins ist die allgemeine Abrechnungsstelle für die Berliner Börse; ihre wesentlichste Aufgabe besteht darin, dafs die an der Berliner Börse abgeschlossenen Geschäfte durch ihre Vermittelung zur Erledigung gelangen; hierzu dient nicht nur ein tägliches Incassogeschäft und eine tägliche Abrechnung zwischen sämtlichen Bankfirmen, sondern es sind auch im Laufe der Zeit verschiedene eigenartige Geschäftszweige entstanden, welche insbesondere eine glatte und rasche Abwicklung der Ultimogeschäfte ermöglichen (Giro-Effecten-Depot, Liquidations-Bureau). Zu diesen Zwecken sind verschiedene bauliche Einrichtungen geschaffen worden, welche im wesentlichen darauf hinausliefen, dafs gleichzeitig thunlichst viel Publicum, weitaus zum gröfsten Theile aus Kassenboten anderer Banken bestehend, abgefertigt werden kann.

Das Grundstück Oberwallstrafse 3 war in seiner jetzigen Gestalt und Gröfse von Friedrich dem Grofsen, laut Allerhöchster Specialordre vom 2. Februar 1746 (unterzeichnet von dem Generalintendanten aller Königlichen Gebäude, Freiherrn von Knobelsdorff),

358 XVII. Börse, Banken und Münze.

dem Hofmaler Antoine Pesne auf dessen Antrag als „wüste Baustelle" dergestalt überwiesen, dafs: „Herr Hofmaler Antoine Pesne und die Seinigen damit nach eigenem Gefallen als ihr wahres Eigenthum schalten und walten können."

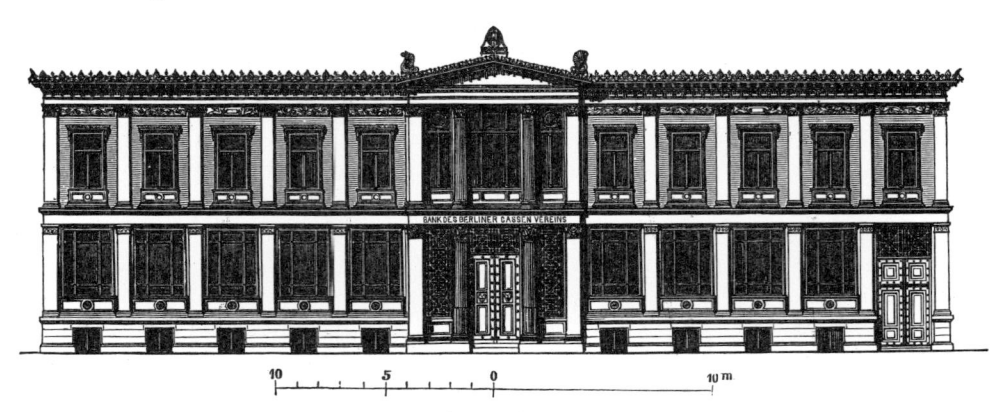

Abb. 373. Bank des Berliner Kassenvereins, Vorderansicht.

Der Pesne'sche Bau wurde in den Jahren 1870—1871 von den Architekten Gropius & Schmieden völlig umgestaltet und für die Zwecke des genannten Instituts und dessen Geschäftsgang eingerichtet. Der Haupteingang in der Mitte des Hauses trennte die Ein- und Auszahlungskasse, welche durch einen unter der Haupttreppe gelegenen Gang verbunden waren. Hinter diesem lag das Directionszimmer so, dafs der Director beide Abtheilungen durch Glasthüren übersehen konnte.

Im rechten Flügel befanden sich isolirt Räume für das Liquidationsbureau. Der erste Stock enthielt die Wohnungen des Directors und der Beamten sowie einen grofsen Saal für die Generalversammlungen. Die Façade ist in Sandstein, in edlen und strengen Formen hellenischer Renaissance durchgeführt, die Flächenverblendung in hellgelbem Backstein, eine Ausführung in echtem Material, die zu ihrer Zeit für eine grofse Errungenschaft fortschreitender Technik galt.

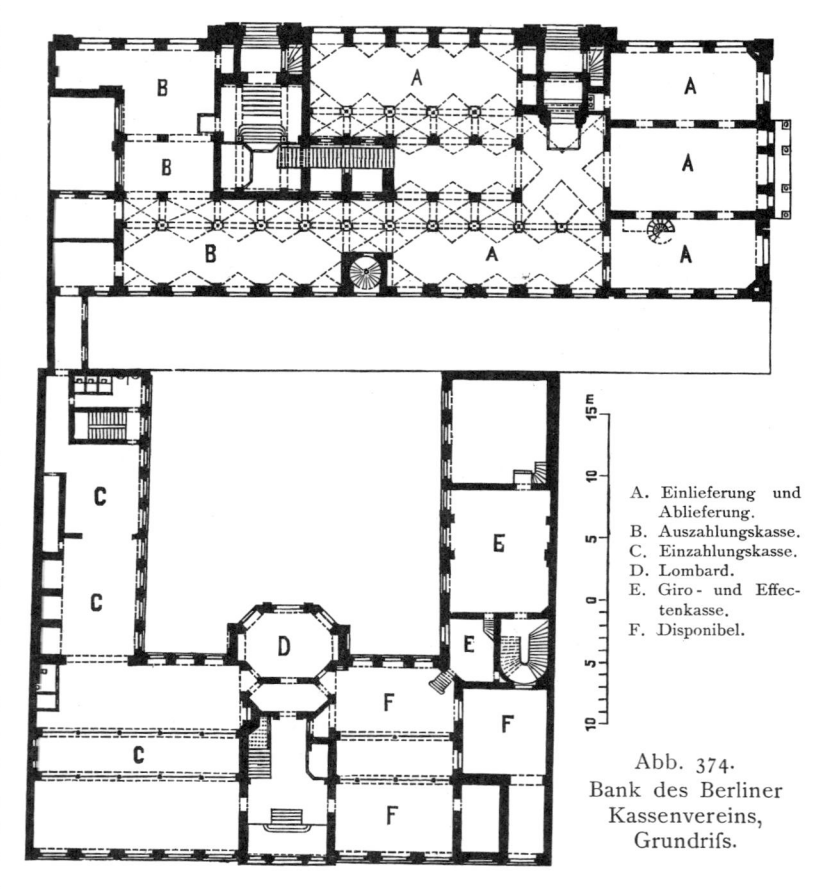

A. Einlieferung und Ablieferung.
B. Auszahlungskasse.
C. Einzahlungskasse.
D. Lombard.
E. Giro- und Effectenkasse.
F. Disponibel.

Abb. 374.
Bank des Berliner Kassenvereins, Grundrifs.

Auch die Warmwasserheizung mit besonderer Lüftung galt zur Zeit der Erbauung als ein besonderer Vorzug dieses Baues. — Die bebaute Grundfläche betrug 1122 qm, die Baukosten beliefen sich auf etwa 390 000 ℳ, mithin für 1 qm bebauter Fläche 347,60 ℳ.

XVII. Börse, Banken und Münze. 359

Im Laufe der Zeit hat sich das Institut von Jahr zu Jahr so bedeutend erweitert, dafs die Räume nach den verschiedensten Um- und Aufbauten den Ansprüchen des Verkehrs durchaus nicht mehr genügten, und der Kassenverein im Jahre 1889 das direct hinter seinem Grundstücke, an der katholischen Kirche Nr. 2, belegene Gebäude der

4. Preufsischen Boden-Credit-Actien-Bank

erwarb. Dieser Bau war in den Jahren 1871—1873 von den Königlichen Bauräthen Ende & Böckmann auf dem Terrain des ehemaligen Boumann'schen Wohnhauses, später als Café Belvedere bekannt, errichtet worden.

Da während der Ausführung das Bauprogramm, welches zuerst aufser dem Bankgeschäft noch eine Restauration und vermiethbare Räume vorgesehen hatte, sich insofern

Abb. 375. Preufsische Boden-Credit-Actien-Bank, Ansicht.

änderte, als das Gebäude aufser den Dienstwohnungen lediglich Bankzwecken dienen sollte, so wurde der an der nördlichen Schmalseite angeordnete Eingang kassirt, der hier projectirte Vorbau jedoch beibehalten. — Das Erdgeschofs enthielt die Bureaus, die Kassen, die Tresors usw., das erste Stockwerk die Directionsräume, Secretariat, weitere Bureaus sowie Sitzungssäle für den Verwaltungsrath, die oberen Stockwerke Dienstwohnungen.

Die Façade zeigt eine reiche, kräftig gegliederte Architektur in Renaissanceformen; die Flächen sind mit hell lederfarbenen Backsteinen verblendet, das gequaderte Erdgeschofs und die Architekturglieder bestehen aus Nebraer Sandstein.

Der Mittelbau und die Ecken sind mit reichem figürlichen Schmuck aus Sandstein, nach den Modellen des Bildhauers Moser bekrönt. — Die Baukosten betrugen 811 000 ℳ, d. i. etwa 750 ℳ für 1 qm bebauter Fläche.

Nach dem Erwerb dieses Grundstücks durch den Kassenverein wurden die beiden letztgenannten Gebäude durch einen Verbindungsgang verbunden. Die gegenwärtige Benutzung der Geschäftsräume ergiebt sich aus den in den Grundrifs (Abb. 374) eingetragenen Bezeichnungen.

Der Umbau der ad 3 und 4 genannten beiden Gebäude wurde in den Jahren 1890 bis 1891 durch den Architekten W. Martens ausgeführt. Die Umbaukosten betrugen 320 000 ℳ.

5. Die Preuſsische Central-Boden-Credit-Bank, Unter den Linden 34,
wurde in den Jahren 1871—1872 durch den Regierungsrath W. Neumann erbaut.

Das Kellergeschoſs enthält im Vorderhause vermiethbare Weinlagerräume, im Mittelbau den feuer- und diebessicheren Tresor der Bank und im übrigen Räume für Wirthschaftszwecke und für die Sammelheizung.

Im Erdgeſchoſs sind im Vorderhause zwei Kaufläden (mit Comptoirs im Zwischengeschoſs) eingerichtet. — Um einen groſsen mit Glas überdeckten Hofraum bezw. eine Glashalle gruppiren sich die Geschäftsräume der Bank; der rückseitige Theil der Halle dient als Kassenraum, der vordere als Raum für das Publicum. Im ersten Stock sind die Geschäftsräume der Direction sowie ein groſser Sitzungssaal und entsprechende Bureaus untergebracht; der zweite Stock enthält die Wohnung des Präsidenten.

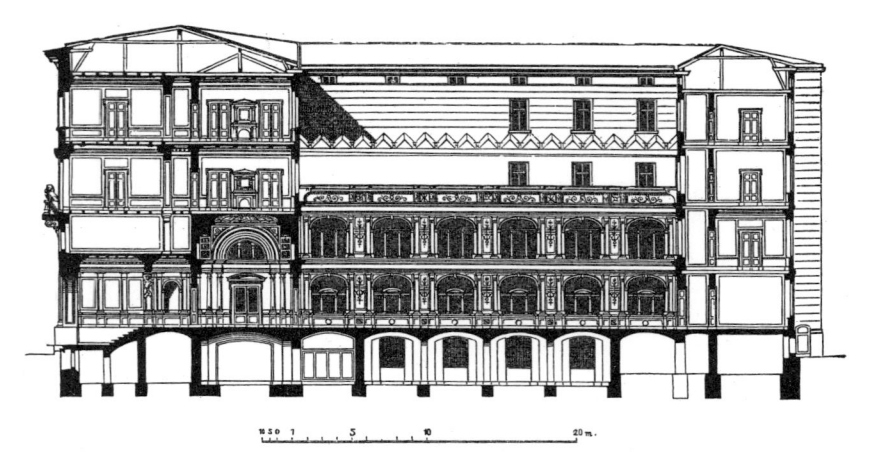

Abb. 376 u. 377. Central-Boden-Credit-Bank, Längsschnitt und Grundriſs.

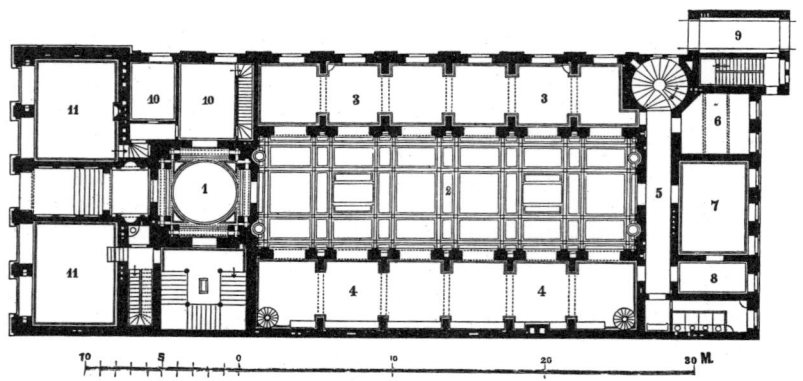

1. Flur. 2. Publicumhalle. 3. Kasse. 4. Registratur und Expedition. 5. Flur. 6. Staat-Commissar. 7. Couponkasse. 8. Castellan. 9. Durchfahrt. 10. Comptoir. 11. Läden.

Die Façade ist aus hellem Nebraer Sandstein, der Sockel aus belgischem Granit hergestellt. — Die Kosten des Baues betrugen 594 000 ℳ.

6. Die Mitteldeutsche Credit-Bank, Behrenstraſse 1/2, wurde 1872 bis
1874 von den Architekten Ende & Böckmann erbaut (Abb. 379 u. 380).

Bei dem von drei Seiten eingeschlossenen Grundstück ergaben sich besondere Schwierigkeiten, das für die Bureaus nöthige Licht zu schaffen; infolge dessen konnte den Seitenflügeln nur verhältniſsmäſsig geringe Tiefe gegeben werden.

Die Pfeiler des Hofes sind auf ein Minimum von Masse beschränkt und verdecken, in reicher Architektur ausgebildet, durch ihre Anordnung und Theilung den Bruch der Hauptachse des Gebäudes, welcher durch die sich verengende Gestalt des Bauplatzes bedingt war.

Die rechte Hälfte des Erdgeschosses sowie der ganze erste Stock dienen als Geschäftsräume der Bank, die andere Hälfte des Erdgeschosses ist vermiethet. — Der obere Stock dient zur Unterbringung weiterer Bureaus und zu Wohnungszwecken.

Auſser der architektonisch ausgebildeten Haupttreppe im Vorderhause befindet sich, frei in einem Lichthof liegend, im Quergebäude noch eine stattliche Treppe, welche den Verkehr zu den Kassen vermittelt.

Die reich gestaltete Façade zeigt in ihrer Anordnung die Bestimmung der einzelnen Geschosse. Die Architekturtheile sind in Seeberger Sandstein, die Flächen in gelber

XVII. Börse, Banken und Münze. 361

Ziegelverblendung aus der Fabrik von Tiedemann, Runge & Co. zu Charlottenburg ausgeführt. Die Baukosten betrugen 645 000 ℳ.

7. Die Norddeutsche Grund-Credit-Bank,
Behrenstrafse 7a, von den Architekten Kayser & v. Groszheim in den Jahren 1872—1873 erbaut, enthält im Erdgeschofs das Geschäftslocal der Bank, in den Stockwerken je eine grofse, vornehmen Ansprüchen entsprechende Wohnung. Das Portal in der Behrenstrafse ist für die Bank reservirt, und der Eingang zu den Wohnungen gesondert an der Seite in der Mauerstrafse angeordnet (Abb. 381 u. 382).

Die Ausbildung der Façaden erfolgte, als eines der ersten und besten Beispiele in Berlin, in italienischer Palast-Architektur. Gesimse und Architekturtheile sind in

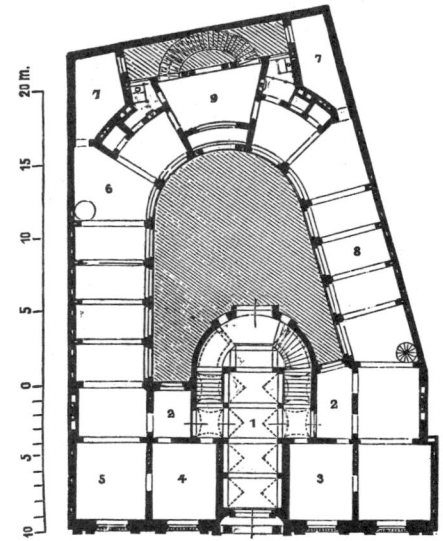

Abb. 379. Mitteldeutsche Credit-Bank.
1. Durchfahrt. 2. u. 3. Vorzimmer. 4. Director.
5. Hypotheken. 6. u. 8. Kasse. 7. Tresor. 9. Flur.

Abb. 378. Central-Boden-Credit-Bank, Ansicht der Front Unter den Linden 34.

Abb. 380. Mitteldeutsche Credit-Bank, System der Vorderfront.

schlesischem Sandstein, Flächen und Quaderung des Erdgeschosses in Putz hergestellt. Die Wandfelder zwischen den Fenstern des ersten Stocks zeigten (jetzt verputzte) Sgraffito-Ornamente. — Die Baukosten betrugen 480 000 ℳ.

8. Die Deutsche Unionbank, Behrenstrafse 9/10, wurde in den Jahren 1872 bis 1874 durch die Architekten Ende & Böckmann errichtet. Zu dem im Erdgeschofs liegenden Banklocal führte ein besonderer Eingang; durch einen zweiten Eingang gelangte man auf einer breiten Prachttreppe zu den damals vom Berliner Club gemietheten Räumen des ersten Stockwerks, und auf einer ebenfalls an diesem Eingang belegenen besonderen Treppe zu den Wohnungen der Directoren im zweiten Stockwerk.

Dieses Grundstück wurde im Jahre 1876 von der Deutschen Bank erworben und bildet einen Theil des jetzigen grofsen Gebäudecomplexes dieses Instituts.

9. Die Deutsche Bank, Behrenstrafse 8—10, Mauerstrafse 29—32 und Französische Strafse 66—68.

Das nunmehrige Hauptgebäude (Abb. 364) dieser Bank wurde im Jahre 1882 von dem Architekten W. Martens im Anschlufs an das eben erwähnte, bereits vorhandene Gebäude Behrenstrafse 9/10, entworfen und bedingte in seinen Etagenhöhen und Façadengliederungen einen zweckentsprechenden Anschlufs an jenes Bauwerk. — Als Anfang der geplanten Bauausführung wurde im Jahre 1882 an der Ecke der Französischen und Mauerstrafse der Theil bis zum ersten Risalit als selbständiges Gebäude aufgeführt und zur Unterbringung der Depositenkasse und der Buchhalterei verwendet, in Verbindung mit dem

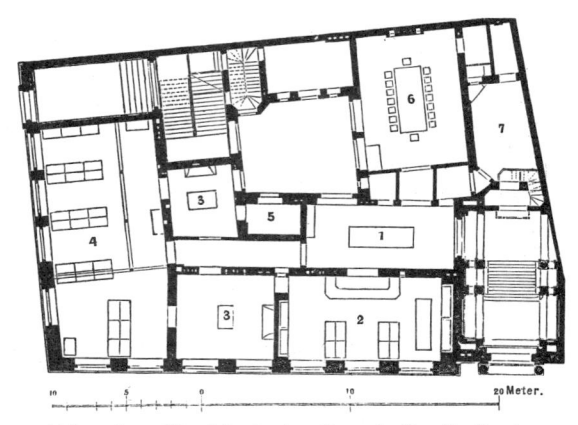

Abb. 381. Norddeutsche Grund-Credit-Bank.
1. Vorzimmer. 2. Kasse. 3. Director. 4. Registratur. 5. Tresor. 6. Sitzungssaal. 7. Kleiderablage.

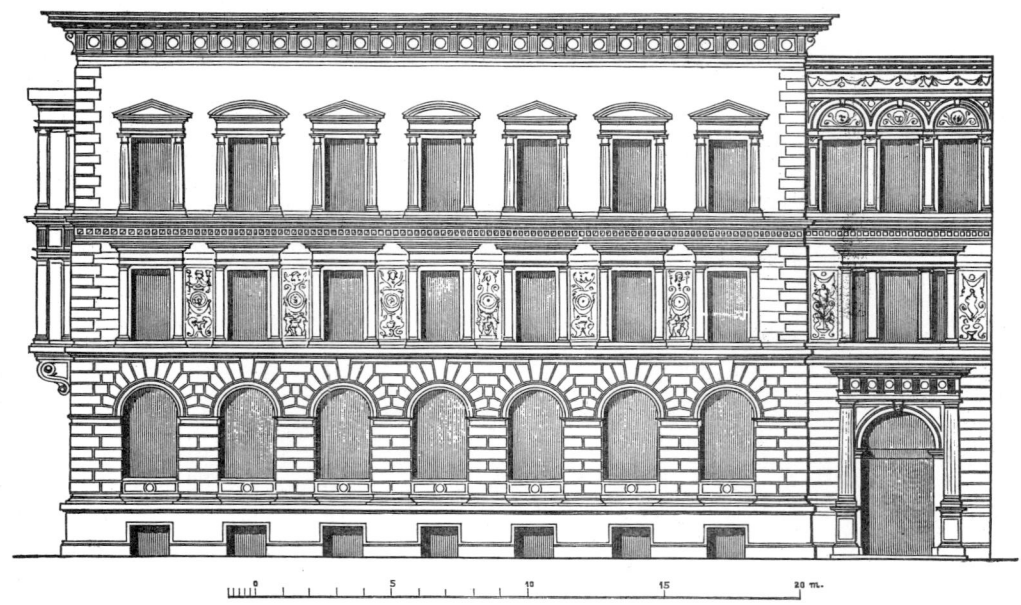

Abb. 382. Norddeutsche Grund-Credit-Bank, Ansicht von der Behrenstrafse.

Hause Behrenstrafse 9/10 und dem seiner Zeit als Miethshaus aufgeführten Gebäude Französische Strafse 66/67.

Die Façaden dieses Theiles des Neubaues sind im Keller- und Erdgeschofs aus schlesischem Sandstein, in den oberen Stockwerken in hydraulischem Mörtel geputzt hergestellt. Die Kosten für diesen ersten Theil des Neubaues betrugen 270 000 ℳ, d. h. 635 ℳ pro qm bebauter Fläche.

XVII. Börse, Banken und Münze. 363

Dann wurde im Jahre 1889—1891 zur Ausführung des eigentlichen Hauptgebäudes[1]) geschritten; dieses erstreckt sich, einschliefslich des bereits vorhandenen Bautheiles in der Mauerstrafse, von der Behrenstrafse bis zur Französischen Strafse mit im ganzen 117,92 m Strafsenfront. Von der Mauerstrafse aus gelangt man durch das Hauptvestibül in den grofsen Kassenhof und gleichzeitig zur Haupttreppe, ebenso zu der im Kellergeschofs belegenen besonderen Abtheilung der sogen. safes deposits für das Privat-Publicum.

Der grofse Kassenhof, als der Centralpunkt des nunmehrigen Gebäudecomplexes, ist durch Ueberdeckung des grofsen Binnenhofes entstanden, eine Anordnung, welche gegen die bestehende Bauordnung, in Anbetracht des enormen Verkehrs dieses Instituts und unter Berücksichtigung der trefflichen Ventilationsanlage von den Behörden genehmigt

Abb. 383. Deutsche Bank, Ansicht des grofsen Kassenhofes.

wurde. Den Hof umgeben die Geschäftsräume der Depositen- und der Hauptkasse; gleichzeitig führt von hier aus eine Verbindung zu der im Gebäudetheile Behrenstrafse 9/10 belegenen Effectenkasse mit ihren Tresors. An dieser Stelle liegt ferner die dreiarmige monumentale Haupttreppe, der hydraulische Personenaufzug sowie die Verbindungstreppe zu den oberen Geschossen. Die frei gespannte Doppelglasdecke ruht auf 26 Säulen und Pfeilern, Monolithen aus polirtem grauen, schlesischen Granit mit Sockel aus dunklem grünen, schwedischen Granit und Kapitellen aus bronzirtem Eisengufs, welche auch die Last der Hauptwände aufnehmen. Zwischen die Stützen sind die Schalter- und Abschlufswände der einzelnen Kassenabtheilungen eingestellt. Die Ausstattung des Kassenhofes und der gesamten an ihn sich anschliefsenden Bureaus sowie des Kundenraumes, der Stahl-

---

1) Deutsche Bauzeitung 1892, Nr. 67.

kammer usw. ist durchweg in Mahagoniholz durchgeführt, das Vestibül und die Haupttreppe sind mit Untersberger Marmor bekleidet.

Der grofse Sitzungssaal mit Nebenraum befindet sich an der Behrenstrafse, mit besonderem Eingang von dieser Strafse aus, während die Couponkasse in dem Theile an der Französischen Strafse liegt.

Im ersten Stockwerk an der Behren- und Mauerstrafse sind die umfangreichen Räume der Direction, die Sprech- und Warteräume sowie anschliefsend an diese die des Secretariats, der Expeditionen und Post, das Nostrobureau und Börsenbureau usw. untergebracht; nach der Französischen Strafse zu liegt die Wechselabtheilung. — Das zweite Stockwerk enthält durchweg die gesamte Buchhalterei und Correspondenz, während im Dachgeschofs die Archive usw. eingerichtet sind. Im Keller liegen die Effectentresors und die sogen. Stahlkammern mit den geräumigen Kundenräumen sowie ein Theil der Garderoben und die Heizungs- und Ventilationsanlage. — Die Stahlkammer enthält 4000 sogen. safes deposits, Schrankfächer, welche gegen Entgelt dem Publicum zur Aufbewahrung eigener Werthsachen unter Controle der Bank vermiethet werden. Auch sind hier besonders gesicherte Räume für Aufbewahrung von Silberkisten usw. eingerichtet.

Der neue Gebäudetheil ist durchweg massiv erbaut, die Decken gewölbt bis zum Dachgeschofs. Die Tresors und die Stahlkammer sind nach den neuesten Erfahrungen eingerichtet und gegen Feuersgefahr und Einbruch in der erdenklichst besten Weise gesichert. In jedem Stockwerke des Hauses sind besondere

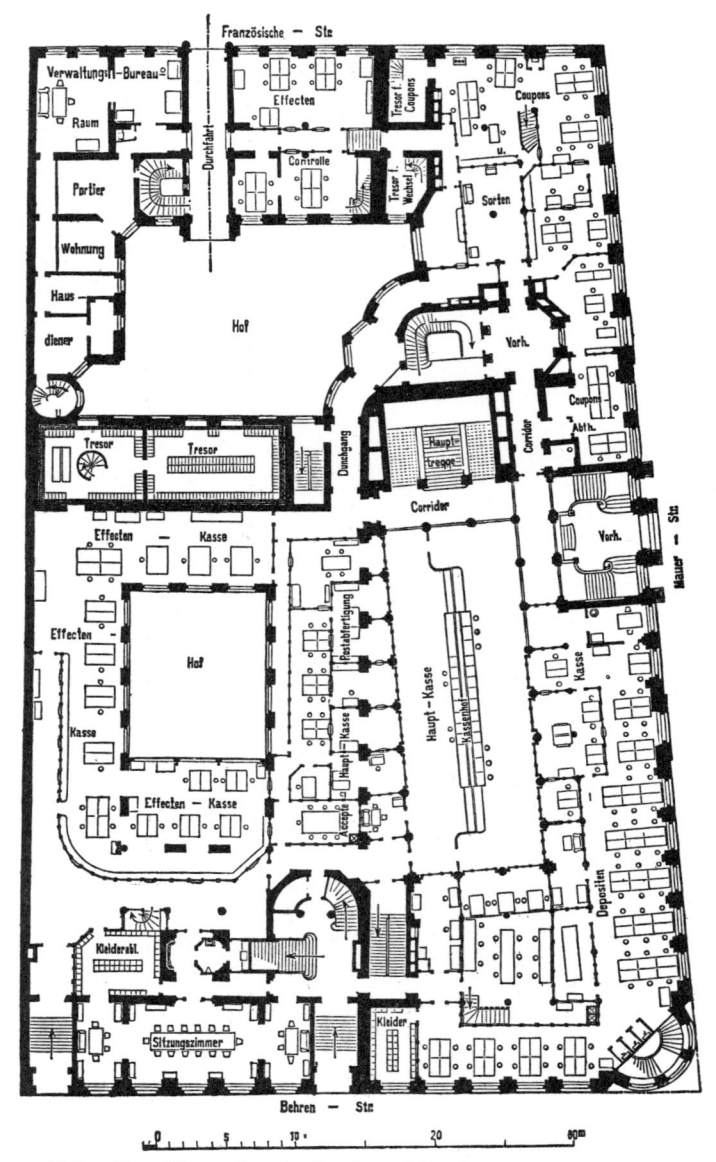

Abb. 384. Deutsche Bank, Grundrifs des Erdgeschosses.

grofse Garderoben- und Abortanlagen vorgesehen. — Die Heizung besteht in einer Warmwasser-Niederdruckheizung. Die Druck- und Sauglüftung mit besonderen grofsen Filterkammern im Dachgeschofs wird im Winter durch Calorifere, im Sommer durch grofse Kühlkammern im Keller bewirkt. Die Bewegung der Luft geschieht durch Elektromotoren, aufserdem werden die Saugeschächte durch die eisernen Rauchrohre erwärmt, wofür im Sommer Locköfen vorgesehen sind. Das ganze Gebäude ist durchweg mit elektrischer Beleuchtung versehen.

Die Façaden sind in monumentaler Weise in schlesischem Sandstein aufgeführt. Die 4 m hohe Figur an der Ecke der Behren- und Mauerstrafse, die geistige Arbeit darstellend, ist von dem Bildhauer Brütt modellirt und ausgeführt (Abb. 364).

XVII. Börse, Banken und Münze. 365

Die Kosten dieses Baues betrugen mit der inneren Einrichtung 1 490 000 ℳ, mithin bei einer bebauten Fläche von 1679 qm 888 ℳ pro qm.

10. Das alte Gebäude des Bankgeschäfts **Mendelsohn & Co.**, Jägerstrafse 52, wurde von den Architekten Gropius & Schmieden in den Jahren 1873 bis 1874 erbaut.

Der beschränkten Grundfläche halber liegen die Geschäftsräume im ersten Stock, während das Erdgeschofs die geräumigen Vestibüle, Portier- und Beamtenwohnungen, Stallungen usw., der zweite Stock die Wohnung eines der Chefs des Bankhauses enthält.

Abb. 385. Dresdener Bank, Ansicht.

Die Architekturtheile der Façade sind aus Seeberger Sandstein, der Unterbau ist aus Nebraer Sandstein hergestellt, die oberen Wandflächen sind mit Laubaner Steinen verblendet.

Die Baukosten betrugen 366 000 ℳ.

Nach Fertigstellung des jetzigen neuen Bankgebäudes dieser Firma wird nunmehr dieses Haus zu Privatzwecken benutzt.

11. Das neue Gebäude des Bankhauses **Mendelsohn & Co.**, Jägerstrafse 49/50, wurde in den Jahren 1891—1893 durch die Architekten Schmieden & Speer als Ersatz für das vorbenannte, 1873—1874 durch Gropius & Schmieden hergestellte Bankgebäude Jägerstrafse 52 erbaut.

Es enthält im Erdgeschofs die Kassenräume, die sich um einen als Aufenthaltsraum für das Publicum dienenden, 11 m im Quadrat messenden Lichthof gruppiren. Der anschliefsende, auf halber Höhe mit einer Galerie versehene Haupttresor wiederholt sich im Untergeschofs. — Im ersten Obergeschofs liegen an der Strafse die Zimmer des Chefs und der Procuristen, Conferenzzimmer und Sprechzimmer, rückseitig die Bureaus der

Correspondenten, der Buchhalterei usw., im Dachgeschofs ausgedehnte Reservebureaus sowie die Archive.

Aufser der grofsen Haupttreppe sind zwei Nebentreppen angelegt, welche dem Verkehr des Personals dienen. Zwei Wendeltreppen und elektrische Aufzüge vermitteln den übrigen Verkehr. Die Garderoben und Aborte des Personals liegen in Zwischengeschossen der Seitenflügel.

Die Ausführung des Baues ist in allen Theilen massiv, durchweg in einfachen Formen, aber nur aus den besten Baumaterialien hergestellt. Die Strafsenfront ist in Cudowaer Sandstein errichtet, während die Wände der Durchfahrt und des Haupttreppenhauses in hellem Warthauer Sandstein, die Architektur des Lichthofes aber in Lesina- und Marzana-Kalkstein verblendet ist. Aufserdem ist polirter Granit und Marmor in den Vestibülen vielfach verwendet. Die Holzarbeiten sind im Erdgeschofs durchweg in Mahagoni, im Obergeschofs zum Theil aus Eichenholz, in den Räumen der Chefs aber, mit Einschlufs der kassetirten Plafonds, in dunkel gebeiztem Mahagoni (mouché) hergestellt.

Eine Warmwasserheizung in Verbindung mit einer für die Lufterwärmung bestimmten Wasserdunstheizung sowie einer elektrischen Pulsionsmaschine sorgen für die Erwärmung bezw. Ventilation des ganzen Hauses.

Die Baukosten betrugen mit Einschlufs der gesamten inneren Einrichtung 1 015 500 ℳ

Abb. 386. Dresdener Bank, Grundrifs des ersten Stockwerks.

1. Direction. 2. Secretariat. 3. Telephon. 4. Vestibül. 5. Correspondenz. 6. Prima Nota. 7. Wechselbureau. 8. Haupttreppe. 9. Nebentreppe. 10. Corridor. 11. Utensilien. 12. Balcon. 13. Buchhalterei. 14. Aborte. 15. Toilette.

12. Die Dresdener Bank, erbaut 1887—1889 vom Baurath L. Heim. Das Hauptgebäude Behrenstrafse 38/39 bildet den südlichen Abschlufs des Opernplatzes, anschliefsend hieran befindet sich ein älterer umgebauter Theil, Französische Strafse 35.

Die Anlage ist dreigeschossig nebst Untergeschofs. — Das Hauptgebäude bildet eine centrale Anlage. Um den Kassensaal liegen geradeaus Hauptkasse und Accreditive, rechts die Couponkasse, links Effectenkasse. Letztere steht in Verbindung mit einem im Untergeschofs angeordneten Effectenbureau und der Expedition, wie mit dem unter dem Kassensaal liegenden Haupttresor. An die Kassen schliefsen sich im Erdgeschofs an: Börsenbureau, Auskunftsbureau, Depotbureau und in dem Theil an der Französischen Strafse mit besonderem Zugang der Kassensaal der Wechselstube und Depositenkasse. Letztere ist wiederum in Verbindung gebracht mit Räumen zum Verkehr des Publicums (Lese- und Schreibräumen) und mit den an der Französischen Strafse liegenden, durch zwei Geschosse reichenden Privattresors. — Abgetrennt liegt schliefslich an der Behrenstrafse ein Sitzungssaal für den Aufsichtsrath.

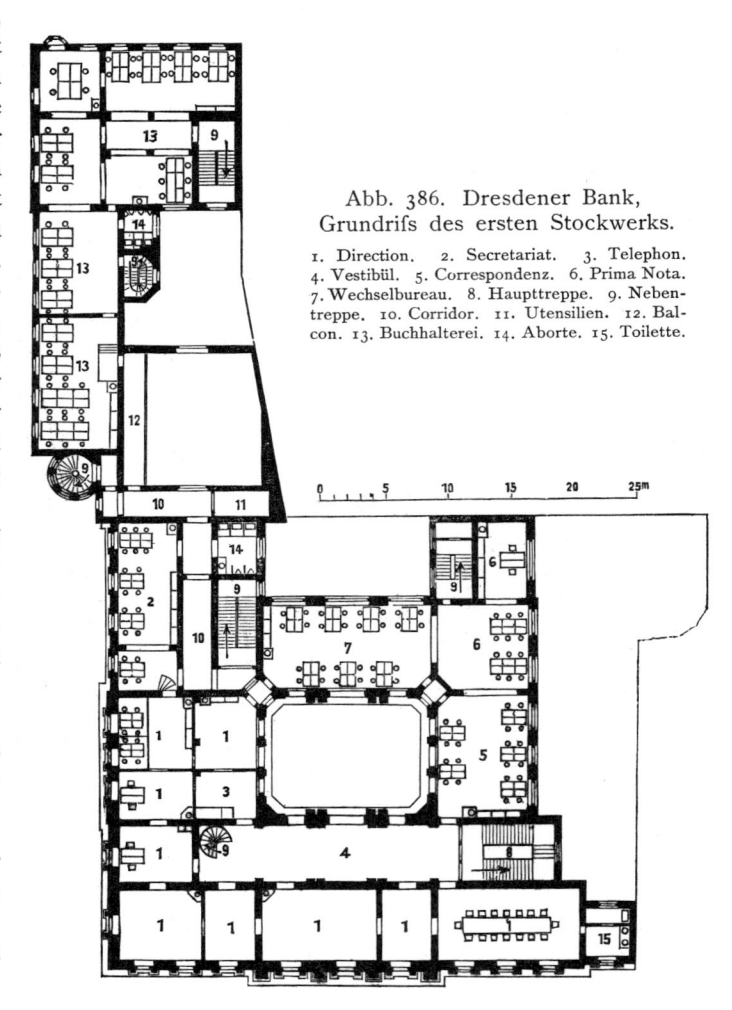

XVII. Börse, Banken und Münze.   367

In der ersten Etage befinden sich längs der Front der Behrenstraße die Bureaus der Direction, anschließend das Secretariat, Wechselbureau, Prima-Nota und Correspondenz, in dem Theil an der Französischen Straße die Buchhaltereien. — In der zweiten Etage sind in den Räumen nach der Behrenstraße weitere Bureaus der Correspondenz nebst einigen Dienstwohnungen, nach der Französischen Straße weitere Bureaus der Buchhaltereien untergebracht.

Die Façade des Hauptgebäudes aus sächsischem Sandstein ist in italienischer Palast-Architektur in großen Verhältnissen durchgeführt und zeigt unter dem Hauptgesims einen von Nicolaus Geiger modellirten Fries: Die Elemente im Dienste des Menschen darstellend.

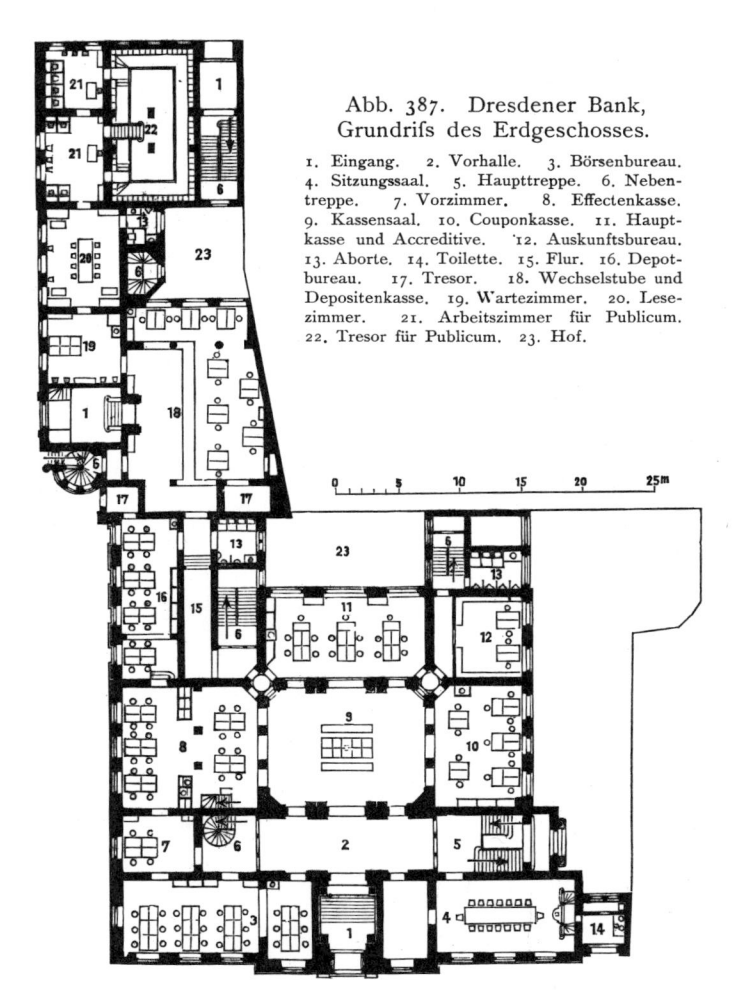

Die Kosten des Neu- und Umbaues, einschließlich der Tresoranlage und der Einrichtung, betrugen 1 200 000 ℳ.

Abb. 387. Dresdener Bank, Grundriß des Erdgeschosses.
1. Eingang. 2. Vorhalle. 3. Börsenbureau. 4. Sitzungssaal. 5. Haupttreppe. 6. Nebentreppe. 7. Vorzimmer. 8. Effectenkasse. 9. Kassensaal. 10. Couponkasse. 11. Hauptkasse und Accreditive. 12. Auskunftsbureau. 13. Aborte. 14. Toilette. 15. Flur. 16. Depotbureau. 17. Tresor. 18. Wechselstube und Depositenkasse. 19. Wartezimmer. 20. Lesezimmer. 21. Arbeitszimmer für Publicum. 22. Tresor für Publicum. 23. Hof.

13. Die Preußische Boden-Credit-Actien-Bank, Voßstraße 6, erbaut im Jahre 1890 vom Baurath L. Heim. — Die Anlage ist dreigeschossig nebst Untergeschoß, letzteres zum Theil doppelt. — Der im Erdgeschoß liegende Kassensaal ist umgeben von der Haupt-, Coupon- und Effectenkasse. Daran anschließend befinden sich Correspondenz und Börsenbureau, im Quergebäude Hypotheken-Abtheilung. Aus der Effectenkasse gelangt man zu den im Untergeschoß angeordneten Effectentresors, aus der Hypotheken-Abtheilung zu den ausgedehnten Hypothekentresors. — In der ersten Etage liegen die Bureaus der Direction und der Sitzungssaal des Aufsichtsraths. — In der zweiten Etage wie im Obergeschoß des Quergebäudes befinden sich theils Bureaus verwandter Institute, theils Wohnungen.

Der Ausbau ist durchweg in echtem Material durchgeführt, die Façade, aus schlesischem Sandstein, in italienischer Palast-Architektur in vornehmen Verhältnissen gehalten.

Die Baukosten haben einschließlich der Einrichtungen und der Tresors 750 000 ℳ. betragen.

14. Die Bank für Handel und Industrie, **Darmstädter Bank,** am Schinkelplatz 1 und 2, ist in den Jahren 1890—1892 nach den Plänen der Architekten Ende & Böckmann hergestellt. — Das Gebäude ist von ⊥ förmigem Grundriß und enthält in der Mitte des Kellergeschosses eine umfangreiche Tresoranlage, an welche sich die Bureaus der Effectenbuchhalterei lehnen. Außerdem befindet sich links vom Haupteingang die Wohnung des Hausmeisters und rechts ein geräumiger Publicumraum für die safes deposits. — Durch das in der Mitte der Hauptfront angeordnete dreifache Portal gelangt man in den Haupteingangsflur und von diesem in den in der Mitte des Erdgeschosses befindlichen, mit Glas überdeckten Schalterhof für das Publicum. Um denselben gruppiren sich die Wechsel-, Coupon-, Effecten- und Hauptkassenräume. — Die Räume des linksseitigen Theils des Erdgeschosses sind an ein anderes Bankinstitut vermiethet. — Im ersten Stockwerk befinden sich ausschließlich Geschäftsräume, Directoren-Sprechzimmer usw. der Darmstädter Bank (Abb. 389 u. 390).

Die stattliche Façade des Hauptgebäudes von monumentalem Gepräge ist in rothem Mainthal-Sandstein, der Sockel aus Basaltlava ausgeführt. — Der figürliche Schmuck aus dem gleichen Material ist nach den Modellen des Bildhauers von Uechtritz gefertigt.

Abb. 388. Darmstädter Bank, Theilansicht der Front.

Die Außenseiten des Hintergebäudes sind mit rothen Laubaner Ziegeln verblendet, während die Fenstereinfassungen, Gesimse usw. gleichfalls aus rothem Mainthal-Sandstein und der Sockel aus Basaltlava gefertigt sind.

Für die Pfeiler des Glashofes ist Blauberger Granit, für die Haupttreppe polirter Untersberger Marmor verwendet.

Die Baukosten betrugen 1 880 000 ℳ, mithin für 1 qm bebauter Fläche 1070 ℳ.

15. Die Nationalbank für Deutschland,[1] Voßstraße 34 und 34a, wurde in den Jahren 1884—1885 von den Architekten Ende & Böckmann errichtet.

---

1) Baugewerkszeitung 1885, Nr. 25.

Der Bau enthält im linksseitigen Theile des Erdgeschosses die Geschäftsräume der Bank. Um den an der Nachbargrenze gelegenen, lang gestreckten, mit Glas überdeckten Publicumraum gruppiren sich die Schalter für die Hauptkasse, Effecten- und Couponkasse mit den daran anschliefsenden, in der Mitte des Gebäudes gelegenen Tresorräumen. — In dem rückwärtigen Gebäudetheil befindet sich der grofse Sitzungssaal für die Generalversammlungen und daneben der kleine Sitzungssaal für den Aufsichtsrath.

Von dem am linken Haupteingang befindlichen Flur gelangt man auf der aus polirtem Marmor hergestellten Haupttreppe nach den Geschäftsräumen der Direction im ersten Stock. — Die vorderen und rechtsseitig gelegenen Geschäftsräume im Erdgeschofs sind an ein anderes Bankinstitut vermiethet. — Von dem rechtsseitig gelegenen Haupteingang gelangt man zu der Haupttreppe, welche zu den Wohnungen der Directoren im zweiten Stock führt.

Die Façade des Hauptgebäudes zeigt Renaissanceformen und ist aus weifsem schlesischen Sandstein gefertigt.

Die Baukosten betrugen 795 000 ℳ, mithin für 1 qm bebauter Fläche rd. 541 ℳ.

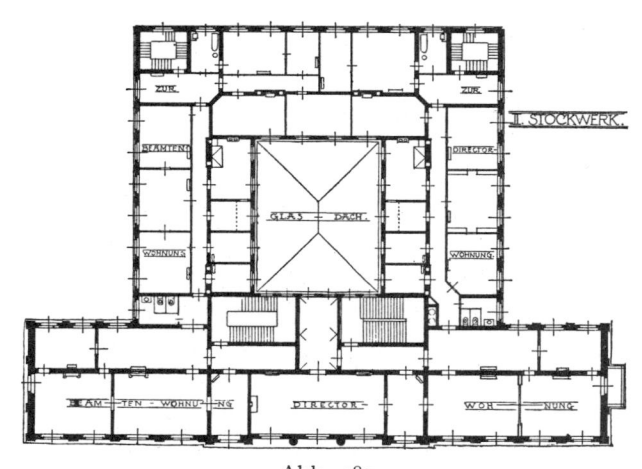

Abb. 389.
Darmstädter Bank, Grundrifs des zweiten Stocks.

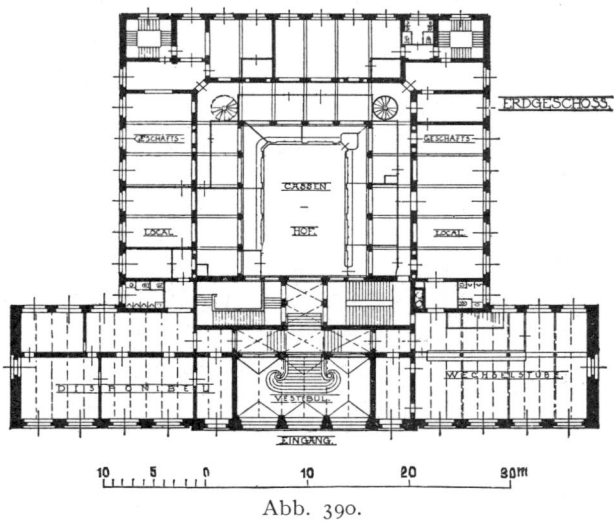

Abb. 390.
Darmstädter Bank, Grundrifs des Erdgeschosses.

16. Die Disconto-Gesellschaft,[1]) Unter den Linden 35, Ecke der Lindengasse, wurde in den Jahren 1889—1891 von den Architekten Ende & Böckmann im Anschlufs an das alte, in der Behrenstrafse 43/44 befindliche Geschäftshaus dieses Instituts ausgeführt, da infolge der Ausdehnung des Geschäfts eine Erweiterung der Räume zur Nothwendigkeit geworden war, und vor allen Dingen geeignete Räume für die Direction geschaffen werden mufsten.

In den im Erdgeschofs befindlichen Räumen sind im rückwärtigen Theile Bureaus angeordnet, während in dem nach der Hauptfront zu gelegenen Theile sich eine grofse Wechselstube mit Publicumraum und im Anschlufs an dieselbe ein Chefzimmer dieses Ressorts nebst Sprech- und Lesezimmer befinden. — Das Kellergeschofs unter dem rechtsseitigen, rückwärtigen Gebäudetheile enthält die umfangreichen Tresorräume. — Im ersten Stock befinden sich, in dem nach den Linden zu gelegenen Gebäudetheile, die Geschäftsräume der Direction sowie der grofse und kleine Sitzungssaal. — In dem hinteren Gebäudetheile sind die juristischen Bureaus, Börsenbureaus und die Bibliothek untergebracht.

Die in grofsen Verhältnissen angelegte Vorderfaçade des Hauptgebäudes ist in rothem Mainthal-Sandstein ausgeführt (Abb. 391).

Die Baukosten betrugen 1 500 000 ℳ, mithin für 1 qm bebauter Fläche 1210 ℳ.

---

1) Architektur der Gegenwart, Band II, Tafel 95—96.

XVII. Börse, Banken und Münze.

17. Das Gebäude der **Hypotheken-Bank in Hamburg,** Französische Strafse 7, wurde 1893—1894 von dem Architekten W. Martens erbaut und enthält im Erdgeschofs ein grofses Geschäftslocal mit Tresors zur Vermiethung, im ersten Stockwerk die Geschäftsräume der Bank, im zweiten und dritten Stockwerk eine Directorwohnung sowie weitere Beamtenwohnungen. Im Kellergeschofs sind ein grofser Tresor, Portier- und Heizerwohnung sowie Räume für Heizung und Lüftung untergebracht. — Durch den Haupteingang von der Französischen Strafse aus gelangt man auf der Haupttreppe zu den verschiedenen Stockwerken. Eine zweite Treppe am Hofe dient zur Communication für Dienstpersonal und Wohnungszwecke (Abb. 393 u. 394).

Abb. 391. Disconto-Bank, Ansicht der Front.

Das Gebäude ist durchweg massiv gebaut, in einfacher aber gediegener Ausführung mit echten Materialien. — Zur Erwärmung dient eine Warmwasser-Niederdruckheizung, die Ventilation geschieht durch Pulsion und Aspiration mittels Elektromotoren und die Erwärmung der Luft durch Caloriferen.

Die Façade in den Formen der französischen Frührenaissance ist in weifsem schlesischen Sandstein ausgeführt, mit einem 2,50 m hohen Sockel von gestocktem bayerischen Granit, sowie mit reichen Ornamentfriesen im Hauptgeschofs und Gittern alter Schmiedetechnik im Erdgeschofs (Abb. 392).

18. Die Kur- und Neumärkische Haupt-Ritterschafts-Direction, Wilhelmsplatz 6, Ecke des Ziethenplatzes, ist in den Jahren 1890—1892, nach Abbruch

XVII. Börse, Banken und Münze. 371

des an dieser Stelle befindlich gewesenen alten Geschäftshauses, von dem Königlichen Land-Bauinspector Ditmar, unter Mitwirkung der Vertretung des Kur- und Neumärkischen Ritterschaftlichen Creditinstituts als Bauherrin, erbaut. — Von dem alten Gebäude ist der im Jahre 1876 durch den Hof-Baumeister Hauer erbaute östliche Flügel erhalten und umgebaut worden. Die kleinere Seite des Gebäudes am Wilhelmsplatz, welche den Haupteingang und die Haupttreppe enthält, ist als Hauptfront ausgebildet. Die Haupttreppe ist ganz in Schmiedeeisen, das geräumige Treppenhaus mit Stuckmarmor und reicher Stuckdecke ausgestattet.

An der Front nach dem Ziethenplatz ist das zweite Treppenhaus mit der Geschäftstreppe, 0,60 m gegen die Bauflucht zurückliegend, angeordnet und in der Façade als

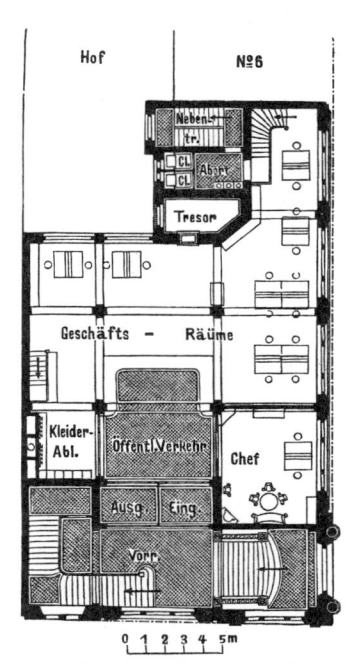

Abb. 393. Erdgeschofs.

Abb. 392. Hypotheken-Bank Hamburg, Ansicht.

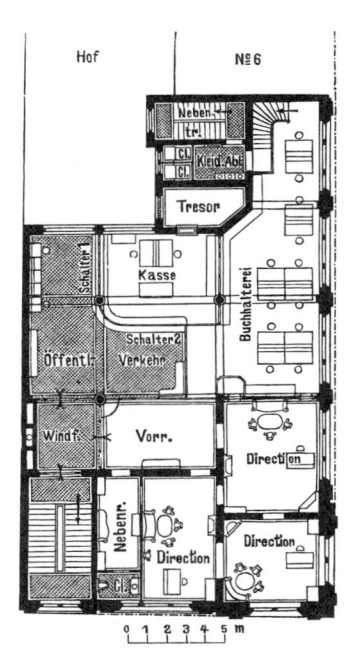

Abb. 394. Erstes Stockwerk.

selbständiger Theil behandelt. — Das Gebäude mit Einschlufs des Seitenflügels enthält die Geschäftsräume der Kur- und Neumärkischen Haupt-Ritterschafts-Direction, mit der auch die Kur- und Neumärkische Ritterschaftliche Darlehnskasse und die Mitverwaltung des Neuen Brandenburgischen Creditinstituts und der Central-Landschaft für die preufsischen Staaten verbunden ist (Abb. 395 u. 396).

47*

372 XVII. Börse, Banken und Münze.

Im Keller- bezw. Untergeschofs befinden sich die Depoträume und Tresors, welche von allen Seiten controlirbar angelegt und in besonders sorgfältiger Weise, durch starke und reiche Stahlpanzerungen in den Wänden und Decken, feuer- und diebessicher hergestellt sind. Der aus Granitbeton 0,75 m stark gefertigte Fufsboden dieser Räume reicht bis in das Grundwasser und bietet ebenfalls sicheren Schutz gegen Einbruch. Die übrigen Kellerräume dienen Wirthschaftszwecken, der Hofkeller birgt die Warmwasserheizung des Gebäudes.

Das Untergeschofs enthält ferner Bureau- und Expeditionsräume der Ritterschaftlichen Darlehnskasse und die Portierwohnung, das Erdgeschofs den grofsen, auf drei Seiten vom Tageslicht erhellten Kassensaal, welcher von beiden Treppen zugänglich ist, aufserdem die Geschäftsräume für den Vorstand der Ritterschaftlichen Darlehnskasse und im Seitenflügel die Couponkasse. — Im ersten Stockwerk liegen Conferenzzimmer der Haupt-Ritter-

Abb. 395. Kur- und Neumärkische Ritterschaftshäuser.

schafts-Direction und Bureauräume der Ritterschaftlichen Darlehnskasse und die Haupt-Ritterschafts-Kasse. — Im zweiten Stockwerk befinden sich ein grofser, reich ausgestatteter Versammlungssaal und die Bureaus der Kur- und Neumärkischen Haupt-Ritterschafts-Direction. — Im dritten, äufserlich als Dachgeschofs behandelten Stockwerk liegen die Dienstwohnung des Hausverwalters, Registraturen und die Wohnung eines Kassendieners. — Der Dachboden wird für Wirthschaftszwecke und zur Lagerung reponirter Acten benutzt. — Das Gebäude ist durchweg massiv mit zwischen eisernen Trägern gewölbten Decken erbaut, das Dach in Eisen construirt und mit Zink auf Monierunterlage eingedeckt.

Die in schweren florentiner Renaissanceformen gegliederten Façaden sind bis auf den Granitsockel in gelbem Sandstein aus den Warthauer bezw. Rackwitzer Brüchen ausgeführt (Abb. 395).

Die bebaute Grundfläche mit Einschlufs des umgebauten Flügels beträgt 761,80 qm, die Baukosten rd. 944 000 ℳ, mithin durchschnittlich für jedes Quadratmeter 1240 ℳ.

Zur Mitverwendung für die Zwecke des Instituts wurde während des Baues, im Jahre 1890, das Nebenhaus Mohrenstrafse 66 für den Preis von 875 000 ℳ angekauft; daselbst befinden sich im Parterre die Bureaus der Mittelmärkischen Ritterschafts-Direction und im ersten Stockwerk die Dienstwohnung des Vorsitzenden der Haupt-Ritterschafts-Direction.

19. Die Königliche Münze, Unterwasserstrafse 2—4. Die ersten urkundlichen Nachrichten über die Münzgebäude Berlins datiren aus der Mitte des 16. Jahrhunderts, zu welcher Zeit sich die Münze in den Häusern Poststrafse 5 und 6 befand. Von dort kam sie nach dem an der Spree belegenen sogen. Apothekenflügel des kurfürstlichen Schlosses, später in die Baulichkeiten am Fufse des grofsen Wasserthurms, an der Nordwestecke des Schlosses. Bei dem Umbau dieser Bautheile durch Schlüter wurde die Münze nach der Unterwasserstrafse 2 (woselbst sie sich noch heute befindet) verlegt und zuerst im Jahre 1750 umgebaut und vergröfsert.

Unter der Regierung Friedrichs des Grofsen wurde in der Münzstrafse 10 und 11 eine zweite, die sogenannte neue Münze, erbaut, welche, namentlich zu Anfang dieses Jahrhunderts, nur zur Aushülfe für die Hauptmünze diente. Bei ihrer Aufhebung 1841 wurden die geräumigen Localitäten als Ateliers für Bildhauer benutzt, sowie zur Einrichtung der Königlichen Kunstgiefserei, zu welcher der damals bevorstehende Gufs des Rauchschen Denkmals Friedrichs des Grofsen den Anstofs gab.

Nach dem Brande des Werderschen Rathhauses wurde auf dessen Stelle (1799—1800) das am Werderschen Markt 8 und 9 belegene, 1886 beseitigte Münzgebäude erbaut, in diesem Gebäude aber nur das Erdgeschofs für Münzzwecke bestimmt, während die oberen Geschosse der Verwaltung für Berg- und Bauwesen überwiesen wurden und aufserdem ein Mineraliencabinet enthielten. Im Jahre 1830 erfuhr die Münze durch Ankauf des Hauses Unterwasserstrafse 4 sowie durch einige Umbauten eine Erweiterung. 10 Jahre später wurden durch Bürde auf den Hofräumen mehrere gröfsere Gebäude für Betriebszwecke aufgeführt und zugleich ein Dampfmaschinenhaus errichtet, um die bis dahin ausschliefslich benutzte Wasserkraft durch eine stärkere und geregeltere Dampfkraft zu ersetzen.

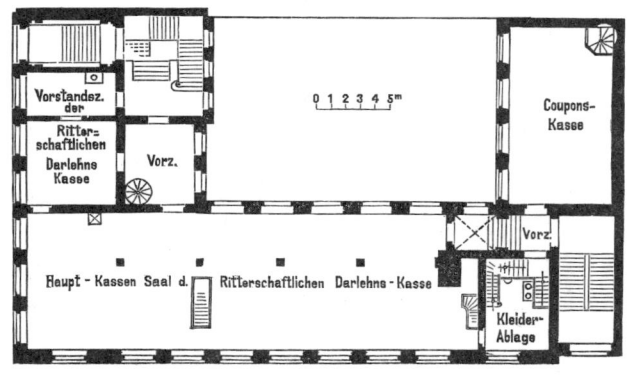

Abb. 396. Kurmärkische Ritterschaftsbank, Grundrifs.

Die gesteigerten Ansprüche an die Thätigkeit der Königlichen Münze machten im Jahre 1860 den Ankauf der angrenzenden Grundstücke Unterwasserstrafse 5 und Holzgartenstrafse 1—3 erforderlich, sowie umfangreiche Erweiterungs- und Umbauten der Betriebsgebäude, welche von 1861 bis 1864 durch Bürde ausgeführt wurden. Das jetzige, von W. Neumann, auf Grund von Skizzen Stülers, mit einem Kostenaufwande von 600 000 ℳ erbaute Haupt-Dienstgebäude (Verwaltungsgebäude) der Münze, Unterwasserstrafse 2—4, wurde 1871 dem Betriebe übergeben.

Das Bauwerk ist in Anlehnung an italienische Backsteinbauten der Frührenaissance ausgeführt worden. Das kräftige Consolengesims, die gequaderten Ecken sowie die Gurtgesimse der dreigeschossigen Front sind aus röthlichem Nebraer Sandstein, die Mauerflächen mit dunkelrothen Laubaner Backsteinen und Formsteinen der March'schen Fabrik verblendet. Das Erdgeschofs zeigt breite vergitterte Rundbogenfenster, das erste Stockwerk durch Säulen zweigetheilte Bogenöffnungen, das zweite Stockwerk gepaarte Rundbogenfenster.

Reich bemessen ist der plastische Schmuck der Façade. Die Figuren über den Ecken rühren von Pohlmann und Enke, die Gnomen am Balcon von Landgrebe her. Der breite Fries über dem Erdgeschofs, nach Entwürfen von F. Gilly und Modellen von G. Schadow in Sandstein ausgeführt, stammt von dem alten, 1886 abgebrochenen Münzgebäude am Werder'schen Markt und wurde von Siemering und Hagen, den Abmessungen des Neubaues entsprechend, ergänzt. Der Fries stellt die auf die Geschichte der Münz-

374   XVII. Börse, Banken und Münze.

prägung bezüglichen Vorgänge in antikem Reliefstil dar, und zwar die Gewinnung der Erze, ihre Förderung und Sichtung, die Vorgänge des Schmelzens, Streckens und Prägens, sodann die Verwendung des Geldes im Dienste der Künste, im Landleben, im Kampfe gegen die

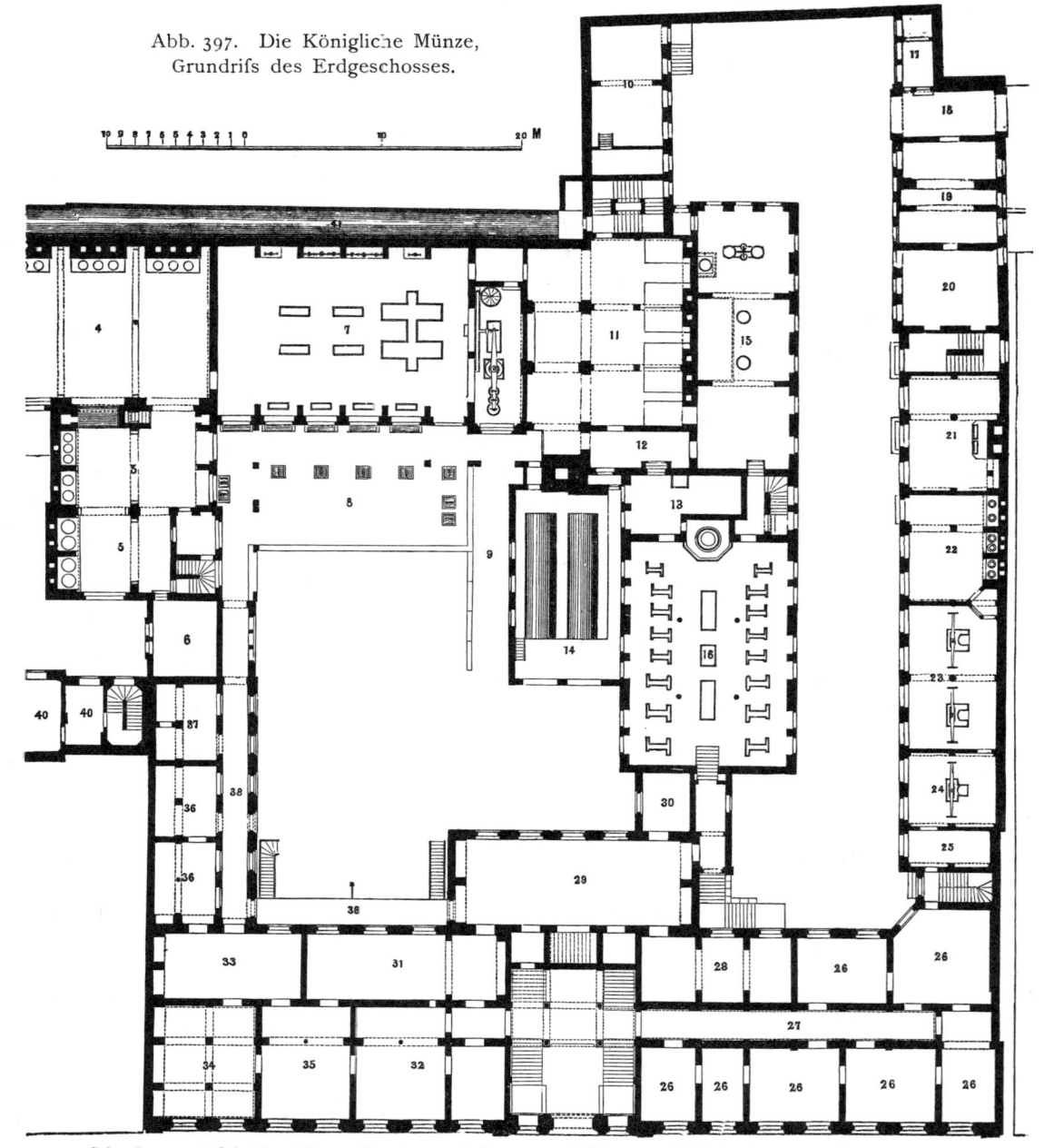

Abb. 397. Die Königliche Münze, Grundrifs des Erdgeschosses.

4. u. 5. Schmelzraum. 6. Schmelzerstube. 7. Streckraum. 8. Perron. 9. Auffahrt. 10. Tischlerwerkstatt. 11. Glühraum. 12. Corridor. 13. Wageraum. 14. Kesselhaus. 15. Beizraum. 16. Prägesaal. 17. Portier. 18. Einfahrt vom Werder'schen Markt. 19. Disponibler Raum. 20. Raum zu Maschinen-Reparaturen. 21. Schmiede. 22. Härteraum. 23. Senkanstalt. 24. und 25. Medaillenpräge. 26. Probiranstalten der Wardeine. 27. Corridor. 28. Silberkammer des Betriebscomptoirs. 29. Betriebscomptoir. 30. Stempelkammer. 31. Zählcomptoir. 32. Münzcomptoir. 33. Packraum des Münzcomptoirs. 34. Tresor desselben. 35. Wageraum desselben. 36. Kupferkammer desselben. 37. Geräthekammer desselben. 38. Corridor. 39. Verbindungsgang. 40. Disponible Räume. 41. Münzcanal.

rohen Mächte der Natur, schliefslich in den von Siemering und Hagen ergänzten Theilen Bilder aus dem Handelsverkehr und dem Kriegsleben (Abb. 398).

Das Haupt-Dienstgebäude enthält im Erdgeschofs die verschiedenen Amtslocale und zwar das Münzcomptoir oder die Kasse (Nr. 32 und 35 des Grundrisses Abb. 397)

XVII. Börse, Banken und Münze. 375

mit den nöthigen Wage- und Packräumen (33, 37), dem dazu gehörigen Tresor (34), dem Zählcomptoir (31) und der Kupferkammer (36), während der Reichstresor im Keller unter den Räumen (32, 33, 34, 35) gelegen ist. Direct von dem geräumigen Hauptvestibül gelangt man in das Münz-Betriebscomptoir (29), zu welchem der zur Aufbewahrung der Stempel benutzte Raum (30) und die Silberkammer (28) gehören. Daran schliefsen sich die Probiranstalten und Laboratorien der beiden Münzwardeine (26). — Im ersten Stockwerk befinden sich die Wohnung des Directors, dessen Arbeitszimmer, die Bibliothek, zugleich Conferenzzimmer, das Münzcabinet, die Registratur und Canzlei, sowie eine zweite Beamtenwohnung. Das zweite Stockwerk enthält zwei Beamtenwohnungen und zwischen denselben, über der Bibliothek, das Stempelarchiv.

Die Münze empfängt die im Reichstresor deponirten Metallvorräthe theils in Barrenform, theils in fremden oder alten eingezogenen Landesmünzen. Nach der Gehaltuntersuchung durch die Münzwardeine werden sogenannte Schmelzen, d. h. Quantitäten von bestimmten Gewichten, welche in ihrer Zusammensetzung und Legirung den gesetzmäfsigen Gehalt zeigen, hergestellt und den Schmelzwerkstätten (4) übergeben.

Die Schmelzwerkstätte enthält fünf Gruppen von je drei aus Chamottesteinen erbauten Oefen, in welchen die Metalle in Tiegeln von Graphit — das Gold bis zu 3 Ctr., das Silber zu 6 bis 7 Ctr. — geschmolzen werden. Nachdem festgestellt ist, dafs das flüssige Metall eine durchaus homogene Masse bildet, wird dasselbe mittels eiserner Kellen in Giefsflaschen zu etwa 0,4 m langen, schmalen Streifen, „Zaine", gegossen.

Diejenigen eingelieferten Metalle und Geldsorten, deren Gehalt nicht genau festgestellt ist, werden in der Vorschmelze (5), in welcher sich Oefen von der verschiedensten Gröfse befinden, vorgeschmolzen und in Barrenform ausgegossen. So gehen sie dann dem Münzcomptoir wieder zu und werden in der erwähnten Art zur Zusammensetzung der Schmelzen verwendet.

Das Betriebscomptoir ist der Centralpunkt, bezw. die Controle für sämtliche Arbeiten bis zur Fertigstellung des Geldstücks; es werden daher auch in dasselbe sämtliche im Laufe eines Tages fertiggestellte Zaine, sowie die sogenannten „Abschnitzeln" oder Abfälle zurück gebracht, um hiernach die ordnungsmäfsige Schmelzarbeit zu constatiren. Die Abfälle werden behufs späterer Einschmelzung zurück behalten, während die Zaine in die Streckanstalt (7) gelangen. In dieser befinden sich vier gröfsere und acht kleinere, durch Dampfkraft betriebene Walzwerke, auf welchen die Zaine bis zur Stärke der betreffenden Münzsorten ausgewalzt, „gestreckt", werden. Aus den so zubereiteten Zainen werden dann auf sogenannten Durchschnitten die runden Platten der herzustellenden Münzsorten ausgeschnitten.

Da sich bei dem Walzen das Metall so stark comprimirt, dafs ein Einreifsen der Kanten eintreten könnte, so mufs es zwischendurch geglüht werden, welche Procedur auch mit den aus den harten Zainen ausgeschnittenen Platten vorgenommen werden mufs, um sie für die weitere Verarbeitung weicher zu machen Zu diesem Zwecke befinden sich im Glühraum (11) sechs Glühöfen, von denen einer in den Raum 15 mündet.

Den Platten zu den Münzsorten bis zu den 1 Mark-Platten abwärts, wird nun durch Justiren oder Abwägen das vorschriftsmäfsige Gewicht gegeben. Dies erfolgt in den im oberen Geschofs belegenen Justirsälen, in welchen grofse Tische aufgestellt sind, die reichlich Platz für je 12 Arbeiter bieten. Die zu leicht befundenen Stücke werden zurück behalten und zugleich mit den beim Abschaben abfallenden Spänen wieder eingeschmolzen. Die „justen" Platten werden darauf durch den Ober-Justirer und Controleur in einem besonderen Raum nochmals geprüft und in die Rändelanstalt geschafft.

Für die Justirung befinden sich in der Königlichen Münze sogenannte Sortirmaschinen, bestehend aus einem System von selbstthätigen Wagen, durch Dampfkraft bewegt, in Thätigkeit, welche auf mechanischem Wege die Arbeit des Justirers zum Theil ersetzen. Dieselben sind mit zweckentsprechenden, selbstthätigen Hobelmaschinen verbunden.

Bevor die Platten zur Prägung gelangen können, müssen dieselben, da sie sich inzwischen mit einer Oxydhaut bedeckt haben, gereinigt, „gebeizt", werden. Dies geschieht in dem im Erdgeschosse belegenen Beizraume (15) dadurch, dafs die in dem vorerwähnten

376 XVII. Börse, Banken und Münze.

Glühofen geglühten Platten in langsam rotirende Fässer, die mit einer Mischung von Schwefelsäure und Wasser gefüllt sind, geschüttet und so gereinigt werden. Nach Ablassung der beizenden Flüssigkeit werden die Platten mit Wasser abgespült und dann in ebenfalls rotirende kupferne Scheuerfässer gethan, wo sie durch Zusatz von etwas weifsem Weinstein ganz von der Säure befreit werden. Nachdem nun die Platten, erst kalt, dann auf einem durch Dampf geheizten Apparat vollständig getrocknet sind, sind sie zum Prägen fertig. Dieses erfolgt in dem Prägesaale (16), in welchem sich achtzehn rotirende, durch eine Hochdruck-Dampfmaschine von 16 Pferdekräften betriebene Prägewerke befinden.

Abb. 398. Die Königliche Münze, Ansicht.

Das fertige Geld wird schliefslich dem Münzcomptoir wieder zugeführt, welches es vom Betriebscomptoir nach dem Gewichte empfängt, in einem besonderen Raume, dem Zählcomptoir (31), abzählen, theils in Beutel, theils in Rollen verpacken läfst, und dann in den Kassen-Tresor (34) zur weiteren Verwendung befördert.

Es ist noch zu erwähnen, dafs die Berliner Münze eine Medaillen-Prägeanstalt (24 und 25), sowie eine nicht unbedeutende mechanische Anstalt zur Herstellung von Münzmaschinen besitzt. Diese Anstalt liegt im ersten Stockwerk, während folgende mit ihr in Verbindung stehende, bezw. von ihr ressortirende Werke im Erdgeschofs belegen sind: die Schmiede (21), die Senkanstalt (23), die Härteanstalt (22) und endlich die Tischlerei (10). — Die Senkanstalt hat grofse Wichtigkeit, weil aus ihr alle zum Prägen zu benutzenden Stempel hervorgehen, zu deren Herstellung, ebenso wie zur Anfertigung von Medaillen, ausschliefslich nur grofse und kräftige Balancier- oder Spindelwerke benutzt werden.[1]

---

[1] Nach den Mittheilungen des Kgl. Münzmeisters Loos, vgl. I. Auflage dieses Werkes, II. S. 171.

Abb. 399. Neue Wache, Vorderansicht.¹)

XVIII. Gebäude der Militärverwaltung.²)

A. Casernen.

Obwohl Berlin schon seit den Tagen des Grofsen Kurfürsten eine Garnison besafs, so sind besondere Gebäude zu ihrer Unterbringung doch erst in verhältnifsmäfsig später Zeit errichtet worden. Ursprünglich waren die Soldaten der Berliner Regimenter einquartiert. Seit Schlufs des 17. oder Anfang des 18. Jahrhunderts wohnte ein Theil derselben in Baracken, die zunächst innerhalb, später auch aufserhalb an die alte Berlinische Stadtmauer angefügt worden waren. Unter Friedrich Wilhelm I. waren nach einem Bericht der Servis-Commission vom 13. December 1721 in Berlin 75 Baracken für 300 Mann vorhanden; der gröfste Theil der Garnison war also bei den Bürgern einquartiert, was zu vielfältigen Klagen und Beschwerden Anlafs gab. Im Jahre 1724 wurde ein neues Servis-Reglement aufgestellt. Bei der bekannten Vorliebe des Königs für seine „lieben blauen Kinder" wurden damals Anderen gegenüber wenig Umstände gemacht. Als die Soldaten sich beklagt hatten, dafs sie in den Baracken einen zu unsauberen Aufenthalt hätten, bestimmte der König durch eine Ordre vom 21. August 1737, dafs alle Juden, welche in Berlin zur Miethe wohnten, ihre Wohnungen den Soldaten einzuräumen hätten und dafür in die Baracken ziehen sollten. Für das Quartier in denselben wurde ihnen ein hoher Miethspreis auferlegt, um dessen Ermäfsigung sie später oft, aber vergeblich baten.

Eine neue Organisation der Verpflegung der Cavallerie gab unter König Friedrich Wilhelm die Veranlassung zum Bau der ersten, zur ständigen Aufnahme eines Theiles der Garnison bestimmten Gebäude. Im Interesse der Königlichen Finanzen war es bisher eingeführt, die Reiterei auf die Dörfer zu verlegen, wo die Pferde auf der Weide und von dem Kornboden der Bauern unentgeltlich lebten. Um dieser ungleichmäfsigen Bedrückung

---

1) Aus Blätter für Architektur und Kunsthandwerk.
2) Bearbeitet vom Geheimen Ober-Baurath O. Appelius.

ein Ende zu machen, zog der König die Reiterei nach den Städten, liefs dort Ställe und Casernen für sie bauen, und erhob von den Bauern dafür eine neue, jedoch gern gezahlte Steuer, das sogenannte Cavalleriegeld. So entstanden in Berlin von 1735 bis 1738 die Ställe für das Regiment Gensdarmes, welche im Viereck sowohl um die Französische wie um die Neue Kirche auf dem jetzigen Gensdarmenmarkte aufgeführt wurden.

In grofsartigem Mafsstabe betrieb Friedrich der Grofse den Casernenbau in Berlin. Die erste Infanterie-Caserne (damals „Casarme" genannt) liefs der König 1752—1753 für die Regimenter Braun und Lettow errichten; sie ist in dem ältesten Theile der in der Commandantenstrafse 77—79 belegenen früheren „Kaiser-Franz-Caserne", welche jetzt zu dem Geber'schen Industriegebäude umgebaut worden ist, bis auf unsere Tage überkommen. Ebenso entstanden Casernen in der Neuen Friedrichstrafse und an der Königsmauer für die Regimenter Steinäcker und Bandemer. Diese Casernen waren hauptsächlich für beweibte Soldaten bestimmt, indem nicht nur viele Unterofficiere, sondern infolge der lebenslänglichen Dienstzeit eines jeden Soldaten auch die Gemeinen zum grofsen Theil verheirathet waren. Sie wurden derart eingerichtet, dafs sie durchweg Wohnungen von Stube und Kammer mit sogenannten Kameradschaftsküchen, welche von mehreren, in der Regel vier Familien gemeinsam benutzt wurden, enthielten. Jede Wohnung wurde mit einem verheiratheten Soldaten besetzt und diesem die Verpflichtung auferlegt, in die Kammer zwei bis vier unverheirathete Soldaten als „Schlafburschen" aufzunehmen, während er selbst mit Weib und Kind die Stube bewohnte. Diese neue Einrichtung bewährte sich damals vortrefflich; die Soldaten waren unter besserer Aufsicht, namentlich war die Desertion bedeutend erschwert, auch wirthschaftlich standen sich beide Theile nicht schlechter. Daher war gleich nach dem siebenjährigen Kriege Friedrich der Grofse darauf bedacht, die Wohlthat einer Casernirung der Garnison sowohl den Truppen, als den Einwohnern noch vollständiger zu theil werden zu lassen, zumal die Garnison damals auch bedeutend vergröfsert wurde. Die schon vorhandenen Casernen wurden erweitert und eine grofse Anzahl neuer gebaut. — Im Jahre 1764 entstand die Caserne für das damalige 2. Artillerieregiment in der Grofsen Friedrichstrafse, jetzt vom 2. Garderegiment zu Fufs benutzt. Im Jahre 1767 kamen sechs Casernen für ebenso viele Infanterieregimenter hinzu: für das Regiment v. Pfuhl in der Köpenicker Strafse (später Caserne der Gardeschützen und Pioniere), für das Regiment Bornstedt in der Neuen Friedrichstrafse (jetzt Privathäuser), für das Regiment Ramin am Halleschen Thore (beim Bau des Landwehrcanals abgetragen), für das Regiment Prinz Friedrich in der Sommerstrafse (jetzt beseitigt), für das Regiment Woldeck in der Neuen Friedrichstrafse 5—8 (später Caserne für ein Bataillon des Kaiser-Franz-Regiments), endlich für das Regiment Renzel in der Alexanderstrafse 5—7 (später Kottwitz'sches Familienhaus, jetzt beseitigt). Für das damalige 3. Regiment Artillerie baute der König 1773 die jetzige Caserne für das Alexander-Regiment in der Alexanderstrafse; gleichzeitig entstand für das 4. Regiment Artillerie die noch zuletzt von der Artillerie benutzte Caserne am Kupfergraben. Auf demselben Grundstück wurden fünf Ställe für das Regiment Gensdarmes erbaut, nach deren Vollendung die Ställe auf dem Gensdarmenmarkte 1773 abgebrochen wurden. Für die Ziethen-Husaren kamen an der Ecke der Koch- und Friedrichstrafse Ställe zur Ausführung, der alte Ochsenkopf am Belle-Alliance-Platz wurde 1775 zu Cavalleriesställen eingerichtet. Für das v. Bornstädt'sche Regiment wurde 1784 durch Unger eine Caserne in der Alexanderstrafse erbaut, welche später ein Bataillon des Kaiser-Franz-Grenadier-Regiments aufnahm. Die Artillerie-Augmentations-Compagnien hatten ihre Casernen in der Holzmarktstrafse 49/50. Unter Friedrich dem Grofsen entstand endlich noch ein Theil der Casernen für die Reitende Artillerie am früheren Oranienburger Thor.

König Friedrich Wilhelm II. liefs die Cavallerie-Casernements in der Alexandrinenstrafse und Hollmannstrafse errichten. — Im Anfange der Regierung König Friedrich Wilhelms II. wurde 1800—1802 die Caserne für die Reitende Artillerie vollendet. Der unglückliche Feldzug von 1806 bis 1807 und die dann folgende Verringerung des stehenden Heeres von mehr als 200000 Mann auf 42000 machten einen Theil der Casernen Berlins überflüssig. Damals gingen mehrere der oben erwähnten Gebäude in der Neuen Friedrichstrafse in Privatbesitz über.

XVIII. Gebäude der Militärverwaltung.

Nach den Befreiungskriegen entstanden zunächst 1818 die Caserne für die damalige Lehr-Escadron in der Linden- und Feilnerstrafse, sowie 1819—1822 die Caserne und die Stallungen für das Garde-Kürassier-Regiment in der Alexandrinenstrafse. In den Jahren 1829—1832 wurden die Casernen in der Karlstrafse für das 2. Garderegiment zu Fufs und diejenige für das Regiment der Gardes du Corps in der Charlottenstrafse erbaut. — Unter der Regierung König Friedrich Wilhelms IV. gelangten 1846—1848 die Ulanencaserne bei Moabit, 1851 die Caserne für das Garde-Füsilier-Regiment in der Chausseestrafse, 1850 bis 1853 die Dragonercaserne vor dem Halleschen Thore und die Gardes du Corps-Caserne in Charlottenburg zur Ausführung.

Die Bauthätigkeit auf diesem Gebiete unter der Regierung des Königs und Kaisers Wilhelm I. schuf für mehrere ältere Anlagen an passenderer Stelle Ersatz. Mit dem Bau der Kaiser-Franz-Caserne in der Pionierstrafse (1863—1866) begann man die inmitten der inneren, dicht bevölkerten Stadttheile liegenden grofsen Casernen nach den äufseren Bezirken zu verlegen, woselbst auch die neu erforderlichen Casernements gröfstentheils errichtet wurden.

Der Zeit ihrer Erbauung nach geordnet, entstanden noch 1869—1873 der Neubau für die Pioniercaserne in der Köpenicker Strafse, 1871—1874 ein kleineres Casernement für zwei Compagnien hinter dem Zeughause, 1874—1878 das Casernement für das 3. Garderegiment zu Fufs im Köpenicker Viertel (zunächst vom Königin-Elisabeth-Regiment benutzt), 1875—1879 das Casernement für das 1. Eisenbahnregiment auf dem Tempelhofer Felde, 1875—1878 das Casernement für das 2. Garde-Dragoner-Regiment am Urban, 1881—1884 das Casernement für das Garde-Schützen-Bataillon in Grofs-Lichterfelde, 1878—1881 das Casernement für das 1. Garde-Feld-Artillerie-Regiment in Moabit und 1883—1886 das Casernement für das Garde-Train-Bataillon zu Tempelhof. — Diese grofsartige Bauthätigkeit fand unter der Regierung Kaiser Wilhelms II. ihre Fortsetzung in der Errichtung des Casernements für das 4. Garderegiment zu Fufs in Moabit 1891—1893, des Casernements für das 2. Eisenbahnregiment auf dem Tempelhofer Felde 1892/93, des Casernements für das Regiment Königin-Elisabeth zu Charlottenburg 1892—1896 und der jetzt noch im Bau begriffenen Casernements für das Königin-Augusta-Regiment und das Garde-Kürassier-Regiment am Tempelhofer Felde.

Die älteren Casernen-Anlagen zeigten als reine Bedürfnifsbauten eine Nüchternheit und Dürftigkeit, welche sprüchwörtlich geworden sind, und es ist daher als ein Fortschritt zu begrüfsen, dafs die meisten von ihnen bereits beseitigt und durch Neubauten ersetzt sind. — Bei der Caserne für die Lehr-Escadron, für die Gardes du Corps, sowie der Caserne in der Karlstrafse trat zuerst das Bestreben hervor, das Aeufsere der Gebäude zu gliedern und ihnen eine gewisse einfache Würde zu verleihen. Dies Streben fand noch entschiedeneren Ausdruck bei den folgenden Bauten, welche zugleich in Anlage und Ausstattung mehr und mehr den Ansprüchen der Zweckmäfsigkeit angepafst wurden.

Geschlossene Höfe nach Art der alten Casernen werden grundsätzlich vermieden; die Gebäude werden gesondert, von allen Seiten dem Licht und der Luft zugänglich und so angeordnet, dafs möglichst grofse Höfe als Exercier-, Reit- und Appellplätze gewonnen werden. Wo es der Bauplatz irgend gestattet, werden neben den Mannschaftsgebäuden, welche der Regel nach höchstens ein Bataillon, ein Cavallerieregiment oder eine Artillerie-Abtheilung aufnehmen sollen, besondere Wirthschaftsgebäude, Gebäude für Unterofficier-Familien, ein Stabs- und Wachtgebäude, ein solches für Unterbringung der Kammerbestände, sowie für die Officier-Speiseanstalt errichtet.

Die Räume eines Mannschaftsgebäudes sind meist auf drei Geschosse vertheilt und längs eines breiten Seitencorridors an einander gereiht; die Eckbauten nehmen die Wohnungen der Officiere und Feldwebel bezw. Wachtmeister, sowie die Einzelzimmer für Unterofficiere usw. auf. Häufig sind diese Eckbauten und bei ausgedehnteren Gebäuden auch ein Mittelbau um ein Stockwerk erhöht, welches dann ebenfalls für Mannschaften, zum Theil aber auch zur Aufnahme der Compagnie-(Escadron-, Batterie-)Kammern dient. — Die Mannschaftszimmer sind meist für 10 Mann bestimmt und erhalten dann Abmessungen von 5 m Breite, 9 m Tiefe, sodafs bei der üblichen Stockwerkshöhe von 3,50 m auf den Mann 4,50 qm Fläche und 15,75 cbm Luftraum entfallen, eine Gröfse, die als mafsgebend für die Belegung der Mannschaftszimmer, welche Abmessungen sie auch haben mögen, erscheint. — Die Abtritte für die Mannschaften werden in Nebengebäuden untergebracht.

Für die verheiratheten Unterofficiere, mit Ausnahme der Feldwebel bezw. Wachtmeister, welche in der Regel in den Mannschaftsgebäuden wohnen müssen, werden in besonderen Gebäuden Wohnungen von Stube, Kammer, Küche nebst kleinem Vorflur hergestellt (Beispiele bieten die Gebäude für verheirathete Unterofficiere des 4. Garderegiments zu Fuſs). Mit den Unterofficieren zusammen wohnen hier die Caſernenbeamten, von denen der Caſerneninſpector indeſs eine Wohnung von zwei Stuben, zwei Kammern, Küche usw. erhält. Jeder Familie wird ein Bodenverſchlag und Keller angewieſen; eine Waſchküche nebſt Rollkammer dient allen gemeinſam.

Die Wirthſchaftsgebäude (Beispiele finden ſich gleichfalls beim Caſernement für das 4. Garderegiment zu Fuſs) enthalten die Küchen und Speiſeſäle für Unterofficiere und Mannſchaften, Speiſe- und Vorrathskammern für dieſelben, die Kantine nebſt Wohnung für den Pächter derſelben, die Waſch- und Badeanſtalt (als Brauſebad eingerichtet), die Mannſchafts-Waſchküche und Rollkammer. Jedes Infanteriebataillon hat ſein beſonderes Wirthſchaftsgebäude, ein Cavallerieregiment hat nur ein ſolches.

Das Stabs- und Wachtgebäude nimmt auſser der Wache die Bureaus und die Handwerkerſtuben der Truppe, das Kammergebäude, welches keine Feuerungsanlagen enthalten darf, die werthvollen Kammerbeſtände auf.

Die Officier-Speiſeanſtalt, aus dem groſsen Speiſeſaal mit einigen Nebenzimmern, der Garderobe, Toilette, Küche mit Zubehör usw. beſtehend, wird ſtets in unmittelbarer Verbindung mit einem Garten angelegt.

Die vorſtehend angegebene Vertheilung der Räume auf verſchiedene Gebäude iſt zwar vorläufig noch nicht völlig zur Durchführung gekommen, doch verſchafft ſich das Princip auf Abtrennung einzelner Raumgruppen und deren Zuſammenfaſſung in beſondere Gebäude ſowohl aus baulichen wie geſundheitlichen Rückſichten mehr und mehr Geltung, trotzdem ſeine Durchführung gröſsere Grundſtücke erheiſcht.

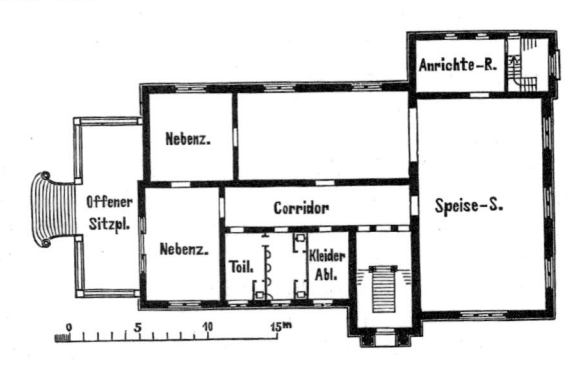

Abb. 400. Officier-Speiſeanſtalt des Eiſenbahnregiments, Grundriſs.

Auſser den bereits erwähnten Gebäuden gehören zu einem Infanterie-Caſernement ein Exercierhaus, eine Büchſenmacherei, Fahrzeugſchuppen und meiſt ein Officier-Pferdeſtall; zu einem Cavallerie-Caſernement die ausgedehnten Stallungen, zwei bis drei Reitbahnen, ein Krankenſtall, eine Schmiede, ein Fahrzeugſchuppen. Für ein Artillerie-Caſernement kommen zu letzteren noch Geſchützſchuppen und Waffenmeiſter-Werkſtätten hinzu. — Die Exercierhäuſer erhalten neuerdings einen lichten Raum von 20 bis 23,50 m Tiefe zu rd. 125 m Länge, bei 5—6,50 m Höhe der Längsmauern, und ſind meiſt mit Polonceaubindern überſpannt, welche direct die Dachdeckung tragen. Die Reitbahnen, ebenfalls mit frei tragender Dachconſtruction, haben der Regel nach 17 m Tiefe bei 37 m Länge und 6 m Höhe der Längsmauern. — Die Stallungen erhalten eine 4 m breite Stallgaſſe, zu deren beiden Seiten die 3,25 m tiefen und 1,60 m breiten Pferdeſtände angeordnet ſind; ihre Höhe beträgt in der Regel 4,70 m. Sie werden neuerdings ſtets auf eiſernen Stützen maſſiv überwölbt. Für die Lüftung dienen neben den Fenſtern vertikale Luftſchlote, welche durch Klappen zu reguliren ſind.

In neuerer Zeit werden die Caſernenbauten nicht nur mit maſſiven Wänden und Treppen, ſondern auch mit maſſiven Zwiſchendecken hergeſtellt, der Fuſsboden der Mannſchaftsräume — aus Eichen- oder Buchenholz — wird auf maſſiver Unterlage in Aſphalt verlegt. — Die Heizung erfolgt ſtatt durch die früher üblichen Kachelöfen jetzt mehr und mehr durch eiſerne Oefen, die Lüftung in hier völlig ausreichendem Maſse durch Oeffnen der Fenſter. — Die Façaden werden im Rohbau, neuerdings unter Verwendung

XVIII. Gebäude der Militärverwaltung.   381

von Werksteinen zu Gesimsen und anderen Architekturtheilen zur Ausführung gebracht. Mehr und mehr hat die Rücksicht auf architektonische Gestaltung der schon durch ihre Massen bedeutsam wirkenden Gebäude Beachtung gefunden, ohne dafs die hier gebotene Sparsamkeit aufser Augen gelassen wurde.

Anmerkung. Zur Beurtheilung des Raumbedürfnisses kann als Anhalt dienen, dafs beim 4. Garderegiment zu Fufs 16 Officiere, 2026 Unterofficiere und Gemeine, sowie 43 verheirathete Unterofficiere, ein Caserneninspector, drei Marketender, beim 2. Garde-Ulanen-Regiment 10 Officiere, 696 Unterofficiere und Gemeine, 23 verheirathete Unterofficiere, ein Caserneninspector, ein Kantinenpächter und der Oeconom der Officier-Speiseanstalt, sowie 828 Pferde unterzubringen waren.

Infanterie-Casernen.

Die älteren Casernen, von denen sich nur noch die für das Kaiser-Alexander-Garde-Grenadier-Regiment und die für die beiden ersten Bataillone des 2. Garderegiments zu Fufs in Benutzung befinden, lohnen ein näheres Eingehen nicht; aufser ihnen sind folgende vorhanden oder im Bau begriffen:

1. Die Caserne des Füsilierbataillons des 2. Garderegiments zu Fufs in der Karlstrafse, in den Jahren 1829—1832 erbaut, zeigt in ihrer Grundrifsbildung wie in ihrem Aufbau eine wirkungsvolle Gliederung, die dem Gebäude eine gewisse Monumentalität verleiht. Dasselbe ist in Hufeisenform mit kräftig entwickeltem Mittelbau angeordnet; zwischen seinen Flügeln und vor denselben erstreckt sich ein ausgedehnter Hof, der gegen die Karlstrafse durch ein eisernes Gitter abgeschlossen ist.

2. Die Caserne des Garde-Füsilier-Regiments, Chausseestrafse 89—91. In den Jahren 1846—1847 waren drei grofse Artillerie-Wagenhäuser[1]) auf dem Exercierplatz vor dem Oranienburger Thore neu erbaut worden. In der Nacht des 18. März 1848 brannten dieselben bis auf die Umfassungsmauern nieder; ihre Ueberreste wurden im Jahre 1851 durch einen entsprechenden Umbau zur Aufnahme von drei Bataillonen Infanterie eingerichtet. An der etwa 464 m langen Strafsenfront sind die dreigeschossigen Gebäude, von denen jedes ein Bataillon aufnimmt, so vertheilt, dafs sie nur 16,60 m von einander und von den nachbarlichen Grenzen entfernt sind. Sie sind ohne Corridor angelegt; die zu beiden Seiten einer durchlaufenden Mittelmauer liegenden Stuben sind von je drei massiven Treppen unmittelbar zugänglich. Die gequaderten Façaden sind im Putzbau hergestellt. Hinter den Gebäuden befindet sich aufser den Wirthschaftshöfen der Exercierplatz für das Regiment, welcher an den grofsen Exercierplatz, den sogenannten „Grützmacher", anstöfst.

Das Directionsgebäude der in den Jahren 1877—1880 erbauten Artillerie-Schiefsschule, Scharnhorststrafse, welche durch Verlegung dieser Anstalt nach Jüterbog frei geworden war, ist durch zweckentsprechenden Umbau zu einer geräumigen und behaglichen Speise- usw. Anstalt für die Officiere des Regiments hergerichtet.

3. Die Caserne des Kaiser-Franz-Garde-Grenadier-Regiments zwischen der Blücher- und Urbanstrafse. Bis zum Jahre 1866 waren das 1. Bataillon des Regiments in der Commandantenstrafse, das 2. Bataillon in der Neuen Friedrichstrafse, das Füsilirbataillon in der Alexanderstrafse casernirt. Das ausgedehnte neue Casernement wurde in den Jahren 1863—1866 nach Entwürfen des Geheimen Ober-Bauraths Fleischinger unter Leitung des damaligen Bauinspectors Voigtel erbaut.

Die in Abb. 402 zugleich mit den Grundrissen der einzelnen Geschosse dargestellte Anlage bedarf keiner weiteren Erläuterung. Die Caserne Nr. 1 (A) ist vom 1. Bataillon mit 8 Officieren und 660 Mann, die Caserne Nr. 2 (C) vom 2. Bataillon mit 6 Officieren und 577 Mann, und die Caserne Nr. 3 (B) vom Füsilierbataillon mit 8 Officieren und 620 Mann belegt. In letztgenanntem Gebäude befinden sich die Officier-Speiseanstalt und hinter der-

---

1) Zeitschrift für Bauwesen, Jahrg. 1851, S. 107, Bl. 12 u. 13.

382 XVIII. Gebäude der Militärverwaltung.

selben, an der nordöstlichen Ecke des Grundstücks, ein Garten für das Officiercorps. Das Aeufsere der Gebäude, deren einfaches Façadensystem die Abb. 401 darstellt, ist im Backsteinrohbau von blafsrothen Hermsdorfer Steinen ausgeführt. Die Baukosten der ganzen Anlage einschliefslich des Exercierhauses haben 1 980 000 ℳ betragen.

Das Exercierhaus (vergl. den Grundrifs in Abb. 402) ist im Lichten 20 m tief und 121,77 m lang, in den Umfassungswänden 6,59 m hoch. An die durch drei Bogenöffnungen durchbrochenen Giebel schliefsen sich zwei Turnhallen, je von 9,42 m Tiefe, 21,66 m Länge und 12 m Wandhöhe. Die beiden langen Frontwände sind durch zwei von Thürmen flankirte Portalbauten, in denen einige Nebenräume liegen, verstärkt. Die 30 schmiedeeisernen Binder des nach dem

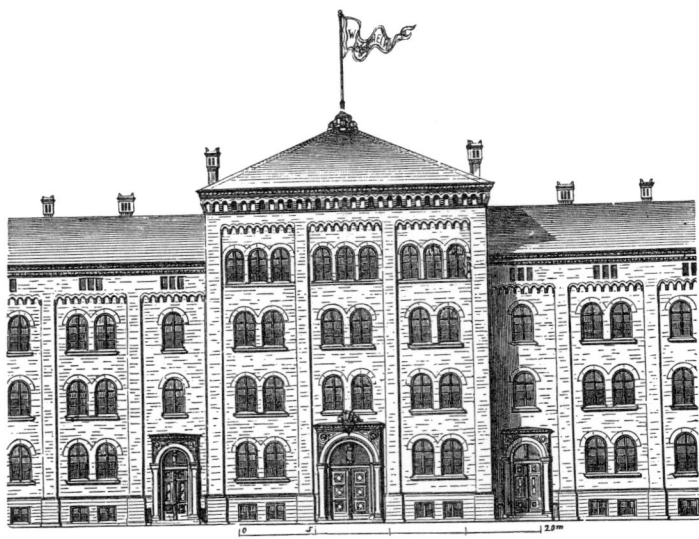

Abb. 401. Casernement des Kaiser-Franz-Garde-Grenadier-Regiments, Theilansicht eines Mannschaftsgebäudes.

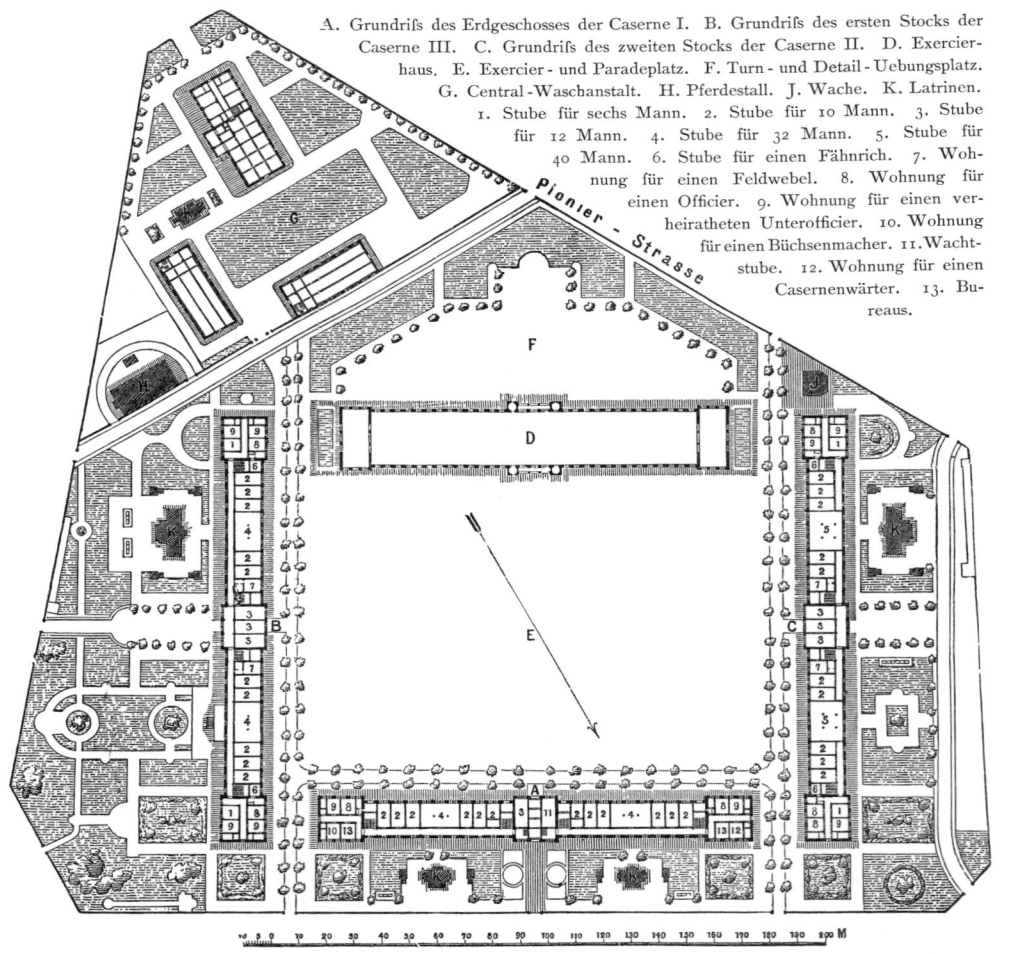

A. Grundrifs des Erdgeschosses der Caserne I. B. Grundrifs des ersten Stocks der Caserne III. C. Grundrifs des zweiten Stocks der Caserne II. D. Exercierhaus. E. Exercier- und Paradeplatz. F. Turn- und Detail-Uebungsplatz. G. Central-Waschanstalt. H. Pferdestall. J. Wache. K. Latrinen. 1. Stube für sechs Mann. 2. Stube für 10 Mann. 3. Stube für 12 Mann. 4. Stube für 32 Mann. 5. Stube für 40 Mann. 6. Stube für einen Fähnrich. 7. Wohnung für einen Feldwebel. 8. Wohnung für einen Officier. 9. Wohnung für einen verheiratheten Unterofficier. 10. Wohnung für einen Büchsenmacher. 11. Wachtstube. 12. Wohnung für einen Casernenwärter. 13. Bureaus.

Abb. 402. Casernement des Kaiser-Franz-Garde-Grenadier-Regiments, Grundrifs.

XVIII. Gebäude der Militärverwaltung. 383

Polonceau-System construirten Daches sind in 3,90 m Abstand angeordnet. Nach demselben System sind die Turnhallen überdacht. Wie die Casernengebäude ist auch das Exercierhaus im Backsteinrohbau von dunkelrothen Steinen ausgeführt. — Die Baukosten haben 186 000 ℳ betragen, sich also fast ebenso billig gestellt, wie die Kosten der 40 Jahre früher erbauten, mit Holzconstructionen überdachten Exercierhäuser.

4. Die Caserne hinter dem Zeughause ist in den Jahren 1871—1874 an Stelle des alten von Schlüter erbauten Giefshauses errichtet worden. Das aus Erdgeschofs und zwei Stockwerken bestehende Gebäude, dessen im Putzbau ausgeführte, mit Trophäen geschmückte Façaden durch die Architektur des Zeughauses beeinflufst sind, ist nur zur Hälfte Caserne und diese zur Zeit mit zwei Compagnien des Kaiser-Alexander-Garde-Grenadier-Regiments belegt. Für die Folge ist die Verlegung der Truppe und die Benutzung ausschliefslich zu Bureauzwecken beabsichtigt. Die Baukosten des Ganzen haben 411 000 ℳ betragen.

5. Das Casernement des 3. Garderegiments zu Fufs wurde in den Jahren 1874—1878 nach dem Entwurf des Land-Bauinspectors Heimerdinger unter dessen, sowie seiner Nachfolger Schönhals und Pieper Leitung erbaut. Die Anlage im Südosten der Stadt, nahe dem ehemaligen Schlesischen Thor belegen, zerfällt in zwei, durch die Wrangelstrafse von einander geschiedene Theile, deren gröfserer, nach Norden gelegener das eigentliche Casernement enthält. Dasselbe besteht aus drei Hauptgebäuden für je ein Bataillon, welche einen 138 : 122 m grofsen, rechteckigen Hof mit dem Exercier- und Paradeplatz umschliefsen.

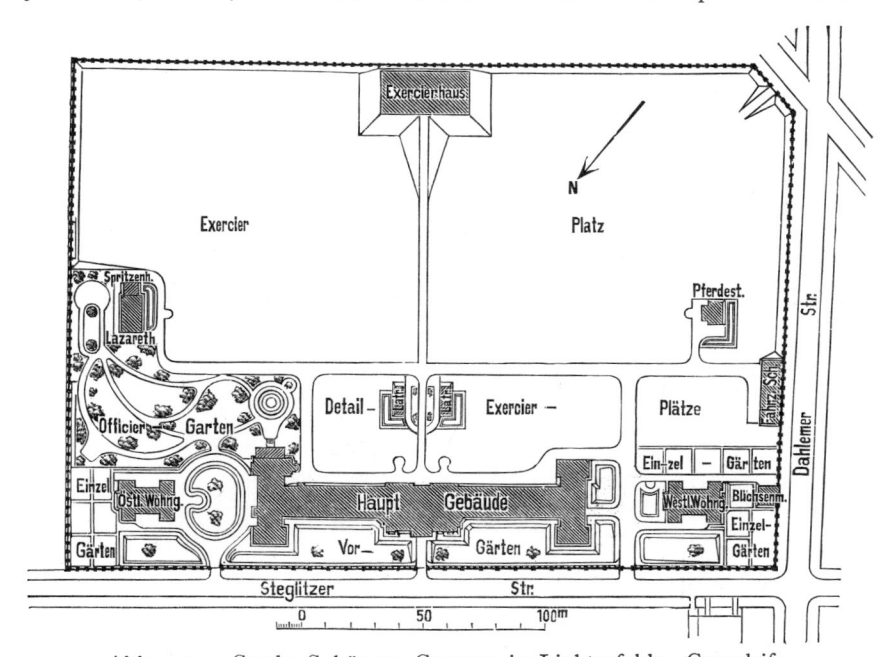

Abb. 403. Garde-Schützen-Caserne in Lichterfelde, Grundrifs.

Auf dem kleineren Theil, südlich der Wrangelstrafse, befindet sich das Exercierhaus (126,30 m lang, 22,20 m breit) und, durch einen Exercierplatz davon getrennt, die Officier-Speiseanstalt, welche in einem Garten, dem Rest des im vorigen Jahrhundert von dem Bankier Itzig angelegten sogenannten „Judengartens", errichtet ist.

Die Anordnung sowie die Bauart der drei Casernen ebenso wie die der übrigen Gebäude zeigen keine Besonderheiten; ihre Ausführung erfolgte in Ziegelrohbau mit hellen Verblendern in einfachen Formen, für welche der Rundbogen, Lisenentheilungen und rechteckige Verstärkungen der vorspringenden Gebäudeecken bestimmend sind.

Die Ausführungskosten betrugen 2 758 000 ℳ.

6. Das Casernement des Garde-Schützen-Bataillons in Grofs-Lichterfelde ist nach einem Entwurfe des Kriegsministeriums (Schönhals) vom Garnison-Bauinspector Verworn (Regierungs-Baumeister Rofsteuscher) in den Jahren 1881—1884 erbaut worden.¹) Es besteht aus dem Mannschaftsgebäude (für 633 Mann und 9 Lieutenants), zwei Wohngebäuden für verheirathete Feldwebel und Unterofficiere, dem Exercierhause, dem Lazareth- und Spritzenhause, der Büchsenmacherei, dem Officier-Pferdestall, dem Fahrzeugschuppen, dem Turnschuppen und Nebenanlagen. — Die Gebäude sind mit rothen Verblend- und Formsteinen in gothischen Stilformen ausgeführt. Die Wohngebäude und die Büchsenmacherei sind zweigeschossig, das Mannschaftsgebäude dreigeschossig, im Mittelbau viergeschossig mit einem Thurm in der Hauptachse, die übrigen Gebäude ein-

Abb. 404. Garde-Schützen-Caserne in Lichterfelde, Theilansicht der Front.

geschossig. Das Grundstück von 292 m Länge und 217 m Tiefe besitzt eine eigene Wasserleitung und ist an die Entwässerung der Haupt-Kadettenanstalt angeschlossen.

Die Baukosten haben 994 760 ℳ betragen, ausschliefslich der Kosten für die Entwässerung, welche sich auf 87 090 ℳ stellten.

7. Die Caserne des 4. Garderegiments zu Fufs

ist nach einem Entwurfe des Kriegsministeriums (Schönhals) in den Jahren 1891—1893 unter Leitung der zuständigen Garnison-Baubeamten auf einem beinahe 1 km langen und rd. 67 m breiten Streifen erbaut, welcher an der Invalidenstrafse beginnt und, durch die Seidlitzstrafse unterbrochen, nördlich von dieser den Moabiter Exercierplatz im Westen bis zur Krupp-

---

1) Zeitschrift für Bauwesen. 1891.

XVIII. Gebäude der Militärverwaltung. 385

strafse begrenzt (siehe Lageplan der Casernements um den Moabiter Exercierplatz, Abb. 406). Die Truppen sind zu je zwei, aber von einander vollständig getrennten Compagnien in sechs stattlichen dreigeschossigen, durchschnittlich 63,80 m langen und

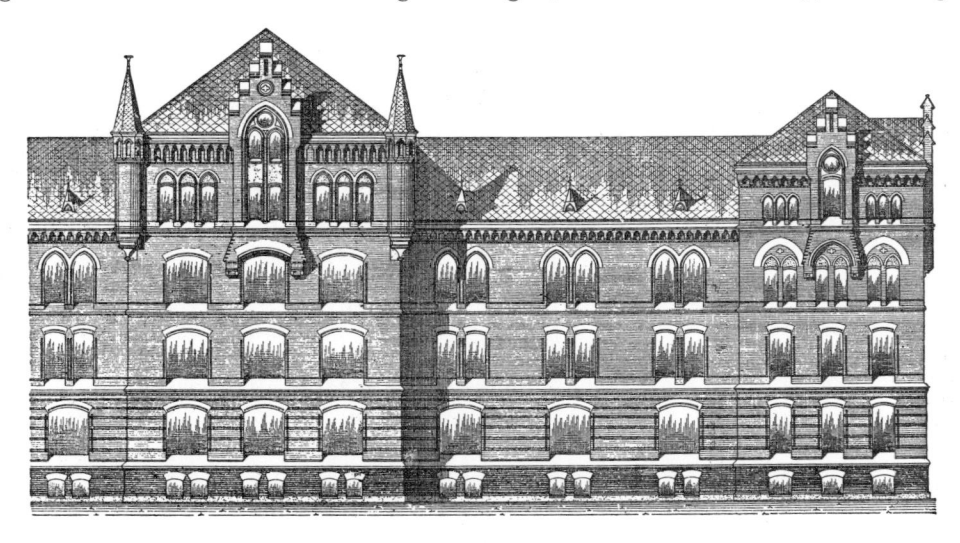

Abb. 405. Caserne des 4. Garderegiments zu Fufs,
Theilansicht eines Mannschaftsgebäudes.

13,50 m tiefen Casernen untergebracht. Für die verheiratheten Unterofficiere und den Wirthschaftsbetrieb jedes Bataillons sind sodann zwischen je zwei Casernen besondere Gebäude errichtet. Zu diesen Gebäuden treten noch: die Officier-Speiseanstalt an der Seidlitzstrafse, zwei Wachtgebäude, ein Kammer- und ein Handwerkergebäude, ein Feldfahrzeugschuppen, ein Exercierhaus (122 m lang, 25 m breit), eine Büchsenmacherei, ein Officier-Pferdestall (29 Pferde), ein Patronenhaus nebst sonstigem Zubehör. — Längs der Rathenower Strafse sind Vorgärten angelegt, welche mit einem eisernen Gitter gegen die Strafse abgeschlossen sind. Die Gebäude sind in gothischem Stil, dessen Formen, der Bedeutung der Gebäude entsprechend, gröfseren oder geringeren Reichthum aufweisen und sich an der Officier-Speiseanstalt zu vornehmer Wirkung steigern, in Ziegelrohbau aus Siegersdorfer Material, unter Verwendung von Formsteinen, mit höher geführten Eck- und Mittelbauten und ausgekragten Eckthürmchen erbaut und mit hohen Schieferdächern abgeschlossen. Für die

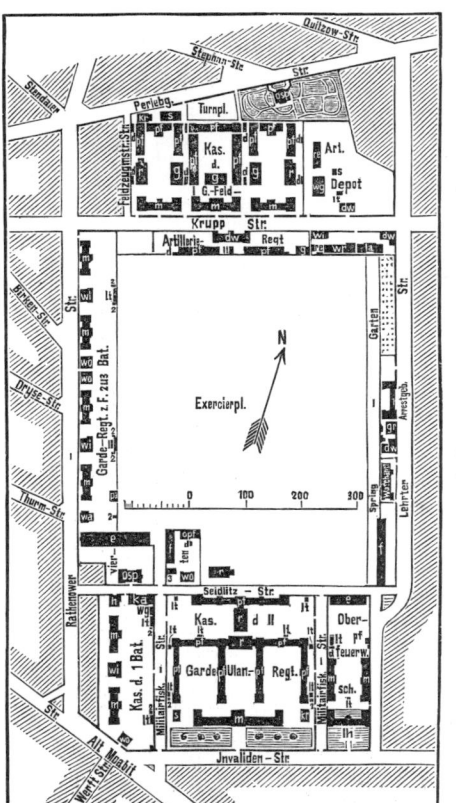

1. Arrestgebäude.
2. Müllgrube.
3. Büchsenmacherei.
a. Dunggrube.
dw. Dienstwohngebäude.
e. Exercierhaus.
f. Fahrzeugschuppen.
g. Geschützschuppen.
gr. Gerichtsgebäude.
h. Handwerker.
ka. Kammergebäude.
kr. Krankenstall.
la. Lagerhaus.
lh. Lehrgebäude.
lt. Latrine.
m. Mannschaftscaserne.
opf. Officier-Pferdestall.
osp. Officier-Speiseanstalt.
pa. Patronenhaus.
pf. Pferdestall.
r. Reitbahn.
re. Remise.
s. Schmiede.
wa. Wache.
wg. Wagenhaus.
wi. Wirthschaftsgebäude.
wo. Wohngebäude für Verheirathete.
wr. Werkstatt.

Abb. 406. Die Casernenanlagen um den Moabiter Exercierplatz.

Berlin und seine Bauten. II.

XVIII. Gebäude der Militärverwaltung.

Unterofficiere ist eine größere Anzahl kleiner Gärten, für die Officier-Speiseanstalt ein solcher von größerem Umfange, im Anschluß an die Gebäude angelegt. — Die Gesamtbaukosten betrugen 2 865 000 ℳ.

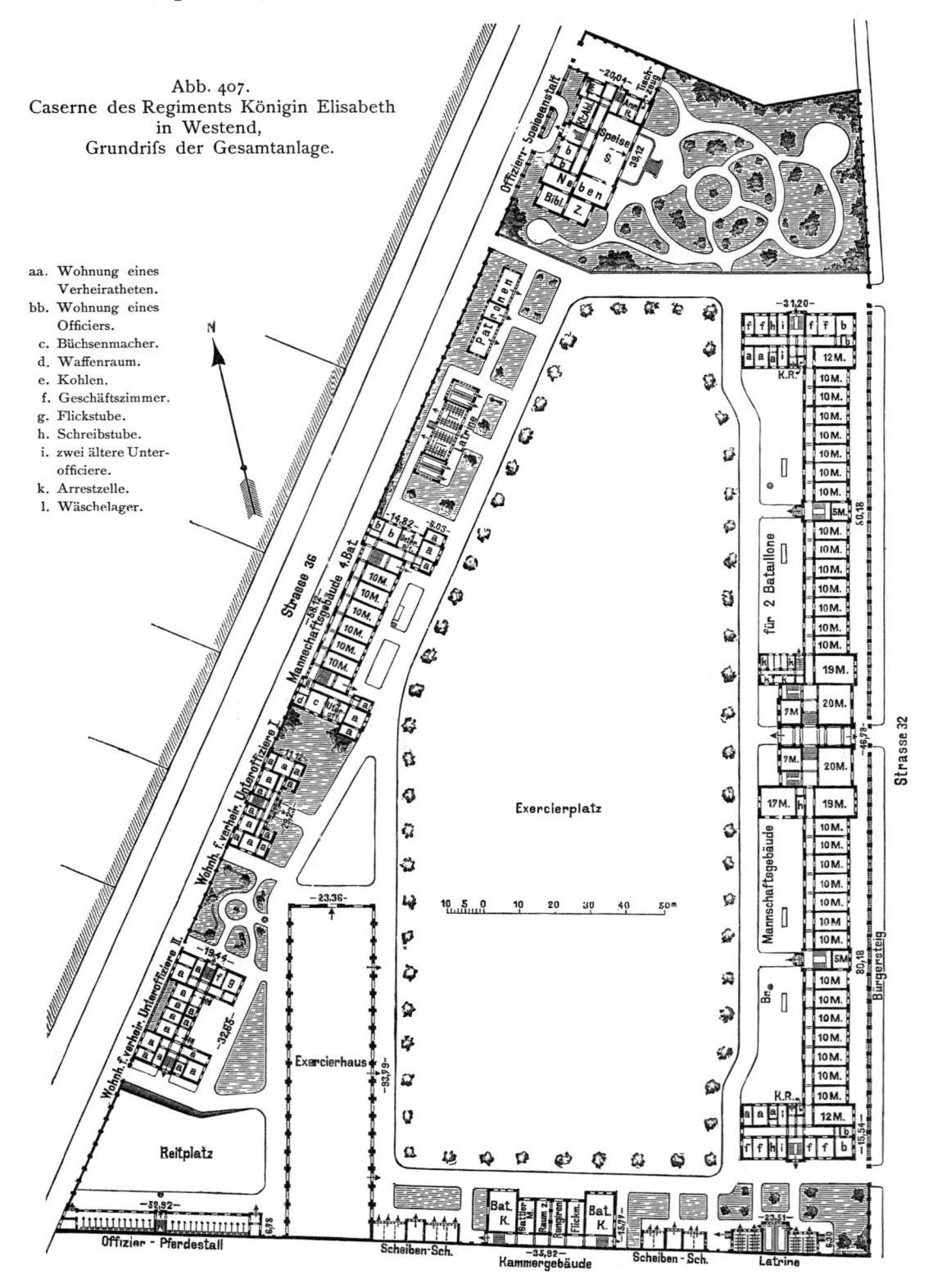

Abb. 407.
Caserne des Regiments Königin Elisabeth in Westend,
Grundriß der Gesamtanlage.

aa. Wohnung eines Verheiratheten.
bb. Wohnung eines Officiers.
c. Büchsenmacher.
d. Waffenraum.
e. Kohlen.
f. Geschäftszimmer.
g. Flickstube.
h. Schreibstube.
i. zwei ältere Unterofficiere.
k. Arrestzelle.
l. Wäschelager.

8. Casernement des Regiments Königin Elisabeth.

Das Regiment ist zu Charlottenburg in zwei getrennten Casernements, und zwar das Füsilierbataillon in der Nähe des Schlosses und unter Benutzung der ursprünglich für zwei Compagnien des Regiments Gardes du Corps 1855, nach Stüler'schen Entwürfen errichteten beiden Casernen untergebracht. Letztere waren in ihrer äufseren palastartigen Erscheinung, mit dem Schmucke offener Rundtempelchen auf dem Dache, wesentlich dazu bestimmt, als decorative Bestandtheile eines Architekturbildes zu dienen. Da sie nur Raum für die Unterbringung von zwei Compagnien des Bataillons bieten, so wurden unter Beseitigung der nun entbehrlichen Pferdeställe 1892—1893 Neuanlagen zur Aufnahme der andern beiden Compagnien, nach dem Entwurf des Garnison-Bauinspectors Kahl durch den Garnison-Bauinspector Wieczoreck ausgeführt. Dieselben bestehen aus einem Mannschafts-

Abb. 408. Caserne des Regiments Königin Elisabeth, Theilansicht der Front.

gebäude, einem Wohnhause für verheirathete Unterofficiere und den erforderlichen Nebenanlagen; die vorhandene Reitbahn wurde zu einem Exercierhause umgebaut. In ihrer äufseren Erscheinung sind die neuen Gebäude den Renaissanceformen der älteren angepafst und wie dieselben als Putzbauten hergestellt. — Die flachen Dächer sind mit Holzcement eingedeckt.

Die Gesamtkosten der Neu- und Umbauten für die Caserne des Füsilierbataillons haben rd. 500000 ℳ betragen. (Mannschaftsgebäude 1146 qm bebaute Fläche à 213,40 ℳ, cbm 12,30 ℳ, Verheirathetengebäude 283 qm à 232 ℳ, cbm 14,40 ℳ.)

Für das 1., 2. und 4. Bataillon des Regiments ist ein Neubau auf dem 6 ha grofsen Grundstück in der Nähe des Bahnhofes Westend der Ringbahn 1893 begonnen, der zum October 1896 in Benutzung genommen werden soll (s. Grundrifs Abb. 407). Die Entwürfe zu demselben sind durch den Garnison-Bauinspector Wieczoreck, welcher auch die Ausführung leitete, aufgestellt worden. Anordnung und Eintheilung der Gebäude sind aus den Grundrissen ersichtlich. Für die Anordnung war die Belassung eines möglichst grofsen

XVIII. Gebäude der Militärverwaltung.

Casernenhofes bestimmend; zu diesem Zweck sind auch zwei Bataillone vereinigt in der Hauptcaserne (bebaute Fläche 4229 qm) untergebracht. Dieselbe zeigt über dem 3,30 m hohen Sockelgeschofs drei, im Mittelbau und den beiden Eckbauten vier Geschosse, auf welche die Wohn- und Wirthschaftsräume der Truppe in üblicher Weise vertheilt sind. In einem Hofflügel des Mittelbaues ist eine besonders zugängliche Arrestanstalt mit 21 Zellen eingerichtet. — Der einfache Ausbau des Gebäudes beweist gleichwohl das Streben nach architektonischer Durchbildung; so in der Behandlung der Gurtbögen und Pfeilervorlagen in den Fluren- und Treppenhäusern, welche, in Verblendsteinen ausgeführt, die Putzflächen wirksam unterbrechen, in der Anwendung sichtbarer Balkendecken mit geputzten Zwischenfeldern über den Speisesälen der Unterofficiere und Mannschaften. Baukosten rd. 967 000 ℳ. — Das Gebäude für das 4. Bataillon, welches nach der in Aussicht genommenen Auflösung des letzteren anderweitige Verwendung finden soll, entspricht den vorerwähnten in Anordnung und Ausstattung; nur sind hier durchweg massive Zwischendecken (System Kleine) zur Ausführung gekommen. Dasselbe System zeigen auch die Treppen, soweit sie nicht aus Eisenblech mit Thonplatten- oder Xylolith-Belag hergestellt sind. — Baukosten 218 000 ℳ.

Von den weiter zum Casernement gehörigen beiden Familienhäusern für Unterofficiere enthält das kleinere 12 Wohnungen für Unterofficiere, das gröfsere aufserdem noch einige Geschäfts- und Lagerräume. Das Kammergebäude weist mit dem Kellergeschofs fünf als Lagerräume dienende, 3,55 m hohe Geschosse auf, deren oberstes unmittelbar unter dem Holzcementdach liegt. Kosten 90 000 ℳ. — Zu diesen Gebäuden tritt noch ein Exercierhaus (bebaute Fläche 2174 qm, Baukosten 97 000 ℳ), der Officier-Pferdestall für 27 Stände (bebaute Fläche 334 qm, Baukosten 34 300 ℳ) und die mit dem zugehörigen Garten an der Hausgrenze des Grundstücks angeordnete Officier-Speiseanstalt (bebaute Fläche 741 qm, Baukosten 130 000 ℳ). Letztere enthält im 3,20 m hohen Untergeschofs die Wirthschaftsräume, im oberen Geschofs die eigentlichen Anstaltsräume mit dem 176,50 qm grofsen, 6,20 m hohen Speisesaal.

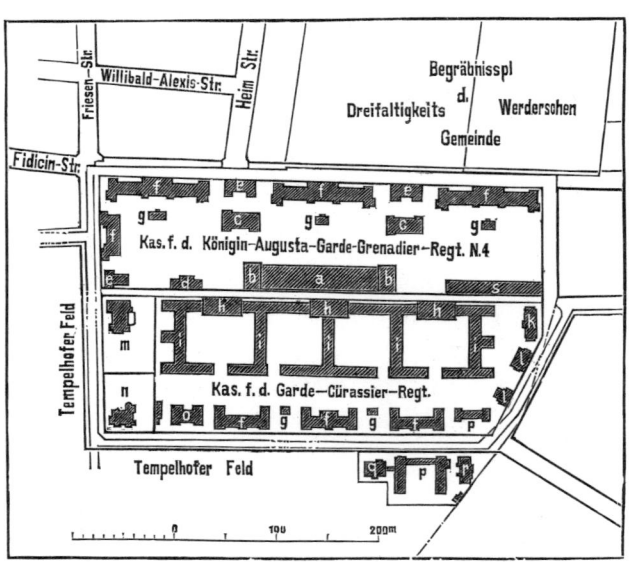

Abb. 409. Caserne des Königin-Augusta-Garde-Grenadier-Regiments Nr. 4 und des Garde-Kürassier-Regiments, Lageplan.

a. Exercierhaus. b. Montirungskammer. c. Wirthschaftsgebäude. d. Officier-Pferdestall. e. und l. Gebäude für Verheirathete. f. Casernen. g. Latrinen. h. Reitbahn. i. Ställe. k. Krankenstall. m. und n. Officier-Speiseanstalten. o. Kammer. p. Beschlagschmiede. q. Gerichtsgebäude. r. Arrestgebäude.

Die Gebäude zeigen im Aeufsern einfache Formen der deutschen Renaissance, hellrothe Ziegelverblendung unter Verwendung von Sandsteinen zu den Architekturtheilen, sowie gröfstentheils hohe Schieferdächer. Bei der Hauptcaserne sind die kräftig betonten Eckbauten, wie der Mittelbau durch Staffelgiebel, Eckthürmchen und dergl. belebt, die sich auch bei den übrigen Gebäuden in einer ihrer Bedeutung angemessenen Vertheilung finden (s. Hauptfaçade der grofsen Caserne Abb. 408).

Die Gesamtbaukosten der Anlage sind auf rd. 2 100 000 ℳ berechnet.

9. Das Casernement des Königin-Augusta-Garde-Grenadier-Regiments Nr. 4

wird zur Zeit auf dem bisherigen Pionier-Uebungsplatze, am Nordrande des Tempelhofer Feldes, an der verlängerten Fidicinstrafse erbaut und nimmt den nördlichen Theil des ungefähr 12 ha grofsen Platzes ein (s. Lageplan Abb. 409).

Es besteht aus vier Mannschaftsgebäuden für die vier Bataillone des Regiments, drei Wohngebäuden für Verheirathete, zwei Wirthschaftsgebäuden, einem Exercierhause nebst zwei Anbauten zur Aufnahme der Kammerbestände, einem Officier-Pferdestall und den erforderlichen Nebenanlagen.

Die vorgedachten Baulichkeiten gelangen nach Entwürfen des Kriegsministeriums (Schönhals) unter Leitung des Garnison-Bauinspectors Vetter zur Ausführung. Für dieselbe ist Ziegelverkleidung unter Verwendung von Sandsteinen für die Gesimse usw. vorgesehen; die Architektur ist in den Formen der deutschen Renaissance gehalten. — Die Baukosten sind auf 3 399 000 ℳ veranschlagt.

Getrennt vom Casernement wird die Officier-Speiseanstalt, neben derjenigen für das Garde-Kürassier-Regiment, an der westlichen Seite des für die Kürassier-Caserne bestimmten Bauviertels errichtet. Die Entwürfe dazu sind unter Benutzung von Grundrifs-Skizzen des Kriegsministeriums (Schönhals) vom Professor Carl Schäfer aufgestellt; sie schliefsen sich den Formen der deutschen Renaissance an, welche die benachbarten Casernements aufweisen, und werden, wie diese, in Ziegel-Verblendung unter Verwendung von Sandstein erbaut. Baukosten für die Anstalt des Augusta-Regiments 139 000 ℳ, für die des Kürassier-Regiments 93 000 ℳ.

Im Anschlufs an die Infanterie-Casernen sind noch einzelne Exercierhäuser zu erwähnen, welche, aus älterer Zeit stammend, nicht, wie dies jetzt durchweg üblich, in unmittelbarer Verbindung mit einem Casernement hergestellt wurden. Es sind dies

10. Das Exercierhaus des 2. Garderegiments zu Fufs in der Karlstrafse[1]) ist 1827—1828 nach Entwürfen des Bauraths Hampel mit Benutzung einer Skizze von Schinkel erbaut. Die Abmessungen im Lichten sind 151,91 m Länge bei 22,60 m Tiefe und 8,16 m Höhe. Der Raum hat eine flache Kassettendecke erhalten, welche durch doppelte Hängewerke getragen wird. Die Front zeigt der Bindertheilung entsprechend eine einfache Pilaster-Architektur, in der Mitte ein Risalit mit drei Eingängen. Die Baukosten haben 210 000 ℳ betragen.

11. Das Exercierhaus des Kaiser-Alexander-Regiments vor dem Prenzlauer Thore,[2]) in den Jahren 1828/29 vom Baurath Hampel ausgeführt, ist nach Gröfse und Construction dem vorher erwähnten ähnlich. Die Rücksicht auf möglichste Beschränkung der Baukosten machte die Anwendung des wohlfeilsten Deckungsmaterials, der Dachziegel, und damit ein hohes Dach unvermeidlich. Die Façade zeigt eine einfache Bogen-Architektur. Die Baukosten haben rd. 185 100 ℳ betragen.

12. Aehnlich, jedoch noch schlichter, ist das am Ende der Annenstrafse belegene, früher von dem Kaiser-Franz-Regiment benutzte Exercierhaus, das in den Jahren 1828—1830 erbaut wurde.

13. Das Exercierhaus des Garde-Füsilier-Regiments[3]), im Invalidenpark, ist im Jahre 1853 mit einem Kostenaufwande von 65 770 ℳ von Drewitz erbaut worden. Die Abmessungen betragen im Lichten 75,33 m Länge und 18,83 m Tiefe bei 7,22 m Höhe. Das Dach wird von 16 Bindern getragen, welche aus Eisen und Holz als Polonceauträger construirt sind. Die Wände sind aufsen und innen im Rohbau aufgeführt; an den Binderpunkten sind dieselben durch Pfeiler, welche zugleich eine Gliederung der Façade bewirken, auf beiden Seiten verstärkt.

Da sich das Gebäude den neuen Anforderungen gegenüber als zu klein erwiesen hat, wird zu seiner Ergänzung ein zweites auf dem „Grützmacher" erbaut.

Cavallerie-Casernen.

Aeltere Cavallerie-Casernements sind zwar noch vorhanden, sind aber bereits in kurzer Zeit durch neue ersetzt. Es sind dies das Casernement in der Alexandrinenstrafse 12/13, 1781 erbaut, zuletzt mit dem 2. Garde-Dragoner-Regiment belegt, und zur

---

1) Bau-Ausführungen des Preufsischen Staates. II. S. 20. Bl. 6—8.
2) a. a. O. S. 60. Bl. 20—24.
3) Zeitschrift für Bauwesen, Jahrgang 1855.

Zeit nur noch zur vorübergehenden Unterbringung der 5. Schwadron des 1. Garde-Dragoner-Regiments benutzt, nach deren endgültiger Unterbringung es eingeht, ferner das Casernement des Garde-Kürassier-Regiments an der Gitschiner Strafse, welches nach Vollendung des 1895 begonnenen Neubaues am Tempelhofer Felde ganz aufgegeben wird. Beide sind baulich ohne Interesse; in gewissem Grade gilt dies auch von der Caserne Charlottenstrafse 40, welche früher eine Schwadron des Regiments Garde du corps inne hatte. Die Caserne ist in den Jahren 1830—1831 — wahrscheinlich nach Skizzen Schinkels — durch Hampel erbaut und zeigt einen dreigeschossigen Mittelbau, dessen Verhältnisse und Detailbildung nicht ohne architektonische Bedeutung sind; das Hauptgesims aus gebranntem Thon mit einer Hängeplatte, welche aus 0,63 m langen und 0,79 m breiten Stücken gebildet wird, stellt eine treffliche Leistung des damals für Berlin erst im Entstehen begriffenen Industriezweiges dar. — Jetzt nur noch zur Unterbringung militärischer Behörden ausgenutzt, wird das Gebäude voraussichtlich bald dem Abbruch verfallen, um den für jene Stelle geplanten Neubauten Platz zu machen.

1. Das Casernement des 2. Garde-Ulanen-Regiments

in Moabit[1]) wurde in den Jahren 1846—1848, das Hauptgebäude nach einer Stüler'schen Skizze, unter Oberleitung des Geheimen Ober-Bauraths Fleischinger vom Baurath Drewitz erbaut und in den Jahren 1879—1880 für eine fünfte Escadron, nach der Seite des Moabiter Exercierplatzes, nach einem Vorentwurfe der Aufsichtsbehörde durch die Garnison-Bauinspectoren Appelius und la Pierre erweitert.

Die ältere Anlage umfafst die Wohncaserne, für vier Schwadronen, welche in der Invalidenstrafse hinter einem breiten Vorgarten liegt. Die Ställe hinter derselben sind derart angeordnet, dafs ein Hauptgebäude, mit der Reitbahn in der Mitte, parallel zur Caserne liegt, während sich normal an dasselbe vier Flügel anschliefsen, welche drei nach der Caserne zu offene Höfe bilden; die beiden äufseren dieser Höfe sind für die Reit- und der mittlere für die Fufsexercier-Uebungen bestimmt.

Parallel diesen Baugruppen folgt als dritte die neue Anlage längs der Seidlitzstrafse für die fünfte Schwadron, deren Mannschaften auf zwei, die Stallung seitlich abschliefsende Pavillons vertheilt sind. Eine Reitbahn ist durch einen geräumigen Kühlstall an die Mitte des Stallgebäudes angeschlossen. Im Jahre 1890/91 wurde noch eine dritte Reitbahn für das Regiment auf dem Moabiter Exercierplatz errichtet.

Die Anordnung des 164 m langen älteren Casernengebäudes erhellt aus den Darstellungen Abb. 410. Die mit gelben Backsteinen (von Birkenwerder) verblendeten, zinnengekrönten Façaden erreichen infolge der Anordnung eines Pultdaches die ansehnliche Höhe von 19,77 m; die als Thürme behandelten Vorsprünge an den Ecken und in der Mitte, welche mit auf Sandsteinconsolen vorgekragten Zinnenthürmchen besäumt sind, haben eine Höhe von 26,83 m.

Die Zimmer der Mannschaften wurden früher durch Luftheizung erwärmt, sind jedoch später mit Kachelöfen versehen worden.

Die Pferdeställe des älteren Theils dehnen sich in einer Gesamtlänge von 628 m aus. Um ihre Façaden mit der des Hauptgebäudes in Uebereinstimmung zu setzen, sind sie durch höher geführte kastellartige Bauten abgeschlossen. Die Decken sind als Holzdecken mit halbem Windelboden, unterhalb mit gehobelter Stülpdecke construirt. Die inneren Wandflächen sind mit Granitplatten verkleidet; darüber ist Klinker-Mauerwerk ohne Putz ausgeführt. Durchfahrten in der Mitte eines jeden Stallflügels vermitteln die Communication nach allen Seiten. Die neuen Stallungen sind 141,74 m lang und mit Kreuzgewölben auf eisernen Stützen überdeckt. — Die Gesamtkosten betrugen 2 243 000 ℳ.

2. Das Casernement des 1. Garde-Dragoner-Regiments, Königin von Grofsbritannien und Irland,

Belle-Alliance-Strafse 6.[2]) Diese nach Skizzen des Geheimen Ober-Bauraths Fleischinger gleichfalls von Drewitz, unter Mitwirkung des

---

[1]) Zeitschrift für Bauwesen, Jahrgang 1851.
[2]) Zeitschrift für Bauwesen, Jahrgang 1855.

XVIII. Gebäude der Militärverwaltung. 391

Land-Baumeisters Becker, 1850—1853 erbaute Anlage schliefst sich in ihrer äufseren Disposition fast genau an die vorbesprochene an. Sie wurde zunächst einem Bataillon des Leib-Grenadier-Regiments überwiesen, auch die im Jahre 1853 vollendete Reitbahn wurde zunächst als Exercierhaus von dem Infanteriebataillon benutzt. Als später die Caserne, dem ersten Project entsprechend, dem Garde-Dragoner-Regiment überwiesen werden sollte, kamen 1854 die noch fehlenden Ställe zur Ausführung.

Abb. 410. Caserne des 2. Garde-Ulanen-Regiments in Moabit, Ansicht.

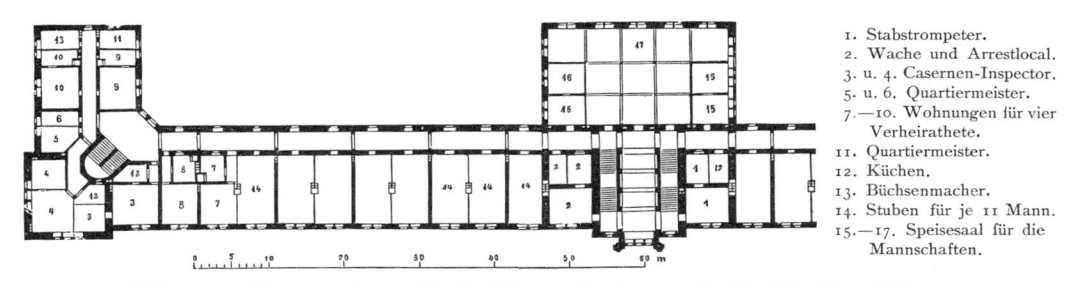

1. Stabstrompeter.
2. Wache und Arrestlocal.
3. u. 4. Casernen-Inspector.
5. u. 6. Quartiermeister.
7.—10. Wohnungen für vier Verheirathete.
11. Quartiermeister.
12. Küchen.
13. Büchsenmacher.
14. Stuben für je 11 Mann.
15.—17. Speisesaal für die Mannschaften.

Abb. 411. Caserne des 2. Garde-Ulanen-Regiments in Moabit, Grundrifs.

Der Bau, dessen Façaden in gequadertem Cementputz hergestellt sind, zeigt gegenüber der Ulanen-Caserne eine gewisse Beschränkung; dagegen ist in der Anlage der für 676 Pferde eingerichteten Ställe insofern ein Fortschritt sichtbar, als diese bereits mit Kreuzgewölben überdeckt sind, die von eisernen Säulen getragen werden.

Die Gesamtkosten der Anlage haben sich auf 1 018 700 ℳ belaufen.

Die Caserne enthält nur Raum für vier Escadrons; die Verhandlungen wegen Erweiterung des Casernements zur Aufnahme der 5. Escadron haben zu bestimmten Ergebnissen noch nicht geführt.

392 XVIII. Gebäude der Militärverwaltung.

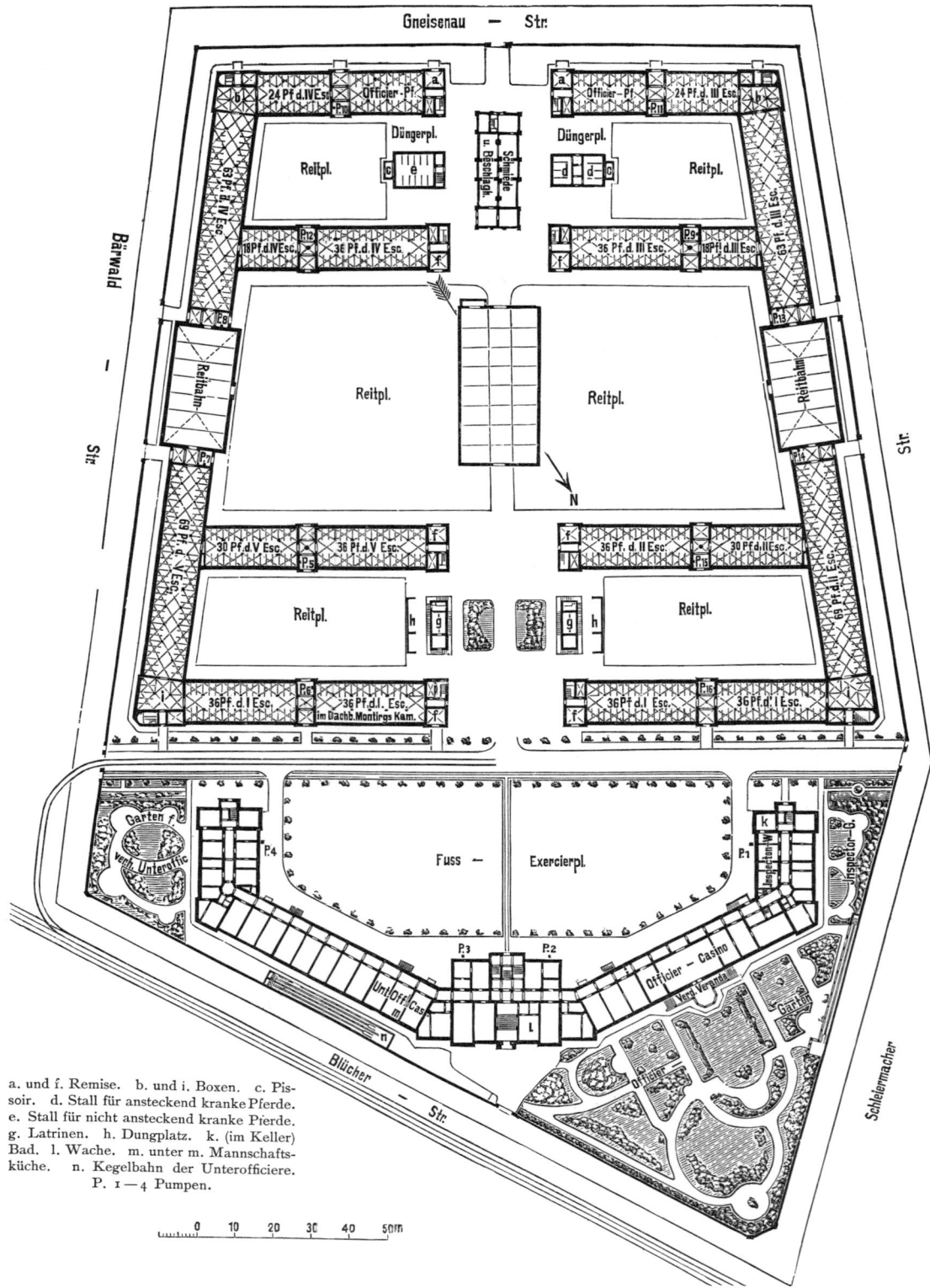

a. und f. Remise. b. und i. Boxen. c. Pissoir. d. Stall für ansteckend kranke Pferde. e. Stall für nicht ansteckend kranke Pferde. g. Latrinen. h. Dungplatz. k. (im Keller) Bad. l. Wache. m. unter m. Mannschaftsküche. n. Kegelbahn der Unterofficiere. P. 1—4 Pumpen.

Abb. 412. Caserne des 2. Garde-Dragoner-Regiments, Grundriſs.

XVIII. Gebäude der Militärverwaltung. 393

3. Das Casernement des 2. Garde-Dragoner-Regiments, zwischen der Blücher- und Gneisenau- bezw. zwischen Schleiermacher- und Bärwaldstrafse gelegen, ist in den Jahren 1875—1878, nach den im Königlichen Kriegsministerium (Fleischinger) entworfenen Plänen, unter Leitung der Garnison-Bauinspectoren Steuer, Heimerdinger und A. Busse ausgeführt worden (s. Lageplan Abb. 412).

Das Hauptgebäude mifst an der Blücherstrafse rd. 47 m und in den anstofsenden Flügeln rd. 64,70 m, während die beiden Eckbauten nach der Bärwald- und Schleiermacherstrafse hin je 31 m lang sind.

Der Bau ist unterkellert und hat aufser dem Erdgeschofs in den Flügelbauten zwei, in den Eckbauten und im Mittelbau drei Obergeschosse erhalten. Er schliefst nicht nur die eigentlichen Mannschaftsräume, sondern auch die Wirthschafts- und Geschäftsräume des Regiments, sowie die Wohnungen der verheiratheten Unterofficiere ein.

Zwischen dem Hauptgebäude und den Stallungen liegt der Exercierplatz, während die Stallungen zwei gröfsere und vier kleinere Reitplätze umschliefsen.

Die Stallungen stehen mittels kurzer, als Eingang und Windfang dienenden Verbindungsbauten mit zwei bedeckten Reitbahnen in unmittelbarer Verbindung; eine dritte, inmitten der Stallungen frei stehende Reitbahn ist im Jahre 1889 hinzu gekommen.

Die Ställe sind mit Kreuzgewölben auf gufseisernen Säulen überdeckt.

Zwischen den Ställen vertheilt liegen noch eine Beschlagschmiede, zwei Krankenställe und die erforderlichen Dunggruben.

Das Casernement ist von einer etwa 930 m langen massiven Umwährung mit eisernen Thoren und Pforten umschlossen.

Die Ausführung der ganzen Anlage ist in einfachem Ziegelrohbau aus gelben Vollverblendern erfolgt; die Fenster sind rundbogig geschlossen; die Hauptgebäude haben nach allen Seiten abgewalmte Schieferdächer erhalten.

Die Baukosten betrugen 2 118 000 ℳ.

4. Das Casernement des Garde-Kürassier-Regiments wird neben dem Casernement für das Königin-Augusta-Garde-Grenadier-Regiment (Abb. 409) auf dem südlichen Theil des bisherigen Pionier-Uebungsplatzes erbaut und ist mit seiner Hauptfront dem Tempelhofer Felde zugewendet. Es umfafst drei Mannschaftsgebäude, drei Gebäude mit Wohnungen für Verheirathete, ein Kammergebäude, fünf Stallgebäude, drei Reitbahnen, eine Beschlagschmiede, einen Krankenstall, einen Schuppen für Krümperwagen, zwei Mannschaftslatrinen und die Nebenanlagen. — Die Küchen und Wirthschaftsräume befinden sich im mittleren Mannschaftsgebäude. Der zum Casernement gehörigen Speiseanstalt ist schon auf Seite 389 gedacht.

Das Casernement wird in den Formen der deutschen Renaissance in Ziegelverblendung erbaut; Sandstein findet nur sparsame Anwendung.

Die Gebäude gelangen nach Entwürfen des Kriegsministeriums (Appelius) unter Leitung des Garnison-Bauinspectors Vetter zur Ausführung.

Die Baukosten sind auf 2 896 500 ℳ. veranschlagt.

Im Anschlufs an die Cavallerie-Casernements verdient noch kurze Erwähnung das in der Ritterstrafse gelegene Reithaus. Dasselbe ist nach dem Entwurf des Bauraths Hampel in den Jahren 1827—1828 für die Königliche Lehr-Escadron erbaut; die Baukosten haben 75 000 ℳ. betragen. Die Mafse des Innenraumes sind 47,08 m und 19,50 m. Zu beiden Seiten des Haupteingangs sind Estraden angeordnet, welche mit Lanzen und Zwischenfestons decorirt sind. Das Aeufsere zeigt eine griechische Pilaster-Architektur im Stile Schinkels. Das Gebäude wird nur noch vorübergehend benutzt und wahrscheinlich binnen kurzem eingehen.

Casernements für die Truppen der Specialwaffen und den Train.

Die früher mit Artillerie belegte Caserne am Kupfergraben wird durch einen Neubau für einen Theil des Kaiser-Alexander-Regiments ersetzt werden, während die ursprünglich für die Reitende Artillerie bestimmte Caserne am Oranienburger Thor dem 2. Garderegiment zu Fuſs zur Unterbringung eines Theils seiner Mannschaften überwiesen ist.

1. Die Caserne des 1. Garde-Feld-Artillerie-Regiments

liegt in der Kruppstraſse; sie ist entworfen nach kriegsministeriellen Skizzen (Voigtel) vom Garnison-Bauinspector Heimerdinger, erbaut in den Jahren 1878—1881 von den Garnison-Bauinspectoren Appelius und La Pierre, von letzterem und dessen Nachfolger Zaar in den Jahren 1886—1889 erweitert. Das Casernement besteht aus vier Wohncasernen von zusammen rd. 295 m Länge, drei Pferdeställen für je 96, vier desgl. für je 56, vier desgl. für je 54 Pferdestände, zwei Reitbahnen, vier Geschützschuppen, einem Krankenstall, einer Schmiede- und Waffenmeister-Werkstatt. An der Perleberger Straſse liegt innerhalb einer Gartenanlage die Officier-Speiseanstalt.

Die Gesamtanlage ist belegt mit 24 Officieren, 1045 Unterofficieren und Mannschaften und umfaſst auſserdem noch 37 Wohnungen für verheirathete Unterofficiere und Beamte. — Gesamtkosten 3 330 000 ℳ.

2. Die Caserne des Garde-Pionier-Bataillons,

Köpenicker Straſse 12, wurde in den Jahren 1869—1873 ausgeführt. — Das Gebäude enthält in dem 4,86 m hohen,

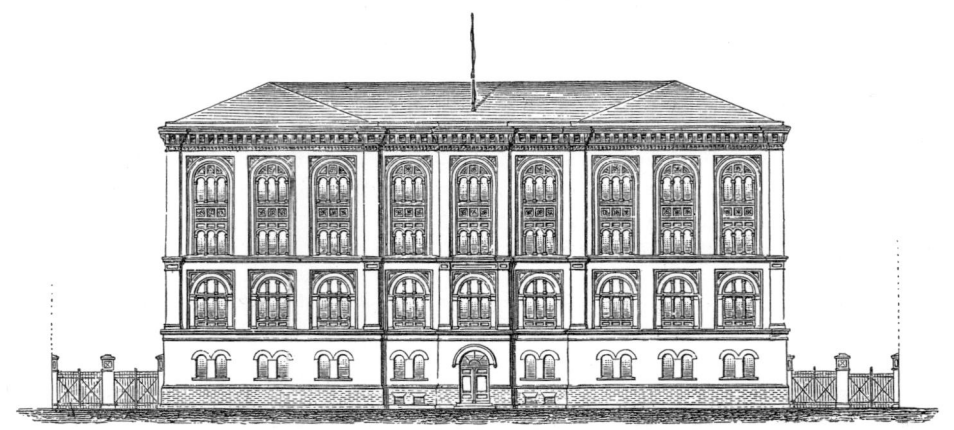

Abb. 413. Caserne des Garde-Pionier-Bataillons, Ansicht.

auf Granitpfeilern überwölbten Erdgeschoſs die Wache und die Mannschaftsküche mit ihren Nebenräumen, im darüber belegenen Hauptgeschoſs die Officier-Speiseanstalt, in den beiden oberen Geschossen, welche in der äuſseren Architektur zusammengefaſst sind, die Wohnräume für die Mannschaften.

Die Pläne sind, mit Ausnahme der in Backsteinrohbau, unter reichlicher Verwendung von Terracotten hergestellten Façade, welche im Kriegsministerium (Voigtel) entworfen wurde, vom Bauinspector Steuer aufgestellt, der auch die Ausführung leitete. Die Baukosten haben 240 700 ℳ. betragen.

Auf dem westlich benachbarten Grundstück hat in dem früheren Casernement des Garde-Schützen-Bataillons ein Theil des Pionier-Bataillons neben der Festungs-Bauschule und den zur Militärtelegraphen-Schule commandirten Unterofficieren Unterkunft gefunden; doch wird die Benutzung der alten, äuſserst schlechten und unzweckmäſsigen Gebäude schwerlich noch von langer Dauer sein.

Oestlich schlieſst sich an die Pionier-Caserne das frühere Festungs-Modellhaus, welches 1773 von Boumann (dem Vater) erbaut wurde und zur Zeit zur Aufnahme von Mannschaften eingerichtet ist, sowie das Ponton-Wagenhaus an.

3. Das Casernement des Eisenbahnregiments Nr. 1,

in Schöneberg zwischen Colonnen- und Monumentenstraſse gelegen, bestand zunächst nur aus einem für das damalige Eisenbahnbataillon bestimmten Hauptgebäude mit Nebenanlagen und ist nach Formirung des Regiments durch Neubau einer zweiten Bataillonscaserne erweitert worden.

XVIII. Gebäude der Militärverwaltung.

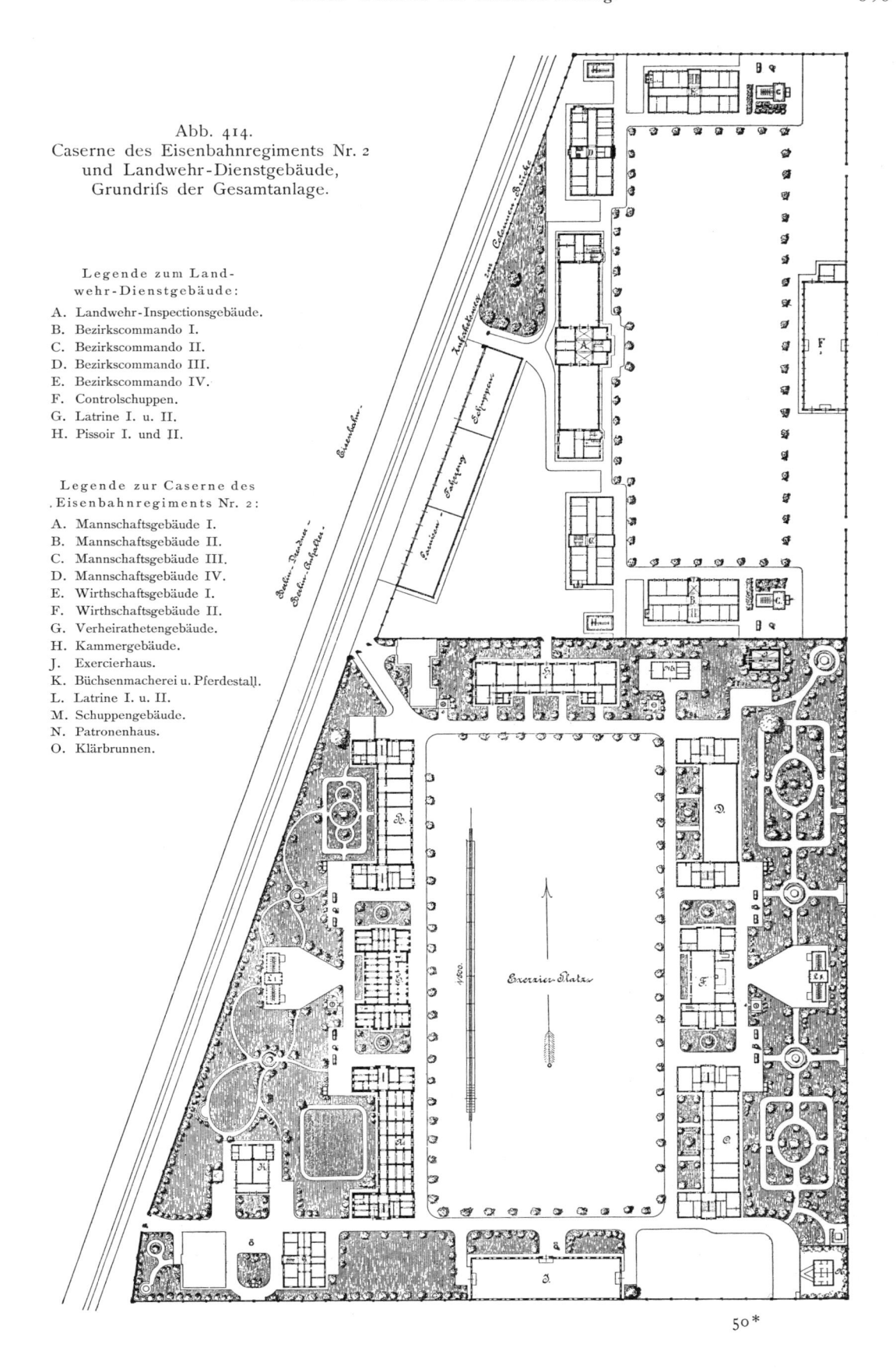

Abb. 414.
Caserne des Eisenbahnregiments Nr. 2
und Landwehr-Dienstgebäude,
Grundriſs der Gesamtanlage.

Legende zum Landwehr-Dienstgebäude:

A. Landwehr-Inspectionsgebäude.
B. Bezirkscommando I.
C. Bezirkscommando II.
D. Bezirkscommando III.
E. Bezirkscommando IV.
F. Controlschuppen.
G. Latrine I. u. II.
H. Pissoir I. und II.

Legende zur Caserne des Eisenbahnregiments Nr. 2:

A. Mannschaftsgebäude I.
B. Mannschaftsgebäude II.
C. Mannschaftsgebäude III.
D. Mannschaftsgebäude IV.
E. Wirthschaftsgebäude I.
F. Wirthschaftsgebäude II.
G. Verheirathetengebäude.
H. Kammergebäude.
J. Exercierhaus.
K. Büchsenmacherei u. Pferdestall.
L. Latrine I. u. II.
M. Schuppengebäude.
N. Patronenhaus.
O. Klärbrunnen.

Das im Jahre 1875/76 nach Skizzen des Königlichen Kriegsministeriums, unter Leitung des zuständigen Garnison-Baubeamten erbaute Gebäude des 1. Bataillons bietet 4 Officieren, 590 Unterofficieren und Mannschaften und 13 Familien Unterkunft.

Die Caserne des 2. Bataillons ist im Jahre 1878/79 nach kriegsministeriellen Plänen erbaut und enthält in ähnlicher Anordnung Wohnungen für 4 Officiere, 512 Unterofficiere und Mannschaften und 11 Verheirathete.

Die Baukosten betrugen für Caserne I 635 500 ℳ, für Caserne II 409 000 ℳ; dazu treten ein Exercierhaus mit 57 000 ℳ, ein Pferdestall mit 23 000 ℳ und die sonstigen Nebenanlagen mit 176 500 ℳ.

Die Gebäude sind mit gelben Steinen verblendet, mit einem Zinnengesims gekrönt und mit allseitig abgewalmten Schieferdächern abgedeckt.

4. Das Casernement des Eisenbahnregiments Nr. 2 (Abb. 414), am Westrande des Tempelhofer Feldes, auf Grund von Planskizzen der Aufsichtsbehörde (Schönhals) entworfen vom Garnison-Bauinspector Böhm und von den zuständigen Garnison-Baubeamten (Böhmer und Zappe) 1892/93 erbaut, besteht aus vier Wohncasernen für je zwei Compagnien und zwei Wirthschaftsgebäuden, welche die Mannschafts- und Unterofficierküchen, die Speisesäle, Verkaufsräume und die Badeanstalten enthalten. Für die Verheiratheten — mit Ausnahme des von seiner Compagnie untrennbaren Feldwebels — wurden zwei besondere Familienhäuser in der Südwestecke des Grundstücks errichtet. Ein neben dem Haupteingange belegenes Stabsgebäude nimmt die Geschäftszimmer und Handwerkstätten auf.

Aus dem Lageplane Abb. 414 ist die Anordnung der einzelnen Gebäude um einen 86 m breiten und 180 m langen Exercierhof, sowie deren innere Eintheilung in den verschiedenen Geschossen ersichtlich.

Das Casernement ist angelegt für 10 Lieutenants bezw. Assistenzärzte, 9 Feldwebel bezw. Zahlmeisteraspiranten, 41 Vicefeldwebel, Fähnriche oder Schreiber, 16 Unterofficiere in besonderen Stuben, 17 Verheirathete, 2 Büchsenmacher und 840 Unterofficiere und Mannschaften. Der jetzt vorhandene Bestand von 1011 Unterofficieren und Mannschaften ist infolge Belegens der Schulsäle und Ueberbelegung der Mannschaftsstuben vorübergehend untergebracht. Die Anlage hat rd. 1 600 000 ℳ Baukosten erfordert.

Die Officier-Speiseanstalt des Eisenbahnregiments Nr. 2 ist, getrennt vom Casernement, im Jahre 1892/93 nach dem im Königlichen Kriegsministerium (Schönhals) aufgestellten Entwurfe in der Colonnenstrafse zu Schöneberg erbaut worden (siehe Grundrifs Abb. 400).

Das Haus ist in rothen Verblendsteinen mit Sandsteingliederungen, in den Formen der deutschen Renaissance ausgeführt; das hohe Schieferdach ist durch ein Thurmdach über dem Treppenhause belebt. Die Kosten haben rd. 105 000 ℳ betragen.

Die Luftschiffer-Abtheilung besitzt in der Südwestecke des Tempelhofer Feldes einen Uebungsplatz von etwas über 4 ha Gröfse, südlich vom Casernement des Eisenbahnregiments Nr. 2.

Die ganze Anlage, welche sich aus kleinen Anfängen nach und nach entwickelt hat, trägt den Charakter einer vorübergehenden Einrichtung. Von den Gebäuden ist allein bemerkenswerth die eiserne, in Wänden und Decken mit Wellblech eingedeckte Ballonhalle von 42 m Länge, 15,40 m lichter Weite und rd. 14 m Scheitelhöhe, deren eine Giebelwand wie ein zweitheiliges Schiebethor nach beiden Seiten hin ausgefahren werden kann, um gefüllte Fesselballons aus- und einbringen zu können. Dieselbe, im Jahre 1887 erbaut, hat rd. 47 000 ℳ gekostet.

Es besteht die Absicht, die Luftschiffer-Abtheilung nach dem früheren Artillerie-Schiefsplatze bei Tegel zu verlegen.

5. Das Casernement des Garde-Train-Bataillons ist nach dem im Kriegsministerium ausgearbeiteten Bauentwurfe (Bernhardt) in den Jahren 1883—1886 zu Tempelhof, in unmittelbarer Nähe der Ringbahn, erbaut worden. Es bildet mit dem

XVIII. Gebäude der Militärverwaltung. 397

Abb. 415. Caserne des Garde-Train-Bataillons, Ansicht aus der Vogelperspective.

Train-Depot und dem Fourage-Magazin, welche sich nach Westen hin an dasselbe anschliefsen, eine zusammenhängende bauliche Anlage von erheblichem Umfange (siehe Lageplan Abb. 416, sowie Vogelperspective der Anlage Abb. 415). Das Casernement besteht aus dem Mannschaftsgebäude (für 315 Mann), dem Inspectorwohnhaus, dem Unterofficierwohnhaus, dem Kammergebäude, den Pferdeställen (für 246 Pferde) mit der Reitbahn, dem Krankenstall, der Beschlagschmiede, dem Uebungsfahrzeug-Schuppen und Nebenanlagen. — Die Anlage besitzt eigene Wasserleitung und Anschlufs an das nach Osdorf führende Druckrohr der Berliner Canalisation; für beide Zwecke ist im besonderen

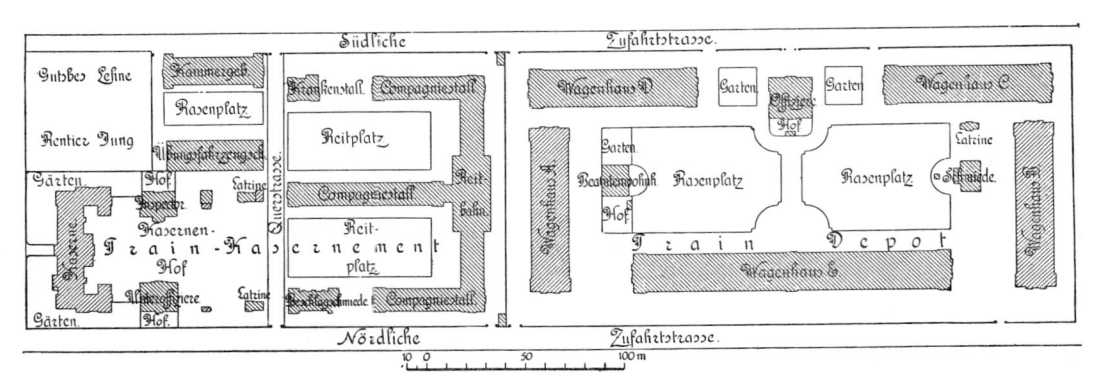

Abb. 416. Caserne des Garde-Train-Bataillons, Lageplan.

Maschinenhause eine Gaskraftmaschine aufgestellt. — Das Casernement ist in Renaissanceformen in Ziegelverblendung, unter mäfsiger Verwendung von Sandstein erbaut. Die Baukosten haben 1 125 000 ℳ. betragen.

B. Gebäude zur Unterbringung von Kriegsmaterial.

Nachdem das „Zeughaus" seiner ursprünglichen Bestimmung entzogen und in ein Waffen-Museum nebst Ruhmeshalle umgewandelt worden ist (S. 233), sind hier nur Bauten von architektonisch mehr untergeordneter Bedeutung zu nennen.

1. Das Train-Depot für das Garde-Corps ist neben dem Train-Casernement und in gleicher Bauart mit demselben zu Tempelhof, nahe der Verbindungsbahn, in den Jahren 1883—1886 errichtet worden. Der Bauentwurf zu demselben wurde ebenfalls im Kriegsministerium (Bernhardt) aufgestellt. Es besteht aus einem Officierwohnhaus mit den Bureauräumen des Depots, einem Beamtenwohnhaus, einer Schmiede und drei Wagenhäusern für zusammen 600 Fahrzeuge. Die Baukosten betrugen rd. 845 770 ℳ.

2. Das Artillerie-Depot, in der Kruppstrafse, im Jahre 1879 nach einem Vorentwurfe der Aufsichtsbehörde (Voigtel) durch den Garnison-Bauinspector Appelius erbaut, besteht aus einem Bureau- und Dienstwohnungs-Gebäude, einem zweigeschossigen Wagenhaus zur Aufnahme von Artillerie-Depot-Material, einer Schmiede und Nebenanlagen. Gesamtbaukosten 214 400 ℳ. — Zur Unterbringung von Feldfahrzeugen verschiedener Truppentheile dienen ferner der Garnison-Fahrzeugschuppen auf dem Tempelhofer Felde, im Jahre 1893 zur Aufnahme von 80 Fahrzeugen (zu je 15 qm Fläche) erbaut, der Fahrzeugschuppen in der Lehrter Strafse, zur Aufnahme von 200 Fahrzeugen, und der Fahrzeugschuppen für das Königin-Elisabeth-Regiment in Charlottenburg. Sie sind sämtlich massiv in Rohbau unter Doppelpappdach ausgeführt. Aufserdem ist noch das Ponton-Wagenhaus in der Köpenicker Strafse, neben der Pionier-Caserne zu nennen.

3. Das frühere Haupt-Montirungs-Depot des Garde-Corps, Stallstrafse 4, dessen Hauptgebäude am Weidendamm im Jahre 1774 von Boumann (dem Vater) erbaut wurde, wird zur Zeit vorübergehend als Bekleidungsamt des Garde-Corps benutzt. Nach Fertigstellung des neuen Corps-Bekleidungsamtes in der Kruppstrafse (gegenüber dem Artillerie-Depot), welches ausgedehnte Werkstätten mit Maschinenbetrieb für Schneider und Schuhmacher, ein Dienstwohn- und Bureaugebäude, sowie eine Caserne für die Handwerker umfassen wird, wird das Grundstück in der Stallstrafse mit zur Unterbringung des Kaiser-Alexander-Regiments Verwendung finden.

C. Exercier- und Uebungsplätze, Schiefsstände, Schiefsplätze.

Für das Detailexerciren sind, wie schon erwähnt, in den einzelnen Casernements möglichst grofse Exercier- bezw. Reitplätze vorgesehen. Aufserdem sind gröfsere Plätze für das Exerciren in gröfseren Verbänden vorhanden; unter ihnen ist der gröfste der auf der südlichen Hochfläche, jenseits des Kreuzberges belegene, das sogen. „Tempelhofer Feld". Derselbe hat schon seit der Zeit König Friedrich Wilhelms I. als Uebungsplatz für die Berliner Garnison, besonders auch für die grofsen Paraden gedient. Seine Abmessungen betragen 1600 : 3400 m.

Im Nordwesten der Stadt ist der grofse Exercierplatz bei Moabit zu erwähnen; derselbe war früher, um den Verwehungen seines leicht beweglichen Sandbodens vorzubeugen, mit einem breiten bewaldeten Schutzstreifen umsäumt, der jetzt in seiner ganzen Ausdehnung durch militärische Bauten ersetzt ist (vergl. Abb. 406). — Ein zweiter gröfserer Exercierplatz, der sogen. „Grützmacher", liegt zwischen dem Invalidenpark und dem Casernement des Garde-Füsilier-Regiments, ein dritter auf der nördlichen Hochfläche des Spreethales, vor dem Schönhauser Thore. Ferner ist, vorzugsweise zur Verfügung des Königin-Elisabeth-Regiments, ein 18 ha grofser Exercierplatz am Grunewald, südlich von Westend, vorhanden.

Schiefsstände für die Infanterie und Cavallerie befinden sich für die Nordhälfte der Garnison in der Jungfernhaide, mit 33 Ständen, für die in Grofs-Lichterfelde casernirten Garde-Schützen im Grunewald, und für die Südhälfte der Garnison in der Hasenhaide (mit 50 Schufslinien für Entfernungen von 100 bis 600 m), neben dem 1894 neu angelegten Pionier-Uebungsplatz.

Der Eisenbahn-Brigade stehen aufser einem Uebungsplatze am Königswege in Schöneberg, welcher mit dem Bahnhof der Militärbahn in Verbindung steht, noch Plätze in Clausdorf und am Schunckesee bei Sperenberg für Uebungen im Feldbahn- und Brückenbau zur Verfügung, welche durch die Militärbahn erreicht werden. Letztere führt auch nach den Artillerie-Schiefsplätzen bei Cummersdorf und Jüterbog. Der frühere Artillerie-Schiefsplatz bei Tegel dient zur Zeit noch der Infanterie zu Uebungen im Gefechtsschiefsen, wird aber nach Fertigstellung des neuen Truppen-Uebungsplatzes Döberitz bei Spandau eingehen.

D. Wachen und Arrestanstalten.

1. Die Neue Wache[1]) oder Königswache liegt zwischen dem Zeughause und der Universität am Kastanienwäldchen. Dem im Jahre 1818 durch Schinkel errichteten Gebäude liegt die Form eines römischen Castrums zu Grunde, mit innerem Hofe und vier kräftigen Eckthürmen. Die Hauptfront zeigt eine giebelbedeckte dorische Säulenvorhalle von edlen Verhältnissen. Das Gebälk hat an Stelle des Triglyphon einen Fries mit Victorien; die Sculpturen im Giebelfelde — ein durch die Siegesgöttin entschiedener Kampf — sind erst 1842, jedoch nach Schinkels Entwurf, hinzugefügt worden. Die Säulen, sowie das Gebälk und die Decke der Vorhalle sind aus Sandstein hergestellt, ebenso die vier Eckthürme und die Gesimse. Die glatten Mauerflächen der Seiten- und Hinterfront wurden im Ziegelrohbau von grauen Steinen mit offenen Fugen ausgeführt. — Zur Linken vom

---

1) Schinkels Entwürfe, Bl. 102—105.

Eingange liegt das Officier-Wachtzimmer und ein Arrestlocal, rechts die grofse Wachtstube, am Hofe Bureaus für militärische Zwecke (Abb. 399).

Im vorigen Jahrhundert besafs Berlin eine grofse Anzahl von Wachen, nämlich eine eigene für jedes Regiment der Garnison; von diesen sind einige in neuerer Zeit Neubauten für Feuerwehr-Wachen gewichen. In späterer Zeit wurden an sämtlichen Thoren Wachen eingerichtet. Eine Wache dieser Art befindet sich am Brandenburger Thor. Ein Wachtgebäude der neueren Zeit, welches jedoch jetzt zu Bureauzwecken benutzt wird, ist das Wachtgebäude an der Kronprinzenbrücke,[1]) welches in den Jahren 1853—1854 von Drewitz erbaut wurde. Das Gebäude sollte vertheidigungsfähig sein und vorzugsweise eine Flankirung der Fronten ermöglichen; daher hatte es an der Ecke einen runden Thurm mit Schiefsscharten in allen Geschossen erhalten.

2. Die Militär-Arrestanstalt

in der Lindenstrafse 36 und 36a, zwischen der Ritter- und Feilnerstrafse gelegen. Die Hauptfront mit der Schinkel'schen Façade, ein schlichter Backsteinrohbau mit weit ausladendem Holzgesims, liegt nach der Lindenstrafse. Die nach der Feilnerstrafse zu belegene Hälfte des Gebäudes dient als Casernement für eine Escadron des Garde-Kürassier-Regiments. Die andere, nach der Ritterstrafse belegene Hälfte enthält die eigentlichen Arrest-Localitäten. Das Gebäude schliefst 134 Arrestzellen, 10 Gerichtszimmer, eine Wachtstube, eine Telegraphenstation, sowie die Wohnung des Platzmajors und einige kleinere Wohnungen ein.

Das Gebäude soll, da es nicht mehr ausreicht, aufgegeben und durch zwei neue Arrestanstalten, eine im Norden, die andere im Süden der Stadt, ersetzt werden. Letztere (siehe Lageplan Abb. 409) ist auf der nordöstlichen Ecke des Tempelhofer Feldes in der Ausführung begriffen. Sie umfafst ein Arrestgebäude, welches 156 Zellen, eine Wachtstube, die Geschäftszimmer, Schliefserwohnungen mit den erforderlichen Nebenräumen enthält, ein Gerichtsgebäude, durch einen bedeckten Gang mit ersterem verbunden, ein Beamtenwohngebäude und einige Nebenanlagen. Die Ausführung des Baues, welcher gegen Ende 1896 fertiggestellt sein soll, leitet der Garnison-Bauinspector Vetter. Baukosten 520 000 ℳ. — Die andere Anstalt, von etwas geringerem Umfange, soll an der Lehrter Strafse auf dem ehemaligen Schutzstreifen des Moabiter Exercierplatzes errichtet werden.

Abb. 417. Militär-Arrestanstalt, Theilansicht.

E. Militär-Verwaltungsgebäude.

Von den sehr zahlreichen Behörden der Militärverwaltung, die in Berlin ihren Sitz haben, ist eine gröfsere Zahl in gemietheten oder nebenher in solchen militärfiskalischen

---

1) Zeitschrift für Bauwesen, Jahrgang 1855, S. 467, Bl. 56.

XVIII. Gebäude der Militärverwaltung. 401

Gebäuden untergebracht, die der Hauptsache nach für andere Zwecke bestimmt sind. Als besondere Dienstgebäude sind jedoch folgende anzuführen:

1. **Das Dienstgebäude des Militärcabinets,** Behrenstrafse 66, ist bereits auf S. 26 dieses Bandes erwähnt und beschrieben worden. Das Gebäude enthält zur Zeit die Wohnung des Chefs, sowie die Bureaus des Militärcabinets neben kleineren Beamtenwohnungen.

2. Die Indendantur des Garde-Corps am Hegelplatz wie die Ober-Militär-Examinations-Commission, Lindenstrafse 4, besitzen einfache Gebäude, welche, ursprünglich zu Privatzwecken errichtet, vom Militärfiskus angekauft wurden. Das Dienstgebäude für die Garnisonverwaltung I, Michaelkirchplatz 17, ist dagegen in den Jahren 1870—1872 durch den Bauinspector Steuer für seinen Zweck errichtet worden; es enthält Dienstwohnungen und Bureaus der betreffenden Behörde (Baukosten 143 400 ℳ).

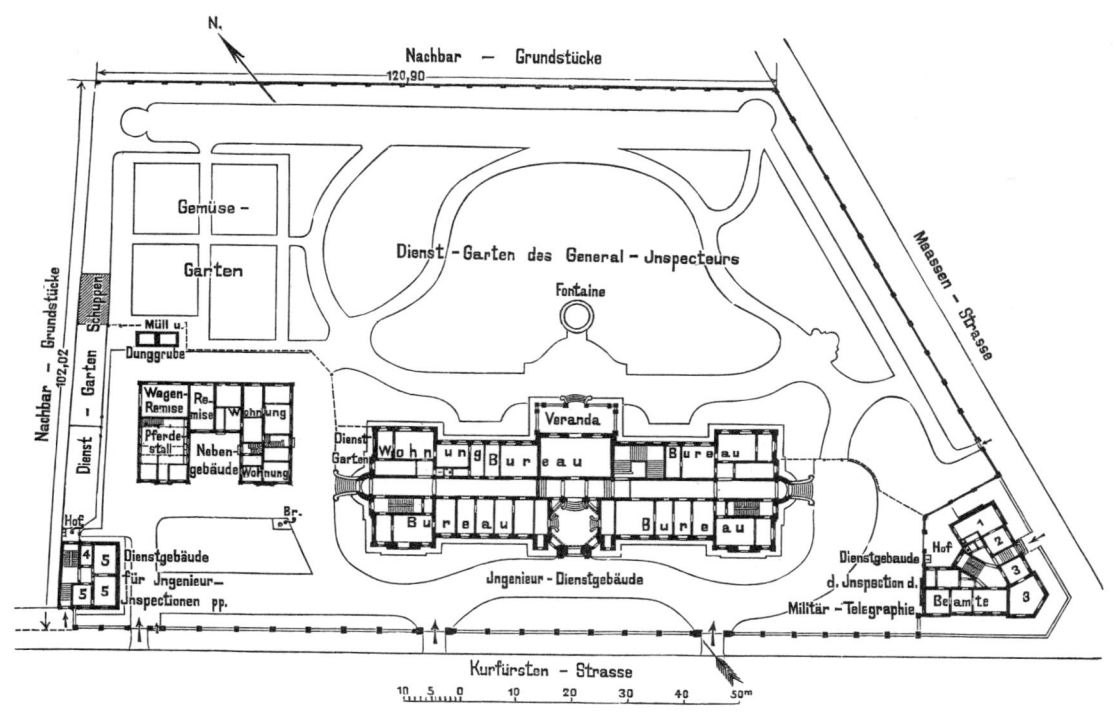

Abb. 418. Das Ingenieur-Dienstgebäude und die Inspection der Militärtelegraphie.
1. Telegraphist und Ordonnanz. 2. Telegraphenstation. 3. Versuchszimmer. 4. Ordonnanz. 5. Bureauräume.

3. **Die Commandantur,** südwestlich von der Schlofsbrücke, am Zeughausplatze belegen, ist als Gebäude insofern historisch interessant, als es das erste auf dem Friedrichwerder erbaute Haus und Eigenthum des Ingenieurs Memhardt war, der es im Jahre 1653 durch den Grofsen Kurfürsten als „Gnadenpräsent" erhalten hatte. Von seiner früheren Erscheinung ist nichts mehr erhalten, da es zuerst 1802 und demnächst 1873—1874 völlig umgestaltet worden ist. Von jenem ersten Umbau sind noch die Gruppenfenster des Obergeschosses und die Säulenvorhalle vorhanden; die Quaderung und das von Adlern gekrönte Consolengesims sind neu hinzugefügt. Das Innere enthält Bureaus und die elegant ausgestattete Dienstwohnung des Commandanten. Kosten des letzten Umbaues rd. 142 000 ℳ.

4. **Das Ingenieur-Dienstgebäude,** Kurfürstenstrafse 63—69, in den Jahren 1872—1875 ausgeführt, ist für die General-Inspection des Ingenieur- und Pioniercorps und der Festungen, sowie für das Ingenieur-Comité bestimmt. Das rd. 72 m lange Gebäude (Abb. 418, Lageplan), welches durch einen breiten Mittelbau unterbrochen und durch zwei

Kopfbauten begrenzt wird, enthält über dem Kellergeschofs ein Erdgeschofs und zwei Stockwerke, die durch einen von den Giebeln und aus den Treppenhäusern beleuchteten Mittelcorridor getheilt werden. Das Erdgeschofs und das zweite Stockwerk werden durch die Bureaus eingenommen; das ganze erste Stockwerk ist für die mit Repräsentationsräumen reich ausgestattete Dienstwohnung des Chefs des Ingenieur- und Pioniercorps verwendet. — Das den Formen des französischen Barockstils angenäherte Aeufsere wird von einer Kuppel beherrscht, welche über dem durch zwei Stockwerke reichenden, grofsen Festsaal jener Wohnung errichtet ist; kleinere Kuppeldächer krönen die Eckpavillons. Die Façadenflächen sind mit dunkelrothen Ziegeln verblendet; das architektonische Detail ist in Cementputz hergestellt. — Entwurf und Ausführung rühren von dem Bauinspector Goedeking her; die Baukosten haben 750 000 ℳ einschliefslich eines kleinen Nebengebäudes betragen.

Auf dem östlichen Theil des Grundstücks, an der Ecke der Maafsenstrafse, hat sich in den Jahren 1878—1879 die Inspection der Militärtelegraphie mit dem Kostenaufwande von 69 000 ℳ ein Dienstgebäude errichtet. Dasselbe, dreigeschossig, enthält die Telegraphenstation mit Versuchsräumen und Geschäftszimmern, sowie eine kleine Dienstwohnung. Das Aeufsere schliefst sich an das des Hauptgebäudes an. Das Gleiche gilt von dem westlich vom Hauptgebäude, an der Kurfürstenstrafse, in den Jahren 1892—1893 nach dem Entwurf des Garnison-Bauinspectors Kahl durch Garnison-Bauinspector Wieczorek ausgeführten Dienstgebäude, welches die Geschäftsräume der I., II. Ingenieur-, der I. Pionier-, sowie der IV. Festungsinspection aufnimmt. Dasselbe, unterkellert, mit drei Wohngeschossen, hat 35 000 ℳ gekostet.

3. Das Dienstgebäude für den Generalstab

umfafst den älteren Theil, welcher, mit der Hauptfront am Königsplatz, mit den zwei Seitenflügeln nach der Moltke- und Herwarthstrafse liegt, sowie den im Anschlufs an denselben, insbesondere für die Landesaufnahmen bestimmten Theil, welcher die Anlage im Umfange eines ganzen Bauviertels nach Norden abschliefst.

Der Entwurf zum älteren Theil ist im Kriegsministerium von dem Geheimen Ober-Baurath Fleischinger unter Mitwirkung des Baumeisters Voigtel und des später mit der speciellen Bauleitung beauftragten Baumeisters Goedeking bearbeitet worden. Die Ausführung erfolgte unter der Leitung des Bauinspectors Steuer.

Der Bau wurde im Herbste 1867 begonnen und trotz der zum Theil schwierigen Fundirung auf Senkkästen und Brunnen, nach einer Bauzeit von $3\frac{1}{2}$ Jahren, im Frühjahr 1871 vollendet und nach der Rückkehr des Generalstabes aus dem Feldzuge gegen Frankreich in Benutzung genommen.

Das Gebäude, in drei Flügeln von 90 m, 62,14 m und 54,61 m Frontlänge errichtet, enthält ein 3,45 m hohes gewölbtes Kellergeschofs, ein gewölbtes Erdgeschofs von 4,39 m Höhe, ein 5,02 m hohes erstes und ein 4,55 m hohes zweites Stockwerk.

Die beiden Fronten am Königsplatz und an der Moltkestrafse haben in dem hohen Mittelbau ein drittes Stockwerk von 4,39 m bezw. 3,45 m erhalten.

Im Kellergeschofs befinden sich aufser den kleineren Dienstwohnungen für das Hauspersonal, den Vorrathsräumen und Waschküchen, sowie den Räumen für die Sammelheizung des Hauses, die Räume für die Druckerei sowie Gelasse zur Aufbewahrung von Lithographiesteinen. Das Erdgeschofs, dessen Grundrifs in Abb. 420 dargestellt ist, enthält aufser zwei Beamtenwohnungen die Abtheilungen für Festungswesen und Kriegsgeschichte, sowie die Dienstzimmer für zwei Ober-Quartiermeister. Sämtliche Räume dieses Geschosses, mit Ausnahme der Wohnungen, sind zum Schutze der kostbaren Sammlungen an Documenten, Karten, Plänen, Instrumenten usw. gegen Feuersgefahr überwölbt.

Im ersten Stockwerk liegen die Bureauräume der Centralabtheilung und der II. Abtheilung; der gröfsere Theil dieses Stockwerks, in einer Ausdehnung von 30 Fenstern Front, ist zur Dienstwohnung für den Chef des Generalstabes eingerichtet, welche von der Unterfahrt am Königsplatze aus durch ein geräumiges Vestibül auf vornehmer Haupttreppe erreicht wird. Die zur Repräsentation bestimmten Räume der Wohnung haben durchweg eine reichere Ausstattung, theilweise auch künstlerischen Schmuck erhalten. Hervorzuheben ist hier das Arbeits- und Empfangszimmer des Chefs, welches durch den Historienmaler von Heyden mit einem Figurenfries, die Entwicklung der Waffenkunst darstellend, geschmückt ist.

Im zweiten Stockwerk liegen die Bureauräume der I. Abtheilung, der III. Abtheilung und der karthographischen und geographisch-statistischen Abtheilung.

Das dritte Stockwerk der beiden Mittelbauten ist für je einen grofsen Zeichensaal mit Nebengelassen zur Aufbewahrung von Mappen, Instrumenten u. dergl. ausgenutzt.

Sämtliche Geschosse sind durch zwei massive Haupt- und zwei Nebentreppen mit einander verbunden. — Die Heizung des Gebäudes erfolgt durch eine Mitteldruck-Wasserheizung in vier Systemen, von denen je zwei vereinigt sind.

Die Façaden des Bauwerks sind in den Flächen mit hellgelben Birkenwerder Ziegeln, unter Verwendung von Terracotten für die baulichen Details, der Sockel in Sandstein ausgeführt; die glatten Wandpfeiler und Architrave des zweiten Stockwerks sind jedoch in Cementputz sandsteinfarbig hergestellt; in der durch Malerei verzierten Rückwand, welche den oberen Abschlufs der in Sandstein ausgeführten Unterfahrt an der Hauptfront bildet, sind die von Calandrelli modellirten Reliefporträts der Könige Friedrich II., Friedrich Wilhelm IV. und Wilhelm I. angebracht. Die Balustrade über dem Hauptgesims ist an den Ecken mit Adlern abgeschlossen und hat in der Mitte der Fronten einen Schmuck durch allegorische Figurengruppen aus Sandstein von Moser und Schaper erhalten. Die Kosten des Baues haben 1 110 000 ℳ betragen.

Abb. 419. Dienstgebäude für den Generalstab, Mittelbau der Hauptfront und Façadensystem.

In den Jahren 1873—1882 bereits wurde eine Erweiterung der Anlage durch das Gebäude für die Landesaufnahme zur Ausführung gebracht, welches mit zwei Hauptflügeln von 85,18 m und 123,81 m an der Moltke- und Herwarthstrafse liegt (s. Grundrifs Abb. 420), sodafs nunmehr der ganze unregelmäfsig gestaltete Bauplatz geschlossen wurde. Im Erdgeschofs des Neubaues befinden sich zwei Beamtenwohnungen, die Bureauräume der Oeconomie-Commission, die Plankammer, die Druckerei und die trigonometrische Abtheilung. Das erste Stockwerk enthält nach der Herwarthstrafse die Wohnung für den Chef der Landesaufnahme, die Bibliothek mit dem durch zwei Stockwerke reichenden Bibliotheksaal im Schnittpunkt der beiden Gebäudeflügel und die karthographische Abtheilung.

404   XVIII. Gebäude der Militärverwaltung.

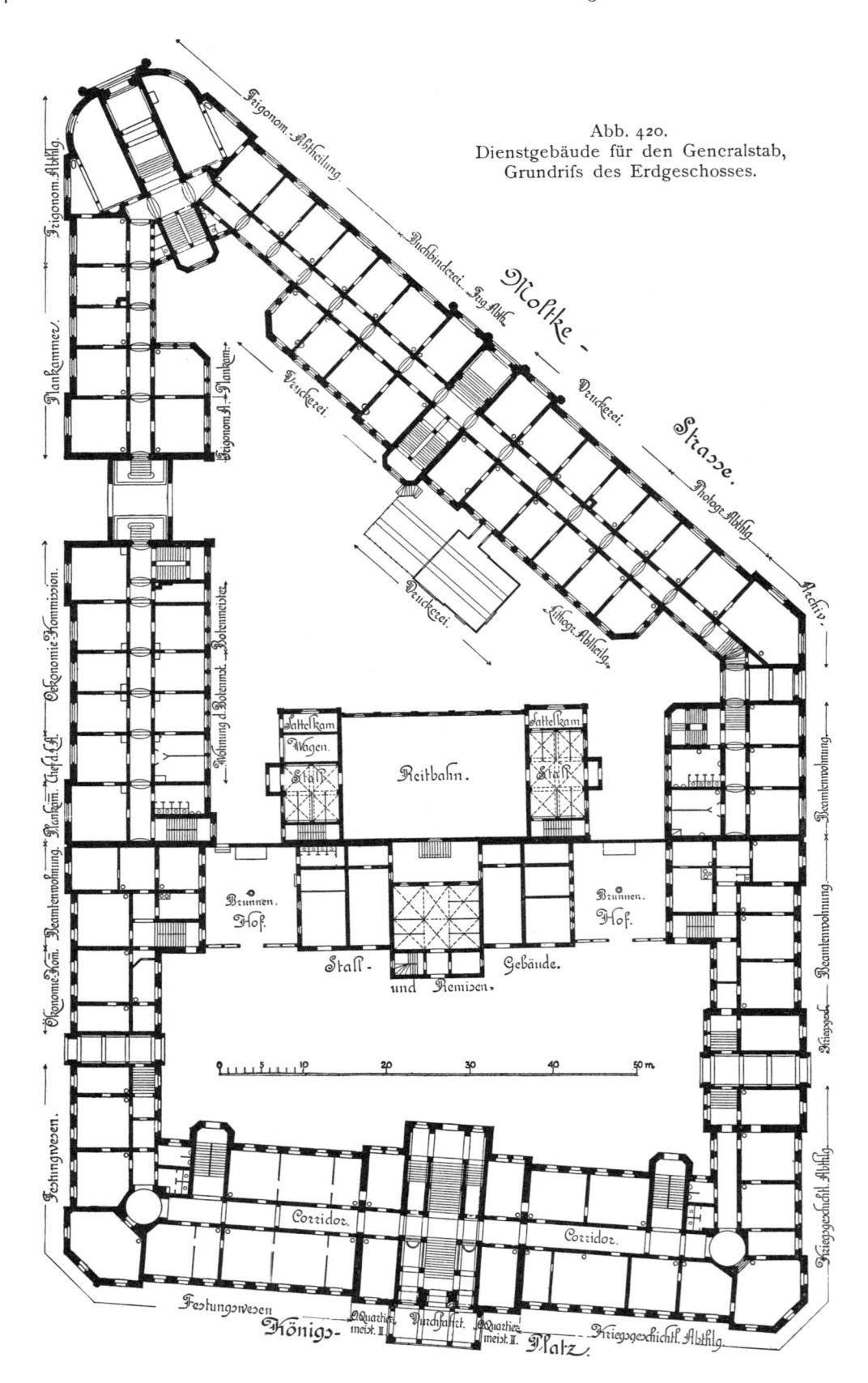

Abb. 420.
Dienstgebäude für den Generalstab,
Grundriß des Erdgeschosses.

XVIII. Gebäude der Militärverwaltung. 405

Im zweiten und dritten Stock ist die topographische Abtheilung untergebracht, das später hinzugekommene vierte Stockwerk enthält das photographische Atelier.

Das Gebäude, wegen des schlechten Untergrundes ebenfalls auf Kästen gegründet, zeigt neben einer Sandsteinplinthe rothe Ziegelverblendung, weicht aber auch in seiner Formgebung von der älteren Anlage, mit welcher es ohnehin wegen anderer Stockwerkshöhen nicht in Uebereinstimmung zu bringen war, wesentlich ab. Terracotten in reicher Durchbildung, insbesondere plastisches Ornament von rother Färbung auf gelbem Grunde, bestimmen den Charakter der die Massen gliedernden zierlichen Architektur.

Die innere Ausstattung ist bis auf die Durchfahrten, Vestibüle, Treppenhäuser und die Wohnung des Chefs einfach gehalten; am reichsten ist, als Mittelpunkt der ganzen Bauanlage, der vorerwähnte Bibliotheksaal ausgestattet worden. — Ein direct wirkender hydraulischer Fahrstuhl zum Transport der schweren Lithographiesteine führt vom Keller nach dem dritten Stock. Die Erwärmung erfolgt durch eine Warmwasser-Heizungsanlage.

Die Grundrisse des Gebäudes wurden vom Kriegsministerium, die Façaden vom Baumeister Gerard entworfen; letzterem war auch die Specialleitung der Ausführung übertragen. Der Bau hat einen Kostenaufwand von 3 055 380 ℳ verursacht.

Abb. 421. Dienstgebäude für den Generalstab, Erweiterungsbau, Ansicht des Eckrisalits.

4. Das Geschäftshaus der Eisenbahnbrigade zu Schöneberg, am Eingange zum Militärbahnhof gelegen, ist im Jahre 1893 nach einem im Kriegsministerium (Schönhals) festgesetzten Entwurf unter Leitung des Garnison-Bauinspectors Böhmer erbaut. Es enthält im Erdgeschofs die Bibliothek und eine kleine Dienstwohnung, im ersten Obergeschofs die Geschäftszimmer der Eisenbahnbrigade und des 2. Eisenbahnregiments. — Das Gebäude ist in rothen Verblendsteinen mit sparsamer Verwendung von Sandstein ausgeführt. — Die Baukosten haben rd. 85000 ℳ betragen, das Quadratmeter rd. 186 ℳ, das Cubikmeter rd. 17,50 ℳ.

5. Die General-Militärkasse, Königgrätzer Strafse 122, zwischen Potsdamer Platz und Prinz-Albrecht-Strafse belegen, wurde nach Abbruch des daselbst befindlichen Landwehr-Zeughauses errichtet. Die Kasse leistet die grofsen Zahlungen für die gesamte deutsche Armee und ist zugleich Corpszahlstelle für das Garde- und das 3. Armeecorps.

Das Gebäude, dessen Entwurf nach Grundrifs-Skizzen des Kriegsministeriums (Aug. Busse) aufgestellt und dessen Ausführung Garnison-Bauinspector Verworn (Regierungs-Baumeister Gabe) leitete, besteht aus einem Vorderhause mit 52,33 m Front und zwei Seitenflügeln. — Erdgeschofs und erstes Stock enthalten die verschiedenen Zahlstellen mit den zugehörigen Warteräumen, Buchhaltereien und zwei grofsen Tresors, die Pensionskasse für Invaliden, Officiere und Beamte und die Militär-Wittwenkasse.

Im zweiten Stock befindet sich die Kriegszahlstelle und die Wohnung für den Vorstand der Kasse.

Das Gebäude zeigt nach der Strafse dunkelrothe Ziegelverblendung, Formsteine und Terracotten neben mäfsiger Verwendung von Sandstein, hauptsächlich zu den Gesimsplatten und dem Portalbau. — Baukosten 579 770 ℳ.

6. Das Dienstgebäude für die Artillerie-Prüfungscommission. Die Ausführung dieser umfangreichen Bauanlage erfolgte in den Jahren 1893—1895 nach den Plänen des Geheimen Ober-Baurath Bernhardt durch den Garnison-Bauinspector Wieczorek. Wie aus dem Lageplan zu ersehen, liegt dieselbe an der Kaiserallee (dem Joachimsthaler Gymnasium gegenüber) auf Deutsch-Wilmersdorfer Gelände (s. Lageplan Abb. 422).

Das 85 m lange Hauptgebäude hat aufser dem Kellergeschofs drei, im kräftig hervortretenden Mittelbau vier volle Geschosse. Im Kellergeschofs sind aufser der Pförtnerwohnung die Tischler- und Schlosserwerkstatt, sowie Kessel usw. der Sammelheizung (Niederdruck-Dampfheizung) untergebracht. — Die Geschäftsräume, Sitzungs- und Zeichensäle, Bibliothek, Modellzimmer usw., Dienstwohnung eines Adjutanten usw. sind auf die oberen Geschosse vertheilt, wobei der 165 qm grofse Hauptsitzungssaal im Mittelbau seine Lage erhielt und bei seiner durch beide

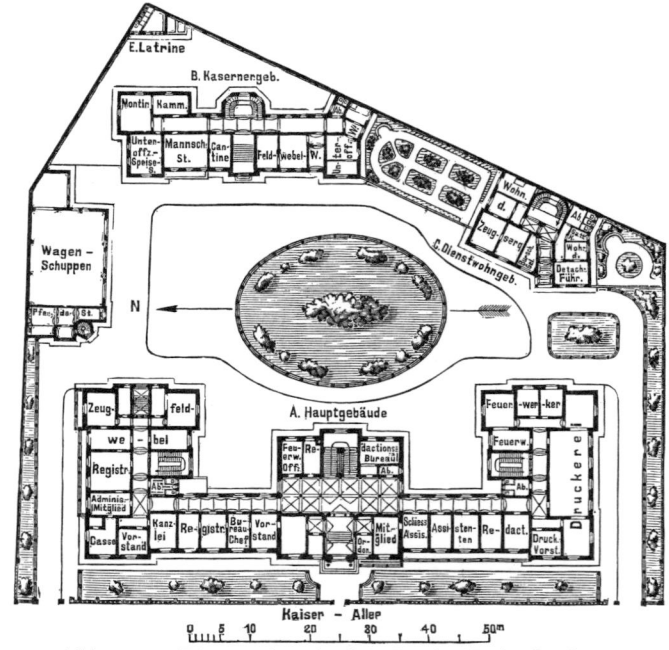

Abb. 422. Dienstgebäude für die Artillerie-Prüfungscommission, Grundrifs.

oberen Geschosse reichenden Höhe auch an der Front wirkungsvoll hervortritt. Das Gebäude ist durchweg mit feuersicheren Decken ausgestattet; das Kellergeschofs und die Flure sind überwölbt, die übrigen Räume theils mit muldenförmigen Bimskies-Betondecken, theils mit solchen nach Kleine'scher bezw. Stolte'scher Art zwischen Trägern überdeckt. Das Dach ist als Mansardendach gestaltet, dessen untere Flächen Schiefer-, die oberen Holzcement-Eindeckung erhalten haben. Die unterwölbte Haupttreppe ist in Sandstein mit eichenem Bohlenbelag, die Nebentreppen sind in Granit bezw. in Eisenblech hergestellt.

Das zweite Gebäude der Anlage, das Dienstwohngebäude, zeigt ein Kellergeschofs und drei Wohngeschosse; es enthält drei Wohnungen für Officiere, darunter eine für einen unverheiratheten sowie eine für einen verheiratheten Zeugsergeanten. Hier ist das Kellergeschofs allein überwölbt, im übrigen sind Balkendecken angeordnet.

Das dritte, das Casernengebäude, 512 qm bebauter Grundfläche einnehmend, enthält ein Keller- und drei Wohngeschosse. Untergebracht sind hier Wohnungen für sechs verheirathete Feldwebel bezw. Unterofficiere sowie für 72 Unterofficiere und Mannschaften mit den zugehörigen Montirungskammern usw. Mannschafts-Kochküche und Brausebad befinden sich im Kellergeschofs.

Sämtliche Gebäude sind in Renaissanceformen ausgeführt; als Material dienten über dem Granitsockel für die Flächen hellrothe Verblendsteine, für die Gliederungen, sowie für die Plinthe des reicher ausgestatteten Hauptgebäudes (s. Façade des Hauptgebäudes Abb. 423) Warthauer bezw. Heuschener Sandstein. — Die Baukosten betrugen rd. 923 000 ℳ.

Abb. 423. Dienstgebäude für die Artillerie-Prüfungscommission, Vorderansicht.

7. Das Landwehr-Dienstgebäude, Kaiser-Franz-Grenadier-Platz 11/12,

zu verschiedenen Zeiten durch die zuständigen Garnison-Baubeamten mit einem Kostenaufwande von rd. 175 000 ℳ für das Hauptgebäude erbaut, ist ein einfacher dreigeschossiger Backsteinbau mit einem schmalen Querflügel an der Strafse und einem längeren Flügel auf dem Hinterlande. Das Haus enthält im wesentlichen die Bureaus für das Berliner Reserve-Landwehrbataillon (Nr. 35) nebst einigen Dienstwohnungen und einem kleinen Casernement.

8. Das Gebäude für die Landwehr-Inspection und vier Bezirks-Commandos Berlin

ist auf dem Tempelhofer Felde, nördlich vom Casernement des Eisenbahnregiments Nr. 2, am Anhalter Bahneinschnitte errichtet (s. Abb. 414). Die Ausführung begann im Frühjahre 1895 nach den Plänen — welchen Grundrifs-Skizzen des Kriegsministeriums (Verworn) zu Grunde gelegen haben — und unter Leitung des Garnison-Bauinspectors Böhmer und wird Ende 1896 beendet sein. Die specielle Bauleitung liegt in den Händen des Regierungs-Baumeisters Lübke, der auch wesentlichen Antheil an der architektonischen Ausbildung der Gebäude hat.

Die Kosten der Gesamtanlage sind auf 1 300 000 ℳ veranschlagt.

Für die Bebauung des Grundstücks war bestimmend, dafs ein möglichst grofser, zusammenhängender Platz für Controlversammlungen frei bleiben sollte.

In der Mittelachse dieses Platzes (Abb. 414), am Zufahrtswege längs der Anhalter Bahn, liegt das Gebäude der Landwehr-Inspection mit etwa 1350 qm bebauter Grundfläche, bestehend aus Sockel-, Erd-, zwei Obergeschossen und Drempelgeschofs.

Das Sockelgeschofs enthält aufser Aufbewahrungsräumen zwei Speisesäle für Unterofficiere und Mannschaften nebst Küchen, die Sammelheizung und zwei Wohnungen für Marketender und Heizer, — das Erdgeschofs aufser Wache und Telegraphenzimmer hauptsächlich die Invaliden-Abtheilungen, Zimmer für Aerzte, Untersuchungszimmer, Wartezimmer und einige Wohnzimmer für Schreiber und Lazarethgehülfen. Im Mittelbau des ersten Obergeschosses befinden sich Zimmer für Ehrengerichte, in den Flügeln Officier-Versammlungssäle, an welche sich in dem einen Eckbau die Dienstzimmer des Inspecteurs und der ihm beigegebenen Officiere, im anderen Eckbau Bibliothekräume schliefsen.

Die beiden Säle von je 23,50 m Länge und 13,30 m Breite reichen durch zwei Geschosse bis in das Dachgeschofs und haben 8 m Höhe.

Die Räume des zweiten Obergeschosses im Mittelbau und in den Eckbauten sind zur Aufnahme von Druckereien, Buchbindereien und Schreibstuben bestimmt.

Symmetrisch zu diesem Hauptgebäude sind die vier Bezirks-Commando-Dienstgebäude von je 516 qm Grundfläche angeordnet, welche sich fast vollständig gleichen und auf dem Plane in allen vier Geschossen dargestellt sind. Im Erdgeschofs derselben sind die Meldebureaus und Controlabtheilungen nebst Zimmern für Stabsofficiere und Schreiber, im ersten Obergeschofs Zimmer des Commandeurs und seines Adjutanten nebst ihren Schreibern, sowie Ersatz-Feldwebel-Meldebureaus, und im zweiten Obergeschofs ein Zahlmeisterbureau und Wohnungen für einen Officier, einen Feldwebel, zwei Unterofficiere und 22 Mann untergebracht.

Die Stockwerkshöhe beträgt in allen fünf Gebäuden gleichmäfsig im Keller 2,94 m, in den Obergeschossen 3,85 m.

An der Ostgrenze des Platzes wird ein Schuppen für Controlversammlungen nach Art der Exercierhäuser angelegt, welcher am Nordgiebel einen Anbau für ärztliche Untersuchungen erhält.

Die Gebäude (s. Abb. 424) sind in deutschem Renaissancestil entworfen; die Ansichtsflächen werden mit dunkelrothen Ziegelsteinen verblendet, sämtliche Architekturglieder in blafsrothem Alvensleber Sandstein hergestellt.

Abb. 424. Das Gebäude der Landwehr-Inspection, Ansicht der Hauptfront. Gez. von G. Lübke.

XVIII. Gebäude der Militärverwaltung. 409

Die Hauptgebäude erhalten massive Decken nach Kleine'schem, theilweise nach Stolte'schem System und werden mit glasirten Falzziegeln eingedeckt.

F. Krankenhäuser und Hospitäler.

1. Das Garnison-Lazareth I in der Scharnhorststrafse ist in den Jahren 1850—1853 durch den Geheimen Ober-Baurath Fleischinger, Baurath Drewitz und Land-Baumeister Becker als Putzbau mit einem Gesamtkostenaufwande von 540 000 ℳ errichtet. Dasselbe war ursprünglich für 608 Betten bestimmt, ist aber in den letzten Jahren durch Errichtung von Isolirbaracken bedeutend erweitert. Die zu dem Lazareth gehörigen umfangreichen Gartenanlagen boten aufser zu diesen Bauten, welche in Holz, in Wellblech- und Massiv-Construction errichtet wurden, noch Platz zu einem Wohngebäude für den Chefarzt und zu einer mit Dampf betriebenen Wasch- und Desinfections-Anstalt. Durch Errichtung von Räumen für die Tablettenfabrikation sowie zu Dispensir- und Aufbewahrungszwecken hat sich jedoch die Aufnahmefähigkeit der Hauptgebäude wiederum auf 431 Betten verringert.

2. Das Garnison-Lazareth Berlin II in Tempelhof ist nach den Plänen der Architekten Gropius & Schmieden in den Jahren 1875—1878 ausgeführt worden. Dem besonderen Bedürfnisse der Militär-Krankenpflege Rechnung tragend, besteht die Anlage aus einem combinirten System von Krankenblocks und Pavillons. Sie ist mit den Casernements durch Anschlufsgleise an das Netz der Berliner Pferdeeisenbahn verbunden, auf welchen der Krankentransport mittels besonders dafür eingerichteter Wagen erfolgt.

Das Lazareth ist für 504 Betten — bei 37 cbm Luftraum für jedes Bett — eingerichtet. Es liegt auf einem Grundstück von 6,13 ha Gröfse im südlichen Theile Tempelhofs und zwar mit der nach Westen gerichteten 336 m langen Hauptfront an der Moltkestrafse.

Zur Aufnahme der Kranken dienen vier Blockgebäude zu je 65 Betten, zwei zweistöckige Pavillons zu je 74 Betten und drei Isolirgebäude zu je 37 Betten. Hierzu treten für Zwecke der Verwaltung ein Verwaltungs-, ein Wirthschafts- und zwei Gebäude mit Wohnungen für den Chefarzt und Beamte der Anstalt. Ein Wachgebäude, ein Magazin für Feldausrüstungs-Gegenstände, ein Eishaus, ein Leichenhaus und ein Gebäude zur Unterstellung der Pferdebahnwagen haben sodann noch an verschiedenen dafür geeigneten Stellen des Grundstücks Platz gefunden. Die Hauptgebäude sind durch geschlossene Gänge mit einander verbunden.

Mit Ausschlufs des Eishauses, eines Holzbaues, sind sämtliche Gebäude als Rohbauten ausgeführt in rothen Ziegeln, deren Flächen durch Streifen von gelben Ziegeln belebt sind. Formsteine sind nur in mäfsigem Umfange zu Umrahmungen von Oeffnungen und zu Gesimsen verwendet worden.

Die Pavillons, Isolirgebäude, das Oekonomiegebäude und die Verbindungsgänge haben Holzcementdächer mit weit übertretenden Holzgesimsen, die übrigen Gebäude, mit Schiefer gedeckt, massive Gesimse auf consolartigen Auskragungen erhalten.

Die Anlage hat einen Kostenaufwand von 2 664 440 ℳ mit Ausschlufs des Grunderwerbs (211 266 ℳ) verursacht. (Veröffentlicht in der Zeitschrift für Bauwesen, 1879.)

Für das Königin-Elisabeth-Regiment zu Charlottenburg wird der Neubau eines Lazareths geplant. Das Füsilier-Bataillon ist zur Zeit auf das kleine frühere Gardes du Corps-Lazareth am Luisenplatz angewiesen, wo durch Aufstellung einer Döcker'schen Lazareth-Baracke dem Bedürfnifs vorübergehend nothdürftig Rechnung getragen ist.

3. Das Königliche Invalidenhaus in der Scharnhorststrafse ist eine im Jahre 1748 eingeweihte Stiftung Friedrichs des Grofsen für seine Armee. Die nach dem Entwurfe des Ingenieur-Hauptmanns Petri ausgeführte Anlage mifst in der Hauptfront 320 m und umfafst drei gröfsere Höfe; es gehört zu ihr noch bedeutendes Gartenland und der (dem Publicum zugängliche) Invalidenpark. Die Bauten bestehen aus einem mittleren Hauptgebäude mit den Wohnungen, einem neueren Wohngebäude und zwei zusammenhängenden Gruppen niedriger Nebengebäude, ebenfalls jetzt zu Wohnungen eingerichtet und zum Betriebe der Oekonomie, welche sich ehemals nicht nur auf Gartenwirthschaft und Viehzucht, sondern auch auf Brauerei, Branntweinbrennerei usw. erstreckte.

Das dreigeschossige, kellerlose, 175 m lange Hauptgebäude ist durch einen Mittelbau unterbrochen; an den Hauptbau schliefsen sich nach hinten, in den Ecken, die beiden Anstaltskirchen an, während nach vorn zwei Flügel vorspringen, die den 80 m tiefen, 90 m breiten, mit einem eisernen Gitter abgeschlossenen Vorhof begrenzen. — Die architektonische Erscheinung des Innern wie des gesamten Aeufsern ist nüchtern und dürftig. Trophäen und das Reliefbild Friedrichs des Grofsen am Mittelbau bilden vereinzelte Schmuckstücke, die Rückseite, die frühere Vorderfront, trägt die Inschrift: „Laeso et invicto militi." Das ganze Haus ist zu Wohnzwecken eingerichtet. Gröfsere Säle, welche in den Invalidenhäusern anderer Staaten mit grofser Pracht als Stätten kriegerischer Erinnerung ausgestattet sind, fehlen ganz, da die Appellversammlungen auf den Fluren abgehalten werden und eine Verpflegung nur für die Kranken und Hülflosen stattfindet. Es hängt dies mit der für das Berliner Invalidenhaus eigenthümlichen Einrichtung zusammen, wonach nicht nur unverheirathete, sondern stets in übergrofser Zahl auch verheirathete Invaliden mit ihren Familien Aufnahme gefunden haben. Während die Anlage durch Allerhöchste Cabinetsordre vom 31. August 1748 auf nur drei Compagnien Invaliden zu je 200 Mann aufser den Officieren usw. eingerichtet war, hat die Anzahl der Bewohner häufig mehr als das Doppelte betragen. Die familienlosen Invaliden bewohnen zu mehreren eine Stube; den Soldatenfamilien ist meist je eine Stube und Kammer nebst Küche angewiesen. Der Umfang der Officierwohnungen ist je nach dem Range und Bedürfnisse der Besitzer verschieden. Neuerdings ist die Zahl der im Invalidenhause lebenden Soldaten und Unterofficiere etwas gesunken, da viele derselben es vorziehen, ihre jetzt auskömmlicher bemessene Pension in der Heimath und bei ihren Familien zu verzehren. In demselben Mafse ist die Zahl der in der Anstalt wohnenden Officiere gestiegen, wodurch der Charakter des Instituts etwas geändert worden ist.

G. Militärische Lehranstalten.

1. Die Kriegs-Akademie, welche der theoretischen Ausbildung von Officieren aller Waffengattungen in den Kriegswissenschaften dient, zerfällt in den Unter den Linden 74 gelegenen älteren und den in der Dorotheenstrafse 58/59 belegenen neueren Theil. Von dem ganzen 6856 qm grofsen Grundstück sind 4795 qm, also 69 % bebaut.

Der erste Theil wird von dem im Jahre 1824/25 in Schinkelschem Geiste durch Bürde errichteten Gebäude für die vereinigte Artillerie- und Ingenieurschule gebildet. Das Gebäude, als Putzbau hergestellt, zeigt an seiner 50,50 m langen, 15,70 m hohen Façade über dem gequaderten Erdgeschofs einen zweigeschossigen, durch 14 korinthische Pilaster getheilten und mit einem Consolengesims bekrönten Aufbau. Das Innere ist seiner neuen Bestimmung entsprechend einem durchgreifenden Umbau unterzogen worden und enthält nunmehr die Dienstwohnungen für den Director, einige Directionsmitglieder und Beamte der Akademie.

Der Ausführung des neueren Theiles (1879—1883) haben die im Kriegsministerium vom Geheimen Ober-Baurath Bernhardt unter schätzbarer Betheiligung von Grunert aufgestellten Entwürfe, deren weitere Durcharbeitung dem damaligen Baumeister Zaar übertragen war, zu Grunde gelegen. Die Gestaltung und Durchbildung der Aufsen- und Innen-Architektur des an der Dorotheen- und Luisenstrafse gelegenen Lehrgebäudes ist sodann dem damaligen Baumeister Fr. Schwechten, welchem auch die künstlerische Leitung dieser Theile anvertraut war, übertragen worden.

1. Das Lehrgebäude, bestehend aus einem Vorderhause an der Dorotheenstrafse und einem Querflügel. Es hat vier Geschosse, von denen das 3 m hohe Kellergeschofs die Wohnung des Portiers und die gesamten Wirthschaftsräumlichkeiten enthält. In dem

XVIII. Gebäude der Militärverwaltung. 411

6,30 m hohen Erdgeschofs (s. Grundrifs Abb. 425) befinden sich zwei Hörsäle für 80 Hörer, ein Hörsaal für Physik nebst den zugehörigen Sammlungsräumen und dem Arbeitszimmer des Docenten, ferner ein Hörsaal für Chemie nebst Laboratorium und Präparatenraum. Den Haupttheil dieses Geschosses nimmt indefs die Speiseanstalt ein, bestehend aus dem grofsen Speisesaal, drei kleinen Nebenräumen und einem Zimmer für Kriegsspiele. Der an dem Saale liegende Buffetraum hängt durch Treppe und Speisenaufzug mit den Küchen- und Wirthschaftsräumen im Keller zusammen und steht mit den Terrassen des Erholungshofes in unmittelbarer Verbindung.

In dem ersten (6,60 m hohen) Obergeschofs liegen drei gröfsere Hörsäle, sowie Geschäftszimmer für den Director und die Directionsmitglieder und das Versammlungszimmer der Lehrer, ferner befinden sich daselbst an der Strafsenfront, von einem gemeinsamen Vorsaale zugänglich, Aula und Bibliothek. — Die Bibliothek, für rd. 80000 Bände, auf reichlichen Zuwachs berechnet, liegt im Vorderhause, umfafst einen grofsen, durch zwei Etagen reichenden 11,60 m hohen Saal, an dessen Wänden zwei Büchergalerien über

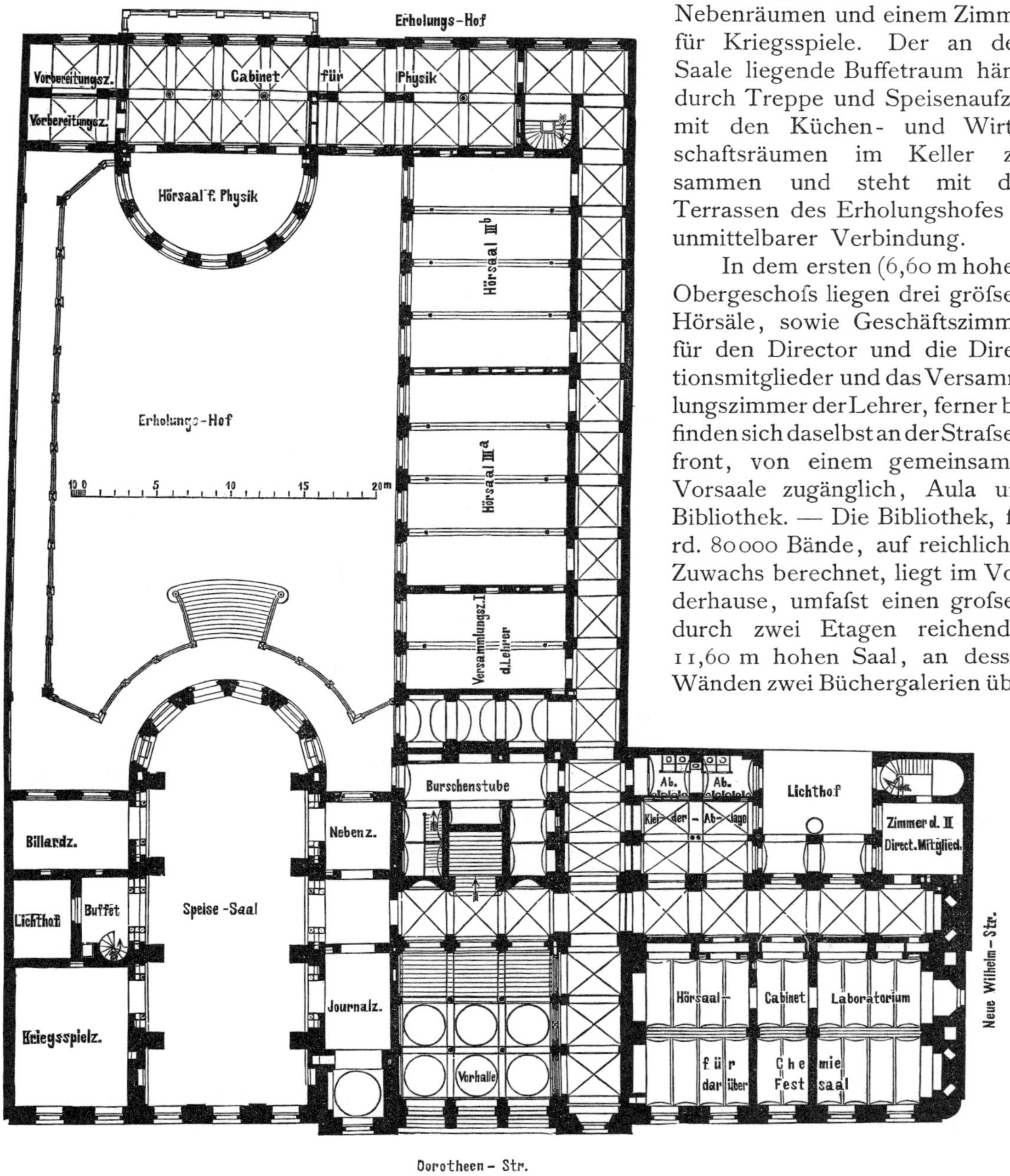

Abb. 425. Die Kriegs-Akademie, Grundrifs des Erdgeschosses.

einander angebracht sind, und vier Nebenräume, von denen drei ebenfalls eine Büchergalerie erhalten haben. Zur Bibliothek gehört ein Arbeitszimmer des Bibliothekars, von welchem aus die Bücher verausgabt werden; in der Bibliothek selbst wird nicht gelesen.

Die 11,35 m hohe, reich mit Stuckdetails ausgestattete Aula enthält an den Wänden die Bilder preufsischer Könige.

XVIII. Gebäude der Militärverwaltung.

Das Aeufsere ist in Anlehnung an die edlen Formen italienischer Backsteinbauten der Renaissance durchgeführt und gewährt durch den bei allem Reichthum des Details klaren und festen Rhythmus seiner Gliederung den Eindruck monumentaler Ruhe und Gediegenheit. Als vortrefflich in seiner reichen Ornamentirung ist namentlich das Mittelrisalit der Front an der Dorotheenstrafse hervorzuheben (Abb. 426). Ein besonderes Schmuckstück bildet an der westlichen Schmalseite der ausgekragte Erker, welcher im Innern den Rednersitz der Aula aufnimmt.

Das Material der Façaden bilden rothe Laubaner Verblendsteine und Formsteine von March, während die Sockel, die Säulen und Pilaster aus polirtem schwedischen Granit sind. Die Treppe im Vorderhause besteht aus Schmiedeeisen mit Steinplattenbelag, alle übrigen Treppen sind von Holz.

Das Innere des Gebäudes ist durchweg in solidester Weise hergestellt. Die massiven Wände haben gröfstentheils Holzpaneele erhalten, welche im Speisesaal und in der Bibliothek reicher ausgebildet wurden, während die Aula und der Vorsaal Marmorpaneele aufweisen.

Abb. 426. Die Kriegs-Akademie, Theilansicht der Vorderfront.

Das Kellergeschofs, die Treppenhäuser und Corridore der Hauptgeschosse, sowie der Hauptsaal der Bibliothek haben massive Gewölbedecken erhalten. Der Feuersicherheit wegen sind ferner die unter der Bibliothek liegenden Räume und der Vorsaal mit Wellblech überdeckt worden, welches im Speisesaal durch eine Holzdecke, in den anderen Räumen durch Putzdecken verkleidet ist.

2. Das Beamten- und Bureaugebäude enthält im Erdgeschofs sieben Haupträume für die Kasse und für Bureauzwecke, in den drei darüber liegenden Geschossen 10 Wohnungen für Unterbeamte.

Zu diesen beiden Hauptgebäuden treten noch zwei Stallgebäude, deren jedes Stallung für drei Pferde, Geschirr- und Fouragekammer, eine Wagenremise und Kutscherstube enthält.

Sämtliche Wohnungen werden durch Kachelöfen geheizt; alle übrigen Räume sind an eine Sammelheizung angeschlossen, welche theils als directe Dampfheizung, theils als Dampfluftheizung, letztere hauptsächlich zur Beheizung der Hörsäle, des Speisesaals und der Bibliothek, angelegt ist.

Die Gesamtbausumme, abgesehen von den Grunderwerbskosten, beträgt für den Neubau des Lehrgebäudes, des Bureau- und Beamtenwohnhauses und der Stallgebäude einschliefslich aller Nebenanlagen rd. 1 447 000 ℳ; die Kosten des Umbaues des Dienstwohngebäudes stellten sich auf 76 000 ℳ.

2. Die Vereinigte Artillerie- und Ingenieur-Schule,[1]) eine Stiftung König Friedrich Wilhelms III.

, war, wie schon erwähnt, bis 1876 in dem (jetzt zur Kriegs-Akademie gehörigen) Gebäude Unter den Linden 74 untergebracht. Die erweiterten Bedürfnisse machten die Errichtung eines Neubaues erforderlich, welcher 1873—1876 nach den Bauentwürfen des Intendantur- und Bauraths Voigtel durch die zuständigen Baubeamten ausgeführt wurde. Auf dem in Charlottenburg, nicht weit vom Stadtbahnhof Zoologischer Garten belegenen, 2,50 ha grofsen Grundstück sind das Lehrgebäude an der Fasanenstrafse, das Directorialgebäude an der Ecke der Fasanen- und Hardenbergstrafse, aufserdem ein Pferdestall, Latrine und ein Wirthschaftsgebäude errichtet. Parkanlagen umgeben die Gebäude; das Hinterland ist zu Gärten ausgenutzt. Das Lehrgebäude, für 300 Zuhörer berechnet, ist 103,50 m lang bei rd. 2909 qm bebauter Grundfläche. Ueber dem gewölbten Keller sind drei Geschosse angeordnet. Das Kellergeschofs nimmt die Küche der Officier-Speiseanstalt mit Nebengelassen, Aufbewahrungsräume und einzelne Wohngelasse auf. Die Geschäftszimmer der Direction und der Hausverwaltung, die Versammlungsräume der Officiere und die Bibliothek liegen im Erdgeschofs. Im übrigen enthält der Bau Lehrsäle, Sammlungen, Laboratorien, aufserdem Wohnungen für 12 Unterbeamte. Ein Anbau in der Achse der Eingangshalle, von dieser direct zugänglich und in Terrainhöhe angeordnet, nimmt den 300 qm grofsen Speisesaal der Officiere auf, über welchem sich die Aula befindet.

Das Directorialgebäude mit rd. 745 qm bebauter Grundfläche ist gleichfalls mit überwölbtem Kellergeschofs und drei Geschossen angelegt; es enthält die Wohnungen für den Director, vier Officiere der Direction und den Hauswart. — Die Aufsenfronten der mit Schiefer eingedeckten Gebäude sind in einfachen hellenisirenden Renaissanceformen mit Backsteinverblendung, Formsteinen und Terracotten durchgebildet; die Gesimse, Plinthe, Pilaster sind mit Cementmörtel geputzt. — Die Baukosten des Neubaues betragen 1 528 000 ℳ; davon entfallen auf das Lehrgebäude 1 130 200 ℳ, auf das Directorialgebäude 259 500 ℳ.

3. Das medicinisch-chirurgische Friedrich-Wilhelms-Institut — jetzt: Kaiser-Wilhelms-Akademie

für das militär-ärztliche Bildungswesen — wurde auf Anregung des General-Chirurgus Goercke nach den Rheinfeldzügen 1795 als „Chirurgische Pepinière" begründet. Die die jetzige Benennung seit 1895 führende Anstalt hat den Zweck, für die deutsche Armee und Marine — aufser den bayrischen und sächsischen Truppen — Militärärzte heranzubilden. Mit dem Institut ist seit 1811 die medicinisch-chirurgische Akademie für das Militär vereinigt. Ein Generalarzt hat die unmittelbare Leitung (Subdirection) des Instituts; zur Führung der Geschäfte steht ihm ein Stabsarzt und ein Verwaltungsbeamter zur Seite. Die Zahl der Studirenden des Instituts beträgt zur Zeit 207, die der Akademiker 57; nur erstere wohnen im Institut. Die Studirenden besuchen die Vorlesungen an der Universität, geniefsen studentische Freiheit, werden indefs in ihren Studien durch 29 Stabsärzte geleitet und überwacht.

Das Anstaltsgrundstück am Bahnhof Friedrichstrafse wurde 1822 für 405 000 ℳ erworben und das umfangreiche viergeschossige Hauptgebäude mit 35 Achsen in der Front und zwei hinteren Seitenflügeln 1822—1826 durch Umbau der vorhandenen Privathaus-Anlage (der sogen. George'schen Sechserhäuser) den Zwecken des Instituts angepafst. Dies Gebäude dient jetzt ausschliefslich zu Wohnzwecken; je ein Stabsarzt bezw. zwei bis vier Studirende bewohnen ein Wohn- und ein Schlafzimmer.

Die Erweiterung der Anstalt machte den Neubau eines Lehrgebäudes nothwendig, welches in den Jahren 1873—1874 durch Bauinspector Steuer mit einem Kostenaufwande von 268 000 ℳ ausgeführt wurde. Dasselbe, 643,50 qm grofs, liegt im Garten des Grund-

---

1) Zeitschrift für Bauwesen, Jahrgang 1886, Statistische Nachweisungen.

stücks, an der nunmehr durchgeführten Reichstagsuferstrafse und enthält über dem Kellergeschofs drei Stockwerke. Aufser der Aula, Berathungszimmern, Sammlungsräumen, Zimmern für Repetitionen, Lesezimmern, Versammlungsräumen für Stabsärzte und Studirende birgt das Gebäude noch das umfangreiche hygienisch-chemische Laboratorium und einige kleine Dienstwohnungen. Dasselbe, auf Brunnen gegründet, ist in einfacher Weise mit Backsteinen und Terracotten verblendet und mit Schiefer eingedeckt. Im Jahre 1894 ist eine Niederdruck-Dampfheizung zur Erwärmung sämtlicher Diensträume ausgeführt worden.

In einem dritten, durch den Bauinspector La Pierre in den Jahren 1880—1883 in gleicher Bauart, nur mit Holzcementdach, ebenfalls am Reichstagsufer, mit einem Kostenaufwande von 99 000 ℳ erbauten Bibliotheks- und Wirthschaftsgebäude ist die annähernd 50 000 Bände enthaltende Büchersammlung des Instituts, eine Stabsarztwohnung, Remise mit Pferdestall usw. untergebracht. Die Bibliothek schliefst sich mit einem heizbaren Verbindungsgang an das Lehrgebäude an.

Zur Zeit werden aus Anlafs der Durchlegung der Reichstagsuferstrafse, welche die Abtrennung eines Theiles vom Hauptgebäude erfordert, weitere Ersatz- und Erweiterungsbauten geplant.

4. Die Haupt-Kadettenanstalt in Grofs-Lichterfelde, etwa 1,5 km vom gleichnamigen Bahnhof der Wannseebahn entfernt, ist in den Jahren 1871—1878 nach Plänen der Bauabtheilung des Kriegsministeriums (Fleischinger, Voigtel) erbaut worden. Bei den inneren Decorationen hat ferner der damalige Bauführer Grunert in verdienstlicher Weise mitgewirkt.

Erster Sitz des 1717 vom König Friedrich Wilhelm I. organisirten Kadettencorps zu Berlin war das 1693 durch Nering in der Neuen Friedrichstrafse aufgeführte und für seinen neuen Zweck nur nothdürftig eingerichtete Gebäude des „Hetzgartens", d. h. einer Arena für Thierkämpfe und Hetzen (S. 336). Da der Bau mit seiner Einrichtung der Bestimmung nur sehr mangelhaft entsprechen konnte, liefs Friedrich II. von 1776 bis 1779 durch Unger einen vollständigen Neubau aufführen, welcher das alte, nach Vollendung des Neubaues abgebrochene Haus umschlofs. Dieser Neubau, eine umfangreiche, dreigeschossige Anlage casernenartigen Charakters, in der Strafsenfront durch einen trophäengeschmückten Säulenvorbau mit der Inschrift: „Martis et Minervae alumnis" ausgezeichnet, bildete das Hauptgebäude der Anstalt. — Eine wesentliche Erweiterung wurde derselben im Jahre 1838 zu theil, indem unter mehreren benachbarten Privatbesitzungen auch ein gröfseres Fabrikgebäude, das sogen. „Spanische Weberhaus", für das Kadettencorps erworben wurde. Dieses Haus wurde durch den Professor Meinecke speciell für Unterrichtszwecke ausgebaut und enthielt im mittleren Theile die grofse Aula der Anstalt, den mit den Bildern der preufsischen Könige und Feldmarschälle geschmückten sogen. „Feldmarschall-Saal".

Nach diesen Erweiterungen, denen später noch mehrfach kleine Aenderungen folgten, genügten die Baulichkeiten der über ein Gelände von etwa 2,50 ha verfügenden Anstalt für 400 Zöglinge und das entsprechende Lehrer- und Beamtenpersonal.

Durch Ausscheidung des letzteren ist es möglich gewesen, den aufserordentlichen Zuwachs, welchen das Haus, als Centralinstitut sämtlicher preufsischen Kadettenanstalten, nach dem Jahre 1866 erhalten hat, zu bewältigen und seit 1870 die Zahl von 700 Kadetten in demselben unterzubringen. Mit der Zeit aber machten sich die Uebelstände, welche mit der Lage des Grundstücks inmitten des bevölkertsten Stadttheils von Berlin, an dem damals noch bestehenden, gesundheitsschädlichen Königsgraben verbunden waren, in dem Grade fühlbar, dafs im Jahre 1871 eine Verlegung der Anstalt beschlossen, und der Neubau derselben auf einem 21,63 ha grofsen Gelände zu Grofs-Lichterfelde begonnen wurde. Planmäfsig ist die am 1. Juli 1878 dem Betriebe übergebene Anstalt für die Aufnahme von 880 Kadetten berechnet, welche sich auf 4 Doppel-Compagnien von 220 Köpfen vertheilen. Die Zöglinge werden mit der Reife für die Obertertia, mit welcher Klasse hier der Unterricht beginnt, von den Voranstalten übernommen, erhalten neben der militärischen Vorbildung einen wissenschaftlichen Unterricht, der dem der preufsischen Realgymnasien entspricht und werden, je nach ihrer bei den Prüfungen dargelegten Reife, entweder als

XVIII. Gebäude der Militärverwaltung. 415

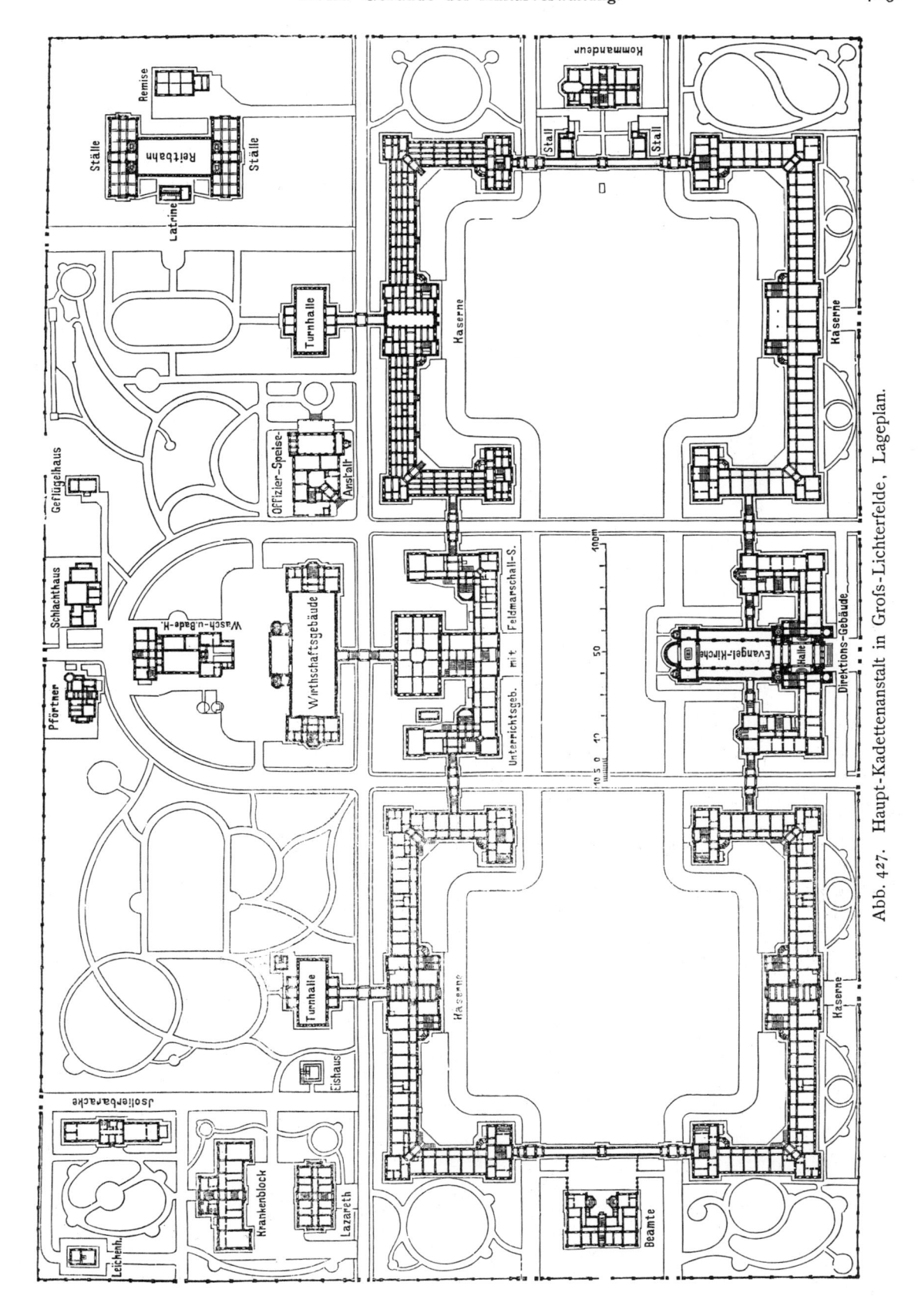

Abb. 427. Haupt-Kadettenanstalt in Groſs-Lichterfelde, Lageplan.

XVIII. Gebäude der Militärverwaltung.

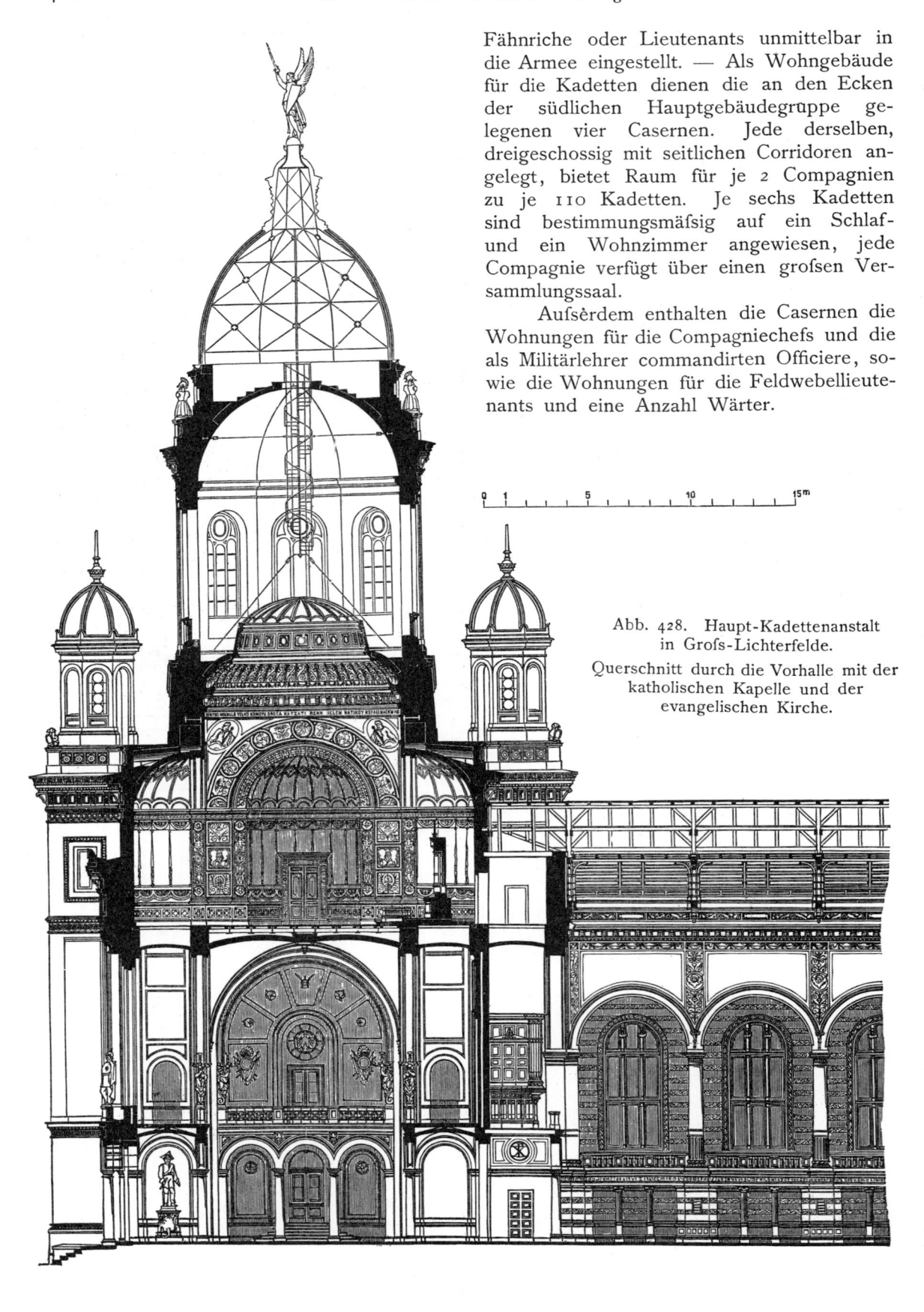

Fähnriche oder Lieutenants unmittelbar in die Armee eingestellt. — Als Wohngebäude für die Kadetten dienen die an den Ecken der südlichen Hauptgebäudegruppe gelegenen vier Casernen. Jede derselben, dreigeschossig mit seitlichen Corridoren angelegt, bietet Raum für je 2 Compagnien zu je 110 Kadetten. Je sechs Kadetten sind bestimmungsmäfsig auf ein Schlaf- und ein Wohnzimmer angewiesen, jede Compagnie verfügt über einen grofsen Versammlungssaal.

Aufserdem enthalten die Casernen die Wohnungen für die Compagniechefs und die als Militärlehrer commandirten Officiere, sowie die Wohnungen für die Feldwebellieutenants und eine Anzahl Wärter.

Abb. 428. Haupt-Kadettenanstalt in Grofs-Lichterfelde.
Querschnitt durch die Vorhalle mit der katholischen Kapelle und der evangelischen Kirche.

XVIII. Gebäude der Militärverwaltung. 417

Zwischen den beiden Casernen der Hauptfront liegt das Directionsgebäude, dessen dreiachsiges Hauptportal in der Höhe des ersten Stocks mit den Bronzestatuen König Friedrich Wilhelms I., Friedrichs des Grofsen, Friedrich Wilhelms III. und Kaiser Wilhelms I. geschmückt, zu einem geräumigen und hohen Vestibül führt. Die Nischen dieses Raumes enthalten jetzt die Marmor-Originale der Feldherrnstatuen auf dem Wilhelmsplatze zu Berlin (vergl. S. 28). An den Raum schliefst sich nach der Tiefe die evangelische Kirche mit einem Fassungsraum von 1200 Sitzplätzen; über ihm erhebt sich, als achteckiger Kuppelaufbau, die katholische Kapelle für 150 Personen. Zu beiden Seiten dieses Mittelbaues erstrecken sich Flügelbauten, welche die Wohnungen der höheren Officiere, der Professoren, Geistlichen und des Oberstabsarztes enthalten.

Abb. 429. Haupt-Kadettenanstalt in Grofs-Lichterfelde, Feldmarschall-Saal.

Zwischen den beiden anderen Casernen befindet sich das Unterrichtsgebäude mit 45 Lehrklassen für je 20—25 Kadetten, der Bibliothek, dem Lehrerversammlungszimmer, den Zeichensälen, den physikalischen und chemischen Cabineten, und — in seiner Hauptachse belegen — der Aula. Letztere, der „Feldmarschall-Saal" (38 m lang, 17 m breit, 15 m hoch), zeigt eine reich getheilte Decke, deren Felder mit Malereien von Burger, allegorischen Darstellungen der militärischen Tugenden, geschmückt sind. Der untere Theil der kräftig gegliederten und mit plastischem Schmuck versehenen Wände wird durch die Porträts preufsischer Feldmarschälle und einen Relieffries des Bildhauers Joh. Pfuhl geziert. Die oberen Wandfelder weisen die grofsen Bilder Kaiser Wilhelms I., Friedrichs III., Wilhelms II. auf. Nördlich vom Unterrichtsgebäude, in der Hauptachse desselben, und mit ihm durch eine Halle verbunden, liegt das Oekonomiegebäude mit dem grofsen, 1000 Kadetten fassenden Speisesaal nebst den zugehörigen Küchen- und Anrichteräumen, Wohnungen für den Oekonomen, dessen Personal und für Aufwärter.

Die bisher genannten sechs Gebäude der südlichen Gruppe, welche unter sich durch bedeckte Hallen verbunden sind, schliefsen einen lang gestreckten Exercierplatz ein, an dessen einer Schmalseite sich der Flensburger Löwe, ein Beutestück aus dem dänischen Kriege, erhebt. — Durch kurze Verbindungshallen sind ferner auf der Ostseite des Exercierplatzes das Commandeurhaus mit der Wohnung für den Commandeur der Anstalt, dessen Adjutanten, Bureauräumen und der Kasse, auf der Westseite das Beamtenwohnhaus mit vier Lehrerwohnungen angeschlossen.

Auf dem nördlichen Theil der Anstalt befinden sich das Officiercasino, welches erst nachträglich, in den Jahren 1880—1882, nach den Plänen der Aufsichtsbehörde (Bernhardt) unter Leitung des Garnison-Bauinspectors Verworn erbaut wurde, zwei Turnhallen, die Wasch- und Badeanstalt, das Portierhaus, das Schlachthaus, ein Stallgebäude, die Reitbahn mit den Pferdeställen, die Schmiede mit Spritzenraum und Remise, und schliefslich das Lazareth, welches ein Verwaltungsgebäude, einen Krankenblock, eine Isolirbaracke und ein Leichenhaus umfafst.

Auf einem besonderen Grundstücke aufserhalb der Anstalt, westlich von derselben, ist noch ein Wohnhaus für sechs Lehrer errichtet.

Die Hauptgebäude sind in den Formen italienischer Renaissance mit rundbogigen Oeffnungen in rothen Verblendsteinen aufgeführt; ihre verzierten Gesimse, sowie zahlreiche Füllungen und Bekrönungen, welche plastischen Schmuck durch kriegerische Sinnbilder erhalten haben, sind aus Terracotten hergestellt. Die übrigen Gebäude sind in einfachen Rohbauformen gehalten.

Die Anstalt wird mit Wasser und Gas aus den Lichterfelder Werken versorgt. Die Entwässerung erfolgt unterirdisch durch Canäle nach einem zur Anstalt gehörigen Rieselfelde von vorzüglicher Aufnahmefähigkeit, welches in der Nähe des Teltower Sees gelegen ist. Hier befinden sich auch die vier Schiefsstände der Anstalt und im See selbst die auf Pfählen als Holzbau errichtete umfangreiche Schwimmanstalt.

Der Bau der Anstalt hat einen Kostenaufwand von 9 115 000 ℳ verursacht.

5. Das Commando des Kadettencorps, Hallesches Ufer 24, ist in einem angekauften früheren Privatgebäude untergebracht, welches nichts Erwähnenswerthes bietet.

6. Oberfeuerwerker-Schule. Die Oberfeuerwerker-Schule, an der Ecke der Invaliden- und Lehrter Strafse, wurde in den Jahren 1879—1881 nach den Plänen des Königlichen Kriegsministeriums (Verworn) durch die zuständigen Baubeamten (Appelius, La Pierre) erbaut, aber schon in den Jahren 1893/94 — die beiden Wohncasernen insbesondere durch Hinzufügung eines dritten Obergeschosses — erheblich erweitert. Das Grundstück bildet ein lang gestrecktes Rechteck, das allseitig von Strafsen umgeben ist. An der Invalidenstrafse liegt hinter einem geräumigen, von eisernem Gitter umfafsten Vorgarten das dreigeschossige, 76 m lange Hauptgebäude mit breiten dreitheiligen Mafswerkfenstern und hohem Mittelthurm; es enthält die Geschäftszimmer und Lehrsäle, das physikalische und chemische Cabinet, die Bibliothek, den Geschützaufnahmesaal u. dergl. sowie die Speiseanstalten und einige Dienstwohnungen. — Hinter diesem Gebäude erstreckt sich an den langen Rechteckseiten je eine viergeschossige Caserne für im ganzen 366 Schüler und 51 Ordonnanzen, die aber auch Wohnungen für Officiere und Oberfeuerwerker enthalten. Den Abschlufs nach der Seidlitzstrafse bildet ein geräumiges Turn- und Exercierhaus. Sämtliche Gebäude sind mit gelben, bezw. an Sockel und Gesimsen rothen Ziegeln, unter Verwendung von Thehmuschwitzer Glasuren verwendet und zeigen in gothisirenden Formen einfache, aber stattliche Verhältnisse. Gesamtbaukosten 905 794 ℳ. (Veröffentlicht in den statistischen Nachweisungen der Zeitschrift für Bauwesen, Jahrgang 1886.)

7. Militär-Rofsarztschule und Militär-Lehrschmiede. Diese beiden Anstalten liegen zwischen der Karlstrafse und der Thierarzneischule, sind 1868—1871 durch die zuständigen Baubeamten erbaut und bestehen aus der viergeschossigen Caserne von 85 m Länge (Rohbau mit Zinkdach, Baukosten 246 900 ℳ) für 156 Rofsarzteleven und 64 Hufbeschlagschüler und eine gröfsere Zahl Dienstwohnungen, ferner aus dem einstöckigen

XVIII. Gebäude der Militärverwaltung.   419

Wohngebäude für den Corps-Rofsarzt, der Lehrschmiede von 41,60 m Länge und 17,20 m Breite mit 10 Essen bezw. 20 Feuern, zwei Stallgebäuden für 30 Pferde, einem Fourageschuppen und kleineren Nebenbaulichkeiten (siehe den Lageplan Abb. 271).

8. Die Militär-Turnanstalt in der Scharnhorststrafse, im Jahre 1850 durch den Baurath Drewitz mit einem Kostenaufwand von 55 500 ℳ erbaut, wurde im Laufe der Jahre bedeutend vergröfsert. Sie ist ausschliefslich zur Ausbildung von Officieren zu Turnlehrern für die Armee bestimmt. Das Gebäude enthält aufser der Dienstwohnung für den Director und den erforderlichen Nebenräumlichkeiten eine Badeanstalt und drei geräumige Turn- und Fechtsäle. Im Garten sind Hindernifsbahnen angelegt, sowie Wellblechschuppen für Fahrräder und Turnbaracken errichtet. (Abbildung und Beschreibung im Jahrgang 1851 der Zeitschrift für Bauwesen.)

9. Die Militär-Telegraphenschule und die Festungsbauschule sind in Gebäuden früherer Casernements in der Köpenicker Strafse vorübergehend untergebracht.

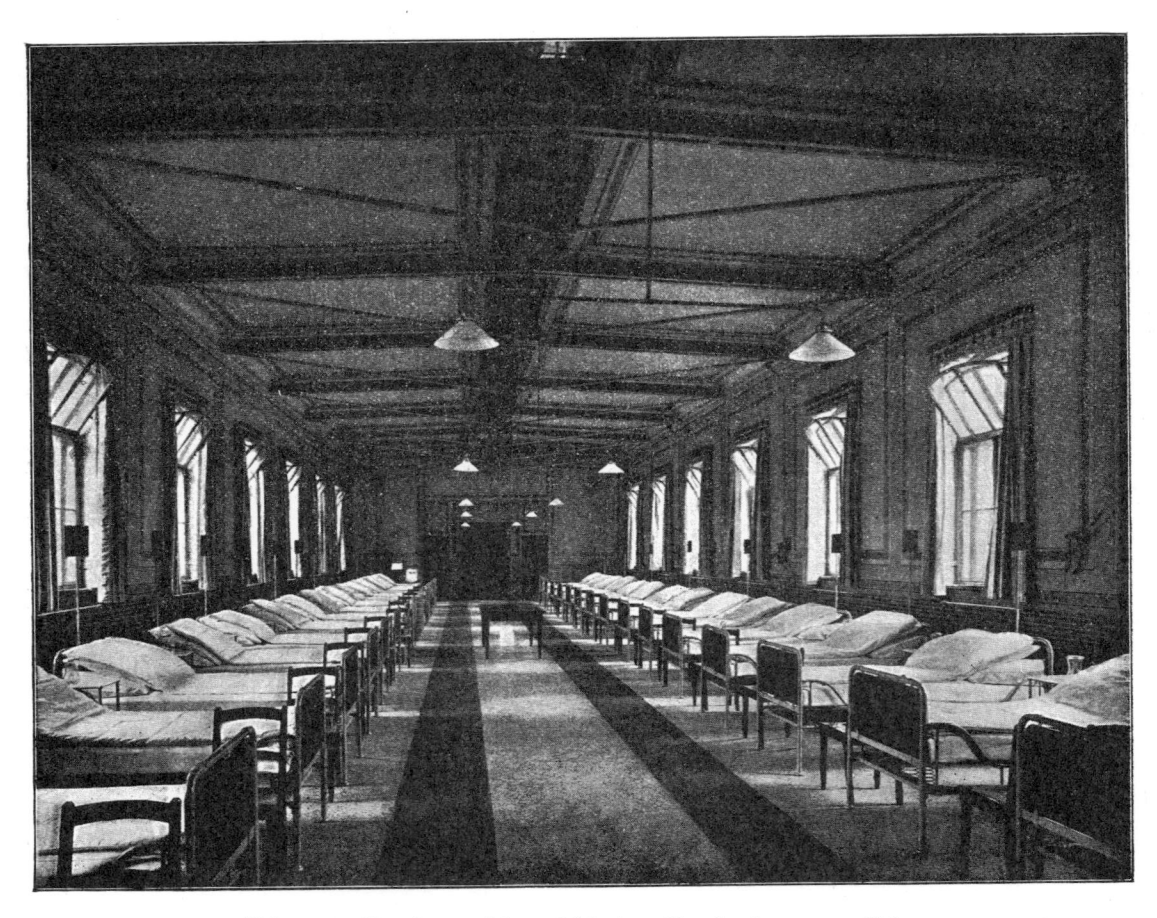

Abb. 430. Krankensaal im städtischen Krankenhause am Urban.

XIX. Heilanstalten.

A. Krankenhäuser.[1]

Die zahlreichen öffentlichen und privaten Krankenhäuser Berlins stellen alle Entwicklungsstufen dar, die gerade diese Gebäudeklasse wie keine andere in den letztvergangenen Jahrzehnten durchgemacht hat. Nach der alten casernenartigen Anordnung mit doppelt besetzten Fluren und mangelhaft mit Luft und Licht versorgten, tiefen Krankensälen, wie sie uns in den ältesten, jetzt erfreulicher Weise dem Abbruch preisgegebenen Theilen des Charité-Krankenhauses erhalten ist, entstanden zahlreiche Krankenhäuser nach dem sogenannten Flurgangsystem, mit einseitig besetzten, gut lüftbaren Gängen, bis auch diese Anordnung der neueren, aufgelösten Bauweise nach dem Pavillon- oder dem Barackensystem weichen mufste. In unmittelbarer Ableitung aus den leichtest construirten Feldbaracken wurde diese Bauart zuerst in bescheidener Weise in dem Barackenlazareth Moabit angewendet, gelangte aber bald darauf in ausgedehnterem Mafse im Krankenhause am Friedrichshain und in neuester Zeit mit allen technischen Vollkommenheiten und den strengsten gesundheitlichen Forderungen entsprechend in den sogen. Kochschen Baracken der Charité sowie im Krankenhause am Urban zur Ausführung. Es erscheint bei dieser einheitlichen Entwicklung am gerathensten, in der nachfolgenden Beschreibung eine rein historische Anordnung des Stoffes einzuhalten, d. h. die Krankenhäuser in der Reihenfolge zu betrachten, wie sie zeitlich entstanden sind. Dabei sollen jedoch diejenigen

---

[1] Bearbeitet in den einzelnen Theilen durch Bauinspector Endell, Stadt-Bauinspector Frobenius und Regierungs-Baumeister Muthesius.

XIX. Heilanstalten.

Bautheile, welche an ältere Anlagen nachträglich angefügt sind, mit diesen zusammen betrachtet werden, um der Uebersichtlichkeit des Ganzen keinen Eintrag zu thun.

Das Königliche Charité-Krankenhaus[1]) (Abb. 431), an der nordwestlichen Ecke des ehemals ummauerten Stadtgebietes belegen, umfafst ein Grundstück von 12,255 ha Gröfse.

Das Hauptgebäude wurde 1710 als Fachwerkbau aus Veranlassung einer drohenden Pockenseuche errichtet, erhielt 1785—1797 die beiden Seitenflügel und 1800 den Mittelbau in seiner jetzigen Gestalt mit einer besonderen Kirche in der nordwestlichen Ecke des Gebäudes. 1831—1834 entstand das Gebäude der sogenannten „Neuen Charité", 1836

1. Waschhaus der Charité.
2. Leichen-Schauhaus.
3. Altes Pockenhaus.
4. Combinirte Station.
5. Schuppen.
6. Strohschuppen.
7. Barackenlazareth.
8. Entbindungsanstalt.
9. Evacuationspavillon.
10. Gynäkologischer Pavillon.
11. Neue Charité.
12. Kesselhaus.
13. Sommerlazareth.
14. Eishaus.
15. Pathologisches Institut.
16. Bakteriologischer Pavillon.
17. Kinderhospital.
18. Eis- und Kohlenkeller.
19. Wage.
20. Gewächshaus.
21. Eishaus.
22. Beamtenwohnhaus.
23. Alte Charité.
24. Hörsaal.
25. Sectionshaus.
26. Wärterbaracke.
27. Laboratorium des Instituts für Infectionskrankheiten.
28. Schuppen.
29. Gräfe-Denkmal.
30. Königliche Thierärztliche Hochschule.
31. Reichs-Gesundheitsamt.
32. Erstes anatomisches Institut.
33. Philippkirche.
B. Baracken des Instituts für Infectionskrankheiten.

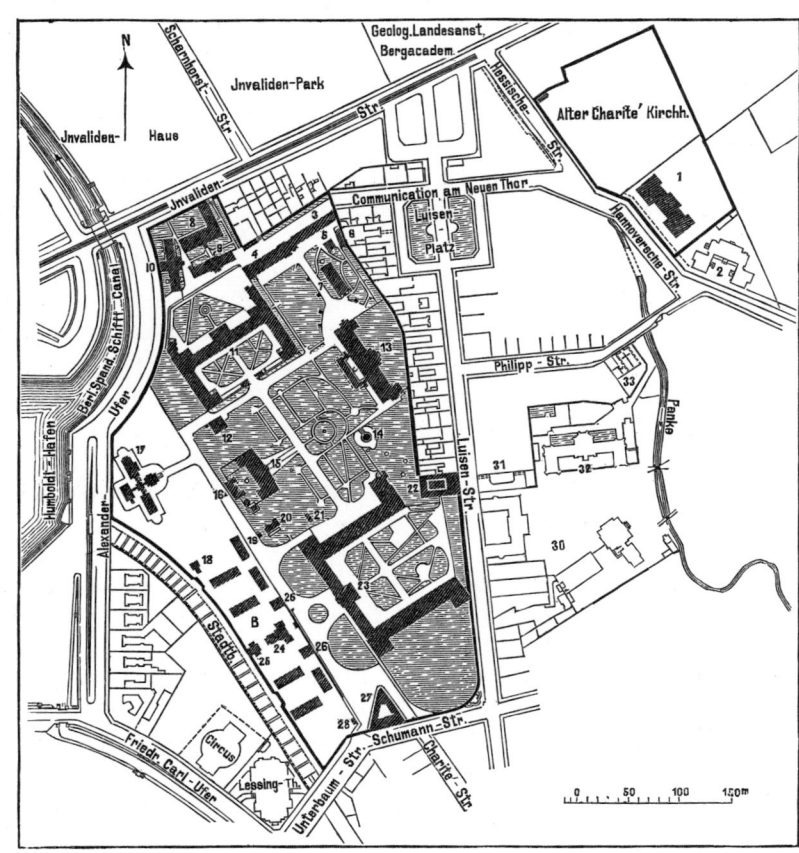

Abb. 431. Charité-Krankenhaus, Lageplan.

bis 1837 das ursprünglich für Pockenkranke bestimmte Gebäude der jetzigen Entbindungsanstalt, 1851 das Sommerlazareth, 1856 das im Jahre 1873 bedeutend erweiterte Gebäude des pathologischen Instituts, 1866—1867 endlich die Baracke und die Zelte. Entsprechend der schnellen Entwicklung der ärztlichen Wissenschaft brachten die nächsten Jahre zahlreiche weitere Neubauten. Als solche entstanden 1877 der mit der Entbindungsanstalt durch eine bedeckte Halle verbundene sogenannte Evacuationspavillon, 1878 die sogenannte Combinirte Station als Nebenabtheilung für äufserlich Kranke an Stelle eines Oekonomiegebäudes bei der Neuen Charité, 1881 das neue Waschhaus auf dem alten Charitékirchhofe, 1883 der Gynäkologische Pavillon und das Kesselhaus an

---

1) Reichhaltige Mittheilungen über die Charité giebt das Werk: Die Krankenhäuser, ihre Einrichtung und Verwaltung von Dr. C. H. Esse, Berlin 1868 bei Enslin und die Festschrift für die 59. Versammlung deutscher Naturforscher und Aerzte: Die naturwissenschaftlichen und medicinischen Staatsanstalten Berlins, von Prof. Dr. med. Guttstadt. Berlin 1886, bei Hirschwald.

der Südecke der Neuen Charité, 1885 zwei Flügelanbauten an die Neue Charité für tobsüchtige Männer und Frauen. Im Jahre 1887 wurde dann das Kesselhaus erweitert zur Mitbeheizung des 1888 errichteten Kinderhospitals. 1891/92 wurde endlich das Kochsche Institut für Infectionskrankheiten erbaut und fast gleichzeitig, 1891 bis 1893, erhielt die Entbindungsanstalt einen Erweiterungsanbau.

Die Zahl der gleichzeitig zu verpflegenden Kranken beträgt 1400—1700. Im Jahre 1894 fanden 17 177 Kranke Aufnahme. Die Krankenbehandlung erfolgt in 11 gesonderten Abtheilungen, die zugleich zu klinischen Zwecken und zu Staatsprüfungen für Aerzte benutzt werden. Diese Abtheilungen sind:

a) In der Alten Charité: 1. Die Abtheilung für innerlich Kranke. 2. Die Abtheilung für kranke Kinder. 3. Die Abtheilung für Augenkranke. 4. Die Abtheilung für Ohrenkranke. 5. Die Abtheilung für Hals- und Nasenkranke. 6. Die Gynäkologische Abtheilung. 7. Die Abtheilung für Nervenkranke.
b) Im Sommerlazareth, in der Baracke und den Zelten: 8. Die Abtheilung für äufserlich Kranke (chirurgische Klinik).
c) In der Neuen Charité: 9. Die Abtheilung für Deliranten, Geistes- und Krampfkranke. 10. Die Abtheilung für Syphilitische und Hautkranke. 11. Die Abtheilung für kranke Gefangene.
d) In der Entbindungsanstalt: 12. Die Anstalt für Geburtshülfe.
e) In der sogen. Combinirten Station: 13. Die Nebenabtheilung für äufserlich Kranke.
f) Im Institut für Infectionskrankheiten: 14. Die Abtheilung für Infectionskrankheiten.

An der Spitze der Anstalt stehen zwei Directoren, ein Arzt und ein Verwaltungsbeamter. Zur Unterstützung der 13 leitenden Aerzte sind 12 Stabsärzte, 13 Civilärzte und 32 Militär-Unterärzte vorhanden, aufserdem im Institut für Infectionskrankheiten noch 10 Civilärzte.

Im Jahre 1827 wurde der Anstalt ihr jetziger Name, als einem „Werk christlicher Liebe, Gutthat und Mildigkeit" gegeben. Damals betrugen die Verpflegungskosten 1,20 ℳ wöchentlich; jetzt belaufen sie sich auf 1,20 ℳ für den Tag für körperlich Kranke, 3 ℳ für Berliner Geisteskranke und 4 ℳ für auswärtige Geisteskranke. Seit 1826 war eine Lehranstalt für Militärchirurgen mit dem Krankenhause verbunden. Gegenwärtig bestehen 12 Kliniken in der Charité, an deren Spitze die ausgezeichnetsten Aerzte Berlins wirken.

Die meisten der älteren Gebäude genügen in gesundheitlicher und baulicher Hinsicht schon lange nicht mehr den Ansprüchen, welche die Neuzeit an ein derartiges Krankenhaus zu stellen berechtigt ist. Dieser Einsicht haben sich die betheiligten Staatsbehörden auch nicht mehr verschliefsen können, und so ist jetzt eine vollständige bauliche Neugestaltung der Anstalt in Vorbereitung. Bisher sind die bezüglichen Erwägungen jedoch noch nicht zum endgültigen Abschlufs gelangt, sodafs hier nicht näher darauf eingegangen werden kann. Da durch die beabsichtigte Umgestaltung die meisten der älteren Gebäude dem Abbruch verfallen sind, so kann hier von einer Beschreibung derselben abgesehen werden, besonders da diejenigen Theile der Anstalt, welche ein bauliches Interesse haben, in der ersten Auflage dieses Werkes vom Jahre 1877 ausreichend berücksichtigt sind.

Im Folgenden mögen nur die in neuerer Zeit errichteten wichtigeren Baulichkeiten, welche gröfstentheils auch für die Zukunft erhalten bleiben sollen, einer genaueren Betrachtung unterzogen werden.

1877 wurde der zur Entbindungsanstalt gehörige sogenannte Evacuationspavillon[1]) nach dem Entwurf des damaligen Bauinspectors Emmerich vom damaligen Land-Baumeister Zastrau errichtet. Er besteht aus einem Mittelbau und zwei Seitengebäuden und ist als Backsteinbau mit Verwendung von Terracotten aufgeführt. Der Mittelbau enthält aufser einem grofsen Vorraum einen Saal und zwei Wärterinnenzimmer sowie eine die ganze Breite des Pavillons einnehmende Glashalle, jedes der Seitengebäude ein Zimmer für Wärterinnen und einen Saal für 14 Wöchnerinnen. Die Heizung geschieht durch

---

1) Zeitschrift für Bauwesen. 1883. S. 174.

gekuppelte, mit eisernen Mänteln versehene Kachelöfen, die Luftabführung durch den First, die Zuführung der frischen Luft mit Hülfe von durch die Wand einmündenden thönernen Röhren. Die Kosten betrugen für 1 cbm umbauten Raumes 31 ℳ, für ein Bett 3500 ℳ. An Luftraum entfallen auf jedes Bett rd. 44 cbm.

1878 wurde das an den Irrengarten anstofsende ehemalige Oekonomiegebäude abgebrochen und durch einen Neubau, die sogen. Combinirte Station,[1]) ersetzt, welcher als Nebenabtheilung für äufserlich Kranke dienen sollte. Dieses zwei Geschosse hohe Gebäude enthält aufser den erforderlichen Nebenräumen neun helle und luftige Krankensäle mit durchschnittlich 10 Betten. Für jedes Bett ist ein Luftraum von 35 cbm vorhanden. Die Kosten für 1 cbm umbauten Raumes betrugen 14,30 ℳ, für ein Bett 1350 ℳ. Zur gleichzeitigen Heizung und Lüftung ist eine Vereinigung von Luft- und Warmwasserheizung gewählt. Der Neubau wurde ausgeführt von dem Bauinspector Zastrau.

1881 wurde auf dem an der früheren Neuen Thor-Communication (der jetzigen Hannoverschen Strafse) gelegenen alten Charitékirchhofe ein neues Waschhaus[2]) errichtet als Ersatz für das 1839/40 erbaute frühere an der Westecke des Charitégrundstücks, welches bei Durchlegung der neuen Strafse „Am Alexander-Ufer" abgebrochen werden mufste. Das Gebäude, dessen Pläne von den Architekten Gropius & Schmieden herrühren, ist ein rother Backsteinbau mit mäfsiger Formsteinverwendung und hat zwei Stockwerke und ein hohes Drempelgeschofs, welches ganz von dem geräumigen und überwölbten Trockenboden eingenommen wird. Die Waschräume sind gleichfalls überwölbt und mit Porzellansteinen verblendet. Ein Aufzug verbindet alle Geschosse mit einander. Sämtliche Räume, mit Ausnahme der im Obergeschofs gelegenen Dienstwohnung des Inspectors, werden durch eine Dampfheizung erwärmt. Die Abführung des Wrasens erfolgt durch sechs massive, bis unter das Dach geführte Schlote, welche durch eingelegte Dampfschlangen angewärmt werden. Die Gesamtkosten des Gebäudes betrugen 230 200 ℳ, sodafs bei dem Rauminhalte des Gebäudes von 11 650 cbm sich 1 cbm auf nahezu 20 ℳ stellte. Die innere Einrichtung an Dampfkesseln, Maschinen, Trockenkammern und die Ausstattung erforderten aufserdem eine weitere Summe von 66 500 ℳ.

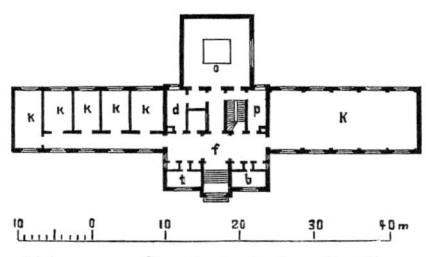

Abb. 432. Gynäkologischer Pavillon des Charité-Krankenhauses.
k. Krankenzimmer. d. Director. p. Apparate.
K. Krankensaal. f. Flur. b. Bad. t. Theeküchen.

1883 wurde ein neuer gynäkologischer Pavillon[3]) (Abb. 432) nahe bei der Entbindungsanstalt als Backsteinbau mit geputztem Drempelgeschofs eröffnet, bestehend aus einem Mittelbau, dem als besonderer Bau der Operationssaal vorgelegt ist und aus zwei langgestreckten Flügeln. Ueber dem durchweg gewölbten Kellergeschofs ist ein Erdgeschofs und über dem Mittelbau noch ein Obergeschofs mit Wohnräumen für einen Assistenzarzt und drei Wärterinnen errichtet. Im linken Flügel liegen fünf Einzelzimmer an einem breiten Flur, während der rechte Flügel nur einen einzigen grofsen Saal für 17 Betten enthält. Die Erwärmung des Hauses übernimmt eine vereinigte Dampfluft- und Dampfwarmwasserheizung und zwar werden die Krankenräume durch Dampfwarmwasseröfen erwärmt und ihre Lüftung durch Dampfluftheizung bewirkt. Flure, Badezimmer, Operationssaal, Director- und Instrumentenzimmer werden durch Dampfregister geheizt. Die Abführung der verdorbenen Luft geschieht durch Absaugung nach zwei erwärmten Abluftschloten; der Krankensaal hat aufserdem für die wärmere Jahreszeit eine Firstentlüftung; die unterirdisch den Heizkammern zugeführte Frischluft wird im Winter durch Dampfbrauseapparate befeuchtet und im Sommer durch Wasserzerstäuber gekühlt.

Der Plan der Anlage dieser Dampfheizung für den gynäkologischen Pavillon gab im Jahre 1883 Veranlassung zum Bau eines besonderen Kesselhauses. Es wurde nahe

---

1) Zeitschrift für Bauwesen. 1883. S. 176.
2) Zeitschrift für Bauwesen, Jahrgang 1882, Text S. 137 und Jahrgang 1881, Atlas Blatt 61.
3) Zeitschrift für Bauwesen. 1884. S. 78.

424   XIX. Heilanstalten.

bei der „Neuen Charité" errichtet und umfafst einen grofsen Raum mit zwei Kesseln, welche gleichzeitig auch die Versorgung weiterer Gebäude der Anstalt mit Dampf für Heiz- und Badezwecke bewirken. 1887 erfuhr die Kesselhausanlage eine Erweiterung durch einen in Eisenfachwerk ausgeführten Anbau, in welchem ein dritter Dampfkessel aufgestellt wurde.

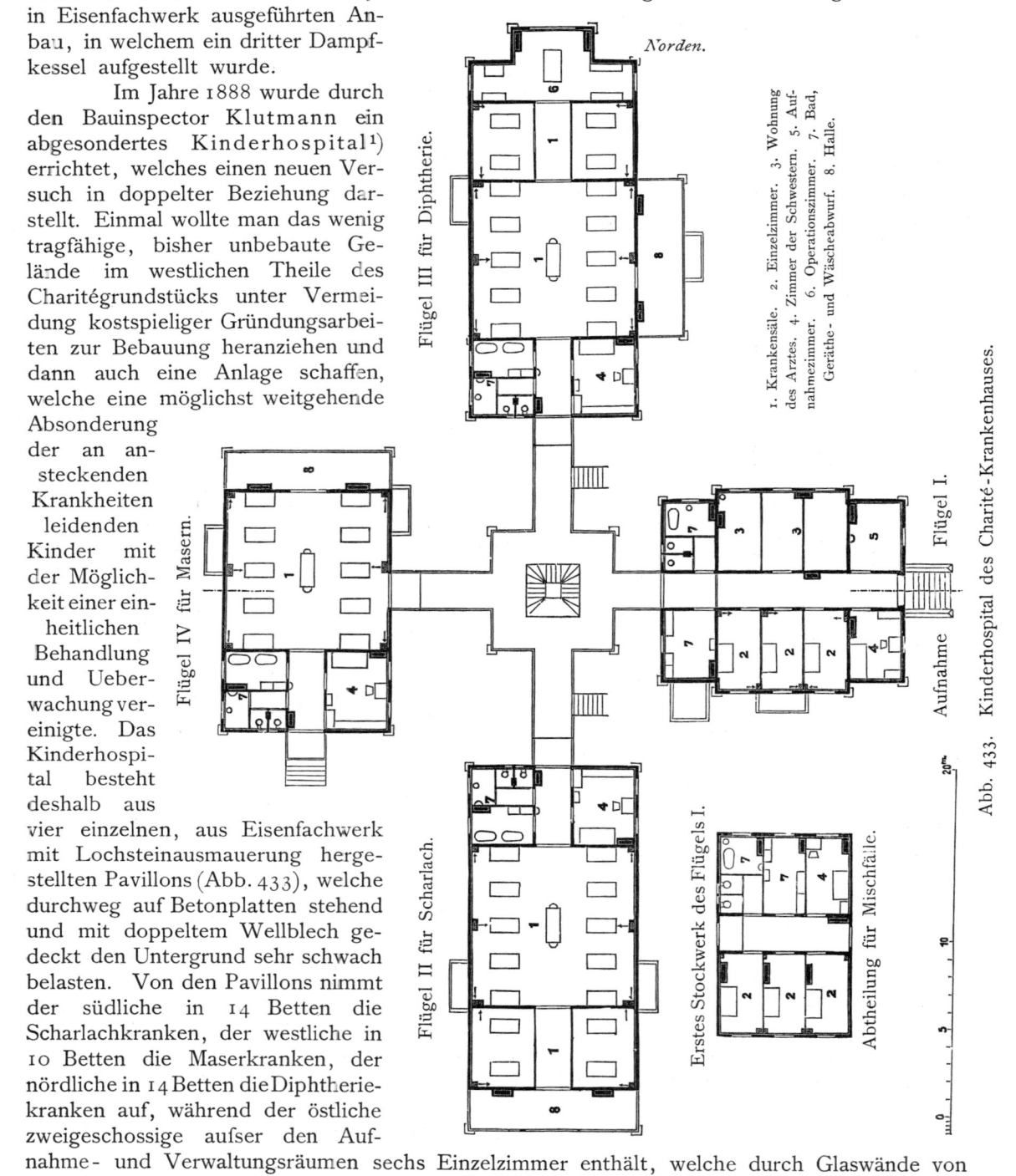

Im Jahre 1888 wurde durch den Bauinspector Klutmann ein abgesondertes Kinderhospital[1]) errichtet, welches einen neuen Versuch in doppelter Beziehung darstellt. Einmal wollte man das wenig tragfähige, bisher unbebaute Gelände im westlichen Theile des Charitégrundstücks unter Vermeidung kostspieliger Gründungsarbeiten zur Bebauung heranziehen und dann auch eine Anlage schaffen, welche eine möglichst weitgehende Absonderung der an ansteckenden Krankheiten leidenden Kinder mit der Möglichkeit einer einheitlichen Behandlung und Ueberwachung vereinigte. Das Kinderhospital besteht deshalb aus vier einzelnen, aus Eisenfachwerk mit Lochsteinausmauerung hergestellten Pavillons (Abb. 433), welche durchweg auf Betonplatten stehend und mit doppeltem Wellblech gedeckt den Untergrund sehr schwach belasten. Von den Pavillons nimmt der südliche in 14 Betten die Scharlachkranken, der westliche in 10 Betten die Maserkranken, der nördliche in 14 Betten die Diphtheriekranken auf, während der östliche zweigeschossige aufser den Aufnahme- und Verwaltungsräumen sechs Einzelzimmer enthält, welche durch Glaswände von einander getrennt sind und theils als Beobachtungsräume, theils als Räume für schwer und complicirt kranke Kinder dienen. Bis vor kurzem hatten die Krankensäle keine Fenster, sondern ausschliefslich Deckenbeleuchtung durch Oberlichter. Da sich die letztere jedoch

Abb. 433. Kinderhospital des Charité-Krankenhauses.

1. Krankensäle. 2. Einzelzimmer. 3. Wohnung des Arztes. 4. Zimmer der Schwestern. 5. Aufnahmezimmer. 6. Operationszimmer. 7. Bad, Geräthe- und Wäscheabwurf. 8. Halle.

---

1) Centralblatt der Bauverwaltung. 1888. S. 61 und Klinische Jahrbücher.

nicht bewährt hat, ist neuerdings an ihre Stelle Seitenbeleuchtung durch gewöhnliche hölzerne Doppelfenster getreten. Eine Dampfheizung bewirkt die Erwärmung der Krankensäle. Die Wärme strömt von Röhren aus, welche gleichmäfsig unter dem aus Beton und Terrazzo bestehenden Fufsboden vertheilt sind. In allen übrigen Räumen stehen Dampfregister. Die Lüftung geschieht im Sommer durch die geöffneten Oberlichter, während im Winter vorgewärmte Frischluft durch besondere Canäle den Krankensälen zugeführt wird, und zwar in einer Menge von 80 cbm für Kopf und Stunde. Die Kosten der Anlage betrugen im ganzen 140 000 ℳ, d. i. für das Cubikmeter umbauten Raumes 25,60 ℳ, für ein Bett 2850 ℳ. An Luftraum kommt auf ein Bett rd. 36 cbm.

Die alte Entbindungsanstalt erfuhr im Jahre 1891 eine zweckmäfsige Erweiterung durch den Anbau eines nördlichen mit der Schmalseite in der Baufluchte der Invalidenstrafse liegenden Flügels. Derselbe ist im Anschlufs an das alte Gebäude als Putzbau ausgeführt und enthält über einem gewölbten Kellergeschofs im Erdgeschofs die Wohnung eines unverhuiratheten Arztes sowie Warteräume für Studirende, und im ersten Stockwerk aufser einem Hebeammenzimmer einen kleinen und einen grofsen Gebärsaal. Eine besondere Treppenanlage ermöglicht den Zugang der Studirenden zu letzterem unmittelbar von aufsen. Die Heizung der Krankenräume und Flure erfolgt durch Keidelsche Patentmantelöfen. Die Kosten für 1 cbm umbauten Raumes beliefen sich auf rd. 16 ℳ bei einer Gesamtbausumme von 58 000 ℳ.

Im Herbst 1890 wurde für den Professor Koch, den Erfinder des Tuberculin, um ihm die Fortsetzung seiner Forschungen in gröfserem Mafsstabe zu ermöglichen, der Neubau eines besonderen Instituts für Infectionskrankheiten[1]) begonnen und trotz der grofsen, durch einen sehr kalten Winter verursachten Schwierigkeiten schon im Juli 1891 in Betrieb genommen. Mit der Ausführung war unter einem von dem Cultusminister eingesetzten besonderen Ausschusse der Bauinspector Paul Böttger betraut. Das Institut besteht aus einer Kranken- und einer wissenschaftlichen Abtheilung.

I. Die Krankenabtheilung nimmt, wie der Lageplan (Abb. 434) zeigt, das lang gestreckte Gelände zwischen der alten Charité und der Stadtbahn ein. Die eigenartige Form des Grundstücks, die ungünstige Beschaffenheit des Baugrundes, welcher die Errichtung gröfserer, schwer belastender Bauten verbot, die Rücksicht auf vollkommene Trennung nach einzelnen Krankheitsgruppen sowie das Bedürfnifs nach reichlicher Licht- und Luftzuführung waren Veranlassung, die Krankenabtheilung in einer Reihe einzelner leichter Baracken unterzubringen. Diese sind nach drei verschiedenen Grundformen angelegt worden. Zwei Gebäude nach Grundform B enthalten nur je einen grofsen Krankensaal zu 18 Betten nebst Zubehör. Zwei Gebäude nach Grundform C (Abb. 435 u. 436) besitzen neben einem grofsen Krankensaal zu 14 Betten noch zwei Einzelzimmer zu je zwei Betten. Drei Gebäude nach Grundform D endlich sind durch eine vollkommen undurchbrochene Mittelquerwand in zwei symmetrische Hälften mit je einem Krankensaal zu sechs Betten für verschiedenartige Krankheitsgruppen zerlegt. Die Gesamtbelegungsziffer beträgt somit 108 Betten. Im übrigen gehören zur Krankenabtheilung ein Verwaltungsgebäude A (vergl. Abb. 434), zwei Wohnbaracken E für je acht Wärter oder Wärterinnen, ein Desinfections- und Sectionsgebäude F sowie ein Eiskeller und Kohlenschuppen H und G. Bei Bemessung der Gröfse der Krankenräume waren eine Grundfläche von 9 qm und ein Rauminhalt von 40 cbm für das Bett mafsgebend. An Nebenräumen sind die erforderlichen Wartezimmer, Theeküchen, Baderäume, Aborte und Geräteräume vorgesehen, deren Einzelanordnung aus den Grundrissen ersichtlich ist. Den grofsen Baracken B und C ist an der Westseite noch ein Tageraum zum Aufenthalt der Genesenden vorgelegt.

Sämtliche Gebäude sind in beiderseitig mit Gipsdielen bekleidetem Holzstielfachwerk fest verzimmert errichtet und auf 10 cm starke Betonplatten gestellt. Die ungünstig wirkenden Einflüsse des gröfstentheils aus Schwemmsand bestehenden Bodens sind durch Hochlegung der Krankenräume mittels Unterkellerung und durch vollkommene Isolirung gegen den Erdboden unschädlich gemacht.

---

1) Das Kochsche Institut für Infectionskrankheiten in Berlin, von P. Böttger, Centralblatt der Bauverwaltung. 1891.

426 XIX. Heilanstalten.

Bezüglich näherer Angaben über die besondere Bauart wird auf die Beschreibung im Centralblatt der Bauverwaltung, Jahrgang 1891, verwiesen; hier sei nur erwähnt, daſs

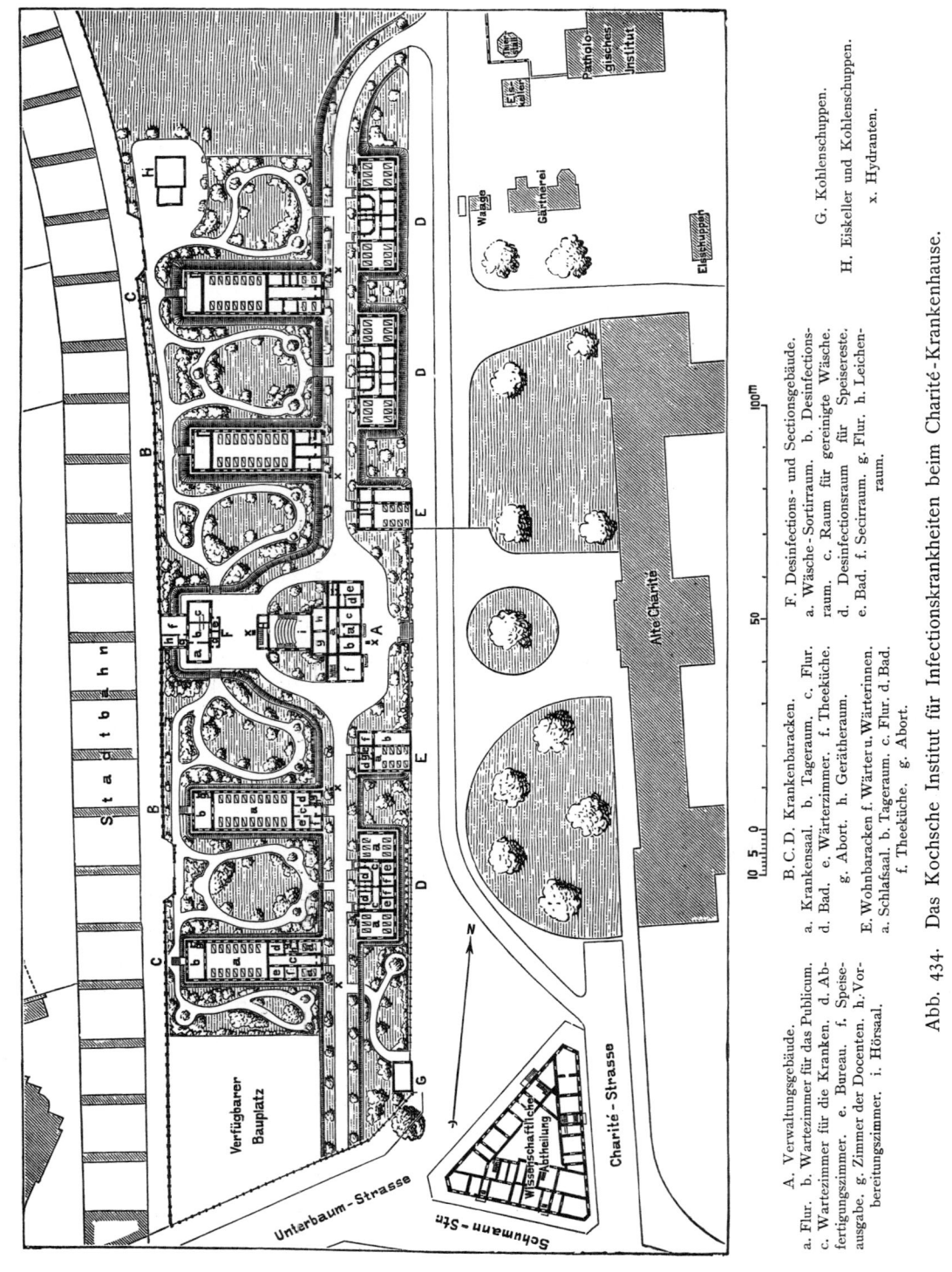

Abb. 434. Das Kochsche Institut für Infectionskrankheiten beim Charité-Krankenhause.

A. Verwaltungsgebäude.
a. Flur. b. Wartezimmer für das Publicum. c. Wartezimmer für die Kranken. d. Abfertigungszimmer. e. Bureau. f. Speiseausgabe. g. Zimmer der Docenten. h. Vorbereitungszimmer. i. Hörsaal.

B. C. D. Krankenbaracken.
a. Krankensaal. b. Tageraum. c. Flur. d. Bad. e. Wärterzimmer. f. Theeküche. g. Abort. h. Geräteraum.

E. Wohnbaracken f. Wärter u. Wärterinnen.
a. Schlafsaal. b. Tageraum. c. Flur. d. Bad. f. Theeküche. g. Abort.

F. Desinfections- und Sectionsgebäude.
a. Wäsche-Sortirraum. b. Desinfectionsraum. c. Raum für gereinigte Wäsche. d. Desinfectionsraum für Speisereste. e. Bad. f. Secirraum. g. Flur. h. Leichenraum.

G. Kohlenschuppen.
H. Eiskeller und Kohlenschuppen.
x. Hydranten.

die Fuſsbodenbalkenlagen mit einer Einschubdecke und einem durchgehenden oberen Belage von je 7 cm starken Gipsdielen versehen sind und daſs die Decken zur möglichsten Vermeidung von Wärmeverlust eine dreifache Gipsdielenlage erhalten haben.

XIX. Heilanstalten.   427

Sämtliche innere Hohlräume der Wände, Decken und Fufsböden stehen sowohl unter einander, als auch mit den Innenräumen, und die Wände nach oben hin auch mit der Aufsenluft in Verbindung.

Die Heizung in den Krankensälen geschieht durch je zwei in die schräg gegenüber liegenden Ecken gestellte, von aufsen heizbare Käuffersche Ventilations-Mantelöfen, mittels welchen noch bei niedrigster Aufsentemperatur den Räumen eine stündliche Frischluftmenge von 80 cbm für das Bett zugeführt werden kann. Dies entspricht einem stündlich etwa zweimaligen Luftwechsel. Die verdorbene Luft wird durch mehrere gleichfalls aus Gipsdielen hergestellte Abluftschlote und durch mit Stellklappen versehene dicht unter der Decke angebrachte Oeffnungen an den Giebelwänden in zweckentsprechender Weise abgeführt. Bei allen inneren Einrichtungen, soweit sie in gesundheitlicher Beziehung von Wichtigkeit sind, ist den neuzeitlichen Anforderungen entsprochen worden. Besonders ist auf möglichste Einfachheit bei den Einrichtungsgegenständen, wie bei den Aborten, Wasch- und Spültischen unter Vermeidung jeglicher Verkleidungen Bedacht genommen. Die Gebäude sind an die städtische Wasserleitung und Entwässerung angeschlossen. Die Beleuchtung der Baracken erfolgt ausschliefslich durch

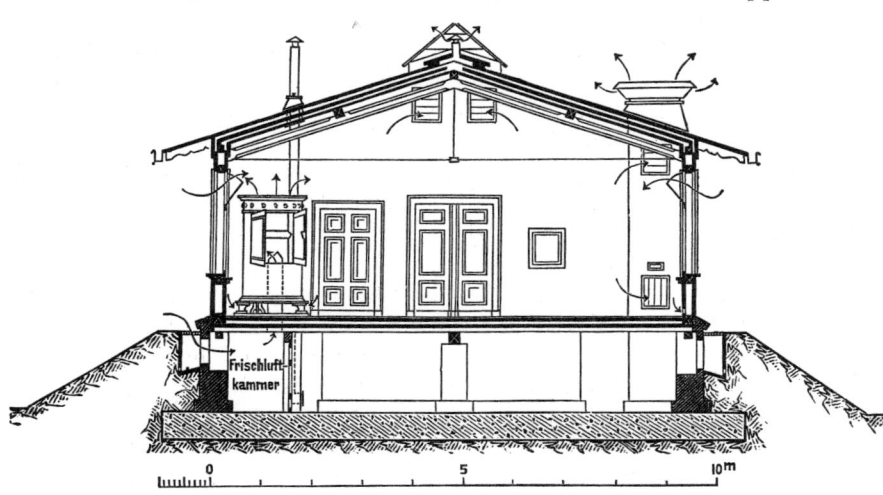

Abb. 435. Schnitt *AB* in Abb. 436.

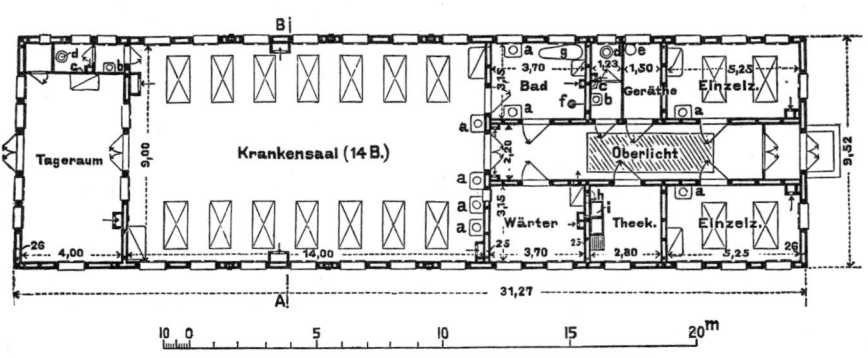

a. Waschtisch. b. Steckbeckenausgufs. c. Pissoir. d. Abortsitz. e. Warmwasserofen. f. Brausebad.
g. Badewanne. h. Ausgufsbecken. i. Spültisch.

Abb. 436. Krankenbaracke des Kochschen Instituts für Infectionskrankheiten.

elektrisches Glühlicht. — Das in der Mittelachse der ganzen Anlage errichtete Hauptgebäude dient zu Verwaltungszwecken und gelegentlichen Demonstrationen und Vorträgen. Das Erdgeschofs enthält aufser Warte- und Amtsräumen unter anderem einen den hinteren Theil des Gebäudes einnehmenden, mit 60 Plätzen ausgestatteten Hörsaal nebst Docenten- und Vorbereitungszimmer. Der Hörsaal wird durch Bogenlampen erleuchtet und kann für Projectionszwecke gänzlich verdunkelt werden.

Hinter dem Verwaltungsgebäude, möglichst dem sonstigen Verkehr innerhalb der Krankenabtheilung entrückt, liegt das Desinfections- und Sectionshaus. Das Gebäude enthält, wie der Grundrifs im Lageplan erkennen läfst, in dem für die Desinfection der Wäsche usw. bestimmten vorderen Theile drei Räume. In Raum *a* wird die eingelieferte Wäsche nach Gattungen getrennt, in Raum *b* wird sie in den Desinfectionsapparat gebracht, welcher einen nutzbaren Innenraum von 2,14 cbm enthält und mit einem Ueberdruck von

$^1/_5$ Atmosphäre arbeitet. Der Apparat ist in die sonst undurchbrochene Trennungswand zwischen Raum *b* und *c* eingebaut; die in letzterem Raume nach Beendigung des Verfahrens herausgenommene reine Wäsche kann sonach mit der schmutzigen in keinerlei Berührung kommen. Damit auch durch den Wärter eine Uebertragung von Krankheitsstoffen nicht stattfindet, wird die einzige Verbindung zwischen *b* und *c* durch den Baderaum *c* vermittelt, in welchem der Wärter nach Verlassen des Raumes *b* und nachdem er nach Beschickung des Desinfectionsapparates seine eigenen Kleider in denselben gelegt hat, ein Reinigungsbad nimmt, frische Kleidung anlegt und erst dann den Raum *c* zur Entnahme der gereinigten Wäsche betritt. Ein derartiger Betrieb mit Wechselkleidung und Reinigungsbad ist allein geeignet, jede mit der Hantirung des Wärters verknüpfte Gefahr der Krankheitsübertragung zu vermeiden. Als Desinfectionsapparat dient ein Hennebergscher Desinfector neuester Bauart. In dem hinteren Gebäudetheil befindet sich ein Sectionszimmer mit kleinem Leichenraum.

Die eigentlichen Baukosten der Krankenbaracken ausschl. der aufsergewöhnlichen Betongründung, sowie der Heizung, Gas-, Wasser- und Entwässerungsleitungen, elektrischen Beleuchtung und der dazu gehörigen Einrichtungsgegenstände betrugen bei Baracke *B* rd. 31 000 ℳ, bei Baracke *C* rd. 32 000 ℳ und bei Baracke *D* rd. 24 000 ℳ, woraus sich für 1 qm Baufläche durchschnittlich 110 ℳ, für 1 cbm Rauminhalt 19 ℳ und für die Belegungseinheit 1800 ℳ Kosten ergeben.

II. Die wissenschaftliche Abtheilung ist in einem vor wenigen Jahren von der Charitéverwaltung angekauften, bisher zu Wohnzwecken dienenden Gebäude eingerichtet, welches eine dreieckige, einen Hof umschliefsende, nach allen Seiten frei liegende Grundform hat und ein Kellergeschofs und drei Stockwerke enthält. In den beiden unteren Geschossen sind, neben verschiedenen Dienstwohnungen für Assistenzärzte, den Inspector und Institutsdiener, die für Vorraths- und Versuchsthiere sowie zur Vornahme gröberer chemischer Arbeiten usw. erforderlichen Räume in zweckentsprechender Weise untergebracht. Im ersten Stockwerk befinden sich die Arbeitsräume für den Director, den Vorstand der wissenschaftlichen Abtheilung und für zahlreiche Praktikanten, sowie zwei besondere grofse Bruträume, während das zweite Stockwerk die chemische und photographische Abtheilung, sowie die Bibliothek und die Sammlungsräume aufnimmt. Durch diese Raumeintheilung ist es gelungen, in dem alten, auf den ersten Blick wegen gänzlichen Fehlens von Flurgängen und gröfseren einheitlichen Sälen für ein Institut ungeeignet erscheinenden Gebäude ein Ganzes zu schaffen, welches den besonderen Zwecken eines Bakteriologischen Instituts in durchaus befriedigender Weise entspricht. Es war dies möglich, weil der Schwerpunkt der hier auszuführenden Arbeiten in den unter der Leitung der Dirigenten stehenden Untersuchungen und Beobachtungen der einzelnen Gelehrten und Praktikanten liegt und hierfür gerade die grofse Zahl gut beleuchteter, kleiner, in ununterbrochener Reihe aneinander liegender Arbeitsräume von grofsem Vortheil war, welche die Abscheidung des einen gegen den anderen ermöglichen, ohne den allgemeinen Zusammenhang zu stören.

Das Diakonissenhaus Bethanien[1]) (Abb. 437), S.O., am Mariannenplatz 1—3 in der Luisenstadt belegen, ist als Anstalt zur Ausbildung von Krankenpflegerinnen nebst Krankenanstalt für 354 Betten von König Friedrich Wilhelm IV. gestiftet und in seiner ersten baulichen Anlage 1845—1847 nach den Entwürfen des Regierungs- und Bauraths Stein durch den Baumeister Römer mit einem Kostenaufwand von 1 320 000 ℳ (etwa 244 ℳ für das Quadratmeter Grundfläche) ausgeführt worden. Das Grundstück der Anstalt hat eine Gröfse von 6,90 ha. Auf demselben stehen das Krankenhaus (3540 qm), ein Krankenpavillon, das Leichenhaus, das nach Plänen des Regierungs- und Bauraths Hofsfeld 1885/86 erbaute, mit vorzüglichen Maschinen ausgestattete Waschhaus, das nach dem Entwurf des Regierungs- und Bauraths Mühlke 1893/94 errichtete Martha-Maria-Schulhaus,[2]) ein Predigerhaus, ein Beamtenwohnhaus und ein Feierabendhaus zur Pflege nicht mehr dienstfähiger

---

1) Th. Stein, Das Krankenhaus der Diakonissenanstalt Bethanien. Berlin, C. C. Reimarus. 1850.
2) Die naturwissenschaftlichen und medicinischen Staatsanstalten Berlins. Von Prof. Dr. med. A. Guttstadt. 1886. S. 538.

Diakonissinnen. Die Anstalt leitet eine evangelische Oberin, ihr zur Seite stehen zwei Oberärzte, fünf bis sechs Assistenzärzte, zwei Geistliche und 100 Diakonissen.

Das Hauptgebäude, welches ein Beispiel des Flurgangsystems darstellt, hat aufser einem Kellergeschofs, in welchem die mit Dampfbetrieb eingerichtete, zum Theil in einem Anbau befindliche Kochküche liegt, drei ausgebaute Stockwerke von 4,70 m lichter Höhe. Das Aeufsere des mächtigen Bauwerks ist als einfacher Ziegelbau behandelt und in der Hauptfront durch einen Mittelbau kirchlichen Charakters mit zwei in massive Spitzen auslaufenden Thürmen ausgezeichnet. Die Heizung der Krankensäle erfolgt durch Kachelöfen, die in der Mitte der Säle aufgestellt sind. Die eisernen Säulen, welche die Decke tragen, dienen als Rauch- und als Lüftungsröhren. Die Querschnitte der Luftabzüge sind jedoch dadurch so gering, dafs nur etwa ein Vierzehntel des jetzt von den Aerzten verlangten Luftwechsels erzielt werden kann. Die sehr geräumigen Flure, welche auch als Tageräume für leicht Kranke dienen, werden durch eine Dampfheizung erwärmt, deren Dampfentwickler im Keller liegen.

Bethanien ist für viele, später errichtete Krankenhäuser das mafsgebende Vorbild gewesen. Mehrere in der Anstalt ausbrechende Epidemien nöthigten jedoch zu Abänderungen in Bezug auf die Lüftung und Entwässerung. Die bis dahin bestandenen Mängel sind dadurch jetzt als beseitigt anzusehen.

Der von Gropius & Schmieden mit einem Aufwand von 51 000 ℳ. im Jahre 1872 erbaute „Evacuationspavillon"[1]) (Abb. 438 u. 439) dient jetzt halb zur Aufnahme von kranken Männern, zur anderen Hälfte von diphtheriekranken Kindern. Der Bau ist massiv mit Hintermauerung von porösen Steinen hergestellt und steht ohne Unterkellerung auf dem durch Anschüttung erhöhten Boden, hat massive, gegen Erdfeuchtigkeit geschützte Fufsböden von Mettlacher Fliesen und Holzcementbedachung. Von den zwei eisernen, mit feuerfesten Steinen gefütterten und mit dreifacher Ummantelung versehenen Oefen mit Schüttfeuerung in der Mitte der Säle ist einer zur Heizung, der andere zur Winterlüftung bestimmt.

Abb. 437. Diakonissenhaus Bethanien, Mariannenplatz 1—3.

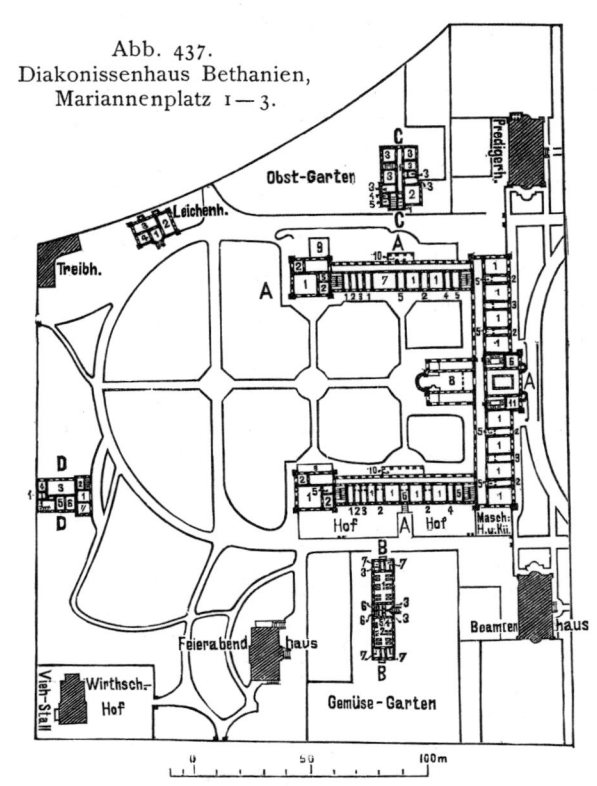

A. Krankenhaus: 1. Krankenzimmer. 2. Wärter. 3. Theeküche. 4. Bad. 5. Abort. 6. Poliklinik. 7. Operationssaal. 8. Kirche. 9. 10. Balcon. 11. Diakonissin. — B. Evacuationspavillon: 1. Krankensaal für Kinder. 2. Krankensaal für Männer. 3. Wärter und Diakonissen. 4. Theeküchen. 5. Badezimmer. 6. Abort. 7. Isolirzimmer. — C. Martha- und Mariaschule: 1. Flur. 2. Lehrzimmer. 3. Wohnzimmer. 4. Abort. 5. Bad. — D. Waschhaus: 1. Flur. 2. Wäsche. 3. Waschraum. 4. Beuchkammer. 5. Rollkammer. 6. Legeraum. 7. Plättraum. 8. Maschinenraum. 9. Abort.

Die Martha-Maria-Schule ist eine Vorschule zur Ausbildung von Diakonissinnen. In dem Hause, welches im Kellergeschofs eine eigene Koch- und Waschküche enthält, können 54 Schwestern wohnen. Die Erwärmung des Hauses geschieht in den Zimmern durch Kachelöfen, in den Fluren und den Lehrzimmern durch Dampfheizung, welche von den Kesseln im Hauptgebäude den Dampf erhält. Die Baukosten betrugen 90 000 ℳ, was für das Quadratmeter bebauter Fläche 223 ℳ. ergiebt.

Im Waschhause wird sämtliche Wäsche desinficirt und gereinigt. Die für die Maschinen erforderliche Kraft liefert eine im Hause stehende Dampfmaschine, die den

---

1) Abbildung und Beschreibung im Jahrgang 1873 der Zeitschrift für Bauwesen.

Dampf von den Kesseln im Haupthause bezieht. Zum Kochen wird Dampf benutzt, zum Waschen das Niederschlagswasser der Dampfleitungen des ganzen Grundstücks.

Das katholische St. Hedwig-Krankenhaus,[1] N., Grofse Hamburger Strafse 5—11 (Abb. 440), wird von 40 barmherzigen Schwestern, Barromäerinnen aus Trier, unter einer Oberin geleitet und verpflegt Kranke aller Confessionen. Die Anstalt, 1844 gegründet und in ihrem jetzigen Hauptgebäude im Jahre 1854 bezogen, wurde nach und nach immer mehr erweitert und umfafst jetzt die nachstehend beschriebenen Gebäude.

1. Das durch den damaligen Baumeister Kinel 1855 aufgeführte Hauptgebäude besteht aus einem Quergebäude mit Mittelflur, einem Seitenflügel mit Seitenflur und einem Kapellenanbau. Die Krankenzimmer in drei Geschossen über einander fassen 13—16 Betten und werden durch Luftheizung erwärmt und gelüftet. Im ganzen können darin 300 Kranke untergebracht werden. Das in Backsteinbau mit dunkelrothen Steinen gehaltene Aeufsere in einfacher derber Gothik ist von dem Dombaumeister Stutz d. Aelt. aus Köln entworfen.

2. Das Vorderhaus, an der Strafse 10/11, wurde 1881 vollendet und kann gegenwärtig 140 weibliche Kranke aufnehmen.

3. Das 1885/86 für 60 augenkranke Kinder erbaute Kinderhospital hat drei Geschosse und in jedem zwei grofse Säle und drei kleinere Zimmer.

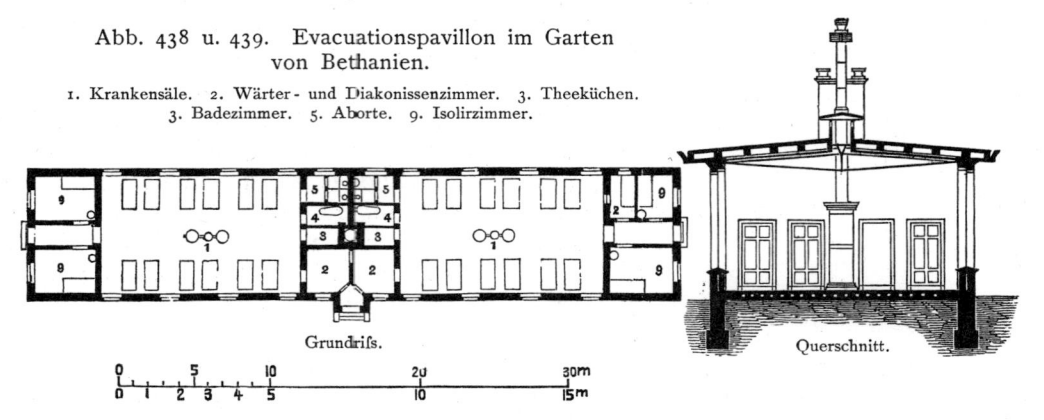

Abb. 438 u. 439. Evacuationspavillon im Garten von Bethanien.
1. Krankensäle. 2. Wärter- und Diakonissenzimmer. 3. Theeküchen. 3. Badezimmer. 5. Aborte. 9. Isolirzimmer.

Grundrifs.   Querschnitt.

4. Das neueste an der Grofsen Hamburger Strafse 5/6 errichtete Haus dient als Hospital für Altersschwache beiderlei Geschlechts. Es ist 1888/89 nach den Plänen des Bauinspectors Hasak erbaut und mit Ofenheizung versehen.

Aufserdem befinden sich auf dem Grundstücke Häuser älteren Ursprungs, in welchen Wohnungen der Anstalts-Geistlichen und Assistenzärzte untergebracht sind, ferner eine Leichenhalle, ein Waschhaus mit Wasserpumpwerk und im Garten eine Bäckerei, ein Kuhstall für 24 Kühe sowie ein massives Eishaus für 3000 Ctr. Eis.

Das Grundstück ist 1,66 ha grofs; hiervon sind 4500 qm bebaut. Die Anstalt hat 500 Betten für Kranke, darunter 70 Kinderbetten und ferner 130 Betten für Hospitaliten. Der Luftraum für einen Kranken schwankt zwischen 25 und 35 cbm. Die Gesamtbaukosten betrugen 1 344 000 ℳ.

Das jüdische Krankenhaus, N., Auguststrafse 14/15, von der jüdischen Gemeinde schon im Jahre 1703 gegründet, befand sich früher in der Oranienburger Strafse 7/8. Die Anstalt wurde 1861 in das auf einem 57 a grofsen, in der Auguststrafse gelegenen Grundstücke von dem Baurath Knoblauch nach Esses Angaben erbaute neue Gebäude verlegt. Das über 1000 qm grofse Hauptgebäude, welches nach dem Flurgangsystem erbaut ist, besteht aus einem Kellergeschofs und drei Stockwerken und bietet Raum für 100 Betten mit 28 cbm Luftraum für jeden Kranken. Im Kellergeschofs liegt aufser den Wirthschaftsräumen die mit Dampfbetrieb versehene allgemeine Kochküche. Aufserdem sind in dem

---

[1] Die öffentliche Gesundheits- und Krankenpflege der Stadt Berlin. Berlin 1890, bei Hirschwald. S. 228. — Die naturwissenschaftlichen und medicinischen Staatsanstalten Berlins. S. 540.

Gebäude eine Dispensiranstalt und Desinfectionsapparate untergebracht. Die Heizung wird durch in den Flurwänden aufgestellte Kachelöfen und theilweise durch eiserne Oefen (Bauart Born in Magdeburg) bewirkt. Die Lüftung geschieht durch an der Decke angebrachte Ventilatoren und durch Puls'sche Luftstellfenster.

1875 wurde das unter Traubes Leitung mit dem Hauptgebäude durch einen verdeckten Gang verbundene Pneumatische Institut[1]) der Benutzung übergeben. Dasselbe enthält drei Räume: einen Warteraum, ein Arbeitszimmer und den Raum für die pneumatischen Glocken. Es kann infolge der vorhandenen Heiz- und Kühlvorrichtungen im Winter und Sommer benutzt werden.

1880 wurde ein Evacuationspavillon für 13 Betten in zwei Sälen und einem Einzelzimmer durch den Baurath Schmieden erbaut und mit Dampfwasserheizung und Firstlüftung versehen.

1884 kam im Garten eine Isolirbaracke für 12 Diphtheriekranke mit einem Krankensaal, einem Operations- und Einzelzimmer hinzu, mit Heizung durch Loenholdsche Reguliröfen und Firstlüftung.

In Verbindung mit dem Krankenhause stand ferner ein Siechenhaus, das mit 25 Siechen belegt war. Es ist seit kurzem nach der Oranienburger Strafse verlegt und selbständig gemacht worden. Das vorhandene Gebäude wurde für Zwecke des Krankenhauses umgebaut.

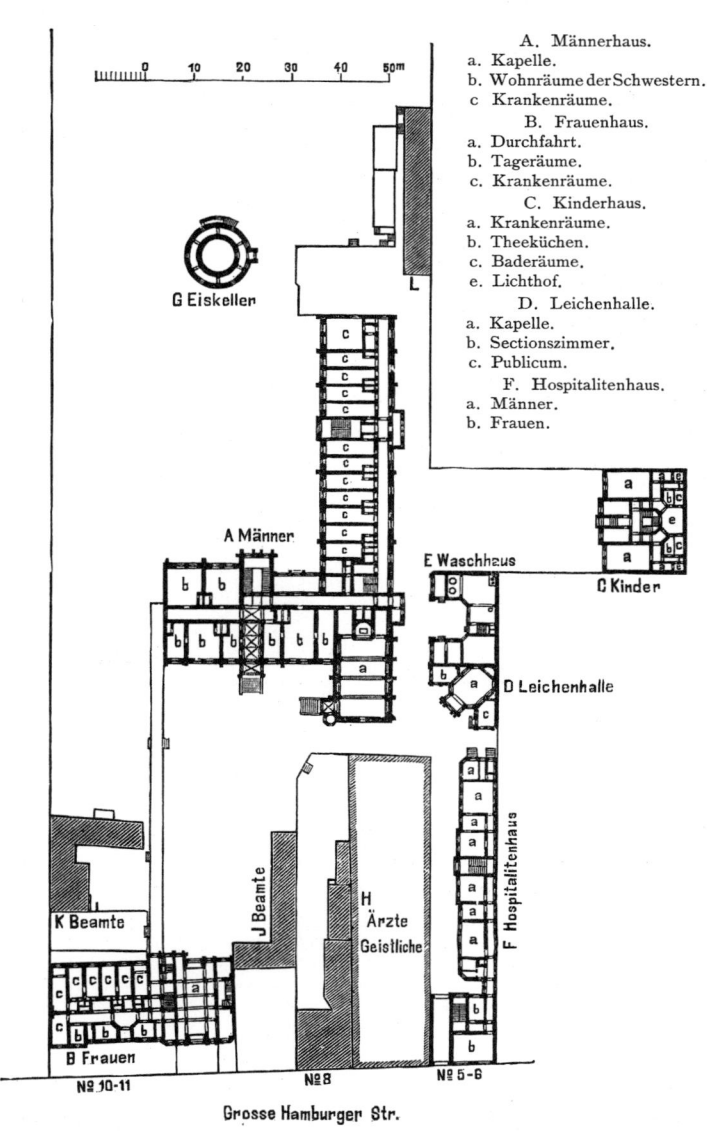

A. Männerhaus.
a. Kapelle.
b. Wohnräume der Schwestern.
c Krankenräume.
   B. Frauenhaus.
a. Durchfahrt.
b. Tageräume.
c. Krankenräume.
   C. Kinderhaus.
a. Krankenräume.
b. Theeküchen.
c. Baderäume.
e. Lichthof.
   D. Leichenhalle.
a. Kapelle.
b. Sectionszimmer.
c. Publicum.
   F. Hospitalitenhaus.
a. Männer.
b. Frauen.

Abb. 440. Katholisches St. Hedwigs-Krankenhaus, Grofse Hamburger Strafse 5—11.

Das Elisabeth-Kranken- und Diakonissen-Mutterhaus,[2]) W., Lützowstrafse 24 bis 26. Die Anstalt ist im Jahre 1837 unter Mitwirkung des Frauenkrankenvereins gestiftet, steht unter dem Protectorat der Kaiserin und wird von einer Oberin unter Beihülfe zweier Aerzte, dreier Assistenzärzte und eines Geistlichen geleitet. Sie ist bestimmt zur Krankenpflege und Ausbildung von Diakonissen. Von den 118 Diakonissen sind etwa die Hälfte im Hause beschäftigt. Die beiden alten, früher als Krankenhaus benutzten Häuser dienen jetzt den Geistlichen, Assistenten und Schwestern zu Wohnungen.

---

1) Nähere Beschreibung enthält die Festschrift für die 59. Versammlung deutscher Naturforscher und Aerzte 1886. S. 542—544.
2) Die öffentliche Gesundheits- und Krankenpflege der Stadt Berlin. S. 224. — Die naturwissenschaftlichen und medicinischen Staatsanstalten Berlins. S. 539.

1865—1867 wurde das Hauptgebäude nach den Plänen des Geheimen Ober-Hofbauraths Hesse nach dem Flurgangsystem, drei Geschosse hoch, für 120 Kranke errichtet. Das Aeufsere ist als Backsteinbau gothisirenden Stils mit Architektureinzelheiten in Cement ausgeführt. 1872 fand eine Erweiterung durch einen Hofanbau in allen drei Geschossen mit Operationssaal im Erdgeschofs statt. Der linke Seitenflügel enthält im Erdgeschofs einen grofsen Versammlungs- und Aufenthaltsraum für die Diakonissen und im Obergeschofs eine gothische mit Holzdecke versehene Kapelle für etwa 350 Sitzplätze, welche später durch Geheimrath Otzen erneuert und mit einem schönen massiven Altar ausgestattet ist. Die Anstalt hat drei Verpflegungsklassen. Der Luftraum für die erste Klasse beträgt 95 cbm, für die zweite Klasse 45 cbm und für die dritte Klasse 32 cbm auf das Bett. Das Hauptgebäude wird mit Oefen geheizt; eine künstliche Lüftung fehlt.

1881 wurde in dem grofsen, hinter dem Hauptgebäude gelegenen Garten ein Pavillon für chirurgisch und Diphtherie-Kranke und ebendaselbst 1889 ein Waschhaus mit Dampfbetrieb erbaut. Der Pavillon hat Heifswasserluftheizung und Firstlüftung.

An das Waschhaus ist eine Desinfectionsanstalt zum Betriebe mit strömendem Wasserdampf angeschlossen. Die Entwässerung geschieht in die städtische Canalisation. Das Grundstück umfafst 1,60 ha, die Gebäude nehmen eine Grundfläche von etwas über 3000 qm ein. Die Anlagekosten betrugen 1 130 000 ℳ.

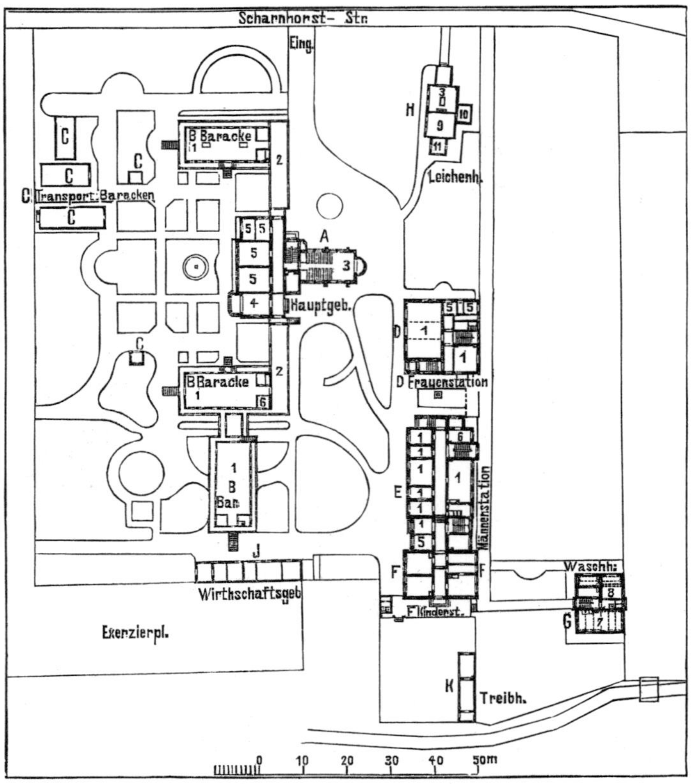

Das Augusta-Hospital[1])

(Abb. 441), N., Scharnhorststrafse am Invalidenpark, von der Königin Augusta im Jahre 1868 gestiftet, ist Eigenthum des Berliner Frauen-Lazareth-Vereins, steht unter Protection der deutschen Kaiserin und dient aufser zur Krankenpflege auch zur Ausbildung von Krankenpflegerinnen und als Poliklinik. 19 Schwestern unter einer Oberin üben die Krankenwartung; ihnen zur Seite stehen zwei Aerzte und fünf Assistenzärzte.

Abb. 441. Augusta-Hospital, Scharnhorststrafse.

A. Hauptgebäude. B. Feste Baracken. C. Lose Baracken. D. Frauenstation. E. Männerstation. F. Kinderstation und Poliklinik. G. Waschhaus. H. Leichenhaus. J. Wirthschaftsgebäude. K. Treibhaus. 1. Krankenräume. 2. Glashallen für Kranke. 3. Kapelle. 4. Operationszimmer. 5. Verwaltung. 6. Theeküche. 7. Waschküche. 8. Trockenkammer. 9. Leichenraum. 10. Sectionszimmer. 11. Mikroskopirraum.

Das Hauptgebäude[2]) ist nach den Angaben des Geheimen Raths Esse vom Stadt-Baurath Blankenstein entworfen und im Jahre 1869 erbaut. Es besteht aus einem massiven, zweigeschossigen Mittelbau (*A*), in welchem sich aufser den Verwaltungsräumen und Krankenzimmern im Obergeschofs auch eine später vergröfserte Kapelle befindet, sowie aus zwei durch kurze, zum Aufenthalt für Kranke bestimmte Glashallen mit dem Mittelbau verbundenen hölzernen Baracken (*B*) für je 14 Betten.

---

1) Die öffentliche Gesundheits- und Krankenpflege der Stadt Berlin. 1890. Hirschwald. S. 233. Die wissenschaftlichen und medicinischen Staatsanstalten Berlins. 1886. Hirschwald. S. 544.

2) Das Augusta-Hospital von Dr. C. H. Esse. Berlin. 1873 bei Enslin.

Das 1873 erbaute Asyl für Krankenpflegerinnen (E) ist später theilweise zur Aufnahme von Kranken wohlhabenderer Stände mit Privatkrankenzimmern eingerichtet worden und hat 1880 durch einen anschliefsenden Neubau (F) eine Erweiterung erfahren. In den unteren Räumen des letzteren ist für jede der beiden Abtheilungen für innerlich und äufserlich Kranke eine Poliklinik mit je einem Wartesaal und zwei Sprechzimmern untergebracht. Im ersten Stockwerke sind sieben Zimmer für gesondert zu lagernde Kranke und im zweiten Stockwerke zwei grofse Kinderstationen eingerichtet.

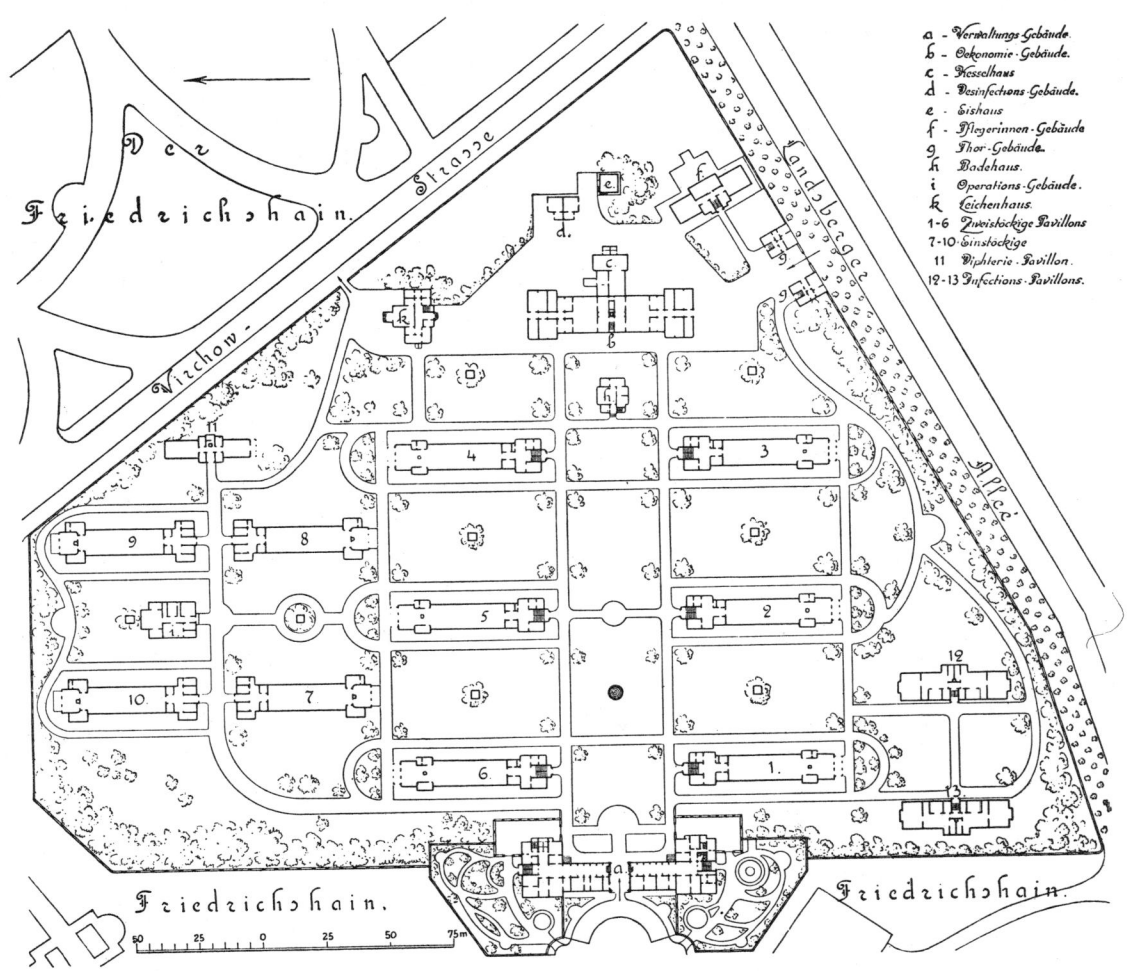

Abb. 442. Allgemeines Krankenhaus am Friedrichshain.

1883 kam ein massiver Neubau für eine besondere Frauenstation mit zwei grofsen und zwei kleineren Sälen für zusammen 34 Betten hinzu, sodafs die gesamten Räume des Asylgebäudes (E) nur mit männlichen Kranken belegt werden konnten. Ferner fallen in die neuere Zeit die Errichtung einer vollständig abgeschlossenen Isolirbaracke (B) für 10 diphtheriekranke Kinder, der Ausbau eines Wirthschaftshofes, die Vergröfserung des Operationssaales und der Neubau eines Waschhauses.

Endlich ist noch die Aufstellung von zwei Döcker'schen Baracken[1]) und von zwei Krankenzelten während der Sommermonate zu erwähnen, in welche die Kranken zur Zeit der Desinficirung der Krankensäle abwechselnd gebracht werden. Im ganzen stehen dort 200 Betten, darunter 34 für Kinder, zur Verfügung. Die Heizung der Baracken erfolgt

---

[1]) Die transportable Lazarethbaracke usw. von Prof. v. Langenbeck, Dr. Coler, Dr. Werner.

434   XIX. Heilanstalten.

durch grofse Kachelöfen, welche die ihnen von aufsen zuströmende frische Luft erwärmen und den Innenräumen zuführen. Die Abführung der verdorbenen Luft geschieht durch den First.

Das Lazarus-Kranken- und Diaconissenhaus,[1]) N., Bernauerstr. 115—117. Die Anstalt ist aus privaten Mitteln errichtet und 1870 eingeweiht. Sie umfafst einen Gesamtflächenraum von 1,34 ha mit über 2000 qm bebauter Grundfläche.

Das Hauptgebäude, im Flurgangsystem erbaut, besteht aus einem Mittelbau mit zwei nach hinten vorspringenden Flügeln, an deren einem sich ein Kapellenhaus mit im Untergeschofs befindlichem Schwesternsaale anschliefst. In dem drei Stockwerke enthaltenden Gebäude können 120 Betten untergebracht werden. Der Luftraum für jeden Kranken beträgt 31 cbm. Mit Rücksicht auf die verhältnifsmäfsig grofse Anzahl chirurgisch Kranker ist der Operationssaal besonders geräumig angelegt. Es ist Drucklüftung eingerichtet, die im Winter mit der Luftheizung vereinigt ist. Auf dem Hofe liegt das 1882 erbaute Leichenhaus mit Schauraum, Untersuchungszimmer und Begräbnifskapelle. Aufserdem sind noch vorhanden eine Poliklinik, eine Kinderschule für 110 Kinder, ein Beamtenwohnhaus und ein Feierabendhaus für die Schwestern. 1893 ist die Anstalt durch einen Anbau mit Wohnräumen für die Diaconissen erweitert worden.

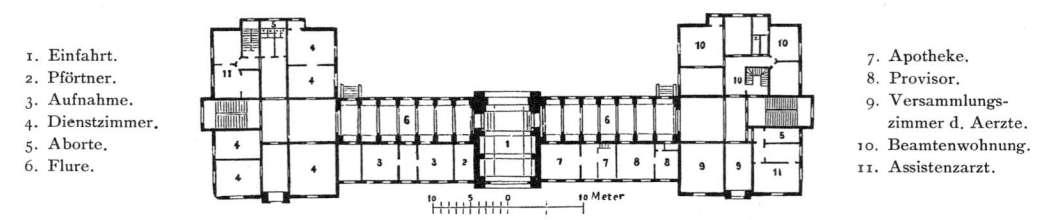

1. Einfahrt.
2. Pförtner.
3. Aufnahme.
4. Dienstzimmer.
5. Aborte.
6. Flure.
7. Apotheke.
8. Provisor.
9. Versammlungszimmer d. Aerzte.
10. Beamtenwohnung.
11. Assistenzarzt.

Abb. 443. Verwaltungsgebäude des städtischen Krankenhauses am Friedrichshain, Erdgeschofs.

Das allgemeine Krankenhaus am Friedrichshain[2]) ist das erste der drei gröfseren städtischen Krankenhäuser Berlins. Es wurde in den Jahren 1868 bis 1874 von den Architekten Gropius & Schmieden auf einem Grundstück von 9,50 ha in dem schönsten, hochgelegenen Theile des Friedrichshains (vergl. Bd. I S. 55 Abb. 51) errichtet. Von den städtischen Behörden war schon lange der Mangel einer eigenen Anstalt für die auf städtische Kosten zu verpflegenden Kranken empfunden worden; der Gedanke, zur Errichtung einer solchen zu schreiten, wurde befördert durch die zum Bau eines städtischen Krankenhauses von dem Berliner Bürger Jean Jacques Fasquel gemachte namhafte Geldschenkung von 150 000 ℳ, die unter der Bedingung geschah, dafs der Bau noch im Jahre 1868 begonnen werden sollte.

Die in Abb. 442 dargestellte Anlage war ursprünglich auf 600 Betten berechnet, wurde jedoch später auf 784 Betten erweitert, von welcher Zahl jetzt 438 auf innerlich und 346 auf chirurgisch Kranke entfallen. Die Anstalt besteht aus sechs zweistöckigen Pavillons für die innere Abtheilung, vier einstöckigen für die chirurgische Abtheilung, einem Pavillon für Diphtheriekranke und zwei Isolirpavillons. Zu diesen Bestandtheilen treten noch ein Verwaltungsgebäude, welches den Haupteingang zur Anstalt in sich fafst (Abb. 443) und aufser den nöthigen Diensträumen der Verwaltung die Aufnahmezimmer, die Apotheke und zahlreiche Beamtenwohnungen enthält, ferner ein Wirthschaftsgebäude mit anschliefsendem Kesselhause, ein Pflegerinnenhaus, ein Operationshaus, ein Desinfectionshaus, ein Leichenhaus und ein Eishaus. Aufser dem Haupteingang ist für das Wirthschaftsgebäude noch ein Zugang von der Landsberger Allee und für Beerdigungen ein solcher in der Nähe des

---

1) Die öffentliche Gesundheits- und Krankenpflege der Stadt Berlin. S. 231. Die naturwissenschaftlichen und medicinischen Staatsanstalten Berlins. Verlag 1886. Hirschwald. S. 540.

2) Vergl. die Veröffentlichung von Dr. C. H. Esse. Berlin 1870, ferner Oeffentliche Gesundheits- und Krankenpflege der Stadt Berlin. S. 138. Zeitschrift für Bauwesen. Jahrgang 1873.

XIX. Heilanstalten. 435

Leichenhauses von der Virchowstraſse angeordnet. Alle Gebäude der Anstalt sind verbunden durch unbedeckte, mit Sandsteinplatten belegte Gänge.

Das gruppirte Verwaltungsgebäude ist in hellrothen Verblendsteinen mit gelblichen Farbstreifen ausgeführt (Abb. 444). Die Umrahmungen der mit Stichbögen geschlossenen

Abb. 444. Städtisches Krankenhaus am Friedrichshain, Verwaltungsgebäude.
Architekten Gropius & Schmieden.

Oeffnungen und die Gesimse sind hier in ziemlich reicher Terracotta-Architektur ausgeführt, während die andern Gebäude der Anstalt zwar in ähnlichen Formen, jedoch bedeutend einfacher gehalten sind.

Das Wirthschaftsgebäude (Abb. 445) zerfällt in zwei gleiche Hälften, die Wasch- und Kochküche. Die mit Dampfbetrieb versehenen Küchen reichen durch zwei Geschosse.

436 XIX. Heilanstalten.

Bis zum Jahre 1887 wurde die ganze Anstalt durch die in dem anstofsenden Kesselhause aufgestellte Dampfmaschine aus zwei Brunnen mit Wasser versorgt, jetzt ist sie indessen an die städtische Wasserleitung angeschlossen.

Die mit der Längsachse von Nord nach Süd gerichteten 10 Pavillons (Abb. 446 und 447) enthalten Säle mit 38 Betten und Einzelzimmer mit ein und zwei Betten, aufserdem sind Nebenräume aller Art, sogar Wohnungen für Assistenzärzte in den einzelnen Pavillons untergebracht, sodafs jeder derselben ein selbständiges Krankenhaus bildet. Die Pavillons sind vollständig unterkellert und haben Dachbodenräume. Im Keller liegen unter anderem

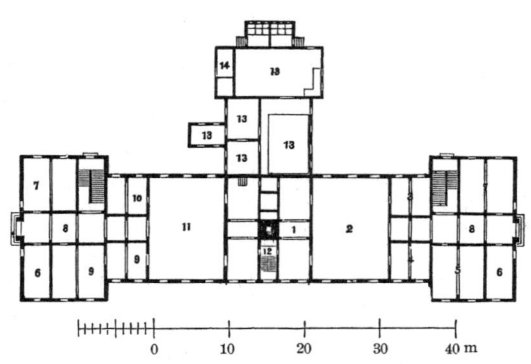

Abb. 445. Wirthschaftsgebäude des städtischen Krankenhauses am Friedrichshain.

1. Speiseausgabe. 2. Kochküche. 3. Spülraum. 4. Putzraum.
5. Vorrathsraum. 6. Amtszimmer. 7. Gesindestuben. 8. Flure.
9. Roll- und Plättstube. 10. Schmutzige Wäsche. 11. Waschküche.
12. Aufzug. 13. Kessel, Maschine und Kohlen. 14. Brennofen.

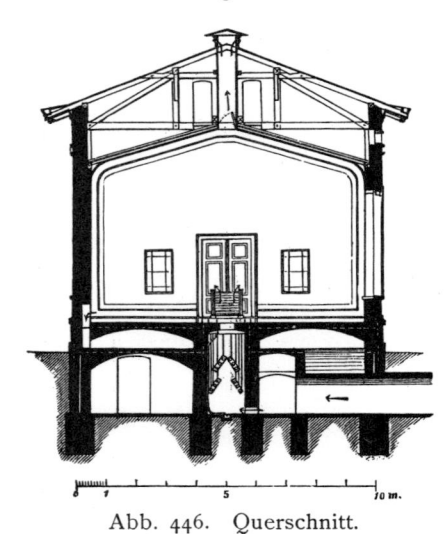

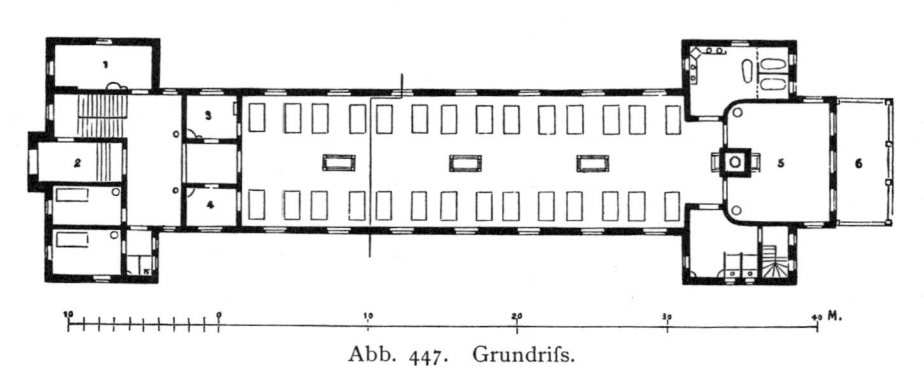

Abb. 446. Querschnitt.

Abb. 447. Grundrifs.

1. Operationszimmer. 2. Eingang. 3. Theeküche. 4. Wärter. 5. Tageraum. 6. Austritt.

Abb. 446 u 447. Einstöckiger Krankenpavillon im städtischen Krankenhause am Friedrichshain.
Architekten Gropius & Schmieden.

die Heizungen, im Dachboden die Stellvorrichtungen für die doppelten Klappen der Firstlüftung. Die beiden Isolirgebäude haben ihre Eingänge auf der Mitte der Langseite, sodafs bei vollständiger Trennung aller Nebenräume vier von einander zu isolirende Abtheilungen in den zwei Geschossen gewonnen werden konnten. Die Krankenräume sind daselbst für ein, zwei und acht Betten eingerichtet.

Die Heizung der Pavillons ist eine Mitteldruckwasserheizung, deren Rohre zum gröfseren Theile in Heizkammern im Keller liegen, um dort frische Luft zu erwärmen, die durch aufsteigende Canäle den Sälen und Zimmern zugeführt wird; zum kleineren Theile sind die Rohre in den Räumen selbst vertheilt. Die Abführung der Luft erfolgt stets den Zuströmungen möglichst entgegengesetzt, in der Nähe des Fufsbodens. Die einzelnen Abzugscanäle vereinigen sich in einem hohen Absaugeschlot, in dem der gufseiserne Schornstein aller Heizungen, also auch der Heizung für die im Keller liegenden Bäder, steht, und

XIX. Heilanstalten.   437

der sich auch noch durch eine besondere Schüttfeuerung erwärmen läfst. Kamine mit unmittelbarer Feuerung in den grofsen Sälen und Tageräumen, die Firstlüftung und die um eine wagerechte Achse verstellbaren oberen Flügel aller Fenster gestatten neben diesen Anlagen einen natürlichen Luftwechsel. Die Einrichtung ist berechnet auf einen Luftwechsel von 75 cbm für das Bett und die Stunde. Alle Wände und Decken der Krankenräume sind mit Oelfarbe gestrichen; die Fufsböden sind im allgemeinen aus Mettlacher Fliesen hergestellt, sodafs eine Reinigung mit desinficirenden Lösungen ohne Schwierigkeit vor sich gehen kann.

Das Operationshaus (Abb. 448 u. 449), inmitten der vier chirurgischen Pavillons gelegen, wurde im Jahre 1881/82 nachträglich gebaut, wodurch die bis dahin in jedem Pavillon befindlichen Operationszimmer zu Krankenzimmern nutzbar gemacht werden konnten. Der Operationssaal mit Oberlicht und Seitenbeleuchtung hat 60 qm Grundfläche und ist 7 m hoch. Für künstliche Beleuchtung desselben ist aufser einem Wandarm ein Sonnenbrenner von 10 Flammen vorhanden. Die Heizung geschieht durch Warmluft, die Luftabführung erfolgt durch senkrechte Canäle mit einer unteren und einer oberen Absaugeöffnung.

Das Pflegerinnenhaus dient als Wohnung und zum Unterricht der an der Anstalt ausgebildeten Krankenpflegerinnen.

Die auf dem 95 000 qm grofsen Grundstücke errichteten Bauten bedecken insgesamt eine Grundfläche von 12 384 qm, sodafs der reichliche Raum von 122 qm Bodenfläche auf das Bett entfällt. Die Baukosten betrugen zur Zeit der Eröffnung der Anstalt rund 4 500 000 ℳ, sind jedoch durch die Erweiterungen auf gegenwärtig 4 726 000 ℳ angewachsen, was einen Einheitsbetrag von 6028 ℳ für das Bett ergiebt.

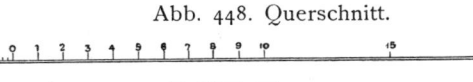

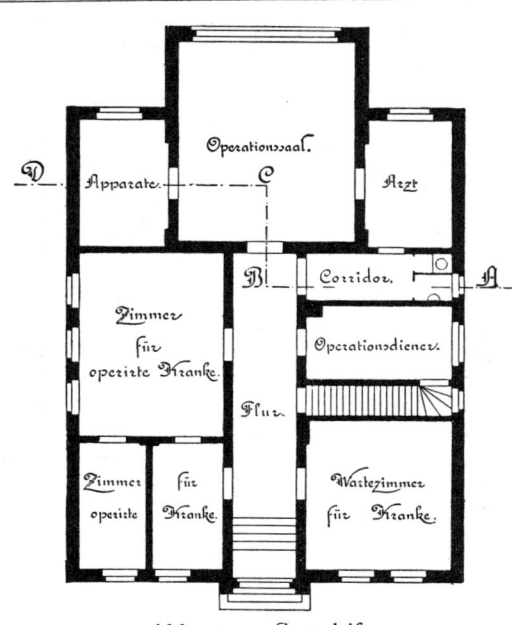

Abb. 448. Querschnitt.

Abb. 449. Grundrifs.
Abb. 448 u. 449. Operationshaus des städtischen Krankenhauses am Friedrichshain.

Das Krankenhaus in Moabit,[1]) NW., Thurmstrafse 21, ebenfalls eine städtische Anstalt, hat sich nach mannigfachen Umgestaltungen und Erweiterungen jetzt zu einem allgemeinen Krankenhause entwickelt, während es ursprünglich nur als Aufnahmestation bei Epidemien bestimmt war. Es verdankt seine Entstehung dem Ausbruche der Pockenepidemie im Jahre 1871, bei welcher die während des Feldzuges 1870/71 zur Aufnahme der Verwundeten auf dem Tempelhofer Felde errichteten hölzernen Baracken vollständig mit Pockenkranken belegt waren und, da diese Baracken bis zum Frühjahr 1872 geräumt werden mufsten, man genöthigt war, auf anderweitem Grund und Boden in aller Eile Ersatz für dieselben zu schaffen. Dies geschah durch die Errichtung einer neuen Anlage in der Thurmstrafse (Abb. 450), woselbst in der kurzen Frist von drei Monaten 16 neue Baracken, ein Verwaltungsgebäude, eine Koch- und eine Waschküche, ein Maschinen-

---

1) Die Gesundheits- und Krankenverhältnisse der Stadt Berlin.

haus, ein Leichenhaus, ein Pförtnerhaus und zwei Schuppen in ausgemauertem Fachwerk aufgeführt wurden. Zur Erwärmung der Gebäude wurde der damals noch ganz neue Versuch einer für die ganze Anlage gemeinsamen Dampfheizung gemacht. Die Anstalt wurde am 7. Mai 1872 eröffnet. Nachdem inzwischen wider Erwarten die Pockenkrankheit fast vollständig erloschen war, wurde sie zunächst als Station für kranke Kinder, sodann zur Unterbringung von Armenkranken während der Typhusepidemie des Jahres 1872 benutzt. Im Jahre 1875 wurde jedoch die dauernde Belegung mit Kranken beschlossen, um für den Fall eines Epidemieausbruches sogleich eine geschulte Krankenwartung zur Verfügung zu haben. Im April 1890 wurde auch eine chirurgische Station eröffnet und seitdem dient das Krankenhaus zur Aufnahme von inneren wie äufseren Krankheiten, mit der Bestimmung jedoch, dafs ansteckende Krankheiten, besonders Flecktyphus und Pocken zunächst ausschliefslich hierher überwiesen werden. Zu den ursprünglich vorhandenen Gebäuden waren schon 1873 hinzugekommen: acht neue Baracken und ein Desinfectionshaus, 1883 wurde eine Isolirbaracke, 1884 ein Laboratorium für wissenschaftliche Arbeiten, 1889 auf einem

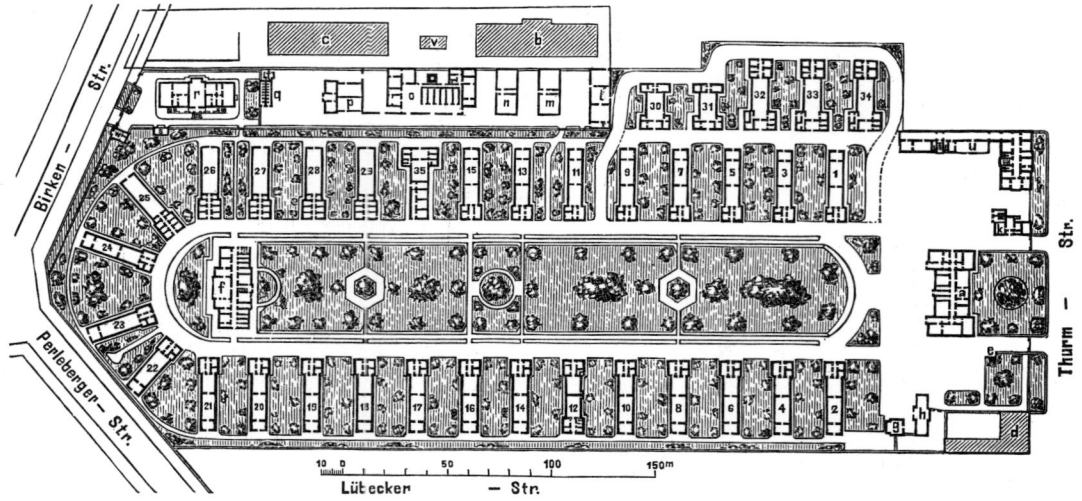

Abb. 450. Städtisches Krankenhaus in Moabit, Thurmstrafse 21.

1.—34. Baracken. 35. Isolirbaracke. a. Künftiges Verwaltungsgebäude. b. Künftige Kochküche. c. Künftige Waschküche. d. Feuerwehrstelle. e. Abort. f. Operationshaus. g. Kleiderschuppen. h. Schuppen. k. Pförtner. l. Werkstatt. m, n. Schuppen. o. Kesselhaus. p. Desinfectionshaus. q. Stall für Versuchsthiere. r. Leichenhalle. s. Abort. t. Wage. v. Künftiger Wagenschuppen. w. Pförtner an der Birkenstrafse.

östlich anstofsenden Grundstück ein neues Leichenhaus, ein Stall für Versuchsthiere, eine Werkstatt und ein Lagerschuppen errichtet und schliefslich noch fünf neue Baracken an der Nordseite des Grundstücks erbaut, sodafs damals schon 30 eingeschossige Pavillons mit 828 Betten vorhanden waren. Im Jahre 1891 wurden auf der Nordostseite des Grundstücks ein Kesselhaus mit Desinfectionsanstalt, 1893—1896 ein Operationsgebäude im nördlichen Theile des Krankenhofes, 1895 ein neues Beamtenwohnhaus in der Südostecke des Grundstücks errichtet und 1895/96 fünf neue Baracken (30—34) hinzugefügt. Der Bau eines neuen Verwaltungsgebäudes (a des Planes), sowie die Erweiterung der Isolirbaracke 35 ist in Vorbereitung, dagegen noch nicht sicher festgesetzt, ob die künftige Kochküche, Waschküche und der Wagenschuppen (c, v und b) die im Plan (Abb. 450) schraffirt angegebene Lage erhalten werden. Die Anstalt fafst zur Zeit in 35 Baracken 940 Kranke und wird nach Vollendung der Erweiterung deren 1000 aufnehmen können.

Das länglich rechteckige Grundstück erstreckt sich fast genau von Norden nach Süden. An der Südseite von der Thurmstrafse her findet der Zugang durch das Verwaltungsgebäude zu den Baracken statt, ein zweiter Eingang von der Birkenstrafse her führt auf die Leichenhalle, die wissenschaftlichen Institute und die neueren Nebenanlagen, die von der eigentlichen Krankenanstalt durch eine Mauer und Buschwerk getrennt sind.

Die Baracken bestehen in der älteren Anordnung aus einem die Wärterstube, die Theeküche, einen Wäscheraum, Bad und Abort enthaltenden Kopfbau und dem Krankensaal. Die aus Fachwerk bestehenden Wände sind innen mit gespundeten und mit Oelfarbenanstrich versehenen Brettern verschalt, ebenso die Innenseiten der mit Asphaltpappe gedeckten Dächer. Die Dächer haben Firstaufsätze mit doppelten Lüftungsklappen. Der Fufsboden besteht aus einer 8 cm starken Betonschicht, welche unmittelbar auf dem Sandboden liegt und von einem neuerdings aufgebrachten Terrazzoschlag bedeckt wird. Entwässerungsvorrichtungen gestatten eine bequeme Reinigung durch Spülung. Die Krankensäle sind 28,25 m lang, 6,90 m breit, haben eine Höhe von 3,14 m an der Wand und 4,71 m in der Mitte und enthalten je 30 Betten. Die fünf im Jahre 1889 errichteten Baracken enthalten insofern eine Verbesserung, als zwei Isolirzellen in den Kopfbau gelegt, dafür die Aborte aber dem Krankensaale abgewonnen sind, wodurch allerdings eine Einbufse von zwei Betten auf jede Baracke herbeigeführt ist. Die fünf neuesten, an der Ostseite der früheren Anlage errichteten Baracken endlich sind mit doppelten Kopfbauten versehen, von denen der eine aufser den früher erwähnten Räumen einen grofsen Tageraum, der andere drei Krankenzimmer zu je zwei Betten, sowie einen

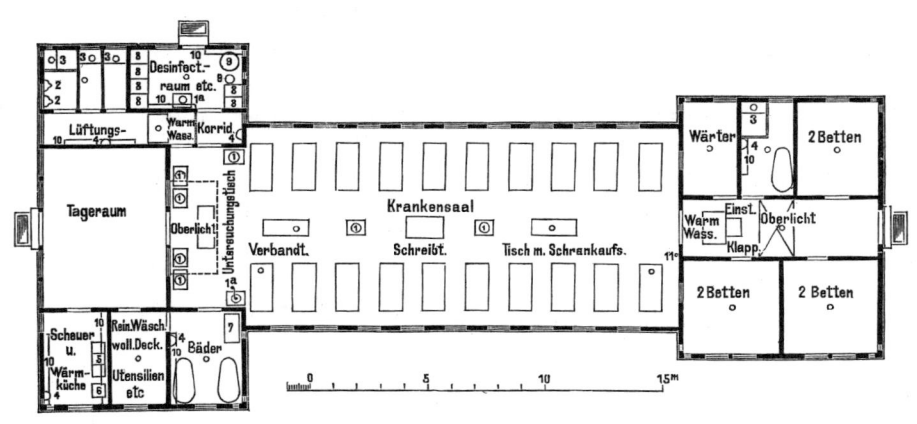

Abb. 451. Grundrifs.

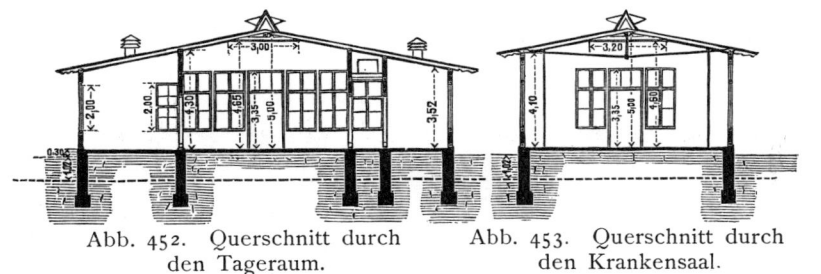

Abb. 452. Querschnitt durch den Tageraum.

Abb. 453. Querschnitt durch den Krankensaal.

Abb. 451—453. Neue Baracken des Krankenhauses Moabit.

Raum für den Wärter enthält (Abb. 451—453). Die Innenseiten dieser ebenfalls in Fachwerk erbauten Baracken sind durchweg mit Korksteinplatten verkleidet. Die Heizung der Baracken geschieht durch eine grofse Dampfheizungsanlage, die eine Ausdehnung von etwa 7,5 km hat. Die Hauptzuleitungsrohre sind in einem unterirdischen Canale an den Frontseiten der Baracken entlang geführt, wobei für jede derselben ein Strang abzweigt, der wieder in mehrere Leitungen sich theilt und ebensowohl die Erwärmung der Räume, als die Anheizung des Badewassers übernimmt. In den Krankensälen sind an der nördlichen Wand zwei, an der südlichen ein Rohrstrang etwa 30 cm über Fufsboden entlang geführt, von denen jeder durch ein besonderes Ventil regelbar ist. Zur Lüftung wird die angewärmte Aufsenluft seitlich eingeführt, während die verdorbene Luft durch den First entweicht.

Die Leichenhalle (Abb. 455) enthält in der Mitte eine Kapelle, links ein bakteriologisches und chemisches Laboratorium, rechts den Secirsaal und Nebenräume.

Das Operationshaus (Abb. 454) umfafst einen grofsen Operationssaal, je einen kleineren für Laparotomien und für septische Fälle, sowie eine Poliklinik mit den nöthigen Warte- und Nebenräumen. Im Obergeschofs sind Wohnungen für die Bediensteten, sowie Nebenräume untergebracht.

440 XIX. Heilanstalten.

Das Beamtenwohnhaus enthält eine Apotheke, Wohnungen für Aerzte, eine Oberin, vier Oberschwestern und 18 Schwestern, sowie zwei Schulräume für die demnächst mit der Anstalt zu verbindende Pflegerinnenschule.

Von den älteren Baracken hat seiner Zeit jede 21 000 ℳ. gekostet. Die Kosten für die eben vollendeten fünf neuesten Baracken betragen 235 000 ℳ. einschl. Inventar, die für die Leichenhalle 82 000 ℳ., für das Kesselhaus mit Desinfectionsanstalt 805 000 ℳ. und für das Operationshaus 93 500 ℳ.

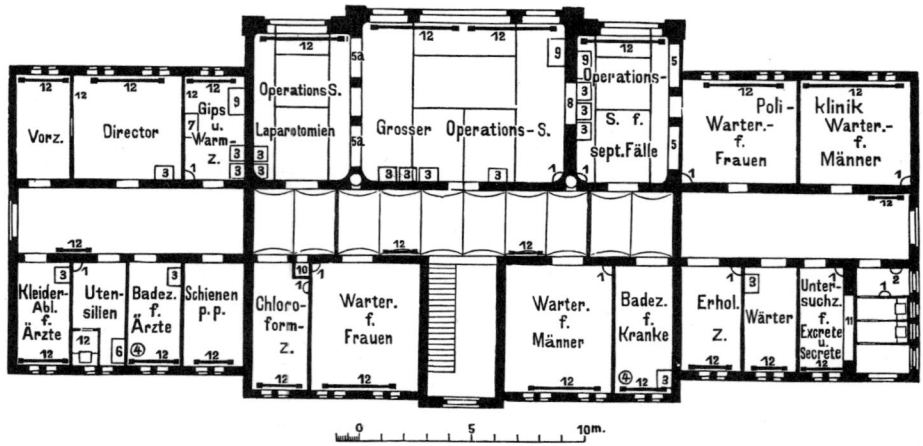

Abb. 454. Neues Operationshaus des Krankenhauses Moabit.

Das Elisabeth-Kinderhospital,[1]) Hasenhaide 80—87 (Abb. 456), ist 1885 bis 1887 durch die Architekten Schmieden & v. Weltzien auf einem von der Finanzverwaltung pachtweise überlassenen, rd. 64 a grofsen, am Rande der Hasenhaide gelegenen Grundstücke erbaut. Die Anlage besteht aus einem drei Geschofs hohen Hauptgebäude, einem zwei Geschofs hohen Seitengebäude und einer kleinen Leichenhalle mit Sectionszimmer. Geplant ist im Garten der Bau einer getheilten Baracke mit ganz getrennten Räumen für je 12 Scharlach- und Diphtheriekranke.

Das Hauptgebäude enthält in den beiden oberen Geschossen je zwei Stationen, im Erdgeschofs eine Station und die Verwaltungsräume.

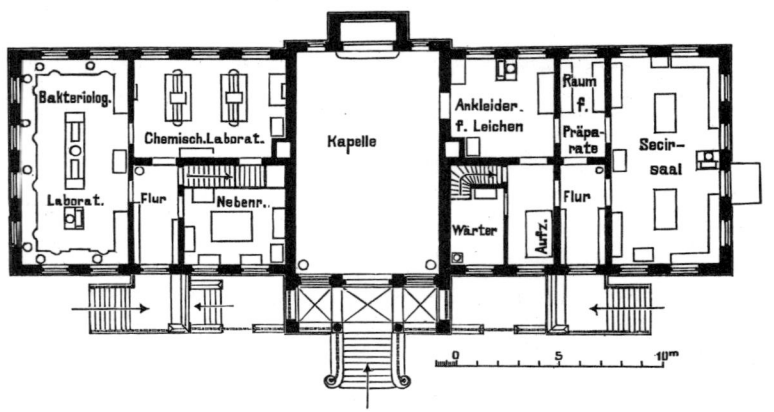

Abb. 455. Leichenhalle des Krankenhauses Moabit.

Bemerkenswerth sind die in den beiden oberen Geschossen befindlichen, 66 m grofsen, nach Süden auf den Waldbestand der Hasenhaide sich öffnenden Hallen, welche den Kindern im Sommer Tag und Nacht als Aufenthalt dienen. Jede Station besteht aus zwei Krankensälen, einem mit 14, dem andern mit 7 Betten, einem 36 qm grofsen Tageraum und besonderen Nebenräumen. Die Erwärmung geschieht durch eine Warmwasserheizung, die Lüftung durch Luftschächte in den Wänden und durch Kippfenster. Im Neben-

---

[1]) Die öffentliche Gesundheits- und Krankenpflege der Stadt Berlin. S. 226. — Die naturwissenschaftlichen und medicinischen Staatsanstalten Berlins. S. 547. Angaben des Bauraths Schmieden und Professors Fritz Wolff.

XIX. Heilanstalten. 441

gebäude sind eine Poliklinik, Wohnungen für den Assistenzarzt und einige Schwestern sowie die Waschküche untergebracht. Das Aeufsere der Gebäude ist in rothen Ziegeln mit Sandsteintheilen in deutschen Renaissanceformen gehalten.

Die höchste Belegungsziffer der Anstalt beläuft sich auf 105 Betten und für jedes Bett sind bei 4 m hohen Geschossen rd. 25 cbm Luftraum vorhanden. Die Gesamtkosten mit Einebnungsarbeiten usw. betrugen ohne Inventar rd. 240 000 ℳ, also bei 105 Betten rd. 2300 ℳ für das Bett. Das Hauptgebäude kostete rd. 162 000 ℳ, wobei also auf das Bett rd. 1540 ℳ entfallen.

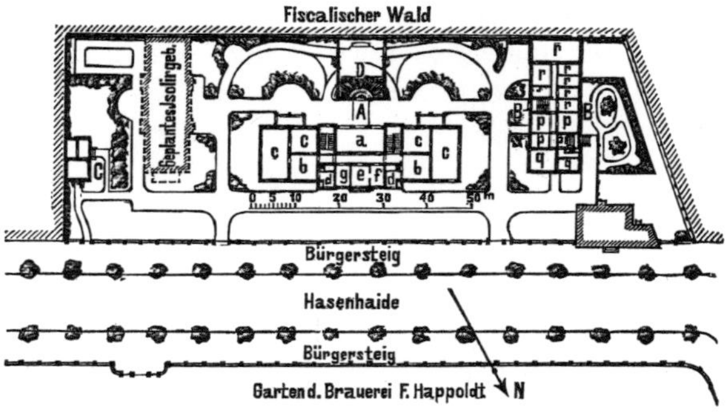

Architekten Schmieden & v. Weltzien.
Abb. 456. Elisabeth-Kinderhospital, Hasenhaide.
A. Hauptgebäude: a. Grofse Halle. b. Tageräume. c. Krankensäle. d. Bäder und Aborte. e. Operationssaal. f. Apotheke. g. Pflegerinnen. — B. Nebengebäude: p. Poliklinik. q. Arzt. r. Krankenstation. — C. Leichenhaus. — D. Betsaal.

Die Anstalt wird von einer Oberin mit 12 Schwestern geleitet. Ihnen zur Seite stehen ein Arzt, ein Assistenzarzt und ein Geistlicher.

Im Jahre 1894 ist noch durch den Professor Fritz Wolff im Garten ein Betsaal für 180 Sitzplätze angebaut worden mit einem Versammlungsraum für die Schwestern im Erdgeschofs. Der Anbau hat rd. 25 000 ℳ gekostet. Als Anhang zur Anstalt ist 1890 ein Seehospiz für 30 genesende Kinder in Deep bei Kolberg erbaut.

Das Paul-Gerhardt-Stift,[1]) Müllerstrafse 56/57 (Abb. 457), ist ein im Jahre 1876 aus privaten Mitteln gegründetes Diakonissen-Mutterhaus. Es war in einem Hause der Jakobikirchstrafse untergebracht, bis der in den Jahren 1886/87 durch die Architekten Schwartzkopff & Theising auf einem 1,38 ha grofsen Grundstücke errichtete Neubau in der Müllerstrafse bezogen werden konnte. Die Anstalt verfolgt in erster Linie den Zweck, Diakonissen in der Krankenpflege auszubilden; damit dies im eigenen Hause geschehen könne, ist im Anschlufs an das Mutterhaus ein Krankenhaus errichtet worden. Das an der Strafse liegende Hauptgebäude (Mutterhaus) dient den Schwestern als Heimstätte und enthält aufser den Wirthschaftsräumen, Geschäftszimmern und einer in den Hof hinausgebauten Kapelle die Wohnung der Vorsteherin, des Geistlichen sowie zahlreiche Wohn- und Schlafräume für die Schwestern. Eine seitliche Halle, welche im Sommer den Schwestern als Speisesaal und Versammlungsraum dient, stellt die Verbindung zwischen dem Vordergebäude und dem Krankenhause her. Im Untergeschofs befindet sich die Waschanlage. Das Krankenhaus, nach dem Pavillonsystem gebaut, enthält in zwei Geschossen einen Operationssaal und vier Krankensäle zu je 12 Betten mit den nöthigen Nebenräumen. Es umfafst 6410 cbm umbauten Raumes und hat 102 000 ℳ gekostet. Mithin stellen sich die Kosten für 1 cbm auf rd. 16 ℳ und für ein Bett auf 2125 ℳ. Für jeden Kranken ist ein Luftraum von durchschnittlich 36 cbm vorhanden.

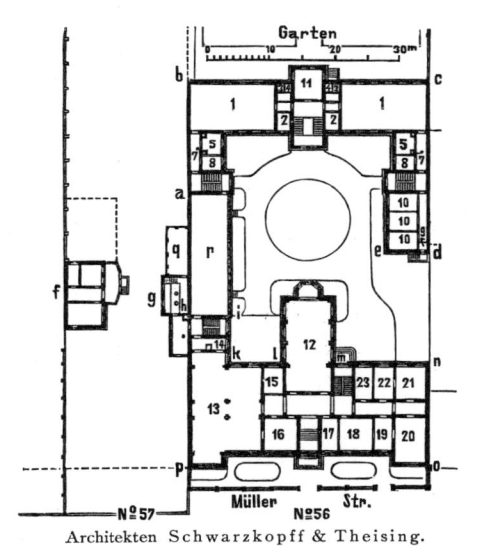

Architekten Schwarzkopff & Theising.
Abb. 457.
Paul-Gerhardt-Stift, Müllerstrafse.

1. Krankensäle. 2. Bad. 3. Abort. 4. Ausgufs für Excremente. 5. Wärterinnen oder Wärter. 6. Lüftung. 7. Wäscheabwurf. 8. Thee- und Spülküche. 9. Abort im ersten und zweiten Stock. 10. Einzelzimmer. 11. Operationszimmer. 12. Kapelle. 13. Saal (darunter Küche). 14. Anrichte mit Aufzug. 15.—19. Zimmer für die Verwaltung. 20.—22. Vorsteherin. 23. Abort und Bad. Ueber 17.—23. im ersten Stock Wohnung des Geistlichen.

---

1) Nach Angaben des Curatoriums.
Berlin und seine Bauten. II.

442 XIX. Heilanstalten.

Die Strafsenfront des Hauptgebäudes ist in gefälligen Formen als Verblendziegelbau unter mäfsiger Verwendung von Sandstein für die Architekturtheile ausgeführt, die Hof- und Gartenfronten sind einfacher gehalten.

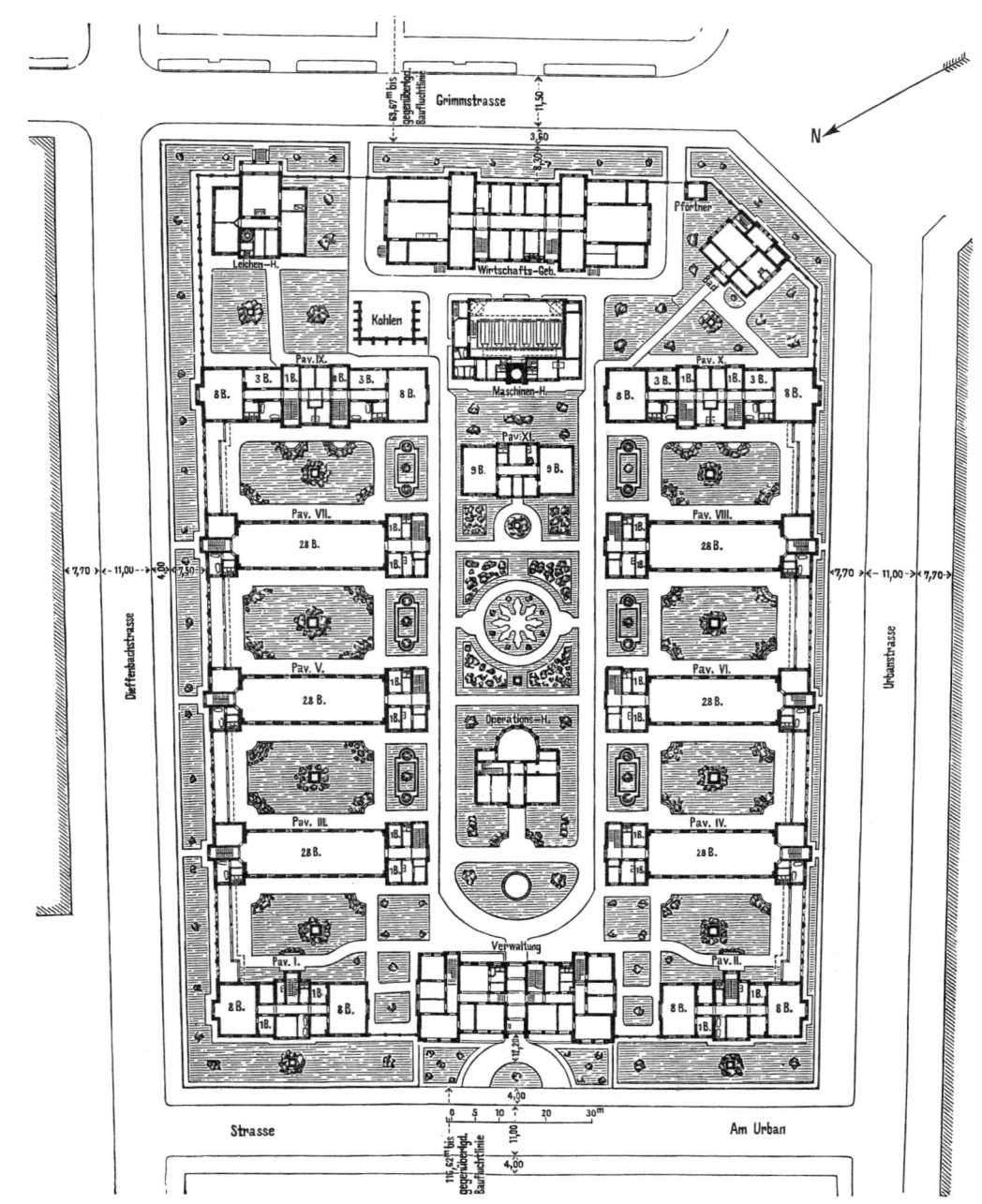

Abb. 458. Städtisches Krankenhaus am Urban, Lageplan.
Architekt Blankenstein.

Auf einem später angekauften, seitlich anschliefsenden Grundstücke sind ferner errichtet worden: eine Isolirstation mit zwei Sälen für je fünf Betten und grofsen gedeckten Seitenhallen, eine kleine Leichenhalle und eine vorläufige Centralheizanlage. Die bebaute Grundfläche aller Gebäude beträgt 1675 qm, die Gesamtkosten belaufen sich auf 353 000 ℳ.

XIX. Heilanstalten. 443

Das Krankenhaus am Urban,[1]) SO., Grimmstrafse 10—16, wurde in den Jahren 1887—1890 als drittes städtisches Krankenhaus nach Plänen des Stadt-Bauraths Blankenstein durch den Stadt-Bauinspector Frobenius errichtet, nachdem die stetig wachsende Bevölkerungszahl der Stadt, besonders aber das Krankenversicherungsgesetz eine unvorhergesehene Steigerung der Krankenzahl herbeigeführt hatten. Als Bauplatz wurde das im südlichen Stadttheil gelegene, 27 800 qm grofse Grundstück zwischen der Urban-, Grimm-, Dieffenbachstrafse und dem Platz am Urban gewählt. Bei der verhältnifsmäfsig geringen Gröfse desselben mufste von einer räumlich so reichlich bemessenen Anlage wie bei den

Abb. 459. Verwaltungsgebäude des städtischen Krankenhauses am Urban.
Architekt Blankenstein.

Krankenhäusern im Friedrichshain und in Moabit Abstand genommen werden, vielmehr war man, um die Baulichkeiten der auf etwa 600 Betten zu bemessenden Anstalt unterzubringen, zu einer Bebauung von über ein Drittel des Grundstücks genöthigt. Während im Friedrichshain 122 qm und in Moabit etwa 112 qm Grundstücksfläche auf das Bett kommen, beträgt diese Ziffer am Urban nur 46 qm. Der beschränkten Fläche wegen ist daher auch von der Errichtung eingeschossiger Pavillons abgesehen worden.

Die Anlage zerfällt in zwei Theile (Abb. 458), den westlichen, durch das Verwaltungsgebäude von dem Platze am Urban her zugänglichen Krankenhof mit den Pavillons

---

1) A. Hagemeyer, Das neue Krankenhaus der Stadt Berlin am Urban, Berlin 1894, bei Hirschwald. Die öffentliche Gesundheits- und Krankenpflege der Stadt Berlin. S. 162. Festschrift zur XXXV. Hauptversammlung des Vereins Deutscher Ingenieure, Berlin 1894.

56*

444 XIX. Heilanstalten.

und, durch das Kesselhaus davon getrennt, den östlichen, von der Grimmstrafse erreichbaren Wirthschaftshof mit dem Wirthschaftsgebäude sowie dem Bade- und Leichenhause.

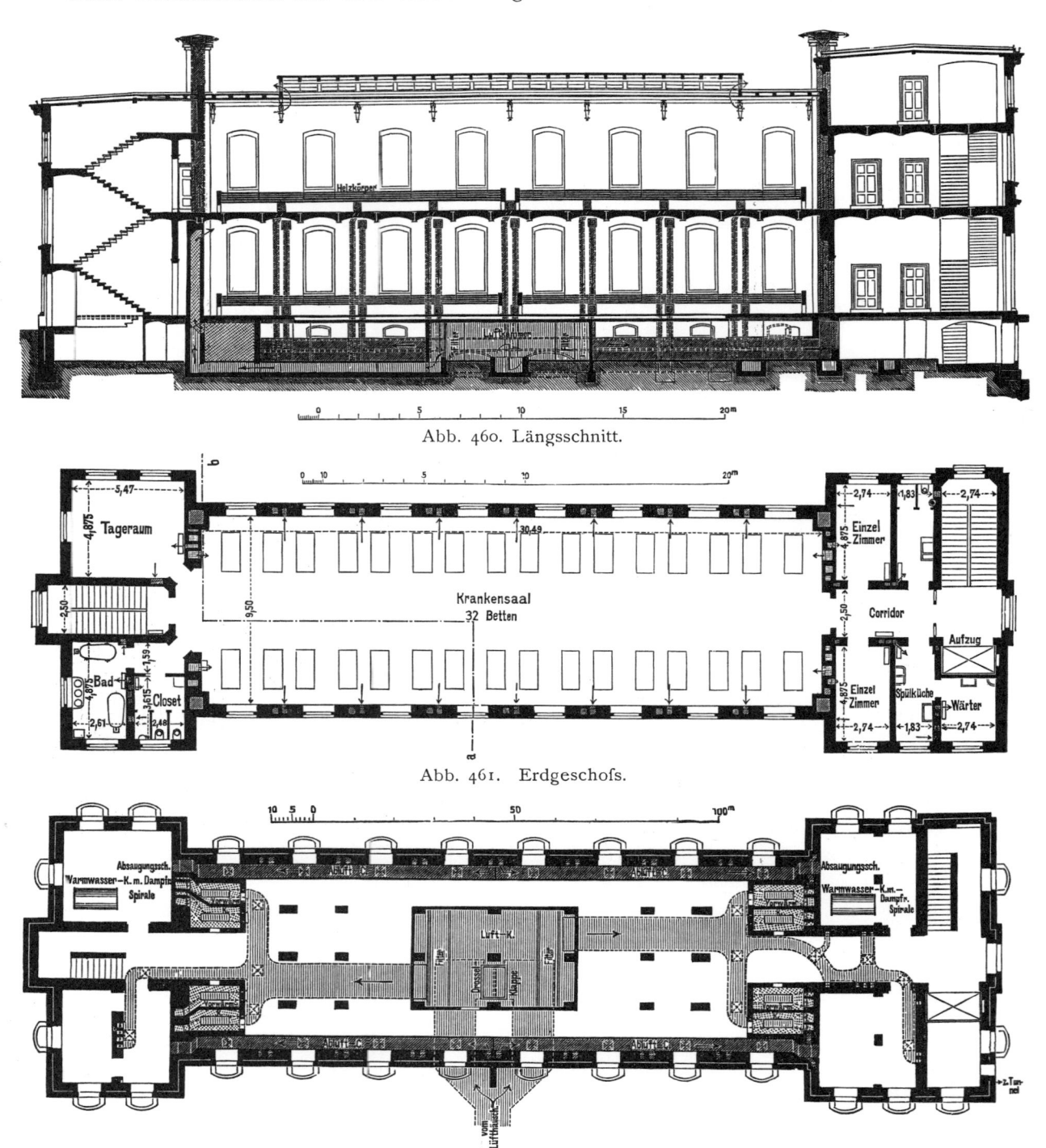

Abb. 460. Längsschnitt.

Abb. 461. Erdgeschofs.

Abb. 462. Keller.

Abb. 460—462. Städtisches Krankenhaus am Urban, Pavillon III bis VIII.

Der westliche Theil ist nach seiner Längsrichtung in zwei nahezu symmetrische Hälften zerlegt, von denen die nördliche der Männer-, die südliche der Frauen- und Kinder-

XIX. Heilanstalten. 445

abtheilung zugewiesen ist. Jede Abtheilung umfaſst fünf in ihrer Längsachse etwa von Norden nach Süden gerichtete zweistöckige Pavillons, von denen die mittleren Pavillons III—VIII nur je einen groſsen Krankensaal nebst einigen Absonderungszimmern in jedem Geschoſs enthalten, während die äuſseren Pavillons I, II, IX und X für die Behandlung der Infectionskrankheiten in je zwei getrennte Abtheilungen in jedem Geschoſs zerlegt sind. Der XI. in der Längsachse angeordnete eingeschossige Block dient hauptsächlich zur Behandlung der Diphtheritis. Ebenfalls in der Längsachse ist inmitten der für chirurgisch Kranke bestimmten vier Pavillons III—VI das Operationshaus angeordnet.

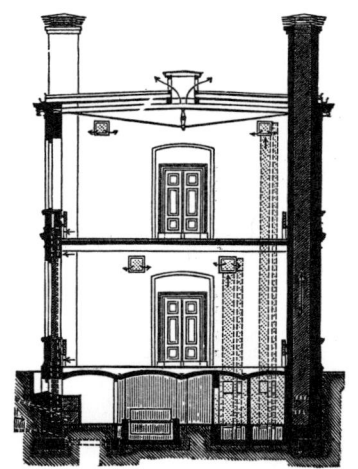

Abb. 463. Städtisches Krankenhaus am Urban, Pavillon III—VIII, Schnitt a—b.

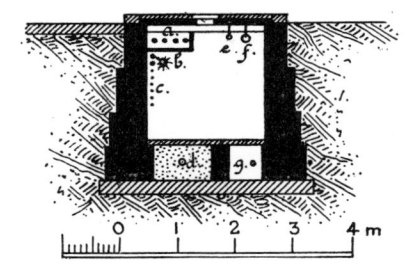

Abb. 464. Unterirdischer Gang im städtischen Krankenhause am Urban.

a. 4 Kabel (Lichtleitung). b. Beleuchtung des Ganges. c. Telephonleitung. d. Wasserleitungsrohr, 100 mm, für Niederdruck - Warmwasserheizung. e. Rundstrang für Badeeinrichtungen. f. Rundstrang für Winterheizung, 175 mm. g. Niederschlagswasserleitung.

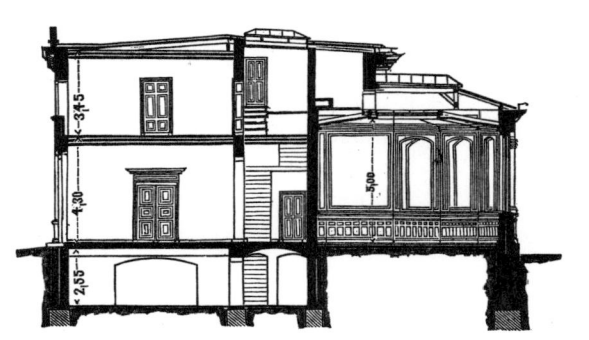

Abb. 465. Querschnitt.

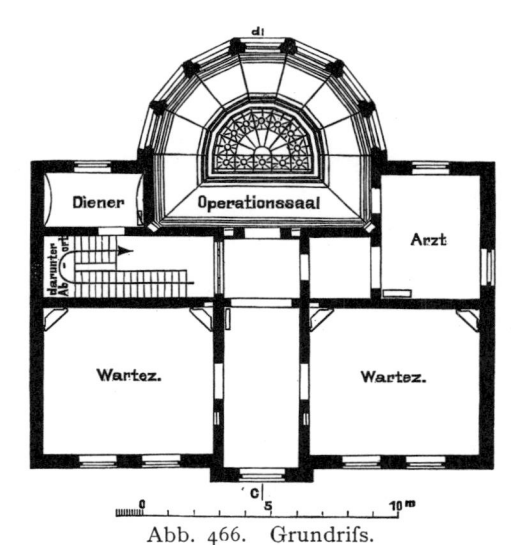

Abb. 466. Grundriſs.

Abb. 465 u. 466. Operationshaus des Krankenhauses am Urban.

Das Verwaltungsgebäude enthält im Erdgeschoſs die üblichen Verwaltungs-, Aufnahme- und Diensträume, ferner die Apotheke, ein Speisezimmer für die Assistenzärzte und Wohnräume, im ersten Stock die Wohnungen des ärztlichen Directors und des Verwaltungsinspectors, im zweiten Wohnungen für Krankenpflegerinnen, Apotheker und Assistenzärzte. Vom Aeuſsern des Gebäudes, das in feinen Verblendsteinen mit Terracotten hergestellt ist, giebt die Abb. 459 eine Vorstellung.

Die Pavillons I, II, IX und X haben als Isolirpavillons in jedem Geschoſs zwei getrennte Abtheilungen, und zwar I und II in jeder Abtheilung einen Saal von acht Betten und ein Zimmer von einem Bett, IX und X in jeder Abtheilung einen Saal von acht Betten, ein Zimmer von drei und eins von einem Bett. Die Mittelbauten dieser Pavillons sind höher geführt und enthalten im zweiten Stockwerk Wohnungen für die Wärter.

446   XIX. Heilanstalten.

Die Einrichtung der Pavillons III—VIII ist aus den in den Abb. 460—463 mitgetheilten Grundrissen und Schnitten ersichtlich. Sie haben zwei Kopfbauten, von denen aufser den erforderlichen Nebenräumen der eine zwei Einzelzimmer, der andere einen Tageraum enthält. Neu ist die Anlage eines Aufzuges, durch welchen Schwerkranke bequem im Tragkorbe in das obere Stockwerk befördert werden und die daselbst liegenden Kranken leicht in den Stand gesetzt werden können, die Gärten zu besuchen. Von der inneren Einrichtung der Krankensäle giebt die Abb. 430 auf S. 420 eine Vorstellung. Der Pavillon IX für Diphtheriekranke ist nur eingeschossig und enthält zwei kleine Säle zu je acht Betten.

Sämtliche Pavillons stehen unter einander und mit dem Leichenhause und Badehause durch einen unterirdischen Gang von 2 m Breite und 2,20 m Höhe in Verbindung (Abb. 464), der einmal sämtliche Rohrleitungen in zugänglicher Anordnung in sich fafst, dann aber auch ungesehen die Beförderung von Leichen nach dem Leichenhause, sowie die Beförderung von Schwerkranken von und nach dem Badehause gestattet.

Eine besondere Einrichtung ist auch noch in den offenen Hallen geschaffen, welche längs der 3 m hohen, die äufseren Kopfbauten der Pavillons verbindenden Einfriedigungsmauer angeordnet sind, um den Kranken einen geschützten Aufenthalt im Freien zu gewähren. Jede Zwischenhalle ist nur von je einem Pavillon zugänglich, sodafs ein Verkehr zwischen Kranken verschiedener Pavillons nicht stattfinden kann.

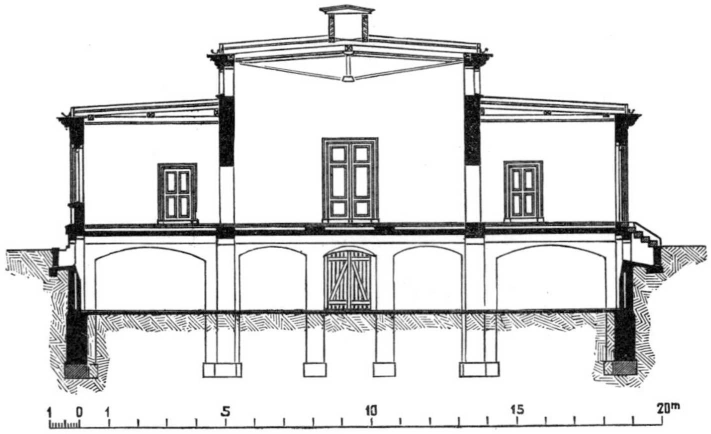

Das Operationshaus (Abb. 465 u. 466) hat aufser dem grofsen, mit Oberlicht und reichlichem Seitenlicht versehenen absidenartigen Operationssaal noch ein zweites Operationszimmer für septische Operationen.

Abb. 467. Querschnitt durch die Küche.

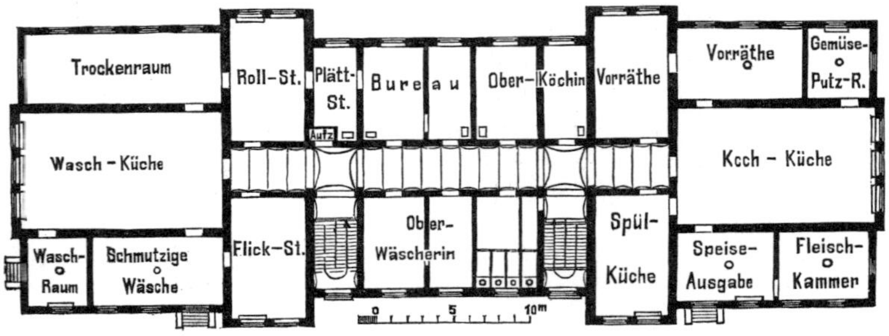

Abb. 468. Grundrifs.
Abb. 467 u. 468. Wirthschaftsgebäude des Krankenhauses am Urban.

Die Fufsböden sind in beiden aus Terrazzo hergestellt und haben Entwässerung zur Spülung, die Wände sind mit Kacheln bekleidet.

Das Kesselhaus enthält sechs Doppelkessel zum Betriebe der Sammelheizung, der elektrischen Beleuchtung, der Koch- und Waschküche sowie der Bäder.

Das Wirthschaftsgebäude (Abb. 467 u. 468) besteht aus einem zweigeschossigen Mittelbau und zwei eingeschossigen beiderseitigen Anbauten. Die letzteren enthalten links die Waschküche, rechts die Kochküche nebst Zubehör. Im Mittelbau liegen ebenerdig Diensträume sowie Wohnungen und weitere Nebenräume zu den beiden Küchen, während im Obergeschofs beiderseitig Wohnungen, in der Mitte aber ein durchgehender Speicherraum für Wäsche, Kleidungsstücke und Hausgeräthe geschaffen sind.

Die Sammelheizung hat als Wärmeträger durchweg Dampf, welcher in den einzelnen Gebäuden theils mittelbar Wasser- oder Luftheizungen betreibt, theils auch unmittelbar in Schlangen zu Heizzwecken herangezogen ist. Die Pavillons werden durch Dampfwarmwasserheizung erwärmt. Die Wasserheizrohre sind in Form glatter Rohrzüge längs der Wände unter den Fenster-Brüstungen angeordnet, in den Nebenräumen haben Doppelrohrregister oder Rippenheizkörper mit Wellblechmantel Aufstellung gefunden. Die frische Luft wird den Räumen auf etwa 20°C. vorgewärmt zugeführt, nachdem sie zunächst eine mit Staubfangflächen versehene Vorkammer und alsdann die mit Dampfschlangen und Mischklappen ausgestattete Heizkammer durchstrichen hat. Die verbrauchte Luft wird zum größten Theile durch Rohre in den Wänden nach dem Keller und dort durch Sammelcanäle nach den mit kräftig wirkenden Dampfschlangen versehenen Abluftschloten, theils nach den im Dachgeschoß gelegenen, gleichfalls mit Dampfschlangen geheizten Schächten, oder auch für einzelne Räume unmittelbar nach oben

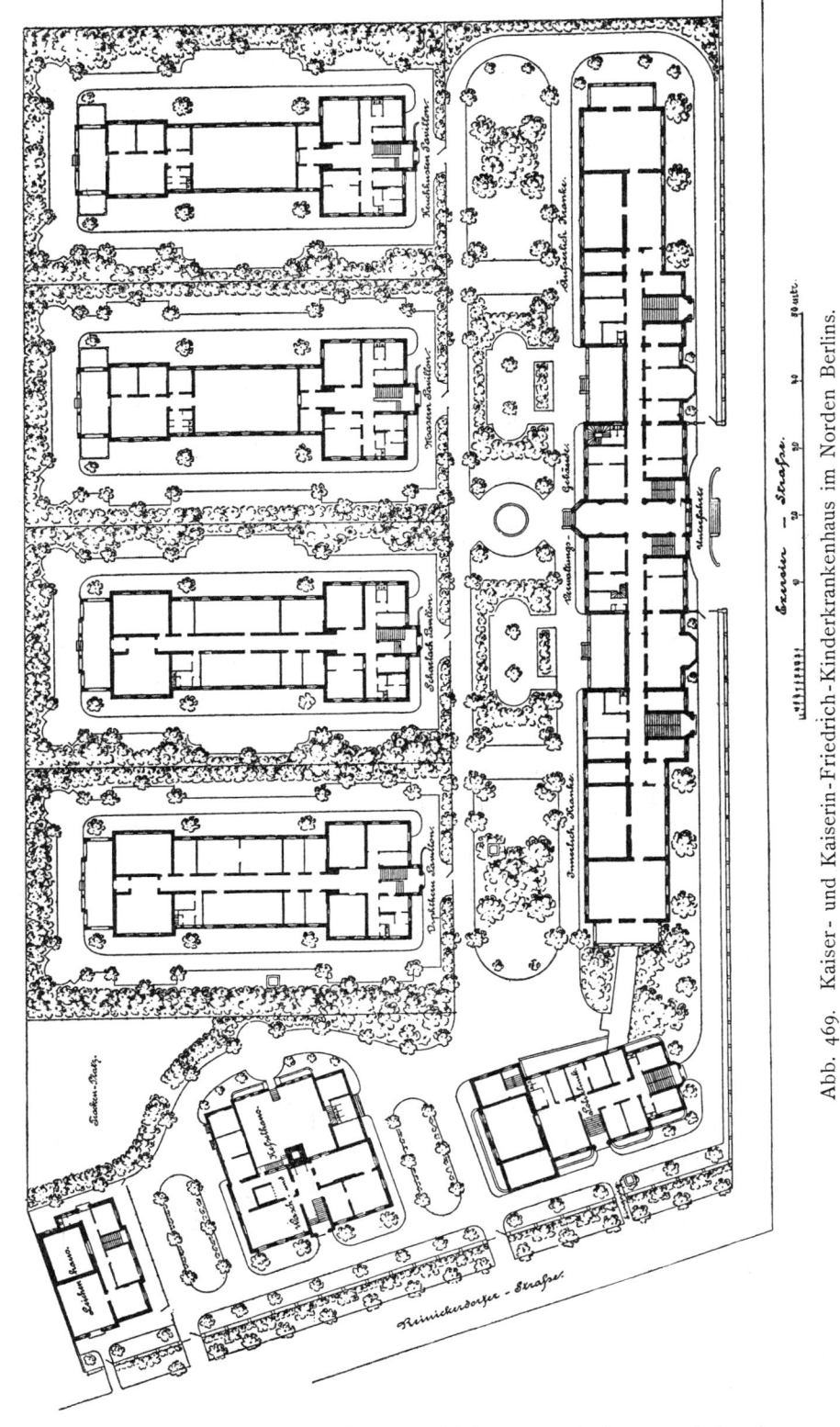

Abb. 469. Kaiser- und Kaiserin-Friedrich-Kinderkrankenhaus im Norden Berlins.

bis über Dach geführt. Auf die Holzcementdächer sind in der ganzen Länge Dachreiter aufgesetzt, deren Klappen vom Saale aus gestellt werden können. — Die Anstalt ist mit einer elektrischen Beleuchtung mittels Accumulatoren versehen, die so groß bemessen sind, dafs der Maschinenbetrieb während der Nacht ausgesetzt werden kann. Die Be- und Entwässerung erfolgt unter Anschlufs an die städtischen Anlagen.

Die Baukosten haben insgesamt 2 981 600 ℳ. betragen, von welcher Summe 393 300 ℳ. auf das Inventar entfallen. Die Kosten für das Bett berechnen sich hiernach einschliefslich Inventar auf rd. 4970 ℳ.

Das Kaiser- und Kaiserin-Friedrich-Kinderkrankenhaus im Norden Berlins,[1]) Ecke der Reinickendorfer und Exercierstrafse, wurde im Jahre 1890 von den Architekten Schmieden, v. Weltzien & Speer auf dem genannten von der Stadt geschenkten Eckgrundstück von 190 m mittlerer Länge und 102 m Breite im Auftrage eines zu diesem Zwecke zusammengetretenen Ausschusses begonnen, an dessen Spitze der Geheime Medicinalrath Virchow steht. Es verfolgt den Zweck, erkrankte Kinder und zwar insonderheit solche aufzunehmen, welche mit ansteckenden Krankheiten, von denen vor allem Diphtherie, Scharlach, Masern und Keuchhusten in Frage kommen, behaftet sind. Es soll Raum für 250—300 Betten geschaffen werden, wobei für das Bett ein Flächenraum von 8 qm und ein Luftraum von 35 cbm angenommen sind. Daneben sollen jedoch auch nicht ansteckende innere und äufsere Krankheiten und in einer Poliklinik ambulante Kranke behandelt werden. Die Anstalt, von der ein beträchtlicher Theil bisher wegen Mangels an Mitteln noch nicht zur Ausführung gelangen konnte, ist auf dem mit der längeren Strafsenfront nach Norden gerichteten Grundstück (Abb. 469) derart geplant, dafs diese der Exercierstrafse zugekehrte

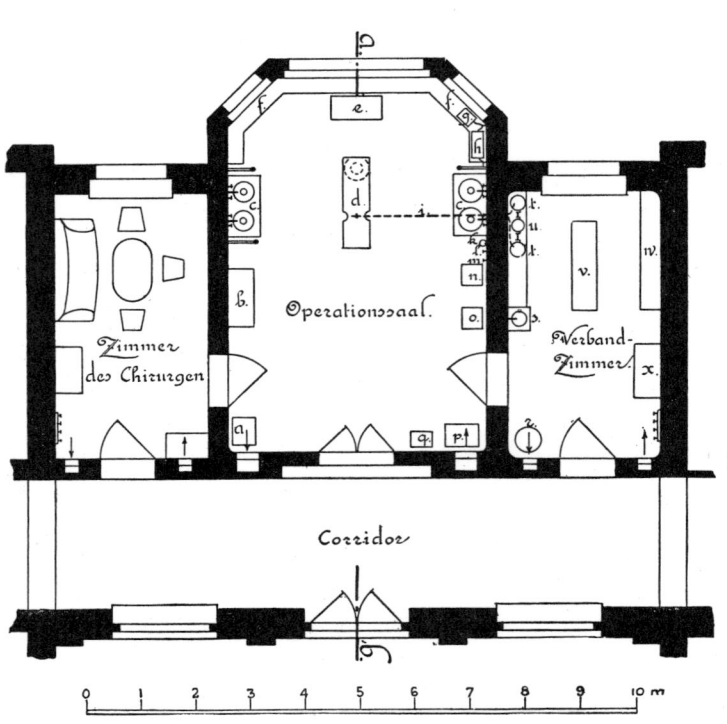

Abb. 470. Operationssaal des Kaiser- und Kaiserin-Friedrich-Kinderkrankenhauses.

a. Tisch. b. Instrumentenschrank. c. Waschtisch. d. Operationstisch. e. Verbandtisch. f. Glasborde. g. Heifsluft-Sterilisator. h. Heifswasser. i. Rohr für Irrigationsschläuche. k. Dampfspülapparat. l. Schlauchhahn für Wasser. m. Dampfventil. n. Kasten für schmutzige Verbandstoffe. o. Tisch. p. Schrank. q. Galvanokaustischer Apparat. Verbandzimmer: r. Dampfsterilisator. s. Waschbecken. t. Irrigatorflaschen. u. Heizkessel. v. Verbandtisch. w. Bord in Tischhöhe. x. Schrank.

Strafsenfront von dem Verwaltungsgebäude mit den anstofsenden Pavillons eingenommen wird, während vier Isolirbaracken für ansteckende Kranke auf dem Hinterlande sich anschliefsen sollen, mit ihrer Längsfront von Norden nach Süden gerichtet. An der schräg einlaufenden Reinickendorfer Strafse stehen das Kesselhaus mit Waschküche, die Poliklinik und ein kleines Leichenhaus. Ausgeführt sind bisher ein Theil der Hauptgebäudegruppe mit dem sich rechts anschliefsenden zweistöckigen Pavillon für äufsere Kranke, die beiden östlichen Pavillons für ansteckende Krankheiten, sowie die Gebäude an der Reinickendorfer Strafse.

Das Hauptgebäude an der Exercierstrafse wird nach seiner Vollendung eine Gruppe von drei mehrstöckigen, durch eingeschossige Zwischenbauten verbundenen Häusern bilden, von denen das mittlere im Erdgeschofs die Diensträume, ein Speise- und ein Lese-

---

1) Festschrift zum 70. Geburtstage Virchows, Stuttgart 1891, bei Ferd. Encke. Oeffentl. Gesundheits- und Krankenpflege der Stadt Berlin. S. 236.

XIX. Heilanstalten. 449

zimmer sowie die Apotheke, im ersten Stockwerk die Wohnung des Directors, im zweiten eine Säuglingsstation und die Wohnung des Inspectors enthält. Der Zwischenbau nach der inneren Abtheilung enthält einen Turnsaal, der entsprechende nach der äufseren Abtheilung einen Operationssaal mit Nebenräumen.

Die bereits im Betriebe befindliche äufsere Abtheilung ist in zwei ziemlich gleich eingetheilten Stockwerken untergebracht, wobei sich die nach Norden und Süden gerichteten Krankenzimmer jedesmal um einen durch Erweiterung des Flurganges geschaffenen Ruheraum gruppiren. Im ganzen sind in der äufseren Abtheilung 52 Betten untergebracht, und zwar in zwei Sälen zu 12, zwei zu 8 und vier Zimmern zu 3 Betten, aufserdem sind noch fünf Wohnungen, sowie Schlafzimmer für neun Schwestern vorhanden. Kleinere Krankenzimmer zur Isolirung sind vorgesehen. Jedes Stockwerk hat eine offene Halle, ein Schwesterndienstzimmer, Aborte, Bad und Spülzimmer. Im Erdgeschofs befinden sich aufserdem die Wohnräume eines Assistenzarztes und ein Anrichtezimmer, neben dem Operationssaal liegen Zimmer für die Chirurgen, sowie für chemische, bakteriologische und Sterilisationszwecke.

Der Operationssaal (Abb. 470 u. 471) ist durch drei grofse, nach Norden ausgebaute Fenster erleuchtet, zu denen noch ein Oberlicht tritt. Die Wände sind mit weifsen Kacheln bekleidet, der übrige Theil ist mit Emaillefarbe gestrichen, der Fufsboden mit Mettlacher Fliesen belegt, die Heizkörper in den Fensterbrüstungen sind mit Glasverkleidungen versehen. Die Beleuchtung erfolgt durch einen grofsen Wenhambrenner.

Für den Diphtherie-Pavillon (Abb. 472) war eine Trennung im Innern hinsichtlich der verschiedenen Schwere der Erkrankung einzuführen, sodafs besondere Abtheilungen für schwerste, mittlere und leichte Kranke mit getrennten Aborten usw. geschaffen werden mufsten. Um ferner die Uebertragung von Krankheitsstoffen unbedingt auszuschliefsen, mufsten Desinfectionsschleusen für alle den Pavillon Betretenden und Verlassenden angelegt werden. Die Anordnung ist so getroffen, dafs in den aus einem zweigeschossigen Kopfbau und einem eingeschossigen Langbau bestehenden Pavillon der Verkehr nur durch eine einzige Thür am Kopfbau stattfindet, woselbst jeder Ein- und Austretende in der links angeordneten Schleuse zu baden und die Kleider zu wechseln hat. Zunächst dem Eingang befindet sich die Abtheilung für die tracheotomirten Kranken, bestehend aus dem Operationszimmer und zwei mit je 4 Betten belegten Krankenzimmern. Diese Zimmer haben besondere Dampfausströmungs-Vorrichtungen, um eine ständige feuchte Luft daselbst zu schaffen. Durch ein Gitter abgeschlossen folgt die Abtheilung für mittel, und hinter dieser, mit Tageraum und Halle versehen, die Abtheilung für leicht Erkrankte. Im oberen Geschofs des Kopfbaues liegen Wohnungen für die Schwestern und den Assistenzarzt. Die inficirte Wäsche wird durch zwei Schlote in einen im Kellergeschofs gelegenen und nur von aufsen zugänglichen Raum befördert, in welchem sie in Gefäfse mit Desinfectionsflüssigkeit fällt und aus diesen von den Bediensteten herausgezogen wird, die dazu das Gebäude nicht zu betreten brauchen. Geschirr und Wäsche dürfen aus dem Pavillon nicht herausgebracht werden, das Essen wird am Kopfbau durch ein Fenster in die Spülküche hineingereicht und die Gefäfse werden, ohne ins Innere gelangt zu sein, sogleich nach der Kochküche zurück befördert.

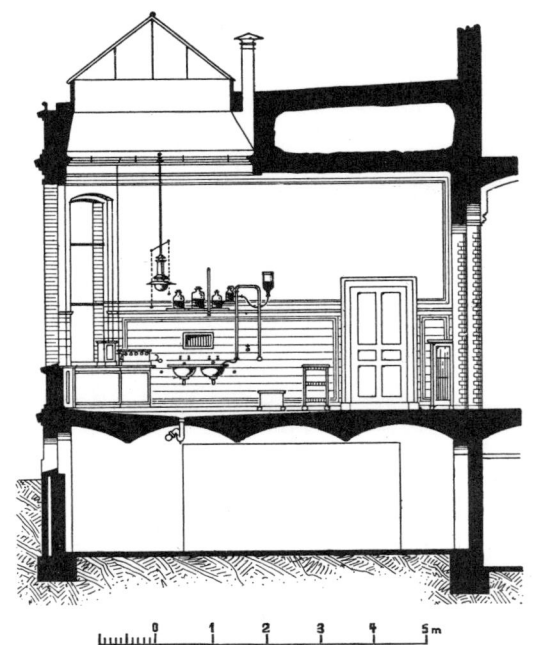

Abb. 471. Operationssaal des Kaiser- und Kaiserin-Friedrich-Kinderkrankenhauses, Schnitt.

Berlin und seine Bauten. II. 57

450 XIX. Heilanstalten.

Der Pavillon für Scharlachkranke ist ähnlich eingerichtet, doch ist hier eine Trennung nach der Schwere der Erkrankung nicht durchgeführt. Für die noch nicht ausgeführten Pavillons für Masern und Keuchhusten ist statt der Einzelzimmer eine durchgehende Saalanlage mit beiderseitiger Beleuchtung in Aussicht genommen.

Bei der Anlage der Poliklinik ging man davon aus, dafür Sorge zu tragen, dafs die Kranken nicht unter einander Ansteckungsstoffe verbreiten. Dementsprechend hat dieses Gebäude einen besonderen Eingang von der Strafse mit Pförtnerwohnung erhalten, und neben dem Voruntersuchungszimmer sind vier Zimmer für verdächtige Kranke vorgesehen, während die unverdächtigen Kranken ein gemeinsames grofses Wartezimmer benutzen. Getrennt sind auch die Aborte und Waschanlagen. Ein Zimmer hat die vollständige Einrichtung eines Operationsraumes erhalten. Im oberen Geschofs befindet sich die Wohnung eines Assistenzarztes und eine Quarantänestation mit sechs einzelnen Zimmern, welche die Bestimmung hat, in zweifelhaften Fällen zuvörderst festzustellen, welcher Abtheilung das aufgenommene Kind zu überweisen ist.

Von den Wirthschaftsanlagen liegt die Wäscherei mit Kesselanlage und Perfectionsapparat im mittleren Gebäude an der Reinickendorfer Strafse, während die Kochküche mit Nebenräumen in einem Anbau

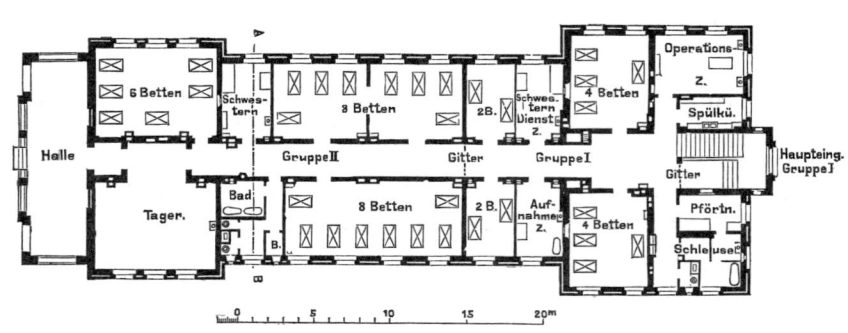

Abb. 472. Diphtheriepavillon des Kaiser- und Kaiserin-Friedrich-Kinderkrankenhauses.

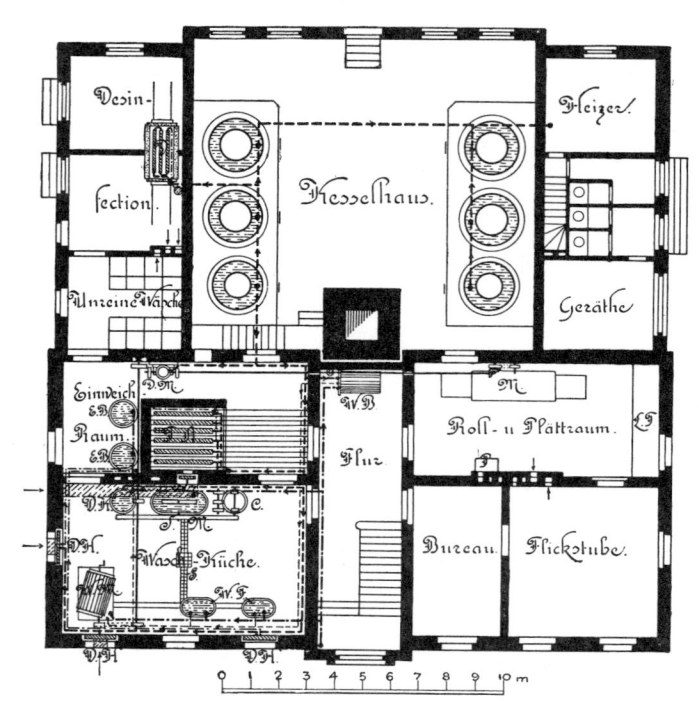

Abb. 473. Wasch- und Kesselhaus des Kaiser- und Kaiserin-Friedrich-Kinderkrankenhauses.

DM. Dampfmaschine. D. Desinfectionsapparat. EB. Einweichebottich. TA. Trockenapparat. DK. Dampfkochkessel. SM. Spülmaschine. C. Centrifuge. S. Siel. WM. Waschmaschine. WF. Waschfässer. WB. Warmwasserbereitung. M. Mangel. LT. Legetisch. P. Plättofen. DH. Dampfheizkörper.

----- Dampfzuleitung.   ⊙ Condenswasser-Ableiter.   —.—.— Condenswasser-Leitung.

des Gebäudes der Poliklinik und im Untergeschofs der letzteren untergebracht ist.

Das Wasch- und Kesselhaus (Abb. 473) enthält eine Einrichtung für Desinfection, eine mit Dampf und in allen Theilen mit Maschinen betriebene Wäscherei und Trockenvorrichtung sowie den Kesselraum.

Das Leichenhaus enthält im Erdgeschofs ein Zimmer für den Leichenwärter, einen kühl gehaltenen Leichenraum und eine Beerdigungskapelle in reicher Ausstattung mit Zugang von der Strafse, ein Sections- und Aufbahrungszimmer, im oberen Stock Zimmer für bakteriologische, mikroskopische und chemische Arbeiten. — Die Gebäude sind in einfachen Architekturformen mit rothen Verblendsteinen hergestellt und haben Holzcementdächer (Abb. 474); die Decken sind vielfach gewölbt, sämtliche Fufsböden mit Ausnahme einiger Wohnräume massiv in Terrazzo ausgeführt. Die Zimmerecken sind ausgerundet und alle Wände und Decken in Oel- und Emaillefarben gestrichen, sodafs eine gründliche Reinigung der Räume leicht erfolgen kann.

Für die Heizung und Warmwasserbereitung, für die Desinfection und die gesamte Bewirthschaftung sind im Kesselhause sechs stehende runde Dampfkessel mit 3 Atm. Betriebsdruck aufgestellt. Der Dampf setzt die für die Erwärmung der Räume bestimmte Warmwasserheizung in Betrieb, besorgt die Warmwasserbereitung, wärmt in langgestreckten Kellercanälen die den Krankenräumen zuzuführende Luft vor und heizt die einfacheren Räume unmittelbar. Er dient auch zur Erwärmung der Absaugeschlote für die verdorbene Luft; zur besseren Lüftung sind aufserdem die Fenster mit Kippflügeln versehen.

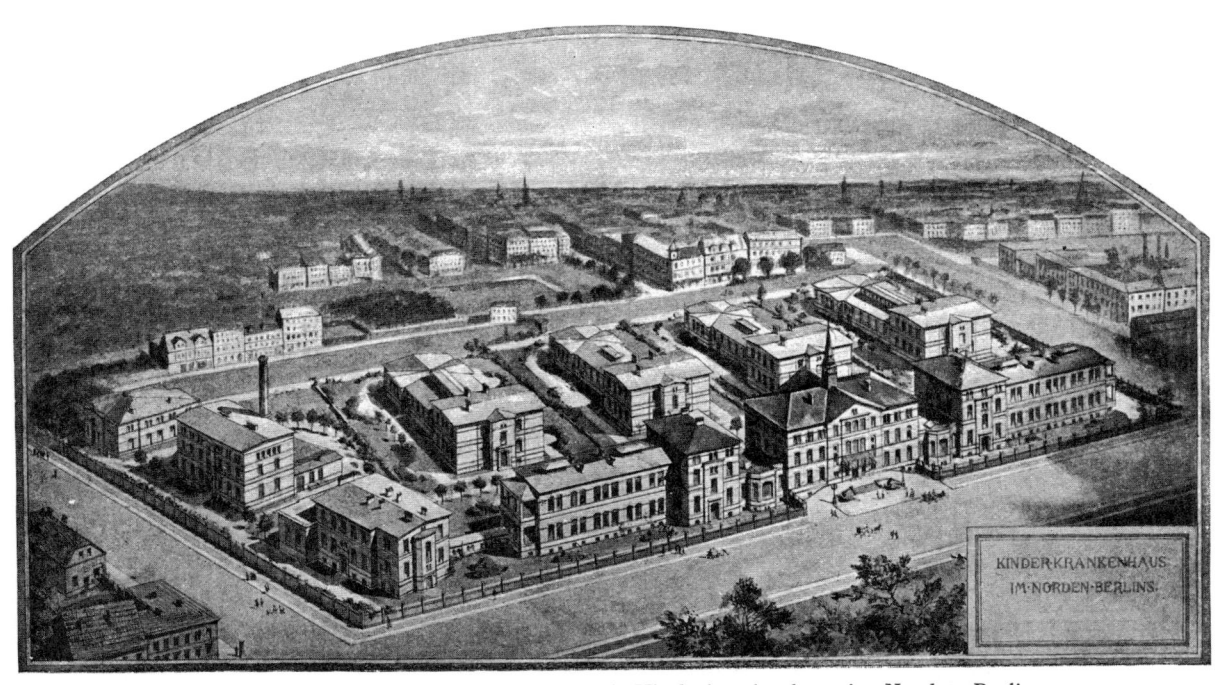

Abb. 474. Kaiser- und Kaiserin-Friedrich-Kinderkrankenhaus im Norden Berlins.
Architekten Schmieden, v. Weltzien & Speer.

Die Kosten der gesamten Anlage sind nach Mafsgabe der bisherigen Ausführungen auf rd. 1 160 000 ℳ berechnet; dazu kommen etwa 200 000 ℳ für Inventar. Dies würde bei 300 Betten einen Einheitsbetrag von 3866 ℳ für das Bett (ohne Inventar) ergeben. Für die zur Zeit hergestellten Gebäude haben die Kosten einschliefslich Inventar rund 750 000 ℳ betragen.

Das Krankenhaus des Kreises Teltow in Britz (Abb. 475, 476 u. 478) wurde 1895/96 durch den Baurath Schmieden für 150 Betten auf einem 275 000 qm grofsen Grundstücke erbaut. Den Haupttheil desselben bildet eine von der Strafse ziemlich weit abliegende zusammenhängende Anlage derart, dafs an das die Mitte einnehmende Verwaltungsgebäude sich rückseitig die Operationssäle, die Wirthschaftsgebäude und das Kesselhaus und links und rechts, durch Verbindungsgänge erreichbar, zwei zweigeschossige Pavillons anschliefsen, deren Längsachsen von Norden nach Süden zeigen. Auf dem Hinterlande ist vorläufig nur ein Isolirpavillon für 10 Betten, ein Stallgebäude und ein Leichenhaus errichtet, für Erweiterungen ist genügend Platz vorhanden. An der Strafse ist in der Südostecke des Grundstücks das villenartig gehaltene Wohnhaus für den ärztlichen Director angeordnet.

452   XIX. Heilanstalten.

Das Verwaltungsgebäude (vergl. den Schnitt Abb. 476) enthält die nothwendigen Dienst-, und Aufnahmeräume, fünf Krankenzimmer für zahlende Kranke, eine Poliklinik, zwei Operationszimmer, im ersten Stockwerk über der Eingangshalle eine Kapelle und im übrigen Wohnungen.

Die Krankenpavillons, von denen der rechts liegende für Männer, der links liegende für Frauen und Kinder bestimmt ist, enthalten Säle von 8 bis 10 Betten, im Erd-

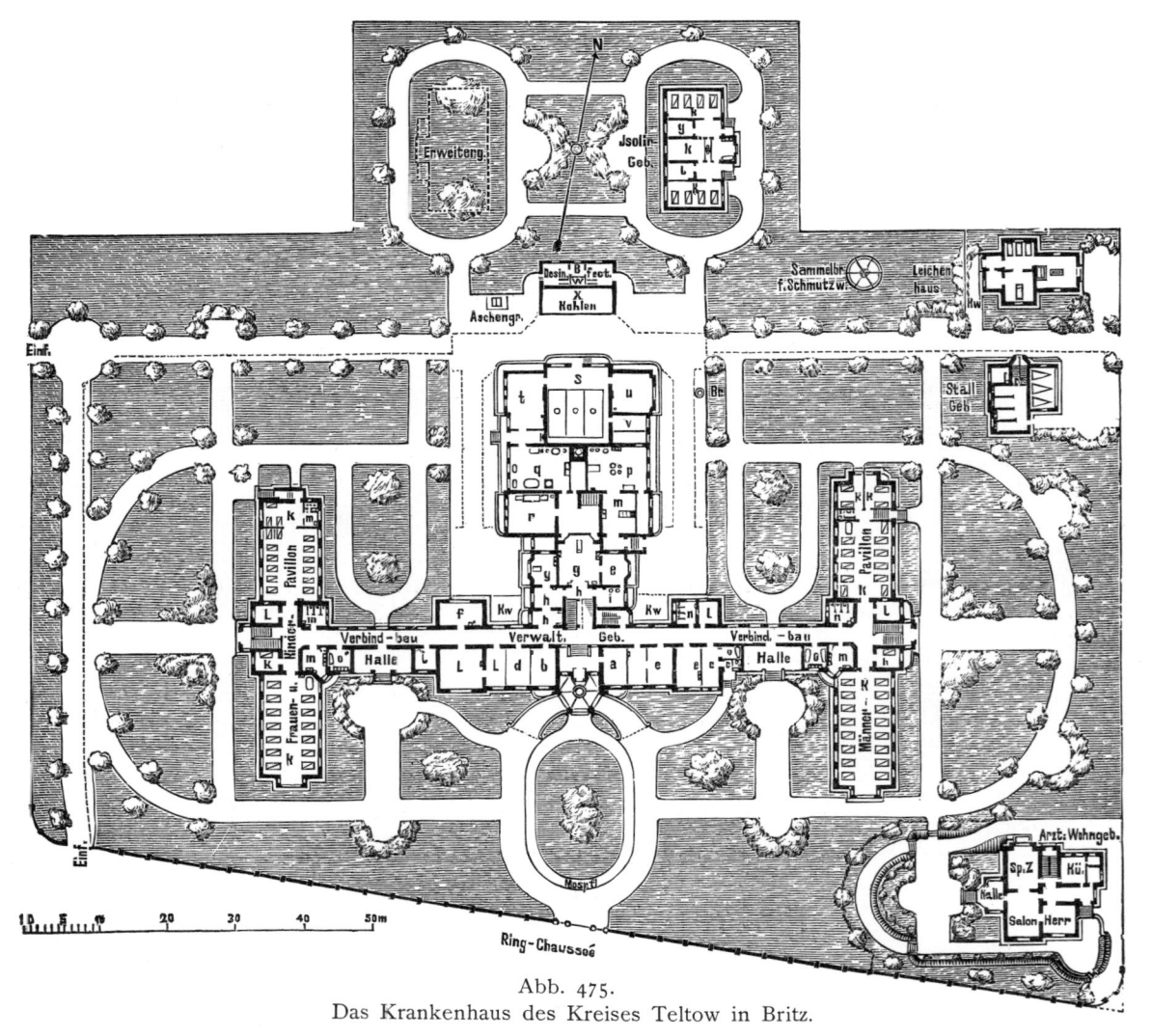

Abb. 475.
Das Krankenhaus des Kreises Teltow in Britz.

a. Pförtner. b. Amtszimmer. c. Aufnahme und Poliklinik. d. Sprechzimmer. e. Aerzte. f. Dispensiranstalt. g. Operationszimmer. h. Vorzimmer. i. Sterilisirungs- und Verbandzeug. k. Krankenräume. l. Schwestern und Wärter. m. Spülküche mit Oberlicht. n. Aborte. o. Bäder. p. Kochküche. q. Waschküche. r. Rolle. s. Kessel. t. Elektrische Maschine. u. Pumpen. v. Werkstatt. w. Desinfection. x. Kohlen.

geschofs schliefsen sich an sie die als Isolirstationen zu benutzenden, von aufsen zugänglichen Krankenzimmer von drei bis vier Betten an. Unter dem Männerpavillon ist ein römisches Bad eingerichtet, im Untergeschofs beider Pavillons sind Wohnungen für die Bediensteten untergebracht.

Zur Erwärmung der Anlage ist eine Niederdruckdampfheizung angelegt, welche vom Kesselhause aus durch Dampf gespeist wird, ebenso wie auch die elektrische Lichtversorgung und Warmwasserbereitung sowie die Desinfection und Sterisilation durch Dampf bewirkt werden. Die Wasserversorgung erfolgt durch einen Tiefbrunnen mit Enteisenungsvorrichtung, die Entwässerung ist an das Rixdorfer Druckrohr angeschlossen.

XIX. Heilanstalten. 453

Die innere Ausstattung zeichnet sich durch thunlichste Vermeidung von Holz und durch ausgedehnte Anwendung von Eisen und Stein aus, wodurch ein hoher Grad von Reinigungsfähigkeit und Feuersicherheit erreicht ist. Das Aeufsere des Gebäudes (Abb. 478) ist in deutschen Renaissanceformen aus rothen Verblendsteinen mit Anwendung von Kunststein hergestellt, die Dächer sind mit Ludwicischen Falzziegeln gedeckt.

Die Kosten des Baues haben 659000 ℳ ohne Inventar betragen, für welches weitere 100000 ℳ aufgewendet sind. Der Einheitspreis für das Bett stellt sich demnach auf 4250 ℳ ohne Inventar und auf 5040 ℳ mit Inventar.

Um auch von den zahlreichen, von Privatpersonen geleiteten Heilanstalten Berlins ein Beispiel aufzuführen, sei hier des im Jahre 1887/88 von dem Architekten Emanuel Heimann für die Aerzte Dr. Oppenheim und Professor Sonnenburg erbauten **Sanatoriums am Hansaplatz**[1]) gedacht, welches für 40 Betten eingerichtet ist, von denen die Hälfte in Einzelzimmern untergebracht ist. Der Bau wird durch eine Warmwasserheizung erwärmt und ist mit ausreichenden Lüftungsanlagen versehen, wurde im übrigen jedoch so

Abb. 476. Verwaltungsgebäude des Krankenhauses des Kreises Teltow in Britz, Schnitt.

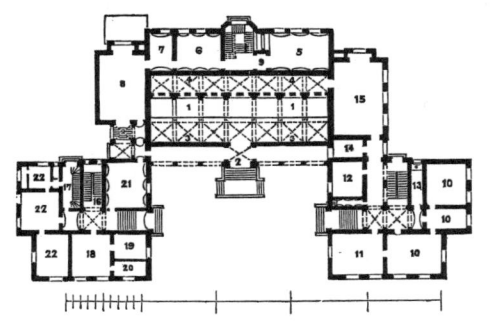

1. Ausstellungsraum für unbekannte Leichen. 2. Eingangsflur. 3. Besichtigungsraum für die Besucher. 4. Gang zur Einbringung der auszustellenden Leichen. 5. Wasch- und Reinigungsraum für ankommende Leichen. 6. Sarglager. 7. Einsargraum. 8. Kapelle für abgehende Leichen. 9. Aufzug durch Wasserdruck. 10. Chemisches Laboratorium. 11. Präparatenzimmer. 12. Zimmer für den Physikus. 13. Abort. 14. Raum für Geräthe. 15. Obductionssaal. 16. Haupttreppe. 17. Nebentreppe. 18. Arbeitszimmer für den Leichencommissar. 19. Telegraphenzimmer. 20. Geräthezimmer. 21. Wartezimmer für die Besucher. 22. Wärterwohnung.

Abb. 477. Königliches Leichenschauhaus in der Hannoverschen Strafse.

angelegt, dafs er ohne Schwierigkeiten in eine Miethswohnung verwandelt werden kann. Das Aeufsere ist in den Formen der deutschen Renaissance in Putz ausgeführt. Die Kosten

---

[1]) Veröffentlicht in den Blättern für Architektur und Kunsthandwerk, Jahrgang 1889, Tafel 2.

454   XIX. Heilanstalten.

für das Gebäude betrugen 187000 ℳ, wobei auf das Quadratmeter bebauter Fläche 330 ℳ entfallen.

Im Anschlufs an die Krankenhäuser möge schliefslich noch das staatlicherseits erbaute **Leichenschauhaus**[1]) Betrachtung finden, welches im Jahre 1884 auf einem Theile des früheren Charité-Kirchhofes hinter der alten Communication am Neuen Thor (der jetzigen Hannoverschen Strafse) errichtet wurde (Abb. 477). Der Hauptbestandtheil des Gebäudes ist die in dem zurückliegenden einstöckigen Mittelbau gelegene Leichenschauhalle, in welcher die unbekannten Leichen öffentlich ausgestellt werden. Dieser Raum wird auch

Abb. 478. Krankenhaus des Kreises Teltow in Britz.
Architekt Schmieden.

während des Sommers auf einer ständigen Temperatur von 0 bis 2° C. gehalten. Links und rechts schliefsen sich an den Schauraum eine Kapelle und ein Obductionssaal, rückwärts Reinigungs- und Einbahrungsräume an. Die vortretenden Seitenbauten sind zweistöckig und enthalten weitere Nebenräume sowie einige Wohnungen. Die Kosten haben rund 330 000 ℳ betragen.

B. Irrenanstalten, Anstalt für Epileptische.[2])

Zu Anfang des 18. Jahrhunderts wurden die Irren mitsamt alten hülfsbedürftigen Armen und mit Waisenkindern in dem an der Waisenbrücke belegenen ehemaligen Friedrichs-Hospital untergebracht. Die Fürsorge für die Irren befand sich zu jener Zeit in Deutschland noch auf sehr niederer Stufe, indem man nicht auf ihre Heilung und Pflege, sondern in Hinsicht auf ihre Gemeingefährlichkeit lediglich auf ihre möglichst sichere Unterbringung bedacht war. Erst im Jahre 1862

---

[1] Einige Angaben in der Zeitschrift für Bauwesen, Jahrgang 1886, S. 435.
[2] Bearbeitet vom Stadt-Bauinspector Weber.

trat in der Verpflegung und Behandlung der Irren in Berlin durch die Gründung der „Städtischen Irren-Verpflegungsanstalt" eine vollständige Aenderung ein. Es wurden zwei getrennte Häuser für Männer und Frauen eingerichtet, an deren Spitze ein Verwaltungsbeamter und ein ärztlicher Director standen. Die Männer wurden in einem abgesonderten Theile des alten Arbeitshauses und die Frauen in dem ehemaligen neuen Hospital in der Wallstrafse untergebracht. Der Bestand der in der Irren-Verpflegungsanstalt befindlichen Geisteskranken betrug am Ende des Jahres 1862 nur 294, stieg jedoch bald so schnell, dafs bereits im Jahre 1870 die Unterbringung der der Anstalt überwiesenen Kranken nicht mehr möglich war und die Verwaltung sich genöthigt sah, in immer steigendem Mafse Geisteskranke an Privatanstalten abzugeben. Zwar waren schon seit dem Jahre 1863 die Gemeindebehörden der Erbauung einer neuen Irrenanstalt näher getreten, doch konnte mannigfacher Schwierigkeiten wegen erst 1877 mit der ersten grofsen Anlage dieser Art, der Irrenanstalt zu Dalldorf, begonnen werden.

Die städtische Irrenanstalt in Dalldorf (Abb. 479), für 1130 Kranke, ist in den Jahren 1877—1879 nach den Plänen des Stadt-Bauraths Blankenstein auf einem an der Strafse nach Oranienburg gelegenen, 9,5 km von Berlin entfernten Grundstücke von 66 ha Flächenumfang erbaut. Der Anlage ist das Pavillonsystem zu Grunde gelegt, wobei die Vertheilung der Gebäude in der Weise erfolgt ist, dafs alles zur Verwaltung und Wirthschaft gehörige in der Mittellinie, links davon die Gebäude für Männer, rechts die für Weiber angeordnet sind. Ueber die Stellung der Gebäude giebt der Lageplan Aufschlufs. Die allgemeine Grundrifsanordnung der Gebäude ist für alle Krankenabtheilungen gleich; an einem in der Länge durchgehenden Gange von 3,20 m Breite, welcher mit den Treppenhäusern abschliefst, liegen einerseits die Wohn- und Schlafräume, anderseits lehnen sich kurze Seitenflügel an, von denen die beiden äufseren Einzelzimmer und Isolirzellen, die mittleren Bäder, Aborte und Waschräume, aufserdem bei den sechs

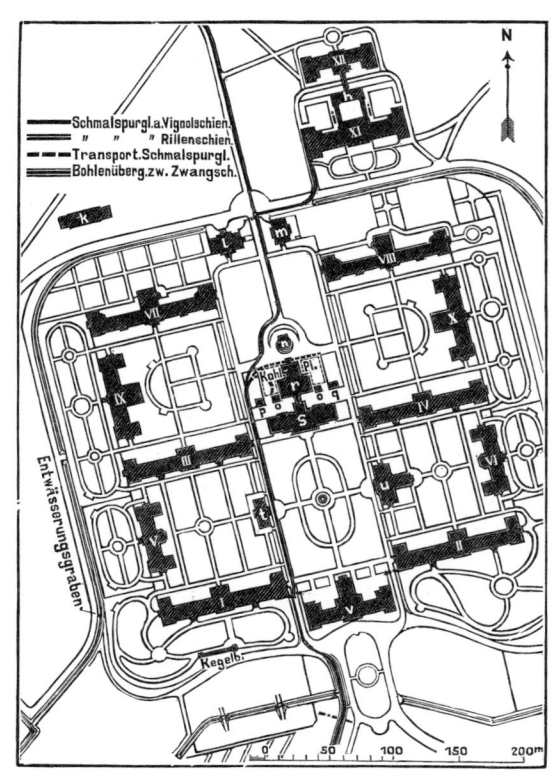

Abb. 479. Städtische Irrenanstalt in Dalldorf.

I, III, V, VII, IX Pavillons für Männer. II, IV, VI, VIII, X Pavillons für Frauen. h. Turnhalle. i. Verbindungshallen. k. Isolirbaracke. l. Leichenhaus. m. Beamtenwohnhaus. n. Eiskeller. o. Dampfschornstein. p. Wagenschuppen und Aborte. q. Spritzenhaus. r. Kesselhaus. s. Kochküche und Bäder. t. Werkstatt. u. Waschküche. v. Verwaltungsgebäude. w. Wagehäuschen.

langen Gebäuden eine dritte Treppe, ferner bei den Gebäuden für epileptische und sieche Irre auch noch Krankenzimmer und Isolirzimmer enthalten. Die Gebäude bestehen aus Erdgeschofs und Obergeschofs von je 4,50 m Höhe. In den Flügelbauten ist das Dachgeschofs ausgebaut. Sonst haben nur die sechs grofsen Pavillons ein vollständiges zweites Obergeschofs erhalten. Im Mittelpunkt der ganzen Anlage liegt das Küchengebäude, an welches sich die Centralbäder, das Kesselhaus mit Kohlenschuppen und das Maschinenhaus mit Wasserthurm anschliefsen. In der vorderen Abtheilung der Höfe ist auf der einen Seite die Waschküche, auf der anderen ein Werkstattgebäude errichtet, um in dem einen den arbeitsfähigen Theil der Frauen und in dem anderen den der Männer beschäftigen zu können. Das Leichenhaus ist am hinteren Eingang so gelegen, dafs nach Abhaltung der Leichenfeier die Särge unmittelbar nach dem Friedhof gebracht werden, ohne den Anstaltshof zu berühren.

456 XIX. Heilanstalten.

Die Idiotenanstalt, deren Bau nachträglich beschlossen wurde, steht unter einem Erziehungsinspector und bietet Raum für 50 Knaben und 50 Mädchen. Im Jahre 1887

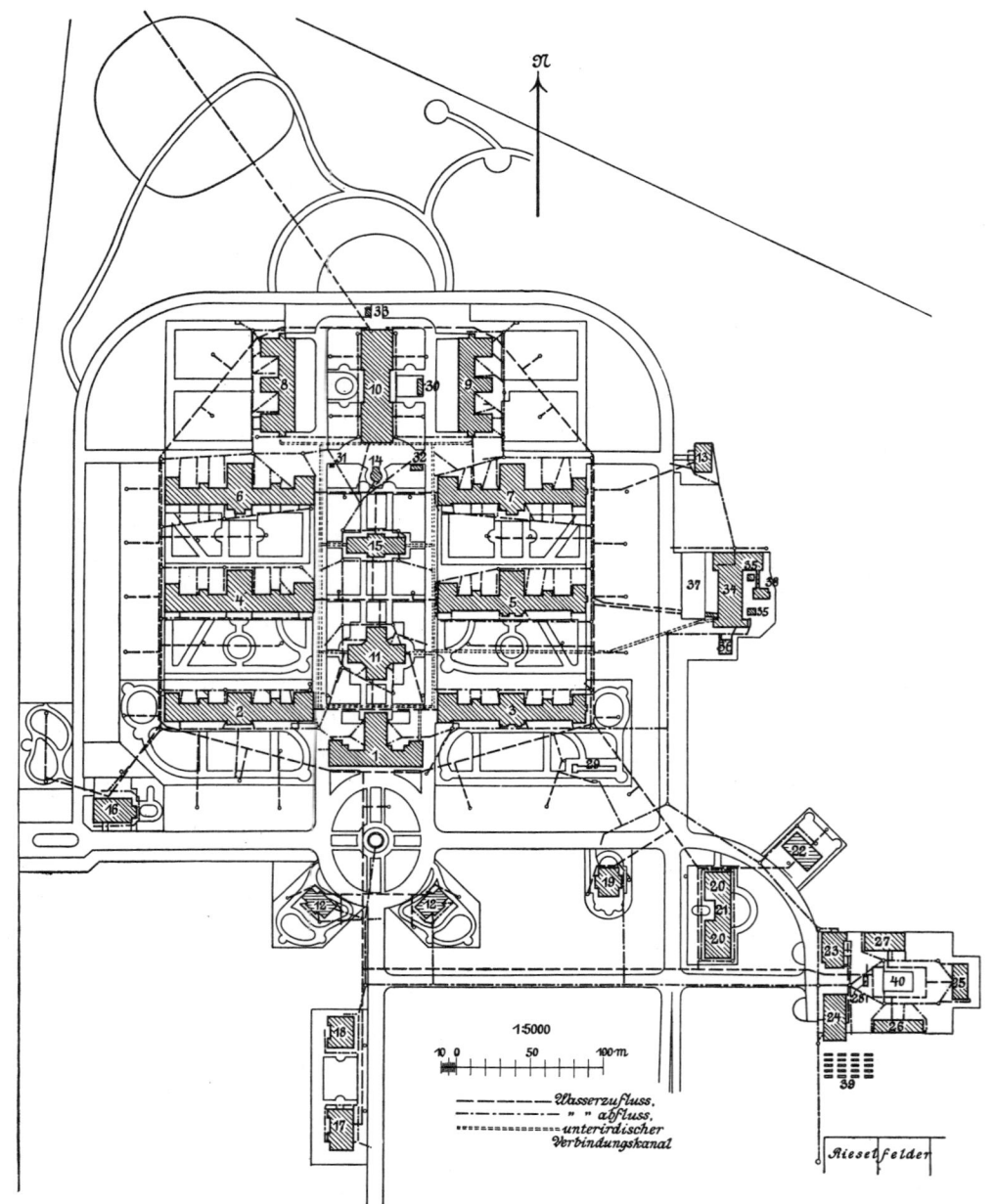

Abb. 480. Städtische Irrenanstalt Herzberge bei Lichtenberg.

1. Verwaltungsgebäude. 2. Haus für 100 ruhige Irre (Frauen). 3. Haus für 100 ruhige Irre (Männer). 4. Aufnahme und Beobachtungshaus für 100 Frauen. 5. Aufnahme und Beobachtungshaus für 100 Männer. 6. Haus für 150 sieche Frauen. 7. Haus für 150 sieche Männer. 8. Detentionshaus für 50 Frauen. 9. Detentionshaus für 50 Männer. 10. Wirthschaftsgebäude. 11. Werkstattgebäude. 12. Beamtenwohnhäuser. 13. Leichenhaus. 14. Eishaus. 15. Badehaus. 16. Directorwohnhaus. 17. Landhaus für 30 Frauen mit Treibhaus. 18. Landhaus für 30 Frauen mit Treibhaus. 19. Landhaus für 26 Männer. 20. Doppelhaus für 60 Männer mit Treibhaus. 21. Arbeitsschuppen. 22. Landhaus für 36 Männer. 23. Wohnhaus des Landwirthschaftsinspectors. 24. Wohnhaus für 40 Frauen mit Treibhaus. 25. Schweinestall. 26. Scheune, Pferde- und Ochsenstall. 27. Kuhstall. 28. Geflügelhaus. 29. Kegelbahn. 30. Speisewagenschuppen. 31. Frauenabort. 32. Spritzenhaus. 33. Wagehaus. 34. Kessel- und Maschinenhaus. 35. Dampfschornsteine. 36. Maschinenmeisterwohnhaus. 37. Kohlenplatz. 38. Gradirwerk. 39. Mistbeete. 40. Dunggrube.

erfuhr die Anstalt eine Erweiterung durch die Errichtung zweier Coloniegebäude in der Nähe des Wirthschaftshofes. Sie sind durchschnittlich mit 60 männlichen Geisteskranken

XIX. Heilanstalten. 457

belegt, die, soweit sie dazu geeignet sind, zu für sie besonders fördersamen landwirtschaftlichen Arbeiten herangezogen werden, wobei ihnen gröfsere Freiheit als in der geschlossenen Anstalt gewährt werden kann.

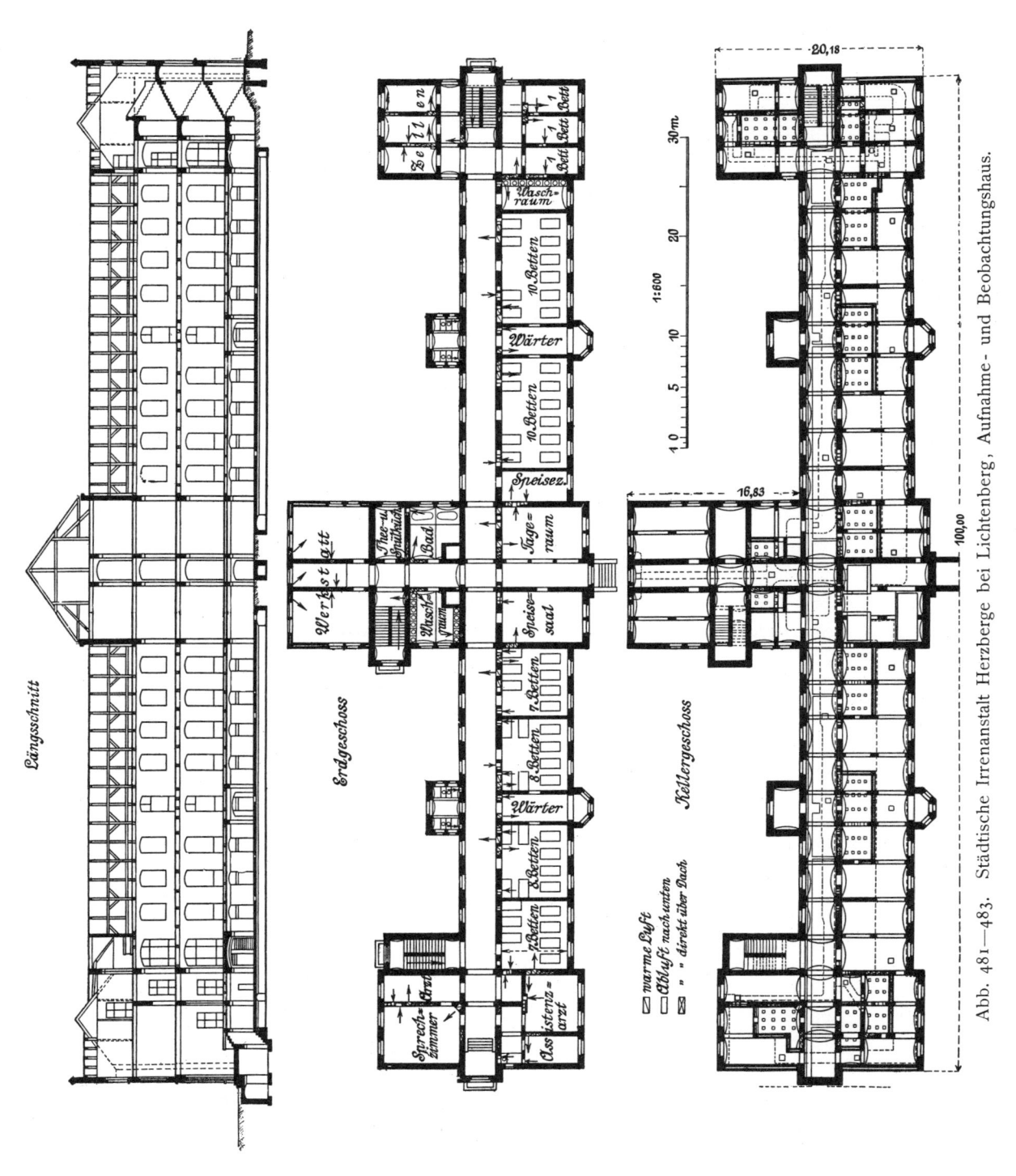

Abb. 481—483. Städtische Irrenanstalt Herzberge bei Lichtenberg, Aufnahme- und Beobachtungshaus.

Die Erwärmung der Krankenräume erfolgt durch eine Dampfluftheizung, deren Heizkörper vom Dampfkesselhause aus gespeist werden. Nur eine Anzahl kleiner Räume, für welche der Anschlufs an die Heizkammern schwierig war, werden durch Dampfwasser-

Berlin und seine Bauten. II. 58

röhren erwärmt. Die Anstalt wird von der in der Nähe gelegenen Gasanstalt mit Gas versorgt und hat ihre eigene Wasserleitung. Für die Entwässerung ist eine Rieselanlage geschaffen, der sämtliches Hauswasser und das Regenwasser zugeführt wird.

Die Gebäude sind in einfachem Ziegelbau ausgeführt, haben mit wenigen Ausnahmen überhängende Dächer und sind mit englischem Schiefer auf Schalung gedeckt. Die Baukosten haben sich auf rd. 4 484 000 ℳ. belaufen, sodaſs bei voller Belegung die Einheitskosten mit Einrechnung des Inventars 3968,09 ℳ. für den Kranken betragen.

Vier Jahre nach der Eröffnung der Anstalt in Dalldorf sah sich die Stadtverwaltung abermals vor die Nothwendigkeit gestellt, für die Unterbringung der stetig sich vermehrenden Anzahl der Geisteskranken zu sorgen. Das immer dringender empfundene Bedürfniſs, die Epileptischen von den eigentlichen Geisteskranken zu trennen, sowie die Erwägung, daſs bei dem jährlichen Zuwachs von 130 bis 160 Kranken ein Bestand von 2800 bis 3000 Kranken bis zu dem Zeitpunkt in sicherer Aussicht stand, an welchem eine neue Anstalt fertiggestellt werden konnte, führte zu dem Beschluſs, gleichzeitig mit dem Bau zweier neuer Anstalten, der Irrenanstalt Herzberge bei Lichtenberg und der Anstalt für Epileptische bei Biesdorf zu beginnen.

Die städtische Irrenanstalt Herzberge bei Lichtenberg (Abb. 480 bis 489). Die nach den Plänen des Stadt-Bauraths Blankenstein in den Jahren 1889—1893 errichtete neue Irrenanstalt Herzberge bei Lichtenberg liegt dicht an der östlichen Weichbildgrenze Berlins auf einem

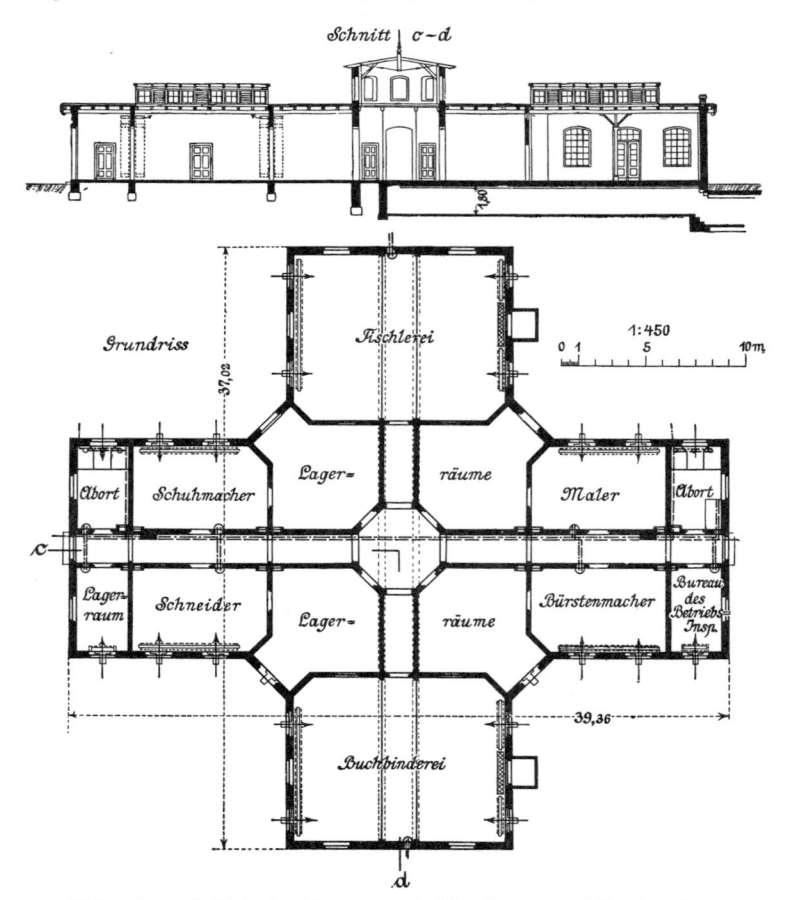

Abb. 484. Städtische Irrenanstalt Herzberge bei Lichtenberg, Werkstattgebäude.

rd. 96 ha groſsen Grundstücke und ist für 1050 Kranke (470 Frauen und 580 Männer) eingerichtet. Die neue Anstalt ist im allgemeinen nach dem bewährten Muster der Anstalt in Dalldorf erbaut, doch ist auf die Anlage einer gröſseren Anzahl von Landhäusern für je rd. 50 Kranke Rücksicht genommen, um die Kranken in noch weitergehenderem Maſse bei den ihnen besonders förderlichen Feld- und Gartenarbeiten beschäftigen zu können. Die Vertheilung der Gebäude wird aus dem Lageplan (Abb. 480) ersichtlich. Das Verwaltungsgebäude enthält im Erdgeschoſs die Diensträume, die Besuchszimmer und den Betsaal; im ersten Stock liegen fast ausschlieſslich Gesellschaftsräume für die Kranken, von denen ein über dem Betsaal gelegener 13 m breiter und 18 m langer Festsaal mit Theaterbühne besonders zu erwähnen ist; im zweiten Stock sind die Wohnungen der beiden Oberärzte angeordnet. Die neu aufgenommenen Kranken werden in den beiden Aufnahme- und Beobachtungshäusern (Abb. 481—483), in verschiedene Gruppen

XIX. Heilanstalten. 459

getrennt, so lange untergebracht, bis der Arzt ein Urtheil über die Art ihres Leidens gewonnen hat. Die körperlich schwachen oder bettlägerigen Irren werden in den beiden

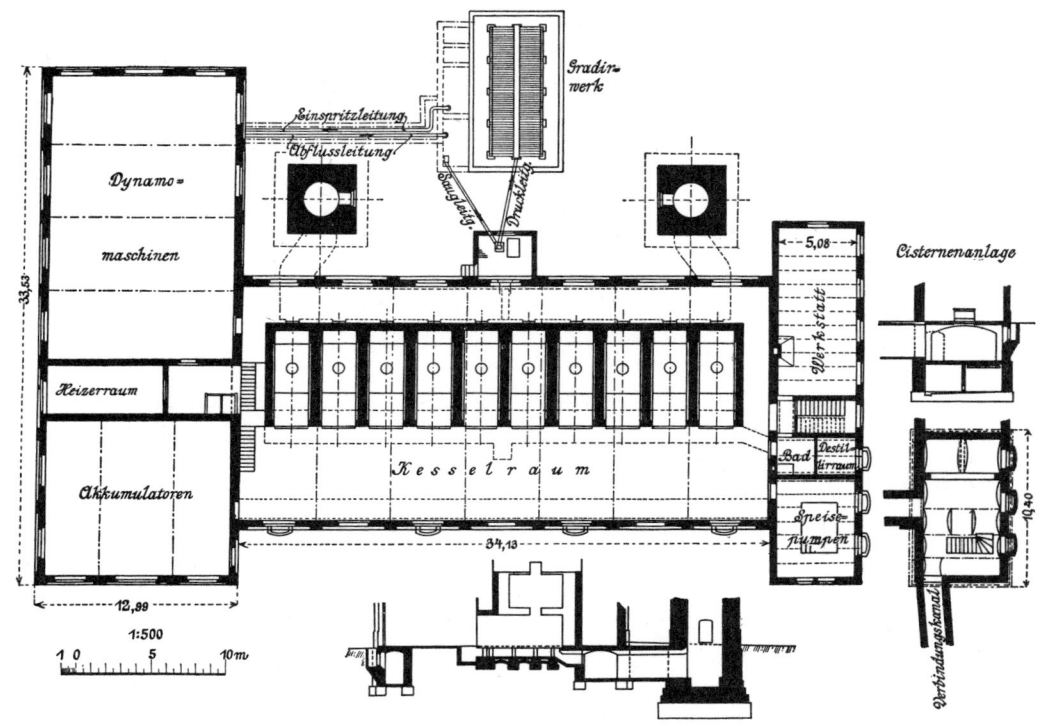

Abb. 485. Städtische Irrenanstalt Herzberge bei Lichtenberg, Kessel- und Maschinenhaus.

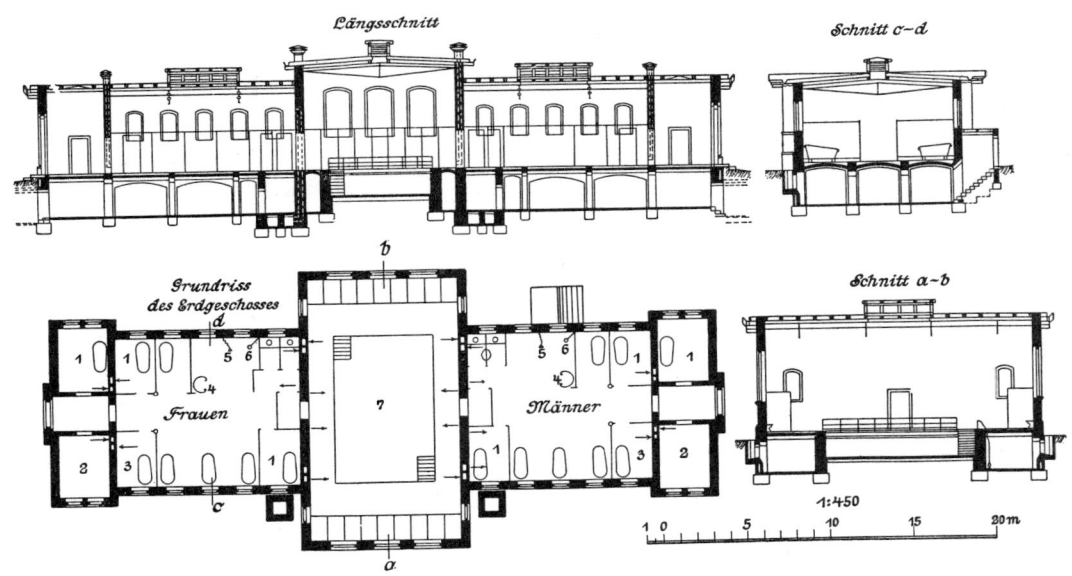

Abb. 486—489. Städtische Irrenanstalt Herzberge bei Lichtenberg, Badehaus.
1. Beamte. 2. Elektrische Apparate. 3. Elektrisches Bad. 4. Mantelbrause. 5. Schlauchbrause. 6. Kopfbrause. 7. Schwimmbecken.

Siechenhäusern aufgenommen, welche mit je 150 Betten ausgestattet sind. Die unruhigen Irren und diejenigen, welche bereits gerichtlich bestraft sind, werden den beiden Detentionshäusern, die je 50 Betten enthalten, überwiesen. Diese Gebäude sind mit Ver-

460   XIX. Heilanstalten.

gitterungen und besonders starken Thüren und Schlössern versehen und liegen an einem mit hohen Mauern umschlossenen und mit Gartenanlagen geschmückten Hofe. Bei der Anordnung der Räume ist auf eine gröfsere Zahl von Einzelschlafräumen und festen Zellen Rücksicht genommen. Die ruhigen Kranken, denen zum Theil gestattet ist, sich innerhalb der Hauptanstalt frei zu bewegen, finden in den Häusern 2 und 3 Aufnahme; diese Häuser sind mit je 100 Betten ausgestattet, und ihre Einrichtung gleicht derjenigen eines gewöhnlichen Hospitals, insbesondere sind keine Vergitterungen vorhanden. Für diejenigen Kranken, denen eine völlig freie Bewegung innerhalb der ganzen Anstalt gewährt werden kann, und die theils in den Werkstätten und theils auf dem Felde beschäftigt werden, sind sieben Landhäuser errichtet. Diese enthalten im Erdgeschofs hauptsächlich gemeinsame Aufenthalts- und Speiseräume, im oberen Geschofs Schlafräume. Die Einrichtung des Werkstattgebäudes zeigt die Abb. 484. Im Erdgeschofs des Wirthschaftsgebäudes befinden sich in den durch hohes Seitenlicht erleuchteten Flügeln einerseits die Dampfkochküche

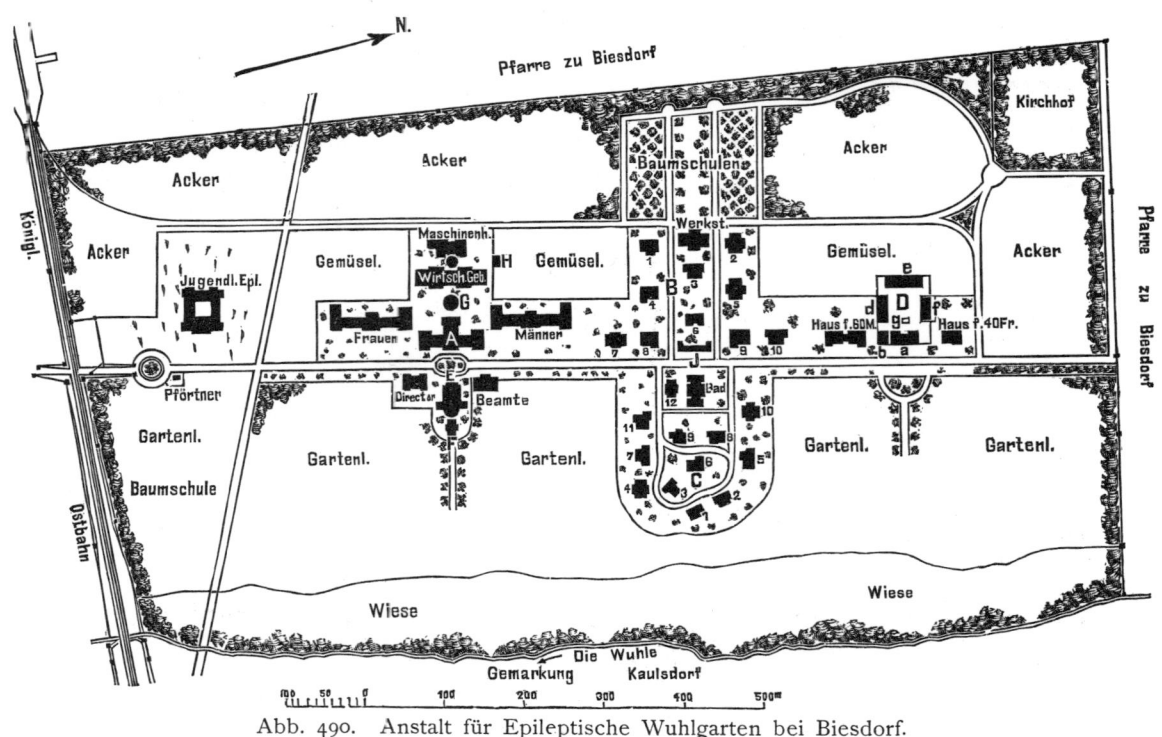

Abb. 490. Anstalt für Epileptische Wuhlgarten bei Biesdorf.

A. Verwaltungshaus. B. 1.—10. Colonie für Männer. C. 1.—12. Colonie für Frauen. D. Gutshof. a. Wohnhaus. b. Ueberwinterungsbau.
d. Pferdestall. e. Kuhstall. f. Schweinestall. g. Geflügelhaus. E. Kapelle. F. Leichenhaus. G. Eiskeller. H. Spritzenhaus. J. Kegelbahn.

nebst Spülküche, Gemüseputzraum, Speiseausgabe und den erforderlichen Vorrathsräumen, anderseits die Dampfwaschküche nebst Wäscheabnahme, Trockenapparat, Roll-, Plätt- und Flickstube. Im Mittelbau sind die zugehörigen Amtszimmer und Dienstwohnungen untergebracht, auch das erste Stockwerk ist zu Dienstwohnungen eingerichtet, während im zweiten Stockwerk eine Niederlage für den Wäschevorrath und die Schlafzimmer für die Wasch- und Küchenmädchen liegen. Das Kessel- und Maschinenhaus (Abb. 485) enthält in einem Querbau 10 Dampfkessel von je 140 qm Heizfläche und in den Flügelbauten einerseits die Räume für die Dynamomaschinen und Accumulatoren, anderseits die Werkstatt und den Raum für die Speisepumpen. Das Badehaus (Abb. 486—489) besteht aus dem in der Mitte gelegenen Schwimmbad, dem sich rechts und links die Räume für Wannen- und Brausebäder der Männer- und Frauenabtheilung anschliefsen.

Die Wasserversorgung der Anstalt erfolgt von dem in der Nähe gelegenen städtischen Wasserwerke bei Lichtenberg; für die Entwässerung ist eine Schwemmcanalisation angelegt, welche das Abwasser ohne Maschinenvorrichtung nach den südöstlich der Hauptanstalt gelegenen Rieselfeldern von 5,50 ha Gröfse führt. Mit Ausnahme der Beamtenwohnhäuser, der Landhäuser und der Gebäude am Gutshofe sind sämtliche Häuser mit Sammelheizung, und zwar fast ausschliefslich mit Dampfluftheizung versehen. Der Dampf wird den einzelnen Gebäuden von dem gemeinschaftlichen Kesselhause durch einen Rundstrang zugeführt, der in einem unterirdischen begehbaren Tunnel liegt. Die im Kesselhause untergebrachte Lichtanlage mit Gleichstrom nach dem Dreileitersystem und Tudorschen Accumulatoren versieht sämtliche Gebäude und das Grundstück mit elektrischem Licht. Alle Gebäude sind in Ziegelbau ausgeführt und mit wenigen Ausnahmen mit Falzziegeln eingedeckt.

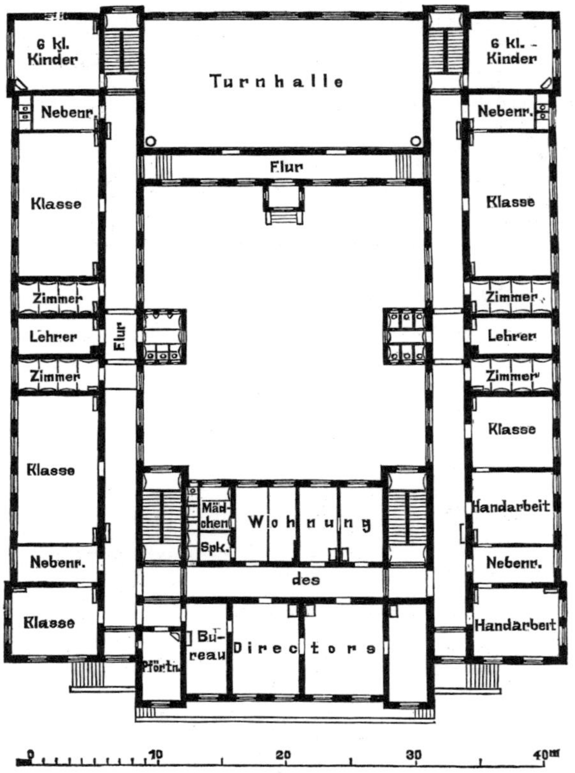

Die Anstalt für Epileptische Wuhlgarten (Abb. 490—494).

Die städtische Heil- und Pflegeanstalt für Epileptische Wuhlgarten, östlich vom Dorfe Biesdorf an der Ostbahn gelegen, ist nach den Plänen des Stadt-Bauraths Blankenstein in den Jahren 1890—1893 erbaut. Dem Bauprogramm gemäfs war besonderes Gewicht auf die Errichtung kleiner niedriger Gebäude ländlicher Art zu legen; dabei durften die Mafsregeln für die Sicherheit in den Hintergrund treten. Die Anstalt ist zur Aufnahme von 1000 Erwachsenen und 100 Kindern bestimmt. Sie ist auf einem 90 ha grofsen Grundstücke gelegen, welches seiner Länge nach ungefähr in der Mitte von einem 9 m breiten, mit alten kräftigen Kirschbäumen besetzten Wege durchschnitten wird (Abb. 490). Da dieser Baumbestand fast der einzige auf dem Grundstücke war, ist der Weg als Hauptweg, an welchen sich die Gebäude anreihen, erhalten worden. Der bequemeren Entwässerung wegen sind die Hauptgebäude der Anstalt auf die höher gelegene westliche Hälfte des Grundstücks mit der Hauptfront nach Ost und Südost, einzelne jedoch auch östlich vom Wege auf die Vorberge gestellt.

Abb. 491. Anstalt für Epileptische Wuhlgarten, Haus für jugendliche Epileptische.

Dem Eingange zunächst liegt links vom Hauptwege die Anstalt für jugendliche Epileptische (Abb. 491), weil in dieser der häufigste Wechsel der Insassen und der stärkste Besuch seitens der Angehörigen zu erwarten ist. Dann folgt die Hauptanstalt für diejenigen Kranken, die einer besonderen ärztlichen Behandlung unterstellt sind, und die sich vorübergehend oder auf längere Zeit in einem tobsüchtigen, verwirrten oder besonders reizbaren Zustand befinden. Die Hauptanstalt besteht aus den beiden Häusern für 100 Männer und 100 Frauen, dem Wirthschaftshause (Abb. 492), dem Maschinenhause, dem Verwaltungshause, den beiden Beamtenwohnhäusern, der Kirche und dem Leichenhause. Hinter der Hauptanstalt folgt die Colonie und zwar links vom Wege die für Männer und rechts davon auf dem dritten Vorberge die für Frauen mit der Hauptanstalt in der Mitte. Im Hintergrunde des Geländes ist der Gutshof nebst Wohngebäude für die auf demselben dauernd zu beschäftigenden 60 Männer und 40 Frauen errichtet. In dem entlegensten Theile des Grundstücks an der Nordwestecke liegt der Begräbnifsplatz.

In den beiden grofsen Pavillons der Hauptanstalt, die in der Grundrifsbildung denjenigen der Irrenanstalt Herzberge gleichen, sind Mafsregeln getroffen, um ein Entweichen

462   XIX. Heilanstalten.

und gewaltsames Ausbrechen der Insassen zu verhindern. Die Fenster dieser Gebäude sind vergittert, die Thüren dementsprechend beschlagen, auch ist auf eine gröfsere Zahl von Isolir- und Tobzellen Rücksicht genommen. In sämtlichen übrigen Gebäuden wurden keine derartigen Schutzmafsregeln vorgesehen; insbesondere ist bei den Colonien alles vermieden, was der Anlage das Ansehen einer Irrenanstalt geben könnte. Die Gebäude liegen in Gartenanlagen unregelmäfsig zerstreut, in der Grundrifs- wie in der Façadenbildung der Coloniehäuser (Abb. 493 u. 494) ist ein möglichster Wechsel angestrebt, die Umfriedigung

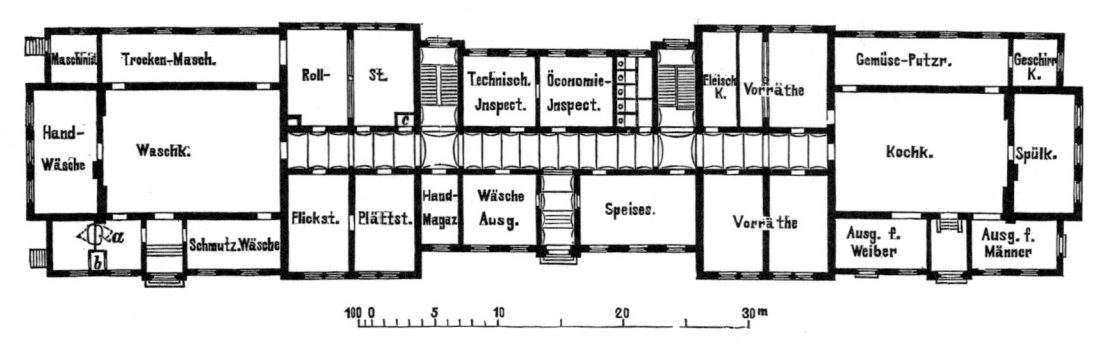

Abb. 492. Anstalt für Epileptische Wuhlgarten, Wirthschaftsgebäude, Erdgeschofs.

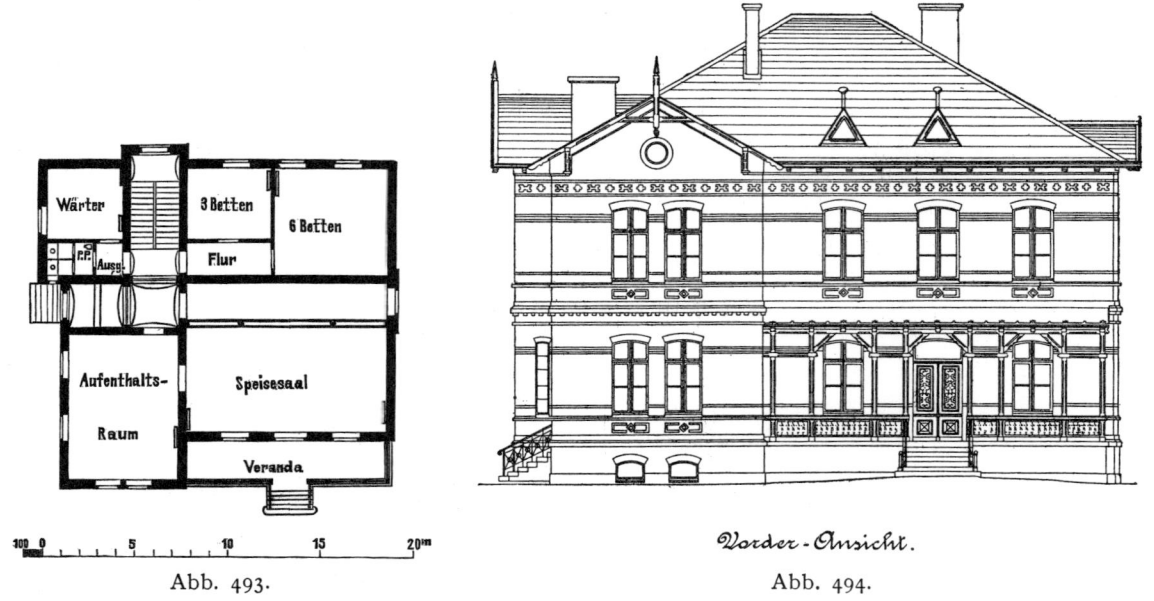

Abb. 493.   Abb. 494.
Abb. 493 u. 494. Anstalt für Epileptische Wuhlgarten, Coloniegebäude für Männer.

des Grundstücks, mit Ausnahme der östlichen Seite, an welcher die Wuhle die natürliche Grenze darstellt, bilden Hecken, und die einzelnen Gärten sind ebenfalls durch Hecken von einander getrennt; nur der Friedhof hat eine massive Umwährung.

Die Wasserversorgung der Anstalt erfolgt im Anschlufs an das am Müggelsee neu errichtete städtische Wasserwerk, dessen Hauptdruckrohr den südlichen Theil des Grundstücks durchschneidet. Dennoch wurde die Errichtung eines besonderen Wasserthurmes mit Pumpwerk auf der Anstalt nothwendig, da das Wasser das Hauptrohr nur mit geringem Druck durchfliefst. Die für die elektrische Beleuchtung der Gebäude und des Grundstücks erforderlichen Maschinen und Accumulatorenanlagen sind im Kesselhause untergebracht. Die Entwässerung des Grundstücks erfolgt durch Berieselung mit natürlichem Gefälle auf den

Abhängen an der östlichen Seite. Von der Haltestelle Biesdorf ist ein Gleis abgezweigt, welches hinter dem Maschinenhause endigt und zur bequemen Anfuhr von Kohlen und sonstigen Materialien dienen soll. Mit Ausnahme der Beamtenwohngebäude, die durch Kachelöfen erwärmt werden und des Hauses für Jugendliche, welches seiner abgesonderten Lage wegen eine eigene Warmwasserheizung erhalten hat, sind sämtliche Gebäude im Anschluſs an die Dampfkessel des groſsen Kesselhauses mit Sammelheizung versehen, und zwar haben die groſsen Anstaltsgebäude Dampfluftheizung und die Landhäuser Niederdruck-Dampfheizung erhalten. Der zur Heizung erforderliche Dampf wird in dem gemeinsamen Kesselhause erzeugt und den einzelnen Gebäuden in wärmegeschützten Leitungen zugeführt, die in einem begehbaren unterirdischen Rundcanal angeordnet sind. Alle Gebäude sind in Ziegelbau ausgeführt und mit geringen Ausnahmen mit Falzziegeln eingedeckt.

XX. Besserungsanstalten.[1]

Im Jahre 1875 beschlossen die städtischen Behörden den Neubau eines Arbeitshauses, nachdem das am Alexanderplatz belegene, in der Mitte des vorigen Jahrhunderts erbaute Haus schon seit Jahren den räumlichen Anforderungen nicht mehr genügte. Der Neubau des **städtischen Arbeitshauses in Rummelsburg** wurde in den Jahren 1877—1879 nach den Plänen des Stadt-Bauraths Blankenstein auf dem neben dem Waisenhause am Rummelsburger See (S. 468) gelegenen 7 ha grofsen Grundstück errichtet (Abb. 495).

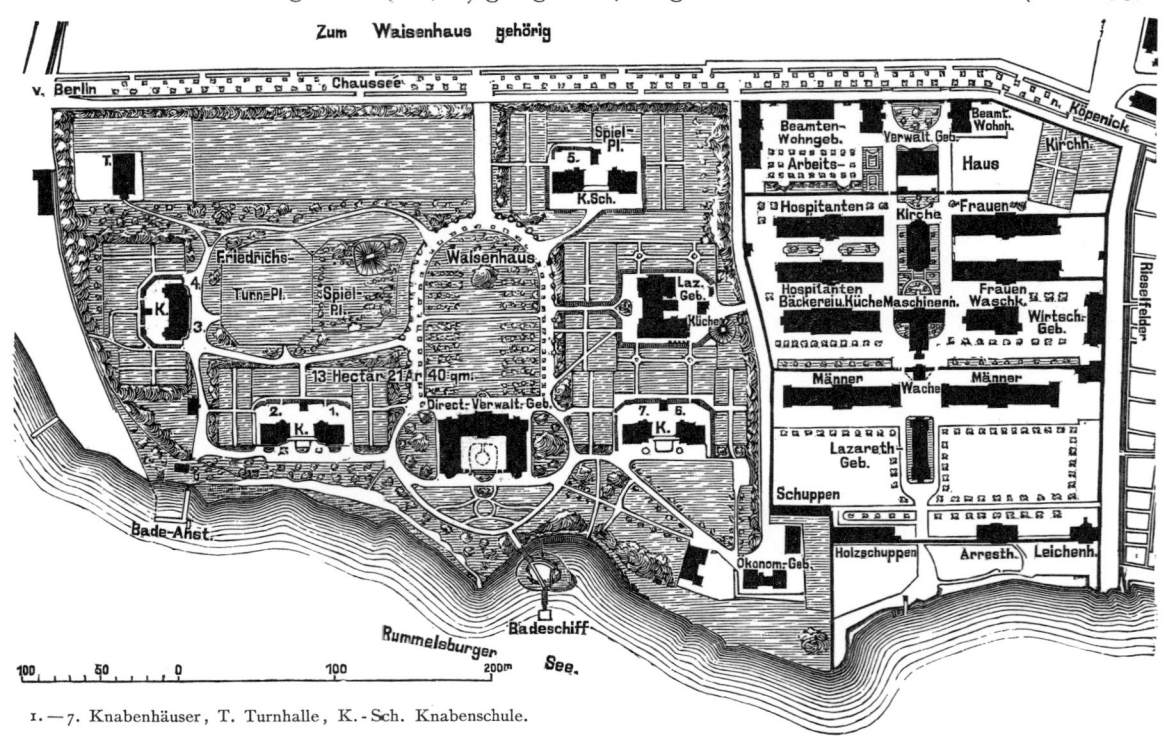

1.—7. Knabenhäuser, T. Turnhalle, K.-Sch. Knabenschule.

Abb. 495. Friedrichs-Waisenhaus und städtisches Arbeitshaus in Rummelsburg.

Die Anstalt zerfällt, dem ursprünglichen Programm gemäfs, in zwei Haupttheile: das eigentliche Arbeitshaus und das Arbeitshaus-Hospital und ist für 1000 Personen berechnet. Die Zahl der dem Arbeitshause überwiesenen Corrigenden stieg jedoch so schnell, dafs im Jahre 1882/83 die Anstalt bereits überfüllt war. Es wurden daher zur Entlastung des Arbeitshauses auf den städtischen Rieselgütern feste Arbeitercolonien aus Häuslingen gebildet. Infolge dieser Entlastung der Hauptanstalt war es möglich, zwei der Männerpavillons anderen Zwecken zu überweisen; ein Pavillon wurde der Waisenverwaltung zur Errichtung eines

---

[1] Bearbeitet vom Stadt-Bauinspector Weber.

XX. Besserungsanstalten.   465

Erziehungshauses für verwahrloste Knaben überlassen, in einem anderen wurde eine Station für geschlechtskranke Weiber eingerichtet.

Die ganze Anlage zerfällt in mehrere durch Mauern getrennte Abtheilungen. Der vordere Theil, durch eine niedrige durchbrochene Mauer und in der Mitte durch ein schmiedeeisernes Gitter gegen die Strafse abgeschlossen, enthält die Wohnungen der verheiratheten Beamten und den Begräbnifsplatz. In der zweiten Abtheilung liegen die Kirche und rechts davon zwei Gebäude, von denen eins jetzt mit geschlechtskranken Weibern und das andere mit 100 männlichen Hospitaliten belegt ist; links befinden sich zwei gleiche Gebäude für weibliche Hospitaliten und Corrigenden mit gesonderten Spazierhöfen. Die dritte Abtheilung enthält die Wirthschaftsgebäude; in der Mitte steht das Maschinenhaus, in dem gleichzeitig die Bäder eingerichtet sind, rechts davon die Kochküche mit der Bäckerei, links die Waschküche und an der Grenzmauer im Osten die Werkmeisterei und das Stallgebäude. Dann folgt, von einer 3,20 m hohen Mauer umschlossen und durch die zwischen beiden Thorwegen belegene Wache gesichert, die Abtheilung für die männlichen Corrigenden mit einem Gebäude für 184 Personen, dem Lazarethgebäude und einem grofsen Hof und Arbeitsplatz mit Werkzeug- und Holzschuppen. In dem östlichen, nachträglich durch eine hohe Mauer von der Umgebung vollständig abgeschlossenen Gebäude ist das Zwangserziehungshaus für verwahrloste Knaben untergebracht. In der südlichen Ecke des Grundstücks liegt das Leichenhaus mit besonderer Einfahrt von der Strafse und westlich davon das in den Jahren 1893—1894 errichtete Arresthaus mit 39 Zellen. Der Bodenstreifen zwischen der Mauer und dem See dient zum Ausladeplatz für Materialien, namentlich für Brennholz. Die Anstalt hat einen aus zwei Ausfahrten bestehenden Hauptzugang an der Strafse, einen zweiten für alle Wirthschaftsfuhren vom Seitenweg zwischen der Werkmeisterei und dem Stallgebäude, und einen dritten neben dem Leichenhause. Die Ausführung der Gebäude ist durchaus einfach, nur beim Verwaltungshaus sind feinere Verblendsteine verwendet und den Beamtenhäusern ist durch Vorsprünge mit Giebeldächern und Vorbauten ein freundliches Ansehen verliehen. Sämtliche sechs Gebäude für die Häuslinge und Hospitaliten sowie das Lazarethgebäude sind mit Holzcementdach versehen, die Wohngebäude und Kirche dagegen mit Schiefer, die Wirthschaftsgebäude mit Dachpappe eingedeckt.

Die Gebäude und Höfe haben Gasbeleuchtung aus den städtischen Werken; die Anstalt hatte früher ihr eigenes Wasserwerk. Das aus einem Brunnen und dem Rummelsburger See entnommene Wasser erwies sich aber zeitweise als so schlecht, dafs es zu Wirthschaftszwecken und namentlich zum Trinken nicht geeignet war, daher wurde die Anstalt gleichzeitig mit dem benachbarten Waisenhause an die städtische Wasserleitung angeschlossen. Sämtliche Haus- und Küchenwässer sowie die Abflüsse aus den Hofaborten werden in ein nahe dem Maschinenhause gelegenes Sammelbecken geleitet und von hier aus nach dem neben der Anstalt gelegenen rd. 3 ha grofsen Rieselfeld gedrückt. Das Regenwasser der ganzen Anstalt wird in den Rummelsburger See abgeführt. Die sehr grofsen Gebäude werden durch Luftheizung und das Lazarethgebäude vom Kesselhause aus durch Dampfheizung erwärmt. Die Baukosten ausschliefslich Inventar haben 1 942 000 ℳ betragen, also rd. 1942 ℳ für den Kopf der Belegung.

Die Zwangserziehungs-Anstalt für verwahrloste Knaben in Lichtenberg. Die Zahl der nach dem Gesetz vom 13. März 1878 dem Communalverband Berlin durch Beschlufs des Königlichen Amtsgerichts I zur Zwangserziehung überwiesenen Kinder beträgt durchschnittlich jährlich 60 Knaben und 10 Mädchen, sodafs bei der gewöhnlich langen Dauer der Erziehung rd. 300 Kinder gleichzeitig unterzubringen sind. Die gröfsere Zahl der Knaben und fast sämtliche Mädchen wurden früher in auswärtige Kostpflege gegeben, während die älteren und rückfälligen Knaben, die der Zucht einer Anstalt unterworfen werden müssen, dem „grünen Haus", dem evangelischen Johannisstift und dem katholischen Waisenhaus in Moabit zur Erziehung anvertraut wurden. Auf die Dauer konnte jedoch eine eigene Anstalt nicht entbehrt werden. Es wurde daher im Jahre 1886 ein städtisches Erziehungshaus für verwahrloste Knaben dadurch begründet, dafs von dem Arbeiterhaus in Rummelsburg ein Pavillon abgezweigt und den Anstaltszwecken durch Anlage verschiedener

Werkstätten entsprechend angepafst wurde. Das Erziehungshaus wurde mit sieben Knaben eröffnet und hatte im Jahre 1893 schon einen Bestand von 157 Knaben, sodafs sich die Verwaltung genöthigt sah, weitere Fürsorge für die Unterbringung der Knaben zu treffen; dies führte zu dem Beschlufs, eine besondere Zwangserziehungs-Anstalt zu errichten.

Mit dem Bau dieser Anstalt ist auf dem vom Rittergut Lichtenberg erworbenen Grundstück nach den Plänen des Stadt-Bauraths Blankenstein im Herbst 1894 begonnen worden. Sie umfafst 200 Betten und besteht aus dem Erziehungshause, dem Wirthschaftshause, der Turnhalle und dem Wohnhause. Sämtliche Gebäude umschliefsen einen Hof, sodafs die ganze Anstalt leicht zu übersehen ist und der einzige Zugang neben dem Wohngebäude vom Pförtner sicher überwacht werden kann. Das Erziehungshaus besteht aus zwei Gebäuden, die durch eine geschlossene Halle mit einander verbunden sind. Das gröfsere Gebäude dient zur Aufnahme der Abtheilung jüngerer Knaben von 160 Köpfen, das andere der älteren Abtheilung von 40 Köpfen. Während das erstere aufser den Schlafräumen, dem Speisesaal und dem Betsaal namentlich Klassenräume enthält, sind im letzeren aufser den Schlafräumen und dem gemeinsamen Bad im Keller vorwiegend Werkstätten vorgesehen. Das Wirthschaftshaus enthält eine Koch- und eine Waschküche mit den erforderlichen Nebenräumen und im Obergeschofs der Gärtnerei die Wohnungen des Hausvaters und der Oberköchin. Im Wohngebäude sind die Wohnungen des Directors, des Hauptlehrers und des Pförtners untergebracht. Die Anstalt soll mit Wasser aus den städtischen Werken, mit elektrischer Beleuchtung von der benachbarten Irrenanstalt Herzberge versorgt und mit Sammelheizung versehen werden. Für die Ableitung des Hauswassers ist eine Rieselanlage vorgesehen. Die Kosten des Baues einschliefslich Inventars sind auf 582 000 ℳ veranschlagt.

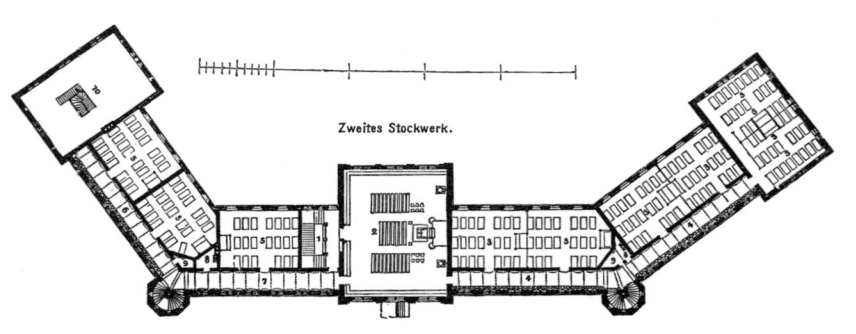

Abb. 496. Erziehungshaus für sittlich verwahrloste Kinder am Urban.
Architekt Möller.

1. Haupttreppe zum Betsaal. 2. Bet- und Festsaal. 3. Schlafsäle für Knaben. 4. Wasch- und Putzräume. 5. Schlafsäle für Mädchen. 6. Wasch- und Putzräume. 7. Flur. 8. Aborte. 9. Geräteraum. 10. Wäscheboden.

Das Erziehungshaus für sittlich verwahrloste Kinder am Urban[1])

(Abb. 496) ist Eigenthum eines seit 1824 bestehenden Vereins und wurde in den Jahren 1863—1865 von dem Königlichen Bauinspector Möller mit einem Gesamtkostenaufwande von 375 000 ℳ erbaut. Wirthschaftliche sowie die Rücksichten auf die nöthige Straffheit der Verwaltung und Beaufsichtigung einer Anstalt, deren Zöglinge zum Theil schon strafrichterlicher Verurtheilung unterlegen haben, bedingten die Vereinigung der ganzen Anstalt in einem Gebäude. Entsprechend der Form des Grundstücks ist das Haus an der Strafsenfront in einer langen, nach zwei stumpfen Winkeln gebrochenen Flucht angeordnet. Es besteht aus einem höher emporgeführten mittleren Hauptbau und zwei durch ähnliche Eckbauten abgeschlossenen Flügeln.

Das Mittelgebäude, welches die Abtheilung der Knaben von derjenigen der Mädchen trennt, enthält unter dem im oberen Geschofs belegenen gemeinschaftlich zu benutzenden Bet- und Festsaale die Wohnung des Erziehungsinspectors und einen Conferenzsaal, im Erdgeschofs die Eingangshalle und Wohnungen für zwei Lehrer. Im rechten Flügel befindet sich die für 120 Zöglinge bestimmte Knabenanstalt. Die Knaben sind zu je 20 in sogenannte Familien vereinigt. Jeder derselben steht ein Erzieher vor, der Tag und

---

1) Abbildung und Beschreibung im Jahrgang 1868 der Zeitschrift für Bauwesen.

Nacht die Aufsicht zu führen und in den Handarbeiten zu unterrichten hat. Im Erdgeschofs befinden sich der Speise- und Arbeitssaal sowie drei Schulzimmer, im ersten Stockwerk sechs Wohnzimmer, ebensoviel Kleiderkammern und eine kleine Krankenanstalt, im zweiten Stockwerk die sechs Schlafsäle sowie die zugleich als Flur dienenden Wasch- und Putzräume; die Waschbecken (je eins für zwei Knaben), mit Zu- und Abflufs versehen, sind in einem Tische längs der Fensterwand eingefügt. Das Kellergeschofs enthält aufser den Räumen für Brennmaterial, einer Pförtner- und einer Gärtnerwohnung noch eine Schuhmacherei für die Knaben und eine Badeanstalt. Der linke, fast gleich grofse Flügel, in welchem die für 60 Zöglinge bestimmte Mädchenanstalt liegt, ist ganz entsprechend eingerichtet, enthält jedoch in den unteren Geschossen aufserdem die für die Speisebereitung und die Wäsche nöthigen Räumlichkeiten, sowie auch die Wohnung einer Wirthschafterin. Der im zweiten Stockwerk verbleibende Raum ist für die nach dem Hauptsaal führende Haupttreppe, für Aborte zur Benutzung in Nothfällen während der Nacht, einen kleinen Gerätheraum und einen Boden zum Trocknen der Wäsche verwendet. Die gröfseren, mit Tonnen zur Abfuhr versehenen Abtrittsanlagen sind neben den Wirthschaftsgebäuden auf den Höfen angeordnet.

Die nach Norden, auf der Strafsenseite belegenen Flurgänge sichern ausreichende Lüftung der Räume, sodafs zu diesem Zweck im übrigen die einfachsten Vorkehrungen genügten. Die Heizung geschieht mit Kachelöfen. Auch in der Speise- und Waschküche durften keine Einrichtungen getroffen werden, die von den in gewöhnlichen Haushaltungen üblichen wesentlich abweichen, wenn nicht der Zweck, die weiblichen Zöglinge für ihren künftigen Beruf vorzubilden, verfehlt werden sollte. Die Wasserversorgung des Gebäudes geschieht durch eine von den Knaben leicht in Bewegung zu setzende Pumpe.

Das Aeufsere des Gebäudes ist als Backsteinbau (von Hermsdorfer Steinen) mit mäfsiger Anwendung von Terracotten ausgeführt. Der innere Ausbau ist selbstverständlich sehr einfach, jedoch nicht ohne würdige Ausstattung des Bet- und Festsaales.

Abb. 497. Städtisches Obdach in der Fröbelstrafse.
Architekt Blankenstein.

XXI. Waisen-, Versorgungs- und Unterkunfts-Anstalten.

A. Waisenhäuser.[1])

Die Waisenkinder, für deren Verpflegung und Erziehung die Stadt Berlin zu sorgen hat und deren Zahl im Jahre 1893 gegen 5420 betrug, werden in der Regel zunächst in das sogen. Waisendepôt, Alte Jakobstrafse 33, aufgenommen und in demselben so lange verpflegt und erzogen, als es im Interesse eines jeden einzelnen Kindes räthlich erscheint, doch darf die Dauer von sechs Monaten im einzelnen Fall nicht überschritten werden. Dieses Waisendepôt, am 2. Juni 1877 seiner Bestimmung übergeben, ist mit einem Kostenaufwand von rd. 365 000 ℳ erbaut und bietet aufser den 12 Kindern des Franckeschen Waisenhauses 150 Kindern Raum. Es besteht aus einem Vorderhause mit Seitenflügel und Quergebäude und enthält aufser den Wohn- und Schlafräumen fünf Schlafzimmer. Es ist mit Gas- und Wasserleitung und mit einer Badeeinrichtung versehen.

Zur Erziehung der in Berlin ortsangehörigen, ganz verwaisten Knaben im schulpflichtigen Alter dient die Waisenerziehungs-Anstalt in Rummelsburg. Die übrigen Knaben sowie die sämtlichen Waisenmädchen werden in Berlin und aufserhalb in Kostpflege gegeben.

Das Friedrichs-Waisenhaus in Rummelsburg (Abb. 495, S. 464). Die Anstalt in Rummelsburg ist in den Jahren 1854—1859 nach den Plänen des früheren Stadt-Bauraths Holzmann zur Unterbringung von 500 Waisenkindern auf dem 13,21 ha grofsen, zwischen dem Rummelsburger See und der Köpenicker Chaussee gelegenen Grundstücke erbaut, welches durch seine ebenso anmuthige wie gesunde Lage dem körperlichen Gedeihen der Zöglinge wesentlich zuträglich ist. In späteren Jahren ist die Anstalt allmählich durch Erbauung einer Lazarethbaracke, einer Kochküche mit Kesselhaus, eines Pförtnerhauses und einer Scheune erweitert; von der Anlage einer Waschküche konnte abgesehen werden, da die gesamte Wäsche in dem benachbarten städtischen Arbeitshause gereinigt wird. Wie der Uebersichtsplan (Abb. 495) zeigt, ist die Anstalt nicht nach der damals noch üblichen Weise als grofses geschlossenes Gebäude angelegt worden, sondern sie besteht aus einer Anzahl kleiner, ihrem Zweck nach getrennter Häuser, welche auf dem durch Gartenanlagen geschmückten, baumreichen Gelände in freier Gruppirung vertheilt sind. Das Hauptgebäude enthält in seinem linken Flügel die durch die ganze Höhe des Gebäudes reichende einfache Kirche, ferner den grofsen Musik- und Hörsaal, die Conferenz- und Geschäftszimmer und die Dienstwohnungen der drei Oberbeamten. Die Gebäude, welche zur Wohnung der Waisenkinder dienen, sind im allgemeinen zweistöckige Häuser mit Keller, jedes für 50 Kinder

---

1) Bearbeitet vom Stadt-Bauinspector Weber.

XXI. Waisen-, Versorgungs- und Unterkunfts-Anstalten. 469

bestimmt. Der Keller enthält die Wirthschaftsräume und den Waschraum, welcher heizbar und so eingerichtet ist, dafs jedem Kinde sein besonderes Waschbecken und eigenes Handtuch zur Verfügung steht. Das Erdgeschofs nehmen die Wohnsäle der Kinder ein, im ersten und zweiten Stock befinden sich je ein Schlafsaal und die Wohnung des Erziehers. Je zwei dieser Häuser sind derart zu einer Gruppe vereinigt, dafs sich zwischen ihnen ein kleiner, vorn durch eine Halle geschlossener Hof befindet, in dem das Abortgebäude liegt. Nur zwei Häuser sind zu einem gröfseren Bau zusammengezogen, um für die äufsere Erscheinung der Anlage eine dem Krankenhause gleichwerthige Masse zu erzielen. In dem Krankenhause werden nicht nur die in der Anstalt befindlichen Zöglinge in Krankheitsfällen ärztlich behandelt, sondern auch kränkliche und schwächliche Knaben und Mädchen, welche sonst aufserhalb der Anstalt ihre Versorgung in Waisenkostpflege gefunden haben. Es enthält zur Zeit sechs Stationen für je 20 Kinder. Die Anstalt hatte früher eine eigene Wasserleitung, die sich jedoch auf die Dauer nicht bewährte; sie wird jetzt aus der städtischen Leitung mit Wasser versorgt. Das Hauswasser wird auf die Rieselfelder geleitet, welche hinter dem Arbeitshause angelegt sind. Die Erwärmung der

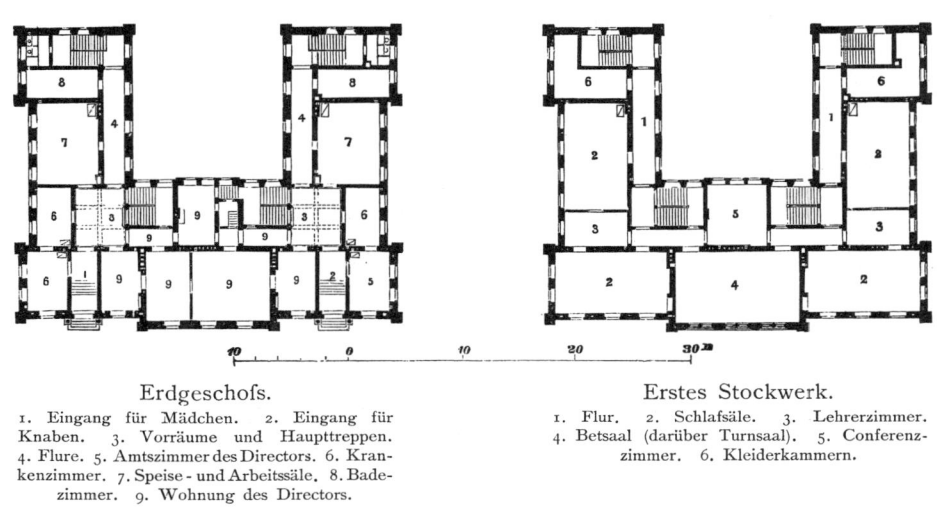

Erdgeschofs.
1. Eingang für Mädchen. 2. Eingang für Knaben. 3. Vorräume und Haupttreppen. 4. Flure. 5. Amtszimmer des Directors. 6. Krankenzimmer. 7. Speise- und Arbeitssäle. 8. Badezimmer. 9. Wohnung des Directors.

Erstes Stockwerk.
1. Flur. 2. Schlafsäle. 3. Lehrerzimmer. 4. Betsaal (darüber Turnsaal). 5. Conferenzzimmer. 6. Kleiderkammern.

Abb. 498 u. 499. Reichenheim-Stiftung.
Architekt Hitzig.

Gebäude erfolgt mit Ausschlufs der Lazarethbaracke und des Küchengebäudes, die mit Sammelheizung versehen sind, durch Kachelöfen; zur Beleuchtung dient eine Gasleitung, die aus der städtischen Leitung gespeist wird.

Die Reichenheim-Stiftung, N., Weinbergweg 5 (Abb. 498 u. 499), ist eine Anstalt zur Aufnahme von 75 Waisen der jüdischen Gemeinde. Das von Hitzig in den Jahren 1870 bis 1871 mit einem Kostenaufwand von 189 000 ℳ. (ausschl. Einrichtung) ausgeführte Gebäude, ein mit röthlichen Backsteinen verblendeter, ziemlich reich ausgestatteter Bau, liegt auf einer Anhöhe, 4,50 m über der Strafsenkrone und 16,50 m hinter der Strafsenflucht. Der höher empor geführte, die Verwaltungsräume und die Säle enthaltende Mittelbau trennt die Knabenabtheilung von der Mädchenabtheilung. Im Untergeschofs ist im Mittelbau die grofse Küche mit dahinter befindlichem Spülraum angelegt; rechts und links liegen die Speisekammern und Vorrathsräume. Ferner befinden sich daselbst eine Pförtnerwohnung, Hausdiener- und Mägdestuben, die Waschküche, die Roll- und Plättstube, die Oefen der Luftheizung sowie die Räume für Kohlen. Die Vertheilung der Räume des Erdgeschosses und ersten Stockwerks geht aus den Abbildungen hervor. Das zweite Stockwerk enthält aufser dem über dem Betsaal gelegenen Turnsaal und den wie im ersten Stockwerk angelegten Schlafsälen und Lehrerzimmern eine Wohnung der Wirthschafterin und die Räume zur Aufbewahrung der Hauswäsche.

Die jährlichen Ausgaben der Anstalt betragen 42 000 ℳ.

470   XXI. Waisen-, Versorgungs- und Unterkunfts-Anstalten.

Zur Zeit in der Ausführung begriffen befindet sich der Neubau der **Baruch-Auerbachschen Waisen-Erziehungsanstalt für jüdische Knaben und Mädchen** in der Schönhauser Allee 162 (Abb. 500). Die Anstalt wurde im Jahre 1832 für 50 Knaben und 20 Mädchen gestiftet, welche höhere städtische Schulen besuchen, und befand sich bisher in der Oranienburger Strafse 38. Mit dem Neubau, mit dem die Architekten Hoeniger & Sedelmeier beauftragt sind, wurde am 1. April d. J. begonnen, am 1. April 1897 soll er seiner Bestimmung übergeben werden. Mafsgebend für die Grundrifsbildung war einmal die eigenthümliche Form des Bauplatzes, dann aber auch die Bedingung, dafs der Einblick in den Hof von den Nachbargebäuden unmöglich gemacht werden sollte. Die Vorderfront ist Backsteinbau, während für die Hofansichten Putz in Verbindung mit Backstein zur Anwendung kommt. Die Gebäude erhalten theils Falzziegel-, theils Schieferdachung. Zur Erwärmung der Räume wird eine Warmwasserheizung eingerichtet, mit der eine Lüftungsanlage in Verbindung steht. Der Bau enthält rd. 1650 qm bebauter Fläche und 24 800 cbm umbauten Raumes. Die Baukosten werden sich auf 400 000 ℳ belaufen.

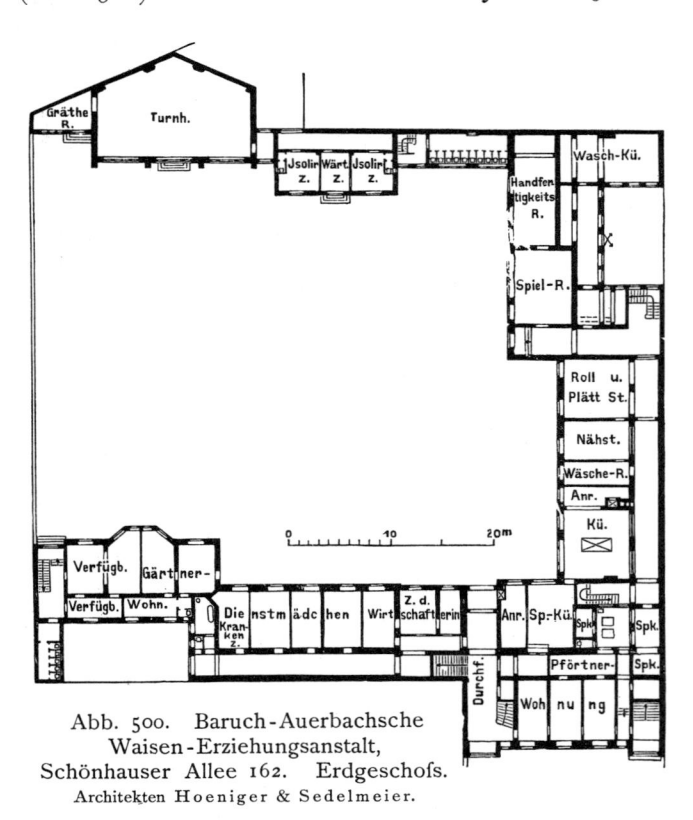

Abb. 500. Baruch-Auerbachsche Waisen-Erziehungsanstalt, Schönhauser Allee 162. Erdgeschofs.
Architekten Hoeniger & Sedelmeier.

B. Altersversorgungs-Anstalten und Siechenhäuser.[1])

Die Zahl der in Berlin vorhandenen Altersversorgungs-Anstalten, welche zumeist durch Stiftungen von Privatpersonen begründet worden sind, beträgt einige dreifsig; mehrere derselben reichen bis in die ersten Jahrhunderte des Bestehens der Stadt Berlin zurück (Hospital zum Heiligen Geist, zu St. Georg und zu St. Gertraudt), andere sind erst in neuester Zeit entstanden. Die grofse Zahl dieser Anstalten erklärt es, dafs die meisten derselben sich auf einen verhältnifsmäfsig geringen Umfang beschränken. Infolge dessen bieten auch die baulichen Anlagen im allgemeinen wenig Interesse. Hervorragend sind nur die auf städtische Kosten namentlich in neuester Zeit erbauten Hospitäler, sowie einzelne ältere Anstalten, welche infolge günstiger Vermögenslage, zum Theil durch vortheilhaften Verkauf ihrer alten Grundstücke, imstande gewesen sind, neue, dem betreffenden Zweck und den Anforderungen der Neuzeit entsprechende Stiftshäuser in den Aufsenbezirken zu errichten.

Es sollen hier nur einige gröfsere städtische Anstalten, welche zumeist den Charakter von Armenanstalten tragen, und einige aufwändiger ausgestattete Stiftshäuser ausführlicher besprochen und dargestellt werden.

Das Friedrich-Wilhelms-Hospital, N., zwischen der Frankfurter und der Pallisadenstrafse belegen, ist eine städtische Anstalt, mit der drei ältere Privatstiftungen

---

1) Unter Benutzung der früheren Bearbeitung des Baumeisters Koch bearbeitet vom Stadt-Bauinspector Dylewski.

XXI. Waisen-, Versorgungs- und Unterkunfts-Anstalten. 471

vereinigt wurden, und diente bis zum Jahre 1889 zur Aufnahme von 600 erwerbsunfähigen Armen beiderlei Geschlechts, beherbergt aber seitdem nur weibliche Personen. Das in den Jahren 1845—1848 nach den Plänen des damaligen Stadt-Bauraths Kreyher ausgeführte Hauptgebäude (Abb. 501), ein casernenartiger Putzbau in antikisirenden Formen, hat eine Länge von 104,11 m, eine Flügeltiefe von 14,75 m und besteht aus Erdgeschofs und zwei Stockwerken. Der Grundrifs des vollständig frei liegenden Gebäudes ist gut und zweckentsprechend. Rechts und links von dem Mittelbau, der zur gemeinschaftlichen Benutzung den Speise- und Betsaal enthält, sind die Zimmer der Hospitalitinnen angeordnet, in den vorspringenden Flügeln liegen die Wohnungen der Beamten. Die zweifenstrigen Zimmer der Hospitalitinnen sind bei 6,15 m Breite, 9,75 m Tiefe und 3,45 m Höhe auf je 10—11 Personen berechnet. Die Abtritte liegen abseits an den Giebelfronten. Die Heizung wird zum gröfseren Theile mit erwärmter Luft, zum kleineren Theile mit Kachelöfen bewirkt. Das Kochen und Waschen geschieht mit Dampf. Einschliefslich des 52 m langen zweistöckigen Wirthschaftsgebäudes, der vollständigen Einfriedigung des Grundstücks mit Mauern und eisernen Gittern und allen sonstigen Nebenanlagen haben die Gesamtbaukosten nicht mehr als 732 000 ℳ. betragen.

Das Hospital und Siechenhaus an der Prenzlauer Allee, N. (Fröbelstrafse), erbaut in den Jahren 1886—1889 nach dem Entwurf und unter der Oberleitung des Stadt-Bauraths Blankenstein durch den Stadt-Bauinspector Haack und den

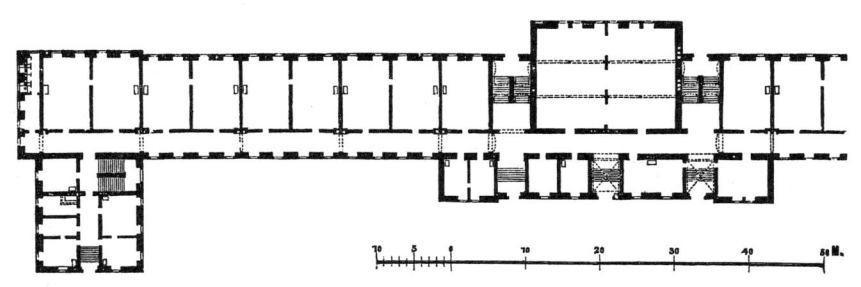

Abb. 501. Friedrich-Wilhelms-Hospital, Pallisadenstrafse 57, (Erdgeschofs).
Architekt Kreyher.

Regierungs-Baumeister Hiller. Da die Anstalten der Stadt Berlin zur Versorgung alter, der Fürsorge der Armenverwaltung anheim gefallener Personen seit der Erbauung des vorhin besprochenen Friedrich-Wilhelms-Hospitals keine wesentliche Vermehrung erfahren haben, war der Bau einer neuen Anstalt dringendes Bedürfnifs. Das Hospital und Siechenhaus an der Prenzlauer Allee (Abb. 501 u. 502) kann in jeder Beziehung als Musteranstalt bezeichnet werden. Auf dem vorderen Theile des Anstaltsgrundstücks liegt das Hospital, bestehend aus dem Hauptgebäude und zwei Nebengebäuden, sowie das Wirthschaftsgebäude und das Kesselhaus mit den sonstigen Nebenbaulichkeiten, auf dem hinteren Theile die Siechenanstalt, möglichst dem Strafsengeräusch entzogen und von den übrigen Anstaltsgebäuden durch eine asphaltirte Fahrstrafse für den Wirthschaftsverkehr getrennt. Neben der Siechenanstalt, mit der Front der Prenzlauer Allee zugekehrt, liegt das Leichenhaus, recht geschickt die schiefe Form des Grundstücks verdeckend.

Die Hospitalgebäude, welche dreigeschossig angelegt sind, enthalten im ganzen 522 Betten einschliefslich derjenigen für die Wärter, und zwar 126 davon im Hauptgebäude und je 198 in den Nebengebäuden. Das Hauptgebäude enthält aufserdem im Erdgeschofs alle für die Verwaltung erforderlichen Räume, die Dienstzimmer, die Apotheke, das Arztzimmer, die Wohnung des Directors und ein Zimmer für den Geistlichen, im dritten Geschofs einen Versammlungssaal, welcher als Unterhaltungsraum für die Hospitaliten dient, und im Kellergeschofs Wohnungen für die Wärter und Hausbediensteten sowie die erforderlichen Wirthschaftsräume. In der Hauptachse des Gebäudes und in unmittelbarer Verbindung mit der Haupteintrittshalle liegt in einem besonderen Anbau der rd. 350 m grofse Betsaal. In den Nebengebäuden ist je eine Hausvater-Wohnung untergebracht. In allen

472   XXI. Waisen-, Versorgungs- und Unterkunfts-Anstalten.

drei Gebäuden sind die erforderlichen Nebenräume (Badezimmer, Abtritte, Theeküche) in angemessener Vertheilung und in genügender Anzahl vorhanden. Alle Anstaltsräume, einschliefslich der Flure, werden durch Warmwasserheizung erwärmt, mit Ausnahme des Betsaals, für welchen, da er nicht täglich benutzt wird, eine besondere Luftheizungsanlage vorgesehen ist, und der Dienstwohnungen, welche, wie allgemein üblich, Kachelöfen erhalten haben.

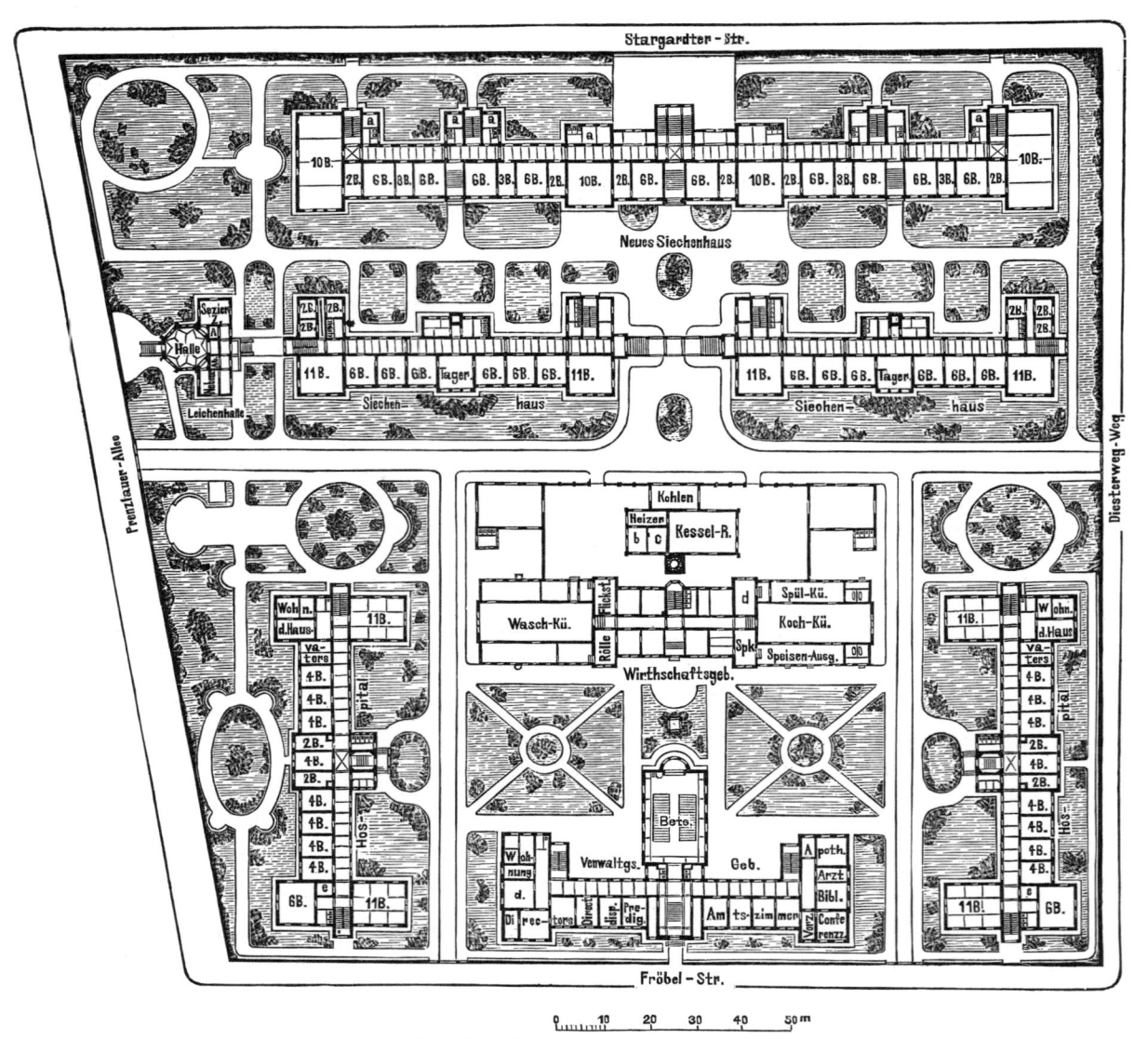

Abb. 502. Städtisches Hospital und Siechenhaus an der Prenzlauer Allee.
a. Bad. b. Schmiede. c. Desinfectionsraum. d. Gemüseputzraum. e. Theeküche.

Die Siechenanstalt besteht aus zwei ganz gleichen zweigeschossigen Gebäuden, welche durch einen offenen, gleichfalls zweigeschossigen Hallenbau mit einander verbunden sind. Die Siechenhäuser enthalten Raum für im ganzen 276 Betten einschliefslich 20 Wärterbetten, sowie je einen Tageraum in jedem Geschofs für diejenigen Kranken, welche zeitweise das Bett verlassen können und die erforderlichen Baderäume, Theeküchen und Abtritte. In einem der Gebäude ist aufserdem ein Zimmer für den Arzt und in dem anderen ein Zimmer für den Heilgehülfen untergebracht. Die Siechenanstalt ist mit einer Dampfwasserheizung versehen. Der hierzu erforderliche Dampf wird aus dem Kesselhause durch

XXI. Waisen-, Versorgungs- und Unterkunfts-Anstalten. 473

unterirdische Canäle nach den in dem Keller der Gebäude befindlichen Heizkammern geleitet. Eine ausgiebige Lüftung der Räume ist vorgesehen.

Das Wirthschaftsgebäude, welches in der Mitte des Anstaltsgrundstücks liegt und aus einem zweigeschossigen Mittelbau und zwei eingeschossigen Flügeln besteht, enthält die sämtlichen zum Wäscherei- und Kochbetrieb erforderlichen Räume. Der Grundrifs zeigt die bei städtischen Anlagen bewährte Anordnung, welche darin besteht, dafs die Küchen, welche basilikal über die anliegenden niedrigen Nebenräume höher geführt sind und somit aufser den grofsen Fenstern an der Stirnseite seitwärts hohes Seitenlicht erhalten, mit ansteigenden, gleichzeitig das Dach bildenden, sorgfältig gedichteten Decken versehen sind, an deren höchstem Punkt Dampfröhren entlang geführt werden. Die letzteren wärmen den in den Küchen sich entwickelnden Wasserdampf an, sodafs er sich nicht verdichten kann, vielmehr durch die in ganzer Länge des Firstes durchgeführten Laternen ins Freie entweichen mufs. Im Mittelbau sind aufser den zum Betriebe gehörenden Räumen die Wohnungen für den Verwalter, für die Vorsteherinnen der beiden Küchen und für die Wasch- und Kochmädchen untergebracht. Das Gebäude ist, mit Ausnahme der niedrigen Anbauten neben den Küchen, unterkellert, und zwar unterhalb der Küchen, um die zahlreichen Rohrleitungen der Dampfkochkessel usw. stets zugänglich zu halten, im übrigen, um für Wirthschaftszwecke Räume zu schaffen.

Das Kesselhaus, welches dicht hinter dem Wirtschaftsgebäude steht, enthält die zum Betriebe der Küchen und zur Beheizung des Wirthschaftsgebäudes und der Siechenanstalt erforderlichen Dampfkessel. Der Dampfschornstein und Arbeitsräume für den Heizer und Schlosser schliefsen sich an.

Abb. 503. Leichenkapelle des städtischen Hospitals und Siechenhauses an der Prenzlauer Allee.
Architekt Blankenstein.

Das Leichenhaus enthält eine aufsen und innen ansprechend ausgebildete gewölbte Kapelle, ein Zimmer für den Geistlichen, einen Secirraum und die erforderlichen Nebenräume. Das Kellergeschofs dient zur Unterbringung der Leichen, welche durch eine Freitreppe an der Hinterseite des Gebäudes unmittelbar in den Keller gebracht und von dort durch einen Aufzug nach dem Secirzimmer oder der Kapelle hinauf befördert werden. Das Haus hat Ofenheizung. Von der ansprechenden Architektur giebt die Abb. 503 eine Vorstellung.

Sämtliche Anstaltsgebäude sind in Ziegelbau, die Hauptgebäude mit feineren Verblendziegeln, Formsteinen und theilweise farbigen Terracotten hergestellt und, mit alleiniger Ausnahme des Daches über der Kapelle, mit doppelt gelegter Dachpappe eingedeckt. Die Flure sind fast durchweg gewölbt und im Erdgeschofs mit Fliesen, in den Obergeschossen mit Holzfufsboden belegt, die Treppen freitragend in Granit ausgeführt. Alle Wohn- und Krankenräume haben Doppelfenster, alle übrigen Räume einfache Fenster. Das Anstaltsgrundstück ist an der Nordseite mit einer massiven Mauer, an den übrigen Seiten mit schmiedeeisernen Gittern zwischen gemauerten Pfeilern eingefriedigt.

Die Anstalt ist bereits derart überfüllt, dafs eine Erweiterung nothwendig wurde, welche gegenwärtig durch den Stadt-Bauinspector Dylewski und den Stadt-Baumeister Knopff ausgeführt wird.[1]) Auf dem hinteren Theile des Grundstücks an der Stargardter Strafse wird ein lang gestrecktes dreigeschossiges Gebäude mit höher geführtem Mittelbau für die Siechenanstalt aufgeführt. Es enthält Räume für 448 Betten, einschliefslich derjenigen für Wärter, die erforderlichen Baderäume, Theeküchen und Abtritte, die Wohnungen für verheirathete und Schlafräume für 38 unverheirathete Wärter und einen Wasserdruck-Personenaufzug. In der Grundrifsanlage ist die Anordnung durchgeführt, dafs gröfsere Räume für sechs Betten mit kleineren für zwei Betten abwechseln und aufserdem Säle zur Unterbringung einer gröfseren Anzahl von Kranken zur Verfügung stehen. Alle Krankenräume sind durch Thüren an der Fensterseite mit einander verbunden. Das Gebäude enthält eine besondere Niederdruck-Dampfheizung mit eigener Kesselanlage und mit ausgiebiger Lüftung. In Bezug auf die Bauart und den inneren Ausbau schliefst es sich genau an die vorhandenen Anstaltsgebäude an mit der einzigen Ausnahme, dafs die Treppen aus Sandstein mit Holzbelag statt aus Granit ausgeführt werden. Die erhebliche Vermehrung der Kopfzahl der Anstaltsinsassen, welche durch den Erweiterungsbau herbeigeführt wird, machte auch eine entsprechende Erweiterung des Wirthschaftsgebäudes und des Kesselhauses zur Nothwendigkeit. Zu diesem Zwecke sind die beiden Küchen nebst Anbauten auf das Doppelte der bisherigen Gröfse erweitert, eine neue gröfsere Dampfmaschine ist aufgestellt, und die Wasch- und Kochapparate sind entsprechend vermehrt und ergänzt. Im Kesselhause ist eine Erweiterung zur Aufnahme eines fünften combinirten Dampfkessels vorgenommen, sodafs gegenwärtig im ganzen fünf solche Kessel mit rd. 250 qm Heizfläche vorhanden sind.

Die Kosten der früheren Anlage betrugen ausschliefslich des Grunderwerbes, der 640 000 ℳ beansprucht hat, 2 673 778 ℳ, der Erweiterungsbau ist auf 1 045 000 ℳ veranschlagt.

Das St. Gertraudt-Stift,[2]) SW., in der Wartenburgstrafse, Ecke der Grofsbeerenstrafse (Abb. 504 u. 505), ist durch den Baumeister Fr. Koch derart erbaut worden, dafs in den Jahren 1871—1873 das an der Wartenburgstrafse belegene Hauptgebäude mit den beiden vorspringenden Flügeln,[3]) in den Jahren 1883/84 der an der Grofsbeerenstrafse belegene Flügel zwischen der östlichen Einfahrt und der nördlichen Nachbargrenze nebst dem an dieser Grenze liegenden Gartenflügel zur Ausführung kam. Die in Abb. 504 angegebene weitere Bebauung der nördlichen Grenze ist Entwurf für eine spätere Ausführung, um das grofse und günstig gelegene Grundstück für die Zwecke der Stiftung vollständig auszunutzen. Die Gesamtkosten der in beiden genannten Bauzeiten errichteten Gebäude haben betragen: a) für das in den Jahren 1871—1873 erbaute Hauptgebäude 480 000 ℳ (rd. 270 ℳ für das Quadratmeter); b) für die in den Jahren 1883/84 erbauten Flügel 165 000 ℳ (rd. 262 ℳ für das Quadratmeter).

Das alte St. Gertraudt-Hospital ist eine seit dem Jahre 1408 bestehende Stiftung in einer ehedem am Spittelmarkt belegenen, mehrfach erneuerten Anlage, welche dem Durchbruch der Beuthstrafse weichen mufste. Der vortheilhafte Verkauf des alten Grundstücks ermöglichte es, die Anstalt, in welcher vorher 34 Frauen oder Töchter von Berliner Bürgern gegen Einzahlung eines Kapitals Aufnahme finden konnten, zunächst bis auf 100 Stellen zu erweitern und für sie ein vortheilhaft gelegenes neues Grundstück von 1,20 ha Gröfse zu erwerben. Durch den in den Jahren 1883/84 entstandenen Erweiterungsbau ist Raum für weitere 44 Hospitaliten geschaffen worden, sodafs zur Zeit im ganzen 144 Personen in ebensoviel Einzelzimmern in dem Stiftungsgebäude Aufnahme finden können. Die allgemeine Einrichtung des Gebäudes läfst der Grundrifs des Erdgeschosses genügend erkennen. Breite, helle Flure, in allen Geschossen mit Gewölben überspannt, die sich in den Flügeln des Hauptbaues hallenartig erweitern, geben Gelegenheit zum

---

1) Im Lageplan Abb. 502 ist die vollständige Anlage dargestellt.
2) Mitgetheilt vom Baumeister Fr. Koch.
3) Abbildung und Beschreibung im Jahrgang 1873 der Zeitschrift für Bauwesen.

XXII. Theater- und Circus-Gebäude.   491

gleichmäfsig verzierte Ränge mit Logen vorhanden, jeder 3,45 m hoch von Fufsboden zu Fufsboden gemessen. — Unter jeder der drei Freitreppen führte ein Eingang zum Parterre, dessen Corridor nur wenig über Strafsenhöhe lag. Unter den Logen des ersten Ranges stieg man einige Stufen zum Parterre, dessen Fufsboden damals nur ganz wenig geneigt war, und zu den Parterrelogen empor. Die Trennungswände der Logen in den drei oberen Rängen hatten nur Brüstungshöhe. — An der südlichen Schmalseite des Hauses war der Eingang zur Bühne, bei deren Einrichtung weit mehr ihre Bestimmung als Festsaal mafsgebend war, als die Rücksicht auf die Entfaltung grofsartiger Decorationen. Ein Schnürboden fehlte, der Raum hatte in 10,70 m Höhe eine feste Decke, die etwas niedriger als die des Zuschauerraums lag. Zwei Reihen von je acht korinthischen Säulen mit Gebälk und Attika waren den Längswänden in einem Abstand von 3 m vorgesetzt, sodafs nach Entfernung der Coulissen und Hintergründe der freie Raum zwischen den Säulen eine lichte Breite von

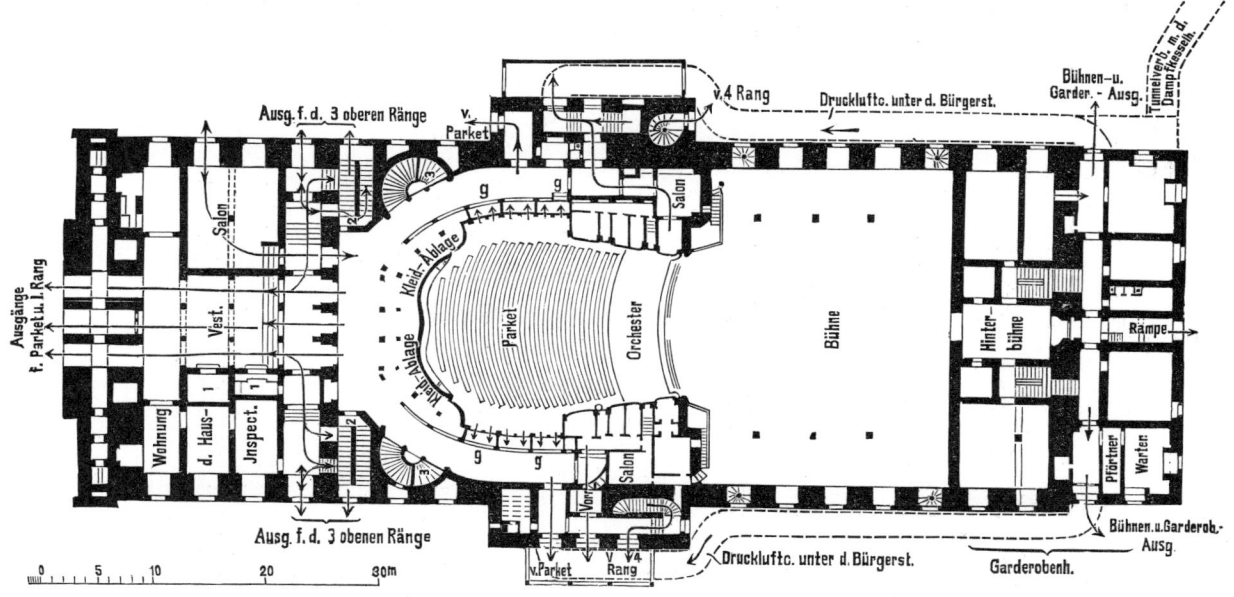

Abb. 517. Das Königliche Opernhaus, Grundrifs in Höhe des Parketts.

etwa 21 m hatte. Die Tiefe betrug 22,60 m. In den Nischen an der Rückwand waren „natürliche Cascaden angebracht, welche einige Najaden von weifsem Marmor aus ihren Krügen formirten".

Friedrichs II. Nachfolger liefs ein Jahr nach seinem Regierungsantritte nach den Vorschlägen des Theater-Decorationsmalers Verona durch C. G. Langhans das Innere umbauen, um es den Bedürfnissen eines Theaters nach Möglichkeit anzupassen.[1]) Dieser Umbau hat u. a. Einrichtungen geschaffen, welche besonders für den Zuschauerraum von bleibendem künstlerischen Werth geworden sind. Die Hauptveränderung betraf das Proscenium, dessen bisherige Anlage das Sehen aus den Seitenlogen zunächst dem Theater unmöglich machte. Die Bühnenöffnung wurde auf 12,86 m erweitert, die Pilasterstellung mit den geschlossenen Wandflächen entfernt und die Logenreihen bis an die Bühnenöffnung hin fortgeführt. Die Decke ward um einen halben Meter gehoben, wodurch die Einrichtung eines vierten Ranges, des Amphitheaters, ermöglicht wurde. Die Eintheilung und Richtung der Logenwände wurde verbessert und durch Zurückrücken der Stützen von den Brüstungen ein besseres Sehen ermöglicht. Die Königliche Loge in der Mitte des ersten Ranges ward in origineller Weise zu einem bis unter den dritten Rang reichenden, ovalen, säulengeschmückten Kuppelraum umgewandelt, der die Einförmigkeit der Logenreihen unterbricht.

---

1) „Beschreibung des Innern des neu verschönerten Königlichen Opernhauses", aus den Berlinischen Jahrbüchern von 1788 abgedruckt bei Schneider a. a. O. Beilagen S. 26.

Der Fußboden des Parterre erhielt stärkeres Gefälle nach dem Theater zu, die Hebevorrichtung blieb wie vordem (bis zum Jahre 1825). Unter dem Fußboden des Orchesters ward, nach dem Vorbilde des Theaters in Turin, durch Ausführung eines umgekehrten Gewölbes ein Hohlraum zur Verbesserung der Resonanz geschaffen. — Das Vestibül unter dem Apollosaal wurde verbreitert und erhielt noch zwei Zugänge von der Ost- und Westseite her. — In der Nacht vom 18. zum 19. August 1843 zerstörte eine Feuersbrunst, die erst bemerkt wurde, als das Innere schon in hellen Flammen stand, das Gebäude in wenigen Stunden.

Mit der Wiederherstellung wurde C. F. Langhans der Jüngere betraut. Das neue Haus wurde noch in demselben Jahre 1843, am 19. October, gerichtet und am 7. December 1844 wieder eröffnet. Der Antrag des Architekten, durchgreifendere Verbesserungen vornehmen zu dürfen, drang nicht durch, und so mußte er sich damit begnügen, an Stelle der unpraktischen Freitreppen an den Langseiten etwa 3,70 m vorspringende Risalite anzuordnen, in denen kleinere Vorräume und massive aber sehr schmale, gewen-

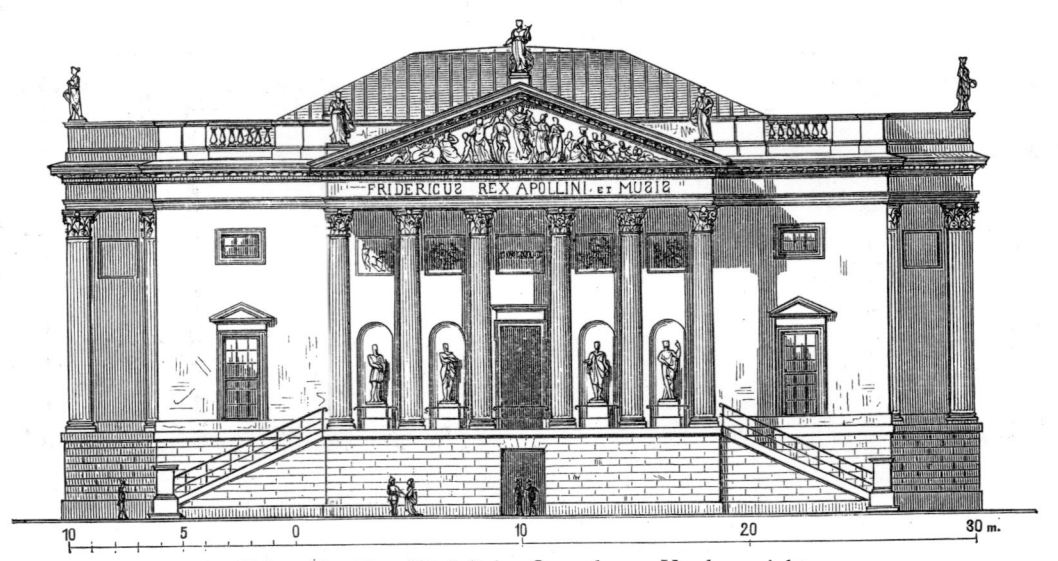

Abb. 518. Das Königliche Opernhaus, Vorderansicht.

delte Treppen für die oberen Ränge angelegt werden konnten. Auf der Bühne wurden die Säulenreihen beseitigt. Die Anordnung des Zuschauerraums und, in auffallendem Gegensatz zu der damals herrschenden Richtung, auch seine Decoration blieben im wesentlichen die alten. Besonders reich und bedeutsam ausgestattet wurde das Proscenium mit seiner Pilaster-Architektur und dem System eingeordneter Logen. Die Bildwerke vor den Pilastern sind von Wichmann, die Genien an der Voute von Berger, die Karyatiden im ersten Range von Bläser. Die Deckenmalereien rühren von Schoppe her, der neue Vorhang von Aug. v. Heyden. — Der Apollosaal behielt durch die Wiederherstellung der den Umgang stützenden Hermenfiguren an Stelle „des von lauter Satyren getragenen Entablement vor die Zuschauer" wenigstens in der Hauptsache seine alte Anordnung. Im Aeußern ersetzte man den Sculpturenschmuck durch neue Werke Rauch'scher Schüler; das schöne Giebelfeld der Nordseite ist von Rietschel modellirt und in Zinkguß ausgeführt. — Der gleichfalls von Langhans herrührende Anbau hinter der Bühne, an der südlichen Schmalwand des Gebäudes, stammt aus dem Jahre 1869.

Den modernen gesteigerten Ansprüchen der Bühnentechnik genügen freilich die bestehenden Räume, namentlich die geringen Höhenverhältnisse der Bühne nicht mehr. Eine im Jahre 1880 vorgenommene Erhöhung des Daches reicht bei weitem nicht aus; eine Tieferlegung des nur 4 m tiefen Bühnenkellers verbieten die ungünstigen Grundwasserverhältnisse. Vor allem aber fehlt es an ausreichenden Nebenräumen für die Zuschauer sowohl als für das Bühnenpersonal. Indessen haben die Umbauten der letzten Jahrzehnte geleistet, was bei den bestehenden Verhältnissen überhaupt zu schaffen war. — In den Jahren 1886 und 1887 wurde mit einem Kostenaufwande von 190594 ℳ elektrische Beleuchtung (89800 Normalkerzen) eingeführt,[1] zu der die Allgemeine Elektricitäts-Gesellschaft den Betriebsstrom liefert. — Der Apollosaal wurde den Theaterbesuchern als Wandelraum geöffnet. — Ein umfangreicher Umbau des Innern erfolgte in den Jahren 1894 und 1895. Er bezweckte insbesondere die Verbesserung und Vermehrung der Treppen und Ausgänge, sowie gröfsere Sicherung des Gebäudes gegen Feuersgefahr. Für die Ränge wurden vier neue Treppen mit besonderen Ausgängen eingefügt. Die Holzconstruction des Parkettfufsbodens wurde durch eine massive ersetzt. An Stelle der Einzelöfen und der kleinen gesonderten Luft- und Dampf-Wasserheizungen trat eine grofse Dampfheizung, deren Kesselhaus jenseits des ehemaligen Festungsgrabens, nahe dem Stallhofe des Prinzessinnenpalais, steht und mit dem Opernhause durch einen unterirdischen Gang für die Haupt-Dampfzuleitungen verbunden ist. Gleichzeitig und in Verbindung mit der Heizung ist eine umfassende Druck-Lüftungsanlage hergestellt worden. Die Erwärmung der Luft für die grofsen Räume erfolgt in Canälen unter den Parkett-Corridoren, während unter dem Parkett ein Luftvertheilungsraum angeordnet ist. Die angewärmte Luft strömt an jedem Sitze des Parketts, an einzelnen Stellen der Ränge, des Concertsaales und des Vestibüls aus.

Im Aeufsern mufste die Hauptfront sich die Anfügung einer den Bürgersteig überdeckenden eisernen Vorhalle gefallen lassen, die zwar an sich wünschenswerth gewesen sein mag, doch die Wirkung der klassischen Façade stark beeinträchtigt. Im Innern erhielten die in polirtem Kiefernholz mit Vergoldung ausgeführten Täfelungen, deren warmgelber Ton eine vornehme, behagliche Wirkung ausübte, einen hellen Anstrich. Die Holzpfeiler im Vestibül wurden durch gekuppelte Säulen mit Stuckmarmorbekleidung ersetzt, der westliche und der östliche Ausgang beseitigt, dafür aber zwei neue Thüren an der Hauptfront angelegt. Der bisher weifse Concertsaal ist bemalt worden.

Dieser letzte durch die Königliche Theater-Bauverwaltung unter Leitung des Geheimen Ober-Regierungsraths Persius vorbereitete und begonnene Umbau wurde durch den Königlichen Baurath L. Heim ausgeführt, von dem insbesondere der Vorbau, die Umgestaltung des Vestibüls und die decorativen Arbeiten im Innern herrühren.[2] Das Opernhaus enthält, ohne die grofse Königliche Mittelloge und die Königliche Prosceniumsloge im ersten Rang, 1439 Sitzplätze, davon 534 im Parkett, und 106 Stehplätze. — Die Subscriptionsbälle werden von nahezu 6000 Personen besucht.

Die Coulissenmagazine des Opernhauses, früher im Erdgeschofs der gegenüber liegenden Königlichen Bibliothek untergebracht, befinden sich in den von Schinkel errichteten Gebäuden Französische Strafse 30/31. Wie verlautet, wird geplant, in der Stallstrafse neue Magazine zu erbauen.

Die Errichtung einer modernen Anforderungen entsprechenden neuen Opernbühne für die Hauptstadt an einem anderen Platze dürfte nur eine Frage der Zeit sein. Dem alten Hause wird sein künstlerischer Werth verbleiben. Er ist ihm gesichert durch die kunstgeschichtliche Bedeutung der Knobelsdorff'schen Façaden und durch die unübertroffene Wirkung seines Zuschauerraums, der sich allen modernen Schöpfungen ähnlicher Art gegenüber behauptet hat.

2. Das Königliche Schauspielhaus.[3] Nachdem das unter Friedrich Wilhelm II. von Langhans dem Aelteren errichtete Schauspielhaus durch einen Brand (29. Juli 1817) vernichtet worden war, schlug der damalige Generalintendant Graf Brühl dem Könige Schinkel, „den vorzüglichsten Architekten in Sr. Majestät Staaten", als den berufenen Architekten für den alsbald zu errichtenden Neubau vor. Infolge dessen erhielt am 2. April 1818 Schinkel den Befehl, einen Entwurf zu fertigen und noch in demselben

---

[1] Die elektrische Beleuchtungsanlage des Königlichen Opernhauses in Berlin. Zeitschrift für Bauwesen. 1889.
[2] Centralblatt der Bauverwaltung. 1895. S. 472, 488, 495.
[3] Abbildungen und Beschreibung in Schinkels Entw. Bl. 7—18.

494   XXII. Theater- und Circus-Gebäude.

Monat den Auftrag zur Ausführung. Am 4. August 1818 fand die Grundsteinlegung, am 26. Mai 1821 die Eröffnung des neuen Hauses statt. In dem Text zu seinen veröffentlichten Entwürfen, ausführlicher aber noch in seinen Berichten an den Generalintendanten und an den König[1]) hat Schinkel die Grundsätze, die ihn bei der Aufstellung seines Entwurfs leiteten, auseinander gesetzt. Darin betont er zunächst die Rücksichten auf Zweckmäfsigkeit, Schönheit, Feuersicherheit und Sparsamkeit. Seiner Bestimmung gemäfs zerfällt das Haus in drei Haupttheile: „in der Mitte das Theater als das wesentlichste, an einer Seite den Concertsaal mit den dazu gehörigen Localen; an der anderen die Garderoben, Directionszimmer, Zimmer zum Ankleiden der Schauspieler, Statisten, Versammlungszimmer, Probezimmer usw." „Der Saal für die Zuschauer", heifst es weiter, „ist so angelegt, dafs die Logen fast alle das Theater gerade vor sich haben, und der schlechteste Platz den vorderen Theil des Theaters ganz und von dem letzten Hintergrund mehr als die Hälfte übersehen kann. Vor den Logen ist nach Art vieler französischen Theater eine Galerie angebracht, welche sehr angenehme Plätze abgiebt und für Personen, welche einzeln den ersten oder zweiten Rang besuchen wollen, höchst bequem ist. Die Logen dahinter können dann zum Theil ganz abgeschlossen werden, sodafs sie abgesonderte Zimmerchen mit der Aussicht auf das Theater bilden. Die Brüstungen der Galerie und Logen laufen im Halbkreis, welcher dem Sehen und Hören höchst vortheilhaft ist und zugleich eine schöne Eintheilung der Plafondver-

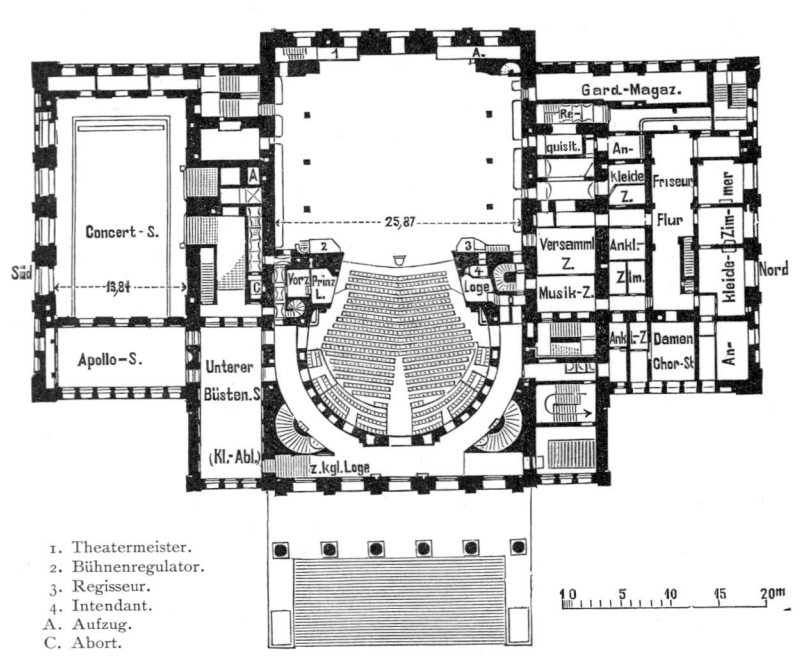

1. Theatermeister.
2. Bühnenregulator.
3. Regisseur.
4. Intendant.
A. Aufzug.
C. Abort.

Abb. 519. Das Königliche Schauspielhaus.

zierung zuläfst. Die Unterstützung der Logen geschieht durch feine eiserne Säulchen, die im Sehen nicht hindern ... Ein Malsaal für Decorationen ist über dem Zuschauerraum angelegt. Die Magazine für Decorationen sind sämtlich in dem Unterbau des Gebäudes ... Zu jeder Seite der Bühne giebt ein kleiner Hof Licht in die Scene und die angrenzenden Zimmer und Treppen." „Die Architektur der sämtlichen Façaden ist mit möglichster Strenge nach griechischer Art durchgeführt, um mit dem Portikus, der schon gegeben, in Uebereinstimmung zu kommen.[2]) Die Feuersicherheit ergab sich durch die allgemeine Anordnung. Das Gebäude ward in drei Haupttheile getheilt, die nicht unter einem Dache liegen, folglich wie verschiedene Gebäude durch sehr starke Mauern geschieden sind, sodafs bei einem etwa entstehenden Unglück immer höchstens nur ein Drittel verbrennen könnte." Bemerkenswerth ist, dafs Schinkel auch schon auf einen feuersicheren Abschlufs zwischen Bühne und Zuschauerraum Bedacht nahm, indem er den Vorhang aus Eisenblech herstellte.[3]) Dieser Vorhang wurde dann später seiner Schwere wegen entfernt

---

[1]) Alfred Freiherr v. Wolzogen, Aus Schinkels Nachlafs. III. Bd. S. 170 ff.

[2]) Die Säulenschäfte vom Portikus des Langhans'schen Theaters erwiesen sich als brauchbar und wurden wieder verwendet, nachdem sie mit Cannelüren versehen worden waren.

[3]) In den Erläuterungen zu seinen Entwürfen ist hiervon nichts erwähnt, der Vorhang wird als ein grüner, mit stark erhabener goldener Stickerei verzierter Teppich bezeichnet.

DAS SCHAUSPIELHAUS.

und durch einen ähnlichen, auf Leinwand gemalten ersetzt; der jetzige ist 1889 nach Professor E. Jacobsthals Entwurf ausgeführt.

Aus Sparsamkeits-Rücksichten war dem Architekten die Bedingung gestellt worden, die alten Fundamente und die zum Theil noch 12—16 Fufs hoch erhalten gebliebenen Reste der Umfassungswände des alten Theaters zu benutzen. Dadurch waren die Hauptmafse 76,50 m Länge und 36,20 m Tiefe gegeben. Bei Anbringung der Fenster wurde darauf Rücksicht genommen, dafs die Oeffnungen mit geringen Veränderungen benutzt werden konnten, damit den Mauern nicht zu viel durch Einbrechen geschadet würde. Die Gliederung der Flächen in dem Neubau durch ein consequent durchgeführtes System von Wandpfeilern war trefflich geeignet, unsymmetrische Fensterlagen zu verdecken. Nicht allein seine Mafse sondern auch der überaus glückliche Aufbau des Ganzen, der die Hauptheile in bedeutsamer Weise hervorhebt, lassen das Bauwerk auf dem Schillerplatz als das künstlerisch ebenbürtige Gegengewicht zu Gontards Kuppelthürmen erscheinen.

Da das Theater zur Aufführung von Dramen, Lustspielen und kleinen Opern bestimmt war, erhielt das Proscenium die „allerhöchsten Orts festgestellte" Breite von 36 Fufs oder 11,30 m. Der Abstand der Brüstung der grofsen Mittelloge vom Vorhang beträgt 15,70 m. Nach mehrfachen Aenderungen in der Anordnung der Plätze fafst der Zuschauerraum jetzt — ohne die grofse Hofloge und ohne die beiden Königlichen Prosceniumslogen — 1044 Personen, wovon 410 im Parkett Platz finden. — Die Decoration wurde mit Rücksicht auf die zarte Beleuchtung, die die Oellampen der schönen Kronleuchter[1]) spendeten, überall in Weifs und Gold gehalten. Die Wandflächen sind sauber lackirt; die Decke hat die Form eines Velariums, dessen neun Felder mit den von Wach gemalten Figuren der Musen geschmückt sind. Das Bacchanal an der Prosceniumsdecke, für welche Schinkel eine Reihe tanzender und musicirender Gestalten in lichteren Tönen in Aussicht genommen hatte, rührt von W. Schadow her. — Der plastische Schmuck des Gebäudes, die krönenden Figuren, die Giebelcompositionen, die Figuren auf den Wandpfeilern im Concertsaal sind sämtlich von Tieck modellirt. — Von besonderer Schönheit ist der jetzt als Wandelraum benutzte Concertsaal (Abb. 520). Seine Abmessungen betragen: 32,95 m in der Länge, 14,12 m in der Breite, 9,81 m in der Höhe. Er reicht durch zwei Geschosse. Die an den Langseiten auf Consolen ausgekragte Galerie liegt in gleicher Höhe mit dem Corridor des zweiten Ranges, mit dem grofsen Probesaal und einigen anderen Räumen auf der Nordseite, die bei grofsen Festlichkeiten mit benutzt werden konnten. Unmittelbar aus dem Concertsaal führen breite Treppen zu den über den beiden Vorsälen liegenden Festräumen und zur ringsum laufenden Galerie. Im Concertsaal war lange Zeit hindurch — bis in die sechziger Jahre — eine Bühne für das französische Lustspiel und andere gelegentliche Vorstellungen eingerichtet. — Die kleinen Räume an der Südfront dienten als Garderoben; die Königlichen Logen waren den eben erwähnten breiten Treppenaufgängen in Höhe des Podestes, das noch jetzt als „Hofloge" bezeichnet wird, vorgebaut. — Zum Concertsaal führt von der Taubenstrafse aus ein besonderer Zugang durch ein Vestibül, dessen Decke von 10 dorischen Säulen getragen wird, und eine besondere breite Treppe.

Das Aeufsere war ursprünglich als Putzbau mit Verwendung von Postelwitzer Sandstein für Gesimse, Säulen und Architrave errichtet;[2]) durch die in den Jahren 1883 und 1884 ausgeführte, vollständige Bekleidung mit Sandstein hat der Bau aber erst ein seinem Formencharakter und seiner Bedeutung entsprechendes monumentales Aussehen erhalten. Die Sandsteinverblendung ist in dem sehr wetterbeständigen Rackwitzer Stein aus den Brüchen von Wimmel & Co. hergestellt. Die Platten sind in den oberen Geschossen 6 und 12 cm, die vorstehenden Quadern im Untergeschofs 12 und 18 cm stark gemacht, an den Ecken sind gröfsere Werksteine verwendet.[3]) Die Kosten waren im ganzen auf 194 000 ℳ veranschlagt.

---

[1]) Diese Kronleuchter sind noch erhalten, nur ist an Stelle der Oellampen zunächst Gaslicht und 1885 elektrisches Glühlicht mit matten Gläsern getreten.

[2]) Die Kosten des Schinkel'schen Baues beliefen sich auf 1 896 180 ℳ

[3]) Centralblatt der Bauverwaltung. 1889. S. 229. Der Abputz war durchschnittlich alle 13 Jahre der Erneuerung bedürftig gewesen. Die zuletzt 1860—1863 ausgeführte Erneuerung hatte einen Kostenaufwand von 30 000 ℳ erfordert.

496   XXII. Theater- und Circus-Gebäude.

Die Rücksichten auf erhöhte Feuersicherheit und die modernen bühnentechnischen Anforderungen veranlassen einen tiefgreifenden Umbau des Innern[1]) während der Jahre 1888/89. Bei diesem Umbau blieben vom Bühnenhause nur die Umfassungswände stehen, erforderten jedoch theilweise Verstärkungen und Verankerungen. Die gesamte Bühneneinrichtung sowie der Dachstuhl, deren Constructionstheile aus Holz bestanden hatten,

Abb. 520. Königliches Schauspielhaus, der Concertsaal.

wurden in feuersicherem Material erneuert. Alle tragenden und stützenden Bautheile, Treppen und Galerien wurden aus Eisen hergestellt, im übrigen ein sehr ausgiebiger Gebrauch von Monierarbeiten gemacht. Diese dienten zur Ummantelung eiserner Bautheile, zu den Fußböden der Bühnengalerien, zu Treppenhauswänden und — zum erstenmale in

---

[1]) Der Bühnenumbau des Königlichen Schauspielhauses in Berlin von Heydemann und Kasch. Zeitschrift für Bauwesen. 1892.

XXII. Theater- und Circus-Gebäude.

Berlin — bei Herstellung der grofsen Dachflächen als Unterlage für die Kupferdeckung. Die Bühnenmaschinerie zählt seit dem nach den Angaben des Oberinspectors der Königlichen Theater, Fritz Brandt, ausgeführten Umbau mit zu den bedeutendsten. Es sind vorhanden: sechs Coulissengassen von je 2,50 m Tiefe, in jeder eine Versenkung von 12 m Länge und 1 m Breite, eine Oeffnung zum Durchlassen der Kassetten von 16 m Länge und 0,36 m Breite, drei Freifahrtschlitze von 22 m Länge für die Coulissenwagen. Die Untermaschinerien, deren drei vorhanden sind, haben, am Proscenium gemessen, eine Gesamthöhe von 7 m. Die Bauarbeiten wurden unter specieller Leitung der Regierungs-Baumeister Heydemann und Kasch, nach den Entwürfen des Architekten der Königlichen Theater zu Berlin Baurath Hense sowie des Oberinspectors Brandt ausgeführt. Die Oberleitung hatte der Geheime Ober-Regierungsrath Persius. — Die Kosten für die baulichen Veränderungen beliefen sich auf 170 000 ℳ, für die maschinellen auf 360 000 ℳ.

Ein weiterer Umbau im Jahre 1892 betraf den Nordflügel mit seinen zahlreichen Nebenräumen. Hier wurde u. a. eine Warmwasserheizung an Stelle der bisherigen Einzelöfen eingerichtet.

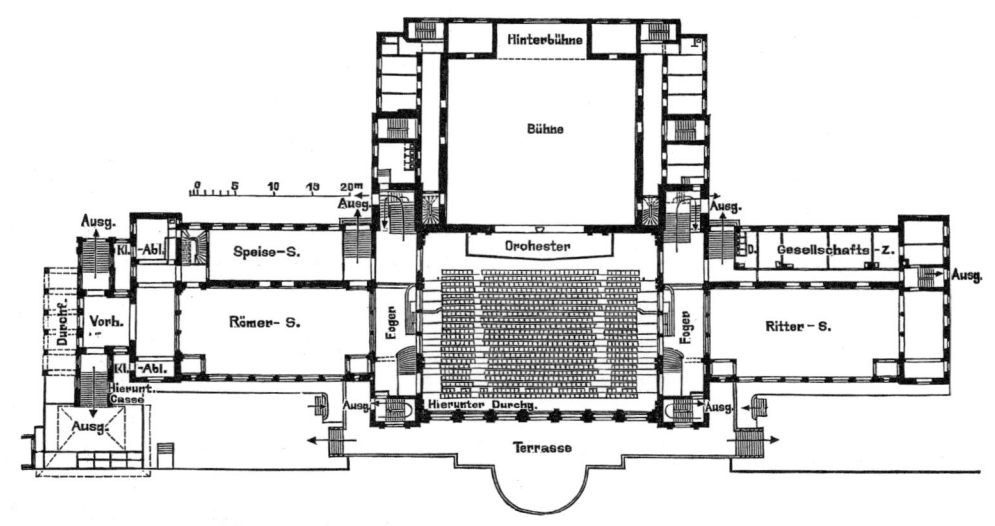

Abb. 521. Das Neue Königliche Operntheater (Kroll).

In den sechs Sommermonaten des Jahres 1893 endlich wurde der sehr verwickelte Umbau des Zuschauerhauses ausgeführt. Der Umbau erstreckte sich in erster Linie auf die Schaffung einer Sammelheizung und einer Lüftungsanlage. Zuschauer- und Bühnenhaus haben eine Dampfheizung erhalten, an die die vorher ausgeführte Warmwasserheizung des Nordflügels angeschlossen worden ist. Für die neue Anlage ist durch eine 3 m tiefe Unterkellerung der Freitreppe Raum gewonnen worden; der Kesselschornstein zieht sich unter dem Strafsenlande nach dem Hauptbau und ist an dessen nördlicher Frontmauer bis über Dach hinaufgeführt. Die Zuführung der inmitten der Gartenanlagen des Schillerplatzes entnommenen, unter der Freitreppe erwärmten und befeuchteten frischen Luft geschieht durch einen mit Elektromotor betriebenen Blakman-Ventilator. Die Luft wird durch ein System von Canälen zu den oberen Rängen und dem Parkett geleitet. Hier ist unter jedem Sitze eine mit Stellklappe regulirbare Ausströmungsöffnung angebracht, was eine eigenthümliche Construction des neuen Fufsbodens erforderte. Die verbrauchte Luft wird durch Deckenöffnungen in eine grofse Sammelkammer geführt und aus dieser durch einen elektrisch betriebenen Shield'schen Ventilator nach dem Dachraum über der Säulenhalle und durch deren Decke hinab ins Freie gedrückt.

Im Zuschauerraum ist die Anordnung der Sitze des dritten Ranges, in Theilen des zweiten Ranges und im Parkett im Sinne der neueren polizeilichen Vorschriften geändert worden. Das Parkett hat drei breite Zugänge erhalten, an jeder Seite dicht am Proscenium einen und den dritten für die hinteren Reihen unter der Königlichen Loge hindurch, an Stelle der beseitigten Parterreplätze. Die Zwischenwände der Parkettlogen sind entfernt worden. — Die halbkreisförmigen Steintreppen führen jetzt nur bis zum ersten Range. Für die eine Hälfte des zweiten und dritten Ranges ist eine neue Treppe im Nordflügel angelegt, für die andere Hälfte die bisher wenig benutzte Treppe des Concertsaalflügels geöffnet worden. Die grofse geheizte und sorgfältig gegen Zug geschützte Eintrittshalle ist in eine behagliche und bequeme Kleiderablage verwandelt.

Die architektonische Ausbildung der Haupträume wurde ebenso wie das Aeufsere nirgends verändert.

3. Das Königliche Schlofstheater in Charlottenburg. Das Gebäude wurde unter Friedrich Wilhelm II. 1788/89 nach einem Entwurfe von C. G. Langhans durch Boumann den Jüngeren an dem südlichen Ende der an das Schlofs sich anschliefsenden Orangerie erbaut. Durch diese konnte der Hof vom Schlosse aus unmittelbar in das Theater gelangen. Das Innere ist sehr bemerkenswerth durch die gefällige Decoration des Zuschauerraumes und die im Verhältnifs zu diesem sehr bedeutende Entwicklung der Bühne und ihrer Nebenräume. Trotzdem nur 700—800 Zuschauer Platz finden, beträgt die Breite des Prosceniums 11 m, die Tiefe der Bühne 25,60 m. Auch das Untertheater ist geräumig und enthält eine für die Zeit ihrer Entstehung vorzüglich eingerichtete Maschinerie. Das Aeufsere ist sehr einfach und ohne sonderlichen Werth. Das Theater wird seit vielen Jahren nicht mehr benutzt und macht daher leider einen verwahrlosten Eindruck.

4. Das Neue Königliche Opernheater (Kroll). Auf Anregung König Friedrich Wilhelms IV. wurde im Jahre 1843, an der Westseite des jetzigen Königsplatzes durch C. F. Langhans ein Saalbau zur Veranstaltung von Festen, Concerten und Ausstellungen errichtet, der am 15. Februar 1844 eröffnet wurde.

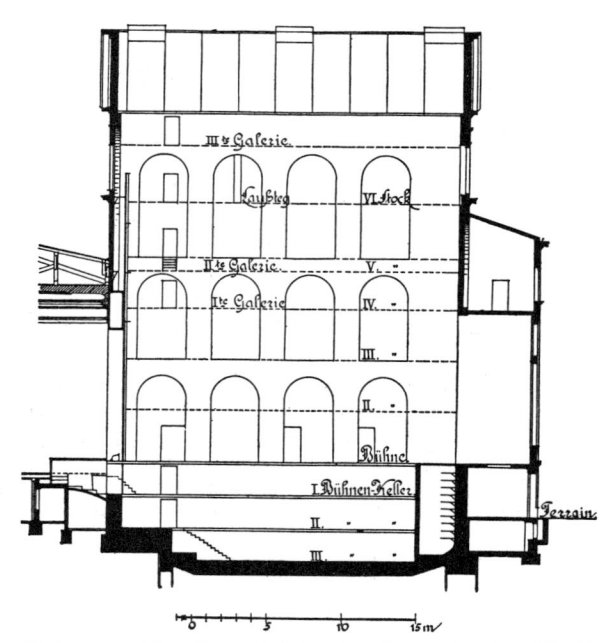

Abb. 522. Das Neue Königliche Opernheater (Kroll), Querschnitt.

Das Unternehmen erwies sich indefs, wohl wegen der Entfernung vom Mittelpunkte der Stadt, als nicht recht ertragsfähig, und als am 1. Februar 1851 das Haus durch Brand bis auf die Umfassungswände zerstört worden war, wurde dem von E. Titz[1]) geleiteten Wiederaufbau ein erweitertes Programm zu Grunde gelegt, das den Hauptsaal zugleich zu einem Theater bestimmte, im übrigen aber die als zweckmäfsig befundenen ursprünglichen Anordnungen beibehielt. Der Hauptsaal erhielt 31,40 m (100 Fufs) Länge, 24,80 m Breite, 12,55 m Höhe. Die Bühne wurde in den bescheidensten Mafsen, mit einer Oeffnung von 7,70 m, einer Tiefe von 8,60 m und einer Breite von 12,55 m an der dem Garten zugekehrten Langseite des Saales angelegt. Obwohl es an Nebenräumen und Bühneneinrichtungen fehlte, wurde das Etablissement doch regelmäfsig als Theater für Possen und Singspiele, die Nebensäle in der Weihnachtszeit zu den Jahre lang beliebten Weihnachts-Ausstellungen benutzt. Im Sommer fanden Opernvorstellungen statt, die durch das Auftreten renommirter auswärtiger Gesangskräfte für die Musikwelt Berlins von Bedeutung waren. Der Garten mit seiner prächtigen abendlichen Beleuchtung erhöhte die Anziehungskraft des Locals in der heifsen Jahreszeit. — Im

---

1) Veröffentlicht in Titz's Entwürfen, herausgegeben von H. Kaemmerling, Berlin 1860.

Jahre 1894 wurde das Etablissement an eine Actiengesellschaft verpachtet, die es durchweg erneuern und zu einem Concertlocal umwandeln liefs; der Saal wurde zum Specialitätentheater bestimmt. Bald darauf erwarb der Brauereibesitzer Julius Bötzow das Gebäude — der Grund und Boden gehört dem Fiscus — und liefs 1895 durch den Architekten Gustav Hochgürtel ein grofsartiges Bühnenhaus im Garten hinter dem Saale errichten, jetzt das gröfste, das Berlin besitzt. Die Bühne ist 22,50 m tief und 25 m breit und hat noch eine Hinterbühne von 5 m Tiefe und 12 m Breite; die Bühnenöffnung ist auf 11,85 m verbreitert worden. Es sind drei Bühnenkeller vorhanden; die Sohle des dritten liegt 7 m unter dem Bühnenfufsboden, dieser selbst liegt nur 0,85 m über dem Saalfufsboden, der Schnürboden 24 m über der Bühne. Rechts und links von der Bühne sind 2,55 m breite Gänge angelegt, mit Treppen und den Garderoben in drei Stockwerken. In dem fünften Stock (die Bühne als erster gerechnet) befinden sich Räume für Wäsche, Schuhwaaren und dergleichen, im sechsten Stock, der eine gröfsere Höhe von 6 bis 7 m erhalten konnte, liegen Malerateliers. In dem unterhalb der Bühne liegenden Geschosse zu ebener Erde und in dem Keller sind Garderoben, Räume für die Sammelheizung, für die Maschinisten und Handwerker eingerichtet. Grofse Schwierigkeiten bereitete die Ausführung der Grundarbeiten, da die Fundamente der alten Bühnenräume und der 30 m hohen Treppenthürme unterfangen werden mufsten; trotzdem ist der ganze Bau in nicht ganz neun Monaten fertiggestellt worden.

Im Zuschauerraum ist die frühere Architektur erhalten geblieben, nur die Färbung ist geändert worden; an Stelle des grünen Grundtons ist Weifs mit Gold und Roth getreten. Zwei durch die Umänderung der Bühnenseite gewonnene Nebenräume in Höhe des ersten Ranges, an beiden Seiten des Saales, bilden Foyers mit Kleiderablagen. Im Parkett haben sich 894 Sitzplätze und 400 Stehplätze ergeben, in dem Range, der auf eisernen Säulen in den Saal hineingebaut worden ist, sind der Bühne gegenüber eine prächtig drapirte Hofloge, aufserdem sieben andere Logen und 423 Sitzplätze geschaffen worden. — Das Podium, auf dem die Klappsitze aufgeschraubt sind, ist leicht herauszuschaffen, sodafs der Saal in kürzester Zeit auch als Tanz- und Gesellschaftssaal benutzt werden kann. Am Haupteingang ist eine Vorhalle aus Glas und Eisen, die zugleich als Kassenflur dient, errichtet worden. Die Nebensäle sind unverändert geblieben. Das Aeufsere, ein Putzbau in den strengen Formen der Berliner Schule behandelt, aber geschickt und reizvoll gruppirt, hat durch die Mafse des neuen Bühnenhauses mit seinem breit gelagerten Giebel keine Verschönerung erfahren. In jüngster Zeit ist das Haus vom Ministerium des Königlichen Hauses erworben und führt seitdem den Namen „Neues Königliches Operntheater (Kroll)".

5. Das Lessing-Theater, an der Ecke der Unterbaumstrafse und des Friedrich-Karl-Ufers,[1] wurde im Auftrage des Dr. Oskar Blumenthal, in der Zeit von October 1887 bis 11. September 1888, in 11 Monaten von den Architekten v. d. Hude & Hennicke erbaut. Unter den Privattheatern Berlins ist das Lessing-Theater das erste, das auf einem ringsum freien Platze errichtet, auch in seiner äufseren Erscheinung die Bestimmung des Gebäudes zum charakteristischen Ausdruck bringt. Die Grundrisse (Abb. 523 u. 524) lassen die trefflich berechnete Zugänglichkeit, sowie die Möglichkeit schnellster Entleerung des Hauses, ganz im Sinne der ein Jahr nach Vollendung des Baues eingeführten polizeilichen Vorschriften, erkennen. Das Haus ist durchweg aus Stein und Eisen erbaut, Holz nur für den Bühnenfufsboden, die Theilungswände der Logen und einzelne Theile der Dachconstruction verwendet worden.

Jeder Rang hat seine eigenen geschlossenen, aus Sandstein hergestellten Treppen, die sämtlich vom Innern ausgehen, zugleich aber unmittelbar ins Freie führen; auch vom Parkettcorridor führen Thüren auf die Strafse. — Die Eingangshalle ist 15,40 : 9 m grofs. Die Kleiderablagen sind reichlich bemessen: die Länge der Abnahmetische im Parkett beträgt 40 m. Für die Bemessung der Ausgangsthüren ist auf je 80 Theaterbesucher 1 m Ausgangsweite angenommen worden. Die Corridore haben eine Breite von 4,37 m. Das Foyer

---

[1] Deutsche Bauzeitung. 1888. Nr. 12. — Zeitschrift für Bauwesen. 1889.

im ersten Range hat gleiche Gröfse mit der Eingangshalle. Im Sommer sind noch die Balcons an der Hauptfront und an den Langseiten dem Publicum geöffnet.

Der Zuschauerraum entspricht in der Grundform und den Hauptmafsen dem des Königlichen Schauspielhauses (Dreiviertelkreis von 18,46 m Durchmesser). Das Proscenium verengert sich von 13,90 m auf 11,50 m und ist 5 m tief, die Bühnenöffnung 9,80 m breit. Ueber dem Parkett sind nur zwei Ränge angeordnet. Das Proscenium enthält in jedem Range zwei durch Wände geschlossene Logen. — Im Parkett sind 430 Sitzplätze, in den 18 Logen unter dem ersten Range 128 Stühle angeordnet. Der erste Rang enthält in der Mitte drei Sitzreihen, im übrigen Logen, der zweite Rang nur Sitzreihen, die in der Mitte noch über den Corridor hinweg geführt sind. Im ganzen fafst das Theater 1160 Zuschauer auf 1100 Sitz- und 60 Stehplätzen.

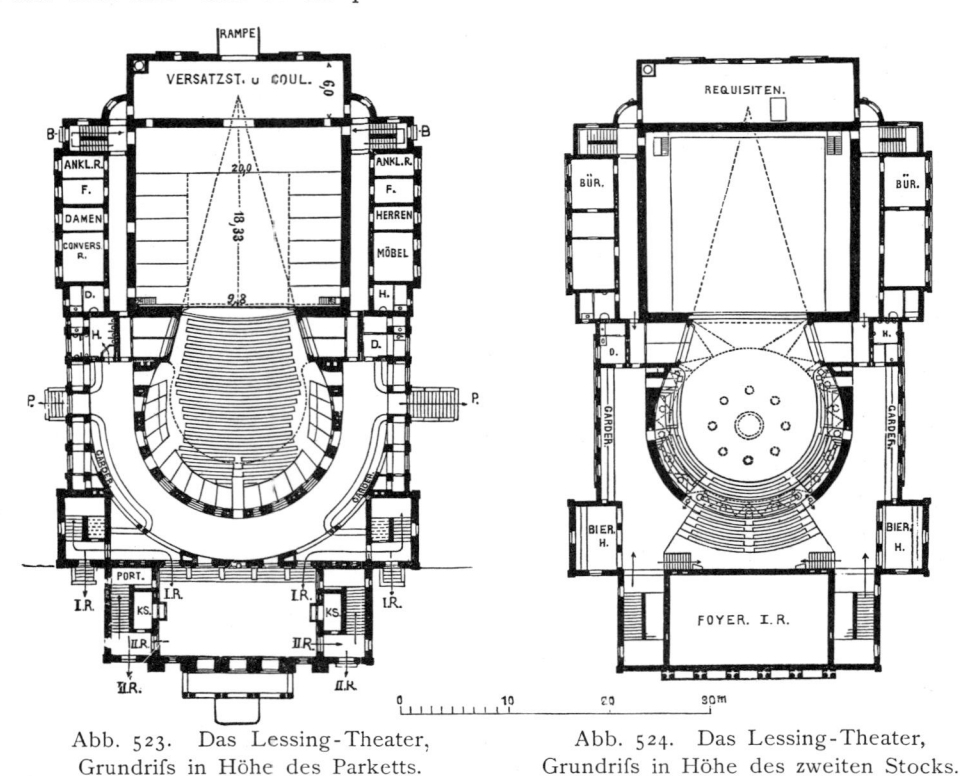

Abb. 523. Das Lessing-Theater, Grundrifs in Höhe des Parketts.

Abb. 524. Das Lessing-Theater, Grundrifs in Höhe des zweiten Stocks.

Die Bühne ist 20 m breit, 18,33 m tief und für sechs Coulissen und sieben Prospecte eingerichtet. Ein Orchester ist für den Fall, dafs kleinere Opern aufgeführt werden sollen, nachträglich angelegt worden; gewöhnlich ist es von den ersten vier Sitzreihen überdeckt. — Der Raum hinter der Bühne ist in mehrere Stockwerke getheilt, die zur Aufbewahrung von Versatzstücken, Möbeln usw. und als Malsaal dienen. Für Coulissen ist aufserdem noch ein Wellblechschuppen an der Grenze des Grundstücks errichtet worden.

Die Façaden, von deren Ausbildung die Abb. 525 eine Vorstellung giebt, sind in Putz hergestellt. Die Architektur des Innern zeigt im Gegensatz zu den strengen Formen des Aeufsern eine freiere Behandlung im Stil der Spätrenaissance. Der Zuschauerraum ist vorwiegend in Weifs und Gold gehalten.

Die Beleuchtung wird durch rd. 1200 elektrische Glühlampen und drei Bogenlampen (an der Vorderfront) bewirkt, für die der Strom von drei Dynamomaschinen erzeugt wird. Diese befinden sich unter der Hinterbühne. Jedes störende Geräusch wird durch starke Wattirungen an Decke und Wänden vermindert. Hinsichtlich der bewährten, von David Grove ausgeführten Heiz- und Lüftungsanlage sei auf die angeführten Veröffentlichungen verwiesen. — Die schwierigen Eisenconstructionen sind von dem Ingenieur Cramer entworfen. — Die Baukosten haben, einschliefslich 47 500 ℳ. für die Bühneneinrichtung und den Coulissenschuppen, 1 018 000 ℳ. betragen. Dies ergiebt bei 2030 qm bebauter Grundfläche rd. 500 ℳ. für 1 qm und bei 36 500 cbm umbauten Raumes (von Kellersohle bis Oberkante Hauptgesims) etwa 28 ℳ. für 1 cbm.

6. Das Neue Theater,[1] erbaut von Heinrich Seeling.

Die versteckte Lage des Bauplatzes auf dem Hinterlande der Grundstücke am Schiffbauerdamm 4a—7 und die baupolizeilich vorgeschriebenen geringsten Abstände eines Theatergebäudes von den Nachbargrenzen bestimmten die allgemeine Anordnung des Planes. Vom Schiffbauerdamm aus läfst nur die 8 m breite Zufahrtstrafse zu dem Theater einen Blick auf die süd-

Abb. 525. Das Lessing-Theater, Ansicht.

östliche Ecke des Gebäudes frei; auf diese ist daher in der architektonischen Ausbildung ein besonderer Nachdruck gelegt worden. Hier erhebt sich ein sehr wirkungsvoll gestalteter und die Bestimmung des Hauses bezeichnender Thurmbau (Abb. 526), während alles übrige in sehr einfachen Formen gehalten ist. Unterstützt wird die Wirkung des genannten Bautheils noch durch die von demselben Architekten herrührende Architektur des Hauses am Schiffbauerdamm 4a und 5, mit seinem weithin sichtbaren Mosaikbilde an der abgestumpften Ecke. — Echtes Material, Sandstein und polirter Granit, ist nur an der Vorhalle verwendet, sonst ist alles verputzt. — Der Bau wurde vom 2. October 1891 bis zum 2. Juni 1892 im Rohbau fertig gestellt und schon am 19. November desselben Jahres fand die Eröffnungs-Vorstellung statt. Der ganze trefflich gelungene Ausbau ist also in der kurzen Zeit von fünf und einem halben Monat bewältigt worden.

---

[1] Centralblatt der Bauverwaltung. 1894. Nr. 3. — Deutsche Bauzeitung. 1893. Nr. 76.

Abb. 526.
Neues Theater, Ansicht.

XXII. Theater- und Circus-Gebäude.

Das Theater ist für eine Besucherzahl von 800 Personen bestimmt, gehört sonach, im Sinne der Polizeiverordnung vom 12. October 1889, zu den kleinen Theatern, für die besondere Bestimmungen getroffen sind. Sämtliche Plätze waren im Parkett und in zwei Rängen unterzubringen. Aufser einem grofsen Erholungsraum für alle Zuschauer war eine Hofloge mit besonderem Treppenaufgang verlangt. Die Treppen für den zweiten Rang liegen in dem Querbau, zu beiden Seiten der Eintrittshalle, die für den ersten Rang durften unmittelbar an die Eingänge zum Parkett angeschlossen und von dem Umgang desselben zugänglich gemacht werden. Für die Besucher des zweiten Ranges ist eine in das Foyer hineingebaute, von polirten Marmorsäulen getragene, 2 m breite Galerie angeordnet. Diese Galerie stellt zugleich eine Verbindung der Seitenflure des zweiten Ranges her, dessen Mitteltheil über den Umgang hinweg bis an die Umfassungsmauer des Zuschauerhauses geführt ist. — Um die Wirkung des bei 19,80 m Länge nur 9 m breiten Foyers zu steigern, ist an der Aufsenmauer, in der Mittelachse des Gebäudes, ein Erker ausgebaut mit einem diorama-artig hineingemalten Bilde, das Theater in Taormina darstellend.

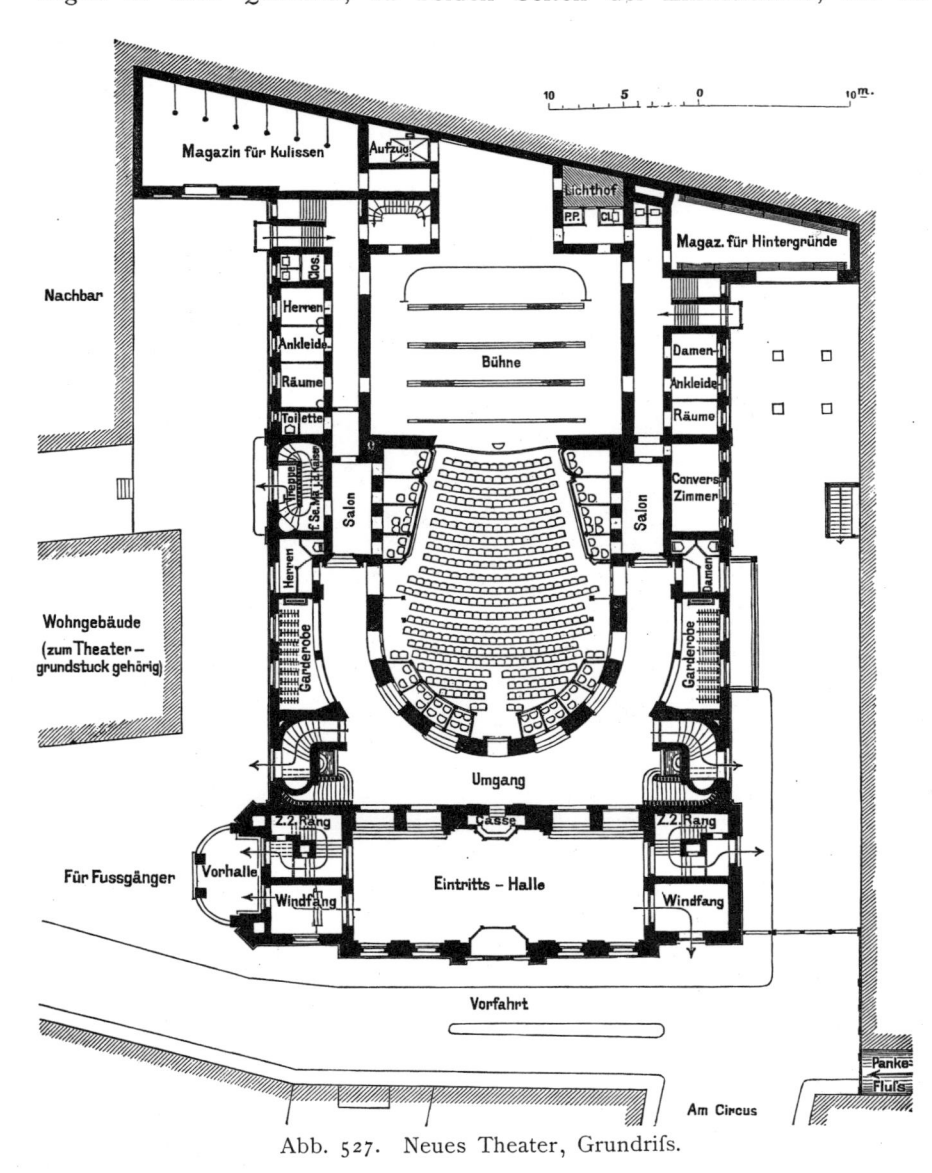

Abb. 527. Neues Theater, Grundrifs.

Vom Umgang des ersten Ranges hat man durch eine mit einer grofsen Spiegelscheibe geschlossene Oeffnung von 3,50 m Breite einen reizvollen Durchblick auf das Gemälde. — Der Zuschauerraum ist lang gestreckt, 15 m breit, im Parkett 20 m, im zweiten Range 24,25 m tief und 14 m hoch, bei der ersten Sitzreihe gemessen. Das Parkett, ohne die Logen, enthält 366 Sitz- und 12 Stehplätze, der erste Rang einschliefslich der Hofloge 146, der zweite Rang 247 Sitzplätze. Im Raume selbst sind alle die freie Sicht hindernden Stützen vermieden.

Die Abmessungen der Bühne betragen 12,50 m in der Tiefe (mit der Hinterbühne 19 m), 16,50 m in der Breite, 17,50 m in mittlerer Höhe vom Podium bis Unterkante

504 XXII. Theater- und Circus-Gebäude.

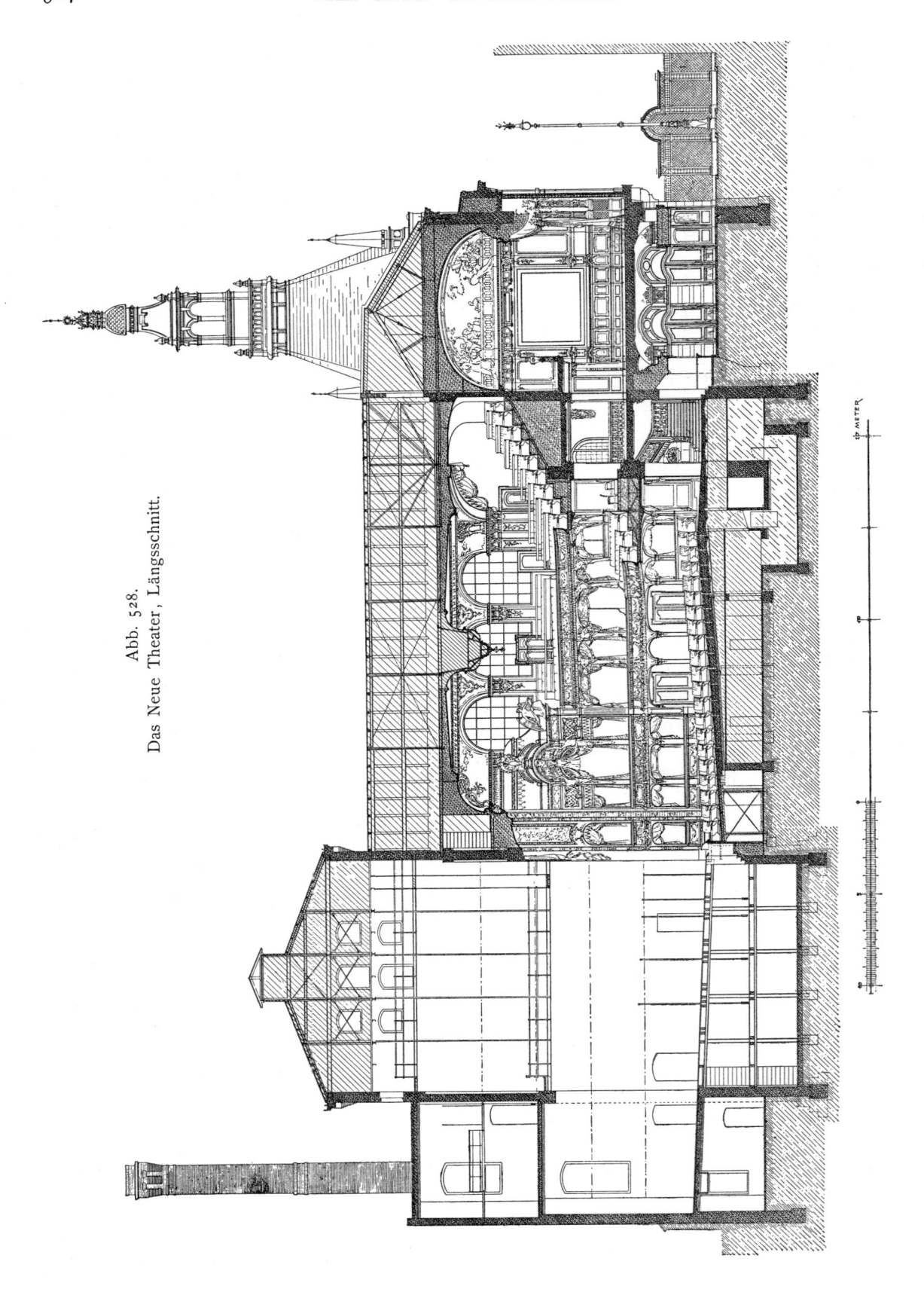

Abb. 528.
Das Neue Theater, Längsschnitt.

XXII. Theater- und Circus-Gebäude. 505

des Schnürbodens. — Die Unterbühne ist in zwei Abtheilungen getheilt und 5 m hoch. — Die Bühnenöffnung ist 8,30 m weit. — In der ganzen Ausdehnung der Rückseite des Grundstücks sind die Magazine, zu beiden Seiten der Bühne, in fünf Geschossen über einander, die Verwaltungs- und Ankleideräume untergebracht. Aufser den inneren bis zum Dach geführten Treppen sind hier noch an den Aufsenfronten eiserne Nothtreppen vorhanden.

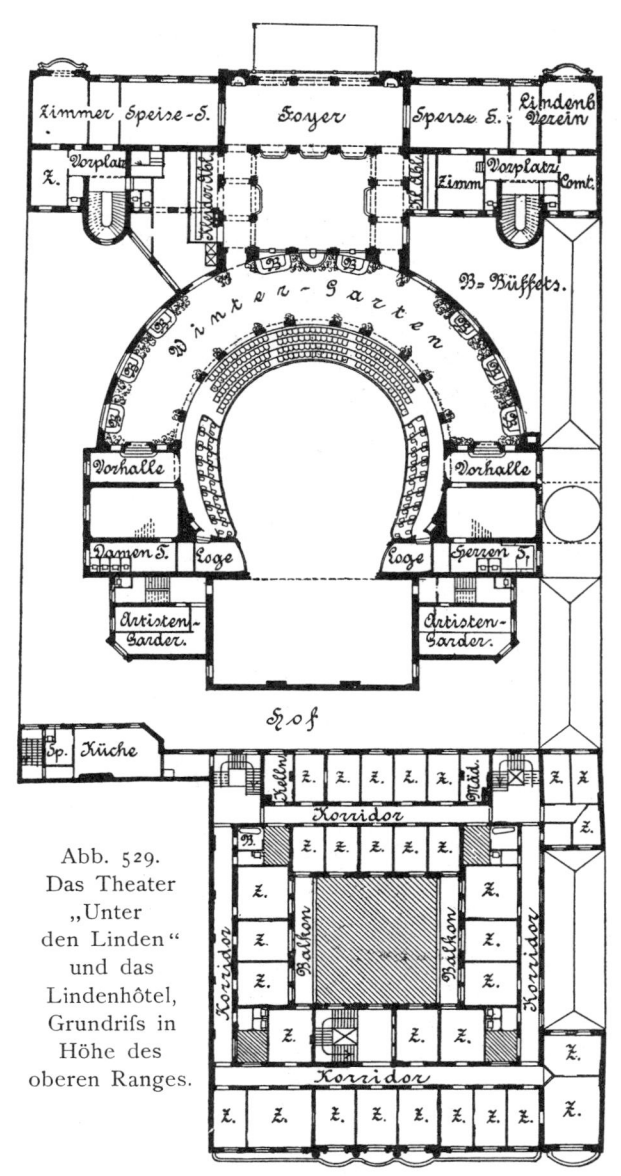

Im Innern ist vor allem die mit aufserordentlicher Frische durchgeführte, ins Rococo übergehende Architektur und die reiche decorative Ausstattung des Zuschauerraums hervorzuheben. Von besonderem Reiz aber ist der Erfrischungsraum mit seinen von Max Koch ausgeführten Decken- und Gobelinmalereien. Das Dioramenbild ist vom Maler Günther-Naumburg gemalt. — Die Bühnenmaschinerie ist nach Angaben des Oberinspectors der Königlichen Theater Fritz Brandt ausgeführt. Die gröfseren Eisenconstructionen sind von dem Ingenieur Cramer entworfen und berechnet worden.

7. Das Theater „Unter den Linden"[1]) ist von dem Actien-Bauverein gleichen Namens auf seinem Grundstück Behrenstrafse 55—57 durch die Wiener Architekten Fellner & Helmer errichtet worden. Im Juli 1891 wurde mit dem Neubau begonnen, bis Anfang November war der Rohbau fertig, am 24. September 1892 fand die Eröffnung statt. — Ein Hof in der polizeilich vorgeschriebenen Breite von 6 m trennt das Theater von dem auf demselben Grundstück, mit der Front nach den Linden, erbauten Hôtel, während der seitlich angelegte glasbedeckte Durchgang, die „Lindenpassage", beide Strafsen verbindet (Abb. 529).

Das Theater sollte für Berlin etwas neues „echt weltstädtisches" bieten, da in das Programm nicht blofs Theater-Aufführungen, sondern im Wechsel damit Concertmusik und Ballet und andere für die Berliner Lebewelt berechnete Schaustellungen aufgenommen waren. Der Erfolg entsprach freilich nicht den Erwartungen. Das Unternehmen, von dem Wiener Anton Ronacher begründet, gerieth in Concurs. Zur Zeit befindet sich das Theater in denselben Händen wie das Friedrich-Wilhelmstädtische Theater, es werden Operetten und Ballets gegeben.

Für die Gestaltung und Gruppirung der Räume war es von wesentlichem Einflufs, dafs das Unternehmen sich nicht als Theater im Sinne der Polizeiordnung vom 12. October 1889, sondern als Local zur Veranstaltung öffentlicher Lustbarkeiten einführte.

Abb. 529. Das Theater „Unter den Linden" und das Lindenhôtel, Grundrifs in Höhe des oberen Ranges.

---

1) Centralblatt der Bauverwaltung. 1892. Nr. 41. — Deutsche Bauzeitung. 1892. Nr. 95. — Festschrift zur Eröffnung des Theaters ohne Angabe des Verfassers.

506   XXII. Theater- und Circus-Gebäude.

Daraus ergaben sich für die neue Leitung und ihre Zwecke Schwierigkeiten und Rechtsfragen, welche noch nicht völlig behoben sind.

Aus dem schmalen Kassenflur gelangt man über vier Stufen zu dem aufserordentlich wirkungsvollen quadratischen Haupt-Treppenhause. Der mittlere Lauf der dreiarmigen Treppe führt zu einem Zwischengeschofs, dem „Balcon", die beiden anderen Arme, rechts und links zu dem oberen Range. Die Bogen-Eingänge unter den Treppenläufen führen zum Parkett und zur Kleiderablage. Aufser der Haupttreppe sind neben dem Proscenium geräumige Treppen vorhanden, deren eine zur Hofloge im Proscenium führt. — Beim Verlassen des Theaters können noch zwei unmittelbar ins freie führende Ausgänge und die Vorhallen neben den Rangtreppen benutzt werden. Unter dem Balcon sind Nischen mit Buffets angelegt. — Das Orchester für 60 Musiker liegt vertieft, zum Theil unter dem Bühnenfufsboden, sodafs der Raum zwischen der ersten Sitzreihe und der Rampe erheblich eingeschränkt worden ist.

Der wesentliche Unterschied zwischen dem Theater Unter den Linden und den übrigen Berliner Theatern beruht in der Gestalt des Zuschauerraums, der seinen Abschlufs nicht in der kreisförmigen Umfassungswand findet, sondern sich nach den das Rund umziehenden breiten Umgängen öffnet. Der Umgang des niedrigen Logenranges hat nicht die volle Tiefe bis zur Aufsenmauer erhalten, vielmehr ist dahinter noch ein Gang mit Kleiderablagen angeordnet. Dieser Gang mit seinen einladenden Polstersitzen und Tischen ist weniger zum Promeniren als zum Speisen und Plaudern für kleinere Gruppen von Besuchern bestimmt. — Der von eisernen Säulen getragene Balcon tritt weit in den Raum hinein und enthält 32 Logen mit niedrigen Trennungswänden. Von überraschender Wirkung ist die Anlage des grofsen Wandelganges, oder „Wintergartens" im oberen

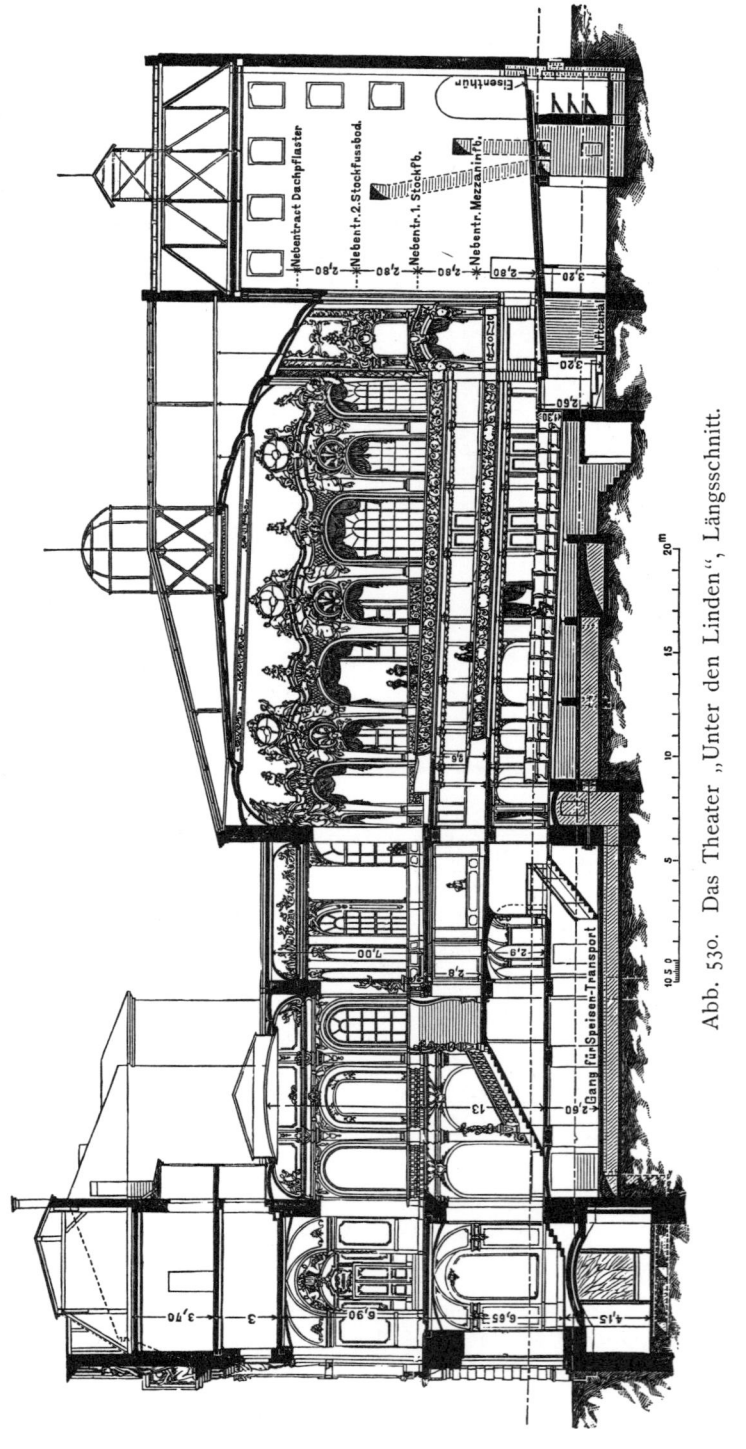

Abb. 530. Das Theater „Unter den Linden", Längsschnitt.

Range, dessen Bogenöffnungen den Blick einerseits durch das Treppenhaus hinüber in das Foyer, anderseits in den Zuschauerraum hinab und auf die Bühne freigeben. Einen Raum von gleich reizvoller Gestaltung vermag kein anderes Vergnügungslocal Berlins aufzuweisen. Der Balcon des oberen Ranges hat in der Mitte Sitzreihen, an den Seiten Logen ähnlich dem unteren. Beide Balcons senken sich nach der Bühne zu parallel dem Parkettfufsboden. — Die Decoration des Saales ist höchst geschmackvoll in den Formen des Barocks gehalten, ohne überladen zu sein. Die Stuckornamente sind freihändig modellirt und daher von lebendigster Wirkung. Die Farbengebung beschränkt sich auf weifs, gold und roth, wozu in dem Wandelraum noch der tiefe Mahagoniton der Holztäfelungen hinzutritt. Kräftiger in der Farbe ist das von E. Veith in Wien gemalte Deckengemälde. Den Schwung der Barockplastik zeigen die von Th. Friedl modellirten Halbkaryatiden, die denen von Sanssouci verwandt, die Pfeiler in das Deckengewölbe überleiten. Die Hermen im Proscenium und die „dithyrambisch bewegte" Gruppe im Treppenhause rühren von dem Bildhauer Vogl her.

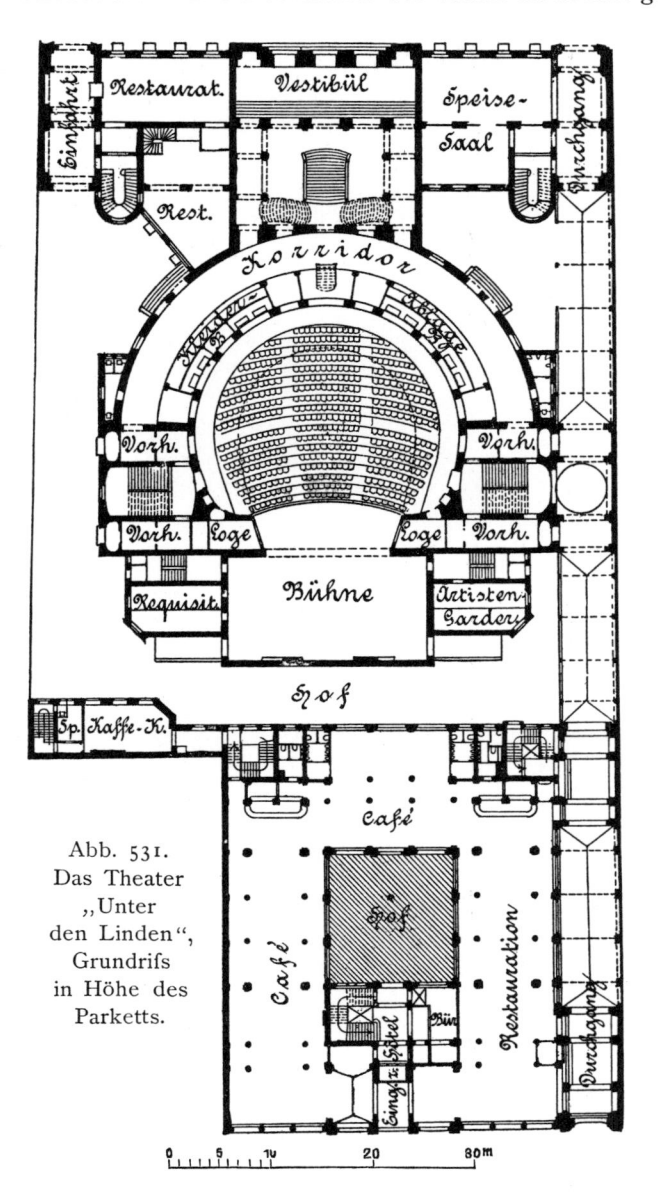

Das Parkett enthält, ohne die Logen und die Nischen für die Buffets, 612 Sitzplätze und soll im ganzen etwa 1000 Personen fassen, das ganze Theater, einschliefslich der Promenadenräume, fafst 2500 Personen. — Die Bühne hat Abmessungen von mittlerer Gröfse, 20 m in der Breite und 11 m in der Tiefe. Die Prosceniumsöffnung ist 12,50 m breit. Zuschauerraum und Bühne können, wie beim Königlichen Opernhause, zu einem grofsen Festsaal vereinigt werden.

Abb. 531. Das Theater „Unter den Linden", Grundrifs in Höhe des Parketts.

Die sehr wirkungsvolle, mit voller Beherrschung der Formen entworfene Barockfaçade an der Behrenstrafse (Abb. 532), im Stil des Belvedere in Wien, ist in Putz ausgeführt. Im ersten Stock springt über den drei Bogeneingängen ein Balcon auf Consolen vor. Schmale Pfeiler, in lebhaft bewegte Hermen endigend, gliedern die durch grofse Bogenfenster durchbrochene Frontwand. Den Abschlufs bildet ein gebrochener Giebel mit einer meisterhaft durchgeführten Figurencomposition von Th. Friedl, die Seligen in Eden darstellend. — Die Kosten des Baues haben 1 300 000 ℳ betragen ohne die Einrichtung der vorderen Säle und die Decorationen.

8. Das Theater des Westens wird von dem Architekten Bernhard Sehring auf dem 1080 Quadratruthen = 153 a grofsen Eckgrundstück an der Kant- und Fasanenstrafse in Charlottenburg errichtet. Die Mitte der 140 m langen Front an der Kantstrafse nimmt das Theatergebäude ein, links davon, an der Fasanenstrafse, liegt der mit alten

Bäumen und schönen Koniferengruppen bestandene Theatergarten, rechts, an das Beermann'sche Reitinstitut grenzend, ist eine Gebäudegruppe mit einem grofsen Künstlercafé und einem vornehmen Weinrestaurant, in den oberen Geschossen mit gröfseren Wohnungen angeordnet; den tiefsten Theil des Grundstücks nimmt hieran anschliefsend das Kessel- und Maschinenhaus mit dem darüber befindlichen Decorationsmagazin ein, jedoch so, dafs

Abb. 532. Das Theater „Unter den Linden", Theilansicht der Front.

das Theater ringsum frei steht und nur durch eine Brücke mit dem Decorationsmagazin, in gleicher Höhe mit der Hinterbühne, verbunden ist.

Das Theater ist für Schauspiel, Lustspiel und Volksstücke mit Musik bestimmt und enthält im Parkett und auf drei Rängen 1710 Sitzplätze und etwa 100 Stehplätze. Rechts von der Bühne sind oben die Herrengarderoben, im Erdgeschofs die Theaterkantine untergebracht, während sich auf der linken Seite die Damengarderoben, ein grofser Probesaal mit kleiner Bühne und im Erdgeschofs eine gröfsere Bierwirthschaft an den Garten anschliefst.

XXII. Theater- und Circus-Gebäude. 509

Der Vorderbau des Theaters ist, den bedeutenden Abmessungen der für das Publicum bestimmten Innenräume entsprechend, in grofsen Verhältnissen in Sandstein errichtet, nur die tiefer liegenden Flächen des oberen Hauptgeschosses haben Cementputz erhalten. — Das Bühnenhaus mit den Anbauten, dem Maschinenhause und der ganzen östlichen Gebäudegruppe ist dagegen in der malerisch-romantischen Architektur des von demselben Architekten erbauten Künstlerhauses in der Fasanenstrafse gehalten.

Der Bau wurde am 1. October 1895 begonnen und wird am 1. October 1896 fertiggestellt sein. Bebaut sind im ganzen über 6000 qm. Die Baukosten werden sich mit Einschlufs derer für die Bühneneinrichtung, die elektrische Anlage und die reichen Sculpturen und Gemälde, aber ohne die bedeutenden Kosten für den Grund und Boden, auf etwa 3 Mill. ℳ stellen.

Die ganze Anlage ist bestimmt, ein Sammelpunkt für die gröfserer Vergnügungsanlagen bisher entbehrende Bewohnerschaft des ferneren Westens von Berlin und Charlottenburg zu werden.

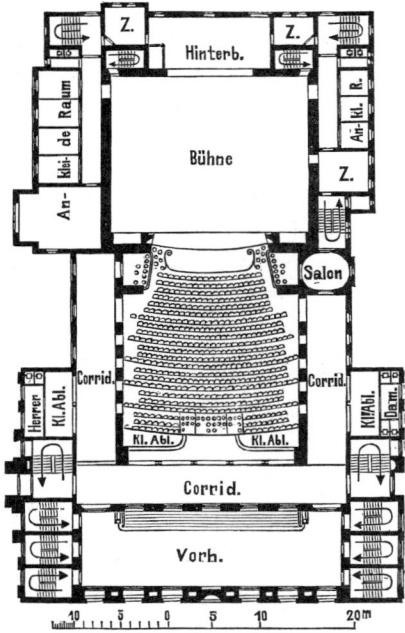

Abb. 533. Das Theater des Westens, Grundrifs in Höhe des Parketts.

9. Das Deutsche Theater, früher Friedrich-Wilhelmstädtisches Theater, wurde im Jahre 1850 durch Eduard Titz auf einem ziemlich versteckt liegenden Grundstücke an der Schumannstrafse erbaut. Es hat seitdem mehrfache Umbauten und Erneuerungen erfahren, so namentlich bei dem ersten Besitzwechsel im Jahre 1872, wo u. a. der Wandelraum in Höhe des ersten Ranges an der Vorderfront angelegt wurde. — Im Jahre 1883 begründete eine „Societät" hervorragender Schauspieler an dieser in der Geschichte des Berliner Theaterwesens berühmt gewordenen Stätte das „Deutsche Theater". Auch bei dieser Gelegenheit wurde ein Ausbau und eine Erneuerung der Decoration des Zuschauerraumes durch den Architekten Hermann Richter vorgenommen. Das Theater hat zwei Ränge und fafst im ganzen 970 Personen (das Parkett hat 431 Sitzplätze).

Das in dem Garten, ebenfalls 1850 von Titz erbaute hölzerne Sommertheater, in dem unter freiem Himmel gespielt werden sollte, konnte sich, selbst nachdem es Dach und Seitenwände erhalten hatte, bei unseren klimatischen Verhältnissen nicht bewähren. Es dient jetzt als Coulissenmagazin.

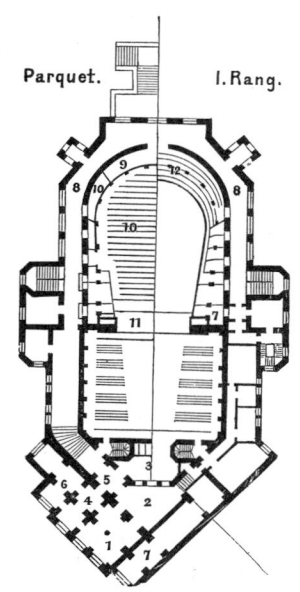

Abb. 534. Das Schiller-Theater, Grundrifs.
1. Vestibül. 2. Kassenflur. 3. Billeteur. 4. Portier. 5. Corridor. 6. Eingang zum Garten. 7. Durchfahrt. 8. Corridor. 9. Parterre. 10. Parkett. 11. Orchester. 12. Erster Rang, Balcon.

10. Das Schiller-Theater, als Bauwerk bekannt unter seinem alten Namen Wallner-Theater,[1] Wallner-Theater-Strafse 35. Der Bau ward im Auftrage des Theaterdirectors Wallner durch den Architekten Eduard Titz im Jahre 1863 begonnen und am 4. December 1864 seiner Bestimmung übergeben. Die Grundrifsanordnung, welche die Schwierigkeiten, die die Form der Baustelle dem Architekten bot, geschickt gelöst hat, ist bemerkenswerth. Um den Zuschauerraum in bequeme Verbindung mit dem Garten zu bringen, wurde die Hauptachse des Gebäudes unter einem Winkel von 45° gegen die kurze,

---

[1] Das Wallner-Theater zu Berlin. Herausgegeben von H. Kämmerling. 1867.

eingebaute Strafsenfront gelegt. Der Zuschauerraum ist hufeisenförmig angeordnet und fafst im ganzen 1480 Personen mit 1196 Sitzplätzen, von denen 569 auf das Parkett kommen. Die Vereinigung des Amphitheaters und des zweiten Ranges zu einer Galerie trägt viel zu der leichten und freundlichen Erscheinung des Raumes bei. — Die Nebenräume lassen wie bei allen älteren Theatern Berlins viel zu wünschen übrig.

Von den älteren Theatern ist aufser den beiden vorgenannten noch eine Reihe vorhanden, bei deren Errichtung es nur darauf ankam, einen behaglichen, mit mehr oder weniger Aufwand ausgestatteten Theaterraum zu gewinnen. Sie sind meist mit beschränkten Mitteln, durch Um- und Ausbau älterer Anlagen dieser Art entstanden und erheben keinerlei Anspruch auf künstlerischen Werth. Das vornehmste unter ihnen ist

11. Das Berliner Theater, Charlottenstrafse 90—92, von Ludwig Barnay 1888 begründet und aus einem sogen. Specialitäten-Theater, der ehemaligen Walhalla, umgebaut, die ihrerseits wieder aus einem Circus entstanden war. — Der Zuschauerraum hat die in maurischem Stil gehaltene Deckendecoration der Walhalla behalten. Die säulen- und giebelgeschmückte Façade ist völlig neu hergestellt, Treppen und Ausgänge sind zweckmäfsig ergänzt worden. Das Theater hat zwei Ränge, im ganzen 1300 Sitzplätze, davon 510 im Parkett, und eine Anzahl Stehplätze.

12. Das Residenz-Theater, Blumenstrafse 9, ist aus einem Privattheater entstanden und erhielt nach mehrmaligen Umbauten im Jahre 1893 durch den Architekten Heinrich Seeling seine jetzige Gestalt. Es fafst gegen 700 Personen (350 im Parkett).

13. Das Friedrich-Wilhelmstädtische Theater. Als Theaterunternehmung wurde das Friedrich-Wilhelmstädtische Theater in den Räumen des jetzigen Deutschen Theaters im Jahre 1850 begründet. Als dort 1883 das „Deutsche Theater" seine Vorstellungen eröffnete, siedelte es nach dem ehemaligen Woltersdorff-Theater, Chausseestrafse 25/26 über. Dieses war 1848 begründet worden, führte von 1859 bis 1865 den Namen Meysel-Theater und ist zu einem eleganten Theater modernen Stils 1883 durch den Architekten Felix Titz umgebaut worden. Es hat zwar nur einen Rang, enthält aber 1162 Sitzplätze, davon 700 im Parkett. Hinter dem Theater befindet sich ein Garten.

14. Das Belle-Alliance-Theater, Belle-Alliance-Strafse 7/8, ebenfalls mit einem grofsen Sommergarten, sei hier nur erwähnt.

15. Das Central-Theater. Im Jahre 1861 unter dem Namen Réunion-Theater in einem Theile des unterdessen eingegangenen, einst renommirten Orpheums in der Alten Jakobstrafse 30 eingerichtet, wurde 1890 und abermals 1893 durch den Architekten Felix Titz umgebaut. Das Theater hat einen Rang und fafst etwa 1000 Personen.

16. Das Adolf-Ernst-Theater (früher Luisenstädtisches Theater), Dresdener Strafse 72/73, 1890 durch Regierungs-Baumeister Gause umgebaut, fafst 1349 Personen.

Die beiden letztgenannten, namentlich von den mittleren Ständen viel besuchten Theater pflegen vorzugsweise die Berliner Localposse. Ihnen schliefst sich an:

17. Das Alexanderplatz-Theater, ehemals Quarg's Vaudeville-Theater genannt, Alexanderstrafse 40, und

18. Das National-Theater, Grofse Frankfurter Strafse 132, ein im Verhältnifs zu den letztgenannten neuerer Bau. Es wurde am 25. December 1877 unter dem Namen Ostend-Theater eröffnet. Der Zuschauerraum ist nach den Seiten eines Achtecks geschlossen. Das Aeufsere, an einem Garten gelegen, ist in Putz ausgeführt. Seiner vorstädtischen Lage entsprechend ist die Ausstattung einfach. Es enthält etwa 1200 Sitzplätze. Stehplätze sind nicht vorhanden.

B. Die sogenannten Specialitäten-Theater.

1. Das Reichshallen-Theater,[1]) Leipziger Strafse 77, am Dönhoffplatz, wurde 1872/73 durch den Architekten Wesenberg erbaut. An der Strafsenfront befindet sich ein Miethshaus mit einem Wiener Café und Verkaufsläden, im ersten Stock des Quergebäudes, dessen Erdgeschofs ein Restaurationslocal einnimmt, zwischen einem glasbedeckten Hof und einem Garten liegt der Saalbau. Der Saal war ursprünglich für die Veranstaltung regelmäfsiger Concerte und gelegentlicher Festlichkeiten bestimmt. Er ist nach dem System einer dreischiffigen Hallenkirche erbaut. Die Seitenschiffe, 6,27 m breit, sind mit quadratischen Kreuzgewölben überdeckt, das Mittelschiff mit einer geraden Decke, die sich mit halben Kreuzgewölben an die Arkadenbögen anschliefst. Es ist an jedem Ende um ein Joch länger als die Seitenschiffe (37,65 m lang, 16,32 m breit und hoch). In diese und in das erste Joch des Mittelraumes sind, in einer Höhe von etwa 4,10 m über dem Fufsboden, Emporen hineingebaut; diese haben, als im Winter 1881/82 die Bestimmung des Raumes geändert wurde, einen von Consolen getragenen Balcon erhalten, der 190 Logenplätze enthält. Der Bühne gegenüber ist der Balcon halbkreisförmig gestaltet und fafst hier hinter der Logenreihe noch 200 Plätze auf ansteigenden Sitzreihen. Dadurch hat der Raum ein seinem Zweck durchaus entsprechendes theaterähnliches Ansehen erhalten. Die Bühne ist bis weit in das erste Joch über die ehemalige Orchesternische hinausgerückt, hat aber nicht die sonst übliche provisorische Einfassung einer Leinwanddecoration erhalten, sondern eine feste, mit der Saaldecoration in Uebereinstimmung gebrachte architektonische Umrahmung. Trotz der den Raum beengenden Veränderungen ist dem Saal doch die ursprüngliche treffliche Raumwirkung im wesentlichen erhalten geblieben.

2. Der Feenpalast,[2]) gegenüber der Productenbörse an der Burg-, St. Wolfgang- und Heiligen Geiststrafse. Das Bauwerk ward 1885/86, im Auftrage einer Actiengesellschaft, durch die Architekten Cremer & Wolffenstein errichtet als Waarenbörse, d. h. „als Verkehrsmittelpunkt für den deutschen inländischen Handel in Waaren jeglicher Art". Das Unternehmen hatte aber keinen Erfolg. Ein grofser Theil der Nebenräume, die mit einzelnen Kojen besetzt waren, wurde abgetrennt und an Geschäftsleute vermiethet. Der Saal selbst diente dann zur Veranstaltung von Ausstellungen, Concerten, patriotischen Aufführungen und ist schliefslich in ein Specialitäten-Theater verwandelt worden. Dabei sind die unvermeidlichen Einbauten für die Treppen und für die Bühne eingebracht worden, die die ursprüngliche Architektur des Vestibüls und des Saales gründlich entstellen. — Der Saal, ein lang gestrecktes Rechteck von 54 m Länge und 16 m Breite mit abgestumpften Ecken, nimmt die Mitte des Grundstücks ein und liegt in halber Höhe des Erdgeschosses. In Höhe von 4,50 m über dem Fufsboden zieht sich, auf Flachbogen zwischen kräftigen Pfeilern ruhend, eine Galerie ringsherum. Sie öffnet sich gegen den Saal mit Rundbögen auf Säulen. Die Decke ist als ein mächtiges, korbbogenförmiges Tonnengewölbe ausgebildet, dessen mittleren Theil, bis herab zu dem wagerechten Abschlufsgesims über den Scheiteln der Arkadenbögen, ein grofses Oberlicht einnimmt. Die Kämpferhöhe des Korbbogens ist dieselbe wie die der Arkadenbögen; da keine Stichkappen angewendet sind, so werden die Archivoltenlinien zu Raumcurven. Die Längswände haben eine Art Mittelrisalit mit Balcons in Emporenhöhe erhalten. Hier führen die Treppen vom Saal zu den Galerien hinauf. — Die ursprünglich für die Zwecke der Waarenbörse durch Aufstellung von Kojen benutzten Räume des zweiten Stocks, zwischen dem Saal und den Fronten, von denen man wie von einer zweiten Empore durch die Arkaden hindurch den Blick in den Saal hat, liegen unbenutzt da.

Die Architektur lehnt sich an das Schlüter'sche Barock an und zeigt innen wie aufsen grofse monumentale Verhältnisse. Die feingestimmte Färbung des Saales hat sehr gelitten. — Die Abendbeleuchtung erfolgt durch 15 elektrische Bogen- und 700 Glühlichtlampen, deren Strom drei Gaskraftmaschinen liefern. — Bemerkenswerth ist die Construction

---

[1]) Baugewerkszeitung. 1873 u. 1874.
[2]) Deutsche Bauzeitung. 1886. S. 437.

der Dachbinder, für die bei dem Mangel an Scheidewänden im Obergeschofs die Stützpunkte erst auf den Pfeilermassen der unteren Galerie angenommen werden konnten. Die Stützen gehen in Form zweier neben einander gestellten Doppel-T-Träger als eigentlich tragender Kern durch die Säulen der Emporen hindurch. — Die Bausumme hat 1 Mill. ℳ betragen. Die Baustelle, 2900 qm grofs, hat 1½ Mill. ℳ gekostet.

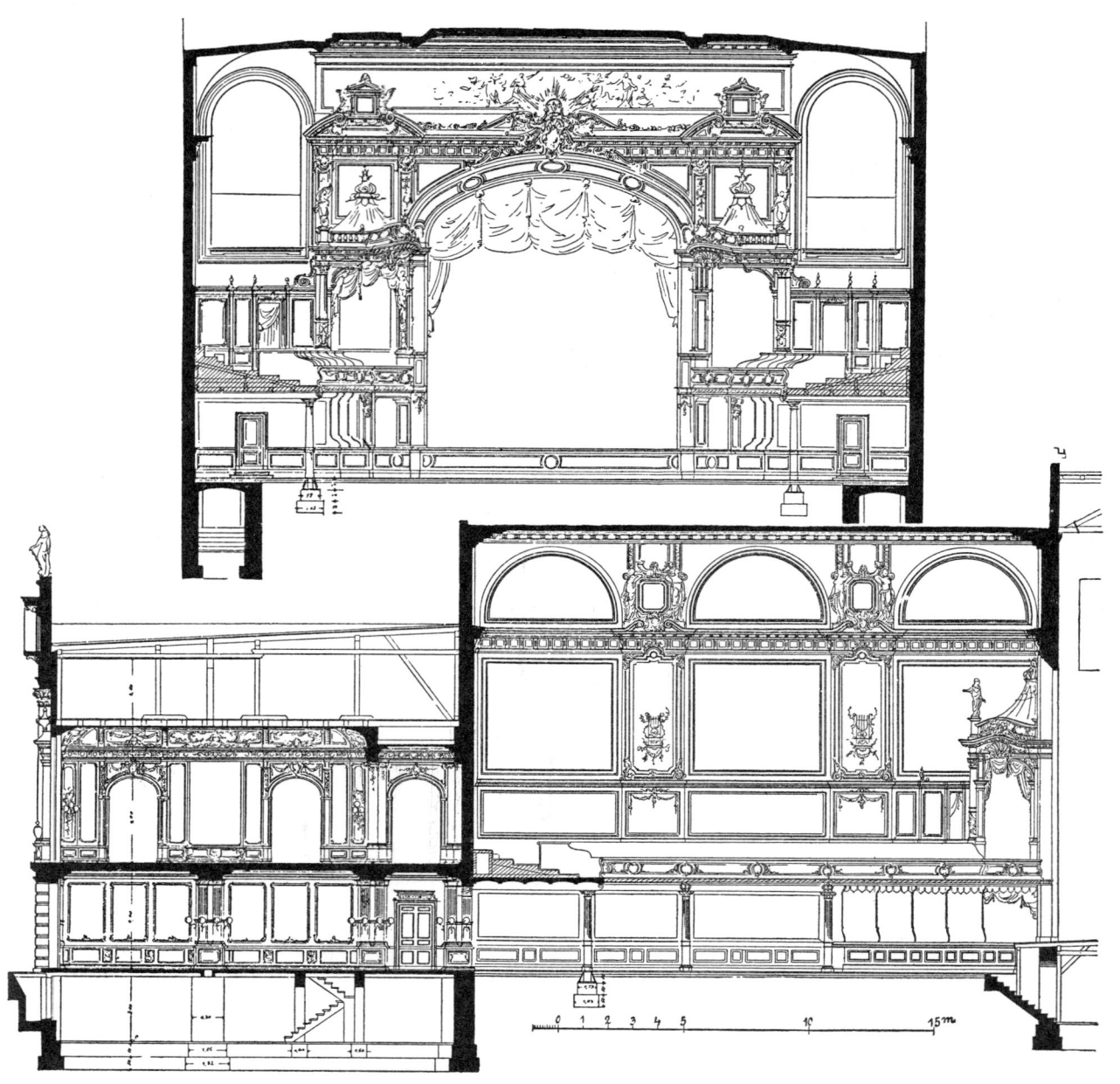

Abb. 535. Das Apollo-Theater, Querschnitt und Längsschnitt.

3. Der Wintergarten. Der 74,75 m lange, 22,66 m breite Wintergarten des Central-Hôtels ist durch Anlage von Vorräumen und Garderoben unmittelbar von den Strafsen, der Georgen- und der Dorotheenstrafse aus, zugänglich gemacht und in das weiträumigste Specialitäten-Theater Berlins verwandelt worden. Die Bühne liegt in der Mitte der westlichen Längswand.

XXII. Theater- und Circus-Gebäude.

4. Das Apollo-Theater,[1]) früher Concordia-Theater, ist auf dem Hinterlande des Grundstücks Friedrichstrafse 218 an Stelle einer älteren Saalanlage (Flora-Etablissement) im Jahre 1890 durch den Architekten G. Ebe erbaut. Eine 4,50 m breite Halle führt durch das Vorderhaus an einem Garten vorüber zu dem Saalbau. An dieser Halle liegen die geräumigen Kleiderablagen. Der Zugang zur Bühne erfolgt während der Vorstellungen durch das Kellergeschofs, da der Saal die ganze Breite des Grundstücks einnimmt. Die Bühnentreppen und die Aborte erhalten Licht und Luft durch vier kleine Lichthöfe. Der Saal hat zwei Fenster oberhalb der Nebenräume, rechts und links von der Bühne. Die beiden Haupttreppen haben Oberlicht. — Der Saal ist 28,48 m breit, 22,67 m tief und 18,20 m hoch und enthält eine von eisernen Säulen getragene, amphitheatralisch angeordnete Empore, deren

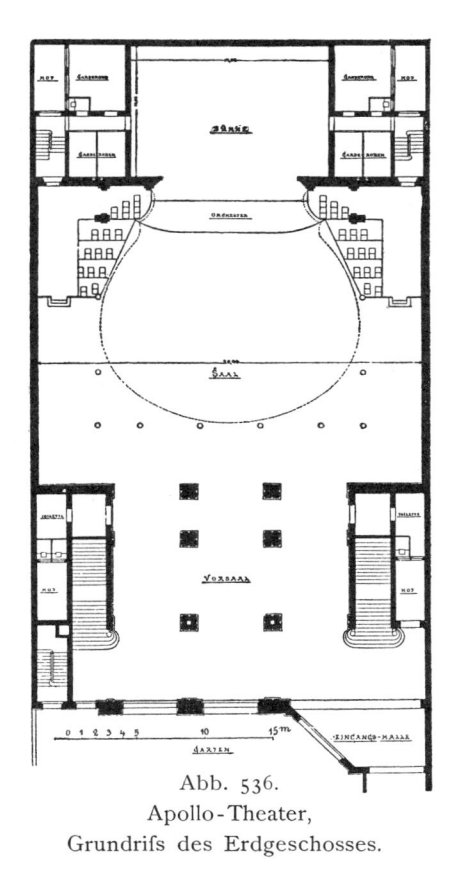

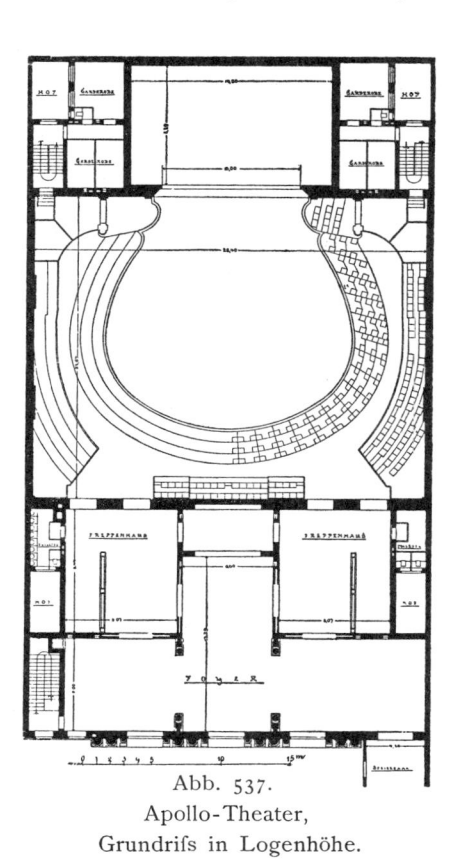

Abb. 536.
Apollo-Theater,
Grundrifs des Erdgeschosses.

Abb. 537.
Apollo-Theater,
Grundrifs in Logenhöhe.

tiefster Punkt, an der Brüstung, etwa 4 m über dem Saalfufsboden liegt. Sehr geschickt ist die Verbindung des Hauptsaales mit dem Vorsaal gelöst: Gleich beim Eintritt in diesen übersieht man den Hauptsaal mit der Bühne und gewinnt den Eindruck eines einzigen Raumes, in den die Galerie mit ihren vom Vorsaal ausgehenden Treppen eingebaut ist. Diese Treppen führen zugleich zu dem über dem Vorsaal angelegten Wandelraum, an den sich ein Speisesaal — über der Zugangshalle — anschliefst.

Die Architektur und Decoration lehnt sich an die Formen des Rococo an. Sehr ansprechend und vornehm ist die farbige Behandlung der Räume. Der Figurenfries und das Deckengemälde sind von Woldemar Friedrich gemalt. — Die Gartenfaçade ist mit einem von vier Säulenpaaren getragenen Giebel architektonisch durchgebildet. Die Figurengruppen sind von Jungermann nach Skizzen von Herter modellirt. — Das Ganze ist im wohlthuenden Gegensatze zu den meisten Anlagen dieser Art, denen man den Umbau auf

---

[1]) Deutsche Bauzeitung. 1891. Nr. 75.

Berlin und seine Bauten. II.

den ersten Blick ansieht, eine künstlerische Leistung aus einem Gusse und von einheitlichem Gepräge.

5. Kaufmanns Variété-Theater befindet sich in dem alten einfachen Saale des durch Liebigs Sinfonieconcerte älteren Berlinern wohlbekannten, ehemaligen Tanzlocals Villa Colonna hinter den Königscolonnaden.

6. Noch im Bau begriffen ist das **Theater an der Spree** auf dem Hinterlande des Grundstücks Reichenberger Strafse 34, bestimmt, den Bewohnern des ferneren Südostens den Specialitätengenufs in erreichbarer Nähe zu bieten. Es wird angeblich etwa 2000 Personen fassen, auch sollen Festsäle, ein Gartenrestaurant und eine Sommerbühne mit der Anlage verbunden werden.

Ferner sind als Specialitäten-Theater, wenngleich in etwas anderem Sinne und ohne bemerkenswerthe architektonische Gestalt, zu erwähnen:

7. Das Parodie-Theater, Oranienstrafse 52, ebenfalls ein ehemaliges Tanzlocal, und **8. Das American-Theater,** Dresdener Strafse 55.

Von den beiden wissenschaftlichen Theatern Berlins, welche der Gesellschaft **Urania** angehören, ist das eine bereits im Zusammenhange mit den Bauten des Ausstellungsparks auf S. 246 dieses Bandes beschrieben. Dabei ist der Geschichte sowie der Zwecke jener Gesellschaft ausführlich gedacht. Das neue, Taubenstrafse 48/49 belegene Gebäude der Urania ist von dem Architekten Walther Hentschel auf beschränkter Baustelle errichtet und hat, wie der Grundrifs Abb. 538 erkennen läfst, durchaus die Form eines Theaters. Die Hauptträume bilden der annähernd quadratische Saal von rd. 12,50 m Breite mit der gleich breiten, rd. 9 m tiefen Bühne. Der Saal hat ein Parkett und zwei Ränge, von denen der obere, theilweise über den Umgang hinweggeführt, bis zur Strafsenfront reicht.

Die Haupttheile, Bühne und Saal, treten im Aufbau und durch das dreiachsige, giebelbekrönte Mittelrisalit auch an der Strafsenfront wirksam hervor. — Ueber den Bogenfenstern des Hauptgeschosses sind Inschrifttafeln und Rundnischen mit Namen und Büsten berühmter Naturforscher und Physiker als bezeichnender Schmuck der Façade angebracht.

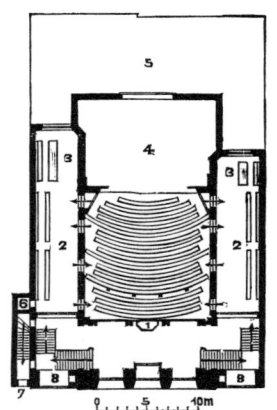

Abb. 538.
Urania-Theater,
Taubenstrafse 48/49,
Grundrifs.

1. Kasse. 2. Kleiderablage. 3. Buffet.
4. Bühne. 5. Hof. 6. Fahrstuhl.
7. Diensteingang. 8. Schaufenster.

C. Circusgebäude.

Ein künstlerisch durchgebildetes Circusgebäude ist in Berlin nicht vorhanden, seitdem der Otto'sche Circus der Anlage des Stadtbahnhofes Friedrichstrafse hat Platz machen müssen. Er war im Jahre 1855 von dem Zimmermeister Otto erbaut worden, seine architektonische Gestaltung rührt von Hitzig her.[1]) Der Circus hatte einen äufseren Durchmesser von 40 m, war mit einem eisernen Zeltdach überdeckt und fafste gegen 3000 Zuschauer. Einen Hauptschmuck besafs er in einem farbigen Bilderfries (gemalt von Otto Heyden), der sich im Innern über dem obersten Range hinzog. Die Bilder sind dann in dem jetzigen **Circus Renz** wieder angebracht worden, ohne indessen zur Geltung zu kommen. Dieser Circus, zwischen dem Schiffbauerdamm und der Karlstrafse gelegen, ist in einer ehemaligen von Hitzig erbauten Markthalle eingerichtet worden, der ersten derartigen Anlage, die in Berlin ausgeführt worden ist. Durch einen geschickten Umbau ist der nöthige Platz für die Arena und den Zuschauerraum geschaffen. — Die Ställe liegen in dem

---

1) Zeitschrift für Bauwesen. 1860.

XXII. Theater- und Circus-Gebäude.

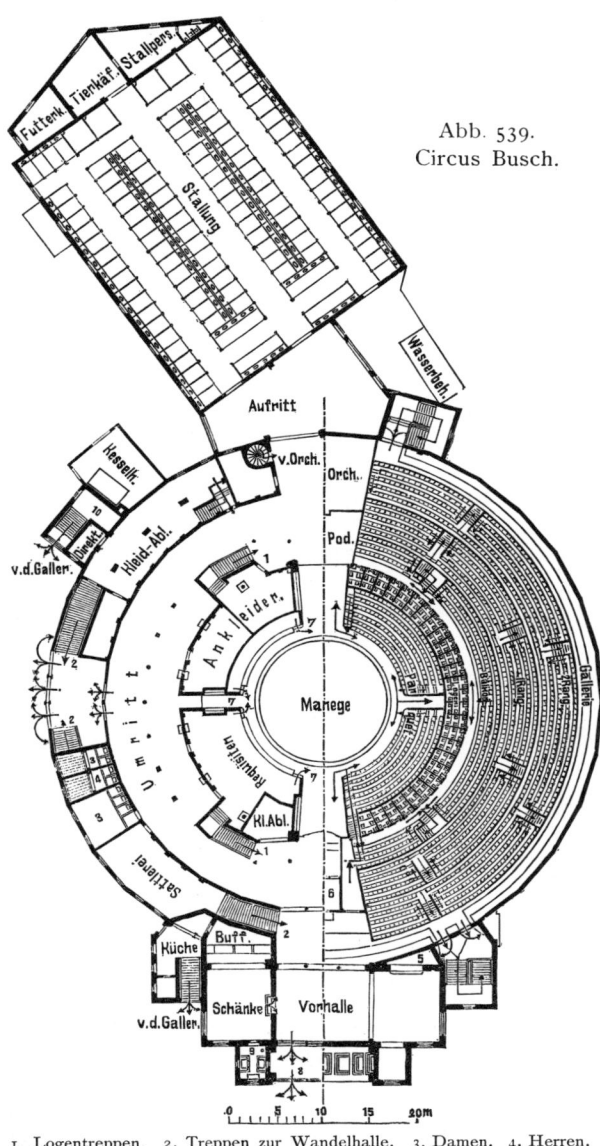

Abb. 539.
Circus Busch.

1. Logentreppen. 2. Treppen zur Wandelhalle. 3. Damen. 4. Herren.
5. Buffet. 6. Fürstenloge im ersten Rang. 7. Parketteingang. 8. Kassen-Vorraum. 9. Kasse. 10. Hundestall.

weiträumigen Untergeschofs. — Ein grofser Wandelraum und Erfrischungssaal, der bis dahin fehlte, ist durch einen Erweiterungsbau, an der Seite nach der Karlstrafse, im vorigen Jahre hinzugefügt worden.

Eine neuere umfangreiche Anlage ihrer Art bildet der **Circus Busch,** durch die Architekten Blumberg & Schreiber auf dem Hinterlande eines fiskalischen, für eine Reihe von Jahren verpachteten Grundstücks errichtet, welches, an der Burgstrafse belegen, einerseits von der Spree, anderseits von der Stadtbahn begrenzt wird. Eine neu angelegte, 19 m breite Zufahrtstrafse vermittelt den Verkehr zwischen der Burgstrafse und dem Circus. Der Zuschauerraum ist in Eisenfachwerk, die Vorbauten sowie das Stallgebäude sind massiv hergestellt. — Bemerkenswerth ist die in einem Zwischengeschofs angelegte Wandelhalle, die sich um den ganzen Zuschauerraum zieht. Diese Halle ist durch 4 m breite Treppen unmittelbar von aufsen, durch zwei andere von der Vorhalle aus zugänglich. Alle Treppen vom ersten und zweiten Platz münden in diese Wandelhalle, die während der Pause auch als Ausschank benutzt wird. — Quer durch die Bahn ist ein 3 m breiter und 2,20 m tiefer Graben angelegt, der bei überschwemmter Manege zum Durchschwimmen für Pferde und Elephanten benutzt wird. — Der Zuschauerraum fafst 4330 Personen. — Der Stall bietet Raum für 123 Pferde. Aufserdem sind noch in gegenüber liegenden Stadtbahnbögen Pferde untergebracht. Die Baukosten, einschliefslich der Herstellung der Zufahrtstrafse und der Verlängerung des daselbst befindlichen Nothauslasses der Canalisation, haben 400 000 ℳ. betragen.

XXIII. Saalbauten.[1]

A. Säle für Musikaufführungen.

Dem reicher als in irgend einer anderen europäischen Hauptstadt entwickelten Musikleben Berlins dient eine Gruppe von Bauanlagen, deren Hauptbestandtheil ein grofser für musikalische Aufführungen bestimmter Saal bildet und die daher als Saalbauten bezeichnet werden können. Gelegentlich öffnen sich diese Räume auch für wissenschaftliche Vorträge, für Versammlungen oder wie die geräumigsten unter ihnen, vorzugsweise die Philharmonie, für gröfsere Festlichkeiten mit öffentlicher Betheiligung. Auf der anderen Seite sind fast sämtliche geräumigen, von vornherein für Festversammlungen oder auch nur für den sonntäglichen Biergenufs einer gröfseren Menge berechneten Saalanlagen mit festen Plätzen für Musikorchester versehen. Es dürfen daher Saalanlagen dieser Art, so verschieden auch ihre Bestimmung und Benutzung sein mag, an die Concertsäle angeschlossen werden.

Das älteste und vornehmste Concertlocal Berlins bildet **1. die Sing-Akademie**[2] am Kastanienwäldchen. Der Bau ist Eigenthum des gleichnamigen, 1791 durch Fasch gegründeten Vereins zur Pflege geistlicher Musik. Der Bau eines eigenen Gebäudes auf der von Friedrich Wilhelm III. geschenkten Stelle wurde 1825, nach einem mit Benutzung Schinkel'scher[3] Ideen ausgearbeiteten Entwurfe von Ottmer begonnen, infolge der schwierigen Gründungsarbeiten aber erst 1827 vollendet. Das Haus enthält im Erdgeschofs Eintrittsflur, Kleiderablage, Dienstwohnungen des Directors und des Castellans. Das obere Hauptgeschofs nimmt der Concertsaal ein; an seiner östlichen Langseite ist eine Logenreihe, über dem Vorsaal ein Balcon angeordnet. — Die Mängel, die dem Hause in Hinsicht auf Bequemlichkeit der Zugänge, Treppen und Garderoben von vornherein anhafteten, hat man durch mehrfache Umbauten zu beseitigen versucht. So wurde 1865, nach Angaben von Martin Gropius, der über dem Haupteingang belegene Vorsaal, der bis dahin als Kleiderablage gedient hatte, nach dem Hauptsaale hin geöffnet und mit Sitzbänken versehen. — 1875 ward der (jetzt ganz zugeschüttete) Grüne Graben an der Südwestecke des Gebäudes überbrückt und hier ein Anbau mit einer zweiten Treppe (*A2*) zum Hauptsaale aufgeführt. — Eine gründliche Umgestaltung aber, die alle Mifsstände in der bei der aufserordentlichen Beschränktheit des Raumes besten Weise beseitigte, erfuhr das Haus 1888 durch die

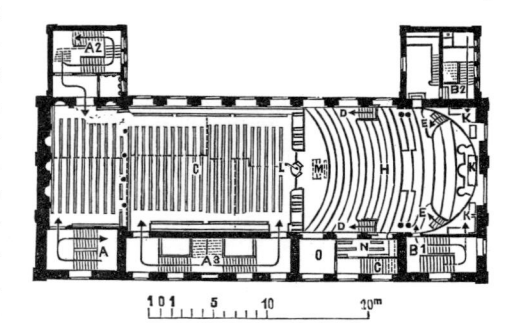

Abb. 540. Die Sing-Akademie, Hauptgeschofs.

A. u. B. Treppen. C. Treppe zur Kgl. Loge. D. u. E. Aufgang für Sänger. G. Saal. H. Bühne. K. Orgel. M. Manual. N. Kgl. Loge. O. Vorraum.

---

[1] Bearbeitet vom Regierungs-Baumeister R. Rönnebeck.
[2] Blätter für Architektur und Kunsthandwerk. 1888. Nr. 14.
[3] Vergl. Schinkel, Entwürfe Bl. 20 u. 21. — Ein Entwurf Schinkels wurde aus praktischen Erwägungen abgelehnt.

Architekten Reimer und Körte. Es entstand an der Nordwestecke ein zweiter Anbau mit Treppe (*B*2) für die Mitwirkenden, der im Erdgeschofs ein Zimmer und Bad für die Directorwohnung, im ersten Stock ein Zimmer für Solisten, im zweiten Stock die Bibliothek enthält. Die Treppe in dem älteren Anbau ward bis zum Balcon über dem Vorsaal geführt. — Der Saal selbst erhielt von einer an der östlichen Langseite angelegten Treppe (*A*3) zwei neue Zugänge unter den Logen hindurch. — Um für Chor und Orchester mehr Platz zu schaffen, wurde eine Säulenstellung, die ursprünglich den Saal gegen einen Nebensaal, den Cäciliensaal, abschlofs, entfernt und dieser in Gestalt einer halbkreisförmigen Apsis zum Hauptsaal hinzugezogen, wodurch gleichzeitig für Aufstellung einer gröfseren Orgel Raum gewonnen wurde. Unter dem stark ansteigenden Podium sind die Bälgekammer, Kleiderablagen und Aufbewahrungsräume für Geräthe und Instrumente untergebracht. — Der Raum fafst jetzt (ohne den 7 m tiefen Vorsaal) bei 34 m Länge, 12,65 m Breite und 10 m Höhe 973 Zuhörer (701 im Saal, 72 in der Seitenloge, 200 auf dem Balcon), ferner 360 Sänger und 60—70 Orchesterplätze. Bei Soloconcerten bietet die Bühne Platz für 300 Zuhörer. Von seiner trefflichen Akustik hat der Saal durch den Umbau nichts eingebüfst. Auch die ursprüngliche architektonische Ausbildung ist ihm, abgesehen von den geschilderten Veränderungen, in ihrer alten, edlen und vornehmen Schlichtheit erhalten geblieben. Die alten Schinkel'schen Kronleuchter spenden jetzt elektrisches Glühlicht.

2. Die Philharmonie, Bernburger Strafse 22/23,[1]) ist durch den gründlichen Umbau einer zu Anfang der siebziger Jahre als Rollschuhbahn errichteten Bauanlage entstanden.[2]) Diese hatte nicht lange bestanden und war bereits, wenn auch ohne besonderen künstlerischen Aufwand, in ein Concert- und Festlocal verwandelt, als die Besitzer, L. Sacerdoti und S. Landeker, im Anfang des Jahres 1888 den Architekten Franz Schwechten mit dem Entwurf und der Ausführung eines grofsartigen Saalbaues für die Aufführungen

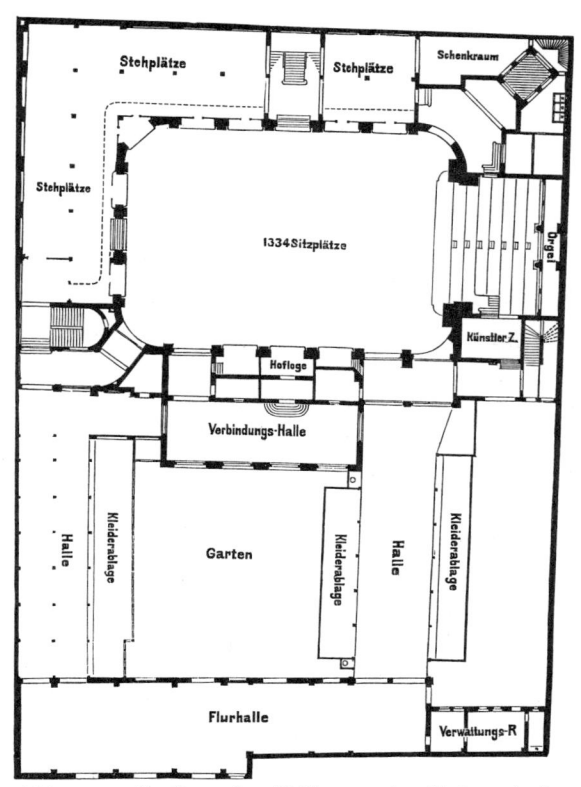

Abb. 541. Saalbau der Philharmonie, Erdgeschofs.

des Philharmonischen Orchesters und für Veranstaltung grofser Ballfeste beauftragten. Der von ihm erbaute Saal ist gegenwärtig neben dem bei weitem kleineren Saale der Sing-Akademie und dem „Saal Bechstein" der vornehmste Concertsaal Berlins, ohne diese Bedeutung in seiner äufseren Erscheinung kund zu geben. — Eine schmucklose Durchfahrt bildet den Zugang zu der auf dem Hintergrundstücke belegenen, unregelmäfsig gestalteten Anlage. Um so mehr überrascht das Innere des Saales durch seine guten Verhältnisse, seine Ausschmückung und festliche Farbenstimmung. Die Länge und die Breite des Raumes — 35 m zu 24 m —, die abgerundeten Ecken sowie die Wandtheilung waren durch die alten Umfassungsmauern gegeben, die Höhe wurde auf 15,40 m angenommen. Die Orchesternische, früher an der nördlichen Langseite, wurde 14,80 m breit und 9 m tief (einschliefslich des von der Orgel eingenommenen Raumes 11 m tief) an der westlichen Schmalseite angeordnet und bietet jetzt

---

1) Centralblatt der Bauverwaltung. 1888. Nr. 41. Deutsche Bauzeitung. 1889. Nr. 72. Zeitschrift für Bauwesen. 1890.

2) Diese Anlage war von dem Baumeister Knoblauch entworfen. Abbildung in „Baukunde des Architekten", Theil II, S. 765.

Raum für 300 Sänger und 100 Musiker. Saal und Nische haben zusammen 990 qm Grundfläche. Es sind im eigentlichen Saale 1226, in den neun Saallogen 108, auf dem Balcon 280 Sitzplätze vorhanden. Werden die leichten Holzwände, die die unteren Logen an der Süd- und Ostwand nach den dahinter liegenden Räumen abschliefsen, herausgenommen, so können hier noch 900 Personen stehend zuhören, sodafs die gröfste Besucherzahl 2514 beträgt. — An den dreimal in der Woche stattfindenden volksthümlichen Concerten sitzt man an Tischen. — An der Nordseite befindet sich eine Loge für den Hof und ein kleines Recensentenzimmer.

Die Architektur des Saales ist in den Formen italienischer Renaissance durchgebildet. Die Wände sind durch kräftig vorspringende Pfeiler gegliedert. Das Untergeschofs, über dem sich der auf Consolen ruhende Balcon hinzieht, zeigt flachbogig geschlossene Oeffnungen

Abb. 542. Saal der Philharmonie, Querschnitt.

mit Logen; im Obergeschofs sind die zwei Rundbogenöffnungen in jedem Wandfelde, wie sie der alte Saal hatte, erhalten geblieben. Ueber ihnen befinden sich von geflügelten Genien gehaltene Medaillonbilder berühmter Musiker in flachem Relief, von Landgrebe modellirt. Der Uebergang von der Wand in die wagerechte Decke wird durch eine Stichkappenvoute gebildet. — Sehr reizvoll ist die Schauseite der Orgel: eine Rundbogen-Architektur (Abb. 542), deren Felder mit einem reich verschlungenen und vergoldeten Rohrgeflecht gefüllt sind, das mit rothem Stoff hinterlegt ist. Das breitere Mittelfeld ist durch einen Giebel hervorgehoben, dessen Gebälk von zwei mächtigen Karyatiden, die geistliche und die weltliche Musik darstellend, getragen wird. Die Decke ist der Wand-Architektur entsprechend gegliedert und enthält drei Oberlichte, zu welchen ein viertes über der Orchesternische, aufserdem die Fenster in den Lünetten der Nordwand treten, sodafs die Tagesbeleuchtung nichts zu wünschen läfst. — Die Akustik ist vorzüglich. — Die Orgel, ein Werk von Schlag & Söhne in Schweidnitz, hat 56 Stimmen und etwa 3500 Pfeifen; sie hat elektropneumatische Einrichtung.

Die in ihrer alten Gestalt erhaltenen Erfrischungssäle im oberen Geschofs sind vom Saale unmittelbar durch die Treppe an der Südseite zugänglich; sie enthalten Wandgemälde von Döpler. — Neu hinzugefügt wurde ein kleiner Concertsaal an der nördlichen Langseite.

Die Vorräume und Kleiderablagen sind gegen früher sehr bedeutend erweitert worden. Die grofse 43 m lange Eintrittshalle führt rechts und links in die beiden Garderobehallen, die zusammen einen Flächeninhalt von 793 qm haben. An ihren dem Saal zugekehrten Enden sind diese durch eine Querhalle verbunden, in deren Mitte der Eingang zur Hofloge liegt.

Der Umbau wurde im Juni 1888 begonnen und am 5. October desselben Jahres fand bereits die Eröffnung statt.

Von demselben Architekten ist im Jahre 1888

3. Der Saal Bechstein als Quergebäude des Grundstücks Linkstrafse 42 für den Concert-Agenten Hermann Wolff erbaut worden, der ihn zu Ehren des weltbekannten Berliner Klavierfabrikanten Bechstein so benannt hat. Bei der Anlage mufste mit dem Raume aufs äufserste gespart werden. Der Saal liegt im ersten Stock. Das Erdgeschofs enthält eine Vorhalle mit der Kleiderablage, ein Zimmer für die Künstler und eins für die Berichterstatter. — Die Abmessungen des Saales sind: 23,50 m Länge, 11,60 m Breite und 8,50 m Höhe. Er enthält 420 Sitzplätze, wozu auf der Galerie mit ihren zwei vorspringenden Balcons noch 100 Plätze hinzutreten. — Die architektonische Ausbildung und die farbige Behandlung sind einfach und vornehm. Die Wände, deren eine von Fenstern durchbrochen ist, haben eine korinthische Pilasterstellung auf hohem Sockel erhalten. Eine schöne Kassettendecke schliefst den Raum ab.

4. Das Concerthaus, Leipziger Strafse 48, wurde im Jahre 1867 mit Benutzung eines Tanzlocals, der „Musenhalle", durch die Architekten Meyer und Wesenberg auf dem Hinterlande eines Miethshauses errichtet. Der Saal ist 33,90 m lang, 21,97 m breit und 15,70 m hoch. An seiner östlichen Schmalseite liegt die Orchesternische, die etwa 80 Musikern Platz gewährt; die anderen drei Seiten umzieht ein niedriger durch Flachbögen geöffneter Umgang. Die gemauerten Pfeiler desselben sind bis zur Decke hinaufgeführt und zwischen ihnen zwei geradlinig geschlossene Ränge angeordnet. Der erste enthält Logen von stattlicher Höhe, die von einem schmalen Corridor zugänglich sind. Dieses streng durchgeführte Logensystem verleiht dem Saale ein ernstes, architektonisches Gepräge. Bei Tage wird der Raum durch ein grofses Oberlicht beleuchtet. — Mit Sitzreihen ausgestattet enthält der Saal 572 Sitzplätze. In dem unteren Umgange, der gegen den Saal um eine Stufe erhöht ist, finden 260, im ersten Range 126, im zweiten Range 200, zusammen 1158 Personen auf Stühlen Platz. — Angemessene Vorräume fehlen, die Kleiderablagen und Treppenaufgänge, namentlich die zum zweiten Range, sind recht dürftig. — Ein Nothausgang führt durch den um mehrere Stufen tiefer als der Hauptsaal, an der westlichen Schmalseite belegenen Nebensaal zu ebener Erde über den Hof eines Nachbargrundstücks nach der Krausenstrafse. — Unter dem Hauptsaal befindet sich ein Tunnel mit Restauration.

5. Der Saalbau im Hôtel „Deutscher Hof" ist im Anschlufs an eine ältere Anlage, auf dem Hinterlande des Grundstücks Luckauer Strafse 15, im Jahre 1895 durch den Maurermeister Max Richter entworfen und ausgeführt worden, während die künstlerische Leitung und Durchbildung in den Händen des Architekten H. Seeling lag. Der neue Bau ist ein Quergebäude, das mit dem Vorderhause in Verbindung steht und auf der einen Längsseite von dem Hofe, auf der anderen von einem Restaurationsgarten begrenzt wird. Es enthält im Keller sechs Kegelbahnen, im Erdgeschofs, nach dem Garten sich öffnend, einen dem täglichen Verkehr dienenden Restaurationsraum, an den sich, im älteren Theile belegen, noch ein Kneipsaal anschliefst, der durch seine unsymmetrische Pfeilerstellung, zum Theil gewölbt, zum Theil mit gerader Holzdecke versehen, von malerischer Wirkung ist. Er ist 17,50 m lang, 9,50 m breit, 6 m hoch. Beide Räume sind höchst behaglich in den anheimelnden Formen der tiroler Gothik ausgestattet, mit reicher Verwendung von Holz zu Wand- und Deckentäfelungen, zu Stützen und Balken in kräftiger Tönung. Ferner liegt im Erdgeschofs ein Saal (17,50 m lang, 10,50 m breit, 6,50 m hoch) nebst Vorsaal und Garderoben, der besonders zur Veranstaltung von Hochzeiten bestimmt ist. Die zierlichen Formen und heiteren Farben klingen an den Stil Ludwigs XVI. an. — Der Hauptsaal, 31,50 m lang, 17,50 m breit und 12 m hoch, liegt über einem die sehr geräumigen Kleiderablagen, Toiletten und Nebenräume enthaltenden Zwischengeschofs. Er bietet Raum für 1527 Personen. Von seiner Architektur giebt die Abb. 543 eine Vorstellung, doch bildet das Orchesterpodium eine nachträgliche, vom Architekten in dieser Form nicht beabsichtigte Zuthat. In den drei Feldern der Orchester-Rückwand waren mächtige Spiegel geplant. — Das in die Bogen-Architektur des oberen Theiles der Rückwand hineincomponirte Bild sowie das Deckengemälde ist von Max Koch al fresco gemalt. — Die

Abb. 543. Saal im Hôtel Deutscher Hof.

Wände sind in hellen, graugelblichen Tönen gehalten mit reichlicher Vergoldung. Die festliche Wirkung wird noch erhöht durch die elektrische Beleuchtung, deren schön gezeichnete Kronen besonders bemerkenswerth sind. Ein älterer Raum, dessen Architektur unverändert geblieben ist, von der Gröfse des darunter liegenden gothischen Kneipsaales, dient als Buffetsaal.

Aufser den genannten Saalbauten werden für Concertaufführungen vielfach benutzt die Säle des Architektenhauses, der Saal des Geselligen Vereins der Gesellschaft der Freunde, der Saal des Hôtel de Rome, die grofsen Säle der Brauereien und andere der im nächsten Abschnitt zu besprechenden Säle.

An Localen, in denen musikalische Aufführungen niederer Gattung täglich oder an bestimmten Tagen der Woche veranstaltet werden, ist selbstverständlich in Berlin kein

XXIII. Saalbauten. 521

Mangel. Singspielhallen, Cafés chantants, Tingeltangel sind in allen Gegenden der Stadt unter den verlockendsten Bezeichnungen vertreten. Ihre architektonische Bedeutung steht auf derselben Stufe wie ihre „Kunstleistungen", abgesehen von Ausnahmen, die an dieser Stelle noch Erwähnung verdienen dürften.

6. Das Concerthaus Sanssouci, Kottbuser Strafse 4 a.[1]) Der auf dem Hinterlande des Grundstücks mit der Front nach einem Garten belegene Saalbau ist nur ein Theil einer von dem Architekten Karl Etzold grofsartiger geplanten Anlage. Das stattliche Vorderhaus an der Admiralstrafse, welches ein Vestibül, kleinere Säle und Gesellschaftsräume enthalten sollte, ist nicht zur Ausführung gelangt, statt seiner vielmehr grofse Miethshäuser, die einen sichereren Ertrag liefern. — Der Saal ist im Sommer unmittelbar vom Garten aus zugänglich, der Haupteingang aber führt vom Hofe einige Stufen hinauf durch einen lang gestreckten Vorsaal auf die Empore, die den Raum an drei Seiten umgiebt, — an der vierten liegt die Bühne. Dadurch erhält der Eintretende einen überraschend malerischen Anblick. Vier in den Ecken befindliche Freitreppen führen zu dem eigentlichen Saal hinunter. Die Bühne (5) wird von gekuppelten Säulen flankirt,

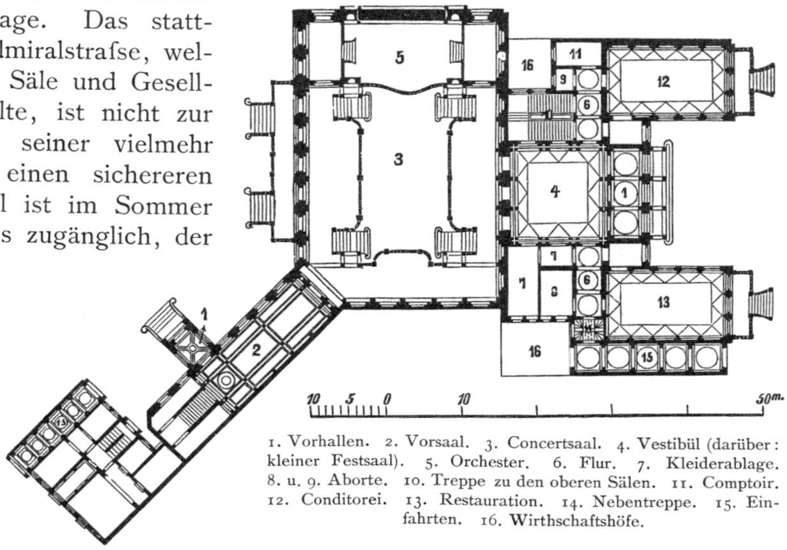

1. Vorhallen. 2. Vorsaal. 3. Concertsaal. 4. Vestibül (darüber: kleiner Festsaal). 5. Orchester. 6. Flur. 7. Kleiderablage. 8. u. 9. Aborte. 10. Treppe zu den oberen Sälen. 11. Comptoir. 12. Conditorei. 13. Restauration. 14. Nebentreppe. 15. Einfahrten. 16. Wirthschaftshöfe.

Abb. 544. Concerthaus Sanssouci, Grundrifs des Erdgeschosses.

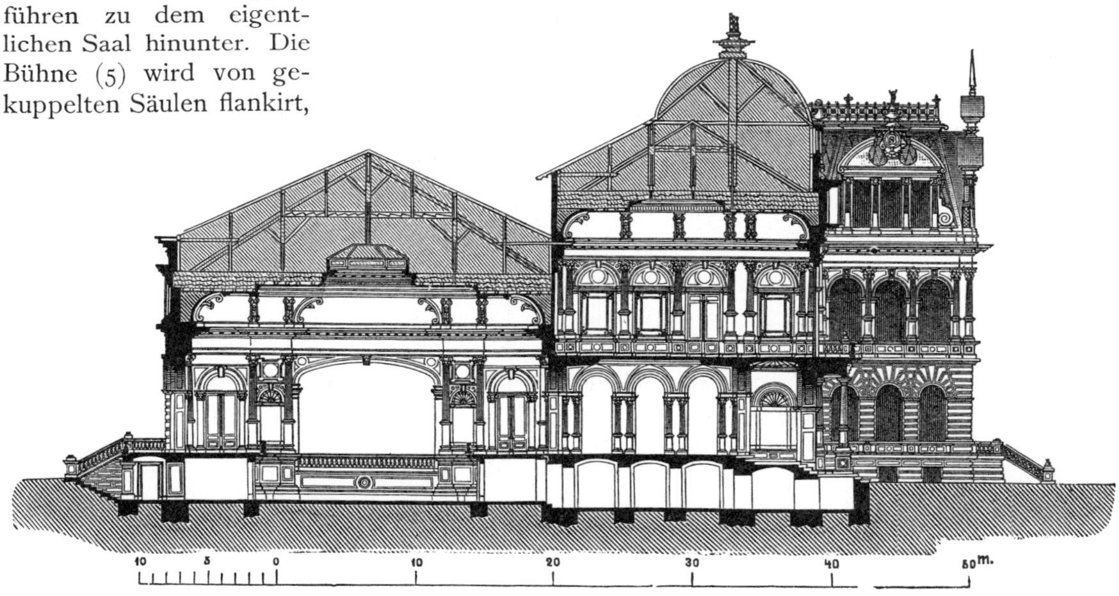

Abb. 545. Concerthaus Sanssouci, Querschnitt.

denen zwei Gruppen von je vier frei in den Raum hineingestellten Säulen vor der gegenüber liegenden Schmalwand entsprechen. Architrave verbinden die Säulengruppen und erzeugen ein fast quadratisches, kassettirtes Hauptdeckenfeld; die schmalen Felder, die es

---

[1]) Deutsche Bauzeitung. 1881. Nr. 16.
Berlin und seine Bauten. II.

umgeben, sind tonnengewölbeartig geschlossen. Durch die eine der frei stehenden Säulengruppen wird der durch die Form der Baustelle gegebene schiefe Anschluſs des Vorsaales geschickt verdeckt. — Die Abmessungen sind: Länge 39,75 m, Breite 27,25 m, Höhe 14,70 m. Die Ausführung erfolgte im Jahre 1877.

Als architektonisch bedeutenderes Beispiel für eine gröſsere Tingeltangel-Anlage sei erwähnt das nach den Ankündigungen als „Internationales Elite-Welt-Chantant und Ball-Etablissement" bezeichnete **Eldorado** zwischen der Linien- und Elsasser Straſse. An beiden Straſsenfronten sind Miethshäuser mit Läden errichtet; die eigentliche Saalanlage, von beiden Straſsen aus zugänglich, liegt in einem Querbau in der Mitte und besteht im wesentlichen aus zwei über einander liegenden Sälen, von denen der untere dem Genusse des Singspiels, der obere dem des Tanzes gewidmet ist.

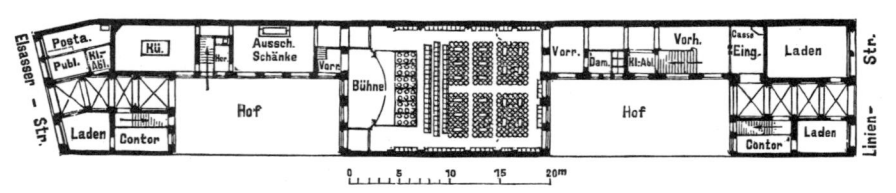

Abb. 546. Eldorado-Etablissement, Grundriſs des Erdgeschosses.

Der Bau ist von den Architekten Blumberg & Schreiber entworfen und ausgeführt und führte ursprünglich den Namen Scala-Theater.

Auch diese Gruppe von Saalbauten kann natürlich nicht scharf abgegrenzt werden. Viele von den im nächsten Abschnitt zu besprechenden Sälen dienen von Zeit zu Zeit ähnlichen Zwecken.

B. Saalbauten von verschiedener Bestimmung.

Für groſse öffentliche und Vereinsfeste, für Costüm- und Maskenbälle, für Gedächtniſs- und Stiftungsfeiern, für groſse Commerse, politische und Volksversammlungen werden die Säle zum Theil aus der Zahl der zufolge ihrer Hauptbestimmung in anderen Abschnitten dieses Werkes aufgeführten ausgewählt. Von ihnen sind besonders beliebt die Philharmonie, das Concerthaus, der Wintergarten des Central-Hôtels, der Saal des Kaiserhofes; auch im Feenpalast und im Circus Busch, in der Tonhalle und im Concerthaus Sanssouci werden gelegentlich Versammlungen abgehalten. Für kleinere Veranstaltungen eignen sich die Gasthofsäle des Hôtel Impérial, früher Arnim, der Vier Jahreszeiten, des Norddeutschen Hofes, des City-Hôtels und anderer, oder der Saal des Englischen Hauses, des Clubhauses (Krausenstraſse), der Saal in dem Hintergebäude des Grundstücks Wilhelmstraſse 18 und zahlreiche sogen. Vereinssäle, wie sie in allen Stadtgegenden zu finden sind. Sie sind zum Theil sehr elegant ausgestattet, können aber, mit Ausnahme der im Abschnitt „Vereinshäuser" noch ausführlicher zu behandelnden, im allgemeinen keinen Anspruch auf baukünstlerischen Werth erheben. Viele Vereine benutzen ihre Versammlungssäle nicht ausschlieſslich für sich, sondern vermiethen sie für einzelne Abende an andere Vereine und Gesellschaften, so der Architekten-Verein, der Gesellige Verein der Gesellschaft der Freunde und andere. Es sollen im folgenden solche Saalbauten näher beschrieben werden, die vorwiegend dem vorgenannten Zwecke dienen. Hierzu zählen von älteren Anlagen:

1. Dräsels Festsaal, Neue Friedrichstraſse 35. Auf diesem Grundstück lieſs der Gesellige Verein der Gesellschaft der Freunde in den Jahren 1858—1860 durch Hitzig einen seinen Zwecken entsprechenden Neubau ausführen. Der etwa 700 Personen fassende Hauptsaal (24,32 m lang, 14,05 m breit) zeigt die Architekturformen der nachschinkelschen Zeit. Die Wände sind in zwei Geschosse getheilt und zeigen unten eine korinthische Pilaster-Architektur mit geradem Gebälk und rundbogigen Wandfeldern bezw. Fenstern, darüber, zwischen Pfeilern mit Relieffiguren, bemalte Felder neben gekuppelten, rundbogigen Fenstern. An der Eingangsseite ist ein Balcon auf Consolen vorgekragt, gegenüber ruht ein ähnlicher auf korinthischen Säulen, zwischen deren breitem Mittelintercolumnium eine halbkreisförmige Wandnische angeordnet ist. Den Zugang zu dem im ersten Stock belegenen Saale bildet ein mit Oberlicht beleuchtetes Treppenhaus. Die Nebensäle sind nur bescheiden ausgestattet.

2. Die Germania-Säle[1]) in dem Hause Chausseestrafse 103, das der Berliner Bäcker-Innung „Germania" gehört, sind in den Jahren 1890 und 1891 durch den Architekten A. Schaum erbaut. An der etwa 35 m langen Strafsenfront ist ein vierstöckiges Wohn- und Geschäftshaus errichtet worden. Der Saalbau nimmt das Quergebäude ein. Seine Aufsenflächen sind durch ein figurenreiches, zwischen den Fenstern des ersten und zweiten Stocks sich friesartig hinziehendes Bild geschmückt, das von Behrens gemalt ist und die rühmliche Betheiligung der Bäcker an der Befreiung Berlins von feindlichen Scharen im dreifsigjährigen Kriege, nach einer alten Ueberlieferung der Innung, darstellt. In dem Geschofs zu ebener Erde ist ein grofser gewölbter Restaurationsraum von beträchtlicher Höhe eingerichtet, mit elliptischen Gurtbögen auf polirten Granitsäulen und flott bemalten Gewölben. In der Mittelachse des Quergebäudes liegt der Eingang zu dem Treppenhause; von hier gelangt man durch einen Vorsaal mit einer geräumigen Kleiderablage zum Hauptsaal, der sehr stattliche Abmessungen, 30 m Länge, 20 m Breite und 14 m Höhe, aufweist. Die Wände sind durch weit gestellte korinthische Pfeiler mit verkröpftem Gebälk gegliedert. Eine mächtige Voute mit Stichkappen bildet den Uebergang zu der reich kassettirten wagerechten Decke. An einer der Längswände zieht sich eine Wandelhalle entlang, deren Fenster sich nach dem zweiten Hofe hin öffnen. Ueber ihr sind Logen mit Balcons angeordnet, zu denen von der Wandelhalle aus besondere Treppen emporführen. — An den Hauptsaal schliefsen sich noch ein Damen- und ein Herrenzimmer an, aufserdem sind zahlreiche Nebenzimmer und im zweiten Geschofs noch ein kleinerer Fest- und Versammlungssaal von 200 qm Grundfläche vorhanden.

3. Der Saalbau im Zoologischen Garten. Bei der im Anfange der siebziger Jahre erfolgten Umgestaltung des Zoologischen Gartens (vergl. S. 249) wurden die der Erholung dienenden Anlagen entsprechend den erweiterten Zwecken des Instituts, das fortan das vornehmste Sommerlocal der Reichshauptstadt werden sollte, umgestaltet. Unmittelbar am Haupteingange des Gartens entstand am Ufer des von Wasservögeln belebten, mit einer Fontäne geschmückten grofsen Teiches eine breite Terrassen- und Promenaden-Anlage, auf der an Concerttagen 10—12000 Personen Platz finden. Im Hintergrunde der Terrasse wurde alsdann das Restaurationsgebäude, das ursprünglich nur aus dem vorderen Theile bestanden hatte, durch Ende & Böckmann in den Jahren 1874/75 zu einem grofsen Saalbau umgestaltet. Der ältere kleine Saal (3) wurde zum Vorsaal gemacht und zwischen ihm und dem Hauptsaale noch ein Zwischensaal eingefügt. Der Hauptsaal ist quer gelegt, etwa 19 m tief und 29,50 m lang; an der langen Wand, dem Eingange gegenüber, ist eine Bühne angelegt. Der Hauptreiz dieses Raumes besteht in den etwa 1,50 m über dem Fufsboden des mittleren Theiles erhöhten Tribünen, die, bei festlichen Gelegenheiten mit gedeckten Tafeln besetzt, aufserordentlich malerisch wirken und einen trefflichen Ueberblick über den Saal und die Bühne bieten; Treppen führen unmittelbar aus dem Saale zu ihnen empor. — Die Architektur zeigt freie italienische Renaissanceformen, denen zur vollen Wirkung leider noch immer die Farbe fehlt: Wände und Decke sind gleichmäfsig weifs gestrichen.

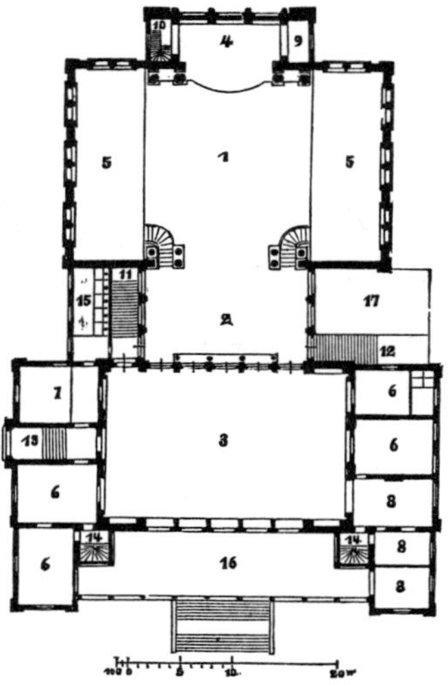

Abb. 547.
Saalbau im Zoologischen Garten.
1., 2., 3. Säle. 4. Orchester. 5. Tribüne. 6. Salons. 7. Kleiderablage. 8. Wirthschaftsräume. 9. Requisiten. 10. Musikertreppe. 11., 12. und 14. Nebentreppen. 13. Vestibül. 15. Abort. 16. Halle. 17. Wirthschaftshof.

---

[1] E. Kolbe in „Der Bär", 1894, Nr. 52, mit Abbildungen.

4. Der Saalbau der „Flora" zu Charlottenburg.[1])

Die grofsartige Anlage der Charlottenburger „Flora" wurde im Jahre 1871 begonnen und 1874 vollendet. Die ersten Skizzen des Entwurfs rühren von Johannes Otzen, der specielle Entwurf von Hubert Stier her. Das Etablissement war nach dem Vorbilde des Frankfurter Palmengartens von vornherein zu einem Vergnügungslocale von vielseitiger Bestimmung gestaltet. Den Schwerpunkt des Ganzen bildet daher ein für Feste, für Concerte, Theater und ähnliche Veranstaltungen bestimmter Saalbau, dem sich das grofse Palmenhaus mit den Pflanzenhäusern anschliefst. Dieser Saalbau liegt innerhalb eines grofsen mit alten Bäumen bestandenen und durch reich verzierte Blumenbeete, Springbrunnen usw. künstlerisch ausgeschmückten Gartens, in dem während des Sommers Concerte stattfinden. Vor der Hauptfront des hoch gelegenen Gebäudes breiten sich umfangreiche Terrassen und das „Rosenparterre" aus.

Der Hauptsaal (es ist der gröfste, der in diesen Besprechungen vorkommt) ist 45,18 m lang, 22,75 m breit und etwa 23 m hoch. Er ist auf drei Seiten von einem 2,80 m breiten Umgange umgeben. Das 7,50 Meter breite und 14 Meter hohe Rundbogenfenster mit dem Blick in das Palmenhaus wurde das Hauptmotiv für die Architektur des Saales. Die Decke ist in offener, reich ausgebildeter Holzconstruction hergestellt und enthält in der Mitte ein Oberlicht. Neben dem Umgange sind Logen angeordnet; an der einen Schmalseite befindet sich die Musiktribüne, ihr gegenüber eine Loge für den Hof. Vor dem Saale liegen zweigeschossige offene Hallen, deren Mitte eine grofse Loggia bildet. Die anschliefsenden Nebenräume sind ebenfalls in zwei Geschossen

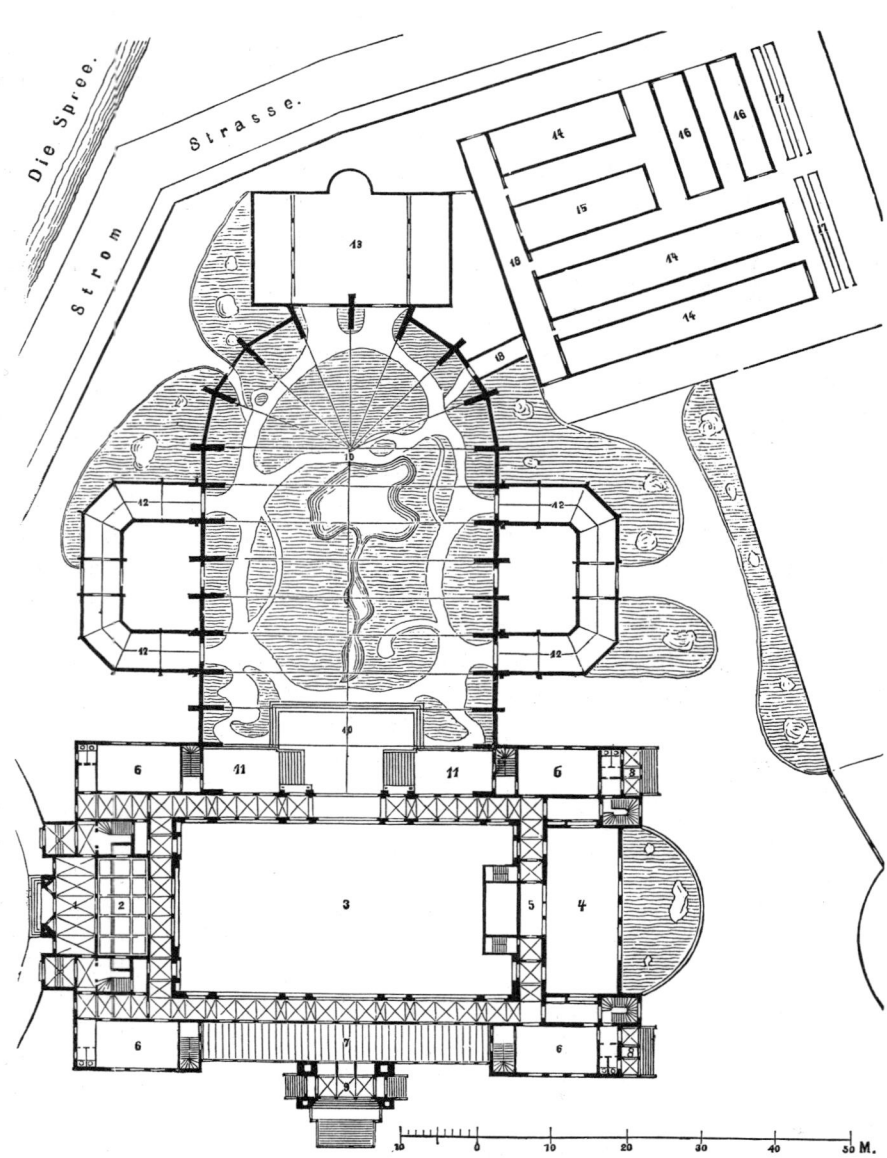

Abb. 548. Saalbau der Flora zu Charlottenburg.

---

[1]) Deutsche Bauzeitung. 1873. Nr. 32.

angeordnet. — Seit einigen Jahren werden im Sommer Opernvorstellungen veranstaltet. Eine leichte Bühne, die dem ohnehin in geschmackloser Weise aufgefrischten Saale nicht zur Zierde gereicht, wird dann an der Schmalwand, der Orchesternische gegenüber, aufgebaut.

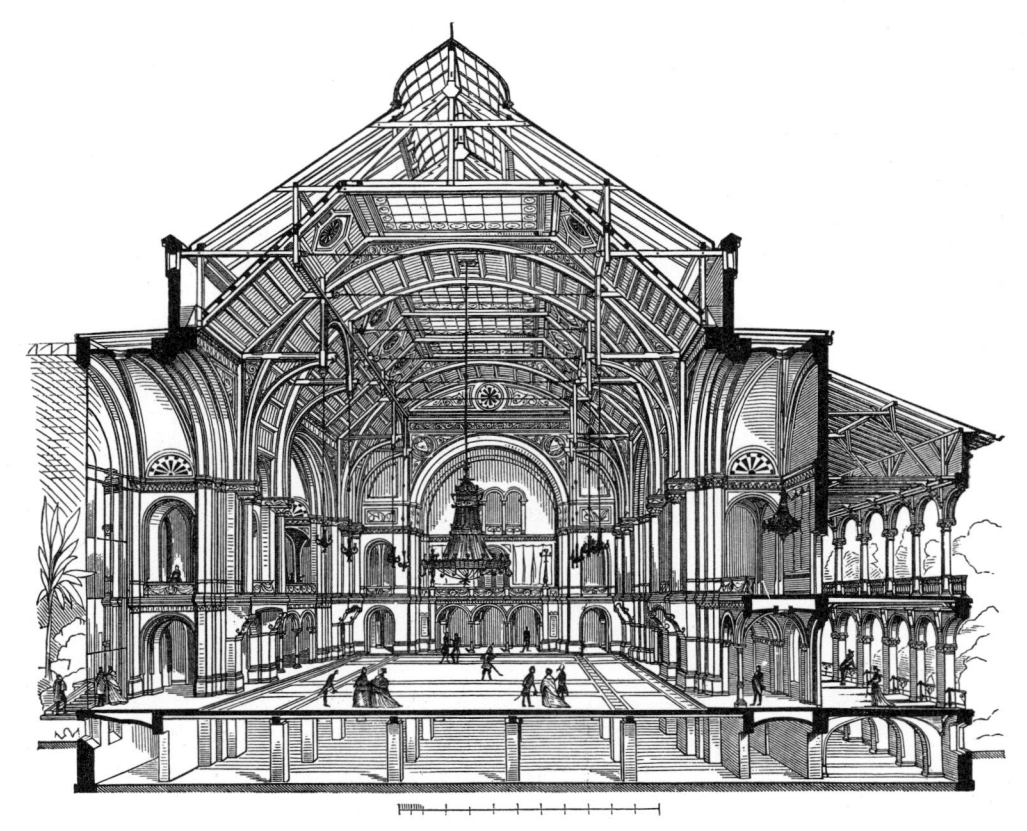

Abb. 549. Saalbau der Flora zu Charlottenburg, Querschnitt.

Die Aufsenarchitektur ist in Backsteinrohbau mit reicher Verwendung von Formsteinen und Terracotten von warm gelblicher Farbe ausgeführt und zeigt eine eigenartige Verschmelzung romanischer Motive mit Renaissanceformen. Das Ganze bildet eine aufserordentlich reizvoll gruppirte, dabei doch monumental wirkende Bauanlage.

* * *

Zum Schlufs mögen an dieser Stelle die sehr vielseitiger Benutzung gewidmeten Saalanlagen ihre Besprechung finden, die die Berliner Brauereien innerhalb und aufserhalb der Stadt, im Anschlufs an ihre Biergärten haben aufführen lassen. Sie gewähren den Besuchern der Bierwirthschaften, namentlich den Schaaren der Sonntagsgäste, bei schlechtem Wetter und im Winter Unterkunft, in ihnen wird Sonntags und wohl auch an bestimmten Tagen in der Woche getanzt, an anderen Tagen finden mehr oder weniger „freie" Concerte statt; in manchen wird wohl auch auf provisorischen Bühnen Theater gespielt.

Einer der ältesten und gröfsten dieser Saalbauten, der namentlich für politische Versammlungen sehr beliebt war, der von dem Architekten Junghahn in den sechziger Jahren erbaute Saal der Berliner Brauerei-Gesellschaft Tivoli auf dem Kreuzberge, ist kürzlich, nachdem diese Gesellschaft mit der Schultheifs'schen Brauerei verschmolzen worden ist, für den erweiterten Geschäftsbetrieb und zwar als Pferdestall eingerichtet worden.

Die schon durch ihre Abmessungen bedeutendste Anlage dieser Art ist jetzt

5. Der Saalbau der Brauerei Friedrichshain in der Strafse am Friedrichshain 22—29.

Das Restaurations-Gebäude der Actien-Brauerei Friedrichshain wurde von Juli 1886 bis October 1888 an Stelle der alten ungenügenden Räumlichkeiten auf dem Grundstück der Gesellschaft, nach dem Entwurf des Regierungs-Baumeisters Max Schilling erbaut. Die etwas ungewöhnliche Form des Grundrisses erklärt sich dadurch, dafs gewünscht wurde, den Bau so zu gestalten, dafs er bis zur Strafse reichte und hier seinen Eingang erhielt, dafs er ferner eine Trennung bewirkte zwischen dem Ausschanklocal und den Baulichkeiten, die zum Betriebe der Brauerei dienen, und dafs endlich der erlangte grofse Saal in möglichst gute Beziehung zu dem grofsen Gartenausschank gebracht würde, zugleich aber auch die schöne Aussicht von diesem aus hinüber nach dem Friedrichshain frei liefse.

Der Saal ist nach der Flucht einer projectirten Strafse angeordnet. Von der offenen Vorhalle an der Strafse führt eine breite Treppe in den Kassenraum, hieran schliefsen sich die sehr geräumigen Kleiderablagen; aus diesen gelangt man in den grofsen Saal. An der Langseite des Saales ist eine grofse Orchesternische angeordnet, gegenüber befinden sich

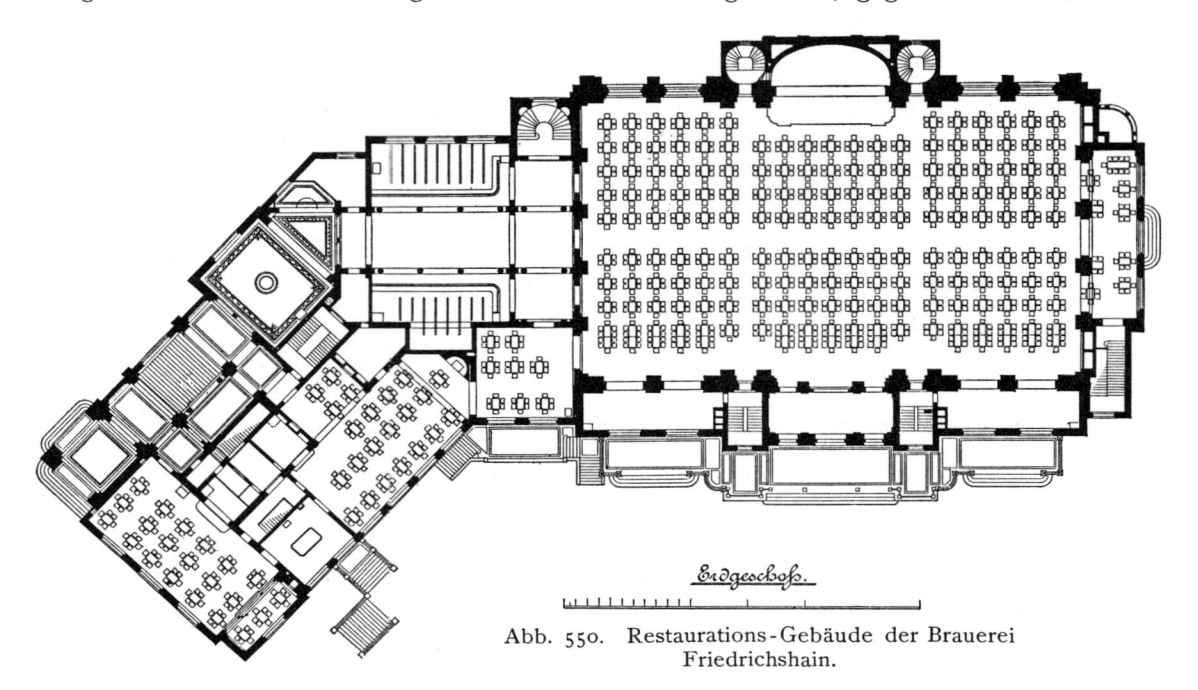

Abb. 550. Restaurations-Gebäude der Brauerei Friedrichshain.

die Eingänge vom Garten her. An der dem Haupteingange gegenüber liegenden Schmalseite und an der Gartenseite sind Galerien angeordnet; unter diesen befinden sich zwei grofse Bier- und Speisebuffets, die beide auch für den Gartenausschank benutzt werden können. — Die Abmessungen des Saales betragen zwischen den Wänden gemessen 25,26 m in der Breite, 43,26 m in der Länge, 16 m in der Höhe. Der Saal hat eine Holzdecke, die von der eisernen Dachconstruction getragen wird. Die Wände des Saales sind in italienischer Renaissance reich durchgebildet, die grofse mit Stichkappen versehene Voute mit Grotteskmalereien in lebhaften Farben gemalt, alles Holzwerk lasirt. Alle Einzelheiten zeigen eine sorgfältige Durchbildung. Die Wirkung des mächtigen Raumes ist vortrefflich (Abb. 551).

Einige kleinere Säle im vorderen Theile des Gebäudes dienen als Nebenräume zum grofsen Saal, als Säle für kleinere Gesellschaften und für den Tagesverkehr in der Gastwirthschaft.

Da der Boden nach dem Garten etwa 3 m ansteigt, der Saalfufsboden nur 0,90 m über der Gartenfläche angeordnet wurde, so konnte ein stattliches Untergeschofs mit der gleich günstig zum Saal, zum Garten und dem vorderen Local belegenen Küchenanlage angeordnet werden. Das Untergeschofs enthält ferner neben den nöthigen Wirthschaftsräumen noch eine Wohnung für den Wirth, unter dem Saal drei geräumige Kegelbahnen

XXIII. Saalbauten. 527

und Räume für die Heizung und elektrische Beleuchtung. Die Erwärmung des Saales erfolgt durch eine Feuerluftheizung, die der übrigen Räume durch Löhnholdt'sche Oefen.

Die bebaute Fläche beträgt 2900 qm, der umbaute Raum rd. 45 000 cbm, sodafs bei einer Gesamtsumme von 630 000 ℳ die Baukosten für 1 qm 217 ℳ und für 1 cbm 14 ℳ betragen.

6. Der Saalbau der Schultheifs-Brauerei, Schönhauser Allee 36—39, an der Ecke der in spitzem Winkel einlaufenden Franseckistrafse gelegen, ist im Jahre 1891 durch Franz Schwechten erbaut worden. Der Hauptsaal ist eine dreischiffige, aus drei Jochen bestehende rundbogige Hallenanlage von 21 m Länge und 14 m Breite, mit im Verhältnifs sehr breitem Mittelschiff (7,80 m). Die Höhe im Gewölbescheitel beträgt

Abb. 551. Saal der Brauerei Friedrichshain.

9,50 m. Das Mittelschiff hat eine chorartige, platt geschlossene Verlängerung von der Tiefe eines Joches für das Buffet erhalten, welche mit einem Tonnengewölbe bedeckt und durch Oberlicht beleuchtet ist. Das Mittelschiff selbst ist mit rechteckigen Kreuzgewölben, die 3,20 m breiten Seitenschiffe mit Tonnen gedeckt, in welche Stichkappen eingeschnitten sind. Die Stützen werden von ummantelten schmiedeeisernen Trägern gebildet. Der Raum empfängt reichliches Licht durch ein grofses Mittelschiffsfenster an der Strafsenfront und durch drei Seitenschiffsfenster an der Gartenfront, die durch steinernes Mafswerk getheilt sind. Eine dieser Fensteröffnungen enthält eine Thür, durch die man über eine Freitreppe zum Garten gelangt. Der Fensterwand gegenüber führen Thüren in einen schiefwinkligen Nebensaal und in das Billardzimmer.

Das Aeufsere hat, entsprechend der Gestaltung des Innern, gleichfalls etwas Kirchenartiges erhalten. Ueber dem an die Strafsenecke gelegten Haupteingange, der zunächst in die Nebensäle führt, erhebt sich ein oblonger Thurm mit steilem Dache auf kräftig vorgekragtem Obergeschofs bis zu einer Höhe von rd. 33 m. Die Nebensäle an der Franseckistrafse sind seitenschiffartig niedriger gebildet als der Hauptsaal. Ein zweigeschossiger querhausartiger Bau mit steilem Giebel enthält in Saalhöhe die Toiletten und einen Conferenzsaal, im Obergeschofs die Wohnung des Wirthes. — Die Architektur zeigt derbe romanisirende Formen in freier Auffassung mit Renaissancemotiven gemischt. Von trefflicher Wirkung ist der eigentliche Saalbau mit seinem reichen Giebel, dem mächtigen Mafswerkfenster, den figurengeschmückten Nischen in den Pfeilern. — Die Flächen sind in gelben Verblendern, die Architekturtheile und einzelne Quadern in graugelbem Sandstein ausgeführt.

7. Der Saalbau der Berliner Unions-Brauerei in der Hasenhaide 22—31. Dem einfachen älteren Saale der Brauerei wurde im Jahre 1890 durch den Architekten W. Walther ein neuer Saalbau hinzugefügt, der, von dem alten im Garten gelegenen Saale getrennt, als eine selbständige Bauanlage errichtet ist. Im Winter ist der Eingang von der Strafse her, an der auch Vor- und Nebenräume angeordnet sind, im Sommer vom Garten durch eine quergelegte Vorhalle. Die Innenarchitektur ist in derben Renaissanceformen von kräftiger Wirkung gehalten, die Decke wird durch ein mächtiges Tonnengewölbe gebildet, in das auf jeder Seite drei Stichkappen einschneiden. Farbige Verglasung der

Abb. 552. Eiskeller-Etablissement, Hauptsaal.

Fenster trägt wesentlich zu der harmonischen Wirkung des Raumes bei. Der Fensterwand gegenüber liegen niedrige Erfrischungsräume. An der Strafse befindet sich ein Vorsaal, der eine etwas schwer gerathene Stuckdecke erhalten hat. Das Aeufsere ist geputzt und lustig bemalt. Das Dach mit seinem weit ausladenden Ueberstand giebt dem Ganzen das Gepräge des Ländlichen und gastlich Einladenden.

8. Das Eiskeller-Etablissement, Chausseestrafse 88, ist jetzt Eigenthum der Schultheifs'schen Brauerei. Das im Jahre 1870 durch den Maurermeister Riemer erbaute, 1871 durch den Architekten Junghahn vollendete Vorderhaus enthält das grofse Winterlocal, dessen Inneres die Abb. 552 darstellt. Es wird gebildet von dreimal drei mächtigen Kreuzgewölben, die auf gegliederten Pfeilern ruhen. Das Grundstück ist sehr tief und enthält in seinem Quergebäude noch einen weiträumigen Gartensaal. Dieser Raum ist vom Vorderhause aus durch einen im Seitenflügel liegenden breiten Gang zugänglich und öffnet sich nach einem grofsen Concertgarten, der mit einer Sommerbühne und dem Beiwerk von Hallen, Veranden und Buden ausgestattet ist.

9. Der Saal der Victoria-Brauerei in der Lützowstrafse 111 u. 112 ist als Seitenflügel des tiefen Grundstücks mit der Front nach einem Restaurationsgarten erbaut, mit einer Bühne versehen und bietet Raum für 750 Personen. Ein Nebensaal für 300 Personen steht mit ihm in unmittelbarer Verbindung.

Abb. 553. Altes Eierhäuschen bei Treptow, Ansicht.

XXIV. Vergnügungs-Anlagen.

Berlin ist, im Vergleich zu anderen Städten Deutschlands, von jeher arm an eigentlichen Volksfesten gewesen; indessen erhielten sich einige Anklänge an solche doch noch bis über die Mitte dieses Jahrhunderts hinaus. An den Schützenfesten, die auf dem ausgedehnten Grundstück des Schießhauses der Bürger-Schützengilde in der Linienstraße[2]) gefeiert wurden, betheiligte sich ein zahlreiches Publicum aller Stände, das sich, wie seit Jahrhunderten, an Schaubuden ergötzte, um Zinn und Kuchen würfelte und vor allem aß und trank. — Die früher zahlreichen Gewerkfeste, die meist im Sommer und im Freien gefeiert wurden, hatten sich zwar auf wenige Reste vermindert, fanden aber, wie das zu Lichtenberg gefeierte „Mottenfest" der Tuchmacher-Innung, noch größere Betheiligung im Volke. — Der um die Mitte des vorigen Jahrhunderts in Aufnahme gekommene sogenannte „Stralauer Fischzug" vereinigte vor ungefähr 50 Jahren noch eine nach vielen Tausenden zählende Volksmenge, in deren Mitte sich — wie weiland zu den Schützenfesten des 16. und 17. Jahrhunderts — sogar der Hof einzufinden pflegte. Alle diese Feste, die auf eine völlig harmlose Art des Vergnügens berechnet waren und von dem alteingesessenen, an alten Ueberlieferungen festhaltenden Theile der Bevölkerung getragen wurden, sind unter den politischen Bewegungen der letzten Hälfte dieses Jahrhunderts und mit der stetigen Zunahme des eingewanderten Theiles der Bevölkerung fast gänzlich verschwunden, und

---

1) Mit Benutzung des Textes der ersten Auflage von O. Appelius neu bearbeitet vom Regierungs-Baumeister R. Rönnebeck.

2) Dies Haus ist abgerissen, die Berliner Schützengilde hat ihr Schützenhaus jetzt in Schönholz bei Pankow.

alle Versuche sie wieder aufleben zu lassen, erwiesen sich als ebenso vergeblich, wie die Bemühungen zur Einführung des dem Berliner Volksleben fremden rheinischen Carnevals.

Oeffentliche Feste der bürgerlichen Gesellschaft im grofsen Mafsstabe werden von einzelnen, meist für irgend einen wohlthätigen Zweck zusammentretenden Vereinigungen im Winter in geeigneten Localen veranstaltet; im Sommer dienen der Ausstellungspark an der Invalidenstrafse oder weiter abgelegene Vergnügungsorte, wie Tegel, Schönholz, die Locale im Grunewald, an der Oberspree, die Gärten der Brauereien vor der Stadt, beliebte Festplätze, die dann jedesmal für den bestimmten Zweck hergerichtet werden, als Sammelpunkte.[1] — Ein Blumencorso wird, nachdem der bescheidene Corso in der Hofjäger-Allee (später in der Sieges-Allee) aufgehört hat, seit einigen Jahren auf der Trab-Rennbahn an Westend mit verschwenderischem Blumenschmuck an Pferden und Wagen veranstaltet und scheint sich dauernder Beliebtheit auch in höheren Kreisen zu erfreuen. — Grofse Volksthümlichkeit haben sich die Veranstaltungen auf allen Gebieten des Sports erworben: die Rennen der Radfahrer auf ihrer Bahn am Kurfürstendamm, die Ruderregatten auf der Spree und dem Müggelsee, besonders aber die Wettrennen in Hoppegarten und Carlshorst. Sie werden von allen Schichten der Bevölkerung mit aufserordentlicher Theilnahme verfolgt und besucht und sind eigentlich als ein Ersatz für jene alten Volksfeste anzusehen. Auch zu dauernden baulichen Anlagen haben sie Veranlassung gegeben, insbesondere ist auf dem Rennplatze zu Carlshorst eine Gruppe von künstlerisch bemerkenswerthen Gebäuden durch den Architekten Bodo Ebhardt errichtet worden.

An Localen, die im Sommer täglich dem vergnügungsbedürftigen Volke geöffnet sind und die ins Freie strömenden Massen in der näheren und weiteren Umgebung Berlins aufnehmen, ist kein Mangel. Aber doch sucht man unter ihnen vergebens nach einer einheitlichen, mit Geschmack und Geschick und nach einem grofsen Plane durchgeführten Anlage, so sehr günstig belegene Oertlichkeiten dazu aufforderten. Ein Haupterfordernifs derartiger Vergnügungslocale ist „nach altem Brauch" die zu allgemeiner Benutzung stehende Kaffeeküche, deren Vorhandensein ein beliebter Reim kennzeichnet, und ein Tanzsaal, wohl auch ein Tanzplatz im Freien. Daneben finden sich zur Unterhaltung von Jung und Alt alle erdenklichen Schaustellungen der älteren Jahrmarkts- und Schützenfest-Belustigungen mehr oder weniger vollständig vertreten: Musikpavillons, bedeckte Hallen, der Kleinkram der Schiefs- und Würfelbuden, Kraftmesser, Kegelbahnen, Schaukeln und Caroussels, Irrgärten, Rutschbahnen, Lachcabinets, kleine circusartige Reitbahnen, „Ateliers für Schnellphotographie", Edison'sche Phonographen usw. Auf einfachen Sommerbühnen treten fast überall die unvermeidlichen „Specialitäten" auf. Als Vorläufer dieser Gattung von Localen ist das ältere, vor etwa 50 Jahren abgebrannte „Tivoli" auf dem Kreuzberge zu betrachten. Unter den jetzt vorhandenen ist eines der vornehmsten:

Das Wirthshaus am Halensee, das einen schönen Garten mit Terrassen am Abhange nach dem See aufweist; an seinem Ufer dehnt sich die „Budenstadt" mit allen oben erwähnten Requisiten aus. — Ebenfalls durch schöne Lage an einem See und durch alten Baumbestand ausgezeichnet ist

Das Schlofs-Restaurant Weifsensee, das vor einigen Jahren in grofser Blüthe stand, aber von seinen Reizen viel eingebüfst hat, seitdem die Ortspolizei dem Treiben der Halbwelt scharf aufpafst. Das Unternehmen ist sehr zurück gegangen, die Baulichkeiten sind stark in Verfall gerathen.

---

[1] Mit jenen älteren Volksfesten ist manches andere in der geselligen Physiognomie der Stadt verschwunden und hat neuem, glänzenden aber auch geräuschvolleren Leben Platz gemacht. Dazu gehören die früher zahlreich vorhandenen Blumen- und Kaffeegärten — wirkliche Gärten, unter denen der Hofjäger, Mollards Weinberg, Bouchés und Deichmanns Blumengärten, Kemperhof, Moritzhof und Albrechtshof zu nennen sind. Verschwunden sind ferner die Ausstellungen, namentlich mechanischer Kunstwerke, welche zur Weihnachtszeit bei den Conditoren (Fuchs), im Gropius'schen Diorama stattfanden, die Weihnachts-Ausstellungen bei Kroll, die Hyacinthen- und Blumen-Ausstellungen im Frühjahr, die ganze Morgen Landes mit diesen Blumen in den mannigfachsten Farbengruppirungen aufwiesen. Verschwunden sind die öffentlichen Concerte im Thiergarten und die der Militärkapellen im Kastanienwäldchen.

XXIV. Vergnügungs-Anlagen.

Die „Neue Welt", am äufsersten Ende der Hasenhaide, die ja von jeher für Locale dieser Art der beste Boden gewesen war, ist bevorzugt durch einen schönen Garten, der nach hinten zu dem sogenannten Karlsberge ansteigt.

Diesen Localen reihen sich dann noch die Gärten der grofsen Brauereien, z. B. der Unions-Brauerei, der Happoldt'schen Brauerei, beide gleichfalls in der Hasenhaide, die

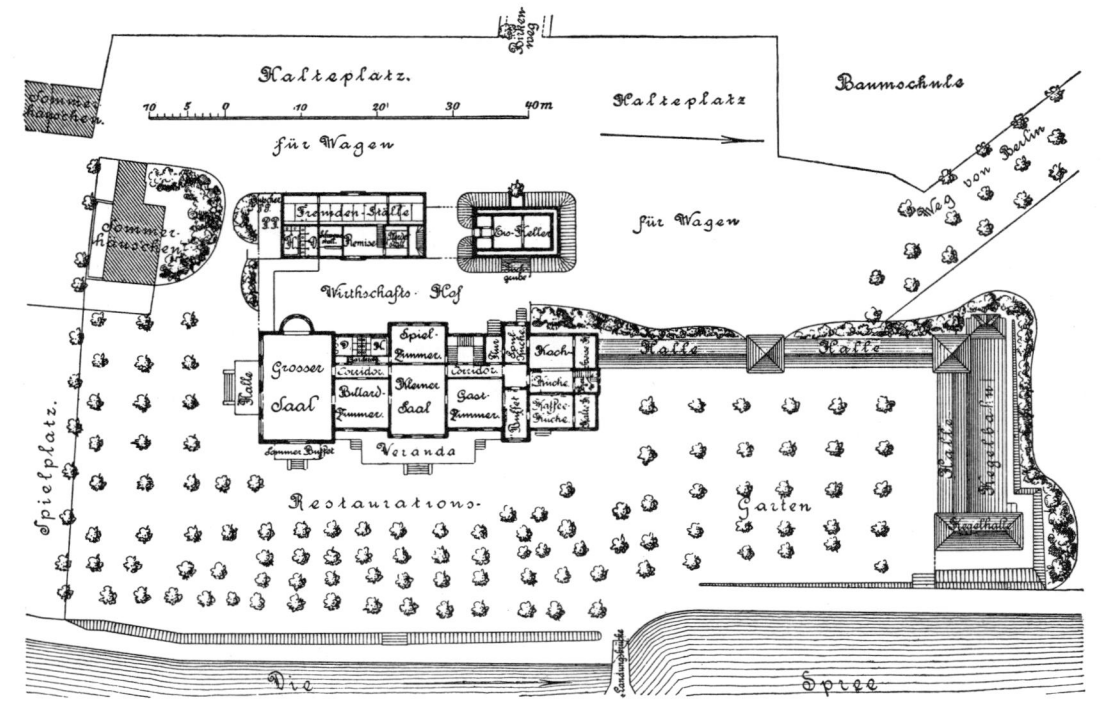

Abb. 554. Altes Eierhäuschen bei Treptow, Grundrifs.

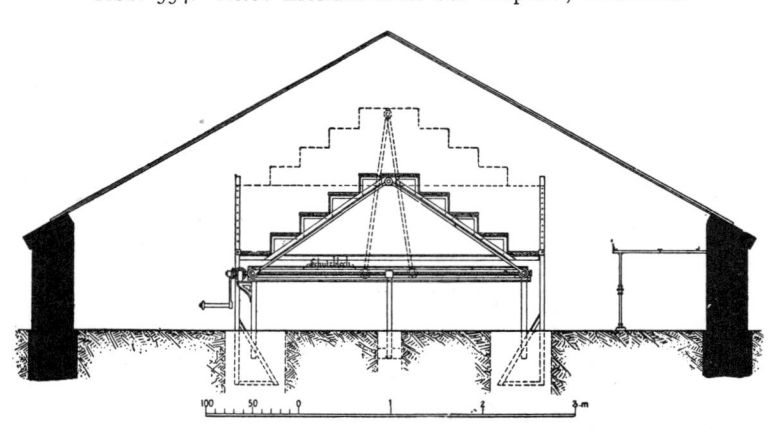

Abb. 555. Gewächshaus im Humboldhain, Schnitt.

Brauerei Schweizergarten vor dem Königsthor, Actien-Brauerei Moabit, der Spandauer Bock und schliefslich die Gärten des Friedrich-Wilhelmstädtischen Theaters in der Chausseestrafse und des Belle-Alliance-Theaters an. — Auf die Anlagen, die bei besonderen Gelegenheiten, wie z. B. zu dem zehnten deutschen Bundesschiefsen im Jahre 1890,[1]) oder zu der Gewerbe-Ausstellung 1896 errichtet worden sind, kann, so bemerkenswerth sie auch durch ihren Umfang und durch ihre künstlerische Bedeutung hervorragen mögen, hier nicht näher eingegangen werden.

---

1) Centralblatt der Bauverwaltung. 1890. Nr. 28.

Die Bauten in den städtischen Parkanlagen.[1])

In den vier grofsen städtischen Gartenanlagen[2]) befinden sich eine Reihe von kleineren und mittleren Hochbauten, welche ein näheres Eingehen verdienen und von welchen daher die wichtigsten hier vorgeführt werden mögen.

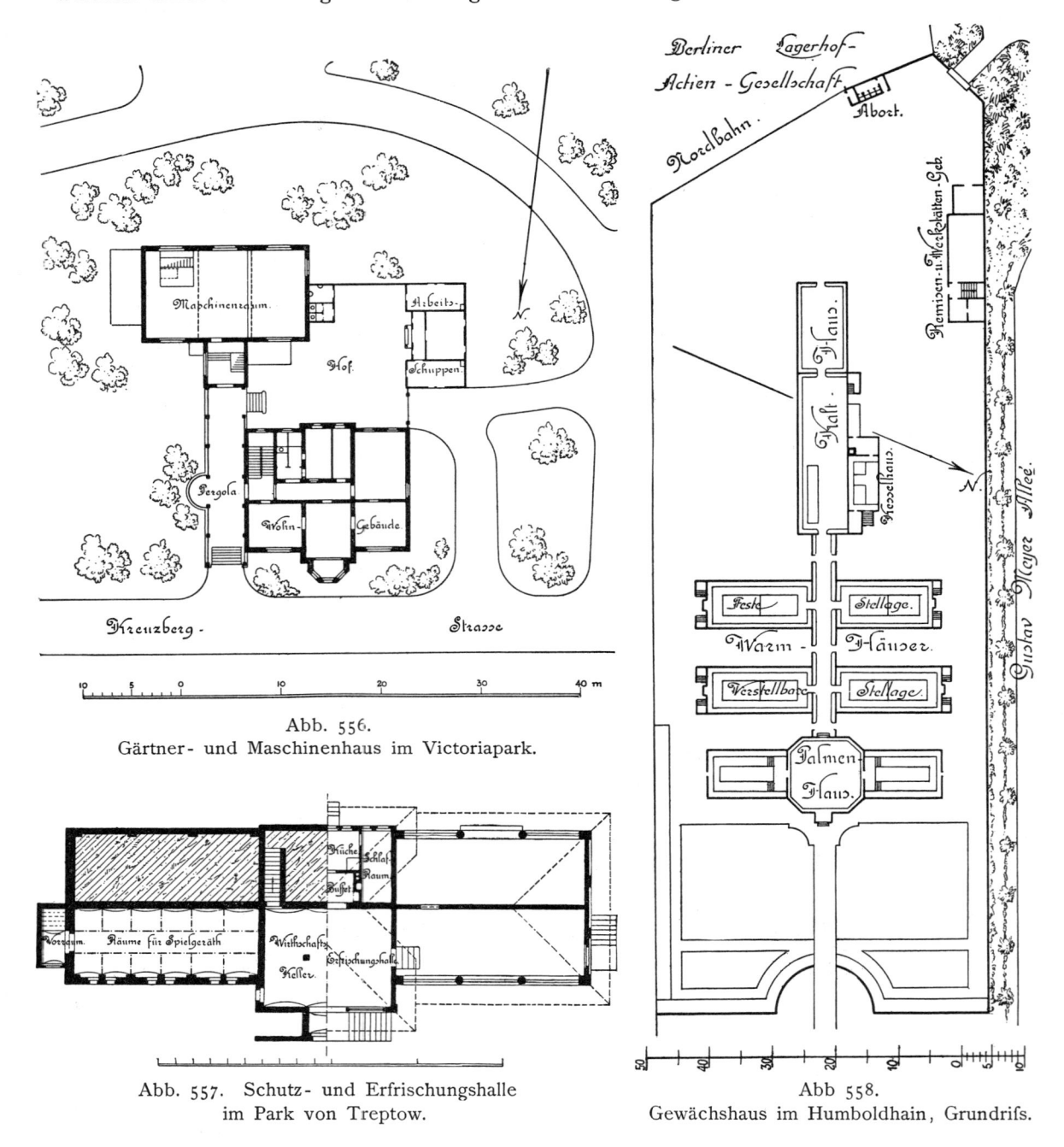

Abb. 556.
Gärtner- und Maschinenhaus im Victoriapark.

Abb. 557. Schutz- und Erfrischungshalle im Park von Treptow.

Abb 558.
Gewächshaus im Humboldhain, Grundrifs.

Im Park von Treptow ist zunächst eine Erfrischungs- und Schutzhalle zu erwähnen, welche in der Nähe des Karpfenteiches erbaut wurde. Ueber die Raumanordnung giebt der mitgetheilte Grundrifs (Abb. 557) Aufschlufs. Sodann befindet sich hier

---

1) Nach Mittheilungen des Stadt-Bauinspectors Frobenius.
2) Näheres über dieselben in Bd. I S. 54 u. f.

XXIV. Vergnügungs-Anlagen.

das an der Spree gelegene und als Vergnügungsort beliebte städtische Gasthaus von Treptow. — Weiter nach Osten hin liegt, an dem in nächster Zeit dem Publicum zu eröffnenden Plänterwald, das sogen. Alte Eierhäuschen, 1892 in der jetzigen Form errichtet (Abb. 554). Es enthält in dem Hauptgebäude eine gröfsere Wirthschaft sowie im Obergeschofs Zimmer zur Aufnahme von Sommergästen. Eine bedeckte Halle schliefst mit dem Hauptgebäude einen grofsen, längs der Spree sich hinziehenden Garten ein. Rückwärts liegt an einem Wirthschaftshof ein Stall für Ausspannung sowie ein Eiskeller. Von der sehr ansprechenden Architektur giebt die Abb. 553 eine Vorstellung.

Im Humboldhain befinden sich aufser einem Wohngebäude für den Gartendirector ziemlich umfangreiche Gewächshaus-Anlagen, darunter einige neuerer Bauart mit verstellbaren Blumengestellen und Sammelheizung. In Abb. 555 u. 558 ist eine solche im Grundrifs und Schnitt dargestellt.

Der Victoriapark endlich enthält eine reizvolle Bauanlage in dem villenartigen Gärtnerhause, das durch eine Pergola mit dem Maschinenhause in Verbindung gesetzt ist. In letzterem sind die Maschinen für den grofsen Wassersturz angelegt, durch welchen diese an dem Kreuzberghügel sich hinziehende Gartenanlage einen eigenartigen und höchst wirkungsvollen Schmuck erhalten hat (Abb. 556).

XXV. Panoramen.[1)]

Schon vor 90 Jahren sind in Berlin panoramaartige Bilder vorgeführt worden und kein geringerer als der junge Karl Friedrich Schinkel ist es gewesen, dem die Berliner die Bekanntschaft mit derartigen Kunstwerken zu verdanken hatten. In den Jahren nach seiner ersten italienischen Reise, seit 1807, hatte sich Schinkel, um seinen Lebensunterhalt zu verdienen, fast ausschliefslich der Malerei gewidmet. In dieser Zeit malte er eine grofse Zahl von sogenannten „perspectivisch-optischen" Bildern, meist Dioramen, die in den Weihnachts-Ausstellungen von Wilhelm Gropius in verschiedenen dazu hergerichteten Räumen vorgeführt wurden und seinen Namen bekannt machten. Das Schinkel-Museum der Technischen Hochschule bewahrt 35 Skizzen zu solchen Bildern, von denen sonst nichts erhalten geblieben ist. Das gröfste Werk seiner Hand war ein Rundgemälde von Palermo, 15 Fufs hoch, 90 Fufs lang, auf Leinwand in Oel gemalt, das Schinkel im Jahre 1808 in einer Bude an der katholischen Kirche auf eigene Rechnung ausstellte.[2)] Die Vorliebe für diese Gattung der Malerei ist bei Schinkel stets lebendig geblieben: besprach er doch noch kurz vor dem Ausbruch seiner letzten Krankheit mit dem Decorationsmaler Karl Gropius den Plan zu einem grofsen Rundbilde, zu dem er die Zeichnungen liefern wollte und das an Gröfse den jetzigen nicht viel nachgestanden hätte; es sollte 90 Fufs im Durchmesser erhalten. Ohne Zweifel hegte er auch den Wunsch, für derartige Vorführungen in Berlin ein Gebäude zu errichten, wie es Paris und London bereits besafsen. Unter seiner lebhaften Theilnahme erbaute denn auch in den dreifsiger Jahren Karl Gropius, allerdings in sehr bescheidenem Umfange, das erste feste Panoramagebäude an der Ecke der Georgen- und Stallstrafse. Doch fehlte es auf die Dauer an Besuch, der das Unternehmen hätte lebenskräftig erhalten können. Das Gebäude wurde schliefslich für andere Zwecke eingerichtet und beherbergte, ehe es dem Bau der Stadtbahn zum Opfer fiel, die Lehr- und Sammlungsräume des Deutschen Gewerbe-Museums, aus dem sich mit der Zeit das Königliche Kunstgewerbe-Museum entwickelt hat.

Den Bau eines Panoramas im modernen Sinne verdankt Berlin[3)] einer Actiengesellschaft in Brüssel, der Société anonyme des Panoramas de Berlin, die in mehreren Städten Gebäude errichten liefs, in denen die Ausstellungen der Bilder wechseln sollten. Sie liefs im Jahre 1880

1. Das National-Panorama in der Herwarthstrafse durch die Architekten Ende & Böckmann erbauen. Bei der constructiven Anordnung haben belgische Ingenieure mitgewirkt. Der Bau ist als Sechzehneck in Eisenfachwerk ausgeführt und mit einem Zeltdach bedeckt. An der Herwarthstrafse zeigt er eine zwischen Nachbarhäusern eingeschlossene massive Strafsenfront, deren ruhige Flächen durch eine wirkungsvolle Säulen-Architektur über dem niedrigen Eingange belebt sind. — Die Erfahrungen, die die Architekten

---

1) Bearbeitet vom Regierungs-Baumeister R. Rönnebeck.
2) v. Wolzogen „Aus Schinkels Nachlafs". Band II. S. 344. IV. S. 572.
3) W. Böckmann im deutschen Bauhandbuch. II. 2.

bei diesem Bau gemacht hatten, sollten sie bald darauf zu verwerthen Gelegenheit finden bei dem 1883 durchweg nach ihren Angaben für die Berliner Panorama-Gesellschaft erbauten

2. Sedan-Panorama[1]) am Bahnhof Alexanderplatz. Der Bau, in Eisenfachwerk errichtet und zwar wegen der Form der Baustelle als Siebzehneck, steht zum Theil auf dem durch Zuschüttung des Königsgrabens gewonnenen Bauland, in unmittelbarer Nähe der Central-Markthalle, an der Ecke zweier Strafsen, die bei der Umgestaltung der Umgebung des Stadtbahnhofes Alexanderplatz entstanden sind. Die Mafse entsprechen ungefähr den durch das Hittorff'sche Panorama in den Champs Elysées zu Paris vorbildlich gewordenen: 39 m Durchmesser, 15 m Höhe. — Das Dach ist hier als ein mit einer Laterne gekröntes Kuppel-

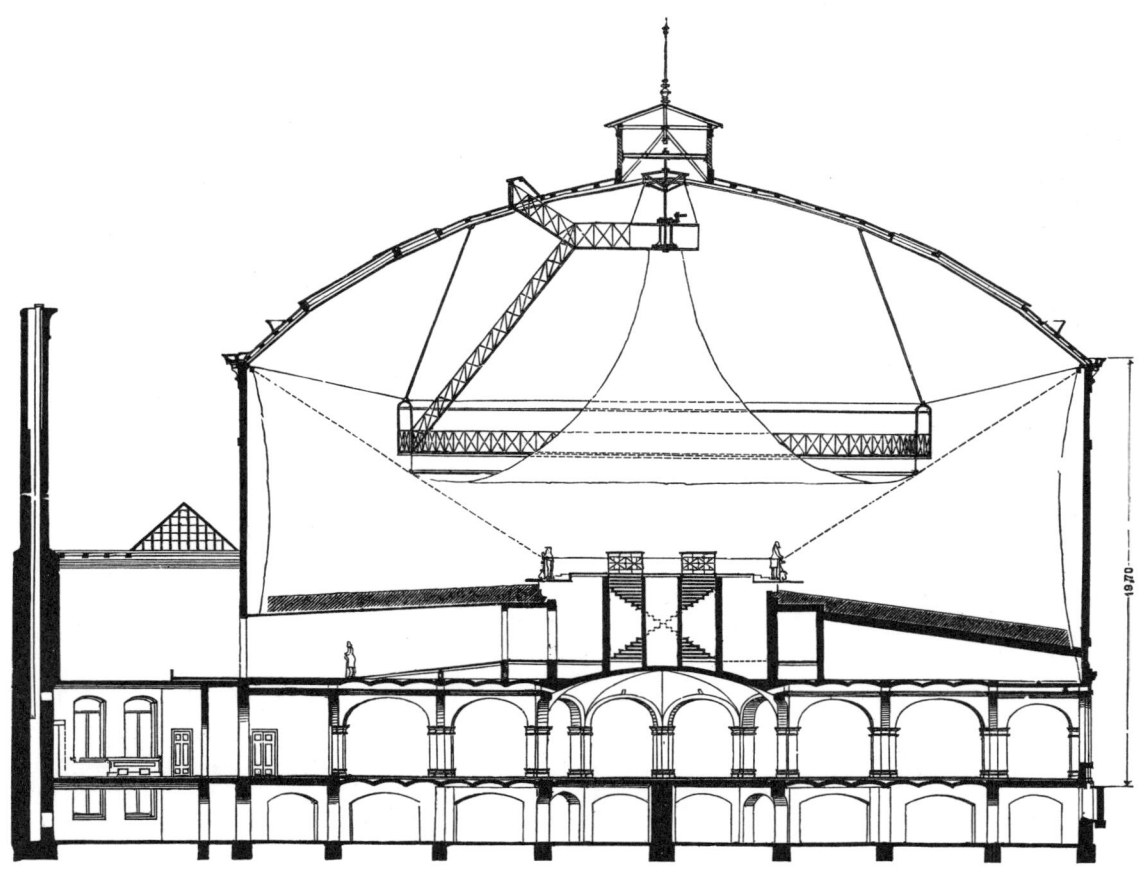

Abb. 559. Sedan-Panorama, Querschnitt.

dach nach Schwedler'schem System construirt. Ein 7 m breiter Kranz ist mit Glas gedeckt. Das Gebäude hat ein Erdgeschofs und einen Keller erhalten. Das 4,70 m hohe Erdgeschofs ist im Interesse einer besseren Verzinsung des Unternehmens zu einer Gastwirthschaft eingerichtet, die durch ihre Raumgestaltung und architektonische Durchbildung sehr bemerkenswerth erscheint. Sie ist gewölbt: der Mittelbau mit einem schirmartigen neuntheiligen Kreuzgewölbe, die drei concentrisch herumlaufenden Zonen mit flachgespannten Kappen auf eisernen Trägern. Die beiden mittleren Zonen haben unter den Kappen decorativ ausgebildete wagerechte Holzdecken. Zwischen den Gewölben und dem natürlichen Vordergrunde des Rundgemäldes hat sich noch ein Zwischengeschofs ergeben von wechselnder Höhe — je nachdem der Vordergrund sich mehr oder weniger senkt. Die Mitte wird von den Treppen zur Plattform eingenommen.

---

[1]) Deutsche Bauzeitung. 1883. Nr. 103. — Centralblatt der Bauverwaltung. 1884. Nr. 12.

In dem höheren Theile sind drei wirkungsvoll beleuchtete Dioramabilder aufgestellt. Von der Einrichtung des Hauptraums ist hervorzuheben, dafs an der staffelförmig ansteigenden Plattform, die den üblichen Durchmesser von rd. 11 m hat, der äufsere Ring in einer Breite von 1,50 m drehbar gemacht ist, um ein allzulanges Verweilen der Besucher an einem Punkte zu verhindern. (Eine Umdrehung dauert 20—25 Minuten.) In 5,50 m Höhe über dem Boden der Plattform ist ein durch das Velum verdeckter Laufgang angeordnet, der an der Dachconstruction hängt und von dem aus die Regulirung der Lüftung und Beleuchtung erfolgen soll. — Die schwierige Frage der Abendbeleuchtung ist hier zum erstenmale vollkommen befriedigend gelöst worden: sie wird bewirkt durch siebzehn über der Brüstung des Laufganges angebrachte Differentiallampen des Systems Siemens & Halske (Bogenlicht), für die der Strom durch die im Keller befindliche Maschinenanlage erzeugt wird.

Das Gebäude hat eine Dampfheizung und besondere Lüftungseinrichtungen, namentlich für die Restauration.

Das Aeufsere hat als Schmuck an den unteren Theilen farbige Ziegelmuster, an den oberen sgraffitoartige Bildtrophäen und Inschrifttafeln — von Ernst Ewald gemalt — erhalten, die im Laufe der Zeit allerdings gelitten haben.

Das Rundgemälde, die Schlacht bei Sedan, ist von A. v. Werner und E. Bracht entworfen und unter Mitwirkung der Maler Schirm, G. Koch, C. Röchling und anderer gemalt. Es übt noch jetzt nach 13 Jahren seine Anziehungskraft auf Einheimische und Fremde aus. Der Bau hat etwa eine halbe Million gekostet, der Grund und Boden etwa ebensoviel.

Des bei Gelegenheit der Jubiläums-Ausstellung vom Jahre 1886 errichteten **Panoramas im Ausstellungspark in Moabit,**[1]) mit der Façade des Zeustempels zu Olympia und der Nachbildung der Altarterrasse von Pergamon, ist bereits an anderer Stelle (S. 244) gedacht, weshalb hier nur darauf zu verweisen ist. — Leider ermangelt der Frontbau, der aus Backsteinen aufgeführt und verputzt ist, der Pflege, die ihn vor dem Verfall schützt. Die breite Plattform des Altarbaus hat schon abgetragen werden müssen. — Die Idee zu dieser Anlage stammt von den Architekten Kyllmann & Heyden.

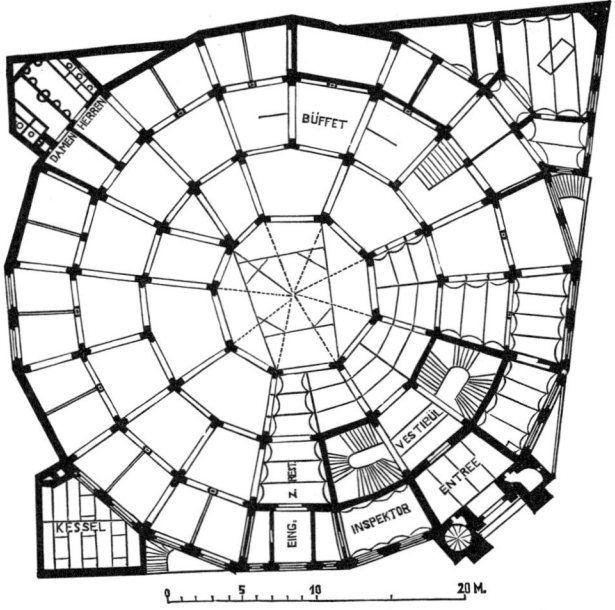

Abb. 560. Sedan-Panorama, Grundrifs des Erdgeschosses.

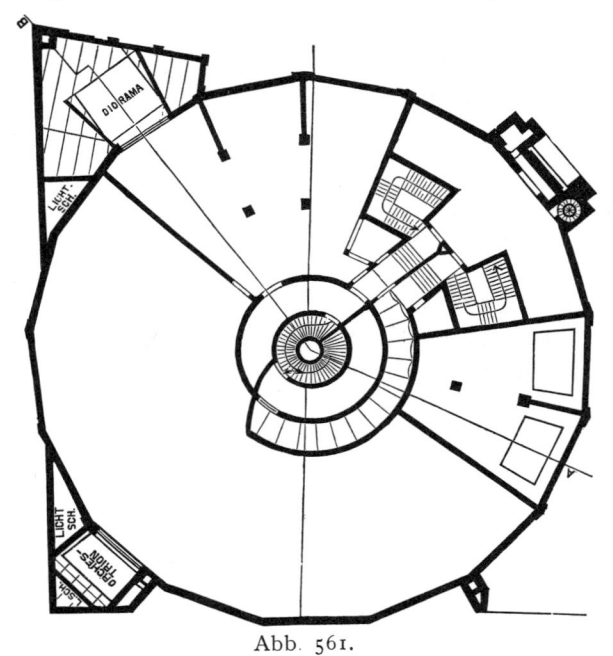

Abb. 561. Sedan-Panorama, Grundrifs in verschiedenen Höhen.

---

1) Centralblatt der Bauverwaltung. 1886. Nr. 20.

Das Marine-Panorama, am Lehrter Bahnhof durch den Baurath L. Heim erbaut, ist nicht wie die drei anderen Panorama-Gebäude in Eisenfachwerk, sondern als massiver Putzbau ausgeführt. Der Grundriſs ist als Achteck mit abgestumpften Ecken zu bezeichnen. Die Ecken sind durch Strebepfeiler verstärkt, die acht kurzen Seiten durch architektonische Aufbauten hervorgehoben; das Dach ist als sechzehnseitige Flachkuppel gebildet und mit einer Laterne gekrönt. — Dem eigentlichen Panoramabau ist ein Querbau vorgelegt, dessen giebelgeschmücktes Mittelrisalit eine achtseitige gewölbte Vorhalle mit farbigem Oberlichtfenster enthält; nach rechts und links erstrecken sich zwei gleich ausgebildete Restaurationssäle mit reichen Stuckdecken. Zu diesen Räumen steigt man von der Straſse her auf einigen Stufen empor; nach der Rückseite fällt der Erdboden stark ab, sodaſs in dem von einem Garten umgebenen hohen Untergeschoſs eine geräumige Gast-

Abb. 562. Marine-Panorama, Ansicht.

wirthschaft, verbunden mit einem „Specialitäten-Theater", eingerichtet werden konnte. — Das erste Rundgemälde stellte eine Verherrlichung des Hohenzollernhauses dar, wonach das Gebäude ursprünglich Hohenzollern-Galerie hieſs. Die jetzige Darstellung, Einfahrt in den Hafen von New-York, hat nebenbei den Zweck, den Besuchern die verschwenderische Einrichtung eines Oceandampfers des Norddeutschen Lloyd vorzuführen. Sein Promenadendeck bildet die Plattform.

Zwei andere Panoramagebäude sind nach verhältnifsmäſsig kurzer Zeit bereits wieder verschwunden. Das eine, das „**Panorama deutscher Colonien**", war 1885 von dem Architekten **Planer** zwischen den Häusern Friedrichstraſse 236 und Wilhelmstraſse 10 errichtet worden und hat bald einer anderen Bebauung des Grundstücks Platz machen müssen, das andere hatten die Architekten **Ende & Böckmann** in der Bachstraſse als „**Panorama-Atelier**" errichtet. In ihm war das Piglheim'sche Rundgemälde die Kreuzigung Christi und dann jahrelang ein Rundbild von „Neapel" ausgestellt. Es hat in diesem Jahre dem Neubau eines Miethshauses weichen müssen.

XXVI. Badeanstalten.[1]

Auf dem Gebiete des öffentlichen Badewesens ist in Berlin seit einigen Jahren ein erfreulicher Aufschwung zu verzeichnen. Sowohl Vereine, als auch die städtischen Behörden haben im Interesse der öffentlichen Gesundheitspflege dieser Frage in gesteigertem Mafse ihre Aufmerksamkeit zugewandt und bei der Bevölkerung verständnifsvolles Entgegenkommen gefunden. Durch die Anlage geräumiger Schwimmbecken ist Gelegenheit geboten, auch in der kalten Jahreszeit der kräftigenden Leibesübung des Schwimmens obzuliegen.

Eine hervorragende Stelle unter den Privat-Badeanstalten behauptet nach wie vor das **Admiralsgarten-Bad,** das in den Jahren 1873/74 auf dem Hinterlande des Grundstücks Friedrichstrafse 102 von den Baumeistern Kyllmann & Heyden für Rechnung einer Actiengesellschaft erbaut wurde (Abb. 563). Bei der Verlängerung der Charlottenstrafse (Prinz-Louis-Ferdinand-Strafse) wurde ein Theil des Grundstücks zur Strafsenanlage in Anspruch genommen. Da aufserdem im Jahre 1887 auf demselben eine starke Soolquelle gefunden war, wurde bei dem durch Anlage der neuen Strafsenfront bedingten Umbau zugleich eine Vergröfserung der Anstalt dadurch vorgenommen, dafs zu beiden Seiten des vorhandenen zweigeschossigen Mittelbaus (der grofsen Wartehalle) dreigeschossige Neubauten an der Prinz-Louis-Ferdinand-Strafse geschaffen wurden. Dieser Umbau erfolgte in den Jahren 1889/90 nach den Plänen des Regierungs-Baumeisters C. Gause.

Die Anlage enthält jetzt, aufser den erforderlichen Nebenräumen, in einem Erd-, Zwischen- und Obergeschofs eine Schwimmhalle, ein Salonbad, 14 Wannenbäder erster Klasse und 24 Wannenbäder zweiter Klasse für Männer, je 12 Wannenbäder erster und zweiter Klasse für Frauen, 41 Soolbäder (davon 18 für Kinder), zwei Zellen für elektrische Bäder, die Räume des russisch-römischen Bades und einer Naturheilanstalt. Die Unterkellerung des Hofes enthält die Kesselanlage und die Maschinen zur Hebung des Wassers und zur Erzeugung des elektrischen Lichts. Der nothwendige Dampf wird in drei Heine-Kesseln von je 100 qm Feuerfläche erzeugt. Das Wasser wird aus einem Tiefbrunnen von 80 m Tiefe durch Pulsometer gehoben und nach erfolgter Filterung in ein Hochbecken von rd. 40 cbm Inhalt gedrückt. Neben den Dampfkesseln liegen drei geschlossene Warmwasserkessel, die mit dem Hochbecken in Verbindung stehen. Die Erwärmung geschieht durch Dampf, der in Kupferschlangen durch die Kessel geführt wird. Um zu Zeiten auch einem aufsergewöhnlich grofsen Wasserbedarf entsprechen zu können, haben diese Kessel auch directe Unterfeuerungen erhalten.

Die Soolquelle, die als artesischer Brunnen bis etwa 4 m über Strafsenkrone Friedrichstrafse hervortritt, wird in einem im Fufsboden des Hofkellers angelegten Becken von rund 40 cbm gesammelt und von hier durch Pulsometer in zwei im Dachgeschofs befindliche Behälter

---

[1] Bearbeitet vom Regierungs-Baumeister P. Schesmer.

XXVI. Badeanstalten. 539

gehoben, in deren einem sie durch Dampfschlangen erwärmt wird. — Die Heizung sämtlicher Räume erfolgt durch Dampf. Eine 35 pferdige Dampfmaschine erzeugt das elektrische Licht.

Nach Erbohrung der Soolquelle auf dem Grundstück des Admiralsgarten-Bades wurden auch in anderen Stadttheilen Bohrversuche gemacht, die genau in derselben Tiefe von 235 bis 250 m die sooleführende Schicht anbohrten. Auf den betreffenden Grundstücken wurden ebenfalls Badeanstalten errichtet, und so entstanden: 1. Bad Alexanderplatz, Alexanderplatz 3; 2. Bad Oranienplatz, Luisenufer 22; 3. Bad Weddingplatz, Reinickendorfer Strafse 2a; 4. Soolquelle Martha, Friedrichstrafse 8; 5. Soolquelle Bonifacius, Lützowstrafse 74; 6. Soolquelle Paul I., Paulstrafse 6.

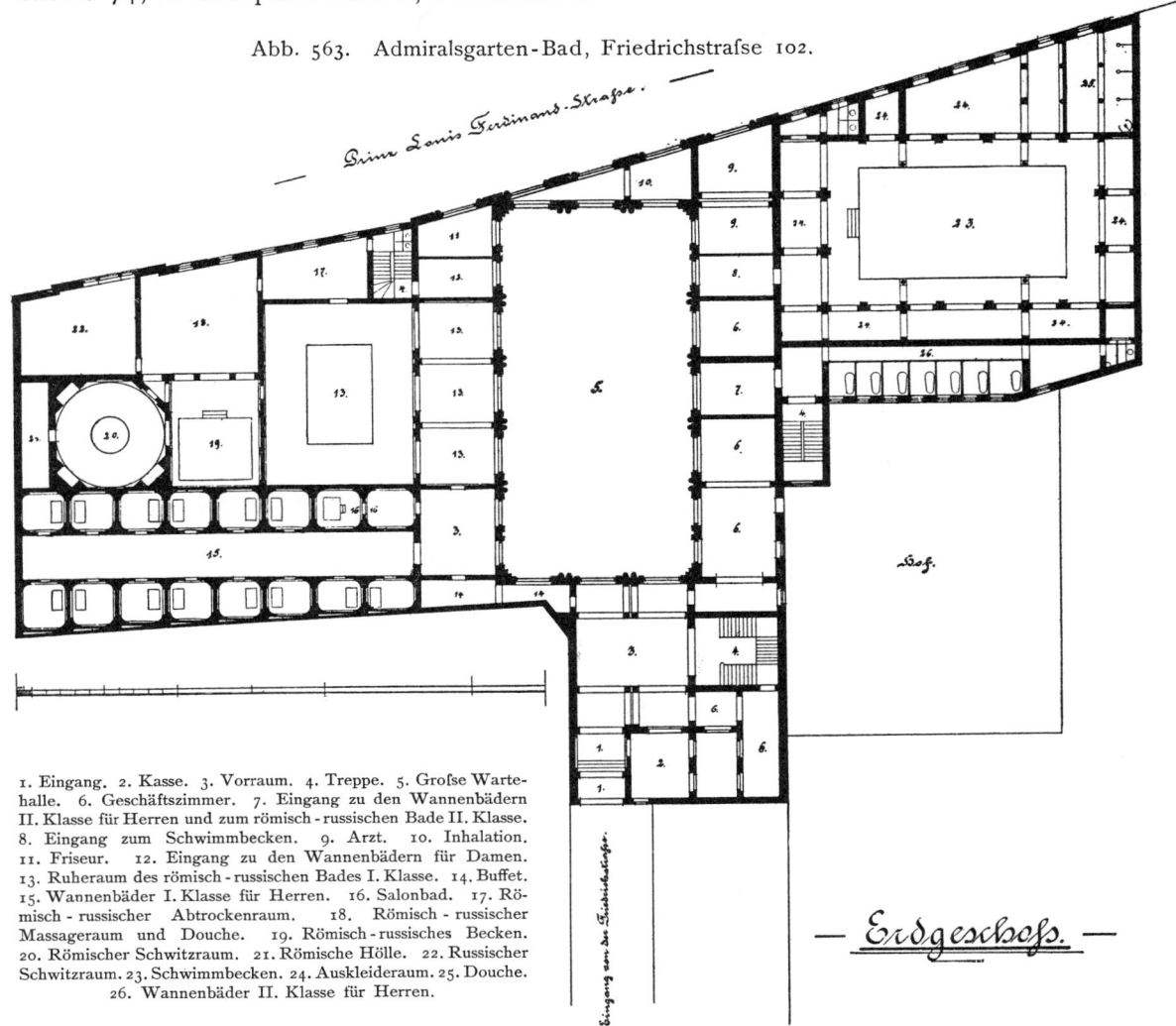

Abb. 563. Admiralsgarten-Bad, Friedrichstrafse 102.

1. Eingang. 2. Kasse. 3. Vorraum. 4. Treppe. 5. Grofse Wartehalle. 6. Geschäftszimmer. 7. Eingang zu den Wannenbädern II. Klasse für Herren und zum römisch-russischen Bade II. Klasse. 8. Eingang zum Schwimmbecken. 9. Arzt. 10. Inhalation. 11. Friseur. 12. Eingang zu den Wannenbädern für Damen. 13. Ruheraum des römisch-russischen Bades I. Klasse. 14. Buffet. 15. Wannenbäder I. Klasse für Herren. 16. Salonbad. 17. Römisch-russischer Abtrockenraum. 18. Römisch-russischer Massageraum und Douche. 19. Römisch-russisches Becken. 20. Römischer Schwitzraum. 21. Römische Hölle. 22. Russischer Schwitzraum. 23. Schwimmbecken. 24. Auskleideraum. 25. Douche. 26. Wannenbäder II. Klasse für Herren.

— Erdgeschofs. —

Als reichere Anlage kleineren Umfangs, die ausschliefslich für Wannen- und Brausebäder dient, sei hier die Badeanstalt des Hôtel de Rome in der Charlottenstrafse erwähnt, von den übrigen, für warme Bäder bestimmten Anstalten noch das Victoria-Bad, Neuenburger Strafse 15, und das Ascanische Bad, Königgrätzer Strafse 19.

Die erste Stelle unter den Badeanstalten Berlins, vor allem in Bezug auf die reichliche Ausstattung mit Schwimmhallen, nimmt jetzt die in den Jahren 1894/95 von den Architekten Ende & Böckmann neu erbaute **Badeanstalt des Vereins der Wasserfreunde,** Commandantenstrafse 7—9, ein, die auch durch ihre Verbindung mit einer Kur-, sowie Brunnen- und Molken-Trinkanstalt bemerkenswerth ist (Abb. 564 u. 565). Das Gebäude enthält ein Erd- und Hauptgeschofs. Das Hauptgeschofs (Abb. 564) enthält ein

540 XXVI. Badeanstalten.

Schwimmbecken für Männer von 25,80 : 13,50 m und ein solches für Frauen von 17,60 : 9,60 m Ausdehnung bei Wassertiefen von 1,00 bis 3,50, und 0,75 bis 2,90 m, aufserdem je ein Lehr-Schwimmbecken für Knaben und für Mädchen, 9,15 : 4,60 m grofs bei einer Wassertiefe von 0,75 bis 1,50 m. Ferner sind in diesem Geschofs die Frauen-Wannenbäder und das russisch-römische Bad untergebracht. Das Erdgeschofs enthält drei Räume mit im ganzen 14 Wannen-Badezellen für Männer, einen Raum für Wannenbäder der Mitglieder mit sechs Wannen, Douchen usw., einen Auskleideraum für das russisch-römische Bad, Waschraum mit Trockenkammer, Materialienraum, Heizkammer und sonstige Nebenräume. Das Gebäude ist in allen Theilen mit Dampfheizung versehen, und für reichliche Lüftung ist Sorge getragen.

Abb. 564. Badeanstalt des Vereins der Wasserfreunde, Commandantenstrafse 7—9, Erdgeschofs. Architekten Ende & Böckmann.

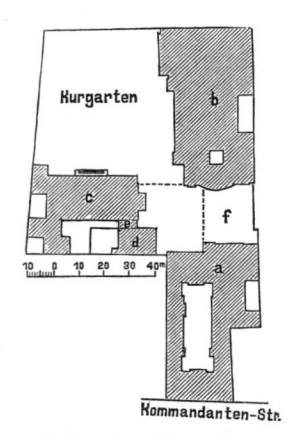

Abb. 565. Lageplan.
a. Wohngebäude. b. Bade- und Schwimmanstalt. c. Kurhaus. d. Kessel- und Maschinenhaus. e. Durchfahrt. f. Restaurationsgarten.

Die Wasserversorgung erfolgt aus drei auf dem Grundstück gebohrten Tiefbrunnen. Aufserdem ist die Anlage auch noch an die städtische Wasserleitung angeschlossen. Die Bereitung des warmen Wassers geschieht für die Wannenbäder durch zwei grofse Dampfwarmwasserkessel mit selbstthätiger Dampfregelung, für die Becken durch Körtingsche Dampf-Vorwärmer. Die Abendbeleuchtung des Gebäudes ist elektrisch. Der Dampf wird von drei grofsen Cornwall-Kesseln geliefert, die auf dem nordöstlichen Theil des Grundstücks aufgestellt sind. — Die Kosten des ganzen Badehauses, einschl. des Kesselhauses mit Dampfschornstein, des unterirdischen Canals zur Aufnahme der nach der Badeanstalt führenden Dampfleitung, der Maschinen, Kessel und der Ausrüstung des russisch-römischen Bades belaufen sich auf rd. 560 000 ℳ.

Die beiden **Badeanstalten des Vereins für Volksbäder**[1]) in den städtischen Parks Gartenstraße 5—8 (dem ehemaligen Sophienkirchhof) und Wallstraße 50 (dem ehemaligen Logengarten) sind im Jahre 1887/88 nach Plänen der Architekten Ende & Böckmann errichtet worden. Die Stadt Berlin gab die Bauplätze unentgeltlich her und leistete einen namhaften Zuschuß zu den Baukosten. Jede Anstalt enthält für Männer: 4 Wannenbäder erster Klasse, 12 Wannenbäder zweiter Klasse, 9 Brausezellen erster Klasse mit je einer Auskleidezelle und 5 Brausezellen zweiter Klasse mit zusammen 15 Auskleidezellen; ferner für Frauen: 4 Wannenbäder erster Klasse, 8 Wannenbäder zweiter Klasse und 4 Brausezellen mit je einer Auskleidezelle. Die Herstellungskosten beider Anstalten einschl. Beschaffung des Inventars haben sich auf 225 000 ℳ belaufen.

Seit Beginn der neunziger Jahre geht auch die Stadt Berlin mit der Erbauung von Volks-Badeanstalten nach planmäßiger Vertheilung auf die verschiedenen Stadtgebiete vor, von denen zur Zeit zwei fertiggestellt sind: 1. im Nordwesten Berlins, Thurmstraße 85a und 2. im Osten, an der Schillingsbrücke. Zwei weitere Volks-Badeanstalten sollen demnächst in der Dennewitzstraße 24a und in der Bärwaldstraße errichtet werden.

Die städtische Volks-Badeanstalt in der Thurmstraße[2]) wurde im Juli 1891 begonnen und am 1. November 1892 dem Betriebe übergeben. Der Bau besteht, bei rd. 1280 qm bebauter Fläche, über dem hoch gelegenen Kellergeschoß aus Erdgeschoß und erstem Stockwerk und enthält außer einer Schwimmhalle 15 Badezellen erster Klasse, 42 Badezellen zweiter Klasse, 7 Brausezellen erster Klasse und 22 Brausezellen zweiter Klasse. Den Mittelpunkt der Anlage bildet die durch Oberlicht beleuchtete Schwimmhalle; westlich davon befindet sich die Männer-, östlich die Frauenabtheilung. Die Halle mißt 16,30 : 22,45 m, hat eine mittlere Höhe von 10 m und ist zur abwechselnden Benutzung für beide Geschlechter bestimmt. Das Becken ist rd. 9 m breit und 18 m lang bei 2,50 m größter Tiefe. Seine Wandungen sind als senkrechte Kappen aus Hartbrandsteinen hergestellt und auf einer 3 cm starken Cementmörtelschicht mit glasirten Kacheln bekleidet. An beiden Langseiten des Beckens sind je 16 Auskleidezellen angeordnet. Sie haben zwei Thüren und werden vor dem Bade von der dem Wasser abgewandten Seite aus betreten, sodaß der 1,20 m breite Gang zwischen ihnen und dem Becken nur von Entkleideten benutzt wird. Auf der in Höhe des ersten Stockwerks sich hinziehenden Galerie befinden sich noch 80 Auskleideplätze, hauptsächlich für Kinder bestimmt. Sie bestehen nur aus Bänken mit einem dahinter befindlichen Schränkchen zum Aufbewahren der Kleider. Vor Benutzung des Beckens sind die Badenden gehalten, sich einer Reinigung in den Seifräumen zu unterziehen, die mit den nöthigen Brausen, Waschbecken, Kalt- und Warmwasserleitungen versehen sind. Die Anordnung der Brausezellen im Kellergeschoß hat sich, obgleich dasselbe hoch gelegen ist, nicht als vortheilhaft erwiesen, da sie den Besuch beeinträchtigt. Die Heizung ist eine Hochdruck-Dampfheizung. Die Lüftung erfolgt mittels eines durch Dampf getriebenen Ventilators, die Beleuchtung durch Gas. Die Wasserversorgung wird durch die städtische Wasserleitung bewirkt; nur zur fortdauernden Ergänzung des abfließenden Wassers und zur Unterstützung beim Neufüllen des Beckens, was zweimal wöchentlich erfolgt, ist ein Rohrbrunnen mit Pulsometer angelegt. Eine unmittelbare Entnahme des Wassers aus Tiefbrunnen verbot der starke Gehalt des Berliner Grundwassers an Eisen, das, als Oxydul in demselben gelöst, bald einen das Badewasser unansehnlich machenden Niederschlag absetzt. Zur Dampferzeugung für die Heizung, Wassererwärmung usw. sind drei, aus Unter- und Oberkessel bestehende Dampfkessel von je 75 qm feuerberührter Heizfläche vorgesehen, von denen einer als Aushülfekessel dient.

Die Gesamtbaukosten belaufen sich auf 367 000 ℳ, d. h. bei 13 890 cbm umbauten Raumes auf 26,40 ℳ für 1 cbm. Der Bau ist unter Leitung des Stadt-Bauinspectors Zekeli ausgeführt; die besondere Bauleitung lag in den Händen des Regierungs-Bauführers Wietschke.

---

[1]) Deutsche Bauzeitung, Jahrgang 1888.
[2]) Festschrift zur XXXV. Hauptversammlung des Vereins Deutscher Ingenieure, Berlin 1894.

XXVI. Badeanstalten.

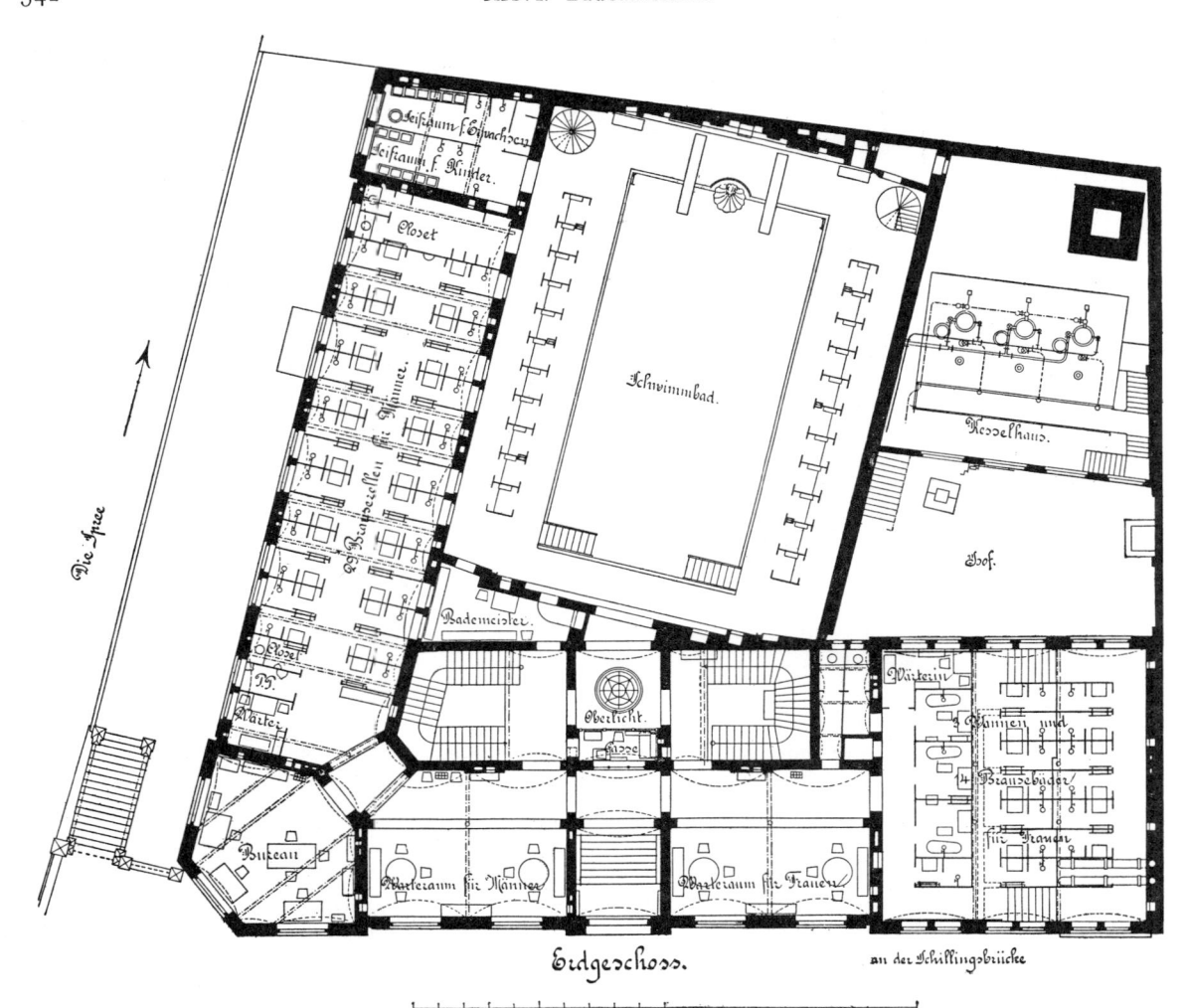

Abb. 566. Städtische Volks-Badeanstalt an der Schillingsbrücke, Grundriſs.

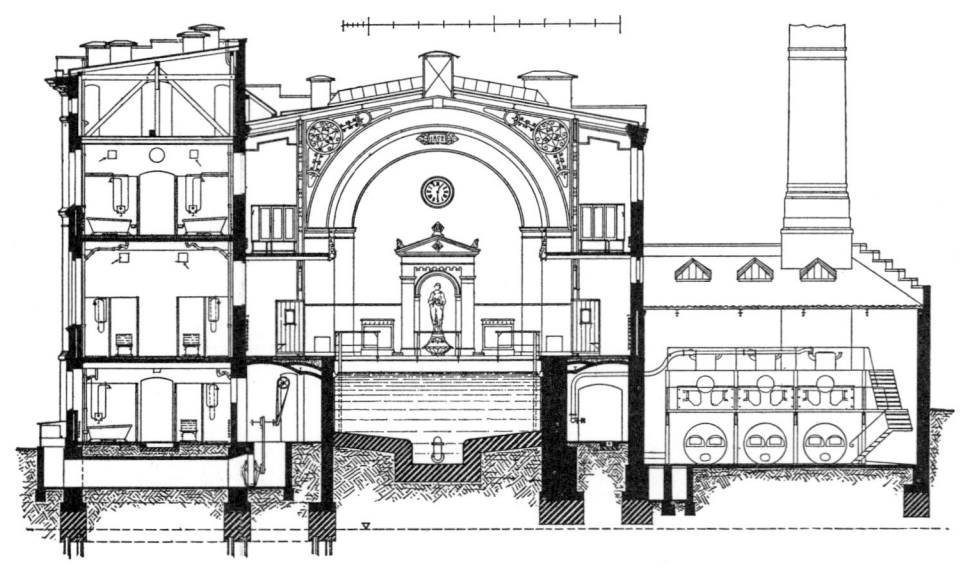

Abb. 567. Städtische Volks-Badeanstalt an der Schillingsbrücke, Querschnitt.

Der Bau der **Volks-Badeanstalt an der Schillingsbrücke** (Abb. 566 u. 567) erfolgte in der Zeit von Mitte November 1891 bis Juni 1893. Das Gebäude liegt mit seiner Hauptfront in der Bauflucht der Strafse An der Schillingsbrücke. Die das Schwimmbad und einen kleinen Hof umschliefsenden Flügelbauten bestehen aus Keller, Erdgeschofs, erstem Stockwerk und einem zum Theil ausgebauten Dachgeschofs. Das Kesselhaus steht in unmittelbarer Verbindung mit der Hofunterkellerung, welche als Kohlenlagerraum dient. Da das Gelände an der Spreeseite um etwa 2,50 m tiefer liegt als die Strafse, tritt das Kellergeschofs hier vollständig aus dem Boden heraus, sodafs hier nicht nur einige Wannen- und Brausebäder, sondern auch die Maschinistenwohnung untergebracht werden konnten. Das Kellergeschofs enthält aufserdem die Räume für Wäscherei, eine Werkstatt, die nöthigen Aborte und Vorrathsräume. An Bädern sind vorhanden: 12 Wannenbäder erster Klasse und 45 zweiter Klasse, 12 Brausebäder erster und 43 zweiter Klasse. Das Schwimmbecken mifst 8,25 : 16,80 m. Die innere Einrichtung und Ausstattung entsprechen im allgemeinen denen der vorgenannten Badeanstalt. Die Baukosten einschliefslich Inventars belaufen sich auf 414 700 ℳ. Bei 15 466 cbm umbauten Raumes stellt sich somit der Preis für 1 cbm auf 26,80 ℳ. Die Bauleitung lag unter Leitung des Stadt-Bauinspectors Schmidt in den Händen des Regierungs-Baumeisters Stiehl.

Da die wachsende Vorliebe, die ein grofser Theil der Bevölkerung diesen Volks-Badeanstalten entgegenbrachte, bei den Privat-Badeanstaltsbesitzern Besorgnifs erregte, so hat die Stadtverwaltung, um den Interessen derselben so weit wie möglich Rechnung zu tragen, beschlossen, in den neu zu errichtenden städtischen Volks-Badeanstalten nur Wannen- und Brausebäder zweiter Klasse einzurichten, auch keine Dampfbäder zu verabfolgen. Gleichzeitig ist eine Erhöhung der Preise für Wannenbäder vorgenommen. — Die in der Dennewitzstrafse demnächst zu erbauende dritte städtische Volks-Badeanstalt soll aufser einem Schwimmbecken von 9 : 23 m bei 3 m gröfster Wassertiefe 61 Wannen- und 61 Brausebäder enthalten. Aufserdem soll hier der Versuch gemacht werden, das nöthige Wasser auf dem Grundstück selbst zu heben und durch eine umfassende Filterung vor der Verwendung von seinem Eisengehalt zu befreien.

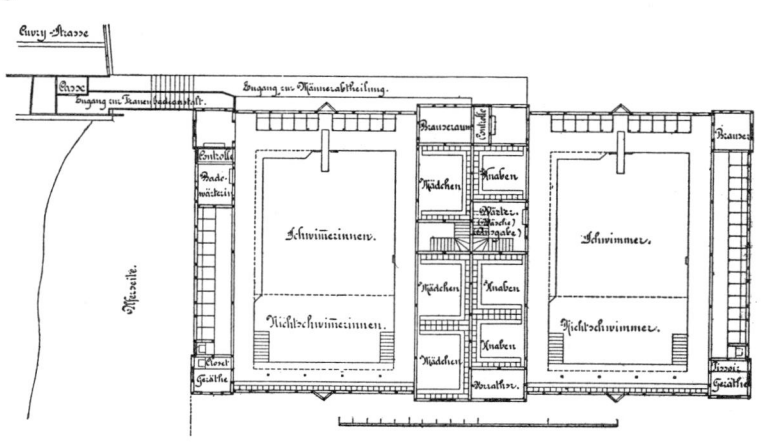

Abb. 568. Städtische Flufs-Badeanstalt an der Oberspree, oberhalb der Cuvrystrafse, Grundrifs.

Es erübrigt zum Schlufs noch der **städtischen Flufs-Badeanstalten** zu gedenken, von denen zur Zeit 14 vorhanden sind. Sie haben zum Theil Doppel-Schwimmbecken. Die früher an der Inselbrücke belegene Anstalt ist entfernt, um an anderer Stelle wieder aufgebaut zu werden. Im Bau begriffen ist eine Schwimm- und Badeanstalt im Werderschen Mühlgraben an der Jungfernbrücke.

Als Beispiel sei hier die besonders reizvoll gestaltete **Anstalt an der Oberspree**, oberhalb der Cuvrystrafse, angeführt (Abb. 568 u. 569). Sie enthält bei 40 m Länge und 22 m Breite zwei gleich grofse, durch eine Mittelwand völlig getrennte Abtheilungen für Männer und Frauen mit je einem Schwimmbecken. Die Wassertiefe in letzteren nimmt von 0,60 bis auf 2,50 m zu. Der Boden wird von fünf Holztafeln gebildet. In der Männerabtheilung sind 26 mit Thüren versehene Auskleidezellen und 105 Auskleideplätze mit verschliefsbaren Schränken, in der Frauenabtheilung 21 Zellen und 112 Plätze vor-

544   XXVI. Badeanstalten.

handen. Die Trockenböden befinden sich im Dachgeschofs des Mittelbaues. Der Aufbau wird getragen von acht aus Holz gezimmerten Prähmen mit darüber gestreckter Balkenlage. Die Umfassungswände bestehen aus Holzfachwerk mit eingesetzten Bretterwänden. Sämtliche sichtbaren Holztheile sind aus Yellow-pine-Holz gefertigt; zur Dachdeckung sind Schindeln aus Cypressenholz verwendet. Das schwimmende Gewicht der Anstalt beträgt 300 t.

Die Gesamtkosten einschliefslich der Geräthe und Utensilien betrugen 96 000 ℳ. Die Ausführung ist in der Zeit vom August 1894 bis Juni 1895 nach den Plänen des Stadt-Bauinspectors Rohde und des Regierungs-Baumeisters Stahn bewirkt worden.

Von privaten Flufs-Badeanstalten seien hier nur erwähnt: das Sachsesche Dampf-Wellenbad vor dem Schlesischen Thore, die v. Pfuelsche Schwimmanstalt, Köpenicker Strafse 11, und das Pochhammersche Bad an der Stralauer Brücke.

Abb. 569. Städtische Flufs-Badeanstalt an der Oberspree, oberhalb der Cuvrystrafse, Ansicht.

Architekt Blankenstein.   Abb. 570.   Central-Markthalle, Ansicht.

XXVII. Die städtischen Markthallen.[1]

Die erste Markthalle wurde in den Jahren 1865—1868 von der „Berliner Immobilien-Gesellschaft" erbaut.[2] Sie blieb, wohl hauptsächlich beeinträchtigt durch die in ihrer nächsten Nähe abgehaltenen Wochenmärkte, nur kurze Zeit im Betriebe und wurde 1874 in einen Circus verwandelt. Im Jahre 1872 versuchte die „Deutsche Baugesellschaft" durch längere Verhandlungen mit dem Magistrat und dem Königlichen Polizeipräsidium die Errichtung von Markthallen an 12 Punkten der Stadt ins Werk zu setzen. Mit dem Wechsel des obersten Leiters der Polizeiverwaltung fiel jedoch der Plan wieder, da dieser es mit Recht für unzulässig erklärte, die für die Bevölkerung so wichtige Lebensmittelversorgung in die Hände einzelner Geschäftsleute zu geben. Die Angelegenheit trat in den nächsten Jahren wieder etwas in den Hintergrund, hauptsächlich weil der im Jahre 1878 in Angriff genommene Bau des Central-Vieh- und Schlachthofes, durch den die Gemeinde die dringendste Aufgabe auf dem Gebiete der Volksernährung löste, die Geldmittel der Stadt in ausgedehnter Weise in Anspruch nahm, eine Verzögerung, die als glücklich

---

1) Bearbeitet vom Baurath A. Lindemann.
2) Vergl. Berlin und seine Bauten. 1. Aufl. II. S. 218.

bezeichnet werden mufs, da die im Jahre 1880 ihrer Vollendung entgegengehende Stadtbahn ganz neue Gesichtspunkte für die Lebensmittelversorgung der Stadt mit sich brachte. Am 14. Februar 1881, unmittelbar vor Eröffnung des Central-Vieh- und Schlachthofes, beantragte der Magistrat bei der Stadtverordnetenversammlung die Einsetzung eines gemischten Ausschusses zur Vorberathung der Frage, ob, inwieweit und an welchen Punkten das Stadtbahnunternehmen für die Lebensmittelversorgung der Stadt nutzbar zu machen sei. Das Ergebnifs der Berathung war der Beschlufs, sämtliche Wochenmärkte nach und nach durch Markthallen für den Einzelverkauf in den verschiedenen Stadttheilen zu ersetzen, in unmittelbarer Verbindung mit der Stadtbahn jedoch eine besondere, für den Grofshandel bestimmte Markthalle anzulegen. Dabei wurde besonders hervorgehoben, dafs die oberirdische Stadtbahn schon in ihren Bögen werthvolle und nicht zu theure Verkaufsplätze für den Grofshandel darböte. Die Verhandlungen mit der Eisenbahnverwaltung über den am besten für den Anschlufs geeigneten Punkt führten zur Wahl des Bauplatzes am Bahnhof Alexanderplatz. Nachdem der Anschlufs an die Stadtbahn gesichert, die Stadtbahnbögen für einen Miethspreis von 10 ℳ für das Quadratmeter vorläufig auf 10 Jahre der Stadtgemeinde überlassen worden und das für den Bau der Markthalle erforderliche Gelände erworben war, wurde die Central-Markthalle nach den Plänen des Stadt-Bauraths Blankenstein im Juli 1883 in Angriff genommen. Am 3. Mai 1886 wurde sie gleichzeitig mit den Klein-Markthallen II—IV eröffnet.

Die Central-Markthalle, im Süden vom Sedan-Panorama, im Westen von der Neuen Friedrichstrafse, im Norden von der Kaiser-Wilhelm-Strafse, im Osten von der Strafse An der Stadtbahn begrenzt, bildet mit Einschlufs des gemietheten Theils der Stadtbahnbögen zwischen Bahnhof Alexanderplatz und Kaiser-Wilhelm-Strafse ein Rechteck von 117 m Länge und 99,15 m Breite oder von rd. 11 600 qm Grundfläche (Abb. 571). Hiervon liegen auf städtischem Gebiet 9493 qm, auf dem Gebiete der Stadtbahn 2107 qm mit einer nutzbaren Fläche der sieben Bögen von 1725 qm. Die Halle hat drei Haupteingänge, einen für Fufsgänger an der Neuen Friedrichstrafse und je einen an der Kaiser-Wilhelm-Strafse und der Strafse An der Stadtbahn, aufserdem eine 8 m breite Durchfahrt, gleichlaufend mit der Stadtbahn, welche die Panoramastrafse mit der Kaiser-Wilhelm-Strafse verbindet. Diese Durchfahrt dient sowohl für das Heranschaffen von Waaren als auch zur Abfuhr der im Grofshandel verkauften Lebensmittel. Sie wird nur nach Schlufs der Marktzeit von Wagen, und zwar nur nach einer Richtung hin benutzt und ist in ihrer Breite so bemessen, dafs zwei Wagenreihen zur Be- und Entladung bequem rechts und links halten und eine dritte dazwischen durchfahren kann. Für den Grofshandel wurden in erster Linie die Stadtbahnbögen in Aussicht genommen, weil hier die mit der Eisenbahn ankommenden Güter durch Fahrstuhlanlagen auf dem kürzesten Wege in die Lagerräume geschafft werden können. Der Verkehr auf der Eisenbahn ist in der Weise geregelt, dafs die für die Markthalle bestimmten Waaren an den Endpunkten der Stadtbahn (auf Bahnhof Rummelsburg und Charlottenburg) gesammelt und nach Schlufs des Fernverkehrs an den Bestimmungsort geführt werden. Jeder der beiden von Osten und Westen kommenden Züge gelangt vom Bahnhof Alexanderplatz durch eine Weiche auf die eigentlichen Markthallengleise, einem rd. 380 m langen Verschub- nnd Ausziehgleis, welches sich gleichlaufend mit den Ferngleisen der Stadtbahn bis nahe an die Spandauer Brücke hinzieht, und zwei rückwärts nach dem Bahnhof Alexanderplatz zu abzweigenden Endladebühnen-Gleisen von 220 m und 170 m Länge. Die Anlage des Ausziehgleises und des äufseren Ladegleises nöthigten zu einer Verbreiterung der Stadtbahn um durchschnittlich 9,50 m, während für das innere Ladegleis ein besonderer Viaduct von 4,40 m Breite in rd. 4,60 m Entfernung von der ersteren angelegt werden mufste. Beide Viaducte vereinigen sich, der Richtung der die beiden Ladegleise verbindenden Weichenstrafse folgend, jenseits der Kaiser-Wilhelm-Strafse. Die Unterführung derselben mufste daher für drei Gleise verbreitert werden, während für die weiter nördlich liegende Unterführung der Rochstrafse nur die Verbreiterung um ein Gleis erforderlich war.

Durch Ueberdeckung des Raumes zwischen den beiden Anschlufsviaducten ist eine Zwischenbühne von 6,50 m Breite, ferner durch Ueberdeckung der den westlichen Viaduct

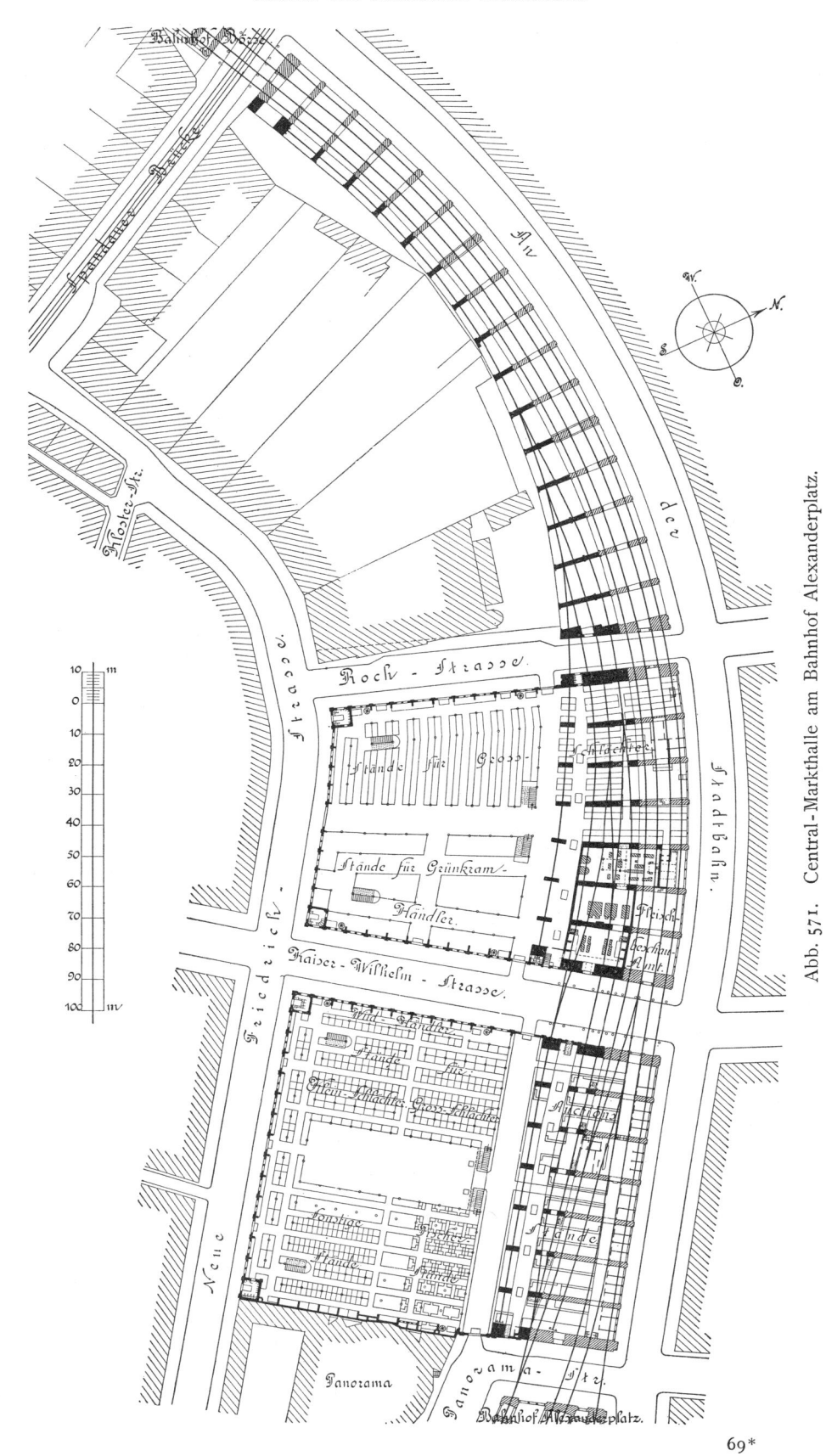

XXVII. Die städtischen Markthallen. 547

Abb. 571. Central-Markthalle am Bahnhof Alexanderplatz.

69*

von der eigentlichen Markthalle trennenden Durchfahrt eine innere, mit dem oberen Geschofs der letzteren in unmittelbarer Verbindung stehende Entladebühne von 10 m Breite gewonnen worden. Die Entladebühnen sind durch eiserne Träger überdeckt, welche die aus verzinktem Wellblech bestehende Decke tragen. Der Fufsboden ist in Gufsasphalt auf einer Unterlage von Beton hergestellt. Zum Schutz der Waaren sind die Bühnen mit einer Reihe von Satteldächern überdeckt, die mit reichlichem Oberlicht versehen sind.

Die Länge der beiden Entladebühnen gestattet die gleichzeitige Aufstellung von zusammen 60 Achsen; dieser Zahl entspricht auch die Länge des freien Ausziehgleises. Den Einrichtungen für die Zufuhr ist eine gröfste Tagesleistung von 30000 kg zu Grunde gelegt, welche Leistung durch zwei Eisenbahnzüge von je 30 Wagen (60 Achsen), selbst wenn für sie nur eine Durchschnittsbelastung von 5000 kg angenommen wird, übernommen werden kann.

Zur Ueberführung der Wagen auf die Markthallengleise stehen nur wenige Stunden zur Verfügung; es waren daher Einrichtungen für eine rasche Entladung und Beseitigung der Güter vorzusehen. Die nach der Halle liegende innere Bühne zwar, welche hauptsächlich zur Entladung derjenigen Waaren benutzt wird, die in dem oberen Geschofs der Halle gelagert werden sollen, erforderte durch seine gröfsere Breite nicht unbedingt eine rasche Beseitigung der entladenen Güter; dagegen handelte es sich um weitgehende Entladevorrichtungen auf der schmaleren Zwischenbühne, auf welcher die Entladung von zwei Seiten aus erfolgt. Es sind zu diesem Zwecke sechs bis zum Kellerfufsboden der Halle führende Wasserdruckfahrstühle von 6 qm Grundfläche und 1500 kg Tragfähigkeit angeordnet, welche für jeden Hub — einschliefslich Beladen und Entladen — höchstens fünf Minuten beanspruchen, sodafs damit 15000 kg bequem in $1^1/_2$ Stunde entladen werden können, die Entladung von zwei Zügen also drei Stunden in Anspruch nimmt. Die Fahrstühle sind so eingerichtet, dafs das Gewicht der Bühne und des Kolbens durch Gegengewichte ausgeglichen ist, sodafs nur das nöthige Uebergewicht zum Sinken des leeren Fahrstuhls übrig bleibt. Durch Sandfüllung zwischen dem Hebecylinder und dem ihn aufnehmenden Blechrohr ist die nöthige Sicherheit im Falle eines Cylinderbruches, durch selbstthätige Rückschlagventile im Falle eines Rohrbruches in der Druckleitung gegeben. Die Fahrstuhlschächte sind in Höhe des oberen Fufsbodens mit Klappen abgedeckt, welche durch die Fahrstühle selbstthätig geöffnet und geschlossen werden. Damit bei Ausbesserungen oder sonstigen Störungen nur die Hälfte der Fahrstühle aufser Betrieb gesetzt zu werden braucht, sind zwei Accumulatoren vorhanden und die Rohrleitungen von ihnen zu den Fahrstühlen in zwei von einander unabhängige Stränge zerlegt, ebenso kann durch Losnehmen einer Lenkerstange die halbe Dampfmaschine mit den dazu gehörigen Pumpen zum Stehen gebracht werden, während die andere Hälfte ungehindert weiter arbeitet. Die Rohrleitungen liegen in der Kellersohle in gemauerten, mit eisernen Platten abgedeckten Canälen, um eine bequeme Ausbesserung zu gestatten. Im Falle eines Rohrbruches wird das Wasser auf der mit Gefälle verlegten Sohle einer Pumpe zugeführt, kann also sofort beseitigt werden. Aufser den sechs Fahrstühlen auf der Entladebühne sind noch in den vier Ecken der Markthalle Fahrstühle für je 750 kg Last angeordnet, welche, da ihre Benutzung in die Tagesstunden fällt, durch dieselben Maschinen betrieben werden. Die für den Betrieb der Fahrstühle erforderliche Maschinenanlage und die Dampf- und Dynamomaschinen für die elektrische Beleuchtung sind unter dem Anschlufsviaduct jenseits der Kaiser-Wilhelm-Strafse aufgestellt worden. Für den Betrieb der Wasserdruckfahrstühle dienen zwei Kessel von je 22,60 qm Heizfläche und für die elektrische Beleuchtung zwei Kessel von je 45 qm Heizfläche (je einer davon zur Aushülfe).

Was den Bau der eigentlichen Markthalle anbetrifft, so ist, um die zur Verfügung stehende Grundfläche nach Möglichkeit auszunutzen, eine theilweise zweigeschossige Anlage gewählt, indem längs der Fronten der Kaiser-Wilhelm- und der Neuen Friedrichstrafse, sowie längs der Grenze mit dem Panorama Galerien in der Breite von zwei Achsen und gleichlaufend mit der Kaiser-Wilhelm-Strafse zwei weitere frei auf eisernen Säulen ruhende Galerien angeordnet sind, deren Fufsboden etwa 6,50 m über dem des Erdgeschosses liegt. Die Achsenweiten betragen längs der Neuen Friedrichstrafse 6,73 m, längs der Kaiser-

Wilhelm-Strafse 6,37 m. Durch die Galerien wird die ganze Markthalle in der Richtung der Kaiser-Wilhelm-Strafse in drei 20 m breite und 56,25 m lange Einzelhallen zerlegt, welche zur Gewinnung des erforderlichen Seitenlichtes etwa 4 m über die Dächer der Galerien hinausgeführt und durch schmiedeeiserne Bogenträger mit einem festen und einem Rollenlager überdacht sind (Abb. 572). Ein Drittel der Dachfläche der Einzelhallen ist mit einer Laterne versehen, deren Lichtöffnungen sich 21 m über dem Fufsboden der Halle befinden und deren Seitenwände zur Erzielung einer kräftigen Lüftung zum Theil mit festen Glasstabfenstern versehen sind. Ebenso sind die den eisernen Stützen des Daches zunächst liegenden Fenster in den Glaswänden der Hallen zu Lüftungszwecken mit Flügeln versehen, welche von der Galerie aus bewegt werden können. Die Galerien haben ebenfalls Asphaltbelag auf Wellblechunterlage. Zur Verbindung der Galerien mit den unteren Markthallenräumen sind zwei eiserne Treppen von je 2 m Breite mit Asphaltbelag an den der Neuen Friedrichstrafse zugekehrten Enden der äufseren Hallen und eine dritte in der mittleren Halle auf der entgegengesetzten Seite an der Durchfahrt vorgesehen. Letztere ist derart angeordnet, dafs man mit Hülfe eines Zwischenabsatzes von einer Galerie zu der anderen gelangen kann. Unter diesen Treppen liegen auch die Zugänge zu den Kellereien. Endlich sind noch drei kleinere Wendeltreppen an den Fronten des Gebäudes zur ausschliefslichen Benutzung durch die Verwaltungsbeamten vorhanden. Gegen den Bahnsteig ist die Halle durch eine Glaswand abgeschlossen, deren untere Hälfte zur Lüftung der Halle in einzelnen Theilen senkrecht gehoben werden kann. Der Höhenunterschied zwischen dem Bahnsteig und den Galerien von etwa 70 cm ist durch 3 m breite Rampen für Güter und seitliche Treppen für Personen vermittelt. Die Rampen haben senkrecht zu hebende Schiebethore mit Gegengewichten. In der Mittelachse der Einzelhallen sind elektrische Uhren angebracht, welche durch eine im Verwaltungsamt aufgestellte Normaluhr betrieben werden.

Durch die Galerien ist mit Einschlufs der über der Durchfahrt liegenden Ladebühne eine weitere Fläche von rd. 4300 qm nutzbar gemacht. Längs der Neuen Friedrichstrafse und der Kaiser-Wilhelm-Strafse sind durch eingezogene Eisenfachwände Räume für die Güter- und Zollabfertigung, das Schauamt zur Untersuchung des von aufserhalb kommenden Fleisches, die Betriebsverwaltung, ein Fernsprechraum und Geschäftszimmer sowie Lagerräume für Grofshändler gewonnen. Der übrige Raum ist hauptsächlich von Händlern mit Hauswirthschaftsgeräthen, Porzellan, Blechgeschirr, Holzwaaren u. dergl. besetzt.

Die inneren Bautheile der Halle sind in Eisen, die Stützen in Gufseisen, die Träger der Galerien und der Dachstuhl (letzterer mit Ausschlufs der hölzernen Sparren und Dachschalung) in Schmiedeeisen ausgeführt. Das Gesamtgewicht des verwendeten Eisens beträgt rd. 1 130 000 kg. Für die Umfassungswände ist die in Frankreich übliche leichtere Bauart in Eisenfachwerk vermieden worden, da namentlich an den Wiener Markthallen die Unzweckmäfsigkeit derselben für unser Klima durch die Erfahrung dargethan ist. Die Markthalle hat massive, aufsen und innen in Ziegel ausgeführte Umfassungsmauern in einer ihren Zweck kennzeichnenden architektonischen Ausbildung (Abb. 570, S. 545). Entsprechend der inneren Achsentheilung sind die Fronten durch vortretende Wandpfeiler gegliedert, die über dem Gurtgesims mit eingelegten Füllungen in gebranntem Thon geschmückt sind und in deren oberer Endigung die behufs kräftigerer Entlüftung mit Saugern versehenen Rohre für die Lüftung des Kellers ausmünden. Die Fronten sind in hellgelben Verblendsteinen mit rothen Terracotten ausgeführt, im Innern sind die Umfassungsmauern über einem rd. 50 cm hohen Granitsockel bis zur Höhe der Fensterbrüstung des Erdgeschosses mit farbigen Mettlacher Fliesen bekleidet und darüber in hellen Verblendsteinen mit eingelegten rothen Streifen ausgeführt.

Für den Grofshandel war aufser den Lagerräumen unter den Bögen der Stadtbahn und des Anschlufsviaductes zunächst noch die ganze Mittelhalle bestimmt. Sie hat daher keine festen Standeintheilungen erhalten, ist mit der Durchfahrt zwischen Kaiser-Wilhelm- und Panoramastrafse in gleiche Höhe gelegt, hat eine Ausfahrt nach der Neuen Friedrichstrafse und ist ebenso wie die Durchfahrt mit einem Pflaster von Eisenklinkern auf Betonunterlage versehen, sodafs sie auch von Fuhrwerken benutzt werden kann.

550 XXVII. Die städtischen Markthallen.

Abb. 572. Inneres der Central-Markthalle.

XXVII. Die städtischen Markthallen.

551

Der ganze Raum nördlich der Mittelhalle ist mit Ausnahme von drei der Neuen Friedrichstrafse gleichlaufenden, unter der Galerie liegenden Ständeinseln für Mehl- und Vorkosthandel ausschliefslich dem Handel mit Fleisch, Wild und Geflügel zugewiesen. Er ist durch sechs der Kaiser-Wilhelm-Strafse gleichlaufende Längsgänge von 2 m Breite in fünf Standreihen mit Doppelständen und zwei Reihen mit einfachen Ständen (längs der Mittelhalle und der Front an der Kaiser-Wilhelm-Strafse) getheilt. Senkrecht zur Mittelhalle sind diese Standreihen noch von einem Quergang durchzogen. Die Stände sind in ihrer Gröfse derartig bemessen, dafs eine Säulenachse von 6,37 m in zwei oder drei Theile getheilt ist, sodafs bei 2,35 m Tiefe sich Grundflächen von 7,50 oder 5 qm Gröfse ergeben. Die Ständeinseln sind um rd. 10 cm gegen die Gänge erhöht, mit Granitbordschwellen eingefafst und ebenso wie die Gänge mit gerieften Mettlacher Fliesen auf Ziegelunterlage abgepflastert. Die Ständeinseln haben Quergefälle nach den Gängen, in denen Rinnen mit Längsgefälle das Spülwasser in Trichter mit festen Sieben leiten. Aus diesen gelangt es in die städtischen Abwässer.

Die Fleischerstände sind durchweg als vollständig abgeschlossene Läden in gediegenem Eisenbau ausgeführt, die Theilungswände sind in Brüstungshöhe als feste Bretterwände zwischen Winkeleisen, darüber in starkem Drahtgeflecht gebildet, die Vorderfront kann durch einen verschliefsbaren Rollladen aus Wellblech geschlossen werden. Sie sind mit den erforderlichen Aufhängevorrichtungen auf Consolen sowie einem drehbaren Ausleger zum Anbringen der Schnellwage versehen. Der Rollladenkasten ist hinter einem von den Frontpfosten getragenen Gebälk angeordnet, an welchem auch die Firmenschilder der Ladeninhaber angebracht sind. Die Rollläden können durch auf ihrer Welle angebrachte Federkästen gehoben werden; die Verkäufertische sind mit Marmorplatten belegt. Alle Eisentheile sind verzinkt, die Holztheile geölt, mit Essigfarbe gebeizt und mit einem Firnifsüberzuge versehen.

Für den Raum südlich der Mittelhalle ist dieselbe Theilung durch sechs Längsgänge und einen Quergang beibehalten, die östliche Hälfte aber noch durch einen zweiten Quergang getheilt, zwischen welchem und der Durchfahrt die Stände für den Handel mit Flufs- und Seefischen angebracht sind. Die Grundfläche der Stände für Flufsfische wechselt zwischen 5 qm und 15 qm. Sie sind auf jeder Standinsel in Gruppen von vier oder zwei Ständen zusammengefügt. Die Behälter sind aus geschliffenen Platten von carrarischem Marmor von rd. 50 cm Höhe und 1 m Breite zusammengesetzt, welche auf 20 cm hohen Granitwürfeln gelagert sind, um die bequeme Zugänglichkeit der Wasser-Zu- und Abführungsrohre zu ermöglichen. Die Behälter haben je nach der Gröfse zwei bis drei Zwischenwände für die einzelnen Fischsorten, sie sind mit teleskopartig eingerichteten Ueberlaufrohren und wagerecht liegenden Wasserzuführungsrohren mit senkrechtem Luftrohransatz versehen. Aufserdem ist für jede Gruppe von Ständen noch ein Standrohr zur Füllung der Behälter mittels Gummischlauchs vorhanden. Endlich sind die Becken mit Deckeln aus einem Holzrahmen mit Drahtgeflecht versehen, um sie nach Schlufs der Marktzeit gegen Diebstähle zu sichern. In die aus Eisenstäben in einfacher Ausbildung hergestellten Theilungswände der Stände sind höhere Pfosten zur Anbringung der Firmenschilder eingesetzt, aufserdem sind besondere eiserne Pfosten zur Aufhängung der Wagen, und Trennungsgitter zwischen den Behältern gegen das Ueberspringen der Fische vorhanden. Auch die Stände für den Handel mit Seefischen, Hummern usw. wechseln zwischen 5—15 qm Grundfläche, die Trennung durch Eisengitter ist dieselbe wie bei den Ständen für Flufsfische, in ihrer Einrichtung kommen nur noch zum Aufstellen der Körbe rd. 45 cm hohe, 70 cm breite Tische hinzu, deren Platten aus Eichenholz gefertigt und deren Kanten mit aufgeschraubten [-Eisen beschlagen sind.

Der Raum südlich des Querganges und die ersten längs der Neuen Friedrichstrafse sich hinziehenden Inseln sind mit Ständen für den Handel mit Grünkram, Obst, Butter, Käse usw. besetzt. Die Gröfse dieser Stände ist durchschnittlich auf 3,70 qm bemessen. Die Gemüsestände sind vorn offen, seitlich durch Gitterwände in Holzrahmen zwischen gufseisernen Pfosten bis auf Brüstungshöhe getheilt, die höher geführten Rückwände haben Gestelle für die Marktwaaren erhalten und an aufgesetzten schmiedeeisernen Ständern sind die Tafeln für die Firmenschilder angebracht. Durch die ganze Halle sind Zapfhähne mit Schlauchverschraubung zum Zweck der Spülung und Radfeuerhähne in reichlicher Zahl vertheilt. An dem nördlichen Ende der Mittelhalle befinden sich zwei Kehrichtaufzüge, in welche während der Marktzeit die Abfälle geworfen werden, um sie nach Schluſs derselben im ganzen abzufahren.

Von den Bögen der Stadtbahn ist einer zu einer Gastwirthschaft eingerichtet, in den übrigen sind längs der Straſse An der Stadtbahn durch eingezogene Eisenfachwerkwände 6 m tiefe Räume für die Marktpolizei und als Geschäftszimmer der Makler und Groſsverkäufer hergestellt. Die Wände sind, um den Bögen möglichst viel Licht zuzuführen, nur bis 1,50 m Höhe voll ausgemauert, darüber aber in ganzer Höhe mit Fensterrahmen ausgesetzt; an der Decke angeordnete groſse Canäle mit Zinkblechwänden, durch Klappen verschlieſsbar, führen auf dieser Seite den Lagerräumen frische Luft zu. Die vor den Geschäftszimmern liegenden Lagerräume sind durch Verkaufstische abgetrennt, über denen der Abschluſs bis zur Decke durch Drahtvergitterung zwischen eisernen Pfosten mit senkrecht zu hebenden Schiebefenstern bewirkt ist. In jedem Bogen sind die Lagerräume mit den darunter liegenden Kellern durch Treppen verbunden.

Die ganze Markthalle ist mit überwölbten Kellereien versehen, deren Höhe von Oberkante zu Oberkante Fuſsboden 3 m beträgt. Die Sohle des Fuſsbodens liegt unter dem höchsten Grundwasserstande und ist daher in Cementbeton von 12 cm Stärke hergestellt, sie ist mit Längen- und Quergefälle versehen und entwässert in eine Anzahl Schlammfänge, die der Canalisation angeschlossen sind, sodaſs der Fuſsboden leicht durch Spülung gereinigt werden kann. Die Eintheilung des Kellers in einzelne Abtheilungen mit dazwischen liegenden Längs- und Quergängen ist ähnlich wie in der Markthalle. Die Frontwände der Abtheilungen bestehen aus einem eisernen Gerüst mit starkem Drahtgeflecht, die Thüren sind als Schiebethüren eingerichtet, um die Gänge nicht zu beengen, die Zwischenwände sind durch Holzrahmen mit Drahtgeflecht hergestellt, um sie ohne groſse Kosten versetzen zu können. Zur Beleuchtung und Lüftung der Kellerräume dienen die in den Fronten so groſs als möglich angeordneten, mit vorgelegten Lichtkränzen versehenen Fenster, deren Flügel um eine wagerechte Achse drehbar sind, auſserdem sind Entlüftungsrohre in den Pfeilervorlagen der Fronten und vier groſse, bis über Dach geführte, mit Saugern und für die Sommerlüftung mit eingelegten Gasrosten versehene Luftschächte an der Grenze mit dem Panorama vorhanden. Eine Anzahl Rohre von 50 cm Durchmesser führen endlich von der Straſse An der Stadtbahn her frische Luft zu. In den Gängen zwischen den Marktständen ist zudem noch eine groſse Zahl Oberlichter von 50 cm Durchmesser mit Rohglasabdeckung angelegt, welche nach Schluſs der Marktzeit hoch gehoben werden können und so auch mit zur Lüftung beitragen. Die Kellerräume haben Gasbeleuchtung, deren Flammen zur Verhütung von Feuersgefahr mit Schutzkörben aus Draht versehen sind. Auch für die Markthalle ist eine Nothbeleuchtung durch Gas im Falle des Versagens der elektrischen Beleuchtung vorgesehen.

Die Kosten der Markthalle berechnen sich wie folgt:

Grunderwerb einschlieſslich Hypothekenzinsen und Miethe für die
    Stadtbahnbögen während der Bauzeit . . . . 2 330 000 ℳ
Baukosten . . . . 2 250 000 „

                                      also Gesamtkosten rd. 4 600 000 ℳ

Die rasche Steigerung des Waarenverkehrs in der Central-Markthalle (die Ein- und Ausfuhr mittels des Eisenbahnanschlusses allein stieg von rd. 6 880 000 kg im Betriebsjahre 1887/88 auf rd. 53 770 000 kg im Betriebsjahre 1893/94) machte es nothwendig, ein besonderes Gebäude für den Groſshandel zu errichten, das im Herbst 1891 in Angriff und am 1. Juli 1893 in Benutzung genommen wurde. Die neue Markthalle erhielt ihren Platz zwischen der Kaiser-Wilhelm- und Rochstraſse, die Kellerräume beider Hallen sind durch einen Tunnel unter der Kaiser-Wilhelm-Straſse, ihre Entladebühnen durch eine eiserne Bogenbrücke über derselben verbunden. Sie bedeckt einen Flächenraum von rd. 9200 qm, wird durch Galerien in zwei Einzelhallen zerlegt und entspricht in ihrer Gesamtanordnung mit Bahnanschluſs, Entladebühnen, Fahrstühlen, sowie in den architektonischen und baulichen Einzelheiten genau der alten Halle. Zur Gewinnung des erforderlichen Raumes für die Pumpen und die Accumulatoren der Fahrstühle war die Beseitigung der Dynamomaschinen erforderlich; die elektrische Beleuchtung beider Hallen wurde daher an die Kabel der Berliner Elektricitäts-Werke angeschlossen. Durch Unterkellerung der angrenzenden Stadtbahnbögen war es möglich, auch nach der Straſse An der Stadtbahn hin groſse Fensteröffnungen anzulegen und dadurch eine sehr günstige Beleuchtung und Lüftung der Kellerräume zu erzielen.

Die neue Halle dient zur Hälfte dem Groſshandel mit Fleisch, zur Hälfte dem mit Obst und Gemüse. Für ersteren sind zwischen 2,50 und 2,75 m breiten Gängen feste Stände von durchschnittlich 4,60 qm Grundfläche und einer Tiefe von 2 m eingerichtet, für letzteren wurden keine besonderen Standeinrichtungen gewünscht. In den gemietheten Stadtbahnbögen befinden sich ein städtisches Fleischschauamt, die Maschinenanlagen für den Betrieb der hydraulischen Fahrstühle und für die im Keller eingerichteten Kühlräume, eine Anlage zur Herstellung von Kunsteis mit einer täglichen Leistung von 10 000 kg und die Wirthschaft; im übrigen sind auch hier noch Verkaufsstände eingerichtet worden. Auf den Galerien wird im Sommer und Herbst hauptsächlich mit Obst und Gemüse gehandelt, im Winter gelangt dort mit der Eisenbahn angekommenes australisches und dänisches Fleisch in groſsen Massen zum Verkauf.

Die Kühlanlage ist von der Maschinenfabrik Humboldt in Kalk bei Köln nach der ihr patentirten Bauart ausgeführt. In gemauerten Kammern liegen Rohrschlangen, in denen flüssiges Ammoniak verdunstet und dadurch die Auſsenflächen derselben bedeutend abkühlt. Die in die Kühlräume eintretende Luft umspült die Rohrschlangen, wobei diese sich nach und nach dicht mit Reif bedecken. Gleichzeitig wird die in den Kühlräumen befindliche wärmere Luft abgesaugt, einer auſser Betrieb gesetzten bereiften Rohrschlangengruppe zugeführt, um sie abzuthauen, dann behufs weiterer Erkaltung durch angebrachte Wechselklappen über eine zweite mit Ammoniak gefüllte Rohrgruppe und endlich wieder in die Kühlräume geführt. So erfolgt ein ununterbrochener Umlauf der Luft, wobei sie gleichzeitig gereinigt wird. Es sind auch Vorrichtungen getroffen, um die Luft je nach Bedürfniſs ganz zu erneuern. Die Kühlhalle hat vier Abtheilungen, eine für Fleisch von $+4^\circ$ C. Luftwärme, eine für Fische von 0° C., eine für Butter und Käse von $+6^\circ$ C. und eine für Gemüse von $+6^\circ$ C. Luftwärme. Ihre Gesamtgrundfläche beträgt 1970 qm. Für ihre Beleuchtung sind Glühlampen vorhanden, während die übrigen Kellerräume Gasbeleuchtung haben.

Die Kosten dieser Markthalle berechnen sich auf

Grunderwerb . . . . 2 840 000 ℳ
Baukosten . . . . 2 200 000 „

zusammen 5 040 000 ℳ

Die Markthallen für den Einzelverkauf.

Als Bauplätze für diese Markthallen sind besonders solche Grundstücke gewählt worden, die von den bis dahin vorhandenen Wochenmärkten nicht zu weit entfernt waren, durch ihre Lage zwischen zwei Straſsen einen bequemen Durchgangsverkehr für Fuhrwerk gestatteten und möglichst genügendes Hinterland zum Bau der Markthalle selbst boten, da ihre Lage an der Straſse, wegen des theuren Grund und Bodens und der Nothwendigkeit, für die Gestaltung der Straſsenfronten gröſsere Mittel aufzuwenden, die Anlagekosten ohne Grund erhöht haben würde.

Gleichzeitig mit der Central-Markthalle wurden die Markthallen II auf dem Grundstück Lindenstraſse 88—90 und Friedrichstraſse 18, die Markthalle III auf dem Grundstück Zimmerstraſse 90/91 und Mauerstraſse 82 und die Markthalle IV auf dem nach dem Reichstagsufer durchgehenden Grundstück Dorotheenstraſse 28—30 (Abb. 573) eröffnet. Sie sind auf dem Hinterlande dieser Grundstücke errichtet und werden für die An- und Abfuhr der

554   XXVII. Die städtischen Markthallen.

Waaren von meist 9 m breiten Durchfahrten durchschnitten. Auf dem Grundstück der Markthalle II ist an der Lindenstrafse auf einem etwa 1090 qm grofsen Bauplatz ein Gebäude errichtet, das im Erdgeschofs Läden, in einem Halbgeschofs und drei darüber liegenden

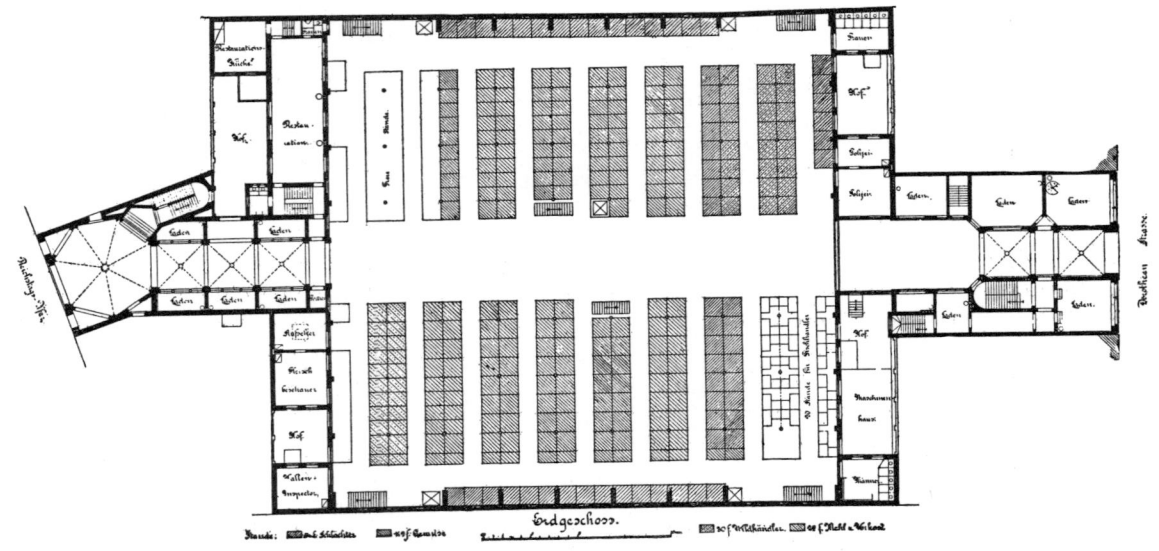

Abb. 573. Markthalle IV, Dorotheenstrafse 28—30.

Stockwerken Sammlungs- und Unterrichtsräume für die städtische Handwerkerschule enthält. Sonst ist das Vorderland der Markthallengrundstücke meist zu Miethshäusern benutzt, deren Erdgeschofs zu Geschäftsräumen eingerichtet ist. Von dem Hinterlande der Bauplätze sind zunächst einige kleinere oder gröfsere Flächen als Höfe unbebaut geblieben, um den Kellerräumen Luft und Licht zuzuführen. An diese Höfe schliefsen sich Wirthschaften für die Marktbesucher, Diensträume für die Verwaltung, die Marktpolizei, Schauämter für das von aufserhalb eingeführte Fleisch, Aborte usw. an.

Die Ueberdeckung der Marktstände geschieht durch Sheddächer, deren hölzerne Sparren im First mit Versatz zusammengesetzt sind, während ihr Fufs in ⌐-Eisen ruht, welche auf der verbreiterten Kopfplatte der in Entfernungen von durchschnittlich 6 m angeordneten gufseisernen Säulen gelagert sind; zwischen diesen ⌐-Eisen ist die Dachrinne angeordnet. Die steile Seite der Sheddächer besteht aus einer ununterbrochenen Reihe von Fenstern, von denen die den Säulen zunächst liegenden zum Zweck der Lüftung durch über Rollen geführte Ketten geöffnet werden können; die Höhe der überdachten Räume beträgt rd. 7,50 m. Die 9 m breiten Durchfahrten sind über die Sheddächer

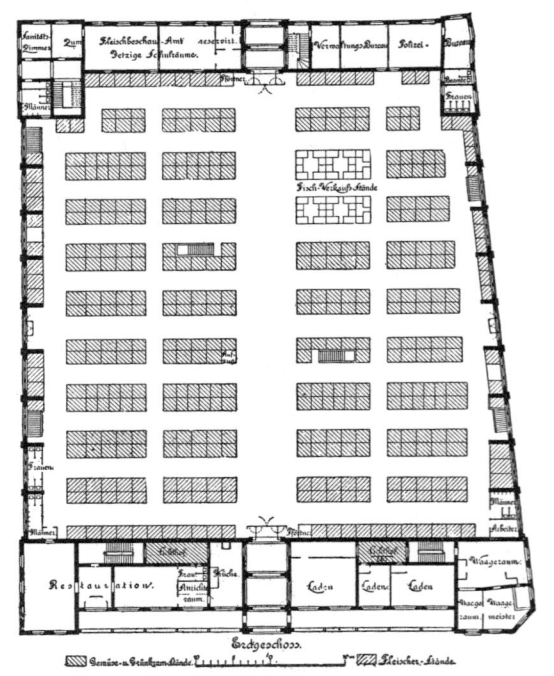

Abb. 574. Markthalle X, Arminiusplatz.

hinausgeführt und mit eisernen Bogenbindern überdacht. Zur Gewinnung des erforderlichen Seitenlichts ist hier die Fläche zwischen den die Dachbinder tragenden Pfosten oberhalb der anstofsenden Sheddächer als eine durchlaufende Reihe von Fenstern mit theilweise für die Lüftung beweglich eingerichteten Flügeln ausgebildet.

XXVII. Die städtischen Markthallen. 555

Abb. 575. Inneres der Markthalle X, Arminiusplatz.

In der Markthalle II in der Lindenstrafse sind für den Grofshandel zwei rd. 25 m lange und 19 m breite Hallen ohne Stützen eingelegt und höher geführt. Ihre Ueberdeckung

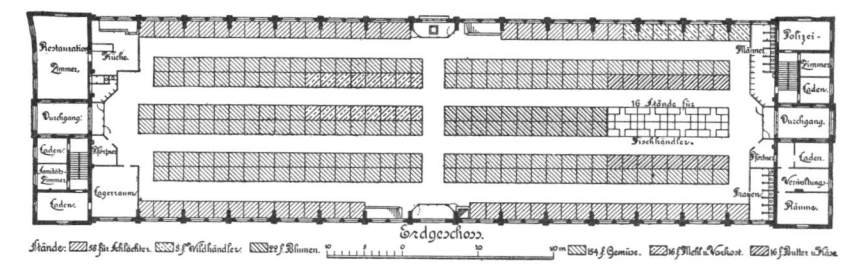

Abb. 576. Markthalle XI, Marheinekeplatz.

durch Fachwerkträger mit gekrümmter unterer Gurtung und mit Anordnung einer Firstlaterne entspricht der der Einzelhallen der Central-Markthalle. Diese Markthalle enthält

70*

einen durch Glaswände abgeschlossenen und durch Dampfheizung erwärmten Raum für den Grofshandel mit Blumen.

Die Markthallen sind durch Quergänge von 2 m Breite senkrecht zur Durchfahrt getheilt. Die Ständeeinrichtungen sind dieselben wie bei der Central-Markthalle, die Grundflächen der Stände etwas geringer, im allgemeinen 3,50 bis 4,50 qm. Nur für den Verkauf der Flufsfische sind Stände von 4,60 bis 6,90 qm Grundfläche angelegt. Die zur Beförderung der Waaren in die Keller angeordneten Fahrstühle mit Handbetrieb von 250 kg Tragfähigkeit sind wenig benutzt und daher bis auf einen, der zum Herunterschaffen der Abfälle während der Marktzeit dient, wieder entfernt worden.

Abb. 577. Ansicht der Markthalle XI, Marheinekeplatz.

Die Grunderwerbs- und Baukosten stellen sich

für die Markthalle II einschliefslich Handwerkerschule und Vordergebäude in der Friedrichstrafse auf . . . . 3 050 000 ℳ

für die Markthalle III einschliefslich eines an der Zimmerstrafse errichteten Gebäudes für die städtische Sparkasse auf . . . . . 2 376 000 „

für die Markthalle IV einschliefslich des Vorderhauses an der Dorotheenstrafse auf . . . . 2 032 000 „

Die eigentlichen Baukosten der Markthallen selbst betragen durchschnittlich 120 ℳ für das Quadratmeter bebauter Fläche.

Im Jahre 1888 wurden die in der Invaliden- und der Ackerstrafse liegende Markthalle VI, die Markthalle VII auf dem Eckgrundstück Luckauer Strafse und Luisenufer, die Markthalle VIII in der Andreasstrafse 56 und die Markthalle V auf dem Magdeburger Platze eröffnet. Da der innere Ausbau dieser Markthallen erst im Herbst 1887 und Frühjahr 1888 zur Ausführung gelangte, so konnten dabei die während des ersten Betriebsjahres der Markthallen I—IV gewonnenen Erfahrungen verwerthet werden. Die wesentlichste Aende-

XXVII. Die städtischen Markthallen. 557

rung gegen früher bestand in der Verlegung sämtlicher Fleischerstände mit ihrer ladenartigen Einrichtung an die Umfassungswände, wodurch der Raum sehr an Uebersichtlichkeit gewinnt, sowie ferner in der Vergröfserung der Gangbreite vor diesen Ständen von 2 m auf 2,75 m, da das erstere Mafs gerade für den Verkehr vor diesen Ständen etwas zu knapp bemessen erschien. Die Wellblechrollläden zum Abschlufs der Fleischerstände wurden durch eiserne Rahmen mit Drahtgeflecht ersetzt, um auch nach Schlufs der Marktzeit der Luft möglichst reichlichen Zutritt zu gewähren. Statt der kostspieligen und im eigenen Betriebe nicht

Abb. 578. Inneres der Markthalle XI, Marheinekeplatz.

unbedingt zuverlässigen elektrischen Beleuchtung wurde zur Gasbeleuchtung unter Verwendung von Elster-, Wenham- und Siemens-Lampen zurückgegangen, die sich vollkommen bewährt haben.

Während die Markthallen VI, VII und VIII in ihrer Bauart sich vollständig den drei älteren Markthallen anschliefsen, ist die Markthalle V als die erste von allen Seiten frei stehende, in der Art einer Basilika mit einem 13,50 m breiten und 13,60 m hohen, mit Firstentlüftung versehen Mittelschiff und zwei 6,76 m breiten und 7,25 m hohen Seitenschiffen ausgeführt worden. Der Mittelbau der Halle wird in Entfernungen von je 6 m von 8,80 m hohen gufseisernen Säulen getragen, auf diese sind vierseitige

Pfosten aufgesetzt, zwischen welchen schmiedeeiserne Bogenbinder als Träger des Dachverbandes eingespannt sind; die Seitenschiffe haben I-förmige schmiedeeiserne Pfetten, welche zwischen Hauptsparren gleicher Form eingespannt sind und hölzerne Sparren tragen. Da die Halle auf beiden Längsseiten von Strafsen zur Anfahrt der Fuhrwerke umgeben ist, so war eine Durchfahrt entbehrlich. Durch zwei seitliche Längsgänge von 2,50 und zwei mittlere Quergänge von 2,75 m Breite und durch 3 m breite Querwege in der Mitte und an den Giebeln ist für bequemen Verkehr in der Halle gesorgt. Einbauten von 2,50 m Tiefe an den beiden Giebeln enthalten die Räume für die Verwaltung und Polizei, die Kaffeeküche und die Aborte.

Die Kosten stellen sich wie folgt:

Markthalle V: Baukosten . . . . 341 800 ℳ.

„ VI: Grunderwerb . . . . 620 000 ℳ.
Baukosten . . . . 547 900 „
zusammen 1 167 900 ℳ.

„ VII: Grunderwerb . . . . 985 400 ℳ.
Baukosten . . . . 725 800 „
zusammen 1 711 200 ℳ.

„ VIII: Grunderwerb . . . . 835 000 ℳ.
Baukosten . . . . 632 000 „
zusammen 1 467 000 ℳ.

Mit der Eröffnung der Markthalle IX in der Eisenbahnstrafse 40, der Markthalle X am Arminiusplatz (Abb. 574, 575 u. 579), der Markthalle XI auf dem Marheinekeplatz (Abb. 576—578), der Markthalle XII auf dem Gesundbrunnen Badstrafse 10/10a, der Markthalle XIII Wörther Strafse 45, der Markthalle XIV Reinickendorfer Strafse 2d in den Jahren 1891 und 1892 ist dem Bedürfnifs für die Stadt in ihrem jetzigen Umfange genügt. Von ihnen sind die Markthallen IX, X, XII bis XIV ebenfalls mit Durchfahrten versehen, an welche sich die mit Sheddächern überdeckten Marktstände anschliefsen, während die Markthalle XI in der Art der Markthalle V gebaut ist; nur gestattete die Gröfse des Bauplatzes hier die Ausführung besonderer Kopfbauten, in denen im Erdgeschofs ein Verwaltungsraum, eine Wirthschaft, Verkaufsläden usw., im ersten Stockwerk Wohnungen für den Pächter der Wirthschaft und Beamte der Verwaltung sich befinden.

Die Zahl der Stände in den Markthallen für den Einzelverkauf beträgt durchschnittlich 350, die kleinste ist die Markthalle V mit 227 Ständen.

Die Kosten stellen sich für:

Markthalle IX: Grunderwerb . . . . 621 000 ℳ.
Baukosten . . . . 697 000 „
zusammen 1 318 000 ℳ.

„ X: Grunderwerb . . . . 439 000 ℳ.
Baukosten . . . . 965 000 „
zusammen 1 404 000 ℳ.

„ XI: Grunderwerb . . . . 121 000 ℳ.
Baukosten . . . . 567 000 „
zusammen 688 000 ℳ.

„ XII: Grunderwerb . . . . 391 300 ℳ.
Baukosten . . . . 755 000 „
zusammen 1 146 300 ℳ.

XXVII. Die städtischen Markthallen.

Markthalle XIII: Grunderwerb . . . . 400 000 ℳ.
      Baukosten . . . . 965 000 „
            zusammen 1 365 000 ℳ.

„ XIV: Grunderwerb . . . . 450 000 ℳ.
      Baukosten . . . . 755 000 „
            zusammen 1 205 000 ℳ.

Abb. 579. Markthalle X, Arminiusplatz.

XXVIII. Desinfectionsanstalten. Rathswagen.

A. Die öffentlichen Desinfectionsanstalten der Stadt Berlin.[1]

Die Desinfectionsanstalten verdanken ihre Entstehung dem immer dringender gewordenen Bedürfnifs, bei auftretenden ansteckenden Krankheiten (Cholera, Diphtheritis usw.) der Ansteckungsgefahr, welche in einer Grofsstadt mit ihrer eng zusammen wohnenden Bevölkerung sich in besonders drohender Weise einstellt, dadurch wirksam vorzubeugen, dafs die von den Kranken benutzten Gegenstände (Kleider, Betten, Möbel) schnell und gründlich desinficirt werden. Als Desinfectionsmittel dienen strömende Wasserdämpfe von 100° C., durch welche nach den im Kaiserlichen Gesundheitsamt angestellten Versuchen die Sporen der die Ansteckung bewirkenden kleinen Lebewesen sicher vernichtet werden.

Die erste Desinfectionsanstalt, Grünauer Strafse 23/24, früher Reichenberger Strafse (Abb. 580), wurde erbaut auf Grund des Programms des Directors Merke nach dem Entwurf des Stadt-Bauraths Blankenstein durch den Stadt-Bauinspector Frobenius in den Jahren 1885/86, erweitert in den Jahren 1892/93. Das Anstaltsgrundstück, welches vordem zum Grundstück der Pumpstation I der städtischen Canalisation in der Reichenberger Strafse gehörte und nur durch dieses zugänglich war, ist durch Hinzunahme der Vordergrundstücke an der Grünauer Strafse, auf welchen die Erweiterungsbauten errichtet sind, vergröfsert und in bequeme Verbindung mit der Strafse gebracht worden.

Das Hauptgebäude enthält den durch eine Rabitzwand getheilten Desinfectionsraum mit vier Apparaten, die Aufbewahrungsräume für inficirte und desinficirte Gegenstände, das Kesselhaus nebst Dampfschornstein und Kohlenraum, das Abfertigungszimmer, eine kleine Badeanlage und die sonstigen erforderlichen Nebenräume. An beiden Seiten des Gebäudes sind Ladebühnen vorgebaut, welche mit den betreffenden Innenräumen durch grofse Schiebethore verbunden sind.

Um eine Uebertragung der Ansteckung unmöglich zu machen, ist eine strenge Absonderung der inficirten Gegenstände von den desinficirten im Gebäude durch massive Trennungswände und auf dem Grundstück durch Anlage besonderer Höfe, Zufahrten und Wagenschuppen durchgeführt.

Die Abholung und Zurückbeförderung der Gegenstände erfolgt durch besondere Wagen. Die Desinfectionsapparate sind in die Trennungswand des Desinfectionsraumes derart eingebaut, dafs sie zur Hälfte in jede der Raumabtheilungen hineinragen und bestehen aus einem eisernen doppelwandigen Kasten von 2,51 m Höhe, 1,60 m Breite und 2,85 m Länge, in dessen oberem Theil sich ein auf Schienen und Rollen laufender, zur Aufnahme der Gegenstände bestimmter Wagen befindet. An den Stirnseiten der Apparate, welche mit dicht schliefsenden Doppelthüren versehen sind, stehen eiserne Gestelle mit

---

[1] Bearbeitet vom Stadt-Bauinspector V. Dylewski. — Vergl. H. Merke, Die erste öffentliche Desinfectionsanstalt der Stadt Berlin; Eulenbergs Vierteljahrschr. f. gerichtl. Medicin 1886, und „Die Anstalten der Stadt Berlin für öffentliche Gesundheitspflege usw.", Berlin 1886, Stuhrsche Buchhandlung.

Gleisschienen, welche ein Hinaus- und Hineinschieben der Wagen in die Apparate behufs Be- und Entladung ermöglichen. Die Desinfection geht in der Weise vor sich, dafs, nachdem der Wagen mit den zu desinficirenden Gegenständen beladen, in den Apparat geschoben und die Thüren verschlossen worden, der Apparat vermittelst der in demselben angebrachten Rippenheizrohre bei weit geöffneter Luftzuführungs- und halb geschlossener Abzugsklappe angeheizt, dann nach Schliefsung der Zuführungs- und Abzugsöffnungen aus dem durchlöcherten Rohr mit direct einströmendem gespannten Dampf etwa eine halbe Stunde lang beschickt und zum Schlufs nach Absperrung des direct wirkenden Dampfes noch kurze Zeit bei geöffneten Zu- und Abführungsklappen gelüftet wird. Hierauf wird der Wagen in die andere Abtheilung hinausgeschoben und entladen.

Das Gebäude ist als Backsteinbau in einfachen Formen ausgeführt, die Innenwände sind mit gelben Verblendsteinen verkleidet, mit Ausnahme der Badeanlage und des Abfertigungsraumes, deren Wände geputzt und mit Oelfarbe gestrichen sind. Das Dach, welches zugleich die Decke bildet, ist mit doppelter Dachpappe eingedeckt und von unten mit gehobelten Brettern verschalt. Nur der Desinfectionsraum hat an Stelle der Schaldecke eine sogen. Rabitzdecke erhalten. Alle Räume haben massive Fufsböden, und zwar der Kessel- und Kohlenraum Backsteinpflaster, die übrigen Räume Fliesen. Zur Lüftung der Haupträume dient ein Dachreiter auf dem First des Gebäudes mit stellbaren Klappen. Für die Apparate sind besondere Luftzuführungscanäle im Fufsboden und ein gemeinsames Abzugsrohr, welches in den Dampfschornstein hineingeleitet ist, angelegt. Die Heizung erfolgt theils durch Dampf, theils durch Füllregulirofen.

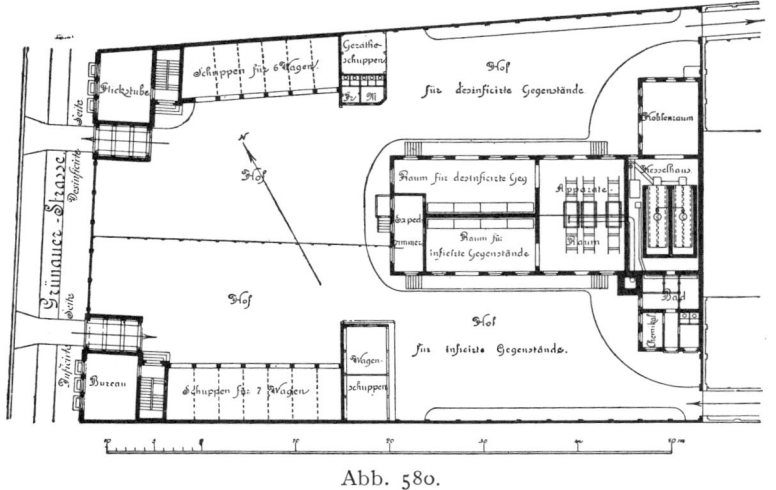

Abb. 580.
Erste städtische Desinfectionsanstalt, Grünauer Strafse 23/24.

Von den Gebäuden, welche bei der Erweiterung der Anstalt an der Grünauer Strafse aufgeführt worden sind, enthält das rechtsseitige im Erdgeschofs an der Strafsenseite eine Durchfahrt und ein Dienstzimmer, dahinter einen Schuppen für sieben Wagen und im Obergeschofs einen Appellraum sowie einen Aufenthalts- und Kleiderraum für die Mannschaft, das linksseitige Gebäude im Erdgeschofs gleichfalls eine Durchfahrt und eine Flickstube, dahinter einen Schuppen für sechs Wagen und im Obergeschofs eine Montirungskammer und ein Hauptwaarenlager. Auch diese Gebäude sind in Backsteinbau ausgeführt und mit doppelter Dachpappe eingedeckt.

Es sei noch bemerkt, dafs der Desinfectionsanstalt auch die Aufgabe zufällt, bei vorkommenden ansteckenden Krankheiten, welche pflichtmäfsig der Polizeibehörde angezeigt werden müssen (Diphtheritis, Pocken, Cholera), auch die Wohnräume, in welchen sich die Kranken aufgehalten haben, auf Veranlassung der Polizeibehörde zu desinficiren.

Die Baukosten haben im ganzen rd. 175 550 ℳ. betragen, wovon 64 100 ℳ. auf den Erweiterungsbau entfallen.

Die zweite Desinfectionsanstalt wurde in den Jahren 1886/87 auf dem hinteren Theil des Grundstücks des städtischen Obdachs gleichzeitig mit demselben erbaut. (Vergl. Lageplan des Obdachs Abb. 512 S. 482.) Das Hauptgebäude hat genau denselben Grundrifs, wie dasjenige der ersten Desinfectionsanstalt, mit Ausnahme des Kesselhauses und dessen Nebenräumen, welche erheblich gröfser angelegt sind, da von hier aus gleichzeitig das städtische Obdach mit Dampf zum Heizen und Kochen versorgt wird. An Nebengebäuden sind zwei Schuppen und ein Beamtenwohnhaus an der Diesterwegstrafse vorhanden. Die Anstalt wird hauptsächlich und sehr stark durch das städtische Obdach in Anspruch genommen, in geringerem Mafse durch das Friedrich-Wilhelms-Hospital und die Siechenanstalt. Desinfectionsaufträge der Polizeibehörde und für Einzelne werden in verhältnifsmäfsig nur geringem Umfange ausgeführt.

B. Die Rathswagen.

Nachdem die in der Markthalle am Arminiusplatz eingerichtete Rathswage im Jahre 1895 wieder eingegangen ist, besitzt die Stadt Berlin aufser einer letzthin errichteten vollständig frei liegenden Centesimalwage mit kleinem Wellblechhäuschen auf dem Heumarkte an der Wiener Strafse am Görlitzer Bahnhofe nur vier Rathswagen und zwar am Petriplatz 1, am Gartenplatz 4/5, am Luisenufer 30 und am Alexanderplatz 4. Letztere, deren Grundrifs in Abb. 581 gegeben, ist im Jahre 1884/85 erbaut. Die Centesimalwage befindet sich, für Fuhrwerke zugänglich, aufserhalb des Hauses unter einem weit vorspringenden Schutzdache; im Wageraum selbst sind Decimalwagen aufgestellt. Der Wagemeister hat ein besonderes Zimmer, die Wagesetzer finden in einem Nebenraume Unterkunft.

Die oberen Geschosse der Rathswagengebäude sind zu Dienstzimmern und Wohnungen ausgenutzt, der im Erdgeschofs übrige Raum zu Läden und, wie die Abbildung zeigt, auch zu sogen. Strafsenreinigungs-Depôts, in denen

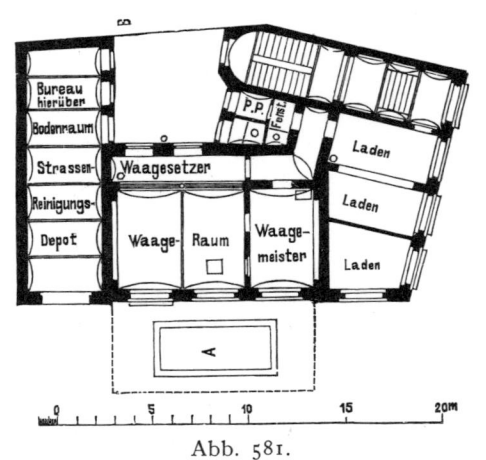

Abb. 581.
Städtische Rathswage, Alexanderplatz 4.

die Strafsenkehrer sich versammeln und ihre Geräthe aufbewahren. Nur der Aufseher hat einen besonderen heizbaren, aber nur kleinen Raum in diesen Depôts. Es giebt 25 Strafsenreinigungs-Depôts, auf die Stadtgegenden vertheilt; sie sind aufser in den Rathswagen auch in den Feuerwehrdepôts untergebracht, oder auch als besondere Häuschen frei stehend aufgeführt, wie dies in der Keibel- und Wartenburgstrafse usw. auf den strafsenseitig belegenen Höfen von Gemeindeschulen geschehen ist.

SCHLACHTHÆUSER

XXIX. Der städtische Central-Vieh- und Schlachthof.[1]

Die Stadt Berlin besafs zwar seit dem Jahre 1870 die vom Baurath Orth erbaute Vieh- und Schlachthofanlage des Dr. Strousberg (der späteren Viehmarkts-Actiengesellschaft),[2] konnte sich aber dennoch, als es sich um die Einführung des Schlachtzwanges handelte, der Wiederaufnahme der Schlachthausfrage nicht entziehen, da einmal dem Privatunternehmen kein Mittel den Fleischern gegenüber zu Gebote stand, sie zur Benutzung der Schlachthäuser zu zwingen, dann aber auch überhaupt beim Betriebe des einträglichen Viehhofes ihm natürlich in erster Linie Geschäftsinteressen mafsgebend waren. Nachdem die Verhandlungen wegen Erwerbs der vorhandenen Anlage gescheitert waren, wurde der Neubau eines städtischen Central-Vieh- und Schlachthofes auf einem im Osten der Stadt gelegenen Gelände von rd. 38,60 ha Grundfläche bei 1000 m Länge und 450 m mittlerer Breite nach den Plänen des Stadt-Bauraths Blankenstein im Jahre 1878 in Angriff genommen und so gefördert, dafs am 1. März 1881 die Eröffnung erfolgen konnte.[3] Durch die Lage des erworbenen Geländes unmittelbar an der Ringbahn war eine Verbindung mit den von allen Theilen des Landes einmündenden Bahnen und damit eine bequeme Zufuhr des Viehes ermöglicht.

Die Anordnung der den Zwecken des Vieh- und Schlachthofes dienenden zahlreichen und sehr verschiedenartigen Gebäude ist aus dem Lageplan Abb. 582 ersichtlich.

I. Die Bahnhofsanlage.

Die Lage des Baugeländes, das sich mit seiner Längsrichtung der Ringbahn anschliefst, gestattet eine unmittelbare Ein- und Ausfahrt der in beiden Richtungen ankommenden und abgehenden Züge. Das Zufuhrgleis zweigt sich hinter Bahnhof Weifsensee ab und ersteigt mit 1 : 150 das Gelände des Viehhofes. Der Bahnhof liegt in einem Längengefälle von 1 : 400, mit 1 : 85 fällt das Gleis nach Bahnhof Friedrichsberg herunter.

Die Bahnanlage (Gleise und Bahnsteige zusammen rd. 85 000 qm Fläche einnehmend) enthält hauptsächlich folgende Gleise:

1. vier Hauptrampengleise zur Entladung der ankommenden Thiere in solcher Länge, dafs vier Züge von 100 Achsen gleichzeitig entladen werden können. Die Rampen

---

1) Bearbeitet vom Baurath Lindemann.
2) Vergl. die erste Auflage dieses Werkes.
3) Blankenstein und Lindemann, Der Central-Vieh- und Schlachthof der Stadt Berlin, seine baulichen Anlagen und Betriebseinrichtungen. Berlin 1885 bei Springer.

sind in besten Klinkern in Cement mit dem erforderlichen Längen- und Quergefälle gepflastert, sodafs eine schnelle Entwässerung nach den vorhandenen Schlammfängen erfolgt. Für die Spülung des Pflasters sind auf je 50 m Entfernung Hydranten angebracht. Die auf den Rampen angeordneten Sammelbuchten sind in kräftiger Holzconstruction mit eichenen Pfosten, in den Verbindungen durch eiserne Laschen und Winkel verstärkt, ausgeführt und auf je 30 m Entfernung mit Gaslaternen versehen.

2. eine gleiche Zahl von Reinigungsgleisen zur Reinigung und Desinfection der entleerten Viehwagen. Um eine Verunreinigung des Bodens zu verhüten, ist der Raum zwischen diesen Gleisen in gesinterten Oldenburger Klinkern auf einer 10 cm hohen Cementbetonunterlage gepflastert. Das Pflaster hat zur möglichst schnellen Abführung des Spülwassers ein Quergefälle von 1 : 30 und ein Längengefälle von 1 : 400 nach den an den

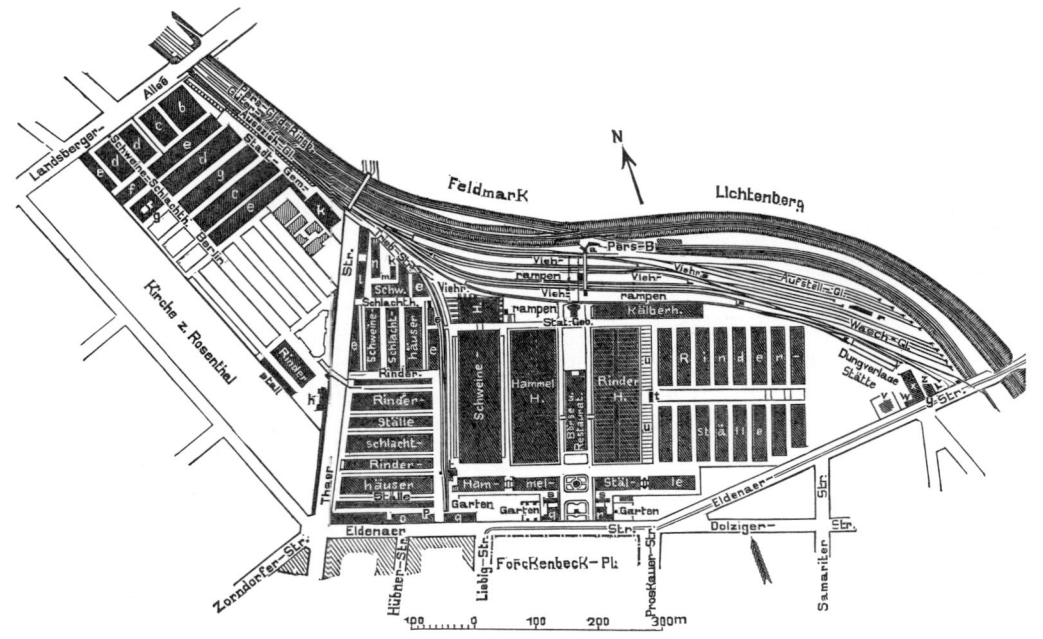

Abb. 582. Städtischer Central-Vieh- und Schlachthof, Lageplan.

a. Bahnhofsgebäude. b. Verkaufshalle für ausländische Schweine. c. Schweineschlachthaus für Grofsbetrieb. d. Schweineschlachthaus für Kleinbetrieb. e. Schweinestall. f. Wagenschuppen. g. Gebäude für Trichinenschau. h. Verwaltungsgebäude. k. Darmschleimerei. l. Albuminfabrik. m. Kesselhaus. n. Talgschmelze. o. Stall. p. Polizei-Schlachthaus. q. Beamtenwohngebäude. r. Directionsgebäude. s. Verkaufshallen. t. Wage. u. Offene Rinderstände. v. Häutesalzerei. w. Fleischkammer. x. Rinderstall. y. Rinderschlachthaus. z. Seuchenhof.

tiefsten Stellen in Entfernungen von je 50 m angeordneten, mit besonderem Sandfang versehenen Abzugsgruben. Die Schienen sind, um bei ihrer Erneuerung ein Aufreifsen des Pflasters zu vermeiden, durch eingebleite Steinschrauben auf Granitwürfeln befestigt. Für die Spülung der Wagen sind in Entfernungen von je 16 m zwischen den Gleisen Standrohre mit Schlauchverschraubung, für die Beleuchtung Gaslaternen in Entfernungen von je 30 m angeordnet. Eine Wasserstation mit drei Behältern von je 30 cbm liefert das erforderliche, durch zwei liegende Kessel mit innerer Feuerung erwärmte Wasser. Anbauten des Wasserstationsgebäudes enthalten einerseits einen Raum für die bei der Wagenreinigung beschäftigten Arbeiter, für Geräthe usw., anderseits das Dienstzimmer für den die Aufsicht führenden Thierarzt.

3. ein Entladegleis für die Kälberhalle, um die schwer zu transportirenden Kälber unmittelbar aus den Wagen auf die vor der Kälberhalle angelegte Rampe bringen zu können.

4. ein Düngerabfuhr- und Futtergleis mit Centesimalwage zur Verwiegung der beladenen Wagen, dessen Anfahrtstrafsen ebenfalls mit undurchlässigem Pflaster versehen sind.

XXIX. Der städtische Central-Vieh- und Schlachthof. 565

5. ein Gleis für den Seuchenhof, auf dessen Zweck später noch zurückgekommen werden wird.

6. zwei Gleise längs der Schweinehalle. Das der Halle zunächst liegende dient zum Entladen der Schweine, für welche aus veterinärpolizeilichen Rücksichten eine vollständige Trennung von den übrigen Thieren erforderlich ist. Das zweite ist vorzugsweise zur Fleischabfuhr nach der Stadt für die in Verbindung mit der Stadtbahn ausgeführte Markthalle für Grofshandel angeordnet.

7. Gleise zur Aufstellung leerer Wagenzüge.

Ein Bahnhofsgebäude enthält die Diensträume für den Bahnhofsvorsteher, für Telegraphie usw.; für die Güterabfertigung ist ein besonderes Gebäude errichtet worden. Eine die Viehhofsgleise überschreitende Brücke führt zu dem an der Ringbahn angelegten Personenbahnhof.

Abb. 583. Städtischer Central-Vieh- und Schlachthof, Inneres der Börse.

II. Der Viehhof.

Das Börsengebäude bildet den Mittelpunkt der Anlage. Es enthält einen Hauptsaal von rd. 920 qm Grundfläche (Abb. 583), in dessen Mitte bedeckte Verbindungsgänge, östlich von der Rinderhalle, westlich von der Hammel- und Schweinehalle her, einmünden. An ihn reihen sich einige Nebenräume, welche eine Sonderung der Besucher ermöglichen, zwei davon an den Nebeneingängen liegend besonders für Viehtreiber, Arbeiter usw. bestimmt, und die von einem besonderen Flur zugänglichen Geschäftszimmer der Viehmakler. In einem Kopfbau sind im Erdgeschofs einerseits die Wirthschaftsräume des Wirthes, im ersten Stockwerk seine Wohnung, auf der anderen Seite ein Polizeibureau und Arrestlocal und die Diensträume des seitens der Polizeibehörde mit der Oberaufsicht des Vieh- und Schlachthofes betrauten Thierarztes und seiner Assistenten untergebracht. Für die Geschäftszimmer der Makler ist eine Heifswasserheizung, für den Börsensaal der erforderlichen kräftigen Lüftung wegen eine Luftheizung angeordnet. Die im Börsensaal angebrachte Normaluhr hat elektrische Verbindung mit den Zifferblättern, welche inmitten der drei neben der Börse liegenden grofsen Markthallen angebracht sind, sodafs die Zeit für Beginn und Schlufs des Marktes überall bequem sichtbar ist.

Die Verkaufshalle für Rinder. Die Rinderhalle ist 72 m breit, 217 m lang und bietet Raum für rd. 3800 Rinder. Sie ist in Eisen mit hölzernen Pfetten und Sparren ausgeführt und nur an den Hauptfronten und am Mittelgang mit einfachen Verzierungen aus Zink versehen. Das Pflaster besteht in den Verkaufsständen aus Klinkern in Cement, in dem Hauptmittelgang, den beiden Quergängen und den umlaufenden Seitengängen aus Eisenklinkern auf Betonunterlage. Die Entwässerung ist von der Mitte nach den Seiten hin mit Schlammfängen angeordnet. Zur Beleuchtung der Halle hat jede zweite Achse ein grofses Oberlicht in Rohverglasung nach dem Shedsystem erhalten, das wieder in drei neben einander liegende Oberlichte getheilt ist, um möglichst viel Licht einzuführen und

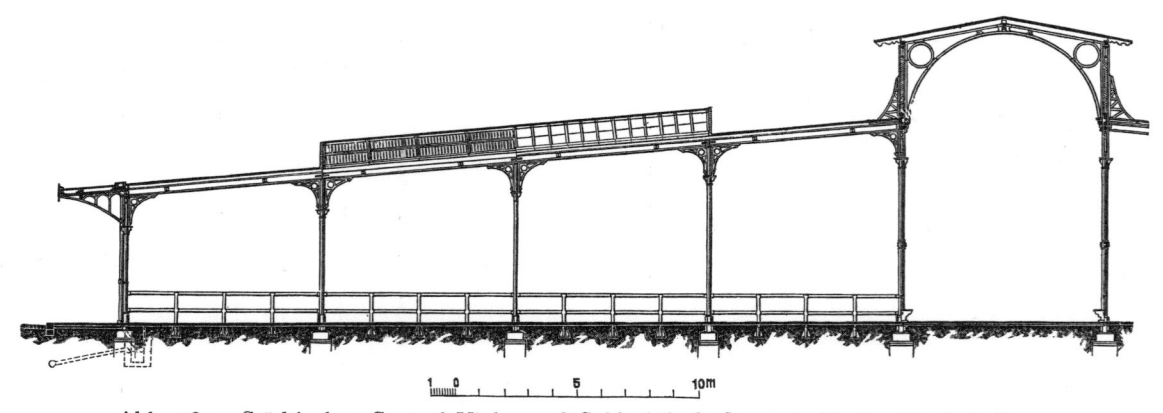

Abb. 584. Städtischer Central-Vieh- und Schlachthof, Querschnitt der Rinderhalle.

die Constructionshöhe zu verringern. Der mittlere, höher geführte Theil der Halle (Abb. 584) erhielt für die Entlüftung stellbare Verglasung aus Rohglas; die Giebelseiten sind zur Verhütung des blendenden Lichtes mit mattem Glase versehen. Zum Anbinden der Thiere dienen hölzerne, in Taschenansätzen der Säulen und der zwischen denselben angeordneten gufseisernen Pfosten befestigte Holme. Zur Verwiegung der Thiere ist an einem der Hauptquergänge eine Centesimalwage von 2500 kg Tragfähigkeit aufgestellt. Der zwischen der Halle und den Rinderställen liegende freie Platz ist mit undurchlässigem Pflaster und Schranken versehen worden, um bei starkem Auftrieb zur Aushülfe zu dienen.

Die Rinderställe (Abb. 585), ursprünglich 10, nachträglich auf 16 vermehrt, sind in zwei, durch eine 45 m breite Strafse getrennten Reihen angeordnet. Sie sind, wie alle übrigen Gebäude, in Ziegelbau, im Aeufsern unter Verwendung rother, im Innern unter Verwendung hellfarbiger Steine ausgeführt und zur Erhöhung der Feuersicherheit wie zum Schutz des in den darüber liegenden Bodenräumen aufzubewahrenden Raufutters gegen die Ausdünstungen der Thiere überwölbt. Die südlich gelegenen Stallungen haben 11 Abtheilungen von 7,42 m Breite für je 30 Stück Rinder, welche in zwei Reihen zu beiden Seiten eines die Abtheilung durchschneidenden Mittelganges aufzustellen sind, die nördlichen 10 Abtheilungen von 8,50 m Breite für besonders starke Thiere. An den Giebelseiten befinden sich Aborte, Aufgänge zu den Futterböden, Räume für Stallgeräthe usw. Die Krippen sind theils in Rathenower Steinen, theils in Beton ausgeführt und mit geglättetem Cement überzogen. Sie haben geringes Gefälle nach der an einem Ende belegenen, durch ein einfaches Messingventil abzuschliefsenden Abflufsöffnung, deren Rohr über dem in Klinkern gepflasterten Fufsboden ausmündet, sodafs das beim Entleeren der Krippen abfliefsende Wasser gleich zum Reinigen und Spülen der Stallabtheilung benutzt werden kann. Die Raufen sind aus verzinkten Eisenstäben gefertigt, da hölzerne Raufen an anderen Orten bei Ausbruch von Rinderpestfällen als Träger des Ansteckungsstoffes sich als unzweckmäfsig erwiesen haben. Die Entlüftung der Stallungen erfolgt durch verzinkte Eisenblechcylinder, welche in den Gewölben angebracht sind, und durch vom Dachboden aus zu stellende Drosselklappen und um eine wagerechte Achse drehbare, schmiedeeiserne Fenster. Zur Beleuchtung der Stallabtheilungen sind Laternen in den Thüroberlichten angebracht. Die Futterböden sind mit einem Cementestrich versehen. In den 16 Stallungen können 5000 Rinder untergebracht werden.

Die Verkaufshalle für Hammel bietet Unterkunft für rd. 31000 Thiere und entspricht in ihren Abmessungen und ihrer Bauart genau der Rinderhalle. Sie ist durch Einschiebebretter zwischen gufseisernen Falzständern in gröfsere Buchten für 150 bis 200 Thiere und kleinere Buchten für 30 bis 50 Thiere getheilt; durch Entfernung der Bretter können leicht mehrere Buchten nach Bedarf vereinigt werden. An den Buchtenwänden sind bewegliche Raufen angebracht, die zur Fütterung heruntergeklappt werden

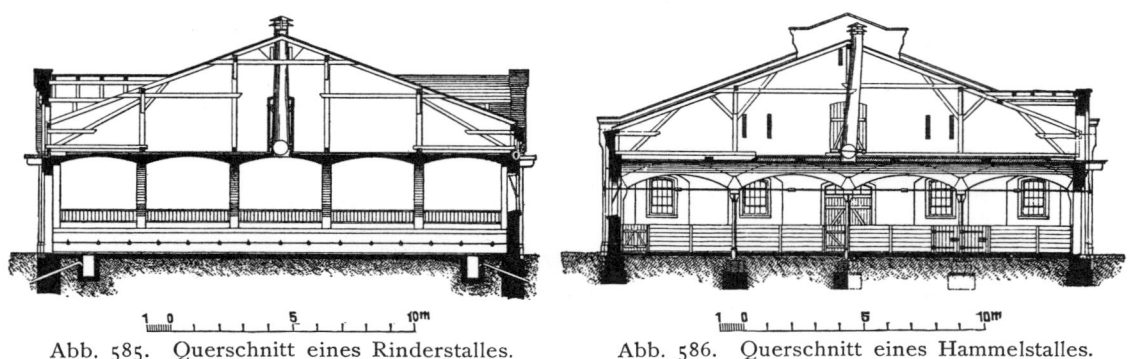

Abb. 585. Querschnitt eines Rinderstalles. Abb. 586. Querschnitt eines Hammelstalles.
Städtischer Central-Vieh- und Schlachthof.

können, sonst aber zur möglichsten Raumersparnifs an den Wänden durch Ketten befestigt sind. Aufserdem sind abnehmbare feste Raufen vorhanden, die in ihren Längen so bemessen sind, dafs sie zu Theilungen innerhalb der Buchten benutzt werden können.

Die Rinder- und die Hammelhalle sind auf Wunsch der Viehmakler während des Betriebes mit festen Wänden in Eisenbau umschlossen worden, deren Brüstungen ausgemauert sind, während der obere Theil eine durchgehende Glaswand bildet.

Die Hammelställe (Abb. 586) sind am weitesten entfernt vom Bahnhof angeordnet, da die Schafheerden am leichtesten zu lenken sind. Sie bieten Raum zur Unterbringung von 12000 Thieren und genügen damit für den gewöhnlichen Winterauftrieb. Für ausnahmsweise starken Auftrieb ist ein Aushülfestall unter der Kälberhalle für 4000 Thiere vorgesehen. (Im Sommer wächst der Auftrieb wegen des Exporthandels mit mageren Hammeln bis zu 30000 Stück, für welche dann die Halle mit benutzt wird.) Die Hammelställe bilden einen einzigen grofsen Raum, dessen Deckengewölbe durch Gurtbögen auf gufseisernen Säulen getragen werden, die Buchtentheilungen sind in ähnlicher Weise wie in der Halle ausgeführt. Auf dem Boden eines Stalles ist eine Mühle mit vier Schrotgängen und der erforderliche Lagerraum für das Mahlgut eingerichtet. Zwischen den Giebeln je zweier Hammelställe sind Schutzdächer aus verzinktem Wellblech zum Unterstellen der Futterwagen bei Regenwetter und eine Centesimalwage zum Verwiegen derselben angeordnet.

Die Schweinehalle (Abb. 587) dient wegen des schwierigen Transports der Thiere ebenso wie die Kälberhalle gleichzeitig als Verkaufs- und Stallraum und gewährt bei einer Länge von 217 m und einer Breite von 66 m Platz für rd. 13000 Schweine. An den Langseiten sind überdeckte Sandbuchten von 5 m Breite, auf der Gleiseseite aufserdem noch unbedeckte Spülbuchten angelegt. Vor die beiden Giebel legen sich zweigeschossige Gebäudetheile, in welchen im Erdgeschofs Werkstätten, Futterausgabe usw., im oberen Geschofs Futterböden eingerichtet sind. Das Dach der eigentlichen 200 m langen Verkaufshalle wird von 22 Reihen eiserner Säulen getragen, deren sich acht in jeder Reihe befinden. Der mittlere Theil ist bedeutend überhöht gegen die nach dem Shedsystem überdeckten Seitentheile. Während in letzteren die gegen Norden gerichteten Lichtflächen der Sheddächer dem Raum ein gleichmäfsiges, reichliches Oberlicht geben, wird der Mitteltheil durch über dem Dachanschlufs der Seitenhallen liegende seitliche Glaswände erleuchtet. Durch Stellvorrichtungen an den den Säulen zunächst liegenden Abtheilungen der Fenster der Mittelhalle und der Sheddächer ist für die erforderliche Entlüftung gesorgt. Zu dem-

Abb. 587. Städtischer Central-Vieh- und Schlachthof, Inneres der Schweinehalle.

selben Zweck sind die nach den Sandbuchten führenden Thüren der Höhe nach getheilt, sodafs die obere Hälfte zurückgeschlagen werden kann, während die untere zum Abschlufs der Quergänge geschlossen bleibt. Die Buchten haben 3,50 m Tiefe bei 3,30 m Breite und können, wie bei der Hammelhalle, durch Herausnehmen der trennenden Bretterwände zu gröfseren Abtheilungen vereinigt werden. Die in der Mittelhalle angeordneten Buchten sind hauptsächlich zur Erleichterung des Markthandels bestimmt, indem es den Käufern ermöglicht wird, aus den Buchten der Seitenhallen Thiere heraus zu nehmen, in einer Bucht der Mittelhalle zu sammeln und dort, gegen Verwechselung geschützt, auszuhandeln. An den Hauptgängen der Verkaufshallen sind Klappbänke für Händler, Käufer und Treiber angebracht. Für den Handel mit ausländischen Schweinen (Bakonier, Ungarn usw.), deren Absonderung sich im veterinärpolizeilichen Interesse während des Betriebes als nothwendig herausstellte, ist eine besondere Halle von 66 m Breite und 49 m Länge in gleicher

XXIX. Der städtische Central-Vieh- und Schlachthof.   569

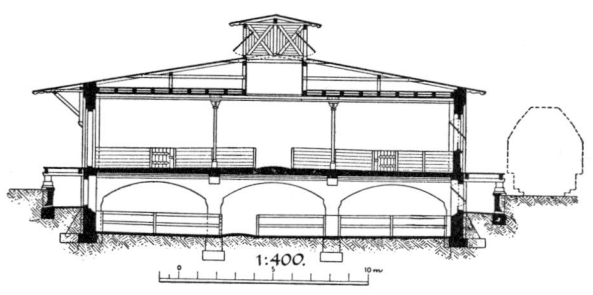

Abb. 588. Städtischer Central-Vieh- und Schlachthof, Querschnitt der Kälberhalle.

Bauart errichtet und mit der Haupthalle durch einen überdeckten Gang verbunden worden.

Die Kälberhalle (Abb. 588), 175 m lang, 20 m breit, bietet Raum für 3500 Thiere und ist nach Art der Eisenbahngüterschuppen mit vor beide Längsfronten gelegten 2 m breiten überdachten Ladebühnen für die Verladung der Thiere unmittelbar von der Eisenbahn in die Halle und aus derselben in die Fuhrwerke ausgeführt. Die dadurch bedingte Höhe des Fufsbodens der Kälberhalle von 1,15 m über Schienenoberkante des Entladegleises gab Veranlassung zur Anlage eines gewölbten Kellergeschosses als Aushülfe-Hammelstall, zu welchem vier Rampen führen. An den beiden Giebeln der Kälberhalle befinden sich gewölbte Futterküchen mit eingemauerten Kesseln zur Bereitung des warmen Wassers zum Anrühren der Futterkleie, daneben Räume für die Aufsichtsbeamten, Futtergelafs, Treppen zum Kellergeschofs und Boden. Die Buchtentheilung ist ähnlich wie bei den Hammelställen, an den Wänden sind die Futtertröge befestigt. Für die Kälberhalle ist bei den weniger starken Ausdünstungen der Thiere eine Holzdecke für genügend erachtet worden, zumal bei den reichlich bemessenen Futterböden über den Rinder- und Hammelställen die Anlage eines solchen über diesem Bau entbehrlich war.

III. Verwaltungs- und Dienstgebäude.

Die beiden Verwaltungsgebäude sind an der Eldenaer Strafse symmetrisch angeordnet und bilden gleichsam das Portal der ganzen Anlage. Zwischen ihnen findet die Ein- und Ausfahrt zum Viehhofe statt. Das östliche Gebäude enthält im Erdgeschofs die Verwaltungsräume, einerseits das Sprechzimmer des Directors mit Vorzimmer, die Arbeitszimmer der Inspectoren, anderseits die Kasse, Expedition, Registratur und Pförtnerwohnung, im ersten Stock die Wohnung des Directors. Im Erdgeschofs des westlichen Gebäudes befinden sich die Diensträume der Post und Telegraphie, die Wohnung des Schlachthof-Inspectors und eines Thierarztes, im oberen Stockwerk die des Oberinspectors und des die Gesamtaufsicht in veterinärpolizeilicher Beziehung führenden Thierarztes.

Ein am Eingang des Schlachthofes gelegenes Dienstgebäude enthält Wohnungen für den Bahnhofsvorsteher, den Bahnhofsassistenten, den Verschubmeister, den Futterverwalter, den Rohrmeister, den Polizeiwachtmeister usw.

IV. Der Schlachthof

ist gegen den Viehhof durch einen hohen Zaun abgegrenzt. An zwei Stellen vermitteln Schienenübergänge über die Gleise der Schweinehalle die Verbindung beider Anlagen, der eine für den Eintrieb der Rinder, Kälber und Schafe, der andere für den der Schweine bestimmt. An beiden Uebergängen sind Buden für die den Zutrieb zum Schlachthof überwachenden Beamten aufgestellt; am südlicheren liegt, noch auf der Seite des Viehhofes, die Schlachthofkasse, in welcher die Schlachtmarken für das zum Schlachthof übergeführte Vieh zu lösen sind und in einem Anbau derselben das Dienstzimmer des Schlachthof-Inspectors.

Der Schlachthof zerfällt in zwei Gruppen, die erste umfafst die Rinderschlachthäuser mit ihren Stallungen, die zweite die Schweineschlachthäuser mit ihren Stallungen.

Die Rinderschlachthäuser (Abb. 589 u. 590). Es sind drei Rinderschlachthäuser ausgeführt, welche zusammen 135 Schlachtkammern von rd. 9 m Länge und 5 m Breite ent-

570   XXIX. Der städtische Central-Vieh- und Schlachthof.

halten, einzelne davon sind als Doppelkammern für den Großbetrieb eingerichtet. Diese Schlachtkammern sind zu beiden Seiten eines 9 m breiten und 12 m hohen, hauptsächlich zum

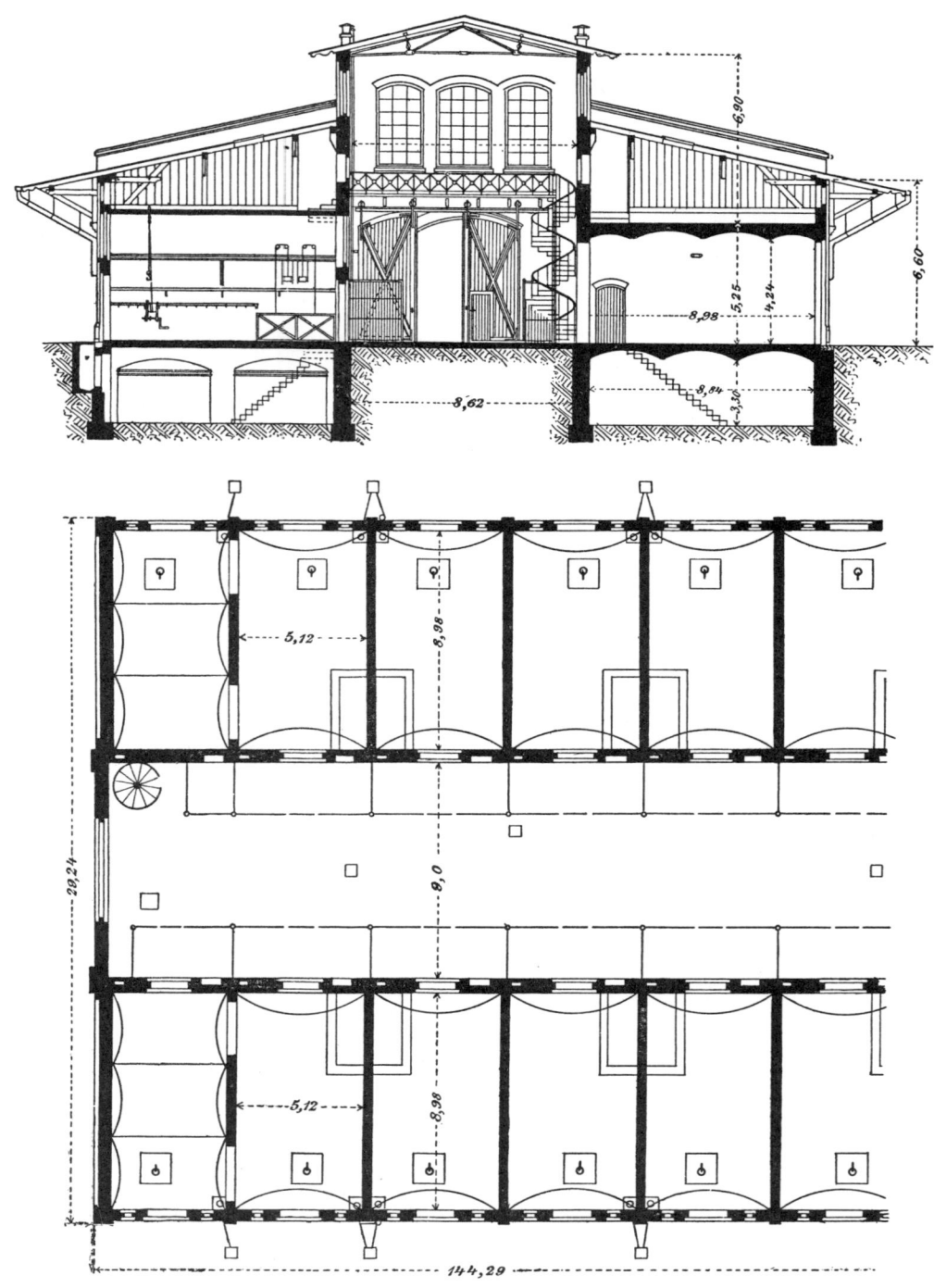

Abb. 589 u. 590. Städtischer Central-Vieh- und Schlachthof, Rinderschlachthaus.

Aufhängen und Auskühlen des Fleisches bestimmten Mittelbaues angeordnet. Sie haben 3 m breite Vordächer erhalten, welche sie gegen die Sonnenstrahlen schützen, das Verladen des Fleisches auf die Schlächterwagen bei schlechtem Wetter ermöglichen und

XXIX. Der städtische Central-Vieh- und Schlachthof. 571

zum Unterstellen des aus den Stallungen herangebrachten Viehs dienen, zu welchem Zweck eiserne Ringe an den Frontmauern angebracht sind. Am östlichen Giebel liegen einige Räume für die Aufseher, die jüdischen Schächter und Aborte. Etwa in der Mitte der Schlachthäuser und der dazu gehörigen Stallungen ist eine Durchfahrt zum Fortschaffen des Blutes, der Därme usw. nach den am Nordende des Schlachthofgeländes liegenden gewerblichen Anlagen angeordnet. Von den Durchfahrten führen Treppen zu den Dachböden der niedrigeren Seitenbauten, welche längs eines 1,50 m breiten Ganges in eine den Schlachtkammern entsprechende Zahl von Räumen getheilt sind. Sie dienen den Schlächtergesellen zur Aufbewahrung ihrer Kleidungsstücke usw., sind durch Oberlicht erleuchtet und mit Cementestrich versehen. Vor jeder Schlachtkammer ist der ganzen Breite derselben im Mittelbau ein Fleischscharren von 2,20 m Breite und 2,30 m Höhe aus Rundstäben von verzinktem Eisen mit Quergurtungen und Querrahmen zum Aufhängen des auszukühlenden Fleisches angeordnet; die Hauptpfosten der die Scharren trennenden Querscheidewände tragen die Gasbeleuchtung für die Halle. Der gewölbte Kellerraum unter den Schlachtkammern ist wegen der starken Erschütterung beim Niederstürzen der getödteten Rinder in der Breite durch eingezogene Gurtbogen nochmals getheilt. Die zum Keller führende Granittreppe liegt in einer Ecke der Schlachtkammer und hat eine erhöhte Granitzarge, um das Einfliefsen von Wasser in den Keller beim Spülen der Schlachtkammern zu verhüten; das Treppenloch ist durch eine schmiedeeiserne Fallthür geschlossen. Die Kellerräume sind mit flachem, nach Schlammfängen entwässerndem Klinkerpflaster in Cement versehen; Wände und Gewölbe sind gefugt und geweifst, ringsherum sind schmiedeeiserne Träger zum Aufhängen des Fleisches angebracht. Die Lüftung erfolgt durch die in den Fronten angeordneten Fenster mit um eine wagerechte Achse drehbaren Flügeln und durch gegenüber liegende, in den Längsmauern der Mittelhalle ausgesparte Lüftungsrohre, welche über Dach geführt und mit Wolpertschen Saugern versehen sind, aufserdem sind zu demselben Zweck je zwei gegenüber liegende Schlachtkammern durch ein quer unter der Mittelhalle durchgelegtes 30 cm weites Thonrohr verbunden.

Die Schlachtkammern und die Mittelhalle sind mit besten Mettlacher Fliesen auf einer flachen Ziegelunterlage gepflastert, durch reichliches Gefälle ist für schnelle Abführung des Verbrauchswassers gesorgt. In der Nähe der äufseren Eingangsthüren der Schlachtkammern ist der in eine Granitplatte eingelassene Schlachtring angeordnet, ihm gegenüber an der einen Längswand die zum Aufziehen der getödteten Thiere bestimmte Winde, deren Seilrolle an einem über dem Gewölbe angebrachten Träger hängt. Die Wände der Schlachtkammern und Mittelhalle sind auf 2,30 m Höhe mit geglättetem Cementputz versehen, im übrigen ebenso wie die Gewölbe der Schlachtkammern mit hellen Verblendsteinen verkleidet. Um die geschlachteten Thiere zum Auskühlen, Zerlegen usw. aufzuhängen, sind in 3,50 m Höhe vom Fufsboden und in 1,50 m Entfernung von einander zwei auf den Quermauern ruhende, in der Mitte noch durch Consolen unterstützte Längsträger angebracht, an denen gleichzeitig 25 Rinder mittels der üblichen Hängebäume aufgehängt werden können; aufserdem ist längs der Schlachtkammerwände in 2,10 m Höhe über dem Fufsboden ein schmiedeeiserner Rahmen auf Consolen mit beweglichen Haken für zerlegtes Fleisch und darunter ein zweiter Rahmen mit leichteren festen Haken zum Aufhängen kleinerer Theile angebracht. Zur Lüftung der Schlachtkammern haben die in der Front liegenden möglichst grofsen Fenster drehbare Flügel, denen in der gegenüber liegenden Mittelwand nur mit Drahtgittern versehene Oeffnungen entsprechen. Zur Lüftung am Fufsboden haben die Eingangsthüren untere hoch zu klappende Füllungen mit davor liegenden starken Drahtgittern. Die Mittelhalle wird durch über den Seitendächern angebrachte Fensteröffnungen erleuchtet, welche zum Schutz gegen die Sonnenstrahlen und zur Förderung der Lüftung mit gufseisernen Stellrahmen und Rohverglasung versehen sind. An den Giebelseiten des Mittelbaues vermitteln leichte eiserne, durch Wendeltreppen zu erreichende Galerien den Verkehr zwischen den beiderseitigen Dachräumen.

Die Schlachthausstallungen sind von den Schlachthäusern durch 11 m breite Strafsen getrennt, welche mit undurchlässigem Pflaster, theils Eisenklinkern in Cement, theils Stampfasphalt auf Betonunterlage versehen sind. Die zwischen zwei Schlachthäusern liegenden Ställe sind Doppelställe von 16,40 m Tiefe, die beiden äufseren einfache Stallungen von 8,70 m Tiefe. Ihre Bauart und innere Einrichtung entspricht ganz denen des Viehhofes, die Breite der Abtheilungen ist auf 6,85 m ermäfsigt. Sie gewähren Raum für rd. 1300 Rinder.

Die Schweineschlachthäuser. Zur Zeit der Betriebseröffnung waren nur die beiden äufseren Schlachthäuser, jedes 101,50 m lang, das eine 23 m, das andere 27 m breit ausgeführt. Der Unterschied ihrer Breite liegt in der Mittelhalle, welche bei dem einen 11 m, beim andern 15 m breit ist. Beide Schlachthäuser haben in der Mitte ebenfalls eine 5 m breite Durchfahrt. Das schmalere Schlachthaus, mehr für den Kleinbetrieb bestimmt, enthält 56 Kammern von 3,15 m Breite und 4,98 m Länge, welche nur zum Zertheilen, Sortiren und vorläufigen Aufbewahren des Fleisches dienen und zu diesem Zwecke mit Klapptischen und schmiedeeisernen Aufhängerahmen auf Consolen längs der Wände versehen sind; in jeder Schlachtkammer ist eine Treppe nach dem darunter liegenden Keller angeordnet. Die Fleischkammern sind von der Mittelhalle der besseren Lüftung halber nur durch eiserne Gitterthüren getrennt. Zum Schlachten dient die Mittelhalle, welche bei dem schmaleren Schlachthause keine besonderen Todtschlagebuchten erhalten hat, während in dem breiteren jederseits vor den Kammern 2 m tiefe Buchten für diesen Zweck angeordnet sind. Hieraus ergiebt sich der oben erwähnte Unterschied in der Breite der Mittelhallen der beiden Häuser. Das breitere Schlachthaus, für den Grofsbetrieb bestimmt, enthält nur die halbe Zahl von Schlachtkammern mit 5,80 m Breite bei 4,98 m Tiefe; zwischen je zwei derselben befindet sich ein Eintriebgang nach den in der Mittelhalle angeordneten Todtschlagebuchten, welche der Raumersparnifs halber nach der Mittelhalle hin mit Schiebethüren versehen sind. Die Kammern dieses Schlachthauses haben aufser den Wandrahmen Querrahmen auf eisernen Säulen erhalten. Zwischen den Todtschlagebuchten sind Klapptische zur Verarbeitung des Fleisches angeordnet. Aufserdem enthält die Mittelhalle die aus verzinktem Eisenblech gefertigten, auf der äufseren Seite mit Holzbekleidung versehenen Brühbottiche, dazwischen Doppelrahmen auf eisernen Säulen zum Aufhängen der ausgeschlachteten Thiere. An den Säulen sind gleichzeitig Drehkrane von 300 kg Tragfähigkeit zum Einbringen der Schweine in die Brühbottiche angebracht. Das Wasser in den Bottichen wird durch Dampf erwärmt, welcher von den in der Kaldaunenwäsche aufgestellten Dampfkesseln entnommen wird. An jedem Bottich ist ein Luftventil in die Dampfleitung eingeschaltet, um ein Zurücktreten des Wassers in dieselbe zu verhüten. Das Dach der Mittelhalle hat wegen der starken Wrasenbildung eine Laterne mit feststehenden Glasstabfenstern in Rohglas erhalten, längs deren zur Beförderung des Wrasenabzuges eine Dampfrohrleitung angeordnet ist. Sämtliche Rohrleitungen für die Wasser- und Dampfzuführung liegen in einem besteigbaren Canal. Die tägliche Leistung der beiden Schlachthäuser beträgt rd. 3200 Schweine und ist während des Betriebes durch den Bau des mittleren Schlachthauses von 19 m Tiefe mit 35 Schlachtkammern auf rd. 4200 Schweine erhöht worden.

Die Schweineställe, in denen 5000 Thiere untergebracht werden können, sind nicht gewölbt, haben aber dafür der besseren Erwärmung halber eine doppelte Schaldecke erhalten; die Bauart der Buchten und die innere Einrichtung ist ähnlich wie bei der Verkaufshalle für Schweine.

Die Kaldaunenwäsche, d. h. der Raum, in welchem hauptsächlich Rindermagen, Kalbsgekröse, Rindermäuler und Kalbsköpfe gereinigt und gebrüht werden, bildet nur einen Theil des mit diesem Namen bezeichneten Gebäudes. Dasselbe enthält aufserdem noch einen Raum, in welchem schwach finniges Schweinefleisch und schwach tuberculöses Rindfleisch in zwei Dampfkochapparaten, dem einen nach Bauart Becker, dem andern nach Bauart Rohrbeck, sorgfältig durchgekocht wird, um dann verkauft zu werden und ferner eine Schmelze, in der stark finnige oder trichinenhaltige Schweine soweit verwerthet werden, als dies ohne Gefährdung der Gesundheit zulässig erscheint (es werden besonders die Fettheile in Digastoren zu Schmalz ausgeschmolzen und die Knochen zu Leim verkocht). Endlich sind mehrere Kammern für die Darmschleimerei, Diensträume für die Thierärzte des Schlachthofes und eine Anzahl Brausebäder für die Schlächtergesellen vorhanden. Ein Anbau enthält zwei Werkstättenräume und das Kesselhaus, in welchem fünf Dampfkessel von je 60 qm Heizfläche den gesamten Dampfbedarf für die Schweineschlachthäuser usw. liefern.

Die Fleischverkaufshalle ist genau in der Art der Schlachthäuser, nur in kleineren Abmessungen, ausgeführt, um für den Fall, dafs der Kleinverkauf von Fleisch auf dem Schlachthof abnähme, als Schlachthaus dienen zu können. Mit der Eröffnung der ersten Markthallen trat dieser Fall ein, sodafs die Verkaufshalle geschlossen werden und als Schlachthalle für Kleinvieh benutzt werden konnte.

V. Gewerbliche Anlagen.

Die mit dem Schlachthofbetrieb in Zusammenhang stehenden Anlagen zur Verwerthung der Nebenproducte haben ihren Platz in der nordwestlichen, dem Bahnhof zunächst gelegenen Ecke des Schlachthofgeländes erhalten, da einerseits eine Lostrennung von dem eigentlichen Schlachthof mit Rücksicht auf die mit der Fabrication verbundenen üblen Gerüche geboten erschien, anderseits eine möglichst bequeme Lage am Bahnhof mit Rücksicht auf die Heranschaffung des Kohlenbedarfs und die Verladung der fertigen Erzeugnisse erwünscht war. Es sind folgende Anlagen vorhanden:

Die Albuminfabrik enthält im Keller den Schröpfraum, in welchem die Trennung des Serums (Blutwasser, das fast nur aus Eiweifs besteht) von der Placenta (Blutkuchen) geschieht, die im allgemeinen in rd. 30 Stunden vor sich geht. Hat sich das Serum in weiteren 24 Stunden durch Absetzen geklärt, so wird es in die darüber liegende Raffinerie und von dieser in den Waschraum gebracht, dort chemisch weiter behandelt und gelangt dann in die gewölbten Trockenstuben, wo es bei einer Temperatur von 48 bis 50° C. getrocknet und dann in die im Dachboden befindlichen Lagerräume gebracht wird. Die getrockneten Blutkuchen finden als Düngemittel Verwendung. Die Luft für die Trockenstuben wird durch Heizkörper erwärmt und durch im Fufsboden der Trockenstuben angeordnete, vielfach verzweigte Canäle so geführt, dafs sie sämtliche in den Trockenräumen aufgestellte Gerüste gleichmäfsig durchstreift und schliefslich mit Hülfe von Ventilatoren durch die Gewölbe hindurch über das Dach entweicht. Alle Räume sind im Innern in Rohbau ausgeführt und mit wasserdichten Fufsböden und Gewölben versehen.

Die Talgschmelze ist durchweg unterkellert; die Kellerräume dienen zur Lagerung der fertigen Erzeugnisse. Im Erdgeschofs befinden sich links vom Haupteingang ein Geschäftszimmer, der Füllraum und die Maschinenstube, rechts das Rohtalglager und die Rohtalgabnahme; im ersten Stockwerk liegen die Margarinefabrik, der Schmelz- und der Klärraum. Aus dem Rohtalglager wird der Talg mittels Fahrstuhls in das erste Stockwerk geschafft und hier gesondert; der gute wird gewaschen, gereinigt, durch Maschinen in kleine Stücke geschnitten, in offenen Bottichen bei 40° C. geschmolzen und dabei durch Rührwerke durchgerührt. Aus diesen Bottichen läuft er in darunter im Erdgeschofs stehende Bottiche, wo er wieder erstarrt. Von hier gelangt er in den Füllraum, wo er in kleinen Packeten, in Leinwand gehüllt, durch hydraulische Pressen bei einer Temperatur von 30° C. geprefst wird, durch welchen Vorgang das Margarin sich absondert. Das Margarin sowie der zurückbleibende fein ausgeschmolzene Talg wird hauptsächlich zur Herstellung künstlicher Butter verwendet. Der geringere Talg wird in geschlossenen kupfernen Blasen geschmolzen und dann in Bottiche geleitet; nach seiner Erstarrung wird er zum Versand an Seifen- und Stearinfabriken in Fässer verpackt.

Die Darmschleimerei enthält im Kellergeschofs die in Cement gemauerten Gruben zum Einsalzen der Därme. Zur bequemen Beförderung der mit Därmen gefüllten Fässer nach dem Keller ist an der Front des Gebäudes ein Wandkran von 250 kg Tragfähigkeit angebracht. Im Erdgeschofs befinden sich ein Geschäftszimmer und der mit

Warmwasserbottich versehene Schleimraum; ein hoher, in zwei Stockwerke getheilter Bodenraum dient zum Aufhängen und Trocknen der gereinigten Därme und Blasen.

Die Häute-Salzerei und Trocknerei, im Jahre 1888 auf dem Gelände des Viehhofes erbaut, enthält im Kellergeschofs, das durch eine mittels Klappen verschliefsbare Oeffnung in der Decke mit dem Erdgeschofs in Verbindung steht, den Lagerraum für die gesalzenen Häute. In den Ecken sind kleine Heizkammern mit Schüttöfen zur Erzeugung der warmen Luft für den im zweiten Stockwerk belegenen Trockenraum angeordnet. Im Erdgeschofs befinden sich ein Raum zur Abnahme und zwei Räume zum Einsetzen der Häute, Geschäftszimmer und ein Aufenthaltsraum für die Arbeiter. Das erste Stockwerk dient zur Lagerung der getrockneten Häute. Das zweite, zum Trocknen der Häute bestimmte Stockwerk ist zur Erzielung kräftigen Luftzuges mit möglichst grofsen Fensteröffnungen und einem Dachreiter mit verstellbaren Stabfenstern versehen. Bei feuchtem Wetter kann die vorhandene Luftheizung, deren Canäle mit stellbaren Klappen ausgestattet sind, in Thätigkeit gesetzt werden. Ein an der Hinterfront angeordneter Ausleger vermittelt die Beförderung der Häute zwischen den einzelnen Stockwerken.

VI. Veterinärpolizeiliche Anlagen.

Von der Aufsichtsbehörde wurde zur Wahrnehmung einer ordnungsmäfsigen veterinärpolizeilichen Ueberwachung die Anlage
1. eines Seuchenhofes mit Schlachthaus,
2. eines polizeilichen Schlachthauses mit Beobachtungsstall verlangt.

In den **Seuchenhof** wird alles Vieh, welches aus der Rinderpest verdächtigen Gegenden kommt, direct eingefahren, er hat deshalb eine ganz abgesonderte Lage am östlichen Ende des Grundstücks erhalten. Auf dem vollkommen abgeschlossenen Hofraum, in welchen ein vom Bahnhof abzweigendes Schienengleis führt, ist ein einfacher ungewölbter Stall ohne Futterboden für rd. 120 Rinder angelegt, daneben ein Schlachthaus mit zwei Schlachtkammern, zwei kleinen Räumen für den Thierarzt, den Polizeischlächter und einer Todtenkammer. In neuester Zeit ist die Anlage durch eine Stallung und einen Schlachtraum für Schweine erweitert worden. Das beschlagnahmte Fleisch wurde bisher der Abdeckerei überwiesen, es ist aber jetzt der Bau einer Fleischvernichtungsanstalt nach Bauart Rietschel & Henneberg geplant.

Das Polizei-Schlachthaus mit Beobachtungsstall, am Eingang zum Schlachthof gelegen, dient zur Schlachtung von krankem Vieh und solchen Rindern, die mit unrichtigen oder unvollständigem Ursprungszeugnifs auf den Markt gebracht sind. Die Schlachtungen erfolgen unter Aufsicht des Thierarztes durch einen seitens der Polizeibehörde bestellten Schlächter. Die Anlage besteht aus einem kleinen abgeschlossenen Schlachthof mit getrennten Schlachträumen für Schweine und Rinder, je einem Zimmer für den Thierarzt und den Polizeischlächter und einem Aufbewahrungsraum für beschlagnahmtes Fleisch, dazu einem Beobachtungsstall für 100 Rinder.

VII. Erweiterung des Schlachthofes.

Gegenwärtig werden auf einem von der Stadtgemeinde erworbenen Grundstücke von 109 000 qm Grundfläche zwischen der Thaerstrafse und der Landsberger Allee die auf dem Lageplan dargestellten Erweiterungsbauten ausgeführt, theils um den durch die Entwicklung der Stadt und ihrer Vororte sich immer mehr steigernden Ansprüchen an die Leistungsfähigkeit der Schlachthofsanlage zu genügen, theils auch, um die Schlachtstallungen soweit zu vermehren, dafs sämtliche Thiere — auch die unverkauften — unmittelbar nach Schlufs des Marktes vom Viehhofe nach dem Schlachthofe übergeführt werden können. Diese Forderung wurde insbesondere von der Aufsichtsbehörde gestellt, um für die Folge eine Sperre des Viehmarktes bei Feststellung von Seuchefällen entbehrlich zu machen, welche bis dahin auf den Viehhandel häufig recht störend eingewirkt hat.

Zur Verbindung des alten Schlachthofes mit dem neuen sind zwei Unterführungen der Thaerstrasse geplant, von denen die eine unmittelbar an der Eisenbahn gelegen, für den Uebertrieb der Schweine bestimmt ist, während die andere lediglich den Uebertrieb der Rinder zu vermitteln hat und dementsprechend gegenüber dem letzten Rinderstall des alten Schlachthofes angelegt wird.

Die Lage der die Landsberger Allee mit der Thaerstrasse verbindenden 18 m breiten Hauptstrasse innerhalb des neuen Schlachthofes war durch das Hauptdruckrohr von den städtischen Wasserwerken am Müggelsee bestimmt; das Gelände wird durch die Strafse in zwei ungleiche Hälften getheilt. In der nördlichen gröfseren gruppiren sich um ein Kühlhaus zwei Schlachthäuser mit den zugehörigen Stallungen. Von diesen dient der westliche auch zur Aufnahme des Schlachtviehs für ein kleineres, am Westende der Hauptstrasse angelegtes und mit ihr gleichlaufendes Schlachthaus. Die zwischen diesem Schlachthause und dem Stalle verbleibende Nordwestecke des Geländes wird eingenommen durch eine Verkaufshalle für ausländische Schweine, für welche, als die Hauptträger der Klauenseuche, von der Aufsichtsbehörde eine directe Entladung aus den Eisenbahnwagen ohne Berührung mit anderen Thieren, und auch ein besonderes Schlachthaus, gegen den übrigen Schlachthof durch einen Zaun abgeschlossen, verlangt wurde. Es gab dies auch Veranlassung zur Anlage eines besonderen Entladegleises und einer mit Sammelbuchten versehenen Rampe. Südlich der Hauptstrasse ist unmittelbar an der Landsberger Allee ein fünftes Schlachthaus mit Stall und eine Anzahl Buchten zur Aufnahme der Schlächterhunde angeordnet.

Die Verlegung der Schweineschlachtungen in den neuen Schlachthof bedingte den Neubau eines Trichinenschauamtes, das mit Rücksicht auf möglichst bequemen Verkehr nach allen Seiten hin den Mittelpunkt der Anlage bildet. Zwischen dem Schauamt und dem vorgenannten Schlachthause wird ein Pferdestall für 22 Pferde und ein offener Schuppen zum Unterstellen von rd. 70 Schlächterwagen errichtet. Das übrig bleibende Gelände ist theils für die Erweiterung des Schweineschlachthofes, theils für die des Rinderschlachthofes in der im Lageplan angedeuteten Weise bestimmt.

Stallungen für 1200 Rinder und das Verwaltungsgebäude sollen schon jetzt gebaut werden. In einem durch die Eisenbahn, die Thaerstrasse und ein Privatgrundstück begrenzten Theil des Geländes ist der Bau einer neuen Darmschleimerei in Angriff genommen.

An dem Entladegleis wird ein Dunghaus mit Schiebebühne errichtet zur Abfuhr des in den Schlachthäusern gewonnenen Düngers mittels geschlossener Eisenbahnwagen.

Die Schweineställe und die Halle für ausländische Schweine haben Raum für 8900 und 3500, zusammen 12 400 Schweine. Die Bauart und innere Einrichtung der Ställe weichen von den älteren Bauten hauptsächlich darin ab, dafs die Krippen und Buchtenwände in verzinktem Eisenblech statt in Holz hergestellt werden. Die bis zur Decke reichenden massiven Scheidewände sind fortgefallen, sodafs der ganze Raum leicht zu übersehen ist. Die Verkaufshalle hat eine doppelte Schaldecke erhalten; die Ställe sind überwölbt. Der westliche erhält einen 1,70 m hohen Drempel als Futterboden, der östliche ist im mittleren Theil mit einem voll ausgebauten und überwölbten Obergeschosse versehen, das einen mit Heizvorrichtungen zum Trocknen der nassen Kleider versehenen Aufbewahrungsraum, für 500 Schlächtergesellen berechnet, Umkleideraum mit Wascheinrichtungen, daran anschliefsend eine Badeanstalt mit 15 Brause- und vier Wannenbädern und endlich eine Waschanstalt mit Maschinenbetrieb enthält, in der die Wäsche der Verwaltung und der auf dem Schlachthof thätigen Schlächtergesellen usw. gereinigt wird. Am Nordgiebel des Gebäudes wird eine Darmtrocknerei eingerichtet, der übrige Theil der Fläche soll Futtervorräthe aufnehmen.

Die Schweineschlachthäuser (Abb. 591 u. 592) sind abweichend von den vorhandenen in der Weise eingerichtet, dafs der Eintrieb der Schweine nur von einer Langseite aus erfolgt. Sie bestehen aus folgenden, dem Schlachtbetriebe entsprechenden Abtheilungen.

a) Die Todtschlagebuchten, in einem niedrigen Vorbau vor der Brühhalle und gegen diese durch verzinkte Eisenblechwände von 1 m Höhe abgeschlossen. Sie sind 2,21 m tief und werden mit Granitplatten abgepflastert.

b) Die Brühhalle, durch hohes Seitenlicht beleuchtet und nach der anschliefsenden Mittelhalle mit 2,15 m breiten und ebenso hohen offenen Durchgängen versehen, hat eine lichte Breite von 6,38 m bei 6 m Höhe. Die in Entfernungen von 10 bis 11 m auf-

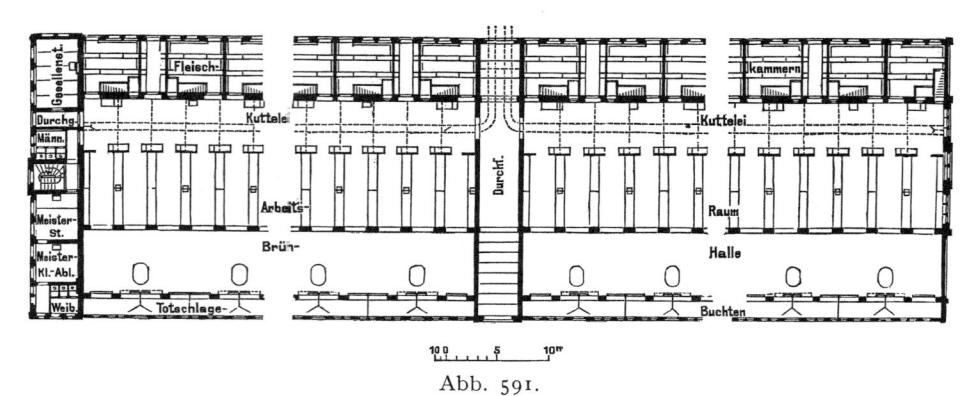

Abb. 591.
Städtischer Central-Vieh- und Schlachthof. Neues Schweineschlachthaus, Grundrifs.

gestellten Brühbottiche sind doppelwandig und über einer mit Dampfrohren versehenen Heizkammer aufgestellt, welcher frische Luft in einem Canal zugeführt wird. Die erwärmte Luft tritt am oberen Rande der Bottiche aus und verhütet dadurch die Verdichtung der sich in den Brühbottichen bildenden Dämpfe, deren Abführung durch unten trichterförmig erweiterte und behufs besserer Absaugung am oberen Ende mit Deflectoren versehene Schlote erfolgt.

c) Der Raum zum Ausschlachten. In ihm sind in Entfernungen von 3,30 m doppelreihige Aufhängevorrichtungen angeordnet, zwischen denen ein 2,40 m breiter freier Arbeitsraum verbleibt.

d) Die Kuttelei ist vom Arbeitsraum durch ausgemauerte, mit Cement geputzte Eisenfachwerkwände von 2,10 m Höhe getrennt und 5,20 m breit. Hier sind die mit je einem tiefen Spülbecken und zwei flachen Mickerbecken, sowie mit Kalt- und Warmwasserhahn versehenen Kutteltische angeordnet. Zwischen den beiderseitigen Tischreihen sind an Querträgern zwei Gleise mit Laufkatzen zum Transport der ausgeschlachteten Thiere in das Kühlhaus aufgehängt. Kuttelei und

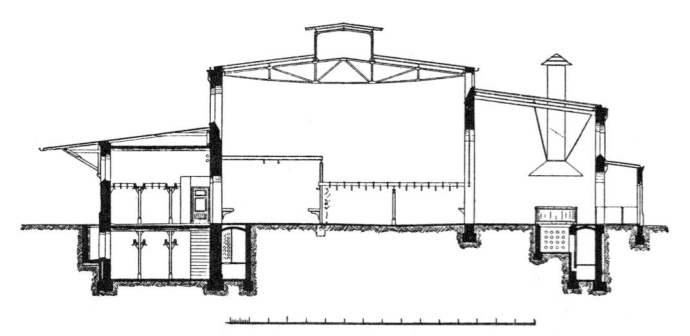

Abb. 592. Städtischer Central-Vieh- und Schlachthof, Querschnitt durch das neue Schweineschlachthaus.

Arbeitsraum liegen gemeinsam in einer 8 m hohen Halle, welche durch Seitenlicht und eine 3 m breite, mit beweglichen Fensterflügeln und Glasstellfenstern versehene Laterne erleuchtet wird. Für den Winterbetrieb ist eine Dampfheizung vorgesehen.

e) Die Fleischkammern entsprechen in Gröfse und Einrichtung denen des alten Schlachthofes, nur sind kleine Geschäftsräume für die Schlächtermeister hinzugefügt. Zwischen je zwei Kammern ist ein 2,50 m breiter mit Aufhängevorrichtungen versehener Durchgang zur Benutzung für die Lohnschlächter angeordnet. Die tägliche Leistung in den zunächst zur Ausführung gelangenden Schlachthäusern berechnet sich auf rd. 7000 Schweine.

Das Kühlhaus enthält im Erdgeschofs und ersten Stockwerk aufser gröfseren Vorkühlräumen zusammen 280 Kühlzellen von 4 bis 12 qm Grundfläche. An beiden Kopfenden sind in besonderen Vorräumen Treppen und Aufzüge angeordnet. Im Keller liegen Pökelzellen und die Luftkammern der Kühlanlage, im Dachgeschofs Räume zum Trocknen der Pökelwaaren und Räucherkammern. Dem Kühlhause schliefst sich unmittelbar das Maschinenhaus an, in welchem die sämtlichen, für den Betrieb der Kühlanlage erforderlichen Maschinenanlagen und die Dynamomaschine für die elektrische Beleuchtung der Kühlräume und des Schauamtes untergebracht sind. Der nördliche Kopfbau enthält die Dampfkessel für den Gesamtbetrieb.

Das Gebäude für das Trichinenschauamt enthält in zwei Geschossen neun Abtheilungssäle für die Fleischbeschauer mit zusammen 315 Arbeitsplätzen, einen Saal für 70 Probenehmer, einen Raum für die Stempler, drei Zimmer für Thierärzte und die erforderlichen Kleiderablagen und Aborte. An der Vorderfront des Gebäudes ist im Erdgeschofs die Wirthschaft mit bedeckter Vorhalle und darüber die Wohnung des Wirthes angeordnet.

Die Darmschleimerei. Das Gebäude umschliefst einen 7 m breiten, überdeckten Lichthof, von dem aus die 29 Schleimkammern des Erdgeschosses sowie durch Treppen, die in besonderen Vorräumen angeordnet sind, die zugehörigen Kellerräume mit den Bottichen zum Einsalzen der Därme erreicht werden können. Zu jeder Kammer gehört ein entsprechender Bodenraum zur Lagerung des Salzes. Der Lichthof ist vollständig unterkellert, vier darin angeordnete Aufzüge von 500 kg Tragfähigkeit dienen zur Beförderung der Darmfässer in die Keller. Die Schleimkammern werden durch Dampfheizung erwärmt; auch ist für eine kräftige Entlüftung sowie für Frischluftzuführung gesorgt.

Nach Fertigstellung der neuen Anlage werden die alten Schweineschlachthäuser zur Schlachtung von Kleinvieh umgebaut und die Hälfte des mittleren zu einer neuen Kaldaunenwäsche eingerichtet werden. Die vorhandenen Schweineställe sind zur Unterbringung von Schafen und Kälbern, die jetzige Kaldaunenwäsche zum Polizei-Schlachthaus bestimmt. Die an der Eldenaer Strafse belegene, jetzt als Schlachthaus für Kleinvieh benutzte Schweinehalle wird zur Freibank umgestaltet und mit Dampfkochapparaten für schwach finniges und schwach tuberkulöses Fleisch versehen. Die jetzige Darmschleimerei wird zu einer Anstalt zum Reinigen und Sortiren der Schweineborsten umgebaut; die bisher vom Trichinenschauamt benutzten Räume werden der Verwaltung der allgemeinen Fleischschau überwiesen.

Mit der Ausarbeitung der Entwürfe für die Neu- und Umbauten, sowie mit der örtlichen Bauleitung ist unter der Oberleitung des Stadtbauraths Lindemann der Regierungs-Baumeister Tietze betraut.

III.

PRIVATBAUTEN

———

INHALTS-VERZEICHNISS
DES III. BANDES.

	Seite
I. Bier- und Kaffeehäuser	1
II. Hôtelbauten	18
III. Reitbahnen	33
IV. Geschäftshäuser	39
Einleitung	39
A. Gebäude mit Verkaufsräumen im Erdgeschofs und Wohnräumen in den oberen Geschossen	42
B. Gebäude mit Verkaufsräumen in zwei oder mehreren Geschossen	44
C. Geschäftshäuser, welche ausschliefslich als Kaufhäuser dienen	64
D. Geschäfts- und Waarenhäuser für besondere Geschäftszweige unter einheitlicher Leitung	83
E. Passagen, Geschäftshäuser auf Hinterland	100
V. Wohnhausbauten	106
A. Einzelwohnhäuser	107
B. Miethshäuser	182
VI. Künstler-Werkstätten	253
A. Einzelateliers	254
B. Atelierhäuser	261
VII. Gebäude für Vereine	265

Architekt Conradin Walther.   Abb. 1. Tucherhaus, Ansicht.

I. Bier- und Kaffeehäuser.[1]

Der Aufschwung Berlins zur Weltstadt nach der guten wie der schlimmen Seite wird vielleicht durch nichts augenfälliger illustrirt, als durch die Entwicklung der Bier- und Kaffeehäuser. Noch zur Zeit der ersten Auflage dieses Werkes, als der „Milliardensegen" bereits an Berlin vorüber gezogen war, gab es auf diesem Gebiete nur wenig zu berichten. Selbst der „Gründer" fand seine Bedürfnisse nach Genufs und Geselligkeit durch die altbewährten Gourmet-Sammelpunkte bei Dressel, Hiller, Borchardt und Poppenberg befriedigt; der „ruhige Bürger" aber vertilgte genügsam nach Väterweise seine „Weifse" oder das schlechte „Hiesige" von damals in seinem Stammlocal oder in einem der zahlreichen „Biergärten" vor den Thoren; wenn es hoch kam, im neuen Rathskeller, dessen Achteck, von den „Gelehrten des Kladderadatsch" ausgeschmückt, damals als eine Sehenswürdigkeit gelten durfte. Jene Stammlocale waren durchgängig, so gut es eben gehen wollte, in irgend welchen ursprünglich zu Wohnzwecken hergerichteten Räumen, häufig nach dem Hofe zu,

---

[1] Bearbeitet vom Regierungs-Baumeister Hans Schliepmann.

Berlin und seine Bauten. III.

untergebracht. Die beliebte Verwandlung des Hofes in einen „Garten" mittels einiger Oleandertöpfe, Epheukisten und grün gestrichener Stackete sowie eines mehr oder minder ausgedehnten Zeltdaches ist weit berüchtigt und wird auch heute noch geübt.

Die damalige Zeit sträubte sich noch dagegen, Frauen in die Wirthsstuben zu führen; noch anfangs der siebziger Jahre war es in vielen Kreisen verpönt, überhaupt Damen in ein Bierhaus zu führen; nur in den Gartenlocalen erschien der Berliner mit seiner Familie.

Eine für die Pflege häuslicher Geselligkeit nicht eben vortheilhafte Wandlung hierin geschaffen zu haben, ist das Verdienst der „echten" Biere, oder genauer gesagt, des Münchener Bieres. — „Erlanger", „Kitzinger" und „Kulmbacher" auf Flaschen fand man in den besseren, mit Vorliebe im ersten Stock untergebrachten Bierhäusern schon vor dem französischen Kriege; „Siechen" und der „schwere Wagner", die Nürnberger Bier vom Faß verzapften, fanden nur eine verhältnismäßig kleine, freilich desto begeistertere und seßhaftere Gemeinde. Erst das leichtere „Münchener", und zwar zunächst das Pschorrbräu, seit 1882 in dem seiner Zeit berühmten Printz'schen Local in der Taubenstraße 10 ausgeschenkt, dann das Hofbräu im alten Local in der Leipziger Straße 85, leiteten einen förmlichen Bier-Culturkampf zwischen dem eingeführten und dem der Verbesserung bedürftigen und mit der Zeit theilhaftig gewordenen einheimischen Gebräu ein. Man darf behaupten, daß dieser Bier-Culturkampf in der Architektur seinen monumentalen Niederschlag gefunden hat. Vom Rathskeller zum Tucherbräu liegt ein Stück Berliner Architektur- und Culturgeschichte!

Daß es sich bei einem Bierhause auch um schönheitliche Raumschöpfungen handeln könne, empfand die Menge der Berliner zuerst gelegentlich der Gewerbeausstellung von 1879, bei welcher die trefflichen Holzbauten des „nassen Dreiecks", vor allem aber die in zwei Stadtbahnbögen hineingebauten überaus reizvollen Schöpfungen einer Wein- und einer Bierstube[1]) von Johannes Otzen allgemeine Anerkennung fanden und das Bedürfniß nach „stilvollen" Bierstuben lebendig machten.

Dem damaligen „Zuge der Zeit" entsprechend mußten jene, seit Anfang der achtziger Jahre immer zahlreicher auftretenden Locale die Formen der deutschen Renaissance zeigen, sollten diese sich auch nur in einem hölzernen Paneel mit Bordbrett auf knuffigen Consolen in krausem und derbem „Eisenbeschlagornament" an der Decke offenbaren, die Butzenscheiben als Symbol der alterthümelnden Liebhaberei nicht zu vergessen. Es mag gleich hier eingeschaltet werden, daß neben diesen „stilvollen Kneipen" oder Bräus sich für die in Berlin verhältnismäßig seltenen Weinstuben ein eigener Typus nicht herausbildete. Es können daher die wenigen künstlerisch in Betracht kommenden Locale bei den stilverwandten Bierhäusern mit erwähnt werden. Nur einer, in ihrer Alterthümlichkeit anheimelnden Einrichtung aus vergangener Zeit sei hier einschaltungsweise gedacht, der **Habel'schen Weinstube** in dem Hause Unter den Linden 30. Das Haus ist im Jahre 1800 erbaut und im Aeußern wenig verändert. Seine bemerkenswerthe Zier bildet ein Fries mit Masken, Vasen und Weinlaub-Ornament über den Fenstern des Erdgeschosses. — Die rechts vom Flur belegene Trinkstube zeigt noch die ursprüngliche, in ihrer Bescheidenheit mit den modernen Anforderungen stark contrastirende Ausstattung. An den Wänden befindet sich ein gemalter Fries, einen Bacchuszug darstellend, im Reliefstil in braunen Tönen in etwas harter Modellirung.

Höheren Ansprüchen an moderne stilistische Durcharbeitung vermochte zuerst der von Armin Wegner 1882 ausgeführte Neubau des **Siechen'schen Bierhauses** (Abb. 2) in der Behrenstraße, eine für ihre Zeit vortreffliche Leistung, zu genügen. Im Aeußern des mit Architekturgliedern — dem damaligen Geschmack entsprechend — reich bedachten Frontbaues wird durch die großen dreigetheilten Fenster des Erdgeschosses deutlich charakterisirt, daß sich dort Räume zu ruhigem, vom Geschäftstreiben der Großstadt abgewandten Behagen den Durstigen öffnen. Die Ausstattung des Innern, ebenso der im ersten Stock belegenen Zimmer für geschlossene Gesellschaften — die übrigen Geschosse werden zu

---

[1]) Architektonisches Skizzenbuch. 1880. Heft I, Bl. 5 u. Heft V, Bl. 3.

I. Bier- und Kaffeehäuser.

Wohnzwecken vermiethet — zeigt eine liebevolle Durchbildung und Gediegenheit in den Paneelen, Holzdecken und im Gestühl. — Besondere Beachtung verdienen die für die Benutzung der Kneipräume so wichtigen Entlüftungseinrichtungen. Die Abluft wird durch Oeffnungen in der Deckenvoute möglichst gleichmäfsig und ohne störenden Zug entfernt und durch zwei Saugeschächte, welche im Winter durch die Heizapparate der Räume, im Sommer durch besondere Schachtöfen erwärmt werden, über Dach geführt.

Erwähnt sei gleich hier, dafs der Besitzer kürzlich (1895) das zur Erweiterung seiner Ausschankräume angekaufte Nebenhaus einem Umbau unterziehen liefs, wobei der zeitgemäfsen Vorliebe für den Nürnberger Stil zuliebe ebenso viel Horizontalglieder beseitigt wurden, als an dem alten Bau mit seinen durchgehenden Gesimsen vorhanden sind.

Eine reichere und noch bedeutsamere Leistung bildete der von Kayser und v. Groszheim bewirkte Ausbau der Stadtbahnbögen am Bahnhofe Friedrichstrafse in das Bierhaus **„Zum Franziskaner".**[1]) Diese grofsartige Anlage ist zugleich das erste künstlerisch durchgeführte Beispiel jener seit Mitte der siebziger Jahre auftauchenden Riesenlocale, vom Berliner Volkswitz „Bierkirchen" genannt, in denen zumeist einheimisches Bier zum Ausschank gelangte. Die alten Gratweil'schen Bierhallen im Industriegebäude an der Commandantenstrafse und die „Reichshallen" am Dönhoffplatz sind die ältesten, freilich lange überholten Anlagen dieser Gattung. — Die in den krausesten Formen deutscher Renaissance gezeichnete Aufsenarchitektur des „Franziskaners" sieht von jedem Versuch ab, sich harmonisch in das massige und ungefüge Gemäuer der Stadtbahnbögen einzufügen, ist aber in sich von durchaus eigenartigem Reiz und als eines der ersten Beispiele vollständiger Abkehr von den Ueberlieferungen der älteren Berliner Schule geschichtlich bemerkenswerth. Im Innern, dessen

Abb. 2. Siechen'sches Bierhaus, Vorderansicht.
Architekt Armin Wegner.

Fufsboden zur Gewinnung günstigerer Höhenverhältnisse um mehr als 1 m tiefer als die Strafse gelegt wurde, sind durch eingestellte Holzstützen schmale, zu einzelnen Kojen ausgebaute Seitenschiffe angeordnet. Die hölzerne Decke der Mittelschiffe in Flachtonnenform lehnt sich an die Wölbung an und wird in den Seitenschiffen durch anschliefsende, nach dem Viertelkreis gekrümmte Holzdecken zu den mit bemalter oder schablonirter Jute bespannten Seitenwänden übergeführt, während die Stirnwände auch im Innern ohne eigentliche architektonische Durchbildung geblieben sind. Die Wirthschaftsräume sind in

---

[1]) Ansicht in Wickes Architektonischen Bilderbogen.

einem Anbau auf dem zur Wirthschaft gehörigen Geländestreifen hinter der Stadtbahn untergebracht. Der Rest dieses Grundstücktheiles ist in ortsüblicher Weise zu einem „Biergarten" ausgenutzt.

Ohne ihr Vorbild zu erreichen, ist die ganze Anlage mehrfach, am besten noch im Wirthshaus „Zum Prälaten" am Alexanderplatze nachgebildet worden. Um der munteren, malerisch wirksamen und in Schablonenmalerei grünlich auf weiß gehaltenen, jetzt freilich arg mitgenommenen Holzarchitektur der an der Spree belegenen Sommerhallen willen mag in diesem Zusammenhange auch noch das Bierhaus „Belvedere" an der Jannowitzbrücke erwähnt werden. Die Wölbungen der Stadtbahnbögen sind dort mit ziemlich groben Mitteln, wenn auch keineswegs ohne Geschick, direct über den lediglich getünchten Ziegeln bemalt.

Wie der „Franziskaner" für die „Stadtbahnrestaurants", so wurde die Bierstube des **„Löwenbräu"** in dem von Ihne und Stegmüller 1885 errichteten Hause an der Ecke der Charlotten- und Französischen Straße[1]) für einen anderen Typus, den der „Eckhauskneipe" vorbildlich. Die beiden Forderungen, einerseits umfangreiche und in möglichst großsartiger, verlockender Weise von der Straße aus zugängliche Galerie zu schaffen, anderseits die Außenfronten des Grundstücks möglichst für Läden auszunutzen, führten zu der Lösung, die Trinkstuben längs der Nachbargrenzen in ununterbrochener Folge und im rechten Winkel an einander stoßend anzuordnen. Das Aeußere des genannten Gebäudes zeigt den Versuch, die Eisenconstruction der beiden unteren, Geschäftszwecken dienenden Geschosse in einer trefflich gestalteten Metallarchitektur zum Ausdruck zu bringen. Die Gestaltung der Einzelheiten im Innern des Locales wirkt noch erfreulicher. Die Wände zeigen über einem dunkelgebeizten Paneel aus Kiefernholz mit friesartig wirkenden grünlichen Majolikaeinlagen in den oberen Füllungen zum erstenmale jene flotte decorative Bemalung auf der weiß belassenen Putzfläche, die seitdem für ein stilvolles „Bräu" vorbildlich geworden ist. — Neuerdings ist die Anlage eines winkelförmig um einen Eckladen angeordneten Bierlocals auch in dem von R. Schönner und W. Sippel herrührenden Eckgebäude zum Weihenstephan, Friedrichstraße 176 u. 177, ausgeführt.

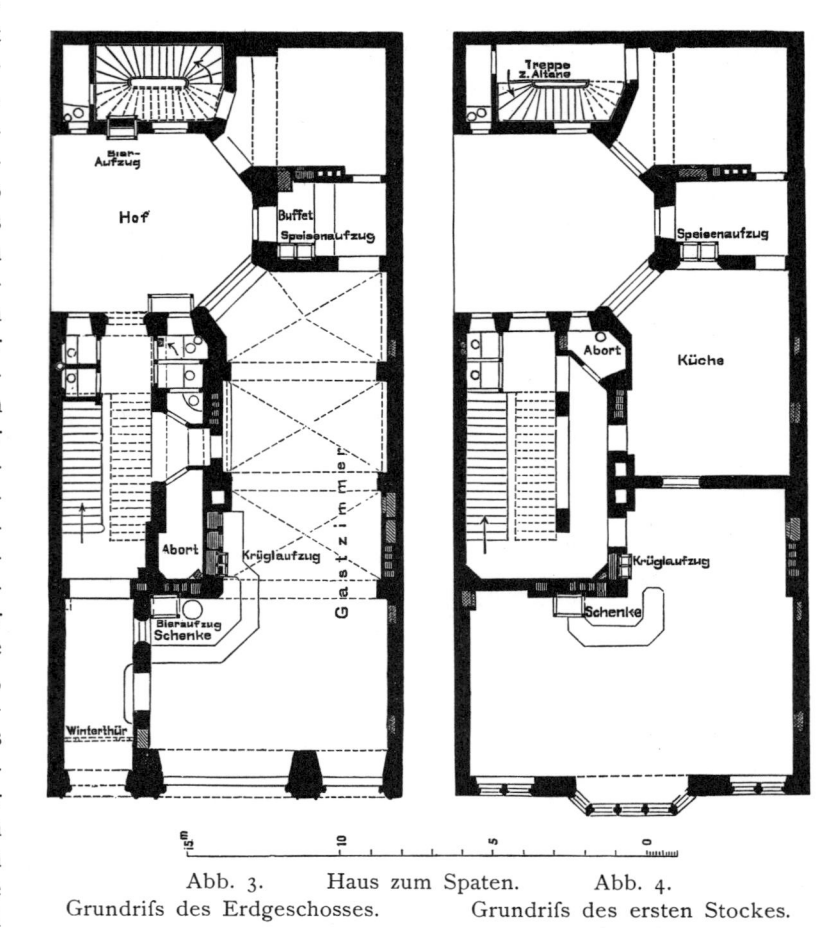

Abb. 3. Haus zum Spaten. Abb. 4.
Grundriß des Erdgeschosses. Grundriß des ersten Stockes.

---

1) Aufriß im Architektonischen Skizzenbuch. 1886. Heft II, Bl. 2.

I. Bier- und Kaffeehäuser.

In ungleich reizvollerer und umfangreicherer Weise als in den bisher genannten Beispielen ist der moderne Bierpalast in dem kurz nach dem „Löwenbräu" (1885) eröffneten Hause **„Zum Spaten"** zum Ausdruck gelangt. Es ist das einzige Haus Berlins, das in seinem ganzen Umfange lediglich als Bierhaus angelegt ist. Kaum ein anderes Gebäude hat so bereitwillig Bürgerrecht in Berlin erworben, als dieser von Gabriel Seidl in München errichtete Bau. War er doch für Berlin auch künstlerisch geradezu epochemachend, einmal, indem er bewies, dafs eine gesunde Architektur ohne weit ausladende Kranz- und Gurtgesimse und tabernakelartig gegliederte Fensterumrahmungen möglich sei, das andere Mal, indem er einen ersten Versuch zeigte, mit den Keim'schen Mineralfarben die alte herrliche Schmuckweise der Façadenmalerei wieder einzuführen (Abb. 3.— 7).

Die Abbildung des Aeufsern[1]) (Abb. 5), dessen Bemalung von Rudolf Seitz herrührt, läfst den klaren, einfachen und doch wirkungsvollen Aufbau deutlich erkennen. Trefflich gestaltet ist auch der Hof, der nach hinten zu durch einen niedrigeren Querbau abgeschlossen ist; zwischen seinen breiten Fensteröffnungen sind einfache Sgraffiten angebracht. Während das Vorderhaus und der höher geführte Theil des Seitenflügels lediglich durch die gut vertheilten Fensteröffnungen wirken, ist der hintere Theil des Seitenflügels und die Giebelwand des Nachbarhauses mit einer einfachen, luftigen und grün gestrichenen Lattenwerk-Architektur geziert. Ein grofser Rundbogen, der sich in der gleichen Herstellungsart quer über den ganzen Hof spannt, giebt dem freundlichen Bild der Hofarchitektur einen wirksamen Rahmen. Das Innere zeigt die übliche „Kneipenausstattung", hohe Bordpaneele nebst Holzdecken aus dunkelgebeiztem Kiefernholz und einfach geputzte Wandflächen, die im oberen Stockwerk in flotter und wirksamer Weise im Schnörkelstile deutscher Renaissance mit heraldischen Löwen, Adlern und mit Rankenwerk geschmückt sind. Nur unter der im hinteren Theile des ersten Stockwerkes belegenen Küche ist die Decke des Erdgeschofsraumes auf wenig vortretenden steinförmigen Rippen über rechteckigem Grundrifs eingewölbt. Die Färbung des Putzes an Wand und Wölbung hat man mit Fug und Erfolg der Wirkung des Tabakqualmes überlassen. Hirschköpfe und mehrere Bilder in dunklen Rahmen vervollständigen hier die an ein einfaches Jagdschlofs erinnernde Ausstattung (Abb. 6 u. 7).

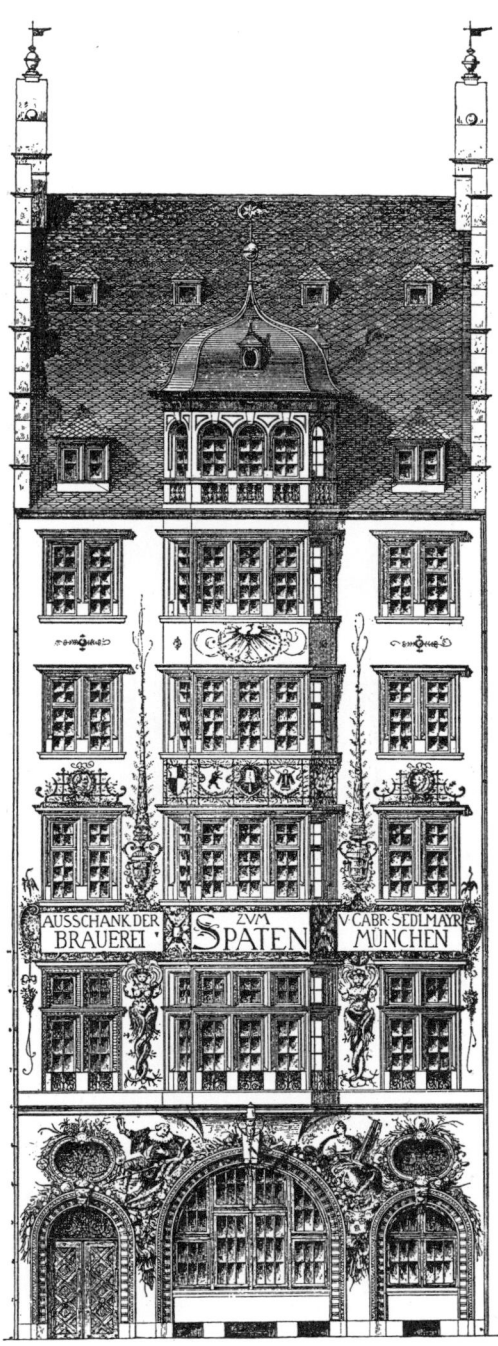

Abb. 5. Haus zum Spaten.
Architekt Gabriel Seidl.

Als besonderes Verdienst dieses Baues ist die grofse Einfachheit der Formengebung, der Anklang an eine im besten Sinne bürgerliche Kunst zu betrachten, die sich in bewufsten

---

[1]) Licht, Architektur der Gegenwart. Bd. I. Taf. 99. Ansicht in Farben.

I. Bier- und Kaffeehäuser.

Gegensatz zu der in Berlin bis dahin geübten Ueberladung mit zusammengelesenen Renaissancemotiven stellte. Man darf behaupten, dafs der „Spaten" in seiner absichtsbewufsten „Einfalt" in der Formengebung und in der Benutzung der natürlichen Reize der einzelnen Baustoffe den Berlinern mehr und mehr Anlafs gegeben hat, auf das Material und dessen sinngemäfse Behandlung zu achten.

Die nächsten Schöpfungen „stilvoller Kneipräume" folgen denn auch noch nicht dem Zuge zur Einfachheit und zu einer Formenprägung, die im letzten Sinne auf gothischen Ueberlieferungen fufst, denn von den bayrischen, tiroler usw. Gebirgsschenken, und ihrer Garnitur aus Baumrinde, Pappfelsen und Alpenlandschaften darf hier füglich abgesehen werden.

Abb. 6.   Abb. 7.
Haus zum Spaten, Ansichten des Innern.

Durch seine Raumwirkung, malerischen Reiz, Kostbarkeit und Virtuosität in der Behandlung der Werkstoffe nimmt auch heute noch' das jetzige Local der **Dortmunder Union,** früher Dreher'sches Bierhaus, in dem von Kayser und v. Groszheim 1886 bis 1887 erbauten Hause Leipziger Strafse 109 einen hohen Rang ein. Der freundliche Eindruck des Innern mit seinem prächtigen, in den Deckencassetten durch Bronzerosetten gehobenen Holzwerke, mit dem reichen vergoldeten Gitterwerk der seitlichen Eingangsthür wird wirksam belebt durch Malereien von Max Koch. — Die Frontentwicklung des Hauses zeigt die strengste Durchführung des von den Architekten mehrfach befolgten Princips, die Wohnhausarchitektur der oberen Stockwerke in hellem Steinmaterial auf die in möglichst dunklem und glänzendem Stein aufgeführten Geschäftsgeschosse zu setzen, ein Princip, das zwar geeignet, die Auslagen der Läden wirksamer hervortreten zu lassen, doch dem Verzicht auf Verschmelzung beider Theile, Wohn- und Geschäftsgeschosse, zu einer architektonischen Einheit nahe kommt.

Bierstuben, wie die erwähnte, die in einem Erdgeschofs der Tiefe nach untergebracht und in der Front in eine Ladenarchitektur hineingepafst sind, fallen naturgemäfs oft wechselnder Benutzung und dem Umbau zu Läden zum Opfer. Es kann daher an

I. Bier- und Kaffeehäuser.

dieser Stelle nicht weiter auf ähnliche Anlagen eingegangen werden, nachdem die vorbildlich gewordenen erwähnt sind. — Genannt sei in diesem Zusammenhange nur noch das Wirthshaus „Franziskaner Leistbräu" in der Leipziger Strafse 129, das noch vor der neuesten „Empiromanie" den Zopfstil der Tabakscollegien Friedrich Wilhelms I. mit vielem Geschick ausgebildet hat.

Längere Dauer als die Wirthshausräume nach Ladenart verspricht vielleicht das bereits 1885 von L. Heim errichtete Local der „Kaiserhallen", zur Zeit „Hopfenblüthe" genannt, Unter den Linden 27, da das nach der engen Rosmarinstrafse hinaus liegende Hintergebäude fast in seinem ganzen Umfange in mehreren Geschossen zu je einer einzigen Bierhalle ausgebaut ist und nicht leicht anderen Zwecken dienstbar gemacht werden kann. Doch sind es nicht diese, in etwas schwülstiger, z. Th. imitirter Holzarchitektur ausgestatteten Säle, die eine Erwähnung an dieser Stelle rechtfertigen, sondern der in reicher Farbenpracht in maurischem Stile durchgebildete Lichthof[1]) mit den angrenzenden, zur Zeit dem „Restaurant Impérial" zugehörenden Sälen im Erdgeschofs des Vorderhauses. An sich vielleicht eine durch das Reclamebedürfnifs hervorgerufene stilistische Spielerei, entbehrt die Anlage doch keineswegs der künstlerischen Bedeutung. Verdienstlich bleibt jedenfalls der Versuch, eine reiche farbige Wirkung mit Hülfe der Majolikatechnik zu erreichen.

Nicht der Gefahr des Umbaues unterworfen erscheint auch das nach Durchlegung der Kaiser-Wilhelm-Strafse am Neuen Markt durch v. Holst und Zaar 1886 errichtete Gebäude „Altstädter Hof".[2]) Hier schliefsen sich an die Restaurationsräume im ersten Stockwerk Festsäle für Gesellschaften; die oberen Räume dienen

Abb. 8. Pschorrbräu, Front an der Französischen Strafse.
Architekten Kayser und v. Groszheim.

Hôtelzwecken. Auch im Aeufsern, dessen Ecklösung zu den glücklichsten und wirkungsvollsten Berlins gehört, erscheint die charakteristische Gestaltung der Restaurationsfenster unlösbar mit dem Ganzen verbunden.

Der Wechsel des Modegeschmackes um die Mitte der achtziger Jahre wird auf dem Gebiete der vornehmen Bierhäuser am monumentalsten in dem von Kayser und

---

1) Abb. im Architektonischen Skizzenbuch. 1885. Heft VI, Bl. 1.
2) Abb. in der Zeitschrift für Bauwesen. Jahrg. 1888. Bl. 57.

8　　　　　　　　　　　　　I. Bier- und Kaffeehäuser.

v. Groszheim 1887—1888 erbauten „**Pschorrbräu**" (Abb. 8 u. 9) an der Ecke der Friedrich- und Behrenstrafse verkörpert. Wie aus dem Grundrifs[1]) hervorgeht, ist mit Ausnahme eines kleinen, besonders einträglichen Eckladens das ganze Erdgeschofs des umfangreichen, in einem schmaleren Trakt sich bis zur Französischen Strafse erstreckenden Grundstücks für Restaurationszwecke eingerichtet. In den oberen Geschossen ist zur Zeit die Wachsfigurensammlung Castans Panopticum untergebracht. — Die mit reichem Schmuckwerk von Schlufssteinen, Wappen, Balcon tragenden Figuren, vergoldeten Gittern usw. ausgestatteten Façaden aus Postelwitzer Sandstein zeigen, namentlich in den geringen Ausladungen der Gesimse und in dem System der Fenster des Eckhausbaues — zarte eingestellte Stützenstellungen in von Säulen flankirten, je zwei Fenster je zweier Stockwerke umfassenden Flachbögen — das Bestreben, die Formen des Barocks zu mäfsigen und den modernen Bedürfnissen eines Geschäftshauses anzupassen. Das Innere des Hauptlocales ist durch eingestellte wuchtige Granitsäulen mit ionisirenden Bronzekapitälen in nahezu quadratische, mit kreuzförmig sich durchdringenden Tonnen ohne Gurtbögen überdeckte Felder eingetheilt. Die Diagonalrippen sind durch gemalte Laubstränge im Stil der Majolikamalerei hervorgehoben und auf den Wölbflächen von zierlichem gemalten Rankenwerk begleitet. Neben reichem vergoldeten Gitterwerk, farbig verglasten Fenstern und einem hell gehaltenen eichenen Paneel geben die flotten Wandmalereien mit ebenfalls gemalten phantastischen Rococoumrahmungen — Arbeiten der Maler Max Koch und Flashar — dem Raume seinen hauptsächlichsten Schmuck.

Auch die Hofarchitektur ist, dem Bedürfnisse nach einem „Garten" entsprechend, in eigenthümlicher und geschickter Weise durchgebildet.

Unmittelbar nach der Erbauung des Pschorrbräuhauses nahmen die Berliner Brauereien den Wettkampf mit den Münchenern in braulicher wie in baulicher Beziehung auf. Zunächst entstand 1887—1889 dem Pschorrbräu schräg gegenüber der Ausschank der Schultheifsbrauerei durch den Baumeister Wohlgemuth.

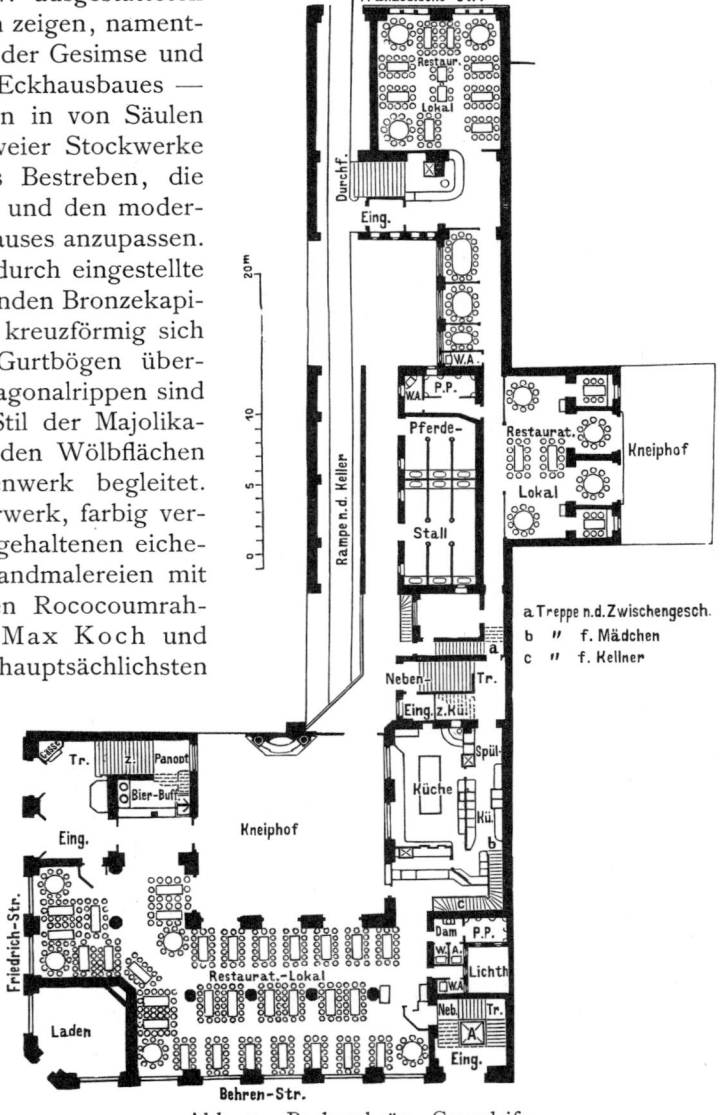

Abb. 9. Pschorrbräu, Grundrifs.

Das Façadensystem des Gebäudes nimmt einzelne gothische Motive auf, zeigt jedoch bei im übrigen sorgfältiger Detailausbildung nichts sonderlich Bemerkenswerthes. Auch das Innere des Bierlocales fügt zu dem „Bräu"-Typus mit Holzdecken, Paneelen und leicht bemalten Fenstern keine wesentlich neuen Züge; nur tritt an die Stelle der Bemalung auf weifsen Putzflächen die Lincrustatapete.

---

1) Deutsche Bauzeitung. Jahrg. 1889. S. 305 ff. — Blätter für Architektur und Kunsthandwerk. Jahrg. 1890. Taf. 81 u. 82. — Licht, Architektur der Gegenwart. Bd. 2, Taf. 36—38.

I. Bier- und Kaffeehäuser.

Fast gleichzeitig mit diesem Bau entstand jedoch ein anderer der gegenüber liegenden Seidl'schen Schöpfung voll ebenbürtiger Bau in dem von Hans Grisebach entworfenen „Gambrinus", Friedrichstrafse 80.[1]) Bei verhältnifsmäfsig einfachen Mitteln — Architekturtheilen in röthlichem Sandstein, grau getöntem Putz mit wenigen ornamentalen Füllungen auf Goldgrund, dazu einem schmiedeeisernen Balcon — ist hier für die vorliegende Aufgabe eine der reizvollsten und im besten Sinne modernen Façadenlösungen geschaffen. Besonders glücklich erscheint die loggienartige Auflösung des obersten Stockwerks. Leider hat die überaus feine Innenausstattung in frei behandelten mittelalterlichen Formen schon nach wenigen Jahren einem zwar nicht ungeschickten, aber doch bereits aufdringlichen Ausbau modernsten Zuschnittes, in einem zum Rococo neigenden Barock, weichen müssen, als das Bierhaus durch Friedrich Stahn zu dem Weinhaus „Zum Rüdesheimer" umgewandelt wurde.

Der mittelalterliche Stil scheint sich in Berlin für Wirthshausbauten keiner Beliebtheit zu erfreuen. Hat doch eine der reizvollsten und „echtesten" Schöpfungen, Karl Schäfers „Pfungstadt" in der Jägerstrafse 18, längst das Zeitliche gesegnet, ohne an anderer Stelle die von allen Kunstfreunden erhoffte Auferstehung zu feiern.

Abgesehen von den bereits erwähnten unteren Räumen der „Reichshallen", die in der Leipziger Strafse 77 von Wesenberg in einer Art Gothik mit (hölzernen!) Spitzbogen-Kreuzgewölben errichtet wurden, zeigt nur noch das Weinhaus von Beckers Söhnen in der Krausenstrafse 41, am Dönhoffplatze,[2]) an das Mittelalter, vielleicht genauer gesprochen an Hans Grisebach sich anlehnende, immerhin aber noch eigenartig behandelte Formen. Die Front des 1887—1888 von F. Dietrich errichteten Hauses, in rothen Verblendziegeln mit Putzflächen aufgeführt, ist von trefflicher Wirkung und fällt durch den gelungenen Versuch auf, die Fenster im ersten Stock nach in England und Amerika mehrfach geübter Art als flach hervortretende Glaserker in Metallrahmenwerk auszubilden. Im Innern ist die freie Behandlung mittelalterlicher Formen nicht mit demselben Glück durchgeführt. Durch in die Fensterachsen gestellte Granitsäulen und darüber gespannte dreiseitige Kreuzgewölbe, die nach spätgothischer Art mit Rankenwerk bemalt sind, ist indessen eine interessante Raumwirkung erreicht.

Wegen der in freier Verwendung mittelalterlicher Motive ausgeführten Bemalung der Wände und Wölbungen mag hier noch der von Franz Schwechten 1887—1889 bewirkte Neubau der Gratweil'schen Bierhallen im „Industriegebäude" zwischen Beuth- und Commandantenstrafse erwähnt werden.

Unter den zahlreichen Localen dagegen, die auf das vom Pschorrbräu gegebene Signal „Barock" entstanden, verdienen besondere Hervorhebung der Patzenhofer Brauereiausschank, das neue Hofbräu in der Leipziger Strafse und der im Aeufsern freilich nur allzu aufdringliche Café und Restaurant „Friedrichshof", von Hochgürtel erbaut.

Das „Patzenhoferbräu", Friedrichstrafse 71, Ecke der Taubenstrafse, erbaut 1889—1891 von Emanuel Heimann, zeigt in seiner Façadengestaltung[3]) einen recht beachtenswerthen Versuch, durch Verwendung farbig glasirter Terracotten eine wetterbeständige und lebendige Polychromie über den Grundtönen Gelb und Blau zu erzielen, die namentlich in der mittleren, das zweite und dritte Stockwerk zusammenfassenden grofsen Rundbogenstellung zu trefflicher Wirkung gelangt. Während das Aeufsere seine Formen in freier moderner Auffassung aus der italienischen Hochrenaissance ableitet, sind die auf kostbaren Labradorsäulen ruhenden Monierwölbungen der Bierhallen mit weifs belassenem, dem Rococo verwandten Stuckornament ausgestattet, das in geschickter Weise zur Umrahmung der Lüftungsöffnungen in den Kappen benutzt ist.

Bei dem von Wendler geleiteten, 1895 beendeten, sehr geschickten Umbau des „Hofbräues" in der Leipziger Strafse 85 ist eine Decoration des anmuthigen Raumcomplexes gewählt, welche die zum „Zopf" neigende moderne Ausbildung des Barock

---

1) Blätter für Architektur und Kunsthandwerk. 1888, Taf. I.
2) Blätter für Architektur und Kunsthandwerk. 1892, Nr. 3.
3) Wicke, Architektonische Bilderbogen.

10   I. Bier- und Kaffeehäuser.

zeigt, wie sie neuerdings in München gepflegt wird. Dem Hofe ist durch eine geschickte landhäuschenartige Behandlung der niedrigen Bautheile und eine Bemalung der nachbarlichen Brandmauern, die das Bild einer spätmittelalterlichen Stadt luftig, wenn auch etwas theatermäfsig hervorzaubert, ein ganz eigenartiges Gepräge gegeben worden.

In dem Restaurant „Friedrichshof", Ecke der Friedrich- und Kochstrafse, und dem dazu gehörigen Café gleichen Namens herrscht die üppigste Rococophantastik. Trotz eines entschiedenen Zuviel in den Formen, die namentlich am Aeufsern die Wirkung be-

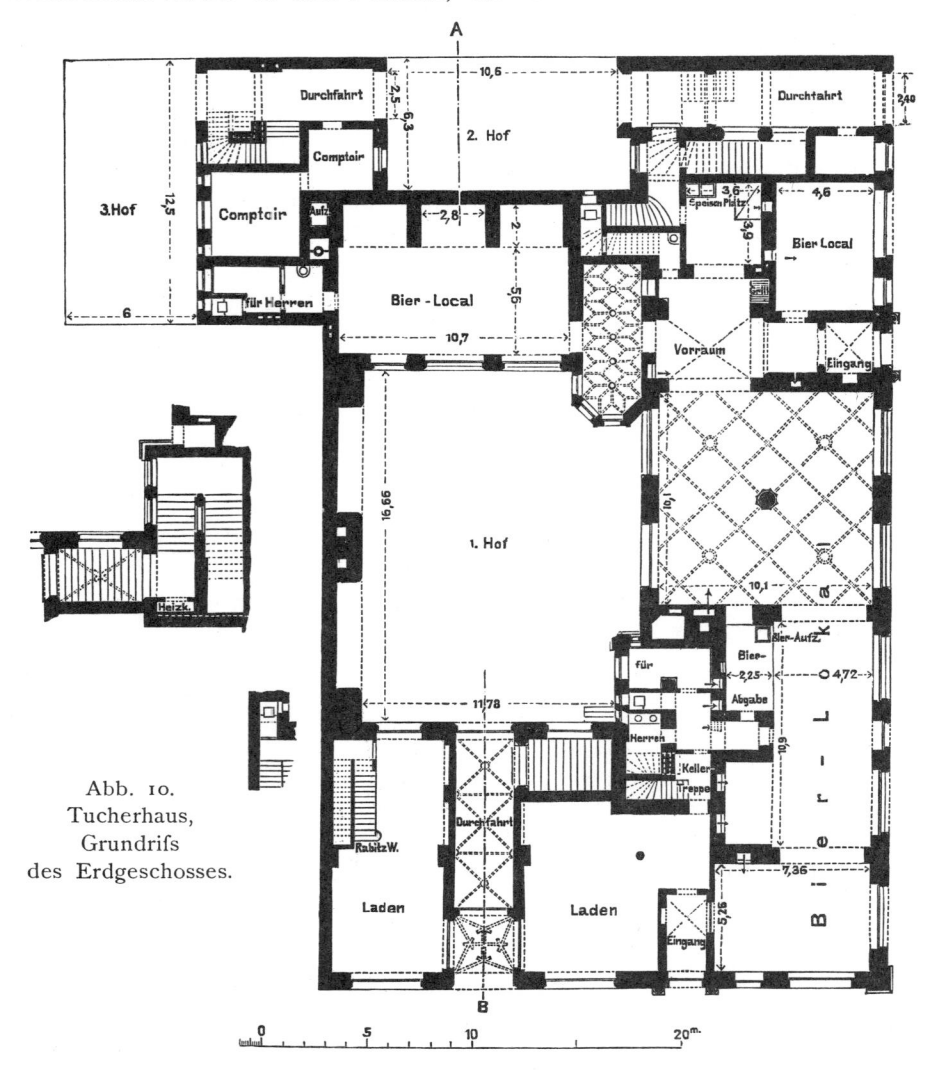

Abb. 10. Tucherhaus, Grundrifs des Erdgeschosses.

einträchtigen, mufs doch die allerdings fast an indische Bauten gemahnende Bierhalle als einer der originellsten Innenräume dieser Art in Berlin bezeichnet werden.

Das Tucherbräu,[1]) von Prof. Conradin Walther, an der Ecke der Tauben- und Friedrichstrafse, in den Jahren 1887—1891 errichtet, gehört fraglos zu den bedeutsamsten Bauwerken beider letzten Jahrzehnte in Berlin — nicht zum wenigsten freilich um der köstlichen Bemalung willen, die Prof. Wanderer in das Fenstersystem an der Friedrichstrafse hineincomponirte. Der Bau ist äufserlich, wie die Abb. 1 zeigt, in zwei vollständig verschieden gestaltete Gebäude zerlegt, um eine eintönig wirkende allzugrofse Längenentwicklung der Front zu vermeiden. Der Hauptbau zeigt über einem Erdgeschofs von Warthauer

---

1) Blätter für Architektur und Kunsthandwerk. 1892. Nr. 6 und Jahrg. 1894. — Licht, Architektur der Gegenwart. Band 3. — Centralblatt der Bauverwaltung. Jahrg. 1892. S. 235.

I. Bier- und Kaffeehäuser.

Sandstein drei Stockwerke, die lediglich durch die Sandstein-Fensterumrahmungen und die ornamentale Bemalung der Putzflächen in Keim'schen Mineralfarben gegliedert werden. Der vierstöckige Nebenbau in der Taubenstrafse und die Fronten des geräumigen Kneip-

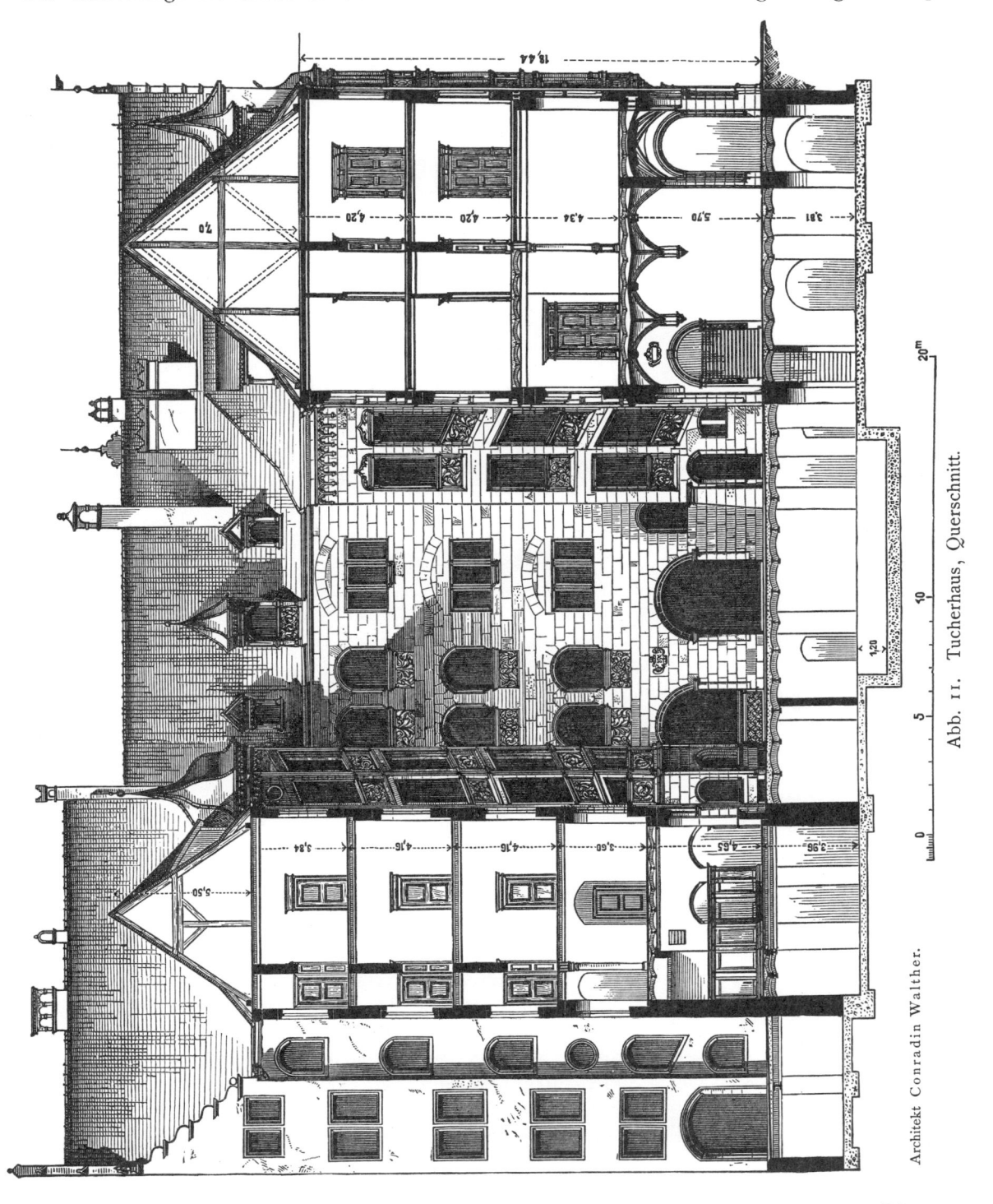

Abb. 11. Tucherhaus, Querschnitt. Architekt Conradin Walther.

hofes, in dem die Brandmauer geschickt durch eine mehrstöckige Galerie, mit von Ritter gemalten Ansichten von Nürnberg auf der Abschlufswand, maskirt wird, sind in röthlichem Nürnberger Sandstein errichtet. Die den gröfsten Theil des Erdgeschosses und des ersten

Stockwerkes einnehmenden Kneipräume — die übrigen Räume der oberen Geschosse sind zu vornehmen „Chambres garnies" eingerichtet — sind mit ebenso viel Stiltreue wie künstlerischem Feingefühl in mannigfacher Weise ausgestattet; Einfachheit, Gediegenheit der Werkstoffe und sorgsamste Herstellung sind die leitenden Grundsätze bei der Ausführung gewesen. Die Baukosten haben einschließlich der inneren Einrichtung etwa 2 Mill. ℳ. betragen. Hiervon entfallen allein 65000 ℳ. auf das ganz besonders reizvolle, in Untersberger Marmor hergestellte Treppenhaus und 160000 ℳ. auf die reichen Holzarbeiten.

Zu den größten Bierlocalen in Berlin zählt das von W. Walther 1895—1896 ausgebaute Restaurant zum Heidelberger im Central-Hôtel am Bahnhof Friedrichstraße, der mitsamt den kleineren Räumen und Nebensälen rd. 600 qm Nutzfläche einnimmt. Abb. 12 giebt eine Ansicht von dem Hauptsaal (22 m lang, 16 m breit, 8 m hoch) im Stil einer Jagdschloßhalle mit origineller Ausschank-Einrichtung.

Abb. 12. Restaurant zum Heidelberger, Hauptsaal.
Architekt W. Walther.

Den suburbanen Typus des Berliner Bierhauses vertritt aufs glücklichste das „Kronprinzenzelt", Abb. 13, 1887—1888 von H. Grisebach[1]) als Abschluß der Straße „In den Zelten" erbaut. Ein Backsteinbau mit Sandstein-Architekturtheilen, der einen reizvoll aufgebauten Giebel und darunter als Hauptmotiv ein großes Maßwerkfenster dem hübschen Halbrundplatz im Thiergarten zukehrt, mit seitlich vorgelegter Terrasse und breiter Halle, besteht das ganze Gebäude eigentlich nur aus zwei großen, über einander angeordneten und durch eine malerische Treppenanlage verbundenen Sälen. Der untere derselben ist auf schlanken Sandsteinsäulen rundbogig überwölbt, während der obere eine riesige tonnenartige, nach dem Kleeblattbogen gekrümmte Holzdecke mit überaus flotter, im Maßstabe vielleicht etwas übertriebener Bemalung zeigt. Auch die unteren Wölbungen haben leichte Bemalung im Anklang an mittelalterliche Ornamentik erhalten. Das Ganze ist bis in das liebevoll behandelte Detail hinein — besonders reizvoll ist namentlich die Ausbildung des

---

1) Blätter für Architektur und Kunsthandwerk. Jahrgang 1892. Nr. 6.

I. Bier- und Kaffeehäuser.

Holzwerkes — und trotz der verhältnifsmäfsig geringfügigen Mittel eine der besten Schöpfungen auf dem Gebiete des Restaurationsbaues.

Während innerhalb der Stadt die besseren Locale durchaus die Schaffung zimmerartiger, d. h. kleinerer, wenn auch zu gröfseren Complexen zusammengefafster Räume bevorzugen, finden wir hier die Saalanordnung. Zwar fehlt die letztere auch in der inneren Stadt nicht ganz; die Reichshallen und die Gratweil'schen Hallen wurden bereits erwähnt; ähnlich, doch ohne architektonische Bedeutung, sind die Locale von Buggenhagen am Moritzplatz und von Schultheifs an der Alten Jakob- und Schmidtstrafse; die grofsen Anlagen unter den Stadtbahnbögen bilden das Vermittelungsglied zwischen beiden Gattungen.

Vor den Thoren jedoch und in den weniger bevorzugten Stadtgegenden, namentlich als winterliche Ergänzung zu den gröfseren Gartenlocalen, findet sich der Saaltypus ziemlich häufig. Die gröfsten Anlagen dieser Art kommen an dieser Stelle nicht in Betracht, da sie ihrem Hauptzwecke nach mehr zu den Versammlungsräumen zählen.

Der Vollständigkeit halber ist hier noch der Saalanlage der Unions-Brauerei in der Hasenhaide und der Halle des „Café Gärtner", neben der Stadtbahn-Station Bellevue — beides Werke von Wilhelm Walther — Erwähnung zu thun. Namentlich die letztere kleinere Anlage ist als ein Eisenfachwerkbau mit einzelnen bemalten Putzflächen eine im Verhältnifs zu den geringen aufgewendeten Mitteln recht ansprechende Leistung. Auch die von Hochgürtel in den Formen der italienischen Renaissance und in breiten, flüssigen Verhältnissen errichtete Hallenanlage im Garten der Bötzow'schen Brauerei, Prenzlauer Allee 242, verdient an dieser Stelle noch genannt zu werden.

Abb. 13. Das Kronprinzen-Zelt (aus Architektur der Gegenwart).
Architekt H. Grisebach.

* * *

I. Bier- und Kaffeehäuser.

Gleich den modernen künstlerisch ausgestatteten „Bräus" sind auch die eleganten **Kaffeehäuser** keine originalen Schöpfungen des Berliner Lebens, namentlich nicht die Gattung der modernen Nachtcafés. Die stille Gemeinde der älteren Cafébesucher fand ihre Zei-

Abb. 14. Volks-Kaffee- und Speisehalle, Chausseestrafse 98a.
Architekt A. Messel.

tungen und Schachfiguren in den Rauchzimmern der damals berühmten Conditoreien von Steheli in der Charlottenstrafse, Spargnapani, Unter den Linden und Josti an der Stechbahn. Erst nach der Wiener Weltausstellung (1873) entstanden, wenngleich vorerst als vereinzelte Erscheinungen, die sogenannten Wiener Cafés, so das „Grand Café Central" in dem von

I. Bier- und Kaffeehäuser. 15

Schwatlo 1869/70 erbauten Hause „zur Flora", Jerusalemer Strafse, und das Wiener Café in der 1869—1873 eröffneten „Passage". Erst als das **Café Bauer,** Unter den Linden, Ecke der Friedrichstrafse, sich 1878 aufthat und einen in Berlin bis dahin unerhörten Luxus offenbarte, begann das Wiener Café mehr und mehr mit den Lebensgewohnheiten des Berliners zu verwachsen. Noch heute ist das Café Bauer[1]) die bedeutendste künstlerische Schöpfung auf dem neuen Gebiete, wenngleich es an Raumwirkung durch das „Café Monopol" übertroffen wird.

Die Räume mufsten dem Umbau eines älteren Gebäudes abgewonnen werden, dessen Stockwerktheilungen eine ausreichende Höhenentwicklung nicht zuliefsen. Alle Kunst hat den Eindruck des allzu niedrigen nicht ganz aufzuheben vermocht; diese Kunst bleibt nichtsdestoweniger bewunderungswürdig. Das Relief der ohne breite Vermittelungsglieder den Wänden aufgelagerten Gufsbalkendecken ist trotz aller Lebendigkeit der Formen so gering wie möglich angenommen; der hintere Theil des Erdgeschofsraumes reicht als eine Art Lichthof, im ersten Stockwerk von Spiegelscheiben umgeben, bis zur Glasdecke dieses Geschosses. Das Detail ist von gröfster Zierlichkeit und gehört durch den Reiz seiner graziös gezeichneten und geistreich erfundenen Formen zu den anmuthigsten Schöpfungen der älteren Berliner Schule. Auch in Hinsicht auf eigenartige Materialverwendung war das Café Bauer für seine Zeit etwas neues. Zu den bereits erwähnten Gufsdecken kommt die Bekleidung der Eisensäulenschäfte mit gebeiztem Messing, die irisirenden Schalen der Beleuchtungskörper, die Verwendung des schön geflammten amerikanischen Ahorns zu den Füllungen der Paneele

Abb. 15. Volks-Kaffeehaus, Neue Schönhauser Strafse 13.
Architekt A. Messel.

aus schwarz gebeiztem Holze, an denen auch zuerst wieder in gröfserem Umfange Intarsiaornamente auftreten. Den glänzendsten Schmuck bilden allerdings die trefflichen Gemälde

---

[1]) Architektonisches Skizzenbuch. Jahrg. 1878. Heft II (Treppe), Heft III (Buffetwand). Jahrgang 1880. Heft IV (Wand und Decke).

I. Bier- und Kaffeehäuser.

Anton von Werners, deren sonniger Farbenton den Räumen festliche Heiterkeit verleiht und seine Grenzen scheinbar erweitert.

Die Unmöglichkeit, das Café Bauer zu überbieten und verschiedene Mifserfolge jüngerer Unternehmungen dieser Art haben bis in die jüngste Zeit dem Entstehen neuer grofsartiger Kaffeehausanlagen entgegen gewirkt. Der üble Beigeschmack, den für das solidere Bürgerthum das „Wiener Café" namentlich durch das Treiben in den Nachtcafés erhielt, zumal verschiedene jener Locale tagsüber die Maske der Tugend annehmen, mochte ebenfalls dazu beitragen, vor Neugründungen zurück zu schrecken.

Demgemäfs konnte sich auch nicht wohl ein eigener „Stil" entsprechend dem der „Bräue" für die Kaffeehäuser herausbilden; dem Charakter seiner Stammgäste ganz ent-

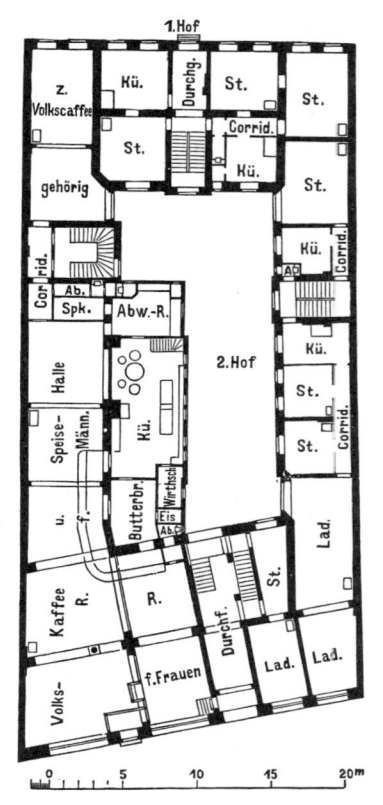

Abb. 16. Volks-Kaffee- und Speisehalle, Chausseestrafse 98a, Erdgeschofs.

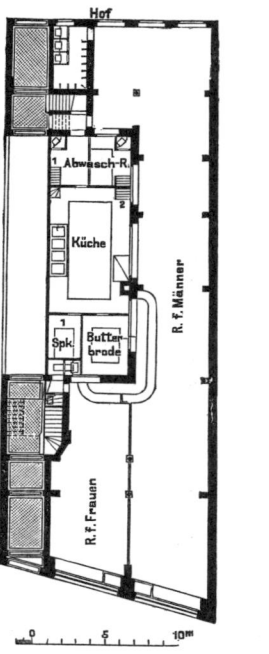

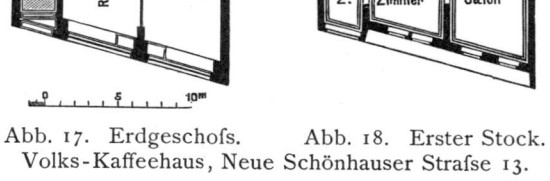

Abb. 17. Erdgeschofs.   Abb. 18. Erster Stock.
Volks-Kaffeehaus, Neue Schönhauser Strafse 13.

sprechend, scheinen es lediglich Forderungen der Mode, wenn nicht der Reclame zu sein, die für die ästhetische Ausgestaltung eines Café den Ausschlag geben, um so eher, als die praktischen Anforderungen so einfacher Natur sind, dafs sie noch weniger als bei einem Wirthshaus den Zwang zu eigenartigen Grundrifsanordnungen auferlegen, sodafs es sich fast lediglich um eine decorative Aufgabe handelt. Bei dieser ist übrigens nach dem Vorgange des Café Bauer die Ausstattung mit Wandmalereien auch für die neueren Anlagen Stilerfordernifs geworden.

Das in dem im Jahre 1881 von Hennicke und v. d. Hude errichteten Hause Leipziger Strafse 96 durch Ihne und Stegmüller eingerichtete **Café Keck** bot den für seine Zeit ersten und wohlgelungenen Versuch einer glänzenden Decoration im Stile Louis XV. Kürzlich ist das Innere erneuert und mit Wandgemälden von Max Koch verziert worden. In dem soliden „Café Schiller", Mohren- und Markgrafenstrafsen-Ecke, wurden bald darauf ohne sonderliche Originalität aber doch recht ansprechend Räume von hübscher Gruppirung in einem zum Zopf neigenden Barock geschaffen. Noch später baute Friedrich Stahn im Hause der Reichshallen, Leipziger Strafse 77, das Café gleichen Namens in einem überaus üppigen Barock aus, dem, trotz einiger Rohheiten in der Ausführung und Ausmalung, Eigenartigkeit der Formengebung, namentlich in der Deckenlösung, nicht abgesprochen werden kann. In etwa gleichem Stile und mit gutem Gelingen sind auch 1893 die Räume des Café in der Kaiserpassage neu ausgebaut worden. Hier sind namentlich die guirlandenartig unter der Decke angebrachten Beleuchtungskörper für elektrisches Glühlicht bemerkenswerth.

Aufser den oben genannten Anlagen verdienen das Interesse des Architekten auf diesem Gebiete — da das ungemein reizvolle und originelle Café Helms,[1] 1882—1883 von Ende & Böckmann erbaut, leider bei der Niederlegung der Schlofsfreiheit abgebrochen werden mufste — nur noch die im Abschnitt „Hôtelbauten" erwähnten Räume des Café Monopol, des Lindencafé und des Café Friedrichshof, dessen bereits bei den Wirthshäusern gedacht wurde.

In neuester Zeit (1895) ist in dem von Otto March erbauten Hause „Zur Mauerkrone", Leipziger Strafse 19, ein gröfseres Café eingerichtet worden, das der allerneuesten Stilmode, der englisch-amerikanischen Decorationsweise, Rechnung trägt. Etwa gleichzeitig wurde in dem von Schönner errichteten Eckhause des „Weihenstephan", Friedrichstrafse 176/177, das „Kaisercafé" im Charakter des Empirestils ausgestattet.

Als Gegenströmung gegen eine Sucht nach Formenüberladung, wie sie gerade durch die talentvollsten Vertreter der jüngsten Rococorichtung heraufbeschworen worden, mag der neue Auslandcultus (der übrigens auf dem Gebiete der Bierhäuser zu der kritiklosen Einführung der abscheulichen amerikanischen „Bars" auszuarten droht) immerhin sein Gutes haben. Jedenfalls ist dem von March eingerichteten „Café Klose" ein vornehm behaglicher Eindruck und eine erfreuliche Gediegenheit in der Herstellung, namentlich des Holzwerkes, nicht abzusprechen.

Abweichend von allen bisher besprochenen Anlagen, die mehr oder weniger lediglich dem Luxus dienen, sollen die zum Schlufs noch anzuführenden **„Volks-Kaffeehäuser"** einem wirklichen Bedürfnifs der arbeitenden Kreise in menschenfreundlicher Weise abhelfen. In diesen Kaffeehallen soll eine möglichst grofse Zahl Unbemittelter, und zwar Männer und Frauen getrennt, Kaffee mit „Zubrot" für ein Billigstes erhalten und verzehren können. Hier tritt denn also sogleich eine Aufgabe besonderer Grundrifsgestaltung auf. Als Beispiel, wie diese in bester Weise gelöst worden ist, darf auf den beigegebenen Grundrifs (Abb. 17 u. 18) des Volks-Kaffeehauses in der Neuen Schönhauser Strafse verwiesen werden, das sich von selbst erklärt. Der 1890—1891 von A. Messel errichtete Bau gehört auch nach seiner Façadenbildung zu den bemerkenswerthesten Häusern des neueren Berlins. Ganz ähnlich gestaltet ist desselben Meisters Volks-Kaffeehaus in der Chausseestrafse (Abb. 16).

Für die Grundrifs-Ausbildung beider Anlagen war der Umstand mafsgebend, dafs die oberen Geschosse Wohnräume enthalten sollten. Die Façaden zeigen die Formen der deutschen Renaissance in stilgetreuer, höchst reizvoller, aber durchaus dem Bedürfnisse angepafster Fassung (Abb. 14 u. 15).

---

[1] Centralblatt der Bauverwaltung. Jahrg. 1884. S. 4. — Licht, Architektur der Gegenwart. Bd. 1.

Architekten v. d. Hude & Hennicke.   Abb. 19.   Central-Hôtel, Ansicht.

II. Hôtelbauten.[1]

Hand in Hand mit der bedeutenden Zunahme des Fremdenverkehrs, welcher zur Zeit etwa 30 000—40 000 Personen auf den Tag beträgt, wie mit den durchgreifenden Veränderungen, welche die Stadtbahn für die äufseren und inneren Verkehrsverhältnisse der Stadt geschaffen hat, hat das Hôtelwesen von Berlin innerhalb der letzten 20 Jahre eine ganz bedeutende Entwicklung und Neugestaltung erfahren.

Während vor 20 Jahren Gebäude, welche zu Hôtelzwecken errichtet waren, nur in ganz beschränktem Umfange bestanden, vielmehr vorwiegend Wohngebäude nothdürftig diesen Zwecken angepafst waren, haben die letzten 20 Jahre eine grofse Zahl mehr oder minder umfangreicher, zu Hôtelzwecken errichteter Gebäude gezeitigt. Zu diesen treten eine Reihe Hôtels garnis (Wirthschaften, bei denen die Verpflegung in den Hintergrund tritt) und schliefslich die sogen. Hospize. Die ehemaligen kleinen Gasthöfe sind meist verschwunden, da sie den Wettbewerb mit den neuen besseren Hôtels nicht bestehen konnten; ihre Grundstücke haben zum Neubau von Wohn- und Geschäftshäusern Verwendung gefunden. Dahin gehören die nur noch historisch zu erwähnenden: Hôtel d'Angleterre, Hôtel de Russie am Schinkelplatz, Hôtel de France, Hôtel Petersburg Unter den Linden, Hôtel de Saxe in der Burgstrafse, der Rheinische Hof an der Leipziger- und Friedrichstrafsen-Ecke.

In allen Theilen der Stadt haben sich zwar noch kleinere Gasthöfe zweiten und dritten Ranges (Ausspannungen) erhalten, welche meist von den geringeren Klassen der Bevölkerung benutzt werden, doch kommen diese neben den neuen Anlagen nicht in Betracht.

Die neueren Hôtels liegen vornehmlich in der Nähe der Hauptbahnhöfe der Stadtbahn, Friedrichstrafse und Alexanderplatz, wie auch in den von den besseren Ständen

---

[1] Bearbeitet durch Baurath L. Heim.

II. Hôtelbauten.

benutzten Stadtvierteln und Hauptstrafsen, unter welchen die Strafse Unter den Linden, die Friedrichstrafse und der Potsdamer Platz hervorzuheben sind.

In der Anordnung und Einrichtung der Anlagen tritt, theils um den steigenden Ansprüchen Rechnung zu tragen, theils in der Absicht, das Beste zu bieten, nicht nur ein stets wachsender Comfort, sondern auch ein gesteigerter Luxus in der Ausstattung zu Tage, sodafs die neueren Hôtels den vornehmsten Anlagen anderer Weltstädte zur Seite gestellt werden können, wenngleich ihre bauliche Ausdehnung im allgemeinen in Berlin beschränkter geblieben ist.

Für die Säle und Gastzimmer ist fast allgemein die elektrische Beleuchtung eingeführt, desgleichen die Anlage von hydraulischen und elektrischen Fahrstühlen für die Beförderung von Personen und Gepäck. Den Wirthschaftsanlagen, besonders der Ausstattung der Küche mit den verschiedenartigsten Zubereitungs-, Koch-, Brat- und Spülanlagen wird besondere Aufmerksamkeit geschenkt, ebenso der Warmwasserbereitung für die zahlreichen Bäder, Küchenräume und sonstigen Bedarfsstellen. Die Heizung der Hôtels ist vorwiegend Sammelheizung; doch ist in einzelnen Hôtels auch — um besonderen Wünschen der Gäste Rechnung zu tragen — theilweise die Ofenheizung beibehalten (Monopol-, Continental-Hôtel). Die Gastzimmer sind meist mit Doppelthüren geschlossen, die Schlafräume vielfach mit Salons und anschliefsenden Bädern zu abgeschlossenen Wohnungen vereinigt (Palast-Hôtel, Bristol-Hôtel, Savoy-Hôtel), aufserdem sind reichlich Bäder zur allgemeinen Benutzung der Gäste angeordnet.

Die Reihe der neuen Hôtels eröffnete der in den Jahren 1873—1875 erbaute Kaiserhof. Dem Kaiserhof folgte das Central-Hôtel, das Grand Hôtel Alexanderplatz, das Hôtel Continental, das Bellevue-Hôtel, das Monopol-Hôtel, das Bristol-Hôtel, das Savoy-Hôtel, das Palast-Hôtel. Neben diesen Hôtels, welche nachstehend einer Besprechung unterzogen werden, sind als Anlagen geringeren Umfanges und geringerer architektonischer Bedeutung zu erwähnen: am Bahnhof Friedrichstrafse der Rheinische Hof, Hôtel Friedrichshof, Hôtel National, das Hôtel des Officiervereins in der Dorotheenstrafse, der Habsburger Hof am Ascanischen Platz.

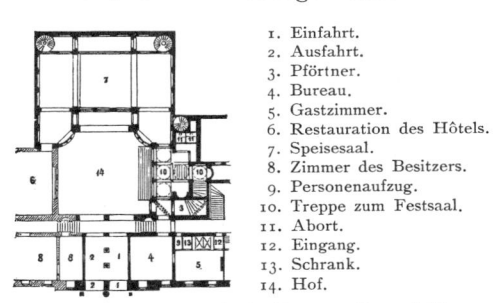

Abb. 20. Hôtel de Rome, Grundrifs des Erdgeschosses.

1. Einfahrt.
2. Ausfahrt.
3. Pförtner.
4. Bureau.
5. Gastzimmer.
6. Restauration des Hôtels.
7. Speisesaal.
8. Zimmer des Besitzers.
9. Personenaufzug.
10. Treppe zum Festsaal.
11. Abort.
12. Eingang.
13. Schrank.
14. Hof.

Architekten Ende & Böckmann.

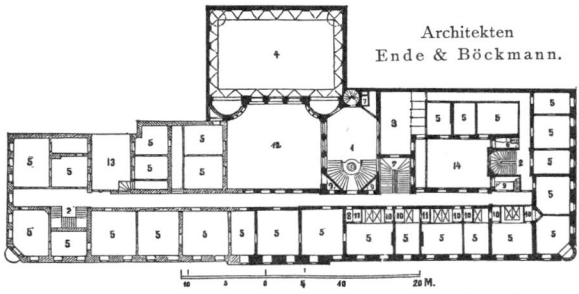

Abb. 21. Hôtel de Rome, erstes Stockwerk.

1. Treppe und Vorsaal. 2. Hôteltreppen. 3. Kleiderablage. 4. Festsaal. 5. Gastzimmer. 6. Badestube und Abort. 7. Aufzug zum Wäscheboden. 8. Personenaufzug. 9. Aborte. 10. Eingänge. 11. Schränke. 12. 13. 14. Höfe.

Die Anordnung der neueren Anlagen ist meist derart, dafs im Erdgeschofs, an die Eingangshalle anschliefsend, gelegen sind: Hôtelgeschäftszimmer, Aufzüge, Kleiderablage, Haupttreppenhaus; weiter anschliefsend die Lese-, Schreib- und Rauchzimmer; ferner die Speiseräumlichkeiten und schliefslich ein Theil der Wirthschaftsräume, deren anderer Theil (Vorrathsräume) in der Regel im Kellergeschofs liegt. Ueber dem Erdgeschofs liegen meist in vier Obergeschossen die Gastzimmer. Im obersten, zum Theil auch im Dachgeschofs, befinden sich Wäschevorrathsräume sowie Waschanstalt und Dienstbotenräume.

Die Berliner Hôtels entbehren im allgemeinen der Table d'hôte, d. h. der Speisung an gröfserer gemeinsamer Tafel, wie sie die meisten der schweizer, englischen und amerikanischen Hôtels haben; statt dessen wird nach der in Frankreich vorherrschenden Sitte in gröfseren Sälen an kleinen Tischen entweder in fester Speisefolge oder nach der Karte gegessen. Es sind mit den Hôtels demgemäfs

20 II. Hôtelbauten.

Abb. 22.
City-Hôtel, Erdgeschofs.

Architekt Dammeier.

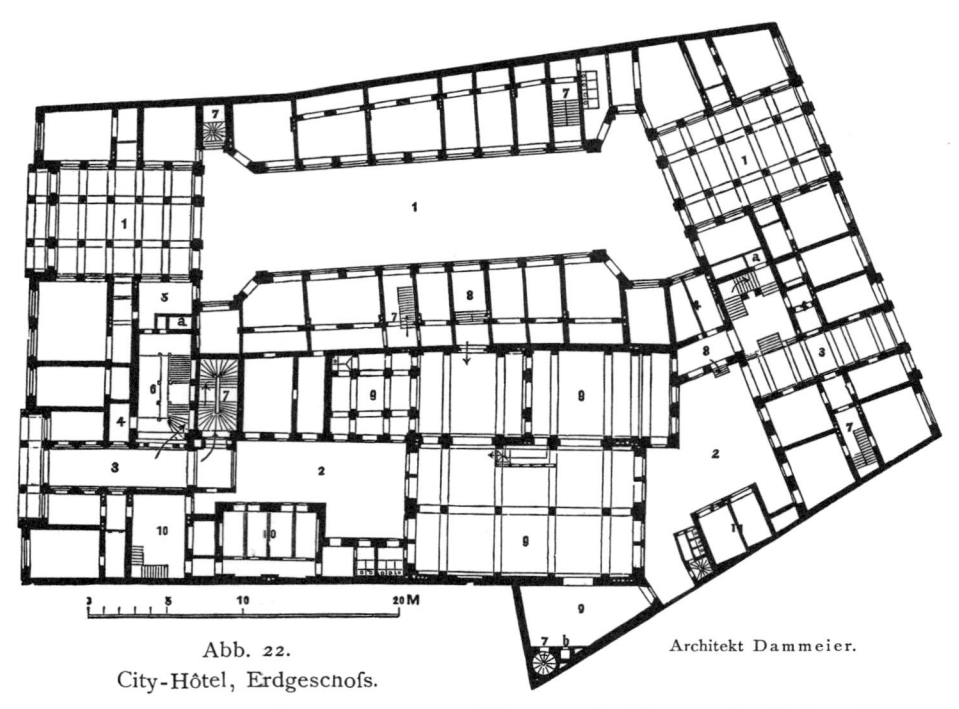

1. Oeffentlicher Durchgang. 2. Höfe. 3. Einfahrten. 4. Pförtner. 5. Geschäftszimmer des Hôtels. 6. Treppen des Hôtels. 7. Nebentreppen. 8. Eingang zur Restauration. 9. Restauration. 10. Badeanstalt. 11. Stall und Wagenschuppen. a. Kofferaufzüge. b. Speiseaufzug. (Den Rest des Geschosses nehmen vermiethbare Geschäfts- und Ladenräume ein.)

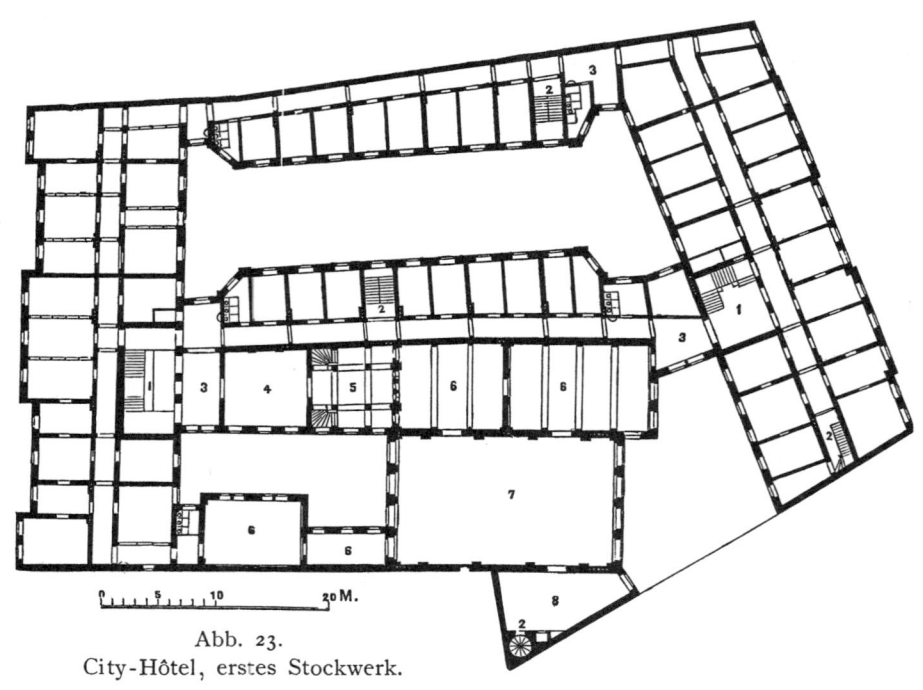

Abb. 23.
City-Hôtel, erstes Stockwerk.

1. Haupttreppen. 2. Nebentreppen. 3. Vorräume. 4. Kleiderablage. 5. Vorsaal. 6. Nebensäle. 7. Festsaal. 8. Anrichtezimmer. (Den Rest des Geschosses nehmen Fremdenzimmer ein.)

II. Hôtelbauten.

Restaurants verschiedenen Umfanges verbunden, welche nicht nur von den Fremden, sondern auch von der Stadtbevölkerung besucht werden. Diese Restauranträume haben nicht die Höhe gröfserer Festsäle und sind, wenn auch reich durchgebildet, in der Art vornehmer Wohnräume ausgestattet.

Von den aus früherer Zeit noch bestehenden Hôtels verdient das **Grand Hôtel de Rome,** Unter den Linden 39, mit der Hauptfront an der Charlottenstrafse, besondere

Architekten Martens, v. Holst & Zaar. Abb. 24. Grand Hôtel Alexanderplatz.

Erwähnung (Abb. 20 u. 21). Es wurde von Ende & Böckmann 1865/66 erbaut und 1875/76 erweitert. Durch eine zweiachsige an der Längsfront gelegene Einfahrt gelangt man in einen überdeckten Hof, der als Empfangshalle dient. An der Hinterseite liegt im Erdgeschofs ein Speisesaal, links anschliefsend an der Front gegen die Linden ein Restaurant, über dem unteren Speisesaal ist ein zweiter Saal mit besonderem Zugang angeordnet. Die Façade ist in Putzbau im Renaissancestil durchgebildet.

Ferner ist von den älteren Hôtels das **City-Hôtel,** Dresdener Strafse 52/53 und Annenstrafse 37—39,[1]) zu erwähnen. Das in den Jahren 1874—1875 vom Maurermeister

---

[1]) Abbildung und Beschreibung in der Baugewerkszeitung, Jahrgang 75.

II. Hôtelbauten.

Abb. 26. Grand Hôtel Alexanderplatz, zweites Obergeschofs.

1. Heiz- und Luftschächte. 2. Dienertreppe. 3. Aufzüge. 4. Lichthof. 5. Aborte. 7. Kaffeeküche. 8. Bedienung. 9. Badezimmer.

Abb. 25. Grand Hôtel Alexanderplatz, Erdgeschofs.

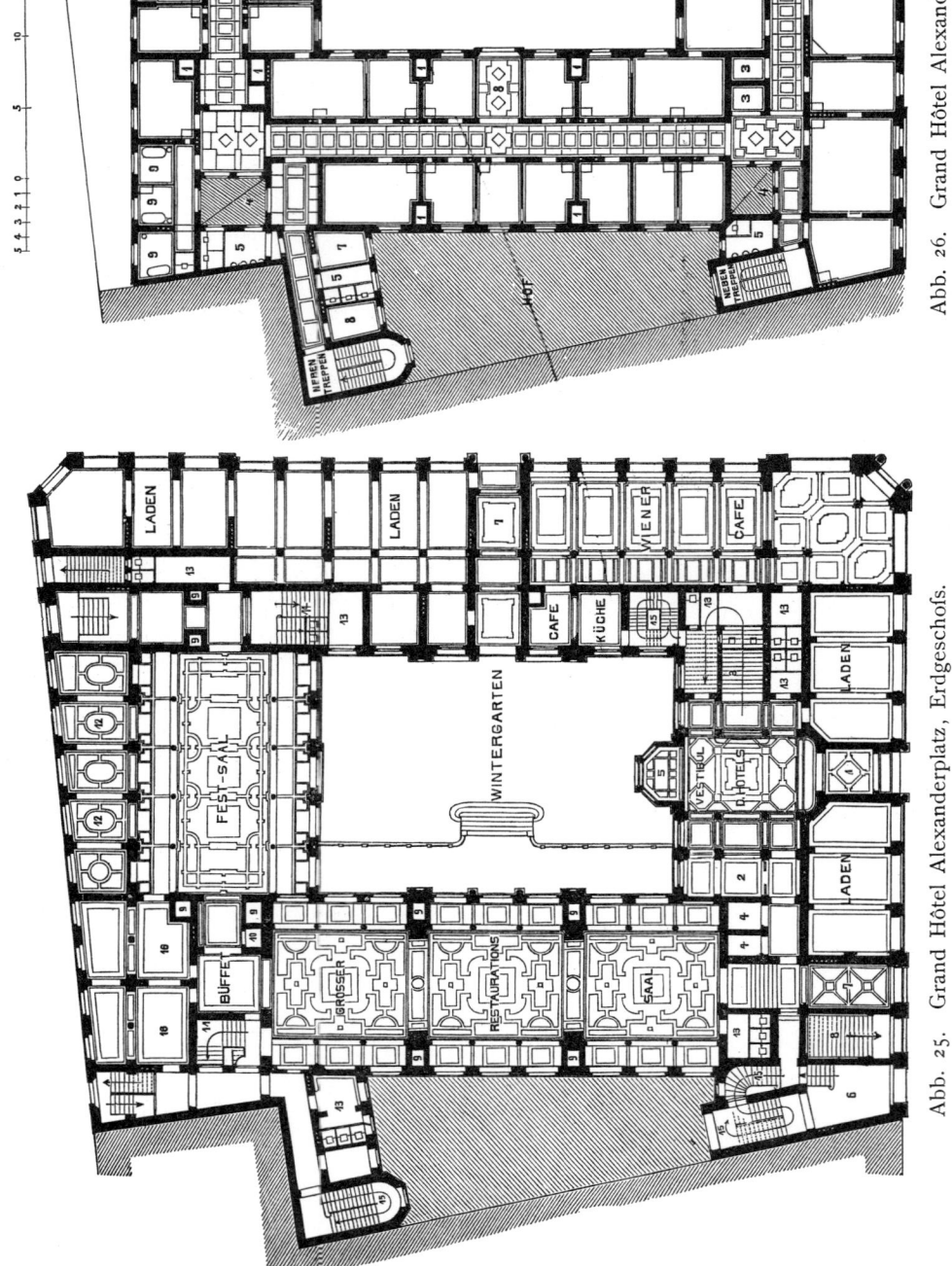

1. Eingang. 2. Geschäftszimmer. 3. Haupttreppe. 4. Aufzüge. 5. Kasse. 6. Durchfahrt. 7. Eingang zum Restaurant. 8. Eingang zum Tunnel. 9. Heiz- und Luftschacht. 10. Bieraufzug. 11. Kellnertreppe. 12. Nebenraum des Festsaals. 13. Aborte. 14. u. 15. Nebentreppen. 16. Verfügbare Räume.

II. Hôtelbauten.

Dammeier erbaute Haus (Abb. 22 u. 23) bietet ein Beispiel weitgetriebener und sehr verschiedenartiger Ausnutzung. Die Anlage enthält an beiden Strafsenfronten, sowie an dem zu einem öffentlichen Durchgang gestalteten Hofe eine gröfsere Zahl von Läden und anderen Geschäftsräumen verschiedener Art, dazu Festräume. Das eigentliche Hôtel wird viel von Geschäftsreisenden besucht und genügt mäfsigen Ansprüchen.

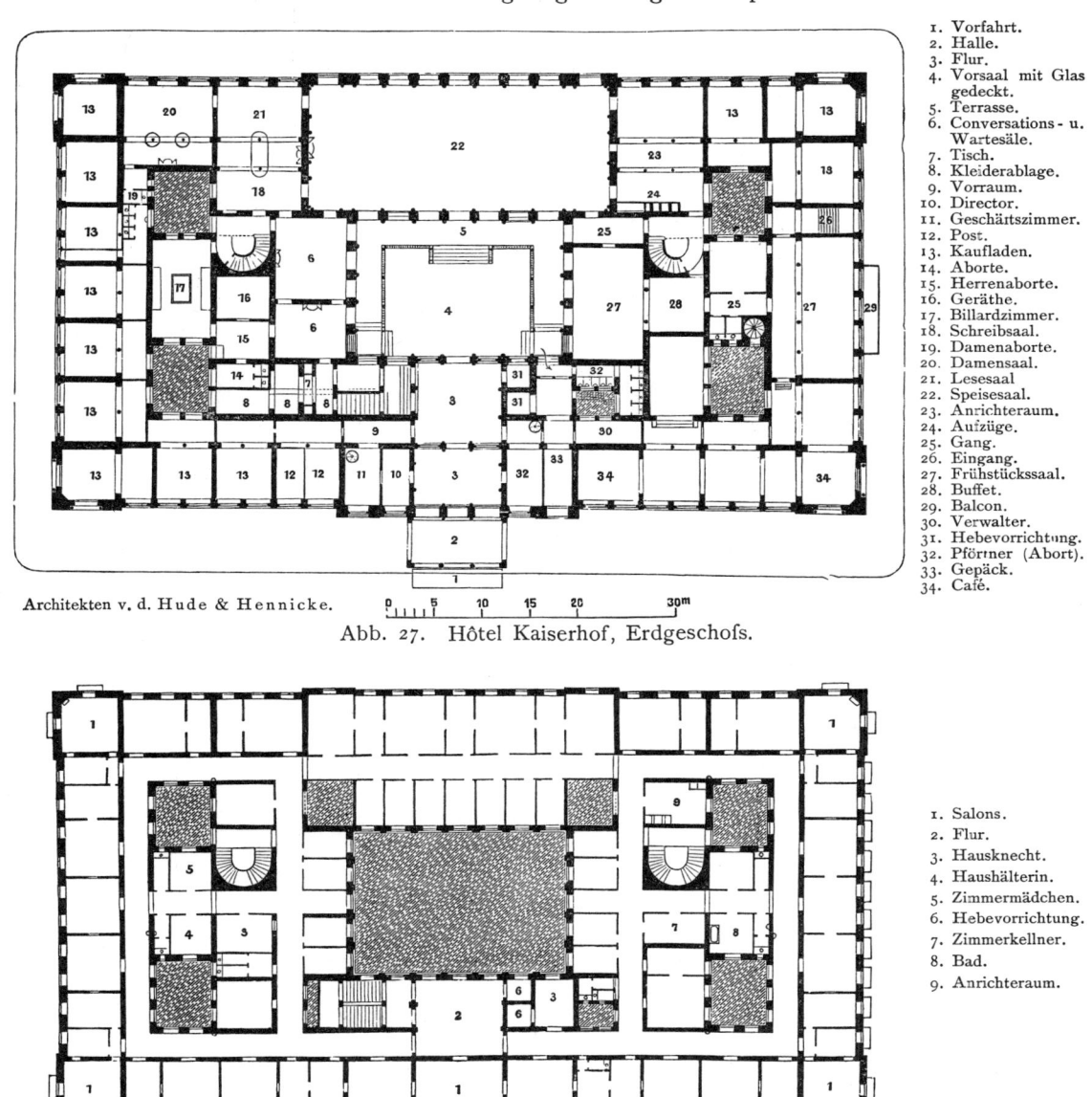

1. Vorfahrt.
2. Halle.
3. Flur.
4. Vorsaal mit Glas gedeckt.
5. Terrasse.
6. Conversations- u. Wartesäle.
7. Tisch.
8. Kleiderablage.
9. Vorraum.
10. Director.
11. Geschäftszimmer.
12. Post.
13. Kaufladen.
14. Aborte.
15. Herrenaborte.
16. Geräthe.
17. Billardzimmer.
18. Schreibsaal.
19. Damenaborte.
20. Damensaal.
21. Lesesaal.
22. Speisesaal.
23. Anrichteraum.
24. Aufzüge.
25. Gang.
26. Eingang.
27. Frühstückssaal.
28. Buffet.
29. Balcon.
30. Verwalter.
31. Hebevorrichtung.
32. Pförtner (Abort).
33. Gepäck.
34. Café.

Architekten v. d. Hude & Hennicke.

Abb. 27. Hôtel Kaiserhof, Erdgeschofs.

1. Salons.
2. Flur.
3. Hausknecht.
4. Haushälterin.
5. Zimmermädchen.
6. Hebevorrichtung.
7. Zimmerkellner.
8. Bad.
9. Anrichteraum.

Abb. 28. Hôtel Kaiserhof, oberes Stockwerk.

Wesentlich höher im Range steht das gleichfalls von Geschäftsreisenden stark besuchte **Grand Hôtel Alexanderplatz**,[1]) erbaut von den Architekten Martens und von Holst & Zaar in den Jahren 1883—1884, in der Nähe des Bahnhofes Alexanderplatz gelegen, mit ausgedehnten Fronten am Alexanderplatz, an der Neuen Königstrafse und der Alten Schützenstrafse (Abb. 24—26). Die Façaden sind im Stil der deutschen Renaissance, in Ziegelbau verbunden mit Putzbau ausgeführt. Abgesehen von einer grofsen Anzahl

---

1) Nähere Mittheilungen in der Deutschen Bauzeitung, Jahrgang 1885, Nr. 1.

24 II. Hôtelbauten.

Läden an den Fronten dient die Anlage ausschliefslich Hôtelzwecken. Die Zahl der in vier Geschossen angeordneten Gastzimmer beträgt 185.

Der **Kaiserhof** (Abb. 27—29) bildet ein vollständiges Strafsenviertel von 84 m Länge und 76,70 m Tiefe, und hat seine Hauptfront gegen den Ziethenplatz. Er ist von v. d. Hude & Hennicke in den Jahren 1873—1875 ausgeführt. Das Gebäude enthält in der Mitte einen zu Restaurationszwecken dienenden Lichthof, daneben für die Lichtzufuhr noch acht kleinere Lichthöfe. Im Erdgeschofs befinden sich aufser den Geschäftsräumen des Hôtels zwei hydraulische Personenaufzüge und ein elektrischer Gepäckaufzug, ein grofser Speise-(Fest-)Saal, zu beiden Seiten desselben eine gröfsere Anzahl Räume, welche zu Gesellschaftszwecken benutzt und vermiethet werden, schliefslich am Ziethenplatz ein Café und eine gröfsere Anzahl von Verkaufsläden. Die oberen Stockwerke enthalten 15 Salons und 245 Schlafzimmer mit 320 Betten. Ein abgesondertes Verwaltungsgebäude mit Waschanstalt und Wohnungen befindet sich Kaiserhofstrafse 1.

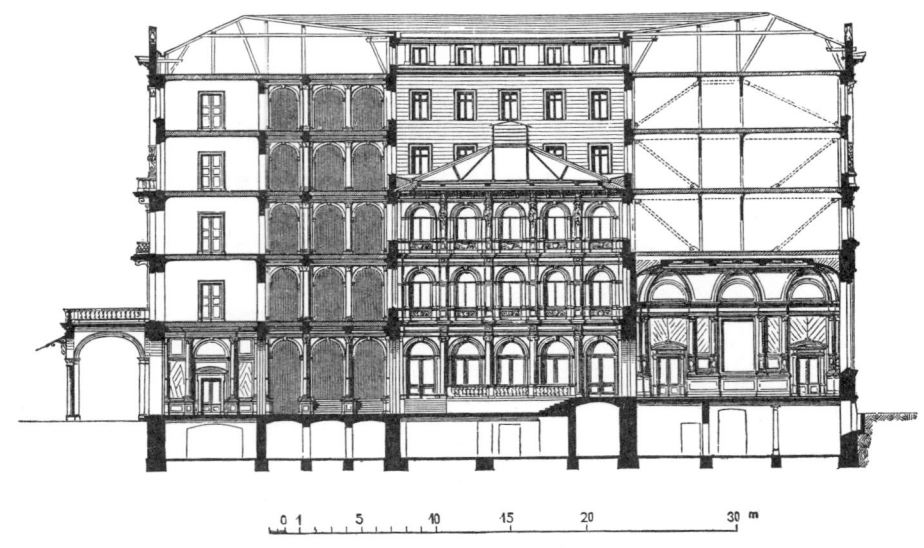

Abb. 29. Hôtel Kaiserhof, Querschnitt.

Das Hôtel ist im Besitz einer Actiengesellschaft, welcher auch das Hôtel Continental und das Bade-Hôtel in Heringsdorf gehören. Das Actienkapital der Gesellschaft beträgt 4 Mill. ℳ., die gesamten Actien umfassen rd. 11 Mill. ℳ. Der Werth des Inventars des Kaiserhofes wird auf 1 1/2 Mill. ℳ. angegeben.

Das **Central-Hôtel** (Abb. 19, S. 18), in unmittelbarer Nähe des Bahnhofes Friedrichstrafse gelegen, von demselben Architekten v. d. Hude in den Jahren 1879—1880 erbaut, ist vorzugsweise für Geschäftsreisende bestimmt. Das Grundstück bildet ein ausgedehntes Viereck, mit der Hauptfront von 109 m an der Friedrichstrafse und mit Nebenfronten von je 82 m an der Georgen- und Dorotheenstrafse. Das Hôtel ist mit einem öffentlichen Vergnügungssaal (Specialitätenbühne, sogen. Wintergarten) verknüpft, welcher den dritten Theil seiner Grundfläche beansprucht. Die Fronten an der Friedrichstrafse und Dorotheenstrafse sind zu Läden verwerthet. Die Mitte der Front der Friedrichstrafse enthält eine dreitheilige, nach dem mit einer Terrasse versehenen, nicht überdeckten Haupthof führende Einfahrt. Der Hauptverkehr des Hôtels entwickelt sich jedoch an dem zweiten Eingange von der Georgenstrafse her, woselbst auch die Geschäftsräume des Hôtels in besonderer Ausdehnung und die Haupttreppe liegen. Gleichlaufend mit der Front der Friedrichstrafse, an der Rückseite des erwähnten Haupthofes, liegen im Erdgeschofs drei ausgedehnte Säle für Conversationszwecke und Restaurant, welche mit der Rückseite an den Wintergarten grenzen und häufig in Gemeinschaft mit diesem benutzt werden. An der südlichen Seite des Haupthofes befinden sich ein Salon

II. Hôtelbauten.

Abb. 30. Hôtel Continental, Keller.

Abb. 31. Hôtel Continental, Erdgeschofs.

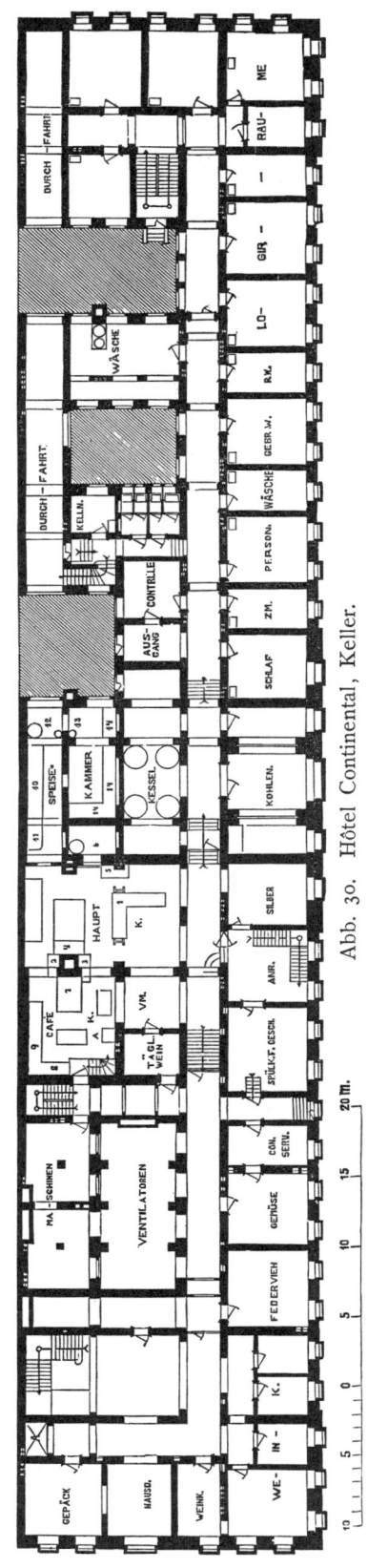

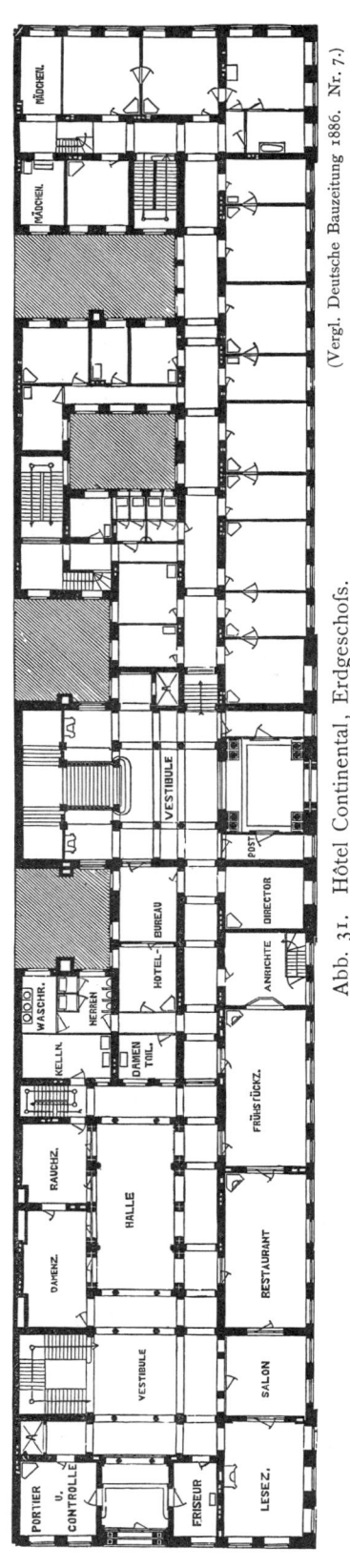

(Vergl. Deutsche Bauzeitung 1886. Nr. 7.)

und Kleiderablagen. Der Wintergarten besteht im wesentlichen aus einer grofsen glasüberdeckten, durch zwei Geschosse reichenden Halle mit anschliefsender Bühne und den nöthigen Vor- und Toilettenräumen. Die Gasträume nehmen die drei Obergeschosse ein. In dem ersten Obergeschofs befinden sich deren 103. Es läfst sich nicht bestreiten, dafs die Verbindung des Hôtels mit dem Vergnügungssaal die Nutzbarkeit der Gastzimmer ungünstig beeinflufst. Die ursprünglichen Baukosten werden auf 2 626 000 ℳ angegeben, der Kostenbetrag des Inventars auf 1 200 000 ℳ, die Anzahl der Betten auf 500.

Ebenfalls in der Nähe des Bahnhofes Friedrichstrafse gelegen ist das **Hôtel Continental** (Abb. 30—32), erbaut vom Baurath Heim in den Jahren 1884—1885. Die ausgedehnte Hauptfront von 109 m Länge liegt an der Neustädtischen Kirchstrafse, die beiden Seitenfronten an der Dorotheen- und Georgenstrafse. Im Gegensatz zu dem lebhaften, dem Geschäftsverkehr dienenden Central-Hôtel ist dieses Haus ein ruhiges, zum längeren Wohnen bestimmtes Hôtel. Die Anlage dient ausschliefslich dem Fremdenverkehr. Der Haupteingang liegt in der Mitte der Front der Neustädtischen Kirchstrafse, ein zweiter Eingang an der Georgenstrafse. Zwischen beiden liegen im Erdgeschofs die allgemeinen Verkehrs- und Restaurationsräume mit einer von Säulen umschlos-

26 II. Hôtelbauten.

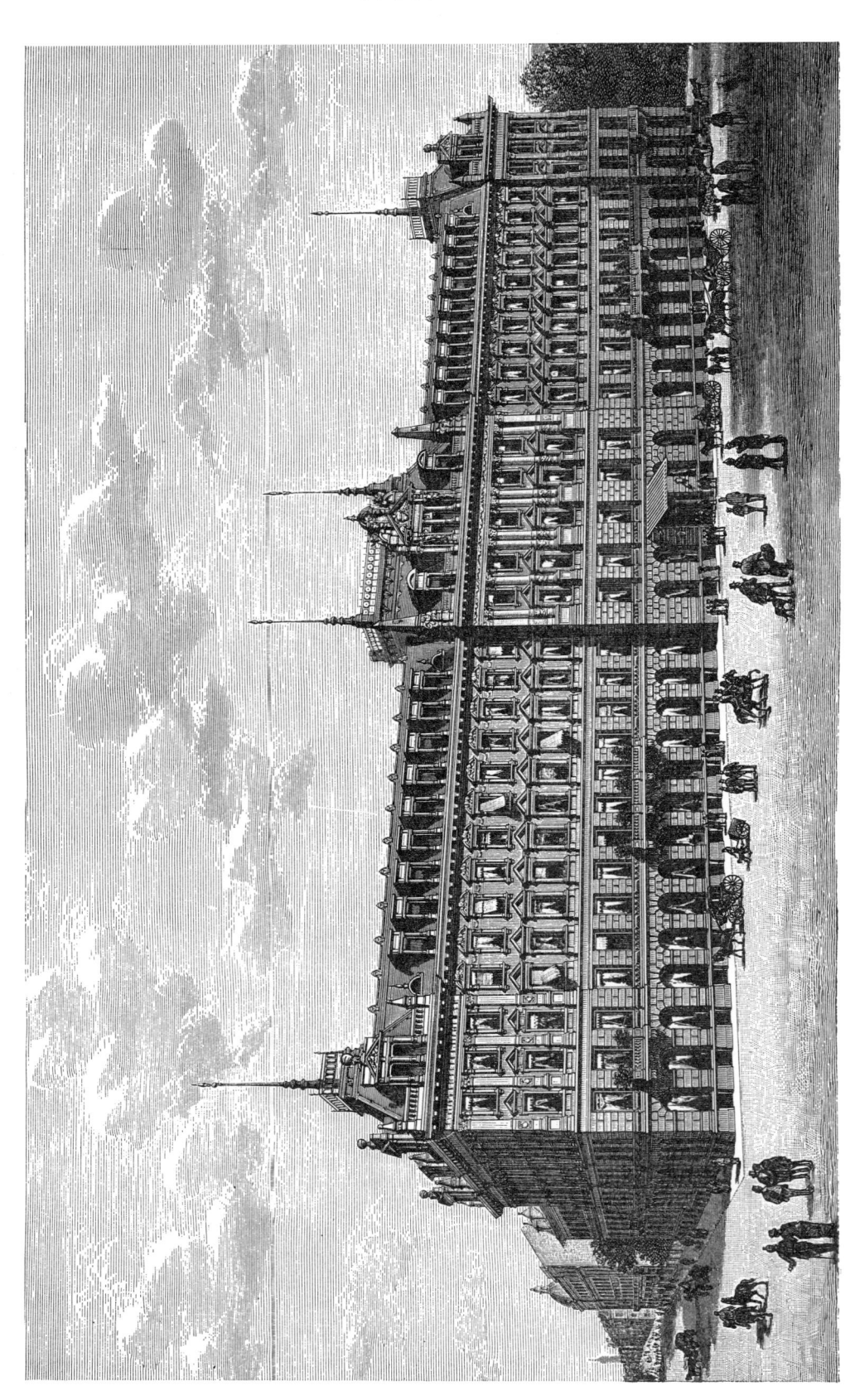

Abb. 32. Hôtel Continental.

Architekt Heim.

II. Hôtelbauten. 27

senen Halle; in der anderen, südlichen Hälfte des Erdgeschosses liegen Gastzimmer, deren Zahl mit den in den vier Obergeschossen befindlichen 200 (mit 250 Betten) beträgt, darunter 26 Salons. Die Façade ist in den Formen italienischer Renaissance

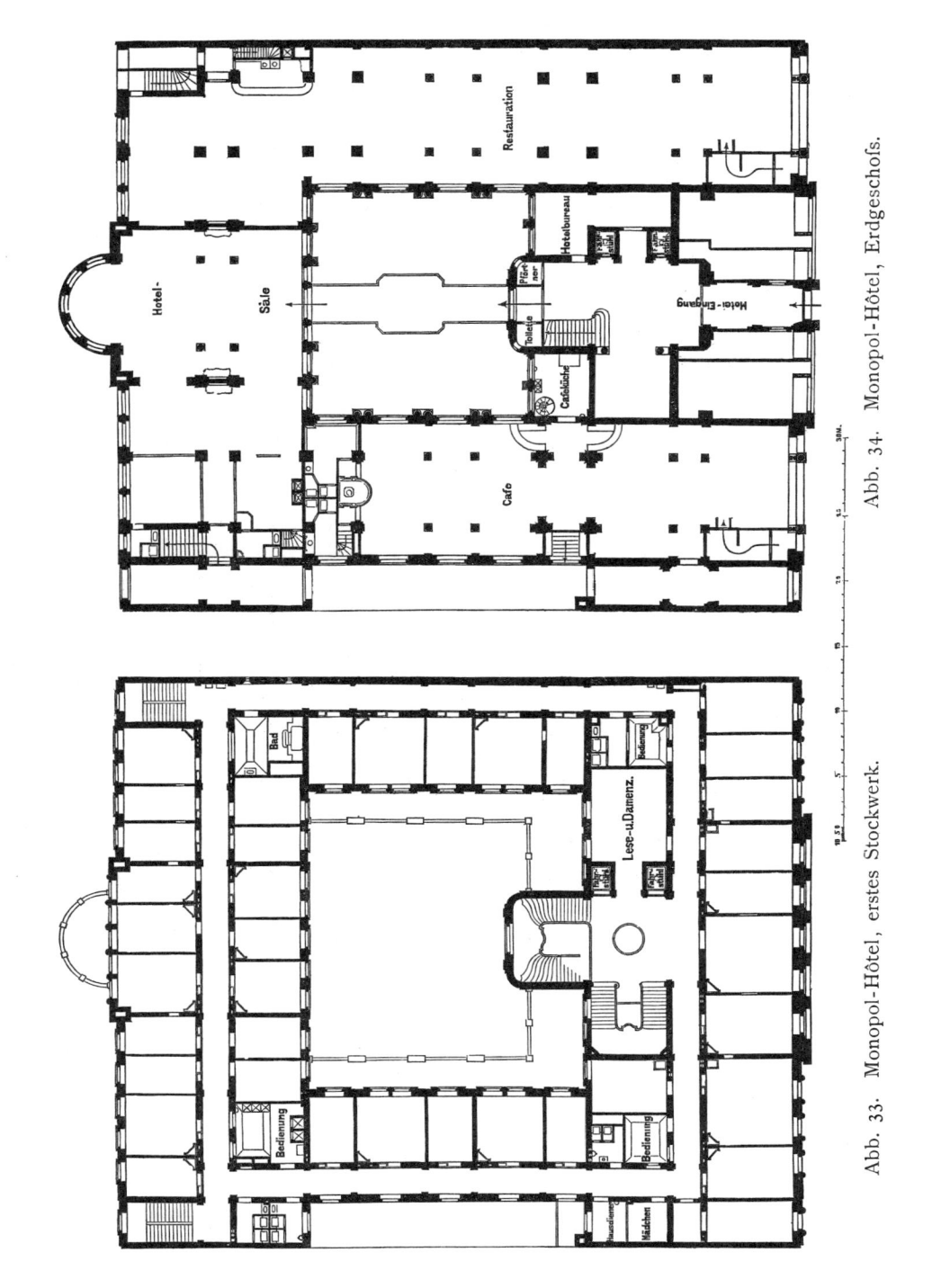

Abb. 34. Monopol-Hôtel, Erdgeschofs.

Abb. 33. Monopol-Hôtel, erstes Stockwerk.

in hydraulischem Kalk ausgeführt. Das Hôtel war ursprünglich ein Privatunternehmen, ging jedoch 1890 in den Besitz der Berliner Hôtelgesellschaft Kaiserhof gegen 4 Mill. ℳ über. Die Baukosten einschliefslich der Maschinen- und Beleuchtungsanlagen haben 1,4 Mill. ℳ betragen.

28 II. Hôtelbauten.

Das **Monopol-Hôtel**, Friedrichstrafse 100, mit der Rückfront an der Prinz-Louis-Ferdinand-Strafse (der Verlängerung der Charlottenstrafse) gelegen, wurde erbaut vom Baurath Heim in den Jahren 1887—1888 (Abb. 33—35). Das eigentliche Hôtel bildet ein um einen offenen Hof gruppirtes Viereck mit der Hauptfront gegen die Friedrichstrafse. Der hinter dem Hôtel liegende ausgedehnte Garten dient mit einem abgetrennten gröfseren Raum des Erdgeschosses als Bierausschank. Im Garten befinden sich einerseits ein besonderes Küchen- und Wirthschaftsgebäude nebst Kellern für das Bierrestaurant, anderseits ein besonderes Gebäude für die Maschinenanlage des Hôtels

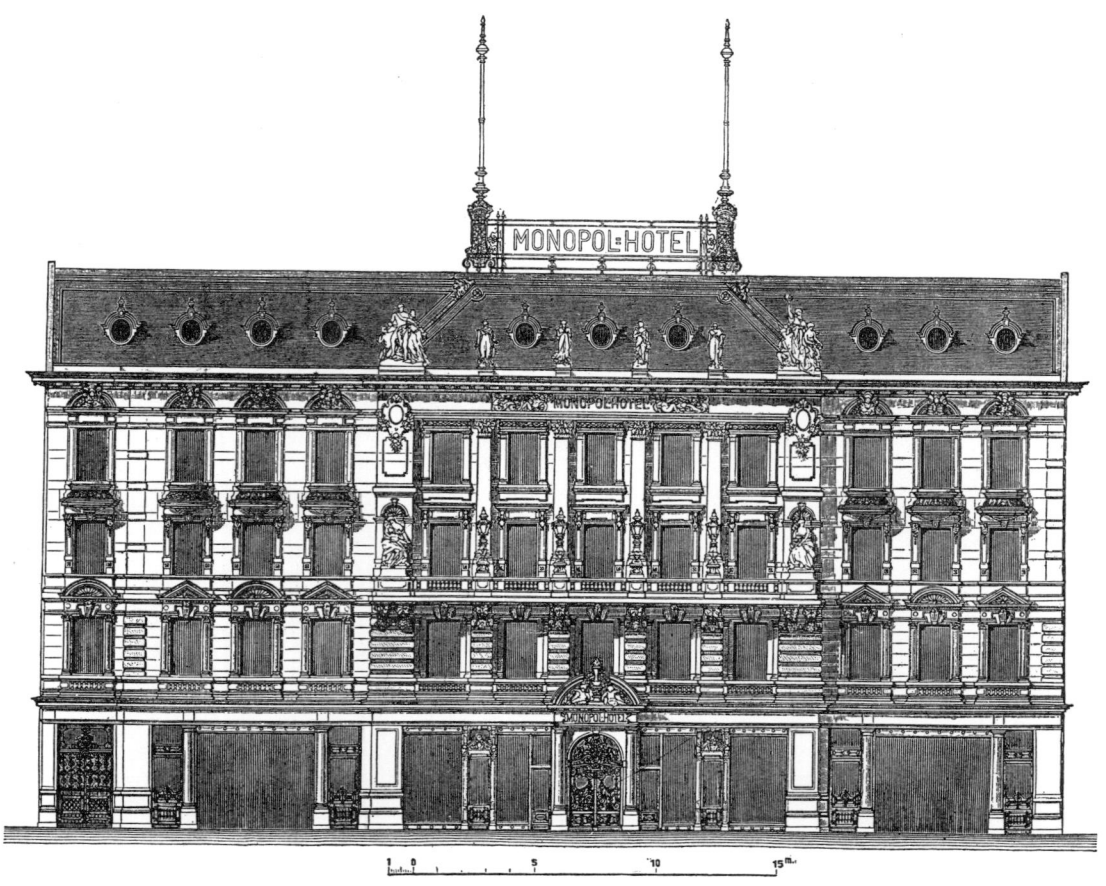

Architekt Heim. Abb. 35. Hôtel Monopol.

und eine Anzahl Wohnungen für die Bedienung. Das Hôtel hat eigene Licht-, Wasser- und Dampfversorgung für Heizung und Wäschereibetrieb. Die Heizung erfolgt durch den abgehenden Dampf der Maschinenanlage von 200 P. S. Der Haupteingang des Hôtels liegt in der Mitte der Front an der Friedrichstrafse. Da sich aufser dem erwähnten Restaurant ein grofses maurisch ausgestattetes Café und auch einige Läden im Erdgeschofs befinden und das mit dem Hôtel verbundene Restaurant einen Haupttheil des ganzen Betriebes bildet, sind die an die Eingangshalle sich anschliefsenden Repräsentationsräume des Erdgeschosses ziemlich beschränkt. Das Hôtelrestaurant im Quergebäude ist durch eine Kleiderablage und einen gedeckten Gang mit dem Eingang verbunden. Das Hôtel hat in den vier Obergeschossen 160 Gastzimmer und Salons mit 210 Betten. Die Sandsteinfaçade ist in zum Barock neigender Renaissance ausgeführt und mit reichem bildnerischen Schmuck, Arbeiten des Bildhauers Eberlein, versehen. Die Baukosten haben einschliefslich der schwierigen Gründung und Wasserdichtung

II. Hôtelbauten. 29

der Kelleranlage nebst den Kosten der Maschinenanlage und sonstigen Ausrüstungen 2,5 Mill. ℳ betragen.

Das **Savoy-Hôtel** (Abb. 36 u. 37), ausgeführt im Jahre 1892/93 vom Regierungs-Baumeister Gause, ist mit der Hauptfront von 54 m an der Friedrichstraße 103, zwischen

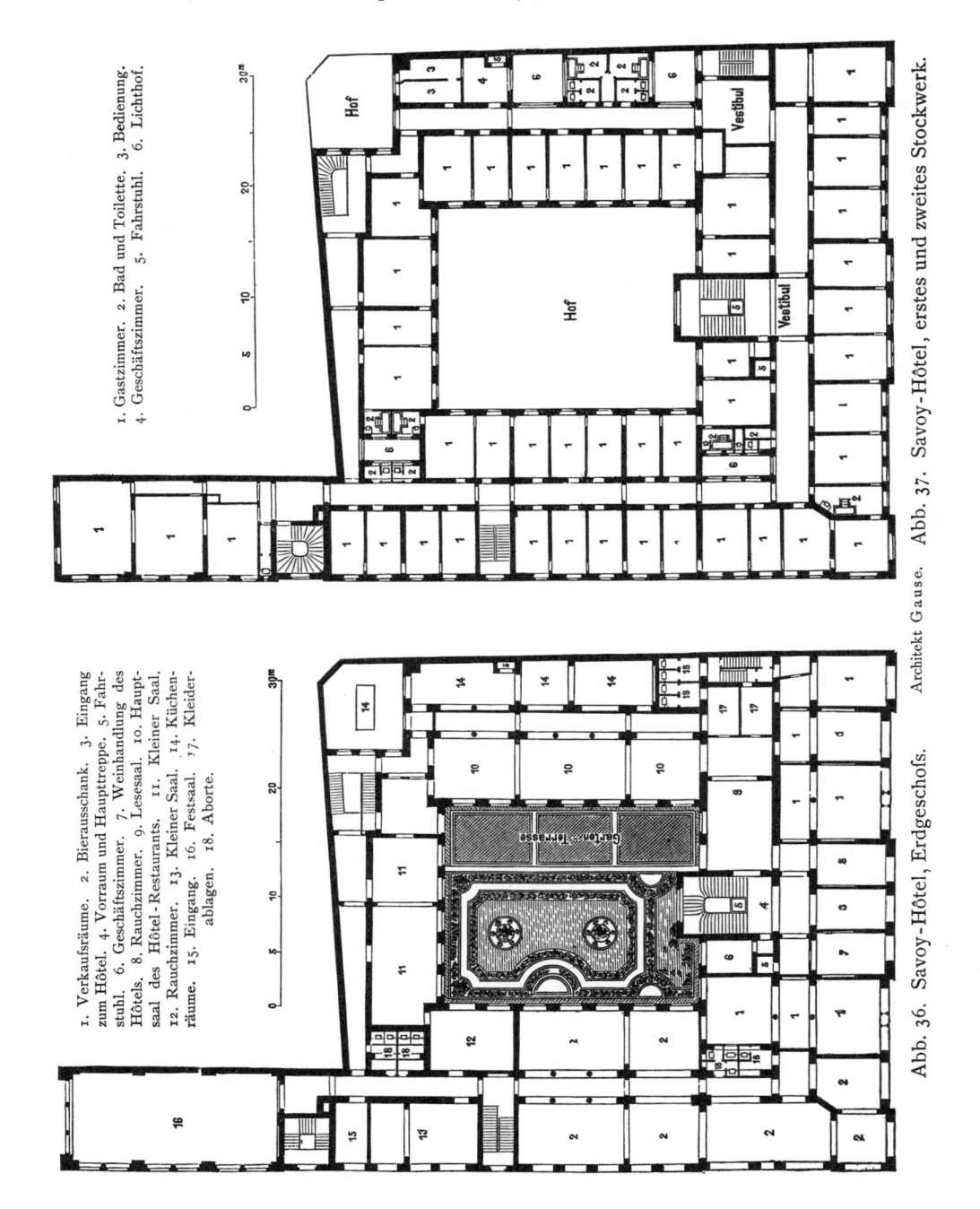

1. Gastzimmer. 2. Bad und Toilette. 3. Bedienung. 4. Geschäftszimmer. 5. Fahrstuhl. 6. Lichthof.

Abb. 37. Savoy-Hôtel, erstes und zweites Stockwerk.

1. Verkaufsräume. 2. Bierausschank. 3. Eingang zum Hôtel. 4. Vorraum und Haupttreppe. 5. Fahrstuhl. 6. Geschäftszimmer. 7. Weinhandlung des Hôtels. 8. Rauchzimmer. 9. Lesesaal. 10. Hauptsaal des Hôtel-Restaurants. 11. Kleiner Saal. 12. Rauchzimmer. 13. Kleiner Saal. 14. Küchenräume. 15. Eingang. 16. Festsaal. 17. Kleiderablagen. 18. Aborte.

Abb. 36. Savoy-Hôtel, Erdgeschoß. Architekt Gause.

dem Bahnhof Friedrichstraße und der Weidendammer Brücke gelegen. Mit einem Anbau von 20 m Breite stößt das Grundstück an die Prinz-Louis-Ferdinand-Straße. 6 m der beiden Frontlängen werden durch eine nördlich vom Hôtel befindliche Privatstraße abgeschnitten. Das Gebäude gruppirt sich um einen Mittelhof, der aus einem Garten und einer Terrasse besteht. Der Haupteingang liegt in der Mitte der Front an der Friedrichstraße.

30   II. Hôtelbauten.

Im Erdgeschofs sind die Räume zunächst längs der Front der Friedrichstrafse zum grofsen Theil zu Läden und zu einer Bierwirthschaft benutzt, während sich anschliefsend an die am Haupteingang gelegenen Geschäftsräume ein kleinerer Lesesaal und das Hôtelrestaurant befinden. In dem Theil an der Prinz-Louis-Ferdinand-Strafse ist ein Saal zur Abhaltung von Festlichkeiten mit besonderem Zugang von jener Strafse aus vorhanden. Die vier Obergeschosse enthalten 180 Gastzimmer, darunter sieben Salons. In jedem Stockwerk stehen vier Badezimmer in unmittelbarer Verbindung mit Schlafzimmern. Die Baukosten haben 1 700 000 ℳ

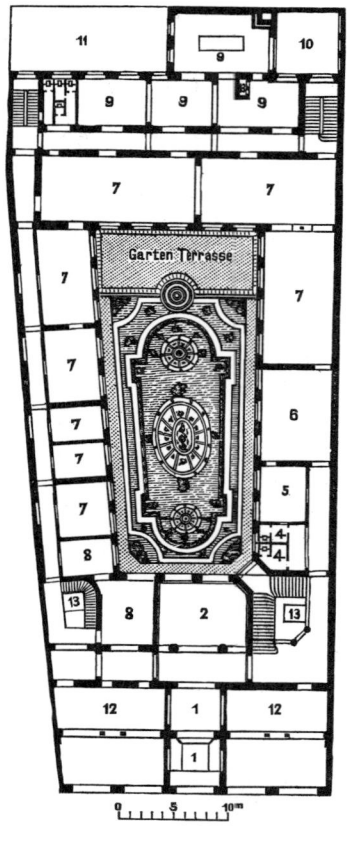

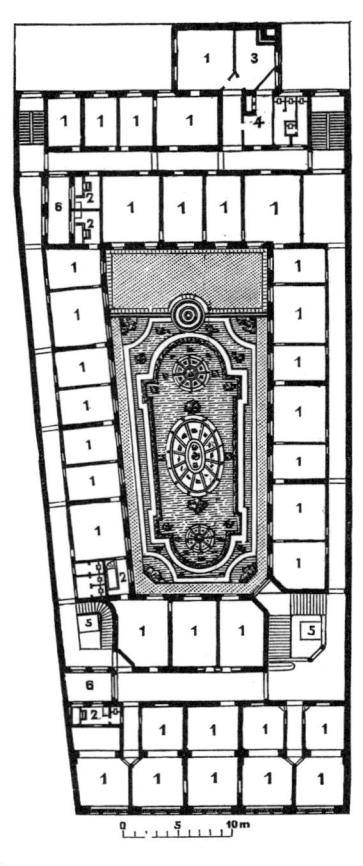

Architekt Gause.

Abb. 38.
Hôtel Bristol, Erdgeschofs.

1. Eingang. 2. Empfangshalle. 3. Kleiderablage. 4. Aborte. 5. Damen. 6. Lesezimmer. 7. Restaurant. 8. Geschäftszimmer. 9. Küche. 10. Kesselhaus. 11. Wirthschaftshof. 12. Läden. 13. Fahrstuhl.

Abb. 39.
Hôtel Bristol, erstes Stockwerk.

1. Gastzimmer. 2. Bad mit Toilette. 3. Bedienung. 4. Geschäftszimmer. 5. Fahrstuhl. 6. Lichthof.

betragen. Hierzu traten an Maschinenanlagen zwei sechzigpferdige und ein zwölfpferdiger Gasmotor, eigene elektrische Anlagen und Wasserversorgung im Werthe von 110 000 ℳ und die Kosten des eigentlichen Hôtelinventars mit 700 000 ℳ

Das Bristol-Hôtel. Unter den Linden 5 (Abb. 38 u. 39), erbaut 1890—1891 vom Regierungs-Baumeister Gause, hat nur 24 m Front an den Linden und ist um einen gröfseren Hofraum gruppirt. Dieser Hof, der als Ziergarten behandelt ist und nicht betreten wird, bietet einen Ersatz für die gering bemessene Front. Das Erdgeschofs enthält zu beiden Seiten des Eingangs Läden, dahinter die Vorhalle, anschliefsend rechts die gemeinschaftlichen und die Restaurationsräume, links einzelne Salons. Die

II. Hôtelbauten.

vier Obergeschosse enthalten 124 Gastzimmer mit theilweise abtrennbaren Schlafräumen. Die Façade ist in reicher Sandsteinarchitektur ausgebildet. Das Hôtel hat eigene Lichtanlage und Wasserversorgung. Die Kosten des Baues und der Ausstattung haben 2,3 Mill. ℳ. betragen.

Das Hôtel Bellevue (Abb. 40 u. 41) am Potsdamer Platz, dem Verkehrsmittelpunkt des westlichen Berlins, gelegen, wurde im Jahre 1887—1888 erbaut vom Baurath Heim. Es hat drei Fronten und zwar an der Königgrätzer Strafse, am Potsdamer Platz und an der Bellevuestrafse. Ein grofser Theil des inmitten des regen Verkehrs gelegenen Grundstücks wird von einer längs der Front des Potsdamer Platzes und der Bellevuestrafse ausgedehnten Terrasse eingenommen, die zu der im Erdgeschofs angelegten Bierwirthschaft nebst Café benutzt wird. Diese Terrasse bildet einen von Einheimischen wie Fremden bevorzugten Aufenthaltsort. Das eigentliche Hôtel ist von der Königgrätzer Strafse aus zugänglich, hat nur wenige Repräsentationsräume und ist besonders für längeren Aufenthalt von Fremden berechnet. Die Abmessungen der einzelnen Gastzimmer, deren in den vier Obergeschossen im ganzen 68 vorhanden sind, erscheinen dementsprechend verhältnifsmäfsig reichlich. Die Façade ist in Putzbau ausgeführt und mit zahlreichen Balcons versehen.

Architekt Heim.

Abb. 40. Hôtel Bellevue, Erdgeschofs.
1. Restaurant. 2. Café. 3. Hôtel-Eingang. 4. Geschäftszimmer. 5. Rauchzimmer. 6. Speisesaal. 7. Haupttreppe. 8. Nebentreppe. 9. Aborte. 10. Aufzug. 11. Pförtner.

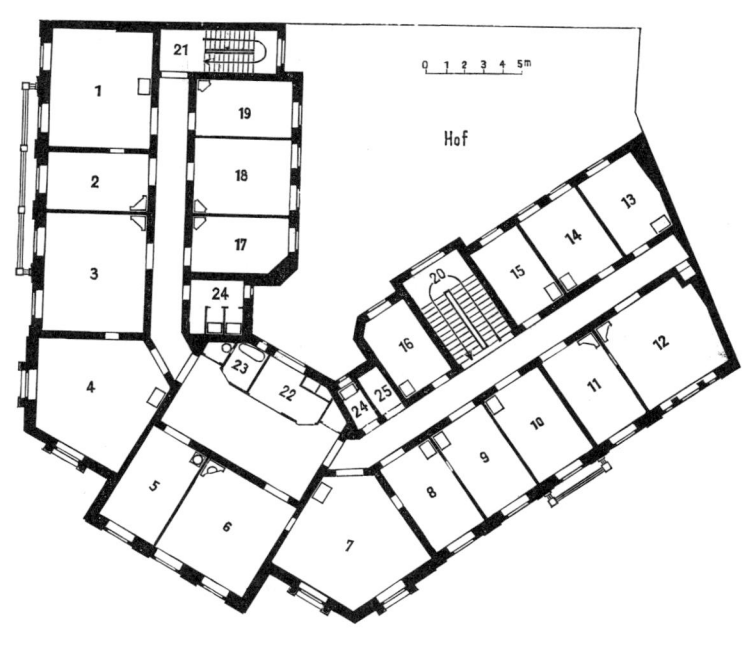

Abb. 41. Hôtel Bellevue, erstes Stockwerk.
1.—19. Zimmer. 20. Haupttreppe. 21. Nebentreppe. 22. Bedienung. 23. Bad. 24. Abort. 25. Aufzug.

Das Palast-Hôtel (Abb. 42 u. 43), ebenfalls am Potsdamer Platz, und zwar an der nördlichen Einmündung der Königgrätzer Strafse gelegen, hat, wie das Bellevue-Hôtel, drei Fronten: an der Königgrätzer Strafse, am Potsdamer Platz und am Leipziger

II. Hôtelbauten.

Platz, deren Länge zusammen 103 m beträgt. Das Hôtel ist in den Jahren 1892—1893 vom Baurath Heim erbaut. Die Anlage dient ausschließlich Hôtelzwecken. Zunächst dem am Potsdamer Platz gelegenen Haupteingange liegen die Geschäftsräume und Aufzüge des Hôtels, eine Vorhalle mit Kleiderablage, anschließend einerseits Lese- und Rauchzimmer und Frühstückssaal, anderseits Conversationssaal und großer Speisesaal und noch ein kleiner Speisesaal. Die vier Obergeschosse enthalten 110 Gastzimmer und Salons, von denen acht in unmittelbarer Verbindung mit Badeanlagen stehen; außerdem hat jedes Stockwerk noch ein zur allgemeinen Benutzung der Fremden dienendes Bad. Die Zahl der Betten beträgt 155. Die Façade ist in Barock-Architektur in Sandstein durchgeführt, wie auch die Räume im Innern des Gebäudes, von denen die Architektur des Treppenhauses und der Säle hervorzuheben ist. Die Baukosten einschl. der Maschinenanlagen, der vollständigen Möblirung und Ausrüstung haben 1½ Mill. ℳ betragen.

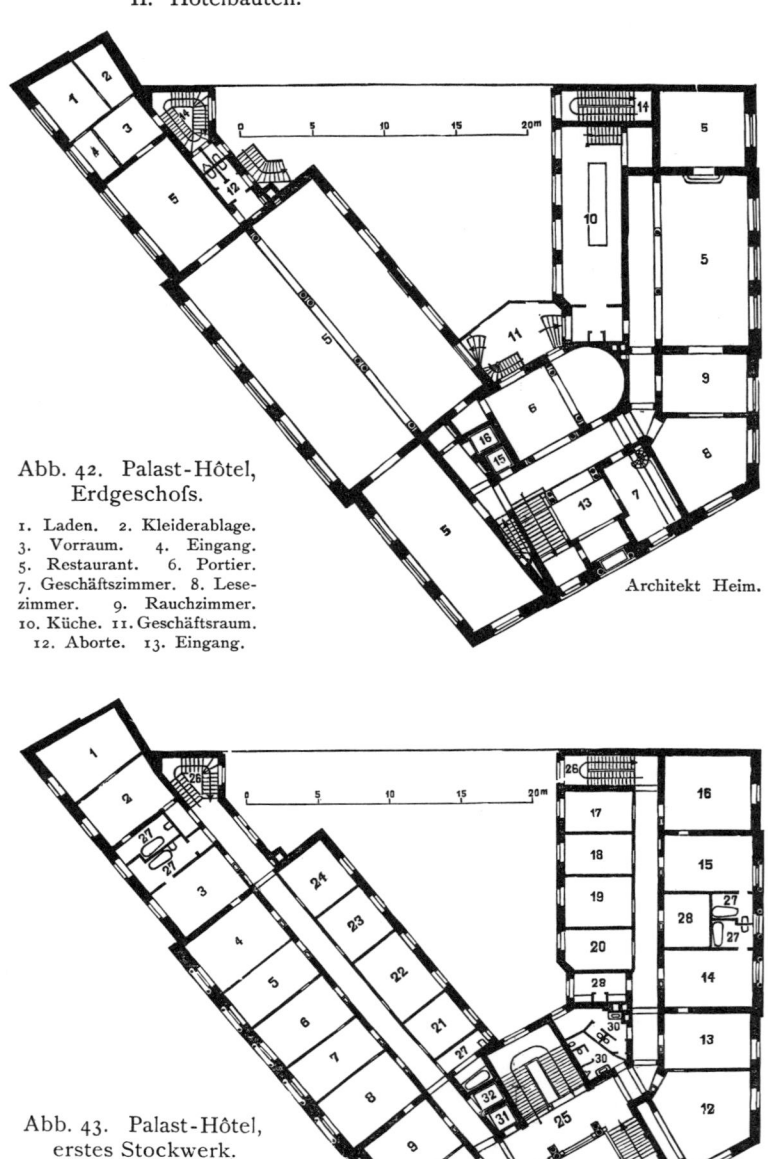

Abb. 42. Palast-Hôtel, Erdgeschofs.

1. Laden. 2. Kleiderablage. 3. Vorraum. 4. Eingang. 5. Restaurant. 6. Portier. 7. Geschäftszimmer. 8. Lesezimmer. 9. Rauchzimmer. 10. Küche. 11. Geschäftsraum. 12. Aborte. 13. Eingang.

Architekt Heim.

Abb. 43. Palast-Hôtel, erstes Stockwerk.

1.—24. Zimmer. 25. Haupttreppe. 26. Nebentreppe. 27. Bäder. 28. Anrichteraum. 29. Bedienung 30. Aborte. 31. Personenaufzug. 32. Waarenaufzug.

III. Reitbahnen.[1]

Die Reitbahnen und Stallungen Berlins, soweit sie zu den Bauten gröfseren Stiles gerechnet werden können, sind bis auf eine ältere, aus beschränkten Verhältnissen hervorgegangene Anlage des Tattersalls am Schiffbauerdamm neuesten Ursprungs. Sie dienen als Reitschulen und als Pension für die Pferde solcher Besitzer, die bei ihren Wohnungen keine eigenen Stallungen haben, zum Theil auch dem Pferdehandel.

Der Geschmack eines verwöhnten Publicums, die Benutzung der Bahnen zu Reiterfesten, sowie der bedeutende Werth des Pferdebestandes haben zur Entfaltung grofsen Aufwandes in der Ausstattung veranlafst. Es können viele der Anlagen, was Ausnutzung des Raumes, Anlage und Ausbildung der Nebenräume anbetrifft, für mustergültig angesehen werden.

Die Lage der Bauten in der Stadt richtet sich vorwiegend nach der zum Reiten im Freien gebotenen Gelegenheit. Wir sehen also die hauptsächlichsten Bahnen rings um den Thiergarten gelegen, und zwar sind häufig sehr vortheilhaft die innerhalb von Häuserblöcken gelegenen Grundstücke als Baustellen benutzt.

Aus der Anzahl der vorhandenen Reitbahnen sind fünf Beispiele als die hervorragendsten und bezeichnendsten ausgewählt und in den Abb. 44—49 wiedergegeben.

Allen fünf Anlagen gemeinsam ist die Anordnung der Stallungen in mehreren Geschossen; bei zweien liegt ein Theil derselben unter der Reitbahn, welche Anordnung wohl die beste räumliche Ausnutzung der Baustelle gestattet, aber den Nachtheil hat, dafs unter der Halle sehr grofse, schwer zu erleuchtende Standräume entstehen. Vor der Reitbahn ist stets ein geräumiger Platz als Sattelplatz oder zum Abkühlen und Mustern der Pferde eingerichtet. Die Verbindungen zwischen den einzelnen Geschossen sind durch Rampen hergestellt, welche zwischen eisernen Trägern mit Ziegeln eingewölbt und oben mit Lohe oder Sägespänen auf Lehmschlag beschüttet sind. Sämtliche neue Bauten sind durchaus feuerfest aus Stein und Eisen hergestellt. Vortheilhaft erweist sich die Verwendung des Oberlichtes für die Ställe; neben dem Vorzug gröfserer Helligkeit und einer guten Beleuchtung der Pferde giebt es bequeme Gelegenheit zu Lüftungsvorrichtungen. Günstig ist das Licht auch, wenn es in einem einreihigen Stall über dem Gang seitlich einfällt; zu verwerfen ist jedoch die Anordnung der Fenster über den Krippen, bei welcher die Pferde leicht dem Zug ausgesetzt sind und durch die blendende Wirkung des Fensters für den Beschauer im Dunkeln stehen.

In jeder Stallung sind Stände und Boxes vorhanden; getrennt liegen ein oder mehrere Krankenboxes. In dem grofsen Tattersall, Schiffbauerdamm 8, und der Nonnschen Reitbahn sind diese gleich mit Kühlvorrichtungen für kranke Pferde versehen. Für die Lüftung sind Lüftungsschlote angeordnet, in der Nonnschen Anlage aufserdem Zuleitungscanäle für frische Luft. Von den Ständen kann im allgemeinen jeder für sich gespült werden, und zwar durch die gebräuchlichen, in der Gleiche des Pflasters liegenden Jaucherinnen. Die Abfuhr des Düngers mufs durchgängig täglich geschehen; die Gruben sind

---

[1]) Bearbeitet durch Architekt Bodo Ebhardt.

III. Reitbahnen.

gemauert und vortheilhaft mit einer Lüftung durch das Dach versehen. Die Beleuchtung ist in allen erwähnten Reitbahnen durch elektrische Bogenlampen, in den Ställen durch Glühlicht bewirkt.

Mit Ausnahme der Nonnschen Bahn enthalten alle Anlagen eine Kutscherwohnung. Etwas stiefmütterlich sind im allgemeinen die Sattelkammern behandelt, die meist unter den Rampen angeordnet sind, ebenso sind die Ablegeräume für Herren und Damen, die in den meisten Fällen mit einem Bad verbunden sind, sehr anspruchslos ausgestattet. Als sehr gut ist ihre Lage indessen in der Thiergarten-Reitbahn (Abb. 47) hervorzuheben. Ferner ist für die Wagenwäsche, die im Freien erfolgen muß, meist nur mangelhaft gesorgt. Für die Reitfeste sind die großen Reitbahnen mit Tribünen versehen, welche zum Theil 500—600 Personen aufnehmen können. (Eine genaue vergleichende Zusammenstellung folgt am Schluß.)

Die Gebäude der **Berliner Tattersall-Actiengesellschaft** am Schiffbauerdamm genügten in den alten Theilen nicht mehr den Anforderungen des Publicums, es wurde daher in den Jahren 1889 durch Blumberg & Schreiber, denen die Ausführung

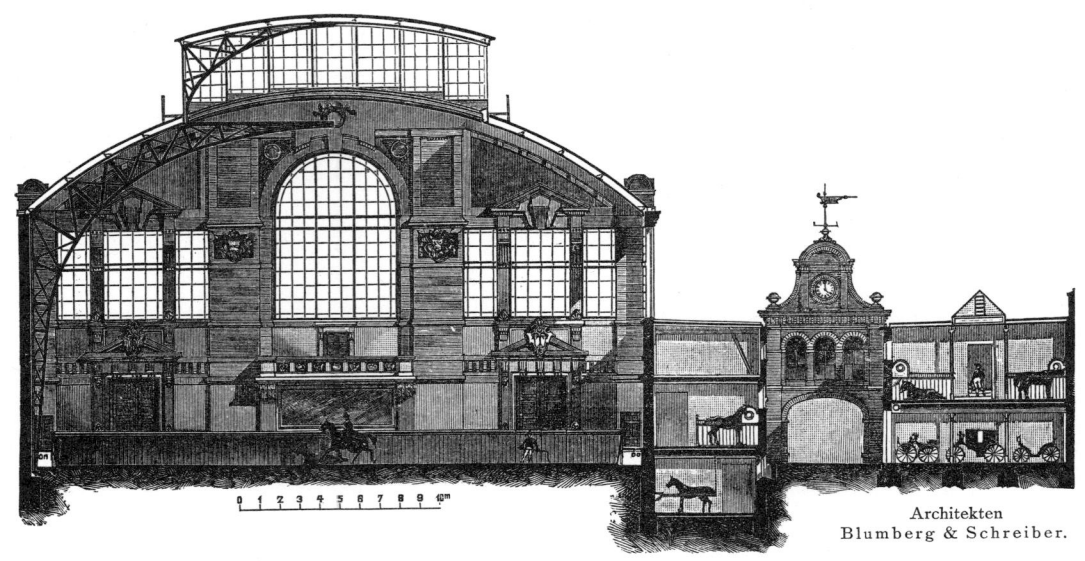

Abb. 44. Reitbahn der Berliner Tattersall-Actiengesellschaft, Querschnitt.

auf Grund eines beschränkten Wettbewerbes übertragen wurde, ein Anbau ausgeführt, dessen Ausdehnung die der vorhandenen Räume noch übertrifft (Abb. 44). Hier soll nur der neue Theil zur Besprechung kommen. Zugänge sind angeordnet vom Schiffbauerdamm durch das alte Gebäude, ferner von der Luisenstraße aus durch Abbruch eines ganzen Hauses. Es stehen im ganzen in diesem Stalle zur Zeit etwa 26 eigene Pferde, 230 Pensionspferde und 35—40 Verkaufspferde. Die neue Reitbahn ist die umfangreichste aller vorhandenen mit 30,75 × 42,75 m und macht mit ihrer Eisenconstruction und der mächtigen Putzarchitektur der Stirnwände einen großen und vorzüglichen Eindruck; die Ställe sind von ihr durch den oben erwähnten Mustergang getrennt, welcher zugleich mit dem entsprechenden Raume des alten Gebäudes eine durchgehende Verbindung für alle Theile der Anlage bildet.

Die Pensionsstallungen, eingeschossig in Abtheilungen von etwa 16 Ständen in abgeschlossenen Oberlichträumen, sind sehr gut untergebracht, ebenso die Abtheilung für Wagenpferde über der Remise; ferner sind in drei Geschossen über einander Stände an die eine Längsseite der Reitbahn angebaut. Die Ausstattung erfolgte in reicher Weise durch Eichentäfelung, eiserne Standsäulen usw. und Kachelverkleidung über den Ständen, sonst mit verputzten und gemalten Wänden. — Der Hafer wird vom Boden durch Futter-

III. Reitbahnen.

canäle in den Wänden direct in verschliefsbare Auslaufhähne in die Ställe geleitet. Die Kleiderablagen liegen ganz aufserhalb der übrigen Anlage und sind daher ungünstig angeordnet. Die Ausnutzung der bebaubaren Fläche darf wohl als ausgezeichnet angesehen werden. Geheizt werden Bahn, Gang, Buffet und Kleiderablagen durch eine Niederdruck-Dampfheizung. Als empfehlenswerthe Einrichtung ist das Bad für kranke Pferde anzusehen, welches mit einem versenkbaren Boden eingerichtet ist.

Das Aeufsere der von Häusern eingeschlossenen Anlage ist einfach gehalten, nur der Eingang von der Luisenstrafse geht etwas über das blofse Bedürfnifs hinaus. Die Baukosten betrugen 475 000 ℳ.

Die nächst dieser zu nennende Reitbahn, das **Grofse Berliner Central-Reitinstitut** (Abb. 45), liegt am Stadtbahnhof Zoologischer Garten und wurde von den Architekten Ende & Böckmann unter besonderer Mitarbeit des Architekten M. Schieblich im Jahre 1892/93 ausgeführt. Sie bildet insofern einen Gegensatz zum Tattersall, als hier die beiden Reitbahnen im ersten Geschofs liegen. Während im Tattersall am Schiffbauerdamm die alte Bahn zum Reitunterricht benutzt wird, ist hier für diesen Zweck eine kleinere Bahn

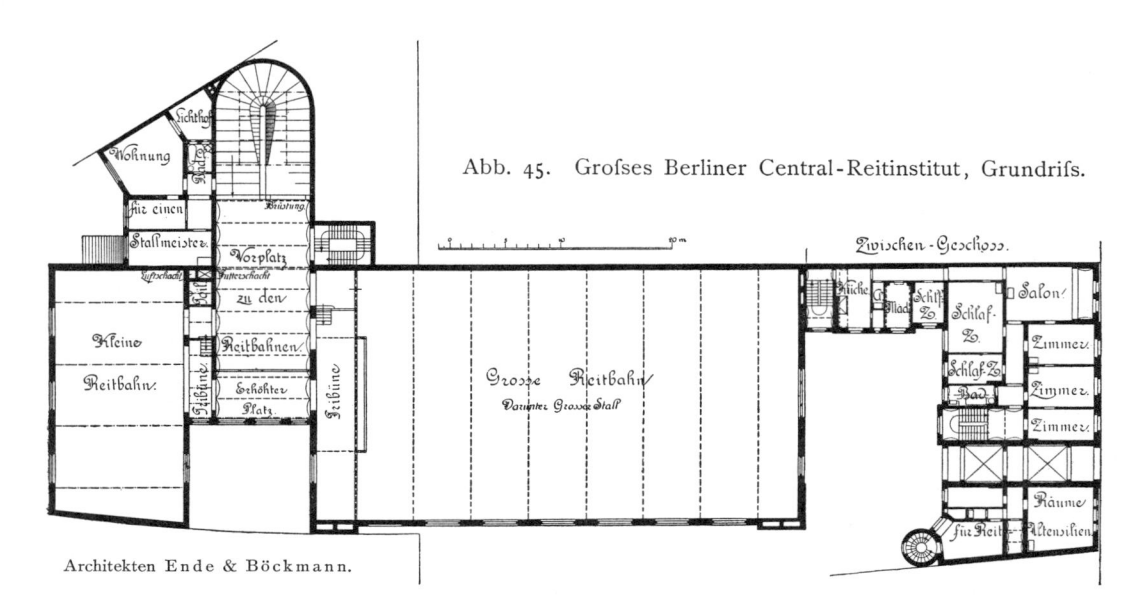

Abb. 45. Grofses Berliner Central-Reitinstitut, Grundrifs.

Architekten Ende & Böckmann.

von 11,50 × 23 m eigens angelegt. Die grofse Bahn hält 23 × 43,41 m und ist in Eisenfachwerk ausgeführt und mit reicher Malerei im Innern versehen. Unter beiden Bahnen liegen die Stallungen, welche rd. 120 Reit- und Kutschpferde und 60—80 Pensionspferde aufnehmen können. Unter der grofsen Reitbahn sind diese hauptsächlich auf das nicht ganz ausreichende Licht von der einen Längsseite angewiesen. Die Ausstattung ist ungefähr dieselbe wie im grofsen Tattersallgebäude: Ständer aus Gufseisen mit Bronze, die Wände unten über Holztäfelung mit Kacheln bekleidet, oben geputzt und mit Malerei versehen. Haferschüttvorrichtung ist wie beim ersten Beispiele vorhanden.

Unter der kleinen Bahn liegen die Krankenställe und sind durch eine Durchfahrt und die Geschäftsräume von den übrigen Stallungen getrennt. Unten zwischen den Ställen, oben zwischen den Bahnen gelegen, ist ein Sattelplatz angeordnet, an den sich die Rampenanlage für den Verkehr zwischen den Geschossen anschliefst. In jedem Geschofs ist am Sattelplatz ein erhöhter Platz und Umgang zur Musterung der Pferde sowie zum Aufsteigen geschaffen. Alle Räume sind auch hier mit Sammelheizung versehen. Im Gebäude wohnen ein Stallmeister und zwei Kutscher. Das Gebäude liegt auf einem sehr tiefen, schmalen Grundstück, mit der schmalen Seite, die von einem Wohnhause eingenommen wird, der Hardenbergstrafse zugekehrt, mit der einen offenen Langseite an der Stadtbahn. Die Bögen der letzteren sind zweckmäfsig als Stallungen und Remisen benutzt, ohne aber besonders

36 III. Reitbahnen.

ausgestattet zu sein. Das Aeufsere des Baues ist würdig durchgeführt, die Wohnhausfront ist in Verblendern mit Kunststein-Gliederungen, die hofwärts liegenden Bautheile sind in Putz mit Ziegeleinfassungen und in Eisenfachwerk gehalten. Die Kosten des eigentlichen Baues betrugen für die grofse Reitbahn 232 000 ℳ, für die kleinere 171 000 ℳ (siehe vergleichende Zusammenstellung am Schlufs).

Die Reitbahn **Tattersall am Brandenburger Thor** (Abb. 46), welche auf gemiethetem Boden gebaut ist, bildet eine nur kleine Anlage. An eine Reitbahn von 27 × 34 m Gröfse grenzen nach hinten Stallungen für rd. 100 Pferde (20 eigene und 80 Pensionspferde) und zwar in zwei Geschossen über einander befindlich. Zwischen beiden Bautheilen liegt der Mustergang („Sattelplatz"), an den links die mit einer Douche versehenen Herren-Garderoben und darüber im ersten Stock die Damen-Garderoben sich anschliefsen. Die Reitbahn, innen sehr einfach, ist aufsen in grofsen Hoch-Renaissanceformen in vornehmer Weise ausgebildet und bringt mit der der Strafse zugekehrten Stirnseite den Zweck der Anlage würdig zum Ausdruck. An der der Strafse gegenüber liegenden Seite sind über einander zwei Tribünen mit Plätzen für 150 bis 200 Personen angeordnet. Die Stallungen mit Ständen von 1,80 × 3,30 m Abmessung sind genau den oben beschriebenen entsprechend eingerichtet: oben Kacheln, unten Holztäfelung, der Fufsboden in Klinkerpflaster mit mittlerer Spülung für jeden Stand. Die Tagesbeleuchtung erfolgt im ersten Stock durch Oberlicht und Seitenlicht, unten nicht ganz ausreichend durch Seitenlicht. Für die Abendbeleuchtung ist in den Ställen Gasglühlicht, in Bahn und Hof elektrisches Licht angeordnet. Der Dung wird täglich in verschlossenen Wagen entfernt. Im Gebäude findet ein Stallmeister Wohnung. Erbaut wurde die Anlage im Jahre 1892 von Ende & Böckmann unter besonderer Mitarbeit des Regierungs-Baumeisters A. Hartung mit einem Kostenaufwand von 350 000 ℳ.

Abb. 46. Reitbahn Tattersall am Brandenburger Thor.
Architekten Ende & Böckmann.

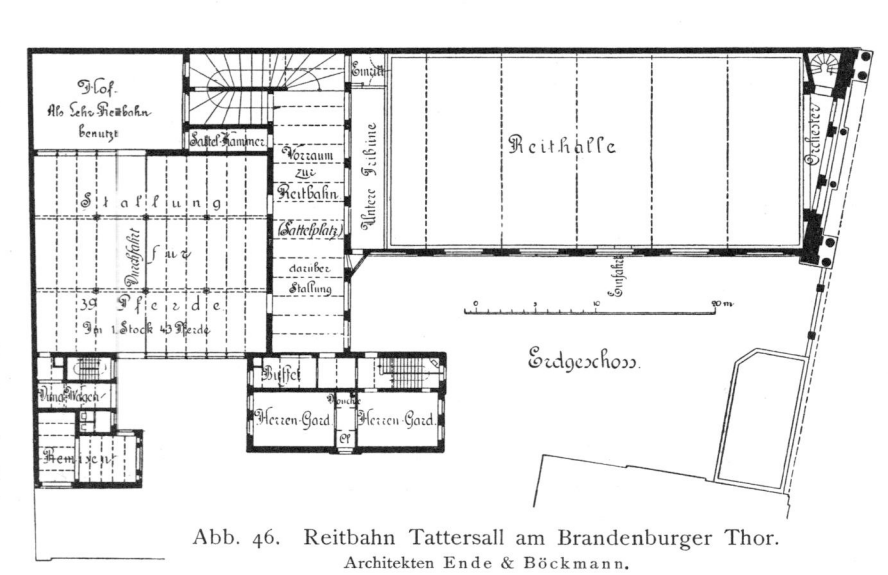

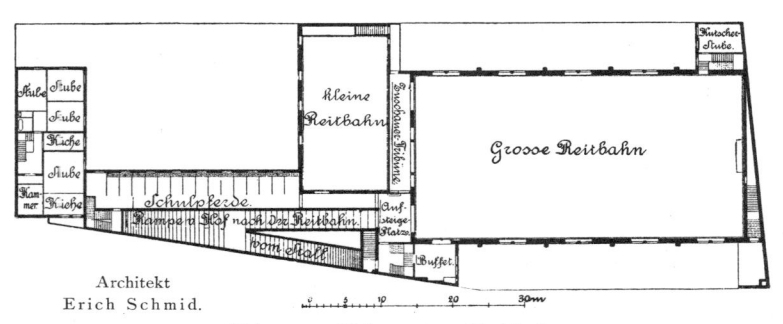

Abb. 47. Thiergarten-Reitbahn.
Architekt Erich Schmid.

Eine weitere Anlage stellt die **Thiergarten-Reitbahn,** Königin-Augusta-Strafse 39a, dar (Abb. 47). Wieder auf einem (hier sehr langen und schmalen) Hinterlande gelegen, hat die Anlage nur einen 6 m breiten Zugang von der Strafse. Dieser mündet in einen Reithof, der an zwei Seiten von Ställen umgeben ist und geradeaus zum

III. Reitbahnen.   37

Haupteingang führt. Am Haupteingang liegen rechts und links Geschäftszimmer und Kleiderablagen und bilden so in vorzüglicher Anordnung den Schlüssel der Anlage. Die Vorhalle führt wie überall zum Sattelplatz, von dem aus die Stallungen und die zur Reitbahn führende Rampe zugänglich sind. Die ganze Breite des Grundstücks, abzüglich der vorgeschriebenen Höfe, wird von hier ab von der 24 × 45 m grofsen Reitbahn eingenommen. Eine complicirte Rampenanlage verbindet den Sattelplatz im Erdgeschofs mit einem gleichen im ersten Stock, zugleich die beiden an dem Vorhof über einander gelegenen Stallungen, sowie diese alle mit der Reitbahn. Ueberhaupt ist dieser Grundrifs aufserordentlich durchdacht und kann als Muster einer solchen Anlage gelten; Einwand könnte wohl nur gegen die Lage der Mehrzahl der Stände unter der Bahn erhoben werden, weil die am weitesten von den Fenstern gelegenen Stände nicht ausreichend beleuchtet sind.

Die Ausstattung der Ställe ist im wesentlichen wie bei den vorerwähnten Bahnen. Die Stände bieten Platz für 150 Pferde, dazu kommen 10 Boxen. Auch hier hat der grofse Raum der Reitbahn Gelegenheit für eine vornehme und wirkungsvolle Renaissance-Architektur gegeben. An der Reitbahn sind zwei Tribünen mit Plätzen für 450 Personen angeordnet. Die Erwärmung erfolgt durch Warmwassersammelheizung, die Beleuchtung ist elektrisch. Die Kosten des Baues betrugen 475 000 ℳ ohne die elektrische Anlage. Erbaut wurde die ganze Anlage im Jahre 1891 vom Architekten Erich Schmid.

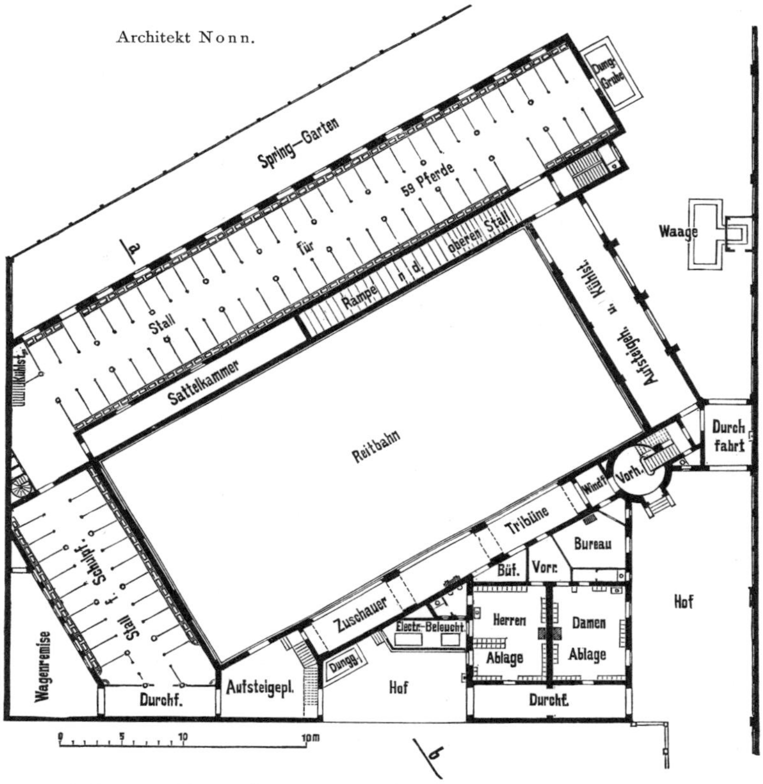

Abb. 48. Nonns Reitinstitut, Grundrifs des Erdgeschosses.

Die letzte der zu betrachtenden Anlagen, die **Nonnsche Reitbahn** in der Nürnberger Strafse 63 (Abb. 48 u. 49), wurde vom Architekten Nonn auf dem ausgedehnten Hinterlande des sehr grofsen und schmalen Grundstücks erbaut. Der an die Strafse anstofsende Theil wird von einem gefälligen und in seiner Anlage für Berlin eigenartigen Wohnhause des Besitzers eingenommen. Durchreitet man den langen schmalen Hof, der eigentlich nur die Einfahrt des Hauses bildet, so erreicht man zuerst die Geschäftsräume, durch welche der Eingang für Fufsgänger in die schräg zur Strafse gelegene Reitbahn führt. Die Bahn ist 20 × 40 m grofs. Die Ställe liegen hier an zwei Seiten neben der Bahn in zwei Geschossen und sind durch zwei Sattelplätze, die an die frei bleibenden Stirnseiten der Reitbahn angebaut sind, mit dieser verbunden. Die geschmackvolle Ausstattung der Ställe entspricht den vorher genannten Beispielen. Es ist Platz etwa für 161 Pferde (21 eigene und 140 in Pflege) vorhanden. Die Kosten für den Stand ohne Reitbahn betrugen etwa 940 ℳ. Die gesamten Kosten belaufen sich auf 250 000 ℳ. Elektrisches Licht, Spülung der Stände, Wasserleitung, Dungentfernung, Anordnung der Geschirrkammern ist wie bei den anderen Bahnen. Die Heizung erfolgt davon abweichend durch Kamine auf den Galerien, durch Kachelöfen in den Garderoben und durch eiserne Oefen in den Ställen.

38 III. Reitbahnen.

Die äufsere Gestaltung des Strafsenhauses leidet natürlich unter dem Umstand, dafs das ganze 7,30 m breite Erdgeschofs von der Durchfahrt eingenommen wird. Die oberen Geschosse sind in einfachen Formen der deutschen Renaissance gehalten und geputzt. Die Hofgebäude sind aufsen, um dem Bedürfnifs zu genügen, sehr ineinander gebaut. Innen hat nur die grofse Reitbahn eine monumentale Durchbildung erfahren. Die

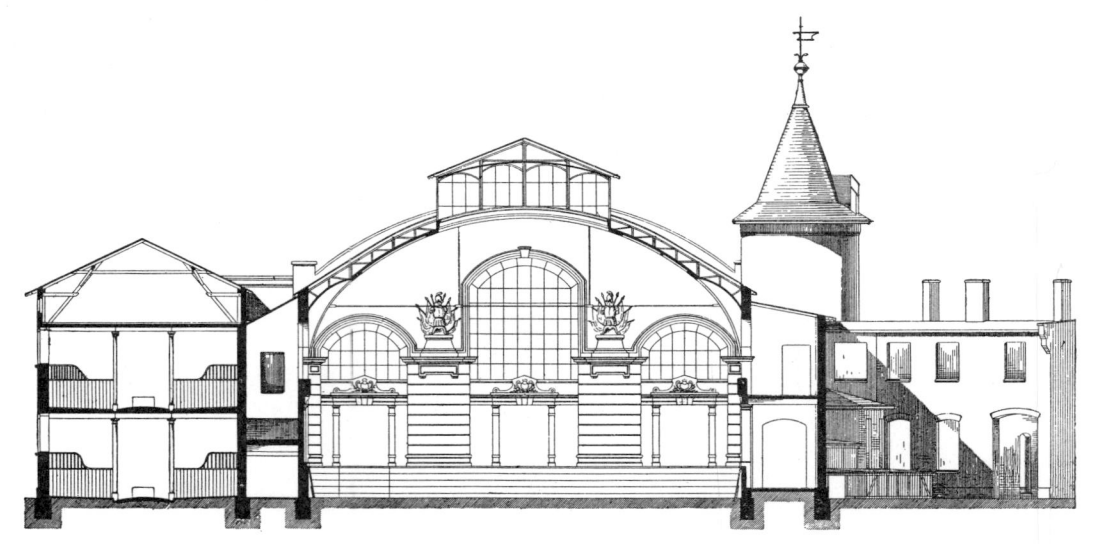

Abb. 49. Nonns Reitinstitut, Schnitt.

Eisenconstruction ist durch eine Rabitzdecke ganz versteckt, welche wie die Wände in grofsen Hochrenaissance-Formen künstlerisch wirkungsvoll durchgebildet ist.

Aufser den erwähnten Anlagen bestehen noch eine grofse Reihe kleinerer Reitbahnen, welche jedoch in ihrer Einrichtung nicht in wesentlichen Punkten von den erwähnten abweichen, und deren nähere Erläuterung daher hier zu weit führen würde.

Vergleichende Zusammenstellung der Gröfsenverhältnisse der einzelnen Reitbahnen.

	Tattersall am Schiffbauerdamm	Grofses Berliner Central-Reitinstitut	Tattersall am Brandenburger Thor	Thiergarten-Reitbahn	Nonnsche Reitbahn
Gröfse der Reitbahnen usw. m	30,75 : 42,75	2 Bahnen 23 : 43,5 und 11,5 : 23	17 : 34	240 : 45	20 : 40
Plätze für Zuschauer	600	500 u. 55	150—200	450	500
Anzahl der Stände	300	180	100	150	161
Gröfse der Stände . m	1,70 : 3,00	1,75 : 3,24	1,75 : 3,10	1,80 : 3,10	1,75 : 3,10
Gröfse der Boxes . . ,,	3,00 : 3,50	3,50 : 3,50	—	3,10 : 3,10	3,50 : 3,10
Breite der Stallgänge ,,	3,00	3,00 Nebengänge 1,74	3,00	3,00	3,00
Kosten ohne Grundstück ℳ	475 000	413 000	350 000	475 000	250 000

IV. Geschäftshäuser.[1]

Wohnhäuser mit Geschäftsräumen. Kauf- und Waarenhäuser. Passagen. Geschäftshäuser auf Hinterland.

Zu der Aufführung von Geschäftshäusern, die in ihrem ganzen Umfange zu Zwecken des Verkaufs eingerichtet sind, hat die bauliche Entwicklung Berlins erst seit 25 Jahren in gröſserem Maſsstabe geführt. Bis dahin wurde dem mit dem Wachsthum der Stadt steigenden Bedürfnisse nach Verkaufsstätten in der Regel dadurch genügt, daſs in Wohnhäusern, zum Theil nachträglich, Läden eingerichtet wurden. Diese Bauart, welche zu ebener Erde Läden und in den oberen Geschossen Miethswohnungen zu zeigen pflegt, wird gröſstentheils auch heute noch beibehalten, zumal in derjenigen Bauzone, die sich zwischen die alte Stadt und die äuſseren neueren Stadttheile legt.

Erst der nach dem Jahre 1871 zusehends erstarkende Unternehmungsgeist wagte es, in den verkehrsreichsten Straſsen auch das erste Obergeschoſs von vornherein für den Handel einzurichten. Allmählich hat sich alsdann der geschäftliche Verkehr in den eigentlichen Geschäftsgegenden Berlins auch der höheren Geschosse bemächtigt, sodaſs seit etwa 10 Jahren in steigendem Maſse mit der Errichtung von eigentlichen Kaufhäusern vorgegangen wird, die in sämtlichen nach der bestehenden Bauordnung zulässigen Geschossen lediglich für Handelszwecke hergerichtete Räume aufweisen.

Der Mittelpunkt des Berliner Geschäftslebens ist der ältere Stadttheil (Berlin C.), in dem sich die Börse, die Hauptpost, die Gerichtsgebäude, das Rathhaus, die Central-Markthalle und das Königliche Polizei-Präsidium befinden. Die Nähe der genannten Gebäude, die Lage an der Stadtbahn werden in Verbindung mit örtlichen Ueberlieferungen diesem Stadttheil und seiner nächsten Nachbarschaft in absehbarer Zeit mehr und mehr das ausschlieſsliche Gepräge eines Handelsviertels verleihen, aus dem bei dem ersichtlichen Aufblühen des Berliner Handelsverkehrs die Wohnungen allmählich ganz verdrängt zu werden scheinen.

Die hierdurch sich anbahnende Trennung des Geschäftshauses vom Wohnhause muſs für die selbständige bauorganische Entwicklung beider Gebäudearten von groſsem Nutzen werden und einerseits zur Behaglichkeit des Wohnens, anderseits zur Freiheit des geschäftlichen Betriebes wesentlich beitragen. Sie wird auch bei der geplanten Neufassung der bestehenden Baupolizei-Ordnung die Beseitigung von Bestimmungen erleichtern, die, auf die verrufene Schablone der älteren Berliner Miethshäuser zugeschnitten, die gedeihliche Entwicklung zweckmäſsiger Kaufhäuser bisher beeinträchtigt haben.

---

[1] Unter Mitwirkung der Vereinigung Berliner Architekten bearbeitet von Baurath Otto March.

IV. Geschäftshäuser.

Im allgemeinen wird man die Geschäftshäuser in zwei Gruppen theilen können: in solche, die dem Kleinhandel und solche, die den Zwecken des Grofshandels zu dienen haben. In beiden Fällen wird dann zu unterscheiden sein, ob die Räume von vornherein den besonderen Bedingungen eines bestimmten Handelszweiges oder Geschäftsinhabers entsprechen müssen, oder ob ihre Vermiethung an wechselnde Betriebe beabsichtigt ist. Manche Vorschriften haben jedenfalls für alle Geschäftsräume grundsätzliche Geltung, und zwar die Forderungen möglichster Weiträumigkeit und Uebersichtlichkeit, gleichmäfsiger Helligkeit und Feuersicherheit. Auch wird die in den meisten Fällen nothwendige Beschaffung thunlichst langer, geschlossener, gut beleuchteter Wände zur Aufstellung von Regalen die Gesamtanordnung gleichmäfsig beeinflussen.

Es liegt auf der Hand, dafs die Ladengeschäfte des Kleinhandels auf die Lage an der Strafse oder an Verkehrswegen, wie Passagen, angewiesen sind, um ihren unmittelbaren Verkehr mit dem Publicum zu ermöglichen, und dafs sie aus gleichem Grunde die Unterbringung im Erdgeschofs bevorzugen. Indessen haben bereits gröfsere Geschäfte, zumal solche, deren ausgedehnter Ruf ihnen den ungeschmälerten Besuch des Publicums sichert, ihre Verkaufshallen auch in das erste Obergeschofs verlegt, ganz abgesehen von den grofsen neuerdings entstandenen Bazaren, für deren Betrieb selbständige Gebäude errichtet worden sind, über deren sämtliche Geschosse er sich erstreckt.

Läden mit mächtigen, auch in der Breite sich ausdehnenden Schauräumen, wie in London und Paris, wird man in den neueren Berliner Bauausführungen, abgesehen von den oben erwähnten einem einzigen Zwecke dienenden Lagergebäuden, allerdings vergeblich suchen; die vorhandenen derartigen Anlagen von zumeist bescheidenem Umfange, die durch Ueberdachung des Hofes gewonnen sind, befinden sich zum gröfseren Theil in älteren Gebäuden, deren Errichtung nach den früher gültigen baupolizeilichen Bestimmungen erfolgt ist. Die in der nachstehenden Sammlung ausgeführter Geschäftshäuser dargestellten Beispiele dieser Art konnten daher sämtlich der älteren Ausgabe dieses Buches entnommen werden. Die Vorschriften der bestehenden Bauordnung sind ohne Berücksichtigung der einschlägigen Verhältnisse aufgestellt und zeigen für dieses thatsächliche Bedürfnifs kein Verständnifs.

Bei den Grofsgeschäften, die mit dem Laufverkehr des Publicums nicht zu rechnen haben, besteht die Bedingung der engen Verbindung mit der Strafse nicht in gleichem Grade wie beim Kleinhandel. Ihnen genügt die Möglichkeit, ihre Verkaufsgegenstände in einem oder mehreren Schaufenstern zur Schau stellen zu können, meistens sogar die Anbringung ihrer Firmenschilder an bemerkbarer Stelle, während sie für die Lage ihrer Arbeitsstätten und Lagerräume die hinteren ruhigeren Höfe bevorzugen, die für ihren Betrieb geeigneten Platz darbieten.

Bei Gebäuden, die die Bedingungen eines bestimmten Handelszweiges zu erfüllen haben, sind naturgemäfs in jedem einzelnen Falle die Forderungen der Zweckmäfsigkeit besonders zu studiren. Bei der Gestaltung solcher Geschäftshäuser, deren Vermiethung beabsichtigt ist, erfordert die Erhöhung der Ertragsfähigkeit, die Ermöglichung vielseitigster Verwendung der Räume von vornherein ins Auge zu fassen. Es sind in diesem Falle zunächst thunlichst grofse ungetheilte Räume zu schaffen, die nach Bedarf durch Zwischenwände den sich ergebenden Ansprüchen gemäfs untertheilt werden können. Hierbei sind die Treppen und Fahrstühle derartig anzuordnen, dafs bei Vertheilung eines Geschosses an verschiedene Miether jeder von diesen die unmittelbare Verbindung mit den genannten Verkehrsmitteln behält. Auch sind von vorn herein an verschiedenen Stellen Closetstränge anzulegen, um nachträglich erforderliche Abortanlagen ohne Schwierigkeit anordnen zu können.

Die Beleuchtung der bedeutenderen Geschäftslocale erfolgt in der Regel durch elektrisches Licht. Indessen ist es nothwendig, in Häusern mit vermiethbaren Räumen gleichzeitig Gasleitungen anzulegen, da die wesentlich geringeren Kosten einer Gasbeleuchtung die Geschäftsinhaber, besonders bei dem Vorhandensein weiträumiger Lager, noch häufig veranlassen, diese Beleuchtungsart der elektrischen vorzuziehen. Dagegen ist die Verwendung elektrischer Kraft zum Betriebe der Fahrstühle bereits allgemein, sofern es die sonstigen Bedingungen gestatten. Ebenso bildet die Erwärmung der Geschäftshäuser, auch solcher mit Miethsräumen, mittels Sammelheizungen die Regel, wobei zur Zeit der Niederdruck-

IV. Geschäftshäuser.

Dampfheizung wegen verhältnifsmäfsiger Einfachheit der Rohrführungen und Aufstellung der Heizkörper der Vorzug gegeben wird. In den vermiethbaren Geschäftshäusern werden die Kosten der Heizung, der Wasserlieferung und des Fahrstuhlbetriebes von den Hausbesitzern getragen und in den Miethsbeträgen verrechnet, die durch Messer ermittelten Kosten der Beleuchtung dagegen vom Miether unmittelbar an die Lieferanten entrichtet.

Die baukünstlerische Gestaltung eines Geschäftshauses, in dem gleichzeitig gröfsere Wohnungen unterzubringen sind, bietet in der Grundrifsbildung und im Aufbau besondere Schwierigkeiten, da die Verkaufsräume grofse Fensteröffnungen und nur mittels Eisenconstruction herzustellende Wanddurchbrechungen verlangen, während die darüber befindlichen Wohnräume geschlossene Wände erfordern. Am befriedigendsten wird diese durch das Bauprogramm in den Baugedanken gebrachte Zwiespältigkeit in denjenigen Lösungen gemildert, welche ein System massiver Pfeiler, zumal an den Ecken oder Nachbargrenzen des Bauwerks, schaffen und die Eisenconstructionen frei dazwischen spannen. Wesentlich leichter stellt sich die baukünstlerische Aufgabe in den Fällen, in welchen das ganze Haus zu Geschäftszwecken eingerichtet wird. Hierbei tritt neuerdings eine veränderte Auffassung hervor. War man vordem bemüht, die bauliche Erscheinung auch von Geschäftshäusern unter Beibehaltung geschlossener architektonischer Ordnungen in überkommenen Stilarten zu gestalten und die geschäftlichen Bedürfnisse dem anzupassen, so geht man nunmehr vielfach von den Forderungen der Zweckmäfsigkeit und Construction aus und bestrebt sich, in freier Verwendung architektonischer Formen der Anlage ihren eigenen Ausdruck zu verleihen. Dafs diese Bestrebungen sich theilweise zunächst an ausländische Beispiele anlehnen, kann nicht Wunder nehmen, da England und Amerika in der Entwicklung des Handels vor uns einen weiten Vorsprung haben.

Bei der nachstehenden Auswahl ausgeführter Geschäftshäuser wurden in erster Linie solche Gebäude berücksichtigt, die für die Entwicklung des Kaufhauses von seiner Verbindung mit dem Wohnhause bis zu seiner Selbständigkeit besonders charakteristisch erschienen. Bei der Knappheit des zugemessenen Raumes mufsten dabei manche, baukünstlerisch vielleicht höher stehende Durchführungen des gleichen Baugedankens vor dem Bezeichnenderen zurück stehen. Die Sammlung ist dadurch ergänzt, dafs bedeutsame und umfangreiche Anlagen wenigstens namentlich aufgeführt und thunlichst mit Angabe der fachlichen Zeitschriften versehen sind, in denen sie etwa eine Veröffentlichung bereits erfahren haben.

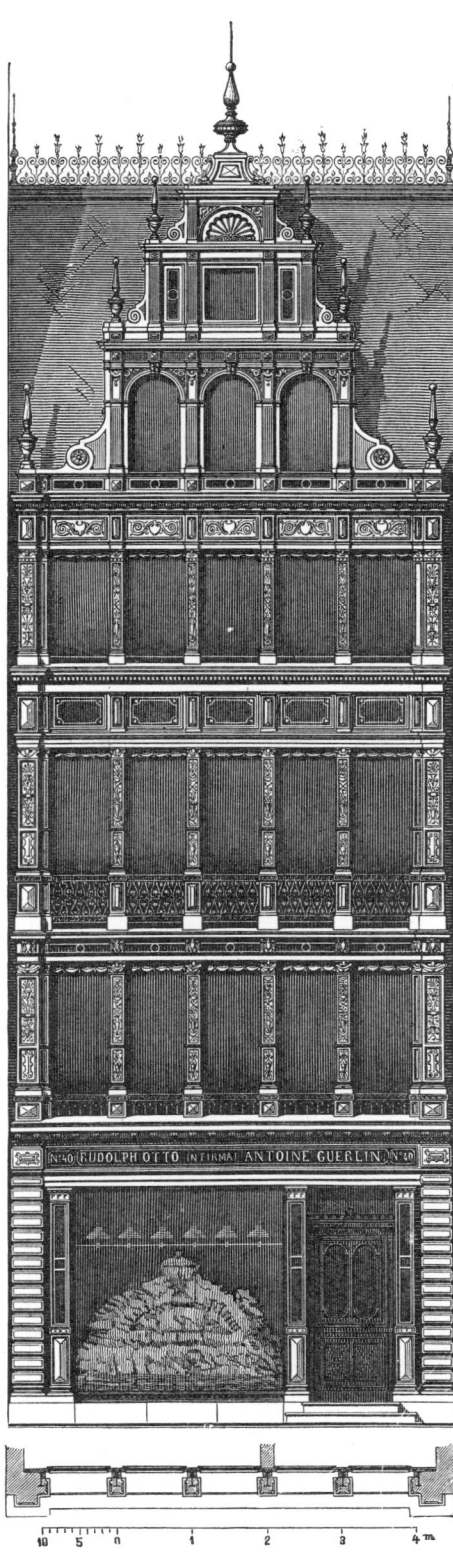

Abb. 50 u. 51. Façade des Friedeberg'schen Hauses Unter den Linden 40.
Architekt E. Böthke.

42 IV. Geschäftshäuser.

A. Gebäude, die nur im Erdgeschofs Verkaufsräume, in den oberen Geschossen die Wohnräume der Geschäftsinhaber enthalten.

Wie im Vorstehenden erwähnt, ist die Zahl der Häuser, welche im Erdgeschofs mit Läden versehen sind, sehr grofs. Das Ueberwiegen der Wohnungen in ihnen läfst die meisten indessen mehr als Wohnhäuser erscheinen, weshalb hier nur einige wenige Gebäude angeführt sind, bei denen das Geschäft des Besitzers als einziges im Erdgeschofs untergebracht ist und die Obergeschosse ausschliefslich oder doch zum gröfseren Theil für seine Wohnzwecke eingerichtet sind. Beispiele der anderen Art sind in dem folgenden Abschnitte vielfach berücksichtigt.

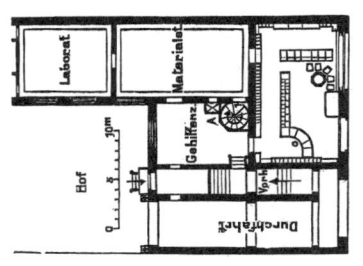

Das Geschäfts- und Wohnhaus Unter den Linden 40 (Abb. 50 u. 51) wurde für den Besitzer, Hof-Juwelier Friedberg, im Jahre 1876 von dem Architekten E. Boethke umgebaut, wobei die nur 7 m breite Front unter Beibehaltung der dahinter befindlichen vorhandenen Raumeintheilung und der sehr niedrigen Geschofshöhen erneut worden ist. Die grofsen Zimmertiefen verlangten ausgiebigste Durchbrechungen der Frontwand, die in einem mit Schultz'schem Kunststein verkleideten Eisengerippe besteht. Durch die Zierlichkeit ihrer Durchbildung behauptet sich die Façade gut gegenüber den mächtigen Formen der Nachbarbauten. (Vergl. Deutsche Bauzeitung 1877, Nr. 38.)

Abb. 52—54. Grüne Apotheke, Chausseestrafse 24a. Architekten Schulz & Schlichting.

IV. Geschäftshäuser. 43

Das Gebäude der „Grünen Apotheke", Chausseestraße 24a (Abb. 52—54), ist für den Fabrikbesitzer R. Schering im Jahre 1892 von den Architekten Schulz & Schlichting erbaut. An die Officin des Erdgeschosses schließen sich in dem Seiten- und Quergebäude des Hofes die Laboratorien und Fabrikräume. Die innere Einrichtung des Verkaufsraumes ist in diesem Umfange wohl zum erstenmale in allen Einzelheiten künstlerisch durchgebildet worden. Die farbige Raumwirkung ist sehr bemerkenswerth. Die in die reiche Stuckdecke eingefügten Gemälde sind von der Hand R. Rochlings. Tische und Regale sind in Mahagoni ausgeführt und haben Bronzebeschlag erhalten. Die Farbe sämtlicher aufgestellten Porzellangefäße ist ein helles gebrochenes Grün. (Vergl. Pharmaceutische Zeitung 1893, Nr. 39.)

Das Geschäfts- und Wohnhaus Wilhelm Mattschaß in Charlottenburg, Berliner Straße 67 (Abb. 55—59), in den Jahren 1895/96 von dem Architekten Herm. A. Krause errichtet, enthält auf schmaler Baustelle im Erdgeschoß die Verkaufs-, Comptoir- und Lagerräume der Firma (Eisenhandlung und Magazin für Haus- nnd Küchengeräthe), darüber die

Abb. 58. Haus Mattschaß, oberer Theil.

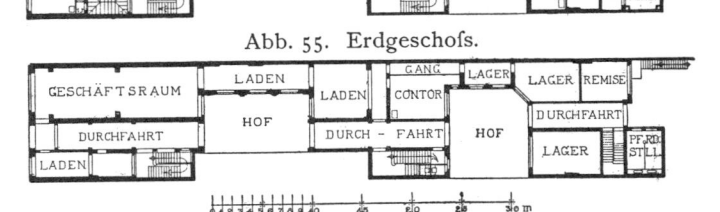

Abb. 57. Zweites Obergeschoß.

Abb. 56. Erstes Obergeschoß.

Abb. 55. Erdgeschoß.

Abb. 55—59. Geschäfts- und Wohnhaus Mattschaß in Charlottenburg, Berliner Straße 67.
Architekt H. A. Krause.

Wohnungen der Geschäftsinhaber bezw. Miethswohnungen. Bemerkenswerth sind die vom Bildhauer Vogel ausgeführten Sculpturen der in freier Verwendung spätgothischer Formen gestalteten Façade, insbesondere der über dem Portalbogen sich entwickelnden Erkerauskragung.

Abb. 59. Haus Mattschaß, Portal.

6*

IV. Geschäftshäuser.

B. Gebäude, in denen zwei oder mehrere Geschosse von Verkaufsräumen eingenommen sind.

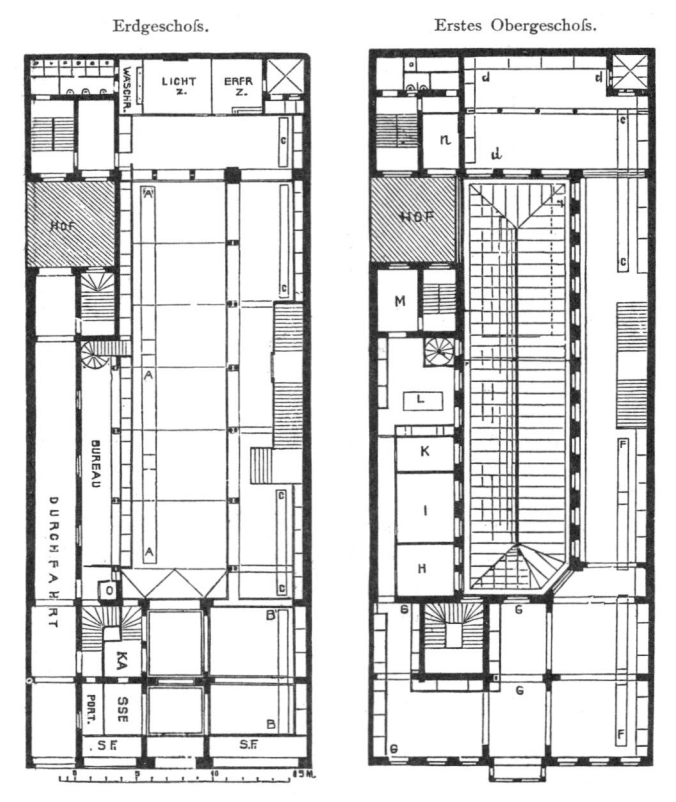

Abb. 60 u. 61. Geschäftshaus J. Heese, Leipziger Strafse 87.
Architekt C. Schwatlo.

Das Heese'sche Seide-, Modenwaaren- und Teppichgeschäft, Leipziger Strafse 87 (Abb. 60 u. 61), ist vom Architekten C. Schwatlo durch den Umbau eines alten Wohnhauses hergestellt worden. Als Hauptgeschäftsraum dient der grofse, im Erdgeschofs mit flachgewölbtem verdoppelten Glasdache versehene Innenhof, — eine Anordnung, die, wie schon eingangs erwähnt wurde,

Abb. 60 u. 61.
A. Seidenstoffe. B. Spitzen usw. C. Phantasie- und Woll-Artikel. D. Teppiche. E. Vorhänge usw. F. Sammt. G. Confection. H. Anprobe. I. Werkstatt. K. Puppenz. L. Zuschneide. M. Directrice. N. Aufseher. O. Aufzug.

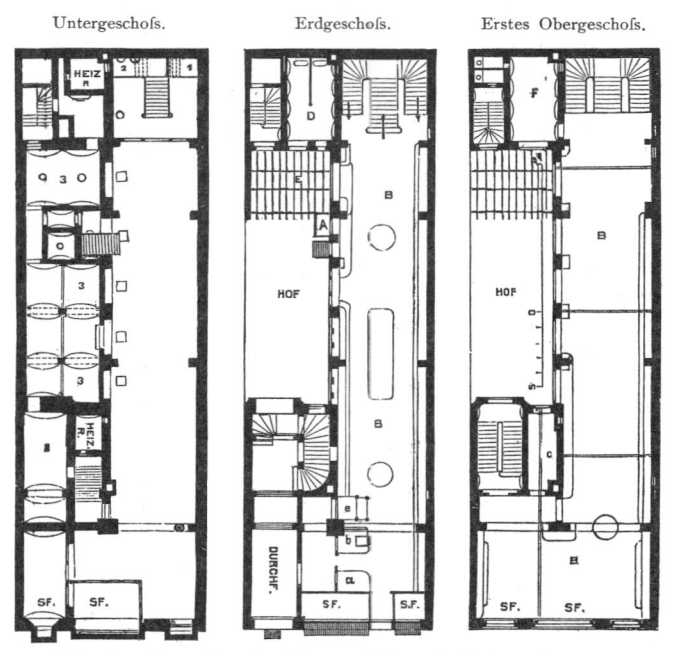

Abb. 62—64. Geschäftshaus Cohn, Leipziger Strafse 88.
Architekt C. Schwatlo.

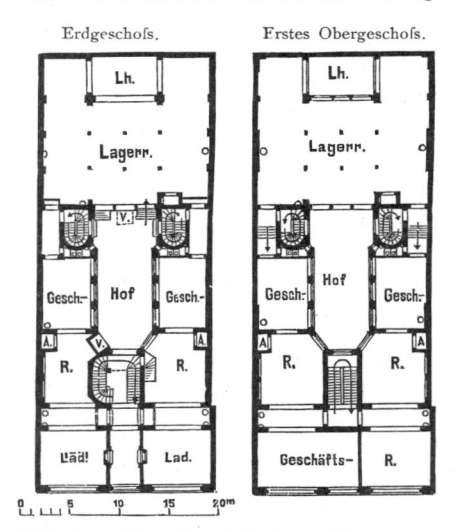

Abb. 65 u. 66. Geschäftshaus Kurstr. 51.
Architekt Löwengard.

Abb. 62—64.
A. Aufzug. B. Verkaufsraum. C. Comptoirs. D. Pferdestall. E. Glashof. F. Expedition. 1. Garderobe. 2. Waschraum u. Pissoir. 3. Wirthschaftskeller. a. Ablegetisch. b. Kasse. c. Controle (Chef).

nach der älteren Bauordnung statthaft war. Im Untergeschofs befinden sich Expeditions-, Lager- und Musterräume. (Deutsches Bauhandbuch II. 2.)

Das Haus- und Kücheneinrichtungsgeschäft von E. Cohn, Leipziger Strafse 88 (Abb. 62 bis 64) benutzt das Erdgeschofs und erste Obergeschofs als Ladenraum, das Untergeschofs als Lager. Der hintere, mit Glaspultdach versehene

IV. Geschäftshäuser. 45

Theil des Hofes dient als Remise und Laderaum. Das Haus ist ebenfalls durch den Architekten C. Schwatlo erbaut. (Deutsches Bauhandbuch II. 2.)

Das Geschäftshaus Kurstrafse 51 (Abb. 65 u. 66), von dem Hamburger Architekten Löwengard errichtet, ist in jedem Geschofs zur Aufnahme von zwei Geschäften

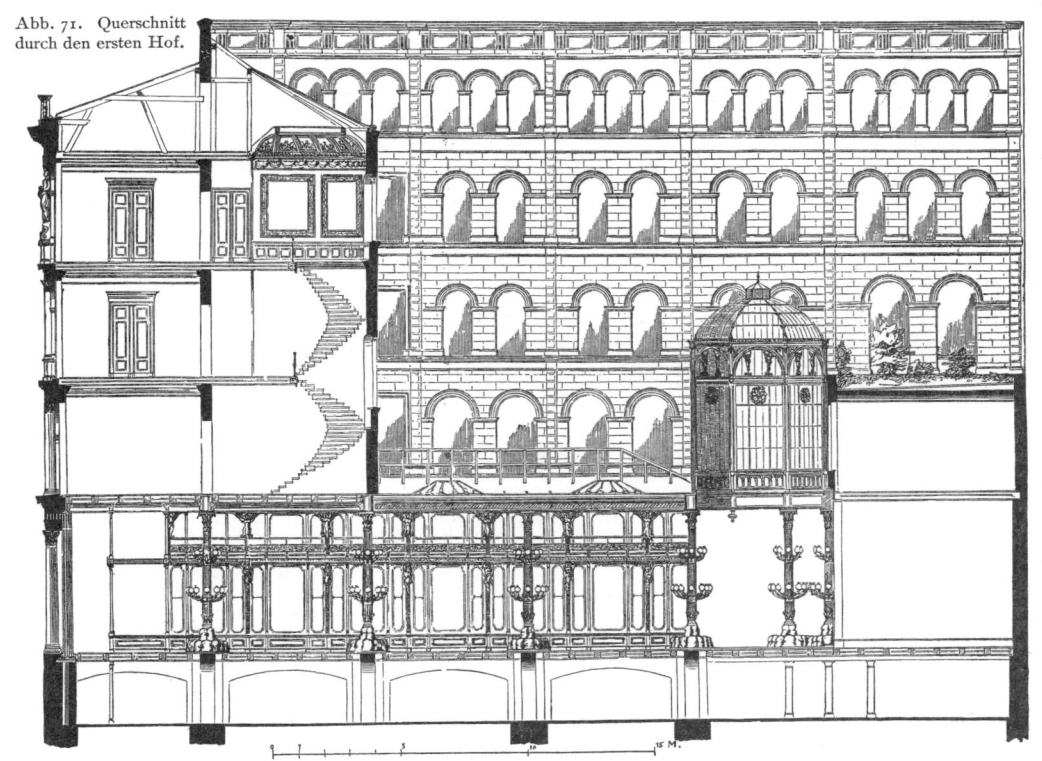

Abb. 71. Querschnitt durch den ersten Hof.

Abb. 71 u. 72. Geschäftshaus Jerusalemer Strafse 19/20 (vorm. Oppenheim).
Architekten Schwatlo, Ring.

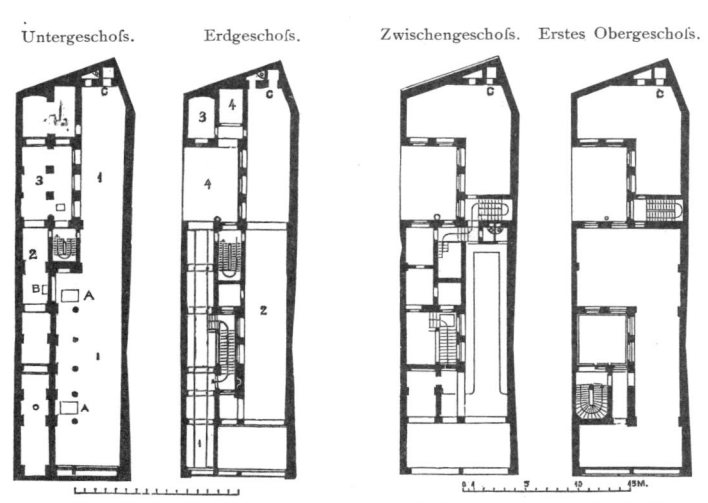

Untergeschofs. Erdgeschofs. Zwischengeschofs. Erstes Obergeschofs.

Abb. 72. Erstes Obergeschofs.

Abb. 67—70. Buchhandlung und Buchdruckerei von R. Kühn, Leipziger Strafse 115. Architekten Rosemann & Jacob.

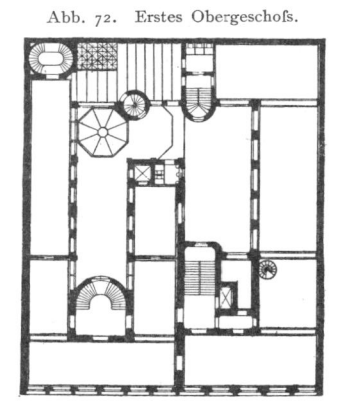

Zu Abb. 67—70.
A. Gasmotoren d. Druckerei. B. Kohlen-Einsturz. C. Aufzug. Untergeschofs: 1. Druckerei. 2. Heizkeller. 3. Wirthschaftskeller. Erdgeschofs: 2. Laden. 3. Stall. 4. Remise.

bestimmt. Die symmetrische Anordnung des Grundrisses mit seinen Höfen und Treppen kann als ein typisches Beispiel seiner Art angesehen werden.

Das Haus der Buchhandlung und Buchdruckerei von R. Kühn, Leipziger Strafse 115 (Abb. 67—70), von den Architekten Rosemann & Jacob erbaut, enthält

46 IV. Geschäftshäuser.

Abb. 73 u. 74. Geschäftshaus vorm. Sachse & Co., Taubenstr. 34.
Architekt Backhaus.

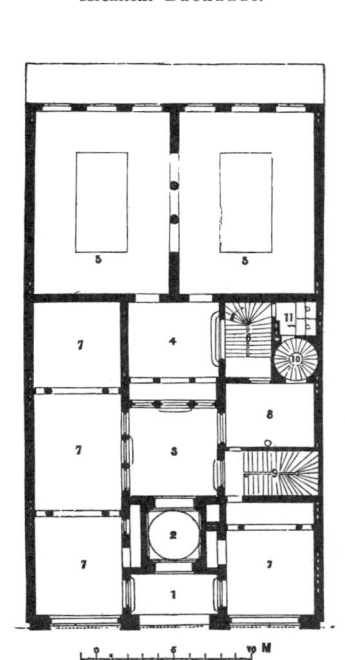

Abb. 73. Erdgeschofs.
1. Eingang. 2. Vorhalle. 3. Glashof. 4. Vestibül. 5. Säle f. plastische Kunstwerke. 6. Treppen z. d. Gemäldesälen. 7. Läden. 8. Wirthschaftshof. 9. Haustreppe. 10. Wirthschaftstreppe. 11. Closets.

Abb. 76.

Erdgeschofs.

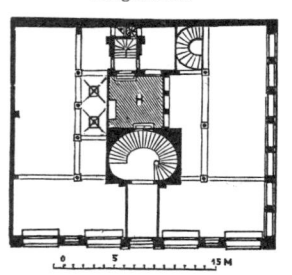

Abb. 75 u. 76. Geschäftshaus Ecke Leipziger und Charlottenstrafse.
Architekten v. d. Hude & Hennicke.

im Untergeschofs die Druckerei, im Erdgeschofs den mit schmaler, über die Durchfahrt reichender Galerie versehenen Bücherladen nebst Lager und Setzerei, während im Dachgeschofs das heliographische Atelier der Firma liegt. Das erste Obergeschofs ist zu einem selbständig zu vermiethenden Laden, die übrigen Geschosse sind zu Miethswohnungen eingerichtet. (Deutsches Bauhandbuch II. 2.)

Das Geschäftshaus Jerusalemer Strafse 20 (Abb. 71 und 72), (vorm. Oppenheim) ist 1869 von C. Schwatlo erbaut und später durch den Architekten Ring durch Bebauung des Grundstückes Jerusalemer Strafse 19 unter Beibehaltung der Schwatloschen Aufsenarchitektur verbreitert worden. Sämtliche Räume des ersten Obergeschosses lassen sich für einen einheitlichen Geschäftsbetrieb vereinigen. Die an der Strafsenfront bis auf den Fufsboden reichenden Spiegelscheiben sind um eine vertikale Achse drehbar.

Das Geschäftshaus vorm. L. Sachse & Co., Taubenstr. 34 (Abb. 73 u. 74), wurde von dem Architekten Backhaus in den Jahren 1873/74 erbaut. Die im Erdgeschofs und ersten Obergeschofs des Hinterhauses für eine Verkaufsausstellung angeordneten Säle, die neuerdings anderen Zwecken übergeben worden

IV. Geschäftshäuser. 47

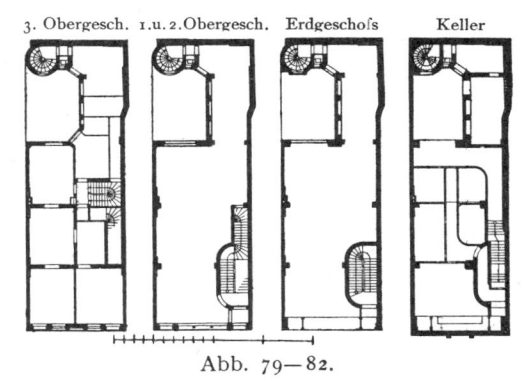

3. Obergesch.   1.u. 2.Obergesch.   Erdgeschofs   Keller

Abb. 79—82.

sind, wurden in eigenartiger Weise durch doppelte Oberlichte erleuchtet, die den unteren Sälen durch eine von den Galerien umschlossene Deckenöffnung Licht zuführten.

Das Geschäftshaus Leipziger Strafse 96, Ecke der Charlottenstrafse (Abb. 75 u. 76), ist von den Architekten v. d. Hude & Hennicke erbaut. Die Grundrifslösung zeigt zweckmäfsige Einfachheit und das Façadensystem den bemerkenswerthen Versuch, durch Einschieben eines als Arkade gestalteten Zwischengeschosses den Widerspruch architektonisch zu mildern, der in den schweren Mauermassen der oberen Wohngeschosse und der geforderten leichten Stützenstellung der unteren Geschäftsgeschosse liegt. Zum grofsen Theil sind letztere später eigentlichen Geschäftszwecken entzogen und zu einem grofsen Café eingerichtet worden. (Deutsches Bauhandbuch II. 2.)

Das Geschäftshaus an der Werder- und Unterwasserstrafse, das sogen. „Rothe Schlofs",

Abb. 78—82. Geschäftshaus Gustav Lohse, Jägerstrafse 45/46.
Architekten Ende & Böckmann.

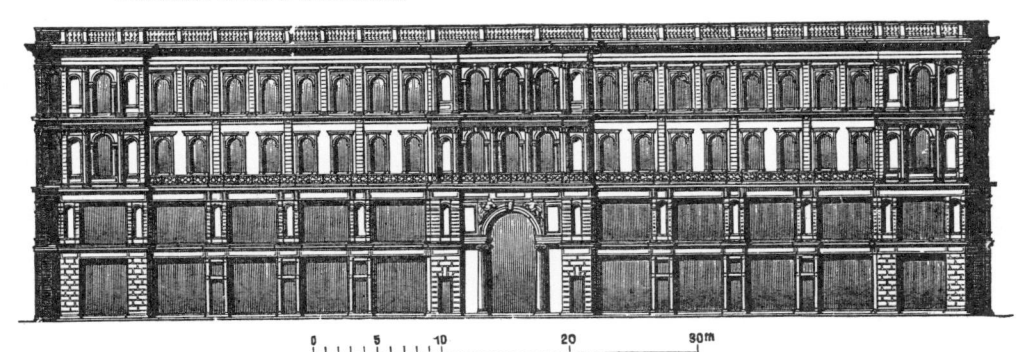

Abb. 77. Geschäftshaus an der Werderstrafse (sogen. „Rothes Schlofs").
Architekten Ende & Böckmann.

Abb. 84—87.

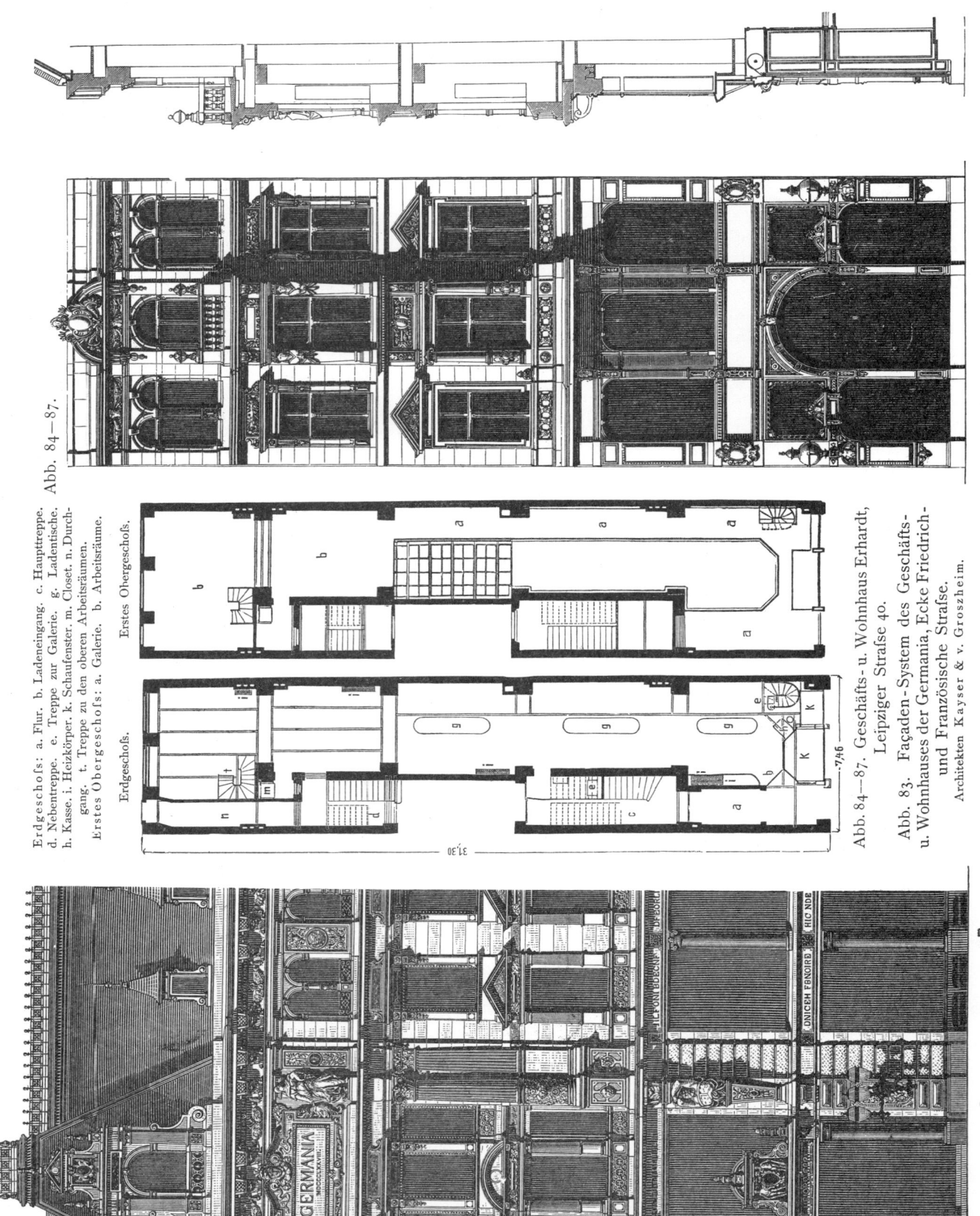

Erdgeschofs: a. Flur. b. Ladeneingang. c. Haupttreppe.
d. Nebentreppe. e. Treppe zur Galerie. g. Ladentische.
h. Kasse. i. Heizkörper. k. Schaufenster. m. Closet. n. Durchgang. t. Treppe zu den oberen Arbeitsräumen.
Erstes Obergeschofs: a. Galerie. b. Arbeitsräume.

Erdgeschofs.

Erstes Obergeschofs.

Abb. 84—87. Geschäfts- u. Wohnhaus Erhardt, Leipziger Strafse 40.

Abb. 83. Façaden-System des Geschäfts- u. Wohnhauses der Germania, Ecke Friedrich- und Französische Strafse.
Architekten Kayser & v. Groszheim.

Abb. 83.

IV. Geschäftshäuser.

(Abb. 77), wurde von den Architekten Ende & Böckmann in den Jahren 1866/67 auf dem schmalen Streifen erbaut, welcher bei der Verbreiterung der Werderstraße übrig blieb. Das Bauwerk war als die Front einer von der Jungfern-Brücke nach dem Schloß durchzuführenden Passagen-Anlage entworfen, die jedoch ebenso wenig zur Ausführung gelangte wie der den Façaden zugedachte Sculpturen-Schmuck. Die Gestaltung der letzteren war in Berlin der erste in größerem Maßstabe durchgeführte Versuch, die Façaden-Structur eines Geschäfts- und Wohnhauses einheitlich und organisch aus der Schaufenster-Anordnung der unteren Geschosse zu entwickeln.

Das Geschäftshaus Gustav Lohse, Jägerstraße 45/46 (Abb. 78—82), ist im Jahre 1887 ebenfalls von den Architekten Ende & Böckmann nach gleichen architektonischen Gesichtspunkten aufgeführt. Es enthält in drei Geschossen Geschäftsräume

Abb. 88. Geschäfts- und Wohnhaus der L.-V.-G. New-York.
Architekten Kayser & v. Groszheim.

50   IV. Geschäftshäuser.

und in dem obersten eine Wohnung, deren Hintertreppe die erforderliche unmittelbare Verbindung mit der Strafse durch den Keller erhalten mufste.

Das Geschäfts- und Wohnhaus der „Germania", Friedrichstrafse 78 und Französische Strafse 67 (Abb. 83), das unter einheitlicher Façade zwei selbständige Häuser vereinigt, ist in den Jahren 1878—1880 durch die Architekten Kayser & v. Groszheim

Abb. 89—94. Geschäfts- und Wohnhaus der Lebensversicherungs-Gesellschaft New-York.
Wilhelmstrafse 80a und Leipziger Strafse 124. Architekten Kayser & v. Groszheim.

1. Geschäftskeller. 2. Wirthschaftskeller. 3. Heizung. 4. Haupttreppe. 5. Nebentreppe. 6. Closets. 7. Durchfahrt. 8. Aufzug. 9. u. 10. Geschäftsräume. 11. Verbindungstreppen. 12. Lichthof. 13. Bureaus. 14. Küchen. 15. Wohnzimmer. 16. Badezimmer. 17. Photographisches Atelier. 18. Vorraum. 19. Dunkelraum. 20. Waschküche. 21. Trockenboden. 22. Bodenkammer. 23. u. 24. Wohnung für Portier und Heizer.

errichtet worden und hat sowohl durch die aufwändige, monumentale Gestaltung seiner in echtem Steinmaterial (Nesselberger Sandstein und polirte Granitsäulen) ausgeführten Façaden, wie durch die (eine beliebige, dem Bedürfnisse der jeweiligen Miether entsprechende Theilung durch Zwischenwände zulassende) Anordnung der Geschäftsgeschosse neben anderen gleichzeitigen Bauten gleichen Zweckes bahnbrechend und vorbildlich gewirkt. Die ausgedehnten

IV. Geschäftshäuser. 51

Kellerräume werden als Lagerkeller ausgenutzt; die drei obersten Geschosse enthalten Miethswohnungen. Die Baukosten haben 1 300 000 ℳ (für 1 cbm 30,50 ℳ) betragen. (Deutsche Bauzeitung, Jahrg. 81.)

Das Geschäfts- und Wohnhaus Erhardt, Leipziger Strafse 40 (Abb. 84—87), ist im Jahre 1884 ebenfalls von den Architekten Kayser & v. Groszheim erbaut. Der Erdgeschofsladen hat eine umlaufende Galerie erhalten. Im ersten Obergeschofs befindet sich ein zu vermiethendes Geschäftslocal, im zweiten und dritten Geschofs sind Wohnungen, im vierten und darüber Wohnung und Werkstatt eines Photographen eingerichtet. Die Baustelle ist bei 36 m Tiefe nur 7,46 m breit. Die Front der beiden unteren Geschosse ist zwischen massiven Pfeilern in Gufseisen aus dem Gräflich Stolberg-Ilsenburgischen Eisenwerk ausgeführt. Im schmalen Seitenflügel ist jedes Geschofs zur Beschaffung eines Mädchenraumes noch einmal untertheilt. Die Decken sowohl als auch die Front an diesem Bautheil sind nach Rabitz'schem System hergestellt. (Vergl. Baugewerk-Zeitung, Jahrgang 1885, Nr. 75, der die Abbildungen entnommen sind.)

Das Geschäfts- und Wohnhaus der Lebensversicherungs-Gesellschaft „New-York", Leipziger Strafse 124, Ecke Wilhelmstrafse (Abb. 88—94), ist in den Jahren 1885/86 von den Architekten Kayser & v. Groszheim erbaut worden. Es ist eines der bedeutendsten jener palastartigen Geschäftshäuser, welche ausländische Versicherungsanstalten als in die Augen fallende Zeichen ihrer Geldkraft sich auf bevorzugten Baustellen errichten liefsen. Während die Fronten der oberen Geschosse in Cottaer Sandstein ausgeführt sind, wurden die Steinpfeiler des Erdgeschosses und ersten Obergeschosses mit poliertem schwarzen Granit umkleidet, dessen tiefe Farbe für die Hervorhebung der in den Schaufenstern ausgestellten Gegenstände vortheilhaft ist. Die Wandflächen des zweiten und dritten Obergeschosses sind zwischen den Fensterumrahmungen mit venetianischem Glasmosaik von Salviati nach den Entwürfen Otto Lessings bedeckt. In den Frauengestalten der oberen Felder sind die Städte verkörpert, in welchen die Gesellschaft „New-York" ihre Hauptniederlassungen hat: Paris, New-York, Berlin, Wien, London, Rom. Sämtliche Decken des Hauses sind zwischen eisernen Trägern massiv gewölbt und mit Linoleum auf Gipsestrich belegt. (Deutsche Bauzeitung 1887, Nr. 27; Beschreibung des Fahrstuhles der amerikanischen Otisgesellschaft Nr. 11.)

Das Geschäfts- und Wohnhaus der Firma A. W. Faber, Französische Strafse 49 (Abb. 95—97), ist vom Architekten H. Grisebach in den Jahren 1882/83 errichtet. Der Besitzer, Lothar von Faber in Nürnberg, war einer der ersten Inhaber alter, aufserhalb Berlins ansässiger Firmen von europäischem Rufe, welche einen Theil ihres Geschäfts nach Berlin abzweigten und hier eine selbständige Vertretung begründeten. Für die Anordnung des Gebäudes waren in erster Linie die Raumbedürfnisse des Faber'schen Geschäfts mafsgebend, welches im Erdgeschofs und dem darüber liegenden Stockwerk untergebracht ist. Die in einer Verbindung von schlesischem Sandstein mit dunkelrothen Verblendziegeln durchgeführte Architektur, bei welcher von einer Verwendung des Eisens zu Stützen und Trägern grundsätzlich Abstand genommen ist, hat vielfach vorbildlich gewirkt. (Vergl. Deutsche Bauzeitung 1884, Nr. 80.)

Das Geschäftshaus des Teppich-, Gardinen- und Polsterwaarengeschäfts von Ascher & Münchow, Leipziger und Markgrafenstrafsen-Ecke (Abb. 98—100), in den Jahren 1886/87 gleichfalls vom Architekt Grisebach ausgeführt, zeigt den interessanten Versuch, den reichgegliederten Aufbau eines modernen grofsstädtischen Geschäftshauses in den Formen der Backstein- und Terracotten-Architektur auszugestalten. Dem düsteren Eindruck, den eine solche in der Nachbarschaft hellfarbiger Werkstein- und Putzbauten leicht hervorrufen könnte, ist mit bestem Erfolge dadurch entgegen gewirkt, dafs der Grund der Terracotta-Tafeln, welche Brüstungen und Bogenfelder schmücken, eine echte (Feuer-) Vergoldung erhalten hat. (Zeitschrift für Bauwesen, Jahrg. 1890.)

Zwei andere, in den letzten Jahren entstandene Schöpfungen desselben Architekten, beide in Werkstein ausgeführt und in ihrer Formengebung der französischen Frührenaissance sich zuneigend, zeigen das gemeinsame Motiv, daſs die mittlere der drei breiten Oeffnungen des Erdgeschosses auf eine Halle führt, in welcher die Durchfahrt zum Hofe und der Aufgang zur Haupttreppe liegen. Man gewinnt dadurch schon von der Straſse aus einen interessanten Einblick in die Höfe, an welchen gleichfalls Geschäftsräume angeordnet sind.

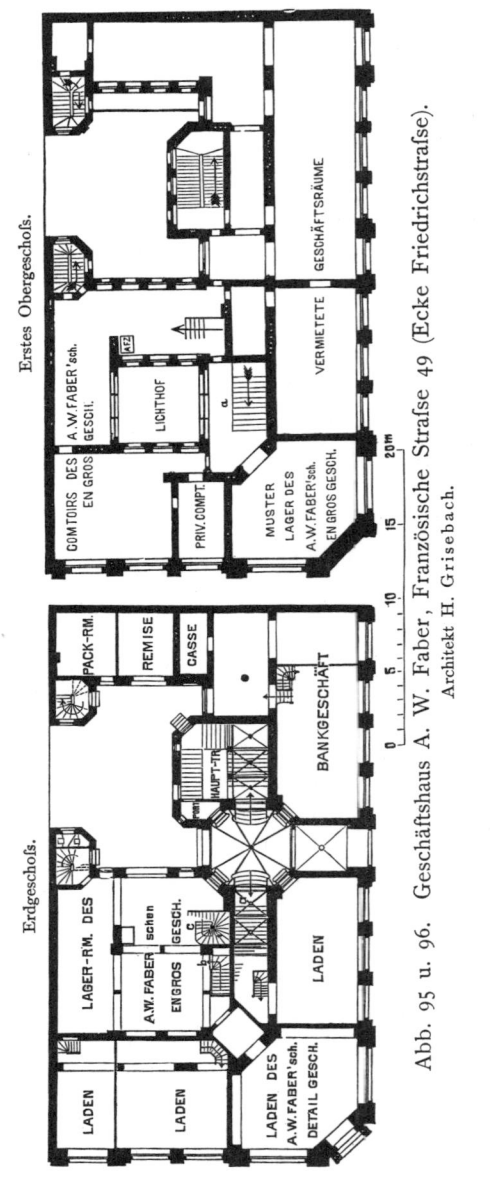

Das Geschäfts- und Wohnhaus der Blumenhandlung J. C. Schmidt aus Erfurt, Unter den Linden 16 (Abb. 101—104), bietet daneben in der Verbindung eines gröſseren Wintergartens mit den im Erdgeschoſs liegenden Geschäfts-

Abb. 95 u. 96. Geschäftshaus A. W. Faber, Französische Straſse 49 (Ecke Friedrichstraſse). Architekt H. Grisebach.

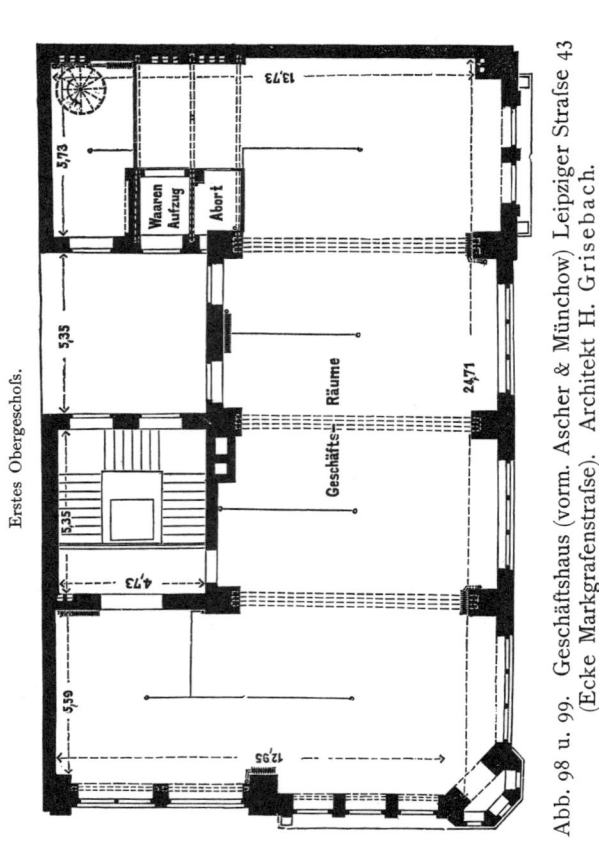

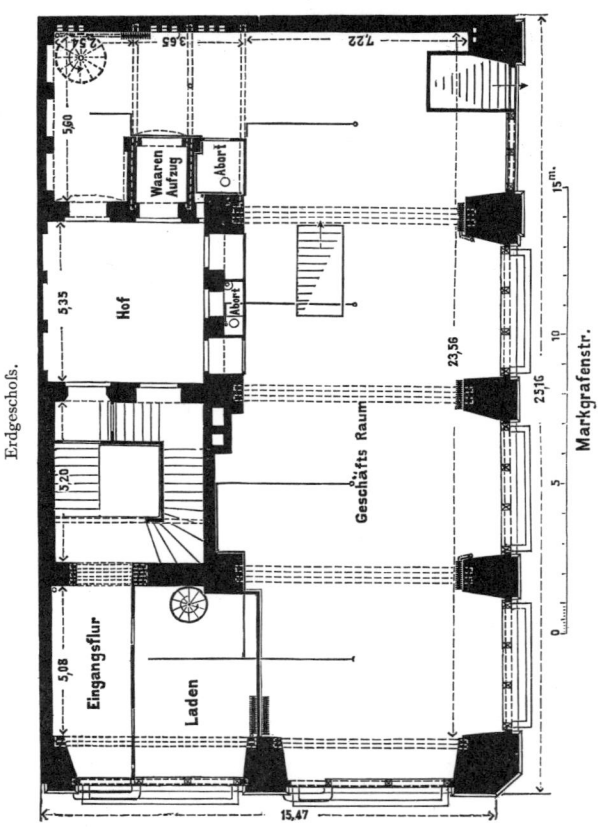

Abb. 98 u. 99. Geschäftshaus (vorm. Ascher & Münchow) Leipziger Straſse 43 (Ecke Markgrafenstraſse). Architekt H. Grisebach.

IV. Geschäftshäuser. 53

Abb. 97. Geschäfts- und Wohnhaus der Firma A. W. Faber, Französische Strafse 79.
Architekt H. Grisebach.

IV. Geschäftshäuser.

räumen des Besitzers sowie in der Anordnung einer vom zweiten Vorderladen nach dem Quergebäude führenden Ausstellungs-Galerie einige Besonderheiten. Es ist 1894/95 erbaut.

Das Geschäfts- und Wohnhaus der Herrenschneider Faßkessel & Müntmann, Unter den Linden 12 (Abb. 105), enthält im ersten Obergeschoß die Geschäftsräume der Besitzer, im Erdgeschoß Kaufläden und ein Postamt. Die Hintergebäude sind älteren Ursprungs. Das Vordergebäude ist in den Jahren 1889/90 mit einem Kostenaufwande von 370000 ℳ errichtet (Arch. d. Gegenw.).

Das Geschäfts- und Wohnhaus Kettner, Krausenstraße 41 am Dönhoffplatz (Abb. 106), ist im Erdgeschoß für die Weinhandlung des Besitzers eingerichtet, während im ersten und zweiten Obergeschoß andere Geschäftsräume, darüber Wohnungen sich befinden. Es ist von den Architekten O. Techow und G. Dietrich erbaut und in den drei unteren Geschossen in Werkstein, in den zwei folgenden in einer Verbindung zierlicher Backstein-Architektur mit hellen Putzflächen ausgeführt. Bemerkenswerth ist, wie der durch das tiefe Relief der Façade verloren gegangene Raum im ersten Obergeschoß durch erkerartige, eiserne Ausbauten in den Fensternischen wieder ersetzt ist.

Abb. 100. Geschäftshaus (vorm. Ascher & Münchow) Leipziger Straße 43 (Ecke Markgrafenstraße). Architekt Hans Grisebach.

Die Bauten Kaiser-Wilhelm-Straße, Ecke Burgstraße (Abb. 107 bis 111), bilden die westlichen Endpunkte des bereits 1871 geplanten großartigen Straßenzuges, der die Altstadt Berlin in gerader Linie mit der Straße Unter den Linden verbindet und in den Jahren 1884—1887 auf Grund eines Wettbewerbes, der für die Entwürfe der wichtigsten Neubauten ausgeschrieben wurde, durch eine Actiengesellschaft ausgeführt ist. Die Stadtgemeinde Berlin entschädigte die Gesellschaft für die Abtretung des Straßengeländes

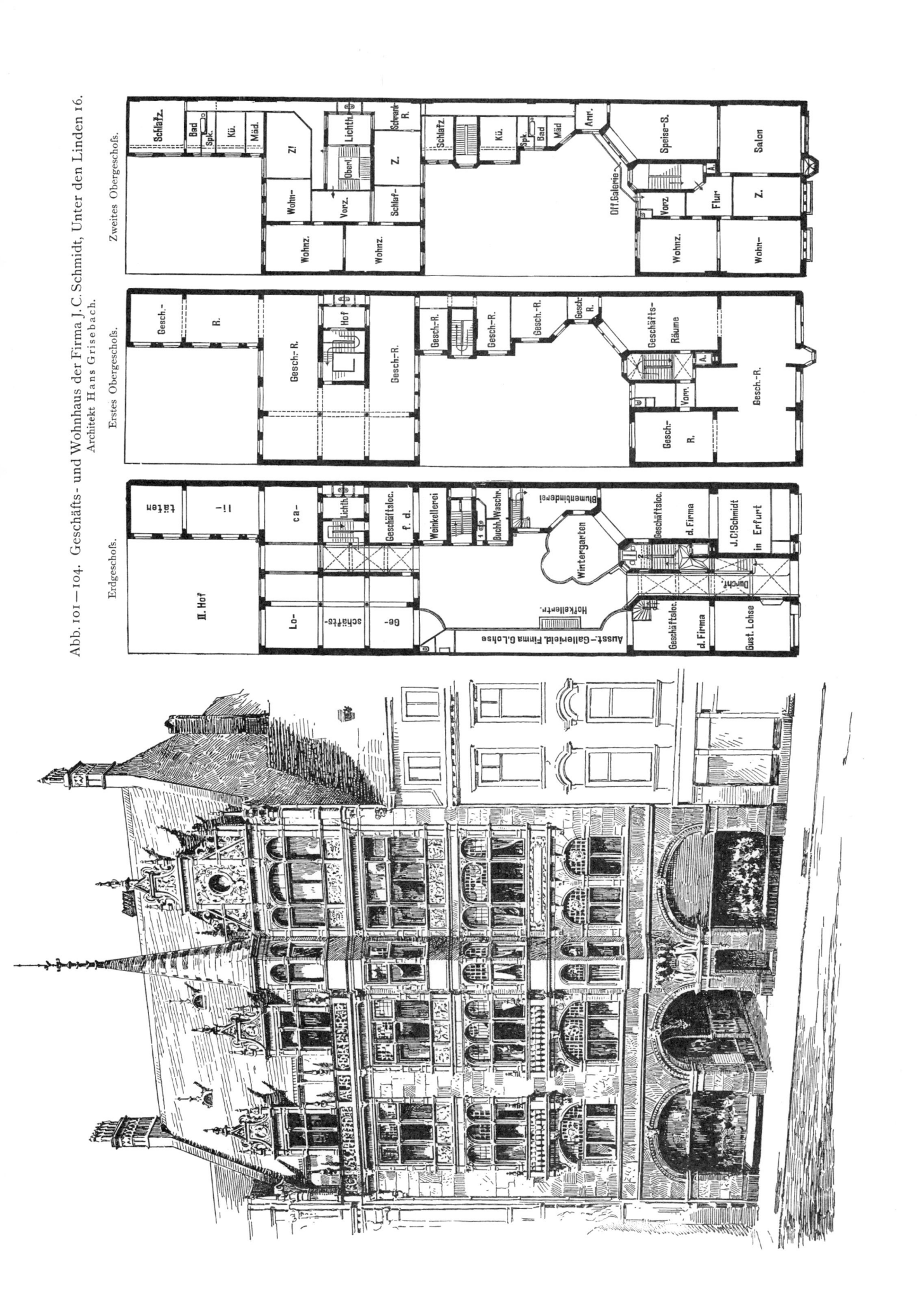

Abb. 101—104. Geschäfts- und Wohnhaus der Firma J. C. Schmidt, Unter den Linden 16.
Architekt Hans Grisebach.

56 IV. Geschäftshäuser.

Abb. 106. Geschäftshaus Krausenstraße 71.
Architekten O. Techow, G. Dietrich.

Abb. 105. Geschäfts- und Wohnhaus Unter den Linden 12.
Architekt H. Grisebach.

IV. Geschäftshäuser. 57

Obergeschosse.

Erdgeschoß.

Abb. 107—110. Geschäfts- und Wohnhäuser an der Ecke der Kaiser-Wilhelm- und Burgstraße.
Architekten Cremer & Wolffenstein.

58   IV. Geschäftshäuser.

durch Ueberlassung städtischer Restgrundstücke an den neuen Fluchten. (Vergl. Deutsche Bauzeitung 1883 Nr. 92, 1884 Nr. 24 und 54, 1885 Nr. 13, 1887 Nr. 77, 81, 85, 89.) Die dargestellten, von den Architekten Cremer & Wolffenstein in den Jahren 1885—87 ausgeführten Gebäudegruppen zwischen Burgstrafse und Heiliger Geiststrafse, die in den Eckbauten an der Burgstrafse in Werkstein, im übrigen aber als Putzbauten hergestellt sind und zu den ersten Beispielen einer Wiederanwendung des Barockstils in Berlin zählen,

Abb. 111. Geschäfts- und Wohnhaus an der Kaiser-Wilhelm-Strafse (Ecke Burgstrafse).
Architekten Cremer & Wolffenstein.

enthalten im Erdgeschofs und ersten Obergeschofs Läden und Geschäftsräume, darüber Wohnungen. Die Baukosten für 1 cbm umbauten Raum haben durchschnittlich 23 ℳ betragen. (Ueber die Construction der Kuppel vergl. Deutsche Bauzeitung 1887, S. 507.)

Die Geschäftshäuser Neue Friedrichstrafse 70 u. 71 (Abb. 112 u. 113), welche im Auftrage der Gesellschaft Kaiser-Wilhelm-Strafse in den Jahren 1886/87 von den Architekten v. Holst & Zaar ausgeführt sind, enthalten gleichfalls im Erdgeschofs und ersten Obergeschofs Läden und Geschäftsräume, darüber vermiethbare Wohnungen. Mehr und mehr zeigt sich an diesen Bauten das verdienstliche Streben, die beiden unteren, in

IV. Geschäftshäuser. 59

gleicher Weise Geschäftszwecken dienenden Geschosse mit gemeinsamer Architektur zusammen zu fassen und als Unterbau für die darüber befindliche Wohnhaus-Architektur auszubilden.

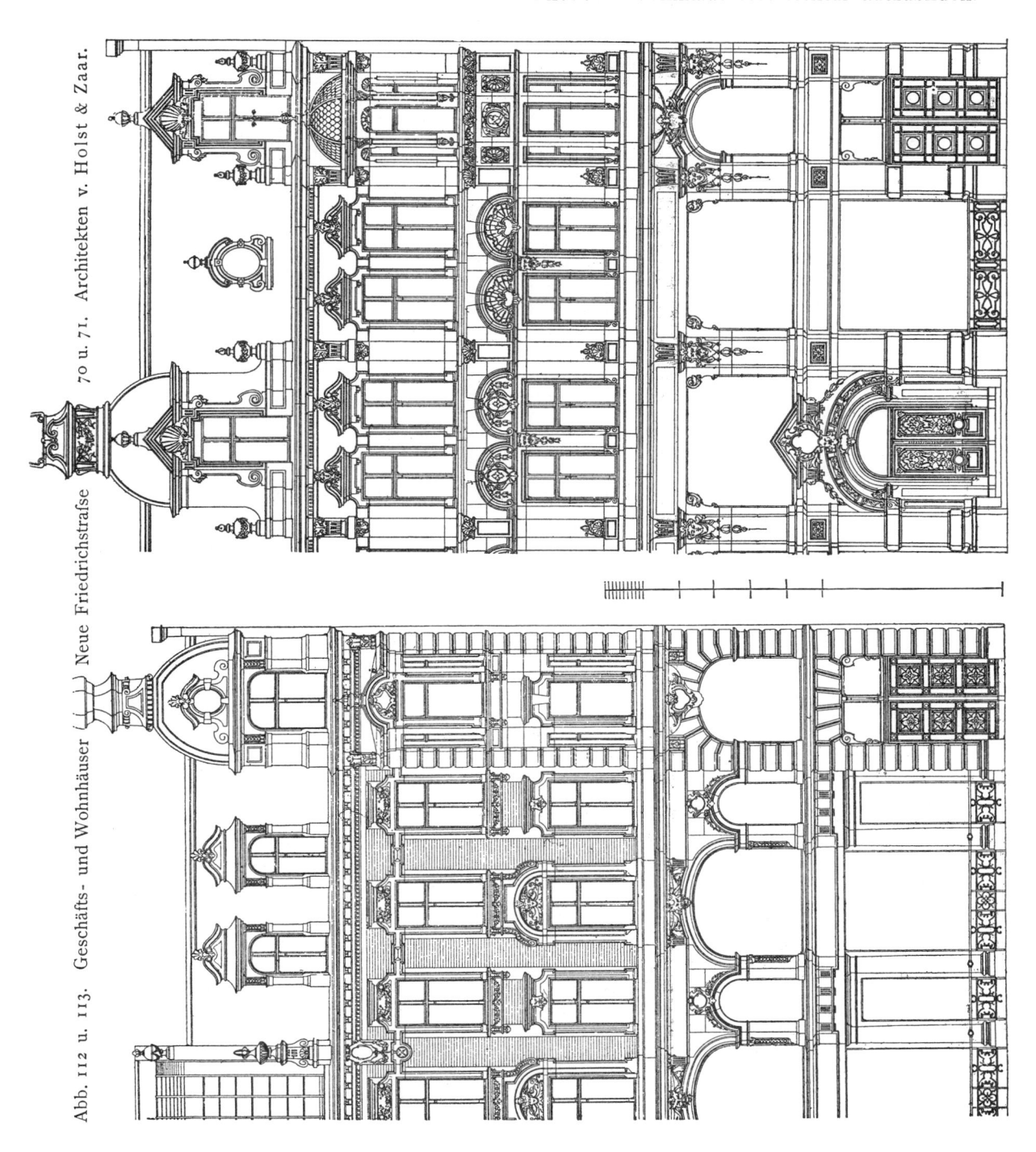

70 u. 71. Architekten v. Holst & Zaar. Neue Friedrichstraße

Abb. 112 u. 113. Geschäfts- und Wohnhäuser

Das Geschäfts- und Wohnhaus von Held & Herter, Friedrichstraße 174 (Abb. 114), enthält im Erdgeschoß und ersten Obergeschoß die Verkaufs- und Lagerräume der Firma, deren Geschäftszweig die Anfertigung und der Vertrieb von Strumpfwaaren und Herrenwäsche ist. Auch die Gestaltung dieses von dem Architekten L. Heim ausgeführten Hauses kann als bezeichnend für die Versuche gelten, der Façade eines städtischen großen

8*

Abb. 114. Geschäftshaus Held & Herder, Friedrichstraße 174. Architekt L. Heim.

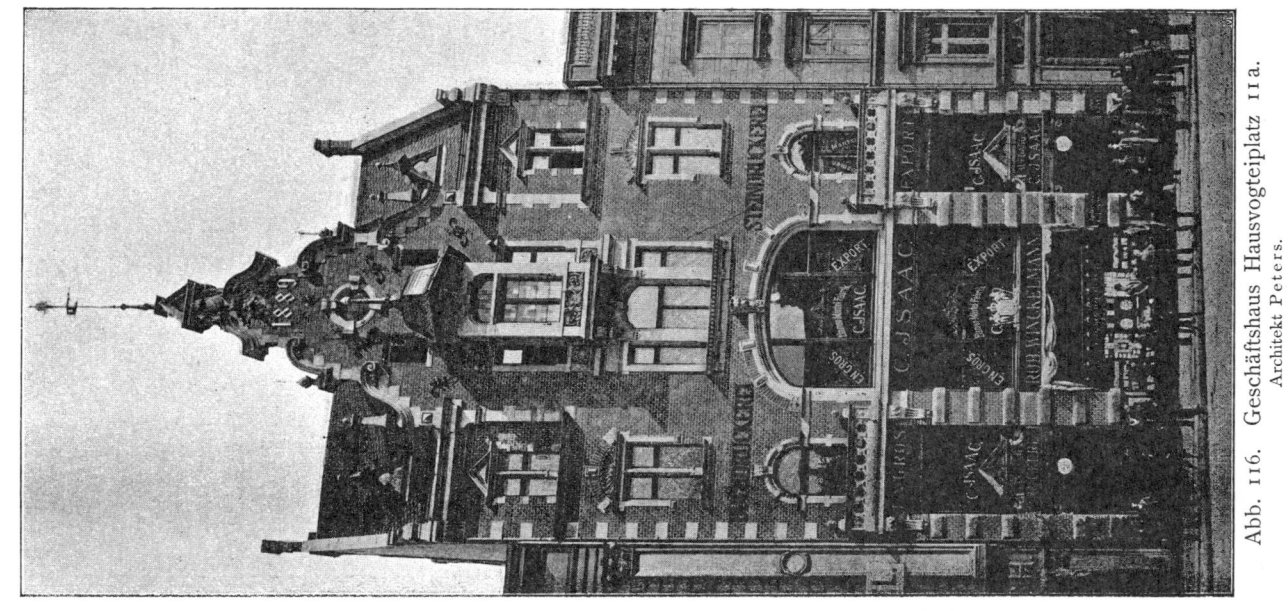

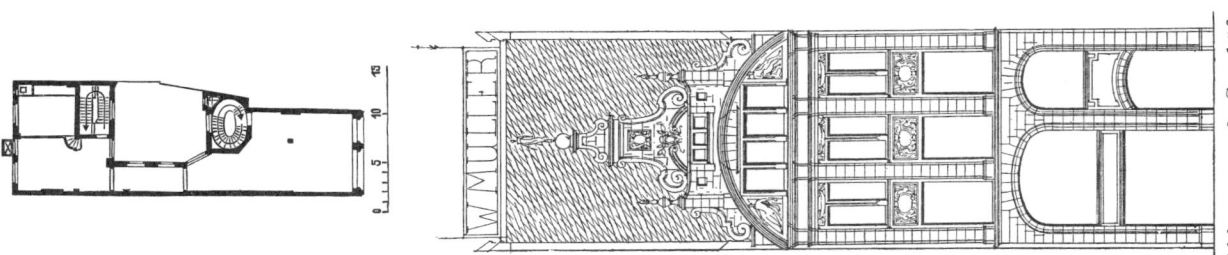

Abb. 115. Geschäftshaus „Zur Mauerkrone", Leipziger Straße 19. Arch. O. March.

Abb. 116. Geschäftshaus Hausvogteiplatz 11a. Architekt Peters.

Abb. 117 u. 118. Geschäftshaus Krausenstraße 70. Architekt A. Messel.

62   IV. Geschäftshäuser.

Geschäftshauses durch Zusammenfassen der Geschosse mittels einer grofsen Architektur-Ordnung, in der sowohl die Geschäfts- wie die Wohngeschosse zu selbständiger Geltung kommen, ein eigenartiges Gepräge zu geben.

Das Geschäftshaus „Zur Mauerkrone", Leipziger Strafse 19, Ecke Mauerstrafse (Abb. 115), ist in den Jahren 1891/92 von dem Architekten Otto March erbaut. Es enthält im Erdgeschofs sowie im ersten und vierten Geschofs Geschäftsräume, während die dazwischen liegenden Stockwerke zu Wohnzwecken dienen. Im ersten Geschofs hat die bekannte Café-Firma Klose nachträglich ein Café eingerichtet und das Haus mit einem umlaufenden Balcon versehen lassen. Die Kosten des Baues, dessen Façaden bis zum Gurtgesims aus natürlichem, oberhalb desselben aus Kunstsandstein hergestellt sind, haben 450000 ℳ betragen.

Das Geschäfts- und Wohnhaus Winckelmann, Hausvoigteiplatz 11a (Abb. 116), ist von dem Architekten E. Peters in den Jahren 1889/90 erbaut worden. Die Architekturtheile sind in Werkstein hergestellt, die Flächen mit dunkelrothen Ziegeln verblendet. Der Kostenaufwand belief sich auf 160000 ℳ. Im Keller und Erdgeschofs liegen die Geschäftsräume des Besitzers, Hof-Lithographen R. Winckelmann. In dem ersten, zweiten und dritten Obergeschofs sind Confectionsgeschäfte untergebracht; im vierten befinden sich Wohnungen. Die Druckerei und lithographische Anstalt des Besitzers liegt im Quergebäude. (Vergl. Blätter f. Arch. u. Kunst-Hndw. Bd. V Nr. 2.)

Abb. 119. Geschäftshaus Büxenstein, Friedrichstrafse 240/41.
Architekten Rosemann & Jacob.

Das Geschäfts- und Wohnhaus Krausenstrafse 40 (Abb. 117 u. 118) ist in den Jahren 1895/96 von dem Architekten A. Messel ausgeführt worden. Es ist ein interessanter, an belgische Vorbilder sich anlehnender Versuch, die schmale Façade durch Anwendung eines einzigen grofsen Architektur-Systems einheitlich zu gestalten.

Die Buchdruckerei und Kunstanstalt von W. Büxenstein, Friedrichstrafse 240/41 (Abb. 119), ist nach dem Entwurfe der Architekten Rosemann & Jacob in den Jahren 1895/96 zur Ausführung gelangt. Das Vorderhaus und das erste Hintergebäude mit den verbindenden Seitenflügeln sind zu Wohnungen eingerichtet mit Aus-

IV. Geschäftshäuser.

nahme des Erdgeschosses, welches an der Strafse Läden, hinten Schreibstuben und Zeitungsausgaben enthält. In den Hintergebäuden an dem zweiten und dritten Hofe befinden sich die Werkstätten der Anstalt. An den Pfeilerflächen sind gelblich weifse, mattglänzende Verblendsteine verwendet. Die verzierten Füllungen sind in gelbgrauem Sandstein, die rahmenden Streifen aus stumpfrothem Mainsandstein hergestellt.

Erwähnungen.

Geschäfts- und Wohnhäuser in der Kaiser-Wilhelm-Strafse, erbaut in den Jahren 1885—1887 von den Architekten Ende & Böckmann, Cremer & Wolffenstein, H. Guth, Holst & Zaar, Lauenburg, Zaar & Vahl. (Vergl. Deutsche Bauzeitung 1883 Nr. 92, 1884 Nr. 24 u. 54, 1885 Nr. 13, 1887 Nr. 77, 81, 85, 89; Zeitschrift für Bauwesen 1888, Taf. 54—57.)

Geschäfts- und Wohnhaus in der Kaiser-Wilhelm-Strafse, H. Guth. (Vergl. Baugew.-Zeitung 1887, S. 514.)

Geschäfts- und Wohnhaus Schwartz, Französische und Charlottenstrafsen-Ecke, Architekten Ihne & Stegmüller. (Vergl. Baugew.-Zeitung 1885, S. 950.)

Geschäfts- und Wohnhaus Friedrich- und Mittelstrafsen-Ecke, Architekt E. Klingenberg. Erbaut im Jahre 1882.

Geschäfts- und Wohnhaus Hackescher Markt 1 (Brämer), Architekten Hoeniger & Reyscher.

Geschäfts- und Wohnhaus Gebr. Thiele, Leipziger Strafse 34, Architekten Kayser & v. Groszheim. (Vergl. Licht, Architektur der Gegenwart, Bd. VI, Taf. 43.)

Geschäfts- und Wohnhaus Friedrichstrafse, Ecke Behrenstrafse (Pschorrbräu), Architekten Kayser & v. Groszheim. (Vergl. Deutsche Bauzeitung 1889, S. 297; Licht, Architektur der Gegenwart, Bd. II, Taf. 36—38; Annual. Arch. Review 1891—1895; Arch. Rundschau 1889—1894.)

Geschäfts- und Wohnhaus Leipziger Strafse 107 (Henniger & Co.), Architekten Kayser & v. Groszheim. (Vergl. Deutsche Bauzeitung 1883, Nr. 50; Licht, Architektur der Gegenwart, Bd. I, Taf. 26—28.)

Geschäfts- und Wohnhaus Leipziger Strafse 83 (J. E. Spinn & Co.), Architekten Kayser & v. Groszheim. (Vergl. Deutsche Bauzeitung 1880, S. 279; Licht, Architektur der Gegenwart, Bd. I, Taf. 106—108.)

Geschäfts- und Wohnhaus Markgrafenstrafse 39/40 (E. E. Mezner), Architekten Kayser & v. Groszheim.

Geschäfts- und Wohnhaus Charlottenstrafse 59 (Deutsche Lebens-Versicherungs-Gesellschaft in Lübeck), Architekten Kayser & v. Groszheim. (Vergl. Licht, Architektur der Gegenwart, Bd. I, Taf. 78.)

Geschäfts- und Wohnhaus Wilhelmstrafse 44 (Schuster & Bufleb), Architekten Hohenstein & v. Santen. (Neue Berliner Bauten 1890/91, Verlag von Hokenholz; Baugew.-Zeitung 1890, Nr. 68.)

Geschäfts- und Wohnhaus Charlottenstrafse 70, Architekt H. Dörpfeld. Erbaut in den Jahren 1893/94.

Der Friedrichshof, Friedrich- und Kochstrafsen-Ecke, Architekt Hochgürtel.

Wohn- und Geschäftshaus Neue Promenade, Ecke Burgstrafse. Architekt Winkler.

64 IV. Geschäftshäuser.

C. Geschäftshäuser, welche ausschliefslich als Kaufhäuser gelten können.

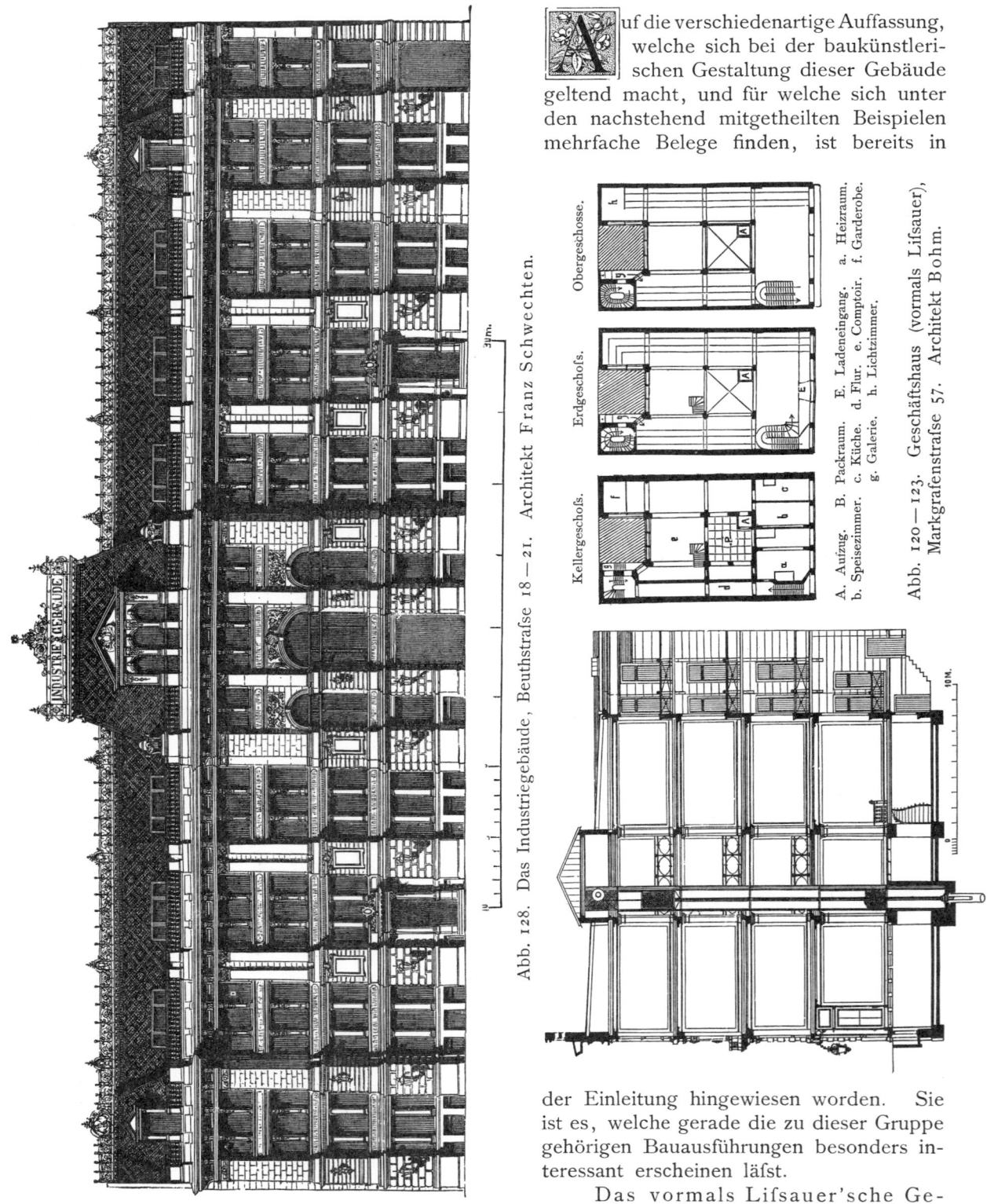

Auf die verschiedenartige Auffassung, welche sich bei der baukünstlerischen Gestaltung dieser Gebäude geltend macht, und für welche sich unter den nachstehend mitgetheilten Beispielen mehrfache Belege finden, ist bereits in

Abb. 128. Das Industriegebäude, Beuthstrafse 18—21. Architekt Franz Schwechten.

Abb. 120—123. Geschäftshaus (vormals Lifsauer), Markgrafenstrafse 57. Architekt Bohm.

Obergeschosse. Erdgeschofs. Kellergeschofs.

A. Aufzug. B. Packraum. E. Ladeneingang. a. Heizraum. b. Speisezimmer. c. Küche. d. Flur. e. Comptoir. f. Garderobe. g. Galerie. h. Lichtzimmer.

der Einleitung hingewiesen worden. Sie ist es, welche gerade die zu dieser Gruppe gehörigen Bauausführungen besonders interessant erscheinen läfst.

Das vormals Lifsauer'sche Geschäftshaus Markgrafenstrafse 57 (Abb. 120—123), von dem Architekten Bohm erbaut, umfafst aufser Unter- und Erdgeschofs drei Obergeschosse, die durch einen Aufzug und

IV. Geschäftshäuser.

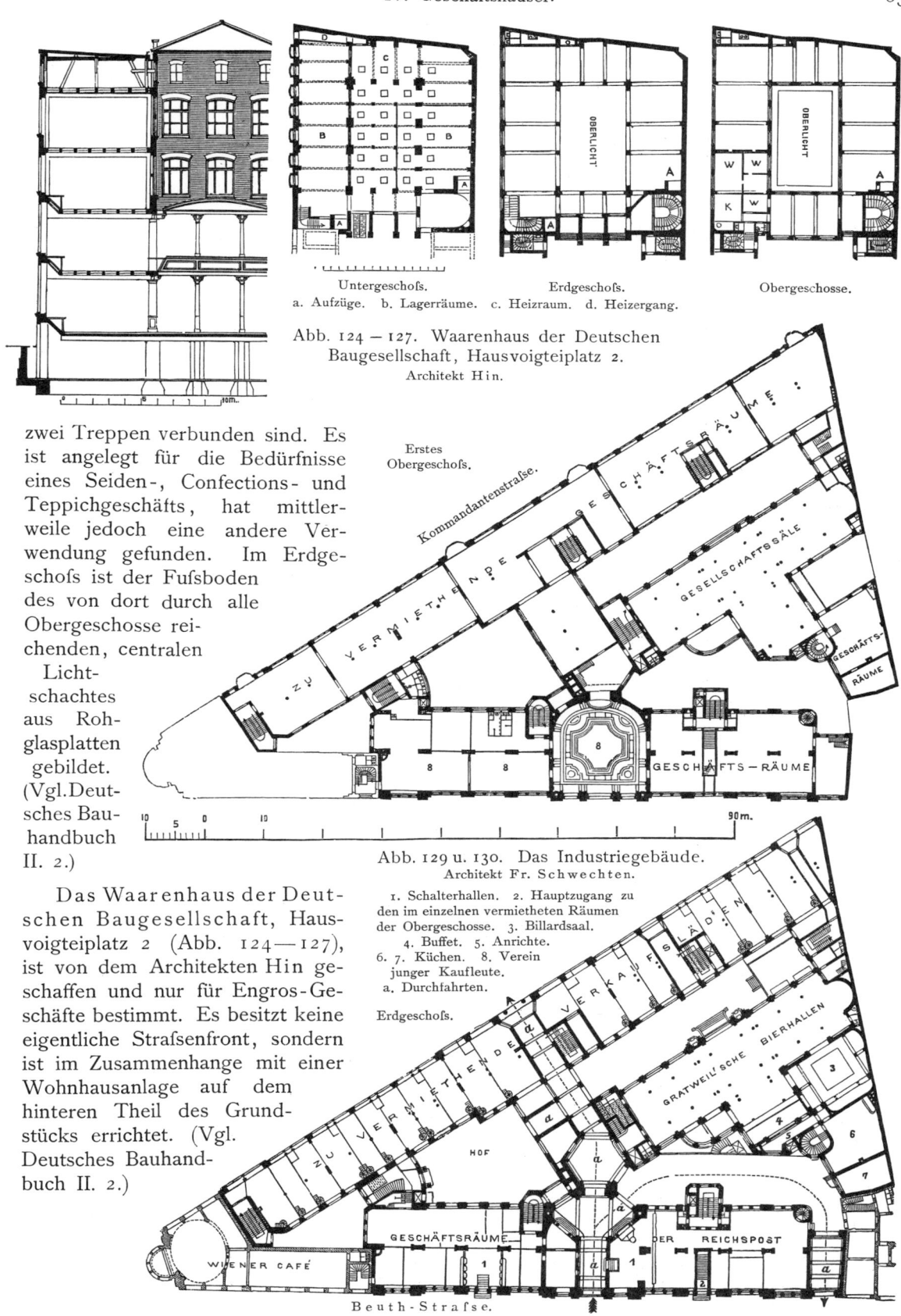

Untergeschofs.
a. Aufzüge. b. Lagerräume. c. Heizraum. d. Heizergang.

Erdgeschofs.

Obergeschosse.

Abb. 124—127. Waarenhaus der Deutschen Baugesellschaft, Hausvoigteiplatz 2.
Architekt Hin.

zwei Treppen verbunden sind. Es ist angelegt für die Bedürfnisse eines Seiden-, Confections- und Teppichgeschäfts, hat mittlerweile jedoch eine andere Verwendung gefunden. Im Erdgeschofs ist der Fufsboden des von dort durch alle Obergeschosse reichenden, centralen Lichtschachtes aus Rohglasplatten gebildet. (Vgl. Deutsches Bauhandbuch II. 2.)

Das Waarenhaus der Deutschen Baugesellschaft, Hausvoigteiplatz 2 (Abb. 124—127), ist von dem Architekten Hin geschaffen und nur für Engros-Geschäfte bestimmt. Es besitzt keine eigentliche Strafsenfront, sondern ist im Zusammenhange mit einer Wohnhausanlage auf dem hinteren Theil des Grundstücks errichtet. (Vgl. Deutsches Bauhandbuch II. 2.)

Erstes Obergeschofs.

Abb. 129 u. 130. Das Industriegebäude.
Architekt Fr. Schwechten.

1. Schalterhallen. 2. Hauptzugang zu den im einzelnen vermietheten Räumen der Obergeschosse. 3. Billardsaal. 4. Buffet. 5. Anrichte. 6. 7. Küchen. 8. Verein junger Kaufleute.
a. Durchfahrten.

Erdgeschofs.

Berlin und seine Bauten. III.

66 IV. Geschäftshäuser.

Das Industriegebäude Beuthstrafse 18—21, Kommandantenstrafse 76—79 (Abb. 128—130), ist von dem Architekten F. Schwechten vom Jahre 1886 an in stückweiser Ausführung erbaut. Der Besitzer, Kaufmann E. Stemmler, hat es nach einheitlichem Plane an Stelle einer älteren Anlage errichten lassen, welche im Jahre 1861 durch die Architekten Ende & Böckmann geschaffen war, indem diese die frühere Caserne des Kaiser-Franz-Garde-Grenadier-Regiments mittels Um- und Neubaues für geschäftliche Zwecke der verschiedensten Art nutzbar gemacht hatten. Das Industriegebäude ist einer der ersten gröfseren Bauten, bei denen auf Wohnungsanlagen ganz verzichtet ist. Von Abschlufswänden der Durchfahrten, Treppenhäuser, Aborte usw. abgesehen, ist das Innere möglichst ohne durchgehende Mittelmauern und Zwischenwände ausgeführt, um eine Untertheilung und Benutzung des Raumes zu den mannigfachsten Geschäfts-

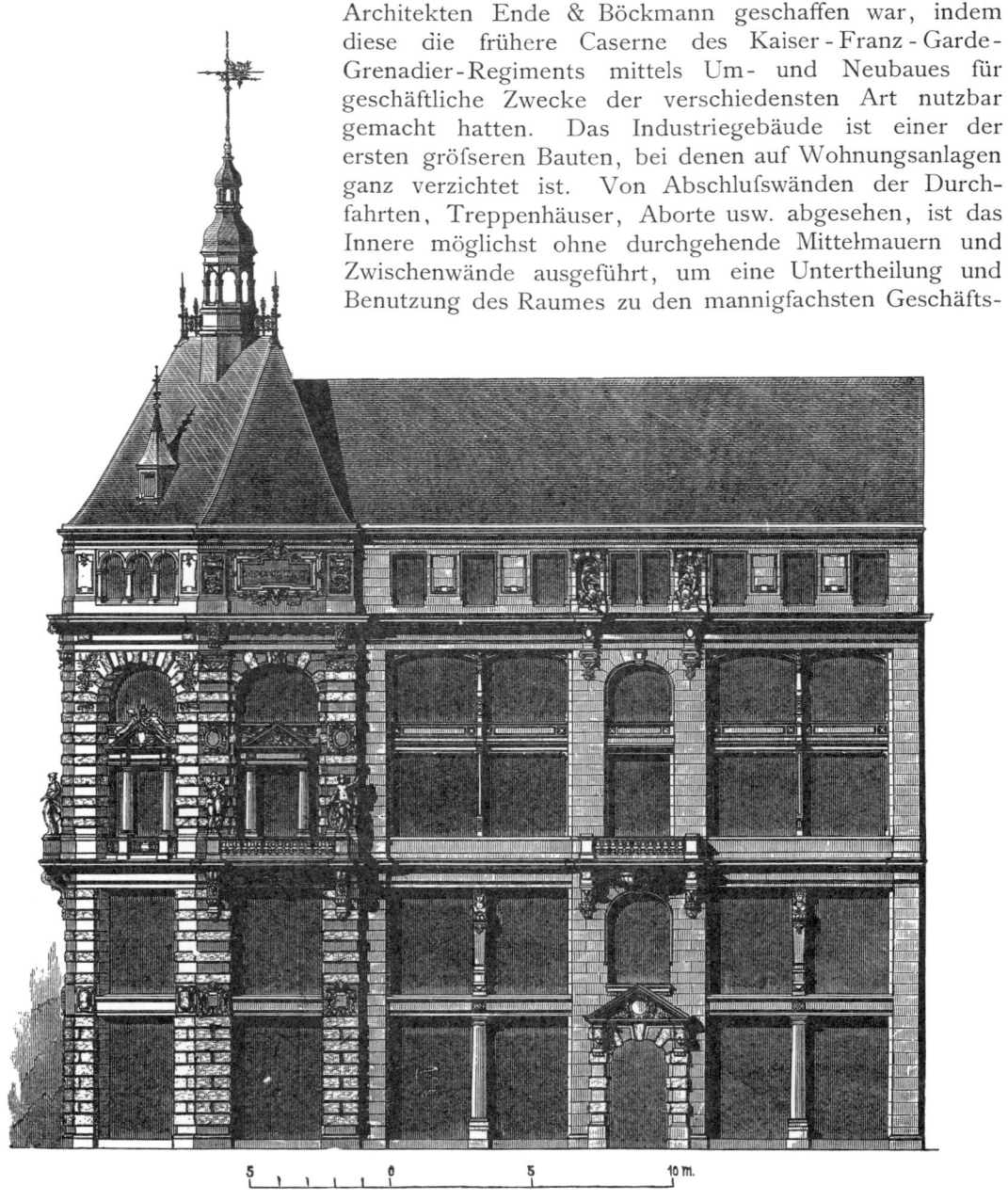

Abb. 131. Geschäftshaus „Werderhaus", Ecke Werder- und Kurstrafse. Architekt A. Messel.

zweigen zu ermöglichen. Im Erdgeschofs der Strafsenfronten befinden sich Ladenräume. Im Erdgeschofs des Hofgebäudes und im ersten Obergeschofs desselben, sowie des Flügels an der Beuthstrafse, der im Erdgeschofs ein Postamt enthält, sind Säle für gesellige Versammlungen, darüber Comptoirs, Lagerräume und Werkstätten eingerichtet. Die Baukosten des Flügels an der Beuthstrafse betrugen 420 ℳ. für 1 qm und 17,50 ℳ. für 1 cbm. (Vergl. Deutsche Bauzeitung 1888, Nr. 1; Zeitschrift für Bauwesen 1888, S. 1, Taf. 1—4.)

IV. Geschäftshäuser. 67

Das Geschäftshaus „Werderhaus", Ecke Werder- und Kurstraße (Abb. 131 bis 133), ist von dem Architekten A. Messel in den Jahren 1886—1888 erbaut. Die Anlage ist auf den Grundstücken errichtet, welche bis dahin das Fürstenhaus und die alte Münze enthielten. Sämtliche Geschosse sind zu Geschäftsräumen eingerichtet. Der Antrieb der Personenaufzüge, von denen zwei eingebaut, drei frei in den Treppenhäusern angeordnet sind, erfolgt unmittelbar durch Stempel. Die Waarenaufzüge, theils innerhalb der Nebentreppen, theils frei an den Hofwänden, werden unmittelbar durch einen im Keller liegenden Wasserdruckkolben angetrieben. Die Gebäude sind auf 30 cm starken Betonplatten gegründet. Die Façaden sind in Sandstein hergestellt, mit figürlichem Schmuck nach Modellen der Bildhauer O. Lessing und O. Geiger. Die Baukosten belaufen sich für 1 qm bebaute Fläche auf 525 ℳ. und für 1 cbm auf 22 ℳ. (Vergl.

Abb. 134 u. 135. Geschäftshaus „Zum Hausvoigt", Hausvoigteiplatz 8/9. Architekt Otto March.

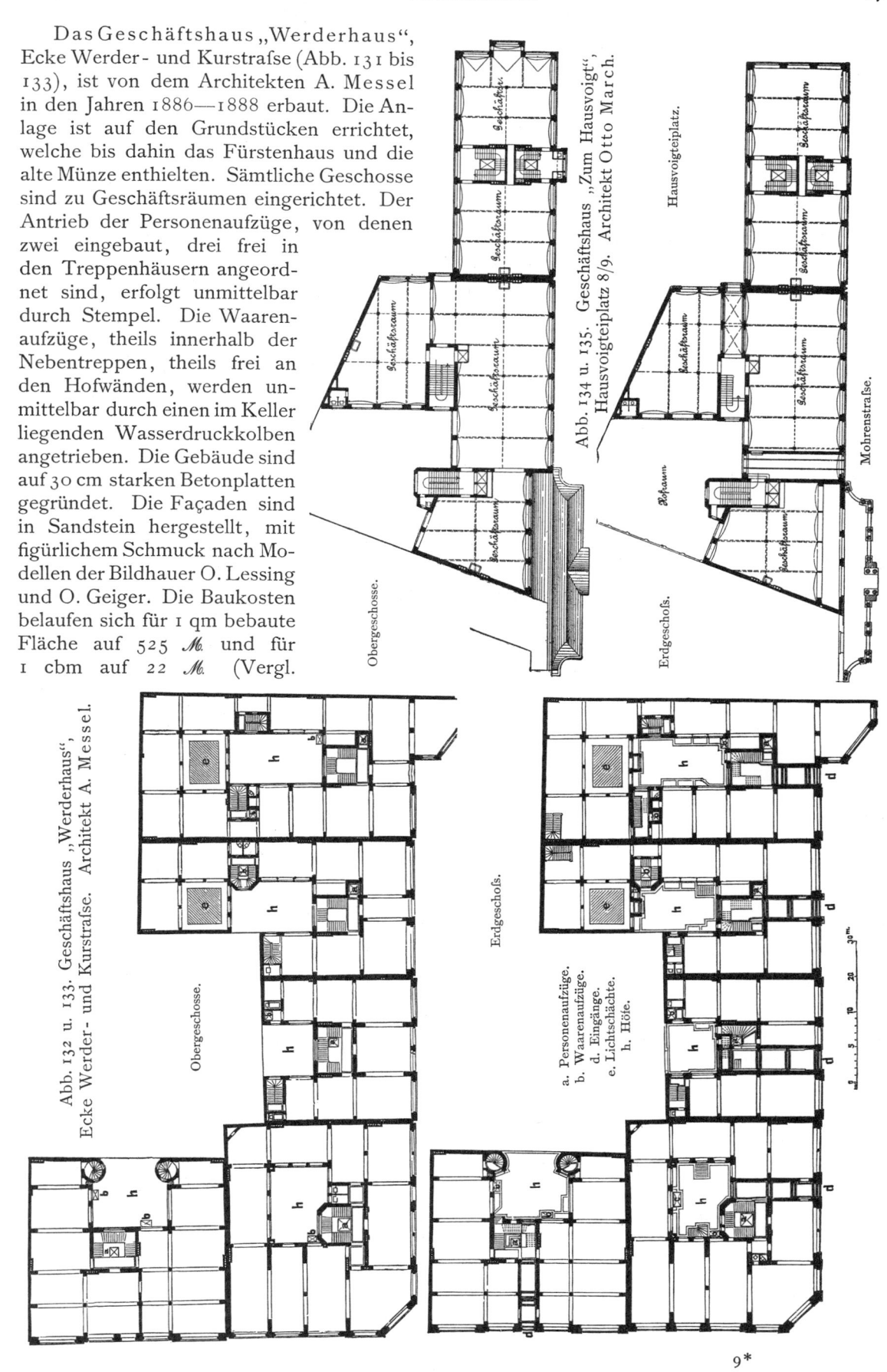

Abb. 132 u. 133. Geschäftshaus „Werderhaus", Ecke Werder- und Kurstraße. Architekt A. Messel.

a. Personenaufzüge.
b. Waarenaufzüge.
d. Eingänge.
e. Lichtschächte.
h. Höfe.

9*

68 IV. Geschäftshäuser.

Centralbl. d. Bauw. 1889, Nr. 9; Schaufenster-Construction Seite 82, Betriebskosten der Fahrstuhlanlage Seite 83.)

Das Geschäftshaus „Zum Hausvoigt", Hausvoigteiplatz 8/9 (Abb. 134—136), ist in den Jahren 1889/90 von dem Architekten Otto March erbaut. Das ausschliefslich

Abb. 136. Geschäftshaus „Zum Hausvoigt". Architekt Otto March.

Geschäftsräume enthaltende Gebäude dient hauptsächlich dem Handel in Frauengewändern (Damenconfection), der sich besonders am Hausvoigteiplatz und in den benachbarten Strafsen niedergelassen hat. Das Haus lehnt sich in der Mohrenstrafse an die 1789 von Langhans erbauten Brückencolonnaden. Sämtliche Zwischendecken bestehen aus Monier-Gewölben mit durchschnittlich 4 m Spannweite, die einer Probebelastung von 800 kg auf 1 qm ausgesetzt waren. Die Giebelfigur des Hausvoigts ist von Westphal modellirt und von Fr. Peters

Abb. 137. Geschäftshaus „Equitable", Ecke Leipziger u. Friedrichstr. Arch. Carl Schaefer.

Abb. 138. Geschäftshaus Niederwallstr. 38. Arch. Abesser & Kröger.

70　　　　　　　　　　IV. Geschäftshäuser.

in Kupfer getrieben (Gewicht 150 kg). Die fünf Personen- und Lastenaufzüge sind von Otis Brothers & Co. in New-York geliefert. (Vergl. Deutsche Bauzeitung 1891, Nr. 9.)

Das Geschäftshaus der Gesellschaft „Equitable", Friedrich- und Charlottenstrafsen-Ecke (Abb. 137), in den Jahren 1887—1889 von dem Architekten Carl Schaefer mit einem Kostenaufwande von etwa 5½ Mill. ℳ erbaut, gehört, wie die schon unter B erwähnten Geschäftshäuser der „Germania" und der

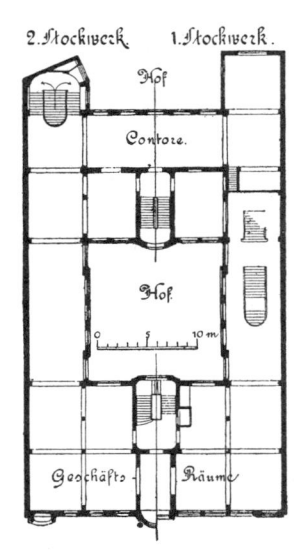

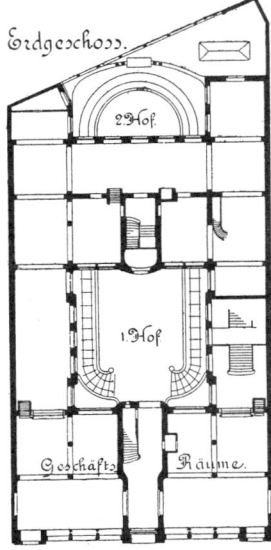

Abb. 139 u. 140. Kaufhaus Hohenzollern.

Abb. 141. Kaufhaus Hohenzollern, Leipziger Strafse. Arch. Jul. Wendler.

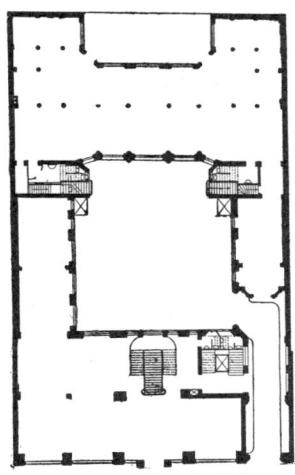

Abb. 142. Geschäftshaus Carpenter, Leipzig. Str. 31/32. Architekt Fr. Schwenke.

„New-York" zu denjenigen Bauwerken, durch welche auswärtige Versicherungs-Gesellschaften neben einer vortheilhaften Kapital-Anlage zugleich eine prunkvolle, in die Augen fallende äufserliche Vertretung ihrer Firma in Berlin sich schaffen wollen. Das auf einem 2200 qm grofsen, quadratischen Grundstücke errichtete Gebäude ist streng symmetrisch angeordnet. Zwei Durchfahrten mit glänzender Ausstattung in Marmor und Bronze führen von der Friedrich- und Leipziger Strafse in den Hof und bilden mit die-

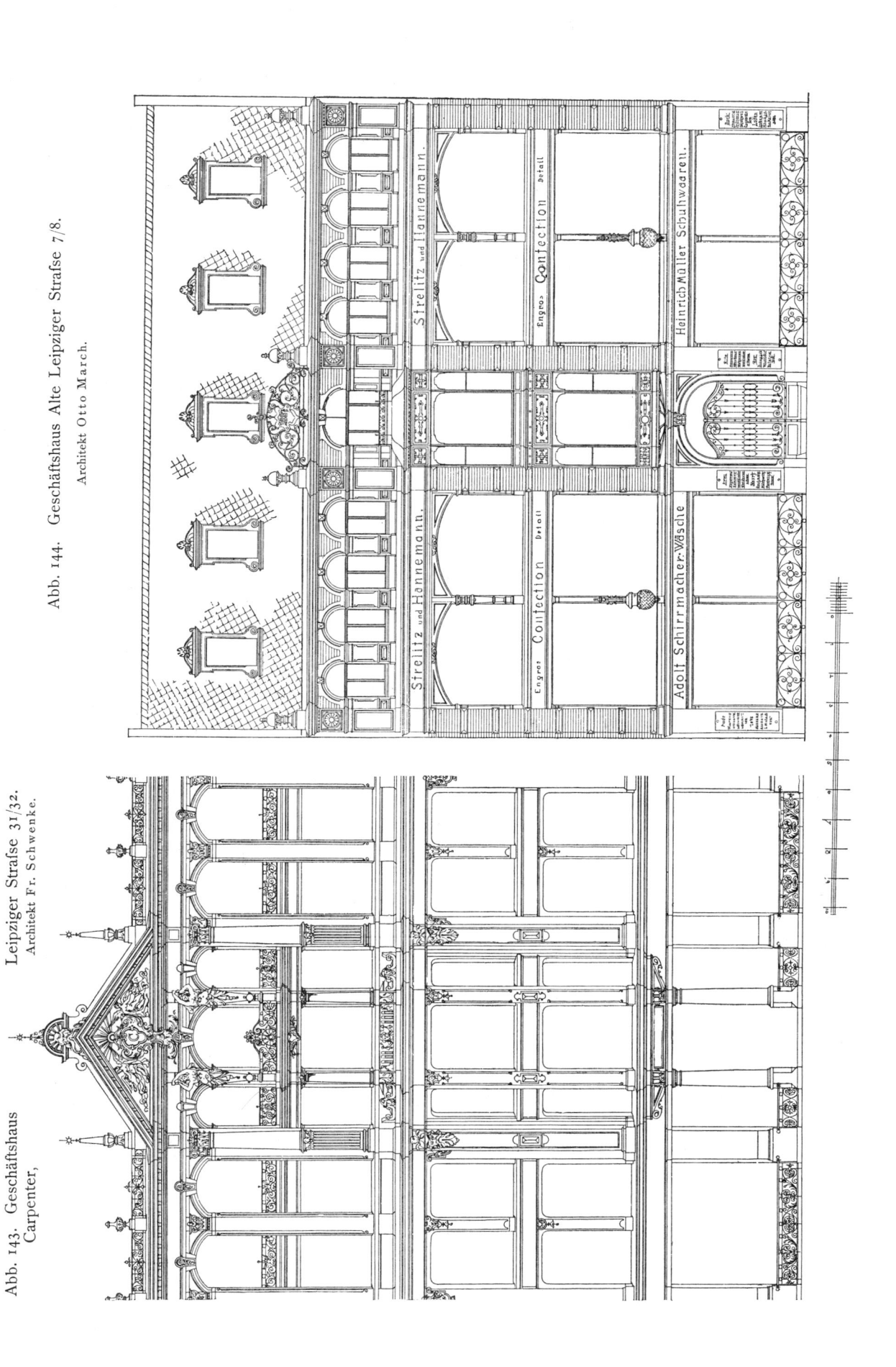

Abb. 143. Geschäftshaus Carpenter, Leipziger Straße 31/32. Architekt Fr. Schwenke.

Abb. 144. Geschäftshaus Alte Leipziger Straße 7/8. Architekt Otto March.

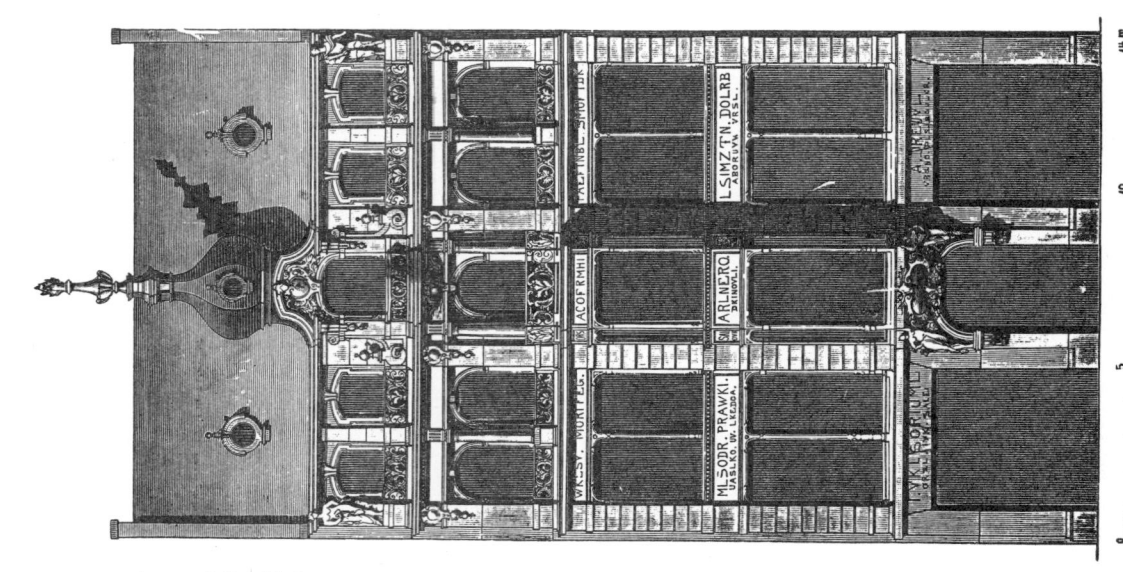

72   IV. Geschäftshäuser.

Abb. 147. Geschäftshaus Leipziger Strafse 109.
Architekten Kayser & v. Groszheim.

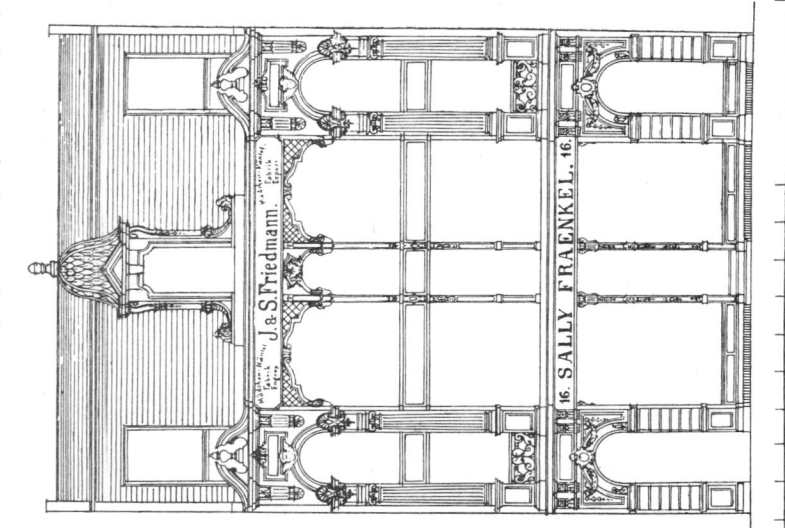

Abb. 146. Geschäftshaus Kurstrafse 16.
Architekten Alterthum & Zadeck.

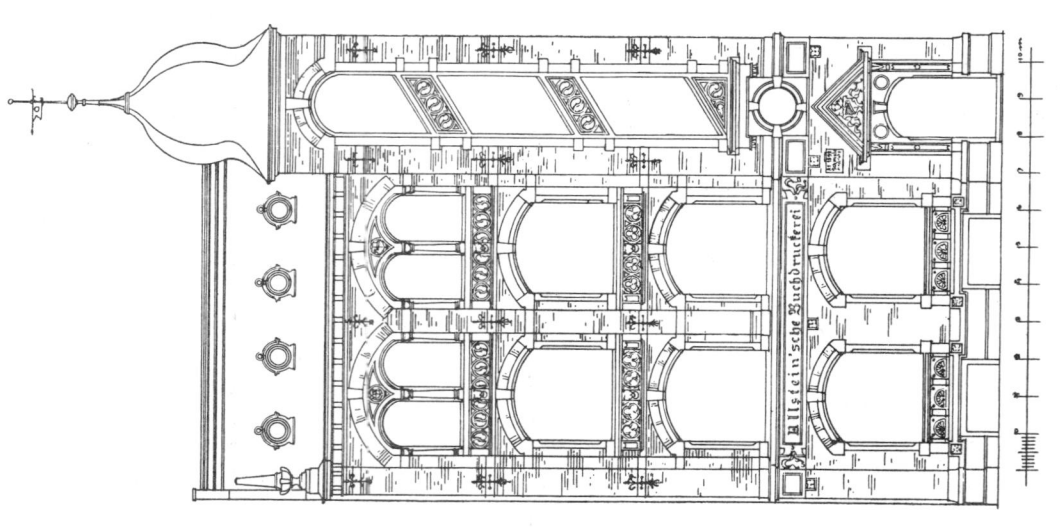

Abb. 145. Buchdruckerei Ullstein, Charlottenstr. 10.
Architekt Fr. Schwenke.

sem einen öffentlichen Durchgang. Die Façaden sind in hellgrauem bayerischen Granit ausgeführt, die Obelisken des Eckbaues, die Säulen und die Bekleidung des Sockels aus grünem und rothem polirten Marmor hergestellt; letzter hat überdies einen Schmuck durch eingelassene bezw. aufgelegte Schilde und Laubornamente aus vergoldeter Bronze erhalten. Rippen und Bänder sowie das Laternendach der in Eisenconstruction aus-

IV. Geschäftshäuser. 73

geführten und mit Eisenblech-Bedachung versehenen Eckkuppel sind vergoldet. (Architektur der Gegenwart, II. Band.)

Das Geschäftshaus Nieder-Wallstrafse 38, Ecke der kl. Jägerstrafse (Abb. 138), von den Architekten Abesser & Kröger erbaut, zeigt die Formensprache der Hannoverschen Architektur-Schule und ist in Backsteinen mit Verwendung von Formsteinen und farbigen Glasuren ausgeführt. (Ausgeführte Backsteinbauten.)

Das Kaufhaus „Hohenzollern", Leipziger Strafse 117/118 (Abb. 139—141), enthält, abgesehen von wenigen kleinen Wohnungen und von demjenigen Theil des Erdgeschosses, welchen der Stahlwaaren-Verkauf von Henckels einnimmt, in allen Geschossen die Schau- und Verkaufsräume des umfangreichen Hirschwald'schen Waarenhauses für kunst-

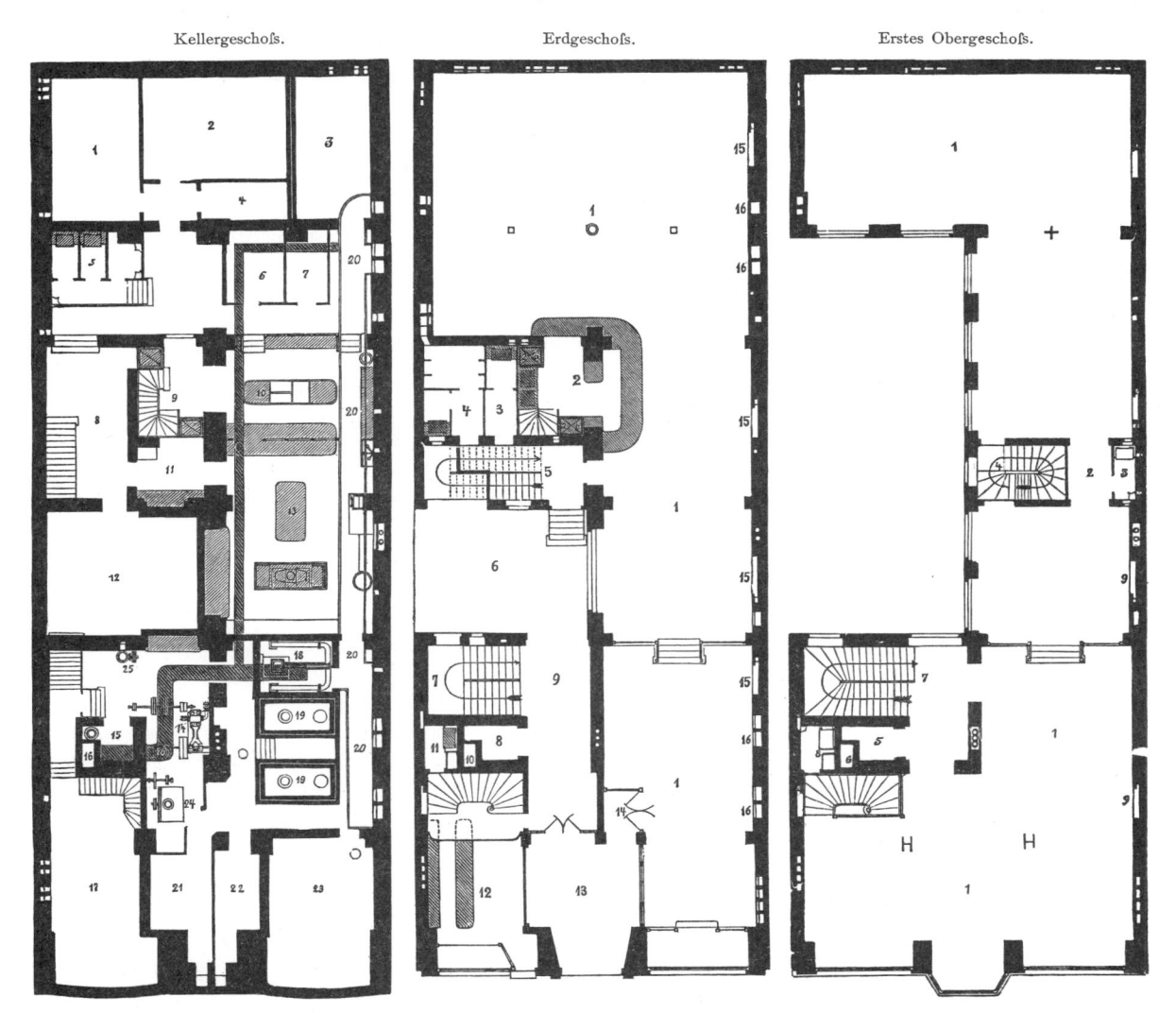

Abb. 148—150. Geschäftshaus Leipziger Strafse 109. Architekten Kayser & v. Groszheim.

Kellergeschofs: 1. 2. 4. Vorrathskammern. 3. Fleischkammer. 5. Aborte. 6. 7. Speisekammern. 8. Vorraum mit Bier-Aufzug. 9. Anrichte und Aufgang zum Buffet. 10. Speiseküche. 11. Kalte Küche. 12. Bierkeller. 13. Gr. Speiseküche. 14. Maschinenraum. 15. Personen-Aufzug. 16. Luftschacht. 17. Keller zum Erdgeschofs-Laden. 18. Calorifère. 19. Centralheizung. 20. Canal zur Vertheilung der Frischluft. 21. 22. Kohlenkeller. 23. Zimmer des Kochs.
Erdgeschofs: 1. Ausschankräume der Dortmunder Union-Brauerei. 2. Buffet. 2a. Bier-Aufzug. 2b. Speisen-Aufzug. 3. Abort des Wirths. 4. Abort für Herren (darüber im Zwischengeschofs Aborte für Damen). 5. Nebentreppe. 6. Hof. 7. Haupttreppe. 8. Personen-Aufzug. 9. Durchfahrt. 10. Luftschacht. 11. Abort für den Laden. 12. Laden mit Treppe zum Keller und ersten Obergeschofs. 13. Vorraum. 14. Windfang. 15. Nischen für die Heizkörper der Centralheizung. 16. Frischluft-Canäle.
Erstes Obergeschofs: 1. Geschäftsräume. 2. Verbindung. 3. 8. Aborte. 4. Nebentreppe. 5. Personen-Aufzug. 6. Luftschacht. 7. Haupttreppe. 9. Nischen für die Heizkörper der Centralheizung.

Berlin und seine Bauten. III.

gewerbliche Hauseinrichtungs-Gegenstände aller Art. Die Firma besitzt eigene kunstgewerbliche Werkstätten, führt aber auch fremde Erzeugnisse sämtlicher Industrie-Länder. Das Haus, ein Werksteinbau mit polirten, blaugrauen Granitsäulen, ist von dem Architekten Jul. Wendler erbaut und hat bei 1020 qm bebauter Fläche 1 200 000 ℳ gekostet. Bemerkenswerth ist auch die Architektur des Hofes. (Architektur der Gegenwart, II. Band.)

Das Geschäftshaus Carpenter, Leipziger Strafse 31/32 (Abb. 142 u. 143), ist im Jahre 1894 von Architekt F. Schwenke erbaut worden. Das ältere Quergebäude des Grundstücks, welches im Erdgeschofs die Weinstuben „Zur Stadt Athen" enthält, entstammt einem in den Jahren 1881/82 durch A. Orth errichteten Bau, ist jedoch neuerdings theilweise verändert worden.

Das Geschäftshaus Alte Leipziger Strafse 7/8 (Abb. 145) enthält im Erdgeschofs und in den beiden Obergeschossen Geschäftsräume, darüber Wohnungen, wie solche auch bei den vorhergeschickten Beispielen sich finden. Es ist im Jahre 1887 von dem Architekten O. March erbaut worden.

Das Buchdruckereigebäude von Ullstein, Charlottenstrafse 10 (Abb. 145), ein Backsteinbau mit Werkstein-Gliederungen, ist von dem Architekten F. Schwenke errichtet. Es enthält aufser den für die Buchdruckerei des Besitzers erforderlichen Räumen noch die Bureaus mehrerer Unternehmungen des Zeitschriften-Verlags.

Das Geschäftshaus Fraenkel, Kurstrafse 16 (Abb. 146), bietet Verkaufs- und Lagerräume für zwei Mäntelfabriken. Es ist von den Architekten Alterthum & Zadeck erbaut und verdient besondere Beachtung wegen der Klarheit des in der Façadenentwicklung ausgesprochenen Baugedankens. Der mittlere Theil ist constructiv ganz in eiserne Träger und Stützen aufgelöst und wird an der rechten und linken Nachbargrenze durch schmale massive Pfeiler-Anordnungen eingerahmt.

Das Geschäftshaus Leipziger Strafse 109 (Abb. 147—150) ist in der Zeit von acht Monaten während des Jahres 1886/87 von den Architekten Kayser & v. Groszheim zur Ausführung gebracht worden. Erd- und Kellergeschofs sind für den Ausschank einer Brauerei (ursprünglich Dreher in Klein-Schwechat, jetzt Dortmunder Union) eingerichtet worden, können jedoch unschwer auch für andere Geschäftszwecke verwerthet werden. Die Lüftungsanlage und die Kühlvorrichtungen sind bemerkenswerth. Die vier Obergeschosse des Hauses, zu denen neben der Haupttreppe noch ein Personenaufzug führt, sind mit Rücksicht auf die Möglichkeit vielseitigster Verwendung von Stützen thunlichst frei gehalten und bieten im wesentlichen je einen zusammenhängenden Raum, der sich in mehrere Abtheilungen zerlegen läfst. Die architektonische Ausbildung des Aeufsern bringt in der Auflösung der Façade zu Pfeilern, Gliedern und Fensterflächen das Wesen des neuzeitlichen Geschäftshauses mustergültig zum Ausdruck. Zur Anwendung gelangt sind für die Obergeschosse Postelwitzer Sandstein, für das Erdgeschofs polirter Granit, für die Firmenschilder schwarzer Marmor; bemerkenswerth sind auch die reichen Kunstschmiedearbeiten. (Vergl. Deutsche Bauzeitung 1889, Nr. 40.)

Das Kaufhaus „Stuttgart", Spandauer Strafse 59—61 (Abb. 151—153), welches dem Geheimen Commerzienrath Siegle zu Stuttgart gehört, ist in den Jahren 1889/90 von den Architekten Kayser & v. Groszheim auf dem Grundstücke des 1888 abgebrochenen Ständehauses der Provinz Brandenburg ausgeführt und in allen fünf Geschossen als Geschäftshaus eingerichtet. Zwei Personenaufzüge sind in den Haupttreppenhäusern, vier Waarenaufzüge sind in den Hoffronten angeordnet. Die wiederum einen bestimmten Typus des Geschäftshauses aufs glücklichste betonende Façade ist in Werkstein und Backstein ausgeführt. Die Kosten des 2640 qm grofsen Grundstücks betrugen 1 500 000 ℳ, die Baukosten 900 000 ℳ bei rd. 2000 qm bebauter Fläche. (Vergl. Deutsche Bauzeitung 1890, Nr. 26.)

Das Geschäftshaus Löwenberg, Leipziger Strafse 114 (Abb. 154), ist in den Jahren 1894/95 durch den Architekten Herm. A. Krause errichtet. In ihm, wie in den zunächst folgenden, in ihrer künstlerischen Gestaltung auf die Mitwirkung bezw. auf die

IV. Geschäftshäuser. 75

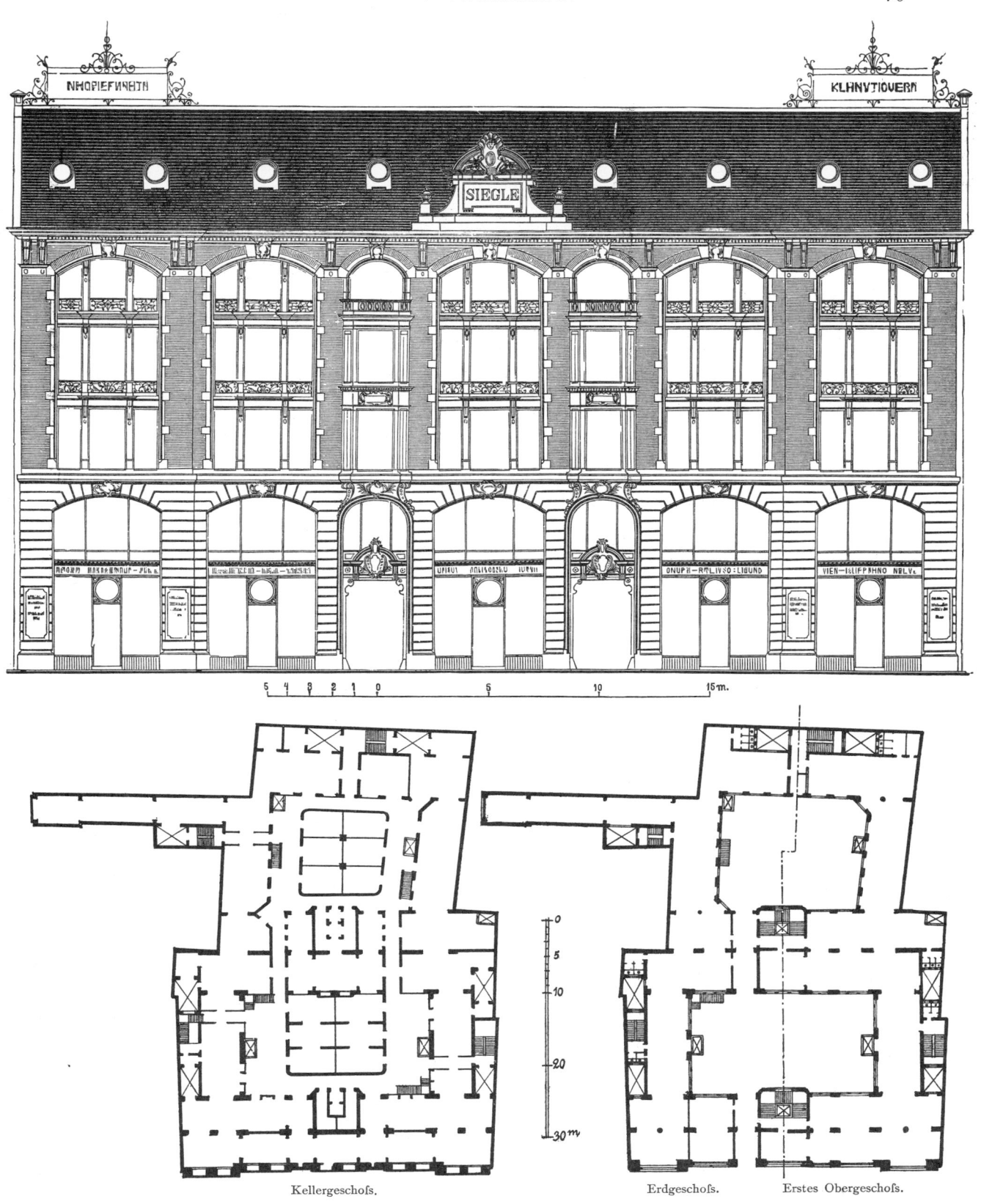

Kellergeschoſs.   Erdgeschoſs.   Erstes Obergeschoſs.

Abb. 151—153. Kaufhaus Stuttgart, Spandauer Straſse 59—61. Architekten Kayser & v. Groszheim.

10*

Abb. 154. Geschäftshaus Löwenberg, Leipziger Straße 114.
Architekt H. A. Krause.

Abb. 155. Geschäftshaus Spittelmarkt 16/17.
Architekten Alterthum & Zadeck, Krause.

IV. Geschäftshäuser.

Abb. 158. Geschäftshaus Hausvoigteiplatz 3/4. Architekten Alterthum & Zadeck, Krause.

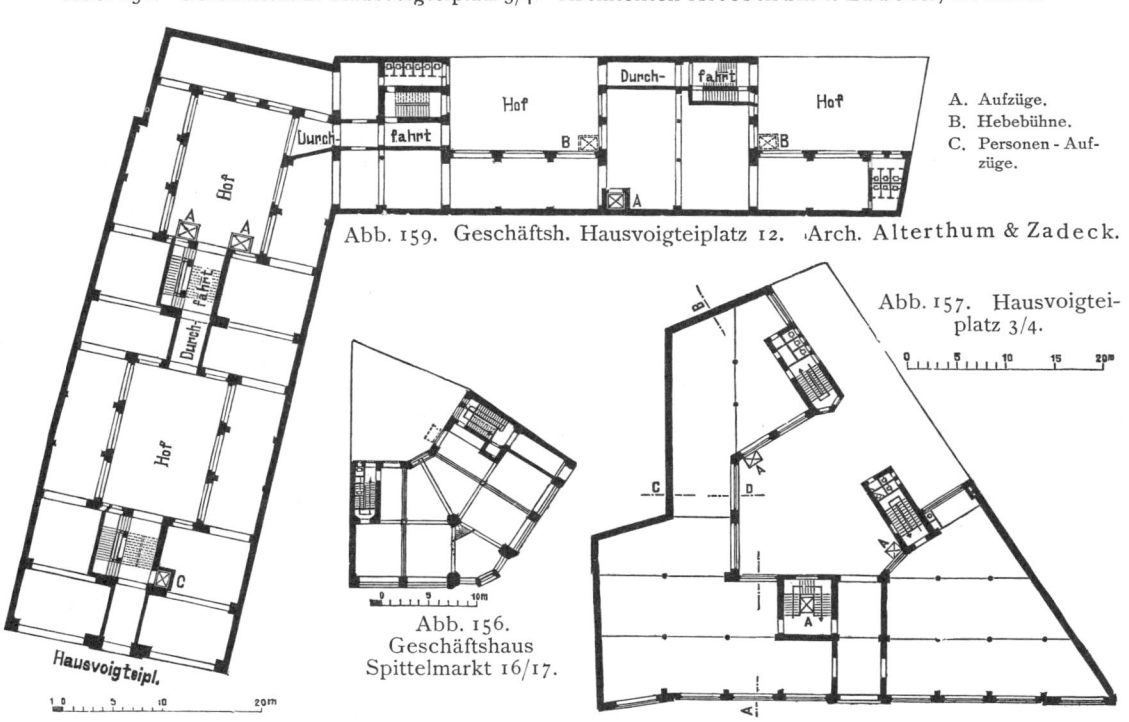

A. Aufzüge.
B. Hebebühne.
C. Personen-Aufzüge.

Abb. 159. Geschäftsh. Hausvoigteiplatz 12. Arch. Alterthum & Zadeck.

Abb. 157. Hausvoigteiplatz 3/4.

Abb. 156. Geschäftshaus Spittelmarkt 16/17.

78 IV. Geschäftshäuser.

Anregung desselben Architekten zurück zu führenden Beispielen — sämtlich Werksteinbauten in aufwändiger Durchführung — kommt eine neuere Richtung des Geschäftshaus-Baues zum Ausdruck, welche bei Anpassung der Gesamt-Anordnung an das Bedürfnifs eine künstlerische Wirkung vornehmlich durch eine bewegte, malerische Gestaltung des oberen mit Giebeln ausgestatteten Abschlusses sowie durch die Heranziehung reichen bildnerischen Schmucks an diesen Giebeln sowie an den Portalen zu erzielen sucht.

Das Geschäftshaus Ascher & Münchow, Spittelmarkt 16 u. 17 (Abb. 155 und 156), ist in den Jahren 1891/92 von der Firma Alterthum & Zadeck errichtet. Alle Decken sind massiv hergestellt; die Räume werden mit Gasöfen geheizt. Da das Haus vermöge seiner Lage auf weite Entfernungen sichtbar ist, so hat es ein hohes Ziegeldach mit einer Thurm-Laterne erhalten. Die Baukosten beliefen sich auf 270000 ℳ, 923 ℳ für 1 qm bebauter Fläche.

Das Geschäftshaus Hausvoigteiplatz 3/4 (Abb. 157 u. 158), mit dem gröfsten Theil seiner Front in der Taubenstrafse belegen, gleichfalls eine Ausführung der Firma Alterthum & Zadeck, ist lediglich für Verkaufs- und Lagerzwecke errichtet. Der in Eisen construirte Dachstuhl gestattete auch noch im vierten Obergeschofs weiträumige und gut belichtete Verkaufsräume anzulegen.

Das Geschäftshaus Hausvoigteiplatz 12 (Abb. 159 u. 160), von der Firma Alterthum & Zadeck im Jahre 1895 errichtet, erstreckt sich bei verhältnifsmäfsig schmaler Façade mit seinen Seiten- und Quergebäuden tief in das Hinterland der Nachbargrundstücke, bietet aber durch die

Abb. 160. Geschäftshaus Hausvoigteiplatz 12.
Architekten Alterthum & Zadeck.

bauliche Ausnutzung der langgestreckten Form des Grundstücks dem dort betriebenen Handel besondere Vorzüge, da sich lange geschlossene Wände zum Aufstellen der Regale leicht schaffen liefsen. Der hier, wie in den vorgenannten Gebäuden, vertretene Handelszweig ist die „Confection".

Die Geschäftshäuser am Neuen Markt, in der Rosen- und Neuen Friedrichstrafse (Abb. 161—165), sind das Eigenthum zweier Baugesellschaften und in dem Jahre 1895 von den Architekten Kayser & v. Groszheim und Otto March an Stelle von 31 alten und baufälligen Häusern errichtet. Die gröfsere Zahl der Geschäftshäuser liegt an der Rosenstrafse, welche als Hauptverkehrsader zwischen dem Nordwesten und der Altstadt immer gröfsere Bedeutung gewinnt. Es entsprach daher dem Bedürfnifs, dafs die Strafse

IV. Geschäftshäuser.   79

gelegentlich der Neubebauung von 13 auf 20 m verbreitert worden ist. Diese Verbreiterung erfolgte gemäfs einem Uebereinkommen mit den städtischen Behörden, welche die Gesellschaften für das an die Stadtgemeinde abzutretende Strafsengelände durch Zahlung eines Kapitals von 1 500 000 ℳ und durch Ueberlassung des städtischen Baulandes der Schmalen Gasse entschädigte. Mit Ausnahme einer in jedem Hause befindlichen kleinen Wohnung für den Haus-

Obergeschosse.

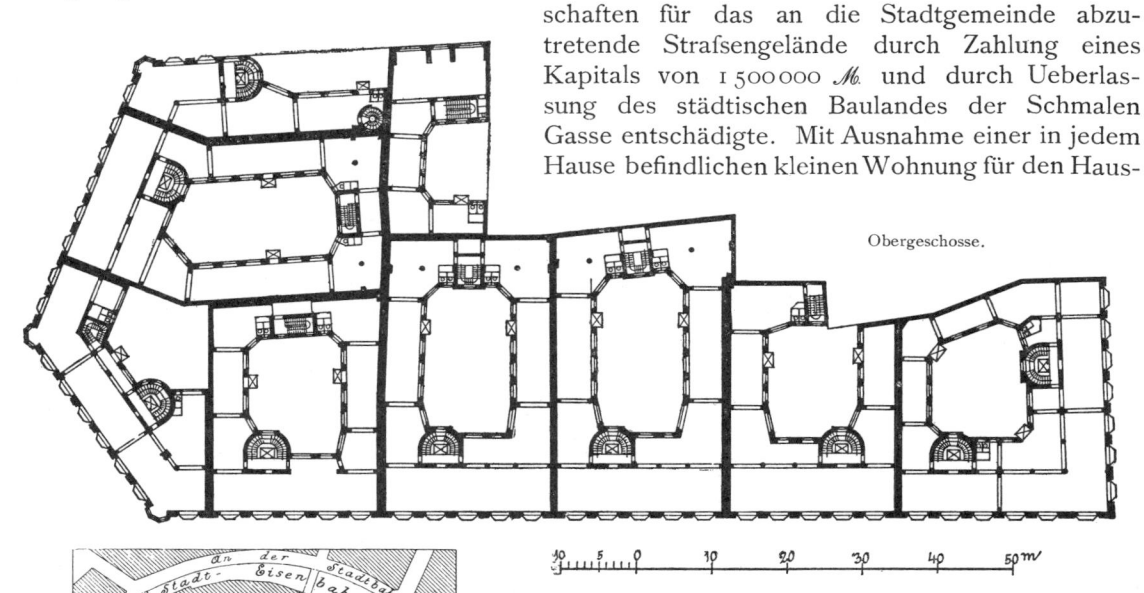

Abb. 161—163. Geschäftshäuser an der Rosenstrafse.
Architekten Kayser & v. Groszheim, Otto March.

verwalter sind alle Räume für Geschäftszwecke eingerichtet. Die Treppen und Fahrstühle sind so vertheilt, dafs in den meisten Häusern jedes Geschofs an vier gesonderte Parteien vermiethet werden kann. Für diesen Fall sind in den vorderen Räumen an den Hoffronten Closetstränge vorgesehen, um später erforderliche Aborte anlegen zu können. Jedes Haus hat eine gesonderte Dampf-Niederdruckheizung. Die 23 Personen- und Waarenaufzüge werden elektrisch betrieben. Sämtliche Decken sind massiv zwischen Walzträgern gewölbt, mit Estrich versehen und mit Linoleum belegt.

Die im Backsteinbau mit sparsamer Verwendung von Werkstein ausgeführten Façaden,

Erdgeschofs.

welche in etwas von englischen und amerikanischen Anregungen beeinflufst sind, wurden für den östlichen Theil der Gruppe (am Neuen Markt) von Kayser & v. Groszheim, für den westlichen (an der Neuen Friedrichstrafse) von March entworfen und zeigen infolge dessen

Abb. 164. Geschäftshaus-Gruppe an der Rosenstraße und dem Neuen Markt. Architekten Kayser & v. Groszheim.

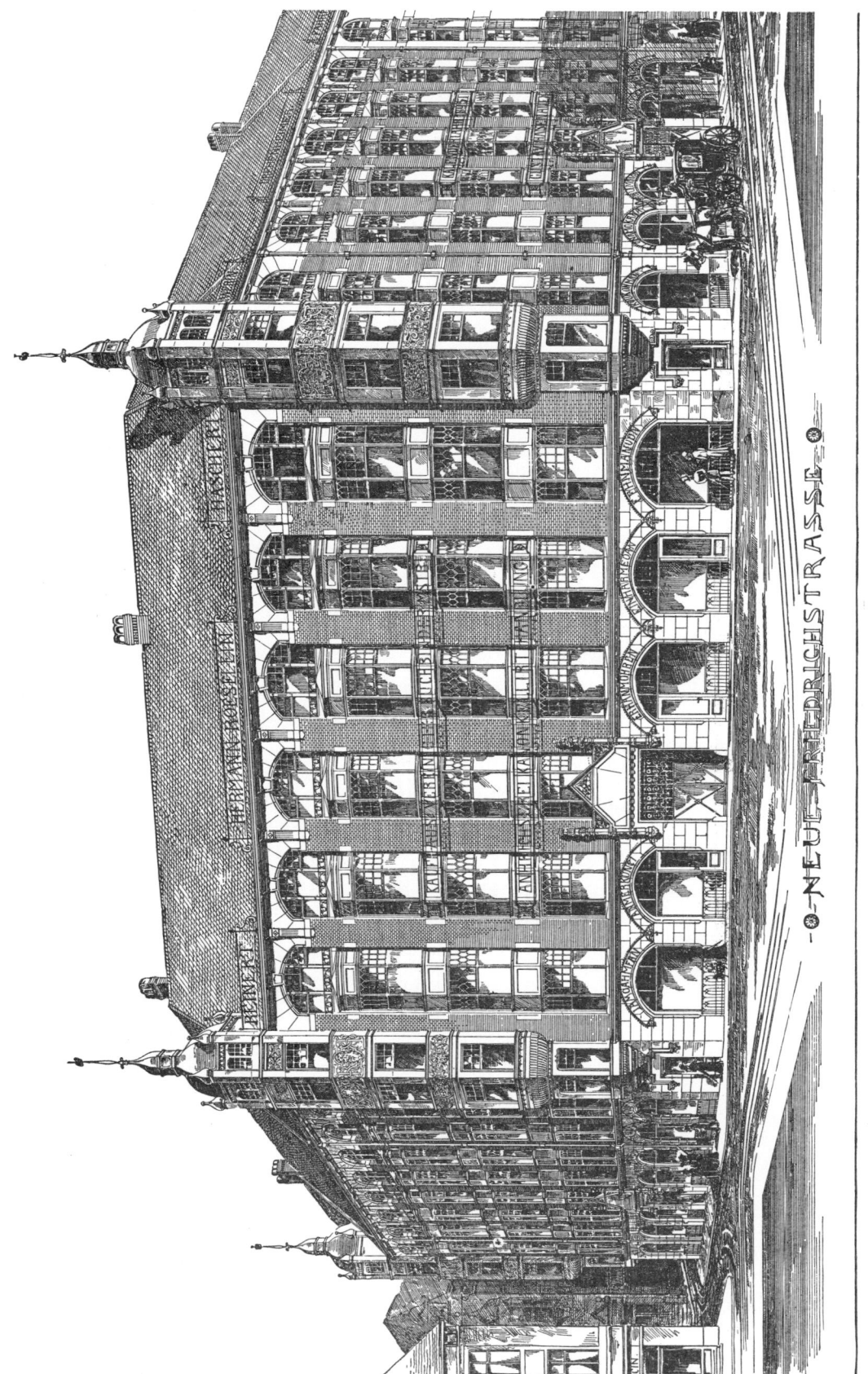

Abb. 165. Geschäftshaus-Gruppe an der Neuen Friedrich- und Rosenstraße. Architekt Otto March.

82   IV. Geschäftshäuser.

einige kleine individuelle Verschiedenheiten. Die schon bei Abb. 106 erwähnte Anordnung von erkerartigen Ausbauten in den Fensternischen, durch welche eine erwünschte Erweiterung des Innenraumes erzielt ist, findet sich hier gleichmäfsig vom ersten bis dritten Obergeschofs durchgeführt. Die Baukosten betrugen für 1 qm bebaute Fläche durchschnittlich 450 ℳ.

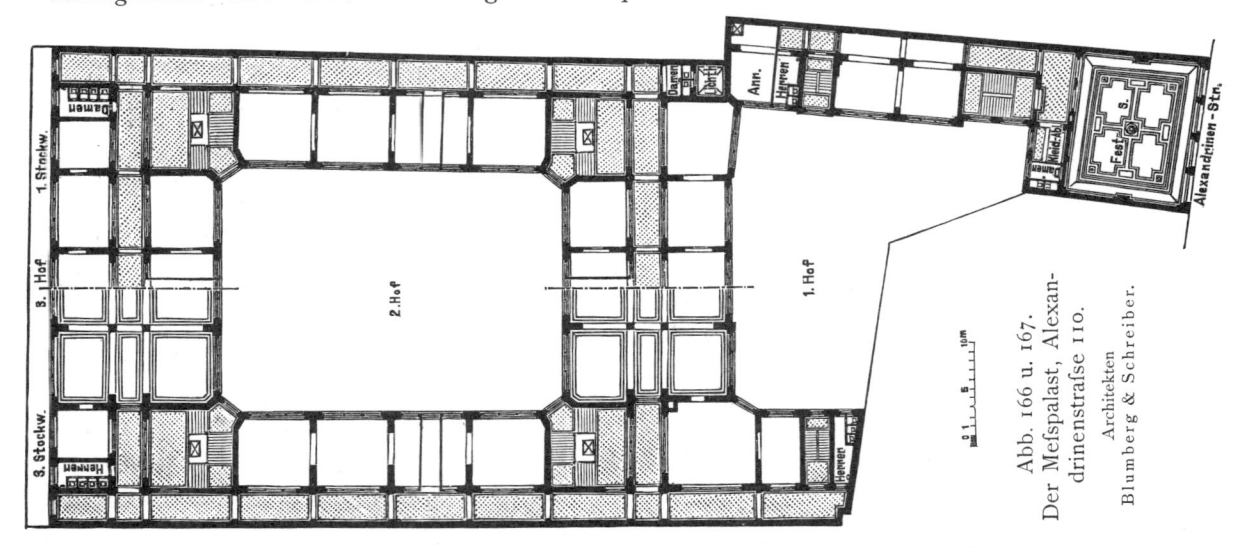

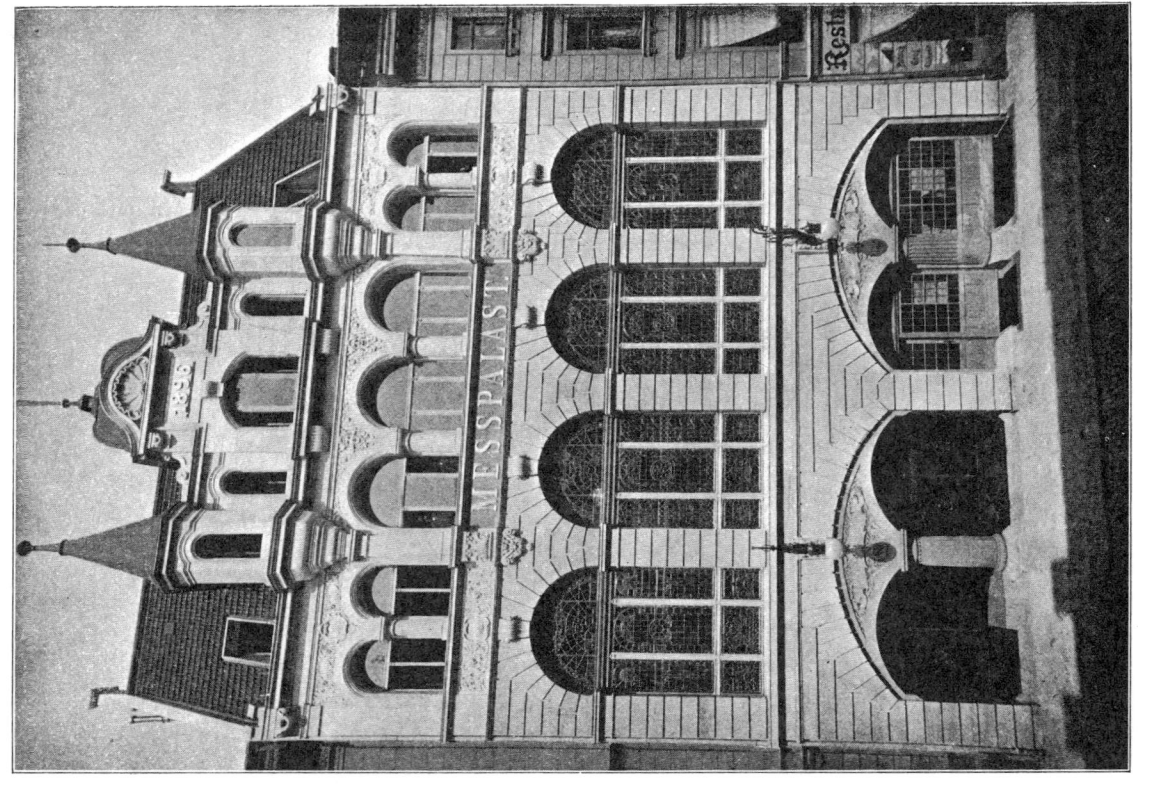

Abb. 166 u. 167.
Der Mefspalast, Alexandrinenstrafse 110.
Architekten Blumberg & Schreiber.

Der „Mefspalast", Alexandrinenstrafse 110 (Abb. 166—168), verdankt seine Entstehung den Bestrebungen der sogenannten 1893 er Vereinigung für internationale Messen in Berlin und ist in diesem Jahre durch die sechste hier abgehaltene Messe eingeweiht worden. Die ganze Anlage gliedert sich in zwei gesonderte Theile. Im Vorderhause und dem sich anschliefsenden rechten Seitenflügel befindet sich ein Restaurant im Erdgeschofs, ein Festsaal mit Nebensälen zum Vermiethen im ersten Obergeschofs; darüber liegen Wohnungen

IV. Geschäftshäuser.   83

für die Hausbeamten. Das eigentliche Mefsgebäude ist an drei grofsen Höfen gelegen, welche allen Räumen reichliches Licht geben. In jedem der beiden Quergebäude ist im dritten Obergeschofs ein durch zwei Geschosse reichender Saal angelegt, der zu Sammelausstellungen dienen soll. Die einzelnen an den breiten Fluren gelegenen Ausstellungsräume besitzen durchweg nach letzteren hin breite Schaufenster, in welchen der Aussteller seine Erzeugnisse zur Ansicht bringen kann. Die Räume werden nur vorübergehend für die Mefszeiten vermiethet. An Miethe werden für die Messe und 1 qm Bodenfläche im Erdgeschofs und ersten Obergeschofs 10 ℳ, im zweiten 8 ℳ, im dritten 6 ℳ, im vierten 3 ℳ und in den Sälen des dritten Geschosses 9 ℳ verlangt — einschliefslich elektrischer Beleuchtung, Dampfheizung und freier Benutzung der Fahrstühle. Das Gebäude ist im Jahre 1895 von den Architekten Blumberg & Schreiber errichtet.

Abb. 168. Der Mefspalast, Alexandrinenstrafse 110. Architekten Blumberg & Schreiber.

Erwähnungen.

Markgrafenstrafse 46, Ecke Taubenstrafse (Kölnische Lebensversicherungs-Gesellschaft Concordia). Erbaut 1890 von den Architekten Kayser & v. Groszheim. (Vergl. Baugew.-Zeitung 1890.)

Spandauer Strafse 65—67. Architekten Kayser & v. Groszheim.

Kaufhaus Königstadt, Königstr. 43/44. Architekten Kayser & v. Groszheim.

Geschäftshaus der Magdeburger Lebensversicherungs-Gesellschaft. Architekt Heim. (Vergl. Baugew.-Zeitung 1886, S. 186.)

D. Geschäfts- und Waarenhäuser, welche für besondere Geschäftszweige unter einheitlicher Leitung errichtet sind.

Das Kaufhaus Rudolph Hertzog (Abb. 169) bestand zuerst nur aus einem Vorderhause Breitestrafse 15 mit zwei Seitenflügeln, einem Quergebäude und glasüberdachtem Hof. Diese Anlage war nach Plänen von Architekt E. Tietz in den Jahren 1866—1868 durch Umbau geschaffen. Mit dem mächtigen Aufblühen des Geschäfts, welches sich auf Damenkleiderstoffe jeder Art, Seidenwaaren und Sammete, fertige Wäsche usw. erstreckt, ist diese Anlage allmählich bis zur Brüderstrafse vergröfsert worden. Der Besitz der Firma, der sich auf Breitestrafse 12—16 und Brüderstrafse 25—29 erstreckt, ist neuerdings durch die Erwerbung des Nachbargrundstücks nach der Scharrenstrafse noch erweitert, auf welchem sich das Maschinenhaus für die elektrische Beleuchtungsanlage befindet, die durch Gasmotoren von zusammen 200 Pferdekräften und Dynamomaschinen für 250 Bogenlampen und 450 Glühlampen beschafft wird. Im Erdgeschofs und einem Theile des ersten und zweiten Obergeschosses befinden sich die Verkaufs- und Versandräume, im ersten und zweiten Obergeschofs der Häuser an der Breitenstrafse die Bureaus und in den übrigen Räumen Grofslager. Die ganze Gebäudegruppe wird durch Centralheizung erwärmt.

11*

Abb. 170. Kaufhaus Heinrich Jordan, Markgrafenstraße 105—107.

Das Geschäftshaus H. Jordan, Markgrafenstraße 105—107 (Abb. 170—177), ist durch die Architekten Kayser & v. Groszheim umgebaut worden. Die 1839 begründete Firma dient der Anfertigung und dem Verkauf von Wäsche, Frauenkleidung, Betten und ganzen

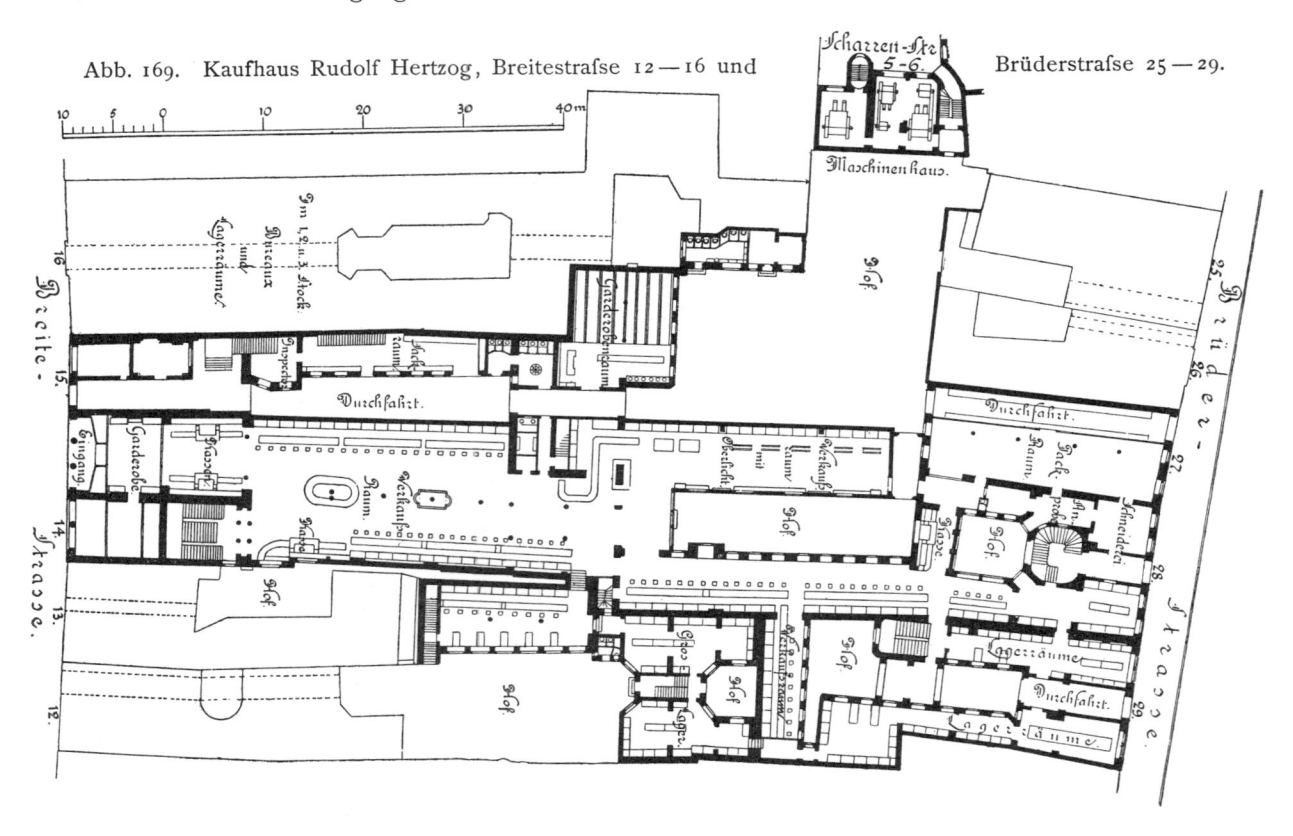

Abb. 169. Kaufhaus Rudolf Hertzog, Breitestraße 12—16 und Brüderstraße 25—29.

IV. Geschäftshäuser.

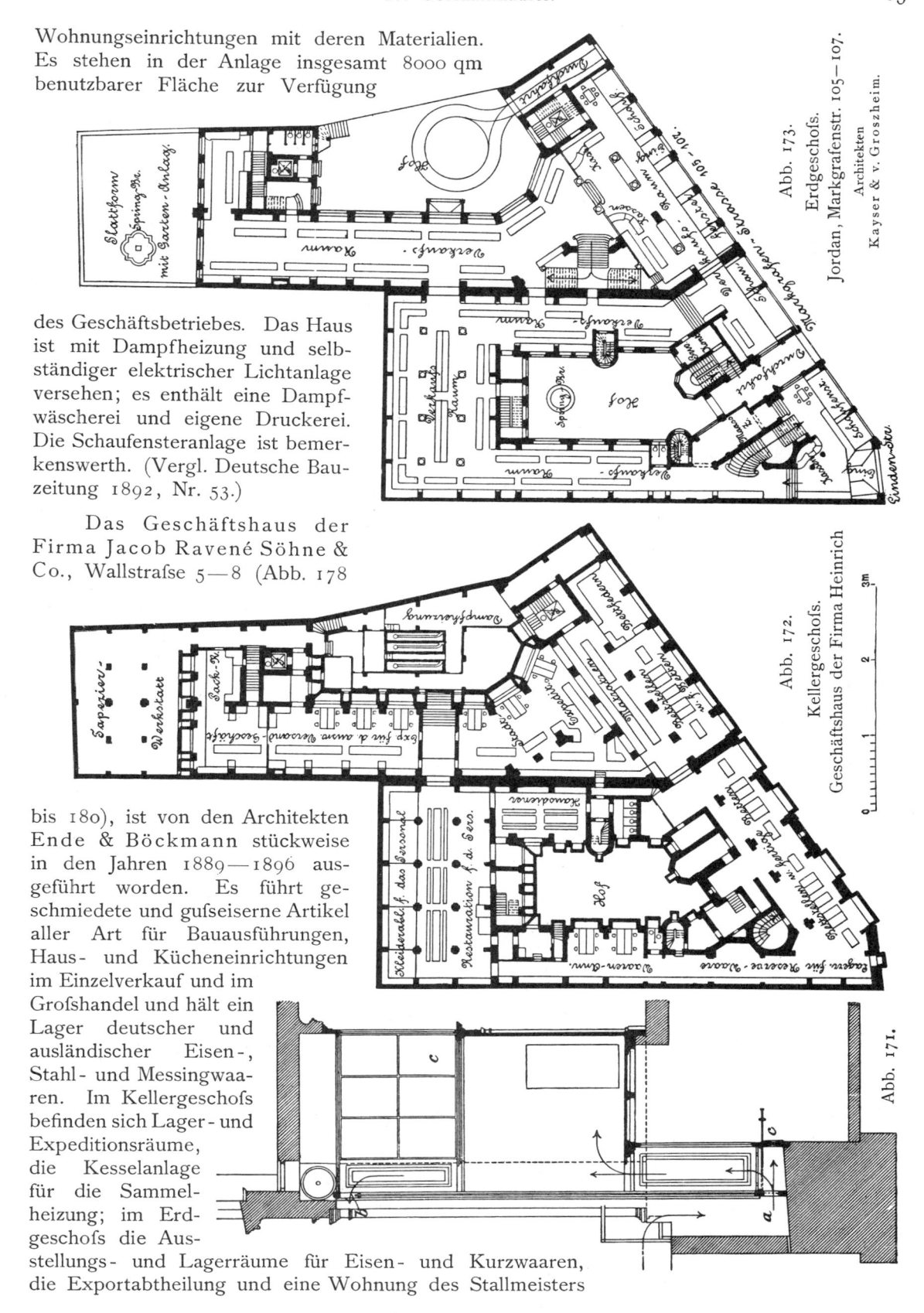

Wohnungseinrichtungen mit deren Materialien. Es stehen in der Anlage insgesamt 8000 qm benutzbarer Fläche zur Verfügung des Geschäftsbetriebes. Das Haus ist mit Dampfheizung und selbständiger elektrischer Lichtanlage versehen; es enthält eine Dampfwäscherei und eigene Druckerei. Die Schaufensteranlage ist bemerkenswerth. (Vergl. Deutsche Bauzeitung 1892, Nr. 53.)

Das Geschäftshaus der Firma Jacob Ravené Söhne & Co., Wallstraße 5—8 (Abb. 178 bis 180), ist von den Architekten Ende & Böckmann stückweise in den Jahren 1889—1896 ausgeführt worden. Es führt geschmiedete und gußeiserne Artikel aller Art für Bauausführungen, Haus- und Kücheneinrichtungen im Einzelverkauf und im Großhandel und hält ein Lager deutscher und ausländischer Eisen-, Stahl- und Messingwaaren. Im Kellergeschoß befinden sich Lager- und Expeditionsräume, die Kesselanlage für die Sammelheizung; im Erdgeschoß die Ausstellungs- und Lagerräume für Eisen- und Kurzwaaren, die Exportabtheilung und eine Wohnung des Stallmeisters

86 IV. Geschäftshäuser.

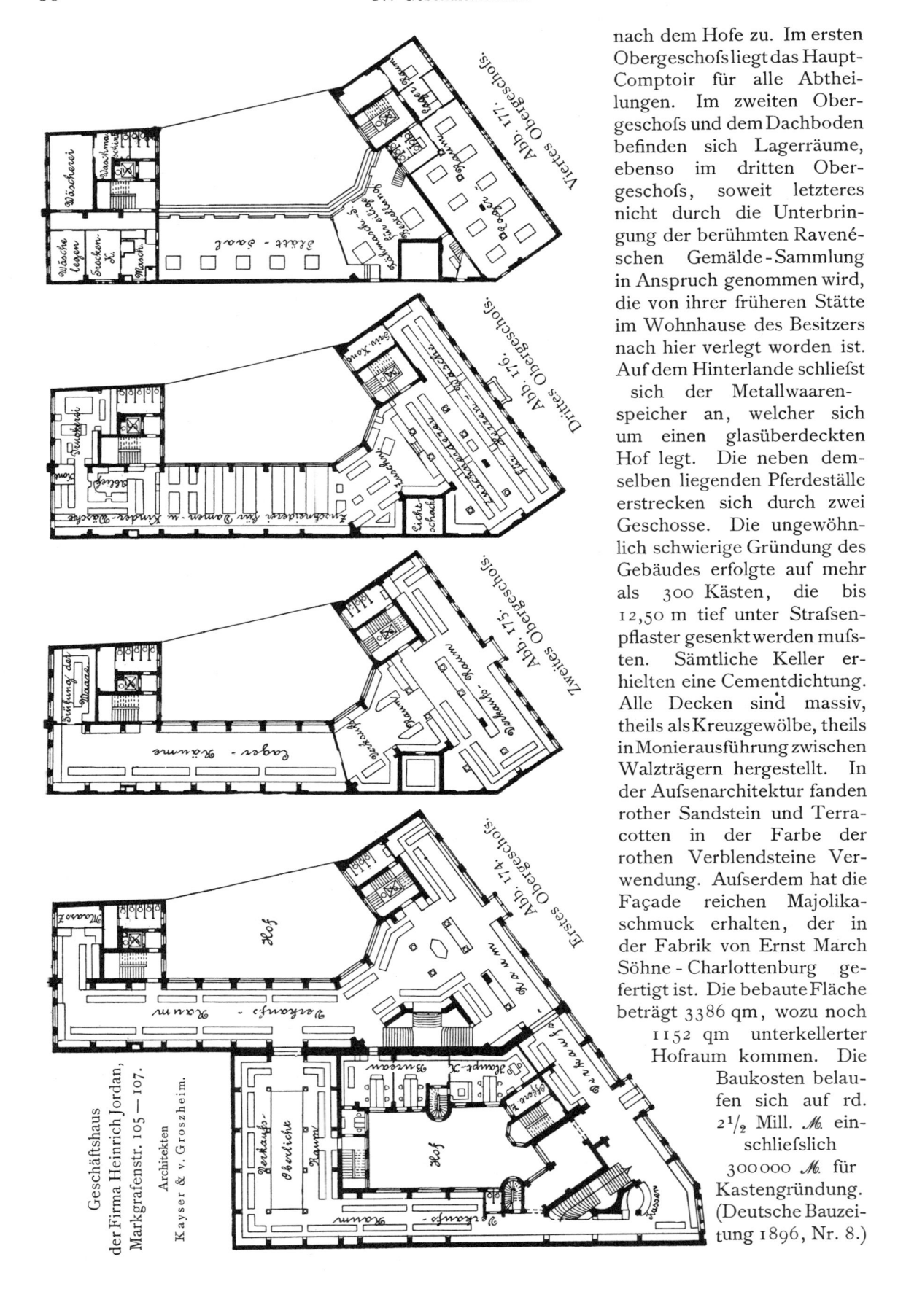

nach dem Hofe zu. Im ersten Obergeschofs liegt das Haupt-Comptoir für alle Abtheilungen. Im zweiten Obergeschofs und dem Dachboden befinden sich Lagerräume, ebenso im dritten Obergeschofs, soweit letzteres nicht durch die Unterbringung der berühmten Ravené-schen Gemälde-Sammlung in Anspruch genommen wird, die von ihrer früheren Stätte im Wohnhause des Besitzers nach hier verlegt worden ist. Auf dem Hinterlande schliefst sich der Metallwaarenspeicher an, welcher sich um einen glasüberdeckten Hof legt. Die neben demselben liegenden Pferdeställe erstrecken sich durch zwei Geschosse. Die ungewöhnlich schwierige Gründung des Gebäudes erfolgte auf mehr als 300 Kästen, die bis 12,50 m tief unter Strafsenpflaster gesenkt werden mufsten. Sämtliche Keller erhielten eine Cementdichtung. Alle Decken sind massiv, theils als Kreuzgewölbe, theils in Monierausführung zwischen Walzträgern hergestellt. In der Aufsenarchitektur fanden rother Sandstein und Terracotten in der Farbe der rothen Verblendsteine Verwendung. Aufserdem hat die Façade reichen Majolikaschmuck erhalten, der in der Fabrik von Ernst March Söhne-Charlottenburg gefertigt ist. Die bebaute Fläche beträgt 3386 qm, wozu noch 1152 qm unterkellerter Hofraum kommen. Die Baukosten belaufen sich auf rd. 2½ Mill. ℳ einschliefslich 300000 ℳ für Kastengründung. (Deutsche Bauzeitung 1896, Nr. 8.)

IV. Geschäftshäuser.

Die Auskunftei Schimmelpfeng, Charlottenstrafse 23, Ecke Krausenstrafse (Abb. 181—184), ist im Jahre 1889 von dem Architekten O. March erbaut. Das 1872 gegründete Geschäft für Auskunftertheilungen befafst sich mit der Beantwortung von Nachfragen über Creditfähigkeit und mit der Erstreitung oder Eintreibung fraglicher und

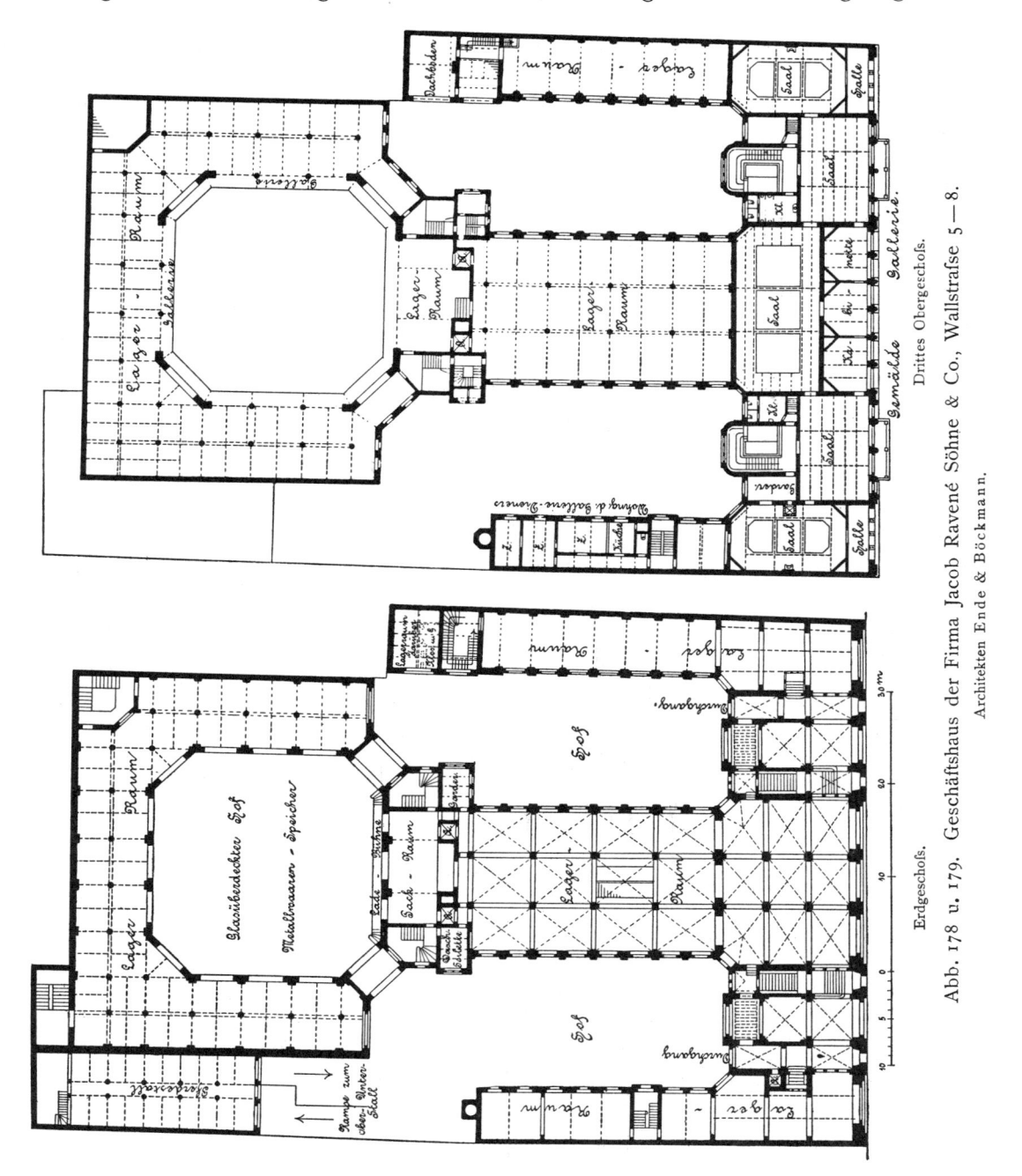

Abb. 178 u. 179. Geschäftshaus der Firma Jacob Ravené Söhne & Co., Wallstrafse 5—8.
Architekten Ende & Böckmann.

bestrittener Forderungen. Das Institut beschäftigt 186 Beamte (mit den Zweiganstalten in Wien, Paris und London 270 Angestellte) und ertheilt jährlich mehr als 600000 Auskünfte.

Das Archiv enthält Angaben über Besitz- und Credit-Verhältnisse von etwa 1200000 Geschäftsleuten. Mit Ausnahme der Läden des Erdgeschosses, welche vermiethet sind, dient das ganze Haus den Zwecken des Inhabers. Im zweiten Geschofs befindet sich die Wohnung des letzteren. (Centralblatt d. Bauverw. 1889, Nr. 41.)

Abb. 180. Geschäftshaus der Firma Jacob Ravené Söhne & Co., Wallstr. 5—8. Architekten Ende & Böckmann.

IV. Geschäftshäuser.   89

Das Kaufhaus Victor Manheimer, Oberwallstrafse 6 u. 7 (Abb. 185—187) führt „Damen- und Kinder-Confection" im Klein- und Grofshandel. Das Haus ist von dem Architekten A. Bohm nach seinen und des Architekten P. Engel Entwürfen erbaut.

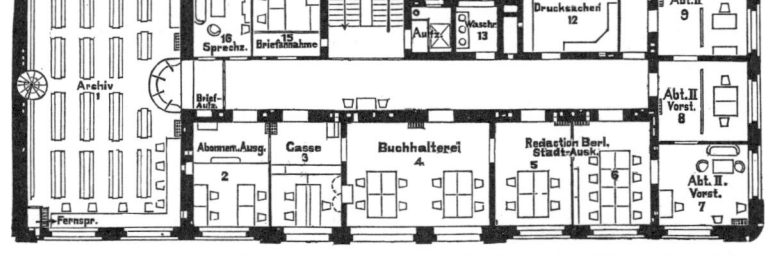

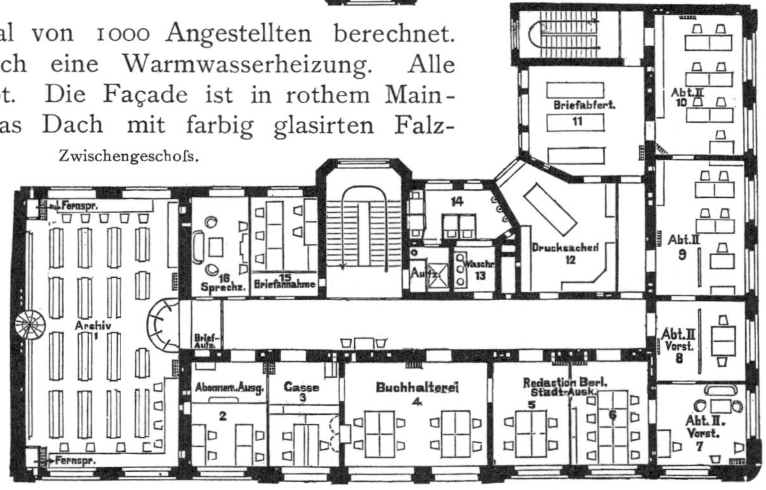

Das Geschäftshaus der Victoria, Allgemeine Versicherungs-Actiengesellschaft, Lindenstrafse 20/21 (Abb. 188 bis 191), ist in den Jahren 1893—1895 von dem Architekten W. Walther erbaut. Das Erdgeschofs enthält die Volks - Versicherungs - Abtheilung, welche sich um eine grofse Schalterhalle gruppirt. Im ersten Obergeschofs befindet sich als Mittelpunkt der ganzen Anlage die grofse Treppenhalle mit einer Fläche von 250 qm, um welche sich die Expedition und die zahlreichen Bureaus für Versicherungen und Hypothekenverkehr mit den Tresors legen. Das zweite Obergeschofs enthält die Räume der Direction und des Aufsichtsrathes mit Bibliothek und Arztzimmer, die juristischen Bureaus und die Canzlei. Im dritten Obergeschofs befinden sich weitere Bureaus, und zwar linksseitig diejenigen der Unfall- und Schadensversicherung und rechtsseitig diejenigen der Lebensversicherung. Das ganze Gebäude ist auf ein Personal von 1000 Angestellten berechnet. Die Erwärmung erfolgt durch eine Warmwasserheizung. Alle Räume sind massiv überwölbt. Die Façade ist in rothem Main-Sandstein ausgeführt und das Dach mit farbig glasirten Falzziegeln eingedeckt.

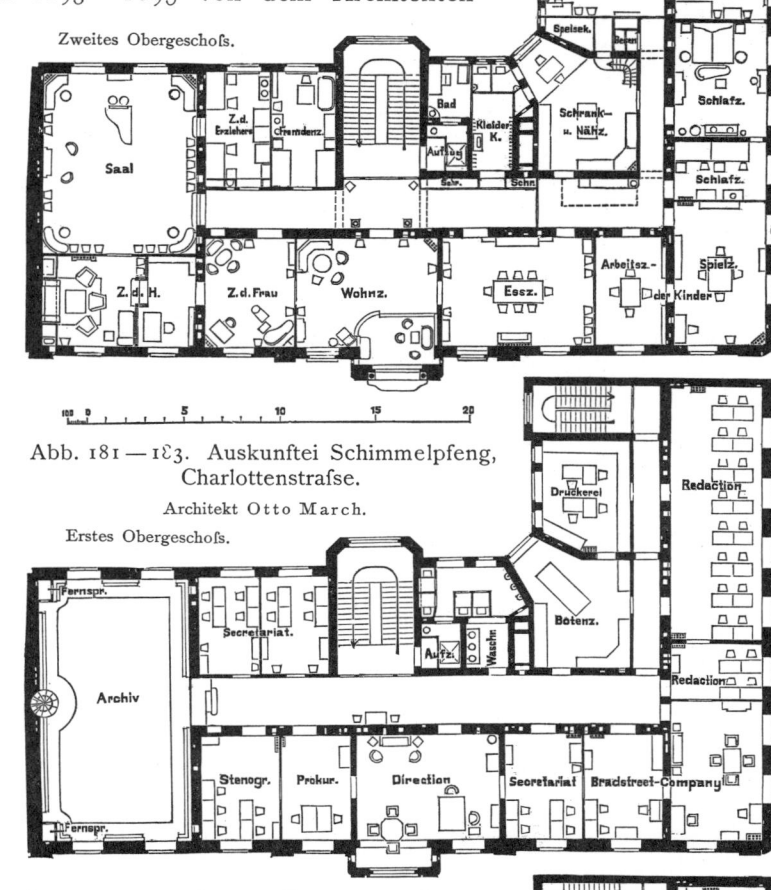

Abb. 181—183. Auskunftei Schimmelpfeng, Charlottenstrafse.
Architekt Otto March.

Das Geschäftshaus Hausvoigteiplatz 6 u. 7 (Abb. 192 und 193), der Deutschen Baugesellschaft gehörig, enthält die Grofshandlung von Jacob Landsberger, sowie Geschäftsräume einiger anderen Confections-Firmen. Die Räume des hinteren Quergebäudes legen sich galerieartig um einen hohen, mit Glas abgedeckten Lichthof. Das im Jahre 1884/85 von dem Architekten W. Martens erbaute Haus hat 500000 ℳ Kosten erfordert.

Berlin und seine Bauten. III.   12

90 IV. Geschäftshäuser.

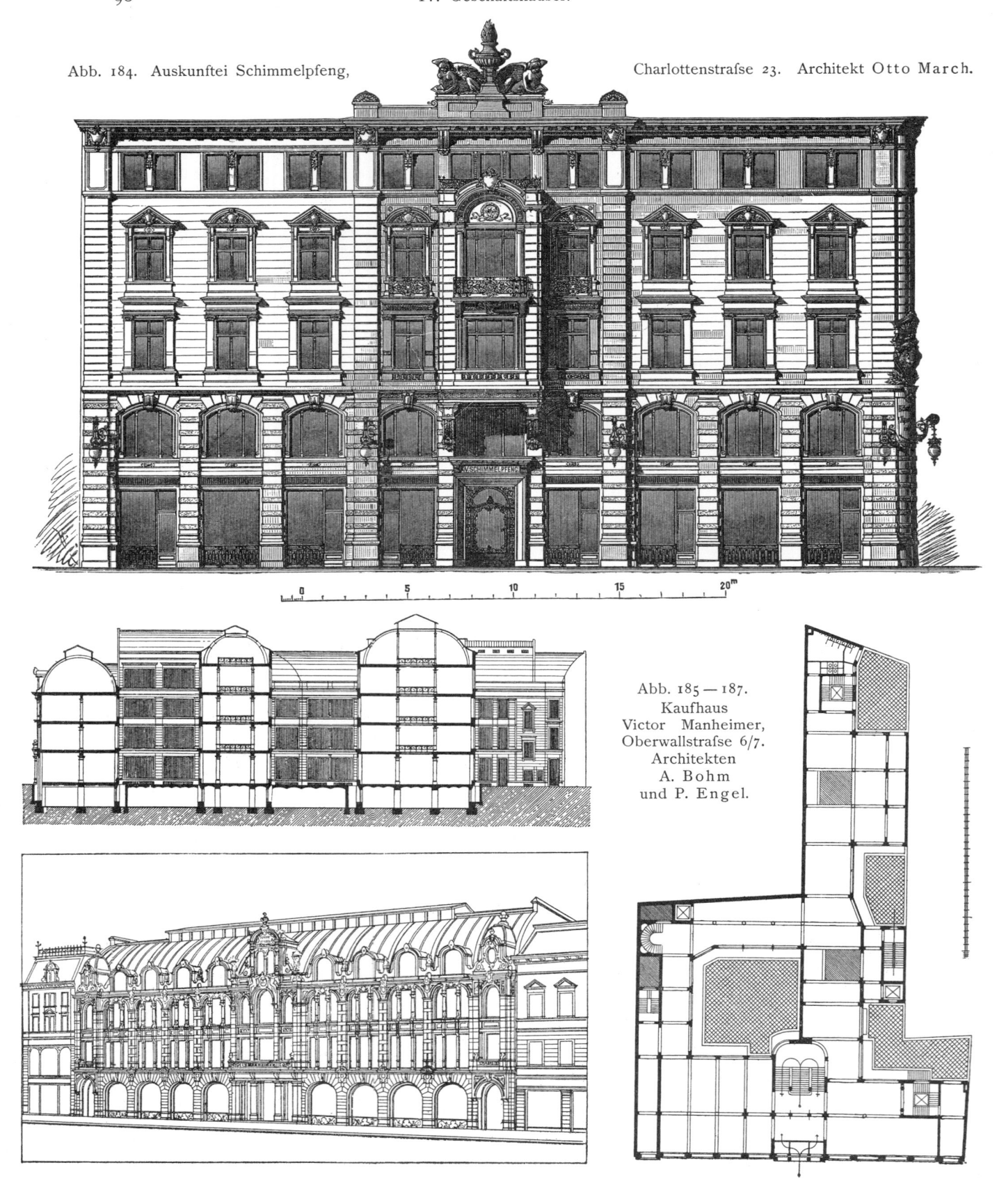

Abb. 184. Auskunftei Schimmelpfeng, Charlottenstraße 23. Architekt Otto March.

Abb. 185—187. Kaufhaus Victor Manheimer, Oberwallstraße 6/7. Architekten A. Bohm und P. Engel.

IV. Geschäftshäuser. 91

Das Geschäftshaus Hermann Gerson, Werderstrafse 9—12 (Abb. 194—196), führt Möbel, Teppiche, Gardinen usw. und übernimmt die Ausstattung ganzer Wohnungen und Häuser. Das von den Architekten Becker & Schlüter in den Jahren 1873 und 1874 auf den Grundstücken Werderstrafse 10—12 für Geschäfts- und Wohnzwecke errichtete Gebäude wurde 1889 durch die Hinzunahme des Grundstücks Nr. 9 durch den Architekten Friebus erweitert und in allen Geschossen

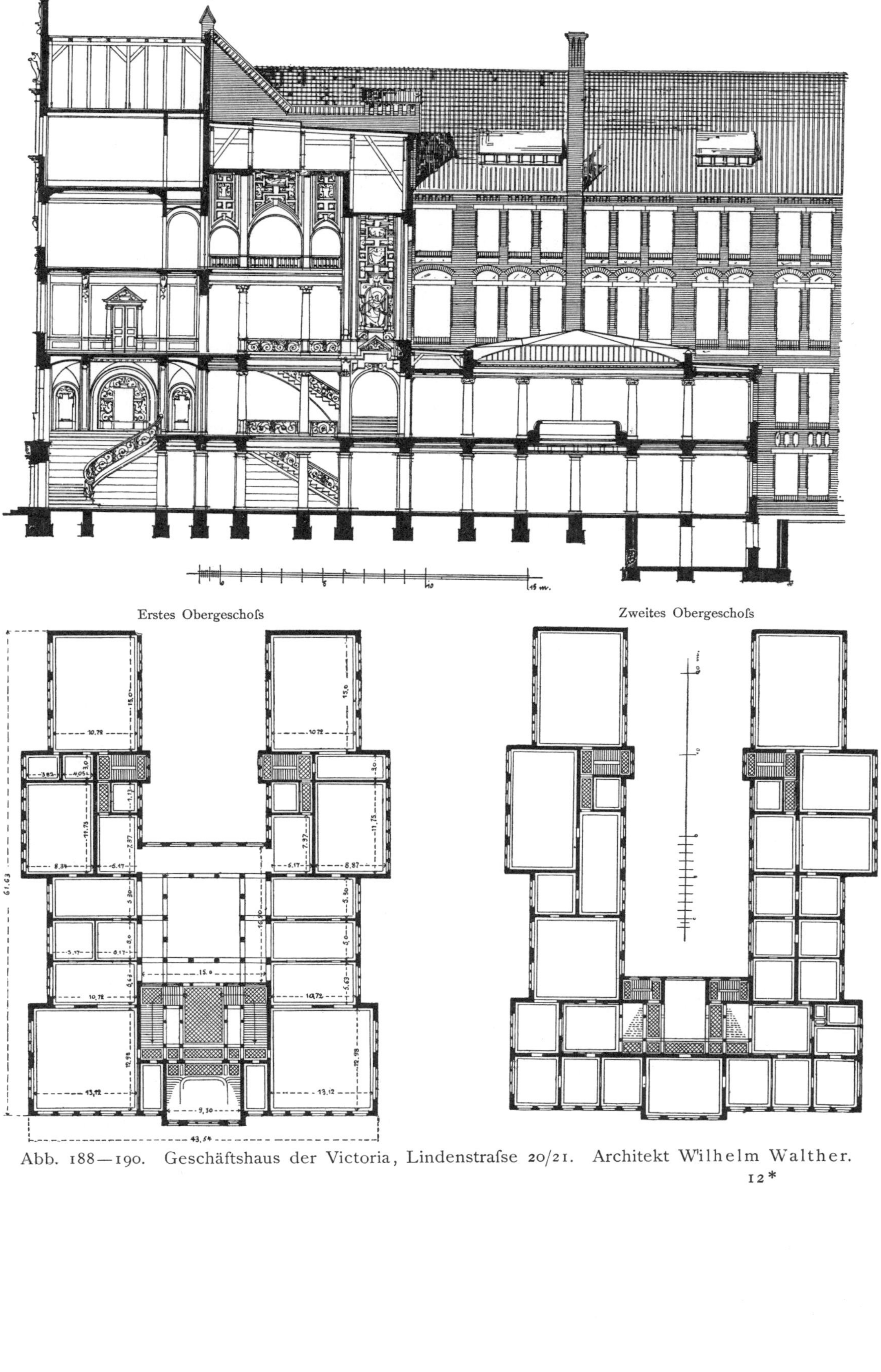

Abb. 188—190. Geschäftshaus der Victoria, Lindenstrafse 20/21. Architekt Wilhelm Walther.

IV. Geschäftshäuser.

Abb. 191. Geschäftshaus der Victoria, Lindenstraße 20/21. Architekt Wilhelm Walther.

Abb. 192. Geschäftshaus Hausvoigteiplatz 6/7. Architekt Wilhelm Martens.

IV. Geschäftshäuser. 93

als Kaufhaus eingerichtet. Im Erdgeschofs befinden sich besondere Erfrischungsräume für die 500 Angestellten der Firma. (Vergl. Baugew.-Zeitung Jahrg. 91, Nr. 93).

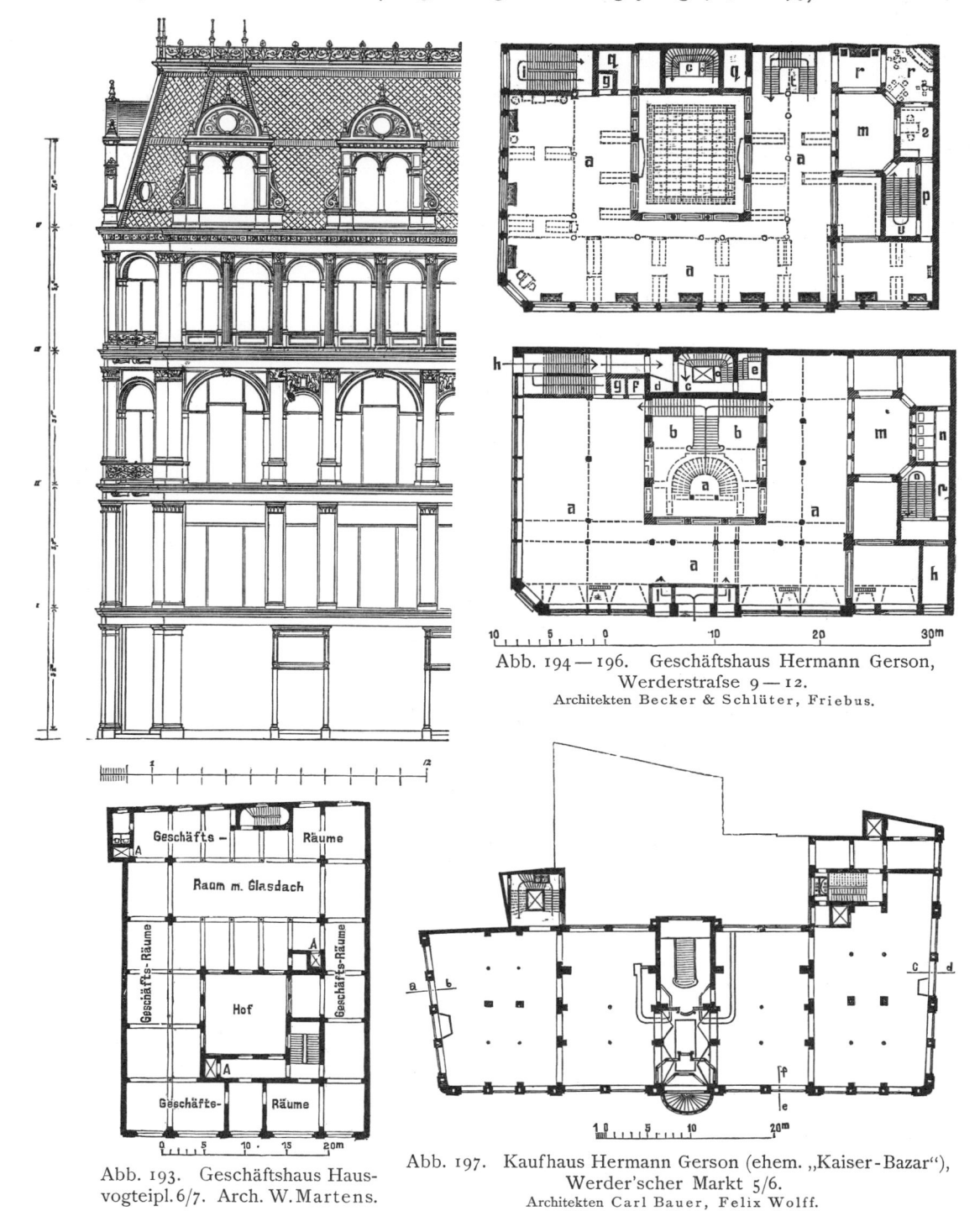

Abb. 194—196. Geschäftshaus Hermann Gerson, Werderstrafse 9—12.
Architekten Becker & Schlüter, Friebus.

Abb. 193. Geschäftshaus Hausvogteipl. 6/7. Arch. W. Martens.

Abb. 197. Kaufhaus Hermann Gerson (ehem. „Kaiser-Bazar"), Werder'scher Markt 5/6.
Architekten Carl Bauer, Felix Wolff.

Das Kaufhaus Hermann Gerson, vormals Kaiser-Bazar, Werder'scher Markt 5/6 (Abb. 197—199), führt sämtliche Artikel für Herren- und Damenbekleidung, Schmuckgegenstände, Zimmereinrichtungen aller erdenklichen Art, und bietet in allen Geschossen Räume für den Einzelverkauf. Das Haus ist im Jahre 1890 von dem Archi-

94   IV. Geschäftshäuser.

Abb. 198 u. 199. Kaufhaus Hermann Gerson, vormals „Kaiser-Bazar",
Werder'scher Markt 5/6.
Architekten Carl Bauer, Felix Wolff.

IV. Geschäftshäuser.   95

tekten Carl Bauer für die Kaiser-Bazar-Actiengesellschaft, welche mit einem Kapital von 4 Mill. ℳ begründet war, erbaut. Derartige Geschäfte werden nach dem Grundsatze geleitet, unmittelbare Beziehungen zwischen Fabrikation und Absatz herzustellen, durch Baarsystem häufigen Umsatz des Betriebskapitals und Ermäfsigung der Verkaufspreise zu

Abb. 200 u. 201. Geschäftshaus Wertheim, Oranienstrafse 53/54. Architekt A. Messel.

IV. Geschäftshäuser.

Abb. 212. Waarenhaus für Armee und Marine, Dorotheenstraße 71. Arch. v. d. Hude & Hennicke.

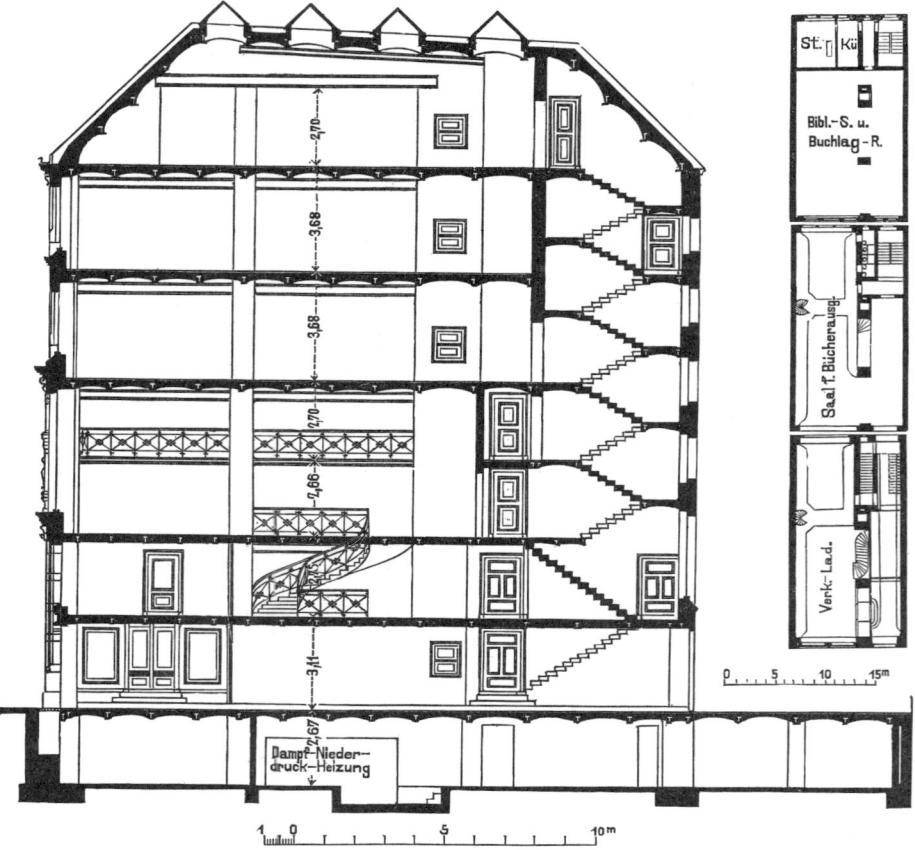

Abb. 202—205. Geschäftshaus der Nicolai'schen Buchhandl., Dorotheenstr. 75. Arch. Reimarus & Hetzel.

IV. Geschäftshäuser. 97

ermöglichen. 1893 ist das in den Besitz der Firma Hermann Gerson übergegangene Gebäude von dem Architekten Felix Wolff in einzelnen Theilen verändert worden.

Das Geschäftshaus Wertheim, Oranienstrafse 53/54 (Abb. 200 u. 201), ist von dem Architekten A. Messel i. J. 1894 erbaut worden. Die Firma führt zu

Abb. 206. Geschäftshaus der Nicolai'schen Buchhandlung, Dorotheenstr. 75. Architekten Reimarus & Hetzel.

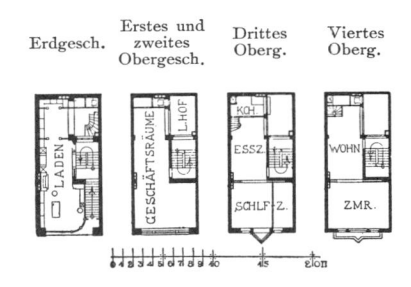

Abb. 207—211. Geschäftshaus Jockey-Club, Französische Strafse 50.
Architekt H. A. Krause.

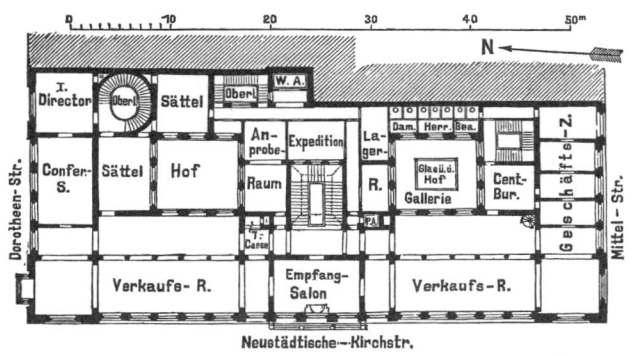

Abb. 213. Waarenhaus für Armee und Marine, Dorotheenstrafse 71. Architekten v. d. Hude & Hennicke.

Berlin und seine Bauten. III.

billigen Preisen sämtliche Gebrauchs-Gegenstände mit Ausnahme von Nahrungsmitteln. Die mit einem Kosten-

13

aufwande von 600000 ℳ. errichtete Anlage, welcher die Anordnung eines centralen, durch alle Geschosse reichenden Lichthofes, nach dem sich nahezu sämtliche Verkaufsstätten öffnen, das Gepräge grofsräumiger Stattlichkeit verleiht, zeigt eine weitgehende Raumausnutzung. Die ungünstiger belegenen Gelasse der obersten Geschosse dienen als Werkstätten, diejenigen des Dachgeschosses für Lagerzwecke.

Die Nicolai'sche Buchhandlung, Borstell & Reimarus, Dorotheenstrafse 75 (Abb. 202—206), ist von den Architekten Reimarus & Hetzel erbaut. Das Gebäude dient in sechs Stockwerken dem Geschäftsbetrieb und als Lager der grofsen Büchervorräthe. Im ersten Obergeschofs steht den Besuchern ein Lesesaal zur Verfügung. In der Façade kommt der einheitliche Zweck des Gebäudes zum guten Ausdruck.

Das Geschäftshaus „Jockey-Club", Französische Strafse 50 (Abb. 207—211), im Jahre 1896 auf schmaler, beschränkter Baustelle durch den Architekten H. A. Krause erbaut, ist Sitz eines Geschäfts für Cravatten und entsprechende Herren-Garderobe-Gegenstände. In den obersten Geschossen ist die Wohnung des Besitzers untergebracht.

Das Waarenhaus für Armee und Marine, vormals Deutscher Officier-Verein, Dorotheenstrafse 71 an der Mittel- und Neustädtischen Kirchstrafse (Abb. 212 u. 213), ist in den Jahren 1886 und 1887 von den Architekten v. d. Hude & Hennicke erbaut. Die Mitgliederzahl des Vereins beträgt rd. 45000, der jährliche Umsatz 5½ Mill. ℳ. Im Kellergeschofs befinden sich die Räume für den Waaren-Ein- und Ausgang, die Hauptpackerei und das Weinlager mit Probirstube; im Erdgeschofs die Buchhalterei, die Kasse, die Waarenpackerei für den Stadtverkehr, eine Restauration und Verlagsbuchhandlung; im ersten Obergeschofs Verkaufsräume mit der Tageskasse; im zweiten Obergeschofs Verwaltungsräume; im dritten Obergeschofs die Wohnung des Directors und die Uniformen-Werkstatt; im vierten Obergeschofs weitere Werkstätten und Lagerräume.

Den mitgetheilten Beispielen, die aufser der Grundrifs-Anordnung meist nur die architektonische Gestaltung der Strafsenfaçaden zeigen, sei noch die Ansicht eines Geschäftshofes angeschlossen. Den grofsen Kauf- und Waarenhäusern, die im wesentlichen von Grofshändlern benutzt werden, bietet die Lage der Geschäftsräume an der Strafse keine besonderen Vortheile; es werden vielmehr ruhige, an grofsen und hellen Hinterhöfen belegene Gebäudetheile bevorzugt, die zumal an den Brandgiebeln der Seitenflügel die gewünschten undurchbrochenen Flächen zur Aufstellung von Regalen bieten und deren billigerer Bodenerwerb die Miethen ermäfsigt. Die Höfe werden hierdurch mehr und mehr in den Verkaufsverkehr hineingezogen, erhalten damit eine erhöhte Bedeutung und in natürlicher Folge mehrfach eine sorgfältigere architektonische Durchbildung. Einen solchen Hof, wie er schon bei dem Kaufhause Hohenzollern erwähnt wurde, zeigt noch

Das Geschäfts- und Wohnhaus Bernhard Loeser, Alexanderplatz 1, an der Stadtbahn 20 (Abb. 214), das von dem Architekten Franz Schwechten entworfen, von dem jedoch bisher erst der kleinere Theil im Jahre 1892 zur Ausführung gebracht ist.

Erwähnungen.

Klosterstrafse 80—82, Geschäftshaus Gebrüder Simon, Baumwollenfabrik, Lein- und Manufactur-Waaren.

Friedrichstrafse 4, Wurzener Teppichfabrik, Architekt Alex. Schütz. (Deutsche Bauzeitung 1889, S. 131.)

Schlachtgasse, Waarenhaus für deutsche Beamte. Architekt G. Hochgürtel. (Neue Berliner Bauten 1890/91.)

Friedrichstrafse 179, Mey & Edlich, Architekt A. Bohm, bedeutendes Waarenhaus der gleichnamigen Firma in Leipzig-Plagwitz gehörig. In allen Geschossen reiches Lager aller erdenklichen Bekleidungs- und Ausstattungs-Gegenstände für Erwachsene und Kinder. (Neue Berliner Bauten 1890/91, Verlag Hokenholz.)

Abb. 214. Geschäftshof im Hause Bernhard Loeser, Alexanderstr. 1, an d. Stadtbahn 20. Arch. Fr. Schwechten.

Spandauer Strafse 28, Geschäftshaus N. Israel, Abtheilungen für Gardinen (inländische und ausländische Erzeugnisse), Teppiche (Erweiterungsbau), für Ausstattungen, Wäsche, Hôteleinrichtungen.

E. Passagen, Geschäftshäuser auf Hinterland.

Die Kaiser-Galerie (Passage) Unter den Linden (Abb. 215—220) ist in den Jahren 1869—1873 nach Entwürfen und unter Leitung der Architekten Kyllmann & Heyden für Rechnung einer Actiengesellschaft erbaut. Sie vermittelt den grofsen Verkehr zwischen der Strafse Unter den Linden und dem südlichen Theile der Friedrichstrafse und ist auch heute noch die bedeutendste Anlage dieser Art in Berlin. Zu beiden Seiten der Passage liegt eine grofse Zahl von Kaufläden, in dem Mittelraum ein Café. Das Kellergeschofs

Abb. 215. Die Kaiser-Galerie (Passage), Façade a. d. Behren- u. Friedrichstr. Arch. Kyllmann & Heyden.

enthält Lagerräume, welche durch Schienenwege mit dem Ausgange der Behrenstrafse in Verbindung stehen. Im ersten Obergeschofs befinden sich reich ausgestattete Säle, in denen sich zur Zeit ein Panopticum befindet, deren Bezeichnungen hier jedoch entsprechend der ursprünglichen Bestimmung angegeben sind. Das Zwischengeschofs ist zu Comptoiren vermiethet. Die Front Unter den Linden, sowie die Innenarchitektur der Galerie ist theilweise in Sandstein, vorwiegend aber in reichen Terracotten aus der Fabrik von Ernst March Söhne-Charlottenburg ausgeführt. Bemerkenswerth ist die gute Ventilation der Galerie, die ohne mechanische Einrichtungen durch das Glasdach erfolgt und wohl besonders dadurch begünstigt wird, dafs der Fufsboden von der Behrenstrafse aus nach den

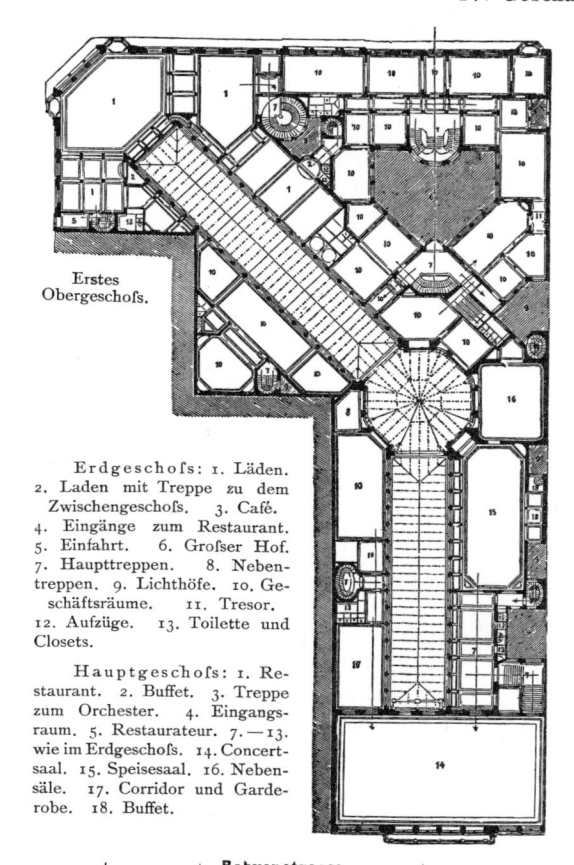

IV. Geschäftshäuser.

Erstes Obergeschofs.

Erdgeschofs: 1. Läden. 2. Laden mit Treppe zu dem Zwischengeschofs. 3. Café. 4. Eingänge zum Restaurant. 5. Einfahrt. 6. Grofser Hof. 7. Haupttreppen. 8. Nebentreppen. 9. Lichthöfe. 10. Geschäftsräume. 11. Tresor. 12. Aufzüge. 13. Toilette und Closets.

Hauptgeschofs: 1. Restaurant. 2. Buffet. 3. Treppe zum Orchester. 4. Eingangsraum. 5. Restaurateur. 7.—13. wie im Erdgeschofs. 14. Concertsaal. 15. Speisesaal. 16. Nebensäle. 17. Corridor und Garderobe. 18. Buffet.

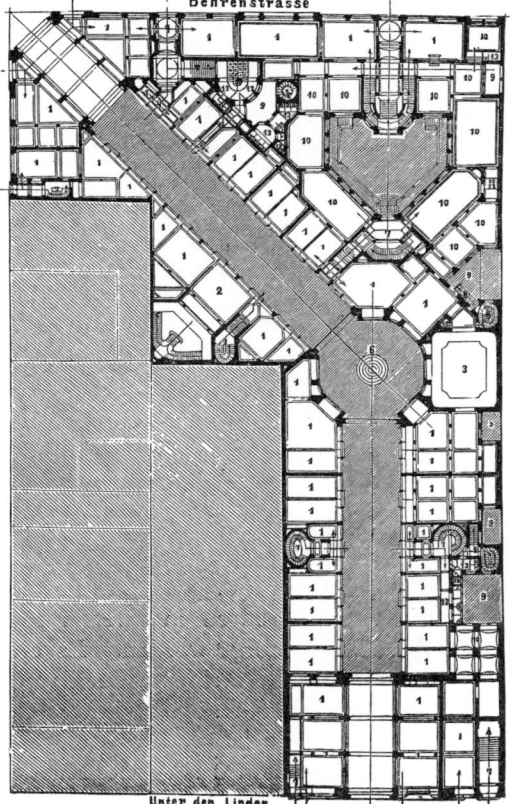

Behrenstrasse

Unter den Linden

Erdgeschofs.

Längen- und Querschnitt.

Abb. 216—219. Die Kaiser-Galerie (Passage).
Architekten Kyllmann & Heyden.

IV. Geschäftshäuser.

Linden zu ansteigt und die Hauptachse von Süden nach Norden liegt, sodafs ein beständiger Temperatur-Ausgleich von dem dem Sonnenlichte ausgesetzten Südportal nach dem im Schatten liegenden Nordportal hin erfolgt.

Das Hartung'sche Haus, Dresdener Strafse 88/89 (Abb. 221), ist im Jahre 1890 von den Architekten Reimer & Körte unter Anlehnung an Pläne von Hofsfeld erbaut. Auf dem 109,30 m tiefen und nur 19,80 m breiten Grundstücke befinden sich aufser dem Vorderhause drei Quergebäude, die durch drei Seitenflügel verbunden sind. Im Erdgeschofs

Abb. 220. Die Kaiser-Galerie (Passage). Façade Unter den Linden.
Architekten Kyllmann & Heyden.

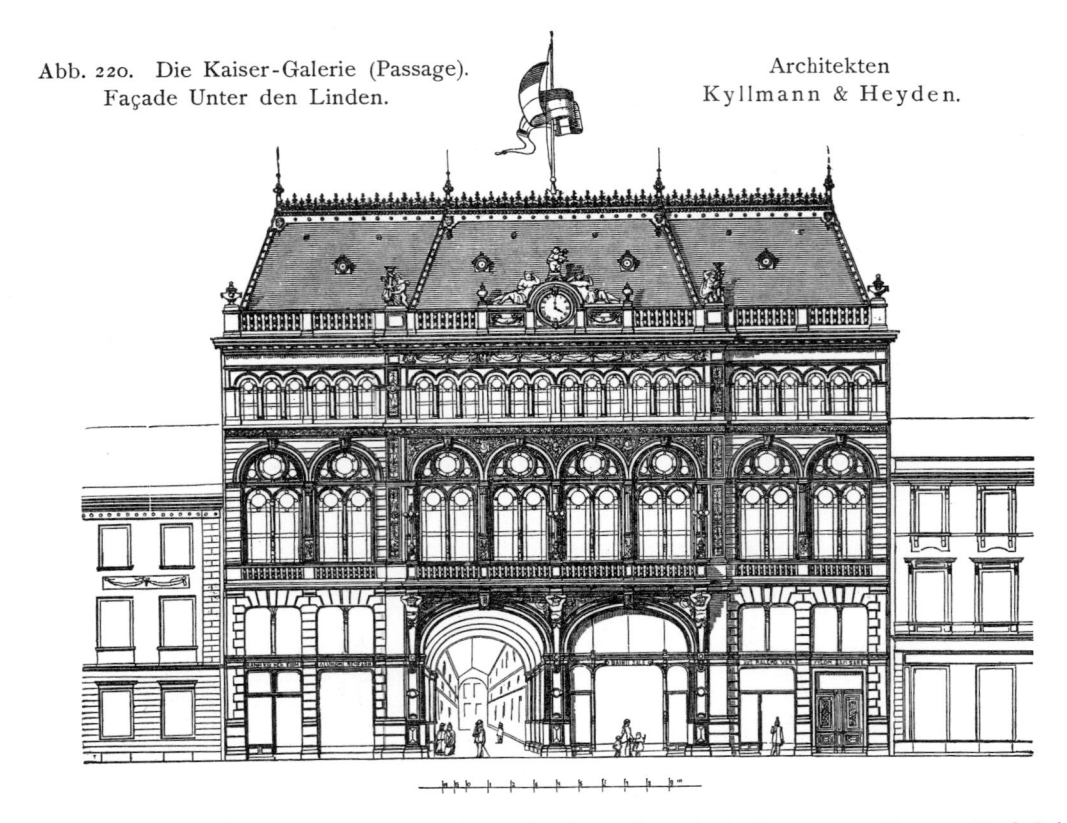

Abb. 221. Geschäftshaus Hartung, Dresdener Strafse 88/89. Arch. Reimer & Körte, Hofsfeld.

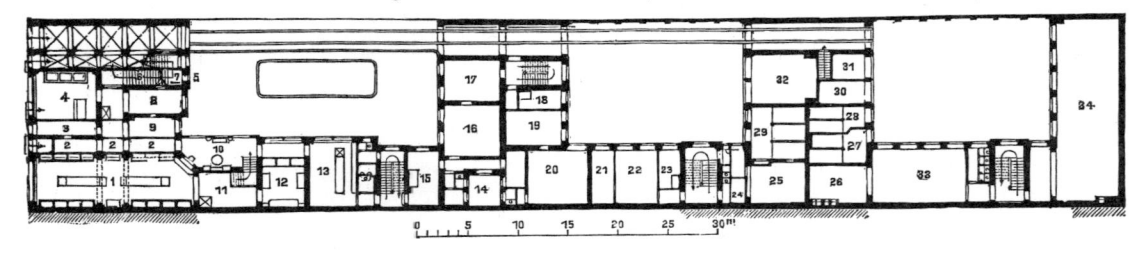

liegen vorn die beiden Läden des Besitzers, links die Wildhandlung, rechts das Verkaufsgeschäft für Bettfedern, Leinen, Matratzen usw.; zwischen beiden die gemeinsame Kasse. Weil in dem Bettfedern-Verkaufsraum die verschiedenen Sorten Federn in offenen Kästen zum Verkaufe ausgelegt werden, mufste für völlige Zugfreiheit gesorgt werden. Es erfolgt daher der Zugang durch einen mit Windfang und Glaswänden abgeschlossenen Gang, an dessen Ende sich eine Garderobe befindet, in welcher die Verkäufer vor dem Betreten Staubmäntel anlegen. Die hinteren kleinen Baulichkeiten sind theils zu kleinen Wohnungen, theils zu Fabrikräumen ausgenutzt. Die oberen Geschosse enthalten im Vorderhause und ersten Quergebäude Wohnungen, im übrigen Werkstätten.

IV. Geschäftshäuser.   103

Der Spindlershof, Neue Grünstrafse 29—31 (Abb. 222), im Besitze des Commerzienraths C. Spindler, nutzt das Hinterland in umfangreicher Weise durch Räume aus, welche theils an Handlungsgeschäfte, theils an Handwerks- und Fabrikbetriebe vermiethet werden. Die Anlage steht durch Ausfahrten mit der Seydelstrafse und mit der Wallstrafse in Verbindung. Sie ist durch die Architekten Kyllmann & Heyden entworfen und ausgeführt worden.

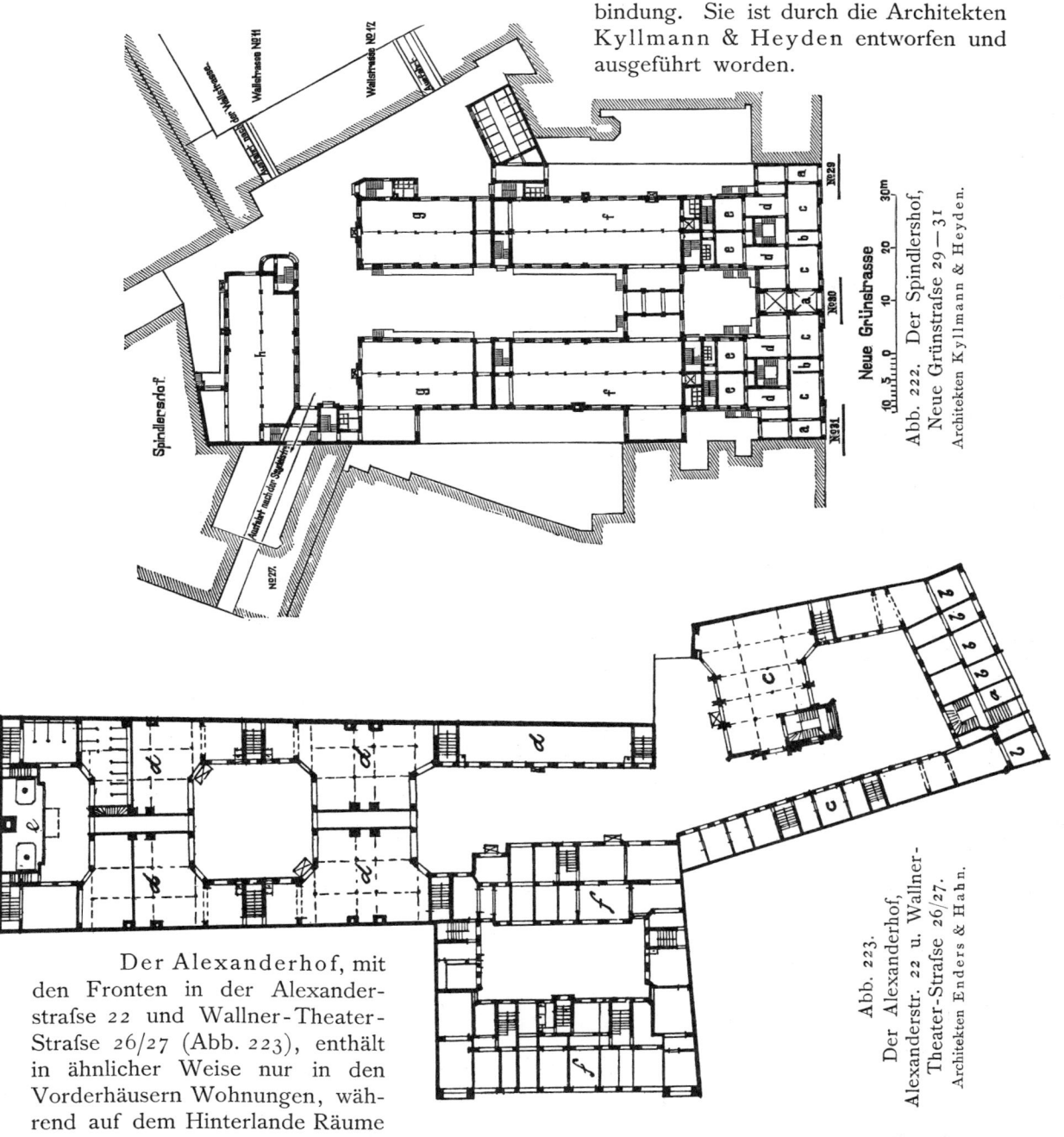

Abb. 222. Der Spindlershof, Neue Grünstrafse 29—31. Architekten Kyllmann & Heyden.

Abb. 223. Der Alexanderhof, Alexanderstr. 22 u. Wallner-Theater-Strafse 26/27. Architekten Enders & Hahn.

Der Alexanderhof, mit den Fronten in der Alexanderstrafse 22 und Wallner-Theater-Strafse 26/27 (Abb. 223), enthält in ähnlicher Weise nur in den Vorderhäusern Wohnungen, während auf dem Hinterlande Räume geschaffen sind, welche für Fabrik- und Handwerkszweige vermiethet werden. Die Anlage ist im Jahre 1894/95 von den Architekten Enders & Hahn ausgeführt.

Der Andreashof, zwischen Andreasstrafse 32 und Grüner Weg 79 (Abb. 224 und 225), ist in den Jahren 1890—1892 gleichfalls von den Architekten Enders & Hahn entworfen und ausgeführt worden. Die Anlage zeigt eine sehr klare Anordnung solcher für Miethsfabriken bestimmten Räumlichkeiten. Bei einer Gesamtgröfse von 8434 qm sind 5190 qm

104 IV. Geschäftshäuser.

bebaut. Die Decken sind in Wellblech mit Cementbetonfufsboden hergestellt. Die gufseisernen Säulen sind mit Rabitzmasse ummantelt. Die Erwärmung der Räume erfolgt durch
eine Niederdruck-Dampfheizung, die Arbeitsmaschinen werden durch drei elektrische Dynamomaschinen in Betrieb gesetzt. Hierzu sind drei Dampfkessel zu je 125 qm Heizfläche und
drei Dampfmaschinen von je 90 Pferdekräften erforderlich. In den Räumen, wo Fabrikmaschinen

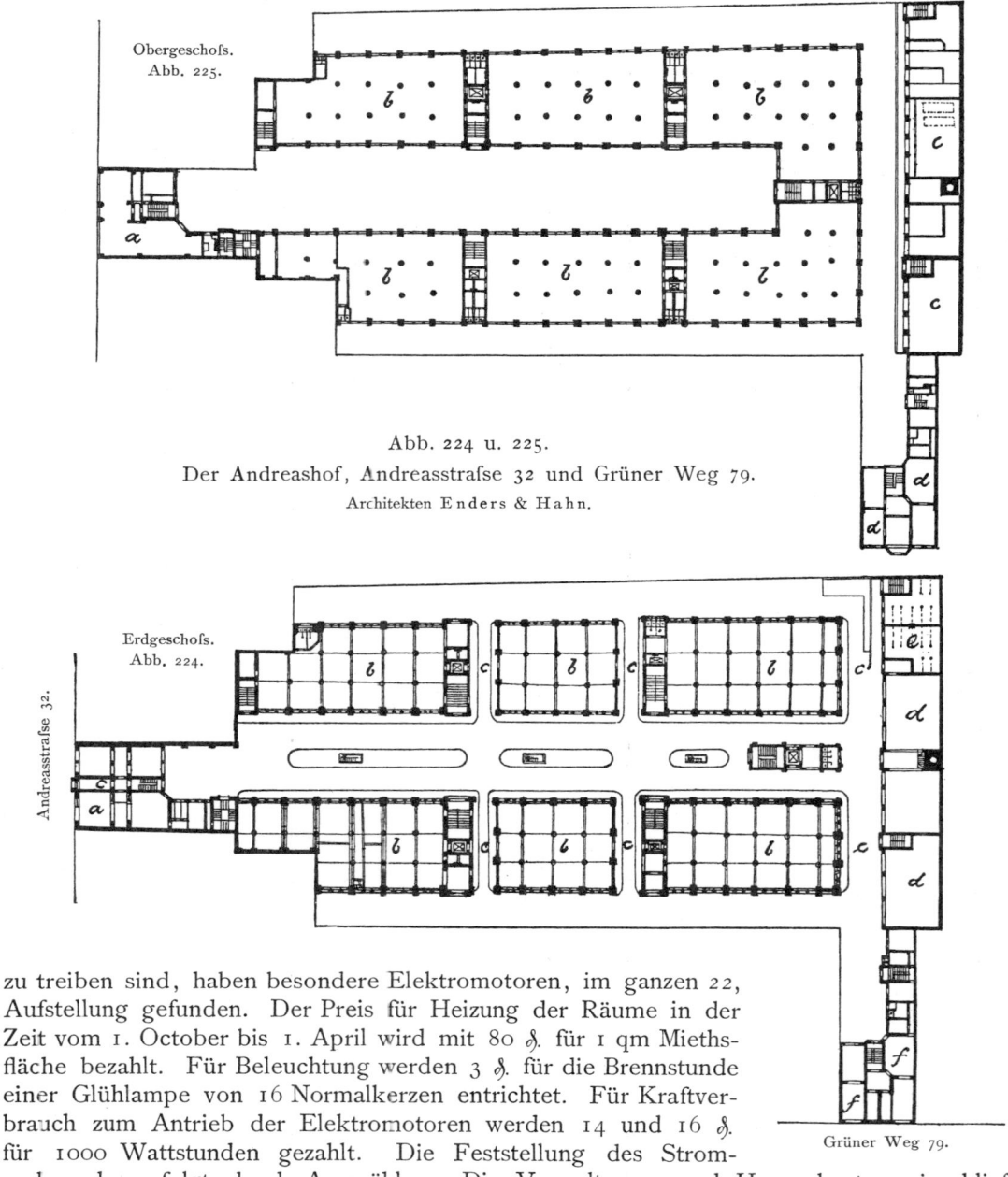

Abb. 224 u. 225.
Der Andreashof, Andreasstrafse 32 und Grüner Weg 79.
Architekten Enders & Hahn.

zu treiben sind, haben besondere Elektromotoren, im ganzen 22,
Aufstellung gefunden. Der Preis für Heizung der Räume in der
Zeit vom 1. October bis 1. April wird mit 80 ₰. für 1 qm Mieths-
fläche bezahlt. Für Beleuchtung werden 3 ₰. für die Brennstunde
einer Glühlampe von 16 Normalkerzen entrichtet. Für Kraftver-
brauch zum Antrieb der Elektromotoren werden 14 und 16 ₰.
für 1000 Wattstunden gezahlt. Die Feststellung des Strom-
verbrauchs erfolgt durch Aronzähler. Die Verwaltungs- und Hausunkosten einschliefslich
der Steuern stellen sich auf ungefähr 14 % des Miethsertrages. Die Baulichkeiten sind zur
städtischen Feuerkasse mit einem Bauwerth von 2 093 600 ℳ. veranlagt.

Entsprechend dem zunehmenden Handelsverkehr, mufste auch der Frachterei-
betrieb einen bedeutenden Aufschwung nehmen. Naturgemäfs wird zur Befriedigung seiner
Bedürfnisse, welche einerseits geräumige Speicheranlagen, anderseits Stallungen für die Be-

IV. Geschäftshäuse.

spannung der Frachtwagen umfassen, ebenfalls mit Voiliebe tiefes Hinterland verwendet. Als Beispiel werden hier zwei von dem Architekten Felix Wolff entworfene und ausgeführte Anlagen mitgetheilt.

Die Speicheranlage und Frachterei der Speditionsfirma Jacob & Valentin, Holzmarktstrafse 65 (Abb. 226 u. 227), ist im Jahre 1887 erbaut. Aufser den Hauptspeichern,

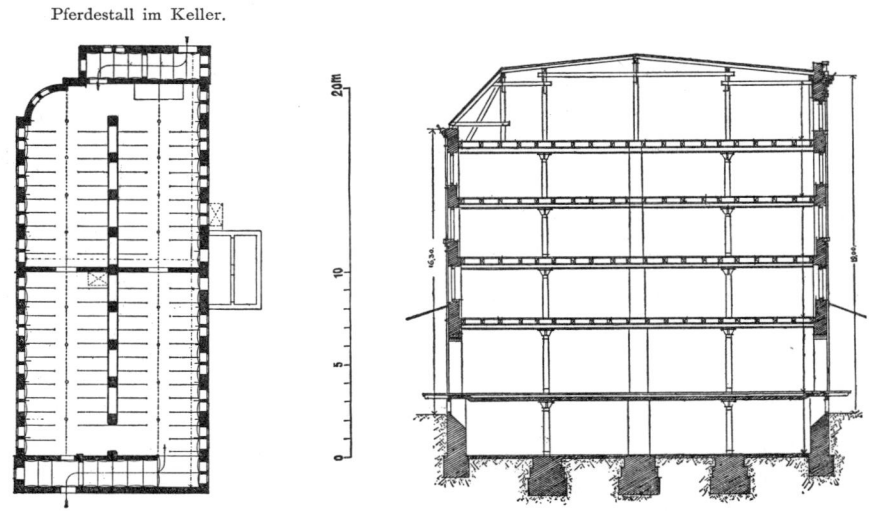

Pferdestall im Keller.

Abb. 226 u. 227. Frachterei von Jacob & Valentin, Holzmarktstrafse 65.
Architekt Felix Wolff.

welche zusammen 950 qm Grundfläche einnehmen, sind Nebenspeicher für leicht verderbliche Sachen angeordnet. Für die beladenen Wagen sind bedeckte Hallen vorgesehen. Die Anlage ist mit hydraulischen Fahrstühlen und elektrischem Licht versehen und bietet im Keller Stallung für 100 Pferde.

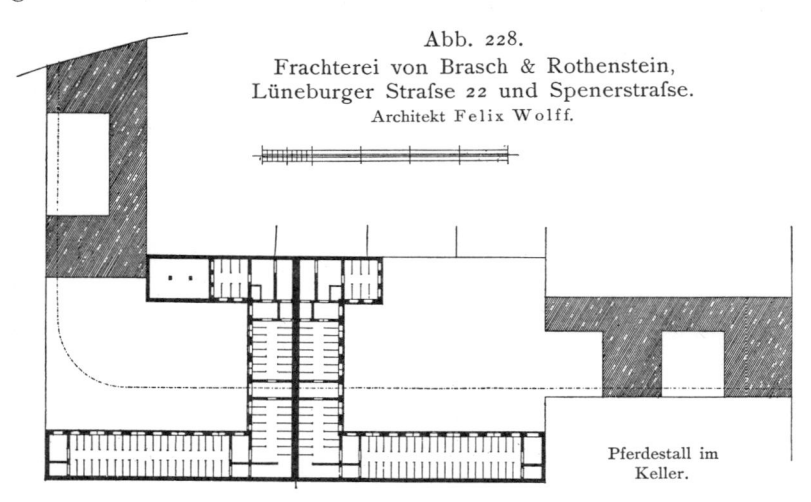

Abb. 228.
Frachterei von Brasch & Rothenstein,
Lüneburger Strafse 22 und Spenerstrafse.
Architekt Felix Wolff.

Pferdestall im Keller.

Die Frachterei der Speditionsfirma Brasch & Rothenstein, zwischen Lüneburger Strafse 22 und der Spenerstrafse (Abb. 228), zeigt eine ähnliche Anlage von noch gröfserem Umfange. Sie ist im Jahre 1888 erbaut worden.

V. Wohnhausbauten.[1]

Wenn die den Wohnhausbauten unserer Stadt gewidmete Darstellung an Umfang jedem anderen Abschnitte dieses Buches weit voran steht, so entspricht das wohl nur den thatsächlichen Verhältnissen. Zunächst behaupten die Wohnhäuser schon ihrer Menge nach ein erdrückendes Uebergewicht über sämtliche anderen Bauausführungen. Und mag die grofse Masse dieser Häuser auch nur geringes Interesse darbieten, weil sie handwerksmäfsig nach vererbter Schablone hergestellt wird, so ist neben ihr doch immerhin eine sehr bedeutende, stetig wachsende Zahl von Wohnhausanlagen höheren Ranges vorhanden, in denen versucht wurde, jene aus örtlichen Bedingungen und Ueberlieferungen entstandene Schablone, wenn nicht zu durchbrechen, so doch weiter zu entwickeln und zu verbessern.

Vor allem aber ist keine andere Bauthätigkeit so bezeichnend für die architektonische Eigenart des Ortes

---

[1] Unter Mitwirkung der Vereinigung Berliner Architekten bearbeitet von Architekt K. E. O. Fritsch.

wie gerade diejenige auf dem Gebiete des Wohnhausbaues. Einmal weil infolge der andauernden Wechselwirkung zwischen Bauherren und Architekten der Einfluſs der ersten und damit der Einfluſs der vom Publicum gestellten allgemeinen Ansprüche hier besonders stark und deutlich zur Geltung kommt. Dann aber auch, weil nach der natürlichen Lage der Dinge die Mehrheit der Architekten vorzugsweise, zum Theil sogar ausschlieſslich auf jenes Gebiet angewiesen ist und auf ihm allein ihre volle Kraft entfalten kann. Auf keinem anderen Felde des Berliner Bauwesens ist in der That eifriger gestrebt und mehr erreicht worden — namentlich in den letzten Jahrzehnten, seitdem mit dem steigenden Wohlstande der Bevölkerung auch der Sinn für die Behaglichkeit des Wohnens, das Verständniſs für eine individuelle künstlerische Gestaltung des Hauses und das Bedürfniſs nach einer solchen eine mächtige, auf weite Kreise sich erstreckende Steigerung erfahren haben. —

Gegenüber der Fülle und der Mannigfaltigkeit des sich darbietenden Stoffes war es selbstverständlicher Weise unmöglich, eine Schilderung und Würdigung des Berliner Wohnhausbaues auf die Wiedergabe gewisser „typischer Beispiele" zu beschränken. Von dem Reichthum des durch die künstlerische Thätigkeit einer zahlreichen, unter sich wetteifernden Architektenschaft Geschaffenen konnte eine annähernde Vorstellung nur gegeben werden, wenn auch eine gröſsere Zahl von Wohnhäusern verschiedenen Ranges und verschiedener Bestimmung zur Darstellung gebracht wurde. Trotzdem konnte es dabei um nicht mehr als eine Auswahl sich handeln, die nichts weniger als leicht war und bei der dennoch das Richtige vielleicht nicht immer getroffen wurde. Leitender Gesichtspunkt für sie war jedenfalls der Wunsch, möglichst allen zu Tage getretenen Bestrebungen gerecht zu werden — mögen dieselben mehr auf künstlerische Ziele oder auf solche der Zweckmäſsigkeit sich gerichtet haben. Daſs dabei in erster Linie die Bauthätigkeit der beiden letzten Jahrzehnte berücksichtigt werden muſste, liegt auf der Hand; doch ist aus der ersten Ausgabe dieses Buches auch eine nicht unbeträchtliche Zahl von Beispielen älterer Wohnhausbauten übernommen worden. Nicht minder versteht es sich von selbst, daſs — um den Umfang des Abschnittes nicht noch mehr anschwellen zu lassen — die bildliche Vorführung der Bauten als die Hauptsache betrachtet wurde, während der zugehörige Text lediglich die als unentbehrlich anzusehenden Angaben und Hinweise bringen will.

Die im Interesse der Uebersichtlichkeit gebotene Gliederung des Stoffes ist, wie schon früher, derart erfolgt, daſs zunächst zwischen zwei groſsen Hauptgruppen — den für die Bedürfnisse eines einzigen Haushalts bestimmten Einzelwohnhäusern und den eine gröſsere oder geringere Zahl einzelner Wohnungen in sich vereinigenden Miethhäusern — unterschieden wurde. Beide Gruppen sind sodann noch in mehrere Unterabtheilungen zerlegt worden. Sämtliche Grundrisse (bis auf zwei Ausnahmen) sind in einheitlichem Maſsstabe, 1 : 500, dargestellt.

A. Einzelwohnhäuser.

Das Einzelwohnhaus spielt in Berlin bekanntlich nicht die Rolle, die es — dem germanischen Drange nach individueller Selbständigkeit entsprechend — früher in ganz Deutschland behauptet hat und in einzelnen Gebieten des deutschen Nordwestens, namentlich aber in den Niederlanden und England noch heute behauptet. Es ist bei uns im wesentlichen ein Luxushaus, also ein Besitz, den nur begüterte Familien sich gönnen können. Denn die Bestrebungen, durch Gründung von Wohnhauscolonien in den Auſsenbezirken die Erwerbung eines eigenen kleinen Heim auch den minder bemittelten Klassen und insbesondere der Arbeiterbevölkerung zugänglich zu machen, haben bis jetzt zu dem erwarteten Erfolge nicht geführt, weil die letztere den ihr gebotenen Vortheil offenbar geringer schätzt als den Nachtheil, in gröſserer Entfernung von den Mittelpunkten des städtischen Verkehrs und ihren Arbeitsstätten zu wohnen.

Dank jener allgemeinen Steigerung des Wohlstandes hat die Zahl der Einzelwohnhäuser Berlins trotzdem in den letzten Jahren nicht unerheblich zugenommen — namentlich in dem bevorzugten Bezirk, der den Thiergarten umgiebt. Der Zuwachs würde ohne Zweifel ein noch ungleich bedeutenderer sein, wenn die durch den Bebauungsplan geschaffenen

Häuserviertel nicht so grofs, die einzelnen Grundstücke also so tief wären, dafs die Kosten des Grunderwerbs meist aufser Verhältnifs zu denjenigen des Hausbaues stehen. Die grofse Mehrzahl der Familien, denen das Wohnen im eigenen Hause begehrenswerth erschien, hat sich demzufolge in den Vororten angesiedelt, deren Bauthätigkeit auf dem in Rede stehenden Gebiete als eine Ergänzung derjenigen Berlins angesehen werden mufs.

Bemerkenswerth ist es, dafs unter den jüngsten Neubauten unserer Stadt Wohnhausanlagen ersten Ranges, sogen. „Palais", im Verhältnifs viel seltener geworden sind, als dies in den ersten Jahren des grofsen Aufschwungs nach Beendigung des letzten deutschfranzösischen Krieges der Fall war. Vielleicht rührt diese Erscheinung davon her, dafs zur Zeit allein noch einzelne Mitglieder der Industrie- und Finanzkreise zur Erbauung eines Palais sich entschliefsen, während der begüterte Hochadel des Landes — im Gegensatze zu demjenigen anderer europäischer Grofsstaaten — nicht mehr das Bedürfnifs zu empfinden scheint, einen eigenen, dem Glanze seines Namens und Ranges entsprechenden Sitz in der Hauptstadt sich zu gründen. Sind doch mehrere, in den fünfziger und siebziger Jahren theils neu erbaute, theils durch Umbau älterer Gebäude geschaffene Anlagen dieser Art seither in andere Hände übergegangen und theilweise einer anderen Bestimmung übergeben worden.

Die im Folgenden mitzutheilenden Beispiele von Einzelwohnhäusern sollen in drei Gruppen zusammengefafst werden, für deren Abgrenzung Lage und Beschaffenheit der Baustelle den Ausgangspunkt bilden. Während der ersten die auf umschlossener Baustelle errichteten Häuser zugerechnet werden, erstreckt sich die zweite auf die freier gelegenen, meist ganz oder doch auf mehreren Seiten von einem Garten umgebenen Häuser, die gewöhnlich als städtische Villen bezeichnet werden. Die dritte wird eine Auswahl der in den Vororten errichteten Landhäuser bringen. Bei Aneinanderreihung der einzelnen Beispiele soll im allgemeinen die Zeitfolge ihrer Entstehung mafsgebend sein, jedenfalls aber zwischen der Bauthätigkeit der letzten beiden Jahrzehnte und der früheren unterschieden werden.

1. Einzelwohnhäuser auf umschlossener Baustelle.

Auf die Leistungen des Berliner Wohnhausbaues in vergangenen Jahrhunderten unter Vorführung bildlicher Darstellungen näher einzugehen, was vorwiegend an dieser Stelle geschehen müfste, liegt aufserhalb der Zwecke unserer Arbeit. Wer jene Schöpfungen kennen lernen will, sei auf das Werk über „Die Bau- und Kunstdenkmäler von Berlin" verwiesen, dessen Verfasser mit rühmlichem Fleifse alles aufzählt und beschreibt, was an bemerkenswerthen Wohnhäusern aus älterer Zeit noch vorhanden ist oder vielmehr vorhanden war; denn die Zerstörung der betreffenden Bauten hat in den mittlerweile vergangenen drei Jahren wiederum reifsende Fortschritte gemacht. Eine kurze Erwähnung der bedeutendsten hierher gehörigen Häuser soll jedoch auch hier nicht unterlassen werden.

In Betracht kommen vor allen die Palais und palastartigen Wohnhäuser, welche einst — zumeist wohl auf Anregung aber auch mit Unterstützung der Herrscher — von Mitgliedern des Hofadels und Inhabern hoher Staatsämter errichtet worden sind. Ihre vormals bedeutende Zahl ist neuerdings stark zusammengeschmolzen. Der ursprünglichen Bestimmung entsprechend, werden nur diejenigen unter ihnen benutzt, welche, in den Besitz der Krone übergegangen, von Mitgliedern des Königlichen Hauses bewohnt werden; ein anderer Theil ist vom Staate oder der Stadtgemeinde angekauft und dient zur Unterbringung von Behörden und Sammlungen. Starke Veränderungen im Innern haben fast alle erfahren, sodafs neben einigen wenigen Sälen, Treppenhäusern usw. im wesentlichen nur die durchweg im Putzbau unter spärlicher Verwendung von Sandsteingliederungen hergestellten Façaden auf Interesse Anspruch erheben können.

Aus der Zeit vor dem dreifsigjährigen Kriege stammt eine einzige Wohnhausfaçade künstlerischen Ranges. Sie gehört dem Hause Breitestrafse 35 an, das im Jahre 1624 für H. G. v. Ribbeck erbaut, 1628 von der Herzogin Anna Sophie von Braunschweig erworben, und nach 1660 mit dem Königlichen Marstall verbunden worden ist.

V. Wohnhausbauten.

Auch die Privatpaläste aus der Zeit des Grofsen Kurfürsten und König Friedrichs I. sind heute fast sämtlich verschwunden. Zwei der letzten von ihnen, das gegen 1690 von Nering für den Minister v. Danckelmann erbaute sogen. „Fürstenhaus" in der Kurstrafse, gegenüber der Jägerstrafse, und die von Schlüter bald nach 1700 geschaffene „Alte Post" an der Kurfürstenbrücke, deren vom Volksmunde überlieferte Bestimmung als Palais für den Grafen v. Wartenberg allerdings nicht nachzuweisen ist, sind erst im letzten Jahrzehnt dem Abbruch verfallen. An dem Palais der Kaiserin Friedrich, das seine Bestimmung vielfach gewechselt hat und wiederholt umgebaut ist, hat sich von der ersten zwischen 1663—1669 (von Memhardt oder Smids) ausgeführten Anlage im wesentlichen nur die Architektur des Erdgeschosses erhalten. Das von Nering in den Jahren 1693—1694 für den Feldmarschall v. Derfflinger erbaute Palais, Kölnischer Fischmarkt 4, ist zu einem Miethshause umgewandelt und durch Aufsetzen eines weiteren Obergeschosses entstellt worden. So sind es eigentlich nur zwei Bauten von de Bodt, die als Vertreter der vornehmeren Privat-Architektur jener Zeit übrig geblieben sind: das gegen 1702 für den Minister v. Schwerin errichtete Haus Molkenmarkt 3, das gegenwärtig den Ersatz-Commissionen überwiesen ist, und das 1701—1704 entstandene, ehemals dem Hofrath Rademacher, später dem Minister v. Podewils gehörige Haus Klosterstrafse 68, das heute im städtischen Besitz sich befindet; in letzterem hat sich bei seinem jüngsten Ausbau noch eine aus dem 16. Jahrhundert herrührende Gewölbestütze vorgefunden, die darauf hindeutet, dafs der Kern des Hauses noch älteren Ursprungs ist.

Etwas zahlreicher sind die auf uns überkommenen Palaisbauten aus der Zeit Friedrich Wilhelms I., die freilich — infolge der persönlichen Einwirkung des Königs — für diesen Zweig der Berliner Bauthätigkeit ganz besonders ergiebig war. Den ersten Rang unter ihnen nehmen drei zwischen 1734—1738 entstandene Bauten in der Wilhelmstrafse ein, die nach dem Vorbilde gleichzeitiger französischer Adelspaläste mit einem von schmalen Flügelbauten eingefafsten Vorhofe (cour d'honneur) und einem zurückliegenden, nach Hof und Garten sich öffnenden Hauptgebäude (corps de logis) angelegt sind: das ehemalige Palais des Geh. Finanzraths Grafen v. Schwerin (heute Ministerium des Königlichen Hauses), Wilhelmstrafse 73, von Wiesend; das ehemalige Palais des Grafen v. d. Schulenburg (später im Besitze der Fürstl. Radziwill'schen Familie, heute Reichskanzlerpalais), Wilhelmstrafse 77, von Richter und das ehemalige Palais des Barons Vernezobre (heute Palais des Prinzen Albrecht), Wilhelmstrafse 102, dem der Plan eines französischen Architekten zu Grunde liegt, das aber bei dem im Jahre 1830 durch Schinkel ausgeführten Umbau wesentlich verändert worden ist. Zu erwähnen sind ferner: das heute der Seehandlung gehörige Palais Jägerstrafse 21, das gegen 1730 auf Kosten des Königs (wahrscheinlich von Wiesend) erbaut und von diesem dem Geh. Kriegsrath v. Eckardt, später dem Minister v. Boden geschenkt wurde; das sogen. Prinzessinnenpalais, Ober-Wallstrafse 1 u. 2 (1730—1733 von Dieterichs für den späteren Grofskanzler v. Cocceji erbaut) und das ehemalige Palais des Ministers v. Creutz, Klosterstrafse 36, das längere Zeit dem Gewerbe-Institute eingeräumt war und heute das Museum für Volkstrachten sowie die Bureaus des Museums für Gesundheitslehre enthält. Das letztere ist in den ersten Regierungsjahren Friedrich Wilhelms I. von Martin Böhme geschaffen worden, der im Jahre 1724 auch das Palais des Generals v. Grumbkow, Königstrafse 60, errichtete, das seit 1816 Sitz des Berliner Hauptpostamts ist und im Jahre 1879 einem Neubau hat weichen müssen; doch ist der mittlere Theil der Façaden-Architektur mit dem Portal an einem Quergebäude des Hofes wieder angebracht worden.

Als Palaisbauten aus der Zeit Friedrichs des Grofsen sind zu nennen: das seit 1882 mit dem Palais Kaiser Wilhelms I. verbundene ehemalige Niederländische Palais, Unter den Linden 36, im Jahre 1753 von Andreas Krüger erbaut und später (als Wohnung der Gräfin von der Marck) durch Boumann wesentlich erweitert; das 1761—1766 erbaute, jetzt der Stadt gehörige ehemalige Palais des Münzpächters Ephraim, Ecke der Poststrafse und des Mühlendammes, das aus dem Jahre 1775 stammende, zu Anfang des 19. Jahrhunderts für den späteren Staatskanzler Freiherrn v. Hardenberg neu ausgebaute Palais Leipziger Strafse 75 (jetzt Vordergebäude des Hauses der Abgeordneten) und das (vermuthlich von C. v. Gontard herrührende) Haus Markgrafenstraße 47 am Gensdarmenmarkt, das lange Zeit Sitz der General-Lotterie-Direction war und heute Sitz des Oberverwaltungsgerichts ist.

Vertreter der in Rede stehenden Gebäudegattung aus der Zeit König Friedrich Wilhelms II. sind endlich das 1788—1790 für den Geh. Kriegsrath Kolbe errichtete Haus Schützenstraße 26 (zur Zeit Sitz des Consistoriums und des Provinzial-Schulcollegiums) und das im Jahre 1792 und 1793 von Titel für Frau v. Massow erbaute Haus Behrenstraße 66, welches gegenwärtig dem Kaiserlichen Militärcabinet eingeräumt ist.

Eine entsprechende Erwähnung der ansehnlichsten, nach ihrer äußeren Erscheinung häufig palastartig wirkenden Bürgerhäuser aus älterer Zeit dürfte zu weit führen. Trotz aller Zerstörungen ist ihre Zahl noch immer eine nicht unbeträchtliche. Das Interesse, welches sie gewähren, heftet sich aber in noch ausschließlicherer Weise an ihre Façaden, als dies bei den eigentlichen Palais der Fall ist, weil diese, namentlich unter Friedrich dem Großen und seinem Nachfolger auf Königliche Kosten „zur Embellirung der Stadt" ausgeführten stattlichen Façaden meist eine Maske sind, der das ärmliche Innere der Häuser durchaus nicht entspricht. Um wirkliche „Patricierhäuser" entstehen zu lassen, waren die Verhältnisse, wie sie in nachmittelalterlicher Zeit, besonders aber seit dem dreißigjährigen Kriege in der Berliner Bürgerschaft bestanden, nichts weniger als geeignet. Das werthvollste ältere Privathaus der Stadt ist jedenfalls das im Jahre 1761 von dem Armeelieferanten Damm errichtete, seit 1825 im Besitze der Familie Ermeler befindliche Haus Breitestraße 11, das im Treppenhause und einigen Vorderzimmern noch die alte gediegene Ausstattung mit Wand- und Deckenbildern, geschnitzten Täfelungen usw. besitzt.

Während der ersten sechs Jahrzehnte unseres Jahrhunderts hat die durch die napoleonischen Kriege herbeigeführte tiefe Erschöpfung des Landes den Bau vornehmer Wohnhäuser in der Hauptstadt wenig begünstigt. Aus der langen Regierungszeit Friedrich Wilhelms III. ist nur eine einzige Anlage dieser Art zu verzeichnen:

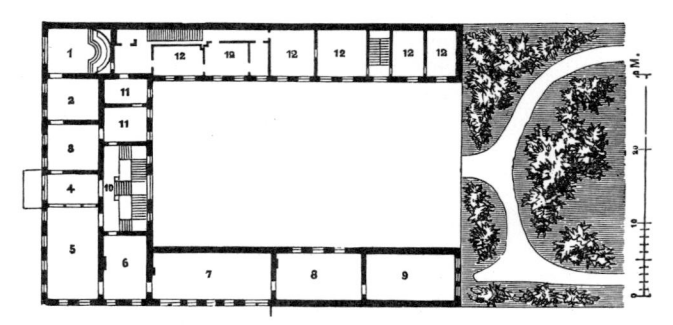

Erstes Obergeschoß: 1. Salon. 2. u. 3. Vorzimmer. 4. Eintritts-Raum. 5. Tanzsaal. 6. Nebenzimmer. 7. Bildersaal. 8. Speisesaal. 9. Bibliothek. 10. Haupttreppe. 11. Nebenzimmer. 12. Garderobe, Wohn- und Schlafzimmer.

Abb. 229. Palais des Grafen Redern, Unter den Linden 1.
Architekt Schinkel.

Das Palais des Grafen Redern, Unter den Linden 1, an der Ecke des Pariser Platzes (Abb. 229 u. 230). Aber auch diese im Jahre 1833 vollendete Schöpfung Schinkels ist kein vollständig neues Werk, sondern aus dem Umbau eines älteren, 1736 von Grael errichteten Palais entstanden, dem ein neues Obergeschoß und eine neue Façade gegeben wurden. Die letztere, den Formen florentinischer Paläste angenähert, ist ein Putzbau mit einzelnen Terracotten-Gliederungen an Portal, Balcons und Gesims; die Festsäle des Obergeschosses erhielten eine streng architektonische Decoration in Gold und Weiß. Die Gestaltung des Grundrisses, bei welcher allerdings auf gute Unterbringung der Gemäldegalerie des Bauherrn Rücksicht zu nehmen war, zeigt, welche geringen Ansprüche damals noch an den inneren Zusammenhang und die Zugänglichkeit der Räume gestellt wurden. — Im Erdgeschoß des Hauses hat neuerdings die Gemäldehandlung von E. Schulte ihre Ausstellungsräume sich eingerichtet.

In den vierziger und fünfziger Jahren unseres Jahrhunderts, unter der Regierung Friedrich Wilhelms IV., regte sich im Wohnhausbau zwar frischeres Leben, doch kam dieses mehr der Entwicklung des Miethshauses zu gute als der des anspruchsvolleren Einzelhauses. Was an Einzelhäusern entstand, war zumeist sehr einfacher Art und gehörte ganz überwiegend der Gattung der vorstädtischen Villa an. Die von Eduard Knoblauch ausgeführten Palais der Grafen Arnim-Boytzenburg, Pariser Platz 4, und Behr-Negendank, Wilhelmplatz 7, sowie das von Hitzig erbaute Palais des Grafen von Pourtalès, Königsplatz 4

V. Wohnhausbauten.   111

(die letzteren beiden mittlerweile in anderen Besitz übergegangen), sind Putzbauten schlichter Art, die im wesentlichen nur durch ihre Verhältnisse wirken; bemerkenswerth ist am Palais

Abb. 230. Palais des Grafen Redern, Unter den Linden 1. Architekt Schinkel.

Abb. 231. Palais der Russischen Botschaft, Unter den Linden 7. Architekt Ed. Knoblauch.

Pourtalès jedoch die vornehme Raumentwicklung. Einen gleichen Rang nahm das der Anlage des Reichstagshauses zum Opfer gefallene, von Eduard Titz erbaute Wohnhaus Rudolf

112 V. Wohnhausbauten.

Hertzog, Sommerstraße 5, ein, dessen Façade durch einen in Sandstein ausgeführten Erkervorbau ein monumentales Gepräge erhielt. Wichtiger als die vorgenannten Häuser ist

Das Palais der Russischen Botschaft, Unter den Linden 7 (Abb. 231), das in den Jahren 1840 und 1841 gleichfalls von Ed. Knoblauch geschaffen wurde. Zwar ist es

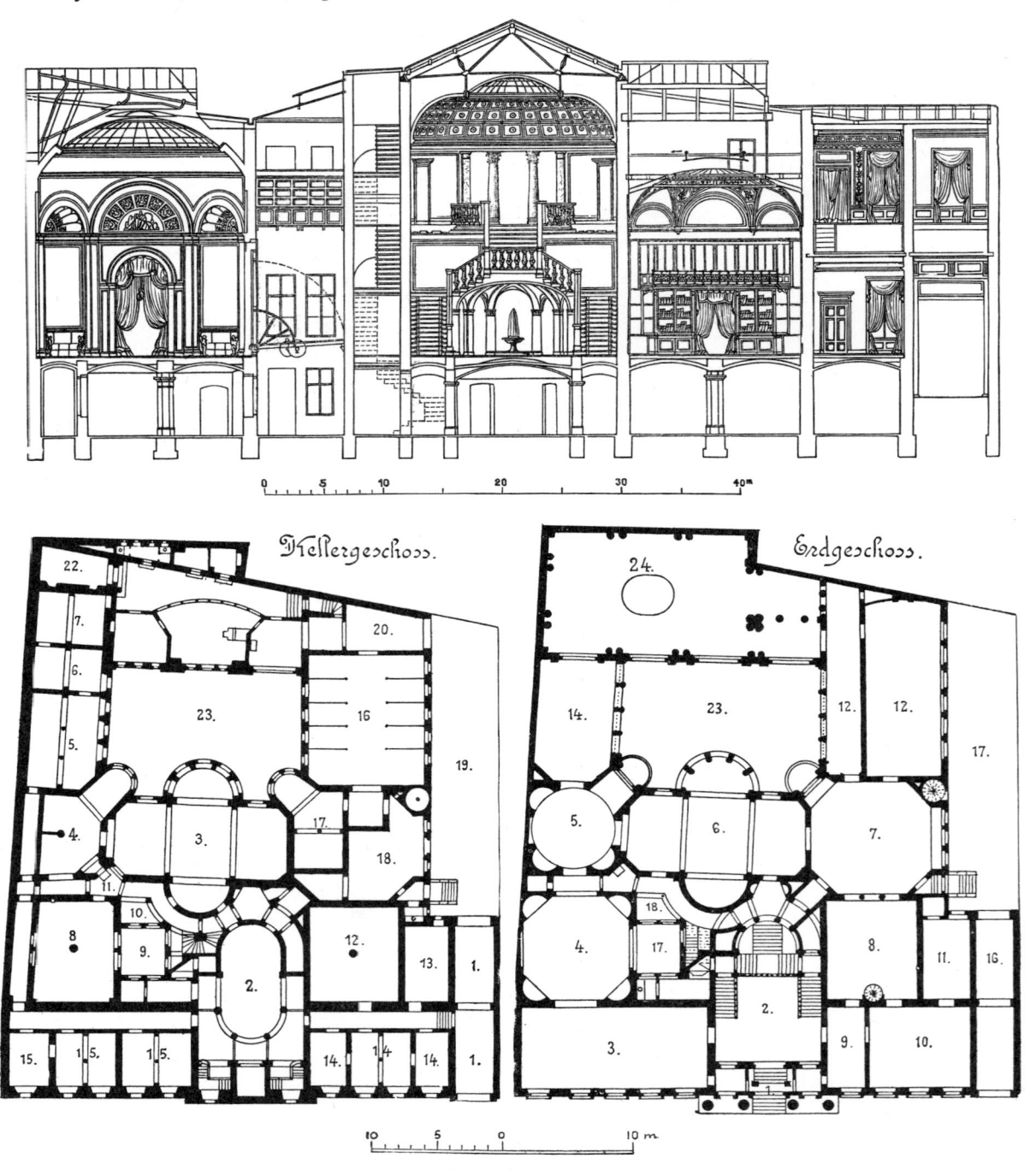

1. Durchfahrt. 2. Speisezimmer der Dienerschaft. 3. Küche. 4. Wirthschaftsraum. 5. Waschküche mit Waschmaschine. 6. Plättstube. 7. Rollkammer. 8. Speisekammer. 9. Lichthof. 10. Spülraum. 11. Aufzug. 12. Warmwasserheizung. 13. Weinkeller. 14. Kutscherwohnung. 15. Dienerzimmer. 16. Pferdestall. 17. Geschirrkammer. 18. Futterkammer. 19. Ueberdeckter Hof (Wagenremise). 20. Durchgang. 22. Grotte. 23. Hof.

1. Vorhalle. 2. Vestibül. 3. Empfangszimmer. 4. Tanzsaal. 5. Boudoir. 6. Speisesaal (daneben im Obergeschofs Schlafzimmer). 7. Billardzimmer. 8. Bibliothek. 9. Vorzimmer. 10. Arbeitszimmer des Botschafters. 11. Schlafzimmer. 12. Bildergalerie. 14. Vorzimmer zum Festsaal. 16. Durchfahrt. 17. Höfe mit Glasüberdeckung. 18. Anrichtezimmer. 24. Grofser Festsaal.

Abb. 232—234. Englische Botschaft (früher Palais Strousberg), Wilhelmstrafse 70. Architekt A. Orth.

V. Wohnhausbauten.

gleichfalls nur im Putzbau hergestellt, aber der Mafsstab der ganzen Anlage, die vornehmen Verhältnisse der Architektur und die fein abgewogene Gestaltung der Einzelheiten, die den Bau als ein klassisches Beispiel für die damalige Richtung der Berliner Schule erscheinen lassen, sichern ihm immerhin eine hervorragende Stellung. Das Gebäude, dessen Grundrifs zwei Höfe zeigt, enthält gröfsere Fest- und Gesellschaftssäle, sowie im ersten Obergeschofs des Vorderhauses ein Absteigequartier für die russische Kaiserfamilie. Es ist übrigens kein vollständiger Neubau, sondern umfafst wesentliche Theile eines Palaisbaues aus dem 18. Jahrhundert, darunter einen Saal mit wohlerhaltener Rococodecoration.

Abb. 235. Festsaal im Palais der Englischen Botschaft. Architekt August Orth.

Von dem Umschwunge, der seit den Ereignissen des Jahres 1866 auf dem in Rede stehenden Gebiete eingetreten ist — ein Umschwung, der nicht allein in der gröfseren Zahl der seither alljährlich entstehenden Einzelwohnhäuser, sondern noch mehr in der Art ihrer Grundrifsanlage, ihrer Herstellung in echten Baustoffen und in ihrer künstlerischen Ausstattung sich zu erkennen giebt — liefert schon der erste neuere Palastbau Berlins eine anschauliche Probe.

Das Palais der Englischen Botschaft, Wilhelmstrafse 70 (Abb. 232—235), ist in den Jahren 1867/68 von August Orth für den bekannten Eisenbahn-Unternehmer Dr. Strousberg mit einem Kostenaufwande von 900000 ℳ erbaut worden. Da auch hier die Mauern eines älteren Gebäudes mit benutzt wurden, ist für die Façade mit Ausnahme des von vier korinthischen Säulen getragenen Portikus und des Hauptgesimses allerdings

Abb. 236 u. 237. Wohnhaus Pringsheim, Wilhelmstrafse 67. Architekten Ebe & Benda.

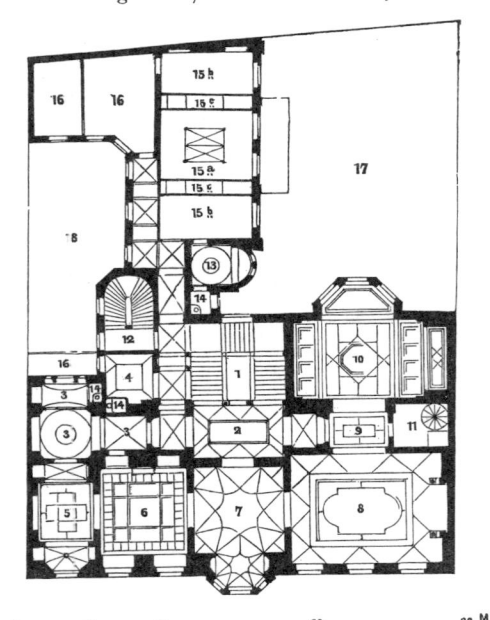

Obergeschofs: 1. Haupttreppe. 2. Vestibül. 3. Vorzimmer u. Herrengarderobe. 4. Damengarderobe. 5. Herrenzimmer. 6. Bibliothek. 7. Damen-Salon. 8. Tanzsaal. 9. Verbindungsraum. 10. Speisesaal. 11. Anrichteraum mit Aufzug und Wirthschaftstreppe. 12. Nebentreppe. 13. Bad. 14. Closet. 15 a. Schlafzimmer. 15 b. Toilettenzimmer. 15 c. Schränke. 16. Schlafz. 17. Garten. 18. Wirthschaftshof.

noch am Putzbau festgehalten worden; die Anordnung und Ausstattung des ebenso grofsräumigen wie behaglichen Innern, dessen Obergeschofs die zahlreichen Schlaf- und Kinderzimmer mit ihrem Zubehör enthält, waren zur Zeit ihrer Entstehung in Berlin noch ohne Beispiel. Bemerkenswerth sind auch einige technische Einrichtungen und Neuerungen, so die abendliche Beleuchtung der Treppe und des Tanzsaals durch bewegliche Flammenschirme über den Oberlichten und die Anordnung einer kleinen Bühne, die durch Niederklappen einer parkettirten Wand des Tanzsaals in den benachbarten, mit Glas gedeckten Hof sich beschaffen läfst.

In der ursprünglichen Anlage des Hauses, welche in der ersten Ausgabe dieses Buches dargestellt ist, war der grofse Hof nur bis zum Erdgeschofs geschlossen; in der Höhe des letzteren lag an der Hinterseite eine im Flachbogen geschwungene Terrasse, die nach dem anstofsenden Garten des Gräflich Redern'schen Palais geöffnet war; der Hof selbst war mit Gartenanlagen und einem Springbrunnen geschmückt. Zufolge der neuen Bestimmung des Hauses hat an dieser reizvollen Anordnung leider nicht fest-

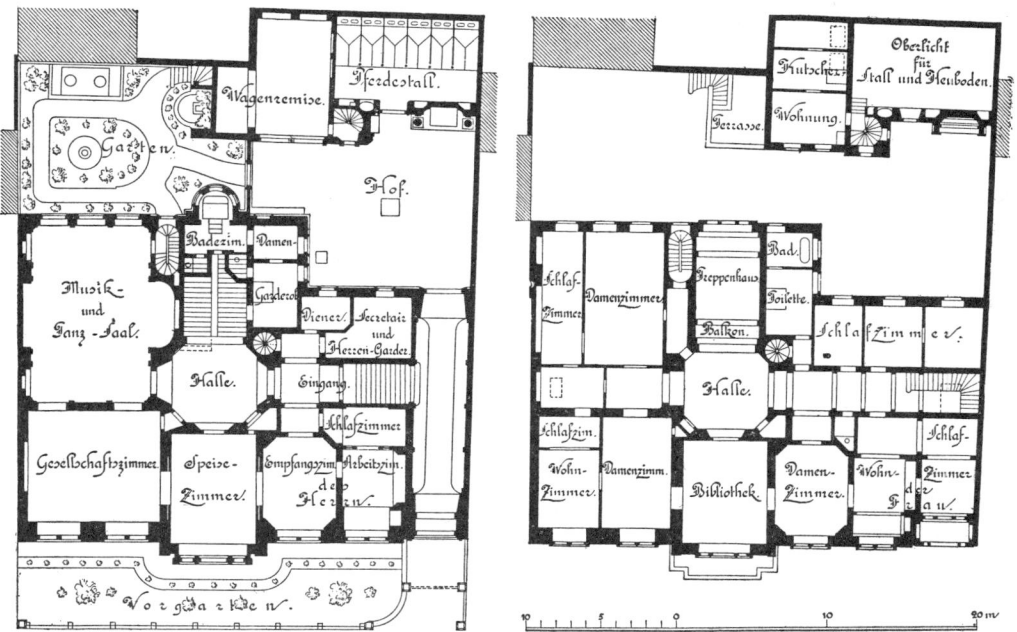

Abb. 238—240. Spanische Botschaft (vorm. Palais v. Tiele-Winckler), Regentenstr. 15. Arch. Ebe & Benda.

15*

gehalten werden können; es ist vielmehr an der Hinterseite des Hauses ein neuer gröfserer Festsaal (Abb. 235) gebaut worden, der die beiden Seitenflügel mit einander verbindet und es sonach ermöglicht, das ganze Hauptgeschofs für festliche Zwecke einheitlich zu benutzen. Es können nunmehr bis zu 600 Personen in demselben vereinigt werden. Die künstliche Beleuchtung des in dem neuen Saale angeordneten, zugleich zur Lüftung eingerichteten Oberlichts, erfolgt entsprechend derjenigen in den älteren Oberlichträumen.

An dieses erste bahnbrechende Werk schlofs demnächst während der ersten Hälfte der siebziger Jahre eine Reihe ähnlicher Privatpaläste, zum Theil von noch gediegenerer und kostbarerer Ausstattung, sich an.

Das Pringsheim'sche Wohnhaus, Wilhelmstrafse 67 (Abb. 236 u. 237), in den Jahren 1872—1874 von Ebe & Benda errichtet, behauptet unter den neueren Architekturleistungen Berlins einen eigenartigen Platz, vor allem durch den lebhaften, durchweg in echten Baustoffen hergestellten Farbenschmuck seiner Façade. Das Erdgeschofs besteht aus kräftig getöntem Sandstein, das Hauptgeschofs ist mit stumpfrothen Mettlacher Fliesen verblendet; Erker, Fensterumrahmungen und Hauptgesims sind aus buntfarbigen, theilweise glasirten Terracotten von Ernst March Söhne gefertigt. Den Fries schmückt eine Bilderreihe, die nach A. v. Werners Cartons von Salviati in Venedig in Glasmosaik ausgeführt wurde. Das Innere, das im Keller die Wirthschaftsräume, im durchweg überwölbten Erdgeschofs neben einer Anzahl verfügbarer Wohnräume Garten- und Billardzimmer, im Hauptgeschofs die Wohn- und Festräume, in einem oberen Halbgeschosse endlich Schlaf- und Kinderzimmer enthält, steht an Kostbarkeit der Einrichtung hinter der Façade nicht zurück. Bemerkenswerth ist auch die künstlerische Ausgestaltung des Hofes, in welchem die Giebelwände der Nachbarhäuser mit Sgraffitobildern geschmückt sind. Die Baukosten haben 750000 ℳ betragen. (Archit. Berlins.) Ein verwandtes Werk derselben Architekten,

Das Palais der Spanischen Botschaft, Regentenstrafse 15 (Abb. 238—240), ist in den Jahren 1873—1876 für Herrn von Tiele-Winckler ausgeführt worden. Die in hellfarbigem Sandstein hergestellte, mit einem Friese und Figuren aus der nordischen Göttersage (von Engelhard in Hannover) geschmückte Façade zählt zu den ersten vornehmen Berliner Bauten, für welche die Motive der deutschen Renaissance wieder Verwendung fanden. Das Innere, dessen Ausstattung diejenige des Pringsheim'schen Hauses noch übertrifft und wie diese durchweg für den Bau erfunden und angefertigt ist, bewegt sich vorzugsweise in reichen Rococoformen. Auch in diesem Falle hat der Hof sowie der kleine, hinter dem Hause liegende Garten eine architektonische Ausbildung und den Schmuck von Sgraffitobildern erhalten. (Vergl. Allgem. Bauztg., Jahrg. 1877 und Archit. Berlins.)

Einfacher in ihrer Anlage und Durchführung sind zwei in den Jahren 1873—1875 von W. v. Mörner (W. Neumann) errichtete Palaisbauten:

Das Palais der Württembergischen Gesandtschaft, Vofsstrafse 11 (Abb. 241 und 242), enthält im Erdgeschofs die Wohnung des Württembergischen Bevollmächtigten zum Bundesrath, im ersten Obergeschofs die Geschäfts- und Repräsentationsräume der Gesandtschaft und im zweiten Obergeschofs die Privatwohnung des Gesandten. Die Anordnung des Grundrisses ist dadurch beeinflufst, dafs das Grundstück mit der Hinterseite an den grofsen Park des Reichskanzlerpalais stöfst. Der in schlesischem Sandstein ausgeführten Façade, deren massives, 1 m ausladendes Hauptgesims besondere Erwähnung verdient, ist durch den reichen Sgraffitoschmuck der oberen Fensterpfeiler und der hohen Drempelwand ein eigenartiges Gepräge verliehen worden. Die Baukosten haben 285000 ℳ betragen.

Das Palais der Oesterreichischen Botschaft, Moltkestrafse 19 (Abb. 243 u. 244), ist erst vor einigen Jahren in den Besitz des österreichischen Staates übergegangen und für diesen Zweck bestimmt worden, während es seiner Zeit als Palais des Herzogs von Ratibor erbaut worden ist. Das die Façade bekrönende Wappen hat natürlich, ebenso wie dasjenige am Gebäude der Spanischen Botschaft, eine entsprechende Abänderung

V. Wohnhausbauten.   117

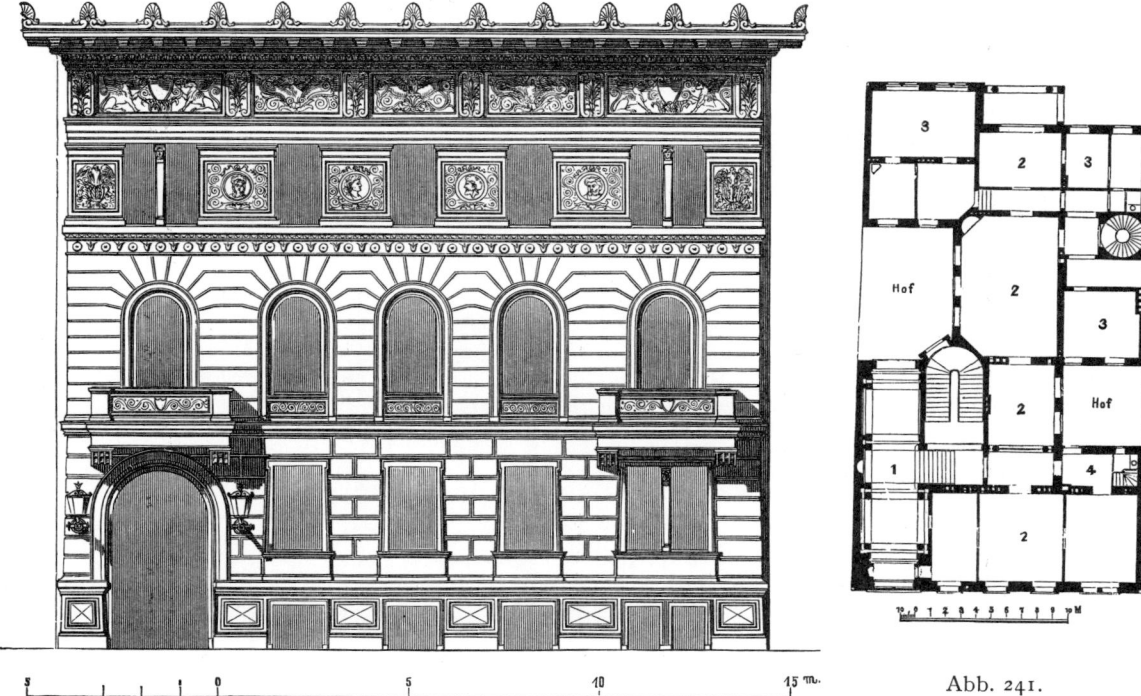

Abb. 241 u. 242. Palais der Württembergischen Gesandtschaft, Voßstr. 11.
Architekt W. v. Moerner.

Abb. 241. Erdgeschoßs: 1. Durchfahrt. 2. Wohnzimmer. 3. Schlafzimmer. 4. Dienerzimmer.

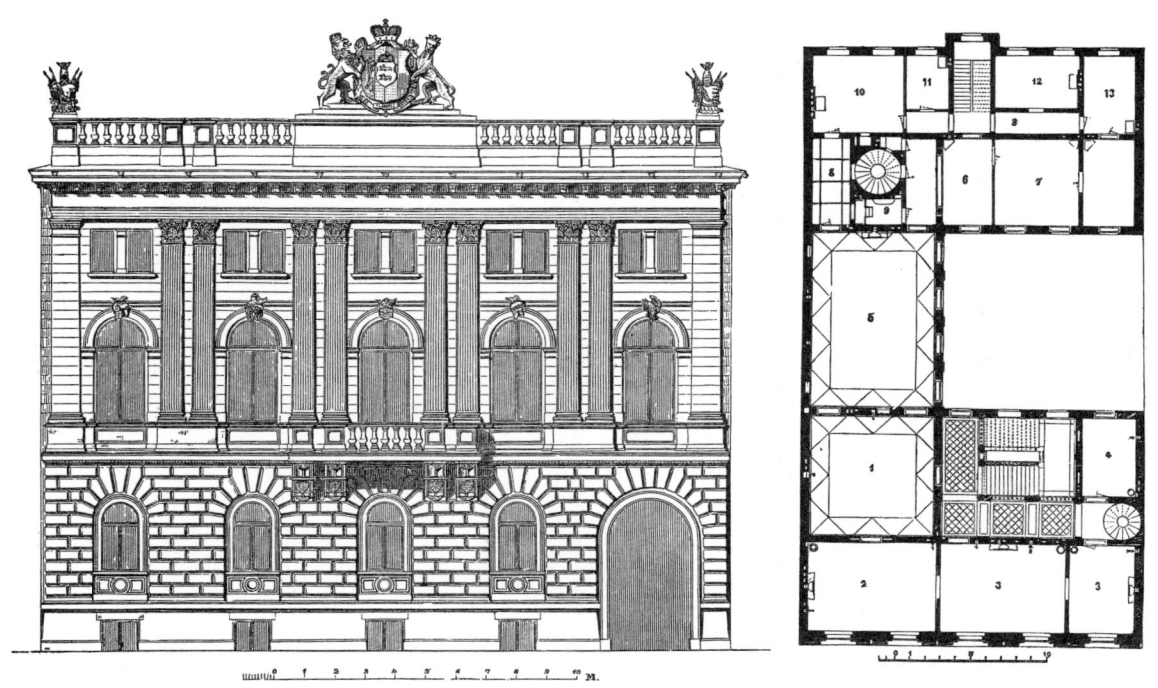

Abb. 243 u. 244. Palais der Oesterreichischen Botschaft (ehem. d. Herzogs v. Ratibor), Moltkestr. 19.
Architekt W. v. Moerner.
Erstes Obergeschoßs: 1. Vorsaal. 2. Empfangszimmer. 3. Wohnzimmer. 4. Vorzimmer. 5. Festsaal. 6. u. 7. Boudoir u. Schlafzimmer. 8. Corridore. 9. Badezimmer. 10. Anrichtezimmer (Tafelgeräth). 11. Dienerin. 12. Kammerfrau. 13. Garderobe.

erfahren. Wie der Grundriß zeigt, ist die einen großen, nahezu quadratischen Hof umschließende Anlage vorwiegend auf die Absicht festlicher Repräsentation eingerichtet. Die Façade ist in hellem, röthlichem Nebraer Sandstein ausgeführt; bei Ausstattung der Innen-

118   V. Wohnhausbauten.

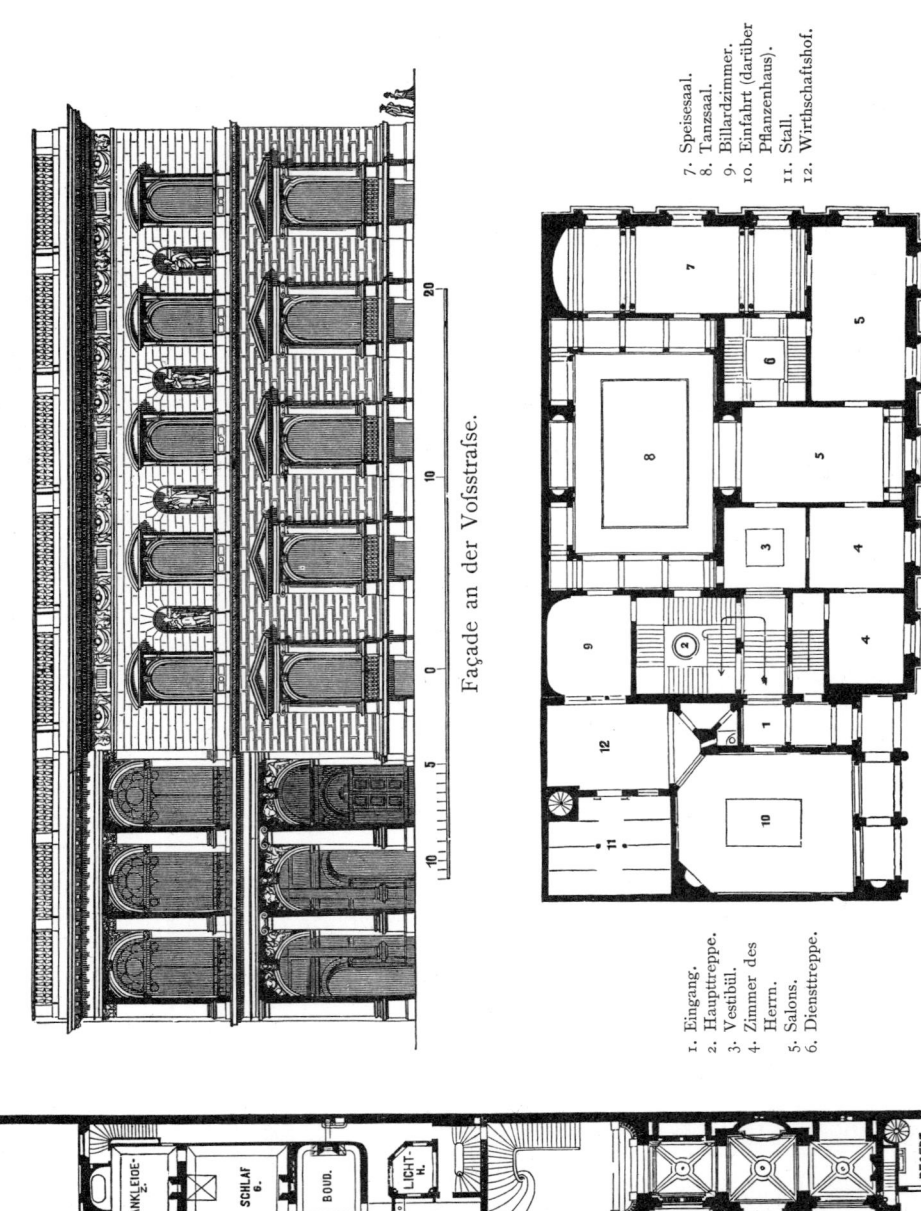

Façade an der Voßstraße.

1. Eingang.
2. Haupttreppe.
3. Vestibül.
4. Zimmer des Herrn.
5. Salons.
6. Diensttreppe.

7. Speisesaal.
8. Tanzsaal.
9. Billardzimmer.
10. Einfahrt (darüber Pflanzenhaus).
11. Stall.
12. Wirthschaftshof.

Grundriß vom Erdgeschoß.

Abb. 245 u. 246. Wohnhaus Borsig, Voßstr. 1 (Ecke der Wilhelmstr.).
Architekt Richard Lucae.

Grundriß vom Erdgeschoß.

Abb. 247. Palais des Fürsten von Pleß, Wilhelmstr. 78.
Architekt Destailleur.

V. Wohnhausbauten.

Abb. 248 u. 249.
Palais des Fürsten von Pleſs, Wilhelmstr. 78.
Architekt Destailleur.

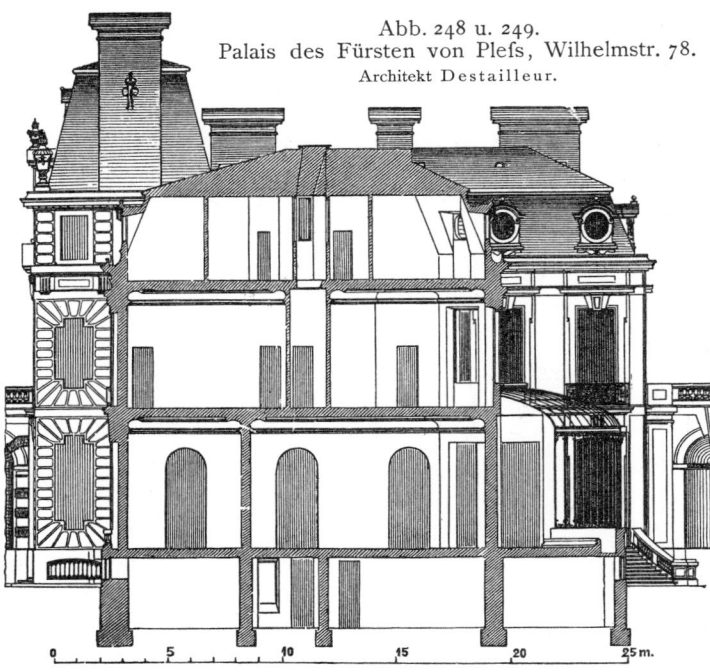

räume sind zum Theil kostbare Baustoffe zur Verwendung gekommen. Die Baukosten haben auf 600 000 ℳ. sich gestellt, wobei jedoch zu berücksichtigen ist, daſs die sehr schwierige Gründung (auf bis zu 11 m Tiefe reichenden Senkkästen) einen wesentlichen Theil derselben in Anspruch genommen hat.

Als einer der vornehmsten Privatpaläste der Stadt angelegt ist

Das Wohnhaus A. Borsig, Voſsstraſse 1, Ecke der Wilhelmstraſse (Abb. 245 u. 246). Für die Gewinnung eines geeigneten Entwurfs hatte der Bauherr seiner Zeit einen beschränkten Wettbewerb unter mehreren der hervorragendsten Architekten Berlins eröffnet, aus welchem Richard Lucae als Sieger hervorging. Der Grundriſs fuſst jedoch auf einem von den Architekten Ebe & Benda aufgestellten Gedanken. Da das Haus nur als Winterwohnung benutzt werden sollte, so ist mit Rücksicht auf die beschränkte Baustelle auf die Anordnung eines gröſseren Hofes ganz verzichtet worden. Groſses Gewicht legte der Bauherr dagegen auf die Anlage eines gröſseren, mit seinen Wohnräumen im Zusammenhange stehenden Wintergartens. Die Verlegung des letzteren an die Straſsenfront und die Ausbildung des unter ihm liegenden Raumes zu einem Vorhofe, des weiteren die Anordnung der Repräsentations- und Festräume im Erdgeschoſs, haben dem Bau eine besonders eigenartige Gestalt gegeben. Die sehr stattlichen Abmessungen (die lichte Höhe des Erdgeschosses beträgt 7,20 m), namentlich die ungewöhnlichen Achsweiten

120   V. Wohnhausbauten.

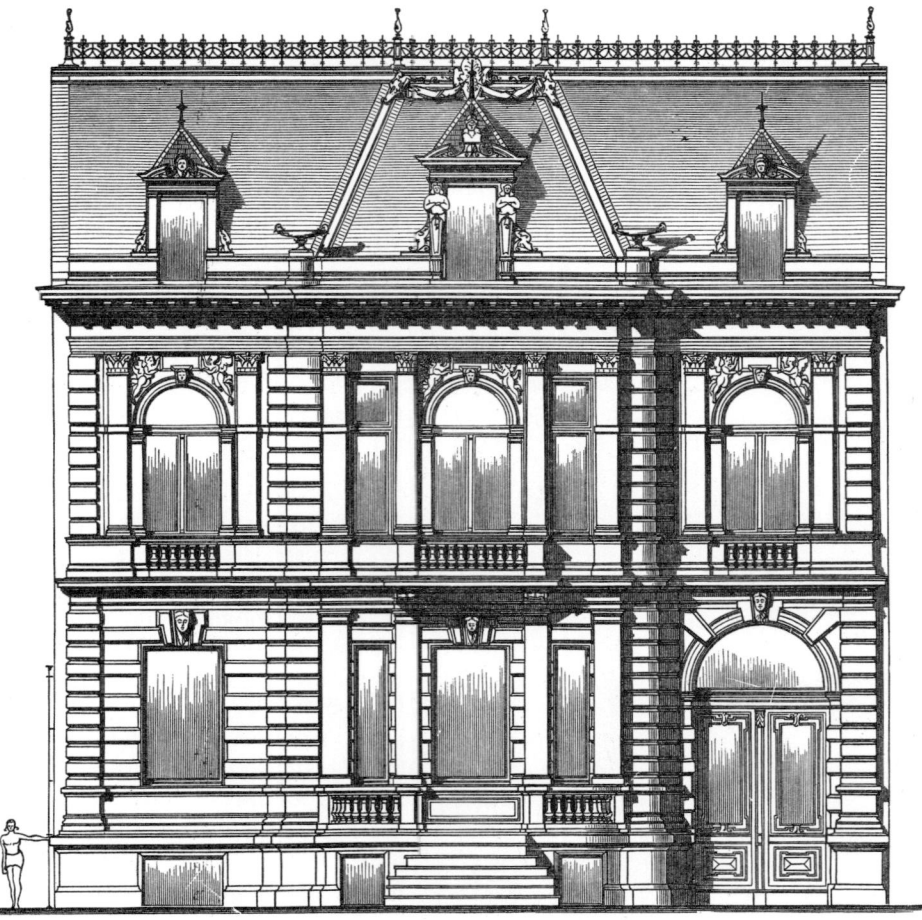

Abb. 251. Wohnhaus Heyden am Karlsbad 26a. Architekten Kyllmann & Heyden.

Abb. 250. Erdgeschofs: 1. Flur. 2. Salon. 3. Dame. 4. Vorzimmer. 5. Speisesaal. 6. Anrichte. 7. Speisekammer. 8. Küche. 9. Remise. 10. Stall. 11. Hof. 12. Durchfahrt. 13. Vorgarten.

Abb. 252. Obergeschofs: 1.-3. Wohnzimmer. 4. Vorraum. 5. Herr. 6. Garderobe. 7. Speisezimmer. 8. u. 9. Schlafzimmer. 10. Boden. 11. Küche. 12. Speisekammer. 13. Mädchenkammer. 14. Hof. 15. Vorgarten.

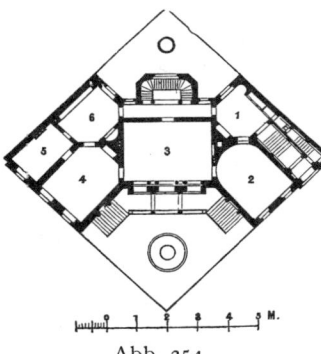

Abb. 254. Wohnhaus Beethovenstrafse 3.

Erdgeschofs: 1. Vorzimmer. 2. Empfangszimmer. 3. Musikz. 4. Speisez. 5. Dame. 6. Kinderz.

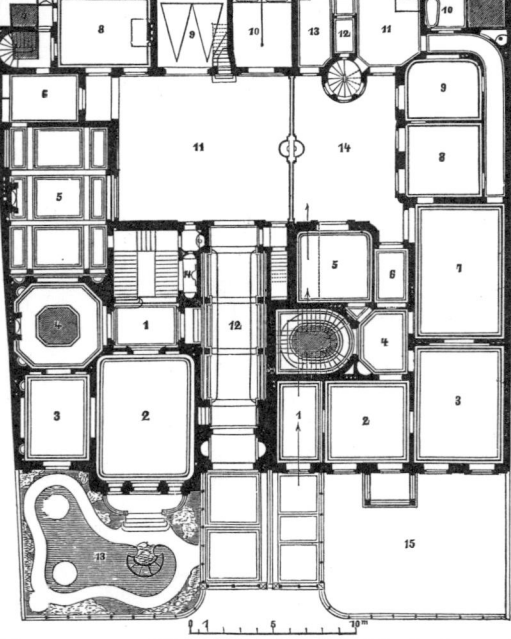

Abb. 250 u. 252. Wohnhäuser am Karlsbad 26a u. 26. Architekten Kyllmann & Heyden.

der Architektur, die an der schmalen Front 5,63 m, an der Hauptfront sogar 6,28 m betragen, die monumentale Ausführung in hannoverschem Sandstein und polirtem schlesischen Granit, endlich der über den üblichen Durchschnittswerth weit hinausgehende Figurenschmuck (von den Bildhauern R. Begas, Encke, Hundrieser und Lessing) sichern der Façade eine bedeutende Wirkung. — Leider ist der Bau, welcher im Jahre 1875 begann, infolge des frühen Todes des Bauherrn, nicht viel über das Aeufsere hinaus gelangt. Das Innere, dessen Decken grofsentheils in Massivconstruction mit Eisenträgern hergestellt sind, harrt noch immer einer entsprechenden Ausgestaltung und Ausstattung.

Mit dem vorgenannten Bau steht in einem gewissen Zusammenhange:

Das Palais des Fürsten v. Plefs, Wilhelmstrafse 78 und Vofsstrafse 2 (Abb. 247—249), das jenen von beiden Seiten umschliefst. Zufolge einer Vereinbarung

Abb. 253. Wohnhaus am Karlsbade 26. Architekten Kyllmann & Heyden.

Abb. 255. Wohnhaus Beethovenstraße 3. Architekt R. Lucae.

der Bauherren ist bei Ausführung des Borsig'schen Hauses Rücksicht auf die hierdurch gegebenen Verhältnisse genommen und an den der Nachbargrenze zugekehrten Brandgiebeln, soweit sie sichtbar blieben, die Architektur derselben fortgesetzt worden. An der Wilhelmstrafse vertritt demnach das Borsig'sche Haus den — wegen der beschränkten Baustelle fortgelassenen — linken Seitenflügel vom Vorhofe des Palais Plefs. Das letztere, nach dem Entwurfe des Pariser Architekten Destailleur erbaut, schliefst sich seiner allgemeinen Anlage nach jenen altfranzösischen Adelshôtels an, die ja schon das Vorbild für mehrere frühere Palastbauten der Wilhelmstrafse geliefert haben. Der Grundrifs ist dagegen mit aufserordentlichem Geschick

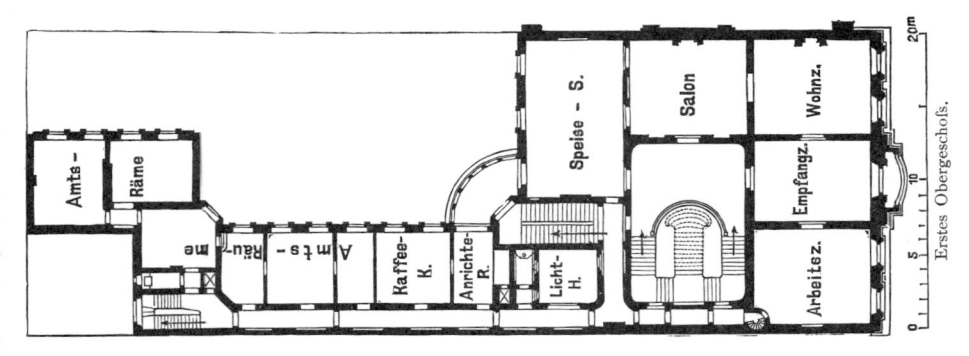

Abb. 256—258. Bayerische Gesandtschaft, Vofsstrafse 3.
Architekten Kyllmann & Heyden.

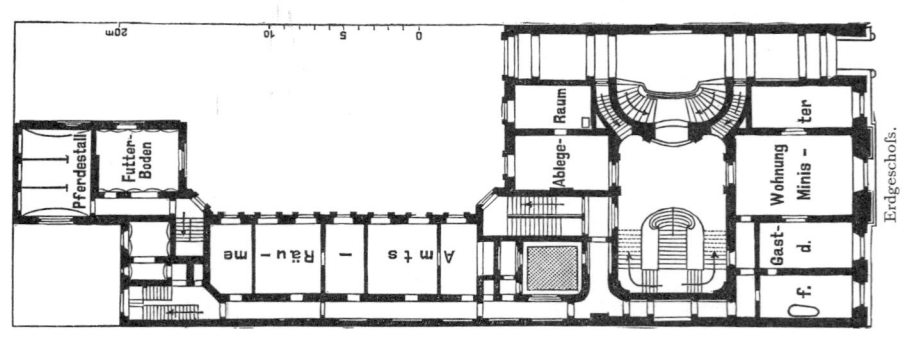

V. Wohnhausbauten. 123

den modernen Bedürfnissen eines vornehmen, zu festlicher Repräsentation verpflichteten Haushalts angepafst. Namentlich die Anlage des Wintergartens an der Hinterseite, der für die Festräume eine zweite Verbindung schafft und so gestattet, den mittleren Tanzsaal vom Durchgangsverkehr ganz auszuschalten, ist sehr glücklich. Von vornehmster Wirkung sind der Eingangsflur und das Treppenhaus, die in echter Steinarchitektur durchgebildet und mit Gobelins geschmückt sind. Die Decorationen des Ausbaues sind durchweg aus Paris bezogen oder von französischen Arbeitern hier angefertigt. Die in den Formen der französischen Renaissance des 17. Jahrhunderts gestaltete Façade, der die reichen Schmiedearbeiten zur besonderen Zierde gereichen, ist in einer Verbindung von schlesischem Sandstein mit dunkelrothen Laubaner Verblendziegeln hergestellt. — Der Wirthschaftshof und die Stallungen befinden sich in dem links an den Garten anstofsenden, bis zur Vofsstrafse reichenden Theile des Grundstücks. (Vgl. Deutsche Bauzeitung, Jahrgang 1886, Nr. 69.)

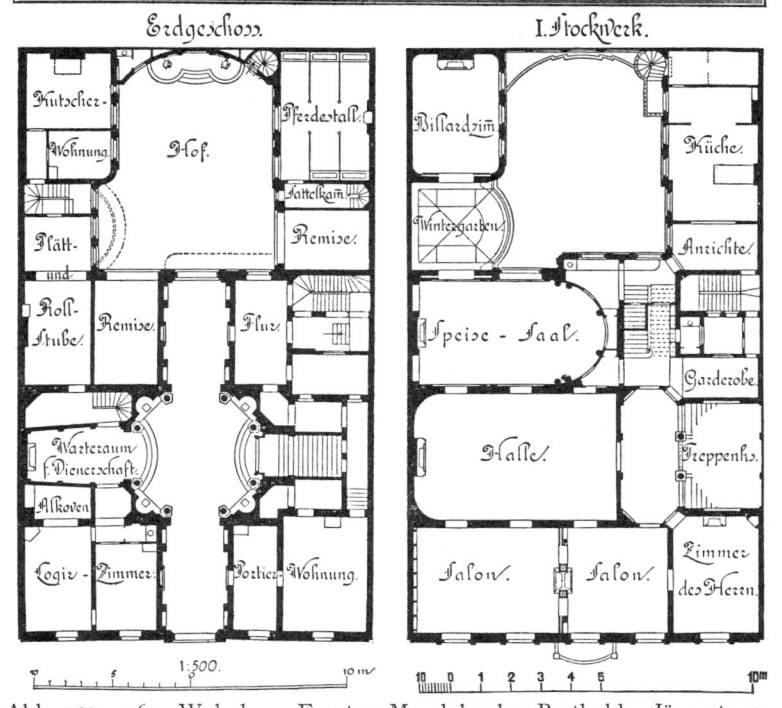

Abb. 259—261. Wohnhaus Ernst v. Mendelssohn-Bartholdy, Jägerstr. 53. Architekten Schmieden, v. Weltzien & Speer.

Als Beispiele einer nicht ganz so aufwändigen Gattung des auf umschlossener Baustelle errichteten Einzelwohnhauses aus der Bauthätigkeit der siebziger Jahre seien hier aus der ersten Ausgabe dieses Buches noch zwei Ausführungen mitgetheilt:

Das Wohnhaus am Karlsbade 26a (Abb. 250 und 251), dem Baurath A. Heyden gehörig, ist mit dem benachbarten, gleichfalls von den Architekten Kyllmann & Heyden erbauten Miethshause Nr. 26 (Abb. 252 u. 253), das in jedem seiner drei Geschosse eine Wohnung enthält, derart verbunden, dafs ein gemeinschaftlicher Hof von gröfseren Abmessungen gewonnen worden ist. Auch die im Putzbau ausgeführten Façaden beider Häuser — bezeichnende Beispiele der von den Architekten mit Vorliebe gepflegten Kunstweise — sind bei selbständiger Haltung so zu einander abgestimmt, dafs eine gefällige Gruppe ent-

16*

standen ist. Die innere Ausstattung des Hauses, dessen Obergeschofs die Schlafzimmer, Kinderzimmer usw. enthält, ist mit künstlerischer Gediegenheit durchgeführt.

Das Wohnhaus Beethovenstrafse 3 (Abb. 254 u. 255) ist in den Jahren 1871/72 von R. Lucae für den Musiker Prof. Joachim erbaut worden. Die der fast quadratischen Eckbaustelle angepafste eigenartige Grundrifslösung ist aus dem Wunsche hervorgegangen, einerseits einen geräumigeren Vorgarten zu gewinnen, anderseits den Hauptraum des Hauses, das in der Diagonalachse gelegene grofse Musikzimmer, dem Strafsengeräusche möglichst zu entziehen. Der mit grofser Liebe durchgebildete bildnerische Schmuck des im Putzbau hergestellten, längst in andere Hände übergegangenen Hauses, enthält mannigfache Beziehungen auf den Beruf des Erbauers. (Archit. Skizzenbuch, Jahrg. 75.)

Die letzten beiden Jahrzehnte sind, wie schon in der Einleitung bemerkt wurde, für den Bau städtischer Palais nicht besonders ergiebig gewesen. Während die oben besprochenen, bis zum Jahre 1875 vorhandenen Ausführungen sich auf den Zeitraum weniger Jahre zusammendrängten, sind seither nur drei Anlagen entstanden, die ihnen an die Seite gestellt werden können.

Das Palais der Bayerischen Gesandtschaft, Vofsstrafse 3 (Abb. 256—258), ist von Kyllmann & Heyden in den Jahren 1890 und 1891 auf einer Baustelle errichtet worden, die einerseits von dem Gebäude des Reichs-Justizamts, anderseits von den niedrigen Wirthschafts- und Stallgebäuden des Fürstlich Plefs'schen Palais begrenzt wird. Auf der den letzten zugekehrten Seite ist daher — ähnlich wie an dem jenseits liegenden Palais Borsig — die Façaden-Architektur auch an dem oberen Theile der Brandgiebelmauer fortgesetzt worden. Das Innere, welches im Erdgeschofs des Vorderhauses ein Absteigequartier für vornehme Gäste, im ersten Obergeschofs die Empfangs- und Fefträume des Gesandten, im Seitenflügel dieser beiden Geschosse Amtszimmer und Wohnungen für bayerische Bevollmächtigte zum Bundesrath, im zweiten Obergeschofs die Wohnung des Gesandten enthält, wirkt besonders stattlich durch das grofse, vom ersten durch das zweite Obergeschofs reichende monumentale Treppenhaus. Die mit reicher Decoration aus echtem Stuck ausgestatteten Haupträume sind mit alten Bildern aus bayerischem Staatsbesitz geschmückt. Die Façaden sind in hellfarbigem Sandstein ausgeführt. Die Baukosten haben rd. 495000 ℳ (für 1 cbm durchschnittlich 26 ℳ) betragen. (Vergl. Zeitschrift f. Bauw., Jahrg. 93; Archit. d. Gegenwart, Bd. III u. Blätter f. Arch. u. Kunsthandwerk, Jahrg. 92.)

Das Wohnhaus Ernst v. Mendelssohn-Bartholdy, Jägerstrafse 53 (Abb. 259 bis 261), ist in den Jahren 1882—1884 durch Schmieden, v. Weltzien & Speer ausgeführt worden. Auch hier ist auf die Gestaltung des Zugangs zur Haupttreppe besonderes Gewicht gelegt worden. Das Erdgeschofs enthält aufser Wirthschaftsräumen, Ställen usw. nur eine kleine Gastwohnung, das erste Obergeschofs die Empfangs- und Fefträume, deren Mittelpunkt eine bis ins zweite Obergeschofs reichende und dort mit Verbindungs-Galerien umgebene Oberlichthalle bildet, das zweite Obergeschofs Wohn- und Schlafräume usw. Die Façade ist mit Nesselberger Sandstein verblendet, das Innere in reicher Rococodecoration ausgestattet. Besondere Erwähnung verdienen die von O. Lessing modellirten vier figürlichen Lampenträger in der Vorhalle des Erdgeschosses. Die Kosten des Baues einschliefslich des Mobiliars haben rd. 700000 ℳ betragen. (Vergl. Arch. d. Gegenwart, Bd. 1.)

Das Wohnhaus J. Saloschin, Thiergartenstrafse 20 (Abb. 262), von Kayser & v. Groszheim in den Jahren 1889 und 1890 erbaut, nimmt durch seine Lage und seine Verbindung mit einem Vor- und Hintergarten eine Mittelstellung zwischen der städtischen Villa und den auf umschlossener Baustelle errichteten palastartigen Wohnhäusern ein, wenn es nach seinem Grundrifs auch zu letzteren gerechnet werden mufs. Hauptgeschofs mit den Empfangs- und Fefträumen ist hier das Erdgeschofs, während im Untergeschofs die Wirthschaftsgelasse, im Obergeschofs die Wohn-, Schlaf- und Kinderzimmer liegen. Die Raumentfaltung der Anlage, welcher die Anordnung der durch die beiden oberen Geschosse reichenden, auf drei Seiten mit Galerien umgebenen und mit der Haupttreppe verbundenen

V. Wohnhausbauten.

Centralhalle als „Diele", d. h. die Einbeziehung derselben in den Zusammenhang der Fest räume, ein eigenartiges Gepräge verleiht, ist eine ungewöhnliche; von der Brüstung der Terrasse, welche dem vorderen Salon sich vorlegt, bis zu der Aufsenwand des Pflanzenhauses hinter dem Speisesaale, das mit diesem in unmittelbare Verbindung gesetzt werden kann, beträgt das Tiefenmafs 52,50 m. Hinzuweisen ist noch auf die sehr geschickte Anordnung des seitlichen Lichthofes und auf die Ueberbauung der von dem vorderen Hofe nach dem hinteren Wirthschaftshofe führenden Durchfahrt mit einer Kegelbahn, die seitlich mit einer Garten-Architektur bekleidet ist. Die im Stile französischer Palastbauten aus der zweiten Hälfte des vorigen Jahrhunderts gehaltene Façade, die durch vergoldete Schmiedearbeiten belebt wird, ist in Postelwitzer Sandstein ausgeführt; für das kostbar durchgebildete Innere haben theilweise ältere, beim Abbruch eines französischen Palastes angekaufte Decorationen Verwendung gefunden. (Deutsche Bauztg., Jahrg. 92, Nr. 15.)

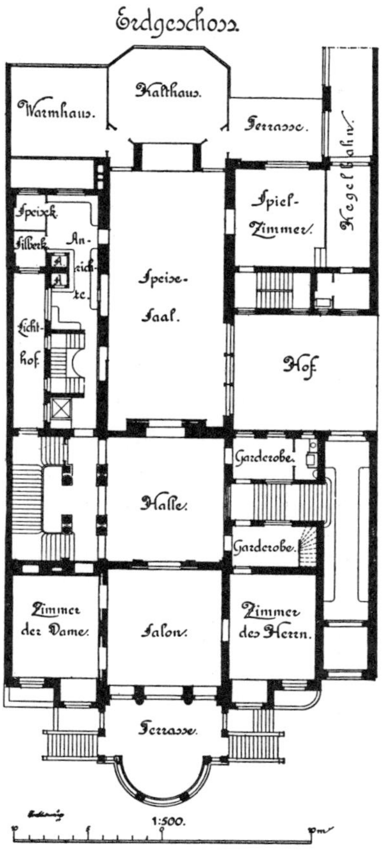

Abb. 262. Wohnhaus J. Saloschin, Thiergartenstrafse 20.
Architekten Kayser & v. Groszheim.

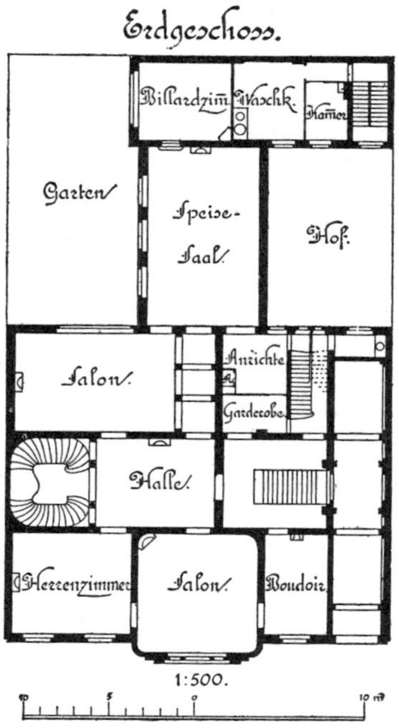

Abb. 263 Wohnhaus Oppenheim, Matthäikirchstrafse 3b.
Architekt Heidecke.

Die geringere Zahl der neuerdings ausgeführten Wohnungs-Anlagen ersten Ranges bedeutet jedoch keineswegs einen Rückgang in der auf Erbauung städtischer Einzelwohnhäuser gerichteten Bewegung. Dafs diese Bewegung vielmehr in stetigem Zunehmen begriffen ist, beweist die von keinem früheren Zeitabschnitt der modernen Geschichte Berlins auch nur annähernd erreichte Zahl derartiger Anlagen, welche neben den vorgenannten geschaffen wurden und von denen mehrere im Range ihnen sich nähern, während andere allerdings wesentlich schlichter gehalten sind. Namentlich sind es die Künstler, welche bedacht waren, ein behagliches, ihren persönlichen Neigungen und Bedürfnissen entsprechendes Heim sich zu gründen. Die folgende Zusammenstellung will versuchen, einige Beispiele von bezeichnender Eigenart vorzuführen.

Das Wohnhaus Oppenheim, Matthäikirchstrafse 3b (Abb. 263), ist in den Jahren 1890—1892 von C. Heidecke erbaut worden. Der Grundrifs, welcher durch die dem Speisesaal gegebene Stellung zwischen Hof und Garten interessant ist, zeigt gleichfalls das Motiv der (durch das Treppenoberlicht erleuchteten) Diele. Die im Stile Louis XV. gestaltete Façade ist in Postelwitzer Sandstein hergestellt; die Haupträume des durch eine Centralheizung erwärmten Innern sind getäfelt. Baukosten 384 000 ℳ.

Das Wohnhaus Thiergartenstrafse 3a (Abb. 264—266) ist in den Jahren 1892—1893 von A. Messel durch den Umbau einer älteren Anlage geschaffen worden, wodurch sich sowohl für den Grundrifs wie für die Façade manche eigenartigen Motive ergeben haben. Im Untergeschofs sind die Wirthschaftsräume, im Dachgeschofs die

126 V. Wohnhausbauten.

Gelasse der Dienerschaft untergebracht. Die Façade, an welcher nur einzelne, der Verwitterung besonders ausgesetzte Theile aus Sandstein bestehen, ist wohl das reichste bisher in Berlin ausgeführte Beispiel einer bildnerischen Decoration in aufgetragenem und an Ort und Stelle modellirtem Putzmörtel; sie ist von Bildhauer Giesecke ausgeführt. (Vgl. Blätter für Architektur und Kunsthandwerk, Jahrg. 1893.)

Das Wohnhaus Rothschild, Regentenstrafse 19a (Abb. 267—269), eine der neuesten im Jahre 1895 und 1896 entstandenen Schöpfungen von Kayser & v. Groszheim, deren in hellgrauem Sandstein hergestellte Façade ein interessantes Beispiel der vielseitig aufgenommenen, auf eine Verbindung spätgothischer mit Frührenaissance-Motiven abzielenden und durch englische Werke angeregten Architektur-Strömung ist, erinnert in ihrem Hauptgrundrifs-Gedanken an das oben besprochene Saloschin'sche Wohnhaus (Abb. 262). Wie dort, bildet den Kern der Gesellschaftszimmer eine in der Hauptachse aufgereihte Flucht grofser Räume — in der Mitte derselben die Diele. Von Vortheil ist es der Anlage gewesen, dafs das Hauptgeschofs eine Höhenlage erhalten hat, die es gestattete, die Eingänge unter demselben anzubringen und so die verhältnifsmäfsig schmale Front voll auszunutzen. (Vergl. Deutsche Bauzeitung, Jahrg. 1896.)

Das Wohnhaus Lent, Matthäikirchstrafse 3c, gegenüber der Margarethenstrafse (Abb. 270—272), ist in den Jahren 1880 und 1881 von Ende & Böckmann erbaut worden. Die Wohnung — abgesehen von dem für die Wirthschaftszwecke bestimmten Untergeschofs — vertheilt sich auf drei Geschosse. Die an französische Renaissancemotive anklingende Façade ist in einer Mischung von Putzgliederungen und einer Flächenverblendung mit rothen Ziegeln ausgeführt. (Vergl. Architektur Berlins.)

Das Wohnhaus des Dr. phil. G. A. Freund, Unter den Linden 69 (Abb. 273—279), in den Jahren 1889—1890 von Wilhelm Walther erbaut, dient in den beiden unteren Geschossen geschäftlichen Zwecken und hätte daher schon unter den Geschäftshäusern mit aufgeführt werden können, wenn die Anordnung der oberen Wohnung nicht um vieles eigenartiger sich darstellte als diejenige der Geschäftsräume. Dieselbe erstreckt sich durch vier Geschosse, welche durch eine vom ersten Obergeschofs des Hauses ausgehende besondere Treppe mit

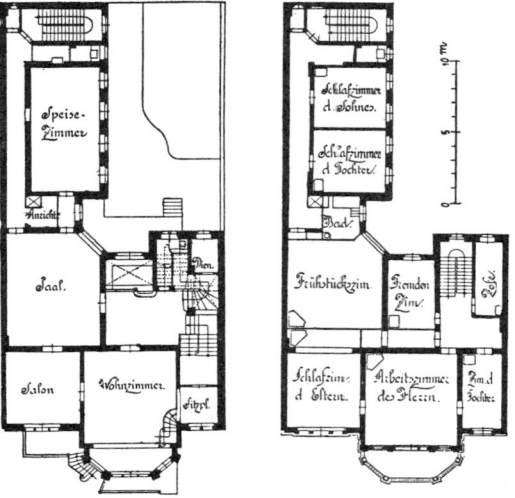

Abb. 264—266. Wohnhaus Thiergartenstrafse 3a.
Architekt A. Messel.

Fahrstuhl verbunden sind, und ist für die Bedürfnisse eines Junggesellen-Haushalts eingerichtet. Im zweiten Obergeschofs liegen die Wohn- und Arbeitszimmer, im dritten Obergeschofs ein Musik- und Speisesaal, im vierten Obergeschofs die Schlaf- und Ankleidezimmer, im Dachgeschofs, das nach der Strafse mit einer Aussichtsgalerie sich öffnet, ein Wintergarten und zwei durch Oberlicht beleuchtete Räume für Bilder. Das Innere der Wohnung ist sehr gediegen, grofsentheils mit Täfelungen eingerichtet; die an die Formen

Abb. 267. Wohnhaus Rothschild, Regentenstrafse 19a. Architekten Kayser & v. Groszheim.

deutscher und italienischer Frührenaissance anklingende Façade zeigt eine Verbindung von Sandsteingliederungen mit dunkelrother Ziegelverblendung. Die Kosten des Baues ausschliefslich der Baustelle haben 186000 ℳ. betragen. (Vergl. Deutsche Bauzeitung, Jahrg. 1893, Nr. 36; Archit. d. Gegenwart, Bd. II und Blätter f. Arch. u. Kunsthandw., Jahrg. 1896.)

Dafs die Architekten Berlins den Bestrebungen zur gröfseren Einbürgerung des Einzelwohnhauses nicht nur als Berather der Bauherren entgegen kommen, sondern vielfach selbst als Bauherren an ihnen theilnehmen, möge die nun folgende Vorführung von fünf

128 V. Wohnhausbauten.

hierher gehörigen Architekten-Wohnhäusern zeigen, denen in den weiteren Abschnitten eine noch gröfsere Zahl sich anreihen wird.

Das Wohnhaus March in Charlottenburg, Sophienstrafse 2a und b (Abb. 280—283), ist im Jahre 1883/84 von Otto March als ein Doppelhaus mit zwei übereinstimmenden Wohnungen für sich selbst und seinen Bruder erbaut worden; der zwischen den vorspringenden Hinterflügeln liegende Wirthschaftshof und der Garten sind gemeinschaftlich. In der Anordnung einer „area" vor dem die Wirthschaftsräume enthaltenden Untergeschofs wie in der Wohnungsanlage selbst ist der

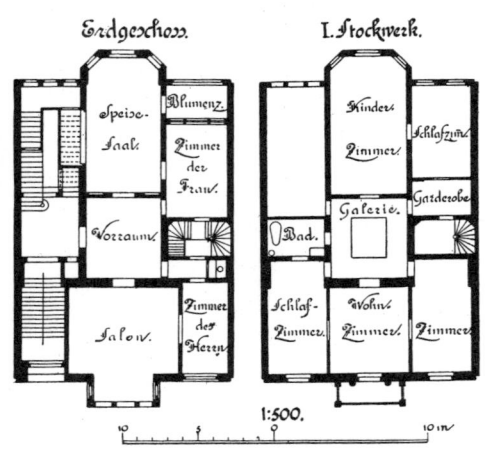

Abb. 270—272. Wohnhaus Lent, Matthäikirchstrafse 3c. Architekten Ende & Böckmann.

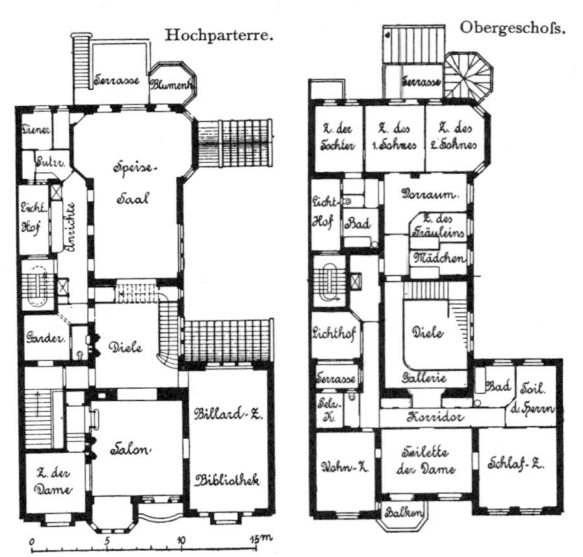

Abb. 268 u. 269. Wohnhaus Rothschild, Regentenstrafse 19a. Architekten Kayser & v. Groszheim.

Einflufs englischer Familienhäuser ersichtlich; die auf eine Junggesellenwirthschaft berechnete Einrichtung der linken Wohnung ist mittlerweile geändert. Die von einem weit ausladenden Holzgesims bekrönte Façade ist in den Flächen mit Laubaner Verblendziegeln bekleidet und in reichen farbigen Terracotten aus der Fabrik Ernst March Söhne durchgebildet. Die Baukosten eines Hauses ausschliefslich der Baustelle haben 70000 ℳ. (für 1 cbm 19,44 ℳ.) betragen. (Vgl. Deutsche Bauzeitung, Jahrg. 1884, Nr. 54; Architektur der Gegenwart, Band II.)

Das Wohnhaus Hartung in Charlottenburg, Knesebeckstrafse 15 (Abb. 284 bis 286), im Jahre 1888/89 von Hugo Hartung für seine eigenen Bedürfnisse erbaut, hat seine Eigenart vor allem der ungewöhnlichen Anordnung zu danken, dafs im

V. Wohnhausbauten. 129

Interesse eines unmittelbaren Zusammenhangs zwischen Haus und Garten der Hof nach der Strafse verlegt worden ist. Der Lage der Küche im Hauptgeschofs und ihrer unmittelbaren Verbindung mit den Wohnräumen ist ersichtlich grofser Werth beigemessen worden, da ihr zu Liebe auf die Anordnung einer geräumigen, als Sitzplatz für eine Mehrzahl von Personen benutzbaren Gartenhalle verzichtet ist. Die Durchbildung der Façade, deren Erker auf Steinconstructionen ausgekragt sind, lehnt sich in ihrer künstlerischen Haltung, namentlich aber in ihrer Ausschmückung durch buntfarbige Malereien, an Tiroler Bauten

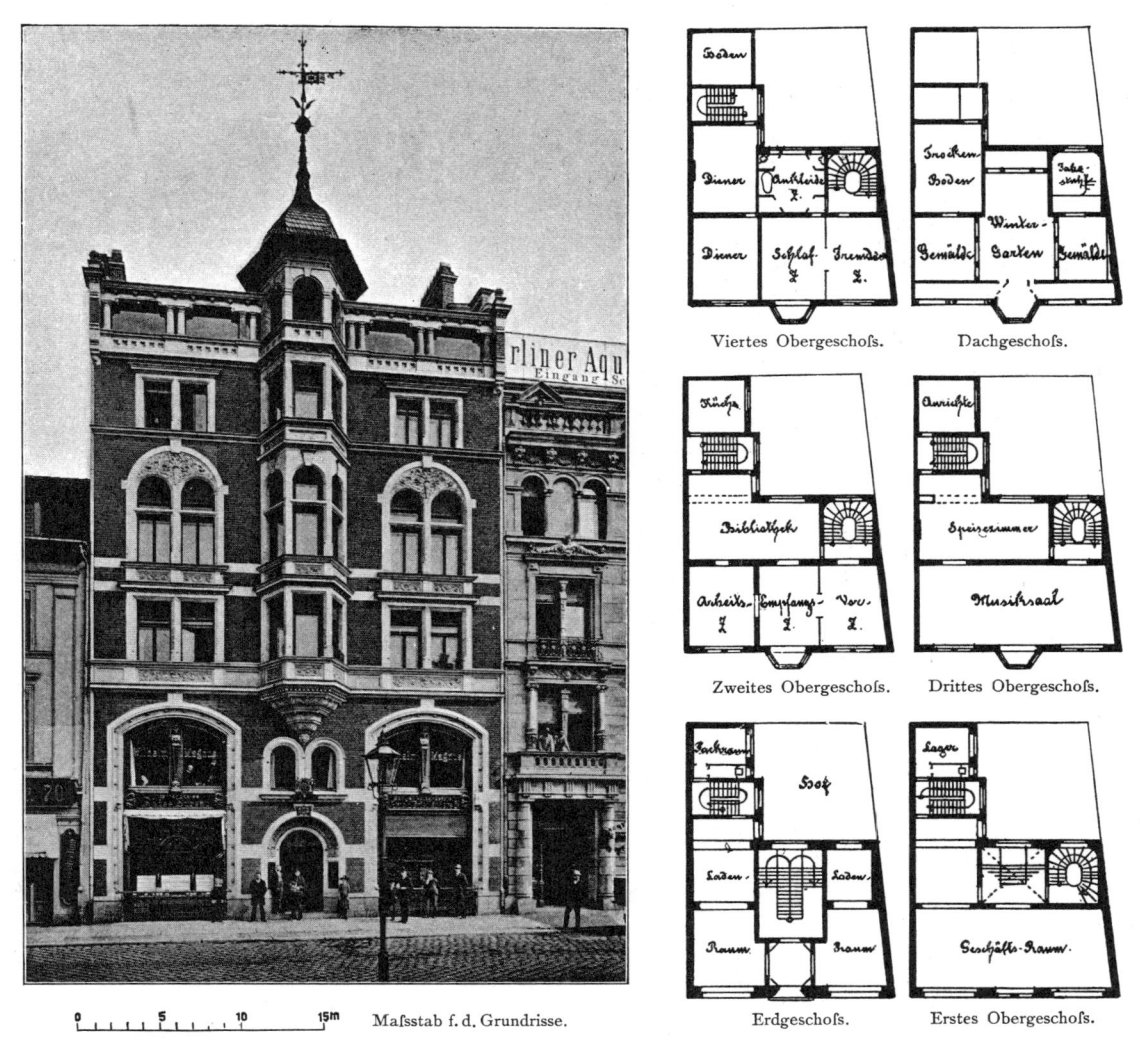

Abb. 273—279. Wohnhaus Dr. Freund, Unter den Linden 69. Architekt Wilhelm Walther.

an. Die Architekturglieder sind aus rothem Mainsandstein hergestellt, die Wandflächen, deren Malereien in Keim'schen Mineralfarben von Otto Hupp in Schleifsheim hergestellt sind, weifs verputzt; das Holzwerk ist roth gestrichen, das Dach mit Falzziegeln gedeckt. Die Baukosten haben 76000 ℳ betragen. (Vergl. Architektur der Gegenwart, Band II und Zeitschrift für Bauwesen, Jahrg. 1889.)

Von den drei neben einander stehenden Wohnhäusern der Architekten Grisebach, Martens und v. d. Hude in Charlottenburg, Fasanenstrafse 33—35 (Abb. 287 bis 292), kann streng genommen nur das letzte als eigentliches Einzelwohnhaus gelten; indessen kann man wohl auch nicht sagen, dafs die beiden anderen Häuser, welche in den beiden unteren Geschossen die Wohnung, zuoberst die Ateliers der Besitzer und Er-

130 V. Wohnhausbauten.

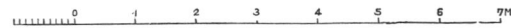

bauer, in der Mitte aber je eine Wohnung für einen nahen Verwandten der Familie enthalten, durch den letzteren Umstand zu Miethshäusern gestempelt würden. Allen drei Häusern gemeinsam ist das Motiv einer durch die beiden Geschosse der unteren Hauptwohnung reichenden Diele

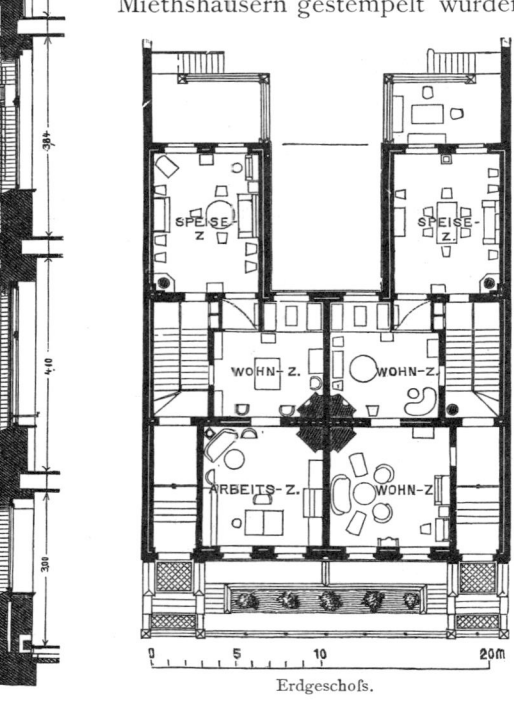

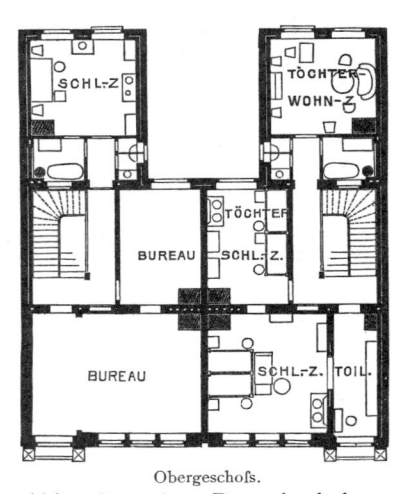

Abb. 280—283. Doppelwohnhaus E. u. O. March in Charlottenburg, Sophienstrafse 2 a u. b.
Architekt Otto March.

mit der inneren Verbindungstreppe, den Häusern Grisebach und Martens überdies dasjenige der an die Strafsenfront verlegten, im Aeufsern thurmartig ausgebildeten Haustreppe. Die Dächer sind mit Schiefer gedeckt.

V. Wohnhausbauten. 131

Das älteste unter den drei Bauwerken ist das im Jahre 1891 erbaute Grisebach'sche Haus. Ueber einem Sockelgeschofs von rothen Ziegeln ist der obere Theil der Façade als Putzbau, mit von Bildhauer Giesecke in Putz modellirten Ornamenten her-

Abb. 284—286. Wohnhaus Hartung in Charlottenburg, Knesebeckstrafse 15. Architekt Hugo Hartung.

gestellt; die Verwendung von grün oxydirtem Kupfer zu den Thurm- und Giebelspitzen, dem Giebelsaum, dem Abfallrohr usw., und der entsprechend grün gehaltene Anstrich der Schmiedearbeiten sorgen für eine lebendige farbige Wirkung. Im Innern ist von der üblichen architektonischen Decoration fast ganz abgesehen, die glatten, geweifsten Decken gehen mit einer schlichten Voute in die Wände über; für den Schmuck sorgt lediglich die Ausstattung. (Vergl. Architektur der Gegenwart, Band III.)

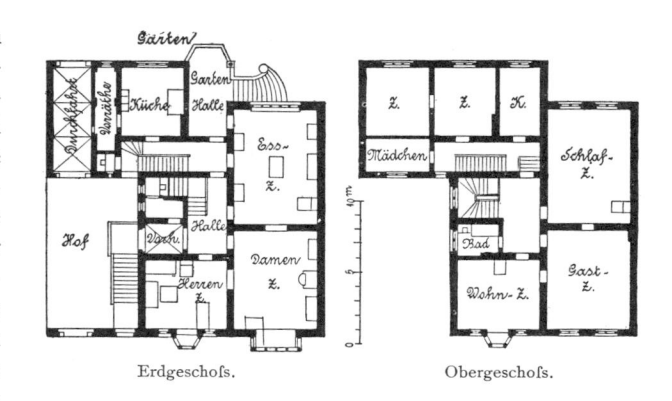

An dem Martens'schen Hause, das in den Jahren 1892/93 ausgeführt wurde und einen Kostenaufwand von rd. 180000 ℳ. erfordert hat, sind die Architektur-Gliederungen der Façade aus schlesischem Sandstein, der Sockel aus sächsischem Granit hergestellt, die Façadenflächen mit weifsen Mettlacher Steinen verblendet. Die Diele und die in ihr lie-

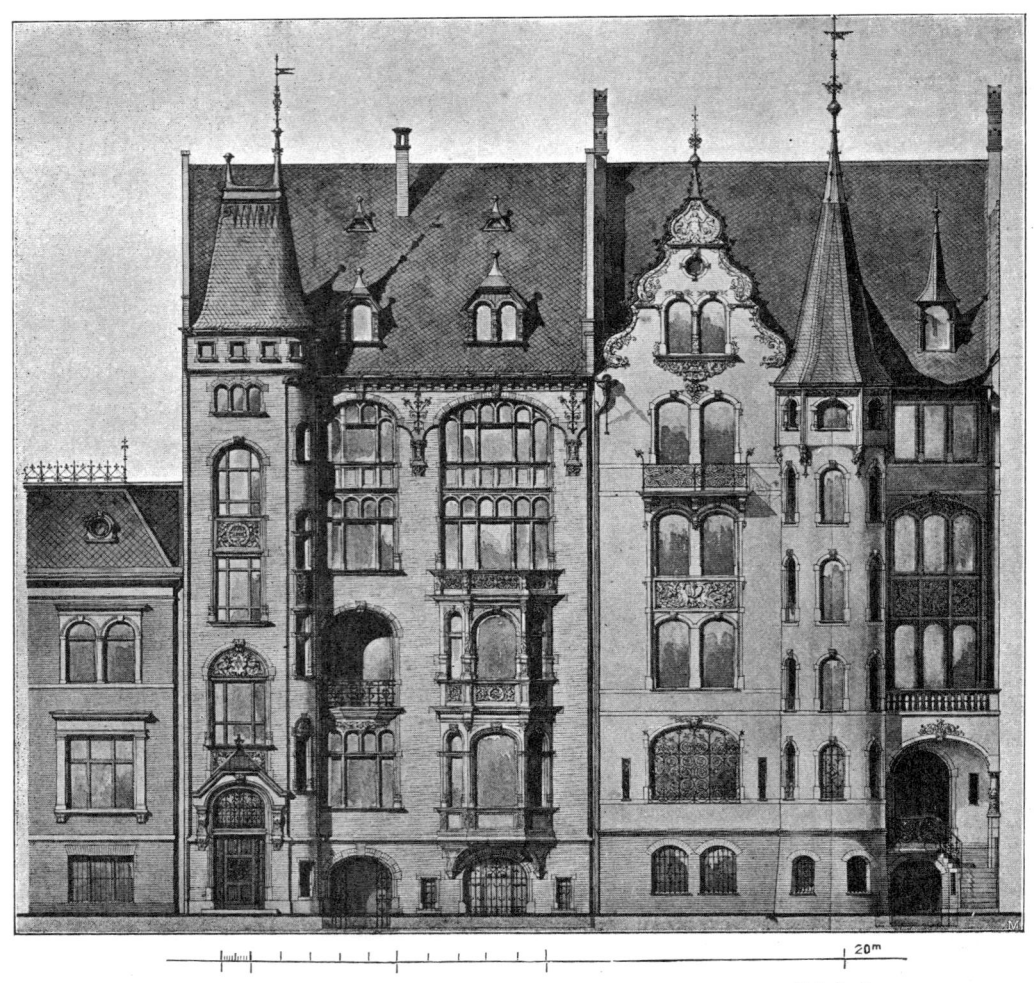

V. Wohnhausbauten.

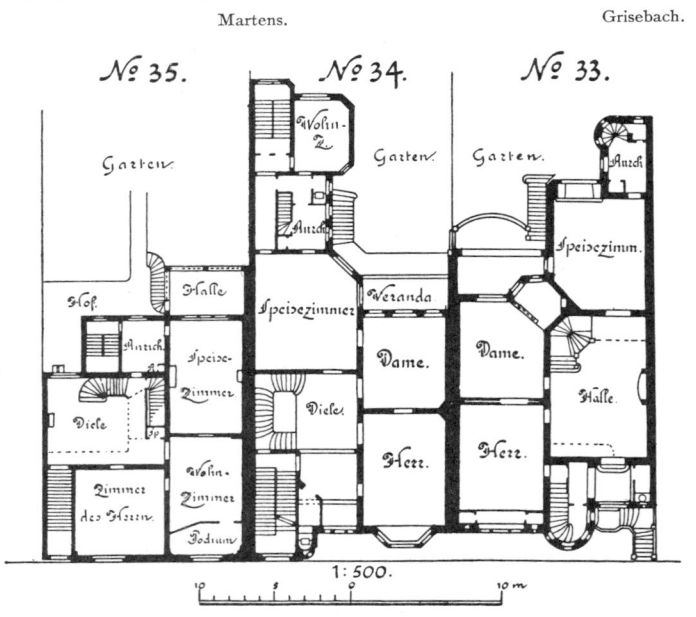

Abb. 287—292. Wohnhäuser in Charlottenburg, Fasanenstraße 33—35.
Architekten v. d. Hude, Martens, Grisebach.

gende, aus amerikanischem Holze gefertigte Treppe sind durch Schnitzereien geschmückt. (Vergleiche Architektur der Gegenwart, Band III.)

Wesentlich schlichter ist im allgemeinen das in den Jahren 1893/94 errichtete v. d. Hudesche Haus gehalten, dessen Façade eine Verbindung von röthlichem Sandstein mit gelben Verblendziegeln zeigt; die Kosten desselben haben sich, bei einfacher Ausstattung des Innern, aber auch nicht höher als auf rd. 17 ℳ für 1 cbm umbauten Raumes gestellt.

Angeschlossen seien den vorerwähnten zwei Beispiele von Malerhäusern.

Das Wohnhaus Klopstockstraße 61 (Abb. 293 bis 295) ist im Jahre 1891

V. Wohnhausbauten.   133

von H. Techow für den Landschafts- und Marinemaler Professor Ernst Körner erbaut worden. Im durchweg gewölbten Sockelgeschofs, dessen Höhe für die Durchfahrt ausreicht, liegen Diener- und Gartenzimmer, im theilweise gleichfalls gewölbten Erdgeschofs die Wohn- und Küchenräume, im Obergeschofs Schlafzimmer usw. und das Atelier des Hausherrn. Letzteres, 6,60 m zu 9,70 m grofs und 5,40 m hoch, besitzt Seiten- und Oberlicht, welche so eingerichtet sind, dafs ein beliebiger Theil der lichtgebenden Flächen verdeckt werden kann. Es geschieht dies bei dem grofsen Seitenfenster durch Vertäfelungen, die mittels eines einfachen Mechanismus von unten nach oben beweglich sind, während

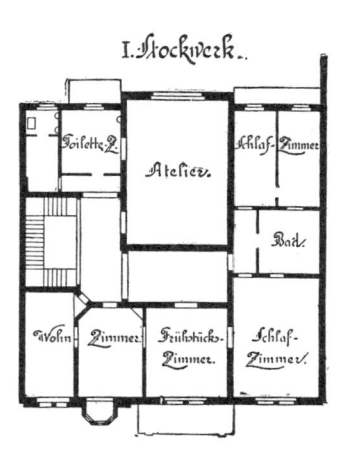

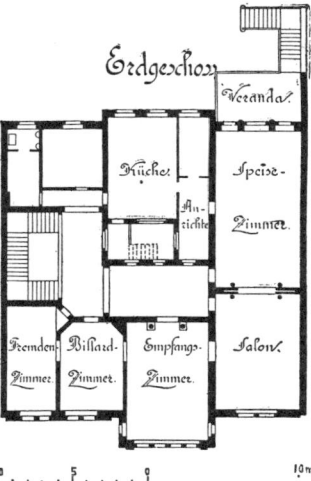

Abb. 293—295. Wohnhaus Körner, Klopstockstrafse 61.
Architekt H. Techow.

das Deckenlicht durch Fortrollen des unter ihm befindlichen Deckengemäldes vom Atelier aus geöffnet wird. So können nach Bedarf beide Beleuchtungsarten einzeln oder getrennt benutzt werden. Die architektonische Ausstattung des Innern, mit Marmorsäulen an den Thürumrahmungen der Gesellschaftszimmer, ist eine ziemlich reiche. An der Façade sind die architektonischen Gliederungen in einem besonders zubereiteten, ungefärbten und ohne Anstrich belassenen Cementmörtel geputzt, die Flächen mit gelbröthlichen Verblendsteinen bekleidet. (Vergl. Architektur der Gegenwart, Band III.)

Das Wohnhaus Hildebrandstrafse 22 (Abb. 296—299), dem Thiermaler Professor Paul Meyerheim gehörig, hat seine jetzige Gestalt durch einen Umbau erhalten, der im Jahre 1892 durch A. Messel ausgeführt wurde und neben einer Erweiterung der Ge-

134   V. Wohnhausbauten.

sellschaftsräume hauptsächlich die Anlage eines grofsen Ateliers zum Zwecke hatte. Das letztere, aus zwei gleichfalls mittels Seiten- und Oberlicht beleuchteten Räumen bestehend und durch zwei besondere Treppen mit den Wohn- und Schlafzimmern unmittelbar verbunden, liegt im Dachgeschofs; das Obergeschofs enthält Wohn- und Schlafzimmer, sowie eine für besondere Zwecke bestimmte Küche, das erhöhte Erdgeschofs die Gesellschaftszimmer, das Untergeschofs die Wirthschaftsräume mit der Hauptküche. Die Façade, welche in einem von Otto Hupp entworfenen Thierfriese einen eigenartigen Schmuck erhalten hat, ist geputzt; nur der Erker und die äufsere Vorhalle sind theilweise in Sandstein ausgeführt. (Vergl. Architektur der Gegenwart, Band III; Architekt. Rundschau 1894, 10 und Blätter für Architektur und Kunsthandwerk, Jahrg. 1894.)

Das Wohnhaus Lessingstrafse 52 (Abb. 300—303), im Jahre 1885/86 von v. Holst & Zaar erbaut, zeigt die etwas ungewöhnliche Anordnung, dafs die Wohn- und Schlafräume in die beiden oberen Geschosse verlegt sind, während das Erdgeschofs — abgesehen von einem Fremdenzimmer — ganz den Wirthschaftszwecken eingeräumt ist. Die Architektur der Façade, im Putzbau mit Ziegelverblendung der Flächen hergestellt, sucht eine besondere Wirkung durch Sgraffitomalereien am Fries und den Wandungen des Erkers zu erzielen. Die Baukosten haben 65 000 ℳ betragen. (Vergl. Architektur der Gegenwart, Band II.)

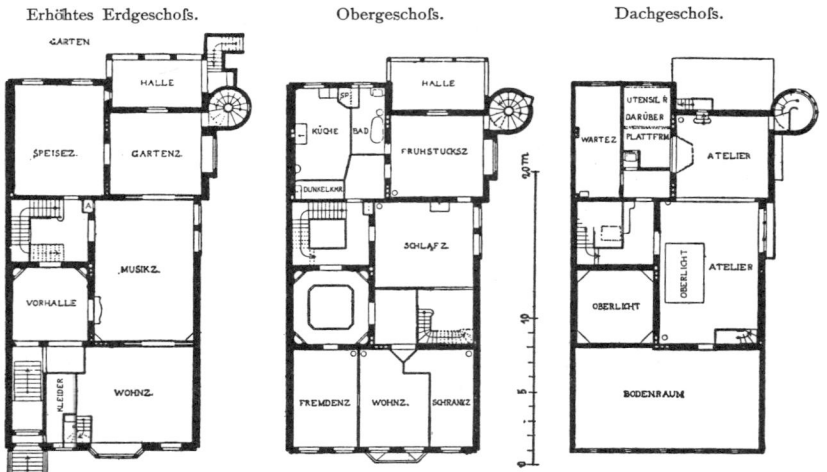

Abb. 296—299. Wohnhaus Meyerheim, Hildebrandstrafse 22.
Architekt A. Messel.

Das Wohnhaus Lessingstrafse 49 (Abb. 304—306) ist im Jahre 1883 als eine der älteren Ausführungen im sogen. „Hansa-Viertel" von G. v. Stralendorff für den

Maurermeister Gregorovius erbaut worden, der im obersten Geschofs seine Geschäftsräume untergebracht hatte, während in den beiden unteren Geschossen die Wohnung liegt. Die Geschäftsräume sind in geschickter Anordnung durch eine besondere Treppe zugänglich gemacht, die jedoch zugleich als Nebentreppe für die Wohnung benutzt werden kann. Mittelraum ist in allen Geschossen eine durch zwei seitliche Oberlichte erhellte geräumige Diele. Die in den Formen des französischen Barockstils entworfene, vornehm wirkende Façade zeigt Sandstein-Gliederungen in Verbindung mit Ziegelflächen. Die Baukosten beliefen sich auf 125 000 ℳ. (20 ℳ für 1 cbm). (Vergl. Blätter für Architektur und Kunsthandwerk, Jahrgang 1891.)

Als letztes Beispiel sei endlich eine Doppelwohnhaus-Anlage in der Bendlerstrafse 32a und 32b (Abb. 307 u. 308) mitgetheilt, die von Cremer & Wolffenstein im Jahre 1887 für zwei verschwägerte Familien ausgeführt wurde. Wie das Wohnhaus March (Abb. 280—283) lehnt sich der Bau an englische Vorbilder an, denen er durch die geringeren Abmessungen des Ganzen noch näher steht. Jedes der beiden, in der Front nur 10 m breiten Häuser, die im Erdgeschofs durch eine eiserne Thür mit einander verbunden sind, und die hintere Terrasse sowie den Garten gemeinsam haben, enthält in den drei Wohngeschossen nur je drei Zimmer. Die Wirthschaftsräume liegen im Untergeschofs, die Mädchenstuben usw. im Dachgeschofs. Treppen und Closets sind an die Strafsenfront verlegt, jedoch dadurch weniger auffällig gemacht, dafs vor ihnen eine Loggia mit Balcon angeordnet ist. Ein zweiter Balcon ist im mittleren Theile des zweiten Obergeschosses gewonnen. Bei einer Ausführung im Putzbau mit Ziegelflächen haben die Baukosten für jedes Haus 70 000 ℳ betragen. Es ist damit bewiesen, dafs der Erwerb eines einfachen Einzelwohnhauses auch in Berlin nicht unerschwinglich ist; doch hat das Beispiel bisher anscheinend noch

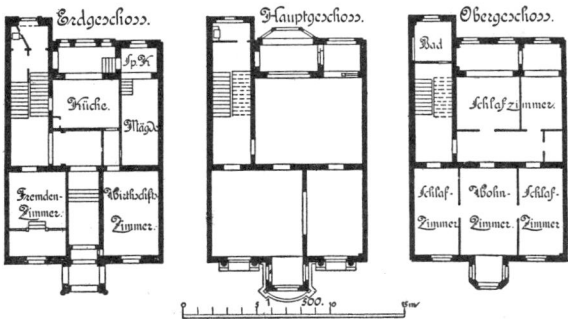

Abb. 300—303. Wohnhaus Lessingstrafse 52.
Architekten v. Holst & Zaar.

nicht viel Nachfolge gefunden — wohl weil nur solche Bauherren zur Erbauung eines ähnlichen Hauses sich zu entschliefsen pflegen, die gleichzeitig Werth darauf legen, dafs die Anlage und die künstlerische Durchbildung desselben das Gepräge einer ausgesprochenen Individualität trägt.

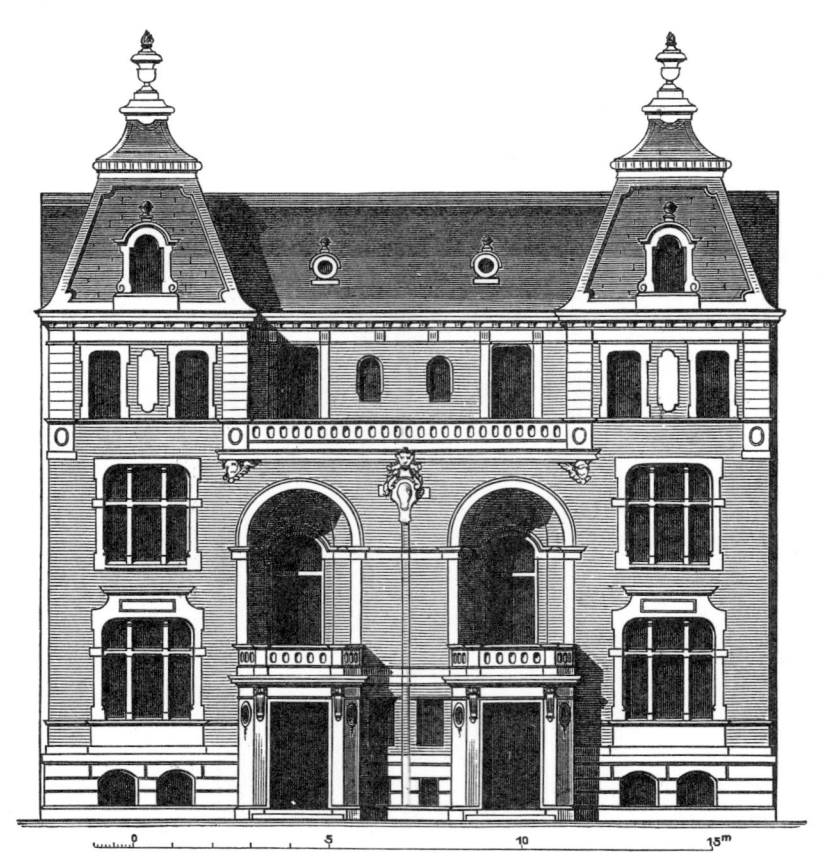

Abb. 307 u. 308. Doppelwohnhaus Bendlerstraße 32 a u. b.
Architekten Cremer & Wolffenstein.

Abb. 304—306. Wohnhaus (ehem. Gregorovius) Lessingstraße 49.
Architekt G. v. Stralendorff.

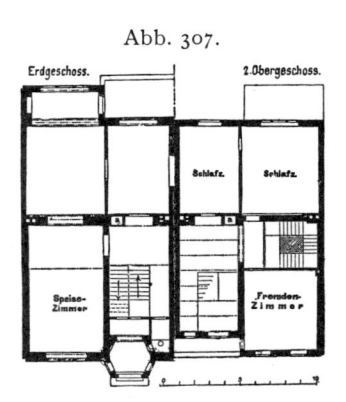

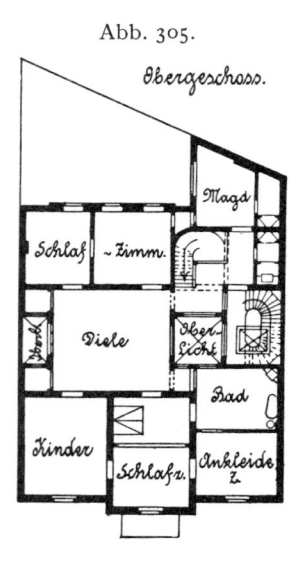

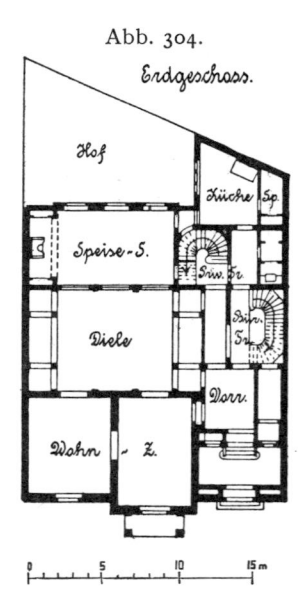

2. Einzelwohnhäuser in freierer Lage. (Städtische Villen.)

Unter der vorstehenden Ueberschrift ist im Folgenden eine Anzahl von Beispielen derjenigen Gattung des Einzelwohnhauses zusammengefaſst worden, die in Berlin gewöhnlich den Namen „Villa", in der älteren Fachliteratur aber den Namen „villa suburbana" führt. Das bezeichnende Moment für dieselbe ist die freiere Lage der Baustelle, welche es gestattet, den im übrigen nach dem Programm des vornehmeren städtischen Wohnhauses gestalteten, ausgiebige Gesellschaftsräume enthaltenden Gebäuden Licht von mehreren Seiten zuzuführen und demnach ihren Grundriſs zwangloser zu entwickeln. Es versteht sich von selbst, daſs Anlagen dieser Art ihren Platz nur in den Aufsenbezirken oder in bestimmten Luxusquartieren finden können. Auch hier sind indessen völlig frei stehende Bauten selten; meist begnügt man sich, sie gruppenweise oder in Verbindung mit Wohnhäusern so anzuordnen, daſs das Haus nur mit einem Brandgiebel an der Nachbargrenze, auf den drei anderen Seiten aber frei liegt. Regel ist es, daſs dasselbe mit einem Garten verbunden ist und von diesem umgeben wird. Bei sehr beschränkter Baustelle kommt es jedoch ausnahmsweise auch vor, daſs nur ein Vorgarten vorhanden ist, während seitlich ein schmaler Hof das Haus von dem Nachbargrundstück trennt.

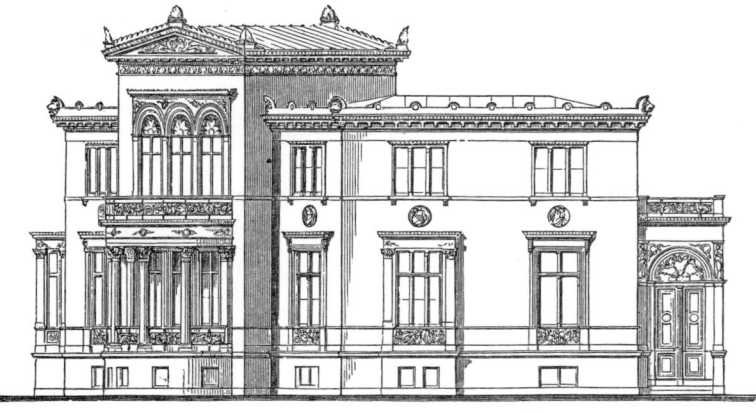

Abb. 309 u. 310. Villa in der Victoriastraſse 9. Architekt Hitzig.

Erdgeschoſs: 1. Vorraum. 2. Corridor. 3. Zimmer des Herrn. 4. Empfangszimmer. 5. Zimmer der Dame. 6. Salon. 7. Schlafzimmer. 8. Schrankzimmer. 9. Badezimmer. 10. Closet.

In ihrer architektonischen Ausbildung weichen diese städtischen Villen nicht allzu sehr von den Reihenhäusern gleichen Ranges ab; nur daſs die Fronten durch stärkere Vorsprünge gegliedert und die engen Beziehungen des Hauses zum Garten entschiedener betont zu werden pflegen. Einen wesentlichen Antheil an dieser Gleichmäſsigkeit der Behandlung haben wohl die Vorschriften der Baupolizei-Ordnung, welche für jedes Bauwerk in jeder Lage die gleichen Forderungen stellen und insbesondere den Holzbau nahezu vollständig ausschlieſsen. Wenn es scheint, als mache neuerdings eine auf malerische Wirkungen hinzielende Richtung mehr als früher sich geltend, so ist nicht zu vergessen, daſs diese Richtung ganz allgemein, also auch ebenso bei den Häusern auf geschlossener Baustelle hervorgetreten ist.

Ein Rückblick auf die vorhandenen älteren Werke der in Rede stehenden Gattung von Wohnhäusern, wie er im vorangegangenen Abschnitte gegeben wurde, kann sich nur auf eine verhältniſsmäſsig kurze Vergangenheit erstrecken. Zwar hat es, seitdem die Vorstädte Berlins in Bebauung genommen worden sind, in ihnen sicherlich niemals an frei stehenden Einzelwohnhäusern gefehlt. Aber dieselben waren zum Verschwinden verurtheilt,

138   V. Wohnhausbauten.

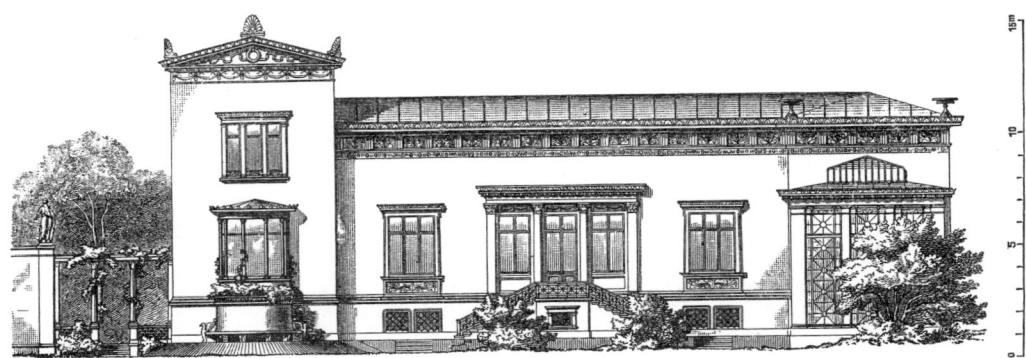

Abb. 311 u. 312. Wohnhaus Soltmann, Hollmannstraße 25—27. Architekt R. Lucae.

sobald die Bebauung des betreffenden Stadttheils einen so hohen Grad von Dichtigkeit erreicht hatte, dafs eine wesentlich höhere Verwerthung des Baugeländes sich ermöglichen liefs. Sind doch von den 16 Bauwerken, die in der ersten Ausgabe dieses Buches als Beispiele des Berliner Villenbaues vorgeführt wurden, seither schon vier abgebrochen und durch Miethshäuser ersetzt, eins zum Miethshause umgebaut worden, während ein sechstes einer neuen, den gesteigerten Ansprüchen an Geräumigkeit, Behaglichkeit und prunkende Erscheinung besser genügenden Villenanlage hat weichen müssen.

Als älteste Villen Berlins sind heute, wenn auch nicht mehr in ursprünglicher Gestalt, noch das gegen 1706 von Eosander für den Grafen v. Wartenberg errichtete Gebäude, jetzt der Mittelbau von Schlofs Monbijou, und die zwischen 1712 und

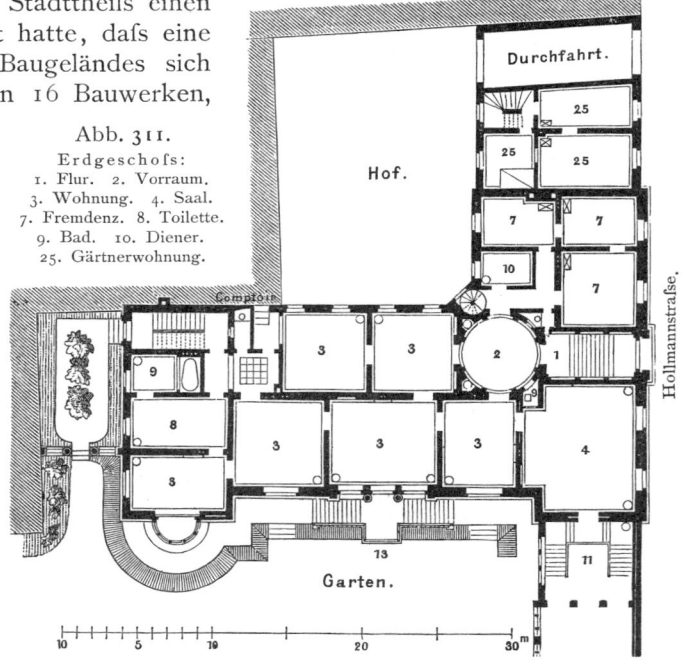

Abb. 311.
Erdgeschofs:
1. Flur. 2. Vorraum.
3. Wohnung. 4. Saal.
7. Fremdenz. 8. Toilette.
9. Bad. 10. Diener.
25. Gärtnerwohnung.

Abb. 313. Villa Bleichröder in Charlottenburg (ursprüngliche Façade). Architekt M. Gropius.

V. Wohnhausbauten.

1714 von Schlüter für den Minister v. Kamecke erbaute Villa in der Dorotheenstrafse, jetzt ein Theil des Hauses der Loge Royal York, erhalten, während die im Jahre 1823 von Schinkel geschaffene Villa Behrend in Charlottenburg als Beispiel einer derartigen Anlage aus den ersten Jahrzehnten unseres Jahrhunderts zu nennen ist. Durch eine etwas gröfsere Zahl entsprechender Bauten wird noch die Mitte des letzteren, die Regierungszeit Friedrich Wilhelms IV. vertreten, in der es den Anstrengungen der Architekten allmählich gelang, etwas gröfseren Einflufs auf den bis dahin fast nur handwerksmäfsig betriebenen Berliner Wohnhausbau zu gewinnen. Es ist damals eine ganze Reihe reizvoller Villen — leider durchweg in sehr vergänglicher Bauweise — erstanden, in denen das liebenswürdige Talent von Stüler, Strack, Hitzig, Knoblauch, Tietz u. a. Gelegenheit fand, sich zu bethätigen. Freilich kam die künstlerische Durchbildung dieser Werke, von denen die aufwändigeren — wie die Villa Borsig von Strack und die Villa von der Heydt von Lincke u. Ende — erst dem Ausgange jenes Zeitabschnittes angehören, in den meisten Fällen nur in der zierlichen Gestaltung des in hellenischen Formen durchgeführten Aufsenbaues zur Geltung, während an die Ausstattung der Innenräume noch verhältnifsmäfsig geringe Ansprüche gestellt wurden. Eine Ausnahme bildet in dieser Hinsicht nur die Villa Borsig.

Abb. 314. Villa Monplaisir, Drakestr. 3. Arch. Kyllmann & Heyden.

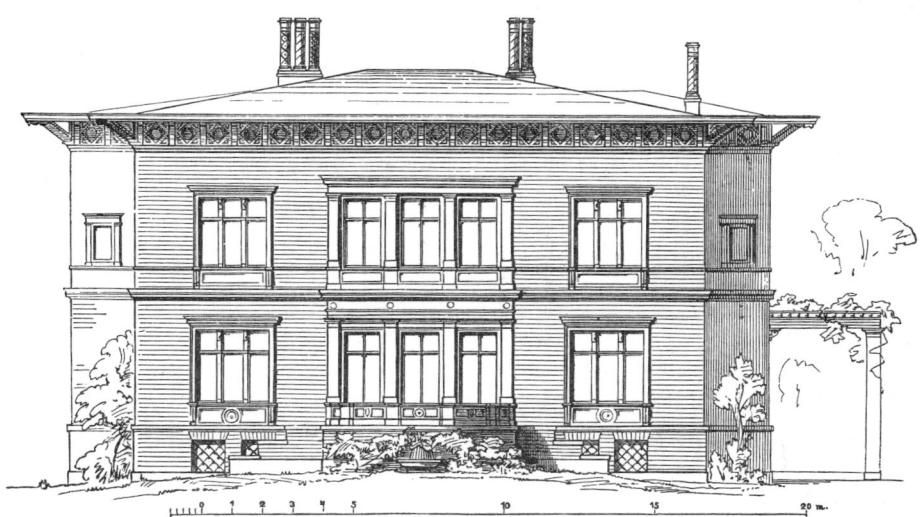

Abb. 315. Villa Markwald, Thiergartenstr. 27. Arch. v. d. Hude & Hennicke.

140 V. Wohnhausbauten.

Als ein Beispiel der damaligen Bauweise mag hier eines der von Hitzig bei Anlage der Victoriastraße geschaffenen Gebäude, die an der stumpfen Ecke der Margarethenstraße stehende Villa Victoriastraße 9 (Abb. 309 u. 310) mitgetheilt werden, deren Grundriß schon ziemlich weitgehenden Raumforderungen genügt, in Bezug auf die Zugänglichkeit eines Theiles der Räume und die Verbindung der Geschosse aber noch sehr zu wünschen übrig läßt. Die Ausführung ist im Putzbau erfolgt. (Vergl. Hitzig, Wohngebäude der Victoriastraße.)

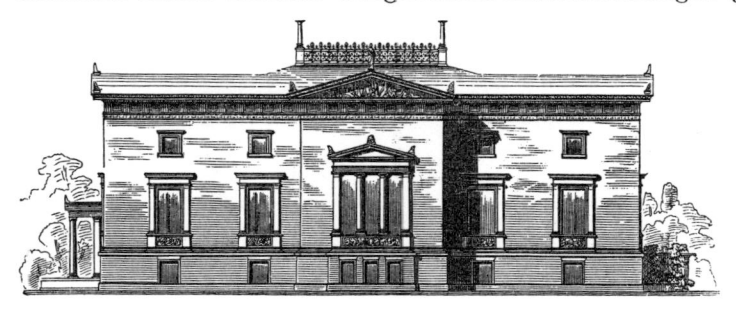

Im Vergleich zu einem derartigen Bau zeigen die im Folgenden vorgeführten Beispiele einiger villenartiger Wohnhäuser aus den sechziger Jahren eine

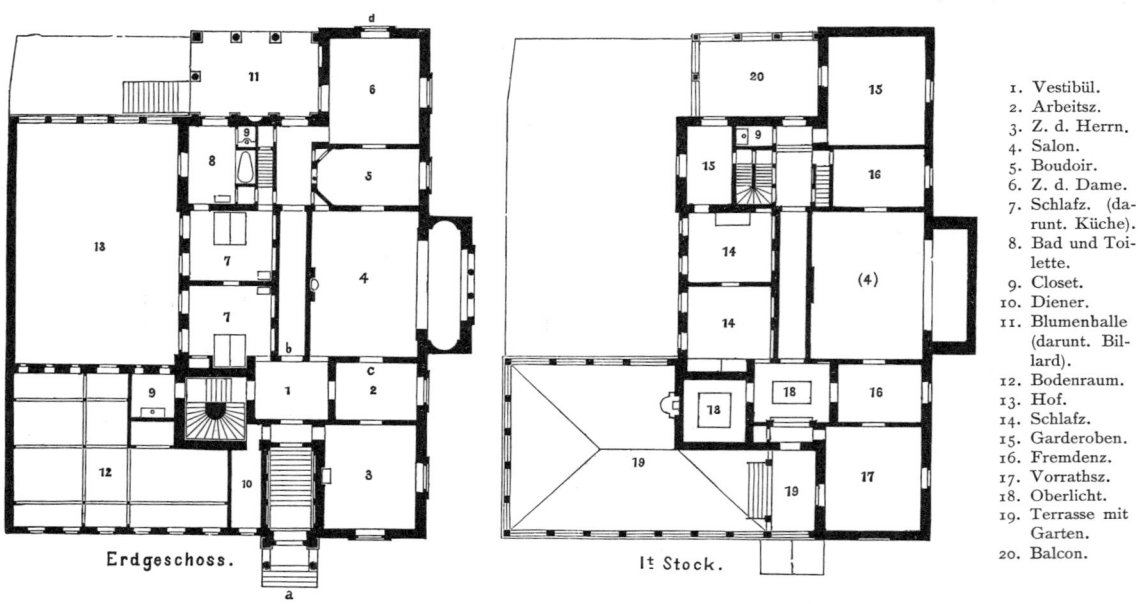

1. Vestibül.
2. Arbeitsz.
3. Z. d. Herrn.
4. Salon.
5. Boudoir.
6. Z. d. Dame.
7. Schlafz. (darunt. Küche).
8. Bad und Toilette.
9. Closet.
10. Diener.
11. Blumenhalle (darunt. Billard).
12. Bodenraum.
13. Hof.
14. Schlafz.
15. Garderoben.
16. Fremdenz.
17. Vorrathsz.
18. Oberlicht.
19. Terrasse mit Garten.
20. Balcon.

Abb. 316—319. Villa (ehem. Kabrun) a. d. Rauch- u. Drakestr. Arch. Ende & Böckmann.

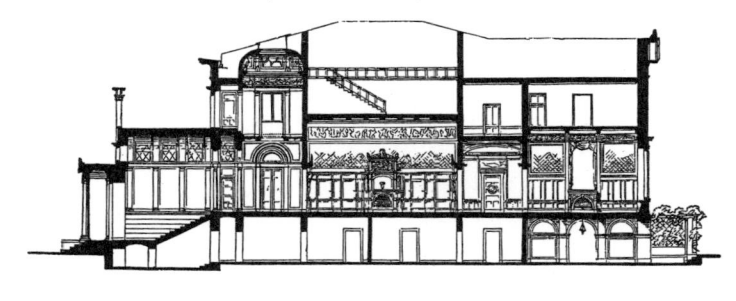

wesentliche Steigerung theils in Bezug auf den Maßstab, theils in Bezug auf die Art der Herstellung und Durchbildung.

Das Wohnhaus Soltmann (Abb. 311 u. 312) ist im Jahre 1861 auf dem großen, zur Mineralwasserfabrik von Struve & Soltmann gehörigen Parkgrundstücke an der Ecke der Hollmannstraße und Alten Jakobstraße von Richard Lucae erbaut worden. Westlich an die Nachbarhäuser bezw. an die Fabrikgebäude anstoßend, kehrt es seine Hauptfront dem Parke zu und ist mit den an der Straßenseite des letzteren errichteten Gewächshäusern in unmittelbare Verbindung gesetzt. Der im Putzbau hergestellten Façade, in welcher die Eigenart des Architekten einen bezeichnenden Ausdruck gefunden hat, sichern die im wesentlichen eingeschossige Anlage und die grofsen Achsweiten eine verhältnifsmäfsig bedeutende Wirkung. (Vergl. Zeitschrift für Bauwesen, Jahrg. 1863.)

Von drei anderen Villenbauten aus jener Zeit, der im Jahre 1866 von Martin Gropius ausgeführten Villa Bleichröder in Charlottenburg (Abb. 313, Architekt. Skizzenbuch), der im Jahre 1865/66 von Kyllmann & Heyden erbauten „Villa Monplaisir", Ecke der Drake- und Rauchstrafse (Abb. 314) und dem im Jahre 1861/62 durch v. d. Hude & Hennicke errichteten Wohnhaus Markwald, Thiergartenstr. 27 (Abb. 315, Zeitschrift f. Bauwesen, Jahrgang 1867) sind hier nur die Façaden gegeben. Die beiden ersten — Putzbauten, die später etwas verändert worden sind — als Vertreter der von den Erbauern gepflegten und hier mit besonderem Glück behandelten Stilrichtung, die letzte — ein in gelbröthlichen Verblendsteinen mit Architekturgliedern von rothem Thüringer Sandstein hergestellter Bau mit weit ausladendem Holzgesims — als bahnbrechendes Beispiel für die seither mehr und mehr in Aufnahme gekommene Anwendung echter Baustoffe auch für Anlagen dieser Art.

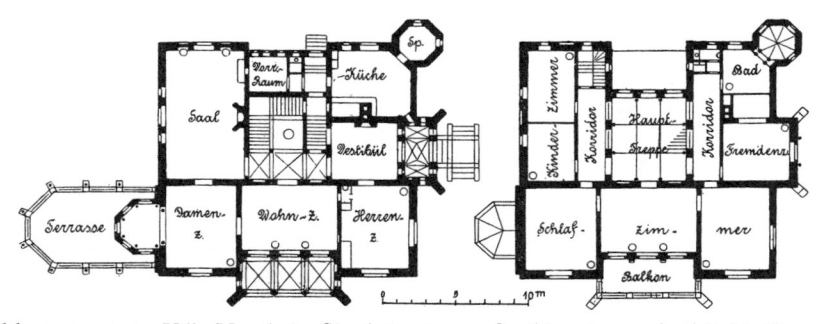

Abb. 320—322. Villa March in Charlottenburg, Sophienstr. 2. Architekt Hense.

Noch gediegener stellt die Villa Rauchstrafse 17 und 18 (Abb. 316—319) sich dar, welche, von der Rauchstrafse bis zur Corneliusstrafse reichend, mit ihrer Hauptfront an der Drakestrafse liegt und in den Jahren 1865—1867 von Ende & Böckmann für den Rentner Kabrun ausgeführt worden ist. In strengen hellenischen Formen und (infolge der verschiedenen Terrassenanlagen usw.) doch in malerisch wirkender Anordnung entwickelt, im Ziegelbau mit Werksteingliederungen und einem Terracotta-Hauptgesims ausgeführt, erscheint sie als der monumentalste Ausdruck der künstlerischen Bestrebungen, welchen die ältere Berliner Architektenschule im Villenbau nachgegangen ist. Das mit grofser Liebe durchgebildete Innere bietet an der Hauptfront eine Flucht zusammenhängender Wohn- und Gesellschaftsräume, wie sie wohl nur in wenigen gleichartigen Bauten sich findet. (Vergl. Wiener Allgemeine Bauzeitung, Jahrg. 1867.)

V. Wohnhausbauten.

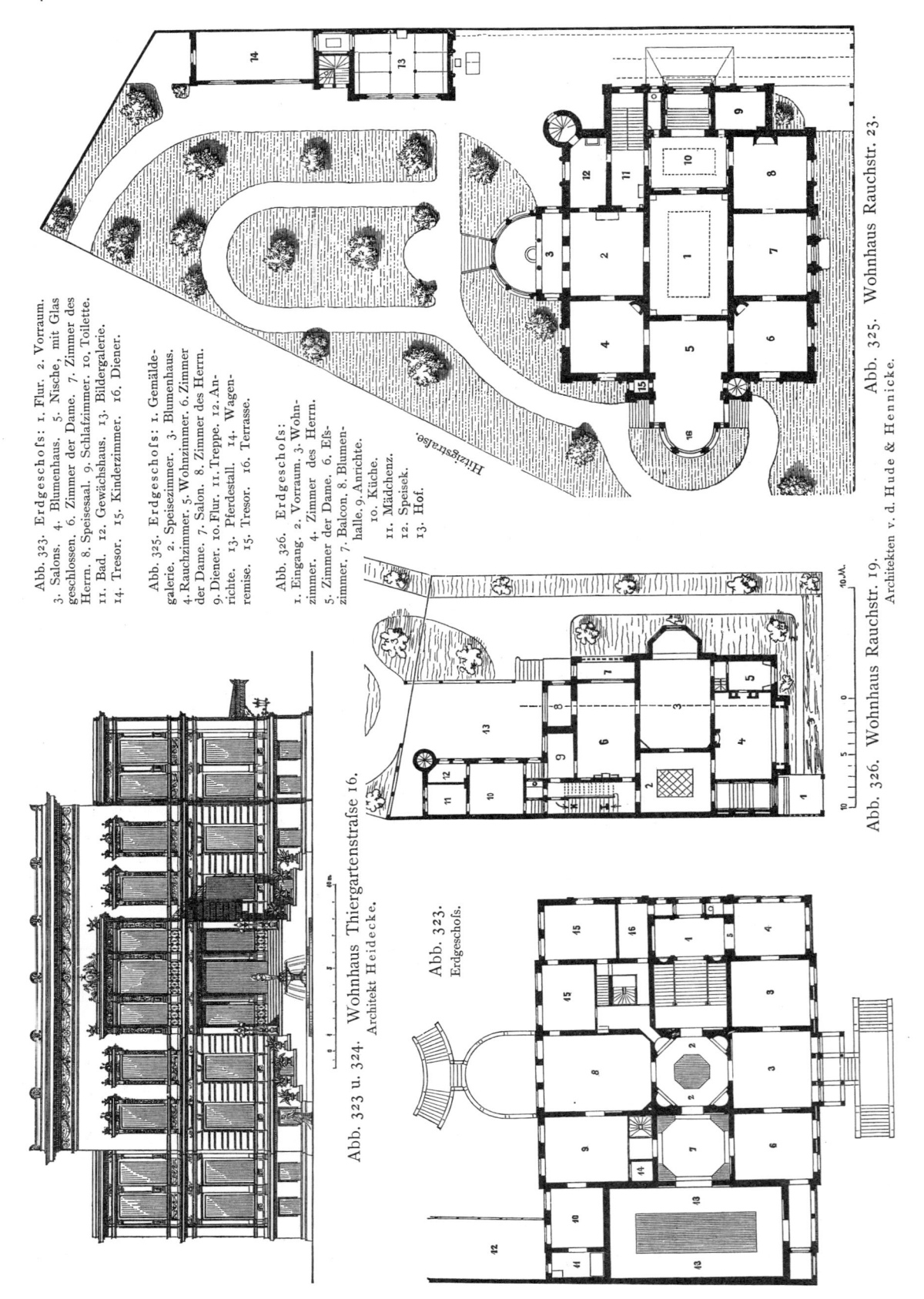

Abb. 323. Erdgeschofs: 1. Flur. 2. Vorraum. 3. Salons. 4. Blumenhaus. 5. Nische, mit Glas geschlossen. 6. Zimmer der Dame. 7. Zimmer des Herrn. 8. Speisesaal. 9. Schlafzimmer. 10. Toilette. 11. Bad. 12. Gewächshaus. 13. Bildergalerie. 14. Tresor. 15. Kinderzimmer. 16. Diener.

Abb. 325. Erdgeschofs: 1. Gemäldegalerie. 2. Speisezimmer. 3. Blumenhaus. 4. Rauchzimmer. 5. Wohnzimmer. 6. Zimmer der Dame. 7. Salon. 8. Zimmer des Herrn. 9. Diener. 10. Flur. 11. Treppe. 12. Anrichte. 13. Pferdestall. 14. Wagenremise. 15. Tresor. 16. Terrasse.

Abb. 326. Erdgeschofs: 1. Eingang. 2. Vorraum. 3. Wohnzimmer. 4. Zimmer des Herrn. 5. Zimmer der Dame. 6. Efszimmer. 7. Balcon. 8. Blumenhalle. 9. Anrichte. 10. Küche. 11. Mädchenz. 12. Speisek. 13. Hof.

Abb. 325. Wohnhaus Rauchstr. 23.
Architekten v. d. Hude & Hennicke.

Abb. 326. Wohnhaus Rauchstr. 19.

Abb. 323 u. 324. Wohnhaus Thiergartenstraße 16.
Architekt Heidecke.

Abb. 323.
Erdgeschofs.

V. Wohnhausbauten.

In Bezug auf liebevolle Durchbildung und technisch vollendete Ausführung steht vielleicht die von C. Hense in den Jahren 1867/68 ausgeführte Villa March in Charlottenburg, Sophienstrafse 2 (Abb. 320—322), noch höher. Die stilistische Haltung der Façaden zeigt jene Auffassung moderner gothischer Baukunst, die innerhalb der Berliner Schule namentlich von Stüler vertreten wurde. Ihre Herstellung in gelben Ziegeln und gleichfarbigen Terracotten, welche letztere sogar für den Firstkamm der Dächer verwendet sind, hat dem Bauherrn Anlafs geboten, die Leistungsfähigkeit seiner Fabrik in glänzendster Weise zu bekunden. Im innigen Zusammenwirken des Architekten mit ihm ist in den ornamentalen Einzelheiten des Baues, deren Zierlichkeit kaum noch gesteigert werden könnte, eine Quelle sinniger Beziehungen entfaltet worden. (Vgl. Dtsche. Bauzeitung, Jahrgang 1872.)

Abb. 329. Façade des Hauses Nr. 135.

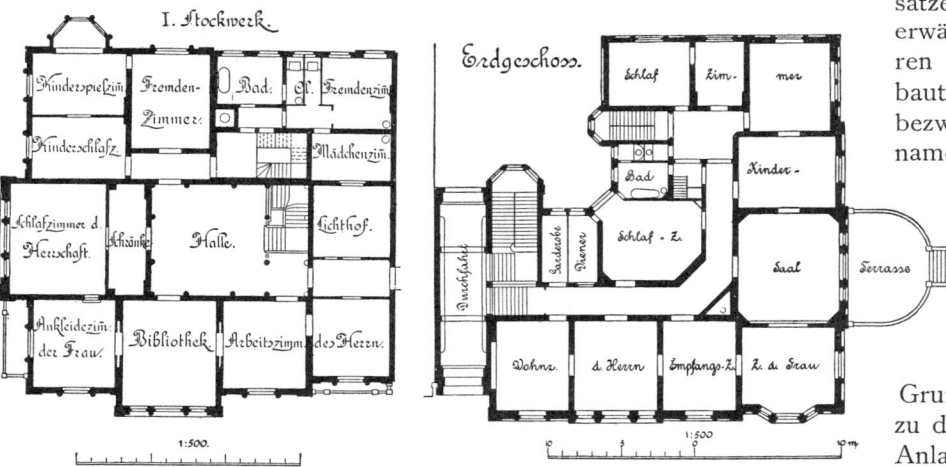

Abb. 327—329. Wohnhäuser i. d. Kurfürstenstr. 135 u. 134. Arch. Aug. Orth.

Die beiden zunächst folgenden villenartigen Wohnhausbauten aus der ersten Hälfte der siebziger Jahre, die im Gegensatze zu den zuletzt erwähnten im Aeufsren wieder als Putzbauten mit Stuck- bezw. Cementgufs-Ornamenten ausgeführt, dafür aber im Innern um so reicher ausgestattet sind und nach ihrer Grundrifsentwicklung zu den aufwändigsten Anlagen ihrer Art gehören, ist das Motiv centraler Anordnung um einen durch Oberlicht erhellten Mittelraum und zugleich dasjenige gemein, dafs mit den Wohn- und Gesellschaftsräumen eine Bildergalerie zu verbinden war. — In dem Wohnhause Thiergartenstrafse 16 (Abb. 323 u. 324), das in den Jahren 1870/71 von Heidecke für den Bankier Liebermann erbaut wurde, liegt diese Bildergalerie, welche durch Erd- und Obergeschofs reicht, seitlich, während die beiden Mittelräume als Eingangshalle und Bibliothek dienen. In dem durch v. d. Hude & Hennicke in den Jahren 1872/73 für den Bankier Hainauer ausgeführten Wohnhause Rauchstrafse 23 (Abb. 325) bildet die Galerie selbst den Centralraum. Die Anlage, zu der ein architektonisch vornehm ausgestattetes Nebengebäude gehört, kommt dadurch zu besonderer Geltung, dafs der Garten derselben in grofser Ausdehnung nach der Hitzigstrafse sich öffnet.

Monumentale Durchführung des Aeufsern zeigt dagegen wiederum das Wohnhaus Rauchstrafse 19 (Abb. 326), das im Jahre 1873 durch v. d. Hude & Hennicke für Baumeister Hennicke erbaut ist und an welchem eine möglichst farbige Wirkung erstrebt wurde. Die Front des hinteren, von der Corneliusstrafse sichtbaren Wirthschaftsgebäudes ist im Ziegelbau, diejenige des Hauptgebäudes in einer Verbindung von Werkstein und Ziegelverblendung, mit venetianischem Glasmosaik in den Pilasterfüllungen der Strafsenseite sowie farbiger Behandlung des überhängenden Daches durchgeführt. (Vergl. Architekton. Skizzenbuch. Eine perspectivische Ansicht der Strafsenfront ist auf derjenigen des Nachbarhauses, Abb. 489, mit enthalten.) —

Für die seither entstandenen Wohnhausbauten der in Rede stehenden Gattung gilt Aehnliches, wie für die Einzelwohnhäuser auf umschlossener Baustelle. Werke ersten Ranges fehlen unter ihnen zwar nicht, sind aber doch verhältnifsmäfsig nicht so häufig mehr wie in den ersten Zeiten des jüngsten Aufschwungs unserer Stadt. Dafür hat nicht nur die Gesamtzahl der betreffenden Bauten, sondern auch ihr durchschnittlicher Rang sehr erheblich zugenommen. Insbesondere ist eine Ausführung derselben in echten Baustoffen neuerdings keine Ausnahme mehr, sondern nahezu die Regel.

Aus den Jahren 1881—1882 stammen die Wohnhäuser Kurfürstenstrafse 134 und 135 (Abb. 327—329), die August Orth für den Fabrikbesitzer Rütgers ausgeführt hat — Bauwerke ansehnlichsten Mafsstabes und, obwohl nur im Putzbau hergestellt, doch von palastartigem Gepräge. Nur das linksseitige Haus (Nr. 135), dessen Räume sich um eine von einem inneren Lichthofe aus, bezw. durch Oberlicht erleuchtete Halle legen, ist ein Einzelwohnhaus und umfafst in zwei Geschossen die sehr geräumige Wohnung des Besitzers. Das rechte Haus (Nr. 134, an der Ecke der Kielganstrafse) enthält im Obergeschofs, das durch eine Thür mit dem Nachbarhause verbunden ist, die Bureaus desselben, während das Erdgeschofs zu einer Miethswohnung eingerichtet ist, deren Wirthschaftsgelasse im Keller liegen.

Das Wohnhaus Thiergartenstrafse 4 (Abb. 330), in den Jahren 1888—1890 von C. Heidecke erbaut, mufste der Baustelle entsprechend eine für Anlagen dieser Art sonst nicht gewöhnliche Entwicklung nach der Tiefe erhalten, die zur Aufreihung des gröfseren Theils der Gesellschaftszimmer in einer Hauptachse geführt hat. Die Façaden sind in weifsem Postelwitzer Sandstein ausgeführt und haben auf der Hof- und Gartenseite den Schmuck von Sgraffiten erhalten. Die Baukosten haben 410000 ℳ. betragen.

Das Wohnhaus Rauchstrafse 22 (Abb. 331 u. 332) ist in den Jahren 1893/94 von Wilhelm Walther für den Bankier Koppel errichtet worden. Da das Erdgeschofs, in welchem die untergeordneten Zimmer und Wirthschaftsgelasse liegen, verhältnifsmäfsig niedrig gehalten ist, während das Hauptgeschofs eine sehr beträchtliche Höhe besitzt, so wirkt die Anlage, deren Mittelpunkt ein durch Oberlicht erhellter Bildersaal bildet, im wesentlichen eingeschossig. Die Façade ist in Cement geputzt; um so reicher (mit kostbaren Holzarbeiten usw.) ist das Innere ausgestattet, dessen Haupträume Decken in Gewölbeform aufweisen.

Eine der ansehnlichsten bisher in Berlin entstandenen städtischen Villen dürfte das Wohnhaus Margarethenstrafse 11 (Abb. 333 u. 334) sein, das Kayser & v. Groszheim in den Jahren 1894/95 für den Legationsrath v. Dirksen ausgeführt haben. Am Ende der Margarethenstrafse liegend, kehrt das Haus seine beiden anderen, frei stehenden Fronten dem parkartigen Garten des jene Strafse vorläufig von der Potsdamer Strafse trennenden Grundstücks Potsdamer Strafse 19 zu. Mittelpunkt der Gesellschaftsräume des Erdgeschosses ist, wie in fast allen neueren Einzelwohnhäusern, die grofse durch beide Geschosse reichende Treppenhaus-Diele, die hier in geschicktester Weise dazu benutzt worden ist, die schiefwinklige Form der Baustelle auszugleichen. Von ungewöhnlicher Geräumigkeit ist die mit

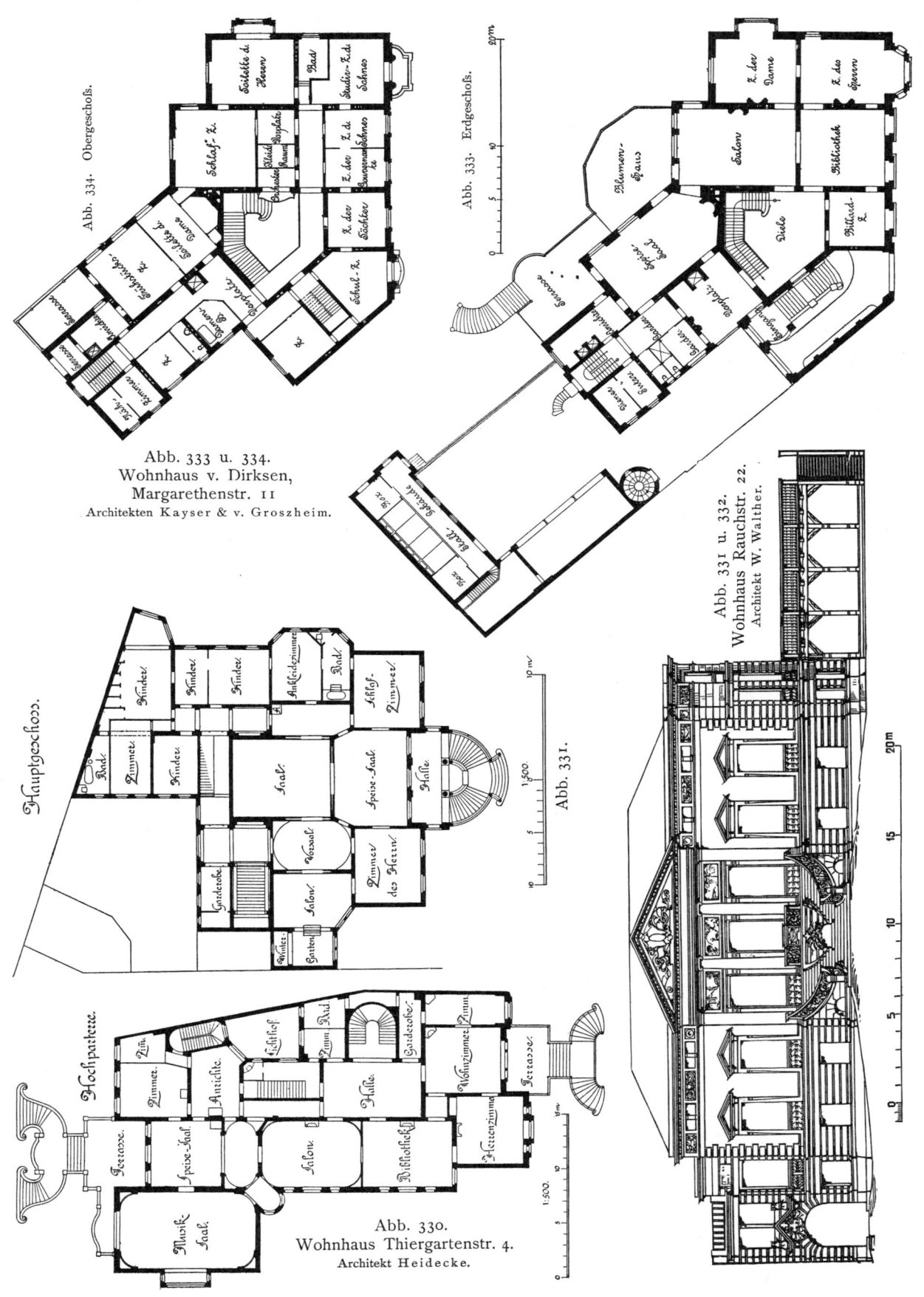

Abb. 333 u. 334.
Wohnhaus v. Dirksen,
Margarethenstr. 11
Architekten Kayser & v. Groszheim.

Abb. 330.
Wohnhaus Thiergartenstr. 4.
Architekt Heidecke.

Abb. 331 u. 332.
Wohnhaus Rauchstr. 22.
Architekt W. Walther.

Berlin und seine Bauten. III.

146 V. Wohnhausbauten.

der Durchfahrt nach dem Stallhofe verbundene Eingangshalle; auch die Abmessungen des Pflanzenhauses, das zu den beiden Hauptsälen in Beziehung gesetzt und dadurch zu einem Gliede in der Reihe der Gesellschaftsräume gemacht ist, gehen weit über das Uebliche hinaus. Die in strengen Renaissanceformen gehaltene Façade ist in hellem Warthauer Sandstein ausgeführt; Ausgestaltung und Einrichtung der Innenräume entsprechen dem Range des Hauses.

Auch in den beiden nächstfolgenden Beispielen bildet das bezeichnende Motiv des Grundrisses die Anordnung einer zweigeschossigen Halle, der allerdings eine verschiedenartige Rolle zugetheilt ist. Denn während dieselbe in dem ersten derselben, wie bei dem vorher besprochenen Gebäude, hauptsächlich Treppenhaus ist und zwischen die Wohn- und Gesellschaftszimmer

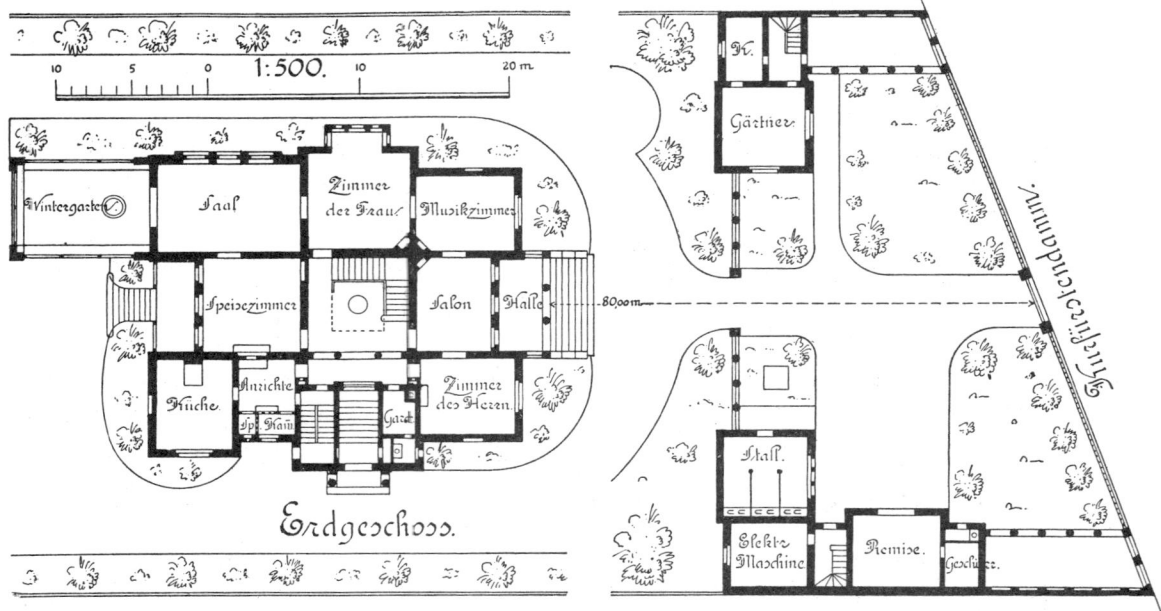

Abb. 335—337. Wohnhaus Hirschwald, Kurfürstendamm 93/94. Arch. v. d. Hude & Hennicke.

V. Wohnhausbauten.

gleichsam nur beiläufig als Vor- und Verbindungsraum sich einreiht, also der deutschen „Diele" entspricht, ist sie in den anderen Beispielen der Hauptraum des Hauses, auf den alle übrigen Zimmer sich beziehen und dem nur beiläufig zugleich eine unmittelbare Treppenverbindung mit dem Obergeschosse gegeben ist; sie entspricht also hier der „hall" des vornehmen englischen Wohnhauses.

Das Wohnhaus Hirschwald, Kurfürstendamm 93/94 (Abb. 335—337), in den Jahren 1887—1888 durch v. d. Hude & Hennicke erbaut, liegt in absichtlicher Zurückgezogenheit inmitten eines etwa vier Morgen großen Parkes, dem nach der Straße zu ein stattlicher Vorhof mit der Gärtnerwohnung und den Stallgebäuden sich vorlegt. Das in Werkstein-Architektur mit Ziegelverblendung der Flächen ausgeführte Haus, dessen flaches überhängendes Zeltdach von der Oberlichtlaterne des Mittelraums gekrönt wird, bringt den inneren Organismus des Hauses in der Façade zu klarem Ausdruck.

Bei dem von Cremer & Wolffenstein im Jahre 1893/94 errichteten Wohn-

Abb. 340. Empfangssalon (Halle).

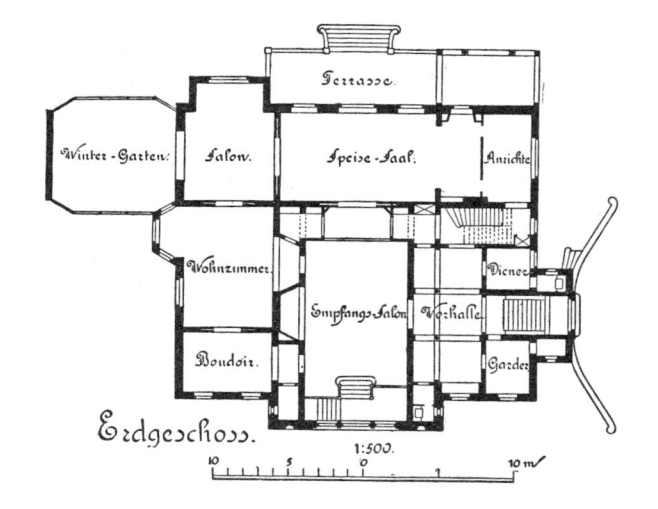

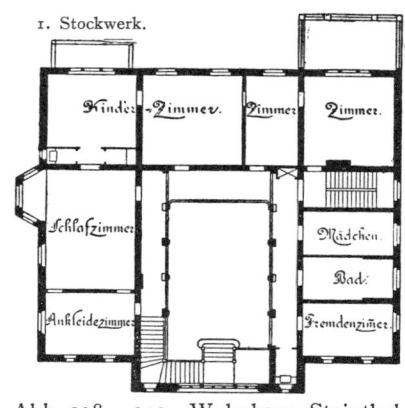

Abb. 338—340. Wohnhaus Steinthal in Charlottenburg, Uhlandstr. 191.
Architekten Cremer & Wolffenstein.

hause Steinthal in Charlottenburg, Uhlandstraße 191 (Abb. 338—340), ist auf besonderen Wunsch des Bauherrn die im Putzbau hergestellte Façade nur schlicht gestaltet

148 V. Wohnhausbauten.

worden. Mit um so gröfserer Liebe ist das Innere durchgebildet worden, namentlich die in Eichenholz hergestellte Decke der grofsen Empfangshalle, welche letztere ihr Licht durch ein dreitheiliges, mit Glasmalereien geschmücktes Fenster von der Front her empfängt. Der Wintergarten liegt hier wie im Hause Hirschwald am Ende einer Zimmerflucht.

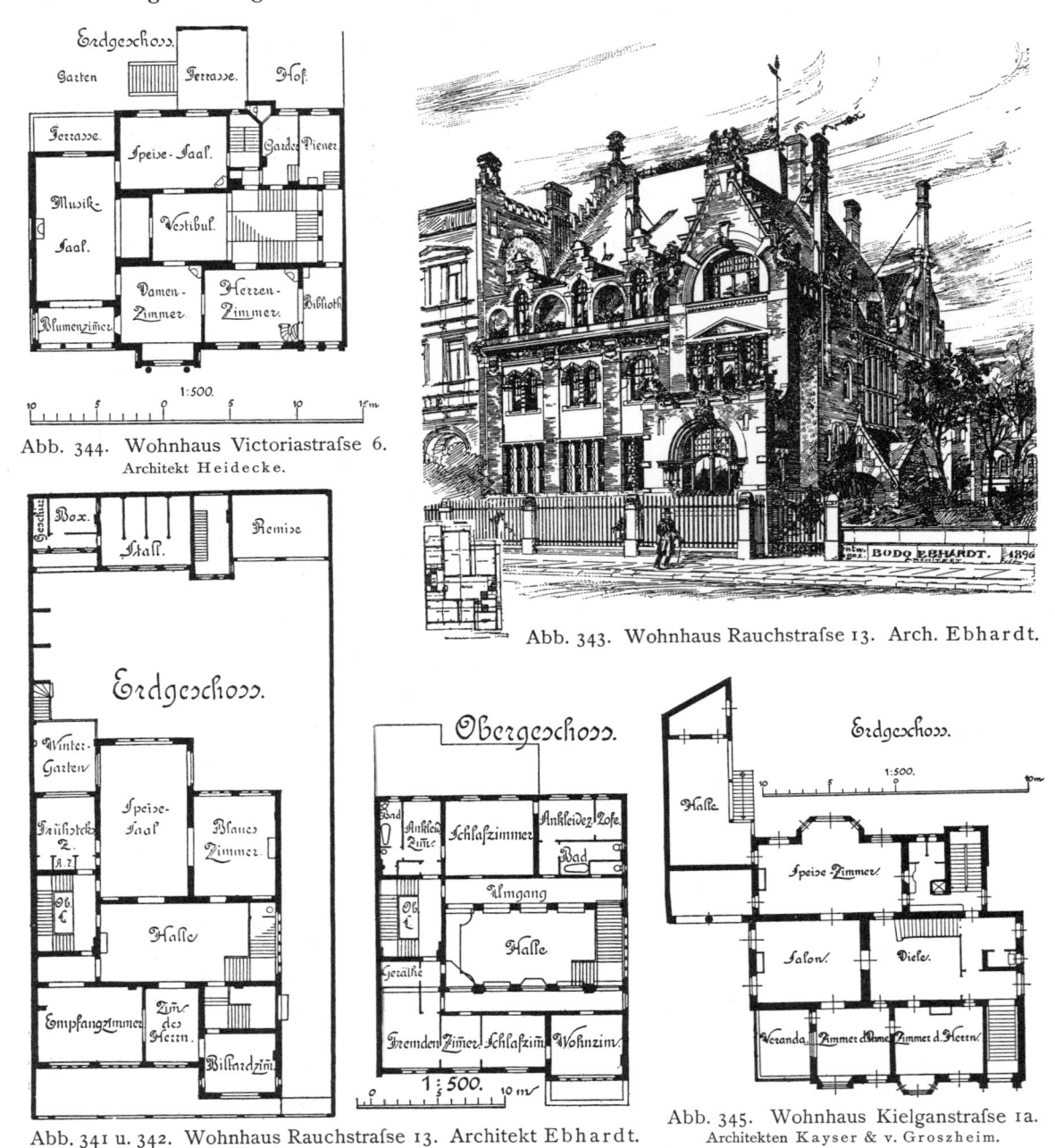

Abb. 344. Wohnhaus Victoriastrafse 6.
Architekt Heidecke.

Abb. 343. Wohnhaus Rauchstrafse 13. Arch. Ebhardt.

Abb. 341 u. 342. Wohnhaus Rauchstrafse 13. Architekt Ebhardt.

Abb. 345. Wohnhaus Kielganstrafse 1a.
Architekten Kayser & v. Groszheim.

In dem von Bodo Ebhardt entworfenen Wohnhause Rauchstrafse 13 (Abb. 341 bis 343), das zur Zeit noch in Ausführung sich befindet, ist der Halle eine Stellung im Organismus des Hauses angewiesen, die zwischen den beiden oben erörterten Auffassungen etwa die Mitte hält. Die Gestaltung der in derber Formgebung gehaltenen Façade, die eine Verbindung von Backsteinbau mit Werksteintheilen und Putzflächen zeigt, verfolgt in interessanter Weise den Zweck, den Brandgiebel des anstofsenden Miethshauses, der in der Umgebung der übrigen Villenbauten sehr störend sich geltend machte, dem Anblick zu entziehen.

V. Wohnhausbauten.

Das Wohnhaus Victoriastrafse 6 (Abb. 344), das in den Jahren 1889—1891 von C. Heidecke erbaut wurde, und das im Jahre 1889/90 durch Kayser & v. Groszheim ausgeführte Wohnhaus Kielganstrafse 1a (Abb. 345) geben alsdann zwei weitere Beispiele villenartiger Einzelwohnhäuser mittleren Ranges. Das erste, ein Renaissancebau in

Abb. 348—350. Wohnhäuser Hildebrandstr. 14 u. 15.
Architekten Kayser & v. Groszheim.

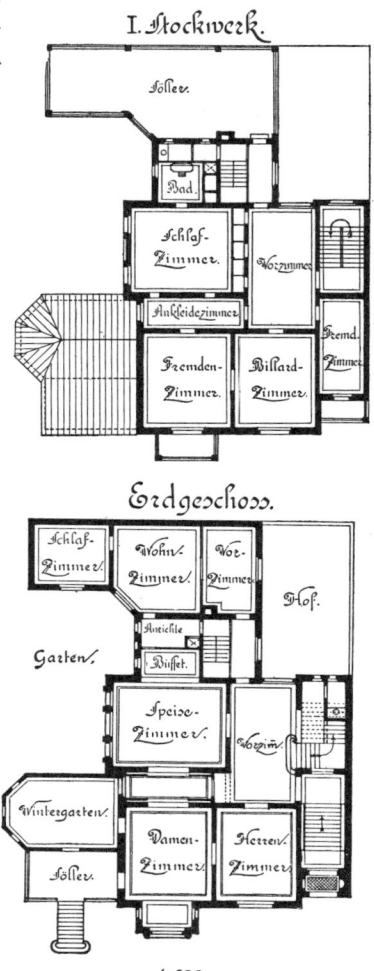

Abb. 346 u. 347. Wohnhaus Hildebrandt, Fasanenstr. 31.
Architekten Becker & Schlüter.

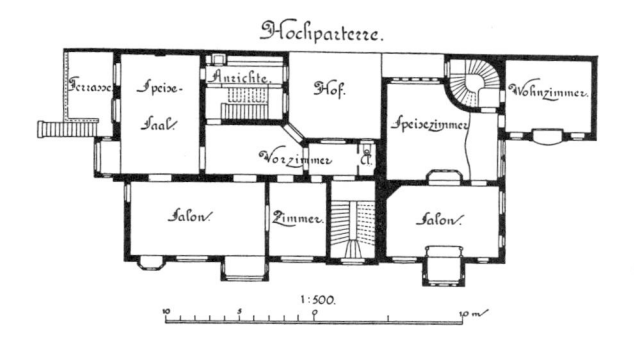

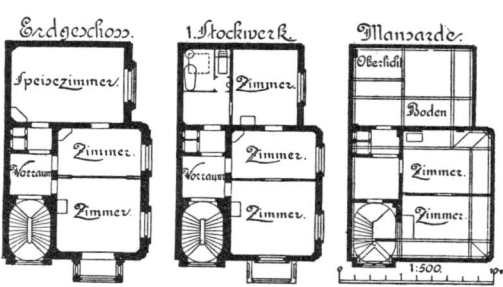

Abb. 351—353. Wohnhaus Hildebrandstr. 9.
Architekt Martens.

Cementputz mit einzelnen Werksteintheilen, der im Innern reich durchgebildet und mit Deckengemälden geschmückt ist, zeigt eine Grundrifsentwicklung nach der Längenachse. Das zweite, in den Formen deutscher Renaissance und in einer Verbindung von Werkstein mit hellrothen Verblendsteinen hergestellt, ist besonders bemerkenswerth durch die Fülle der Sitzplätze, welche den Bewohnern den Aufenthalt in freier Luft zu verschiedenen Tageszeiten und bei verschiedener Windrichtung ermöglichen. — Angeschlossen ist denselben noch das von Becker & Schlüter errichtete Wohnhaus Fasanenstrafse 31 (Abb. 346 u. 347), für das ähnliches gilt. Die Anlage, welche ersichtlich mehr für das Wohnbedürfnifs der Familie als für Gesellschaftsverkehr gröfseren Mafsstabes geschaffen ist, entwickelt sich nach der Tiefe des Grundstücks.

Was sich bei geschickter Anordnung selbst noch auf beschränktester Baustelle errreichen läfst, zeigen die von Kayser & v. Groszheim 1891/92 bezw. 1892/93 in verwandten Architekturformen (unter Anwendung weifsglasirter Ziegel und rothen Werksteins) erbauten Wohnhäuser Hildebrandstrafse 14 u. 15 (Abb. 348 bis 350) und das von Wilhelm Martens 1880 errichtete Wohnhaus Hildebrandstrafse 9 (Abb. 351—353). Namentlich das von Baurath Kayser persönlich bewohnte, unter Verwendung zahlreicher älterer kunstgewerblicher Erzeugnisse ausgebaute Haus Hildebrandstrafse 14, bei welchem das Podest der Treppe im Hauptgeschofs alles ersetzen mufs, was in anderen Bauten Flur, Corridor usw. heifst, dürfte an Knappheit des Grundrisses kaum zu übertreffen sein, erweist sich aber dennoch als höchst wohnlich.

Auch das Wohnhaus Dohme, Händelstrafse 1, an der Ecke der Brücken-Allee gelegen (Abb. 354—357) und von Ernst Ihne in absichtlicher Anlehnung an englische Vorbilder errichtet, sowie das von Paul Graef erbaute Wohnhaus Lisco, Fasanenstrafse 46 (Abb. 358—360), das mit seinem Fachwerkgiebel dem deutschen Bürgerhause älterer Zeit sich anschliefst, bauen auf ziemlich kleiner Grundfläche sich auf, ohne deshalb Geräumigkeit und Bequemlichkeit vermissen zu lassen.

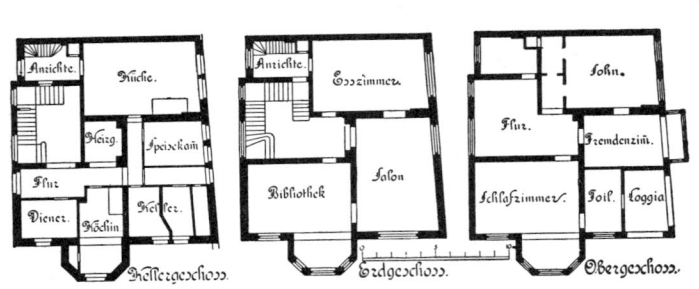

Abb. 354—357. Wohnhaus Dohme. Architekt E. Ihne.

Zum Schlufs seien in dem Wohnhause Bode, Uhlandstrafse 5 (Abb. 361 und 362), sowie in dem Wohnhause Schwartz, Lichtenstein-Allee 4 (Abb. 363—365), diejenigen beiden neueren Einzelwohnhäuser auf Charlottenburger und Berliner städtischem Gebiet mitgetheilt, die sich in ihrem malerischen Aufbau am engsten der Erscheinung des Landhauses nähern. Beide sind von Hans Grisebach erbaut — jenes (im Ziegelbau von rothen Steinen mit Gliederungen von hellem Werkstein) in den Jahren 1884/85, dieses (im Putzbau mit Gliederungen von rothem Werkstein) in den Jahren 1886/87. (Vergl. Archit. d. Gegenw., II. Band, und Blätter für Arch. und Kunsthandw. 1890).

V. Wohnhausbauten.

3. Landhäuser in den Vororten Berlins.

Eine Darstellung des Berliner Wohnhausbaues würde eine empfindliche Lücke aufweisen, wenn sie nicht auch die zahlreichen, während der letzten Jahrzehnte entstandenen Landhausanlagen in den Vororten der Stadt berücksichtigte. Berliner Architekten, von denen so manche dem in Rede stehenden Zweige der Bauthätigkeit den Haupttheil ihrer Kraft widmen, haben diese Häuser entworfen und ausgeführt. Frühere Bürger der Stadt — in der Mehrzahl solche, die ihren Berufsgeschäften nach wie vor in Berlin obliegen — waren die Bauherren und sind die Bewohner derselben. So sind jene Bauten trotz ihres aufserhalb des Weichbildes belegenen Standortes als ein untrennbares Zubehör Berlins anzusehen. Sie bilden gewissermafsen nur einen Ersatz für die früher in den Aufsenbezirken der Stadt vorhandenen und mit der fortschreitenden Ausdehnung der geschlossenen Bauweise von dort verdrängten Landhäuser, die nunmehr an weiter entfernte, aber weitaus günstigere und — dank den heutigen Verkehrseinrichtungen — mindestens eben so leicht zugängliche Punkte verlegt worden sind. Nur dafs die wirthschaftlichen Zustände der Gegenwart einem ungleich gröfseren Theile der Bevölkerung den Erwerb und Besitz eines solchen Hauses gestatten, als dies im Verhältnifs früher jemals möglich gewesen wäre.

Unter der Bezeichnung „Landhaus" wird hierbei lediglich das Einzelwohnhaus in ländlicher Umgebung verstanden, ohne dafs damit, wie zuweilen geschieht, die Nebenbedeutung eines nur zeitweise bewohnten, für den Sommeraufenthalt bestimmten Gebäudes verknüpft wird. Wenn eine derartige Benutzung thatsächlich auch bei vielen der in Betracht zu ziehenden Häuser stattfindet, so bilden diese unter der Gesamtzahl doch nur eine Minderheit und nur wenige von ihnen sind so angelegt und eingerichtet, dafs sie nicht auch im Winter bewohnt werden könnten. Das Programm dieser Bauten, bei denen vollständige Freilage die Regel ist und eine Zusammenfassung mehrerer Gebäude meist nur in der Form des sogen. „Doppelhauses" vorkommt, weicht also von demjenigen der vorher behandelten städtischen Einzelwohnhäuser nur insofern ab, als bei der Mehrzahl von ihnen — nicht bei allen — die Rücksicht auf das Wohnbedürfnifs der Familie in den Vordergrund tritt, während die Eignung des Hauses für den Zweck festlicher Repräsentation in zweiter Linie steht oder ganz unbeachtet bleibt. Auf eine unmittelbare Verbindung des Hauses mit dem zugehörigen Garten und auf eine vielseitige Möglichkeit, auch bei weniger günstigem Wetter in freier Luft zu verweilen, wird natürlich grofser Werth gelegt.

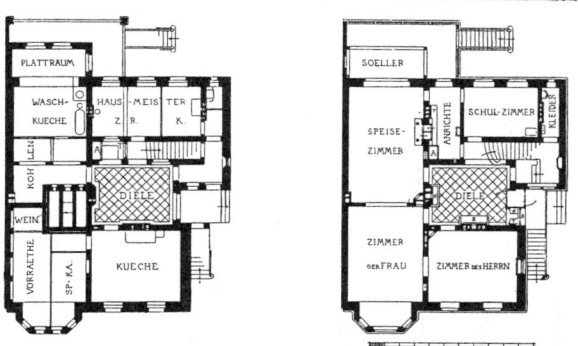

Abb. 358—360. Wohnhaus Lisco. Architekt P. Graef.

V. Wohnhausbauten.

Abb. 361 u. 362. Wohnhaus Bode, Uhlandstr. 5. Arch. H. Grisebach.

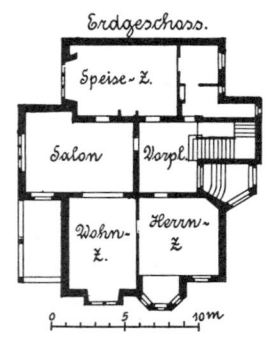

Abb. 361. Wohnhaus Bode.

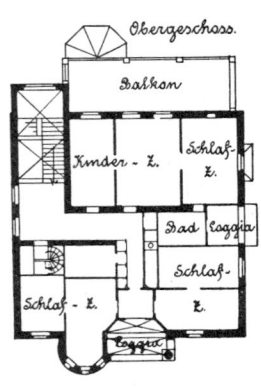

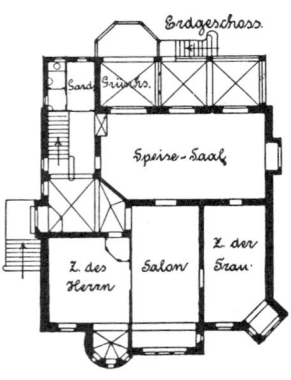

Abb. 363 u. 364. Wohnhaus Schwartz. Architekt H. Grisebach.

Abb. 365. Wohnhaus Schwartz, Lichtenstein-Allee 4.

Wichtiger ist der Unterschied gegen das städtische Wohnhaus, der sich bei dem aus dem Rahmen des schlichten Bedürfnisbaues heraustretenden Landhause — und nur von solchen kann und soll an dieser Stelle die Rede sein — in Bezug auf die künstlerische Auffassung der Aufgabe und insbesondere auf die Ge-

V. Wohnhausbauten.   153

staltung des Aufsenbaues entwickelt hat. Die Rücksicht auf die landschaftliche Umgebung, in die sich ein Bau von strenger akademischer Gemessenheit meist wenig glücklich einfügt, vor allem aber die Erwägung, dafs der Bauherr sich ein solches Heim gegründet hat, um frei und unabhängig nach seinen persönlichen Neigungen leben zu können, fordern von selbst zu einer individuellen künstlerischen Behandlung der Landhäuser heraus, zumal die in den meisten Vororten geltenden baupolizeilichen Bestimmungen einer solchen nicht so hemmend gegenüber stehen, wie dies in Berlin der Fall ist. So hat sich — ersichtlich nicht ohne Einwirkung der malerischen, von England und Amerika beeinflufsten Richtung, die zur Zeit in der deutschen Baukunst die Oberhand gewonnen hat — im Berliner Landhausbau ein ganz besonders reges und fröhliches Leben entfaltet, aus dem (neben manchem Minderwerthigen und Uebertriebenen) schon viele reizvolle Werke entsprossen sind. Interessant ist namentlich die aufserordentliche Mannigfaltigkeit der Schöpfungen, die sich gerade hier aus dem Zusammenwirken so vieler, aus den verschiedensten Schulen hervorgegangener aber in ihrem idealen Streben einiger Architekten ergeben hat.

Wer nicht ungerecht gegen die früheren Vertreter der Berliner Baukunst sein will, mufs freilich anerkennen, dafs die grofsen Fortschritte, welche auf dem in Rede stehenden Gebiete gemacht worden sind, zum wesentlichen Theile nicht nur auf der heute gegebenen Gelegenheit zu gröfserer Uebung, sondern auch auf dem Umstande

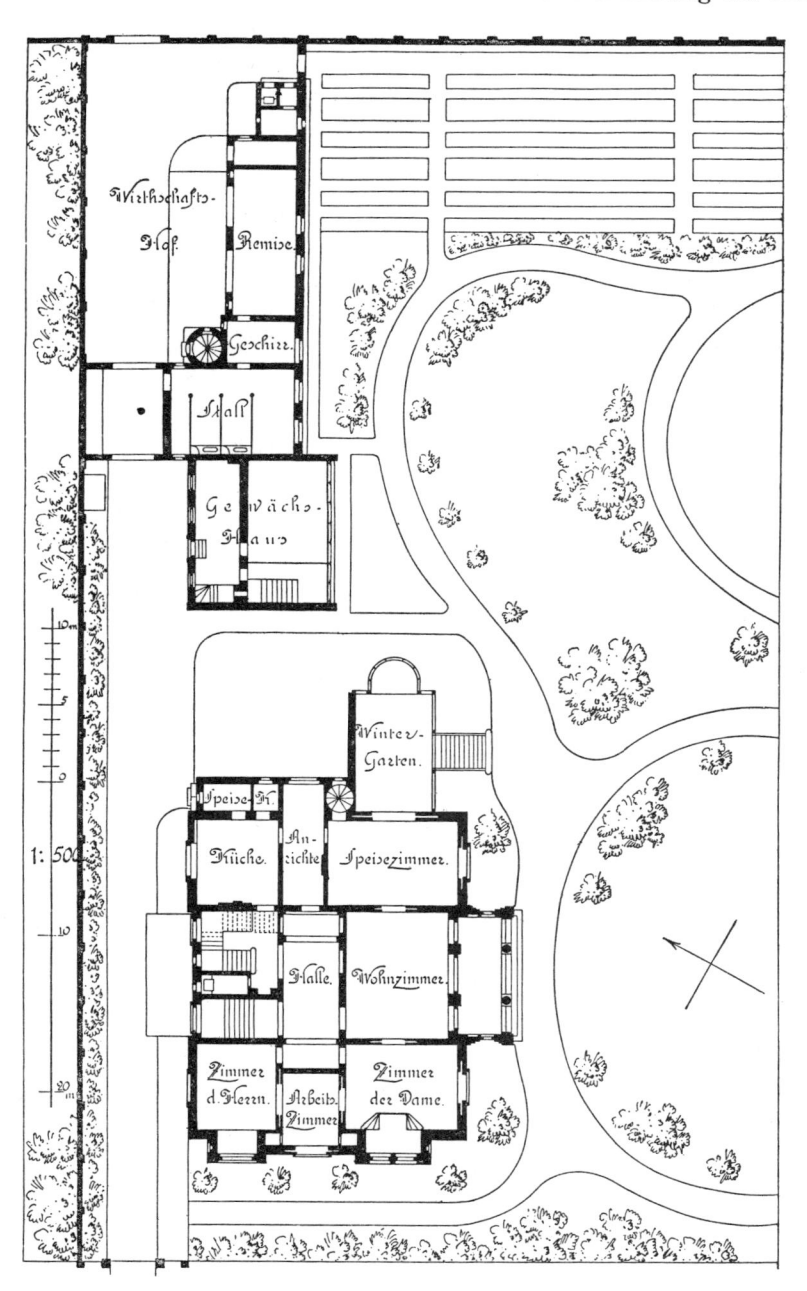

Abb. 366. Landhaus (vorm. Holtz) in Westend. Arch. Otto March.

beruhen, dafs zur Lösung derartiger Aufgaben gegenwärtig bedeutendere Geldmittel zur Verfügung gestellt werden. Die Verwendung echter Baustoffe, die Anordnung hoher Dächer ist nicht mehr eine Ausnahme. Reine Werksteinbauten kommen allerdings kaum vor, auch reine Ziegelbauten sind nicht allzu häufig; dagegen hat sich eine Verbindung von Werkstein- oder Ziegel-Gliederungen mit weifsen Putzflächen eingebürgert, mit der sich unter

154   V. Wohnhausbauten.

Heranziehung von braun oder roth angestrichenem Holzwerk kräftige, zu dem Grün der landschaftlichen Umgebung trefflich stehende Farbenwirkungen erzielen lassen; zur Eindeckung der Dächer sind bunt glasirte Falzziegel besonders beliebt. Vor allem in der Colonie Grunewald, bei der neben dem helleren Grün des Rasens und der Büsche das düstere Schwarzgrün der aus dem alten Bestande übrig gelassenen Kiefern zur Geltung kommt, haben sich aus dieser Bauweise sehr eigenartige und anziehende Bilder ergeben.

In der nachfolgenden Zusammenstellung einiger Schöpfungen des Berliner Landhausbaues, die mit wenigen Ausnahmen der Bauthätigkeit des letzten Jahrzehnts entnommen wurden, sind die Beispiele nach der Ortszugehörigkeit der betreffenden Bauten geordnet. Es mag dabei bemerkt werden, dafs die Stadt Charlottenburg, deren Bebauungsverhältnisse gegenwärtig im wesentlichen mit denen Berlins gleichartig sind, für den vorliegenden Zweck nicht mit zu den Vororten gerechnet ist. Die aus ihrem Gebiete entnommenen Beispiele von Landhausbauten sind daher schon in dem voran gehenden Abschnitte mit aufgeführt worden.

a) Landhäuser in der Villencolonie Westend.

Es wird genügen, wenn die Wohnhausbauten dieser ältesten, aber in ihrer architektonischen Entwicklung etwas zurück gebliebenen Villencolonie durch ein einziges Beispiel, das Landhaus vormals Holtz (Abb. 366 u. 367) vertreten werden. Das sehr stattliche Gebäude, dessen geschlossene Haltung noch an die Ueberlieferungen der älteren Berliner Schule erinnert, ist in den Jahren 1881/82 von Otto March mit einem Kostenaufwande von 155 000 ℳ errichtet worden. Die aus hellgelben Verblendsteinen hergestellte Façade ist durch glasirte Streifen von rothbrauner Farbe und einen blauweifsen Fries unter dem weit ausladenden Dachgesims belebt. (Arch. d. Gegenwart, Band I.)

b) Landhäuser in der Villencolonie Grunewald.

Im Gegensatze zu der vorerwähnten bietet die im andauernden Aufblühen begriffene, von Bauherren und Architekten bevorzugte Colonie Grunewald trotz ihres ver-

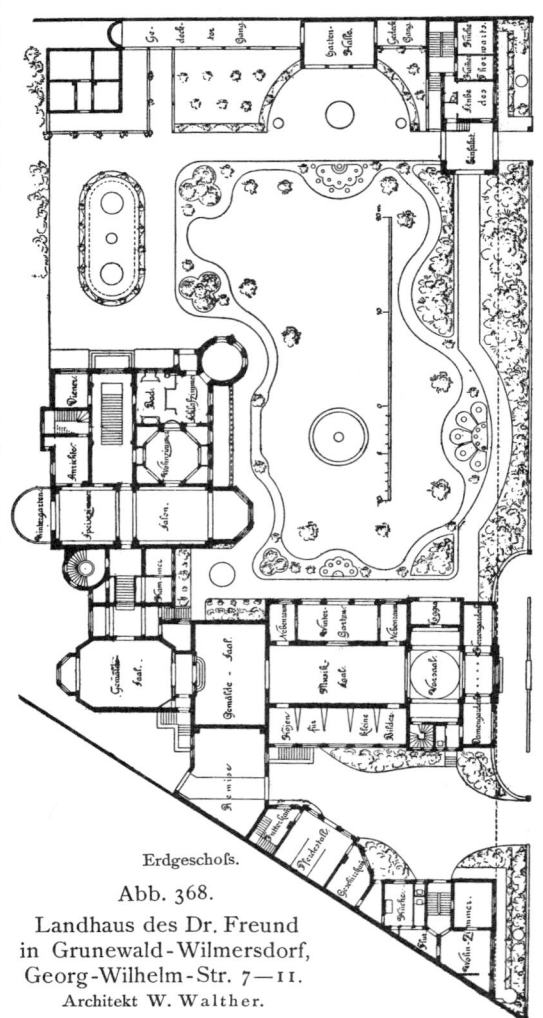

Abb. 367. Landhaus (vorm. Holtz) in Westend.
Architekt Otto March.

Abb. 368.
Landhaus des Dr. Freund in Grunewald-Wilmersdorf, Georg-Wilhelm-Str. 7—11.
Architekt W. Walther.

V. Wohnhausbauten. 155

hältnifsmäfsig kurzen Bestehens eine gröfsere Zahl von bemerkenswerthen Beispielen des Landhausbaues als jeder andere Vorort.

Als eine Anlage gröfsten Mafsstabes stellt das von Wilhelm Walther in den Jahren 1892—1896 erbaute Landhaus des Dr. A. G. Freund (Abb. 368) sich dar, das seinen Platz auf dem ehemals zur Feldmark Wilmersdorf gehörigen, vom Kurfürstendamm durchschnittenen Gelände diesseits der Ringbahn, Georg-Wilhelm-Strafse 7—11, erhalten

Abb. 371. Landhaus Wieck in Grunewald. Architekt H. Seeling.

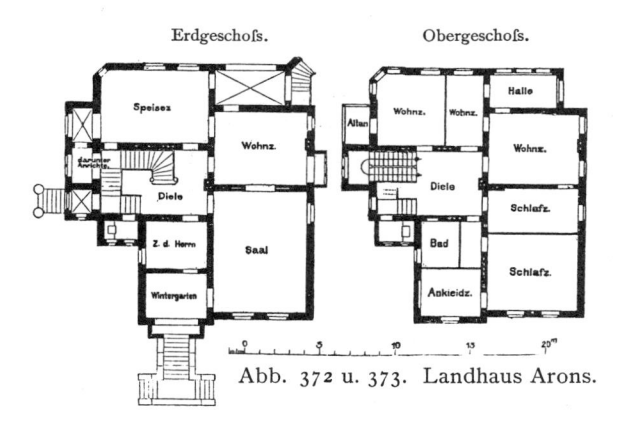

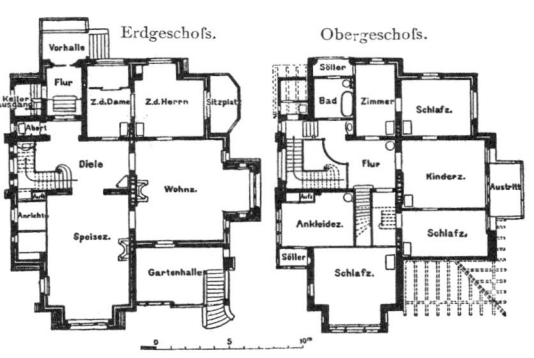

Abb. 372 u. 373. Landhaus Arons.

Abb. 369 u. 370. Landhaus Wieck.

hat. Nicht nur die Ausdehnung der aus einer Mehrzahl verschiedener Gebäude zusammengefafsten Baugruppe, sondern auch ihre durch den Schmuck von Thürmen belebte monumentale Erscheinung dürften dazu berechtigen, sie als „Schlofs" zu bezeichnen. Zu wünschen wäre ihr freilich die Gunst einer mehr abgesonderten Lage, durch welche der Rang des Wohnsitzes eine erhebliche Steigerung erfahren hätte.

Etwa in der Mitte des Grundstücks, als Abschlufs des grofsen Vorgartens, der durch ein Gitter von der Strafse getrennt wird, liegt das dreigeschossige, mit einem Zelt-

20*

dach abgedeckte, von zwei Thürmen und verschiedenen Erkern überragte Wohngebäude. Es wird durch einen Zwischenbau mit einem eingeschossigen, bis zur Strafse reichenden Gebäude verbunden, welches zur Hauptsache für die Gemäldegalerie des Besitzers bestimmt ist, aber auch einen grofsen Musiksaal (mit Orgel) sowie einen Wintergarten enthält und zu festlichen Zwecken zu dienen hat; es ist in dieser Absicht unmittelbar von aufsen her zugänglich gemacht. Links von ihm ist der Stallhof angelegt, in dessen vorderer Ecke, neben der Einfahrt, ein mit einem Thurm versehenes Wohnhaus für den Kutscher usw. liegt. Diesem entspricht auf der entgegengesetzten Ecke neben der Einfahrt in den Garten ein gleichfalls thurmgeschmücktes Pförtner- und Gärtnerhaus, an das längs der rechten Grenze Gartenhallen, gedeckte Gänge und die Treibhäuser sich anschliefsen; letztere sind unterirdisch mit dem Wohnhause verbunden. Im ganzen enthält das Schlofs etwa 40 Zimmer und sechs gröfsere Säle; der eine seiner beiden Thürme, zugänglich durch einen hydraulischen

Abb. 374. Landhaus Arons in Grunewald. Architekt H. Solf.

Aufzug, wird zur Aussicht, der andere als Sternwarte benutzt. In den Nebengebäuden liegen Wohnungen für den Pförtner, drei Gärtner, den Kutscher, zwei Diener und den Küchenchef. — Der mehr auf Massenwirkung berechnete als durch zierliche Einzelheiten geschmückte äufsere Aufbau ist in rothen und gelben Verblendsteinen mit Sandsteingliederungen ausgeführt; das Innere enthält insbesondere werthvolle Marmorarbeiten und Glasmalereien.

Das Landhaus Wieck, Bismarck-Allee 33 (Abb. 366—371), ist im Aeufsern, das eine Verbindung des Putzbaues mit reichem Holzbau und Dächer von farbig glasirten Ziegeln zeigt, ein Werk von Heinrich Seeling, während an der Gestaltung des Grundrisses der Bauherr Antheil genommen hat. Dafs das Motiv der „Diele" fast keinem der noch weiter vorzuführenden Landhäuser fehlt, mag hier sogleich hervorgehoben werden. Der Bau, dessen Kosten rd. 85 000 ℳ betragen haben, ist 1890/91 ausgeführt. (C.-Bl. d. B.-V. 1892; Arch. d. G., Bd. III; Bl. f. Arch. u. K.-H., Jahrg. 1891.)

V. Wohnhausbauten.

Das Landhaus Arons, Bismarck-Allee 26 (Abb. 372—374), etwa zu derselben Zeit wie das vorher erwähnte durch Hermann Solf errichtet, ist im Aeufsern als ein Massivbau deutscher Renaissance mit Werkstein-Gliederungen und Putzflächen gestaltet; an den letzteren finden sich schöne, von Bildhauer Giesecke an Ort und Stelle modellirte Ornamente. (C.-Bl. d. B.-V. 1892.)

Das Landhaus Kalisch-Lehmann, Herbertstrafse 20 (Abb. 375—378), gleichfalls 1890/91 durch H. Solf ausgeführt, ist auf besonderen Wunsch der Bauherren sowohl

Abb. 375—378. Landhaus Kalisch-Lehmann in Grunewald. Architekt H. Solf.

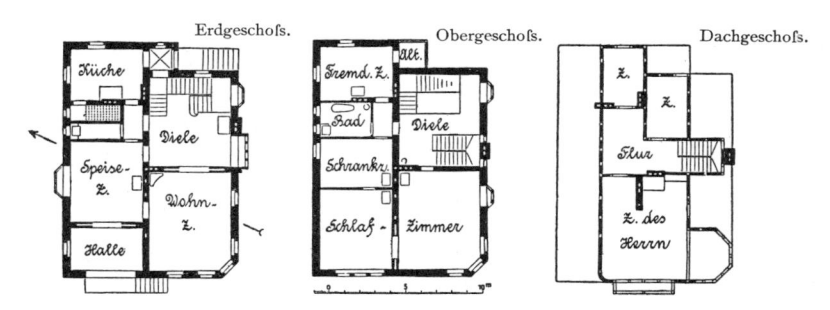

nach seiner Anlage wie in manchen Einzelheiten der Einrichtung amerikanischen Vorbildern angeschlossen. Schindeln aus amerikanischem Cypressenholz sind auch zur Bekleidung der Erkerwandungen verwendet worden, während die Dächer mit braunen Falzziegeln gedeckt sind. Der Sockel zeigt Ziegelverblendung, das übrige Mauerwerk Putz mit Sandsteingewänden. (C.-Bl. d. B.-V. 1894.)

158 V. Wohnhausbauten.

Das Landhaus Herzfeld, Gillstrafse 12 (Abb. 379—381), mit dem Nachbarhause zu einer malerischen Baugruppe verbunden, ist 1892/93 von Paul Kieschke erbaut und hat einen Kostenaufwand von 46 000 ℳ. (22,10 ℳ. für 1 cbm) erfordert. Die Façaden, deren überhängende Dächer mit unglasirten Falzziegeln abgedeckt sind, zeigen eine Verbindung von Ziegelbau mit rauhen Putzflächen. (C.-Bl. d. B.-V. 1893; Bl. f. Arch. u. K.-H. 1893.)

Abb. 381. Landhaus Herzfeld in Grunewald. Architekt Paul Kieschke.

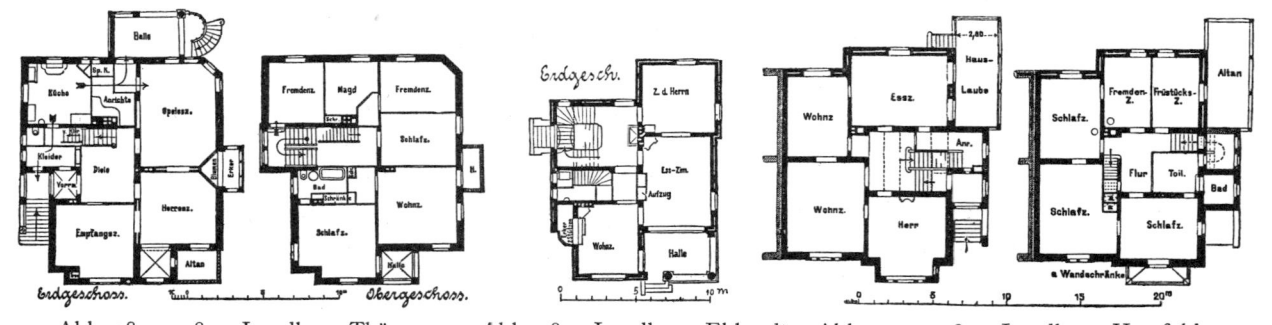

Abb. 382 u. 383. Landhaus Thömer.   Abb. 385. Landhaus Ebhardt.   Abb. 379 u. 380. Landhaus Herzfeld.

Das Landhaus Thömer, Wangenheimstrafse 6 (Abb. 382—384), von dem Besitzer 1893/94 nach eigenem Entwurf errichtet, ist, im wesentlichen ohne Verwendung von Holzwerk, im Aeufsern als Putzbau mit sparsamer Anwendung von Werkstein hergestellt; der Sockel ist mit Ziegeln verblendet. (C.-Bl. d. B.-V. 1895; Bl. f. Arch. u. K.-H. 1894.)

V. Wohnhausbauten.

159

Abb. 386. Landhaus Ebhardt in Grunewald. Architekt Ebhardt.

Ansicht von der Straße.
Abb. 384. Landhaus Thömer in Grunewald. Architekt Thömer.

160   V. Wohnhausbauten.

Das Landhaus Ebhardt, Jagowstrafse 28a (Abb. 385 u. 386), gleichfalls 1893/94 von dem Besitzer selbst erbaut, zeigt über einem Backsteinsockel Putzbau, im Dachgeschofs Holzbau; die Dacheindeckung ist wiederum mit Falzziegeln erfolgt. Bemerkenswerth ist die Heranziehung reicher, buntfarbig gehaltener Schmiedearbeiten für die Façade. Zwischen dem Speisezimmer und der Halle wird während des Winters noch eine Glaswand eingeschaltet. (C.-Bl. d. B.-V. 1895; Blätter für Arch. u. K.-H. 1894.)

Das nach dem Entwurfe von Heinrich Jassoy erbaute Landhaus „Martha" am Joachimsplatz (Abb. 387 u. 388) zählt zu den ersten, bereits im Jahre 1889/90 entstandenen Bauten der Colonie. In Untergeschofs und Erdgeschofs ein Ziegelbau, im Dachgeschofs ein Fachwerkbau mit verputzten Feldern, das Dach mit Falzziegeln gedeckt, bringt das Haus das Gepräge, welches die Gründer der Ansiedelung ihrer Schöpfung verleihen wollten, zum trefflichen Ausdruck und hat für die Auffassung der später entstandenen Bauten eine werthvolle Anregung gegeben. Die Baukosten der in ihren Abmessungen bescheidenen Anlage haben 48 500 ℳ (für 1 cbm 29 ℳ) betragen. (C.-Bl. d. B.-V. 1892.)

In ähnlicher, etwas mehr an mittelalterliche Bauweise anklingender Ausführung ist im Jahre 1892/93 von Hugo Hartung das Landhaus Grandke, Wifsmannstrafse 16 (Abb. 389—391), errichtet worden. Leider ist statt des Verputzes der Fachwerkfelder Ausmauerung derselben in Mustern gewählt worden, wodurch die Erscheinung des Ganzen etwas zu düster geworden ist. Die Kosten haben trotz der verhältnifsmäfsigen Gröfse des Hauses nur 50 000 ℳ betragen. (C.-Bl. d. B.-V. 1894.)

Abb. 394. Landhaus in Grunewald, Kunz Buntschuh-Strafse 6.
Architekt Wilh. Walther.

Abb. 392 u. 393. Kunz Buntschuh-Str. 6.   Abb. 387. Landhaus „Martha".

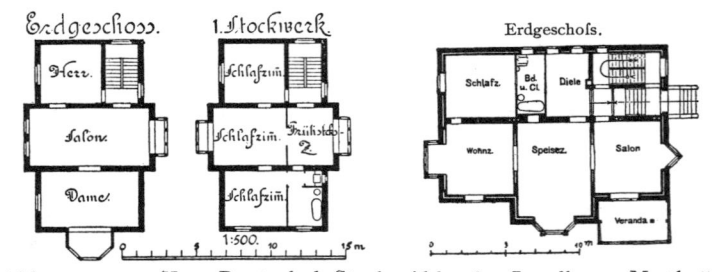

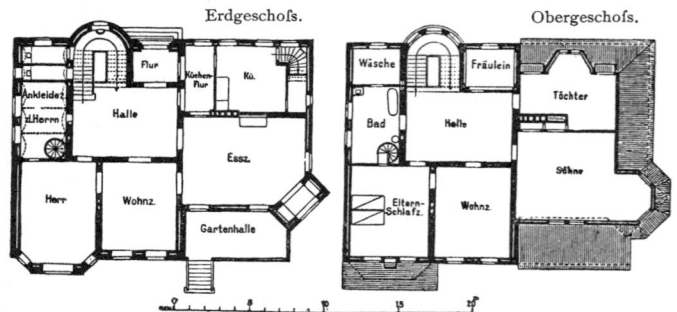

Abb. 389 u. 390. Landhaus Grandke.

Zu den kleinsten Wohnhäusern der Colonie zählt das von Wilhelm Walther für eine englische Familie erbaute Landhaus Kunz Buntschuh-Strafse 6 (Abb. 392—394), ein Putzbau mit Fachwerkerkern und überhängendem Schieferdach. Auf einen Corridor ist ganz verzichtet; das Frühstückszimmer des Obergeschosses dient zugleich als Flur.

Auch die Wohnungen in dem von Franz Schwechten gleichfalls im Putzbau ausgeführten Landhause Herthastraße 16 (Abb. 395 u. 396) und in dem 1890 von

Abb. 388. Landhaus „Martha" in Grunewald. Architekt Heinrich Jassoy.

Abb. 391. Landhaus Grandke in Grunewald. Architekt Hugo Hartung.

Friedrich Schulze geschaffenen Doppelwohnhause Lynarstraße 1a u. 3 (Abb. 397 und 398) sind nur von mittlerer Größe. Das letztere, an welchem zu der Wirkung des rothen

162   V. Wohnhausbauten.

Ziegelmauerwerks, des braunen Holzwerks und der weifsen Putzflächen noch der Reiz farbiger Malereien hinzutritt, enthält für jede Hälfte einschliefslich Dachstuben und Mädchenkammer 10 bewohnbare Räume, hat aber im ganzen nur 70000 ℳ. (für 1 cbm 19,20 ℳ.) gekostet. (C.-Bl d. B.-V. 1893.)

Zwar nicht im Grundrifs, desto entschiedener jedoch im Aufbau und manchen Einzelheiten der Ausgestaltung erinnert an englische Vorbilder das 1893 von Otto March errichtete Doppelwohnhaus Ecke Fontanestrafse und Königs-Allee (Abb. 399 bis 401). Die Zusammenstellung von rothem Ziegelmauerwerk mit weifsen (theilweise mit grünen Spalieren bekleideten) Putzflächen ist die übliche, doch sind die Dächer nicht mit glasirten Falzziegeln, sondern mit rothen Rathenower Dachsteinen gedeckt und alle Holztheile der Façade weifs gestrichen. Die Kosten

Abb. 395. Landhaus Herthastrafse 16.
Architekt Fr. Schwechten.

Abb. 399 u. 400. Doppelwohnhaus Ecke Fontanestrafse und Königs-Allee. Architekt O. March.

Abb. 396. Landhaus in Grunewald, Herthastr. 16.
Architekt Fr. Schwechten.

der Ausführung (75000 ℳ. einschliefslich der Centralheizung) waren in Betracht der gröfseren Grundfläche noch geringer als die des zuletzt erwähnten Hauses. (C.-Bl. d. B.-V. 1894; Bl. f. Arch. u. K.-H., Jahrg. 1894.)

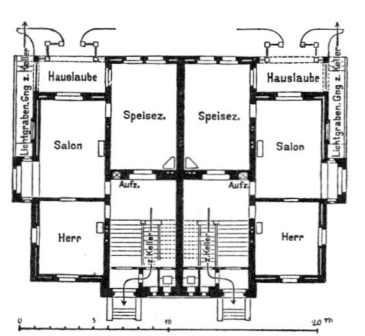

Abb. 397. Doppelwohnhaus Lynarstr. 1a u. 3.
Architekt Fr. Schulze.

An Aufwändigkeit der Anlage reicht keines der in der eigentlichen Colonie Grunewald errichteten Gebäude an das mit einem gröfseren Park verbundene Landhaus Wangenheimstrafse 10 (Abb. 402—405) heran, das in den Jahren 1894—1895 von Heinrich Jassoy für den Bildhauer Professor Otto Lessing errichtet worden ist. Die Anordnung der durch zwei Geschosse reichenden Halle und ihre Verbindung mit den Nebenräumen deutet darauf hin, dafs das Haus auch den Zwecken einer in grofsen Verhältnissen sich bewegenden festlichen Geselligkeit zu dienen bestimmt ist. Die Ausführung zeigt über einem Sockel von Basaltlava Putzbau mit spärlicher Verwendung von Sandstein, und in den oberen Theilen von Haus und Thurm Fachwerk, das in mittelalterlichem Sinne behandelt und mit Ochsenblut roth

V. Wohnhausbauten.

Abb. 401. Doppelwohnhaus in Grunewald, Ecke Fontanestraße und Königs-Allee. Architekt Otto March.

Abb. 398. Doppelwohnhaus in Grunewald, Lynarstraße 1a u. 3. Architekt Fr. Schulze.

164 V. Wohnhausbauten.

gefärbt ist. Die Dächer sind mit Schiefer gedeckt. Ueber der Halle liegt im zweiten Obergeschofs die Bibliothek, welche von dem Besitzer zugleich als Modellirraum für kleinere Arbeiten benutzt wird. Die Kosten des Baues haben ungefähr 150000 ℳ betragen. (Dtsch. Bauzeitung 1896, Nr. 40; Bl. f. Arch. u. K.-H. 1895.)

Abb. 407. Landhaus Kieschke in Grunewald. Architekt Ludwig Dihm.

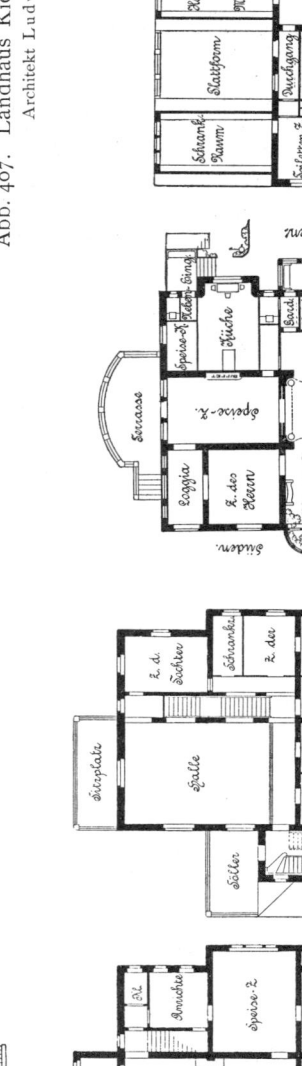

Abb. 406. Landhaus Kieschke in Grunewald.

Abb. 408 u. 409. Landhaus Kahle in Grunewald.

Abb. 410. Landhaus Kahle in Grunewald. Architekt L. Otte.

Abb. 402 u. 403. Landhaus Lessing in Grunewald. Arch. H. Jassoy.

Abb. 404 u. 405. Landhaus Lessing in Grunewald (äußere Ansicht und Halle). Architekt Heinrich Jassoy.

Gleichfalls nach mittelalterlicher Weise durchgebildet ist das im Jahre 1895/96 von Ludwig Dihm ausgeführte **Landhaus Kieschke** (Abb. 406 u. 407). Der Sockel sowie Fensterbogen und Gesimse sind im Ziegelfugenbau, die glatten Flächen im Putzbau hergestellt; letztere sind zum Theil mit Kratzmustern nach hessischer Art verziert. Die Baukosten haben sich auf etwa 66 000 ℳ (26 ℳ für 1 cbm) gestellt.

Als ein Bau, der nach seiner Stilfassung in Barockformen zwischen den übrigen Gebäuden der Colonie eine Sonderstellung einnimmt, trotzdem jedoch künstlerisch wohlthuend in seine Umgebung sich einfügt, sei schliefslich noch das im Jahre 1894/95 von Ludwig Otte errichtete **Landhaus Kahle, Wernerstrafse 1** (Abb. 408—410), vorgeführt, dessen Anlage ganz den individuellen Bedürfnissen der Besitzer, eines kinderlosen Künstlerpaares, angepafst ist. Es ist ein Putzbau, dessen Ornamente in Kalkstuck angetragen sind; die Kosten haben für 1 cbm rd. 20 ℳ betragen. (Deutsche Bauzeitung 1893, Nr. 56; Bl. f. Arch. u. K.-H., Jahrg. 1895.)

c) Landhäuser in Friedenau, Südende, Steglitz und Grofs-Lichterfelde.

Die zu einer gefälligen Baugruppe vereinigten **Wohnhäuser in Friedenau, Ecke Friedrich-Wilhelms-Platz und Schmargendorfer Strafse** (Abb. 411 u. 412) sind gegen 1885 von dem Besitzer Otto Hoffmann erbaut worden. Das gröfsere derselben, in dem die Wohnung zwei Geschosse einnimmt, wird von ihm selbst benutzt; das kleinere mit einer Wohnung in drei Geschossen wird vermiethet und kann gegebenenfalls selbständig verkauft werden. Die Architektur ist mit grofser Liebe in den Formen des märkischen Backsteinbaues — am gröfseren Hause unter Verwendung reicher farbiger Glasuren — durchgebildet worden. (Deutsche Bauzeitung Jahrg. 1889, Nr. 70.)

Die **Landhäuser Dahlemer Strafse 2** (Abb. 413—415) und **Hauptstrafse 14** (Abb. 416—418) in Südende sind von Spalding & Grenander in den Jahren 1892/93 geschaffen worden. Das erste, im Besitz der Architekten, die hier ihren Wohnsitz aufgeschlagen haben, baut in sehr glücklicher, wenn auch etwas gesuchter malerischer Gruppirung als Putzbau mit oberen Fachwerktheilen sich auf; der hohe Giebel der Eingangsseite ist mit Schwarzwälder Schindeln bekleidet. Die Baukosten haben 35 000 ℳ betragen. In demselben Sinne aber einfacher ist das zweite, mit einem Kostenaufwande von nur 26 000 ℳ hergestellte Haus gestaltet. (Bl. f. Arch. u. K.-H., Jahrg. 1894.)

Das **Landhaus Lutz in Steglitz, Fichtestrafse 33** (Abb. 419—421), wurde in den Jahren 1892/93 von Otto Rieth erbaut. Die Anordnung der Räume im Erdgeschofs, von denen Wohn- und Speisezimmer zu einem Raume sich vereinigen lassen, deutet auf gesellige Zwecke hin; sehr malerisch ist die Diele angelegt. Das Aeufsere, dem die Lage des Hauses am Abhange des Fichtenbergs zustatten kommt, zeigt wiederum eine Verbindung des Putzbaues mit Fachwerk. Das letztere ist theilweise mit schwedischen Schindeln bekleidet und dunkelroth gestrichen; die Dächer sind mit rothen Falzziegeln eingedeckt. Baukosten etwa 60 000 ℳ. (Bl. f. Arch. u. K.-H., Jahrg. 1893.)

In dem **Landhause Zimmermann zu Grofs-Lichterfelde, Marthastrafse 3** (Abb. 422—424), das von Ludwig Otte in den Jahren 1892—1893 ausgeführt wurde, tritt die Diele als Hauptwohnraum des Hauses deutlich hervor. Die Gestaltung des Aeufsern im Putzbau mit aufgemalten Verzierungen und flachem weit ausladenden Dach, dessen Drempelwand und Giebel mit Brettern verschalt sind, lehnt sich an die ländliche Bauweise der österreichischen Alpengebiete an und ist auf besonderen Wunsch der von dort gebürtigen Gattin des Besitzers gewählt worden. Baukosten 21 000 ℳ, 15 ℳ für 1 cbm. (Deutsche Bauzeitung, Jahrg. 1893, und Blätter f. Arch. u. K.-H., Jahrg. 1893.)

Es folgen zwei weitere kleinere Einzelwohnhäuser aus Grofs-Lichterfelde: das von Solf & Wichards 1892/93 erbaute **Landhaus Blumenthal, Sternstrafse 12** (Abb. 425 und 426) und das 1893 von Reimer & Körte erbaute **Landhaus Reimer, Grabenstrafse 35** (Abb. 427 u. 428). Beides sind Putzbauten mit überhängendem Falzziegeldach und einzelnen

Fachwerktheilen; einige Verzierungen an den Wänden sind in Kalkstuck angetragen. Das erste (Central-Bl. d. B.-V. 1895) hat 30000 ℳ. (für 1 cbm rd. 20 ℳ.), das zweite (einschliefslich Umwährung und Gartenanlagen) 50000 ℳ. gekostet.

Abb. 411 u. 412. Wohnhäuser in Friedenau, Friedrich-Wilhelm-Platz und Schmargendorfer Strafse.
Architekt Otto Hoffmann.

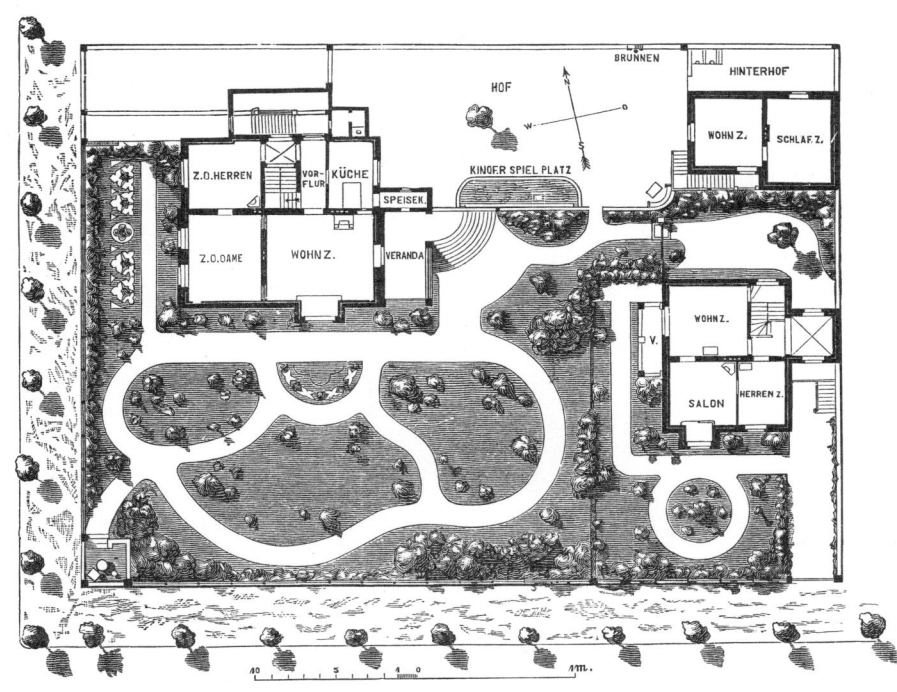

Eine Landhausanlage gröfseren Stils, die schon der Erscheinung eines kleinen Schlosses sich nähert, ist dagegen das zu Anfang der achtziger Jahre von Ende & Böckmann ausgeführte Landhaus Löwe in Grofs-Lichterfelde (Abb. 429—432). Sowohl

168   V. Wohnhausbauten.

die Raumentwicklung des Innern, dessen Mittelpunkt eine grofse, durch zwei Geschosse reichende Diele bildet, wie die Ausführung im reinen Massivbau weisen ihr einen Rang an, der über denjenigen der meisten Bauten ähnlicher Bestimmung in der Umgebung Berlins weit hinausgeht.

d) Landhäuser in Wannsee.

Die besonderen Reize der Lage, durch welche die Colonie Wannsee sich auszeichnet, und die hiernach bemessenen Preise der dortigen Baustellen haben es mit sich gebracht, dafs unter ihren Bewohnern im Verhältnifs mehr vermögende Leute sich befinden, als unter denjenigen der anderen Vororte. Dies prägt natürlich auch in den Landhausbauten selbst sich aus, welche im Durchschnitt als die architektonisch vornehmsten unter den an dieser Stelle zu würdigenden Werken sich darstellen.

Architekten Spalding & Grenander.

Abb. 416—418. Landhaus Pichler in Südend, Hauptstrafse 14.

Abb. 413—415. Landhaus in Südend, Dahlemer Strafse 2.

V. Wohnhausbauten.

Abb. 422—424. Landhaus Zimmermann
in Grofs-Lichterfelde.
Architekt Ludwig Otte.

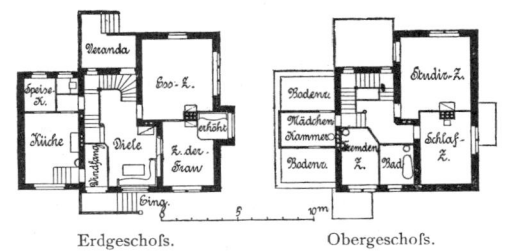

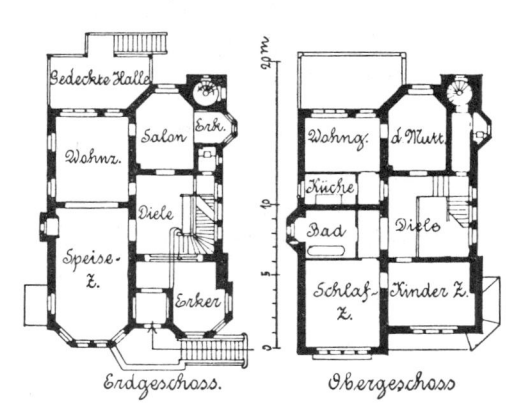

Abb. 419—421. Landhaus Lutz in Steglitz.
Architekt Otto Rieth.

Berlin und seine Bauten. III.

170   V. Wohnhausbauten.

Schon unmittelbar nach Gründung der Colonie, deren Name „Alsen" sich in weiteren Kreisen nicht hat einbürgern können, sind hier höchst stattliche, schloſsartige Bauten entstanden, von denen als Beispiel

Abb. 426. Landhaus Blumenthal in Groſs-Lichterfelde. Architekten Solf & Wichards.

Abb. 425. Landhaus Blumenthal.

Abb. 427 u. 428. Landhaus Reimer in Groſs-Lichterfelde. Architekten Reimer & Körte.

Das Landhaus Abel (Abb. 433—435) angeführt werden mag, das in den Jahren 1872—1874 von Gropius & Schmieden ausgeführt worden ist. Die Haupt-Wohn- und Gesellschaftsräume liegen im Erdgeschoſs, an welches verschiedene bedeckte und unbedeckte

V. Wohnhausbauten.

Sitzplätze im Freien sich anschliefsen. Im Ober- und Dachgeschofs, sowie im Thurm sind Schlaf- und Logirzimmer untergebracht; im Untergeschofs, das infolge des stark abfallenden Geländes volle Stockwerkshöhe erhalten hat, befinden sich der gewölbte Speisesaal, ein Billard- und Rauchzimmer sowie an einem vertieften (von aufsen nicht sichtbaren) Hofe die Küchen- und Wirthschaftsgelasse. Das in sehr wirkungsvollem Massenaufbau angeordnete Aeufsere, dessen Formen an die von gewissen englischen Vorbildern beeinflufste Auffassung der Gothik seitens der älteren Berliner Schule erinnern, sind aus gelbröthlichen Verblendziegeln in Verbindung mit Sandstein und Cementputz ausgeführt. Ein geräumiges Stallgebäude und ein Gärtnerhaus, beide in gleichem Stile gehalten, ergänzen die Baugruppe.

Es seien diesem Bau zunächst einige Landhäuser neueren Ursprungs angeschlossen, deren Façadengestaltung zur Hauptsache gleichfalls im Ziegelfugenbau und zwar in freier Verwerthung mittelalterlicher Motive und Formen erfolgt ist.

Das Landhaus Herz (Abb. 436 u. 437), in den Jahren 1891/92 von Wilhelm

Abb. 429—432. Landhaus Löwe in Grofs-Lichterfelde. Architekt Ende & Böckmann.

Martens mit einem Kostenaufwande von rd. 235 000 ℳ erbaut, hat seiner freien, dem Wetter ausgesetzten Lage entsprechend einen ziemlich geschlossenen Grundrifs erhalten. Mittelpunkt des Hauses ist die durch zwei Geschosse reichende Halle, der einerseits die Eingangshalle, anderseits der nach dem See gerichtete halb offene, halb ins Haus gezogene Sitzplatz sich vorlegen. Die Flächen der Façade sind mit gelben Ziegeln verblendet, die Gliederungen in Sandstein, der Sockel in sächsischem Granit hergestellt.

Das Landhaus Otzen (Abb. 438—440) ist 1882/83 nach dem Entwurfe des Besitzers ausgeführt worden. Es gehört, wie die weiter zu erwähnenden Landhäuser Oppenheim, Ebeling und Huldschinsky zu denjenigen Bauten der Colonie, die ihren Standort nicht in dem älteren Theile derselben, südwestlich vom See, sondern auf dem hohen Südostufer desselben erhalten haben. In dieser Lage hat sich die auf der Seeseite angeordnete, der Sonne und dem Winde ausgesetzte offene Halle als wenig nutzbar erwiesen; es ist daher nachträglich die dem Hauseingange vorgelegte zweite grofse Halle auf der Landseite angebaut worden. Das Mauerwerk der Façade zeigt rothe Backsteine mit gelbgrünen Glasuren und reicher Musterung; die überhängenden Dächer des Hauses und des Aussichtsthurmes sind mit buntglasirten Falzziegeln gedeckt. Baukosten etwa 90 000 ℳ. (Ausgeführte Backsteinbauten; Bl. f. Arch. u. K.-H., Jahrg. 1892.)

Das Landhaus Oppenheim (Abb. 441 u. 442), dem vorigen benachbart und gleichfalls von Johannes Otzen in den Jahren 1886/87 erbaut, zeigt in Bezug auf die Anpassung des mittelalterlichen Backsteinbaus an eine moderne Aufgabe eine verwandte Lösung, hat jedoch durch die Anwendung eines steilen Schieferdaches mit Giebeln ein wesentlich anderes Gepräge erhalten. Der in organische Verbindung mit den Wohnräumen gebrachten Halle ist hier von vorn herein die richtige Lage gegeben worden; nach dem See zu ist ein offener Terrassensitzplatz angeordnet, unter dem ein reizvolles gewölbtes Billardzimmer sich befindet. (Ausgeführte Backsteinbauten.)

Das Landhaus Haukohl (Abb. 443—445) ist in den Jahren 1885/86 von Johannes Lange errichtet worden. Die Flächen der Façade sind mit Ziegeln verblendet, die Gliederungen in Werkstein hergestellt; das zierliche Holzwerk der Dachgiebel, des Blumenfensters, des Portals und des Altans über demselben ist in amerikanischem Yellow pine und Cypressenholz ausgeführt. Die Baukosten, von denen ein namhafter Theil auf Heizung und Wasserversorgung fällt, haben 85 000 ℳ. betragen. (Bl. f. Arch. u. K.-H., Jahrg. 1890.)

Abweichend von den vorher erwähnten Bauten ist das in den Jahren 1890/91 von Kayser & v. Groszheim erbaute Landhaus Huldschinsky (Abb. 446), das, mit seinem sieben Morgen grofsen, zum Theil dem See abgerungenen Parke und seiner herrlichen Aussicht zu den bevorzugtesten Besitzungen der Colonie gehört, als ein Putzbau in den strengen Formen italienischer Hochrenaissance ausgeführt worden. Auch die ganze Anlage des nahezu quadratischen Hauses, dessen nach allen Seiten abgewalmtes Ziegeldach von der Oberlichtlaterne der mittleren Diele gekrönt wird, ist eine streng regelmäfsige. Der nach Norden gerichteten offenen Halle legt im Park ein Vorplatz sich vor, der durch eine offene Säulen-Architektur abgegrenzt wird. — Wie das Haus die schönste, namentlich vom Erker des Speisesaales zu geniefsende Aussicht über den Wannsee hat, so tritt es auch, von diesem aus gesehen, unter allen Gebäuden des Ortes am meisten hervor.

Zum Schlusse mögen zwei Anlagen erwähnt werden, deren architektonische Ausgestaltung nicht nur auf ein einziges Wohnhaus sich erstreckt, sondern das weiter gehende Ziel der Bebauung eines gröfseren Geländes mit einer Gruppe zusammen gehöriger Gebäude, also die Schaffung eines Landsitzes vornehmster Art, ins Auge gefafst hat.

Die eine derselben, das Landhaus Ebeling (Abb. 447—449), von Erdmann & Spindler seit 1890 errichtet, durch den Tod des Besitzers aber unvollendet geblieben, ist allerdings nicht von vorn herein für ihren gegenwärtigen Umfang entworfen worden, sondern umfafste zunächst nur das als Junggesellenheim gestaltete Wohnhaus (Abb. 449). Erst später entstand der Gedanke, das Grundstück nach der Strafse zu durch einen Thorbau, dessen Thurm eine Rüstkammer enthält, während seitlich Pförtnerwohnhaus und Stallgebäude liegen, abzuschliefsen und den vorderen Theil desselben, den überdies ein mit einer Ritterfigur ausgestatteter Brunnen schmückt, als eine Art mittelalterlichen Edelhof zu gestalten. Beabsichtigt war endlich — unter Mitheranziehung des Nachbargrundstücks — der Bau eines mit den übrigen Gebäuden durch Bogenhallen verbundenen Bankettsaales. — Die Ausführung der Bauten, deren stilistische Haltung Renaissance-Formen und Motive mit solchen des romanischen Stils verschmilzt, ist in gelblichem Werkstein in Verbindung mit Putzflächen und einzelnen Fachwerktheilen erfolgt; die steilen Dächer sind mit braunrothen Falzziegeln gedeckt. (Deutsche Bauzeitung 1895, Nr. 56.)

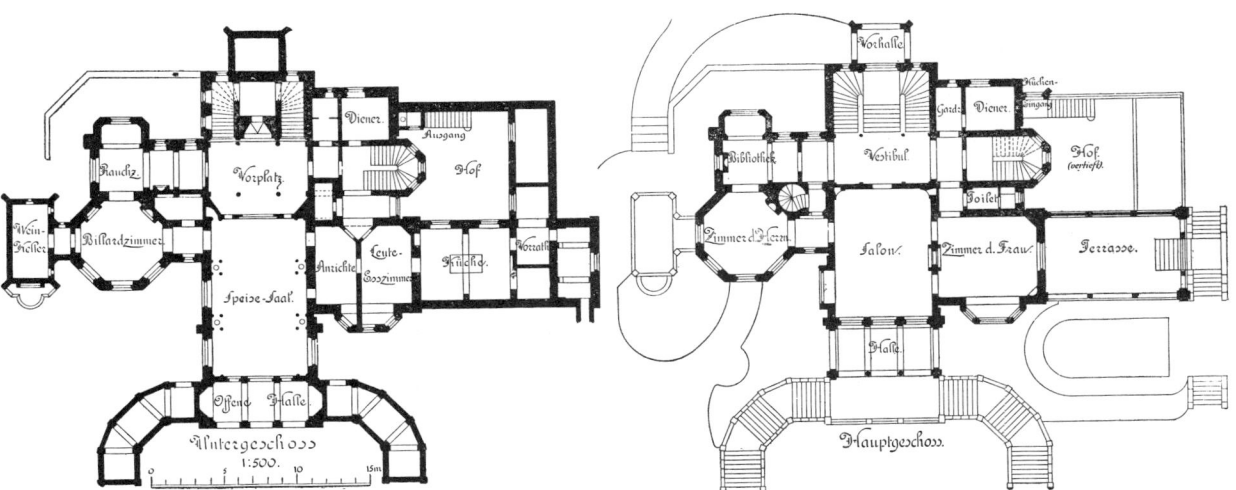

Abb. 433—435. Landhaus Abel in Wannsee. Architekten Gropius & Schmieden.

V. Wohnhausbauten.

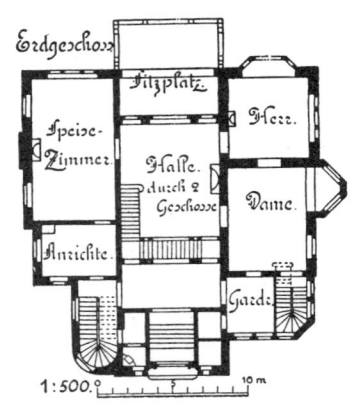

Abb. 436 u. 437. Landhaus Herz in Wannsee. Arch. W. Martens.

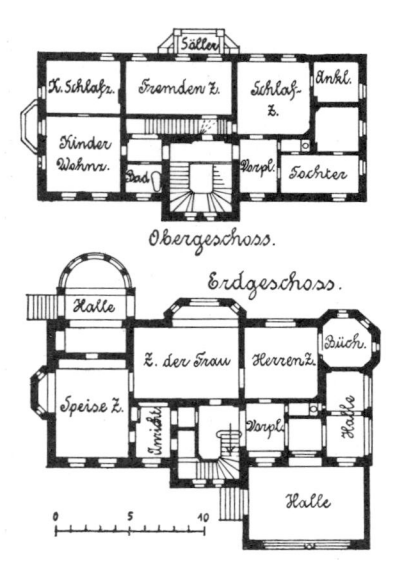

Abb. 438—440. Landhaus Otzen in Wannsee.
Architekt Johannes Otzen.

Ungleich großartiger stellt die Anlage des von 1886—1890 durch Paul und Walther Hentschel für Herrn Arnold v. Siemens ausgeführten Landhauses Siemens (Abb. 450) sich dar, die von vorn herein in dieser Ausdehnung geplant und auf einem ungleich günstigeren Gelände, am nordwestlichen Uferabhange des kleinen Wannsees errichtet ist. Mittelpunkt derselben sind das zweigeschossige schloßartige Herrenhaus und eine mit diesem durch einen Bogengang verbundene, in italienischer Renaissance gestaltete Loggia, die auf einer durch Futtermauern nach dem Abhang hin begrenzten großen Terrasse stehen. Nach der Straße zu liegen hinter dem Herrenhause die Wirthschafts-

V. Wohnhausbauten.

gebäude mit den Wohnungen für Gärtner, Kutscher, Maschinenmeister und den Stallungen sowie das Maschinenhaus mit den Kesseln und Maschinen zum Betriebe der eigenen Wasserversorgungs- und Beleuchtungseinrichtungen; hinter der

Abb. 441. Erdgeschofs.

Abb. 441 u. 442. Landhaus Oppenheim in Wannsee. Arch. Joh Otzen.

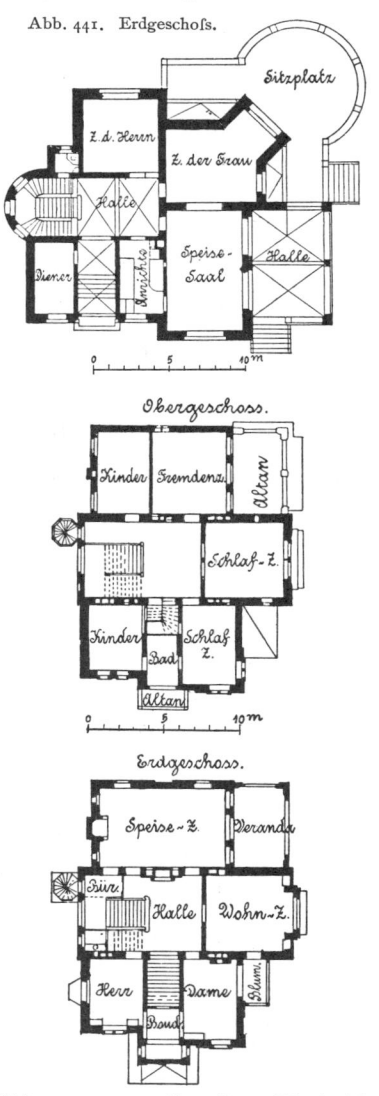

Abb. 443 u. 444. Landhaus Haukohl.

Abb. 445. Landhaus Haukohl in Wannsee. Arch. Joh. Lange.

Loggia ein Gewächs- und Palmenhaus. In dem bis zum See sich erstreckenden Parke haben noch verschiedene kleinere Baulichkeiten, ein Aussichtsthurm, ein Bootshaus mit Hafenanlage, Tuffsteingrotten usw. ihren Platz erhalten. Der Unterbau des Herrenhauses und die Futtermauern sind mit gespaltenen märkischen Granitfindlingen verblendet, die Gebäude selbst im Ziegelbau mit Sandstein-Gliederungen hergestellt. Die Ausstattung der Innenräume ist durchweg eine sehr reiche und gediegene. Die Baukosten des Herrenhauses haben etwa 850 000 ℳ, diejenigen aller übrigen Gebäude und Anlagen einschließlich der Umwährungen etwa 690 000 ℳ. betragen.

e) **Landhäuser in Neubabelsberg.**

Von den Landhäusern dieses entferntesten unter den in enger

Abb. 447 u. 448. Landhaus Ebeling in Wannsee.
Architekten Erdmann & Spindler.

Abb. 449. Landhaus Huldschinsky in Wannsee.
Architekten Kayser & v. Groszheim.

baulicher Beziehung zu Berlin stehenden Vororten seien hier nur zwei Beispiele mitgetheilt — beides Häuser, deren Besitzer auch die Erbauer derselben sind.

Das Landhaus Kayser (Abb. 451—454) entstammt den Jahren 1890/91. Es ist auf einem steil abfallenden, schmalen Gelände am Ufer des Griebnitzsees errichtet, der die Hinterwand des Gebäudes bespült, während die Vorderseite fast unmittelbar an der Straße liegt; ein Garten hat nur mit Hülfe von Stützmauern angelegt werden können. Infolge dessen steigt die Zahl der Geschosse, welche einschließlich des Dachgeschosses an der Straße drei beträgt, am hinteren Theile des Hauses auf fünf. Die

V. Wohnhausbauten. 177

Haupträume liegen in dem von der Strafse unmittelbar zugänglichen Erdgeschofs; an den die ganze Breite des Hauses einnehmenden hinteren Speisesaal schliefst die grofse mit einem Holzpavillon überbaute Terrasse sich an, die einen reizenden Ausblick über die hier im Winkel zusammen laufenden beiden Theile des Sees gewährt. Unter ihr liegt ein Bootshafen, unter dem Speisesaale ein Angelzimmer. Die in den Formen der deutschen Spätrenaissance gestaltete Façade ist im Unterbau mit Ziegeln verblendet, in den oberen Geschossen geputzt; die steilen Dächer sind mit lebhaft gefärbten Falzziegeln gedeckt. Das

Abb. 449. Landhaus Ebeling in Wannsee. Architekten Erdmann & Spindler.

Innere, von dem eine Ansicht aus dem Speisesaale mitgetheilt ist, hat eine zwar nicht prunkvolle, aber durchaus gediegene Ausstattung erhalten. Die Gesamtbaukosten haben rd. 100 000 ℳ betragen. (Arch. d. Gegenwart, Bd. II; Bl. f. Arch. u. K.-H., Jahrg. 1892.)

Das (mittlerweile in anderen Besitz übergegangene) Landhaus v. Holst (Abb. 455 bis 457), in den Jahren 1891/92 durch M. v. Holst unter Mitwirkung von R. Bislich erbaut, ist im Unterbau aus gefugtem, im Erdgeschofs aus geputztem Ziegelmauerwerk, darüber aus Fachwerk hergestellt und mit bunten Falzziegeln eingedeckt. Die kleine Anlage, deren Grundrifs schon andeutet, dafs sie vorwiegend als Sommersitz dienen soll, erfreut

178   V. Wohnhausbauten.

ebenso durch ihre malerische an die Leistungen älterer deutscher Volksbaukunst sich anschliefsende Erscheinung wie durch ihre liebevolle Anpassung an das individuelle Bedürfnifs der Familie. Baukosten für 1 cbm 21 ℳ. (Bl. f. Arch. u. K.-H., Jahrg. 93.)

f) Landhäuser in den östlichen Vororten.

Um die im Osten Berlins gelegenen, für den vorliegenden Zweck allerdings weniger ergiebigen Vororte nicht ganz zu übergehen, seien auch aus ihnen zwei Beispiele mitgetheilt.

Das Landhaus v. Blottnitz in Hoppegarten (Abb. 458 und 459) ist in den Jahren 1894/95 durch Wilhelm Martens mit einem Kostenaufwande von rd. 80 000 ℳ. erbaut worden. Der Sockel besteht aus Basaltlava, Erker und Gesimse sind aus Sandstein hergestellt, die Façadenflächen verputzt; das Obergeschofs und die Veranden zeigen reichen Holzbau.

Das Landhaus Geist in Grünau (Abb. 460 und 461), im Jahre 1885 von Rosemann & Jacob errichtet, trägt mehr wie alle vorher erwähnten Bauten das Gepräge eines ausschliefslichen Sommersitzes. Die gemauerten Wandflächen der Façade, der auf der Strafsenseite ein schlankes Thürmchen sich vorlegt, sind mit Ziegeln verblendet. Der reichen Holzarchitektur, die dem Ganzen sein eigenartiges Gepräge giebt, entspricht die Ausstattung der Innenräume mit echten Holzdecken und hohen Täfelungen. Baukosten 55 000 ℳ. (Architekt. der Gegenwart, Bd. III.)

Abb. 450. Landhaus Siemens in Wannsee.
Architekten Paul & Walther Hentschel.

Neben den unter vorwiegend künstlerischen Gesichtspunkten und zunächst für die Wohnzwecke einer bestimmten Familie entworfenen Landhausanlagen individuellen Gepräges, von denen im Vorstehenden Beispiele mitgetheilt wurden, ist natürlich eine sehr grofse Mehrzahl von meist kleineren und einfacheren Landhäusern entstanden, die auf einen gleichen Rang keinen Anspruch erheben können. Dem durchschnittlichen Wohnbedürfnifs einer Familie von mäfsigem Einkommen angepafst und — ohne auf eine gefällige Erscheinung und künstlerische Ausgestaltung ganz zu verzichten — doch auf eine mehr handwerksmäfsige Herstellung berechnet, stellen sie vielmehr als Typen ihrer Gattung sich dar, die mit geringen, aus der Baustelle oder persönlichen Wünschen der Bauherren abgeleiteten

V. Wohnhausbauten.

Veränderungen zu öfterer Wiederholung sich eignen und in der That eben so oft wiederholt worden sind, wie die Typen der gewöhnlichen Miethshäuser.

Es war ein nahe liegender Gedanke, die Bauthätigkeit auf den brachliegenden Geländen der Berliner Villencolonien dadurch zu beleben, dafs nach englischem und amerikanischem Muster Baugeschäfte bezw. Baugesellschaften gebildet wurden, welche ansiedelungslustigen Familien den Erwerb einer Baustelle und den Bau eines Hauses nicht nur finanziell erleichtern, sondern sie auch der Sorge um die Beschaffung eines Bauplans und der Ungewißheit über die Herstellungskosten des Hauses dadurch entheben, dafs sie ihnen von vorn herein eine Auswahl von Musterentwürfen vorlegen, deren Ausführung für eine bestimmte Summe zu übernehmen sie sich verpflichten. Der Wirksamkeit dieser Gesellschaften ist es sicher in erster Linie zuzuschreiben, wenn die Ansiedelung in den Vororten neuerdings einen so erheblichen Aufschwung genommen hat.

Abb. 451—453. Landhaus Kayser in Neubabelsberg.
Architekten Kayser & v. Groszheim.

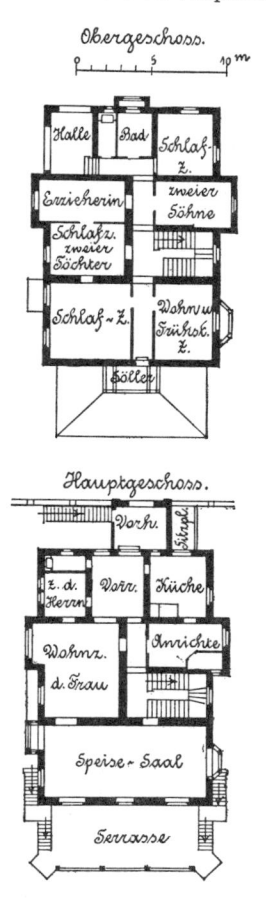

Beispiele dieser einfachen Landhäuser mitzutheilen, wie sie früher von einzelnen Unternehmern hergestellt wurden und von den erwähnten Gesellschaften errichtet werden, dürfte nicht erforderlich sein, da das ihnen zu Grunde liegende Schema nicht wesentlich von dem abweicht, was auch in anderen deutschen Städten für den gleichen Zweck üblich ist. Dagegen erscheint es angezeigt, die wichtigsten Unternehmungen auf diesem Gebiete wenigstens kurz anzuführen.

Die „Berliner Bauplan-Vereinigung" des Architekten Richard R. Hintz in Grofs-Lichterfelde hat sich besonders durch eine Sammlung von Musterentwürfen bekannt

180　　　　　　　　　V. Wohnhausbauten.

gemacht, welche unter dem Titel „Moderne Häuser" in vornehmer künstlerischer Ausstattung zuerst im Jahre 1887 erschienen ist. (Vergl. Deutsche Bauzeitung, Jahrg. 1887, Nr. 65, wo

Abb. 455—457. Landhaus v. Holst in Neubabelsberg.
Architekten M. v. Holst, Bislich.

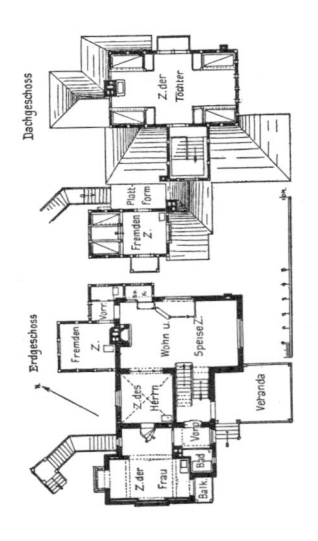

Abb. 454. Landhaus Kayser in Neubabelsberg.
Architekten Kayser & v. Groszheim.

einige dieser Entwürfe mitgetheilt sind.) Dieselbe umfafst vorwiegend Beispiele von Landhäusern zum Herstellungspreise von 20000 bis 40000 ℳ, giebt aber auch solche von aufwändigeren und von kleineren Bauten, von letzteren bis hinab zu einem Herstellungspreise

V. Wohnhausbauten.   181

von 6000 ℳ. Die Wirksamkeit dieses Baugeschäfts in Bezug auf Ausführung von Landhäusern hat sich, soviel bekannt ist, vorzugsweise auf Grofs-Lichterfelde erstreckt.

Die im Jahre 1885 begründete Terrain-Gesellschaft Grofs-Lichterfelde beschäftigt sich in erster Linie mit dem Verkauf von Bau-

Abb. 459. Landhaus v. Blottnitz in Hoppegarten.
Architekt Martens.

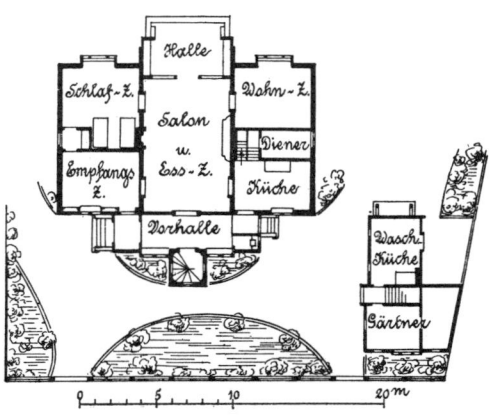

Abb. 460. Landhaus Geist.

Abb. 461. Landhaus Geist in Grünau.   Architekten Rosemann & Jacob.

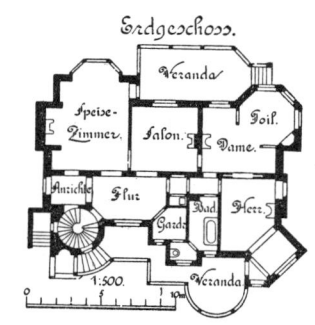

Abb. 458. Landhaus v. Blottnitz.

plätzen, stellt aber auch bebaute Grundstücke zum Verkauf fertig und übernimmt den Bau von Landhäusern einfacher Art.

Die Berliner Baugenossenschaft hat Colonien in Adlershof und der Görlitzer Bahn, in Hermsdorf an der Nordbahn und in Grofs-Lichterfelde an der Potsdamer Bahn gegründet, meist mit frei stehenden Doppelwohnhäusern für je zwei Familien. Der durchschnittliche Werth eines Hauses beträgt 11 360 ℳ, sodafs auf eine Wohnung 5680 ℳ entfallen. Die in Adlershof und Hermsdorf erbauten Häuser, die hauptsächlich an Fabrikarbeiter, Handwerksgesellen und Unterbeamten verloost worden sind, stellen sich billiger, die in Grofs-Lichterfelde errichteten geräumigeren Häuser, die nur gegen ein Drittel des Preises abgelassen werden, entsprechend theurer.

Die Deutsche Volksbau-Gesellschaft verschafft demjenigen, der sich mit dem vollen Erwerbspreise bei einer von der Gesellschaft zu bestimmenden Lebensversicherung einkauft, ein eigenes Haus nach Auswahl. Sie hat zu dem Zwecke Colonien in Neu-Rahnsdorf, Grofs-Lichterfelde (Anhalter Bahn) und Hermsdorf angelegt. Unter den Erwerbern befinden sich Arbeiter, Handwerker, Beamte und sonstige Personen aller Stände. Die Kosten der Häuser weichen, den verschiedenen Ansprüchen gemäfs, sehr von einander ab, bewegen sich aber meist in den Grenzen von 8000 bis 24000 ℳ.

Nach ähnlichen Grundsätzen verfährt die Heimstätten-Actien-Gesellschaft, die bei einer Anzahlung von 10% das Restkaufgeld durch eine allmählich zu amortisirende Lebensversicherung zu decken gestattet oder bei Anzahlung von 40 bis 50% den Rest des Kaufpreises als Hypothek eintragen läfst. Die Colonien der Gesellschaft liegen in Schlachtensee an der Wannseebahn, in Karlshorst an der Frankfurter Bahn und in Mahlow an der Dresdener Bahn. Der Herstellungspreis ihrer Muster bewegt sich zwischen 9000—30000 ℳ.

Von den Colonien, die von grofsen technischen oder industriellen Unternehmungen für ihre Beamten und Arbeiter gegründet worden sind, seien diejenigen der Königl. Eisenbahn-Direction Berlin (zu Neuendorf bei Potsdam), der Königl. Militär-Werkstätten in Spandau (zu Haselhorst bei Spandau) und der Spindler'schen Färberei usw. zu Spindlersfelde bei Köpenick erwähnt.

B. Miethshäuser.

Die grofse Masse der Berliner Bevölkerung wohnt in Miethshäusern und gegen die Zahl der letzteren bildet diejenige der Einzelwohnhäuser nur eine verschwindende Minderheit. Jene sind es demnach, welche die allgemeinen Wohnverhältnisse der Stadt bestimmen. In ihrer Anlage und Einrichtung spiegeln sich die socialen Zustände der Einwohnerschaft am treuesten wieder; aus den Veränderungen, die darin eingetreten sind, läfst sich — mit Genugthuung darf man es aussprechen — die Besserung dieser Zustände am leichtesten erkennen. —

Wann das Miethshaus in Berlin eingeführt worden ist und zu welchem Zeitpunkte es das Uebergewicht erlangt hat, wird kaum mehr festgestellt werden können; doch weisen die Grundstückbreiten der vor etwa 200 Jahren angelegten Friedrichstadt darauf hin, dafs es schon damals als die Regel angesehen wurde. Freilich trat das Miethshaus der älteren Zeit auf lange hinaus lediglich in jener Form auf, die noch heute in kleineren Provinzialstädten allgemein üblich ist — als ein Haus, das der Erbauer in erster Linie für seine eigenen Wohnzwecke hat errichten lassen, in welchem er jedoch, um billiger oder miethsfrei zu wohnen, gleichsam beiläufig noch eine oder mehrere Miethswohnungen angelegt hat. Erst seit wenig mehr als 100 Jahren hat eine andere Art von Häusern sich eingebürgert, bei der das Vermiethen der in ihnen enthaltenen Wohnungen nicht mehr Neben- sondern Hauptsache geworden, die Anlage also als sogen. „Speculationsobject" zu dem Zwecke geschaffen worden ist, um aus ihr einen möglichst hohen Gewinn zu ziehen.

Seit etwa 50 Jahren ist diese zweite Form des Miethshauses die herrschende geworden, ohne dafs die erste deshalb ausgestorben wäre. Von den wenig zahlreichen Ueberbleibseln aus älterer Zeit, die fast durchweg zu den ärmlichsten in Berlin überhaupt noch vorhandenen Wohnhäusern gehören dürften, kann allerdings abgesehen werden. Dagegen entsteht alljährlich noch eine Anzahl von Gebäuden, von denen zwar ein gewisser Theil vermiethet wird, bei deren Anlage aber offenbar nicht die Rücksichten der Ertragsfähigkeit, sondern die persönlichen Wünsche und Bedürfnisse des Bauherrn, der sich hier einen Wohnsitz schaffen wollte, im Vordergrunde gestanden haben.

Es wird sich empfehlen, die hier mitzutheilenden Beispiele solcher Häuser zu einer selbständigen Gruppe zusammen zu fassen und sie von den übrigen (eigentlichen) Miethshäusern zu sondern.

V. Wohnhausbauten.   183

1. Wohnhäuser mit einer oder zwei Miethswohnungen.

Nach dem Vorhergehenden ergiebt es sich von selbst, dafs die hierher gehörigen Gebäude, welche zwischen dem Einzelwohnhause und dem eigentlichen Miethshause in der Mitte stehen, jenes aber an Gröfse meist übertreffen, zu den vornehmsten und ansehnlichsten Wohnhausbauten unserer Stadt zählen. Es ist übrigens wohl nicht allein der Wunsch, eine gewisse Verzinsung des Baukapitals zu erzielen, welcher den Bauherren eine derartige Anordnung nahe legt, sondern — mindestens in gleichem Grade — die Rücksicht auf die äufsere Erscheinung des Baues, der in der Regel mehrgeschossigen Miethshäusern sich einreihen mufs. Denn zwischen den Brandgiebeln der letzteren würde ein wesentlich niedrigeres Haus, selbst bei reichster Durchbildung, eine wenig glückliche Rolle spielen. Eine entsprechende Höhe läfst sich aber zufolge der üblichen Gröfse der Baustelle nur gewinnen, wenn in der Anlage mehrere Wohnungen untergebracht werden.

Den Beispielen aus neuerer Zeit seien wiederum einige solche aus der Bauthätigkeit der ersten siebziger Jahre voran geschickt, die der früheren Ausgabe dieses Buches entnommen sind.

Das Wohnhaus Markgrafenstrafse 38 (Abb. 462—464), zur Zeit im Besitze des Intendanten der Königlichen Schauspiele,

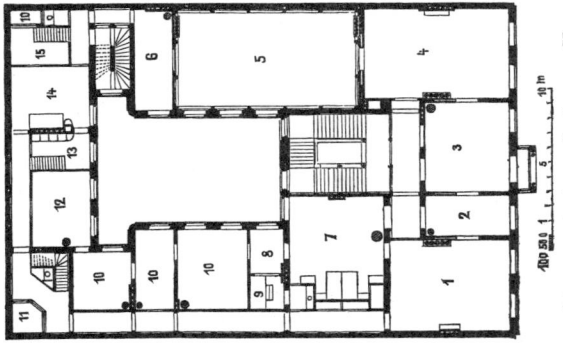

Obergeschofs: 1. Speisez. 2. Herr. 3. Empfangsz. 4. Gesellschaftsz. 5. Saal. 6. Buffet. 7. Schlafz. 8. Boudoir. 9. Bad. 10. Kinderz. 11. Lichthof. 12. Fremdenz. 13. Spülküche. 14. Küche. 15. Speisek.

Abb. 402—464. Wohnhaus Markgrafenstrafse 38. Architekt Erdmann.

Erdgeschofs: 1. Läden. 2. Comptoirs. 3. Tresor. 4. Privat-Comptoir. 5. Geschirrkammer. 6. Futterkammer. 7. Lichthof. 8. Pferdestall. 9. Wagenremise.

184 V. Wohnhausbauten.

Grafen Hochberg, ist in den Jahren 1872—1875 durch Erdmann erbaut worden; es enthält im Erdgeschofs Läden, Comptoirs und Stallungen, in den beiden Obergeschossen je eine reich ausgestattete gröfsere Wohnung. Der Vorplatz und die Nebenzimmer der letzteren entsprechen allerdings nicht ganz dem Range derselben; der hintere Querflügel, in dem die Wirthschaftsräume liegen und welcher durch eine Zwischendecke getheilt wird, erhält in den Ecken Licht durch zwei Lichtschächte.

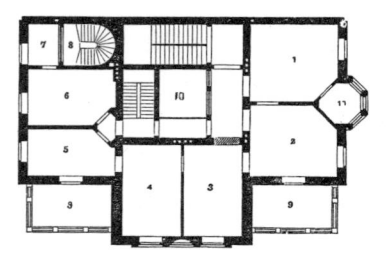

Abb. 467 u. 468. Lucae'sches Wohnhaus Lützowplatz 9. Arch. R. Lucae.

Abb. 467. Obergeschofs:
1. Zimmer des Herrn. 2. Dame. 3. Kinderzimmer. 4.—6. Schlafzimmer. 7. Bad. 8. Nebentreppe. 9. Balcons. 10. Oberlicht. 11. Erker.

Abb. 465. Erdgeschofs:
1. Durchfahrt. 2. Vorzimmer. 3. Wohnzimmer. 4. Speisesaal. 5. Lichthof. 6. Bad. 7. Frühstückszimmer. 8. Schlafzimmer. 9. Gartensalon. 10. Schmuckhof. 11. Bedeckte Terrasse. 12. Vorgarten. 13. Pavillon.

Abb. 466. Erdgeschofs:
1. Vorzimmer. 2. Lichthof mit Treppe zum Keller. 3. Wohn- und Gesellschaftszimmer. 4. Speisesaal. 5. Diener. 6. Zimmer des Herrn. 7. Anrichte. 8. Schlafzimmer. 9. Tresor. 10. Badezimmer. 11. Schrankzimmer. 12. Gartensalon. 13. Zimmer des Sohnes. 14. Gartenhalle.

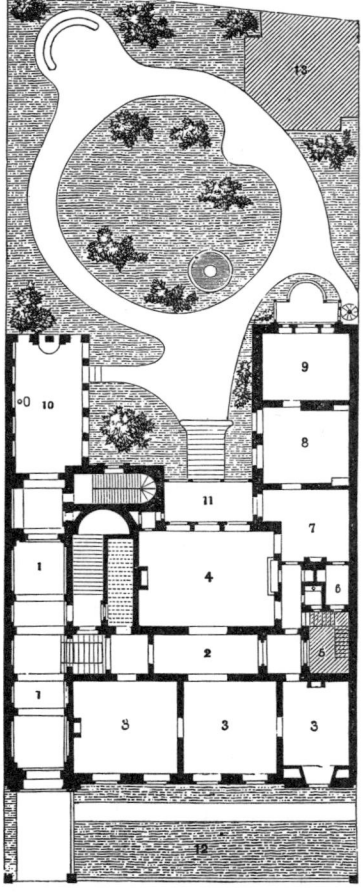

Abb. 465. Wohnhaus Hirschwald, Bendlerstrafse 7. Architekt v. d. Hude & Hennicke.

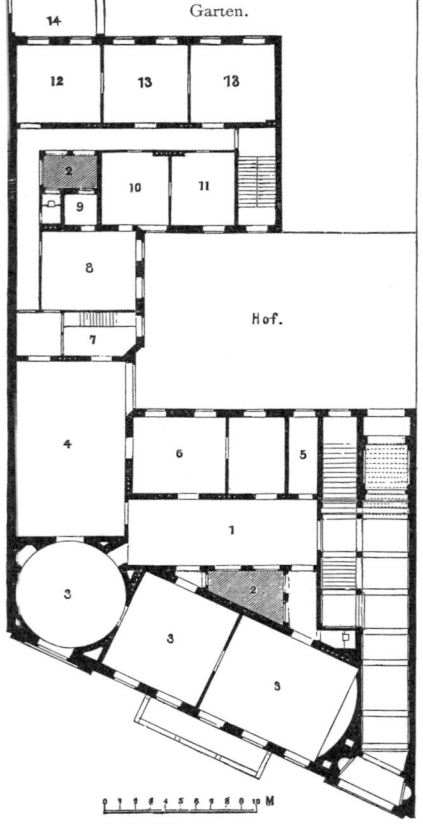

Abb. 466. Wohnhaus Meyer, Königgrätzer Strafse 27. Architekt Heidecke.

Die Façade ist im Erdgeschofs und den Architekturtheilen der Obergeschosse aus Werkstein hergestellt, in den Flächen mit Ziegeln verblendet. Baukosten 585 ℳ für 1 qm.

Das (ehemals Hirschwald'sche) Wohnhaus, Bendlerstrafse 7 (Abb. 465), das im Jahre 1869/70 von

V. Wohnhausbauten. 185

v. d. Hude & Hennicke ausgeführt worden ist und dessen Façade gleichfalls eine Verbindung von Werkstein und Ziegeln zeigt, enthält in jedem der beiden Hauptgeschosse eine Wohnung, deren Wirthschaftsräume im Keller bezw. Dachgeschofs liegen. Bemerkenswerth ist die Anordnung eines Lichthofes zur Erleuchtung des Vorzimmers.

Die gleiche Anordnung, welche hier noch in geschickter Weise zur Vermittelung der schiefen Lage der Vorderzimmer ausgenutzt ist, findet sich in dem von C. Heidecke erbauten, besonders grofsräumig angelegten ehemals Meyer'schen Wohnhause, Königgrätzer Strafse 27 (Abb. 466). Ein zweiter kleiner Lichthof erhellt die hinteren Corridore; in ihm führt von der im Erdgeschofs liegenden Wohnung des Besitzers die Treppe zu den im Keller liegenden Wirthschaftsräumen derselben hinab. Die Wirthschaftsräume in den Miethswohnungen der beiden Obergeschosse sind über 9, 10 und 11 angeordnet. Die Façade ist aus weifsem schlesischen Sandstein hergestellt.

In dem von Richard Lucae 1873 erbauten Dr. Lucae'schen Wohnhause, Lützowplatz 9 (Abb. 467 u. 468), das nur mit der rechten Schmalseite an der Strafse, mit den beiden anderen am Garten liegt, bewohnt der Besitzer Erdgeschofs und erstes Obergeschofs, die durch eine besondere Treppe in Verbindung stehen; nur das zweite Ober-

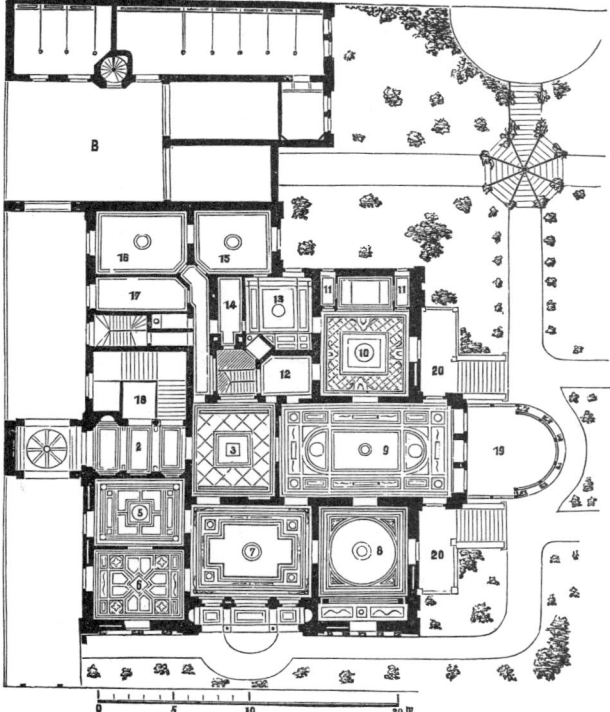

Abb. 469 u. 470. Wohnhaus Rauchstrafse 10.
Architekt Heidecke.

Erdgeschofs: A. Einfahrt. B. Wirthschafts- und Stallhof. 1. Unterfahrt. 2. Flur. 3. Vorraum. 4. Lichthof mit Küchentreppe. 5. Privat-Comptoir. 6. Zimmer des Herrn. 7. Salon. 8. Zimmer der Dame. 9. Speisesaal. 10. Schlafzimmer. 11. Toilette. 12. Anrichte. 13. Schrankzimmer. 14. Bad. 15. u. 16. Kinderzimmer. 17. Diener. 18. Haustreppe. 19. Wintergarten. 20. Terrasse.

186 V. Wohnhausbauten.

Façade am Leipziger Platz.

geschofs wird vermiethet. Die Erleuchtung der Vorräume und Treppen erfolgt durch sekundäres Seitenlicht von dem mittleren, 3 m im Geviert messenden Lichtschachte aus. Die Façaden sind im Putzbau hergestellt.

Ein vornehmes Miethshaus der hier in Rede stehenden Art mit einer Wohnung in jedem Geschofs ist endlich die in den Jahren 1873/74 durch C. Heidecke ausgeführte sogen. Villa Hirschberg, Rauchstrafse 10 (Abb. 469 u. 470). Die Wirthschaftsräume liegen wiederum im Keller- bezw. Dachgeschofs; ebenso ist zur Beleuchtung des Vorraumes ein Lichthof angeordnet. Die Façaden sind in hydraulischem Kalk verputzt, die Gliederungen derselben in Cementgufs hergestellt.

In ihrem architektonischen Range sind die betreffenden Bauausführungen der beiden letzten Jahrzehnte den bisher erwähnten durchschnittlich überlegen. Allen anderen steht weit voran:

Das Wohnhaus Rudolf Mosse, Leipziger Platz 15 und Vofsstrafse 22 (Abb. 471—474) — ein in den Jahren 1882 bis 1888 von Ebe & Benda in stückweiser Ausführung geschaffener Bau, der nach Anlage und Ausgestaltung durchaus palastartig gehalten ist. Zwischen zwei Strafsen liegend, öffnet sich das Haus, dessen Grundrifs im Vorderflügel die theilweise Be-

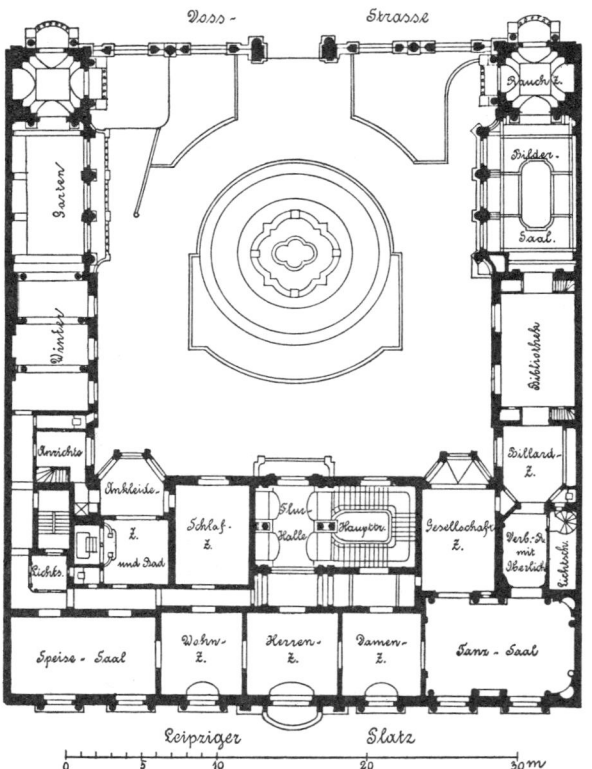

Abb. 471 u. 472. Wohnhaus Rudolf Mosse, Leipziger Platz 15 und Vofsstrafse 22.
Architekten Ebe & Benda.

nutzung eines älteren Gebäudes verräth, nach der Hinterseite mit einem „cour d'honneur", in dessen Achse der über dem Treppenflur errichtete Kuppelaufsatz liegt, während die Wirkung der Hauptfront in einem grofsen, von M. Klein modellirten Figurenfriese gipfelt. Die Wohnung des Besitzers liegt im Erdgeschofs, das in den Flügeln die Ställe, Remisen und unter dem Bildersaal eine offene Halle enthält, sowie im ersten Obergeschofs. Das zweite Obergeschofs, dessen Flügel jedoch nur bis zur Hälfte der Tiefe des Hofes reichen, ist vermiethet. Die Façaden sind in ihrer architektonischen Gliederung, in ihrem bildnerischen Schmuck und in einem Theil der Flächen aus schlesischem Sandstein, im übrigen

Abb. 473. Wohnhaus Rudolf Mosse, Façade Vofsstrafse 22. Architekten Ebe & Benda.

aus ungefärbtem Cementmörtel hergestellt, die Dächer mit Kupfer gedeckt, ihre Verzierungen in Kupfer getrieben. Die Balconbrüstungen und die (wesentlich reicher als in der Abbildung gehaltenen) Gitter des Vorhofes zeigen Kunstschmiedearbeit mit theilweiser Vergoldung. Die Ausstattung des Innern ist eine entsprechend gediegene und zeigt in allen Einzelheiten künstlerische Durchbildung. Die Baukosten haben etwas über 800000 ℳ betragen. (Vergl. Deutsche Bauzeitung, Jahrg. 1889, Nr. 2 u. 6.)

Palastartig wirkt auch das Wohnhaus an der Ecke Behren- und Wilhelmstrafse (Abb. 475—477), das Cremer & Wolffenstein in den Jahren 1886/87 mit einem Kostenaufwande von rd. 300000 ℳ ausgeführt haben. Das Erdgeschofs ist, der Lage des Hauses entsprechend, im wesentlichen zur Vermiethung an Bankgeschäfte bestimmt, welche

188   V. Wohnhausbauten.

den Eingang an der Behrenstrafse benutzen. Zu den Wohnungen der beiden Obergeschosse, von denen diejenige des Besitzers noch einen Theil des Erdgeschosses umfafst, führt ein

Abb. 474. Wohnhaus Rudolf Mosse, Querschnitt. Architekten Ebe & Benda.

besonderer Eingang von der Wilhelmstrafse; ein Vorzug derselben ist die gute Beleuchtung des Vorzimmers. Die Façaden sind zur Hauptsache im Putzbau ausgeführt; nur für den

V. Wohnhausbauten.

Sockel, den Erker und das Portal ist Werkstein verwendet. (Vergl. C.-Bl. d. B.-V., Jahrg. 1887, Nr. 6, und Architektur der Gegenwart, Bd. I.)

Das Wohnhaus Wallich, Bellevuestrafse 18a (Abb. 478—480), in den Jahren 1886/87 von Ende & Böckmann erbaut, enthält in seinen beiden Hauptgeschossen zwei Wohnungen ersten Ranges, deren Grundrifs dadurch besonders eigenartig sich gestaltet hat, dafs dem Vorderhause eine ganz ungewöhnliche Tiefe gegeben und das Innere desselben durch Oberlicht erhellt wurde.

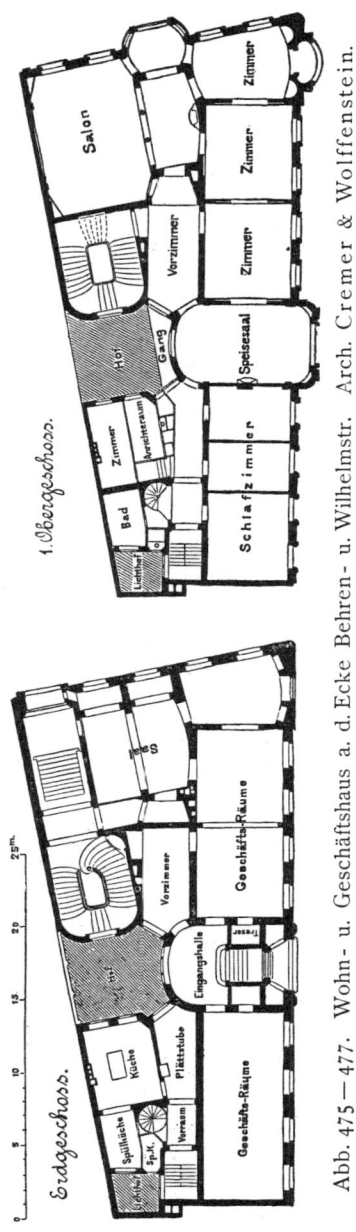

Abb. 475—477. Wohn- u. Geschäftshaus a. d. Ecke Behren- u. Wilhelmstr. Arch. Cremer & Wolffenstein.

190 V. Wohnhausbauten.

Abb. 478—480. Wohnhaus Wallich, Bellevuestrafse 18a.
Architekten Ende & Böckmann.

Die Wirthschaftsräume der unteren Wohnung liegen im Sockelgeschofs, diejenigen der oberen im Dachgeschofs. Die Façaden sind in weifsem Sandstein hergestellt. Baukosten rund 366 000 ℳ. (Vgl. C.-Bl. d. B.-V., Jahrgang 1887, Nr. 39.)

Das Doppelwohnhaus Kurfürstendamm 6 und 6a (Abb. 481 bis 483) ist 1883 bis 1884 von Kayser & v. Groszheim errichtet worden. Die beiden Wohnungen eines jeden Hauses sind von ungleicher Gröfse. Während Keller, Erdgeschofs und erstes Obergeschofs, welche letztere durch eine besondere, in einer mittels Oberlicht erleuchteten Diele liegende Treppe verbunden sind, zusammen eine einzige Wohnung bilden, ist das zweite Obergeschofs als kleinere Künstlerwohnung mit grofsem Atelier ausgestaltet, deren Wirthschaftsgelasse im Dachgeschofs liegen. Die Façade ist in rothem Backstein mit Sandstein- bezw. Putzgliederungen ausgeführt. Baukosten 135000 ℳ. (für 1 qm rd. 500 ℳ.) für jedes Haus. (Vgl. Dtsche. Bauzeitung, Jahrg. 1886, Nr. 63).

Abb. 481—483. Doppelwohnhaus Kurfürstendamm 6 u. 6a.
Architekten Kayser & v. Groszheim.

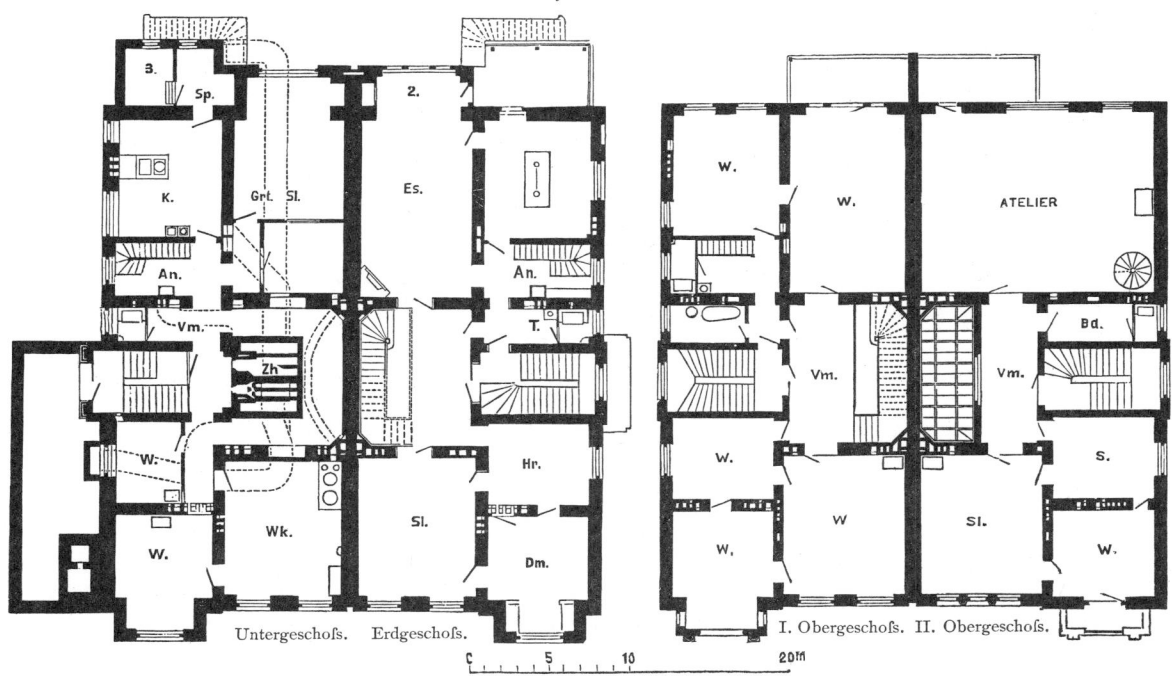

Untergeschoß. Erdgeschoß. I. Obergeschoß. II. Obergeschoß.

Das Wohnhaus Rauchstrafse 20 (Abb. 484—488) ist 1883—1885 von Paul Rötger für den Rittmeister v. Decker erbaut worden und war ursprünglich zum Einzelwohnhause bestimmt. Durch eine entsprechende Veränderung der Treppe (die früher vom Vorraum zugänglich war) ist es gelungen, dasselbe in zwei Wohnungen zu zerlegen, von

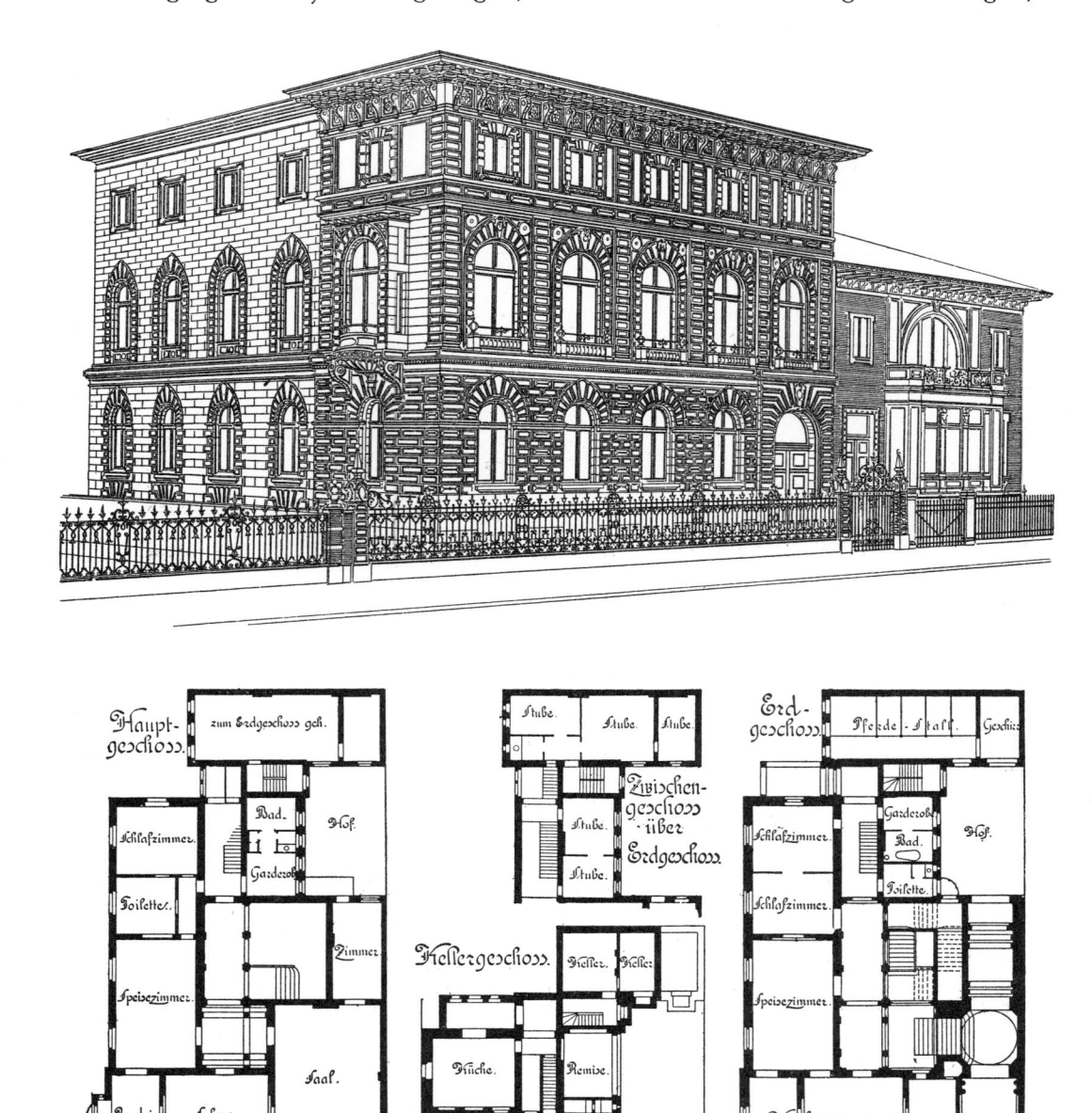

Abb. 484—488. Wohnhaus Rauchstrafse 20. Architekt P. Rötger.

denen die eine das Erdgeschofs mit dem über dem hinteren Theile desselben liegenden Zwischengeschofs und einen Theil des Kellers, die andere beide Obergeschosse umfafst; zu letzterer gehören Pferdestall und Remise. Die Façaden, welche die in Berlin verhältnismäfsig selten angewendeten Formen florentinischer Renaissance zeigen, sind in schlesischem Sandstein und Putz hergestellt. Die Baukosten haben auf 266000 ℳ. (für 1 cbm 24,18 ℳ.) sich gestellt. (Vergl. Bl. f. Arch. u. K.-H., Jahrg. 1891.)

V. Wohnhausbauten.   193

Die Wohnhäuser Landgrafenstrafse 18 und 18a (Abb. 489 u. 490) sind — das erste 1892/93, das zweite 1893/94 — von C. Heidecke erbaut und haben Façaden in Cementputz erhalten. Den Häusern in der genannten Strafse ist eine (später noch näher zu erwähnende) Anordnung eigenthümlich, nach welcher nur je zwei mit den Brandgiebeln

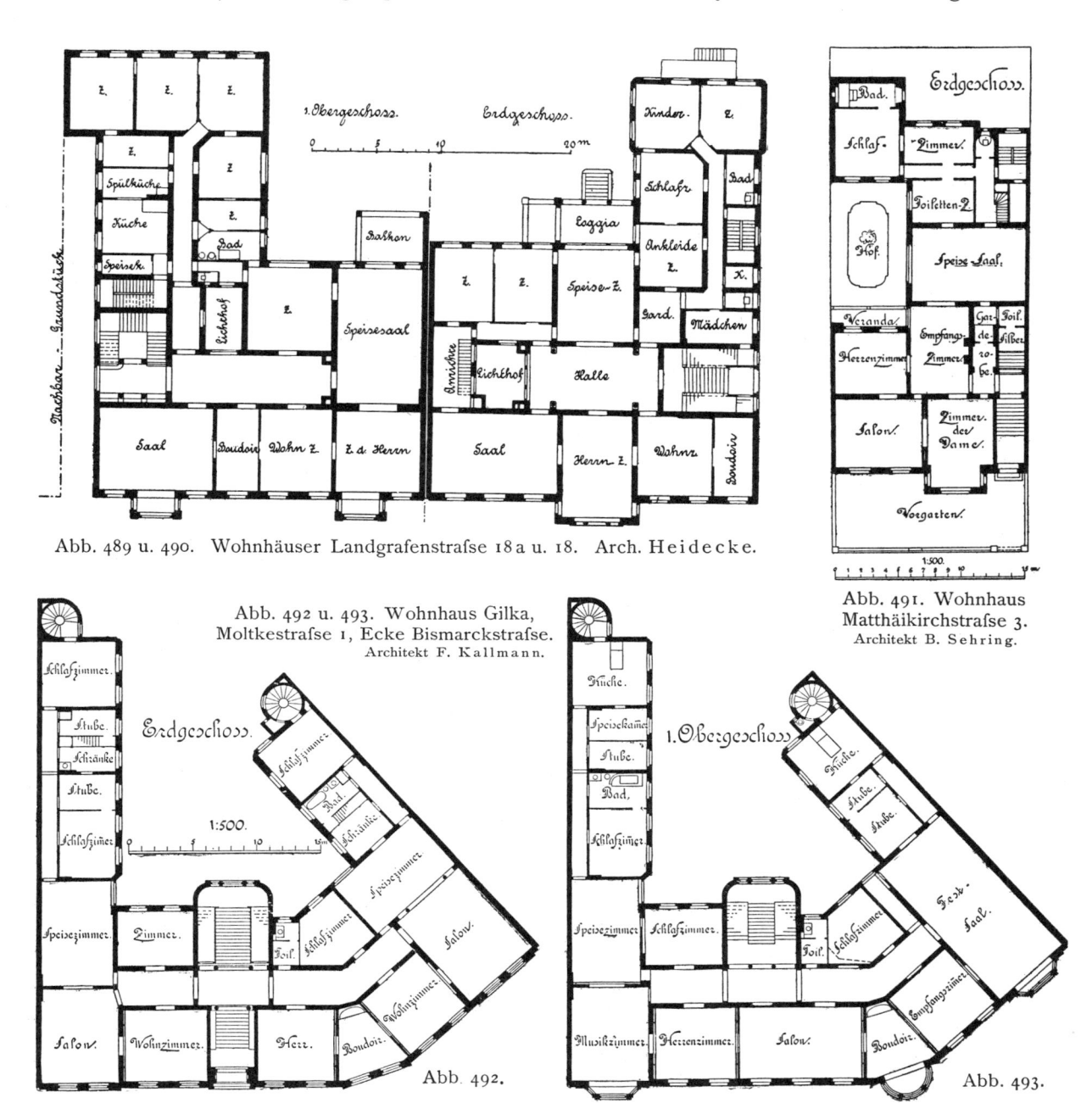

Abb. 489 u. 490. Wohnhäuser Landgrafenstrafse 18a u. 18. Arch. Heidecke.

Abb. 491. Wohnhaus Matthäikirchstrafse 3. Architekt B. Sehring.

Abb. 492 u. 493. Wohnhaus Gilka, Moltkestrafse 1, Ecke Bismarckstrafse. Architekt F. Kallmann.

Abb. 492.

Abb. 493.

zusammenstofsen, während diese Doppelhausgruppen von einander durch einen Zwischenraum getrennt werden, der es nicht nur gestattet, den an dieser Seite liegenden Nebenräumen von dort Luft und Licht zuzuführen, sondern auch den Eingang nach dort zu verlegen und somit auch für das Erdgeschofs die ganze Frontbreite nutzbar zu machen. Jedes Haus enthält drei grofse Wohnungen, die sich — wie bei fast allen Bauten des Architekten — durch einen sehr geräumigen, dielenartigen Vorraum auszeichnen, der mittels

Berlin und seine Bauten. III.   25

eines besonderen Lichthofes erhellt wird. Die Wirthschaftsräume der von den Hausbesitzern benutzten Erdgeschofswohnungen liegen im Keller. Baukosten für Nr. 18 378 000 ℳ, für Nr. 18a 418 000 ℳ.

Das Wohnhaus Matthäikirchstrafse 3 (Abb. 491), im Jahre 1894/95 von Bernhard Sehring ausgeführt, enthält in Erdgeschofs und erstem Obergeschofs zwei Wohnungen, deren Wirthschaftsräume die bekannte Lage im Keller- bezw. Dachgeschofs erhalten haben. Die Façade ist mit weifsem, oberbayerischem Kalkstein verblendet. Baukosten rd. 200 000 ℳ (für 1 qm 444,40 ℳ).

Das Wohnhaus Gilka, Moltkestrafse 1, Ecke Bismarckstrafse (Abb. 492 u. 493), im Jahre 1890 von F. Kallmann errichtet, enthält im Erdgeschofs zwei Wohnungen, während die Räume der beiden Obergeschosse unter einander gleichfalls je in zwei Wohnungen sich zerlegen oder zu einer Wohnung ersten Ranges sich zusammenfassen lassen; dem breiten Vorraum wird in den Obergeschossen an einer Stelle unmittelbares Licht zugeführt. Interessant ist die hier nicht zur Darstellung gebrachte Anlage der Wirthschaftskeller sowie der geräumigen Stall- und Remisenräume unterhalb des Tiefparterres, welche dadurch ermöglicht wurde, dafs die Gründung des Gebäudes (auf 86 Senkbrunnen von rd. 9 m) aufsergewöhnlich tief geführt werden mufste. Die betreffenden Räume, die ihr Licht vom Stallhof erhalten, werden durch besondere, mit den runden Treppen verbundene Luftschächte gelüftet und sind von der Strafse aus durch Rampen zugänglich, deren Lohebelag jedes störende Geräusch von den Wohnungen abhält. Die Façaden des Hauses sind im Putzbau ausgeführt.

Besonderes Interesse gewähren die beiden Wohnhäuser Matthäikirchstrafse 32 und 33 (Abb. 494—496) — das erste von Cremer & Wolffenstein, das zweite von Kayser & v. Groszheim in den Jahren 1893/94 errichtet — weil sie auf annähernd gleicher Baustelle und bei annähernd gleichem Programm abweichende Lösungen zeigen. Beide Häuser sind Werksteinbauten im Stile Louis XV. und enthalten je zwei gröfsere Wohnungen, deren Wirthschaftsräume wiederum unter- bezw. oberhalb der Wohn- und Gesellschaftsräume untergebracht sind. Gemeinsam ist beiden auch die Lage des (zugleich den Eingang bildenden) Haupttreppenhauses an der Strafsenfront, die Anordnung von zwei Lichthöfen und eines dielenartigen Vorzimmers. In Nr. 33 bildet letzteres den Mittelpunkt des Hauses und es schliefsen sich ihm vorn die Gesellschafts-, hinten die Schlafzimmer an. In Nr. 33 dagegen gehört die Diele allein zu den Gesellschaftsräumen, welche auf der rechten Seite des Hauses vereinigt sind, während die linke ganz den Schlafzimmern eingeräumt ist. (Vergl. Arch. d. Gegenwart 1894/95.)

Das Wohnhaus Bellevuestrafse 11a (Abb. 497 u. 498) ist in seiner Grundrifsentwicklung zunächst durch den äufserlichen Umstand beeinflufst worden, dafs die Lage der Baustelle und Rechtsverhältnisse zu den Nachbargrundstücken dazu zwangen, zwischen den links liegenden Häusern der Bellevuestrafse und dem rechts liegenden Eckhause der Victoriastrafse eine architektonische Vermittelung herzustellen. Mittelpunkt der drei Wohnungen des Hauses sind eine mittels inneren Lichthofes beleuchtete Diele und der Speisesaal; nach vorn liegen die übrigen Wohn- und Gesellschaftszimmer, nach hinten die Schlafzimmer und (bei den oberen beiden Wohnungen) die Wirthschaftsräume. Für die malerische Wirkung der in Sandstein ausgeführten, im Stile François I. gehaltenen Façade ist die eigenartige Anordnung der Strafsenfront natürlich besonders günstig gewesen. Das Haus ist in den Jahren 1892/93 von Cremer & Wolffenstein gebaut worden und hat rd. 420 000 ℳ gekostet. (Vergl. Deutsche Bauzeitung, Jahrg. 1893, Nr. 58.)

Eine sehr ähnliche Aufgabe hatten dieselben Architekten bei dem in den Jahren 1894/95 ausgeführten Wohnhause Thiergartenstrafse 4a (Abb. 499) zu lösen, das die Ecke der Matthäikirchstrafse bildet. Die Lösung weist in der That nicht nur im Grundrifs verwandte Züge auf, sondern hat diese Beziehung auch in der, gleichfalls im Stile François I. gestalteten Façade betont; nur ist die ganze, im Innern durch einen Hof und zwei Lichthöfe erhellte Anlage erheblich gröfser. Das Haus wird in seinen drei Geschossen

V. Wohnhausbauten. 195

von den drei Brüdern, Fabrikanten Pintsch bewohnt, welche gemeinschaftliche Eigenthümer desselben sind.

Ein gleichartiges Verhältniss lag bei dem Wohnhause Tempelhofer Ufer 11 (Abb. 500 u. 501) vor, das in den Jahren 1880/81 von Knoblauch & Wex für die Gebrüder

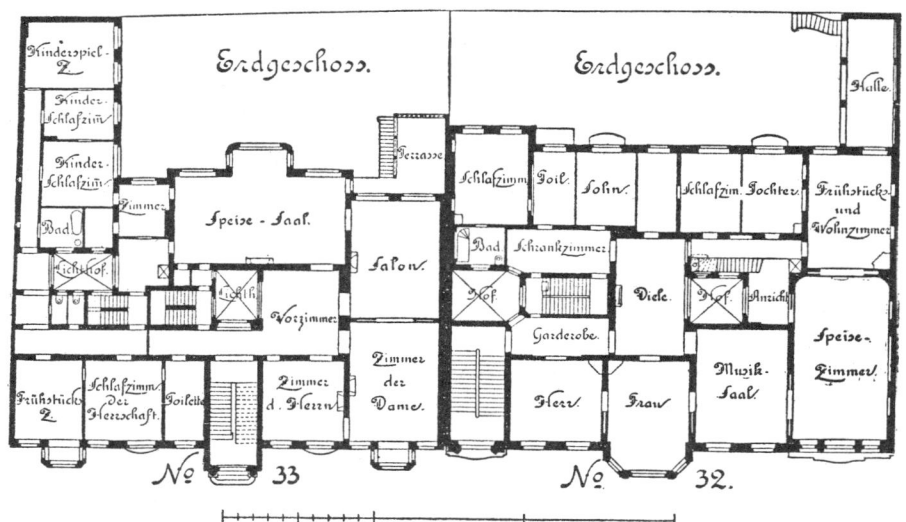

Abb. 494—496. Wohnhäuser Matthäikirchstrafse 33 u. 32.
Architekten Kayser & v. Groszheim.   Architekten Cremer & Wolffenstein.

C. und P. Eger errichtet worden ist. Die Kosten der stattlichen Anlage, deren Façade in der Plinthe aus schwedischem Granit, im Portal, den Fenstersäulen und der Dachbalustrade aus Sandstein, im Hauptgesims aus Terracotta, im übrigen aber in Cementputz ausgeführt ist, haben rd. 300 000 ℳ. (für 1 cbm 21,30 ℳ.) betragen. In Betreff des Grundrisses ist insbesondere auf eine Anordnung hinzuweisen, die seither bei Wohnhäusern von ähnlicher

25*

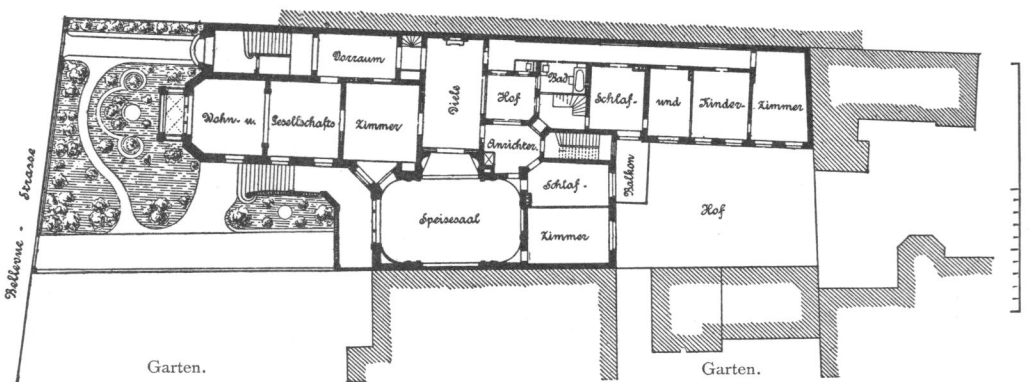

Abb. 497 u. 498. Wohnhaus Bellevuestraße 11a. Architekten Cremer & Wolffenstein.

V. Wohnhausbauten.

Abb. 500 u. 501. Wohnhaus C. u. P. Eger, Tempelhofer Ufer 11. Architekten Knoblauch & Wex.

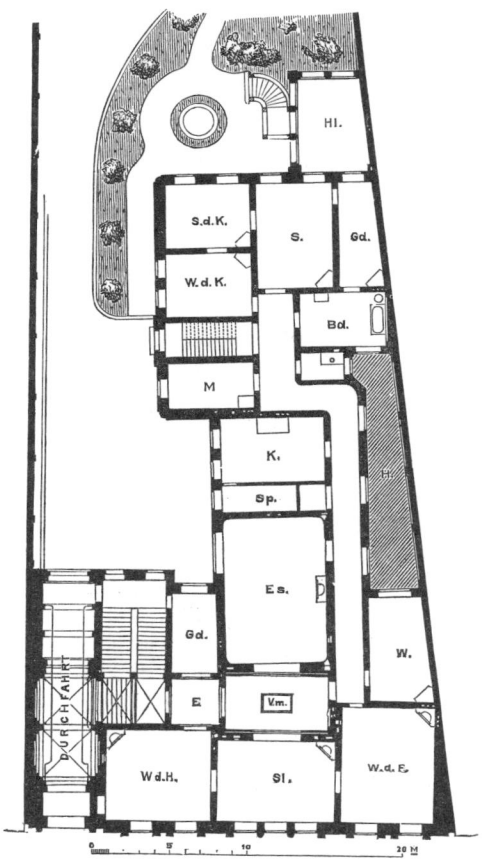

Abb. 500. Erdgeschofs.

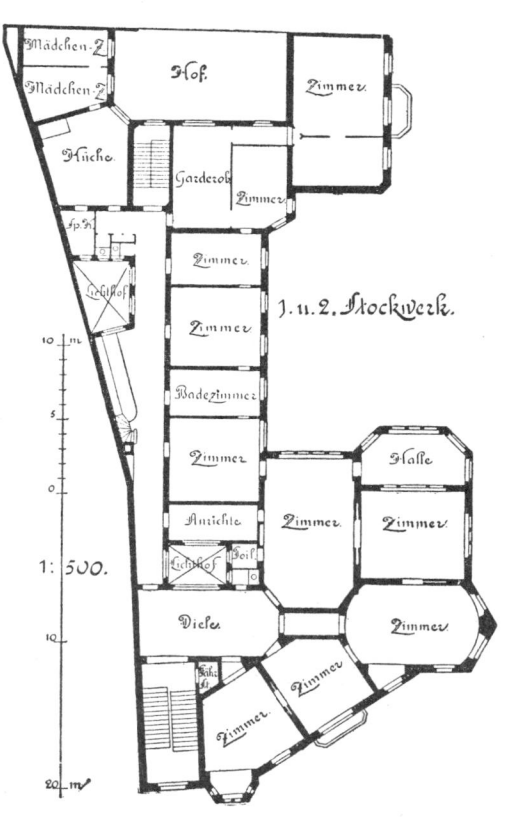

Abb. 499. Wohnhaus Gebr. Pintsch, Thiergartenstrafse 4a.
Architekten Cremer & Wolffenstein.

V. Wohnhausbauten.

Tiefe, die auf umschlossener Baustelle errichtet werden, fast allgemeinen Eingang gefunden hat: die Verlegung der Wirthschaftsräume in die Mitte des Hauses, zwischen Gesellschafts- und Schlafzimmer. (Vergl. Deutsche Bauzeitung, Jahrg. 1882, Nr. 34.)

Abb. 502. Wohnhaus Hardt, Thiergartenstrafse 35. Architekten Kayser & v. Groszheim.

Abb. 503. Beamtenwohnhaus der Heckmann'schen Fabrik, Schlesische Strafse 23.
Architekt Hugo Licht.

Von zwei anderen hierher gehörigen Gebäuden, dem in den Jahren 1881/82 durch Kayser & v. Groszheim errichteten Wohnhause Gebrüder Hardt (Abb. 502), Thiergartenstrafse 35, Ecke der Friedrich-Wilhelm-Strafse, und dem gegen Ende der siebziger Jahre von Hugo Licht geschaffenen Beamtenwohnhause der Heckmann'schen Fabrik

(Abb. 503), Schlesische Strafse 23, mögen nur die besonders hervorragenden Façaden mitgetheilt werden: diejenige des ersten Gebäudes ein Werksteinbau mit Ziegelverblendung der glatten Flächen, diejenige des zweiten ein Terracottenbau oberitalienischer Art mit weit ausladendem Holzgesims.

2. Eigentliche Miethshäuser.

Unter den verschiedenen Gattungen des Berliner Wohnhauses ist das Miethshaus im engeren Sinne des Wortes (in Hamburg „Etagenhaus" genannt, in Wien mit dem noch treffenderen Namen „Zinshaus" bezeichnet) diejenige, bei welcher sich vorzugsweise eigenartige, für die hiesige Art des Bauens und Wohnens typische Anordnungen entwickelt haben. Es ist daher hier der geeignete Ort für einige kurze Angaben und Erläuterungen allgemeiner Art, die zunächst auf die in Rede stehende Gebäudegattung sich beziehen, die aber bis zu einem gewissen Grade auch für die übrigen Wohnhausbauten unserer Stadt gültig sind und dazu dienen werden, das Verständnifs mancher in den früher gegebenen Beispielen von Einzelwohnhäusern enthaltenen Anordnungen zu erleichtern.

Auf die Gestaltung des Wohnhausbaues einer Stadt sind in erster Linie drei Momente von Einflufs: 1. die wirthschaftliche Lage und die überlieferten Gewohnheiten der Bevölkerung; 2. die Form und Gröfse der zur Verfügung stehenden Baustellen; 3. die Einschränkungen, welche im Interesse des Gemeinwohls für dieses Gebiet seitens der Obrigkeit festgesetzt werden.

Leider können die Verhältnisse, welche in diesen drei Beziehungen für Berlin bestanden haben und zum Theil noch bestehen, als günstige nicht angesehen werden.

Dafs die wirthschaftliche Lage der Einwohnerschaft im Durchschnitt auch heute zu wünschen übrig läfst und dafs demzufolge die grofse Mehrheit derselben genöthigt ist, sich mit Wohnungen einfacher Art und bescheidenen Umfanges zu begnügen, lehren die Zahlen, die im einleitenden Abschnitt des ersten Bandes aus der Statistik der Berliner Wohnverhältnisse mitgetheilt worden sind und auf welche hier verwiesen werden mag. Und doch entziehen sich die gegenwärtigen Zustände jedem Vergleich mit der Aermlichkeit und Dürftigkeit, welche hier noch vor einem Menschenalter herrschte. Hand in Hand damit ging freilich eine nicht minder grofse Anspruchslosigkeit. Man verlangte von der Wohnung wenig mehr als die nackte Unterkunft und nahm es als etwas Selbstverständliches hin, dafs die schablonenmäfsig, als Bedürfnifsbauten schlichtester Art errichteten Wohnhäuser meist nur diese boten.

Die Entstehung des Grundrifsschemas, dem man hierbei folgte, ist auf das zweite der oben erwähnten Momente, die übliche Form und Gröfse der Baustellen, zurück zu führen. Die letzteren sind fast durchweg zu grofs, insbesondere zu tief. Anscheinend in der Absicht, jedem Hause einen geräumigen Garten zuzutheilen, hatte man bei der ersten, vor etwa 200 Jahren ausgeführten Stadterweiterung gröfseren Mafsstabes den Strafsenvierteln sehr ansehnliche Abmessungen und ebenso den einzelnen Grundstücken verhältnifsmäfsig bedeutende Breiten gegeben und es sind ähnliche bezw. noch darüber hinaus gehende Mafse dann gedankenlos bei allen späteren Stadterweiterungen zur Anwendung gebracht worden, trotzdem man sich hätte davon überführen können, dafs jene Absicht jedenfalls nur für einen beschränkten Zeitraum zu verwirklichen sei. Denn mit dem Wachsthum einer Stadt wächst auch das Bedürfnifs, in den inneren Theilen derselben eine möglichst grofse Menschenzahl unterzubringen. Bei einer Anlage wie in Berlin ist aber die Dichtigkeit der Bebauung nur in geringem Grade dadurch zu steigern, dafs man die an den Strafsen liegenden Gebäude um ein oder mehrere Geschosse erhöht, und bald ist man genöthigt, auch das freie Hinterland derselben für Wohnzwecke in Anspruch zu nehmen, was natürlich nicht in so zweckmäfsiger Weise geschehen kann, als wenn von vorn herein kleinere Viertel und zahlreichere Strafsen angelegt worden wären. — Das ist die geschichtliche Entwicklung der Bebauung in den älteren Stadttheilen Berlins gewesen, wo man den anfänglich allein vorhandenen Vorderhäusern, die von zwei Seiten Licht erhielten, später einen und, wenn die Breite des Grundstücks es erlaubte, sogar zwei Seitenflügel hinzufügen mufste, die — längs der Nachbargrenze errichtet — natürlich nur vom Hofe aus beleuchtet werden konnten und überdies einem beträchtlichen Theile des Hauptgebäudes das Hinterlicht entzogen. In den neueren Stadtvierteln hat man eine solche Entwicklung nicht erst abwarten können, sondern ohne weiteres das ortsüblich gewordene Schema des mit Seitenflügeln, vielfach sogar noch mit einem hinteren Quergebäude versehenen Wohnhauses zur Ausführung gebracht. Man war hierzu gezwungen, weil die Preise des Baugrundes allmählich der durch jene Bauweise erreichbaren Ausnutzungsfähigkeit des Baugrundes sich angepafst hatten, sodafs eine angemessene Verzinsung des in einem Grundstücke festgelegten Kapitals in den meisten Fällen anders gar nicht zu erzielen war.

Was endlich die Einwirkung der Obrigkeit auf die Gestaltung des Berliner Wohnhausbaues betrifft, so läfst sich eine ordnende und vorsorgende Thätigkeit der Baupolizei allerdings bis in kurfürstliche Zeiten zurück verfolgen. Aber es kann derselben der Vorwurf nicht erspart werden, dafs sie ihr Augenmerk zu einseitig und ausschliefslich auf die Feuersicherheit, später auch auf die constructive Sicherheit der Bauten gerichtet, den Gesichtspunkten der Gesundheitspflege dagegen erst ganz neuerdings ihre Aufmerksamkeit geschenkt hat.

So hat sich denn im Zusammenwirken der vorbesprochenen Umstände und auf Grundlage der hier seit alters eingeführten geschlossenen Bebauung der Strafsen allmählich, insbesondere aber unter der Herrschaft der bis zum 15. Januar 1887 gültig gebliebenen Baupolizei-Ordnung vom 21. April 1853, jener Typus des Berliner Miethshauses ausgebildet, der in der ersten Ausgabe dieses Buches eingehend geschildert worden ist.

An einem Vordergebäude, dessen Tiefe sich aus zwei Zimmern und einem, jedoch nur auf die Breite der Mittelräume erstreckten Corridor zusammensetzt, ein oder (schon bei 18—22,50 m langer Front) zwei Seitenflügel mit je einer Zimmerreihe und einem an der Grenzmauer hinführenden Corridor. Zwischen dem letzteren und dem vorderen, als sogen. „Entrée" benutzten Corridorstück ein gröfseres, aus der Ecke des Hofes beleuchtetes Zimmer, die sogen. „Berliner Stube". Zur Verbindung der Geschosse unter einander zwei oder drei Treppen, die eine von der Durchfahrt zugänglich im Vorderhause und für die Familien der Bewohner sowie die sie besuchenden „Herrschaften" bestimmt, die anderen in den Flügeln für die Dienstboten und den Wirthschaftsverkehr. Dies das allgemeine Grundrifsschema. Von der Länge der Seitenflügel und der Gröfse der Wohnungen hängt es ab, ob in jedem Geschosse nur eine bezw. bei zwei Seitenflügeln zwei Wohnungen untergebracht sind oder ob im hinteren Theile der Flügel noch je eine, von der Wirthschaftstreppe der vorderen Wohnung zugängliche kleinere Wohnung liegt, was zu gewissen Zeitabschnitten und für gewisse Stadtviertel Regel war. Werden die Seitenflügel noch durch ein hinteres Quergebäude verbunden, so enthält der letzte, meist mit einer besonderen Treppe ausgestattete Haustheil, gleichfalls kleine Wohnungen oder vielfach auch Werkstätten. — Die nach der Strafse zu gelegenen Erdgeschofsräume des Vorderhauses sind in verkehrsreicheren Strafsen fast durchweg zu Läden eingerichtet; nicht selten dient das ganze Erdgeschofs zu Geschäftszwecken, insbesondere zu Restaurationen usw.

Von den einzelnen Räumen einer mittleren Durchschnittswohnung werden die etwa 5,50—5,70 m tiefen Vorderstuben gewöhnlich als Wohn- und Empfangszimmer, die Berliner Stube als Efszimmer, die kleineren, nur 4—4,75 m tiefen Hinterzimmer als Schlafstuben benutzt. Die Breite der Corridore geht selten über 1,25—1,40 m hinaus. Den Schlafstuben reihen die Wirthschaftsräumlichkeiten sich an, die neben der Küche meist nur aus einer kleinen Speisekammer bestehen, über welcher in einem Zwischengeschofs, dem sogen. „Hängeboden", das Dienstmädchen schläft. Closets sind erst nach der Einführung der Canalisation allgemein angeordnet worden, zum Theil auch Badestuben, welche in den älteren Häusern ganz fehlten. Verhältnifsmäfsig klein wurden bei gewöhnlichen Bauten die Achsweiten gewählt, da man eine möglichst grofse Zahl zweifenstriger Zimmer

V. Wohnhausbauten.

mit einem „Spiegelpfeiler" heraus zu schlagen wünschte; man ist mit derselben stellenweise bis zu 2,25 m herunter gegangen, sodafs einfenstrige Zimmer von nur 2,20 m Breite sich finden.

Weniger sparsam ist man in der Bemessung der Zimmerhöhen gewesen, die in den unteren Geschossen meist 3,50—3,75 m, in den oberen noch 3 m im Lichten zu betragen pflegen. Ueber die Zahl der üblichen Geschosse theilen die statistischen Angaben in Band II Näheres mit. Bemerkt sei hier nur, dafs die Bauordnung von 1853 die Geschofszahl nur mittelbar dadurch beschränkte, dafs sie die Gesamthöhe der Häuser in gewisse Grenzen wies, anderseits aber als geringstes zulässiges Höhenmafs eines in täglicher Benutzung stehenden Wohnraums dasjenige von 2,50 m festsetzte. Erlaubt war überall eine Bebauung bis zu 11,30 m, ausgeschlossen eine solche von mehr als 24 m Höhe, während in den über 11,30 m breiten Strafsen die Gebäudehöhe der Strafsenbreite entsprechen durfte. Eine besondere Eigenthümlichkeit des bisherigen Berliner Miethshauses war ferner die Anordnung von Kellerwohnungen, welche gestattet war, wenn der Fufsboden des Kellers mindestens 0,314 m über dem höchsten Grundwasserstand, die Decke desselben dagegen mindestens 0,942 m und der Fenstersturz 0,628 m über der Erdgleiche lagen.

Als Vorzüge dieses Miethshausschemas, von dem die erste Ausgabe unseres Buches nicht zu Unrecht sagt, dafs es — im Vergleich zu den Miethshäusern anderer europäischen Grofsstädte — besser sei als sein Ruf, dürfen die bequeme Concentration der Wohnräume, ihre leichte Zugänglichkeit und ihre gute Verbindung unter einander gelten. Es entspricht in Bezug auf Zugänglichkeit der Räume allerdings nicht der süddeutschen Forderung, dafs in jedes Zimmer vom Vorplatze aus ein unmittelbarer Eingang führen müsse; indessen bedingt die Erfüllung dieser Forderung meist einen solchen Verlust an geschlossener Wandfläche, dafs ihre Berechtigung sehr zweifelhaft erscheinen mufs.

Als Nachtheile des Schemas sind vor allem diejenigen anzusehen, die aus dem Organismus des Grundrifsgedankens entspringen: die Schwierigkeit der Beschaffung heller und geräumiger Vorzimmer für die Wohnungen und ausreichender Beleuchtung und Lüftung der Seitencorridore. Hierin für Abhülfe zu sorgen, ist Sache der Architekten und es fehlt auch keineswegs an Versuchen einer besseren Lösung, die allerdings stets einen erheblich gröfseren Raumaufwand bedingen. Mannigfaltige Versuche sind auch schon der Beseitigung eines weiteren Uebelstandes gewidmet worden — des Uebelstandes, dafs der Weg von den Hinterräumen zum Haupteingang der Wohnung durch die Berliner Stube führt und dafs diese somit Durchgangszimmer für das Dienstpersonal ist.

Als organische Mängel können dagegen diejenigen nicht gelten, die auf einer zu weit getriebenen Sparsamkeit bei der Anlage beruhen und sich einerseits durch die frühere Anspruchslosigkeit des Publicums, anderseits durch das menschlich nur zu nahe liegende Bestreben gewerbsmäfsiger Bauunternehmer erklären, die Baustelle bis zu den äufsersten Grenzen des gesetzlich Erlaubten auszunutzen. Hierher gehören die geringe Zahl und die mangelhafte Beschaffenheit der wirthschaftlichen Nebenräume, die knappe Bemessung und die zu steile Neigung der Treppen, namentlich der Hintertreppen — vor allem aber die zu geringe Grundfläche der Höfe und die dadurch bedingte mangelhafte Beleuchtung und Lüftung der an diesen liegenden Zimmer der unteren Geschosse. War es doch nach der Bauordnung von 1853 zulässig, sich mit einem einzigen Hofe von 5,33 m im Geviert zu begnügen, auch wenn derselbe allseitig von sechsgeschossigen Baumassen eingeschlossen war. Welche Beleuchtung dabei den Berliner Zimmern des Erdgeschosses zu Theil wird, kann man sich denken.

Auch in dieser Beziehung ist seither Wandel geschaffen worden. Einmal durch das Publicum, das an den seit den letzten 30 Jahren durch Architekten und einsichtige Bauunternehmer ausgeführten Wohnhausbauten vornehmeren Ranges bessere Anordnungen kennen gelernt hat, nunmehr höhere Ansprüche erhebt und Wohnungen, die diesen nicht genügen, um so leichter verschmähen kann, als der rege Wetteifer zahlreicher Baugeschäfte, die neue Miethshäuser zum Verkauf fertig stellen, ihm jederzeit eine genügende Auswahl sichert. Gar nicht selten kann man bereits beobachten, wie Wohnhäuser aus den fünfziger Jahren, die constructiv noch vollkommen gesund, aber nach ihrer Anlage so veraltet sind, dafs Miether für die in ihnen enthaltenen Wohnungen nur schwer gefunden werden können, dem Abbruch verfallen und durch Neubauten ersetzt werden.

Noch wirksamer hat sich das Eingreifen der Baupolizei gestaltet. Wenn die neue Baupolizei-Ordnung vom 15. Januar 1887 seitens der Architektenschaft vielfach angegriffen worden ist, so geschah dies vornehmlich, weil sie der Anlage des Einzelwohnhauses auf kleiner Baustelle und des Geschäftshauses grofse, wenn auch wahrscheinlich nicht beabsichtigte Schwierigkeiten entgegensetzte. Um so rückhaltloser darf ihre Bedeutung für das Gebiet des Miethshausbaues, auf den sie offenbar zunächst zugeschnitten ist, und der segensreiche Einflufs anerkannt werden, den sie in dieser Beziehung bereits ausgeübt hat.

Als die wichtigste von ihr eingeführte Neuerung ist die Beschränkung der Bebauungsfähigkeit der Grundstücke zu betrachten. Bisher nicht bebaute Grundstücke dürfen fortan nur auf zwei Drittel, andere nur auf drei Viertel ihrer Grundfläche bebaut werden. Die mit Gebäuden besetzten Theile müssen durch Höfe von 60 qm (bei Eckgrundstücken genügen für den vordersten Hof 40 qm) Grundfläche, deren geringste Abmessung 6 m beträgt, derart unterbrochen werden, dafs zwischen den Höfen nicht mehr als 18 m Entfernung vorhanden ist. Die an den Höfen liegenden Bautheile dürfen in der Höhe das Mafs der vor ihnen befindlichen Hofbreite um nicht mehr als 6 m überschreiten; für die Höhe der an der Strafse liegenden Gebäude bleibt das Mafs der Strafsenbreite, jedoch in den Grenzen zwischen 12 und 22 m mafsgebend. Dabei ist festgesetzt, dafs in einem Gebäude niemals mehr als fünf zum dauernden Aufenthalte von Menschen bestimmte Geschosse angelegt werden dürfen und dafs der Fufsboden des obersten dieser Geschosse nicht mehr als 17,50 m über, der des untersten nicht mehr als 0,50 m (bei Anordnung eines Lichtgrabens 1 m) unter dem Bürgersteige liegen darf. Für die lichte Höhe der zum dauernden Aufenthalte von Menschen bestimmten Räume, zu welchen auch die Mädchenkammern gerechnet werden, ist das Mindestmafs von 2,50 m festgehalten. Treppen sind in solcher Zahl anzubringen, dafs kein Punkt des Gebäudes mehr als 25 m von einer solchen entfernt ist; bei Wendeltreppen darf die Breite einer Stufe an der Spindel nicht unter 15 cm betragen. Closets und Badestuben müssen, soweit sie Luft und Licht nicht unmittelbar von der Strafse oder aus dem Hofe erhalten, durch Lichtschächte beleuchtet und gelüftet werden, die bei einer kleinsten Abmessung von 2 m mindestens 10 qm Flächeninhalt haben.

Es bedarf keiner näheren Erläuterung, dafs mit diesen Bestimmungen im Berliner Miethshausbau eine Umwälzung von Grund aus eingeleitet und Fortschritte angebahnt sind, die diesem in Zukunft die erste Stelle unter allen in Vergleich zu ziehenden Anlagen anderer Grofsstädte sichern dürften. Durch die Vorschrift, dafs Veränderungen und Reparaturen an älteren Gebäuden in der Regel nach Mafsgabe der neuen Baupolizei-Ordnung ausgeführt werden sollen und dafs bei erheblichen Veränderungsbauten nach Umständen auch eine entsprechende Umgestaltung der älteren Theile gefordert werden kann, ist zugleich dafür gesorgt, dafs wenigstens einige der neuen Errungenschaften — so die Beseitigung der tief liegenden Kellerwohnungen und der Hängeböden, die unmittelbare Beleuchtung und Lüftung der Closets und Badestuben usw. — in absehbarer Zeit auch auf die Masse der älteren Gebäude übertragen werden kann.

Eines freilich läfst sich durch keine Baupolizei-Ordnung aus der Welt schaffen: jene aus der Tiefe der Berliner Grundstücke hervorgehende Nothwendigkeit, auch das Hinterland der Strafsenviertel in sehr erheblichem Mafse zur Bebauung mit heran zu ziehen. Doch sind bei den Berathungen, welche in neuerer Zeit hinsichtlich einer Revision der jetzt bestehenden Bauordnung stattgefunden haben, sehr beachtenswerthe Vorschläge in Frage gekommen, wie die Uebelstände einer solchen Bebauung wenigstens nach Möglichkeit gemildert werden können. Hofft man doch, bei Annahme derselben in vielen Fällen sogar die bisher unvermeidliche Berliner Stube entbehren zu können.

V. Wohnhausbauten.

Eine wichtige Rolle spielt in dieser Beziehung auch die Zusammenlegung der Höfe von Nachbarhäusern, die fortan viel häufiger möglich sein wird, als früher, da viele Grundstücke, die bisher mit zwei Seitenflügeln bebaut werden konnten, künftig nur einen erhalten dürfen. Oft genug ist durch freiwilliges Einvernehmen der Nachbarn eine solche Verbesserung schon durchgeführt worden und selbstverständlich ist sie überall zur Anwendung gebracht worden, wo die Bebauung eines gröfseren Geländes in einheitlichem Sinne durch Baugesellschaften erfolgte. (Vergl. z. B. die Abb. 250 u. 252, 528 u. 529, 560 u. 561, 573—576, 578—580, 601, 606—608, 609—612, 620—622.) Der Wunsch der Architekten, eine derartige Anordnung dadurch zu begünstigen, dafs man Nachbarn, welche dieselbe treffen und ihren Fortbestand hypothekarisch sichern, in Bezug auf die zulässige Höhe der Hofgebäude gewisse Zugeständnisse bewilligt, ist bisher jedoch leider unerfüllt geblieben.

Wo es sich um die Verwerthung von Hinterland in ganz ausnahmsweise grofser Tiefe handelt, ist man mehrfach schon dazu geschritten, es durch eine Privatstrafse zu erschliefsen und an dieser Wohngebäude aufzuführen. Wohnungen in derart gelegenen

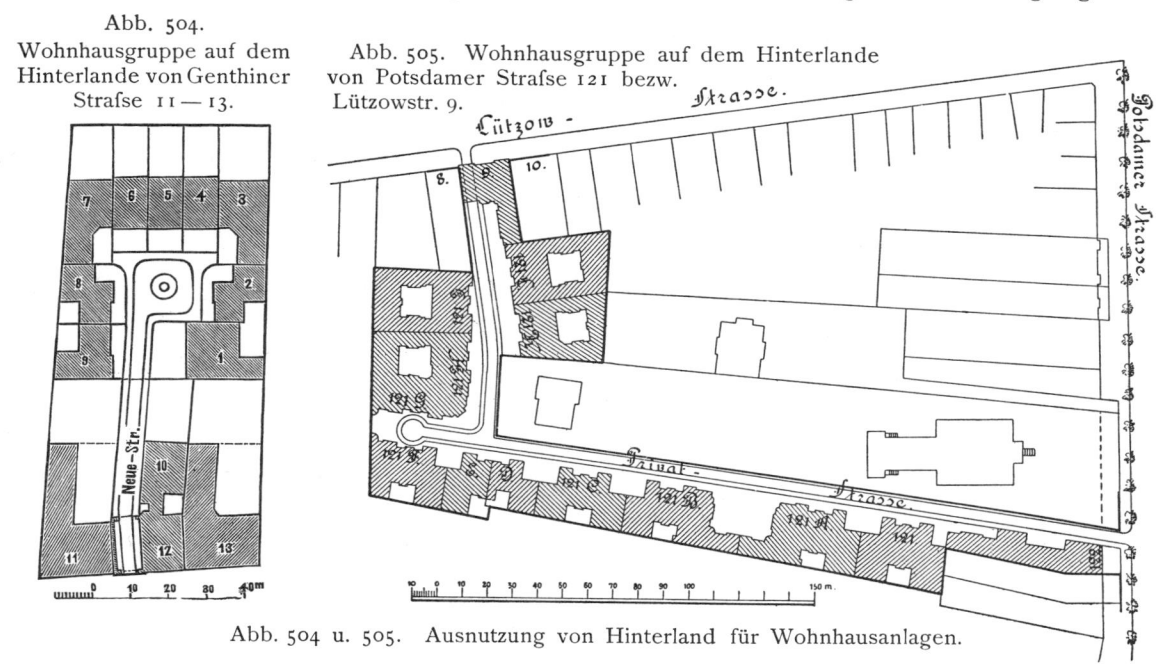

Abb. 504. Wohnhausgruppe auf dem Hinterlande von Genthiner Strafse 11—13.

Abb. 505. Wohnhausgruppe auf dem Hinterlande von Potsdamer Strafse 121 bezw. Lützowstr. 9.

Abb. 504 u. 505. Ausnutzung von Hinterland für Wohnhausanlagen.

Häusern pflegen wegen der Ruhe, die sie bieten, sehr gesucht zu sein. Je nach der Breite des Grundstücks erfolgt dann die Anordnung der Wohnhausgruppen in Platz- oder Strafsenform. Beispiele der ersten Art gewähren die Anlagen auf dem Hinterlande von Genthiner Strafse 11—13 (Abb. 504), die zu Anfang der siebziger Jahre von E. Klingenberg geschaffen ist, und von Potsdamer Strafse 113. Als Beispiele von strafsenartiger Bebauung seien die Hildebrandstrafse, die Anlage auf dem Hinterlande von Thiergartenstrafse 7 u. 8 und vor allem die zur Zeit in Ausführung begriffene Anlage zwischen Potsdamer Strafse 121 und Lützowstrafse 9 (Abb. 505) zu nennen, die das Grundstück der Königlichen Hochschule für Musik von zwei Seiten umspannt. Unternehmer derselben bezw. Verfasser des Plans sind die Architekten Garnn und Krantz; die Entwürfe zu den einzelnen Gebäuden sind von Cremer & Wolffenstein aufgestellt worden.

In Betreff der Art, wie die Miethshausbauten unserer Stadt hergestellt zu werden pflegen, hat sich das Zahlenverhältnifs zwischen denjenigen Bauherren, die sich ein Haus errichten lassen, um es zu besitzen und zu verwalten und zwischen denjenigen, die das Haus lediglich als Unternehmer herstellen, um es demnächst als eine Handelswaare zu verkaufen, zu Ungunsten der ersten Klasse verschoben — eine sehr natürliche Erscheinung, die man sogar als nothwendig anerkennen wird, wenn man weifs, welche Menge von Neu-

204   V. Wohnhausbauten.

bauten alljährlich geschaffen werden mufs, um für die Vermehrung der Bevölkerung Obdach zu schaffen. Auf die Vermittlerrolle, welche hierbei die sogen. Baubanken spielen und auf die Auswüchse, welche dabei vielfach — jedoch lange nicht so häufig, wie man glaubt — in Form des sogen. „Bauschwindels" zu Tage treten, kann hier nicht näher eingegangen werden. Auch Baugesellschaften, die sich mit dem Bau von Miethshäusern — theils zu geschäftlichen Zwecken, theils aus socialen Beweggründen — beschäftigen, sind mehrfach ins Leben gerufen worden und bestehen in gröfserer Zahl noch heute. Doch tritt ihre, vielfach auf die Bebauung bestimmter Gelände gerichtete Thätigkeit durchaus zurück gegen diejenige der einzelnen Bauunternehmer.

Diesem Umstande ist es wohl in erster Linie zu danken, dafs die äufsere Erscheinung der Berliner Miethshäuser ein so individuelles, zum Theil sogar künstlerisches Gepräge trägt, wie das wohl in keiner anderen Grofsstadt Europas der Fall ist. Die besten Leistungen sind natürlich unter denjenigen Bauten zu suchen, die im Auftrage eines Bauherrn von Architekten geschaffen werden. Doch setzen auch berufsmäfsige Bauunternehmer einen gewis-

Abb. 506. Ansicht der Garten- und Hofseite.

1. Durchfahrt. 2. Wohn- und Gesellschafts-Zimmer. 3. Schlafzimmer. 4. Küche. 5. Speisekammer. 6. Mädchenkammer. 7. Gartensalon. 8. Veranda. 9. Durchfahrt nach dem Garten. 10. u. 11. Pferdestall. 12. u. 13. Wagenremisen. 14. Aborte. 15. Kleine Hinterwohnung, aus zwei Stuben mit Kochofen bestehend.

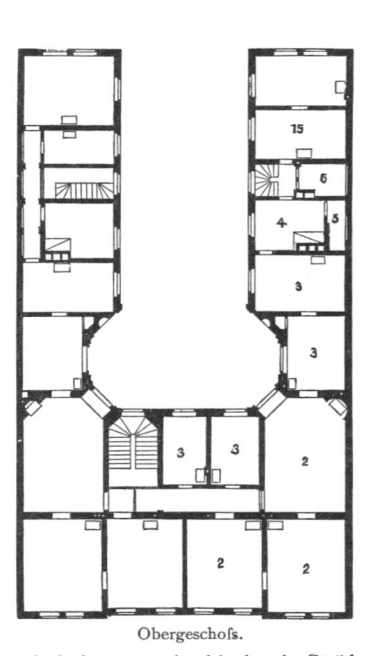

Erdgeschofs.   Obergeschofs.

Abb. 506—508. Schneider'sches Wohnhaus, Anhaltstr. 7. Architekt A. Stüler.

V. Wohnhausbauten.

sen Ehrgeiz darein, Miethshausanlagen mit besseren Wohnungen durch eine entsprechende Façade zu schmücken, deren Entwurf sie zuweilen bei einem namhaften Baukünstler bestellen, zuweilen aber auch unter der Hand von einem jüngeren, unbekannt bleibenden Architekten sich fertigen lassen. Die Gestaltung der Façaden, die manchmal sogar unter Verwendung echter Baustoffe, meist allerdings mit Stuckornamenten ausgeführt werden, spiegelt natürlich alle Stufen der sich ablösenden architektonischen Bestrebungen und Moden wieder, die hier aufgetaucht sind.

Macht sich in derselben vielfach ein ungesundes „Zuviel" geltend, das erst neuerdings künstlerischem Mafse zu weichen beginnt, so trifft dies in noch wesentlich höherem Grade für die Ausstattung der Innenräume zu, in denen mit Stuckdecken, Täfelungen, Farben und Vergoldung, Wandbildern in den Vestibüls, Glasbildern in den Treppenhäusern usw. ein — leider meist unechter — Luxus getrieben wird, dessen Glanz nur allzu schnell verblafst. Sehr mit Unrecht wird solcher Prunk häufig auf die Rechnung der Berliner Bevölkerung geschrieben, während er dieser in Wirklichkeit von den Bauunternehmern meist geradezu aufgedrängt wird. Und zwar zu dem geschäftlichen Zwecke, den Rang des Gebäudes äufserlich zu heben und damit eine höhere Einschätzung desselben bei der Feuerkasse zu erzielen!

Abb. 509. Typus eines Miethshauses für Mittelwohnungen.

Abb. 509.
1—8. Vordere Wohnung.
1. Wohnzimmer. 2. Berliner Zimmer. 3. Schlafzimmer. 4. Küche. 5. Mädchenkammer. 6. Speisekammer. 7. Closet. 8. Garderobe.
9—11. Hintere Wohnung.
9. Kochgelafs. 10. Wohnzimmer. 11. Schlafzimmer.

Abb. 510 u. 511.
1. Durchfahrt.
2—8. Vordere Wohnung.
2. Vorraum. 3. Wohnzimmer. 4. Schlafzimmer. 5. Mädchenstube. 6. Closet. 7. Küche. 8. Speisekammer.
9—13. Hintere Wohnung.
9. Küche. 10. Speisekammer. 11. Closet. 12. Wohnzimmer. 13. Schlafzimmer. 14. Abtritte.

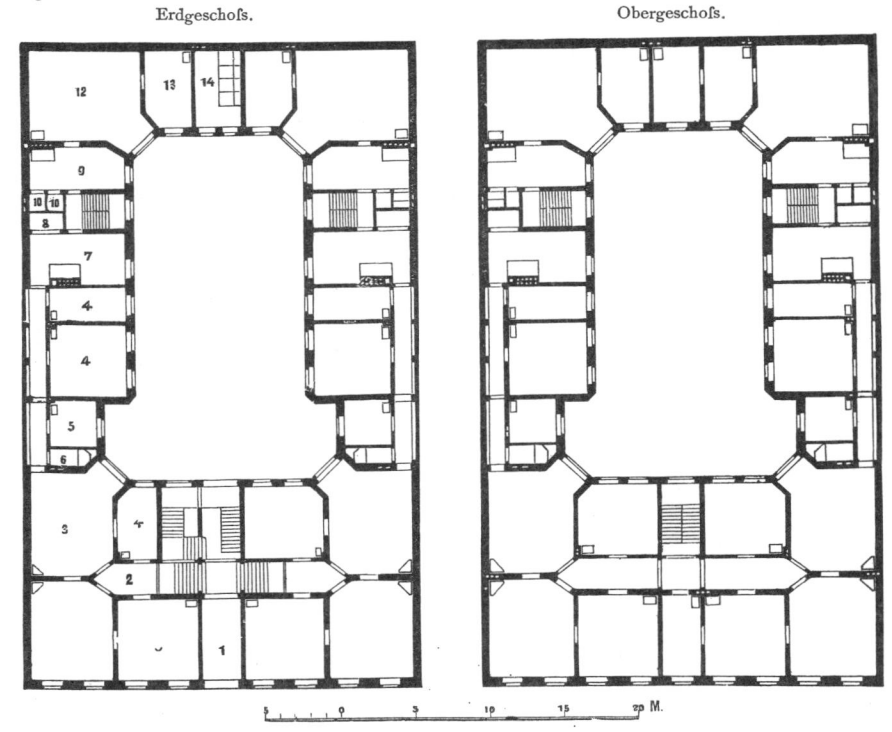

Abb. 510 u. 511. Typus eines Miethshauses für gröfsere Mittelwohnungen.

Bei der Vorführung einiger älterer Beispiele des Berliner Miethshausbaues kann in keine allzu entfernt liegende Zeit zurück gegriffen werden. Erst mit dem Ende der dreifsiger Jahre unseres Jahrhunderts, als die Architektenschaft der Stadt ihre Aufmerksamkeit diesem bisher ganz vernachlässigten, in rein handwerksmäfsigem Sinne behandelten

206   V. Wohnhausbauten.

Gebiete der Bauthätigkeit zuzuwenden anfing, beginnt eine Entwicklung derselben, die auf Beachtung Anspruch erheben kann, wenn dieselbe auch zunächst nur in sehr vereinzelten Ausführungen zur Geltung kam. Als Bahnbrecher in dieser Beziehung kann August Stüler betrachtet werden. Die umfassendste Wirksamkeit auf dem betreffenden Gebiete entwickelten jedoch Eduard Knoblauch, Friedrich Hitzig und Eduard Titz, die demselben zuerst ihre volle Kraft widmeten und damit die Begründer der Berliner „Privat-Architektur" geworden sind.

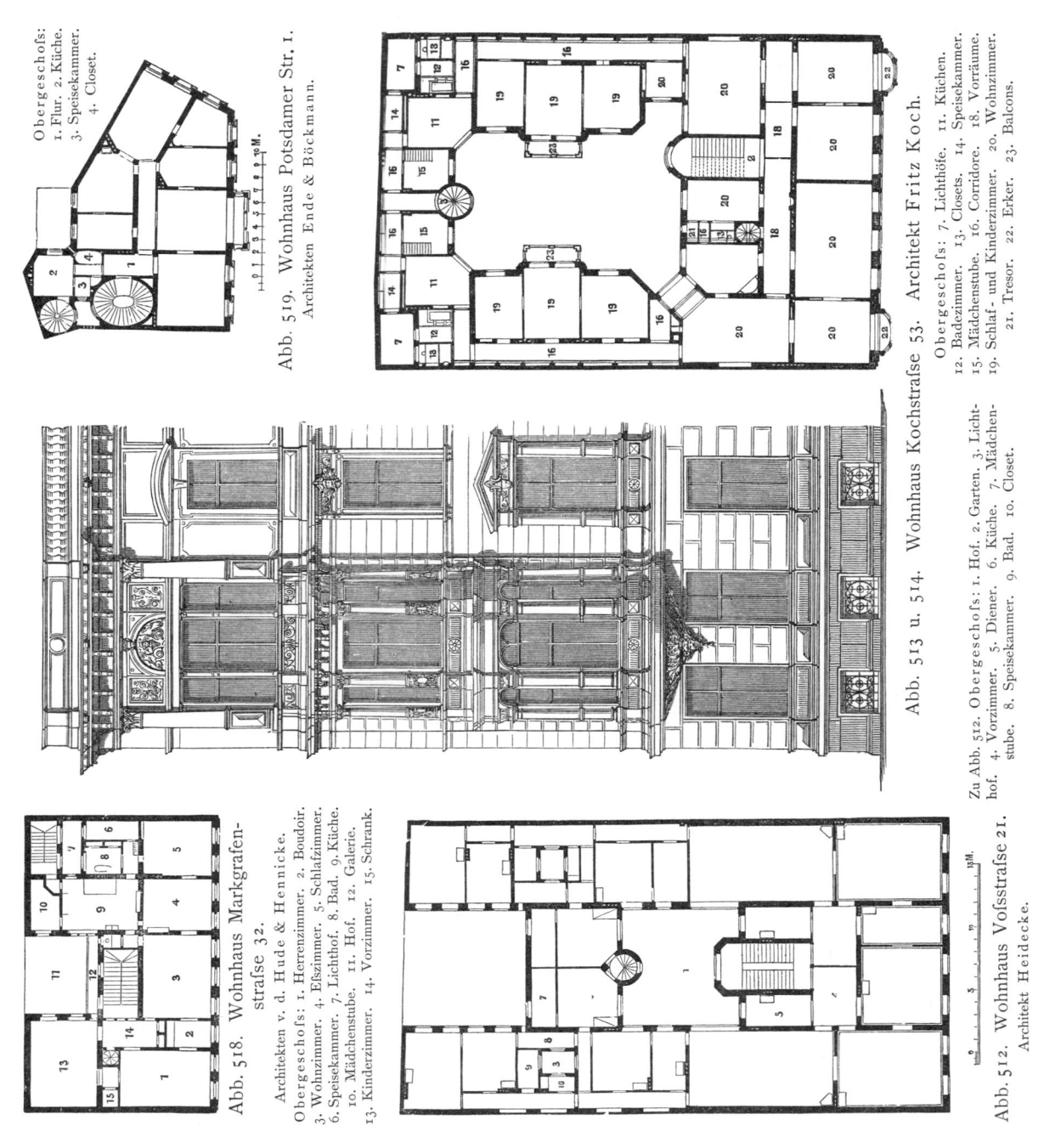

In dem 1838 durch Stüler erbauten Schneider'schen Wohnhause, Anhaltstraße 7 (Abb. 506—508), finden sich bereits alle Elemente des späteren typischen Mieths-

Abb. 522 u. 523. Wohnhaus Bellevuestraße 10. Architekt Fr. Hitzig.

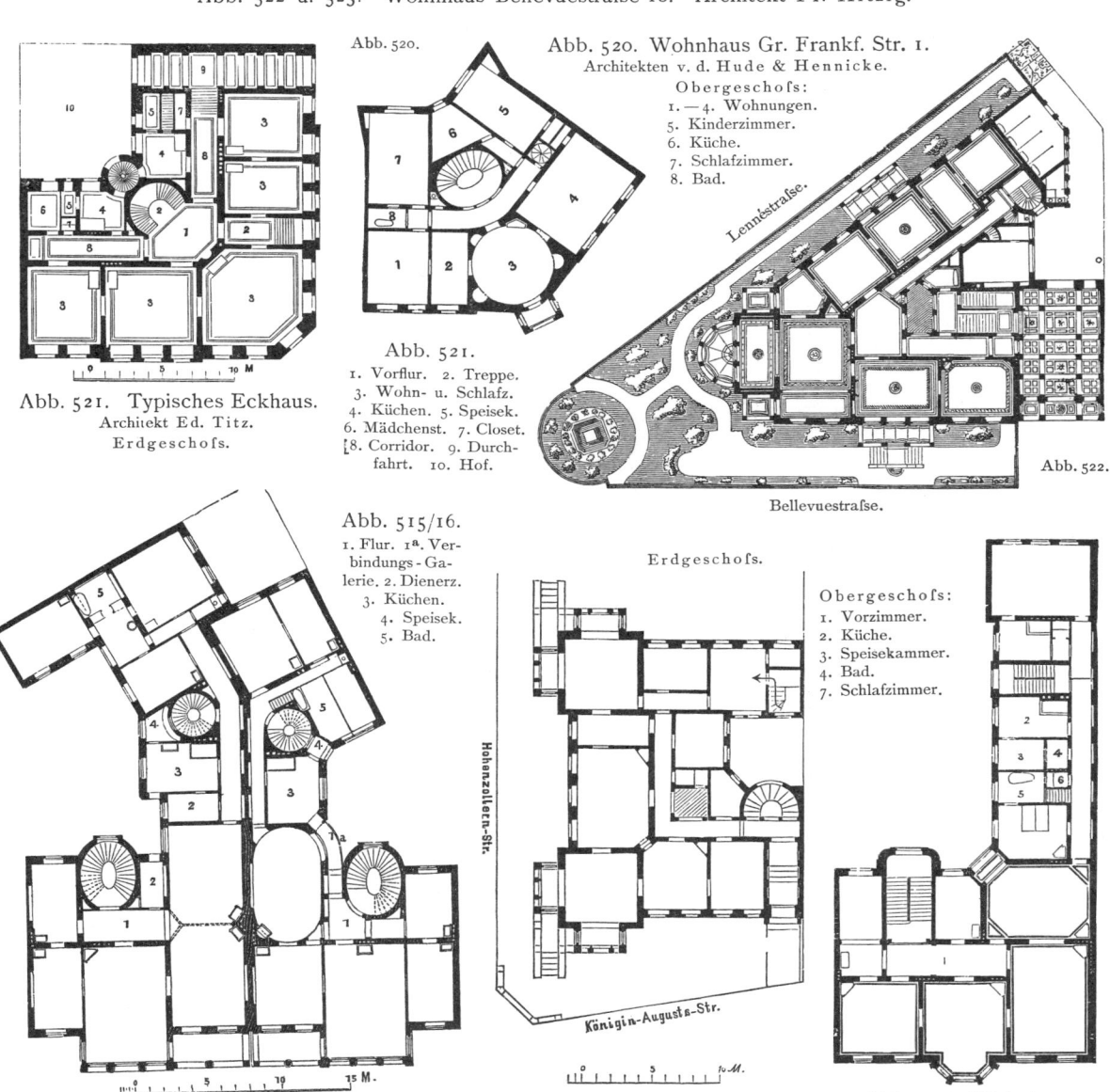

Abb. 520.

Abb. 520. Wohnhaus Gr. Frankf. Str. 1.
Architekten v. d. Hude & Hennicke.
Obergeschoſs:
1.—4. Wohnungen.
5. Kinderzimmer.
6. Küche.
7. Schlafzimmer.
8. Bad.

Abb. 521.
1. Vorflur. 2. Treppe.
3. Wohn- u. Schlafz.
4. Küchen. 5. Speisek.
6. Mädchenst. 7. Closet.
8. Corridor. 9. Durchfahrt. 10. Hof.

Abb. 521. Typisches Eckhaus.
Architekt Ed. Titz.
Erdgeschoſs.

Abb. 522.
Bellevuestraſse.

Abb. 515/16.
1. Flur. 1ª. Verbindungs-Galerie. 2. Dienerz.
3. Küchen.
4. Speisek.
5. Bad.

Erdgeschoſs.

Obergeschoſs:
1. Vorzimmer.
2. Küche.
3. Speisekammer.
4. Bad.
7. Schlafzimmer.

Königin-Augusta-Str.

Abb. 515 u. 516. Wohnhäuser i. d. Potsdamer Str. 7 a u. 7. Obergeschoſs.
Architekten Ende & Böckmann.

Abb. 524. Wohnhaus Königin-Augusta-Straſse 29.
Architekt Ed. Titz.

Abb. 517. Wohnhaus Genthiner Straſse 22.
Architekt Lauenburg.

V. Wohnhausbauten.

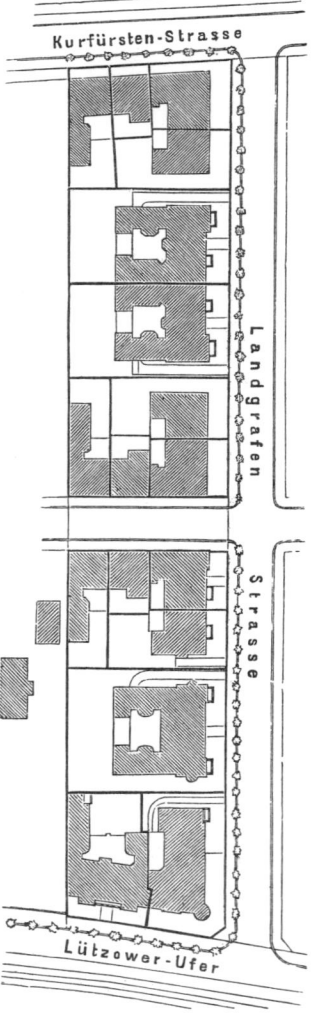

Abb. 525. Obergeschofs: 1. Flur. 2. Salon. 3. Herrenzimmer. 4. Speisezimmer. 5. Dame. 6. Rauchzimmer. 7. Loggia. 8. Schlafzimmer. 9. Küche. 10. Speisekammer. 11. Bad. 12. Putzraum. 13. Corridor. (Ueber 10—13 im Halbgeschofs Mädchenst.) 14. Garten. 15. Hof.

Abb. 526. Erdgeschofs: 1. Flur. 2. Corridor. 3. Wohn- u. Gesellschaftszimmer. 4. Speisezimmer. 5. Diener. 6. Schlafzimmer. 7. Küche. 8. Speisekammer. 9. Closet. 10. Balcon-Halle. 11. Hof.

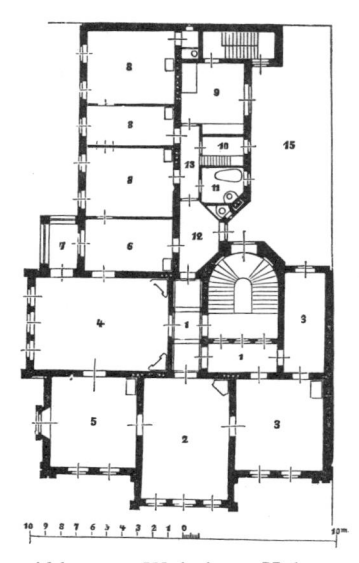

Abb. 525. Wohnhaus Hohenzollernstrafse 8.
Architekt Hugo Licht.

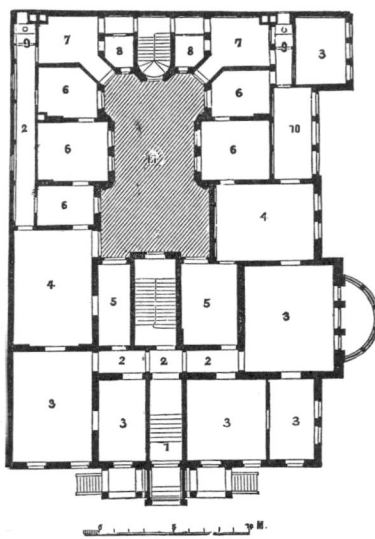

Abb. 526. Wohnhaus Hohenzollernstrafse 10.
Architekt C. Schwatlo.

Abb. 527. Lageplan der Häusergruppen auf d. östlichen Seite der Landgrafenstrafse.
Architekten Römer & Herbig.

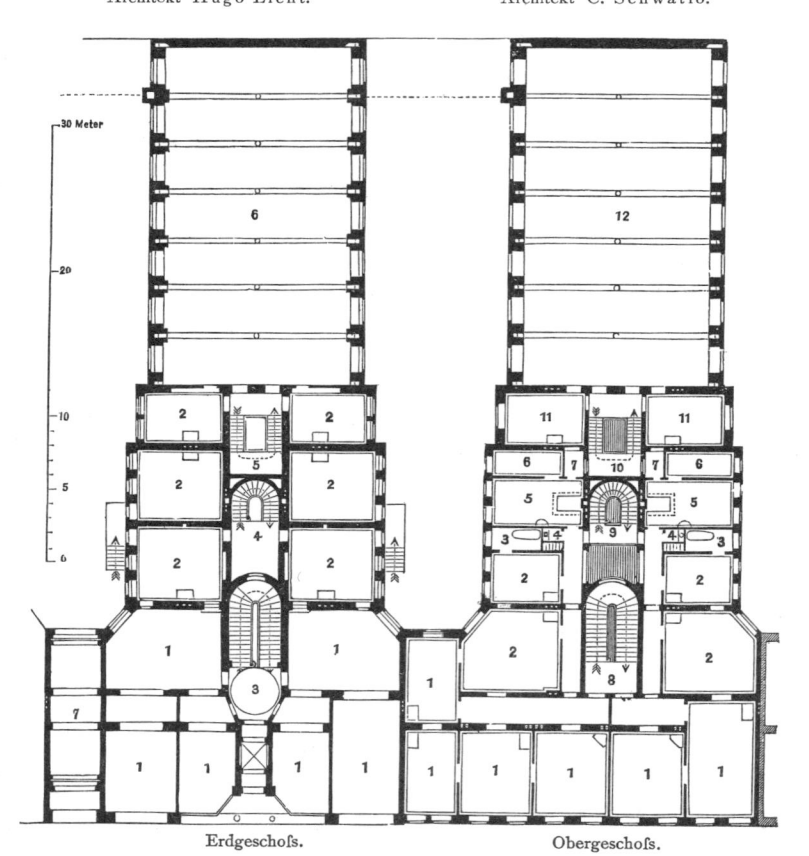

Abb. 528 u. 529. Wohn- und Geschäftshäuser in der Beuthstrafse.
Architekten Ende & Böckmann.

Erdgeschofs: 1. Läden. 2. Comptoirs. 3. Hausflur und Haupttreppe. 4. Nebentreppe zu den Wohnungen. 5. Treppe zu den Fabrikräumen. 6. Fabrikräume. 7. Durchfahrt.

Obergeschofs: 1. Wohnzimmer. 2. Schlafzimmer. 3. Bad. 4. Closet. 5. Küche. 6. Mädchenkammer. 7. Speisekammer. 8. Haustreppe. 9. Nebentreppe. 10. Fabriktreppe. 11. Comptoirs zu den Fabrikräumen. 12. Fabrikräume.

V. Wohnhausbauten.

hausgrundrisses: die Anordnung der Seitenflügel, die Berliner Stube, die charakteristische Vertheilung der Haupt- und Seitentreppe, die Vereinigung von gröfseren Vorderwohnungen mit kleineren Hinterwohnungen.. Die Corridore in den Flügeln sind freilich noch unent-

Abb. 531—534. Einzelheiten eines Erkers.

Abb. 530. Mittelbau der Façade.

Abb. 530—534. Wohn- und Geschäftshäuser in der Beuthstrafse. Architekten Ende & Böckmann.

wickelt und für die Bescheidenheit der damaligen Ansprüche zeugt es, dafs die beiden Erdgeschofswohnungen eines Vorraums, die Wohnungen auf der linken Seite der zur Küche gehörigen Nebenräume entbehren. Mit den Wohnungen verbundene Closets und Badestuben fehlen noch ganz. Dagegen zeigt die Verbindung von Hof und Garten und

Berlin und seine Bauten. III.

die Gestaltung der Gartenfaçade einen sehr bemerkenswerthen, später leider nicht allzu häufig wiederholten Versuch, auch der Hinterseite des Hauses eine bescheidene künstlerische Durchbildung zu geben.

In seiner vollständigen Entwicklung, wie er sie gegen die fünfziger Jahre erreicht hatte, stellt jener Typus in den beiden, aus „Afsmann, Grundrisse für städtische Wohngebäude" entlehnten Plänen von Miethshäusern für Mittelwohnungen (Abb. 509—511) sich dar. Erläuternd ist zu Abb. 509 nur zu bemerken, dafs durch Schliefsung der Thür bei a und Einrichtung des Raumes 3 zur Küche eine Theilung der Vorderwohnung in zwei kleinere Wohnungen erfolgen kann, wenn die Nachfrage nach solchen gröfser ist. Kochgelasse, wie die Hinterwohnungen sie zeigen, sind später polizeilich nicht mehr gestattet worden.

Die in den nachfolgenden Abbildungen 512—542 vorgeführten, wie die schon erwähnten sämtlich der ersten Ausgabe dieses Buches entnommenen Beispiele gehören der Bauthätigkeit der sechziger und siebziger Jahre an und zeigen mehrfach bereits sehr erhebliche Fortschritte.

Voran gestellt sind einige Häuser mit zwei Seitenflügeln, Vofsstrafse 21 (Abb. 512) von C. Heidecke und Kochstrafse 53 (Abb. 513 u. 514) von Fritz Koch, denen die mit nur einem Seitenflügel versehenen Häuser Potsdamer Strafse 7a und 7 (Abb. 515 und 516) von Ende & Böckmann sowie Genthiner Strafse 22 (Abb. 517) von Lauenburg sich anreihen. Aufmerksam gemacht sei bei Abb. 512 u. 513 auf die Lichtzuführung, welche den Seitencorridoren oberhalb der Closets durch besondere, gleichzeitig zur Beleuchtung der Nebenräume dienende Lichtschächte zu Theil wird, bei Abb. 513 auf die zum Ausstäuben von Garderobe usw. bestimmten Hofbalcons, bei Abb. 512 und 515/16 auf die mittlere Lage der Küche zwischen Wohn- und Schlafzimmern, endlich bei Abb. 513 und 515 auf den Versuch, den Durchgang der Dienstboten vom Hintercorridor nach dem vorderen Eingange für die im Speisezimmer befindlichen Personen weniger störend zu machen. Zu diesem Zwecke ist in dem einen Falle eine mit Glas geschlossene Galerie am Fenster des Speisezimmers aufsen vorbei geführt, während im anderen Falle die tiefe Fensternische des letzteren, die am Abend durch eine Gardine abgeschlossen wird, mit Thüren durchbrochen ist.

Abb. 518—520 zeigen sodann einige von v. d. Hude & Hennicke bezw. Ende & Böckmann herrührende Beispiele der Entwicklung eines Wohnhausgrundrisses auf sehr beschränkter Baustelle, die theilweise unter sehr geschickter Benutzung von Lichthöfen erfolgt ist, während die Abb. 521—524 drei von Ed. Titz und Fr. Hitzig errichtete Eckhäuser darstellen, bei denen zur Erhellung der inneren Corridore und Treppen von demselben Mittel (bezw. in Abb. 521 von Oberlicht) Gebrauch gemacht ist. Höfe, wie sie z. B. das Haus Potsdamer Strafse 1 (Abb. 519) enthält, sind nur ausnahmsweise gestattet und würden unmöglich sein, wenn sie nicht mit dem gröfseren Hofe des Nachbargrundstücks im Zusammenhang ständen.

Um wie viel günstiger der Grundrifs sich gestalten läfst, wenn dem Hause noch Licht von der Seite zugeführt werden kann, weisen die Häuser Hohenzollernstrafse 8 (Abb. 525) von Hugo Licht und Hohenzollernstrafse 10 (Abb. 526) von Schwatlo nach; in letzterem steht allerdings die Kleinheit der als Vorräume dienenden Corridorstücke ganz aufser Verhältnifs zum Range der Wohnung. Hausanlagen dieser Art können natürlich nur in bestimmten Strafsen geschaffen werden, deren Grundstückeintheilung von vorn herein gleichmäfsig auf eine solche Art der Bebauung zugeschnitten und durch hypothekarische Eintragung in ihrem Bestande gesichert ist. Als eine solche Strafse ist neben der Hohenzollernstrafse namentlich die Landgrafenstrafse zu nennen, deren von Römer & Herbig aufgesteller Bebauungsplan (für die östliche Seite der Strafse) in Abb. 527 mitgetheilt ist.

Abb. 528 u. 529 führen weiterhin in den Grundrissen zweier Wohn- und Geschäftshäuser in der Beuthstrafse, welche nach einem einheitlichen Plane von Ende & Böck-

V. Wohnhausbauten.

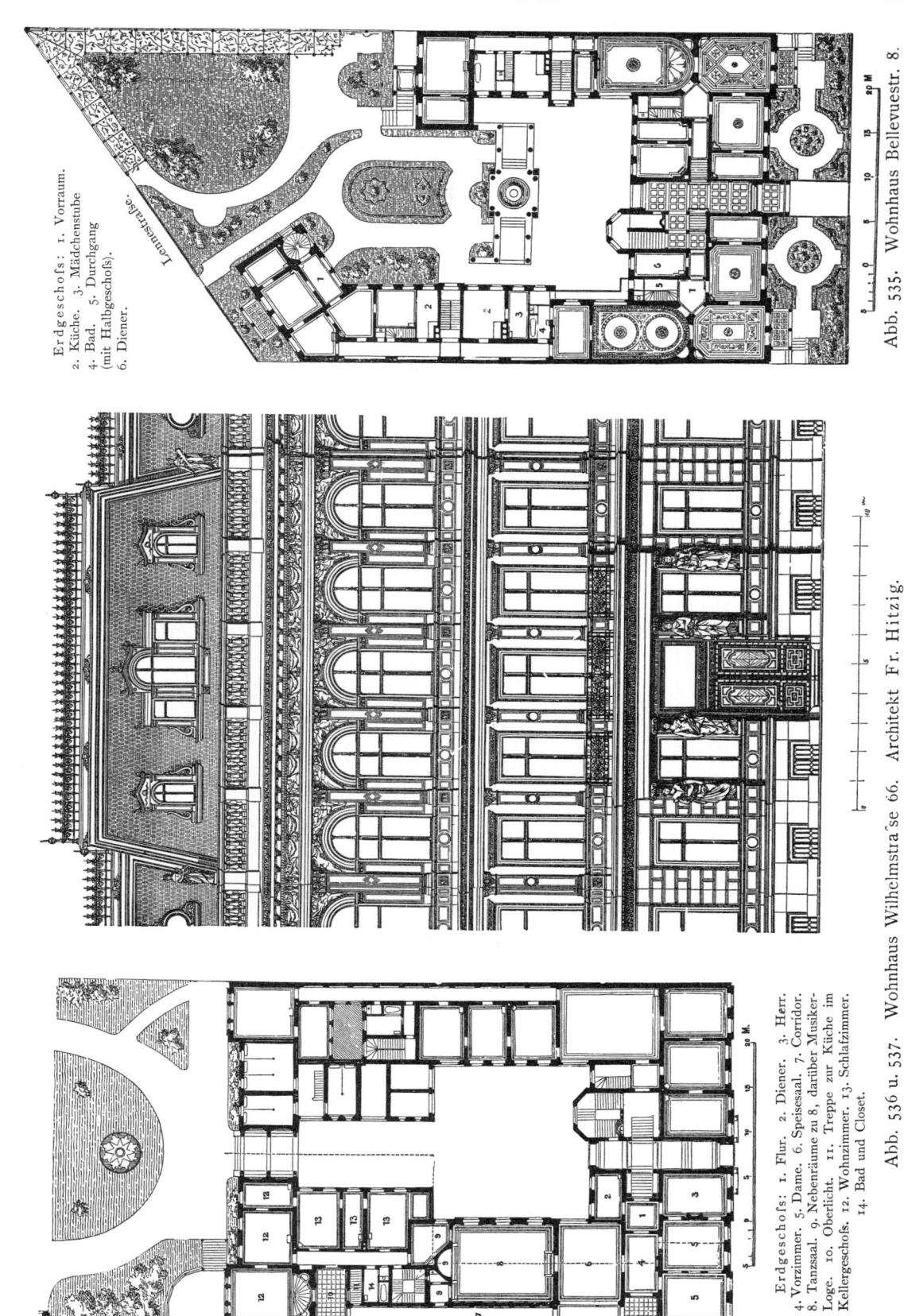

Erdgeschofs: 1. Vorraum. 2. Küche. 3. Mädchenstube. 4. Bad. 5. Durchgang (mit Halbgeschofs). 6. Diener.

Abb. 535. Wohnhaus Bellevuestr. 8. Architekt Fr. Hitzig.

Abb. 536 u. 537. Wohnhaus Wilhelmstraße 66. Architekt Fr. Hitzig.

Erdgeschofs: 1. Flur. 2. Diener. 3. Herr. 4. Vorzimmer. 5. Dame. 6. Speisesaal. 7. Corridor. 8. Tanzsaal. 9. Nebenräume zu 8, darüber Musiker-Loge. 10. Oberlicht. 11. Treppe zur Küche im Kellergeschofs. 12. Wohnzimmer. 13. Schlafzimmer. 14. Bad und Closet.

27*

212   V. Wohnhausbauten.

mann angelegt und bebaut ist, das Beispiel eines sogen. Gruppenbaues vor, bei welchem durch Zusammenlegen der Höfe von je zwei benachbarten Häusern ohne grofse Raumverschwendung doch eine freiere Lage der bis zu grofser Tiefe erstreckten Hintergebäude erreicht ist. Die Anlage vertritt zugleich das mehrfach mit Glück versuchte, aber trotzdem niemals in allgemeinere Aufnahme gekommene Grundrifsmotiv eines Mittelflügels, dessen Kern die mittels Oberlicht bezw. eines Lichthofes erhellten, in der Mittelachse aufgereihten Treppen bilden.

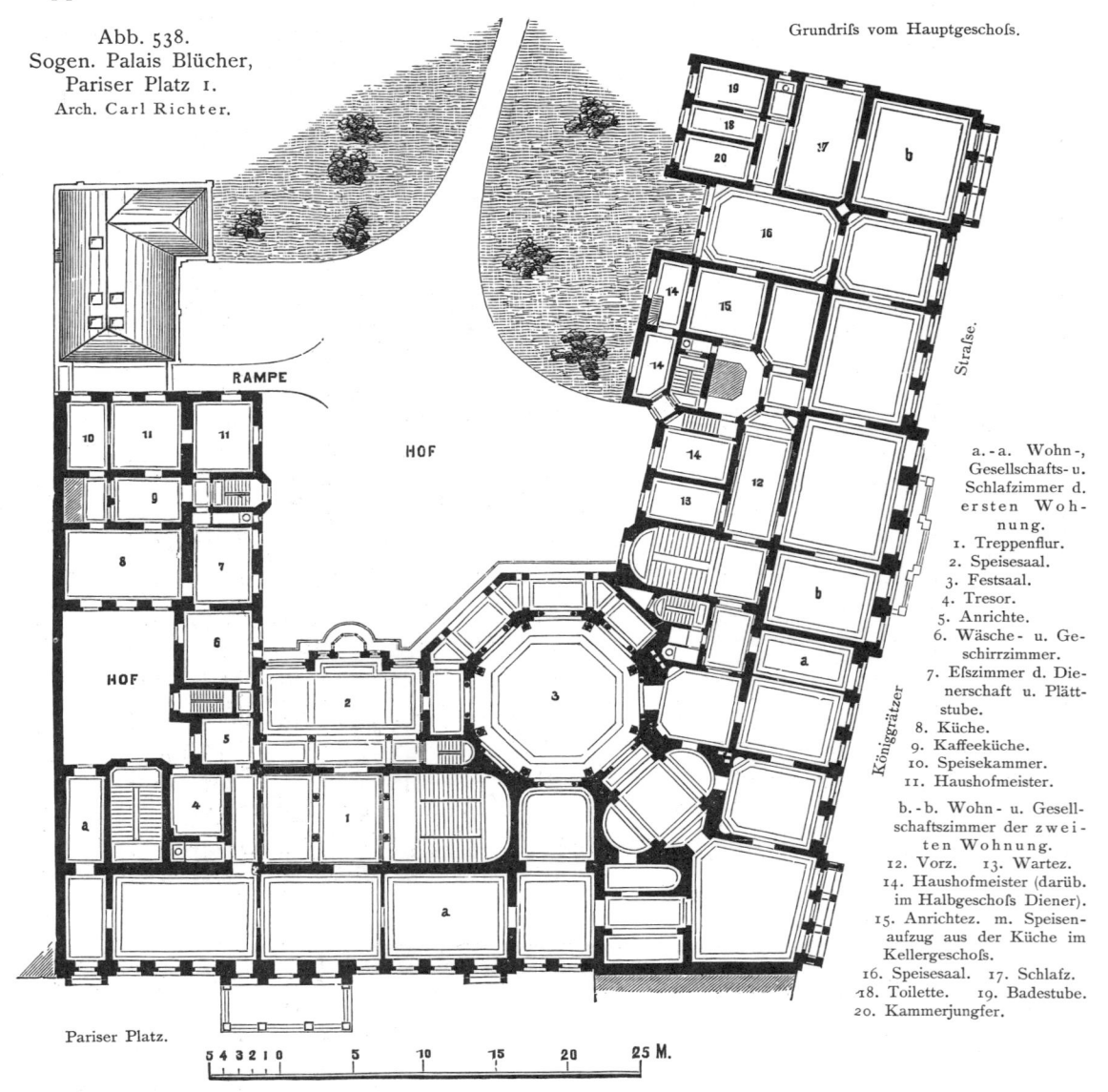

Abb. 538.
Sogen. Palais Blücher,
Pariser Platz 1.
Arch. Carl Richter.

Grundrifs vom Hauptgeschofs.

a.-a. Wohn-, Gesellschafts- u. Schlafzimmer d. ersten Wohnung.
1. Treppenflur.
2. Speisesaal.
3. Festsaal.
4. Tresor.
5. Anrichte.
6. Wäsche- u. Geschirrzimmer.
7. Efszimmer d. Dienerschaft u. Plättstube.
8. Küche.
9. Kaffeeküche.
10. Speisekammer.
11. Haushofmeister.

b.-b. Wohn- u. Gesellschaftszimmer der zweiten Wohnung.
12. Vorz. 13. Wartez.
14. Haushofmeister (darüb. im Halbgeschofs Diener).
15. Anrichtez. m. Speiseaufzug aus der Küche im Kellergeschofs.
16. Speisesaal. 17. Schlafz.
18. Toilette. 19. Badestube.
20. Kammerjungfer.

Den Schlufs mögen drei Anlagen mit Wohnungen gröfseren Mafsstabes bilden, die zu den vornehmsten älteren Miethshäusern unserer Stadt gehören: die Häuser Bellevuestrafse 8 (Abb. 535) und Wilhelmstrafse 66 (Abb. 536 u. 537) von Fr. Hitzig, sowie das sogen. „Palais Blücher", Pariser Platz 1 (Abb. 538), von Carl Richter. In Abb. 535 ist wiederum eine äufsere Galerie zur Umgehung des Speisezimmers angeordnet; in Abb. 536 sei auf den (wenig glücklichen) Versuch hingewiesen, dem langen Seitencorridor und dem Vorraume dadurch Licht zuzuführen, dafs die unter zwei Oberlichten des obersten Geschosses liegenden Deckentheile der unteren Geschosse aus Glasplatten hergestellt sind.

V. Wohnhausbauten.

Angefügt sind vier Façaden von Miethshäusern (Abb. 539—541), die nach den Entwürfen von Friedrich Adler, C. A. Hahnemann, Fr. Hitzig und Friebus & Lange ausgeführt sind, und im Verein mit den schon neben den betreffenden Grundrissen mitgetheilten Façaden von Fritz Koch, Hitzig und Ende & Böckmann genügen dürften, um ein ungefähres Bild der Richtung zu geben, in welcher sich bis vor etwa 20 Jahren die Berliner Miethshaus-Architektur bewegte. Es sind unter ihnen die freiere hellenische Renaissance, wie die strengere „tektonische" Abart der damaligen Berliner Schule ebenso vertreten, wie die bis dahin ziemlich vereinzelt gebliebenen Anlehnungen an die italienische, französische und deutsche Renaissance. Bis auf den von Friebus & Lange ausgeführten Bau Mohrenstr. 56, der in Werkstein- und rothem Backstein hergestellt und mit einem buntfarbigen Friese geschmückt ist, handelt es sich dabei durchweg um Putzbauten mit Ornamenten von Stuckguß.

Abb. 539—541. Aeltere Miethshaus-Façaden.

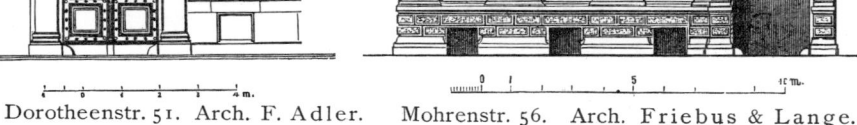

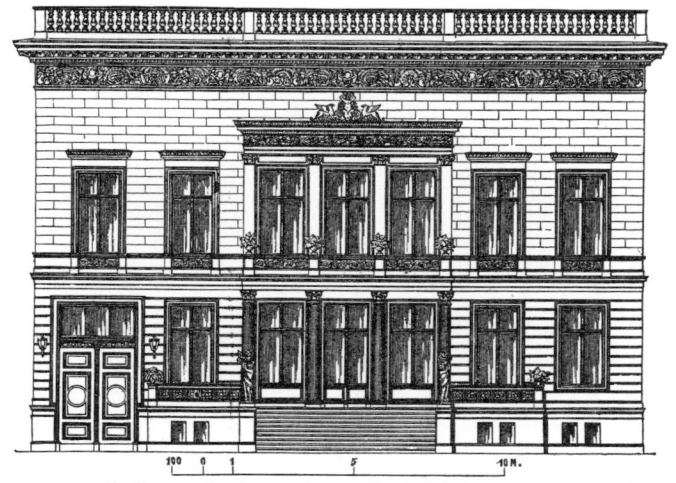

Dorotheenstr. 51. Arch. F. Adler.   Mohrenstr. 56. Arch. Friebus & Lange.

Bellevuestr. 19a. Arch. C. A. Hahnemann.

Das Hauptgewicht ist natürlich auch an dieser Stelle auf die Bauausführungen der beiden letzten Jahrzehnte zu legen, innerhalb welcher die in der voran gegangenen Zeit eingeleitete Entwicklung des Berliner Miethshauses ihren stetigen Fortgang nahm. Welch mächtiger Vorschub derselben durch die neue Baupolizei-Ordnung geleistet wurde, ist schon früher erwähnt worden. Nicht minder haben der wachsende Wohlstand der Bevölkerung und das mit diesem gesteigerte Durchschnittsmaß der an die Wohnung gestellten Ansprüche ihre Wirkung geäußert. Bezeichnend in dieser Hinsicht ist die Thatsache, daß eine Badestube — vor 1870 nur ein Zubehör von Luxuswohnungen — heute selbst für kleinere Wohnungen als unentbehrlich gilt. Auch die Abmessungen der Hauptzimmer und insbesondere der Vorräume haben im Durchschnitt

214 V. Wohnhausbauten.

eine erhebliche Steigerung erfahren. Die Fortschritte, die in dieser Beziehung und in Betreff der Lichtzuführung nach den Corridoren usw. erzielt worden sind, können allerdings wohl hauptsächlich als ein Verdienst der Architekten betrachtet werden, die sich unablässig bemüht haben, die Einzelheiten des Grundrisses besser auszugestalten, wenn sie auch im Rahmen des bereits vorhandenen Schemas sich halten mufsten.

Bei der Vorführung der aus der neueren Bauthätigkeit von Berlin mitzutheilenden Beispiele von Miethshausbauten ist auf eine systematische Gruppirung derselben nach Grundrifsmotiven, wie sie in der ersten Ausgabe dieses Buches versucht war, verzichtet worden. Die Reihenfolge derselben ist vielmehr entsprechend dem Range der in den einzelnen Häusern enthaltenen Wohnungen so gewählt, dafs mit den vornehmsten Anlagen

Abb. 542. Wohnhaus Bellevuestrafse 6. Architekt Friedrich Hitzig.

begonnen und mit den Miethshäusern für kleine Wohnungen geendigt wird. Auch eine Trennung der Beispiele, welche aus der Zeit vor und nach Erlafs der Baupolizei-Ordnung von 1887 stammen, schien nicht erforderlich, da der Kundige dies an den Grundrissen selbst sofort erkennen wird.

Wohnungsanlagen ersten Ranges sind diejenigen in den Häusern Potsdamer Strafse 118a (Abb. 543) von Höniger & Reyscher (Vergl. Archit. Rundschau), Bendlerstrafse 15 (Abb. 544) von Emanuel Heimann und Thiergartenstrafse 10 (Abb. 545) von Kayser & v. Groszheim. Dafs bei einer derartigen Tiefenentwicklung (im linken Flügel des Hauses Joseph, wo die Miethspreise 12000 bis 14000 ℳ betragen, auf nicht weniger als 83 m!) die Wirthschaftsräume nicht am hinteren Ende der Wohnung liegen können, sondern in die Mitte derselben vorrücken müssen, begreift sich leicht. Bemerkenswerth ist die Ausbildung der Vorplätze. Während Abb. 544 eine Art Diele zeigt, die durch einen besonderen Lichthof beleuchtet wird und von der eine Garderobe abgetrennt ist, sind in Abb. 543 u. 545 die nach der Tiefe des Hauses gerichteten Vorplätze mit

V. Wohnhausbauten.

einem kleinen Rauchzimmer bezw. den Garderoben so verbunden, daſs sie von diesen aus beleuchtet werden. Die Façaden der beiden zuletzt erwähnten Bauten, von denen diejenige des Hauses Joseph in geschickter Weise die schiefe Lage der Strafsenfront ausgleicht, sind Werksteinbauten. Die Baukosten bei dem Hause Potsdamer Strafse 118a haben 360 000 ℳ betragen.

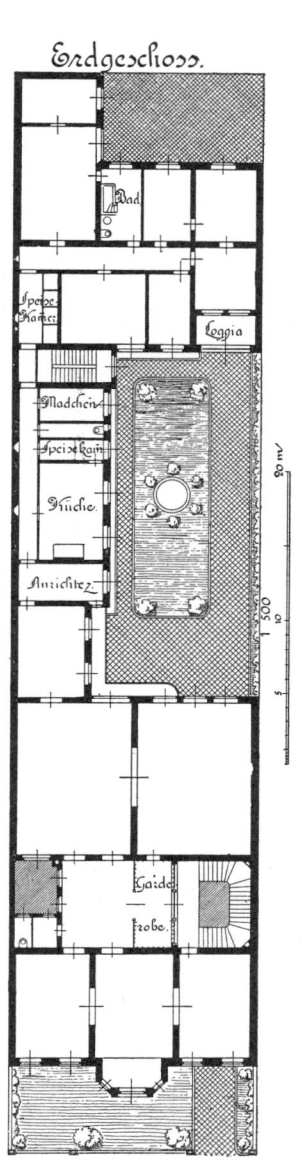

Abb. 544. Wohnhaus Bendlerstrafse 15.
Architekt E. Heimann.

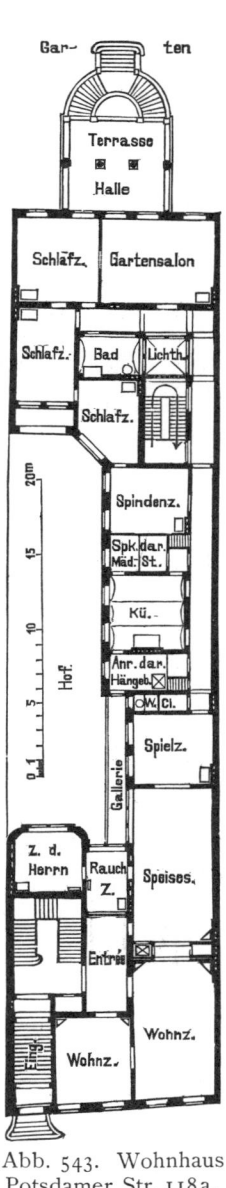

Abb. 543. Wohnhaus Potsdamer Str. 118a.
Architekten Königer & Reyscher.

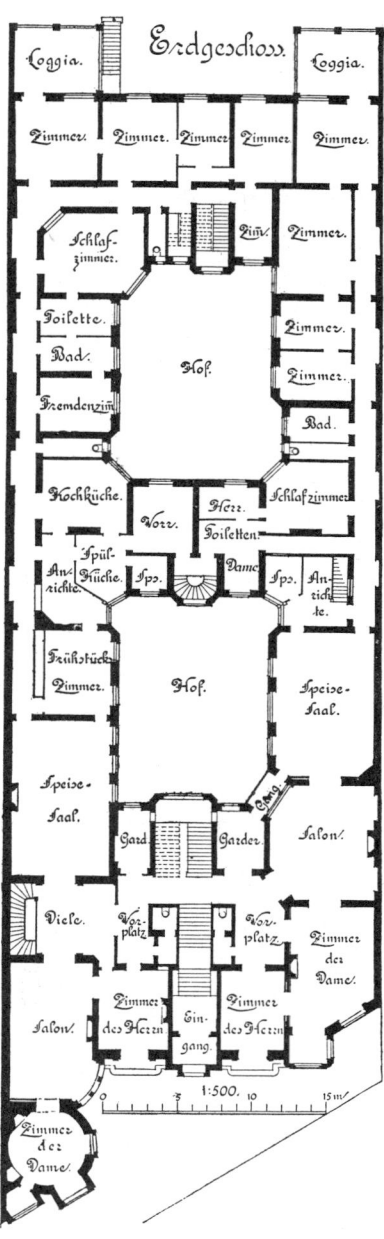

Abb. 545. Wohnhaus Joseph, Thiergartenstrafse 10.
Architekten Kayser & v. Groszheim.

Abb. 546—554 stellen drei (durch das C.-Bl. d. B.-V., Jahrg. 1893, 1894 u. 1896 veröffentlichte) gröfsere Miethshausbauten von Alfred Messel bezw. Messel & Altgelt dar. Die Grundrisse, von welchen derjenige des Hauses am Kurfürstendamm 24 von dem Bauunternehmer, Maurermeister Mittag herrührt, bedürfen keiner näheren Erläuterung; hingewiesen sei lediglich auf die Geräumigkeit der allerdings nur sekundär beleuchteten Vorplätze. Das Ateliergebäude im tiefen Garten des Hauses Kurfürstenstrafse 126 ist

216   V. Wohnhausbauten.

im Abschnitt VI besonders behandelt. Sehr glückliche künstlerische Leistungen von mafsvoller Haltung und monumentaler Wirkung sind die Façaden. Diejenigen der beiden vorangeführten Häuser sind im Unterbau mit Werkstein verblendet, der auch zu sämtlichen Gliederungen der Obergeschosse Anwendung gefunden hat, während die glatten Flächen derselben mit weifsen Ziegeln verblendet bezw. geputzt sind. Die Façade des Hauses Tauenzienstrafse 14 ist im wesentlichen ein Putzbau mit einigen Werksteintheilen. Man wird bei einem Vergleiche dieser und der meisten anderen weiter mitzutheilenden Façaden

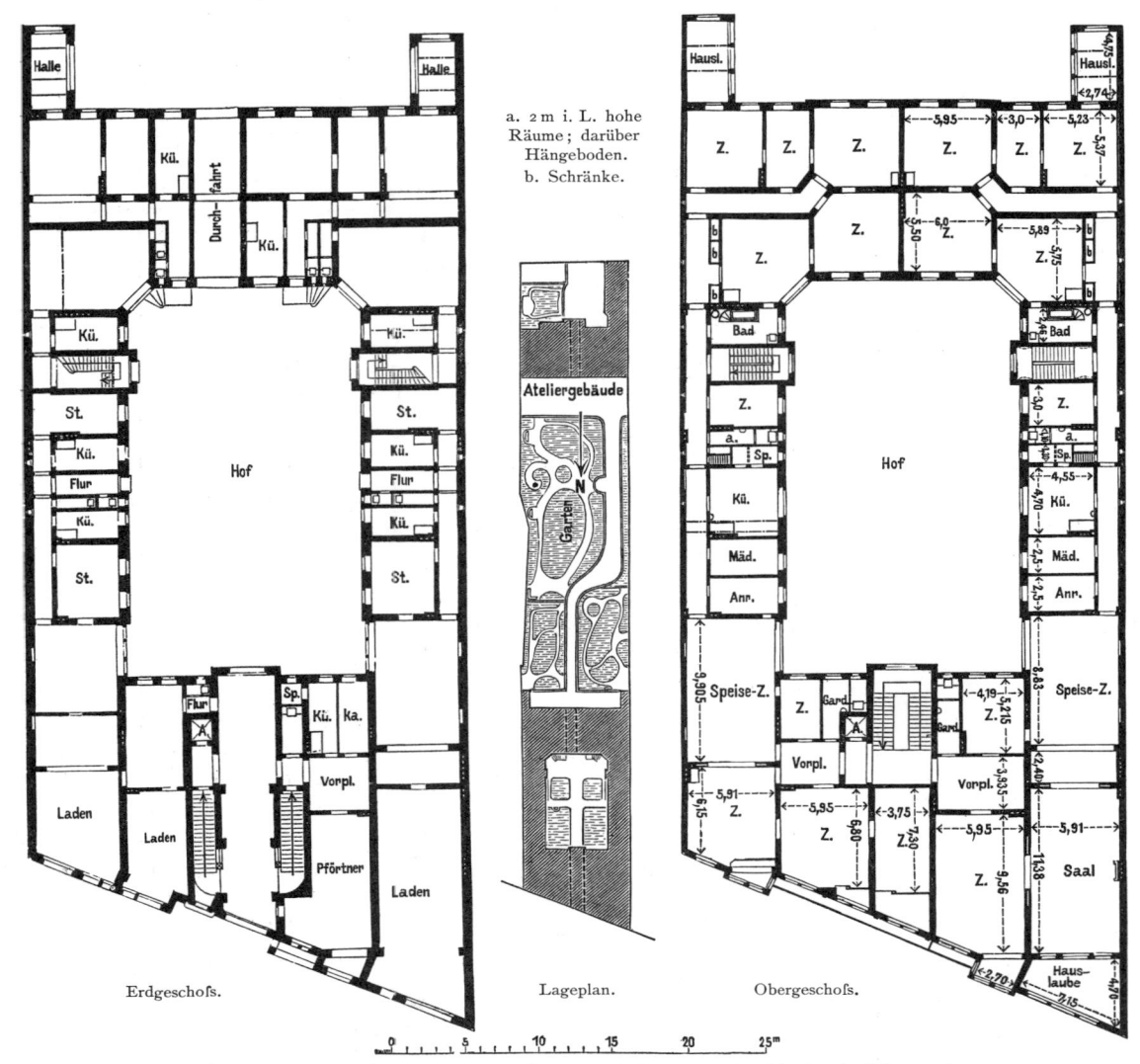

Abb. 546—548. Wohnhaus Kurfürstenstrafse 126. Architekt A. Messel.

mit denjenigen der älteren Miethshäuser übrigens leicht den Einflufs der neuen Baupolizei-Ordnung erkennen; an die Stelle des Kellergeschosses ist überall ein Sockelgeschofs getreten, das Erdgeschofs ist zum „Hochparterre" geworden. Baukosten für die Häuser am Kurfürstendamm 450 ℳ. für 1 qm, für das Haus in der Kurfürstenstrafse 668 000 ℳ. (gleichfalls 450 ℳ. für 1 qm).

Das Wohnhaus Reimarus in Charlottenburg, Hardenbergstrafse 24 (Abb. 555 und 556), ist im Grundrifs von dem Besitzer und Erbauer entworfen worden. Derselbe zeigt eine besondere Ausbildung der von der Küche nach dem vorderen Corridor führenden äufseren Galerien, mit denen hier die Hofbalcons verbunden sind; durch den kleinen Flur,

Abb. 550. Kurfürstendamm 24. Abb. 551. Miethshaus-Gruppe am Kurfürstendamm 23—25.

Abb. 552. Tauenzienstraße 14.

Abb. 553. Schnitt durch die Façade Tauenzienstraße 41.

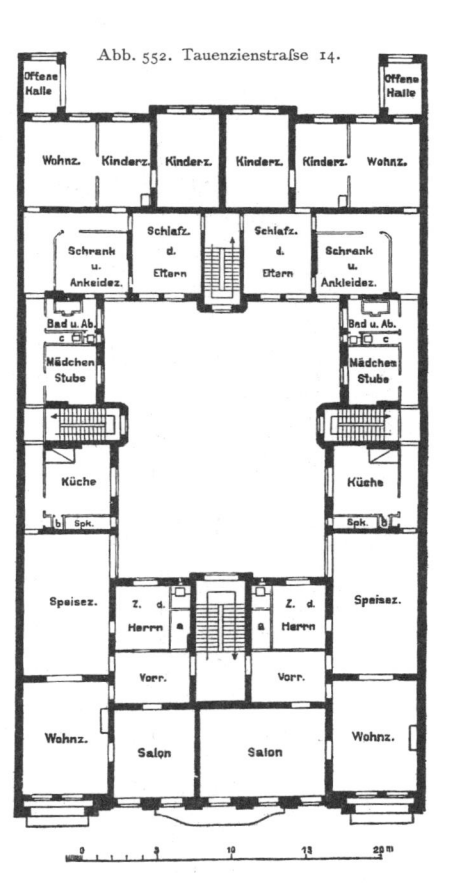

Berlin und seine Bauten. III.

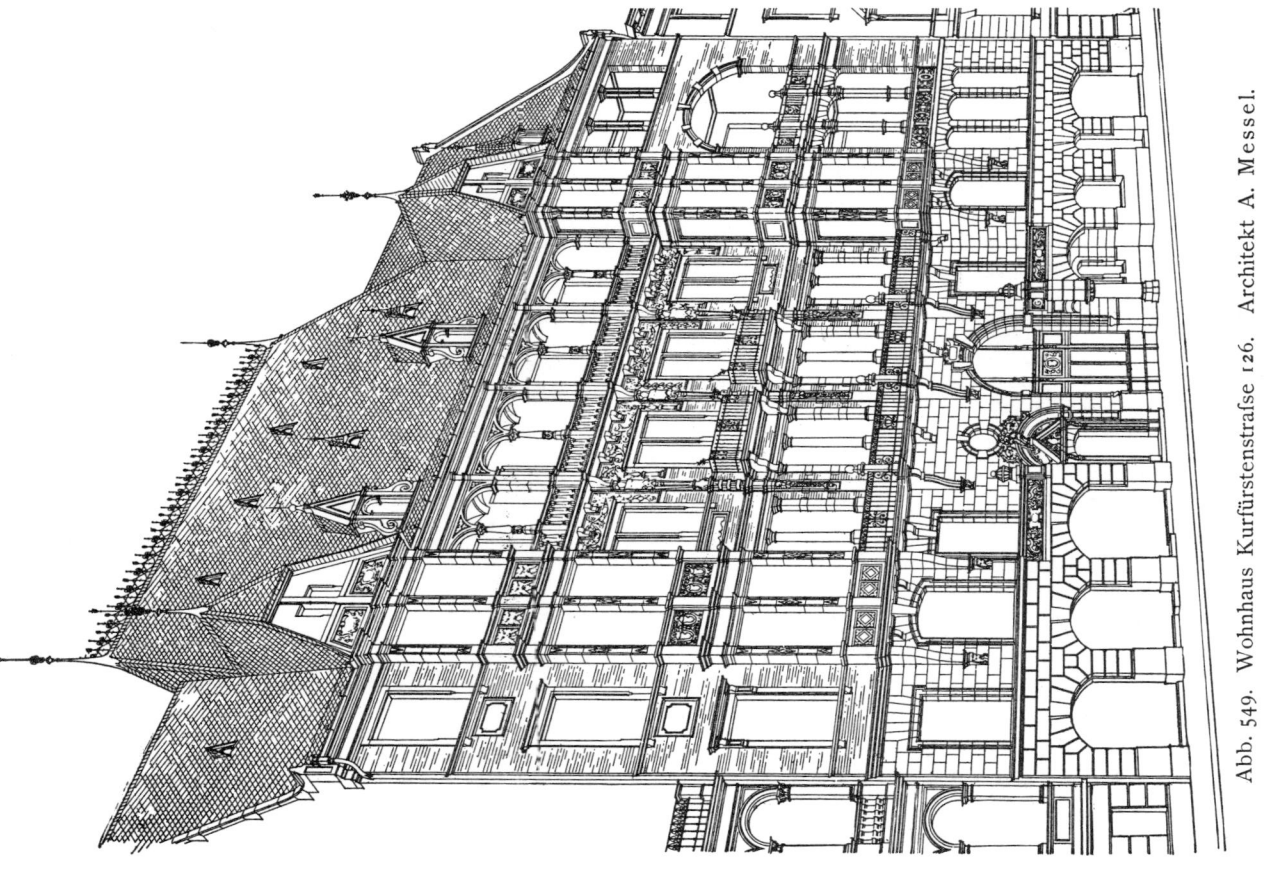

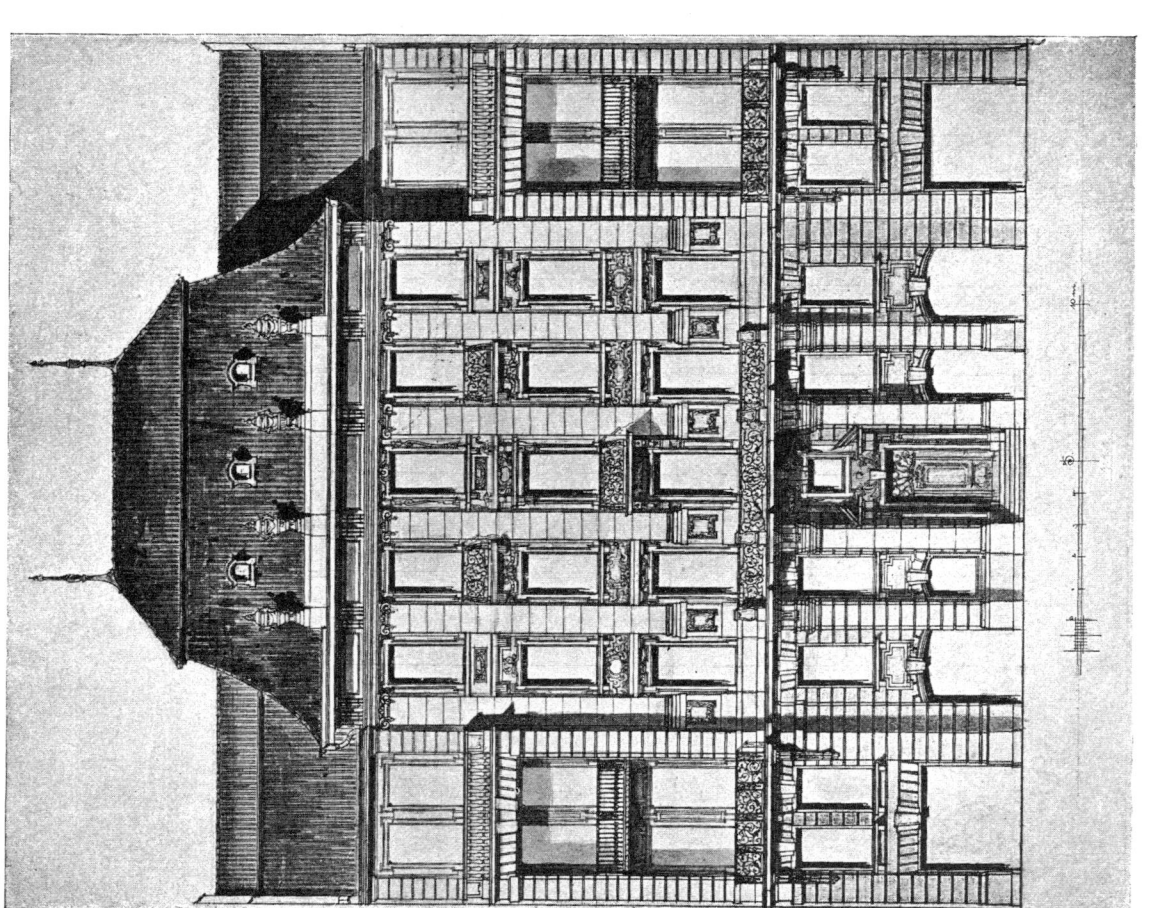

Abb. 549. Wohnhaus Kurfürstenstraße 126. Architekt A. Messel.

Abb. 554. Wohnhaus Tauenzienstraße 14. Architekten Messel & Altgelt.

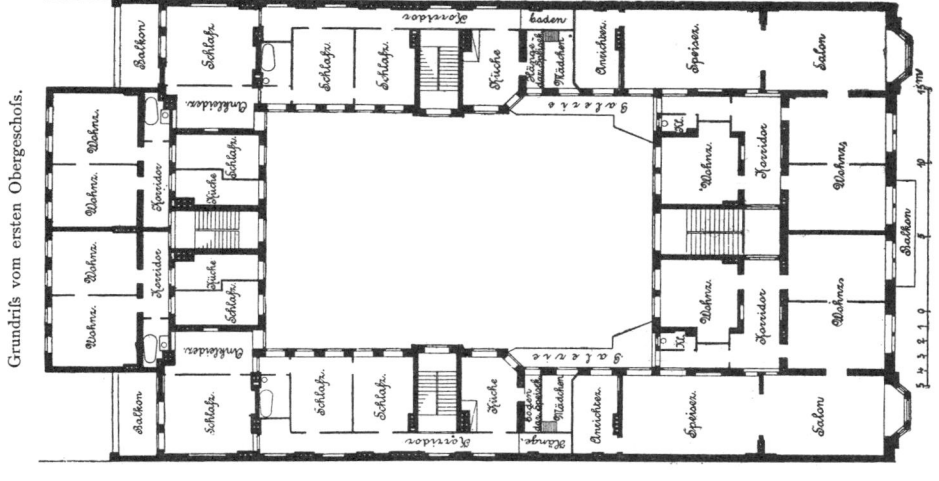

Abb. 555 u. 556.
Wohnhaus Reimarus in Charlottenburg, Hardenbergstraße 24.
Architekten
Grisebach und Reimarus.

220   V. Wohnhausbauten.

auf den die Galerie mündet und in welchem ein Closet liegt, wird dem Vorraume zugleich Licht zugeführt. Das oberste Geschofs des Vorderhauses enthält Maler-Ateliers. Die von Hans Griesbach entworfene, seither vielfach nachgeahmte Façade findet ihre malerische Wirkung in der Verbindung einer Ziegelstructur (mit einzelnen Werksteintheilen) von rother Farbe und weifsen Putzflächen.
(Vgl. Deutsche Bauzeitung, Jahrg. 1891, Nr. 31.)

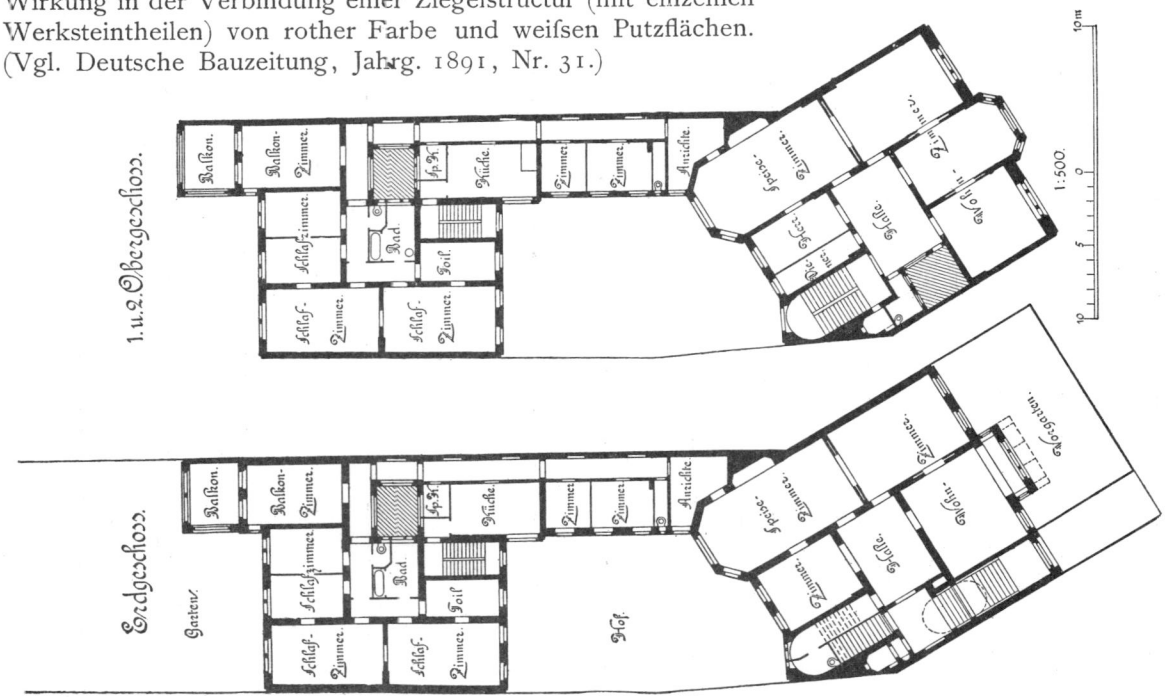

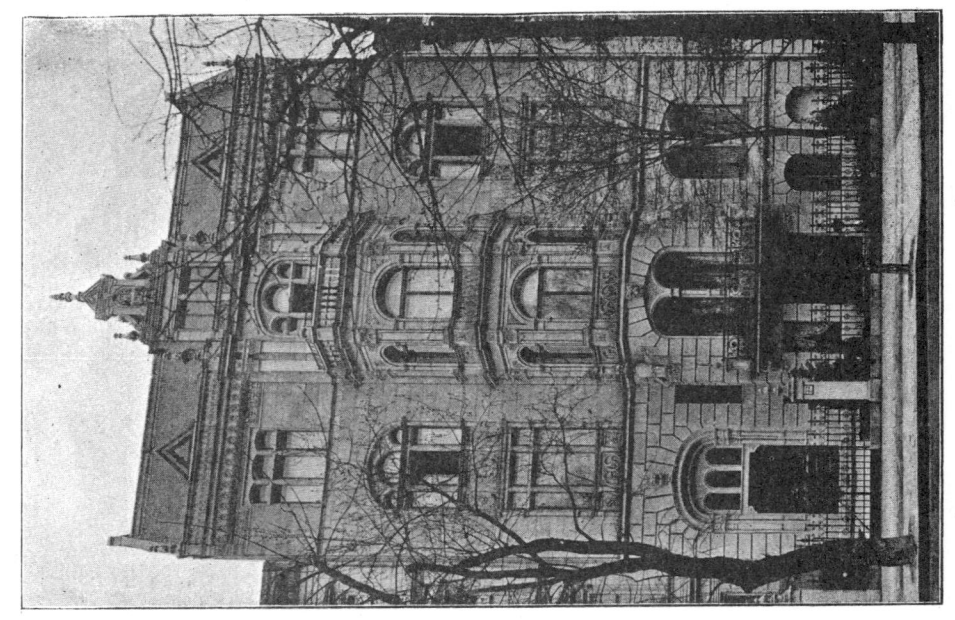

Abb. 557—559. Wohnhaus Schöneberger Ufer 32.
Architekten Fränkel, Höniger & Sedelmeier.

Das Wohnhaus Schöneberger Ufer 22 (Abb. 557—559), dessen Grundrifs von Maurermeister Joseph Fränkel und dessen in Werkstein ausgeführte Façade von Hoeniger & Sedelmeier entworfen ist, zeichnet sich durch eine ganz besondere Geräumigkeit und gute Beleuchtung der Vorplätze aus. Den Gesellschaftszimmern entspricht hier, wie in den voran gegangenen Beispielen die Zahl der für den intimeren Gebrauch der Familie bestimmten Wohn- und Schlafzimmer, während man den Wohnungen in dem von

V. Wohnhausbauten.

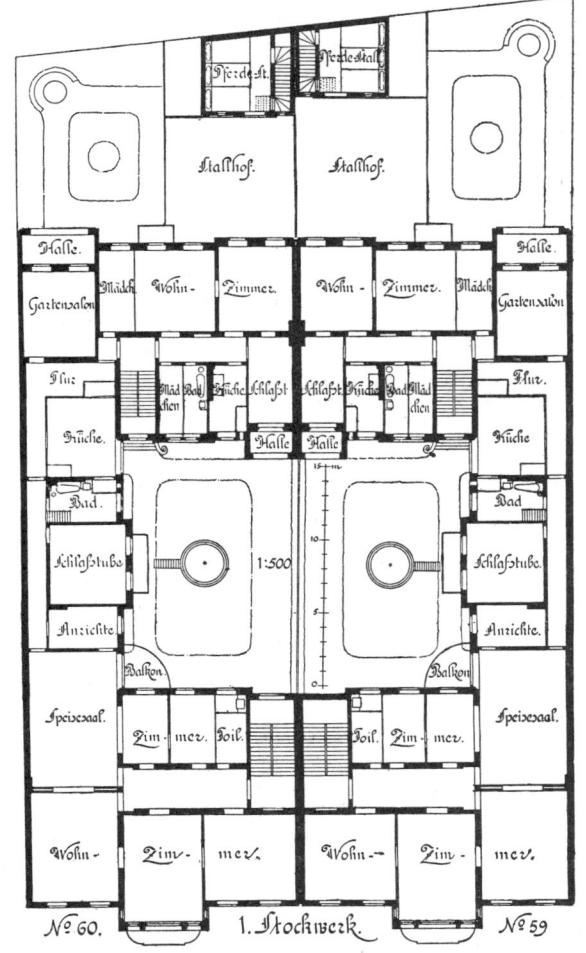

Abb. 560 u. 561. Wohnhäuser Klopstockstr. 59/60. Arch. F. Kallmann.

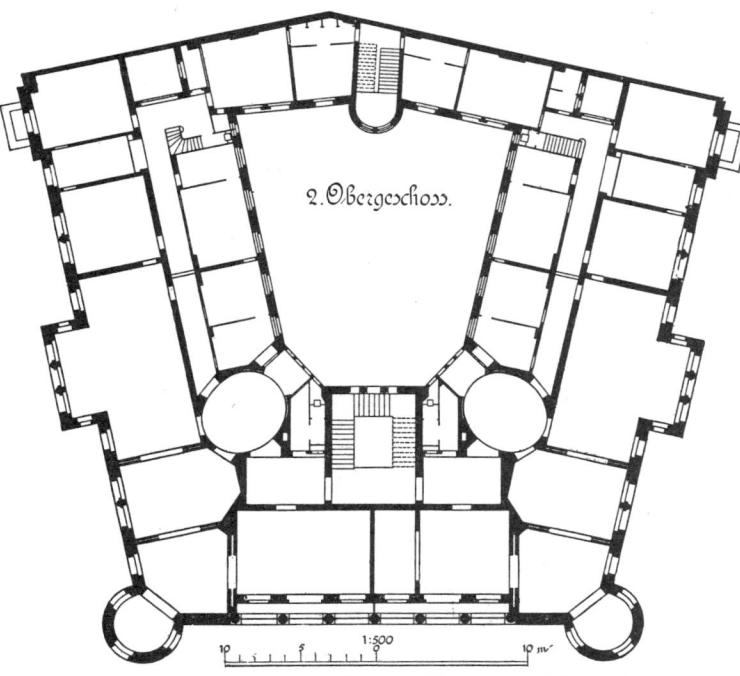

Abb. 562. Wohnhaus am Augusta-Victoria-Platz. Arch. Fr. Schwechten.

F. Kallmann erbauten Doppelhause Klopstockstrafse 59/60 (Abb. 560 u. 561) wohl den Vorwurf machen darf, dafs in ihnen die Gesellschaftszimmer zu einseitig überwiegen. Welche Forderungen zur Zeit selbst an Wohnungen kleinsten Umfangs, aber besserer Art, gestellt werden, möge man an den beiden Hinterwohnungen sehen, die neben zwei Wohnzimmern und einem Schlafzimmer einen bedeckten Sitzplatz, wie Küche mit Speiseschrank, Badezimmer und Mädchenzimmer umfassen.

Eine Sonderstellung unter den Miethshäusern Berlins behauptet das von Franz Schwechten am Augusta-Victoria-Platz, gegenüber der Kaiser-Wilhelm-Gedächtnifskirche errichtete sogen. „Romanische Haus" (Abb. 562 u. 563). Es ist ersichtlich, dafs die Stilformen der Façade und die aufwändige monumentale Haltung der letzteren, ohne Ansehung der Kosten, lediglich im Interesse des Kirchenbaues und der für seine Umgebung zu erzielenden Wirkung so gewählt bezw. durchgeführt worden sind, wie thatsächlich geschehen ist. Um so erfreulicher ist es, dafs das Innere der Anlage darüber nicht vernachlässigt ist und dafs die in ihr enthaltenen grofsen Wohnungen, deren Corridore durch Lichtschächte beleuchtet werden, der Behaglichkeit durchaus nicht entbehren. Die Baukosten des Hauses, in dessen Vorgarten der zur Zeit der Gewerbe-Ausstellung angehörige schöne Brunnen seinen Platz erhalten soll, werden auf etwa 1,25 Mill. ℳ. angegeben.

Obgleich der Rang der in den betreffenden Häusern befindlichen Wohnungen demjenigen der hier in Rede

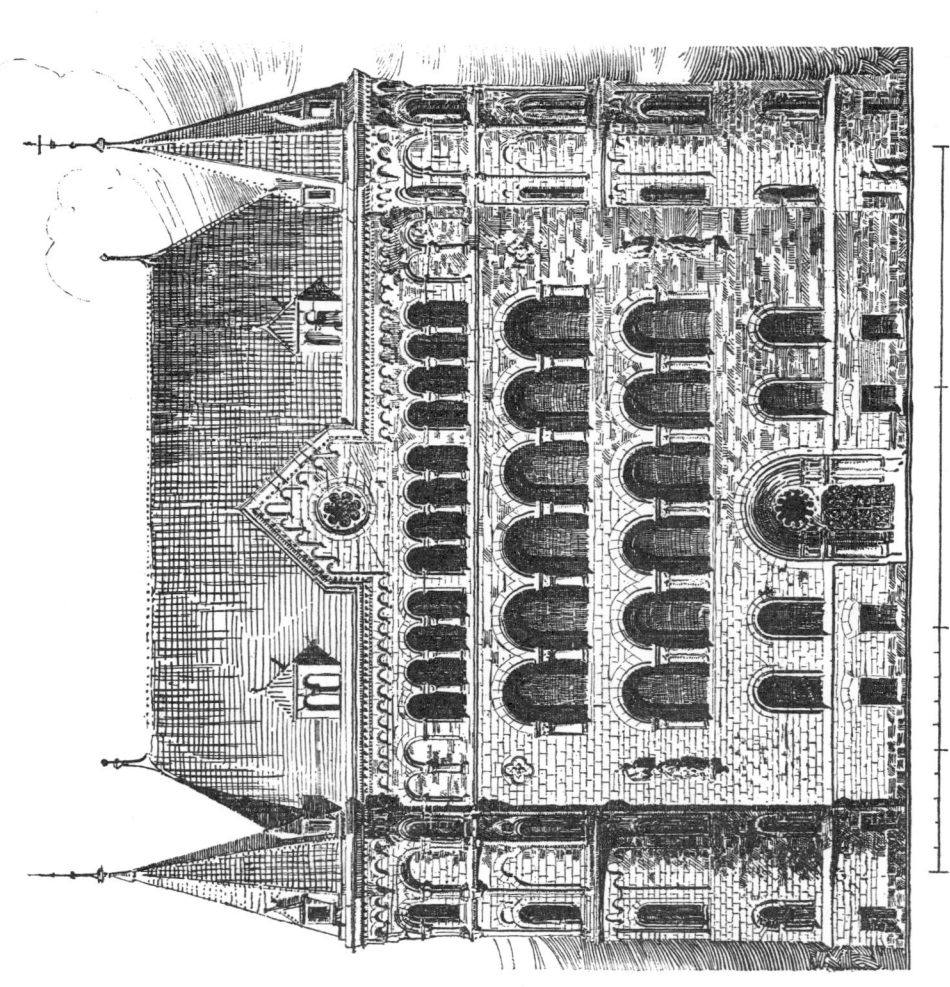

Abb. 563. Wohnhaus am Augusta-Victoria-Platz in Charlottenburg.
Architekt Franz Schwechten.

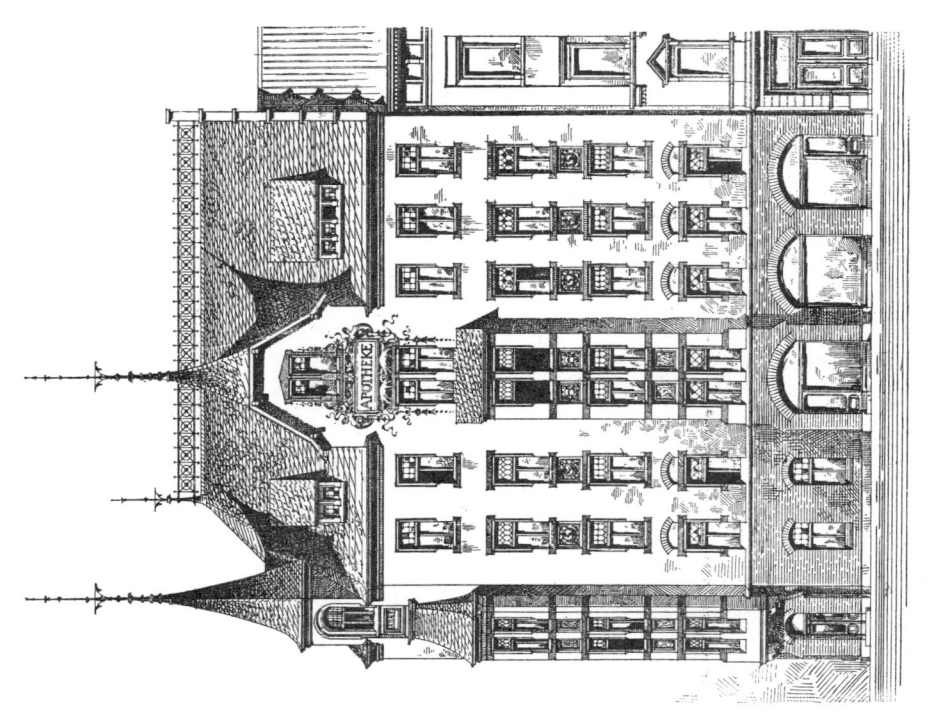

Abb. 564. Apotheke in Rixdorf, Hermannplatz 9.
Architekten Erdmann & Spindler.

V. Wohnhausbauten.

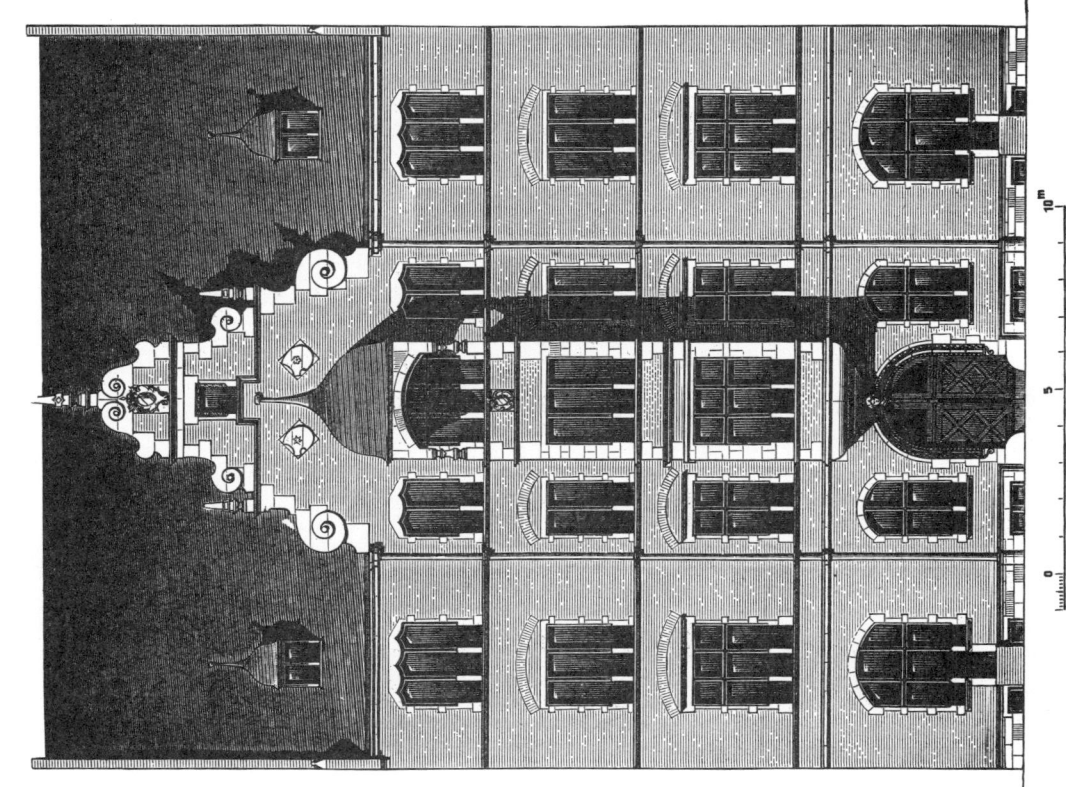

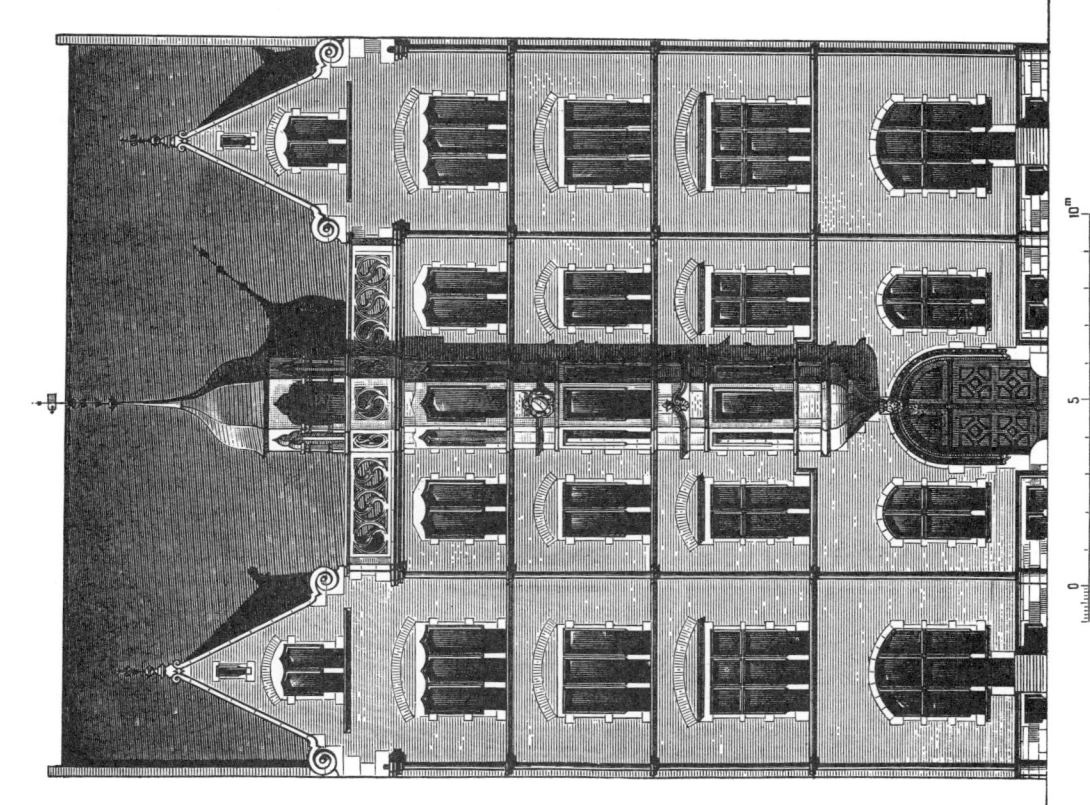

Abb. 565. Wohnhaus in der Grolmannstraße zu Charlottenburg. Abb. 566. Wohnhaus in der Schlüterstraße zu Charlottenburg.
Architekt Richard Schultze.

Ansicht der Gartenfronten.

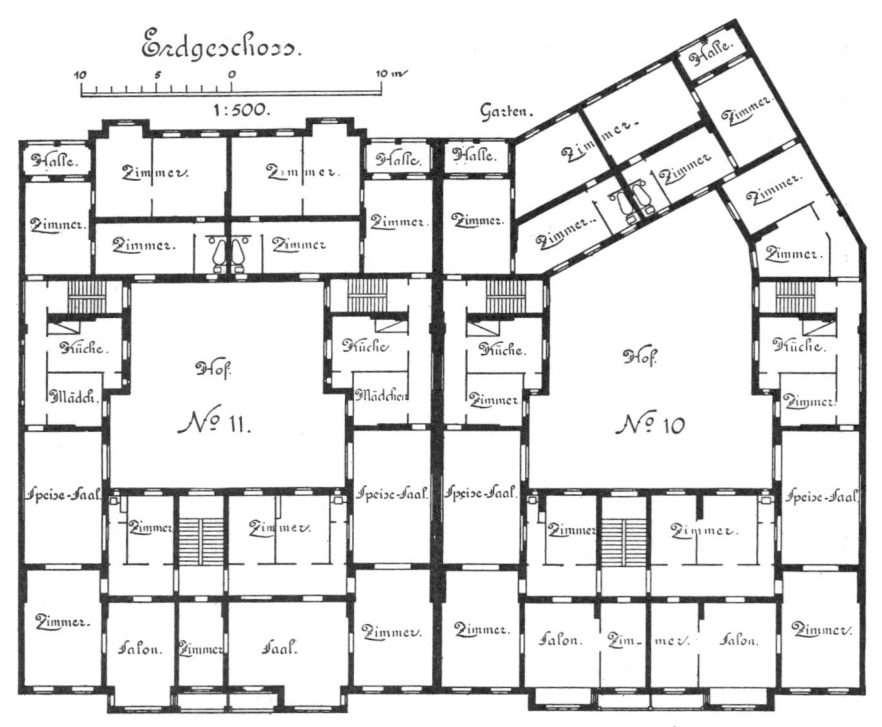

Abb. 567—569. Wohnhäuser Carmerstr. 11 u. 10 in Charlottenburg. Arch. Bernh. Sehring.

stehenden keineswegs entspricht, seien der Façade des „Romanischen Hauses" doch einige andere angeschlossen, die, wenn auch nicht in denselben Formen, so doch gleichfalls im

V. Wohnhausbauten. 225

Abb. 571. Wohn- und Geschäftshaus Neue Grünstraße 13.
Architekt Carl Hoffacker.

Abb. 570. Wohnhaus Carmerstraße 11 in Charlottenburg.
Architekt Bernhard Sehring.

226   V. Wohnhausbauten.

mittelalterlichen Sinne und in gesunder Technik hergestellt sind und durch ihre maſsvolle monumentale Haltung von der Nachbarschaft sehr wohlthuend abstechen. Es sind die Façaden des Hauses Hermannplatz 9 in Rixdorf (Abb. 564) von Erdmann & Spindler und zweier Häuser in der Grolmannstraſse und der Schlüterstraſse zu Charlottenburg (Abb. 565 u. 566) von Richard Schultze. (Vgl. C.-Bl. d. B.-V., Jahrg. 1890, Nr. 18.)

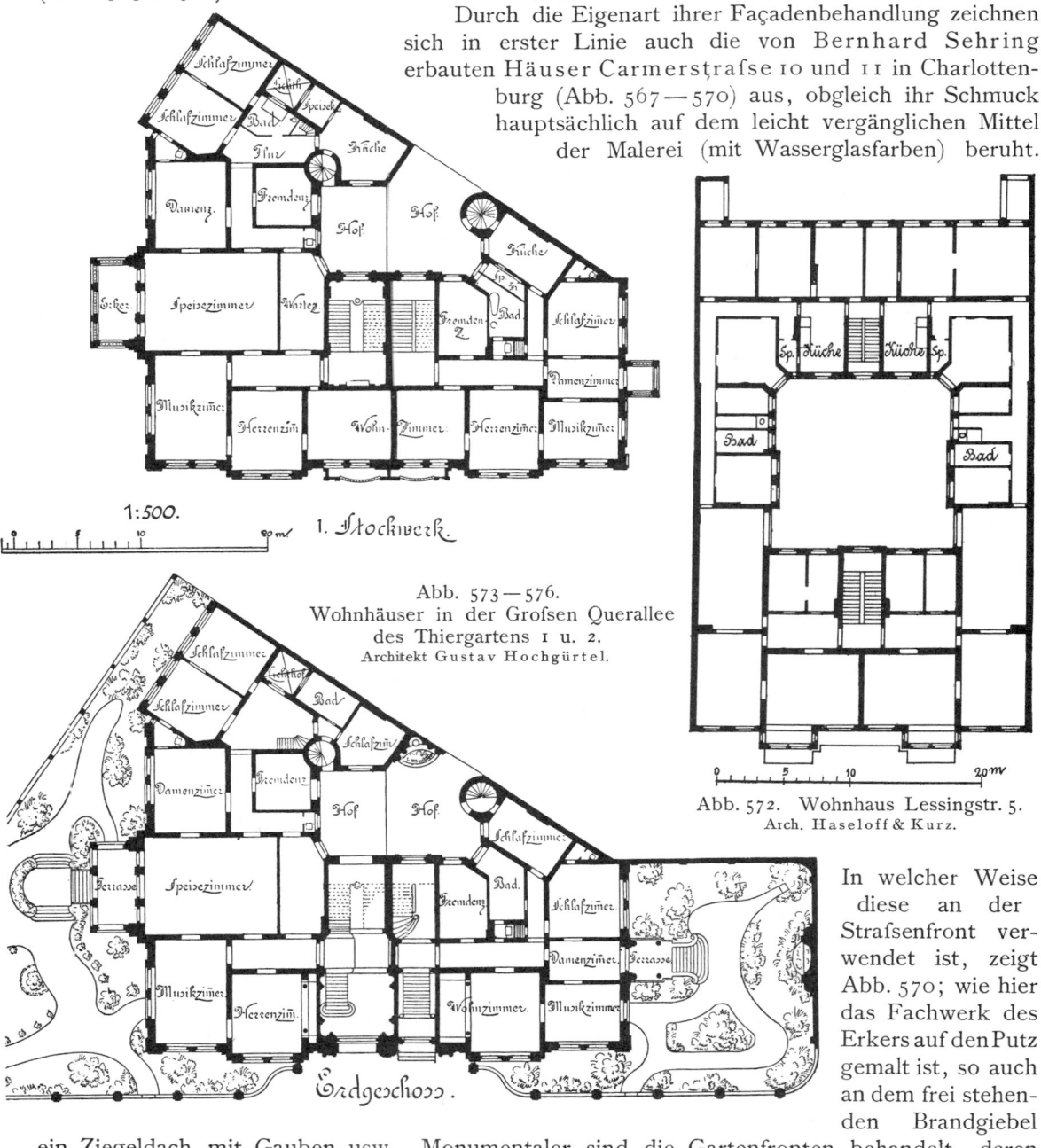

Durch die Eigenart ihrer Façadenbehandlung zeichnen sich in erster Linie auch die von Bernhard Sehring erbauten Häuser Carmerstraſse 10 und 11 in Charlottenburg (Abb. 567—570) aus, obgleich ihr Schmuck hauptsächlich auf dem leicht vergänglichen Mittel der Malerei (mit Wasserglasfarben) beruht.

Abb. 573—576.
Wohnhäuser in der Groſsen Querallee des Thiergartens 1 u. 2.
Architekt Gustav Hochgürtel.

Abb. 572. Wohnhaus Lessingstr. 5.
Arch. Haseloff & Kurz.

In welcher Weise diese an der Straſsenfront verwendet ist, zeigt Abb. 570; wie hier das Fachwerk des Erkers auf den Putz gemalt ist, so auch an dem frei stehenden Brandgiebel ein Ziegeldach mit Gauben usw. Monumentaler sind die Gartenfronten behandelt, deren Hauptflächen im Ziegelfugenbau hergestellt sind; auch hier sind jedoch die Obergeschosse theilweise durch aufgemaltes Fachwerk belebt und es ist für die Absichten, welche der Künstler verfolgte, bezeichnend, daſs er sich von den Besitzern der den Garten umgebenden, also von seinen Häusern sichtbaren Nachbarhäuser die Erlaubniſs ausgewirkt hat, auch ihren Façaden einen ähnlichen Schmuck angedeihen zu lassen. Baukosten 320 ℳ für 1 qm. Ein weiteres Beispiel einer nach dem Entwurfe Carl Hoffackers ausgeführten, durch Malerei

V. Wohnhausbauten.

Abb. 577. Wohnhäuser in der Grofsen Querallee des Thiergartens 1 u. 2.
Architekt Gustav Hochgürtel.

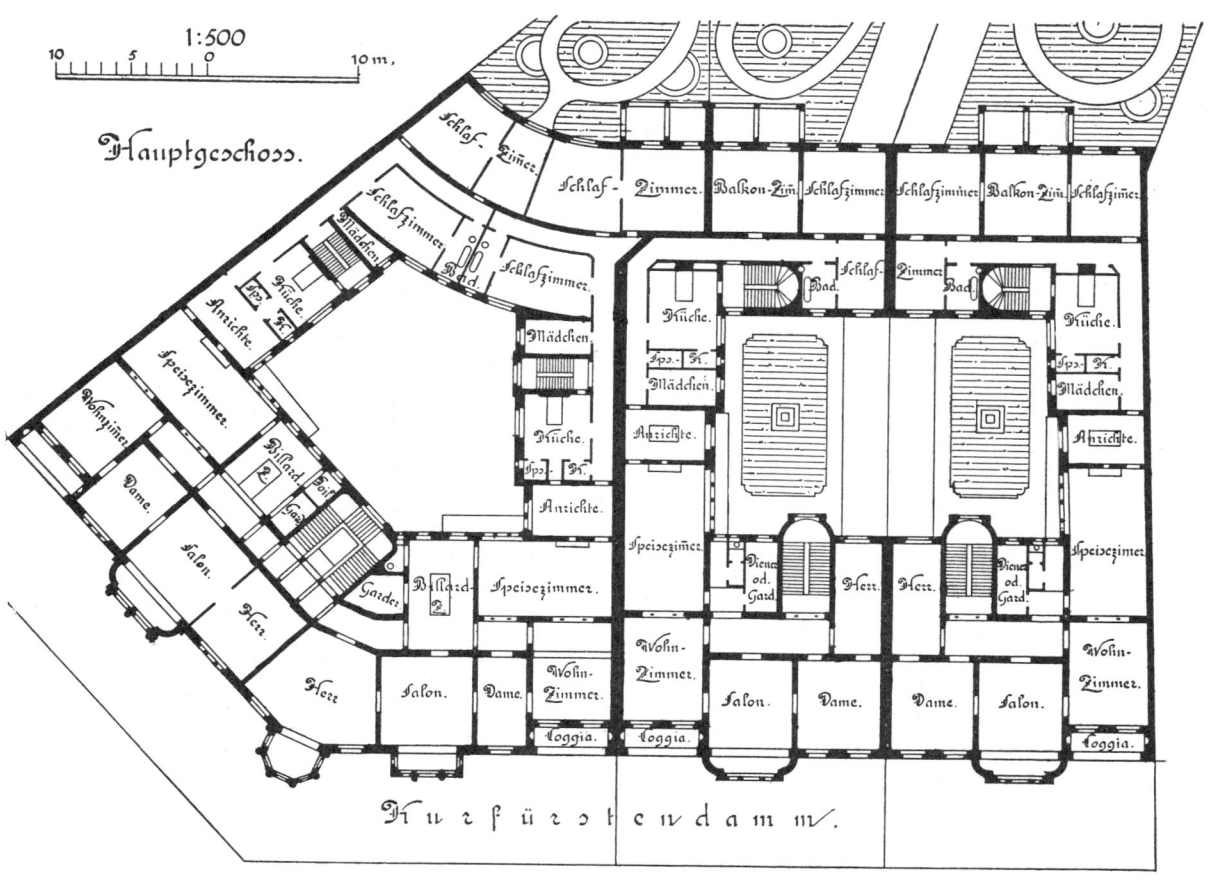

Abb. 578—580. Wohnhäuser Kurfürstendamm 61—68. Architekt H. Munck.

228   V. Wohnhausbauten.

geschmückten Façade von anmuthiger Wirkung liefert das Haus Neue Grünstraſse 13 (Abb. 571).

In dem Grundrisse des von Haseloff & Kurz erbauten Hauses Lessingstraſse 5 (Abb. 572, Baugew.-Ztg., Jahrg. 1893) fällt es auf, in welcher Weise den Corridoren der Flügel und des Quergebäudes über die niedriger gehal-

Abb. 582. Eckvorbau der Façade.

tenen Closets und Speisekammern hinweg Luft und Licht unmittelbar zugeführt werden; an einer Stelle findet sich sogar ein Lichtflur, wie ihn ältere öffentliche Gebäude mit Mittelcorridor aufzuweisen pflegen — ein Auskunftsmittel, von dem in Zukunft sicher noch mehr Gebrauch wird gemacht werden.

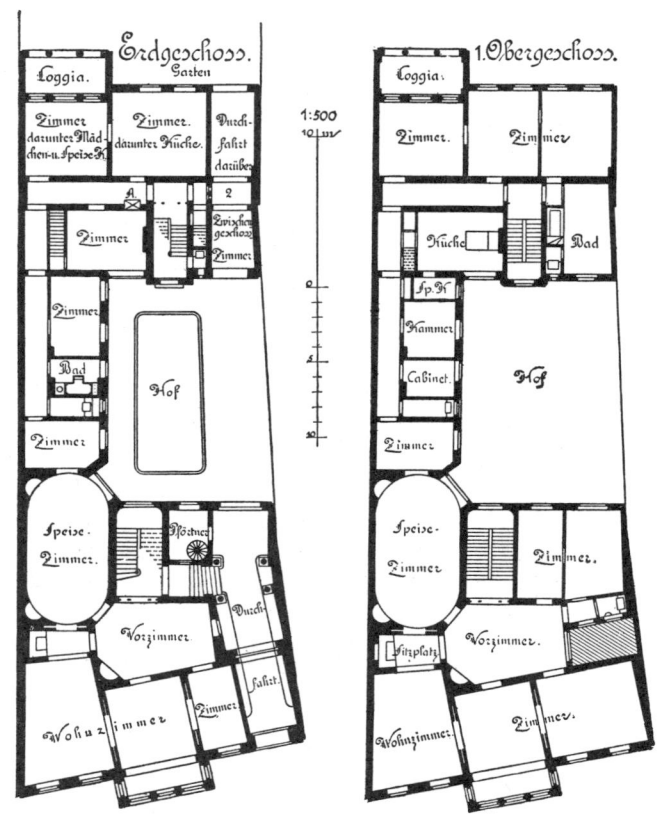

Abb. 583 u. 584. Wohnhaus Königgrätzer Straſse 9.
Architekten Blumberg & Schreiber.

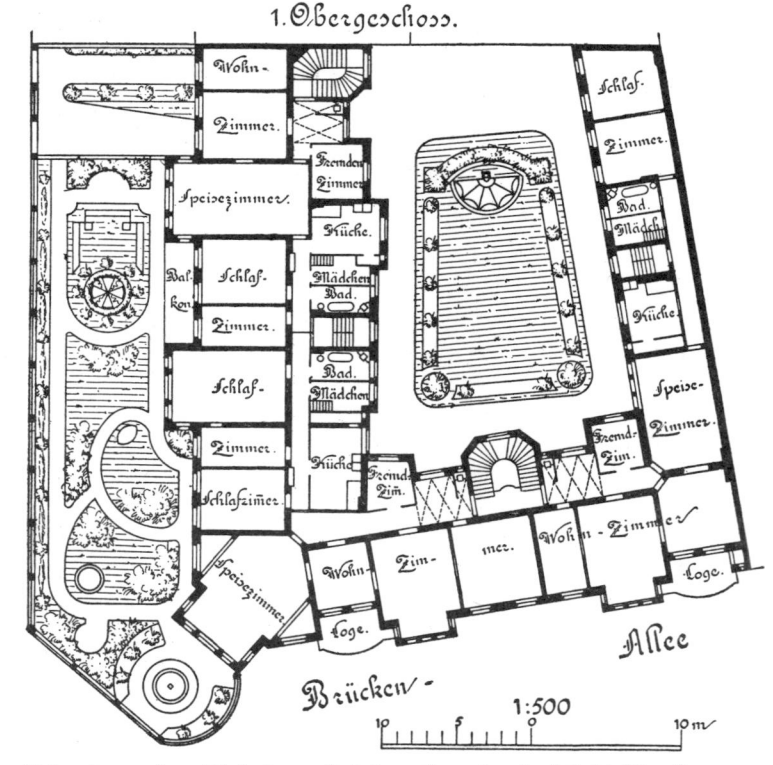

Abb. 581 u. 582. Wohnhaus Brückenallee 36. Architekt Maaſs.

V. Wohnhausbauten.

Aehnlich — über die Closets und Speisekammern hinweg — sind auch die Corridore und Flure der Häuser Grofse Querallee 1 und 2 (Abb. 573—577) beleuchtet, die Gustav Hochgürtel erbaut hat; jedes Geschofs derselben enthält je eine Wohnung;

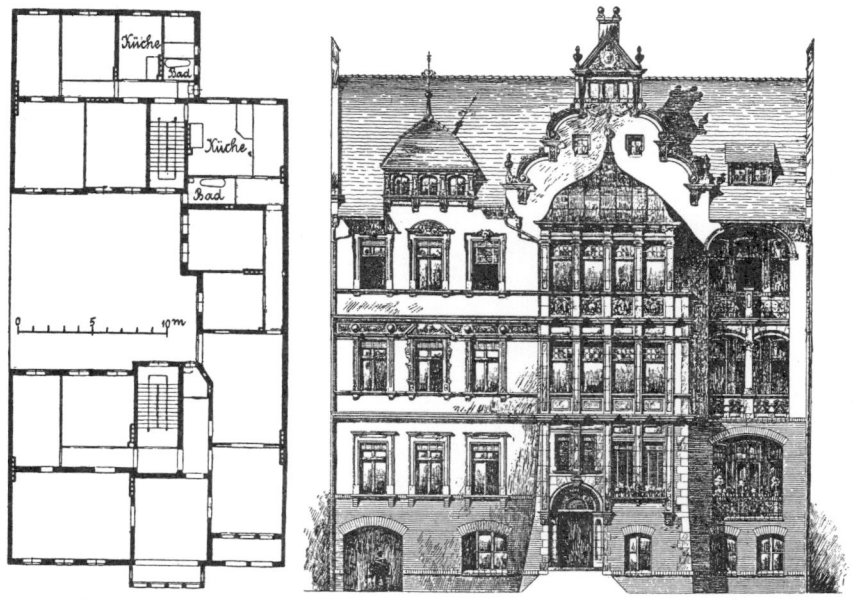

Abb. 585 u. 586. Wohnhaus Lessingstrafse 31. Architekt A. Messel.

Abb. 587. Wohnhaus Lessingstr. 34.

bei denen des Erdgeschosses sind die Wirthschaftsräume im Keller untergebracht, was — ebenso wie die Hofanlage — auf die Entstehung der Häuser unter der Herrschaft der älteren Bauordnung hinweist. Die Façaden beider Häuser sind in einheitlicher Barock-Architektur gestaltet und im wesentlichen in Cementputz ausgeführt; nur die figürlichen Theile bestehen aus Sandstein. Baukosten rund 350 000 ℳ. (Arch. d. Gegenw., Bd. II.)

Eine ähnliche Wohnhausgruppe am Kur-

Abb. 588. Wohnhaus Lessingstrafse 34.
Architekt A. Messel.

fürstendamm 61 bis 68 (Abb. 578 bis 580) mit mancherlei früher besprochenen Anordnungen hat Heinrich Munck entworfen.

In dem Hause Brückenallee 36 (Abb. 581 u. 582), von H. Maafs ausgeführt, das in jedem Geschofs drei Wohnungen enthält und durch einen besonders grofsen Hof sich auszeichnet, ist der Architekt noch einen Schritt weiter gegangen, indem er die Vorplätze der Wohnungen an die Hoffronten verlegte, sie also mit Luft und Licht un-

230 V. Wohnhausbauten.

mittelbar versorgte; die Corridore haben allerdings nur sekundäre Beleuchtung. — In dem von Blumberg & Schreiber erbauten, mit einer Werksteinfaçade ausgestatteten Hause Königgrätzer Strafse 9 (Abb. 583 u. 584) ist zur Erleuchtung des sehr geräumigen, dielenartigen Vorzimmers wieder ein besonderer Lichthof herangezogen.

Die Häuser Lessingstrafse 31 und 34 (Abb. 585—588) von A. Messel (veröffentlicht in der Arch. Rundschau, Jahrg. 1894 und den Bl. f. Arch. u. K.-H., Jahrg. 1893 u. 1894), Klopstockstrafse 65 (Abb. 589 u. 590) von H. Techow und Potsdamer Strafse 108 (Abb. 591) von R. Goldschmidt enthalten in jedem Geschofs je eine gröfsere Vorder- und eine kleinere Hinterwohnung.

Abb. 589. Klopstockstr. 65.

Abb. 590. Wohnhaus Klopstockstr. 65. Architekt H. Techow.

Unter den Façaden derselben interessirt besonders diejenige des Hauses Lessingstrafse 34 (der Grundrifs rührt vom Maurermeister Baesell her), weil bei ihr der Versuch gemacht ist, Formen und Motive des Holzbaues auf eine Ausführung in Putzbau zu übertragen. Die Pfosten des Erkervorbaues und die denselben umziehende Galerie des Obergeschosses haben allerdings, weil eine Herstellung derselben in Holz seitens der Baupolizei nicht gestattet wurde, in Gufseisen hergestellt werden müssen; die Ornamente sind in Kalkmörtel modellirt.

Abb. 591. Wohnhaus Potsdamer Strafse 108. Architekt R. Goldschmidt.

Das Geschäfts- und Wohnhaus der Gothaer Lebensversicherungs-Bank, Zimmerstrafse 87 (Abb. 592—594), von Erdmann & Spindler erbaut, enthält im Erdgeschofs Läden, darüber die Bureauräume der Gesellschafts-Agentur,

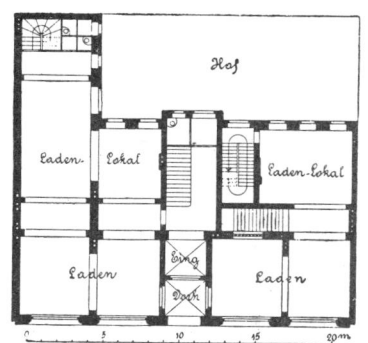

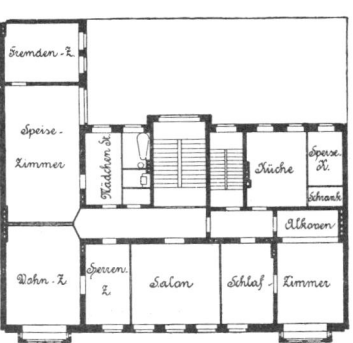

Abb. 592—594. Wohn- u. Geschäftshaus der Gothaer Lebensversicherungs-Bank, Zimmerstr. 87.
Architekten Erdmann & Spindler.

232   V. Wohnhausbauten.

Abb. 597 u. 598. Wohnhaus Klopstockstraße 47.

Abb. 599. Wohnhaus Klopstockstr. 47.

Abb. 595—600. Wohnhäuser im Hansa-Viertel.
Architekten v. Holst & Zaar.

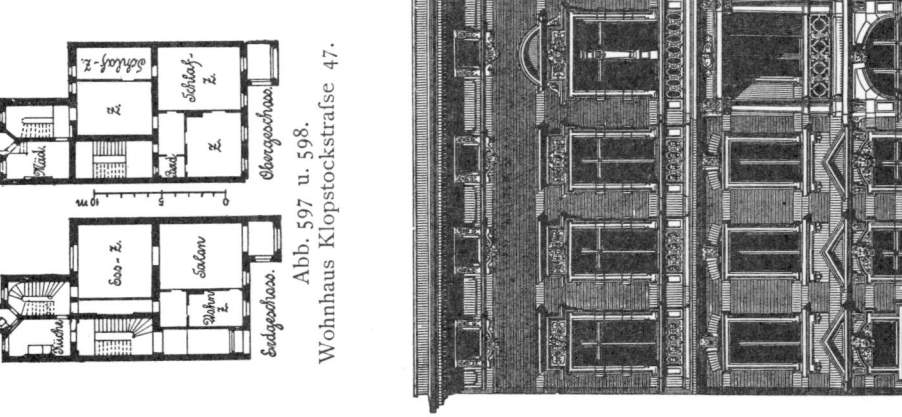

Abb. 596. Wohnhaus Lessingstraße 48.

Abb. 595. Wohnhaus Lessingstraße 48.

Abb. 600. Wohnhaus Klopstockstr. 45.

V. Wohnhausbauten. 233

in den drei obersten Geschossen aber je eine größere Wohnung, der bei der geringen Tiefe des Grundstücks eine von dem ortsüblichen Schema abweichende, in ihrer Zusammenfassung der einzelnen Räume sehr günstige Anordnung gegeben werden konnte. Die beiden

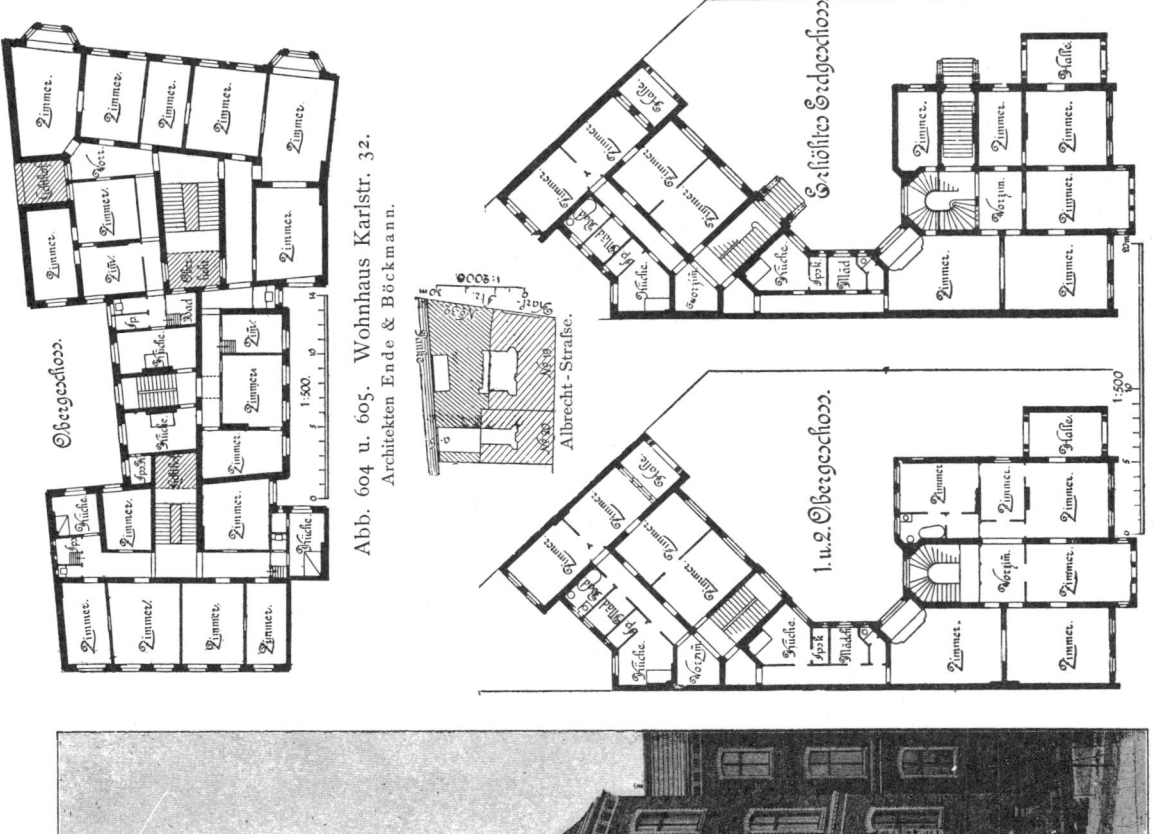

Abb. 604 u. 605. Wohnhaus Karlstr. 32. Architekten Ende & Böckmann.

Abb. 601—603. Wohnhaus Schleswig'sche Strafse 2. Architekten Ende & Böckmann.

unteren Geschosse sowie die Architekturtheile der oberen sind in Werkstein ausgeführt. (Vergl. Deutsche Bauzeitung, Jahrg. 1896, Nr. 20.)

Abb. 595—600 geben einige von der Firma v. Holst & Zaar errichtete Wohnhausbauten im „Hansa-Viertel", deren Façaden im Putzbau mit Ziegelverblendung der glatten

Berlin und seine Bauten. III.

234　　　　　　　　　　V. Wohnhausbauten.

Abb. 609—612.　　　　　　Abb. 606—612. Wohnhäuser an der Neuen Friedrich- u. Kaiser-
　　　　　　　　　　　　　　Wilhelm-Strafse. Architekten Ende & Böckmann.
Obergeschofs.

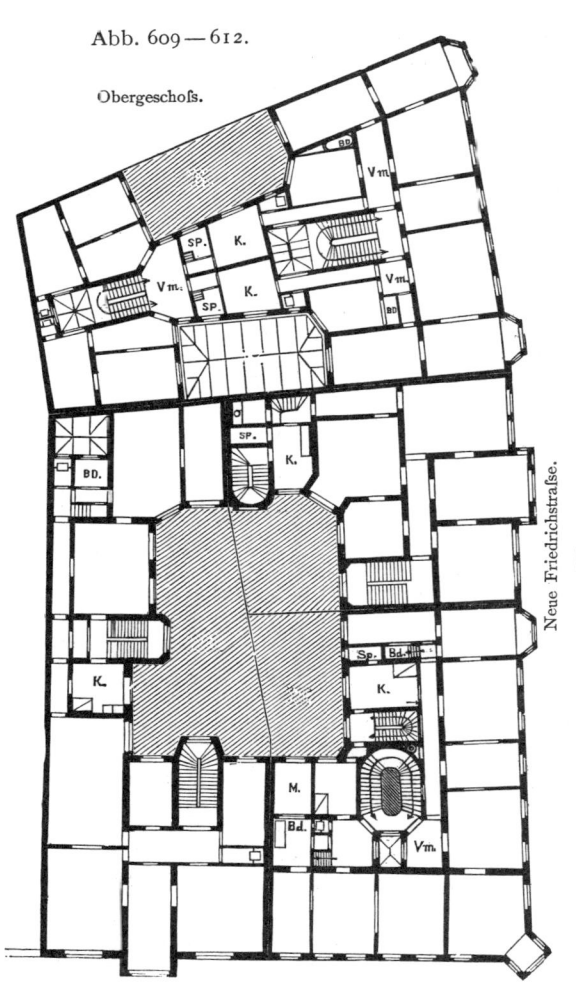

　　　　　　　　　　Abb. 606—608. Obergeschofs.

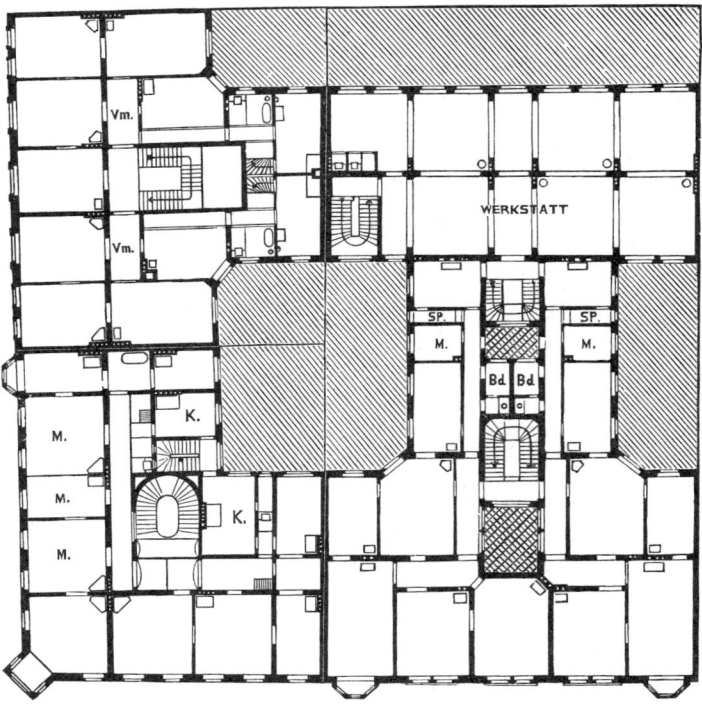

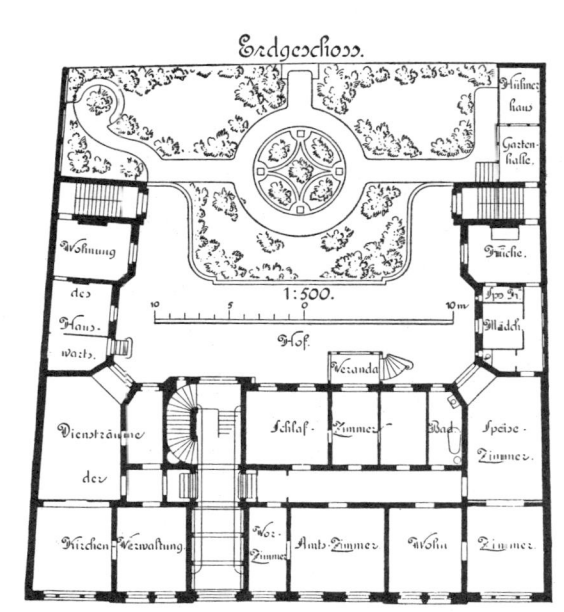

Abb. 615. Pfarrhaus der Gemeinde St. Georg,　　Abb. 613. Wohnhaus Savigny-Platz 1 in Charlottenburg.
Kurze Strafse 2. Architekt Gustav Knoblauch.　　　　　Architekt Th. de Vries.

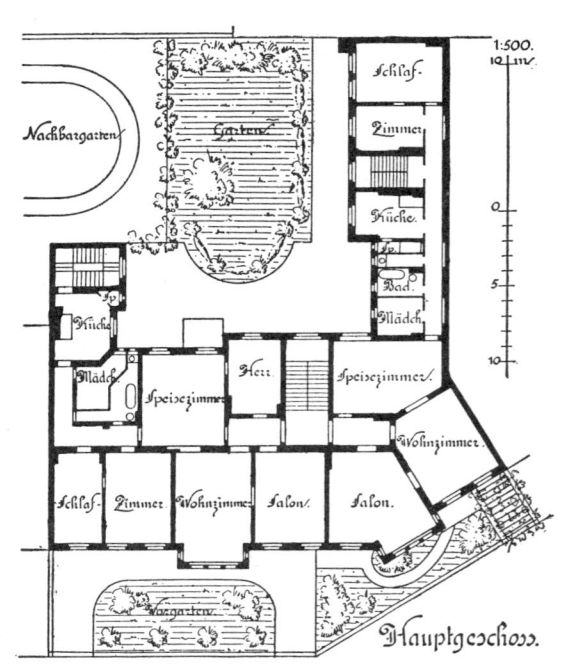

V. Wohnhausbauten. 235

Abb. 614. Wohnhaus Savigny-Platz 1 in Charlottenburg. Architekt Th. de Vries.

Abb. 616. Pfarrhaus der Gemeinde St. Georg, Kurze Strafse 2. Architekt Gustav Knoblauch.

Flächen hergestellt sind. Das Haus Lessingstrafse 48 enthält in jedem Geschofs eine Wohnung, während die Wohnungen in den Häusern Klopstockstrafse 45 und 47, zu

30*

236 V. Wohnhausbauten.

welchem je ein Nachbarhaus die symmetrische Ergänzung bildet, sich über je zwei Geschosse (Erdgeschofs und erstes Obergeschofs, zweites Obergeschofs und Dachgeschofs) erstrecken. Letzteres eine in dem genannten Stadtviertel mehrfach vorkommende, bei Berliner Mietshäusern aber im allgemeinen seltene Anordnung, die allerdings ihre Bedenken hat, wenn die betreffenden Geschosse nicht durch eine innere, für die anderen Hausbewohner unzugängliche Treppe verbunden sind. (Vergl. Deutsche Bauzeitung, Jahrg. 1886, Nr. 87.)

Abb. 617—620.
Häusergruppe an der Schicklerstrafse.
Architekt H. Seeling.

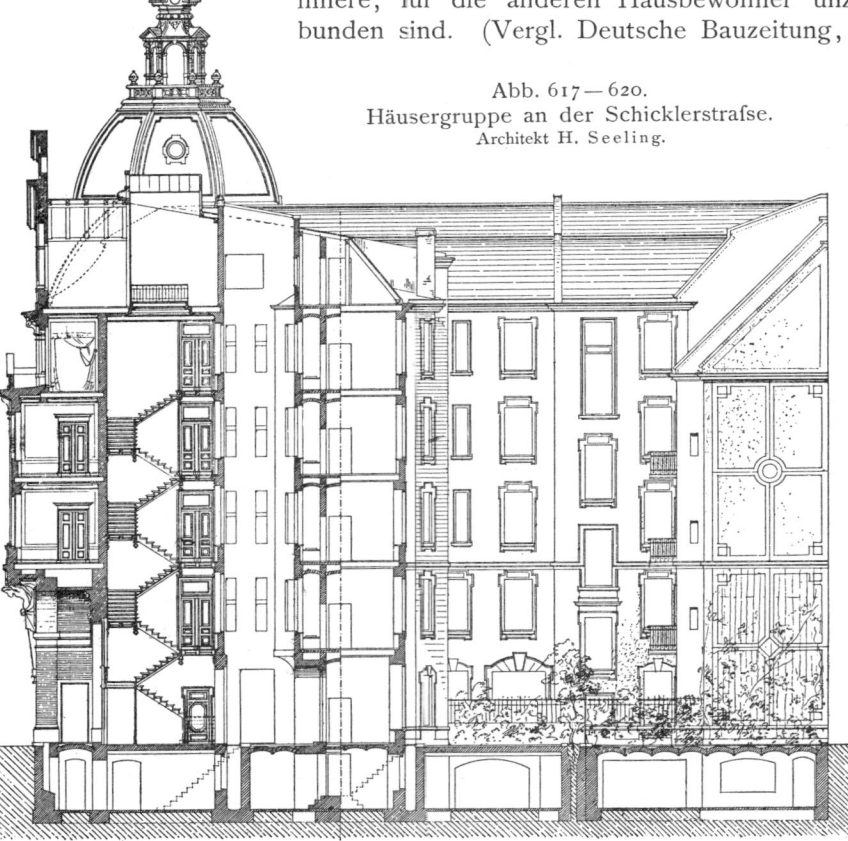

Es folgen einige Miethshausanlagen, die von Ende & Böckmann herrühren. Zunächst in Abb. 601 bis 603 das Wohnhaus Schleswig'sche Strafse 2 (vergl. Arch. d. Gegenwart, Bd. III), dessen Gesamtanordnung von der üblichen insofern abweicht, als zufolge besonderer Umstände die Einfahrt in das Grundstück nicht überbaut ist, der Eingang in das Haus also von der Seite her gewonnen werden konnte. Jedes Geschofs enthält zwei Wohnungen, deren Corridoren oberhalb der kleinen Nebenräume Licht zugeführt wird. Die reich aufgebauten Façaden sind in den Architekturtheilen

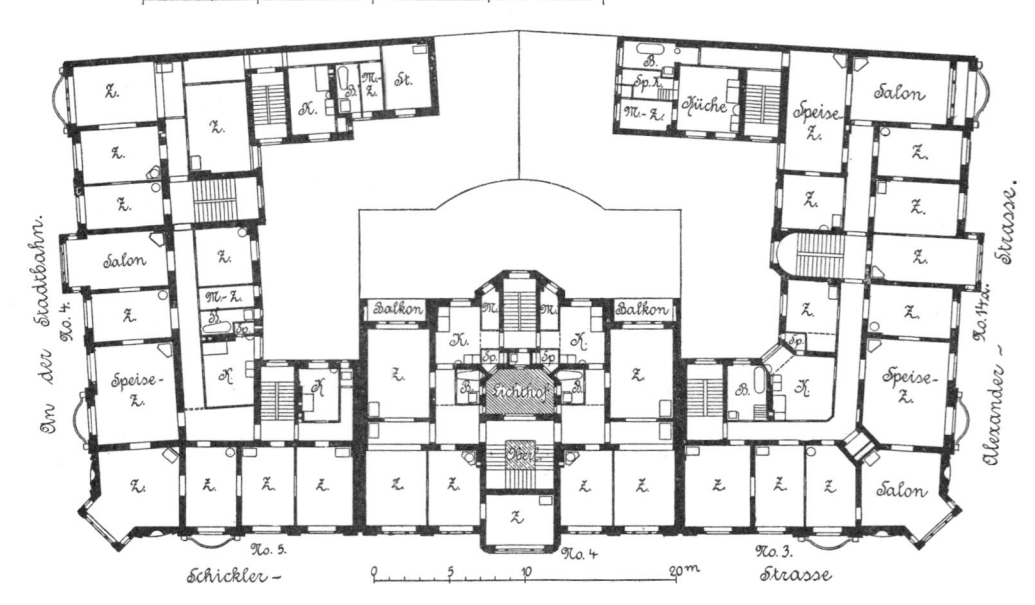

Abb. 621. Häusergruppe an der Schicklerstraße.   Architekt H. Seeling.

238   V. Wohnhausbauten.

aus Kunststein hergestellt, in den glatten Flächen mit Ziegeln verblendet, die Dächer mit Falzziegeln gedeckt. Baukosten 210000 ℳ. Sodann in Abb. 604 der Lageplan eines

Abb. 623. Wohnhaus an der Ecke der Flensburger und Lessing-Strafse. Architekten Solf & Wichards.

größeren, nach einheitlichem Plane aufgetheilten und bebauten Geländes an der Karl- und Albrechtstrafse, von dem in Abb. 605 der Grundrifs des Hauses Karlstrafse 32 mitgetheilt ist; endlich in Abb. 606—612 die Grundrisse von sieben Wohnhäusern in der

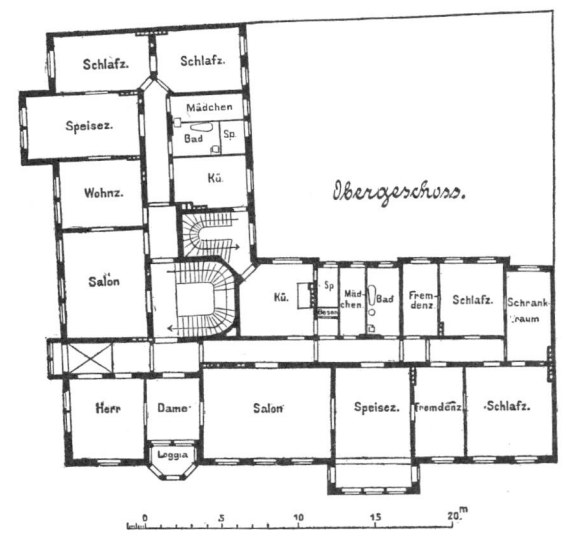

Abb. 624 u. 625.
Wohnhaus Flensburger Strafse 15.
Architekten Solf & Wichards.

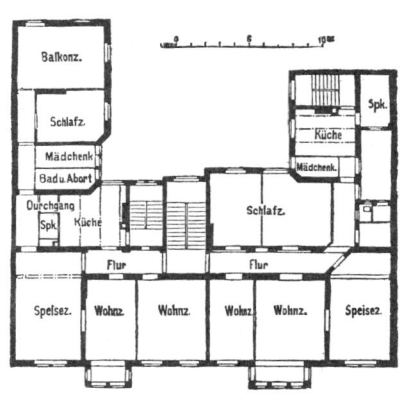

Abb. 622. Wohnh. a. d. Ecke d. Flensburg. u. Less.-Str.

Abb. 624. Obergeschosse.

240   V. Wohnhausbauten.

Neuen Friedrich- und Kaiser-Wilhelm-Strafse, die bei Anlage der letzteren erbaut wurden. (Vergl. Deutsche Bauzeitung, Jahrg. 1887, Nr. 81.)

Es handelte sich bei diesen Baugruppen, die noch unter der Herrschaft der alten Bauordnung entstanden sind, in erster Linie um eine geschickte Vereinigung der Höfe, durch welche dem Innern der Anlage ein verhältnifsmäfsig reichlicher Luftraum gewonnen

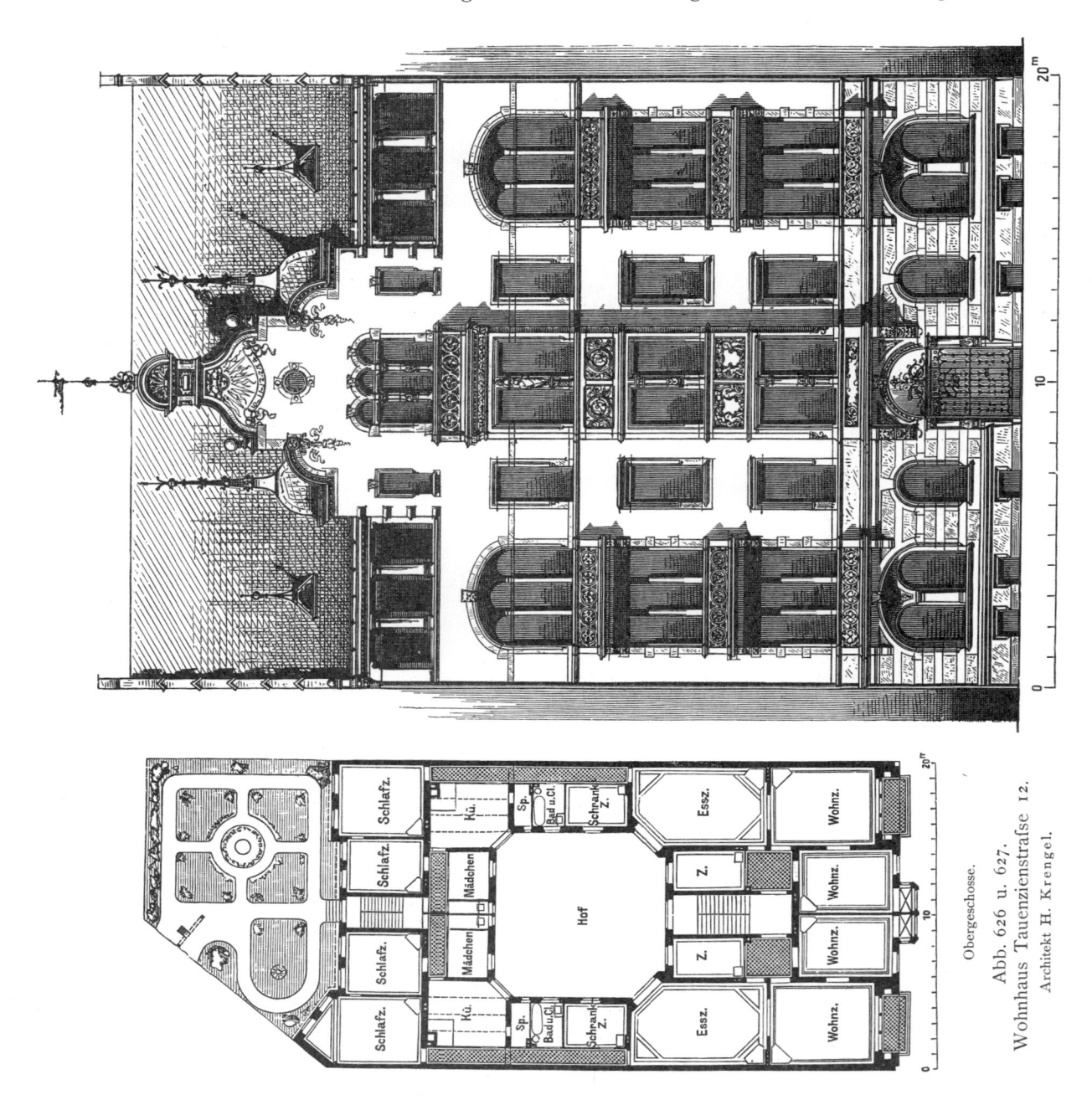

Abb. 626 u. 627. Wohnhaus Tauenzienstrafse 12. Obergeschofse.
Architekt H. Krengel.

worden ist, ohne dafs von dem kostspieligen Baugrunde allzuviel geopfert zu werden brauchte; dabei hat sich wiederum mehrfach die Anordnung eines zweiseitig beleuchteten Mittelflügels als zweckmäfsig erwiesen. Die Wohnungen sind von sehr verschiedener Gröfse und theilweise so angelegt, dafs je nach Bedarf von der einen einige Zimmer abgetrennt und mit der anderen vereinigt werden können. Das Erdgeschofs und theilweise auch noch das erste

V. Wohnhausbauten. 241

Obergeschofs der Häuser an der Kaiser-Wilhelm-Strafse ist natürlich zu Geschäftsräumen vermiethet; das Quergebäude des einen enthält durch alle Geschosse Werkstätten.

Abb. 629. Wohn- und Geschäftshaus Dorotheenstrafse 32.
Architekt Franz Schwechten.

Abb. 628. Wohnhaus Klopstockstrafse 25.
Architekt H. Grisebach.

In dem von Th. de Vries erbauten Wohnhause Savignyplatz 1 in Charlottenburg (Abb. 613 u. 614), das in jedem Geschofs zwei Wohnungen enthält, ist besonderer Werth darauf gelegt, den Bewohnern den Genufs des mit dem Nachbargarten zusammen-

242   V. Wohnhausbauten.

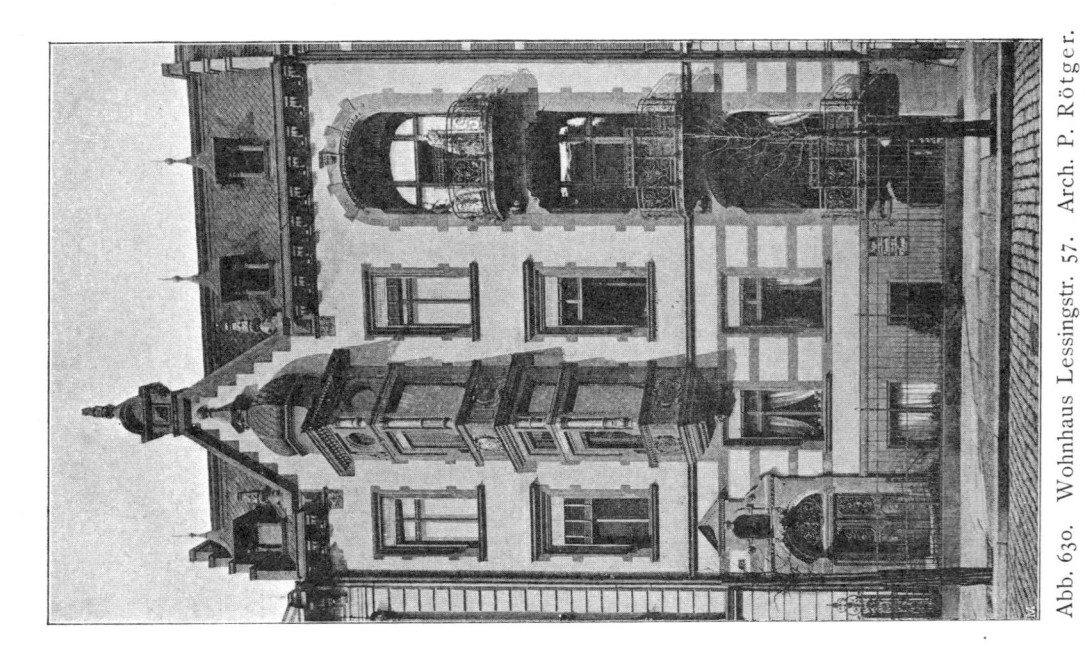

Abb. 630. Wohnhaus Lessingstr. 57.   Arch. P. Rötger.

Abb. 631. Wohnhaus Münzstraße 1 u. 2.   Architekten Poetsch & Bohnstedt.

Abb. 632 u. 633. Wohnhaus Kurfürstendamm 102 (Ecke Fasanenstraße). Architekt Heinrich Seeling.

244   V. Wohnhausbauten.

hängenden Hausgartens zu erhalten. Das Gleiche gilt für das von Gustav Knoblauch errichtete Pfarrhaus der St. Georgen-Gemeinde Kurze Strafse 2 (Abb. 615 u. 616), das in seiner Vereinigung einer Mehrzahl gleichartiger Wohnungen den hier in Rede stehenden Bauten eingereiht werden mufs.

Zu den wirkungsvollsten Gruppenbauten in Berlin, die bei der Vereinzelung des Baugeschäfts hier überhaupt seltener sind als anderwärts, z. B. in Wien, gehören die von Heinrich Seeling geschaffenen Häuser an der Schicklerstrafse (Abb. 617—621). Das mittlere derselben enthält in jedem Geschofs zwei, die beiden Eckbauten enthalten je zwei bezw. drei Wohnungen, die durch lange, stellenweise über die niedrigen Nebenräume hinweg unmittelbar beleuchtete Corridore getheilt werden. Die Façaden, deren Dachaufbauten aus Zink hergestellt sind,

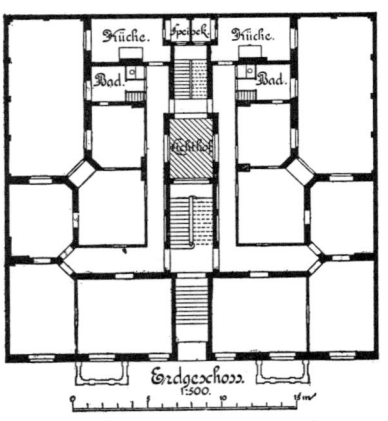

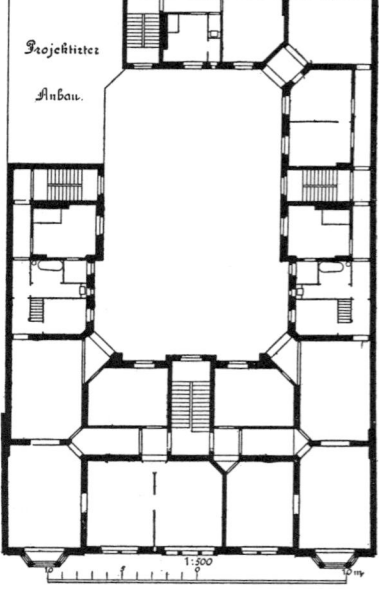

Abb. 634. Wohnhaus Klopstockstr. 52.
Architekten Höniger & Reyscher.

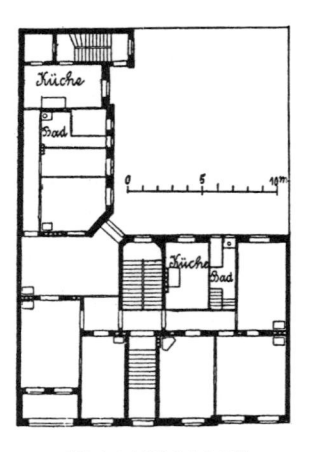

Abb. 635. Wohnhaus Lessingstrafse 30.

Abb. 636. Wohnhaus Lessingstrafse 30. Arch. A. Messel.

Abb. 637. Wohnhaus Berliner Str. 49 in Charlottenburg. Arch. H. Guth.

zeigen bei einer Flächenverblendung von Ziegeln in Putz gezogene Gliederungen. Baukosten für die Eckhäuser an der Alexanderstrafse und an der Stadtbahn 320000 ℳ. bezw. 293000 ℳ., für das Mittelhaus 181000 ℳ. oder für 1 cbm bezw. 21,50 ℳ., 20 ℳ. und 19,30 ℳ. (Vergl. Deutsche Bauzeitung, Jahrg. 1892, Nr. 51.)

Als weitere Beispiele von Miethshäuser mit Mittelwohnungen sind dann noch das Wohnhaus Ecke der Flensburger und Lessingstrafse (Abb. 622 u. 623) sowie das Wohnhaus Flensburger Strafse 15 (Abb. 624 u. 625) mitgetheilt, deren Grundrisse von dem Erbauer, Maurermeister Baesell herrühren, während die Façaden von Solf & Wichards entworfen sind. Die ersteren geben, nach dem zu anderen Beispielen Erwähnten, zu besonderen Erläuterungen keinen Anlafs. Hinsichtlich der Façaden sei bemerkt, dafs diejenige des ersten Hauses als Putzbau mit Structurtheilen aus Hydrosandstein, die des zweiten in einer Verbindung von Putzflächen mit Backsteinbau hergestellt ist und dafs beide durch Bildhauer Giesecke mit in Kalkmörtel modellirten Ornamenten geschmückt sind. (Vergl. C.-Bl. der B.-V., Jahrg. 1893, Nr. 22 und Jahrg. 1895, Nr. 15, Bl. f. Arch. u. K.-H. sowie Arch. d. Gegenw., Bd. III.)

Als Typus eines Berliner Miethshauses nach den neuerdings gestellten Anforderungen, der die Unterschiede zwischen Einst und Jetzt um so deutlicher hervorhebt, weil er sich in seinem Grundgedanken durchaus an das alte Schema anschliefst,

Abb. 638. Wohnhaus Berliner Strafse 49 in Charlottenburg.
Architekt H. Guth.

kann das Haus Tauenzienstrafse 12 (Abb. 626 und 627) betrachtet werden, das von H. Krengel erbaut ist. Die Façade ist im Putzbau mit Verwendung von Kunststein und theilweise von Sandstein hergestellt. Baukosten 215000 ℳ., 353 ℳ. für 1 qm und 17 ℳ. für 1 cbm. (Vergl. C.-Bl. d. B.-V., Jahrg. 1893, Nr. 47 und Bl. f. Arch. u. K.-H., Jahrg. 1893.)

Als Façaden von eigenartiger Haltung seien hier eingereiht diejenigen der Häuser Klopstockstrafse 25 (Abb. 628) von H. Grisebach, ein Putzbau mit von Giesecke modellirten Ornamenten (Arch. d. Gegenw., Bd. III), Dorotheenstrafse 32 (Abb. 629) von

246 V. Wohnhausbauten.

Abb. 642—644. Wohnhaus Lützowstraße 82.
Architekt O. Kuhn.

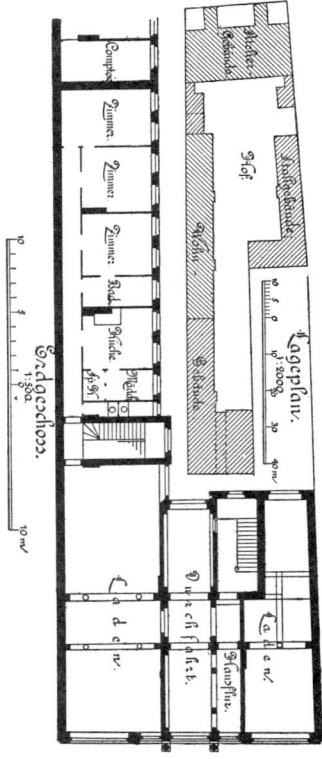

Abb. 642 u. 643. Erdgeschoß und Lageplan.

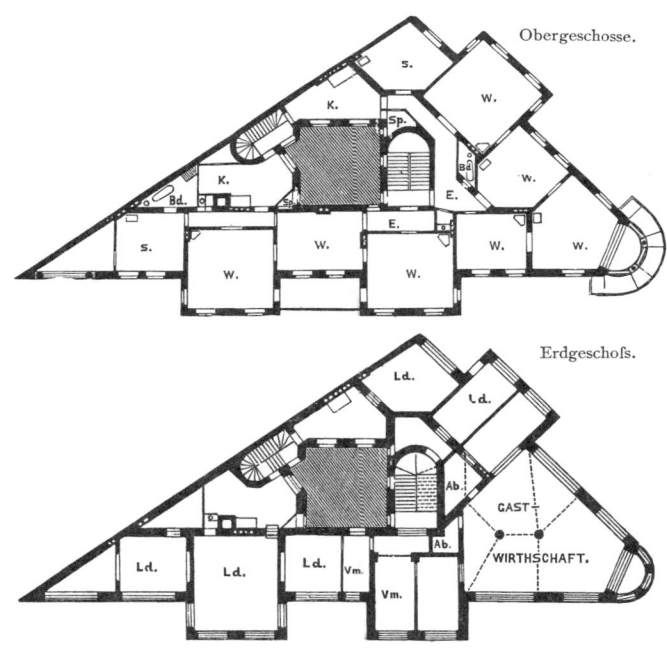

Abb. 640 u. 641. Wohnhaus Yorkstraße 15.
Architekt A. Rietz.

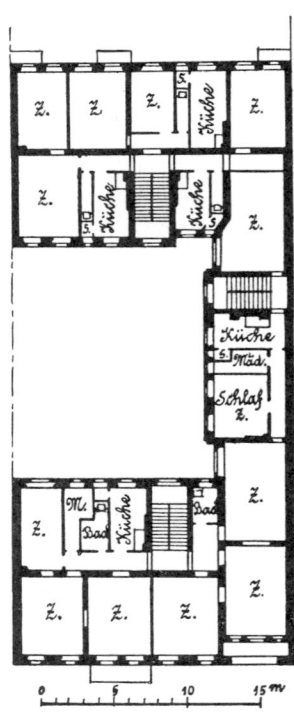

Abb. 639. Wohnhaus Hasenhaide 51—53.
Architekt Wankel.

V. Wohnhausbauten. 247

Franz Schwechten, ein Ziegelbau mit Werksteintheilen (Ausgeführte Backsteinbauten), Lessingstraße 57 (Abb. 630) von Paul Rötger, ein Putzbau mit Werksteingliederungen (Arch. d. Gegenw., Bd. II), Münzstraße 1 und 2 (Abb. 631) von Pötsch und Bohnstedt, ein Ziegelbau mit Werksteingliederungen und endlich Kurfürstendamm 102 (Abb. 632 und 633) von Heinrich Seeling, ein Putzbau mit in Kalkmörtel modellirten Ornamenten und farbigen Malereien.

Abb. 645. Wohnhaus Hirtenstraße 6. Architekt Weber.

Das Miethshaus mit kleinen Wohnungen besseren Ranges ist durch die in den Abbildungen 634—644 mitgetheilten Beispiele vertreten. Abb. 634 giebt ein von Höniger & Reyscher erbautes Haus, Klopstockstraße 25, dessen Grundriß das Motiv des Mittelflügels zeigt (vergl. Archit. Rundschau). Bei dem Hause Lessingstraße 30 (Abb. 635 u. 636, Bl. f. Arch. u. K.-H.) rührt der Grundriß wieder von Maurermeister Baesell, der Entwurf zu der im Ziegelbau mit Putzflächen gestalteten Façade von A. Messel her. Das Haus Berliner Straße 49 in Charlottenburg (Abb. 637 u. 638), dessen in den Motiven an die ähnlichen Grisebach'schen Bauten sich anlehnende Façade dieselbe Technik zeigt, ist ein Werk von H. Guth, dasjenige in der Hasenhaide 51—53 (Abb. 639, Baugew.-Ztg., Jahrg. 1894) ein solches von Wankel. An dem durch A. Rietz erbauten Hause

248   V. Wohnhausbauten.

Yorkstrafse 15 (Abb. 640 u. 641, Deutsche Bauzeitung, Jahrg. 1888, Nr. 10) interessirt das Geschick, mit welchem durch äufserste Ausnutzung der baupolizeilich gestatteten Erker-Vorlagen eine zweckmäfsige Bebauung des nach zwei Seiten spitzwinkligen Grundstücks überhaupt ermöglicht worden ist. Das Wohnhaus Lützowstrafse 82 (Abb. 642—644), das O. Kuhn für die Firma Schleicher erbaut hat, ist an dieser Stelle nur eingereiht worden, weil die Hauptmasse der in ihm enthaltenen, sehr gesuchten Wohnungen im langen Seitenflügel nur drei Zimmer umfafst. Im Vorderhause, dessen in Werkstein ausgeführte Façade mit einem Portal von polirtem Granit geschmückt ist, liegt je eine gröfsere Wohnung, am Ende des Hofes ein Atelierhaus, das im nächsten Abschnitte vorgeführt werden wird. Bemerkenswerth ist es, dafs — mit einer einzigen Ausnahme — alle diese von drei bis zu fünf Zimmer ent-

Abb. 646. Wohnhaus Hirtenstr. 6.
Architekt Weber.

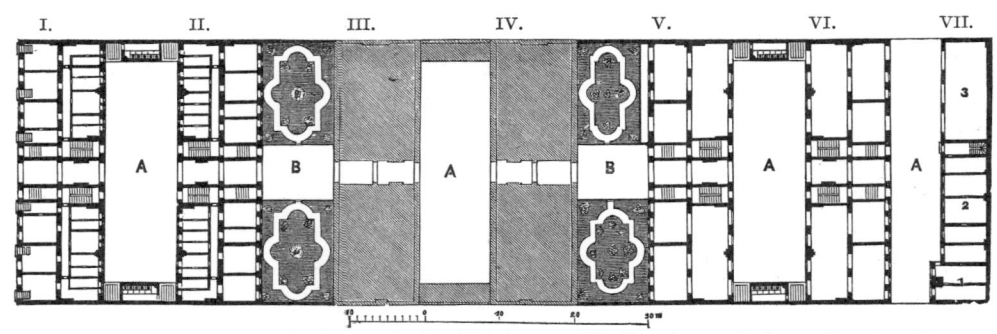

Erdgeschofs. A. Höfe. B. Gärten. I—VI. Wohnhäuser. VII. Verwaltungsgebäude. 1. Dampfmaschine.
2. Wohnung des Verwalters, darüber Badeanstalt. 3. Remise.
Abb. 647. Meyer'sche Häuser, Ackerstrafse 132/33.

haltenden Wohnungen ein eigenes Badezimmer und die nöthigen wirthschaftlichen Nebenräume besitzen. — Etwas untergeordneter behandelt sind die Wohnungen in dem von Weber erbauten Hause Hirtenstrafse 6 (Abb. 645 u. 646, C.-Bl. d. B.-V., Jahrg. 1896, Nr. 14), die gleichfalls drei Zimmer umfassen, aber eines Baderaumes durchweg entbehren. —

Wohnungen von weniger als drei Zimmern gehören, wenn sie nicht etwa von einer gröfseren Wohnung abgetrennt sind, sondern unmittelbar durch den Hauswirth vermiethet werden, zur Klasse der sogen. „Arbeiter-Wohnungen" und sind meist in eigens hierzu bestimmten und dementsprechend angelegten Häusern der Aufsenbezirke vereinigt. Die in der

Abb. 648 u. 649. Wohnhaus i. d. Wittstocker Str.
Architekt R. Goldschmidt.

älteren Bauweise so häufige, beinahe regelmäfsige Anordnung derselben im hinteren Theile der Seitenflügel von Miethshäusern mit Mittel-Wohnungen (vergl. Abb. 506—511) ist in demselben Mafse seltener geworden, wie

V. Wohnhausbauten.

die Anzahl der gröfseren Wohnungen, welche den ganzen Seitenflügel beanspruchen, sich vermehrt hat.

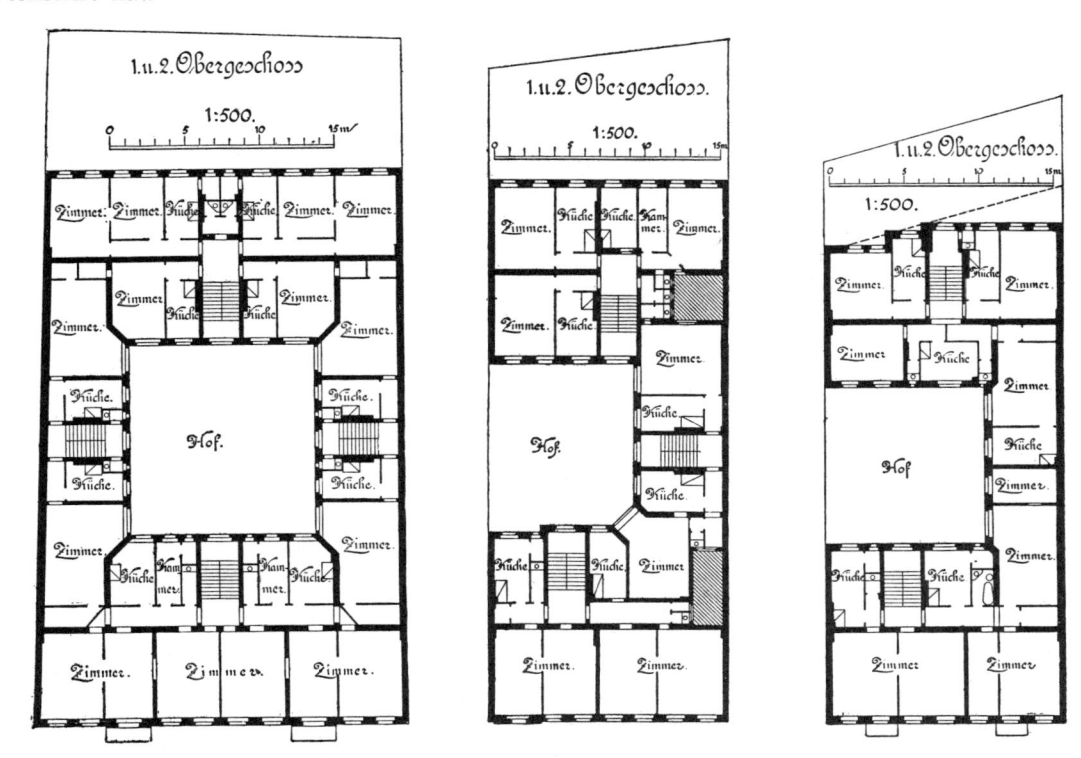

Abb. 650. Wohnhaus in der Siemensstrafse.

Abb. 651 u. 652. Wohnhäuser in der Rostocker und Wittstocker Strafse.

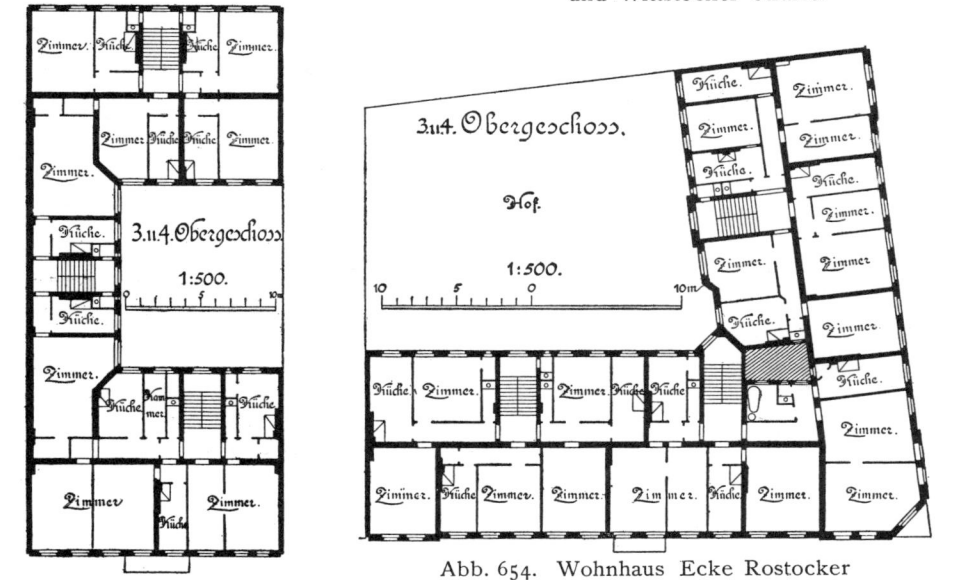

Abb. 653. Wohnhaus in der Siemensstrafse.

Abb. 654. Wohnhaus Ecke Rostocker und Wittstocker Strafse.

Architekt Rudolf Goldschmidt.

Die Masse der in Rede stehenden Wohnungen ist so grofs, dafs auch ihrer in dieser Darstellung gedacht werden mufs, wenn dies auch — da die hierbei ins Spiel kommenden Fragen mehr socialpolitischer als technisch-künstlerischer Art sind — nur flüchtig geschehen kann.

250 V. Wohnhausbauten.

Was man noch vor 22 Jahren der Arbeiterbevölkerung in Bezug auf ihre Wohnungen glaubte zumuthen zu können, zeigt in drastischer Weise der der ersten Ausgabe dieses Buches entnommene Grundrifs der im Jahre 1874

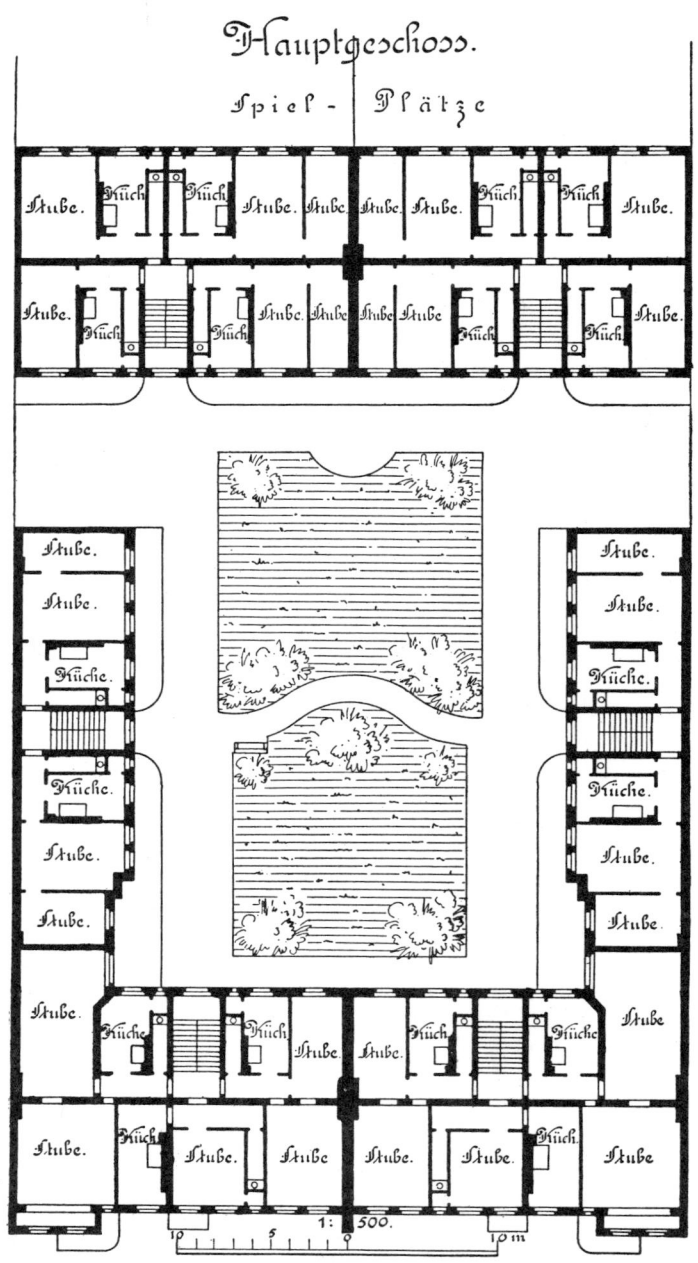

Abb. 657. Wohnhaus Sickingenstrafse 7/8. Arch. A. Messel.

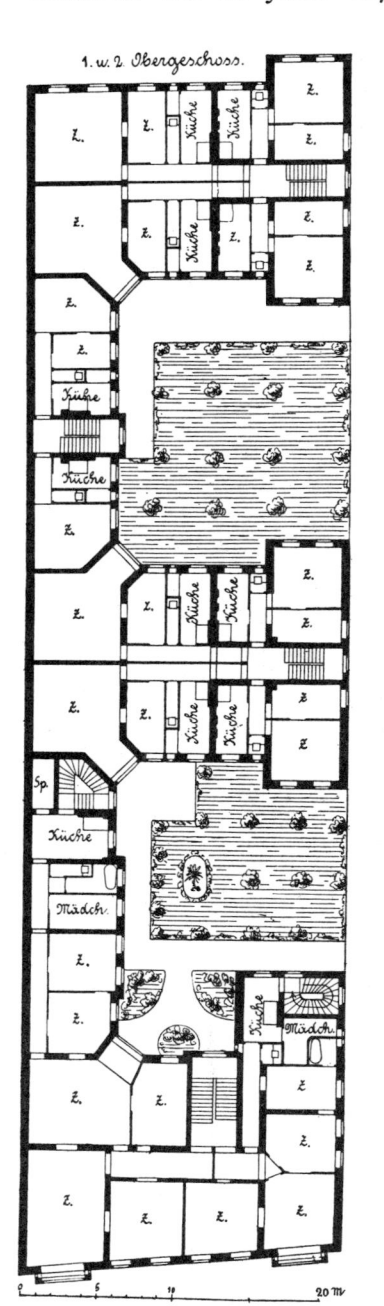

Abb. 656. Wohnhaus Chausseestr. 35.
Architekt Heidecke.

Abb. 655. Lageplan des Grundstücks Chausseestrafse 35.

erbauten sogen. Meyer'schen Häuser, Ackerstrafse 132/33 (Abb. 647). Auf dem sehr tiefen Grundstücke sind in ganzer Breite desselben und mit Abständen von 10 m sechs, im Erdgeschofs von breiten Durchfahrten durchbrochene vier-

V. Wohnhausbauten.

geschossige Häuser aufgeführt, denen an der hinteren Grenze ein siebentes, etwas schmaleres und niedrigeres folgt. In letzterem liegen die Wohnung des Verwalters, die Maschinenräume der Wasserversorgung, eine Remise und eine kleine Badeanstalt, die den Miethern unentgeltlich zur Verfügung steht. Von den vorderen Häusern enthalten im Erdgeschofs das an der Strafse liegende Kaufläden, das V. und VI. Haus Werkstätten; im übrigen sind diese mit je zwei Treppen versehenen Häuser ganz zu Wohnungen eingerichtet, die aus je einer Stube, Kammer und Küche bestehen. Diese Räume sind jedoch

Abb. 658. Wohnhaus Sickingenstrafse 7/8. Architekt Alfred Messel.

nicht vereinigt, sondern es liegen die Stuben auf der einen, Kammer und Küche auf der anderen Seite des durchgehenden Mittelcorridors, sodafs jene nach den als Gärten, diese nach den als Höfe ausgebildeten Zwischenräumen sich kehren. Brunnen und Abtritte sind in den Höfen angeordnet. Das ganze Grundstück enthält rd. 300 Wohnungen und bot einer Bevölkerung von 2000 Köpfen Obdach.

Ueber die Mängel eines solchen Wohnsystems, das durchaus nicht etwa für den fraglichen Bau erfunden, sondern damals das bei Arbeiter-Miethshäusern vorherrschende und hier nur im grofsen Mafsstabe durchgeführt war, kann ein Zweifel wohl nicht bestehen. Leider sind neben jener Anlage, die übrigens zu so starken Uebelständen geführt haben soll, dafs mittlerweile ein namhafter Theil der Wohngebäude zu Werkstätten eingerichtet ist, noch zahlreiche Häuser von ähnlicher Beschaffenheit vorhanden. Aber es sind mittlerweile auch Bestrebungen zur Abhülfe dieser traurigen Zustände in Thätigkeit getreten, die bereits erfreuliche Erfolge aufzuweisen haben und einen allmählichen Wandel derselben in Aussicht stellen.

Ohne die Wirksamkeit der Vereine und Gesellschaften, die hieran aus rein gemeinnützigen Beweggründen Theil genommen haben und von denen hier nur die Gemeinnützige Baugesellschaft und der Berliner Spar- und Bauverein genannt sein mögen, zu unterschätzen, wird man vorläufig die nachhaltigste und erfolgreichste Thätigkeit nach dieser Richtung doch denjenigen Unternehmern und Unternehmer-Gesellschaften zuschreiben dürfen, welche diesem Zweige der Bauthätigkeit zwar in vorwiegend geschäftlichem Sinne, aber ohne Anspruch auf übertriebenen Gewinn und mit menschlichem Verständnifs für die Verhältnisse der betreffenden Bevölkerungsschichten sich gewidmet haben.

Von den Häusern mit kleinen Wohnungen, die auf solche Weise entstanden sind, seien in den Grundrissen Abb. 648—654 einige Beispiele mitgetheilt, deren Entwurf von R. Goldschmidt herrührt. Einer Erläuterung bedürfen dieselben nicht; man sieht, dafs sie — in den durch ihren Zweck gezogenen Grenzen — Wohnungen aller Gröfsen, von Stube mit Küche beginnend, bis zu drei Zimmern, Küche und Badestube, enthalten. Jede Wohnung ist für sich abgeschlossen und besitzt ihr eigenes Closet; die Gröfsen der Zimmer gehen nie unter wirklich nutzbare Mafse herunter. — Wohnungen gleicher Art enthält auch der hintere Theil der grofsen Miethshausanlage, die C. Heidecke auf dem Grundstück der Fesca'schen Maschinenfabrik, Chausseestrafse 35 (Abb. 655 u. 656), geschaffen hat, während im vorderen Theil des Hauses je zwei Mittelwohnungen von vier bezw. sechs Zimmern liegen. Die eigenthümliche Gesamtanordnung, welche daraus hervorgegangen ist, dafs eine Einfahrt zur Fabrik frei gehalten werden mufste, erklärt der Lageplan. Sie ist für die Versorgung der Wohnungen mit Licht und Luft natürlich besonders vortheilhaft gewesen.

Die Bestrebungen des Berliner Spar- und Bauvereins, dessen Architekt A. Messel ist, haben bisher namentlich in dem grofsen Hause Sickingenstrafse 7/8 (Abb. 657 u. 658) einen schönen Ausdruck gefunden. Ob es möglich sein wird, ohne Inanspruchnahme bedeutender Zuschüsse an einer Freilage der Gebäude und an einer Gröfsenbemessung der Zimmer festzuhalten, wie sie hier zum Theil gewählt wurden, mufs die Zukunft lehren.

Abb. 659. Ateliergebäude des Bildhauers Max Unger, Alexandrinenstrafse 50.
Architekten Peters & Sehring.

VI. Künstler-Werkstätten.[1]

Das Maler- oder Bildhauer-Atelier trat in den Jahren vor 1870 nur sehr vereinzelt als selbständiges, geschweige denn als bemerkenswerthes Bauwerk auf. Nur wenige besonders günstig gestellte Künstler waren in der Lage, sich ein eigenes, ihren Bedürfnissen entsprechendes Atelier zu beschaffen. Die übrigen mufsten sich mit zweifelhaften, meist auf den Dachböden hergerichteten Räumen mit grofsem Nordfenster begnügen, die fast immer einen sehr schlechten Aufgang und winklige halbhohe Nebenräume besafsen. Mit dem schnellen Anwachsen Berlins wuchs indessen auch die Zahl der bildenden Künstler. Mit der Nachfrage nach guten Ateliers mehrte sich das Angebot. Die Speculation nahm sich besonders in den letzten Jahren auch dieses bis dahin vernachlässigten Zweiges der Bauthätigkeit an, und heute ist an vermiethbaren, guten Ateliers, die den Wünschen auch verwöhnter Künstler entsprechen, kein Mangel mehr.

Mit den Ateliers, welche vereinzelt in Wohnhäusern angelegt sind, ohne dafs sie als ein organischer Theil derselben zu betrachten wären, will sich die nachfolgende Darstellung nicht beschäftigen; einige Beispiele derselben sind bereits in dem vorangehenden Abschnitte vorgeführt worden. Es handelt sich vielmehr einerseits um Baulichkeiten, welche lediglich das Atelier eines Künstlers mit den entsprechenden Nebenräumen oder der Wohnung desselben enthalten und nach seinen Angaben entstanden zu sein pflegen, und

---

[1] Bearbeitet vom Regierungs-Baumeister Rudolf Goldschmidt.

254   VI. Künstler-Werkstätten.

anderseits um sogenannte **Atelierhäuser**, welche in verschiedenen Geschossen über einander eine ganze Reihe von Ateliers zur Vermiethung enthalten.

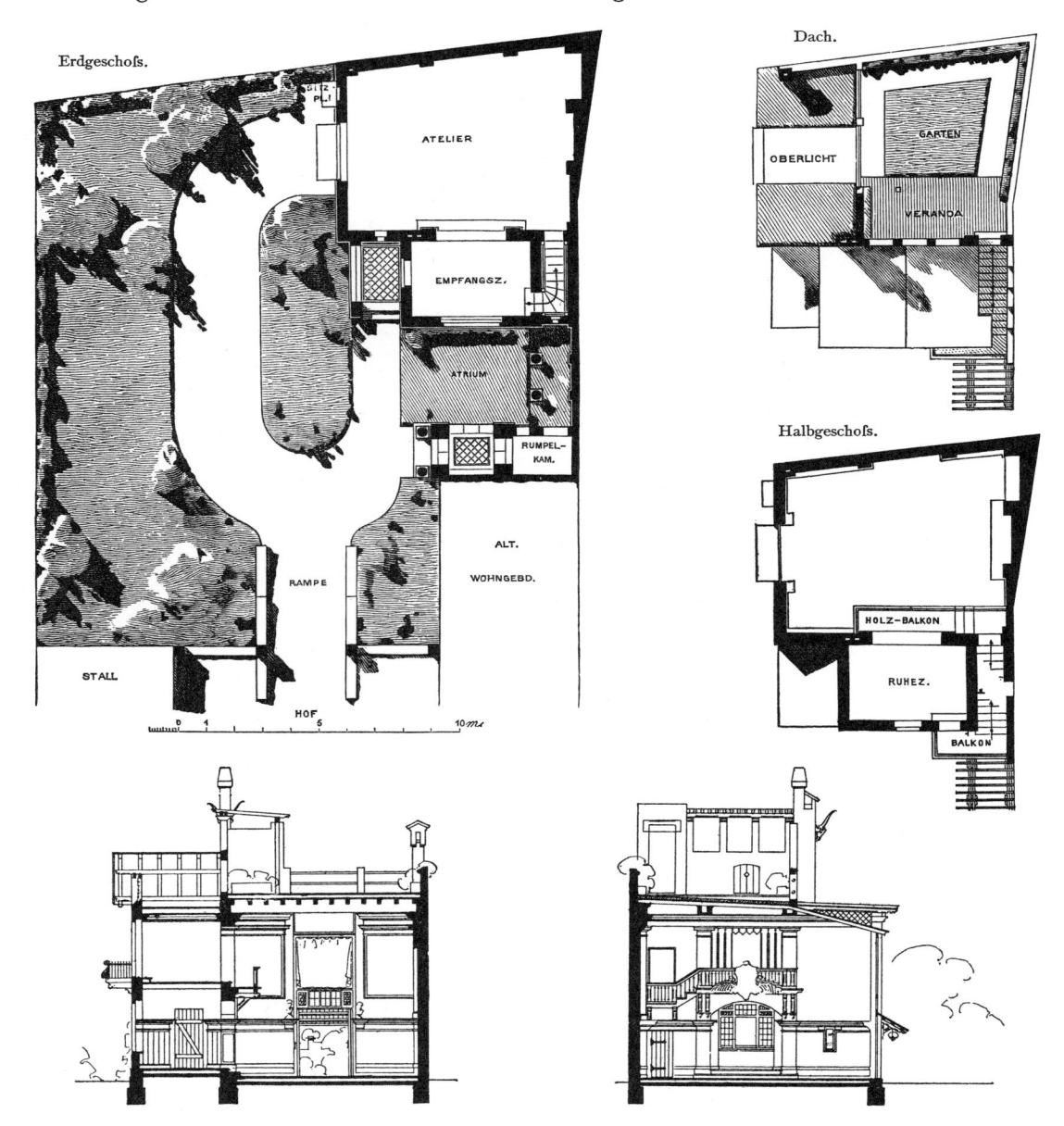

Abb. 660—664. Ateliergebäude des Bildhauers Max Unger, Alexandrinenstrafse 50.
Architekten Peters & Sehring.

A. Einzelateliers.

Am reichsten und eigenartigsten unter denselben sind die Bildhauer-Ateliers vertreten, von denen hier drei Beispiele mitgetheilt werden mögen.

Das Atelier des Bildhauers Max Unger, Alexandrinenstrafse 50 (Abb. 659—664), von Peters & Sehring, ist als selbständiger Bau in reizvoller Lage in einem Garten errichtet worden. Es ist in italienischer, an die Häuser in Capri erinnernder Weise gebaut und unter geschickter Benutzung der örtlichen Verhältnisse, welche zur Anordnung eigenartig wirkender Freitreppen, Sitzplätze, Hallen usw. Gelegenheit boten, zu einem ebenso

VI. Künstler-Werkstätten. 255

zweckmäfsigen wie anmuthigen, kleinen Bauwerk gestaltet. Der Innenraum besteht wesentlich aus dem Arbeitsraum, der 6,50 m breit, 8,25 m tief und 6,50 m hoch ist, und aus einem Vorraum, über dem ein Wohnzimmer liegt. Die Beleuchtung des Arbeitsraumes erfolgt durch Seitenlicht und Oberlicht. Verschiedene Blenden ermöglichen es, nach Belieben

Abb. 665. Wohnhaus und Atelier des Bildhauers Prof. H. Hoffmeister in Grunewald.
Architekt B. Sehring.

Spiellichter zu benutzen. In den Mittagsstunden sonniger Tage läfst sich auch eine Beleuchtung der Ausstellungs-Gegenstände mittels zweier Complementär-Farben ins Werk setzen, die von besonders interessanter Wirkung ist. (Vergl. Deutsche Bauzeitung, Jahrgang 1887, Nr. 79.)

Malerisch gruppirt ist auch das Wohnhaus und Atelier des Bildhauers Professor Heinz Hoffmeister in Grunewald, Hagenstrafse 37 (Abb. 665—667), das gleich-

VI. Künstler-Werkstätten.

falls von Sehring erbaut ist. Im Erdgeschofs befinden sich zwei Ateliers, ein gröfseres und ein kleines, die Wohn- und Speisezimmer sowie die Küche, in dem höher geführten hinteren Theile die Schlafräume. — Dafs das Gebäude einen sehr interessanten Abschlufs

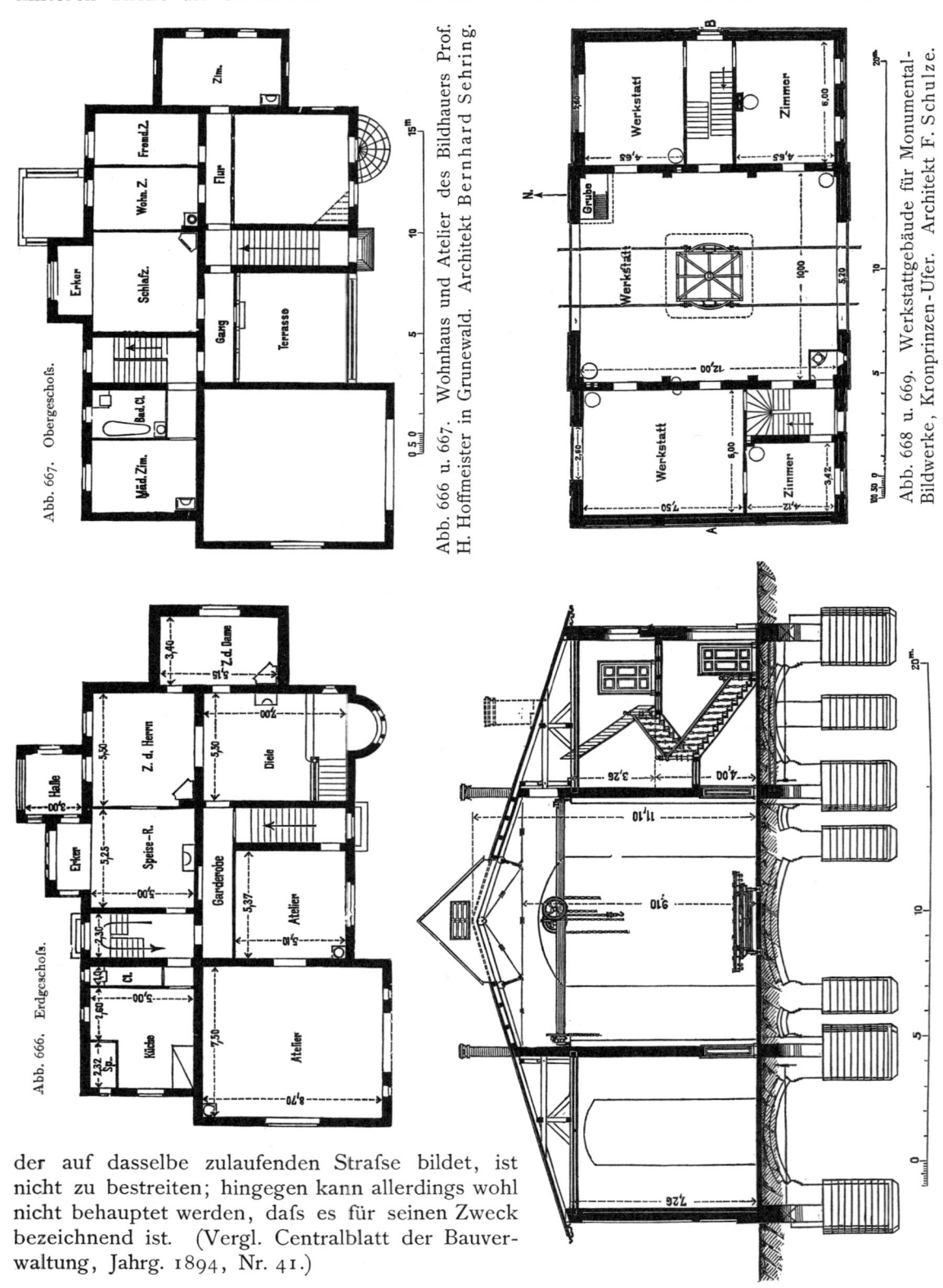

Abb. 667. Obergeschofs.

Abb. 666 u. 667. Wohnhaus und Atelier des Bildhauers Prof. H. Hoffmeister in Grunewald. Architekt Bernhard Sehring.

Abb. 668 u. 669. Werkstattgebäude für Monumental-Bildwerke, Kronprinzen-Ufer. Architekt F. Schulze.

Abb. 666. Erdgeschofs.

der auf dasselbe zulaufenden Strafse bildet, ist nicht zu bestreiten; hingegen kann allerdings wohl nicht behauptet werden, dafs es für seinen Zweck bezeichnend ist. (Vergl. Centralblatt der Bauverwaltung, Jahrg. 1894, Nr. 41.)

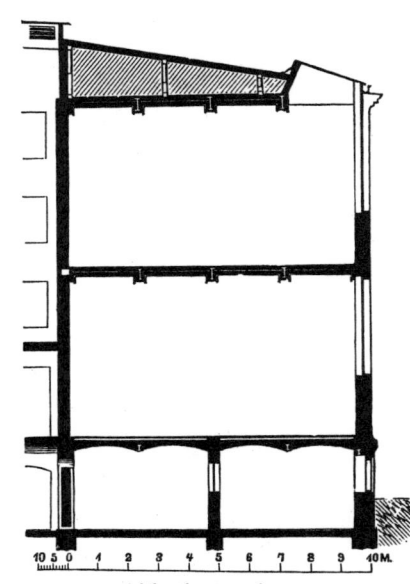

VI. Künstler-Werkstätten. 257

Abb. 670 u. 671.
Atelier des Malers Prof. C. Gussow.
Architekten Kayser & v. Groszheim.

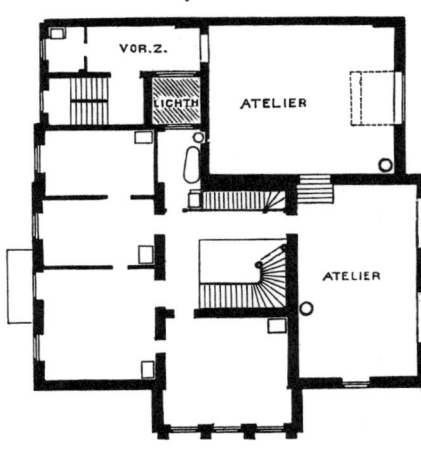

Zu Abb. 672—676. 1. Eingang. 2. Modelle. 3. Conferenzzimmer. 4. Hausmeister. 5. Closets. 6. Heizung. 7. Kohlen. 8. Haupttreppe. 9. Nebentreppe. 10. Vorraum. 11. Buchhalterei. 12. Zeichensäle. 13. Chefs. 14. Arbeitsräume. 15. Dunkelkammer. 16. Plateau zum Lichtpausen. 17. Bodenraum für Zeichnungen und Acten. 18. Lichthof.

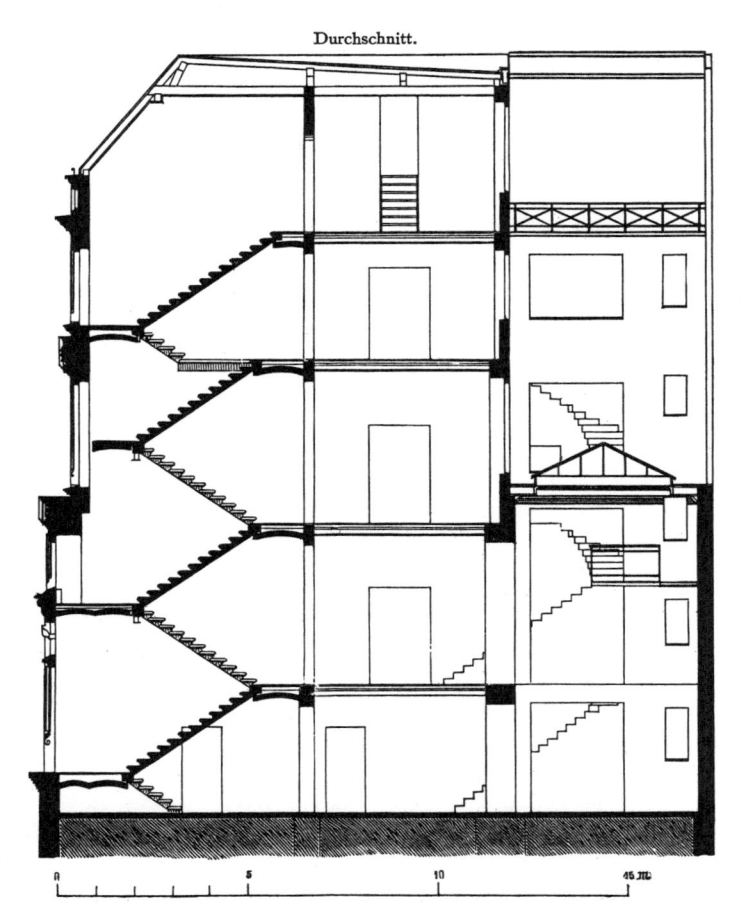

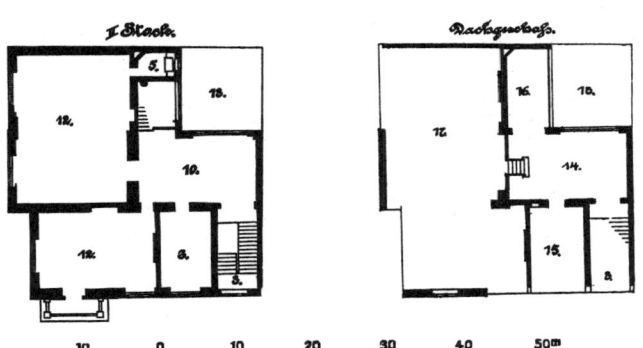

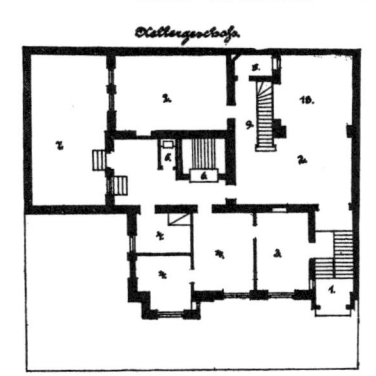

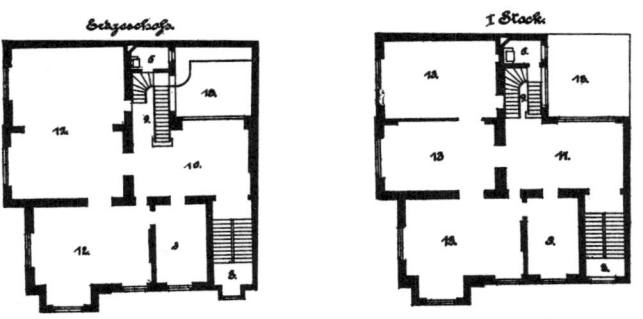

Abb. 672—677. Ateliergebäude der Architekten Kayser & v. Groszheim, Hildebrandstrafse 25.

Berlin und seine Bauten. III.

33

258　　　　　　　　　VI. Künstler-Werkstätten.

Das Werkstattgebäude für Monumental-Bildwerke, Kronprinzen-Ufer, Ecke Richard-Wagner-Strafse (Abb. 668 u. 669), ist auf Veranlassung des Königlichen Cultusministeriums von Fr. Schulze errichtet worden. Interessant sind die technischen Einrichtungen desselben. Der Haupt-Atelierraum in der Mitte des Gebäudes ist 10 m breit, 12 m lang und 11 m hoch. Links und rechts sind kleinere Atelierräume und einige Wohnzimmer angeordnet. Der Hauptraum hat ein Oberlicht und erhält aufserdem Seiten-

Abb. 687. Atelierhaus im Garten des Hauses Kurfürstenstrafse 126.
Architekt Alfred Messel.

licht von den beiden sich gegenüber liegenden 9,10 m hohen Thorwegen. Die Modellir-Drehscheibe in der Mitte des Raumes ruht auf Schienen, dergestalt, dafs das ganze Bildwerk ins Freie gefahren werden kann, um seine Wirkung unter freiem Himmel zu studiren. Zu ähnlichem Zwecke befindet sich in einer Ecke eine Grube, die einen Ausblick von einem tieferen Standpunkt auf das Bildwerk gestattet. Ein Laufkran erleichtert den Transport schwerer Stücke. (Vergl. Centralblatt der Bauverwaltung, Jahrg. 1890, Nr. 71.)

Als Beispiel eines Maler-Ateliers möge dienen:

Das ehemalige Ateliergebäude des Professor Gussow in Verbindung mit dem Wohnhause desselben, Buchenstrafse 3 (Abb. 670 u. 671), das von Kayser & v. Grosz-

VI. Künstler-Werkstätten. 259

heim erbaut ist. Es enthält drei Ateliers, eins davon nur mit Seitenlicht versehen im Erdgeschofs, zwei mit Seiten- und Oberlicht im ersten Obergeschofs. Da das Oberlicht des Hauptateliers im Obergeschofs zu schwach geneigt

Abb. 678—681. Atelierhaus Siegmundshof 11. Architekten Ende & Böckmann.

ist, treten in demselben ungünstige Reflexe auf, die durch eine vorgezogene Leinwand abgeblendet werden müssen. (Vgl. Deutsches Bauhandbuch II, 2.)

In Abb. 672—677 ist endlich noch als Beispiel eines eigenen Hauses für den Zweck eines baukünstlerischen Ateliers das Ateliergebäude der Architekten Kayser & v. Groszheim, Hildebrandstrafse 25, mitgetheilt. Da eine Anlage dieser Bestimmung — abgesehen von provisorischen, gelegentlich gröfserer Bauausführungen auf der Baustelle errichteten Gebäuden — wohl äufserst selten vorkommen dürfte, wird ihre Veröffentlichung auch an dieser Stelle sicher-

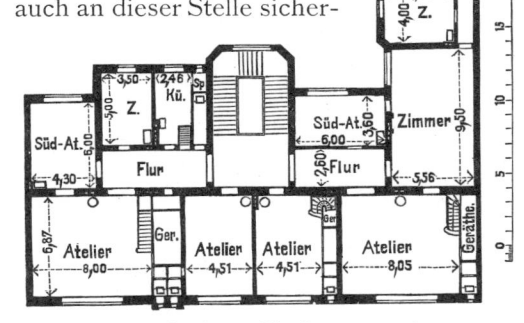

Abb. 686. Atelierhaus Kurfürstenstrafse 126.
Architekt Alfred Messel.

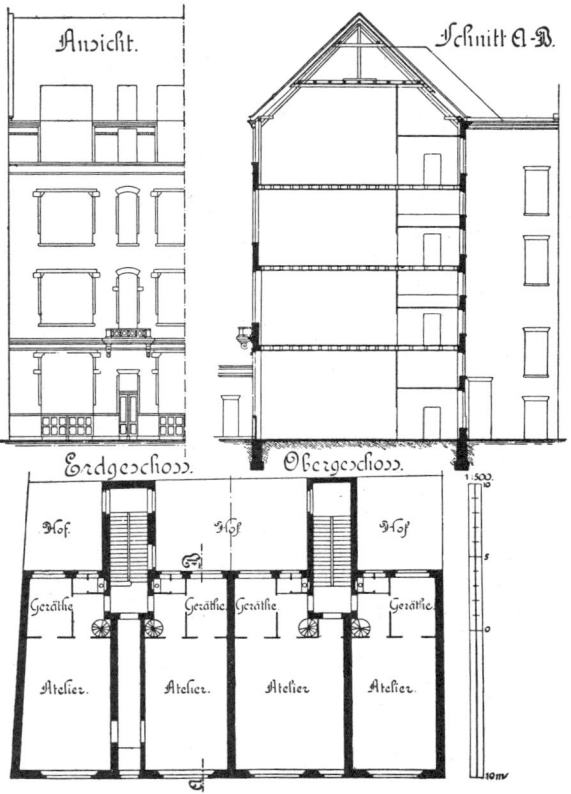

Abb. 682—685. Atelierhaus Lützowstrafse 82.
Architekt Oswald Kuhn.

lich erwünscht sein. Das Haus hat aufser Keller- und Erdgeschofs zwei Obergeschosse und ein Dachgeschofs. Im Keller befinden sich aufser der Wohnung des Pförtners Lagerräume

33*

260   VI. Künstler-Werkstätten.

Ansicht vom Vorderhause auf den Hof.

und ein Conferenzzimmer. Im ersten Obergeschofs befinden sich die Sprech- und Arbeitsräume der Chefs und die Buchhalterei, in den anderen Geschossen die Zeichenräume, welche, da das Haus nach zwei Seiten freisteht, sehr gute Beleuchtung meistens durch Nordlicht haben. Auf dem Dachboden sind die Räume für Herstellung von Lichtpausen untergebracht. Der innere Lichthof, der in seinem unteren Theile durch eine Glasdecke abgeschlossen ist, wird dazu benutzt, um Detailzeichnungen und Modelle, welche auf der kleinen dort angeordneten Galerie angebracht werden, aus gröfseren Entfernungen und unter verschiedenen Gesichtswinkeln in Augenschein nehmen zu können. Die Façaden des Gebäudes sind im Ziegel-Fugenbau, die Architekturtheile in Sandstein, sämtliche Zwischendecken in Massiv-Construction hergestellt. (Vergl. Deutsche Bauzeitung, Jahrg. 1887, Nr. 3.)

Unterer Theil der Strafsenfront.
Abb. 688 u. 689. Künstlerhaus zum St. Lucas in Charlottenburg, Fasanenstrafse 22. Architekt B. Sehring.

VI. Künstler-Werkstätten. 261

B. Atelierhäuser.

Atelierhäuser, die gewöhnlich auf dem Hinterlande oder in Gärten tiefer Grundstücke gebaut werden und in jedem ihrer drei bis vier Geschosse Ateliers mit ihren Nebenräumen enthalten, sind in Berlin etwas verhältnifsmäfsig Neues. Sie sind anscheinend aus München nach hier verpflanzt worden, wo eine derartige Anordnung des Ateliers überwiegt. Die letztere hat für den Künstler viel Verlockendes. Der sich im Hause naturgemäfs entwickelnde, collegiale Verkehr giebt besonders jüngeren Künstlern Gelegenheit, ältere und erfahrene Künstler bei ihrer Arbeit beobachten zu können; anderseits gewährt er ihnen auch die Möglichkeit, jederzeit einen Meinungsaustausch über die eigenen Arbeiten herbeiführen zu können. Dagegen haben derartige Atelierhäuser vielfach den Nachtheil, dafs die Beleuchtung der Ateliers in den unteren Geschossen keine besonders günstige sein kann und dafs in denselben auf Oberlicht ganz verzichtet werden mufs.

Eine der ersten hier ausgeführten Anlagen ist das Atelierhaus Siegmundshof 11 (Abb. 678—681), das von Ende & Böckmann ausgeführt worden ist. Dasselbe hat zwei, stellenweise drei Geschosse und ein Dachgeschofs. Zu ebener Erde liegen, wie meistens in diesen Häusern, Bildhauer-Werkstätten, in den oberen Geschossen solche für Maler, Kupferstecher und Angehörige des Kunstgewerbes. Wohn- und Nebenräume sind hier noch ziemlich untergeordnet behandelt, während in den späteren Bauten dieser Art auf eine intimere Anlage und Ausgestaltung derselben Werth gelegt wurde. Sehr gut ist, wie der Querschnitt ersichtlich macht, die Anordnung der

Abb. 690 u. 691. Künstlerhaus zum St. Lucas in Charlottenburg, Fasanenstrafse 22. Architekt Bernhard Sehring.

Fenster, die ziemlich bis zur Brüstungshöhe in das obere Geschofs hineingreifen und hier durch einen Kasten verdeckt werden; dadurch wird die Lichtzufuhr wesentlich erhöht.

Eine Weiterentwicklung zeigt das von O. Kuhn errichtete Atelierhaus auf dem Hinterlande des Grundstücks Lützowstrafse 82 (Abb. 682—685, vgl. noch Abb. 643). Hier sind die Nebenräume auf sehr geringem Raum geschickt untergebracht. Die Höhe der Ateliers ist für die letzteren in zwei Theile getheilt; unten liegen ein heller Vorraum, Closet, Gerätheraum, darüber ein durch eine besondere Wendeltreppe zugänglicher Schlaf- oder Wohnraum.

Das Atelierhaus im Garten des Hauses Kurfürstenstrafse 126 (Abb. 686 u. 687) ist von A. Messel erbaut; es zeichnet sich zugleich äufserlich durch eine gute Façaden-Ausbildung aus. Hier sind in jedem Geschofs zwei Ateliers mit Wohnung und zwei ohne solche angeordnet. Eine breite Treppe mit freiem Mittelraum, der mit Flaschenzug für den Transport gröfserer Arbeiten versehen ist, vermittelt den Verkehr. In jedem Atelier befindet sich in halber Höhe eine Galerie, zu der eine kleine frei liegende Treppe führt; unter dieser Galerie sind die nöthigen Nebenräume angeordnet. Galerie und Treppe sind einfach, aber reizvoll in sichtbarer Holzconstruction hergestellt und geben den Ateliers etwas sehr Behagliches. (Vergl. Centralblatt der Bauverwaltung, Jahrgang 1894, Nr. 32.)

Die architektonisch interessanteste Anlage dieser Art ist jedoch das Atelierhaus Fasanenstrafse 22, das von B. Sehring erbaut wurde und den Namen „Künstlerhaus zum St. Lucas" führt (Abb. 688—691). Abweichend von den vorigen steht dasselbe nicht auf Hinterland, sondern liegt an der

Abb. 692. Atelier- und Wohnhaus „Zum Bieber" in Wilmersdorf, Durlacher Strafse 6.
Architekt Wilhelm Walther.

Strafse und hat nach hinten zwei Seitenflügel und ein halbes Quergebäude. Aus der Ansicht des Eingangsportals und des Hofes, welchem letzteren die Hoffront des gleichfalls von Sehring erbauten Nachbargebäudes einen wirkungsvollen Abschlufs giebt, ist die geschickte, malerische Gruppirung der Gebäudetheile bei Verwendung verhältnifsmäfsig geringer Mittel zu ersehen. Hier und dort wird der malerische Eindruck durch einen kleinen Brunnen, durch eine alte Heiligenfigur, durch ein altes geschmiedetes Gitter und vor allem durch geschickte Anpflanzungen von wildem Wein und Epheu gehoben. Die Ateliers liegen im Vorderhause und im linken Seitenflügel; doch ist im letzteren die Beleuchtung natürlich keine sehr vorzügliche. Einige Ateliers können mit Wohnung vermiethet werden; zu anderen gehört nur ein Vorraum und ein Schlafzimmer, das neben dem Atelier oder über dem Vorraum gelegen ist. Für die Hausbewohner war im Erdgeschofs ursprünglich eine besondere Restauration mit behaglichem Kneipraum angelegt

VI. Künstler-Werkstätten.

Abb. 693—695. Atelier- und Wohnhaus „Zum Bieber" in Wilmersdorf, Durlacher Strafse 6.
Architekt W. Walther.

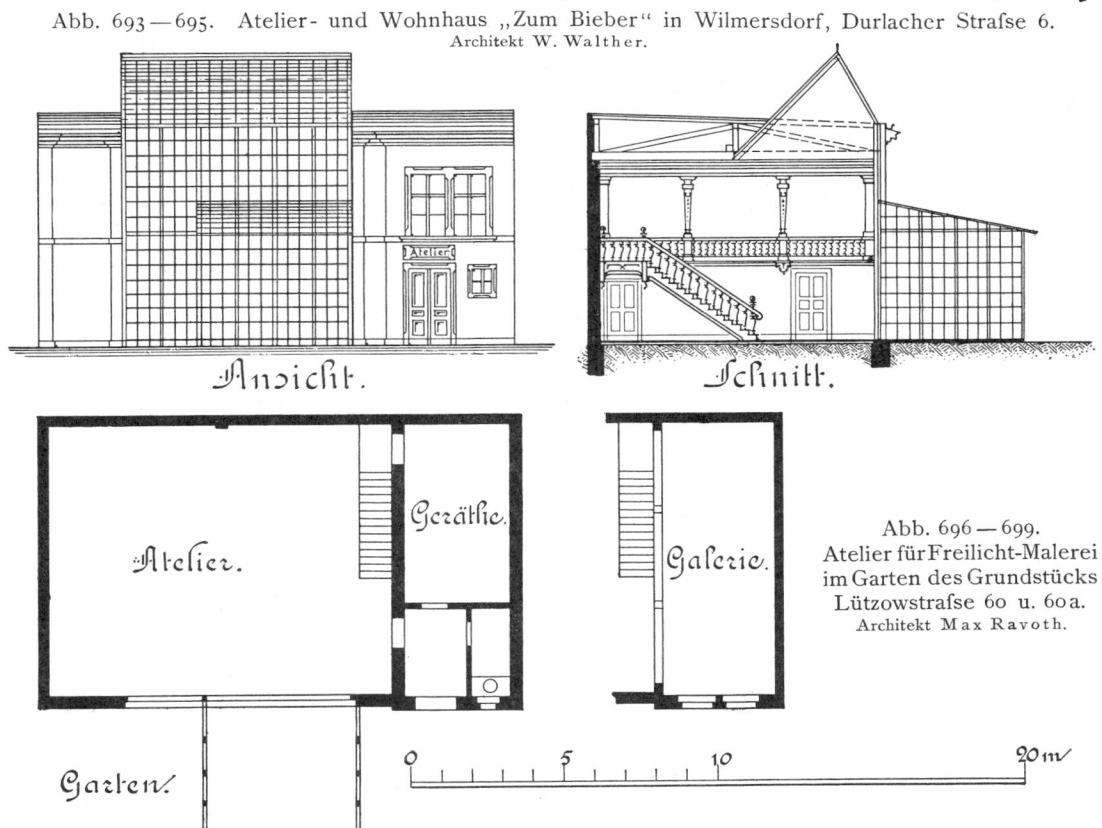

Abb. 696—699. Atelier für Freilicht-Malerei im Garten des Grundstücks Lützowstrafse 60 u. 60a.
Architekt Max Ravoth.

worden, dieselbe ist aber später eingegangen. (Vergl. Deutsche Bauzeitung, Jahrgang 1891, Nr. 63.)

Zu den in Rede stehenden Anlagen ist auch das Atelier- und Wohnhaus „Zum Bieber", Berlin-Wilmersdorf, Durlacher Strafse 6 (Abb. 692—695), zu rechnen, das in den Jahren 1893/94 von Wilhelm Walther erbaut wurde. Dasselbe enthält im Vordergebäude und Seitenflügel eine gröfsere Zahl kleiner Miethswohnungen, im Quergebäude jedoch eine Anzahl von Werkstätten, die im wesentlichen für die Bedürfnisse eines Bildhauer- und Stuckateur-Geschäfts hergerichtet sind, und aufserdem sechs vermiethbare Malerateliers mit Nebenräumen. Bemerkenswerth ist die architektonische Gestaltung des Hofes.

Zum Schlufs des Abschnitts sei noch auf einige Ateliers hingewiesen, welche aus den von den Malern der modernen realistischen Schule gestellten Anforderungen heraus entstanden sind. Die betreffenden Künstler wollen den Gegenstand ihrer Malerei genau in derselben Beleuchtung wiedergeben, in der sie ihn gesehen haben. Das können sie in ihrem Atelier aber nur dann erreichen, wenn sie Gelegenheit haben, sich hier die vielseitigste Beleuchtung herzustellen.

So hat das Atelier im Garten des Hauses Lützowstrafse 60/60a (Abb. 696—699), das von Max Ravoth errichtet ist, vor dem eigentlichen Arbeitsraum einen Glaskasten von 4,75 m Tiefe und 5 m Breite, der sich in ganzer Breite nach dem ersten hin öffnet. Die in denselben gestellten Modelle zeigen die gleiche Beleuchtung wie auf der Strafse. Der Maler selbst steht bei seiner Arbeit im Atelier oder im Glaskasten. Wünscht er jedoch, Gegenstände, Figuren usw. zu malen, die ganz im Freien, im Regen oder Schnee stehen sollen, so stellt er sie aufserhalb des Glaskastens ins Freie und malt sie vom Glaskasten aus. Die im Atelier vorhandene Galerie mit Brüstung und Freitreppe hat den Zweck, für den Maler einen erhöhten Standpunkt für Betrachtung seines Bildes zu gewinnen, anderseits kann er aber auch auf derselben das Modell hoch stellen, um es von unten gesehen malen zu können.

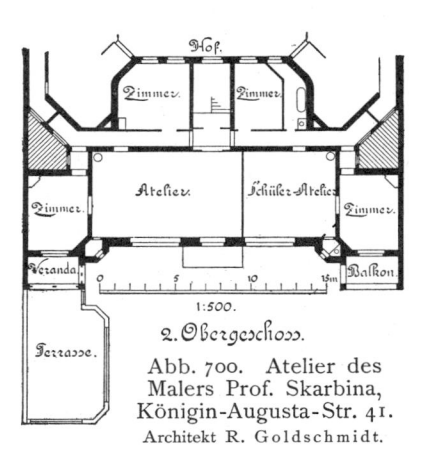

Abb. 700. Atelier des Malers Prof. Skarbina, Königin-Augusta-Str. 41. Architekt R. Goldschmidt.

In dem von R. Goldschmidt eingerichteten Atelier für Professor Skarbina (Abb. 700), das im zweiten Obergeschofs des Hauses Königin-Augusta-Strafse 41 sich befindet, ist der Glaskasten erheblich kleiner; er liegt vor dem Hauptatelier (im Grundrifs in Linien angedeutet), ist nur 1,50 m tief, 4 m breit und 3,50 m hoch. Doch genügt er dem Künstler und ersetzt aufserdem das dem Atelier fehlende Oberlicht, welches nicht anzuordnen war, weil im dritten Obergeschofs gleichfalls Ateliers sich befinden. Um noch Beleuchtungen anderer Art sich schaffen zu können, ist vor dem Zimmer links eine mit Glas geschlossene Veranda, vor dem Zimmer rechts ein offener, überdeckter Balcon angelegt. Vor der Veranda befindet sich eine Terrasse, auf der Figuren ins Freie gestellt werden. Die Brüstungshöhe der grofsen Atelierfenster ist nicht höher ausgeführt als bei gewöhnlichen Wohnfenstern, um auch Figuren gegen das Licht malen zu können.

VII.
Gebäude für Vereine.[1]

Nach den Angaben des „Neuen Adrefsbuchs für Berlin" vom Jahre 1896 bestehen in Berlin rd. 1300 Vereine; dabei sind die Vereinsverbände und Unterabtheilungen gröfserer Vereinigungen nicht besonders gezählt, auch die etwa 150 studentischen Vereine und Verbindungen nicht mitgerechnet. Mit der gröfsten Zahl, gegen 250, sind die Vereine für Handel, Gewerbe und Industrie, Innungen, Gewerkvereine, Vereine zur Wahrnehmung von Berufsinteressen, Handwerker- und kaufmännische Vereine vertreten. Kriegervereine sind 112, gesellige, Gesang- und Musikvereine 105, wissenschaftliche, Kunst- und Künstlervereine 110 vorhanden. Nur eine kleine Zahl dieser Vereine ist im Besitze besonderer, ausschliefslich für die eigenen Zwecke benutzten Gebäude und nicht auf Vermiethungen einzelner Theile an fremde Vereine oder Privatpersonen angewiesen. Die grofse Mehrzahl hält ihre Versammlungen in gemietheten Localen ab, die sie sich nur von Jahr zu Jahr für bestimmte Tage sichern. Günstiger gestellte Vereine können sich auch wohl für längere Zeit gemiethete Theile eines Gebäudes für ihre Zwecke einrichten und so einen scheinbar festeren Wohnsitz erlangen.

In dieser Lage befindet sich u. a. zur Zeit der Verein Berliner Künstler, der seit Jahren in dem ersten Stockwerk des Hauses des Architekten-Vereins sein Heim aufgeschlagen hat, demnächst aber das von ihm erworbene Haus Bellevuestrafse 3 für seine Zwecke umzubauen gedenkt, ferner der Verein junger Kaufleute von Berlin. Dieser hat seit 1888 eine Reihe von Geschäftszimmern, Bibliothek, sowie namentlich den grofsen Festsaal im Obergeschofs des von Fr. Schwechten erbauten sogen. Industriegebäudes, Beuthstrafse 20, inne.[2] Der stattliche Saal in italienischen Renaissanceformen mit einer Pilaster-Architektur über hohem Paneel, mit Voute und reich gegliederter wagerechter Decke, ist durch seine ornamentale und farbige Ausstattung wie durch seine Raumverhältnisse hervorragend. Die den Fenstern gegenüber liegende Wand ist elliptisch gestaltet und enthält in der Mitte den Haupteingang, darüber einen Musikerbalcon (Abb. 701).

In einem von dem Architekten H. Jassoy 1894 erbauten Saale Steglitzer Strafse 35 tagt zur Zeit die Vereinigung Berliner Architekten. Der Saal ist 15 m lang und 12 m breit, mit einem auf Holzschalung hergestellten Tonnengewölbe gedeckt und zeigt an beiden Langseiten hübsche, von Giesecke in frischem Putz modellirte Kinder- und Rankenfriese.

Die Zahl derjenigen Locale, welche einzelne Säle oder mehr oder minder abgeschlossene Gesellschaftsräume an Vereine oder gelegentlich zu Festlichkeiten vermiethen, ist sehr grofs. Die meisten von ihnen sind in architektonischer Beziehung ohne Belang. Als künstlerisch hervorragendes Beispiel, das schon durch seine äufsere Erscheinung die Bestimmung des Bauwerks kennzeichnet, sei der 1886 durch die Architekten v. Holst & Zaar in den Formen der deutschen Renaissance erbaute **Altstädter Hof** an der Ecke

---

[1] Bearbeitet vom Regierungs-Baumeister R. Rönnebeck.
[2] Zeitschrift für Bauwesen. 1888. — Centralblatt der Bauverwaltung. 1888. Nr. 36. — Deutsche Bauzeitung. 1888. Nr. 1.

der Kaiser-Wilhelm-Strafse und des Neuen Marktes erwähnt. Das Gebäude enthält im Erdgeschofs eine die Vorderräume einnehmende Bierwirthschaft, deren in dem betreffenden Kapitel (Bd. III S. 7) eingehend gedacht ist; im ersten Stock liegen die vorwiegend für jüdische Hochzeiten vermietheten Gesellschaftsräume, in den oberen Geschossen sind Hôtelzimmer eingerichtet. Bei einer bebauten Grundfläche von 455 qm ohne die Unterkellerung des Hofes haben sich rd. 280 000 ℳ an Baukosten ergeben.

Vereinshäuser im eigentlichen Sinne sind die folgenden Bauwerke, die für die besonderen Zwecke ihrer Besitzer theils durch Umbau älterer Anlagen entstanden, theils neu errichtet worden sind:

1. Die Therbusch'sche Ressource zur Unterhaltung,

Oranienburger Strafse 18. Die Gesellschaft ist aus einer geselligen Vereinigung, die bereits 1783 bestanden hat, hervorgegangen und hat ihren Namen nach dem des ehemaligen Besitzers ihres Grundstücks erhalten, das sie im Jahre 1800 für den Preis von 16 740 Thalern in der Zwangsversteigerung erwarb, nachdem sie schon seit 1793 den Garten während der Sommermonate miethweise benutzt hatte. In den Jahren 1840—1842 wurden unter Leitung des Bauinspectors Drewitz die noch jetzt den Kern der Anlage bildenden Baulichkeiten, das Vorderhaus und der Saalbau am Garten, errichtet. Das Vorderhaus enthält im Erdgeschofs die Clubzimmer, in den oberen Stockwerken Miethswoh-

Abb. 701. Industriegebäude, Theilansicht des Hauptsaals.
Architekt Fr. Schwechten.

nungen. Der Saal, mit der Fensterwand nach dem grofsen Garten zu gelegen, erhielt 19,77 m Länge und 12,25 m Breite. Ein grofser Erweiterungsbau ward im Jahre 1878 durch den Architekten Nicolaus Becker unter Zugrundelegung eines Entwurfs des Architekten Paesler ausgeführt. Es wurde in der Längsachse des alten Saales, mit ihm durch einen gemeinschaftlichen Vorsaal, der auch zugleich in den Garten führt, verbunden, ein neuer Saal in prächtiger Ausstattung erbaut. Breite korinthische Pfeilervorlagen theilen die in gelbem Stuckmarmor gehaltenen Wandflächen; eine mit reichem plastischen Ornament versehene Voute mit Stichkappen bildet den Uebergang zu der gegliederten Felderdecke.

VII. Gebäude für Vereine. 267

Abb. 702.
Altstädter Hof,
Front am Neuen Markt.
Architekten v. Holst
& Zaar.

An Stelle der alten Sommerräume am Garten, die dem neuen Saalbau haben Platz machen müssen, sind im Anschluſs an den Saal neue errichtet worden. Besonders werthvoll ist das Grundstück, das, nachdem einige Stücke davon im Laufe der Zeit an Nachbarn verkauft worden sind, immer noch etwa 76 a groſs ist, durch den mit alten Bäumen bestandenen schönen Garten mit dem malerischen Blick auf den Thurm der nahen Sophienkirche.

2. Die Ressource von 1794, Schadowstraſse 6/7, lieſs ihr Haus in den Jahren 1873/74 durch den Architekten C. Heidecke erbauen (Abb. 705—707). Es enthält Keller, Erdgeschoſs und ein Obergeschoſs. Der Eingang links führt zu der groſsen einarmigen Haupttreppe, auf der man über ein breites Podest und einen Geländergang im ersten Stock zu den Gesellschaftszimmern, dem Lesezimmer und der Kleiderablage gelangt. In der Mittelachse des Gebäudes reiht sich an die Flucht der Gesellschaftszimmer der groſse Festsaal an, 11 m breit und 21 m lang, der jetzt gewöhnlich als Conversationssaal benutzt wird. Der Saal ist in der Mitte der Längsseiten durch zwei groſse Nischen erweitert; an ihn schlieſsen sich seitlich noch Frühstück-, Billard- und Directorenzimmer an. Durch Entfernung der Mittelmauer zwischen den beiden Zimmern über der Durchfahrt ist an dieser Stelle ein gröſserer Raum ge-

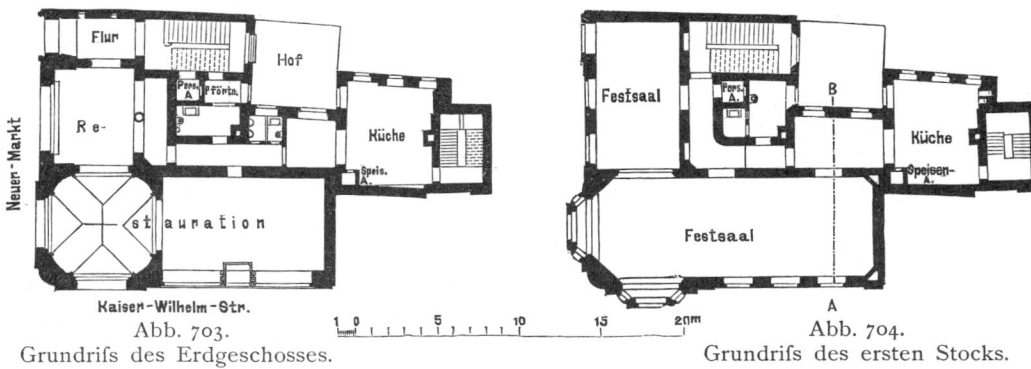

Abb. 703.
Grundriſs des Erdgeschosses.

Abb. 704.
Grundriſs des ersten Stocks.

wonnen worden, der jetzt zum Speisen benutzt wird. Die Treppe an der linken Seite des Saales stellt die Verbindung mit den unteren Räumen und dem Garten her. Der vordere Theil des Erdgeschosses (Abb. 706) sollte ursprünglich als Geschäftslocal vermiethet werden und diente eine Zeit lang zur Abhaltung der Sonntagsbörse. Jetzt sind zwischen die eisernen Stützen Wände gezogen und die Räume werden im Zusammenhange mit den Gartensälen als Sommerlocal benutzt. Im Keller liegen die Wirthschaftsräume, im Dachgeschofs die Wohnung des Oekonomen. Die Façade ist in Cottaer Sandstein ausgeführt. Die Baukosten haben rund 440 000 ℳ betragen.

3. Der Gesellige Verein der Gesellschaft der Freunde,[1]) Potsdamer Strafse 9, wurde im Jahre 1795 als Zweigverein der ausschliefslich wohlthätige Zwecke verfolgenden israelitischen „Gesellschaft der Freunde" gegründet. Der Verein besafs seit 1821 das Grundstück Neue Friedrichstrafse 35, auf dem er 1858 bis 1860 durch Hitzig den jetzt unter dem Namen Dräsels Festsäle bekannten Saalbau hatte ausführen lassen. Nach Verkauf des Grundstücks erwarb der Verein für den Preis von 800000 ℳ das 23 a grofse Grundstück in der Potsdamer Strafse, auf dem sich das beliebte „altberlinische" Concert- und Tanzlocal Sommers Salon befand. Zur Erlangung von Entwürfen für einen Neubau ward 1885 ein beschränkter Wettbewerb ausgeschrieben, aus dem die Architekten Cremer & Wolffenstein als Sieger hervorgingen. Im Herbst 1887 bezog der Verein sein neues Haus.

Die Abbildung 709 zeigt die eigenthümliche Gestalt des Grundstücks und die geschickte Lösung seiner Bebauung. Das eigentliche Vereinshaus liegt zwischen dem Hofe und dem Garten; an der Strafsenfront ist ein vierstöckiges Wohn- und Geschäftshaus errichtet worden. Aufser dem Haupthofe ist nur noch ein an einen Nachbargarten stofsender offener Hof und ein Lichthof vorhanden. Die Haupt-

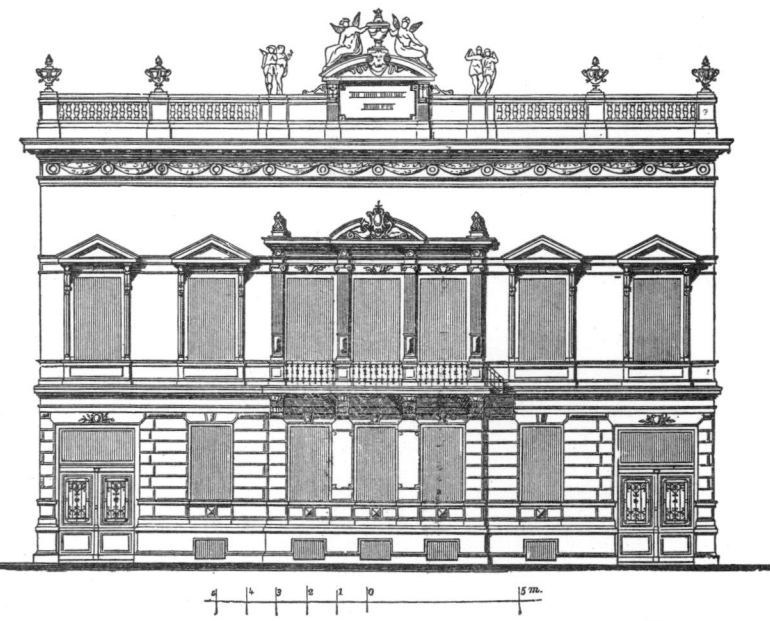

---
[1]) Deutsche Bauztg. 1888.

Abb. 705. Gebäude der Ressource von 1794, Ansicht. Arch. Heidecke.

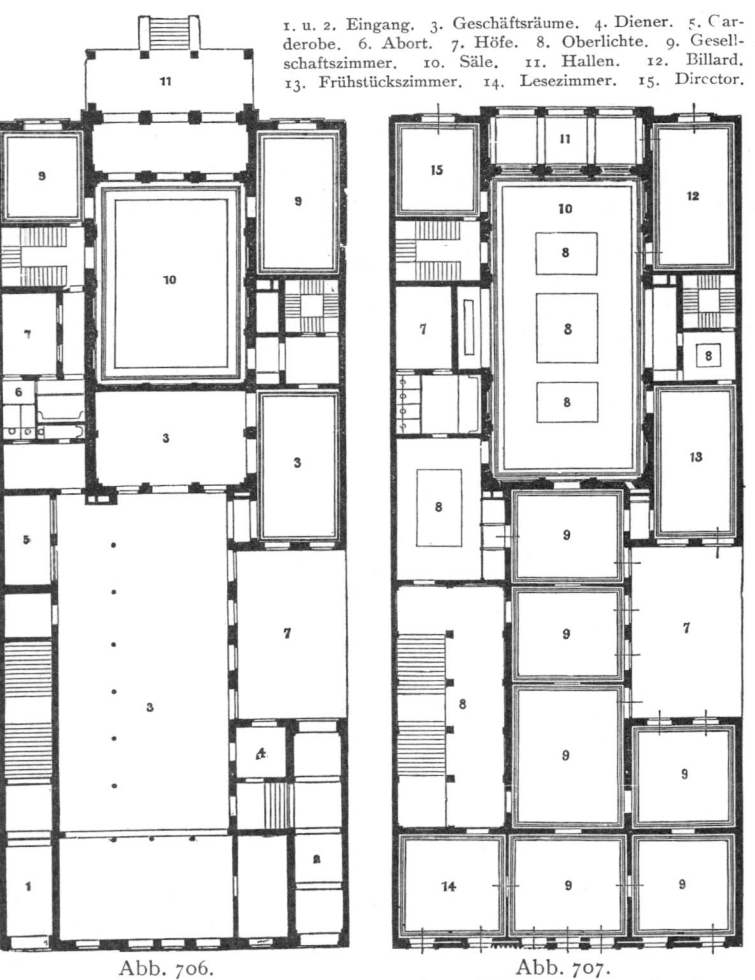

1. u. 2. Eingang. 3. Geschäftsräume. 4. Diener. 5. Garderobe. 6. Abort. 7. Höfe. 8. Oberlichte. 9. Gesellschaftszimmer. 10. Säle. 11. Hallen. 12. Billard. 13. Frühstückszimmer. 14. Lesezimmer. 15. Director.

Abb. 706. Grundrifs des Erdgeschosses.

Abb. 707. Grundrifs des ersten Stocks.

VII. Gebäude für Vereine. 269

achse des Vestibüls und des Treppenhauses ist parallel zur Potsdamer Strafse gerichtet, der Knick der Achse durch eine halbkreisförmige Erweiterung der Vestibüle im Erdgeschofs und im ersten Stock verdeckt. Im Erdgeschofs sind hier die Eingänge zum Sitzungssaale und zu den Clubräumen angeordnet. Die Haupträume öffnen sich nach der grofsen Terrasse, von der zwei Freitreppen in den Garten führen. Auch für bedeckte Hallen und eine Kegelbahn ist gesorgt. — Im ersten Stock liegen die Festräume, die auch an andere Gesellschaften oder für Concerte vermiethet werden. Aus der halbkreisförmigen Nische des Vestibüls gelangt man rechts in den kleinen Festsaal (14 m lang, 7,25 m breit, 6 m hoch), links durch einen Vorsaal in den grofsen Festsaal (21,50 m lang ohne

Abb. 708. Haus des Geselligen Vereins der Gesellschaft der Freunde, Festsaal.
Architekten Cremer & Wolffenstein.

die Nischen, 14 m breit, 11 m hoch). Bei Concerten wird der Saal mit 515 Sitzplätzen besetzt. Mit den unteren Räumen ist er durch eine Nebentreppe verbunden, die auch auf die von Säulen getragene Empore an der einen Schmalseite führt. Gegenüber befindet sich eine Bühne, über dieser eine niedrige Musikerloge und neben ihr je zwei Nebenzimmer über einander. — Das Aeufsere ist in Putz ausgeführt, ziemlich einfach, aber würdig gehalten. Der Festsaal ist aufs reichste und glänzendste ausgestattet, in einem mit grofsem Geschick durchgeführten zum Rococo neigenden Barock. Die Wände sind weifs gehalten, mit fast überreicher Vergoldung, die stellenweise durch Silber gemildert wird; hierzu treten einzelne matte, lichte Farben; die Halbsäulen an den Längswänden sind kräftig goldbraun, die Säulen unter der Empore und am Haupteingang hellgrau mit Stuckmarmor überzogen; kräftigere Farben haben nur die Stoffdraperien. Die übrigen Räume sind gegenüber der Pracht des Festsaals schlicht aber gediegen ausgestattet. Bemerkenswerth ist die von

270   VII. Gebäude für Vereine.

Naruhn & Petsch ausgeführte Heizungs- und Lüftungsanlage.[1]) Für die elektrische Beleuchtung ist eine eigene Maschinenanlage vorhanden.

4. Das Haus des Clubs von Berlin[2]) ist 1892—1893 auf den eine winkelförmige Baustelle ergebenden Grundstücken Jägerstraße 2/3 und Mauerstraße 24 von den Architekten Kayser & v. Groszheim erbaut worden. Die Anlage enthält zwei umbaute Höfe und einen an der Mauerstraße belegenen, durch eine Mauer abgeschlossenen Garten. Die Grundrißgestalt (Abb. 710) führte dazu, die Straßenansichten in verschiedenen Stilfassungen auszubilden, die an der Jägerstraße (Abb. 712) in palastartiger italienischer Renaissance-Architektur (in schlesischem Sandstein), die in der Mauerstraße in den malerischen Formen deutscher Renaissance (in weiß glasirten Verblendern und rothem Mainsandstein für die Architekturglieder). — Im Keller, der auch unter sämtlichen Höfen hindurchgeht, befinden sich der Kohlen- und der Heizraum, ausgedehnte Vorraths- und Weinkeller sowie eine „geräuschlose" Kegelbahn mit besonderem Treppchen und hübschem Kneipraum. Im Erdgeschoß, an dem Eingang der Jägerstraße, liegen kleinere Räume für die Mitglieder und den Vorstand, geräumige Kleiderablagen und sonstige Nebenräume, am Eingang der Mauerstraße ein Speisezimmer, das mit dem anstoßenden Salon und Zimmer getrennt von den übrigen Räumen des Hauses benutzt werden kann. Der erste und zweite Stock enthalten die Spiel- und Feasträume, die durch ihre außerordentlich geschickte Anordnung von überraschender Wirkung sind. Die innere Ausstattung ist ohne Prunk, aber durchweg von echtem Material, vornehm und gediegen. Das Dachgeschoß ist ganz ausgebaut und enthält sämtliche Wirthschaftsräume, die Hauptküche, Spülküche, Anrichteraum, Fleischkammer, Kühlraum, Trockenboden, Wohnungen für den Koch und mehrere Zimmer für die Dienerschaft.

Abb. 709.
Haus des Geselligen Vereins der Gesellschaft der Freunde, Hauptgeschoß.
Arch. Cremer & Wolffenstein.

Die Baukosten haben 450 000 ℳ betragen, für die Beschaffung der Ausstattung (Möbel, Teppiche und Beleuchtungskörper) sind 93 000 ℳ aufgewendet worden.

5. Das Haus des Unionclubs, Schadowstraße 9,[3]) erbaut 1881/82 durch den Baurath L. Heim. Der Entwurf ist das Ergebniß eines engeren Wettbewerbs gewesen. Das Haus ist ausschließlich für die Mitglieder des Clubs, die vorwiegend den Rennsport pflegen, und für seine Beamten bestimmt. Das Grundstück liegt gerade in der Achse der Mittelstraße, hat eine Straßenbreite von 18,90 m bei verhältnißmäßig großer Tiefe und ist mit einem Vorderhause, Seitenflügel und einem Quergebäude mit dazwischen liegendem Hofe bebaut. Dahinter schließt sich ein Garten an, der nach der Tiefe noch Raum für eine 32 m lange, unmittelbar mit den Clubräumen im Erdgeschoß verbundene Kegelbahn bot. Die Clubräume sind in zwei Geschosse vertheilt, das Ergeschoß dient dem Tages-

---

1) Deutsche Bauzeitung. 1888. S. 165.
2) Deutsche Bauzeitung. 1895. Nr. 60.
3) Deutsche Bauzeitung. 1882. Nr. 90.

VII. Gebäude für Vereine. 271

verkehr, das Obergeschofs enthält die des Abends benutzten Spielräume. Einige Nebenräume, wie Wasch- und Badezimmer, sind in dem hohen Sockelgeschofs untergebracht. Im zweiten Stock, das an der Strafsenseite als Mansardengeschofs ausgebildet ist, liegen die Wohnung des Generalsecretärs, Geschäftszimmer und Küchenräume. Im Dachgeschofs sind die Wohnungen der Hausbeamten angeordnet. Für diese Räume ist ein besonderer Zugang, der zugleich Durchfahrt ist, unter dem Fufsboden des Erdgeschosses hindurch, sowie besondere Treppen vorhanden, während der Haupteingang links nur für die Clubmitglieder bestimmt ist. Die Empfangshalle neben dem Haupttreppenhause wird von diesem durch grofse Spiegelscheiben abgeschlossen. Geschickt sind die Durchgänge für die Bedienung angeordnet, die von den hinteren Räumen an der Treppe vorbei zu den Vorderzimmern gelangen kann, ohne die Halle zu betreten. Das Haus ist mit Wasserheizung und Lüftungsanlage in Verbindung mit einer Luftheizung, sowie mit elektrischer Beleuchtung versehen. Im Innern sind die Zimmer des Erdgeschosses zum Theil reich — mit Leder-

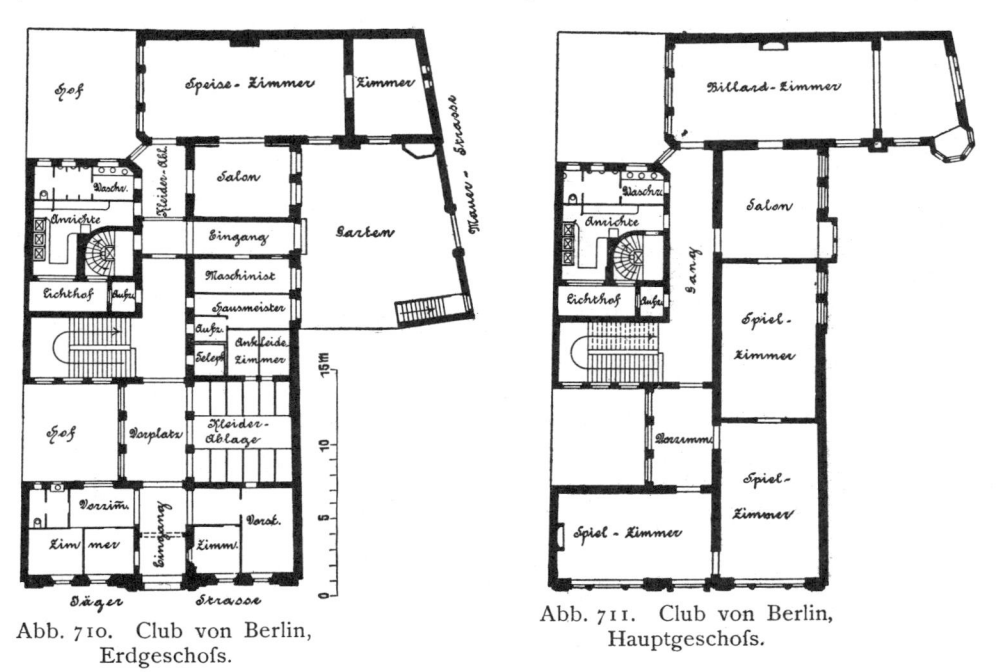

Abb. 710. Club von Berlin, Erdgeschofs.

Abb. 711. Club von Berlin, Hauptgeschofs.

tapeten und Holzpaneelen — ausgestattet, der grofse Speisesaal hat eine Holz nachahmende Gipsdecke und hohes Holzpaneel erhalten. Die Façade ist in Warthauer Sandstein hergestellt und zeigt ein gequadertes Untergeschofs, im Obergeschofs das bekannte Bogenmotiv der Bibliothek von San Marco mit Zwickelfiguren von Lürssen.

6. Das Kegelclubhaus in der Villencolonie Grunewald, Königs-Allee 1,[1])

entworfen und ausgeführt von den Architekten Rosemann & Jacob, ist eine mit grofsem Geschick ausgeführte in ihrer Art einzige Anlage. Das Grundstück hat die Form eines gleichschenkligen Dreiecks; eine kurze Seite liegt an der Strafse, die 22,50 m lange Bahn an der Basis, und in dem Winkel, den sie mit der Strafse bildet, befindet sich das malerisch gruppirte kleine Bauwerk (Abb. 713), das als Hauptraum zu ebener Erde eine Halle, 5,20 m breit, 9 m im Mittel lang, enthält. An sie schliefst sich die Kegelstube an. Halle und Bahn lassen sich im Sommer nach dem Garten zu öffnen. Das Obergeschofs enthält ein Gesellschaftszimmer, die Küche und die Wohnung des verheiratheten Dieners, der zugleich die Bewirthung besorgt. Die Aufsenflächen zeigen weifse Verblender, mit rothen Ziegeln an den Ecken, an Thüren und Fenstern ist etwas Sandstein verwendet. Das Obergeschofs ist aus Fachwerk mit überhängendem Dach hergestellt und mit ausgeschnittenen Brettern

---
1) Centralblatt der Bauverwaltung. 1892. Nr. 18.

272   VII. Gebäude für Vereine.

bekleidet. Die Baukosten haben 56 000 ℳ betragen, wovon rd. 10 000 ℳ auf die eigentliche Kegelbahn entfallen.

7. Das Haus des I. Garde-Regiments zu Fuſs (von Rodich'sches Legatenhaus), am Pariser Platz 3[1]) belegen, an der Stelle des ehemaligen Palais des Generalfeldmarschalls Wrangel, ist in den Jahren 1878—1880 mit einem Aufwande von 720 000 ℳ von dem Architekten von Stralendorff im Verein mit den Architekten Rosemann & Jacob erbaut worden. Das Erdgeschoſs enthält die Räume der Casinogesellschaft, Ver-

Abb. 712. Haus des Clubs von Berlin, Ansicht.
Architekten Kayser & v. Groszheim.

sammlungs-, Spiel-, und Erfrischungszimmer, Lesesäle und Bibliothek; zu ihnen führt ein besonderer Zugang am Pariser Platz. Im ersten und zweiten Stockwerk sind Wohnungen angeordnet, zu denen man von der Durchfahrt her gelangt. Reichere Ausbildung haben auſser dieser Durchfahrt die Decke des Haupttreppenhauses und die Decken der Casinoräume erhalten. Das Aeuſsere ist ein Putzbau in wirkungsvoller Barock-Architektur mit Trophäen und Emblemen des Kriegswesens geschmückt. Der Fries enthält die verschiedenen Kopfbedeckungen des Regiments in historischer Reihenfolge. Im Giebel ist,

---

1) Hugo Licht, Architektur Deutschlands, Taf. 156—158.

VII. Gebäude für Vereine. 273

gemäfs der Bedingung des Stifters von Rodich, der das Grundstück dem I. Garde-Regiment als Legat vermacht hat, sein Doppelwappen wieder verwendet worden.

8. Der Architekten-Verein zu Berlin,[1]) gegründet im Jahre 1824, ist seit dem Jahre 1875 im Besitz des Hauses Wilhelmstrafse 92/93, das ursprünglich für einen

Abb. 713. Kegelclubhaus in der Villencolonie Grunewald, Ansicht.
Architekten Rosemann & Jacob.

Brauerei-Ausschank und als Fest- und Versammlungslocal bestimmt war. Das Gebäude war bereits im Rohbau fertig, als der Architekten-Verein, der bis dahin in derselben Strafse Nr. 118 in gemietheten Räumen seinen Sitz gehabt hatte, das 18,30 a grofse Grundstück für 519 000 ℳ erwarb und den Bau für seine Zwecke vollendete. Das ganze Grundstück, 29,19 m breit, 62,77 m (im Mittel) tief, ist unterkellert. Der Fufsboden des Kellers liegt nur wenig tiefer als der Bürgersteig, seine lichte Höhe beträgt 4,40 m. Er

---

1) Deutsche Bauzeitung. 1875/76. Nr. 61.

VII. Gebäude für Vereine.

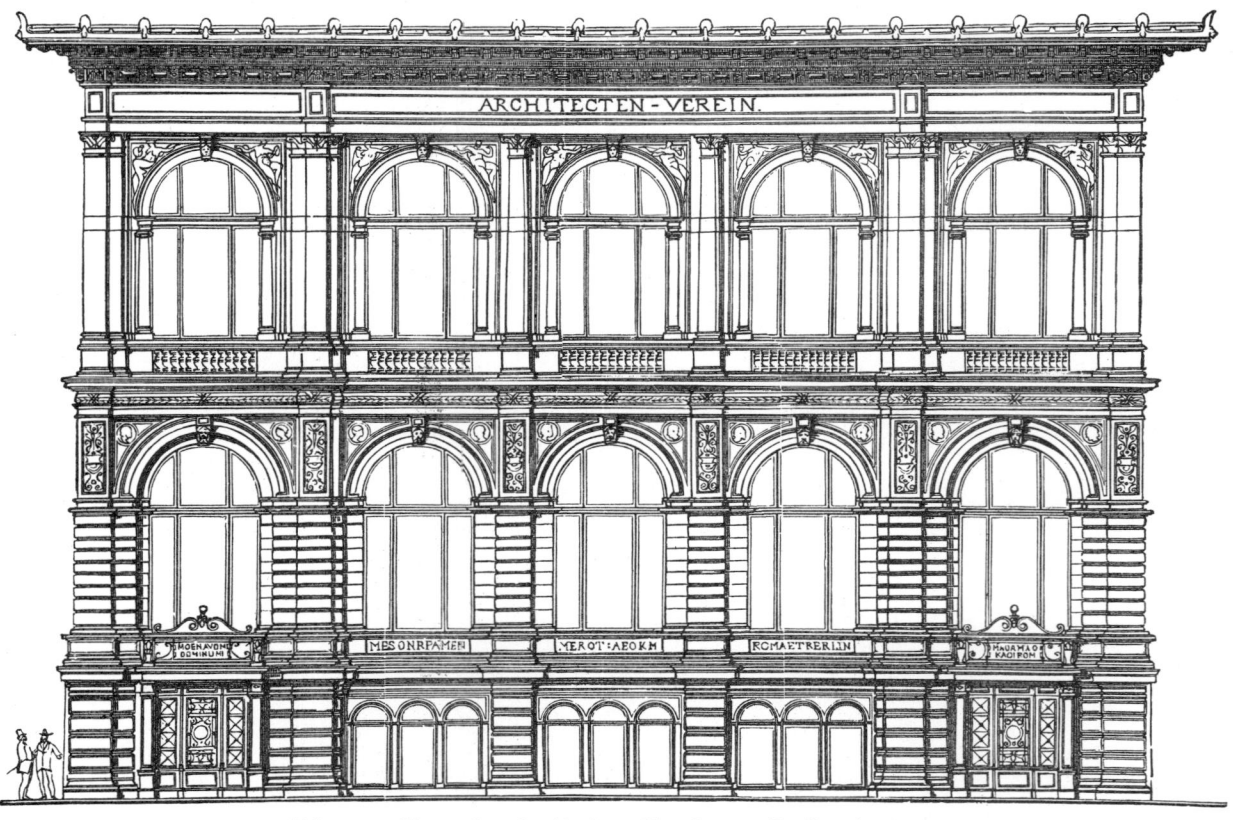

Abb. 714. Haus des Architekten-Vereins zu Berlin, Ansicht.

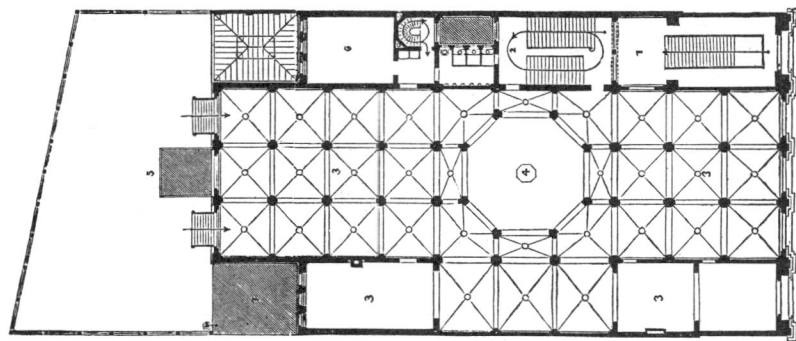

Abb. 715. Haus des Architekten-Vereins zu Berlin, Erdgeschofs.

1. Eingang.
2. Garderobe.
3. Ausstellungsräume.
4. Kuppelraum mit Oberlicht.
5. Terrasse.
6. Bureau.
7. Hof.

Architekten
O. Titz,
Ende & Böckmann.

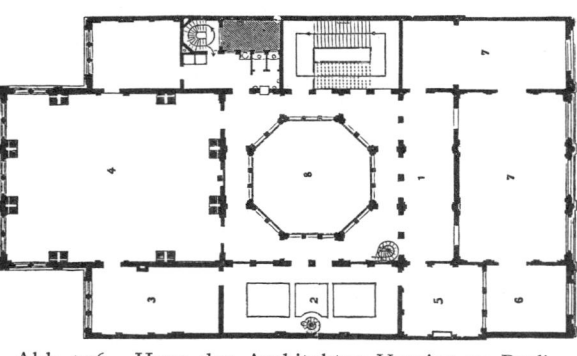

Abb. 716. Haus des Architekten-Vereins zu Berlin, erstes Stockwerk.

1. Vorraum mit Kleiderablage.
2. Bibliothek des Architekten-Vereins.
3. Lesesaal.
4. Grofser Saal.
5. u. 6. Geschäftsräume des Architekten-Vereins.
7. Säle zur Vermiethung an Vereine und Gesellschaften.
8. Oberlicht.

VII. Gebäude für Vereine. 275

enthält eine weiträumige auf Pfeilern gewölbte Restaurationshalle. Der hintere Theil des Locals ist durch zierlich ausgebildete Holzwände und Vorhänge in kleinere Abtheilungen für gesellige Zusammenkünfte zerlegt worden. Bemerkenswerth ist die flotte Bemalung der Gewölbe mit naturalistischen Pflanzenornamenten. Das Erdgeschofs, zu dem eine breite Treppe von dem Haupteingange emporführt, bildet gleichfalls eine zusammenhängende Gruppe von stattlichen Räumen, die sich hinten nach einer an den Park des Kriegsministeriums stofsenden Terrasse öffnen. Dieses 7,85 m hohe Geschofs ist gröfstentheils mit geputzten Holzgewölben überspannt. Zur Zeit hat es der Verein Berliner Künstler inne, der in dem vorderen Theile und dem achteckigen Mittelraum seine permanente Gemäldeausstellung, im hinteren Theile an der Terrasse seine Kneipräume eingerichtet hat. (Die Abbildungen zeigen den ursprünglichen Zustand.) Das obere Hauptgeschofs enthält die Räume des Architekten-Vereins mit Bibliothek, Lese- und zwei Sitzungszimmern sowie die vermiethbaren Festsäle. Diese sind von dem Umgange der achteckigen Halle aus zugänglich. Der reich ausgestattete Hauptsaal, in dem der Verein seine regelmäfsigen Sitzungen hält, liegt an der Gartenseite, ist 15,10 m breit, 18,52 m lang, 8,50 m hoch und fafst 400 Personen. Die Frescomalereien in den Wandfeldern und an der Decke sind von Hermann Prell ausgeführt. An der Strafsenseite liegen zwei kleinere Säle, der eine, 15,10 : 9,36 m, gewährt für 200 Personen, der andere, 6,14 : 14,43 m, für 120 Personen Platz.

Das Obergeschofs enthält die Wohnung des Vereinssecretärs.

Die Vorderfaçade zeichnet sich durch ihre grofsen Verhältnisse, die weite Achsentheilung, die mächtigen Geschofshöhen, das auf Holzconsolen weit ausladende Hauptgesims aus. Die Gartenfront ist einfacher gegliedert. Beide sind in Putz ausgeführt. Der ursprüngliche Entwurf, der in der Gesamtanlage beibehalten ist, rührt von dem Architekten Oskar Titz, die künstlerische Durchbildung des Innern und Aeufsern von den Architekten Ende & Böckmann her. Das Innere ist in den letzten Jahren mannigfach erneuert worden.

9. Der Verein Deutscher Ingenieure errichtet sich auf dem Grundstück Charlottenstrafse 43, an der Ecke der Mittelstrafse, ein eigenes Heim nach den Entwürfen der Architekten Reimer & Körte. Der Bau wurde im März 1896 begonnen und soll bis zum 1. Juli 1897 fertiggestellt sein (Abb. 718).

Das Untergeschofs enthält eine Gastwirthschaft und die Pförtnerwohnung. Räume für die Warmwasserheizung sind durch Unterkellerung eines Theiles vom Untergeschofs gewonnen worden. Das Erdgeschofs und der erste Stock sollen als Geschäftsräume vermiethet werden. Den Zwecken des Vereins dienen die oberen Stockwerke. Im zweiten Stock liegt das Sitzungszimmer (10,84 : 6,20 m) für den Vorstand und die Ausschüsse, daneben ein Zimmer des Directors und die Canzlei, sowie ein durch Oberlicht erleuchtetes Wartezimmer. — Im dritten Stock befinden sich die Räume für die Redaction der Zeitschrift des Vereins mit einem grofsen Zeichensaal für die Herstellung der Abbildungen. Im Dachgeschofs ist für diese Zwecke auch noch ein photographisches Atelier vorgesehen. Die geringe Tiefe des Grundstücks (11,73 m bei 28,66 m Länge) zwang dazu, die Haupttreppe an das Ende der langen Front zu legen. Der Zugang zur Nebentreppe führt unter dem ersten Laufe der Haupttreppe hindurch. Zwischen den Zugängen zu den Treppen ist das Pförtnerzimmer angeordnet. — Die Façaden werden in Alt-Warthauer Sandstein hergestellt.

Abb. 717.
Haus des Vereins Deutscher Ingenieure, Grundrifs vom Erdgeschofs.

Für die Front an der Charlottenstrafse ist eine Büste von Grashof, dem Begründer des Vereins, vorgesehen, ferner Reliefdarstellungen, die sich auf die Thätigkeit des Ingenieurs beziehen. Im Innern sollen nur das Haupttreppenhaus und der Sitzungssaal eine reichere Ausstattung erhalten.

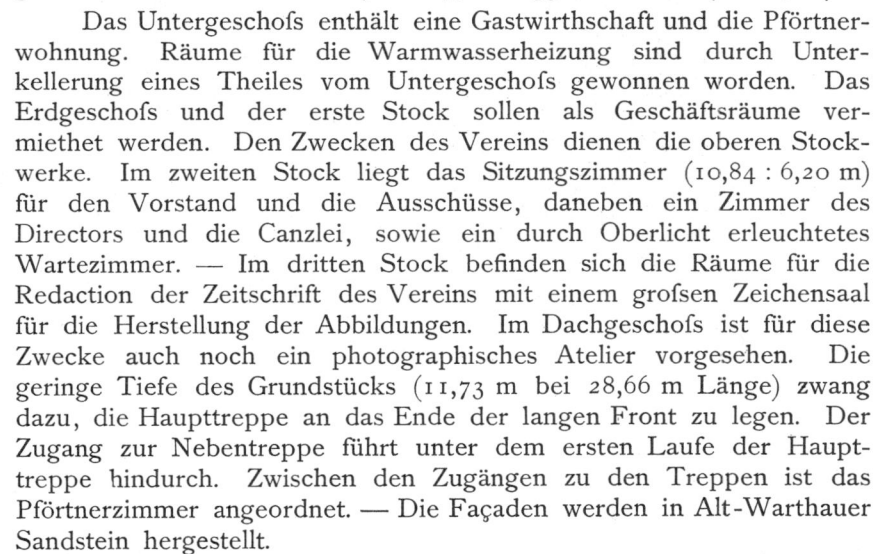

Die Baukosten werden etwa 260 000 ℳ betragen.

35*

276 VII. Gebäude für Vereine.

10. Für den Verein **Hütte** hat die Actiengesellschaft „Hüttenhaus" durch die Architekten Th. Kampffmeyer und Otto Stiehl in den Jahren 1893 und 1894, in unmittelbarer Nähe des Stadtbahnhofes Thiergarten, auf einer Baustelle von 20 m Front und 28 m Tiefe, Bachstrafse 3, das Hüttenhaus erbauen lassen. Die Fronthöhe beträgt nur 14,50 m, durch den Ausbau des hohen Dachraumes und des Kellers ist es aber möglich gemacht worden, sechs nutzbare Geschosse anzulegen. An vermiethbaren Räumen enthält das Haus nur eine öffentliche Gastwirthschaft, deren Hauptraum nebst der Koch- und Spülküche

Abb. 718. Haus des Vereins Deutscher Ingenieure, Ansicht.
Architekten Reimer & Körte.

zu ebener Erde liegt, die übrigen Wirthschaftsräume sind im Keller untergebracht. Hier befinden sich ferner die Anlagen für die Sammelheizung und die Lüftung, eine gewölbte Trinkstube und eine doppelte Kegelbahn für den Verein. Ein besonderer Eingang führt über die Haupttreppe zu den Festräumen im ersten Stock, einem Vorsaal, einem grofsen Kneip- und Festsaal von 14:11 m, und den Spielzimmern, und weiter zu den im zweiten Stock befindlichen Vereinszimmern, der Bücherei und dem Lesezimmer. Die Bücherei ist dreigeschossig und reicht bis ins Dach hinein. Das Mansardengeschofs enthält ebenfalls noch Vereinsräume, aufserdem aber die Wohnung des Gastwirths. Das obere Dachgeschofs ist zu einem Fecht- und Turnsaal mit den dazu gehörigen Nebenräumen ausgebaut. An einer Nebentreppe, die zur Wohnung des Wirths führt, liegen ein Maschinenraum für die Lüftung, die Aborte, das Buffet des Festsaales und ein Brausebad für die Vereinsmitglieder.

Das Aeufsere ist aus rothen Handstrichsteinen mit Verwendung von gelbem schlesischen Sandstein ausgeführt und zeigt eigenartige gothisirende Renaissanceformen.

11. Das Langenbeck-Haus, Ziegelstrafse 10,[1]) ist von der deutschen Gesellschaft für Chirurgie auf Anregung der Kaiserin Augusta als ein Denkmal für den grofsen Chirurgen 1891/92 durch den Architekten Ernst Schmid erbaut worden. Die Mittel dazu sind durch das Zusammenwirken dieser Gesellschaft mit der Berliner medicinischen Gesellschaft sowie durch Schenkungen der Kaiserin Augusta, des Kaisers Friedrich, insbesondere aber des regierenden Kaisers, der 100 000 ℳ überwies, aufgebracht worden.[2]) Die medicinische Gesellschaft ist auf die Dauer von 25 Jahren Mietherin, die chirurgische Gesellschaft Eigenthümerin des Hauses. Das Gebäude, ein schlichter Backsteinbau, erhebt sich hart am Ufer der Spree auf dem Grundstück, auf dessen der Ziegelstrafse zugewandten Theile der Erweiterungsbau der Königlichen Universitätsklinik, der langjährige Wirkungsort Langenbecks, steht. Es enthält drei Geschosse; die Haupträume sind: der durch alle drei Geschosse reichende grofse Sitzungssaal, 18 m lang, 20 m tief, nur mit Oberlicht beleuchtet, die Wandelhalle im ersten Geschofs, mit einem in der Mitte von einer Kuppel unterbrochenen Tonnengewölbe überdeckt, die darunter zu ebener Erde liegende Flurhalle mit den Kleiderablagen, aus der man auf einer dreiarmigen Treppe zur Wandelhalle hinaufsteigt, und endlich vier Säle, je zwei im ersten und zweiten Stock zu beiden Seiten des Sitzungssaales, jeder 16—17 m lang, 7 m tief. Die beiden Räume an der Spreeseite sind der Lesesaal und darüber die Bücherei (25 000 Bände) der medicinischen Gesellschaft, beide mit einem Fahrstuhle verbunden. Das Erdgeschofs enthält Wohnungen für den Hauswart und den Bibliothekar, ein Zimmer für den Präsidenten und eins für Kranke und Geheilte, die in den Sitzungen vorgestellt werden sollen, der Hauptsaal enthält 468 Sitzplätze, deren Reihen im Querschnitt in einer nach unten gekrümmten Linie ansteigen und auf einer an drei Seiten herum laufenden Galerie noch 80 Sitz- und 200 Stehplätze. Die Wand hinter der Rednerbühne ist mit den Bildern, die Wandelhalle mit den Marmorbüsten hervorragender Mediciner geschmückt.

Die Erwärmung des Saales und der Wandelhalle geschieht durch eine Luftheizung mit Pulsion und Aspiration, die der anderen Räume, mit Ausnahme der mit Kachelöfen versehenen Wohnungen, durch eine Heifswasser-Mitteldruckheizung. Die Beleuchtung ist elektrisch im Anschlufs an die städtische Leitung. Der Bau hat 325 000 ℳ gekostet, wovon 25 000 ℳ auf die Ufermauer kommen. Das Quadratmeter bebauter Fläche kostet danach 300 ℳ, das Cubikmeter umbauten Raumes (den Heizkeller nicht mitgerechnet) 20 ℳ. Der Preis für das Grundstück hat 240 000 ℳ betragen.

12. Der Berliner Handwerker-Verein, im Jahre 1859 neu begründet, besitzt seit 1864 ein eigenes Haus, Sophienstrafse 15. Der Verein veranstaltet gemeinverständliche wissenschaftliche Vorträge, unterhält eine Bibliothek mit einem Lesesaal und eine Unterrichtsanstalt, zu der der Staat und die Stadt Zuschüsse gewähren. Die von den Architekten Kolscher & Lauenburg im Jahre 1864 errichtete Anlage, die aus einem einstöckigen Vorderhause und einem unmittelbar daranstofsenden Saale (24,50 m lang, 19 m breit) besteht, mufste, weil sie den neueren polizeilichen Sicherheitsvorschriften nicht entsprach, gänzlich umgebaut werden, wobei der Verein, um für sein Grundstück einen zweiten Ausgang nach einer öffentlichen Strafse zu gewinnen, 1891 die an den Garten stofsenden Grundstücke Gipsstrafse 16 u. 16a hinzu erwarb. Der Umbau betraf vor allem die Herstellung feuersicherer Constructionen in dem ursprünglich mit Holzemporen versehenen Saale, sowie die Vermehrung der Ausgänge. Zwei Freitreppen ermöglichen die Entleerung der Emporen, auf denen 800 Personen Platz haben, unmittelbar in den Garten, eine dritte, von

---

[1]) Deutsche Bauzeitung. 1892. Nr. 81.
[2]) Näheres über die Entstehungsgeschichte enthält eine kleine Schrift von E. v. Bergmann, Das Langenbeck-Haus.

Eisen, führt in den Vorsaal zwischen dem Saal und dem Vorderhause. — Im Vorderhause liegen die Restauration (Erdgeschofs), die Bibliothek und der Lesesaal (erster Stock). Für die Schule wurde auf einem hakenförmig ausspringenden Stück des Gartens ein neues Gebäude von 9,50 m Länge errichtet, zu dem der Zugang entweder von der Gipsstrafse her oder durch einen Tunnel unter dem Saal hindurch von der Sophienstrafse her erfolgt. Es enthält in vier Geschossen je zwei Schulzimmer und ist als Ziegelrohbau mit Formsteinen hergestellt. Dieser ganze Um- und Neubau wurde im Jahre 1891 durch den Architekten Georg Lewy ausgeführt.

Zu erwähnen wären noch an dieser Stelle **13. Das Vereinshaus der Gethsemane-Gemeinde,** Schönhauser Allee 142, Eigenthum des Prediger- und Lehrer-Wittwenheims, ferner

14. Der evangelische Verein für kirchliche Zwecke, Oranienstrafse 104 bis 106. Hier haben gleichzeitig die „Herberge zur Heimath" und das „Evangelische Hospiz" ihre Stätte. Ein neuerdings umgebauter und mit den polizeilich verlangten Treppen und Ausgängen versehener Saal im ersten Stock eines Hinterhauses, mit 889 Sitzplätzen, dient zur Abhaltung der Andachtstunden.

15. Der christliche Verein junger Männer, Wilhelmstrafse 34, erbaut von den Architekten Schwartzkopff & Theising. Den Zwecken des Vereins dient nur das auf dem sehr tiefen Grundstück erbaute Hinterhaus, das von dem Quergebäude des Vorderhauses durch einen Garten getrennt ist. Es enthält als Hauptraum einen Versammlungs- und Betsaal, darunter eine Turnhalle, im übrigen Gesellschafts-, Lese- und Schreibzimmer, Bibliothek- und Erfrischungsräume. Das Vorderhaus samt Seitenflügel und Quergebäude ist zu einem Logirhaus („Hospiz und Pension St. Michael") eingerichtet.

16. Der katholische Verein, Niederwallstrafse 11, ist im Begriff seine alten Gebäude niederzulegen und an ihrer Stelle einen Neubau zu errichten.

17. Der (israelitische) Brüder-Verein zur gegenseitigen Unterstützung hat sich den ersten Stock seines Hauses Unter den Linden 4a, das im übrigen vermiethet ist, für seine Zwecke hergerichtet. Im Vorderhause liegen Gesellschaftsräume; von ihnen gelangt man durch die im Seitenflügel liegenden Vorräume zu einem von Ende & Böckmann erbauten freundlichen Festsaale von 17,92 m Länge, 8,85 m Breite, 7,51 m Höhe.

18. Das Geschäftshaus der jüdischen Gemeinde, Oranienburger Strafse 29, von dem Architekten Hoeniger erbaut, ein vierstöckiger, einfach behandelter Bau in den Formen der deutschen Renaissance, mit Ziegelverblendung an den Flächen und Sandstein für die Gliederungen, enthält die Räume für die Kassenverwaltung und die Sitzungssäle der Gemeinde.

Zum Schlufs ist an dieser Stelle noch der Häuser der drei Grofsen Logen von Preufsen zu gedenken.

19. Die Grofse Landesloge von Deutschland, Oranienburger Strafse 71/72, im Jahre 1770 gestiftet, errichtete auf ihrem 1789 für 33 000 ℳ gekauften Grundstücke 1791 einen Neubau, der im Jahre 1839 durch Aufsetzen eines Stockwerks erweitert wurde. Das starke Anwachsen der Mitgliederzahl machte einen Erweiterungsbau erforderlich, der 1866 nach den Plänen des Zimmermeisters Caspar sen. begonnen und 1867 eingeweiht wurde. Der Arbeitssaal, 27 m lang, 19 m breit und 10 m hoch, liegt über dem nur 7,50 m hohen Speisesaal, dessen flachgewölbte, von J. W. Schwedler construirte Decke durch Gitterträger getragen wird, welche eine freie Länge von 19 m und je 120 Centner Eigengewicht haben. Beide Säle werden durch Luftheizung erwärmt. Ihre architektonische Durchbildung ist dem Zwecke derselben und den rituellen Gebräuchen der Loge entsprechend gehalten.

VII. Gebäude für Vereine. 279

20. Die Grofse Loge von Preufsen Royal York zur Freundschaft,

Dorotheenstrafse 27.[1]) Das Grundstück ist seit dem Jahre 1780 Eigenthum der Loge und reichte ehemals bis an die Neustädtische Kirchstrafse und nördlich bis an die Spree. Den ältesten Bautheil auf diesem Grundstücke bildet die malerisch gruppirte Landhausanlage,[2]) die Andreas Schlüter im Jahre 1712 für den Oberhofmeister v. Kamecke erbaute und die noch jetzt pietätvoll erhalten ist, freilich überragt und fast erdrückt von den an beiden Seiten hart herangerückten Neubauten. Auch der Unterbau ist theilweise in die Aufhöhung der Strafse versunken; nur an der Gartenseite ist er noch in seiner ursprünglichen Höhe mit der alten Rampe erhalten geblieben. Im Jahre 1797 wurde nach Osten zu ein Erweiterungsbau aufgeführt, der den Speisesaal und die Arbeitssäle enthielt. Im Jahre 1880 entschlofs

Abb. 719. Loge Royal York, Festsaal.
Architekten Ende & Böckmann.

man sich, den östlichen Theil des Grundstücks in seiner ganzen Tiefe von 100 m zur Bebauung mit Privathäusern zu verkaufen und aus dem Erlös[3]) nach den Plänen der Architekten Ende & Böckmann einen grofsartigen Neubau auf der westlichen Seite, an der 25 m breiten bebaubaren Strafsenfront, auszuführen, der seine Hauptentwicklung nach der Tiefe erhielt.

Der am 20. Januar 1883 eingeweihte Neubau besteht aus zwei Haupttheilen, den Arbeitsräumen und dem grofsen Speise- und Festsaal, beide stehen in keiner archi-

---

[1]) Deutsche Bauzeitung. 1883. Nr. 40.
[2]) Bau- und Kunstdenkmäler von Berlin. S. 344.
[3]) Bemerkenswerth sind die Preise, die hier für den Grund und Boden innerhalb zweier Jahrhunderte gezahlt worden sind. Im Jahre 1673 erwarb Präsident v. Danckelmann das Grundstück von der Kurfürstin Dorothea, die hier den nach ihr benannten Stadttheil schuf, für 1200 Thaler, 1712 v. Kamecke für 2500 Thaler, 1780 die Loge für 7000 Thaler Gold und 10 Friedrichsd'or Aufgeld. Im Jahre 1880 wurden für eine Fläche von etwa einem Viertel der ursprünglichen Gröfse 800 000 Mark gezahlt. (Deutsche Bauzeitung.)

280   VII. Gebäude für Vereine.

tektonischen Verbindung mit einander, da der Festsaal für sich allein zu geselligen Zusammenkünften benutzt wird. Er ist 29 m lang, 14 m breit, 10 m hoch und erhält reichliches Tageslicht von den zwei nach dem Park belegenen Seiten. Die Abb. 719 giebt eine Vorstellung von seiner an Schlüters Kunstweise sich anschliefsenden Architektur. Säulen und Pilaster sind mattgelb, das Paneel bräunlich, die Fenstervorhänge röthlich. Die Zierglieder sind gröfstentheils bronzirt. Die Wandfelder enthalten gemalte Ansichten

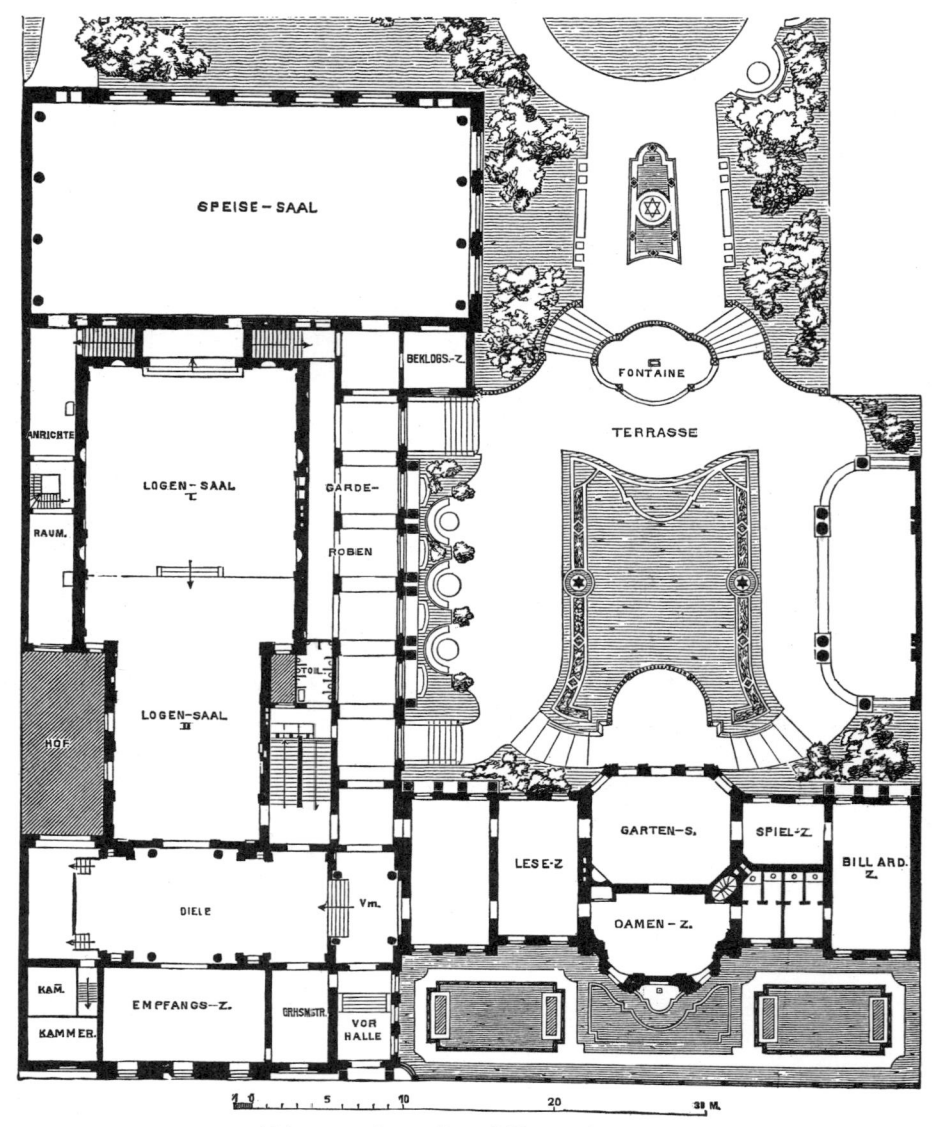

Abb. 720. Loge Royal York, Grundrifs.

der berühmtesten Tempel und Kirchen aller Zeiten und Völker. Der Zugang zum Saale findet nur durch eine gewölbte, 3,75 m breite Flurhalle statt, die, in gerader Flucht vom Eingange ausgehend, an beiden Enden durch eine Freitreppe mit dem Garten verbunden ist. — An der Strafsenfront liegen, von einer quer angeordneten „Diele" von 7,50 m Breite aus zugänglich, das Empfangszimmer und ein Zimmer für den Grofsmeister, aufserdem über dem Thorweg, der zum Wirthschaftshof und der Oekonomie führt, einige zu Vorbereitungszwecken bestimmte Kammern. Den ganzen mittleren Theil der Anlage nimmt der geheimnifsvolle, der „Arbeit" gewidmete Logensaal, der „Tempel", ein. Er hat, der Ordensregel gemäfs, nur künstliche Beleuchtung (und zwar durch Gas) und kann durch einen Vorhang in zwei Räume von 19 m zu 14 m und 13,50 m zu 10 m getheilt werden. In der nördlichen Wand ist eine um mehrere Stufen erhöhte Nische, der „Orient" angebracht, die ebenfalls durch einen Vorhang abzuschliefsen ist. An der Rückwand dieser Nische ist zwischen zwei Sphinxen in flachem, vergoldeten Relief eine Palmenlandschaft mit Pyramiden dargestellt. Die Beleuchtung mit verschiedenfarbigem Licht, dessen Quelle dem Beschauer verborgen bleibt, ist von überraschender Wirkung.

In dem Zwischengeschofs und den entsprechenden Räumen des ersten Stockwerks sind Verwaltungsräume untergebracht. Die hinteren Räume enthalten die Arbeitssäle für die Mitglieder der oberen Ordensgrade. Der gröfsere dieser Räume ist aufs reichste verziert und in Roth und Gold gehalten. Die Umrahmung des „Orients" stellt sich hier als eine von Sphinxen bewachte Tempelfront mit dem Sonnenbilde im Giebelfeld dar.

Im Untergeschofs liegen unter den Vorderzimmern die Pförtnerwohnung, unter der Diele der Heizraum, unter den Logensälen und der Halle die Küche mit ihren Nebenräumen, unter dem Speisesaal eine Waschanstalt und die Wohnung des Oekonomen.

Das Aeufsere ist ein schlichter Putzbau in Barockformen von ernster Haltung. Die Baukosten haben rd. 500 000 ℳ betragen.

Der alte Schlüter'sche Bau dient dem täglichen geselligen Verkehr der Logenmitglieder. Der ursprüngliche Eintrittsflur an der Strafse ist in ein Damenzimmer verwandelt. Die Figurennische bezeichnet den ursprünglichen Eingang; jetzt findet der Zugang nur von der Halle aus durch eine Thür in der Giebelmauer statt. Im ganzen wohl erhalten ist noch der nach dem Garten vorspringende, ins Obergeschofs hineinragende Gartensalon, dessen viel zu wenig bekannten Hauptschmuck die vier von Schlüter herrührenden Gruppen der Welttheile in bemaltem Stuck bilden.

21. Die Grofse National-Mutterloge zu den drei Weltkugeln in der Splittgerbergasse, die älteste der Berliner Grofslogen (im Jahre 1740 durch Friedrich den Grofsen gestiftet), hat in der Zeit vom Juli 1886 bis März 1888 durch den Architekten C. Heidecke einen Erweiterungsbau[1]) aufführen lassen, der sich dem eben besprochenen als ein würdiges Seitenstück anreiht. Auch diese Loge besitzt ein grofses Parkgrundstück, inmitten der Stadt, auf einem Theile der ehemaligen Befestigungswerke an der Wallstrafse. Auf der 1857 an die Stadt verkauften gröfseren Hälfte des Grundstücks ist die Inselstrafse durchgelegt, das Kölnische Gymnasium, eine Volks-Badeanstalt erbaut und ein Park angelegt worden. Die ältesten der jetzt noch vorhandenen Baulichkeiten stammen aus den Jahren 1833—1835. Damals entstand nach Plänen des Hof-Bauinspectors Hesse der jetzige Mittelteil der Anlage. Dieser enthielt im Erdgeschofs den Speise- und Festsaal, der jetzt in drei Zimmer getheilt ist, und darüber den Arbeitssaal. 1842—1845 ward durch den Stadt-Baurath Langerhans ein T-förmiger, an den Hesse'schen Saalbau sich anschliefsender, dreigeschossiger Kopfbau mit einem Treppenthürmchen angefügt. Er enthält Wirthschafts- und Gesellschaftsräume, Verwaltungsräume, Castellanwohnung, Bibliothek und Säle für die Arbeiten in den höheren Graden.

Durch den letzten Erweiterungsbau sollte vor allem ein gröfserer „Tempel" und ein gröfserer Festsaal geschaffen werden. Durch Verkauf eines 35 m tiefen Streifens Gartenland an der Inselstrafse wurden die Mittel für den Bau gewonnen. Der alte Saalbau wurde verbreitert, um für den neuen Tempel, der wieder im ersten Stock anzuordnen war, gröfsere Breite zu gewinnen. Im Erdgeschofs gewann man dadurch Raum für ein Spielzimmer und eine Garderobe. Der Arbeitssaal erhielt eine Breite von 14,40 m, eine Länge von 28,30 m und eine Höhe von 10,10 m. Die Decke ist als korbbogenförmiges Tonnengewölbe ausgebildet mit drei Paaren grofser, ebenso geformter Stichkappen. In den sechs nur zum Lüften bestimmten Fenstern sind farbige Glasbilder mit allegorischen Darstellungen (Wahrheit, Stärke, Schönheit, Glaube, Liebe, Hoffnung) eingefügt, die durch

---

1) Deutsche Bauzeitung. 1888. Nr. 96. Gedenkschrift von H. Schlichting, Das Mutterhaus der Grofsen National-Mutterloge usw. Berlin 1888.

hinter ihnen angebrachte Gasflammen erleuchtet werden. Die Grundfarbe ist, der Ordensvorschrift gemäfs, blau. An den Deckenfeldern ist der gestirnte Himmel dargestellt.

Von Grund auf neu erbaut ist der Festsaal mit allen Vorräumen hart an der Splittgerbergasse. Der Knick seiner Hauptachse mit der Richtung des alten Saalbaues wird versteckt durch einen zwischen beide Theile gelegten Zwischenbau, der im Erdgeschofs und oberen Stock einen Vorsaal mit halbkreisförmigen Nischen an seinen kurzen Seiten enthält. Im ersten Stock liegt über dem Portalbau ein Conferenzsaal. Der Festsaal ist 28 m lang, 17,50 m breit und 12 m hoch. Die Architektur zeigt Formen der Spätrenaissance. Die Haltung in Farbe und Einzelformen ist ruhig und feierlich. Die Decke enthält ein einziges elliptisches Mittelfeld mit dem grofsen Kronleuchter für 135 Gasflammen. Nach dem Garten zu öffnen sich drei Thüren auf eine Terrasse; an der gegenüber liegenden Seite liegen Aborte, ein Anrichtezimmer und ein Meisterzimmer, darüber einige kleinere Zimmer. Das Aeufsere ist sehr schlicht gehalten, nur der Portalbau ist reicher ausgebildet. Die Gartenfront wirkt reizvoll durch ihre malerische Gruppirung in der schönen Umgebung des Parks. Die Gesamtkosten haben rd. 512 000 ℳ betragen.

NAMEN- UND SACHVERZEICHNISS.

* bedeutet Abbildungen.

Abendmahlskelch, Nicolaikirche II. 145.
Abesser & Kröger, Architekten III. 69, 73.
*Abgeordnetenhaus II. 66.
Adam, Bildhauer 334.
Adler, F., Architekt, Geh. Ober-Baurath II. 117, 143, 162, 164, 166; III. 213.
*Admiralsgarten-Bad II. 538.
Affenhaus, Zool. Gart. II. 252.
Afinger, Bildhauer II. 338.
Ahrens, Post-Bauinspector II. 89.
Aichungscommission II. 80.
Akademie der Künste II. 285.
Albrecht der Bär, Statue II. 36.
Altersversorgungs-Anstalten II. 170.
   der jüdischen Gemeinde II. 479.
   *der Kaiser-Wilhelm- und Kaiserin-Augusta-Stiftung II. 476.
Alterthum & Zadeck, Architekten III. 72, 74, 76, 77, 78.
*Altstädter Hof III. 7, 265.
Amalienhaus II. 480.
Anatomiegebäude der Thierärztl. Hochschule II. 281.
André, Reg.-Baumeister II. 244.
*Anstalt für Epileptische „Wuhlgarten" II. 460.
*Antilopenhaus, Zoolog. Garten II. 250.
Appelius, O., Geh. Ober-Baurath II. 390, 393, 394, 398, 418.
*Apotheke, Grüne III. 42.
*Aquarium II. 246.
*Arbeitshaus Rummelsburg II. 464.
Architektur-Museum II. 292.
*Architekten-Verein zu Berlin III. 265. 273.
Archivgebäude II. 240.
*Arrestanstalt II. 400.
Artillerie-Depôt, Kruppstr. II. 398.

*Artillerie-Prüfungscommission II. 406.
Artillerie- und Ingenieur-Schule II. 413.
Ascanisches Bad II. 539.
Aschenbrenner, Michael, Apotheker, Münzmeister II. 3.
Astfalck, Th., Land-Bauinspector II. 80, 84.
Asyl für Krankenpflegerinnen, Augusta-Hospital II. 433.
Ateliergebäude.
   *des Professors Gussow, Buchenstrafse 3 III. 258.
   *des Professors Heinz Hoffmeister, Bildhauer, Grunewald, Hagenstrafse 37 III. 255.
   *der Architekten Kayser & v. Groszheim, Hildebrandstrafse 25 III. 259.
   *Kronprinzen-Ufer III. 258.
Atelierhäuser.
   *„zum Bieber", Wilmersdorf, Durlacher Strafse 6 III. 264.
   *Fasanenstrafse 22, „Künstlerhaus St. Lucas" III. 262.
   *auf dem Hinterlande des Grundstücks Lützowstrafse 82 III. 262.
   *Siegmundshof 2 III. 261.
Ateliers.
   *im Garten des Hauses Kurfürstenstrafse 126 III. 262.
   *im Garten des Hauses Lützowstrafse 60/60a III. 264.
   *für Professor Skarbina III. 264.
*Augen- u. Ohren-Klinik II. 258, 274, 281.
Augusta, Kaiserin, Denkmal II. 32.
*Augusta-Hospital II. 432.
*Ausstellungsgebäude II. 241.
Ausstellungspark II. 241.
Auswärtiges Amt II. 74.

Backhaus, Architekt III. 46.
Badeanstalten II. 538.
   des Hôtel de Rome II. 539.
   des Vereins für Volksbäder II. 541.
   *des Vereins der Wasserfreunde II. 539.
Banken.
   *Preufs. Boden-Credit-Actien- II. 359, 367.
   *Preufs. Central-Boden-Credit- II. 360.
   *Mitteldeutsche Credit- II. 360.
   *Darmstädter II. 367.
   *Deutsche II. 362.
   *Disconto-Gesellschaft II. 369.
   *Dresdener II. 365.
   *Norddeutsche Grund-Credit- II. 361.
   *Hypothekenbank Hamburg II. 370.
   *des Berliner Kassenvereins II. 357.
   *Kur- u. Neumärkische Ritterschafts- II. 370.
   Mendelsohn & Co. II. 365, 366.
   Nationalbank für Deutschland II. 368.
   Deutsche Union II. 362.
*Baruch-Auerbach-Waisen-Erziehungsanstalt II. 470.
Baesell, Maurermeister III. 248.
*Bau-Akademie, alte II. 285.
Bauer, Karl, Architekt III. 93, 94, 95.
Becherer, Architekt II. VI, 285.
Bechstein-Saal II. 519.
Becker, Nicolaus, Architekt III. 266.
Becker, Land-Baumeister II. 391, 409.
Becker & Schlüter, Architekten II. 313, 477; III. 91, 93, 149, 150.
Becker & Söhne, Weinhaus III. 9.

Begas, Maler II. 154.
Begas, Reinhold, Bildhauer II. 32, 36, 38, 236.
Behrens, Maler II. 523.
Belvedere, Charlottenburg II. 23.
Bendemann, Maler II. 223.
Benkert, Bildhauer II. 259.
Benzelt, Balthasar, Arch. II. II.
*Berg-Akademie II. 282.
Berger, Bildhauer II. 492.
Berliner Baugenossenschaft III. 181.
Berliner Bauplan-Vereinigung III. 179.
Bernhard, Meister, Architekt II. II, 149.
Bernhardt, Geh. Ober-Baurath II. 154, 397, 398, 406, 410.
Berolina, Statue II. 35.
Besserungsanstalten II. 464.
*Bethanien, Diakonissenhaus II. 428.
Beuth-Denkmal II. 34.
Beyer'sche Kapelle, Nicolaikirche II. 146.
*Bezirks-Commando II. 395.
*Bibliothek, Königliche II. 239.
Bier- und Kaffeehäuser III. 1.
Bislich, R., Arch. III. 177, 180.
Bismarck-Denkmal II. 36.
Blankenstein, Stadt-Baurath II. 125, 145, 148, 164, 168, 193, 210, 303, 304, 305, 306, 308, 326, 432, 443, 455, 458, 461, 466, 471, 476, 477, 481, 546, 560, 563.
Bläser, Bildhauer II. 32, 492.
Bleibtreu, Maler II. 121.
Bloens, Reg.-Baumeister II. 277.
Blondel, Architekt II. 233.
Blücher, Standbild II. 29, 30.
Blumberg & Schreiber, Architekten II. 515, 522; III. 34, 82, 83, 228, 230.
Bluth, Geh. Baurath II. 131, 133.
Böckmann, Architekt II. 359, 360, 362, 367, 368, 369.
Böhme, Martin, Arch. II. IV.
Bodinus, Dr. II. 249.
Bodt, Jean de, Architekt II. IV, 17, 233.
Bohm, Architekt III. 64, 89, 90.
Böhm, Garnison-Bauinspector II. 396.
Böhme, Martin, Architekt II. 5, 200; III. 109.
Böhmer, Garnison-Bauinspector II. 396, 406, 407.
Bohnstedt, L., Architekt II. 56.
Bohnstedt, A., s. Poetsch & Bohnstedt.
Borchardt, Reg.-Baumstr. II. 211.
*Börse II. 350.
*Botanischer Garten II. 252.

Böthke, E., Architekt, Geh. Baurath III. 41, 42.
Böttger, Paul, Bauinspector II. 425.
Bötzow-Brauerei, Bierhallen III. 13.
Boucher, Maler II. 12.
Boumann der Aeltere, Architekt II. V, 155, 201, 239, 258, 285, 394, 398, 486.
Boumann der Jüngere, Architekt II. 23; III. 109.
Bracht, Eugen, Maler II. 536.
Brandenburg, Minister, Graf, Denkmal II. 32.
*Brandenburger Thor II. 138.
Brandt, Fr., Oberinspector der Königl. Theater II. 497, 505.
Brauerei-Säle II. 525.
Breitbach, Maler II. 244.
Brodwolff, Bildhauer II. 35, 121, 223.
Broebes, Jean Baptiste, Arch. II. IV.
*Brückenhallen II. 136, 138.
Brunow, Bildhauer II. 39, 227.
Brunnen II. 27, 38.
Bürckner, Reg.-Baumstr. II. 104.
Brütt, Bildhauer II. 364.
Bülow, Standbild II. 29.
Buntschuh, Kunz, Architekt II. 2.
Bürde, Reg.-Baumeister II. 184.
Bürde, Bauinspector II. 215, 285, 373, 410.
Büring, Architekt II. 155.
Burger, Maler II. 236.
Busse, Aug., Geh. Ober-Regierungsrath II. 73, 74, 77, 79, 84, 338, 342, 393, 406.
Busse, K., Geh. Ober-Regierungsrath II. 98.

Café Bauer III. 15.
Gärtner III. 13.
Helms III. 17.
Kaiserpassage III. 17.
Keck III. 16.
Klose III. 17.
Monopol III. 15.
Reichshallen III. 17.
Schiller III. 16.
Calandrelli, Bildhauer II. 30, 35, 121, 128, 135, 222, 223, 403.
Cantian, Bauinspector II. 39, 40.
Carlshorst, Rennplatz II. 530.
Carstens, A., Denkmal II. 34.
Casernen II. 377.
*Augusta-Regiment II. 388.
Eisenbahn-Regiment 1. II. 394.
*Eisenbahn-Regiment 2. II. 395.
*Elisabeth-Regiment II. 387.
1. Garde-Dragoner-Regiment II. 390.
*2. Garde-Drag.-Reg. II. 393.

Casernen.
1. Garde-Feldartillerie-Regiment II. 394.
Garde-Füsilier-Regiment II. 381.
*Garde-Kürassier-Regiment II. 393.
*Garde-Pionier-Bataillon II. 394.
*Garde-Train-Bataillon II. 397.
2. Garderegiment II. 381.
3. Garderegiment II. 383.
*4. Garderegiment II. 385.
*Garde-Schützen II. 383.
*2. Garde-Ulanen-Regiment II. 390.
*Kaiser-Franz-Regiment II. 381.
hinter dem Zeughause II. 383.
Caspar, Zimmermeister III. 278.
Castans Panopticum III. 8.
Cayart, Ingenieur II. 150.
*Central-Markthalle II. 546.
Kühlanlage II. 553.
Central-Turnhalle, Scharnhorststraße II. 328.
Central-Vieh- und Schlachthof.
*städtischer II. 563.
Viehhof II. 565.
Albuminfabrik II. 573.
Gewerbliche Anlagen II. 573.
Bahnhofsanlage II. 563.
*Börsengebäude II. 565.
Darmschleimerei II. 573, 577.
Fleischverkaufshalle II. 573.
Halle f. ausländische Schweine II. 575.
*Hammelställe II. 567.
Häute-Salzerei u. Trocknerei II. 574.
*Kälberhalle II. 569.
Kühlhaus II. 577.
Polizei-Schlachthaus mit Beobachtungsstall II. 574.
*Rinderschlachthäuser II. 569, 570.
*Rinderställe.
Schlachthausstallungen II. 571.
*Schweinehalle II. 567.
*Schweineschlachthäuser II. 572, 575, 576.
Schweineställe II. 572.
Seuchenhof II. 574.
Talgschmelze II. 573.
Trichinenschauamt II. 577.
Verkaufshalle für Hammel II. 567.
*Verkaufshalle für Rinder II. 566.
Verwaltungs- und Dienstgebäude II. 569.
Veterinärpolizeiliche Anlagen II. 574.
Chamisso, Denkmalbüste II. 35

*Charité, Krankenhaus II. 421.
Chiese, Philipp de, Ingenieur II. III.
*Chirurgische Klinik II. 258.
Chodowiecki, Statue II. 34.
*Circus Busch II. 515.
  Otto II. 515.
  Renz II. 514.
Civilcabinet, Königl. II. 26.
Claren, Reg.-Baumeister II. 99.
Clodt, Bildhauer II. 6.
*Club von Berlin III. 270.
Cocceji, Samuel v., Büste II. 334.
*Coloniegebäude für Männer, Wuhlgarten II. 461.
Commandantur II. 401.
Concerthaus II. 519.
*Concertsaal des Schauspielhauses II. 495.
Concordia-Theater s. Apollo-Theater.
Cornelius, Statue II. 34.
Cornelius, Maler II. 201, 215.
*Crain'sche Erziehungsanstalt gen. Tanneck II. 313.
Cramer, Ingenieur II. 237, 500, 505.
Cremer, Alb., Bauinspector II. 263, 271, 345.
Cremer & Wolffenstein, Architekten II. 180, 511; III. 57, 58, 135, 136, 147, 187, 189, 191, 194. 195. 196. 197. 269.
*Criminalgericht II. 337.

Dammeier, Architekt III. 20, 23.
*Dammmühlen-Gebäude II. 122.
Denkmäler.
  *Architektonische II. 39.
  *Oeffentliche II. 27.
Desinfectionsanstalten.
  *Erste städtische, Grünauer Strafse 23/24 II. 560.
  *Zweite städtische, beim städtischen Obdach II. 482, 561.
Destailleur, Architekt III. 118, 119, 122.
*Deutscher Hof, Saalbau II. 519.
Deutsche Volksbau-Gesellschaft III. 182.
*Dienstgebäude für die Verwaltung der directen Steuern II. 108.
Diestel, G., Land-Bauinspector II. 257.
Dieterichs, F. W., Architekt II. VI, 16, 155; III. 109.
Dietrich, G., Arch. III. 54, 56.
Dihm, Ludwig, Architekt, Reg.-Baumeister III. 164, 166.
*Diphtherie-Pavillon, Kaiser-Friedrich-Kinderkrankenhaus II. 449.

Ditmar, Bauinspector II. 244, 277, 371.
Doflein, K., Architekt II. 180.
Döpler, E., Maler II. 135, 518.
Drake, Bildhauer II. 30, 31, 42, 138.
Dräsels Festsaal II. 522.
Drewitz, Baurath II. VIII, 106, 389, 390, 400, 409.
Dusart, Franz, Bildhauer II. 10.
Dylewski, V., Stadt-Bauinspector II. 130, 470, 474, 479, 481, 560.

Ebe, G., Architekt II. 513.
Ebe & Benda, Architekten III. 114, 115, 116, 186, 187, 188.
Eberlein, Bildhauer II. 104, 227; III. 29.
Ebhardt, Bodo, Architekt II. 530; III. 32, 148, 159.
Eggers, Bartholomäus, Bildhauer II. 9.
Ehrentraut, Maler II. 244.
*Eierhäuschen, Wirthshaus II. 533.
*Eisenb.-Direction Berlin II. 112.
*Eiskeller-Etablissement II. 528.
Elephantenhaus, Zoolog. Garten II. 252.
*Elisabeth-Kinderhospital II. 440.
Elisabeth-Siechenhaus II. 479.
Emmerich, J., Geh. Baurath II. 104, 168, 357.
Encke, Erdmann, Bildhauer II. 30, 32, 121.
Ende & Böckmann, Architekten II. 132, 133, 250, 359, 360, 362, 367, 368, 369, 523, 534, 537, 539, 541; III. 17, 19, 21, 35, 36, 47, 49, 85, 87, 88, 126, 128, 140, 141, 167, 171, 189, 190, 206, 207, 208, 209, 210, 213, 233, 234, 236, 259, 275, 278, 279.
Endell, E., Bauinspector II. 273, 281, 420.
Enders & Hahn, Architekten III. 103, 104.
Engel, P., Architekt III. 89, 90.
Entbindungsanstalt der Charité II. 421, 425.
Eosander, v., gen. Göthe, Arch. II. IV, 5, 10, 16, 22, 24, 485.
Erasmuskapelle im Königlichen Schlofs II. 200.
Erbkam, Baurath II. 165. 223.
Erdmann, Architekt II. 208. III. 183, 184.
Erdmann, Stadt-Bauinspector II. 476, 479.
Erdmann & Spindler, Architekten III. 172, 176, 177, 222, 226, 230, 231.

Erdmannsdorf, v., Architekt II. VI, 6, 12.
*Erfrischungshalle im Treptower Park II. 532.
*Erbbegräbnifs der Familie Erdmann II. 51.
*Erziehungshaus für sittlich verwahrloste Kinder am Urban II. 466.
Etzold, K., Architekt II. 519.
*Evacuations-Pavillon, Bethanien II. 429.
Evacuations-Pavillon, Charité II. 422.
Evacuations-Pavillon, Jüdisches Krankenhaus II. 431.
Ewald, E., Maler II. 223, 227.
Exercierhäuser II. 389.
Exercierplätze II. 399.
  Döberitzer II. 399.
  Grützmacher II. 399.
  *Moabiter II. 385.
  Tempelhofer Feld II. 399.

Fachschulen II. 330.
Fasch, Büste II. 35.
Favre, Architekt II. v.
Feenpalast II. 511.
Feldmann, Architekt II. v.
*Feldmarschall-Saal, Kadettenanstalt II. 417.
Felisch, B., Baumeister II. 478, 479.
Fellner & Helmer, Architekten II. 505.
Festungsbauschule II. 419.
*Feuerwehr-Wachtgebäude II. 128.
*Finanzministerium II. 108.
Fischer, August, Bildhauer II. 40.
Fleischinger, Geh. Ober-Baurath II. 107, 154, 381, 390, 393, 402, 409, 414.
*Flora, Saalbau II. 524.
*Flufs-Badeanstalt an der Oberspree II. 543.
Fourage-Magazin II. 398.
*Frachterei der Speditionsfirma Brasch & Rothenstein, Lüneburger Strafse 22 III. 105.
Fränkel, Architekt III. 220.
Franziscaner, Bierhaus zum III. 3.
Frauenklinik II. 258, 277.
Friebus, Architekt III. 91, 93.
Friebus & Lange, Architekten III. 213.
Friedeberg, Reg.-Baum. II. 277.
Friedenssäule auf dem Belle-Alliance-Platze II. 40.
Friedl, Th., Bildhauer II. 507.
Friedhof Friedrichsfelde II. 209.
Friedrich der Grofse, Reiterdenkmal II. 29.

Friedrich der Grofse, Büste II. 29.
*Friedrichshain-Brauerei, Saalbau II. 526.
Friedrichshof III. 9, 10, 17.
*Friedrichs-Waisenhaus in Rummelsburg II. 464, 468.
Friedrich Wilhelm III., Reiterdenkmal II. 30.
Friedrich Wilhelm III., Standbild II. 30.
Friedrich Wilhelm IV., Reiterdenkmal II. 30.
*Friedrich-Wilhelms-Hospital II. 470.
Friedrich-Wilhelms-Institut II. 413.
Friedrich-Wilhelm-Victoria-Stift II. 478.
Friedrich, Woldemar, Maler II. 513.
Frisch, Joh. Christoph, Maler II. 12.
Fritsch, K. E. O., Architekt II. 1; III. 106.
Friedhofkapellen II. 207.
*Friedhofkapelle der Georgen-Gemeinde II. 208.
Friedhofkapelle der Luisen-Gemeinde, Charlottenburg II. 208.
Frobenius, K., Stadt-Bauinspector II. 420, 443, 560.

Gabe, Regierungs-Baumeister II. 406.
Gagliari, Maler II. 155.
Gambrinus, Bierhaus III. 9.
Garnison-Lazareth, Scharnhorststrafse II. 409.
Garnison-Lazareth, Tempelhof II. 409.
Garnn, Architekt III. 203.
*Gärtner- und Maschinenhaus im Victoriapark II. 533.
Gause, Reg.-Baumeister II. 510, 538; III. 29, 30.
Gebäude d. Reichspost u. Telegraphen-Verwaltung II. 85.
Gebäude für die Verwaltungsbehörden des Deutschen Reiches II. 73.
Gefängnisse II. 341.
Geiges, Glasmaler II. 187, 190.
Gemeindefriedhöfe II. 209.
Gemeindeschulen II. 315.
  *Bergmannstrafse 78/79 II. 320.
  Bremer Strafse 13—17 II. 322.
  *Dieffenbachstrafse 51 II. 325, 326.
  *Görlitzer Strafse 51 II. 326.
  *Markusstrafse II. 320.
  *Müllerstrafse 158/159 II. 324, 325.

Gemeindeschulen.
  *Pappelallee 31 u. 32 II. 316.
  *Pflugstrafse 12 II. 321, 322.
  *Putbuser Strafse 23 II. 322, 323.
  *Reichenberger Strafse 131/132.
  *Schmidstrafse 16 II. 315.
  *Schönhauser Allee 166a II. 322, 323.
  *Stephanstrafse 27 II. 323.
  Tempelhofer Ufer 2 II. 320.
  *Wrangelstrafse 133 II. 327.
*Gemeindeverwaltung, Gebäude für II. 116—130.
General-Militärkasse II. 406.
General-Ordenscommission II. 26.
*Generalstabs-Gebäude II. 402.
Gentz, Joh. Heinr., Architekt II. 15, 23.
Gentz, Wilhelm, Architekt II. VI.
Gerard, Baumeister II. 405.
Gérard, Reg.-Baumeister II. 74.
Gerichtsgebäude II. 333.
*Gerichtslaube II. 117.
Gerlach, Ph., Architekt II. IV, 15, 20, 35, 154, 334.
Germania-Säle II. 523.
Gerstenberg, Stadt-Baurath II. 299.
Geschäftshaus der Eisenbahn-Brigade II. 406.
Geschäftshäuser III. 39—105.
  *Alexanderhof, Alexanderstrafse 22 III. 103.
  *Andreashof, Andreasstrafse 32 III. 103.
  *Alte Leipziger Strafse 7 u. 8 III. 74.
  *Ascher & Münchow, Leipziger u. Markgrafenstrafsen-Ecke III. 51.
  *Ascher & Münchow, Spittelmarkt 16/17 III. 78.
  *W. Büxenstein, Buchdruckerei und Kunstanstalt III. 62.
  *Carpenter, Leipziger Strafse 31/32 III. 74.
  *Charlottenstrafse 59 III. 63.
  Charlottenstrafse 70 III. 63.
  E. Cohn, Leipziger Strafse 88 III. 44.
  *„Equitable", Friedrich- und Charlottenstr.-Ecke III. 70.
  *Erhardt, Leipziger Strafse 40 III. 51.
  *A. W. Faber, Französische Strafse 49 III. 51, 52, 53.
  *Fafskessel & Müntmann, Unter den Linden 12 III. 54.
  *Fraenkel, Kurstrafse 16 III. 74.
  Friedrichshof, Friedrich- und Kochstrafsen-Ecke III. 63.
  Friedrichstrafse 4 III. 98.
  Friedrichstrafse 179 III. 98.

Geschäftshäuser.
  Friedrich- und Mittelstrafsen-Ecke III. 63.
  Friedrich- u. Behrenstrafsen-Ecke III. 63.
  *„Germania", Friedrichstr. 78 III. 50.
  *Hermann Gerson, Werderstrafse 9—12 III. 91.
  Hackescher Markt 1 III. 63.
  *Hartung'sches Haus, Dresdener Strafse 88/89 III. 102.
  *zum Hausvoigt, Hausvoigteiplatz 8/9 III. 68.
  *Hausvoigteiplatz 3/4 III. 78.
  *Hausvoigteiplatz 6/7 III. 89.
  *Hausvoigteiplatz 12 III. 78.
  *Heese, Leipziger Strafse 87 III. 44.
  *Held & Herter, Friedrichstrafse 174 III. 59.
  *Jerusalemer Strafse 20 III. 46.
  *„Jockey-Club", Französische Strafse 50 III. 98.
  *H. Jordan, Markgrafenstrafse 105—107 III. 84.
  der jüdischen Gemeinde III. 278.
  *Kaiser-Galerie (Passage), Unter den Linden III. 100.
  *Kaiser-Wilhelm-Strafse, Ecke Burgstrafse III. 54, 63.
  *Kettner, Krausenstrafse 41 III. 54.
  Klosterstrafse 80—82 III. 98.
  *Krausenstrafse 40 III. 62.
  *Kurstrafse 51 III. 45.
  Leipziger Strafse 83 III. 63.
  *Leipziger Strafse 96, Ecke Charlottenstrafse III. 47.
  Leipziger Strafse 107 III. 63.
  *Leipziger Strafse 109 III. 74.
  *Bernhard Loeser, Alexanderplatz 1 III. 98.
  *Loewenberg, Leipziger Strafse 114 III. 74.
  *Gustav Lohse, Jägerstrafse 45/46 III. 49.
  Markgrafenstrafse 39/40 III. 63.
  Markgrafenstrafse 46, Ecke Taubenstrafse III. 83.
  *Markgrafenstrafse 57, vorm. Lissauer III. 64.
  *Mattschafs, Charlottenburg III. 43.
  *„zur Mauerkrone", Leipziger Strafse 19 III. 62.
  *Neue Friedrichstrafse 70/71 III. 58.
  Neue Promenade, Ecke Burgstrafse III. 63.
  *Rosen- und Neue Friedrichstrafse III. 78.

Geschäftshäuser.
*Nicolai'sche Buchhandlung, Borstell & Reimarus, Dorotheenstrafse 75 III. 98.
*Nieder-Wallstrafse 38 III. 73.
*Jacob Ravené Söhne & Co., Wallstrafse 5—8 III. 85.
*„Rothes Schlofs" III. 47.
*vorm. L. Sachse & Co., Taubenstrafse 34 III. 46.
*Schimmelpfeng, Auskunftei, Charlottenstrafse 23 III. 87.
Schlachtgasse III. 98.
*J. C. Schmidt, Blumenhandlung, Unter den Linden 16 III. 52.
Schwartz, Französische und Charlottenstrafsen - Ecke III. 63.
Spandauer Strafse 28 III. 99.
Spandauer Strafse 65—67 III. 83.
*Spindlershof, Neue Grünstrafse 29—31 III. 103.
*„Stuttgart", Spandauer Strafse 59—61 III. 74.
Gebr. Thiele, Leipziger Str. 34 III. 63.
*Unter den Linden 40 III. 42.
*Victoria, Allgemeine Versicherungs - Actien - Gesellschaft, Lindenstrafse 20/21 III. 89.
*„Werderhaus", Ecke Werder- und Kurstrafse III. 67.
Wilhelmstrafse 44 III. 63.
*Winckelmann, Hausvoigteiplatz 11 a III. 62.
Geselschap, Maler II. 101, 187, 236.
Gesinde-Hospital II. 479.
Gesundheitsamt II. 77.
Gette, Kreis-Bauinspector II. 177.
Gewächshaus im Humboldhain II. 533.
Gewerbe-Akademie II. 288.
Geyer, Bildhauer II. 121, 223, 227, 338.
Geyer, Hof-Bauinspector II. 7, 12, 18, 20.
Giersberg, Geh. Baurath II. 305.
Giesecke, Bildhauer III. 157.
Gilly, Friedrich, Architekt II. VI, 20, 373.
Giersberg, Geh. Ober-Baurath II. 108.
Glume, Bildhauer II. 146.
Gneisenau, Standbild II. 29.
Goethe-Denkmal II. 34.
Goedeking, Garnison-Bauinsp. II. 402.
Goldschmidt, Rudolf, Regierungs-Baumeister III. 230, 247, 252, 253, 264.

Golgatha-Kapelle II. 165.
v. Gontard, Architekt II. VI, 6, 52, 138, 140, 153, 239; III. 109.
Grabdenkmäler II. 43.
Grabkapellen II. 27, 43.
*Grabmal Pallavicini II. 51.
Graef, P., Land-Bauinspector III. 150, 151.
Gräfe-Denkmal II. 35.
Grael, Architekt II. V, 154.
Granitschale im Lustgarten II. 36.
Gratweil'sche Bierhallen III. 9.
Granzow, Bildhauer II. 106.
Grenander, Arch. s. Spalding & Grenander.
Grisebach, Hans, Arch. III. 9, 12, 13, 51, 52, 53, 54, 55, 56, 129, 132, 150, 152, 219, 220, 241, 245.
Gropius, Martin, Architekt II. 223, 331, 358, 365, 409; III. 138, 141.
Gropius, Karl und W. Gropius, Decorationsmaler II. 534.
Gropius & Schmieden, Architekten II. 276, 277, 423, 429, 434; III. 170, 173.
v. Groszheim s. Kayser & v. Groszheim III. 3.
Grove, David, Ingenieur II. 62.
Grünberg, Architekt II. III, 121, 150, 151, 154, 233, 285.
*Grüne Apotheke III. 42.
Grunert, Land-Bauinspector II. 410, 414.
Guglielmi, Gregorio, Maler II. 259.
Günther-Naumburg, Maler II. 505.
Guth, Arch. III. 244, 245, 248.
Gymnasien.
Ascanisches II. 303.
Französisches II. 301.
*Friedrich-Wilhelms- II. 299, 307.
*Friedrich-Werdersches II. 302.
*Joachimsthalsches II. 299.
Graues Kloster II. 299.
Humboldt- III. 303.
Kölnisches II. 299.
Leibniz- II. 303.
*Lessing- II. 308.
*Luisen- II. 306.
*Prinz-Heinrich- II. 312, 313.
*Sophien- II. 299.
*Königliches Wilhelms- II. 301.

Haack, Stadt-Bauinspector II. 295, 296, 471, 481.
Habel'sche Weinstube III. 2.
Haeger, Baurath II. 58, 277.
Haeseke, Baurath II. 54, 104, 256, 277.

Hagen, R., Bildhauer II. 32, 38, 215, 373.
Hahn, Arch., s. Enders & Hahn.
Hähnel, Architekt II. 167.
Hahnemann, A., Architekt II. 20; III. 213.
Hake, Geh. Ober-Postrath II. 89, 93.
Halensee, Wirthshaus II. 530.
Hallen in der Leipziger Strafse II. 138.
Hallmann, A., Hof-Bauinspector II. 201.
Halmhuber, G., Architekt II. 36.
Hampel, Baurath II. 389, 393.
Handwerker-Verein, Berliner III. 277.
Hanel, Stadt-Bauinspector II. 299.
*Hansemann'sche Begräbnifsstätte II. 48.
Hartung, A., Regierungs-Baumeister III. 36.
Hartung, Hugo, Regierungs-Baumeister III. 128, 131, 160, 161.
Hartzer, Bildhauer II. 223, 260.
Hasak, M., Bauinspector II. 156, 195, 196, 357, 430.
Haseloff & Kurz, Architekten II. 226, 228.
Hauer, Gust., Hof-Baumeister II. 19, 371.
Hauptsteueramt f. ausländische Gegenstände II. 109.
*Haupt-Telegraphenamt II. 94.
Haus des I. Garde-Regiments III. 272.
Haus des Deutschen Officiervereins III. 273.
Hausministerium, Königliches II. 25.
Hegel-Denkmal II. 32.
Heidecke, C., Architekt III. 125, 142, 143, 144, 145, 148, 184, 185, 186, 191, 194, 206, 210, 250, 252, 267, 281.
*Zum Heidelberger, Bierhallen III. 12.
Heilanstalten II. 420.
Heim, L., Baurath II. 366, 367, 493, 537; III. 7, 18, 25, 28, 31, 32, 59, 60, 83, 270.
Heimann, Emanuel, Architekt II. 453; III. 9, 214, 215.
Heimerdinger, Garnison-Bauinspector II. 383, 393, 394.
Heimstätten, Actiengesellschaft III. 182.
Hein, C., Bauinspector II. 233, 333.
Hellwig, Bauinspector II. 267.
Hennicke, Jul., Baumeister II. 350.
Hense, C., Architekt III. 141, 143.
Hensel, Maler II. 154.

Hentschel, Paul und Walther, Architekten III. 174, 178.
Hentschel, W., Architekt II. 246, 514.
Herbergen II. 479.
Herberge zur Heimath II. 479; III. 278.
Herrmann, Ober-Baudirector II. 101, 336, 338, 345.
Herrschergalerie in der Siegesallee II. 36.
Herrscherhalle im Zeughause II. 236.
Herter, Bauinspector II. 250, 254.
Herter, Bildhauer II. 39.
Hesse, Architekt, Hof-Baurath II. 6, 432; III. 281.
Hesse, C., Reg.-Baumeister II. 230.
Hesse, P., Stadt-Bauinspector II. 116, 130,
Hetzel, Architekt, s. Reimarus & Hetzel.
Hetzgarten II. 414.
Heydemann, Reg.-Baumeister II. 258, 496, 497.
Heyden, Adolph, Baurath II. 12, s. a. Kyllmann & Heyden.
Heyden, Aug. v., Maler II. 223, 303, 403, 492.
Heyden, Otto, Maler II. 515.
Hildebrand, Ludwig, Architekt II. 258.
Hiller, Reg.-Baumeister II. 471.
Hin, Architekt III. 65.
Hinckeldeyn, K., Geh. Baurath II. 53, 66, 237.
Hintz, Rich. R., Grofs-Lichterfelde III. 179.
Hitzig, Architekt II. 233, 288, 350, 335, 469, 515, 522; III. 110, 137, 139, 140, 206, 207, 210, 211, 213, 214, 268.
Hochgürtel, G., Architekt II. 499; III. 9, 13, 226, 227.
Hochschulen II. 257.
   Landwirthschaftliche II. 284.
   für Musik II. 287.
   *Technische II. 287.
   Thierärztliche II. 280.
Hoeniger, J., Architekt II. 209; III. 278.
Höniger & Beyscher, Architekten III. 214, 215, 244, 248.
Hoeniger & Sedelmeier, Architekten II. 470; III. 220.
Hofbräu, Bierausschank III. 9.
Hoffacker, Carl, Architekt III. 225, 226.
Hoffmann, O., Architekt III. 166, 167.
*Hohenzollern-Grabmäler im Dom II. 206.

Hohenzollern-Museum II. 16, 237.
Hollmannsche Wilhelminen-Amalien-Stiftung II. 478.
Holst, M. v., Architekt III. 177, 180.
Holst, v. & Zaar, Architekten III. 7, 21, 23, 58, 59, 134, 135, 232, 233, 265.
Hospital zum Heiligen Geist und St. Georg II. 476.
Holzmann, Stadt-Baurath II. 468.
*Hospital u. Siechenhaus Prenzlauer Allee II. 471.
Hospiz, Evangelisches III. 278.
Hofsfeld, O., Regierungs- und Baurath II. 9, 428; III. 102.
Hôtelbauten III. 18.
  *Bellevue, Potsdamer Platz III. 31.
  *Bristol, Unter den Linden 5 III. 30.
  *Central- III. 24.
  *City-, Dresdener Strafse 53 III. 21.
  *Continental- III. 25.
  *Der Kaiserhof III. 24.
  *Grand, Alexanderplatz III. 23.
  *Grand, de Rome, Unter den Linden 39 III. 21.
  *Monopol-, Friedrichstrafse 100 III. 28.
  *Palast-, Potsdamer Platz III. 31.
  *Savoy-, Friedrichstrafse III. 29.
Heidecke, C., Architekt III. 267. 281.
*Herrenhaus II. 66.
*Hofmann, Carl, Grabmal II. 50.
v. Holst & Zaar, Architekten III. 265.
Höniger, Architekt III. 278.
Horst, Architekt II. V.
Hude, v. d., Architekt, Baurath II. 108; III. 129, 132.
Hude, v. d. & Hennicke, Architekten II. 153, 488, 499; III. 16, 18, 23, 46, 47, 96, 97, 98, 139, 141, 142, 143, 144, 146, 147, 184, 185, 207, 210.
Hulot, Bildhauer II. 236.
Hundrieser, Bildhauer II. 227.
Hupp, Otto, Maler II. 61; III. 129, 134.
Hygiene-Museum und -Institut II. 258, 271.

Idiotenanstalt in Dalldorf II. 456.
Ihne, Architekt, Hof-Baurath II. 7, 12, 36; III. 150.
Ihne & Stegmüller, Architekten III. 416.

Industriegebäude, Beuthstrafse 18—21 — *Kommandantenstrafse 76—79 III. 66.
*Industriegebäude, Festsaal III. 265.
*Ingenieur-Dienstgebäude II. 401.
Ingenieur-Laboratorium II. 295.
Ingenieur-Schule II. 413.
Institute.
  *Anatomische II. 258, 271, 272.
  Botanisches II. 260.
  *Chemische II. 258, 263, 265, 281, 284.
  Geographisches II. 287.
  *für Infectionskrankheiten II. 425.
  Meteorologisches II. 287.
  Mineralogisches II. 283.
  *Naturwissenschaftliche und Medicinische II. 265.
  *Pharmakologisches II. 258, 270, 281.
  *Physikalisches II. 258, 267.
  *Physiologisches II. 258, 269.
  Technologisches II. 258, 265.
Intendantur des Garde-Corps II. 401.
Invalidenhaus II. 409.
Irrenanstalten II. 454.
*Irrenanstalt in Dalldorf II. 455.
*Irrenanstalt Herzberge II. 457, 458.
Israelitischer Brüder-Verein III. 278.

Jacob, Architekt, s. Rosemann & Jacob.
Jacobsthal, E., Architekt, Professor II. 303, 495.
Jahn-Denkmal II. 32.
Janssen, Maler II. 223.
Jassoy, Heinrich, Architekt III. 160, 161, 162, 164, 165, 265.
*Jerusalem-Stift II. 477.
Junghahn, Architekt II. 525, 528.
Justizministerium II. 107.

*Kadetten-Anstalt Lichterfelde II. 414.
Kahl, Garnison-Bauinspector II. 387, 402.
Kaisercafé III. 17.
Kaiserhallen III 7.
Kaiser-Wilhelm-Akademie II. 413.
*Kaiser-Wilhelm- und Kaiserin-Augusta-Stiftung II. 476.
Kallenbach-Sammlung II. 238.
Kallmann, F., Architekt III. 191, 194, 221.
*Kammergericht II. 333, 334.

Kampffmeyer, Th., Architekt III. 276.
Kanzel, Marienkirche II. 148.
Kapelle, Domcandidatenstift II. 163.
Kapelle zum Heiligen Geist II. 149.
Kasc), Reg.-Baumeister II. 496, 497.
Kaufhäuser.
  *Hermann Gerson, vorm. Kaiser-Bazar, Werderscher Markt 5/6 III. 93.
  *Rudolph Hertzog, Breite Strafse 15 III. 83.
  *„Hohenzollern", Leipziger Strafse 117/118 III. 73.
  Königstadt, Königstrafse 43 III. 83.
  *Victor Manheimer, Oberwallstrafse 6/7 III. 89.
Kaulbach, W. v., Maler II. 218.
Kavel, P., Hof-Bauinspector II. 21.
Kayser & v. Groszheim, Architekten II. 242, 252, 361; III. 3, 6, 7, 8, 48, 49, 50, 51, 72, 73, 74, 75, 78, 79, 80, 83, 84, 85, 86, 124, 125, 126, 127, 144, 145, 148, 149, 150, 172, 176, 179, 180, 190, 191, 192, 195, 198, 214, 215, 257, 258, 270.
*Kegelclubhaus der Villencolonie Grunewald III. 271.
Keil, Br., Bildhauer II. 32, 121.
Keith, Standbild II. 28.
*Kessel- und Maschinenhaus Herzberge II. 459.
Kefsler, Post-Baurath II. 94, 98.
Kefsler, Regierungs-Baumeister II. 103.
Kieschke, P., Baurath II. 103, 154, 184, 336; III. 158.
Kimpfel, Joh., Maler II. 16.
Kind, Geh. Ober-Regierungsrath II. 90, 92.
*Kinderhospital der Charité II. 424.
Kinel, Baumeister II. 430.
Kips, Alexander, Maler II. 12.
Kirchen.
  Altlutherische II. 164.
  Andreas- II. 164.
  Apostel, Zwölf- II. 168.
  *Auferstehungs- II. 193.
  Bartholomäus- II. 162.
  in Bethanien II. 163.
  Böhmische II. 155.
  Christus- II. 164.
  Dankes- II. 170.
  *Deutsche II. 150, 151.
  *Dom am Lustgarten II. 200.
  Dom-Interims- II. 206.

Kirchen.
  Dorotheenstädtische II. 149.
  *Dreifaltigkeits- II. 155.
  *Elisabeth- II. 157.
  *Emmaus- II. 171.
  *Erlöser- II. 185.
  *Französische, Gensdarmenmarkt II. 150.
  *Friedens- II. 170.
  *Garnison- II. 155.
  *Garnison-, Katholische II. 194.
  *Garnison-, Neue evangelische II. 199.
  Georgen- II. 156.
  *Georgen-, Neue II. 175.
  *Georgs-, Englische II. 200.
  Gethsemane- II. 171.
  *Gnaden- II. 186.
  Golgatha-Kapelle II. 165.
  *zum Guten Hirten in Friedenau II. 180.
  Heilands- II. 184.
  *zum Heiligen Kreuz II. 173.
  Himmelfahrts- II. 171.
  *Jacobi- II. 161.
  *Jerusalemer II. 154.
  Immanuel- II. 182.
  *Johannis- in Moabit II. 157.
  *Kaiser-Friedrich-Gedächtnifs- II. 178.
  *Kaiser-Wilhelm-Gedächtnifs- II. 187.
  Katholische in Charlottenburg II. 177.
  *Kloster- II. 148.
  Lucas- II. 164.
  Luisenstädtische II. 156.
  *Luther- II. 174.
  *Marien- II. 147.
  *Markus- II. 161.
  Mathias- II. 183.
  Matthäi- II. 161.
  *St. Michael- II. 163.
  Nazareth- II. 157.
  Nazareth-, Neue II. 184.
  *Nicolai- II. 143.
  *Parochial- II. 150, 151.
  *Apostel Paulus- in Schöneberg II. 191.
  Paulus-, Gesundbrunnen II. 157.
  *Paulus- in Moabit II. 183.
  *Petri- II. 157.
  *Pius-, Katholische II. 196.
  *Samariter- II. 176.
  *Sebastian-, Katholische II. 195.
  Simeons- II. 192.
  *Sophien- II. 153.
  Steglitzer II. 177.
  *Thomas- II. 166.
  *Versöhnungs- II. 176.
  Waisenhaus- II. 154.
  Wallonen- II. 153.

Kirchen.
  *Werdersche II. 157.
  *Zions- II. 169.
Kifs, Bildhauer II. 215.
Klein, M., Bildhauer III. 187.
Kleinwächter, Fr., Bauinspector II. 233, 269, 271, 305.
Klingenberg, E., Arch. III. 203.
Klinik, Zahnärztliche II. 258, 279.
Klutmann, Bauinspector II. 230, 258, 271, 305.
Knille, Maler II. 303.
Knobelsdorff, G. Wenceslaus v., Architekt II. V, 23, 24, 153, 357, 486, 489.
Knoblauch, Eduard, Architekt II. 155, 167; III. 110, 111. 112, 139, 206.
Knoblauch, G., Baumeister II. 208, 331; III. 234, 235, 244.
Knoblauch & Wex, Architekten II. 150, 167; III. 195, 197.
Knopff, Stadt-Baumeister II. 474.
Koberstein, Maler II. 12.
Koch, Architekt, Professor II. 288.
Koch, Fritz, Architekt II. 51, 474; III. 206, 210, 213.
Koch, Max, Maler II. 12, 61, 135, 520; III. 6, 8, 16.
Koerner, A., Bauinspector II. 243, 252.
Kolscher, F., Baumeister II. 121.
Kolscher & Lauenburg, Architekten III. 277.
Koppen, O., Bauinspector II. 132, 133.
*Königscolonnaden II. 140.
*Königswache II. 399.
Körner, Maler II. 186.
Körte, Arch., s. Reimer & Körte.
Kötteritzsch'sche Kapelle, Nicolaikirche II. 52, 146.
*Krankenbaracke, Charité II. 427.
*Moabit II. 439.
Krankenhäuser.
  *Augusta-Hospital II. 432.
  *Bethanien- II. 428.
  *Charité- II. 421.
  Elisabeth- II. 431.
  *Friedrichshain II. 434.
  Jüdisches II. 430.
  *Kaiser-Friedrich-Kinder- II. 448.
  *Katholisches, St. Hedwigs- II. 430.
  Lazarus- II. 434.
  *Moabit- II. 437.
  *des Kreises Teltow II. 451.
  *Urban II. 443.
*Krankenpavillons Friedrichshain II. 436.
  *Urban II. 444.

Krantz, Architekt III. 203.
Krause, Herm., Architekt III. 43, 74, 76, 77, 97, 98.
v. Kraut'sche Kapelle, Nicolaikirche II. 52, 146.
Krebs, Konrad, Architekt II. 2.
*Kreishaus Teltow II. 135.
Krengel, H., Arch. III. 240, 245.
Kreyher, Stadt-Baurath II. 471.
Kriegerdenkmal, Invalidenpark II. 40.
*Kriegsakademie II. 410.
*Kriegsministerium II. 106.
Kröger, Arch., s. Abesser & Kröger.
Krolls Etablissement II. 487.
*Kronprinzen-Zelt III. 12.
Krüger, Andreas, Arch. II. VI, 17; III. 109.
Kühn, B., Architekt, Professor II. 104, 182.
*Kühn, R., Buchhandlung und Buchdruckerei, Leipziger Strafse 115 III. 45.
Kummer, Peter, Arch. II. II, 3.
Kuhn, Oswald, Architekt III. 246, 248, 259, 262.
Künstlerheim (Osteria) II. 244.
*Kunstschule, Königl. II. 331.
Kurfürst, der Grofse, Reiterdenkmal II. 28.
Kurz, Arch., s. Haseloff & Kurz.
Küster, P., Reg.- und Baurath II. 99, 211, 241, 246, 248, 277.
Kyllmann & Heyden, Architekten II. 242, 244, 536, 538; III. 100, 101, 103, 120—124, 139, 141.

*Laboratorium, Chemisches der Technischen Hochschule II. 294.
Laboratorium für Gährungs-Gewerbe II. 284.
Lagerhaus, Altes II. 240.
*Landesanstalt, Geologische II. 282.
*Landeshaus d. Provinz Brandenburg II. 130.
Landesloge von Deutschland III. 278.
Landes-Museum, Geologisches II. 283.
Landgrebe, Bildhauer II. 517.
Landhäuser.
  *Abel, Wannsee III. 170.
  *Arons, Grunewald, Bismarck-Allee 26 III. 157.
  *v. Blottnitz, Hoppegarten III. 178.
  *Blumenthal, Grofs-Lichterfelde, Sternstrafse 12 III. 166.

Landhäuser.
  *Ebeling, Wannsee III. 172.
  *Ebhardt, Grunewald, Jagowstrafse 28a III. 160.
  *Dr. A. G. Freund, Grunewald, Georg-Wilhelm-Strafse 7—11 III. 155.
  *Friedenau, Ecke Friedrich-Wilhelms-Platz III. 166.
  *Geist, Grünau III. 178.
  *Grandke, Grunewald, Wifsmannstrafse 16 III. 160.
  *Grunewald, Fontanestrafse und Königs-Allee III. 162.
  *Grunewald, Herthastrafse 16 III. 161.
  *Grunewald, Kunz Buntschuh-Strafse 6 III. 160.
  *Grunewald, Lynarstrafse 1a und 3 III. 161.
  *Haukohl, Wannsee III. 172.
  *Herz, Wannsee III. 171.
  *Herzfeld, Grunewald, Gillstrafse 12 III. 158.
  *vorm. Holtz, Westend III. 154.
  *Huldschinsky, Wannsee III. 172.
  *Kahle, Grunewald, Wernerstrafse 1 III. 166.
  *Kalisch-Lehmann, Grunewald, Herbertstrafse 20 III. 157.
  *Kayser, Neubabelsberg III. 176.
  *Kieschke, Grunewald III. 166.
  *Lessing, Grunewald, Wangenheimstrafse 10 III. 162.
  *Löwe, Grofs-Lichterfelde III. 167.
  *Lutz, Steglitz, Fichtestr. 33 III. 166.
  *„Martha", Grunewald, Joachimsplatz III. 160.
  *Neubabelsberg, v. Holst III. 177.
  *Oppenheim, Wannsee III. 172.
  *Otzen, Wannsee III. 171.
  *Reimer, Grofs-Lichterfelde, Grabenstrafse 35 III. 166.
  *Siemens, Wannsee III. 174.
  *Südende, Dahlemer Strafse 2 III. 166.
  *Südende, Hauptstrafse 14 III. 166.
  *Thömer, Grunewald, Wangenheimstrafse 6 III. 158.
  *Wieck, Grunewald, Bismarck-Allee 33 III. 156.
  *Zimmermann, Grofs-Lichterfelde, Marthastrafse 3 III. 166.
*Land- und Amtsgericht I II. 335.
*Land- und Amtsgericht II II. 336.

Landwehr-Dienstgebäude II. 407.
*Landwehr-Inspection II. 407.
Lange, Joh., Architekt III. 172, 175.
Lange-Schucke-Stiftung II. 479.
Langenbeck-Haus II. 277; III. 277.
Langerfeld, Rütger v., Maler und Architekt II. III, 9, 150.
Langerhans, Stadt-Baurath III. 281.
Langhans, Karl Gotthard, Architekt VI, II. 6, 23, 138—140, 280, 281, 486, 491, 498.
Langhans, K. F. der Jüngere, Architekt II. 14, 487, 492, 498.
La Pierre, Garnison-Bauinspector II. 107, 390, 394, 414, 418.
Laske, Fr., Reg.-Baumeister II. 283.
Lauenburg, Architekt III. 207, 210, s. a. Kolscher & Lauenburg.
Lazarus-Kranken- und Diakonissenhaus II. 434.
Lebensversicherungs-Gesellschaft, Magdeburger III. 83.
*Lebensversicherungs-Gesellschaft „New-York", Leipziger Strafse 124 III. 51.
Leihamt Jägerstrafse II. 109.
*Leichenhallen II. 207, 209.
  *Diestelmeyerstrafse II. 210.
  *am jüdischen Friedhof Schönhauser Allee II. 209.
  *der Markus- und Andreas-Gemeinde II. 209.
  *Krankenhaus Moabit II. 439.
Leichenhaus, Kaiser-Friedrich-Kinderkrankenhaus II. 450.
*Leichenkapelle des Siechenhauses Prenzlauer Allee II. 473.
*Leichenschauhaus, Kgl. II. 454.
Lenôtre, Gartenkünstler II. 24.
Leopold von Dessau, Standbild II. 28.
Lessing, Otto, Bildhauer II. 12, 13, 34, 64, 133, 190, 227, 229.
*Lessing-Denkmal II. 34.
Lewy, Georg, Architekt II. 278.
Licht, Hugo, Architekt III. 198, 208, 210.
Lichtenhagen, Stephan, Zinngiefser II. 146.
Lichtenstein, Büste II. 35.
Lieberkühn, Christian, Goldschmied II. 10.
Lindemann, Baurath II. 545, 563, 577.
Lindenpassage II. 505.
Linnemann, Maler II. 61, 156, 187, 189, 190.

*Loge Royal-York zur Freundschaft III. 279.
Loge zu den drei Weltkugeln III. 281.
Logengebäude III. 278.
Lohse, Arch. II. 16, 19, 155, 300.
Lorenz, Geh. Ober-Baurath II. 338, 348.
Löwenbräu III. 4.
Löwengard, Architekt III. 44, 45.
Lübke, G., Reg.-Baumeister II. 407, 408.
Lucae, Richard, Architekt II. 51, 101, 286, 288; III. 118, 119, 121, 124, 138, 140, 184, 185.
Lüer, Wilh., Architekt II. 246.
Luftschiffer-Abtheilung II. 396.
Luise, Königin, Standbild II. 30.
Lustgarten II. 4.
*Luther-Denkmal II. 27, 33.
Lürssen, Bildhauer III. 128, 271.
Lynar, Rocco Guerini von II. II, 3.

Maafs, Architekt, III. 228, 229.
Maafs & de Vries, Architekten III. 234.
Maison, Bildhauer II. 64.
v. Manikowski, Reg.-Baumeister II. 241, 244, 246, 248.
*Männlich'sches Grabmal II. 52, 146.
March, O., Architekt, Baurath II. 480; III. 17, 39, 61, 62, 67, 68, 71, 74, 78, 79, 81, 87, 89, 90, 128, 130, 153, 154, 162, 163.
*Margarethen-Schule II. 309.
*Marienheim II. 480.
Marinecabinet II. 26.
Marineministerium II. 107.
*Marine-Panorama II. 536.
Mark, Graf v. d., Grabmal Dorotheenstädtische K. II. 150.
*Markthallen II. 545.
*Markthallen für den Einzelverkauf II. 553.
Markthalle II II. 553.
 III II. 553.
 *IV II. 553.
 V II. 558.
 VI II. 557.
 VII II. 557.
 VIII II. 557.
 IX II. 558.
 *X II. 558.
 *XI II. 558.
 XII II. 558.
 XIII II. 558.
 XIV II. 558.
Marstall, Königl. II. 25.
Martens, W., Architekt II. 349, 359, 362, 370, 480; III. 21, 23, 89, 92, 93, 129, 132, 149, 150, 171, 174, 178, 181.

Marthas Hof, Mägdebildungsschule und Herberge II. 480.
Martha-Maria-Schule II. 429.
*Mausoleum, Charlottenburg II. 23.
Memhardt, Joh. Gregor, Architekt u. Ingenieur II. III, 4, 401.
Menken, Aug., Architekt II. 193, 194.
Mefsbild-Anstalt II. 287.
Messel, Alfred, Architekt III. 14, 15, 17, 61, 62, 66, 67, 95, 97, 125, 126, 133, 134, 215, 216, 218, 229, 230, 244, 248, 250—252, 258, 259, 262.
Messel & Altgelt, Architekten III. 218.
*„Mefspalast", der, Alexandrinenstrafse 110 III. 82.
Metzing, Reg.-Baumeister II. 273.
Meurer, M., Maler II. 10, 227.
Meyer, Bildhauer II 35, 140.
Meyer & Wesenberg, Architekten II. 519.
Meyerheim, P., Maler II. 79, 223.
Michel, Sigisbert, Bildhauer II. 334.
Milczewski, Baumeister II. 476.
Militärbauten II. 377.
Militär-Cabinet II. 26, 401.
 -Lehrschmiede II. 418.
 -Rofsarztschule II. 418.
 -Telegraphenschule II. 419.
 -Turnanstalt II. 419.
Ministerium.
 *der geistlichen usw. Angelegenheiten II. 103.
 f. Handel u. Gewerbe II. 106.
 Justiz- II. 107.
 *des Innern II. 104.
 Kriegs- II. 104.
 für Landwirtschaft II. 104.
 der Marine II. 107.
 *der öffentlichen Arbeiten II. 100.
 *Staats- II. 99.
Missionshaus II. 331.
Mitscherlich, Eilhard, Büste II. 35.
Mittag, Maurermeister III. 215.
Moeckel, Architekt II. 176.
Mohn, K., Maler II. 179.
Mohrencolonnaden II. 140.
Möller, Reg.-Baumeister II. 213.
Möller, Architekt II. 164, 169.
Montirungs-Depôt II. 398.
Monumente, Architektonische II. 27.
*Moral, Grabmal II. 50.
Mörner, W. von (W. Neumann), Architekt, Geh. Regierungsrath II. 76, 79, 80; III. 116, 117.
Moser, Architekt II. 486.

Moser, Bildhauer II. 222, 223, 403.
Mühlenbruch, Maler II. 121.
Mühlke, Regierungs- und Baurath II. 428.
Müller, Ottfr., Standbild II. 34.
*Münze, Königliche II. 373.
Munck, Architekt III. 227, 229.
Museen II. 211.
 *Altes II. 213.
 für Bergbau u. Hüttenwesen II. 238.
 *Botanisches II. 256.
 *Kunstgewerbe- II. 223.
 Landwirthschaftliches II. 238, 284.
 *für Naturkunde II. 230.
 *Neues II. 216.
 Märkisches Provinzial- II. 122, 213.
 Rauch- II. 239.
 *für Völkerkunde II. 228.
 für Volkstrachten II. 238.
Musikinstrumenten-Sammlung II. 238, 287.
Muthesius, H., Reg.-Baumeister II. 420.

*Nationaldenkmal für Kaiser Wilhelm I. II. 36.
Nationaldenkmal auf dem Kreuzberge II. 39.
*National-Galerie II. 221.
National-Mutterloge zu den drei Weltkugeln III. 281.
National-Panorama II. 534.
Naumann, Architekt II. 156.
Nering, Joh. Arnold, Architekt II. III, 5, 21, 150, 233, 285, 414; III. 109.
Neue Welt (Hasenhaide) II. 531.
Neumann, W., Reg.-Rath II. 360, 373, s. v. Mörner.
Nicolaus-Bürger-Hospital II. 478.
Niederlagsgebäude am Packhof II. 111.
Nietz, Baurath II. 254.
Niuron, Peter, Architekt II. II, 3.

Obdachhäuser II. 479, 481.
*Obdach, städtisches II. 481.
Oberfeuerwerker-Schule II. 418.
Oberlandescultur-Gericht II. 341.
*Ober-Postdirection II. 85, 89.
Oberrealschule, Luisenstädtische II. 299.
*Oberverwaltungs-Gericht II. 341.
*Officier-Speiseanstalt II. 396.

37*

Operationshäuser.
*Friedrichshain II. 437.
*Kaiser-Friedrich-Kinderkrankenhaus II. 448.
*Moabit II. 439.
*Urban II. 446.
Orth, Aug., Architekt, Geh. Baurath II. 169—171; III. 74, 112, 113, 143, 144.
Osteria, Ausstellungspark II. 244.
Otte, L., Arch. III. 164, 166, 169.
Ottmer, Hof-Baurath II. VII, 487, 516.
Otto, Paul, Bildhauer II. 32, 33.
Otto, Zimmermeister II. 515.
Otzen, Joh., Architekt, Geh. Reg.-Rath II. 141, 156, 173—175, 432, 524; III. 2, 172, 174, 175.

*Packetpostamt II. 91.
Palais des Königlichen Hauses.
  der Kaiserin Friedrich II. 15.
  *des Kaisers Wilhelm II. 14.
  Niederländisches II. 17.
  *des Prinzen Albrecht II. 18.
  der Prinzen Alexander und Georg II. 20.
  des Prinzen Leopold II. 17.
  Prinzessinnen- I. 16.
  der Prinzessin Friedrich Karl II. 20.
Palais, Privat-Palais.
  des Grafen Arnim-Boytzenburg, Pariser Platz 4 III. 110.
  *der Bayrischen Gesandtschaft, Voſsstraſse 3 III. 124.
  Behr-Negendank, Wilhelmsplatz 7 III. 110.
  *der Englischen Botschaft, Wilhelmstraſse 70 III. 113.
  *der Oesterreichischen Gesandtschaft, Moltkestr. 19 III. 116.
  *des Fürsten von Pleſs, Wilhelmstraſse 78 III. 120.
  des Grafen v. Pourtalès, Königsplatz 4 III. 110.
  *des Grafen Redern, Unter den Linden 1 III. 110.
  *der Russischen Botschaft, Unter den Linden 7 III. 112.
  *der Spanischen Botschaft, Regentenstraſse 15 III. 116.
  *der Württembergischen Gesandtschaft, Voſsstraſse 11 III. 116.
Paesler, Architekt III. 266.
*Palmenhaus, Botanischer Garten II. 254.
Panorama-Bau im Ausstellungspark II. 244, 536.
*Patentamt II. 77.
Patzenhoferbräu III. 9.

*Paul-Gerhardt-Stift II. 441.
*Pavillon, Gynäkologischer (Charité) II. 423.
Persius, Architekt, Hof-Baurath II. 6, 18, 163, 201.
Persius, R., Geh. Ober-Regierungsrath II. 350, 493, 497.
Pesne, Antoine, Maler II. 358.
Peters, Architekt III. 61, 62.
Peters & Lehring, Architekten III. 253, 254.
Peters, Stadt-Baurath II. 476.
Petri, Ingenieurhauptmann II. 409.
v. Pfuel'sche Schwimmanstalt II. 544.
Pfungstädter Bierhaus III. 9.
*Philharmonie II. 517.
*Physikalisch-Technische Reichsanstalt II. 80.
Planer, Architekt II. 537.
Pochhammer'sches Bad II. 544.
Poetsch & Bohnstedt, Architekten III. 242, 248.
Pohlmann, Bildhauer II. 80, 138, 163.
*Polizei-Präsidium II. 125.
Kgl. Porzellan-Manufactur II. 106.
Ponton-Wagenhaus II. 394.
*Postfuhramt II. 90, 91.
Post-Museum II. 89, 238.
*Postzeitungsamt II. 92.
*Predigtsaal der Berliner Stadtmission II. 207.
Prell, Hermann, Maler III. 275.
Prinz-August-Denkmal II. 20.
Pröll & Scharowsky, Ingenieure II. 242.
*Provinzial-Steuerdirection II. 109.
*Pschorrbräu III. 8.

Quast, Ferd. v., Architekt II. 149.
Quensen, Maler II. 190.

Rabe, Bauinspector II. 154, 285.
Räspel, Hans, Architekt II. 11.
Raschdorff, J., Architekt, Geh. Regierungsrath II. 200—202, 206, 288, 294.
Raschdorff, J. d. Jüngere, Architekt, Professor II. 202.
*Rathhaus, Berlinisches II. 116. 117.
Rathhaus, Kölnisches II. 121.
*Rathswagen II. 562.
*Raubthierhaus II. 250.
Rauch, Chr. Friedr., Bildhauer II. 29, 30, 34, 40, 43, 51.
Ravoth, Max, Architekt III. 263, 264.

Realgymnasien.
  Andreas- II. 301.
  Dorotheenstädtisches II. 302.
  *Falk- II. 304.
  Friedrichs- II. 301.
  Luisenstädtisches II. 309.
  *Sophien- II. 299.
*Realschulen.
  Alexandrinenstr. 5/6 II. 311.
  *Augusta- II. 311.
  *Boeckstr. 9/10 II. 310.
  *Falk- II. 305.
  *Friedenstr. 84 II. 309.
  *Steglitzer Straſse 9/10 II. 310.
*Reichenheim-Stiftung II. 469.
Reichsamt des Innern II. 74.
*Reichsbank II. 352.
*Reichsdruckerei II. 97.
Reichshallen, Bierhallen III. 9.
Reichs-Justizamt II. 79.
Reichs-Canzlei II. 73.
*Reichspostamt II. 85, 86.
*Reichs-Schatzamt II. 79.
*Reichstags-Gebäude II. 58.
*Reichs-Versicherungsamt II. 78.
Reimann, Baumeister II. 338.
Reimarus, Architekt III. 219.
Reimarus & Hetzel, Architekten III. 96—98.
Reimer & Körte, Architekten II. 517; III. 102, 166, 170, 275.
Reinecke, Baumeister II. 223.
Reitbahnen III. 33—38.
  *Berliner Tattersall-Actiengesellschaft, Schiffbauerdamm III. 34.
  *Groſses Berliner Central-Reitinstitut III. 35.
  *Nonn'sche Reitbahn, Nürnberger Straſse 63 III. 37.
  *Tattersall am Brandenburger Thor III. 36.
  *Thiergarten-Reitbahn, Königin-Augusta-Straſse III. 36.
*Ressource von 1794 III. 267.
Reuter-Stiftung II. 479.
Reyscher, Architekt, s. Höniger & Reyscher.
Richter, Karl, Architekt III. 212.
Richter, H., Architekt II. 509.
Richter, M., Maurermeister II. 519.
Rieth, Otto, Architekt III. 166, 169.
Rietz, A., Architekt III. 246, 248.
Rietschel, Bildhauer II. 492.
Ritter, Maler III. 10, 11.
Rode, B., Maler II. 17, 25, 145, 148, 281.
Röbelsches Epitaphium, Marienkirche II. 52, 148.
Röber, Maler II. 223.
Robrade, Reg.-Baumeister II. 93.

Rohde, Stadt-Bauinspector II. 544.
Römer, H., Baumstr. II. 331, 428.
Römer & Herbig, Architekten III. 208, 210.
Rönnebeck, R., Reg.-Baum. II. 485, 516, 529; III. 265.
Rosemann & Jacob, Architekten III. 45, 62, 178, 181, 271, 272.
Rofsteuscher, A., Intendantur- u. Baurath II. 51, 141, 199, 383.
Rother-Stiftung II. 479.
Rötger, Paul, Architekt III. 191, 193, 242, 246.
Zum Rüdesheimer, Weinhaus III. 9.

Saalbauten II. 516.
*Saal im Zoolog. Garten II. 523.
Sachse'sches Dampf-Wellenbad II. 544.
Sala, Giov. Bat., Architekt II. 11.
Salzenberg, Geh. Ober-Baurath II. 96.
Sammlung, Medicinisch-anatomische II. 238.
Sanatorium am Hansaplatz II. 453.
St. Georg, Standbild II. 35.
*St. Gertraudt-Stiftung II. 474.
*Sanssouci, Concerthaus II. 521.
*Sarkophag d. Kurfürsten Johann II. 206.
Schadow, Gottfried, Bildhauer II. 12, 34, 52, 138, 140, 150, 373.
Schadow, W., Maler.
Schaefer, Karl, Architekt, Prof. II. 142, 389; III. 9, 69, 70.
Schaller, Maler II. 101, 227.
Schaper, Fr., Bildhauer II. 32, 64, 190, 236, 403.
Scharnhorst, Standbild II. 29, Grabmal II. 49.
Schaum, A., Architekt II. 523.
Schesmer, Reg.-Baumstr. II. 538.
Scheurenberg, Maler II. 121.
Scheutzlich, Hans, Steinhauer II. 11.
Schieblich, M., Architekt III. 35.
Schiefsplätze II. 399.
Schievelbein, Hermann, Bildhauer II. 32, 215, 219.
*Schiller-Denkmal II. 33.
Schilling, Max, Reg.-Baumeister, II. 527.
Schindler'sche Kapelle, Nicolaikirche II. 52, 147.
Schinkel, K. Fr., Architekt II. VII, 6, 14, 15, 18—20, 24, 29, 30, 36, 40, 43, 50, 136, 155 bis 157, 213, 215, 254, 262, 285, 389, 399, 400, 493, 516, 534; III. 110, 111.

*Schinkel-Denkmal II. 34.
Schinkel-Sammlung II. 238.
Schley, Bildhauer II. 12.
Schliepmann, Hans, Reg.-Baumeister III. 1.
Schlofsapotheke II. 3, 9.
Schlofs Bellevue, Königl. II. 20.
Schlofsbrückengruppen II. 36.
Schlofsbrunnen II. 38.
*Schlofs, Königliches Berlin II. 1.
  Alabaster-Saal II. 4, 5, 9, 486.
  Bilder-Galerie II. 10.
  *Brautkammer II. 13.
  Drittes Haus II. 3, 7.
  Elisabeth-Saal II. 10.
  Grüner Hut II. 2, 7.
  Kaiserliche Wohnung II. 6, 12.
  Kleist'sche Kammern II. 9.
  Königskammern II. 6, 12.
  Paradekammern II. 10.
  Parolesaal II. 12.
  Polnische Kammern II. 6.
  Quergebäude II. 9.
  *Rittersaal II. 10, 11.
  *Schlofsnöfe II. 4, 9.
  Schlofskapelle II. 6, 7, 10, 12.
  Schwarze-Adlerkammer II. 10.
  *Thronsaal II. 12.
  *Weifser Saal II. 6, 12.
  Wohnung Friedrichs I. II. 9.
*Schlofs, Königliches Charlottenburg II. 21.
  Eichene Galerie II. 24.
  Goldene Galerie II. 23, 25.
  Kapelle II, 24.
  Orangerie II. 23.
  Rothes Damastzimmer II. 24.
  Schlofstheater II. 23, 498.
Schlofs Monbijou II. 16, 237.
*Schlüter-Denkmal II. 34.
Schlüter, Andreas, Architekt und Bildhauer II. IV, 5, 9, 10, 22, 52, 233, 146, 148, 167; III. 109, 279, 281.
Schlüter, Architekt, s. Becker & Schlüter.
Schmid, Erich, Arch. III. 37.
Schmid, Ernst, Arch. III. 277.
Schmidt, Alb., Reg.-Baumeister II. 243.
Schmidt, Stadt-Bauinspector II. 543.
Schmieden, Baurath II. 227, 358, 365, 409, 431, 451; III. 123, 124, s. Gropius & Schmieden.
Schmieden & Weltzien, Architekten II. 440, 448.
Schönhals, Geh. Ober-Baurath II. 383—389, 396.
Schönner, R., Architekt III. 4, 17.
Schott, Walther, Bildhauer II. 36.
Schramm, Bauinspector II. 254, 262.

Schreiber, Architekt, s. Blumberg & Schreiber.
Schröder, Reg.-Baumeister II. 98.
Schultheifsbrauerei-Ausschank III. 8.
Schultheifsbrauerei, Saalbau II. 527.
Schultze-Delitzsch-Denkmal II. 35.
Schulz, M., Bildhauer II. 222, 223, 338.
Schulz & Schlichting, Architekten III. 42, 43.
Schultz, Bildhauer II. 140.
Schultze, Rich., Architekt III. 223, 226.
Schulze, Fr., Regierungs- und Baurath II. 66, 67, 101, 154, 155, 184, 256, 306, 312, 313; III. 161—163.
Schwabacher, Grabmal II. 50.
Schwartzkopff & Theising, Architekten II. 207, 441; III. 278.
Schwatlo, Architekt, Professor II. 88, 90, 91, 94, 479; III. 44—46, 208, 210.
Schwechten, Fr., Architekt, Baurath II. 135, 187, 191, 192, 410, 517, 519, 527; III. 9, 64, 65, 66, 98, 99, 161, 162, 221, 222, 241, 246, 265.
Schwedler, Ingenieur, Geh. Ober-Baurath II. 168; III. 278.
Schweinitz, Bildhauer II. 35, 223.
Schwenke, Fr., Arch. III. 70—72, 74.
Schwerin, Standbild II. 28.
*Sedan-Panorama II. 535.
Sedelmeier, Arch., s. Höniger & Sedelmeier.
Seehandlung II. 109.
Seeling, H., Architekt II. 501, 510, 519; III. 155, 156, 236, 237, 243, 244, 248.
Sehring, B., Architekt II. 260, 507; III. 191, 194, 224, 225, 255, 256, 260, 261, 262.
Seibertz, Architekt II. 183.
Seidl, Gabriel, Architekt III. 5.
Seitz, Rudolf, Maler III. 5.
Seminare II. 330.
*Seminar für Stadtschullehrer II. 331.
Senefelder-Denkmal, Alois II. 35.
Seydlitz, Standbild II. 28.
*Siechenhaus, Prenzlauer Allee II. 471.
*Siechens Bierhaus III. 2.
*Siegessäule, Königsplatz II. 42.
Siemering, Bildhauer II. 32, 227, 256, 373.
*Sing-Akademie II. 516.

Simonetti, Architekt II. 154.
Simmler, Maler II. 121.
Smids, M. Matthias, Architekt II. III, 5, 26, 150.
Solf, Herm., Architekt III. 156, 157, s. auch Solf & Wichards.
Solf & Wichards, Architekten III. 166, 170, 238, 239, 245.
Soller, Architekt II. VIII, 163.
Spalding & Grenander, Architekten III. 166, 168.
*Sparr'sches Grabmal, Marienkirche II. 52, 148.
*Spatenbräu III. 5.
Specialitäten-Theater II. 489, 511.
Speer, Architekt II. 227, 448, s. v. Weltzien & Speer.
*Speicheranlage und Frachterei der Speditionsfirma Jacob & Valentin, Holzmarktstrafse 65 III. 105.
Spieker, Ober-Baudirector II. 80, 84, 244, 260, 265, 267, 270, 345.
Spindler, Arch., s. Erdmann & Spindler.
Spindler-Brunnen II. 39.
Spitta, M., Regierungs- und Baurath II. 184, 186.
Stabsgebäude II. 380.
Stadtvoigtei II. 341.
Stahn, Friedrich, Architekt, Regierungs-Baumeister II. 544; III. 9, 17.
Statistisches Amt II. 75.
Stegmüller, Architekt, s. auch Ihne & Stegmüller III. 4.
Stein, Regierungs- und Baurath II. 428.
Stein-Denkmal II. 32.
*Sternwarte und Rechen institut II. 258, 261.
Steuer, Garnison-Bauinspector II. 393, 394, 401, 402, 413.
Stiehl, Otto, Regierungs-Baumeister II. 543; III. 276.
Stier, W., Architekt II. 201.
Stier, H., Architekt II. 177, 524.
Stock, Baumeister II. 350.
Strack, Joh. Heinrich, Architekt, Hof-Baurath II. VIII, 15, 30, 40, 42, 136, 138, 157, 164, 221, 250, 305; III. 139.
Strack, H., Architekt, Professor II. 47, 51.
*Strafgefängnifs Plötzensee II. 345.
Stralendorff, G. von, Architekt III. 134. 136, 272.
*Strafsenreinigungs-Depôts II. 562.
Strauch, Baumeister II. 117.
Streichert, E., Stadt-Bauinspector II. 315.

Stuck, Fr., Maler II. 61.
Stüler, Aug., Architekt II. VII, 6, 49, 51, 100, 106, 154, 157, 158, 161, 162, 167, 201, 216, 221, 373, 387, 390; III. 139, 204, 206.
Stutz der Aeltere, Dombaumstr. II. 430.
Stüve, Bauinspector II. 288.
Sufsmann-Hellborn, Bildhauer II. 227.
Synagogen.
  der jüdischen Reform-Gemeinde II. 164.
  in der Haidereitergasse II. 153.
  *Lindenstrafse II. 180.
  *Neue, Oranienburger Strafse II. 167.

*Tanneck (Erziehungsanstalt) II. 313.
*Taubstummen-Anstalt, städt. II. 309.
Techow, H., Architekt, Post-Baurath III. 89, 92, 93, 98.
Techow, O., Architekt III. 54, 56.
Terwesten, Augustin, Maler II. 24.
Terrain-Genossenschaft Grofs-Lichterfelde III. 181.
Thaer-Denkmal II. 34.
Theater: II. 485.
  Adolf-Ernst- II. 510.
  Alexanderplatz- II. 510.
  American- II. 514.
  *Apollo- II. 489, 513.
  Belle-Alliance- II. 510.
  Berliner II. 510.
  Central- II. 510.
  Deutsches II. 509.
  *Eldorado- II. 522.
  Friedrich-Wilhelmstädtisches II. 487, 510.
  Kaufmanns Variété- II. 514.
  Königstädtisches II. 487.
  *Lessing- II. 488, 499.
  National-, Königl. II. 486.
  National- II. 510.
  *Neues II. 488, 501.
  *Opernhaus, Königl. II. 485, 489.
  *Opern-, Neues Königl. (Kroll) II. 498.
  Parodie- II. 514.
  Reichshallen- II. 511.
  Residenz- II. 510.
  Scala- s. Eldorado II. 522.
  *Schauspielhaus, Königl. II. 486, 493.
  *Schiller- II. 509.
  Schlofs-, Charlottenburg II. 498.
  an der Spree II. 514.

Theater.
  *Unter den Linden II. 488, 505.
  Urania, wissenschaftliches II. 246, 514.
  *Victoria- II. 487.
  Vorstädtisches II. 487.
  *Wallner- II. 487, 509.
  *des Westens II. 488, 507.
  Wintergarten- II. 512.
Theising, Arch., s. Schwartzkopff & Theising.
Theifs, Caspar, Architekt II. II, 2.
Therbusch'sche Ressource III. 266.
Thiersch, Friedrich, Architekt II. 57.
Thore II. 136.
Thorgebäude, Hallesches Thor II. 136.
Thorgebäude Potsdamer Platz II. 136.
Thömer, Regierungs- und Baurath III. 159.
Thür, Regierungs-Baumeister II. 108.
*Thürme auf dem Gensdarmenmarkt II. 153.
Tieck, Bildhauer II. 40, 215, 495.
Tiede, Aug., Baurath L. 230, 233, 244, 282, 284.
Tietz, E., Architekt III. 83, 139.
Tietze, O., Regierungs-Baumeister II. 577.
Titel, Architekt III. 110.
Titz, Eduard, Architekt II. 487, 498, 509; III. 111, 206, 207, 210.
Titz, Felix, Architekt II. 509.
Titz, Oscar, Architekt III. 275.
Toberentz, R., Bildhauer II. 33.
Töchterschulen.
  *Augusta- II. 307.
  *Charlotten- II. 305.
  *Dorotheen- II. 313.
  Luisen- II. 301.
  *Sophien- II. 299.
  *Victoria- II. 298.
Todtentanz-Bild, Marienkirche II. 147.
Train-Depôt II. 398.
Troschel, Bildhauer II. 25.
*Tucherbräu III. 10.
Tuckermann, Post-Baurath II. 90—92.
Turnhallen II. 328.
*Turnhalle des Köln. Gymnasiums II. 329.

Uechtritz-Steinkirch, v., Bildhauer II. 12.
*Ullstein, Buchdruckerei, Charlottenstrafse 10 III. 74.
Unger, G. Christian, Architekt II. VI, 16, 140, 153, 239.

Unger, Max, Bildhauer II. 36, 254.
Union-Club III. 270.
Unions-Bierhaus, Dortmunder III. 6.
Unions-Brauerei, Saal II. 528.
*Universität II. 258.
*Universitäts-Bibliothek II. 260.
Universitäts-Poliklinik II. 260.
Untersuchungsgefängnifs, Moabit II. 348.
*Urania II. 244.

Vaillant, Jacob, Maler II. 9.
Veith, E., Maler II. 507.
Vereine.
  *Architekten-Verein zu Berlin III. 273.
  Berliner Architekten III. 265.
  Berliner Künstler III. 265.
  Christlicher, junger Männer III. 278.
  *Deutscher Ingenieure III. 275.
  Evangelischer, für kirchliche Zwecke III. 278.
  *Geselliger, der Gesellschaft der Freunde III. 268.
  Hütte III. 276.
  Junger Kaufleute III. 265.
  Katholischer III. 278.
  Vereinshaus der Gethsemane-Gemeinde III. 278.
Vergnügungs-Anlagen II. 529.
Verona, Decorationsmaler II. 491.
Versicherungsanstalt Berlin II. 130.
Versuchsanstalt, mechanisch-technische II. 294.
Verworn, Garn.-Bauinspector II. 383, 406, 407, 418.
Vetter, Garnison-Bauinspector II. 107, 195, 389, 393.
Victoria-Brauerei, Saalbau II. 528.
*Victoria-Regia-Haus II. 256.
Vogelhaus, Zoolog. Garten II. 252.
Vogel, Bildhauer II. 64, 507; III. 43.
Voigtel, Geh. Ober-Baurath II. 107, 381, 394, 398, 402, 413, 414.
Volks-Badeanstalt
  *an der Schillingsbrücke II. 543.
  städtische, in der Thurmstrafse II. 541.
  dritte städtische, in der Dennewitzstrafse II. 543.
*Volks-Kaffeehäuser III. 17.
Vollmer, J., Architekt, Professor II. 178.
Vollmer & Jassoy, Architekten II. 208.
de Vries s. Maafs & de Vries.

*Waarenhaus für Armee und Marine vorm. Deutscher Officier-Verein, Dorotheenstr. 71 III. 98.
*Waarenhaus der Deutschen Baugesellschaft, Hausvoigteiplatz 2 III. 65.
Wach, Maler II. 495.
*Wache, Neue II. 377.
*Wagner'sche Grabkapelle II. 46.
Waisendepôt, Alte Jakobstr. 33 II. 468.
Waisenhäuser II. 468.
Waldeck-Denkmal II. 35.
*Waldemar der Grofse, Statue II. 36.
Walger, Bildhauer II. 35.
Wallé, Peter, Architekt II. 27, 38, 39, 43.
Wallot, P., Architekt II. 57.
Walther, Conradin, Architekt III. 1, 10, 11.
Walther, W., Architekt II. 528; III. 12, 13, 89, 91, 92, 126, 129, 144, 145, 154, 155, 160, 262, 263, 264.
Wanderer, Prof., Maler III. 10.
Wankel, Architekt III. 246, 248.
Wäsemann, Architekt II. 117, 334.
Weber, E., Stadt-Bauinspector II. 209, 331, 454, 464, 468, 481.
Weber, Architekt III. 247, 248.
*Weberschule, städtische II. 309.
Wegner, Armin, Eisenbahn-Bauinspector III. 2, 3.
Weibergefängnifs, Barnimstr. 10 II. 345.
Weihenstephan, Bierausschank III. 4.
Weifs, Reg.-Baumeister II. 103.
Weifsensee, Schlofsrestaurant II. 530.
v. Weltzien, Reg.-Baumeister II. 227.
v. Weltzien & Speer, Architekten III. 123, 124.
Wendler, Julius, Architekt III. 9, 70, 74.
Werner, Anton v., Maler II. 42, 536; III. 16.
Wesenberg, Architekt II. 511, 519; III. 9.
Westphal, Bildhauer II. 12.
Weydinger-Schreiner'sche Stiftung II. 478.
Wex, Architekt, s. Knoblauch & Wex.
Wichards, Architekt, s. Solf & Wichards.
Wichmann, Bildhauer II. 40, 492.
Widemann, Bildhauer II. 64.
Wieczorek, Garnison-Bauinspector II. 387, 402, 406.

Wiesend, Architekt II. v, 25; III. 109.
Wilhelm-Stiftung II. 479.
Wilms-Denkmal II. 35.
Winkelmann-Statue II. 34.
Winterfeld-Standbild II. 28.
Wintergarten II. 512.
Wislicenus, Maler II. 223.
Wittig, Bildhauer II. 35.
Wittig, P., Reg.-Baumeister II. 64.
Wolff, Albert, Bildhauer II. 30.
Wolff, Felix, Architekt III. 93, 94, 97, 105.
Wolff, Fr., Architekt, Professor II. 109, 242, 441.
Wolff, M., Bildhauer II. 128.
Wolffenstein, Arch., II. 80, s. auch Cremer & Wolffenstein.
Wohlgemuth, Baumeister III. 8.
Wohnhäuser.
  *Beethovenstrafse 3 III. 124.
  *Behren- und Wilhelmstrafse III. 187.
  *Bellevuestrafse 8 III. 212.
  *Bellevuestrafse 11a III. 193.
  *Bendlerstrafse 15 III. 214.
  *Bendlerstrafse 32a u. b III. 135.
  *Berliner Strafse 49, Charlottenburg III. 248.
  *Beuthstrafse III. 210.
  *Bleichröder, Charlottenburg III. 141.
  *sogen. „Palais Blücher", Pariser Platz 1 III. 212.
  *Bode, Uhlandstrafse 5 III. 150.
  *A. Borsig, Vofsstrafse 1 III. 119.
  *Brücken-Allee 36 III. 229.
  *Carmerstrafse 10 u. 11, Charlottenburg III. 226.
  *Chausseestrafse 35 III. 252.
  *Dohme, Händelstrafse 1 III. 150.
  *Dorotheenstrafse 32 III. 245.
  *Fasanenstrafse 31 III. 150.
  *Flensburger Strafse 15 III. 245.
  *Ecke Flensburger u. Lessingstrafse III. 245.
  *des Dr. phil. A. G. Freund, Unter den Linden 69 III. 126.
  *Genthiner Strafse 11—13 III. 203.
  *Genthiner Strafse 22 III. 210.
  *Pfarrhaus der St. Georgen-Gemeinde, Kurze Strafse 2 III. 244.
  *Gilka, Moltkestrafse 1 III. 191.
  *der Gothaer Lebensversicherungs-Bank, Zimmerstrafse 87 III. 230.

Wohnhäuser.
* Grisebach, Charlottenburg, Fasanenstrafse 33 III. 129, 131.
* Grolmannstrafse, Charlottenburg III. 226.
* Hardt, Thiergartenstrafse 35 III. 198.
* Hartung, Charlottenburg, Knesebeckstr. 15 III. 128.
* Hasenhaide 51—53 III. 248.
* Heckmann'sche Fabrik, Schlesische Strafse 23 III. 198, 199.
* Hermannplatz 9, Rixdorf III. 226.
Hertzog, Sommerstr. 5 III. 112.
* Hildebrandstrafse 9 III. 150.
* Hildebrandstrafse 14 u. 15 III. 150.
* Hildebrandstrafse 22 III. 133.
* Hirschberg, Rauchstr. 10 III. 186.
* Hirschwald'sches, Bendlerstrafse 7 III. 184.
* Hirschwald, Kurfürstendamm 93/94 III. 147.
* Hirtenstrafse 6 III. 248.
* Hohenzollernstrafse 8 III. 210.
* Hohenzollernstrafse 10 III. 210.
* v. d. Hude, Charlottenburg, Fasanenstrafse 35 III. 129, 132.
* Karlsbad 26 a III. 123.
* Karlstrafse 32 III. 238.
* Kielganstrafse 1a III. 149.
* Klopstockstrafse 25 III. 245, 248.
* Klopstockstr. 45 u. 47 III. 235.
* Klopstockstrafse 61 III. 132.
* Klopstockstrafse 65 III. 230.
* Klopstockstrafse 221 III. 221.
* Kochstrafse 53 III. 210.
* Königgrätzer Strafse 9 III. 230.
* Kurfürstendamm 6 III. 190.
Kurfürstendamm 24 III. 215.
* Kurfürstendamm 61—68. III. 229.
* Kurfürstendamm 102 III. 248.
* Kurfürstenstrafse 134 III. 144.
* Landgrafenstrafse III. 210.
* Landgrafenstrafse 18 u. 18a III. 191.
* Lent, Matthäikirchstr. 3c III. 126.
* Lessingstrafse 5 III. 228.
* Lessingstrafse 30 III. 248.
* Lessingstrafse 31 u. 34 III. 230.
Lessingstrafse 48.
* Lessingstrafse 49 III. 134.
* Lessingstrafse 52 III. 134.

Wohnhäuser.
* Lessingstrafse 57 III. 246.
* Lisco, Fasanenstr. 46 III. 150.
* Lucae, Lützowplatz 9 III. 185.
* Lützowstrafse 82 III. 248.
* March, Charlottenburg, Sophienstrafse 2a u. b III. 128.
* Margarethenstrafse 11 III. 144.
* Markgrafenstrafse 38 III. 183.
* Markwald, Thiergartenstr. 27 III. 141.
* Martens, Charlottenburg, Fasanenstr. 34 III. 129, 131.
* Matthäikirchstrafse 3 III. 191.
* Matthäikirchstrafse 32 u. 33. III. 191.
* von Mendelsohn-Bartholdy, Jägerstrafse 53 III. 124.
* ehemals Meyer'sches, Königgrätzer Strafse 27 III. 185.
* sogen. Meyer'sche Häuser, Ackerstrafse 132/133 III. 249.
* „Monplaisir", Drake- und Rauchstrafsen-Ecke III. 141.
* Rudolf Mosse, Vofsstrafse 22 und Leipziger Platz 15 III. 186.
* Münzstrafse 1 u. 2 III. 248.
* Neue Friedrich- und Kaiser-Wilhelm-Strafse III. 240.
* Neue Grünstrafse 13 III. 228.
* Oppenheim, Matthäikirchstrafse 3b III. 125.
* Potsdamer Strafse 7 u. 7a III. 210.
* Potsdamer Strafse 118a III. 214.
* zwischen Potsdamer Str. 121 und Lützowstrafse 9 III. 203.
* Potsdamer Strafse 230 III. 230.
* Pringsheim, Wilhelmstr. 67.
* Rauchstrafse 13 III. 148.
* Rauchstrafse 19 III. 144.
* Rauchstrafse 20 III. 191.
* Rauchstrafse 22 III. 144.
* Rauchstrafse 23 III. 143.
* Reimarus, Charlottenburg, Hardenbergstrafse 24 III. 216.
* sogen. „Romanische Haus" Augusta-Victoria-Platz III. 221.
* Rothschild, Regentenstr. 19a III. 127.
* J. Saloschin, Thiergartenstr. 20 III. 124.
* Savigny-Platz 1, Charlottenburg III. 241.
* an der Schicklerstrafse III. 244.

Wohnhäuser.
* Schleswig'sche Strafse 2 III. 236.
* Schlüterstrafse, Charlottenburg III. 226.
* Schneider, Anhaltstrafse 7 III. 206
* Schöneberger Ufer 22 III. 220.
* Schwartz, Lichtenstein-Allee 4 III. 150.
* Sickingenstrafse 7/8 III. 252.
* Soltmann, Hollmann- u. Alte Jakobstrafsen-Ecke III. 140.
* Steinthal, Charlottenburg, Uhlandstrafse 191 III. 147.
* Tauenzienstrafse 12 III. 245.
* Tauenzienstrafse 14 III. 216.
* Tempelhofer Ufer 11. III. 195.
* Thiergartenstrafse 3a III. 125.
* Thiergartenstrafse 4 III. 144.
* Thiergartenstrafse 4a III. 195.
* Thiergartenstrafse 10 III. 214.
* Thiergartenstrafse 16 III. 143.
* Victoriastrafse 6 III. 149.
* Victoriastrafse 9 III. 140.
* Vofsstrafse 21 III. 210.
* Wallich, Bellevuestrafse 18a III. 189.
* Wilhelmstrafse 66 III. 212.
* Yorkstrafse 15 III. 248.
Wrangel-Brunnen II. 38.
Wrangel-Denkmal II. 32.

York-Standbild II. 29.

Zaar, Architekt, s. v. Holst & Zaar.
Zadeck, Architekt, s. Alterthum & Zadeck.
Zappe, Garnison-Bauinspector II. 396.
Zastrau, Bauinspector II. 256, 260, 263, 265, 267, 269, 270, 281, 422.
Zekeli, Stadt-Bauinspector II. 541.
*Zellengefängnifs, Moabit II. 342.
*Zeughaus II. 233.
Zeustempel zu Olympia, Façade II. 244.
Zieten-Standbild II. 28.
Zimmermann, Baumeister II. 345.
Zimmermann, Dr., Geh. Baurath II. 59.
*Zoologischer Garten II. 248.
Zwangserziehungs-Anstalt für verwahrloste Knaben in Lichtenberg II. 465.

Halle a. S., Buchdruckerei des Waisenhauses.

CIP-Titelaufnahme der Deutschen Bibliothek

Berlin und seine Bauten/bearb. u. hrsg. vom Architekten-Verein zu Berlin u. d. Vereinigung Berliner Architekten. –
Faks.-Dr. d. 2. Ausg. von 1896. – Berlin: Ernst.

1. Einleitendes – Ingenieurwesen.

2./3. Hochbau.

   ISBN 3-433-02212-7 (Vorzugsausg.)
   ISBN 3-433-02279-8
NE: Architektenverein <Berlin>

© 1988 Wilhelm Ernst & Sohn Verlag für Architektur
und technische Wissenschaften, Berlin
Alle Rechte vorbehalten

Printed in the Federal Republic of Germany